人民·联盟文库

人民·联盟文库

中国文化史

（一）

张维青　高毅清　著

山东人民出版社

人民出版社

出版说明

　　人民出版社及全国各省市自治区人民出版社是我们党和国家创建的最重要的出版机构。几十年来，伴随着共和国的发展与脚步，他们在宣传马克思列宁主义、毛泽东思想、邓小平理论、"三个代表"重要思想，深入贯彻落实科学发展观，坚持走有中国特色社会主义道路方面，出版了大量的各种类型的优秀出版物，为丰富人民群众的学习、文化需求作出了不可磨灭的贡献，发挥了不可替代的作用。但由于环境、地域及发行渠道等诸多原因，许多精品图书并不为广大读者所知晓。为了有效地利用和二次开发全国人民出版社及其他成员社的优秀出版资源，向广大读者提供更多更好的精品佳作，也为了提升人民出版社市场联盟的整体形象，人民出版社市场联盟决定，在全国各成员社已出版的数十万个品种中，精心筛选出具有理论性、学术性、创新性、前沿性及可读性的优秀图书，辑编成《人民·联盟文库》，分批分次陆续出版，以飨读者。

　　《人民·联盟文库》的编选原则：1. 充分体现人民出版社的政治、学术水平和出版风格；2. 展示出各地人民出版社及其他成员社的特色；3. 图书主题应是民族的，而不是地区性的；4. 注重市场价值，要为读者所喜爱；5.译著要具有经典性或重要影响；6.内容不受时间变化之影响，可供读者长期阅读和收藏。基于上述原则，《人民·联盟文库》未收入以下图书：1.套书、丛书类图书；2.偏重于地方的政治类、经济类图书；3.旅游、休闲、生活类图书；4.个人的文集、年谱；5.工具书、辞书。

《人民·联盟文库》分政治、哲学、历史、文化、人物、译著六大类。由于所选原书出版于不同的年代、不同的出版单位，在封面、开本、版式、材料、装帧设计等方面都不尽一致，我们此次编选，为便宜读者阅读，全部予以统一，并在封面上以颜色作不同类别的区分，以利读者的选购。

人民出版社市场联盟委托人民出版社具体操作《人民·联盟文库》的出版和发行工作，所选图书出版采用联合署名的方式，即人民出版社与原书所属出版社共同署名，版权仍归原出版单位。《人民·联盟文库》在编选过程中，得到了人民出版社市场联盟成员社的大力支持与帮助，部分专家学者及发行界行家们也提出了很多建设性的意见，在此一并表示诚挚的感谢！

《人民·联盟文库》编辑委员会

序

　　在当今信息时代的全球化语境中，如何从文化的视角全面地了解中国、认识中国，这不仅是中国走向世界，而且也是世界走向中国的现实的需要。张维青、高毅清所著《中国文化史》（四卷本），作为一部普及性的中国文化史研究力作，它的出版适应了现代化文明建设和学术发展的需要。

　　两位作者认真研究和吸取了国内外文化史学家有价值的理论成果，从当前现实文化语境出发，对中国传统文化的发展脉络给予了梳理。在考察各个历史朝代所创造的文化景观时，注意研究整个民族的文化心态，使文化的总体面貌形成与文化的本质规律相应昭示，进而对中华民族的文明历程和所创造的文化成果作了透辟的论述，使人看到一个民族的文化与地理、生态、人种、劳动、思维……有着密切的关系。作者充分探求导致某种文化事象的多重因素，即在描写某个历史事件时全面考虑各种各样、类型众多、看似无关的原因，这就摆脱了传统的因果律的困扰而避免了简单化的处理，使人看到任何历史事件的发生都是多重因素的共同作用。作者在肯定人民群众是推动历史的强大动力时，也不否定英雄人物所创造的丰功伟绩，正是这样的文化主流，决定了中华民族的主导方向，适应了人的更高生存需求和促动了人的更高生活理想，使人看到原始火种的不熄和现代社会的薪传。

　　该书作者借鉴了当代法国"新历史"学派倡导的"三新"（新认识、新角度、新方法）思路，以马克思主义的唯物史观为指导，将中国文化史的实际与新时代人民大众的精神文化需求相结合，对中国传统文化做出了新的理性阐述。作者在披沙拣金、博采众长的基础上努力追求理论的创新，并以自己的独立思考提出了一些卓尔不群的观点。作者认为"文化是一个复杂的综合体，它以观念的形态出现并渗透于人类生活中。文化史研究要考察社会各个方面的因素，深入辨析文化本体的独特征象，从而得出实质性的规律并引导人的素质全面提升"。作者依据这样全新的思路，在研究方法上能自觉地将宏观整体观照与微观细部辨析结合起来，体现出了史论结合、物我印证、古今中外纵横比较的特点。正是在这样一种"新文化史观"或称之为"全景式的文化史观"的统摄下，作者综合梳理和吸取了国内外关于中国哲学史、美学史、文学史、艺术史、科技史、宗教史以及考古学、社会学、政治学等领域的研究成果，全方位地展示了中国文化产生、形成和发展的轨迹。从而使该书摆脱了文化从属于政治、经济的"从属论"、"工具论"，不再把文化史看做简单的文化从属于政治、经济领域的阶级斗争史。由于是全方位、多层次、各方面综合地展示中国文化的历史，因而避免了某些专门就某一领域和某些领域进行研究的文化史著述的不足。同时该书的体例建构也独树一帜，它不同于以往的历史著作按照政治、经济、文化分类论述，也不同于有些文化史著作将各个门类的文化分列编排，而是将每一时代的文化现象进行全景化地综合观照，然后再分类加以精心构织，从而使整体与局部、主导与多元、文明与野蛮、消长与会通、进步与倒退都层次分明地得到了理性的阐释。该书在论证和表述方式上，显示出了一种实证性、思辨性、描述性统一的特色。该书的文字也力求生动、凝练、鲜活，着意将高深的识见寓于精美的叙述中，这就使读者不感到枯燥而乐意玩味，由此可见作者将学术研究与话语表现相结合的积极探求。该书在文献资料的运用上也显示出作者的良好学风，除大量采用第一手文献资料和利用考古学提供的实物以外，作者还尽可能地到实地拍摄了一些照片和查阅了一些县志，这体现了作者的智慧和劳动。当然，该书也并非十全十美，由于它涉及的时间跨度长，空间方面又十分广，因此，有的问题就未能更深入地展开论述，有的章节也未吸收尽有关研究的最新成果，个别的提法还值得进一步研究和思考。

两位作者从学生时代起，就热爱中国文化，20余年来一直关注中国文化的历史、现状和未来，并在教学和科研中不断地取得一些新的成果。他们扎实勤奋，锐意进取，在多方面积累的基础上又花6年的时间完成了这部大著。在他们身上，流贯着中华民族自强不息、艰苦奋斗的血脉，体现出了新一代青年学者的风采。我对二位作者的精神表示诚挚的敬意，给予更大的希望。在此书正式出版之际，我写了上面的一段文字，是为序。是否恰当，请广大读者批评指正。

李衍柱

2002年1月2日

总纲

目　录

第四编 秦汉：中原帝国的宏业伟功

上卷 简明峻厉的思潮流变

下卷　雄强伟岸的文化风貌

导　言

　　人类在辽阔的生存空间和漫长的发展历程中，曾遭受过许多磨难也创造过许多奇迹。磨难与创造相随而生，使人类不断地发现、充实、完善、更新着自我，并满怀信心地走向 21 世纪。文化是人类创造的宝贵财富，是人的本质力量的体现及外化，是推动人类社会前进的强大动力。中华民族在探索自然奥秘和人类潜能的进程中，遭受过挫折，也创造着财富，为世界进步做出了巨大贡献，研究中国文化史本身就有着十分重要的意义。尤其是近年来为促进我国改革开放的深入发展和社会主义的文化建设，查考中国传统文化的精髓与糟粕，总结中国传统文化的经验与教训，探讨中国传统文化的规律与趋向，也就显得更为迫切和需要，因而具有巨大的现实价值。

一、　中国文化史研究的对象

　　随着社会的进步，文化也在不断发展。人类在超越自我的同时，也在创造着崭新的生活。但是未来毕竟与过去有着深切的联系，能够揭示其中奥秘无疑会使人遵循"大道"、"科学"前行。因而站在当今现实的基础上，以对理想的憧憬态度观照人类走过的艰辛历程也就不无意义。中国儒家学者认为，"大道之行也，天下为公"①；马克思说，可以把历史科学称作"一门唯一的科学"②。都是从人文高度对人性的美好期求，从而给理性探索以崇高的评价。

孔子墓

关于"文化"的观念历来有不同的理解，从宏观方面看，它包括自然生态与人类社会及其相互间的作用与影响。马克思、恩格斯在《德意志意识形态》中说："历史可以从两方面来考察，可以把它划分为自然史和人类史。但这两方面是密切相连的；只要有人存在，自然史和人类史就彼此相互制约。"我国汉代史学家司马迁在谈到著《史记》的目的时说：要"究天人之际，通古今之变，成一家之言"③。美国的费迪曼教授认为，被誉为欧洲人的"历史学之父"的古希腊的希罗多德，其所著《历史》内容广泛，也可说是西方的第一部文化史④。人是自然的产物，同时又反作用于自然，因而天人关系或者说物质与精神的关系，包括物质与精神的运动规律，就成为社会研究的重要课题。从这个意义上说，人类所有的历史正是一部文明

---

① 《礼记·礼运篇》。
② 《德意志意识形态》，《马克思恩格斯全集》第3卷，人民出版社1960年版，第20页。
③ 司马迁：《报任安书》。
④ 费迪曼：《一生的读书计划》，花城出版社1981年版，第21页。

进化史，它无法割断与自然的联系而欲求人类生存的更高形态。所以，广义的文化被认为是创造的总和，是将天与人综合起来加以考察。当今文化研究中的东方的"天人合一"与西方的"天人相分"说，便笼统地道出了天人关系与东西方文化特征的差异。

　　大历史、大文化的观念毕竟比较宽泛，人类更注重自身历史、文化的发展进程。因此，人在创造物质文明保证生存状态的前提下，也更加注重探讨精神文明的提升，并反过来促进更多更好的物质财富的产生。从这个意义上讲，人类历史文化也就是人全面创造的总和，它侧重以人为中心的"按照美的规律来建造"①。故颇有影响的美国学者爱德华·麦克诺尔·伯恩斯与菲利普·李·拉尔夫在其合著《世界文明——历史和文化》② 一书中，以丰富的资料阐述了人类历史各个阶段的政治、经济、法律、宗教、哲学、科学、文学、艺术成就。也就是说，人类的文化史更注重人类的能动性研究，套用"文学即人学"的概念可说"文化即人化"。故相对广阔的文化含义，被认为是人类创造的所有物质文明和精神文明。尽管"文明"和"文化"有相同之意，但也有细微差别。"文明"侧重"明"，含有光明、照亮、进步的强烈色彩；而"文化"侧重"化"，含有浸润、普及、进化的宽缓意蕴。所以两个语词有时在使用上是一致的，但在特定情境上又绝不能混用。中国社会科学院语言研究所编著的《现代汉语词典》中"文化"与"文明"的第一义项完全相同，但在具体组词使用上则有一些差异，如"文化宫"、"文明戏"中的"化"与"明"就不能互换。从语言学角度的探讨相当复杂，诸多学者都有一些精到的辨析。从大的方面讲，二词是相通的，因为人类历史毕竟是逐渐"明"、"化"的。从小的方面讲，二词还是有区别的。《辞海》释"文明"：(1) 犹言文化。(2) 指人类社会进步状态，与"野蛮"相

---

① 《1844 年经济学哲学手稿》，《马克思恩格斯全集》第 42 卷，人民出版社 1979 年版，第 97 页。
② 此书中译本名为《世界文明史》(共 4 册)，商务印书馆出版。

对。李渔《闲情偶寄》："辟草昧而致文明。"旧时亦指时新的或新式的。如早期话剧称文明戏，新式结婚为文明结婚。之所以在此略作赘述，是想说明"文化史"或也可作"文明史"读解的。

由于"文化"的含义较为广博，人们不可能进行笼统的观照而达到精深的研究。随着社会的发展，观念也不断地更新。因而，"文化"也更偏重指向人类的精神文明领域。这正如近代学科的设立一样，科学分为自然科学和社会科学。当然，任何比喻都难以周全。正如社会科学与自然科学有相关因素一样，文化偏指人文内涵的同时，也不能忽视物化世界的影响。因此，西方文艺复兴时期的成果，一般被视作文化史研究的最初依据。法国著名的启蒙主义学者伏尔泰（1694～1778）在谈到写作《路易十四时代》的目的时说："作者企图进行尝试，不为后代叙述某个个人的行动功业，而向他们描绘有史以来最开明的时代的人们的精神面貌。"[1] 伏尔泰还著有《论世界各国的风俗和精神》，完全用一种理智的观点来阐释人类通过哪些阶段，从过去的原始野蛮状态走向现代文明。正是在此基础上，西方学者展开了文化史研究并取得了一系列成果。如法国历史学家基佐（1787～1874）写成了《欧洲文明史》和《法国革命史》，都是从一个民族的内部来深入探讨人类精神的进步。英国历史学家亨利·巴克尔（1821～1862）曾许下宏愿要撰写一部 15 卷本的综合性的文明史，可惜由于早夭只留下了《英国文明史》（2 卷）。瑞士历史学家布克哈特（1818～1897）的名著《意大利文艺复兴时期的文化》，以开阔的视野透视时代的文化特征，着重强调思想解放、理性探讨、自由意志的作用，被美国学者誉为"现有著作中关于文化史的一部最深刻、最精微的研究著作"[2]。德国历史学家卡尔·兰普勒克特（1856～1915）所著《德国史》、《什么是历史》，也深刻地影响了文化史

① 伏尔泰：《路易十四时代》，商务印书馆 1982 年中文版，第 5 页。
② 彼得·盖伊等编：《西方历史文选》（又名《史学家的业绩》）第 3 卷，1972 年英文版，第 154 页。

研究，他强调时代精神和心理因素，指出每一个历史时期都有一种居于支配地位的时代精神，各个方面的活动都是一种共同心理的反映。正是在文化史研究的洪流中，英国著名文化学家泰勒（1832～1917）在其1871年所著的《原始文化》一书中，给文化下了一个著名的定义："文化是一个复杂的总体，包括知识、信仰、艺术、道德、法律、风俗，以及人类在社会里所得到的一切能力与习惯。"这个长期被视作经典的定义，强调的是文化的精神方面。这就使文化的内涵和外延得到相应的明确，故《现代汉语词典》说文化"特指精神财富，如文学、艺术、教育、科学等"。

但是从传统的历史研究来看，史学家往往把政治、经济、文化分成三个范畴来论述。在论述中又侧重政治、经济而忽视文化，这就使文化显得不很重要，似乎只是政治、经济的附属产物。从而导致人们对文化的理解仅限于宗教、哲学、艺术、教育等观念形态上，而忽略了文化在政治、经济活动中的重要作用。的确，一门科学应有其特定的研究对象，才能认真探讨其发展规

鸟兽纹觥（商）

律和未来趋势。从这个意义上讲，学科划定是科学研究的有效途径。特别是人类社会分工愈细，学科研究也就愈加专门。但是按照马克思主义的人的全面发展的观点，按照政治、经济、文化三者的辩证关系，文化就不只是静态的、被动的、浅层的一些表面现象。因此，可以认为文化是与政治、经济并驾齐驱的，但绝不可认为文化是价值不大的。反之，倒应以文化的眼光审视政治、经济的发展，在探讨文化本身走向的规律时关注对政治、经济的能动效应。马克思在《1844年经济学哲学手稿》

中对此有明确的阐述，西方文艺复兴以来的历史也证明了文化的巨大价值。这就使文化从狭义的理解延伸到了广阔的领域。所以，《辞海》对文化的解释是："从狭义来说，指社会的意识形态，以及与之相适应的制度和组织机构。文化是一种历史现象，每一社会都有与其相适应的文化，并随着社会物质生产的发展而发展。作为意识形态的文化，是一定社会的政治和经济的反映，又给予巨大影响和作用于一定社会的政治和经济。"由此可见，文化是一个复杂的综合体，它以观念的形态出现并渗透于人类生活中。文化史研究要考察社会各个方面的因素，深入辨析文化本体的独特征象，从而得出实质性的规律并引导人的素质全面提升。

正因"文化"概念的复杂，所以对"文化"便有多种多样的理解。西方学者对"文化"的定义不下 200 种，可见视角的不同造成纷繁的差异。在我国，"文化"一词古已有之，但也并非当今的意义。从最初的文字看，"文"是一个文身的形象，可证"爱美之心，人皆有之"。"化"，按《说文解字》释，为"教行也"，其不同于"变"之处是一个逐渐的过程。《周易·贲卦》曰："观乎人文，以化成天下。"就是说，看到人美好的一面，以化育成社会风尚。这时两个词还没有结合起来，显然是"文而化之"之意。西汉以后，"文"、"化"构成新词并合使用。如刘向的《说苑·指武》："圣人之治天下也，先文德而后武力。凡武之兴，为不服也，文化不改，然后加诛。"在此，"文化"乃"文治教化"之意。西晋束皙《补亡诗》曰："文化内辑，武功外悠。""文化"与"武功"相对，仍是承前词而来，有"文明化育"之意。总之，我国古代的"文化"一词，始终有自上而下"文教化行"的意思，这当然也符合我国古代历史发展的状况，由此也形成我国传统文化的某些特征。西方"文化"的对应词原意含有耕种、居住、练习、留意、敬神等多重意义，后来引申为对人类心灵、知识、情操、风尚、思想的化育。西方展开对文化的研究以后，它便成为对社会世象尤其是对意识形态研究的一个代名词。20世纪初，我国留学日本、西欧的知识分子将"文化"的概念引入国内，与传统的"文化"概念既有差别又有联系。这不奇怪，许多外来词语正是借助这种形式得以传播的，如世界、观念、归纳、演绎、民主、自由等词，都是借助传统语词表述外来学术的特别含义。这样，对文化的研究便开展起来，并形成波澜壮阔的文化运动。"文化"几乎包揽了人们日常生活的一切，有知识称有文化，原始遗存称原始文化，政府设文化部门管理文化。新中国建立后，"文化"一词用得更多，直到当下，文化研究的热潮仍未减退。尽管如此，"文化"的含义始终很模糊，如其分支便有饮食文化、服饰文化、居处文化、旅游文化，等等，可以说各个门类的文化应有尽有。正因为文化的内涵不易确定，导致很难给它下一个清楚而完全的定义。但它又确实存在，在此不妨用最简洁的方式表述，即文化的实质性含义就是人类价值观念在实践过程中的对象化。至于具体内容，当然可做分门别类的精深研究。

古人作史，讲究持中，即应力求客观公允。当然，这是科学的态度，但也一定是有立场的。马克思主义告诉我们："在充分认识了该阶段社会经济状况的条件下，一切历史现象都可以用最简单的方法来说明，而每一历史时期的观念和思想也同样可以极其简单地由这一时期的生活的经济条件以及由这些条件决定的社会关系和政治关系来说明。"① 社会主义建立后，列宁说："马克思主义作为无产阶级思想体系并不是因为他抛弃了资产阶级时代最宝贵的成就"，"相反地却吸收和改造了两多年来人类思想和文化发展中一切有价值的东西"②。因此，文化史的研究对象应是过去年代的文化成果，但又必须站在当代高度以正确思想作为指导。需要指出的是，20世纪50年代以来，我国的文化研究偏重为政治附庸，这就使文化走向庸俗。毕竟文化有其特殊的规律，只有真

① 恩格斯：《卡尔·马克思》，《马克思恩格斯全集》第19卷，人民出版社1963年版，第122页。
② 列宁：《论无产阶级文化》，《列宁选集》第4卷，人民出版社1972年版，第362页。

正揭示文化的规律才能促进文化的发展。比如佛教与道教、理学与心学、官制与学制，以及绘画与书法、音乐与舞蹈、园林与建筑、诗歌与散文，等等。有人更把文化特征概括为时代精神，文化史研究就更要把握时代主流，从内容和形式上加以梳理，总结出有价值的经验给后人以丰富的启迪。所以，从这个意义上说，"任何文化史都是当代史"，因为在历史研究中无不具有当代观念。

花山岩画·祭神舞蹈图 (战国)

根据前人对文化的研究，我们知道有全世界、全人类的普遍性的文化，也有地域性、种族性的特殊性文化，这就是社会科学中经常遇到的国际性与民族性问题。文化的生成有其环境的制约，环境条件是千差万别的，因此文化也有万千殊同。应该承认客观环境的巨大存在，当然也不应否认人类的巨大作用，正如马克思、恩格斯所说："任何历史记载都应当从这些自然基础以及它们在历史过程中由于人们的活动而发生的变更出发。"① 一般意义而言，文化的生成取决于自然生态环境、社会经济环境和政治制度环境，同时又形成强大的文化观念反作用于物态生产和活动过程。故此，世界范围内产生了诸多不同的文明，如四大文明古国便分别具有各自的文化特质，而其后产生的更多文明也就具有更多歧异。研究中国文化史，当然要从特定的情境出发，才能把握其总体风格与时代精神。中华民族长久

---

① 《德意志意识形态》，《马克思恩格斯全集》第 3 卷，人民出版社 1960 年版，第 23 页。

地生活在中国大地上，特定的自然条件造成了特定的生存本能，其生产工具、技术方式等无不与自然发生着关系，同时在生产中产生的社会组织、机构、制度等也无不发挥着有效的功能。正是在此基础上，中国文化形成了其鲜明特征。李大钊说："中国以农业立国，在东洋诸农业本位国中占很重要的位置，所以大家族制度在中国特别发达。原来家族团体一面是血统的结合，一面又是经济的结合……中国的大家族制度，就是中国的农业经济组织，就是中国两千年来社会的基础构造。一切政治、法度、伦理、道德、学术、思想、风俗、习惯，都建筑在大家族制度上作他的表层构造。"[①] 因此，中国文化史研究的任务，就是要从宏观上把握中国文化的生成和发展，并在微观上挖掘中国文化的本性与特质，将天与人联系起来综合考察，对各个区域、各个种族、各个门类、各个活动进行深入的探讨，以经验性的总结得出哲理性的规律，揭示文化的普遍性与特殊性的联系，更好地指导我国的文化事业全面走向文明。

　　但是，文化研究的范畴过大势必成为一项浩繁的工程，我们不可能事无巨细地去罗列久远的历史。因此，只有去芜存精、去伪存真，才能接近客观存在的本质和规律。一般而言，文化是一种观念意识，它由客观外在决定主观内在，同时又由主观内在影响客观外在，两方面的因素都不可忽视。因而，许多研究者有时也把文化视同哲学，以此切入把握文化的精髓。但这样毕竟有些狭隘，因为文化还包括许多形态，如法律、习俗、宗教、艺术，等等。所以，文化侧重意识形态的研究，但也要考察物化成果及其形成的要素。从这个意义上说，文化研究的对象不能太小，不能割断具体的事类现状同其他的相关因素的联系。比如说，我们研究艺术文化，就要看艺术产生的时代背景、艺术的思想倾向与形

---

① 李大钊：《由经济上解释中国近代思想变动的原因》，转引自冯天瑜等：《中国文化史》，上海人民出版社 1990 年版，第 16 页。

式追求、艺术产生的社会影响，以及与艺术相关的其他效应。既然从史学的角度去论述，就要注意文化发展的前因后果，将各个历史阶段的整体风貌与个别表现结合起来，探讨主流精神的同时也不忽视异化的征象。要说明这些很不容易，必须透过现象看本质。比如我们常说唐代文化恢弘壮丽，这是就整体而言，但分阶段看，则有变动和差异。初唐时的蓬勃，盛唐时的雄阔，中唐时的清峻，晚唐时的消沉，须细察方能辨明。我们不能只沾沾自喜于历史上的灿烂辉煌，还要客观冷静地分析以总结经验和教训，这才是治学的目的与真谛。因此，具体到中国文化史的研究，就切要把握民族特征和时代精神，看看中华民族的价值观念在实践过程中的对象化是如何完成的。只有这样，我们才能理性地回顾过去从而前瞻未来，在前行的道路上避免迷失方向，在创新自我的同时也创新整个世界。

二、 中国文化史研究的方法

如果确定文化史研究的对象主要是人类意识形态及其物化形式的发展规律，那么掌握正确的研究方法才有可能达到成功的目的。《论语·卫灵公》载："子贡问仁，子曰：'工欲善其事，必先利其器。'"马克思在历史研究方面取得了卓越成就，也正是因创造了科学的方法而建成完整的体系。当下科学研究的进展，有许多也是因方法的更新而取得的。因此有必要总结前人的研究方法，根据前人的经验并有所创造，力求达到事半功倍的效果。

研究任何科学都要站在历史的高度，才会获取有价值的新发现。中国古代文、史、哲不分，因此司马迁著《史记》，既有文学的华彩，又有史学的客观，还有哲学的深思。司马迁以人物传记为中心，实际上通过人性的描写揭示了社会的复杂，同时也展示出广阔丰富的生活画面及其悠久深厚的文化底蕴，从而达到了他那个时代的高度。马克思经过毕生的潜心研究，创造了博大精深的科学体系，不但纠正了前人的一些错误观点，也给后人提供了正确的研究方法。马克思主义的唯物史观认为："物质生活的生产方式制约着整个社会生活、政治生活和精神生活的过程。不是人们的意识决定人们的存在，相反，是人们的社会存在决定人们的意识。"① 但是马克思在论述物质存在决定人的精神意志的同时，也不忽视人的主观能动性对客观外在的影响，他尤其赞美劳动在人类进程中的重要作用。马克思、恩格斯批判了西方文化研究中过于强调人的心智因素的观点，也纠正了把文化视为经济的傀儡的错误看法。马克思站在人类发展的高度提出了科学的观点和方法，直到今天仍是指导我们从事科学研究的有力武器。

朱雀灯（西汉）

　　文化研究是社会发展到一定历史时期的产物，并随着人们认识的进步而呈现出鲜明的时代特色。因此，文化研究方法的不同也会导致文化研究结果的不同，这就需要总结前人的经验而尽可能地减少偏颇与失误。如果说，文化研究是从西方文艺复兴时期以后开始，那么，各种学说也随着研究的深化而不断推出。了解这些学说是必要的，可以从中发现许多有益的东西。比如在达尔文生物进化论的影响下，19世纪后半期的学者一般认为，进化原理也左右着人类文化和社会的进

① 马克思：《〈政治经济学批判〉序言》，《马克思恩格斯全集》第13卷，人民出版社1962年版，第8页。

程。美国人类学家摩尔根（1818～1881）指出，蒙昧—野蛮—文明是人类文化和社会发展的普遍梯级。英国文化学家泰勒（1832～1917）说，人们的心智从根本上说是相类似的，人类的历史是一个统一的整体，文化由低级走向高级是相互联系、前后递进的，因此可以将文化做总体的考察而侧重精神领域。20世纪前期，随着文化研究与地理研究的结合，文化传播学派应运而生。该学派注意到自然条件造成的各民族的文化差异，以及各民族在迁徙、交流、冲突、混合过程中的文化联系。传播学派强调文化传播的作用，认为文化是由某个区域传播到另一区域，但其过于强调由一点扩散到四方的单向过程被历史证明有所局限。与此同时，历史地理学派不赞成早期进化论者以人类心理的类似和物质环境的略同断定文化的同步发展，也不赞成文化传播学派认为文化是由一个中心扩散开来的说法。它认为，各民族处于不同的地理环境，各文化都有独特的历史过程，并非遵循同一路线进化，同时也受到外部文化的影响。按照这种"文化相对论"，所谓文化是由各个文化特质共同构成的整合体。该学派注意到各民族文化进程的多样性，设法从"本地人的观点"解释文化，从而克服了古典进化论只注意文化的时间性迁移的片面性，也给盛行一时的"欧洲中心论"以有力的批评，使文化史的研究视角在"线性统一观"之外又增添了"区域文化观"。但是这个学派对创造文化的主体——人的能动作用有所忽视，仅仅把人看做文化传递的工具，因而没有完整地把握文化的本质。与注重文化发展多元性的历史地理学派的观点有某种内在联系的"文化形态史观"也在20世纪上半叶兴起，其代表是德国哲学家奥斯瓦尔德·斯宾格勒（1880～1936）和英国史学家阿诺德·汤因比（1889～1975）。斯宾格勒自认受过歌德与尼采的影响，由于所处时代和个人思想的原因，其理论多少带有一些宿命的色彩。他认为文化应侧重比较研究，每个文化都有独立的意义和运行的周期。他在《西方的没落》一书中，认为世界上有8种自成体系的文化，即埃及、巴比伦、印度、中国、希腊、罗马、玛雅、伊斯兰和西欧文化。每个文化都起源于性灵深处，其基本特征表现于生活各个方面。每个文化最初都充满青春的活力，经过蓬勃兴旺渐渐转向枯萎凋落。汤因比继承并发展了斯宾格勒的学说，为文化史研究构筑了一个庞大的理论框架和价值体系。他在那部主要反映他的文化史理论的《历史研究》中，对人类文明历史的总体做出了某种综合与概括。他把人类6000年文明史划分为26个文明，即西方基督教文明、拜占庭东正教文明、俄罗斯东正教文明、伊朗文明、阿拉伯文明、印度文明、中国文明、朝鲜与日本文明、希腊文明、叙利亚文明、古代印度文明、古代中国文明、米诺斯文明、苏美尔文明、赫梯文明、巴比伦文明、埃及文明、安第斯文明、墨西哥文明、于加丹文明、玛雅文明、波利尼西亚文明、爱斯基摩文明、游牧文明、斯巴达文明和奥斯曼文明。这些文明之间又存在着某种历史的继承性，即所谓"亲子关系"。他认为，每个文明都有起源、生长、衰落、解体和灭亡五个阶段，任何文明的发展都逃不出这一套"规律"。一个文明社会如果能够成功应付来自环境的挑战，那么它就可能走向繁荣和发展，反之则会导致衰落和灭亡。人类社会正是在不断接受新的挑战，以此方式有节奏地前进以至于无穷。斯宾格勒和汤因比的文化史观突破了文化直线发展的模式，纠正了文化传播学派观点的偏颇，揭示出不同民族在不同区域、不同时段创造出不同成果的原因，但也强调了"富有创造性的少数人"的作用，因而虽然推进了文化史研究的深入，却也容易使人看到西方关于人性本质及英雄价值的唯心史观。此后苏联文化学与马克思主义结合，强调阶级对立的观点及物质决定精神的观点，对我国解放后的学术界有很大影响。文化大革命后，我国实行改革开放，对文化的研究在反思传统、借鉴外来的基础上蓬勃展开，许多学者以各种方法对文化进行深入探讨，从而为我国的文化建设做出了有益的尝试，也为后来的研究者提供了有效的途径。

关于文化史的研究在我国虽然为时不长，但在充分理解文化的概念的前提下并在占有大量文化史料的基础上还是能够有所建树的。我国有久远的历史，留下了丰富的资料，这就要求我们用文化眼光去审视、判断、梳理并得出结论。一般而言，文献资料是十分重要的。中国古代有许多著名的哲学家，他们丰富的著述给人以深刻的启迪，由于哲学和文化的联系紧密，因而研究他们的思想就更能把握时代的本质。中国历代还有众多的皇帝，他们在中国历史上起过非凡的作用，且不管他们是英明的还是昏聩的，总在社会发展进程中产生着不可忽视的因素。中国古代还有一些科学家、艺术家，他们以自己的聪明才智探寻客观世界的发展规律和表现主观世界的思想感情，从而给人们提供了解决实际问题的方法和抒发浪漫理想的方式。中国更多的是劳苦大众，他们虽然处在社会底层，却是历史发展的真正动力，"水能载舟，亦能覆舟"，说明了民心向背的文化效应。我们研究中国文化史，除了要阅读上述大量的历史文献资料外，还要注意众多的历史实物遗存。考古发现能使我们探究历史原貌，与文献印证得出更直观的结论。尤其是用科学方法能直追地球的形成和生命的起源，得以观览人类发展的踪迹和成就。我们现将考古发现的原始遗存以文化命名，可以说正是通过物态质状昭示了原始人类的精神创造。大量出土的未见史载的历史文物，则以鲜明生动的形象使我们可以窥见那个时代的文化产品。比如商周时代的甲骨文、青铜器，秦汉时代的兵马俑、画像砖，魏晋南北朝时代的石雕、壁画……都展现出时代的风采和文化的进步。当然，除了文献资料和考古发掘，还要注意其他许多活在民间的文化样式，如祭神的歌舞、婚嫁的礼仪、工艺的制作以及年节的风俗。总之，研究文化史需要掌握大量的资料，才能具有较为清醒的认识从而达到较为切近的目的。

研究中国文化史，还要注意宏观与微观相结合。我们要了解一个朝代的总体风貌，还要考察具体事物的细微特征，二者联系起来方能揭示文化的实质内涵。比如说，汉代文化呈现出一种雄强精神，这是就主体而言，尤其是汉武帝时期。这时的经济在"文景之治"后雄厚了起来，年轻有为的皇帝迫切希望在政治上建功立业，于是在军事上采取强硬措施扩大版图，巩固国防。文化上随之而来的是"罢黜百家，独尊儒术"，强调大一统的观念和"天人合一"、"三纲五常"的伦理。艺术作为传经载道的工具则歌功颂德、劝诫说教，但在形式上则铺张扬厉、摛文敷采。如司马相如的大赋，文辞之华美，风物之广博，气势之宏丽，可谓登峰造极。此时的歌舞场面宏大，动作雄健，音容旷朗，充分展示出一种豪迈气概。而雕塑则古拙浑重，轮廓粗放，简洁雄强，表现出一种大气磅礴的精神。总的来说，汉武

虎食人卣（商）

帝时期的文化特征总体上雄浑豪健，局部上绝不精雕细刻，这从司马迁所作《史记》中的人物传记中亦可见一斑。这符合中国汉代的文化特征，因为在封建宗法制度下的个性是绝不能背弃共性生存的。由此可见，文化是个复杂的综合体，但上到国家，下至百姓，在共同的时代精神推引下，从宏大处到细微处都有一种共同的品格。

　　研究中国文化史，还要注意纵向与横向相联系。文化具有时空性，绝不能静止地、孤立地看问题。我们读唐代陈子昂《登幽州台歌》"前不见古人，后不见来者。念天地之悠悠，独怆然而涕下"，就能充分感受到他站在历史高度所具有的博大情怀，也能充分感受到他怀才不遇而产生的悲凉感慨，由此亦可见中国仁人志士千百年来无法断绝的忧患精神，以及他们所生活的环境对他们所追求的理想的巨大阻遏。历史是呈纵线发展的，由无数个点连接而成，由每个点横向延展开去，才能看到相关联的广阔的社会生活画面。我们研究一个文化点，不仅要看它在历

史纵线上的位置，还要看它在现实横面上的价值，前后左右联系比较，才能有一个正确的评价，将整个时空纵横观照，才能得出一个科学的结论。比如我们研究宋代理学，就要了解儒、佛、道三家学说，正是在此基础上理学达到历史的高点，而与理学相关联的各种社会因素，不但促使理学产生，也接受理学的影响。总之，文化不能割断其历史传承，也不能割断其现实网络，只有看清这些复杂的交织，才能透彻理解文化的底蕴。

研究中国文化史，还要注意古今与中外相比较。所谓古今是相对而言，既可指历史上的前后朝代，也可泛指中国的历史与当今。比如文学上就有古体诗和今体诗的区别，古体诗的押韵、平仄都较宽松，而今体诗的押韵、平仄都很严格，它们之间既有联系又有差异，只有理清脉络看清结果，才能发现其本身的演进规律和阐明其不同的表现形式。强调古今的不同是为了更好地揭示本质，更好地理解传统和鼓励创新，而绝不是为了简单地否定历史以热情地歌颂当今，也绝不是为了草率地肯定历史而盲目地乐观自尊。古今对照是为了探讨文化发展的规律，从而昭示今后文化发展的可能走向。单纯从主观愿望出发，或颂古非今，或颂今非古，都不是科学的态度，这在当今的文化研究中尤其应该注意。所谓中外也是相对而言，既可指历史上的华族夷属，也可指现代的中国和外国。历史上的华夏仅居中原，四方草野则被视为蛮夷，的确存在文化的不同，这当然需要去考辨。汉族与其他民族各有鲜明的文化特征，尤其是农耕文化与游牧文化存在着巨大差异，但在互相碰撞的过程中却得以融通。如魏晋南北朝时汉族就很欣赏一些胡物，而胡人也很接受一些汉俗。隋唐王室的成员也是胡汉血统的混杂，文化的往来消弭了文化的对立。在文明的冲突、交流与融会中，中华民族逐渐壮大起来。历史证明，中外文化具有各自的特性，在互相审视中发现新异，越是取长补短越能促进文明进程，越是封闭排斥越将萎缩困顿。当前，随着科学技术的进步，世界正在趋向大同，尤其是互联网的出现把不同国度紧密地联系起来，不同的意识形态也得以广泛地传播。美国学者威廉·麦克尼尔在《西方之兴起》一书中认为，文化的发展越来越趋于混合和雷同，随着人们之间交往的日益频繁，各种文化的独立性日益消失。故此，历史上的"尊王攘夷"，现实中的全盘西化，都不是理性态度。既没有必要把中国文化的保守性同西方文化的先进性相比较而自我贬低，也没有必要把中国历史上的辉煌与西方历史上的黑暗相比较而自我抬高，而应认真地考察各自的发展历程，在比较中解决民族性与国际化的问题，使文明在人类真正完善自我的过程中发挥作用。

　　此外，研究中国文化史还要抓住主流与重点。这个主流，就是推动历史发展的强大动力。马克思对资产阶级推翻封建政权曾有精辟的论述，农耕经济被工业革命所取代已是不争的事实。众多学者都曾探讨过文化发展的动因，根据马克思主义的观点，人民群众是首要的决定的力量，但也绝不可忽视英雄人物在历史上产生的巨大作用。20世纪40年代以后，随着科学技术日新月异的进步，人们越来越重视科学技术在文化发展中的地位，越

猎骑胡俑（唐）

来越将其视为支配社会文化前行的主导性力量。英国学者贝尔纳的《科学的社会功能》、美国学者莱斯利·怀特的《文化的进化》，都把科学的发明、技术的进步当做文化展拓的根本动因。他们认为，文化的进化受技术、社会、意识形态及政治组织四种因素的交互影响，而技术因素是第一位的，其他因素都从属于它。这与当下的"科学技术是第一生产力"的说法是一致的，与马克思关于经济基础决定上层建筑的论断也不

矛盾。因此考察一个社会的文化主流，不能不看其生产方式、经济组织、政治制度及意识形态，这都可以上溯到远古的石器时代加以印证。然而我们通常所说的文化一般指意识形态，因而意识形态也就成为文化研究的重点。马克思曾经提出关于物质文化和精神文化发展不平衡的理论，这也为我们认识人类史上各种复杂的文化现象提供了科学的世界观和方法论。而西方学者把心理因素看做文化进展的根本动因也给了我们启发。美国学者沃德在《文明的心理因素》中认为，欲望是人类的主要意志，也是社会文化推展的原始动力。其他，像英国的麦孤独的"本能说"、奥地利赖荷夫的"关心说"等，也都从人类的先天心理出发解释社会文化现象的变迁。弗洛伊德及其追随者在这方面走得更远，他将性欲的生物本能夸大为文化的天然力量。我们当然不能全盘接受这些唯心说法，但在考察文艺现象时也不能完全忽略这些心理动因。文化本身有时便含有一种对政治、经济的对抗力量，它在适应一定制度、组织的同时又在千方百计地挣脱束缚，获取自由。故此，我们在研究一定历史时期的哲学、宗教、科技、艺术时，更能看清文化的本质而认识其深刻的含义。总之，把握主流形态与重点现象是文化研究的根本，舍本逐末、弃主求次都不是正确的方法，也很难得出正确的结论。

三、 中国文化史研究的意义

研究中国文化史并得出富有创造性的识见，是具有深刻的历史意义和迫切的现实意义的。文化创造的过程也是人类进化的过程，这种创造和进化不是无目的的，也是暗合着事物发展的规律性的。但是真理的发现却不是轻而易举的，一般都要经过艰苦的、曲折的、大量的探索。"劳动创造了人"，"实践是检验真理的唯一标准"，当我们回顾历史的时候才能看清其本来面目及内在规律。同时，我们也是为了建设更好的明天，才总结历史经验以少走弯路，探讨事物发展的规律以便正确前行。列宁说："没有革命的理论，便没有革命的行动。"辩证法向我们揭示，实践与理论都是不可少的，没有无效的实践与空洞的理论。也正因此，文化研究则更应具有针对性，它在观览人类社会发生的大量事件后应得出一种较深刻的认识，并在今后社会发展的进程中起到一种较为正确的导引作用。

研究中国文化史，一般来说具有以下几个方面的意义。

其一，可以继承我国博大精深的文化遗产。我国是世界上著名的四大文明古国之一，在久远而辽阔的时空进程中创造了极为丰厚的文化财富。从原始社会到现代社会，我国劳动人民凭着他们的勤劳、坚韧、勇敢、顽强、聪明、智慧以及诸多的优秀品质，在适应自然、挑战自然、征服自然的过程中锻炼了自己并积累了经验，在建立人类文明、推动社会进

人头形陶器盖（新石器时代）

步、创新整个世界的过程中升华着自己并取得伟业。浩如烟海的古籍、举世惊叹的遗存、卓越非凡的发明，记载了他们艰辛跋涉的履历和不畏艰难的勇气。他们从星星点点的原始群落汇合成堂堂正正的中华民族，创造出灿烂辉煌的文化并具有鲜明的中国气派和民族特征。他们中出现了多少伟大的思想家、政治家、科学家、艺术家……以非凡的才智在历史上树立起卓越的丰碑！我们知道，原始人已发现并利用了火，随着生产力的进步而跨入奴隶制社会，其后在漫长的封建时代中缓慢地发展，才成长为今天的现代人。在这个过程中，产生了与其相适应的文化。我们不能否定他们的劳动，我们的血脉里至今留有他们的因子。他们由茹

毛饮血到烹调美味，由赤身露体到讲究服饰，由野居穴处到筑房建楼，由跣足徒行到修路造车。他们发明了司南、造纸、活字、火药，传播到西方为世界做出了贡献。他们创立了众多的学说，制定了社会的制度，提高了生产的效益，也谱写了华美的篇章，至今仍为人们津津乐道。我们不能忽视这笔巨大的财富，它会给我们巨大的启迪。就说儒、道、禅吧，这正是当今发达的西方社会感兴趣的东西，当然，庞杂的历史遗产需要我们仔细地清点，于良莠芜杂中取其精华弃其糟粕。正如毛泽东所说，我们要批判地继承古代的东西，以更好地为建设社会主义服务。这就需要我们更加努力地鉴别，在研究过程中认真地淘洗筛选。研究中国文化史，正是为了继承中华民族的优秀传统，那种数典忘祖的态度是不可取的。退一步说，即使否定传统也应有依据，没有文化的民族就很难有希望。

其二，可以反思我国悠久曲折的历史进程。我国是世界上历史最为悠久而文化没有中断的国家，但在持续发展的进程中却走过了相当艰难曲折的道路。在回顾历史的时候，我们充满了自豪与骄傲，但也应该进行深刻的自省与反思。华夏的最初先民生活的圈子并不阔大，却以文化的发达傲视四野。随着夏、商、周的嬗递，中华民族的版图得以不断拓展。然而可以发现，新的王朝崛起总与旧的王朝腐败有关，被视为文化落后却充满活力的民族，总能在生存的欲望驱使下挑战曾经文明发达而已衰落的王朝。战国末期，周已颓败，秦、楚、齐成鼎立之势，最终，强悍的秦战胜了博大的楚与富庶的齐。按照马克思关于野蛮战胜文明的论说，历史上的确出现过多次类似的现象，如古代埃及、巴比伦、印度以及欧洲，这不能不令人深思。但同时，野蛮文化在进入文明区域之后，往往被削弱、同化、整合，创立出又一种崭新的面貌。建立在中国农耕生活基础上的强大文化系统，有其特殊的合理性与持续的稳固性，这就使其他文化进入中原后难以撼动它并被其修正。秦朝以武力征服、法制强治，因而短命即逝，汉代以儒学为宗建立起"天人合一"的庞大体系，算是把握了中国文化的精髓。但是自汉以来直到魏晋南北朝对外来文化的接纳，才是真正推进中国文化发展的重要动因，源于先秦的道家思想与起于印度的佛教思想在此时得以互有辩争与融洽，至唐朝发展到顶点。此后理学融三家为一体，将宇宙意识与人伦秩序完密地建构，根本体现了中国人的哲学观念与道德标准。以《周易》的观点看，事物有阴有阳，有盛有衰，中国历史正如前车之鉴，我们从中可以吸取许多教训。其中至关重要的一条是，贫穷就会内乱外扰，发展才是硬道理。我们还可以看到，统治者的英明与昏庸对国计民生造成多么巨大的反差。我们为什么不能避免被动的受侵害而变为主动的去传播呢？这一切或许在历史反思中能够找到答案。

　　其三，可以揭示我国文化发展的独特规律。中华民族自古就生息在东亚大陆上，特定的地理环境和气候条件决定了其生活方式和心理因素。在此基础上建立的文化形态及其发展路径，充满了东方的迷幻色彩和务实本性。远古神话中的开天辟地、女娲伏羲、部落大战、射日治水，无不生动地展示着人类创造的历史图景。进入奴隶社会后，巫史文化更为发扬光大起来，那狰狞的饕餮与清秀的甲骨记载着最早的文化人的思考与昭示，神性与人性的妙合使中国文化具有一种神秘的气息。战国至秦汉，神的权威动摇，人的自信增强，尽管人仍敬畏神，但神却开

三彩男俑（唐）

始服务于人。孔夫子就敬鬼神而远之，董仲舒更借天道重人道。因而有人说，儒学不是宗教，因为饱含理性，正因理性发达，宗教就难产生。也正因此，更有人说，儒学具有宗教的功能与作用，因为它令人信服又符合天意。魏晋以后，玄学流行，周汉儒学的桎梏被打破，士人的天性

得以张扬，新的"天人合一"关系被合理阐释，而艺术成为最能沟通天人关系的载体。加之宗教的渗入，天人更为亲密，于是"澄怀观道"、"任情适性"一时蔚然成风。唐代三教并举，政治开明，得益于胡汉文化的融通与中西文化的交往。宋代传统文化复归，以儒学为本体又吸纳佛、道学说质因而构建起理学，成为宗法社会的理论支撑和人们言行的自律法则。此后心学别立一家，陆九渊、王守仁成为代表，主张"心即理"、"致良知"、"知行合一"，产生极大影响。在此以哲学为线索，主要是因为它始终在探究人生的真谛，它与政治关联而疏离，有其本身的发展规律。当然，人类生活的各个领域都有其递进的过程，但观念的变迁可以导致物化事态的更替。由此亦可看出东方哲学与西方哲学的不同，在艺术的表现上也可看出风格的迥异。因而研究中国文化史，能察知中华民族的文化动态，揭示文化内涵的本质特征。英国哲学家弗兰西斯·培根说"读史使人明智"，掌握了文化领域的运行规律，有利于我们避免倒退而走向创新。

其四，可以凝聚我国各个民族的向心精神。中华民族以华夏为中心成长壮大起来，团结神州大地上的其他少数民族建设家园，使中国各族人民具有强烈的向心力。"四海之内皆兄弟"是古人美好的向往，以夏变夷与汉人胡服体现着对文化改易的互动尝试，因而在民族会聚的过程中中华一体的精神纽带不断被强化，并形成富有鲜明特色的中国特征。虽然因地域的辽阔和历史的久远，各族属之间因生存欲求发生过血腥的战争，但这符合进化的法则也是文明的动力，其结果是形成更高形态的和谐与凝聚。在原始社会阶段，由部落发展到联盟，龙的文化开始产生。梁启超说："华夏民族，非一族所成。太古以来，诸族错居，接触交通，各去小异而大同，渐化合成一族之形。"① 岑仲勉说："世界上没有血统很纯粹的民族。民族既非单元，文化也就不会单元。反过来，文

---

① 梁启超：《饮冰室合集》第 11 册。

化越灿烂，民族的血统似乎越复杂。"①夏、商、周既是不同的族属，也是不同的朝代，文化既有各自的特点，又于传承中融通。秦汉建立起大一统帝国，疆域扩大，国力强盛，支那、汉族名称随之产生。其后三国鼎立，南北对峙，但文化没有崩裂，而是在对立中亲和。中国历史上，统一是大势，分裂是暂时，这是民心所向，文化所趋。至唐代，不仅建立起多民族统一的大家庭，其文化也取得辉煌成就而远播到周边国家。民族的隔阂无法抗拒文明的魅力，"万国衣冠拜冕旒"成为恢弘景象的写照，做一个"唐人"胸中充满了由衷的自豪。元、清异族侵入中国，于武力的征服中又为文化所折服，因而辽远的国土无不浸染着华夏的气息。忽必烈的汉化举措、康雍乾的盛世伟功，都适应了历史潮流而推进了社会发展。周边弱小民族也无不为是中华大家庭的一员而具有归属感，清朝土尔扈特部的回归祖国就被传为美谈。土尔扈特部原为蒙古的一支，世居今新疆塔城一带，明末被迫西迁至伏尔加河下游，但仍以炎黄子孙自称。在俄国沙皇统治下，土尔扈特部处在水深火热之中，大批青壮年被强征入伍而在战争中死于非命，受到的民族歧视忍无可忍。乾隆三十五年（1770），土部誓师重返祖国，整个部落突破俄军四道封锁线，避开哈萨克部的阻击转道戈壁沙漠，历时8个月，饱经磨难回到伊犁。乾隆立即拨银20万两，购置生活物资给予救济，又选水草丰盛之处供其游牧，并派使者迎接其部落首领渥巴锡汗到承德避暑山庄朝觐。总之，对中华文化的认同形成全国各族人民的向心趋势，至今，港、澳、台同胞及广大的海外侨胞仍不能忘怀祖国文化之根。

其五，可以繁荣我国社会主义的文化事业。如果说，资产阶级革命的胜利，以资本主义生产方式否定了封建生产方式，使西方社会向前迈进了一大步；资产阶级的文化对于封建文化的胜利，以先进和文明否定了愚昧和野蛮，也使人类社会的文化向前迈进了一大步；那么，无产阶

① 岑仲勉：《西周社会制度问题》，上海人民出版社1957年版，第111页。

级在推翻资产阶级政权，努力建设社会主义秩序之际，也必须实现文化革命的任务，在文化方面实现变革和改造。如何创立和发展与社会政治形态相适应的文化形态呢？这是一个带有普遍性、规律性的问题。纵观人类历史进程可以发现，每当一次人类的大革命运动之后，为了尽快从速地建立起一个崭新的文化形态，人们总是企图扫除一切已经遗留下来的旧文化的历史痕迹，全盘否定旧文化的存在价值包括抛弃其中合理的因子。法国大革命后曾经出现过企图扫除一切旧文化的举动，革命的人民要立即抛弃当时盛行的基督教，试图创立一种既无历史根源又无现实基础的新宗教，即所谓的"理性的宗教"，结果当然是一无所成。俄国十月革命胜利以后，苏维埃党政领导层中出现了所谓"无产阶级文化"派，他们否认一切文化遗产的现实价值，认为必须在现存文化和现实生活中消除一切非无产阶级的东西，包括一度主张拆除一切旧俄时期所建造的铁路，从而建立起一种全新的、不朽的、特殊的文化来。列宁尖锐地批判了他们，在《共青团的任务》中指出："无产阶级文化并不是从天上掉下来的，也不是那些自命无产阶级专家的人杜撰出来的"，"无产阶级文化应当是人类在资本主义社会、地主社会和官僚社会压迫下创造出来的全部知识发展的必然结果"，"只有确切地了解人类全部发展过程所创造的文化，只有对这种文化加以改造，才能建设无产阶级文化"，"只有用人类创造的全部知识财富来丰富自己的头脑，才能成为共产主义者"[1]。同样，我国社会主义文化也要扎根于中华民族文化的深厚土壤和人民大众的丰富源泉里。当我们着手创造和发展无产阶级文化、构筑社会主义精神文明大厦时，绝不能离开我国历史、抛弃前人文化成果、割断民族精神的联系。相反，应自觉地去研究我国积累的文化财富，汲取其中合理和优秀的成分，扬弃那些愚昧和落后的因素。只有这样，才能去努力建造一种符合人类社会的客观存在和适应社会进程的无

---

① 列宁：《共青团的任务》，《列宁选集》第 4 卷，人民出版社 1972 年版，第 348 页。

产阶级文化。任何新文化的诞生和形成，都是一个相当长的历史过程，我国当代社会中出现的或"左"或右的现象都多少违背了文化发展的规律。所以，要真正繁荣我国的社会主义文化，必须在当代环境条件下，总结历史上的经验教训，吸纳全人类的发明创造，经过不断的改革开放才能达到。

其六，可以提供我国现代文明的未来选择。要更好地走向未来必须更深刻地了解过去，历史的发展不以人的意志为转移，但也不能忽视人的主观能动因素。中华民族在悠久的历史进程中独创了与世界上其他民族不同的文

花卉纹银六角盘（宋）

化，它是在中国版图内各民族性格、气质、特征有机整合的产物。它在氏族部落组织制度基础上建立起中央专制政治制度与宗法等级社会制度相结合的制度体系，形成了适应以自给自足的小农自然经济为主、农工商多种经济门类一体化的庞大的有机经济结构，编织起一张纵横交错、基本稳定而极富弹性的社会组织网络。这样就形成了以血缘为纽带的个人、宗族、国家自下而上的从属关系和自上而下的统属关系，这种逆向互济的双重关系决定了人们在处理个体与整体的关系上往往强调整体的至上性和个体的服从性，以达到整体内部的平衡与和谐及个体的生命安全和情感满足。整体至上性在民族文化心理结构中积淀为集体主义精神、主人翁的责任感和顾大局的情操观，同时也带来了抹杀个性、安时处顺、奴性自卑的依附心理。故此，中国传统文化往往具有双重因素。如在宗法制度下形成的平均主义分配原则，既具有一种同舟共济的仁爱

精神，也带来一种反对个人冒尖致富的心理定式。如以血缘脐带相联系的人际关系充满了人情味和非理性色彩，造就了中华民族同情、宽容、大度等美德，也带来了裙带风气、荫庇心态、宗派倾向等不良习性。如修身、齐家、治国、平天下相统一，保家、卫国、救世、济民相一致，形成了具有深厚根源和光荣传统的爱国主义，但同时在民族心理中也浸淫着爱国与忠君不分、齐家与敬祖合一的愚忠愚孝意识。必须了解中华民族的这些特点，它将勇敢与懦弱、聪明与愚钝、豪放与狭隘、勤劳与散漫、进取与保守、斗争性与平和性等看似对立的性格有机辩证地融为一体，从而形成中华民族极富韧性的生命哲学。这种生命哲学是一种融涵了经验主义与理性主义、感受主义与理智主义、唯物主义与唯心主义、悲观主义与乐观主义、无神论与有神论、宿命论与意志论、多元论与一元论、怀疑论与武断论等于一体的圆通神智的观念形态文化。张岱年先生在《论中国古代哲学的范畴体系》一文中列出了最具有中国特色的 16 对范畴，即天人、有无、体用、道器、阴阳、动静、常变、理气、形神、心物、力命、仁义、性习、诚明、能所、知行，其有机整体辩证运动法则就是中庸之道。中庸之道在两极之间变化，最能表现韧的精神。由此，也就形成中华民族的基本特征：（1）适应性与创造性或延续性与发展性。中华民族的适应性与延续性绝不是消极被动和机械前行的，而是积极主动的，即创造性地适应、适应性地创造；发展式的延续、延续式的发展。因此，中华民族才具有在不论多么恶劣的自然条件下顽强生存下来的能力，才具有在极端混乱动荡的社会形势下起死回生重建新秩序的能力，才具有抵御外族入侵的坚强意志及消化外来先进文化的能力。（2）凝聚性与散漫性或封闭性与开放性。中华民族的生存状况是随时空条件的变化而发展的，凝聚和散漫与封闭和开放都是相对而言。中华民族的凝聚性往往表现在外族入侵时，而在和平的年代里往往过着一种平静闲适的散漫生活。国势弱时，周边环境恶化，于是闭关锁国，呈一种封闭心态；国势强时，周边环境平和，于是大度雄风，行一种开放政策。只有了解了中华民族的历史特性，适应现代社会而予以变通改造才是明智的选择。（3）差异性与同一性或排斥性与包容性。中华民族是由多民族组成的有机整体，各民族之间的差异正如人的生命肌体的不同组成部分一样增加了中华民族整体的活力，而中华民族的有机整

紫禁城太和殿（明清）

体性即同一性更给各民族的自由发展提供了广泛的舞台和巨大的潜力。这一特点决定了一切借差异性破坏中华民族有机整体性的势力都在排斥之列，而一切有利于中华民族团结进步的都在包容之列。中国历史上有过统一和分裂交替出现的复杂情形，但短暂的分裂最终走向统一的目标①。总之，研究历史是为了更好地走向未来，而文化将起到特别重要

---

① 参见李尚武《中华民族性新论》，载《寻根》1998 年第 4 期。

和无可取代的作用。

本书正是在上述认识的基础上，经过长期思考与写作的一个成果。书中对中华文化的发展历程作了大致的梳理勾勒，并尽可能用典型生动的事例加以论证解说。全书从史料出发，以理性指导，展示中华民族在悠悠岁月中所创造的突出文化成就。侧重物态和意态的相关研究，力求依照中国文化的历史轨迹，探讨文化本身的发展规律，揭示各个朝代的文化特征。在历代文化的具体研究中，侧重主流文化形态的探讨，并结合其他相关因素给予较深刻的阐述，以求生动的现象与其内在精神相印证。为了更好地适应高等院校的教学内容与面向社会普及文化知识，本书尽可能采用精雅凝练而通俗流畅的语言给予传神地表达，以求事理兼明而雅俗共赏。在成书过程中，作者查阅了大量的历史文献与考古资料，采纳了许多学者颇有建树的科研成果，因论述力求简雅晓畅除特别注明外未能详细列出，也因避免烦琐务使清新而未做精深具体的考证。中国文化史研究是一项浩大而艰苦的劳动，期望本书的探索能给中华民族的文化建设起到一点补益和推动作用。

第一编 史前：中华民族的多元凝聚

上卷

雄奇的原始神话和遗存

第一章
生命原始

第一节　开天辟地

　　人类生存的环境自古以来就与人类生命的进程息息相关。地球作为人类家园，它是怎样从无到有而形成奇妙景观？中华民族的先人也同世界其他民族一样，以自己的想象探寻着这一千古不解之谜。在科学尚不发达的古代，人们用神话描绘出天地之初的成因："天地浑沌如鸡子，盘古生其中。万八千岁，天地开辟，阴清为天，阳浊为地。盘古在其中，一日九变。神于天，圣于地。天日高一丈，地日厚一丈，盘古日长一丈。如此万八千岁，天数极高，地数极深，盘古极长。故天去地九万里。"[①] 古朴的人们以生活常理阐释天地的生成，充满着中华先民的睿智与机趣。但是随着人类社会的进步和现代科技的发展，人们对地球的认识也逐渐清晰起来。

　　由于地质科学和天文科学研究的进展，目前似乎可以看到科学家们勾勒的一个较为流行的画面。在大约 50 亿年前，宇宙间的气体和尘埃受到引力的影响开始凝聚，凝聚成大小不等的星体，这就形成了太阳系

---

① 《三五历纪》。

的初始形态。星体的内核由于引力的能量和放射的作用，聚集着的物质产生极高的热度并且不时迸发。因而此时形成的太阳旧家族的成员，表面是一片炽热的岩浆，并不断接受着陨石的撞击。

经过漫长岁月，以太阳为中心的各大行星旋转速度渐慢，表面岩浆也慢慢冷却，引力使岩浆中较重物体逐渐下沉，较轻物体浮在上面，更轻的物质形成气体。冷却使岩浆凝固，形成干燥的岩石地表。原始表层主要是由硅酸盐构成，呈现出一派灰蒙蒙的状态。此时地球上一片死气沉沉，只有不时的火山爆发，及其引起的纵横遍野的裂缝和不速而来的陨石的狂轰滥炸。

直到 39 亿年前，陨石的轰炸消歇了，宇宙空间变得相对干净安宁，地球的外壳变冷了，大地表面也变得相对坚硬结实。但是，地球内部的复杂物质蕴藏的大量能量仍不时冲破地壳跑出来，大量气体在天空形成了浓密的云。终于，闪电划破天空，雨水开始降落，陨石撞出的大坑变成了水潭。水潭的决口使水流冲击地面，带走了没有站稳的泥石，在地上划出一道道沟。怒吼的水流汇集成更大的河，向低地冲去，汇成池塘，汇成湖泊，最终汇成大海。海底仍有火山爆发，不过水流减缓了爆发的速度，炸开的岩浆石沉积在海底。此时的地球，不再是混沌一片，真正是海阔天空，生命由此开始。

第二节　造化万物

生命的起源正如地球的生成一样，古今中外都有着不同的解释，至今难以弄清真相，但科学家们仍在孜孜以求地探讨着。按照中国古代哲人老子的解释是："有物混成，先天地生。寂兮寥兮，独立而不改，周行而不殆，可以为天下母。吾不知其名，强字之曰道，强为之名曰大。"① "道生一，一生二，二生三，三生万物。万物负阴而抱阳，冲气以为和。"② 老子的阐释从抽象的道理讲不无道理，但玄而又玄，只能使人朦胧意会。生动的神话则展示出一幅形象的图景："首生盘古，垂死化身。气成风云，声为雷霆，左眼为日，右眼为月，四肢五体为四极五岳，血液为江河，筋脉为地理，肌肉为田土，发髭为星辰，皮毛为草木，齿骨为金玉，精髓为珠石，汗流为雨泽。身之诸虫，因风所感，化为黎甿。"③ 可见盘古这位开天辟地的英雄，死后还造化万物，展示出中华民族的古老遐想和悠远情结。

　　与西方文化中的宗教虚构相比，这些古说浪漫而富有诗意。但从生命科学出发，无疑是荒诞不经无从验证的。尽管目前生物学者有着众多猜测和推论，但一般同意生命开始于水中。它起初也许是一种黏液，其中的有机分子开始组合，虽然生命还没有形成，但那些分子组成的长链即蛋白质已是生命的基础，物质由此从无生命过渡到有生命。在那些奇异的胶状物质里，存在着可以自创自新的因子，在细胞自我分裂过程中出现了一些变化，这就是生物进化的动力，也是生命衰老的原因。

　　从地质考古学来看，那些在地球形成过程中最初形成的沉积岩，超过了 30 亿年的历史，经常被称为"无生代"岩石。但覆压或混合于"无生代"岩石之上的"元生代"化石，则已清楚地表现生物的痕迹。这些生物很显然是由最初的孢子进化而来，呈现出极简单的藻类植物和极微型的虫类骨骼的形状。此后海底世界热闹起来，大量的蓝藻茂盛地生长着，其间出现不同的贝壳、螃蟹和诸如此类的爬虫，然后有了鱼类，植物向陆地蔓延，这便是被人们称为"古生代"化石留下的遗观。

　　在这漫长的时代里，生物在海底慢慢扩张、增殖和发展，而陆地温

① 《老子·第二十五章》。
② 《老子·第四章》。
③ 《五运历年纪》。

度普遍高热，只有具备抗旱生殖方法和超脱潜水需要的较大植物爬上岸边，沐浴于阳光之下而崭露风姿。此后动物也强行爬上滩头，以获得更辽阔的生存空间。在"古生代"后期，陆上生物界已可见常青的沼泽森林和笨拙的两栖动物，生命从浅水处慢慢地爬向高坡地。需要指出的是，在从古生代向中生代过渡时期，地壳的运动并未停止，气候的变化也波动无常。生命在经受着考验，大陆漂移改变了生物的地理环境，而冷暖温差也汰选着生物的适应特性。

到中生代可以看到，在植物蔓生的低地平原上，爬行动物正在旺盛地繁衍，它们已经可以完全离水而生，而不像两栖动物流连水边。它们习惯了空气，爬上了丘陵，虽然腹大肢弱，也勇敢地用四条腿爬行并保持平衡。中生代最庞大的爬行动物种类就是恐龙家族了。那些食草类恐龙在沼泽丛林随地啃啮，下体和后肢常常泡在水里或者浮着，笨重的站立应是一副滑稽可笑的样子。食肉类恐龙则令人恐怖，但它也只能拖泥带水地去追逐那些食草的水兽。把恐龙描写成善跳跃会奔跑的巨兽，也许高估了那个环境所造就的本性。当然，爬行动物中也出现了会飞的一类，如翼手龙，不过它们不是用翅膀，而是用指蹼，到处飞翔扑击。而鸟类到中生代晚期，也由最初善于跳跃和攀援的种类练就了展翅腾空的本领，它们的鳞甲变成了羽毛，既轻且强，又可御寒。鸟类的优长，使它们的生活空间更为广阔。

然而，正如古生代末期由于环境产生了重大变故一样，中生代的结束也是始料不及，历史在此留下了谜团。在中生代最后的岩石中，足可以看到爬行动物繁荣昌盛，所向无敌。但缺页之后，岩石存档上种类众多的爬行动物已孑然无遗。恐龙全都灭绝了，只有鳄鱼、乌龟尚有存遗。关于这一缺环，科学家们众说纷纭，但认为严寒的到来和酷热的消失造成了恐龙时代的结束较为普遍。在中生代还是无名之辈的哺乳动物，在历史的断缺后异军突起。也许当初遍体的鳞甲变成蔽身的毛发，以适应被爬行动物驱赶到荒凉高地上的生活，但它们凭借艰苦的生存环境磨炼出非凡的能力，于是，它们和鸟类在中生代和新生代之间那段艰苦时期支撑下来，成为新生代的主角。几乎从新生代一开始，哺乳动物就在温暖的气候下朝不同方向分化，有食草的，有食肉的，有上树的，有下水的，但所有种类都在不知不觉中利用和开发它们的脑，脑的成长使它们的后代越发机智聪明。

随着大陆漂移而造成的地壳巨大揉皱和山脉隆起，以及由冰期原因造成的气温变化和生态氛围，动物择地迁徙和强自适应。它们在不同的地理和气候条件下，雕琢着本身的习性以获得良性的演进。

第二章
艰难创构

第一节　人类起源

关于人类起源这一古老命题历来争讼纷纭，不同的民族按照不同的理解给予着不同的解答。中国远古神话里除了有盘古死后身之诸虫化为黎虻的说法，最为著名的是女娲造人的传说："俗说天地开辟，未有人民，女娲抟黄土作人，剧务，力不暇供，乃引绳于泥中，举以为人。"[①]

现在看来，这样的神话肯定是出现于人类能用黄土作人的时代，他们由捏制泥人可以想到人类的祖先的诞生。这如同西方神话中上帝造人的故事一样，充满了人类童年的幻想。但到了迷信被逐渐破除之后，一切神秘幻想都受到科学的质疑。自从达尔文创立了"物种起源"学说，其生物进化的观点很快得到公认，人类同其他哺乳动物一样是从种类较低的祖先承传而来已得到普遍的认同。也许，它经历了由原始鱼类到两栖动物到爬行动物到哺乳动物的所有阶段，这多少可以由人体在胎内所经历的奇怪阶段所证实。它正是经历了亿万个体生命的代谢，在艰难困苦中发展到今天，具有了超越其他族类的智慧和能力。尽管说人的祖先

---

① 《风俗通义》。

伏羲、女娲画像（东汉）

溯自兽类被具有强烈自尊心的人们所反对，但人性与兽性的异同有时倒更值得人类反思。

说人类和猿类有关，不等于把今天的人和猩猩及猴子相提并论。可以说，人的祖先是最早能够长久地在地面上生活的猿类。在新生代开始时，它们可以在原野奔跑，在岩间藏身，在林中觅食。它们在树上不再像猴子那样轻捷，可以随心所欲；也不再像各类猩猩们虽能下地，但却慵懒地眷恋树林。它们已经不在水塘或沼泽里生活，所以新生代岩石中很难发现它们的遗存。

它们是陆地上的精英，在严峻的残杀中尸骨无存，所以岩石无从记录。但毕竟，这种起初为数不多的族类终于以强者姿态开拓出新境界。这种古猿随着新生代的延续，从而又分出两支，一支始终是猿，一支导向到人。

古猿已能使用自然工具，如用石头砸碎果壳，用木棍攻打猎物。大约在300万年以前，人工制造的工具出现，这标志着人类社会进入了旧石器时代。这时，南方古猿已在非洲活动，它的外貌头颅似猿，两腿似人，可以用双手制造石器。随着下肢和上肢动作的丰富，脑逐渐发达起来，发展到猿人阶段。猿人也称直立人，其特征更加脱离猿而靠近了人，脑量比古猿大，脑骨与人相近了，但并非指人此时才能直立，只是突出说明其特征。猿人化石已在欧、亚、非三洲发现，美洲和澳洲尚未见到。在我国，已经发现的猿人化石有：

云南元谋人（距今170万年左右，1965年发现）

陕西蓝田人（距今100万年左右，1963年发现）

湖北郧县人（距今 70 万年左右，1975 年发现）

北京人（距今约 60 万年左右，1929 年发现）

辽宁营口人（相当于北京人，1984 年发现）

湖北郧西人（相当于北京人，1976 年发现）

河南南召人（距今约 50 万年，1978 年发现）

安徽和县人（距今 40 万～30 万年，1980 年发现）

在此基础上，最早的中华先人在旧石器时代中期过渡到早期智人（即"古人"）阶段，现今华夏版图内可看到的早期智人化石有：

广东马坝人（距今约 20 万年，1958 年发现）

湖北长阳人（迟于马坝人，1956 年发现）

陕西大荔人（迟于长阳人，1978 年发现）

山西许家窑人（迟于大荔人，1976 年发现）

山西丁村人（迟于大荔人，距今约 8 万年，1954 年发现）随后，晚期智人（即"新人"）出现于旧石器时代晚期：

广西柳江人（晚于丁村人，早于河套人，1958 年发现）

内蒙河套人（距今约 5 万至 3．5 万年，1922 年发现）

黑龙江哈尔滨人（距今约 2．2 万年，1980 年发现）

北京山顶洞人（距今约 1．8 万年，1933 年发现）

台湾左镇人（距今约 1．8 万年，1970 年发现）

整个旧石器时代相当于地质学中新生代（包括始新世、渐新世、中新世、上新世、更新世、全新世）的更新世，年度跨越 300 万年。在这漫长的岁月里，中国先人凭借顽强的毅力使生命之河长流不息。

从北京猿人的复原形状看，他们前额低平，眉骨隆起，脑壳很厚，牙床坚实，身材粗壮，肌肉发达，肩宽膀阔，腿短臂长，头部前倾，步履稳健。大量的资料分析表明，这与他们的生存环境和生理需要紧密相关。在旧石器时代，采集和狩猎是他们的主要生活方式。他们到处摘取野生果实，挖掘植物块根，掏扒鼠类洞穴，捕捞水中虫鱼，野菜、树叶、飞禽、蛋卵、青蛙、蜥蜴、豪猪，都是他们可口的饭菜。他们有时也去打猎，蓝田人的猎取对象主要是野猪、羚羊和野马；而北京人猎取更多的是肿骨鹿，有时也猎取水牛和三门马；安徽和县人也从事大规模的狩猎活动。狩猎者往往手持工具组成团伙，采取围攻手法击杀猎物，这样便可获得一顿美餐。他们赤身露体，茹毛饮血，过着艰难困苦的生活。

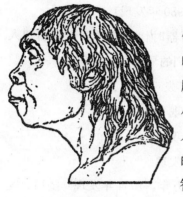

北京猿人

正是在同大自然的顽强搏斗中，他们体魄健壮起来，思维发达起来。到旧石器晚期，他们已经身材挺拔，腿部加长，手脚灵活，前额丰满，脑壳变薄，牙床缩小，身体的匀称和脑量的增加已使他们进入人的现代发展阶段。现代地球上生活着的各种肤色、各种特征的人群，就是晚期智人在世界各地的不同地理、气候等因素影响下形成的。在中国，黄色皮肤、黑色头发、颧骨高突、铲形门齿等一系列蒙古人种的典型体征从原始先人起至今一脉相承。这说明，生活在中国大地上的古老民族并非外来而是土生土长，他们通过劳动完成了自身的造型。

在采集和狩猎活动中，原始人由使用自然物发展到制造工具。在旧石器时代早期，他们一般用直接打击法制作极为粗糙的手斧或砍斫器，此后出现了用石片制作的各种形状的刮削器以及三角形的尖状器。到晚期智人时石器更加精致，出现了边刃极薄的刀、锋头尖利的枪以及轻便小巧的镞。他们在广泛使用石器工具的同时，还大量运用木制工具，他们用石斧石刀砍削棍棒，用棍棒扑打或刺杀动物，正如古代文献所言："昔者，吴英之世，以伐木杀兽。"虽然木器没有像石器那样保存下来，但石制砍斫器和刮削器显然适用于砍削棍棒，考虑到木制工具来源的丰富、加工的方便，它们无疑不会遭弃而被充分利用。此外，在原始遗存中，还发现很多尖状的兽骨和打断的鹿角，这些东西很可能用于猎捕小

贺兰山岩画·动物（新石器时代）

动物或采集植物根。石器、木器、骨器制作的逐步精良，标志着人类智慧的缓慢发展。

第二节　星火燎原

　　旧石器时代的原始人类，在长期的劳动过程中，斗争经验随之丰富，生活方式随之进步，活动区域也随之扩大。可以说，现今发现的原始遗存，已经证明人类的祖先星星点点地散布在华夏大地上。

　　在原始人的文化创造中，火的发现和使用具有划时代的伟大意义。与西方神话中普罗米修斯盗天火给人间不同，中国古代文献的记载更具有写实意义。由大量考古资料推测，是最初天火降临给原始人类带来启示。当他们目睹到雷电、干旱、地震等因素导致熊熊燃烧的大火时，他们恐惧地躲避，又惊奇地观望。当他们嗅着逃生不及的飞禽走兽被烧烤后散发出的特殊香味，撕扯咀嚼着原先生冷腥膻、筋粘骨连而今变得容易分解、温热可口的美食时，他们认识到火的好处并注意火的利用。自然山火不是经常性的，他们经过不断地试探、摸索，终于掌握了保存火种的有效办法。这样，在阴暗的洞穴，他们可以用火照明；在寒冷的冬季，他们可以用火取暖；在危险时刻，他们可以用火驱赶野兽；而更重要的是，他们由生食到熟食，扩大了食物种类，促进了肠道吸收。北京人文化遗址厚达6米的灰烬和被烧而变色的石块兽骨，以及其后各地发现的火的遗迹，都足以说明在旧石器时代，火已成为人们生活的重要伴侣。而到了旧石器晚期，火的发明已成为可能，因而《韩非子·五蠹》载："上古之时……民食果蓏蚌蛤，腥臊恶臭而伤害腹胃，民多疾病。有圣人作，钻燧取火以化腥臊，而民说之，使王天下，号之曰燧人氏。"另外还有"伏羲禅于伯牛，钻木作火"① 和"黄帝钻燧取火，以熟荤臊，民食之无肠胃之病"② 的说法。这种杂说并陈的现象，正反映出原始先人通过众多实践而发明取火的本来面目。因为继之而后的新纪元火的使用已广为普及，上述中国古老的传说也就不足为奇。

由生食到熟食是人类历史上的一次重要变革，而服饰作为人类特有的一种文化现象，也是人类区别于动物的一个重要标志。人是从动物进化而来，刚刚脱离猿界的人当然不可能一下子脱尽毛皮，但随着动物本能的退化和生活条件的改善，服饰便成为一种浪漫追求和现实需要。一般认为，服饰从初始便具有美化兼护体的作用，并且经历了漫长的从局部到整体的发展过程。处在采集和狩猎经济时代的人，夏日将植物枝叶扎戴在头上或身上，既可抵挡暴晒，又可防虫叮咬，并具有迷彩的功能；冬日则以鸟羽和兽皮披挂起来，作为保暖御寒的有效措施。这恐怕就是最早的服装和饰物。迄今发现旧石器晚期的骨针，已可说明有了最早的缝纫，而兽牙和贝壳用作装饰，亦可说明时风习尚。原始人用服饰打扮自己，体现出务实倾向和审美理想，从"不织不衣"③ 到"衣其羽

---

① 《绎史》卷三引《河图挺辅佐》。
② 《太平御览》卷七九引《管子》。
③ 《列子·汤问》。

皮"①，足见服饰进程的原始阶段。

旧石器时代的原始先人对住所的选择和营造也成为人类社会区别于动物世界的一个重要标志。从人类进化的历史看，最初的"巢居"当是符合社会发展情形的。从森林古猿刚刚下到地面行走的人类祖先，尚带有猿类的本能和特征，为了躲避横行霸道的猛兽侵害，最佳方式便是构木筑巢，高高在上。《韩非子·五蠹》言"上古之世，人民少而禽兽众，人民不胜禽兽虫蛇，有圣人作，构木为巢以避群害，而民悦之，使王天下，号之曰有巢氏"，不能不说言之有理。尽管远古遗存没有留下真正的实物痕迹，使人无法考知其本来面貌，但现在某些落后民族架屋而住不难设想由来已久的影响。由巢居发展到穴居，表明了人类在地面永久性居住。原始人在长年的生活经验中，找到一种利用天然洞穴栖身的方式。天然洞穴能避风挡雨，驱热御寒，亦能抵防猛兽，实是一种最佳选择。故《周易·系辞下》说："上古穴居而野处。"《礼记·礼运》说："昔者先王未有宫室，冬则居营窟，夏则居橧巢。"《墨子·辞过》说："古之民未知为宫室时，就陵阜而居，穴而处，下润湿伤民，故圣王作宫室。"一般认为，如果说云南元谋人、陕西蓝田人还是巢居时代，那么自北京周口店中国猿人起便开始了穴居时代，这就是今天在一些山洞中找到旧石器时代遗址的缘故。不过，洞穴还不是人类理想的栖身之处，因为它们的位置多在山腰以上的高处，距水源较远，又阴暗潮湿，一旦被山洪浇灌或野兽侵占，又得流离失所。因此，自旧石器时代以后，人们由丘陵地区进入平原地带，挖掘地穴以生息繁衍。当然，这也显示出人的能量的由弱到强。

可以想见，饱经沧桑的人类祖先在艰苦的劳动中练就了强健的体魄和卓越的胆识，完成了由猿到人的质变的更新。他们将文明之火点燃，遍布华夏大地，从而形成燎原之势，与世界其他民族一起，照亮了未来漫漫征程。

---

① 《礼记·礼运篇》。

下卷

蛮荒的自然动态与组合

第一章
蒙昧世态

第一节 群处杂交

在地质时代的更新世末期到全新世初期，随着末次冰川现象的消失，世界范围的山林地貌、江海水位和气候状况都发生着显著的变化，植物群落和动物群体也随之相应调整。与此同时，人类一面顺应自然界这一不可抗逆的系列变化，使采集和渔猎经济得到适应性进展，从而使古人在欧亚大陆先后向新人转变；另一方面则在不断变化的自然环境中有所发明、有所创造，在频繁的迁徙活动中寻找更适合生存的地域劳动生息。这一阶段，整个自然环境和人类社会都在发生着巨大变革，学者们称之为中石器时代。

在中石器时代，人类结成氏族群体进行高强度的渔猎和采集活动，制造大量细小石器和复合工具以适应更广泛的需求。他们从封闭的洞穴山林走向广阔的草原河谷，捕捞鱼类，追逐兽群，并采集各种新的植物。这种大规模频繁的迁徙，促使他们建筑房屋，制造舟楫。随着住居生活的渐趋稳定，他们开始驯养家畜。当然，中石器文化发展也是不平衡的，至 20 世纪末，中国境内已发现数十处遗存，它们的年代大体上从距今一万两千年左右到七八千年前后，较有代表性的有：山西东南部中条山东麓下川遗址、陕西大荔沙苑地区遗址、内蒙古阴山地带和海拉尔松山遗址、广东南海西樵山遗址、云南元谋大那乌遗址、西藏高原部分地区遗址。这一时期石器制作更为精良细腻，故称"细石器"，典型的特征是采用磨光技术和穿孔讲究，而且数量众多、形式丰富，如"下川文化"的石器原料多为燧石，出现锥状、柱状、楔状各种类型。锯是在石片的一侧或两侧做出几个尖齿，有的锯还带短柄。有一种矛是扁底三棱尖状器，用较大的厚石片制成，修出通体三棱锥尖，底端两面或一面修理成扁薄形便于装柄。箭镞有锥形、菱形、扁锋形，说明弓箭已得到普遍应用。"沙苑文化"采集遗物 8600 余件，"西樵山文化"有多层文化堆积。大量游猎时期遗物的发现，填补了由旧石器时代过渡到新石器时代的缺环，说明了人类由采集转向侧重渔猎的生活轨迹。

阴山岩画·骑者（新石器时代）

旧石器时代初期，远古人类处于原始人群阶段。他们生活在杂木丛生、野兽逼人的恶劣环境中，加之主要的生产工具只有简陋的打制石器，因而获取食物十分艰难。在这种情况下，他们必须联合起来，以群体的力量弥补个人的单薄。每个群体的成员都要彼此协作，集体进行渔猎，合力防御野兽的侵袭，才能勉强维持生存。共同劳动，必然导致产品平均分配，所以尽管人们食不果腹，衣不蔽体，但却没有剥削和压迫。正如《吕氏春秋·恃君览》言："凡人之性，爪牙不足以自守卫，肌肤不足以御寒暑，筋骨不足以从利避害，勇敢不足以却猛禁悍，然且犹裁万物，制禽兽，服狡虫，寒暑燥湿弗能害，不惟先有其备，而以群聚耶。群之可聚也，相与利之也，利之出于群也。"《尉缭子·治本》言："天下为一家，而无私耕私织，共寒其寒，共饥其饥。"由于生产力水平十分低下，对老弱和儿童的养育，更要依靠集体的力量。

原始人虽然群居，但只能限于一定规格。人数太少，难以应付恶劣的自然环境。人数太多，又不易获取足够的食物。结合原始遗迹的情况看来，估计他们大约以数十人结为一个群体，有一定的活动范围。但各群体间很少交往，处于相对孤立的状态。在群体内部，最初男女之间的性交关系是杂乱而不受任何限制的。同辈的兄弟姊妹之间，异辈的男女老幼之间，皆可自由婚配。子女只知生母，不识其父。中国古代文献对此有生动详尽的叙述。"昔太古尝无君矣，其民聚生群处，知母不知父，无亲戚兄弟夫妻男女之别，无上下长幼之道"。① "古者未有君臣上下之别，未有夫妇匹配之合，兽处群居，以力相征"。② "长幼侪居，不君不臣。男女杂游，不媒不聘"。③ 这种原始的血亲杂交，无疑是猿人短寿的原因。

随着人类思维的进步，不同辈分男女之间杂乱的性交关系逐渐被摒弃，原始人群内部的婚配逐渐局限于同辈男女之间。同辈的男女，彼此既是兄弟姊妹，也是夫妻，这便是中国上古神话中伏羲、女娲既是兄妹，又是夫妻的"奇特"关系的文化史依据。血缘家族的内婚制致使繁育的后代体质不良，智力低下，人们由此认识到"男女同姓，其生不

① 《吕氏春秋·恃君览》。
② 《管子·君臣》。
③ 《列子·汤问》。

西王母、伏羲、女娲画像（东汉）

蕃"①的道理。人们逐渐发现，各血缘家族之间男女通婚所生子女，无论在体能和智力上都优于同一血缘家族男女婚配所生子女。人们终于觉悟到婚配男女的血缘关系越远，生育的子女越强健。由于传统观念的强大影响，内婚制向族外婚的转变是十分缓慢的，但最终，氏族内部的通婚被禁绝了，相互通婚的不同氏族构成部落。

不论是原始杂交还是血缘群婚、族外群婚，由于多以野合形式进行，"民人但知其母，不知其父"②，世系只能按母系血缘计算。妇女在生育上的特殊作用，使妇女在氏族中具有崇高的威望，居于主导地位。到旧石器时代晚期，妇女得到普遍的尊重。山顶洞人所居的洞穴可容数十人生活，洞是自然分成上室和下室。上室在洞口处，是他们的公共居室；下室在洞深处，是他们的公共墓室。墓室里埋葬的妇女，尸骨上撒布着赤铁矿粉粒，随葬有燧石石器和穿孔兽牙等装饰品，反映了氏族成员对她们的爱戴。

在母系氏族社会里，存在着按性别和年龄区别的简单分工，青壮年男子外出狩猎、捕鱼，妇女则从事采集果实、看守住所、加工食物、缝制衣服、管理杂务、养老护幼等公益劳动。因为当时的采集经济比渔猎经济收获稳定，成为氏族成员生活资料的重要来源，所以是维系氏族生活的基本保证。自中石器时代开始，母系氏族社会进入稳定发展时期，

---

① 《左传·僖公二十三年》。
② 《白虎通》卷一。

女性地位开始确立。她们尝试种植、畜牧，获得成功。到了新石器时代，母系氏族社会繁盛已极，母权制已深入社会生活的各个领域。人类终于结束了野处杂合的蒙昧状态，而建立起以女性为中心的社会结构。

第二节　氏族分立

旧石器和中石器时代，人类依靠采集和渔猎获得生活资料，在向大自然的索取过程中繁衍生息。长期的生产和生活实践，使很多地区的氏族部落逐渐学会了用某些经常食用的植物果实和子粒，通过种植的方法获得有效的食物来源，这就是原始农业产品的萌芽。而畜牧业也在狩猎经济的基础上发展起来，它弥补了狩猎业不稳定的缺陷，开辟了保障人类肉食来源的新途径。

原始农业和畜牧业的产生，是人类社会发展的必然。距今一万多年前，氏族制度发展很快，随着全球性气候转暖，人口显著增加，人类活动的地域也不断扩大。中石器时代的采集和狩猎经济已不能保证人类日益增长的需求，长期跋涉的活动也给规模越来越大的氏族群体带来诸多不便。特别是以血缘关系为纽带的婚姻制度和以图腾崇拜为标志的宗教习俗，极大地限制了氏族迁徙活动。氏族人口的增加使妇女、儿童和老人迫切要求定居生活。在这种社会背景下，中国的原始农业和畜牧业在黄河流域、长江流域、东北和华南地区相继产生。

妇女是原始农业的发明者，她们在采集活动中，发现在土地、水分和气候适宜的条件下，有些植物的种子可以发芽、开花、结果，有些还能易地移植、重新生长。相对定居的生活使植物的种植与栽培成为可能，而农业的出现又导致了定居生活的巩固与发展。于是在长期定居的住所附近，人们用刀、斧披荆斩棘，放火烧荒，开辟出一块块适于栽种的土地，年复一年地播种收获。最初的农业生产是分散、不稳定的，主要在营地附近和野生植物密集的地方进行。随着农业的产生，在许多河流两岸的山坡台地上，出现了一些稍具规模的氏族聚落营地。从中国北方新石器早期遗址坐落在山麓地带的情况分析，最初出现的原始农业属于一种山地农业和旱田农业，到新石器中后期，黄河流域已出现了规模宏大的农业文化。与此同时，中国南方则以水田耕作为特色，长江流域水田种植普遍传播开来。北方地区耕种的粮食作物主要有粟、黍，南方地区主要种植水稻。至于其他作物的种植，综合全国各地的情况，大致有菽、薯、芋、麻、麦以及葫芦、薏苡、菱角、樱桃、莲藕、栗子、花生、橄榄、桃、枣、油菜、芥菜和白菜，等等。古书所载"神农乃始教民播种五谷"[①]，当是早期农业生产的带有神话色彩的写照。

陶猪（新石器时代）

畜牧业是狩猎经济发展的必然产物，其发生与人类的农业生产发明和定居生活密切相关。人们将猎获的兽类进行驯养，注意它们的习性和特点加以充分的利用。据考古资料和人类发展的总体情况看，养狗的习俗可能渊源甚早，大约在旧石器时代的狩猎生产中，狗已成为人们的帮手。中国的家狗遗骨，迄今在河南、河北、陕西、山东、山西、湖南、湖北、辽宁、内蒙古、安徽、江苏、上海、福建、台湾等省份内的 20 多处新石器时代遗址均有发现，遗骨的年代最早可达距今约 8000 年。这种现象表明，在中国的新石器时代，养狗的习俗是很普遍的。养猪的习俗也出现很早，现已发

---

① 《淮南子·览物训》。

现最早的家猪骨骼，距今也有 8000 年以上，且到新石器晚期，养猪的习俗迅速地在全国各地蔓延传播开来，甲骨文中"家"便是屋内有猪的形象传达。家牛的饲养也可追溯到 8000 年以前，南方饲养水牛较早，北方饲养黄牛较晚，或许养牛的习俗从长江流域传播到黄河流域，甲骨文中所用之骨，以家牛肩胛骨为多。养羊习俗也从 7000 年前开始，家羊遗骨的大量发现说明南北地区已流行不衰，"羊大为美"表现出人们最初的美食认识。此外，养鸡、养鹿、养兔、养马、养猴在新石器时代也已屡见不鲜。

农业的产生，意味着新石器时代的开始。现代考古学认为，原始农业的发明是新石器时代的革命。所谓"新石器"，就是适应农业生产而出现的石器磨光技术，以及与磨制技术相随产生的其他工艺。如翻挖土地和砍伐林木，使石斧的作用显得特别突出，于是出现磨制石斧。定居生活需要建筑房屋，于是产生了磨制的石锛和石凿。作物收获量逐渐增加，于是越来越普遍地推广磨制石刀和石镰。谷物需要去壳加工，于是石磨盘、石磨棒自然变成人们精心制作的工具。以磨制技术加工的各类石器成为早期农业生产的重要标志，此后加工越发精细，种类逐渐繁多。

陶塑动物（新石器时代）

陶器的产生与农业的进步有着不可分割的关系。农业不仅使到处迁徙的氏族选择自然条件适宜的地方定居下来，而且使粮食越来越成为日常生活的主要食物。由于粮食不像鱼类、肉类那样可以在火上直接烧烤食用，因此必须使用一定的炊煮器，陶器便应运而生。人们利用自己日益丰富的用火经验，结合黏土经过烧烤会变硬的性能，将黏土掺水捏塑出各种形状，用火烧过定型变硬，于是发明了陶器。最初的陶器是用一些竹、藤、树枝编织物或葫芦等为内模制成的，后来人们才发现成型的黏土不要内模也可烧制成陶器。新石器时代早期的陶器，主要是罐、盆、钵、壶、盂几类，用于汲水、储水的多为泥质陶器，用于炊煮的多为夹砂陶器。夹砂陶器有透气、耐火、传热快、不易破裂等特点，比较经久耐用。此后陶器类型逐渐繁多，花样品种日益丰富，制陶规模愈加扩大。

骨耜（新石器时代）

由于没有文字可考，新石器时代的经济形态和生产力发展水平只能依靠考古发现的物质文化遗存来说明，其中以磨制石器为主的生产用具和以陶器为主的生活用品成为分析当时社会经济的最重要依据。目前中国已发现数以千计的新石器遗址，具有代表性的主要有：甘肃秦安大地湾文化（约公元前7000年）、陕西渭南白家村文化（约公元前7000年）、河南新郑裴李岗文化（约公元前6200年）、辽河上游兴隆洼文化（约公元前6000～前5500年）、河北武安磁山文化（约公元前5500年）、山东北辛文化（约公元前5300～前4300年）、浙江余姚河姆渡文化（约公元前5000～前4000年）、河南渑池仰韶文化（约公元前5000～前3000年）、浙江嘉兴马家浜文化（约公元前4750～前3700年）、辽河上游红山文化（约公元前4600～前3500年）、山东大汶口文化（约公元前4500～前2500年）、湖北屈家岭文化（约公元前3400～前2600年）、甘肃马家窑文化（约公元前 3300～前 2000 年）、浙江良渚文化（约公元前 3300～前 2200 年）、广东石峡文化（约公元前 3000～前 2000 年）；山东龙山文化（约公元前 2800～前 2300 年）。

红陶双耳三足壶（新石器时代）

　　"食、色，性也"①。伴随着人类生存文明的进步，人类的延续问题也受到重视。由于女性在农业和生育上的重要作用，其地位也有着至高无上的权威。"女娲造人"、"女娲补天"的古老神话表达了对女性祖先的浪漫崇拜，但也不无原始社会的文化根基。而伏羲与女娲既是兄妹又是夫妻的奇特关系，不但昭示了人们寻祖追亲的心态，也朦胧地反映出蛮荒时代的近亲媾和。到了新石器时代，在族外群婚的基础上逐渐产生了对偶婚。这种婚俗是指一对配偶缔结了相对稳定的婚姻关系，一个男子在许多妻子中有一个正妻，而这个正妻在她的许多丈夫中把这个男子视为她的主夫。正妻和主夫之间关系确定，其中一方和其他性伴侣可以发生性关系，但那只是短暂的风流插曲。由此以来，父子关系逐渐清楚，对偶关系逐渐固定，久而久之，这种婚姻状态便过渡到真正的一夫一妻制。

　　新石器时代社会经济的显著发展，首先应归功于妇女在农业、畜牧业、制陶业、纺织业上的发明。农业、畜牧业给人们提供了丰富的衣食之源，制陶业和纺织业使人类的生活条件大为改善。而男子在很大程度上依然停留在渔猎的领域，没有突出的作为，使他们居于社会的从属地

————————
① 《孟子·告子上》。

位。妇女在烹煮食物、管理杂物以及抚育子女等方面还承担着繁重的劳动，这使妇女在社会经济生活中的主导地位更为巩固。因而，妇女在氏族里担任领导职务，是母系氏族社会的重要特征。她们指挥生产、安排吃住、调解矛盾、决定战争。氏族的财产属集体所有，按母系血统传递，只有女性才能继承。因而从族外婚发展到对偶婚，都是男子走访婚形式。在母系亲族里，凡是长辈的妇女都是自己的母祖或母亲，长辈的男子则是自己的舅祖或舅父。男性地位的低下，从经济地位反映到意识领域。所以在母系社会中，生养女孩是值得骄傲的事情。而妇女的丧葬，规模也较男子隆重。

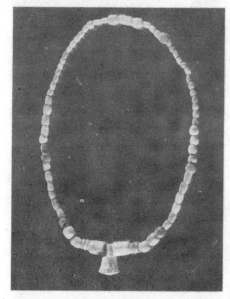

玉项饰（新石器时代）

氏族是血缘组织，通过血统维系，这种明确的制度，形成独立的族体。所以在母系社会中，形成氏族分立、各居一方的形态。相互通婚的氏族构成部落，部落有自己的住地和活动区域，部落之间有一定的界限。越界就会发生纠纷，甚至引起战争。各个氏族依靠部落，部落又保护各个氏族。部落有共同的防御工事，村落四周多有寨墙、栅栏和壕沟。由于母系氏族社会时期尚无私有财产，各部落之间一般没有尖锐的利害冲突，彼此之间的矛盾，多属血亲复仇的性质。到母系社会繁盛时期，氏族内部又形成若干母系家族，使人们以较小规模的集体为单位从事生产。随着人口的增殖，部落越加庞大，部落之间发生联系，于是构成部落联盟。中国上古神话中最初的伟岸形象都是女性，最古老的姓氏都从女旁，男性帝王均由女性与天神偶合而成，都是母系氏族社会的历史在人们观念形态中的不灭印记。

第三节　公私嬗变

　　大约在距今 5000 年左右，遍布中国内地的氏族部落，先后进入父系氏族社会。父系氏族社会仍延续母系氏族社会的生产资料公有制，但父系氏族社会按男方血统计算世系，则是与母系氏族社会的本质区别。在父系氏族社会里，男子成为社会和家庭的主宰，财产由确定生父的亲子继承，妇女沦为男子的附庸。

　　农业的发展，使渔猎在社会经济中所占比重下降，耕地的不断扩大，也使狩猎的范围日趋缩小。男子逐渐转向农业劳动，他们改进生产工具，提高种植技术，使农业生产发生了巨大的变革。男子身强力壮，既无生育负担，又无家务之累，很快成为农业生产的主力军。

　　制陶业生产程序渐多，工艺渐细，技术性强，体力消耗大，一般也由男子承担起这一重任。由于制陶业日益专业化，成为最主要的手工业部门，从而确定了男子在手工业生产中的主导地位。

　　私有制开始产生了。在原始人群和母系氏族社会初期，社会生产力极端低下，人们必须集体协作，才能勉强维持最低的生活水平。当时没有剩余产品，亦无私有观念，人们过着生产资料公有、平均分配产品的生活。随着母系氏族社会的繁盛，劳动方式的更新，生活条件大为改善。人们所获产品，除维持自身需求外，也略有剩余。剩余产品开始属于母系氏族集体所有，但随着对偶婚逐渐向比较稳定的一夫一妻制婚姻过渡，剩余产品最终成为家庭的私有财产。此外，氏族、部落的首领也利用职权，将集体的剩余产品据为己有。生产的进步和私有制的出现，促使母系氏族社会向父系氏族社会转化。

由于男子在生产中的作用增大，社会地位日益提高，他们迫切需要与婚配的女子保持长久稳定的关系，以确认自己的亲生子女，继承劳动积累的私有财产。于是他们千方百计地改变从妻居的不利处境，改变以女性计算世系的传统观念。采取的形式主要有两种：抢婚和换婚。

彩塑头像（新石器时代）

抢婚开端于氏族或部落的首领以及勇敢善战的武士。他们利用部落间发生战争的机会，掠夺敌对部落的妇女作为自己的妻子。以后，男子们纷纷效仿，不仅从敌对部落掠夺妇女，而且对通婚的氏族也采取同样手段。于是，抢婚逐渐发展成为某些部落的一种婚姻形态。

换婚的习俗早在母系氏族社会初期既已存在，但被换的是男子而并非女子。一直到了对偶婚阶段，婚配的男女双方关系仍不稳定，因而婚姻形态仍保留一定的群婚性质，男方到女方居处过婚配生活的局面也未改观。男子随着经济地位的提高，不愿再到女方居住，为了换取妻子来男方居住，而又不减少女方的劳动力，于是，男子就以本氏族的女子交换通婚氏族的女子为妻。交换来的妻子必须从夫而居，这样对通婚的氏族双方不无益处。

一夫一妻制家庭，是父系制战胜母系制的产物。妇女从夫而居，失去了原氏族的依托。男子是生产的主持者，并掌握着经济大权。女子陷于烦琐的家务，被排斥于社会生产之外，从此失去了昔日崇高的地位，成为丈夫的奴婢和生儿育女的工具。在夫权的支配下，妻子必须履行生儿育女的义务。因为儿子要继承父亲的财产，所以有无子嗣便成为决定妇女命运的头等大事。在父系氏族社会出现了象征男子生殖器的陶祖和石祖，取代了母系氏族社会夸大女性乳房和臀部的雕塑，说明了男性的胜利和女性的失败。

一夫一妻制家庭由一对夫妻和若干子女组成，丈夫居于绝对统治地位。"父"在甲骨文形象中以手执大棒来象征威严，而"妻"则是女子被压抑的可怜形象。一夫一妻制家庭建立在丈夫奴役妻子的基础上，或可视作阶级对立的最早萌芽。大汶口文化的墓葬资料中，可见到年岁相当的男女合葬墓，无论是遗体放置或随葬物品，都明显看出男为主、女为辅的意味。如1号墓，男性遗体放于墓穴正中，女性则放在正穴旁边扩大出的一个小长方坑中，随葬品的放置也偏于男性一侧，而女性仅带随身首饰。甘肃永靖秦魏家齐家文化墓地中，埋葬情形为男性仰身直肢居右，女性侧身屈肢居左，明显表露出男尊女卑的夫妻关系。至于残酷的殉葬，更加说明父系社会公私嬗变而造成的男性专权。

私有制开始了社会不公的进程，人与人的平等关系不复存在。男子地位的提高，大大激发了他们的积极性和创造性。社会经济的发展，使剩余产品日益增多。婚姻家庭形态的变化，进一步促进了私有财产的积累。贫富分化的加剧，则造成权利地位的悬殊。通常，部落和氏族首领由选举产生，他们是民众的公仆，也受到群众的尊敬，如不胜任可以罢免另选。随着私有制的发展，首领逐渐享有特权。各氏族首领组成部落议事会议，部落首领一般由年龄最长或实力最强的氏族首领兼任。久而久之，权势带来财富。在大汶口文化中，早期遗存表现出"这一氏族社会内部已有财富多寡的不同"，中期则发现墓中的随葬品因贫富形成鲜明对比，到晚期墓制更显示出明显的差异。如有些墓不仅墓小，而且物少，而另一些墓，不仅墓穴宏大，已使用木椁，而且随葬品的丰富程度更是惊人，既有大量衣物、饰物、象牙器、玉器、陶器，更有大量的牲畜骨骼，如有的墓出土猪头就多达 14 个①，可见私财呈不断增长趋势。大量私财的存在，无疑会导致权力争夺和战争爆发。

膨胀起来的财富欲望引发凭借武力自卫和掠夺。虽然氏族内部私有财产已出现贫富不均，但仍保存同一血缘的财产公有形态。这就使部落民众一致对外，部落之间既互相觊觎又互相防范，仰韶文化时期的部落遗址已出现壕沟，而到龙山文化时期防御设施已演变为城堡。战争的频繁使部落和氏族首领的军事职能渐趋重要，他们除了继续组织生产、安排生活、处理民事纠纷之外，还负担着指挥作战的责任。由于战争日趋激烈，又出现了专职的军事首领，他们组织勇敢善战的武士，成为对外战争的中坚力量，因此，到原始社会末期，形成了军事民主制。从大汶口文化时期的一些富有者的墓葬中可明显看出死者作为军事首领的身份，如陵阳河遗址 19 号墓的墓主仗钺执斧，腰挂号角，随葬品极其丰富。更有墓中出现了殉葬，这在大汶口文化的中晚期墓葬中都有反映，如随墓主殉葬的妾奴和儿童，这些人的身份显然是奴隶，而奴隶当然来自战俘。战俘在以前的处理方式，往往是杀掉甚至吃掉，因为那时是血亲报复和食物紧张的年头。但当需要劳力而出现剥削后，战俘便被留下来，成为最早的奴隶，很自然他们也就成了胜利者的私有财产。既是私有财产，也就可以随意处置。到了龙山文化时期，由于人们认为掠夺财富比劳动创造来得容易和迅速，同时也是一件值得荣耀的事情，因而战争规模扩大和对抗性质增强。这从当时城堡的大量出现和奴隶殉葬的普遍增多都能得到突出的反映。

我国先秦典籍中的一些记载都认为原始人类淳朴而不虚伪，为公而不计私利，具有理想社会的美好特征。《礼记·礼运篇》载："大道之行也，天下为公，选贤与能，讲信修睦。故人不独亲其亲，不独子其子。使老有

---

① 《江苏邳县刘林新石器时代遗址第一、二发掘报告》，载《考古学报》1962 年第 1 期和 1965 年第 2 期。

所终，壮有所用，幼有所长，鳏寡孤独废疾者皆有所养。男有分，女有归。货恶其弃于地也，不必藏于己，力恶其不出于身也，不必为己。是故谋闭而不兴，盗窃乱贼而不作，故外户而不闭，是谓大同。"这里忽略了原始人类愚昧、野蛮、杂乱的另一面，但也道出了他们公有、平等、互助的另一面。实际上，随着私有制的出现，氏族内部贫富分化日益显著，部落之间战争规模日益扩大，正如《礼记·礼运篇》所云："大道既隐，天下为家，各亲其亲，各子其子，货力为己。"人类不再平等，天下不再太平，大同的原始社会宣告解体。

第二章
浪幻天成

第一节　灵魂崇拜

人类的宗教意识并不是从来就有的，它是社会发展到一定历史阶段的产物。当大千世界刚刚出现人类时，并没有宗教的存在，因为人类刚刚从混沌的环境中走出来，实际上与动物差不多。那时人类把自己作为自然界的有机组成部分，整体融合在自然之中，没有与自然对立的观念。他们思维能力极其低下，既不会有幻想，也不会有信仰，所以人类在很长历史时期内没有宗教观念。这便是在旧石器时代中期以前的文化遗址中，至今尚未发现中华先民宗教活动的原因。

到旧石器时代晚期，已经产生了原始的灵魂概念和宗教信仰。人们在劳动过程中丰富了自己的意识，他们两手教导头脑，随后聪明一些的头脑教导双手，以及聪明的双手再度更有力地促进头脑的发展。这就使他们由极度思虑诞发出梦幻追求，而由梦幻现象则诱导出灵魂意识。他们认为灵魂既可寄寓于人体又可游离人体之外，人体不过受灵魂支配而或活或死或动或睡。这种对神秘现象的破解使原始先民产生朦胧的崇拜，他们对不死的灵魂不敢怠慢而敬畏有加，从本质上讲，这不过是把不可知的自然之道位移于生命现象。山顶洞人已经知道给死者随葬物品，身边撒赤铁矿粉末，这说明"希望他（她）们到另外的世界永生"，在冥冥之中也不遭受委曲。用红色作为血的象征，一方面表达活人对死人的留恋，另一方面说明让死人与活人一样活着，这与同时期世界其他地区的葬俗一样①。可以说这是中国最原始的宗教资料，表明人类已经出现了最早的灵魂概念和宗教仪式。

人类的思维随着社会实践逐渐复杂，他们在接受着大自然赐予的生存场所和食物来源的同时，也遭受着大自然造成的凶恶惩罚和巨大灾难。久而久之，自然在人类观念中，就变成一种变幻莫测的神秘对象。尤其是人类的灵魂观念产生以后，自然界的千变万化，使人觉得自然界是一个有人性、有主意的实体，它像人一样有自己的动机和情欲。这就逐渐形成了最初的自然力的人格化现象，扩而大之，于是人类赋予自然物以人格化的"灵"，并认为举凡日月山川、鸟兽草木都可以给人类带来祸福。"万物有灵论是宗教思想发展的最初阶段"②，面对这种"万物有灵"的局面，人们为了祈求它们的保护，于是进行诚惶诚恐的祭祀，实际上是期图迎合自然、支配自然、征服自然。正如拉法格所说："在生命中和在自然中都存在着许多谜，这些谜常常占据着人的脑力，一当人们开始思想，他们就试图来解答，并且尽其所能和按照他们的知识所允许的限度内解答了它们，原始人的这些解答，许多次都不得不是错误的，却变成了无可争辩的真理，作了思想结构的基础。"③ 原始人在"万物有灵"的思想指导下，用同身类比的方法，判断自然物象，于是

---

① 在法国香斯拉特的列蒙丹巨石岩洞穴中，曾发现一具人骨化石，人骨经过有意埋葬，并撒有红色赤铁矿粉粒。在英国威尔士的巴渭兰洞穴里，发现一具无头盖的男人骨架，在骨架和随葬品上都涂有红色颜料。在西班牙的保梭达杜勒洞穴中，发现一具成年人骨化石和一具青年人骨化石，身旁有赤铁矿粉粒染成的大碛石。在波恩的奥巴加塞尔洞穴里，发现一男一女人骨化石，均染成红色。以上材料见《化石人类学》，商务印书馆1951年版。
② 《普列汉诺夫哲学著作选集》第2卷，三联书店1961年版，第720页。
③ 拉法格：《思想起源论》，三联书店1978年版，第121页。

世界似乎成为各种灵性支配下的结果。这样，原始宗教便产生了。人们信以为真地塑造形象由衷祈祷，概括起来，崇拜对象大致可分自然崇拜、图腾崇拜、祖先崇拜三类。

自然崇拜是人类出现最早的宗教活动之一。原始人经常看到大自然的千变万化，但他们对这种状况并不理解，于是将之归于神秘力量支配的结果。这种神秘如同人的灵魂一样，具有思想、意志和感情，人无法把握和对抗，只好表达敬意以免除灾害。在原始人眼里，强大的自然物和自然力，这种崇高无上的灵性，能主宰人类的命运，改变人们的生活，因此在不能认识和征服它们的时候，只有把它们当做有生命力的

陶人头（新石器时代）

神灵加以顶礼膜拜，茫茫自然由此开始接受人类的馈赠。

中国的远古先民和世界其他民族一样，首先是对天地的崇拜。一般认为，天神是管天下万物的大神，它能主宰人类的一切吉凶祸福，至今说"老天保佑"还留有原始的情结。天象之中，太阳既能使禾稼生长，又能使禾稼枯焦。既能驱走寒冷，又能带来酷暑。因而关于太阳的文化遗存和神话故事也最多。在仰韶、屈家岭、马厂、大汶口等文化遗址出土的陶器上，都可发现太阳图形的纹饰。在江苏连云港、内蒙古阴山、广西左江的岩画资料中，也可清晰地看到太阳光辉的形象。《山海经》中言帝俊之妻羲和生十日，显然赋予太阳人格化的"灵"。《淮南子》十日并出的记载，更把太阳拟人化看待。

关于月神崇拜的资料相对较少，民间有关月亮的传说实际也是以月

神信仰为基础的。日食、月食都被看做不祥之兆，因而要举行活动以赶走那贪吃的天狗。人类很早就认识到风雨雷电的威力并加以崇拜，但最初因风雨雷电联系紧密，大多视为一神所为，而这神也往往是奇形怪状，人们根据想象来创造。如《山海经·大荒东经》称其"状如牛，苍身而无角，一足，出入水则必风雨，其光日月，其声如雷"。后来才区分渐细，并加以人神化。它们不但司掌自然之象，还可过问人间之事，因此遭雷击电劈也被人们认为是天神所为。

将军崖岩画·稷神崇拜图（新石器时代）

上古之时不但崇天，也还拜地，最初的土地崇拜主要是因为土地具有生养万物的自然属性，祭祀是一种报答形式。《礼记·郊特牲》说："地载万物，天垂象，取材于地，取法于天，是以尊天而亲地也。故教民美报焉。"与其他自然物崇拜一样，土地崇拜由自然属性崇拜发展到人格化神崇拜，这就出现大地母神"后土"。后土在汉代列入国家祀典，并为历代所沿袭，成为与皇天上帝相对应的大神。由于古人有天阳地阴的观念，因而后土多塑为女像，称土地娘娘。但土地娘娘不仅仅是大地之神，而且还成为具有广泛社会职能的神，故土地庙到处可见。

山是大地的组成部分，它往往高大雄伟，谷深路险，其中既有丰富的食物资源，又栖息着凶禽猛兽，这一切很自然地引起原始人类的神秘猜测，于是山也被认为有神灵主宰。古代山神崇拜非常普遍，在神话传说中，山往往是神灵的寄居之所，《山海经》就记载了四五百座山以及各山神灵。甲骨卜辞中有许多祭祀山岳的内容，殷人已把山神当成求雨、祈年的对象。《礼记·祭法》："山林川谷丘陵，能出云，为风雨。"这种对山神致雨功能的信仰一直延续到后代，当一些名山被想象成神灵寄居之所和通往上天道路之后，名山的祭祀就被官方垄断而成为向天地报功的机会，历代帝王举行封禅大典都是表明自己顺应天地之命而进行统治。民间则又给它加上主宰官吏仕途、人间生老病死等社会功能，随着社会职能的增强，人神化的色彩也就愈加浓厚。

河流崇拜同山岳崇拜一样，地方性很强，并无统一的河流神。古代民间一般只祭祀自己居住区域的河流神。由于黄河是北方第一大河，黄河流域是中国古代主要的政治、经济、文化中心，所以黄河神就受到最隆重的祭祀。黄河最早的人化神是河伯冯夷，《庄子》、《山海经》、《抱朴子》都有记述，但众说不同，有说是上帝所封的河神，有说是落水溺死的人鬼，有说是服药而成之仙，有说是鱼龙之精怪。这可能是由于各地民间传说差异所致。河伯为男，后世民间又把洛水之神奉为黄河神的对偶神，称雒嫔。这都是以拟人化手段将神世俗化的结果。

在中国民间信仰中，把天地结合起来的是龙，龙是可上天入地、呼风唤雨的神的象征。但它的原型是生物界某类爬行动物，这类动物有个特点，它们平常栖息水中，水面风平浪静，而下雨之前特别活跃，纷纷抛头露面。经过长期观察，人们总结出规律，于是将龙与雨联系起来。平时它们潜藏于水，暴雨之

玉琮（新石器时代）

前，则威怒大发，这时，天空往往阴云密布，电闪龙形，雷鸣龙声。当然，龙是人造的形象，它似乎无处不在，无所不能，寄寓着中华民族众多的期望，这是因为它还有着更为广泛、更为深刻的文化因素。

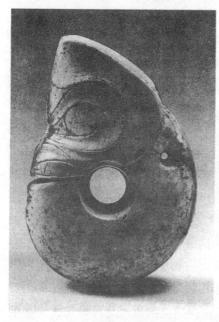

玉兽玦（新石器时代）

图腾崇拜也是人类社会中出现很早的一种宗教形式。"图腾"一词来自美洲印第安人奥基华斯部落的语言，具有"亲属"的含义，一般专指氏族的标志和图徽。经学者研究发现，原始人一般都相信自己的氏族与某种动物或植物有一种特殊的亲密关系，并以之作为氏族的崇拜对象。这是因为原始人类从动物世界走出，意识到相互间的血缘关系，自然追溯自身的来源，想知道祖先源于何物。原始人在自然界强大的物质力量的威胁下，渐渐地将自身的吉凶祸福同自然界的莫测变化联系起来。在他们眼里，自然界提供日常生活之需，还具有保护自己的巨大功能。这时，结合主观愿望，人们在众多的自然崇拜物（主要是各种动物、植物或人造形象）当中，选出一两种对集团成员最密切、最亲近、最重要的对象，将它们放在特殊位置上，采用一系列仪式对之专门崇拜，期望子子孙孙永能得其庇护，受其利益，于是就形成了图腾崇拜。图腾崇拜是人类思维的一个进步，也是原始宗教信仰的重要突破。自然崇拜是人们对某些自然现象的盲目崇拜，图腾是对某种特定的动物、植物或其他自然物的有目的的宗教①。它在自然崇拜的基础上发

---

① 宋兆麟：《中国原始社会史》，文物出版社 1983 年版，第 473 页。

展起来，产生于母系氏族社会，通常所说的图腾时代，也就相当于母权制时代。

图腾一般具有氏族祖先意味，必须格外尊重，同时以此作标记加以崇拜。考古发现所提供的资料表明，在原始社会中，把动物尊奉为神加以崇拜，是原始宗教中的普遍现象。但是由于不同地区的原始人所处的自然环境不同，因而崇拜的动物也有不同。他们往往把始祖形象同动物特点结合起来，表示一种亲缘关系。如黄河流域的仰韶文化，彩陶中刻画最多的动物图案是鱼纹、蛙纹、鹿纹。这既是先民社会生活的记录，也表现了他们的追求。有人认为，新石器时代的彩陶艺术，在很大程度上正是人们现实生活中图腾崇拜的宗教感情的艺术再现[1]。

彩陶中的鱼纹装饰，数量多，变化大，半坡及姜寨的人面鱼形纹反映了史前居民对人类起源的认识，是他们幻想中祖先形象的真实写照，人们根据想象，描绘出祖先的真容，既有人类特征，又有鱼类躯体，因而便产生了

人面鱼纹彩陶盆（新石器时代）

人面鱼身的图腾形象。这可能就是半坡图腾崇拜的徽号，富有"鱼生人"的含义。但在仰韶文化的其他地区鱼纹并不普遍，说明各地崇拜对象并非一样。而在长江流域的大溪文化中，则发现用鱼陪葬的现象，这说明大溪人也把鱼类看成自己的亲族。

蛙纹也是中原地区经常见到的文化现象，形式多样，栩栩如生，可见蛙图腾的崇拜意识。西北地区的马家窑文化有不同的发展阶段，在蛙

---

① 宋兆麟：《原始的生育信仰——兼论图腾和石祖崇拜》，载《史前研究》1983 年第 1 期。

纹的艺术风格上，前期较为逼真，后期则趋于抽象，而且与人体比较接近，这更体现了人与蛙之间的关系。倘若结合中国神话中的女娲就是由雌蛙图腾演变而来的说法，也许更可以探究古人对人类始祖起源的看法。

鹿图腾在许多地区也是屡见不鲜的，半坡鹿纹笔调简单，长颈、有角、短尾，有的作奔跑状，有的作行走状，有的作停立状。

鸟的图腾也很普遍，尤其在东夷一带。《诗·商颂》："天命玄鸟，降而生商"，《史记·殷本纪》："殷契，母曰简狄……见玄鸟堕其卵，简狄取吞之，因怀生契"，便是商族崇拜玄鸟图腾的根据。《史记·秦本纪》："秦之先，帝颛顼之苗裔，孙曰女修。女修织，玄鸟陨卵，女修吞之，生子大业。"有人据此以为秦人祖先亦以玄鸟为图腾。不管这种认识是否正确，它都说明了人与鸟的亲近关系。

许多古籍还有很多生动的记载，如《山海经》言伏羲是"蛇身人首"，神农是"人身牛首"，西王母"其状如人，豹尾虎齿而善啸"。而许多部落的动物名号，如少昊部落有凤鸟氏、玄鸟氏、青鸟氏、丹鸟氏等，伏羲部落有飞龙氏、潜龙氏、居龙氏、降龙氏等，炎帝部落有熊、罴、虎、豹等，其实都是崇拜的图腾。最著名的当然是龙的图腾，它以多种特征的组合，成为中华民族的不朽象征。至于植物崇拜，主要是表达原始人在祭天祭地的同时，祈求丰收，五谷之神作为图腾受到祭祀也就不难理解。

祖先崇拜也是灵魂崇拜的一种形式，它是在自然崇拜和图腾崇拜基础上发展起来的一种宗教信仰。人类由广泛崇拜自然界到图腾物再到自己集团社会中有血缘关系的祖先有一个漫长的过程，这生动地反映了同生存环境进行斗争过程中人在认识上的规律性变化。由于人在自然和动物面前的自卑感和依赖感减少，优越感和自主感增强，更多的人相信人类本身的力量，于是产生祖先神圣的感觉和宗教崇拜的行为。

原始人认为，灵魂在活人体内存在，而在死后离开，离开之后变成鬼，仍是人的精神活动的延续。灵魂所变的鬼具有非凡的能力和作用，仍可对活人施加影响并决定命运。《礼记·祭法》中有"人死曰鬼"的说法，明显是史前人类观念的遗承。人的恐惧是宗教的基础，祈求、祭祀、崇拜都是恐惧的具体表现。当那些生前曾为本氏族的生存起过重要作用的祖先死后，灵魂就成了怀念和依赖的对象，希望它继续造福于人类而免除不测的灾难。英国著名的人类学家泰勒把灵魂定义为"一种稀薄的没有实体的人形，本质上是一种气息、薄膜或

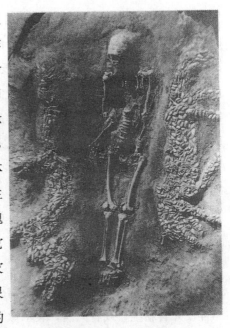

蚌壳龙图案（新石器时代）

影子"。但原始人相信灵魂在人死后比活着时更有能力作祸福，所以他们在不了解死亡原因的情况下诚惶诚恐地向之讨好，因之祖先灵魂也就成了现实世界的主宰者。

祖先崇拜首先表现在丧葬方面。早期人类并无灵魂观念，对群体中的死亡者只是丢弃在原野上，简单地覆盖一些树枝。《周易·系辞下》有生动的记载："古之葬者，厚衣之以薪，葬之中野，不封不树。"随着社会文化的进步，尤其到了原始社会中后期，人们建立起对鬼魂世界的完整想象，把阳间和阴间明显地划分开来，同时又让死者和活人连在一起。父权制出现后，祖先崇拜更为盛行，氏族首领、家族之长在世时的权威，成为子孙后代永久的依恋。

考古发掘出来的原始材料证明，自灵魂观念产生起，人死后一般都集中埋在氏族公共墓地，不同的历史时期有不同的埋葬制度，成为不同社会制度、经济水平和意识形态的缩影。如旧石器时代，女性的随葬品

明显多于男子，说明女性地位的优越，她们的灵魂也受到优待。新石器时代早期，随葬品一般保持着平等分配的原则，有石器和陶器，石器是死者生前所用的劳动工具，陶器主要是日常生活器皿。新石器中期以后，出现随葬品分配不均，此后随着父系社会的繁荣，随葬品明显显示出多寡和精劣的差异。拥有大量随葬品的多为男性墓，且男人之间也有明显的反差，这种现象不但反映了父系氏族制度的确立和阶级社会的萌芽，而且也具有深刻的宗教意义，说明氏族所尊崇的灵魂也是轻重有别的。

至于原始社会的其他丧葬习俗，如直肢葬代表一种睡眠的姿势，表示安心睡觉之意；屈肢葬象征胎儿出生时的形状，含有回归大地再生的期望；俯身葬被认为是对死者的惩罚，可能生前违反了氏族法规；以及头向朝着氏族原来的地方，表示魂归故里；头向朝东，表示像太阳升起一样使死者新生；或者向西，表示像太阳落山一样使死者安宁……这都是灵魂崇拜的常见的不同习俗，由此也说明了对祖先灵魂的重视。

陶裸体女像（新石器时代）

祖先崇拜除了灵魂崇拜形式外，与之相关的还有生殖崇拜。或者说除了对死者的祈祷，还有对生者的盼待。在母权制时代，妇女无疑享有崇高的威望，她们的生育能力也受到赞赏。与世界其他民族一样，对女性的崇拜以生殖器官的突出塑造加以表现是通常手法。到一夫多妻制的父权制社会后，人们对生育知识有了朦胧理解，对血缘传承也更为重视，生殖崇拜越发普遍。在红山文化中，有乳房突起、臀部肥大的女性陶塑；在马家窑文化中，有绘有乳房丰满、双手捧腹的人像彩陶壶。这说明虽然处于男权社会的新石器时代，但对生育能力更加关注，因为私有财产必须有直系亲子继承。由此石祖、陶祖几乎遍布中国的黄河上下、大江南北就不必惊诧，而原始岩画中的裸体男女欢爱情景也就无可非议①。男根女阴具有非常神秘的意义，是人类繁衍人口的核心特征，因而被认为是自然的赋予而具有图腾的性质②。求生是人类对自身生存和繁衍的本能，因而生殖崇拜的形式在原始社会中成为宗教信仰中的一个重要内容。

祖先崇拜日益构成全部宗教活动的核心，这种崇拜活动规模之大、时间之长、次数之频、形式之繁以及牺牲之多都是空前的。人们认为，只有如此隆重的祭祀，才能获得祖先神灵的欢悦和保佑以趋福避灾。从原始社会的解体到奴隶社会的建立这段历史时期里，祖先崇拜是压倒一切的崇拜。例如黄帝败炎帝于阪泉、斩蚩尤于涿鹿，诸侯尊之为天子，从此成为华夏族的祖先。这一传说反映了许多部落彼此争斗又互相融合的复杂过程。众多图腾组合为龙的图腾，众多氏族也归于黄帝门下。因而后来黄帝被看成华夏族的缔造者，成为中原大地的统一祖先。传说中他以风后为相，以力牧为将，命大桡作甲子，容成造历；使羲和占日，常仪占月，臾区占星气，伶伦造律吕，隶首作算数，蚕桑、医药、舟车、宫室、文字、服饰等之制皆始于黄帝，表明了后人的崇祖之情。

第二节　艺术发生

艺术是人类智慧的结晶，源于人类的劳动创造。从人类学会打制第一把石刀开始，艺术也就开始了萌芽。艺术的产生是人类告别动物的起点，因为没有一只猿手曾经制造过一把哪怕最粗笨的石刀。尽管长期以

---

① 李现国：《雕凿在岩壁上的生殖崇拜史》，载《瞭望》1988 年第 20 期。
② 盖山林：《中国草原岩画与古代猎牧民的生命意识》，载《美术史论》1992 年第 2 期。

来艺术家、美学家、哲学家、考古学家从不同的角度探索艺术何时起源和怎样起源的问题，发表了不计其数的长篇论著，提出了各种不同的解释，但不约而同地都把视角伸向遥远的古代去追寻人类诞生的足迹。大量事实表明，劳动创造了人类，同时也是艺术创造中至关重要的因素。至于其他相关要素，虽然起着不可忽视的作用，但毕竟不能以偏赅全，否定劳动的本质属性。

最先产生的艺术品是石器，原始人类用它武装起来并不断改进，创作出最初的艺术形态。从文化遗物来看，发现有远古打制石器的地点比有原始人类化石的地点更多，其总数已有三四百处，分布范围遍及全国。当我们看到那些粗糙的打制石器时，有时很难把它们同艺术联系在一起，但人类的艺术创作正是由此开始。那些用砾石打制的石器，不论它多么简单稚拙，都是造型艺术的开端而应令人惊叹。它蕴涵着人类创作的思维和想象，同时也体现着人类创造的技巧和能力，因此，最早的工具制造和最初的艺术萌芽不可分割。

在中国，已发现的旧石器时代最早的艺术品出土于山西南部的西侯度和云南北部的元谋，距今已有一百七八十万年。这些石器主要是砍砸器和刮削器，用锤砸方法打制而成，由此可见"形"的概念已经形成。到了旧石器中晚期，石器类型多样化起来，形式更加固定和规整，并向小型发展。山顶洞人遗存的骨针，可以想见较为讲究的服装已经出现，而服装的出现有多种复杂的意味。穿孔石珠、穿孔兽牙、穿孔贝壳等饰物的精好，更令人赞叹人类的爱美追求，而爱美追求则更说明人类意识形态的进步。用赤铁矿染成的红色，表达出这如火似血的色彩给史前人类的深刻印象和刺激，正如普列汉诺夫所言，红色是一切野蛮人非常喜爱的颜色[①]。他们用颇具意味的形式渲染最初的感悟并装饰他们的环境，表达出内心朦胧的向往和精神的寄托。

---

① 普列汉诺夫：《论艺术》，三联书店1973年版，第145页。

　　当原始人类由山林和洞穴走向坡地和草野时，随着劳动和生活方式的改变，石器也趋向小巧和细腻。目前发现的中石器时代的细石器艺术，明显代表了一种新型文化特征。细石器均采用硬度较高、有光泽、有色彩、半透明的特殊石料制成，如黑色的黑曜石、白色的石英、绛色的玛瑙、红色或黄色的玉石髓等，很少用制作旧石器那样的青灰色砾石或燧石。它们造型规整、质地细硬、形制多样、外表美观，最常见的有制作箭头用的石镞、镶嵌在骨木把柄上的石刃，以及其他雕刻器、尖状器、刮削器等，它们美丽的色泽、精细的加工、完整的对称形式颇具审美价值。从这些生产用具的更新上，可看到人类生活的转变和制作方法的进步。

　　至新石器时代，谷物的种植、家畜的驯养，为人们提供了稳定的食物来源，使人类生活有了基本保证。而磨制石器的大量出现，则表明人类文化的新阶段。早在旧石器晚期，就已出现了磨制石器和骨器，如山顶洞人钻孔的石珠和磨光的骨针。新石器时代的人们，则制造和使用着更多精美的磨光石器。令人惊叹的石磨盘为舌形扁平石板，一般宽三四十厘米，厚四五厘米，长者达九十厘米，短者也有四十厘米。其底部或有圆形柱足，或有横形条足，使磨盘能平稳牢固地支放在地面上。整个

石磨盘、棒（新石器时代）

磨盘都经过认真仔细的磨制加工，被琢磨得十分平整光滑，可以想见，在当时还没有金属工具的条件下，这种规模的石料加工是多么的不易。

与石磨盘配套使用的还有石磨棒，这是一种断面呈椭圆形的石棒，也是通体被磨光。使用时，双手握住石棒的两端，在磨盘上来回磨动。现今发现的原始遗物，由于长期使用，很多磨盘和磨棒的接触面已被磨成凹面。裴李岗文化的锯齿石镰磨制更为精美，其密集的锯齿都磨出了斜刃，齿尖也很锐利，技艺精湛，通体光洁。后来的磨制石器形式更加准确和适用，出现了像石斧、石铲、石刀、石锛、石凿、石锥、石锄，甚至石犁等不同种类的固定工具。可以说，磨制石器在数量上的增多和质量上的提高，充分体现了农牧先民的聪明才智。这些艺术品式的劳动工具，也形象地说明了他们逐渐丰富起来的审美意识。

陶器的发明是人类历史上划时代的重大事件之一，新石器时代就是从陶器的发明开始的，它是人类自学会打制石器以后的第一个杰出创造，给远古时代带来了巨大的影响。首先，陶器的发明是在人类对黏土的可塑性和烧结性有了一定的认识，并对火的利用和掌握能使之达到一定高的温度以后才出现的，它是远古人类智慧发展的产物。其次，它是从生产工具的发明转变到生活用具的发明的开始，它的发明给人类生活带来了极大的便利。再次，陶器的发明，使人类第一次掌握了一种可塑性很强的新材料，从而为物质文化和精神文化的发展创造了新条件，为原始艺术的发展开辟了新天地。

彩陶船形壶（新石器时代）

那么，陶器是何时发明的呢？这一直是学术界探讨的重大问题。我们至今还没有发现旧石器时代的陶器，但是可以肯定新石器时代陶器已大量出现。目前所知最早的陶器已距今1万年左右，把江苏溧水县神仙洞洞穴遗址的陶片放在放大镜下观察，可以看到是由极普通的夹砂黏土烧制而成的，还可看出制作过程中用手指抹平表面时留下的纹路。河北省徐水县南庄头村发现的夹砂深灰陶和夹砂红褐陶也说明最初的陶器较为粗糙。自此以后，陶器艺术蓬勃发展，湖南省澧县彭头山文化距今 8000 多年，出土的近百件早期陶器，尽管造型艺术幼稚，但毕竟有了圆底敞口的认识，而在装饰艺术方面，陶器外表的饰纹和色彩也增添了美感。据科学测定，河北省武安县磁山文化的陶器烧成温度为 700 ℃～930 ℃，河南省新郑县裴李岗文化则是 900 ℃～960 ℃，陕西省华县老官台文化约在 900 ℃。这些距今 5000 多年的陶器多是用泥条盘筑法手制成型，共同特点是色泽不匀，陶质疏松。但造型艺术上则又有进步，出现了杯、碗、钵、盘、盂、罐、壶、鼎、豆、勺、器盖、支座等。除圜底器外，还有平底器、三足器和圈足器，许多陶器还附加有器耳。底的变化增强了陶器放置的稳定感，耳的增加便于陶器的携带和悬挂。陶器的实用功能使造型艺术更加丰富、更具美感，而陶器上的绳纹、编织纹、篦纹、堆纹、乳钉纹无疑也富有装饰意味。可以说，此时人们在制造陶器时，已更多地注重了审美功能。

彩陶艺术的出现标志着陶器文化的新成就。这种烧前绘彩的原始陶器经过绘色、晾晒、压磨、烧制，彩绘纹饰可牢固永久。正因如此，考古发现的新石器彩陶，虽历经数千年风雨，仍然保持着浓郁的色彩。

在老官台文化中，已可见到彩陶的萌芽，它主要是一种在红色陶器的沿上绘以紫色宽带纹的陶器，像是在器上镶嵌着一个红箍，有色泽强烈的装饰效果。以红色作为装饰，是早期彩陶普遍流行的特征，这也许是因为红色象征着生命、信心和追求。到河南渑池仰韶文化时期，彩陶形式变得多种多样，如用来汲水的小口大肚的尖底瓶，用来烧水做饭的盆形灶，用来祭祀充满神威的鹰鼎。而同时期山东泰安大汶口文化中的陶鬶也非常别致，它有一个较长的脖子，口沿上斜伸出一个长长的鸭嘴式流，椭圆形大肚子下面支撑着三个肥大的空心尖足，不仅扩大了肚子容量，还稳固地支撑着器身，环耳把手连接肚子和脖子，使整个器物显得平衡而稳固。这种

鹰鼎（新石器时代）

陶鬶不仅在大汶口文化中十分流行，而且在其后的龙山文化中，仍然是主要的盛水器。另外一件夹砂红陶兽形壶则昂头翘尾、张口竖耳，尾部有口可注水，嘴部张开可流水，背部还有一环耳提手，利用四条腿作壶的支柱，设计得非常科学美观。还有体态丰满肥胖的猪形鬶，形象逼真，这或与大汶口人普遍饲养猪，并用猪头作随葬品的习俗相吻合，表明了猪的重要，这也正是他们实际生活的艺术表现。

在装饰艺术上更能展示彩陶的绚烂。仰韶文化中，最初继承老官台文化以红彩为装饰，其后逐渐被黑彩所代替，中后期则形成一种红黑相间的复彩装饰，最后又回到原来的红彩上。同时在这一过程中，早期的红宽带纹逐渐变成黑宽带纹，此后又出现了许多新样花纹，这些花纹呈带状环绕于陶器表面最突出部位，给人以醒目的感觉。那些生动的人面纹、蛙纹、鱼纹、鸟纹、鹿纹，以及各样的三角纹、波浪纹、钩叶纹、圆点纹、六角纹、箆梳纹，甚至 X 和 S 等各种抽象纹，都是最常见的纹饰组合母题。这些色彩和纹饰与造型结合，充分体现了仰韶人的审美情趣。大汶口人继承山东滕县北辛文化中零星的红色或黑色宽带纹彩陶，稍后则流行起白衣多色，中期则白衣或红衣的多色彩陶占了主流，其中以黑色波折线间以斜方格纹组成的带状花纹为主，再后流行一种简朴的红色圆点纹，晚期彩陶锐减，以黑白线兼施的旋涡纹为代表。它以多色彩呈现出新石器中期彩陶的又一特色。

新石器晚期彩陶艺术的繁荣则以黄河上游的甘肃马家窑文化和长江中游的湖北屈家岭文化为代表，两者充分体现出细巧复杂的趋势。如早期马家窑文化中的石岭下类型，多是泥质磨光红陶；中期马家窑文化的纹饰则多变，仅一种蛙纹就很少有重复的制作，而且各种形态都十分生动，给人以繁缛和灵活的感觉；晚期马家窑文化不仅造型美观，而且彩绘装饰也堂皇富丽。屈家岭文化则受较早的四川巫山大溪文化蛋壳彩陶艺术影响而繁荣起来。这些细泥黄陶，器壁最薄的不足半毫米，稍厚的也仅 2 毫米。它们均饰有橙红、灰色或黑色陶衣，通体所饰彩纹颜色往往浓淡相间，笔道不齐，有晕染风格，故也称薄胎晕染彩陶。

白陶鬶（新石器时代）

最富特色的还是山东龙山文化的磨光黑陶，这种陶器的黑色是陶土中包含的碳素在烧制时的还原作用中产生的，其表面的光滑是在烧制前先把器坯仔细打磨光亮后形成，因此考古学上习称磨光黑陶。磨光黑陶中以蛋壳黑陶最引人注目，它被誉为"黑如漆，明如镜，薄如壳，硬如瓷"。如 1960 年山东潍坊姚官庄出土的磨光黑陶高柄杯，其造型优美而典雅，与今天的高脚杯相似。据

陶兽形壶（新石器时代）

彩陶旋涡纹瓶（新石器时代）

黑陶蛋壳杯（新石器时代）

实测，最薄的器壁不到0.2毫米，最厚处也不到0.5毫米，有的通高约20厘米，重量却不过40克，杯柄往往还雕刻有镂孔和纤细的刻画纹等装饰。除高柄杯外，高脚圈足双耳杯和单耳杯也都是蛋壳黑陶奇巧的造型。蛋壳黑陶的黑、薄、光、精四大特点，代表了我国新石器时代晚期陶器艺术的最高成就，同时它本身也经过了由磨光黑陶到薄胎黑陶再到蛋壳黑陶的发展过程。从大汶口文化中晚期开始，由于陶土经过反复洗练，才有了细腻滑润的黏土，为做成极薄的陶器提供了先决条件。又由于轮制技术的应用，可以使器壁达到厚薄均匀，做出形式挺拔秀丽又精密细致的陶坯，并为成型后打磨光亮提供了方便。更由于陶窑的改进和烧制技术的提高，强化了烧成硬度。所有这些因素，才最终形成了蛋壳黑陶的特殊艺术风格，并使其精巧的造型达到无与伦比的程度。因此可以说，假如新石器时代中期的彩陶艺术是以彩绘装饰见长的话，那么这时的蛋壳黑陶艺术则是以工艺造型而取胜，彩陶和黑陶在技术和造型上为青铜艺术准备了条件。

乐舞也是原始艺术的重要组成部分。尽管音乐有随着时间的消失而消失的特性，但乐器的保留却多少提供了一点时代的缩影。

新石器时代裴李岗文化中发现的骨笛，经碳 14 测定距今约 8000 年左右。这些骨笛都是用猛禽腿骨截去两端关节后再钻圆孔制成，它们大多有 7 个孔，有的在钻孔前还先刻好等分记号然后再钻孔，这可说是迄今为止中国发现的最古老的乐器①。原始骨笛可能由骨哨发展而来，在裴李岗文化墓葬里同时发现的骨哨长约七八厘米，有一个椭圆形扁孔，用手指堵住两端，吹气入孔可发出音响②。这种骨哨说明当时人们对骨管中的空气震动原理已有所认识，但它可能是作为诱捕野兽的狩猎工具使用，后来成为一种游乐玩耍的音听器具，最后才发展成能吹奏旋律的乐器。

陶器发明后，乐器种类逐渐增多，现已发现的有陶埙、陶响器、陶铃、陶角号等。陶埙多呈椭圆形，平底，中空，表面有一至数个小孔，可以吹奏出高低不同的乐音，这种简单的原始乐器在许多遗址中

陶埙（新石器时代）

都曾发现，最早的当属仰韶文化的陶埙。陶响器也是较流行的原始乐器。陕西临潼姜寨遗址出土过两件仰韶文化早期的陶响器，一件橄榄形，另一件馒头形，内有泥丸，摇之作响。另外，其他文化遗址发现大量球形响器，有的外表有镂孔和各种纹饰。陶铃发现不多，一般底口大上顶小，横断面为椭圆形，上可系绳悬挂。陶角号能发出洪亮的声音，有人认为它们是原始巫术活动中使用的法器。至新石器时代晚期出现各

---

① 河南省文物研究所：《河南舞阳贾湖新石器时代遗址第二至六次发掘简报》，载《文物》1989 年第 1 期。

② 陈嘉祥：《对石固遗址出土的管形骨器的探讨》，载《史前研究》1987 年第 3 期。

种陶鼓①，它们以陶为框，蒙以生革，器形较大，一般七八十厘米长。石磬也有，以石灰岩打制而成，山西襄汾陶寺遗址出土的石磬长近一米。众多陶制乐器的出现，反映了当时原始音乐艺术的成就，展示了原始先民的精神生活。

这些乐器的演奏与歌舞结合起来，成为原始先民表达思想感情的艺术形式。他们最初从长期的生产实践中产生了对呼号、动作、节奏与音调的体会和认识，正如普列汉诺夫在《没有地址的信》中所言："在原始部落那里，每种劳动有自己的歌，歌的拍子总是十分精确地适应于这种劳动所特有的生产动作的节奏……不仅如此，生产过程的技术操作性质，对于伴随工作的歌的内容，也有着决定性的影响。研究劳动、音乐和诗歌的相互关系，使毕歇尔得出这个结论：'在其发展的最初阶段上，劳动、音乐和诗歌是极其紧密地互相联系着的，然而这三位一体的基本组成部分是劳动，其余的组成部分只具有从属的意义。'"同时宗教对艺术的起源也有不可忽略的作用，鲁迅在《中国小说的历史的变迁》一文中谈道："诗歌起于劳动和宗教。其一，因劳动时，一面工作，一面唱歌，可以忘却劳苦，所以从单纯的呼叫发展开去，直接发挥自己的心意和感情，并偕有自然的韵调；其二，是因为原始民族对于神明，渐因畏惧而生敬仰，于是歌颂其威灵，赞叹其功烈，也就成了诗歌的起源。"所以，《吕氏春秋·古乐》中所载原始歌舞便不难理解："昔葛天氏之乐，三人操牛尾，投足以歌八阕：一曰载民，二曰玄鸟，三曰遂草木，四曰奋五谷，五曰敬天常，六曰达帝功，七曰依地德，八曰总禽兽之极。"

可以想见，原始的文艺活动表现形式是诗歌、音乐、舞蹈三位一体。当他们祈祷和庆祝丰收的时候，当他们发动战争和欢庆胜利的时候，当他们祭祀亡灵和祖先的时候，当他们举行任何典礼的时候，他们

———————————

① 高天麟：《黄河流域新石器时代的陶鼓辨析》，载《考古学报》1991年第2期。

都要跳舞唱歌。1982年在甘肃秦安大地湾遗址一座仰韶文化晚期的大房子中发现了一幅地画，就可看到两个舞蹈者右手抚头、左手按腰、双脚分叉跳舞的形象，他们面前是两具摆放

彩陶舞蹈纹盆（新石器时代）

在墓坑里的尸骨，似乎表示他们跳的是祈祷亡灵的祭祀舞。而1978年在青海大通县上孙家寨遗址一座马家窑文化的墓葬中，出土了一件绘有舞蹈图案的彩陶盆，特别引人注目的是在陶盆内壁上部画有三组相同的五人舞蹈图，每组五人面向一致排列整齐地牵手而舞。不管这件舞蹈图案反映的是丰收舞、欢庆舞，还是祭祀舞，都真实地表现了马家窑先民生动活泼的群舞形象。这不能不令人想起在音乐史上被誉为中国最早的音乐家——夔，《尚书·舜典》载："帝曰：'夔！命汝典乐，教胄子，直而温，宽而栗，刚而无虐，简而无傲。诗言志，歌永言，声依永，律和声。八音克谐，无相夺伦，神人以和。'夔曰：'于！予击石拊石，百兽率舞。'"而此时的《箫韶》已颇见规模，令后来的孔子闻之三月不知肉味。这不仅使我们想象到乐舞的盛大和动人，也可知晓它在教化和礼仪中日渐重要。

建筑作为人类居住和生活的场所，在原始社会也形成各个时期的历史特征。现在见到的最原始的建筑形式，是考古学上发现的新石器时代的房屋遗迹。其中最早的半地穴式建筑，是在地面上挖一个圆形或方形浅坑，然后在坑上修建一个窝棚。这种形式在中国新石器时代早期距今八九千年的彭头山文化中就已出现。如果了解人类从构木为巢、选洞而

居到地穴建筑的历程，就不能不赞叹人类的全面的进步。彭头山遗址面积较小，呈不规则圆形，地穴仅余 15 厘米深，底部较平整，在北部残存一个半圆形锅底状的灶坑，虽然地面上的面貌已荡然无存，但它确系人们避风挡雨、安居乐业之住处。从这座最早的半地穴式建筑上，我们所看到的只是其实用功能，似乎没有什么艺术价值。不过对于原始艺术来说，审美价值和实用功能密不可分，实用性给人以满足美。

半地下房屋复原图（新石器时代）

随着社会的发展，由满足美进而追求形式美，如面积更为增大，穴底更为平整，门道开设斜坡或台阶，穴顶木柱更为结实。这样的建筑，裴李岗文化、磁山文化和老官台文化都有发现，而在西辽河的兴隆洼文化中，房屋已有秩序地安排和分布，整齐地修建在坡岗上，清楚地表明了当时人们的建筑美学追求①。这些坐落在河旁台地或斜坡上的窝棚，外表看上去是用木棍为骨架，上搭枝叶，并抹有草泥。而内部地面则平滑坚硬，是经仔细加工而成，为了防潮，有的还经火烧烤，屋内中心一般有一个圆形或方形的灶坑，似可让人看到大家围坐在熊熊燃烧的灶火旁。先民们对住所的形体、功能、结构以及排布，都体现出他们的匠心。

当生产力水平提高到能修造有坚实基础、跨度更大的空间时，半地穴式建筑则被地面建筑所代替。如到新石器时代中期，就形成颇具规模、布局有序、房屋密集的村落建筑，在仰韶文化的半坡遗址和姜寨遗

---

① 《兴隆洼聚落遗址发掘获硕果》，载《中国文物报》1992 年 12 月 13 日。

址，村落都达到 5 万平方米的建筑面积，其中地穴式与地面式间杂，都环绕着一个广场。广场是人们举行各种祭祀、庆典和跳舞、唱歌的地方，房屋则各有用途，如大房子可能是氏族首领居住和聚会之处，小房子可能是母系氏族成年妇女过对偶生活的单间。住房环绕广场的布局，几乎成为新石器时代黄河流域的典型，这样的村落加强了人与人之间的关系，增强了社会网络的作用，从而形成一股前所未有的凝聚力量。

在南方水网密布的地区则产生了一种干栏式建筑，这种用竖立的木桩构成底架以抬高居住面的原始木构房屋，目前发现最早的是河姆渡文化的大片木构建筑遗迹。这些干栏式建筑，开创了与我国北方不同的新形式，由于它高出地面，既可防虫蛇猛兽之害，又可避潮湿或瘴气，因此最适合长江流域及其以南的广大湿热地区。还值得提出的是，其木构件之多、榫卯的应用以及建筑规模都令人称道，至今，仍是南方诸多少数民族喜爱的建筑形式。

随着新石器晚期原始氏族社会经济和文化的迅速发展，城堡建筑在新的建筑材料和技术基础上已耸然而立。

龙山文化时期，人们发明了日晒土坯，认识并烧制出石灰，盖起真正的房屋。土坯一般又大又厚，可用来垒墙，比先前的木骨泥墙具有更大的强度和耐久性。白灰则普遍地用来涂抹屋内的居住面，使屋内显得洁白、干净、

圆形房屋复原图（新石器时代）

美观，而且还有防潮、防虫等作用，考古学上称其为"白灰面建筑"，它比仰韶时期的硬土面或红烧土面显然是一个重大进步。夯土建筑也是

龙山文化时代普遍出现的新型建筑，它是把细腻的黄土经过层层夯筑捶打，使之变得更加坚固结实的一种新型建筑方法。夯筑技术的发明始见于仰韶文化晚期，距今至少有 5000 年历史。龙山文化中，夯筑技术不但用来建筑地面，还用来建筑房基和墙壁。这时的原始村落，面积一般都较大，居住时间也较长。村落内房屋密集，纵横整齐，有道路、水井、窖穴和窑场，不见有中心广场。村落外围一般有围墙，作为防卫设施。

正是在此基础上，到龙山文化晚期，形成了夯城。城也越建越大，济南附近的龙山镇城子崖遗址，城内东西宽约 430 余米，南北最长处 530 米，面积约 20 万平方米，是迄今发现的这一时期最大的城址。龙山文化时代的这些城堡具有共同的特征：它们都有高耸的夯土城墙环绕，形成一道坚固严密的屏障；城内是面积巨大的建筑群，形成高低错落、多变统一的格局；城外围绕着一条护城河，既可为城内提供水源，又起着城堡的防卫作用。总体上看，城堡表现出一种规模宏大的气势，一种雄壮威严的美感。它集中了当时全部的建筑成就，反映出当时建筑艺术的最高水准，是人类文化进步的鲜明反映。城堡的出现不是偶然的，它也是社会发展到一定阶段的产物。在新石器时代末期，城堡是氏族社会解体、国家产生的象征。

第三节　混血成龙

随着社会经济的发展，人类群体间的交往不断扩大，在中华大地上形成了若干部落集团。这些集团不断地迁徙发展，形成犬牙交错的分布局面，彼此间经济文化不断得到交流融合，促使中华文化多元生成。正如梁启超所言："华夏民族，非一族所成。太古以来，诸族错居，接触交通，各去小异而大同，渐化合以成一族之形，后世所谓诸夏是也。"①
传说中主要的氏族部落有华夏集团、东夷集团和苗蛮集团。

属于华夏集团的有炎帝和黄帝两大部落。传说炎帝号神农氏，是一支很古老的氏族，其发祥于渭水上游，后沿黄河东迁至中游地区，距今5000多年前发展成为一个强大的部落。黄帝号轩辕氏，发祥于陕西北部，后东渡黄河，挺进中原，成为黄河中下游地区的盟主。《国语·晋语》曰："昔少典娶于有蟜氏，生黄帝、炎帝。黄帝以姬水成，炎帝以姜水成。成而异德，故黄帝为姬，炎帝为姜。"

属于东夷集团的有太皞、少皞和九黎。传说太皞居陈（今河南淮阳县），风姓，"以龙纪，故为龙师而龙名"②，当与九夷中的风夷有关，且以龙为图腾。少皞与太皞有密切联系，其形成部落时间稍晚于太皞，故墟在山东曲阜，活动范围在泰山以南，《左传·昭公十七年》载，其有风鸟氏、玄鸟氏、青鸟氏、丹鸟氏等24个以鸟为名的氏族，可知这一以鸟为图腾的部落也曾十分繁盛。九黎主要活动于泰山以西苏鲁豫冀交界处，传说"及少皞之衰也，九黎乱德"③，九黎以蚩尤为首，相传有兄弟81人，此当指81个氏族，可见部族的庞大。

属于苗蛮集团的最著名的是三苗，《战国策》中载吴起云："三苗之居，左彭蠡之波，右洞庭之水，文山在其南，而衡山在其北。"由此可知，三苗主要生活在长江中游以南地区。更南边，则有所谓南蛮人，生息于五岭山脉的崇山峻岭中。

为了掠夺财物，扩大势力范围，诸集团之间战乱频繁。古史传说中记载了几场著名的战争，也令人看到民族融合的过程。《史记·五帝本纪》载："轩辕之时，神农氏古衰，诸侯相侵伐，暴虐百姓，而神农氏弗能征。于是轩辕乃习用干戈，以征不享，诸侯咸束宾从。"这表明华

---

① 梁启超：《饮冰室合集》第11册。
② 《左传·昭公十七年》。
③ 《国语·周语下》。

黄帝陵

夏族的部落联盟原以神农氏为首，但随着黄河流域的历史进入崇尚武力的英雄时代，以农耕著称的神农氏不能适应武力征服的需要，渐渐不能胜任联盟首领的职务，因而被强悍的黄帝部落首领所代替。炎帝不甘心失去部落盟主的地位，与黄帝的矛盾由此激化，最终在阪泉之野拉开了战幕，《史记·五帝本纪》云："炎帝欲侵凌诸侯，诸侯咸归轩辕。轩辕乃修德振兵，治五气，艺五种，抚万民，度四方，教熊、罴、貔、貅、䝙、虎，以与炎帝战于阪泉之野。三战然后得其志。"黄帝与炎帝的战争，是华夏集团内部的争斗。阪泉之战，巩固了以黄帝为首的部落联盟的新秩序。

炎帝部落有的往东方转移与东夷融合，有的向南方流落汇入苗蛮，还有的归顺黄帝使华夏集团强大起来。当华夏集团由西向东发展时，东夷集团的蚩尤部落也正向西发展，于是，涿鹿之野展开了一场空前激烈的战斗。《山海经·大荒北经》载："蚩尤作兵伐黄帝，黄帝乃令应龙攻之冀州之野。应龙蓄水，蚩尤请风伯雨师从大风雨。黄帝乃下天女曰魃，雨止，遂杀蚩尤。"这一传说反映出，黄帝族可能曾在河流上筑坝蓄水以阻挡九黎族的进攻，而战争开始后风雨交加，直至雨过天晴黄帝才把蚩尤打败并杀之，由这些神话可见黄帝在后人心中的神威。黄帝战败蚩尤，势力范围东扩，成为华夏和东夷集团共同尊崇的部落联盟最高首领。自此"天下有不顺者，黄帝从而征之"①。

　　华夏集团与苗蛮集团之间的冲突，初时规模尚小，至尧舜时则尖锐起来。驩兜是三苗族中一个以修蛇为图腾的部落的首领，尧时率部族从丹水下游向上游发展，威胁尧部落的安全，传说"尧战于丹水之浦以服南蛮"②。丹水流域土质肥沃，气候温和，物产丰富，是由湖北经河南至陕西的交通要道。考古发现也说明这一地区是华夏与苗蛮交会争夺的地区。如丹江边上的河南淅川江下王岗，发现一处很大的史前遗址，有关研究认为，距今 5000 年左右，这里属于华夏集团先民居留地，留下了丰富的仰韶文化遗存。而距今 4700～4600 年，属于苗蛮集团先民创造的屈家岭文化曾扩展到汉水上游至秦岭以南广大地区，也在下王岗留下了居住遗迹。距今 4500～4300 年，这里再次成为华夏集团活动地区。丹水之战以驩兜失败而告终，但华夏与三苗之战仍未间断。据《韩非子·五蠹》说："当舜之时，有苗不服，禹将伐之。舜曰：'不可。上德不厚而行武，非道也。'乃修教三年，执干戚舞，有苗乃服。"可见舜时与三苗关系以和平相处为主。至禹时，两大集团终于展开一场大决战，《墨子·非攻》载："昔者三苗大乱，天命殛之"，"禹亲把天之瑞令，以征有苗"。可知禹趁三苗内乱而代天出征。此役三苗首领被箭射中，苗蛮臣服华夏，从此三苗疆域成为禹之国土。

　　军事民主制下的首领权力极大，但他们依然是由部落联盟选举产生。他们要承担更多的义务，也具有更高的威信。尧在位时，灾祸不

---

① 《史记·五帝本纪》。
② 《吕氏春秋·召类篇》。

断。《淮南子·本经训》云："逮至尧之时，十日并出，焦禾稼，杀草木，而民无所食。猰貐、凿齿、九婴、大风、封豨、修蛇，皆为民害。尧乃使羿诛凿齿于畴华之野，杀九婴于凶水之上，缴大风于青邱之泽，上射十日而下杀猰貐，断修蛇于洞庭，禽封豨于桑林，万民皆喜。"上述记载，虽系传说，但亦当有所依据。那些炎夏酷热的旱灾造成的荒野千里的景象，那些以禽兽神怪为图腾的部落，不服尧之管辖，这才产生"白虹贯日"、"诛杀群凶"的英雄后羿，而尧也更为众人爱戴。

　　然而，原始氏族社会后期部落联盟的首领究竟是如何产生的呢？这不难令人想起为后世津津乐道的"禅让"制度。据《尚书》和《史记》记载，尧的兄长挚曾是部落联盟的首领，由于他为人"不善"而被罢免，于是大家推举尧接替了挚的职位。尧在晚年按照氏族社会的古老传统寻求自己的继承人时，曾向"四岳"即四个部落的酋长征询意见。舜以贤孝闻名于世，众人一致举荐。尧又把两个女儿嫁给舜，以便深入了解。经多方考察之后，才禅位于舜。尧本有子丹朱，但尧认为丹朱品行不好，不能授以天下。《史记·五帝本纪》载："尧知子丹朱之不肖，不足授天下，于是乃权授舜。授舜则天下得其利而丹朱病，授丹朱则天下病而丹朱得其利。尧曰：'终不以天下之病而利一人。'而卒授舜以天下。"《孟子·万章》云："舜南面而立，尧率诸侯北面而朝之。"说明退休的首领并无终生的权位。

　　尧去世后，舜对丹朱采取避让的态度，但人民信任舜，疏远丹朱。《史记·五帝本纪》云："尧崩，三年之丧毕，舜让辟丹朱于南河之南。诸侯朝觐者不至丹朱而至舜，狱讼者不之丹朱而之舜，讴歌者不讴歌丹朱而讴歌舜。舜曰：'天也夫！'而后之中国，践天子位焉。"舜本为冀州之人，出身寒苦，辛勤劳作，孝顺盲父，爱抚兄弟，终得天下。舜传位于禹的情况与尧传位于舜的情况类似，禹由于领导治理水患，取得巨大成功，博得了人民的拥护，但他还是经过17年的考验才正式就职。禹在位时，彻底打败了苗蛮，将华夏集团的势力范围进一步扩大到长江流域，自此中华民族始具雏形。

但是传说的民主选举原则也在日益膨胀的权力私欲下遭到破坏，在部落首领的继承人问题上开始出现争权夺利的斗争。尽管尧舜死时，舜禹即位都演出了一场原首领的儿子具有优先继承权的戏，其实这已透出父死子继的信息，只是各部落酋长和人民不同意才作罢，但这多少又同儒家学者曾长期颂扬之所谓"禅让"的理想社会有关。

对于"禅让"之说，早在战国时期就有人提出怀疑。最早提出疑问的是荀子："夫曰尧舜禅让，是虚言也，是浅者之传，陋者之说也。"①战国末的韩非，不但不承认有"禅让"这回事，反而说舜和禹之所以能继承帝位，是"臣弑君"的结果②。唐代的刘知几在他所著的《史通》中引《汲冢琐语》说："舜放尧于平阳。"又说舜是被禹赶到苍梧而死的。稍后的《史记正义》作者张守节引《竹书纪年》说："昔尧德衰，为舜所囚也"，"舜囚尧，复偃塞丹朱，使不与父相见也"。倘如此，"禅让"是否真有其事呢？只能说，这些史论中的只言片语当然都带有一定的倾向，但权力之争到了原始社会晚期已是毋庸置疑的事实。

这种暴力夺权在禹死后发展到顶点，终于以战争形式加以解决。禹的晚年推举皋陶作继承人，不久皋陶死了，又推举伯益作继承人。但是禹不把重要的政务委派给伯益去做，使伯益未能在人民中建立威望。与此同时，禹的儿子启乘机发展势力，因此禹死后，启便取得最高权位。对此，伯益不服，举兵夺权，但最终归于失败。从此原始氏族社会的民主选举原则被彻底抛弃，一个家天下的奴隶制社会产生。

部落之间因利益互相讨伐或妥协，构成更大的部落联盟。联盟之间更大规模的征服和交往，促使文化也由多元交融而形成一元贯通。中华民族的原始图腾崇拜——龙，便是先民顶礼膜拜极富寓意的象征，并为

---

① 《荀子·正论》。
② 《韩非子·说疑》。

后人世代承袭成为传统标志。

　　古代文人把龙描写得活灵活现，出神入化。《庄子·天运篇》："龙，合而成体，散而成章，乘云气而养乎阴阳。"《说文》里认为："龙，鳞虫之长，能幽能明，能细能巨，能短能长，春分而登天，秋分而潜渊。"《说苑·辨物篇》云："神龙能为高，能为下，能为大，能为小，能为幽，能为明，能为短，能为长，昭乎其高也，渊乎其下也，薄乎天光，高乎其著也。"《尔雅翼·释龙》："角似鹿，头似驼，眼似龟，项似蛇，腹似蜃，鳞似鱼，爪似鹰，掌似虎，耳似牛。"《管子·水地篇》："龙，生于水，被五色而游，故神。欲小则化如蚕蝎，欲大则藏于天下，欲上则凌于云气，欲下则人于深泉。"

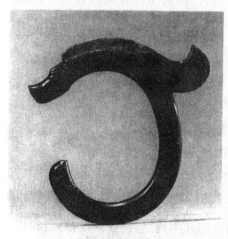

玉龙（新石器时代）

　　现代学者对龙也进行过仔细的探讨和研究。有人认为，最早的龙就是有角的蛇①。有人认为，最早的龙就是鳄鱼②。还有人认为，龙是蛇身加上各种动物特征而成③。另外还出现了"闪电说"、"巨蛇说"、"猪首说"等④。考古也曾发现过关于龙的遗迹，如河南濮阳西水坡遗址出土的用蚌壳摆成的龙虎图案，甘肃武山县出土的彩陶瓶上的人面龙身图形，

辽河流域红山文化中的精致玉龙。这些距今 5000 年以上的龙明显具有图腾性质，明显与原始社会农业生活有密切关系。

---

① 刘敦愿：《马王堆西汉帛画中若干神话问题》，载《文史哲》1978 年第 4 期。
② 祈庆福：《养鳄与豢龙》，载《文博》1981 年第 2 期。
③ 李泽厚：《美的历程》，文物出版社 1981 年版，第 8 页。
④ 马世之：《龙与黄帝部族的图腾崇拜》，载《中州学刊》1988 年第 2 期。

　　因而，龙的出现，可谓各部族文化相融的结果，可谓农业社会的必然崇拜，人们将其升华为神物，表达了一个共同的心愿，就是企求得到龙的佑护。于是龙以它庞杂的造型、巨大的威力以及腾云驾雾、呼风唤雨的特殊本领而高踞于众图腾之首，成为中华民族上下几千年历史中始终不灭的光辉形象。神州大地上，以龙为名的山川城池不计其数；民间习俗中，与龙有关的活动项目不胜枚举；雕绘艺术中，其变幻莫测的造型神姿英发；传说故事中，其神奇不凡的本领引人入胜。天子要穿龙袍，宝剑要用龙泉，过年要耍龙灯，科考要过龙门……以至于人们将中国文化称为"龙的文化"，将中华民族称为"龙的传人"。可以认为，独具特色的龙崇拜习俗的形成史，也为华夏文明多元发生渐趋统一提供了形象有力的佐证。

第二编　夏商西周：敬畏神鬼的青铜时代

上卷

国家形态与社会规范

第一章
王权兴替

第一节　夏

伴随着私有财产和阶级对立的发展，中国原始氏族社会开始解体。但从军事民主制过渡到奴隶制王朝也并非易事，夏代的开国君主启便是平息了部落贵族的反抗才巩固了自己的地位。夏的先祖由禹和鲧可上溯到颛顼。颛顼的史实已难考究，鲧和禹则可知大概，而鲧禹之时可说已为夏的建立奠定了根基。

相传尧舜之时，水患屡发。鲧以"息壤"治水，未能成功，被殛死于羽山。《国语·鲁语上》云："鲧障洪水而殛死。"韦昭注："鲧，颛顼之后，禹之父也。尧使治水，障防百川，绩用不成，尧用殛之于羽山。"《山海经·海内经》则载："洪水滔天，鲧窃帝之息壤以湮洪水，不待帝命，帝命祝融杀鲧于羽郊。"上古之时的大水给人类带来万般苦难，而鲧是一位治水失败的悲剧英雄，由此也反映出其时人类治水经验不足的端倪。

鲧死后，禹继承父业，平息了水患，取得了人民的爱戴。《史记·夏本纪》云："舜登用，摄行天子之政。巡狩，行视鲧之治水无状，乃殛鲧于羽山以死，天下皆以舜之诛为是。于是舜举鲧之子禹，而使续鲧之业。尧崩，帝舜问四岳曰：'有能成美尧之事者使居官。'皆曰：'伯禹为司空，可成美尧之功。'舜曰：'嗟，然！'命禹：'女平水土，维是勉力。'……禹伤先人父鲧功之不成受诛，乃劳身焦思，居外十三年，过家门不敢入。"《孟子·滕文公上》云："禹疏九河，瀹济漯而注诸海，决汝汉排淮泗而注之江，然后中国可得而食也。"禹治洪水年过三十而不娶，三过家门而不入，早传为历史佳话。正因如此，禹建立了崇高的威望。

在远古社会末期，农牧业生产已发展起来，洪水带来的灾害使人们深恶痛绝。这时，能出现一个带领人们奋起抗洪的英雄，并有效地进行大规模的疏导工作，终于使水患平息，那么，对于他的歌颂也就极富传奇色彩，如"鲧腹生禹"、"禹化为熊"的神话。禹以治水之功取得人民的信任，也为他的权位奠定基础，故舜传位于禹也就顺理成章。禹去世后，传位于益，虽有禅让之名，却无举贤之实。《史记·夏本纪》云："及禹崩，虽授益，益之佐禹日浅，天下未洽。故诸侯皆去益而朝启，曰：'吾君帝禹之子也。'于是启遂即天子之位，是为夏后帝启。"

从表面看，原始社会晚期似乎还保有军事民主制的让贤政举，实际上权力争夺已日趋激烈。韩非就曾评说："舜逼尧，禹逼舜，汤放桀，武王伐纣，此四王者，人臣弑其君者也。"① 而关于鲧之死，有的学者也提出不同看法，如说鲧是因争权夺位而被流放于羽山，终死于此，与治水失败无关②。从史料看，鲧的确也是一位英雄，遭受疑忌也就难免。鲧既被杀，治水也就难终。后世将尧舜捧为圣人，鲧之罪责也就难以洗清。

鲧死禹用，说明禹绝非等闲之辈。禹建功立业，难免无非分之想。此时民主议事的传统逐渐被专断独裁的作风所取代，《韩非子·饰邪》

---

① 《韩非子·说疑》。
② 孙淼：《夏商史稿》，文物出版社 1987 年版，第 148～151 页。

云："禹朝诸侯之君会稽上，防风之君后至，而禹斩之。"各路诸侯即各部首领，本应民主商议，禹却敢于擅杀，可见大权在握。

禹之晚年，虽让天下与益，实已将权交启。《史记·燕召公世家》云："禹荐益，已而以启人为吏，及老，而以启人为不足任乎天下，传之于益，已而启与交党攻益，夺之。天下谓禹名传天下于益，已而实令启自取之。"《竹书纪年》则云："益干启位，启杀

大禹陵

之。"因而，启代益继承帝位，表面上是诸侯拥戴，平和交替，实际上是祸根早藏，乃生政变。启以武力废止禅让制度，代之以父子因袭的继承制度，成为夏朝的国王。

夏朝的建立，是社会长期发展的必然结果。启变选举为世袭，变传贤为传子，反映出私有观念的极度膨胀。启以个人意志代替人民意志，说明公共权力已经被私人垄断。用暴力处理问题的方式，标志着氏族制度向专制国家的转化开始。自此，中国家天下的奴隶制社会出现了，军队、官吏、监狱成为国家的暴力工具，镇压一切敢于造反的异己力量。

尽管目前学术界苦于夏朝历史的文献记载较少，但考古发现中的豫西偃师二里头文化和晋南夏县东下冯文化，还是提供了大量资料。可以说，夏朝是公元前21～前16世纪建立于以豫西伊、洛、颍及晋南汾、浍、涑水流域为中心的奴隶制国家。出土的标本经碳14测定，属于公元前2000～前1600年。在二里头中部，发现了一座大型的宫殿建筑遗址，总面积约1万平方米。考古工作者根据基址遗迹进行复原，发现基址中部偏北为一座大型的主体殿堂，殿堂前面为平坦开阔的庭院，庭院

南面为面阔七间的牌坊式大门。基址的四周还围绕着一组完整的廊庑式建筑。从整体来看，这组建筑布局严整，主次分明，极为壮观。有人认为这组建筑是宗庙遗存，是国家政权的象征，它不仅用来祭祀祖先，也是商议军国大事、举行册命典礼和主办外交盟会的地方。遗址中随处可见的人祭、人殉更说明了统治者的残酷，许多人身首分离，还有一些被绑活埋，他们没有任何随祭品，而本身成为随葬品。

夏朝对异族的征伐和对神灵的恐惧，奴隶主日益贪婪的欲望和灭绝人性的虐杀，使俘虏和奴隶成为任人奴役和宰割的可怜生灵。原始的自发宗教此时转变为君主的人为宗教，天神被赋予至高无上的神性，被认为是宇宙的支配者，而君主自称是天神在人间的代表，被天神赋予统治人间的权力。因此出师讲恭行天罚，治内讲恭尊天命，一切打着天的旗号。这种宗教观念使一切人认为社会秩序都是天意，因而受着惨重压迫和剥削的奴隶毫无人权而形同牲畜。奴隶们不但要创造大量财富供奴隶主挥霍，还要在战争中服役充当前驱。对天的敬畏是夏人的普遍真理，但当暴君残虐无道之极时，有人也会打着天的旗号进行反抗或讨伐。

夏朝至桀时，暴虐已极。《史记·夏本纪》载："桀不务德，而武伤百姓，百姓弗堪。"《管子·轻重甲篇》云："昔者桀之时，女乐三万人，端噪晨乐闻于三衢，是无不服文绣衣裳者。"《列女传·夏桀末喜传》云："桀即弃礼义，淫于妇人，求美女积之于后宫，收倡优、侏儒、狎徒、能为奇伟戏者，聚之于旁。造烂漫之乐，日夜与妹喜及宫女饮酒，无有休时。置妹喜于膝上，听用其言，昏乱失道，骄奢自恣。为酒池可以运舟……醉而溺死者，妹喜笑之以为乐。"《帝王世纪》云："末喜好闻裂缯之声而笑，桀为发缯裂之，以顺适其意。"

桀的倒行逆施，激起民众的仇恨，他们发出"时日曷丧？予及汝偕亡"的呼喊。夏朝的有识之士也深感忧虑，关龙逢进谏曰："古之人君，身行礼义，爱民节财，故国安而身寿。今君用财若无穷，杀人若恐不胜。君若弗革，天殃必降，而诛必至矣！君其革之。"① 可惜他"立而不去朝，桀囚而杀之"②。而商汤此时已崛起东方，国威日盛。因联合诸侯，替天行道，终取而代之。有夏以来，自禹至桀，凡十七君，十四世，"用岁四百七十一年矣"③。

第二节　商

商的始祖名契，其母简狄为有娀氏之女，帝喾次妃。关于契的出生，《史记·殷本纪》载："三人行浴，见玄鸟堕其卵，简狄取吞之，因孕生契。"《诗·商颂·玄鸟》云："天命玄鸟，降而生商。"在人类各民族中，利用神话传述宣扬本族的早期历史是一种常见现象，但神话中往往又包含着某些真实的历史成分。简狄吞鸟卵感天孕始生契的传说，很可能反映出商族是以鸟为图腾的部族。其在契之前尚处于母系制社会，契作为商族明确的男性始祖，或许表明契时正式确立父权制。同时，在玄鸟生商的名义下殷商将本族扮成神的后裔和天的宠子，也可以此作为奴役其他部落的借口和理由。

契以前的商族历史已难考证。相传契在舜时曾为"司徒"掌教化，因佐禹治水有功而被封于商。分封是后代之事，这种说法只是反映了商族当时曾居于商这个地方而已。《荀子·成相》云："契立王，生昭明，居于砥石迁于商。十有四世，乃有天乙是成汤。"商汤以前十四世的历史记录也极为简略，文化遗存在考古学中尚无重大发现。成汤是商朝的开国之君，因而后世多流传他的丰功伟绩。

① 《韩诗外传》。
② 《韩诗外传》。
③ 《史记·夏本纪》集解引《汲冢纪年》。

商族在成汤立国称王之前曾多次迁徙，《尚书·序》中就有"八迁"的说法，王国维后来则详加考证[①]。范文澜认为："商代先祖善作买卖，汤灭夏以前，商已是一个兴旺的小国，随着商业的进展，交易的货物必需增加其数量，夏后氏早已利用奴隶，商应有更多的奴隶从事生产。商国的农业、手工业、商业都比夏朝进步，因此造成代替夏朝兴起的形势……汤从商邱徙居亳（山东曹县），作灭夏的准备。他用伊尹作右相，仲虺作左相。伊尹是汤妻陪嫁的媵臣（奴隶），仲虺是夏车官奚仲的后代，仲虺居薛（山东滕县南），是个旧部落的酋长。他得伊尹、仲虺的辅助，国力愈益强大。在伐夏前，商征服了附近的许多小国。"[②]

夏桀对内横征暴敛，对外穷兵黩武，生活荒淫腐化，不管百姓死活，致使夏朝内外交困，走上穷途末路。商汤则注意轻徭薄赋，体恤民情，笼络人心，积聚力量。史书说他"夙兴夜寐，以致职明。轻赋薄敛，以宽民氓。布德施惠，以振穷困。吊死问疾，以养孤孀。百姓亲服，政令流行"[③]。他的行为不仅得到本族拥护，也使外族十分向往。这同时也引起夏桀的猜忌，他曾将商汤召至并囚之于夏台。商汤获释后采用伊尹之计，离间夏桀与同盟者的关系，使力量对比渐渐转向于己有利。《说苑·权谋篇》："汤欲伐桀，伊尹曰：'请阻乏贡职以观其动。'桀怒，起九夷之师以伐之。伊尹曰：'未可，彼尚犹能起九夷之师，是罪在我也。'汤乃谢罪请服，复人贡职。明年，又不贡职，桀怒，起九夷之师，九夷之师不起。伊尹曰：'可矣。'汤乃兴师，伐而残之，迁桀南巢氏焉。"至此，汤终于完成灭夏重任，建立起新的奴隶制王朝。

商汤在兴兵伐桀的誓师大会上，历数夏桀的罪恶及人民的仇恨，并假借上天的旨意指出灭夏战争的正义性和必要性，宣布灭夏是天命不可

---

① 《观堂集林》卷十二。
② 范文澜：《中国通史简编》第1编，人民出版社1949年版，第108页。
③ 《淮南子·脩务训》。

违背，有功者将受到奖赏，不从者要受到严罚①。可以说，此时的天神崇拜已不同于原始神话，远古自发的多神形成人为的一神，并对人间有着绝对权威。商汤打着天帝的旗号，说明人们对天的认识一方面仍然神秘恐惧，另一方面也巧借天命起到威胁恫吓的作用。

成汤灭夏，建立商朝之后，鉴于夏朝倾覆教训，采取了许多措施，缓解了社会矛盾，使新生政权得以稳固并发展。他善用人才，以宽治民②，封夏之后③，怀近附远④，在位 13 年而去世。之后，伊尹、仲虺摄政，天下得以大治。至于《竹书纪年》载伊尹放太甲事，意指臣下篡权夺位，实出于后人君权不可侵犯之概念。后商都屡迁，也引起学术界的不同说法⑤。

鸟纹戈（商）

但至盘庚迁殷，商代历史上出现重大转折，自此而后至纣亡国的 200 余年里，都城则未再更移。

盘庚所迁之殷，一般认为即是位于今河南省安阳市洹水畔的殷墟。现存《尚书·盘庚》三篇，可见盘庚迁殷时的困难和决心。盘庚在位 30 年，死后由其弟小辛、小乙相继为王。小乙在位约 20 年，死时未将王位还给长兄盘庚的儿子，而是直接让自己的儿子武丁继承了王位。《史记·殷本纪》载："帝武丁即位，思复兴殷，而未得其佐。三年不言，

① 《史记·殷本纪》载商汤用伊尹，仲虺事。
② 《国语·鲁语》。
③ 《史记·殷本纪》。
④ 《逸周书·殷祝解》载其安抚方国部落事。
⑤ 《殷都屡迁的原因是什么》，载《中国文化之谜》第 4 辑，学林出版社 1987 年版。

政事决定于冢宰，以观国风。"商代王位继承以兄死弟继，最后还位于长兄之子的办法最为常见。武丁为王显然违反了祖制，势必要引起诸伯兄弟的不满。为了辨明形势，巩固王位，武丁采取三年不言的办法，一方面回避矛盾，一方面冷静观察，最终挑选了一批极具才干的文臣武将，也成就了他最为辉煌的事业。他任用出身低微的傅说就显示出他知人善任的卓越远见，而傅说竭忠尽智的鼎力辅佐也使他成为商朝历史上最有作为的国王之一。武丁时期，开边扩土，国势强大。但无情的掠夺当然也导致残杀，繁重的赋敛也导致人民贫寒，奴隶制此时发展到顶峰。

武丁死后，其子祖庚、祖甲相继为王。祖庚借武丁余威，尚能守成。到祖甲时，商王朝开始衰落。此后各王大多昏庸腐化，使得内外矛盾逐渐加剧。到帝辛即位时，商王朝已处于风雨飘摇的困境之中。

帝辛便是历史上著名的纣王，史载帝辛"资辨捷疾，闻见甚敏，材力过人，手格猛兽"①。但他不像武丁将才能用于治国兴邦，而是刚愎自用，追求荒淫靡烂的生活，因而加速了商王朝的覆灭。他宠信妲己，对她唯命是从。到处搜敛珍奇以供赏玩，大造离宫别馆以供享乐，甚至"大聚乐戏于沙丘，以酒为池，悬肉为林，使男女保，相逐其间，为长夜之饮"②。他还残暴无比，设炮烙之刑。对敢于劝谏的重臣也不留情面，醢鬼侯，脯鄂侯，剖比干，囚箕子。在残害忠良的同时，他又重用奴颜媚骨的佞臣，如善于阿谀的费仲，善于毁谗的恶来，终于导致众叛亲离。"殷内史向挚，见纣之愈乱迷惑也，于是载其图法，出至之周。"③"太师疵、少师强抱其乐器而奔周。"④ 诸多重要官员见帝辛倒行逆施日趋严重，纷纷投奔居于西土指日可起的周族。不久，自汤历经

---

① 《史记·殷本纪》。
② 《史记·殷本纪》。
③ 《吕氏春秋·先识览》。
④ 《史记·周本纪》。

500 余年，共传 17 世 31 王的商朝终于在周王的大举进攻下寿终正寝。

商代的阶级界限更为明显，社会地位也更加制度化。王室贵族是财富的主要占有者，也是居于统治地位的社会阶层。而一无所有的奴隶则处于社会最底层，他们不仅没有任何财产和权利，而且经常被统治者任意屠杀以供祭祀和殉葬。平民在理论上有人身自由，并占有一定财富，但整体上也只能在贫困中艰难生存。整个商代自兴至亡两极分化日趋严重，不重人而崇神的极度迷信和阶级矛盾的日益尖锐终于加速了商朝的垮台。

第三节　周

随着商的没落而周崛起。周族是活动于中国西部的一个古老民族，传说周人与商人共一始祖，据《史记》载，商人先祖契母简狄为帝喾次妃，而周人先祖弃母姜原为帝喾元妃，按此则商周同出于帝喾部落，为同父异母兄弟。但是，关于弃的出生，司马迁接下去写道："姜原出野，见巨人迹，心忻然说，欲践之，践之而身动如孕者，居期而生子。"①据此，则商人始祖契是因其母吞玄鸟卵而生，而周人始祖弃则是其母践巨人迹感孕而生。这则传说反映出商周二族并非同源。

现代考古发现亦表明：先周文化源于陕西西部至甘肃东部，并随时间而逐步东移；先商文化则起于黄河中下游地区，随后西移。二者初期的代表性陶器也存在巨大差异，可见商、周分属不同地区发展起来的不同部族。至于后来二者交往由少到多，文化因素渐趋融合，形成绚丽多彩的青铜文化，史家认为同出一族也可理解。出于追根溯源的崇祖心

---

① 《史记·周本纪》。

理，众多部族都可推究到黄帝名下：如夏人的祖先是颛顼，而颛顼是黄帝的孙子；商、周的祖先是帝喾，帝喾则是黄帝的曾孙。黄帝本是部落联盟首领，周代以后，各族融会已成一族，而宗法观念盛行导致以今观古，因而共推黄帝为祖也是寻根雅事。

周人男性始祖弃的明确出现或许说明周族父系社会的建立，因而弃的出生也就颇具传奇色彩。其母"以为不祥，弃之隘巷，马牛过者皆避不践。徙置之林中，适会山林多人。迁之而弃渠中冰上，飞鸟以其翼覆荐之"①。于是，"姜原以为神，遂收养长之"②。这显然夹杂着神话的成分，歌颂天人合一的周代始祖。因弃长大后擅长农耕，被帝尧任为农师，后又被帝舜封于邰，号为后稷，这或许又反映出周人很早以前就是一个善农耕的部族。此后周族也曾迁移，如公刘迁豳，古公亶父迁周原，文王迁丰。

周人在同西方戎狄的斗争中实力不断扩大，至文王即位时，已号称西伯。他招贤纳士，广收人才，拜姜尚为军师，并尊其为太公，暗中积极准备灭商。文王一方面抓紧发展经济，扩充军队；另一方面开展政治活动，扩大影响。但他未来得及完成翦商大业，于迁丰的第二年去世。他去世后，子姬发继位，姬发即赫赫有名的周武王。此时，殷纣王朝已分崩离析，岌岌可危，不仅普通民众与商朝统治者离心离德，并且统治阶层内部也已发生分裂。

在这种形势下，武王开始了直接伐纣的战争。他首先大会诸侯，这实际上是一次军事演习和外交盟会。有800多部落首领前来参加，说明武王在政治上、军事上得到众多同盟者的支持。不久，武王即亲率大兵渡过黄河，抵达商郊牧野并召开了誓师大会。目前仍能见到的《尚书·牧誓》，就记载了决战前武王的誓词。誓词历数商纣罪行，表明代天伐

---

① 《史记·周本纪》。
② 《史记·周本纪》。

商的决心，鼓励士兵要勇往直前。此时纣王一方面召回征伐东夷的军队，一方面临时武装大批奴隶前来应战，双方在牧野摆开战场。由于商军已无心为纣王卖命，甚至前徒临阵倒戈，配合周军反攻纣王，以致牧野一战商军全线崩溃。商纣王逃回朝歌自焚而死，周武王挥师迅速占领商都。

周武王占领商都朝歌以后，举行了隆重的祭祀典礼，宣告周人正式继承殷商天命，建立了周王朝。他为了巩固周政权，采取了许多重要措施。首先，为控制原商朝统治的中心地区，封商纣之子武庚于殷，同时派自己的兄弟管叔、蔡叔、霍叔为武庚傅相，这是一种稳定形势的临时措施。其次，释放被纣王关押的官员和百姓，并将纣王积聚的财富广为发放，赈济贫困，以此表明替天行道而获取民心。再次，他还论功行赏，分封臣属，《史记·周本纪》载："于是封功臣谋士，而师尚父为首封。封尚父于营丘，曰齐。封弟周公旦于曲阜，曰鲁。封召公奭于燕，封弟叔鲜于管，弟叔度于蔡。余各次受封。"通过这些措施，政权得到了暂时安定，并为以后发展奠定了基础。

武王伐纣分封之后返回镐京，并制定了许多安邦治国的计划。他日夜操劳，忧心如焚，未及大展宏图，便于灭商次年去世。其子诵即位，是为成王。成王方年幼，无力应付错综复杂的局面，新生政权面临严峻考验。面对这种形势，成王的叔叔周公旦毅然挺身摄理朝政，协助成王巩固了西周政权。

周公摄政引起诸侯猜忌，武庚趁机发起反周叛乱。周公亲自组成平叛大军东征，将以武庚为首的叛乱迅速镇压下去，杀掉武庚和管叔，流放了蔡叔。接着挥师东进，经过 3 年苦战，击败参与叛乱的许多东夷国家。至此，周彻底消灭了商王朝残余势力，并真正控制了殷商故地。他把殷商故地分为宋、卫以便监管，之后，又在洛阳建东都，加强周朝对

鸟纹卣（西周）

东部的控制。尽管后人多有周公"篡位称王"的议论①，但周公使西周政权得以稳固功不可没。周公摄政 7 年之后，又还政于成王，一直受到后人称颂。成王在位 30 多年，西周王朝取得很大发展。

成王去世后，康王即位。此时天下太平，一片繁荣景象，周王朝发展到鼎盛时期。《史记·周本纪》载："成康之际，天下安宁，刑错四十余年而不用。"康王死后，相继承袭王位的是昭王和穆王。昭、穆二王凭借前世打下的基础，大举出征远游。但昭王南征巡游不返，身死异乡，穆王连年对外用兵，蛮荒不服。昭、穆二世大肆南征北讨，虽然扩大了周朝的影响，但也过多地消耗了国力。

西周王朝此后日渐衰落，诸侯势力开始日渐膨胀。至厉王时，错综复杂的社会矛盾日益加剧，而厉王又是中国历史上有名的贪婪残暴的君主之一。他采用恐怖手段压制人们的公开议论，但是 3 年后国人流厉王于彘。厉王出逃以后，诸侯共掌朝政，史称"共和行政"。共和十四年，厉王死，宣王立。宣王吸取前王教训，在贤臣辅佐下，励精图治，周朝一度中兴。但其晚年举措失当，王道衰微已无可挽回。

幽王即位后，天灾人祸交相袭来，社会更加动荡不安。面对严峻形势，幽王并未采取任何补救措施，而是沉湎于声色犬马中不能自拔。他嬖爱褒姒，为博取褒姒一笑，竟举烽火戏诸侯，将军国大事视同儿戏。

---

① 《周公有没有篡位称王？》，载《中国文化之谜》第 2 辑，学林出版社 1987 年版。

在王位继承问题上，他又立宠妃褒姒为后，立褒姒所生之子伯服为太子，而将原来的申后和太子宜臼废掉，并欲置之死地。在这种情况下，申后的父亲申侯联合缯国和犬戎举兵攻周。幽王急忙燃起烽火召集诸侯救援，但各路诸侯因此前屡受戏弄，这次再无人应召。幽王没有援兵，只得带着褒姒、伯服诸人和财宝向东逃亡，逃到骊山脚下，幽王和伯服被追兵杀死，褒姒和财宝则被掳掠而去。

此后诸侯共立故太子宜臼为王，是为周平王。平王即位时，国力衰微，镐京残破，已无力抵御戎狄的侵逼，只得东迁。至此，西周王朝结束，形成诸侯并起、王权衰失的局面。

第二章
神鬼威势

第一节　敬　　神

　　早在原始社会末期，宗教信仰已广泛兴起。人们怀着敬畏的心情，崇拜天地万物、氏族图腾和祖先英灵。他们相信祭祀活动会取得奇特的功效，因而给予高度的重视。他们修整祭祀场所，敬献丰美贡品，采用隆重形式，表达虔诚敬意。考古发现中的大量文化遗址，充分说明了当时祭祀的多样性和普遍性。随着部落的兼并组合，宗教信仰也日趋统一，强大部落所供之神渐变为部落联盟共奉之神。祭神仪式也渐趋复杂并规模日大，且有专人负责并加以改进。传说中颛顼"绝地天通"便垄断了神灵与凡人交往的权利，实质上是将宗教更加权威化以利一统天下。

　　进入阶级社会，由于国家产生，便形成了天下共尊的全能至上神"天"，这与原始社会的瓦解和奴隶社会的建立是相适应的。恩格斯指出："没有统一君主就不会出现统一的神，至于神的统一性不过是统一东方专制君主的反映。"① 全能至上神的功能就是为统治阶级服务，因而天神被罩上耀人眼目的光环。奴隶主需要天神美化自己，于是神话也就变得煞有介事。天神是宇宙的最高支配者，君主则是天神的人间代表者。这就使一切统治都合情合理，谁若反对则老天难容。夏、商、周皆崇天而信鬼，陷入自欺欺人的泥塘，而后世君主也以天子之名自命，不能否认"天"的宗教影响深刻而久远。

夏朝是我国第一个奴隶制国家，尽管文献对夏朝的宗教记载很少，但仍可以肯定当时已有了天帝崇拜。如《尚书·召诰》中有"有夏服（受）天命"的记载，《尚书·洪范》载："天乃锡禹洪范九畴。"而河南偃师二里头所发现的夏代大型宫殿遗址，据推测可能就是宗庙建筑遗存。宗庙，是古代国家政权的象征，是商议军国大事、举行册命典礼、主办外交盟会的地方。这里不仅是古代主要的行政场所，也是神灵观念的物化表达。

殷商时期，人们已经普遍相信上帝，商灭夏被说成是"有夏多罪，天命殛之"，"夏氏有罪，予畏上帝，不敢不正"②。盘庚迁都也被说成是天帝旨意，所谓"天其永我命于兹新邑"③。在殷墟卜辞中，可以看到上帝的权力极大，它主宰着整个自然界和人世间。这正是在古代宗教信仰基础上，综合了各种崇拜所创造出的一种极端，是维护奴隶主统治的一种新型奴役。因而，祭祀天地被视为不可或缺的大典。商朝祭祀名目繁多，史称"尊神事鬼以为政"。他们认为简狄吞食玄鸟卵而生契，玄鸟是天的使者，契自然是天的儿子，因而天神也就是祖宗神，宗天与祭祖合而为一。

西周统治者继承并发展了天帝崇拜的观念，形成了较系统的天命

---

① 《恩格斯致马克思》（1846 年 10 月 18 日），《马克思恩格斯全集》第 27 卷，人民出版社 1972 年版，第 65 页。

② 《尚书》之《召诰》、《洪范》。

③ 《尚书》之《召诰》、《洪范》。

论。周人起初所以要大讲特讲"天"，是由于政治上的需要，他们崇天是要表明周接替殷进行统治，是秉承天命、顺应天意的。但是周人与殷人对"天"的态度还是有所不同。殷人似乎从未公然怀疑过天帝，周人却时时流露出对"天"的怀疑甚至否定。当然，周人这种怀疑只是限于本族统治阶级，而对整个社会还是要大讲天命的。因为他们认识到只是简单迷信上天，而不敬德保民，那么国运不会长久。但简单地否定上天，也对统治不利。这表现出周人宁信其有、姑妄用之的思想倾向。

第二节　祈　　鬼

夏、商、周时代，人们不但崇拜天神，而且相信人鬼。他们认为人总有一死，其魂为鬼。关于神鬼，古人似乎认为神住天宫，鬼居地府，但其实又无严格界限，难以定论。《礼记·祭义》曰："众生必死，死必归土，此之谓鬼。"《礼记·乐记》曰："圣人之精气谓之神，贤知之精气谓之鬼。"《吕氏春秋·顺民》曰："天神曰神，人神曰鬼。"《史记·五帝本纪》曰："鬼之灵者曰神。"上古时代，人们往往把历史上有过重大贡献、令人爱戴的伟大人物尊奉为神，而把芸芸众生、各色人等死后之魂称为鬼。但无论神鬼，都会在冥冥之中对人间施加作用，因而不敢得罪，只能祭祀。

夏、商、周统治者为表明自己受命于天，也竭

豕尊（商）

力抬高他们祖先的地位，把祖先与天帝相配共祭，以示天人一统，谓之
"配天"。《礼记·祭法》："有虞氏禘黄帝而郊喾，祖颛顼而宗尧；夏后
氏亦禘黄帝而郊鲧，祖颛顼而宗禹；殷人禘喾而郊冥，祖契而宗汤；周
人禘喾而郊稷，祖文王而宗武王。"《孝经·圣治章》："昔者周公郊祀后
稷，以配天；宗祀文王于明堂，以配上帝。"都说明统治者是把天地万
物与祖先魂灵相提并论的，这些神鬼都要顶礼膜拜，否则人们就要遭受
惩罚。在统治者大力提倡下，民间迷信盛行一时。殷人尚鬼蔚然成风，
事无巨细都须祭祖。举凡日常起居，生老病死，农务战事，建宫筑陵，
都不免向鬼神奉上一片心意以求佑护。

　　到了西周末年，由于奴隶制经历了深刻的危机，随着怀疑天命的思
想出现，不信鬼神的倾向也有产生。周宣王时，连年大旱，饥馑迭至，
人口大减。人们焦虑地祭神祀鬼，可谓遍求各方、用心良苦。然而，大
量的圭璧和牺牲却无法请来一个神灵解救凡间的困苦，悲观绝望的人们
怎么不怀疑祖先佑福子孙说法的可靠程度？《诗经》中已出现大量质问
祖先的气愤之语，因而鬼神世界产生了动摇。

第三节　巫　卜

　　与敬天祭祖相关的宗教活动还有占卜弄巫。占卜是原始社会发展到
后期，人类在长期的社会实践中，不知不觉中建立的一种认识事物的方
法。它尽可能注意到事物发展过程中的前兆，以求预知将来可能发生的
事情或者后果。占卜的产生与灵魂有关，也就是说，从前兆到后果，都
是灵魂的意志和威力在起作用。我们可以做一些推想，当原始人在烘烤
带骨的兽肉时，骨头的炸裂声和裂纹的大小、长短、横直等多种现象，
便引起人们的注意，随后进行的一些活动如果得到了圆满的结果，如战

斗获得胜利，狩猎获得丰收，于是骨头炸裂后的各种现象，便成了吉祥与否的前兆。类似情景反复产生，经过长期实践、观察，便形成了专门的骨卜信条。这种被认为是神鬼提供的信息最终被人们所认识并作为知识积累下来，于是产生了专门从事占卜职业的人。

占卜现象在原始社会末期已大量出现，考古发现中卜骨资料非常丰富。这些骨以牛、羊、猪肩胛骨为多，一般不进行钻凿，仅有轻微的刮削痕迹，大多有明显的灼痕。但个别的也有钻凿，如山东历城城子崖发现的龙山文化层出土的卜骨。有的进行了刮治，这样做的目的无非是使骨面更加平整、均匀，从而易于施灼，便于成兆。前兆迷信与巫术的产生又有密切关系，对远古人类来说，每一件事物，无论是有生命的，还是无生命的，都具有某种巫术的力量和性质。他们把事物产生的原因和事件之间的关系，归结为固有的某种巫术力量作用的结果。可以说，巫术是虚构幻想出一种超自然的力量，利用法术手段去影响或控制物体，以达到主观愿望的目的。显然，这又与灵魂有关。所以说，巫是人与神的媒介，往往可以代神示人。巫术的出现，在很大程度上表现了原始人的一种逻辑思维的观念，例如捕获猎物，可以用多种方法来实现，其中也具有一些神秘方法或偶然巧合，而这些又与前兆有关，久而久之，为此而举行的仪式，也就带有巫术性质。

在原始社会，巫术往往与咒语并用，同时与祭祷相结合，希望以此方式达到成功的目的。最初从事占卜和巫术的人并非专职的神职人员，他们和氏族成员一样参加生产劳动。只是到了原始社会末期，随着社会分工的不同，他们才专门从事宗教活动。而他们的地位也随之提高，在浙江良渚文化发现有原始社会末期祭坛遗址，从墓葬中出土的大批精美礼器来看，墓葬主人可能就是负责祭祀天地祖先的祭师，而祭师往往兼占卜与巫术于一身，他们可说是最早的文化人。

夏、商、周时代十分重视占卜和巫术。夏代墓葬发现的卜骨较龙山文化时期的卜骨更为整洁，而祭品的丰厚足可说明巫术的规模。殷商时期占卜可谓登峰造极，达到了凡事都要测算的程度。殷人占卜比龙山文化有了明显的进步，除了骨卜，还大量采用甲卜。殷墟发现难以数计的卜骨、卜甲，足以说明当时的人们迷信到何种程度。他们问卜的范围和事项极为广泛，如祭祀、战争、农业、气象、打猎、饮食及奴隶逃亡等众多方面。从甲骨文上可以看出，农业已成为当时主要的生产部门，手工业也较快地发展起来，商代的统治阶级为了获取更多的农副产品，便围绕着农业生产，经常举行各种占卜和祭祀活动。而商代宗教信仰上的最大特点就是对上帝和祖先的祭祀，从丰富的甲骨卜辞来看，商代从武丁以后特别重视对至上神的崇拜，认为它能主宰自然和人类的一切命运。正因如此，甲骨卜辞中就有很多关于帝与风云雷电、帝与农业收成、帝与城市建筑、帝与方国征伐、帝与人间祸福、帝与王位灾祥、帝与典策政令的记载。由于商人还认为祖先的神灵能降灾或授福于时王，所以死去的先人也在商人心目中占有重要地位。商人不管事大事小，都要求告祖先，于是占卜成了沟通人和神的工具，以此祈求风调雨顺，民富国强，益寿延年。

就占卜活动本身而言，人们在占卜之前对神的旨意并无确定的认识，也不知道所卜之事是否能得到神的赞许，相反却保持着清醒的功利头脑，目的是解除心中的疑问。这同一般宗教徒的礼拜和祷告的虔诚心理不同，现实考察和功利目的才是占卜活动的起因和归宿。后来占卜过程中的或然性和概率性，致使人们对占卜结果可作任意解释，同时还可根据占卜的目的作任意取舍。卜之不吉还可再用筮占，一次不行还可进行两次、三次。这种表面神圣庄严而内在世俗功利的活动，实质上成为一种自欺自慰的心理补偿方式。这是古代中国特有的文化现象，并使占卜问筮泛滥成灾，绵延不绝。因此可以说，充满迷信色彩的占卜活动，一方面阻断了宗教观念上升为理论形态的可能性，另一方面又钳制了自然科学和抽象思维的进步，使华夏民族的文化习俗、传统意识以至社会心理都留下了根深蒂固的基因。

巫术到殷商时期发展到垄断一切的地步。在葬礼中，巫师们要为死去的人招魂。还要举行盛大的丧仪，丧仪中要"哭踊"，即哭着跳舞。"哭踊"可能由捶胸顿足的悲伤动作美化而来，同时也寄寓着取悦鬼魂的惜别之情。由于商代农业已比较发达，因此求雨的祭祀活动较多，巫师要以富有美感的形体动作向苍天表达诚意并使其愉悦赐雨。巫舞用于祭祀天帝和祖先就更多，甲骨文中有"濩"舞，本是歌颂商汤开国功勋的，但后世也有说是为商汤求雨而做的，可以认为，"大濩"之舞，既有颂扬商汤和弘扬巫术的意义，又有迎合上天、欢庆丰收的喜悦。很多人认为，甲骨文中巫字即"亚"，其含义在于：上横下横表示天地，左竖右竖表示四方，巫即贯通天地四方者。当然，也有人认为"巫"即"舞"的古字，"舞"即"巫"的表现。由于巫舞相当高难，要以形体语言传达神人之交，所以一般人难以掌握。相传"禹步"就是一种特有舞步，这种舞步来自治水英雄夏禹。由于他长年治水，双腿得病，因而走路迈不开步子，只能一点点挪动。于是后来经加工形成一种比较美的小碎步，快步急行，飘飘欲仙。巫师们采用一些高难动作，加上表情或淡漠、或丰富，口中再发出难以听懂的喋喋絮语，顿时令人感到神秘，平添敬意。殷商后期，各种乐舞由于受统治者欣赏情趣影响而趋向淫靡放荡，同时也成为神人共娱的手段。有些歌舞可能辉煌盛大，庄严典雅，令人肃然起敬，心旷神怡。但有时表现求雨或免灾而不得时，就将那地位低下的小巫放到烈日下暴晒或用火烧死，这种祭祀恐怖和野蛮，可见急功近利之心理。

西周时期，人们仍然具有浓厚的天命观念，上帝仍然是受人尊敬、令人畏惧的对象。同商代一样，周人祖先神同天地神之间也有一种密切的关系，随着对这种关系的思考，占卜的形式也发展得更为复杂。周人一方面认为占卜作为神与人之间的中介，是沟通上天与凡间的神秘工具；另一方面，也通过占卜的形式，借神的意志提高王室的权威，证明统治的合理。因而，周人在甲骨之卜的基础上又推演出占筮之法，以使

饕餮纹铜鼓（商）

其更符合人意。"其一，钻龟取象，其裂纹是自然成纹；而卦象是计算蓍草之数，按照一定变化法则推衍而得。前者单靠自然，后者却重人为。其二，龟象一旦形成，据其固定之纹，马上可断吉凶；而卦象形成后，须经分析推理，逻辑判断，方可定出吉凶，较之龟卜，有更大的思想性和灵活性，在对神的旨意的揣摩中，更能体现人的主观力量。"①

占卜是用甲骨钻凿灼烤后依纹路判断吉凶，而占筮则是用蓍草排列组合而成卦象以看灾祥。到周代，甲骨之卜有不可预测的"鬼谋"之嫌，占筮之法则有辩证思维的"人谋"之功，因而，龟卜渐衰，筮法渐兴，其后推演出博大精深的《八卦》和《周易》。然而历史久远，已难以看到筮法原貌，而甲卜却仍有大量留存。1976年，在陕西岐山县京当公社凤雏村发现一组大型的西周建筑基址，其中发掘出17000多片卜甲。在陕西长安张家坡遗址，也发现众多讲究的刻字甲骨。尽管周人继承了商人关于"天"的思想，但周人只是把天作为一种统治人民的工具，同时也把宗教思想当做一种愚民的工具；周代的祭祀虽然分得更细，制定出详尽完备的周礼，实际上更重人为。因而，卜筮很难发展成彻底的宗教，而且也阻碍了科学的进步。

需要指出的是，占卜和行巫是一种专门同鬼神打交道的职业，但不能简单地说他们是骗子，实际上他们是当时很有知识的文化人。商周时

① 冯天瑜等：《中华文化史》，上海人民出版社1990年版，第333页。

期许多著名人物都善巫卜，如商汤时的伊尹，其后的巫咸、巫贤、伊陟、甘盘，此后推演八卦和周易的人就更多。他们奉祀天地鬼神，主持婚嫁丧葬，为人祈福禳灾，并兼事文史星历，地位相当重要。在这些活动中，他们掌握了许多天象、历法知识，甲骨文中已有刻写完整的干支表，已有日食、月食的记录，已有年历的制定。他们还担任记史的职责，举凡先公世系，时王言行，军国要务，祸福灾祥，都记录在册。他们还能给人看病，甲骨文中已出现"风疾"（头痛）和"痛疾"（喉病）等病名，巫咸就是驰名后代的神医。又据说"巫咸作筮"，筮既是占卜工具，也是运算筹码，与数理相关，后来的《周易》明显受其影响。

　　总之，文化当时掌握在他们手中，所谓"学在官府"，其实是"学在巫师"。他们以"师"的面貌垄断神坛，把持政坛，执掌学坛，不仅奠定了中国文化黎明时期的繁荣格局，也对后世文化产生了深远影响：如学术与政治的纠缠，神学与科学的交织，自然科学与社会科学的混杂。正因如此，中国文化阶层对学术的探究与时政治的关注始终保持高度一致，把科学研究中获得的知识披上荒诞迷信的外衣，将自然科学附庸于社会科学作相关阐释，而将所有文化汇为一统，这便形成"国学"分科不细的特征。

第四节 祭 祀

　　奴隶社会的祭祀极其隆盛，人们献上丰厚的贡品，祈祷苍天的保佑。自原始社会末期出现人祭以来，到奴隶社会则有增无减。原始社会的人祭可能和复仇泄恨有关，而奴隶社会的人祭就有了更深层的意义。以人血和人体做出最诚挚的奉献，以求神灵最有效验的恩赐，这便使人祭成为最高规格的祭仪。祭坛也由最初的土台发展到石砌，并进而在基址上建筑宫殿。现已发现的河南二里头夏宫遗址，可以说是王权和神权结合的象征。这座大型建筑下埋有众多的人骨和兽骨，正是人间献给天神的祭品。

商朝的祭祀更是名目繁多，几乎举办任何事情都要祭祀。祭祀是奴隶主的活动，就不免杀死奴隶以祭献，因而商代的人祭令人触目惊心。现已发现大量祭祀坑，各种惨象令人毛骨悚然。商代祭祀山川要用奴隶，有的是破腹，有的是割头，然后掩埋或沉江。建筑宗庙时，奠基要用幼小的奴隶作祭礼，宗庙的门前，都要活埋成组的奴隶；竣工后，还要杀人进行庆典。求雨前后，出征往复，莫不祭祀。

盘庚迁殷以后，人祭达到非常惊人的程度，安阳殷墟便展开一幅血淋淋的画面。在小屯北地，发现了53座建筑遗址，分3组南北向排列：北边一组15座，为王家居址；中间一组21座，是王家宫殿；南边一组17座，为殷王祭祀圣地。祭祀活动主要在中部宫殿和南部祭祀圣地举行。根据宫殿的建筑步骤，通常要举行4种仪式：第一步为奠基，奠基坑内需埋葬小孩和狗；第二步为置础，在置础时需要牛、羊、狗和人作祭祀；第三步为安门，除在门的两边埋有人、兽外，还要举行专门的安门仪式，同样需要大量人兽；第四步为落成，在建筑物前，需埋入一些车、马、人、兽以祝贺成功。这一宫殿建筑，从奠基到落成，用为祭品的有车5辆、马15匹、牛40头、羊119只、狗127条，而人则达800名之多。这些作牺牲的奴隶，根据不同的仪式，要进行单人葬、三人葬、五人葬、跪葬、倒葬和砍头葬，等等。这些骸骨有的缺少上肢，有的只存肢骨，有的双手反缚，有的砍掉头颅。1976年，在河南安阳武官村北地殷王陵区，共发现250座商代祭祀坑，在发掘出的191个祭祀坑中，共埋有奴隶1178人。这些祭祀坑的排列比较规则，均为长方形竖穴。坑内埋葬，多为青壮年男性，也有不少女性青年。从坑内人骨现象观察，凡成年者都是被处死后扔进坑中，凡少年儿童都是活埋。商代的奴隶主把抓到的俘虏或奴隶残酷地杀掉用作人祭，有的砍头，有的火烧，有的宰割，有的活埋，有的在头上刻下铭文，有的甚至剁成肉酱，以此作为宗教牺牲，奉献给祖先和神灵。商代的杀人祭祀，可谓达到历史上的鼎盛时期。

从甲骨文中有关人祭的卜辞来看，祭殉以武丁朝最为盛行，卜辞中有一次祭用 500 个奴仆的记录。除殷墟之外，中原地区及偏远方国也普遍发现人祭现象，说明宗教迷信的泛滥成灾。《礼记·丧记》载"殷人尊神，率民以事神，先鬼以后礼"，与出土资料相符不谬。商代不仅使用大量的奴隶作牺牲，也使用许多动物作祭祀。有时分开埋放，有时混杂合葬，一般都分层放置，很有秩序，可见明显的祭祀意义。祭祀除了使用人、兽外，有时还使用礼器，如各种玉石器、铜器、陶器、象牙骨器、金器等。玉石器中有琮、璋、剑、刀、斧、凿、戈、锛等，铜器中有人像、面具、尊、彝、龙、虎等，金器有权杖、面罩、虎形和其他饰件。从这些出土文物来看，明显与王权有关。丧葬规模也空前浩大，人殉可说达到惨绝程度。安阳殷墟一些大型墓葬，每座都有殉葬奴隶数十人甚至数百人，他们有的殉于墓中的腰坑，有的殉于墓主身旁，有的殉于墓道，有的殉于墓的周围。葬礼中的杀殉，也是为了死者的阴间生活，因为人们相信，人死后有魂，奴隶殉葬，会在阴间继续为主人服务。不但大墓发现殉葬现象，殷墟周围数千座小墓以及殷商各地的墓葬也都发现人殉现象，所殉人数不等，有男女青年，也有少年儿童，这或许说明奴隶制度已上行下效、广为普及。另外，还有妇为夫殉，表现出男尊女卑的观念；狗为人殉，说明墓主较为贫寒。实际上，墓葬中出现的奴隶骨架，本身就包含着祭祀和殉葬的双重意义，墓葬中的殉人者就是宗教中的牺牲者。总之，商代祭殉之风公然盛行，可见神鬼威权的显赫程度。人祭和人殉都表达出对上帝和祖先的敬畏，人间成了神鬼横行的世界。

到西周时祭殉之风渐弱，但在统治阶级上层仍有一定规模。文献记载提到武王伐纣曾将俘虏作人祭，大量考古也发现一些人殉，但与殷商相比明显减少。西周祭殉有一特点，以青少年为多，或许是统治者要求提高质量。除了杀奴隶殉葬、杀牲畜殉葬、杀妻妾殉葬的现象以外，西周用车马殉葬较多。作为殉葬的车马坑一般都有一定规模，车马摆放都很整齐，并有人随葬，人和马显然是杀死后埋入的。这种葬仪本身就包含着祭祀墓主神灵的性质，并具有使其在另一世界拥有和使用车马的含义。不过商周时的殉葬物不是随便埋入，尤其是周以后，显示着一定的等级制度，因而随葬品代表着墓主的权力和地位。《墨子·节葬》言："天子杀殉，众者数百，寡者数十；将军大夫杀殉，众者数十，寡者数人。"人殉制度后代仍有，但毕竟因其惨无人道而极为少见了。

第三章
宗法礼制

第一节 草创期

在我国原始社会里，生产力十分低下，人们生活也很艰苦。那时集体劳动，共同消费，没有阶级和等级，没有君主和国家，民聚生群处，知母不知父。随着父系制的出现，对偶家庭也变成一夫一妻制的单偶家庭，这时，就有了"亲戚兄弟夫妻男女之别"，产生了血缘关系之上私有财产的观念。而且在父系氏族社会晚期及其解体后，就开始出现"上下长幼之道"和"进退揖让之礼"，反映出历史进入阶级社会的某种道德规范的萌发。

自华夏部落联盟首领开始"父传子，家天下"的王位继承制以来，原始人类那种淳朴而不虚伪、为公而不计私情的民主选举制终遭淘汰。夏启变禅让为世袭，变举贤为传子，反映出私有制社会的阶级状况和集团利益。从此之后，暴力成为解决问题的方式，国家成为名正言顺的统治机器。

为使整个部落联盟更有凝聚力和更富进取性，为使父死子继的权力传承合法正统，必须建立和巩固威服天下的王族政权。王位占有者充分利用各种形式塑造自己的形象，并借用天帝祖先等神灵美化自己的统治手段。夏、商、周统治者都神化自己的祖先，以天帝在人间的代表者自居，子孙后代也世袭这份天意，那么就形成不可更改的血统和秩序。为维护这份可以替天行道和可以传宗接代的不朽使命，于是演绎出一套典章制度和道德规范，这便是后世所谓之"礼"。可以说，在中国传统中，宗法是历代统治的核心要素，而礼制则是历代统治的基本手段。

陶鼎（夏）

夏禹在位时，曾取得很高威信，许多部落曾向夏贡铜，夏以此铸鼎而成为传国之宝。《左传·宣公三年》云："昔夏之方有德也，远方图物，贡金九牧，铸鼎象物。"可知所谓夏铸九鼎，不仅象征王朝权威，也还寓意民族团结。此鼎后来商、周都作传国之宝，相传成汤迁九鼎与商邑，周武王迁之于洛邑。到战国时，秦、楚还兴师到周问鼎之事。可见此鼎并非寻常，其开国传世之功恰含正宗合礼之义，故为人所重。

禹铸九鼎或系传说，但夏朝已有大量青铜礼器却是事实。河南偃师二里头遗址出土的铜爵、铜铃、铜锤、铜刀、铜镞、铜锛、铜凿、铜戈都具特殊意义，特别是有些墓制也超出一般，有的还铺撒红沙，显然墓主具有极高身份。也许夏人还不曾像周人对宗法礼制做过多的思考和研究，但他们也朦胧地已有这种观念。据说禹时仪狄造酒并进献，禹饮后便言后世有以酒亡国者，当然这可能是后人附会，但可看出对禹的敬颂。启时为了要显示天子的威仪和夏朝的富有，一改禹生前节俭朴素的生活作风，特定出一套礼仪和礼器。

作为礼，"贵贱有等，长幼有差"，如重要会见，都要"享礼"。尽管禹生前已下"禁酒令"，但因酒既可助兴，又显气派，所以启还是用其来大宴诸侯。启不但提供这种当时甚为稀罕的可人饮料，而且为显富有和豪华，使用了当时甚为贵重的青铜器皿。那些造型美观、质地优良的鼎、彝、尊、爵，盛着香气喷喷的丰盛酒食，怎不使各方伯长大为景仰？而且在饮宴过程中，那些多才多艺的文化人，编创些新颖的乐舞，打着从天神那儿学来的旗号，演奏助兴，既悦人耳目，又令人感化，怎不在人灵魂深处产生效应？

当然，对礼的维护，有时也会导致血战。据说禹有幼子叫武观，见其兄启继其父禹做王后那种铺张和享受，非常羡慕并嫉妒，觉得要是自己做王该多威风，而现在自己却只能与方伯们随班朝贺。武观认为自己与启属兄弟之辈，不必固守君臣之礼，于是在朝仪方面马虎应付，还口出怨言发牢骚。启感到弟弟非礼，于是"放逐季子武观于西河"（今本《竹书纪年》）。武观被放逐后大为不平，就蓄积力量拥兵自重，这当然对"夏礼"构成破坏，启就命令彭国方伯率兵镇压，武观兵力不足只好投降。虽然武观表示认罪，但启还是放心不下把他杀了。可以想见礼的尊严，还是维护统治秩序。

启死后，其子太康即位。太康沉迷于游猎，不理国事，渐失民心，后羿乘机驱逐太康。太康与5个兄弟不得返国，兄弟5人乃作"五子之歌"，以发泄对太康的不满和悲怨之情。夏人虽拥立太康弟仲康为王，但实权仍为后羿控制。仲康死，后羿篡夺王位，史称"后羿代夏"。后羿自恃善射，疏远贤臣，将朝廷委于宠臣寒浞，自己终日外出游猎。寒浞早已垂涎王位，纠集亲信，杀死后羿，自立为王，并霸占后羿之妻，生浇和豷。寒浞处心积虑地妄图根除夏王后裔。浇成人后，追杀仲康之子相。相被杀死，相妻后缗身怀有孕，逃回娘家，生子少康。少康成人后，又被浇追杀。后少康投奔有虞氏，聚集夏人的力量，联络其他勤王部落，终于消灭了浇和豷，恢复夏朝统治，史称"少康中兴"①。

可见当时人们已树立了正统观念，而非礼行为则遭到人们反对。夏朝建国之初，竟然经过如此反复激烈的斗争，也说明新观念新制度确立不易，但正是在这种较量中，新规范得以稳固并发展。

夏朝已注意到"礼"的重要，礼不仅规范等级秩序，也有道德修养要求。夏桀之时，暴虐无道，其倒行逆施激起广大民众的愤慨，方国也不甘臣服伺机反叛。而桀非但不思悔改，反顽冥不化。史载桀云："天之有日，犹吾之有民。日有亡哉？日亡吾亦亡矣！"众人曰："是日何时丧？予与汝皆亡。"②说明民众此时已忍无可忍，宁愿与之同尽。夏桀目无宗法，大毁礼制，从而导致顺天昌民的改朝换代。

第二节　发展期

商灭夏后，极重礼制。因为商人本就迷信鬼神，所以礼制最常见于祭祀活动中。礼在甲骨文中为"豐"字或"𣪘"字，据王国维在《观堂集林·释礼》中考证说："此诸字皆象二玉在器之形，古者行礼以玉，故《说文》曰：豐，行礼之器，其说古矣。"双玉盛于器皿，用于祭祀礼仪，可谓极富象征意义。用精美的包装盛以珍贵的内涵奉献给最崇拜的，很能说明这是多么美好的礼物而表达出多么尊严的意味。

但礼的表示有差别，只有天子才能代表国家祭祀天地与祖宗，余皆等而次之。《论语·为政》说："殷因于夏礼，所损益可知也；周因于殷礼，所损益可知也。"夏、商、周三代礼制是存在着继承发展的关系的，

---

① 《史记·夏本纪》。
② 《史记·殷本纪》。

等级名分制度则是核心内容。商代国王自称为"余一人"，表明其初步具备至高无上的地位，其他王室贵族、宰执辅臣、各方侯伯则各具等差。中、亚字形大墓只会出现于王陵，精美礼器也只能出土于贵族墓葬，平民死后一般只有狗相陪，奴隶只有作人祭、人殉的份儿。

殷商时代的王位继承基本遵照夏代"父死子继"的正统观念，但实际上往往采用的是"兄终弟及"和"还位长子"的方法。商王死后，王位由弟弟继承，如果没有弟弟才传给儿子。商代的奴隶主都是多妻制，假如商王不是短命鬼，就有许多儿子。这样兄弟就多，王位继承就出现纷争。自仲丁至阳甲9个商王中，在兄弟子侄之间为了继承王位一直争夺不休，造成了九世混乱的局面。5次迁都的原因，固然有寻找便于控制四方和选择良好自然条件的想法，但也不能排除以此摆脱王族在旧都中形成的各种势力，来缓和内部矛盾的目的。

武丁即位时也打破了惯例，他本是盘庚、小辛、小乙三兄弟中小乙的儿子，小乙未将王位让于盘庚之子，而是留给了自己的儿子，显然违反了祖制。武丁时期，商朝达于极盛。但他误听后妻之言，流放长子并将其迫害致死，也说明王位争夺的残酷性。其长子孝己的故事很多，如夏、商祭祖时都要选受祭祖先后代中子孙一人，一般是长子或是长孙来充当死去的祖先，叫做"尸"。为尸者在祭祀前要沐浴、斋戒、静养，祭祀时代祖先受礼拜。这是一种很高的荣誉，也是地位的肯定。武丁祭祖时，就曾叫其长子孝己去当尸。相传孝己也十分孝敬，却不为后母所容。后来庄子论此事说："人亲莫不欲其子之孝，而孝未必爱，故孝己忧而曾参悲。"由此而言，只是亲孝没有威权也流于空泛。夏、商嫡庶制度还不够严格，不像后来周代那样明确。

王室以王为中心，是贵族阶层的总代表，下设各级官吏构成统治机关。一般认为，王是由氏族社会后期部落首领演化而来，是权力集中的突出表现。甲骨文中"王"字像一个刃部向下的斧钺，斧钺在早期只是一种生产工具和杀伐兵器，后逐渐演化成劳动和征伐的带头人的权柄。

新石器时代许多文化遗址中就有象征权力的石钺出土，到商代，斧钺代表权贵已有丰富的贵族墓葬证明。当氏族首领变为国家君主之时，王——斧钺也就成为最高代表的专有称号。夏朝的最高统治者已经称王，商代称王始于成汤。商王自称"余一人"则表示非同凡响，平民安敢望其项背。商人迷信鬼神，甲骨卜辞中"帝"被认为天界最高神，商王被认为人间最高神。

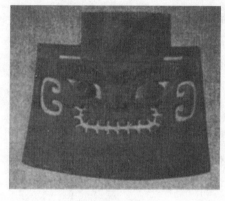

人面钺（商）

在此神威下，皇室成员和王朝官吏构成庞大的统治阶层，这个阶层掌握着绝大部分政治权力和物质财富，他们生前过着享乐淫逸的生活，死后还要葬在精心修建的陵墓中；并要随葬大量精美的铜器、玉器、牲畜、车辆及奴隶。安阳武官村北发掘的武官大墓，面积约340平方米，且已被盗，但其中仍有殉人79具、葬马28匹。众所周知的妇好墓，墓室面积20余平方米，其中殉葬16人、随葬礼器1900余件。

由此可见，商代的统治阶层不仅对奴隶残酷地压榨剥削，而且对奴隶具有生杀予夺的权力。他们生前要奴隶服侍，死后也不舍弃被冤魂伺候。他们是商代社会中的特权阶层，"礼"便是适应他们的需要而制定出来的。因而商代的"礼"更多体现在神的意志上而较少人的意味，任何事情都表现于敬神事鬼的仪式。商人以为，威权来自天命，天命的表现是神鬼的启示，因而遇事必卜，表明符合天意。这种宗教的虔诚，显然包含着残酷的阶级压迫，并以强化镇压手段加以维护。

由于夏、商王朝实际上是参照氏族部落联盟的方式，把各个具有一定从属关系的方国部落联系起来的政治共同体。因而国王只是盟主，他与各方诸侯之间的关系并无严格的上下之分。即便在本族内部，王权也受到贵族甚至族众的牵制，可以说，当时实行的还是一种贵族民主的政治制度，因而宗法礼制自有其时代的特点。如商王对各同盟部族拥有指挥权但并非绝对，各路方伯依附商王也并非一味顺从。商王接受各个方国的朝贺和贡品，也要对朝贡者给予适当的奖赏或报偿。因而，商王朝与所属国之间的关系有威礼往来的一面，商王之所以能成为天下共主是基于其在政治、经济、军事、文化等方面的巨大优势。而当商王因腐败招致天人共怨时，日暮途穷也就在所难免。

商王直辖下的中央政权机构及各级官员设置相当庞杂。有辅助国王处理政务的执行机关，主要官员有尹、相、师、保等；有专门进行占卜的宗教机关，如祝、卜等，许多政务人员其实也是神职人员。商王的决策必须取得他们的支持，许多大事除交付众议，还要诉诸鬼神方能决定。这些重臣权力极大，商王离开他们时任何重要行动都不能做出最后决定，这也是商代政治的一个突出特点。伊尹放太甲之事说明宰执的权重，盘庚迁殷也要不断征求族众的意见，而最终决定往往由卜筮做出。范文澜说："巫史郎代表鬼神发言，指导国家政治和国王行动。巫偏重鬼神，史偏重人事。巫能歌舞音乐与医治疾病，代鬼神发言主要用筮法。史能记人事、观天象与熟悉旧典，代鬼神发言主要用卜法。国王事无大小，都得请鬼神指导，也就是必须得到巫史指导才能行动。"[①] 从这一方面看，也说明商代的礼法借鬼神治人事，礼法成为鬼神牢笼人间的枷锁，而那些巫史以此获得了社会的尊重。

法律和军队是商代国家机器的重要组成部分，它们对内是维护秩序保持专政的工具，对外则起防御入侵和出征掠夺的作用。早在夏代已有监狱和刑罚，而商代更强调惩罪伐恶是鬼神的意志，给当时的法律制度蒙上一层神秘的宗教外衣。商代的刑罚粗具规模但极酷虐。如族，即一人犯罪，诛及亲族，武王伐纣时宣布纣王罪状之一就是"罪人以族"。

---

① 范文澜：《中国通史简编》第1编，人民出版社1949年版，第121页。

其他死刑还有斩、戮、醢、脯，炮烙之刑也是极折磨人的死刑。《史记·殷本纪》载："百姓怨望而诸侯有畔者，于是纣乃重辟刑，有炮烙之法。"集解引《列女传》云："膏铜柱，下加之炭，令有罪者行焉。辄堕炭中，妲己笑，曰炮烙之刑。"索隐引邹诞生曰："见蚁布铜斗，足废而死。于是为铜烙，炊炭其下，使罪人步其上。"可知此刑之残忍。肉刑也较多，如刖、劓等，甲骨文中已见去腿、割鼻的会意字。流刑也有，伊尹流放太甲或可视为刑罚。徒刑亦见，傅说被武丁任用之前便是在傅险筑路服刑。商代也已出现监狱，甲骨文中"执"字，便是一人手戴刑具之形。"执"字外加方框，便是囚徒在牢之象，今写作"圉"。殷墟发掘中出土过戴枷陶俑，男俑的双手被枷在身后，女俑的双手被枷在胸前，形象地反映了商代罪犯佩戴刑具的形式。而殷墟发现的方形土牢，不免使人联想到文王囚于羑里的拘束情状。

军队到了商代也已有相当规模。当夏政衰败出现灭亡之兆时，商汤就在伊尹、仲虺的辅佐下兴兵征讨。商先翦灭夏之羽翼，所谓"十一征而无敌于天下"[1]，然后在鸣条之役大败夏军，一举夺取政权。武丁时也发起征服边疆方国的大规模战争，此时中原地区达到极盛，而边远异族也有意向华夏地区扩张势力，于是战争不可避免。武丁动用大量军队，战争旷日持久。甲骨文中载商伐羌之事极多，最有名的是"妇好伐羌"。妇好是武丁之妻，曾多次率兵出征羌、夷、土方等部落，这是我国历史上有关妇女挥师攻战的最早记载。商还南征荆蛮，东讨江淮，扩大了疆土。战中投入兵力之多，武器装备之精良，战术应用之巧妙，说明战争已达到较高水平。到了商末武王伐纣牧野之战时，《史记·周本纪》载："帝纣闻武王来，亦发兵七十万人距武王。"对此一般认为"七十"乃"十七"之误，商王一次能出兵十几万人，也说明兵力非同小可。

---

[1] 《孟子·滕文公》。

　　商朝把军队分成王室军与方国军。王室军以"师"为最高军队编制，这是在夏代"旅"的编制上发展起来的高一级单位，师下设旅，师旅皆分左、中、右，旅下设制尚不细密，兵员称"众"，"众"不是奴隶，而是具有亦兵亦农双重身份的平民。除了由"众"组成的"师"、"旅"外，还有"族"组成的"旅"，这样的"王旅"、"我旅"和一般师旅不同，是由商王亲族构成的独立成分，具有嫡系的性质。作为氏族制的遗痕，血族因素在武装部队中难以消除，并持续到此后相当长的时期，明显表现出宗法的特点。方国军是各方国的武装力量，如同王室和方国的关系若即若离现象一样，方国军对中央军也是一种特殊的"臣属关系"，这种关系具有原始性和不稳定性。所谓原始性，指不是完全意义的宗法关系；所谓不稳定性，是因商朝的强弱而叛服无常。但随着商王朝统治的加强和扩大，由近及远的方国渐被征服，这些受封诸侯的军队也就成了商朝军队的组成部分，听从商王的调遣和支配，承担守边和征伐的任务。但这种关系仍不紧密，因而，从军队形态看，商代宗法关系不像周代那样牢固。至于周代后来出现封建割据、诸侯称雄的局面，与商代王室与方国的关系不同，不可等同看待。

饕餮纹胄（商）

　　在军队中，兵器也可看出等级和分工的不同。如斧、钺，斧、钺形制相近，区别在于钺刃宽大、柄长，斧刃窄小、柄短。斧、钺虽均为砍劈武器，但在商代主要是军权的象征，有的用玉制成。《史记·殷本纪》："汤自把钺以伐昆吾。"军事首领常常仗斧、钺执旗指挥军队，一般而言斧钺的大小与军权的大小成正比。商代车战已有相当规模，车上甲士多用戈，这种兵器装有长柄，既可钩割，又可啄击。步卒所用兵器以矛为主，这是一种装有长柄的尖状刺杀武器。刀作为护身之用的砍杀兵器也有多种形制，如直脊弯脊之别。其他还有殳，也称杵、杖，是一种用竹、木削制而成既可挑刺又可击打的兵器。武王伐纣时，商兵"前徒倒戈，血流漂杵"，可见殷纣已失民心，徒众造反。《淮南子·齐俗》："昔武工执戈秉钺以伐纣胜殷，措笏仗殳以临朝。"商朝兵器由原始社会劳动工具发展而来且初具规模，虽已见金属制品但尚粗陋。然而，装备优劣还是能够说明身份尊卑的，将领和士兵自有不同，后代礼制渐细，寓意也就愈加丰富。

第三节　完善期

　　周代的宗法制在夏、商基础上发展起来且逐渐详备严格，并对后来中国各个历史朝代形成深远影响。据史料载，武王伐纣胜利之初，周人并非心无余悸。作为一个文化落后的偏远方国，必然慑服于殷代的文明程度，因而，周人抱着接受殷人的典章制度和思想文化的态度小心翼翼地来处理国事。他们把殷商王室很礼貌地安顿，表示一种优待。他们尊重殷人先哲，赞佩"唯殷先人，有册有典"。他们继承甲骨文字，而并非废弃和重建。但周人并不消极地因袭殷礼，而是积极地改革推进。《礼记》中言："周人尊礼尚施，事鬼敬神而远之，近人而忠焉。"这说明商、周时鬼神态度的不同，周人不否定鬼神，但更重视人事，所以，周礼更具人伦含义。孔子赞叹周礼"监于二代，郁郁乎文哉"，不能否定周礼的进步思想意义。周礼严格的规定性与殷礼含糊的宗教性相比，使礼从原来的重仪式进一步走向重法制。可以说，礼法是一种政治宗教化，将尊卑贵贱明确标示出来。实质上，它就是一种特殊的政权形式和治理手段。

　　周初曾进行大量制礼工作。《左传·文公十八年》载："先君同公制《周礼》曰：则以观德，德以处事，事以度功，功以食民。"《史记·周本纪》则载成王"既绌殷命，袭淮夷，归在丰，作《周官》，兴正礼乐，度制于是改。"周礼实际上是依殷礼而有所革除和增益的一系列政治制度和行为规范以及道德标准，就其本质而言，首先还是关于宗族统治和政权统治的规定。为了保持王室的团结和稳固，当时采取了最可靠的方法，即以扩大家族统治、加强血缘约束来维持社会安定。同时对这个大家族各个层次的权利、义务和等级进行严格的要求和限制，因此以嫡长子继承制为核心的宗族组织法——宗法，便逐渐健全起来。

　　宗法是由原始社会末期氏族组织演变而来的以血缘关系为基础的族制系统，到阶级社会已演化为一种巩固统治秩序的政治制

伯矩鬲（西周）

度。这是一个庞大复杂但又井然有序的特殊社会构造体系。周王被认为是天子，即上天的长子，接受并管理上天赐予的土地和平民。政治上，他是天下的共主，宗法上，他是天下的大宗。周天子由嫡长子继承，世代保持大宗地位，其余的王子分封为诸侯，对周王为小宗。诸侯在其封国内又是大宗，其位由嫡长子继承，余子被封为卿大夫，是小宗。卿大夫在其采邑内实行嫡长子继承，为大宗，余子封为士，为小宗。士亦由嫡长子继承，其余诸子不再分封，为平民。

简而言之，宗法制核心就是嫡长子继承父位（大宗），庶子分封（小宗）。不仅王室同姓宗法如此，其他异姓贵族也依据此例。贵族被分封必效命天子，下对上必恭敬从命。由于周人实行同姓不婚的婚制，又受门当户对观念的影响，因此婚姻形态又构成等级森严的社会关系网，而这一切都以天子为核心。故《诗经·大雅·北山》中言："溥天之下，莫非王土；率土之滨，莫非王臣。"可见，宗法制度是宗族权力和土地占有的严格等级制度。在宗法制度下，大宗与小宗的关系是一种等级从属关系，小宗必须服从大宗，受大宗的治理和约束。这样，整个天下的各级贵族就在宗法制下构成统治集团网，周王通过"收族"而加强统治、保障王权。

宗法制提倡尊祖，但不是所有子孙都有祭祖的权力，只有大宗才有主祭宗庙的特权，小宗只有通过对大宗的尊敬才能表达尊祖之意。各级大宗通过对祭祀特权的垄断进而掌握国家政权。所以说，宗法制也是政权、族权和神权相结合的一种产物。由此可见，宗法制从表面上看是以血缘关系为主，其主要目的则是通过亲疏不同的血缘关系来确定财产和权力的分配，用以强化当时国家的统治秩序。

折觥（西周）

以宗法制为核心的周礼不外乎包括两个方面，一是"亲亲"，一是"尊尊"。"亲亲"就是亲其所亲，反映了社会的血缘关系；"尊尊"就是尊其所尊，反映了社会的政治关系。这其中都贯彻着严格的等级制原则。《礼记》中言："仁者人也，亲亲为大。义者宜也，尊贤为大。"显然，这个以亲亲、尊尊为内容的等级制是以父权制为基础发展起来的。《礼记》中还言：

"资于事父以事君，而敬同"，"资于事父以事母，而爱同"，"天无二日，土无二王，国无二君，家无二尊，以一治也"。这其实都是从父权制到王权制的引申。由父权到王权并制定明细规约，贯彻了"以一治之"的最高原则，这一原则表现于周礼各项制度中。

井田制是西周社会的基本土地制度。关于井田制，《孟子·滕文公上》云："方里而井，井九百亩，其中为公田，八家皆私百亩，同养公田。"其中的公田是各级土地所有者直接控制的田地，庶民在耕种分到的公田周围的私田时同时要耕种公田。农业生产者都被固定在井田上，在此基础上形成了里、邑等基层村社单位。范文澜认为，《诗经·豳风·七月》是追述周先公居豳时的农事诗，反映的是先周奴隶制度下的农业生活，与后来其他诗篇反映成千上万的农夫耕种于公田有实质的不同。"《七月篇》的农妇同农夫一样为公家做工，其他诗篇则只有农夫耕公田。"① 因而奴隶制度到了西周已有明显的改变，或可视为奴隶制度又有进步。

分封制是西周社会的重要政治措施。所谓分封是指周王"分土封侯"、"以蕃屏周"，即按政治需要将土地和职权封给诸侯，所封诸侯对天子有隶属关系，有镇守疆土、捍卫王室、交纳贡税、朝觐述职的义务。周武王灭商以后即开始分封，受封者依史籍记载主要有 4 种人：一是同姓亲属，如封周公旦于鲁；二是功臣谋士，如封姜尚于齐；三是殷商之后，如封武庚于殷；四是古圣之后，如封神农之后于焦、黄帝之后于祝、帝尧之后于蓟等。周公东征平定武庚之乱后，又一次大规模分封，如封康叔于卫、封叔虞于唐。此后历代周王陆续有分封，但规模渐小。《荀子·儒效》云："武王崩，成王幼，周公屏成王而及武王以属天下，恶天下之倍周也。履天下之藉，听天下之断，偠然如固有之，而天下不称贪焉；杀管叔，虚殷国，而天下不称戾焉；兼制天下，立七十一

---

① 范文澜：《中国通史简编》第 1 编，人民出版社 1994 年版，第 126 页。

国，姬姓独居五十三人，而天下不称偏焉。"后人言周公制礼并非无据，而周公也被后世儒家尊奉为"圣人"。周礼为王业奠定了基础，日后发展成一套经营万方、严谨有致的统治策略。与分封制密切相关的还有畿服制、爵位制。畿服制按《国语·周语》所说是："夫先王之制，邦内甸服，邦外侯服，侯卫宾服，蛮夷要服，戎狄荒服。"爵位制按《国语·周语》云："昔我先王之有天下也，规方千里以为甸服，其余以均分公侯伯子男。"由此可知，畿服制与爵位制密切相关。甸服即畿内，侯服、宾服指华夏诸族，要服、荒服指边远蛮狄，又依内外、亲疏、尊卑、近远分出爵等，这从本质上体现了西周贵族内部的等级划分和政治区域的强弱有别。

周礼中的官制主要有卿事寮和太史寮两大系统。卿事寮西周初年由周公旦执掌，其所属高级官员，可能即金文中所谓"三右"。其中的司土也称司徒，主管土地、农业及教化之事。司马执掌军权，主管守卫疆土、镇压反叛及对外征伐等。司工也称司空，主管营建城邑、修造房屋及百工之事。太史寮西周初年由召公奭执掌，其所属高级官员，可能即金文中所谓"三左"。其中大史为史官之长，地位和职责十分重要，主管文书起草、册命官员、编著史册、天文历法、宗教祭祀、图书典籍等，其下设有各级各类官员。大祝为祝官之长，掌祈求祝祷之事。大卜是卜筮之长，管龟卜著算之事。卿事寮和太史寮共掌当时天下大政，并向周王负责，《尚书序》谓"召公为保，周公为师，相成王，为左右"，可谓当时政权机构的一种反映。西周前期，太史寮作用较大，中期以后，卿事寮权力日重，这也说明宗教威权日次于世俗政务。除两寮以外，从西周早期开始还设有独立的宰职系统。宰起初是管理周王宫廷内部事务的总管家，地位较低，但由于直接在周王身边服务，地位逐渐上升，到西周晚期竟达到与两寮并列的地步，有时甚至有超越两寮之势。监察系统在西周也已设立，他们内监百官，外监诸侯。西周王朝官职较商代更加系统化、制度化，反映出官吏职责更加明确，分工更加精细，标志着国家机器的进一步强化。

西周法律也严格遵循维护宗法等级制度的原则。《礼记·王制》云："凡听五刑之讼，必原父子之亲，立君臣之义以权之，意论轻重之序、慎测浅深之量以别之。"意即听讼时要首先考虑宗法礼制等规定，其次再考虑犯罪轻重与量刑之浅深。周法强调"尊祖""敬宗"，即如《礼记·大传》所云："亲亲故尊祖，尊祖故敬宗，敬宗故收族，收族故宗庙严，宗庙严故重社稷，重社稷故爱百姓，爱百姓故刑罚中，刑罚中故庶民安。"可见尊祖敬宗的目的还在于重国泰民安。但周礼毕竟是用来"经国家，定社稷，序人民，利后嗣"的，因而"礼不下庶人，刑不上大夫"是西周法律思想和实践的重要特点，其必须维护国家的根本宗旨。礼为贵族而设，刑为庶人而立。这就是说，礼所规定的各种权利庶人无权享用，贵族则在一定范围内不必施以刑罚。《白虎通》言："礼为有知制，刑为无知设。"一语道出"礼"、"刑"之区别。合礼表示遵从秩序，不得反抗；施刑表示犯上作乱，必经镇压。庶民只要恭顺，不必按礼之烦琐去要求；贵族如果违礼，实际上也要严加责罚。因而周礼中刑法可谓专为庶人所设，贵族犯罪自有别论。体制已相当完备，罪名也细致明确：如违反王命罪、危害他人罪、侵夺财产罪、破坏家庭婚姻罪、妨害社会秩序罪、破坏国家经济罪，等等。这些罪名不仅以行为论判，还含有道德的谴责，因而以罚治礼的内涵显明可见，给人以思想上的束缚。

西周的刑罚也较商代有所发展，五刑已备。一般认为，五刑指墨、劓、剕、宫、大辟，以犯罪程度不同施以轻重不同之刑。墨刑也称黥刑，即用刀刺刻犯人额颊等处，然后再涂上墨作为惩罚标记，以治罪轻之人。劓刑即割鼻之刑。剕刑即刖刑，将人断足。宫刑即男子割势，妇人幽闭，是一种破坏生殖功能的刑罚。大辟即死刑，而执刑手段又有多种。如斩、杀，《周礼·秋官·掌戮》："斩杀贼谍而搏之。"郑玄注："斩以铁钺，若今腰斩也。杀以刀刃，若今弃市也。"如焚、烹，即火烧汤煮；如搏、辜，即将罪人肢解；如磬、绞，即缢杀，可保全尸。除以上肉刑外，还有流刑、拘役，即流放和坐监，这是对犯人裁制较轻的一种形式。西周还出现了赎罚。所谓赎罚，指用钱财减罪或销罪。《尚书·吕刑》云："五刑不简，正于五罚。"意为五刑不能核实者，可按五等罚金治罪。又云："墨辟疑赦，其罚百锾，阅实其罪。劓辟疑赦，其罚惟倍，阅实其罪。荆辟疑赦，其罚倍差，阅实其罪。宫辟疑赦，其罚六百锾，阅实其罪。大辟疑赦，其罚千锾，阅实其罪。"孔传："六两曰锾。"可见赎罚只适用于疑案，根据不同罪名罚以不等赎金。西周时金指铜，尚很珍贵，能拿出数百金也非等闲之事，或许要倾家荡产。

方格彩罽（西周）

出于维护宗法礼制的需要，西周还特别注意婚姻、家庭制度的建设。《礼记·郊特牲》言："男女有别则然后父子亲，父子亲然后义生，义生然后礼作，礼作然后万物安。"视婚姻、家庭为万物安定的基础，故在婚姻、家庭方面有许多规定。首先是"同姓不婚"的原则，这一方面是基于"男女同姓，其生不蕃"[1] 的认识；另一方面也是出于"娶于异姓，附远厚别"[2] 的考虑。其次是一夫一妻制的原则，这个原则是贵族宗法继承制的需要，但在生活中实际上贵族都实行一夫多妻制，并被法律认可。《礼记·曲礼》云："天子有后、有夫人、有世妇、有嫔、有妻、有妾。"两种婚制并行

---

[1] 《左传·僖公二十三年》。
[2] 《礼记·效特牲》。

不悖，反映出社会现实的实际状况。一般而言，依经济和政治因素，当时只有平民多实行一夫一妻制，而贵族则多实行一夫多妻制，这一传统贯穿中国历史几千年。再次，男女婚姻要由父母之命、媒妁之言决定，否则不被社会承认。最后，婚礼有一套固定程序，以示庄重合法。《礼记·昏义》云："昏礼者，将合二姓之好，上以事宗庙，而下以继后世也，故君子重之。是以昏礼：纳采、问名、纳吉、纳徵、请期、亲迎。"以上原则正是宗法礼制在婚姻上的反映，贵族一般要严格执行，庶民则大多从简照办。关于离婚则有七去、七弃、七出之说。《大戴礼记·本命》云："妇有七去：不顺父母，去；无子，去；淫，去；妒，去；有恶疾，去；多语，去；窃盗，去。"表明妇女在婚姻中没有任何权利，只能顺从丈夫及其父母作传宗接代的工具。与婚姻制度相适应，男尊女卑的家庭观念也得以确立，"妇人，从人者也。幼从父母，嫁从丈夫，夫死从子"①。对女性一系列的苛刻要求日后形成女性沉重的家庭观念和道德枷锁，而使男性居于社会主导地位并名正言顺。

西周的军队建制也较商代更系统明确。武王灭商以后实行分封制，王室据有领地千里，是诸侯领地的数十倍甚或上百倍，所以天子在政治、经济、文化以及军事上都对诸侯有强大的支配力量，这就完全改变了殷商以来王室与方伯之间的关系，天子不再是诸侯之长，而是诸侯之君。周天子也成为全国军队的最高统帅，总揽全国军事大权，形成一元化的领导体制。西周最高的军事管理机构司马听命于天子，负责内征外伐，管理国家军赋，执行军事法律，组织军事演习。周天子拥有强大的王室军，还严格限定诸侯军的数额和军权，如《国语·鲁语下》所说："天子作师，公帅之，以征不德。元侯作师，卿帅之，以承天子。诸侯有卿无军，帅教卫以赞元侯。自伯子男有大夫无卿，帅赋以从诸侯。是以上能征下，下无奸慝。"可见，西周在军队编制上，力图强化王室军

---

① 《礼记·效特牲》。

而控制诸侯军，使伯子男以下小国成为诸侯的附庸，而一般诸侯又受制于元侯，元侯又直接受控于天子，这样层层钳制，就形成一种本大末小、强干弱枝的局面，军权完全集中于天子之手。除此之外，西周还有一支专门负责王室禁卫的军队——虎贲，由卿大夫子弟组成。这是一支战斗素质良好的特种部队，平时负责宫廷警戒，战时是军队骨干力量。从中不难看出，西周军队的等级特性与宗法分封制相适应。

随着社会的发展，军队规模也在扩大。西周初期以师为编制单位，到西周晚期则形成军之编制形式。《周礼·夏官·司马》："凡制军，万有二千五百人为军。王六军，次国二军，小国一军，军将皆命卿。二千有五百人为师，师帅皆中大夫。五百人为旅，旅帅皆下大夫。百人为卒，卒长皆上士。二十五人为两，两司马皆中士。五人为伍，伍皆有长。"与"士六军"相适应，"大国三军，次国二军，小国一军"的制度也应运而生。兵种仍以车兵和步兵为主，但后来车战成为主要的作战方式，构成车步兵混合编组。以《周礼》结合《诗经》考之：《周礼》言万二千五百人为军；《诗经》言五百乘为军，每乘当为二十五名兵员，恰为一两（两则通辆）。《书·牧誓·序》："武王戎车三百两。"传："车称两。"每乘甲士十名，步卒十五名，形成了很强的攻击力。战时用旗鼓指挥，旗鼓依官职不同亦有等级制度，士兵服从官长，下级服从上级。军队平时要经常训练，应旗鼓指挥而进退有序，一旦违令，将军法处置。西周兵器已大量使用青铜并加以改进，戈、矛、箭、戟杀伤力更强。

总之，西周的宗法礼制充分承认社会各个阶层亲疏尊卑关系的合理性，认为这种差别是理想的社会秩序并以此制定出特殊的行为规范。每个人都要严格地扮演由自己社会地位决定的角色，这是对当时社会制度的最好维护。实行周礼的最高境界，当如孔子所言："非礼勿视，非礼勿听，非礼勿言，非礼勿动。"① 这一体制将每个单独的社会成员以宗族血缘和礼法等级关系紧密地联结为一个整体，借以克服单个分子不能承受的来自自然的灾害和社会的压力。当然，随着历史的进步，它为人们进行社会活动框定了严格的界限，极大地阻碍了人们社会关系的多样化发展，从而限制了人们思想和行为的活力，因而到东周时期"礼崩乐坏"也就势成必然。

① 《论语·颜渊》。

第四章
敬德保民

第一节　崇天法祖

原始社会时人们还没有上帝的观念，只是普遍地存在着对自然的敬畏。母系氏族社会时期，人们将自然幻化为神灵的外在表现，但诸神之间是平等的。到了父系氏族社会，神获得了社会属性，不过权限也不超出本氏族或部落的范围，还没有一个统摄百神的至上神。夏王朝建立后，地上有了统一的君主专制制度，在多神之上便出现了百神之长，叫做"天"。天神的出现是人间秩序的反映，强调其至高无上和不可更改。天不变，道亦不变，这就使天子的一切行为成为天神在人间的意志而合理合法。夏君出师要讲恭行天罚，对内统治要讲永葆天命，所以，天神崇拜已不同于远古神话，它是经过加工的统治阶级的宇宙观，为顺承天意永保王位的继承，于是又出现敬祖以求王业不衰。崇天法祖观念的出现，是氏族社会各部落联盟逐渐兼并统一的产物，是思维对多神的属性加以综合概括的结果，也是人类探索世界统一性的一种尝试，当然亦是一种道德观念的树立。

因为有了鬼神，卜筮巫祝于是盛行。人们祈求鬼神以决疑，对鬼神的崇拜和对卜筮的虔诚可以说是最初的德。原始社会的解体，奴隶制度的到来，彻底改变了人与人之间的关系，引起道德观念的深刻变化，原先天下为公的道德指向涣散为自私自利的现实追求。《礼记》言："今大道既隐，天下为家，各亲其亲，各子其子，货力为己。大人世及以为礼，城郭沟池以为固，礼义以为纪，以正君臣，以笃父子。"在这种私有观念的强势动态中，只有强调社会秩序的尊严性，才能将人各为自己的欲望压抑在合理的部位，因而，崇天法祖、忠君孝亲就成为道德的基本要求，就成为整合社会观念的必要措施。

司母戊方鼎（商）

因为殷人尤重鬼神，所以"德"总是和宗教渊源难分。在宗教威势下制定出礼制法度，当然是为了更好地驯化天下之人的道德修养。商代政权继夏代旧制，是由新的部落首领和氏族贵族构成，内部关系则依靠宗族血缘纽带来维系。奴隶阶级的构成，一部分是原来本部落的成员，另一部分则是外部落的战俘。需要指出的是，殷商时代把被征服的部落和方国整族地化为奴隶，这种种族奴隶聚族而居，并且有家室，基本上保持着原来氏族社会的组织结构。这就是说，不论是贵族还是奴隶，都还保持着氏族血缘关系。商代的"德"，正是建立在这种血缘关系基础之上的。

甲骨文中已有"德"字，是直视而行的形状，故"德"有"正"之意，表示行为要端正合宜，这可说是"德"的初义了。盘庚迁殷时，一再强调"德"字，"德"有顺应天意民心的内涵。盘庚说："若网在纲，有条而不紊。若农服田力穑，乃亦有秋。汝克黜乃心，施实德于民，至于婚友，丕乃敢大言，汝有积德！”① 也就是说，做正义好心的事情才能积德，才有收获。当时贵族"傲上"而"离心"，根本不考虑国家利益，所以盘庚一再指责批评他们，说他们不能去追求幸福的生活，不能与王同心同德，心中藏着恶毒的念头，放肆而又贪图安逸。盘庚迁都的计划损害了许多贵族的利益，因此遭到他们的反对，他们到处散布流言飞语，蛊惑民心。因而从正统观念讲，贵族们不讲德行，盘庚不得不反复给予说明和训斥。

贵族的"傲上"和"离心"是建立在聚敛和利己的基础上的，盘庚警告他们："无总于货宝，生生自庸。式敷民德，永肩一心。"即不要聚敛财货宝物，要好好谋生供自己享用。要施恩惠于民众，我们应同心同德。可见盘庚还是从国家命运出发，考虑上天的意志。他还说："像你们这样今天没有明天地得过且过，以后在上天那里岂有你们的位置。"盘庚在借助上帝神威的同时，还请出祖先神对他们施加压力。说明他们必须顺从他的命令，否则先王也会抛弃他们，他们将无法摆脱惩罚。可见殷商时代的伦理道德，一方面要考虑到人民群众的要求，要考虑到整个国家的利益；另一方面，也讲究纲常事理和法度秩序，并总是与神灵崇拜联系在一起。

第二节　重孝任贤

"德"的观念在商代更多地表现为"重孝"和"任贤"。卜辞中的"孝"字跟"考"字和"老"字通解，都有"奉先思孝"之意。另外，"教"也与"孝"有关，商时政教合一，行政即所以施教，所以施教以

---

① 《尚书·盘庚》。

"孝"也就可达某种行政上的目的。商人重孝的目的有二：一是如果子女对父母施行孝道并追宗记祖，那么人的祖先概念就不致遗忘或模糊，由于孝的行为可引起对祖先情感的深刻化，从而使血统关系就可以维系永久。二是如果统治者对父母祖先相率以孝，那么社会风气就会道德淳朴，无人作乱，他们给种族奴隶做出重孝的榜样，也就形成整个社会的价值取向，从而以伦理感动达到社会治化，这就是殷人尊天地鬼神而以孝为教的用意。

关于能否"任贤"，也是道德的重要表征。商汤任用伊尹方成大业，君臣相得益彰。"得"与"德"在甲骨文中通解，含有得义、得体之意。故贤明之人一般能顺应历史潮流，任贤也就体现出明德。《墨子·尚贤》谓："伊挚，有莘氏女之私臣，亲为庖臣。汤得之举以为己相，与接天下之政，治天下之民。"伊尹在商初发挥了重要作用，使商朝有了一个好的开端，故得到世人称颂，而商汤也就具有大德。武丁中兴也是靠大力选拔人才方得以成功，他任命傅说为相就是大胆创举，同时他还善于广泛听取臣属的见解。正因如此，"武丁修政行德，天下咸欢，殷道复兴"[1]。可见所谓"德"即倡行天道，顺从民意，商代"重孝"、"任贤"正是这一观念的反映。

德治和礼治总是不可相分的，殷人从建国之初就已倡导"德治"和"礼治"，就以"德"和"礼"作为维护统治权力的中心骨干。商代的"礼"和"德"更多地具有宗教意味，人间似乎是神鬼的乐园。因而"礼"多从外在形态上表示对鬼神的敬意，而"德"则更多地从内心修养上要求对鬼神的虔诚。当然，这也许是出于当时人认识的浅薄，也许是统治手段的需要，这总令人想起宗教的本质。但通过对神鬼的崇拜，借神鬼的威慑以维护社会的秩序，使人不敢放纵自己的言行，在当时不能不说是有效措施。因为人还没有认清自己的力量，还不敢与鬼神作

———

① 《史记·殷本纪》。

对。但从商人崇神祀鬼的行为中，多少也可看到一些悲天悯人的信息。随着人的觉醒程度，对"天"的敬畏也就逐渐转向对"人"的思考。

周人从思想意识角度总结了夏、商两代的兴亡教训，他们在崇拜天的时候总是考虑到"德"的因素。在他们看来，夏、商的兴起，是由于他们的先主敬德，而其最终灭亡也是由于他们的后王废德。"皇天无亲，唯德是辅"，周人之所以兴起，也正是因为祖先能够"积德兴义"、"明德慎罚"。那么"德"从何而来？周人认为，德主要从民那里体现出来，即所谓"人无于水监，当于民监"，因而民心向背是唯一根本。"古先哲王，用康保民"，所谓保民，当然就不能像商纣王那样一味酷虐，草菅人命，而应像周文王那样秉文经德，恭奉天命。

西周时期在意识形态方面显著的特点就是道德观念更加浓厚，从"文、武、康、昭、穆、恭、懿、孝"等谥号来看，就都赋予道德含义，其评判标准不言自明。在这一方面，周公提出了个人德行至高的典范，他说："自殷王中宗及高宗及祖甲及我周文王，兹四人迪哲。"而这四王中最圣明的又是周文王："文王卑服，即康功田功徽柔懿恭，怀保小民，惠鲜鳏寡，自朝至于日中昃，不遑暇食，用咸和万民。"周公推崇文王为后王学习的榜样，所以要求周王从自身做起，以"保民"、"惠民"外得于人，以"敬忌"、"无淫"内得于己，唯有如此，方能奉天承运①。

第三节　勤政爱民

周人是后起的部族，尽管其取殷而代之，但政治上的得势并不能掩盖文化的贫瘠。他们接受了殷人天神主宰的观念，恭请上天保佑，祈求

———————————

① 以上引文见于《尚书·周书》。

江山永固。但是周人对天的敬畏之情，已不同于殷人那种僵化的宗教迷信。他们思考，为什么殷商被天遗弃，而周人得到青睐。他们一方面声称"皇矣上帝，临下有赫，监视四方，求民之莫"①；一方面认为人类的吉凶祸福都无法脱离天道所设之"德"，因而敬德便是从天，这就使虚幻的天命观念变得具体而现实。以此来考察夏、商的命运，其最终灭亡的原因是"惟不敬厥德，乃早坠厥命"，所以周人得出"天命靡常"的逻辑结论。

这一观点的提出，显然有其深刻的思考和政治的目的。天命既非固定不变，也非随意更改，而有其"靡常"的内在规律。在这一规律支配下，天子要以德配天，依天行事，而"天"意说穿了便是"民"心，"天视自我民视，天听自我民听"，因而"用康保民，弘于天，若德裕乃身，不废在王命"，"保民"就是"敬天"，"敬天"就是"厚德"，"厚德"乃保"王命"。殷商正是逆天而行，所以遭到天罚，这样就警告殷商遗民，要承认天命已经转移，不要轻举妄动，要服从周人统治。同时也告诫周人，仅仅依靠祭祀和祈祷无济于事，"前车之鉴，后事之师"，殷人奉神可谓竭力，但终被无情抛弃。问题从宗教范畴转到现实政治领域，提出"敬德"、"保民"才是"尊天"，可见周人对"天"远没有殷人那么痴迷，而是显得非常理智清醒，这不能不是一种文化上的进步②。

周人认为只有敬德才能取得民心和天佑，保持统治权的延续绵长，因而反复强调天命的归废转移是以"人王"能否"保民"为依据。从《尚书》颇多周人内部相互告诫之词的情况即可看出，周人格外重视对内宣传其虚于"祈天"而实于"保民"的"敬德"主张。这就有意无意地承认了民的存在终究要比天的神旨实在，把天与民的关系说成民为主

———

① 《诗经·大雅·皇矣》。
② 以上引文见于《尚书·周书》。

而天为属，无疑可以得出这样的结论，即与其说是周人在神化天，毋宁说是周人在神化民。

周人所以如此强调"保民"，无非是历史教训和现实要求交相作用的结果。周人说文王"笃仁，敬老，慈少，礼下贤"，其实这也就是基本的道德要求，唯此文王格外受到敬重。出于保民的考虑，统治者要节制个人的物质生活欲望，因为他们看到夏桀、商纣正是因淫逸而亡国，所以节俭被视为美德。周人斥责那些不知稼穑

伯各卣（西周）

之难也看不起劳动人民的青年，以此作为道德规范殊可珍贵。从西周墓葬也可看出，人祭、人殉明显减少，体现出"仁"的意识的觉醒。对"尔心未爱"的贵族则加以批评，对"惠于庶民"的行为则给予赞扬，这固然有其本质的欺骗性，但不能讳言于民是有所顾忌的。"敬"原含警戒之意，有畏惧谨慎之心、无放纵淫荡之行，才合恭敬之实。

由于周朝贵族是由部落头领转化而来，由小到大夺取殷商政权，先天不足也使他们缺乏气魄。因而西周统治初时尚无那种华丽和暴虐，而具有朴实和谦虚的风尚，这从当时许多政治措施也可看出。武王伐纣一举成功，正说明得道多助、民心所向。在其后的统治中，"如临深渊，如履薄冰"，恰恰反映出一种"战战兢兢"的心态。周公"一饭三吐哺，一沐三握发"，不难看到勤政爱民的精神。他在镇压反叛的同时，为维护社会的发展鞠躬尽瘁，从历史角度讲是有其进步意义的。至于后来下场不妙的暴君，则自食放任骄纵而失民失德的恶果。其实从整个中国历史来看，这也是一个普遍现象。开国之主和亡国之君的命运不能不是一

个令人深思的问题。周人从商人的神鬼阴影下走出，而看到阳光下的凡人，不能说不是聪明善良的。

第四节　尚礼重法

　　"德"属于内在修养要求，而"礼"属于外在行为规范，"德"与"礼"互为里表，构成了人格塑造的内外统一。周人认为要完成礼治，必须加强养德，这样社会秩序才会令人心服，因而礼制无疑促进了道德的深化又反过来有助于实现礼制。

　　体现在西周礼器上，周人与商人也自有异趣。商人礼器可谓一种奉神之器，周人礼器则含有一种戒人之意，礼器的固定化与社会的法制化是相适应的。周礼的思想和制度藏于尊爵鼎彝等神物之中，这种宗庙社稷的重器寓含着法律条文的内容，这与商人偏重祭神功能和含糊人伦界定有所不同。由西周宫室建筑看，布局合理、规整、严谨，前堂后室连为一体，显然是依照宗法礼制，将生活场所和政务场所结合，体现出完整、系统、严密的"家天下"特征。在丧葬中，成批礼器也说明周礼的森严，其中尤以列鼎制度为甚。考古学证实，列鼎数目确因主人身份高低而有严格规定，其他随葬礼器多少也有相应的配置数目，都能反映出墓主生前的地位等级情况。这一切表明，西周的礼制确实得到强化，而道德自然要遵循礼制所规定的角色。如僭越，即为违礼，不愿安分守己而超越等级规定，便被视为道德品质出现问题，就会受到社会谴责。

　　由于周人坚持宗法制，殷人"孝"的思想也是"礼"的基础。殷人固然强调"孝"，但没有具体详细的实施。而周人不但建立起"孝"的权威，而且制定出较为完备的条律。他们相信祖宗鬼魂的存在，以向先祖献孝来加强周族的团结。同时对父母的奉养、服从、尊敬更切实地付诸日常生活中。因而，"孝"这一道德要求，成为周人重要的道德纲领。他们倡导敬祖，结合社会现实，道德规范具有能动性和有效性，使"天人合一"的宗教思想延展到"天人合一"的伦理思想。由宗教到伦理，是商周文化转变的重要特征。"以祖为宗，以孝为本"，家族血缘扩展到政治领域，自然形成合理有机的体制。

在宗法礼制日益完善的情况下，道德意识也深入人心。因而，在周

何尊（西周）

礼的框束下，形成普遍的道德追求，以此建构起人人必遵的道德观念，形成社会的有序运转。谁若大逆不道，不管是贵族还是平民，"是可忍，孰不可忍"。

总而言之，周人的敬德保民还是要服膺天命，但比较一下《商书》和《周书》就会发现，二者在宣扬天命时所强调上天授命的条件是有差别的。《商书》在讲上天授命给有德者以及有德者才能保天命时，德的内容重神而抽象，而《周书》所宣扬的周先王之德和诉说殷纣王的不德就重人而具体。周代形成的一套道德伦理规范，归结起来不外以"父权"为轴心的"社会伦理"和以"君权"为轴心的"政治伦理"，而这也正是天命的实际内容。他们极力宣传所建立的一切社会政治制度都是天帝的决定，"天秩有典"、"天秩有理"，事实上是借用天命来神化社会的等级区分和人伦关系，遵从上天的命令和安排当然也是有德的表现。周人正是将天上人间结合起来，把"天命无常"和"敬德保民"连为一体，这体现出周人以德配天、注重人事的理性精神。只有周王有权祭天，那么不管春耕秋收，他都要率臣民求佑谢恩，人们相信人事可以影

响天神的那种巫术成分。因而人间治理得好，便以为天降福祉；人间治理得不好，便以为天降灾殃。久而久之，周王一方面仿佛成为天神的化身，操持着天神的诸种事务，以君临国家统率万民；一方面又必须恭谨从事，以民为鉴，树立起良好的社会风气。正如郭沫若在《青铜时代》中所说，周人极端尊崇天的说话都是对殷人说的，而有怀疑天的说话都是周人对着自己说的，周人继承殷人的天的思想只是政策上的继承。也就是说，周人对天又怀疑又崇拜：怀疑只在统治集团内部讲，强调"敬德保民"才是治国之本；崇拜则对全社会讲，利用天命树立自己的高大形象。这完全是统治上的需要，而恰恰也说明周人头脑的清醒。

但是到了西周末年，随着周王室的衰落和各诸侯国经济、政治势力的发展，人们的神权和王权意识都在削弱。劳动人民的逃亡反抗，新兴封建势力的扩张，王室贵族之间的内讧，使僭越违礼之事层出不穷，既冲击着贵族专政的世卿世禄制，也不断动摇着上帝的权威。人们对上帝的怀疑和诅咒，对自然界变化的唯物解释，使西周以来的统治思想受到很大冲击。在这种新形势下，一方面统治者仍然宣扬自然变异是天在赏善罚恶，是人们违反道德规范的结果；另一方面，人们的天、德、礼、孝等思想观念，则产生了巨大的动摇和革新。这样，西周"敬德保民"的确曾带来过欣欣向荣的国势，但由于坚持不力，导致后世失政，最后造成西周覆亡。随着统治机构的崩溃，天命受到诘问，而民本思潮由此而兴，不能不说西周的道德、秩序完成了其承前启后的历史使命。

建立在敬德保民基础上的天神观念，在西周时人们宁信其有不信其无。它一方面保留了自然界百神之长的身份，另一方面又是宗法礼制的保护者，自然属性和社会属性纠缠在一起分辨不清。这种情况使中国文化长久以来形成天人关系的难解难分，自然科学和社会科学总不能分道扬镳，道德似乎便是一种天道与人德的结合。而由于西周天命神学的主要内容是为宗法国家作理论上的辩护，所以后来的中国文化对天命神学无论是继承、改造还是批判，都是围绕着对宗法制度的不同态度而展开。这种情形也就规定了中国文化以政治道德问题为主要内容，而不是把客观解析自然万象作为积极目标。尽管后来不断有人探究人主宰万物的能量，但总是很难反拨历史的巨大惯性。夏、商、周形成的坚实的文化基础，实在造就了传统观念的深刻程度。历代统治者祭天祀地，表达出怎样的一种东方文化的心态？

下卷

文明创制与巫史教化

第一章
"甲骨" 意象

第一节 汉字起源

　　文字的起源是文明的萌芽，经过长久孕育才会破土而出。任何事物的发展都有一个艰难的过程，因而其经历往往呈流动的状态，进化阶段不可能截然分开。但事物的发展也有顺利或坎坷、飞跃或缓慢、激烈或平稳的时候，因而就容易形成阶段性特征，给人们论述提供了方便。当然，物态的生成有诸多复杂因素，正如一切事物的内在规律和外在条件相应一样，文字作为思想表达的一种方式也体现出人类由低级走向高级的步履。探讨文字这一由人类创造的符号所昭示的人类心路以及它对人类造成的巨大思维定式的影响，便成为千古以来人们孜孜不倦的永恒话题。

　　关于汉字的起源，很久以前就有一种流行说法。《吕氏春秋·君守》云："奚仲作车，仓颉作书，后稷作稼，皋陶作刑，昆吾作陶，夏鲧作城，此六人者，所作当矣。"《韩非子·五蠹》云："仓颉之作书也，自环者谓之私，背私者谓之公。"秦代李斯所编字书《仓颉篇》，也是由于首句为"仓颉作书"而得名。显然，他们把造字的功劳归于仓颉，而仓颉的造字过程也被神化。"黄帝之史仓颉见鸟兽蹄迒之迹，知分理之可相别异也，初造书契，百工以乂，万品以察，盖取诸夬"。[1] 据说他"龙颜侈侈，四目灵光，实有睿德，生而能书。于是穷天地之变，仰观奎星圆曲之势，俯察龟文鸟羽山川，指掌而创文字，天为雨粟，鬼为夜哭，龙乃潜藏"[2]。

　　中国向来有神化伟人的习惯，仓颉超凡入圣的容貌，与生俱来的异能，以及感天地位鬼神的功德，给文字的产生蒙上了奇妙的光环，但从中也不难看出古人对文字的创造充满了景仰之情。其实，"在社会里，仓颉也不止一个"[3]。正如郭沫若在《古代文字之辨证的发展》中所说："文字是语言的表象，任何民族的文字，都和语言一样，是劳动人民在劳动生活中，从无到有，从少到多，从多头尝试到约定俗成，所逐步孕育、选练、发掘出来的。它绝不是一人一时的产物。它随着社会的发展而发展，有着长远的历程。"不过在汉字形成的过程中，尤其在最后阶段，很可能有个别人起过极其主要的作用，仓颉也许就是这样的人。

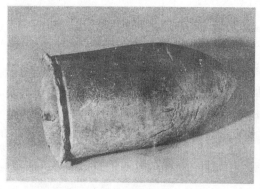

陶尊（新石器时代）

《荀子·解蔽》说："好书者众矣，而仓颉独传者，壹也。"可谓是对仓颉的肯定。至于仓颉到底是何许人，古籍中除其造字功绩之外皆语焉不详。汉代人认为他是黄帝史官，或许可把他视为虚拟的文化英雄看待。

　　古代学者认为文字产生之前，结绳和书契曾起过记事的作用。《易·系辞下》言："上古结绳而治，后世圣人易之以书契。"但结绳和书契虽有记事功能，并不等同于

---

① 许慎：《说文解字》。
② 《汉学堂丛书》辑《春秋元命苞》。
③ 鲁迅：《门外文谈》，《鲁迅全集》第 6 卷，人民文学出版社 1982 年版，第 88 页。

文字。就现代考古发现而言，原始社会时期确已出现了刻画或绘写于陶器或甲骨上的几何形符号，而且这类"书契"分布很广，在仰韶、马家窑、龙山、良渚等文化遗址中都有发现。多数学者认为这种符号还不是文字，可能是为标明个人所有权或制作时的某些需要而随意刻画的。显然这些符号如西安半坡遗址发现的 ‖、义、フ、丁、Ψ 等，尚不能构成完整的文字体系，也没有发现用作记录语言的证据，但至少某些可以用来表示固定的意义了。在晚期大汶口文化中还发现了另一类刻于陶尊上实物形的符号，如 ⚱、仈、乚 等。对这类符号，有的学者认为是文字，如将它们释为"旦、斤、钺"等①；也有人认为这些还不是文字，是属于"图画记事的范畴"，"代表个人或氏族的形象化的图形标记"②。尽管这类符号还不能视作有读音、能记言的文字，但无疑可以看做原始文字的先驱③。

目前多数学者认为夏代已有文字，但考古发掘中尚无确凿无疑的发现。河南偃师二里头文化遗址只见到一些刻在陶器上的符号，这些符号显然与原始社会晚期的符号是一个系统。商代前期的文字至今也无重大发现，又少又碎的资料显然不能反映文字的大量使用。但这似乎也难说明夏代就无文字，《吕氏春秋·先识览》有"桀将亡，太史令终古执其图书而奔于商"的记载，《尚书·多士》记载西周初年周公对商朝遗民的训话说："惟尔知，惟殷先人有册有典，殷革夏命。"周公特别强调殷的先人有典册，也许我国就是从夏商之际开始有了较完备的文字。也就是说，此时汉字已形成完整的文字体系。可以想见，夏王朝建立以后，为了进行有效的统治，必然迫切需要比较完善的文字，因此原始汉字改

---

① 参见省吾：《关于古文字研究的若干问题》，载《文物》1973 年第 2 期；唐兰：《关于江西吴城文化遗址与文字初步探索》，载《文物》1975 年第 7 期。
② 汪宁生：《从原始记事到文字发明》，载《考古学报》1981 年第 1 期。
③ 参见刘德增：《关于中国原始符号与中国文字起源的论争》，载《齐鲁艺苑》2001 年第 1 期。

进的速度一定会大大加快。夏王朝有完整的世系流传下来，可说是原始汉字有了巨大改进的反映。汉字或许正是在这样不断的进化过程中丰富起来的，成为人们语言和思想的真实记录。

第二节　殷墟卜辞

殷墟的发现为古文字的研究提供了大量的信息，同时通过文字的破译揭示出那个时代的文化生活，当然出土的其他器物也有益于文字的探讨和印证。这样，甲骨文也就成为一大文化景观，使人们仿佛看到当时的生活情景。由于甲骨文是1898年才被发现，因而可凭借这些文字资料订正古人的谬说。可以说，甲骨文不仅给我们提供了文字素材，更重要的是让我们看到殷商时期的文化风貌。

殷族是迷信的氏族，商代是迷信的朝代，甲骨文便是迷信的见证。殷人遇事便要占卜，他们把占卜之事刻在龟甲和兽骨上，便形成占卜之辞，所以甲骨文也称卜辞。又因甲骨文大量发现于盘庚迁都之后的殷墟，所以也叫殷墟文字。这些汉字已相当成熟，现已搜集到的甲骨有十几万片，据《甲骨文编》（1965年版）统计，不重复的单字有4672字，已考释出来的有2000余字。其内容涉及风雨的有无、年岁的丰歉、出入的吉凶、战争的胜负、田渔的猎获、政令的推行、帝国的世系、奴隶的存亡等，已形成能够满足记录当时语言需要的较完备的文字系统。从出土文字看，有的是先写后刻，有的是不写就刻，有的是有写有刻。一般小字用单刀法，大字用双刀法，宽笔用复刀法。大多数甲骨文刀法娴熟，字迹隽美，或许这就是最早的经过专门训练的文化人的笔迹。从字形上看，已出现多种造字法，但结构尚未定型，异体字较多，表意性很强。带有标音成分的字还很少，已出现大量的假借用法。由字数的众多和记事的清楚看，这种文字已经过相当长的发展时期而成熟起来。

汉字作为汉语的书写符号是一种表意文字，字形和字义有着密切的关系。一般来说，最初的字往往通过"象"而能看出"意"，这是因为其图画性很强。但随着文字越来越抽象，要辨识其意蕴也就越来越困难，这就需要通过教和学的手段使其承续下来并发扬光大。掌握汉字的知识，无疑对提高人的素养有很大帮助。它增强了人的思维能力，加深了人的知识记忆，有效地沟通了人际关系。古人很早就注意到这个问题，因而研究汉字的规律并开始专门的教育。《周礼·地官·保氏》中就谈到以"六书"教养

牛骨刻辞（商）

国子，所谓"六书"，是指分析汉字结构归纳出来的六种常用造字方法。掌握了六书，当然也就了解了汉字的意象，因而此举不失为认字的有效途径。但是由于《周礼》只概略提到"六书"，所以后人对"六书"的细目则产生了不同的说法。东汉时班固在《汉书·艺文志》里说："古时八岁入小学，故周官保氏掌教国子，教之以六书，谓象形、象事、象意、象声、转注、假借，造字之本也。"郑众则在为《周礼·地官·保氏》注中认为："六书，象形、会意、转注、处事、假借、谐声也。"许慎在《说文解字·叙》里则认为六书是指事、象形、形声、会意、转注、假借，并列出六书的各自定义。后来学者通过对这三家说法的比较，多认为采用许慎的名称和班固的次序相结合的方法对六书加以解释比较合理。随着研究的深入，学者又提出象形、指事、会意、形声为造

字之法，而转注、假借为用字之法，如戴震、王筠、王力等。这些说法补充或修正了许慎的解释，使人们对汉字有了更正确、更深入的认识。

甲骨文为"六书"提供了大量例证，"六书"理论也揭示出甲骨文意象深处的奥秘。因而学习掌握汉字初文的方法及其以后发展的规律，无疑会加深对中国文化的深刻了解。

下面对汉字结构理论作简要分析：

一、象形。顾名思义，"象形"就是像实物之形，也就是把客观事物的形体描绘出来。许慎在《说文解字》中说："象形者，画成其物，随体诘诎，日月是也。"象形字是描摹实物的，最初的象形字与图画相似。之所以说它是字而不是画，主要在于它有了音读。即不但从形上能看出意，而且有固定读法。文字是形、音、义的统一体，缺一不可。因而三者具备就应当认为是文字，而不再是图画。甲骨文的象形，已非原始的图画，而是抓住事物的外在特征加以勾勒。如⊙像日正面之形，D像月弯缺之形，田像田俯视之貌，𠆢像人侧面之体，◎像目，甘像鼻，乂像手，屮像足，正如容庚在《甲骨文字之发现及其考释》中所言："羊角象其曲，鹿角象其歧，象象其长鼻，豕象其竭尾，犬象其修体，虎象其大口，马象其丰尾长颅，兔象其长耳厥尾，虫象其博首宛身，鱼象其枝尾细鳞，燕象其箭口布翅，龟象其昂首被甲。"象形字都是独体字，是构成汉字的主要部件。最初一个字往往有多种写法，后经优胜劣汰才有所规范。其组字能力很强，故后来多为部首。但由于这种造字法有很大的局限性，如书写麻烦或难以书写，所以产生其他的造字法也就成为必然。

二、指事。许慎在《说文解字》中言："指事者，视而可识，察而见意，上下是也。"即指事字初看起来可以认识，细察之后就能了解意义，"上"和"下"就是这类的字。许慎此话是从掌握词义的步骤来说的，第一步是感性认识，第二步是理性判断。但许多文字学家指出这个定义相当含混，清代王筠说："视而可识则近于象形，察而见意则近于会意。"尽管对其理解有些分歧，但现在多数人认为，指事字就是在象形字的基础上再加上个指事性符号用以标明词义的一种字。如，"旦"是在日下加一横，表示太阳刚刚升出地平线。"寸"是在手腕处加一点，表示寸口，《说文·寸部》："寸，十分也，人手却一寸动脉谓之寸口。""本"是在树下加一横，表示根部所在，《说文·木部》："木下曰本，从木，一在其下。"徐锴注："一记其处也。""末"则是在树上加一横表示树梢所在，造字原则与"本"相同。再如"甘"，口中加一点，表示舌上感到美味之处。又如"牟"，表示牛口往外喷气，以示牛叫。"亦"是在人腋下加两点，"母"是在女胸前加两点。以上这些都是在象形字上标符号的指事字。另外还有用纯符号构成的指事字，如ㅗ、ㅜ就是在一条基线上，上面加点为上，下面加点为下。总的来说，指事字在"六书"中是少数。当然，这牵扯到对定义的理解。而古人造字时并非根据后人所定的原则行事，因而后人难免产生争议。

三、会意。《说文解字》中称："会意者，比类合谊，以见指伪，武信是也。"意思是把两个或两个以上的象形字组合在一起表达一个新的意义，象"武"和"信"就是这类的字。象形字只能表现有形可象之物，指事字在象形字基础上侧重表现指示性意图，会意字则以并比字类结合字义的方法造出新字，显然更进步、更抽象，表现出人类思维的活跃。甲骨文中，武上部是戈，下部是止，以人执武器行走的形状表示威武之意，体现出上古人类的深刻经验和巧妙构思。人言为信，也表现出人们对真的赞赏和要求。其他还有步、涉、陟、降、莫、寒、印、牧，等等。这种造字方法给人们提供了开阔的思路，可以用来表达众多无形的概念。以手握禾为秉，以手开门为启，以手逮人为及，以手摘木为采，双手相合为共，双手相顺为友，两手递接为受，两手抢夺为争，仅一"手"字，就可与其他字组成众多新字。但也应该看到，所谓"合谊"，也只是主观上根据"比类"的联想而取义，因而不可能全面、合理。那么肯定经过约定俗成的规范化过程，人们才能形成共识。而认识并会使用这些文字当然又要经过专门的训练，何况它们并没有标明读音。

四、形声。《说文解字》下定义为："形声者，以事为名，取譬相成，江河是也。"即形声字由意符和声符两部分组成，意符表示意义范畴，声符表示读音类别。例如，鱼是整个鱼类的总称，但鱼的种类却是成千上万，显然不能为每一种鱼各造一字。再说鱼的样子又很相似，文字毕竟不是图画，难以从字形上一一区别。于是就可以用形声法，以鱼字表示总类，再取一字作为读音，两字相合，造出新字，既表示出鱼的具体种类，又标示出其类的名称，如鲤、鲫、鳝、鳗等。以此类推，如从手的字与手相关，从足的字与脚相关，从玉的字与珍宝相关，从戈的字与武器相关。但是也要指出，义符不过表示类属意义，声符也只是标明大致读音。甲骨文中的形声字结构也不固定，哪是形符哪是声符还要仔细辨析，因而掌握汉字必须经过专门的学习。形声字越到后世发展越快，甲骨文中象形字约占 40%，指事、会意字约占 40%，形声字约占 20%；而到了汉代《说文解字》9353 字中，据蒋善国统计，象形字 364 个、指事字 125 个、会意字 1167 个、形声字 7697 个。显然，形声造字法有着巨大的优势。

五、转注。《说文解字》曰："转注者，建类一首，同意相受，考老是也。"由于后人对此定义理解不同，故而有各种各样的说法。多数学者认为，"建类一首"，就是指用同一部首统领同一范畴，"同意相受"就是同一部首的字义相同的字可以互相解释，如"老"和"考"就是一对转注字。由此看来，转注不是制造新字的方法。有人认为，转注字可能是由于方言不同产生的，同一事物，甲乙各地异名异音，反映在文字上，就出现了异形异音的字。

六、假借。许慎的定义是："假借者，本无其字，依声托事，令长是也。"前者说明假借的原因，后者说明假借的原则。即某一事物在口语中已有这个词，但在笔下却没有代表它的字，于是借用和它名称声音相同的字来代表。同音是假借的主要依据，假借字义与原字结构毫无关系。如，"亦"本来表示腋窝，被假借为副词当"也"讲；"莫"本来表示傍晚，被假借为代词"没有谁"讲；"其"本来是畚箕，被借用作副词；"汝"本来是水名，被借用作代词。假借法的出现，与上古字少有关，甲骨文中有大量的假借用法，给后人阅读造成了很大困难，这就需要仔细辨识。假借法虽然未造新字，只是借用他字，但它又促使新字的产生，如"亦"被借后造出"腋"，"莫"被借后造出"暮"。随着社会生活的丰富，汉字随之也越来越多，假借用法也日益规范。

第三节　金文流变

商代除了甲骨文，还已出现金文。所谓金文，是指铸刻在铜器上的文字。古代人称铜为"吉金"，故称铜器上的字为"金文"。铜器中又以钟和鼎较著名，因此金文也叫"钟鼎文"。它另外还有"铜器铭文"、"吉金文字"、"彝器款识"等名称。金文在商代已有，但毕竟很少。随着时代的发展，周朝铭器上的文字大量涌现。西周第二个帝王成王诵时的《令彝》有187个字，第三个帝王康王钊时的《大盂鼎》有291个字，第十二个帝王宣王靖时的《毛公鼎》

大盂鼎（西周）

有499个字。铜器越铸越大，文字越造越多，表现出时代的进步性。现已发现的周代有铭文的铜器约三四千件。容庚的《金文编》收不重复的金文单字总数在 3000 个以上，已考释出来的有 1800 多个字。

铜器原本是奴隶主贵族的日常用具，后来专供祭祀和饮宴使用，称作彝器和礼器，并在其上铸刻铭文，以记载典祀，歌颂战功，赏赐重臣，订立盟约，训诰百官，表彰祖先。周人不像殷人那样尊神，所以甲骨卜辞也就让位于鼎彝铭文。周代文化继承了殷代文化并有发展创新，典籍文物也就更为丰富多彩。就文字而言，钟鼎文是由甲骨文直接演变而来。但在结构、笔画上又出现新的特点：其一，甲骨文是用铜刀或石刀刻在龟甲和兽骨上，所以笔画细而硬，方笔多而圆笔少；金文绝大部分是范铸的，可以先在范上刻字，然后加工美化，所以笔画宽而粗，圆笔多而方笔少。其二，甲骨文行文程式不统一，或从左到右，或从右到左，显得杂乱无序，阅读起来相当困难；金文行款则逐渐固定、工整，有的并画好方格，在格内写字，如《颂壶》、《小克鼎》。所以，汉字的方块形状在西周渐已形成。其三，甲骨文中形体结构尚未定型，异体字较多，有的字有多达几十种写法，几如图画，如正写、反写、侧写、倒写，结构搭配和部位组合也是随心所欲，任意而为；金文是刻于铜器上的文字，而铜器在西周主要是王室的器皿，这种器皿不容滥造，因而文字形体、笔画也就较为规范整齐，图画意味相应减少。其四，甲骨文中存在大量合文，有的两个字写在一起，如"祖乙"写作**SA**，"五十"写作**㐅**，还有的三个字写在一起，如"十二月"写作**后**。这种合文，据《甲骨文编》统计有 371 个；金文中合文情况出现不多，《金文编》所收合文仅 64 个，这说明金文比甲骨文进步，且适合汉语的特点。其五，甲骨文中形声字不多，而金文中形声字数量已占优势。如《金文编》中衣部、门部、食部、广部的字共 71 个，除与甲骨文相同的 14 字不计外，所新增的 57 个字中，有 46 个是形声字。由此可见，文字的发明创造也是一定时代背景下的产物，充分体现出某一历史时期的文化特征。

金文取代甲骨文而崛起，反映了周代文化在继承中创新的历史面貌。通过文字的表象，可以窥见深层的意识。文字的结构和笔画，依照人们的思维定式良性有序地发展，表现出越来越强的记事功能和美学意味。而书写材料的差异也导致文字风格的转捩，使文字展现出不同时代的文化气息，令人感叹文字中洋溢着的特有意味。金文中多次提到"德"，如"孔德"、"懿德"等，充满了奴隶制社会伦理色彩；而更多地提到"孝"，如"追孝"、"享孝"，岂不是有意突出血缘宗族关系？这些无疑是当时社会思想的写照。由文而字，由文而章，反映出人们的思维由简单到复杂，由浅薄到深沉。由商到周传递出的文字信息，使后人看到文化人的巨大功绩，这些宝贵资料成为智慧的凝聚。甲骨文、钟鼎文作为古代文字的原始遗存，在反映社会生活和文字发展轨迹方面，有着无可比拟的真实性，因而至今还是研究商、周文化不可或缺的信实资证。

第二章
"青铜" 风采

第一节　青铜的质朴

　　历史学根据人类进行社会生产所使用的劳动工具，把人类文明发展的不同阶段分为石器时代、青铜器时代和铁器时代。青铜器的制作和使用，是人类从野蛮走向文明的开始。在新石器时代晚期，一般都有一个金石并用时代。人们在劳动生活中发现了从矿物中可冶炼出纯铜，于是不断地总结经验提高技术。这时的铜质地软，量又少，因而生产上仍以石器为主。随着人们对铜的认识加深，对铜的获取增多，铜开始大量出现于日常生活中。后来人们发现在纯铜中加少量的锡，比纯铜有更低的熔点，这样就给铸造带来了方便；而且这种铜硬度大，化学性能稳定，更好使用。由于它是铜锡合金，表体微泛青色，故称之为青铜。像石器和陶器的出现一样，青铜器的出现成为人类划时代的重要标志。当它被广泛应用于社会生活的各个方面时，就使人类社会面貌发生了重大而深刻的变化，也使人们不由自主地被牵引着进入青铜时代。

　　中国进入早期青铜时代约在公元前 2000 年前。在新石器时代晚期黄河流域的许多遗址中就已有冶铸的铜器、废弃的铜渣或炼铜用的坩埚。在龙山文化中，山东胶县三里河遗址曾发现铜锌合金锥，栖霞杨家圈遗址也出土过一件残铜锥和不少炼铜渣及孔雀石一类的炼铜原料。20世纪50年代在郑州牛砦和董砦遗址出土过炼铜用的坩埚，70年代在临沂煤山遗址也发现了铜渣和带有铜液的坩埚残片。在马家窑文化中，各处遗址常见青铜小刀。在齐家文化墓葬中，多次发现青铜或红铜的生产工具和装饰物品，包括刀、斧、凿、匕、锥等杂什，制造方法有冷锻的，也有冶铸的。这些发现表明，各地青铜文化已普遍崭露。假如结合文献记载的禹铸九鼎之说，似乎也不难让人相信青铜时代的到来。

素爵（夏）

从考古发现的事实来看，豫西晋南的二里头文化已经是新兴的青铜文化。在二里头遗址已发现有冶铜作坊遗迹，其中有铜渣、坩埚和石范等。出土的青铜器，不仅有大量的生产工具，而且还有武器、乐器和礼器。青铜工具如小刀、鱼钩、凿、锛等，都是模仿石、骨、蚌器制作，器小而薄，造型简朴。青铜兵器有镞、戈、钺等，也较粗陋。乐器有铃，酒器有爵，均采用了较先进的复合范铸造，器表尚无纹饰，可见还不细致。但铸造铃、爵需要较先进复杂的技术，无疑这种工艺是一定发展阶段的产物。

青铜器的造型显然受到石器和陶器的形制影响，但其制作加工技术则更加复杂精密。石器是打制而成，陶器是塑烧而成，青铜器则是冶铸而成。制作青铜器首先要选矿，这就必须由经验丰富的专门人员去寻找，然后加以开采。冶铸就要把原料放在熔锅内经高温熔化成液体，然后倒入事先制好的范中待其冷却成型。冶炼青铜需要达到1000℃左右的高温，这样就需合理的炉灶、强力的鼓风设备以及质量上好的燃料。范的制作初时很简单，其后不断改进，日趋复杂，比如铃、爵等器就需有外范和内范，外范和内范之间拼合并留有空隙，然后灌注铜液形成所要的铜器，而制作鼎彝的难度就可想而知。青铜器制作过程复杂，每一环节都需组织众多人员进行分工与协作。这种具有大生产性质的行业，其发展要求有相应的生产关系，在当时只有奴隶制才能适应和完成这一使命。所以夏朝时期出现的奴隶制度，为青铜业的发展创造了必要的条件。偃师二里头遗址中发现的铸铜作坊，应是王室直接控制生产铜器的场所。在统一领导下进行的规模性生产比起个人单独作业，无疑具有更多的优越性。夏代后期青铜业迅速发展起来，正是社会进步的必然趋势。

第二节 青铜的繁华

青铜器的产生，促进了生产力的发展，并推动了社会的总进步，因此可以把青铜文化作为一个广义的概念来理解。商代的青铜器使用广为普及，数量越来越多，制作越来越精细。生产工具中，镬、铲、斧、刀、削、钻、凿、锯、锛、犁、铧等的出现，极大地提高了劳动生产率，促进了商代社会的繁荣。日用器皿中，鼎、鬲、甗、盂、簋、爵、尊、觚、斝、罍、卣、盘、瓿、鉴等各有用途，可见生活质量的提高。武器装备中，戈、矛、刀、钺、镞、剑、胄等，使军队的战斗力更强。乐器种类中，铙、钲、铎、铃等，使音乐更加庄重恢弘。就连建筑和车马上也装有青铜饰件，有的更

左方盉（商）

作为神器价值连城。可以说，商代的青铜器已广泛深入到社会生活的各个领域，因而青铜文化成为商代的特征。

这些优美而实用的器物，从形制到纹样以及装饰方法，随着社会的发展和生活的需要，有一个发展演变的过程。早商时期青铜器物还较少，形制粗陋，线条简单，风格厚重古朴。之后随着制作技术和审美观念的提高，青铜工艺日渐精良，并不断出现新的器物，至武丁时期青铜佳作构成大观。商代后期青铜艺术可谓走向灿烂辉煌，以河南安阳殷墟为代表的青铜器制作中心，使青铜器无论在种类、装饰及铸造方面都达到了顶峰。殷墟发现的铸铜作坊，面积达1万余平方米，出土上万件陶范和坩埚碎片，足见其规模已相当宏大。

从青铜礼器的造型上看，早期风格有其类型特征。鼎、鬲多为三足，爵、斝都是扁体和平底，流窄而长，尊和罍等圈足上流行十字形镂孔，器壁较薄。但人们已能根据器物的不同用途，而设计独特的造型。如觚是种饮酒器，口呈喇叭形，细腰修长，便于用手把握。罍是盛酒器，有的做成喇叭口便于倒酒，腹部圆鼓则可增加容量，底部圈足易于保持稳定。较大型的鼎有的也铸成四足，比三足稳定感更强，为了移动抬举方便，口上还加铸厚实的耳。

晚期青铜器造型则大为发展，既高大厚重又精巧变化。方形器明显增多，殷墟出土的司母戊巨鼎，高达133厘米，重875公斤，充分显示了商代工艺的杰出成就。妇好偶方彝设计得也非常别致，可能是模仿当时的宫殿建筑，其高60厘米，宽17.5厘米，重71公斤。除了方形鼎彝之外，还出现了方爵、方斝、方尊、方罍、方壶、方缶等，几乎主要的酒器都有方形。

这时的青铜器除了稳重庄严的方形之外，还有众多其他的生动有致的造型，如模仿象、犀、羊、豕、鸮、鸳等兽禽形体而经过艺术加工的器皿，无不构思巧妙，刻镂精美，体现出丰富的想象力和创造力。还有的在方形器物上饰以各种动物的塑像或浮雕，使器物沉稳中透着灵巧。

如四羊尊，在这件方肩尊的四角，附
着四只向外半伸的羊身，羊角卷曲。
器身四壁以蟠龙为饰，蜿蜒盘绕，可
谓布局新颖，匠心独运。妇好墓出土
的鸮尊，双爪粗健，宽尾垂地，昂首
挺胸，两翅紧贴体侧，傲然而立，通
体纹饰繁缛；同墓所出另一件妇好圈
足觥，盖前端为一虎头，后端为一鸮
头，前正视如一尊坐状虎，后正视如
一只方形鸟，造型设计极其巧妙。

四羊方尊（商）

可以看出，无论是雄浑厚重、端
庄肃穆的方鼎，还是意匠独具、精巧奇特的兽尊，以及各种各样别开生
面的佳作，都具有格外的意味。因为这些青铜器是在商人迷信意识和世
俗观念下应运而生的，它们既是盛物的容器，更重要的还是祭祀的礼
器，既是表示身份等级的标志，更是地位和权力的象征，因而绝大多数
青铜礼器都是经过精心设计和制作的。这些艺术瑰宝多出自商代王室和
奴隶主贵族墓葬，数十年来，仅在安阳殷墟一个地点就发现各种青铜器
七八百件，仅妇好墓一座墓葬就出土礼器达 210 余件。这些重器不仅表
达了对神灵的虔诚，也反映出人类的聪明才智。这时青铜器的端方透着
威严，雕饰透着机巧，形象地传达出那个时代的文化气息。

青铜器上的纹饰也明显体现出殷人重神的宗教观念，在大量的青铜
器上最为常见的如龙凤纹、饕餮纹、麒麟纹等，多是一些怪诞的形象。
这些怪诞形象的纹样，实际上是原始社会拜物教的残余。这种宗教意识
传承下来，在商代得以发扬光大。因而将吉祥神圣的龙凤图案刻铸在青
铜器上，标示着统治阶级至高无上的威严。龙的形象自原始社会以来就
是华夏民族传统文化最有代表性的象征，而凤的图案也是由东夷文化的
传人在鸟图腾的基础上衍生出来，龙凤的结合将夏商文化凝聚一体，使

妇好鸮尊（商）

中原地区的古老文明如黄河连绵不绝。那形态灵动、神采飞扬、风流万种、威风八面的龙凤，从某种意义上讲，只有王室贵族才能拥有，其实是借助龙凤的神秘宣扬自己的神威。

饕餮纹也是传说中一种奇异的动物形象，但纹样主要刻画头部，一副贪婪狰狞的模样，《吕氏春秋·先识览》便有"周鼎著饕餮，有首无身"的记载。商时饕餮纹已广为流传，当与宗教祭祀密切相关。它用"百物"构成，是用分解手法综合组成的图案，如虎或牛的头、羊或鹿的角、鸟的羽和足、蛇的身和鳞等，既注重写实，又强调变化。饕餮纹常以正面兽颜来造型，因而大多有完整的五官。往往是一双圆睁的大眼射出凶残之光，鼻头耸起，仿佛嗅到了美味，耳朵直竖，保持着高度的警觉，大口张开露出排齿和獠牙，整个面部经过生动的夸张，显示出一副凶神恶煞般的威武和勇猛。以饕餮作保护神，表达了商人某种朦胧的敬畏。把它们刻在青铜器上，当然也显示出商人对神的礼待。商人不遗余力地敬神不但满足了内心的虚妄，其实统治阶级也借此充当了饕餮的角色。他们在敬奉神灵的同时也抬高了自己，所以到了后来"敬鬼神而远之"的年代，饕餮被视为贪残狠厉之鬼。《左传·文公十八年》载："缙云氏有不才子，贪于饮食，冒于货贿，侵欲崇侈，不可盈厌，聚敛积实，不知纪极，不分孤寡，不恤穷匮。天下之民以比三凶，谓之饕餮。"杜预注："贪财为饕，贪食为餮。"总之，一个"贪"字多少也可说明殷人的迷信程度，他们为迎合神鬼之贪而泯灭了自己的人性，他们只有在神鬼安娱的同时，才取得人间的快乐。他们把这种今天看来极端愚昧的思想非常聪明地表现在怪物身上，把那种恶丑顽劣的面孔刻画得威猛雄奇，不能不令人赞叹人类文化的巨大智慧。

较龙凤纹、饕餮纹稍晚出现的麒麟纹也具一种瑞祥的含义，《礼记·礼运》载："凤凰麒麟，皆在郊木取。""麟凤龟龙，谓之四灵。"据说其状如鹿，身披麟甲，牛尾狼蹄，正是各种动物特征的形象概括。以此为神而驱灾避邪，当然也

饕餮纹钺（商）

是殷周之人的良好愿望。麒麟在后世一直被敬重，或许是因周代殷后饕餮因恶被废而麒麟因善扬名的缘故。其实这些神兽都是人为而生，却反映出时代因素造成的文化观念。

第三节　青铜的峻丽

西周青铜冶铸技术继商代又有发展，冶铸规模也更加扩大。在洛阳北窑发掘的西周早中期铸铜遗址，面积已达 10 余万平方米，其中有用土坯砌成的直径达 1.5 米以上的大型熔炉，还有陶质鼓风嘴，可能已用皮质的橐来鼓风。从考古发现的西周青铜器出土地点来看，以中原地区河南、陕西为多，边远地方也零星分布。王畿一带的青铜器多宏大规整，周边各地的青铜器多有地方特点，这说明青铜器在西周已较为普遍。

西周青铜器的文化意味更多地表现在礼器的现实性上，最突出的特

史墙盘（西周）

点则是铸铭之器明显增多，长篇铭文大量出现。周人为巩固自己的统治，大力加强教化措施，因而作器铸铭用以体现宗法礼制的威严。在商代，青铜礼器是王室贵族用于宗庙祭祀或丧葬活动的宝器；到西周，则以铭文的形式，使青铜礼器更获得一种法定的正统地位。长篇铭文的流行，不仅开创了风格独特的金文书法艺术，而且还保留了许多重大史实，使西周青铜器具有十分珍贵的史料价值。如武王时期的利簋，记载了武王克商的重大历史事件；成王时期的何尊，记述了成王营建洛邑的史料；恭王时朗的史墙盘，系统地叙述了从文王到恭王时期的大事；其他青铜器还铸有关于奴隶买卖、土地交易、王室册封、征伐事略甚至讼诉判决等内容的铭文。这些青铜器上的铸铭表明礼法的尊严，因而更具有规范社会道德的现实意味。

西周青铜器在形制装饰上，虽然沿袭商代遗风，但也呈现出新的变化。西周初的青铜酒器大为减少，这是因鉴于商人酗酒亡国的教训而严厉禁酒的反映。以鼎、簋等为组合的饮食器取代了以爵、觚等为组合的饮酒器，成为西周最重要的代表样式，从而形成后来的列鼎制度。到西周中期青铜器艺术走向极盛，造型上出现了许多新形式，如器体宽大而低浅的垂腹附耳鼎、圆口圈足宽腹带耳并加方座的簋、技艺精湛形式各异的鸟兽形器。装饰上则删繁就简，纹样更向多样化变形，轮廓趋向柔和优美，并有适当的比例关系。这些变化使西周青铜器发展到顶峰，创造出许多具有高度价值的艺术品。

　　西周中晚期开始形成列鼎制度。所谓列鼎，就是将造型和装饰相同而尺寸大小依次递减的鼎列为一组，用作奴隶主贵族在祭祀、宴飨、丧葬等礼仪活动中表示身份的标准器。据《春秋公羊传·桓公二年》何休注："礼祭，天子九鼎，诸侯七，卿大夫五，元士三也。"这一"明尊卑，别上下"的礼器，使用有严格的规定，不同等级的人使用不同数目的列鼎，任何人不得僭越。目前出土九鼎的西周墓葬尚未发现。传世的西周中期克鼎为七具列鼎，考古发现河南上村岭虢太子墓的鼎也是七具成列，其他墓葬出土的五鼎、三鼎均与文献相符。这大概由"禹铸九鼎"之说因袭形成。列鼎所盛肉食也有严格规定，如太牢、少牢、馈食等。牛、羊、豕三牲俱全称太牢，为诸侯之礼。大夫之祭，牲羊、豕，为少牢。士之祭只能以豕，曰馈食。同时奇数之鼎要以偶数的簋配合使用，九鼎配八簋，七鼎配六簋，五鼎配四簋，三鼎配二簋。西周晚期墓中，随葬的簋最多有六器，为诸侯所用七鼎六簋之制。不仅鼎、簋如此，其他青铜礼器在西周晚期也流行成组配套，故出土器物多为数件并同。

　　这种列鼎制度是西周礼制的充分体现，它对维护奴隶社会的等级制度起了十分重要的作用，因此一直沿用至东周时期。它使西周青铜器艺术变成了一种奴隶制的等级艺术，因而限制了青铜器多姿多彩的发展。尽管西周青铜器铸造艺术较商代更有进步，但强力的规范束缚了艺术的创造，这就使青铜艺术在走向辉煌顶峰的同时，也由僵化逐渐走向衰落。只是到了春秋战国，青铜器又因诸侯称雄显出地方特色，风格趋向华美瑰丽，但同样也失去了往日的雄浑，青铜时代终于失去了昔日的风采。

第三章
"官学"势要

第一节　发蒙初创

　　教育作为人类传播知识的主要手段，在原始人类的生活方式和生产过程中已经开始。这既包括意念的因素，又属于本能的行为。在一般意义上，教育与人类共生，属于人类最古老的文化范畴。当人类的某种生存经验和劳动技能原始地传授于他人之时，就已反映出人类最初的智力活动和教育功能。当人类不断进步形成社会时，每一个成员就不仅要学会必需的谋生本领，而且还要了解维系社会群体生活的广泛规则和共同观念。这就决定了最初的原始氏族社会的教育贯穿于经济、政治、宗教、婚姻及伦理的各个领域，融会为其中的有机组成部分，而很难如后世分门别类把教育这样一个较抽象的文化行为从中剥离出来。

　　有关远古社会教育的传说，使我们听到不少关于圣贤的颂歌。如有巢氏教人构木为巢，燧人氏教人钻燧取火，神农氏教人播种百谷，轩辕氏教人礼乐制度，其实这无疑讲述了人类通过教育走向文明的一串故事。黄帝而后，颛顼"治气以教化"①，帝喾"取地之财而节用之，抚

---

① 《史记·五帝纪》。

教万民而利诲之"①。尧在位时，命羲和观测天象制定历法，教人依时令稼穑耕作。舜即位后，任命周始祖弃担任农师，教给人民种植庄稼的技术；任命商始祖契担任司徒，掌管社会道德伦理的教化；同时任命夔为典乐之官，负责"神人以和"②的乐舞教育。禹以治水教天下，后人仰戴。这些传说虽然难以确证，但其中许多情况符合原始社会阶段的一般特征。这类知识技术的传播，当然包含了教育实践的过程。

原始社会时代的教育的确难以考证了，不过从古代文献和历史遗迹中多少还可看到一些影子。相传"成均"便是五帝时代的"大学"，先王在此宣讲教令、举行祭祀、款待臣民。按照古代字书的解释，"成均"是人工修建的平坦场地，这不难使人想起原始氏族部落居区内的广场。这类广场在适于耕稼的农居部落地区较为普遍，在夏秋季节往往用于打场或贮粮，一般位于氏族居区的中央，在陕西临潼姜寨遗址的母系氏族部落居区中，便有一个面积阔达1400多平方米的广场。远古时代政教不分，因而将当时有助于文明开化的社会活动看做教育形式的萌芽也不无道理。可以想见，其时德高望重的首领发布政令、共议狱讼、出征誓师、审讯俘虏、祭祀天地、养老恤孤，均当在所谓这样的场所举行，那么"成均"即为"大学"的草创。它虽不是专门意义上的大学，但它却是步入文明的驿站。其中形成的某些传统，直接被后世教育所继承，夏、商、周三代教育由此发端。

夏代有关学校的记载很少，也无足够的文物依据，但搜集星散的资料，仍能勾画一个大致的轮廓。《孟子·滕文公上》："夏曰校，殷曰庠，周曰序。学则三代共之，皆所以明人伦也。"说明办学重在教化，且有专门的机构。20世纪60年代在河南偃师二里头夏文化遗址中发现大型宫殿建筑遗迹，经研究后被认为属于夏文化晚期的明堂性质的宗庙建

---

① 《史记·五帝纪》。
② 《史记·五帝纪》。

筑。可以说，这里不仅是政治、军事、宗教祭典活动的中心，也是文化教育的中心。在这座庞大的建筑群前，还有一个面积约四五千平方米、足可容纳万人的平整广场，这或许便是所谓"大庭广众"之庭了。这种庭或许由姜寨遗址中的广场衍展而成，其布局位置、使用功能都大体类似。因为这类广场乃是公众聚会、宣布政令、举行仪礼、比武竞技的场所，称之校场亦不为过。至于校场后的宫殿多数学者认为即明堂，而明堂很可能就是氏族社会时期首领议事的公堂。由公堂到明堂，作为国家政治、宗教、军事、文化中心，其功能是综合而全面的，教育的职能恰恰寓于其中。这有着广泛的社会意义，而不仅仅是一种狭义的教育。据文献记载归纳，明堂至少有 6 个职能：一是布政；二是祭祀；三是治历；四是崇德；五是习战；六是养老。全与教育有关。从宫殿格局来看，坐北朝南前堂后室，东西配置廊庑厢房，这里既是帝王起居办公的首府，也是官员学长执行政教的部门。政教内容则有习军事以征伐，习乐舞以颂德，习祭祀以崇祖，习卜筮以占命。

总之，夏代的教育已有一定的专业化分工，但教育还不是独立的社会部门，其主要活动过程依附在国家各类举措中。其规范化行为无疑具有示范性意义，因而夏代的教育实际上是被纳入国家政体中，具有国家政权的职能成分，以政教合一的形式表现出来。

第二节　巫卜传习

商代夏后，教育既坚持本族文化传统，又汲取夏代文化成就，促使了文化教育的革新和深化。同夏代一样，商代的教育仍贯穿于政府的行为中，不过教育的职能明显增重。商代国学据史书记载，除了据有夏代的某些特点外，宗教色彩更加浓厚。《礼记·王制》载"殷人养国老于右学，养庶老于左学"，可见养老仍是国学的重要任务。夏、商养老在学，都是为了宣传孝悌之道。养老一方面显示尊师敬老，另一方面显示王室恩泽。老者各类经验丰富，又可传道授业解惑。这样在社会上树立良好风气，也是一种尊师重教的文明导向。

瞽宗是商代新见的学校名称，其实更是祭祀乐祖的神庙。那神瞽本是古乐正，知天道人伦，死后为乐祖，故建庙祀之。乐教不仅可培养质朴的情感，而且可使"百官轨仪"，同时具有协调人际关系和天人感应的作用，因而从远古传下的乐舞至商代更具浓厚的宗法宗教意味。在如此祭神的仪式中，乐教所含内容涉及社会生活各个方面。《周礼·夏官·大司乐》载："凡有道者有德者使教焉。死则为乐祖祭于瞽宗。"可见音乐教育与道德神祖相关，是一种社会教化的重要手段。

"唯殷先人，有册有典。"典册的出现，标明教学的进步。殷墟发现的大量甲骨文，更说明商代的教育活动与神秘的宗教息息相关。殷人无事不占卜，因此占卜成为一种显学。占卜活动需要多门知识，因而必须经过专门训练。显然，关于神学的研究和解说，颇具学术性而完全职业化，并以令人信服的应验征服了许多脆弱愚昧的心灵。这样，便形成一个卜史贞巫的文化阶层，并在国家的各项重大活动中起着不可估量的作用，被人称之为"僧侣贵族"。他们以知天道代神言而为人间立法，上自军国大事，下至生老病死，无事不知，无事不管。凭借知识智力服仕于商王，而成为一批文化素质较高的有闲阶级和权威人物。

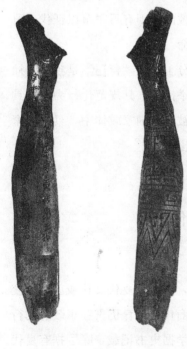

骨匕刻辞（商）

　　社会分工使巫史成为令人羡慕的职业，因而也就成为人们的一种崇尚追求。但这需要一个艰苦的过程，要接受严格的宗教训练和礼仪教育，要能熟练地认读文字、刻写卜辞，还要知道一些天文、物象、历法、算术，卜算时还要仔细分析、灵活应对。因而商代的巫卜教育必然已有一定程式，同时也有培养巫卜人员的教育场所。教师一定由年高资深的老巫担任，学生也并非来自贫寒之家。学是一个艰苦的过程，从汉字形体可知，"教"离不开棍棒，"学"从爻入手。从原始意义上讲，"学"在前，"教"在后，孔子所言"教学相长"是极富哲理的。为了学成，从孩童到智者都要经历一个严酷的磨难过程，并不是所有的人都经得起这种艰辛和痛苦。但正因有这种拼搏，人类文化才不断丰富起来，教育也成为人类不断进步的阶梯。

第三节　礼制教化

　　西周在宗法制、分封制的基础上制定并实行周礼，以血缘宗族关系和土地分封制度将整个社会组织成金字塔式的等级秩序，并以礼制的形式使这一秩序具有连续性和稳定性。所谓礼制，是关于贵族社会上下尊卑关系的规定，是关于贵族集团言行举止的行为法则，是关于贵族统治各项条律的总称。相传周礼是由周公将远古到殷商的各种礼仪加以大规模的整理、改造而制定，把从政治制度到文化教育各个领域的要求形成一套完整的规章并实施。周人认为"周礼"原于"天命"，遵守"周礼"即是"敬德"，只有"敬德"才能"保民"。也就是说，周礼完全建立在社会统治的需要上并为这一需要服务。

　　根据周礼，教育要求和道德要求及政治要求是并行不悖而互相涵容的，这种合教育、道德、政治于一体的思想特征，是由宗法制度政治结构的根本性质所决定的。从本质上讲，礼的起源与宗教有关，用恭诚的仪节祭祀鬼神祖先，逐渐形成一套有意味的范式。随着人类对自然与社会各种关系的认识逐渐深入，礼已经不能满足人类日益发展的精神需要和调节日益复杂的社会关系，于是礼的范围和内容，就由各种神事扩至各种人事。郭沫若在《十批判书·孔墨的批判》中说："礼之起，起于祀神，其后扩展而为对人，更其后扩展而为吉、凶、军、宾、嘉等各种仪制。"这些仪制，都是以符合现实社会价值标准的模范行为为原型并加以衍化而形成的行为程式，其中寓含的深刻内容借助外在表现加以彰显，因而教育不仅是在行为举止上的刻意修饰，而且贯穿着敬天保民的道德观念，进而体现出等级森严的政治规范。"父慈、子孝、兄良、弟悌、夫义、妇听、长惠、幼顺、君仁、臣忠"①，只有如此，社会格局才能保持稳定和谐。因而西周的教育思想与道德规范与政治制度三位一体，体现出"周人尊礼尚施，事鬼敬神而远之，近人而忠焉"②的特点。

　　西周王朝强调教化的作用，实际上教育还是一种官府行为。从主观上讲，国家为了管理的需要，掌握着历史上的大量训诰典谟，并根据现实制定各项法纪规章。这些文化知识都由官府垄断，因而形成学术官守的局面。要学习这些古今留存的智慧，必须从官问师才有可能。章学诚说："有官斯有法，故法具于官。有法斯有书，故官守其书。有书斯有学，故师传其学。有学斯有业，故弟子习其业。"③统治阶级正是通过教育途径完成道德塑造和政治指向，培养传宗接代、德高品正的集团成员。从客观上讲，唯官有学而民无学也是历史造成的。其原因之一是唯官有书而民无书，原因之二是唯官有器而民无器。所谓书，指先代留下的大量典籍，民间无力复制；所谓器，指学习所用的各种教具，民间同样无力购置。这种状况，势必决定学术官守，也就造成学在官府的局

---

① 《礼记·礼运》。
② 《礼记·丧记》。
③ 《校雠通义》卷一。

面。官府成为传授学术的基地，官员成为传授知识的师长。而在宗法礼制下，只有贵族子弟才能享有受教育的权利，然后受封为朝廷命官。平民只能接受有限度的教育，然后谋求低微的职务。至于奴隶，是没有权利享受教育的，只配作简单的生产工具而已。学在官府作为一种统治手段，巩固了宗法礼制的基石。教学内容完全出于政治需要，以培养德才兼备的贵族人物。

西周学官府的教育特征，决定了西周政教不分、官师合一的教育制度，学校的教师和政府的官吏往往是由贵族一并兼任。这种制度是从原始社会长老制度演变发展而来，是教育机制尚未彻底从历史母体中独立出来的表现。西周时太保、太傅、太师都有教养训导帝王的责任，同时又是辅佐处理国政的宰执，并称为三公。公就含有职权极大、德行极高、威望极重之义。《大戴礼记·保傅》中言："昔者周成王幼，在襁褓之中，召公为太保，周公为太傅，太公为太师。保，保其身体；傅，傅之德义；

太保鸟卣（西周）

师，道之教训。此三公之职也。"保傅制度由来已久，到周代格外受到重视。后学校教职亦多以保傅称之，可见分量之重。太保、太傅、太师本是负责太子的教育和培养工作，因而选拔和任命极为慎重。周成王的三公都是历史上卓负盛名的贤臣，所以后来的保、傅、师都由德高望重的人任之。保、傅、师之称逐渐由官职衍转于教职，说明周代对礼教的重视。朝廷有三公与乡间有三老或许有某种情理上的联系，吕思勉就把朝廷上的三公称为太学中的三老①。

西周已有正式的学校，分为国学与乡学。国学包括天子和诸侯所设的学校，都在都城，分为小学和大学。学生皆为贵族子弟，一般8岁入小学，15岁入大学。小学设在宫廷附近，由师、保任教。天子所设的大学称为辟雍，由成均、上庠、辟雍、东序、瞽宗五学组成，规模较大。据后人考证，辟雍为五学之宗，居五学之中。辟雍一词取圆璧之形而邕居其中之义，即辟雍为环形中心上的高地建筑，而此建筑即为古史所言之明堂。辟雍周围有水环绕，水南曰成均，水北曰上庠，水东曰东序，水西曰瞽宗，各有所习，综合一体，可见校园之美与办学之规模。诸侯所设大学称为泮宫。因其半面环水，故有此称，亦可见级差。《礼记·王制》云："大学在郊，天子曰辟雍，诸侯曰泮宫。"大学建在郊外，说明学校已是独立建制，但这里仍是王侯礼仪的活动中心，许多庆典在这里举行。

至于乡学，则指都城郊外的地方学校。《周礼·大司徒》曰："五家为比，五比为闾，四闾为族，五族为党，五党为州，五州为乡。"《周礼·遂人》曰："五家为邻，五邻为里，四里为酂，五酂为鄙，五鄙为县，五县为遂。"前者指都城百里之内的近郊而言，后者指都城百里之外的远郊而言。无论是近郊的乡，还是远郊的遂，都办有学校。乡的学校主要是庠，遂的学校主要是序，所以各级地方政府都有学校推行教育。

西周教育内容依《周礼》所载主要包括德、行、艺、仪四个方面："师氏以三德教国子：一曰至德以为道本，二曰敏德以为行本，三曰孝德以知逆恶。教三行：一曰孝行以亲父母，二曰友行以尊贤良，三曰顺行以事师长。""保氏养国子以道，乃教之六艺：一曰五礼，二曰六乐，三曰五射，四曰五驭，五曰六书，六曰九数。乃教之六仪：一曰祭祀之

---

① 《先秦史》，上海古籍出版社1982年版，第386页。

容，二曰宾客之容，三曰朝廷之容，四曰丧纪之容，五曰军旅之容，六曰车马之容。"以周严庄重的"礼"为中心，施以格致谨密的"教"，自此形成中国文化的礼教制度。

西周的教育内容注重道德的培养，具体体现在才能方面的训练则以礼、乐、射、驭、书、数"六艺"为基本内容："礼"是大学中最重要的课程，"礼者，经国家，定社稷，序人民，利后嗣者也"①。"礼"包括了整个社会制度到日常生活的一切法律和规范，关系到西周宗法等级国家的命运和前途。只有学会了

梁其钟（西周）

"礼"，才有可能循规蹈矩，保证贵族的立场，实施贵族的统治。大学所教的五礼课程为吉礼、凶礼、宾礼、军礼、嘉礼，都是国家重大的典制行为，从政必须熟知恭行，这不仅是修身之要，也是用世之具，所以"礼"是一门政治伦理道德教育课，是六艺之首。

"乐"的教学内容与"礼"紧密结合，具有深广的情感教育功能。郭沫若说："中国旧时的所谓乐，它的内容包含得很广。音乐、诗歌、舞蹈，本是三位一体可不用说，绘画、雕镂、建筑等造型美术也是被包含着，甚至于连仪仗、田猎、肴馔等都可以涵盖。所谓'乐者，乐也'，凡是使人快乐、使人的感官可以得到享受的东西，都可以广泛地称之为'乐'。"② 具体说来，乐教又分为乐德、乐语、乐舞等内容，通过这些外在形式来陶冶人们的内心情感，用艺术教育的手段达到道德自律的

---

① 《左传·隐公十一年》。
② 郭沫若：《青铜时代》，人民出版社1954年版，第187页。

目的。

"射"指射箭，是一门习武之课。西周贵族生下男孩，门左就要挂弓。到了入小学年龄，就要接受正规训练。射有一定的教练场所，有专门的指导教师。每年都要进行比赛，选拔武士授予爵禄。"射"与"礼""乐"结合，有隆重的仪式，通过这样的演练，培养出有真才实学、能卫国开边的人才。

"驭"指驾车，也是一项需要经过专门训练的技艺。如"鸣和鸾"，"逐水曲"，"过君表"，"舞交衢"，"逐禽左"，都有具体要求。通过学习，使驾车沉着、敏捷、熟练、自如。同时也要合礼有序，为武战者提供方便。

"书"指书写，是关于文字知识的学习。西周时已有"六书"的教学法，据汉人考证，六书是将文字的构成方法分成六类便于施教。孩童从认读刻写开始，循序渐进，触类旁通，日久便能掌握文字使用的方法，阅读古代文献并记录当代生活。

"数"指计算，孩童上小学先学计数，然后学算术。所谓"九数"，就是指九项计算方法，按郑玄的讲法，是指方田、粟米、差分、少广、商功、均输、方程、赢不足、旁要，已是较高的数学要求。"九数"奠定了后来《九章算术》的基础，说明西周的数学内容已较为丰富。

西周严格的教育制度完全是为宗法等级统治服务，以巩固庞大的贵族官僚机构和加强政治思想道德文化建设。学校作为培养人才的基地，受到全社会的尊敬和统治者的重视。

因学子们乃世袭贵族，师傅们乃望重长老，故而学校可谓权豪势要荟萃之地，天子每年都要来此行视学和养老之礼。天子视学之时，清晨击鼓以汇聚师生，然后祭奠先圣先师。礼毕要进行检阅测试，考查教学成绩。优良者给予嘉勉，低劣者给予训诫。品学兼优者可以得到赐封，屡教不改者将被遣逐远方。视学次日行养老之礼，按身份地位设好坐席，天子还要亲自省视所备酒醴肴馔，然后奏乐迎接老人入席。席间恭请老人讲述礼道，教育学生尊老重师，实际上有意倡导"父子、君臣、长幼"尊卑有序的传统美德，推行孝悌之道以维系社会秩序，并使青年学生无形之中得到潜移默化。周天子把视学和养老仪式搞得如此隆重庄严，雍容肃穆，其目的实为树立社会风尚，强化社会统治。而各地政府官员同样要视学和养老，由西周奠立的这一由上而下的礼道治学和敬长尊老制度于是成为中国源远流长的文化传统。

第四章
"周易" 神理

第一节　玄机的昭示

　　殷商时代流行的鬼神观念，促进了卜筮事业的繁荣昌盛。人们把命运寄托于神秘的占算，希图预测人生过程的诸多吉凶祸福。这就使巫师们大行其道，将古老的经验积累蒙上炫目的神学外衣。于是，原始的游戏衍化为神圣的猜度，甲骨上的纹路被赋予玄妙的神机。实际上，人的命运逆顺和行为得失是由社会环境因素和主体能动作用所决定的，都包含有必然性的两种可能趋向。掌管卜筮大权的巫师们却把或然性和偶然性的因素夸大成为由某种神意安排的必然性趋向，使人们在崇尚鬼神的年代里越发感到恐怖惊慌。这样，当人们面对天地间虚无缥缈的神灵鬼魂和人世间煞有介事的巫祝尊容时，自认卑微渺小而甘愿听从神的摆布和命运的安排。这就更导致神职人员潜心探究事理和卜象之间的联系，以便使扑朔迷离的神秘性中寓含的符合规律的科学性令人信服。

　　商周时期的占卜活动实际上是一种功利行为。人们在占卜之前对神的旨意并无确定的认识，也不知道所卜之事能否得到神的赞许或反对，相反却保持着清醒的头脑，目的是解除心中的疑问。这与一般宗教信徒的礼拜和祷告的虔诚心理完全不同，而似乎是一种自欺自慰的心理期待和补偿。人们在由来已久的神灵力量威慑下，小心谨慎地听从巫卜的告诫，现实考虑和功利目的才是求卜问筮的动机。因而，占卜过程中的或然性和概率性，致使人们对占卜结果可作任意解释；同时还可根据占卜的目的作任意取舍，卜之不吉还可再占，一次不行还可进行两次、三次。这种任意性随着商朝的衰亡和周朝的兴起愈加发展，原来不可知的鬼神逐渐变得不可信，周人试图以新的方法来解释自然物象及其千变万化，但又难逃根深蒂固的固有观念，于是只好将人们的认知通过玄虚的

牛骨刻辞（商）

方法加以演示，使先前失落的神机通过重新严缜的构建而成为一种理念，并以一种博大精深的构架包囊过去，预测未来，这便形成了《周易》。可以说，神本精神的失落和人本精神的充实，一方面阻断了殷商时代宗教观上升为理论形态的可能性，另一方面仍钳制着自然科学和抽象思辨精神的发展，并在华夏民族的文化习俗、传统意识以至社会心理等方面留下了不可磨灭的影响。这种既不能摆脱神学桎梏又想强调人治的务实精神贯穿于学术领域的各个方面，因而形成了神学与科学交织、学术与政治纠缠、过去与未来通感的大一统经验，而缺乏那种条分缕析、实证明确的格物求理局面。

殷人判断占卜中所显现的吉凶兆象，是根据甲骨灼后爆裂的纹路，占卜时所用甲骨于是被视作人与神的中介。殷人乞求赐兆的对象是天帝和祖灵，带有兆象的甲骨就意味着具有沟通彼此的灵性。占卜过程中一

连贯的宗教仪式，实际上贯穿着迷信思想的本质。但同时也应看到，殷人由最初的简单相信一龟或一骨的占卜，发展到利用数龟或数骨占问同一事情，反映出占卜更为精密，思路更趋合理。从武丁时期的"卜用五龟"和其后逐渐形成的"三卜制"来看，恐怕一则在于努力使人事符合神灵的意志，二则也便于考察神灵的意愿，而更重要的则是"以三代多"的原则，说明殷商文化思想上的成熟程度，表现出一种对规律性的认识和把握。

当龟卜不能满足人们的需求时，更便于体现人类意图的筮占就应运而生。尽管龟卜和筮占本质上同为迷信，但是从观龟象到计筮数毕竟有所进步。这是因为钻龟取象是自然成纹，而蓍算卦象乃推演成趣。龟象一旦形成即可断出吉凶，而卦象形成后尚需分析推理。前者自然、僵化、神秘，后者则侧重人为、灵活、辨析。由此可见，筮占较之龟卜，在对神灵旨意的揣测中，在对世间万物的解说中，更具人的主观能动性。王夫之认为，龟卜乃为"鬼谋"，而筮占则为"人谋"。正因这种"鬼谋"和"人谋"之别，龟卜逐渐为人所弃，而筮占却日益发达。由商到周，筮占操作中暗含的人类抽象思维意向与主观探索评判精神不断发展，最终推衍出宏阔精严的《周易》哲学体系。

第二节　易理的演成

《周易》与其他书籍相比，最显著的不同之处是使用叫做爻（— --）的两种符号。这两种符号的组合不同，与之相关的文字解释便也不同。因此爻成了《周易》的核心和根基，学习《周易》首先就得弄清楚— --这两种符号。历代学者对这一问题都进行过探索，影响较大的有以下几种说法。

1. 认为——起源于人们对天地的观察和理解。原始初民对自然界印象最深的莫过于天和地，最崇拜的也是天和地，故以—象征天，以——象征地。

2. 认为——起源于人们对自然界"气"有阴阳的认识。由于先民感觉大千世界所有事物都是阴气阳气相结合而产生的，阴阳二气是宇宙万物的总根源，出于对阴阳二气的崇拜和思考，故以—象征阳，以——象征阴。

3. 认为——源于上古人们对男女生殖器崇拜的反映。由于上古时代人们少而禽兽多，生产力极端落后，人们很难抵御禽兽和征服自然，唯一的办法就是多多生育子女，于是繁衍后代受到人们的普遍关注。人们为了表示对生殖行为的崇拜和赞美，便以—象征男性生殖器，以——象征女性生殖器。

4. 认为——起源于上古先民占筮时所用的竹棍或蓍草。即一根竹棍或蓍草，其数为奇，形态为—，而将其断开后，其数为偶，形态为——，于是以—表示奇数，以——表示偶数。

此外，还有一些其他说法。

这些说法多有道理，但都是后人推测而已，因此形成后来诸多象征意义。至于——的本源，可以说还是一个悬而未决的问题，不过它的确暗含上述诸项要义。

在——的基础上形成八卦，这就是☰（乾）、☷（坤）、☳（震）、☴（巽）、☵（坎）、☲（离）、☶（艮）、☱（兑）。关于这八种卦象究竟是如何形成的，历史上也有多种猜测。最有代表性的是伏羲取象说，认为伏羲氏在统治天下的时候，仰察天上的日月星辰，俯观地上的山川沟泽，"近取诸身，远取诸物，于是始作八卦。以通神明之德，以类万物之情"[1]。其他还有画前有易说，认为源于对数、理的顿悟；有文字生成

———————————

[1] 《易传·系辞》。

说，认为源于上古的象形文字。但诸多说法都为今世学者所否定，一般则认为八卦形成有一个发展过程，而与蓍草占筮有关。即八卦不是如上述说法浑然成象，而是以三爻的原则重叠组合而成，这可能与"三卜制"有关联。"以三代多"的原则作为经验已被普遍接受，那么以此组卦自然为人理解。假如只是用阳爻和阴爻简单组卦，那么卦象恐

人面盉（商）

也很难适宜于万物的变化规律。因为除了阴阳互相对立或互相交合之外，势必还有其他因素影响事情的发展，因而三爻以决疑也就顺理成章。这如同后来由八卦衍生出六十四卦的道理一样，完全是为了更便于对物象事理的阐释。以算筹—代表天、阳、男、奇，以算筹- -代表地、阴、女、偶，以三爻构成的象、数，反映出上古人民某种朦胧的思想。以此为基础而进行联想、发挥、阐说，于是构成了变幻无穷的神秘殿堂。

八卦符号形成后，在运用过程中人们即以其象征某种自然事物或社会现象，既有内涵的规定性，又有外延的模糊性。如：

☰　乾，象征天、日、阳、男、君主、朝廷、刚健。

☷　坤，象征地、月、阴、女、臣仆、黎庶、柔弱。

☳　震，象征雷、威严、刑罚、危殆、运动。

☴　巽，象征风、恭顺、谦让、犹豫、生机。

☵　坎，象征水、云雨、恩赏、忧愁、劳累。

☲　离，象征火、明丽、闪电、依附、焦躁。

☶　艮，象征山、贵族、圣贤、仁厚、君子。

☱　兑，象征泽、欢悦、多语、守常、妇女。

由八卦推衍出六十四卦，可以说是易学的重大发明。就八卦而言，

只不过代表八种物象。那么六十四卦则可代表六十四种物象，容量增加了 8 倍，这显然是一个大进步。六十四卦中，两个单卦组成的重卦，由于单卦所处的位置和卦象之间的排列关系使其意义更加丰富。这反映了周人的辩证观，同时也扩充了信息量。如䷊泰䷋否两卦，卦象位置不同，含义截然迥异。

但六十四卦也只有六十四种符号，仅能应付六十四个问题。于是人们又让每卦中的每一爻都能应付一种情况，这样六十四卦则共有三百八十四爻，于是便有三百八十四项爻辞。加上乾、坤两卦各多出来的一项爻辞，再加上六十四卦的卦辞，一共则有四百五十项解说，这样当然就可应付更多问题，似乎天地间的一切事情和变化都能概括无遗。正如《系辞传》所说："八卦而小成，引而伸之，能类而长之，天下之事毕矣。"但即使如此，仍然供不应求。后来使用《周易》的人通过各种办法来增加《周易》象征事物的容量，汉代的象数派们尤其如此，而且后来这种扩容的做法一直没有停止过，愈发显得《周易》魔力无边了。

那么，《周易》究竟是一部什么样的书呢？可以说，它和占筮有密切关系。占筮在殷代已相当流行，八卦及六十四卦就是在占筮的基础上形成的。从现今保存的文物中可以看出，殷代已有契数的卦象，六十四卦的卦名也已存在。尽管它们的表现形式与《周易》有区别，但二者在观念和思维方式上毕竟是一脉相承的。殷卦正是在周人的改造后，形成现在所见《周易》之模样，可见易学是有一个变化过程的。但它毕竟还是一部关于占筮的书，不过周人修正了殷人某些观点而已。

关于《周易》的作者和时代，历史上也有争议。《系辞下传》认为八卦是伏羲氏所画。《淮南子》认为伏羲不但画出八卦，又把八卦重叠成为六十四卦。司马千则认为伏羲只画出八卦，到西周初年的周文王才把八卦重叠成六十四卦并演出三百八十四爻。班固进一步认为是周文王为六十四卦三百八十四爻作了卦爻辞。郑玄则认为八卦为伏羲氏所画，重卦则是神农氏。马融和陆绩则考证八卦是伏羲所作，文王推演成六十四卦并写出卦辞，但三百八十四爻则是周公写的。

　　实际上，《周易》没有提供任何关于作者的确证信息，与它大体同时的《尚书》、《诗经》也未曾提过。把《周易》的创作权归于古代名人，并非古代学者功力不够，学问不精，而是由于中国古代思想史上的崇古意识作怪。诸子百家为了把自己的学说和主张说成真理，都力图将自己的学说"古化"。为了使自己的理论为人接受，都不遗余力将其来源和根据"古代"。儒家极力美化尧舜，道家极力推崇轩辕，似乎越古越有威力，以致成为一种时尚，这种情况在汉代尤为突出。战国秦汉时的学者之所以把八卦说成是伏羲所画，完全是为了神化这部书，增强它的权威性，使人们视它为宝物。特别是汉代将《周易》立为经书之后，其他经书都与孔子有关，列为五经之首的《周易》当然更应推崇，孔子最崇拜的是文王和周公，因而司马迁也就认为"文王拘而演《周易》，仲尼厄而作《春秋》"①。此后学者对此深信不疑，主要是囿于儒家的正统地位。

　　现代学者没有封建时代那样多的忌讳，运用了比较科学的研究方法加以探讨，分析的结果证明：《周易》不是出于一人之手，也不是一时之作，而是"人更四圣，世历三古"的智慧积累，是集远古的氏族首领直至春秋战国时期的各家学者的宝贵经验创作而成。八卦的起源及六十四卦的推演完全是出于占筮的需要，给六十四卦配上三百八十四爻也是为了应付卜问者千奇百怪的问题。卦爻辞应源于筮辞记录，但经过作者的加工整理，有些可能是作者自己的创作。从内容来看，它最晚一直涵盖到春秋时期的社会生活，有些卦爻辞很像《诗经》中的比兴诗歌，其中宣扬的某些隐遁思想反映了乱世之际的文人隐忧。因而，跨越漫长时期历经众人之手而创作出的《周易》，其精深的思想体系和奇特的排列结构中含有的深刻哲理和人生机趣，也就成为后世永久追寻的话题。

　　对《周易》一书的命名许多学者也作了认真的探寻。关于"周"，

---

① 司马迁：《报任安书》。

有人说是周代之称，有人说是周遍之意。关于"易"，有人说是"蜥易"之"易"，因其能经常改变颜色，所以假借为"变易"之"易"，"易"的意思就是讲变化之道。还有人说"易"有三种含义，即简易、变易、不易，这实际上是对"易"的概括。现今的学者一般认为，《周易》就是周代讲变易的筮书。《周易》包括"经"、"传"两部分，"经"指六十四卦的卦象、卦辞和爻辞，"传"则是对"经"的解说。西汉时，由于《周易》被列为学官的"经"书之一，学者们于是尊称《周易》为《易经》。所以广义上的《易》、《周易》、《易经》包括经和传两部分，狭义上的《易》、《周易》、《易经》则只指经文。

《周易》中的卦爻辞共有四百五十条。它构成了《周易》一书的主体，是算命占卦的主要依据，也是历代《易》学研究的重点。《周易》之所以长盛不衰，就在于它的卦爻辞内容上的扑朔迷离。正是这种内容上的漫无边际和朦胧仿佛，使得历朝历代的学者们对其解释意见纷纭，莫衷一是。那么，这些神秘莫测的卦爻辞是如何产生的呢？

如前所说，易起源于卜筮，其书的形成是出于卜筮的需要，而不是用来表达某种政治主张或哲学观点，我们只能说书中有某种政治伦理观念和哲学思想因素，但这并不能改变"易本为卜筮而作"的性质。因而可以认为，卦爻之辞来源于卜筮之辞。

在《周易》中可以看到许多"贞"、"吉"的字眼，这与甲骨卜辞用来占问吉凶、判断祸福的语词一样，都是求卦问事的记录。甲卜时要将所卜之事和论断之语以及应验结果记录下来，占筮之时同样也有如此的过程，这便是筮辞的来历。长此以往，筮辞积累渐多，这就需要加工整理，以便作为以后占筮时的借鉴和依据。应该说，《周易》中之卦爻辞大都是如此形成的。如震卦，可能原来有许多筮辞，后来经过选择，得出一条卦辞，六条爻辞，把它分别放入卦爻象之下，就组成一卦。

另外，《周易》虽然经过巫史的整理加工，但仍留下筮辞的痕迹，其中一个重要标志便是书中卦爻辞有许多重复的地方，如《小畜卦》卦辞和《小过卦》。的六五爻辞都是"密云不雨，自我西郊"。其所以出现这种情况，就是因为这些筮辞原来应用于不同的卦爻，后来被编进《周易》。而《周易》的六十四卦在内容上很难说是一个有逻辑联系的整体，恐怕最重要的依据还是卦象。

　　当然，从《周易》全书来看，不必否定对筮辞进行了取舍、编排和文字上的加工，其中体现了编纂者的某种原则和意图。如有的爻辞体现了人们对于事物的观察，对于生活的体会，对于哲理的认识；有的卦辞体现出完整的中心，鲜明的层次，严密的逻辑。这充分说明《周易》的确经过编者精心整理。正因如此，古今有些论者认为《周易》的卦爻辞是某人创作，甚至认为全书浑然一体、始终如一地在论述一个中心。问题是像爻与爻之间真正有联系的卦，在《周易》中大概只有 1/3，还有 2/3 的卦，各爻之间很难说有什么关联，大概编排者虽然经过整理仍无法使其贯穿一体，只好将其系于卦象之下了事。

　　那么这样说来，卦象和卦爻辞之间有无必然的联系？从某些卦看，似乎二者之间存在着对应关系。但细细考究起来，往往很难发现严密的逻辑。这是因为，原始的筮辞杂乱无章，很难与卦象固定相关。筮辞之间本无联系，但是可以挑选出一些组成有联系的整体，这就使其系统化了，并借整理之机表达了某种思想观点和生活经验。正是这些经过了加工的材料，反映出周人深刻的认识。但是，它也造成一种假象，似乎那些零碎散杂、无序排列的卦爻辞也在深刻地阐释着什么道理。恰恰如此，《周易》中的这两种不和谐现象导致了它的长盛不衰和奥妙无穷。

第三节　哲学的思辨

　　《周易》本为一部占筮之书，但它毕竟蕴涵着丰富的哲学思想，这可以通过它的形式结构和基本内容分析得出。这些闪光之处，体现出智者对世界总体的把握，最有特色的便是朴素的辩证认识，这可从以下几个方面体现出来。

对立观念。《周易》以"阴"和"阳"为最基本的对立方面组成八卦，显现出天与地、雷与风、水与火、山与泽 4 对矛盾。在重卦里，又进一步演变为 32 对矛盾，如泰与否、损与益、既济与未济等，俗称正反卦。还有一些卦，上下卦之间虽然没有明显对立关系，却又构成错综复杂的关系，这实际上更如实地反映出多种多样的矛盾纠葛。此外，古人占卜时还经常采用变卦方法，即有时所得之卦与所占之事不合，于是以阴爻和阳爻互换寻得新的解释。可见变卦不是神的旨意，而是人的需要。所以《周易》的确是在龟卜传承下而求得卦象的新解，认为矛盾对立关系是普遍存的现象，并由人来给予能动的答疑，这深刻反映出人的思维进步性。

玉虎（商）

联系观念。《周易》中十分重视对立因素相互关联的普遍规律。它初步把阴阳对立的关系划分为两种性质：一种是对立中呈现交感的关系，一种是对立中完全排斥的关系。认为前者吉，后者凶。例如泰卦的卦象（䷊）是地在天上，按照常态应是天在地上，因而卦象中预示阳气要上升，阴气要下降，这就发生交感、吸引、转化。故其卦辞说"小往大来"（天阳为大，地阴为小），阴阳贯通，象征着顺利通达。相反，对立中没有交感，只是一味地排斥，那就要出问题。比如与泰卦相对的否卦（䷋），它的卦象是天在地上，天地各处原位，按照阳气上升、阴气下降的特性，卦象中的天地出现了隔绝、分离、相斥的趋势。天地不能交感，阴阳不能贯通，不利于万物的生化，因此象征着不顺利。再如既济卦（䷾）是水在上火在下，水性润下，火性炎上，水上与火下的情势必然引起动荡，所以此卦表示事情的顺利，有前途。相反，未济卦（䷿）是火在上水在下，这样就引不起上下相交，所以就意味着事情不成功。阴阳对立中只要有交感就会吉利顺当，没有交感就会凶险不顺。在《周易》六十四卦中，阳卦十六，阴卦十六，阴阳卦三十二，除去上下卦是单一形式的八卦之外，交感的卦和相斥的卦基本上各占一半。这说明《周易》是把交感和相斥作为矛盾关系的两种特性来看的。交感的观点反映了对立面互相渗透、互相依存的关系，相斥的观点反映了对立面互相隔膜、互相分离的关系，简约而粗略地反映出矛盾具有统一性和斗争性的观点。这些观点以简单的、原始的、朴素的、自发的和神秘的形式表现出来，虽然缺乏科学根据也没有形成理论，实质上透露出辩证法的基本因素，同时也透露出重调和的中庸信息。

发展观念。《周易》是以发展变化的眼光来看待世界万物的，而且变化本身有其阶段性。因此，对每一卦的每一爻都做出一般原则性的说明，认为事物开始变化时迹象不明显，继续发展下去就深刻化、剧烈化了，发展到最后阶段则超过了它最适宜的限度，也就带来相反的结果。如乾卦（䷀），初九为"潜龙勿用"，九二为"见龙在田"，九三为"终日乾乾"，九四为"或跃在渊"，九五为"飞龙在天"，到上九则"亢龙有悔"。从初九到上九，以龙的出现、发展、变化说明事物运动的普遍规律，反映了一切事物有进就有退、有得就有失、福中含有祸、极盛就会衰的道理。当事物发展到极限的时候，也就是转向反面的时候，深刻地揭示出事物运动的阶段性特征和循环化现象。如乾卦阳气过盛之时，也就是向坤卦转化之时。而坤卦亦如乾卦的变化一样，阴盛则阳衰。《周易》中许多卦的第一爻和第六爻所系的爻辞，往往包含着"变起于微"、"物极必反"的观点，朴素地表达出由渐变到突变的认识。《周易》将阴阳两爻按六个一组排列组合成六十四卦的体系，爻与爻之间、卦与卦之间变化就更多了，似乎形成足以表示天地间无穷变化而又奇妙神秘的体系。《周易》在整个人类还处于文明尚不发达的古代，对解释宇宙规律能做出这样的尝试，不能不说是当时人类智慧发展的高度体现。

系统观念。《周易》以其卦象和说解构成一个相当完整的系统。这首先表现于它从整体性把握出发，探求事物的本质，这在卦象的编排上和说解的方式上都得到体现。它以代表天地的乾坤二卦起始，将象征万事万物的其余六十二卦置于其后，分明显示出整体把握宇宙的意向。而对每一卦的说解，也是从整体考虑，体现出深刻认识问题的主旨。艮卦卦辞说："艮其背不获其身，行其庭不见其人。"就是说如果只注意到人体的背部，而没有照顾到全身，那就像走进一户庭院却没有看见主人一样。全身为整体，脊背是局部。主人是一个家庭的灵魂，以走进庭院不见主人来比喻只顾局部不获整体，这与我们现在常说的"只见树木，不见森林"相近。《周易》正因重视对事物整体的本质认识，所以能够对大千世界做出较为满意的解释。其次，《周易》在关系建构上也用心良苦，它由阳爻和阴爻两个十分简单的符号，演绎出八卦和六十四卦图形，用以代表大千世界的自然物象和复杂多变的运动过程。阴阳二爻之所以能发挥如此大的作用，主要是根据一切事物都具有特定关系的原理，从而结构出错综多样的符号。损卦六三爻辞说："三人行则损一人，一人行则得其友。"这两句话包含着深刻的哲理，反映出事物总是以对立统一方式运动。《周易》在爻和卦的安排上，都体现出矛盾的交织和对立的程度。上三爻和下三爻分别组成上下二经卦，六爻之间和上下卦之间又形成稳定的结构关系。初爻为事物之始，上爻为事物之终，上下卦之间又形成关照对应，这就既可全面细致地了解事物的发展过程，又可辩证地看到事物的总体面貌，反映出《周易》结构的合理性。再次，《周易》力求以全息图论反映宇宙之道。这本占筮之书，充分利用数的概念，"筮，数也"。筮法认为，天地阴阳与数有确定性的对应关系，所以万事万物都可用数来表示。天地阴阳的推演变化，可以转换成奇数和偶数的关系。反过来，通过数的奇偶关系也能窥测到天地间的阴阳之象。《系辞上》说："天一、地二、天三、地四、天五、地六、天七、地八、天九、地十。天数五，地数五，五位相得各有合。天数二十有五，地数三十，凡天地之数五十有五。"经人为处理后筮法所用的"大衍之数"，正与天地阴阳之数相符[①]。因此在行筮过程中，对大衍之数"分二"、"挂一"、"揲四"、"归奇于扐"之后所得筮数，可以按奇阳偶阴规则依次转换成刚柔六爻的卦象，以表示天地万物的运动。在《周易》看来，筮数的获得正是天启的彰显。爻象的呈示正是信息的条码，卦图的形成正是天意的表象，宇宙的全部都可囊括于对其说解之中，即六十四卦储存了关于宇宙的全部信息，成为一个无所不包的信息库。任何人都可通过一定的检索方法，找到所需的有关信息。由于六十四卦的特殊结构，再加上后人的义理阐发，它愈发成为一个有趣的全息系统。它以图论这种特殊方式，反映了宇宙的全息特性，这在世界文化史上不能不是一大奇迹。

《周易》用这种高度概括的信息符号揭示宇宙万物的变幻奥秘，从中表现出极强的抽象思维和推演能力。经过后人的加工改造丰富完善，逐渐形成一套有着鲜明民族特色的逻辑理论体系，并深刻影响着中华民族的思维方式和文化进程。它对世界文明的影响也是很大的，17 世纪德国著名哲学家、数学家莱布尼茨读到《周易》后深受启发，赞叹不已，认为它在人类史上第一次提出了数学上"二进制"的思

---

① 孔颖达：《周易正义》。

想，这是惊人的贡献。至今，人们仍在孜孜探求着其奥妙难测的神理，郭沫若称其为"神秘的殿堂"，冯友兰称其为"宇宙代数学"。当然，随着科学的进步和文明的发展，《周易》将不断地给人以新的启示和新的发现。而作为一种"神秘现象"，它也将不断地提供新的疑惑和新的破解。

第三编　春秋战国：动乱世道的人本追求

上卷

风起云涌的动荡时代

第一章
礼崩乐坏

第一节　王室败落

西周末年，由于周幽王荒淫残暴，宠幸褒姒，废掉王后申后和太子宜臼，引起诸侯的不满。申后的父亲申侯于是联合缯国和犬戎，进攻周王都镐京。周幽王急燃烽火召诸侯救援，但各路诸侯因此前屡遭戏弄，拒不应召。周幽王的军队大败，幽王被犬戎杀死，褒姒被犬戎兵掳去，西周王朝就此灭亡。被周幽王废掉的太子宜臼，在以申侯为首的其他诸侯拥戴下被立为王，这就是周平王。周平王鉴于王都的颓败难以同骄横的犬戎抗衡，于是年（公元前 770 年）将王都东迁至成周（今洛阳），史称"平王东迁"。因为成周地理位置相对在周王故都镐京东边，故将此后王朝名号称为"东周"，而将此前的历史时期称为"西周"。

东周初期，周王室尚辖有方 600 里领地。尽管与西周时相比，境况已大不如前，但仍不失天子名势。因其是周王直系子孙，所以各诸侯国还将其作为天下共主，借其名号来提高自己的地位。但由于西周晚期以来的政治腐败，朝纲不振，周王的名实遭到极大的损害，而藩镇各地的诸侯却羽毛渐丰，并不把周王特别放在眼里，因此整个东周实际上就是王权日渐衰微而诸侯日益强盛的态势。换言之，东周王朝不过是日渐空有其名号，而各路诸侯却在这块招牌下大显身手，到最后，索性将这面破旗也扔到一边而各行其是。因而东周的文化不是西周的平稳持续，而是在激烈动荡的局面中发生着质变。

金盏金勺（战国）

周平王东迁后，庸碌无能，不思振作，反倒大权旁落，受制他人。郑武公初因扶助平王东迁，自恃有功，位尊言重，但还能顾及王室名分。郑庄公即位后，便不再以复兴王室为意，而处处图谋自身发展。平王晚年看到这种苗头，想重用虢公抵消他的影响。但此事被郑庄公得知，反而立即去质问周平王。作为天子的周平王却矢口否认，深怕得罪郑庄公，于是提出交换儿子作为人质以取信。"周郑交质"的后果，一方面加深了王室与郑国的矛盾，另一方面无形中降低了王室的威信。郑国作为周初大国飞扬跋扈，而其他诸侯此时相对弱小也居心叵测，这无疑给王权削弱发出了不祥信号。

公元前719年，周平王死，周桓王立。桓王很想重振王纲，于是面对郑庄公的专横，采取强硬态度，仍准备起用虢公，以分郑庄公的大权。这事又被郑庄公知道，老谋深算的郑庄公时时挑起事端以作争斗。周桓公不为所动，经过十几年的努力，终于撤销了郑庄公王朝卿士的职位。郑庄公于是不再朝王，公然不把天子放在眼中。在这种情况下，周桓王率领王室和卫国、陈国、蔡国的军队前去征讨。郑庄公也不示弱，在缭葛（今河南长葛）摆开军队与王师对阵。两军交战，结果周王军队大败。郑国大夫祝聃竟瞄准周桓王射出一箭，中其肩头。

作为地处中原的诸侯，且又是与王室十分亲近的郑国，竟敢对抗王师，射伤天子，应是"大逆不道"的行为，但当时并未有任何诸侯挺身而出表示谴责。郑国的反叛实是给了天子一记耳光，而放出的冷箭更是将天子的威信射落在地。缭葛之战是春秋初期周桓王为维护和恢复王权而进行的一次决定性战争，这场战争的胜负直接关系到东周王室的命运。此战若胜，王室中兴或许有望；此战一败，王室声威尽成幻影。从此以后，天子更是徒有虚名，王畿领地也日益缩小，只能在风雨飘摇中苟延残喘。

第二节 强权称霸

本来随着西周王朝的大势已去，东周王室已被各路诸侯轻慢。加之缭葛之战天子一蹶不振，中原就此拉开了争霸的序幕。郑庄公凭借自己有利的地位，联齐结鲁，攻宋伐卫，声威远扬，史称"郑庄小霸"。郑庄公之后，尽管郑厉公仍借"尊王"旗帜风光了一阵，但好景不长，齐桓公代之而起。

齐桓公名小白，是齐僖公（公元前 730～前 698 年在位）之子。齐僖公死后，由长子襄公即位。齐襄公是一个昏庸之徒，喜好酒色，诛杀无度，因而他的兄弟和群臣多往国外避难。公子纠在管仲保护下逃往鲁国，公子小白在鲍叔牙的保护下逃往莒国。公元前 686 年，齐襄公被无知杀死，接着无知又被雍廪除掉，齐国君位出现空缺。公子纠和公子小白得知这一情况后，都回国争夺君位。在这一争斗中公子小白取胜登上君位，他不计前嫌任用管仲。齐国自管仲任相后，推行改革措施，很

侯母壶（春秋）

快振兴起来。当时北方山戎入侵，对中原造成极大破坏，迅速崛起的齐国以雄厚实力担负起保卫华夏传统的重任。公元前 664 年，齐桓公曾率领大军救燕北上，但归途中迷失方向，管仲让老马领路顺利返回，"老马识途"自此在传统文化中为人津津乐道。救燕回国的第三年，狄人发兵攻打邢国（今河北邢台县境），齐桓公联合宋、曹等国相救，不但把狄人赶走，而且帮邢国迁到夷仪（今山东聊城西）。由于齐桓公的关怀，邢国人如回家般乐于迁往新地，"邢迁如归"形象地表明了齐桓公的威望和仁爱。公元前 660 年，喜欢养鹤的卫懿公无力抵抗狄人入侵战败身亡，卫都朝歌被狄人攻破，并遭到大肆劫掠，齐桓公又帮助流散的卫人在楚丘建都。由于齐桓公的妥善安排，卫人忘掉了灭国的痛苦，"卫国忘亡"形象地揭示了在齐桓公的庇护下卫国人的忘国丧志。齐桓公救邢存卫，大大提高了他的威望，成为中原诸侯的霸主。所以当楚国日益强大时，齐桓公义不容辞地成为华夏领袖而遏制其势。由于楚国地处中原之外，对周王室大不恭顺，到春秋时竟自称王，因而被中原诸侯视为"南蛮"。鲁僖公四年（公元前 656 年），齐桓公率领宋、鲁、郑、卫、陈、许、曹组成八国联军进攻蔡国，接着讨伐楚国。楚国也不甘示弱，两军在陉地摆开阵势。经过一番激烈的外交较量，双方终于达成协议。这次会盟，阻住了楚国北上的势头，使齐国的地位更加巩固提高。鲁僖公九年（公元前 651 年），齐桓公与鲁、宋、卫、郑、许、曹诸国国君在葵丘（今河南兰考、民权县境）结盟，因齐桓公在周襄王继位问题上给予大力支持，所以周襄王为表示感激特派使臣赐予祭肉，还特加优惠允准受赐时不必下拜，这实际上是承认齐桓公霸主尊位的表示。齐桓公在位 43 年，逐渐把黄河流域的诸侯联合起来，为保卫华夏先进文明起了一定作用。此时天下大政，实出齐桓。孔子说："管仲相桓公，霸诸侯，一匡天下，民到于今受其赐。微管仲，吾其被发左衽矣。"① 孟子说："五霸，齐桓为盛。"② 对明君贤臣的霸业都给予十分的肯定，可见天下威权天子已失而旁落诸侯矣。

　　宋襄公在齐桓公死后，把逃到宋国的齐太子昭送回齐国继位，安定了齐国局势，并以此摆开了霸主的架势。他囚禁心怀不满的滕君，惩治会盟时迟到的鄫君，讨伐未尽地主之谊的曹君，结果引起诸侯不满。宋襄公见中原诸侯不服，于是想求得楚国的支持，结果在盟会时又大讲信用而误入圈套成为囚徒，幸亏其弟公子夷目团结宋人拒不投降，宋国才避免了覆亡的下场。宋襄公回国后仍不思悔改、好大喜功，在起兵与楚国交战时又迂腐不堪而大吃败仗。其仁义之师显然难以适应争霸战争中的需要，因而他自以为是的宏图大志也就成为世人的笑料。从中自然也可看出，因循守旧的观念在时代转型的现实中不堪一击，而天子也无心无力去过问这纷纷扰扰的时事了。

　　晋国进入春秋时期以后，逐渐吞并周围小国以扩大势力，至晋献公时已成北方大国。由于献公宠爱骊姬引起内乱，晋国局势一直动荡不安。直到晋文公回国执政，晋国才开始振兴的转机。恰在晋文公即位当年，周襄王的弟弟王子带联合狄人进攻周王室，周襄王被迫逃到郑国的汜地避难。晋文公认识到这是"勤王"以"邀宠"的绝好时机，于是出兵击退狄人安定王室。晋军活捉了王子带，并迎周襄王回王都。周襄王把王子带杀死，晋文公也得到了"尊王"的大旗。在周襄王款待晋文公的宴会上，晋文公曾提出死后按天子规格下葬的要求，虽未被周襄王答

---

① 《论语·宪问》。
② 《孟子·告子下》。

应却获得了大量的土地，晋国从此奠定了霸主的地位。迅速崛起的晋国又经城濮之战打败了北向争雄的楚国，中原诸侯于是纷纷改换门庭。在践土（今河南原阳县西南）召开的结盟大会上，参加的有齐、鲁、宋、蔡、卫、莒等国君，周襄王亲自前往慰劳并策命晋文公为"侯伯"，即诸侯之长，可见天子徒有名分而不得不倚重于强国。

秦国经过长期发展，到秦穆公时已占有现在陕西境内的大部分土地。秦穆公"西取由余于戎，东得百里奚于宛，迎蹇叔于宋，来丕豹、公孙支于晋。"[1]四方搜求人才，以图施展大略。但由于东进之路被晋国阻塞，"秦晋之好"时断时续，于是谋求向西发展。秦国根据由余的计划，逐渐灭掉西戎诸国，开辟国土千里有余。对秦穆公的胜利，周襄王特加祝贺，并赐金鼓嘉勉其称霸西戎遮护天子疆域，实质上秦国完全是从本国利益出发，何尝为天子考虑。公元前 621 年，秦穆公去世，用177 人殉葬，反映出秦国落后野蛮的一面，秦国很有才干的子车氏"三良"也随穆公命赴黄泉。虽然从今天考古发现的秦国文物看，其都城的建筑、国君的陵墓都规模宏大，但思想意识上毕竟不如中原地区发达。因而自穆公死后，终春秋之世，秦国也再无上乘的表演。

铜禁（春秋）

---

① 李斯：《谏逐客书》。

楚国是南方豪雄，诸蛮相继归服，其君熊通于公元前704年率先于诸侯中称王，表示出对周王朝的蔑视和不满。其北上企图先后受到齐桓公和晋文公的打击，直到少年庄王即位后才一鸣惊人。时值齐、晋、秦等大国后继君主皆才干平平，因而也给庄王提供了有利的机遇。楚庄王八年（公元前606年），大军开进周王室的国土。周定王忙派大夫王孙满前去慰劳，楚庄王却向他打听周王九鼎的大小轻重，毫不隐瞒觊觎王权的狂妄企图。不久楚庄王胜晋服宋，赫然称霸中原。因而楚国在庄王时期声势最大，但随着庄王的去世，楚国霸业也中道而落。

第三节   "弭兵"峰会

春秋时期的争霸斗争，主要是晋楚两国。它们各有自己的属国，形成两大势力集团。在长期的争霸过程中，它们都企图压倒对方，占据有利的地位。而天子形同虚设，表面虽拉着架势，内心却不时地恐慌。春秋中期，晋楚两国内都出现麻烦，所以晋楚两国的矛盾相对变得缓和。在这种情况下，由宋国华元和向戌先后出来撮合了两大集团的"弭兵"。

第一次"弭兵"是在晋厉公二年（公元前579年），在华元的奔走下，晋国的大夫范文子士燮同楚国公子罢、许偃，在宋国西门外结盟"弭兵"。盟约有3个内容：晋楚休战并共同保卫双方国土，开通两个集团之间的道路交通，共同讨伐背叛晋楚的国家。接着晋国的郤至到楚国签约，楚国的公子罢到晋国签约①。

但此盟约也只维持了3年，两国又发生争端，因此爆发了鄢陵之战。战后，两国内外局势更加困难。晋厉公眼看晋国大贵族势力抬头，

———————————

① 《左传·成公十二年》。

重鳞纹方彝（春秋）

有压倒国君的可能，于是残酷打击贵族势力。而贵族势力也并非软弱可欺，于是演出了龙争虎斗的幕幕恶剧。晋厉公先诛杀了势力最大的郤氏，接着却被栾氏和中行氏联合杀掉。栾氏杀掉厉公后，随即成为众矢之的。范氏趁栾氏家族内部产生矛盾率先发难，赶走其族长栾盈并诛杀其同党。栾盈由楚到齐又回晋，在魏氏支持下打到国都，但后又失败被灭族①，于是晋国内部斗争更加紧张。

楚国内部也不安定，楚共王有5个儿子，他自己不立继位的太子，却将璧埋在宗庙殿堂内，让5个儿子入庙拜祖由神决定，谁压到璧谁就是继承人。结果3人沾边，2人无缘，造成楚共王死后祸乱不已的局面。其时吴国在晋的支持下也强大起来，并参加了由晋主持的中原诸侯结盟，楚国在这种情势下当然希望休战。此时晋国赵武执政为中军元帅，下令减轻给晋国的贡赋（这种贡赋原应缴纳给周王，春秋时霸主代替了周王而纳此贡敛），并针对各中小国厌战情绪放风说："武也知楚令尹，若敬行其礼，道之以文辞，以靖诸侯，兵可以弭。"②

赵武的话很快传开，宋国的左师向戌与华元一样地位较高，又与晋楚两国的执政大臣要好，所以最终促成第二次"弭兵"。公元前546年夏，晋国中军元帅赵武、楚国令尹屈建和鲁、蔡、卫、陈、郑、许、曹等国的执政大臣，在宋国的西门外结盟休战，在盟约中规定晋楚的从属国要定期朝见对方的盟主，这就意味着小国要向两家盟主缴纳贡赋。可

---

① 《左传·襄公二十一年、二十三年》。
② 《左传·哀公二十五年》。

以说，天子早已被撇在一旁，霸主完全凭武力决断天下大事。

　　"弭兵"盟会召开后，中原几十年没有发生直接的军事冲突，各国有了一个暂时的和平环境。而各国内部贵族之间为斗争需要，则都采取了一些适应历史潮流的改革措施。这样，诸侯争霸开始转向国内兼并，新力量的崛起不由得使各诸侯担心起来。

第四节　诸侯更替

　　"弭兵"盟会后，各国相应整顿内部，但矛盾亦由此上升。从"礼乐征伐自诸侯出"，甚而转向"陪臣执国命"的时代。

　　齐国大权由崔杼、庆封二人把持，公元前 548 年崔杼杀庄公立景公自任为相，齐国史官据实以记竟然被他杀死。后来庆氏乘崔氏家族内乱将其吞并自任"当国"，竟数日不上朝理政而让有事者到他家请示。庆封专权仅一年便被其下属赶下台，经过走马灯似的轮番表演，最终被深得人心的陈氏掌握了政权，此后姜姓齐国的政权危机也就日益临近。

　　相对而言，郑国子产的改革措施深受欢迎。最为出名的措施是他将法律铸在鼎上公布于众，这一做法受到很多持有保守观点之人的攻击。他们认为，法律应由官员掌握秘而不宣才好控制小民，倘若公布于众百姓就会根据法律同贵族理论。子产取信于民而深得民心，百姓编歌谣唱道："我有子弟，子产诲之。我有田畴，子产殖之。子产而死，谁其嗣之?"由此可看到子产远天近人、轻君重民的先进思想。郑国正是在子产执政时期，在内政外交上都取得了成功。他多次顶住了晋楚的强权压迫，保卫了郑国的利益和独立的尊严。

　　宋国自襄公后积贫积弱，内患无穷。到宋景公时仍祸乱不已，其根本原因就是强宗大族擅权，政治因循守旧。宋景公晚年倦于上朝，无心听政，由大尹上下其手，左右其政。景公死后大尹作祟，引起六卿强烈不满，六卿立昭公为国君，并相盟说："三族共政，无相害也。"[1] 既提出三族共政的原则，国君自然无权可言。

鲁国政出"三桓"，更是人所共知的事实。孟孙氏、叔孙氏、季孙氏联手将公室瓜分，三家把国君的土地和人民皆归自己，而国君只能享受三家供给的残羹冷炙，可见公室的卑弱。鲁昭公不满而起兵讨伐，结果大败而流亡国外，鲁国怎能不到"民不知君"的地步？

卫国则在父子争位的倾轧中，内亲相欺，骨肉相残，君臣上下尔虞我诈，反目成仇。引发两次工匠起义，一君被杀，一君流亡，旧贵族走向崩溃，国人起而反抗，维系旧秩序的礼教不断受到重创而名存实亡。

楚国政局亦动荡不安，祸乱连连。从康王到灵王到平王，一个比一个残暴狡诈，都是以阴谋手段篡权，而后又宠信奸佞，恣意妄为，因而国内贤能不是死于非命就是被迫出走。譬如楚平王宠信两面三刀的小人费无极，致使楚国政治搞得一塌糊涂。费无极首先排挤掉拥立平王的功臣蔡太子朝吴，接着让平王将太子建的未婚妻据为己有以挑拨其父子关系，又设计把太子建调出王都安置在城父。过了一年，他又捏造说太子建与其老师伍奢要谋反，平王本因夺了太子之妻怀有戒心，于是派人拘捕了伍奢并追杀太子建。伍奢被捕后，费无极要平王斩草除根，导致国内政治更加腐败。楚国执政对内失去民心，对外欺凌邻国，致使国力每况愈下，根本无法与吴对抗。

吴国自伍子胥帮助阖庐物色刺客杀死吴王僚后，阖庐大权在握，却也是能干之君，他"任贤使能，施恩行惠，以仁义闻于诸侯"[2]。伍子胥推荐伯嚭为大夫，推荐孙武为将，屡屡攻楚，使楚疲惫不堪，"楚

---

[1] 《左传·襄公二十五年》。

[2] 《吴越春秋·阖闾内传》。《史记·吴太伯世家》"阖闾"作"阖庐"，以称"阖庐"为习见。

于是乎始病"①。最后郢都终于被攻破，相传吴国
君臣曾强以楚国君臣妻妾为自己妻妾以侮辱楚
国。伍子胥则掘平王之墓，鞭尸三百，以报杀父
之仇。楚国郢都被破之时，爱国之臣申包胥则到
秦国请求救兵，秦人本不想救楚，申包胥靠着宫
墙哭了七天七夜，终于感动哀公于是救楚。吴王
阖庐亦被认为是春秋霸主之一不无道理，因为此
时天下论威权而不重名目，天子只有侧身一隅而
心有戚戚矣。

　　正当吴楚争霸斗争激烈进行时，越国也逐渐
发展强大起来。越国曾在吴楚之战时袭击吴的后
方，因而当年轻的勾践即位时吴王阖庐发兵攻
越，不料勾践用计大败吴军，吴王阖庐被越将用
戈击伤，并于回军途中死去。阖庐死后，其子夫
差继位，发誓要报杀父之仇，这就种下了吴越的
仇根。公元前494年，夫差兴兵伐越，越王被迫
请和。此后勾践卧薪尝胆，休养生息，整饬内
政，强化军事，经过多年准备，终于夫差二十一
年（公元前472年）攻破姑苏城。夫差向勾践请
降称臣，希望不要灭掉吴国，勾践有些不忍灭
吴，范蠡说："谋之二十二年，一旦而弃之，可
乎？且夫天与弗取，反受其咎。"于是勾践拒绝
了夫差的恳求，只答应以百户为之养老，夫差认
为这是对自己的羞辱，于是就拔剑自杀了②。勾践灭吴后，率越军北渡

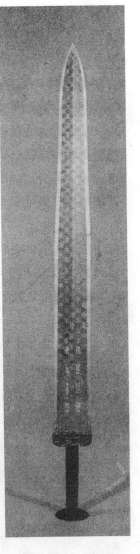

越王勾践剑（春秋）

────────────

① 《左传·昭公三十年》。
② 《史记·越王勾践世家》。

江淮，同齐晋等诸侯在徐州相会，致贡于周元王。周元王派人赐勾践祭肉，命为侯伯。勾践率军返回江南，俨然又是一位霸主。

此后越国实力大增，直到勾践六世孙时，还兴师"北伐齐，西伐楚，与中国争强"①。后来楚威王起兵击越才将其打败，楚国全部夺去被越国占领的吴国土地。越君被杀，诸子争立，内部互相斗争，都向楚国臣服。

第五节　旧破新立

到春秋末年，兼并加剧。晋国卿族本有 11 家，到晋出公时只剩 4 家。晋出公十七年（公元前 458 年），知、韩、赵、魏将范氏、中行氏的土地私自瓜分而不给晋国公室，晋国君对此十分恼怒，但自己又无力惩罚他们，于是向齐国和鲁国求援，想借齐、鲁军队讨伐四卿。四卿于是联合起来先向晋君发动攻击，晋出公仓皇逃往齐国，结果在半道上死

重鳞纹有流鼎（春秋）

去。此时知氏势力最大，联合韩、魏又围攻恃强的赵氏，赵氏危在旦夕时听从谋士建议，联合韩、魏反攻知氏，结果将知氏首领知伯瑶活捉杀死，三家瓜分知氏领地，这一年是公元前 453 年。三家灭知氏后，晋国君幽公只保有国都绛及曲沃两地，十分畏惧，反而要去朝拜三家。周威

———————————
① 《史记·越王勾践世家》。

烈王二十三年（公元前 403 年），韩、赵、魏三家被承认为诸侯，晋国不复存在。

与此同时，齐国田氏也大权在握。田常杀齐悼公立齐简公，又杀齐简公立齐平公，自任为相专断国政，实际上已夺取了姜齐的政权。同时，田常对外与诸侯交好，对内诛杀强横大族，使齐国内外安定。田氏私邑超过平公食邑，又大选美女充作妻妾，据说死时有子 70 余人，俨然齐国国君派头。到田常的曾孙田和时，他把齐康公赶到海上，然后请求魏武侯帮助他立为诸侯。魏武侯派人向周安王说情，周安王也就同意，于是齐康公十九年（公元前 386 年）田和立为诸侯。

三家分晋和田氏代齐，从表面看好像是统治阶级内部的夺权之争，实际上是新的封建势力对旧的贵族势力的征服。从周平王东迁始，周王朝就纲常不振。西周时建立的宗法制度到东周时诸侯称霸的境况下日渐崩溃，而周天子也不过成为毫无实权的傀儡，名存实亡。诸侯们初时还顾及天子的脸面，假惺惺地供奉着身不由己的共主，这不过是畏惧承担传统意识下的恶名，害怕遭到天下共讨之的厄运；同时也不能说没有维护传统观念的因素，假天子之名行扩张之实。随着时代的进步和社会的发展，新起的豪强显然不能墨守陈腐的旧规，因而"礼崩乐坏"也就是无可逆转的趋势。随着这一趋势的演进，诸侯内部也必然面临变革，上行下效，始乱终弃，先进生产力的代表打破落后的旧体制也就顺理成章。因而，"落花流水春去也"，"只道天凉好个秋"，或许令人产生无限的感叹。但历史毕竟铁面无情，它按照自身的规律走着自己的道路，而这一切映现在中国文化上便印下它苍凉的轨迹。

第二章
列国争雄

第一节　弱肉强食

　　战国时期的天下大势，主要是被称作"七雄"的齐、楚、燕、赵、韩、魏、秦所左右。战国前期的越、宋、中山等国，其地盘、国力都不弱，也曾在政治舞台上活跃过一段时间，但终因不能适应时代的发展而被无情地淘汰。其他一些中小国家，如郑、鲁、卫、莒、邹、杞、滕、薛、任、郯、蔡等，以及四川的巴、蜀，南方的百越，北方的诸胡，也成为七国蚕食鲸吞的对象，随着时间的推移先后被七国所灭。至于自春秋以来就陵夷不振的周王室，其命运不

中山侯钺（战国）

过随波逐流而终于翻没于历史长河中。诸侯并立互相攻战，七强争雄弱肉强食，天子衰微大势已去，社会激荡、思想变革、武力征伐的时代因

素，形成了华夏域内特定时期列国争雄的文化特色。

第二节 盟会相王

战国前期，刚刚取得政权的各国统治者，都先后实行了不同程度的改革，巩固和完善初立的封建统治政权，以达到富国强兵的目的。魏国经李悝变法后迅速强大起来，国君魏文侯广揽人才，招聘贤能，依靠新兴的"士"阶层进行统治，一时成为头等强国。

魏国西与秦国以黄河为界，秦国春秋以来无时不向东打魏的主意。魏国初都安邑（今山西夏县），与西方的秦国不远，因而魏国首先要制服秦国。于是魏向秦用兵，攻占了秦的河西地，派吴起为西河郡守，致使"秦兵不敢东向"①。此后魏又向北借道赵国攻占中山，中山国的被灭说明当时魏、赵关系亲密，也显示了魏国军事力量的雄厚。其后魏联合韩、赵攻齐伐楚，夺地扩边，皆取胜果。战国初期由于三家分晋，魏、赵、韩实力都有所减弱，但三国联合起来仍有最强的势力，魏国正是奉行这一政策，成为当时中原事实上的霸主。

魏武侯即位后仍扩大对外战争，除西部已跨过黄河，东部也完全占有大梁，南部则直到鲁阳，成为中原地区的核心大国。因而当时齐国田和想立为合法的诸侯，还要求助于魏武侯。魏武侯死后，魏惠王即位，三晋关系开始破裂。西方的秦国和东方的齐国相继攻魏以求争雄，魏国为巩固霸业把国都由安邑迁到大梁。魏惠王及时调整策略，团结韩、赵，与秦交好，对付强齐，威信重振。惠王十四年（公元前357年），鲁、宋、卫、韩四国国君都到大梁朝见惠王，这样魏国又恢复了

---

① 《史记·孙子吴起列传》。

霸主地位。惠王二十七年（公元前344年），魏率领秦、赵、韩及12个中小国家于孟津盟会朝见天子，使魏国霸业达到顶峰。《战国策·秦策五》载："梁君伐楚胜齐，制韩、赵之兵，驱十二诸侯以朝天子于孟津。"这也反映出战国初年政治斗争的格局还在沿着春秋时期的争霸方式进行，周王这块牌子还是霸主用来笼络、号令诸侯的工具。

齐威王任用邹忌为相，使齐国很快强大起来。齐国不甘心受制于魏国，于是与赵国联合起来对付魏国。魏国对齐、赵联合不满，于是首先给赵以武力打击。魏惠王十七年（公元前354年），魏军围攻赵国邯郸，赵国向齐国求救，齐国想坐收渔人之利按兵不动。当魏攻下邯郸后齐国才出兵，魏军此时已疲惫不堪，因而在桂陵被齐军大败。之后魏国将

嵌红铜狩猎纹豆（战国）

邯郸归还赵国，赵国于是参加了魏国发起的盟会。盟会后，魏、赵又联合攻韩，韩国又向齐国求救。齐国便以田忌为将、孙膑为师攻魏。魏惠王则以太子申为将、庞涓为师回兵相救。两军大战于马陵，庞涓中孙膑之计大败。庞涓战死，太子申被俘，魏十万大军被歼，魏国势力大损。此后齐、秦、赵、楚分别向魏发动进攻，魏国受到一系列严重打击每况愈下。

齐国强大后，也想令诸侯，朝天子，做霸主。但此时诸侯各自为政，且周王势单力薄，因此称霸难以实施。魏国在齐、秦夹击下，无奈采纳相国惠施"折节事齐"的建议，于是在魏惠王三十六年（公元前335年）前往徐州朝见齐威王。两国相互尊称为王，这就是战国时期著名的魏、齐"徐州相王"事件。

这一事件否定了周天子独尊共主的地位，使周天子不仅在实力上而且在名号上从此也与诸侯一致。虽然此前不从周礼的南方国家已自称为王，但却不被中原诸侯承认，只把它们当做蛮夷加以排斥。而齐、魏称王则彻底扯下了天子的旗帜，将自己与周王室等量齐观平起平坐。这样，从春秋以来建立在"挟天子以令诸侯"基础上的霸政也就随之消失，而诸侯之间攻伐兼并的战争也就肆无忌惮而愈演愈烈了。

"徐州相王"以后，齐国对魏国停止了进攻，但秦国攻魏却未见懈怠。秦国在商鞅变法后国力大增，魏国则是它向东发展的一块屏障，因而秦国始终想挖掉这块"腹心疾"①。秦惠王时连连胜魏，在张仪的劝说下，于是魏"入上郡、少梁，谢秦惠王"②。魏上郡辖 15 县，少梁为河西重镇，秦国夺此二地更取得有利地势，于是秦惠王在魏、齐相王后的第十年（公元前324 年）也改元称王③。

魏不能敌秦，于是采取公孙衍的建议广结盟国，先尊韩为王（公元前 325 年），两年后又约集韩、赵、燕、中山共同称王，这就是战国中期的"五国相王"事件。至此，战国七雄已

齐国刀币（战国）

全部称王。中山国本于战国初年被魏所灭，但魏国要越过赵国才能控制它，因此当魏遇战事紧张时它便又复国。复国后的中山成为"千乘之

---

① 《史记·商君列传》。
② 《史记·张仪列传》。
③ 《史记·秦本纪》。

国"，属中等国家。

　　"五国相王"后称王的宋国也是个中等国家。像这样的中等国家都敢称王，可见周王室在诸侯中的影响已烟消云散。周王室自进入战国时期，本只有王都洛邑及附近属地，公元前367年在韩、赵两国参与下，又将其分为西周和东周，国力可想而知。因此其不过是苟延残喘而已，不久就在群雄的攻伐中被灭掉。

第三节　纵横捭阖

　　由公孙衍发动的"五国相王"之举，可称为战国期间首次"合纵"运动。在"合纵"当年楚国便向魏国发动进攻，并在襄陵将魏军打败，使魏惠王对"合纵"政策产生动摇。因而魏惠王又转而任用提出"以魏合于秦、韩而攻齐、楚"政策的张仪为相，主张联合齐、楚以抗秦的惠施则被摘相印流落他乡。魏惠王相张仪是想利用秦国力量对抗齐、楚，而张仪却是"相魏以为秦，欲令魏先事秦而诸侯效之"，双方各有所取，话不投机，于是矛盾又生，战火又起，连横又告失败。

　　被魏惠王冷落的公孙衍是为秦出谋划策的张仪的政敌，于是派人把魏王重用张仪是"欲得韩地"的动机告诉韩国，并言称只要自己得到韩国重用，就可以达到"魏必图秦而弃仪，收韩而相衍"的目的。韩国听其言之有理，便将国事悉以付之。而东方各国看到秦国咄咄逼人的东进气势也心有所惧，于是纷纷支持公孙衍的合纵政策。齐国、燕国、赵国、楚国相继以事属衍，魏惠王见之乃重新以公孙衍为相。公孙衍佩六国相印，合六国兵力，推楚怀王为纵长攻秦。由于联军组织不严密，被秦军打得大败。由此而始，连横合纵成为战国时期各国审时度势的外交政策和军事手段。

曾侯尊盘（战国）

秦国击败东方六国的合纵联军后，于是向西南扩张吞并巴、蜀，向西北出兵征服义渠。在解除了两翼的威胁后，又以雄武的兵力制服了韩、魏、赵，迫其俯首听命，此后便把斗争矛头指向楚国。楚国虽是南方大国，由于进入战国时期改革不力，国内政治用人不当，保守势力把持大权，进步力量受到排挤，因而不仅未能崛起，反而日渐衰落。

楚怀王被张仪的花言巧语所欺骗，断绝了与齐国的同盟关系，结果上当后发怒出兵攻秦而又遭大败。楚国汉中之地尽归于秦，秦国更加强盛。此后楚国与秦国关系时坏时好，时断时续，最终怀王入秦谈判遭到软禁，逃跑未遂客死于秦，秦、楚关系彻底破裂。楚顷襄王继位后表示向秦屈服，并从秦国娶女以为妇。楚顷襄王十八年（公元前281年）时又开始进行合纵抗秦的活动，结果招致秦王的不满引来更大的打击。楚顷襄王二十一年（公元前278年），秦将白起攻占楚国都郢，焚烧了楚王坟墓夷陵。楚国就此一蹶不振，直至最终被秦灭亡。

赵国到战国中期赵武灵王胡服骑射改革后才强盛起来。由于赵国在地理位置上与北方少数民族地区接壤，这些少数民族部落都是以游牧为生、骑射见长，经常进犯赵国边境，骚扰掠夺，因而胸有大志的赵武灵王对骑射的优越性认识真切，就想以此改革部队作战方式，富国强兵。在他的倡导下，赵人改穿胡服，即着短装，用臂韝，束革带，穿皮靴，这与华夏传统的宽衣、大袖、博带、丝履大不相同，因而招来了许多保守贵族的反对。但赵武灵王不为所动，坚持改革，他说："先王不同欲，何古之法？帝王不相袭，何礼之循？"在一些大臣的支持下，赵国胡服由上而下推行开来，并建立起由骑兵为主体的军队。它在战争中的作用即刻显示出威力，在很短的时间内便灭掉了觊觎已久的中山国，又向北方的匈奴出击，向西边的林胡出兵，地盘迅速扩大，一时成为与秦、齐称对的强国。遗憾的是由于传位之事处理不当引起内乱，致使赵王本人被饿死在沙丘宫中。赵国经过这次内乱实力大损，但胡服骑射的改革成果却给中原习俗带来深刻的影响。

由于赵国改革带来的一度中兴，使秦国、齐国感到威胁。秦国此时要东进必须削弱赵国，而齐国也怕赵国强盛对自己不利，这样，在对付赵国这一目标上两国一致起来。于是秦相魏冉就实行连横政策拉拢齐国，在秦昭襄王十九年（公元前 288 年）十月，魏冉到齐国向齐湣王致帝号，相约秦称"西帝"，齐称"东帝"。齐湣王接受了这一称号，以表示他们的地位高于他国之上。

秦联齐称帝的目的是迫使他国随同伐赵，但苏秦到齐后鼓动齐伐宋放弃伐赵，有意破坏秦王连横意图。最终齐湣王听信了苏秦的建议，决定取消帝号转而攻宋。秦昭王见齐湣王取消了帝号，也随即宣布取消帝号。尽管两国称帝未遂，但飞扬跋扈略见一斑。苏秦破坏了齐秦关系，又策划了一次五国攻秦的"合纵"运动。赵、韩、魏、燕、齐共推赵国的李兑为主帅，由齐到魏的孟尝君也大力赞助。但这次"合纵"攻秦表面上看行动一致，但暗地里却各有打算，因此军队开到荥阳便不再前进，结果无功而返。齐国却趁机伐宋，夺得一块土地。苏秦的离间手法破坏了秦、齐关系，不但策动攻秦，而且促成了反齐联盟。

第四节　钩心斗角

燕国在昭王当位前曾陷入内乱，齐军趁机攻入燕国大肆杀掠。燕昭王即位后，决心奋发图强，以报国破父死之仇。他"卑身厚币以招贤者"，师事郭隗并引来贤才。"乐毅自魏往，邹衍自齐往，剧辛自赵往，士争趋燕。燕王吊死问孤，与百姓同甘苦。"① 燕昭王励精图治，终使燕国强大起来。苏秦到燕后被昭王视为心腹，因而被派往齐国进行反间工作。在成功地离间了秦、齐关系之后，他又促使结成反齐联盟，并使齐误信燕国对齐顺服而不设边防。后来乐毅伐齐，苏秦阴谋败露，才被齐人车裂而死。

玉带钩（战国）

齐国之所以被攻，正是由于苏秦策动灭宋引发的。齐国早有垂涎于宋的野心，在苏秦唆使下齐湣王终于将其吞并。但齐国吃掉宋国，改变了地区间力量的平衡，这便引起秦、魏、韩、赵的不满，于是反齐联盟就在共同利益上结成了。燕昭王二十八年（公元前 284 年），燕国以乐毅为上将，统率五国之兵伐齐。齐国由于长期被苏秦麻痹，仓促应战难抵强敌，结果一触即溃，屡战屡败。联军在济西大败齐军后，因内部有分歧而罢兵，但燕军则继续伐齐以雪恨。乐毅率大军攻入齐都临淄，齐湣王逃到莒地避难。乐毅又兵分五路向齐国各地进攻，接连占领齐国70 余城。

这时昭王病死、惠王即位，这位良莠不分的公子哥儿原与乐毅有

---

① 《史记·燕召公世家》。

隙，上台后不以国事为重而泄个人私愤，轻易听信齐人的反间之计，认为乐毅有反燕的谋算，便派骑劫代替乐毅为将。骑劫改变乐毅的作战方针，被齐国即墨守将田单用火牛阵攻破。骑劫战死，燕军溃退，田单乘胜追击，陆续收复失城。燕昭王辛苦创下的业绩毁于一旦，燕国从此以后也就再无什么作为。齐国经此劫难，国力严重亏缺，再也不能与强秦称对。

随着齐、楚的衰弱，秦国加紧向三晋用兵。这时的赵国在赵惠文王的领导下，由于用人得当而国富兵强，成为秦人东进的主要障碍。秦昭襄王二十五年（公元前282年），秦国向赵国进攻连下数城。秦昭襄王约赵惠文王渑池相会修好，以便安定东方南下

赵国布币（战国）

攻楚。在此盟会上，赵国上大夫蔺相如不卑不亢，针锋相对，秦王使赵王弹瑟，赵王使秦王击缶，使秦国未占到便宜。秦败楚后，又大举攻魏，企图断绝"山东纵亲之腰"。但东方各国害怕出现这样的局面，便积极援救魏国迫使秦国退兵。秦昭襄王三十八年（公元前269年），秦国攻赵但被赵奢打得大败，这是秦国东进中遭受的一次严重挫折。

秦昭襄王三十九年（公元前268年），范雎取代魏冉主持秦政，向秦王提出远交近攻的策略得到支持。随后不久，就发生了残忍的长平之战。这时赵惠文王已死，赵孝成王主政，他轻信了秦人的反间计，撤回经验丰富的老将廉颇而任用只会纸上谈兵的赵括，导致赵军陷入重围。赵军草粮断绝，士卒"阴相杀食"，赵括亲自出战，又被秦军射死，于是"数十万之众遂降秦"。白起认为赵军反复无信，于是将降卒全部活埋，只放走200余人归赵报信。这次战争，赵国损失兵员40余万，就此元气大伤，再也无法与秦一争高低。

秦则乘胜进击，围住赵都邯郸。赵国军民奋起抗击，又向魏、楚两

国求救。魏国公子信陵君乃窃符救赵，楚国春申君黄歇也派大军相援。秦军在邯郸城下受到内外夹击败逃，这是东方"合纵"对西方强秦的一次胜利。此后东方各国又互相攻杀起来，赵国老将廉颇连遭罢官，无奈出逃，客死异国；名将李牧屡败秦军，却遭秦之反间而被诛杀。赵国于此不可收拾，一败涂地。

第五节　海内一统

秦昭襄王在位长达 56 年，继之而大有作为的便是秦王政。秦国在昭襄王死后孝文王即位，孝文王上台 3 天就死了。在吕不韦出谋划策并大力资助下，秦庄襄王便登上了王座。秦庄襄王为报答吕不韦而任他为相，吕不韦执政后继续对三晋用兵，魏国信陵君发起韩、赵、魏、燕、楚五国"合纵"击败秦军。秦庄襄王在位 3 年死去，13 岁的太子政继位，其后 8 年国家大政仍由吕不韦把持。这期间秦国更加紧向三晋进攻，而东方各国更加恐慌，于是又出现"合纵"形势。但此时东方各国已失去活力且有惧怕心理，因而秦军稍一反击联军便急忙后撤。秦军不断占取大片土地，东方国家则土崩瓦解、大势已去。

秦王政 22 岁亲政后，解除了吕不韦的相权，并加紧从事扫灭六国的斗争。他先攻韩，韩国派韩非出使秦国，尽管秦王赏识韩非的理论，但韩非终被李斯谗害狱中，秦不久便灭掉韩国（公元前 230 年）。继而取魏，使将军王贲包围大梁并引水冲灌，3 个月后城被冲坏，魏王出城投降，于是魏灭（公元前 225 年）。此后秦将王翦率 60 万大军伐楚，楚国名将项燕大败被杀，秦军乘胜攻下楚都寿春灭楚（公元前 223 年）。不久又用反间计使赵将李牧被杀，攻破邯郸灭赵国（公元前 222 年）。燕国无力抵抗秦军，燕太子丹就派刺客荆轲入秦刺杀秦王，此计未能得

逞，导致秦逼燕杀太子丹，但燕国最终未能避免覆灭的下场（公元前
222 年）。当秦国灭掉韩、魏、楚、赵、燕五国，大军开到齐都临淄城
下时，齐国军民畏惧不战而降（公元前 221 年）。秦国从秦王政十七年
（公元前 230 年）灭韩国开始，到秦王政二十六年（公元前 221 年）灭
齐国为止，前后正好 10 年，削平了各路诸侯，完成了统一大业。

这样，自春秋以来天子失势，
到战国时期天下无主的长期分裂割
据局面彻底结束，中国历史上第一
次建立起"海内为郡县，法令由一
统"的专制主义的中央集权的封建
国家。战国时期的文化正是由上述
政治特征所决定的，反过来它又促
进或制约着历史的进程，形成由奴
隶社会向封建社会转型时期的特有

白玉龙凤云纹璧（战国）

风貌。在这一时期，生产得到发展，思想得到解放，政治得到改革，军
事得到进步。这一切反映在文化上，便是人类对本身的深刻凝思和革新
创造获得极大进步，以至在中国文化长廊中成为光彩辉煌的一段篇章。

第三章
远天近人

第一节　天命靡常

中国古代宗教在殷商西周时期达到了鼎盛，其依据是强大的王权政治和严格的血亲制度。历史进入春秋战国阶段后，随着铁器和牛耕的普遍使用，社会生产力得到大幅度提高，西周礼教赖以存在的基础"井田制"和"宗法制"已无法继续维持下去了。掌握了铁耕技术的人们不再满足于狭小的公田，开始大规模地开垦私田以便获得更多的粮食。劳动者生产能力的提高，使他们对从事井田劳动丧失了工作兴趣，转而对私田的开垦充满极大的热情，甚至经商务工，远走他乡。"公作则迟，分地则速"①，说明传统的井田制已经无法维持。一些聪明的统治者便改变统治方式，公开承认私田的合法性而征收赋税。齐国最早开始"案田而税"，"相地而衰征"。晋国则"作爰田"，"赏众以田，易其疆畔"。稍后，鲁国实行"初税亩"，按地征税。楚国则"书土田"，"量入修赋"。郑国也"作丘赋"，承认私田。秦国亦"初税禾"，革新赋制。赋税制度的改革在一定程度上扩大了诸侯的财源，各国实际上放弃了行用已久的

---

① 《吕氏春秋·审分览》。

井田制度。

从此，束缚在公地王田里的奴隶变成了自由的农民，个体家庭获得了脱离血缘家庭的可能。私有财富的增加，人口的频繁流动，使原先"各有分亲"、"皆有等衰"的情况不复存在。人民以较自由的身份"逝将去汝"，可以有选择地"适彼乐土"。而以往建立在宗法关系上的政治体制逐渐瓦解，血亲网络系统开始转为地缘管理方式。这样，一些大宗嫡子入不敷出，贫困没落；一些小宗庶子则发家致富，财大气粗。这种嫡庶之变，更主要地表现在王室与诸侯、诸侯与大夫的关系上，于是"公室将卑"、"大夫皆富"的现象比比皆是，"礼乐征伐自诸侯出，陪臣执国命"的情况也就习以为常，这不能不极大地动摇宗法奴隶制度下的意识形态。

春秋战国时期观念形态的破坏首先表现于礼仪制度方面。当初周人把天视为上帝，不仅认为其有着蕴涵自然的浩渺性和覆盖性，而且认为它在暗中操纵制导着人类社会，这种抽象性与概括性使天具有无上的权威与神秘。因而他们把宗教崇拜与宗法制度相结合，将上天视为父母而将周王视为天子，以解释周代宗法统治的合理和必要。"王权神授"肯定了以周代殷的历史使命，同时以祖配天可以树立起绝对的权威。但是，尽管周公等少数清醒的政治家大肆宣扬"天命不僭"的理论，然而他们也从历史经验中总结出"天命靡常"的规律，因此他们提倡"明德慎罚"、"敬德保民"以防不测，同时又严格礼制，加强对臣民的思想统治。春秋战国时期，西周制定的礼法不断遭到破坏，各种祭祀虽照常举行但规格多已破例。周礼规定只有天子才能封禅，可是五霸之首的齐桓公因"九合诸侯，一匡天下"之功亦"欲封禅"，到了春秋末年竟连鲁国的大夫季氏都敢去泰山祭天，真是大逆不道而又任意妄为。天子祭祖唱《雍》诗用64人的乐舞，而孔子看到鲁国大夫孟孙、叔孙、季孙家

庙祭祀亦用此制，不得不感叹"是可忍也，孰不可忍也？"①"天帝"与
"天子"已并非人们真诚敬畏的对象，层出不穷的违礼事件岂不是对
"天"的戏弄和嘲讽？而齐桓公盟会诸侯称霸天下，鲁"三桓"瓜分公
室"民不知君"，又岂不是顺天之势而令民亲服？原先所谓的"天"的
无声的坍塌，促使了人的地位无形的上升。

　　对传统观念的怀疑还表现在对天的信仰的动摇上。殷商西周时期
的宗教宣传对人们有强悍的震慑，使人们对莫测高深的天诚惶诚恐、
口服心服。春秋战国时期社会长期动乱，不能不引发人们对苍茫上天
的冥思和愤怨。原先宣扬天地为民父母养育万民，可现在怎么"天降
丧乱，饥馑存臻"？天神本应耳聪目明，扬善惩恶，可现在怎么是非
颠倒，好坏不分？天子本应统领万邦，恩威并施，可现在怎么天下混
乱，诸侯侵夺？"昊天不平，我王不宁"，人们未能对险恶世道有清醒
的认识，所以寄希望于天阻止人间之乱。当天也无能为力扭转沧桑之变
时，人们因失望发出诅咒："昊天不慵，降此鞠凶。昊天不惠，降此大
戾。"② 对天命神权的疑怨是出于感性至深的失落，由此而导致对天的
否定和对神的非议，建立起对自然和社会的理性思考。《左传·僖公十
六年》载，这一年宋国发生了两件怪事，有 5 颗陨石落在了宋国，有 6
只鹢鸟倒着飞过宋都，因而引起了国人的好奇和恐惧。宋襄公问内史叔
兴此事主何吉凶？叔兴并未占卜问神，而是运用已有的科学文化知识指
出："君失问，是阴阳之事，非吉凶所生也。吉凶由人。"明确地将自然
和人事加以区别，这对后来"天人相分"的思想产生了很大影响。春秋
时期郑国子产也是一位著名的无神论思想家，神官裨灶观看星象预言郑
国将发生大火，请执政的子产用国宝祭神禳灾，可是子产坚决不答应。
他说："天道远，人道迩，非所及也，何以知之，灶焉知天通？"子产没

---

① 《论语·八佾》。
② 《诗·小雅·节南山》。

有祭天，神也没有降罪。随国大夫季梁说："夫民，神之主也。"① 明确指出神为人服务，人为神根本。周太史史嚚则说："国将兴，听于民；将亡，听于神。"② 更是鲜明地表现出重人轻神的倾向。由于宗教信仰的动摇和礼仪制度的崩溃，人们由对天的盲目仰视转而注意人的所作所为。

错金银双翼铜神兽（战国）

以天神为核心的宗教衰落还表现于宗教组织的瓦解上。上古宗教是中国最初的文化形态，巫师则是中国最早的知识阶层。"绝地天通"、"学在官府"形成的宗教意识形态的一元化体制，使巫师们不仅垄断了信仰也控制了文化。春秋战国时期，公室已无力豢养大批宗教职员，致使其中许多人流入民间，凭借昔日掌握的宗教理论、社会礼节和文化知识谋生。有的人继续以"神道"为业，替贵族和平民操办祭祀婚葬之事。有的人则隐遁深山，修身养性以求长生不死的仙方。激烈的社会变革打破了昔日宗教的神话，神职人员由原先的显赫沦落为世俗的凡人。《左传·僖公二十一年》载："夏，大旱。公欲焚巫、尪。臧文仲曰：'非旱备也。修城郭、贬食、省用、务穑、劝分，此其务也。巫、尪何为？天欲杀之，则勿生；若能为旱，焚之滋甚。'公从之。是岁也，饥而不害。"殷商西周时巫师在天旱不雨时有乞求上天普降甘霖的义务，但如果祈神不灵巫师则可能遭受暴晒烈烤的命运。鲁僖公想沿用惩杀巫师的方法感动天神降雨救灾，但臧文仲却有着先进的无神论思想，指出适时举措、节省开支、共渡难关才是当务之急，天对巫、尪有生杀之权，是无法被巫、尪所左右的。臧文仲的话

---

① 《左传·桓公六年》。
② 《左传·庄公三十二年》。

已反映出"天人之分"的思想，人不再是神的奴仆而可以成为神的主人。齐景公经常命令巫师代他向上天祈祷以图延年益寿，祝祷不能使他病愈便欲杀巫师以取悦上帝。在晏婴看来，如果祝祷可益寿，那么诅咒便会损寿，而其实用人为祝和被人所诅都与神没有关系，关键是事在人为。宗教观念的消解使巫师地位下降，这就促使了学术知识的下移。有的巫师被新旧贵族收养，成了为之奔走效命的"士"；有的巫师高蹈山林，成了返璞归真、超尘脱俗的"隐"。宗教组织的分崩离析使神职人员散落无依，而他们的文化观念一旦更新会发挥巨大的能量，官学的衰落和私学的兴起与他们不无关系，而这恰恰形成动乱年代百家争鸣的社会基础。

鲜活的社会现实冲击着刻板的宗教形态，导致人们心中的偶像化解成零散的碎片。宗教的束缚一旦消失，思想的领域便异常活跃起来，于是形成百家争鸣的新气象。诸子们面对现实开拓思路，有的批判继承以往的宗教文化，有的更是破旧立新、独标异端，文化发展的多元态势无疑对推动社会进步起到巨大的作用。

第二节　敬天重礼

孔子开创的儒家学派在春秋战国时期被称为"显学"，它以重礼敬德的特征居于举足轻重的地位。鲁国本为周公的封地，受到西周礼教的长期浸染，故有"周礼尽在鲁矣"之说。一般学者认为，儒是由巫史阶层分化出来的。据《汉书·艺文志》载："儒家者流，盖出于司徒之官，助君顺阴阳明教化者也。"《周礼·天官·太宰》载："四曰儒，以德保民。"东汉郑玄注曰："儒，诸侯保氏有六艺以教民者。"这些昔日为师任教的官员在社会的大动荡中失去了尊贵的地位，由于他们熟悉各种礼仪并掌握着一定知识尚可随波逐流维持生计，但他们绝非无知草民而仍然忧患世事。

孔子自幼家贫，曾受旧儒影响，他关心国家大事，提出治国方略，周游列国，怀才不遇，于是兴办私学、著书立说。在《论语》中可窥见孔子关于"天命神鬼"的观念与旧儒已有明显区别。孔子承认天命神鬼的存在，他说："君子有三畏，畏天命，畏大人，畏圣人之言。"① "获罪于天，天所祷也。"② "商闻之矣：'死生有命，富贵在天。'"③ 这是因为在当时的儒学体系中，还需要有一个终极依据，传统宗教中"天"、"神"还应承担笼络人心的角色。但较之以往，孔子心目中的"天"、"神"显然减少了神秘化特征和崇拜性倾向。他说："天何言哉？四时行焉，百物生焉。"④ "季路问事鬼神。子曰：'未能事人，焉能事鬼？'曰：'敢问死？'曰：'未知生，焉知死？'"⑤

在当时的历史条件下，世人毕竟尚信天命鬼神，思想家们也难拿出打破这种观念的确切证据。孔子出于政治需要方面的考虑，采取含糊模棱的回避态度，对讲不清楚的问题宁付阙如，不失为明智之举。这实际已使人窥见他的某种心态，为使宗法等级制度继续得到维护，他不得不严格礼仪规范进行祭祀活动，而这使他不敢拆穿"天命"、"鬼神"的伪善面目。《论语·八佾》载："祭如在，祭神如神在。"鲁迅对此评论说："孔丘先生确是伟大，生在巫鬼势力如此旺盛的时代，偏不肯随俗谈鬼神。但可惜太聪明了，'祭如在，祭神如神在'，只用他修《春秋》的照例手段，以两个'如'字略寓'俏皮刻薄'之意，使人一时莫名其妙，看不出他肚皮里的反对来。"⑥ 为了摆脱这种两难局面，孔子提出"敬

---

① 《论语·季氏》。
② 《论语·八佾》。
③ 《论语·颜渊》。
④ 《论语·阳货》。
⑤ 《论语·先进》。
⑥ 《再论雷峰塔的倒掉》，《鲁迅全集》第 1 卷，人民出版社 1956 年版，第 293 页。

鬼神而远之"的著名命题。子曰：
"务民之义，敬鬼神而远之，可谓知
矣。"这无疑告诫统治者要远天近人，
祭鬼神只不过是联络人际感情的形
式，所以不要在意鬼神的有无，而应
通过这些礼仪活动明确各自的责任。

孔子对鬼神远之的态度，确立了
儒学与宗教的区别。宗教立足于情感
和无知，哲学则立足于理智和聪慧。
儒家虽然也讲天，但那只是虚幻，消
除了人们的亲近和畏惧，这就使宗教
难以生存。孔子用一种冷静的态度要
求人们与鬼神保持一定距离，而以一
种深刻的思考引导人们重视现实的人
生。这样，宗教继续成为国家统治的

鹰首壶（战国）

有效手段，而儒学在学术领域里则起主导作用。

孟子继承发挥了孔子的儒学思想，在天神有无的问题上仍走着一条
"中庸"的路线。他有时肯定天神的存在，但总给人天为我用的印象。
如他说："五百年必有王者兴，其间必有名世者。由周以来，七百有余
岁矣！以其数则过矣。夫天未欲平治天下，如欲平治天下，当今之世，
舍我其谁也？"[1] 这里讲到社会的治乱由天决定，英雄人物的出现也由
天安排，但这个天朦胧虚无，似乎是被人假借旗号而已。这种"天命"
观由孔子的"敬而远之"发展为"信而不笃"，实质上还是借用传统宗
教的框架，而尽量张扬人道的作用罢了。

孟子虽不反对天道，但天的含义显然已在变化。它不再是传统宗教

————————————

① 《孟子·公孙丑下》。

中活灵活现的上帝，而代表着一种真实无妄的法则。"莫之为而为者，天也；莫之致而致者，命也。"① 天是自然造化，神秘莫测，因此只有"尽人事以听天命"，发扬主观努力，才能得到天的回报。这实际上已成为一种人生哲学，而很少盲从的宗教意味。孟子把天和人结合起来，将天命变为义理，"仁义忠信，乐善不疲，此天爵也"②。天与人实现了沟通，天命于是变成自律。这样，人心即是天意，修身便可知天，"天人合一"否定了天的神秘而肯定了人的能动，从而使对天的理性观照成为儒学的主流。

自此以后，中国历史上的儒学得到发扬光大，而其与礼教的相互依存形成中国的文化传统。传统宗教向礼仪化、世俗化的发展过程中，充满了儒学的人文主义精神，所以近现代有学者也认为这种趋向无神的宗教实是儒家思想的外现，或者干脆称之为"儒教"。

第三节　尊天事鬼

与儒家学说不同，墨家学派则站在小生产者的立场上，建立起"天命"、"鬼神"的观念。墨家学派的创始人墨翟，相传早年"学儒者立业，受孔子之术"，后因鄙弃烦扰的周礼而抛弃儒学，创立出与儒家分庭抗礼的墨家学派。墨子认为民有三患："饥者不得食，寒者不得衣，劳者不得息。"要改变社会不公的现象，就必须进行社会革新活动。这些主张迎合了小生产者的利益，所以墨家学派形成了一个有着严格纪律和宗教精神的团体，并很快产生广大的影响，成为与孔子儒学齐名的"显学"。

---

① 《孟子·万章上》。
② 《孟子·告子上》。

双龙透雕钮饰（战国）

墨家主张"尊天事鬼"，但"天"与"鬼"的内涵却与传统的迷信不同。墨家是借"天"、"鬼"神威宣传兼爱、交利、非攻、节用的主张。官府不廉洁，民间有寇盗，都会遭到天帝鬼神的惩罚。显然天帝鬼神不再担当保护丑类的角色，而成为与官方神学相对立的异端。在墨家看来，"天子为善，天能赏之；天子为暴，天能罚之"。而善暴当然要符合民众的价值标准，因而这个天帝的立场转化了。

墨家这种有神论，始终受到上层宗教的批判，就是因为其中包含着人民性和进步性因素。《墨子》中宣扬天意能判别人间是非，而这个天意无非是墨家一派的观点，即代表小生产者的主张。如说："故子墨子之有天意也，上将以度天下之王公大人为刑政也，下将以量天下万民为文学出言谈也。观其行，顺天之意谓之善意行，反天之意谓之不善意行。观其言谈，顺天之意谓之善言谈，反天之意谓之不善言谈。观其刑政，顺天之意谓之善行政，反天之意谓之不善行政。故置此以为法，立此以为仪，将此量度天下之王公大人卿大夫之仁与不仁，譬之犹分黑白也。"其中的"天意"当然是指人意，"法"、"仪"当然是指处世原则，如果违背必受惩罚当然是告诫统治者不要胡作非为。

墨家宣扬这种天意显而易见是要人们遵从他们的社会主张："顺天意着兼相爱，交相利必得赏。反天意者别相恶，交相贼必得罚。"他们不但以"天意"规范人的行为，而且用鬼神恐吓人的心灵。他们宣扬鬼神具有超常的能力，"鬼神之明智于圣人，犹聪耳明目之与聋瞽也"。而且鬼神无处不在，"虽有深溪博林幽闲毋人之所，施行不可以不谨，现有鬼神视之"。这样就使人感到高明超绝的鬼神在冥冥之中始终监视人的言行，以此反而使人感到墨家的宗教观念相当突出。

毋庸讳言，墨家热情鼓吹天命鬼神，显然不是为了威吓百姓，而是为了百姓的利益，这与当时的统治阶级利用迷信思想作为压迫人民的工具有本质区别。但是也应看到，墨家企图假借天志鬼神威吓剥削者当权派，实际上达不到他们的主观目的。宗教幻想不会给人民带来实际利益，它只能使人民变成循规蹈矩的奴隶。墨家提出"天志"、"神鬼"，具有"神道设教"的性质，因而这种涂脂抹粉的"天"、"鬼"有着它明显的软弱性。

第四节　顺天尚无

面对春秋战国时期的动乱世象，道家学派提出以"道"为中心的天道观，把"道"看成是天地万物的本原和支配世界的普遍法则。老子说："道生一，一生二，二生三，三生万物。"就是对"道"派生万物的过程的表述，也就认为道是天地的根本，从而打破了天地鬼神至高无上的宗教形态，构建起对万物造化的哲学思考。

那么，老子的"道"又为何物呢？"道可道，非常道"，这个"道"是无法言述且永恒不灭的，它"视之不见"，"听之不闻"，无形无声，无始无终，一句话，就是"无"。老子认为，"无"中才能生"有"，"天下万物生于有，有生于无"。"无"才是最重要的，车毂、陶器、房室、山谷正因其中虚空，才有其用途和价值。老子提出"有之以为利，无之以为用"的"有""无"统一观点，是一个很有见地的认识，即用辩证的观点看待事物的相互联系。他把"虚无"神秘，"字之曰道"，强调"道"的玄奥莫测，只能说他意会到宇宙间那个不可捉摸的规律，但又很难以实证的方式给予解说，因而只好说："道之物，惟恍惟惚。惚兮恍兮，其中有象；恍兮惚兮，其中有物；窈兮冥兮，其中有精；其精甚真，其中有信。自古及今，其名不去，以阅众甫。"这里的道似乎又是实体，或者说形象地解释"道"的无处不在。虚虚实实，名物相生，正是老子含糊不清的奥妙。但不管怎样，"道"先天地生，与天地存，天地就成了"道"的载体，而否定了超自然的人格化的至尊神。

铜立鹤（战国）

　　老子认为"天道自然无为"，社会也应"无为而治"，正因人欲有为，也就坏了天道，这正是针对当时诸侯纷争、人皆有欲的世态而言。在他看来，"使有什伯之器而不用，使民重死而不远徙。虽有舟舆，无所乘之。虽有甲兵，无所陈之。使民复结绳而用之，甘其食，美其服，安其居，乐其俗，邻国相望，鸡犬之声相闻，民至老死不相往来"，岂不就相安无事了。这种主张，否定名利，淡泊人生，不受物累，不争而胜，也就打破了宗教传说中的欺妄神话，而使人反思人的主体的生命意义。当然，老子主张倒退到"无知无欲"、"小国寡民"的原始社会形态，可以说不是文明的进步，但以此种心态面对纷纷扰扰的红尘也不能不说是一种扭曲的抗争。而在哲学上促人进入更深层次的思辨，无疑使人对本体陷入幽深的冥思，至于后来发展成道教，则是哲学的苦闷不得排解而又走上穷途末路的表现。

庄子继承了老子的学说并身体力行，一生穷苦潦倒却乐天知命。他说："夫道，有情有信，无为无形。可传而不可受，可得而不可见。自本自根，未有天地，自古以固存。神鬼神帝，生天生地。在太极之先而不为高，在六极之下而不为深。先天地生而不为久，长于上古而不为老。"庄子认为物是有限的，而道是无限的。有形的物在时空间是相对存在，而无形的道在时空间是绝对存在。他有时把道解释为自然的天，而人不应与之对抗，一切都应依循天然。他说："无以人灭天，无以故灭命。"天理命定的都是美好的，人欲有为的一切都是不好的，不要失去天性而殉功名，真正的自由在于顺应自然，与自然相合方为"至人"，"至人"才能达到逍遥的境界，"天地与我并生，万物与我为一"。

庄子的乐天知命既包含有人要服从自然命运安排的宿命论思想，也包含着人要遵循自然规律而活动才会感到自由的合理性因素。道家学说完全不同于儒家、墨家、法家的天道理论，表面上它很玄虚深奥，实际上是一种超尘脱俗的思潮，这不能不归咎于动乱现实。而它引发的关于人的终极意义的命题的探讨，却不能不说是人的觉醒和天的沉沦。这是巫师文化走向的另一途径，但天的魅力永存，此后生发开去，开拓出得道升仙的虚幻云梯。

第五节　依天立法

法家则旗帜鲜明地反对传统宗教，并且坚决反对各种宗教活动。法家由管仲开其源，中经商鞅、慎到、申不害的发展，最后由韩非集其大成。他们在当时激烈的社会变革中，以激进态度主张打破宗法血缘网络。他们排斥一切学术文化，看重政令和法律，强调"法"、"术"、

"势"的研究，而轻视哲学理论的探讨。他们与儒家侧重道德驯化的社会改良主张相反，十分实际地希望把全国民众的思想以强力手段集中到君主个人意志上来。他们否定天神的权威，把天看成自然形态，管仲说："天不变其常，地不易其则，春秋冬夏不更其节，古今一也。"① 显然天不过是按自然规律运行的客体，而并非主宰人间赏罚的神灵。"春秋冬夏，阴阳之推移也；时之短长，阴阳之化也。然则阴阳正矣。虽不正，有余不可损，不足不可益也。天也，莫之能损益也。"② 天其实是完全客观的物质世界，既不能损益阴阳，更何谈掌管人间治乱？商鞅说："天地设而民生。"③ 天地之间仅是人类赖以生存的自然环境，只有适应历史的发展才是正道，因而也就可以理解商鞅初以王道说秦孝王而告失败，终以霸道说秦孝王而告功成的缘由。

　　荀子继承了儒家注重人道的传统，也吸取了道家自然无为的天道观念，而又接受法家思想并提出更为大胆的言论。他猛烈抨击宗教迷信活动，对天的神秘给予彻底的否定。它把天看成纯粹的客体而与人的主观作为无关，他说："天行有常，不为尧存，不为桀亡。""天不为人之恶寒也，辍冬；地不为人之恶辽远也，辍广。"④ 自然界不以人的意志为转移，因而"天道"与"人道"漠不相关。事业成功者不必对天感恩戴德，事业不成者也不必怨天尤人，一切都靠个人努

鹿形怪兽（战国）

① 《管子·形势》。
② 《管子·乘马》。
③ 《商君书·开塞》。
④ 《荀子·天论》。

力，抓住机遇努力竞争。那些走向穷途末路的诸侯、大夫只会悲天悯人、怨声载道，恰恰不能明察世事、顺应潮流。荀子不仅认为人不要唯天命是听，而且还提出"制天命而用之"的大胆主张。他说："大天而思之，孰与物畜而制。从天而颂之，孰与制天命而用之。望时而待之，孰与应时而使之。因物而多之，孰与骋能而化之。思物而物之，孰与理物而勿失之也。愿与物之所以生，孰与有物之所以成。故错人而思天，则失万物之情。"① 荀子将儒家注重人事、积极有为的优良传统发挥到极致，大力宣扬人不畏天、人能制天的光辉思想，成为中国文化史上著名的离经叛道的无神论者。

荀子的学生韩非说："天有天命，人有人命。"② 也是说的天人各有其命，两者不必混淆。韩非还认为，人只要认识客观规律，发挥主观能动作用，就可顺天而事成，"循天则用力寡而功立"③。当然，法家所理解的天与传统宗教之天有着根本的不同，天不再是超自然的神秘力量，而是泛自然的虚无对象而已。《韩非子·外储说左上》记载了一个寓言故事："客有为齐王画者，齐王问曰：'画孰最难者？'曰：'犬马最难。''孰者易？'曰：'鬼魅最易。夫犬马，人所知也，旦暮罄于前，不可类也，故难。鬼魅无形，不罄于前，故易之也。'"画鬼容易画马难，说明无形的鬼人所未见故易蒙人，而有形的马人所共见故不易惑众，从某种意义上讲也有务实比务虚难的道理。

法家学说的流行，客观上正因符合了统治者的需要，因而孔孟之流受到贬斥也就是情理中事。魏文侯时，三晋地区法家思想活跃，改革得以推行，西门豹治邺就充满了法治的精神。西门豹破除迷信，不负众望，所以为民爱戴。他以其人之道还治其人之身，使那些弄虚作假的官吏和祝巫成为宗教活动的牺牲品，无疑是对借神鬼观念行讹诈之实的骗

---

① 《荀子·天论》。
② 《韩非子·扬权》。
③ 《韩非子·用人》。

子的绝妙打击。因而，战国期间，随着法家思想影响的扩大，各国的旧宗教风俗几乎都受到清理，富国强兵之术成为天经地义的选择。秦国之所以最终入主中原，不能不与秦国一向法制手段严厉有关。当然，法家对宗教等传统文化的批判过于简单，主要是借助行政手段强行禁止。但是宗法观念只靠行政命令是难以取消的，并不能从根本上革除沿袭已久的血缘制度和天神观念，秦始皇登基之后还要行封禅大礼，因而，"天"在中国文化中也就成为永不屈尊的形象，或者可以说，它成为任人摆布的永久偶像。

　　总之，春秋战国时期可以说是天崩地裂。尽管人们仍然小心守护着礼法的藩篱，在生活中却感到传统宗教的失落。胆大妄为、私欲膨胀的人物视王法于不顾，有时不得已假惺惺地打着替天行道的旗号以中饱私囊。而思想家们则空前活跃，在寻找救世良方的同时无形中伴随着对天的不恭。天道对社会的威严逐渐沦丧，促使人对本身的力量加以重视，并开始了对神道的疏远和对人道的亲近。人们把焦虑的目光从浩渺的苍穹中收回，关注自我的命运和本身的价值。但根深蒂固的礼教观念毕竟还是一个陈旧破损的牢笼，因循守旧的惯性思维使众多念头不敢大胆冲出，因而崇神信鬼的礼仪活动在社会上也就广泛存在。这是一个一统消弭、杂糅相陈、多元并举的时代，是一个激荡出众多璀璨的思想火花的契机，而所有这一切，无不体现出远天近人的主流思潮，其中当然也就寓含着悲天悯人的动机。

第四章
民贵君轻

第一节　　"失民"　"得民"

随着土地兼并的日趋激烈，诸侯们对付人民的态度也发生了变化。经济利益的驱动使统治者在国内需要获得权力，在国外需要获得威信，因而他们一方面以更合理的方式收取租赋，另一方面以更宽容的手段笼络人心，以便获取更大的收益。一些有识者认识到民众的力量上升到社会发展的主流地位，而神灵的佑护不过是华而不实的虚幻。新兴势力正因适应了这一潮流不断壮大，而腐朽势力则抱残守缺、日渐衰败。

诸侯之间的攻防占守，强弱富贫，更离不开民心的向背和民力的盛衰。至于国人的暴动和野民的溃乱，或是国人的拥护和野民的支持，更是决定国家命脉的关键，成为胜败存亡的机枢。土地公有制的破坏导致土地私有制的产生，奴隶主的统治权力也在血淋淋的变革中拱手送交财大气粗的封建新贵，而新贵们不得不以民为本考虑治国的方略。

春秋战国时期新旧势力的斗争，主要体现在周天子与诸侯国之间、诸侯国内部国君与卿大夫之间。斗争的总趋势是：周天子衰弱了，诸侯发展起来；诸侯衰弱了，卿大夫发展起来。在这种上下相克的斗争中，谁能顺应生产力解放的大势，谁便代表社会发展主流。因而代表新型生产关系的新生封建力量在财产和权力分配上进行有利于民众的改革，使新兴集团的代表人物终于战胜保守势力的僵化体制。

栾书缶（春秋）

伴随这一变革曲折反复地进行，民众的威力由隐而显地登上历史舞台，并成为举足轻重的决定力量。关于田氏代齐，《史记·田敬仲完世家》载："田釐子乞事齐景公为大夫，其收赋税于民以小斗受之，其粟予民以大斗，行阴德于民，而景公弗禁。由此田氏得齐众心，宗族益强，民思田氏。"《左传·昭公三年》载此事："公弃其民，而归于陈氏。齐旧四量：豆、区、釜、钟。四升为豆，各自其四，以登于釜，釜十则钟。陈氏三量，皆登一焉，钟乃大矣。以家量贷，而以公量收之。山木如市，弗加于山；鱼盐蜃蛤，弗加于海。民参其力，二人于公，而衣食其一。公聚朽蠹，而三老冻馁。国之诸市，屦贱踊贵。民人痛疾，而或燠休之，其爱之如父母，而归之如流水。"以此看来，齐国公室和田氏家族对民采取完全不同的举措，当然就会产生截然相反的效应。齐国公室横征暴敛、严刑酷罚，显然已失去了民心，而田氏家族乐善好施、嘘寒问暖，当然会使民有所归，那么"陈氏之施，民歌舞之矣"，也就大可理解。

鲁国三桓三分公室时，由于季氏采取征税制，所以势力发展最快。季氏还想方设法扩大自己的封建依附人口，"寒者衣之，饥者食之，为之令主而共其乏困，费（人）来如归"[1]。这样，当然"政自之出久矣，

———————————

[1] 《左传·昭公十三年》。

隐民多取食焉，为之徒者众矣"①。季氏还建立和扩大私家武装，民众
为保护自身利益自然乐于卖命，结果兵力比鲁国公室还要强大。由于这
些原因，季氏才能长期把持鲁国政权，而鲁昭公企图消除三桓却自己被
赶出国外。鲁昭公向晋国求救时，晋国执政者赵鞅说："季氏甚得其民，
淮夷与之。有十年之备，有齐楚之援。有天之赞，有民之助。"可见季
氏代表了社会发展方向，凭借民众的拥戴而得到上天的赞赏。至于孔子
对季氏大加非议也是从维护旧礼制角度而言，而其学生冉有、子路对老
师的苛求不以为然，多少也说明面对社会变革各有评判。

晋国到了春秋末年，也正如叔向所说："虽吾公室，今亦季世也。
戎马不驾，卿无军行，公乘无人，卒列无长。庶民罢敝而宫室滋侈，道
瑾相望而女富益尤。民闻公命，如逃寇仇。栾、郁、胥、原、狐、续、
庆、伯，降在皂隶。政在家门，民无所依。君日不悛，以乐愠忧。公室
之卑，其何日之有?"② 从这段话中可以看出晋国公室的衰败，而究其
病因完全在于失民。民众非死即亡，谁还听命国君？其后不久，晋国三
分，公室彻底垮台，民众归于大夫。不难看出，陪臣之所以能执国命，
根本原因在于国失其政、国失其民。

春秋战国时期群雄争霸是典型的时代特征，霸业的盛衰和霸主的安
危也与民众的得失息息相关。鲁庄公与齐国交战前，乡人曹刿与庄公的
对话发人深思："问：'何以战?'公曰：'衣食所安，弗敢专也，必以分
人。'对曰：'小惠未遍，民弗从也。'公曰：'牺牲衣帛，弗敢加也，必
以信。'对曰：'小信未孚，神弗福也。'公曰：'小大之狱，虽不能察，
必以情。'对曰：'忠之属也，可以一战，战则请从。'"只有严明公正、
获得百姓的拥戴，方可凭此一战，足以说明曹刿的远见卓识。晋悼公注
意修明政治，不准侵犯农时，免除人民的债务，起用贤德之人才，救济

---

① 《左传·昭公二十五年》。
② 《左传·昭公三年》。

贫困，禁止邪恶，宽赦罪过，节约器用，故而"民无谤言，所以复霸也"①。越王勾践为报仇雪耻，奖励生产，充实国力，"十年不收于国，民俱有三年之食"②。并照顾鳏寡孤独老弱病残，广施恩惠凝聚人心。又大力提倡军事、鼓励生育和重视教育，广泛延揽能人、礼贤下士。卧薪尝胆，发愤图强，经过"十年生聚，十年教训"，终于强大起来一举灭吴。

相反，不管民众死活，终会遭到民众的背弃。只会养鹤的卫懿公，忘记了百姓的利益，而让鹤享受大夫俸禄。当北方狄人入侵时，只得亲自上前线，结果身死沙场，国都陷落。惨无人道的晋灵公"厚敛以雕墙"，"从台上弹人"，"宰夫胹熊蹯不孰杀之"，最终只能落得身败名裂的下场。楚国最初雄起，是得不为礼教束缚之先；而其最后没落，则是因改革不力。尤其是佞臣乱政大失民心，使强楚内外交困，一败涂地，不能不使人感叹小人当道、君失其民的严重后果。"无民孰战？"③ 战争是拼武力，拼财力，但归根结底是拼民力，是"用民"。

春秋时期称霸中原的晋文公，曾流亡国外 19 年，丰富的阅历使他逐渐成熟。"晋侯始入而教其民。二年，欲用之。子犯曰：'民未知义，未安其居。'于是乎出定襄王，入务利民，民怀生矣。将用之，子犯曰：'民未知信，未宣其用。'于是乎伐原以示之信，民易资者，不求丰焉，明征其辞。公曰：'可矣乎？'子犯曰：'民未知礼，未生其共。'于是乎大搜以示之礼，作执秩以正其官，民听不惑，而后用之。出谷戍，释宋围，一战而霸，文之教也。"④ 文治武霸提高了民众的素质，因而晋国天下称强。

战国时期秦国之所以最终吞并六国，统一天下，改革变法功不可

---

① 《左传·成公十八年》。
② 《国语·越语上》。
③ 《左传·成公十五年》。
④ 《左传·僖公二十七年》。

没，关键亦在得人用民。李斯的《谏逐客书》纵述秦国强大的历史，说理可谓透彻："昔缪公求士，西取由余于戎，东得百里奚于宛，迎蹇叔于宋，来丕豹、公孙支于晋。此五子者，不产于秦，而缪公用之，并国二十，遂霸西戎。孝公用商鞅之法，移风易俗，民以殷盛，国以富强，百姓乐用，诸侯亲服，获楚魏之师，举地千里，至今治强。惠王用张仪之计，拔三川之地，西并巴蜀，北收上郡，南取汉中，包九夷，制鄢郢，东据成皋之险，割膏腴之壤，遂散六国之从，使之西面事秦，功施到今。昭王得范雎，废穰侯，逐华阳，强公室，杜私门，蚕食诸侯，使秦成帝业。"秦国善用人才，改革最为彻底，奖励耕战，臣民用命，南面为尊终是大势所趋。只有强大兵力，雄厚经济，严明政治，方能有所作为，而这一切，都要以民为基础。"皮之不存，毛将焉附？"一切决策须以民为根本，成为春秋战国争霸者的共识。

由于统治阶级与广大民众在礼崩乐坏的现实中不断调整着自己扮演的角色，社会地位的变化使民主思潮也蔓延开来。庶民不再甘心于贵族的残酷压榨，公然溃乱的反抗活动此起彼

错金银龙凤方案（战国）

伏。公元前 644 年冬，齐桓公征用 10 个盟国的庶人修筑鄫城，结果"城鄫役人病，有夜登丘而呼曰'齐有乱'，不果城而还"①。这使齐桓公的筑城计划被迫停止，东征淮夷的打算也落了空。公元前 641 年，梁

————————————————

① 《左传·僖公十六年》。

国国君强迫庶民修建城池，民不堪命一起逃亡，秦穆公趁机灭掉梁国。《左传·僖公十九年》载此事："民惧而溃，秦遂取梁。"《公羊传》评价此事曰："梁亡。此未有伐者，其言梁亡何？自亡也。其自亡奈何？鱼烂而亡也。"《穀梁传》也说："梁亡，自亡也。"可见梁君"失众"引起"民溃"，而"民溃"导致亡国，民为国之本不言而喻。《公羊传》说："溃者何？下叛上也。"《穀梁传》说："溃之为言，上下不相得也。"这种"民溃"虽然是无力反抗的软弱表现，但对"君上"而言也是不寒而栗的。《诗经·魏风·硕鼠》便反映出民众逃亡的愿望，这些逃亡力量往往被新兴的封建势力利用，从而加速了奴隶制的崩溃和封建制的确立。

至于有些国家阶级矛盾激化，甚至发生庶民起义，更是令人触目惊心。公元前478年和公元前469年，卫国两次发生暴动，起因皆是"公使匠久"。第二次暴动还因卫君侵犯了贵族的利益，这些贵族便利用工匠起义达到自己的目的。起义的工匠"皆执利兵，无者执斤"，并联络卫君的亲信作内应。有人要求镇压起义，有人却说"当今不可，众怒难犯"，卫君只得狼狈逃窜。史书不但记载了民之"溃"，而且还有大量民之"盗"的描写，逃亡的民众沦为抢劫的盗贼，其实正反映出官逼民反的险恶世态。《庄子·盗跖》中言："盗跖从率九千人，横行天下，侵暴诸侯。"虽为寓言并非信史，但恐怕也不是无影无踪的事情。《韩非子·喻老》中载："庄蹻之盗于境内而吏不能禁，此政之乱也。"民由"溃"而"盗"说明斗争的深化，而这些现象皆由统治不利引发，因而"溃"、"盗"不能不给腐朽体制以沉重的打击，并成为推动历史前进的直接动力。

乡野中庶民的作乱严重动摇了国家的统治，而国人的暴动更是给贵族平添了许多忧愁。国人一般指住在国都及其近郊的居民，属于在阶级分化过程中失落的部族成员，这些自由人往往有一定的文化素养、政治敏感和经济地位。西周末年，国人就曾流厉王于彘，原因就在于厉王暴虐，滥施刑威，不听国人批评，终于激起民愤。春秋时期，郑国发生多次反抗无道统治的事件，也正因此才抑制了执政者的胡作非为，使郑国处于晋楚之间而不亡。宋国的国人在政治生活中也起着巨大的作用，如宋公子鲍在荒年贷粟给国人，国人就拥立其为国君。而宋大尹弄政欺上压下，"国人恶之"，最后只好流亡于楚。《左传·文公十八年》载："莒纪公生太子仆，又生季陀，爱季陀而黜仆；且多行无礼于国。仆因国人以弑纪公。"可见太子仆与国人联手起事，就是因太子仆不满被黜和纪公无礼于国。《左传·昭公二十三年》载："莒子庚舆虐而好剑，苟铸剑，必试诸人，国人患之，又将叛齐。乌存帅国人以逐之。"统治者任意妄为不得人心招来杀身之祸，在春秋时期是司空见惯的事情，这说明国人民主力量的强大和国君专制统治的削弱。

因而，诸侯们要富国强兵，根本在于获得国人的支持。晋文公"弃责薄敛，施舍分寡，救乏振滞，匡困资无，轻关易道，通商宽农"[1]，方能成就霸主之业。郑国在子皮当政时，发生饥荒，子皮给每户发放粮食救灾赈济，因此深得民众爱戴[2]。齐国的田氏就是因救危扶困而逐渐发展起来的新兴封建势力的代表，晋国的韩、赵、魏如果不得人民支持也很难分立称雄。故此，乡民和国人有时在客观上充当了新兴势力战胜守旧势力的助产师，这股强劲的生产力为新制度的诞生开辟了广阔的远景。

春秋战国时期并没有发生席卷天下的大起义，新旧制度的更替是通过不断的自上而下的改革完成的。围绕这种改革进行的斗争就是一场革命，活跃的生产力显然是这场斗争的决定力量，于是西周以来的"敬德保民"的思想进一步发展为东周以来形成的"民贵君轻"的意识，而日渐形成对民本现象的纵深思考。

---

① 《国语·晋语》。
② 《左传·襄公二十九年》。

第二节　"仁人"　"仁政"

儒家代表人物孔子尽管想方设法要挽救崩溃的礼制，但他所理想的当然不再是惨无人道的腐朽王法。他试图以改良的方式重整社会秩序，因而主张调和阶级矛盾而达到天下大治。

玉兽面纹梳（春秋）

他提出"仁者，爱人"的口号来修补"克己复礼"的纲领，不能不说是西周以来"重民"思想的一种反映。其中透露出对劳动者身份变化的看法，可以说是一种适合潮流的进步认识。他从统治阶级的长远利益出发，认为对民众的剥削不应采取竭泽而渔的方法，而应采取使之富足的措施。在《论语·阳货》中他说："宽则得众。"这种"爱民"、"富民"的主张体现出孔子"民本"思想的内核。

他还提出"节用而爱人，使民以时"①，表达出他对统治者的良苦用心和善意告诫。他说应"修己以安百姓"，"因民之所利而利之"②，明显看出对执政者的婉转批评和开导。当然，孔子从本质上是要维护周礼的，因而不可能站在民众的立场，"民可使由之，不可使知之"，多少表明了他的"愚民"态度。据《左传》说他修《春秋》时记载"初税亩"，也是为了批评其"非礼也"。孔子学说被后世统治者所用由此可见

---

① 《论语·学而》。
② 《论语·尧曰》。

一斑，但其发出的"仁"的召唤促成了后来"仁政"良方的出现，总比鼓吹"苛政"而不讲人道更富文明精神。

孟子继承发扬了孔子"仁人"的人文观点并付诸现实斗争，提出的政治纲领更为激进强烈，这就是"仁政"学说。孟子提出"民为贵，社稷次之，君为轻"的著名口号，无疑把民本思想发挥到了极致。他认为国君必须与民众同乐同忧，"乐民之乐者，民亦乐其乐；忧民之忧者，民亦忧其忧。乐以天下，忧以天下，然而不王者，未之有也"①。即国君只有与民同心才会心想事成，得到民众拥护才能治理好天下。至于那些暴虐无道的昏君不但有失国的危险，还会遭受身家性命不保的厄运。如对周武王讨伐殷纣王之事，孟子说："贼仁者谓之贼，贼义者谓之残。残贼之人谓之一夫。闻诛一夫纣矣，未闻弒君也。"② 孟子当然与孔子一样，是反对犯上作乱的，但他又有新的解释，那些独夫民贼尽可诛之而不谓弒，可以看出孟子心目中有国君之标准，国君要像国君，方能长治久安。"君之视臣如手足，则臣视君如腹心。君之视臣如犬马，则臣视君如国人。君之视臣如土芥，则臣视君如寇仇。"③ 只有善待臣下，君位才能安定，说明孟子深刻认识到获取民心才是立国的根本。

那么，怎样才能获取民心呢？孟子提出一套措施，即他心目中的"仁政"。首先是为民制产："是故明君制民之产，必使仰足以事父母，俯足以畜妻子，乐岁终身饱，凶年免于死亡，然后驱而之善，故民之从之也轻。"④ "方里而井，井九百亩，其中为公田，八家皆私百亩，同养公田。"⑤ 这样，使民有"恒产"，便有"恒心"，就不会"放辟邪侈"，也就形成良好的社会秩序。其次是薄赋省刑。孟子认为征发徭役要不误

---

① 《孟子·梁惠王下》。
② 《孟子·梁惠王下》。
③ 《孟子·离娄下》。
④ 《孟子·梁惠王上》。
⑤ 《孟子·滕文公上》。

农时，年成不好要减轻赋敛，抽税尽可能有一定限度，一切不要使民众为难。这样防患于未然，民众就不会造反。再加以庠序之教，使"父子有亲，君臣有义，夫妇有别，长幼有序，朋友有信"①，社会风气就会大好。如果不从根本做起，"及陷于罪，然后从而刑之，是罔民也。焉有仁人在位，罔民而可为也"②！再次是尊贤重能。孟子认为实行"仁政"须用贤能，尊重贤能的最高形式是"禅让"，这显然受尧舜传位的影响而美化这一遗制。孟子大力称道尧舜的言行，其实很有鼓吹民主选举的意味，同时也有宣扬天下为公的隐衷。《孟子·梁惠王下》中言："左右皆曰贤，未可也；诸大夫皆曰贤，未可也；国人皆曰贤，然后察之；见贤焉，然后用之。左右皆曰不可，勿听；诸大夫皆曰不可，勿听；国人皆曰不可，然后察之；见不可焉，然后去之。左右皆曰可杀，勿听；诸大夫皆曰可杀，勿听；国人皆曰可杀，然后察之；见可杀焉，然后杀之，故曰，国人杀之也。如此，然后可以为民父母。"

孟子所处的时代与孔子不同，所以他重视民众的意愿。固然，孟子认为"劳心者治人，劳力者治于人"是正当的社会分工，表现出维护现有社会秩序的倾向，但他毕竟也反映出当时民众的利益要求，呼吁世道的公正和良心。这反映出孟子不愿意看到激烈斗争而希望调和的中庸思想，依然遵循的是孔子弹唱的改良论调。他继承了孔子衣钵但基于现实，不愿看到人民遭受苦难而又使国君陷入尴尬境地，以民为本、以仁行政的感情色彩因而更为浓厚。这种"民贵君轻"的主张是"远天近人"思想的深化，当然也是为统治阶级筹划的长远政策。但他浓厚的抽象说教虽然极富哲理，却显得"迂远而阔于事情"③，因而其极力鼓吹的"王道"也终难行通。

---

① 《孟子·滕文公上》。
② 《孟子·梁惠王上》。
③ 《史记·孟子荀卿列传》。

第三节　"兼爱""非攻"

　　墨子更是从小生产者的利益出发，愤愤不平地为"贱人"的意愿而大声疾呼。墨家学派认为，社会的攻战征伐动乱祸害，都是由人们的仇恨和侵夺造成的，而民众首遭其殃。因此他提出"兼相爱，交相利"的调和人际关系的主张，实际上也是为社会的安定团结出谋划策。所谓"兼相爱"就是要把别人等同于自己而施之以爱，所谓"交相利"就是要把别人等同于自己而施之以利，只要社会上人人都献出一点爱和利，我为人人，人人为我，那么就会天下太平。

　　这种主张反映了小生产者不满于受压迫被剥削的愤愤之情，同时也是对各国之间争霸战争的抗议。但是，墨子并不主张废除等级制度，认为王公大人与士农工商都是出力者，他们之间要相爱相利，显然这是不切实际的良好愿望。小生产者没有力量来实现对社会的变革，他们只希望自己的私有财产不受侵犯。面对错综复杂的争斗，他们不愿陷入无休止的动乱，而希望过和平

青釉钟（战国）

宁静的生活，因而这种美好的一相情愿颇有号召力，成为名重一时的"显学"。

　　墨子认为侵略他国与侵夺民力性质相同，因而坚决反对战争。这种

"非攻"主张有反对破坏生产、保护人民生命的积极意义，因而墨子对不义战争坚决抵抗，实际是和普通群众切身利益紧密相关的。为实践自己的学说，墨家子弟具有"赴火蹈刃，死不旋踵"的精神，具有严明的纪律和旺盛的斗志，于此可见是一支不可忽视的民众力量。

墨子对宗法制度下靠血缘关系而获得政治地位的现象深表不满，提出"官无常贵，而民无终贱，有能则举之，无能则下之"的"尚贤"、"尚同"主张，反映了小生产者不甘卑弱的心态，同时也表达出选贤任能的开明期望。"不党父兄，不偏富贵"，"与百姓均事业"，"共劳苦"，体现出墨家的政治要求和经济理想。

尽管墨子的局限使他不敢大胆反对现行社会制度，有些学说流于空想或自相矛盾，但其暴反贪、视死如归的精神还是含有正义的因素，其任侠尚武、追求平等的传奇色彩也使统治者不得不慎重对待。

第四节　　"无为"　"有为"

老子曾担任过周的史官，有着很高的文化素养。对险恶的政治斗争有清醒的认识，因而把更多的精力集中于对道法自然的追求，希望从哲学角度勘破人生的奥秘。

在他看来，"无为而治"是最妙的治国之道，一切顺从自然则一切无所不成。他说："治大国若烹小鲜。"① 即治理大国就像烹煮小鱼一样，放在锅里不要多动，否则小鱼就容易煮烂。"不以智治国，国之福。"即不要过于用智谋，人民反而会变得纯真质朴，以无为的手段达到有为的目的。他说："我无为而民白化，我好静而民自正，我无事而

_____

① 《老子·第六十章》。

民自富，我无欲而民自朴。"① 都是从社会动乱本源针对统治阶级而言的。

他对周礼十分熟悉，深知其虚伪和残酷："夫礼者，忠信之薄而乱之首。"② 加上当时"礼崩乐坏"的趋势已难挽回，所以老子反对儒家用"礼"力挽狂澜。他对墨家的"尚贤"也持反对态度，他说："不尚贤，使民不争。"③ 无所谓贤能与不肖，社会也就平安。他对"法治"也深恶痛绝，说："法令滋彰，盗贼多有。"④ 法令越严明，盗贼反而越多。总之，他似乎参透了急功近利的恶果，因而认为最好的办法是"无为而治"，以"无为"而达到"无不为"⑤。

老子这种主张，正是他没落阶级立场的反映，也还是从剥削阶级利益出发提出的一套统治人民的措施。只是要求统治者采取温和的手段，使人民老实自觉地无为生活。这种"无为"主张一方面要按捺统治者的强烈私欲，一方面也要被统治者不要有丝毫反抗，"顺其自然"成为老子不切实际的空想。

但老子的主张毕竟是有其积极意义的，其"无为"并非真的消极退守，而是循序渐进，防患于未然。他说："为之于其未有，治之于其未乱。"即在未出现祸乱之前就消灭它的动因，使事业向好的方向发展。他说："图难于其易，为大于其细，天下难事必作于易，天下大事必作于细，是以圣人终不为大，故能成其大。"⑥ 这种"有为"思想作为"无为"思想的补充，思想是深刻的，符合朴素辩证法。

正是在这种"天道"思想基础上，老子认为君主要顺应民众意愿，

————————

① 《老子·第五十七章》。
② 《老子·第三十八章》。
③ 《老子·第三章》。
④ 《老子·第五十七章》。
⑤ 《老子·第四十八章》。
⑥ 《老子·第六十三章》。

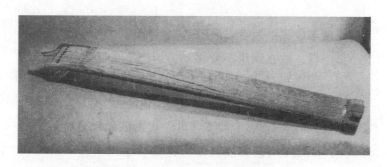

木十三弦琴（战国）

"圣人无常心，以百姓心为心"①。他指出统治者"损不足以奉有余"，"民之饥，以其上食税之多"，甚至直接攻击统治者为"盗夸"，即大盗。他对社会不公的现象非常不满，对统治者采用的镇压政策更是反对，他说："民不畏死，奈何以死惧之？"从而深刻地揭示出"害民"之道是行不通的，只有"爱民"才能取得民众的理解与支持。

老子鼓吹的平等意识揭破了统治者的伪善面目，从而有利于民众更好地把握个人的命运。这种思想被后来的庄子发展走向消极，将返璞归真"万物与我为一"作为终极目标，这实际上是对人类动乱社会的失望，是无力改变现实而又无可奈何的心态的曲折反映。他反对一切斗争，反对改革进步，也不能不说是对人的命运的思考，但他却把人的思维引向虚无缥缈的远古，以此否定现行制度而成为一种消极的对抗。

第五节　"明法"　"国强"

法家思想主要体现于"法治"，是基于礼教的破坏而建树起来的。当儒家学说不能适应较快地完成封建化过程和巩固封建政权的需要时，

----

① 《老子·第四十九章》。

法家学说应运而生并长足发展，成为后来居上的治国之道。法家提倡改革更新，富国强兵，以实力霸天下。尤其战国时期各国相继进行的变法运动，促进了法家思想体系的形成。

法家特别重视民众的作用，更强调如何用民的措施。李悝在魏国变法的成功，使民不散兵以强。吴起在楚国的改革则"明法审令"，使楚"于是南平百越，北并陈蔡，却三晋，西伐秦。诸侯患楚之强"①。申不害在韩国"内修政教"，终使"国内以治，诸侯不来侵伐"②。邹忌在齐国"修法律而督奸吏"，"于是齐最强于诸侯，自称为王，以令天下"③。秦国改革最为彻底，尤其在商鞅执政时，重视农业，奖励军功，移风易俗，重法轻儒，遂使"秦人富强，天子致胙于孝公，诸侯毕贺"④。这些变法改革无不顺应时代潮流，尊重民众意愿，而深刻打击了腐朽保守势力，形成了新的专制体制。

韩非主张"刑过不避大臣，赏善不遗匹夫"，是对"刑不上大夫"、"礼不下庶人"的否定。这种"法不阿贵"的思想，在战国末期维护了新兴地主阶级的利益。他又强调统治之"术"和国君之"势"，从而形成一套封建专制主义理论。这适应了大一统的历史发展趋势，

秦公簋（春秋）

加速了秦统一中国的步伐。但韩非研究的仍是如何"御民"的招术和如何"治政"的权势，从"性恶论"和"利己性"出发将人际关系视为买卖关系，"主卖官爵，臣卖智力"，使君主和臣民失去了感情的依恋。建

① 《史记·孙子吴起列传》。
② 《史记·韩世家》。
③ 《史记·田敬仲完世家》。
④ 《史记·商君列传》。

构在这种人性论上的严刑峻法，同样暴露出地主阶级的本性，但也反映出新兴阶级上升时期面对现实的精神，而以此获得民众对砸碎旧道德的支持。

当然，这些观点都是为建立和巩固封建专制的中央集权服务，最终必然激起人民的反抗，因而它在历史上的进步作用只能是短暂的、片面的。其实春秋战国时期的任何民本思潮都似乎是从民众利益出发，而探讨国家统治机器如何有效地运转。因而从本质上说，民本思想不过是统治过程中的一个重要因素，而不可能达到宣扬建立真正的人民政权的思想高度。

总之，春秋战国时期随着生产力的进步与活跃，奴隶制逐渐土崩瓦解，民众要求显示出不可低估的强劲态势，而新兴的封建势力为夺取更大的利益，顺应了这不可逆转的历史潮流，"民本"意识无形中得以发扬光大。夏商以来"君权神授"的宗教观念在西周以后逐渐转向"民为邦本"的道德观念，但由于传统思维的强大惯性和自然科学的卑弱无力，人们还不太敢断然否定"天"的威严和"君"的权势，然而实际上，活生生的社会现实、少数哲人的惊世之言和多数新贵的骇世之举，已昭示出"远天近人"、"民贵君轻"的理性觉醒。

下卷

异彩纷呈的人文标举

第一章
尊贤重学

第一节　群雄并起

春秋战国时代新旧更替的社会秩序大改组中，由于新兴的封建进步力量毫不掩饰对旧的腐朽体制的打击破坏，因而他们迫切需要大批具有真才实学的有识之士的支持。社会生产的大发展，社会统治的大调整，使众多头脑睿智、能力超群的杰出人才有了充分的用武之地。他们随着社会发展的必然趋势，冲破僵化的藩篱而投身于火热的现实。他们以特有的智慧和技能改换门庭，充分发挥出蕴藏已久的火热能量。这就使社会舞台上活跃着他们充满青春的身影，围绕在具有实力的新兴权贵身旁。诸侯以及大夫们也正需要这些希望显身扬名的创业者，由此，礼贤重士蔚然形成一股清新之气，溢漫在充满刀光剑影的血雨腥风中。

春秋时期，王室衰微，诸侯崛立，几个大国相继称雄天下。在争霸过程中，各方诸侯特别注意人才的重用。"夫争天下者，必先争人。"[①]齐桓公不计前嫌，任用管仲相国。在管仲的竭诚辅佐下，打着"尊王攘

---

① 《管子·霸言》。

吴王夫差矛（春秋）

夷"的旗号，迅速"一匡天下"。其后晋文公创建霸业，也是依靠尚贤重法的原则。他把先轸从下军佐的地位，超升6级任命为中军元帅。秦穆公"称霸西戎"，正是根据由余的计划。而楚庄王"问鼎中原"，也是因其少年老成、用人得当。吴王阖庐虽有"篡逆"之恶名，却也是一位能干的国君，即位当年便"任贤使能，施恩行惠，以仁义闻于诸侯"[1]。在伍子胥的辅佐下，大败楚国攻入郢都。而吴王夫差之所以败亡，也正是因为不听从伍子胥的忠心劝告，最终身败名裂。越王勾践在将要灭国的情况下，整饬内政，招贤纳士。重用文种、范蠡，最终灭吴雪耻。而此时的周王每况愈下，不仅疆域狭小，而且财力匮乏，这也导致了王室无力，众叛亲离，从根本上说，这是历史的必然，而人才流失也加速了它的衰落。

进入战国时期，各国更是任贤使能。众多不凡之士出入往来诸侯之间，以饱学之姿、切实之行，或待价而沽，或恃才自荐。贤明国君对他们也另眼相看，委以重任，以完善封建统治政权，达到富国强兵的目的。

在魏国，魏文侯任命李悝为相率先变法。李悝制定出发展农业、平抑粮价、加强治安、修整武备的一系列措施，使魏国在战国前期成为最强的国家。吴起由魏到楚被楚悼王任用为相，"明法审令"[2]，"封君之子三世而收其爵禄"，"使私不害公，

---

① 《吴越春秋·阖闾内传》。

② 《史记·吴起列传》。

谗不蔽忠"①。"损不急之枝官，以奉选练之士。"②"破驰说之言从横者"③，效果十分显著。楚于是南平百越，北并陈蔡，却三晋，西伐秦。赵国在公仲连任相时举荐牛畜、荀欣、徐越，牛畜劝说赵烈侯行"以仁义，约以王道"，荀欣建议整顿官制，"选练举贤，任官使能"，徐越提出"节财俭用，察度功德"，赵烈侯听后十分高兴，立即推行他们的主

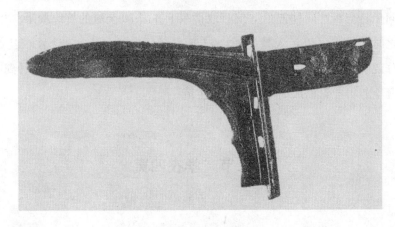

燕王职戈（战国）

张，经过改革，赵国迅速强大起来。④ 身为"故郑之贱臣"的申不害因"学术以干韩昭侯，昭侯用以为相"⑤，于是韩国实行"内修政教"的改革措施，其"明法察令"，"见功而与赏，因能而授官"，主张君权至上，考核官吏，用"术"驾驭天下，终于取得"修术行道、国内以治、诸侯不来侵伐"的强盛。齐威王赏识邹忌并授予相印，修法律而督奸吏，举贤才而开言路，"于是齐最强于诸侯，自称为王，以令天下"⑥。商鞅由魏入秦，以霸道打动秦孝公，被秦孝公委以重任。他颁布法律，严刑重

---

① 《战国策·秦策》。
② 《韩非子·和氏》。
③ 《史记·吴起列传》。
④ 《史记·赵世家》。
⑤ 《史记·老子韩非列传》。
⑥ 《史记·田敬仲完世家》。

罚，奖励军功，发展生产，废除井田，推行县制，移风易俗，焚书禁游，这样使秦国由弱变强，并奠定了此后统一天下的基础。

其后，苏秦、张仪的合纵连横，"一怒而诸侯惧，安居而天下熄"①，使天下莫不刮目相看。燕昭王"卑身厚币以招贤者"，师事郭隗，于是"乐毅自魏往，邹衍自齐往，剧辛自赵往，士争趋燕。燕王吊死问孤，与百姓同甘苦"②，终于取得东下齐国70余城的辉煌战果。"六国之时，贤才之臣，入楚楚重，出齐齐轻，为赵赵完，畔魏魏丧"③，充分说明了动乱世道中脱颖而出的雄杰举足轻重的地位，也使人看到明君贤臣相得益彰而成为历史发展的主流。

第二节　学在四夷

由于王室衰落而朝纲不振，也造成"天子失官，学在四夷"的教育局面。这一方面有利于人才的培养，一方面促进了学术的繁荣。西周时期，天子控制着教育大权，也垄断着学术。宗室京畿，是各国贵族子弟游学的地方，集中了大量的图籍和人才，不但是全国最高学府所在地，也是全国文化教育的中心。但东周以后，形势发生了很大变化，图籍流失，人才四散，最高学府徒有其名，各地私学却蓬勃兴起。《左传·昭公二十六年》载，王子朝与周敬王争位失败后，除了拉走一批旧宗族，还带走不少能工巧匠，"奉周之典籍以奔楚"。这是东周文化的一次最大迁移，此举使楚国学术领域获益匪浅。原为周室史官的太师司马氏则到了晋国，这就必然将有关的周史资料、编史经验以及其他知识带给晋

① 《孟子·滕文公下》。
② 《史记·燕召公世家》。
③ 《论衡·效力篇》。

人，何况此后其子弟分散到卫国、赵国和秦国，文化学术的传播就更加扩大了范围。孔子说："太师挚适齐，亚饭干适楚，三饭缭适蔡，四饭缺适秦，鼓方叔入于河，播鼗武入于汉，少师阳、击磬襄入于海。"[①] 连天子身边的乐师都出走了，那么曾侯乙墓中出土全

蟠虺纹方鉴（战国）

套大型编钟编磬和多种乐器也就不足为奇了。

春秋战国时期的教育变革贯穿着一条主线，即王室的官学被各地的私学取代，而后零散的私学又由新兴的官学统一。与此主线同步的教育内容也紧紧围绕着一个中心，即适应时代的变化而加强智能的培养，造就审时度势并热心从政的人才。这样，从周旧官学的衰落到秦新官学的确立，初步完成了从奴隶制教育到封建制教育的过渡。而在这一转化过程中，充分显示出教育对文化的巨大促进作用。

西周贵族官学的衰落，自有其政治和经济的原因，而官学本身的僵化制度和不合时宜的教学内容，也是主要的决定因素。周代的教育实施，立足点是在"祀"与"戎"上，即培养学生的宗族观念和战斗能力。春秋时期，宗法礼制渐被破坏，"祀"已不能成为维系天子诸侯的血缘和等级关系的纽带。诸侯王卿关心的是国家威力，因此国之大事的重点逐渐转到"治"与"戎"上。陈腐的教育使学生对学习不感兴趣，即使取得优异成绩也不能与社会需要接轨。那套对奴隶社会的歌功颂德形式，根本与血雨腥风的残酷现实不符。学而优并不能为仕，反而成为谋生的障碍。"可以无学，无学不害"[②]，充分揭示了学生厌学的根源。

---

① 《论语·微子》。
② 《左传·昭公十八年》。

三轮盘（春秋）

而官员竟也这样议论，说明对学校教育的疑虑。其废学原因就在于"乱世则学校不修焉"。国家没有足够的力量管理学校，更谈不上对学校环境的改善；官师常遭丧职而自顾不暇，学校秩序混乱听任师生随便去留。这样恶性循环的结果学校怎能不垮，教育的崩溃也就势所必然。就连许多国君和贵族，也不把自己的子弟送进国学，而是聘请师傅在宫中传授知识，更可见官学的无益和无用。

列侯诸国为适应自身的发展，也着手改变西周传统的教育制度，并制定自己的教育政策，这就形成各自为教的特点。比如齐鲁两国相邻，同是殷人的发祥地，曾有过高度的东夷文化。姜尚和伯禽分别受封于齐鲁后，施政情况有别而形成不同的教育模式。姜尚到齐国，"因其俗，简其礼"①，思想比较开放。齐桓公任用管仲为相，采纳改革的建议，强调以礼、义、廉、耻作四维来教育国人，获得很好的效益。伯禽到鲁国后"变其俗，革其礼"，恪守其父之教而推崇王室之风。因而鲁国也就成为春秋时期保存周礼最为完整的国家，"周礼尽在鲁矣"②！晋国韩宣子的这声惊叹虽是艳羡鲁国丰富的典籍，却恰恰道出鲁国文化日趋保守的根本原因。孔子受此影响而创立儒学，明显受到地域文化的濡染。楚国在周时被看作荆蛮边境地区，由于周王室鞭长莫及，春秋时楚国迅速强大起来。楚国距离中原较远，有着本地浓厚的神鬼文化色彩，但他不拒绝周人的先进文明，而是积极吸取为我所用。楚庄王时推行寓教于武的政策，一方面宣讲"民生之不易"的道理，一方面为"祸至之无

---

① 《史记·齐太公世家》。
② 《左传·昭公二年》。

日"而加强国力。正是紧紧抓住了对国人的现实教育，才有了称霸中原、问鼎周室的资本。

自春秋始，各国诸侯不再听命天子，而是包藏野心欲为霸主。因而纷纷大胆破格选用出身低微的有识之士担任重要官职，而迂腐不实、宏阔不经的学者则被废弃一旁。齐桓公用管仲、鲍叔牙，晋文公用赵衰、狐偃，秦穆公用百里奚，楚庄王用孙叔敖，都表明了国君看重具有真才实学治国用兵的志士。国君的儿子也不再去国学学习，而是在宫廷内请教师辅导。傅的职责很宽泛，一般由大夫担任。这种自西周开始以来的特殊的师生关系，到东周在诸侯国已成普遍现象，可以说后来延续整个封建时代。齐僖公使鲍叔牙为公子小白傅，请召忽担任公子纠傅。后齐国内乱，鲍叔牙随小白逃往莒国，召忽跟公子纠逃到鲁国。在争夺王位的过程中，公子纠败，召忽自杀，老师为弟子殉职。晋献公曾请杜原款为太子申生傅，后晋献公伐骊戎得骊姬为夫人。骊姬生奚齐想立之为太子，便想方设法进谗言害申生。申生逃到新城，其傅杜原款则受到牵连，他知道自己总不免一死，托人带口信给申生说，都是由于自己无知无能才造成今天的悲剧，这真是失职①。奚齐被立为太子后，晋献公请荀息为之傅，荀息以生命保证忠贞不渝。后里克将杀奚齐，先问荀息："你怎么样？"荀息回答："我也将死。"② 师傅为学生忠贞不贰，荣辱与共，此后形成良久的文化传统，而尊师重道也得到光大发扬。因材因事而施教。构成了学以致用的鲜明特色。这种破格用人、务实求是的举动，显然是对官学的否定，也对私学的兴起起着催化作用。僵腐的官学正是在这种情势下涣散殆尽，而私学的兴起则如沐春风生发开来。"天子失官"的局面使官学流散四方、大势已去，"学在四夷"的现象使文化推陈出新、崭露生机。

---

① 《左传·僖公四年》。
② 《左传·僖公九年》。

第三节　务实创新

　　由于列侯诸国从思想上打破了西周教育的传统观念，而对人才的要求又促使教育受到各国当权者的重视和鼓励，同时社会上也流行以才学而显达的风气，因而导致办学规模的扩大和条件的改善。社会现实使教育更适合各国国情，除了公卿子弟专设公族大夫管理，私学的出现则具有划时代的意义。

侯马盟书（春秋）

　　西周时期，推行的是政教合一、官教合一的教育制度，学校依附政府，一切听命官员。进入东周，各国展开了政治和军事的斗争，富国强兵之道成为共相谋求的首要决策。因而诸侯们争相养士用士，开发他们的智能和谋略。"得地千里，不若得一圣人。"① 齐之称为首霸，楚之迅速逞强，都与善用人才有关。而人才的培养，更与文化教育密不可分。开办私学之所以受到整个社会的欢迎，受到各国统治者的支持，关键就是私学具有育士性质和速成功能。

　　私学中生员大多是成人，他们根据自己的社会经验去理会老师的讲解，从而使教育效果非常显著。孔子"有教无类"，聚徒讲学，弟子人数总达三

①　《吕氏春秋·赞能》。

千。其中不少学子"贫且贱"，没有社会地位。但就是这些学生，学成以后很多被公室或私门所用所养，进入新兴士人的行列。如冉求、仲由、子贡、子夏，都是治事有方的著名弟子。墨子所办的私学也很有成就，因此被称为当时的"显学"。墨子重视生产知识，门下弟子都十分义勇。相传他有弟子 300 人，个个能赴火蹈刃，有高度的勇于牺牲精神。到战国时期，墨家学说进一步广泛传播，《孟子·滕文公下》载"墨翟之言盈天下"，可见其声势。

私学此时已完全从国家机构中独立出来，教育也成为一种独立现象，其历史意义非常重大。唯有如此，教育才能与政治分离，才能时刻关注人类命运。当时各国对私学几乎没有什么限制，讲授内容也不加以干预，各个学派都可自立门户各传衣钵，聚徒讲学也可随办随停。孔子在鲁国三次办学，都未受过国君刁难。其初任教时无官无爵，后曾任鲁国司寇，但罢官后又授徒讲学，并不为人非议。这都说明教育的宽松环境，得以使教育循着轨道良性发展。

私学成为独立的教育场所，学校的一切活动都由主办者负责，教学内容就由教师决定，师生之间也形成新型关系。教师根据社会的需要、自己的学识和学生的特点安排教学。例如孔子的教学科目主要是六艺，即礼、乐、射、御、书、数，基本上包括了道德教育、文化知识和技能培养三个方面，可以看出传授三代以来的传统文化为多。墨子的教学虽也十分注意传统文化，曾"行儒者之业，受孔子之术"[1]，但由于他认为孔子讲的"礼"太烦琐不切实际，因此"背周道而用夏政"，所讲兼爱、非攻、尚同、节用等几乎都是自己创立的学说。

师生关系也不像西周时期那样森严，而转为学业上的师徒关系。西周官学中，学生必须绝对服从教师，就如下级服从上级一般。新兴私学中，学生缴费自愿而来，对课业不感兴趣也可离学而去。因此师生之间

---

① 《淮南子·要略》。

是从学业上建立起来的情感，表现为教师诲人不倦和学生学而不厌的态度，表现为教师和蔼可亲和学生尊师重道的平等，表现为教师知识渊博和学生追求真理的交流。私学犹私塾也，事师犹事父也，后世称孔子为"万世师表"，实在是因为他在教育上起到了巨大的表率作用。孔子曾经3次平等对待子路提出的不同意见①，这在官学时期是不可能的。因此孔子私学越办名气越大，这与建立良好的师生关系是分不开的。孔子死后，其弟子为其服丧3年，子贡不舍离开恩师墓庐，又坚持守墓3年，这种感情可谓胜过父子了。墨子遇事也是身先士卒，不能说没有巨大的感召作用。这都为后来的私学开了良好的风气，从而使私学越发昌盛。

战国时期，群雄相争，各国都力图革新。一方面文化教育得到空前发展，一方面传统文化受到猛烈冲击。顾炎武曾概括指出："春秋时犹尊礼重信，而七国则绝不言礼与信矣；春秋时犹尊称周王，而七国则绝不言王矣；春秋时犹尊严祭礼重聘享，而七国则无其事矣；春秋时犹论宗姓氏族，而七国无一言及之矣；春秋时宴会赋诗，而七国则不闻矣；春秋时犹赴告策书，而七国则无有矣；邦无定交，士无定主，皆变于一百三十三年之间。"② 这种变化，完全消除了周代的奴隶制影响，逐渐完成了向封建社会的过渡。在意识形态领域，封建地主阶级思想意识体系开始创立，文化教育也开始受到从分裂趋向统一的政治影响。

第四节　选才任能

自魏文侯任用李悝为相实施"崇法尚武"的改革始，各国相继开展变法运动以逞雄威。为适应社会对人才的需求，私学应运盛行而学派林

① 见《论语》、《史记·孔子世家》。
② 《日知录》卷十三。

立。莘莘学子通过刻苦求学而跻身政坛，大有"朝为布衣，夕为卿相"的现实可能。为了出入车马、锦玉衣食的优厚待遇，为了出将入相、位极人臣的政治地位，他们苦读不休、辗转游说以求荣宠。而各国纷纷招贤纳士，确使士子身价倍增，魏文侯、齐威王、燕昭王都是广揽人才的著名国君。国君求贤若渴，大夫更有过之而无不及，驰名战国的四大公子孟尝君、平原君、信陵君、春申君门客众多，一时传为佳话，实际都是为私门培植势力。因而士人只要有一技之长，都会找到用武之处。

正是为了功名利禄，士子们奔赴贤者能人门下投师学艺。在尚贤之风带动下，从师之热掀起高潮。儒、墨、名、法诸家皆兴办私学，而且师生同行出游宣扬本家学说，所造声势和影响都很大，其中尤以孟子为典型。他到各国讲学，车辆从者很多。有一次，孟子的弟子彭更对老师说："老师后面跟随几十辆车子几百人，从这个诸侯国游食到那个诸侯国，是不是太过分了？"孟子回答说："如果不合正道，就连一小篮饭也不能接受人家的。要是符合正道，就如同舜接受尧的天下一样也不过分。"因为当时游学干政情况很普遍，所以孟子对学生的意见不以为然。这也说明孟子之学为何对儒

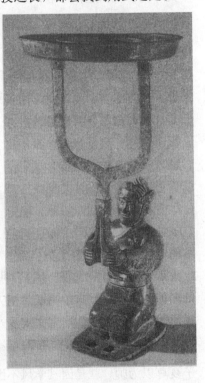

漆绘人形灯（战国）

学有了新的发展，因为继续抱残守缺只会落得衣食无着。

事实上，各国国君为了落个礼贤下士的好名声，也往往主动给这些人提供资助。孟子离开齐国时，齐王送他兼金一百镒。他离开宋国时，宋公赠金七十镒。离开薛国时，薛侯送金五十镒。尽管有的学者派头不

大，所率门徒不多，观点也不一定为人接受，但所到之国照样受到款待。农家代表人物许行，所带门徒仅数十人，穿着粗麻衣服，编鞋织席为生，由楚国到滕国，滕文公以礼相待，还给他们安排住处。可见各国对讲学是欢迎的，广纳人才是明君的共识，这对学术、教育的繁荣无疑提供了有利的契机。

由于尚贤风气劲吹和从师热朝迭起，私学便以培养社会上急需的实用人才为己任。也由于各国发展不平衡，施政主张不一致，所以私学也就讲述不同的见解。以此为基础形成不同学派，学术争鸣便繁荣起来。这时的私学，不再是简单地传授知识技能，而是力求创造新说以便求得国君赏识，这样便有受命为执政大臣的希望。当时凡有声望的学者，几乎都在"率其群徒，辩其谈说"①。他们或言仁政，或言法治，或言合纵，或言连横，或言兼爱，或言术势，到处讲学游说，并壮大力量。这些不同的学派，其"救时之弊"各有特色。"墨子贵兼，孔子贵公，皇子贵衷，田子贵均，列子贵虚，料子贵别囿。"② "老聃贵柔，孔子贵仁，墨翟贵兼，关尹贵清，子列子贵虚，陈骈贵齐，阳生贵己，孙膑贵势，王廖贵先，儿良贵后。"③

尽管各派学说观点纷然，但总的方向是一致的，即"百家殊业，兼务于治"④。因争鸣的内容在于如何治国，所以受到各国国君的欢迎。国君们为了巩固政权，需要从多方面总结执政得失，博采众见供自己选择，因而对各家各派"兼而礼之"。但国君也深刻认识到，百家争鸣虽然阐明了大义，但真正治理好国家还要为我所用。战国初期魏文侯重用子夏尊以为师，就是因其学风不图虚名，讲究实际，志在改革，经世致用。当时著名的政治家李悝、军事家吴起、学者段干木等，都是子夏的

---

① 《荀子·儒效篇》。
② 《尸子·广泽》。
③ 《吕氏春秋·不二》。
④ 《淮南子·氾论训》。

弟子。子夏在魏文侯的鼓励和支持下，创立了"西河学派"，完全体现了魏国对私学的要求。孟子的主张得不到梁惠王的赞同，尽管其说义正辞严、机警善辩，但终因迂阔不实不被采纳。商鞅始以儒说秦不为所用，继而鼓吹法家学说得以进身。这样导致各家学派较为注重理论联系实际，既有师承又有发展，既有自家主张又注意兼收并蓄。同时，私学与官府的关系趋向密切，促使私学向官学转化。

第五节　识高见远

私学的繁荣与国家的需要相结合，教育重新被纳入官学的轨道。但这种官学不再是那种已经僵化死去的陈腐模式，而是具有时代意识并充满活力的真正学术机构。

稷下学宫便是战国时期设在齐国首都的著名高等学府，也是开办时间最长、培养人才最多的一所官学。这所学校既吸取了私学的某些特点，又改进了官学的某些机制，在组织管理和教学活动上出现了许多独到之处。学校行政的主要首脑是祭酒，受国家委派担任学宫的最高领导。祭酒也要有渊博高深的学问，以此体现出学宫的学术水平。荀子曾三为祭酒，可以说他是集前代学术之大成者，而又给后世以深远影响。

稷下学宫对所聘著名学者，都给予很高的地位和待遇。如齐宣王时，淳于髡、田骈、接予、慎到、环渊等76人，都列为上大夫。他们的学术成就越高，或对齐王的贡献越大，就越受到尊宠。政府给他们修建高门大屋，开辟宽阔大道，无论在财富上还是在声望上有时都超过同级官员。稍差一些未能列身上大夫的学者，虽然没有官位和宅第，但学宫也为他们安排食宿，聘为稷下先生，从事教学和著述，齐王对他们也非常尊重。至于学生，有的是随师而来，有的是投门而来，被称为稷下学士，都由政府供养。

黄玉镂空龙形佩（战国）

学宫对各个学派采取兼容并包的态度，因而儒家如孟轲、荀况，道家如宋钘、尹文，法家如慎到、田骈，名家如田巴、儿说，阴阳家如邹衍、邹忌，以及学无所主的淳于髡之流，等等，都能在学宫有一席之地。学者们各抒己见，来去自由，因而形成良好的学术环境。他们除了治学之外，还要参加议政，学宫中有"期会"制度，安排一定的时间召集全校师生就某一命题进行公开学术辩论。虽然各学派人数有多有少，地位有高有低，但在学术辩论会上则不带任何偏见，谁都可以发言争鸣。学术上的民主气氛很浓，大家都从政治、经济、军事、哲学等等方面发表自己的见解。因此各学派争辩十分激烈，唇枪舌剑，但另一方面各方又不抱成见，尊重真理。

尽管学宫民主气氛浓厚，但学生守则还是相当严格，这也反映出尊卑长幼的遗制。《管子》中有一篇《弟子职》，据郭沫若考证，当是稷下学宫的守则，制定得十分具体，要求也十分细致。其中规定了种种制度，可以看到当时学生的行为规范。

正是因此，各派取长补短，相得益彰，学宫也就为学术的交流和文化的发展起到了巨大的推动作用。学宫几代相袭，一直办了150多年，最兴盛的时候，师生共达万人，各方学者云集，可见其规模之大。

　　齐王投巨资办学，当然绝不是仅为体面，而是有着明显的政治意图，就是一统天下的"大欲"。稷下学者们"不治而议论"，正是为此意图出谋划策。同时齐国必须制造舆论，以利于招揽人心向外扩张。官学应运而兴使学术依附政治，引导着学者不得不趋向现实功利态度。那些不切实际的空议尽管不是没有道理，但统治者更为注重的是如何迅速取得实效，因此战国时期法家思想日渐受到重视也就必然。

　　由私学到官学，封建式的教育机制建立起来，著名的学者也都先后提出自己的教育主张。韩非倡导的"以法为教，以吏为师"的教育改革在秦国得到实施，形成了一套学吏制度，教育正式纳入官学，学童们主要是学习律法文书。秦始皇统一中国后，这种学制得到推行。私学被禁，官学确立，大力提倡法制教育，这种教育扼杀了其他"妖言惑众"的学说，有利于封建统治者的高度独裁，以法作为衡量道德和知识的尺度，因而在中国古代教育中是很独特的。由于这种教育模式和统治手段相配套，因而随着秦政权的颠覆也即崩溃。但由此新兴的官学传统则给后世带来深远的影响，各个朝代利用教育作为政治驯化工具是显而易见的。

　　春秋战国时期尊贤重学的氛围陶冶出一大批文化名人，这些名人凭才学和实干奠立

漆绘木俑（战国）

了自己的社会声誉和领袖地位。在他们身上，体现出一种文化的智慧和能量，他们以敏锐的意识洞察人生的奥秘，以博大的胸怀直面惨烈的纷争，以开放的心态注目骚动的世象，以执著的追求实践坚定的理想。他们以天下作为自己的关怀对象和一试身手的场所，往往超越个人经济地

位和阶级背景的狭隘限定，从社会进步、国家兴旺、民众富足的宏观规模和长远目标思考政治人生。他们可以超越物质欲望、藐视死亡威胁而坚持操守、大义凛然，他们可以卓立不群、自命清高而自律内省、率先垂范，他们可以潇洒处世、独树高标而拯物济世、终生不悔。老子"绝圣弃智，民利百倍；绝仁弃义，民复孝慈；绝巧弃利，盗贼无有"的韬略，孔子"登东山而小鲁，登泰山而小天下"的气魄，墨子"饥者得食，寒者得衣，乱者得治"的理想，孟子"如欲平治天下，当今之世舍我其谁"的雄心，庄子"齐万物，等生死"的逍遥，荀子"既知且仁，是人主之宝也，而王霸之佐也"的赞叹，韩非"无书简之文，以法为教"的主张，从各个侧面展示了那动荡岁月中独立人格对人类命运的终极思考，从而令后人在"历史是惊人的相似"中回味无穷。

第二章
百家争鸣

第一节　诸　子

春秋战国时期剧烈的社会变革，引发出一个令人瞩目的文化现象，这就是被后世津津乐道的"百家争鸣"。众多思想家们从不同的经济利益、政治地位出发，提出解决社会问题的方法和对人生价值的追求。这些观点不仅在当时造就了哲学领域的繁荣，促进了人们对生命意识的深刻思考，而且在社会上造成了广泛的影响，并为后来中国文化传统的形成奠立了深厚的根基。

"百家争鸣"的现象不是偶然发生的，有其潜在的历史根源和复杂的现实背景。由"学在官府"到"学在四夷"，使过去官方垄断的学术文化传播开来，这样，教育不再是少数特权阶层的专利，而迅速在社会上广泛普及。"礼崩乐坏"使人们挣脱了原先的枷锁，思想得到极大解放，因而观念上获得了更新。"士"阶层的崛起，更使某些弄潮儿恃才逞能、指点江山，反映了人类思维意识的活跃。而诸侯各国的封建割据，又使意识形态领域难以统一，尚未形成封建社会的规范的统治思想。学术自由的宽容政策，也为个人著书立说、发表见解提供了良好的条件。各国诸侯尊贤礼士，更为诸子高谈阔论创造了宽松的环境。统治

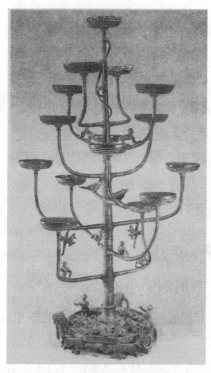

树形灯（战国）

者迫切要求从多方面多角度总结为政的得失，摸索统治经验以便成就辉煌功业，因而对各家各派都"兼而礼之"。由此可知，无论战国早期魏国的"西河之学"，或是战国中期齐国的"稷下学宫"，还是战国晚期秦国的《吕氏春秋》，都是文化发展的必然。文化的功能也正是在经济奠基和政治建构上有其特殊的作用，而在特定年代显示出其独有的魅力，因而"百家争鸣"无疑突破了传统藩篱而促进了社会的进步。

"诸子百家"并非确指，而属泛称。在春秋战国时期的众多著作中，对于各家都有不少论述。按照诸子出现时间的早晚为序概括而言，大致有老子、孔子、关尹、孙武、墨子、杨朱、子夏、吴起、商鞅、申不害、许行、宋钘、田骈、孙膑、孟子、庄子、惠施、慎到、尹文、荀子、邹衍、韩非、公孙龙、张仪、苏秦、吕不韦、尉缭等。到西汉初期，太史公司马谈最先在《论六家要旨》中将诸子归为六家："夫阴阳、儒、墨、名、法、道德，此务为治者也，直所从言之异路，有省不省耳。"班固作《汉书·艺文志》则将诸子分为儒、道、阴阳、法、名、墨、纵横、杂、农、小说十家，并列举"凡诸子百八十九家，四千三百二十四篇"。后人举其大略，简而言之称"诸子百家"。按班固言"诸子十家，其可观者，九家而已"，故有时略去小说家。蜂拥并出的诸子百家以洋洋洒洒的著作争鸣于世，"各引一端，崇其所善。以此驰说，取合诸侯。其言虽殊，譬犹水火，相灭亦相生也……若能修六艺之术，而观此九家之言，舍短取长，则可以通万方之略矣"①。思想激辩的火花迸射出千古不熄的睿智，并锻造着中国传统文化的精脉骨髓。它给后世以绵延不尽的影响，因而也成为人们永无休止的话题。

第二节 儒　家

　　儒家学说的代表人物孔子（公元前 551～前 479 年），名丘，字仲尼，春秋末期鲁国人，出生于没落贵族家庭。鲁国因是周公的封地，被特许享有祭祀上天和祖庙的特权，故"鲁有天子礼乐"，并保存大量的典籍简册以及宗庙彝器，文化的繁盛远远超过其他诸侯国。《左传》中记载"周礼尽在鲁矣"，"鲁不弃周礼"，都说明鲁是长期保存周礼的"有道之国"。正因如此，鲁国的儒士很多。关于"儒"的含义，东汉郑玄认为："儒，诸侯保氏有六艺以教民者。"② 可见"儒"主要是从事教育工作的人员。春秋时代，"官学"变成"私学"，儒也由原来教育贵族子弟而散落民间从事文化教育事业，人们便把这一特定阶层的人称为"儒"。儒者一般都有丰富的学识和深厚的修

孔子像

养，掌握《诗》、《书》、《礼》、《乐》等经典内涵。他们平常身穿儒服，举止有方，因而《庄子》中记载"鲁多儒士"，"举国而儒服"，可见鲁国"儒"风之浓。孔子生在这样的国度，从小思想便受到浓烈的熏染。尽管他自幼"贫且贱"，但他"聪敏好学"，因而深谙周礼。他曾向老子

---

① 《汉书·艺文志》。
② 《周礼·太宰》。

问道，又避乱到齐国，中年一度入仕从政，而后又弃官聚徒讲学，并率弟子周游列国。晚年则整理古籍、著书立说，一生可谓对文化教育事业做出了巨大贡献。

在政治态度上，孔子认为，春秋末期的"礼乐征伐"由诸侯控制，正是"天下无道"的根本原因，因而要纠正"礼崩乐坏"的动乱局面，首先要重建"周礼"的绝对权威。只有"克己复礼"、"名正言顺"，社会秩序才能恢复稳定。因而他极度推崇"周礼"，说："周监于二代，郁郁乎文哉！吾从周！"① 他妄图以"周礼"规范人们的言行，说："非礼勿视，非礼勿听，非礼勿言，非礼勿动。"② 他还针对臣弑君、子弑父的状况提出"正名"以强调名分，讲究"君君、臣臣、父父、子子"，希望人们严格遵守等级秩序而消除社会争乱。"礼"之原意是通过敬神以求享福，反映了人与神的关系。后来神权与政权相结合，发展为贵族等级制度的亲疏、尊卑、贵贱、上下的严格划分。"礼"的内容十分广泛，实际上包括了所有的社会关系与典章制度，因而孔子主张恢复"周礼"，无疑是维护旧的社会秩序的礼节仪式和道德规范。但孔子对"周礼"也提出了改良的意见。比如孔子认为礼仪与其奢侈，不如节俭；丧礼与其讲究形式的完备，不如注意内心的悲戚。孔子的思想显然是保守的，他企图以周天子为统一象征控制天下大势，但社会动乱、政权下移已是不可阻挡的社会潮流，孔子无法阻止这种趋势的发展。他的主张一方面反映了当时要求消灭混乱局面、形成有秩序的统一的社会思想；另一方面，他对事物发展的认识又违反了历史规律，不符合当时社会的客观实际。当然，一旦统一的政权出现，这种尊君的统一思想就很符合统治者的胃口，所以孔子的统一思想后来一直居统治地位也就不难理解。

在伦理观念上，孔子则以"仁"为核心。据清人阮元统计，《论语》

---

① 《论语·八佾》。
② 《论语·颜渊》。

中"仁"字出现多达 105 次。所谓"仁"，据《说文》解："亲也。"从孔子开始，其道德意义得到加强，这反映出人本意识的觉醒。"人而不仁，如礼何？"① 儒学从血缘关系出发扩大向社会构成一种伦理，又力图将社会外在规范化为个体的内在自觉，因而"仁"也就成为做人的根本原则。"仁者爱人。"② 所以曾子又把它概括为"忠恕"二字，更形象地表达出礼让的美德。"仁"在《论语》中有大量的阐释，如"己所不欲，勿施于人"③，"己欲立而立人，己欲达而达人"④，"居处恭，执事敬，与人忠"⑤，"刚、毅、木、讷近仁"，"恭则不侮，宽则得众，信则人任焉，敏则有功，惠则足以使人"⑥，"仁者必有勇，勇者不必有仁"⑦。正因"仁"是人的本性的最高表现，是人的美德的最高概括，因此，"志士仁人，无求生以害仁，有杀身以成仁"⑧。由于"克己复礼为仁"⑨，就使道德要求和政治目标结合起来，这就反映出"仁"与"礼"的联系。"仁"的标准是"礼"，只要按"礼"的规定办事，就能达到"仁"，同样，大家都达到了"仁"，也就实现了"礼"。可见孔子巧妙地将外显的礼法制度转化为人的内涵的道德自觉追求，从而由人性的整顿达到社会的治理。孔子的由血统而政统而道统的修炼路径，从人的最初的自然的本性出发，而完成了修身齐家治国平天下的观念塑造，可谓构筑起中国传统文化的伦理—社会—政治学说基本框架的理论基础。"仁"和"礼"密不可分，同样，"仁"也和"礼"一样，有其进步的一面。其中"重民"思想透露出"爱人"意识的强化，正如"礼"有

① 《论语·八佾》。
② 《论语·颜渊》。
③ 《论语·卫灵公》。
④ 《论语·雍也》。
⑤ 《论语·子路》。
⑥ 《论语·阳货》。
⑦ 《论语·宪问》。
⑧ 《论语·卫灵公》。
⑨ 《论语·颜渊》。

意制约统治者的残暴一样。孔子的"仁"学在如何处理人际关系问题方面是中国思想史上的一大贡献，被战国中期的孟子发展为"仁政"而具有进步意义。尽管后来它被封建统治者利用来维系社会秩序，但同样也被进步思想家接受和改造形成武器。

在人格评判上，孔子主张"见利思义"。所谓"义"，指一种社会道德规范或人格精神追求；所谓"利"，指物质财富或权势利益。在"义"、"利"两者的关系上，孔子把"义"摆在首要地位，要求人们在物质利益面前"义然后取"，而不能见利忘义。他说："君子喻于义，小人喻于利。"[①] 真正有节操的人应"义以为上"，而不能唯利是图。他说："不义而富且贵，于我如浮云。"[②] 所以孔子一生"罕言利"，而"行其义"。《礼记·中庸》言："义者，宜也。"就是说合宜之事为"义"。所谓合宜，当然指符合"礼"的规范、"仁"的精神，所以"义"也就有其特定的内容。在孔子看来，那些犯上作乱、横行霸道者当然是不义之徒，只有那些遵礼守仁、安分守己者方为凛然义士。孔子既然重"义"，则势必轻"利"，因而看不起只图利益的小人，似乎表明他是看重大义的君子。但他保守的政治态度决定了他价值判断的失误，据《左传》说，孔子修《春秋》时记载"初税亩"，目的是批评其"非礼也"。这种"义"举说明了他的确是站在奴隶主立场上而不识时务，因而他那种"知其不可而为之"的"义"行也就显得迂腐滑稽。但需要指出的是，孔子也并不反对"利"，合"义"则取，这与后世把"义"、"利"简单对立起来造成水火不容局面是不同的。但孔子的"尚义"毕竟为人制定了价值坐标和品行操守，尽管后人对"义"有不同理解，但那种献身精神不能说不受到孔子的节操影响。

在教育思想上，孔子为了宣传自己的学说，在丰富实践的基础上，

---

① 《论语·里仁》。
② 《论语·述而》。

提出了许多符合人类认识发展过程的著名论断。他教育弟子要有实事求是的学习态度，说："知之为知之，不知为不知。"① 在治学方法上主张反复温习，说："学而时习之，不亦说乎?"② "温故而知新，可以为师矣。"③ 他还主张学与思结合，说："学而不思则罔，思而不学则殆。"④ 他还采用因材施教的教育方法，根据学生的不同特点用不同方法进行教育，如对子路和冉求的态度就有不同。他用启发式教学，《论语·述而》载："不愤不启，不悱不发，举一隅不以三隅反，则不复也。"他还主张善于自觉地学习，说："三人行，必有我师焉。择其善者而从之，其不善者而改之。"并经常采用谈话式教学，鼓励学生提出问题，《论语》中载"问仁"、"问礼"、"问政"、"问孝"、"问知"、"问士"、"问友"、"问耻"等就很多。孔子对学生也不分贵贱，"有教无类"，这使受教育者的范围扩大开来。他有弟子三千，高徒七十二，对文化的传播起了很大的作用。

孟子像

继孔子之后，儒家学派出现另一代表人物孟子。孟子（约公元前 372～前 289 年）名轲，字子舆，邹人，鲁国公族孟孙氏的后代，是孔子的孙子子思的再传弟子。他学成后在家乡广收门徒，大约 40 岁时来到齐国，在初建的稷下学宫取得客卿的地位。后来到宋国推行其"仁政"主张，但没有成功。此后又到鲁国，但没有受到接待，于是回到邹国。不久闻滕文公贤又到滕国，但终因滕国太小难以有所作为，于是前往魏国。不久梁惠王去世，孟子认为梁襄王无能，又离魏往齐。此时稷下学宫复盛，但孟子在伐越问题

---

① 《论语·为政》。
② 《论语·学而》。
③ 《论语·为政》。
④ 《论语·为政》。

上与齐宣王意见不合，重又归邹。此后与弟子公孙丑、万章等人一起著书，终老于邹。《孟子》今存七篇，比较详细地记载了孟轲游说各国时与诸侯以及其他一些学人论辩各种问题的经过和彼此的重要言论。

孟子政治思想的核心是"仁政"，"民为贵，社稷次之，君为轻"是"仁政"的中心。他主张"省刑罚，薄赋敛"，与民"同乐"、"同忧"，只有得民众拥护才能当天子。因此他提出"仁政"的具体措施，即"制民之产"："必使仰足以事父母，俯足以畜妻子，乐岁终身饱，凶年免于死亡。"① 然后，"谨庠序之教，申之以孝悌之义"②。这样，就能"得乎丘民而为天子"③。他对当时统治者的暴虐进行了相当激烈的揭露和批判，说："庖有肥肉，厩有肥马，民有饥色，野有饿莩，此率兽而食人也。"④ 他还认为独夫民贼皆可杀，而不必视为"弑君"。在对君的问题上，可以说他的思想比孔子激烈得多，性格也刚烈得多，绝不像孔子那样恭顺。他"说大人则藐之，勿视其巍巍然"，"富贵不能淫，贫贱不能移，威武不能屈"，"君之视臣如土芥，则臣视君如寇仇"。而他"如欲平治天下，当今之世，舍我其谁也"的豪迈胸襟亦可看到当时士子的自信和自强，使人想见其大济苍生的宏伟抱负。他的"仁政"思想真正把人放在首位，注意到人心的向背。但其出发点显然是想缓和农民与地主的矛盾，用争取民心的手段达到天下大治的目的。从本质上讲，他看到用杀鸡取卵的方法对待人民，有可能逼得人民铤而走险，因而为封建统治阶级筹划长治久安的良策。但其"民贵君轻"的主张，继承了西周以来"重民轻天"的思想，在一定程度上肯定了人民的作用，承认了人民的力量，是有进步意义的。然而在当时血雨腥风的社会状况下，其"仁政"主张显得"迂远而阔于事情"，因此难以行通。

---

① 《孟子·梁惠王上》。
② 《孟子·梁惠王上》。
③ 《孟子·尽心下》。
④ 《孟子·梁惠王上》。

　　孟子在哲学观念上强调性善和天命，这也是他"仁政"主张的理论基础。他说："恻隐之心，仁之端也；羞恶之心，义之端也；辞让之心，礼之端也；是非之心，智之端也。"① 而这些"善端"都是人生来俱有的"良知"，只要不被物欲牵引而充分发挥，就"人皆可以为尧舜"。"仁政"正是基于"善端"而推论出来的，将"善端"扩而充之用于政治就是"仁政"。孟子的"性善"和"仁政"似乎成为超阶级的产物，变得抽象而先验。当然，他也并不否认君子和小人之区别，这就为等级划分和阶级压迫提供了依据。孟子的天命思想也较复杂，他认为天的地位是至高无上的，天子是上天的代表，是由天选择的和不可抗拒的，但天子也要敬畏天理才能保持自己的统治，否则就要遭到天的惩罚。另一方面，天意有时又代表民意，所以君主要"敬天保民"，这无疑反映了孟子在天人关系上注意到人的作用，所以孟子有时强调发挥人的主观能动性，但成功与否他却归结于天命，正如"性善"一样，人们也要听天由命，而承认既定的事实，这多少带有宿命的色彩。孟子最终这样把天人合一起来，鼓吹发扬善性而事奉天，事实上还是提倡安分守己，使天有天理，人有人伦，"老吾老，以及人之老，幼吾幼，以及人之幼，天下可运于掌"②。人道即天道，人道和谐自然顺从天意，"然而不王者，未之有也"③。

　　在人格评判的价值观念上，孟子继承和发展了孔子的义利观，更强调"义"的重要性。认为"仁义而已矣，何必曰利"④。"义，人之正路也。"⑤ 当"生"与"义"不可得兼时，要"舍生取义"。可见孟子更强调人的品德气节，侧重主观内心的修养和尊严。"义"在不同时代有不

---

① 《孟子·公孙丑上》。
② 《孟子·梁惠王上》。
③ 《孟子·梁惠王上》。
④ 《孟子·梁惠王上》。
⑤ 《孟子·离娄》。

同内容，因而也就成为中国文化史上的千古议题。孟子还继承了孔子"有教无类"、"因材施教"等教育方法，但也正如在其他方面更为自负一样，而强调为师的尊严和为徒的好学。他反对"揠苗助长"、"一暴十寒"，认为干什么事情都要坚持不懈，认真努力，由此事可见孟子的执著进取精神。

孔子的思想被孟子发扬光大，儒家学说得到张扬，但在春秋战国时期始终没有被统治者所重视。只是到了封建政权巩固以后，儒家思想才被统治阶级按照他们的需要进行改造，使之形成维护封建制度的一整套思想体系。愈到后来，孔、孟的地位愈高，他们的著作被视为经典，孔子被尊为"至圣"，孟子也被称为"亚圣"，儒家学说也成为封建社会的精神支柱。可以说，在长期的历史进程中，孔、孟及其儒学，成为我国传统文化的主体。

第三节　墨　　家

春秋战国时期，与儒家一样居于"显学"地位的学派是墨家。其创始人墨翟（约公元前497～约前381年），祖先虽是宋国人，但后来长期居住在鲁国，应是鲁国人。他最初投师儒者，学习儒家之业。但后来他认为儒家的烦琐礼节很难施行，特别是"厚葬"、"久丧"的主张，浪费财物，使民众贫困，既损伤活人的身体，又妨害从事生产。所以，他"背周道而用夏政"，打破繁缛礼节而提倡简朴从事，背叛了儒家而另外创建墨家。

墨家发展很快，人数众多。《墨子·公输》载，弟子有"禽滑釐等三百人"。他们还是一个有严密组织和纪律的集团，有相当大的活动能力。儒墨显学皆继承了邹鲁的文化传统，但所代表的阶级利益各不相同。墨子出身破落贵族家庭，曾作过宋大夫，但后来地位下降，接近劳动者，曾被称作"贱人"、"北方之鄙人"，从这样的地位出发，于是成为下层社会劳动者的代言人。墨家成员多穿粗衣草鞋，劳苦不休，代表农工之人的利益说话。因此，儒墨显学之争，是奴隶制瓦解和封建制诞生时统治阶级与小生产者对立和斗争在思想领域内的反映。

墨子像

《墨子》一书，大部分是墨子的弟子或再传弟子对墨子言行记录的汇集，据《汉书·艺文志》著录为 71 篇，现存 15 卷、53 篇。墨子学说主要有十大主张，即"兼爱"、"非攻"、"尚贤"、"尚同"、"尊天"、"事鬼"、"非命"、"非乐"、"节用"、"节葬"。

他把天下一切怨恨、祸乱的根源都归结为人们的"不相爱"，因而提出"兼相爱、交相利"的主张。他设想，诸侯相爱，就不会发生战争；大夫相爱，就不会互相争夺；人与人相爱，就不会彼此伤害；只要天下人都相爱互利，就会太平。这在争权夺利的社会里，显然是一种不可能实现的幻想。由此引申，他主张"非攻"，反对诸侯之间和贵族内部不断发动的攻伐兼并的战争，认为战争给当时的人民生命财产造成严重损失，是"夺民之用，废民之利"①。但是墨子并不一概反对战争，他反对的是侵略，而对防御性战争，他是坚决支持。他的"兼爱"，实际是企图把小生产者互爱互利的德性扩大到全社会；他的"非攻"，反映了小生产者希图过安定生活和反对破坏生产的愿望。

另外，墨子还从反对世卿世禄的贵族政治出发，主张"尚贤"、"尚同"。他认为人一生下来"无故富贵"是不合理的，因为那些人是依靠血缘关系而取得政治特权和经济利益的。所以，墨子主张没有才能不得

---

① 《墨子·尚贤》。

做官，要做官必须有才能。他说："官无常贵，而民无终贱，有能则举之，无能则下之。"① 他还进一步提出，不仅一般官吏要求"尚贤"，而且天子亦应"尚同"，即选举天下人格高尚而又有智慧才干的贤德善良之人立为天子，使民众思想"尚同"于天的意志，达到天下统一。"尚贤"、"尚同"的主张反映了小生产者要求取得政治地位的思想，也倾向于由民主到集中的天下一统模式，所以有其一定的进步意义。

墨子主张的哲学根据则表现在"尊天"、"事鬼"上，他认为"天"、"鬼"的意志是不可违抗的，天下国家都是天的城邑，天下百姓都是天的臣民，天对一切都一视同仁，天的意志不可更移，它赏善罚恶，具有绝对的权威。因此"兼爱"必然得到奖赏，"交恶"必然受到惩罚。鬼亦帮助天谋事，因而人不可恣意妄为。如果大家有所畏惧，天下怎么还会乱呢？可见墨子的"天"、"鬼"是理想化了的神，反映了小生产者平均利益的一种幻想。墨子利用传统形式，以为民众所接受，在当时以至对后世都有很大影响。

墨子的"非命"揭露了"命"并非是"天"生的，而是由人的努力创造出来的，鼓吹不要一切都依赖天命，相信天命，闪烁着无神论的光彩。墨子主张"非乐"也是从关心人民利益出发，认为贪图音乐享受会费财误事，当然这是针对贵族阶层荒淫享乐而言。

他还从反对浪费社会财富出发，提出"节用"、"节葬"。认为国家并不需要扩张领土，只要尽量开发本国资源而厉行节约，物质财富就可成倍增长。所以他力倡节俭，认为葬礼不分贵贱，一律"桐棺三寸"，也不需守丧。埋葬以后，马上就去参加生产劳动。没有必要"厚葬"，把财富埋在墓里，也没有必要"久丧"，影响创造财富，由此明显看到小生产者的经济意识。

墨子从朴素的唯物主义认识论出发，反映了小生产者的根本利益。

---

① 《墨子·尚贤》。

在著作过程中他还提出"三表法"，更加明确了他务实求用的思想。《非命》篇说："何谓三表？子墨子言曰：有本之者，有原之者，有用之者。于何本之？上本之于古者圣王之事。于何原之？下原察百姓耳目之实。于何用之？发以为刑政观其中国家百姓人民之利。此所谓言有三表也。"由此可见其作文之三项标准，即：第一，要有历史事实作根据；第二，要有百姓生活经验作根据；第三，要有国家人民利益作根据。正因墨子一切从实际情况出发，所以在当时形成很大反响，能够与"儒学"并称而立成为"显学"。由此也拉开了争鸣序幕，儒墨分道扬镳。可以看出，不同的思想正反映了不同阶层在混乱世道的不同利益追求。

墨子死后，墨分为三。在今存《墨子》中，每篇都有上、中、下三篇，大约就是墨家分裂为三派的证据。墨家在春秋战国时声势很大，但到秦汉以后逐渐消亡，自有其历史原因。墨家与儒、道、法等家不同之处，在于它是由墨者组成的带有宗教色彩的集团，有严格的纪律，能赴汤蹈火，视死如归，这种严密组织和殉难精神往往为一般人所难以接受。墨子的十大主张也流于空想，而且常自相矛盾，因而比较浮浅，没有像儒家那样一以贯之的理论体系，所以墨者往往陷入难以适从的境地，有时就逃入其他学派。墨者后来成为墨侠，虽然有自我牺牲精神，但这种极端行为正是其不能长久的重要原因。因此，墨学未能发扬光大，只能融于民间的潜在意识，而始终不能登上大雅之堂。

第四节　道　　家

道家学说以老庄为代表，给中国文化增添了无穷的机趣。关于老子，生平已难确考，据《史记·老子列传》说，老子姓李，名耳，字聃，楚国苦县人。现在学者一般认为，老子与孔子虽是同时代人，但比

老子像

孔子年长许多。他原是东周王室的史官，具有丰富的学识，地位也相当高。老子任史官时，孔子曾向他请教过周礼。后来老子见周王室衰败，遂弃官而走，"莫知其所终"。《汉书·艺文志》言："道家者流，盖出于史官。"此话不无道理。

老子是楚人，由于楚国自然环境复杂，江湖峰峦气象万千，面对自然界的变化多端无法解释，于是极易产生神秘思想。楚国相对中原地区有着浓厚的地域特色，因而楚国的迷信、巫术、神仙、鬼怪之类的思想和作品，极富浪漫气息，这种浪漫气息在产生了儒、墨的鲁国是很难见到的。在激烈的社会变革中许多具有较高文化素养的贵族因为种种原因丧失了原有的政治地位，他们对政治前途已失去信心，对刀光剑影感到险恶、畏惧和无聊，而把思想的注意力集中到对自然天道方面的追求上去，以超然物外的心境追求人生的终级意义。这就与儒家着重研究人类社会伦理道德相反，而走向了不关时事、隐居自逸的个人天性的求索。作为史官的老子，掌握殷周传统文化的深蕴，又受南方地域文化的熏陶，身处激烈变革的动荡岁月，因而在看破红尘遁入山林之后，思味人生、品评世象并从哲学高度给予总结，这本身便构成一幅耐人寻味的文化风景。

《老子》的成书与老子其人一样，也是学术界争议很大而至今未能解决的问题。从现有资料来看，《老子》当为老聃所著，不必拘泥于孔子之前无私人著述之说。孔子同时代人叔向引用老子之言"天下之至柔，驰骋乎天下之至坚"，《论语》中"无为而治"、"有若无，实若虚"等语亦本于老子，可见，老子之书已为孔子同时及其近时人所见。古时成书十分不易，往往有一个过程，首先由人草创，而后在流传过程中有人不断增补，《老子》一书或也如此。老聃所作上、下篇，应已具有《老子》一书的基本内容，在流传过程中掺进了一些战国时代的字句就不为怪，大致可以说《老子》最终定型于战国中期。

老子是道家的创始人，他的天道观抛开了传统的"天命"、"上帝"，而提出"道"是世界万物的本源。他说："有物混成，先天地生，寂兮廖兮，独立不改，周行而不殆，可以为天下母，吾不知其名，字之曰道。"① "道生一，一生二，二生三，三生万物。"② "人法地，地法天，天法道，道法自然。"③ 同时他又说："天下万物生于有，有生于无。"④ 在老子看来，道就是无，一就是有，无是第一性的，有是第二性的，道并非物质实体，但它能主宰世界。显然，这是一种客观唯心主义思想。但是老子的道又含有唯物主义因素，认为"道"是一种混混沌沌的原始未分化的物质，是"有物混成"。它是恍恍惚惚的，窈窈冥冥的，"其中有象"，"其中有物"，"其中有精"，"其中有信"；它是一种极微小、极精细又极模糊的东西，而绝不是无物无象的虚无。而且它还有运动的属性，循环往复以至无穷。世界正是在道的作用下存在发展，而这一切又不可名状，如其所言："道可道，非常道。名可名，非常名。"⑤ 所以老子的道既指"先天地生"的世界本原，又指事物变化的总规律，既在万物之先，又在万物之中。因此，老子关于"道"的思想是二元论的，这就使他对战国以后的唯心主义思想与唯物主义思想都有影响。

老子的认识论也很矛盾，他说："不出户，知天下。不窥牖，见天道。其出弥远，其知弥近。是以圣人不行而知，不见而名，不为而成。"⑥ 即不出门就知天下大事，不用看就知天道运行，走得越远知道得越少。所以圣人不用行动就有了知识，不用观看就知道是什么东西，不用做就能成功。显然，老子认为认识是主观上先天就有的，它不依靠

---

① 《老子·第二十五章》。
② 《老子·第四十二章》。
③ 《老子·第二十五章》。
④ 《老子·第四十章》。
⑤ 《老子·第一章》。
⑥ 《老子·第四十七章》。

感觉的经验，也不依靠社会实践。因此，老子有时连理性思维也完全否定，而主张通过神秘的直观来获得认识。他说："致虚极，守静笃，万物并作，吾以观复。"① 即使心虚寂，坚守静观，这样就能在万物往复中获得认识。因此老子反对学习，认为无用，说："为学日益，为道日损。"② 学到的知识越多，对道的损害就越大。但老子认识论中也有唯物主义因素，认为所谓先知并不能知晓"道"的本质，那只是"道"的虚华，只有不断的修炼，才能脱离愚昧而达到终极。

老子的辩证法反映出老子认识的深刻性，他超脱于自然、社会领域诸多矛盾的对立之上，看出矛盾对立的两个方面，比如有无、难易、长短、高下、美丑、前后、刚柔、强弱、荣辱、祸福、大小、生死、智愚、胜败，等等。而且对立的双方不是孤立存在，而是相互依存，"有无相生，难易相成，长短相较，高下相倾，音声相和，前后相随"③。这说明老子看到矛盾的对立统一。同时，他也看到矛盾双方相反相成的某些现象，如"曲则全，枉则直，洼则盈，敝则新，少则得，多则惑"④。他还指出矛盾双方遵循"物极必反"法则相互转化，如"祸兮福之所倚，福兮祸之所伏"⑤。他还指出事物转化都有量变过程："合抱之木，生于毫末；九层之台，起于累土；千里之行，始于足下。"⑥ 但他的发展观点停留在循环往复上面，即"反者道之动"⑦。道的自然运行就是往返无穷。因此，他并不积极推动事物的发展，而是消极地防止事物充分的发展，使之适可而止，经常保持柔弱的地位，避免转化到反

———

① 《老子·第十六章》。
② 《老子·第四十八章》。
③ 《老子·第二章》。
④ 《老子·第二十四章》。
⑤ 《老子·第五十八章》。
⑥ 《老子·第六十四章》。
⑦ 《老子·第四十章》。

面去。他说："坚强者死之徒，柔弱者生之徒。"① 保持柔弱的地位，就能避免走向死亡，而且能够战胜刚强。这种回避斗争的思想，反映了老子虚弱无奈的心态，其中也似乎透着几分聪明和大度。中国人追求自然的和谐，处世的忍让，有时则发展到阴谋权术的玩弄上，而形成一种特定的"阴柔"文化态势，不能不令人想到与老子的千古教诲有关。

老子的哲学思想表现在政治主张上，就是"无为而治"。他说："我无为而民自化，我好静而民自正，我无事而民自富，我无欲而民自朴。"② 即统治者不必费心劳神，无事生非，让社会按其规律发展自然就会进步。其"无为而治"正是达到"无不治"的极佳途径，人如失其欲天下就会相安无事，繁荣昌盛。他鼓吹这种思想，当然给社会带来毒害，使人民放弃斗争。但是，也对统治者的残酷暴虐提出警告，其祸国殃民的有为必然导致人民的背弃。老子对当时社会的深刻揭露，在一定程度上反映了劳动人民的利益。因为他所代表的没落阶级，在当时社会往往处于劳动者的地位，如《论语》中所记的隐者长沮、桀溺等人。但他也是站在没落贵族的立场上，发泄对新的封建制度的不满，因而以消极的心态对待社会的纷争，而流露出对现实的憎恶和对功利的厌弃。在他看来，"小国寡民"才是理想的境地。因而，从本质上看，老子不愿斗争，回避矛盾。认为返璞归真、乐其天年才符合人的本性。显然，这种美化原始社会、坚持复古倒退的主张是虚幻不实的。但另外也要看到，他以此否定现实的罪恶和人性的劣化亦有其辩证的一面。因而迄今老子的思想仍有深刻的意义，并为中外思想界所重视。

庄子继承老子学说，高倡道家思想，正如孟子继承孔子学说而更有创新，由此亦可看出战国中期与春秋晚期历史背景的不同。纷乱世道中，哲学家的个性更加突出，论点更为偏激，行为更加无所忌惮。庄子

---

① 《老子·第七十六章》。
② 《老子·第五十七章》。

思想中，除了其消极厌世和唯心主义的一面，也还有着哲理深邃和智慧闪烁的一面，因而在道家发展史中乃至对我国传统文化的形成都有重大影响。

庄子（约公元前369～前286年），名周，与梁惠王、齐宣王、孟子大约同时。《史记·老庄申韩列传》说他是宋国蒙邑人，蒙邑即今河南商丘。他曾在此做过漆园小吏。据传他家境贫穷，但有贤才，楚威王曾派人去请他任楚相，但他说不愿受官场的玷污和羁绊而拒绝，表示"终身不仕，以快吾志"，后隐居终老一生。

庄子像

《庄子》一书，据《汉书·艺文志》载有52篇，而现存《庄子》只有《内篇》7篇、《外篇》15篇、《杂篇》11篇，共33篇。一般认为，《内篇》是庄子自著，《外篇》、《杂篇》出于庄子门人后学之手。但总的说来，全书各篇的思想大致是相同的，都是研究庄子的重要资料。

庄子的天道观与老子之道有所不同，老子之道说得较含糊，有精神的一面也有物质的一面。而庄子则以相对主义将宇宙间的对立界限一概取消，使彼物与此物毫无分别，"道通为一"。他说："天地与我并生，而万物与我为一。"这种"天人合一"的思想，使宇宙意识同自我中心混同为一体。"物我不分"显然使外物成为一种自我精神的显现，而自我也成了客观精神的载体，因而庄子的天道观强调绝对的精神至上而转向了极端的唯心主义。由此他认为世界是不可知的，说世界有它的开始，而在这之前还有它没有开始的开始，而这样无止境地往上推，是始终弄不清楚世界是何时开始的。因而，世界万物的本源及终止也是无法讨论的，只有精神永存且高深莫测，人也就不必枉费脑筋。

庄子把老子的朴素辩证法引向了相对主义，他根本不再谈所谓矛盾的转化过程，而愤然否认世间一切事物的差异。什么善恶、是非、美丑、难易，都是双方各有各的道理，哪有对错之分？公说公有理，婆说婆有理，问题永远无法搞清，争论又有何意义？在他看来，世间万事万物都是相对而论，怎么有一个权衡的标准？儒家认为厚葬是善，而墨家认为薄葬是善，各执一端，莫衷一是，何苦纠缠自寻烦恼。进而言之，他说猴子在树上住，而人则认为危险，人怎么能用自己的价值判断去要求猴子？又如，人吃蔬菜和肉羹，而麋鹿吃草，猫头鹰则喜欢吃老鼠，什么才是真正的美味呢？由于庄子抹杀矛盾的存在，因而否定一切所谓的真理，并由此而对一切产生怀疑。如《庄子·齐物论》记载一个故事，说他睡觉时做了一个梦，梦见自己变成了一只蝴蝶，醒来后，"不知周之梦为蝴蝶与，蝴蝶之梦为周与"①？这个庄周与蝴蝶的寓言，十分典型地说明物我关系的神秘感和不可知，因而令人对一切现象都产生了怀疑。众多现象的不可破解，使庄子坠入任其自然和反对求知的宿命魔域。他说："吾生也有涯，而知也无涯。以有涯随无涯，殆已。"② 当然，庄子相对主义中也有辩证法因素，即承认万物相反相成关系。不过在他看来这些都是"有所待"，而其最高境界还是"无所待"，"齐万物"，"同生死"。

　　庄子的思想是对纷乱现实愤激不满的扭曲反映，是对人性复杂深恶痛绝的叹息。他说："至德之世，同与禽兽居，族与万物并，恶乎知君子小人哉！同乎无知，其德不离；同乎无欲，是谓素朴；素朴而民性得矣。"即理想的社会没有"君子"、"小人"之分，大家都"无知"、"无欲"，这才是真正自然的社会。他认为，人不要有任何创造，一切都顺其自然，回到原始的"浑沌"世界，进而达到"逍遥"的境地。这种思想比老子的"小国寡民"更向后退，实际上是取消了人的社会生活。这种"难得糊涂"的态度正是无力改变现实而又无可奈何的愤慨，这种反对社会进步的立场也反映了对人类文明发展的恐惧。他看到混乱世道的

①　《庄子·齐物论》。
②　《庄子·养生主》。

种种残暴、狡诈、阴险、恶毒，给予无情的揭露和尖刻的讽刺，但愤世嫉俗却促使他采取逃避罗网的方法来"苟全性命"，于是玩世不恭，自我安慰，造出虚妄的境界来求得自我解脱。这种追求精神自由的方法在中国几乎成了超时空、超阶级的精神法宝，以致那些自感怀才不遇、生不逢时的人们步其后尘而标榜超凡的清高。可以说，庄子在揭破世象、看破红尘方面有其清醒之处，而其悲观厌世、颓废修行无疑是对自我的一种精神麻醉。他的强调主体的绝对自由，追求"无己"的崇高境界，以及傲岸不屈的反抗精神和睥睨世俗的处世态度，也给后世开启了一扇通往生命旅途的玄妙之门。

第五节　法　　家

　　法家学派的出现代表了新兴地主阶级务实求利的思想倾向，它不像儒家那样力图以血亲人伦来构筑礼义的大厦，也不像墨家那样呼吁"兼爱"来求得人间的地位平等，更不像道家那样企图超越时代返归人的古朴本性。它在惨烈的社会现实政治面前，以极端冷静的目光和极端冷酷的手段构成其峻严冷切的狞厉特色。

　　法家如果溯源可上追战国之初首创"西河之学"的子夏。子夏姓卜名商，字子夏，卫人，孔子的学生，比孔子小44岁。他出身贫寒，颇尚武勇，喜结贤能，曾任鲁国"莒父宰"。老年时到魏，在西河讲学，深受魏文侯器重，培养出一大批有学问、有才干的人。《吕氏春秋·察贤》说："魏文侯师卜子夏，友田子方，礼段干木。"魏国因改革变法而迅速富强壮大起来，子夏也成为魏国颇受尊敬的人物。

　　子夏虽属孔门弟子，但与正统的邹鲁之儒很不相同。他尚武近利，孔子早有察觉，因而告诫他："女为君子儒，无为小人儒。"① "无欲速，无见小利。欲速，则不达；见小利，则大事不成。"② 子夏到西河正值魏文侯主持变法，这对子夏由儒到法的过渡起了很大的促进作用。

　　子夏的法治倾向，表现在最早提出重"势"学说上。他总结许多"臣弑君，子弑父"的历史事实，指出："善持势者早绝奸之萌。"③ 告诫善于维护权势的君主应注意防患于未然，杜绝以下犯上的苗头。他也很重视"信"，说"君子信而后劳其民"④。这种示民以信的思想被后来的法家兵家常常运用。子夏强调事功，

浮雕纹铜铺首（战国）

注重实际，说明开始由儒家向法家转化。但他仅是一个过渡性的人物，思想中也不断发生矛盾和斗争，这说明了社会上革新和保守的冲突。在新旧交替的过程中，子夏对新事物的出现并不惊慌失措，但又难以完成旧制度下的精神蜕变，因而归根结底，他属于儒家思想体系中具有革新意识而开法家学派先河的人物。

　　魏文侯时，还出现了许多法家的先驱人物，如李悝、吴起、乐羊、西门豹等人，他们以自己的实践丰富了法家的理论。此后，韩国的申不害在韩国执政期间改革内政外交，使韩国"国治兵强"。同时，在"术"的方面对法家理论做出贡献。其著作《申子》已失传，据《韩非子·定

---

① 《论语·雍也》。
② 《论语·子路》。
③ 《韩非子·外储说右上》。
④ 《论语·子张》。

法》释"术"说："术者，因任而授官，循名而责实，操杀生之柄，课群臣之能者也，此人主之所执。"也就是说，"术"就是国君驾驭臣下的统治之术，是用来加强国君权力、巩固国君地位和防止臣下篡权犯上的。因此，国君必须用权术控制群臣，不轻易表态而使臣下难以捉摸，这样才便于玩臣下于股掌之上。他还强调国君独断的重要，说："独视者谓明，独听者谓聪，能独断者，故可以为天下主。"① 可见，他是完全为君主独裁服务的，是为适应新兴的封建制度的需要而鼓说的，明显具有现实功利的色彩。

慎到受"西河之学"子夏"善持势"的影响，发展了法家重"势"的理论以及重"法"的思想。他强调"势"的重要，说："尧为匹夫，不能治三人。而桀为天子，能乱天下。吾以此知势位之足恃，而贤智之不足慕也。"② 他认为国君不必十分贤智，只要掌握了国家权势，就能"令则行，禁则止"。他还认为君主一定要重视法治："官不私亲，法不遗爱。上下无事，唯法所在。"③ 即法高于一切，君主要以法为准绳。《慎子·威德》说："法虽不善，犹愈于无法，所以一人心也。""事断于法，是国之大道也。"④ 慎到贵势而尚法，并非是为君主的个人利益，而是以国家利益为重。他说："立天子以为天下，非立天下以为天子。立国君以为国，非立国以为君也。"⑤ 其"立公弃私"、"抱法处势"的思想在当时的社会条件下明显具有进步意义，符合战国时代新兴地主阶级建立中央集权专制主义的需要，表现了早期法家的务实观和严肃性。

商鞅在秦国变法取得了很大成功，他针对旧贵族的腐朽和奴隶制的残余，在秦孝公的支持下果断实行改革。他废除世禄制，实行军功爵，

---

① 《韩非子·外储说右下》。
② 《韩非子·难势》。
③ 《慎子·君臣》。
④ 《慎子·佚文》。
⑤ 《慎子·威德》。

鼓励耕战，禁止私斗，鼓励个体小农经济，打破井田土地制度，推行县制，制定秦律，烧诗书，禁游学，其变法先后经历了8年，进行得比较彻底。因而尽管孝公死后商鞅遭到杀害，其新法仍以取得明显效益而在秦国继续得到实施。商鞅变法过程中体现出来的残酷，毕竟使封建制在秦国得到发展和巩固，使贫穷落后的秦国一跃而成为先进富强的国家，这也为以后的秦统一中国奠定了基础。

在商鞅看来，国君一定要以法为准。法令必须"明白易知而必行"，官吏百姓都要依法办事而不必听从长官意志。这样，法律面前，旧贵族不能任意胡作非为，老百姓也不敢轻易造反。他对因循守旧给予猛烈抨击，说："圣人不法古，不修今，法古则后于时，修今则塞于世。"① 他认为："法者，所以爱民也；礼者，所以便事也。是以圣人苟可以强国，不法其故；苟可以利民，不循其礼。"② 表现出顺应历史发展趋势的积极进取态度，反映出强国利民的重实求效精神。

战国后期的法家代表人物是韩非，他也是法家思想的集大成者。韩非（约公元前280～前233年）出身于韩国宗室，曾多次上书韩王希望变法图强，但他的建议始终未被采纳，于是发愤著书，写成《孤愤》、《五蠹》、《内外储说》、《说林》、《说难》等篇10余万言。后秦王看到韩非的著作，十分赞赏，说："寡人得见此人与之游，死不恨矣。"③ 秦加紧攻韩，韩非使秦，被留后因受秦王器重而被李斯嫉妒，终为李斯所害而自杀于狱中。现存《韩非子》共55篇，主要为韩非自著。

韩非像

韩非总结了前代法家的经验，形成"法"、"术"、"势"相结合的政

---

① 《商君书·开塞》。
② 《商君书·更法》。
③ 《史记·老庄申韩列传》。

治思想。他认为商鞅重法而不重术，虽然使秦国富强，但却无力驾驭天下，自己也落得个粉身碎骨的下场。申不害则只重术，而"不擅其法，不一其宪令，则奸多故"，因而只会玩弄权术而导致社会混乱。因此韩非批评他们二人说："二子之于法、术，皆未尽善也。"① 韩非认为，"法"、"术"必须结合，以"法"作为统一全国思想的标准，以"术"来察知臣下的作奸舞弊而便于控御。另外他还认为，"法"和"术"能够实现，还要靠"势"，"势"与"法"、"术"结合起来，就可以牢牢掌握政权并成就大事。他说："势者，胜众之资也。"② "万乘之主，千乘之君，所以制天下而征诸侯者，以其威势也。"③ "抱法处势则治，背法去势则乱。"④ 韩非建立起法家的政治学说，可见要比儒、墨、道等家高明而现实得多，他摒弃了一切无稽之谈而将社会分析得异常透彻，就像冷静地操作一架机器而不再有感情的冲动，使人落入恢恢法网之中而又依循人性的轨迹理性地生存。

　　韩非封建专制主义思想的形成，是时代需要的产物。处于战国中期的孟子虽有"定于一"的大一统思想，但那时诸侯割据，旗鼓相当，还没有具备统一的条件，因而也不可能出现封建专制主义思想。到了战国晚期，天下一统的条件已经形成，韩非的封建专制思想应运而生也就不足为奇。况且韩非从历史进化论出发，认为"上古竞于道德，中世逐于智谋，当今争于气力"⑤，既然古今情势不一，就应因时变法。因此"世异则事异，事异则备变"，"圣人不期修古，不法常可，论世之事，因为之备"⑥。今世人性不再像古时无争，完全是一种利害关系，因此韩非从人的最基本物质需求出发，撕去了蒙在人性上温情脉脉的面纱，

① 《韩非子·定法》。
② 《韩非子·八经》。
③ 《韩非子·人主》。
④ 《韩非子·难势》。
⑤ 《韩非子·五蠹》。
⑥ 《韩非子·五蠹》。

而揭示出赤裸裸的人与人之间的冷酷。可以说，韩非的一切思想都是为适应中央集权的需要，他用法调动起对封建统治有利的人们的最大企图，也用法扼杀不利于中央集权的干扰和动乱。他主张独尊法家，禁止其他各家学说，甚至反对文化知识。这种实行思想统治的愚民政策，直接影响了秦始皇的"焚书坑儒"。而其严刑峻罚的主张，也不能不说导致了陈胜、吴广的起义。韩非的专制主张适应了历史发展的趋势，促进了中国统一的步伐，有其一定的进步意义。但其过度的思想钳制为后代的统治者所沿用，严重阻碍了中国科学和文化的发展。

在春秋战国期间，还有众多有识之士发表自己的见解，阐述自己的主张。他们纷纷以人类现实作为观照对象，提出解决社会矛盾的种种方法。在这一争鸣过程中，他们逐渐摆脱了神的约束，将人的价值作为思考的首位。他们像儒家、墨家、道家、法家一样，不仅关注人类本体的发展命运，而且探求人类生存环境的优劣得失，并将二者结合起来探求其间的奥秘。诸子百家哲学的求索从人的本位出发，挣脱了对神的迷信，使人成为万物的主宰，从根本上扭转了殷商西周以来神权至上的思想，而使人的思维机制也变得更加丰富、机敏、缜密，这在中国思想发展史上留下了不朽的功绩。

第三章
文史精要

第一节　立言著说

　　春秋战国时期，随着神权至上的观念逐渐消解，"学在官府"的垄断局面逐渐被打破，人文精神和乡野气息逐渐浓厚起来。文坛史苑不再仅限于祠庙和朝堂的狭小天地，而将范围推向更为广阔的生活空间。丰富的社会内容、敏锐的现实思考、生动的创作手法和多样的艺术形式精心构筑起华美的大厦，将文的采丽和史的质朴结合起来新建起充满智慧的人文殿堂。可以说，这一时期的文化风貌更多地充溢着人本精神，而最能反映这一事象的表征则体现在文史的著述上。这些篇章描

嵌红铜龙纹敦（春秋）

写着人的生活，倾诉着人的情感，闪烁着人的智勇，体现着人的追求，以人为核心使刀笔简牍更具温馨的意味，从而替代了殷商西周以神为魂狰恶威严的面孔。

在中国先秦文化景观中，文史哲往往是相互交融、贯通一体的。诸子在论述哲学观点时，为加强论证力和感染力，文章的逻辑结构和语言表达都带有很强的文学色彩，同时又多征以史实说明自己的主张的合理性。史官们在论述历史时，同样凝集着人生哲学的思考和社会价值的判断，以生动的文笔实录着鲜活的世象，搬演出一幕幕戏剧。文学则与生活最为紧密，它艺术地把人生图景展演出来，既反映出活生生的人类本真状态，也流露着作者倾向和时代气息。尽管先秦时期文史哲尚无明细的区分，笼而统之都被看做君主治世的一种资凭，或个人学术的一种鸣放，但实际上各个领域已形成某些表征并得到强化。以孔子为例，他的哲学思想、史学著述、文学色彩就是融为一体而相得益彰的。不能不说他是在掌握丰富史料基础上又有着深刻哲学思辨而富于文学才能的学者，或许他的领域更为广泛。可以说，后世人们随着社会的进步和学科渐分渐细，并以此解析先世浑然不分的学术领域，这才有文史哲等学科之分。从发展的观点看，这有利于社会的进步。但不能就此认为，先秦学者有意将文史哲合为一炉。其实，它不过是殷商西周文化的延续，也正是在特定时代背景下产生的文化现象。

春秋战国时期的哲学前文已述，本章只谈文史方面的成就。

第二节　俗风雅尚

《诗经》是我国第一部诗歌总集，收入西周初年至春秋中叶大约500年间的诗歌305篇。这些诗歌在先秦时代总称为"诗"或"诗三百"，西汉时被立于学官奉为经典，此后才被尊称为《诗经》。

　　《诗经》中的诗篇分《风》、《雅》、《颂》三大类。《风》又称《国风》，指当时诸侯国所辖各地域的乐曲，实际上指相对于周天子京都而言的各地方的土乐，包括周南、召南、邶风、卫风、鄘风、王风、郑风、齐风、魏风、唐风、秦风、陈风、桧风、曹风、豳风 15 国风，共160 篇。这些诗绝大多数是下层人民的口头创作，反映了他们的生活处境和思想感情。《雅》中包括《大雅》和《小雅》两部分，《大雅》31篇，《小雅》74 篇，共 105 篇。《雅》实际上是产生于西周王畿的诗歌，诗歌内容多与时政有关，其作者多为公卿、大夫、士等朝廷官吏。《颂》中包括《周颂》31 篇、《鲁颂》4 篇、《商颂》5 篇，共 40 篇。《颂》是宗庙祭祀或举行大典时的乐歌，其内容或铺叙祖先功业，或歌颂今主圣明。产地都在王都，作者多为上层社会人物。从时间上看，《雅》、《颂》中大部分作品产生于西周，反映了西周由昌盛到衰败的渐变过程。《风》诗大部分则产生于西周末年和春秋时期，反映出人民在动乱年代中生活的艰难和情感的倾向。文学的作者从朝堂向民间的转移，文学的内容从庄严的歌咏到痛苦的呻吟，文学的形式从宏伟的结构变得短小而精巧，文学的语言也由典雅而变得更有生活气息。这些转变无不说明原先对祖先神灵和当朝圣主的景仰崇拜已被打破，世俗生活的丰富内容则给文学带来新的生机。

　　《诗经》中贯穿着强烈的现实主义精神，摒弃了殷商时期甲骨卜辞瑰丽的迷幻色彩，因而这些作品少了对神的迷信而多了对人的关注。从《诗经》编纂的过程看，便崭露了清新的人文气息。据史书记载，《诗经》是由采诗、献诗、删诗的过程汇订成集的。

　　　所谓"采诗"，是因统治者周天子要了解百姓的情况，故派专人到各地搜集民谣。因诗与乐是紧密相关的，故采诗大约也有搜集乐章的需要，通过音乐以观民风。因为周代特别重视"礼乐"，但凡有礼仪场合，都要演奏乐章，这种形式使音乐显得十分考究，所以当时朝廷专门设有

蔡侯申鼎（春秋）

乐官"太师"等，乐官的职务就是专门负责编制和教演各种乐曲。可以想见，他们除了自己编制乐章外，也要注意搜集民间唱词和乐调。这样，《诗经》中那些流传于各地的民谣俗曲或许正是由他们采集而来。《汉书·艺文志》说："王者可以观民俗，知得失，自考正也。"《汉书·食货志》载："孟春三月，群居者将散，行人振木铎徇于路以采诗，献之太师，比其音律，以闻于天子。"由此可见，官府采诗主要还是为了解人民的生活，考察人民的想法，检验施政的得失，以利于统治的改进。乐曲和歌词反映了人民的喜怒哀乐，具有典型的现实主义特征，从而反映出周代更重世俗的务实精神。

所谓"献诗"，据《国语·周语》记载："天子听政，使公卿至于列士献诗，瞽献曲，史献书，师箴，瞍赋，矇诵，百工谏……于以考其俗尚之美恶，而知其政治之得失焉。"可见周王朝是有让贵族官员和文人乐师献诗的制度的。从《诗经》中的作品看，也反映了"献诗"之事的确存在。如《大雅·嵩高》："吉甫作诵，其诗孔硕。"《小雅·节南山》："家父作诵，以究王讻。"所献之诗，有的也并非他们自己的创作，而是在日常生活耳闻目睹中，经过搜集、整理、加工而成。至于那些专门用于祭礼的《颂》诗，显然是巫、史等有关职官奉命制作。天子能鼓励献诗，听取臣僚的劝诫，不能不说是一种开明的举措。至于那"防民之口，甚于防川"的周厉王，正因拒谏而被国人流于彘，也说明民心向背有时能决定周王的废立。

所谓"删诗"，是说通过各种渠道会聚起来的作品很多，经过筛汰、选择、修润而将其编纂成册。古代流行的说法是孔子曾经"删诗"，是

《诗经》的整理者和编订者。《史记·孔子世家》载："古者诗三千余篇，及至孔子，去其重，取可施于礼义……三百零五篇，孔子皆弦歌之，以求合韶武雅颂之音。"但此说后人多有怀疑，最有说明力的理由是早在孔子之前，《诗三百》就已定型。据《左传·襄公二十九年》记载，当时吴公子季札游鲁观乐，就有乐师为他演奏风、雅、颂，而分类篇目、先后次第都与今本《诗经》大体一致，而当时孔子年方 8 岁，显然孔子删诗之说不能令人信服。另外，《论语》中也未提及孔子"删诗"之事，倒有孔子教弟子学诗的言行记录。

现在学者一般认为，《诗经》的结集有个长期的过程，从诗与歌的关系看，乐官起了不可忽视的作用。他们既是诗歌的搜集者、保存者，又是诗歌的演奏者、歌唱者。他们出于工作的需要，对众多诗篇加以取舍编辑成册是较易为人理解的。从"删诗"者的指导思想看，《诗》既要有丰富的历史经验总结，又要有鲜活的现实生活气息；《诗》既要紧密配合礼乐而具有教化作用，又要反映人民大众的劳动生活和思想感情。因而，《诗》也就成为一部既给人百科知识又提供人生经略的宏大教材。所以《周礼·春官》中有"太师教六诗"之说，"诗六义"成为国子们必须掌握的内容。在当时，除了典礼、娱乐和讽谏用诗以外，外交场合更是经常"赋诗言志"，作为表情达意、美化辞令的工具。第一个以私人讲学身份出现的大学者孔子也说："诗可以兴，可以观，可以群，可以怨。迩之事父，远之事君，多识于鸟兽草木之名。"① 可以说，经采选而删订的《诗》成为一部人生必修的教科书，"不学诗，无以言"成为当时有识之士的共同看法。《诗》正是以其现实主义精神，不仅凝聚了那个时代的风采，也成为映照中国文化的不朽巨著。

《诗经》的思想内容和艺术形式达到现实主义的完美统一，它浓缩了那个时代的画面并充盈着那个时代的旋律而成为一代精品。《大雅》

---

① 《论语·阳货》。

中的古老史诗用简朴的刀光记载了周人发祥和创业的历史，歌颂了他们沿着黄河流域开垦土地建立家园的光辉业绩。《小雅》中那些忧患国事针砭时弊的锋利矛枪，挑破了腐朽统治集团的华丽帷幕，将他们的无耻丑行暴露于光天化日之下。《颂》诗中则念念不忘先祖的丰功伟绩，并以此告诫后世传人要奉天承运、保民敬德，流露出惩恶扬善的殷殷期望。最有价值的则是《风》诗，这些诗篇，有的反映了劳动人民终年辛苦不得温饱的处境，似乎令人听到痛苦的呻吟和愤怒的呼喊；有的则记叙动乱年代中被强征服役四处奔波的悲惨遭遇，抒发出对家园荒落的哀叹和对至爱亲朋的苦思；有的则描写了爱情的大胆追求和小心幽会，同时也对罪恶礼教造成的婚姻悲剧给予无限的同情；有的则直接批判那些荒淫无道和残酷暴虐的国君，给予无情的揭露和强烈的谴责。尽管诗中有时流露出愤激的批判情绪，但更多的是歌咏生活的美好和抒发善良的感情，这不能不使人想到诗作者们隐忍宽宏、温柔敦厚的品格。这些从人性价值尺度出发而创作的大量诗篇体现了春秋时期人的意识的觉醒，从而以广阔的生活画面勾勒出那个世道的人性本真。

诗的艺术风格也朴素自然而毫无矫饰，使人如睹宏大的历史场面和琐细的日常生活。赋、比、兴的表现手法更反映出人与自然的交会与和谐，或"赋而比"，或"比而兴"，或"赋而兴又比"，意味深长的叙事、写景、抒情，使人类的生存状态淋漓尽致地得到表现。诗的结构和节奏也更为活泼而精谨，那复沓的章法和灵活的句式不但在艺术上产生一种回旋跌宕的效果，而且充分起着抒情达意的作用并使之便于记忆和传诵。诗中丰富的语汇与和谐的韵律表现出语言高度的精确性和音乐感，那些细致精当的传神写貌，那些重言叠字的状物拟声，那些和美自然的天籁之音，那些顺畅流转的随口之韵，无不蕴涵着文学的规律性进步的因素。"关关雎鸠，在河之洲。窈窕淑女，君子好逑。"① "坎坎伐

---

① 《诗经·周南·关雎》。

檀兮，置之河之干兮，河水清且涟漪。
不稼不穑，胡取禾三百廛兮？不狩不
猎，胡瞻尔庭有悬貆兮？彼君子兮，
不素餐兮！"① "昔我往矣，杨柳依依。
今我来思，雨雪霏霏。行道迟迟，载
渴载饥。我心伤悲，莫知我哀！"② "手
如柔荑，肤如凝脂，领如蝤蛴，齿如
瓠犀，螓首蛾眉。巧笑倩兮，美目盼
兮。"③ 随手采撷几段诗章，那古朴的
美不禁使人遥想回味，心往情牵。

铜女孩像（战国）

《诗经》正是我国古代诗歌辉煌的
开始，它以人为中心开创了我国现实
主义的文学传统，它以真为内质树立
起生活是创作之母的原则，而它"乐而不淫，哀而不伤"的积极情调更
给人健康旷朗的感动，使它千古以来成为难以企及的范例。

第三节　逸响伟辞

　　继古朴的《诗经》出现之后，战国后期又出现了瑰丽的《楚辞》。
所谓"楚辞"，按其名称本身来说，是指楚地的歌词之意，它是一种具
有浓厚地方色彩的新诗体。黄伯思《校定楚辞序》言："盖屈宋诸骚，
皆书楚语，作楚声，纪楚地，名楚物，故可谓之'楚辞'。"楚是南方的

---

① 《诗经·魏风·伐檀》。
② 《诗经·小雅·采薇》。
③ 《诗经·卫风·硕人》。

屈原像

大国，其山川峻秀，物产丰饶，有着与中原地区明显不同的地域特色。在这里生息的人们长期以来怀着一种对环境的诡测，形成一种神秘而荒蛮的文化传统。由于相对闭塞和保守，蒙昧诡异的思想认识使之陷入对神灵的盲从，因而楚地祭祀蔚然成风；又由于楚国乘中原内乱在南方迅速崛起，豪强的国势与愚顽的迷信结合，于是在祀神的歌舞中充满奇丽浪漫的梦幻。

楚辞正是在这样一种"信巫鬼，重淫祀"的文化氛围中产生，这就使带有"神曲"性质的楚辞既有丰富幻想又具浪漫情调。因其毕竟接受了一些北方文化的影响，尤其是具有开明进步思想的有识之士富有创新精神的积极创作，特别是伟大诗人屈原那忧国忧民的崇高意识和充满才学的艺术成就，使楚辞一举成为中国诗坛上耀眼夺目、遗响千古的卓绝之作。楚辞是由屈原而名扬天下，但其始并无"楚辞"名称。是因汉成帝时，刘向整理古文献，把屈原、宋玉的作品和汉人仿效这种体裁所写的作品汇编成集，名之"楚辞"，"楚辞"作品才有了专集，"楚辞"名称才流传开来。

伟大诗人屈原是《楚辞》的代表作家，他的《离骚》、《天问》、《九歌》、《九章》都是不朽之作。《离骚》作为一篇宏伟壮丽的政治抒情诗，大致可以分为前后两大部分。前一部分诗人回顾自己殚精竭虑、一心为国的苦斗历程，后一部分则写诗人蒙冤被逐以后心中所产生的各种矛盾以及誓死殉于理想、殉于祖国的决心。诗中一方面对楚国腐朽贵族的趋利忘义、颠倒是非、嫉贤妒能的黑暗统治和误国行为做了尖锐的抨击，一方面倾吐了诗人赤诚的爱国信念和救国无门的极端痛苦和忧伤。全诗感情激荡，震撼人心。

《天问》则是一首奇特的长诗，以诗歌形式从头到尾一口气提出170多个问题。这些问题包括宇宙的形成、天地的开辟、日月的运转、大地的形状、川流的走向等各类自然现象，也包括人类远古的神话传说、历代兴亡的各种史实等社会问题的各个方面。《天问》对当时尊天现象进行大胆的怀疑、批判和责问，欲把尊天者所代表的旧传统、旧思想、旧道理通通扫清，充满精辟的析理和磅礴的气势。

《九歌》则是屈原吸收楚地民间的神话故事，并利用民间祭歌的形式写成的一组风格清新的抒情诗。"九"在古代指多数，所谓《九歌》是指由多篇乐章组成的歌曲的意思，它共含11篇作品。《东皇太一》写天神，《云中君》写云神，《湘君》与《湘夫人》写湘水配偶神，《河伯》写河神，《山鬼》写山神，《太司命》写主寿命的神，《少司命》写主子嗣的神，《东君》写太阳神，《国殇》写人鬼，《礼魂》是送神曲。这些作品充满了浪漫主义色彩，各神的容貌体态、生活环境无

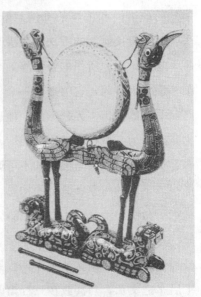

虎座鸟架悬鼓（战国）

不符合其身份特点。但诗中的神已与原始神话的神有所不同，他们作为神具备神的特质，但却又不荒诞无稽、光怪不伦，因为作者在不同程度上赋予他们以人的特征、人的性格。写他们跟人一样有欢乐和悲哀，有爱情的追求，有失意的烦恼，而且把这些感情很细腻地表达出来，具有人间的生活气息，从而令人觉得这些神都非常可亲，他们的英雄业绩使人钦佩，他们的某些遭遇也很值得同情。实际上，人的生活与神的特征结合，表达的还是人的思想感情和理想愿望。作者借助于神话形式而对自然特征作审美概括，并以这种象征手段反映出现实生活，进而表达某些社会意识。

《九章》则共有9篇作品，包括《惜诵》、《涉江》、《哀郢》、《抽

思》、《怀沙》、《思美人》、《惜往日》、《桔颂》、《悲回风》。这些作品不是屈原一时一地之作，它原是单行的散篇，后人因其内容、形式大致相似，集为组诗，冠以《九章》之名。《九章》多数作品是屈原两次流放时所作，这些诗真实地记述了屈原流放期间的生活经历和思想感触，其强烈的政治性和浓厚的抒情意味与《离骚》基本一致，但更多纪实描写，并用直接倾泻的方法来表现其复杂的心曲和奔放的感情。

总之，屈原所作的《楚辞》是中国文学史上第一个伟大诗人所作的第一组伟大诗篇，它塑造了一个具有崇高政治理想和峻洁伟岸人格的庄严而非凡的抒情主人公形象，他追求理想、反抗现实的不屈精神喷涌而出，跃动为字里行间的澎湃激情，使人看到那特定时空里真与伪、善与恶、美与丑、光明与黑暗的不可调和的斗争。他那新异的比喻、夸饰的描写、丰富的想象、豪奇的构思、奔涌的情感、咏叹的句式构成了文采绚烂、激情洋溢、结构宏伟、韵律跌宕、音调和谐、才思飞动的逸响伟辞。正如鲁迅在《汉文学史纲要》中所言："较之于《诗》，则其言甚长，其思甚幻，其文甚丽，其旨甚明，凭心而言，不遵矩度……其影响于后来之文章，乃甚或在三百篇以上。"

《诗经》和《楚辞》在我国先秦诗坛形成了现实主义和浪漫主义两座高峰。如果说《诗经》更多地充满了北方古朴淳厚的沉实气概，那么《楚辞》则更多地映现着南方雄奇蓊郁的森秀风姿；如果说《诗经》反映了春秋时期礼乐纲常逐渐崩坏的现实情景，《楚辞》则代表着战国时期动荡不安局势下追求进步和光明的浪漫奇想；如果说《诗经》是众多作者辛勤栽培、争芳斗艳的辽旷花圃，《楚辞》则是少数杰才心血浇灌、挺拔崛放的参天茂木。总之，从《诗经》到《楚辞》，从文学发展的角度看，无论从内容到形式都体现出由博大到精深，由宽厚到雄放，由草野到峻雅。周初以来形成的温柔敦厚的大众文学逐渐由蓄势崛起的精英文学所取代，这也与整个时代政治、经济、军事、学术发展的态势相一致，从而为人类文明又开拓出新的境界。

第四节　笔简意深

　　散文在春秋战国时期也呈现出勃兴的面貌，概括说可以分两大类，一类是记述历史人物、历史事件的历史散文，一类是议论现实政治、阐说哲学主张的论说散文。从性质上讲，无论当时的历史著作还是诸子著作，都属于学术著作，但由于这些作者在记事或说理时，往往极注意语言技巧以至谋篇构思，有时还调动许多形象化手段，这样一来，就使这些著作具有双重性质，既是史述或政论著作，又具有浓厚的文学色彩。这正如《诗经》和《楚辞》既是文学作品，同时又渗透着历史的哲学的因素一样。所以说，中国传统的文、史、哲往往难以分

龙纹壶（春秋）

界，三者紧密相关、和洽交融而蔚为大观。后来虽分科渐细，但此影响仍在，形成独具特色的中国文化学术传统。

　　中国是一个很重视历史文献的国家，修著史书的传统开始得很早。《礼记·玉藻》说："动则左史书之，言则右史书之。"《汉书·艺文志》说："古之王者，世有史官，君举必书，所以慎言行、昭法式也。左史记言，右史记事，事为《春秋》，言为《尚书》，帝王靡不同之。"班固之说与《礼记》有异，但后世多采班固所言制度。

　　我国最早的"记言"之作商周已出现，《尚书》便是一部最早汇集历史资料的散体文总集。《尚书》即上古之书的意思，先秦只称之为《书》，后来儒家尊为经典，故又称《书经》。它分虞书、夏书、商书、周书四部分，其中虞书和夏书是后世儒家根据古代传闻编写，并非虞、

夏时代的真正史料，比较可信的是商书和周书两部分，保存了大量的官方文告。《商书》中《盘庚》三篇辞语古奥，是殷王盘庚迁都时对其臣属、百姓所作的讲演辞，可以令人窥见盘庚迁殷时的情势，同时也可使人感受到盘庚讲话的气概、感情和语态。《周书》包括周初到春秋前期的散文，其中《牧誓》是武王伐纣时的誓师之词，《多士》是周公以王命训告殷遗民之词，《无逸》是周公劝诫成王不要贪图享乐之词。《周书》中的文章大都叙事清晰，说理形象，从中可看出散文的发展情况。如春秋初年散文《秦誓》是秦穆公在袭晋失败后的悔过自责之词，表达了一种愧悔、沉痛的感情。文章篇幅不长，但结构严谨，能运用多方比喻，写得感情真挚，语言传神。总的说来，《尚书》文辞简约，语言朴实，在卜辞、爻辞的片断记事的基础上初步发展为比较完整的篇章，并进而能够表达一个系统的思想或记述一个完整的事件。但由于多是口语记录，又因文字省减与语法未定，使得它艰涩难读，故有"周诰殷盘，佶屈聱牙"[1] 之谓。

　　春秋战国以前，周王朝和诸侯国已各有编年记事的史书，如墨子就说过他曾见过"百国春秋"。最初的史书都是由各国史官执笔撰写的，但现在看到的只有根据鲁国史料编著而成的《春秋》。其作者据司马迁《史记·孔子世家》言为孔子，但后世多因《论语》中未载此事而提出怀疑。《春秋》记载了鲁隐公元年（公元前 722 年）至鲁哀公十四年（公元前 480 年）共 242 年间的历史大事，全书 16000 多字。后被奉为儒家经典，也是孔门教学中的一项主要课程。《春秋》在思想上强调周王室的正统地位，要求维持西周的礼法制度。在写作上按时间顺序记事，条理清晰，语言简练，是一部用散文写成的体系完整的历史著作。它所使用的语言已比较规范，简括朴素而精确含蓄，体现出修辞技巧的高深造诣，一字之用竟会"寓褒贬，别善恶"，选词炼字，十分精细。

---

① 韩愈：《进学解》。

如它记载战争时，往往根据战况实际和作者看法，分别选用征、伐、侵、袭、克、灭、取、歼、追等不同的词语来表达。《春秋》在意识形态方面的评判标准，反映出东周以来社会的巨大变化。而在语言方面的精熟运用，标志着人们的思维丰富和散文的巨大发展。

《春秋》可谓一部春秋时代的历史提纲，只是简要地记载每年发生的重大事件，并没有详细地写出事件的原委和过程。孔子以后传习《春秋》的人，因观点不同，解说角度不同，而产生了不同学派。这些学派推尊孔子，以《春秋》为经而纷纷作传，其中成就较大的有三家，即公羊高的《公羊传》、穀梁赤的《穀梁传》和左丘明的《左传》。

蟠螭纹贯耳壶（春秋）

三传之中，《公羊传》、《穀梁传》以解释《春秋》的"微言大义"为主，往往不过是些深文周纳的穿凿附会之谈；《左传》则是由作者博采众长、独具慧眼、精心编撰的一部力作，故其影响最大。

《左传》原称《春秋左氏传》，是在《春秋》经文基础上进一步传述具体史实的著作。其作者《史记》载为左丘明，但后世学者多有异议。全书近20万字，比较全面地反映了从奴隶制向封建制社会转变过程中各诸侯国的经济、政治、军事、文化、风俗等状况。它虽是一部历史著作，但作者在记述历史事件和人物时，却表现出比《春秋》更为进步的思想观点和政治倾向。如在天、人关系方面，《左传》就比较强调人的作用，而对天命观念有所否定。在君、民关系方面，也比较重视民的作用，而体现出一定的民本思想。《左传》还本着"不隐恶"的态度，对一些国君贵族的残暴荒淫给予揭露，如晋灵公的酷虐无道、陈灵公的狠亵滥情。同时，它又赞扬那些深明大义、至情报国的感人形象，如郑国商人弦高犒赏秦师解救国难、楚国大臣申包胥恸哭秦廷求得救兵。可以说，《左传》虽然承续了《春秋》中一些如"君义、臣行、父慈、子孝、兄爱、弟敬"等伦理道德，以及强调等级制度、维护尊卑观念等传统保守主张，但在很大程度上扬弃了不合人道、不得人心的因素，因而在冷峻客观的史实描述中更加具有总结历史经验、提供历史借鉴的感人哲理。

《左传》虽是一部历史著作，但它的文学因素极为丰富。它善于叙事，精于剪裁。在叙述复杂的历史事件时，真实生动、委婉周详、有条不紊、重点突出。它的叙事方法不拘一格，多种多样，顺叙、倒叙、补叙、插叙、明叙、暗叙，无所不用，它叙写战争尤为出色，当时发生的许多著名战役，都是通过它生动周详的描写才流传下来，成为难得的战例史料。

《左传》侧重展示战争的背景、战前的准备、双方兵力的部署、力量的对比变化、将帅士兵的活动、战略战术的运用、造成胜败的因果关系等等，使战争的过程非常清楚，而其中矛盾又错综复杂。由于作者处理得当，就使情节跌宕起伏，事件环环相扣，结构谨严而又中心突出。《左传》在叙事中还善于表现人物。作者有意把人物放在矛盾冲突中，立体化地展示人物的思想和性格。如曹刿不顾劝阻执意见君表现出的拳拳爱国心和崇高责任感，他与庄公见面后不谈战事而谈民情表现出的关于民心向背的卓越识见，临阵应战时从容、镇定、机智、勇敢而表现出的大将风度，作者未加一句评判议论，而人物栩栩如生，宛然如见。作者有时还善于写出人物思想性格的发展变化，并注意揭示人物心理活动的复杂轨迹。如晋公子重耳从流亡国外到回国即位继而称霸天下的历史过程，也就是他从一个幼稚无知、希图安逸和缺乏谋略的贵族公子，经过种种祸患磨难之后，成长为一个老谋深算、智勇双全和气概超凡的政治领袖的过程。《左传》的语言可谓简练而丰润，含蕴而畅达，曲折而尽情。其叙述语言委婉含蓄，精当生动，无论是写战争，还是写人物，或是写各类事件，都逼真地传达出声情意态。其人物语言极合人物身份、处境，使人闻其声如见其貌。如《郑伯克段于鄢》中的郑庄公及其手下人物，从口吻语态便可察知每个人物的心数和性格。特别是书中出现大量的外交辞令，更充分显示出作者驾驭语言的高度能力，如齐桓公伐楚时与楚国使者屈完的对话，如齐晋鞌之战时晋军司马捕获齐国国君的委婉说法，各种不同场合有各种不同的话语，或透辟、或典雅、或含蓄、或严谨，无不各尽其妙。

总之，《左传》的产生，标志着我国历史散文自《尚书》、《春秋》之后有了高度的发展，这与当时社会的文化语境有密切的关系。而《左传》作为历史著作，具有精彩的文学意味，又透射着深刻的哲理信息，都给后世以深远的影响。

《国语》作为一部分国记载历史的著作，上起于周穆王征犬戎（约公元前 976 年），下止于韩、赵、魏灭智伯（公元前 453 年），共记述了 500 多年的历史。全书 21卷，7 万余字，分载了周、鲁、齐、晋、郑、楚、吴、越 8 国的历史片

吴王夫差鉴（春秋）

断，据传其作者也是左丘明，是为补《左传》之不足而作，故《国语》又称《左氏外传》或《春秋外传》①。但宋代以后有人置疑，近代以来一般认为它与《左传》一样，是战国时期的作品。从内容和风格看，它并非出自一时一人之手，作者可能是春秋时各国史官，最后经人编排整理而成书。

---

① 司马迁《报任安书》："左丘失明，厥有国语。"王充《论衡》："国语，左氏之外传也，左氏传经，辞语尚略，故复选录《国语》之辞以实。"

《国语》记言比《左传》详细丰富，记事则不如《左传》委曲完整。《国语》所载多为政治谏辞，只重点记述若干事件与人物对话，有些史实《左传》没有记载，因可补充《左传》的缺憾。《国语》也反映了春秋时代政治变化的轮廓，尤其对社会上层的生活内幕有所揭示。其叙事缺少波澜起伏，但记言则较生动传神。如《召公谏厉王弭谤》，谏对之辞就写得十分出色，多方引譬论说应纳谏求治的道理，而文章最后记事则以"王弗听。于是国人莫敢出言，三年，乃流王于彘"作结，冷冷结束。全文字数不多，但逻辑严谨地写出事情发展的全过程，也透露出史学家对"防民之口，甚于防川"行为的批判，表现出要尊重民意的进步看法。《国语》有的篇章也记述了生动曲折的故事，并在叙事中刻画出人物性格。其文学上最突出的特点就是语言精警俭省，巧妙地运用口头语、俗语和政治用语，言简意赅，生动传神，保存了民族语言的特色。其幽默风趣而又精谨透辟的记言叙事方法，对后来的文学如唐宋古文创作有很大影响。

《战国策》是秦汉间编纂起来的一部史书，作者姓名已难考证。大概最初只是战国时代各国史官和一些游说之士记录下来的文稿、史料、

四兽镜（战国）

杂编，有《国策》、《国事》、《事语》、《短长》、《长书》、《修书》等不同名称，后经汉代学者刘向汇集整理定名《战国策》。《战国策》基本上依照《国语》体裁，以记言为主，按国别划分，全书辑录战国时期东周、西周、秦、齐、楚、赵、魏、韩、燕、宋、卫、中山十二国事共 497 条，编为 33 卷。它的记事年代起于战国初年，止于秦并六国之后，大约

在公元前 452 年至公元前 216 年之间，共 240 年左右。

《战国策》是一部史料杂编，缺乏系统性和完整性。它虽然记述了战国时代许多历史事实，但它叙事不计年月，文章大多是零散片断，这就不免降低了它的史学价值。《战国策》既非一人、一时之作，因此思想也颇庞杂，但主要反映的还是战国时代纵横家的思想。它对当时往来于各国之间的游说之士的活动和谋略，既有真实的记载，也有热情的颂扬。从书中不难看到战国之时纵横捭阖的复杂斗争形势，活跃于上层建筑的统治者和政客们的权谋诡计，当然也有坚持正义、不畏强暴的人物的英雄事迹。

从文学角度看，《战国策》的成就超过《左传》和《国语》。它兼有《左传》、《国语》的叙事、记言之长，叙事"能委折而入情，微婉而善讽"，记言则"敷张而扬厉，变其本而加恢奇"[1]。在叙事记言中，注意以人物性格为中心组织情节，安排结构，写出人物系列完整的生动事迹，映现出人物的形象和气质。如《邹忌讽齐王纳谏》、《冯谖客孟尝君》、《鲁仲连义不帝秦》、《荆轲刺秦王》等，都写出人物性格的发展，并赋以丰满的血肉。同时作者叙述故事情节生动，注意场景气氛、矛盾冲突的渲染，这就使事件、场面、情绪与人物和谐地统一起来，构成栩栩如生的立体画面，既有背景衬托，又突出人物，写出情节过程，给人以感染。《战国策》的语言则华彩富艳，凝丽精美。叙述讲究辞采之势，描摹更是淋漓酣畅，人物对话时而活泼机智、时而铿锵激愤、时而委折入情、时而声色俱厉，无不惟妙惟肖、声如其人。其修辞方法也是多种多样，排比、对偶、比喻、夸张大量运用，极富文学意味。特别是书中记载的大量游说言辞，更表现出繁富绚烂的特点，莫不极尽辞胜理夺之能事，委婉尽意而又跌宕生姿。它还善于运用一些短小故事和寓言来说明事理，使抽象事物变得形象鲜明，风趣幽默，如"亡羊补牢"、"鹬蚌

---

[1]　章学诚：《文史通义·诗教上》。

相争"、"画蛇添足"、"狐假虎威"等，都言短意长，颇富哲思。

总之，《战国策》在先秦历史散文中颇富华彩特色，而这也标志着人的"文"之意识得到彰显。它对后世影响很大，不唯汉代史传、辞赋直接得到借鉴受其启发，汉代的政论散文以及唐宋古文的雄辩恣肆，都可于此找到渊源。

第五节　哲思宏辩

语言是思想的直接现实，散文作为一种载体，也真实地记录了先秦诸子纷然杂陈的认知信息。诸子散文中，由于各家林立，因哲学见解不同而文风也迥然有别，又由于时间的早晚，也可看到书面语言发展的脉络。

春秋晚期战国初期的论说散文，由于受社会机制文化气息影响，已可看到"学在官府"向"学在四夷"过渡的端倪。原先佶屈聱牙的晦涩句式受到清新朴素的生动语态的濡染，文字开始呈现典雅流畅而又丰富多彩的多元趋势。读《老子》，可以让人感受到文笔的精简与机锋，其大音稀声的风格的确给人"无中生有"的万般感慨；读《论语》，似可让人感受到孔子仁厚慈蔼的态度和充满真知灼见的精言睿语；读《墨子》，则容易使人感知其朴实无华的缜密逻辑，也就可以理解其舍生忘我雄辩好胜的理

银首人形灯（战国）

性精神。老子、孔子和墨子都是生活于春秋战国之交时期的人，此时百家争鸣态势尚未形成，因而文中多少还保留着苍厚古朴的气息，但拙野中已见秀雅的生发。孔子言："质胜文则野，文胜质则史，文质彬彬，然后君子。"① 可见已有目的地树起了人文修养坐标，同时也模塑出一种所谓君子的文化风度。当然，老子也说过"信言不美，美言不信"的话，墨子也讲过"以名举实，以辞抒意"的理，可谓对"文"各有所思。如果将三人的处世态度与三人的语言风格结合起来，老子之玄奥，孔子之雍容，墨子之名理可谓形神毕现。显然，从史学角度出发，上升到哲学感悟，而又通过文学表现出来，形成这一时期三位一体的"人学"。而此时的文章作为一种表现手段显然已得到重视，无论如何，三者的著述都可看到炼字造句的精妙技巧。

尊贤重士促进了论说散文的繁荣昌盛，战国中期百家争鸣的热闹局面，使诸子十分看重表情达意的方式和手段。为了宣扬自己的观点，传播自己的学说，以取得某种社会效应，哲学家们不但精心提出自己的治世方针和价值取向，而且不遗余力地大加渲染，以期得到在位者的首肯和乡野间的认同。

诸子散文中文学特色最为浓厚的当属孟子和庄子。孟子以"好辩"著称，他说："予岂好辩哉？予不得已也！"② 这是因为当时斗争激烈，各派学说蜂起，他为了宣传自己的思想观点和政治主张，就不得不与其他学说相交锋。因此，《孟子》的散文充满了论战色彩，这与《论语》坐而论道形成了较大反差。在《孟子》中，往往既记述孟子本人的言论，也记述敌对方面的言论；既写论战的内容，也写论战的过程。这样就把时代气氛、各家风貌、论辩技巧比较充分地表现出来。因此，它与《论语》虽同属语录体，但显得更生动、更完整、更具有文学性和吸引

① 《论语·雍也》。
② 《孟子·滕文公下》。

力。由于孟子强烈的民本思想和刚烈性格，能放眼天下又大义凛然，因而其文充满了雄放的气势，有着"当今天下，舍我其谁"的豪概。他在论辩时，一方面善于采取层层追问、步步紧逼的方法，使对方无法躲避，理屈词穷；同时也善于运用形象的比喻和充满爱憎的情感打动人心，以理服人。这就构成了《孟子》散文的总体风格：高屋建瓴，锐气逼人，感情充沛，文采飞扬。

螭梁盉（战国）

《庄子》则从对当时社会极端不满的角度出发，对各种残暴、虚伪的丑恶现实给予揭露和鞭挞，从而标立起一种对超尘脱俗生活的虚幻追求，企图以返璞归真的玄想逃避错综复杂的一切矛盾，因而编造出许多离奇故事、传奇人物和虚妄说教，给予甚嚣尘上的龌龊行为以无情的嘲讽和否定，这实际上是一种爱极生悲的扭曲和绝处逢生的变态。

这种看破红尘、愤世嫉俗的人生态度使其走向极端的虚无，而为标榜这种遗世独立的清高便使其散文洋溢着一种瑰丽梦幻的色彩。他并不强词夺理、唯我独尊地滥施淫威，而是以生花妙笔勾勒渲染卑劣的丑行和非凡的逍遥，这种两相对比使人看到庄子带泪的微笑。这种苦涩又披以华丽的外衣，愈加给人一种无奈的沉痛和终极的思考。

因此，如果说《孟子》散文具有批判现实主义的积极入世的态度，那么，《庄子》散文则有更多消极浪漫主义的超然物外特征。或者说，《孟子》更为关注人与社会的关系，倡导一种共性的规范；而《庄子》则考虑人与自然的归一，高扬一种个性的洒脱。因二者的出发点不同，文风自然迥别。《庄子》"十余万言，大抵率寓言也"①，它特别善于通过生动形象的比喻和情节性很强的寓言故事来说明抽象的哲理，这种艺术虚构使深邃的哲理显得通俗具体，充满情趣。他又借助丰富的想象、奇特的构思、大胆的夸张和雄阔的意境，淋漓尽致地浓涂重抹那些诡谲的意象，给人惊心动魄、气象万千的复杂感触。它的语言艺术可谓在诸子散文中成就最高，丰富的语汇、新奇的造语、绚丽的文辞、变幻的句势，具有浓厚的抒情色彩和强烈的感染力量。无怪乎鲁迅在《汉文学史纲要》中赞扬说："汪洋辟阖，仪态万方，晚周诸子之作，莫能先也。"庄子以其诗情恣肆、语调抑扬、文字富赡、妙趣横生的卓异文采，标志着诸子散文的文学成就达到一个新的巅峰。

荀子像

　　战国晚期，各家学说为适应封建政权统治的需要，思想观点和政治主张产生了新的变化。诸子注意总结前人的经验，吸取前人的智慧，并根据时代的发展，提出更为切实的治世良方。曾在齐国稷下学宫三为祭酒的荀子，就是集前代学术之大成并开后来生面之佼佼者。他是稍后于孟子的又一位儒家大师，因以孔子继承者自诩，后世多以"孟、荀"并称。实际上他对儒、法、道、名、墨各家学说都有所批判和继承，从而发展成为具有时代特色的新儒家。从今存《荀子》篇来看，书中涉及哲学、政治、经济、历史、军事等各方面内容，具有朴素唯物主义的鲜明特色。例如在论述天人关系时，他提出"天人相分"的观点，并主张"制天命而用之"，这种人定胜天的科学进步观点，闪烁着无神论的耀眼光辉。在认识论方面，他摒弃了孔子"生而知之"的先验论，发展了孔子"学而知之"的育人观。在人性问题上，他反对孟子的性善论而提出

① 《史记·老庄申韩列传》。

性恶论，虽有唯心主义的偏颇，但否认天生的圣哲，强调后天的学习，还是有积极意义的。在政治思想上，他批判改造了儒家关于王道和礼治的思想，又总结吸取了法家推行霸道、实行法治的经验，提出"隆礼尊贤而王，重法爱民而霸"的主张。并倡导以礼法治国，反对因循守旧，而主张变革创新。显然这都是为适应新兴地主阶级建立统一政权要求的新学说。这些学说主要以长篇专题学术论文形式在《荀子》中出现，大都论点明确，说理透辟，发挥尽致。文章造语用词整齐凝练，既长于论述，又不乏文采。结构严谨缜密，逻辑层次清晰，善于用类比方式反复说明问题。可以说，《荀子》散文中旁征博引而造成一种雄辩气势，大量的对偶和排比句式以及华丽辞藻又使音节铿锵、文采缤纷，这也开创了汉代政论散文淋漓酣畅之风。

荀子著名的弟子韩非为人口吃，不善言辞，但其所著《韩非子》却为世瞩目。在这部论文集中，韩非集先秦法家思想之大成，集中体现了新兴地主阶级的利益和要求。他从荀子的"性恶论"出发，建立了融法、术、势为一体的极权主义法制学说体系。他反对儒家行仁义、倡德教，主张用严刑峻法来奖励耕战、统一思想。他从时代变化的角度出发，提出"世异则事异，事异则备变"的主张。他说"事在四方，要在中央；圣人执要，四方来效"，公然提出中央集权。韩非的法治理论，适应当时地主阶级建立统一政权的需要，有其历史的进步性。但随着时代的发展，这套暴力和权术理论，也成为镇压人民的思想工具。从文章风格看，与内容相结合，大都写得严密透彻、条理分明、锋芒毕露、语气专断，表现出一种峭拔峻刻的文风。他还善于用历史故事和民间传说以及生动的寓言进行说理，以远比近，以浅喻深，这些幽默风趣的譬喻和寓意深刻的短章娓娓动听，发人深思，既增加了文学色彩，又增强了说理力量，如"守株待兔"、"郑人买履"、"买椟还珠"、"南郭吹竽"等。通过寓言故事发表带有哲理性的议论，这是《庄子》和《韩非子》散文的共同特点。但是《庄子》中寓言多诡言、无事实，属于想象和夸

玉镂空龙凤纹佩（战国）

张，而《韩非子》的寓言系写生活和历史中的人物故事，富于写实和幽默，由此可见二人哲学主张的迥异和文章风格的妙趣。

　　先秦诸子散文还有许多，它与历史散文相映成辉。孔子说："言而无文，行之不远。"无论是记述历史还是创立新说，人们都意识到"文"的重要功能，因而在"文"的表现上也就各显神通，竞相骋能。"文"的本义是花纹、文饰，为了美化人类本身，"文"的含义极为丰富。它既可以修饰人的外表，也可张扬人的精神。从这个角度讲，人的进步时时有着文的过程。学者们以博识多才建树起人文的丰碑，给后世构筑起历史、思想的宝库，并以充满才情的文学魅力给人无尽的遐想，从而建立起中国传统文化的重要基地和经典模式。

第四章
艺苑事象

第一节　艺术观念的标立

春秋战国时期，随着礼崩乐坏和标新立异的社会发展趋势，艺术领域也发生了激烈的动荡，形成令人耳目一新的艺事景观。艺术家们更多地偏重世俗倾向，乐舞书画崭露出更浓的人文气息。人们认识到艺术的功能，尤其在学术争论中阐发各自的见解。

孔子强调文艺为政教服务，强调以人情感染促成伦理规范。他提出"兴观群怨"说，指明文艺的感兴、观知、教化和批评作用。孟子、荀子继承发展了孔子的观点，更讲究文艺言志抒情的独特效应。儒家文艺理论从人伦角度出发，注意品德情操的树立，使文艺蒙上一层浓浓的教化色彩。墨家也承认文艺的作用，但却认为文艺奢侈害民而坚决反对，他们提出"节用"、"非乐"的主张，反映出苦行、救世、简朴、功利的平民意识。道家老、庄一方面否定了礼之世俗崇尚"错采镂金，雕绘满眼"的审美趣味，另一方面又讲求道之"大音希声，大象无形"的隐而无名，充分反映出超尘脱俗、亲和自然的人性自由观念。法家则认为文艺虚浮无用而扰乱视听，《韩非子》说："和氏之璧，不饰以五彩；隋侯之珠，不饰以银黄。其质至美，物不足以饰之。夫物之待饰而后行者，其质必不美也。"① 韩非本着老子崇尚自然的思想，与儒家"雕琢刻镂，黼黻文章，使足以辨贵贱"② 的主张相对立。

先秦诸子艺术观念各有不同，但正是经过这一时期的碰撞、激辩、整合、升华而形成了我国文艺理论最早的共识和分野。所谓共识，即都承认艺术的存在和效用；所谓分野，则是各执一端而互相指斥。但不管争论如何，其实都是从社会现实和政治主张出发，而活生生的艺术境况，则给人们展示的是更为鲜丽的人生情景。

第二节　轻巧秀美的青铜

青铜器于殷商西周时期庄重威严，而到了春秋战国时期则向轻巧实用方向发展。原有的陈旧形制不断被废弃，新的式样则不断涌现。如壶这类青铜酒器，春秋以前多为圆形，有双耳，装饰不甚华丽。春秋中叶则出现方形的华盖壶，河南新郑出土的"莲鹤方壶"盖顶为双层，莲瓣分饰四周，中立一只展翅欲飞的白鹤举首远望，颈部双耳为两龙造形，胸背峙立双龙，翘首弄姿，四隅伏龙围绕回首外顾，足下更有雄健的双兽负载壶体且扭头欲动。全身纹饰繁缛热烈，龙飞虬舞，盘绕纠结，一派生机。此类华盖壶精巧绚丽，造形纹饰花样繁多，不愧反映了新的时代精神。

鼎的形制变化明显，亦由粗重转向巧便。其在原始社会为陶制，即煮食之锅，有足，便于架在火上烧，有耳，便于端持。进入奴隶社会后，鼎是陈放祭品的重器，成为国家政权的象征，被人为地加上了许多神秘色彩，其沉稳厚重的式样与其崇高威严的身份相协调，如商代的司

---

① 《韩非子·解老》。
② 《荀子·害国》。

母戊方鼎、西周的大盂鼎等。到了春秋晚期，有盖的附耳鼎成为流行式样，造型也由庄严变为俏丽。王子午鼎器形奇巧而富丽，花纹繁密而剔透，充分体现出一种审美的时代变革。

莲鹤方壶（春秋）

至战国时期，新颖的青铜器物更为流行，一变过去的礼器而成为日常的用物。铜器日渐普及，制作日渐精巧，如鉴、钩、盘、玺等。铜鉴磨光技术极高，纹饰设计制作精美。如河南汲县山彪镇出土的水陆攻战纹鉴，器外壁嵌入红铜细线阴纹，构成 40 组图案，描绘格斗、射杀、划船、犒赏等战斗生活场景，各色器物逼真细致，各种人物神气活现。钩本为腰带佩件，到战国时成为十分讲究的装饰品。如江陵雨台山楚墓出土的铜带钩，钩头呈鸟首形，钩体遍饰花纹。巴蜀出土的一批样式不同的带钩，也各具特色，颇为精致，对美的追求远远超过用的需要。

王子午鼎（春秋）

龟鱼蟠螭纹方盘则呈长方形，四虎足，通体遍布华丽的纹饰和浮雕的动物形象；盘内底面以多条蟠螭纠结构成水波流动状，水波之中浮雕排列有序的龟、鱼、蛙，构成一幅水中动物写实图。金印作为各级政权的信物及个人身份的标记，在春秋战国时期运用范围更为广泛，形成印信制度并为后代提供了先例。湖

龟鱼蟠螭纹方盘（战国）

北随县曾侯乙墓出土的一组大型青铜乐器，音调洪亮悦耳，造形恢弘壮观，堪称战国青铜器的杰作。大量的成组的编钟编磬的发现，也反映了那个时期社会对乐舞的嗜好更为浓厚。

青铜器形的流变和纹饰的更新，反映了奴隶社会的崩溃和迷信思想的消解。战国末叶以后，因为青铜时代行将更易，一切器物复归于简陋。青铜器终于失去了昔日辉煌并走下神坛，而大众也不再顶礼膜拜而将其视为常物了。

第三节　绚丽简逸的绘画

先秦艺术除了在青铜器上得到充分的展示外，在绘画作品上也反映出那个时代的审美信息。据《说苑·反质篇》引《墨子》佚文云，殷商时期"宫墙文画"，"锦绣被堂"。1975 年冬，殷墟小屯曾发现建筑壁画残块，以红黑两色在白灰墙皮上绘出卷曲对称的图案，颇有装饰趣味。到西周，出现众多历史题材的庙堂壁画。据《孔子家语·观周》载："孔子观乎明堂，睹四门牖，有尧舜之容，桀纣之象，而各有善恶之状、兴废之戒焉。"也就是说，壁画有扬善惩恶的功能，告诫后王吸取教训、明辨是非。这显然比殷商时期的重神倾向有了进步，先王的功过是非得到评说并绘以图鉴，人治的法则成为社会思想的主流。王逸《楚辞章句》曰："楚有先王之庙及公卿祠堂，图画天地山川神灵，琦玮僪佹，及古贤圣怪物行事。"屈原仰见图画，呵而问之，遂成《天问》之作。据此可知楚国庙堂多有壁画，绘写神话传说、历史故事、自然景象等浩繁内容。现今发现的陕西咸阳秦宫壁画残片，绘有长卷式车马出行、仪仗人物及各种纹样，呈现出具体生动的写实风格。由此观知秦国文化的功利态度和世俗精神，与楚国绘画的浪漫主义特点形成鲜明对照，而与周、鲁的儒化政教风格又有不同。仅此可见，壁画受国风熏染，各呈不同面貌。但以画饰壁，说明美学观念的极大进步。

除了用壁画装饰处所，战国时期还出现了帛画。至今所发现的帛画全是楚汉墓中的丝织品绘画，画中所绘内容大都是表达引魂升天的。如果从考古学、历史学、文化学的角度综合分析，帛画起源于战国中期的楚国，鼎盛于西汉初期，消失于东汉末期。

楚国为春秋五霸、战国七雄之一，向来有崇神敬鬼的风俗，其后虽为秦国所灭，但其文化的绚烂绵延不绝，以至传有"楚虽三户，亡秦必楚"之民谣，果然后来暴秦为翘楚所灭，所以汉代文化带有浓厚的楚国基因。楚地极盛的巫风导致文化的浪幻，尤其是本世纪长沙楚墓的大批发掘，使那深藏多年的迷人风采昭然于世，引起人们欣欢的惊叹和由衷的赞美。譬如左家塘一座战国中期墓里，出土6种不同纹饰的织锦，是中国目前所知年代最早的织锦实物。左家公山15号墓出土的毛笔，用上好的兔毛制造，为中国所见最早毛笔，于是史传秦代蒙恬始造毛笔的说法不攻自破。在这样的文化条件下，帛画的出现也就不难理解了。

现已发掘出土的战国时期4幅帛画中，除了江陵马山1号墓的那幅因过度残破粘在一起无法识见真面目外，其余3幅皆出土于长沙，分别定名为《帛书图象》、《人物龙凤图》和《人物御龙图》。《帛书图象》的四边共绘有12个神，每边3个，均头部向内，足部向外。每个神都墨

帛书图象（战国）

人物龙凤图（战国）

书着神名和简短的说明文字。四角又各绘有一种植物，与12个神共同形成一个矩形的围框。框内有两大段文字，互为倒置。一段讲星辰运行的正常与否引起山陵川泽的变化，人只有顺天方会万事呈祥，人如果亵渎上天，日月星辰就会逾轨乱行，给人带来灾难。一段讲远在夏禹之前，天象、地物各行其是，没有谁去管辖，后禹平治水土，契调燮阴阳，炎帝领导有方，方使日月山川有序。此图说明了天地人间的关系，尤其以赞扬的口吻追述炎帝、祝融等楚人先祖，这就将颂神颂祖联系在一起。从墓葬看，墓主当为大巫。巫术作为一种原科学，在楚国十分繁荣，反映出战国楚人的天界观、祖先观，这对后来的西汉有直接影响。

《人物龙凤图》右下方绘有一侧身而立的中年妇女，头盘发髻，双手合掌，身着凤纹宽袖细腰长袍。对于她的身份，曾有王女说、女娲说、山鬼说、巫祝说、宓妃说，蔡季襄最先主张墓主人说，现已成定论。墓主人头上前方一只凤鸟引颈张喙，腾踏迈进，翅膀伸展，形成向前飞扑的动势。凤鸟前面则绘一条张举双足、体态扭曲的龙，势若扶摇直上。联系墓主人脚下有一月牙状物，画面似表现祈求飞腾的龙凤引导墓主之魂灵升天的主题。《人物御龙图》则绘一御龙男子，高冠长袍，侧身直立，手执缰，腰佩剑，神情潇洒，头顶华盖。龙作冲风扬波状，龙尾企立一凤，龙下游一鲤。此图亦反映战国时代羽化飞升思想，揭示墓主人期望一种魂灵的寄托。

二图均以龙凤为表现手段，体现出崇凤的蛮楚文化与崇龙的中原文化的融通。同时也有人认为，龙主阳，凤主阴，似乎还寓示着阴阳协调的含义。两幅帛画四周皆为毛边，出土时平放棺椁之间，当为墓葬仪式中之铭旌。由此可见，人们不仅追求生前的平安享乐，而且关注死后的灵魂驻所，并通过绘画展示出浪漫的向往。

第四节　写实表意的雕塑

雕塑在春秋战国时期也呈现出新的特点，人和兽的形象大为丰富，数量猛增，手法上逐渐摆脱程式化，形象趋于写实。人物雕塑中，开始出现了俑。这种人工制作的小型人像，用处在于代替活人殉葬。殷商时残酷的人殉非常盛行，西周时这种现象仍时常发生。随着春秋战国时代奴隶制的崩溃和封建制的兴起，人殉的习俗被迫改变。最早出现以茅草等扎束成的人形，来代替真人殉葬，这可能就是最早的俑，当时称"刍灵"。此后这种用人形模拟物随葬的方法日益普遍，并开始用其他材料来制作俑。

俑的出现，应是社会进步的表征。但在制作上往往尽量如实地模仿真人面貌，则引起了一些人士的强烈不满。孔子在看到俑太似真人时，

持剑木俑（战国）

认为用俑来殉葬仍是极不人道的行为，愤怒抨击道："始作俑者，其无后乎。"这话后来成为指责首倡某种坏风气的成语。由于俑是代替活人殉葬的，最终目的是让它们在地下侍奉墓主，因而俑的身份包括了墓主生前的侍卫、仆从、厨夫、歌女、舞伎等各色人物，甚至还有衣饰华贵、地位较高的属吏、宠姬、近侍等。

现今已发现的春秋战国时代的俑主要有陶、木两种，陶俑大多见于北方，木俑大多见于南方。一般而言，陶俑是塑造后再烧制，形体短小而壮实，制作粗糙；木俑是雕刻后再彩绘，形体高大而瘦长，制作精致。比如山东省临淄郎家庄 1 号墓出土的春秋战国之际陶俑，形体很小，高仅 10 厘米左右，只有大概的轮廓，缺乏细部刻画。木俑的出现晚于陶俑，以战国时代南方的楚地最为盛行。湖南省长沙楚墓出土过大量的木俑，这些木俑高度都在 30 厘米以上，姿态生动。或以彩绘的方法来表现人的面貌和衣饰，或雕刻成形后给其穿上丝织品缝制的模拟衣服。就艺术性而言，显然木俑比陶俑更为进步，同时亦可看到南北美学的差异。

除俑之外，人形器座在许多地方也有发现，它们主要用以装饰承受器物的支架。河南省洛阳金村出土的几件青铜人物器座，突破了一般常见的呆板姿态，表现出人物活动的瞬间表情。有的席地而坐，神情恭谨；有的屈膝蹲坐，动势豪放。山西长治分水岭出土的战国早期铜牺立人擎盘，在周身饰满细密花纹的牺背上站立一个长发披肩、窄袖长袍的女像，女像手捧套筒承接上置的精美圆盘，楚楚动人。湖北省随州曾侯乙墓出土的 6 个钟虡铜人，可谓战国期间人物雕塑的代表作。铜人形象写实，束带佩剑，用双手和头部承托编钟支架的横梁，武士装束的铜人被表现得肃穆、刚毅。除此之外，尚有其他各类人物雕塑，都展现出人成为艺术创作的重要内容。

铜牺立人擎盘（战国）

动物雕塑在春秋战国时期也别具特色，其中最先令人瞩目的是这样一种漆木雕塑：一个稳定的低底座上，立着口吐长舌的兽头，兽头顶上插有两支长而大的鹿角。这种雕塑在楚墓中最为常见，学术界对其文化内涵提出过各种猜测，如镇墓兽、山神、土伯、死神、灵魂的化身、看管灵魂者、冥府守护者、生命之神、兵主，等等。从其放置的情况看，它仅见于男性之墓，并有随葬兵器，同时墓主具有较高的身份，可知它是一种具有兵主意义的镇墓兽。

从其年代的早晚看，最早见于湖北省襄樊山湾春秋晚期的楚墓中，可惜已残缺不全，原貌不得明详。"战国早期的镇墓兽仅具雏形，形制简单，面部无器官，直颈直身，方座梯形而较高。战国中期的镇墓兽，形制复杂，分单头、双头两型，虎首，面部五官俱全，面目狰狞，屈颈屈身，大部直立无肢，个别跪式有肢。战国晚期的镇墓兽，形制也较复杂，有的直颈直身，面部较善，近人面，有的与战国中期近似。从镇墓兽的整个演变情况来看，最大的变化是由头面雏形变为虎首虎面，由直颈直身变为屈颈屈身，身由直立无肢变为跪式四肢俱全，座由梯形面较高变为梯形面较低。"① 镇墓兽大致相似，实则千差万别，由此可见艺

---

① 陈跃均、院文清：《"镇墓兽"略考》，载《江汉考古》1983 年第 3 期。

铜卧鹿（战国）

术的演进以及后来的神道兽的雏形。

动物雕塑还可见于其他的工艺作品中，如河南省新郑县出土的莲鹤方壶，壶盖上塑出昂首展翅的鹤，手法清新写实，完全摆脱了以往青铜器中神秘诡怪的气氛。山西省浑源县李峪村出土的春秋晚期的牺尊，通体作牛形并遍身施加华美生动的兽面纹饰，反映了审美观念的世俗倾向。其他如江苏省涟水出土的卧鹿，河北省平山出土的错金银虎噬鹿器座，这些作品普遍反映出作者对于客观事物的敏锐观察和高超的表现技巧。战国时期漆木雕塑中动物形象更多，以楚墓出土者最有代表性，如凤、虎、雀、鹿、蛙、蛇等。这些作品以木雕成，除了造型夸张，保留了木质的天然纹理，还髹以绚丽的漆色，因而极富浪漫主义的色彩。

由于春秋战国时期各国文化都有巨大发展，因而有力促进了各国雕塑的繁荣和地方风格的形成。总体上看，北方敦厚写实，南方轻灵华丽，但普遍表明了思想解放对艺术创作的重大影响。

第五节　求神娱人的乐舞

音乐和舞蹈在春秋战国时代仍占有重要地位。我国的乐舞自原始社会以来，经夏、商、周推行，已成为教化和维系社会的一种手段。先秦乐舞不分家，其功用相当广泛。相传夏代乐舞《大夏》歌颂夏禹治水的业绩，至周代还在演出，演出时用籥伴奏，故也称《夏籥》，仍保留着原始乐舞的稚朴风貌。商代著名乐舞《大濩》歌颂商汤灭夏的丰功，也是一种象征性的文艺宣传，殷墟甲骨卜辞多处提到，周代也仍流传不衰。此外，还有各种祭祀乐舞，既是祭神的宗教仪式，也是男女聚会的社交活动，在周代都十分流行。据《周礼·春官·宗伯》载，宫中专设乐师，掌国学之政，教国子乐舞。凡舞，有帗舞，即竿挑丝条而舞；有羽舞，即手执雉尾而舞；有

伎乐铜屋（战国）

皇舞，即头插鸟羽而舞；有旄舞，即执旄牛尾而舞；有干舞，即持盾牌而舞；有人舞，即徒手而舞。各种乐舞用于各种祭祀，使邦国相合，万民亲睦，百物盛生，天下太平。西周宫廷时兴这种雅乐，民间乐舞难登大雅之堂。

到了春秋战国时期，随着封建生产关系的确立，乐舞的内容和形式也开始发生变化，民间乐舞不仅升堂入室，而且很受上层社会的青睐。《乐记·魏文侯篇》载，魏文侯衣冠整肃地听古乐就打瞌睡，而听民间流行的郑卫之音则不知倦。他向子夏请教为什么会这样，子夏站在正统立场上对他讲了一通大道理。他说古乐进退都很整齐，中和正大而且宽广，君子通过这些表达他的意思，称道过去的事迹，从而达到修养身心、和睦家庭以至安定社会的目的。新乐则进退参差不齐，声音放纵邪恶，动作丑怪，男女混杂，也不讲尊卑，而令人迷惑，因而损害人民的德行，祭祀不能用之。由此可见，新乐已蓬勃兴起，这是音乐的进步。其特点是节奏加快，生动活泼，更能激荡人心。

但对持传统观点的人来说，新乐则被视为消磨意志的"淫声"。《论语·卫灵公》载："颜渊问为邦。子曰：'行夏之时，乘殷之辂，服周之冕，乐则韶舞。放郑声，远佞人。郑声淫，佞人殆。'"用今天的话讲，就是："颜渊问怎样去治理国家。孔子道：'用夏朝的历法，坐殷朝的车子，戴周朝的礼帽，音乐就用《韶》和《舞》。舍弃郑国的乐曲，斥退小人。郑国的乐曲靡曼淫秽，小人危险。'"① 由此亦可见孔子"克己复礼"的保守态度。但如同社会前进不可阻挡一样，乐舞的变革也是大势所趋，不可逆转。梁惠王说："寡人非能好先王之乐，直好世俗之乐耳。"② 国王如此，世道还有何说。

当时乐舞的具体情况，现在已难以说清。从历史文献上看，乐舞还是以祭祀为主。如蜡祭，每年岁末天子祭天以报功，百姓跳舞以庆贺，乐队吹短笛，打土鼓，表演者载歌载舞，唱蜡辞："土，反其宅；水，归其壑；昆虫，毋作；草木，归其泽。"③ 充分表达出人对大自然祈求、诅咒、渴望、畏惧等矛盾心理。蜡祭的风习后来一直未断，不过演绎成一种过年的民俗活动。

雩祭则是一种求雨活动，这种活动商代已很流行。周代以农立国，祈雨之习愈盛，宫中专设祭官及舞巫。《周礼·春官·宗伯》："司巫，掌群巫之政令，若国大旱，则帅巫而舞雩。"《左传》和《礼记》中都有雩祭的记载。舞雩以求雨原是一种迷信活动，然而求雨不得竟有"暴巫"、"焚巫"之举，这无疑是极残酷的习俗。这种习俗后来在民间变换了方式，将泥塑龙王爷搬出来令其完成使命，倒是一种较人道的方法。

傩仪在周代也十分盛行，其原是一种模拟人兽争斗的舞蹈，后演变为驱恶逐邪的宗教礼仪。《论语·乡党》、《礼记·月令》、《吕氏春秋》均有记载，每逢岁除，全国都要举行大傩之仪。《周礼·夏官·司马》

---

① 杨伯峻：《论语译注》，中华书局1980年版，第164页。
② 《孟子·梁惠王》。
③ 《礼记·郊特牲》。

记此事："方相氏掌蒙熊皮，黄金四日，玄衣朱裳，执戈扬盾，帅百隶而时傩，以索室驱疫。"宫廷中傩仪十分隆重，领舞者头戴假面，掌蒙熊皮，执戈扬盾，跳跃呼号，带领神将作兽舞，直将疫疠之鬼赶出宫城，没入大河。民间举行时称为傩戏，带有浓厚的娱乐成分。孔子虽"不语怪力乱神"，但对傩仪也虔恭欣赏。汉代傩仪甚盛，后历代不衰，其舞古朴、粗犷、健康、风趣，实际其热闹更多具有娱人作用。

曾侯乙编钟（战国）

　　春秋战国时期楚国乐舞独树一帜，最富特色。楚国民间巫风甚盛，乐舞活动亦丰富多彩。宫廷乐舞受其影响，也极具浪漫情调。流传至今的《楚辞》可略见一斑，其中《九歌》便是祭神乐舞的记录。屈原被放逐后见民间祀神粗俗，因之作曲填词，表达忧愤深广的内容，使上陈事神之敬，下见己之冤结，遂使格调升华，流传千古。据今人研究，歌舞时布置好祭神的坛场，乐队、合唱队也做好准备。主祭的巫师穿着法衣首先出来迎神，接着满台的巫女轻盈地起舞。在热烈的乐曲、歌声、舞姿中，主祭者祝祷神的康乐。扮演诸神的人物也依次登场，唱着

彩绘竹胎漆排箫（战国）

心中的欢乐和忧伤。最后群舞的巫女手拿香花表达良好的祝愿，演出在悠扬的送神曲中结束。楚国的乐舞发达已被出土资料证实，1978 年湖北省随县曾侯乙墓出土的战国早期乐器，计有编钟、编磬、鼓、瑟、琴、笙、箫、笛 8 种共 124 件。这批乐器的出土，使先秦乐器形制、传统律学都得到阐释。从而证明我国的乐器、乐律早已形成，并非受外来乐学的影响才有定制。

乐舞的繁盛促进了文化的发展，尽管孔子见"八佾舞于庭"而不满，但秦青"声振林木，响遏行云"的悲歌毕竟高妙绝伦。还有那"高山流水"、"易水送别"，不管是"阳春白雪"，还是"下里巴人"，那缥缈的音乐怎能不令人激起遥远的怀想，令人体味那至诚的情韵和千古的苍凉？

第四编 秦汉：中原帝国的宏业伟功

上卷

简明峻厉的思潮流变

第一章
从强权政治到文化一统

第一节 皇帝名号的确立

公元前221年，强秦扫灭六国，实现了几代君主梦寐以求的夙愿。秦王嬴政（公元前259～前210年）在胜利的喜悦中，为了显示自己的丰功伟绩，突出自己至高无上的权力地位，遂令群臣讨论君主尊号问题。尽管博学多才的官员们歌功颂德地提出"秦皇"称谓，但秦王嬴政并未完全采纳群臣的意见，而是只采用了一个"皇"字，又下加一个"帝"字，"皇帝"于是成为至尊的称号。由于这是秦朝历史上的首位皇帝，故又称"秦始皇"，以标榜开新天下的功业。

"皇帝"称谓的出现，绝非帝王名号简单的变更，它反映了一个新的王朝诞生，一个新的统治建立。"皇"谓远古传说中英明盖世的部落酋长，"帝"谓人们想象中主宰万物的最高天神，"皇""帝"

秦始皇像

连称，是表明德高三皇，功过五帝，拥有极高的权势。与此同时，秦始皇还采取了其他一些把皇权神圣化的措施，如废除古代的"谥法"制度，不准下一代皇帝为前一代皇帝定"谥号"；把一些常用字眼定为皇帝的专用名词，如称命为制，称令为诏，称印为玺，称己为朕，不准僭用。

自此以后，"皇帝"便成为我国历代封建君主的专用称谓，那些强化皇权的规定也成为世人不可冒犯的律条。直到辛亥革命推翻清朝的最后一个皇帝，绵延中国长达 2000 余年的封建帝制才被彻底废除。

第二节　封建体制的构设

秦朝在确立"皇帝"尊号的同时，为了有效地加强国家机器的正常运行，总结了战国以来各国的官僚制度，建立起一套适应封建统一国家需要的中央政府机构和严密的郡县行政。

在中央机构中，实行"三公九卿"制。"三公"，即丞相、太尉、御史大夫。"九卿"，即廷尉、治粟内史、奉常、典客、郎中令、少府、卫尉、太仆、宗正。"三公"中丞相辅佐皇帝处理全国事务，太尉协助皇帝掌管全国军队，御史大夫掌图籍章奏及监察百官。"三公"之间互不统属，直接隶属于皇帝，便于皇权集中。"三公"之下的"九卿"中，廷尉掌司法，治粟内史掌财政，奉常掌祭祀，典客掌外交关系，郎中令掌皇帝侍从，少府掌皇室收入，卫尉掌宫廷警卫，太仆掌宫廷车马，宗正掌皇族事务。无论"三公"还是"九卿"，均由皇帝任免调动，一律不得世袭。

中央政府机构之下，秦朝全面推行郡县制度。这是秦始皇采纳李斯建议而废除封国建藩传统做法的一个创举。这项制度符合专制皇权和天下统一的要求，形成广大有序的封建统治网络。郡设郡守、郡尉、郡监，其组织机构与中央政府略同。郡以下设县，万户以上的县设县令，不满万户的设县长。令长为一县之首，掌全县政务，受郡守节制。下设尉、丞，尉掌全县军事和治安，丞为令、长的副手，掌全县司法。偏远地区则设道，由啬父掌事。县以下则设乡、里和亭。乡设乡官，如三老、啬夫和游徼，分掌教化、税收和治安。乡以下为里，里设里正或里典，负责行政事务和组织生产。此外还有司治安、禁盗贼的专门机构亭，亭设亭长。秦初始将全国分为 36 郡，后随边境的不断开发增至 40 郡。

通过层层政府的有效辖制，秦朝将天下权力汇集中央。这无疑强化了中央对地方的控制和管理，为中央集权统治提供了有力保障。但过于周密苛细的管理制度，也严重地束缚了各地的活跃因素。尤其是秦朝的严刑酷法、横征暴敛，不仅没有使秦始皇达到传位永世的预想，而且在他死后不久天下就分崩离析、改朝换代了。

秦始皇在政治上强化中央集权，在经济上也采取相应的严厉措施。首先，皇帝拥有至高无上的财政大权，丞相参与国家经济政策的制定并贯彻实行皇帝的命令，各郡县则负责治内的征收租税和征发劳役。每年各级政府都要上报国家财政情况，经核实后评定政绩优劣给予奖罚。据《睡虎地秦墓竹简》所载，县级首长必须及时检查县属官员的财物与账目，如有亏损必须赔偿，另外还要供应来县办事的中央官员的口粮。可以说，郡县实

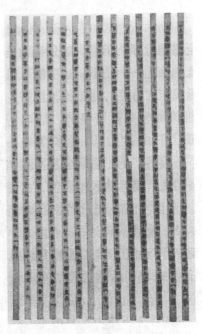

睡虎地秦墓竹简（秦）

际任务就是为皇帝搜刮百姓脂膏，还要镇压他们的不满和反抗。秦代严密的财政分工，严厉的财政立法，严格的财政监督，严明的财政奖惩，继续承袭着战争年代秦国的财政体系而发展，但显然有些方面已经不能适应和平建设时期大一统帝国的要求。更为可悲的是，秦代统治者不但没能进行政策的及时调整，而且其种种暴虐行径使财政机构不能正常行使职能，甚至使生产管理系统处于瘫痪状态，后果当然不可料想。

其次，制定土地政策，确认土地私有。秦始皇三十一年（公元前216年）颁布"使黔首自实田"的法令，令全国民众向国家呈报占有耕地的实数，国家据此进行土地登记并征收田租。这项政策意味着私有土地受到封建政权的保护，标志着封建土地所有制的确立。这不仅是秦国土地制度发展的必然结果，而且是对各国土地制度发展现状的概括和总结。《史记·秦始皇本纪》载琅琊刻石曰"六合之内，皇帝之土"，说明皇帝即国家对全国土地拥有最高所有权。而"使黔首自实田"，又说明皇权已承认全国臣民拥有土地的世代继承和支配权。由此形成我国封建社会土地占有的两极结构，它既不是完整的国有制，也不是完整的私有制，而是国有与私有的综合体，这就使土地所有权具有不定性和流动性。土地所有权被国家和私人双方分割，表面上看全体社会成员有了人身自由，实际上民众还要依附土地提供赋役。"人迹所至，无不臣者"，足见封建土地制度是巩固封建统治的有效手段和经济基础。

再次，为了加强对天下臣民的控制，维护封建政权的长治久安，秦始皇实行迁徙豪富与移民实边的运动，直接调配全国人口。就在秦始皇统一天下的当年，"徙天下豪富于咸阳十二万户"。把天下豪民置于首府直辖之下，不但消除了动乱的隐患，同时加强了关中地区的经济优势。可见这种"强干弱枝"之术，实是强化了中央对四方的多重控制。随着边疆地区的不断扩展，秦始皇又更大规模地进行移民实边活动。秦始皇二十八年（公元前219年），"徙黔首三万户琅琊台下"。三十三年（公元前 214 年），任蒙恬北逐匈奴，沿黄河一带设置 44 县，"徙谪实之"。在南部则略取"桂林、象郡、南海，以适遣戍"。这些措施有利于巩固、开发边疆，也促进了各个民族的交流与融合。但由于迁富豪、罪民活动过急过猛，完全依靠封建政治强制推行，没有顾及迁徙者的经济利益，故使天下动摇，民怨沸腾，陈胜、吴广起义便由此而发。

又次，面临战国以来长期分裂、各自为政的混乱局势，秦王朝为便利各个地区之间的经济交流，使国家的财政职能正常运转，于是下令统一全国的经济计量。六国货币被废止，代之以在秦币基础上进行了加工的货币，使天下通行。

陶量（秦）

《史记·平准书》载："及至秦中，一国之币为二等。黄金以镒为名，为上币；铜钱识曰半两，重如其文，为下币。"近年来，考古发掘出土的秦代"半两"钱较多，在秦始皇陵兵马俑坑及刑徒墓中，就出土"半两"钱 600 余枚，皆为方孔圆钱。统一币制后，克服了货币形状、轻重不同的弊端，解决了使用、换算上的困难，有利于商品交换和财政秩序，同时也促进了经济领域的行为规范。而秦之半两圆钱的式样，因其形体美观，使用方便，成为汉代及后世铜钱的滥觞。秦始皇还鉴于战国时代各国实行的度量衡制差别较大，于是下令废止各国混乱的计量，以商鞅变法时期的度量衡制为标准，颁行全国。如传世的商鞅方升上刻诏书，为统一度量衡的标准量器。秦朝还制造了许多新的标准器具，刻上诏书铭文发至全国各地，今陕西、甘肃、山西、河北、河南、内蒙古、辽宁、吉林、山东、江苏等地均有发现。可见秦代推行统一度量衡的工作确实雷厉风行，此举无疑是加强中央集权对全国经济控制的重要手段。货币的规范化和衡器的统一化，有利于促进社会经济整体化，当然更有利于促进国民的共识和国家的发展。

与政治、经济的要求相适应，秦朝确立了军权高度集中、军队高度统一的军事领导体制。皇帝既是国家首脑，也是全军统帅。所有将官由他亲自任命，所有军队也由他全面掌握。同时严格执行玺、符、节制度，即盖有皇帝御玺的军令才有效，持有完合的虎符方能调兵，打着朝廷颁给的旌节行军才能无阻。三者缺一不可，否则不能生效，以此保证军权不失。

武士俑（秦）

太尉秉皇帝之命统领全国军队，但他也只有带兵权，没有调兵权和发兵权。遇战事由皇帝直接任命领军作战的大将，战事毕即回朝交解兵权。秦朝除统军屯守边塞的大将外，军事将领均不专兵，以免他们拥兵自重。通过这种高度集权化的军事领导体制，使全国军事力量都受皇帝控制。这种兵制为以后历代封建王朝继承发展，成为维护极尊皇权和天下安定的威慑手段。

秦朝兵役制度规定，凡成年男子都有当兵的义务。男子 17 岁均须到当地政府登记注册，注册之后就要开始服兵役或徭役。一般先在本郡服兵役一年，接受训练执行任务。然后再按征调次序，到京师或边疆服兵役一年。除此之外，每个适龄男子，每年还需在本郡县服役一个月，主要担负修筑城垣、道路、宫苑以及物资的运输等。服役期限则按军功授爵制度，依爵位大小决定免役的早晚。这种普遍征兵制度对后世影响很大，但具体实施中往往根据皇帝意愿执行。

秦军分中央直属部队和地方郡县部队两大部分。中央直属部队又包括皇帝侍卫部队、京师卫戍部队和边疆戍守部队，地方郡县部队主要接受军事训练和负责地方治安，也是中央直属部队的补充和后备。秦军的编成以陆军为主，陆军又分车兵、步兵和骑兵3个兵种。秦时车兵在战争中仍担负着重要任务，进攻时冲锋陷阵，打乱敌军队形；防御时，布成阵垒，阻滞敌军冲击。步兵为秦军主要兵种，选勇敢健壮者经正规训练而成。秦军步兵依武器装备，分轻装步兵和重装步兵。轻装步兵不穿铠甲，持弓、弩等兵器，战时居前排，放箭杀伤远距离之敌；重装步兵身着铠甲，战时先居轻装步兵之后，待接近敌人时，以戈、矛、钺、殳等长兵器与敌人拼杀。这种兵力的分设组合，是我国军制史上的一大进步。秦军骑兵主要配合车兵、步兵协同作战，尚不能独立完成作战任务。秦军作战时采用车、步、骑诸兵种混合编队，弥补各兵种所短，发挥各兵种所长，是当时较为先进的阵法。

秦军的武器装备也很精良。战国时出现的弩机此时更为完善，矛、剑的尺度也加长。将士身穿的甲衣已由金属叶片制成，并依不同兵种有不同的形式。秦军作战能力明显提高，无疑成为封建集权国家的坚强支柱。

第三节 统并举措的实施

秦始皇为统一人们思想，采取一系列文化措施，形成大一统的壮观局面。首先，整顿文字的杂乱，建立规范的书体。战国之时，文字异形，造成各国文化交流的不便。尤其是秦统一天下后，妨碍了中央政府的法令条文的有效推行。因此秦始皇把统一文字作为当务之急，责令李斯等人对文字进行整理。李斯以秦国文字为基础，汲取六国文字中笔画简省的优点，创制出一种形体匀整划一、线条圆转流畅的新文字，称为

"秦篆"，又称"小篆"。这是"取史籀大篆，或颇省改"① 之后的新成果，作为官方文字颁行全国。与此同时，狱吏程邈因罪入狱，根据当时颇为流行的通俗字体，潜心创造出一种更为简便的文字。他将小篆的瘦圆字形改为椭方，匀连笔画改为断折，书写更为便利，很受徒隶欢迎。

这种字体流布开来，被人称为"隶书"。两种形体的文字在当时都得以推广，但小篆作为书写皇帝诏书和官方文件的标准文字，而隶书主要用于非正式文件的日常抄写。不过此时的"隶书"是指秦隶，可以视为"小篆"的简率写法，因而字体、笔势仍带有篆意。这与后来的"汉隶"不同，"汉隶"字形再变为扁平，笔画再变为粗肥，改变了汉字形、笔的面貌，提高了书写的效率。汉字由此摆脱了图画性质，成为纯粹符号性的方块字。然而秦始皇时的小篆、隶变毕竟是汉字历史上的一大变革，推动了汉字发展的步伐。许慎《说文解字》中提到，秦始皇时定书体为 8 种，称"八体"，即大篆、小篆、虫书、隶

泰山刻石（秦）

书、刻符、摹印、署书、殳书。其实，后 4 种是因用途而别，前 4 种才是不同字体，其中又以小篆、隶书最为流行。秦始皇下令统一和简化汉字，为推行法令、传播文化起到了重要作用，同时也为消除方言差别、区域隔阂以及促成中华民族的共同心理做出了贡献。

---

① 许慎：《说文解字·叙》。

其次，打破关塞壁垒，修整交通要道。战国之时，纷乱不息，诸侯互相防范，修筑了众多的隘卡和城堡。各国车辆形制不一，道路宽窄有异，交通十分不便。秦始皇吞并六国后，这种局面严重影响了中央集权对所属各地的控制，因而下令拆除各种障碍，并定车宽以 6 尺为制。秦始皇二十七年（公元前 220 年），开始修建驰道。驰道以咸阳为中心，主要有三大干线。一条向东直通过去的燕、齐地区，一条向南直达吴、楚地区，还有一条向北为加强对匈奴的防御而筑。驰道宽 50 步，平坦坚实。道旁每隔 3 丈，植树一株。除此之外，还在今云贵地区修"五尺道"，在今湖广地区修"新道"，使西南和东南地区加强了同中原的联系。秦始皇在完成统一大业后，为了显示其煊赫的功德，就开始了在全国各地的巡行。从称皇到去世的 11 年中，他兴师动众地在全国巡行 5 次之多。第一次巡行是从咸阳向西北，意在向边郡宣扬国威。第二次出函谷关至泰山行封禅大礼，又至之罘、琅玡立碑记德。第三次经博浪沙时遭到韩国贵族张良收买的义士狙击，但其不"为盗所惊"，仍优哉游哉。第四次沿魏、韩、赵国界至碣石，照例刻石记功而还。第五次下东南上会稽山祭大禹，取道临淄西归，由于旅途疲乏劳累和平时纵情淫乐，身体虚弱一病不起。秦始皇的巡行对威慑旧有贵族势力、巩固新兴封建集权起到了重要作用，而借此拆除壁垒、修建驰道形成四通八达的交通网络则有利于全国各地的联系，这无疑促进了中华民族的凝聚和中国版图的统一。

再次，加强法制观念，整肃人伦纲纪。秦始皇统治一个前所未有的封建大国，必须依靠完备的法律来巩固社会秩序，并以系统的伦理规范人们的心理。秦时法纲严密，条目繁杂，为我国历史上所少见。秦律几乎对人民生活的一举一动均作出明文规定，进行严格限制并对违者治罪。秦国自孝公任用商鞅变法始，就强调法律的尊严和无情。《史记·商君列传》载："令民为什伍，而相收司连坐。不告奸者腰斩，告奸者与斩敌首同赏，匿奸者与降敌同罚。民有二男以上不分异者倍其赋，有

跽坐女俑（秦）

军功者各以率受上爵，为私斗者各以轻重被刑大小。"其后历代条文不断充实、苛细，如"敢有挟书者，族"，"有敢偶语者，弃市"，甚至连穿鞋都作规定，致使百姓"毋敢履锦履"。百姓一旦触动法律，往往轻罪重罚。朝廷认为只有用刑才能杜绝犯罪，因而秦代酷刑甚多，如"黥"、"劓"、"笞"、"戮"、"宫"、"枭首"、"弃市"、"腰斩"、"剖腹"、"族诛"、"连坐"等，既有古代旧刑，也有自己新创。秦代据五行说从水德，也是实行严刑酷法的一个原因，并借法律条款矫正陋俗蛮习。秦国本较落后，自孝公以来，善用人才，励精图治，移风易俗，循法务实，社会风气很快扭转。秦始皇为整肃人伦，"以吏为师"，"以法为教"，之罘刻石勒写"建立法度，显著纲纪"以歌圣明，会稽刻石严令"禁止淫佚"以纠蛮俗。秦时还在各地设置专掌教化的乡官，负责道德思想的宣传教育。由于秦代法制过于苛刻，一方面镇压了社会的不满情绪，但另一方面也激化了遗留的历史矛盾，自诩为"大圣"的秦始皇因而留下"暴君"的声名。

又次，征服边境民族，扩展中华地域。自古以来，华夏族位居中原，在与其他少数民族的交往中，加强了互相之间的了解和融合。秦灭六国后，在此基础上，建立起统一的多民族国家。居住在我国东南沿海地区的越族，因为他们的分支很多又称"百越"。百越地区与中原地区有着许多不同的文化特征，其中如"断发文身"、"铸铜为鼓"以及"无嫁娶礼法"。秦始皇二十四年（公元前223年）灭掉楚国后，继而降服了居住在浙江一带的越族，建置会稽郡。接着又征服了福建境内的闽

越，设立闽中郡。后又进攻两广地区，最终攻取南越并设三郡。又迁 50
万人戍守五岭，与越人杂居，从此岭南地区与中原地区紧密联系在一
起。西南夷也有数十个少数民族，他们自成部落，很少来往。秦始皇派
人修建了一条通往云贵地区的"五尺道"后，将陕、川、云、贵连成一
片，使这些少数民族成为我国多民族大家庭中的成员。匈奴则是我国北
方的游牧民族，他们仗恃骑兵行动迅速的优势，经常深入中原抢掠财
物。秦始皇为解除这一威胁，派大将蒙恬率 30 万大军向河套征伐，一
举夺回被匈奴占领的河套地区。为巩固对这里的统治，秦始皇还迁内地
人 3 万户到此屯垦。这次大规模移民有效地制止了匈奴的南下侵扰，并
促进了这里的资源开发和民族融合。在与匈奴的斗争中，秦王朝为免边
患，于秦、赵、燕旧长城基础上，修筑起一条西起临洮东至碣石，绵延
5000 余公里而举世闻名的长城。长城对于抵御匈奴的骚扰、保障境内
的安定具有重要意义。这样，秦朝完全彻底废除了周代以来的封邦建国
制度，将东至大海、西达陇右、北抵阴山、南越五岭的辽阔版图统一于
中央朝廷的权势之下，形成多民族大帝国的一统空间。

最后，焚书钳制思
想，坑儒弭止诽谤。秦始
皇统一天下后一系列改革
措施并非一帆风顺，当初
以丞相王绾为首的一批官
吏就主张分封制，只是廷
尉李斯持坚决反对态度。
他认为，分封制只会造成
诸侯纷争的恶果，只有彻

双翼神兽（秦）

底废除才能免除祸乱。秦始皇采纳了李斯之见，认为"立封国"就是
"树敌县"，于是在全国确定了郡县制。事隔 8 年之后，于秦始皇三十四
年（公元前 213 年）在咸阳宫举行的盛大宴会上，这个话题又被重新提

起。当时仆射周青臣在为始皇祝寿时，称颂始皇"神灵明圣"，"自上古不及陛下威德"，并说始皇"以诸侯为郡县，人人自安乐，无战争之患，传之万世"。秦始皇很高兴，但博士淳于越针对周青臣的阿谀奉承当场批评说："臣闻殷周之王千余岁，封子弟功臣，自为辅枝。""事不师古而能长久者，非所闻也。"丞相李斯当即进行反驳，他指斥淳于越为"愚儒"，谴责儒生们"不师今而学古，以非当世，惑乱黔首"。"入则心非，出则巷议，夸主以为名，异取以为高，率群下以造谤。"他认为这样一群儒生是一种危险势力，建议始皇坚决制止他们的非法活动，并提出了焚书的具体建议："臣请史官非秦纪皆烧之。非博士官所职，天下敢有藏诗书百家语者，悉诣守尉杂烧之。有敢偶语诗书，弃市。以古非今者，族。吏见知不举者，与同罪。令下三十日不烧，黥为城旦。所不去者，医药卜筮种树之书。若欲有学法令，以吏为师。"① 秦始皇批准了这个建议，于是在全国点燃了焚书的烈火。就在焚书的次年，又发生了坑儒的事件。起因为秦始皇在享有极尊崇的地位和极富贵的生活后，十分怕死，他大兴土木，修筑阿房宫和骊山墓，并在方士的蛊惑下异想天开地要寻求长生不死之药。侯生、卢生见始皇残暴，怕因大言不能兑现被处死刑，于是诽谤始皇"为人天性刚戾自用"，"专任狱吏，狱吏得亲幸"，"上乐以刑杀，为威天下"，"天下之事，无大小，皆决于上"等，并借口求仙药亡去。始皇知后盛怒不止，遂以"妖言以乱黔首"之名进行追查，其后亲自圈定 460 余人活埋于咸阳。焚书坑儒是秦始皇镇压政治上的反对派的严厉举措，目的是扼杀先秦以来的诸家学说，封堵现今之世的嘈杂口舌，这对巩固封建中央集权的稳定的确具有极大的效力。但这种极其残暴的手段也带来十分严重的后果，它使先秦大批文献古籍付之一炬，给中国文化造成重大损失，同时使春秋以来蓬勃兴起的自由思索精神，遭受到一次致命的打击。

———————————

① 以上所列均见《史记·秦始皇本纪》。

　　秦始皇的一系列暴政、酷敛、专制和荒淫建立在饱受战乱的华夏废墟上，固然以不可一世的气焰振策于六合、称雄于海内，将诸侯割据的分裂局面重又一统起来，但是由此也激化了社会矛盾，促发了动乱。尤其是秦二世阴谋篡夺帝位之后，更为残忍昏谬。他采取"灭大臣而远骨肉"的手段，推行"杀人众者为忠臣"的政策，更使天下不胜其苦、不堪其虐，终于导致了中国历史上第一次农民大起义，秦王朝于是在风雨飘摇中寿终正寝。

第二章
从黄老之说到无为而治

第一节　汉初的征伐与安定

　　秦王朝以强悍的气魄和强横的兵势建立起封建帝国强权的政治，同时也以酷虐的刑罚和横暴的征敛迅即走向穷途末路。秦二世元年（公元前 209 年），以陈胜、吴广为首的征戍队伍率先发难，他们"斩木为兵，揭竿为旗"，提出"伐无道，诛暴秦"的革命口号，农民起义如燎原烈火迅即在华夏大地蔓延开来。尽管这次起义在强暴镇压下最终失败，然而项羽（公元前 232～前 202 年）、刘邦（公元前 256～前 195 年）代之而起。在项羽"破釜沉舟"的勇猛和刘邦"欲王关中"的豪概下，加之秦二世的昏庸和赵高的专

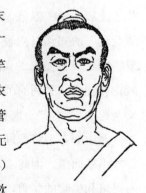

陈胜像

权造成宫廷内乱的形势，秦军毫无斗志，节节败退，土崩瓦解。秦二世三年（公元前 207 年），"指鹿为马"的赵高杀死二世另立子婴以图弄权，而子婴继位不甘充当傀儡，设计杀死赵高。这时刘邦军队已逼近咸阳，子婴见大势已去，乃"系颈以组，白马素车，奉天子玺符"投降。秦王朝仅仅存在了15 年便迅速灭亡，这与当初希图万世的宏愿不能不是一个绝妙的讽刺。

秦始皇陵

秦末农民大起义震撼了秦王朝的极权统治，而华夏大地上并没有马上建立起一个统一的新政权。以项羽和刘邦为首的两大军事集团又拉开了逐鹿中原的帷幕，进行了长达5年的楚汉逞雄的战争。当一贯"好酒及色"的刘邦以征服者的姿态大摇大摆地进驻秦王宫室后，不能不被豪华的建筑和迷人的美女所迷惑，幸有头脑清醒的部下不断地向他告诫，方使他从胜利的沉迷中醒悟过来。他封存府库，还军霸上，向关中父老约法三章，"杀人者死，伤人及盗抵罪"，以安定社会秩序，收买人心。而项羽在秦将章邯率部投降后，则坑杀20万秦兵，其残暴令秦地百姓不寒而栗，因此未入关中已先输一着。在鸿门宴上，刘邦听用张良的谋略和樊哙的猛勇，见机行事得以虎口脱险。而项羽豪爽仁义，刚愎自用，不听范增良策却受项伯愚弄，终使刘邦大难不死。此后项羽率兵进入咸阳，杀死子婴，焚烧宫殿，搜刮财宝、妇女而东归，虽得部下拥戴却使秦人大失所望。其后他专横跋扈，削封诸侯，杀死怀王，又使众人不满。

正是在这样的情势下，诸侯又纷纷起兵，维护自己的利益，项羽陷入手忙脚乱的平叛中。刘邦也趁机自汉中发难，采取韩信"明修栈道，暗渡陈仓"的计策，迅速占尽关中三秦之地。此后，由于刘邦老谋深算，审时度势，很快队伍从小到大，从弱到强，建立起强大的反楚联盟，形成势均力敌的态势。公元前203年，双方议定停战讲和，划鸿沟为界，东为楚，西为汉。但项羽东归后不久，刘邦即采纳张良、陈平的建议，毁约追击。由于韩信、彭越未能助战，汉军反被楚军打败。刘邦迅速许诺韩信、彭越加封土地，此举坚定了二人反楚的决心，马上率兵支援刘邦，使汉军实力大增。而此时，项羽的楚军苦于后方常被骚扰，兵力也由最初的优势转为劣势。在垓下之战中，项羽陷入重围，四面唱起楚歌，军队人心涣散。项羽乘夜仅率800骑兵突围，一路转战至乌江渡口，但始终未能摆脱汉军追击，眼看大势已去，无颜见江东父老，只好自杀身死，死时年仅31岁。楚汉之争以鹿死刘邦之手而告终，次年刘邦在众王上书恳请下建汉称帝，定都长安，史称西汉。

刘邦像

刘邦建立统一的帝国后，实行郡国并行制，即在实行郡县制的同时实行封国制。楚汉战争中，刘邦为了争取同盟军，笼络重要的将领，曾先后分封了7个诸侯王，即楚王韩信、淮南王英布、梁王彭越、赵王张敖、韩王信、燕王臧荼和衡山王吴芮。西汉王朝建立后，实际上被中央控制实行郡县制的只有关中地区，而关东大部几乎全被诸侯王占据，这显然会导致地方割据势力与中央集权之间不可避免的矛盾。刘邦称帝后不久，便想方设法削夺他们的兵权。

公元前202年，燕王臧荼首先反叛。其反叛原因或许是对平民出身的刘邦称帝不服，于是刘邦亲率大军前去平息。叛乱失败，臧荼被俘。继之反叛的是韩王信。韩王信被匈奴围困被迫与之和解，这一事件被刘邦得知并遭到刘邦责难。韩王信索性公开投降匈奴，于是刘邦率兵前往镇压。叛军失败，韩王信逃往匈奴。此后刘邦又废免了自己女婿赵王张敖的称号和封地。张敖娶刘邦长女鲁元公主为妻，刘邦过赵时张敖事之甚恭，但刘邦对他却十分傲慢，这引起赵相贯高、赵午的不平。他们劝张敖杀死刘邦，但张敖坚决不准。后贯高等谋刺刘邦不成牵涉赵王，于是赵王被夺封地改封宣平侯。韩信曾为刘邦立下过赫赫战功，而刘邦却一直将其视为潜在的威胁。他将其由齐王改封为楚王，实质便是夺其兵权，但并不因此而戒心稍减。后刘邦伪称游云梦，将其拿下贬为淮阴侯。此时韩信不甘任人宰割，于是约陈豨造反。不料事情败露，韩信被吕后、萧何定计诱杀，并夷其三族，结局十分悲惨。彭越则因没有亲自率兵参加刘邦征伐陈豨的行动而被问罪，之后以"反形已具"的罪名逮捕至洛阳枭首示众，并夷三族。淮南王黥布见功臣先后被杀，触目惊心，只好部署兵力，以备不测。其属下告其谋反，黥布万般无奈，只好发兵叛汉。刘邦扶病亲征，黥布大败而逃，后被杀于洮水（广西全州北）。

这样，刘邦所封的 7 个异姓诸侯之中，只有远在南方而势力最弱的长沙王吴芮缓存下来。班固曾言，各王造反实为刘邦所逼。其实何止这些大将受到猜忌，其他功臣也是人人自危。开国元勋萧何唯恐触怒刘邦，处处小心，还是因建议让百姓耕种上林苑多余空地，被刘邦怀疑是"自媚于民"而下廷尉问罪。倒是张良功成身退，比较明智，"愿弃人闲事，欲从赤松子游耳"①。可谓参透世象，超凡脱俗，遂得善终。

异姓王的剪除，加强了中央集权。但刘邦在诛杀异姓王的同时，又先后分封了 9 个刘氏宗室子弟为王，可见刘邦诛杀异姓并非有意加强中央集权，而是具有浓厚的家天下的色彩。遗憾的是他不能料到身后的"七王之乱"，他毕竟是乡野之间的亭长出身，何况又是那样的历史朝代。

刘邦于公元前 195 年初夏死于长乐宫，年方 17 岁的太子刘盈继位，

———————————

① 《史记·留侯世家》。

是为惠帝。刘邦一生共有 8 个儿子，原配夫人吕雉所生的儿子刘盈理所当然应立为太子。但刘邦几次要废刘盈，立宠姬戚夫人之子如意为太子，只因遭到吕雉和群臣的反对而作罢。因此，刘邦死后，吕雉为彻底消除隐患，在宫内残酷地排斥异己。她首先下令杀害了戚夫人和她的儿子如意，接着又一个个地收拾刘邦的其他几个儿子。吕后虽然铲除了

皇后之玺（西汉）

可能与刘盈争位的对手，但自己的儿子却也因惊恐交加抑郁而死，年仅 24 岁。从公元前 187 年至公元前 180 年，朝廷内外的军政大权实际上由吕后一手控制。在其掌权期间，为巩固自己的地位，一方面削夺一些元老重臣的权力，一方面又重用吕氏宗族子弟为亲信，这便激起了刘氏宗室和元老重臣的强烈不满。吕后死后，周勃、陈平即以遵守刘邦生前规定的"非刘氏而王，天下共击之"的遗诏为由，发动宫廷政变而将诸吕一网打尽。并迎立刘邦之子、代王刘恒为帝，汉初的宫廷内斗至此告一段落。

文帝即位后实行"无为而治"，天下形势一度稳定发展。但同姓诸侯王在封国内的势力也迅速膨胀起来，"宫制百官同制京师"①，甚至"自为法令，拟于天子"②。这种情况严重地削弱了中央集权，双方的矛盾日益激化，到景帝时，终于酿成"七王之乱"。

所谓"七王之乱"，是因景帝接受了晁错"削藩"的主张并加以实施，这一强硬的举措在朝野引起了很大震动，被削的诸侯王心怀不满，未削的诸侯王也兔死狐悲，吴王刘濞于是串通楚、赵、胶西、胶东、淄

① 《汉书·诸侯王表》。
② 《史记·淮南衡山列传》。

川、济南六王公开反叛。刘濞征发了封国内 30 余万兵众，号称 50 万，又派人与匈奴、东越、闽越贵族勾结，用"请诛晁错，以清君侧"的名义举兵西向。景帝见叛军来势凶猛，一时慌了手脚，听信了袁盎的话，将晁错腰斩，以图换得叛军退兵。但叛乱的诸侯不但没有退兵，反而认为景帝软弱无能，刘濞公然自称"东帝"，与西汉政权分庭抗礼。此时景帝恍然大悟，下决心以武力镇压。太尉周亚夫奉命率军，出奇兵断绝了叛军的粮道。当时正值天寒地冻，叛军士卒粮尽援绝，终于自行崩溃。周亚夫率兵追击，刘濞逃往东越。东越不愿受到牵连，遂将刘濞诱杀，献其头于汉朝。其余六王也相继被击败，叛乱在持续了 3 个月后被平息，七国均被废除。

七王之乱被平定后，景帝为进一步削弱诸侯王的权力以加强中央集权，下令取消了诸侯王任命封国官吏的权力，并不准他们干预封国内的政治事务，只"衣食租税"。至此，诸侯王国虽仍然存在，却与郡相差无几，一切听命于中央政权，而诸侯王不过变成了养尊处优的贵族闲客而已。这样，在制度上基本解决了刘邦封立诸侯王时所带来的弊病，而为统一的帝国的繁荣发展铺平了道路。

第二节　黄老的兴起与流行

当刘邦结束了秦末战乱局面建立起西汉王朝后，秦代统治者和思想家推崇的法治体系也随之崩溃，儒道两家的学说又开始活跃起来。陆贾对刘邦言："居马上得之，宁可以马上治之乎？且汤武逆取而以顺守之，文武并用长久之术也。"[①] 叔孙通更"颇采古礼，与秦仪杂就之"，制定

---

① 《史记·郦生陆贾列传》。

出汉初礼仪制度。汉高祖七年（公元前 200 年），长乐宫建成，刘邦正式迁都长安，并令实行新的朝廷规仪。"自诸侯王以下莫不振恐肃敬"，"竟朝置酒，无敢喧哗失礼者"。刘邦见此场面，不觉洋洋自得，情不自禁地说："吾乃今日知为皇帝之贵也！"①

"汉并天下"瓦当（西汉）

由于对酷秦专制的深恶痛绝，因而汉初复古思潮稍渐抬头，刘邦采用分封制正是形势所迫，而恢复礼乐制度也还是为了"尊君抑臣"。刘邦毕竟是崛起乡里的一代豪雄，又面临众多复杂错综的棘手问题，因而老谋深算、精明强干的刘邦从本质上讲，其实看不起腐儒也不为礼法所拘。简单地说，一切为了现实利益需要，因而也就谈不上思想建设。所以直到刘邦杀掉一批重臣巩固政权，继之吕后又玩弄权术而最终败落，这一时期政治形势一直处于混乱动荡之中。这时只是朦胧地受着一种传统思想的支配，而一切理论面对惨烈的现实都显得苍白虚弱。

因为政治的需要，刘邦玩弄着权术。但对治国安邦之事，刘邦却从善如流。他让陆贾总结秦亡汉兴的经验教训，陆贾便写了一部《新语》，指出必须实行"无为而治"的治国方略，才能真正巩固西汉统治而有为。陆贾深刻地揭露秦朝所以灭亡，就是因为对人民重赋敛，繁徭役，严刑罚。因此，他主张国君对人民不要过多地干涉，要使人民能够休养生息，安居乐业。这样才能减少人民的反抗，得到人民的拥护。陆贾的这些主张，深得刘邦称许，并依此制定国策加以推行。由此而形成一种社会思潮乃至形成一种时代精神，从开国之初就奠立下来并顺势得到推衍。

———————————

① 《史记·刘敬叔孙通列传》。

　　黄老学说在汉初风靡一时，是历史的必然和现实的需要。随着战国以来大国争霸局面的形成与统一形势的出现，黄帝的形象已经变得越来越高大。在政治军事上，黄帝成了战胜一切邪恶而统一四方的英雄；在思想文化上，黄帝成了人类文明的缔造者。因此，从战国中期以来，出现了一个依托黄帝而著书立说的时代，一大批假借黄帝名号的书涌现出来。据《汉书·艺文志》的记载，这些"黄帝书"有12类26种，包括道家类5种、阴阳家类1种、小说家类1种、兵家类5种、天文类2种、历谱类1种、五行类2种、杂占类1种、医经类1种、经方类2种、房中类1种、神仙类4种。可惜至今早已散佚。直到1973年长沙马王堆汉墓帛书的出土，才为我们搞清"黄帝书"的面目提供了真实的资料。

　　这些帛书中，除发现流行于汉初的2种《老子》版本外，还发现了另外4篇有篇名而无书名的古佚书。这4篇分别是《经法》、《十六经》、《称》、《道原》，如果把汉初的政治、经济、文化政策和这些黄老之书相对照，那么一切都昭然若揭，也会扭转我们当今简单地把老庄之学当成黄老之学的看法。因为从古到今，人们谈起汉初"黄老之学"，都认为在经邦治国方面起了很大作用。但由于"黄学"一派的代表作——《黄帝四经》从汉代失传，便造成人们的种种误解，一谈"黄老之学"，往往就理解为"老庄之学"。而以"老庄之学"来繁荣汉初经济，显然难以自圆其说。崇尚自然，消极无为，专注于心性修养而一味追求个人精神解脱的"老庄之学"怎能使汉初凋敝不堪的社会经济得到恢复走向繁荣呢？

　　马王堆汉墓出土的帛书使我们看到关于法治问题的阐述，古佚书认为"道生法"，"法者，引得失以绳而明曲直者也，故执道者生法而弗敢犯也，法立而弗敢废也"[①]。这与老庄坚决反对法治是不同的，而将法纳入道的轨迹。其次关于经济问题，老庄都是不屑一谈的，而古佚书却特别重视，认为"人之本在地，地之本在宜，宜之生在时，时之用在

----

① 古佚书《经法》。

民，民之用在力，力之用在节。知地宜，须时而树，节民力以使，则财生。赋敛有度则民富，民富则有耻"①。这与汉初休养生息、轻徭薄赋、利民富国的经济政策是一致的，不能不说是人间正道。再次关于社会等级问题，老庄也是坚决反对的，而古佚书则明确说："主阳臣阴。上阳下阴。男阳女阴。父阳子阴。兄阳弟阴。长阳少阴。贵阳贱阴。"② 这些观念讲究尊卑有别，上下有序，也是一种合乎道的表现。实际上，它是以"道"来解决一切社会问题，只有依道而行方是上上策。

　　古佚书在自然哲学和人生哲学方面，可谓与《老子》思想完全一致。都认为"道"是宇宙万事万物的最高主宰，推崇"无为"、"不争"、"贵柔"、"守雌"等人生主张。因为这4篇古佚书是与道家《老子》合抄在一起的，因此将其理解为"黄老学说"似无可非议。道家后学为标榜老子学说源远流长，因而将黄帝说成是道家学派的最早始祖也不足为奇。其实各家学派都有如此手段，不然《汉书·艺文志》怎会出现众多"黄帝书"？黄老并称说明了道家的发展和继续，因而与通常理解的老庄有不同之处。

　　陆贾首开黄老之说，刘邦以为治国之策，可谓大识时务。其后惠帝时，曹参更将黄老之学传布天下。曹参早年曾问政于善为黄老之言的盖公，盖公告知："贵清静，而民自定。"曹参担任齐相，"其治要用黄老术，故相齐九年，齐国安集，大称贤相"③。继萧何为汉相后，仍实行无为政治，

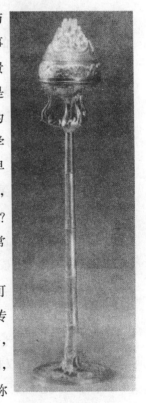

铜鎏金银竹节熏炉(西汉)

---

① 古佚书《经法》。

② 古佚书《称》。

③ 《史记·曹相国世家》。

"举事无所变更，一遵萧何约束"。由于无所事事，便终日饮酒作乐。来客"皆欲有言"，他却使之"醉而后去"。当惠帝责问他时，他说陛下和本人才能都不及高祖和萧何，既然他们早已把一切制度法令明确规定，我们只要恪尽职守、遵照执行就行了。故"萧规曹随"，继续采取因循守旧、与民休息、约法省禁、提倡节俭等政策。

从实际情况看，的确是"汉承秦制"，官僚机构大都沿袭秦朝旧制，如"三公九卿制"，只在个别地方有所改动。这种做法对经过长期战乱的汉初社会的安定是有利的，社会制度不产生剧烈的变动符合人们怕乱的想法，因而对经济的恢复和发展起到了积极的促进作用。惠帝和吕后时也很少兴动大役，尽可能在冬闲时短暂征用民力，这也完全符合"我无为而民自化，我好静而民自正"的黄老思想。法治方面则尽可能汰除秦朝苛法，如萧何废除"族刑"和"连坐"，吕后时期"刑罚用稀"。不少名臣也以"黄老"规束自己，陈平少时，"本好黄帝、老子之术"，临死前检讨自己的行为，"我多阴谋，是道家之所禁"①。可见黄老已深入人心，连陈平都担心受到社会的谴责。

文、景之时，黄老甚盛。张释之、汲黯都以"修黄老言"为本。《风俗通·正失》言："文帝本修黄老之言，不甚好儒术，其治尚清静无为。"此后，"及至孝景，不任儒者，而窦太后又好黄老之术"②。"窦太后好黄帝、老子言，景帝及诸窦不得不读《老子》，尊其术。"③在上层人物的积极倡导下，"黄老之学"遂成为一种社会思潮，从皇帝、将相、名臣到学者、隐士、平民，无人不通"黄老之术"。

"黄老之学"在汉初的盛行，取得了非常明显的社会效果，惠帝、吕后时期，原先"自天子不能具醇驷，而将相或乘牛车"的凄凉局面变为"天下晏然"、"衣食滋殖"的兴旺发达景象。经过"文景之治"，经

---

① 《史记·陈丞相世家》。
② 《史记·儒林列传》。
③ 《汉书·外戚传》。

济更为繁荣昌盛。到汉武帝初年，70年间的无为运作，使国家财力雄厚充实，百姓"人给家足，都鄙廪庾尽满，而府库余财、京师之钱累巨万，贯朽而不可校"。太仓之粟则"陈陈相因，充溢露积于外，腐败不可食"①。

铜钱范（西汉）

当然，汉初的崇道黜儒多少也膨胀了诸侯王的野心，他们借此机会欲有作为，终于导致"七王之乱"的爆发。但由此亦可看出，黄老学说并非真正无为，而是以无为达到无不为。那些悖道而行的人终未逃脱惩罚。因此可以说，黄老学说是先秦诸子思想融通之后于汉初的最佳选择，而并非人们想象中那些虚无飘渺的东西。秦朝统治过程中没能解决的问题，在汉初有了较为令人满意的答案。

随着黄老之学成为政治上的指导思想，其在学术研究方面也成为中心课题。西汉前期涌现出一大批"黄老"思想家，其中淮南王刘安便是一个杰出的代表人物。史称刘安"为人好书、鼓琴，不喜弋猎狗马驰骋"②，注重学术研究。他凭借其政治优势和地理优势，"招致宾客方术之士数千人"，在江淮间形成了一个学术集团。在他的主持与组织下，编成了《淮南子》（亦称《淮南鸿烈》）这部理论巨著。编写者庞大的队伍中，道家人物占有绝对优势，书中的大多数篇章皆由他们所作。因此，此书为"西汉道家之渊府"，是西汉前期"黄老"信徒们道家思想

① 《汉书·食货志》。
② 《汉书·淮南王安传》。

的集大成之作。据《汉书·艺文志》记载，此书原分内外篇，内篇论道，有21篇，外篇杂说，有33篇。现仅存内篇。

通观此书，总体而言，其书由形而上的宇宙图式和形而下的社会秩序两部分组成，正如《要略》中所言："夫作为书论者，所以纪纲道德，经纬人事，上考之天，下揆之地，中通诸理……故言道而不言事，则无以与世浮沉；言事而不言道，则无以与化游息。"也就是说，形而上的"道"与形而下的"事"是该书的基本内容，"道"是"事"的凭借与依据，"事"是"道"的推演与延伸，讲"道"而不讲"事"则无以"与世浮沉"，讲"事"而不讲"道"则无以"与化游息"。所以"著书二十篇，则天地之理究矣，人间之事接矣，帝王之道备矣"[1]，使自然、人事、王道融会一通成为索解万物造化的启钥。

其所谓"道"，"覆天载地，廓四方，柝八极，高不可际，深不可测"，是一种无限的存在，自然的运动。其所谓"事"，"达于道者，反于清静，究于物者，终于无为"，是一种顺应客观，因物而为。天道恢恢，人事拙拙，两相呼应便平安无事。愈想有所作为便愈加破坏了天道，急功近利反而物极必反。故"无为为之而合于道，无为言之而通于德"。"万物固以自然，圣人又何事焉。""漠然无为而无不为也，淡然无治而无不治也。"无为暗合天道，不仅顺应了汉初的经济形势，而且还是一种高超的统治方法，同时也具有非常丰富的道德内涵。当然，《淮南子》也丰富发展了黄老学说，如"制君臣之义、父子之亲、夫妇之辨、长幼之序、朋友之际"[2]，"治之所以为本者，仁义也；所以为末者，法度也。凡人之所以事生者，本也；其所以事死者，末也"[3]。由此可见，《淮南子》在"等级有别"、"贵贱有序"与"刑德并用"、"先德后刑"等问题上，具有浓厚的儒家色彩，而并非真正的一切放任自

---

① 《淮南子·要略训》。
②③ 《淮南子·泰族训》。

流，随缘自适。

《淮南子》中比"黄老学说"具有更多的儒学成分，可以视为道家学派已由汉初的极盛开始走向衰落，而儒家学派在武帝的支持下政治、学术地位却不断提高。其次是《淮

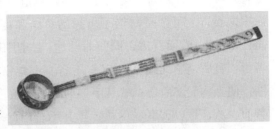

彩绘漆勺（西汉）

南子》庞大的作者群中，虽以道家为主，亦有儒家人物，《泰族训》之类的篇章就可能出自他们的手笔。再次是"黄老学说"中本受容了战国时期的各种思想，其中多有儒家、法家因子，随着社会发展的需要，儒家对社会政治伦理的作用也日益得到重视。《淮南子》这种儒家色彩的加强，是儒家学派正在崛起的一种反映。

实际上在刘安编成《淮南子》一书后没有几年，汉武帝便宣布"罢黜百家，独尊儒术"了。而又过了不久，淮南王刘安与其追随者便以谋反罪被杀①。故有学者认为，黄老思想的流行与汉初的诸侯王鼓吹不无关系，他们崇道黜儒，正是为了让皇帝垂拱无为，以使自身利益不受侵害②。曹相国、窦太后、淮南王都是黄老学说的鼓吹者，或许不免有各自不同的想法。但随着儒学的发扬光大，道家学说渐次走向衰落，完成了它的历史使命。

赞同以道家学说为治世思想的还有司马谈，据《史记·太史公自序》载，

彩绘漆盘（西汉）

① 刘安编成《淮南子》是在建元二年（公元前 139 年）。汉武帝采纳董仲舒"独尊儒术"的建议是在元光元年（公元前 134 年）。淮南王刘安被杀是元狩元年（公元前 122 年）。
② 侯外庐等：《中国思想史纲》（上），中国青年出版社 1980 年版，第 139～140 页。

他曾"学天官于唐都，受易于杨何，习道论于黄子"。其著名论文《论六家之要旨》可谓是对诸子思想的总结和评价，其中尤对道家推崇备至："天下一致而百虑，同归而殊途。夫阴阳儒墨名法道德，此务为治者也，直所从言之异路，有省不省耳。尝窃观阴阳之术大祥，而众忌讳，使人拘而多所畏；然其序四时之大顺，不可失也。儒者博而寡要，劳而少功，是以其事难尽从；然其序君臣父子之礼，列夫妇长幼之别，不可易也。墨者俭而难遵，是以其事不可遍循；然其强本节用，不可废也。法家严而少恩；然其正君臣上下之分，不可改矣。名家使人俭而善失真；然其正名实不可不察。道家使人精神专一，动合无形，赡足万物。其为术也，因阴阳之大顺，采儒墨之善，撮名法之要，与时迁移，应物变化，立俗施事，无所不宜，指约而易操，事少而功多。"

由此看来，司马谈所言道家是根据历史发展的实际，总结春秋战国以来的社会经验，兼收各家的长处并将其有机结合起来，消融在自己的思想体系中。例如"黄老之学"力主清静无为，但"无为"中已经吸收法家"公断"的思想精要和墨家"俭朴"的生活追求。"黄老之学"大讲阴阳尊卑，其实更多地包含着阴阳五行的互动和儒家的等级名分观念。这样一来，"黄老之学"便建构起一个开放性的、有着多种思想内涵的、具有很大包容性的、灵活而又实用的思想体系。也正因此，"黄老之学"才在汉初以来长盛不衰。虽然到西汉中期，随着儒学独尊地位的确立，道家"黄老"开始走向衰落，但其合理内核及积极因素又被儒家全面吸收到其思想体系中而继续发挥作用。

第三节　道儒的纠结与消长

汉初较为开放的思想文化政策，打破了酷秦的极端专制的思想桎梏，诸子各家的学说又开始流行起来，而当时又以儒道两家势力最大。道家"黄老之学"，因其兼采各家之长，有一套灵活实用的策略，最切合汉初的社会实际，因而成为汉初的主流思想。道家在汉初达到极盛的同时，儒家也在寻找着自我发展的途径。一方面儒家积极向"黄老"学习，用道家思想充实儒家体系；另一方面更为重要的是，从被称为汉代"儒宗"的叔孙通开始，儒家便积极向皇权靠拢，大肆鼓吹君权神圣，谋求最高统治者的支持。

虽然汉初皇帝对于道家"黄老"不利于君主集权与国家一统的思想有所不满，孝文帝"好刑名之言"，颇征用"儒者"，孝景帝也曾袒护贬"老子书"为"家人言"的著名儒者辕固生，使其不至于被窦太后置于死地。但即使如此，由于汉初道家"黄老"在皇帝、外戚、功臣、郡王中成为主流意识，所以在汉初发生的儒道互黜的斗争中，总是以儒家的失败而告终。直到汉武帝时期，这种局面才逐渐发生了根本性的改变。

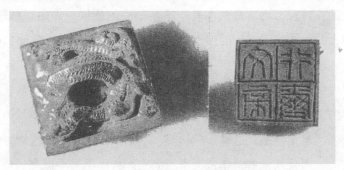

金"文帝行玺"（西汉）

汉武帝（公元前156～前87年）是我国历史上一位具有"雄才大略"的皇帝，他在汉朝已具备了雄厚经济实力的前提下，不仅试图要把大权独揽于自己手中，以树立做皇帝的最高权威形象，而且还试图消除郡国力量过大这个内患与匈奴侵边这个外患，以建立大一统的汉帝国。此时，"无为"的道家思想显然不适合其"有为"的追求，于是他着手扶植儒家以与道家的"清静"相抗衡。

他登基之后的第二年（建元二年，公元前139年），便以申公"议明堂事"，但由于支持道家的窦太后尚未去世，不仅"明堂事"被废，而且"申公亦疾免以归"①。儒道这次斗争表明，武帝初年冲突日趋激烈。儒家在"好大喜功"的武帝支持下准备粉墨登场，而道家在"顺时守势"的状态下仍然顽固坚守。只是到了窦太后死后，儒道斗争的形势才发生了根本变化。史载："及窦太后崩，武安君田蚡为丞相，黜黄老刑名百家之言，延文学儒者以百数，而公孙弘以治《春秋》，为丞相封侯，天下学士靡然乡风矣。"② 儒家在皇权的支持下终于在政治上战胜了道家，但道家作为一种为汉初做出重大贡献的成熟的理论形态并未消绝影响。武帝时期虽大量起用儒家人物，但一些"黄老"人物仍受重用，如"好黄老之言，治官理民好清静"的汲黯，虽然"其言益不用"，但他还名列九卿。司马谈以黄生为师，认为先秦诸子道家最为高明，仍被任用为太史令。除了政治领域外，道家在学术领域影响更大。其对宇宙本体的探讨、万物生成的图释、社会秩序的阐说、人生运程的策略，这种博大精深而灵活实用的理论体系，是当时的儒家所无法比拟的。

这种情况引起武帝的不满，于是在元光元年（公元前 134 年）诏"贤良"进行"对策"。在武帝的一再启发下，董仲舒这位精研了儒道各家学说的"春秋公羊学"大师终于脱颖而出，提出了一个新的容纳各家因素的儒学思想体系。这样，"黄老"到西汉中期不仅在政治上逐渐丧失了优势，而且其学术精华被儒家所吸收，从而不得不被充满昂扬时代精神的儒学所取代而逐渐走向没落。

---

① 《史记·儒林列传》。
② 《汉书·儒林传》。

第三章
从儒术独尊到国势强盛

第一节　儒学传统的潜流

汉初儒学在坎坷波折中求得发展，它吸取先秦诸子学说并顺应社会需求，以求重新构筑理想的社会形态。由于受到战国以来"礼崩乐坏"社会现实的冲击，以及秦朝"焚书坑儒"的灭顶之灾，儒家学说可谓历经浩劫而苟延残喘。人们心目中已经失去了它辉煌的坐标，而视之为迂腐不堪的空谈。刘邦打天下时便极不好儒，"诸客冠儒冠来者，沛公辄解其冠，溲溺其中。与人言，常大骂"①。但儒学毕竟是历史长期发展的产物，是社会经验的丰富总结，因而有其顽强的生命力。所以当刘邦马上得天下后，听陆贾和叔孙通之言十分入耳，这也使儒学重新受到重视。

陆贾是楚国人，具有出色的外交才能。在刘邦统一中国的过程中，他"居左右，常使诸侯"，发挥过重要作用。陆贾还具有很高的学术修养，他是汉初为刘邦提供"治国安民"政略的第一人。他认为，天下可"逆取"，但必须"顺守"，打天下时儒学无用，但传天下时离不开儒学的教化。他说："向使秦已并天下，行仁义，法先圣，陛下安得而有之？"②刘邦听后

---

① ②　《史记·郦生陆贾列传》。

虽不高兴但却被说服，因而才鼓励陆贾写出了《新语》。当然，陆贾并非传统意义上至正至纯的儒者，在他看来："书不必起仲尼之门，药不必扁鹊之方，合之者善可以为法，因世而权行。"① 因此，他吸收了道家、阴阳家、法家的思想因素，使自己的学说更能适应汉初实际政治的需要。

他从道家中吸取经验，说："夫道莫大于无为，行莫大于谨敬，何以言之？昔虞舜治天下，弹五弦之琴，歌《南风》之诗，寂若无治国之意，漠若无忧民之心，然天下治。周公制作礼乐，效天地，望山川，师旅不设，刑格法悬，而四海之内奉供来臻，越裳之君重译来朝。"② 这种思想明显来源于道家"黄老"，而"无为"也是针对秦朝滥用刑罚的"有为"而提出。他认为："夫刑重者则身劳，事众者则心烦，心烦者则刑罚纵横而无所立，身劳者则百端回邪而无所就。是以君子之为治也，块然若无事，寂然若无声，官府若无吏，亭落若无民，闾里不讼于巷，老幼不愁于庭。"③ 总之，"故无为也，乃有为也"。尽管陆贾被后人称为"汉代重儒"④，实开"无为而治"之肇端。

他在天人学说中还接受了许多阴阳灾异思想，认为宇宙万物皆是由"气"生成，并无什么神秘，一切都可以被认识："在天者可见，在地者可量，在物者可纪，在人者可相。"⑤ 因而社会兴衰、国家治乱、个人荣辱、事情好坏，一切都取决于"人事"。陆贾之所以鼓吹这种"明于天人之分"的思想，主要是想让君主不要受那些"论不验之语，学不然之事，图天地之形，说灾异之变"而"不学诗书、行仁义"的世俗之人的迷惑，一心一意地把国家治理好。但另一方面，天人感应、祯

---

① 《新语·术事》。
② 《新语·无为》。
③ 《新语·至德》。
④ 唐晏：《〈陆子新语校注〉序》。
⑤ 《新语·道基》。

鸟形灯（西汉）

祥灾异的迷信思想也是陆贾天人学说中的重要内容。陆贾说："恶政生于恶气，恶气生于灾异。蝮虫之类，随气而生，虹霓之属，因政而见。治道失于下，则天文应于上；恶政流于民，则虫灾生于地。"① 在这里，陆贾把人道的好坏与天道的祥灾联系起来，究其本意，实为借此"感应"来警诫"人君"，使其"因天变而正其失，理其端而正其本"。天人关系从先秦到西汉历来是哲学争论的中心问题，陆贾从形势需要出发给予积极的解释，这对后来的董仲舒有很大的启发。

在历史观方面，陆贾则继承了法家韩非的观点，把人类社会的发展分成"先圣"、"中圣"、"后圣"三个不同历史时期。他认为先圣时期神农"教民食五谷"，黄帝教民"筑宫室"，大禹为民"决江疏河"，奚仲教民"作车船"。中圣时期则"民知轻重，好利恶难，避劳就逸。于是皋陶乃立狱制罪，悬赏设罚"。后圣时期，"礼义不行，纲纪不立"，"于是后圣乃定五经，明六艺"②。陆贾这种观点是与《韩非子·五蠹》中把历史的发展分为上古、中古、近古和当今四世的观点一脉相承的，并

① 《新语·明诚》。
② 《新语·道基》。

且他还根据韩非的变法思想提出自己的主张："因天地之法而制其事，则事之变而设其义，故圣人不必同道。"① 由此看来，陆贾所反对的主要是法家"严而少恩"的极刑思想，对于法家的"权变"学说还是积极地加以吸取的。

总之，陆贾《新语》在总结"秦所以失天下"的基础上，制定出"行仁义"而"守天下"的原则，表达出汉初地主阶级在夺取政权后巩固和发展封建统治的愿望。

为刘邦制定朝仪的叔孙通被后人尊为汉代"儒宗"，但也并非"醇儒"，他对刘邦说："夫儒者难与进取，可与守成。臣愿征鲁诸生，与臣弟子共起朝仪。"他出于"守"的考虑，凭借"礼"的知识，使刘邦"知为皇帝之贵也"，创建汉朝仪轨。他说："五帝异乐，三王不同礼。礼者，因时世人情为之节文者也。"② 他到鲁地征"诸生"时，鲁有两生不肯行，并斥责他说："公所事者且十主，皆面谀以得亲贵。今天下初定，死者未葬，伤者未起，又欲起礼乐。礼乐所由起，积德百年而后可兴也。吾不忍为公所为，公所为不合古。吾不行，公往矣，无污我。"叔孙通笑曰："若真鄙儒也，不知时变。"可见叔孙通并非平庸迂腐之儒，他于时代变易之际思想也灵活变通，并借了皇帝的权威确立起儒者的地位。关于叔孙通及其他共定朝仪的儒生的著作，史书没有明载。然而《汉书·艺文志》中著录有大批佚名的儒家学者撰写的礼学论文，恐与叔孙通辈不无关系。后来汉宣帝时把这些文章编为《礼记》，故有学者认为《礼记》始撰于叔孙通。尤其是汉武帝"罢黜百家，独尊儒术"后，"礼"重新成为人们政治和社会生活的规范，对当时和后世都造成不可低估的深远影响。

通过陆贾与叔孙通的努力，高祖刘邦终于改变了对儒学的看法，

---

① 《新语·思务》。
② 《史记·刘敬叔孙通列传》。

铜博戏俑（西汉）

儒家学派也终于从秦朝以来被禁锢的厄运中解脱了出来。但是，由于当时"干戈"未定，"四海"未平，高祖"亦未暇遑庠序事也"①，儒学虽不再被唾为无用的"蠹虫"，但也未能获得大的发展。而到后来，"孝惠、吕后时，公卿皆武力有功之臣。孝文时颇征用，然孝文帝本好刑名之言。及至孝景，不任儒者，而窦太后又好黄老之术，故诸博士具官待问，未有进者"②。也就是说，儒学在汉初一度受到刘邦的短暂赏识，而后来则始终处于被道家压抑排挤的地位。

儒家人物从维护皇权的角度上不是没有与道家黄老人物展开过辩论，但由于功臣、外戚、郡王的势力还很强大且各有想法，加上儒家在理论上也还不够完善，因此屡以失败而告终。文帝时的贾谊才华出众，"召以为博士"，"岁中至太中大夫"，为维护皇权安定局势，力主"改正朔，易服色制度，定官名，兴礼乐"，并力陈诸侯王势力过大的危害。但贾谊不但没有得到重用，反而遭到元老旧臣的激烈反对，最终被贬为长沙王的太傅。文帝虽对之喜爱有加，后调为梁王太傅，但无奈始终难以委予重任。贾谊的悲剧，固然有政治方面的原因，实际上也是意识形

---

① 《史记·儒林列传》。
② 《史记·儒林列传》。

态领域斗争的结果。他虽然年轻有为，才华横溢，为汉家王朝的长远利益着想，但他无法扳倒势大气粗的元老重臣，也无法消除标榜道家的诸侯势力。加上"黄老之学"对当时稳定政局、恢复经济确实有利，因而贾谊被贬终生不用实是以儒家学说治国的时机尚不成熟。景帝时晁错主张"削藩"结果身败名裂，辕固生贬"老子书"为"家人言"险些命赴黄泉，都说明汉初"黄老之学"有着强大的势力，而儒家一直处于被冷落、受打击的弱势地位上。

第二节　儒学体系的尊大

西汉初期"黄老之学"达到极盛的同时，儒家也在积极寻找着自我发展的途径。儒家一方面从维护皇权的角度千方百计地讨取皇帝的好感和赏识，另一方面也采取一种兼收并蓄的开放态度重构儒家的思想体系。他们潜心钻研各家学说以构筑起自己博大精深的理论框架，并注重社会现实的冷静分析给予缜密合理的秩序建塑，以充分的准备等待着时代的召唤。

汉武帝

后元三年（公元前 140 年），汉景帝驾崩后，太子刘彻继承了皇位，是为汉武帝。汉武帝是我国历史上一位具有"雄才大略"的皇帝，他在汉初 70 年积聚起来的雄厚物质实力的基础上，再也不愿像文、景二帝那样"恭俭无为"了。他要把大权独揽于自己手中，树立起做皇帝的绝对权威，以建立"大一统"的汉帝国。因此，汉初以来长盛不衰的道家"无为"学说成了武帝"有为"政治的障碍，而汉初以来鼓吹君权至高无上的儒家则开始受到武帝的青睐。史载武帝即位不久，便表示重用贤良、儒术，"赵绾、王臧等以文学为公卿，欲议古立明堂城南以招诸侯，草巡狩封禅改历服色事。未就，会窦太后治黄老言，不好儒术，使人微伺得赵绾等奸利事，召案绾、臧。绾、臧自杀，诸所兴为者皆废"①。由于权势厚重的窦太后的干预和打击，羽翼未丰的武帝的想法未能实现。建元六年（公元前135年），窦太后命赴黄泉，武帝这才放开手脚，准备大干一场。他以行政手段罢黜了"黄老刑名百家之言"，开始大批起用儒家学者。这时儒家在皇权支持下，已取代道家而获得了政治上的优势。但这时儒家还没能建构起可与道家相抗衡的以维护专制主义中央集权为核心内容的博大精深的思想体系，还没有能够完成超越道家思想长处并给予君权神圣以强有力的形而上的论证。于是，元光元年（公元前134年），汉武帝迫不及待地诏"贤良"进行"对策"。

这时，"少治春秋"、"孝景时为博士"、"下帷讲诵"而三年"不观舍园"的董仲舒（公元前179～前104年）提出了精研已久的系统理论。他以其滔滔不绝的口才和充足的理论准备，借助于可以自由阐发的"春秋公羊学"，继承汉初儒学传统，汲取道家理论精华，融会阴阳五行观念，收纳法治的合理因素，终于建构起一个合"天地"、"阴阳"、"有为"诸家学说于儒家三纲五常的大一统理论。势强力大的"黄老学说"在董氏儒学的巧取豪夺下，这时不仅丧失了政治上的优势，而且理论上的显要也被征服。这样，各家的精髓变成了儒家的血肉，孔子当年"登泰山而小天下"的宏愿，孟子当年"如欲平治天下，舍我其谁"的狂想，终于在汉武帝时于董仲舒身上得以实现，就此形成了百家罢黜、儒术独尊的一统局面。

董仲舒为建构博大精深的思想体系，并取得精明强干的武帝认同，

---

① 《史记·孝武本纪》。

第一次为儒家创立了一个可作为形而下的政治、伦理主张依据的形而上的系统、完整的宇宙生化图式。首先，在其庞大的学说中可以看到，"天"与"道"组合形成"天道"观念，这是将道家所谓之"道"强拉入儒家所谓之"天"。董仲舒认为："天者，百神之君也，王者之所最尊也。"① "天者，万物之祖，万物非天不生。"② "天覆育万物，既化而生之，有养而成之，事功无已，终而复始。"③ "天亦人之曾祖父也。"④ 也就是说，天是主宰世界至高无上的神，又是宇宙万物的创造者。而其所说的"道"也改换了道家所言宇宙本源的命题，将其化为可言可行的

"治国之道"与"为人之道"等形而下的固定模式。那些"大纲、人伦、道理、政治、教化、习俗、文义"之"道"又皆出于天，"道之大原出于天，天不变，道亦不变"⑤。这样将"道"进行改造纳入"天"的意志之下，使孔子所言的"天"树立起

翔鹭衔鱼纹铜鼓（西汉）

真正的权威。董仲舒之所以要谈"天"，这实际是遵奉了儒家的传统。关于"天"的思想从殷周以来盛行不衰，人们由对天的敬畏到对天的怀疑，逐渐形成一股无神论思潮。战国时期崛起的道家更高扬具有强烈自然主义色彩的"道"的旗帜，更是对天地鬼神观念的一种否定。但历史发展到汉代，"天"的神圣的幽灵却通过时间隧道又得到复活。从表面

---

① 《春秋繁露·郊义》。
② 《春秋繁露·祭义》。
③ 《春秋繁露·王道通三》。
④ 《春秋繁露·为人者天》。
⑤ 《汉书·董仲舒传》。

上看，董仲舒的"天"是对殷周时的"天"的回复，而实际上它是在吸收众多养料后构造出来的新"天"，同时也是将历史传统和儒家学说加以融会神化，而塑造出似乎通人性灵而无所不能的"天"。董仲舒之所以"补天"，以"天"取"道"，更重要的是出于对封建专制主义君权至高无上进行论证的需要。汉武帝之所以扶植儒家，就是看中了儒家对于君权的崇拜。但是要论证君权神圣这样一个虚假的命题，单靠冷静的理论思维是难以实现的。所以汉武帝在"诏贤良对策"中，首先便提出了"天命"的问题，董仲舒正是沿着汉武帝的思路展开了关于"天"的神秘主义的论述，而究其本质实际上还是要为世俗政权涂脂抹粉。

在论述了"天"的神圣威严后，董仲舒将"君"的问题与之联系起来，煞有介事地又大谈"君权神授"。"受命之君，天意之所予也。"① "唯天子受命于天，天下受命于天子，一国则受命于君。君命顺，则民有顺命；君命逆，则民有逆命。故曰一人有庆，万民赖之，此之谓也。"② 从而建立了天—君—民的神学统属关系。天不仅创造了人类，还为人类安排了君，君民关系是天定。君上承天意，下传天命，不可怀疑，不可动摇，从而确立了君主在人间的绝对权威。不仅如此，董仲舒还把至高无上的天和人间社会的礼联系起来，建立起一套天人合一的宇宙秩序。"君臣父子夫妇之义，皆取诸阴阳之道。君为阳，臣为阴；父为阳，子为阴；夫为阳，妻为阴。"③ "诸在上者皆为其下阳，诸在下者皆为其上阴。"④ 在这里，董仲舒将"阴阳"学说用来论证"三纲"神圣不可动摇，使之成为天经地义的事实。可谓化腐朽为神奇，强烈地突显出君、父、夫的尊严，张扬阳刚而贬斥阴柔，这就扭转了汉初以来的"无为"观念，使欲"有为"的君权获得理论支持并构成社会秩序图式，

---

① 《春秋繁露·深察名号》。
② 《春秋繁露·为人者天》。
③ 《春秋繁露·基义》。
④ 《春秋繁露·阳尊阴卑》。

使人间和自然形成和谐关系，一切都顺理成章。由天人合一也就自然产生天人感应，即天能干预人事，人事也能感应上天，自然界的灾难和祥瑞表示着对人世间的谴责和嘉奖。董仲舒认为"天有喜怒之气、哀乐之心"，它俯视苍生关注万物，"灾者，天之谴也；异者，天之威也"。"凡灾异之本，尽生之于国家之失。国家之失乃始萌芽，而天出灾害以谴告之。谴告之而不知变，乃见怪异以惊骇之。惊骇之尚不知畏恐，其殃咎乃至。"① 因此，君主在受"命"而为"王"之后，必须按照"天意"治理国家，定期通过烦琐的仪式对"天"进行祭祀，这实际是借"天"给"君"一定的约束，使"君"更其为"君"。董仲舒把殷周以来的宗教观念和传统儒学杂糅一体，实际上是把儒学加以神化，因而在此基础上形成后世的所谓"儒教"，也就不足为奇了。

　　为了更好地将天道与人伦联系起来，使天人关系得到合理的解释，董仲舒又将战国以来盛行不衰的"五行"学说引入自己的思想体系。他说："天有五行，一曰木，二曰火，三曰土，四曰金，五曰水。木，五行之始也；水，五行之终也；土，五行之中也。此其天次之序也。"② "木生火，火生土，土生金，金生水，水生木，此其父子也。"③ 又说："水为冬，金为秋，土为季夏，火为夏，木为春。春主生，夏主长，季夏主养，秋主收，冬主藏。藏，冬之所成也。是故父之所生，其子长之；父之所长，其子养之；父之所养，其子成之。诸父所为，其子皆奉承而续行之，不敢不致如父之意，尽为人之道也。故五行者，五行也。由此观之，父授之，子受之，乃天之道也。故曰，夫孝者，天之经也，此之谓也。"④ 这就用"五行之义"把"孝道"说成"天理"，"孝"也就成了任何人不可违背的做人准则，汉代以"孝"治天下也就成了顺天而治。董仲舒还特别推崇五行中的"土"，认为土不仅体现了"孝"的精

① 《春秋繁露·必仁且智》。
②③ 《春秋繁露·五行之义》。
④ 《春秋繁露·五行对》。

神，而且体现了"忠"的品德，"土之事天，竭其忠。故五行者，乃孝子忠臣之行也"。"是故圣人之行，莫贵于忠，土德之谓也。""五德终始说"用于社会历史发展方面，董仲舒则继承了殷周以来"以德配天"的宗教哲学，认为"天之命无常，唯德是命"①。汉初阴阳学家认为，黄帝以土德，其色黄；夏禹以木德代之，其色青；商汤以金德克木，其色白；周文王以火德克金，其色赤。秦始皇则以水德自居，衣服旌旗均尚黑。刘邦

长信宫灯（西汉）

兴汉不承认秦统而直继周统自居水德是不适的，应承秦统遵行土德才符合五德循转的完美秩序。董仲舒赞成"五行莫贵于土"，"五行莫贵于黄"，可谓理论联系实际。所以在其五行四时系统中，土居中央地位，协调四方四时。汉武帝也乐得言听计从，宣布汉为土德，服色尚黄，并改正朔。董仲舒还根据邹衍的"五德终始说"创造出全新的"三统说"，论证朝代更替的合理。所谓三统，指黑统、白统、赤统。夏商周三代，夏是黑统，商是白统，周是赤统。周代以后又应黑统。"三统"循环往复，说明改朝换代的合理，实际上是为汉代的正统辩护。

除此之外，董仲舒还认为人的精神意志、道德品质、生理构造与肌体功能都来源于天，他说："人之形体，化天数而成；人之血气，化天志而仁；人之德行，化天理而义；人之好恶，化天之暖清；人之喜怒，化天之寒暑；人之受命，化天之四时；人生有喜怒哀乐之答，春秋冬夏

---

① 《春秋繁露·三代改制质文》。

之类也。"① 人身"小节有三百六十六，付日数也；大节十二分，付月数也；内有五藏，付五行数也；外有四肢，付四时数也"②。由此，五行四时莫不与人相关，"天人合一"使自然与社会秩序井然。

第三节　儒学功效的彰显

　　董仲舒凭借自己的聪明才智建构起适时合度的宏大理论体系，使儒家学说堂而皇之成为维护封建专制集权的万灵良方。此后，儒家终于逐渐压倒道家获得正统地位，《诗》、《书》、《易》、《礼》、《春秋》等儒家著作也变成了神圣不可怀疑的"五经"。建元五年（公元前 136 年）时，武帝便设立了"五经"博士。元朔五年（公元前 124 年），又在长安设立"太学"，由太常选拔优秀青年 50 人充当博士弟子，并由郡国也选拔一些青年与博士弟子一起学习。这些太学生学习后经过考试朝廷加以任用，不合格者则被淘汰。后来"太学"的规模不断扩大，儒学取代道家成为官方独尊的经学。不过需要指出的是，正因董氏儒学中有许多荒诞不经的迷信成分，直接导致了后来谶纬神学的流行。

　　在儒学高扬的时代里，"礼"文化特别繁荣起来。礼原指祭神的信物和仪式，可以说源于远古的原始崇拜。随着社会的发展，礼的内涵也随之丰富。广义地讲，可以指一个时代的典章制度。狭义地讲，礼贯穿于每个社会成员的生活细节中。礼的中心内容和基本原则，就是充分承认存在于社会各个阶层的亲疏、尊卑、长幼分异的合理性，每个人都要遵守稳定的行为规范以维护现行的社会秩序。"礼，经国家，定社稷，

---

① 《春秋繁露·为人者天》。
② 《春秋繁露·人付天数》。

序民人，利后嗣者也。"①
"上下有义，贵贱有分，长
幼有等，贫富有度，凡此八
者，礼之经也。"② "礼者，
所以定亲疏，决嫌疑，别同
异，明是非。"③ 因此，长久
以来的文化积淀形成了
"礼"，而"礼"就不能不与

虎牛祭盘（西汉）

"儒"有着千丝万缕的联系，或者说，"礼"也正是凭着"儒"的传播而
延续和扩展。西周时，在周公的主持下已形成礼制格局，它和宗法制度
密切相关。春秋战国期间，逐渐礼崩乐坏，终于导致一个王朝的垮台。
儒家站在社会安定政治保守的立场上，始终坚持"克己复礼"，力主恢
复到古代的理想社会，而墨家、道家、法家则从不同侧面对已腐朽不堪
的"礼"给予猛烈抨击。这场争论随着秦的统一而告结束，而"焚书坑
儒"更使那些摇唇鼓舌的书生噤若寒蝉。秦末的农民大起义使严刑酷罚
的暴秦顷刻间土崩瓦解，而在战后废墟上初建的汉朝更倾心于休养生
息。儒生虽有非分之想，无奈自战国以来屡遭重创，因而落得迂腐虚
夸、好高骛远的嫌疑。

　　在经历了黄老学说一段"清静""无为"的状态后，其清心寡欲已
不能满足时代的要求。恰又赶上一位风华正茂、意气风发的风流天子君
临天下，于是久不得志、不甘沉沦的儒者潇洒出场。他们大显神通，融
会百家，创构出一套经天纬地的博大蓝图，使胸怀大志的雄杰皇帝也大
开眼界。在这天人一体的宏观理论指导下，"礼"作为行之有效的措施
迅速得到推广，于是《周礼》、《仪礼》、《礼记》等"礼"书隆重推出。

---

① 《左传·隐公十一年》。
② 《管子·五辅》。
③ 《礼记·曲礼上》。

在这些书中，不仅讲"礼"的重要和原则，而且规定了行"礼"的具体方式，这样，"礼"就不是抽象的教条而成为行动的指南了。为了实现君仁、臣忠、父慈、子孝等总体要求，许多细则规定不同身份的人在不同场合的表现，如视、听、言、动、喜、怒、哀、乐，甚至如何思想，其中还包括对服饰冠冕、饮食种类、居处布置、行走路线、日常用具、侍从人数、舞蹈规格、音乐强弱等等不一而足的详尽规范。这些苛细繁杂的人生准则，构成了等级社会中全部政治、经济、文化生活的外在框架，从而在顶礼膜拜中塑造出一个个遵规守矩、温良恭谨的社会成员，价值标准由此确定，因礼守法遂成公德。在以儒家为经学的治世里，不能否认它对社会的稳定具有良好的促进作用，但在行将腐朽崩溃的乱世里，它却成为阻碍社会进步的无形枷锁。

儒学独尊夸张了皇权至上，深得汉武帝赞赏。但武帝更要迫切解决现实问题，建立威震海内、名播海外的功名。文、景以"无为而治"给武帝积攒了雄厚的资财，但也以"无为而治"给武帝留下了软弱的势位。血气方刚、雄心勃勃的武帝上台伊始，不能再忍受权臣和夷敌的轻视，于是采取一系列内治外征的措施，欲建立一个统一强大的帝国。对内方面，他加强皇权、削弱相权，设立监察制度和监察机构，在选拔官吏方面进行改革，大力加强军事力量，进一步完善封建法制，继续打击地方割据势力。对外方面，一改过去对强敌的忍让态度而采取强硬的立场，派卫青、霍去病远征匈奴，彻底解决了困扰多年的边患。同时注意建立同其他周边国家的良好关系，使众多的边疆少数民族归附汉朝。到武帝末年，汉朝已形成东起东海、西到巴尔喀什湖、北至贝加尔湖、南迄南海的辽阔疆域，而以汉族人民为主体的中华民族在董氏儒学的教化下也凝聚一体，雄踞世界东方。

第四章
从谶纬流行到经学神化

第一节　谶纬与儒学的合流

为了论证专制主义中央集权的封建统治的合理性，董仲舒在阐发儒家经典中"微言大义"的同时，已经掺杂了许多"天人感应"的神学内容。有些将"符瑞灾异"的古老观念同"天意所予"的现实需求结合起来，无形之中增加了昊昊苍天对茫茫众生的威慑。随着封建社会统治危机的日益加深，儒学中的迷信色彩更加浓厚，最终导致社会秩序的崩坏和儒学思想的瓦解。

谶纬作为一种社会思潮，有其深刻的历史渊源。"谶"，本义为应验，《说文》曰："谶，验也。从言，韱声。"起初本是一些方士和巫师制造

青玉兽首衔璧饰（西汉）

出来的"诡为隐语，预决吉凶"①的宗教预言，后来这些预言被推演、神化并被信以为真地书写记录，谓之"谶书"，"立言于前，有徵于后，故智者贵焉，谓之谶书"②。这种预言被认为发自上帝，符合天意，所以又称"符命"。有时为显示谶书的神秘，往往将其染成绿色，所以又被称为"篆"。因其常附有图可以演示，故也称"图谶"。作为一种专讲"符命"的"图书"，先秦就已见兆端。《史记·赵世家》载：秦缪公尝病，七日方睡醒，告公孙支与子舆曰："我之帝所，甚乐。吾所以久者，适有学也。帝告我：'晋国将大乱，五世不安。其后将霸，未老而死。'"公孙支书而藏之，秦谶于是出矣。秦始皇三十二年（公元前 215 年），燕人卢生奉命入海求仙，神仙未见，却得一图书，乃"以鬼神事，因奏《录图书》曰：'亡秦者胡也'"。《论衡·实知篇》曰："亡秦者胡，《河图》之文也。"始皇得之，认定这条谶语中的"胡"就是匈奴，因此"乃使将军蒙恬发兵三十万北击胡"③。但秦却并未亡于匈奴，而是亡于二世胡亥，因此这个结果同样被看成是这条谶语的应验，实际上纯属巧合罢了。秦朝末年，农民起义领袖为了发动号召群众，也曾假借"谶"的形式鼓舞人心，如《史记·陈涉世家》中所载鱼腹帛书和祠中孤鸣。可见"谶"完全是为了某种需要而依托鬼神编造出来的，是一种利用人们对天帝的恐惧而制造出来的世俗迷信。这种迷信自商、周以来就流行不衰，因而在群众中间被广为接受。汉高祖刘邦起义时，也是以斩白蛇的故事散布谶语，说"赤帝子"要代"白帝子"而"兴"。明代杨循吉曾一针见血地指出："沛公自托以神灵其身而骇天下……大虹、大霓、苍龙、赤龙、流火之鸟、跃白之鱼，皆所以兆帝王之兴起者，此斩蛇计所由设也。"④ 总之，图书符篆一类的东西并非两汉时的发明创造，而

---

① 《四库全书总目》卷六《易》类案语。
② 《后汉书·张衡传》。
③ 《史记·秦始皇本纪》。
④ 泷川资言《史记会注考证》引。

是在先秦就有着深厚的社会基础。但那时的"谶"纯粹是一种民间蒙昧的崇拜，并没有什么哲理的意味，与儒家的学说也没有必然的联系。

"纬"是方士化的儒生用神学观点对儒家经典进行的解释和比附，它是因相对于"经"而言所得名。经的本义是织品上的纵线，纬是织品上的横线，纬书依附于经书，正如织品上的纬线与经线相配一样。因而汉代有"五经"之说，于是也有"五纬"之称。这些"纬书"宣传迷信、制造神话，借"经"的章句夸大"纬"的说教，以抬高自己的地位。由于那些摇舌鼓噪的术士深知某些谣言不能惑众，因而他们搬出孔子作为自己的祖师并加以吹捧，以此方式牵强出许多神乎其神、煞有介事的理论，以博得君主和百姓的器重与敬畏。于是，本来是凡人作出的预言都被附会到神人名下，孔子成了一位高高在上、无所不知、神通广大的"天人合一"的代言者。在《春秋纬》的《演孔图》中，孔子被说成是孔母征在梦中与黑帝交合而生，因此孔子是黑帝的儿子，故名"玄圣"。纬书还称孔子据"天命"编成《六经》之后，深恐经文深奥，所以另立纬书使之通俗易懂，这完全是托名孔子，巧言令色。纬书的基本内容和主要倾向都是把儒家经典神秘化和宗教化，它认为国家治乱兴衰都是由天命安排好的。《孝经·援神契》说："天乃虹郁起白雾席地，赤虹自上下化为黄玉，长三尺，上有刻文。孔子跪受而读之曰：'宝文出，刘季握，卯金刀，在轸北，字禾子，天下服。'"这里孔子成了传播天意的神人，刘邦也成为奉天承运的圣主，儒家典籍于是由"天书"更名正言顺成为独尊之"经"，汉代王朝于是也秉"天意"而当立。这些无稽的神话，今天看来荒诞不经，但在当时却令人畏服。由此可见，纬的出现比谶晚得多，它是在儒家学说被奉为经典之后才滋生出来，完全是用诡异的手法大张旗鼓地推崇孔子而安身立命、驰骋天下。

儒家与谶纬的合流势所必然，儒家需要以符谶为内容的宗教迷信来为封建皇权进行论证，也需要靠纬书的旁征博引突出儒家经典的尊严。刘师培说："周秦以还，图箓遗文，渐与儒道二家相杂，入道家者为符篆，入儒家者为谶纬。董（仲舒）、刘（向）大儒，竟言灾异，实为谶纬之滥觞。"① 董仲舒作为汉代著名的经学大师，不仅利用道家和阴阳家的思想资料，通过阐发儒家经典中的"微言大义"，来为汉武帝建立专制主义中央集权的大一统汉帝国进行辩护，而且将古代的神话传说和当世的俚俗怪论兼容并包于宏大的儒学体系中，这就使一代经学把天地神鬼人物统摄起来构成宇宙图式与社会秩序的应和。董仲舒之所以推崇王者将兴必有"受命之符"与"推灾异之象于前，然后图安危祸乱于后"的思想，不能说没有受谶纬因素的影响。这一方面可以看做是对百姓的欺骗，另一方面也可以看做是对君主的约束。这些东西不能讲得太多，否则会引起天子的不满，尽管天子似乎应尊奉天命，实际上是绝不甘心接受那些可恶的"天谴"的。董仲舒认为，如果君主勤政爱民，奉天行事，则有"天瑞应诚而至"；相反，国家失道，民怨沸腾，则上天"出灾害以谴告之"。董仲舒为一代名儒，但在政治上并未受到重用，一方面可能受到公孙弘的排挤，另一方面"推说阴阳灾异"也不为武帝欣赏。正因此，其后儒士为了人身安全并使其言论受到重视，逐渐放弃了以个人名义阐说阴阳灾异的做法，而是进一步将经学中的神学因素放大，借"经"说"谶"道"纬"。这样，儒学终由经学而滑向了宗教，孔子也变为通天教主。儒学和宗教的结合使后人称之为儒教，而西汉后期谶纬日盛却导致儒学陷入泥潭。

汉武帝在位时，内兴功利，外御四夷，完成了加强中央集权、大力开边扩土的辉煌事业，也耗尽了文、景以来国家府库的积蓄。因此，在武帝统治时期政治强大和经济繁荣的背后，隐藏着日益严重的社会危机和宫廷矛盾。农民的经济负担不断加重，而长期的服役更难令人忍受。穷极愁恨的百姓为求生存，时常发动武装起义。到武帝统治末年，全国各地"盗贼纵横"、"盗贼并起"的报告骤多。天汉二年（公元前99

---

① 《国学发微》，见乙巳年（1905 年）《国粹学报•丛谈》。

年）以后，楚、齐、燕、赵等地都发生了农民暴动，他们集合起来，建立名号，攻破城池，杀死郡守，释放囚徒。至于数百为群的流民在乡里抢夺地主的粮食财物，更是不可胜数。武帝虽下令镇压，但却不能有效地平息。这些社会动乱因素，不能不被看做灾异的信号。

在宫廷内部，则出现"巫蛊之祸"。所谓"巫蛊"，指用巫术毒害别人，它通常与"祝诅"联系在一起，

印花敷彩黄纱锦袍（西汉）

可以视为"谶"之表现。其方法是将欲害之人刻为木偶埋于地下，然后由巫师对其进行恶毒诅咒。在汉代，一般人都迷信这种做法会给被咒之人带来灾难甚至死亡。第一次"巫蛊之祸"是因武帝宠幸出身低微的卫子夫，引起好"黄老"的窦太后的外孙女、身为皇后的陈阿娇的强烈不满，于是"擅宠骄贵"的陈皇后以"巫蛊"图谋暗害卫子夫。元光五年（公元前130年），此事被武帝得知后借题发挥，有意清除已死的窦太后在宫中的势力，遂命御史张汤周密调查。张汤受命后"深竟党与"，大兴"巫蛊之狱"，除陈皇后被判"大逆不道"之罪外，因株连而被杀死者达300余人①。第二次"巫蛊之祸"发生在征和二年（公元前91年），有人揭发丞相公孙贺之子公孙敬声与武帝女阳石公主私通，并在武帝经过的驰道下埋偶人"祝诅有恶意"，结果公孙贺父子及其家族被处死。武帝晚年多病，由此更加多疑，甚至认为疾病是有人从事"巫蛊"所致，遂命"善迎人意"的江充为使者进一步深察。江充大肆株连，搜捕诛戮，还诬陷与自己有隙的太子刘据。刘据无法辩解，被迫矫诏发兵捕

①《汉书·外戚传》。

杀江充。武帝又令丞相刘屈氂统兵镇压，太子刘据兵败自杀。太子死后不久，丞相刘屈氂亦被奏称有"巫蛊祝诅"行为，追查之下发现其与武帝妃李夫人之弟李广利密谋立李夫人之子为太子一事。武帝盛怒之下，诛杀了刘屈氂全家，并搜捕李广利妻子。此时，李广利正统兵攻打匈奴，得此消息后便投降了匈奴，其所率7万大军全军覆没。

汉武帝陵

由于穷兵黩武而引发的农民暴动和巫蛊祝诅牵扯出的宫廷丑闻使武帝在精神上和思想上受到严重打击，晚年的武帝在深刻反思下逐渐冷静下来并感到悔恨。所以当桑弘羊等人上书请求派遣兵卒在轮台屯田时，汉武帝真心诚意地颁布了著名的"轮台罪己诏"。诏书中表达了对戍边征战的将士和耕田种地的农民的同情和关心，指出"当今务民禁苛暴，止擅赋，力本农"。"轮台罪己诏"反映了武帝统治政策的重大变化，标志着将要全面推行"与民休息"的治国方针。按司马光言，武帝在世期间，"穷奢极欲，繁刑重敛，内侈宫室，外事四夷，信惑神怪，巡游无度，使百姓疲敝，起为盗贼"。其"所以有亡秦之失而免亡秦之祸"，同"晚而改过"有十分密切的联系①。由此亦可看出，"谶"之魔

---

① 《资治通鉴》卷二十二。

力的确巨大，朝野之间流布甚广，引"谶"入"儒"使二者神乎其神。

第二节 今文与古文的辩争

汉武帝死后，昭、宣二帝相继执政。这期间，不断减免农民的租赋和徭役，使农业生产重又发展兴旺起来。但这时宫廷内对"国策"存在着重大分歧：一派以主张"轻徭薄赋"的霍光为代表，一派以主张"深酷用法"的桑弘羊为代表。

在昭帝始元六年（公元前81年）召开的"盐铁会议"上，两派展开了激烈的论战。关于"盐铁专营"，一派认为是民间疾苦的根源所在，一派则认为这是国家利益所在。关于"和战匈奴"，一派主张用和亲感化，一派主张用战争打击。关于"德治法制"，一派坚持先礼后法，一派坚持严刑峻法。双方唇枪舌剑，争论不休，但都是就维护汉朝的长远统治坦述己见。虽然此次讨论没有做出明确结论，但对昭帝时期的统治政策产生了积极影响。由于霍光大权在握，所以"仁政"治国成为主流意识，但他也并未绝对排斥桑弘羊的意见，因此国家政治、经济趋向好转。

宣帝时霍光继续把持朝政，直到霍光病卒宣帝方始亲政。此时霍氏一门仍十分显赫，宣帝于是采取一系列措施削夺霍氏权力，任用自己亲信的许、史子弟取而代之。霍氏不甘心权势被削，遂密谋废掉宣帝，不料阴谋败露，霍氏被连坐诛灭者达数千家。宣帝虽除掉了霍氏，但在施政方针上并无改变，基本延续昭帝时的宽松做法。对内方面，重视官吏的选拔，减轻农民的租赋，使武帝末年以来的社会矛盾得到缓和，汉朝国力又开始上升。对外方面，由于匈奴内部发生"五单于争主"的分裂局面，呼韩邪单于归属汉朝表示臣服，汉王朝赐其"匈奴单于玺"，位在诸侯之上，就使匈奴呼韩邪政权正式成为汉朝的藩属，汉武帝毕生追求的目标终于实现。

　　昭、宣时期的内修外治使西汉王朝又出现了几十年的兴盛景象，历史上习惯称之为"昭宣中兴"。这一时期虽然出现了外戚专权的苗头，但总体上国泰民安、功业拓展。

骑兽人物博山炉（西汉）

　　西汉王朝到了元、成、哀、平时期，一度中兴的景象由于不可根除的矛盾开始渐衰下去。元帝时期，出现了土地兼并的加剧和小农经济的破产现象，地主豪强和富商大贾的羽翼逐渐丰满起来，而皇帝对此却无可奈何，因而导致了弱干强枝和法不治众之趋势。与此形成鲜明对比的是，统治集团却愈益奢侈腐朽。元帝后宫妻、妾、嫔、妃多得"不得常见"，只好"使画工图形，案图召幸之"①。

　　成帝更是一个荒淫无道的昏君，他不仅用大量金钱建造自己享用的"霄游宫"、"飞行殿"，而且还"离深宫之固，挺身独与小人晨夜相随，乌集醉饱吏民之家"②。成帝时的后宫之宠，甚于西汉历代皇帝，其先后宠爱的许皇后、班婕妤、赵飞燕都青史有名，他甚至对一个花花公子张放也"宠爱殊绝"。上有所好，下必甚焉，皇室贵胄、官僚大臣的生活也远非昔比。"方今世俗奢僭罔极，靡有厌足。公卿列侯亲属近臣，四方所则，未闻修身遵礼、同心忧国者也。或乃奢侈逸豫，务广第宅，

---

① 《西京杂记》。
② 《汉书·五行志》。

治园池，多蓄奴婢，被服绮縠，设钟鼓，备女乐，车服嫁娶葬埋过制。吏民慕效，浸以成俗。"①

　　宫廷中明争暗斗更是残酷毒辣。元帝时石显专权，飞扬跋扈。成帝时石显失势，外戚王氏权势日隆。哀帝时又大封其母丁氏和祖母傅氏两支外戚，一时朝中高官几为丁、傅二家外戚所充塞。与此同时，"雅性不好声色"而心理变态的哀帝，只知宠幸一个"为人美丽自喜"、"柔和便嬖"的董贤，令其出则参乘，入则左右，同床共寝，恩爱绵绵。此后更是大封董氏家族，丞相王嘉因表示反对竟被下狱处死。董氏亲属得宠渐超于丁、傅二家外戚之上，哀帝甚至要效法尧舜禅位于董贤。董贤亲贵，与丁、傅冲突加剧，双方勾心斗角，互相倾轧，朝中大臣趋炎附势，政治愈加黑暗。

　　元寿二年（公元前 1 年），25 岁的哀帝死去，9 岁的平帝继位，朝政落入王莽之手。宫廷政治的腐败引起社会矛盾的激化，所以从元、成到哀、平，农民暴动此伏彼起，日益浩大。在连年天灾和人心动荡的压力下，西汉王朝摇摇欲坠。于是宗教迷信开始泛滥，君主希望假借"天命"的启示来延长刘氏王朝的寿命，而有些野心家则为篡夺政权制造"神意"，有识之士不满汉王朝的腐败则利用符命向当权者发出警告和抗议，就连农民群众也进行造神活动来表现自己的情绪和愿望。

　　哀帝时，夏贺良根据谶纬劝皇帝更改年号，认为这样即可挽救社会危机。哀帝听信此言，立刻改号为"陈圣刘太平皇帝"，改建平二年为太初元将元年，以应谶语。然此举无效，"（建平）四年春，大旱。关东民传行西王母筹，经历郡国，西入关至京师。民又会聚祠西王母，或夜持火上屋，击鼓号呼相惊恐"②。如此规模宏大的政治示威活动，正是利用符谶组织实施的，借此发泄人们蓄积已久的怨气。由此可见，谶纬

---

① 《汉书·成帝纪》。
② 《汉书·哀帝纪》。

正是在特殊的历史背景下各种复杂心态的展示，并以宗教的表现形式反映着切身的现实利益。

谶纬与儒学的合流是中国文化中先秦宗教与哲学的延续，也有着深刻的社会原因和政治特点。汉武帝时的"儒术独尊"实际上是董仲舒所推崇的今文学派独尊，以至成为封建时代思想统治的经典。所谓今文学派，是以战国以来学者师徒、父子口授相传，到汉代用当时通行文字隶书写成的定本，如田何传《易经》，伏生传《书经》，申培传《诗经》，高堂生传《礼经》，公羊、穀梁传《春秋经》等为依据而形成的一个学术系统。汉武帝表彰儒家经典，建立经学博士，所用的都是今文经籍。到武帝末年，鲁恭王刘馀从孔子旧宅壁中发现了先秦《尚书》、《礼记》、《孝经》、《论语》原本，系用古籀文写成。这些古旧的典籍与当时流行的典籍无论在文字和内容方面都有不同，于是称之为"古文经"。属于古文经的，还有北平侯张苍所献的《春秋左氏传》，河间献王刘德征得的《周官》、《礼经》，以及鲁三老所提供的《古孝经》等。

汉武帝时，今文、古文的名称还没有对峙，其差异不过是文字方面、来源方面和篇数方面的不同而已，还没有引起争论。到汉成帝时，刘向校读藏于皇帝秘府中的古籍，发现了诸多版本方面的问题。刘向处于所谓"昭宣中兴"之后西汉王朝的各种矛盾日益激化的时代，其间以"春秋公羊学"为代表的今文经学渐与谶纬神学貌合神应，致使妖言怪说盛行朝野成为谋取利益的诡秘工具。"向见《尚书·洪范》箕子为武王陈五行阴阳、休咎之应。向乃集合上古以来历春秋六国至秦汉符瑞、灾异之记，推迹行事连传祸福著其占验，比类相从各有条目，凡十一篇，号曰《洪范五行传论》，奏之。天子心知向忠精，故为凤兄弟起此论也，然终不能夺王氏权。"[1] 刘向本不相信谶纬迷信，这从《新序》和《说苑》中可以看出，其所以在《洪范五行传论》中大谈符瑞灾异，

————————————

[1]　《汉书·楚元王传》。

实为当时现实斗争需要。

　　刘歆是刘向的少子，他曾"受诏与父向领校秘书，讲六艺、传经、诸子、诗赋、数术、方技，无所不究"①。刘歆从学术角度出发，提倡《逸礼》、《左传》、《毛诗》、《古文尚书》等"古文经学"，攻击"今文经学"残缺失真。他认为当时太学中的博士们所传习的经典是秦代焚书之后由汉初经师凭记忆口耳相传下来的，所以这些用今文记载下来的经籍是不完全可靠的，只有古文经可填补现有经传的漏失并真实可信。他特别推崇《左氏春秋》而贬斥《公羊春秋》，说"左丘明好恶与圣人同，亲见夫子，而公羊、榖梁在七十子后，传闻之与亲见之，其详略不同"，以为《左氏春秋》是左丘明与孔子一起研究历史的成果，因此最能代表孔子的思想。刘歆还倡立古文经博士，强调从诸子各家中汲取思想营养，只有这样，才能打破今文经学"分文析字，烦言碎辞，学者罢老且不能究其一艺"的琐屑作风，而使儒学由僵化的经学、世俗的神学变为真正能够治国安民的"经世致用"之学。

　　刘歆在哀帝时遭到今文经学的围攻，但到平帝时由于得到王莽的支持而受到重用。王莽从改制代汉的政治要求出发，利用古文经学大造舆论提高威信。因此《左氏春秋》、《毛诗》、《逸礼》、《古文尚书》、《周官》等皆立了博士，成为盛极一时的显学。王莽篡汉后，刘歆为国师，但其后谋诛王莽，事泄自杀。后汉光武帝刘秀即位，聚集四方学者于京师洛阳，废除王莽时所立古文经学而仍主今文经学。《易》有施雠、孟喜、梁丘贺，《书》有欧阳生、夏侯胜、夏侯建，《诗》有申培、辕固生、韩婴，《礼》有戴德、戴胜、庆普，《春秋》有颜安乐、严彭祖。古文经学虽被黜退，但其实力不减。今、古文学派随之形成，两派争论也从此展开。

　　大体说来，古文学家以为六经都是前代的史料，孔子是"述而不作，信而好古"的圣人，他不过是一个整理文化典籍的学者和先师；今文学家

---

① 《汉书·楚元王传》。

则认为孔子绝不仅仅是一个古代文化的保存者，前代的史料经过孔子"制作"便有了"微言大义"，因此孔子是一个具有王之德才而无王之位禄的"素王"，是一个具有远见卓识的政治家。今、古文之争从西汉末年一直延续到东汉末年，由于古文经学出现了贾逵、服虔、马融、郑玄、许慎等著名大师，他们兼采今文之说而深究经义取得了突出成就，遂在学术上占有压倒优势并对后世产生深远影响。但无论是古文经还是今文经，都涉及谶纬或加以利用，因而谶纬在两汉的作用不可忽视。

王莽（公元前45～公元23年）是元帝之后王政君的侄子，成帝即位后王氏一家皆得贵幸。王莽的父亲王曼早死，元后将他接养于后宫。王莽自幼谦恭俭朴，善解人意，其大伯父、当朝权臣王凤生病，他煎汤送药，废寝忘食，弄得蓬头垢面，使王凤甚为感动。王莽官爵愈高，行为愈加恭谨，他将所得资财尽以分人，对将相大臣广为结交。因此他的声誉渐渐超过他的叔父们，成为众望所归的人物，得到朝野人士的广泛称赞，终于在绥和元年（公元前8年）就任大司马职位。

"大布黄千"铜币（新莽）

哀帝即位后，由于外戚丁氏和傅氏掌权，王莽不得已称病去职闭门闲居。元寿二年（公元前1年），哀帝病死，不学无术的董贤连丧事调度都不会，72岁的元后于是下令召王莽回京佐董贤治丧。王莽回京后，立即以太后名义掌握了军政大权，接着罢免董贤大司马之职。董贤自知不免一死，遂自杀。元后与王莽选择了年仅9岁的中山王刘衎为帝，然后由太后临朝称制，委政于莽。

王莽执政后，首先杜绝所有其他外戚参政的可能，之后又大力铲除违逆己意的朝臣，同时又积极培植阿附自己的党羽，并利用谶纬大搞个

人崇拜活动。元始元年（公元元年）王莽被封为"安汉公"。元始二年
（公元 2 年），他将自己的女儿嫁给 13 岁的平帝为皇后。元始四年（公
元 4 年），通古书、天文、图谶、钟律、月令、兵法者"皆诣公车"。元
始五年（公元 5 年），浚井得白石丹书，上有"告安汉公莽为皇帝"的
谶文，王莽遂受"九锡"以示"优宠"①。接着他毒死不听调教的平帝，
找到一个年仅两岁的刘氏孩子立为皇帝，是为孺子婴。第二年，他以
"假皇帝"名号摄行真皇帝事务，此时其权势已与真皇帝无异。居摄三
年，即初始元年（公元 8 年），王莽又以"金匮"、"金策"之符接受禅
让做了真命天子，以公元 9 年为始建国元年，定国号为"新"。为了表
示他敬畏天命，被迫就位，在受禅时，还"亲执孺子手，流涕歔欷"。
此后，中国历史上朝代更替，时以王莽成例搬演禅让典礼。

谶纬护佑王权，王权抬高谶纬，此后谶纬日盛，皇权也更神圣。但
王莽"篡汉"之后即行的"改制"措施，由于其社会改革思想和牟取私
利的要求结合在一起，新政显得不切实际难以推行，所以不久就以失败
告终，而社会的混乱加速了农民起义的爆发。

第三节　经说与宗教的虚妄

在农民起义的浩大浪潮中，刘氏宗族也纷纷打出反莽的旗号，加速
了王莽政权的倒台。更始政权建立后，义军阵容更加强大，王莽集团开
始分崩离析。在一筹莫展的情况下，大司空崔发建议说，《周礼》和
《左氏春秋》上讲，国家遇有大灾，就用痛哭流涕来抵制，现在应哭告

---

① 九锡，九种表示尊宠的礼品的仪仗，即特定的车马、衣服、乐则、朱户、纳陛、虎贲、
弓矢、斧钺、秬鬯。此名目始见于《汉书·武帝纪》元朔元年（公元前128年）诏，但
其制不详。王莽受"九锡"之制阴谋篡权，后世时有沿用。

彩绘漆案（西汉）

上天以求救助。于是王莽率群臣到南郊仰天大哭，求上天显灵诛灭众贼，直哭得上气不接下气。王莽别出心裁，让城中儒生、百姓早晚痛哭祷告，由政府提供食物，结果城中哭声连天。但哭声并不能感动上天，王莽政权终于在更始元年（公元23年）覆灭。更始帝刘玄被胜利冲昏了头脑，日夜与后妃在宫中宴饮，群臣言事也因其酒醉而不能入见，致使权臣把持朝政而胡作非为。由于对赤眉军处置失当并宫廷内部变乱，更始政权建立不到3年便宣告灭亡。

刘秀像

刘秀（公元前6～公元57年）趁机代之而起，逐步消灭了各地的军事武装。他为登上帝位，大肆利用符谶，如他根据《赤伏符》"刘秀发兵捕不道，四夷云集龙斗野，四七之际火为主"，"于是命有司设坛场于鄗南千秋亭五成陌，六月己未即皇帝位燔燎告天"①。刘秀于公元 25 年（建武元年）登上帝位后，更把谶纬作为一种重要的统治工具，他制定安定天下、加强集权的措施时经常借图谶来决定。中元元年（公元 56 年），"是夏，京师醴泉涌出，饮之者固疾皆愈，惟眇蹇者不瘳。又有赤草生于水崖，郡国频上甘露"。于是"宣布图谶于天下"②。从此经书要义，全依谶纬阐释，谶言纬书被奉为秘经，成为一种风靡一时的学问。

光武之后，明、章、和统治时期，由于三帝都能坚持缓和社会矛盾、接受直言极谏、减轻租赋徭役的方针，所以政治较为开明，经济有所发展，文化也趋向繁荣。但谶纬也愈加甚嚣尘上，汉章帝更为抬高神学的地位，使神学经学化，也有意将经学神学化，使经学符合神学的思想体系，于是在建初四年（公元 79 年）召集贾逵、丁鸿、杨终、班固、李育、楼望、成封、桓郁等数十位今文经学家、古文经学家在白虎观召开经学大会。在这次经学讨论会上，今文经学家以李育为代表，古文经学家以贾逵为代表，双方展开了激烈的辩论。李育精通《公羊》学，然又"颇涉猎古学"，论述"多引图谶，不据理体"③，但谈来头头是道。贾逵博通儒家经典，尤精《左氏》之学，对"今文"也深有研究，乃用"左学"附会图谶，说"五经家皆无以证图谶，明刘氏为尧后者，而左氏独有明文"，深得汉章帝赏识。两派虽争论不息，但有合流趋势。这次会上诸儒考释经义同异，经汉章帝"称制临决"，由班固整理编辑成书，这就是皇帝钦定的神学法典《白虎通义》。

《白虎通义》是在董氏儒学和谶纬神学基础上发展起来的，它将经学与宗教糅合成一个神秘的天人感应和社会伦理体系。它论证君权神授曰："天子者，爵称也。爵所以称天子者何？王者父天母地，为天之子也。故《援神契》曰：天覆地载，谓之天子。"它论证天人感应曰："天

---

① ②　《后汉书·光武帝纪》。
③　《后汉书·李育传》。

下太平，符瑞所以来至者，以为王者承天统理，调和阴阳，阴阳和，万物序，休气充塞，故符瑞并臻，皆应德而至。"它论证三纲六纪曰："三纲法天地人，六纪法六合。君臣法天，取象日月屈伸，功归天也；父子法地，取象五行，转相生也；夫妇法人，取象人合阴阳，有施化端也。""子顺父、臣顺君、妻顺夫，何法？法地顺天也。"它还进一步宣扬"三统说"、"三教说"、"三命说"等等，认为一切都是上天决定而不可更改的。由此观之，这个经学和神学融结起来的网络形成了封建社会的国家宗教，从而使其在神的授意下形成对人的束缚，并使其在此后漫长的社会发展中经久不衰。

张衡像

在谶纬神学大肆泛滥之时，也有不趋时、不媚俗、不怕死的刚正之士奋起驳议，给妖氛满布的东汉学坛带来几丝清新的理性之风。光武帝"宣布图谶于天下"，桓谭一再"冒死复陈"，力斥谶纬之虚妄，认为："今诸巧慧小才技数之人，增益图书，矫称谶记，以欺惑贪邪，诖误人主，焉不可抑远之哉！"① 又说："谶出《河图》、《洛书》，但有兆朕，而不可知。后人妄复加增依托，称是孔丘，误之甚也。"② 东汉著名科学家张衡制造出世界上第一台地动仪，测出地震是地壳运动的结果而并非上天"具象以示吉凶"。他一针见血地指出，谶纬不过是"虚伪之徒"欺世盗名的谋利手段，因而力主"宜收藏图谶，一禁绝之"③。

杰出而勇敢的无神论者王充，更是大胆地对儒学谶纬体系进行系统的批判。他穷 30 年精力完成巨著《论衡》，目的就是要疾刺宗教的"虚

---

① 《后汉书·桓谭传》。
② 《新论·启寤》。
③ 《后汉书·张衡传》。

妄"。他驳斥天有意志说："夫天者，体也，与地同。天有列宿，地有宅舍。宅舍附地之体，列宿着天之形。"因而天地没有什么神秘之处，物象的运行也没有什么目的。他还抨击汉儒神化帝王的奇谈怪论，说："人，物也，虽贵为王侯，性不异于物。""龙与人异类，何能感于人而施气。"从而否定了帝王、圣人都是由各种神与人交感而产生的说法，并提出"物生自类本种"的朴素唯物主义观点。他否定天人感应，说："夫天道自然也，无为；如谴告人，是有为，非自然也。"他对天能赏善罚恶也提出质疑，说那些谋财害命、鱼肉乡里的坏人却能作威作福，而那些听天由命、遵规守矩的好人却只能忍辱偷生。王充的学说打破了人们对经书的迷信，批判了儒生虚伪的说教，更对孔孟之徒公开发出诘难，这对破除迷信、解放思想都起到了一定的推动作用。

第五章
从道教创立到佛教流播

第一节　严酷的现实

东汉后期，皆为年幼皇帝即位，因而出现了外戚、宦官交替擅权的特有现象。皇帝幼小，便有外戚擅权。外戚擅权，必有宦官之祸。东汉一代六后临朝，往往如此循环往复。一方是外戚以大将军专权，另一方是宦官以中常侍擅政，双方明争暗斗，此消彼长。大体说来，从和帝到桓帝统治时期（公元89～159年），是外戚由盛而衰的时期；桓帝、灵帝统治时期（公元159～189年），是宦官独擅朝政的时期；直到公元189年，外戚何进被宦官所杀，世家豪族袁绍又把宦官杀尽，方两败俱伤，军阀崛起。因此，有人评论说："东汉一部历史，从某一方面说来是一部戚宦争权史。"[①]

政治日益腐败，经济每况愈下，文化也随之没落。一些官僚士人对东汉王朝的前途感到担心，对个人仕途的堵塞感到不满，因而对黑暗时局提出尖锐的批评，并对不畏权势的人物进行赞扬，这就逐渐形成了所谓"清议"，即广造社会舆论以褒贬善恶，参与国政。桓帝时外戚梁冀

---

① 张晋藩、王超：《中国政治制度史》，中国政法大学出版社1987年版，第256页。

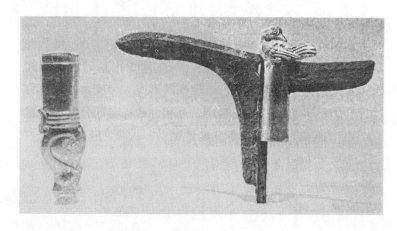

金镈铜戈（汉）

专权，在立帝问题上太尉李固和杜乔曾有不同意见，因被梁冀罗织罪名下狱处死。梁氏外戚被诛灭后，宦官集团独霸朝政，白马令李云公开揭露宦官统治"官位错乱，小人谄进，财货公行，政化日损"的丑恶现象，被逮捕下狱。弘农郡五官掾杜众对李云的忠谏行动十分赞赏，上书表示愿意与李云同日殉难。李固、杜乔和李云、杜众的斗争，得到社会的普遍同情，时人称之"前后李、杜"，给予很高的评价。此后官僚士大夫与太学生联合起来，在朝野形成一个庞大的反宦官专权的社会力量，他们"激扬名声，互相题拂；品覈公卿，裁量执政"①。以"清议"互相标榜，批评朝政，公开与宦官集团相对抗。

　　在"清议"活动中，司隶校尉李膺成为反对宦官集团斗争中的领袖人物，人们将受到他的接待称为"登龙门"并以此为荣。李膺虽在反对宦官的斗争中取得一些胜利，但握有实权的宦官集团绝不甘心自己的失败，他们控告李膺等人收买太学生，串联郡国学生，互相联系，结成死党，诽谤朝廷，扰乱民风。早已被宦官控制的桓帝大怒，遂下诏逮捕"党人"，因此案受牵连者多达 200 余人。由于李膺供词故意牵连宦官，

---

① 《后汉书·党锢传》。

加之太尉陈蕃力保，外戚窦武也上
书求情，桓帝才宣布赦免党人，不
再治罪，但仍将其全部罢官归家并
终身禁锢。这就是第一次"党锢之
祸"。桓帝死后，灵帝即位，太后父
窦武以大将军身份辅政。窦武不满
宦官专权，起用被禁锢的党人，并
与陈蕃密谋诛除宦官势力。不料事
泄，窦、陈反被宦官所害。宦官借
机上奏搜捕党人，"党锢之祸"再
起，李膺、杜密、范滂等百余人被
杀，其他因陷害、牵连者六七百人，

错银牛灯（东汉）

分别被流放、禁锢和处死。熹平元年（公元172年）窦太后死，有人称
被宦官幽杀，宦官再次搜捕党人，凡与宦官有隙者亦被牵连在内。熹平
五年（公元176年），永昌太守曹鸾上书为党人申冤，又被宦官操纵的
灵帝下诏，凡党人的门生、故吏、家人甚至五服以内的亲属，都一律免
官禁锢。这就是第二次"党锢之祸"。"党锢之祸"引起广泛的社会反
响，公元184年，黄巾起义爆发，此时党人方得以解禁，原因是朝廷怕
党人与张角"合谋"。但此时天下趋乱已不可救药，东汉王朝陷入分崩
离析之中。

　　统治集团对农民的残酷压迫和剥削激起了走投无路的农民的强烈愤
怒和反抗，星星点点的小股农民流亡终于汇成了波澜壮阔的暴动洪流。
以张角为首的黄巾起义迅速蔓延全国，他们广泛传播"苍天已死，黄天
当立，岁在甲子，天下大吉"的谶语鼓动人心。"所在燔烧官府，劫略
聚邑，州郡失据，长吏多逃亡，旬日之间，天下响应。"[①] 面对起义军

---

① 《后汉书·皇甫嵩传》。

的迅猛发展，东汉统治者急忙下令解除党锢，动员所有力量对起义行动
加以镇压。一时间，各地豪强地主纷纷起兵，协助东汉政府与黄巾军相
对抗，同时朝廷任命皇甫嵩、朱隽为左右中郎将，率主力镇压对洛阳威
胁最大的颍川黄巾军。黄巾军主力虽然在经过 9 个月的激战后失败，但
余部仍然前赴后继、英勇战斗，如青徐黄巾、黑山黄巾，在汉中则有以
张鲁为首的五斗米道起义。黄巾大起义虽然最终被镇压下去了，但它以
摧枯拉朽之势加速了东汉王朝的灭亡。其后不久，宦官与外戚、官僚士
大夫的矛盾逐渐公开化，在宫廷大动乱后形成更剧烈的军阀争战，而曹
操凭其雄杰的才能取得"挟天子以令诸侯"的优势，东汉王朝名存
实亡。

第二节　道教的创立

在官方大肆宣扬谶纬神学以之为经的同时，民间的道教也在缓慢形
成并日渐扩大影响。道教真正是土生土长、具有鲜明"中国特色"的民
族宗教，长久以来作用于中国政治、经济、文化的广泛领域。道教虽然
到汉代末年才建立起来，但却有其深刻的、复杂的历史根源。

从信仰上讲，远古的自然崇拜和鬼神崇拜使人诚惶诚恐地祭祀，
同时也令人产生与天地同在而长生不老的幻想。尤其到春秋战国之时，
许多书中有访道求仙的记载。如"藐姑射之山，有神人居焉，肌肤若冰
雪，绰约若处子，不食五谷，吸风饮露，乘云气，御飞龙，而游乎四海
之外"。"至人神矣！大泽焚而不能热，河汉沍而不能寒，疾雷破山、飘
风振海而不能惊。若然者，乘云气，骑日月，而游乎四海之外，死生无

变于己。"① "闻赤松之清尘兮，愿承风乎遗则。贵真人休德兮，羡往世之登仙。"② 《战国策·楚策》记有人献"不死之药"于顷襄王的故事，《山海经》记有"不死国"、"不死树"、"不死民"等等方物异人。这些描写激起人们天真的遐想，特别在楚、齐湖海地区，水面上的云蒸霞蔚、海市蜃楼，更使人相信上面住着不死的仙人。《史记·封禅书》云："自威、宣、燕昭使人入海求蓬莱、方丈、瀛洲。此三神山者，其传在渤海中，去人不远，患且至，则船风引而去。盖尝有至者，诸仙人及不死之药皆在

陶神山西王母钱树座（汉）

焉。其物禽兽尽白，而黄金银为宫阙。未至，望之如云；及到，三神山反居水下。临之，风辄引去，终莫能至云。世之莫不甘心焉。"这美妙的仙境莫不使人为之倾心，秦始皇、汉武帝都是热心求道的皇帝，追求长生不死成为道教的基本信仰。

从思想上讲，道教源于先秦道家，在形成过程中又杂糅进其他各种学说。道教推老子为鼻祖，以"道"为理论根据，以"仙"为追求目标。所谓"道"，《老子》说："有物混成，先天地生，寂兮寥兮，独立而不改，周行而不殆，可以为天下母。吾不知其名，字之曰道。"又说："道生一，一生二，二生三，三生万物。""天下万物生于有，有生于无。"《庄子》则说："是故天地者，形之大者也；阴阳者，气之大者也；

① 《庄子·齐物论》。
② 《楚辞·远游》。

道者为之公。""在太极之先而不为高，在六极之下而不为深，先天地生而不为久，长于上古而不为老。"道家这个虚无之道，被后来道教改造吸取，在《太平经》中就提出了"无不由道而生者也"的观点。老子的"清静无为"和庄子的"长生不死"思想，也被道教承袭和发挥，形成修炼和养生理论的重要依据。道教还吸收了儒家的"忠孝"伦理思想，认为"若德行不修，而但务方术，皆不得长生也"①，把忠孝看成是和至诚一样重要的感天成仙的条件。《墨子》的"兼相爱，交相利"也在道教理论中得到体现，《太平经》认为天地间一切财物都是"天地和气"所生，因此主张把这些公有财物拿来"周穷救急"，这些都渊源于墨子的自食其力和互助互惠思想。道教还吸收了阴阳五行和谶纬思想，认为世界万物是由"阴阳"二气生成，成仙则要"金木水火土气"调和，一旦阴阳不调，五行不和，则会出现灾异。这种"灾异"说便是取法谶纬，所以太平道提出"苍天当死，黄天当立"的口号，预言大变当至。

从法术上讲，道教有召神降鬼、祈福禳灾、修仙养生等各种仙法道术，而这些法术实际包容了古来巫祝通用的各种手段。自殷商西周春秋战国到秦汉以来，巫祝活动一直在民间盛行，而其影响也不可低估，武帝时的"巫蛊祝诅"便可略见一斑。巫可通过祭祀、祈咒、舞蹈使自己成为神的代言人，以回答问题或发出指示。巫还可以通过星占、卜筮、解梦，预知未来发生的事情。巫还能求雨、治病、招魂，为人们驱祸致福。巫祭一般选在山上、水边或空地举行，后来在这种场所逐渐修建庙宇，这些庙宇便是后来道教宫观的前身。巫在降神显灵时还采用一些辅助手段，如符咒。巫术认为具有神力的文字能避灾，这种文字笔画屈折、类似图形，也就是符。因为古时有桃木能驱邪的传说，所以巫祝往往把奇形怪状的字图画在桃木上用以镇鬼，这就是"桃符"。后来才画于纸上，用途更加广泛。古人也有虎能驱鬼的传说，所以还有画虎于门

---

① 《抱朴子·对俗》。

楣的做法，后来以虎作画作符都有驱邪避灾的含义。咒语即是具有神力的语言，巫术认为咒语代表神意可以禳除灾祸，所以巫祝们举行仪式时往往口中念念有词。古人认为生病是恶鬼缠身，必须请巫师用符咒驱病，而水能除污去垢，所以用符水治病是常见的手法。巫术除了替人祛灾治病，还研究炼丹服气以求养生不死，其探讨人体的经脉血络，考察山水的阴阳贯通，以求与天地同寿的仙方。这些导引、行气、房中、辟谷、占卜、命相、遁甲、堪舆等法术都是假借某种方法沟通人神世界，这些看不见、摸不着的巫术也为道教所发挥，而其合理因素和神异色彩往往比原始宗教更精密。

从组织上讲，道教的产生有其悠久的根源。战国末期，燕、齐多有方士，他们求仙问道，企求长生不死。而邹衍的阴阳五行学说更为之提供了理论依据，使他们的神仙学说得以丰富发展，形成方仙道。汉武帝时期，方仙道达到高潮，他们迎合皇帝期望长生不死的心理，围绕在皇帝身边劝其求仙，汉武帝果然受其蛊惑大行其事。在汉武帝仰求神仙气氛的感染下，社会上神道书籍和修炼方术也有增多。淮南王刘安"招致宾客方术之士数千人，

陶楼（东汉）

作《内书》二十一篇，《外书》甚众，又有《中篇》八卷，言神仙黄白之术，亦二十余万言"①。李少君化丹砂为黄金，炼不死药，这是以前没有的稀罕事。李少翁则会招鬼魂，使武帝看见已经死去的李夫人。汉

———————

① 《汉书·淮南王传》。

初流行的黄老学说由于受"独尊儒术"的排挤受到冷落，此时也由研究治国经世之策转而迷恋长生养性之术，这就使黄老与方术结合起来，神仙学说更加神秘莫测。武帝曾说："诚得如黄帝，吾视去妻子如脱履耳。"① 武帝直到晚年才深刻悔悟，下《轮台罪己诏》检讨过失。东汉以后，谶纬大兴，方士受儒生尊崇尧舜神化孔子的启示，遂托黄帝为祖，老子为师，创立黄老道。《后汉书·祭祀志》载："桓帝即位十八年，好神仙事。延熹八年初，使中常侍之陈国苦县祠老子，九年亲祠老子于濯龙。"《后汉书·王宠传》还说："宠与国相魏愔，共祭黄老君，求长生福。"由此而见，"黄老"已被神化而其道广为流传。到灵帝时，又有"巨鹿张角，自称大贤良师，奉事黄老道，蓄养弟子，跪拜首过"②。黄老道在具有更多理论色彩的同时，也开始形成初步的宗教组织。

道教的经义在《太平经》中得到体现，这部成于汉代的书内容庞杂，整个思想体系是基于道家学说又收纳其他观点而形成的。它认为，天地万物产生的根源是"元气"，元气分而成天、地、人，"一气为天，一气为地，一气为人，余气散备万物"。由此又提出"三一"的观点："元气有三名，太阳、太阴、中和；形体有三名，天、地、人；天有三名，日、月、星，北极为中也；地有三名，为山、川、平土；人有三名，父、母、子；治有三名，君、臣、民。欲太平也，此三者常当腹心，不失铢分，使同一忧，合成一家，立致太平，延年不疑也。"这就是说，天、地、人要三道合一就能致太平，这明显地受社会流行思潮影响，将宇宙图式和社会秩序一统起来。

张角正是在此基础上创立了"太平教"，他通过为人符咒治病的方式广泛地在社会上活动，十几年间使"太平教"成为教徒达几十万的宗

---

① 《汉书·郊祀志》。
② 《后汉书·皇甫嵩传》。

教组织。《后汉书·皇甫嵩传》载：张角"符水咒说以疗病，病者颇愈，百姓信向之。角因遣弟子八人，使于四方，以善道教化天下，转相诳惑。十余年间，徒众数十万，连结郡国，自青、徐、幽、冀、荆、扬、兖、豫八州之人，莫不毕应。遂置三十六方，方犹将军号也。大方万余人，小方六七千，各立渠帅"。张

彩绘豹纹扁形漆壶（汉）

角在布道传教活动中，以黄老善道教化天下，道教成了张角宣传民众、组织道会的工具。当时东汉朝野多有信黄老道者，以为他是以"善道教民"，故并未将其视为祸患，可见道教已在社会上广泛传播。太平道除奉祀黄老，也尊奉"中黄太乙"，"太乙"又作"太一"。两汉时期，黄帝被视为"北斗神"，"太一"则被认为是天上中央主宰四方的最高神。太平道在"太一"之前冠以"中黄"二字，当与"五德终始说"有关。东汉光武帝得赤符称帝，以火德自居。按五行相生说以木、火、土、金、水的次序，火可生土。五行中土居中，色尚黄，黄为大吉之色。太平道信仰"中黄太一"，隐含着主土德的太平道将取代主火德的东汉朝。所以张角提出"苍天已死，黄天当立，岁在甲子，天下大吉"的口号，原因就在奉天承运，鼓动人心以代汉自立。

　　除太平道外，东汉末年还出现了五斗米道。五斗米道的创始人是张陵，道徒称之为张道陵、张天师、正一真人。张陵尊奉老子为天神、教主，在《老子想尔注》中把老子看成是"道"的化身。其所以如此，是因东汉时老子已被神化，张陵说："一者，道也……一，散形为气，聚形为太上老君。"将老子视为太上并作为教祖，是为抬高道教的地位，也是为传教的方便。由于张陵自称天师，所以其创立的五斗米道也叫天师道。《太平经》中已有"天师"一词，而且也有"天师道"之称，张陵假借名号因势利导也是顺理成章的事。东汉李膺《蜀纪》中载："张

道陵疟，于丘社中，得咒鬼书，遂解使鬼法。入鹤鸣山，自称天师。"
可见张陵名声已大。其道由于信道者须出五斗米，故称"五斗米道"，
或简称"米道"。收取信米，目的在于解决经济来源和拯救众民。张陵
布道巴蜀，名声远播京师。陵羽化，子张衡、孙张鲁嗣行其道，使五斗
米道继续传衍和发展。黄巾起义，天下大乱，张鲁趁机建立了政教合一
的政权，统治汉中达30年之久，颇得人民拥护。建安二十年（公元215
年），张鲁在兵败之后投降了曹操，五斗米道的势力便逐渐向全国发展。
由于张鲁接受汉室和曹操的封许，五斗米道也开始逐步向官方道教
转化。

第三节　佛教的流播

　　东汉后期政治的腐败、经济的衰退、文化的混乱，使人们对国家的
命运和个人的前途忧心忡忡，社会上笼罩着一股"无可奈何花落去"的
悲哀气氛，人们为了追求灵魂的解脱和自我的安慰也遁入宗教的罗网。
除了儒学谶纬和道教神仙思想弥漫外，由印度传入中国的佛教也流播
开来。

　　佛教何时传入中国，历史上有多种说法。如南朝宋时宗炳《明佛
论》说三代之前中国已知佛教，唐代僧人法琳所作《破邪论》引《周书
异记》说西周昭王时则已知西方圣人出生。《列子·仲尼篇》则借孔子
之口曰："丘闻西方有圣者焉，不治而不乱，不言而自信，不化而自行，
荡荡乎人无能名焉。"晋时王嘉《拾遗记》则载，战国燕昭王时有道术
人名尸罗来朝。其他还有秦皇、汉武时佛教已传入中国的说法。这些说
法其实都是佛门弟子为抬高佛教地位编造的神话传说，欲以此压倒儒、
道并给佛蒙上神秘的色彩。

佛教传入中国当在两汉之际。公元前3世纪以后，由于印度阿育王的支持和帮助，佛教开始在印度周边的国家和地区得以传播。佛教南传，进入缅甸、斯里兰卡等东南亚国家，并传入中国东南地区；佛教北传，则进入中亚诸国，又传入中国西北地区。自张骞通西域后，西域各国同汉朝内地的交流往来日益频繁，佛教随之传入中国内地也就十分自然。初

人形吊灯（东汉）

时，佛教信仰往往被认作异地民族风俗，日长月久，人们对这种特殊信仰才逐渐产生兴趣。裴松之在《三国志·魏书·乌丸鲜卑东夷传》注中引《魏略·西戎传》说："昔汉哀帝元寿元年（公元前2年），博士弟子景庐受大月氏王使伊存口授《浮屠经》。"浮屠就是"佛陀"的早期译语，即人们通常所说的"佛"。这部佛经主要是讲述释迦牟尼的故事，如说释迦牟尼是由其母梦见白象而怀孕由右胁生出的等等。西来使者口授佛经此时当有可能，但传播范围也仅限于感到新奇的上层社会。

东汉明帝时佛教已受到青睐，这与当时的宗教迷信气氛浓厚有相当关系。《后汉书·楚王英传》载，汉明帝永平八年（公元65年），楚王刘英到朝廷赎罪，明帝下诏安慰说："楚王诵黄老之微言，尚浮屠之仁祠，洁斋三月，与神为誓，何嫌何疑，当有悔吝？其还赎，以助伊蒲塞、桑门之盛馔。"明帝此举显然含有赞赏和推广道、佛之意，而上层社会对此也津津乐道，欣然接受。此时人们将老、释并行祭祀，也说明人们信奉求仙拜佛都能得到福瑞。《后汉书·西域传》则载明帝感梦求法的故事："世传明帝梦见金人长大，顶有光明，以问群臣。或曰：'西

方有神，名曰佛，其形长丈六尺而黄金色。'帝于是遣使天竺，问佛道法。遂于中国图画形象焉。楚王英始信其术，中国因此颇有奉其道者。后桓帝好神，数祀浮图、老子。百姓稍有奉者，后遂转盛。"明帝感梦求法虽有虚构成分，故有学者怀疑，但从史料分析，也并非全是无稽之谈。民间传说白马驮经而来，深富诗情画意，或许多少也含有佛经传入之真实根据。

到桓帝时，由于民不聊生，迷信流行，佛教也由社会上层走向下层。桓帝本来就好求仙访道，而长生的欲望又使他膜拜浮图。其时佛教不过被看做是道术的一种，而凭它禳灾招福又何乐而不为？《后汉书·襄楷传》载"又闻宫中立黄老、浮屠之祠"，可见在桓帝看来，道佛并祠作用一样，无非是要"听于神"而"获其祚"。此后灵帝、献帝时，徐州刺史陶谦委任笮融督管广陵、下邳、彭城粮运，笮融利用职权，大崇佛教，所造佛寺"上累金盘，下为重楼，又堂阁周回，可容三千许人"①。并告示天下，凡信佛者一律免去徭役。笮融可以说是早期信佛的官僚居士，他已开启了为逃徭役而入寺为僧尼的风气。他还铸造佛像，施舍酒饭，传经布道，此时佛教已在社会上产生广泛影响。

佛教在中国的传播和发展，离不开佛经的翻译和注述。两汉之际，佛教仅作为一种方术被认识，佛经也没有系统的理论介绍，现在所知最早的即是相传明帝时的《浮屠经》口授和《四十二章经》译卷。到桓、灵二帝之时，佛教典籍被大量翻译过来，著名的译者有安世高和支娄迦谶。

安世高名清，字世高，原是安息国太子，他博学多识，精通天文医术，是一位虔诚的佛教徒。父王死后，他离弃王位出家修道，曾游历西域各国，通晓多种语言。在汉桓帝建和二年（公元 148 元）来到洛阳，不久学会汉语。那时佛教传入中国内地已有 100 多年了，宫廷中和社会

———————————

① 《后汉书·陶谦传》。

上已有不少信仰者。为了让更多的人了解佛教，信仰佛教，安世高即从事佛经翻译工作。到汉灵帝建宁三年（公元 170 年）为止，译出《安般守意经》、《阴持入经》、《大十二门经》、《小十二门经》、《百六十品经》、《十二因缘经》等等。晋代道安编纂《众经目录》，列举所见过的安译经典共 35 种、41 卷。《历代三宝记》则说安世高译经多达 176 种，《开元释教录》订正为 95 部。安世高所译佛经条理清楚，措辞切当，不铺张，不粗俗，古雅清素，恰到好处。晋道安评价说："言古文悉，义妙理婉。"①"辞旨雅密，正而不艳。"② 梁慧皎评价说："义理明晰，文字允正，辨而不华，质而不野。"③

支娄迦谶，出生于大月氏，于汉桓帝末年来到洛阳，汉灵帝时翻译了大量佛经。其翻译佛经影响最大的有《道行般若经》、《般舟三昧经》和《首楞严经》。支娄迦谶的译经，由于有安世高的译作可资观摩取法，故在遣词造句方面更为流畅，但仍保留了质胜于文的特点。与安世高所译重在"小乘佛教"的典籍不同，支娄迦谶所译佛经几乎全属"大乘佛教"。与安世高和支娄迦谶同时或稍后的翻译佛经者还有来自安息的安玄、来自天竺的竺佛朔、来自大月氏的支曜等人，他们翻译的也多是大乘佛典。大乘佛教当时在中国广泛传播，其实是由于和中国道家思想有许多相通之处，魏晋玄学盛行时其更得到迅速发展。

早期传入中国的佛教之所以被人们渐次接受，本土产生的道教也使求仙访道得以成为人生真谛，都与前所述的政治、经济、文化背景密切相关。社会上对现实的失望情绪普遍泛滥，于是人们遁入宗教寻求理想的天国。宗教作为一种特殊形态，具有广泛而深刻的内涵。它包含着哲理思辨、人生理想、伦理观念、道德意识、政治制度、经济行为、艺术形式、科学因子，因而宗教的形成是一个复杂的现象和缜密的整合。中

---

① 梁僧祐：《出三藏记集·人本欲生经序》。
② 《出三藏记集·大十二门经序》。
③ 慧皎：《高僧传·安清传》。

国宗教与世界其他宗教不同之处在于根深蒂固的现实功利性，这或许是受传统主流文化儒学的制导。然而儒学也正是大量吸收道教、佛教营养而不断充实自己的内容，才保持了蓬勃的生命力，由此亦可见中国文化的兼容并包和儒、道、佛的融会贯通。此后的魏晋玄学思潮、隋唐的三教并立、宋明的理学形态，无不折射出中国文化的博大精深和哲学观念，而从中也不难透析出意识形态所带来的巨大文化效应。

下卷

雄强伟岸的文化风貌

第一章
气势恢弘的雕绘建构

秦汉时代是中国封建社会昂扬进取、意气风发、好大喜功的青春时期,新兴的地主阶级以朝气蓬勃的姿态和雄健豪迈的狂想铸造着中原帝国的强盛家园。帝王们不仅以雄心和铁腕统一了辽阔的版图和征服了善良的百姓,而且以浩大的文化举措显示出高度的极权和亢奋的自豪。虽然这一时期不同阶段有不同的文化主导精神,文化景观也随之带有浓淡各异的色彩,但无论采取何样的国策、拥有何等的国力,都昭示出一统天下、皇权至上而气魄宏伟、风度雄放的品格。

第一节 横暴以集萃

建筑作为时代文化精神的物化立体组合,最能体现一个国家特定历史的社会风貌。秦代自秦王赢政即位到统一六国后的 30 余年,不惜人力、物力,大肆兴建了许多宏伟的工程。秦都咸阳始建于战国中叶秦孝公时,到秦始皇时更是大兴土木筑咸阳宫,以象征天之"紫微宫"星座。秦始皇兼并天下过程中,每灭掉一个诸侯国,便征集其国内的巧匠和良材,在咸阳附近仿造其国宫室建筑。这样,秦始皇独霸海内的过程，也是各国建筑技术和样式融合荟萃于咸阳的过程，由此形成了集众美而发展的秦代建筑特色。

双兽纹瓦当（秦）

今已发现的秦都咸阳宫1号遗址东西长60米、南北宽45米、高出耕地平面6米，经考察这是一座主体为二层、地面或压磨光洁或以方砖铺平、墙壁是夯土与土坯混用、屋顶仍沿袭商周四阿式、采用木柱支撑而瓦顶的宏大的台榭式建筑群。

秦始皇囊括中原后，地处渭水北岸的咸阳故城已不能适应需要，于是又在渭水南岸设计了开发计划。

其中最著名的为朝宫前殿即阿房宫，"先作前殿阿房，东西五百步，南北五十丈，上可以坐万人，下可以建五丈旗。周驰为阁道，自殿直抵南山，表南山之巅以为阙。为复道，自阿房渡渭，属之咸阳，以象天极阁道"①。这一建筑群若是全部完成，其壮观难以想见。将南山山峰为阙，以阿房宫为前殿，在渭水上架桥，然后连通咸阳宫，这一构想可谓气势磅礴。据史书载，秦朝最终建成的宫室群落，以朝堂为中心，离宫别馆，围绕其周，广殿层台，高榭回廊，复道横空，长桥飞渡，复压关中数百余里，可谓中国建筑史上的空前壮举。

其间并有大量的壁画绘饰。据考古发掘，秦宫1号遗址出土440多块壁画残迹，其形式比较简单，多是些彩绘流云纹和菱格几何纹。颜色以黑色为多，褐黄次之，还有大红、朱红、石青、石绿等。秦宫3号遗址则保存了较多的壁画画面，绘有"车马出行图"、"仪仗人物图"、"楼阙建筑图"等，车马气势雄建，人物粗壮拙朴，楼阁坚实壮观。壁画形

———————————

① 《史记·秦始皇本纪》。

436

象简洁生动，线描运笔流畅，着色五彩缤纷，风格瑰丽豪放，具有相当高的造诣。秦始皇还大收天下兵器铸成 12 个各重千石的庞大金（铜）人，立于咸阳宫前威震四方以示皇权。由绘雕作品亦可见秦代的专制统一、弃虚务实、耀武扬威的地域兼时代特色。然而这些浩大奇观都寿命短暂，被西楚霸王付之一炬，可惜其富丽堂皇不得再现而成绝后。

　　秦始皇不仅生前住所极其豪华，死后寝陵的壮丽也无以复加。其陵修建历始皇、二世两代，也没有最后完工。始皇陵位于陕西临潼城东 10 里，南依骊山，北临渭水，经 1974 年普查与部分发掘的结果得知，陵园及其从葬区域的范围总面积达 125 平方公里，仅陵园面积也近 8 平方公里。陵园有内外两城，内城六门，外城四门，门上各有阙楼。陵墓在内城南部，封土底边约 350 米，呈三层台级状，现存高 43 米，已经远较当初的

秦始皇陵①号兵马俑坑（秦）

“周围五里，高五十丈”为低了。陵墓地势南高北低，依山望水，给人雄伟深邃的印象，开后来陵墓设计之先风。目前所知地宫轮廓呈长方形，长约 460 米，宽约 400 米，大于现存封土的底面积。据史书记载，宫内满藏珍玩宝器，以水银象征江河湖海，巧设众多机关并有暗弩相护。

　　陵东 3 里处，便是震惊中外的兵马俑坑，埋葬着阵列庞大、气势恢弘的陶兵马队伍。兵马俑仿照真人真马大小，人俑平均身高 1.8 米，面目形态逼真，手执实用兵器；马则身长 2 米左右，也塑造得非常生动，并配有真实的战车。这形体高大、阵容整齐、组织严密的雄壮军阵，充满了临战的紧张气氛和无畏精神，可谓是秦代禁卫军的真实写

铜车马（秦）

照。他们再现了秦军横扫六国的威风，担负着守卫陵园的象征职能，是秦始皇横扫天下丰功伟业的纪念碑式雕塑。在秦陵还发掘出精妙绝伦的鎏金铜车马，其型大而体重，结构复杂，零件众多，是迄今发现的最大的青铜材质铸造的车马出土文物。秦陵2号铜车马高106厘米，总长317厘米，重1241千克，由3462个零部件组装而成。这些部件中大的如篷盖和车舆，面积均在2平方米以上。小的如马颈下悬挂的穗状璎珞，是由一根根细发般的铜丝编成，铜丝直径仅为0.05厘米，它是采用拔丝法或是其他工艺制成至今还是一个谜。铜车马不论在规模上还是工艺上，都向人们展示出秦朝威武雄壮的人文景观和高度发达的科学技术。遥想当初为生前死后建造阿房宫和骊山陵而征发人力70余万，耗尽天下资财建筑这令人惊叹的浩大工程，不能不为其雄杰和残暴深深震撼和感叹。修宫建陵不外乎突出其至高无上的权威，然灾难深重的徭役却加速了其繁华的灭亡。

为防北方匈奴侵扰中原领地，秦始皇又派大将蒙恬役使30万戍卒修筑长城。长城始为赵、燕、齐等国营建，到秦始皇时将其连通一体，绵亘成为国家疆界的辽远屏障。这条逶迤的巨龙，西起临洮，东至辽东，蜿蜒万里，气魄雄伟，与时空同在，激起后人古远的遐想。不管今人如何议论它是国家、民族闭塞的象征，但它毕竟产生了不可低估的巩固国防的历史作用。它穿引于高山峻岭、悬崖峭壁之间，反映着一种人类的伟力。它的确可以证明专制独裁的暴政和威权，但也不能否认勤劳善良的百姓付出的智慧和坚毅。

　　秦代长城仍处在夯土修筑的阶段，其建筑方法及材料今日看来不免简朴粗陋，但处于2000多年前生产力低下的那些年头，我们不难想见其困难程度和巨大规模。通过从临洮长城坡发现的板瓦和陶管等，其壮伟的风格至今依稀可见。一块大瓦竟长近50厘米，宽约30厘米，厚1.5厘米，据说如此大的瓦在其时还仅算中等程度的瓦，如此，长城的修建怎能不是人类劳动在庄严的建筑上雄厚的体现？每个国家每个时代的建筑都凝聚着那个时空的特有文化精神，中国长城则是秦皇威严和百姓辛酸的伟大奇观。而如今，它同阿房宫、骊山陵一起构成一幅壮阔伟岸的图景，使人们感知在永恒的太阳照耀下中华民族大家庭曾有的业绩。

第二节　壮丽以重威

　　秦亡汉兴，虽然帝王年号改变了，但帝王的雄心丝毫未减弱。汉初，由于连年的战争和经济的衰退，国势尚未恢复，因而帝王较为节俭朴素。但一朝身为天子的刘邦何曾甘心隐灭他豪雄的私欲？且不说他集权一身为天下主的政治谋略，就说西汉都城长安的建筑与秦时比也并无逊色。汉高祖始就在秦朝的离宫兴乐宫遗址兴建长乐宫，紧接着在其西又建未央宫。据考古勘测，长乐宫和未央宫是西汉长安城内最主要的两个宫殿区，两宫的宫墙周围分别约10公里，面积已占据主城城区的一半，此外尚有其他宫阙，雕梁画栋。其壮丽豪华的程度竟使刘邦也感到内疚而发出责难，而主持兴建的萧何则以"非壮丽亡以重威"的答词使皇帝由怒转喜。

汉武帝时国力强盛，乃又兴建了长乐宫北的光宫和未央宫北的桂宫。此外还在城外营建上林苑，内有宫观数十，最以建章宫驰名天下。长安球的方向基本为正南北，城市设计呈战国时不规整型向魏晋时期的规整性过渡形态。城墙每面有 3 个城门，四面共 12 个城门。城门为"骑楼"式建筑，与后代的"拱券"式城门有别。由城门通向城中的道路都是三条，中间一条最宽，称驰道、御道，属皇帝专用。由于长安城系秦旧宫扩建而成，城内总体未能达到规模对称，但其布局已看出力求规整而显示出庄严。

未央宫作为大朝之用，占全城总面积的 1/5，而前殿为主要建筑，据《三辅黄图》说前殿本身东西五十丈（约合 120 米），深十五丈（约合 35 米），可知面积比现存北京的故宫正殿太和殿还大出一倍以上。除前殿外，还有十几组宫殿，间以池塘、园林，如众星拱月，琳琅满布。据《西京杂记》载："未央宫，周围二十二里九十五步五尺，街道周围七十里，台殿四十三，其三十二在外，其十一在后宫，池十三，山六，亦在后宫，门闼儿九十五。"可以看出，未央宫是由一座座宫殿、台榭、楼阁、园林、假山、池泽围绕正殿形成的一个统一布局、整齐有致的建筑群体。宫殿里还有许多绘画，武帝时"作甘泉宫，中为台室，画天地泰一诸神"。宣帝时将朝廷中功勋卓著的文武大臣肖像绘于麒麟阁，这些殿堂壁画与宫廷建筑相映成辉。

建章宫则是建于长安西郊的苑囿性质的离宫，其前殿高过未央前殿。前殿南有正门，称阊阖门，意即天门，是以建章比拟天宫。门楼三层，台阶用玉修成。楼顶铸铜凤，下有转枢，可迎风而动。前殿北是太液池，池中有名为"蓬莱、方丈、瀛洲"三岛，池边以石刻成奇禽异兽。建筑布局皆因势利导，自由曲折。数十座宫殿各成系统，别具风姿。神明台上还有铜仙人捧铜盘以承云露，此云露和玉屑服之为求神仙所用。据说高"三十丈，大七围"，可惜未能流传下来，唐代诗人李贺曾作《金铜仙人辞汉歌》感慨系之。建章宫在阔大的皇家园林中，集建筑、山水、植物、动物为一体，使人们在庄重肃穆之中又感到清幽淡雅，洋溢着一派浪漫风雅的高贵情调，映现出武帝雄强旷朗的别番风度。

东汉建筑以都城洛阳为代表。洛阳北倚邙山、南临洛水，原先曾为西汉陪都，在此修建了南宫，明帝时又建北宫并以复道相连。南北二宫形成的轴线通贯全城，这样的布局发展了以宫城为主体的规划思想。全城平面略呈长方形，南北约合汉代九里，东西约合汉代六里，所以有"九天城"之称。城内主要建置有宫殿、衙署、台阁、苑囿，辉煌绮丽，雄伟壮观。东汉高层木结构建筑技术已发展成熟，因而三四层的楼阁建筑大量出现，最高的已达五层。

能工巧匠们还极为讲究修饰，各种瓦当仪态万方，匠心独运。王莽时出现有四神瓦当，分刻青龙、白虎、朱雀、玄武，它们都是方位之神，所以分向施用。四当形象矫健活泼，又有统一风格，反映出雕饰风貌。地砖、梁柱、斗拱、门窗、墙壁、屋顶等处，更是色彩斑斓，争鲜斗奇。汉明帝还于洛阳南宫云台绘制辅佐刘秀有功的 28 名将领的图像以示崇仰褒奖，并以青铜铸造各种大型珍禽异兽美化环境以壮声威。总之，从西汉到东汉，雕绘建构由宏大向精丽发展，反映出艺术技法的进步和社会审美的趋向。

"四神"瓦当（西汉）

汉代陵墓建筑也承秦制而发展。汉高祖之长陵，长 180 米、宽 175 米、高 80 米，远望若高大隆起的山丘，颇有气势。其周围筑有土城和阙门，附近则有吕后冢和良臣墓陪侍。1965 年在 4 号陪葬墓旁发现了彩

高颐墓阙（东汉）

绘兵马俑 3000 多个，其形体小于秦俑而以骑兵为主，造型上单纯洗练，神态威武，但缺乏细部与性格的刻画，难与秦俑媲美。或许反映出汉初的"与民休息"政策和"清静无为"的风尚。

汉代陵墓艺术主要体现在石雕石刻上。墓前的石阙，由阙基、阙身和阙顶组成，阙基坚固有稳定感，阙身遍布高低不等的浮雕，阙顶则如鸟展翼而具升腾之势。可谓石阙是陵墓观赏中深具文化意味而激起心理效应的门扉，由此而入给人一种肃穆而飞升的感情依托。

石阙之后为神道，道旁墓前所立的石人、石兽则给人更为深刻的心灵体验。现存最古老的汉代大型石雕是西汉南粤王赵佗先人墓附近的一对踞坐石人，1985 年发现于河北省石家庄市西北郊小安舍村，这对石人男像高 174 厘米，女像高 160 厘米，两像都是椭圆脸，尖下巴，大眼，直鼻，小口，头戴平巾帻，腰间系带，作双手抚胸踞坐状，身上无衣纹。但更为常见的石人一般称为石翁仲，据说其本是秦始皇的力士，守卫临洮，威震边陲，死后被铸为铜像置于咸阳宫前，后人遂将宫前、墓前的铜人、石人统称翁仲。现知较早而著名的有存于山东曲阜孔庙中东汉时代的两尊雕像，身高都在 230 厘米以上，石人神态肃穆，雕刻手法简练，呈现出朴拙浑厚的特点。

墓前石兽以汉代霍去病墓石刻最为壮观。据史书记载，青年霍去病受汉武帝赏识任骠骑将军，5 年之内 6 次攻胡均获胜利。汉武帝因他屡建奇功，为他修建宅第以示奖赏，他却答以"匈奴未灭，无以家为"的壮语，死时年仅 24 岁。汉武帝特在茂陵东面不远处，选定霍去病的墓地，建大冢似祁连山，以纪念其丰功伟绩。墓前则令少府工匠刻巨型石人石兽，现存仍有马踏匈奴、跃马、卧马、卧虎、卧象、异兽食羊、野人食熊、卧猪、卧牛、石鱼等 10 余件。这些雕刻尽力保存石材的原型，既似动物形体神态又突出巨石的厚重质体，将它们置于广阔的自然背景中，更突出了其驰骋沙场的无限寓意。群雕以马踏匈奴为主题，以战马象征西汉政权的声威和霍去病的战功，以马足下踏着的手持弓箭的匈奴首领表示其反抗被征服。其他石兽均姿态各具，神似形肖，厚重粗犷，与马踏匈奴相呼应，使人似乎看到祁连山下大汉王朝的勇武气势。西汉帝王陵墓中以汉武帝之茂陵规模最大，而以霍去病墓前石刻最富象征性和纪念性。

马踏匈奴（西汉）

东汉官僚贵族墓前石雕大都为一对石兽，这些石兽与西汉相比呈现出造型劲健的新特点。它们分别被称为"天禄"、"辟邪"，一般形体比西汉也减小，但动感很强，或跨步扭身，或仰首吼叫，使人感到它们不再是石兽，而是有生命的血肉之躯，焕发出

石狮（东汉）

一种汉代特有的神采美。如河南南阳宗资墓前的"天禄"、"辟邪"，体躯瘦长，仰首敛翼，胸张腰耸，后足退行，造型稳健而剽悍。位于四川雅安城东北的高颐墓神道两侧的一对石狮，作张口吐舌、昂首挺胸、阔

步前进之姿，刻画简练，瘦劲有力，生动传神。其体态采用 S 形屈曲造型，胸旁刻有两扇飞翼，大概已受到宗教的影响。东汉石雕大多工致秀丽、雄健刚劲而又典雅多姿，与西汉时的厚朴古拙、敦实粗壮而大气磅礴相比更加精巧，说明雕饰工艺的进步和审美观念的变迁。墓前的石人、石兽往往具有驱邪镇恶的作用，因而可以造成平安吉祥的宁静肃雅气氛，使人为死者灵魂的升天而给予美好的祝福。

第三节　华饰以明趣

汉代的雕塑与绘画往往和建筑结合在一起，形成壮伟绚丽的立体景观。除了地面上的石阙建筑和墓前雕塑为隆起的陵丘装点门面，地下寝宫也往往修建得豪华气派。画像砖、画像石便是在建筑材料上巧妙雕刻出画面纹饰，而使永远宁静的墓室变成灵魂寄托的画宫。画像砖是以泥模印或捺印烧制而成，画像石是以石为地用刀代笔刻制而成，它们一般都用来在墓室砌成画面组合的墙壁。画像砖在战国就已兴起，至东汉最为鼎盛，其后渐趋衰落。画像石在汉代以前尚未发现，目前所见最早为西汉昭帝时沂山鲍宅山凤凰画像，东汉大兴后至魏晋南北朝已不多见。

汉代画像砖和画像石的兴旺繁荣与汉代厚葬的风气密切相关，汉人上至皇亲国戚下至平民百姓，皆重孝信鬼崇仙，因而不惜巨额钱财花费于墓葬方面。他们选择风水好地作为墓址，建造富丽堂皇的墓室以备寝居，陪葬大量精美的物品供死后享用。随着砖圹墓、石椁墓逐步代替土木墓，汉代贵族开始在砖石上刻画各种花纹图案。墓室砖石的坚固性，画面保持的耐久性，多少能够满足汉人视死如生的重孝心理，人们以厚葬表示孝心赢得社会美誉。长沙马王堆 3 号汉墓出土文物多达 1000 余件，河北满城汉墓的两个墓室出土随葬品共计 2800 余件，文物有金银器、玉石器、铜器、漆器、陶器、丝织品，可谓琳琅满目，美不胜收。其中最为人瞩目的是金缕玉衣，用金丝和玉片编缀而成，如满城中山靖王刘胜及其妻窦绾各有金缕玉衣一件，各由 2000 余块玉片、1000 余克金丝织成。《西京杂记》载："汉帝送死，皆珠襦玉匣，形如铁甲，连以金缕。"穿华美的衣服，住富丽的宫室，成为汉代死生俱同的一种习俗。画像砖、画像石在如此社会风气濡染下，其手法之精妙、意匠之丰富当然超迈不凡，因此画像砖、画像石成为有汉一代最富代表性的一种艺术形式。

就目前发掘来看，画像砖、石不仅数量众多，分布地区广泛，而且大都完好无损，尤以山东、河南、四川最为发达。这三个地区都是达官贵族、豪商巨富聚集的地区，政治、经济、文化实力相对稳定而发达。山东是孔孟之乡，有鱼盐之利；河南地处中原，为东汉帝都；四川地处一隅，乃

孝堂山石祠（东汉）

天府之国；因而无不修造规模巨大的墓室，以使死后仍过生前的富奢的生活，或寄希望于羽化升天而优游仙境。就画像砖、石的风格看也各有不同，或古朴厚实，或泼辣粗犷，或活泼清丽。题材也丰富多样，既有优美神奇、变化莫测的神话世界，又有古老深沉、英勇悲壮的历史故事，更有真实生动、热闹非凡的现实场景。由于画像砖、石是光在平面上绘画，然后再进行雕刻，因此是一介于绘画和雕刻之间的一门艺术。砖、石画像不可能完全像绘画那样描绘得历历备至，也不可能像圆雕那样塑造得面面俱到，因而砖、石刻画并不重在细腻的形象和感情抒写，而是主要通过外在形体动作来反映所要表现的内容，这就形成取其大

貌、不拘小节、强大动感、摒弃静弱的奔放、飞动、紧张、粗豪之美。

目前所见到的较早的画像砖，是于陕西临潼、凤翔和咸阳出土的，有的单一刻印骑马射猎图，表现猎人骑马追射奔鹿的生动情节；有的组合刻印侍卫、宴享、苑囿和射猎四种图像，内容丰富，构图洗练，造型质朴；有的则刻印龙纹和凤纹，龙凤的刻线流畅、矫健、生动，轻重粗细运用自然。可以看出秦代工匠已具有相当的写实水平。其制作显然吸取了陶器、铜器的某种范印方法，而可满足当时成批生产的需要。

朱雀、白虎、铺首衔环画像（东汉）

汉代画像砖以河南和四川为多，在陕西、山东、安徽、江苏、浙江等地也有发现。河南画像砖西汉时期主要见于郑州到洛阳一线，这些画像除以简洁明快的阴线勾勒外，还采用平面浅浮雕、阳线等模印手法。其中动物造型生动雄健、协调自然，但总体上还较为拘谨且带有图案化作风。东汉中期以后，画像砖兴盛中心转移到南阳地区，题材和内容更富生活意趣，如"迎客拜谒图"、"朱雀百戏图"、"二龙穿壁图"、"虎牛角抵图"、"迎宾百戏图"等。大多数是一模一砖，也有多模一砖的。其风格富有动感和力感，形象质朴而粗犷，构图复杂而和谐，与此地盛行的画像石艺术多有一致。

四川画像砖大多分布在成都地区及其附近，一般多东汉晚期之作。砖面画像是与砖成型时一起模制而成，故类似浅浮雕形式，与河南一带模印成的画像砖大异其趣。其题材也不像山东画像砖那样大量描写忠孝节义故事，绝大部分刻画的是世俗现实生活，如车马出行、宴饮歌舞、拜谒迎宾、游戏讲学等场面。构图简练、写实生动、刻线阴柔，其中描绘生产劳动的场景尤为清新隽永，富于诗化而浓郁的乡土气息。其代表作如"弋射收获画像砖"，上层刻两人张弓仰射高空飞雁，远处稀疏的树木和水中的莲蓬都暗示出秋天；下层刻绘两人持镰割稻、三人在后捆束、一人提篮送食，展现出蜀地收获季节的繁忙景象。整个画面上下虽然是两种活动，却构成一个有机的整体，洋溢着亲切的生活情调，犹如一幅耐人寻味的抒情风俗小品。其他尚有"荷塘采莲"、"宴饮观舞"、"盐场"、"舂米"、"酿酒"、"庭院"等。

酿酒画像砖（东汉）

画像砖由于质材不如画像石坚硬，因而画像石在汉代追求功利、讲究排场的世风中更受到重视。画像石广泛应用于祠、阙、碑、棺、墓，主要表现对死者的尊重和祝祀。其雕刻技法大致有阴线刻、减地平雕、孤面浮雕、平面凹雕、高浮雕、透雕、阳线刻等，最常见的是减地平雕加阴线刻，即用减地突出形象轮廓再加阴刻线条表现细部特征。汉代画像石各地也呈现出不同的风貌：山东画像石以质朴厚重见长，古风盎然；河南画像石以雄壮有力取胜，豪放泼辣；四川画像石清新活泼，精巧俊爽；其他地区如江苏、陕西、湖北、山西、浙江画像石虽少，也各有地域风格。

山东画像石遗存最多，绝大多数属东汉时期，最有代表性的当属长清孝堂山郭氏祠、嘉祥武氏祠和沂南画像石墓。郭氏祠是石筑单檐悬山顶式建筑，平面呈横向长方形，有北、东、西三面石壁，画像便雕刻在三面石壁上。北壁画像分上下两层，上层刻浩大的车马出行队伍，下层刻殿阁朝拜参谒情景。东壁画像分6层，由上至下依次刻蛇身人首的伏羲氏，击鼓的雷神和持弓的东王公，乘车、骑马、步行的人物，周公辅成王的故事和礼仪活动，庖厨、舞乐、杂技场景，以及巡行射猎的画画。西壁也分6层，由上至下刻蛇身人首的女娲氏、人身兔首者和西王母、车骑出行图、相遇致礼图、战争图、巡猎图。画像表现了天界和人间的生活，当与墓主的身份和经历有关。全部画像是于磨光石面阴刻浅纹，铲线甚粗，作风简练，质朴单纯，别有一种东汉早期的朴拙之趣。

武氏祠画像石（东汉）

嘉祥武氏祠现存构图完整的画像石50余块，题材有雷公、风伯、电母、海神等神话故事，有帝王、列侯、孝子、节妇等人物形象，还有专诸刺吴王、荆轲刺秦王、要离刺庆忌、豫让刺赵襄子等刺客事迹。其雕刻技法为减地平雕加阴线刻画，是汉代画像石最普遍而有代表性的。武氏祠画像石风格工整朴实，布局严谨，人物多作侧面像平列展开，形象处理规律化，颇有节奏感，装饰趣味极浓。作者善于抓住情节发展的高潮，捕捉生动的瞬间，运用夸张的手法，有力地表达主题。如"荆轲刺秦王"刻荆轲被人抱住怒掷匕首，秦王绕柱疾走大惊失色，画中人的动作及位置都渲染出事件的紧张，旁边还有吓得仰面倒地的秦舞阳烘托惨烈的气氛。特别引人注目的细节是匕首刺穿柱心并露出锋尖，夸张地突出荆轲孤注一掷地拼死抗争。武氏祠的许多画像石耐人观赏寻味，具有惊心动魄的艺术魅力，不论在内容和形式上都能代表东汉画像石的成就。

沂南画像石属东汉晚期墓葬，全墓画像石共 42 块，分 4 组表达墓主的一生。第一组刻于墓门上，主要是描写墓主生前战绩的"攻战图"；第二组刻于前室，描绘对墓主的"献祭图"；第三组刻于中室，描绘的是"出行图"、"宴享图"、"百戏图"；第四组刻于后室安放棺木之处，主要表现墓主生前夫妇闺房生活。4 组画面分别用山神海灵、奇禽异兽、历史故事作衬托，组成墓主的一生业绩和经历。画像基本用线构成基础，交错使用阴刻、阳刻及高浮雕，线条纤劲流畅，活泼生动，婉转自如，富有韵味，尤其是动物之间互相追逐、嬉戏、飞旋等动态各具神姿，显示出石刻匠师高度娴熟的剔刻技巧，可谓东汉晚期的杰作。

河南画像石主要见于南阳地区，多装饰在墓室门楣、门扇、立柱和横额，用作壁画的很少。东汉早期的作品内容多是历史故事和神话传说，雕刻技法主要是浅浮雕，布局简洁疏朗，物象鲜明醒目，具有古朴豪放、深沉雄大的特点。东汉中期时则题材广泛，有日月星辰、神人怪物等天界形象，还有伯乐相马、范雎受袍等古远史实，最多的还是乐舞、角抵、蹴鞠、投壶、六博等现实娱乐场面。此

打虎亭石墓（东汉）

时雕刻技法是减地浅浮雕上刻以阴线，形象夸张而生动，具有强烈的动感和力度。但线条粗放，刻画简单，不求准确，构图疏朗，形成特有的泼辣概括、粗劲古拙的地域风格。东汉晚期盛极一时的画像石艺术已见衰退，数量不多且作风草率，有追求对称和图案化的倾向，不如盛期富有生气。倒是河南登封嵩山三阙画像和密县打虎亭1号汉墓画像石颇富异趣，其构图缜密、造型严谨，与山东、苏北地区的作风多有相像。

四川的画像石不少刻于崖墓上，另外也有用以构筑墓室的画像石，均属东汉中晚期作品。乐山崖墓画像多采用浅浮雕兼以阴刻线，粗率浑朴而活泼稚拙，艺术风格明显受南阳画像石影响。成都扬子山1号汉墓有车骑出行和宴乐百姓画像石，由8块石材拼接，纵高45厘米，横长1120厘米，为四川较有代表性的优秀之作。四川的汉石阙遗存很多，许多石阙上都雕有画像，一般刻有青龙、白虎、朱雀、玄武四灵，有的还雕有兽首、人物，给建筑平添了许多风采。其他地区所见画像石略少，但也不难见到。总体上看，汉代石质艺术发展起来，映现出堂堂大国的强者风范。而画像砖、石的艺术形成，则对后来的绘画和雕刻都产生了重要的影响。

汉朝的墓室内丰富多彩，除以画像砖、画像石修饰外，最令人醒目的要属壁画。墓室壁画的发现始于20世纪20年代初，迄今见诸正式报道者达30余处。其分布东至山东，西极甘肃，北至内蒙，南达长江流域，范围很广，时间上也涵盖了从西汉前期到东汉后期的整个历史阶段，形象地提供了汉代人们的生活、劳动、战争、娱乐等鲜明的画面。墓室壁画的创作题材大多是表现墓主生前的煊赫生活，其次是宣扬历史上英雄人物事迹的，还有则是描绘想象中天界仙境的奇异景观的。

西汉昭宣时期的洛阳卜千秋墓室中，墓顶由20块方形砖拼砌而成，绘有墓主夫妇升仙图。女墓主乘三头凤，捧三足鸟，男墓主乘龙持弓，后随一犬，在仙姑仙翁的引导下，于缥缈的云雾中行进。周围绘有日、月、流云，又有人身蛇尾的女娲、伏羲，交缠奔驰的青龙，展翅飞翔的朱雀，昂头翘尾的白虎，枭首张翅的玄羊，双耳双鳍的黄蛇等神灵异兽护卫。墓门内上额，画有人首鸟身、立于山顶的仙人王子乔，后壁绘有猪头大耳的方相氏。整个画面现实人物与幻想虚构交织在一起，具有大胆而丰富的艺术想象力。壁画勾线流畅，运笔自然，显得十分粗放有力。色彩用朱红、淡赭、浅紫、石绿4种，以朱红为基调，相互映衬，鲜明热烈。汉代壁画一般出自民间工匠之手，此画虽表现的是升仙题材，但使用的却是写实手法，作风粗犷、奔放、自由、率真，体现了卓越的技法和浪漫的情怀。

洛阳烧沟61号汉墓壁画约属西汉元成时期之作，壁画绘于墓顶、门额、隔墙和后壁，墓顶绘有"天象画"，门额绘有"神虎吃女魃图"，隔墙正面绘有青龙、白虎、朱雀、玄武及方相氏等神异形象，隔墙背面绘有"墓主夫妇御龙升天图"，前室正壁绘有"二桃杀三士"，后室背壁绘有"鸿门宴饮图"，可见墓室中绚烂多彩。尤其是"二桃杀三士"和"鸿门宴饮图"两幅历史故事画，人物刻画细致生动，不同性格栩栩如生。"二桃杀三士"中古冶子、公孙接、田开疆3位勇士各作不同姿态，齐景公的高大威严和晏婴的矮

洛阳卜千秋墓室壁画（西汉）

小从容互为衬托，很好地表现出惨烈悲壮的冲突和气氛。"鸿门宴饮图"特别注意人物的呼应和表情，项羽的武勇、刘邦的谦恭、项伯的愚蠢、张良的忧虑、范增的愤恨、项庄的凶恶，各种人物神态的迥异中内涵着躁动不安。所画人物以劲爽的细线勾勒，飘洒的衣饰呈现出人物的动感。色彩有紫、红、赭、绿、蓝，互为对比和谐，风格典雅庄重。

东汉时期，望都1号汉墓壁画别具一格，所绘主要是墓主及生前属

吏，人物皆各自独立而职务分明。画像高大，比例准确，性格鲜明，写实逼真。用笔准确流利，没有滞涩修改的痕迹。襟袖处用重笔提示渲染，表现出一定的立体感。此画已几乎不见西汉时期的稚拙感，而显得老练成熟、艺道精湛。

现今保存较好、规模较大、代表东汉晚期作品风格的还有内蒙古和林格尔汉墓壁画，此墓共有 50 组彩色壁画，总面积超过 100 平方米。题材从"举孝廉时"到"使持节护乌桓校尉"，画面上有繁阳、宁城、离石、武城等府县城市，有官署、幕府、坞壁、庄园、门阙、楼阁等各种建筑，有出行、仪仗、饮宴、迎宾、百戏、庖厨等生活画面，也有农耕、放牧、蚕桑、渔猎等劳动场景，还有古圣先贤、烈士豪杰、神话传说、珍禽异兽等西汉以来的传统壁画内容。该墓壁画场面壮阔，人物众多，全面生动地展现了当时边塞地区的社会风貌，仿佛是一部具体形象的东汉社会百科全书。画面整体风格率意洒脱，线条圆润流转，渲染赋彩技巧熟练，人物的身份、姿态、神情刻画入微，车马出行与放牧图中马的造型简练概括、尤富意趣。

总的说来，西汉墓室壁画造型夸张，情调浪漫，粗犷豪放，多表现升天求仙思想；而东汉墓室壁画多表现墓主的身份地位和人生经历，车骑、出行、乐舞、百戏、属吏、仆从、幕府、官署、庖厨、饮宴、农桑、渔猎、楼台、庄园等现实生活内容逐渐成为主要题材，而神话与迷信内容相对减少。由于人物的形象和性格刻画受到重视，因而壁画中人物的塑造更加生动传神，绘画技法的成熟多样也促进了人物画的发展，标志着人物画达到一个新水平，成为魏晋南北朝时期人物画进步的前奏。

两汉墓室壁画还有很多，如西汉的河南永城芒砀山梁王墓壁画、广州象岗山南越王赵眜墓壁画、河南洛阳八里台的墓室壁画、山西平陆枣园村汉墓壁画、东汉的辽宁金县营城子墓壁画、辽宁辽阳北园 1 号汉墓壁画、河南密县打虎亭 2 号墓壁画、嘉峪关汉墓壁画、河南偃师杏园村

河南洛阳八里台墓室壁画（西汉）

汉墓壁画，这些壁画在墓室中得以保存下来，使我们可以了解到当时的绘画水平和审美习俗。当然，墓室建筑也非平民百姓所轻易拥有，但这些宝贵的财富反映了那个时代的风采而为今天提供了历史的见证。

　　秦汉发现的其他文物也反映了那个时代脚踏实地、奋发向上的功利精神，它一扫战国时代的思想混乱而一统四海之内的文化成果，使这辽阔版图上的农业大国在强力专制和奖励耕战的政策下雄心勃勃、蒸蒸日上。从湖南长沙马王堆汉墓出土的绘制精美的大幅帛画上，可以看到墓主生动的现实生活场景和浪漫的死后飞升的理想。而据史籍记载，帛画已在西汉时期大为盛行，如汉武帝临终前赐霍光《周公辅成王朝诸侯图》，东汉顺帝的梁皇后常以《列女图》置于

帛画（西汉）

左右为鉴戒。只可惜今所见唯墓中出土，人们只能由死者的殉葬品想知其生前的繁华。满城刘胜墓出土的长信宫灯和踞坐说唱铜胡俑，也体现出汉代的青铜工艺和风格，造型别致，制作精巧，令人想到经考证已知汉代的镜、灯、炉、奁、洗、壶流行和百戏、歌舞、宴乐繁荣的史实。

尤其是 1969 年在甘肃武威雷台东汉墓出土的马超龙雀，"天马"昂首扬尾，三足腾空，一蹄轻踏于"龙雀"之背，"龙雀"作回首惊愕之态，将马骏逸飞腾的动感表现得淋漓尽致。汉人爱马，这一雕塑将无比高超的写实技巧和极度浪漫的丰富想象完美地结合在一起，似

马超龙雀（东汉）

乎更加映现出那非同凡响的豪迈之情。总之，秦汉时代雕绘建构起那个岁月的宏大壮美景观，而渗透着不息进取的人类文化精神。只是到了汉末，由于政治、经济的崩溃，文化也产生了蜕变而转型。

第二章
刚健优雅的乐舞百戏

　　秦汉时期是我国音乐、舞蹈以及杂技发展史上一个重要的综合转型时期，体现出动荡岁月结束后帝国一统局面的艺术兼容并蓄的新气息。由于强大的中央集权和思想统治而形成的时代趋尚，加之艺术本身独有的魅力随着人的精神生活的需求而不断丰富，于是形成在传统基础上求新变异的新格局。赏心悦目的乐舞百戏比战国时期有了很大的发展，众多的艺术形式也由此形成中国风格而影响后世。

第一节　由雅转俗的时尚

　　秦代乐舞面貌由于历史的短暂和岁月的久远而留存较少、模糊不清，但史籍所载仍可使人看到大致轮廓和生动情景。《史记·秦始皇本纪》载，秦每破诸侯，仿其宫室作咸阳北阪上，所得诸侯美人、钟鼓以充入之。可见粗俗残暴的秦始皇也有极为风雅的情致，他将七国乐舞文化和表演艺人会聚咸阳，不禁令人想起李斯的《谏逐客书》："所以饰后宫、充下陈、娱心意、说耳目者，必出于秦然后可，则是宛珠之簪，傅玑之珥，阿缟之衣，锦绣之饰不进于前，而随俗雅化佳冶窈窕赵女不立于侧也。夫击瓮叩缶、弹筝搏髀而歌呼呜呜快耳者，真秦之声也；郑卫桑间、韶虞武象者，异国之乐也。今弃击瓮叩缶而就郑卫，退弹筝而取韶虞，若是者何也？快意当前，适观而已矣。"李斯指出秦王重物轻人，使秦王深刻反省，收回逐客之令。由此亦可见到秦王的博大胸襟，他不仅在侵占土地方面巧取豪夺，而且在文化政策方面也广取博收，这无疑促进了秦国全方位的进步。因而当秦始皇囊括天下后，其雄心也膨胀到极点，以其极端专制的手法而奏出振聋发聩的交响乐。

从史实看，秦朝已设置太乐和乐府。太乐属奉常辖制，主要负责整理和演奏古时雅乐，用于祭祀和礼仪场合。乐府属少府辖制，主要负责搜集和改编现时俗乐，以供帝王欣赏和消遣。1976 年在秦始皇陵出土一件有错金篆书铭文"乐府"的钟，说明秦时已的确有了管理乐舞的重要机构。

秦代皇帝对雅乐并不大感兴趣，而对"郑卫"之声偏爱有加，这也并不奇怪。从《诗经》看，各地民歌风格确有不同。中原地区文化相对发达，而关中之土相对落后，秦始皇之所以搜罗六国乐工歌女以充后宫，

乐府钟（秦）

其实也说明了战国时期的一种时尚，即庄严肃穆的雅乐不如婉转时新的小调受人欢迎。秦始皇将各地乐舞引入秦都，使咸阳一时艺术气氛浓厚，无疑促进了中国文化的交汇和时尚。他还销天下兵器，罢讲武之礼，提倡角抵杂耍，将民间流传甚久的艺术样式引进宫廷，这样便减弱了武技的实用色彩，而增加了戏乐玩赏的内容。

公元前 207 年，秦二世在甘泉宫作角抵、俳优之观，把当时全国各地的杂技、歌舞汇集起来表演，可谓规模空前的一次检阅。当时表演的节目内容已十分丰富，而戏乐的成分占主要因素，以致秦二世沉湎其间

迷不知返。这固然反映了秦二世荒淫无度的一面，但表演艺术由于君主的趣味而得以进步却也是不争的事实。

第二节　兴礼重艺的新风

汉初，经过周、秦以来的大动乱，礼仪制度遭到严重破坏，因而帝王对文艺的教化功能也不以为然。但民间歌舞仍很活跃，杂技更是一项重要的娱乐内容。尤其是楚文化的影响，使艺术的浪漫气脉不断。韩信将项羽包围之后，令士兵大唱楚歌，使其军心涣散。项羽所宠爱的虞姬能歌善舞，最后演出了霸王别姬的悲壮一幕。项羽所唱："力拔山兮气盖世，时不利兮骓不逝，骓不逝兮可奈何，虞兮虞兮奈若何？"吐露了穷途末路的痛苦心情，使人看到英雄悲愤绝望的形象。而刘邦功成名就之后则高歌："大风起兮云飞扬，威加海内兮归故乡，安得猛士兮守四方。"不免令人回想汉高祖含辛茹苦打天下的艰难过程，同时也为刘邦志得意满中所流露的安定天下的隐忧深深感叹。至于民间，斗鸡、走马、蹴鞠、投壶，各种娱乐活动更是十分流行。宴享之间也少不了歌舞，鸿门宴上项庄舞剑助兴也属理所当然。正是在乡风民俗的熏染下，不受礼法所拘的刘邦成就了大器。但其登上帝位后，收容了秦代宫廷的乐师舞女，在儒生的鼓唆下。却导演出煞有意味的礼乐。以致在乐声中看到群臣鱼贯而入，方意识到做皇帝的尊严。由此雅乐得以承续，作为官方礼仪活动而日益讲究。

自周以来，音乐就有雅乐和俗乐之分，雅乐一般指宫廷音乐，俗乐一般指民间音乐，《诗经》中风、雅、颂即按音乐特点分类。战国时期，人们将古乐视为雅乐，以之作为祭祀天地、祖先和王者朝会、宴享时使用的正统音乐。雅乐以 6 部"大舞"最为著名，即《云门》、《咸池》、

《大韶》、《大夏》、《大濩》、《大武》，相传分别创作于黄帝、尧、舜、禹、商、周 6 个时代。除此 6 部"大舞"外，还有 6 部"小舞"，即《帗舞》、《羽舞》、《皇舞》、《旄舞》、《干舞》、《人舞》，"小舞"相对而言出现较晚，比"大舞"也要轻松活泼。但这些古乐一般都和礼制相结合，不同等级、不同场合和不同背景都有不同的规范，因而其严格的典礼仪式性使其艺术形式走向僵化，秦代以后不再受到人们的欢迎。

青丝履（西汉）

叔孙通所制礼仪正如其所说："臣愿颇采古礼，与秦仪杂就之。"所以其灵活变通的方法受到汉高祖的赏识，叔孙通亦得太常之职，儒生们也不得不佩服说："叔孙生诚圣人也，知当世之要务。"① 但实际上先秦雅乐的真正精神已经失传，汉代乐师们"但能纪其铿锵鼓舞，而不能言其义"②。雅乐表演时进退有序，整齐划一，音乐和谐，气氛庄重，在钟磬声中大度雍容，固然有其淳朴厚重的古风，但明显不能适应汉代以来人们的生活节奏和欣赏情趣，因而俗乐大兴也就势成必然。

所谓俗乐，即当时流行的世俗音乐，这是一种新兴的歌舞，以"郑卫之声"最有代表性。俗乐自春秋时兴起，到战国时已发展成不可阻挡的潮流。齐宣王就曾对孟子说："寡人非能好先王之乐，直好世俗之乐耳。"楚国"客有歌于郢中者，其始曰下里巴人，国中属而和者数千

---

① 《史记·刘敬叔孙通列传》。
② 《汉书·礼乐志》。

人"。魏文侯问于子夏曰："吾端冕而听古乐，则唯恐卧；听郑卫之音，则不知倦。"虽然孔子曾有"郑声淫"之语，但各国宫廷却已接纳"郑声淫"之乐，这标志着礼仪的崩坏和野趣的时兴。

南方"楚声"随着反秦起义流播中原，更随着项羽称霸、刘邦开国而风光无限，因而"楚声"不仅于汉初称雄一时，而且成为整个汉代的基调。由于楚歌是一种感情色彩极为浓郁的民间曲调，加之配以或轻柔飘逸或刚劲强健的楚舞，故使楚歌楚舞风靡两汉。无论是王室贵族，还是平民百姓，人们表演着、欣赏着喜闻乐见的俗乐，在以管弦乐器为主的丝竹声中娱乐、感慨。民间歌舞兴盛也使庄重场合下的宫廷礼乐有所改观，从史籍看，刘邦所作《大风歌》后被用于郊庙祭祀的场合，民间古老的《巴渝舞》后来也成为朝廷祭祀后稷的礼仪舞蹈，另外还有许多歌舞也颇具楚风楚貌。可见汉代的雅乐并非至淳至朴的古乐，而融入了更多当时流行的新声。

《汉书·礼乐志》载："《房中祠乐》，高祖唐山夫人所作也……孝惠二年使乐府令夏侯宽备其箫管，更名曰《安世乐》。"尽管这些俗乐起初属于"乐府"，未被列入雅乐系统，然而到了汉哀帝时诏罢"乐府"，"楚声"所作"郊庙乐"自然归于"太乐"，从此打破了人们传统上只把先秦古乐作为雅乐的概念，"楚声"终于名正言顺登上大雅之堂。与此同时，自先秦以来的角抵杂耍也风靡朝野，各种艺术形式蓬勃发展而蔚为大观。

汉代的乐舞到武帝时最为辉煌，这主要表现于乐府管理机构的扩大、乐舞形式的繁荣创新、异域乐舞的大量涌入和全社会对乐舞的普遍爱好。公元前 112 年，汉武帝下令对乐府进行一次大改组，扩充了搜集、整理、改编民间音乐的人员，将其设在长安西郊专供帝王游乐的上林苑里。乐府人员专门从全国各地采集民间歌谣以供演唱，一方面观民俗知得失，另一方面借欣赏娱闲心。主持乐府事务的"协律都尉"由著名音乐家李延年担任，许多爱好歌舞的知名人物都热心参与其事。《汉书·礼乐志》言："至武帝定郊祀之礼……乃立乐府，采诗夜诵，有赵、代、秦、楚之讴。以李延年为协律都尉，多举司马相如等数十人，造为诗赋，略论律吕，以合八音之调作十九章之歌。"为了记录民歌，当时已经创造了一种叫做"声曲折"的记谱法，可以把民歌的曲调记写下来。在《乐府诗集》中记录了吴、楚、燕、代、齐、郑等各地歌诗314篇，可见收集民歌范围的广泛和各地民歌的风采。

乐舞杂技俑（西汉）

正是在此基础上，乐舞形式也得以更新。李延年本是一位造诣很高并且能歌善舞的音乐家，"每为新声变曲，围者莫不感动"。他曾在汉武帝面前演唱："北方有佳人，绝世而独立。一顾倾人城，再顾倾人国。宁不知倾城与倾国，佳人难再得。"歌声悠扬委婉，意味无穷，使武帝深为赞叹，并使歌中"佳人"、自己的妹妹得见龙颜，深为武帝宠爱立为夫人。朝廷采涛虽为观民风，实际上更为供娱乐，所以乐师们往往将民间小调和宫廷情趣融合而创新，这就使艺术形式产生蜕变。如汉代新产生的相和歌，就是在民歌基础上，继承周代的"国风"和战国的"楚声"发展起来的。其特点是歌唱者自击节鼓与其他伴奏管弦乐器相互应和，可以应用于宫廷朝会、祀神以及官宦豪富宴饮、娱乐乃至民间风俗活动等任何场合。

汉代乐舞的发展更离不开其他少数民族艺术的影响。自武帝时张骞出使西域开辟了中西交通，西域的乐器和歌舞就很快传入中原。西方乐器如琵琶、觱篥、笛、角、都昙鼓、鸡娄鼓、铜钹、贝等纷纷加入中国乐队，改变了乐队的乐器结构，并使音乐的旋律节奏也随之变化。西方的乐曲也在中华大地上广泛流行，如张骞带回的《摩诃兜勒》曲和李延年按胡声所改作的新乐曲都为人喜爱，尤其是鼓吹乐一时勃兴。鼓吹乐是一种以鼓、铙、箫、笳等打击乐器和吹奏乐器为主的音乐，由西域传入内地后迅速成为流行乐曲，并广泛应用于军队、仪仗和宴会之中。鼓吹乐由于乐队的编制和应用的场合不同，而有"横吹"、"骑吹"、"铙歌"、"箫鼓"等各种称谓。其乐曲内容奇幻、声调雄壮，颇改"楚声"之调。随着音乐情调的改变，舞蹈的姿容也迭出新貌，这就使飘逸轻柔的楚舞增添了惊险刚健的气概。边疆地区少数民族的舞蹈多剽悍刚劲，与中国传统的柔丽和缓大不相同，因而它们的输入为汉代舞蹈注入了勃勃生机。

乐舞风格的变化也刺激了强盛一时的汉人追新求奇的审美心理，武帝时的雄强导致汉代奢靡之风经久不息。史籍记载表明，武帝时上至皇亲国戚、下至平民百姓，都十分喜爱歌舞。贵族豪富都大量搜罗乐人以显气派，民间乡里则"街陌讴谣"广泛流行。可以说，汉代乐舞充斥于社会生活的各个角落，不论是郊庙祭祀、朝会欢宴，还是结婚庆典、丧葬仪式，无不以歌舞烘托气氛，抒发感情。

杂技马戏画像砖（东汉）

与歌舞相关的百戏也盛极一时，它以各种杂技同歌舞一样属乐府管辖，同时常常与歌舞紧密相融。百戏自先秦就有，以角抵为主要样式，发展到汉代则花样繁多。正如上所述，与统治者的玩赏、技艺的进步、外域的促进、社会的喜好不能分开。武帝于元封三年（公元前108年）春，"作角抵戏，三百里内皆来观"，可谓规模宏大。杂技动作与歌舞曲艺相得益彰，并给汉代其他艺术也提供了营养，如现今发现的诸多汉代墓葬都有乐舞百戏俑，使人们的艺术观念也得以进步。

由于武帝时乐舞百戏的铺张扬厉，也就使两汉一直保持了其流行的时尚。班固《两都赋序》说："大汉初定，日不暇给。至于武宣之世，乃崇礼官，考文章。内设金马石渠之署，外兴乐府协律之事。"昭宣中兴之时乐府也得到进一步发展，到汉成帝时仅乐工就有千人之多。他们各有分工，有的从事乐器的制作和维修，有的负责宴会的服侍和其他事务，有的专门进行艺术表演，如表演祭祀乐的有"郊祀乐员"，从事出行仪仗鼓吹乐的有"骑吹鼓员"，演奏南北各地民间音乐的有"江南鼓员"、"邯郸鼓

说唱俑（东汉）

员"、"巴渝鼓员"，诵唱各地民歌的有"蔡讴员"、"齐讴员"，其他还有各色"倡员"、"伶人"、"俳优"、"竽员"、"瑟员"、"琴员"等，他们绝大部分来自民间具有丰富艺术经验的艺人，其中不乏少数民族中的佼佼者。由于乐府官署远在上林苑，不能满足宫廷宴乐的需求，元帝、成帝都在黄门集中了一批名倡，在掖廷中也挑选了一批女乐，以供时需。哀帝时，由于他"性不好音"，厌弃俗乐，于是诏罢乐府，只存演奏郊庙燕会古乐者转归太乐。太乐是掌管雅乐的，但这时的雅乐多是汉代以来所创作的新雅乐，而原先的古雅乐更趋衰亡。

东汉以后，音乐机构规模如何史无明文，或许不够重视，这对采集民歌及编配民乐造成不利影响，但乐府存在时期已创造的不朽业绩，仍使东汉的俗乐蓬勃发展。据《汉书·艺文志》载，汉代共辑乐府诗138篇，东汉作品尚不在其内，这个数字已接近《诗经》"国风"。可惜这些作品没有全部保存下来，现在看到的乐府民歌，多是后来收集到的东汉时期的作品。这些作品感于哀乐，缘事而发，淋漓尽致地抒发了普通民众的慨叹。由于年代久远，曲调不存，留下的歌谣成为一种新诗。这种新诗在形式上为诗歌带来了刚健清新之气，使"乐府诗"成为中国文学史上的一块丰碑。魏晋至唐代多有诗人模仿其风格进行创作，使乐府遗风经久不衰。

宋人郭茂倩所编《乐府诗集》，便是现存最完备的一部乐府总集，从中也可看到其音乐特点和历史面貌。从音乐角度看，其第一类郊庙歌庄重平缓，第二类燕射歌雍容典雅，第三类鼓吹曲雄壮豪放，第四类横吹曲激越高扬，第五类相和歌慷慨刚健，第六类清商曲清丽悠扬，第七类舞曲歌明快活泼，第八类琴曲歌轻妙悠扬，除以上8类外，还有杂曲歌、近代曲、杂歌谣、新乐府。《乐府诗集》把乐府歌辞共分12类，其特点是概括而不烦琐，从中可看到时间线索和地域风格，如第一、第二类便具有雅乐特征，第三、第四类明显有西域情调，第五、第六类属楚声俗乐，第七、第八类更富民间传统。从乐府诗可以看出，乐舞反映了广阔的社会生活，代表了汉代艺术形式的高度成就。

竹笛（西汉）

第三节　喜闻乐见的形式

　　汉代乐歌最有代表性的是"相和歌"和"鼓吹乐"两大系统，这两大系统构成了汉代歌唱和音乐的主旋律。相和歌的特点是"丝竹更相和，执节者歌"①，即歌唱者自击节鼓与伴奏乐器相应和。最初的相和歌几乎全是来自民间的街陌谣讴，这种简单的"徒歌"没有乐器伴奏，但有的歌手达到很高的水平，如先秦的秦青、韩娥等。后来发展为主唱伴以和声的形式，这种形式特别流行于楚国，史载"下里巴人"、"四面楚歌"的声势都非同凡响。高祖还乡时唱"大风歌"，亲自击筑并令沛中少儿百二十人和之，唱到后来，"高祖乃起舞，慷慨伤怀，泣数行下"②。汉代更加盛行唱和，并配以管弦乐器，使相和歌更为发达。它与舞蹈相结合，更成为一种由歌唱、器乐与舞蹈相交融的大型演出形式，时称"相和大曲"。"大曲"后来又有脱离歌舞的纯器乐合奏曲，称作"但曲"。

　　"大曲"或"但曲"是相和歌的高级形式，结构比较复杂也更趋宏大，一般由艳、曲、乱或趋构成。"艳"是序曲或引子，委婉而抒情；"乱"或"趋"是结尾部分，往往众音奏鸣形成高潮；"曲"是整个乐曲主体，一般由多个唱段连缀而成，通常一个唱段称为一"解"，"解"与"解"之间有过门。歌、舞、乐随着情绪的高低错落或快或慢穿插变化，使大曲形成有机的整体。所用乐器一般有节、筑、笛、笙、琴、瑟、筝、琵琶等，乐器的多少和组合依曲而定。其部分曲目来自战国楚声旧曲，如《阳阿》、《采菱》、《激楚》、《今有人》等，而更多曲目都是汉代新创，由民间搜集后经过加工整理而成，如《江南》、《妇病行》、《东门

----

① 《宋书·乐志》。
② 《史记·高祖本纪》。

行》、《白头吟》、《陌上桑》、《广陵散》等。《广陵散》最早可能是广陵地区的一首民间乐曲，到汉末已发展成一首著名的大型乐曲，唐代教坊还经常演奏，南宋以后失传，只有琴曲《广陵散》载于明朱权编印的《神奇秘谱》得以流传下来。虽屡经后人加工而与汉代原曲有异，但仔细考察仍可看到汉代旧时面貌。它与汉代其他艺术一样，气魄深沉雄大，给人以粗犷质朴之感，富有浓郁的生活气息和苍凉气氛。

鼓吹乐则是受西域影响而形成于汉代的一种音乐形式。秦末汉初，鼓吹乐已在北方汉族和少数民族的居住区流行，其演奏形式以打击乐器和吹奏乐器为主，如鼓、铙、角、笳等，这些乐器明显具有西域特征。鼓吹乐进入中原后，因其嘹亮雄豪始被用于军乐，后与各地民间音乐相结合，逐渐形成各种不同风格的鼓吹乐。从《乐府诗集》所收的汉代鼓吹曲辞看，不仅有军乐军歌，还有不少涉及爱情题材和反战内容的作品，如表示坚贞不渝爱情的《上邪》，诅咒带来苦难的《战城南》。但鼓吹乐主要还是用于皇室，如朝会、宴席、出行、仪仗。不同的场合有不同的曲调和不同的内容，有的欢快，有的壮烈，有的喜庆，有的凄厉。民间受其影响产生了许多好的作品，更为直率地表达出真挚的思想感情。汉魏之际，文人作乐府蔚然成风，三曹、七子都有许多名作传世，汉代乐歌的普及和成就于此可见一斑。

汉代的舞蹈也蓬勃发展，舞蹈活动的范围十分广泛，且艺术达到鼎盛时期，从而使民族舞蹈风格在汉代定型。除宫廷乐舞外，贵族公卿也都蓄有私家女乐，民间大量的风俗活动更是少不了歌舞。中国的歌舞起源很早，在很大程度上与巫术有关。楚国是巫风很盛的区域，因而具有浪漫气息的楚舞独树一帜。秦始皇统一天下，天下乐舞会于咸阳，促进了乐舞的交流。汉初巫风又很流行，汉高祖祭祀天地山川便多用巫舞。舞蹈除与巫术相关外，还来自农业劳动与社会生活，当人们庆贺丰收或表达喜悦时，不禁手之舞之，足之蹈之，精神振奋，心驰神往，所以民间舞蹈是一种最具活力的形体艺术。汉代舞蹈以楚舞为基础，吸收

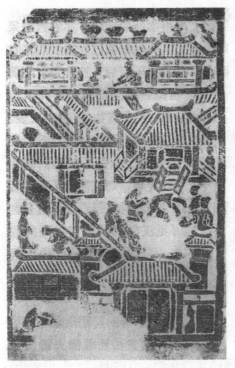

曲阜旧县村云阙

了外域及各地的舞蹈精华，因而比先秦有了飞跃性的提高和根本性的变化，舞蹈艺术的感染力大大增强。舞蹈与歌乐的结合也更使其相得益彰，形成悦耳娱目、赏心怡神的壮伟景观。

汉代舞蹈如同歌乐一样，可分为雅舞和俗舞。所谓雅舞，即配合雅乐演出的一种舞蹈。严格意义上讲，是按礼制规范宣扬敬天祭祖的一种仪式。先秦的雅乐舞蹈在春秋战国时已遭到破坏，尽管孔子在鲁国看到"八佾舞于庭"深表不满，其实这仪式性的乐舞艺术已走向僵化，所以战国以后宫廷更为欣赏的是郑卫之声、燕赵之舞。汉初，高祖曾下令天下立灵星祠，祭祀灵星成为全国性祭祀活动。灵星是天田星，又称后稷神，主掌农业，祭祀时便要跳灵星舞。灵星舞大概起源于民间的农作舞，用于祭祀以后升格为雅乐舞蹈。从西南地区传入中原的雄壮的古朴的巴渝舞，本来是一种执戈扬盾表现军旅战斗的舞蹈，经常用于宫廷宴会歌颂帝王功德，后来也演变成雅乐舞蹈。

先秦时的雅舞入汉以后已发生根本性的变化，那种迟缓呆滞被新崛起的富有生气的乐舞所取代。灵星舞和巴渝舞虽然来自民间，但却经常用于庙堂，所以汉哀帝罢乐府后，这些乐舞归属太乐，成为雅乐舞蹈的重要形式。雅舞一般是群舞，讲究队形整齐、动作规范、进退有序、整体谐调。灵星舞由16名少女表演，动作主要是模拟生产劳动，如除草、耕种、驱雀、舂簸等。巴渝舞则由 36 人表演，据说刘邦平定三秦时，招募了一批西南地区的宗人做先锋，他们勇猛善战，能歌善舞，刘邦便命乐工学习和改编了他们的舞蹈，名之为巴渝舞。表演时，舞者披甲戴盔，持矛执盾，口唱战歌，动作武猛。可见汉时的雅舞与先秦的内容已大不同。不过随着舞蹈由民间走入宫廷，其生动活泼的气息日益被庄重典雅所取代，因而最终也变成庙堂祭祀的典礼仪式。

除雅乐舞蹈外，社会上还流行多种多样的舞蹈活动。官员们在宴会场合，更是起舞助兴。《汉书·灌夫传》载灌夫请田蚡赴宴，"及饮酒酣，夫起舞属蚡，蚡不起。夫徙坐，语侵之"。汉代宴会上请舞是司空见惯的事情，一般由主人邀请宴会上最尊贵的客人起舞，客人如果拒绝起舞往往是看不起对方的表现。这与那些表演性和礼仪性的雅舞恰然相反，重在人情交往和随意娱乐。这种风俗有原来楚地爱好歌舞的遗尚，同时也接受了外域舞乐的影响。宫廷官员们以舞取乐已为寻常之事，《汉书·盖宽饶传》载，盖宽饶为汉宣帝所信任，许伯请之赴宴，"酒酣乐作，长信少府檀长卿起舞，为沐猴与狗斗，坐皆大笑。宽饶不悦，印视屋而叹"。盖宽饶为正人君子，因而看不惯凡夫士子的俗乐。

其实，汉代贵族欣赏歌舞十分讲究，许多人家还蓄养倡优。这些艺人所表演的舞蹈不带有任何教化的意味，主要是供人娱乐享受的，因而表演艺术性较强。汉高祖的戚夫人"善为翘袖折腰之舞"，故深得高祖宠爱。汉武帝的李夫人也是色艺俱佳，故使武帝喜新厌旧。汉成帝的宠妃赵飞燕

陶舞女俑（西汉）

更是以身轻如燕闻名，以潇洒舞姿青史流芳。汉代这些舞蹈虽不属庙堂雅乐，但宫廷贵族情味甚浓，因而演员俏丽潇洒，很受喜爱。一般"女乐"表演以舞袖为特征，她们以长袖翻飞的千姿百态来表达各种复杂的思想感情。"长袖善舞"在先秦已是楚国宫廷的风尚，身为汉代高官的楚人更是乐此不疲，加之吸取其他地区的舞蹈精华，更使汉代舞蹈呈现出争妍斗奇的局面。舞女多是长袖细腰，他们或婀娜多姿，或委婉飘逸，或舒展奔放，凭借身体的前俯后仰，左弯右折，腾挪闪跳，展示出变幻无常、美不胜收的人体奇观。目前发现的大量汉代画像砖、画像石刻有众多的舞乐场面，记载了当时舞蹈的胜景和说明了人们喜爱的程度。

除长袖舞外，还有盘鼓舞也很流行，它是将盘鼓置于地而人在其上表演的一种舞蹈。盘鼓的数量、陈放无统一规定，可以根据舞蹈要求灵活掌握。舞人必须且歌且舞，并且用足蹈击盘鼓。山东沂南画像石刻有一男子正从盘鼓上跃下回首睨顾而舞袖飞扬的画面，山东济宁画像石也可见3个男子赤膊跣足在5个鼓上腾跳的动作。其舞纵横踏跃，刚健豪放，在有节奏的盘鼓声中完成高难度的表演，充满了力度和动感。盘鼓舞也常和滑稽戏串演在一起，这使盘鼓舞的场面更加轻松活泼，增加了宴会和欣赏的欢乐气氛。河南荥阳河王村汉墓出土的彩绘陶楼正面绘有乐舞图，图中绘有盘鼓舞，一红衣舞女甩袖踏盘而去，其身后则有一上身赤裸、下穿红裤侏儒紧追不舍，喜剧效果极浓，令人忍俊不禁。

正因汉代乐舞为人喜闻乐见，广受欢迎，所以发展很快而蔚为大观，不管是欢乐还是忧伤都借歌舞抒情。杨恽《报孙会宗书》曰："臣之得罪，已三年矣。田家作苦，岁时伏腊。烹羊炰羔，斗酒自劳。家本秦也，能为秦声。妇赵女也，雅善鼓瑟。奴婢歌者数人，酒后耳热，仰天拊缶而呼乌乌。其诗曰：'田彼南山，芜秽不治。种一顷豆，落而为萁。人生行乐耳，须富贵何时。'是日也，拂衣而喜，奋袖低卬，顿足起舞，诚淫荒无度，不知其不可也。"① 人生失意而诉诸歌舞，可见歌舞永恒的魅力。汉代的诸多文学作品描绘了舞乐的情景，如傅毅、张衡都有《舞赋》，铺写了舞蹈艺术的精美和舞蹈场面的壮观。各种舞蹈所表现出的境界到了令人叹为观止的地步，"雍容惆怅，不可为象"。舞乐的繁荣也使人的情趣得到升华，从而提高了人的审美感受和审美能力。

汉代的百戏艺术，在继承和发展我国古代传统技艺的同时，又吸收了其他民族的杂技幻术，因此取得空前成就而形成深远影响。所谓百戏，泛指各种艺技戏耍活动，在先秦就已开展并为人喜爱，不过那时主要在民间传播，也称角抵。角抵是一种比力度和智巧的竞技运动，犹如今天的格斗摔跤。角抵时也间杂着其他艺术活动。秦始皇统一天下后，销兵器，倡角抵，将战斗化为游戏，这样便将角抵引入宫廷，减削了其武技的实用色彩而增加了其戏乐内容。秦二世曾于甘泉宫会聚天下角抵之戏，此角抵当泛指各种杂技、歌舞、滑稽的表演艺术，因而先秦角抵当指角力、竞技和杂耍的综合。

汉初宫廷排斥角抵，但此民俗活动并未禁绝。至汉武帝时，随着疆域的拓展、中外的交流和国力的强盛，角抵乃大兴。当时许多国家使节来汉朝贡，并带来炫人眼目的各种杂技，于是中国传统的角抵戏也被搬上大雅之堂一展风采。元封三年（公元前 108 年），汉武帝为显示帝国的富庶和繁华，在首都长安设"酒池肉林"的盛大宴会招待外国使臣，其间举行了规模宏大的角抵表演。以角抵待客，是由于它是不需要语言介绍的视觉艺术，又能以其险技奇能展示中华的强悍武勇，从而也能满足象征国威的夸耀心理。此后武帝多次诏令组织角抵演出，使角抵逐渐成为外交内政各种场合的重头戏。自汉武帝开始的这种不断增添内容的杂技会演持续下来，使节目日益增多而技艺日益精进，"角抵诸戏"全面繁荣。西汉后期虽时有罢弃，但仍复兴不止。

———————————

① 《汉书·杨敞附杨恽传》。

到东汉，以角抵为代表的百戏活动更盛且水准更高，各种杂技门类独立开来形成专门艺术，其表演样式丰富多彩。如倒立，即足部朝天，手部据地，表演各种高难动作。现所见资料如球上倒立、单手倒立、叠案倒立、走索倒立，并做出惊险动作，都难度甚高，说明中国汉代倒立技巧已相当精深。柔术也是汉代震惊胡人的精彩节目，山东无影山杂技俑中有反弓将头从身后穿于两足之间者，山东苍山县汉墓画像石中有柔术倒立反弓衔壶的形象，体现出汉代艺人柔美的腰腿功夫。其他还有跳丸、弄剑，即双手抛接丸、剑的技艺，目前所见抛接数最多的是山东安丘董家庄画像石所示的三丸十一剑。抛接部位是手、臂、膝、跗并用，可谓高超神妙。耍坛、旋盘也为汉代常见之戏。耍坛是将坛抛向空中，再用人体的各部位承接；旋盘也称转碟，即用细竹竿顶在盘碟底部抖动使其旋转。耍坛、旋盘同时做出的其他各种动作增加了美感，使人惊叹赞赏。流行的还有舞轮表示力大，爬竿表示敏捷，走索表示神勇，钻圈表示矫健，蹴鞠表示灵巧，角抵表示武功高强等。目前所见汉代百戏图、百戏俑甚多，往往是各种杂技组合在一起，并有乐队伴奏。

除杂技外，百戏还包括幻术、俳优戏、驯兽、象人戏等。中国传统幻术与神仙思想有关，术士们巧设机关、神出鬼没以博青睐；西域传入的幻术如"吞刀"、"吐火"、"支解"、"屠人"，多为残酷瘆人的玩意。俳优则是对表演诙谐滑稽节目艺人的称呼，秦汉宫廷中蓄养了一批俳优以供皇帝取乐，他们多是侏儒，尤以谐谑见长，著名的俳优如东方朔虽非侏儒，但巧舌如簧深得皇帝好感。驯兽是由斗兽发展而来，汉代已有驯虎、弄蛇、象戏、调骆

说唱俑（东汉）

驼。最著名的是马戏，使马做出种种表演，舞马在汉画像石中屡有发现。象人戏是指戴假面装扮各类虫兽、神仙、人物的戏，这种戏一般与宗教祭祀有关，大概由用以驱鬼逐疫的"傩戏"衍变而来。秦汉时的象人戏更多娱乐性质，最为常见的是"鱼龙曼衍"，类似后世的鱼龙灯舞，其间也夹杂其他形象。有的还有故事情节，则集合多种艺术手段成为大型综合表演，有歌唱、有音乐、有舞蹈、有百戏，因而有人认为这也正是中国戏剧的开端。东汉时每年正月举行朝贺之礼，都在德阳殿前举行盛大文娱活动。汉代百戏的繁荣，为中国杂技艺术打下了良好的基础。

第三章
铺张扬厉的文坛景观

秦汉时期，文坛呈现出崭新的时代面貌，大一统的政治要求使文史哲也形成大一统的时代趋尚。先秦时期的多元哲学思辨被纳入社会精神的统治之中，对历史的描述也只能在严峻的现实中发出愤懑的叹息，民间谣讴和文人辞赋往往成为装点宫廷的华美乐歌。但从文体来看，商周以来传统的文史哲不分现象此时毕竟有了疏离，举例而言，董仲舒的哲学著作，司马迁的史学篇章，司马相如的文学作品已判然有了分界。因而从"文"的角度考察这一时期"文"的特色，似乎更能看清中国传统"文"的发展规律。

第一节　体物写志的辞赋

由秦始皇建立起来的秦王朝，使中华大地首次实现了名副其实的统一局面。这种统一广泛深入到社会的各个领域，给中国文明的进程带来深远的影响。然而由于严酷的文化专制，未能使秦朝利用大一统带来的新契机，在先秦原有的基础上进一步发展。相反，由于秦代统治者过分迷信武功而轻视文治，完全接受了法家"明主治国，无书简之文，以法为教；无先王之语，以吏为师"的偏颇理论主张，因而，在仅仅维持了短暂的 15 年之后便土崩瓦解了。这样，处于苛虐高压下的"文"也就难成气候，故此所谓秦代无"文"也就大抵合乎实情。

武士跪射俑（秦）

目前所见，秦代仅有李斯以其非凡才学和特定地位在荒芜文苑中栽下了零星花枝。李斯之文上承战国荀卿之风，下启汉初贾生诸人，不仅布局谋篇构思严密，而且设喻说理纵横驰骋，既重质实，又饶文采，不愧在寂寞的秦代文坛上一枝独秀。其《谏逐客书》作于秦王政十年（公元前 237 年），是千古传诵的名篇。文章站在"跨海内"、"成帝业"的战略高度上，劝谏秦王应抛弃成见、重用人才。全文立意高远，议论恢弘，不尚空谈，说理透辟，首尾贯通，一气呵成。文章运用多种修辞手法，时而排

比，时而对偶，时而设问；既严密整饬，又灵动多变；既词采富丽，具观赏美，又抑扬铿锵，具音节美；有明显的辞赋化倾向。此文可谓融先秦峻洁爽丽之议论与策士从容超拔之气势而又独出机杼警厉风发，因而成为语言艺术的直接实用性与审美价值的高度含容性相统一的力作。雄才大略同时也刚愎自专的秦王阅后当即取消逐客令，无怪刘勰在《文心雕龙·论说》中赞誉："李斯之止逐客，并烦（顺）情入机，动言中务，虽批逆鳞，而功成计合，此上书之善说也。"

秦统一以后，李斯以丞相身份，成为文化专制政策的主要制定者和实施者，其文风也一改富丽华美而为简质峭刻，这从秦二世时所作《论督责书》、《言赵高书》可见一斑。当他被赵高陷害、自感生命垂危时，为自己辩解而作的《狱中上书》，则沉痛宣泄无故获罪的满腔怨愤，

字里行间深蕴着激荡的感情，表现出深刻的悲楚和不尽的慨叹。李斯其他作品还有碑铭，秦始皇先后曾5次巡行天下郡县，其中4次都命李斯刻石记功。这些碑铭虽为歌功颂德之作，具有明显的承衔《诗经》中雅、颂体式的特点，免不了有板滞之嫌，但其体貌庄重，气度雄壮，颇显朴质廉劲之风。《文心雕龙·封禅》云："秦皇铭岱，文自李斯，法家辞气，体乏弘润。然疏而能壮，亦彼时之绝采也。"这些铭文作为现传最早的功德碑记，也为后世此类文章的撰著提供了范本，影响所及相当深远。

秦代之文除李斯所作外，值得注意的还有民歌。现已知秦有"乐府"，可惜歌词大都失传，只有少量流传下来，如《长城歌》："生男慎勿举，生女哺用脯。不见长城下，尸骸相支柱。"此诗真实而深刻地反映出秦代无休止的徭役给百姓带来的痛苦和灾难，艺术上相当成熟的规整五言也为中国古典诗歌开出一种新体制。秦代文学还当有赋的创作，《汉书·艺文志》著录有"秦时杂赋九篇"，但也早已亡佚，不然倒是可以弥补赋体从先秦荀况、宋玉伊始至西汉大赋研究之间的空白，从而勾勒出更加完整的赋体文学的发展轨迹。

汉高祖刘邦在秦代的废墟上重整江山，并听从儒生建议采取了一系列安定天下的政策。其后文帝、景帝都崇尚黄老思想，推行无为而治、与民休息的治国方针。到汉武帝时，国家在政治、经济、军事、文化各个方面

彩绘漆奁（西汉）

全面繁荣昌盛。昭、宣之世的一度中兴，又承武帝余绪而发扬光大。只是到了西汉末年时，内忧外患交加，风光才难依旧。东汉始建亦有光复气象，力图在原先恢弘的基础上重振雄风，国势的确也一度日上。无奈

中期以后，朝政腐败，经济衰落，民不聊生，终于促成了东汉末年的大动乱，堂堂大汉王朝于是在农民起义、军阀混战中陷入荒凉颓败之末路。两汉之"文"正是在此背景下按其本身发展规律构筑出一道别样的风景线。总体而言，建立在一定物质基础上的精神文明是相互对应的，故此经济的兴衰带来文化的荣枯。但有时由于人类精神的深刻性，那些智慧的火花也会迸射于不管是兴还是衰的年头中，给人们在茫茫时空中以永恒的启迪。

两汉文学承续周秦遗风，苍凉质朴而又文采华赡，给人铺张扬厉的感觉。中原地区的古雅和西部强秦的朴直都被融于充满浪幻色彩的蛮楚文明中，因而生发出更加宏大精美的文学样式，这就是彪炳千古的汉赋。所谓"赋"，由于汉代还没有形成自觉的文学意识，文学创作尚处于自在自为的发展阶段，加之受到儒家"诗教"片面强调"尚用"观念的钳制，因而文人们尽管在直觉上颇有艺术美的追求，在理念上则对赋体文学的观念始终比较模糊。所以，汉人对赋的概念界定并不明确，他们往往将赋与屈原所开创的楚辞相混淆，故时而称之为赋，时而称之为辞，或连称为辞赋。只是到了后来赋的文学本体属性逐渐强化而被人认识，才渐渐与诗、文、辞区别开来。

赋的渊源，直接于《诗经》之赋的铺写手法及荀况和宋玉的部分作品，后则受纵横家散文和楚辞体诗歌的巨大影响，因而形成"铺采摘文，体物写志"的典型特征。在艺术形式上，它结合散文的章法格局，又有诗歌的节奏韵律，以华丽的词藻、夸张的手法状物叙事、体貌抒情，给人气势磅礴、意态万千的博大雍容之感。刘勰在《文心雕龙·诠赋》篇中对赋体文学的概况有精到的描述："诗有六义，其二曰赋。赋者，铺也，铺采文，体物写志也。昔邵公称：公卿献诗，师箴赋。《传》云：登高能赋，可为大夫。《诗序》则同义，《传》说则异体，总其归途，实相枝干。刘向云'明不歌而颂（诵）'，班固称'古诗之流也'。至如郑庄之赋'大隧'，士苪之赋'狐裘'，结言（短）韵，词自己作，虽合赋体，明而未融。及灵均唱《骚》，始广声貌。然赋也者，受命于诗人，拓宇于《楚辞》也。于是荀况《礼》《智》，宋玉《风》《钓》，爰锡名号，与诗画境，六义附庸，蔚成大国。遂客主以首引，极声貌以穷文，斯盖别诗之原始，命赋之厥初也。秦世不文，颇有杂赋。汉初词人，顺流而作：陆贾扣其端，贾谊振其绪，枚（乘）、（司）马（相如）同其风。王（褒）、扬（雄）骋其势，（枚）皋、（东方）朔已下，品物毕图。繁积于宣（帝）时，校阅于成（帝）世，进御之赋，千有余首，讨其源流，信兴楚而盛汉矣……"

汉初之赋追随《楚辞》遗绪，主要代表作家有陆贾、贾谊、枚乘等人。陆贾赋已亡，无以论之。贾谊（公元前201～前169年）年少才高，然仕途不遇，因此所作多抑郁愤慨。当他到长沙时，想起遭人排挤的屈原，于是结合亲身感受写下了著名的《吊屈原赋》，以屈原自比抒发自己愤懑不平的情怀。此赋在对导致屈

博弈老叟（西汉）

原悲剧的政治原因的抨击中，也强烈宣泄了自身遭受谗陷的不幸；同时在对屈原深沉痛切的惋叹和悲悼中，也表现出自己激昂愤慨和耐人寻味的抗争。在谪居长沙的暗淡岁月里，他陷入痛苦，无法自拔，在不堪忍受的寂寞惆怅中，生的悲哀与死的恐惧剧烈而激荡地折磨着他，于是他在自伤自悼中以文学倾诉着满怀忧虑，创作出身遭厄运而又苦痛追求的《鹏鸟赋》。赋中以与鹏鸟的对话反映出作者受老庄影响而对人生哲理的探索，勾画出正直耿介、清操自守的文人遭受创痛后消沉退避于无我幻境中的心灵历程。贾谊的赋形式上仍具骚体的特点，通篇用韵，带"兮"字调，句式整齐，结构精美。虽尚铺陈但文笔简省，富于抒情色彩。

枚乘以游谈之士为文学家，充分展示出"腴词云构，夸丽风骇"的散体汉赋特点。其所作《七发》是假托楚太子有病，而吴客前往探视，以客、主二人问答的形式铺写而成。该赋针对汉初以来王公贵族日益奢侈腐化、精神状态也日渐萎靡颓唐的现实，通过对大量富于典型意义的腐败现象的具体描述后提出"要言妙道"为其解救方法。全文共8段文字，第一段叙述事情的缘起，写吴客前去探问楚太子之病，指出楚太子之病是由贪欲过度、享乐无时、荒淫糜烂的宫廷生活造成的，进而提出"今太子之病，可无药石针刺灸疗而已，可以要言妙道说而去之也"。这一段是全篇的基础，立赋的宗旨。其后7段是正文，借吴客之口，叙说了治疗太子之病的7件事，即音乐、饮食、车马、游乐、狩猎、观涛、听有识之士讲天下是非之理。在讲前6件事时，太子病情没有根本好转。在讲最后一件事时，太子被深深吸引，精神大作，出了一身透汗，霍然病除。

可以看出，吴客给太子治病的过程表明，喜爱声色犬马之乐，不如关心国事有益，作者的写作意图，不是谈养生之道，而是劝振作精神。作者在赋中对贵族的腐化生活作了充分暴露并表示不满，而希望他们亲近贤能、关心治国之术，这在封建社会上升时期是有进步意义的。从艺术上看，《七发》已具有较高的技巧。其构思颇富匠心，表现出作者的高明讽喻手法。其铺叙运用多种修辞方式，生动地描写出物象声态。这都使作品增强了感染人心的力量，因而在文体方面造成重大影响。《七发》虽然没有以赋名篇，但却标志着汉代大赋的正式形成。其后这种结构体制被看做是赋体文学中的专门一体，称作"七"，仿作之人层出不穷。

西汉中期从武帝经昭帝至宣帝，90余年间是汉赋的鼎盛期。这一时期政权巩固，国力强大，领域辽阔，社会繁荣。与此相应，自然洋溢着一种空前高涨的民族精神和大气磅礴的时代气质。统治集团不再以省俭为本，而是以豪奢为乐。因此以前传统的以言志抒情为特色的诗歌和以忧思悲慨为特色的骚体赋显然不足以表现这样的生活内容，而以宏放的状物叙事为特色的散体大赋则无疑更切合时代的需要和贵族的趋尚。在至高无上的皇权和儒家独霸的舆论下，华诞而婉讽的赋体文学得到大力提倡，很快吸引了几乎所有博学多才的文士。他们为之呕心沥血，殚思竭虑，穷工尽致，创作出大量富丽堂皇而风采飞扬的典雅巨制。正如班固在《两都赋序》中所言："大汉初定，日不暇给。至于武宣之世，乃崇礼官，考文章，内设金马石渠之署，外兴乐府协律之事，以兴废继绝，润色鸿业……故言语侍从之臣，若司马相如、虞丘寿王、东方朔、枚皋、王褒、刘向之属，朝夕论思，日月纳献，而公卿大臣，御史大夫倪宽、太常孔臧、太史大夫董仲舒、宗正刘德、太子太傅萧望之等，时时间作。或以抒下情而通讽喻，或以宣上德而尽忠孝，雍容揄扬，著于后嗣，抑亦雅颂之亚也。故孝成之世，论而录之，盖奏御者千有余篇。而后大汉之文章，炳焉与三代同风。"如果说汉初崇尚俭朴，那么到武帝时则追求宏丽。赋作也渐由颂扬掩讽喻，以致"劝百而讽一"成为汉赋的时兴模式。

　　最能反映汉代赋风的当属文学巨匠司马相如（公元前179？～前118年）。他是蜀郡成都人，少年时即好读书，有文才，有志向。景帝时曾任武骑常侍，因景帝不好辞赋遂去职。后客游于梁，与梁孝王文学侍从邹阳、枚乘交好，作《子虚赋》。不久梁孝王死，相如回归故乡，偕卓文君私奔。武帝即位，喜其《子虚赋》而征召，又作《上林赋》以邀宠，拜为郎。后奉使巴蜀、西南，做出重要贡献。此间对朝廷

铜羽人（西汉）

政事多所讽谏，然常遭受诽谤而称病闲居。后转迁孝文园令，又因病免职，不久卒于家。

他以文学才能将枚乘《七发》所开创的散体大赋发展到臻于完美的定型，使得其后的赋作大体皆不能出其圭臬。其《子虚赋》、《上林赋》为代表作，两赋虽非一时所成，但内容前后衔接，故《史记》将它们视为一体。《子虚赋》假借楚国有位子虚先生，在齐国的乌有先生面前夸说楚国的云梦之大和楚王的田猎之盛，乌有先生批评他"不称楚王之德厚，而盛推云梦以为高，奢言淫乐而显侈靡"，但同时却把齐国土地之广、物产之多夸耀一番。《上林赋》是写亡是公听了子虚和乌有的对话，又大肆铺陈汉天子上林苑的壮丽及天子射猎的盛举，以压倒齐楚，表明诸侯之事不足道。最后则以汉天子幡然醒悟，觉醒到"此太奢侈"，"乃解酒罢猎"做结，而对于齐楚"以诸侯之细，而乐万乘之所侈"的越礼行为和给百姓带来的危害也做了批评。这样就既颂扬了大一统中央皇朝无可比拟的气魄和声威，同时也对诸侯、天子过于奢侈和淫靡提出规劝讽喻。在艺术表现方面，两赋结构宏大，场面壮观，气魄雄伟。同时词汇丰富，文采华茂，铺叙夸张。不过结体的庞芜使其不够精练，竭力的铺陈有堆砌之嫌，其夸奇炫博反成文章病累。这些优长和缺欠后被学者当作祖法的典式模拟仿效，可知两赋既是汉代散体大赋的顶峰，同时也孕育了其无可挽回的衰颓。

司马相如还有《长门赋》、《美人赋》、《大人赋》和《哀秦二世赋》等骚体作品，都表现出其杰出的文学才华。他在作赋理论上提出了"合綦组以成文，列锦绣而为质"和"囊括宇宙，总览人物"的主张，说明其重视资料的博取、辞采的富赡和结构的宏阔，而忽略统摄作品的深刻思想。但这正是那一时代的写照，后人仿作却难以超越。故扬雄说："如孔氏之门用赋也，则贾谊升堂，相如入室矣。"① 即骚赋的细巧抒情

① 《法言·吾子》。

难比大赋的磅礴气势，只有大赋才尽情展示了汉代雄强的神韵。鲁迅也高度赞许司马相如对汉赋"变体创新"的贡献，在《汉文学史纲要》中说他"不师故辙，自摅妙才，广博宏丽，卓绝汉代"。

西汉后期经元帝、成帝、哀帝、平帝近 60 年间，国力日颓，王朝日衰。此时皇权削弱，外戚专擅，吏治腐败，豪强蜂起，导致政治形势每况愈下。散体大赋由于已无"鸿业"可供"润色"，又无多少"上德"可供"宣扬"，再以其庞大臃肿的结体和靡丽铺排的词句强以"劝百"，显然已很难适应时代的要求，只会成为审美的笑柄。故此华声丽色的大赋不可避免地走向衰败，而重在抒情言志的骚体赋则以变革之态顽强地表现出发展之势。

这时期文坛代表人物是扬雄（公元前 53～公元 18 年），他出身贫寒，自幼好学，为人简易，不慕富贵，故而博览群书，融会贯通，终于成为经学、辞章兼长的学者、作家。其历事成帝、哀帝、平帝三朝，由于政治腐败，始终不得迁升。王莽篡汉后，以三朝耆老的资历"转为大夫"，但终因新朝混乱，仕途险恶，政治上不可能有所作为，遂默默而卒。

扬雄是继司马相如之后又一位汉赋大家，如果说司马相如将汉赋推上煊赫的顶峰，那么扬雄则从创作实践到理论总结探幽访胜。目前所见扬雄作品有《甘泉赋》、《河东赋》、《羽猎赋》、《长杨赋》、《反离骚》、《解嘲》、《解难》、《逐贫赋》、《蜀都赋》、《酒赋》等，是西汉赋家迄今所存数量最多的。扬雄所作大赋虽然追踪司马相如，但又显示出丰富的学识和独特的个性，这与一般循规蹈矩、因袭模拟者不同。《甘泉》、《河东》、《羽猎》、《长杨》四赋历来被公认为其代表作，而四赋的主旨却在风喻，且能有机地贯通于全篇，规诚的目的始终十分明确。由于这种自觉重视讽喻的创意，使其四赋在铺陈中又融入说理，表现出辞采映丽且思理深赡的聪雅睿智风范。其行文上流丽晓畅，没有辞藻的堆砌，立意、结构、修辞紧密相关，而情志彰显，不论是艺术性还是思想性，都达到汉代大赋少见的高度。然而扬雄晚年则对汉代散体大赋进行了批判性的总结，这在其学术著作《法言》中有明确的论述。《汉书·扬雄传》中言："雄以为赋者，将以风也。必推类而言，极丽靡之辞，闳侈巨衍，竟于使人不能加也。既乃归之于正，然览者已过矣。往时武帝好神仙，相如上《大人赋》，欲以风，帝反缥缥有陵云之志。由是言之，赋劝而不止，明矣。又颇似俳优淳于髡、优孟之徒，非法度所存，贤人君子诗赋之正也。于是辍而不为。"《汉书·司马相如传赞》亦云："扬雄以为靡丽之赋，劝百而风一，犹骋郑卫之声，曲终而奏雅，不已戏乎！"扬雄对社会的批判态度使其大赋重在讽喻以至"辍而不为"。

扬雄的抒情小赋倒别致清新，独具一格。其《逐贫赋》将贫拟人化然后与之语，表现了生活贫困而又无法摆脱的愁苦心态，于调侃谐谑中寓悲愤心酸，并以幽默口吻赞颂清俭治世，谴责奢富乱政，抨击汉代末年的堕落和黑暗。可谓立意新颖，构思奇妙，寓庄于谐，别开生面，为后世开出一种新格并产生积极影响。唐代韩愈的《送穷文》、柳宗元的《乞巧文》皆源于此。其《酒赋》采用借物喻人的手法，形象地以汲水之瓶喻高洁之士，"处高临深，动常近危"；以盛酒的皮囊喻得势小人，"出入两宫，经营公家"。赋虽甚短，不足百字，却巧诘滑稽而深寓愤世嫉俗之思。扬雄的骚体赋上追屈原而学之，其《反离骚》在为屈原鸣不平的同时，也抒发了自身的郁愤，但略显消极而缺乏创新。

与扬雄同时，刘向、刘歆父子则写出了不少抒情述志、忧愤悲慨的骚体赋。刘向作品据《汉书·艺文志》著录有 33 篇，但目前所见仅《楚辞》中《九叹》一篇。《九叹》共分 9 个章节，其内容为代屈原立言，反复抒发其不容于君、不知于世的忧伤，表现出强烈的爱国热情和追求理想的执著精神。此作虽为伤悼前贤，实为浇自我块垒，这与贾谊《惜誓》以来作品的情结大体是一致的。刘向还借整理文献，编选了被后世誉为"总集之祖"的《楚辞》，选录屈原《离骚》以下历代赋家采用骚体悼伤屈原寄寓哀思的作品。这就使以缘情为特点的汉代骚体赋经盛世大赋走红的相对沉寂之后，于末世又重新振起、再度活跃，这种尊崇的继承无疑又鼓起了一种复古的时尚。

　　刘向之子刘歆在倡导古文经学的同时，也大发思古之幽情，创作出"以汉往事而寄己意"的《遂初赋》。此赋由贤佞不分、朝政昏乱、自己因惧祸而远行写起，继而以白描手法叙写行进在三晋大地上时的吊古之情，并进而抒发对当时外戚专权危及社稷、娥眉见妒方直难容之世象的深切忧伤，作者特别将情感融入于萧索荒凉、积雪凄风的景象描写中，使作品更强烈地渲染出身受贬谪、无奈外放的苦闷心情。像这样融真情于实景的艺术手法，极大地丰富了赋体文学的表现力，使此赋成为颇具新意的力作，同时也开启了后世述行赋的先河。

春播画像砖（东汉）

　　东汉初年，光武帝刘秀削平割据，安抚百姓，整顿吏治，恢复生产。到明帝时，甚至出现了"天下安平，人无徭役，岁比登稔，百姓殷富"的繁荣局面。① 章帝继而"又体之以忠恕，文之以礼乐，故乃蕃辅克谐，群后德让，谓之长者，不亦宜乎？在位十三年，郡国所上符瑞，

————————

① 《后汉书·明帝纪》。

合于图书者数百千所，乌呼懋哉"①！如此社会状况，反馈于赋的创作中，也产生了一些新的变化：光武年间，大赋衰歇，骚体活跃；明帝之后，散体大赋则容光焕发，粉墨登场，不过此时毕竟已失去了往日光辉，如回光返照闪烁出异彩。班彪、班固父子之作恰是两个时期的代表。

班彪的《北征赋》用骚体，写战乱年代的悲凉场面，追模西汉刘歆的《遂初赋》，不以浪漫的比兴抒情，而以写实的叙述感慨。文字较《遂初赋》更为简练，情景交融也更为和谐，为抒情小赋开拓出新的局面。

班固（公元32～92年）生当明帝盛世，统治者需要歌功颂德，点缀升平，所以本已消歇的散体大赋重又张扬起来。班固以其浓厚的忠于皇室的正统思想，对《离骚》以来的予以屈原的高度评价大加诋毁，而对司马相如为首的西汉大赋毫无保留地全面肯定，并将其与儒家至高无上的经典《诗经》相提并论。正是在这种思想理论支配下，他创作了闻名遐迩的《两都赋》。《两都赋》的结体与手法完全效仿司马相如的《子虚赋》、《上林赋》。《两都赋》分《东都》、《西都》，由虚拟的"东都主人"针对"西都宾"赞扬长安，而"盛称洛邑制度，以折西宾淫侈之论"。其总体风格上缺乏艺术创新，不过篇幅更加典丽宏大而已。司马相如赋中尚有婉讽，而班固大作似乎更在"宣上德而尽忠孝"。从思想内涵上相较反倒稍逊不及了。但班固毕竟学识渊博，才华非凡，故《两都赋》写京都气象"文赡而事详"，而语言运用上音调和谐，明畅顺达，无汉赋常见的臃肿涩滞之弊。正因如此，班固赢得了与司马相如、扬雄以及稍后的张衡并称汉代四大赋家的盛誉。班固也曾效屈原《离骚》体作《幽通赋》以抒幽情，效东方朔《答客难》作《答宾戏》以解愁怨，使人多少体味到其官职未能高升时内心不甚平衡的情绪，如此而言，其

---

① 《后汉书·章帝纪》。

隐秘的真情倒使人颇感兴趣，而洋洋洒洒的大赋倒有哗众取宠之嫌了。

东汉后期，外戚、宦官交替专权，政治、经济交相恶化，百姓陷于水深火热之中，终于导致黄巾起义爆发。这样恶劣的时代环境，忧思感愤的文人们不会再兴高采烈地去唱颂歌了。相反，面临受排挤、迫害甚至杀戮的危险，他们将忧世伤时的情绪和思索强烈地注入笔端。

这一时期最为著名的文学家是张衡（公元 78～139 年），同时他也是伟大的科学家。张衡是南阳西鄂人，少年时即善属文。后入京城太学，"通五经，贯六艺"。虽才高于世，却无骄色，且淡泊宁静，不追逐名利。曾被举为孝廉而不行，被公府征召而不就。直到安帝亲下诏令，才入朝为郎中。后迁尚书侍郎，又转为太史令，前后 14 年主持天文、地理、气象等观测和研究。顺帝阳嘉二年（公元 133 年）升为侍中，因秉性正直被排挤出朝任河间相。任内"治威严，整法度，阴知奸党名姓，一时收擒，上下肃然"。但终究深感朝廷昏暗，志向难伸，前途凶险，不得不于永和三年（公元 138 年）上书"乞骸骨"退休。然未被允准，并再调回朝任尚书。一年后去世，终年 62 岁。

张衡在作赋生涯中，全面学习了前代赋家的创作经验。其大赋远绍司马相如《子虚》、近取班固《两都》而有《二京》，其骚赋则上追屈原《离骚》、下踪班固《幽通》而作《思玄》，七体则步枚乘《七发》、傅毅《七激》而作《七辩》，文赋则依东方朔《答客难》、班固《答宾戏》而作《应间》。其《二京赋》虽蹈袭班固《二都赋》模式，但"精思傅会，十年乃成"。全赋结体宏富，长达 7000 余字，为汉代所仅见。立意上"抒下情而通讽喻"，较扬雄《长杨赋》更显深刻。在上篇《西京赋》虚构"凭虚公子"盛陈西京气象时，作者就始终贯穿着对汉代帝王奢靡淫侈的揭露，到下篇《东京赋》，则又通过虚构的"安处先生"历数古代特别是秦亡的教训，畅说节俭宽民、遵教兴化的重要。赋举两汉前期的盛世景象，批驳当今之世的腐败风气。其如此惩奢劝俭的讽喻之意，使《二京赋》充盈着强烈的忧患意识。其明确的针对性和思想的深刻性，都是两汉同类大赋所罕见的。作者在赋的容量上也扩展规模，极尽意象，凡诸山川城邑、宫殿苑囿、草木鸟兽、衣食乘舆、祷祀射猎、歌舞百戏……无不搜奇辑异，大肆铺染，虽然不能全免虚诡之弊病，但对汉代社会状况的再现确实更全面细致，具有很高的人文价值和观赏效应。作者还以其过人的艺术才华，消化吸收、融会贯通辞赋创作以来的成功经验，创造性地铸成独具魅力的灵动风格。其想象、夸张、铺饰、渲染真切而不过分，同时往往又匠心独运、出人意表。语言上宏富而不堆砌、藻丽而不平板，转接自如，流畅清新，铺张扬厉之中又不乏诗情画意的优美。这与此前大赋一味豪华典重的描写迥然异趣，而对丰富生动的世态百象的勾画更显自然真淳。《二京赋》堪称集汉赋之大成的作品，故被后世誉为"长篇之极轨"。

绿釉三层陶望楼（东汉）

但是赋自司马相如经扬雄、班固至此，已囿于固定模式，题材范围再难有作为，因而《二京赋》如日落西山前那瞬间的辉煌，给人美好的印象而令人永久地回味。此后赋坛再不属于大赋了，就是张衡本人也转向了述志抒情的创作。晚年所作著名的《归田赋》，可谓洗尽铅华，真淳毕现。全赋极其短小明畅，不过200余字，一扫以前汉赋阂侈巨衍、堆垛凝滞、虚夸损情的旧弊，而以脚踏实地、直抒心迹、自然清爽令人感到亲切温馨。既表达了对美好归田生活的向往，同时也暗寓对官场龌龊的厌恶。寄情于景，情景交融，结构精巧，语言洗练，勾画出优美生动的意境。自此，《归田赋》完成了赋体的革新转变，基本结束了以大赋为主流的时代，而开辟出灵巧自如的抒情小赋的新时期。

此后桓、灵赋坛，由于政治形势险恶，社会动乱不堪，统治异常酷虐，更使正直之士悲愤抑郁，伤时哀心。鸿篇大赋虽偶有人拟作，但无可挽回地退居末流，而抒情小赋则充分发展，逐渐上升为赋坛主体。蔡邕的《述行赋》和赵壹的《刺世疾邪赋》都是小赋中的佼佼者。《述行赋》以密云泥途隐喻社会黑暗、世道艰难，将豪门的穷奢极欲与黎民的极端贫苦相对照，以朝廷上纵容奸佞与迫害忠贞揭示仕途的险恶，不仅强烈抨击了腐败的政治，而且抒发了对整个王朝陷入穷途末路的悲慨。全赋短小精悍，感情沉痛，批判深刻，情辞俱佳。《刺世疾邪赋》在仅400余字的篇幅中，对黑暗腐败政治的揭露抨击尖锐激烈、直截了当，批判的锋芒毫不含糊地直指昏乱丑恶的社会现实。

第二节　说理抒情的文章

汉代除了辞赋大兴之外，散文也焕发出大度恢弘的异彩。先秦散文的成就主要表现在历史的撰述和哲学的阐发上，其间当然寓有作者的政治见解。为了更好地表达作者的思想和易于为人接受，"文"之写作方法和修辞手段因而不断被强化得以提高。秦汉以后，巩固中国大一统的社会形态和至高无上的皇权观念成为政治的首要任务，而效力于新王朝的大夫们也纷纷从维护现行政权的利益出发，因而文官们多从政治角度出发探讨治国方略。这些散文虽然大多为应用文，很少像现代观念中的纯文学散文，但在优秀作家手中"述理于心，著言于翰"，往往"杂用文绮"，锻炼成为语言运用的艺术，将直接的实用性与艺术的审美性有机地统一在一起，从而成为光彩焕发的文学现象。

在这些散文中，作者主要针对国家大事表达自己政治的、哲学的、历史的、伦理道德的思想观念和意见主张，以及在人与人之间进行诸如

彩绘神人怪兽纹龟甲形漆盾（西汉）

赞誉、劝诫、思念、哀悼等情感的交流。而同时为了取得最佳效果，各散文品种又都十分讲究诸如立意高超、谋篇布局、词藻润泽、句式语法等总体效果，并于叙事、说理、抒情中追求感性的直观性。无论涉及何种题材，如政治见解、哲学思考、历史著述或伦理道德范畴，作者总是注入内心强烈的主观意识和寄托着自己的理想愿望，因而使文章从始至终流荡着激情而撼人心魄。这样就使得文章自然地洋溢着式样美、形象美与感情美，有很强的审美价值。

正因如此，使得汉代散文不仅品类繁多，诸体大备，而且文质相生，异彩纷呈。刘勰在《文心雕龙》文体论中所涉及的颂、赞、祝、盟、铭、箴、诔、碑、哀、吊、杂文、谐、隐、史传、诸子、论、说、诏、策、檄、移、封禅、章、表、奏、启、议、对、书、记等各种文体都已独立出现，而且每种文体往往细分为若干不同式样、用途的小类。每类写法又根据内容不同具有各自的表述方式，通过不同的结构安排和行文要求达到不同的审美意图。或许说，汉人并非有意识地按各种文体去写作，但汉人的写作方式和技巧却为后人的文体分类奠定了基础。因而文章各体，至东汉而大备，对后世的深远影响自不待论。

就政论散文而言，西汉初期因高祖刘邦迫切需要总结秦代及其以前的历史经验教训以利自己的长治久安，故掀起了一个以治国安邦、务实切用为本的政论著作热潮。刘邦曾对陆贾提山："试为我著秦所以失天下，吾所以得之者何，及古成败之国。"陆贾于是"粗述存亡之征，凡著十二篇。每奏一篇，高帝来尝不称善，左右呼万岁。号其书曰《新语》"①。《新语》是西汉最早出现的政论散文，但今之所见已非原本，真伪不可确认。

玉铺首（西汉）

陆贾之后，汉文帝时又有贾山"言治乱之道，借秦为喻，名曰《至言》"。《至言》载于《汉书·贾山传》中，其内容反复以秦代暴虐而亡、古圣贤德而兴为喻，忠心耿耿地为汉王朝出谋划策。文章大量使用排比、对偶句式，感情充沛，雄肆磅礴，既保留有战国游说的余风，又有浓厚的儒家思想倾向。这恰恰表现出当时政论散文的时代特征，正如姚鼐《古文辞类纂》所谓"汉初之文如此，昭、宣以后，盖希有矣"。

贾谊的散文可以代表当时的最高成就，《汉书·艺文志》著录其散文有 58 篇。今传有《新书》10 卷，几乎全为政论。其《过秦论》上、中、下三篇，中心是指责秦始皇、秦二世和子婴政治上的过失，分析秦王朝灭亡的原因，最后为汉王朝总结教训引以为戒。全文分中有合，联三篇而相表里，章法灵活而又严谨。在语言表达上更是吸收战国论辩的长处，极富文采，大肆铺张，竭力渲染，使文章说辩劲悍、感情充沛、气势雄健。文章富有极强的说服力和感染力，集中体现了经国治世的实用价值与语言艺术的审美价值的统一。其还有《陈政事疏》，此文洋洋洒洒六七千言，涉及王朝内部诸侯割据势力日益壮大危及中央集权的矛盾，对外如果屈服于匈奴愈使边境不安的祸患，以及富人侈靡、贫民卖

---

① 《史记·陆贾列传》。

身、官吏塞责、纲常不振的社会弊端，进而提出削诸侯、强国威、重农耕、易风俗、健全礼制、推行教化等等全面具体的措施和办法。文章慷慨陈词，感情浓烈；议论说理，酣畅淋漓；针砭时弊，毫无顾忌；形象生动，文采飞扬。不仅被誉为"西汉之鸿文"，而且被称为"万言书之祖"。其《论积贮书》全文不足 400 字，针对汉初物资匮乏又"背本而趋末"的潜在危险，从灾荒和战争两个方面具体阐述积贮粮食的重要，最后提出重视农业生产方为治国之本的建议。言辞恳切，感情真挚，既有透辟的分析，又有形象的描述，依然体现出"疏直激切，尽所欲言"的特点。《汉书·食货志》说，文帝读此文后，"感谊言，始开籍田，躬耕以劝百姓"。由于贾谊政论散文取得很高成就，故历来为后世所推重。刘熙载在《艺概·文概》中称："贾生谋虑之文，非策士所能通；经制之文，非经生所能道。汉臣后起者，得其一支一节，皆足以建议朝廷，擅名当世。然孰若其笼罩群有而精之哉！"

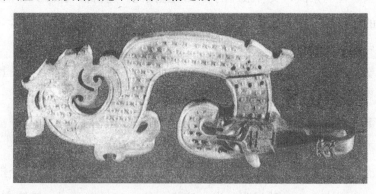

玉龙附金带钩（西汉）

与贾谊同时而稍后的散文家还有晁错（公元前 200～前 154 年），晁错曾学法家申不害、商鞅刑名之学，兼通《尚书》。文帝时，以博学辩才且精于治政术数，拜太子家令，深得皇太子刘启的信任倚重，号称"智囊"。后屡屡针对当时社会存在的重大问题上书言事，为文帝所赏识，擢中大夫。到太子即位为景帝后，更被委以重任，累迁内史、御史大夫，参与政要。为巩固中央集权，其又上书请削诸侯封地和权限，加之"为人峭直刻深"，而受到诸侯及朝中权贵的嫉恨。于是在景帝三年（公元前 154 年），吴王刘濞等七国诸侯以"诛晁错，清君侧"为名发动武装叛乱时，晁错因景帝一时软弱听信谗言导致被杀，成了政治斗争的牺牲品。据《汉书·艺文志》的著录，晁错有文章 31 篇，然现已大多不存，目前只有散见于《汉书》中的《言兵事疏》、《守边劝农疏》、《论贵粟疏》、《贤良文学对策》等少数几篇政论散文传世。晁错作为关心时事的政治家，其文章内容不仅应合当时的政治要求，积极总结古代圣王治世和秦朝覆亡的历史经验教训，而且其以政治家深刻的洞察力和匡正时弊的满腔热情，将视角敏锐地投向一系列重大现实社会问题上，并不失时机地提出切实可行的主张和措施。其《言兵事疏》首先肯定文帝明诏抗御匈奴之策，继而纵论用兵之道，临战之术，条分缕析，言之凿凿，非一般纸上谈兵者所能比，故而受到文帝的高度赞扬和重视。其后，晁错又上《守边劝农疏》，继续就抗御匈奴问题深入议论，在历史上首次卓越地提出屯田戍边的建议，并周密地设计了使屯戍者"久安其处"的实施举措，这对当时乃至后世的西北边疆开发都起到了巨大作用。晁错还针对农业生产尚未完全恢复、经济形势危及社会安定的状况上《论贵粟疏》，全文紧紧抓住"贵粟"这一有关国家命运的根本问题，高屋建瓴，援古况今，深入剖析，反复论证，对振兴农业、增强国力做出了积极贡献。晁错的文风同样体现了战国纵横家的余韵，铺排渲染，慷慨刚烈，言辞激切，气势磅礴，富于鼓动性和感染力。与贾谊的政论散文相比较，其更加脚踏实地，冷峻朴拙，分析透彻，逻辑严密。如果说贾谊更具文采，往往书生意气，挥斥方遒；那么晁错更为沉实，并不刻意求奇，而以深识感人。

这一时期以散文见长的邹阳、枚乘同样具有明显的战国纵横家风范，邹阳的《上吴王书》、枚乘的《谏吴王书》虽然旨意相同，都是劝谏吴王刘濞不要谋反，但文辞则各有特色。邹阳博引史实，反复陈词，从大处入手，显磅礴气象；枚乘则铺张渲染，辞采缤纷，用辞赋手法，说规谏道理。可见汉初文坛深受战国以来辞采的影响，但文章立意却与战国游士不同。作者都从国家利益出发，并非为追求个人的富贵功名。同时由于作者的个性因素和文化修养，文章也呈现出不同风姿而又共同组成汉初卓厉风发的洋洋大观。

武帝即位之后，由于经济的发展，政治的安定，文化的繁荣，汉初那种总结历史经验的要求不再是急需，统治者所热衷的焦点转变到如何更加强化中央集权方面上。因此，曾经盛行过的清静无为的黄老思想不再适合统治者的口味，而儒家君权天授的思想则受到大一统皇权的青睐。正是在这样的社会背景下，汉初纵横驰骋的奏议风格发生了变化，豪放雄辩的个性特征转向大度恢弘的阔朗气度。哲学方面，出现了大儒董仲舒的鸿篇巨帙《春秋繁露》，明确提出"罢黜百家，独尊儒术"："《春秋》大一统者，天地之常经，古今之通谊也。今师异道，人异论，百家殊方，指意不同，是以上亡以持一统，法制数变，下不知所守。臣愚以为诸不在六艺之科、孔子之术者，皆绝其道，勿使并进。"在文章写作上，则可看出变铺陈夸张为典雅纯正、激切无忌为委婉含蓄、藻饰富丽为质朴平易，俨然学者坐而论道，游谈风度荡然无存，故刘熙载在《艺概·文概》中称："汉家文章，周秦并法，惟董仲舒一路无秦气。"受董仲舒影响，此后形成汉儒之风，那些张扬的议论被敦厚的婉述收敛起来。但是，又由于从武帝到宣帝在政治上实际所推行的是杂王霸而用之的政策，并没有完全采纳董仲舒的建议搞文化专制，加之他们本人就是文学艺术的欣赏者而大力提倡美文辞赋，同时长期以来形成的百家并举、注重藻饰之风气并非轻易就能扭转，因而董仲舒影响虽大，但不足以左右文坛。

散文在这一时期呈现出更加丰富多彩的面貌。司马相如为才华横溢的汉赋大家，散文则也多带赋体神韵趣味。《谕巴蜀檄》是一篇政府文告，意在安抚巴蜀百姓，表现出赫赫煌煌的大汉声威，行文虽不免虚

彩绘漆耳杯盒（西汉）

夸，却有很强的感染力，文势富有气魄，显出赋家手笔。其《难蜀父老》采用赋体主客问答的方式驳诘蜀父老，为朝廷开发西南的政策辩护，造成义正词严、咄咄逼人的艺术效果。东方朔以诙谐滑稽见长，其文学才气饶有特色而独具魅力，就在董仲舒提倡醇儒之风以后，东方朔在《上书自荐》中仍以游谈口吻铺排己能，并不理会那种谦谦君子的典雅含蓄。其《谏除上林苑》和《化民有道对》是两篇奏谏类政论散文，而笔法上则全为汉赋的铺张扬厉，纵横捭阖，气象万千，旨意直率而析论透辟，具有泰山压顶之势，全无儒家的婉讽之态。可见此类散文受辞赋影响而更具美感，文采华丽绰约而气势雄放健朗。

　　淮南王刘安则招会天下俊才撰成《淮南子》一书，"其旨近老子，淡泊无为，蹈虚守静，出入经道。言其大也，则焘天载地；说其细也，则沦于无垠；及古今治乱，存亡祸福，世间诡异瑰奇之事。其义也著，其文也富，物事之类，无所不载，然其大较，归之于道"①。《淮南子》一书共21篇，兼采百家之论，被《汉书·艺文志》列为杂家，但就其大体而言，仍以道家为主，崇尚汉初以来的黄老思想，反对武帝热衷的多欲政治，对董仲舒提出的大一统尊儒术不以为然。有些观点显然为诸侯张力提供了理沦根据，但在破除天命迷信和文化专制方面又不乏闪光

---

① 高诱：《淮南子注序》。

之处。就文章体式而论，《淮南子》继承并发扬了先秦诸子散文特别是《庄子》连类喻义的风格，往往寓哲理于物象的生动描绘中，或纵横驰骋，汪洋恣肆，或层层剖析，反复申说，或浪漫想象，奇伟宏富，因而有很强的艺术感染力和审美价值取向。《淮南子》在论证中还引用了大量的古代文献资料，因而有很多上古神话传说展现出灿烂的异彩，如"日出旸谷"、"女娲补天"、"羿射九日"等，这些奇景用充满活力的笔触描绘出来，因而大大提高了此书的文学价值和艺术魅力。

桓宽与董仲舒、淮南王又不同，他既不大谈君权儒术，也不夸言神迹鬼力，而是脚踏实地，写出一部内容丰富、简洁明快的《盐铁论》。《盐铁论》是根据汉昭帝时一次盐铁会议的记录整理推衍而成，全书共60篇，记载了以朝廷中丞相田千秋、御史大夫桑弘羊及其僚属为一方，各地方推举的贤良、文学为另一方，就现行的政治经济政策广泛地进行质疑、检讨的全部过程和辩论情况。武帝时为增加财政收入，强化中央集权，支持对匈奴的战争，任用大商人桑弘羊等人，实行盐铁官营、酒类专卖等一系列政策，取得相当的实效。但是长时期经济上的国家干预、官商垄断，也给农业生产和人民生活造成了很大困难，正是在这种社会矛盾日趋激化的形势下，昭帝即位后为调整政策，摆脱困境，与民休息，下令召开这次重要的会议以商国策。双方各执一端，针锋相对，争辩激烈。作者则完全忠实于事件的本来面貌，对争辩双方的论点论据持公正态度，同时注意文章的对立统一，合中有分，分中有合，精心剪裁，联系紧密，前后一气，不可分割，这在迄今为止被列为诸子类的著作中是没有先例的。《盐铁论》不仅全面而真实地再现了我国历史上这次大规模的地方民意代表与最高行政官员开会的情景，而且广泛深入地揭示了当时社会存在的种种弊端和错综复杂的矛盾，可谓一幅生动宏阔的世象描写。作者在语言运用上也很有特色，不仅能传达出辩论各方不同的个性特征，而且在大段对话的承接处往往三言两语描绘出人物神态，因而郭沫若在《盐铁论读本序》中将其称为"一部处理经济题材的对话体的历史小说"。

　　汉代散文成就最高的还是伟大的司马迁（约公元前 145～前 87 年），其所撰不朽巨著《史记》可谓达到历史散文的最高峰。司马迁为写《史记》，考察大量历史资料，查访诸多历史遗迹，付出了终生的心血。尤其是李陵之祸使他深刻地看透了社会现实的本质，从而激发出强烈的爱憎情感，终于实现了"究天人之际，通古今之变，成一家之言"的宏愿。

司马迁像

　　《史记》是中国历史上第一部纪传体通史，规模宏大，影响深远。全书共 130 篇，由十二本纪、十表、八书、三十世家、七十列传 5 个部分构成。其以人物传记为中心来反映广阔久远的历史内容是史学体例上的创举，此后中国所修正史除个别名目有所增改外，基本都沿袭这一模式。

　　《史记》特点首先表现在对历史真实的反映上，它本着"实录"的原则勾勒出"实况"，这就使人看到各种人物形象。其不虚美、不隐恶的笔法使人感到人物真实可信，生活气息浓厚，因而增强了作品的感染力和说服力。其次，作者强烈的感情色彩灌注于作品的字里行间，对暴君酷吏横行霸道的义愤，对爱国志士崇高品行的赞扬，以及对劳动人民苦难处境的同情，诸多方面表现出作者进步的价值观念和鲜明的情感取向。再次，作者艺术地把握人物的本质特征，并将人物置于一定的矛盾冲突中，运用各种手法塑造出栩栩如生的人物形象，无论在细节描写、行为叙述、环境刻画和语言表现上，又都能充分传达出"这一个"的美学特质，因而构造出一个充实丰富、绚丽多彩的人物画廊。最后，《史记》融众多的表现方法为一体而形成独有的艺术样式。譬如写人物是通过具体的生活经历描绘出来，而不是泛泛地平铺直叙概略介绍；同时作者的爱憎褒贬不是靠发议论、作判断直接抒写，而是"寓论断于叙事"

中自然流露出来；为了更好地记述某一人物的事迹，反映人物的本质特征，在选取、安排材料方面采用互见法；在语言表现方面则通俗、简洁、精练、传神、富于感情，将历史的叙述和个人的观点通过直观画面或浓墨渲染或细笔勾勒结合在一起。

司马迁墓

总之，从司马迁的《史记》中可以清楚地看到自《诗经》、《左传》、诸子、楚辞一脉相承的发展轨迹和融会贯通的文学才华，鲁迅曾高度地评价其为"史家之绝唱，无韵之《离骚》"。虽然此后封建时代的正统文人对其思想倾向颇有微词，但对其传记文学的辉煌成就却都是交口称颂、推崇备至的。班固说："其文直，其事核，不虚美，不隐恶。故谓之实录。"[1] 刘熙载说："太史公文，兼括六艺百家之旨。第论其恻怛之情，抑扬之致，则得于《诗三百篇》及《离骚》居多。"[2] 《史记》不仅集先秦之大成，而且为后代之楷模。后世优秀的散文家无不承传它的精神，学习它的方法，接受它的教益。郑樵在《通志序》中说："百代而下，史官不能易其法，学者不能舍其书。"其对传记文学的影响尤为深远，自魏晋及隋唐到明清无不吸取它的营养。可以说，司马迁在汉赋光大张扬之时，以其真知睿见、博学多才为中国文学宝库树立了另一座丰碑。

西汉后期，从元帝开始摈弃"王霸杂用"的儒学，而用所谓"醇

---

① 《汉书·司马迁传》。

② 《艺概·文概》。

儒”的今文经学，文坛上也相应发生了变化。原先受战国影响而表现出的纵横驰骋的文风逐渐消弭，而引经据典大谈天人之道的平庸说教逐渐流行。到成、哀之世，由于社会危机日深，怀古之风渐盛，而出现古文经学与今文经学的对抗，才又给散文写作重新注入一些活力。经王莽改制的混乱至东汉王朝的建立，由天人感应之妄说恶性膨胀出的迷信怪胎谶纬学，被统治者以国策的形式推行天下，而与此同时有进步思想的散文家则不断奋起抵制并予以抨击，这样，在激烈的政治、思想、学术斗争中文坛上也呈现出复杂的局面。

刘向和扬雄是西汉后期文坛的代表人物，他们的散文写作取得了高度成就。刘向（约公元前77～前6年）为当时推阴阳、言灾异的重要人物，但他又与一般俗儒说神道鬼不同，而是有着很强的政治意识。出于对大汉王朝的忠心，他对统治集团的丑恶腐败现象痛心疾首，思想上有着浓厚的怀古反思倾向，故而在散文著作中往往虽讲天命灾异，但却饱含着针对现实的内蕴。作为学识渊博和才艺卓越的学者型散文家，他的作品在当时内容贫乏、文采寥落的文坛上令人瞩目。

他写过不少奏疏类政论文，如《使人上变事书》、《条灾异封事》、《极谏用外戚封事》、《谏营起昌陵疏》等。《谏营起昌陵疏》是针对成帝本在渭城兴建初陵，但修造了10年后却又放弃，改在新丰另造昌陵，其后又放弃昌陵复营初陵的情况，愤而上书。文章开宗明义就大胆地引经据典向奢侈无度的成帝提出警示，然后援征历史上“圣帝明王贤君智士”之薄葬和“无德寡知，其葬愈厚，丘陇弥高，宫庙甚丽，发掘必速”的道理进行讽喻，最后直截了当地揭露成帝大兴土木给社会带来的弊端。全文排比铺张，直陈利害，感情充沛，气势夺人，全无书生坐而论道之风习，直追汉初政论之声气。尤其是非凡的勇气和魅力于当时更加难能可贵，足见作者置生死于度外的耿耿忠心。

刘向还编有《新序》、《说苑》、《列女传》等著作，虽然书中故事都是取材于先秦至西汉的百家传记，但实际上往往都暗寓着自己的政治观点而对现实有讽诫之意。如《列女传》可谓是专为封建社会妇女所编的教科书，其中有许多要求妇女遵守三从四德之礼法纲常的内容。但其编写目的是在于看到成帝时皇后赵飞燕与其妹赵昭仪以及卫婕好的荒淫奢侈，故取历史上那些贤妃贞妇的美德以褒扬和那些祸乱孽嬖的丑行以贬斥而有所告诫，因而不能说全无积极意义。从全书所编百余个历史故事来看，多数还是表彰古代妇女的善良美好、聪明才智以及勤劳勇敢等高尚品德，有些情节生动感人而成为后世妇女的道德行为规范。

铜提链炉（西汉）

　　如果说刘向表现出怀古倾向，那么其后的扬雄则进一步表现为复古了。扬雄前期创作主要集中在大赋上，而后期则基于复古思想转而从事散文创作。扬雄之复古并非为复古而复古，而是对每况愈下的现实政治深感失望。他对当权者利用今文经学欺世盗名十分反感，于是以谈学术的方式表示不满和批判。其所作《太玄》、《法言》分别模拟《周易》、《论语》，以朴素的科学阐释和古雅的君子风度对当时社会的迷信思潮给予抨击。扬雄的借古非今、针砭时弊有其进步性，但这类著作力求古奥未免有矫枉过正之嫌，"好为艰深之辞"影响了文学方面的价值。

　　扬雄所写直陈政见的条疏和直抒胸臆的杂文则无艰涩之病，而是明白晓畅，气势磅礴，具有很强的感染力。其《谏不受单于朝书》针对当时单于愿意来朝五年，而公卿以为虚费府帑，应"不许而辞之"的现实，力排众议，立场鲜明，认为这是"大事"，"甚不可使隙甚明"，然后征引秦汉以来的大量历史事实，论证与匈奴关系破裂的严重性。言之凿凿，理之切切，文辞朴茂，笔力劲健，不仅继承了汉初政论的长处，也充分显示了赋家宏壮的声势，可谓西汉末叶文坛独领风骚的难得佳作。

进入东汉以后，神学迷信大肆泛滥，图谶符命充斥政坛。著名学者桓谭率先奋起抨击，其清新的文风也使人耳目一新。桓谭少时即博学多通，尤好非毁俗儒。王莽居摄及篡汉时，多有作符命以求容媚者，而桓谭独能自守沉默无言。东汉建立之初，被光武帝召用，但常上书言事不合光武心意。后痛斥迷信，请禁图谶，几乎被杀，贬死道中。桓谭的文章既无西汉后期以来日趋典雅雍容的品貌，也无扬雄的古奥艰深晦涩难懂的风度，而是纵意而谈，不加雕饰，通俗易懂，晓畅明快，具有很强的直观性和说服力，这在其《新论》中表征鲜明。

桓谭之后，反对神学迷信最有力的是杰出的思想家、文学家王充。王充，会稽上虞人。曾到京城就读于太学，师从著名学者班彪。家贫无书，常游洛阳书肆，阅读所卖书籍，常能过目成诵，遂博通百家。后归乡里，曾任小吏，与上司不合而受贬黜，于是离任回家闭门读书。王充平生所著甚丰，但流传至今的只有《论衡》84 篇。王充作为向神学迷信挑战最坚决的斗士，已经不仅是停留在

王充像

西汉末期以来刘向、扬雄的思古、复古上，而是发展为兼重今古，即无论古今，凡虚妄者皆疾之，凡实诚者皆求之。《论衡》内容十分丰富，广泛地涉及了历史和现实的许多方面，但主要集中在辨伪订实，从哲学与政治角度对种种谶纬符瑞之谬说进行批判。其语言质朴流畅，富口语意味；文中列举大量事例，上下古今，反复论证，面面俱到；气势如长江大河，浑浩雄肆，富于逻辑性和感染力。王充的这种文章风格，对当时和后世都有影响。王充友人谢夷吾将其与孟轲、荀况、扬雄、刘向相

提并论，魏晋时期的通脱任诞之风也可由此看到先声。

　　东汉时期除以上哲学论著较为突出外，历史散文方面则以班固的《汉书》首屈一指。班固的父亲班彪在东汉初年曾著《史记后传》65篇，以补司马迁《史记》汉武帝太初年以后的历史。班彪去世后，班固认为《史记后传》所续史实未能详尽，于是开始了规模浩大的《汉书》修撰工作。但是几年以后，有人上书明帝，告他私改国史，因此被捕入狱，并尽收书稿送京城洛阳。岂料明帝阅看书稿后大为赏识，于是召班固入京任兰台令史，后又迁升为郎、典校秘书，并令其继续撰修《汉书》。20余年后，《汉书》基本完成。和帝时统治集团内部斗争激化，班固被仇家报复，死于狱中。于是，和帝又命其妹班昭补足八表，又命马续协助修成《天文志》。至此，《汉书》在班固主撰之下，历经三四十年始成完书。

铜车马仪仗（东汉）

　　《汉书》所记自高祖元年（公元前206年）至王莽新朝地皇四年（公元23年）西汉王朝一代历史，全书分十二帝纪、八表、十志、七十列传，凡100篇，为我国第一部纪传体断代史。《汉书》在体例上承继《史记》的传统而又有重大发展，尤其是内容宏大的十志，虽取法于司马迁所创八书，但记事更为丰富，编排更为合理。

　　在人物传记的撰写上，《汉书》继承并发扬先秦以来中国史学"直笔""实录"的优良传统，因此较全面深刻地反映了当时社会的真实面貌。《汉书》叙事，汉武帝太初年以前基本照录《史记》，太初年以后则全为班固修撰，同样表现出杰出史家实事求是、公正不阿的优秀品质。

如其以过人的眼光、学识和胆略为李陵立传，详述李陵面对匈奴单于亲率的 8 万骑兵而以 5000 步卒转战大漠可歌可泣的事迹，篇末又颇具深意地特别加述一段当年司马迁在《报任安书》中为李陵的申辩，同时在《苏武传》中又用互见之法借李陵自白予以肯定其报国之心。这样就不仅用翔实的史料酣畅淋漓地还李陵的本来面貌，并以极大的同情为司马迁所受屈辱鸣不平，同时也毫不含糊地暴露了汉武帝的刚愎、偏私、残暴的性格侧面。另外，如《外戚传》多方面如实记录了宫中帝后妃嫔夺势争宠、阴谋陷害、淫秽乱伦、奢侈无度的种种丑行，表明了作者对刘汉王朝统治集团内部的龌龊现象的批判态度。同时作者又在不少人物传记中写到民生疾苦而流露出一定的同情，表现了一个正直的史学家关心民瘼的可贵品德。

由于班固崇奉的是儒家思想，所以对人物的评判是根据儒家的伦理道德标准，这与《史记》反映了众多人民的观点和作者的反抗精神有所不同。《汉书》在语言的运用上取得了很高的成就，因为作者是汉代著名的赋家，又受当时儒学文风的熏染，故散文熔铸了辞赋的华彩和睿哲的典雅，富丽而又凝练，但相对而言，则不如《史记》奇谲多变，奔放恣纵。在结构上，文章组织也很严密，精选史料加以剪裁，既注意从大处落笔，又注意从小处着墨，并能挥笔晕染，写意传神，与《史记》相比则较为工稳，有儒雅之风。东汉时期的其他历史散文著作还有赵晔的《吴越春秋》以及袁康所著的《越绝书》等等，史学价值不大，然文学性较强。

到东汉后期，随着政治日趋腐败，社会愈加黑暗，著名学者文士散文作品也由前期主要活跃在思想、学术领域，逐渐转向对政局的关切和对时弊的批评，王符的《潜夫论》可谓"议当时得失"的杰出代表。其对东汉以来腐败的党争风气大胆地进行揭露和批判，对愈演愈烈的门阀制度进行猛烈的抨击，对从京城漫及天下的奢侈靡费之风给国家社稷带来的灾难痛心疾首。文章引经据典，痛诉直陈，练达有力，深刻见骨，活画出一幅末世沉沦的可悲图景。倘若结合这一时期其他散文作品来看，那些朴实厚重的文风开始消歇，魏晋典丽清秀的文风开始兴起。这与汉末抒情小赋相映成辉，共同咏叹着愤世嫉俗而又郁勃不平的满腔愁恨。

第三节　本俗求雅的诗歌

　　汉代文坛是辞赋雄起熠熠生辉的时代，散文在政论、哲理及史学方面也取得了相当成就，唯独诗歌的发展进程相当缓慢。其主要原因在于当时人们的诗歌观念。汉代人认为以《诗经》为典范的华夏传统的四言诗，是自西周以来华夏高雅文明的象征。尤其是汉武帝独尊儒术之后，《诗经》被推重为神圣化了的经典，连"诗人"的名号都只给了《诗经》的作者，当时人即使作四言诗也没有资格称"诗人"。随着《诗经》的经典化，雅正的四言诗在汉代进一步学术化，成为伦理道德的经律说教，也就不是通过语言创造艺术形象的文学了。因此，这种被视为最高级的雅正诗歌形式，在先秦时代就已经僵化落后，到这一时期更显得呆板而缺少艺术审美的活力，故而几乎没有一首值得称道的作品问世。

　　就楚歌而言，本属于卑俗诗歌，所以并不为文人士大夫重视。但是由于被文化层次不高却做了皇帝的高祖刘邦所喜爱，所以很快成为宫廷上层流行的抒情诗歌，此后居然骤升为庄重肃穆的宗庙祭乐，帝王嫔妃、达官贵人也有仿作。但唯其如此，也就很快失去了民歌本初活泼真切的审美特性，那些用于宫廷庙堂的逐渐僵化，那些华丽婉媚的仿作也大多变成赋体文学的组成部分。故此，武帝之后传统观念的诗歌形式萧条下来。

　　至于乐府收集的四言、七言与杂言体诗歌，在汉代，特别在西汉，一向被文人士大夫所鄙视，认为是乡野俗体，有失雅正标准，没有人进行创作，只是活跃在民间。虽然武帝时乐府官署收之，也是"于俳谐倡乐多用之"，并不具主流地位。然而用今天的观点来看，正是因为这些诗歌具有"感于哀乐，缘事而发"的特点，未受传统儒家"温柔敦厚"诗教的束缚和干扰，才真实地反映出社会的现实生活，强烈地抒发出作者内心的情感，表达出人民追求幸福、反抗压迫的意愿，同时在形式上也不拘一格而充满创造性。

到东汉后期，儒家思想文化的统治受到冲击而日渐松动，雅俗畛域也开始相互影响、渗透、逆转，俗体趋雅，雅体通俗。此时士大夫文人普遍有俗体五言诗的创作，为五言体成为我国古典诗歌的主要形式做出了贡献。与此相应，传统雅正的四言诗也有复苏倾向，重新成为以生动的形象、清雅的语言、和谐的声韵表情达意的手段。总之，诗歌到此时才又开始活跃起来，并为魏晋以后的诗歌发展提供了新的契机。

如上所述，可知汉代诗歌的真正价值在于乐府民歌，这些民歌"可以观风俗、知薄厚"，而并非词臣文士应制颂圣之作，所以在内容上十分真实而深刻地反映了当时丰富多彩的社会风貌，强烈地抒发了广大群众的内心情绪。

从思想性来看，乐府民歌揭露了两汉社会普遍存在的政治压迫和经济剥削现象，并表现了人民的悲愤与反抗，其率真和强度不仅当时的辞赋无法相比，就是下层文人的诗作也不能望其项背。如《妇病行》用叙事手法，写妇死儿孤、丈夫无奈的悲惨境地。《东门行》写贫民无法生存只得铤而走险，活生生地勾勒出官逼民反的画面。《战城南》则是对统治者穷兵黩武的痛苦控诉和抑郁诅咒。《十五从军征》则凝聚着老兵转战一生而终无所得的万般伤感。《悲歌》抒发行役思乡之苦："悲歌可以当泣，远望可以当归！思念故乡，郁郁累累。欲归家无人，欲渡河无船。心思不能言，肠中车轮转！"可谓声泪俱下，肝肠寸断。再如《古歌》："秋风萧萧愁杀人。出亦愁，入亦愁，座中何人，谁不怀忧？令我

抚琴石俑（东汉）

白头。"抒写从内地到边塞，从忧伤到苦痛的无尽愁思。而对爱情的描写也反映了那个时代女性的向往和控诉，《上邪》曰："上邪！我欲与君相知，长命无绝衰。山无陵，江水为竭，冬雷震震，夏雨雪，天地合，乃敢与君绝！"女性大胆的爱情表白同样反映了爱情追求的艰难。《有所思》更写女性"闻君有它心"的复杂心态，《白头吟》则表达"闻君有两意"时的决绝意志。总之，汉乐府民歌真实而深刻地再现了两汉时代社会生活的画面和人民群众的喜怒哀乐。

同时，在艺术成就方面，汉乐府民歌也是中国古代诗歌创作中不可多得的精品。其粗细有致的叙事之美，或刻画人物，或勾勒事件，而处处又饱蕴情意，使人感到形象鲜明，感人肺腑。其灵活多样的形式之美，很自然地依顺社会生活的本来面貌，句式当整则整，当变则变，或五言，或杂言，不拘一格，不泥一体，使人感到一气呵成，流动奔逸。其质朴生动的语言之美，通过自在的艺术敏感和卓越的口头表达，感于哀乐，率性而发，全以大众喜闻乐见的通俗口语入歌，而绝无刻意修饰的矫情虚冒之病。正因如此，汉乐府民歌历受后世称赏，明代胡应麟在《诗薮》即言："随语成韵，随韵成趣。辞藻气骨，略无可采，而兴象玲珑，意致深婉，真可以泣鬼神，动天地。"其继承了《诗经》的现实主义创作思路，而为后代的艺术样式开创了更广阔的天地。

两汉文人诗有四言、楚歌、骚体、七言、五言等，但都数量不多且价值不高。四言言志之作，大都恪守《诗经》典雅庄重的传统，形式僵化，毫无创意，只是到了东汉后期稍有改观，出现了像张衡《怨诗》一类较好的作品。楚歌在西汉较为流行，如汉高祖的《大风歌》、汉武帝的《秋风辞》等，东汉时多用于赋中以增情采，因而也就失去了独立的地位。至于骚体，其实汉人并不以之为诗，而把它看做是一种讲究修辞的文章，故后来与辞赋合流。而七言也不过刚刚从楚声中萌芽，如《四愁诗》也表明体式还较朦胧。只有五言诗在汉代经酝酿趋于成熟，它经过数百年自在自为的发展，终于脱离了以叙事为主、从属于乐舞的阶段，而跃进到重在个人抒情述志、具有独立语言艺术特点的文人创作轨道，从而为诗歌

绿釉陶水亭（东汉）

自觉走上繁荣昌盛的新时期奠定了坚实的基础。目前所见被公认为最早的署名五言诗是班固的《咏史》，但此诗只是平铺直叙的罗列史料而已。其后张衡的《同声歌》问世，塑造出真切生动的艺术形象，抒发出诚挚婉细的感情，技巧有了很大的提高。

　　到东汉末年，除秦嘉、郦炎、赵壹有署名诗作外，更多的是名不见经传的作家所作的大量精雅作品。这些作品经流传到南朝，梁昭明太子萧统编《文选》时，选取其中部分组成《古诗十九首》，于是这些被称为"古诗"的作品遂得以光大。现在看来，《古诗十九首》并非写于一时一地，所以也不是出自一人之手，但经考证可认为是东汉后期之作，在流传过程中也有加工。这些作品与乐府民歌的叙事性完全不同，而是以抒情性为典型特征。所抒发的又全是游子思妇、离愁别恨、怀才不遇、仕途坎坷、人生难料、及时行乐等个人情怀，抒情主体的个性鲜明而突出，与乐府收集民间传唱的歌谣很不相同。如《行行重行行》抒发闺妇思念亲人的惆怅："行行重行行，与君生别离。相去万余里，各在天一涯。道路阻且长，会面安可知。胡马依北风，越鸟巢南枝。相去日

已远，衣带日已缓。浮云蔽白日，游子不顾返。思君令人老，岁月忽已晚。弃捐勿复道，努力加餐饭。"实际上，《古诗十九首》以浓重的感伤情绪表现了东汉末世动乱前夜的社会黑暗，诗人以抑郁叹婉的笔法将忧苦无绪的内心情结真切深沉地抒发出来，使人似乎看到那昏乱失道的年头人心不定的惶惑。

《古诗十九首》所以具有动人心魄的力量，还在于其成功地运用了多种艺术手段。比如，作者极善于寓情于景，以景写情，使情景完美交融，这就不仅形象生动，而且精致委婉，情景真切感人故而产生强大的艺术魅力。作者还善于通过生活情节抒写内心活动，融抒情于叙事之中，使整体形象具体、鲜明、真实、生动，这就避免了空自抒情而给人虚假矜持的印象。作者还善于运用比兴手法，使诗歌言简而意深，语短而情长，物象鲜活而意绪丰蕴，笔墨不多却余味无穷。总之，《古诗十九首》用异常精练、清丽的语言，创造出感人至深的意象，并寓有邈绵无尽的人生况味，唱出了那个时代下层文人的忧伤和叹息。它以细腻的人生感受和卓越的艺术建树在文坛上开出一块花圃，而引导后世文人在这块花圃上继续培植绚丽多彩的未来。

第四章
推陈出新的科技成果

秦汉时期，科学技术也取得一系列丰硕的成果。新型农具的出现和栽培方法的丰富提高了农作物的产量，冶炼规模的扩大和工艺技术的改进普及了金属制品的使用，对天文的深入研究使历法更为科学，地图的出现也为行政管理和军事用兵提供了方便，社会实践中积累的数学经验得到及时的总结，医药学也能更好地为临床治疗服务，纸的发明更是促进了文化的传播，还有许多其他方面的科技成就也给人们的生活带来广泛的影响。

第一节　农耕与冶铁

以农为本是一个重要的传统观念，农业科技便是在重农思想下进步的。秦汉时期由于采取重农政策，国力得到增强，农业建设也随之发展。汉代已开始推广牛耕法，这样可以深耕细作，达到粮食增产的目的。从全国各地出土的大量汉代牛耕壁画以及为数众多、形式各样的犁具看，汉代牛耕推广的范围已十分广泛。西汉时国家对耕牛的保护和繁殖十分重视，并在法律上明文规定："盗马者死，盗牛者加。"[①] 东汉初年，对损害耕牛者治罪也绝不手软，不论宰杀自己的牛或是盗窃别人的牛一律处以死刑。

与牛耕法相适应，汉代犁铧形制大小有别，以适应不同地况的需要。如在熟地上耕作，则用轻巧灵便的犁铧；如开垦荒地，则用锐利厚重的较大犁铧；更有一种开沟作渠的形制特大，往往需数牛牵引。就目前出土的汉代犁铧来看，多数已带有翻土的犁壁。犁壁有向一侧翻土的板瓦型壁，也有向两侧翻土的马鞍形壁。犁壁的发明是耕犁改革上的重大发展，没有犁壁就不能起到碎土松壤、起垅成亩的作用。除犁铧之外，汉代还出现许多新型农具。耧车在当时已见应用，山西平陆枣园的王莽时期的墓室壁画牛耕图上，就有一人正在挽耧下种。汉代的耧车由机架、种子箱、排种孔、耧脚、输种管以及牵引装置所组成，其工作原理、构造部件、调节装置等都为以后的播种机制造打下了基础。汉代传世的"三脚耧"能够同时完成开沟、下种、覆土三道工序，一次能播种三行，而行距一致，下种均匀，大大提高了播种效率和质量。据《齐民要术》载，东汉时耧车传到敦煌，使用后劳动力节省了一半，而产量增加了五成。

风车这时也已出现，1973年河南济源县西汉晚期墓葬中出土有陶风车明器，说明至迟在西汉晚期已经发明了这一谷物脱粒后分出糠秕和子粒的工具。它把叶片转动生风以及子粒重则沉、糠秕轻则飏的经验巧妙地结合起来，应用于一个机械之中，确是一种新颖的创造。水碓的发明则更为新巧，实际是杠杆原理的巧妙应用。碓由杵发展而来，功用是舂米、舂面等。其发展步骤，第一步是人力脚踏碓，第二步是畜力碓，第三部发展到水碓。水碓不仅大大节省了劳动力，而且大大提高了生产力。桓谭《新论》对此评价说："因延力借身重以践碓，而利十倍。杵

---

① 《盐铁论·刑法论》。

陶践碓和风车（西汉）

舂又复设机关，用驴马骡牛及役水而舂，其利乃且百倍。"桓谭是两汉之交的人，其时已有畜力和水力碓，说明人们对自然力的利用和机械技术的重大进步。

其他小型铁农具，如锸、钁、锄、镰等一般都比战国时期加宽加大，提高了工作效率，植物栽培、耕作方式及灌溉工程各方面的进步，也都体现出科技在农业的广泛应用。

秦汉时期，铁器使用和冶炼技术在广大地区传播，铁器性能和制造工艺也迅速得到提高。考古发现表明，西汉初期铁制农具已经普遍取代了铜、骨、石、木器，东汉以后，主要兵器已全部为钢铁所制，从而完成了农具和兵器向铁制化过渡的进程。

汉朝自武帝以后，钢铁生产在质和量两个方面都有重大发展，这同当时社会生产和国防的需要以及冶铁术的进步有密切的关系。铁除了用于农业生产和军事作战外，还大量用于日常生活用具如灯、斧、炉、刀、剪、锁等。由于社会对铁的需求增长，冶铁规模也不断扩大。西汉将冶铁收归官营以后，使用大量"卒徒"来从事生产。因铁的生产率大为提高，铁在市场上的价格要比铜便宜得多。西汉前期，大约铁价只相当于铜价的1/4。从现在发掘的冶铁遗址看，西汉有 60 多处，东汉有

100多处，冶铁场所的增多反映了铁在手工业中的主流地位。高炉相应增大，鼓风动力也需加强，因而从人力鼓风发展到畜力鼓风又发展到水力鼓风。利用"水排"来鼓风，自然"用力少，见功多"。从已发现的汉代冶铁遗址看，冶铁作坊多半建设在矿山附近，而有的却建在河流旁边，可能就是为了利用"水排"鼓风的缘故。高炉的增大固然提高了产量，但炉内煤气上升受到阻碍影响冶铁，工人们在长期实践中观察到炉料的粒度整齐可以减少煤气阻力，因而在冶炼前主意先将矿石加工成粒度整齐的炉料，这样做既可节省燃料，又加速了冶炼过程。

铜柄铁剑（东汉）

西汉中期，由冶铁又进一步发明了炒钢技术。所谓炒钢，就是把生铁在熔池中加热到基本熔化以后进行搅拌，借助空气中的氧把生铁所含的碳氧化掉。在古代缺乏化学分析的条件下，炒钢产品中的含碳很难控制在适当水平，需要有熟练的技巧和丰富的经验。炒钢的成分均匀，其中的夹杂物一般比较细小，性能得到加强，因而更便于用来制作精品。此外，汉代用一般的铁经过反复炒熟锻炼也能成钢，东汉时期铁制刀斧已多用钢刃。东汉晚期著作《太平经》卷七十二中言："今军师兵，不祥之器也，君子本不当有也……但备不然，有急乃后使工师去治石，求其中铁，烧冶之使成水，乃后使良工万锻之，乃成莫邪。"由此可知，莫邪一类的精良兵器即由生铁炒炼成钢反复锻打而成。

由于炒钢法到东汉已发展到成熟阶段，故此有"三十炼"、"五十炼"乃至"百炼"等区别。东汉流行一种环首钢刀，叫作"书刀"，因它一面常有错金的马形纹样，又称为"金马书刀"。皇帝常常用它来赏赐给臣下，官僚和儒生往往用带子把它系在腰间，因此有时也成为陪葬品。罗振玉《贞松堂吉金图》卷下著录有 4 件"金马书刀"，其中 3 件带有铭文都是"卅炼"。1974 年，在山东苍山县汉墓出土的一把环首钢刀，全长 111. 5 厘米，刀身宽 3 厘米，刀背厚 1 厘米，上有铭文"永初六年（公元 112 年）五月丙午造卅炼大刀，吉羊（祥）宜子孙"。经过金相鉴定，钢的含碳量比较均匀，刃部经过淬火，所含夹杂物与现代熟铁相似。1978 年江苏徐州铜山县驼龙山汉墓出土一把钢剑，铭文说明为"五十炼"制成，价值一千五百钱。一千五百钱当时可买五十石粟，供一个人吃两年零 9 个月。由此可知"五十炼"的钢剑价格比较昂贵。

更有"百炼"之刀剑为稀世罕有，汉末建安年间曹操曾令造宝刀 5 把，此宝刀也称"百辟刀"，是"百炼利器"，据说用来"以辟不祥，摄服奸宄"，曹植还为此写了一篇《宝刀赋》。1993 年初，在陕西兴平出土的东汉晚期墓葬，发现一把向下插的剑，被坍塌的墓土压成弯弓状，当考古工作者小心翼翼地清除掉剑身坍土时，此剑突然反弹复原成垂直状。剑身弹性如此之好，是迄今众多古代兵器发掘中的首例，也说明此剑的坚韧性很强，锻造技术非常高，从而使"何意百炼钢，化为绕指柔"的古诗，得到有力的实物佐证。总之，汉代的冶制钢铁技术已发展到较为成熟的阶段，这为汉代国力增强打下了良好的物质基础。

第二节 天文与地理

汉代的历法也取得很高的成就，对天象的观测使人们得到更为科学的认识，使天文学得到很大发展。战国末齐国人邹衍等曾倡立五行学说，论述五德终始运程，认为周之火德必由水德所取代。秦统一中国后，遂以水德代火德，采用颛顼历，相应地改变正朔。汉代秦之后，对秦朝制度很少改变，因此汉初仍承秦制。颛顼历和黄帝历、夏历、殷历、周历、鲁历等六历，是我国最古的历法。由于秦始皇焚书，六历原本已失散，其法散见于史志及杂书中，也不过是一鳞半爪的记述，因而对这些古历，还有待深入研究。

从秦始皇二十六年（公元前 221 年）到汉武帝元封七年（公元前 104 年）使用颛顼历，定十月为每年的第一个月，九月为最后一个月。但随着农业生产的发展，人们渐觉这种政治年度和自然现象中的春夏秋冬不合，于是有朝臣建议修改历法。武帝元封七年，诏命公孙卿、壶遂、司马迁等人"议造汉历"，并征募民间天文学家 20 余人参加。他们或做仪器进行实测，或进行推考计算，对所提出的 18 种改历方案，进行了一番辩论、比较和实测，最后选定了邓平、落下闳提出的八十一分律历。把元封七年改为太初元年，并规定以后每年都从孟春正月开始，到冬季十二月结束。这种历法叫做"太初历"，它是我国最早根据一定规制而颁行的历法。从改历过程中可以看到，当时朝野对天文有深入研究者大有人在。我国古代制历必先测天，根据天文观测来判定历法优劣，这一原则由此得到确认和体现，其具有划时代的意义，并对后代制历产生深远影响。太初历虽然还不够精确，但它把季节和月份的关系调整得十分合理，这个历法在农历中一直沿用到现在。

太初历的原著早已失传，西汉末年，刘歆据太初历改为三统历，它被收在《汉书·律历志》里。《三统历谱》补充了很多原来简略的天文知识和上古以来天文文献的考证，是我国古代流传下来的一部完整的天文著作。它的内容有造历的理论，有运算推步方法，还有基本恒星的距度，因而《三统历谱》被认为是世界上最早的天文年历的雏形。《三统历谱》受谶纬迷信影响，也有利用经术来粉饰某种制度的倾向，这种穿凿附会使天文科学染上了神秘色彩，而给后来的术数学提供了一条惑人的途径。太初历从武帝太初元年（公元前 104 年）行用到东汉章帝元和元年（公元 84 年），经长期实测重新修订，此后又颁布施行四分历，到后汉末又颁行比四分历更为精密的乾象历。东汉天文学家不但重视实际观测和前代经验，还要同一般图谶迷信作斗争，为中国天文学的发展建立了一个良好的开端，历法也沿着科学的轨道更趋合理。

为观测天体的布局和运行，汉代还制造出浑仪，这是简单而原始的仪器。通过它可以观测天象，测定二十八宿的距离、五大行星的运动情况等。人们还制造出浑象，象征天体的运动，表现天象的变化，这种仪器也被称作浑天象或浑天仪，其基本形状是一个大圆球，在球上布列许多星辰，旋转就可演示出天象变化。现在能见到的最早的有关浑象的记载便是张衡的《浑天仪图注》了，张衡在前

浑象

人的基础上制作出浑象，上面标有二十八宿、南北二极、黄赤二道，还有二十四节气，日、月、五大行星等。整个浑天仪以水力推动，与天球转动合拍，这是中国古代历史上著名的创造。张衡还制造有地动仪和气象仪，观测地震和风向的变化。正因天文科学技术的发展，人们对宇宙领域的探索也不断深化。张衡在阐发浑天说时认为："浑天如鸡子，天体圆如弹丸，地如鸡中黄，孤居于内，天大而地小，天表里有水，天之包地，犹壳之裹黄。天地各乘气而立，载水而浮。"此说虽有欠缺，但已难能可贵。另外，张衡"宇之表无极，宙之端无穷"的关于宇宙无限性的精辟论述，更将人的遐思引入浩渺无垠的星空中去玩味造物的虚实。

秦汉时期对地理的研究也十分重视，其主要原因当然也是因经济和政治的需要。秦汉之前，"地理"一词的含义主要指地表形态，并且与"天文"常常相提并论。《周易·系辞》中言："仰以观于天文，俯以察于地理。"《淮南子·泰族训》中言："俯视地理，以制度量，察陵陆、

水泽、肥墩、高下之宜，立事生财，以除饥寒之患。"因此，研究地理，因地制宜，首先是为解决穿衣吃饭问题。此后由于政治的原因，地理显得愈发重要。

秦灭六国，收集各国图籍，集中贮存于咸阳，以备军政之用。之后为加强统治，又修筑驿道，并制全国综合性的一统之图。秦末，刘邦进兵关中，大臣萧何抢先收集秦朝图籍，又筑石渠阁以藏之，以备刘邦治理天下时参考。汉立国后，对地图的绘制、收集和管理更为加强，图籍秘书一概由帝王委派的御史史丞掌管。据史籍载，汉代地图已广泛应用。《汉书·淮南王传》载："日夜与佐吴等按舆地图，部署兵从所入。"《后汉书·邓禹传》载："光武舍城楼上，按舆地图，指示禹曰：'天下郡国如是，今始乃得其一。'"所谓"舆地图，汉家所画，非出远古也"①。汉代的地图通称为舆地图，这里的"舆"，是尽载行事之意，即图上尽量包罗当时的田赋、户口、行政、车乘等内容。舆地图简称舆图、地图或图，除广泛应用于军事，还用于评定土地疆界、封建之国。

目前所见最古老的地图，是 1974 年在湖南长沙马王堆汉墓出土的。图共 3 幅，绘于帛上，分别是地形图、驻军图和城邑图。地形图内容丰富、详备，有山脉、河流、聚落和道路等要素。地图主区为西汉初年长沙国的南部，主区以外的邻区则绘制粗略。图上所绘聚落共有 80 多个，其中县级居民地共有 8 个，乡里级居民地可辨认的有 74 个。县城用方框表示，乡里用圆圈表示，注记写在框里，字体用篆隶，这表明地图所用符号已有统一设计。图上道路用粗细均匀的实线表示，河流的线状符号从上源到下游由细变粗，山脉的曲线绘制成鱼鳞状表示峰峦起伏，看来在地图绘制方面已有了初步的"制图原则"。驻军图除山脉、河流、居民点和道路外，突出表示驻军名称、布防位置和防区界线、指挥城堡、军事要塞等。城邑图是一座城市的平面图，图上绘有城垣、房屋和街道，还有几处豪华的宫殿建筑，据考所绘

---

① 《史记·淮南衡山列传》索隐引虞喜《志林》。

可能是长沙国首邑。这些按一定比例、方位详细绘制的地图，内容之充实，勘测之细密，绘画之艺术，均显示了当时的高超水平，并以其精湛而名震中外，被世界历史地理制图界人士誉称为"惊人的发现"。

石浮雕云龙纹圆形砚（汉）

正是在汉代地理文化的基础上，班固写出了《汉书·地理志》这第一部用"地理"命名的地学著作。它以记述疆域政区的建制为主，为地理学著作开创了一种新的体制，即疆域地理志。作者根据汉平帝元始二年（公元 2 年）的建制，以疆域政区为纲，依次叙述了 103 个郡国及所辖的 1587 个县、道、邑、侯国的建置沿革。在郡国项下，都记有户口数字，把这些数字加起来，就能得出当时全国的总人数。书中还根据地区特点，记载山川、物产、经济发展和民俗风情等，为今天研究历史地理提供了宝贵的资料。《汉书·地理志》标志着地理学的新阶段，后世此类著作不断涌现，如历代"正史"中的地理志大都以其为典范，唐宋以后大量的地方志也无不受其影响。

第三节　数算与医药

在春秋战国数学发展的基础上和秦汉时期科学计算的实际需求中，

数学得到广泛的应用和很大的进步，出现了中国古代最早的一批数学专著。《汉书·艺文志》著录有《杜忠算术》和《许商算术》，但早已失传。《九章算术》未见于《汉书·艺文志》，当是编订于班固之后。今人考证《九章算术》大约写成于公元50年到公元100年间，可谓我国现有传本的古算书中最古老的数学著作。

彩绘鹤纹漆匜（西汉）

经过春秋战国到西汉中期数百年间政治、经济和文化的发展，《九章算术》比较系统地总结和概括了这段时期人们在社会实践中积累的数学成果。这一时期的社会变革和生产需求，给数学提出了不少亟待解决的测量和计算的问题。如实行按田亩多寡纳税的政策，就需要测量和计算各种形状的土地面积；兴修大规模的水利工程和各种土木建筑，就需要计算各种形状的体积以及合理地使用人力、物力；商业、贸易的繁荣，也需要解决各种按比例核算的问题；愈加准确的天文历法工作，就愈是需要提高计算的精确程度等。

《九章算术》正是由各类问题中，选出246个例题，按解题的方法和应用范围分为九大类，每一大类作为一章纂集而成。三国时代的刘徽曾为《九章算术》作注，他在原序中说："周公制礼而有九数，九数之流则《九章》是矣。"把汉代的《九章》推源于周公的九数未免扯得太远，实际正如他所说："因旧文之遗残，各称删补，故校其目与古或异，而所论者多近语也。"《九章算术》正是经长时期许多人删订增补才最后成书，因而它是先秦至汉初许多学者共同工作的结晶。它所提供的数学解法，当然为生产和科技的进一步发展，以及为封建政府计算赋税、摊派徭役等提供了方便。

《九章算术》的体例编排也考虑到实际应用。有时是举出一个或几个问题之后，叙述解决这类问题的方法；有时则是先叙述一种解法之后，再举出一些例题。不论哪一种，都符合人们认识事物的理论联系实际的规律。其内容共分九章，分别介绍"方田"、"粟米"、"衰分"、"少广"、"商功"、"均输"、"盈不足"、"方程"、"勾股"等计算法则。如"方田"是讲关于各种形状的田亩面积的计算方法，"粟米"主要讲按比例互相交换谷物的问题，"衰分"讲如何依等级分配物资或摊派税收，"少广"讲到开平方和开立方的方法，"商功"则可估算各种工程量以合理地安排人工等。

《九章算术》有着一整套在当时世界上堪称是十分先进的算筹方法，用算筹的不同位置和不同摆法可以表示任意的数目。在数学命题的叙述方法上，也是从实际出发，而不是从抽象的定义和公理出发。这些特点，标志着中国古代以算筹为工具的数学体系的形成。此后，《九章算术》一直是人们学习数学的重要教科书，16世纪以前的中国数学著作大都沿袭《九章算术》的体例。正是以数学方式解决实际问题的传统被继承下来，并在注释工作中不断引入新的概念和方法，从而使中国古代数学得以进步。

秦汉时期的医学发展总趋势是《黄帝内经》理论在实践的基础上进一步验证充实，并和实践逐步结合起来更好地为临床治疗服务。《黄帝内经》并非传说中黄帝时期产生的作品，因为中华民族历来把黄帝尊为始祖，故将书名冠以"黄帝"二字寓有溯源崇本的用意。此外，《内经》理论受阴阳家思想影响较大，阴阳家也是尊黄帝为鼻祖的，故书名可能亦与此相关。现今流传的《黄帝内经》，由于其中各篇长短颇为悬殊，某些内容重复矛盾，语气文风也不很一致，表明此书非成于一人一时。一般认为大约在战国时代，《黄帝内经》已经产生，经过秦汉时期增补修改，以后在流传过程中又因革损益，而形成这部内容丰富的中医学典籍。《黄帝内经》医学理论虽然在战国时期已基本形成一个比较完整的体系，但许多地方还缺乏更充实的实践经验，特别是药物方剂的运用方面经验更少，这些都说明理论和实际的结合尚有相当距离。

秦汉医学的成就主要表现在两个方面：一是药物方剂的进步，一是临床医术的提高。《汉书·艺文志》载录医书 11 家 274 卷，并且把医书分成《医经》和《经方》两大类，足见中医以方治病的特点在汉代已经形成，而战国时期则是以针石疗法为主。汉代方剂的进步，必须以对药物认识的进步为基础。《汉书·楼护传》载："护少随父为医长安，出入贵戚家。护诵医经、本草、方术数十万言。"可见记载药物的专书"本草"不但在西汉已经出现，而且已经达到与医经、方术三足并立的地步。

针灸治疗在秦汉时仍然占着重要地位，从秦汉之际的淳于意到东汉末年的华佗，都是针、药并用。汉代针灸也有很大进步，向便于临床实践的方面发展。河北满城发掘的西汉刘胜墓，出土了金针、银针和药匙、药壶等一些医疗用具，反映了当时的用针用药情况。另外需要注意的是，秦汉的医学理论，由于受阴阳五行说神秘化以及道家长生不老学说的影响，也有与宗教迷信混淆的不利倾向。秦皇、汉武诸帝千方百计益寿延年，助长了神仙、方士、炼丹、服石、气功、按摩、房中术等纷纷流行。于是这方面的著作也大量出现，和一般医学著作并列流传，《汉书·艺文志》就把方技列为一类，而分医经、经方、房中、神仙 4种，可见医学还难逃方术的苑围。这种情况，对中医理论的发展起了阻碍作用，使中医学久蒙不白之冤。

现在见于史载的秦汉良医最早的是淳于意，他是山东临淄人，因曾做过齐国的太仓长，故被称为仓公。他给人看病注重病历记述，凡患者姓名、职业、地址、病名、脉象、病因、治疗、用药、疗效、预后等，皆作详细记录。《史记·扁鹊仓公列传》记载了淳于意所述"诊籍" 25案，有成功的经验，也有失败的教训。这是我国最早见于文献记载的医案，其体例内容实为后世病历的创始。其治病虽然也用针灸，但大部分已用方药。

关于方药方面的最早著述可谓《神农本草经》，这部药学专著一般认为成书于西汉，称"神农"不过假托而已。《神农本草经》是我国药学史上第一次对药物进行全面系统分类撰述的著作，它对战国秦汉以来的药物知识进行总结并对后世产生了深远影响。

《神农本草经》共收药物 365 种，其中植物药计 252 种，动物药 67 种，矿物药 46 种。根据药物的性能和使用目的不同又分上、中、下三品。上品药物 120 种，"无毒，多服久服不伤人"；中品 120 种，"无毒有毒，斟酌其宜"；下品 125 种，"多毒不可久服"。这是我国药物学的最早分类法，以后历代本草著作沿袭其例。三品分类法明显受到当时服石成仙思想的影响，认为"欲轻身益气不老延年者，本上经"。但从每一品的细目看，仍是按药物的自然属性分为玉石、草、木、兽、禽、虫、鱼、果、米谷、菜等部排列，较为科学。

另外，书中还提出"药有酸、咸、甘、苦、辛五味，又有寒、热、温、凉四气"的"五味四气"说；不同的药物有"宜丸者、宜散者、宜水煮者、宜酒渍者、宜膏煎者，亦有一物兼宜者，亦有不可入汤酒者，并随药性，不得违越"的制剂原则；以及有关"真伪"、"陈新"、"生地所出"、"采造时月"和"阴干"、"暴干"的不同炮制方法等药物学常识。

书中还提到主治疾病的名称达 170 多种，包括内科、外科、妇科以及眼、喉、耳、齿等方面的疾病，如书中有 60 多种药明确记载主治女性的各种疾病，包括通乳、阴蚀痛、崩漏、不孕、堕胎、闭经、白带、乳瘘、安胎、痛经等。书中所载药物的疗效，如利用水银治疥疮，麻黄治哮喘，常山截疟，黄连止痢，经长期临床实践和现代科学证明，绝大部分是正确的，至今仍有一定的实用价值。《神农本草经》反映了高度的药学成就，历代修撰本草的医家多以此为基础。其后所载药物越来越多，解释越来越细，形成富有中国特色的药学系统。

医学发展到东汉时医术更为精湛，最能代表当时成就的是神医华

华佗像

佗和医圣张仲景。华佗生卒年、月已不可确考，只知道于公元 208 年以前被曹操杀害，《后汉书·华佗传》言其"年且百岁而犹有壮容"，则知他大约生于公元 2 世纪之初。华佗懂得养生之道，又谙于医药之术，曾为许多人治好疾病，因此人们尊称为"神医"。他行医足迹遍及今江苏、山东、河南、安徽等广大地区，有十分丰富的医疗实践经验。

华佗擅长外科手术并发明了麻醉术，《后汉书·华佗传》载："若疾发结于内，针药所不能及者，乃令先以酒服麻沸散，既醉，无所觉，因刳破腹背，抽割积聚。若在肠胃，则断截湔洗，除去疾秽，既而缝合，敷以神膏，四五日创愈，一月之间皆平复。"华佗对内科诊治也十分高明，善于察声望色判断病情，处方也力求简便精当。例如有二人都患头痛，发烧，一起来找华佗医治。华佗经过仔细诊断，给一人开了泻下药，给另一人却开了发汗药。旁边的人迷惑不解请教华佗，华佗解释说："他们二人虽然病症相同，都属实症，但是一个人患的是外实（感冒），另一个人患的是内实（伤食），得病的原因不同，所以开的药也不同。"结果那二人服药后，很快就都痊愈了。

华佗不但给人看病，还提倡体育锻炼疗法，以达到延年益寿的目的。他对弟子吴普说："人体欲得劳动，但不当使极耳。动摇则谷气得消，血脉流通，病不得生，譬如户枢，终不朽也。是以古之仙者，为导引之事，熊经鸱顾，引挽要体，动诸关节，以求难老。吾有一术，名五禽之戏，一曰虎，二曰鹿，三曰熊，四曰猿，五曰鸟。亦以除疾，并利蹄足，以当导引。体有不快，起做一禽之戏，怡而汗出，因以着粉，身体轻便而欲食。"吴普照此施行，"年九十余，耳目聪明，齿牙完坚"。

正因华佗"晓养性之术，年且百岁而貌有壮容，时人以为仙"①。《后汉书》将华佗看做方术人物，说明当时人对医学的普遍看法。

张仲景较华佗稍晚，《后汉书》没有给他立传，但有《伤寒杂病论》传世。在《伤寒杂病论》自序中，他申明了"勤求古训，博采众长"的严谨治学精神和科学态度。他十分推崇扁鹊、淳于意等医家的工作与贡献，古代传下来的许多医书都是他重要的参考资料。他反对"各承家技，终始顺旧"，提倡以严肃认真的态度从事医疗实践，并精益求精，有所创新。

起初，他在家乡南阳给人治病，后到洛阳、修武等地行医。因善于运用"经方"，治愈了不少病人，故有"经方大师"之誉称。他的诊断技术也很高明，有一次他遇到"建安七子"之一的王粲，见他脸色不好，就劝他及早治疗，马上服用五石汤，或许可除病根；否则40岁会掉眉毛，那时不仅不易医治，此后半年命将不保。王粲当时年仅20岁，正春风得意，听后很不高兴，认为张仲景是在炫耀自己的医术，因此并不听信劝告。20年后王粲果然落眉，这时想治也悔之晚矣，半年后一命归西。

张仲景被尊为"医圣"，主要是因为他著有《伤寒杂病论》，此书被后世称为我国第一部理、法、方、药俱备的经典著作。这部理论和实践紧密结合的临症诊疗专著内容十分丰富，据此书原序知张仲景家族因患伤寒而亡者甚多，故著此书兼论他病以求治病救人。在这部著作中，张仲景以朴素的唯物主义为指导，总结和发展了祖国的病因学说，针对当时流行的求巫问卜、谶纬迷信，给以科学的批评与合理的分析。如当时妇女易患的一种"癔病"，发病时感情冲动、喜怒无常，"象如神灵所作"，一些人以为是鬼神附体作怪。张仲景在《妇人杂病》中分析了这种病，指出此病是由妇女带脉病所致，"非有鬼神"，只要仔细判断，合

———————————

① 以上所引见《后汉书·方术传·华佗传》。

理治疗，是可以"治危得安"的。

张仲景所言"伤寒病"是泛指外感风寒导致的种种症状，因而涉及诸多杂病。其主要成就在于对"热病"学说的研究，热病是泛指以发热为主要症状的一类疾病，基本上包括现在的各种急性传染病。《内经》认为它的原因是伤寒，张仲景就把这类疾病直接称为"伤寒"。其以"辨证论治"奠定了中医临床的基本理论，根据病变的表、里、阴、阳、虚、实、寒、热等不同情况决定治疗原则，这就是被后人称为"八纲"的"辨证论治"方法。他还通过望、闻、问、切"四诊"得来病人各方面的表现，加以综合归纳，仔细分析，做出正确判断，把诊断技术提高到一个新水平。

张仲景还注意搜集、研制有效方剂，《伤寒杂病论》共选收 375 个药方，使用药物 214 种，对药物的配合、增减、煎法、服法也都有明确的规定，大都具有用药灵活和疗效显著的特点。由于张仲景对于方剂具有丰富的经验，所以后人称他为方剂学之祖，把他创制的方剂称为"经方"。这些方剂至今还是中医处方用药的基础，成为临床实用的宝贵遗产。总之，汉代医学在基本理论和临床实践方面更紧密地结合起来，开辟了以后中医发展的健康的道路。

第四节　造纸与其他

秦汉时期还有许多重大的发明，其中最为人瞩目并产生世界影响的是造纸。在纸张发明以前，我国古代曾用过许多书写材料。原始社会晚期在石壁、陶器上刻画，夏商时期在龟甲和兽骨上镌写，商周时期在青铜器上铸刻，春秋战国时期则流行在竹简上或缣帛上书写。用竹简或缣帛作书写材料虽然已有很大进步，但也不免具有无法克服的弱点。用竹简写成的书往往很笨重，有时一部书要用数千根竹简，携带很不方便。战国时诸子外出游说、讲学，随身所带的书籍往往要用车运载。据说惠施出外游学，随身带有 5 车的书，其他诸子可想而知。缣帛是用蚕丝织成，产量有限，价格昂贵，一般人用不起，作为广泛的文化传播的材料更不可能。因而秦汉之际还是简牍常见，帛书罕贵。这样，寻求廉价、方便的新型书写材料，逐渐成为迫切的社会要求。经过长期的实践和探索，人们终于发明了用麻绳头、破布絮、旧渔网等废旧的麻料制成植物纤维纸的方法，引起了书写材料的一场革命。"纸"字以丝为偏旁，其最初可能是由漂絮而来，人们从漂絮的过程中受到启发，终于发明了用麻絮造纸的工艺技术，纸也就应运而生了。从目前考古发掘中出土的西汉古纸看，纸都不包含有丝的成分，说明纸在西汉时就已用麻制。

蔡伦像

从西汉到东汉，考古发现；纸的质量有明显进步。东汉时期，不仅中原地区使用纸，而且传播到新疆、甘肃、内蒙古等地区。另外，不仅上层统治者使用，连民间也较为普及了。这说明随着时代的发展，造纸技术已趋于成熟。在造纸过程中，蔡伦起了重要作用。蔡伦是汉和帝时负责监制御用器物的官员，他总结了西汉以来造纸的经验，进行了大胆的试验和革新。在原料上，除采用破旧麻料外，同时还采用树皮，开拓了一个崭新的原料领域，同时也降低了纸的成本。在技术工艺上，也较以前完备和精细，除陶洗、碎切、沤泡原料外，还可能已经开始用石灰进行碱液烹煮。这样既加速了纤维的离解速度，又使纤维分解得更为细致，大大提高了生产效率和纸张质量。公元 105 年，蔡伦将其制成的纸献给汉和帝受到嘉勉，他所主持制造的纸也被称为"蔡侯纸"。蔡伦造纸是现存史籍中关于造纸的最早记载，实际上已有考古发现证明麻纸出现得更早。但蔡伦作为造出优质纸张的杰出改革家，所立下的伟大功勋是永远值得人们赞颂和怀念的。纸张的发明，大大推动了文化知识的迅速传播，从而在人类文明进程中书写出辉煌的一笔。

麻纸（汉）

秦汉时期的科技成就达到了前所未有的高度，给中华民族的科技发展奠定了坚实的基础。尽管在当时政治、思想的樊笼下，科技难免受到一定程度的阻碍，然而毕竟未能遏制住中国人民的勤劳智慧。可以说，秦汉科技领域在大一统的历史背景上，完成了集先秦科技经验之大成的使命，从而给未来开拓出一片更为广阔的前景。

第五章
四通八达的对外交流

　　秦汉时期统一而强大的帝国的建立，不仅凝聚了中华民族古老而多彩的文化传统，使之迸射出更加灿烂的光辉，而且随着与周边民族的交往，也大大促进了中外文化的融通。在这一文化交流的过程中，既有残酷的战争，又有深挚的友情。中华民族从此打破了疆域的界限，放眼更为广阔的生存空间。面对奇风异俗的外部世界，秦汉文化逐步深入到边疆异族地区，同时也广泛吸收外来文化的宝贵营养，从而进一步激发了自身肌体的蓬勃生机，促进了多民族国家的形成和发展，并初步确立了自己在世界文化系统中举足轻重的地位。

第一节　统一疆域

　　秦始皇兼并六国之后，中原地区大规模的军事行动结束，秦朝与周边民族之间的矛盾变得突出起来。针对当时边疆北强南弱的军事形势，秦始皇采取了南攻百越、北驱匈奴的战争策略。

　　百越主要指东南沿海地区，这里少数民族分布众多，故称"百越"。百越地区气候温和、雨水充沛、物产丰富、幅员辽阔，但因山川

袍俑头像（秦）

阻隔远离中原，秦时仍过着相当原始的生活。在文化上也有着与中原迥然不同的特性，如"断发纹身"、"铸铜为大鼓"、"无嫁娶礼法"等。秦始皇针对百越各部居处分散的特点，采取分路进兵、遇难合之的行动方针，经过一系列或顺利或艰苦的战争终于取得胜利。秦在百越地区先后设立闽中、南海、桂林、象郡，并迁徙 50 万人戍守五岭，与越人杂居。从此，百越地区皆归秦朝版图，中原移民与百越人民共同劳动生活，加速了民族融合和这一地区的进步。另外，秦时西南地区许多少数民族自成部落，他们之间因交通不便也很少联系。秦始皇统一全国后，修了一条通往云贵地区的"五尺道"，把关中和川、云、贵地区连成一片，这些措施也使这些少数民族成为我国统一多民族大家庭中的成员。

与此同时，秦对北方的强敌匈奴也展开了大规模的军事攻势。匈奴是中国北方一个强大的游牧民族，他们活动于北至贝加尔湖、南达阴山的广阔区域，过着善于骑射、衣皮服靴、逐水草而居的游牧生活。匈奴战国后期进入奴隶社会，经常仗恃骑兵行动迅速的优势深入中原北部，对这一地区的人民进行侵扰掠夺，给国家的安定构成严重的威胁。秦始皇为解除这一忧患，于公元前 215 年派大将蒙恬率 30 万大军北攻匈奴，一举收回被匈奴占领的河套地区，并在此设置了 34 个县，重设九原郡。为进一步巩固对北部边区的统治，公元前 211 年又迁内地人 3 万户赴边屯垦。这次大规模移民，既有效制止了匈奴奴隶主贵族的南下抢掠，也促进了这一地区的经济开发和民族融合。同时，秦始皇又命蒙恬大规模地修筑长城，将从前秦、赵、燕北部的长城连接起来，筑成西起临洮、东至辽东、全长一万多里的新的长城。长城的修建，对于抵御匈奴奴隶主贵族的骚扰，保障中原地区的人民生活安定，具有重要意义。它不仅在今天已被列为人类世界八大奇迹之一，而且成为文化史上永久性的话题之一。

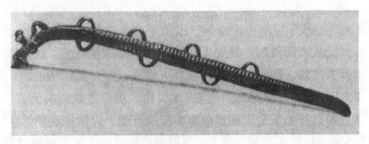

龙首铜匕（西汉）

西汉前期，由于采取清静无为、与民休息的政策，面对强悍的北方匈奴，多采取和亲的方式缓解矛盾。高祖时，冒顿单于在不断扩张领地的同时，多次带兵南下侵扰汉边，最具威胁的一次是将前去征讨的汉高祖包围在平城。此后，西汉被迫"奉公室女公主为单于阏氏，岁奉匈奴絮缯酒米食物各有数，约为昆弟以和亲"[1]。刘邦死后，吕后执政，冒顿单于竟致信吕后要求结亲。吕后大怒，欲发兵攻之，被诸将劝止。文帝即位后，匈奴右贤王背弃"和亲"之约，率数万大军侵占河南地（今内蒙古鄂尔多斯市地区）。文帝急令丞相灌婴将车骑8万迎击匈奴，自率诸将诣甘泉宫作为应援。匈奴右贤王见汉军大队来攻，遂退出塞外。双方虽未交兵，但这次大规模的军事行动，表明"和亲"政策并非久长之计。冒顿单于死，老上单于立，遂又发兵攻汉。文帝调动大军迎击，苦战月余，老上单于方退出塞外，而汉军"逐出塞即还，不能有所杀"。老上单于死，军臣单于立，又以大军犯汉边，文帝不得不又调兵

---

① 《汉书·匈奴传》。

遣将，将其逐出外。景帝时，继续执行高祖以来的"和亲"政策，"通关市，给遗匈奴，遣公主，如故约"，注意改善与匈奴的关系，因此不再有大规模的军事入侵。

第二节　征讨匈奴

到汉武帝即位时，西汉王朝经几十年的休养生息，社会经济获得极大发展，国力、兵力得到极大加强，中央集权制也得到进一步巩固，加之武帝又是一位雄才大略、勇于进取的有为皇帝，于是对匈奴开始采取大规模的军事反击行动，以图彻底消除匈奴对中原的袭扰，扩土开边以扬大汉声威。从此"和亲"关系正式破裂，双方揭开了大规模战争的序幕。

在对匈奴的战争中，卫青（公元前156～前106年）屡建奇功脱颖而出。当时武帝认识到，要最终打败匈奴解决边患，必须主动出击寻敌决战，而一些老将则战术思想保守，缺乏必胜信心，难以适应战争需要。于是他提拔了一批朝气蓬勃、英勇敢战的青年将领，投入到对匈奴作战的第一线。卫青出身卑微，后在建章宫供职。武帝建元二年（公元前139年），卫青的姐姐卫子夫被选入宫，不久有孕，恩宠日增。后卫子夫被封为夫人，卫青亦升任太中大夫。元光五年（公元前130年），武帝拜卫青为车骑将军，此时卫青不过二十五六岁。

卫青上任之后，不负武帝信任，首次出兵即追击匈奴至龙城。此后匈奴对汉边的袭扰更加猖狂，尤其对渔阳（今北京密云西南）的劫掠最为严重。在此危难之际，武帝命卫青将3万骑兵出雁门击匈奴，卫青与匈奴接战，身先士卒，跃马冲杀，所部吏卒见主将亲冒矢石，也勇气倍增，无不人人争先，奋勇杀敌，斩获匈奴数千，大胜凯旋。这一战是汉武帝决定反击匈奴以来取得的第一次较大胜利，极大地增强了汉武帝继续主动出击匈奴的战略决心。

卫青也经这次战争获得了汉武帝的更加信赖，从此担负起反击匈奴的主将重任。此后卫青受命出击，首先完全收复了河南地。捷报传至长安，武帝极为高兴，派遣专使至卫青军中慰劳，并下诏封卫青为长平侯，赐食邑3800户，部下将校皆有封赏。收复河南地之役的胜利，不仅解除了长期以来匈奴对长安的威胁，而且为下一步向匈奴纵深进行战略进攻奠定了基础，因此此战实际上是汉武帝对匈奴发动一系列战略进攻的奠基之战。

匈奴军臣单于死，伊稚斜单于立，对西汉边郡进行更为频繁的骚扰。为对匈奴进一步打击，汉武帝决定发兵10万，进攻盘踞漠南的匈奴右贤王。此战卫青出奇兵奔袭六七百里，乘夜包围了右贤王的王庭。右贤王自以为王庭距汉境遥远，汉军不可能长途奔袭至此，因此当夜还在饮酒，没有任何防备。卫青乘机指挥汉军突然进攻，匈奴立刻乱作一团。右贤王从酒醉中醒来，无法组织抵抗，只携爱妾及数百精骑逃走。此战汉军俘获右贤，王部众

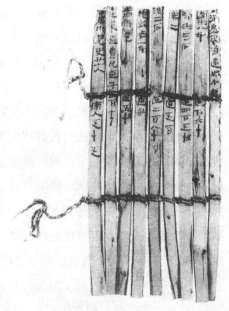

居延汉简（西汉）

15000余人，牲畜数十万头，大获全胜。当汉军凯旋回至边塞时，汉武帝派出的使者手捧大将军印信赶到军中，立拜卫青为大将军，加封食邑8700户，所有将领统归卫青指挥。为了嘉奖卫青，汉武帝甚至封卫青3个尚在襁褓中的儿子为侯。卫青一再推辞，武帝坚决不准，可见荣宠

非凡。

匈奴右贤王失败后，伊稚斜单于极不甘心，同年秋天派万余骑兵袭人代郡，杀代郡都尉朱英并劫掠千余人而去。为寻歼匈奴主力巩固边防，元朔六年（公元前123年），汉武帝命大将军卫青率10余万骑兵出塞征战。双方主力相遇，展开激战，汉军奋勇拼杀歼敌万余。卫青的外甥、骠骑校尉霍去病（公元前140～前117年）初次参战，年仅十八，他见匈奴败退，率八百精骑，追击数百里，斩获匈奴2000余人。武帝以其战功过人，封为冠军侯，赐食邑2500户。这次战役后，匈奴退至漠北，其本意在于诱敌深入，乘汉军疲劳时予以打击。但此举虽暂时避开了汉军锋芒，然而与其他各部间距加大，因而减少了对汉朝的威胁。

河南、漠南几次战役后，单于主力遭到沉重打击。单于主力远徙漠北后，汉武帝将下一个目标指向了河西地区。河西是指今甘肃的武威、张掖、酒泉等地，因位于黄河之西，故自古称为河西，又因其为夹在祁连山与合黎山之间的狭长地带，亦称河西走廊，是中原通往西域的咽喉要道。河西地区原来是大月氏部族的领地，后冒顿单于打败大月氏迫其西移，这里遂为匈奴占有。匈奴单于命浑邪王统治酒泉及周围地区，休屠王统治武威及周围地区，控制西域各国，并南与羌人联合，从西面威胁西汉王朝。早在汉武帝建元二年（公元前139年），汉武帝就曾派张骞出使西域，欲联络大月氏夹攻匈奴。张骞在西行途中被匈奴俘获，居留10年后终于逃脱。当他历尽千辛万苦找到大月氏时，大月氏以新居之地肥饶安全，不肯为西汉东击匈奴，遂使汉武帝的希望落空。

元狩二年（公元前121年），汉武帝命霍去病为骠骑将军，率万余骑兵出击河西匈奴。沿途过关斩将，安抚降者，俘虏了浑邪王子及相国等官员，缴获了休屠王的祭天金人，浑邪王、休屠王战败逃走。此仗虽然汉军几乎贯穿整个河西走廊，但未能有效地聚歼匈奴的河西主力。是年夏天，汉武帝命霍去病再次出征。霍去病接受头次正面进攻的教训，采取迂回包抄战术，辗转匈奴境内2000余里，从浑邪王、休屠王侧背

卧虎（西汉）

发起猛攻。匈奴军猝不及防，仓促应战，结果大败。汉军歼敌 3 万余人，仅伤亡 3000 余人。汉武帝对霍去病大加赞赏，益封食邑 5000 户。匈奴伊稚斜单于得知浑邪王、休屠王两战两败，丧失河西，十分恼怒，要从严惩处。二王惧怕，无路可投，便于当年秋天派使者赴汉乞降。投降过程中，休屠王突然变卦，被浑邪王攻杀，收编其部众。霍去病在受降时使降卒稳定下来，又建功勋，汉武帝再次下令益封 1700 户给霍去病。两次出击河西及处理受降事件，霍去病充分显示了勇武、机智、果断的军事指挥才能，其声望、地位与大将军卫青已相差无几。

　　河西战役之后，西汉王朝由于长期对外用兵，财政发生困难。汉武帝及时调整政策，实行整理币制、盐铁专卖、加重商税等措施。经过两年准备，元狩四年（公元前 119 年）春，汉武帝调集 10 万骑兵，命卫青、霍去病各领 5 万，深入漠北寻歼匈奴主力。匈奴得知汉军来攻的消息，于是转移到更远的地方静候。卫青大军奔袭 1000 余里，终于与伊稚斜单于主力相遇。双方激战，杀得难解难分。黄昏时大风突起，沙砾扑面，卫青急令大军两翼包抄，将匈奴团团围住。伊稚斜见势不妙，便率数百壮骑突围逃走。卫青知后，即遣轻骑连夜追击。至天明未能追上，却得匈奴大批屯粮。卫青焚城而还，此战歼敌1900余人。另一路，霍去病北进2000余里，与匈奴右贤王部遭遇。霍去病指挥大军猛攻，歼敌7万余人，右贤王精锐损失殆尽。汉武帝对漠北战役的胜利极为满意，加封卫青、霍去病为大司马，从此二人地位与丞相不相上下。

漠北大战后，匈奴元气大伤，"是后匈奴远遁，而幕南无王庭"。汉军损失也很大，伤亡数万人，短时期也无再发动大规模作战的能力。此后，汉匈关系有所和缓，但边境冲突仍然不断。霍去病、卫青相继去世，西汉也再未出现如此杰出的军事统帅。为了打击匈奴和确保西域，汉武帝又先后5次出兵，但规模已远非昔比，结果也多不尽如人意。

前两次出兵皆无功而返，反招致匈奴气焰嚣张。天汉元年（公元前100年），汉武帝派苏武（公元前？～前60年）为使，以厚币重礼赠且疑侯单于。苏武一行到匈奴后，其副使张胜参与策划劫持单于阏氏归汉的活动，且鞮侯单于遂将苏武等扣留。汉武帝闻知，又一次调集兵马出击匈奴，命贰师将军李广利将3万骑兵出酒泉。李广利军出后，一路往西北行进，在天山遇匈奴右贤王部，斩杀万余人得胜而归。不料归途中被匈奴主力包围，死伤十分之六七，后杀开一条血路回到汉境。两年以后，匈奴进袭雁门，于是汉军第四次大举出击匈奴。李广利率十几万军马出朔方，匈奴且鞮侯单于闻报立即准备迎战。两军苦战10余日不分胜负，李广利只好撤军退回。汉武帝征和三年（公元前90年），匈奴又来侵扰，汉武帝决定尽全力打击匈奴。汉军分三路出击，所战皆胜。正在此时，西汉统治集团内部发生巫蛊之变，李广利以前曾密谋更换太子之事泄露，其妻子儿女皆被下狱问罪。消息传到军中，李广利十分忧惧，军心随之不稳，士卒也极度疲劳，终于酿成全军覆没之祸。李广利兵败投降，一年后被杀。这样，武帝后期的最后一次大战，终以汉军惨败而告终。

此时，由于连年对外用兵，导致国内民怨纷起，各种矛盾日趋激化。许多地方爆发农民起义，宫廷内部又生巫蛊之祸，一系列打击使年老的武帝深悔自己过去的劳民伤财。于是征和四年（公元前 89 年），汉武帝下诏自责，拒绝了桑弘羊募民屯田轮台的建议，决定停止对匈奴的用兵，发展生产，恢复经济。后元二年（公元前 87 年），汉武帝病逝，终年 71 岁。

此后昭帝、宣帝在大将军霍光的辅佐下，对内休养生息，对外见机行事。几次出征虽未对匈奴直接打击，但匈奴恰逢天灾人祸不断，故实力受到很大损失。其后匈奴内部又发生五单于争位的局面，后来终于分裂成东西两部。东部呼韩邪单于被其兄西部郅支单于击败后，遂于宣帝甘露三年（公元前 51 年）率部降汉。西部郅支单于乃引众向西与康居联合，最终被汉西域都护骑都尉甘延寿"矫诏"发兵击败杀之。

王昭君墓

至此，西汉彻底消灭了匈奴对抗势力，元帝时并将后宫良家女子王嫱（昭君）嫁给呼韩邪单单于。从此匈奴单于不断朝汉，直至西汉末汉匈一直和平共处。据记载昭君出塞后，其在中原的兄弟和其在匈奴生的子女，有三代人在为汉匈之间的和平友好工作。双方关系的密切，促进了经济、文化的交流。在今内蒙古包头市附近出土的"单于和亲"砖有文曰："单于和亲，千秋万岁，安乐未央。"此砖可能便是这一时期的遗物。在匈奴地区出土的很多汉制丝绸、漆器、铜鼎、铁剑等与匈奴的"鄂尔多斯"式文化遗物并存，也证明了汉、匈朗族和睦相处与文化往来的情况。

东汉初年，匈奴又强盛起起来，经内讧分为南北二部。南匈奴袭用呼韩邪单于的称号归附东汉，北匈奴则对西域构成严重威胁。汉明帝永平年间，东汉政府大发边军分四路出击，击破匈奴白山部，重新恢复了与西域的交通，实现了斩断匈奴右臂的目的。汉和帝永元元年（公元89年），为彻底解决北边之患，东汉朝廷派车骑将军窦宪率大军深深入漠北寻求决战。在稽落山下双方大战，北单于不敌逃走，窦宪挥军直追到燕然山（今蒙古杭爱山），登山刻石作铭而还。其后，东汉政府又几次用兵，北匈奴在连连打击下势力衰落，最终只得向西远徙。

北匈奴败逃后，南匈奴曾次叛汉，但都被东汉平息。随着南匈奴内附日久，其社会生产和生活方式逐渐发生了变化，与汉族一样过起了定居生活。南单于的的地位也发生变化，同内地诸侯王基本上没有区别。同时北部边境的其他少数民族，在共同征讨北匈奴的过程中也陆续归附东汉，为北部边境的开发做出了贡献。

第三节　开通西域

两汉时期，除了面对北部部匈奴的侵扰并予以坚决反击外，与西域诸国的交往也日渐重要起来。广义的西域，指今甘肃玉门关、阳关以西直至更为广远的地方；狭义的西域，仅指今新疆天山南北地区。

西域诸国以天山为界，分为南北两部。天山以南，分布在塔里木盆地南缘的，有且末、小宛、精绝、拘弥、于阗、皮山、莎车等国，被称为"南道诸国"；在盆地北缘的有危须、焉耆、尉犁、乌垒、龟兹、姑墨、温宿、尉头、疏勒等国，被称为"北道诸国"；盆地东端则有楼兰，后称鄯善，为汉通西域的交通要道。这些国家语言不一，习俗各异，互不统属，人口少则几百，多则数万。它们多以城郭为中心，居民多从事农牧业，少数国家尚逐水草而居。天山以北，准噶尔盆地西部的伊犁河流域，原来居住着塞族人。西汉文帝时，原来游牧于敦煌、祁连间的月氏人，被匈奴逼迫，西迁至此，挤走了塞族人在此定居。其后，原居住在河西一带的乌孙，为了摆脱匈奴的羁绊，也向西迁徙到此，又把月氏人赶走，占领了这块土地。大部分月氏人被迫再往西迁称大月氏，小部分留下来称小月氏。准噶尔盆地以南的天山缺口由姑师控制，姑师后来分为车师前国、车师后国。车师前国土地肥沃，农业发达，亦是汉通西域的必由之路。从楼兰折向西南沿昆仑山北麓经莎车西逾葱岭，可至中亚的大月氏、大夏、安息等国，并可南至身毒，西通犁靬；从车师前国经天山南麓西行过葱岭，可至中亚的大宛、康居、奄焉等国及西北更远地区。这两条通往西域的主要道路在西汉前期都属于匈奴的势力范围，匈奴在这里设"僮仆都尉"对西域诸国进行监视，并向它们征收繁重的赋税，同时以西域作为进攻西汉的战略基地。

汉武帝对匈奴进行战争时，曾派张骞（公元前？～前114年）赴西域联络大月氏夹击匈奴，虽因大月氏不愿东返而未能完成此行使命，但张骞西行途中传播了西汉的声望，获得大量前所未有的资料，使西汉政府增加了对西域的了解。漠北战役之后，汉武帝派张骞再度出使西域，此行仍未达到目的。但张骞派出的各位副使，访问了大宛、康居、大月氏、安息、大夏等国。这些国家与乌孙都派出使者入汉答谢，使西汉王朝与西域诸国的交通频繁起来。西汉每年派到西域去的使臣，多则十几批，少则五六批，每批数百人到百余人不等。这些使臣既肩负着政治使命，同时也携带着许多西汉物产。西汉以丝织品为代表的商品源源不断输往西方，西域诸国也经常遣使入汉并进行贸易。匈奴不甘心看到这一现实，便利用他们所控制的一些国家进行破坏。

　　为确保西域通道，西汉王朝进行了一系列战争。首先是征服楼兰。因为楼兰是西汉通西域的要冲，时有匈奴支持而劫掠汉使，故武帝多次出兵，软硬兼施迫其归附。但一直到昭帝时大将军霍光遣平乐监傅介子刺杀楼兰王后，才最终镇抚其国改名鄯善，自此玉门关至楼兰沿途设烽燧亭障方才安全。其后是同匈奴争夺对车师的控制。车师原名姑师，国都在交河城，扼天山缺口，地理形势非常重要。因其离汉远，亲近匈奴，武帝时多次用兵，但其反复无常。直到宣帝时匈奴占据西域的日逐王降汉，西域才完全属西汉统治。西汉政府在此设西域都护，镇抚西域诸国。

　　中亚古国大宛向以出产良马闻名，汉武帝曾遣使携重金求购。大宛王爱其宝马不愿给汉，乃袭杀汉使掠走财物。武帝闻知大怒，立遣李广利率师远征。第一次出征历尽艰险，沿途各国闭城抗拒，使汉军饥饿劳顿，生还不过十分之一二。武帝十分不满，认为有损大国声望，不利于对西域的统治，因此下令准备第二次远征。他征集 10 万兵众，牲口不计其数，在去敦煌集结的路上，人车相连，络绎不绝。由于此次汉军人多势众，声势浩大，沿途小国纷纷开城出迎，供给粮食和饮水。李广利直抵大宛都城贵山城，切其水源，团团包围，日夜攻打。大宛上层集团终于发生内讧，其贵人杀死大宛王，遣使赴汉营求和，表示愿献良马

彩绘骑士俑（西汉）

供汉军挑选。李广利考虑到血战不利，同时康居派兵来救已在附近，遂答应了大宛的要求。大宛赶出所有马匹并提供大量粮食，汉军选取好马3000余匹，载粮而还，从此大宛服属西汉。

汉军击败大宛后，威震西域，西域诸国纷纷遣使入汉贡献，自此西域交通多为便利。汉武帝先后在河西走廊设置酒泉、武威、张掖、敦煌四郡，积极经营西域。元封六年（公元前105年）与乌孙和亲，以江都王建之女细君为公主嫁乌孙王。细君死后，汉又于太初四年（公元前101年）以楚王戊之孙女解忧公主续嫁。解忧和侍者冯嫽在乌孙50年，巩固、发展了汉、乌关系。宣帝时龟兹王降汉，娶乌孙解忧公主之女为夫人，以加强同汉的联系。此后莎车亦被收复，周围诸国归降，西域诸国相安无事。宣帝在此设西域都护驻乌垒城（今新疆轮台县东北），自今巴尔喀什湖以东、以南的广大地区都成为西汉王朝的疆域。

西汉末，朝政混乱，对西域的控制渐渐放松，匈奴乘虚而入，左右西域北道诸国，只有塔里木盆地西端的莎车比较强盛，率领南道诸国抵御匈奴。东汉建立后，西域诸国请汉派出都护，但刘秀以政权新建、无力派兵为由予以拒绝，车师、鄯善、龟兹遂先后投降匈奴。南匈奴内附后，北匈奴仍控制着西域。直到汉明帝永平年间，派班超前往南道诸国，使鄯善、于阗、疏勒先后归降，才恢复了中断60余年汉与西域的关系。但由于西域各国在北匈奴的支持下叛汉，而汉又无力重振以前的雄风，于是章帝即位后下令撤销西域都护。班超在自疏勒回国的途中，与汉友好的各国争相挽留，行至于阗时，王侯以下皆泣号，抱住马腿执意挽留。班超见此情景，毅然决定留下，领导西域诸国抗击北匈奴。班超返回疏勒作为基地，先后攻破姑墨，降服莎车，孤立龟兹，逼退月氏，平定焉耆，威震西域，至此西域50余国全部归汉。汉和帝为表彰班超的功勋，任他为西域都护，封为定远侯。永元十四年（公元102年），和帝批准班超回朝，同年班超死于洛阳，终年71岁。班超回汉后，继任的都护任尚失和于西域诸国，受到诸国攻击。不久北匈奴势力又乘机进入西域地区，再度将西域诸国纳于其控制之下。安帝延光二年（公元123年），东汉决定重新收复西域，派班勇为西域长史率兵出屯柳中。其后击败匈奴，重新交好各国。此后西域诸国时叛时降，但东汉基本维持了对西域的统治。直到汉献帝建安年间，中原大乱，东汉与西域的联系才中断。

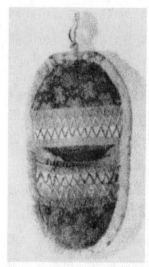

铜镜木梳刺绣锦袋（汉）

西域诸国的开通使丝绸之路热闹起来，当时在这广袤的大漠中来往着许多商队。他们把西汉的物产和文化传送到中亚、南亚、欧洲，罗马皇帝和贵霜王朝都惊羡中国的华美丝绸。而西方输入中国的则有良马、橐驼、大象、狮子、鸵鸟、猛犬、香料、葡萄、石榴、苜蓿、胡桃、蚕豆等，宗教和艺术也随之传播。英国著名历史学家韦尔斯说："罗马兴旺初期那种恣情的饮宴、侈纵的兽欲和庸俗的夸耀，这时已受到了文雅的调剂。衣着更加阔绰、精致和华丽了。同遥远的中国进行了大宗丝绸贸易，因为蚕桑还没有开始西传。等到丝绸经过漫长多难的旅途达到罗马时，它的价值已与同重量的黄金相等了。由于大量使用丝绸，为了交换，贵重金属也不断地流向东方。"[1] 印度著名历史学者罗米拉·塔帕尔在其《印度古代文明》中写道："由于印度与西亚之间的贸易，印度与阿富汗在这时有许多文化接触。阿富汗东部在政治上、文化上被看做是西北印度的一部分。由于横穿中亚的绿洲与河谷的一些通道，中亚也已经对贸易开放，这些路线之一后来成了著名的'古丝绸之路'。印度的商人们在一些地方，例如喀什噶尔、莎车、和田、米兰、龟兹、高昌、吐蕃，不断建立贸易站和商业殖民地；遥远的地方

---

① 韦尔斯：《世界史纲》，人民出版社1982年版，第527页。

不仅被印度商人而且被佛教的传播者很快打开了。在中亚的这种活动的结果是改进了与中国的关系，贵霜的国王们在某种意义上，是印度与中国之间的联系环节，而佛教徒的传教活动使得这些联系更加密切。贸易已经为印度进口中国丝绸的密切关系奠定了基础。"①

第四节　远渡东南

在东方，中国与朝鲜和日本也建立了联系。我国原有箕子去国远往朝鲜的故事，说的是周武王灭商后，殷王族箕子不愿事周，于是率领5000 族人避居朝鲜。箕子到朝鲜后，教当地居民农耕蚕桑、诗书礼乐、医巫阴阳和百工技艺，促进了朝鲜半岛经济的发展和文明的进步。这段广为流传的旧事不免带有传说的色彩，但一般认为这是中国文化最早传入朝鲜的事实。战国时期，天下纷乱，燕、赵、齐地区的人民为避战祸，多有经辽东半岛或山东半岛浮海到朝鲜的，他们带去了中国的生产经验和文化知识。秦汉时期，来往更为频繁，当时中国先进的铁器已流入朝鲜，其出土文物中西汉漆器、铜器、铁器已屡见不鲜。朝鲜古来崇尚儒学，公元 1 世纪时，《诗》、《书》、《礼》、《易》、《春秋》已经流行。朝鲜的风俗习惯许多地方因此与中国相同，衣袖宽大的朝鲜服装至今犹保存中国古代遗风。与朝鲜的往来促进了两国的相互了解，为后来更频繁的文化交流打下了良好的基础。

中日关系的最早记载，也有一段徐福东渡的美好传说。相传秦始皇为寻长生不老药，遣齐人徐福率三千童男女入海寻访。徐福乘风东去一往不归，漂洋过海来到日本，从此创立日本文化的基业。在日本文献

---

① 　罗米拉·塔帕尔：《印度古代文明》，浙江人民出版社 1990 年版，第 105 页。

中，常将公元 3 世纪前移居日本列岛的居民称作"秦汉归化人"。九州岛东南的种子岛，曾出土写有汉隶文字的陪葬品。日本古无文字，中国学者认为，汉字是在公元 1 世纪传入日本的。日本史界一般认为，公元 285 年，百济学者王仁携《论语》10 卷、《千字文》1 卷受日本特使迎聘去日为汉字传入日本之始。无论如何，汉字传入日本是一件文化上的大事，但最初文笔之事主要由中国移民的子孙掌管。"建武中元二年，倭奴国奉贡来贺。使人自称大夫、倭国之极南界也。光武赐以印绶。"①这是中日之间友好往来最早的文字记录，而刻有"汉倭奴国王"的金印也已在日本的志贺岛出土。从此两国交往益多，魏晋以后，中国文化则大规模地输入日本。

兽面形（西汉）

在南方，秦汉帝国亦开拓疆域，与越南、缅甸接壤，并通过海路与南洋群岛诸国交往。秦始皇时就已经征服南越、西欧，将东南广大地区划入中国版图。汉武帝时，南越王婴齐死，相吕嘉作乱。武帝派军平息，以南越地置儋耳、珠崖、南海、苍梧、郁林、合浦、交趾、九真、日南九郡。中国的铁制农具、牛耕技术以及文化典籍传入越南，越南的象牙、珍珠等土特产品也进入中国。东汉末年，中原地区发生战乱，士人多有南行避祸者，中国文化进一步在越南广泛传播。

同缅甸的交往也由西南夷开通后始行，秦始皇曾修"五尺道"沟通了与西南夷的联系。西汉建立之初，因国力薄弱，曾一度放弃对西南夷

---

① 《后汉书·东夷传》。

的管理。虽然这样，西南夷与巴蜀之间的联系却在日益发展。汉武帝时，张骞出使西域辗转归来，说在大夏见到蜀布和邛竹杖，得知是从在身毒的蜀商处买来。他认为汉欲通大宛、大夏、安息等国，经河西易为匈奴、羌人所阻，如自蜀经西南夷往身毒，道路既近又无阻碍。武帝遂派 10 余批人经略西南夷，寻求通往身毒之路。汉赐滇王王印，中国物产由四川、经云南、转缅甸至身毒之途遂通。云南晋宁石寨山出土汉式"滇王之印"，缅甸东部国王派使节来中国"献车及幻人"，都说明汉朝与西南地区的友好往来。

从海路中国也扩大了交往，与今南海诸国如菲律宾、马来西亚以及远至南印度都有通商。印度南部的航海业已很发达，商人们建造大船运输货物。"印度与东南亚贸易有了扩展，这首先起因于罗马对香料的要求，它引导印度商人冒险充当香料产地马来西亚、爪哇、苏门答腊、柬埔寨和婆罗洲的中间人。然而随着一些印度人在东南亚定居，一种更大的贸易渐渐发展起来了。""随着与中国的接触日趋增加，去东南亚各港的航行更加定期化了，因为去中国的海路是经过这些港口的。东南亚各王国起源的传说，常常追溯到印度的王子和商人。"《印度古代文明》的作者罗米拉·塔帕尔的这些记述，生动地描绘了古代印度与东南亚以及南海诸国、远至中国友好的情景。

陶船（东汉）

总之，秦汉时期四通八达的对外交流，一方面有雄厚的国力作基础，一方面充满了对外部世界的征服，一方面又将先进的文明播撒开来。对外友好是伴随着政治、经济的需求展开的，而秦汉帝国物产的丰饶、文化的进步也引发了外域人们的崇仰和赞叹之情。正因此，秦汉时期的中国在世界确立了自己泱泱大国的重要地位，它把中华文明友好地传播到周边国家，同时以开放的姿态吸取异域的文化丰富着自己的宝库。

图书在版编目（CIP）数据

中国文化史/张维青，高毅清著. —北京：人民出版社，2010
（人民·联盟文库）
ISBN　978-7-01-008730-6

Ⅰ．中…　Ⅱ．①张…②高…　Ⅲ．文化史－中国　Ⅳ．K203

中国版本图书馆 CIP 数据核字（2010）第 035798 号

中国文化史
ZHONGGUO WENHUASHI

张维青　高毅清　著

责任编辑：丁　莉　鲁艳芳
封扉设计：曹　春
出版发行：人民出版社
　　　　　北京朝阳门内大街 166 号　邮编：100706
网　　址：http://www.peoplepress.net
邮购电话：(010) 65250042/65289539
经　　销：新华书店
印　　刷：三河市顺兴印刷厂
版　　次：2010 年 3 月第 1 版　　2010 年 3 月北京第 1 次印刷
开　　本：710 毫米×1000 毫米　1/16
印　　张：140.5
字　　数：1949 千字
书　　号：ISBN　978-7-01-008730-6
定　　价：256.00 元

人民 · 联盟文库

中国文化史

（二）

张维青　高毅清　著

山东人民出版社
人民出版社

目录

第五编 魏晋南北朝：玄风秀骨的佛道崇尚

上卷

颓垣废墟中横生异趣

第一章
三国鼎立与儒学解构

第一节 天下分崩

当东汉王朝陷入日暮途穷的境地时，统治集团内部仍在互相倾轧。刀光剑影的权力之争不仅使国家政治愈益腐朽，酷虐贪婪的惨重剥削也使国家经济趋向崩溃。以往的儒学经典堕入宗教迷信的渊薮难以自拔，随着社会秩序的崩溃而解构为文明的碎片。人们的思想一旦冲破僵化的牢笼便焕发出生命的青春，因而沉重的叹息孕育着愤怒的反抗便显现出来。忧患世事的智者们隐遁山林冷眼旁观，以超绝高蹈的姿态修身养性、静悟人生。而为衣食所迫的草民不得不铤而走险，聚集成伙拉起血染的大旗。苟延残喘的天子再无往日煊赫的气势，这座僵死的偶像终于成为无奈的傀儡。

经过声势浩大的黄巾起义的荡涤冲刷，汉家宫室在风雨飘摇中已岌岌可危。各路豪强趁势崛起拥兵自重，在弱肉强食中以图功成名就。于是中原大地满布腥风血雨，上演着军阀混战的惨烈戏剧。西北枭雄董卓如强劲阴风冲入洛阳，毫不掩饰要称孤道寡的野心。关东豪族袁绍岂肯善罢甘休，遂以讨逆之名组成联军大兵压境。汉家天子徒有虚名，王道乐土已成过眼烟云。流离失所的贫民无家可归、辗转旷野，曾经繁华的都市也破败荒凉、死气沉沉，儒家描绘的美好图景代之以支离破碎的瓦砾。

　　正是在这种形势下，曹操于群雄中异军突起。曹操（155～220年），字孟德，沛国谯（今安徽亳县）人。他本出身宦官家庭，少以侠放闻名。20岁时举孝廉步入仕途，后散家财纠合了一支5000人的队伍，加入袁绍为盟主的讨伐董卓的联军。董卓挟献帝西奔长安后，关东豪强各自图谋发展。曹操在兖州击败青州黄巾军，择其精锐组建了一支"青州兵"队伍，从此力量大增。长安之乱后，献帝仓皇东逃，曹操趁此机会，迎天子于自己军中，取得了"挟天子以令诸侯"的政治优势。定都许昌后，曹操假天子之命发号施令，注意发展生产，到处网罗人才，势力很快壮大起

曹操像

来。建安三年（198年），曹操举兵进攻吕布，吕布被部下执降为曹操所杀。此后又击败称帝淮南的袁术，袁术于建安四年（199年）病死。在与袁绍即将兵戎相见的时刻，南阳张绣又审时度势举兵降服，遂使曹操解除北上后顾之忧。建安五年（200年），官渡大战，曹操用计攻破袁绍大军。建安七年（202年），袁绍病死，其子袁谭与袁尚发生火并，曹操乘机攻下袁军老巢邺城（今河北磁县南），夺得冀州。随后进军幽州、并州，河北全部为曹操控制。建安十二年（207年），曹操率军北征乌桓，大败蹋顿于柳城（今辽宁朝阳南）。建安十三年（208年），曹操南下夺取荆州，被孙权和刘备联军击败于赤壁，遂退回修整。建安十六年（211年），曹操向关中进军，用计破韩遂、马超，关陇地区得以平服。曹操在"奉天子以令不臣"的活动中，以丞相之职独揽大政，用巧取豪夺的手段迅速为建"魏"打下了

基础。

在曹操平定北方的同时，长江下游东部地区也渐为孙氏所占有。孙氏祖上无闻，孙坚趁汉末动乱步入仕途。董卓乱中，孙坚于长沙太守任上起兵北上参与讨董联军。初平三年（192 年），孙坚在进攻荆州牧刘表部将黄祖时遇刺身亡。孙策（175～200 年）接替父职，成为一名青年将领。他代父统众后，先后击败扬州刺史刘繇、吴郡太守许贡和会稽太守王朗。建安三年（198 年），曹操以汉朝廷名义任命孙策为讨逆将军，封吴侯，加以笼络，以夹击袁术。建安四年（199 年），孙策渡江北上攻袁术所置庐江太守刘勋，夺得其地。继而回师南下，迫降豫章太守华歆，势力横跨大江南北。建安五年（200 年），当曹操与袁绍鏖兵官渡的关键时刻，孙策率部临江欲袭许昌，以夺取献帝号令天下，但不慎被原吴郡太守许贡的部下刺杀。孙策临死时，嘱张昭、周瑜辅佐其弟孙权。孙权（182～252 年），字仲谋，代兄统众时年仅 18 岁。他举贤任能，各尽其用，江东人才尽归服之。他听取鲁肃的意见，暂缓北上，向西发展。于建安十三年（208 年）春击斩黄祖，报了杀父之仇。但他尚未得手夺取荆州，曹操已率大军南下，要与之"会猎"江东了。在此严峻形势下，孙权决计联合刘备共抗曹操。在赤壁之战中火烧曹军取得胜利后，迫使曹操退回中原。这样，曹操的势力局限于北方，孙权的地盘得到扩展，刘备也在荆州找到一块立足之地，三国鼎立的局面初步出现。江东后在孙权的经营下雄强起来，连老谋深算的曹操也不得不赞叹"生子当如孙仲谋"。

刘备（162～223 年），字玄德，涿郡涿县（今河北涿县）人。少以织席贩鞋为生，喜欢交结豪侠英雄。灵帝末年，他结识关羽和张飞，参与镇压黄巾军的活动，后又随关东联军讨伐董卓。此后 10 余年中，他率一标人马，辗转奔走于陶谦、袁绍、曹操之间。虽自诩为汉室之后，力图兴复汉家天下，但既无稳定的地盘，也无一贯的自强方略。建安六年（201 年）投奔刘表，被刘表安置在新野充当荆州的守门人。刘备在

赤壁战场遗址

新野，一面招聚军队，一面寻访谋士。建安十二年（207 年），他降尊屈驾，三顾茅庐，拜识了隐居隆中的诸葛亮。诸葛亮为其分析天下大势指出，曹操已不可取代，孙权也难与争锋，荆州可取为基业，益州可夺而有之。然后"西和诸戎，南抚夷越，外结好孙权，内修政理。天下有变，则命一上将将荆州之军以向宛、洛，将军身率益州之众出于秦川"①。一席话使刘备茅塞顿开，此后在诸葛亮辅佐下形势好转。赤壁之战后，刘备取得荆州，势力增强。此后在刘璋部下张松、法正的帮助下，谋取益州。不久又攻下汉中，使曹操被迫放弃这块"鸡肋"。刘备此时虽全据益州，荆州却又被孙权使计夺走。孙权夺得荆州，将刘备东出的大门紧紧关上，诸葛亮在隆中时提出的两路进军中原的计划成为泡影。至此，曹操、孙权、刘备，任何一方想立即消灭其他一方，改变势力均衡状态，都是不现实的事情。于是各安内部，用政治手段巩固战争成果，三国鼎立的局面正式形成。

建安二十五年（220 年），曹操病逝，曹丕经过一番筹备后登坛受汉献帝"禅让"，称皇帝，以魏为国号，以洛阳为都城。曹丕称帝建魏后，刘备也于次年称帝，以汉为国号，建都成都。因其仅据益州之地，史称蜀汉，或单称蜀。孙权稍晚亦正式称帝，国号为吴，都建业。史书习称孙吴，以别于春秋时期的吴国。

———————————

① 《三国志·蜀志·诸葛亮传》。

第二节　离经叛道

　　东汉末年群雄并起的战乱局势，打破了儒学一统、相对安定的社会秩序。无论是黄巾起义的首领还是割据一方的军阀，也无论是避乱山林的隐士还是炙手可热的权臣，都摒弃了汉代经学陈腐烦琐的说教而寻求

车行画像砖（东汉）

个人行为的精神依托，都为了自我价值的实现而不择手段地谋取生存权利。农民造反是要推翻昏暗的"苍天"，建立一个"黄天"做主的天下。军阀逞凶也难免没有浑水摸鱼的想法，进而改朝换代谋求龙庭宝座。隐士们虽悠然自得、吟赏烟霞，但难免亦有失落、心怀叵测。周旋于宫廷的官宦则阴险毒辣，在维护王纲的名义下干着见不得人的勾当。儒学已成为徒有虚名的空壳，新的思想如挣脱那薄脆的蝉蜕脱颖而出。

　　儒学的失落其实肇端于谶纬的流行，宗教的药方难以解救世人的苦难。在尔虞我诈的宫廷角斗中，最先洒脱而行的是厌弃世俗的俊雅之士。他们从老庄中寻绎出自得的生活方式，将牢骚苦闷掩抑在放任荒诞的行为中。老庄精神本就是动乱世道的峻刻产物，人生的苦痛导致沉溺

其中者远思生命的真谛。因而当昏暗的社会现实无可救药时，他们并不想汲汲以求地挽狂澜于既倒，而是脱身隐遁以嘲弄的态度审视着卑劣的闹剧。他们放浪形骸，与冠冕堂皇形成鲜明对比，汉末此风的盛行显然是对儒学正统的大胆叛逆。《抱朴子·疾谬》写道："汉之末世，则异于兹。蓬发乱鬓，横挟不带，或褒衣以接人，或裸袒而箕踞。朋友之集，类味之游，莫切切进德，闾阎修业，攻过弼违，讲道精义。其相见也，不复叙离阔，问安否，宾则入门而呼奴，主则望客而唤狗。其或不尔，不成亲至，而弃之不与为党。及好会，则狐蹲牛饮，争食竞割，掣拨淼折，无复廉耻。以同此者为泰，以不尔者为劣，终日无及义之言，彻夜无箴规之益。诬引老庄，贵于率任，大行不顾细体，至人不拘检括，啸傲纵逸谓之体道。"这种对儒家仪轨的摆脱道行在一些大儒身上也见端倪。如马融"才高博洽，为世通儒"，但却"达生任性"，"不拘儒者之节"①。仲长统在理想被碰得粉碎之后，也发出深切的慨叹："安神闺房，思老氏之玄虚；呼吸静和，求至人之仿佛。""逍遥一世之上，睥睨天地之间。""凌霄汉出宇宙之外矣，岂羡夫入帝王之门哉？""百虑何为？至要在我。寄愁天上，埋忧地下。叛散《五经》，灭弃风雅。六合之内，恣心所欲。"②

自王充《论衡》一书中对今文经学家鼓吹的天人感应、谶纬符命大加揭露批判后，那些毫无原则的泥古崇圣的观念就已经遭到普遍的怀疑。加之汉末党锢之祸、黄巾起义、军阀混战，支离蔓衍而穿凿附会的繁杂说解终于导致经学的沉沦。在这样的险恶环境和混浊风气中，老庄哲学中的处世原则得以流行就不足为奇了。那种皓首穷经的求学方式被视为迂腐不堪的痴昧行径，而通脱旷达的清谈物议在自由的学术空气中备受赏识，可以说，汉末儒学的衰歇不是什么坏事，士人们打破精神枷

---

① 《后汉书·马融传》。
② 《后汉书·仲长统传》。

锁方能让思想飞得更远。

第三节　任贤重才

儒学的解体使人们的思想趋于多元，因而其典型特征就是陈规陋习被统统打破。尽管中国传统的保守性使妄图窃取权力者还得打着尊古崇圣的旗号，但异想天开的诡诈举措却令人不得不赞叹玄想的奥妙和峻切的手段。

人称"乱世之奸雄"的曹操就不再是因循守旧的传统维护者，在他心目中，真正的人才不是那些"尚德行"的"廉士"，而是"不仁不孝而有治国用兵之术"的"进取之士"，这在曹操的 4 次《求贤令》中便明目张胆地表现出来。曹操认为，伊挚是奴隶，傅说是刑徒，吕尚是渭滨的钓叟，苏秦曾经不受信用，韩信有胯下之辱，陈平有盗嫂之名，吴起则母死不归和杀妻求将，这些人虽然或出身低微，或品行不端，或无视仁孝，但成就大事者须靠他们才能奇出智巧，临敌力战。换句话说，在天下大乱、民不聊生的情况下，以孝悌仁义治天下的儒家学说还有谁理睬？故"宁我负人，无人负我"成为后人评说曹操奸毒的口实，而实际在那严酷的现实中大逆不道似已成为司空见惯的事情。曹操之所以是一位雄才大略、远见卓识的英雄，就在于他是一个打破传统、精明强干的人物。官渡之战曹操之所以能够以弱胜强，就在于他能正确地分析客观条件，看清敌我双方的差异利弊，善于听取别人的正确建议，采用灵活多变的战略战术。所以当时名士诸葛亮认为曹操"以弱克强者，非惟天时，抑亦人谋也"①。杨阜则于官渡之战前就言："袁公宽而不断，好

---

① 《三国志·蜀志·诸葛亮传》。

谋而少决；不断则无威，少决则失后事；今虽强，终不能成大业。曹公有雄才远略，决机无疑，法一而兵精，能用度外之人，所任各尽其力，必能济大事者也。"① 刘备初以织席贩鞋为业，而后三顾茅庐恭请诸葛亮出山，终于成为雄踞益州的一方霸主。孙权以弱冠之年统领兵众延揽人才，在周瑜帮助下取得赤壁大胜而坐断江南。似乎都可说明人的主体精神的张扬和智谋胆魄的奇崛，而这一切在腐朽透顶的儒教纲常下决不可能实现。

正是打破了桎梏多年的枷锁，人的思想才获得了极大的解放。如果说，"魏之初霸，术兼名法"②，是政治家取得胜利的有效途径，那么，在思想界实际是老庄哲学取得主流地位，而在魏晋时期逐渐形成流布天下的玄学。曹操有"对酒当歌，人生几何"之叹，周瑜则"羽扇纶巾，谈笑间樯橹灰飞烟灭"，诸葛亮亦曾"苟全性命于乱世，不求闻达于诸侯"。而那些以名士自任的风流人物更是荒诞不经，他们以滔滔不绝的气势清谈高论嘘枯吹生。名士和政要的不同在于思维的深邃和务实的切要，二者往往各执一端建构自己的行为方式。

清谈之风可以追溯到东汉后期，自"党锢之祸"后品评人物的风气渐起，随后则逐渐转向老庄哲学的探讨，即由"清议"发展为"玄谈"，但这不能决然分割，只是就主要倾向性而言。清谈作为一种新的思想交流方式，与儒家经师开馆授徒不同，没有严格的师承关系和家法限制。在"谈座"席上，人与人的人格关系是平等的，大家都可摇唇鼓舌、各抒己见，甚至互相问难、决出胜负。这种清谈方式，给士人们创造了一种学术自由的环境，为促进思想的升华提供了有利的条件。参加清谈的士人们，除对敏感的政治问题有所顾忌避而不谈，其他内容尽可涉及而阐述发挥，如宇宙是怎样生成的？人生最大的快乐是什么？怎样才能延

---

① 《三国志·魏志·杨阜传》。
② 《文心雕龙·论说》。

年益寿？音声本身有无感情？语言能否完全表达意思？诸如此类的清谈，或引经据典以显博学多识，或言辞玄奥以显倜傥不羁。

在清谈场上，既不受论资排辈的限制，也不必由官方出面裁决，胜负完全取决于谈者的理论水准和说话技巧。这种哲理思辨无疑打破了儒术独尊的格局，原来因罢黜百家而沉寂下去的诸子之学，诸如法家、道家、墨家、名家、纵横家、阴阳家等又都破土而出，纷纷登上热闹非凡的学术思想舞台，这就出现了继战国时期以后再次"百家争鸣"的局面。经过学术探讨、辩论和比较，士人们认定老庄哲学最为精妙。于是，被后人称为"玄学"的新哲学理论，遂风靡思想界而成为新思潮的主流。

第四节　名士风度

在这股潮流中，当然也就出现了众多出类拔萃的名士。据《后汉书》载，当时的郭太（字林宗）就名重一时。他"博通坟籍，善谈论，美音制，乃游于洛阳。始见河南尹李膺，膺大奇之，遂相友善，于是名震京师。后归乡里，衣冠诸儒送至河上，车数千辆，林宗唯与李膺同舟而济，众宾望之，以为神仙焉"。汝南范滂评其曰："隐不违亲，贞不绝俗，天子不得臣，诸侯不得友。""及党事起，知名之士多被其害，唯林宗及汝南袁闳得免焉，遂闭门教授子弟以千数。"后太傅陈蕃、大将军窦武为宦官所害，林宗恸哭于野，次年春便卒于家，年仅42岁。其品评在当时颇有影响，如他对袁奉高、黄叔度评论曰："奉高之器，譬之泛滥，虽清而易挹。叔度之器，汪汪若千顷之陂，澄之不清，挠之不浊，不可量也。"当时名士还有谢甄、边让，二人"并善谈论，俱有盛名。每共候林宗，未尝不连日达夜。林宗谓门人曰：'二子英才有余而并不入道.'惜乎甄后不拘细行，为时所毁，让以轻侮曹操，操杀之"①。史书作者竟为谢甄、边让之死痛惜，也令人感到史书作者的名士情结。当时名士还有符融，其师事李膺，"幅巾奋袖，谈辞如云"。稍

漆耳杯（三国·吴）

后的许劭也是名闻乡里的俊杰，《后汉书·许劭传》载："曹操微时，常卑辞厚礼，求为己目。劭鄙其人而不肯对。操乃伺隙胁劭，劭不得已，曰：'君清平之奸贼，乱世之英雄。'操大悦而去。"曹操得此评语竟大喜过望，倒也可见曹操的大度胸怀，亦可见名士的儒雅风范。

诸如此类的品评形成一股蔚然之风，也豢养出一些桀骜不驯的狂狷之士。如目空一切的年轻后生祢衡，"少有才辩而气尚刚傲，好矫时慢物……唯善鲁国孔融及弘农杨修。常称曰：'大儿孔文举，小儿杨德祖，余子碌碌莫足数也'"②。其由孔融推荐给曹操，后又辗转刘表、黄祖处，皆不能被容而遭杀身之祸，死时年仅 26 岁。孔融比祢衡年长许多，为孔子二十世孙，因名重一时曾为曹操敬畏，受时尚熏染亦多发奇论，如其"放言"曰："父之于子，当有何亲？论其本意，实为情欲发耳。子之于母，亦复奚为？譬如寄物瓶中，出则离矣。"③ 这种大胆泼辣的

① 《后汉书·郭太传》。
② 《后汉书·祢衡传》。
③ 《后汉书·孔融传》。

言说彻底背弃了儒家的伦理观念，而出自孔子后世之口更是对传统道德的莫大讽刺。初时孔融奇谈怪论大放厥词而以惊世骇俗为人所重，但终因毫无顾忌地批评曹操而难为所容遭其杀害。这是因为当曹操需要重建秩序树立威信时就不能忍受这种肆无忌惮的嘲讽，而孔融之流从口舌之辩沾沾自喜未免太不审时度势而逞才傲物。因此，就名士而言，也因处世方式的不同而有着不同的命运。

离经叛道是东汉末年鲜明的时代特色，标新立异是与之相应而生的普遍现象。在那动荡不安、纲常失落的年代里，儒家的道德体系终于崩溃颓废，而道家的价值观念在此残垣废墟上却生发建构起来。一般而言，当一种社会结构行将破灭之时，除了政治上和经济上的腐朽之外，有时思想道德方面的作用更加强烈。观念的解放是最大的解放，人们注意到这华丽的外套已变得褴褛不堪时，便会重新编织一件更为合宜的衣装展示自己，于是一种新的精神面貌——玄学便应运而生并时髦起来。

第二章
魏晋嬗代与玄风兴起

第一节　政变、禅让

三国鼎立结束了东汉末年群雄并起的战乱局势，社会秩序的相对安定实际又在酝酿着华夏帝国的最终统一。从 220 年曹魏政权创立到 263 年蜀汉灭亡，再到 280 年孙吴政权覆灭，其间各国注意修明政治，发展经济，增强兵力。天下三分虽然是对秦汉统一的打破，但任何割据一方都不甘于这种分裂局面，无论是从地理上还是从心理上早已建立起来的中华文明，都希望中华民族大家庭恢复为江山一统万民一君。当自商周秦汉以来文明发达的黄河流域从战乱中摆脱出来并逐渐恢复后，偏于一隅的蜀汉和东吴便难于以政治和经济的弱势相抗衡，只有被深谋远虑、兵强气盛的西晋王朝所吞灭。而中华帝国在经过这一场震荡灵魂的大动乱后，中华民族的文化精神也得到深刻反省和相应调整。尤其是西晋代魏而造成的名教危机，更使儒家学说落入荒诞而尴尬的境地。

曹丕称帝建魏后，以东汉外戚专权为戒，下令"群臣不得奏事太后，后族之家不得当辅政之任"。同时为加强中央集权，他还将曹氏子弟的封国置于远离京城的地方，并将封王驱逐出京各归封国以免他们参政。他继承了曹操一贯坚持的节俭作风，于黄初三年（222 年）预作遗嘱严令死后薄葬。但曹丕性格文弱，不像曹操那样雄健，在对门阀大户的政策上未能很好控制，因出于代汉建魏的需要而采取了妥协的态度，于是吏部尚书陈群提出的"九品中正制"建议得以实施。"九品中正制"这一官吏选拔制度源于曹操在削平北方割据群雄时延揽人才的方法，当时汉代实行的察举、征辟由于战乱局面难以实行，于是曹操经常让中央官吏推荐其家乡的人才。曹丕登基前为取得士族的支持采取了"九品中正制"，这就使任职于朝廷的官员得到了很大的权力。这些官员分别担任各郡的中正，将其家乡的士人根据才干、德行、家世等标准评定为自上上品至下下品 9 个品级，然后根据品级选拔官吏加以任命。这就使各郡中正形成很强的势力，他们对士人的品评也集中于家世的官阶爵位上，从而门阀政治形成并影响了整个魏晋南北朝。

曹丕死后，曹叡即位。他崇尚儒学，重视刑律，对社会上流行的玄学思想给以打击。太和四年（230 年）他下令，郎吏必须学通一部儒家经书，经考试合格后方加任用，"其浮华不务道本者，皆罢退之"①。两年后，崇尚玄学的尚书诸葛诞、中书郎邓飏均被贬黜，由此亦可见玄风之盛以及曹叡排抑浮华朋党的决心。但是由于政治局面的稳定和经济形势的好转，曹叡放弃了其祖曹操、其父曹丕的节俭作风，他在洛阳、许昌两处大修宫殿苑囿并来往其间，后宫美女及各种仆役多达数千人，可见豪华奢侈之风渐长。景初三年（239 年），曹叡病死，曹芳即位，曹爽与司马懿受命辅政。

司马懿出身儒学世家，为汉代大族。曹操始欲召用之，他曾推辞，故一度受到猜忌，后出任曹操丞相文学掾，以勤于政事而被信任。曹丕即位后对他尤其信重，他曾多次率兵击败诸葛亮的攻伐，并南征北战立下赫赫战绩，因而官至太尉。与年高德重、功勋卓著的司马懿相比，年轻势弱的曹爽果然不是敌手。曹爽为抑制司马懿，引用亲信何晏、邓

---

① 《三国志·魏志·明帝纪》。

飏、丁谧为尚书执掌政令，并让小皇帝曹芳下诏免去司马懿太尉之职而授以太傅虚位。曹爽所引用的都是曹叡曾经贬抑的"浮华之士"，他们试图按自己的思想改革政治，并贬黜阻挠他们改革的资深朝廷大臣。曹爽等人又奢侈无度，因而引起老一代官僚的普遍反对，使他们结合在司马懿周围反对曹爽。正始九年（248 年），司马懿与曹爽的斗争进入到白热化阶段，双方都在暗中筹谋诛杀对方。正始十年（249 年）正月，曹爽等随同皇帝曹芳出洛阳去魏明帝高平陵扫墓，司马懿乘机以太后命令关闭洛阳城门切断曹爽归路。曹爽无奈，只得归罪，不久即与何晏、丁谧等人一同被杀，司马懿取得独掌朝政的权力。

司马懿大权独揽后，亲附曹氏者曾愤愤不平密谋起事，但均遭镇压。司马懿死后，司马师废黜年纪已大的曹芳为齐王，另立魏文帝曹丕孙高贵乡公曹髦为帝。司马师死后，其弟司马昭以大将军、录尚书事的身份继掌朝政。甘露五年（260 年），司马昭晋升为相国，封晋公，加九锡。高贵乡公曹髦见权势日去，愤怒地说："司马昭之心，路人所知也，吾不能坐受其辱。"[①] 自率数百仆役欲攻司马昭，被杀。司马昭复立曹操之孙、14 岁的常道乡公曹奂为帝。景元四年（263 年），司马昭命钟会、邓艾灭掉蜀汉。次年三月，司马昭晋爵为晋王，同时建天子仪仗。延熙二年（265 年）八月，司马昭病死，其长子司马炎于十二月便以曹魏代汉的办法登坛祭天受魏"禅让"，历史上将这个以洛阳为都城的政权称为西晋，以别于后来都于长江以东建康的司马氏东晋政权。

西晋代魏后，政治制度上承汉魏别有创新，有些为后来朝代所奉行并产生了很大影响。此时三省制度初步确立，中书省为皇帝草拟诏令、策划国政，因而位尊权重；门下省参议政事、审查文件，在皇帝身边拾遗补缺，实际也是权要部门；尚书台作为执行机构更具权势，它直接协助皇帝处理国家大事，下设组织完备细密。三省首脑中书令、侍中、尚

---

① 《三国志·魏志·高贵乡公纪》注引《汉晋春秋》。

司马炎像

书令共参朝政，都对皇帝负责，而他们之间又互相制约，这样，魏晋的三省长官基本上取代了汉代的三公九卿，而成为实际的最高权力机构。

司马炎即帝位后还推行分封制度，以加强对天下的控制。鉴于曹魏宗室力量弱小而为司马氏所取代的事实，司马炎将其祖司马懿以下宗室子弟均封为王。"邑二万户为大国，置上、中、下三军，兵五千人；邑万户为次国，置上军、下军，兵三千人；五千户为小国，兵千五百人。"①如封司马炎叔父司马伦为琅玡王，封司马炎弟司马攸为齐王，均为大国。司马炎叔祖安平郡王司马孚则超越制度，食邑户数多达 4 万。司马氏家族同时封王者达 27 人，随之一同创业的勋臣贵戚均加官晋爵，为公为侯。如大司马石苍、车骑将军陈骞、尚书令裴秀、侍中荀勖、太保王祥、太尉何曾等均受重封。但是西晋分封制度并未实现拱卫王室的初衷，反而形成众多与中央政权相背离的政治集团，最终则导致纷变异常的"八王之乱"。

为加强中央特别是皇室对地方的控制，曹魏时已实行的都督制也进一步制度化。早在西晋代魏以前，司马氏子弟就以都督身份出镇战略要地，这为司马炎顺利称帝提供了有利条件。西晋建立后，都督制得到广泛推行，宗室诸王出镇地方，掌握一州或数州军权。由于诸王封国与都督辖区所在不一，故咸宁三年（277 年）晋武帝实行"转封"制度，即一方面将诸王都督辖区转到其封国所在地区，一方面将诸王的封国转到其本人任都督的辖区内。前者如琅玡王司马伦改封为赵王，督邺城守

---

① 《晋书·地理志》。

事；后者如东莞王司马伷当时任镇东大将军、都督徐州诸军事，遂改封为琅玡王。诸王封国在其都督区内，使他们得以长期留任，如赵王司马伦坐镇邺城达 14 年之久。这样，封国与督区相合，有利于国家秩序，诸王也更得方便。

司马懿执掌魏政后，在各州置大中正，中正进一步操纵了士人的入仕途径。官员的提拔不再重视品行才干，而以门资定品作为主要依据。西晋时中正之职实际掌握在官僚贵族手中，他们对士人品第拥有决定的权力并维护自己的利益，因而世家大族把持了士子的晋身之阶，并形成"上品无寒门、下品无士族"的政治局面。晋初刘毅针对这种情形上奏曰："今之中正，不精才实，务依党利，不均称尺，务随爱憎。"① 与刘毅同时的段灼也说："今台阁选举，徒塞耳目。九品访人，唯问中正。故据上品者，非公侯之子孙，则当涂之昆弟也。"② 出身上品的贵族子弟极易得到职闲位重的官职，而出身下品的寒素子弟只能怀才不遇。这一情势加速了门阀士族制度的形成，也是西晋政治趋向黑暗的重要原因。

自东汉末年儒家经学逐渐衰败后，一种新的哲学思潮相应酝酿成熟，这就是风行整个魏晋时期的玄学。在中国思想发展史上，魏晋玄学取代两汉经学而洋溢着一种清新的山林之气。所谓"玄学"，源出老庄。《老子》在谈"玄"时称："玄之又玄，众妙之门。"这一哲学命题的提出，当然离不开那个礼崩乐坏的年代，也显示了人类更深的思考和辩证的机智。两汉以来，"玄学"作为一种潜流便在暗地运行。从儒家经学取代黄老之学取得统治地位后，由于其宇宙观和方法论走向极端便为其衰败埋下了种子，尤其是经学的烦琐，图谶的狂迷，将儒家思想导入僵化的模式和呆滞的歧途。从《后汉书》中就可看到，对章句学的否定和

① 《晋书·刘毅传》。
② 《晋书·段灼传》。

不满已成风气。扬雄通《易》、《老》而撰《太玄》，马融不仅注经且注《老子》，荀淑"少有高行，博学而不好章句，多为俗儒所诽"，韩韶"少能辨理，而不为章句学"。总如《儒林列传序》所言："章句渐疏，而多以浮华相尚，儒者之风盖衰矣。"在这种风气的日甚发展中，玄学遂流布天下。《文心雕龙·论说》曰："迄至正始，务欲守文；何晏之徒，始盛玄论。于是聃周当路，与尼父争涂矣。"儒家信仰危机的深化，对人生意义的终极探求，把魏晋思想引向充满思辨意味的玄学，也就不足为奇了。

汉家王朝的崩溃也使社会失去了统一的秩序，祸福无常的世象使人们感叹命途的艰难，名士们超尘脱俗、明哲保身、逍遥法外，以看破红尘、老于世故的目光勘探着世人的心理。他们或韬光养晦，躲入岩穴，过着隐士般的生活；或言不臧否，养性全真，于田园追求适意逍遥；或迫于无奈，出仕为官，但虚食俸禄，委曲周旋。但他们思想深处，实际上充满着各种各样的苦恼和矛盾，如理想与现实，悲愁与快乐，随俗与孤傲，虚伪与真淳。他们面对严酷的现实，只好从《老子》、《庄子》中寻找安慰，或者在纵酒谈玄中乐以忘忧，这种扭曲的心态实际上蕴涵着更深的苦痛。

这种风气的流行逐渐形成一种时尚，尤其是曹魏统治时期，一批年轻的名士活跃在思想舞台上。他们探索将道家《老子》、《庄子》学说和儒家《周易》、《论语》经典结合的可能性，并在互相交往的活动中逐渐形成一个群体。老庄哲学此时已蔚然成风，似乎已不再是灵魂苦痛的麻醉剂，而成为指导人们生活方式和看待世界的新思潮。司徒董昭在上奏明帝的奏议中说："窃见当今年少，不复以学问为本，专更以交游为业；国士不以孝悌清修为首，乃以趋势游利为先。合党连群，互相褒叹，以毁訾为罚戮，用党誉为爵赏，附己者则叹之盈言，不附者则为作瑕

岵。"① 他们交游为业，合党连群，互
相标榜，操纵视听，要大畅恣意逍遥
的"玄风"，要做自然而然的"圣人"。
可以说，这种浪漫情调顺承了汉末以
来的思想潮流，但更为旷达放肆而招
摇于市井红尘之中。魏明帝时"浮华"
案中早期玄学的倡导者虽遭打击，但
他们洋溢起来的新思想却激荡着新一
代人。曹叡死后，曹芳继位，曹爽、
司马懿辅政。由于曹爽得势，原来与

神兽尊（西晋）

之亲近的名士得到翻身，而且官职越来越高。何晏被擢升为尚书，主持
官员选拔工作。于是就政治而言，何晏招拢了一批关系密切的人；就学
术而言，玄学队伍也进一步壮大起来。

　　但时代风云变幻无常，正始十年（249 年）春，司马懿发动"高平
陵政变"，曹爽被杀，何晏、邓飏、丁谧、毕轨、李胜等人亦被一网打
尽，并夷三族，就此"浮华"的玄学遭到致命的打击。司马氏为了窃掌
曹魏实权，对曹魏集团的核心人物和主要追随者实行残酷的屠杀镇压，
这使那些深受封建礼教熏陶的正直官员感到寒心，更使那些亲附曹魏的
名士感到悲恸与愤慨。不少士人认为司马氏的行径大逆不道、卑鄙龌
龊，但因畏惧不安采取了观望和回避的态度。他们看到司马懿父子一方
面进行着窃夺朝权的勾当，一方面却又高唱尊孔读经和仁义道德，于是
愤然提出"越名教而任自然"的口号。

　　当时较为年轻的"竹林七贤"在社会上产生了广泛的影响，他们在
一块切磋"三玄"——《庄子》、《老子》和《周易》，以发言玄远标榜
超迈，以不拘礼节假装糊涂，以遨游山水表示清高，因此时人称之为

---

① 《三国志·魏书·董昭传》。

"仙真"。他们以无为之论宽慰自己，以适意逍遥为处世哲学，以荒诞不经违礼背俗。实际上，他们是用这种方式来对抗司马氏集团宣扬的虚伪道德，而在思想深处倒是真将封建纲常奉为圭臬。正如鲁迅在《魏晋风度及文章与药及酒之关系》一文中所言："表面上毁坏礼教者，实则倒是承认礼教，太相信礼教。"因而在司马氏集团已稳操胜券将要改朝换代时，对名士也注意采取了比较宽容的态度，并通过威胁和利诱要他们出仕为官。除嵇康坚决不肯合作被杀外，其余 6 人都相继出仕。尽管他们有着各不相同的仕途际遇，如山涛后官至司徒、而阮籍抑郁而死，但玄学则由他们的倡导而蔚为壮观。这时玄学在前者基础上，愈发穷辩思理，形成峻深峭刻的特点，无论是对宇宙的阐释还是对人生的追求都形成超逸风尚，而这种风尚此后影响甚远。

在中国思想发展史上，魏晋玄学常常与两汉经学、宋明理学相提并论，被视为学术思想链条中的三个热点，足可说明其时代特色和文化价值以及闪光的睿智。

第二节　贵无、尚玄

活跃在正始思想舞台上的玄学领袖首推何晏，其以《论语集解》开创了援道入儒、外儒内道的"新学"。何晏祖父何进，汉末灵帝时官至大将军，因与袁绍、曹操谋诛宦官集团而被杀。何晏"少有异才，善谈老庄"[①]，在贵戚官僚子弟中享有很高声誉，也因此在"浮华"案发时受到贬抑。曹叡死，曹芳立，曹爽、司马懿辅政，改年号为"正始"。此时由于曹爽得势，原因"浮华"案受到打击的"名士"得以翻身。何

---

① 《世说新语·文学》。

晏以才累官至尚书，于是原来与何晏交好者都得到任用。这样，就学术思想而言，玄学队伍进一步壮大。但不久，司马懿发动"高平陵政变"，结果曹爽一伙被一网打尽。何晏作为曹爽集团的核心人物亦遭此难，死时约50多岁。

何晏的传世著作为《论语集解》，史载尚有其他学术著述但湮没无闻。何晏所撰《论语集解》与前人多有不同，他"集季长等七家，又采《古论》孔注，又自下己意，即世所重者"，继承中有创新。何晏"集诸家之善说"，"有不安者颇为改易"，并"祖述老庄"，"自下己意"，因而其《集解》中不再拘泥于汉儒诸家旧说，而是用《老》《庄》《易》"三玄"之学去演绎和发挥。《三国志·曹真传附何晏传》载，何晏"好老庄言，作《道德论》及诸文赋，著述凡数十篇"。《世说新语·文学》载，何晏曾为《老子》作注，当他见后辈王弼所作《老子注》时，惊叹"精奇"而"神伏"。于是将己注改为《道论》和《德论》。

《道论》、《德论》早已亡佚，只在张湛《列子注》中略有保存。总之，何晏的思想最为突出的就是"以无为本"的"贵无"特点。他说："有之为有，恃无以生，事而为事，由无以成。夫道之而无语，名之而无名，视之而无形，听之而无声，则道之全焉。故能昭音响而出气物，包形神而章光影。玄以之黑，素以之白，矩以之方，规以之圆。圆方得形，而此无形，白黑得名，而此无名也。"① 在他看来，世界上一切的"有"，都是由"无"生出来的；而"无"就是道，道是无名、无形、无声的；世界万物之所以有名，不过是为了方便而强称之，实际上"有"的终极仍归于"无"；孔子的儒家学说与老子的道家学说是相通的，有名终归复为无名。因而，何晏认为，"无"是一种超越物质的虚静本体，是不可名状和难以捉摸的东西，它又神通广大，法力无边，能够创造出具体的物质世界，因而是世界万有的根源。如果结合汉末以来动乱的社

——————————

① 《诸子集成》第三卷《列子·天瑞篇》注引《道论》。

会现实，联系老庄和孔孟的出现以及董仲舒的天人合一等哲学渊源，就可看出何晏的深刻思考和高明省识。《晋书·王衍传》中载："魏正始中，何晏、王弼等祖述《老》《庄》，立论以为天地万物皆以无为为本。无也者，开物成务，无往不存者也。阴阳恃以化生，万物恃以成形，贤者恃以成德，不肖恃以免身。故无之为用，无爵而贵矣。"显然，何晏等人不但将"无"看成是化生万物的根本，而且也将"无"当作是认识世界和待人接物的指南。这个社会只要笃守"无"，安于"无"，大家便会道德高尚，免除灾祸，任何矛盾也就烟消云散了。

在这种思想指导下，他注解《论语》时，既不可能像西汉经学家们那样采取全然肯定的态度，也不可能像后代的玄学家们那样彻底否定而离经叛道，而是表现出一种"似儒而非儒，非道而似道"的玄机。他注"汝为君子儒，无为小人儒"句，解为"君子为儒，将以名道；小人为儒，则矜其名也"。他注"仁者乐山"句，解为"仁者乐如山之安固，自然不动而万物生焉"。这些注解，可以看出他援道入儒的特点。而实际上，他又把《论语》当成了阐释老庄的依据。因而，许多学者认为，玄学是儒道两家学说的结合。但就其本质而言，中国哲学在其长期发展过程中，各种流派的争斗交融促进了人们思维的深化，所以不能说玄学仅是儒家与道家的简单相加，而应看作一门在前有基础上涌现出的一种新思潮。何晏注《论语》已与原意有所不同，其用意不过是"盖欲以神况诸己也"[1]。即借《论语》抒发己意，并非两汉迂儒也非魏晋狂士所为。当时儒家学说尚有一定市场，他作为具有社会责任感的学者已不可能完全否定儒学，因此采取用道家思想去研究儒家著作的方式，企图创立一个儒道互补、道本儒末的"新学"，的确难能可贵。

在"新学"创建的过程中，何晏吸取众多学派的精华，而融于儒道为主的庞大体系里，这就给垂死的儒学灌注进一股生气，也使追本溯源

---

[1] 《三国志·曹真传附何晏传》注引《魏氏春秋》。

的道家精神得到张扬。正因如此，虽然当时何晏遭到正统的儒学家的攻击，但其后却被南朝士人们普遍推崇，至唐代《论语集解》更被定为儒家经典的标准注解。毋庸置疑，何晏对于儒家思想的发展起了不可忽视的作用，因而竟有人将玄学称为"新儒学"，这不难使人想到后来南宋的朱熹援佛道入儒而创理学，亦被称为"新儒学"，可见中国传统儒学之根深蒂固。而实际上，何晏是作为正始名士中的头面人物，作为正始玄学的倡导者出现的，他无疑是在思想界摧毁儒家腐朽堡垒而以洞察明识开一代风气者。在他的带领下，以道家思想为本体的玄学之风日甚洪盛起来。

在早期玄学家何晏等人的倡导和启迪下，以《老子》、《庄子》和《周易》为主体的"三玄"之学，迅速成为京师洛阳贵族少年们十分感兴趣的热门话题。一时之间，异军突起，掀起一股亦儒亦道、儒道融合的玄学思潮。当时不少纨绔少年年轻气盛，热情奔放，给正在形成的玄学带来了蓬勃生机。其中，尚未进入弱冠之年的王弼，更是一位后起之秀。他勤奋著述，大畅玄风，被誉为继何晏之后的玄学领袖。

王弼（226～249年），字辅嗣，山阳高平（今山东金乡县）人。其祖父王凯、父亲王业都是熟读儒家经典的人。王弼幼年时候以聪明敏慧见称，10多岁时转而喜好老庄之学。当时，首倡玄学的吏部尚书何晏，对于王弼的玄理和辩才极为赞叹。王弼曾在与多人谈玄的论辩过程中，以才思敏捷在答难中驳倒过众多谈客。不仅如此，他还"自为客主数番，皆一座所不

陶犀（三国·魏）

27

及"。何晏为此心悦神服地说："仲尼称后生可畏，若斯人者，可与言天
人之际乎！"何晏曾打算注解《周易》，但有些问题难以弄清，只好先注
解《老子》。当他注完《老子》时，却见到王弼的《老子》注解比自己
的还要"精奇"。可以说，年纪轻轻的王弼，其学术之深邃，思辨之精
当，已"青出于蓝而胜于蓝"。

何晏虽有意提拔王弼，但无奈始终没有合适的职位和机会。王弼对
此也快快不乐，后来干脆潜心学术，深研易老。他阐发玄学思想，令众
多学者折服。但他不善交际，常以己长取笑他人，因而几乎没有朋友。
正始十年（249 年），发生"高平陵政变"，曹爽、何晏集团的人物几乎
被一网打尽。王弼与何晏的关系虽然比较密切，但在年龄上属于后辈，
在政治上也没有多少联系，只是在哲学思想上遥相呼应而已，因此，王
弼并未因何晏受到株连。然而，观此变故，兔死狐悲，心境凄凉，自是
难免。同年秋天，王弼即因患痢疾病亡，这位被思想界称为"奇才"的
人物，年仅 24 岁就过早地英逝了。值得庆幸的是，其传世著作《周易
注》、《论语释疑》、《老子注》及其他大量哲学散论，可以使人窥见他光
华四射的思想轨迹。因此后人在论及他在玄学领域的成就时，认为远远
超过了玄学倡导者何晏，应该尊为玄学领袖。人们在提到魏晋玄学时也
常常何、王并称，或者干脆只称王弼，可见其思想成就已达玄学高峰。

王弼注《老子》、《周易》、《论语》等书，旨在阐明自己的玄学思想
和政治观点。在此之前，历代哲学家都在探究关于"天人之际"的重大
问题，而对"道"也有着各种各样的理解。王弼则站在抽象思维的哲学
理论高度，去探索万物之真、万物之本和万物之性，这就使他不羁囿于
宇宙万物的生成过程，而是着眼于宇宙万物生成的根据。

他先从玄学家的角度出发，融合儒、道两家关于"道"的解释。他
在《论语释疑·述而篇》注中说："道者，无之称也，无不通也，无不
由也。况之曰道，寂然无体，不可为象。"这里的"道"字含义，已失
去了孔子"志于道"一语中"道"字的本义，而与老子的"道"即

"无"的含义相合，成了玄学家所说的宇宙本体。这就将孔子之"道"与老子之"道"串通勾连了起来，将"道"解释为万物遵循的规律，是哲学概念中最高的称号。王弼在《老子指略》中指出："夫道也者，取乎万物之所由也；玄也者，取乎幽冥之所出也；深也者，取乎探赜而不可究也；大也者，取乎弥纶而不可极也；微也者，取乎幽微而不可睹也；远也者，取乎绵邈而不可及也。然而道、玄、深、大、微、远之言，各有其义，未尽其极也。然弥纶无极，不可名细；微妙无形，不可名大。是以篇云'字之曰道'，'谓之曰玄'，而不名也。"可见王弼将道玄归于虚无而又实有的恍惚朦胧，即只可意会不可言传那样一种莫测高深的精神实体。

它实际强调的宇宙本源为"无"，是先"天"而生的意识，而"道"即"无之称也"，由"道生一，一生二，二生三，三生万物"则是非常自然的事情。他解释说："万物万形，其归一也。何由致一，由于无也。"这样就包含有两层意思，一是"无"为"有"的生成者，二是"无"生"有"的玄虚性。其《老子注》中曰："言道以无形无名，始成万物。万物以始以成，而不知其所以然，玄之又玄也。"同样肯定了"道"的权威性，论述了"玄"的神秘性。王弼"以无为本"说在中国哲学思想上可谓独树一帜，自成系统。它深化了老子"无生有"和"道生一"的唯心论，从宇宙万物生成论过渡到宇宙万物本体论。

王弼的本体论，将何晏倡导的"贵无"说由粗浅的事物认识发展为比较精致的哲学思辨。若与西汉时期的经学相比，王弼"以无为本"的哲学体系，更表现出与众不同的深层思考。以董仲舒为代表的今文经学，宣扬的是"天人感应"、"君权神授"的宗教化儒学，对于诸子百家则是采取以政治手段打击排斥的做法，这就严重地阻碍着中国哲学的思辨和升华。以王充、桓谭等人为代表的古文经学，虽然将老子的"道"赋予唯物论之新意，但在分析问题时却停留于感性认识阶段，缺乏逻辑推理的抽象思维而难以建立起系统理论。王弼将"道"视为万物遵循的法则，将"无"视为万物存在的依据，将"玄"视为万物隐含的奥秘。这样，王弼不但赋儒家创始人孔子的"道"于新意，而且对道家创始人老子的"道"进行发挥，融合儒道兼采百家之说而建立起较为宏阔谨致的玄学理论体系。

儒道两家的学说，本是彼此对立、相互排斥的。两汉时期，董仲舒倡导"天人感应"、"君权神授"，儒学发展为名教，形成"三纲""五常"的政治道德规范。但是这种带有宗教迷信色彩的伦理道德观，经过王充、桓谭等人的批判，特别是两次"党锢之祸"和"黄巾起义"的沉重打击，已虚弱不堪。名教之治再也无法起到维系封建秩序的作用，儒学也已陷入谶纬神学而走向难于自拔的困境。正是在这样的时代条件下，早期玄学家何晏以及后起的玄学家王弼，企图以道家学说去解释儒家名教。他们根据老子的"道法自然"，提出一切以自然为本。所谓"自然"，王弼说："其瑞兆不可得而见也，其意趣不可得而睹也……居无为之事，行不言之教，不以形立物，故功成事遂，而百姓不知其所以然。"① 即"自然"就是没有人为因素的本来面目，是无拘无束的自然而然的状态。它无迹象可寻，无意图可观，虽然有"自然"的名称，但又不是实在的东西。由于"自然"的作用，事情得以成功，但人们仍未知其所以然。

实际上，王弼所说的"自然"，即"道"，即"无"，即"玄"。在此基础上，世间一切乃率"性"而为。因此，"名教本于自然"，也就是非常自然的事了。他在《老子指略》一文中说："凡名生于形，未有形生于名者也。故有此名必有此形，有此形必有其分。"他认为，"仁义"是"名"之一种，其所以有"形"，是因为它是发自人们内心真情实感的一种表现，"形"而后有"名"无可非议。他说："自然亲爱为孝，推爱及

---

① 《老子·十七章注》。

物为仁。"① 意思是说，对父母的孝是一种自然而真实的情感，推而广之，将这种爱自然地施以他人就是"仁"。由此可知，儒家的"三纲""五常"本来都发自人们内心，是人们自然而然的一种追求。由形而名，因名立教，逐渐发展成人们的道德规范，成为维系社会稳定的精神支柱。因而，自然为名教之本，这就为名教的合理性提供了一种新的论证，这也就是玄学中所谓的"天人新义"。

王弼之所以提出"名教本于自然"说，是因为他看到了严酷的社会现实。人们往往只追求表面的"名"，而忽视或抛弃了内里的"实"，这就使社会变得不那么"自然"，而到处充满了狡诈和虚伪。他毫不留情地斥责那些满口仁义道德而实际上卑鄙龌龊的名利之徒，进而愤慨地提出要"绝仁弃义，以复孝慈"。通观王弼的全部思想，他并不反对仁义，而是反对矫饰。他说："夫仁义发于内，为之犹伪，况务外饰而可久乎！"② "绝仁非欲不仁也，为仁则伪成也。"③ 王弼这些话所蕴涵的思想是深刻的，表现出他对社会丑恶现象的痛恨和对世道淳美境界的向往。他用道家观点解释儒家名教的天然合理性，亦反映出特定时代背景下中国哲学在传统基础上展现出的思辨新气象，同时也把人们的思路引向更为深广的哲学本体领域。

在通常情况下，哲学总是要为一定的政治提供理论依据的，而一定的政治也总是离不开哲学理论的指导。作为玄学领袖的王弼，并没有将自己关在哲学的"象牙之塔"里，而是针对社会现实提出安邦治国的"政治无为"论。他说："大人在上，居无为之事，行不言之教，万物作焉而不为始。"④ 认为居于最高统治者之位的君主，所作所为都要任其自然，顺应客观规律而不要横加干预，做到"无为"和"不言"。值得

① 《论语·学而注》皇侃《疏》引。
② 《老子·十八章注》。
③ 《老子指略》。
④ 《老子·十七章注》。

注意的是，"无为"和"不言"并非是消极的保守的颓废的自守，而是不要去做那些浮躁的激进的夸张的违背自然之事。由此可看出他对老子之"道"积极意义的理解，并对孔子之"道"有效价值的吸取。

他认为君道之行应"节俭爱慈，天下不匮"①；"法制应时，然后乃吉。贤愚有别，尊卑有序"②；"夫不私于物，物亦公焉，不疑于物，物亦诚焉"③；"处得尊位，为讼之主。用其中正，以断枉直。中则不过，正则不邪。刚无所溺，公无所偏"④；"若乃多其法网，烦其刑罚，塞其径路，攻其幽宅，则万物失其自然，百姓丧其手足"⑤。"若能知危之至，惧祸之深，忧病之甚，至于涕洟，不敢自安，亦众所不害，故得无咎也。"⑥ 由此可知提倡节俭，反对奢华；健全制度，尊卑有别；大公无私，诚信不疑；赏罚公平，不溺不偏；法网宽松，勿行苛政；身处高位，忧惧祸端是其"君道"的主要内容，不难看出儒道之说关于治国处事的巧妙结合。在主张"君道无为"的同时，王弼也强调"臣道无为"。主要提倡朝廷官员们应谦虚谨慎，勤政不懈；要以身作则，摒除私欲；要宠辱偕忘，知足常乐。他说："尚名好高，其身必疏；贪货无厌，其身必少。"⑦ 王弼这些"政治无为"的思想，是建立在道家哲学基础之上的，同时也吸纳了儒家政治的合理因素。道学的"无"、"一"、"寡"、"静"，表现在政治上就是"以无统有"、"执一统众"、"以寡治众"、"以静制动"。作为君主能行清静无为的"君道"，作为大臣能守清廉勤谨的"臣道"，那么百姓必然安居乐业，天下必然繁荣昌盛。

这种"政治无为"的主张，实际上是在为曹魏政权献策，它的内容

① 《老子·六十七章注》。
② 《周易·鼎注》。
③ 《周易·大有注》。
④ 《周易·讼注》。
⑤ 《老子·四十九章注》。
⑥ 《周易·萃注》。
⑦ 《老子·四十四章注》。

貌似迂阔玄远，实际上确有不少真知灼见。由此令人想起汉初的"无为而治"，而王弼提出的"政治无为"显然亦有其进步性，只是一介书生未能施展其政治方略，而其"无为"显然与老庄之"无为"亦有所不同。由此表明，王弼并非超尘脱俗而是忧患时事，玄学虽是一门哲学也并未脱离政治，谈玄表面务虚而实际深邃也并非空谈。

第三节　竹林、台阁

与大倡玄风的"何晏、王弼"相应相随，标新立异的"竹林七贤"声名鹊起，他们共同形成了富于时代特色的"正始之音"。如果说，何晏、王弼所弹唱的是以"名教本于自然"为主调的话，那么，"竹林七贤"则奏响了"越名教而任自然"的最强音。"竹林七贤"在历史舞台上的出色表演，显然更为激越深沉地振荡着人们的心弦。那高亢的曲调使人仿佛看到他们啸傲山林的身影，那低回的倾诉又使人感受着他们凄怆隐忍的悲愤。"竹林七贤"弹奏出的复杂旋律，既蕴涵着对虚伪"名教"的反叛和对真诚"自然"的皈依，又表达着对传统"名教"的眷恋和对隐遁"自然"的无奈。因此，那曲调或凄厉、或抑郁，抒发着对现实的抗争和被扭曲的心灵，形成双重人格的写真。

"竹林七贤"为魏晋之际 7 个人物的合称，他们是嵇康、阮籍、山涛、向秀、阮咸、王戎、刘伶。《世说新语·任诞篇》载其"七人常集于竹林之下，肆意酣畅，故世谓竹林七贤"。他们经常聚会的地点是有着虚心硬节的竹林，他们聚会的时间跨度恰是魏晋交替的正始之末，而时人谓之"贤"更给他们涂抹上一层气节高烈的色彩。的确，他们绝非甘于寂寞的隐逸之士，而是一些才华出众的超凡之才。他们并非人们想象中的那样：放浪形骸，遨游于山水之间；手执麈尾，寄情于流俗之

竹林七贤画像石·阮籍与嵇康（南朝）

外。他们所处的时代，正是曹魏政权的衰世，而司马氏已大权在握。他们看到司马氏一方面大肆屠杀镇压曹氏集团人物，一方面却又高唱尊孔读经和仁义道德，认为这是大逆不道、卑鄙龌龊的行为。司马氏公然践踏"正统"，违背"纲常"，却为自己巧立名目、涂脂抹粉，这不仅使朝廷的官员们为之侧目，而且也被深受封建礼教熏陶的名士们瞧不起。对于司马氏和曹氏两大集团的矛盾冲突，不少知识分子采取了观望或回避的态度，而作为与曹魏集团多少有着特殊关系的嵇康、阮籍等人，则更多地表现出强烈的愤慨与不满。面对这种残酷局面，他们无力做政治的斗争，只好隐遁山林追求"仙真"了。他们在一起切磋"三玄"，相互标榜，啸傲山水，以示清高，以老子的无为之论作为处世哲学的借口，以庄子的适意逍遥缓解内心的不安。嵇康进一步提出"越名教而任自然"，实际是看到司马氏假"名教"以达自私目的，便以老庄的"自然"给予抨击和对抗。因而他们在生活行为上表现出违背礼俗和荒诞不经，而在他们思想深处却始终坚守着封建纲常，激而变成不谈礼教，不信礼教，甚至于反对礼教了。

"竹林七贤"在同游竹林之初，无疑是同声相应、同气相求的。但是随着"高平陵政变"之后胜负形势的明朗，本来并不稳固的"竹林七贤"也出现了重大的分化。司马氏在残酷迫害曹氏集团人物的同时，对名士的政策则采取了比较宽容的态度，如通过威胁利诱要他们出仕为官。在这种情势下，除嵇康坚决反对而被杀、阮籍委曲就任抑郁而死外，其余 5 人相继为司马氏之官，其中山涛、王戎最后官至司徒，可谓位极人臣。"竹林七贤"的聚合与裂变，是文化名人对政府当局态度的一种时代折光。在他们中间，态度坚定不与合作者有之，曲意周旋虚与委蛇者有之，虚食俸禄纵酒佯狂者有之，积极求治利国安民者亦有之。就发扬光大"正始玄学"的代表人物而言，无论从思想上还是行为上执麈尾者当首推嵇康和阮籍。

嵇康（223～262 年），字叔夜，谯国铚（今安徽宿州西南）人。少孤贫，好读书，喜诗文，工书画，善抚琴，仪表非凡。后为曹魏宗室之婿，拜中散大夫，故世称嵇中散。大概因是曹室姻亲，故嵇康对司马氏集团嫉恶如仇，始终拒绝与之合作。钟会来访不理不睬，山涛举荐与之绝交，终为司马昭以"言论放荡，非毁典谟"加害，死时年仅 40 岁。临刑时曾有 3000 名太学生要求当局赦免请以为师，可见他在士林中声誉之高。其著述颇多，今传《嵇中散集》10 卷，曾经鲁迅校订。

嵇康从小博览群书，为人正直。在《与山巨源绝交书》中提到自己"每非汤武而薄周孔"，因此被人判定为儒家学说的叛逆者。其实综合考察嵇康的言行，在许多地方还是比较推崇儒家先圣的。他颂扬周公"不顾嫌而隐行，故假摄而化隆"。他认为孔子是"损己为世"、"经营四方"的"圣人"。他在《家诫》中还叮嘱儿子嵇绍要"忠孝节义"。后来儿子嵇绍谨遵父教，勇敢地"以身捍卫"晋惠帝，成为可歌可泣的忠臣烈子。因而深入探究嵇康的思想，他并非否定儒家学说的传统精髓，而是对当朝"礼法之士"那种挂羊头卖狗肉的行为深恶痛绝，因而发出痛彻人心的愤激之语。说白一些，他是借此矛头直指践踏儒学圣殿的司马氏集团，他所否定的是那些假借"周孔"名号而不行"仁义"之实的伪善者。他不能容忍司马氏口头上的"谦让"和行为上的"歹毒"，更不能容忍司马氏打着礼义廉耻的旗号夺取曹魏政权的勾当，以不"正统"的行径颠覆着"正统"的权位。明白了嵇康的政治立场和思想态度，也就可以把握嵇康玄学的总体倾向了。可以说，他是将儒道两家学说熔为一炉的，他心目中的理想社会是"天下为公"、"君民同乐"的"至德之世"。由于对现实丑恶的不满，他更多地表现出道家的愤世嫉俗，因而其玄学也就表现出"内儒外道"的鲜明特征。

"越名教而任自然"说，是嵇康哲学思想的核心，也是其政治斗争的武器。在此之前，王弼曾谱写了"名教本于自然"的玄妙篇章，把儒家的"名教"与道家的"自然"结合起来。然而不出10年，嵇康却一反其调，强调"自然"而蔑视"名教"，由此可看出嵇康对"名教"不"自然"的失望。嵇康在政治上是不肯与司马氏合作的，更瞧不起那些所谓礼法之士践踏名教。非正统的司马氏以不正当的手段窃取政权，那些依附司马氏者则投机拍马、阿谀奉承，名教不是出于自然而是出于矫饰了。因此，嵇康愤而变得不谈名教，认为名教与自然对立，表示要与此礼法决裂，越名教而任自然了。他提倡人性的归真，斥责六经的抑引，在《难自然好学论》中言："六经以抑引为主，人性以从欲为欢；抑引则违其愿，从欲则得自然。然则自然之得，不由抑引之六经；全性之本，不须犯情之礼律。故仁义务于理伪，非养真之要术；廉让生于争夺，非自然之所出也。"可见嵇康思想深处已将"名教"与"自然"对立，认为社会因不"自然"而生"名教"，故终于提出"越名教而任自然"的口号。他在《释私论》中说："夫气静神虚者，心不存于矜尚；体亮心达者，情不系于所欲。矜尚不存乎心，故能越名教而任自然；情不系于所欲，故能审贵贱而通物情。"嵇康走向老庄之途，看似通达和洒脱，实际仍未能摆脱儒家的牵累和羁绊。表面上他崇尚道家的自然，鄙弃儒家的名教，追求一种与世无争的退隐生活，但最终还是不能摆脱这充满罪恶的现实世界，因而使他更为苦恼和愤懑。在《与山巨源绝交书》中，一方面可以看到他"荣进之心日颓，任实之情转笃"的牢骚，一方面也可看到他"必不堪者七，甚不可者二"的嘲讽，究其实质，乃是在政治腐败和玄风熏染下内心极端悲苦的写照。他那"直性狭中"、"遇事便发"的性格反映着他追求美好世道的率真和刚烈，而这显然是用道家大无畏的方式矫正着儒家大一统的规范。他最终的被杀说明他不是道家的"保全养真"者，而是名副其实的"杀身成仁"者。

在"竹林七贤"中与嵇康同道而齐名的是阮籍，但他的性格与嵇康的"刚肠疾恶"相反，是"口不论人过"。阮籍（210～263年），字嗣宗，陈留尉氏（今河南开封）人。他出身于名士之家，其父阮瑀为曹操记室，是汉末"建安七子"之一。阮籍在30岁以前，是十分推崇儒家学说的，在所著《乐论》中就赞颂制礼作乐的教化作用，强调维护封建道德规范。正始之际转而喜欢老庄，并开始用道家思想去阐释儒家学说，表现出儒道融合的倾向，如《通老论》、《通易论》等作品，就认为"名教"出于"自然"，人只有各守本分，顺其天命，社会才能出现安定太平的局面。由于司马氏与曹氏的权力之争，阮籍不愿卷入政治旋涡，故几次应聘为官又几次辞归故里。"高平陵政变"时他也因"耕于东皋之阳"而未受牵连，故"时人服其远识"。40岁以后的10多年中，他不得已出任散骑常侍、东平相、步兵校尉，用他自己的话说是因爱东平的"风土"和军营的"贮酒"。《晋书·阮籍传》载其"发言玄远，口不臧否人物"。"又能为青白眼，见礼俗之士以白眼对之。""外坦荡而内淳至。""时率意独驾，不由径路，车迹所穷，辄恸哭而反。"他看不惯那些虚伪名教下的卑俗丑态，因而经常借酒消愁同时躲避灾祸。他以行为疏放、不遵礼度宣泄着胸中的悲愤，同时也以此方式表现着对恶俗的抗争。由于他嫉恶如仇而又抑郁寡欢，深得青睐的好友嵇康又惨遭杀害，终因心情忧愤抱病而卒，死时54岁。

阮籍受早期玄学家的影响，面对动乱变幻的世态，而"博览群籍，

尤好庄老"①。他认为："天地生于自然，万物生于天地。""道者法自然
而为化，侯王能守之，万物将白化。"这些《达庄论》、《通老论》中的
观点无疑肯定万物的自然属性，因而人与社会也毫不例外。他论述人的
形体和精神都是自然的产物说："人生天地之中，体自然之形。身者，
阴阳之精气也。性者，五行之正性也。情者，游魂之变欲也。神者，天
地之所以驭者也。"② 他论述社会亦应回到原来的自然状态中去说："昔
者天地开辟，万物并生。大者恬其性，细者静其形。阴藏其气，阳发其
精。害无所避，利无所争。放之不失，收之不盈。亡不为夭，存不为
寿。福无所得，祸无所咎。各从其命，以度相守。明者不以智胜，暗者
不以愚败。弱者不以迫威，强者不以力尽。盖无君而庶物定，无臣而万
事理。保身修性，不违其纪。惟兹若然，故能长久。"③ 他这种将一切
寄托于自然的论述显然是针对人和社会的乖谬而发的。他那齐生死、等
寿夭、混善恶、无是非的人生态度，他那没有贫贱富贵、没有君臣礼
法、各顺其命、各无所求的社会理想，显然是看破红尘之后对惑乱世道
的激切否定，它虽然不可能、不现实、不积极，但不能不说是一种认真
的探索和凝重的反思。他在《大人先生传》中尖刻地挖苦那些所谓君
子："独不见群虱之处挥中，逃乎深缝，匿乎坏絮，自以为吉宅也。行
不敢离缝际，动不敢出裈裆，自以为得绳墨也。"如此的大胆嘲讽似乎
说明阮籍对"礼法深恶痛绝"，但也不难看出他是怀着多么强烈的治世
之心，正始名士的双重性格在此一览无余。

　　史载阮籍"容貌瑰杰，志气宏放，傲然独得，任性不拘"，似乎表
明他不是一个"立德、立功、立言"的儒家式人物。但这只不过是一种
表面现象，在他内心深处，仍然蕴藏着儒家的理想与信念，只不过在行
为上表现出道家的超脱与疏狂。他在早年的著述中也曾勾画出一个合德

---

① 《晋书·阮籍传》。
② 《达庄论》。
③ 《大人先生传》。

天地的名教社会，但由于司马氏集团利用名教大杀士人，导致阮籍思想转变而蔑视那虚伪的名教。面对"名士少有全者"的恐怖局面，他只好"不与世争，遂酣饮为常"，"言皆玄远，未尝臧否人物"。这种"至慎"的态度是由"险恶"的现实造成的，实际上其心中的激愤不亚于嵇康，而越是狂傲说明他对政治越是失望。他曾为官治政而"法令清简"，但他又不愿同流合污而"登临山水"，他始终生活在理想与现实的矛盾之中。他走着一条由"济世"到"遁世"的道路，以非难"礼法"的姿态追求着"至德"的盛世。他看似洒脱放纵却满怀忧伤，看似违礼背俗却明哲保身，这不能不使他陷入深深的痛苦。客观现实得不到合理的改变，主观世界却执著地追求，这就使他心灵的负担和躁动一刻也不能减轻和宁静。因而阮籍作为一代名士也就有着高深莫测的玄机，他的忧愤焦虑和率真隐晦也就为后人追思抚叹。

"竹林七贤"的群体形象在人们心中留下了永久的烙印，成为高拔峻洁、超尘脱俗的不朽象征。"竹林七贤"的现象表明，当时有些清高的知识分子不愿卷入血腥的政治争斗，他们看到无力拯救崩塌的名教，于是退隐山林大畅玄风。需要指出的是，"竹林七贤"虽有共同的思想倾向，但在具体表现上又各有不同。

嵇康、阮籍可谓内儒外道的激进派，嵇康的"轻肆直言，遇事便发"和阮籍的"至性过人，与物无伤"，都可视为对"名教"失落的痛心疾首和对"自然"追求的真诚行为。他们向往"越名教而任自然"的"至德之世"，显然是对现实丑恶的否定和过于迂执的幻想。嵇康的被杀和阮籍的痛夭，也都说明他们无法解除世间的烦愁，因而也就使他们无法"保全养真"。

阮咸、刘伶则属于弃儒就道的狂放派，他们既不研究宇宙本源等哲理，也不关注社会发展之动态，只是纵欲玩世，任诞疏狂。阮咸为阮籍之侄，以"妙解音律、善弹琵琶"闻名于当时。作为儒家名教的叛逆者，其放荡不羁有时连阮籍也认为过分。在为母亲服丧其间，他公然与

竹林七贤画像石·刘伶（南朝）

姑母之女奴私通。更有时用大盆盛酒，而与群豕共饮之①。至于刘伶，更是一位"放情肆志"的"酒徒"。《晋书·刘伶传》载其"不以家产有无介意。常乘鹿车，携一壶酒，使人荷锸而随之，谓曰：'死便埋我。'"其作《酒德颂》曰："有大人先生，以天地为一朝，万期为须臾。日月为扃牖，八荒为庭衢。行无辙迹，居无室庐。幕天席地，纵意所如。止则操卮执瓢，动则挈榼提壶。惟酒是务，焉知其余。"这个举世闻名的酒鬼有一次在家里一丝不挂地饮酒，有客人来拜访他也不隐避穿衣，反笑着说："我以天地为栋宇，屋室为裤衣，诸君何为入我裤中？"② 如此伤风败俗之嬉皮玩世，实为佯狂弃世而胡作非为，因而实为潦倒颓废的名士之流。

向秀、山涛和王戎则属于儒道互补的温和派，他们大体依循着正始玄学的基本观点。向秀认为"名教同于自然"，宣扬儒道合一，这与王弼的"名教本于自然"有所不同，而启发了后来的郭象开"名教即自然"之说。他为怀念好友嵇康而作《思旧赋》，又因怕得罪司马昭而为官。其所注《庄子》"发明奇趣，振起玄风"，而"在朝不任职，容迹而已"③，可见严酷现实下部分名士的苦恼。山涛与王戎后来都成为晋王朝的大官，他们大体都强调名教与自然互为一体。山涛后来虽摄居相位，却仍然过着贫士般的生活。他一方面关心国家大事，"甄拔隐屈，

---

① 《晋书·阮咸传》。
② 《世说新语·任诞篇》。
③ 《晋书·向秀传》。

搜访贤才”；一方面“贞慎俭约，虽爵同千乘，而无嫔媵”①。王戎则与之不同，他虽然位极人臣，却很少过问政务，只是“积实聚钱，不知纪极，每自执牙筹，昼夜算计，恒若不足。而又俭啬，不自奉养，天下人谓之膏肓之疾”②。因而山涛、王戎后来每被玄林中人讥评也就不足为奇。

总之，“竹林七贤”是特定历史时期并无共同纲领的临时团伙，他们只不过曾经“常集于竹林之下”谈玄纵酒、抚琴高歌而已。他们后来出现的分化说明旨趣有所不同，但他们无疑是那个时代知识界的杰出代表。后人称之为“贤”，亦可看到对他们的肯定性评价，而“玄”在他们身上也得到最为充分的体现。

正始以来玄风蔚然，逐渐形成一股强大的社会思潮，影响着上至皇帝大臣下至平民百姓的生活方式。晋武帝本人追求享乐，灭吴之后将孙皓后宫 5000 多人全部收取。泰始九年（273 年）又大选民女入宫，宫女之多以至于他无所适从。上面如此，下必甚焉。太尉何曾衣服装饰极尽奢华，一餐万钱还说无可口的饭菜。侍中和峤竟用人乳喂养小猪，烘出的乳猪味道令人称奇。王恺与石崇斗富，铺张浪费触目惊心。石崇在金谷筑园召集诗会，《金谷诗序》载：“昼夜游宴，屡迁其坐，或登高临下，或列坐水滨，时琴瑟笙筑，合载车中，道路并作。及住，令与鼓吹递奏，遂各赋诗，以叙中怀。”石崇《思归引》则曰：“出则以游目弋钓为事，入则有琴书之娱，又好服食咽气，志在不朽。”参与金谷游园诗会者有 30 人，一方面充满着富贵气象，一方面弥漫着清悲意识。

达官贵人们在生活上极尽奢侈，对政治上却毫不关心。他们享乐、玩味人生而摆阔、逞奇，“建晋之初，竟以裸裎为高”③，而到此时竟成为一种风雅的格调。《世说新语·汰侈篇》载：“石崇厕常有十余婢侍

---

① 《晋书·山涛传》。
② 《晋书·王戎传》。
③ 《晋书·范宣传》。

列，皆丽服藻饰，置甲煎粉沉香汁之属，无不毕备。又与新衣着令出。客多羞不能入厕。王大将军往，脱故衣，着新衣，神色傲然，群婢相谓曰：'此客必能作贼。'"可见当初的玄学已趋向颓废的末流，而石崇最终也因其依附的贾谧倒台被收杀，并演出了一幕与宠妓绿珠难舍难分的爱情故事。

权贵放荡不羁亦影响世风逾礼越制。曹魏末年夏侯玄曾言："车舆服章，皆从质朴，禁除末俗华丽之事，使干朝之家，有位之室，不复有锦绮之饰，无兼采之服，纤巧之物。自上以下，至于朴素之差，示有等级而已，勿使过一二之觉。若大功德之赐，上恩所特加，皆表之有司，然后服用之。夫上之化下，犹风之靡草。朴素之教只于本朝，则弥侈之心自消于下矣。"[1] 至太康年间服制规定更有很大突破。这是因为，汉魏以来已打破因循守旧的遗风，纺织业的水平也比以往大大提高，更有"越名教任自然"的玄风影响，因而仅从服饰穿戴即可看出生活面貌的改变。尤其是在服装用料方面，贵贱之别几乎是尊卑不分，暴富的商贾位低而鲜衣，豪要的婢妾依势而争丽，从穿着舒适、消费本能、人性张扬而言都难以阻遏这种豪华之势。妇女戴耳环假髻虽有矫饰之嫌，却也是爱美之心的真情流露。因而，源起于士林中的玄风却于朝野得到瑰丽的再现。

第四节　崇有、独化

西晋后期玄学与社会政治现实相联系出现了许多新的变化，随着哲学家思辨水平的提高又出现了一些新的学说流派。首先是"口不论世

---

[1] 《三国志·魏书·夏侯玄传》。

事，唯雅咏玄虚而已"的王衍（256～311年），他是"竹林七贤"之一
王戎的从弟，少年时代便以"神清明秀，风姿详雅"受到老一代玄学家
的赏识，遂因享有盛名而仕途颇为通达。他推崇何晏、王弼的"贵无"
之说，但实际上并没有深刻的理解和高明的创见；他效仿"竹林七贤"
的风度、派头，任情放诞只是拿架摆谱而已，因而最终陷入了"虚无"
主义的泥潭。《晋书·王衍传》载其："妙善玄言，唯谈老庄为事。每捉
玉柄麈尾，与手同色。义理有所不安，随即改更，世号口中雌黄。"由
于其"累居显职，后进之士莫不景慕仿效"，结果导致"矜高浮诞，遂
成风俗焉"。

　　其实王衍并无理论的建树，只是老谋深算、沽名钓誉，而表面上显
得分外洒脱纵逸罢了，竟被视为"玄远"。在其影响下，当时出现了所
谓"四友"、"八达"。王敦、谢鲲、庾凯、阮修结为"四友"，终日纵酒
闲聊、消磨时光。谢鲲、胡毋辅之、阮放、毕卓、羊曼、桓彝、阮孚和
光逸等"八达"更是变本加厉、疏狂颓放。《世说新语·德行篇》注引
《晋书》曰："魏末阮籍嗜酒荒放，露头散发，裸袒箕踞，其后贵游子弟
阮瞻、王澄、谢鲲、胡毋辅之之徒皆祖述于籍，谓得大道之本。故去巾
帻，脱衣服，露丑恶，同禽兽，甚者名之为通，次者名之为达也。"他
们大抵不学无术却以为得玄学真趣，故作放浪形骸之态而张玩世不恭之
风，以至聚众裸饮、对弄婢妾。他们的荒诞颓废严重波及民风朝政，使
社会产生了严重的失控现象，最终导致"八王之乱"和"永嘉之乱"，
王衍及其同伙也落下玄谈误国的骂名。

　　被誉为玄谈领袖的王衍和行为放荡的"四友"、"八达"严重污染了
当时的社会风气，深深关注朝政得失的裴颜则以积极入世的姿态力图挽
救时弊。裴颜（267～300年）为人弘雅有远识，是尚书令裴秀的儿子，
又是司徒王戎的女婿，屡迁国子祭酒、侍中、尚书左仆射，是晋惠帝一
朝的重臣。晋惠帝司马衷是个白痴，大权掌握在皇后贾南风手里。裴颜
虽然与贾皇后有表亲关系，但立身公正、光明磊落。他看到贾皇后专横

肆恣，曾与司空张华计议废之。他用人不拘出身贵贱，只求德才兼备。他由于坚决反对贪残凶暴的赵王司马伦，终于成了"八王之乱"的牺牲品。

《晋书·裴頠传》载："頠深患时俗放荡，不尊儒术，何晏、阮籍素有高名于世，口谈浮虚，不遵礼法，尸禄耽宠，仕不事事，至王衍之徒，声誉太盛，位高势重，不以物务自婴，遂相仿效，风教陵迟，乃著崇有之论以释其蔽。"可见裴頠著《崇有论》不仅针对"虚无"说，目的更在于从政治角度出发匡时救弊。《崇有论》是一篇极富战斗性的玄学论文，篇首开宗明义反对"贵无"之说，认为绝对的"无"是不可能生出任何东西来的，万物的产生和存在就说明"有"为本体。"有"能

屯垦砖画（西晋）

哺生万物，"无"，不过是"有"的遗失，先"有"而后"无"，因而"贵无"说颠倒了本末的位置，应该弃"无"而崇"有"。裴頠的《崇有论》以积极的态度看待人生，指出"贵无"说在实际生活中的危害，目的在于扭转社会上种种伤风败俗的现象。他也反对走向偏执的极端，在批评"以虚为主，偏立一家之辞"的同时，也对"丝竹尽当时之选，庖膳穷水陆之珍"的奢侈现象提出指责。在他看来，二者的生活态度都是不足为效的。作为贤人君子，应该"居以仁顺，守以恭俭，率以忠信，行以敬让，志无盈求，事无过用"，这才是人生的真谛。老子之所以强

调"无"，是为了纠正过分纵欲的倾向，即过分的"有"，因而智者亦应反对过分的"无"而坚守中道。裴𬱃的《崇有论》发表以后，王衍等人立刻与之辩论。由于裴𬱃刚正不阿遭司马伦杀害，而王衍也因信口雌黄不久为羯族酋帅石勒所杀，玄学争论终于在政治动乱中消止。

与王衍、裴𬱃同时，郭象亦自成一家。郭象（？～312年）的官职虽然不高，但被视为魏晋玄学的"顶峰"。他以"独化"说独树一帜，而以《庄子注》举世闻名。郭象的《庄子注》是在向秀作注的基础上完成的，代表着糅合儒道二家学说的很高成就。

其"独化"说的基本观点是，事物都是自己产生和自己运动的，他在《大宗师》注中说："然则凡得之者，外不资于道，内不由于己，掘然自然而独化也。"在《齐物论》注中说："若责其所待，而寻其所由，则寻责无极，卒至于无待，而独化之理明矣。"在关于"有无之争"的问题上，他在《庚桑楚》注中说道："非谓无能为有也。若无能为有，何谓无乎？"在《天地》注中也说："夫无不能生物，而云物得以生，乃所以明物生之自得。"郭象说明"无"不能生"物"，而"物"是自然而生的，也就否定了"无中生有"说、而肯定了"自运自行"说。它以万物"自生"、"自化"为出发点，对大千世界作了精彩叙述，使用了"自生"、"自化"、"自造"、"自成"、"自通"、"自为"、"自尔"、"自正"、"自任"、"自毁"、"自止"、"自失"、"自息"等不同行为的词。在他看来，世界万物具有"各足其性"的本能，它们"生而自生"、"顺乎物性"，形状和作用自是不同，如大鹏善飞，燕雀能跃，阳春熙和，寒秋萧瑟。它们率性而动，独化而足，于是茫茫宇宙，气象万千，生者自生，去者自去，其意融融，其乐陶陶，美妙而自然。

在此基础上，郭象针对现实政治提出"无为而有为"说。实际上，尽管汉末以来儒家学说陷入了困境，以至于出现了"名教本于自然"和"越名教而任自然"的论调，但都无法否认儒家纲常名教的政治作用。因此郭象在《庄子注》中力图把儒道结合起来，认为可以"不废名教而任自然"。他先是论证封建君主制度的合理性，然后说明服从封建礼教就是顺应了自然。他在《人世间》注中说："千人聚，不以一人为主，不乱则散。故多贤不可以多君，无贤不可以无君，此天人之道，必至之宜。"在《应帝王》注中说："天下若无明主，则莫能自得。令人自得，实明主之功也。"在《天运》注中说："外内上下，尊卑贵贱，于其体中各任其极，而未有亲爱于其间也，然至仁足矣。故五亲六族，贤愚远近，不失分于天下者，天理自然也，又奚取于有亲哉。"这样就论证了君主制度的重要性和必然性，说明君臣上下和富贵贫贱的存在是合理的。他援道入儒，内儒外道，极力进行弥合，提出"无为"即是"有为"、"有为"即是"无为"的理论。他在《天道》注中说："夫无为也，则群才万品，各任其事而自当其责矣。无为之言，不可不察也。夫用天下者，亦有用之为耳！然自得此为，率性而动，故谓之无为也。今之为天下用者，亦自得耳。"其《在宥》注中说："君位无为而委百官，百官有所司而君不与焉。二者俱以不为而自得，则君道逸，臣道劳，劳逸之际，不可同日而论之也。无为者，非拱默之谓也，直各任其自为，则性命安矣！不得已者，非迫于威刑也。直抱道怀朴，任乎必然之极，而天下自宾也。"如上所述，可知"无为"即"有为"之含义，也就是说，人类社会如同自然万物，各司其职，各守其位，各安所处，各尽所能，一切也就得体，天下就会太平。

郭象的思想学说，是吸取前人理论尤其是儒道二家加以圆融的产物。儒家虽然由于自身的缺点和时代潮流的冲击陷入难于自拔的境地，但它的纲常名教仍然是统治阶级不可缺少的政治手段。郭象为《庄子》作注并非本着道家思路去阐发庄子学说，而是以儒家的济世精神去充实道家的玄虚。这就将二者的对立融通起来，使儒家的纲常名教得到道家的自然无为的解释。郭象的这一新学说肯定了所谓自然形成的社会规范，同时也适应和告慰着人们较为普遍的心理状态，因而在魏晋玄学中具有温文尔雅的风度。当然，对劳动人民来说，它只能是一副安慰痛苦灵魂的麻醉剂，无疑具有极大的迷惑性和欺骗性。

　　魏晋时期，由于原先作为经国治世的儒家学说过分强调人生的伦理和道德的规范化，也由于执掌大权的统治者们表面上高唱礼法名教而实际上干着种种卑鄙无耻的勾当，因而使得一些失意的士人不禁发出各种各样的疑问，进而探讨人生的终极意义和度过方式。这些昔日追求功名事业的士人，由于现实的残酷和政治的绝望，不得不由积极济世的雄心，转向任性适情的逍遥，借以抚慰痛苦的灵魂。他们愤然认识到，名教并无什么乐趣，礼法只能束缚手脚，因而必须超尘脱俗，返璞归真，回到自然本性的真实自由中去，生活才有意义。这种人性的觉醒是对儒家人生哲学的打破和反叛，而道家自然无为思想的复兴便成为人性觉醒的标志。老子的道法自然，庄子的逍遥齐物，杨子的贵生重己，列子的贵虚独行，都给失意的士人们带来了乐趣。他们认为，天道就是自然，同样，人道也是自然。人的思想言论以及生活行为，应该是人的本性真情的体现，而不应被虚伪的礼法名教所束缚。在这种思想指导下，有的人乐天安命，有的人养生保全，有的人纵欲无度，有的人随俗浮沉。需要指出的是，这些不同的人生价值取向，对儒学的礼法名教产生了不小的冲击波，以强调人的个性曾起过思想启迪的某些作用，但其消极悲观的色彩相当严重。而究其真实，这都是对当时黑暗社会的曲折反照。种种思潮瓦解了社会秩序而促动了人性的张扬，最终导致的结果是巨大的变乱。魏晋玄学走向末流，以致王衍被杀时才悔恨地叹息："呜呼！吾曹虽不好古人，向若不祖尚浮虚，戮力以匡天下，犹可不至今日。"①

　　在祖尚浮虚的风气中，官员们醉生梦死、逍遥享乐、不理世务、私欲膨胀，因而促发了社会矛盾而束手无策。晋武帝死后，白痴皇帝司马衷即位，即晋惠帝。惠帝外祖父杨骏辅政，引起惠帝皇后贾南风不满，遂挑拨宗室诸王情绪，导致历时16年之久的"八王之乱"。"八王之乱"

———————————

① 《晋书·王衍传》。

后期，大规模的内战严重地破坏了生产，百姓抛弃家园形成声势浩大的流民队伍，地方豪族往往成为流民队伍的首领，各地军阀亦借此机会纷纷称雄。北部边境少数民族乘乱也频频起事，他们加入不同阵营推波助澜并自图发展，遂形成"八王之乱"后以民族矛盾为主要内容的"永嘉之乱"。玄风大畅的西晋灭亡后，江东琅玡王司马睿随即称帝，仍以晋为国号，都建康，史称东晋。而北方，则有匈奴、鲜卑、羯、氐、羌等部族先后建立起近20个政权，直到北魏太武帝拓跋焘才最终平息战乱。于此中国大地形成划江而治的局面，继三国鼎立之后又成天下两分的态势，而文化也在彼此碰撞交流中呈现出新的风貌。

第三章
南国烟云与佛道大观

第一节　儒之重振

　　东晋政权建立后，仍然沿袭西晋时的门阀制度。西晋时确立的士族特权在东晋进一步制度化，"上品无寒门，下品无势族"的情况在东晋成为理所当然的事情。司马睿主要依靠流亡江东的士族支持，同时也注意笼络本土的豪门大姓，因而东晋时期皇室虚弱，权力几乎全部控制在世家大族手中。

　　东晋王朝为了控制侨居江东的流民，同时也便于维护侨姓士民的利益，根据他们思念故土寄望北返的情结，于是设立与流民来向的同名州郡，简称"侨置"，如在京口侨置徐州，在江乘侨置琅玡。侨置州郡的流民最初不承担赋役，这对招徕北人和登录户籍起了一定作用，并为北伐提供了大批兵员。随着流民长期定居新土，政府便逐渐取消侨置，

男侍俑（东晋）

正式录白籍（流民）入黄籍（土著），以供政府收纳赋税，征调徭役，这种活动叫"土断"。由于北方时局变化，流民南下众多，所以侨置州郡不断，这也给侨姓士族带来极大利益。实行土断后，政府严厉清查户籍，对隐匿人口的地主予以惩处，使国家的赋税收入和户口数量增多。与此同时，东晋几度对北方用兵，如祖逖率兵北上，桓温3次北伐，但都由于朝廷多有疑虑或内部钩心斗角而相继失利。只是在已经统一北方的前秦的威胁下，东晋大族才团结起来一致对外。淝水一战彻底击败前秦，北方各族首领又趁机反秦自立。

但是东晋无力收复中原，仅确保江南地区的相对安定。在东晋王朝的大部分时间里，实际上主要还是几家大族掌权。琅玡王氏因创业之勋，首创"王与马，共天下"的政治格局。其后，颍川庾氏、谯国桓氏、陈郡谢氏相继辅佐司马氏理政。由于抵抗北方强族南下需要司马氏旗号聚拢南来流民，也由于门阀士族之间为权力分配而相互牵制，所以司马氏皇权虽极度衰弱却不能为执政家族取代。这就使皇权成为门阀政治的装饰品，整个东晋也就形成独具特色的门阀政治。谢安死后，司马道子专擅朝政导致内乱，引发道教首领孙恩聚众起事，而桓玄却又伺机取代摇摇欲坠的司马氏政权。元兴二年（403年）八月，桓玄自称相国、楚王、加九锡。十二月，逼晋安帝禅位于己，改元永始，国号为楚。桓玄永始二年（404年），刘裕起兵反桓玄，桓玄战败被杀，东晋王朝复辟。

刘裕大权在握，门阀政治结束。此后刘裕率兵北伐，消灭南燕，镇守建康，击败卢循，并开始着手解决统治集团内部的异己力量。刘裕当政后，虽注意拉拢门阀士族，但也对违逆己意者大开杀戒。他严肃法纪，抑制豪族，禁止兼并，党同伐异，多次起兵清除反对力量。元熙二年（420年），刘裕从驻地寿阳到达建康，导演了又一出"禅让"的喜剧，以宋代晋，建元永初，东晋政权历11帝104年灭亡。

自刘裕而后，江南相继出现以建康为都的宋、齐、梁、陈4个政权，它们先后与黄河流域的北魏及东魏北齐、西魏北周等政权对峙。于是人们习惯称江南政权为南朝，而将北方政权称为北朝。

刘裕创宋，改变了东晋王朝的政治格局，奠定了南朝各代的皇权统治。刘裕登上历史舞台施展风采，主要是靠能征善战的北府兵。北府兵原是以北方流亡民众为基础建立起来的一支武装力量，它在东晋时期为拱卫京城建康和抵御北族南侵功勋卓著。刘裕借北府兵夺取皇权并使之成为自己的中央禁军，这就使北府军直接听命于皇帝。它由中央尚书台指挥调动，因而也被称为台军。南朝各代虽然政权更迭频繁，皇位继承伴随军事冲突，台军的构成来源也不断变化，但台军一直是中央控制地方的重要武装。台军将领几乎全是各个朝代创业者的扈从亲信和当权者的心腹秘要，他们出身寒门，通过军功上升，以至出将入相，从而握有重权。这样，豪门士族丧失了专兵的特权，皇权衰弱的局面不复存在，东晋门阀政治转变为南朝皇权政治，专制主义中央集权得以重新确立。

刘裕为了加强中央集权的统治，规定重要的州镇全由皇室控制，高门士族只能作州镇僚佐。南朝各代沿用这一惯例，不断削弱荆州等军事重镇的实权，这就使东晋以来门阀控制荆州等军事重镇以威胁建康、操纵皇室的形势得到改观，但伴随皇位更替而来的宗室残杀取代门阀主持废立成为南朝政治的突出现象。门阀士族因历史原因虽受猜忌，但出身低级士族的刘裕仍然较为重视其作用。中央各部及州郡显职仍注意委以高门，这些号称府望的贵族子弟仍能仅凭门第坐至公卿。但这些大族在南朝各代毕竟只能依附皇权，而不能凌驾于皇权之上了。南朝皇帝为了削弱门阀士族在政治上的影响，往往利用出身微贱而有实际才干的人即所谓"恩幸"来控制中央的要害部门，如尚书省的尚书令史、中书省的中书舍人实际把持了这两个最高权力机构，门阀士族被剥夺了实权而日益成为政治中的摆设。

门阀士族尽管瞧不起那些深受皇帝委信而拥有大权的寒门人士，但妄自清高、炫耀门第、拒绝姻亲已不能挽回他们往日的荣光。他们实际的政治才干也因优越的历史地位遭到腐蚀而每况愈下，况且他们在各种政治斗争中往往受各种牵连动辄得咎、频遭杀戮，因而他们到梁朝末年已基本退出了政治舞台。南朝文化也因政治形势的改观而发生嬗变，但以门阀士族为特征的文化仍占主流形态，玄学意识则进一步向佛、道倾斜而影响着整个社会。

魏晋玄学是一种复杂的学术现象和社会思潮，如同儒家内部的分门别派一样也很难统一，但就总的倾向而言，它是在前代学术思想基础上以儒道为主融会贯通而新兴的一家学说。在魏末西晋，不管是以道释儒也好，还是以儒释道也好，虽然各有侧重，但儒道的关系愈加难舍难分。学者们注意将名教与自然调适起来，以图解释它们之间的微妙关系。西晋乱亡，晋室东迁，促使学者们深刻反省，玄学中的儒味得到强化。儒家那积极用世的优良传统、追求功业的价值观念、着重教化的人文意义，一直是维护和支撑封建统治秩序的精神支柱。因而玄学中除了有消极颓废一派走向末流外，更主要的是还有一些具有社会责任感的人以此进行着道德完善。

《世说新语·言语篇》载："过江诸人每至美日，辄相邀新亭，借卉饮宴。周侯中坐而叹曰：'风景不殊，正自有河山之异。'皆相视流泪。唯王丞相愀然变色曰：'当共戮力王室，克复神州，何至作楚囚相对！'"由此可见，士子们并非槁木，所谓风度只是一种标榜而已。《建康实录》载："玄等既破秦军，有驿书至，时安方对客围棋，看书既竟，便摄放床上，了无喜色，棋如故。客问之，徐答曰：'小儿辈已破贼。'既罢，还内，过户限，心喜甚，不觉屐齿之折。"又载："大

谢安像

司马桓温来朝，有篡夺之志，屯兵新亭，欲诛执政而废帝。召侍中王坦之、吏部尚书谢安石将害之，坦之恐，将欲出奔，谢安止之，曰：'晋祚存亡，在此一行，君何所逃？'既见温，坦之前大惧，仓皇倒执手版，流汗沾衣。安石后至，从容高视，良久坐定，谓温曰：'安闻诸侯有道，守在四邻，明公何须壁后置人。'温笑曰：'不能不尔。'遂却兵，欢语移日而罢。"这种喜怒不形于色的名士风度常常是通过意外事变来显示从容镇定的，在安闲的言行举止下面其实掩抑着忧患天下的痛苦心灵，因而玄学在东晋饱含着更为深广的社会内容。它在外表上仍保持着超尘脱俗的傲岸气度，内质里却始终关注着国家存亡和人格操守。它自然地履依着名教，却又使名教变得自然，尽可能地保持常态而不矫揉造作，给人风流倜傥又恰如其分之感。因而东晋一朝名士大都亦儒亦玄，儒玄双修，这实际上也是对西晋玄学过于偏颇道家的一种反拨。

这时期儒家经典重又受到重视，很多学者传注《尚书》、《诗经》、《周礼》、《尔雅》、《春秋》等书。孔子二十二世孙孔衍就是一位"经学深博，又练识旧典"的儒学大师，他一生为弘扬家学著述数百万言。虞喜一方面"束修立德"，一方面"怡然自足"，可谓颇得儒玄旨趣。徐苗则"作《五经同异评》，又依道家著《玄微论》，前后所造数万言，皆有义味"，临死前"遗命濯巾瀚衣，榆棺杂砖，露车载尸，苇席瓦器而已"。又如范宣，"少尚隐遁，加以好学，手不释卷，以夜继日，遂博纵众书，尤善《三礼》"。《晋书·儒林传》中所载的这些人物，莫不受到玄学时风的浸染，正如其《序》所言："有晋始自中朝，迄于江左，莫不崇饰华竞，祖述虚玄。摈阙里之典经，习正始之余论，指礼法为流俗，目纵诞以清高，遂使宪章弛废，名教颓毁。五胡乘间而竞逐，二京继踵以沦胥，运极道消，可为长叹息者矣。"

正是在此情景下，朝廷有识之士重又倡导儒风，主张儒本道末者渐增，儒学得到偏重。如江惇"性好学，儒玄并综。每以为君子立行，应依礼而动，虽隐显殊途，未有不傍礼教者也。若乃放达不羁，以肆欲为贵者，非但动违礼法，亦道之所弃也"①。又如王坦之"尤非时俗放荡，不敦儒教"②，戴逵"性高洁，常以礼度自处，深以放达为非道"③。由此可见，儒家重教化、定人伦、齐风俗的积极意义得到正视，而道家崇自然、求恬淡、遂性情的激进观点也更为平和，玄学成为依礼而动与适情而行相圆融的治国修身之道。

第二节　佛之阐扬

世道混乱导致部分贤能深刻反思重振儒风，但腥风血雨的躁乱更使世人容易接受外来的佛教。佛教自释迦牟尼创立后便流布印度，在阿育王的支持下迅速传遍周边国家。其所宣扬的苦、集、灭、道"四谛"被认为是"四条真理"：苦谛把人生一切皆视为苦，全无幸福欢乐而言；集谛则是说明人生诸苦原因的，由此确立"因果报应"与"十二因缘"的轮回思想；灭谛则提出了佛教出世间的最高理想，即涅槃，以熄灭人生的一切烦恼，达到超越时空和生死的境界；道谛则指出了通向涅槃之路，这是通过修行达到解脱的一条正道，一般被总结为"八正道"，即正见、正思、正语、正业、正命、正精进、正念、正定。佛经在佛陀死后的结集过程中，逐渐形成"上座部"和"大众部"，随后又发展成很多独立的派别，并广泛向外传播。一般南传佛教以小乘为主，北传佛教以大乘为主。小乘佛教重在追求个人自我解脱，大乘佛教则以大慈大悲、普度众生为最高目标。

佛教由西域传入中国内地，一般将汉明帝夜梦金人遣使求法作为肇

---

① 《晋书·江惇传》。
② 《晋书·王坦之传》。
③ 《晋书·戴逵传》。

端。实际上，佛教传入内地当在两汉之际，到东汉末年蔚为大观。桓灵之时，安世高、支娄迦谶翻译了大量佛教经典，而经过党锢之祸、军阀混战、谶纬失落，社会上流行的各种不同思想不少与佛教产生共鸣。所谓"名不常存，人生易灭"、"以形为劳，以生为苦"之类的悲观厌世情绪，以及由避祸而生的不问是非的冷淡态度和出世主义，都成为便于佛教滋长蔓延的温床。魏晋以来，儒家正统观念的崩溃、清谈玄远风气的流行，更为佛教的全面发展创造了良好的条件。西晋向秀、郭象注《庄子》，肯定了一切存在都是合理的，为西晋统治和士族特权辩解；裴颜著《崇有论》斥责玄学贵无派，要求士人积极治世；王戎、王衍立论则祖述何晏、王弼，仍主"以无为本"。这时佛教的小乘"禅数"学，以法体实有论证士族品类等级不灭；大乘"般若"学用空无否定世俗尘象。玄学与佛学皆论"有"道"空"，致使二者多存沟通。

本来，玄学与佛教各不相同。玄学中人追求的是现实的人生，不少人还适情任性、纵欲放诞；佛教学说则宣扬天国的欢乐，认为尘世是无边的苦海和轮回的折磨。另外，玄学本身并不是一门宗教神学，它是魏晋时期主要的哲学思潮，旨在探求宇宙本源的奥义和人生命运的真谛，玄谈家祖述老庄、尊崇周孔，是儒道二说互为补充下形成的新学。佛学则属于宗教神学范畴，尊崇的是释迦牟尼、四大菩萨和十八罗汉，关注的是如何解脱人生的苦难，把成佛渡世、建立佛国净土作为最高目标。两者之间，泾渭分明，各成系统，大有风马牛不相及的态势。

然而事实恰恰相反，两晋许多朝野名士不仅崇尚玄学，而且也与佛教结下了不解之缘。西晋皇室贵族中中山王和河间王，士族官僚中周嵩和石崇，都结交名僧并与之清谈。竺法护翻译了大量的大乘经典，是西晋最有成就的译经家，后被东晋名僧支遁称赞为"濯足流沙，领拔玄致"。东晋一朝名士莫不与佛徒往来，如王导、周颚、庾亮、谢尚、戴逵、孙绰等。更有一些谈玄之客皈依佛门而成为一代高僧的，名僧支道林为谢安所重，提出"即色本无"和"即色游玄"两个命题，把般若的

青瓷大莲花尊（南朝）

"空观"同庄子的"逍遥"结合起来，使佛道贯通达到一个新的高度。《世说新语·文学篇》载，他所注《庄子·逍遥游》，被认为拔理于向秀、郭象之外，称为"支理"。自此而后，解《庄》的权威也移向了僧侣。

玄学与佛学尽管有许多不同之处，但二者的哲学思想核心几乎是一致的。首先，佛学的"空无"与玄学的"贵无"均属于唯心主义哲学范畴，正是基于"无"的共性而派生出许多相通的东西。比如何晏、王弼认为"天地万物皆以无为本"，佛教神学理论的核心则是"一切皆本无，亦复无本无"，二者立论皆以无为先。其次，玄学中的"道"是"牵之无前，引之无后"，"视之无形，听之无声"的，但却能导生万有，实为宇宙的本源；大乘佛教中的"佛"是"蹈火不烧，履刃不伤"、"欲行则飞，坐则扬光"的，它无所不能，还可普度众生去极乐世界。得道、成佛都是人的生活的最高境界，因而二者都具超尘脱俗之高风。再次，玄学家主张"清静无为"，佛教徒主张"安般守意"，实际上都是讲修炼。玄学家重呼吸吐纳之术，意在现世成为仙真；佛教徒笃守禅定唱佛之功，冀求生往西方净土。名僧康僧会说："安为清，般为静，守为无，意名为，是清静无为也。"这就巧妙地将二者等同起来，教人清心寡欲摆脱物累。又次，玄学家强调"得意忘象"、"得意忘言"，把"得意"作为逍遥自在的精神寄托；佛教徒则强调"一切为心"、"万物为识"，把"性空"作为走向佛国的必由之路。二者同样意境超然，鄙弃世象。正因二者有众多相似之处，故玄佛的合流因名士与名僧的频繁交往而日渐紧密。这也是东晋文化的一大特色，印度佛教开始变为中国佛教，佛学中的许多名词概念常常借用玄学中的名称术语。玄学家们有时也依附佛教经典钻研佛理，从而使佛学与玄学杂糅相混起来。于是在中国僧徒中间，也如玄学出现各种观点一样，便出现了佛教史上所谓"六家七宗"等不同学派①。他们各有一种主张，都能在般若经找到出处，于此可见佛轮东转神州土地时得到的不同观照。而玄学在佛教中也能得到阐释，因而哲理上的共通使二者相得益彰。

东晋玄佛合流形成一股强大的社会思潮，佛教在玄学的认同下很快得到张扬而流播天下。东晋诸帝，无不信奉佛法，结交僧尼。晋元帝曾诏令沙门竺道潜入内殿讲经，可以著屐登殿；晋明帝张挂佛像于皇宫西南之乐贤堂，并召集沙门讲论佛道；晋哀帝"好重佛法"，因请竺道潜入宫内讲《大品般若》；晋简文帝"尤善玄言"，亲临瓦官寺听讲《放光般若》；晋孝武帝立精舍于殿内，引沙门居之，允许僧尼出入宫廷，干预政事；晋恭帝更是"深信浮屠道"，造丈六金像，往瓦官寺迎接。上既好之，下必效之。东晋王谢庾桓等世家大族，亦多是佛教的支持者，王导、谢安、庾亮、桓彝等都与名僧交往。中书令何充与其弟何准信佛尤专，何充"性好释典，崇修佛寺，供给沙门以百数，糜费巨亿而不吝"。中军殷浩被废后，大读佛经，遇到不懂之处即向僧人请教。至于那些"散发裸裎，闭室酣饮"的"八达"人物，将玄学中放浪形骸、不拘礼法的传统同佛教《般若》、《维摩》中的大乘空宗调和起来，更是目空一切。坚守儒家正统观念的也注意吸取佛教中的一些因素，如孙绰就宣称"周孔即佛、佛即周孔"，提倡儒佛全面一致，唯内外有别而已。郗超则将佛学解释成一种治心从善的道德学说，将儒佛调和起来而强调道德作用。总之，佛风所及，无处不在。据唐法琳《辨正论》记，东晋共有佛寺1768所，僧尼24000人。皇室贵族竞相修建寺庙，成为东晋

---

① 刘宋昙济作《六家七宗论》，"本无"、"即色"、"识含"、"幻化"、"心无"、"缘会"为六家，其中第一家又分为"本无"、"本无异"二宗，故名。

奉佛的一大特点。这些寺庙作为佛教偶像供养和进行法事活动的据点直接影响周围民众，同时作为佛教义学活动的中心进行佛教经典、宗教哲学、道德文化的创造。寺院的发展，可见佛教影响之大，一方面反映了一些人存有浓厚的恐惧心理，一方面也反映了一些人追求安定祥和的氛围。

佛教的发展，在社会中形成了一个前所未有的新阶层，即僧侣阶层。他们的人数逐渐增多，影响逐渐扩大，至东晋已显示出与世俗相矛盾的方面。作为中国传统文化主体的儒学，以"祖述尧舜，宪章文武，传六经之习，行仁义之道"昭告天下。而至东晋一朝，随着佛教的广泛传播，儒学的忠孝观念似乎大大减弱。佛教不事父母、不拜帝王的主张，严重地损害着世俗纲常和封建礼教的尊严，儒佛之间的矛盾冲突势不可免。早在咸康五年（339 年），辅政大臣庾冰便认为佛教"矫形骸，违常务，易礼典，弃名教"，为了统一国家的礼制法度，他代晋成帝颁布了"沙门应尽敬王者"的诏令。但是，诏令一出，非议四起，尚书令何充与左右仆射等联名反复上奏，认为佛教五戒之禁，实助王化，奉上崇顺，出于自然，不必让沙门尽敬王者。这是有史以来有关中国佛教同国家政权关系问题的第一次高层讨论，也反映了外来宗教仪则与中国传统礼法的矛盾。何充认为，佛教五戒，即不杀生、不偷盗、不邪淫、不妄语和不饮酒，与封建统治者的利益并不冲突，反而有助于维护和巩固社会秩序。也正因此，儒佛有相互认同和融合的另一面，后来庾冰的主张也就未被采纳实行。佛教徒也很明白，佛教要想在中国扎根，必须取得世俗统治者的支持。东晋名僧道安说："不依国主，则法事难举。"名僧慧远著《沙门不敬王者论》，则一再论述佛教与世俗皇权和儒家名教利益的一致性。当时一些名士，也撰文阐论儒佛融合。如中书侍郎郗超写出《奉法要》，以儒家的忠孝节义等术语去解释佛教教义，并进行佛教的普及宣传工作。东晋一朝，儒学、玄学、佛学、朝官、名士、佛陀之间利益关系的相互协调形成互存共荣的大观。东晋末年，太尉桓玄专权，曾重申庾冰之议，受到中书令王谧、高僧慧远的反对。桓玄在《与僚属沙汰僧众教》中言："京师竞其奢淫，荣观纷于朝市，天府以之倾匮，名器为之秽黩，避役钟于百里，逋逃盈于寺庙，乃至一县数千，猥成屯落，邑聚游食之群，境积不羁之众。"① 及至桓玄篡位成功，又与佛教达成妥协，原因是佛教主动表示为王权服务，而当时的王权还无能力统一礼制。

东晋佛教的传播与名僧慧远的影响密不可分，而慧远传教又得到了各种统治力量的支持。慧远（334～416年）本姓贾，雁门楼烦（山西宁武附近）人。13岁时随舅父到洛阳、许昌一带游学，受到当时后赵石虎既倡佛学又重经学的风气熏染。349年石虎死，中原再次陷入战乱，慧远辗转避难投至恒山道安门下。由此以为"儒道九流，皆糠秕耳"，遂专意佛教。其后，慧远随道安至襄阳，又由道安分遣至庐山，遂定居此地。江州刺史桓伊为他建东林寺，他在庐山一住30余年，组成名声远扬的庐山僧团。慧远僧团中多才多艺者不少，在慧远倡导下他们集结为"白莲社"，在庐山般若台精舍阿弥陀像前建斋，誓相提携共登西方神界，此为中国净土宗之始。事实上，净土宗的经典《无量寿经》、《般若三昧经》等，早在汉末即有翻译和流传。但它能够上升为知识僧侣的信仰，则是从慧远开始。这种信仰以"念佛"或"观佛"为基本法门，希望死后因此而进入一个极乐世界。东晋这种思想的特别发展，与知识界对现实的普遍苦闷不安有关，同陶潜写《桃花源记》的社会根源是一致的。

慧远的宗教学说得到统治阶级上层的奉行，历届江州刺史都主动与他结交。392年，殷仲堪在赴荆州刺史任中，登庐山拜会慧远，共论《易》体。399年，桓玄攻荆州杀殷仲堪，亦向庐山慧远致敬，共论《孝经》。405年，何无忌与刘裕等诛杀桓玄后，侍卫晋安帝返回建康，

① 《弘明集》卷十二。

安帝遣使进庐山慰问。410 年，卢循攻杀何无忌，也登庐山与慧远叙旧。同年，刘裕追讨卢循，特派使入庐山馈赠粮米。东晋士大夫中的隐居者与慧远的交往更加深厚。雷次宗少入庐山，师事慧远，明《三礼》、《毛诗》。慧远讲《丧服经》，雷次宗恭谨受教。雷次宗晚年应征至京师，为皇太子、诸王讲《丧服经》。周续之读《老子》、《周易》，入庐山师慧远，刘宋初年应征入京，教授儒典《礼》、《毛诗》、《公羊传》等。宗炳在殷仲堪、桓玄、刘裕等执政时先后被征聘，皆不就，在庐山与慧远考寻经义，著有《明佛论》，发挥慧远的"神不灭"说。慧远的这些在俗弟子，不只向他学佛，也向他学儒学道，可知慧远对儒佛道都有极深的造诣。这使慧远有能力将外来的佛教思想，同中国的传统文化更紧密地结合起来。

慧远力图将佛教同儒家的政治伦理和道家的出世哲学协调起来，他说，如来与老孔，在出世和处世上或有差别，最终目的总是同一的。因为按佛教的说法，如来化世，可以为仙帝卿相，国师道士；同样，诸王君子，迂回曲折，毕竟要走到佛教一途上来。慧远与桓玄论"沙门不敬王者"，更明确认为佛教"一者处俗弘教，二者出家修道"，既教人忠孝之义，奉上尊亲，又教人隐居求志，变俗达道。而隐居变俗表面上"内乖天属之情"、"外阙奉主之荣"，但实质上能令"道洽六亲，泽流天下"，起到"协契皇极，大庇生民"的作用。慧远的这种思想使佛教走上王道，此后中国佛教方向再没有发生重大变化。而慧远创立的"神不灭"论，也极具鲜明的中国特色，他宣扬的形死寿尽而神不灭，结合中国文化传统而为中国佛教奠定了最牢固的神学基石，这使中国传统的祖先崇拜和佛教的不灭之神似乎暗合了起来。尽管有神论是佛经误译而带来的误解，但它更容易激发中国教徒的宗教热情和恭谨虔诚。当然，它在探讨人的思维本性上，无疑也退了一步，因而慧远的观点受到鸠摩罗什的严厉批评。

南朝宋、齐、梁、陈，佛风更是显盛，与儒、道的融通也使佛教更具中国特色。刘宋佛教信徒宗炳说："孔老如来，虽三教殊路，而习善共辙也。"① 侍中何尚之对宋文帝说，若推行佛法，"雅颂之兴，理宜倍速，即陛下所谓坐致太平者也"②。宋孝武帝刘骏则建药王寺、新安寺，宋明帝刘彧亦造湘宫寺。朝野名流亦广造佛寺，官至益州刺史的萧惠开曾为先父大造四寺，衣着饭食上"尝供三千沙门"③。东晋以来的建寺之风有盛无衰，而大倡儒佛融合的不再是沙门，却是封建帝王、朝廷大臣和硕儒名贤了。南齐官至司徒的竟陵王萧子良，更以佞佛出了大名。他为了表白对佛教的虔诚，自名净住子，手抄佛经 71 卷，"与文惠太子同

观音立像龛（南朝·梁）

好释氏，甚相友悌。子良敬信尤笃，数于邸园营斋戒，大集朝臣、众僧，至于赋食行水，或躬亲其事，世颇以为失宰相体"④。南齐诸帝也兴建诸多佛寺，又造众多释迦佛像。

南朝佛教至梁时达到极盛，梁武帝作为一位博学多才者兼通儒学、道学、佛学乃至史学、文学，他曾著述《孔子正义》、《中庸讲疏》、《尚书大义》、《春秋答问》、《毛诗答问》、《周易讲疏》、《老子讲疏》、《六十四卦》等，另与群臣合编有《通史》，又有《大品》、《涅槃》、《净名》、《三慧》诸经的讲疏、义记，以及《金刚般若忏文》、《摩诃般若忏文》

---

① 《弘明集》卷二。
② 《弘明集》卷十一。
③ 《南史·萧思话附子惠开传》。
④ 《南齐书·竟陵文宣王子良传》。

等。此时，在学术思想上正是儒、佛、道三教相互冲突和交融的密切时期，梁武帝从巩固封建统治者的利益出发，提出"真神佛性"说和"三教同源"说。所谓"真神佛性"说，就是将神明解释为善性，将儒学中的人性本善和佛学中的佛性涅槃调和起来，因而梁武帝亦被称为"菩萨皇帝"。他企图把佛家的善性纳入儒家的善行，认为佛性就是人的精神和灵魂，与儒家主张的仁孝礼义相通。他在《净业赋》中说："《礼》云：'人生而静，天之性也。感物而动，性之欲也。'有动则心垢，有静则心净，外动既止，内心亦明。始自觉悟，患累无所由生也。"由此看出，他强调修身以保持内心的神明，而通过积善行德、修身养性去掉无明和诸般烦恼。在修行方法上，他坚决反对僧人竺道生的"顿悟成佛"说，认为必须经过长期修习才能达到真理的觉悟。在他看来，孝敬父母和祭祀神鬼是人的善性，也是成佛的基本方法和途径。因此，他多次舍身同泰寺，而且为死去的父母修建了大爱敬寺和大智度寺。他用孝道善行去敬佛事佛，显然是将二者调和起来以教化天下。

他还进一步将三教融合起来，认为三教各有妙用而不能偏废。儒学教导人们恪守礼法伦常，道教劝说人们不要计较争夺，佛教引导人们向往极乐净土，因而都有利于社会现实的安定。儒家讲忠孝节义，道家讲羽化成仙，佛家讲六色皆空，显然都不鼓励反抗而倡导隐忍。正因如此，梁武帝试图将三教合而为一。他有时把三教的始祖孔子、老子和释迦牟尼总称为"三圣"，就是要利用三教的协调以维护社会的统治。但他认为佛教理论及其修行方法更为高超深刻，因而他所建众多寺院，立丈八佛像，在南朝都是罕见的富丽宏大。据唐法琳《辨正论》记，南朝到梁时，共有寺院 2846 所，僧尼 82700 人，比东晋时大为繁盛。其"三教同源"说实际上是一个错综复杂而又自相矛盾的结晶体，也是儒佛道三家矛盾斗争与调和圆融的产物。身为"菩萨皇帝"的梁武帝，企图把三教熔为一炉，建立起一个以儒学为基础，以道教为羽翼，以佛学为主体的中国思想文化体系。这个尝试虽然不算完美，但在中国思想发展史上却占有重要地位。其言传身教影响很大，他的长子昭明太子、三子简文帝、七子元帝，都以好佛理著称。陈代皇祚较短，在各方面都步梁朝后尘，继续推行施舍、忏法和戒律。

　　这次三教合一作为一次初步总结，可以看出中国各种文化思想的相互对立和渗透。由此也为隋唐时期儒、佛、道三教并重开了先风，并为两宋时期的理学做好了铺垫。

第三节　道之神化

　　道教是在面临深重的社会危机并在道家学说基础上逐渐形成的，它杂糅各种传统思想，又和封建迷信搅和起来，最终形成极富中国特色的土生土长的宗教。秦汉以来的封建统治使广大人民遭受着各种痛苦，从而使深陷痛苦之中的百姓渴望有一种力量能够拯救他们，这个超人间的力量就是人们想象中的神灵。就统治阶级而言，在严重的社会危机面前，他们极力想利用宗教来消弭随时可能发生的反抗斗争，同时也希望利用宗教来为他们个人的延年益寿起些作用。从董仲舒继往开来进一步将统治思想宗教化，创立了以"天人感应"为理论基础的"灾异谴告"说，实际上就反映了人们对天的敬畏和对善恶报应的信从。谶纬神学更是将阴阳五行、神仙方术与

青瓷香熏（南朝）

庸俗经学杂烩一体，东汉光武帝以此起家夺得政权，之后遂成官方之学

而使其尽可能完善。汉章帝时编成的《白虎通德论》实际上成为一部官方神学法典，使整个社会都笼罩在宗教神秘主义气氛之下。固然谶纬之学被染上了浓厚的宗教神学色彩，连儒家之祖孔子也被赋予教主的神光，有利于统治者维护其神圣的权力。但是谶纬之学毕竟不能成为行之有效的治国之本，而使儒学一筹莫展，陷入困顿再难灵光。这种浓厚的宗教神学氛围使儒学走上颓败之路，却为道教的孕育提供了合适的土壤和条件。

早期道教形成过程的重要标志之一是道教经书的出现。目前所知最早的道教经书是汉成帝时齐人甘忠可造作的《天官历包元太平经》。据《汉书·李寻传》说，此书言"汉家逢天地之大终，当更受命于天，天帝使真人赤精子，下教我此道"。值得注意的是此书有了不同于以往的两个新内容：一是构造出了天帝—真人—方士的传授系统，把君权神授的传统观念与真人奉天帝之命传达天意的神话结合起来；二是神仙不再是游戏于方外的神人，而是直接参与并影响社会政治生活的真人。此书是天人感应思想与神仙方术思想的结合，除了宣扬天谴灾异顺应统治者的需要外，不难看出其企求太平世道的愿望和反对黑暗统治的因子。

此后则出现了《太平清领书》和《周易参同契》。《太平清领书》又称《太平经》，书中自称是天师代天传言之书，这当然是不足为凭的神话。据此书内容来看，不可能是一人一时一地之作，乃是东汉时期秘密流传的原始道教徒多人著述、逐步积累、汇集而成。书中用道家哲学、阴阳五行思想、传统的宗教巫术以及儒家的伦理观念，吸收当时的天文学、医药学、养生学等自然科学成就，运用神道设教的方式建立起宗教神学的庞杂理论体系，宣扬天人合一和善恶报应思想以及封建道德观念，以实现"太平世道"为理想目标。《太平经》里所表明的宗教神学观念，已奠定了中国土生土长的道教之基调，其所谓天、地、人"三合相通"的宇宙观，"太平世道"中明君贤臣忠孝仁慈的伦理观，"乐生""好善"以及通过修炼达到长生不死的神仙观，都可看出与世界上其他宗教明显之不同。《太平经》的思想均为早期道教两大派别"五斗米道"和"太平道"所接受，在道教发展史上占有非常重要的地位。

《周易参同契》出现较《太平经》稍晚，作者魏伯阳正史无载，据晋代葛洪《神仙传》载："魏伯阳者，吴人也。高门之子，而性好道术，不肯仕宦，闲居养性，时人莫知其所从来。"《周易参同契》主要借《周易》爻象的神秘思想来论述炼丹修仙的方法，强调修道炼养与天地造化是同一个道理，认为万物的变化皆由阴阳的交合产生，人欲求长生不死必须掌握乾坤六十四卦的运行规律。此书后来极为修炼者重视，被尊为"万古丹经王"。《四库全书总目》说："后来言炉火者，皆以是书为鼻祖。"

到东汉末年，由张陵创建的五斗米道和张角创立的太平道已影响很大。五斗米道又称天师道、正一道，张陵自称"为三天法师正一真人"，尊老子为教主，奉《老子五千文》为经典。《三国志·魏书·张鲁传》载："（张陵）客蜀，学道鹄鸣山中，造作道书，以惑百姓。从受道者出五斗米，故世号米贼。陵死，子衡行其道；衡死，鲁复行之。"张陵选中蜀地作为创教地点，是因当时蜀中图谶数术和黄老之学盛行，加之蜀地少数民族的宗教习俗颇尚鬼巫，这都为五斗米道的产生提供了良好的条件，故其很快建立了 24 个教区。张陵除"自称太清玄元"外，还造了许多神，其道术主要是上章招神和符咒劾鬼，以长生为仙为最高目标。张陵死后，其子张衡、孙张鲁相继嗣教。张衡生平传说甚少，可见所起作用不大。张鲁则在蜀、汉一带建立了政教合一的地方政权，"以鬼道教民，自号'师君'，其来学道者，初皆名'鬼卒'，受本道已信，号'祭酒'，各领部众，多者为治头大祭酒。皆教以诚信不欺诈，有病自首其过。大都与黄巾相似，诸祭酒皆作义舍，如今之亭传。又置义米肉悬于义舍，行路者量腹取足，若过多，鬼道辄病之"[①]。张鲁的施政

---

① 《三国志·魏书·张鲁传》。

措施多与《太平经》思想一致，所以受到人民群众的普遍欢迎。张鲁扩大了道教的势力，所治"民夷乐之"，朝廷"力不能征"，直至建安二十年（215年）曹操统兵进汉中始降服。他被拜为镇南将军，封阆中侯，邑万户。死后葬于邺城，其道众也大量北迁，五斗米道遂发展至中原地区。

较五斗米道稍晚，由钜鹿人张角创立太平道，此教派以《太平经》而得名。张角"自称大贤良师，奉事黄老道，畜养弟子，跪拜省过，符水咒说以疗病，病者颇愈，百姓信向之。角因遣弟子八人使四方，以善道教化天下，转相诳惑。十余年间，众徒数十万，连接郡国，自青、徐、幽、冀、荆、扬、兖、豫八州之人，莫不毕应。遂置三十六方，方，犹将军号也。大方万余人，小方六七千，各立渠帅。讹言苍天已死，黄天当立，岁在甲子，天下大吉，以白土书京城寺门及州郡官府，皆作'甲子'字"[1]。此次起义由于内奸告密而败露，"角等知事已露，晨夜疾驰敕诸方，一时俱起。皆著黄巾为标帜，时人谓之黄巾，亦名为'蛾贼'，杀人以祠天。角称'天公将军'，角弟宝称'地公将军'，宝弟梁称'人公将军'。所在燔烧官府，劫掠聚邑，州郡失据，长吏多逃亡，旬日之间，天下响应，京师震动"[2]。黄巾起义虽然最终失败，但东汉王朝也随之衰亡。初期创立的道教虽然遭到重创，但其宗教理论、组织建设以及实践方式则为后来道教的发展埋下了根基。

魏晋时期，道教在传播过程中产生了分化，其影响也愈益广泛。曹操从政治上的考虑出发，把社会上知名的方士召集起来，以防止他们"挟奸宄以欺众，行妖慝以惑民"[3]。在曹操所召集的诸方士中，比较著名的有甘始、左慈、郗俭、华佗、东郭延年、郝孟节等，他们在社会上都有一批崇拜者，有一定的号召力。曹操召集他们显然要为己所用，这

---

① 《后汉书·皇甫嵩传》。
② 《后汉书·皇甫嵩传》。
③ 曹植：《辩道论》。

倒不是为延年益寿服务，而是要笼络人心招纳人才。因而凡是俯首帖耳听其调遣支配者就加以优待，若是敢于反抗不听旨命的人则毫不留情地杀掉，比如名医华佗初始为曹操仰重，而后来华佗"恃能厌事"终为其所杀。曹操招降张鲁给予优厚的待遇，裴松之在《三国志·魏书·张鲁传》注中论道："臣松之以为张鲁虽有善心，要为败后而降，今乃宠以万户，五子皆封侯，过矣。"曹操之所以如此，当然是借优宠张鲁而笼络道徒。

五斗米道在张鲁死后果然产生了分化，出现了教派的分裂以及多样化局面。除了五斗米道大量教徒北迁在北方产生影响外，江南地区的道教活动也日渐活跃，如从比方流入江南的帛家道，从蜀中传入江南的李家道等。晋代杜子恭一派的天师道在江南也颇有影响，此派最初流传于上层士族中，到其弟子孙泰时在下层社会广收徒众。"泰见天下兵起，以为晋祚将终，乃煽动百姓，私集徒众，三吴士庶多从之。"① 孙泰兵败，其侄孙恩志欲复仇，自号东征将军，号其党曰"长生人"，又被刘裕击败，孙恩赴海自沉。余众数千人又推孙恩妹夫卢循为主，兵力发展到 10 余万，但最终于晋安帝义熙七年（411 年）兵败覆灭。孙恩、卢循的部队主要是由信奉五斗米道的农民组成，他们明确提出了"诛杀异己"的口号，并杀了高级士族中的道教徒王凝之，可见同为道教信徒而因阶级利益的不同也相互对抗。

实际上，魏晋时期的道教的确呈现出新的特点，这就是愈益依靠统治者扩大自己的影响。一些道教徒接受统治者的利用和扶植，奔走于权贵之门趋炎附势，为他们争权夺利出谋划策。例如西晋一度把持朝政的杨骏和贾后，就都曾利用道术之士来巩固自己的统治地位。八王之乱的中心人物赵王伦，就特别宠信信奉五斗米道的教徒孙秀，"事无巨细，

---

① 《晋书·孙恩传》。

必咨而行。伦之诏令，秀辄改革，有所与夺，自书青纸为诏"①。

由于道教被宣扬得神乎其神，一些帝王将相、世胄高门也成为道教信徒，于是出现了一些所谓的天师世家。《晋书·哀帝传》载哀帝"雅好黄老，断谷，饵长生药，服食过多，遂中毒"。据陈寅恪《天师道与滨海地域之关系》一文考证，当时钱塘杜氏（以杜子恭最著）、琅玡孙氏（以孙泰、孙恩最著）、义兴周氏（以周勰最著）、丹阳葛氏（以葛玄、葛洪最著）等，诸多豪门信奉道教。统治阶级雅好道教必然会把他们的喜好带入道教中，引起道教内部思想上组织上的变化。于是道书的造作日益增多，新的道派也相继出现。

上清派以奉《上清经》而得名，其开派人物均为高门士族出身，有着良好的封建文化修养，和封建统治的上层人物也有着密切的关系。这一道派开创之初，被尊为上清派第一代太师的魏华存起初信奉天师道，后传许谧、许翙家族也为天师道世家，可见与天师道之渊源。东晋时江南士族政治上不得意，于是便以老庄思想为精神寄托，他们加入道教后对原来民间那些鄙陋庸俗的教仪感到不满，于是按自己的口味对天师道进行改革。从他们制造的大量上清经典中可以看到，这时上清派所奉主要经典为《大洞真经》和《黄庭经》。上清派提出的修炼方法重在调意，着重于精神修养且简便易行，与庄子思想相似，适合士大夫口味，故能在当时的知识阶层中得到传播。它强调人身内精气神的修炼，从而达到练形，而不重符箓、炼丹，尤斥房中术。而且上清派完全排除了早期道书中反映农民群众的愿望和要求的思想，因而获得了统治阶级的赞赏并不断发展壮大。

大致与上清派同时出现的灵宝派，以传授洞玄灵宝部经而得名。其传授关系据说是葛玄传于郑隐，郑隐传于葛洪。从东晋末年到刘宋初年，灵宝经书有了很大发展，信奉者也日益增多。后来刘宋道士陆修静

---

① 《晋书·赵王伦传》。

又补充制定了各种斋戒仪轨，从而使灵宝派作为一个道派更为健全。此派与上清派一样，代表的是上层统治阶级的利益。他们把儒家封建伦理思想和修道密切结合起来，强调"言无华绮，口无恶声，齐同慈爱，异骨成亲，国安民丰，欣乐太平"① 的思想。还提出"三合成德"的理论，说："夫道，三合成德。自不满三，诸事不成。三者，谓道、德、仁也。仁，一也；行功德，二也；德足成道，三也。三事合，乃得道也。若人但作功德而不晓道，亦不得道；若但晓道而无功德，亦不得道；若但有道德而无仁，则至理翳没，归于无有。譬如种谷，投种土中，而无水润，何能生乎？有君有臣而无民，何宰牧乎？有天有地而无人物，何存养乎？故《五千文》曰：'三生万物。'"② 可见"三合成德"的思想宣扬君、臣、民各安其位，目的还是维护封建统治及天下安定。其戒规规定信徒必须奉公守法，不许妄言朝政得失，更不准反抗暴动，其中心思想就是不准"犯上作乱"。其修炼方法主要是符箓科教、注重斋仪，也讲思神、诵经，蔑视金丹、房中术。从重视符箓科教方面来看，它比上清派更接近旧天师道，但实际上它与那种画符念咒以"驱鬼降魔"、"祈福禳灾"的方式并不完全相同。而它强调济世度人又与上清派着重个人存思有别。它既能吸引群众又革除了庸俗粗鄙，而在修持方法上也比上清派简便易行，故在当时中上层人士中广为流行。

羊形烛台（东晋）

魏晋时期道教集大成者是葛洪。葛洪（283～343 年），字稚川，自号

---

① 《元始无量度人上品妙经》。
② 《洞玄灵宝斋说光烛戒罚灯祝愿仪》。

抱朴子，丹阳句容（今属江苏）人。他出身贵族家庭，少年时家道中落，饱览经、史、百家，以儒学知名，并从方士郑隐学道。他本想成为一个儒者，但因种种原因未成。而又"尤好神仙导养之法"①，乃去广州罗浮山炼丹。"在山积年，优游闲养，著述不辍"②，终殁于此。他在众多教派相继出现后，对战国以来的神仙方术思想作了系统的总结。他为道教构造了种种修炼成仙的方法，提出了以神仙养生为内、儒术应世为外的主张，将道教的神仙方术与儒家的纲常名教相结合，建立了一套长生成仙的理论体系，使道教的神仙信仰理论化，丰富了道教的思想内容，为上层士族道教奠定了理论基础，成为中国道教史上一个承前启后的划时代人物。其著述甚丰，有《抱朴子》内外篇70卷、《金匮药方》100卷、《肘后备急方》4卷、《神仙传》10卷、《隐逸传》10卷，等等。

《抱朴子》一书为其代表性著述，《内篇》20卷主要记述"神仙方药，鬼怪变化，养生延年，禳邪却祸"之事；《外篇》50卷主要议论"人间得失，世事臧否"，阐明他的社会政治观点。用他自己的话说："以六经训俗士，以方术授知音"，"内宝养生之道，外则和光于世。治身而身长修，治国而国太平"。显而易见，《抱朴子》一书是葛洪儒道双修的展演。葛洪在书中既主张复兴儒学，又大力张扬道教，形成了颇具特色的道本儒末之说。他在《明本》篇中写道："道者，儒之本也。儒者，道之末也。"他调和孔子和老子的学说，形成自己的理论体系。在长生成仙问题上，他强调成仙不能只靠内修外养等方术，还须忠孝和顺、积善立功，认为"不忠不孝"和"夺人财物"是重大的"罪过"和"恶事"。"欲求仙者，要当以忠孝和顺仁信为本。若德行不修，而但务方术，皆不得长生也。"③ 可见其道教理论反映的是封建统治阶级的利益和愿望。

①《晋书·鲍靓传》。
②《晋书·葛洪传》。
③《抱朴子·对俗》。

在对待民间道教的态度上，他将其斥之为"妖道"、"邪道"，说它们"进不以延年益寿为务，退不以消灾治病为业。遂以招集奸党，称合逆乱"①。他认为民间道教以符水咒语为人治病，是"假托小术"、"纠合群愚"、"威倾邦君"，因而应该坚决取缔。在批判原始道教的基础上，他鼓吹通过修炼和服丹而成仙，抛弃民间道教原有的救世度人的现实性和群众性，从而将道教引向个人长生成仙的期冀，以满足秦皇、汉武以来统治者的长生幻想。他创立的金丹道教反对佛教把希望寄托于来世的观点，主张在现实世界里享受人间的乐趣。他在《对俗》篇中说："若委弃妻子，独处山泽，邈然断绝人理，块然与木石为邻，不足多也。"他迎合人们惧死乐生的心理愿望，又提出延年益寿、长生不老的方法。他认为长寿不能靠祈祷和符咒，而应注重养生和修炼，故而提出应通过吐故纳新、服食药物、劳逸结合乃至房中之术等去调养身体，以求得身心健康，精力充沛，颐养天年。不能否定这种积极对待人生的态度有其进步意义。但他又强调服食金丹的重要，并以罗浮山为道场进行炼丹实验，主观地认为服用金丹玉液能万倍于五谷杂粮，使人返老还童甚至长生不死。这当然是荒谬可笑的。从目前考古发掘看，金丹含有丹砂、雄黄、石胆、云母等 10 多种矿石成分，而出身天师世家"雅好服食养性"的王羲之也只活了不到 60 岁。

总之，葛洪的神仙道教理论是入世的，是维护封建纲常礼教和士族集团利益的。他生当儒玄佛道诸家学说相互冲突交融的时代，表现出勇于探索和大胆实践的精神，他的思想既有精华和合理的成分，也有糟粕和错误的东西，正是那个时代文化的折光和智慧的缩影。

魏晋道教经过整顿改造，原先的民间宗教转变成适合封建统治阶级需要的官方宗教；经过充实提高，原先粗陋的宗教转变为较为成熟的宗教；这不仅是统治者所期望的，也是道教本身发展的需要。南北朝时道

---

① 《抱朴子·道意》。

教进一步繁荣。南朝地区由于天师道的长期传授，又是上清派和灵宝派的发端之地，因而道教在与儒、佛的斗争和交融中形成新的特点。在"三教"的相互关系上，道教与儒学虽然存在着矛盾冲突，但主要倾向则是调和通融。因为道教毕竟是在中国传统文化氛围中产生的，儒家的伦常礼教也就成为道教徒必须遵守的信条。东晋以后随着佛教在中国广泛传播，道教为了提高自己的社会地位，一方面加紧了与儒学串通的步伐，一方面又在排斥佛教的过程中汲取佛教的某些内容和形式，以提高道教本身的宗教素质，这就出现了三教共容的某些态势。

第四节　三教调和

　　三教调和的端倪在南朝刘宋初期已明显表现出来，灵宝派教主陆修静便是这一时期的道教代表人物。陆修静（406～477 年），字元德，吴兴东迁（今浙江吴兴）人。他出身士族，通读道教诸经，广收门徒，声名远播。元嘉年间，宋文帝刘义隆钦其道风，使左仆射徐湛召之入宫讲经说法。泰始三年（467 年），宋明帝刘彧又派使礼请陆修静下庐山到建康。当时，由尚书令袁粲主持了三教辩论会，儒者、僧人、道士之"三教"精英云集一堂竞相诘难，陆修静以"标理约辞，解纷挫锐"而使"王公嗟抃，遐迩悦服"。事后宋明帝见陆修静不愿留在宫里，便诏令在北郊修建崇虚馆，让他在馆里授徒讲经。道教由于受到朝廷的认同与支持，于是出现了"道教之兴，于斯为盛"的局面①。陆修静于宋后废帝元徽五年（477 年）仙逝，谥曰简寂先生，诏其庐山旧居曰简寂观。陆修静著述颇多，据陈国符考证达 30 多种，其中大都遗失，现存

---

① 陈国符：《道藏源流考》附录《道学传辑佚》。

少量收于《正统道藏》中。

陆修静既与天师道有关系，又承传灵宝派之经义，而不把自己归属于任何道派。他通过"祖述三张，弘衍二葛"，熔各派经典为一炉。他编制的《三洞经书目录》是道教史上第一部道经目录，为道教经典的编纂创立了体例和原则。他在总结天师道原有各种斋仪的基础上，吸取佛教的修持仪式和儒家的封建礼法，为道教广制斋醮仪范，以适应巩固教团组织和改革道教的需要。早期的道教斋法粗鄙不堪，如"露身中坛，束骸自缚，散发泥额，悬头衔发于栏格之下"①。这样的斋法显然不合上层士族的旨趣，而陆修静广制斋仪则"意在王者遵奉"，所以陆修静在斋法制定上下了很大工夫。他从修身与治国相统一的观点出发，改造增修成包括天师、上清、灵宝各派斋仪在内的"九斋十二法"，后世道教的斋法大都不出这一范围。由于陆修静的努力，道教各派都面目一新，不仅皇帝朝臣中信道的不少，许多道士还隐居山林潜心修道。

道教在发展过程中虽然吸收了外来佛教的某些教义和仪轨，但也要通过诋毁和排斥佛教以扩大自己的社会影响，这是传统文化与外来文化交叉时的必然现象。顾欢在前人《老子化胡经》的说法上进一步作《夷夏论》，提出孔子与老子为二圣："国师道士，无过老庄；儒林之宗，孰出周孔？"他论证道教在先，佛教在后；道教为上，佛教为下；老子为师，如来为徒。立足于中华悠久文化和良风美俗的基础上，痛斥外来的佛教及其伤风败俗的恶果。《夷夏论》在理论上并无深刻内容，但代表了一种维护传统文化尊严的民族情绪，因而受到社会的重视，也成为佛教徒反击的目标。当时官至司徒、信奉佛教的袁粲便著文反对，言释迦牟尼诞生于老子之前，佛教的无死比道教的长生更高明。他们的辩论谈不上有什么理论高度，但无形中却促进了二教的传播。

在南朝道教发展史上，继陆修静之后真正有影响的人物是陶弘景。

———————————

① 《无上秘要》卷五十。

陶弘景（456～536 年），字通明，丹阳秣陵（今江苏南京）人。他出身士族，自幼好学，博览群书，著述甚多。除为儒家经典作注外，又撰述道家经典，如《真诰》、《真灵位业图》、《登真隐诀》等，还有包括天文、历算、地理、兵学、医药学乃至文学艺术等杂多著作。其在《真诰》经书中，吸收儒学和佛教内容而定出道教教义和教规禁律。在《真灵位业图》中，仿照人间的封建等级制度构造出道教世界的神仙谱系。在《登真隐诀》中，则发展了道教的修炼理论。他在茅山广招徒众，传授上清经法，建立了茅山上清道团。陶弘景虽隐居茅山修道，其实对佛教也深有研究。《南史·陶弘景传》载："曾梦佛授其菩提记云，名为胜力菩萨。乃诣鄮县阿育王塔自誓，受五大戒。"唐释法琳也说陶弘景"常以敬重佛法为业，但逢重僧，莫不礼拜，岩穴之内，悉安佛像。自率门徒受学之士，朝夕忏悔，恒读佛经"[1]。他不仅兼信佛教，还服膺儒学，作有《孝经》、《论语》集注。他虽然一直足不出山，但并未完全脱离政治，与梁武帝萧衍私交甚好。《南史·陶弘景传》载："及梁武兵至新林，遣弟子戴猛之假道奉表。及闻禅代，弘景援引图谶，数处皆成'梁'字，令弟子进之。"梁朝建立后，萧衍对陶弘景"恩礼愈笃，书问不绝，冠盖相望"。陶弘景炼丹缺药，萧衍便派人送去黄金、朱砂、曾青、雄黄等。"国家每有吉凶征讨大事，无不前以咨询，月中常有数信，时人谓之山中宰相。"[2] 可见陶弘景以道教为主体，吸取儒佛精华而并不弃世，在三教融合方面达到很高的成就。

南朝融合三教最为成功者当属萧衍。萧衍（464～549 年），字叔达，南兰陵（今江苏常州西北）人。他既是梁朝的开国君主，也是梁朝的亡国皇帝。据史传记载，他是一个博学多通的人，前文已有所述。梁武帝特别崇信佛教，但他又将儒家思想融入其中，同时也把道教与佛教

---

① 《辨证论》卷六。

② 《南史·陶弘景传》。

调和，于是形成"三教同源"的理论。
在他看来，三教融通更是一种社会的需
要和人生的真谛。因为自南朝以来佛道
相争甚为激烈，与此同时也有人居其中
而持调和论，如陶弘景就认为"万物森
罗，不离两仪之育；百法纷凑，无越三
教之境"①。在梁武帝的倡导下，三教
融通的思想形成主流，这就使三教的争
斗趋向缓和，而三教之间的协调有了
加强。

萧衍像

　　在南国甚嚣尘上的佛道云烟中，也
有敢于坚持己见而不盲目信从者，其中最为著名的人物便是范缜。范缜
（450～515 年），字子真，原籍南乡舞阴（今河南泌阳西北）人，其先
祖流窜江南，遂定居不返。他年少时即勤奋好学，卓然不群，因"不为
士友所安"而仕途坎坷，现存留下来的著作主要是《神灭论》。范缜具
有追求真理不畏强权的高贵品格，在齐梁之际佛道泛滥之时，他迥然脱
俗，不信佛陀和鬼神，不信因果报应和生死轮回，因而遭到众多教徒的
围攻。在论战中他写出《神灭论》，反对宿命论，主张无神论。梁武帝
曾亲自发动和组织朝中权贵撰写有关神不灭的文章，企图以强大的攻势
压服范缜。但范缜对那些谴责和辱骂不屑一顾，而是针锋相对、据理反
驳，"辩摧众口，日服千人"。后梁武帝于无奈中只好以范缜"灭圣"、
"乖理"的钦定方式结束了论辩。

　　《神灭论》主要有三个方面的基本内容：其一，"形神相即"说。范
缜言："神即形也，形即神也，是以形存则神存，形谢则神灭也。""形
者神之质，神者形之用，是则形称其质，神言其用，形之与神，不得相

---

① 《华阳陶隐居集》卷下。

异也。"其二，"心为虑本"说。范缜认为，人的精神活动不是灵魂作用的结果，而是以生理器官"心"为基础，"浅则为知，深则为虑"，"是非之虑，心器所主"。这就否定了佛家所宣扬的"真如"自性，即认识产生于灵魂的说教。其三，"浮屠害政"说。范缜坚决反对佛教的因果报应之说，揭露佛教的虚伪性和欺骗性。他从国家民族的根本利益出发，痛心疾首地指出："浮屠害政，桑门蠹俗，风惊雾起，驰荡不休，吾哀其弊，思拯其溺。"他认为，人们废儒服而披袈裟，弃其爱而废其政，只能给社会带来极大的危害。

范缜是站在儒家立场上反对佛教的，一方面坚持唯物主义观点，一方面又维护传统的封建制度，这就使他的思想有正反多重意义。但《神灭论》毕竟是我国哲学思想史上一篇划时代的作品，它克服了自先秦至两汉以来唯物主义哲学家存在着的二元论倾向的不彻底性，以鲜明的立场、简洁的文字、严密的逻辑把我国唯物主义哲学推向了新的高峰。

第四章
北朝烽火与汉化盛举

第一节　永嘉乱起

西晋八王之乱后，北方陷入永嘉之乱。匈奴刘渊首先起兵反晋，羯人石勒率兵服从，占据河北，攻陷洛阳。西晋北方遗存州镇则与鲜卑以及氐、羌等少数族联合抗击匈奴、羯人，并遥受江南晋室流亡政权东晋的号令。在西晋灭亡前后较长一段时期，宗晋与反晋成为北方民族冲突的主要内容。如鲜卑拓跋部就接受晋愍帝代王的称号与汉族军队协同作战，亲近汉族的鲜卑段部也屡败石勒，令其俯首称臣。段匹磾虽因忌惮汉族将领刘琨而杀之，但被石勒俘虏后仍"著朝服，持晋节"。长安陷落后，晋宗室联合氐、羌等少数族仍坚持斗争。正因北方的牵制，东晋政权才得以建立起来，并成为汉族文化的长期依托。

匈奴刘渊于308年建汉称帝，都平阳（今山西临汾市西南），仿汉代旧制设立官职，不久病死。刘聪夺得帝位后，醉心酒色，不理朝政，小人弄权，政治昏暗，死后引发宫廷内乱。关中刘曜与河北石勒闻讯，均起兵进军平阳。光初二年（319年），刘曜在长安建赵，尊匈奴冒顿单于为先祖，史称前赵。后石勒亦建都襄国（今河北邢台市），自称大单于、赵王，史称后赵。光初十二年（329年），石勒大败刘曜，前赵纳入后赵。石勒正式称帝，改元建平。石勒称羯人为"国人"，以佛教为"国教"。他把"国人"视为政权的基础，施行与汉人不同的法律。又因佛教来自远方异域，与羯人入居中原相似，故加以提倡。但他也比较注意民族之间的关系，严令少数族人"不得侮易衣冠华族"。他还制定了一系列缓和胡汉冲突的措施，促进了黄河流域的经济发展和文化交融。建平四年（333年），石勒病卒，石虎篡权。次年，迁都于邺，改元建武。石虎统治期间，依然尊重汉族，崇尚儒学。但他又穷兵黩武，极为残暴。晚年促使社会矛盾激化，加剧了羯族统治者与汉族百姓的对立，爆发内乱，冉闵崛起。冉闵原为汉人，小时为石虎义子，因作战勇猛而官位上升。他任大将军后，下令各地诛杀羯人，顿时尸横遍野，血流成河。他几乎将石虎后裔杀尽，遂恢复自己汉族冉氏，自称皇帝，国号"大魏"。在激烈的民族冲突中，冉魏不可能实现稳定的统治，北方再次陷入纷乱不宁的局面。乱中氐族苻健乘机在关中建立政权，辽西的慕容鲜卑亦举兵南下。于是，随着冉闵被杀，北方兴起氐族前秦和慕容前燕两个对峙的民族政权。

猎鹿砖画（西晋）

前燕政权的创立是鲜卑慕容部与流亡辽西的汉人长期合作的结果，当时流亡辽西的汉族百姓超过当地居民10倍之多，因而辽西鲜卑慕容部的迅速强大与汉族的迁入不无关系。慕容儁称帝时，用汉人为官员，奉行魏晋旧制，胡汉分治的政策被废除，前燕内部矛盾大大缓和。前燕后期，由于统治集团上层乱政，国势大为减损，军队亦无斗志。终于不敌前秦的强大攻势欲返龙城（今辽宁朝阳市西北），结果王室、臣僚及其族人 4 万多户被前秦追获迁到关中，前燕就此灭亡而故地难回。偏居河西的前凉张氏为汉人政权，西晋乱亡之际中原百姓多投奔之，曾一度兴旺而终归衰败。与前凉几乎同时，塞北还有一个鲜卑拓跋部建立的代国，它与前凉均被后来崛起的前秦所灭。

　　前秦是氐族建立的政权，据说其祖蒲洪为应"艸付应王"之谶语而改姓符，实际是为利用氐族中这个早已存在的大姓招徕本族民众。符健称帝后，以秦为国号，注意笼络汉人豪族及其他少数族首领，巩固了在关中的统治。符健死，符坚立，号大秦天王，改元永兴。他整顿吏治，鼓励农耕，大力推行儒学教育，积极改善民族关系。他重用汉人王猛为大吏，打击豪强不法的氐族贵人。王猛执政公平，尚俭重贤，于是百废俱兴，兵强国富，前秦因此国势雄壮起来。在击败慕容鲜卑之后，又相继攻灭张氏前凉和鲜卑拓跋部的代国，统一北方。此后又扫平西域 36 个小国，以解后顾之忧。这时前秦达到极盛，"东极沧海，西并龟兹，南苞襄阳，北尽沙漠"[1]。符坚于是决心凭其百万大军，一鼓作气消灭东晋，一统天下。从兵力上看，前秦较之东晋具有绝对优势，但实际上政治并不巩固。尽管符坚重用各族首领，但不能消除他们对前秦的敌意。前秦氐族政权不仅和鲜卑、羌族矛盾重重，和汉族的矛盾也未完全消泯。符坚在和其他族交往时处处以正统自诩，但与中华正统的东晋相比，总有些不名正言顺。他希望通过战争消灭东晋，使自己从一个偏霸之君成为天下共主。前秦氐族政权发动的这场战争多少带有民族侵略的性质，从一开始内部不稳的政治劣势就注定军事上存在弊端。因而淝水

---

① 《高僧传》卷五《晋长安五级寺释道安传》。

之战中就不免军心惶乱，一触即溃，以致兵败如山倒，大势尽失矣。淝水战败，内乱即发，姚苌回到关陇招动羌族反秦，慕容垂擅兵邺城独霸一方，"丁零杂虏，跋扈关洛，州郡奸豪，所在风扇，王纲弛绝，人怀利己"[①]。苻坚一蹶不振，前秦终在内外交困下瓦解冰消。

前秦亡后，北方呈现出更为纷纭复杂的局面。割据河北的慕容垂定都小山（今河北定县）建燕，史称后燕。慕容永于长子（今山西长子西）亦建燕称帝，史称西燕，但不久西燕即被后燕吞灭。后燕进攻塞北拓跋鲜卑新兴的代国政权失败后，退守慕容鲜卑的发迹地龙城，此后腐败衰退，为禁军将领冯跋篡权，立高句丽人高云为帝，史称北燕。北燕政权不断遭到拓跋鲜卑北魏政权的进攻，于太兴六年（436 年）龙城失败而灭亡。后燕灭亡之际，慕容垂弟慕容德南逃，渡过黄河据有滑台称燕王，后迁居广固（今山东益都西北）以为都，称燕皇帝，史称南燕。南燕于太上六年（410 年）被东晋执政者刘裕率军攻灭。羌族姚苌以长安为都创立的后秦曾一度兴盛，其子姚兴即位后趁西燕灭亡及东晋乱亡之际扩大了地盘，但之后陷入诸子争立的内乱中，以致东晋执政者刘裕攻破潼关长驱直入轻易灭之。前秦亡后，乞伏鲜卑尽据陇西自称秦王，史称西秦。后因刑罚严峻、部民离叛，于永弘四年（431 年）被匈奴夏政权攻灭。匈奴夏政权之远祖为西晋末刘渊，降服前秦后统摄河套地区鲜卑及匈奴族。由于这支匈奴族人逐渐和鲜卑人融合，匈奴男子多娶鲜卑女子为妻，故这种婚姻产生的后裔被称为"铁弗"。淝水战后前秦衰败，铁弗部勃勃讨得后秦皇帝姚兴赏识，趁机扩展势力，后自称天王、大单于。因《史记》、《汉书》都载匈奴是夏后代的后裔，遂称其政权为"大夏"。凤翔五年（418 年），大夏发兵击败东晋灭后秦，后留守长安的部队入据占之，但不久即被北魏军队击败。大夏残部遂向陇西攻灭西秦，但最终遭吐谷浑袭击而灭。前秦灭亡后，今河西走廊地区相继出现

---

① 《晋书·苻丕载记》。

氏族后凉、鲜卑南凉、汉族西凉与卢水胡北凉诸政权，但最终被北魏大
军统一，十六国时期的历史宣告结束。

第二节　拓跋功成

自前秦与东晋淝水之战失败后，中国北方各少数民族政权方兴未
艾，被前秦消灭的拓跋鲜卑代国也在塞北再度复兴。拓跋珪复称代王
后，引用塞北地区的汉族人士，建立起直属于代王的政权机构，逐渐将
各部纳入自己的直接指挥之下，使代王的权力在突破部落首领的阻挠中
日益壮大起来。此后拓跋珪转战阴山南北，统一鲜卑各部。在攻灭后燕
威慑河北后，根据汉族人士崔宏的意见，正式改国号为"魏"，表明拓

鲜卑旧墟石室嘎仙洞（北朝）

跋政权已承三国魏统治中原，而不再接受西晋封与的"代"，并称偏安
江南的东晋为伪政权。此时原先臣服于拓跋部的柔然也于北方大漠崛
起，这个吞并了草原各部的大帝国逐水草放牧，常常在天寒地冻时进入
北魏领地进行掠夺。拓跋珪不得不常驻大军防备，拓跋嗣甚至修建起
2000多里的长城以阻挡柔然骑兵。柔然的威胁使北魏的兵力集中于阴

山南北的争夺，而不能全力在中原寻求进一步发展。只是到太武帝拓跋焘即位后，在30年间6次出击方使柔然马首不敢南向，原先臣服于柔然的高车族落30万人口也降服北魏。这使北魏获得了大量财富和人口资源，并借此胜势陆续扫平各割据政权，继苻坚之后再次统一北方。

拓跋焘虽以武力实现了中国北方的局部统一，但并未致力建立一种整齐划一的政治经济制度来稳定统治。北魏虽定都平城（今山西大同市），但还是以阴山为活动中心，如拓跋焘每年一半以上的时间在阴山以北的行宫中度过，留守平城的官员也常到那儿去朝觐。由于各位皇帝率大军往来于平城、阴山之间，北魏政权仍在很大程度上保留了游牧行国的特征，持续着马背上往来迁徙生活的传统。长期以草原地区为政治中心，以游猎劫掠为经济来源，严重阻挠了拓跋鲜卑的汉化进程。北魏只能以武力威慑的方式控制中原，这就使民族矛盾一直十分尖锐，政治制度也长期处于胡汉杂糅的状态。鲜卑族群众被称为国人，鲜卑族语言被称为国语，而其他内迁的游牧部落则以北魏依附国的形式出现。拓跋珪称帝之初，曾试图以传统汉族政权的方式实施统治，无奈鲜卑贵族凭借部落势力使他难以贯彻初衷。拓跋焘即位后，方着手大力改革。其改革措施有损于鲜卑贵族利益，包括他的两个弟弟都密谋废黜他。这迫使他果断采取手段解除鲜卑贵族权势，引用大批汉族士人设为官吏。改革取得了成就，并使鲜卑族众受到汉族文化的强烈影响。

拓跋焘死后，大权落入冯太后手中。冯太后宠信宦官、恩幸及内侍以维持她的权力，又崇尚儒教古训和重用汉族人士。她让皇族子弟入学读书，孝文帝因此被培养成一个事事以儒经为准则的皇帝，一些鲜卑贵族子弟日后也成为孝文帝改革的得力助手。冯氏以女主执掌朝政，不再像过去的皇帝往返于阴山与平城之间，平城逐渐成为政治中心。她下令在平城地区修建自己死后安葬的陵墓，北魏政权终于摆脱了阴山这个沉重的政治包袱。政治中心的变化，意味着北魏前期那种游牧射猎经济失去了依据，因而以往那种大规模的赏赐活动也不可能继续进行，代之以远循周礼近循汉魏的俸禄制度。俸禄的来源当然来自百姓的租税，因而鼓励农耕的措施相继出台。随之十六国以来各少数民族在汉化过程中逐渐定居农耕的成果被肯定下来，北魏政权与汉族及其他少数民族的关系也日趋融洽。

由于冯太后长期的熏陶，孝文帝被完全汉化了，他极其鄙视本民族的旧俗，因而在冯太后葬礼一事上就大做文章。他坚持按儒教古训要服丧3年，反对葬礼后即穿平常服装的旧做法。他表示要遵照文明太后的教诲，沿着她开创的文治道路前进，于是改革进一步向前发展。太和十五年（491年），孝文帝首先主持议定将东晋、南朝宋、齐及十六国政权定为僭伪，而北魏远承西晋为中华正统。随后，他改建太庙，议决律令，大定官品，宣扬孝道。经过近3年的改革，孝文帝认识到古都洛阳更大的文化意义，于是迫使鲜卑贵族同意迁都。迁都洛阳后，随着汉化改革的进展，北魏出现了繁荣以极的局面。

孝文帝死后，北魏却出现乱亡征兆。宣武帝即位后虽然坚持了汉化政策，但他政治上无所追求，生活上日益奢靡。虽然他坚持定都洛阳并扩大其规模，使洛阳成为一个商贾云集、文化繁荣的国际性都市，但他在权力之争后不再信任父辈诸王，而宠任他的舅舅高肇及王仲兴、赵修等一帮恩幸。宣武帝没能处理好统治集团内部的矛盾冲突就撒手人寰，年仅5岁的皇太子元诩即位为孝明帝。明帝生母胡氏在宗室诸王拥戴下临朝听政，又宠任妹夫元叉及宦官刘腾。元叉、刘腾专权遭到朝中权贵反对，二人遂将胡氏软禁并镇压异己。他们掌握朝政后，沉迷酒色，荒废朝政，百官都要看他们的脸色处理公务，任何事情都看进贡钱财多少而办，以至于郡县小吏都不能公正选拔，甚至剥削六镇士兵。贵族官僚竞相奢侈，斗富过于西晋之时，"帝族王侯，外戚公主，擅山海之富，居川林之饶，务修园宅，互相夸竞"[1]。地方官则大都以盘剥百姓为事，

———————————

① 《洛阳伽蓝记》卷四。

甚至向百姓预收以后 6 年的租调。

在这种腐败的政治形势下，加之水旱灾害的频繁发生，百姓多投靠佛教寺院以避赋税徭役，更有许多地方的镇兵和城民发动起义。如正光五年（524 年）六镇暴动，其虽在北魏与柔然的夹击下失败，但此后起义则连绵不绝。六镇也称北镇，本是北魏防御北疆的 6 个军事重镇，即御夷、怀荒、柔玄、武川、怀朔、沃野，它们从东到西，在今河北至内蒙一线排开构成边防。北魏后期，他们仍保留鲜卑旧俗，政治地位每况愈下。诸镇长官，任用非人，镇兵多被欺压，难以为生，所以反抗北魏政权的风暴由此发起。六镇余众在河北起义期间，关陇城民的暴动也风起云涌。此时把持政权的胡太后与明帝元诩的关系也迅速恶化，而明帝突然不明不白地死去更加导致局势的紧张。

在朝野议论蜂起之际，北边酋帅尔朱荣趁机举兵南下洛阳。尔朱荣渡过黄河，拥孝文帝弟彭城王元勰之子元子攸为帝，胡太后所遣防御将领因而纷纷倒戈。尔朱荣进洛阳后，采纳武卫将军穆泰的意见，以祭天为名招聚公卿百官，指责他们贪婪残暴、失职缺守，然后纵兵杀戮，死者 2000 余人，胡太后及其所立小皇帝元钊也被投进黄河。

尔朱荣拥立庄帝新朝廷后，即开始他的"伐叛"行动。他先击败了河北地区的起义队伍，随后又镇压了关陇地区的起义武装。虽然他凭武力消灭了各种反抗力量，但未能从政治上使北魏长治久安。永安三年（530 年）九月，庄帝利用朝中反尔朱氏人物，趁尔朱荣入朝之机将其刺杀。尔朱荣子侄尔朱兆、尔朱世隆等逃回晋阳，拥立北魏宗室元晔为帝反攻洛阳。十二月，尔朱兆等攻陷洛阳，杀庄帝。次年二月，尔朱兆又废元晔，立孝文帝孙元恭为帝。十月，领有六镇余众的高欢与河北世家大族联合，拥立宗室元朗为帝，年号中兴。中兴二年（532 年）二月，高欢击败尔朱氏。四月，进入洛阳，废尔朱氏拥立的元恭及自己所立的元朗，改立孝文帝另一孙子元修为帝。高欢拥立元修后，仍采用尔朱荣的办法，以大丞相、天柱大将军的身份坐镇晋阳，遥控洛阳朝政。

永熙三年（534 年），元修西奔关陇投靠宇文泰，高欢另立孝文帝曾孙元善见为帝，迁都邺城。宇文泰、高欢在相互厮杀的同时，都拥立孝文帝后裔为皇帝，以魏的旗号相号召，可见汉文化观念已深深扎根。史称建都邺城的政权为东魏、建都长安的政权为西魏，北魏政权的历史终告结束。

东魏创立者高欢（496～547 年），生长于六镇之一的怀朔镇。他本是一名镇兵，六镇起义失败后迁河北，辗转杜洛周、葛荣及尔朱荣处。在随尔朱荣南征北战中屡立战功，因被任命为晋州刺史。尔朱荣被杀后朝廷陷入争斗，河北大族纷纷起兵反抗尔朱氏，尔朱兆于是让高欢前往镇压。高欢兵临河北，河北世家力劝高欢“举义”，反击尔朱氏。高欢接受了他们的建议，于是得到河北大族及百姓的支持。不久即攻破洛阳，创立东魏。东魏建立后，原封不动地采用了北魏孝文帝改革后的政治制度，高欢也一如既往地坐镇晋阳大丞相府，这就形成邺城政治中心与晋阳军事中心并立的格局。这种格局实际上反映了武功与文治的对立，并影响着东魏北齐历史上鲜卑贵族与汉族世家长期的政治冲突。

东魏在与西魏的战争中一直处于优势，但高欢纵容鲜卑武人的策略没有得到汉族百姓的支持，汉族百姓尤其是世家大族仍怀念孝文帝及其以后实行文治的北魏政权，这就使高欢不敢贸然取代东魏而自立。高欢也意识到要稳固统治，必须压制过分骄纵的鲜卑勋贵，缓和与汉人的矛盾。天平三年（536 年），他派热衷于儒家典籍的儿子高澄入邺城辅政。高澄总掌朝政后，选拔有实际才干的世族人士担任官职，支持他们弹劾那些耀武扬威、贪鄙不堪的鲜卑勋贵，这固然使高氏与世家大族的关系得到调整，但也使世家大族与鲜卑勋贵的矛盾进一步加深。武定四年（546 年），高欢病死，侯景起兵反叛，被高澄镇压。正当高澄要称帝时，被人刺杀而死。其弟高洋（529～559 年）继掌朝政，旋即赴晋阳安抚鲜卑勋贵。武定八年（550 年），高洋受封为齐王，同年以“禅让”方式取得帝位，以齐为国号，史称北齐，高洋即北齐文宣帝。

文宣帝在位前期，勤于政事。他尊尚儒学，修建学校，整肃风纪，安边扩土，北齐达到全盛。后期时开始变得精神失常，经常干些荒唐事，如酗酒、乱伦、肆意杀戮，以致文武近臣都深怀怨恨。高洋死后，高殷即位，汉人士族杨愔把持朝政，引起鲜卑勋贵不满，遂发动政变，拘捕杨愔并处死。高演废高殷为济南王，自立为帝，是为北齐孝昭帝。高演即位后，下诏安抚鲜卑勋贵，但也遵用儒家古礼。其死后，高湛、高纬父子相继执政，由于政治腐败和政争频繁，北齐迅速走向衰亡。如高湛宠任奸佞和士开而"恣意作乐，纵横行之"；高纬宠任祖珽、陆令萱导致朝廷诬杀不断。尤其是后主高纬最终竟宠信乐伎、商人，只恨人生短暂而纵情声色，以致不久后北齐便在民情愤怨中被北周吞并。

西魏创立者宇文泰（506～557年），出生于六镇之一的武川镇。北魏末年，他随父宇文肱参加了起义。起义失败后，他参加葛荣的军队任将帅。后尔朱荣击败葛荣，他又为尔朱氏征战。永安二年（529年），他随尔朱天光进军关陇镇压起义军，因功升任征西将军。高欢击败尔朱氏控制洛阳政权后，宇文泰趁战乱逐渐将关陇地区掌握在自己手中。然后他遍发檄文，罪责高欢，公开与之决裂，并迎孝武帝到长安，自任丞相。继而因与孝武帝发生冲突而杀之，改立北魏孝文帝孙元宝炬（507～551年）为魏帝，史称西魏。

西魏创建之初，兵力远不及东魏，宇文泰拥戴魏室，借北魏法统提高自己的政治声誉。西魏统治的关陇地区自十六国以来始终是民族纷争最为频繁的地区，宇文泰利用长期民族融合的成就和几度与东魏作战的胜利稳定了局势。此后由弱转强，相继取得山西、河北、河南、湖北部分土地，奠定了北周的版图。556年，宇文泰病死，其侄宇文护升任柱国大将军，执掌朝政。宇文护执政后立即策划宇文氏取代西魏皇权之事，同年十二月，宇文泰第三子宇文觉被西魏皇帝册封为周公，随即禅位。次年正月，宇文觉称大周天王，北周政权正式诞生。

宇文护执政时期较长，致力于提高宇文氏皇权，促进了关陇集团的形成。宇文护还大量起用汉人参政，其中许多人在北周后期及隋代政治中极有影响。这表明北周政治逐渐摆脱北镇鲜卑武人的传习，政治基础越来越立足于关陇本地，以至关陇集团实力大增，跃登中国政治舞台。由于宇文护长期控制军政大权又强烈干预皇权，因而引起周武帝宇文邕（543～578年）的不满。天和七年（572年）三月，周武帝趁宇文护入宫之机将他杀死，改元建德，自揽朝政。周武帝杀权臣宇文护后积极强化皇权，军政大权集于一身而十分勤勉。史称他"劳谦接下，自强不息。以

骑马俑（北周）

海内未康，锐情教习。至于校兵阅武，步行山谷，履涉勤苦，皆人所不堪"①。他还注意加强中央集权的物质基础，严禁乡官隐匿五户百姓或三顷以上的土地。他又推行儒教，于建德三年（574年）下令废除佛教和道教，近百万依附佛、道的人口由此成为承担赋役的国家编户，北周因此出现了"民役稍稀，租调年增，兵师日盛"的繁荣局面。

在此大好形势下，北周开始向北齐用兵。建德五年（576年），北周攻破晋阳，并于次年正月攻克北齐都城邺城。北齐后主被北周军队俘获，残余势力也很快被铲平，周武帝继苻坚、拓跋焘之后再次统一黄河流域。此后，周武帝打算"平突厥，定江南，一二年间，必使天下一统"②。但壮志未酬，年仅36岁便因病去世。周武帝死后，其子宇文赟（559～580年）继位，是为周宣帝。宣帝承武帝灭齐余威，将北周版图

① 《周书·武帝纪下》。
② 《周书·武帝纪下》。

扩大至长江北岸。但他滥杀重臣，迷恋酒色，妄自尊大，年仅 22 岁即病死，于是北周政权落入天元大皇后杨丽华之父杨坚手中。

杨坚之父杨忠是创建西魏北周政权的武川镇军团的主要成员，被宇文泰倚重而官至柱国大将军并封随国公。杨忠死后，杨坚袭位，因是皇后父亲，乃于宣帝死后辅政。不久即刑杀王室成员，削弱宇文氏的势力，并镇压由此引起的反抗，进而封为随王。大定元年（581 年），杨坚取代宇文阐建隋称帝，年号开皇。他革除鄙俗旧制，大胆汉化改革，隋政权以全新的面貌走上历史舞台。这在一定程度上也表明十六国以来北方各少数民族曲折的汉化过程最终结束，中国传统文化也通过注入新的青春活力而更为阔朗恢弘。

第三节　胡俗华风

魏晋南北朝时期是中国历史上大分裂大动乱的时期，也是民族大冲突大融合的时期。华夏地区自汉末三国以来由于内战而消耗了大量的人力物力，少数民族内徙趋势遂成为一股不可逆转的历史潮流。尤其是西晋灭亡之后，北国更是烽烟不断，形成所谓"五胡十六国"的历史阶段。中国北方毕竟是汉族传统的居住地，汉族人口在总数上远多于内迁的各少数民族，尽管内迁的少数民族凭武力建立起政权，与被统治的汉族有着根深蒂固的矛盾，但是根基深厚的汉族文化有着强烈的魅力，致使少数民族不断扬弃游牧鄙俗而依顺农耕文明。动乱期间，汉族百姓也大量流向塞外，这不仅促进了华夏文明的传播，同时也感受了朔方豪勇剽悍的气息。可以说，这一时期民族冲突的结果是民族融合，而在民族融合的过程中则以少数民族的汉化为主流，同时少数民族内徙也给汉文化注入了刚健清新的蓬勃生机，此后的隋唐统一帝国正是在民族融合的

采桑砖画（西晋）

基础上进一步丰富充实了华夏文化的内容。

　　早在西晋乱亡之际，北方汉族百姓除流向江南促成东晋政权建立外，还大量逃奔辽西和河西地区。后来辽西鲜卑慕容部迅速强大，与汉族的迁入不无关系。鲜卑慕容部与晋交好，致使流往当地的汉民超过原有居民10倍之多，这使慕容鲜卑在继羯人统治中原后内部胡汉矛盾得到缓和。匈奴刘曜攻入长安进据关陇后，当地汉族百姓大都逃往凉州。晋凉州刺史张寔招纳汉族百姓，使中原文化在黄河以西广泛传播开来。后赵石勒称帝后，虽实行民族分治政策，但也特别注意羯、汉之间的关系。他虽对西晋政权的官吏肆意残杀，却注意笼络河北土著豪族。石勒本人虽不读书识字，但对汉族文化典籍却特别爱好，常让人读书给他听，从中吸取统治经验。他还设立太学，选其将领臣属子弟入学学习，后又在襄国四门增置宣文、宣教、崇儒、崇训四所小学，教育将佐豪右子弟。他按两汉魏晋旧制，令州郡推举秀才、孝廉，恢复儒家经典的策试制度。后来又在郡国设置学校，学生成绩优秀者授以官职。他还核定户籍，劝课农桑，严令禁酒，铸造钱币，这些措施都促进了胡、汉经济和文化的融合和发展。

　　前秦建立后，苻坚也积极提倡儒学。他亲自祭奠孔子，行礼于辟

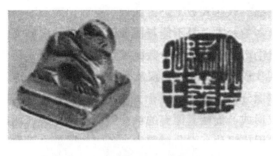

归义胡王印（晋）

雍。对汉族人士王猛，"一见便若平生，语及兴废大事，异符同契，若玄德之遇孔明也"[1]。王猛执政公平，进用贤才，"外修兵革，内崇儒学，劝课农桑，教以廉耻"[2]，于是百废俱兴，兵强国富，前秦具有了统一北方的实力。后秦羌族统治者姚兴，对儒学也格外重视。他在位期间，重视学校教育，注意选拔人才，崇尚节俭，鼓励生产，社会秩序安定。其他地区的少数民族统治者，对于汉族文化也十分尊崇。如慕容鲜卑所建立的燕国，主要就是依靠汉人的支持。北燕统治者冯跋虽为汉人，但已与慕容鲜卑人密不可分。他兴置太学，奖励农耕，促进了辽西地区社会经济的发展。南燕建国者鲜卑人慕容德，弱冠时即博览群书，性情清谨，《晋书》作者魏徵称其"崇儒术以弘风，延谠言而励己"。匈奴夏政权也以夏后氏的后裔相标榜，而其"铁弗"部实为匈奴男子与鲜卑女子结合的产物。凉州地区虽战乱不断，但汉族与少数民族的结合也更为紧密。即使远在四川地区成汉政权的氐人统治者李班，也"谦虚博纳，敬爱儒贤"，拜何点、李钊为师，与王嘏、董融为友。可以说，十六国时期的民族冲突和民族迁徙促进了民族融合。而在多元的民族融合中，最主要的是各少数民族的汉化。

这是因为，尽管晋末永嘉乱中北方汉族人口大规模流亡迁徙，但相对于各少数民族在人数上仍占优势。少数民族虽取得统治地位，但人数众多的一方总是不能忽视，何况先进的汉族文化对维护统治、发展生产

---

① 《晋书·符坚载记下附王猛传》。
② 《晋书·符坚载记下附王猛传》。

又有好处。少数民族从部落组织形式转为中央集权统治，其政权机构势必模仿汉族传统的组织形式，这就不得不任用汉族知识分子，尤其是最有文化素养的世族人士。这样建立起来的政权形式，促使其原有的社会组织趋于瓦解，而思想意识也随之变更促成汉化。汉化过程中，各少数民族由于没有自己的文字系统和文化典籍，他们不得不兴建学校而学习内容皆为儒家经典。他们逐渐掌握汉族文化传统，按汉族文化观念行事，最后便认同汉族文化而抛弃本族习俗。由于汉族语言文字的统一规范，各族在使用过程中语言文字也逐渐趋同，这样也就更有效地将各少数民族整合为一个使用同一语言文字的民族。这种汉化整合，不仅促进了各民族文化的交融，而且引导了各少数民族的封建化进程，也给传统的儒学注入更为积极的因素。

尤其应该注意的是，在十六国政权无例外地实施"汉化"举措中，儒生士大夫毋庸置疑地扮演了关键性角色。他们或为在大乱中寻求庇护，或为施展自己的政治才干，或迫于统治者的强力要挟，纷纷出仕胡族政权。中国历史上，孟子曾有"用夏变夷"之论，于是儒士们心安理得地出仕，他们凭借自己的才能活跃在非汉族政权的政治舞台上，为在中原重建儒家社会秩序而积极努力。

在汉文化意识潜移默化的影响下，各少数民族的习俗风尚均有改变。匈奴刘聪"父死，妻其后母"，按照匈奴习俗无可指摘，然其后母单氏却为此"惭恚而死"，可见单氏已深受汉人伦理观念的熏染。胡人性观念本颇为开放，但在汉文化影响下，也出现了男婚女嫁有待父母之命的观念。后赵石勒出身低微，曾被掠卖为奴，虽目不识书，却崇尚儒学。他起用张宾、张班等人，实行汉时征辟察举和魏时九品之制。他还下令禁止羯人在兄长死后以嫂为妻的习俗，连他本人的名字也是在他起兵后按汉人习惯取的。慕容鲜卑原是大兴安岭东麓的一支游牧民族，在流亡此部的汉族人士支持下一度兴旺，由于胡汉关系处理得较好而几为一体，虽然后来没落而"慕容"一姓已成为中华民族大家庭的一支。前秦苻坚虽重用汉人王猛而国富兵强，但却因企图灭晋而遭到覆灭的下场。大夏政权的创立者赫连勃勃为"胡父鲜卑母"的后裔，却也要自诩为夏后氏正宗嫡系。

种种迹象说明，汉族儒士以汉文化改造胡文化，主要是通过胡族上层为中介倡导儒学，建立起汉式统治结构的政权组织以及与农业相适应的经济制度，打击固守旧文化的保守贵族势力以改易胡风国俗。他们与胡族上层统治者的结合，其实质是文化生命之旅中文明与野蛮的会师，这一会师促进了野蛮从非理性、反文明转化为催动文明再生的力量。他们对儒学的重视较东晋有过之而无不及，儒学教育对心灵的催化改易了胡人的行为方式，因而凡是汉化较为成功者国势便也雄强起来。当然，胡汉文化的整合是一个相当缓慢的过程，一切风俗习尚也不可能完全照搬某种模式。正因如此，北方文化获得一种生力，而这种生力在后来的历史进程中显现出来。

鲜卑族拓跋氏原是中国北部游牧民族的一支，虽然政治、经济、文化相当落后，但对汉族传统的儒家礼制却是仰慕敬重的。早在鲜卑代国时期，拓跋猗卢就重用汉族人士卫操、莫含等，按中原王国官制创立起权力统治机构，但由于某些部落首领的反抗而未能持久。及至拓跋珪承代建魏，更是大量任用汉人仿袭汉制。拓跋珪以许谦为右司马，以张衮为左长史，接受崔宏的建议改国号为"魏"，以示中华正统。在定都平城后，营建宫殿和宗庙，制定律令及朝仪，要以儒家礼乐制度取代鲜卑遗风旧规，但是鲜卑贵族凭借隐存的部落势力使他难以加大改革力度。拓跋珪初入中原时，汉家大族视其为侵略者，因而或积极抵抗或消极逃亡。拓跋珪下令将地方豪族迁徙到平城以稳固统治，激起强烈的反抗和不满，许多因鄙薄拓跋鲜卑野蛮落后的汉族士人遭到杀戮或贬斥。当然也有一些汉人希望拓跋鲜卑能抛弃旧俗，接受汉族传统文化而继往开来。在这种情势下，拓跋珪也不得不接受汉族传统文化以图发展，这也就迫使他订立了一系列汉化改革政策。

　　在拓跋珪的带动下，拓跋嗣、拓跋焘都师从儒生学习汉文典籍。拓跋嗣执政时，"非礼不动"，"礼爱书生"。他还虚心求贤，招纳儒士。太庙中祭祀孔子、颜渊，安邦治国则以儒学为依据。拓跋焘继位时，汉族士人崔浩等利用道教大造舆论，鼓吹一位"太平真君"将出现于北方，他将继承周公、孔子以来断绝千载的汉学正统，并声称这位实现"太平之化"的新皇帝就是拓跋焘。拓跋焘登基后，在击败柔然的同时，更强化儒教观念。他不再采用先前逼迁豪族的办法，而是宣扬他求贤若渴的诚意。结果许多世族人士纷纷进入平城，他们居官任职参议政事，或掌管图书秘籍从事教学活动，一时间儒学大兴、文化繁荣。太武帝拓跋焘本人虽戎马倥偬，但他博通诸经立说著书，并下令"今制自王公已下至于卿士，其子息皆诣太学"[①]。这些措施一定程度上改变了北魏统治阶层的民族结构，缓解了北魏政权与中原汉族之间的对立关系，并使拓跋鲜卑族众受到汉族文化的强烈影响。因此，拓跋焘在统一北方后，慨然以复兴儒教的"太平真君"自居。

　　拓跋焘孙拓跋濬即位后，颇以不通儒学感到遗憾，于是重用汉族士人高允等，决心用儒教礼仪改革鲜卑旧俗。他下令"皇族、师傅、王公及士民之家，不得与百工、伎巧、卑姓为婚，犯者加罪"[②]，第一次以诏令形式将世家大族与鲜卑贵族划为同一阶层，这为二者通过联姻而更趋融合创造了条件。拓跋濬26岁时英年早逝，冯太后在此后相当长的一段时间内执政。她远遵《周礼》，近循汉魏，颁行俸禄制度，不再进行大型的赏赐活动，也不准贪赃枉法、徇私舞弊。鲜卑贵族临淮王拓跋提因贪污被发配到北镇为兵，章武王拓跋彬因贪污而被免除王爵，汝阴王拓跋天赐与南安王拓跋桢均因同样错误被贬为平民。冯太后还鼓励农耕，遏制兼并，裁撤镇戍，全面推行州、郡、县三级地方行政制度。北

---

① 《魏书·世祖纪》。
② 《魏书·文成帝纪》。

魏前期实行的宗主督护制被废止，地方基层组织建立起来。冯太后在朝廷礼仪与社会风俗方面也大力进行汉化改革。她执政之初即下令禁止贱民奴隶升任高官，后又下令地方推荐年高德重之人教化乡里。她还制定了各级长官的礼服样式，革除了鲜卑族先前穿"羊皮袴"的旧俗。她还建造了儒家经典宣扬的明堂、辟雍、圜丘、方泽等礼仪建筑，这些具有悠久历史而堂皇威严的殿台无不具有震撼人心的意味。

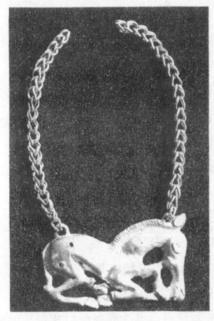

金奔马（北魏）

到孝文帝拓跋宏时，北魏儒学发展到高潮。太和十七年（493 年），孝文帝颁布《职员令》。他将官员分为九品，又定清浊，所谓"清官"，大都为高门士族把持，寒人只能充任职务低下的"浊官"。新职令基本上废除了北魏前期沿袭鲜卑旧俗创立的官名，而代之以魏晋以来及南方汉族政权的某些制度，如上有三公、九卿，以尚书、中书、门下三省分掌政务，地方则以刺史、太守、县令等主事，分别以品级任官。这一改革措施促使北魏政权迅速完成了汉化形式，拓跋鲜卑的主体部分也迅速和汉族融为一体。太和十八年（494 年），颁行按汉族服饰制定的衣帽式样，令鲜卑族人放弃本族服饰改穿汉服。次年六月，禁止百官尤其是年纪在 30 岁以下的官员在朝廷中讲鲜卑语，一律改用"正音"即洛阳地区汉族语言。对服饰和语言的改革从外表到心理催化了鲜卑的民族防线，从而起到了改易风俗的重要作用。太和十九年（495 年），孝文帝又令迁到洛阳的鲜卑人一律以河南洛阳为籍贯，这使本无籍贯唯以部落名称相识的鲜卑人有了地望，原来的鲜卑国人现在成了河南洛阳人，他们以京城望族的身份也和那些标榜地望的汉族世家没有了什么区别。同年，又下令依据鲜卑贵族祖先的地位制定族姓分别门第，门第尊卑与任官高下适当匹配，这实际是使门阀化了的鲜卑贵族与汉族士族合流，以便消除矛盾，加强合作。新的门阀序列制定后，孝文帝再次强调鲜卑贵族只能与汉族高门通婚，并指定他的几个弟弟分别娶陇西李氏、荥阳郑氏、范阳卢氏及鲜卑勋臣八姓之一的穆氏家族的女儿为王妃。太和二十年（496 年），孝文帝又宣布将鲜卑多音节的部落名号改为汉族单音节的姓氏，如拓跋氏改姓元氏，取万物之首之义，为最高门第。其他如五穆陵氏改姓穆，步六孤氏改姓陆，贺赖氏改姓贺，独孤氏改姓刘，贺楼氏改姓楼，勿忸于氏改姓于，纥奚氏改姓嵇，尉迟氏改姓尉，这八姓贵族的社会地位与汉族北方高门崔、卢、李、郑四姓相当。还有一些地位稍低的鲜卑贵族亦改汉姓，其等第与汉族的一般士族相当。通过设籍贯、定门第、改姓氏，鲜卑贵族逐渐与汉族世家融为一体，十六国以来北方民族汉化的进程达到前所未有的高度。

　　高欢创立东魏主要依赖的是其率领的北镇兵士，这些北镇兵士在孝文帝迁都洛阳后长期居留边地，因而受汉文化影响较弱而仍保留鲜卑旧俗，其他少数族人包括部分汉族因受鲜卑风习濡染也被视为鲜卑人。他们构成东魏及随后北齐政权的政治基础，而鲜卑勋贵长期在政权中处于支配性地位则弱化了汉族士民的地位。由于军事基础得到强调，鲜卑兵士常常欺压汉族百姓，给汉人加上种种侮辱性的蔑称。如"汉小儿"、"一钱汉"、"狗汉"、"贼汉"、"痴汉"、"恶汉"、"无赖汉"、"没分晓汉"，陆游《老学庵笔记》卷三言："今人谓贱丈夫曰'汉子'，盖始于五胡乱华时。北齐魏恺自散骑常侍迁青州长史，固辞之。宣帝大怒曰：'何物汉子，与官不就。'此其证也。"高欢当初进军冀州的时候，告诫其部下"不得欺汉儿，不得犯军令"[①]。建立东魏后，也曾试图调解两

———————————

① 《北齐书·神武帝纪上》。

者间的矛盾，对鲜卑兵士说："汉民是汝奴，夫为汝耕，妇为汝织，输汝粟帛，令汝温饱，汝何为陵之？"① 但高欢依靠鲜卑武人的政策始终没有大的变化，也就导致了汉族士人的长期不满。其后，北齐政权在鲜卑勋贵支持下建立起来，文宣帝高洋执政之初勤于政事、勇于改革，使北齐在与北周和南陈的鼎足对峙中处于绝对优势。然而北齐内部的胡汉权争始终是难以化解的矛盾，由此而引发的内乱将北齐导向衰亡的境地。

北齐的败落与小人当政有关，政治、经济、文化随之腐化。西魏、北周的成功则是大力推行汉化政策的结果。在长期汉化的基础上形成的关陇集团，凭借胡汉文化碰撞融会而激发出生命活力。宇文泰虽是武川镇出身，但当初"田无一成，众无一旅"，只是后来进入关陇才站稳脚跟，补充兵员，因而"军士多是关西之人"②。由于十六国及北魏时期民族融合的成就，也由于宇文泰及其将领文化素养高于高欢及其扈从，因而西魏从一开始施政措施就优于东魏。宇文泰进入关陇、执政西魏后，"崇尚儒学，明达政事"③。他自己从儒家经典中探求治国方略，并让儿子习读儒经学为人之道。他让属官白天处理政务，晚上学习儒家经书。与高欢纵容鲜卑勋贵贪残乱政相反，他力求用政策法令扭转官吏贪婪弃政的恶习。他重用汉人苏绰制定了《六条诏书》，并摒弃魏晋官制，实行周官制度。这些措施采用了源于关中的西周古制，而使关陇各族人心更加融为一体。以"周"为国号同样为便于达到政治目的，而打破了魏晋的等级序列当然有助于提高鲜卑贵族的社会地位。宇文护即位后，以中外府和大冢宰府控制朝政，其中汉族人士占绝大多数，这表明北周政权地方观念的强化和鲜卑意识的减弱。周武帝宇文邕亲政后，调整周官制度使之更加适应皇权，大量征用汉人编入府兵而削弱了府兵的民族特征。他大力推

---

① 《资治通鉴·梁武帝大同三年》。
② 《周书·文帝纪》。
③ 《周书·文帝纪》。

崇儒教而废除佛道，并将这一政策推行到后来占领的北齐境内。杨坚掌权后又进行了许多改革，如减轻赋税，解放奴婢，鼓励生产，改善政治。杨坚祖上为弘农大族，其父杨忠在魏时立有大功，赐姓普六茹氏。杨坚之妻为鲜卑大贵族、柱国大将军独孤信之女。杨坚之长女即为宣帝之皇后，可见胡汉血统杂糅之一斑。杨坚执政时下令让西魏北周时被赐予鲜卑姓的汉人官员改从汉姓，又下令废除北周奉行的周官制度而采用魏晋以来不断趋于成熟的三省六部制。由此可见，融合各种政治势力和各种文化特征的"关陇集团"最终代表了中国历史发展的主流。

第四节　佛道彰显

儒学作为中国传统文化的代表虽经汉魏而有所衰亡，但其长久以来形成的深厚积淀仍是中华民族赖以生存发展的根基。西晋末年北方少数部族的崛起和随之而来的佛教思想大量涌入，虽然瓦解了中华帝国的一统威严和打破了至高无上的谶纬观念，但其输入的清新气息不能不说是对中华文化的一次融通和充实。北方的少数民族尊崇汉文化，但也崇尚其他新思想，因而促进了文化的交流与整合。

石勒统治时期，不但提倡儒家经学，保护和起用士族，以汉文化教化各族民众；同时更推崇神僧佛图澄、狂乞者麻襦与禅者单道开等而大兴佛教，致使百姓为逃避租役而多"营造寺庙，相竞出家"。石虎即位后迁都于邺，下书谓"佛是戎神，正所应奉"，致使"中州胡、晋略皆奉佛"。佛教被定为"国教"，在中原大地迅速流播开来。石勒、石虎对"大和尚"佛图澄尊宠有加，佛图澄也利用佛教实现治世的理想。佛图澄（232？～348 年）本姓帛，西域人，以预知"行军吉凶"参与军机要务。《高僧传》载，他"善诵神咒，能役使鬼物，以麻油燕脂涂掌，千里外事皆彻见掌中"；又能听铃音言事，敕龙出水降雨，观天象知休咎，烧香咒水给人治病。这在相当程度上反映了西域原始巫术渗入佛教的情况，也开创了中国神异僧侣一途，成为中国佛教密宗的先声。面对石勒、石虎这样的暴君，佛图澄一方面宣传"当杀可杀，刑可刑"，一方面宣传"不为暴虐，不害无辜"。他曾劝说石勒效"王者"，行"德化"，又恐吓石虎"布政猛烈，淫刑酷滥，显违圣典，幽背法戒，不自惩革，终无福祐"。石勒、石虎听其劝阻有所改易，而佛图澄的声名亦得远扬。佛图澄在北方活动 30 余年，他把巫术神异和参与军政同佛教教义三者交合为一体，使佛教在中国历史上第一次被封建最高统治者作为真正信仰所崇奉，并纳入国家扶植之下。

铜佛坐像（十六国）

前秦苻坚称帝后，亦征集各地高僧。他攻下襄阳后，俘名僧道安回长安，集"僧众数千，大弘法化"。道安（312～385 年），俗姓卫，早年过着颠沛流离的生活，曾在邺向佛图澄学法。石赵亡后，他历经动乱，辗转逃难。但他无论身在何地，总是研习佛理，教授学徒，以至成为传播佛教的热点人物而声望日增。他早期研习弘扬的佛理全属小乘教义，特别是安世高的禅教之学。他厌恶爱欲、家庭和私有财产，认为这是人际争斗和人生痛苦的根源。他逃避社会，力图从出世的禅定思维中寻找一条人生解脱之路。但同时，他受中国传统文化的影响甚深，所以对这些佛教教义的解释又都安置在《老》《庄》和贵无派玄学的哲学基础上，使佛教蒙上了玄学的色彩，使玄学增进了佛教的内容。他最重要的命题，是"执寂以御有，崇本以动末"。此中既有神悟通觉的幻想，也有持道干预社会生活的理想，更有严于守戒律己的要求，所以既不同于贵无派玄学，也不全同于佛教本义。他的民族正统观念使他时刻不忘夷夏之辨，所以不但在其经说中时露悲壮之气，而且处处以佛教佐化天下为己任。他告诫门下"不依国主则法事难立"，这几乎成为后来中国佛教的一大原则。佛教不但是为己的，也是为人的，不但寻求个人的解脱，也寻求社会的安宁，与此相应，力求当权者的支持与合作，这种思潮与倾向至道安而成为主流，也是中国国情所决定的必然态势。

道安的中期生涯是在襄阳度过的，当时的襄阳是东晋抗拒北胡的前沿阵地。道安为追踪晋室而南下，晋孝武帝激励他"居道训俗"，道安在襄阳也实有安抚军士、稳定民心的作用。在此期间，道安着重研习般若学，写有大量著述，并为民众讲经，思想也有了新的变化。他把"智度"提到至高无上的地位，不再用"禅数"并行去概括佛教全体。他特别清算了"贵无贱有"、"卑高有差"的旧主张，建立了"本末等尔"、"有无均净"的新主张，即所谓"御大净而万行正，正而不害诸有"。这种思想上的变化，实质上反映了道安由消极出世到积极入世的转变。

晚年的道安被苻坚俘至长安，苻坚视之为"神器"而十分敬重。道安在政治上曾劝说苻坚不要过江攻晋，虽没有成功但可看出他对晋室的眷爱。道安晚年最多的工作是译经，翻译的重点是小乘经典，由此开创了一门佛教"毗昙学"，这是对早期"禅数学"的继续和深入，由此北方各地小乘教义流行，一直延续到北魏中期。道安的译经重在使佛教适应中国的情况，他用玄学的观点剪裁佛教的义理，既把佛教的内容溶解到玄学的潮流之中，力求避免佛经原文的繁冗重叠，又尽量避免当时婉便简约的习尚，追求文辞晓畅易懂，传事浅显易明。外来佛教义学最终能通过玄学进到中国上层思想领域，道安是真正的奠基人。他为大小乘经作释作序作述，总计 40 余种，大都是佛玄交融，内容非常丰富。可以说，他为佛教的中国化作了理论上的示范，也为中国化佛教的发展提供了方法论上的指导。

鸠摩罗什祖籍天竺，幼年即随父母迁居龟兹。他博学佛教经典，并习阴阳星算。后广播大乘教义，名声远扬西域。后秦姚兴邀其入京，并给以国师的礼遇。姚兴注意招徕人才，宣扬儒学和佛教，长安一时成为北方文化重镇。他请鸠摩罗什住逍遥园西明阁，组织了庞大的译经集团和讲经活动。汇集长安的僧尼达 5000 余人，宗教文化成为国家的一项事业。姚兴崇佛不着意于兴建庙宇诸佛事，而是注重于义学理论之探讨。他把佛教作为争取贤能、政化风俗的"玄教"来提倡，于是一些王公大臣也把佛理当作参玄的内容来研究。因此，后秦的佛教更带有两晋的玄学色彩，但讨论的问题大大超出了原来玄学的范围。在这种风气影响下，南北谈玄的贵族达人竟以知识僧侣为师，而胡汉各族的界限也得以缩小和化解。鸠摩罗什在长安 10 余年间，与弟子勘译了大量的佛教经书。其译文简练精粹，流畅生动，使原著的思想内容清晰明朗，有些可谓已接近"信、达、雅"的完美程度。因此，他的佛典译本流传甚广，影响最大。

鸠摩罗什不只是简单地翻译佛典，他还有自己一套独立的佛教哲学观念。比如他所传龙树、提婆的中观思想，最显著的特点是突出怀疑论的成分，从根本上否认语言概念在把握真理上的可靠性。他还认为，佛是众生的自我创造，彼岸的净土并非真实存在。当然这种思想很难为虔诚的佛教徒所接受，他也承认这些怀疑论观点只能是为高层次人讲的"真谛"。他说佛教还有"俗谛"的一面，即对于世人来说，不但现存世界的一切是合理的，一切神鬼菩萨也是真实的。这种"二谛说"明显带有玄学意味，可以导向多重真理论，为混世主义提供辩解。他自己的生活也是"为性率达，不厉小检"，入长安后娶妻生子，并受伎女 10 人。不住僧房，别立廨舍，日常供给丰盈。看来颇似一名风流倜傥的名士，这与佛戒及其所传教义大相违拗，由此亦可看到南来的玄风及王公的华贵的濡染。因此，每至讲说，其常先自白："譬如臭泥中莲花，但采莲花，勿取臭泥。"但不管怎样，鸠摩罗什门下会聚了当时全国的僧侣精英，他们大都既善佛典，又通老庄，亦解六经。后来其中许多人经理世务，颇有才干；也有一些门徒传宗立说，声望颇高。鸠摩罗什死后，其僧团迅速解体，佛教义学以《法华》、《涅槃》为中心向多元化发展。随着中国佛教适应能力的增强，很快渗入传统文化而别具风采。

北魏时，道武帝拓跋珪入主中原之初，由于统一北方的战争需要，他致力于启用儒士吸取汉族文化和治国经验。但也"好黄老，颇览佛教"，以法果统理僧徒，供施不乏。法果则以道武帝"即是当今如来，沙门宜应尽敬"，确定了佛教必须依附于当政国主的论调。这与庐山慧远与王者抗礼的意见相比，明显看到北朝汉化中儒学不可抗争的地位。太武帝拓跋焘即位以后，对名僧昙曜、师贤等人亦加礼敬。但这位"聪明雄断，威灵杰立"的帝王信奉寇谦之的道教和任用士族崔浩等人后，则开始沙汰僧尼还俗并破毁佛像胡经。446年，太武帝因疑长安佛寺僧徒与盖吴通谋叛乱，于是从崔浩之议下诏灭佛，自谓"承天之绪，欲除伪定真，复羲农之治"。这一儒道联合行动的结果，使佛教遭到一次严重的打击，也可视为本土文化对外来思想的排斥。

太武帝死后，文成帝即位，下诏重兴佛教。乃为其祖先用赤金铸释迦立像5座，又任昙曜为沙门统开凿云冈石窟。其后献文帝又起永宁寺，构七级浮图；于天宫寺造释迦立像，用赤金10万斤。孝文帝虽尊孔崇儒，从安邦定国的宏图出发，对佛教僧尼的活动有所遏制。但其迁都洛阳的次年，即下诏于嵩山立少林寺，安置西域沙门佛陀。宣武帝当政，即令于洛南伊阙山为其父母营造石窟2所。此后经历代陆续营造，开创了规模宏大的龙门石窟群。孝明帝时，在城内起永宁寺，佛图9级，高40余丈，寺内有金玉佛像10余躯，僧房楼观1000余间。北魏后期的崇佛，使洛阳寺庙竞起争胜。杨衒之《洛阳伽蓝记》卷四载："四月初八日，京师士女多至河间寺，观其廊庑绮丽，无不叹息，以为蓬莱仙室，亦不是过。入其后园，见沟渎蹇产，石磴礁嶢，朱荷出池，绿萍浮水，飞梁跨阁，高树出云，咸皆啧啧。虽梁王兔苑，想之不如也。"洛阳经数十年营建，佛寺达1000余所，北魏全境寺庙则达4万，僧尼共达 200 万，而佛教的泛滥与贵族的腐朽也导致了北魏的灭亡。

孝静帝时，北魏分裂为东西二魏。高欢东迁静帝于邺都，洛阳僧尼大半随迁。于是邺都又成了佛教重镇，新寺竞立。北齐取代东魏后，对佛教愈加看重，邺都有寺 4000 余所，僧尼近 8 万，齐文宣帝以国储的1/3 供养僧尼。西魏都长安，亦重兴佛教。北周取代西魏后，也大事建寺度僧。周武帝登基后信重儒术，加上道士张宾对道教的弘扬，于是有疑于佛教而摒弃之。卫元嵩上书以为"唐虞无佛图而国安，齐梁有寺舍而祚失"，著《佛道二论》谓"我不事二家，唯事周祖"，"我事帝不事佛道"，相当明显地反映了北朝强化君权的趋势。这与梁武帝致敬僧侣、舍身入寺形成强烈的反照，亦可看出北朝二武毁佛是在强烈的儒家文化背景下实行的。周武帝曾 7 次主持三教辩论，实际上只是佛道"二教的争夺，且佛道二教都相互揭短，指斥流弊"。由于宗教肆行给社会造成严重危害，周武帝于建德三年（574 年）勒令 200 余万僧道还俗。建德六年（577 年）灭北齐后又正式宣布废佛，遂在北周全境扫尽官私所造一切佛塔，融刮佛像，焚烧佛经。"八州寺庙出四十千，尽赐王公，充为宅第；三方释子减三百万，皆复军民，还归编户。"道教也同时受到一定破坏，唯有深透着治国安邦的儒教经学存立传续。

道教在十六国北朝时期也兴盛起来，在与儒、佛的冲突与交合中得以成长壮大。自曹操使五斗米道首领张鲁迁离汉中后，虽"流移死者以万为数，伤人心志"，但"自从流徙以来，分布天下"①。大量教徒被迁至长安、洛阳、邺城等地，使五斗米道广泛传播开来。张鲁在迁到邺城后的第二年即亡故，五斗米道失去了统一的领导，于是五斗米教迅速分化瓦解。西晋时，道徒方士以知玄机秘要参与上层政治活动，造成很大影响。而下层流民也以传教活动组织起义，在社会上造成广泛效应。西晋亡后，少数民族中也有颇信道教者，道教以其属于汉族传统文化的一

————————
① 《正一法文天师教戒科经·大道家戒令》。

支而被接受。如前秦苻坚和后秦姚苌，均曾利用过道士王嘉。据史传记载，王嘉能不食五谷，清虚服气；还能预知吉凶，并有隐形之术。他初隐于东阳谷，穴居岩处，弟子数百人。后至长安，潜隐于终南山，好尚之士无不师宗之。问其当世事者，皆随问而对，好为譬喻，状如戏调，言未然之事，辞如谶记，当时人莫能晓，事过皆验。王嘉著有《拾遗记》10卷，多记诡怪之事。

　　真正对北方道教进行改造并起推动作用的是寇谦之（365～448年），他在获取了北魏统治者太武帝拓跋焘的支持下大力弘扬天师道。北魏统治者深知入主中原必须利用汉族的文化传统，因而在接受儒学的同时也没有遗弃道教。北魏的几个皇帝都崇信道教，道武帝拓跋珪和明元帝拓跋嗣皆因吸食丹药中毒而死。太武帝拓跋焘更是道教的热心崇奉者，寇谦之正是在他的赞助下促进了道教的发展。据史传载，寇谦之早年就爱好仙道，修张鲁之术。他于嵩山制造了太上老君授予他天师之位的神话，又编造神授经书令其"辅佐北方泰平真君，统领人鬼之政"。寇谦之到北魏朝廷先是得到当朝宰相儒学大师崔浩的支持，而后为太武帝所欣赏，"于是崇奉天师，显扬新法，宣布天下，道业大行"。寇谦之之新法"专以礼度为首"，这个"礼"其实就是儒家礼教，他的改革就在这个总原则下进行。从其《老君音诵诫经》可以清楚看到，他仇视民间道派并要对其改革，完全是为了维护父慈、子孝、臣忠的封建伦常关系。他反对"犯上作乱"、"称官设号"及"坏乱土地"，斥责推翻和改变封建政治制度与土地占有制度的行为。他还为道教建立了一套比较完备的科规戒律，其内容主要是儒家忠、孝、仁、义而披上了神学的外衣。他也制定了一些促进道教发展的措施，如限制道官祭酒索取道民钱财以减轻道民的经济负担，废除已将道教房中之术变为淫秽之术的所谓男女合气之法，增加改进了为人祈福消灾并为己长生成仙的斋醮仪范。

　　总之，经寇谦之改革后的天师道宗旨有所改变而更适应封建统治的需要，所以太武帝在魏都平城特建天师道坛以供寇谦之及其弟子作宗教活动之用。太延六年（440 年），太武帝更按寇谦之的建议，改元太平真君，亲主道坛受箓。以此为始，后来北魏皇帝即位都要登坛受符书，作为鲜卑拓跋部统治汉族的一种依据。寇谦之亦被视为国师，许多军国大事都要征求他的意见。随后不久，便发生了太武帝废佛的事件。但由于太子上书谏言，延缓了废佛诏书的宣布，因而佛教并未受太大的损失。太武帝灭佛与寇谦之倡道有一定关系，但不是根本原因。根据史料记载，寇谦之并不赞同崔浩向太武帝提出的悉诛天下沙门、毁坏胡经佛像的建议，废佛的主因在于崔浩推行封建士族制度的儒家政治与拓跋鲜卑贵族守旧势力之间的矛盾和斗争。崔浩要用儒家政治帮助太武帝"除伪定真，复羲农之治"，太武帝也借此表明自己亲汉远胡以缓和汉族世家对鲜卑勋贵的成见。太武帝把废除佛教同实行儒政紧密联系在一起，由此亦可看出太武帝汉化的决心。道教无疑在这场运动中受益匪浅，而同政治的结合则更为紧密。太武帝既是天下圣主，又是"太平真君"，儒道合一似乎更为顺天承运。

道教在寇谦之的改革下于北魏获得发展，后来，北齐和北周的统治者也都对道教加以扶植。高欢在把持东魏朝政及北齐立国之初，网罗不少方士充当他的幕僚。高洋即位之后，也崇信某些道士。但由于北魏以来佛道流播甚广，高洋面临"馆舍盈于山薮，伽蓝遍于州郡"，"缁衣之众，参半于平俗；黄服之徒，数过于正户"[①] 的局面，严重地影响了北齐王朝的税收财政而造成极大的经济困难，因而决定对佛道二教都加以限制。但北齐出于政治原因特别崇奉佛教，于是道教遭受打击被迫作出牺牲。高洋敕命道士皆剃发为沙门，齐境道教遂落难而不振，佛教却由此大兴起来。

道教在北周的命运则相反，北周统治者是依靠关西汉族立国的，因而承继了北魏太武帝的汉化政策。"后周承魏，崇奉道法，每帝受箓，

---

① 《广弘明集》卷二十四。

如魏之旧。"① 周武帝更是礼待楼观道教徒，并通过辩论废除了佛教。楼观道是继北魏寇谦之新天师道之后而兴起的又一道派，它以陕西周至县楼观为活动中心而鼎盛于北周。此派以尹喜为祖师，特别重视《道德经》，并坚信老子化胡之说。修炼上杂采众家，尤喜服食丹药。周武帝重用楼观道士，设立通观观命其研习《老》、《庄》、《周易》，并期望以此改造佛教。周武帝在灭北齐的过程中，将其灭佛政策推到齐境，使佛教遭受了灭顶之灾。此后楼观道历隋至唐初，一直是北方最大的道派，道教以其中国传统确立了其坚实的地位。

造像碑（北齐）

　　综观中原北方的文化发展，始终是在胡汉杂糅中不断地整合。在整合过程中，儒家文化一直起着主导的关键的作用，佛教和道教无法抗拒千百年来儒家形成的文化传统。佛教和道教的较量实际上也反映了胡汉民族深厚的政治意识，而最终佛、道二教只有通过适应儒学需要取得生存和发展。不能否认，儒学作为汉族文化主体在同化外来民族时有着不可估量的作用，但外来文化在融入华夏传统时也给儒学带来更深的思考和更广的视野。因此，隋唐期间的儒、释、道并重尽管有着政治的原因，但对人们思想深处以至文化领域的繁荣都有很强的促动。也正因此，中国文化在儒、释、道多元思想的躁动下显得丰富多彩，而当其熔入一炉形成宋代理学后则失去了往日的绚烂变为睿智而冷峻的深沉。

---

① 《隋书·经籍志》。

下卷

风云流变中崭立新姿

第一章
潇洒旷朗的审美观照

　　魏晋南北朝在中国文化史上是一个玄学主流而征象迷幻的时代，这个时代尽管充满了刀光剑影、腥风血雨、云谲波诡的纷异世象，但更多的是弥漫着对人性的思考、对自然的探究、对生命的关怀。玄学作为把握世界的一种思维方式将人的智力推向极致，而由玄学引发出的思辨又将人与自然的关系重新诠释，这就使西汉以来的儒学架构受到挑战、质疑或否定。追求自然的玄学一方面裂解着冠冕堂皇的礼教，一方面又力求调适与根深蒂固的儒学的关系，加之教人救赎的佛教给人哲思、教人成仙的道教给人异术，魏晋南北朝的思想领域的确就生发出许多诡异的花朵或奇峭的枝木。人们的审美意识也随之变化，那些玄妙深奥的奇思异想以背离传统的姿态肆行无忌，而在新的审美观照中出现玄秘意味形成趋尚也就不足为奇。因为对美的崭新看法，世人打破了以往儒家厚重的社会伦理范畴，而从更新的角度阐释着自然与人性。

　　魏晋南北朝人首先打破了西汉时对天的尊崇，而将天当作自然，视为一种莫测高深的审美对象。他们不是把天作为神来敬奉，而是把天作为物来欣赏。他们追求的是物我合一、物我两忘、物我沟通，在物与我的关系上推究自然之道、物我之亲、情景交融，而不是像董仲舒宣扬的"皇权神授"、"天人感应"那样，把本是自然现象的天像神一样顶礼膜

男侍俑（东晋）

拜。他们推崇《老子》中的"道大，天大，地大，人亦大。域中有四大，而人居其一焉。人法地，地法天，天法道，道法自然"①。"道生一，一生二，二生三，三生万物。万物负阴而抱阳，冲气以为和"②。在他们看来，天人合一的最高境界即《庄子·逍遥游》中所言的出神入化、妙合神会。

就审美而言，魏晋南北朝人的确摆脱了以往对自然的恐惧和敬仰，而去探讨、亲近和体验自然给人的启发、感受和美好。天人交往中的互容关系是中国传统文化中的重要内容，《庄子·达生》中言"灵台者，天之在人中者也"，即讲人心与天地的沟通。人是自然的产物，又观照着自然，因而一切都应是自然的。《礼记·礼运》中说："故人者，其天地之德，阴阳之交，鬼神之会，五行之秀气也。"人由自然的物质凝聚，同时又感应着自然神韵，因而人与自然有着某种神秘的互通关系。晋宋人在对自然美的欣赏中渗透的玄远幽深的哲学意味或宇宙意识，融会着传统思想中所追求的天人合一观念以及时代精神给人带来的深层思考。

第一节　山水之美

审美的价值坐标一旦产生更移，审美对象的地位也就产生了变化。

---

① 《老子·二十五章》。
② 《老子·四十二章》。

晋宋文人的审美情趣由原来的世俗权力重心转向了超逸幽静的山林田园，无论是仕途失意还是志得意满，都以超尘脱俗甚或惊世骇俗而标榜，仿佛有此大美才能称为至人而被激赏。关于山水的描写在先秦作品中就可看到，反映了人与自然希望和谐相处的一种感情，但那种笔法显然比较幼稚肤浅，还没有将自然美作为一种境界来欣赏。汉代大赋中虽对皇家山水有精美的描摹，然更偏重物产之富、形势之胜以及工丽之巧，那是为铺陈汉家的气势和炫耀天子的财富。直至汉末老庄滋兴隐逸成风，山水作为审美对象才有深意。汉末荀爽"以直道不容于时，悦山乐水，家于阳城"①。仲长统《昌言·乐志》则言："使居有良田广宅，背山临流，沟池环匝，竹木周布，场圃筑前，果园树后。"都道出一个事实：人们由于种种原因陶醉于山水之中而流连忘返，最主要的是借山水作精神上的慰藉，而由此山水逐渐成为人的自觉的审美对象。

魏晋时期，门阀兴起，出现了许多豪华庄园。最为世人瞩目的当为石崇的金谷园，石崇在《金谷诗序》中有所描述："余以元康六年从太仆卿出为使，持节监青徐诸军事征虏将军，有别庐在河南县界金谷涧中，或高或下，有清泉茂林、众果竹柏、药草之属，莫不毕备。又有水碓、鱼池、土窟，其为娱目欢心之物备矣。时征西大将军祭酒王诩当还长安，余与众贤共送往涧中，昼夜游宴，屡迁其坐，或登高临下，或列坐水滨，时琴瑟笙筑，合载车中，道路并作。及住，令与鼓吹递奏，遂各赋诗，以叙中怀，或不能者罚酒三斗。感性命之不永，惧凋落之无期，故具列时人官号姓名年纪又写诗著后，后之好事者其览之哉。"金谷诗会一方面充满着富贵气象，一方面弥漫着清悲意识，二者并不矛盾。受老庄思想影响，士大夫们一方面享乐、玩味人生，一方面忧虑豪华、富贵难以永恒，遂有至深感慨。

与西晋富豪故作铺张奢侈相比，东晋文人对山林的偏爱似乎更少矫

① 《全后汉文》卷六十七。

饰。他们可以于春日休闲似的会于兰亭，由此而成的兰亭诗会则对后世产生深远的文化效应。王羲之的《兰亭集序》既对人生的美好作抒情的咏叹，又对人生的短暂作悲凉的感慨。"是日也，天朗气清，惠风和畅。仰观宇宙之大，俯察品类之盛，所以游目骋怀，足以极视听之娱，信可乐也。""每览昔人兴感之由，若合一契，未尝不临文嗟悼，不能喻之于怀。固知一死生为虚诞，齐彭殇为妄作。后之视今，亦犹今之视昔，悲夫！"兰亭诗会显然承继金谷诗会的形式，但文化品位则有着明显的不同。金谷诗会洋溢着富贵气，而兰亭诗会则弥漫着秀雅气。兰亭的自然景观是清幽的，不像金谷那样鼓乐喧天地张扬。景观主体色调的确定实际上反映了审美者的内心格调和主观需要，"虽无丝竹管弦之盛，一觞一咏，亦足以畅叙幽情"，这对金谷的喧闹是一种反拨，是在沉静中获得心灵的陶冶和心绪的寄寓。这种表达方式更为雅致，与清新的自然山水更谐调，按《东坡题跋·右军砚胗图》说法，金谷之会参与者皆人格卑下，故石崇与王羲之相比如草丛中的鸥鸢之于云天上的鸿鹄。按钱钟书言，对山水之美的欣赏到晋宋才真正蔚然成风，"六法中山水一门于晋、宋间应运突起，正亦斯情之流露，操术异而发兴同者"[①]。

玄学发展到东晋，有过永嘉之乱的变故，又有江南山水的秀丽，因而审美内涵的哲理意味更浓，显然要比金谷诗会的浅俗更隽永。《晋书·王羲之传》载："（羲之）初渡浙江，便有终焉之志。会稽有佳山水，名士多居之，谢安未仕时亦居焉。孙绰、李充、许询、支遁等皆以文义名世，并筑室东土，与羲之同好。"可见消融于山水之中乃是"与羲之同好"者共有的一种审美情趣。这种追求内化于自然之中，在消解过程中感应人与自然的永恒，是一种对生命意识的终极思索并超越一切层面。因而可以说，从时序变迁中敏感到生命的短促，从自然的阔大中感到个体的渺小，将这种悲怆通过对山水优游而忘怀或打破，是中国美学

---

① 钱钟书：《管锥编》第 3 册，中华书局 1979 年版，第 1037 页。

中一种非常典型的情感替代论，所谓"忘情山水"、"寄情山林"，说的就是这种"无我"的境界。

晋末宋初之交，陶渊明不能忍受官场的污浊而愤然隐退于田园，风流自赏地过着"采菊东篱下，悠然见南山"的生活，可见一般士人都有一块适性悦情的领地，他们如隐士过着"此中有真意，欲辩已忘言"的生活，用这种方式表现着对黑暗的抗争和对现实的不满。可以说，这正是在玄风影响下的一种理想追求。这种追求把自然山水和农村田园结合起来，从而产生一个风景美丽、人性美好的世外桃源。当然，陶渊明的家境后来败落了，但他所营造的审美境界却为后来的风流雅士所津津乐道。

与陶渊明相比，一些世家大族的田产则大得多，史书于此多有记载。名气甚大的如谢灵运，其始宁山居便是一个典型的例证。《南史·谢灵运传》载："灵运父、祖并葬始宁县，并有故宅及墅，遂移籍会稽，修营别业，傍山带江，尽幽居之美。"谢家本是望族，但自刘裕代晋后受到排挤，谢灵运于是借游山玩水排遣忧闷，同时未免不含有借此标榜清高的意味。从其所写《山居赋》看，他的园林可谓独立王国，是一个具有独立经济基础并兼具其他多种功能的实体，它在经济上完全可以自给自足，具有中国经济自然性的典型特征，有农耕、纺织、水产、园艺、酿造，几乎是无所不有的庄园和山林的结合。这种庄园充分园林化，从而达到自然化和人工化的会通。谢灵运还专门制作了登山屐而遨游云中，由此可见世家大族对山林情趣的偏爱。

当时在始宁建山庄的也不止谢灵运一人，他们于此建山庄也不单纯是经济上的考虑。据史传记载，会稽境内山水佳美，历史上多有名贤隐居于此，因而在此栖居包含着精神寄托的深层含义。刘宋时在会稽扩建庄园者最多，"会稽多诸豪右，不遵王宪"，"封略山湖，妨民害治"①。

——————————

① 《宋书·蔡廓传附蔡兴宗传》。

这种审美倾向是魏晋玄学生发出来的，这种庄园经济带着天人合一的特征，而山林之趣则成为中国传统文化一个永久的话题。至于后来弥布天下的佛教、道教圣地，无不选择风光优美、景色宜人的山林，或许这样更能与自然之灵气会通。

造像碑（北周）

北朝宗教受南朝玄风影响，胡人性格又特别剽悍，加之寒冷的气候和阔朗的地势，审美境界也就格外雄浑。北朝在汉化过程中充溢着一种旺盛的革新精神，自觉接受了传统文化中儒学的积极因素，因而在审美追求中有着一种荒蛮而蓬勃的活力。北朝的文化现象似乎更为广阔丰富，但显然缺乏南朝玄学的审美深度。游牧民族喜爱大漠、草原、青山，他们以同样博大的胸怀收纳着其他文明。他们像涉世不深的青年一样行动多于思想，而对文明的仰慕使他们创造出更为灿烂的文化。

北朝的刚健与南朝的柔弱恰成对比，似乎也显现出一种阳刚与阴柔的较量。从中国文化发展的态势看，每次外来文化的冲击都给传统文化注入活力，但每次外来文化的能量最终都被传统文化消融。当北朝上层社会接受了南朝审美品识后，唐朝的文化繁荣也就可以理解了。宽容、多元、开放的文化政策，造就了大唐王朝的豪华与深沉，半官半隐的生活成为一种时尚和境界，因而唐朝的山水田园更有一种雍容与大度，它不再偏执玄学而儒、佛、道兼容。到宋代，儒、佛、道的会通形成理学，山林又成为研讨理学的好去处。而大唐的恢弘气象则代之以闲散的儒雅风度，传统文化以其老成和睿智超度了轻狂和浮躁。总之，人与自然的相亲似乎更多地体现在山野，其由老庄发端至六朝蔚为大观，作为哲学命题而成为中国文人缱绻不舍的情结。

第二节　人格之美

当魏晋南北朝的玄学家们"以玄对山水"① 之际，其实也就确立了人格理想境界。他们将审美目光从外在的纷繁现象转向奥妙的内在本体，他们将汉末以来社会注重的人伦品藻深化为自我对个体精神的任性适为。他们孜孜不倦地追求"道"和"自然"，以适心随意作为一种全真养性的手段。在他们看来，"道"是一种最高的境界，万物的本体，人性的至真。只有返璞归真与道合一才能享受人生的无限乐趣，达到人生的终极目标。由此他们的生活自然浸染上"悟道会神"的浓重玄味，追求一种"不与时务经怀"而"萧条高寄"的情调。他们遁入山林体味玄机是一种方式，在人间烟火中也难免有荒诞不经之举。这种对礼教的叛逆当然是对人性的极大解放，从而也就决定了个性风采的纷异展露。

如果说，魏晋之交的惨烈现实是对玄学的扼杀，而实质上则是对玄学的更大激发。因为封建纲常的束缚和谶纬迷信的统治已被打破，仍用巨大的政治压力禁锢思想的觉醒只会引起反弹。在传统的儒家道德伦理观念中，宗法制趋同性的统治秩序和社会利益是首要的，个性的反叛只能作为牺牲而被泯灭。正如董仲舒在《春秋繁露·玉杯》中所言："屈民以伸君，屈君以伸天。"一切都打着天的旗号造出一些蝇营狗苟的利禄之徒，他们扭曲着自己适应着纲常并颐指气使地飞扬跋扈。但在魏晋时期，随着思想的解放和个性的觉醒，一些富有正义感和责任心的知识分子，就是敢以狂狷的精神反抗虚伪的礼教，追求人的真价值、真面

---

① 《世说新语·容止》。

貌、真风采，因而嵇康、阮籍的行为给人的震撼是极为深切的。抛却政治上的意义不谈，魏晋玄学多少有冲破神学禁锢而张扬人道主义的意味。阮籍在《大人先生传》中辛辣地讽刺那些伪君子道："服有常色，貌有常则，言有常度，行有常式。立则磬折，拱若抱鼓。动静有节，趋步商羽。进退周旋，咸有规矩。心若怀冰，战战栗栗。束身修行，日慎一日。"这些道貌岸然的正人君子，实际为利禄所拘囿而成为套中人。

高髻女俑（南朝·宋）

魏晋时人更讲一种精神，这种精神贯穿于言行之中而融入天地之间。《世说新语·雅量》载："嵇康临行东市，神气不变，索琴弹之，奏《广陵散》，曲终曰：'袁孝尼尝请学此散，吾靳固不与，《广陵散》于今绝矣！'"这种傲然睨世的态度为人称赏，竟有太学生3000人请以为师，可见一股清峻的人格魅力和世风趋尚。

魏晋人由精深的致思也趋向轻率的放达，这种放达不循礼教而任自然，因此往往天真率性而不拘常规，人物个性于是得以展扬。自汉末以来，山林之气逐渐弥漫于市朝之中，至魏晋以后越发形成一种时尚。一种顺情适性的生活方式成为社会文化的主流，文人雅士们"以任放为达"而在"法自然"中追求与"道"的冥契。于是就有"逮晋之初，竟以裸裎为高"[1]，"惠帝元康中，贵游子弟相与为散发倮身之饮，对弄婢妾"[2]的"非道德"行为。这种风气传播开来，便有石崇、王恺使气斗富、张扬自我的行径。石崇

---

[1] 《晋书·范宣传》。
[2] 《晋书·五行志》。

为了所钟爱的女子竟然不顾一切，自尊与任情复杂地纠结在一起。干宝《晋纪》载："石崇有妓人绿珠，美而工笛。孙秀使人求之。崇别馆北邙下方登凉观临清水，使者以告，崇出其婢妾数十人以示之，曰：'任所以择。'使者曰：'本受命者指绿珠也，未识孰是。'崇勃然曰：'绿珠吾所爱，不可得也。'使者曰：'君侯博古通今，察迩照远，愿加三思。'崇不然，使者已出又返，崇竟不许。"石崇后在政治角逐中身败名裂，绿珠亦坠楼殉情而死。这种摆阔逞奇不能不与社会风气有关，而这种放任纵欲实际偏向了荒淫腐朽，与超尘脱俗的俊逸情调恰成反照。六朝玄学带来的社会效应是复杂的，与汉朝文景时期无为而治引发的"七王之乱"一样，西晋末年也爆发了"八王之乱"，个人私欲的膨胀导致至高权力的争夺。因而玄风的流弊亦不可忽视，它在倡导自然的同时造成了社会的无序，所以许多有识之士严正指出匡复的必要。

东晋之后，身怀国破家亡之痛的士大夫们对人生有了更精微的感受，比起西晋王公大族的豪奢更多了一些峻切与旷达，于是人生如寄的伤感久久不能拂去。这种感伤主义思绪在混乱世道最易萌发，早在汉末的《古诗十九首》中就见端倪："人生天地间，忽如远行客。""人生寄一世，奄忽若飙尘。""人生忽如寄，寿无金石固。"此后叹老嗟卑、忧生伤时、悲天悯人的感慨增多起来，这是人的生命意识萌发后对人的生存价值的一种深究。一世之雄的曹操曾横槊赋诗曰："对酒当歌，人生几何？譬如朝露，去日苦多。"由吴入晋颇负盛名的才子陆机在《大暮赋序》中云："夫死生是失得之大者，故乐莫甚焉，哀莫深焉。"自从孔子作时光如流水的慨叹之后，这种理性认识的深刻愈发刺激感性伤痛的外化，由此而形成的情绪更加复杂丰富而峭刻冷峻。

六朝以前的人们普遍对天充满敬畏，而六朝时期则对人的生命本真开始追寻。除了一些文人名士隐遁山林、求仙访道、返璞归真外，宫廷里则产生了一种及时行乐、玩世不恭的放达倾向。此风始于汉季经魏晋历南朝而不衰。《南史·宋前废帝纪》云："山阴公主淫恣过度。谓帝曰：'妾与陛下，虽男女有殊，俱托体先帝，陛下后宫数百，妾惟驸马一人，事不均平，一何至此。'帝乃为立面首左右三十人。"男女之大防被毁弃无余，一任情欲之宣泄，这种淫荡之举因不是一种高雅的文明，以此种方式满足生命的本能足以说明人生的悲哀。与此同时，另有一种态度则是焕发出建功立业的热情，充满积极进取的精神。魏武帝慷慨而言："老骥伏枥，志在千里。烈士暮年，壮心不已。"怀才不遇的左思叹曰："铅刀贵一割，梦想骋良图。左眄澄江湘，右盼定羌胡。功成不受爵，长揖归田庐。"就是归隐田园的陶渊明也不时有"金刚怒目"式的作品："精卫衔微木，将以填沧海。刑天舞干戚，猛志固常在。"宋文帝刘义隆在"抚剑怀感激，志气若云浮"的同时，不期然萌生出"惆怅惧迁逝，北顾涕交流"的伤感。

玄风鼓荡着时人的情感潮流，更多地体现于对生命的珍视和对精神的追求。这种人性之情合于自然之理，乃是一直被后人称赏的魏晋风度。这是一种"天人相通"的文化风格，它将传统中的合理成分溶解在赏物称情的新颖体式中。它不同于那种低级放任，也不同于那种矫饰作风，而是恰如其分地任性适情。《三国志·魏志·钟会传》注中引何劭《王弼传》言："何晏以为圣人无喜怒哀乐，其论甚精，钟会等述之。弼与不同，以为圣人茂于人者神明也，同于人者五情也。神明茂，故能体冲和以通无；五情同，故不能无哀乐以应物。然则圣人之情，应物而无累于物者也。今以其无累，便谓不复应物，失之多矣。"王弼的情论承认情的存在，认为情应物却超越于物，一切皆顺应自然，这比何晏的圣人无喜怒哀乐之情更为精爽练达。圣人之情既源于物又突破物，完全表现出一种自然性的特征，这便是很高的境界。

魏晋名士多循其则而修养，喜怒哀乐不形于外而成雅量。《世说新语·雅量》记："桓公伏甲设馔，广延朝士，因此欲诛谢安、王坦之。王甚遽，问谢曰：'当作何计？'谢神意不变，谓文度曰：'晋祚存亡，在此一行。'相与俱前。王之恐状，转形于色，谢之宽容，愈表于貌。

望阶趋席，方作洛生咏，讽浩浩洪流。桓惮其旷达，乃趣解兵。"谢安临危不惧、从容不迫乃是具有高度涵养的具体表现，具有如此雅量方被认为有君子之风，而王坦之则相形见绌、被人所讥，由此可见对人格的审美标准。性情的解放打破礼教的束缚，有时又表现得超逸独特，《世说新语·任诞》记曰："王子猷居山阴，夜大雪，眠觉，开室，命酌酒。四望皎然，因起彷徨，咏左思《招隐诗》。忽忆戴安道，时戴在剡，即便夜乘小船就之。经宿方至，造门不前而返。人问其故，王曰：'吾本乘兴而行，兴尽而返，何必见戴？'"《世说新语·简傲》也有类似的故事，如"嵇康与吕安善，每一相思，千里命驾"。这种情绪化行为是魏晋六朝人的显著特点，感情表现深挚而不外露。

在越名教而任自然的宽松氛围中，魏晋六朝人的素质普遍提高，并且才情早熟、才华横溢。孔融年少气盛，敢与当时名流争辩。王弼少年成名，虽年仅 24 岁而早夭，却为魏晋哲学之巨擘。《建康实录》载："（殷）浩识度清远，弱冠有美名，尤善玄言，与叔父融俱好《老》《易》。融与浩谈则辞屈，著篇则融胜，由是浩为风流谈论者所宗。或问浩曰：'将莅官而梦棺，将得财而梦粪，何也？'浩曰：'官本臭腐，故将官而梦尸；钱本粪土，故将得财而梦秽。'时人以为名言。"对利禄的蔑视表现出对传统的背弃。对人的才情才华品评时不是视其权势，而是看其智慧、识见、品格、情操等全面的修养，有时甚至更不是从伦理性、道德性、政治性出发，而是以超验性的、形而上的、人性化的审美标准品鉴，因此也就可以理解六朝出现了众多才子而促进了艺术的繁荣。

许多帝王文化素养颇高，《南史·文学传序》中言："自中原沸腾，五马南渡，缀文之士，无乏于时。降及梁朝，其流弥盛。盖由时主儒雅，笃好文章，故才秀之士，焕乎俱集。"萧齐时齐高帝不但自己能写一手漂亮文章，还非常注意诸子的培养。江夏王萧锋"五岁，高帝使学凤尾诺，一学即工。高帝大悦，以玉麒麟赐之，曰：'麒麟赏凤尾矣。'

至十岁，便能属文"①。而"梁武帝雅好辞赋，时献文章于南阙者相望焉"②。陈后主叔宝也能诗善曲，可谓一名有文艺才华的末代昏君。统治者的爱好与社会审美潮流的互动，促进了文化的繁荣和文人的早熟。谢瞻6岁、谢庄7岁、谢惠连10岁便能文。《南史》记任昉"幼而聪慧，早称神悟，四岁诵诗数百篇，八岁能属文。"《梁书》记张率"年十二能属文，常日限为诗一篇，稍进作赋颂，年十六，向二千余首。"《陈书》记傅综"七岁诵古诗赋至十余万言，长好学，能属文。"可见文化氛围的浓厚陶冶出众多才华高妙的学子，但同时不可忽视的是由此造成的阴柔性格也断送了南朝的江山。

第三节　艺术之美

魏晋南北朝时，士人们对壮阔的自然山水和短暂的人生旅程产生了深刻的感悟，随之而兴发的审美观照也通过各种艺术形式展现出来。人作为主体抒发着对客体审美的强烈感受，这种感受与商周以来的审美观念有很大的不同。商代巫史文化造就了对天的神秘恐惧，东周时虽有打破但仍有很大的顾忌，秦汉时重又确立了天的尊严地位，因而敬畏天意一直是中国哲学的鲜明特色。魏晋时由于打破了传统的神学观念，人的意识觉醒并得到张扬，因而与自然的关系得到调理。人对天不再敬而远之，而是试图进行亲近，因而天人关系由过去的冷峻一变而为当世的平易。天的崇高的政治地位被消解，而作为博大的象征令人赞叹，因而山水自然成为人们吟赏的物象。这时文人墨客笔下的山水充满诗情画意，而大气磅礴的自然也使人洗却猥琐之态。人格力量的增强使人充满信

① 《南史·齐高帝诸子下》。
② 《南史·袁峻传》。

心，关心自身价值而不愿再做神的附
庸，这就使人从感情误区走出来，追求
一种人的大度与潇洒。文化之人除了走
入自然或风流自赏外，更多的是借用艺
术宣泄着自己的情感。因而艺术作为一
种"有意味的形式"也成为一种审美中
介和审美形态，折射出那个时代的审美
趣味和审美追求。

在对自然山水的称赏中，魏晋南北
朝人挣脱出僵化已久的神学意识，尽情
赞叹着自然山水的万千气象，这本身就
说明审美主体的情感态度。他们不但陶

洛神赋图局部（东晋）顾恺之

醉于美的"第一种形式"即客观存在，而且还逐渐闯入了美的"第二种
形式"即艺术的殿堂。曹操在《步出夏门行》中深情地歌咏着大海，岂
不句句都在抒发着自己的胸怀？晋宋间山水诗的兴起，正是审美意识发
展的一种必然，试想两汉以前的历史境况，怎么可能出现如此深切的呼
唤？山水诗无论内容还是形式，都开拓了美学的领域和视野，打破了沉
滞僵化的单纯伦理道德式的歌咏，同时也成为后世日益发展的人的审美
意识的一个重要因素和方面。这正如绘画一样，两汉以前多借人物描绘
以歌功颂德而播扬人生价值，魏晋以后绘画出现"山水"一门无疑显示
出一种人生的旷达和思想的深邃。的确，"晋宋人欣赏山水，由实入虚，
即实即虚，超入玄境……这使中国山水画自始即是一种'意境中的山
水'。宗炳画所游山水悬于室中，对之云：'抚琴动操，欲令众山皆响！'
郭景纯有诗句曰'林无静树，川无停流'，阮孚评之云：'泓静萧瑟，实
不可言，每读此文，辄觉神超形越。'这玄远幽深的哲学意味深透在当

时人的美感和自然欣赏中"。①

　　能够领略山水之美是人的审美意识的进步，而将山水之美进行二度创作更是一种情感和智慧的晶化。它已不同于原始社会描绘图腾时的宗教含义，不同于奴隶社会刻铸饕餮寓含威严的意味，也不同于封建社会早期对泰山的景仰。在以往的文化环境中，人对于自然还不是完全意义上的审美。因此，"智者乐水，仁者乐山"，自然形态的山水不过是道德伦理的对象化。《诗经》中的风景描写也只是作比兴之用，尚无自身独立存在的价值。《楚辞》中有"袅袅兮秋风，洞庭波兮木叶下"，"霰雪纷其无垠兮，云霏霏而承宇"等诗句，无论对象领域抑或主体情思，较之于《诗》深广了许多，但也只是发挥抒情效应，或作为背景存在，还不能算是严格规范意义上的山水文学，还不能成为一种独立的美学现象和文学品种，最根本的是主体精神还没有形成为独立结构的自然山水意识。但这又是通向万里江河不可或缺的滥觞，为后代山水诗文的出现提供了审美经验。汉赋中堆砌着大量自然山水风光的描述，因其狭隘的功利主义色彩过于浓重，山水自然的审美品格反被淹没。它不是从审美意识上观照进而与自然山水结成审美关系，但其描述的繁富物象却起到了开阔人们视野的作用。

　　中国自然山水文学的形成有待于审美意识的产生，这有一个复杂、独特的中间过程，而这种契机在汉魏之际凸现。汉末以来，一些文人隐遁山林，陶醉于自然山水之中，也促使了人的精神升腾和超越。纯精神感受的获得和享受，具有无上的和形上的价值，远胜于"入帝王之门"的世俗荣誉。这种审美情感的生成促进了审美意识的发展，因而中国文化积淀的审美层面上升到对自然山水的体悟。当自然山水意识孕育出来以后，自然山水文学便具备了独立的生命和日益完整的形式。可以说，山水诗是由曹操引领，中经陆机、潘岳、左思、陶潜到刘宋时的谢灵运

---

① 宗白华：《美学散步》，上海人民出版社 1981 年版，第 179 页。

而形成了一个重要的诗歌门类。当人对自然山水的审美意识还没有萌发之前，任何山水对人都没有特殊的意义。只有人的审美意识提高完善以后，才能感知山水之美并情不自禁地加以表达。因而，整个山水文学由审美意识的升华到东晋刘宋时蔚为大观，当然这期间有其复杂的综合原因，但无疑人的美感和艺术结合起来而别开生面，从内容到形式都有新的突破而标志着人的情感和智慧的提纯。

在六朝山水审美意识基础上衍生出的山水文学作品，充弥着一股"玄"的气息和"美"的体味。不能否认，山水作为玄学的一种载体曾被托借，因而玄言诗中关于山水的描写充满了理念的意味。如流传于世的东晋署名为"庐山诸道人"所写的《游石门诗》："超兴非有本，理感兴自生。忽闻石门游，奇唱发幽情。褰裳思云驾，望崖想层城。驰步乘长岩，不觉质有轻。矫首登灵阙，眇若凌太清。端坐运虚论，转彼玄中经。神仙同物化，未若两俱冥。"但不久，山水诗中"玄"的谈说逐渐减少而"美"的描写增多，显然人们认识到自然之大美和艺术之精髓。大批山水诗人涌现出来，他们描摹着自然物象而抒发着胸中情感，谢灵运《初去郡》云："溯溪终水涉，登岭始山行。野旷沙岸净，天高秋月明。"谢朓《晚登三山还望京邑》："余霞散成绮，澄江静如练。喧鸟覆春洲，杂英满芳甸。"沈约《石塘濑听猿》："噭噭夜猿鸣，溶溶晨雾合。不知声远近，惟见山重沓。"阴铿《五洲夜发诗》："夜江雾里阔，新月迥中明。溜船惟识火，惊凫但听声。"这些诗篇显示了山水自然审美意识的普遍化发展，而对艺术形式本身的探究无疑也升华了诗歌的审美含量。

除山水诗外，关于山水的美文也大量出现。如袁嵩的《宜都山川记》描写三峡风光："自黄牛滩东入西陵界至峡口百许里，山水纡曲，而两岸高山重嶂，非日中夜半，不见日月。绝壁或千许丈，其石彩色形容，多所类象。林木高茂，略尽冬春。猿鸣至春，山谷传响，泠泠不绝。所谓三峡，此其一也。"而后人北朝郦道元所写《水经注》中之文字则更为绝丽，由此可看到审美感悟的深化和艺术本体的飙升。晋宋间人不论言谈还是书语都透着一股灵秀，显然出于对自然的关爱而升华了审美的品位。《世说新语·言语》篇载："顾长康从会稽还。人问山水之美。顾云：'千岩竞秀，万壑争流，草木蒙笼其上，若云兴霞蔚。'"又载："王子敬云：'从山阴道上行，山川自相映发，使人应接不暇，若秋冬之际，尤难为怀。'"孙绰《游天台山赋》在描写大量风景后咏道："于是游览既周，体静心闲，害马已去，世事都捐。投刃皆虚，目牛无全，凝思幽岩，朗咏长川。"《晋书·谢安传》载："（谢安）寓居会稽，与王羲之及高阳许询、桑门支遁游处。出则渔弋山水，入则言咏属文，无处世意。"从这些记载中可以看出，由于故国之思、朝廷权变以及玄学思潮的影响，加之江南山清水秀、风光宜人，许多文人超然物外而借文学浇胸中块垒。这促动了文学本体的发展，因而语言文学成为自抒胸臆的载体，而不再引经注传为圣人代言。尤其是许多书信，并无世俗事务言陈，全是风景如画的描写，或许也表达着与友人共赏的情怀。如陶宏景《答谢中书书》："山川之美，古来空谈。高峰入云，清流见底。两岸石壁，五色交晖。青林翠竹，四时俱备。晓雾将歇，猿鸟乱鸣。夕日欲颓，沉鳞竞跃。实是欲界之仙都，自康乐以来，未复有能与其奇者。"吴均《与宋元思书》："风烟俱净，天山共色。从流飘荡，任意东西。自富阳至桐庐，一百许里。奇山异水，天下独绝。水皆缥碧，千丈见底。游鱼细石，直视无碍。急湍甚箭，猛浪若奔。夹岸高山，皆生寒树。负势竞上，互相轩邈。争高直指，千百成峰。泉水激石，泠泠作响。好鸟相鸣，嘤嘤成韵。蝉则千啭不穷，猿则百叫无绝。鸢飞戾天者，望峰息心。经纶世务者，窥谷忘反。"

这些优美的作品多是风光的描绘，似乎如正始谈玄一样已成时尚，可见随口谈玄已让位于风景言说了，这不能不说是山水自然审美意识成熟的标志。而这些风光描写作为审美对象也促使文人精雕细刻，谋求一种与自然的吻合和自然的人化。正如钱钟书先生所言："尝试论之，诗文之及山水者，始则陈其形势产品，如《京》《都》之《赋》，或喻诸心性德行，如《山》《川》之《颂》，未尝玩物审美。继乃山水依傍田园，若茑萝之施松柏，其趣明而未融，谢灵运《山居赋》所谓'仲长愿言'、'应璩作书'、'铜陵卓氏'、'金谷石子'，皆'徒形域之荟蔚，惜事异于栖盘'，即指此也。终则附庸蔚成大国，殆在东晋乎。袁嵩《宜都记》一节，足供标识：'常闻峡中水疾，书记及口传悉以临惧相戒，曾无称有山水之美也。及余来践跻此境，既至欣然，始信身闻之不如亲见矣。其叠嶂秀峰，奇构异形，固难以词叙。林木萧森，离离蔚蔚，乃在霞气之表，仰瞩俯映，弥习弥佳。流连信宿，不觉忘返，目所履历，未尝有也。既自欣得此奇观，山水有灵，亦当惊知己于千古矣！'（《水经注》卷三四《江水》引）游目赏心之致，前人书写未曾……人于山水，如'好美色'，山水于人，如'惊知己'；此种境界，晋、宋以前文字中所未有也。"①

　　对山水的情感移注当然与人的本体觉悟有关，当文学艺术作为一种审美媒介并上升到审美客体时，人们更追求着如何将对自然的体悟完好地表现出来，这种创造表现在对形式语言的精益求精上。所谓"得鱼忘筌"、"得意忘言"以及"大象无形"、"大音希声"等对形式的过度虚无得到有效的纠正，于是在文学家、艺术家的手下对"筌"与"言"、"形"与"声"便有了精致的显现。曹操作诗言志多为四言，而曹植作诗言情多为五言，由此可见诗体发展的信息。范文澜先生在《中国通史简编》中言："代表建安文学的最大作者是曹操和曹植，大抵文学史上每当创作旺盛的时期，常常同时出现两个代表人物：一个是旧传统的结束者，一个是新作风的倡导者，曹操曹植正是这样两个人物。"曹植以"骨气奇高，词采华茂"深得后人激赏，以致对整个魏晋南北朝文学造成很大影响。但六朝后期走向繁文缛墨、错金镂采的描写显然不应归咎

---

①　钱钟书：《管锥编》第 3 册，中华书局 1979 年版，第 1037 页。

于曹植，只能说对形式的探讨走向极端，而对情味趋尚的更移导致浮华与庸俗。因此，钟嵘的《诗品》将曹操列为下品可见时尚，《诗品》还将陶渊明的诗列为中品亦可见局隘。齐梁诗人对山水诗则情有所钟，而谢灵运全力雕章琢句则为其后新诗打下基础。随着"永明体"的出现，诗歌从自由发展趋向讲究格律，从而确立了对诗体的审美要求。这时诗歌内容的清丽玄远也逐渐转向宫中脂粉的描写，上流社会达官贵人由山林之好转向女色之求。当然这种描写也是一种审美，表达着对人类情感的深层挖掘。但这种倾向流露出过于色情的嫌疑，因而此后历来为批评家所指摘。实际上，对诗歌声律的探求无疑对文学是一种促进，但这种"有意味的形式"后来由于"意味"的"不健康"而遭到"内容"的否定，但"形式"却被接纳以至于后来形成"格律"的文体主流。

绘画和书法这时也产生了嬗变，西汉以来重在世俗功利的倾向产生消减，对客观物象神韵性情的刻画和点染受到重视。吴时的曹不兴已经显示了很高的才华，曹不兴的西晋弟子张墨、卫协在绘画上也均享有盛名。《古画品录》把张墨、卫协与曹不兴同列为上品，说张墨画"风范气韵，极妙参神，但取精灵，遗其骨法"，评卫协画"古画皆略，至协始精。六法颇为兼善。虽不该备形似，而妙有气韵。凌跨群雄，旷代绝笔"。从略到精是一重大转折，而富于气韵则是六朝特点。邓以蛰先生在《画理探微》中言："吾人观汉代动物，无分玉琢金铸，石雕土范，彩画金错，其生动之致几于神化，逸荡风流，后世永不能超过也。汉代艺术，其形之方式惟在生动耳！生动以外，汉人未到。故其禽兽人物、动作之态虽能刻画入微，但多以周旋揖让、射御驰驱之状出之，盖不能于动作之外有所捉摹耳！又其篇幅结构，徒以事物排列堆砌，不能成一个体，虽画亦若文学之记载然。观于石刻中每群人物，注以名位，水陆飞动，杂于一幅，可知也。汉以后乃渐趋纯净，虽回佛教输入，于庄静华严之风不无有助，但人物至六朝，由生动入于神，亦自然之发展也。神者，乃人物内性之描摹，不加注名而自得之者也。如写班姬，不借班姬外表之动作以象征其人，或注其名位，以助了解。画若入神，则班姬神致充足，无须假借。汉代人物毋宁只状动作而非状人。如画老子与孔子，不在老子与孔子其人，而在其一时间之动作。汉画人物虽静犹动，六朝之人物虽动犹静，此最显著之区别。盖汉取生动，六朝取神耳。"汉魏绘画美学功利主义色彩较浓，强调的仍是道德伦理效应。对外形的生动捕捉无疑提高了绘画的技法，但是缺乏内在气韵和审美的格调。两晋以后，绘画美学的中心问题转移，审美创造和审美鉴赏都要求任自然而得性灵，由此开拓出其后绘画美学之脉流。东晋顾恺之、刘宋陆探微、萧梁张僧繇成为继曹不兴之后的著名画家，绘画美学产生质的飞跃。唐代张彦远《历代名画记》共收南朝画家 77 人，可见绘画艺术也成为一种审美形态而令人瞩目。

书法方面，六朝也出现了一批星光灿烂的名家大师，他们接受了后汉以来的书法传统又有自己的开新创造。汉魏时期在书法背景上，隶、楷、行、草均已具备，有蔡邕的隶书、张芝的草书、刘德升的行书、钟繇的楷书。这样，便给六朝的书法发展打下了基础。随着魏晋玄学对书法的观念更新，晋宋以后书家辈出而面貌焕然。尤其是王羲之、王献之标新立异，深得自然神韵而融通个体价值，行云流水般的书法艺术使人叹为观止。宗白华先生在评论晋人书法之美时说："晋人风神潇洒，不滞于物，这优美的自由的心灵找到一种最适宜于表现他自己的艺术，这就是书法中的行草。行草艺术纯系一片神机，无法而有法，全在于下笔时点画自如，一点一拂皆有情趣，从头至尾，一气呵成，如天马行空，游行自在。又如庖丁之中肯綮，神行于虚。这种超妙的艺术，只有晋人萧散超脱的心灵，才能心手相应，登峰造极。魏晋书法的特色，是能尽各字的真态。'钟繇每点多异，羲之万字不同。''晋人结字用理，用理则从心所欲不逾矩。'……中国独有的美术书法——这书法也是中国绘画艺术的灵魂——是从晋人的风韵中产生的。魏晋的玄学使晋人得到空前绝后的精神解放，晋人的书法是这自由的精神人格最具体最适当的艺术表现。这抽象的音乐似的艺术才能表达出晋人的空灵的玄学精神和个性主义的自我价值。"① 晋人在书法方面的创造正是对自然和人格的反思后真情的流露，由此书法成为一门艺术而让后人思味万千。总之，诗文书画标志着审美观念的更新，从而文学艺术得到蜕变而更生。

① 宗白华：《美学散步》，上海人民出版社1981年版，第180页。

第二章
清雅鲜活的世俗情致

　　从世俗生活考察一个时代的文化精神，也许能够使人更清楚地看到那个时代隐含的普遍意识。意识有诸多因素，如传统的、民族的、地域的、心理的、思想的、时新的，等等。魏晋南北朝时由于玄风影响，无论是在社会的上层还是下层都产生了有别于往旧的生活方式，但长久以来形成的生活习惯仍然保持着其恒常的稳固性。汉胡不同的生活习俗虽

织成履（东晋）

有很大差异，但在整合过程中也在不断地调整以相互适应，而经过调适的中华民族在生活领域产生了活力并得到了优化。南北东西不同的地域经过大动乱、大分化、大进步、大组合，分别由异趋同而促成了大中华

的统一的生活样式，同时又多少保留着本地特有的生活情调。而生活方式的改变当然也给传统、民族、地域文化以深刻的心理刺激和更移，促使思想观念产生变异而追求更为完美的生活情态，这样，就使当时的生活出现了崭新的风貌。就魏晋南北朝整体而言，那是一个动荡不安的历史时期，政治、经济、文化各个方面都产生了许多变革，因而生活相对于汉代的雄武与唐代的宏阔显得焦虑与洒脱。焦虑当然是由朝代不断更迭引起，而洒脱却正是愤世嫉俗的变种。在焦虑与洒脱中，人们自然地承袭着传统又默认着新潮，生活于是也在这潜移默化中延展。可以说，魏晋南北朝的生活画面还是斑斓多彩的，因为毕竟贯通着人的觉醒意识和文明程度的进化。

第一节　衣食住行

衣食住行是人类生活的本质因素，由于物质文明的进步和精神文明的需要，每个时代都具有鲜明的审美特征。魏晋南北朝时期的服装继承着传统，对各阶层人们的穿戴有着严格的等级规定。如《晋书·舆服志》载："人主元服，始加缁布，则冠五梁进贤。三公及封郡公、县公、郡侯、县侯、乡亭侯，则冠三梁。卿、大大、八座尚书、关中内侯、二千石及千石以上，则冠两梁。中书郎、秘书丞郎、著作郎、尚书丞郎、太子洗马舍人、六百石以下至于令史、门郎、小吏，并冠一梁，"这虽然从冠制上体现出尊卑，但实际上多是表面文章。魏晋南北朝时人多服巾，这就模糊了两汉以来的冠服制度。巾在先秦本是庶人用于裹头之物，士大夫则是以冠表明身份的。《玉篇》："巾，佩巾也。本以拭物，后人着之于头。"《释名·释首饰》："巾，谨也。二十成人，士冠，庶人巾，当自谨修四教也。"东汉末年，农民起义以头戴黄巾为标志不再恭谨，名流隐居山林亦多戴巾以示闲雅，于是巾乃为尊卑共服之物并演成风尚。《三国志·魏书·武帝纪》注引《傅子》："汉末王公多委王服，以幅巾为雅，是以袁绍、崔豹之徒虽为将帅，皆著缣巾。"《后汉书·郭太传》载郭太头巾遇雨打湿而成折角样式，遂为世人仿效，可见名人效应。头巾本为布制，后来有了丝制，可见趋尚精雅。

头巾如此，服装亦是。《三国志·魏书·夏侯玄传》载夏侯玄议论当时服制说："今科制自公、列侯以下，位从大将军以上，皆得服绫锦、罗绮、纨素、金银锦镂之物，自是以下，杂绿之服，通于贱人。虽上下等级，各示有差，然朝臣之制，已得侔至尊矣，玄黄之采，已得通于下也。欲使市不鬻华丽之色，商不通难得之货，工不作雕刻之物，不可得也。是故宜大理其本，准度古法，文质之宜，取其中则，以为礼度。车舆服章，皆从质朴，禁除末俗华丽之事，使干朝之家，有位之室，不复有锦绮之饰，无兼彩之服，纤巧之物。自上以下，至于朴素之差，示有等级而已，勿使过一二之党。若夫功德之赐，上恩所特加，皆表之有司，然后服用之。夫上之化下，犹风之靡草。朴素之教兴于本朝，则弥侈之心自消于下矣。"由此可见，曹魏时期的服装等级制度就难维持。西晋时，傅玄上书说："古者后妃乃有殊制，今之婢妾被服绫罗。"可见服装越制现象十分普遍，亦可见世家大户的婢妾受宠。十六国时，前赵刘曜下禁令："无官者不听乘马，禄八百石以上妇女乃得衣锦绣。自季秋农功毕，乃听饮酒。非宗庙之祭不得杀牛，犯者皆死。"前秦时商人车服盛于王侯，苻坚下令说："非命士以上，不得乘车马于都城百里之内。金银锦绣，工商、皂隶、妇女不得服之，犯者弃市。"南朝刘宋时周朗上书说："故凡厥庶民，制度日侈，商贩之室，饰等王侯，佣卖之身，制均妃后。凡一袖之大，足断为两，一裙之长，可分为二。见车马不辨贵贱，视冠服不知尊卑。"北魏孝文帝亦曾下诏："罢尚方锦绣绫罗之工，四民欲造，任之无禁。其御府衣服、金银、珠玉、绫罗、锦绣、太官杂器、太仆乘具、内库弓矢，出其太半，班赉百官及京师士庶，下至工商皂隶，逮于六镇戍士，各有差。"孝文帝此诏松弛了以前的禁令，意在发展生产，促进繁荣。这个目的确实达到了，但社会上逾规越矩之现象则更为常见。

魏晋南北朝时最为习见的是裤褶与裲裆。裤褶本为骑乘的战服，下裤上褶，不用裘裳。据说战国时期赵武灵王胡服骑射便是用其衣制，但经两汉至魏晋南北朝，此服方大兴。北朝曾以此作朝服，妇女亦有服用者。南朝亦用作常服，十分普及。汉族本为上衣下裳或深衣袍服制，裤褶服制此后影响深远。裲裆则是无领无袖的短衣，后俗称背心。《释名·释衣服》称："裲裆，其一当胸，其一当背也。"故亦写作"两当"。魏晋南北朝时有铁、绣、棉、夹等制，或长或短，或肥或瘦，男女皆可穿着。其实后来唐之半臂、宋之背子均为裲裆变体，受时代精神改化变异而已。

足衣这时也发生了转变。汉魏西晋之时，北方穿靴之俗就已流布中原，不仅有皮靴，还有丝靴，且五彩斑斓，甚为轻便，男女都可穿着。东晋以后，南方更流行穿屐，所谓屐，最初主要用以践泥，以防湿气。南朝士人好登山涉水，于是着屐成为时尚。谢灵运"登蹑常著木屐，上山则去前齿，下山去其后齿"，后人谓之谢公屐。屐可在泥泞粗粝的道路上使用，故须有坚固耐磨的性能。史书多有记载当时名士丢屐之事，而丢屐之后不再寻找以示大度。可见屐较容易丢失，而且较为贵重。实际上，屐的工艺制作较复杂，材料也很讲究，因而一双名屐也很耐穿。《南齐书·虞玩之传》载："太祖镇东府，朝野致敬，玩之犹蹑屐造席。"可见见驾亦可着屐，且此屐已破旧不堪。书传本意记虞玩之不弃旧物，但一双屐穿20年也够耐用的了。屐为木制，另外还有草制的称屩，较轻便，百姓多服之。《晋书·刘惔传》载："惔少清远，有标奇，与母任氏寓居京口，家贫，织芒屩以为养，虽草门陋巷，晏如也。"芒屩为草编，穿着不舒服，因而士人一般不穿。穿者往往以示特立独行，与众不同。《梁书》载范缜在刘瓛门下时，一直是芒屩布衣，徒行于路。处士何点"蹑草屩，恣心所适，致醉而归。士大夫多慕从之，时人号为'通隐'。"屐、屩为南朝人常服，明显表示出地域特点和闲散风格。

由此可见，魏晋南北朝虽规定服制以《周礼》为模式，实际上无论在服装制式上还是在用料上都有突破。《晋书·舆服志》称："《周礼》，弁师掌六冕，司服掌六服。自后王之制爰及庶人，各有等差。及秦变古制，郊祭之服皆以袀玄，旧法扫地尽矣。汉承秦弊，西京二百余年犹未能有所制立。"秦汉以来就难循周礼，魏晋就更难匡复旧制。况且魏晋南北朝时期纺织业水平大大提高，这就为社会地位低下之人穿锦绣绫罗提供了条件。在等级社会人的地位虽不同，但消费上追求舒适和时尚是相同的。尤其是商人和婢妾，商人位卑而有钱，婢妾柔弱而得宠，于是极尽华丽之能事。相反，有些文人倒不甚讲究，不以物欲为乐而布衣芒屩。可以说，魏晋南北朝时是服制较为混乱且较为多彩的时代，无论是南方还是北方都是一个交融整合的时期，这时穿着打扮最能张扬个性也最富有玄学特征。

在饮食上，魏晋南北朝人一方面继承了前人的习惯，一方面又形成新的文化特色。北方人多吃麦饭。《魏书·卢玄传》载，卢义禧"性清俭，不营财利，虽居显位，每至困乏。麦饭蔬食，忻然甘之"。麦饭当时被视为较粗粝的低等食物。北方产麦多于稻，因此面食盛过南方。面食之中，以饼为多。《释名·释饮食》称："饼，并也，溲面使合并也。"《山堂肆考·饮食》："饼，面餐也。溲麦面，使合并为之也，然其状不一。入炉熬者名熬饼，亦曰烧饼；入笼蒸者，名曰蒸饼，亦曰馒头；入汤烹之，名汤饼，亦曰湿面，曰不托，亦曰馎饦；入

进食砖画（西晋）

胡麻着之，名胡饼，又曰麻饼；其它馎饼、髓饼、环饼，名不可数计，大抵皆面食也。"《晋书·何曾传》载何曾性豪奢，"每燕见，不食太官所设，帝辄命取其食。蒸饼上不坼作十字不食"。《太平御览》引《赵录》载："石虎好食蒸饼，常以干枣、胡桃瓤为心蒸之，使坼裂方食。"可见贵族之挑剔，故作华侈。各种饼食甚多，且南方也常见。《荆楚岁时记》载："六月伏日，并作汤饼，名为辟恶饼。"《太平御览》引《晋书》载，郗虞卿为女择婿，王氏诸子皆饰容以待，"羲之独坦腹东床，啮胡饼，神色自若"。《齐民要术》中有"作烧饼法"："面一斗，羊肉二斤，葱白一合，豉汁及盐，熬令熟，炙之，面当令起。"总之，北方面食普遍，制饼技术高于南方。粟饭在北方普遍流行亦不算粗食，但粟饭在南方则不被看好。《宋书·宗悫传》载："乡人庾业，家甚富豪，方丈之膳，以待宾客。而悫至，设以菜菹粟饭，谓客曰：'宗军人，惯啖粗食。'"将粟饭视为粗食，是因南方人将米饭视为上品。

魏晋南北朝时，南方北方都以米饭为贵。稻米为南方出产之物，因而北方就较稀罕。《晋书·石崇传》载，石崇餐桌上摆有米饭，可见米饭算得上豪奢之品。南方多食米饭，而食粥最为常见。清贫之家饮粥为节俭，尤其是灾荒年头政府常以粥赈济，而为父母守丧者亦饮粥表示哀伤。粥之由来已久，南方多以米为之。三国孙吴时，朱桓任余姚县长，恰逢瘟疫大行，朱桓便"分部良吏，隐亲医药，殡粥相继，士民感戴之"。魏晋之际，曹爽与司马懿争权时，司马懿故意装病麻痹政敌，在曹爽使者来时持杯饮粥并使粥洒落前胸，做出一种老弱不堪的样子。《梁书·昭明太子传》载，昭明太子母丁贵嫔死，太子水浆不入口，每哭辄恸绝，后在其父梁武帝劝说下才略略进粥。《陈书》记载，徐孝克幼时家贫，其生母病，想吃粳米粥，但徐孝克无法做到。后其母亡，徐孝克便常食麦。有人送给他粳米，他便对之悲泣，终身不食。北方食粥多以麦或以粟为之，《世说新语·贤媛》载："许允为吏部郎，多用其乡里，魏明帝遣虎贲收之……举家号哭，阮新妇自若云：'勿忧，寻还。'"

作粟粥待。顷之，允至。"总之，南北方都有食粥习惯，并能制作出各种各样的粥，如豆粥、杏粥、枣粥、胡麻粥……除食粥外，又食羹。羹是中华民族的传统美味。《楚辞·招魂》言："和酸若苦，陈吴羹些。"王逸注："吴人工作羹，和调甘酸，其味若苦而复甘者。"据《宋书·毛修之传》载，毛修之为南方人，后被掳到北方。毛修之善烹饪，曾为北魏尚书作羊羹。尚书以为味道绝美，便将其献给魏主拓跋焘。拓跋焘欣赏其烹饪技术，于是以其为太官令。这说明东晋南下后刺激和吸取了南方的烹调技术并得以提高，而北方少数民族进入中原后也逐渐接受了汉人的饮食文化。北人贾思勰《齐民要术》收集了许多羹汤的做法，说明到魏晋南北朝末期北方制羹也十分讲究了。

南方人还爱吃鱼虾蟹禽，这也是由于地理原因而形成的悠久传统。《晋书·张翰传》载："翰因见秋风起，乃思吴中菰菜、莼羹、鲈鱼脍，曰：'人生贵得适志，何能羁宦数千里，以要名爵乎？'遂命驾而归。"可见魏晋玄风大倡，亦可见对饮食的偏爱。《晋书·毕卓传》载，毕卓爱喝酒，常因酒废职。他曾对别人说："得酒满数百斛船，四时甘味置两头，右手持酒杯，左手持蟹螯，拍浮酒船中，便足了一生矣。"毕卓为北方人，东晋初过江，其好酒乃时风使然，食蟹则受江南影响。北人也食鱼蟹，但多在近海地区。内地食鱼蟹之习俗，则是一种文化崇尚。北魏时京师语曰："洛鲤伊鲂，贵于牛羊。"显见鲤鲂比牛羊难得，且为鲜卑人所喜爱。北方水产品不如南方兴盛，地理条件是重要原因之一。鲜卑人吃惯了牛羊肉，但更愿接受新鲜的美味，这无形中也是接受了一种文化。南方人还爱吃禽类，尤其是水禽。如《晋书·王羲之传》载，王羲之性爱鹅，"会稽有孤居姥养一鹅，善鸣，求市未能得，遂携亲友命驾就观，姥闻羲之将至，烹以待之，羲之叹惜弥日"。北方人则更爱吃畜类。西晋时名士食羊饮酒成风，石崇《金谷诗序》说："吾有庐，在河南金谷中，去城十里。有田十顷，羊二百口，鸡猪鹅鸭之属，莫不毕备。"《魏书》载北魏宗室元晖业，"唯事饮啖，一日三羊，三日一犊。"鲜卑人本为游牧民族，加之地理条件的限制和传统习惯的养成，肉食加工也颇为精制。另外，南方人喜欢饮茶品茗，北方人则以酪浆为饮料，各有偏爱而形成风尚。南北食俗荟萃交融，人们的审美口味普遍提高，故而有唐宋时期饮食的大发展。

魏晋南北朝之居处也有许多不同于前代的特点，而地域差别也在相互交融中得到同化。北方游牧民族多居毡帐，但进入中原后逐渐定居。帝王宫殿尤其壮阔，城市民居也趋豪华。杨衒之《洛阳伽蓝记》记洛阳大市的盛况曰："市东有通商、达货二里，里内之人尽皆工巧屠贩为生，资财巨万。有刘宝者，最为富室。州郡都会之处皆立一宅，各养马十匹。""市南有调音、乐律二里，里内之人，丝竹讴歌，天下妙伎出焉。有田僧超者，善吹筂，能为壮士歌、项羽吟，征西将军崔延伯甚爱之。""市西有延酤、治觞二里，里内之人多酿酒为业。河东人刘白堕善能酿酒。季夏六月，时暑赫晞，以罂贮酒，暴于日中，经一旬，其酒味不动。""市北有慈孝、奉终二里，里内之人以卖棺椁为业，赁辒车为事。有挽歌孙岩，娶妻三年，妻不脱衣而卧。""别有阜财、金肆二里，富人在焉。凡此十里，多诸工商货殖之民。千金比屋，层楼对出，重门启扇，阁道交通，迭相临望。金银锦绣，奴婢缇衣；五味八珍，仆隶毕口。神龟年中，以工商上僭，议不听衣金银锦绣。虽立此制，竟不施行。"北魏自定都洛阳后，经汉化改革旧俗大有改观，整个城区都是按儒典设计而建。

南方除帝王宫殿外，一种新型的住居应玄风思潮而起，这便是山庄。豪门大户多择风景秀丽处建之，借自然地势求工取巧而返璞归真。晋时石崇有金谷园，其中亭阁楼台，应有尽有。《晋书·谢安传》载："安遂命驾出山墅，亲朋毕集，方与玄围棋赌别墅。"以别墅为赌资，亦见围棋之盛、潇洒之极。南齐时山庄之滥不得不加以节制，高帝于是下诏："援拯遗弊，革末反本，使公不专利，氓不失业。二宫诸王悉不得营立屯邸，封略山湖。"① 梁元帝曾作《玄览赋》曰："照耀山庄，岩峣石梁。"总之，山林之居此后大兴，加之僧道寺观推波助澜，形成中国建筑文化一道美丽的风景。一些穷塞不通之名士虽住不起华屋丽室，亦择山林幽静处修身养性而自得其乐。诸葛亮就曾隐居隆中，其《出师表》曰："三顾臣于草庐之中，谘臣以当世之事，由是感激，遂许先帝以驱驰。"晋代傅玄《赠何劭王济》诗："归自蓬荜庐，乐道以忘饥。进则无云补，退则恤其私。"《晋书·皇甫谧传赞》曰："士安好逸，栖心蓬荜。"

随着建筑格局的改变和优化，起居用具也有了明显的发展。比如说床，《释名·释床帐》曰："人所坐卧曰床。床，装也，所以自装载也。"床本写作牀，木制而横铺，具有坐卧两种功能。汉代以前，床面较低，为室内主要家具，其他家具多绕床而陈设。如床后设屏风，床面陈几案，床上设帐帷等。许多活动在床上进行，客人来时可坐于床上，坐姿最初为跪坐表示尊敬，后有盘腿坐，最后则出现垂脚坐。床上可置几，不用则撤去。汉人坐为跪姿，即将臀部坐于脚踵处，因此久之"床上有膝痕"。胡人的坐法与汉人的传统不同，它是将臀部直接坐于床上而两腿垂下、双脚踏地，这种坐法起初在汉人看来很不雅，因而称为"胡坐"。汉代与西域的交流渐渐改变了人们的一些生活方式，因而床的形制也渐有改观，坐床与卧床区别日益明显。卧床是专供睡眠用的卧具，坐床则成为日常所用的坐具。《宋书·张敷传》载："敷先设二床，去壁三四尺，二客就席。"二客坐二床，当为较小之坐具，故也称"小床"。《宋书·殷景仁传》载南朝宋文帝元嘉二年（425 年），护军将军殷景仁有脚疾，即坐"小床"指挥军队。魏晋南北朝之鲜明的趋向是人格的独立，而日用起居之物也渐趋明细。卧坐之具除床之外还有榻，《释名·释床帐》曰："长狭而卑曰榻，言其榻然近地也。"榻起于秦汉之际，由

① 《南齐书·高帝纪下》。

坐席发展而来，似床而矮小，至魏晋供人倚坐或斜卧。《后汉书·陈蕃传》：“郡人周璆，高洁之士……特为置一榻，去则悬之。”《三国志·蜀书·简雍传》载，简雍“优游风议，性简傲跌宕，在先主坐席，犹箕踞倾倚，威仪不肃，自纵适。诸葛亮以下则独擅一榻，项枕卧语，无所为屈”。可见风流者坐姿不拘，而榻也类似于今天的躺椅。

魏晋南北朝最有特色的是胡床，胡床乃东汉后期从西域传入中原地区的。《后汉书·五行志》载：“灵帝好胡服、胡帐、胡床、胡坐、胡饭、胡空侯、胡笛、胡舞。京都贵戚皆竞为之。”所谓胡床，后亦称交床、绳床。其实类似今天的马札，四足成对交叉而上有横木，横木列窍以穿绳条，故可折叠。因其轻巧实用，携带方便，故大江南北普遍流行。举凡狩猎、作战、车旅、宴会、讲学、娱乐，无时不见。《梁书·侯景传》载梁末侯景篡位后，“殿上常设胡床及筌蹄，著靴垂脚坐”。因胡床坐处面积小，且用绳子穿成，无法保持传统的跪坐，故坐具的改变也导致了汉人坐姿的改善。胡床后来发展成带有靠背及扶手的交椅，而后来“胡坐”至唐宋也终成定习，于是椅子终于登上大雅之堂，由公堂坐具渐及民家，至今不衰。

魏晋南北朝的居处条件有所改易，而往来交通的乘具也有很大的变化。中国自先秦以来乘坐马车，礼仪繁缛，要受许多所谓“乘车之容”之条规的限制。乘者必须时刻保持着君子风度而不能随心所欲，这对汉代以后兴盛起来的“尚玄”的士族阶层的确是件不顺心的事。汉代以乘马车为尊，马车可分为站乘的高车和坐乘的安车两大类。汉初还讲究高车扶轼之礼以保持端正的姿容，东汉以后则舒适的坐乘渐成风习。由于当时“贵者乘车，贱者徒行”，所以出门乘车与否，标志着人的身份的尊卑；而乘车规模的大小及带领多少随从，更是官位的象征。总之，乘坚策肥，前呼后拥，是贵族官吏们表现地位权势的绝好机会。所以，车马出行成了统治者生活中的一个重要内容，在已发掘的汉代画像石中多有此类的描写。

牛车（北魏）

　　汉代除乘人的马车以外，载货运输的牛车也不少。牛车自古就有，但因速度慢而被鄙视。中国历来以农为本，重农轻商，因而商人虽富，亦被划为"庶民"、"小人"之列，毫无政治地位，他们只能靠牛车来运输。在崇尚马车的时代，乘坐牛车被视为卑贱之事。所以，贵族死后殉葬用马车，而绝不用牛车。西汉之初，由于经历战乱而资财匮乏，"将相或乘牛车"乃是不得已之事，因而被史学家认为是一种反常现象而载入史册。至于商人，则拥有大量牛车，主要用作运货工具。而魏晋以降，由于观念的转变，牛车受到重视。牛车行走缓慢而平稳，且车厢宽敞高大任意坐卧，这对养尊处优、肆意游荡的士族大姓太合适了。因此，牛车逐渐得到门阀士族的青睐，乘坐牛车不再低贱反而时髦。《三国志·吴书·鲁肃传》："今肃迎操，操当以肃还付乡党，品其名位，犹不失下曹从事，乘犊车，从吏卒，交游士林，累官不失州郡也。"《晋书·舆服志》："皂轮车，驾四牛，形制如犊车，但皂漆轮毂，上加青油幢，朱丝绳络。诸王三公有勋德者加之。"牛车亦有了等级名分，而且装饰也日见精美。特别是东晋南渡以后，江左牛多马少，更使牛车兴盛。皇帝外出亦乘牛车，大臣们自然竞相仿效。辅佐晋元帝即位的王导，以丞相之尊，也乘坐"短辕牛车"。由于士族大姓贪求舒适，醉心享受，各种高级牛车迅速发展起来，以至郊野之内，满朝的士大夫"无乘马者"①。《南齐书·舆服志》载："漆画轮车，御为群公举哀临哭所乘，皇后太子妃亦乘之。"南朝如此，北朝亦是。北魏皇帝出行时乘坐的大楼辇，要"驾牛十二"②，可见较南朝有过之而无不及。此后，乘牛车之风习一直延续到唐宋。

在宫中，亦有乘羊车者，羊车小巧精致，或为游戏所乘。《晋书·后妃传上·胡贵嫔》载晋武帝"并宠者甚众，帝莫知所适，常乘羊车，恣其所之，至便宴寝。"但宫中常用的交通工具还是辇。辇作为人拉之车，先秦就有，秦汉时为皇帝专用。《晋书，舆服志》："辇，案自汉以来为人君之乘，魏晋御小出即乘之。"辇车本有轮，且雕画精美，后将其轮除去，遂成步辇，后世遂与轿混同。《晋书·桓玄传》载桓玄入建康宫，"更造大辇，容三十人坐，以二百人舁之"，可见规模之大。但南北朝时还是以轻便为主，唐人阎立本画《步辇图》可见太宗所乘形制。步辇与肩舆相似。所谓肩舆，也是由轻便小车改制而成，即人力抬扛之乘载工具，古已有之而魏晋渐多。晋时肩舆有甚为简易者，由 2 人或 4 人肩负而行。潘岳《闲居赋》曰："太夫人乃御板舆，升轻轩。"肩舆也有制成箱形，内设座位，上有顶盖，周有帷幔者，这为达官贵人游山玩水提供了巨大方便。《晋书·王导传》载："会三月上巳，帝亲观禊，乘肩舆，具威仪。"《晋书·王献之传》载："献之尝经吴郡，闻顾辟疆有名园，先不相识，乘平肩舆径入。"肩舆在南方交通不便的山区，本是一种使用较多的代步工具，尤其为老弱病残者提供便利。汉代以前乘肩舆者多被视为不人道，因此以牛马之车为主。但晋宋以后，名士优游山林，于是较多起来。肩舆俗称轿，《正字通·车部》："轿与桥同，盖今之肩舆，谓其中如桥也。"至后来，轿便显示出统治者的尊严。晋时

---

① 《颜氏家训·涉务篇》。
② 《魏书·礼志四》。

"天子乃御玉辇，荫华盖"①，玉辇遂成天子代称。但晋宋至隋唐，辇舆虽多并未形成定制，到宋代方才流行起来。乘轿有了品级，此后愈加森严，朝廷虽有限制，但民间乐之不衰。

第二节　婚姻丧葬

中国自古重视婚姻，因为"昏礼者，将合二姓之好，上以事宗庙，而下以继后世也，故君子重之"②。由于人们对婚姻重要性的日益强调，对完成婚姻关系的过程就逐渐有了一套约定俗成的礼仪，凡经这些公认礼仪确定的婚姻也才具有合法的效果。周时这些礼仪已形成，《仪礼·士昏礼》对婚姻的聘娶过程作了详尽的规定，此后便长久地影响着华夏人民的生活，据《仪礼·士昏礼》记载，婚姻之"六礼"包括纳采、问名、纳吉、纳征、请期、亲迎6个步骤。"纳采"，是指男方之父先遣媒人去女家提亲，女方同意后遂由男家派使者以雁为赘礼向女方正式求婚。"问名"是指"纳采"之后询问女方姓名、排行、生辰等情况，问清之后归告男方以卜其吉凶。"纳吉"是指"问名"之后，"归卜于庙得吉兆，复使使者往告，婚姻之事于是定"。"纳征"是指婚约定下后，男方向女方赠送财礼，也称"纳币"，婚姻进入正式筹备阶段。"请期"是指男方派人请女家选定成婚日期，实际男方已卜得吉期通知女方表示协商，"请期"表示"不敢自专"而已。"亲迎"是指到了约定的婚期，新郎亲自于黄昏时分到女家亲迎，然后举行大礼。必须指出，"六礼"进行过程中，除了"亲迎"有当事人出现，其余五礼全由双方父母进行，并且父亲往往是婚礼的决定者。"六礼"发端于西周，在具体实践中有

① 晋·潘岳：《藉田赋》。
② 《礼记·昏义》。

所损益，但作为统治者而言，他们尽可能维护"六礼"，因为这些礼仪无不象征着等级差别。统治者甚至在法律上规定"六礼"的细节，而一般的士庶阶层绝对不许僭越，这无形中说明"六礼"的完备与否，成了衡量社会地位高低的一项重要标尺。正因如此，周秦两汉形成了在婚礼仪节上追求奢侈，铺排虚荣，争风斗富，此后长久地影响着社会风气。

由于婚姻是实现人类自身生产的唯一方式，而在社会的发展进程中又融进了诸多复杂微妙的因素，因而历来受到重视。魏晋时期虽然玄学风行，多有名士不拘礼法，实际上由于婚姻大事往往牵涉到政治关系，而使名士们恪守着心中的仪轨。司马昭为儿子司马炎向阮籍家求婚时，"籍醉六十日，不得言而止"，用长醉不醒的方式拒绝与司马氏联姻，表示出对曹魏集团的眷恋和对司马氏的鄙弃。嵇康少时亡父，由母兄抚育长大，养成骄纵任性的性格。但他学习勤奋，博览群书，文化艺术各方面的修养极高，又是一个美男子，故而被曹操之子曹林看中，将女儿下嫁给他。嵇康坚决反对司马氏，疾恶如仇，除了看不惯司马氏集团的所作所为，也不能不考虑他的曹室姻亲的身份。婚姻本来表示的是人类最重要的伦常关系，它以爱情为基础而不能被其他感情所代替，但是在人类社会生活中却并非如此简单。它不能不考虑经济、政治、文化以及人的素质等因素，而使它具有功利色彩并为传宗接代着想。正因如此，在魏晋玄学影响下尽管有违礼背俗的事情发生，但"九品中正制"的确立使社会等级制度更为森严。

南北朝时，世家大族为了垄断其特殊的地位，保持贵族血统的纯粹，于是在婚姻问题上也大为讲究，"门当户对"成为这个时期盛行的婚俗。王仲荦先生在《魏晋南北朝史》中列举了东晋至萧梁时期的世族联姻概况："东晋士族，琅玡王羲之妻高平郗鉴女，见《世说新语·雅量篇》注引《王氏谱》。羲之子凝之妻陈郡谢奕女，见《世说新语·言语篇》注引《王氏谱》。王导孙王珣娶陈郡谢万女，珣弟王珉娶谢安女，见《晋书·谢安传子琰附传》。陈郡谢安妻沛国刘耽女，见《世说新语

齐武帝萧赜景安陵麒麟（南朝·齐）

·言语篇》注引《谢氏谱》。安弟谢万妻太原王述女，见《世说新语·简傲篇》注引《谢氏谱》。太原王述子王坦之娶顺阳范汪女，见《世说新语·方正篇》注引《王氏谱》。坦之子国宝妻陈郡谢安女，见《晋书·王湛传玄孙国宝附传》。颍川庾亮子庾龢娶陈郡谢尚女，见《世说新语·轻诋篇》注引《谢氏谱》。河南褚爽娶颍川庾峻女，见《晋书·褚爽传》。陈郡袁耽大妹适殷浩，小妹适谢玄，见《世说新语·任诞篇》注引《袁氏谱》。陈郡殷颛妻同郡谢尚女，见《世说新语·轻诋篇》注引《谢氏谱》。颛从兄仲堪娶琅玡王临之女，见《世说新语·文学篇》注引《殷氏谱》。谯国桓冲娶琅玡王恬女，见《世说新语·贤媛篇》注引《桓氏谱》。冲复娶颍川庾蔑女，见《世说新语·仇隙篇》注引《庾氏谱》。冲兄子桓玄娶沛国刘耽女，见《晋书·刘耽传》。宋世世族，琅玡王敬弘女适庐江何述之与鲁郡孔尚，见《宋书·王敬弘传》、《孔淳之传》。王导曾孙王弘妻陈郡袁淑姑母，见《宋书·袁淑传》。弘从弟僧达妻陈郡谢景仁（祖据，谢安第二弟）女，见《南史·谢裕传子恂附传》。陈郡殷景仁妻琅玡王谧（王导孙）女，见《宋书·殷景仁传》。陈郡袁质（袁耽子）妻同郡谢安女，质子湛妻安兄子谢玄女，见《宋书·袁湛传》。湛弟子洵妻济阳蔡廓女，见《宋书·蔡廓传子兴宗附传》。洵弟淑妻琅玡王涎女，见《宋书·袁淑传》。齐世世族，陈郡殷睿妻琅玡王奂女，见《梁书·殷钧传》。陈郡谢蔼（谢万五世孙）妻河南褚渊女，见《齐书·谢蔼传》。汝南周颙，东莞臧质外甥，见《齐书·周颙传》。梁世世族，南阳乐蔼，同郡宗悫之甥，见《梁书·乐蔼传》。南阳刘之遴，同郡乐蔼之甥，见《梁书·刘之遴传》。陈留阮胤之，琅玡王晏之舅，见《梁书·阮孝绪传》。胤之从子孝绪，陈郡谢蔺（谢安八世孙）之舅，见《梁书·谢蔺传》。河南褚向，陈郡谢举（谢蔼子）外弟，见《梁书·褚翔传》。"这些世族大户为了巩固自己的地位和势力互结姻亲，几乎持续于东晋南朝将近 300 年中而不衰。

在北朝，从拓跋珪建立北魏到北周被隋取代，在将近 200 年的历史中由于受中原汉族先进文化的影响，婚俗也发生了很大的变化并最终与汉族融合。拓跋族本有原始野合群婚的遗俗，入主中原后仍保持着同姓相婚的风习，只是到了魏孝文帝时进行一系列改革，落后的婚俗才有了好转。孝文帝革除了拓跋族同姓相婚的旧俗，并使拓跋贵族与汉族高门建立了广泛的姻亲关系。据史书记载，范阳卢敏、清河崔宗伯、荥阳郑羲、太原王琼等人的女儿均被孝文帝纳入后宫。不但如此，孝文帝还为其弟咸阳王禧娶了陇西李辅之女，广陵王羽娶了荥阳郑平成之女，颍川王雍娶了范阳卢神宝之女，始平王勰娶了陇西李冲之女，北海王详娶了荥阳郑懿之女。许多汉族人士也娶了拓跋贵族的女儿。南朝人刘昶，投降北魏后先后尚武邑公主、建兴长公主、平原长公主。其嫡子刘承绪尚高祖妹彭城长公主，刘辉尚兰陵长公主。萧宝夤归北魏后，尚南阳长公主。其长子萧烈尚建德公主，兄子萧赞尚寿阳长公主。北方范阳卢道裕曾尚献文帝女乐浪长公主，其弟卢道虔尚孝文帝女济南长公主，其从弟卢元聿尚孝文帝女义阳长公主。据《中国史研究》1989 年第 2 期刘驰所写论文《从崔、卢二氏婚姻的缔结看北朝汉人士族地位的变化》，北魏时期，与清河崔氏联姻的有：平原明氏8例，北魏宗室8例，范阳卢氏5例，清河房氏5例，赵郡李氏4例，清河张氏4例，太原郭氏3例，平原刘氏3例，彭城刘氏2例……与博陵崔氏联姻的有：赵郡李氏9例，北魏宗室4例，不详郡望的李氏2例，荥阳郑氏1例，渤海高氏1例，巨鹿魏氏1例……与范阳卢氏联姻的有：北魏宗室13例，清河崔氏5例，赵郡李氏5例，陇西李氏4例，荥阳郑氏2例，太原王氏2例，渤海封氏1例，鲁郡孔氏1例……从以上统计可以看出，与崔、卢二姓联姻的大都为北方的高门或豪族。这样的结亲不仅加强了胡汉统治阶级的联合，而且对拓跋鲜卑的进一步封建化也有很大作用。

魏晋南北朝时期的婚姻除讲究"门当户对"之外，还有一些其他婚俗现象。这些婚俗或继承传统文化而带有新的时代特点，或受外来民族影响而呈现出异化状态。如早婚现象这时就较为突出。关于这一问题先秦学者曾有不同看法。《尚书·大传》引孔子说："男三十而娶，女二十而嫁，通于织纤纺绩之事，黼黻文章之美。不若是，则上不足以事舅姑，而下不足以事夫养子。"《墨子·节用上》则说："丈夫年二十，毋敢不处家，女子年十五，毋敢不事人。此圣王之法也。"儒家与墨家对婚龄问题有不同的看法，当然是基于经济的政治的以及人的生理的心理的考虑。一般而言，时代背景大多能影响婚龄的早晚。《易·系辞》认为："天地绸缪，万物化醇。男女构精，万物化生。"在道家看来，婚姻乃其自然之事。魏晋南北朝时期，由于社会动乱和任诞风气影响，早婚现象无论是从时间跨度还是地域跨度而言都普遍存在。当时帝王及其后妃普遍早婚，据梁满仓著《中国魏晋南北朝习俗史》推测，帝王中20岁以下结婚者22人，其中8岁结婚者1人、12岁结婚者4人、13岁结婚者4人；后妃中南朝梁太宗简皇后王氏8岁出嫁，南朝齐高昭刘皇后、南朝陈世祖沈皇后、陈后主贵妃张丽华均为10余岁出嫁，这些后妃婚龄最大的16岁，最小的8岁，平均年龄13岁。帝王后妃如此，将相大臣和庶民百姓也就仿效。西晋张宣子之女年14岁嫁给刘殷，东晋荀羡年 15 岁便与帝室联姻，南朝宋杜骥年 13 岁时便被韦玄见爱以女妻之，南朝齐谢瀹年 8 岁时便被孝武帝诏其尚公主，南朝梁柳偃年 12 尚长城公主，南朝陈周弘正年 10 岁时被人以女妻之。北朝豪族早婚现象亦屡见不鲜，西魏大统十二年（546 年）诏："女子不满十三已上，勿得从嫁。"北周武帝建德三年（574 年）明确规定："自今已后，男年十五、女年十三已上，爰及鳏寡，所在军民，以时嫁娶，务从节俭，勿为财币稽留。"由此可见，南北朝时男年 15、女年 13 结婚已是通例。更有甚者，还有指腹婚和幼童婚，此多是从家庭利益或父辈感情出发，其根本原因还是欲以婚姻形式确定伦常关系，从而获取社会地位或家族延续的稳定。

早婚而外，近亲婚和异辈婚在魏晋南北朝时亦多见。近亲婚和异辈婚作为一种原始遗俗在汉代时已受到限制，儒、墨两家也都有对"同姓不蕃"和"蒸报不伦"的认同。所谓"同姓不蕃"，语出《左传》："男女同姓，其生不蕃。"即同族姓结亲者不能或不利于繁衍后代。所谓"蒸报不伦"，据《左传》中讲，父死后子娶庶母为"蒸"，兄、叔死后弟、侄娶嫂、婶为"报"，这种婚俗到春秋晚期也被认为是不合伦理的。但魏晋南北朝期间，由于历史和社会的原因，这两种婚姻形式又有回潮。南朝刘宋时蔡兴宗妻子早死留有一女，其外甥袁觊也丧妻留有一子袁彖，因二人年岁相当结为夫妻，其实是袁彖娶其表姑。据《梁书》记载，张缵是梁武帝舅之子，11 岁时娶梁武帝第四女富阳公主；张缵子张希，又娶梁武帝第三子简文帝萧纲的第九女海盐公主，都属近亲婚。西晋时，贾充的女儿贾荃，嫁给齐王司马攸为妃。贾充的另一个女儿贾南风，嫁给惠帝为后。司马攸与晋惠帝为叔侄，却分别娶了贾充的两个女儿。东晋时，庾冰的妹妹嫁给了晋明帝，而庾冰的女儿却嫁给了晋明帝的孙子晋废帝。刘宋时王偃娶宋武帝刘裕女儿吴兴长公主为妻，而其女王宪嫄却嫁给了刘裕的孙子孝武帝刘骏，都属异辈婚。南朝造成近亲婚或异辈婚的主要原因是要保持门第的尊严和血统的纯正，同时儒家观念被打破和外族风俗被输入也有不可低估的作用。

　　至于北朝拓跋鲜卑族，自古以来同姓相婚已成习俗，自孝文帝改革婚俗后情况才有好转。但到北魏后期，拓跋鲜卑的落后婚俗又得以恢复。拓跋鲜卑族脱离氏族社会的时间不长，有些保守的残余力量本来就对孝文帝的婚俗改革不满，实际上孝文帝的婚俗改革主要只是禁止同姓相婚而已，在其他方面并无严格的规定，因而，拓跋鲜卑族中的婚姻关系是相当紊乱的。孝文帝死后，其婚俗的改革形同废止，大量落后婚俗重新抬头。如清河王元怿，是孝文帝之子、宣武帝元恪之弟，宣武帝死后，元怿便与宣武皇后奸通。安定王元燮为景穆帝之孙，北海王元详为景穆帝之曾孙，作为元燮侄子的元详却蒸于其从父元燮妃高氏。这种原始社会以来弟奸嫂、侄蒸婶的婚姻形式在奴隶制社会时仍有存留，

武官俑（北魏）

但自封建制伦理道德规范确定后便逐渐消失。鲜卑拓跋族原本有"蒸报婚"的旧俗，出于民族偏见更是对汉族的婚姻伦理采取排拒的态度，因而随着北魏后期统治阶级的更加腐朽，社会风气也日益败坏。《魏书·郑羲传》说："自灵太后预政，淫风渐行，及元叉擅权，公为奸秽。自此素族名家，遂多乱杂，法官不加纠治，婚宦无贬于世，有识咸以叹息矣。"东魏北齐时淫乱之风更盛。高澄在位时就与其弟高洋之妇奸通，高洋上台后于是又将其嫂奸淫，高湛当了皇帝后又逼其兄高洋之妇李氏归从。除了弟报嫂之外，还有许多子蒸母之事。高澄乘其父高欢外出便蒸于高欢结发之妇，高欢死后高澄又蒸高欢妻蠕蠕公主并生有一女。从史书记载看，"肆行淫暴"、"尤好女色"现象多见，北齐褊狭的民族意

识与不同于汉族的婚姻道德当然导致了其加速灭亡。而西魏北周由于深化了魏孝文帝的婚俗改革，把敦教化看成是治天下的要道，因而社会风气要比东魏北齐好得多。宇文集团坚持了魏孝文帝时同姓不婚的原则，依重汉族大姓并遵从汉族婚俗促进了胡汉的结合。西魏北周时禁止族内婚和逆缘婚的旧俗，这一方面适应了汉族人民的婚姻伦理观念，并取得了他们的好感；另一方面在攻破北齐后，也有扭转整个鲜卑婚姻陋习的意义。当然，胡汉大族的联姻对提高古代人口的素质有积极作用，但不能认为鲜卑族的婚俗改革使所有旧习彻底绝迹。从民族融合角度看，南北朝时始终互有影响，胡汉文化有了更多的共同之处，从而使两个民族加速了互融的过程。

魏晋南北朝的丧葬活动在诸多方面也形成新的习俗，这是人们思想观念演变和异族生活方式交融的结果。中国传统的丧葬礼仪十分烦琐，儒家《三礼》中规定了各种复杂的程序，概括起来有殡殓死者、举办丧事和居丧守孝三个部分。殡殓死者是指家属验明亲人死后，首先要拿着死者的衣服反复呼唤死者的名字，表达一种把死者的魂灵从幽冥之界唤回复生的希望。之后便用角柶插入死者口中以便饭含之用，再用燕几固定死者双足以便穿鞋，用殓衾覆盖好尸体。再在堂前用竹竿挑起明旌，为死者沐浴、栉发、整容、饭含、剪指甲、穿新衣，此称"小敛"。小敛毕，在堂中停尸数日，然后举行入棺仪式，将尸体移入棺中，称"大敛"。举办丧事是指亲人死后要向亲朋好友报丧，然后接待前来吊唁的人们。小殓前后，亲友前来致奠，主人拜送答谢。小殓结束后进行大殓，即将尸体入棺待葬。大敛后并不立即入葬，要根据死者身份占卜入葬日期。停殡待葬期间，死者家属要穿孝服。下葬之日，灵车载柩，前往墓地。将棺木安置在挖好的圹坑中，称为"窆"。葬毕，死者亲属回到殡所，升堂而哭，称为"反哭"。居丧守孝是指为悼念死者而举行的活动，对死者亲属有严格的衣食住行要求，这就是根据与死者的亲疏关系而制定的"五服"制度。"五服"指斩衰、齐衰、大功、小功、缌麻，丧服的重轻显示出关系的厚薄。如斩衰，是子为父、妻为夫所服，穿不缝边的粗麻服，由"不食"到"疏食"到"菜果"，居处则在临时搭建的棚屋内，每天则要守坟培土。3 年之后，方可恢复正常生活。缌麻为五服中最轻一等，服饰较精细，丧期为 3 个月，为关系相对较远者所服。总之，古礼甚重，等级森严，以血缘关系确定宗法制度。

魏晋南北朝时期的丧葬活动有继承传统的一面，有的举办得十分隆重以显示对孝道的尊崇，当然也给居丧者带来巨大的社会声誉。《三国志·魏书·袁绍传》注引《英雄记》载，袁绍生而父亡，长大后又遭母丧，他为母亲守孝 3 年后，又追为父亲守孝 3 年，"凡在冢庐六年"。两晋时期，统治者特别提倡孝道，号称以孝治天下，于是社会上不但遵奉孝礼，而且被有些人发展到极端。《晋书》载，山涛遭母丧时年已花甲，仍"居丧过礼，负土成坟"。王接母亡，其"柴毁骨立，居墓次积年"。王湛父死，孝服期满后，仍阖门守静，不交当世。东阳人许孜，父母死后悲伤欲绝，形销骨立，杖然后起。王延 9 岁丧母，"泣血三年，几至灭性。每至忌日，则悲啼至旬"。桑虞 14 岁丧父，他毁瘠过礼，其姐劝其进食，他说："藜藿杂米，足以胜哀。"南朝刘宋时张敷父亡，葬毕仍不食盐菜，至毁瘠成疾。历阳人刘瑜，52 岁时丧母，20 余年布衣蔬食，言母辄流涕。统治者为表彰孝道，有时也给予丰厚的赏赐。《晋书》载何曾死时，"帝于朝堂素服举哀，赐东园秘器、朝服一具、衣一袭、钱三十万、布百匹"。郑冲、裴秀死后也都差不多享受到这种待遇。

皇帝虽然推崇孝道，但提倡薄葬，对臣下的厚赐却破坏了薄葬的实施，这是魏晋南北朝时期很矛盾的现象。东晋时，王导死后，晋成帝为其举哀于朝堂三日，举行盛大的丧葬活动，"中兴名臣莫与为比"。大将军温峤死后，"赐钱百万，布千匹"。这种现象也许是朝政难免世俗的原因造成的。《宋书·礼志》载："汉以后，天下送死奢靡，多作石室石兽碑铭等物。建安十年，魏武帝以天下凋弊，下令不得厚葬，又禁立碑……晋武帝咸宁四年，又诏曰：'此石兽碑表，既私褒美，兴长虚伪，伤财害人，莫大于此，一禁断之。其犯者虽会赦令，皆当毁坏.'至元帝太兴元年，有司奏：'故骠骑府主簿故恩营葬旧君顾荣，求立碑'。诏特听立。自是后，禁又渐颓。大臣长吏，人皆私立。义熙中，尚书祠部郎中裴松之又议禁断，于是至今。"这段记载讲了三国至东晋丧葬立碑从严格到弛替的过程，而实际上朝廷之颁赐又助长了厚葬之风。东晋刘宋以后，社会上渐兴厚葬之风，坟墓越修越华丽，否则宁可停棺不葬。许多主张薄葬的人于是产生了顾虑，怕丧事过简为人所讥。在这种世风影响下，有的主张薄葬的人也只好折中，于是给后人留下了大量的神阙与墓碑。

在北方，西晋以后的各少数民族政权仍重厚葬，很少有因循魏晋薄葬之风的。《晋书》记载，前赵主刘曜准备葬其父及妻，乃大修陵墓，修墓者劳顿不堪，怨呼之声盈于道路。北燕主慕容熙妃苻氏死，"制公卿以下至于百姓，率户营墓，费殚府藏。下锢三泉，周轮数里，内则图画尚书八座之象"。冯跋为北燕主后，专门下诏："圣人制礼，送终有度。重其衣衾，厚其棺椁，将何用乎？人之亡也，精魂上归于天，骨肉下归于地，朝终夕坏，无寒暖之期，衣以锦绣，服以罗纨，宁有知哉！厚于送终，贵而改葬，皆无益亡者，有损于生。是以祖考因旧立庙，皆不改营陵寝。申下境内，自今皆令奉之。"通过冯跋此诏，可见北燕境内也厚葬成风。

北魏拓跋族则有烧葬之俗，"生时车马器用皆烧之以送亡者"[①]，入中原后虽筑陵寝，但烧葬之风不改。《魏书·文成文明皇后传》载，文成帝死后，"御服器物一以烧焚，百官及中宫皆号泣而临之。后悲叫自投火中，左右救之，良久乃苏"。北魏对死去的王公臣僚予以厚赠，也助长了厚葬之风。如宣武帝时宗室元飐死，"赙钱八十万、布二千匹"。孝明帝时元澄死，"澄之葬也，凶饰甚盛"。这类记载在《魏书》中尚有

---

① 《宋书·索虏传》。

许多，足见朝廷对孝道的重视。东魏北齐时，厚葬之风更甚，时人元孝友说："今人生为皂隶，葬拟王侯，存没异途，无复节制。崇壮丘陇，盛饰祭仪，邻里相荣，称为至孝。"①《北齐书·樊逊传》载樊衡父丧，樊衡"负土成坟，植柏方数十亩，朝夕号慕"。西魏北周葬礼略简，以遵从中原古制为准，并不提倡奢费，这与皇帝开明有关。《周书·武帝纪》记诏曰："诸有三年之丧，或负土成坟，或寝

镇墓兽（北魏）

苦骨立，一志一行，可称扬者，仰本部官司，随事言上。当加吊勉，以厉薄俗。"反对厚葬是历代朝廷所提倡的，但传统民俗以孝道为大端，于是葬礼之隆重也就名正言顺。

　　由于魏晋之初政治形势动荡不安，国家经济尚未复苏，加之玄学思潮广为流布，因此一度盛行薄葬之风。《三国志·魏书·武帝纪》载曹操死时遗令曰："天下尚未安定，未得遵古也。葬毕皆除服。其将兵屯戍者皆不得离屯部，有司各率乃职。敛以时服，无藏金玉珠宝。"《文帝纪》载曹丕亦曾作终制说："封树之制，非上古也，吾无取焉。寿陵因山为体，无为封树，无立寝殿，造园邑，通神道。夫葬也者，藏也，欲人之不得见也。骨无痛痒之知，冢非栖神之宅，礼不墓祭，欲存亡之不黩也，为棺椁足以朽骨，衣衾足以朽肉而已。故吾营此丘墟不食之地，欲使易代之后不知其处。无施苇炭，无藏金银铜铁，一以瓦器，合古塗车、刍灵之义。棺但漆际会三过，饭含无以珠玉，无施珠襦玉匣，诸愚俗所为也。"河间人沐并，少孤苦，有志介，为名吏。年六十预作终制，戒其子以俭葬。曰："若能原始要义，以天地为一区，万物之刍狗，该

① 《北齐书·元孝友传》。

览玄通，求形影之宗，同祸福之素，一死生之命，吾有慕于道矣。"嘉平年中病危，遗命"绝哭泣之声，止妇女之送，禁吊祭之宾，无设搏治粟米之奠"①。南阳人韩暨"澡身浴德，志节高洁，年逾八十，守道弥固"，其临终遗书曰："历见前代送终过制，失之甚矣。若尔曹敬听吾言，敛以时服，葬以土藏，穿毕便葬，送以瓦器，慎勿有增益。"② 蜀汉丞相诸葛亮54岁时死于军中，"遗命葬汉中定军山，因山为坟，冢足容棺，殓以时服，不须器物"③。孙吴张昭81岁而亡，"遗令幅巾素棺，殓以时服"④。以时服入殓而不讲究排场，可见三国之薄葬风气。

《晋书·阮籍传》载，阮籍母亲死时，裴楷前往吊唁。阮籍披头散发，箕踞而坐，醉而视之。裴楷吊祭如礼，事毕便去，有人问裴楷："凡吊者主哭，客乃为礼。籍既不哭，君何为哭？"裴楷回答说："阮籍既方外之士，故不崇礼典。我俗中之士，故以轨仪自居。"时人叹为两得。阮籍为正始名士，坚决反对司马氏所倡之礼法，故以放荡不羁而抵触，可见薄葬乃有时代成因。而本传载阮籍是"性至孝。母终，正与人围棋。对者求止，籍留与决赌。既而饮酒二斗，举声一号，吐血数升"。可见名士非无人性，而是抑郁深藏心中。《晋书·顾荣传》又载，顾荣素好琴，死后家人置琴于灵座。吴郡张翰哭之悲痛，哭完上床鼓琴数曲。此又与阮籍之事相反，吊者为死者鼓琴表达知音之哀。这不由令人想起庄子丧妻时鼓盆的情景，可谓旷达如出一辙，不重形式而重内心，薄葬表露出人生的另一种心态。实际上，两晋时期朝廷仍提倡薄葬。司马懿就预作终制，于首阳山为土藏，不坟不树。《晋书·刑法志》载裴颁言："大晋垂制，深惟经远，山陵不封，园邑不饰，墓而不坟，同乎山壤，是以丘阪存其陈草，使齐乎中原矣。"许多官僚、名士、儒者受

---

① 《三国志·魏书·常林传》注引《魏略》。
② 《三国志·魏书·韩暨传》及注。
③ 《三国志·蜀书·诸葛亮传》。
④ 《三国志·吴书·张昭传》。

帝室影响亦行薄葬，老臣王祥遗训"家人大小不须送葬，大小祥乃设特牲"①。名士皇甫谧写《笃终》言："吾欲朝死夕葬，夕死朝葬，不设棺椁，不加缠殓，不修沐浴，不造新服，殡含之物，一皆绝之。"② 儒者徐苗，"遗命濯巾瀚衣，榆棺杂砖，露车载尸，苇席瓦器而已"③。

晋室东渡以后，由于政权初建，薄葬之风依然。《晋书·礼制》载："江左初，元、明崇俭，且百度草创，山陵奉终，省约备矣。"明帝死时，遗命"一遵先度，务从简约，劳众崇饰，皆勿为也"④。庾冰临终时对其长史言："吾将逝矣，恨报国之志不展，命也如何！死之日，殓以时服，无以官物也。"⑤ 至于魏晋皇室吊丧赐赠以示宠敬有加，乃为旌表嘉奖而非鼓励厚葬，但无形中也助长了厚葬的风气。表示孝心有各种方式，厚薄之制乃约定俗成。中国孝道由来已久，其中又蕴涵多种因素，因而葬礼难免没有功利成分。南北朝时，薄葬之风已减弱许多。但主张薄葬并力行者也不乏其人。据史书载，刘宋时张邵临终，"遗命祭以菜果，苇席为辒车"。南齐时崔慰祖临卒，令"以棺亲土，不须砖，勿设灵座"。萧梁时刘讦将亡前对其族兄言："气绝便敛，敛毕即埋，灵筵一不须立，勿设飨祀，无求继嗣。"南陈时周弘直遗疏曰："气绝已后，便买市中见材，材必须小形者，使易提挈。殓以时服，古人通制。但下见先人，必须备礼，可著单衣裙衫故履。既应侍养，宜备纷帨，或逢善友，又须香烟，棺内唯安白布手巾、粗香炉而已，其外一无所用。"北魏崔宽，"遗命薄葬，敛以时服"。北齐薛琡，"临终，敕其子殓以时服，踰月便葬，不听干求赠官"。北周明帝病危时下诏："丧事所须，务从俭约，殓以时服，勿使有金玉之饰。"总之，魏晋南北朝时薄葬之风

———————————

① 《晋书·王祥传》。
② 《晋书·皇甫谧传》。
③ 《晋书·徐苗传》。
④ 《晋书·明帝纪》。
⑤ 《晋书·庾冰传》。

由盛转衰，而厚葬之风由弱转强，由此亦可窥见儒家传统文化之深巨，并可知世俗社会追求虚荣之趋尚。

第三节　岁时节令

节日的起源与人类的起源同样古老，其发展形态与生产方式有着密不可分的关系。中国古代很早就进入了农业文明，而农业文明使人们日益认识到岁时节令的重要性。所以我国古代农历根据气候变化，将全年划分为24个段落，每个段落都有一个节点而被称为"节日"。最早形成的重要节日有8个，即立春、春分、立夏、夏至、立秋、秋分、立冬、冬至，简称四立、二分、二至。同时，我国古代人们还注意到月亮的变化，以月的朔望圆缺定出了一些特殊的日子。如月朔（初一）又称元日，正月朔日则被称为"元旦"。另外，我国古代还以甲子干支排列记时，这就出现了正月上辛（上旬的辛日）、三月上巳（上旬的巳日）等的节日。基于农时而形成的节日往往被赋予一种神秘感，在这样的日子里便演化出宗教上的供奉和隆重的聚餐。人们试图在节日里举行相应的仪式来保卫自己、祈求平安，同时也企图强化自然或人类社会的正常秩序而掌握自己的命运。随着日常生活的不断丰富和宗教文化的日益发展，节日被赋予更多的意义而被人们喜闻乐见。人们在节日中的许多行为会违反现行观念，但是却不会引起社会舆论的强烈反对，因为这些做法被认为具有纪念功能，它不仅是人类往昔生活的重演，而且是人类从日渐加剧的文化压力下暂时解脱出来的手段。节日将时间之流分割为神圣与世俗两种相互对立和辅助的状态，而文明进程的不可逆转又使节日中的许多变态行为采取了化妆与升华的形式。这无疑使节日离本来的意义渐远，而使人们在丰富多彩的节日里增添新欢。

元日为夏历的正月初一，又称为元正。因为它处于一年的开端，一月的开头，一日的开始，所以又称为"三元"或"三正"。这个日子历来是国家显示与强调统治秩序的绝好机会，先秦两汉时都举行盛大的庆祝活动，魏晋南北朝也不例外。据西晋《咸宁注》记载，元日之前，要事先在端门外准备好座位。群臣到齐后，宫廷中火盆大燃。皇帝在鼓乐声中走出，百官皆俯伏朝拜。鼓乐停后，百官按品位高低依次献礼，最后是少数民族代表敬贺。贺拜毕，皇帝入内稍事休息，然后在鼓乐声中复出。在司仪的安排下，此时百官依次向皇帝祝酒并献辞。祝酒后，皇帝开始进御膳，群臣也就席进食。席间君臣一起欣赏乐舞，直至宴乐结束。曹植《正会诗》描绘元日盛况说："初岁元祚，吉日惟良。乃为嘉会，宴此高堂。尊卑列叙，典而有章。衣裳鲜洁，黼黻玄黄。清酤盈爵，中坐腾光。

青瓷对俑（西晋）

珍膳杂遝，充溢圆方。笙磬既设，筝瑟俱张。悲歌厉响，咀嚼清商。俯视文轩，仰瞻华梁。愿保兹善，千载为常。欢笑尽娱，乐哉未央。家室荣贵，寿若东王。"

中国社会的家国同构性，使官方典礼在民间社会也模拟性地再现。正月初一这一天，百姓多以家族为单位举行庆祝活动。南朝梁时宗懔《荆楚岁时记》载："于是长幼悉正衣冠，以次拜贺。进椒柏酒，饮桃汤。进屠苏酒，胶牙饧。"围绕辞旧迎新这一主题，人们继承着传统又创造着新风。家家元日清晨早起，照例先在庭院燃放爆竹，据说这是为吓走一种名叫"山臊"的恶鬼，这种恶鬼人若碰到便会染上忽冷忽热之疾，而它又害怕燃竹时发出的毕剥之音，因此人们燃放爆竹含有驱邪之意。

人们还要设桃符以避鬼，据说"桃，西方之木，味辛气恶，物或恶之"，"桃者五行之精，厌伏邪气，制百鬼"，于是人们用桃木刻符，上书"神荼"、"郁垒"二神之名以压邪。另外，人们还刻铸一种叫"垂明"又叫"双睛"的鸟于门上，为的也是吓退鬼魅。王嘉《拾遗记》载："有祗支之国，献垂明之鸟，一名重睛，双睛在目，状如鸡。鸣如凤，时解羽毛，由翩而飞。能搏逐猛兽虎狼，使妖灾群恶不能为害……国人或刻木，或铸金，为此鸟状，置之门户之间，则魑魅丑类，自然退伏。今人每岁元旦，或刻木铸金，或图画为鸡于牖上，盖重睛之遗象也。"此日人们还要祭祀祖先，祈神保佑，走亲访友，互致祝福。这些内容无疑表达着一种对原始习俗的纪念，以宗教崇拜的方式祈望着生活的平安。大家饮椒柏酒、屠苏酒，表达着一种健身除病、延年益寿的愿望。又食胶牙饧、五辛盘，也有强健体魄、安性固气的作用，西晋杨泉在《物理论》中就说："夫齿者，年也，身之宝也，脏之斧凿，所以调谐五味，以安性气者也。"

　　元旦是充满欢乐激动、恐惧不安和渴望祈求的节日，这时人们用各种各样的丰盛宴饮表达着难以抑制的心情。以拜年为主的广泛活动加强了社会联系，尤其反映了人们试图巩固本人及家族的社会地位的愿望。而对天神、地鬼、祖先的顶礼膜拜以及对来年发财转运而带有象征意味的禁忌则暗示着人们复杂的心态。总之，这许多行为与习俗构成了一幅五彩缤纷的节日画面，展示出魏晋南北朝在宗教文化影响下特有的生活气息。

　　如果说古人把元日视为万象更新的开始，那么魏晋南北朝人则把人日视为生活更新的起点。据魏晋时人董勋《问礼俗》说："正月一日为鸡，二日为狗，三日为猪，四日为羊，五日为牛，六日为马，七日为人。"传说这与女娲在七日中每日造一生物的故事有关。魏晋南北朝时看重人的生日当体现出对人的价值的重视，而过人日的习俗由南朝蔓衍到北朝可见中原尤其是江南文化的影响。在人日这天，人们要吃"七菜羹"，用7种新菜合初七之义，人更食之深有寓意，既合自然之道又体现人之常情而表达出更（羹）新的希望。除此之外，还要"剪彩为人，或镂金薄贴屏风上，忽戴之。像人入新年，形容改新"。妇女们不但剪彩，戴之头鬓，还互赠华胜，表示祝福。"爱美之心，人皆有之"，在这样有纪念意义的日子里，似乎女性的意味特别受到张扬。男人们更多的是登高饮酒，作赋吟诗。东晋人李充登山为铭说："正月七日，厥日为人。策我良驷，陟彼安仁。"① 北朝人阳休之《正月七日登高侍宴》诗曰："广殿丽年辉，上林起春色。风生拂雕辇，云回浮绮翼。"南北朝人多好游山玩水，借此佳节登高览胜，或许有避邪躲灾或步步登高之意，但此雅兴也许契合了人们的游赏心理，因而特别是上层社会借机回归自然或歌舞升平也就属于一种消遣方式了。

　　提到正月十五，人们马上想到元宵节。然而魏晋南北朝时元宵节的活动似乎与后来的唐宋时代的赏灯以及吃元宵有所不同。唐宋时代，灯节的出现常常被看做与宗教有关。《提要录》称："唐以前岁不常设，烧灯多出佛书。"道教则将正月十五定为上元节，"乃上元天官赐福之辰"②。现代的研究者不否认宗教因素在灯节形成过程中的促进意义，但更多着眼于灯节中火崇拜的特殊寓意。实际上，追溯灯节的起源往往使人想起刀耕火种时期的烧荒，而灯节显然是原始生活习俗的高级转化形式。灯节最重要的方面应该是祈年意义，其次结合大傩仪中火的作用使之又有驱除邪秽的意义，至于认为西汉汉文帝戡平诸吕之乱而登基恰在正月十五日，遂有与民同乐点灯庆贺之举则为偶合。从史料中看，汉代出现鱼龙漫延和角抵百戏等大型歌舞、竞技表演，因而古人将元宵节的起源上溯至汉代不无道理，实际上这是新年活动的延续和高潮，而标志着春节的结束和农事的开始。清人赵翼认为三元节（正月十五为上元，七月十五为中元，十月十五为下元）始自北魏。每逢三元节，道观

---

① 《初学记》卷四。
② 吴自牧：《梦粱录》卷一。

和僧寺都要举行各种宗教活动，民间亦以此为节日①。但就史籍看，魏晋南北朝时的正月十五还不像后代那样铺张和火闹。更为常见的活动是祠门祭户，还有祭蚕神，迎紫姑，打粪堆，做宜男蝉，总的来说都是表示良好的祝愿。这些民俗活动包含有各种含义，所以后来都在民间流传下来。由于宗教活动和民俗习尚结合了起来，正月十五此后演成重要的节日。《隋书·柳彧传》中载："窃见京邑，爰及外州，每以正月望夜，充街塞陌，聚戏朋游。鸣鼓聒天，燎炬照地，人戴兽面，男为女服，倡优杂技，诡状异形。以秽嫚为欢娱，用鄙亵为笑乐，内外共观，曾不相避。高棚跨路，广幕凌云，袨服靓妆，车马填噎。肴醑肆陈，丝竹繁合，竭资破产，竞此一时。"柳彧以其生花妙笔上奏谴责这等上元盛事，而隋炀帝不仅置之不理反而以此夸耀天朝的富足。如果说，魏晋时上流社会不看重正月十五，仅在民间存有些旧时习尚，那么到了南北朝后期，由于宗教和政治的需要，上元节已形成相当规模。至于到唐宋时元宵节则灯火辉煌，那"东风夜放花千树"的场面真正显示出"天子与民同乐"的气氛，而几乎所有的民俗寓意都能包容在灯节之中。因此，元宵节也成为我国最热闹的一个传统节日，在节日的娱乐中把一切纪念当做游戏从而释放一种人的情绪。

魏晋南北朝时北方一直有过寒食节的习俗。寒食节在清明节前三日，相传是为纪念春秋时的廉士介子推。而据《周礼·司烜氏》记载："司烜氏，仲春以木铎修火禁于国中。"这是为减弱即将出现的火星的盛气，因而寒食节当源于时令节气之禁忌。至于介子推辅佐晋公子重耳，后来重耳就位国君而介子推隐居绵山不出，终为重耳引火烧山迫其出而其守节被烧死山中的故事，乃符合封建社会人们的社会心理要求而被附会于寒食节，所以这一节日，在西汉时就已被赋予纪念意义，而在长期的流传过程中固定下来。寒食节最初具有浓厚的地域特色，东汉时太原

———————————

① 赵翼：《陔馀丛考》卷三十五。

内已有介子推神庙，百姓已形成禁火寒食一个月的习俗，由此可以看到晋地百姓对介子推的崇敬和挚爱。周举任并州刺史时，曾至介子推庙中说："春中寒食一月，老小不堪，今则三日而已。"① 三国时曹操乃至后来北方的国主都曾下令禁止寒食，但其后寒食之俗屡禁不止，反而流播开来。寒食节的主要内容是禁火冷食，在此期间不得举火，因而人们要事先备好糕、饼、粥、饭以便食用。后来人们往往将寒食与清明连在一起过，于是便有了上塚野祭这一更为深厚的含义。不过这时正是春暖花开的季节，因而郊游踏青似乎给人更为悠长的情趣。

　　魏晋南北朝时最有特色的节日当属三月三。在此以前，这个节日叫"上巳"，意为三月上旬的巳日。从曹魏以后，人们便把它固定在三日，而不管它是否是第一个巳日了。上巳节在商周时是一个性自由节日，相传商朝祖先契便是祓禊之后降生的。《周礼·媒氏》曰："仲春之月，令会男女，于是时也，奔者不禁。"男女相会于山野水滨，而在水边沐浴与古人认为水有增强生命力的作用有关，其直接效用便是生子。因而魏晋南北朝时借祓禊之机多有名士放荡不羁、裸饮弄欢。但上巳日的活动内容主要还是临水洗涤，祓除灾气，人们曲水流觞，重在观光娱情。最著名的便是王羲之作《兰亭集序》以记其事了："永和九年，岁在癸丑。暮春之初，会于会稽山阴之兰亭，修禊事也。群贤毕至，少长咸集。此地有崇山峻岭，茂林修竹，又有清流激湍，映带左右，引以为流觞曲水，列坐其次。虽无丝竹管弦之盛，一觞一吟亦足以畅叙幽情。是日也，天朗气清，惠风和畅，仰观宇宙之大，俯察品类之盛，所以游目骋怀，足以极视听之娱，信可乐也。"此时盛行的玄学使许多人受老庄影响，于是放情山水，吟咏自然。在春光明媚中寻得一个好去处逍遥一回，显得颇为洒脱。此风从两晋大兴，普及整个南北朝。上述《兰亭集序》载江南三月三情景，《邺中记》载北方盛况："石虎三月三日临水

————————

① 《太平御览》卷三十。

会，公主妃主名家无不毕出。临水施帐幔，车服粲烂，走马步射，饮宴终日。"从洛阳到建康，从王侯到野老，三月三真可谓阳光灿烂的日子。《晋书·李玄盛传》："玄盛上巳日宴于曲水，命群僚赋诗，而亲为之序。"《荆楚岁时记》载："三月三日，士民并出江渚池沼间，为流杯曲水之饮。"可见此日虽有后汉遗风，"是月上巳，官民皆洁于东流水上，曰洗濯被除，去宿垢疢，为大洁"①，但人们更倾向于借机外出踏青作乐，寻幽访胜。否则，洛阳怎会"公王以下，莫不方轨连轸，并南浮桥边禊，男则朱服耀路，女则锦绮粲烂"②，建康怎会"舞艳七盘，歌新六变，游云驻彩，仙鹤来仪。都人野老，云集雾会，结轸方衢，飞轩照日"③。至于隋唐时代，三月三更成为盛大的节日，杜甫《丽人行》中的华丽描写可使人略见一斑。

铜俑（东晋）

五月五日也是中国传统中的一个重要节日。晋代周处《风土记》说："仲夏端午。端，初也，俗重五日，与夏至同。"关于端午有很多传说，最为流行的说法是纪念屈原。然追根究底，其历史要久远得多。龙舟竞渡很早就刻画于部落时代的铜鼓上，因而以龙舟竞渡抢救屈原的说法不过是一种解释性传说而已。现代研究认为，竞渡是祭祀水神的行为，水神后来被认为是司雨的龙王，从而有了祭龙求雨的活动。随着这一活动的绵延，其他意义于是附加在端午节上。而夏至、冬至是太阳运行周期中重要的转折点，在中国人心目中，夏至是"阴阳争，死生分，血气散"的

---

① 《后汉书·礼仪志上》。
② 《太平御览》卷三十。
③ 梁简文帝：《三日曲水诗序》。

危机关头，于是人们要斋戒、祭祀以顺应阴气将升、万物肃杀的自然秩序进程。自先秦至两汉端午及夏至都被看做不吉的日期，因而就有了诸多禁忌。《史记·孟尝君列传》载田文生于五月五日，就被其父母视为不利。汉代端午节已固定于五月初五，到魏晋时这一节日受到特别重视。据《续齐谐记》记载，屈原五月五日投汨罗江死后，人们用竹筒装米在每年的这一天投入江中祭奠他。后来有一个自称屈原的人说，百姓每年投入江中之米都被蛟龙窃夺，如果以后再纪念他，应用苦楝叶和五彩丝将竹筒捆好，因为蛟龙最害怕这两样东西，所以就不会窃取了。以后人们便如此照办，还发明了一种粽子，用茭白的叶子裹上粟米等物，称为"角黍"。可见人们对屈原的怀念超过了对龙王的崇敬，节日的人文意义凸显于宗教祭祀之上。由于农历五月天气渐热，正是疠疫发生的时节，因而节日活动中又复合了避鬼止瘟、驱邪禳灾的内容。这一天人们要采艾叶悬于门上，认为这样能够排除毒气的侵袭；人们还饮雄黄酒或菖蒲酒解毒，并以各种药草在室内烟熏驱邪；有的还将苦楝叶戴在头上，将五色丝系于臂上，认为这样可以去病防灾。《后汉书·礼仪志》载："仲夏之月，万物方盛日，夏至阴气萌作，恐物不楙……故以五月五日朱索和五色桃印为门户饰，以止恶气。"晋代周处《风土记》说："以五彩丝系臂，辟兵鬼气，一名长命缕，今百索是也。"梁代宗懔《荆楚岁时记》言："今人以为虎形或剪彩为小虎，粘艾叶以戴之。"总之，水神崇拜是生活在江南水乡的人们出于保障生命财产安全而产生的思想观念，当忠贞忧伤而横死夭折的屈原被封建士大夫推崇以后节日也就被赋予新的含义，而其经久远流传形成规模浩大的民俗活动后几乎涵盖了这一时令人们所有的去恶从善的心愿。

农历七月进入初秋之季，而七日又成为一个值得纪念的日子。人们把这一天称为乞巧节，尤其是在天高气爽的秋夜进行着各种乞巧活动。崔寔《四民月令》最早是将七月七日当作曝书的日子记载下来的，史书记载魏晋南北朝之前也确有曝晒衣物的习俗。但这样的活动因其缺乏特定的意义被淡化，而牛郎织女的故事因其富有美好的寄托却永被怀念。关于七夕乞巧的风俗汉代已有，但牛郎织女的传说则更为久远。《诗经·小雅·大东》中已有对牛郎星和织女星的歌咏，东汉末年的《古诗十九首》中"迢迢牵牛星"一诗已描绘出大致情节，而至魏晋南北朝则有了较完整的记述。任昉《述异记》载："天河之东有织女，天帝之子也，年年织杼劳役，织成云锦天衣。天帝哀其独处，许配河西牵牛郎，嫁后遂废织纴。天帝怒责，令归河东，唯每年七月七日一夜，渡河一会。"后来流传的牛女故事基本以此为基础，而以西王母划出天河阻断牛女爱情影响最大。一般认为，这个传说浓缩了中国传统社会中农民生活方式的全部理想，但故事的悲剧性结局使人感到有必要架设一座鹊桥。实际上，在中国古代，河流与爱情有着紧密的联系，《诗经》中不少诗篇描写了男子与女子隔河相望而终不能及的情景，牛郎织女分居银河两岸的情节显然也是现实生活状态的反映，而其中的象征寓意就更令人深思。同时，古代祓禊不仅在春季而且也在秋季举行，三国时刘桢《鲁都赋》咏道："及其素秋二七，天汉指隅，民胥祓禊，国于水游。"可知七夕相会不过是秋季祓禊时男女自由交往的写照。秋季祓禊在后代逐渐消亡，但牛女故事作为解释行为合理的依据，却以神话传说或其他变异形式保留下来。牛女结合之后，荒废了织纴，使得天帝震怒，强令其分离，其中颇有寓意。苏联学者尤·谢苗诺夫在《婚姻和家庭的起源》一书中指出，原始社会时期，人们在生产活动期间实行着广泛的性禁忌，而对于严格性禁忌的补偿便是特定阶段的性自由节日。在牛女故事中，夫妇间过于亲密的关系是导致织纴活动中断的直接原因，因而在深层意义上牛女仳离与七夕相会显然隐喻着性禁忌与性自由的调适。另外这种周期性相会还有着强烈的农耕仪式色彩，古人认为男女交合可以促使风调雨顺，五谷丰登，因而性行为在某种程度上有着神圣的祈年意味。这样，七夕故事所寓含的丰富意义显然折射出古人对自然和社会的认识，而魏晋南北朝人广泛开展的七夕乞巧活动也就不能否认其具有深刻的文化内涵和时代色彩。七夕之夜，人们举行种种活动与牛女进行沟通，《荆楚岁时记》载："妇人结彩缕，穿七孔针，或以金、银、鍮石为针，陈瓜果于庭中以乞巧。有蟢子网于瓜上，则以为符应。"《风土记》说："七月初七日，其夜洒扫于庭，露施几筵，设酒脯时果，散香粉于筵上，以祈河鼓、织女，言此二星辰当会。守夜者咸怀私愿，咸云见天汉中有弈弈白气，有光耀五色，以此为征应。见者便拜而愿，乞富、乞寿、无子乞子，唯得其一，不得兼求，三年乃得。"文学作品中也有大量描写。南朝梁简文帝《七夕穿针诗》说："怜从帐里出，想见夜窗开。针欹疑月暗，缕散恨风来。"北朝庾信作《七夕赋》说："娥丽装而半故，怜晚饰之全新。此时并舍房栊，共往庭中，缕条紧而贯中，针鼻细而穿空。"从所见描写看，七夕乞巧主要是妇女的活动，她们企盼心灵手巧也期待甜蜜爱情，极富浪漫色彩和幸福幻想。唐宋时愈加普及。《天宝遗事》载，七夕由宫女"以锦彩结成楼殿，高百丈，可容数十人。"《岁时杂记》云："京师人七夕以竹或木或麻秸编而为棚，翦五色彩为层楼，又为仙楼，刻牛、女像及仙从等于上以乞巧。"中国传统的民间节日在魏晋南北朝得到张扬而至唐宋愈加兴盛，不能不与这一时期宽松的文化氛围和生活情趣有关。

九月九日恰逢重九，古人认为"九"为阳数，故将此日命为"重阳"。此时阳气将尽，万物转衰，农作物收获期大体结束，人们于是组织隆重的节日活动。江西《上高县志》载："九十月间收获已毕，农家设办祭品以祀神，名曰秋社，一以报土谷，一以庆丰年。"秋社与春社相对应多少有感恩的意味，但汉代以来其内容渐被融入重阳节，而魏晋南北朝关于节日的观念又与汉有殊，因而重阳节更多的带有生活的气息而较少生产的功利。"重阳"一词最早见于楚辞《远游》中"集重阳入帝宫兮"之句，到汉代末期才成为九月九日之代称。曹丕在《九日与钟繇书》中说："岁往月来，忽复九月九日。九为阳数，而日月并应，俗嘉其名，以为宜于长久，故以享宴高会。"的确，魏晋以来重阳节受到特有的重视，朝廷每年都要举行重九会宴，众多文人都写过关于会宴的诗篇。《晋书·孟嘉传》载，桓温九月九日率僚佐在龙山宴饮。《宋书·武帝纪》载，刘裕也曾在重阳节登彭城项羽戏马台。齐武帝曾下诏："九日出商飙馆登高宴群臣。"①《临海记》也说："郡北四十里有湖山，形平正，可容数百人坐。民俗极重九日，每菊酒之辰，宴会于此山者，常至三四百人。"人们在九月九日这天登高野宴还有其特殊的意义，就是避邪消灾。据南朝梁吴均《续齐谐记》载，东汉时汝南人桓景随费长房学习方术多年，有一天费长房对桓景说："九月九日你家有灾难降临，你要赶快离开，叫家人各作绛囊盛茱萸系于臂，登上高处饮菊酒，此祸可消。"桓景照此去做，举家登山。晚上回来时，见家中鸡犬牛羊全部暴死。"今世人九日登高饮酒，妇人带茱萸囊，因此也。"这一传说甚广，以至掩盖了登高野游的秋社意义与益寿追求。一般庶民往往把重阳节作为宗教活动来对待，因而后来的重阳糕有放枣、栗、石榴、银杏等辅料的，进山烧香许愿之余又能游赏秋景，何乐而不为？文人士大夫则借机风流自赏，诗酒雅集。南朝宋孔靖辞事东归，刘裕饯之戏马台，百僚赋诗而结集，其中谢宣远《九日从宋公戏马台集送孔令诗》曰："风至授寒服，霜降休百工。繁林收阳彩，密苑解华丛。巢幕无留燕，遵渚有来鸿。轻霞冠秋日，迅商薄清穹。圣心眷嘉节，扬銮戾行宫。四筵霑芳醴，中堂起丝桐。扶光迫西泛，欢余宴有穷。逝矣将归客，养素克有终。临流怨莫从，欢心叹飞蓬。"屈原曾在《离骚》中写道："朝饮木兰之坠露兮，夕餐秋菊之落英。"菊花于万木凋零之际独放异彩，古人把它视为高洁、长寿的象征，因而重阳节喝菊花酒成一大风景。三国时魏文帝重阳节赠菊给钟繇并附信说："是月律中无射，言群木庶草，无有射而生。至于芳菊，纷然独荣，非夫含乾坤之纯合，体芬芳之淑气，孰能如此。故屈平悲冉冉之将老，思食秋菊之落英。辅体延年，莫斯之

---

① 《南齐书·武帝纪》。

贵。谨奉一束，以助彭祖之术。"① 菊花之美德，正如三国时魏人钟会所述："夫菊有五美焉：黄花高悬，准天极也；纯黄不杂，后土色也；早植晚登，君子德也；冒霜吐颖，象劲直也；流中轻体，神仙食也。"② 东晋大诗人陶渊明"采菊东篱下，悠然见南山"给人无穷的韵味，而葛洪《抱朴子》言"服一年，寿五百岁"更是充满神话色彩。不管怎样，重阳节插戴茱萸避除恶气也好，赠送菊花表示祝愿也好，它在中国传统中已成为一个重要的节日。之所以如此，不能不与时代的玄学特色有关，而其后在人们的世俗生活中随之也占有重要位置。唐宋时九日登高成为盛行朝野的社会活动，至今重阳赏菊仍为人们津津不绝的雅趣。

　　一年即将过去，时序进入腊月，人们又迎来了盛大的庆典活动。腊月一词由腊祭而来，腊祭的日子便被称为腊日。腊日在夏朝被称为清祀，殷商称其为嘉平，周朝则称为大腊，可见其历史久远。郑玄认为"腊谓以田猎所得禽祭也"，则这一节日的起源可以上溯到采集狩猎时期。周秦之时，人们用丰富的祭品敬拜各路神灵，报答它们在过去一年施加于人们的恩德，同时祈求它们在新的一年里保佑平安。人们颂祝着腊词，表达着希望，由伊耆氏传下来的腊词"土反其宅，水归其壑，昆虫毋作，草木归其泽"，仍能使人窥见远古时的腊祭风貌。汉代注重孝道，因而腊祭时敬老活动突出，在腊祭时宴饮上老年人受到尊崇，他们受到统治者的慰问而社会秩序得到强化。腊祭中最为引人注目的要属大傩了，这是驱除瘟神的大型巫术活动。《后汉书·礼仪志》载："先腊一日，大傩，谓之逐疫。其仪：选中黄门子弟年十岁以上，十二岁以下，百二十人为振子，皆赤帻皂制，执大鼗。方相氏黄金四目，蒙熊皮，玄衣朱裳，执戈扬盾；十二兽有衣毛角，中黄门行之。冗从仆射将之，以逐恶鬼于禁中。夜漏上水，朝臣会，侍中、尚书、御史、谒者、虎贲、

① 《艺文类聚》卷四。
② 《全三国文》卷二十五。

羽林郎将执事，皆赤帻陛卫。乘舆御前殿……因作方相与十二兽舞。欢呼，周遍前后省三过，持炬火，送疫出端门；门外骑骑传炬出宫，司马阙门，门外五营骑士传火弃雒水中。"不仅朝廷举行正式的驱鬼活动，民间的大傩也十分热闹。南朝梁宗懔《荆楚岁时记》载："十二月八日为腊日。谚语：'腊鼓鸣，春草生。'村人并击细腰鼓、戴胡公头及作金刚力士以逐疫，沐浴转除罪障。"

魏晋南北朝之前，腊日因朝代不同而有异，可能与各个朝代所定五行有关。魏晋南北朝时腊月八日被定为腊日，恐受佛教传入我国之后的影响。据说释迦牟尼于此日得道，每逢这一天佛寺便要诵经浴佛，并效法佛得道前牧女献乳糜的故事，用香谷及果实等煮粥供佛并分赠施主。北魏郦道元《水经注·河水一》："长者女以金钵盛乳糜上佛。"于是腊八成为特定的节日，驱瘟禳疫的内容也逐渐被游艺娱乐所取代。此后腊日的日期又有更动，如宋代就将腊日定为腊月二十四日，这还是由于朝代不同、礼俗有异的缘故。腊祭中的主要活动变为祭灶，而实际上仍有腊祭百神的影子。由于腊日到新年之间还有一段时日，而这段时日被认为有送旧迎新的意义，因而除旧布新成为普遍的活动。至除夕夜，各家各户的门神、桃符都更换完毕，屋舍打扫一新，节日所需食物也准备就绪。于是全家会聚一起，宴饮守岁，迎接新年的到来。北朝的大傩仪式在岁除之夜举行，并在傩仪中将步兵、骑兵分为南北两阵，通过一番表演后南败北胜，这显然接受了汉族传统的形式又融入当时形势的因素。但此后随着中原统一，傩仪与东汉已无区别，这说明六镇鲜卑已接受了汉族文化而最终合流。

释迦立佛像（北魏）

第三章
率性抒情的文学趋向

　　文学作为反映社会生活的一种载体，至魏晋南北朝也发生了深刻的变化。在此之前，文学作为政治的附庸似乎从来未有独立，特别是汉代儒学统治思想确立以后，大都从政治立场观念出发去评判文学现象。即使承认文学有所独立，但亦被视为"雕虫小技"而已。的确，汉朝士子研习《五经》侧重的是对微言大义的挖掘和阐释，所作大赋也多为歌功颂德或劝谏讽诫之用。因而，文学的本质还没有受到足够的重视，文学也就成为风雅的点缀而流于俳优一类。但是，"劝百讽一"的大赋随着"盛中含衰"的时代渐渐逝去，"刺时疾邪"的小赋随着"多事之秋"的来临感慨而生，这使文学多少从政治的框束下解脱出来成为真情实感的流露，对文学本体的研究也随着改朝换代而成为新视点。文学不再作为从属于政治教化的工具遭人非议，它确立了独立的本体价值并得到张扬。它成为"经国之大业，不朽之盛事"，由过去被视为"雕虫"一转而成为"雕龙"。由于人们思想观念的转变，魏晋南北朝的文学创作呈现出崭新的风貌。诗歌从内容到形式的更新使之吐露出一派蓬勃生机，而从汉代大赋绵衍而来的俳偶风尚也发展到登峰造极，文学评论更以异军突起的姿态崭立雄风。可以说，魏晋南北朝文学在玄风鼓荡和审美品鉴影响下大放异彩，从而完成了一场文学本体的革命并取得了令人瞩目的成绩。

第一节　诗之秀美

　　魏晋南北朝时期的诗歌创作呈现出崭新的风姿，是在前人诗歌创作基础上发展起来并别开生面的。这时的四言诗继《诗经》遗风而发出苍凉的绝响，五言古诗日趋成熟并形成主流，七言古诗与新体律诗也出现了一些佳作。

　　建安时期的三曹、七子与蔡琰，创作出许多慷慨苍凉、悲伤离乱、梗概多气、感人至深的作品。作为政治家、军事家的曹操（155～220年），写诗也如"幽燕老将，气韵沉雄"。其《薤露行》、《蒿里行》、《苦寒行》等，深切关注社会现实和人民苦难，深富时代悲凉慷慨的特征。其《短歌行》、《步出夏门行》等，景象壮阔，气概凌云，表现出一个雄杰人物在丧乱年代中积极进取的精神。"山不厌高，海不厌深，周公吐哺，天下归心。""老骥伏枥，志在千里，烈士暮年，壮心不已。"充分展示出大气磅礴、乐观向上的豪情。曹操继承了《诗经》四言古诗的传统又有创新，学习汉代乐府而独辟蹊径，将百姓哀伤的曲调变为抒写时事的辞篇。

　　曹丕（187～226年）"诗有文士气，一变乃父悲凉之习矣。要其便娟婉约，能移人情"①。其《燕歌行》写一个少妇在不眠的秋夜中思念远行丈夫的情形，感情委婉缠绵，语言流丽华美，而且是现存文人诗中最早的完整而纯粹的七言诗。可见曹丕对文学的偏爱和造诣。

　　三曹之中以曹植（192～232年）文学成就最高，这当然与其坎坷经历有关。他深受时代风气熏染，养成放纵不羁的性格，但在政治斗争中遭到惨败，于是在抑郁不平中将悲苦织进文学。前期诗作《白马篇》、《名都篇》等还可看到诗人希图建功立业的抱负，但后期诗作《野田黄

------

① 　沈德潜：《古诗源》。

雀行》、《赠白马王彪》、《泰山梁甫吟》等则发出痛苦的低吟，使人看到诗人由恃才傲物转向沉郁哀伤。曹植诗"骨气奇高，词采华茂"①。他的诗和曹操、曹丕的诗一样，脱胎于汉乐府和《古诗十九首》，但他有更多的发展和创造。诗歌到曹植手里，已逐步趋向华美，注意辞藻、对仗和警句的安排，但又没有流于矫饰和纤弱，因而具有雄健的笔力和浑厚的气象。

三曹之外，孔融、王粲、刘桢、陈琳、阮瑀、徐干、应玚"七子"在文学上也取得了突出的成就，他们以深刻的笔触抒发着积郁的悲怆，描画出那个时代使人感伤的画面。其中王粲（177～217年）的《七哀诗》写西京之乱时诗人逃亡荆州的沿途所见，痛斥军阀掳民祸世的罪行和人民受到的肝肠欲断的痛楚。陈琳（？～217年）的《饮马长城窟行》则借秦代筑长城的故事，揭示了繁重的徭役给人民带来的苦难。阮瑀（？～212年）的《驾出北郭门行》写一个孤儿受到后母的虐待，揭露了封建家庭关系的冷酷无情。七子之外，女诗人蔡琰（177～？年）则以亲身经历写成《悲愤诗》，通过血泪叙述广泛而深刻地反映了汉末动乱中的百姓悲苦。这些诗篇继承了我国诗歌现实主义的传统，充分反映出正直文人忧国忧民的怀抱。它们有坚实的事理内容和清新刚健的语言风格，以五言新体式扩大了诗歌表达的内涵和增强了抑扬顿挫的语感，为两晋南北朝文人诗歌的发展奠定了坚实的基础。

正始期间，统治阶级争夺政权的斗争十分剧烈，诗歌也产生了新的变化。这时期诗歌内容和风格与建安相比有显著不同，诗歌的现实主义特征大为减弱而遭受强权压抑下的愤懑情绪有所增强。号称"竹林七贤"的正始名士嵇康、阮籍、山涛、向秀、阮咸、王戎、刘伶，尽管政治立场后来有所不同，但其始"相与友善，游于竹林，号为七贤"。"七贤"实际上并非人人能诗，如山涛、王戎就无诗歌传世，真正有诗名者

————————

① 钟嵘：《诗品》。

主要是阮籍（210～263 年）、嵇康（223～262 年）。

阮籍写了 82 首《咏怀诗》，反映了对黑暗现实的不满和忧思，将时代悲剧寓于个人哀怨之中。《咏怀诗》其一曰：“夜中不能寐，起坐弹鸣琴。薄帷鉴明月，清风吹我襟。孤鸿号外野，翔鸟鸣北林。徘徊将何见，忧思独伤心。”以曲折的笔法写夜深人静时的孤独和苦闷，表现了诗人彷徨不安和解脱不得的忧愤。阮籍诗自然洗练，涵蕴深广，正如《诗品》所谓“言在耳目之内，情寄八荒之表”。诗歌多用比兴、映衬、对照、象征手法，注重环境刻画和气氛渲染，含蓄蕴藉，隐晦曲折，表现出正始之音特有的风格特征。

嵇康诗风格清峻，“四言不为风雅所羁，直写胸中语”①，正如其诗所曰：“风驰电逝，蹑景追飞。凌厉中原，顾盼生姿。”② 其入狱后所写《幽愤诗》直抒感愤，峻切坚贞。不难想见其俊逸才华为司马氏所爱，也不难想见其刚肠傲骨为司马氏所恨，最终以文辞见罪而遭杀身之祸。正始诗歌清峻遥深，与建安诗歌的情辞慷慨有很大差别，但对文人五言诗的成熟无疑起了推动作用。

太康时期农业有所发展，人民生活相对安定，文学也出现了较繁荣的局面。此时诗坛上出现了一批诗人，而以陆机（261～303 年）、潘岳（247～300 年）名声最大。陆机是东吴世族大地主，吴亡后到洛阳以文章被士大夫所推重。他的诗现存 100 多首，但多为模仿古人之作，其他还有奉制诗、应酬诗、代作诗等，因此感兴不深，缺乏生动。其诗语言过于雕琢，有时强作对偶，其以繁富求胜和匠心刻炼的特点在当时颇受推崇。潘岳当时与陆机齐名，钟嵘《诗品》将潘、陆都列在上品，有“陆才如海，潘才如江”之说，可见潘岳影响之大。潘岳有《关中诗》四言十六章，是晋诗中的名篇。其《悼亡诗》尤其写得好，因而评论家

---

① 何焯：《文选评》。
② 嵇康：《赠秀才入军》其九。

说潘岳善写哀情。除此以外，多数诗则平衍少味。昔人论潘、陆文风异同，指出潘较和畅，陆较繁缛，大致不错，但他们追求绮丽的总趋向也大致相同，这正代表了西晋追求富丽排场的风气。

太康时期文学上最有成就的是左思（252～306 年），他出身寒门但功业心很强，尽管其妹左棻被选入宫，由于门阀制度的阻遏他只能屈居下位。左思是有才能有抱负的人，于是将自己受到的挫折遭遇愤愤不平地表现在诗里。其《咏史》第二首言："郁郁涧底松，离离山上苗，以彼径寸茎，荫此百尺条。世胄蹑高位，英俊沉下僚，地势使之然，由来非一朝。金张藉旧业，七叶珥汉貂，冯公岂不伟，白首不见招。"反映了寒门出身的知识分子和世族门阀压抑人才的矛盾，抒发出作者郁勃不平的愤懑。左思《咏史》共 8 首，借古人古事抒写自己的情怀，名为咏史，实乃抒怀，正如《诗品》所言："文典以怨，颇为精切，得讽谕之致。"这些诗表现了诗人高尚的理想情操和对积弊深重的门阀制度的批判，表达出寒微人士对高门专权的抗议，这种思想对后来的鲍照等相同命运的士人有很大影响。

左棻墓志（西晋）

从西晋末年到晋室东迁这段时期，军阀混战，国势陵夷，社会极其动乱。诗人或写家国之痛，语词愤激而有余悲；或抒超世之情，诗境玄虚而慕仙幻。

刘琨（271～318 年）作为著名将领，后期诗歌表现出强烈的爱国思想和慷慨悲愤的感情。其五言诗《扶风歌》，记述了出任并州刺史后从洛阳出发与敌征战的经历，同时也抒发了自己不为信用、激愤忧虑的情绪，读来令人感愤不已。诗的风格清拔悲壮，具有清新刚健、豪迈奔放之气，使人遥想建安风骨。其《重赠卢谌》是被害前的绝笔诗，字里行间渗透着英雄失落的悲愤情绪。"何意百炼刚，化为绕指柔。"比喻自己前后生活的变化，概括性很强。钟嵘《诗品》言其"善为凄戾之词，自有清拔之气"，南宋诗人陆游有"刘琨死后无奇士，独听荒鸡泪满衣"之诗句，可见刘琨及其诗歌对后世的影响。

郭璞（276～324 年）作为著名学者，喜欢阴阳卜筮之术。在其 14 首《游仙诗》中，歌咏隐遁，鄙弃世俗，企求登仙，疾恶如仇。诗名《游仙》，实为咏怀，抒发了美才难容于世的愤懑。《游仙诗》其一曰："京华游侠窟，山林隐遁栖。朱门何足荣，未若托蓬莱。"他以蓬莱对朱门，可见对现实的不满。郭璞诗善于用典用喻，发人联想，扩大了诗的意境。诗中多用对比，感慨遥深，使人可见情调高寄。刘勰《文心雕龙·明诗》说"景纯仙篇，挺拔而为俊矣"，充分肯定了他诗风的超越时俗。晋室南渡之际玄风大炽，是玄言诗盛行的时代。玄言诗以孙绰之流为代表，是歌咏老庄哲学的。据钟嵘《诗品序》说玄言诗"理过其辞，淡乎寡味"，"平典似道德论"。郭璞的诗有着较浓厚的抒情气氛，因而其诗的艺术性远远超过一般的玄言诗。可以说，郭璞诗写景精丽，写人传神，又有关注现实的一面，因而辞多艳逸而豪俊。他不同于刘琨的凄戾，也不同于孙绰的玄怀，齐梁艺术家将其誉为"中兴第一"，可见后人对他的评价以及时风所尚。

东晋时期门阀制度达到全盛，统治阶级内部争权夺利日益激烈，使国家政治陷入一片腐败。而当时社会流行的玄学风尚，也消解了传统知识分子"以天下为己任"的进取锐气。出身高门者并不真正以国事为念，而出身下层者被摒弃于政治生活中心之外，这就使士人的社会责任感在弄玄的过程中淡化殆尽。偏安江南的地理环境和不求进取的自适心愿，使得士大夫的眼界胸襟志趣日趋狭小，很少有人能表现出对国家民族利益等尘寰之事的关心。这样的社会政治思想状况，自然影响到东晋文学风尚。

刘勰在《文心雕龙·时序篇》中说："自中朝贵玄，江左称盛，因谈余气，流成文体。是以世极迍邅，而辞意夷泰，诗必柱下之旨归，赋乃漆园之义疏。"言玄之风侵入文坛，使诗歌失去了应有魅力。从太康诗的繁文缛采，到玄言诗的平典无文，文学上的变迁大致可辨。陆机诗歌华丽深芜、情密辞繁，潘岳诗歌清绮和敏、自然流畅。推崇玄言的东晋文人在评价潘、陆时多少有点扬潘抑陆，这是因为潘诗的语言浅近符合清谈玄理的需求。玄言诗之初也并非纸上口中之空言，诗人是有深挚的情感和对哲学的真正体悟，因而诗中虽言玄理，却有诗的意象和韵味。郭璞独树一帜，诗中既含玄学之旨，又能挺拔为俊，实际上也促进了平淡诗风的发展。但玄言诗的代表人物孙绰、许询将玄言诗推进到"寄言上德，托意玄珠"的程度，也就失去了文学的本体特征而流于道德的说教。孙绰字兴公，太原人。早年无意仕宦，游于山水之间，标榜"远咏老庄，萧条高寄，不与时务经怀"①，作《遂初赋》以白心志。其四言诗《答许询》曰："仰观大造，俯览时物。机过患生，吉凶相拂。智以利昏，识由情屈。野有寒枯，朝有炎郁。失则震惊，得必充拙。"许询字玄度，高阳人。幼时"秀慧"，长时"简素"，一生寓居会稽不肯出仕，后早死。当时人很推崇他的文才，称其五言诗"妙绝时人"。玄言诗由于历史的淘汰今已不多见，但一些借山水景色表述玄理的诗尚有可观，这对此后谢灵运的山水诗创作有开导，所以晋宋之际的山水诗总给人"玄气未除"之感。

在东晋后期出现的真正大诗人是陶渊明（365～427 年），他在士节不振、玄风煽炽的时代环境之下，以独立特行的高洁品格和旷逸质朴的诗歌作品，在中国诗坛上树立了一座清秀高拔的丰碑。陶渊明，又名潜，字元亮，浔阳柴桑人。他生活在晋宋易代之际，当时阶级矛盾、民族矛盾、统治集团内部矛盾都非常复杂尖锐，社会始终处于极其动荡的状态之中。虽然其曾祖陶侃做过晋大司马，祖茂、父逸做过太守之类的

---

① 《世说新语·品藻》。

陶渊明像

官，但由于父亲早死，家境日渐衰落。陶渊明在儒家思想熏陶下曾充满了建功立业的雄心，但由于生当黑暗时代，朝政浑浊不堪，他既无力改革时弊，又不愿同流合污，于是"大济苍生"的理想终于破灭，走上了归隐田园"独善其身"的道路。

他用诗笔描写恬美静穆的田园风光，抒发自己闲适自得的心情。他在《归园田居》其一中写道："少无适俗韵，性本爱丘山。误落尘网中，一去三十年。羁鸟恋旧林，池鱼思故渊。开荒南野际，守拙归园田。"把官场比做"尘网"，把自己比做"羁鸟"、"池鱼"，把坚持天性比作"守拙"。之后又写田园的宁静风光和诗人的悠闲心情，充分表现出诗人"久在樊笼里，复得返自然"的喜悦。其《饮酒》其五最为人称道："结庐在人境，而无车马喧。问君何能尔，心远地自偏。采菊东篱下，悠然见南山。山气日夕佳，飞鸟相与还。此中有真意，欲辨已忘言。"写出了诗人悠然自得的隐居生活和面对自然的深切感悟，将景语、情语、理语融为一体，使人读来回味无穷。陶渊明还有不少诗写读书、赋诗、登高、饮酒，都表现出一种高雅诗人的闲散情调。但随着家境的衰败，参加农业劳动的增多，陶渊明诗中更多了质朴的情味。《归园田居》其三曰："种豆南山下，草盛豆苗稀。晨兴理荒秽，带月荷锄归。道狭草木长，夕露沾我衣。衣沾不足惜，但使愿无违。"此诗写农业劳动不仅没有愁苦自伤反而欣然自得，表明诗人宁肯自食其力而不为五斗米折腰的高风亮节。其《庚戌岁九月中于西田获早稻》、《癸卯岁始春怀古田舍》以及《归园田居》其二等诗都歌咏了劳动的艰辛和农民的淳朴以及归隐的坚定。陶渊明在每况愈下的归隐生活中，更看到了农村的凋敝和农民的贫困，自己也陷入日益穷苦之中。如《怨诗楚调示庞主簿邓治中》曰："夏日长抱饥，寒夜无被眠。造夕思鸡鸣，及晨愿乌迁。"此诗写于54岁，倾诉了大半生的坎坷遭遇，由此亦可见广大农民的生活境况。但是陶渊明始终没有放弃美好的社会理想，农村田园生活使他更加了解了农民的思想愿望，因而晚年创作出为世乐道的《桃花源诗并记》。作品借渔人经历写桃源见闻，描写了一个没有君王统治、没有朝代更迭、没有压迫也没有剥削的世外乐园，反映了广大农民对希望用自己的劳动创造和平幸福生活的向往，同时也表达了对丑恶的现实社会的抨击和否定。可见陶渊明虽然一直在追求古代高士的情趣，但始终不能摆脱"兼济天下"之抱负给他带来的苦恼。这些苦恼更多地表现在其咏怀、咏史诗中，其《杂诗》、《读山海经》、《咏荆轲》、《咏贫士》昭露出其"金刚怒目式"的一面。他之所以歌咏那些失败的英雄和不屈的精神，恰恰是自己怀才不遇、壮志难酬的真情流露，因而这些诗也更有强烈的批判意味。

尽管陶诗在当时不受重视，这显然是因流行的玄言诗风所掩和其社会地位为人所轻之故，但从诗歌本体特征和其人格光辉来看，其价值应远远超出众人之上。他将农村风物和日常生活纳入诗中，而又赋予隽朗的情感和清新的气息，这就使其诗情画意给人感染并深有所悟。他将情、景、理高度融合，在表面平淡的话语中蕴涵着深切的情意，在对景色的疏简描写中包容着令人体味无尽的哲理。他的诗没有矫揉造作，全为发自肺腑的真情之言；他也不用什么典故和辞藻，而以自然朴素的语言使人感到亲切和真实。他的诗深厚而完整、简洁而含蓄，比起同时诗人来，并不刻意追求一两个好句或故作奇峭状，也绝不作冗长的描写和空泛的议论，因而诗篇整体和谐而充实。在玄言盛行、雕琢日尚的时代，陶渊明以清新素雅之风独树一帜，开辟出田园诗这一新的花圃。尽管当时没有受到诗坛的重视，但其日后却受到历代诗人的追捧。唐宋以后，诗坛学陶相沿成风，陶渊明以其诗歌风范成为文人永远追慕的一个高标。

文人诗歌发展到南北朝时期呈现出缤纷的异彩，各具风格特色的诗人相继涌现。南朝初期，有开创山水诗派的谢灵运，有喜用古事的颜延之，有擅长乐府诗的鲍照，他们打破了东晋玄言诗统治诗坛的局面，逐渐恢复了诗歌面向社会的现实主义精神。

谢灵运（385～433年）为东晋名将谢玄之孙，18岁袭封康乐公，刘裕篡晋后降为侯。后为永嘉太守，不久辞官，隐居会稽。元嘉十年（433年），因反对刘宋王朝被杀。谢灵运自恃门第高，有才华，但政治抱负始终未能施展，因而把现实的苦闷转向对山水的迷恋。江南的农业生产较发达，社会经济较繁荣，士族文人南移后政治上难有所为，乃广建园林别墅，流连自然风光。长期以来流行的游仙诗、玄言诗已渐空虚乏味，文人们也由访道深山、古刹谈禅转而肆意遨游、寄情山水。谢灵运做永嘉太守时经常游山玩水，每到一地便要写诗记胜，他是第一个用全力来描绘壮丽河山的诗人。他的山水诗改玄言诗的抽象说理为大自然的具体描述，对唐代王维、孟浩然等产生了直接的影响。不过其诗在生动的景物描写中不时流露出消极出世的思想，写景状物虽然细致逼真但又过于雕琢堆砌，从中不难看出潘、陆辞藻华美和孙、许谈玄论道的影响。其较好的作品有《登池上楼》，写出任永嘉太守的失意心境和病中临窗远眺所引起的归隐之情，诗中"池塘生春草，园柳变鸣禽"一联历来为诗论家所称赞，不加雕饰地写出物候变化和盎然生机。但诗人主旨还是抒发自己阴凄苦闷的心情，因而全诗具有一种暗淡色彩和玄言意味。谢灵运诗注意对偶工整，藻饰繁华，如《文心雕龙·明诗》所言："俪采百字之偶，争价一句之奇；情必极貌以写物，辞必穷力而追新。"过于追求形式技巧和注意客观摹写，使诗歌骈俪化的倾向此后愈渐突出而成为南朝主流。

颜延之（384～456年），时与谢灵运齐名，但他的诗句句用典，句句对偶，刻意雕缋，铺锦列绣，表面看好似凝练，实际上缺乏清新。据现存诗来看，只有《五君咏》、《北使洛》、《还至梁城作》几首较好。语言朴素，感情真实，倾向鲜明，殊有成就。

在世称"元嘉三大家"的诗人中，鲍照（414～466年）比谢灵运、颜延之成就都高。鲍照，字明远，东海人。出身寒微，少有才华，但在门阀制度森严的社会里，一生在政界和文坛都受到轻视和压抑。他一生蹉跎，壮志难酬，因此，贫贱者的悲愤成为他的诗歌主调。鲍照诗歌现存200余首，其中最有特色的是他的拟乐府，拟乐府中最突出的是他的《拟行路难》18首。鲍照一生处于社会下层，对仕途的黑暗深有体会，因此诗歌抒发怀才不遇和愤世不平之感最为强烈。《拟行路难》之四曰："泻水置平地，各自东西南北流。人生亦有命，安能行叹复坐愁！酌酒以自宽，举杯断绝歌路难。心非木石岂无感？吞声踯躅不敢言。"此诗写门阀制度下的压抑苦闷，全诗一气呵成，明白晓畅，语言质朴，真情动人。《拟行路难》之六更为激愤："对案不能食，拔剑击柱长叹息。丈夫生世会几时，安能蹀躞垂羽翼？弃置罢官去，还家自休息。朝出与亲辞，暮还在亲侧。弄儿床前戏，看妇机中织。自古圣贤尽贫贱，何况我辈孤且直。"此诗郁勃不平之气愤然喷出，继而看似平淡实为牢骚而孤愤难平，最后两句表面上是自我解嘲，实际上写尽了古来贤能的悲哀。从鲍照诗中不难看出一个才高气盛而满怀抑郁的自我形象，其耿介孤直的性格和傲岸不屈的态度在诗中展露无遗。诗人为了抒发胸中悲慨，杂用五言、七言两种句式，吸取民歌朴素的语言形态，长短错落地表达出忧愤难耐的心情，给人一种质朴劲健的审美感受。《行路难》本是汉代出殡时唱的挽歌，鲍照拟之用来表达悲情更加激切，其现实主义精神于此也得到更新的阐扬。鲍照诗体五、七言杂用，而且隔句用韵，使诗既有音节铿锵曲折之美，又便于无拘束地表达奔放的感情，扩大了诗歌的表现力。鲍照诗俊逸豪放，笔力刚健，颇具汉魏风骨，又有时新气象，在当时诗坛独树一帜，为七言诗的出现开辟了道路。齐梁诗人纷纷效法鲍照，七言为主的杂言乐府不断兴盛，后来唐代诗人的七言歌行体，多是从鲍照诗中脱化而来。

　　诗歌发展到齐梁时期，出现了讲求声律的新体诗，追求诗歌语言的形式美一时成为风尚。这时出现的"永明体"，反映了诗歌从比较自由的发展到讲求格律的必然趋势。当时诗人讲求对偶、用典、辞藻、雕琢

梁武帝萧衍修陵麒麟（南朝·梁）

等技巧，所作诗歌平仄协调、音韵悦耳、对仗工整、词采华丽。这些诗歌虽然篇幅短小，但精致秀雅，实开唐代律诗之先河，并对其他文体也产生了广泛的影响。永明体诗人多为贵族，他们作诗忽视思想内容，且留意于诗歌形式，因而成就不高，只有被称为永明之雄的谢朓以其经历和才华被世人推重。

谢朓（464～499年），字玄辉，谢灵运的同族晚辈，人称"小谢"。齐明帝时曾任宣城太守等职，后任尚书吏部郎，因政变牵连下狱而死，死时年仅36岁。其诗有对身世的忧虑，有对故乡的怀念，有静谧生活的追求，有友人欢会的期望，都独具清新秀美的风格。他的诗歌以描写山水风景最为突出，善于运用精练的词句写景物奇丽的变化，形象生动，色彩鲜明，声律和谐，工于对仗，既吸取了谢灵运那种细致与逼真的长处，又基本摆脱了玄言诗的影响，形成了一种爽丽洗练的面貌。如《晚登三山还望京邑》："余霞散成绮，澄江静如练。喧鸟覆春洲，杂英满芳甸。"此诗写于诗人出任宣城太守的时候，题目概括了全诗的内容。诗中写景抓住时令特征，形象生动，情调优美。可环境如此令人眷恋却偏又要离去，因而结尾以忧愁作结流露出离乡的伤感。谢朓诗很讲艺术，在结构的安排和语言的提炼上，在声音色彩的协调和景色的远近浓淡上都别具匠心。其写景诗很多，更有许多名句，如"大江流日夜，客心悲未央"，"鱼戏新荷动，鸟散余花落"，等等。其状物写景时常融入主观感情，疏淡而饶有趣味，形式上又注意整体和谐，工致而耐人品思。但由于生活领域较窄，作诗又过于追求声调韵律，因而削弱了诗歌的思想深度。

与谢朓同时的著名诗人还有沈约（441～513年）和江淹（444～

505年）。沈约诗多是陪侍皇帝游宴时的奉诏之作，内容贫乏。只有一些写景诗如《早发定山》、《披褐守山东》等，写出了大自然的优美情趣。江淹诗也是内容狭窄，脱离民生疾苦。他作诗善模拟，如《学魏文帝》、《效阮公诗十五首》等，但缺少个人创造。沈约、江淹作诗，都讲求声律精工，有些诗写得幽深奇绝，促进了诗歌艺术的进步。

齐梁时期的诗歌在追求语言形式美的同时，内容却越来越远离社会现实。随着社会上层贵族的日益腐败与提倡歌诗，一些宫廷诗人越来越多地描写女人的容貌、形体、心理、妆饰、姿态，于是，以雕藻绮靡的形式寄寓放荡荒淫内容的诗风逐渐兴盛起来。这种诗风，在沈约的《梦见美人》、《携手曲》等诗作中已初见端倪。此后梁简文帝大加提倡，一班宫廷诗人又相奉和，如庾肩吾、徐摛、刘孝绰、徐陵、庾信等，于是在梁陈时代风靡一时。如梁简文帝的《咏内人昼眠》、《戏赠丽人》、《倡妇怨情》，陈后主的《玉树后庭花》、《三妇艳词》。因为这种诗歌产生于宫廷，且内容所及也多为宫廷生活，时人乃称之为宫体诗。宫体诗的内容充满了色情味道，"止乎衽席之间"，"思极闺帏之内"①；形式上则绮縠纷披，宫徵靡曼，声调婉丽，辞采华艳。这股诗风由梁到陈相沿成势，文人诗歌创作淫靡成风，直到初唐四杰和陈子昂倡导诗文革新，才逐渐将其涤荡。但从文学历史发展的角度看，宫体诗反映了梁陈时代贵族的生活和心理状态，也还是有一定认识意义的。宫体诗人力主言情的诗歌理论，对传统诗教也是一次冲破，给诗歌解放提供了一个契机。宫体诗提高了语言的描写能力，讲求声律和对仗的精工，采用五言四句或八句的形式，为诗歌本体的发展提供了艺术借鉴。

在宫体诗倡兴之时，也有一些不受时风熏染的诗人，如何逊、吴均、阴铿等。他们或取法鲍照，或学习谢朓，写出一些内容健康、意境清新的作品。何逊善于通过景物描写来刻画人物心情，吴均诗则多怀才不遇的愤慨和

———————————
① 魏征：《隋书·经籍志集部序》。

志士报国的情怀，阴铿写景具有浓厚的诗情画意。他们以清朗超拔之气于宫体诗外另开境界，对诗坛新面貌的形成有不可忽视的作用。

　　北朝初期战乱频仍，文人南迁后文坛荒凉。直到孝文帝推行汉化，提倡制礼作乐，文学创作才略有起色。东西魏期间，文学开始繁荣，"北地三才"温子升、邢邵、魏收各有成就。西魏攻陷江陵以后，大批南朝文人流落北方，一些名臣如庾信、王褒等受到重用。他们带来丰富多彩的南方文化，并在北方上层人物之间诗文酬酢，于是北方文人诗歌逐渐兴盛起来。但北方诗人多效仿南朝创作，成就不大。虽有"词义贞刚，重乎气质"的特色，但多为摹制，缺乏创造，因而真正有成就者还是由南朝迁入北地的诗人。如庾信（513～581 年），字子山，南阳新野人。庾信少负才名，博览群书，15 岁时入宫为太子萧统伴读。其父庾肩吾，梁著名宫体诗人。其父子与徐摛、徐陵父子时常出入宫廷，歌诗酬和，世称"徐庾体"。后奉命出使西魏，恰逢梁被西魏灭亡，庾信家族被掳至北方，庾信也就留在西魏。北周代魏后，封庾信为骠骑大将军、开府仪同三司，礼遇优厚，百般笼络。由于庾信后期生活身经丧乱，因而诗作一扫前期浮艳绮靡气息，又因目睹国破家亡而羁旅异地，思想矛盾痛苦难以解脱，故身世遭际和乡关情思相交织成为庾信后期创作的主题。其代表作《拟咏怀诗》27 首，就是结合自己生平经历而抒发故国沉沦之痛，并满含以身仕周的内疚和思念故乡的深情的。其第 7 首曰："榆关断音信，汉使绝经过。胡笳落泪曲，羌笛断肠歌。纤腰减束素，别泪损横波。恨心终不歇，红颜无复多。枯木期填海，青山望断河。"此诗假借一个流落在北方的南朝女子怀念故国的幽怨，写作者羁留此地不得南归的沉郁心情。又如第 11 首写梁朝灭亡给自己带来的悲伤，诗中描画南国人民被北魏军队劫杀的情景十分悲苦，最后诗人写道："楚国饶恨曲，南风多死声。眼前一杯酒，谁论身后名！"写百姓的苦难和君臣的荒败，深富感叹，无限痛慨。庾信诗用典贴切，语挚情真，对偶工整而不使人感到雕琢；他还有些寄赠友人的小诗晓畅通达，含蓄委婉；有些描写北国风光的诗苍凉开阔，意境平远。这都反映出其诗歌艺术的精湛。他作为集南北诗风之大成的诗人，为后来唐诗的繁盛做了坚实的铺垫。

第二节　文之骈俪

　　魏晋南北朝时期的散文和辞赋也处于不断的发展变化中，总的趋向是文、赋由清新洒脱转向华美富艳并讲究骈俪。实际上，东汉以来散文和辞赋就讲究句式的整齐和词藻的典丽，这从史书、政论、辞章、歌赋都已表现出来。汉魏时期玄学大兴，文风逐渐清峻通脱，但也因人而异呈现多种风格，而偏重抒情、讲究文采则是共同特征。

辅国司马印（三国）

　　作为建安雄杰的曹操虽不曾专门从事文学散文的创作，但从他流传下来的大量"令"、"表"、"书"等文章看也很有文学特色。其《让县自明本志令》通过自己平生志向和事业成就的回顾，说明对已取得的名位感到满足，进而针对流言剖白自己虽然功业显赫，却志在效法古代贤臣绝无篡权自立的野心，继而又申述不能放弃兵权的理由，并以奉还封邑表明谦让之志。文章具有鲜明的个性和雄武的气概，"设使国家无有孤，不知当几人称帝，几人称王"之豪言，非曹操不能道。而文中不时出现骈偶，妥帖自然，使人可见政治家的情辞风采，质文并茂。全文又写得入情入理，坦诚布公，真实性和说服力非常强。如作者叙述自己早年的志向原本有限，后在董卓之乱中举兵勤王屡建功勋进而为相，此后针对因功高而出现篡立的流言表明自己绝无代汉的野心，又申明自己不可放弃兵权而使自己和国家受害，最后道出让县在于不贪无功和减少别人的诽谤。文章写得简明中肯，质朴充实，无所避忌，率直雄辩，充分表现出曹操语势峭拔、劲力刚健的风格。

与曹操相比，诸葛亮（181～234 年）的散文则周密畅达，慷慨凄清，忠肝烈胆，诚挚感人。他在刘备死后率军北伐时写给后主刘禅的《出师表》最为人称道。这篇奏疏写得精辟透彻，条理分明，委婉凯切，整肃忠恳。全文在追念先帝刘备和分析形势的基础上，一方面告诫、勖勉后主刘禅发扬先帝遗德，开听讷谏，励精图治，一方面抒写了自己报效先帝、忠于后主和率师出征、讨贼复兴的决心。通过这两方面，表现了作者贤明正直、鞠躬尽瘁的政治家品格。作者行文层次清晰，结构严谨；叙事简明扼要，说理透彻详实，抒情深挚恳切；语言则质朴无华，没有浮丽的辞采和古老的典故，娓娓道来，平易明畅，间或使用骈偶句式也出于自然。由此可见，汉末杰出的政治家崇尚平实，文风干练简易而不乏精严，感情深沉而含蓄诚恳，吸收玄学的清峻和文辞的浮华而淘洗熔铸，在行文中自有性格和怀抱而绝不扭捏造作。

这时的辞赋也与汉代大肆铺陈不同，侧重咏物事以抒情愁。建安时期王粲所写《登楼赋》被刘勰称为"魏晋之赋首"，此赋是王粲避难荆州的时候为抒写动乱年代中怀念故土和怀才不遇所作。赋先写登楼游观而触动了乡思，由乡思之情而感叹恰逢乱世，最后写时光易逝而终无所成的悲慨。赋中景物描写与感情抒发巧妙契合，每段写景都很精练而充满着浓郁的感伤情绪，在抒情之中又间以典故和议论更使人展开联想，使赋的境界更为宽阔而抒情更为充分。全赋语言自然流畅，一扫汉赋雕琢堆砌的习气，给人以沉郁爽健之感。王粲除《登楼赋》外，还有《大暑赋》、《思友赋》、《游海赋》等，可惜多剩残篇。

与王粲同时的祢衡少有才辩，气刚傲物，其辗转流离黄祖处，深有感慨，写出《鹦鹉赋》。此赋以鹦鹉为描写对象，盛赞灵鸟的自然奇姿与生性才慧；叙写了被人们网罗豢养后远离山林有家无归的精神痛苦；

铺陈了向往自由而不得，只好奉命学舌的凄苦心情。这篇赋中的鹦鹉，实是作者本人的写照，因而托物言志中充溢着浓重的抒情。作者把鹦鹉拟人化，一往情深地加以歌咏，更使人感到作者的悲苦。此赋语言清丽隽朗，富有诗情。

当时写赋最多的还是曹植，而以《洛神赋》最为著名。这篇 900 多字的小赋写于黄初四年（223 年），曹植到京师朝觐后归途路经洛水时。作品写诗人在洛水之滨与洛水女神相遇，两相爱慕却因人神相隔无从结合终于分离。实际上此赋深有寄托，它借神人相恋的故事，寄寓了作家一种忠贞的感情，以及理想无法实现的彷徨苦闷。全文以浪漫主义的手法，用梦幻般的境界构成。赋中出现的洛神是作家幻想的产物，曹植通过这一美的精灵寄托了他的追求与

洛神赋图局部（东晋）顾恺之

向往。他笔下的女神神采艳逸，情致高雅，但又若即若离，无法接近。这不由不使人想起《诗经》中"在水一方"的描写和宋玉《神女赋》的意境，而作者又运用饱蘸情采的文笔将其结合渲染，这就使女神形象更加新丽超凡并也突出刻画了作者的浓重伤感。作品辞采华茂而不堆砌，想象丰富而不离奇，比喻精巧，烘托神妙，语句参差，变化得体，具有忧郁的抒情气氛和绚丽的神话色彩。洛神千百年来深受人们喜爱，被移植到雕绘创作和戏曲舞台上，这完全基于作品的思想内容和艺术成就。总之，建安时期的文、赋仍带有两汉的古朴遗风，又糅进文学本身发展的形式要素，呈现出清新峻切的品格而焕发出时代异彩。

正始时期，由于政治形势出现重大变故，玄学思潮面对社会现实出现愤激征象。虽名士内心苦闷的表现方式各有不同，但大致上呈现出共同的清峻遥深的倾向。

阮籍的《大人先生传》是一篇长文，以传记的形式描绘了大人先生"超世而绝群，遗俗而独往"的形象。这个大人远远超出一般隐者高士，主要特点是："与造物同体，天地并生，逍遥浮世，与道俱成，变化聚散，不常其形。"他"陈天地之始，言神农、黄帝之事，昭然也，莫知其生命之数"。"先生以应变顺和，天地为家，运去势陨，魁然独存。自以为能足与造化推移，故默探道德，不与世同之。自好者非之，无识者怪之，不知其变化神微也。"这个形象显然是与"名教"相悖离的，在他身上具有追求自由和大胆反叛的精神，寄寓着作者的理想和对现实的愤懑。作者通过这一神化而虚构出来的形象，表明自己崇尚老庄和超越世俗的思想情感。文中还反映了当时动乱社会中上层阶级伪装儒雅实为利禄的丑恶面目，批判"名教"效应以及"君子"风度，所谓"天下之贵，莫贵于君子。服有常色，貌有常则，言有常度，行有常式。立则磬折，拱若抱鼓；动静有节，趋步商羽；进退周旋，咸有规矩；心若怀冰，战战栗栗；束自修行，日慎一日；择地而行，唯恐遗失。诵周孔之遗训，叹唐虞之道德，唯法是修，唯礼是克。手执珪璧，足履绳墨……"文章以讽刺笔调嘲弄那些腐儒，将其比做藏在裤缝中的虱子："汝君子之处寰区之内，亦何异夫虱之处裈中乎?"文章嘲谑犀利、笔调恣肆，语言骈散间行、对比映衬、辛辣尖刻，表现了作者强烈的爱憎。

嵇康的《与山巨源绝交书》与阮籍的《大人先生传》相比，则傲世脱俗的主观色彩更为鲜明。山涛和嵇康原来都是当时的名士，因为对现实不满才共游竹林。后山涛易节出仕并笼络嵇康，嵇康一怒之下才写此信绝交。此信写后不久，嵇康就被杀害，可见其刚肠傲骨。此信陈述了自己不能做官的各种原因和不愿做官的坚决意志，以谴责山涛求官的卑劣行径表达了对时政的不满和抨击。他在申诉自己不能做官的理由时，不厌其烦地述说自己性情疏懒简散，狂放不羁。这正是针对司马氏大力宣扬"礼法"而故意反其道而行之，以此表现他绝不追腥逐臭、同流合污的愤世嫉俗精神。作者在文中嬉笑怒骂，冷嘲热讽，对山涛见风使舵、随机应变的处世态度挖苦奚落，对山涛一面汲汲求官、一面标榜孤高的伪善面目大加揭露。对司马昭集团的不满也策笔直抒，疾言无讳，不仅痛快淋漓，而且击中要害。他说："人伦有理，朝廷有法，自惟至熟，有必不堪者七，甚不可者二。"作者以自嘲的态度夸张地丑化自己，实际上是用反语对封建礼法之士与失节变态之徒的鞭挞，而其所谓"七不堪"、"二不可"公然是对朝廷法制和虚伪礼教的斥责和挑战。全文字里行间锋芒毕露，言事抒情激愤洒脱，其透辟的论说近似政论，其哲理的深寓又似诸子，而幽默的讽刺又类杂说，由此可见嵇康峭拔、俊秀、刚傲、激愤之风姿。

稽康被害以后，好友向秀作赋念之。其《思旧赋》前有小序云："嵇博综技艺，于丝竹特妙。临当就命，顾视日影，索琴而弹之。余逝将西迈，经其旧庐，于时日薄虞渊，寒冰凄然，邻人有吹笛者，发声寥亮，追思曩昔游宴之好，感音而叹，故作赋云。"向秀为"竹林七贤"之一，后虽被迫入仕为官，然终不能忘怀旧友的高风亮节。此赋不长，感情深挚，也带有正始文字抑愤悲戾的色彩。

与此同时，李密（224～287 年）的《陈情表》和陈寿（233～297年）的《三国志》也为脍炙人口的名篇。李密，字令伯，犍为武阳人。少年丧父，母亲再嫁，他由祖母刘氏抚养成人。蜀亡后，晋武帝召为太子洗马不就，写《陈情表》以请终养祖母。此表陈述自己身世，说明不能赴召的原因。由于他是蜀汉旧臣，又怕引起晋武帝误会，因此陈情时委婉曲折，极尽苦衷。如其写不能远离祖母的原因时言："伏惟圣朝以孝治天下，凡在故老，犹蒙矜育，况臣孤苦，特为尤甚。且臣少仕伪朝，历职郎署，本图宦达，不矜名节。今臣亡国贱俘，至微至陋，过蒙拔擢，宠命优渥，岂敢盘桓，有所希冀！但以刘日薄西山，气息奄奄，人命危浅，朝不虑夕。臣无祖母，无以至今日，祖母无臣，无以终余年。母孙二人，更相为命，是以区区不能废远。"此以孝为重，非为名节，晓之以理，动之以情，据说司马炎读后都深为感动，说："士之有名，不虚然哉！"并为嘉勉他的孝心，还赐奴婢两名，命郡县供养他的祖母。《陈情表》在构思上匠心独运，情真理直；语言上也十分突出，辞语恳切，简练流畅。"忠则《出师》，孝则《陈情》"，道出二表之地位，《出师表》、《陈情表》虽为公文，但文采焕然，同时亦可看出西蜀之文风亦趋华丽。

陈寿，字承祚，巴西安汉人。入晋后为著作郎、中书郎等职，后潜心著述，用12年时间写成《三国志》65卷，选材严谨，叙事简明，评述较为公平，在当时就被誉为"近世之佳史"。《三国志》叙事不像《史记》、《汉书》那样精微曲折，而是寓叙事于简约文字之中。描写历史人物真实、形象、传神，于大笔勾勒之中不乏精彩点染。语言简洁明快、清峻洗练，不故作雕饰。

由上所述，可见魏晋之际文、赋之概观，文、赋虽为不同文体，但就语言形式看互为取长补短，而文笔洗练峻切之风格与两汉文、赋的夸张繁富大有不同而显有发展。

西晋统一中国后出现了一时繁荣，作家也有充裕时间精力表现文学才华，于是文坛上也就热闹了起来。太康年间，政治基本稳定，社会相对安宁，国家已趋富强，于是那种歌舞升平的汉代大赋形式又重新泛起余波。潘岳有《籍田赋》，左思有《三都赋》，成公绥有《啸赋》，木华有《海赋》，郭璞有《江赋》，这些赋多是模拟汉赋，但缺乏汉代作家那种昂扬兴奋的精神，仅是借以炫耀博识与驰骋才华而已。左思的《三都赋》是其中较好的一篇，作家通过描述三国时蜀、吴、魏三国的京都，抚今追昔，抒发了治乱兴亡的感慨。这3篇赋是模仿班固的《两都赋》与张衡的《两京赋》写成的，据说"构思十年，门庭藩溷皆著纸笔，遇得一句既便疏之"①。他介绍赋的创作过程说："余既思摹二京而赋三都，其山川城邑，则稽之地图；其鸟兽草木，则验之方志；风谣歌舞，

---

① 《晋书·左思传》。

各附其俗；魁梧长者，莫非其旧。"可见其力求真实而反对浮夸，但也就难免迂阔板滞而缺乏活泼生动。此赋当时影响颇大，豪贵之家竞相传抄，洛阳一时为之纸贵，可知当时铺排风气。此风气在赋中亦可领略，如写蜀地的山川景胜："邛竹缘岭，菌桂临崖。旁挺龙目，侧生荔枝。布绿叶之萋萋，结朱实之离离。迎隆冬而不凋，常晔晔以猗猗。孔翠群翔，犀象竞驰。白雉朝雊，猩猩夜啼。"写魏都的豪华风情："延广乐，奏九成，冠韶夏，冒六茎。儳响起，疑震霆，天宇骇，地庐惊。亿若大帝之所兴作，二嬴之所曾聆。金石丝竹之恒韵，匏土革木之常调。干戚羽旄之饰好，清讴微吟之要妙。世业之所日用，耳目之所闻觉。杂糅粉错，兼该泛博。"这些赋的特点往往是材料赡富，辞义瑰伟，语言华艳，句式骈俪，作者多少有些规谏讽喻之意，但以收取声名为目的，因而刻意搜奇抉异以显博雅，所以不同汉赋的古拙扬厉。

除此类大赋外，还有一类抒情小赋沿着汉末以来的途轨也有发展，所作或借物起兴、以物喻人，或直抒胸臆、吟咏性情。如张华的《鹪鹩赋》、《归田赋》，陆机的《叹逝赋》、《思归赋》，潘岳的《秋兴赋》、《闲居赋》、《怀旧赋》，左思的《白发赋》等。西晋文坛的华丽轻绮之风使这些赋或多或少地有着重辞藻喜雕饰的倾向，不过许多篇章情深意切而文笔动人更具感染力。张华早年曾作《鹪鹩赋》以自寄，借意于《庄子·逍遥游》中"鹪鹩巢于深林，不过一枝"之语。魏晋以来的文士思想趋向于栖隐雌伏，因此常对这类与世无争的小鸟有企羡之意。张华自小卑贫孤弱，在大族社会里受到压抑，内心深处于是有形微处卑之感，作此赋正是托物喻人、借鸟抒怀。赋中写鸿雁孔雀因美羽而无以避害，鹦鹉苍鹰又因有用而受绁入笼，唯有鹪鹩"动翼而逸，投足而安，委命顺理，与物无患"，表现出一种自足于怀的人生哲学，也显出其潜具的顺世清淡的态度。

潘岳的大赋充分展示了其铺陈词藻和描写叙述的才能，而其小赋也写得情真意切、凄婉动人。其《秋兴赋》抒发入仕多年而沉沦下僚的抑郁之感，在清冷的秋夜，他"听离鸿之晨吟兮，望流火之余景。宵耿介而不寐兮，独辗转于华省。悟时岁之遒尽兮，慨俯首而自省"，情辞婉丽，凄哀孤苦。作者有感于官场生活对生命价值的戕害，为摆脱浊世沉浮的矛盾苦闷，最后表达了隐居高蹈之意："且敛衽以归来兮，忽投绂以高迈。耕东皋以沃壤兮，输黍稷之余税。"这段描写，思致高远，语句清畅。结合其后期写作的《闲居赋》来看，其官场始终不能得意，反而历经波涛之险，因此他的一生可谓忧苦与企盼参半，既希望恬退山林又难抑热衷官场。这也就使他的赋作有些颇为矛盾的地方，而就艺术性而言的确"殊多美句"。潘岳的哀诔之文也很著名。其《马汧督诔》是一篇峻烈遒劲的正义之作。诔中以饱满的激情、慷慨的笔调，歌颂了"位末名卑"的汧城守将马郭的忠义勇烈，在客观上揭露了西晋统治集团内部的黑暗污浊和卑劣无耻。潘岳的《哀永逝文》，则是一篇哀情充溢、凄切缠绵的悼亡之作，文中对亡妻的怀念不假饰词，涓涓涌出，极其沉痛，如"思其人兮已灭，览余迹兮未夷。昔同途兮今异世，忆旧欢兮增新悲"等句。音节和谐，自然骈偶，显示了作者极高的表达情感和驾驭文字的能力。

陆机的小赋也很多，其抒情咏物，叙事论理，皆能曲尽其妙，又辅以文采，挟以气势，因而感人至深。其《文赋》为探究文学创作方法和理论的大作，说理精微，语言华美，显示了极高的文学造诣。和诗赋相比，陆机之文更具盛名。《文选》收入其表、序、颂、吊、论等文的数量远过其赋。其《谢平原内史表》表现出对成都王颖知遇之恩的真挚谢意，也写出自己作为南士而每被排挤的内心愤慨。气足神完，语词流丽，音韵和谐，对偶自然。《豪士赋序》在艺术上远过此赋本文，如开首即曰："夫立德之基有常，而建功之路不一。何则？循心以为量者存乎我，因物以成务者系乎彼。"说理婉曲透彻，叙述层次分明。其还有《汉高祖功臣颂》、《吊魏武帝文》、《辨亡论》等。陆机这些文章气势酣畅，骈俪繁富，固然有些雕饰，但精美弥足欣赏。他爱用富丽的文字叙述议论，这与时辈一味缘情轻绮不甚相同。其《吊魏武帝文》开篇即言："资高明之质，而不免卑污之累；居常安之势，而终婴倾离之患。"起调精警，发人深思，吊文对曹操纵笔评论，情理相济。可以说，太康文、赋骈俪已成大观：潘岳辞采轻敏浅近，柔靡委婉；陆机文笔深奥板重，刚拙刻练。孙绰说："潘文浅而净，陆文深而芜。"谢混说："潘诗烂若舒锦，无处不佳；陆文如披沙拣金，往往见宝。"二人都注意形式本身的美感，因而在句式、音韵、声色、骈对诸方面刻意提炼，为文学本体的发展提供了经验。

晋室遭永嘉之乱南渡以后，华丽的文坛也显得凋零败落，如繁盛的花草在西风扫过后只余遒劲的枝条。此时玄风大盛，辞赋不多，孙绰作《天台山赋》可见一斑。唯有陶渊明《感士不遇赋》、《闲情赋》、《归去来兮辞》洒脱疏朗，令人玩味。尤其是《归去来兮辞》，作者抒写辞官归田时的思想感情，描绘还家的欣喜和田园的乐趣，表现决心躬耕田亩、安贫守志的高尚情操。字里行间充溢着感情，以淡远的境界突现出孤高峻洁的人格，基本采用四六对偶的句法而不时又以感叹打破沉郁的单调，读来抑扬顿挫，韵味深远。宋代欧阳修说："晋无文章，唯陶渊明《归去来兮辞》一篇而已。"可谓警拔之言，推崇之至。其开篇曰："归去来兮，田园将芜胡不归！既自以心为形役，奚惆怅而独悲？悟已往之不谏，知来者之可追。实迷途其未远，觉今是而昨非。舟遥遥以轻飏，风飘飘而吹衣。问征夫以前路，恨晨光之熹微。"情、景、事、理相谐相融，语调文采浅易自然，仔细体味却觉含义隽永，意味深长。作品体裁为辞，属抒情小赋一种，写得清新活泼，并无浓愁长恨，可见作者高格。

东晋之文也不像西晋规模，虽然骈文形式已经形成，但东晋文人却不追求其辞采的华美和俳偶的工巧，而是有意追求骈散兼行的风格，给人通脱峻秀的感觉，这也更符合玄之意趣。王羲之（321~379 年）的《兰亭集序》记他与谢安、孙绰等 41 人聚会兰亭、曲水流觞、饮酒赋诗之情景，抒发人生短暂而欢乐有尽的感慨并使人浮想联翩，可谓名篇。

序文前半部分勾勒出兰亭依山傍水的清幽环境，同时衬托出雅集者的闲逸之情。序文的后半部分重在抒怀，作者感到盛衰无常，修短随化，不禁产生了无限感慨。但随即又将悲观情绪荡开，以超脱心境表现出一种达观态度。《兰亭集序》写在雕辞琢句的骈文风行时代，而以清新朴实的语言不拘音律骈偶，表现出疏爽自然而情韵隽永的特点，因而独树一帜，别具一格。

武士俑（南朝）

陶渊明继承借鉴了这种风气，作文语言朴素，情意真切，句式疏散，风韵自然。其《桃花源记》描写了一个优美、安宁、幸福、自由的理想世界，具有一种古拙的朦胧幻想和清丽的浪漫主义色彩。全文语言简洁，质朴无华，娓娓道来，苍秀劲力，给人一种清爽白描之感。《五柳先生传》则是作者的自我写照，以简练的文字勾勒出峻爽的性格，成为过去有进步理想的知识分子羡慕的对象。《与子俨等疏》是作者的一篇遗嘱，在此吐露了他"质性自然"和"与物多忤"的性格。《自祭文》历来被认为是他的绝笔，显得乐观、放达，绝无颓唐、伤感的情调。总之，陶渊明的文笔清新洗练，情趣盎然，毫无雕饰之感，充满悠闲淡雅的气息。东晋的玄学的确使文坛弥漫着一种玄气，而士大夫对玄风的追捧刻意表现出一种潇洒的风度，所以赋、文受其影响而洗尽铅华显得清秀，何况王羲之、陶渊明等高人更胜一筹。

南北朝时期，文、赋逐渐骈俪化并形成定式。魏晋时期的骈俪倾向至南北朝蔚为大观，尤其是至齐梁年间登峰造极。其特点是句式整齐，讲究对仗；声韵协调，平仄相对；致力雕琢，辞采华美；注重用典，博雅见长。这时期，文学散文、抒情辞赋都讲骈俪，甚至应用文都用骈体。骈文与骈赋此时已没有什么不同，二者的主要区别在于是否押韵。

骈文不要求押韵，骈赋则要求押韵，或者说骈赋是押韵的骈体文，因而人们以骈文泛指这一文体。此后为示区别，一般将骈文、骈赋之前的文、赋称为古文、古赋。文、赋的骈俪倾向，使文章在语言声调和艺术技巧方面有所进步，但由于过于追求形式美感而内容不免空虚贫乏。

这时的骈体文学可谓繁花似锦，缭人眼目，也有一些真正出类拔萃、摄人魂魄的作品令人称奇。如鲍照的《芜城赋》，通过广陵昔日繁盛与今日残破的对照，抒发了作者的兴亡之感和无限哀伤，表现了作者对统治集团争权夺利而摧残文明的怨愤，寄寓了作者对统治阶级妄图永享富贵的讽刺。全赋夸张铺陈，映衬对比，有力地突出了主题。语言精练华美，奇警峭拔，以四六句式为主又参差多样，使语调铿锵，音节和谐。鲍照还有《登大雷岸与妹书》，是作者途经安徽省望江县大雷岸时给其妹鲍令晖写的。此信除叙述旅途辛苦与辞家惜别之情外，大量文字是描写登大雷岸所见的自然景色。高山大川，风云鱼鸟，色彩瑰丽，美妙生动，是一篇优美的记游文字，以书信形式描写自然景观，《登大雷岸与妹书》可谓始肇其端。

刘宋时谢惠连的《雪赋》与谢庄的《月赋》以写景状物见长，语词新丽，意境清幽，也饶有意趣。南齐孔稚珪（447～501 年）为人旷达，不拘细节，作《北山移文》讽刺假名士的丑态，入木三分。文中写南齐周颙曾隐居钟山，自命清高，鄙视利禄，厌弃时俗。不久，朝廷召他出山做官，他即刻乐得不知所以，欣然上任。不仅如此，他做官后比俗吏还俗，比酷吏还酷，狰狞面目完全暴露，原来的钟山之隐全是为沽名钓誉。作者采用拟人化手法，描写此山有节操，爱憎分明，并以对比写法烘托渲染，讨伐周颙，充分显示出作者泼辣明快的讽刺态度。

丘迟（464～508 年）的《与陈伯之书》也是骈文中的名篇。时陈伯之已降北魏，丘迟作此书劝其归梁。文中言梁、魏待遇悬殊；梁主宽大为怀不计前嫌；归梁则弃暗投明，功名显要；然后描绘江南景色，引动其乡关之思；最后陈述形势，劝其勿失良机。此信以私交谈国事，既要申明大义讲清道理，又要从情出发不忘旧谊。作者把握分寸极好，关心切切，感情绵绵，十分动人。文中对偶工整自然，骈散相间，显得极为活泼流畅。用典也很少，说理、抒情融洽，毫无板滞之感。全文立意鲜明，措辞婉转，说理透辟，感情真挚，不失为骈文中的杰作。

江淹（444～505 年）的《恨赋》、《别赋》也是当时著名的骈体抒情小赋，作者善于用具体形象抒写各种不同的愁恨之感和离别之情，独创一格，新颖别致。作者通过对环境气氛的铺写描绘，来烘托、刻画人物的心理。如写行子伤别是："是以行子肠断，百感悽恻。风萧萧而异响，云漫漫而奇色。舟凝滞于水滨，车逶迟于山侧。"再如写情人分手时："春草碧色，春水渌波，送君南浦，伤如之何！"文中语言又丰富多彩、参差错落，各种句式兼行和修辞手法并用，充分体现了文体形式华美和情感真挚深切的完美结合，不愧为骈赋中的精品。

其他如陶宏景的《答谢中书书》与吴均的《与宋元思书》都是写景名篇，文中只写江南山川之秀美，极尽描抒生灵之气息，情景相融而又富理趣，令人赞叹不绝。两封书信都不语及世务，只是描写自然风光。这种以书信写山水的文章竟也成为一时风尚。

南北朝时最具盛名的赋家还是庾信，他前期为梁宫廷诗人，心情闲适，多作咏物抒情小赋，如《春赋》、《荡子赋》、《七夕赋》、《鸳鸯赋》、《灯赋》、《镜赋》等。这些小赋都写得对仗工整，声韵和谐，流丽自然，一往情深。但此时由于生活面狭窄，思想境界不高，因而所作多缺乏深刻的社会内容，在风格上也流于绮艳纤弱。后期由于羁留北国，心情矛盾困苦，赋风为之大变，此时所作《小园赋》、《竹杖赋》、《枯树赋》、《哀江南赋》，一洗齐梁风貌，变得苍凉悲凄。尤其是《哀江南赋》，以自己身世为线索，叙写梁朝兴亡史，赋中"不无危苦之辞，唯以悲哀为主"，表达了诗人国破家亡之后的乡关之思和身仕异朝的内心疾苦。赋前有一小序，乃用骈文写成，此为交代写赋动机，也流丽清新、十分雅致。赋中表述家风世德，追忆梁朝内乱，叙写江陵亡国，陈诉伪仕之苦，委婉凄切，情真意切。如写梁朝被俘官民押往北国途中的苦难情形："水毒秦泾，山高赵陉。十里五里，长亭短亭。饥随蛰燕，暗逐流萤。秦中水黑，关上泥青。于是瓦解冰泮，风飞电散。浑然千里，淄渑一乱。雪暗如沙，冰横似岸。逢赴洛之陆机，见离家之正粲。莫不闻陇水而淹泣，向关山而长叹。"《哀江南赋》有史诗的规模和气魄，有骚赋的浓情和华彩。全赋典故成语很多，却被运用得灵活多变；句法以四六为主间以杂言，随着感情起伏变化而长短更移；韵调平仄抑扬顿挫、匀称妥帖，使人毫不感到板滞。它虽是长篇骈俪之体，却深蕴着作者的凄苦之情，因而为赋中名篇，一直被人称道。杜甫在《咏怀古迹》诗中说："庾信平生最萧瑟，暮年诗赋动江关。"可谓至评。

南北朝时的散文杰作还有北魏郦道元的《水经注》和杨衒之的《洛阳伽蓝记》。《水经注》是一部记述历史地理兼风土人情的著作，《洛阳伽蓝记》是一部记述佛寺园林及市井风貌的著作。两部著作都采用骈散相间的文体，语言则洗练流畅，表现出浓厚的文学色彩。

总之，南北朝文坛已是骈体的天下，几乎所有史书公文、笔记小品与山水记游，都受骈俪影响而辞采华茂。当然，运用骈体有时受到拘束，但也不能否定有时更能表达深情。魏晋南北朝人求玄称情而重文，所以对文学本体的研究超过了前代而有发展。其审美意识受到时代熏染而涉及文学的内容和形式，从历史发展的角度看也应是一种进步。尽管后人一讲骈体就以为华而不实，这实在是对文学的一种误解。骈文后来对中国文学的影响十分深远，尤其是其形式之美是不容否定的，至于能否成为文坛高手，在于作者才能而不能因此责怪文体。

第三节 论之精要

魏晋南北朝时期的文学评论随着人们思想观念的解放也出现了繁荣

局面并取得了高度成就，这主要反映在出现了不少文学理论和文学批评专著以及提出了一些对文学的特点和文学的创作的新认识。这时期文学理论兴盛的原因大致有三：

第一，继承和发展了以前的文学理论成果。中国文学理论早在先秦时代就已萌芽，诸子在当时文学发展的基础上总结了有关理论。到了汉代，在总结前人经验和当时文学实践的基础上，又提出文人之笔要"宗经崇圣"、"劝善惩恶"、"文实相副"等原则。这是对儒家传统的文学观念的修正和发展。魏晋以前，尽管关于文学的讨论还较零散，范围比较狭窄，认识不够深入，但毕竟开启了建安之后的文学批评之风，为魏晋以后的文学理论建设奠定了基础。

第二，社会政治与时代思潮的变化。汉末以来的动乱瓦解了腐朽的统治，传统的儒家思想受到挑战和质疑。清议和品评人物的社会风气广为蔓延，学术思想从汉代独尊儒术的束缚下得到解放。加之晋代玄学的盛行和南北朝佛、道的广泛传播，探讨学术和开展辩论的空气较为自由活跃，都给文学理论的兴盛提供了精神与思想条件。

朱雀、铺首、神人画像（东汉）

第三，文学创作出现繁荣并需要批评和引导。这时期的文学创作从经史的附庸地位摆脱出来，在逐渐明确的文学观念指导下走上了独立发展的道路。文学的思想内容不再像汉大赋那样为帝王歌功颂德，而重视描写自然景物和抒发作者感情。文学的艺术形式也不再像过去那样简单陈旧，无论是体制还是语言都开始趋向多元并日益丰富。在这种形势下，对创作中出现的各类问题进行探讨就十分必要，文学理论关注文学创作并给予赞誉和匡正，也就促使理论工作者深入思考并著书立说，这无疑对中国文学的进步起到了巨大的推动作用。

魏晋南北朝时期首开文学批评风气的是曹丕，他不但是一位富有才情的诗人，而且还是一位深有谋略的国主。在文学理论批评方面，他的《典论·论文》及《与吴质书》是汉魏之际最重要的文献。在此之前，文学论文虽有一些，如《毛诗序》、《离骚序》、《两都赋序》等，但多限于一书一文的评述。曹丕论文所涉及的创作和批评问题却广泛得多，他能站在较高的位置观览文坛上的诸多现象给予评价，从而开创了此后盛极一时的文学理论批评局面。

《典论·论文》中，曹丕对文学的作用和地位给予很高的评价："盖文章经国之大业，不朽之盛事。年寿有时而尽，荣乐止乎其身，二者必至之常期，未若文章之无穷。"这里作者是从"政治"角度指出文章是"大业""盛事"的，作者本着文以致用的精神对文学做出了很高的评价。《典论》的全貌今已无法看到，但从现存残篇，如《奸谗》、《内诚》、《论太宗》、《论孝武》等看，它主要是偏重于已往政治得失的历史考察的。其《论文》也正是历史考察的一部分，因而认识到文学有经世治国之作用。基于此，他鼓励文人从事写作，说："是以古之作者，寄身于翰墨，见意于篇籍，不假良史之辞，不托飞驰之势，而声名自传于后。"这与儒家历来强调的德行为本、文章为末的观点并不相同，而是强化了文学本身的价值并给予充分的肯定。汉代以来独尊儒术，文学被视为雕虫小技，而曹丕改变了这种看法，扭转了这种倾向，可谓对文学发展有卓越之功。

曹丕还明确提出了作者气质与创作个性的关系问题，所谓"文以气为主，气之清浊有体，不可力强而致"。在曹丕以前，孟子提倡过唯心主义的养气说，王充也提倡过唯物主义的元气说，但都未涉及文学作品。建安时代，很多诗人作品中也谈到气，如曹操《气出唱》诗"其气百道至"，曹植《鰕鲔篇》诗"猛气纵横浮"，吴质《思慕诗》"志气甫当舒"，刘桢《射鸢》诗"意气凌神仙"等，但都属文学创作中个人意气的抒发。以"气"论文，始自曹丕，这与当时人物品评有关。当时品评人物很注意才性气质，刘劭《人物志》就认为人有偏才和兼才，《抱朴子·辞义》也有偏长和兼通之说。曹丕所说"气"又有"清""浊"之分，实际上，"清"就是指阳刚的俊秀豪迈特点，"浊"则是指阴柔的凝重沉郁特点，这在风格研究史上是一个大的进展。作家正因气之不同，创作风格也就不同。

曹丕还在《典论·论文》及《与吴质书》中对建安时代的作家作品作了扼要中肯的评说。《论文》中言："王粲长于辞赋，徐干时有奇气，然粲之匹也。""琳、瑀之章表书记，今之隽也。应场和而不壮，刘桢壮而不密。孔融体气高妙，有过人者。"《与吴质书》言："伟长独怀文抱质，恬淡寡欲。""德琏斐然有述作之意。""孔璋章表殊健，微为繁富。公干有逸气，但未遒耳。""元瑜书记翩翩，致足乐也。仲宣独自善于辞赋，惜其体弱，不足起其文。"曹丕因人论文、因气质论风格对后世有很大影响，如刘勰在《文心雕龙·体性》中就说："才有庸俊，气有刚柔。"曹丕以此评说建安作家而见解深刻，说明曹丕的确有知人而论文的独特眼光。

曹丕写《论文》还批评了"文人相轻"的陋习，指出原因在于"人善于自见，而文非一体，鲜能备善，是以各以所长，相轻所短"。并提出文学批评的原则应是"审己以度人"，正是立足于这样的立场而评定七子的长短，从而也开了评价作家作品的先河。在展开评论的同时曹丕还指出："文本同而末异，盖奏议宜雅，书论宜理，铭诔尚实，诗赋欲丽。"这就对文学体裁进行了分类并说明了各类特点，同时也说明作家擅长某类只能是偏才而非兼通，也就批评了当时"暗于自见，谓己为贤"的不好风气。曹丕对文体的分类和特点的概括虽不够完善，但毕竟建立了文章创作和评论的初步标准，其目的还是为了更好地对文学进行批评。尽管曹丕对文学的论述还比较简略，但文学批评的风气由此而开，这对后来文学理论的建设无疑具有奠基的意义。

继曹丕《论文》而后西晋陆机又作《文赋》，这是我国文学理论批评史上第一篇系统而完整的文学创作专论。陆机认为，创作的产生或感于物，或本于学，这显然反映了那个时代游山玩水的知识分子的某种心态。但其谈到艺术想象却有精辟的见解，他说："其始也，皆收视反听，耽思傍讯，精骛八极，心游万仞。其致也，情曈昽而弥鲜，物昭晰而互进，倾群言之沥液，漱六艺之芳润，浮天渊以安流，濯下泉而潜浸。于是沈辞怫悦，若游鱼衔钩，而出重渊之深，浮藻联翩，若翰鸟缨缴，而堕曾云之峻。"以十分形象的语言对创作想象作了细致的描述，似乎使我们看到灵感的产生和构思的过程，这对于文学创作的理论研究无疑具有开创意义。

陆机在关于文学的内容和形式问题上，认为应以内容为主而形式为辅，"理扶质以立干，文垂条而结繁"。即文章有了思想内容就如树干那样扶立起来了，而文辞则如枝条和花果那样附在树干上。在"意不称物，文不逮意"问题上，作者认为构思立意不及所要描写的客观外物，而语言文字又不能表达胸中的具体内容，关键在于文学的功力和创作的准备不足。因而陆机虽讲内容和形式的统一，实则偏重文学家的学养和感兴。他说："伫中区以玄览，颐情志于典坟。遵四时以叹逝，瞻万物而思纷。"只有这样，才能称物逮意，文学才会发生作用。

陆机还把文学作品体裁分为 10 种，并指出其特点："诗缘情而绮靡，赋体物而浏亮。碑披文以相质，诔缠绵而凄怆。铭博约而温润，箴顿挫而清壮。颂优游以彬蔚，论精微而朗畅。奏平彻以闲雅，说炜晔而谲狂。"陆机的分析比曹丕更为细致，有助于对文体研究的进一步展开。比如"诗"，先秦以来主要强调"言志"，而曹丕提出"诗赋欲丽"就偏重于文学而有了形式上的区分，陆机进一步提出"诗缘情而绮靡，赋体物而浏亮"，显然是从文学本体来考察。"缘情"比起"言志"来无疑更具文学特点，而"缘情"比起"体物"来也可见诗与赋的不同。归根结底，正是由于文学的发展而引起了认识的变化，由于时代的原因而强调了文学的特征。《文赋》中虽然强调创作要重内容，但更多讨论的是艺术技巧问题。如论创作要先确立主旨，但又过于强调片言名句；论声律之音乐美，但又过于强调而走向声色骈俪；论诗要缘情，而又强调绮靡。陆机的这些观点可以反映出当时的风尚，促进了人们对文学本体的深入认识，也为后来南朝浮艳柔丽的文风开了先河。

较陆机稍晚的葛洪和挚虞也提出了一些文学见解，由此亦可看到当时人们对文学的关注。葛洪儒道方术兼治，主要著作是《抱朴子》内外篇。其自言内篇属道家，外篇属儒家，这是和当时倡导儒、道融通的思潮相适应的。他说："兼而修之，何难之有？内宝养生之道，外则和光于世，治身而身长修，治国而国太平。"这是典型的退则修身养性、达则兼善天下思想的反映，也是统治集团维护封建社会秩序所需要的。在其《抱朴子》外篇中涉及文学的有不少篇章，如《钧世》、《辞义》、《尚博》、《文行》、《百家》、《应嘲》等，这些宣扬儒家观点的文章也掺杂着道家出世的思想。

在这些文章中，葛洪有许多批评贵古贱今倾向的言论，他认为贵古贱今是汉儒治经的通病，他们总把尧、舜、周、孔作为不可逾越的圣人的楷模，把六经作为最高的后世永远不可企及的著作的典范，这种倾向在葛洪看来却是非常错误的。他说："古者事事醇素，今则莫不雕饰，时移世改，理自然也。至于鬻锦丽而且坚，未可谓之减于缫衣；辎軿妍而又牢，未可谓之不及椎车也……世人皆知之快于曩矣，何以独文章不及古也。"葛洪在坚持历史进化观点的同时，也反对一些单纯追求形式技巧的做法。他说："古诗刺过失，故有益而贵；今诗纯虚誉，故有损而贱也。""著书者徒饰弄华藻，张碟迂阔，属难验无益之辞，治靡丽虚言之美。"这对当时的靡丽文风而言，无疑也是有积极的针砭意义的。这就批评了今不如古和文过其实的偏颇倾向，但总的来看，葛洪还是赞成文要雕饰的，但不要"皮肤鲜泽，而骨髓迴弱"。

在道德和文章的关系上，葛洪对重德行而轻文学的观点也有批判。儒家认为"有德者必有言"，葛洪反对把文章看做道德的附属品。他认为以德为本、以文为末的看法可以商榷，不能把均衡德行看做是文章优劣的标准。他说："本不必皆珍，末不必悉薄。"这对强调文章相对的独立地位是有积极意义的，在当时条件下对文学的发展有一定的促进作用。他还认为不同的作家有不同的风格，不能从个人爱憎出发来论定作品优劣。他说："五味舛而并甘，众色乖而皆丽。近人之情，爱同憎异，贵乎合己，贱于殊途。夫文章之体，尤难详赏。苟以入耳为佳，适心为快，鲜知忘味之九成，雅颂之风流也。"这就揭示了文章赏析还要有一定原则，不能以个人好恶来进行品评。他认为作家"才有清浊，思有修短。虽并属文，参差万品"，这是对曹丕"气之清浊"和陆机"阃于自料"观点的发挥，在具体论述上对作家风格的研究又进了一步。

挚虞曾撰《文章流别集》41卷、《文章流别志论》2卷，仅存残篇断语。《文章流别集》一般被视为总集编纂的开始，《文章流别志论》是对各种文章体裁的差异及流变进行论述的。挚虞对文体的分类更细，对各体文章的起源、性质、发展都有深刻的探讨。如其谈赋："古诗之赋，以情义为主，以事类为佐。今之赋，以事形为本，以义正为助。情义为主，则言省而文有例矣。事形为本，则言富而辞无常矣。"其对文学的表现手法也很有见地，如"赋者，铺陈之称也；比者，喻类之言也；兴者，有感之辞也"，这对文学创作都有益处。西晋时期文学曾一度繁荣，有人做这样的理论总结，可见文学不但已经独立而且受到应有的推崇。

至南朝齐梁时代，形式主义诗风已相当严重。诗歌创作追求辞藻华丽，讲究用典，拘泥于声律；贵族豪门附庸风雅，朝夕赋颂，务为精密。沈约在文学创作方面提出了声律论，成为"永明体"的开创者和领导者。他总结出四声八病之说，认为通晓声律是文学创作的关键。《南史·陆厥传》载："齐永明末，盛为文章，吴兴沈约、陈郡谢朓、琅玡王融，以气类相推毂，汝南周颙善识声韵，为文皆用宫商，以平上去入为四声，以此制韵，有平头、上尾、蜂腰、鹤膝。五字之中，音韵各异；两句之中，角徵不同；不可增减，世呼为永明体。"中国诗歌艺术规律是长期探索的结果，先秦之单音节文字就有音调声韵方面调节配合的潜质，魏晋以来文学创作中更是使用了大量的声律技巧，四声的最后发现则与当时的佛经翻译唱诵有直接关系。沈约等人总结出"四声"之后，又提出违反声律之"八病"，这就使诗坛越发考究对偶、句式、声韵、辞藻。这种探索，对诗歌格律的完美显然有促进作用，但过于强调声律的重要却导致了忽视思想内容。

裴子野针对这种浮靡的文风提出了激烈的批评，他在《雕虫论》中说："宋明帝博好文章……于是天下向风，人自藻饰，雕虫之艺，盛于时矣。"他对当时"巧而不要，隐而不深"的文坛现象不满，将文章视为雕虫表现了思想观念的某些落后。裴子野的批评招来了梁简文帝萧纲的反对，倡导宫体诗的萧纲起而为形式主义辩护。他在《与湘东王书》中说："未闻吟咏情性，反拟《内则》之篇；操笔写志，更摹《酒诰》之作；迟迟春日，翻学《归藏》；湛湛江水，遂同《大传》。"

正是在这样的背景下，钟嵘（约468～518年）写出了论五言诗的专著《诗品》。《诗品》分上中下三卷即三品，共品评自汉至梁的122位诗人及其创作。钟嵘在《诗品》中对当时盛行的大量堆砌典故和刻意追求声律进行了大胆的批判，在《诗品序》中说："膏腴子弟，耻文不逮。终朝点缀，分夜呻吟。独观谓为警策，众睹终沦平钝。次有轻薄之徒，笑曹刘为古拙，谓鲍照羲皇上人，谢朓今古独步。"由此可见当时文坛风气。钟嵘认为，"古今胜语，多非补假，皆由直寻"，"句无虚语，语无虚学，拘挛补衲，蠹文已甚！"他评任昉说："昉既博物，动辄用事，所以诗不得奇。少年士子，效其如此，弊矣。"关于声律，钟嵘主张"通流"、"真美"，反对沈约等人过于拘泥声律的观点。他说："于是士流景慕，务为精密，襞积细微，专相陵架，故使文多拘忌，伤其真美。余谓文制，本须讽读，不可蹇碍，但令清浊通流，口吻调利，斯为足矣。"钟嵘的批评有其一定道理，对抵制当时文坛的不良风气起到了积极的作用。

他在批判形式主义诗风的同时倡导作品应具有内在风力，比较重视作家在生活上的不幸遭际对其作品的影响，这或许与钟嵘当时"位末名卑"的社会地位不无关系。其评李陵云："陵，名家子，有殊才，生命不谐，声颓身丧。使陵不遭辛苦，其文亦何能至此！"其评刘琨："既体良才，又罹厄运，故善叙丧乱，多感恨之辞。"这显然是针对那些"膏腴子弟"的"终朝点缀"而言，而他尤其赞扬曹植那些"骨气奇高，词采华茂"的诗歌，意在倡导诗歌创作应继承建安文学内容充实、感情豪壮的优良传统。他认为好诗应是"干之以风力，润之以丹采，使味之者无极，闻之者动心"。因此，钟嵘论诗不仅注意骨气，也很重视词采，二者要求相得益彰。其对张华的批评可见其文学态度："其体华艳，兴托不奇。巧用文字，务为妍冶。虽名高曩代，而疏亮之士，犹恨其儿女情多，风云气少。"《诗品》还对五言诗的发展做了历史性的评述，认为"五言居文词之要，是众作之有滋味者也"。作者提倡要"穷情写物"，达到情景交融、深远含蓄的境界，使"文已尽而意有余"。《诗品》把诗之滋味看做诗的重要因素和特征并作为品评标准之一，说明作者文学鉴赏的功力和对文学的更高要求。

在分析诗歌承传关系方面钟嵘进行了认真的探讨，如论陶潜的诗认为"其源出于应璩，又协左思风力"，论谢灵运的诗认为"其源出于陈思，杂有景阳之体"，认为曹植出于《国风》，阮籍出于《小雅》，有些论述精当，有些论述就未免牵强。在对作家品评中，《诗品》采取九品论人的方法给作品评分品级，将曹操的诗列入下品，却将曹丕的诗列入中品；将陆机、潘岳列为上品，而将陶渊明列为中品。这种批评方法可以看出时代的局限，因而引起后人诸多非议。明人王世贞在《艺苑卮言》中说："魏文不列乎上，曹公屈第乎下，尤为不公。"清人王士禛《渔洋诗话》认为："上品之陆机、潘岳，宜在中品；中品之刘琨、郭璞、陶潜、鲍照、谢朓、江淹，下品之魏武，宜在上品。"尽管钟嵘的文学批评还有某些不足，但在其文学批评理论上的建树功不可没，他以卓越不凡的见解给当时和后世以深刻的启迪。

魏晋南北朝时期最杰出的文学理论家是刘勰（约465～520年），他以其巨著《文心雕龙》对自先秦至齐梁以来的创作经验做了系统的总结。刘勰，字彦和，祖籍山东莒县，寄居江苏镇江。《梁书》本传说他"早孤，笃志好学。家贫不婚娶，依沙门僧佑，与之居处积十余年，遂博通经论，因区别部类，录而序之"。其撰成《文心雕龙》后，未为时流所称，乃送沈约评定。沈约读后，"大重之，谓之深得文理，常陈诸几案"，刘勰遂得盛名。后为昭明太子赏识，50多岁时出家为僧，改名慧地，不久死于寺中。《文心雕龙》50篇，约38000字，以儒家观点为主导，也以佛、道为参照，专门论述文学问题。全书大约包括四个重要的方面，即总论、文体论、创作论、批评论。

在总论部分，刘勰的基本观点是，不否认物质世界存在的真实性，但认为在此之上还有一个先天地而生的"道"。"夫形而上者谓之道，形而下者谓之器"，认为道器有别而贵道贱器，"道"是先天而神秘存在的，这不能没有唯心主义的嫌疑。于是"器"似乎成了"道"的外化，而这正是黑格尔所主张为恩格斯所批判的。刘勰认为，"原道心以敷章，研神理而设教"，真正能体现"道心""神理"的是所谓"圣人"。圣人"取象乎河洛，问数乎蓍龟。观天文以极变，察人文以成化。"最好地体现了"道"故而成其为"圣"，所以"圣""道"也就合二为一。而一切文要表现"道"，就必须征于"圣"，因此"宗经"才是正路。因为儒家经典是"群言之祖"，"经也者，恒久之至道，不刊之鸿教也。"这样，"原道"、"征圣"、"宗经"就结合起来，形成合乎自然之道、沿圣以垂文、裨益风化的理论观点。刘勰的这种观点显然是符合当时统治阶级需要的，但在其具体的论述中可以看到他对文学的深透认识和本体评价。

在文体论部分中，刘勰将文体分为骚、诗、乐府、赋、颂、赞、祝、盟、铭、箴、诔、碑、哀、吊、杂文、谐、隐、史、传、诸子、论、说、诏、策、檄、移、封禅、章、表、奏、启、议、对、书、记35种，并对各种文章体裁的源流、特征和代表作家作品给予评析。刘勰对文体的分类比曹丕、陆机、挚虞更为细致，由此可见文学的繁盛和研究的具体。刘勰论述文体的目的是总结晋宋以前的写作经验，正是对文体的深切研究和宏观把握使刘勰对文学的认识更透彻、更全面。刘勰所论文体如章、表、奏、议等不少与文学无关，由此可知刘勰对文学非文学的界限还不十分明确。当时人们已有了"文""笔"之分的概念，如刘勰就在《总术》篇中说："今之常言，有文有笔，以为无韵者笔也，有韵者文也。"以有韵无韵作为区别"文""笔"的主要标志还是一种初步的认识，因而以此作为是否文学的评判标准有着明显的弊病。刘勰以"论文叙笔"的方式对"文""笔"两类全面论析，并非对"文""笔"的特点毫无所知，正是因为深知其难而侧重研讨"文"之本质。中国秦汉以前文史哲不分，魏晋以后各体析离，但要追根究底就有麻烦。同时，用韵与否不是文学的根本标志，许多不用韵的文学作品也很好，所以作者取书名《文心雕龙》应深有寓意。

在创作论部分中，刘勰阐述了文学以情感人的特点，强调真情实感对文学创作的重要，这对矫正当时文学作品普遍缺乏真挚的感情有积极意义，同时继承了先秦以来文必以情的看法并给予精辟的发挥。刘勰还以生动的语言描述了文学创作中形象思维的特点，他说："文之思也，其神远矣！故寂然凝虑，思接千载；悄焉动容，视通万里；吟咏之间，吐纳珠玉之声；眉睫之前，卷舒风云之色。""登山则情满于山，观海则意溢于海，我才之多少，将与风云而并驱矣。"刘勰在此指出了情感与物象的不可分离性，正是说明了形象思维与抽象思维的不同。刘勰在艺术想象理论方面也有建树，其"疏瀹五藏，澡雪精神"的见解直接继承老、庄，但他又说："积学以储宝，酌理以富才，研阅以穷照，驯致以怿辞"，显然说明艺术想象需要广博的学习和生活的积累才能丰富地展开，这一点显然是很大的进步。在此基础上刘勰认为艺术夸张是不可缺少的，"文辞所被，夸饰恒存"，并明确指出了夸张的功能："辞入炜烨，春藻不能程其艳；言在萎绝，寒谷未足成其凋。谈欢则字与笑并，论感则声共泣偕。"这样的夸张能够强烈而鲜明地突出事物的本质和作者的感情，但他也反对汉赋中那些不合理而近荒诞的夸张。他说："夸饰在用，文岂循检。言必鹏运，气靡鸿渐。倒海探珠，倾崐取琰。旷而不溢，奢而无玷。"这是刘勰对夸张扼要的概括，也是夸张应遵循的原则。在内容与形式的关系方面，刘勰首先提出文质并重的主张，认为"文附于质"、"质待于文"。然后指出两者之间的主次关系，"情者文之经，辞者理之纬；经正而后纬成，理定而后辞畅"。文章好坏，起主导作用的是内容而不是形式。作者提倡"为情而造文"，反对"为文而造情"的形式主义文风。

在批评论部分中，作者评论历代文风和作家成就，探讨文学批评的方法，阐明文学批评的标准，体现出比较系统的文学史观。《时序》篇说："时运交移，质文代变"，"歌谣文理，与世推移"，"文变染乎世情，兴废系乎时序"。这都是说明文学风格的变化是依据于时代的推移的，这种从历史的演变来考察文学的发展的观点是符合唯物主义的。作者批判了秦汉以来文学批评中"贵古贱今"、"崇己抑人"、"信伪迷真"等错误态度，认为批评家应具有"操千曲而后晓声，观千剑而后识器"的修养和学识，还要"无私于轻重，不偏于憎爱"，"然后能平理若衡，照辞如镜矣"。刘勰提出了六项客观的批评标准，即六观："一观位体，二观置辞，三观通变，四观奇正，五观事义，六观宫商。"就是说要看体裁是否适当，文辞是否精约，有无继承创新，能否新奇恰当，用典是否达意明理，言律是否优美动听。"将阅文情，先标六观"，作者认为据此"六观"，批评者就能"沿波讨源，虽幽必显"。《文心雕龙》是中国古代文学理论笼罩群言、富有卓识的著作，全书体大思精，结构细密，说理透辟，辞采华茂，对后代产生了广泛而深远的影响。

宋、齐、梁、陈时代文学受到普遍的重视，统治集团中贵族文人更是沉溺其中吟咏声色。在贵族文学中颇有理论建树的是萧统（501～531年），他编纂的《文选》是我国现存的最早一部文学总集。萧统，字德施，南兰陵人。梁武帝萧衍长子，后立为太子，未继位而卒，死后谥为"昭明"，人称昭明太子，《文选》因被后人称为《昭明文选》。萧统聪敏好学，酷爱诗文，他引纳才学之士编纂《文选》，选录了从先秦到齐、梁时期 130 位知名作家和少数佚名作者的作品，共 38 类 700 余篇。作为统治集团成员，文学不可能不表现其阶级倾向性，因而萧统在《文选序》中难免不宣扬其"教化"和"风化"说。但《文选》的选文标准是"以能文为本"，具体特征是"事出于沉思，义归乎翰藻"。即作品要有文采、富有内容，因而尽管《文选》侧重艺术形式，但也注意不选那些内容空洞的咏物诗和艳体诗。萧统的文学主张与刘勰接近，表现出文学的进步和思想的局限，虽然选文尽量避免浮靡但仍偏重辞藻。这显示出齐、梁时代文学的范畴已大致确定，文体的演化也日趋完备，而辞藻、声律日益讲究。由此看来，《文选》尽管为统治者歌功颂德，却也注意到作者的人格精神和文学才华。如对陶渊明的人品和作品，萧统就备极推崇而有独特见解。《文选》的编集承前启后，对唐、宋文学的繁荣起了促进作用。它不仅是封建时代知识分子的文学教材，同时也为后世编辑诗文选集提供了范例。

总之，魏晋南北朝的文学理论在时代思潮影响下和文学创作的基础上获得空前发展，它总结了此前诸多的文学观点而加以批判地继承，尤其是在文学形式的研究上注意到文学的本体特征，这使文学终于与经、史分途而获得崭新的独立意义。尽管作为一个系统它还有这样那样的不足，但它毕竟奠定了一种基础而给后人提供了广泛探索的可能。文学由此而后成了一项"经国之大业，不朽之盛事"，作家们沿着这条诱人的轨迹而孜孜不倦地探索下去。

第四章
崇道尚佛的艺术殿堂

　　人们的艺术观念总是随着时代的发展而嬗变，艺术也从人们最初的劳动和生活的实际需要中逐渐独立出来。对艺术本体的审美变化体现着对自身价值的终极追求，因而每个时代的艺术也就呈现出那个时代特有的风采。秦汉时期的艺术思想在先秦诸子百家争鸣的基础上建立起为强权政治服务的坐标，因而无论是"焚书坑儒"还是"独尊儒术"都使艺术成为国家统治的一种手段。但是，秦皇汉武毕竟被艺术的魅力所吸引，因而秦始皇搜罗六国珍奇而建起雄伟的阿房宫，汉武帝举行盛大的角抵百戏而宣扬盛极一时的伟业。尽管艺术作为一种负载有其特殊的历史使命，但艺术给人们的启迪却具有更为丰富的审美效应。尤其是艺术形式本身，以其特有的构思和制作映现出时代的积淀和创新，因而所蕴涵的意味也就更为深远悠长。就艺术领域而言，周人庄重神秘的宗法观念，秦人强悍朴实的征服作风，楚人自由浪幻的创造精神，都在汉代社会生活中取得了趋同，形成了"乐以道和"的共识。于是，任何艺术形态也就无法摆脱封建礼教的影响，与现实政治紧密结合起来而担负起神圣的教化作用。随着汉朝统治的土崩瓦解，人们的艺术观念也获得极大解放，在重新追寻人生价值的同时，艺术也更多地偏重个人精神的表现，而不愿在所谓群体政治的权力意志下沉抑。人们追求与那玄而又玄的"道"通，于是艺术似乎又成了人与道的一种中介，这不能不令人想起关于艺术起源的种种说法。但这毕竟突破了儒家经学的狭隘樊篱，使人们有了更广阔的思维空间和更丰富的操作手段，所以魏晋南北朝的艺术获得空前发展并形成灿然景观。无论书法、绘画、雕塑、建筑、音乐、舞蹈，都与前代恢弘壮伟的严整姿态不同，更多地流露出一种自然隽秀的疏朗清灵之美。魏晋玄学及其后来的佛、道思想给艺术灌注进一股清气，这股清气荡涤着陈腐的污泥浊水，也使艺术从原来的政治附庸地位多少超拔出来。艺术成为人们直接表达生活感受或体悟精神追求的一种方式，这种方式挣脱了儒学的束缚而表现出更多的本体特征，以至于后人在欣赏魏晋南北朝艺术时也不由得发出赞叹。

第一节　传神书画

汉末以来，玄风渐盛。"玄"不只表现在隐遁山林静思默想上，而且追求一种生活情趣和高雅风度。书法作为中国文字的书写艺术，于是充分体现出时代风范和作者内质。魏晋以前，中国文字已经历了甲骨文、金文、篆书、隶书等阶段，作为一种表意的符号，汉字不仅有记言记事的功能，人们在书写时也追求着便捷和美观。"表意"决定了中国文字本身具有丰富的思想内涵，写字人的素养、本性和情趣也很容易渗入到所写的字中。魏晋玄学既然有强烈的个体选择倾向，而且张扬道家思想、追求精神解脱，因而书法艺术上也就出现打破传统格局、标榜自我潇洒的倾向。魏晋人珍惜自己的生命，他们观照自然审视自我，有着对自己内心和外表以及社会和自然的审美评价。这种评价往往以感情移借的方式转入艺术创作中，于是书法作为"道"的一种载体便有着美的贯通。

汉代通行隶书，这种书体打破了篆书曲屈圆转的形体结构，变小篆的纵势书写为汉隶的横势笔画，其形体宽扁，笔势波磔，成为一种书写便捷和字体美观的符号系统。汉代的隶书打破了篆书的图画表意特征，可以说是中国汉字的巨大进步。在那个雄强威武的年代里，富有装饰趣味的隶书也处处体现着一种庄严肃穆。当然，在这时代的一种总基调下，有的端庄秀丽，有的雍容典雅，有的雄强浑厚，有的拙朴天真，但处处可见汉隶的矜持与夸饰。汉隶当时作为公文的书体，也不能说没有一种美感，但显然艺术的气息不够。因而作为一种标准文字共性大于个性，而书者的气质也不必过于强调，因为它只是作为一种文字还没有上升到艺术来看待。在汉代还产生了隶书简率的写法即章草，楷书作为隶书的变体在汉代也已见雏形，介于楷书和草书之间的行书也已在汉代出现。上述所有字体都带有一种汉代特有的厚重感和规矩感，而从远古以来人类审美意识的进步也使书者努力把字写得漂亮，所以书法作为一门艺术的确有其雄厚的铺垫。魏晋之后，各种书体交相发展，隶书已走向程式化末路，楷书脱颖而出趋向成熟，章草发展演变为今草，而行书在隶楷递变过程中更为流丽。这时涌现出众多的著名书法家，而且产生了许多重要的书法理论著作，可以说是中国书法获得本体地位而光辉灿烂的时代。

汉代的书法家日前所知甚少，比较著名的有史游、杜操、崔瑗、蔡邕、张芝、刘德升、梁鹄等人。正是在他们的努力下，书法艺术才得以缓慢的进步。事实上，到东汉末年，书法艺术已得到士人的认同。史载蔡邕等人奉诏正定六经文字，将石经立于太学门外，每天来观览、摹写者在千人以上。张芝学草书，"凡家之衣帛，必书而后练之。临池学书，池水尽黑"。梁鹄以书法出名，曹操破荆州时收他于麾下，宫殿题榜多由他书写。

愈往此后，书法愈得到推崇。三国时钟繇晚年曾对儿子钟会说："吾精思书学三十年，坐与人语，以指就座边数步之地书之，卧则书于寝具，具为之穿。"他曾与曹操、邯郸淳、韦诞、孙子荆、关枇杷一起讨论书法，他想方设法从韦诞墓盗得蔡邕真迹手书而学之。羊欣《采古来能书人名》说："钟有三体：一曰铭石之书，最妙者也；二曰章程书，传秘书、教小学者也；三曰行押书，相闻者也。"铭石书即正楷，章程书即八分隶，行押书即行书，此三体皆由蔡邕学来而功成名就。钟繇的传世作品有《宣示表》、《贺捷表》、《力命表》等，在字体上将汉隶向草书与正楷两个方向演进，并以书法作为人生追求的目标之一。正因如此，他的字迹成为后人学习的范本。三国时书法家还有邯

宣示表（三国·魏）钟繇

郸淳、韦诞、皇象等。邯郸淳善篆书与隶书，在魏文帝曹丕执政时任博士给事中。韦诞在魏明帝曹叡时官至武都太守，因善书法写有各种重要碑铭。皇象是三国时吴国人，其书法与严武之棋、曹不兴之画被人共称"三绝"。他最善章草，也能写篆隶，著名的《天发神谶碑》据考证便出自他的手笔。

　　曹魏时的官方隶书书体方正，气度庄严，碑刻笔画都是方棱的尖角，由于过分强调波挑的装饰效果而较为矫揉造作。有一些随意书写和镌刻的碑石，如《鲍寄神坐》、《李苞开通阁道题名》等，则更多自然潇洒的意趣。这时南方孙吴的碑刻更为旷朗。《天发神谶碑》笔意在篆、隶之间，结体以圆驭方，势险局宽，雄伟奇恣。《谷朗碑》由隶书向楷书过渡，笔画已去波挑。《禅国山碑》篆书笔法浑厚，与隶法有相通之处。永嘉南渡后，两晋士人多受影响并愈趋神秀。三国时期书法家多为

政坛显赫人物，他们的书法艺术实践也展示出蓬勃生机，这多少使为政治左右的人生中出现了"为人生的艺术"，而士人们也选择书法为一处理想追求的精神家园。

两晋时期，士族地主的政治优势已经确立，优裕的生活环境使他们将更多的兴趣转向艺术。尤其玄风大畅使士人们忘情山水，移情书画，因而从事书法创作的人较三国时代大为增加。西晋卫瓘与索靖共善草书，身居高位，时称"一台二妙"，说卫瓘得张芝书法之"筋"，而索靖得张芝书法之"肉"。卫瓘的儿子卫恒在书法世家中长大，研习草书和隶书有青出于蓝之势。卫瓘观其作品后曾说："吾书得伯英（张芝）之筋，恒得其骨。"卫恒又创飞白书体，字体更显得苍劲飞动，当时即为许多人模仿。卫恒《四体书势》中《草势》说："崔氏甚得笔势，而结字小疏。弘农张伯英者，因而转精甚巧。"崔瑗曾著《草书势》，介绍了草书连笔行走的简便形式与左右飞扬的意态动感，而张芝因将这种书法发挥到当时的极高境界被称为"草圣"。草书是由篆、隶递变过程中简化草创而非定型规范的字体，因而这种字体更适宜于表达书者的感情和个性，所以魏晋以来篆、隶发展到成熟以致僵化或矫饰，而更多的士人热衷章草或楷书以求通过文字的结构、笔画、形态、轻重传递精神信息。

由于西晋一时的华盛气象，所以一些人追求创新使得各种字体齐头并进，但也有一些人恪守隶体、刻意求工而富有堂皇气派。目前所见西晋流传的丰碑巨碣较少，著名的碑刻有《郛休碑》、《齐太公吕望表》、《枳杨阳神道阙》、《大晋皇帝三临辟雍碑》等。这些碑碣的隶书已定型化，而社会上简约省便的楷书兴起。此后楷书取代隶书，今草取代章草，行书也得以流行。唐代张怀瓘《书断》说："行书者，乃后汉颍川刘德升所造，即正书之变体，务从简易，相间流行，故称之行书。刘德升即行书之祖也。"行书较楷书简便，又较草书工整，于是很为那些既依恋仕途富贵，又向往山水自然者所喜爱。篆、隶、楷、行、草在魏晋并存，形成书法艺术的洋洋大观。

东晋以后，王、谢、卫、桓等大族更是出现了许多书法大家。王导身居宰相之职，一时权倾天下。他曾向钟繇学习书法，行、草都很出色，晋元帝、明帝都很叹服，并以其字作为标准字体。谢安也是东晋权臣，他善写行书，并能鉴识书法作品。谢安最推崇王献之的书法，常在王献之书法后面写题记，后来成为鉴赏书法作品者的榜样。卫夫人名铄、晋汝阴太守李矩之妻，学钟繇笔法，正楷达到极高水平，后来做了王羲之的老师。桓玄酷爱书画，千方百计搜罗。他最爱王羲之、王献之父子的书法作品，他自己也善写行、草。

王羲之像

东晋最著名的书法家还是王羲之，他是东晋士族首领王导的从子。他的书法作品很早就受到名士们推崇，"为古今之冠，论者称其笔势，以为飘若浮云，矫若惊龙"①。书法造诣提高了王羲之的社会地位，他曾任右军将军、会稽内史。不过后与执政者发生矛盾，乃"称病去郡"。辞官后"与道士许迈共修服石，采药石不远千里"②。他死后虽然朝廷"赠金紫光禄大夫"，但他的儿子们遵其遗嘱并不去接受。王羲之在政治上并无显著成就，书法便成了他生活的主要内容。他幼时向卫夫人学习书法，卫夫人曾说"此子必蔽吾书名"。在学习书法的过程中，他又北渡江，游名山，见李斯、曹喜书；之许下，见钟繇、梁鹄书；之洛下，见蔡邕石经；又于从兄洽处，见张昶《华岳碑》。正是在遍采众长的基础上，王羲之创造出骨力刚健的楷书、飘逸潇洒的行书、神采飞扬的草书，可谓整个魏晋南北朝书法天地中当之无愧第一人。

王羲之书法作品很多，可惜或残或佚。其楷书作品有《黄庭经》、

---

① 《晋书·王羲之传》。
② 《晋书·王羲之传》。

《乐毅论》、《东方朔画赞》等，但历经传摹翻刻已难见当初真貌。王羲之的行草最能表现雄逸流动的艺术美，其《兰亭序》记永和九年三月三日名士们聚会兰亭一事，所书与所文精妙地传达出名士的内心世界。遒丽劲健，流畅婉润，由此可以体察出东晋名士经家国丧乱而优游江南又神交佛道的种种意味。只是《兰亭序》后为许多人摹写，而真迹已被唐太宗李世民带入昭陵，因此已难见原作风采了。但从流传的摹本看，仍能体味出高妙笔意。唐人甚爱王羲之书法，僧人怀仁率其徒众，以一字

兰亭序（神龙本）（晋）王羲之

一金的方法，集成一块《大唐三藏圣教序碑》，由于摹刻技术很高，笔意俱存，宛如手写，可窥原貌。这类集王书在唐代尚有《兴福寺碑》、《集王羲之书金刚经》、《十七帖》等。唐宋以后学王羲之书法者遍布天下。唐人孙过庭《书谱》说："（王羲之）写《乐教》则情多怫郁；书《画赞》则意涉瑰奇；《黄庭经》则怡怿虚无；《太师箴》又纵横争折；暨乎兰亭兴集，思逸神超，私门诫誓，情拘志惨。所谓涉乐方笑，言哀已叹。"唐人能够参透书法的神机，可见书法作为一种艺术已被发扬光大开来。

王献之为王羲之第七子，出身于王家这样的名门望族，自小便养成风流儒雅、从容娴静的品性。他幼时随父练字，后又学张芝草书，在王羲之、张芝的基础上别创新法，形成婉媚流润的独特风格。其所书字体

洛神赋（晋）王献之

娟秀巧致，时称"小草"、"今草"、"游丝草"，被奉为秀美字体的楷模而不同于王羲之书法的飘逸。在由此而引起的争议中王献之非常自信，亦可见书家勇于创新的勇气和时风的宽容。权臣桓温曾请王献之在扇上题字，王献之误将墨落扇上而随机应变画出耕牛图，反而更加出名。谢安想请王献之题榜又不敢直言，曾问王献之书法与其父比何如，王献之坦然回答"故当不同"，可见非比凡俗。

王献之今存墨迹有《鸭头丸帖》，通篇气势充沛，上下笔笔相连，可见前后呼应的笔意和丰富变化的笔风。《廿九日帖》用笔秀媚俊美，潇洒自如。传为出自王献之之手的《中秋帖》更是稀世珍宝，乾隆皇帝将其与王羲之的《快雪时晴帖》、王珣的《伯远帖》视为三件稀有之物，名其藏室为"三希堂"。王献之的行草独树一帜，其小楷也别有风姿。以《洛神赋》为例，书法秀劲疏朗，绰约清爽。唐人虞世南认为，王氏家族书法是一个自然演进过程，王献之是这种书法艺术流派的继承人之一。不管怎样，二王代表了当时书法的最高水平，其风骨神韵不时令人遥想东晋名士的倜傥从容。

南北朝时期，书法艺术呈现出缤纷多彩的局面，见诸史籍的书法家甚多，他们的书法实践进一步推动了艺术的进程。肖思话善写隶书，且能弹琴，艺术修养较高。他是刘裕的孝懿皇后肖文寿的侄子，父亲肖源之官至刺史。他官至护军将军，屡次出征作战，"爱才好士，人多归之"①。他的书法秀媚，出入宫廷，因而影响较大。

王僧虔是刘宋权臣王昙首之子，从小善书法而尤精隶书。他不敢在

---

① 《南史·肖思话传》。

书法名声上超过宋孝武帝，写字故意用秃笔反而雅逸有趣。宋明帝任命王僧虔为吴兴太守，由于王献之也曾在吴兴任太守，于是本地人颇引为自豪。他的《让尚书令表》笔迹秀丽，当时人以之与王献之媲美。齐高帝萧道成代宋以后，王僧虔仍以善书法受到重视。他曾遍搜当时名人书法进行整理，奏献皇帝，并著有《书赋》进行书法理论总结。

萧子云是南齐高帝子豫章文献王萧嶷之的儿子，梁武帝萧衍代齐后仍官至国子祭酒。萧子云善写草书与隶书，自称能模仿钟繇、王羲之笔法。他曾专为百济使者写了 30 幅书法作品，"获金货数百万"①。他最善写飞白字体，著有《五十二体书》一卷，可见在书法实践和理论上的造诣。

陶弘景为南朝著名道教首领，于南齐永明年间辞官隐居，但与梁武帝萧衍交游友善。梁武帝代齐后历聘不出，但朝中每有大事必向其请教，故有"山中宰相"之名。陶弘景工草隶，尤擅长行书，师法钟繇、王羲之，采其气骨而独成一家。传其所书《瘗鹤铭》，字体厚重高古，用笔奇峭飞逸，虽是楷书，却带隶书和行书意趣。他还有《与梁武帝论书启》，文辞优美，议论深刻，久为世重。

释智永是王羲之的七世孙，由陈入隋的书法家。他皈依佛门而研习书法，人称永禅师。据传学书 30 年，用秃的笔装满五笼，他将笔埋于地下，称"退笔冢"。求他写字的人太多，以至将门槛磨穿踏平，他只好以铁裹之，谓之"铁门限"。他曾写《真草千字文》800 本，浙江诸寺各施一册。其字法度谨严，精熟过人。其草书水平最高，代表了南北朝草书发展的方向。

南朝著名的碑刻有宋《爨龙颜碑》、齐《刘凯买地券》、梁《始兴忠武王萧憺碑》、陈《新罗真兴王定界残碑》等，其中《爨龙颜碑》楷书带有隶意，笔势方折，雄劲而飞动。《始兴忠武王萧憺碑》书法雄峻劲

---

①　《南史·萧子云传》。

美，流露出南朝特有的秀骨清相。南朝墓志大都是比较成熟的楷书，刘宋墓志比较方正，《刘怀民墓志》与《爨龙颜碑》接近。齐梁婉转秀丽，如《刘岱墓志》、《永阳昭王萧敷墓志》，秀丽中透着典雅疏放的气息，可看到南朝书风的流变。

北朝书法家大都未能留下姓名，沿着十六国时期由隶向楷的过渡继续发展。北魏孝文帝迁都洛阳后，汉化达到高潮，书风也随之变化。北魏帝王提倡佛教，开窟造像之风大兴，因此造像碑甚众。书法遗迹保留至今也丰富多彩，著名的龙门石窟成为北魏书法的艺术宝库。如《牛橛造像

爨龙颜碑拓本（南朝·宋）

记》、《始平公造像记》、《杨大眼造像记》、《孙秋生造像记》等，其书法结体紧劲，魄力雄伟，反映了太和间浑厚雄峻的书风。此后丰碑巨碣大盛，书法风格益多。自东魏北齐、西魏北周至隋蔓延不绝，代出不穷，魏碑书体乃成书坛一大气象。北朝碑刻书法风格大体可分雄强、秀丽两类：雄强者如《张猛龙碑》，于方劲中表现出纵逸的韵味，严整中时出险峭之笔；秀丽者如《敬使君碑》，用笔侧微细巧，书法清婉秀劲。

北朝的摩崖碑刻也很多，著名的有北魏的《石门铭》、北齐的《泰山金刚经》等，这些石刻因山势而成，因石质不同而风格各异。《石门铭》超逸疏宕，笔势长而飞动，《泰山金刚经》为隶书之变体，时出奇态。北朝写经保存至今的主要在敦煌莫高窟藏经洞，较有代表性的如北魏延昌二年（513年）的《华严经卷》，北周天和元年（566年）的《大般涅槃经》。北魏经卷用笔沉着，风格淳朴，笔画顿挫明显，虽有隶意但已是

纯粹楷书，至北周更为工整秀逸，已向隋唐书风过渡。

北魏最著名的书法家是崔浩、郑道昭。崔浩一生喜好书法，传魏《吊比干碑》为其所书，此碑似楷似隶，瘦硬峻峭，可见递变中追求玄远。郑道昭是荥阳人，其父郑羲曾任北魏的兖州刺史。郑道昭少而好学，长大后因书法而得名，曾任光州刺史，自号中岳先生。他的书法作品主要保留在今山东境内的天柱山、云峰山等摩崖石刻上，著名的《郑文公碑》即有两处而分刻在天柱山和云峰山上。两碑运笔舒畅，方圆并用，既有篆书的流转，又有隶书的宽博，还有草书的灵秀，可谓别具一格。清代嘉庆年间，其书法被发现，

始平公造像记（北魏）

并为包世臣、张琦、吴熙载等推重，视之为北魏碑刻的代表。包世臣在《历下书谈》中说："《瘗鹤铭》仅数十字，且字形多已剥蚀不清，无以见古人之笔法。《兰亭序》自唐代以来，几经覆刻，真相不能窥，即唐人之书，亦皆漫漶殆尽。惟北魏郑道昭之几种刻石，以地处僻远，幸免拓拓，尚能锋芒毕露，得窥见古人之笔意。至其姿势之圆劲遒美，一碑有一碑之面目，各种兼备。"

总之，南北朝时期书法家在隶、楷、行、草诸书体上都有创造与发展，他们把很大的精力投入到书法

华严经卷（北魏）

艺术中而追求着一种价值体现。一般说来，碑刻墓志多用隶书，政府公文多用楷书，朋友书信常用行书，作诗赋文爱用草书，但每种书体并非一成不变，作者写时自有审美趣好。正是这样在文化氛围的熏染下，南北朝呈现出不同的书法风貌，而书法家更是匠心独运、焕发异彩。于是书法作为艺术登上大雅之堂，而自此为人津津乐道、绵绵钟爱。

书法艺术在魏晋南北朝时期得到了异军突起的发展，书法理论著作也在人物品藻和艺术批评中大量涌现。士人们将书法创作实践与个人的品性才华相提并论，使得有关书法理论的探讨具有了特殊的美学价值。北朝重在汉化过程和实际操作，现存书法理论不多；南朝带着传统的文化基因而寻幽探胜，因此在经历了魏晋的动荡而到了齐梁的偏安时便有了一定的总结。

王僧虔前后仕宋、齐两朝，书法作品深得当时统治者喜爱。于是其理论著作也极易受到重视，故《书赋》、《论书》、《笔意赞》传世至今。王僧虔《书赋》载《艺文类聚》卷七四，在南朝书法理论中有开创性地位，其中说："情凭虚而测有，思沿想而图空。心经于则，目像其容，手以心麾，豪以手从，风摇挺气，妍嬿深功。"这实际指出书法并非单纯再现的写字技巧，而是创作者个人情与思的物化对象。书者在其创作过程中通过情感与想象，把不可见的心态转化为可见的字体。只有心中所想与手中所出一致，才能传达出感人的生命气息。所谓"风摇挺气"，与谢赫绘画"六法"的"气韵生动"一样，都是指作品中要有"气"而"风""韵"毕现。中国艺术与个人气质的关系古来就有论述，而至魏晋南北朝时研究愈益精深。许多词语本来是品评人格风范的，后来则用于艺术作品中成为标准，于是形成中国文艺批评中"只可意会，不可言传"的玄妙。王僧虔的《论书》是对历代书法家的评论，其中特别强调"天然"与"功夫"的关系问题。他认为"天然"是书家气质风韵在字体形态上的表现，"功夫"是书家创作实践经验的积累程度，二者要高度统一才能称为佳作。王僧虔的《笔意赞》是对书法技巧的一种探讨，他说："书之妙道，神彩为上，形质次之，兼知者方可绍于古人。以斯言之，岂易多得？必使心忘于笔，手忘于书，心手达情，书不忘想，是谓求之不得，考之即章。"① 这里谈到书法作品首要"神彩"，次要"形质"，心手结合，达情于书。这种突出艺术作品内在思想感情的深度与力度的看法，对于南朝书法理论体系的确立有着不可低估的作用。

袁昂，字千里，陈郡阳夏人，由齐仕梁，官至司空，能书善画，很得梁武帝宠遇。他奉梁武帝之命写了《古今书评》，基本是秉承梁武帝之意旨所写的应酬之作。全书突出了魏晋人物品藻的传统，品评了众多古今书法家，对书法艺术的人格意识又有推进作用。如说王羲之书法"如谢家子弟，纵复不端正者，爽爽有一种风气"；王献之"书如河洛少年，虽皆充悦，而举体沓拖，殊不可耐"；羊欣"书如大家婢为夫人，虽处其位，而举止羞涩，终不似真"；韦诞则"书如龙威虎振，剑拔弩张"②。这种品评方法直接表达感受，以高度精练的词句概括书家的特性，正是中国传统中审美境界与人生境界相联系的形式体现。今人评论这种方法空泛玄奥，而魏晋以降，这种评论对艺术审美有着极大作用。此后的中国文艺批评实际一直走着这条道路，而袁昂的书法理论在当时也得到社会上的广泛承认。

梁武帝萧衍在文艺方面有极高的造诣，他大肆崇佛使他更在艺术世界中探寻美的秘密。他不但善写各种字体，还写了《观钟繇书法十二意》、《草书状》、《答陶隐居论书》等论著。其《观钟繇书法十二意》仅谈书法技巧，强调用笔与结构，理论成分不多。《草书状》是个人对草书的欣赏，抒情比重大，理论探讨少。唯《答陶隐居论书》是与陶弘景的书信问答录，对书法艺术的讨论较有价值。他说："若抑扬得所，趣舍无违；值笔连断，触势锋郁；扬波折节，中规合矩；分间下注，浓纤

① 《书苑菁华》卷十八。
② 《全梁文》卷四八。

有方；肥瘦相和，骨力相称；婉婉暖暖，视之不足；棱棱凛凛，常有生气；适眼合心，便为甲科。"① 这里谈到书法创作中的各种因素并要求和谐一致，可见萧衍强调各种对立因素的统一平衡而显示出的美感，这说明萧衍作为皇帝对于书法艺术的实质也有相当准确的把握。

庾肩吾梁时官至度支尚书，是当时极有地位的书法家。他一生与梁简文帝萧纲关系密切，同时代袁昂《古今书评》将其收入书中，他写有《书品》，严格采取"九品论人"的办法，将书法家们具体分出品级，可谓一种权威性的论断。如其上之上列张芝、钟繇、王羲之3人，上之中列崔瑗等5人，上之下列索靖等9人。评论上上品3人说："张工夫第一，天然次之；衣帛先书，称为草圣。钟天然第一，工夫次之；妙尽许昌之碑，穷极邺下之牍。王工夫不及张，天然过之；天然不及钟，工夫过之。"② 庾肩吾强调天才悟性与实践经验的结合，这为书法艺术的创新提供了更为广阔的空间。

总的来说，南朝书法理论家承继了魏晋玄学的精神并受释、道风行的濡染，毫不掩饰对个性与自由的向往并宣扬借书法直观自然与人心。南朝对于士族地主阶层来说是一个趋向没落的时代，政治上的失望与动荡只好通过文化艺术来修补与弥合。艺术的勃兴与政治的昏庸反映了这一时期的历史境遇，这虽无必然关系却时常令后人警醒。魏晋南北朝士人在书法创作与理论研讨中，发现了一处最富中国文化特性又最具普遍意义的空间，这是对民族传统文化的依恋又是个人风采的展现。正是文字这一符号系统与书法这一艺术载体的进步，强化着社会心理的认同，鼓舞着人们对未来的信心。魏晋南北朝的书法价值更具民族融合与国家统一的意蕴，其对隋、唐及其以后的艺术殿堂无疑具有奠基作用。

魏晋南北朝时期的绘画承前代遗风发展而展露出新异气象，无论从

---

① 《全梁文》卷六。
② 《全梁文》卷六六。

内容到形式还是绘画观念以及审美心态都映现出对绘画艺术的突破性重构。中国绘画自先秦以来就有着"鉴戒""箴规"的作用，两汉更是张扬其教化功能而突出惩恶扬善的政治意味。画于殿堂楼台的贤人功臣昭显着他们的丰功伟业，导引着世人的价值取向，深藏于陵寝墓室的砖画帛画也铭刻着他们的志向追求和生活理想，这使汉代绘画的共性概念得以强调而成为凝结人们思想的一种索套。艺术作为政治的附庸固然推动了人类历史的前进，但其过于狭迫的功利性无疑也阻碍了艺术本身的深刻。魏晋南北朝是人们思想大解放的年代，经学的框束一旦被打破，人们便重审反思着过去的一切而试图构建一种新的理想乐园。在玄学及其后来的道、释思潮牵引下，尽管绘画难以摆脱由来已久的儒学传统，但毕竟在更新的观念的诱惑下展翅欲飞，所以魏晋南北朝的画坛纷异杂陈，面目一新。

出行画像砖（南朝）

这时的壁画除了先前已有的殿堂壁画、墓室壁画，洞窟壁画随着佛教艺术的流播如雨中春笋萌发出来。卷轴画也成为人们喜闻乐见的一个画种，而不再像过去帛画一样仅为死者招魂或升天。绘画题材也产生分科倾向，以适应人们精神生活的更高需要。人物画除了"昭劝戒"的传统模式外，还出现了后人所谓的"晋尚故实"的情况，有的还取材于文学作品而阐释其人生意趣，尤其是肖像画衍生出发达局面。特别值得注意的是与游赏山水之风相随出现的山水画，它与山水诗一样作为一种"畅神"的手段而寄托"山水之好"。山水画这时不再仅仅作为人物画的背景，而成为一门独立的画科显示出特有的价值。以蝉雀为题材的花鸟画雏形也已涌现，这显然取义于中国古代"螳螂捕蝉，黄雀在后"的寓言，难免不含有清高超拔及警世喻人的意味，而摆脱了花鸟画自古以博物多识为目的的"本草""尔雅"式说明性图解。东晋顾恺之在《论画》中谈到"凡画，人最难，次山水，次狗马"，可见依题材而分画科在东晋已具雏形。

绘画的艺术表现此时也益趋精彩，画家们在创作中讲究构图、用笔、着色以至明暗。不仅如此，关于形神关系中强调"神气"而使中国绘画上升到高层次的美学境界。技法中的精益求精以及风格追求使绘画语言丰富多彩，而南北交互影响以至接受印度等外来艺术手法更使画坛绚丽多姿。在绘画创作五彩斑斓的局势下，绘画理论也获得前所未有的丰收。这时的画学著作吸取汉魏以来文艺批评的主张、史学家治史的方法、图书目录学的编写体例，促成了早期中国画论、画史、画品的初步形态。可以说，魏晋南北朝的绘画艺术真正获得了独立地位，那些卓有成就的画家不仅在当时声名斐然而且为后世万众敬仰。

魏晋以前，中国一直有绘制壁画的传统，中国壁画大致可分为殿堂壁画、墓室壁画、洞窟壁画3种。殿堂壁画自先秦以来就以颂劝惩戒为目的而形成教化功能，这种功能在汉代为维护封建统治而得到进一步强化。三国时曹植认为："观画者，见三皇五帝，莫不仰戴；见三季暴主，莫不悲惋；见篡臣贼嗣，莫不切齿；见高节妙士，莫不忘食；见忠节死难，莫不抗首；见放臣斥子，莫不叹息；见淫夫妬妇，莫不侧目；见令妃顺后，莫不嘉贵。是知存乎鉴戒者，图画也。"[1] 西晋时，陆机认为："丹青之兴，比雅颂之述作，美大业之馨香。"[2] 这与东汉时"图像之设，以昭劝戒"，"图像百城，以励风俗"的主张是一脉相承的。殿堂壁画因其最具教化功能而受到重视，史载周、秦、汉、魏宫殿皆有壁画以昭世。魏晋而后，殿堂壁画仍绵延不绝。《述画记》言："灵帝诏邕（蔡邕）画赤泉侯五代将相于省，兼命为赞及书。邕书、画与赞，皆擅名于

---

① 张彦远：《历代名画记》。
② 张彦远：《历代名画记》。

代，时称三美。"① 两晋南北朝时画忠臣孝子、烈士贞女一类的题材一直流行，许多文学作品和史书记载都著其事。惜乎年代久远，这些壁画已陈迹难寻。

墓室壁画由于近年出土日多，令人得以窥探古人遗迹。墓室壁画一般承继了两汉的传统，以表现墓主生活为主要题材，但也反映出新的时代内容，尤其是艺术上呈现出新的面貌。在辽阳发现的 10 余座壁画墓与中原晋墓在风格上多相吻合，表现了死者生前豪华排场的生活，而尤以宴饮、车骑、聚会、楼台场面为多，这显然是贵族留恋人世并希望在阴间继续享受的反映。距辽阳不远的吉林高句丽墓室壁画，其内容和技法均与内地十分接近，反映了死者生前宴饮、舞蹈、出行、狩猎等情况，体现了当地生活与中原文化的自然融合。画法多用勾线填彩，运笔爽利，赋彩单纯，风格朴实明快。

除东北地区外，河西地区的魏晋墓室壁画保存也很多，这都与三国以后中原地区屡为战场有关。嘉峪关城楼下墓室采用了一砖一画形式，用粗放的笔法率意画出生活小品而别有情调。嘉峪关新城魏晋壁画墓群，保存了 600 余幅壁画，全面反映了河西走廊经济生活的主要内容，尤其是桑蚕丝帛图可谓丝绸之路向西延伸的实证。由于墓主多为豪族，从壁画中可见庄园生活情景，画中有髡首的胡人也有胡服的汉人，可见民族交融已是普遍现象。这些壁画造型简练，构图活泼，色调明丽，线描生动。特别是浓艳的赭石和红色的重彩点染，加之线条的粗细变化表示所绘对象的轻重刚柔，显示了墓室壁画的艺术水准，也为佛窟壁画提供了准备，至少从莫高窟壁画可以看到明显的影响。

十六国时期墓室壁画以辽宁北票县西官营子北燕冯素弗墓、新疆吐鲁番哈喇和卓 5 个墓室、甘肃敦煌县佛爷庙翟宗盈墓及酒泉丁家闸 5 号墓等为代表，这些墓室主人多为统治者，画工艺术水准较高，既反映了

---

① 张彦远：《历代名画记》。

牵驼砖画（西晋）

民族纷争到民族融合的特定历史时期的经济交流的成就，同时佛、道思想也开始融入画中显示出文化交流的扩大。

北魏墓室壁画以山西大同司马金龙墓出土遗物与河南邓县墓为代表，北齐墓室壁画可见于山西娄叡墓，北周墓室壁画可见于陕西杜欢墓。这些艺术作品保持了儒家观念又有道教意味并渗入佛教内容，尽管儒、道、释三家在政治上有强烈冲突，但壁画艺术中却不免相互补充甚至相互依托，由此可见中国文化得以不断发展的因素。北魏司马金龙墓的木板漆画根据刘向《列女传》绘制出人物和故事，人物设计简明，画面设色富丽，尤其是线条连绵不断，舒缓自如，显出极强的造型功力。北齐、北周的墓室壁画基本上也是汉晋技法的延续，不过，人物或造型清逸，或精神威武，或有佛风，或有胡气，无论在内容还是形式上都可看到民族融合和宗教交流的气息。

东晋南朝的墓室壁画保存较少，江南地区有零星发现但多残缺不全。云南昭通后海子有东晋霍承嗣墓，墓室壁画分上下两栏，上栏画天象神物云气飞鸟，北壁下栏画墓主持麈尾坐堂上，技法稚拙，当为模拟内地之作。另在南京西善桥发现南朝大墓，出土砖画竹林七贤与荣启期图。江苏丹阳胡桥吴家村、建山金家村亦各有出土，壁画内容与其相似。画面人物形象生动，性格鲜明，有肖像画之特色。其描绘以铁线为主，简劲潇洒，反映出名士清淡放达的风情，具有很高的艺术和历史价值。其技法和风格，与流传至今的晋代绘画摹本极相似，有学者推测为顾恺之或戴逵等名家画本。

战马画像砖（南朝）

洞窟壁画在我国是佛教东传以后出现的艺术形式，它是洞窟艺术的重要组成部分。起源于古代印度的佛教本无偶像崇拜的传统，自亚历山大大帝侵入印度后带来了古希腊的造型艺术，于是印度西北部出现了受希腊艺术影响的犍陀罗文化。在犍陀罗地区诸多崖壁洞窟中的佛教艺术沿着丝绸之路传入中国，于是在佛教东传的轨迹上便留下了大量的洞窟艺术。中国佛教洞窟艺术大致可分为新疆地区、中原北方地区和南方地区三大种类。

新疆地区多禅窟与僧房，反映了由小乘佛教向大乘佛教的过渡。当时的龟兹国，即今新疆库车地区，洞窟遍布，著名的克孜尔和库木土拉是洞窟最集中的地方，占西域洞窟的 3/5 以上，开凿时间在公元 3、4 世纪，保存魏晋南北朝时期的壁画也最多。克孜尔千佛洞现存佛窟 236 个，有壁画者约 160 余个。早期壁画以佛本生故事为主要题材，如大光明王本生、萨埵那本生、尸毗王本生、虚空净王本生、慕魄太子本生等。本生故事有完整的情节，往往许多情节容于一幅画中。南北朝以后，大量民间风俗、花木禽兽也以生气勃勃的姿态跻入壁画之中，使画面更富生活气息而丰富多彩。壁画中人物形象很美，多为裸体，突出胸、臀，曲线柔和，舞蹈特点显著，这是典型的印度风格。西域壁画中

金光明经卷

有些受犍陀罗艺术影响极重，甚至有明显的罗马艺术痕迹。如塔里木盆地南部的米兰壁画，印度色彩弱而闪族风格强，画中出现有翼天使完全是基督教艺术的象征，善牙太子和王妃所驾是罗马式驷马车，人物则有闪族男女天使及佛教人物。使用的色彩鲜艳明朗，并采用透视学上的渲染法，这显然是早期犍陀罗艺术并伴有罗马风格。有些壁画使用粗的线条，大多采用单色，平涂烘染，这是西方艺术手法与新疆本地民族手法相结合的产物。

中原北方地区可以敦煌莫高窟以及麦积山、炳灵寺石窟等为代表，反映了佛教东方化的过渡。莫高窟创建于前秦建元二年（366 年），当时一名手持锡杖的云游僧乐僔来到这里，在落日余晖中仿佛看到金光闪闪的佛像，于是决定在这里修凿一个洞窟供奉金身。不久，法良禅师开凿了第二个洞窟，此后莫高窟开始形成集群性佛窟，一直修建到 14 世纪。在绵延 2 公里长，4 层排列的近 500 个洞窟遗存中，现仍有彩塑 2400 余尊，壁画 45000 余平方米，若加上 1900 年 5 月 27 日道士王圆箓发现的藏经洞内大量写本、经卷、文书、织绣、绘画、拓本、契约、信札等，实为丝绸之路上体现中国千年艺术的文化奇观。属于魏晋南北朝时期的现存洞窟仍有 39 个，内容大致可分五类：

一是佛像画。早期一般为说法图，如《鹿野苑初转法轮》，中心为佛像，四周有菩萨，上有飞天散花，下有法轮初转，表现释迦牟尼成佛后首次说法形象。北魏晚期说法图场面宏大，人物众多。如 248 窟佛像端庄慈蔼，菩萨生动活泼，既有宗教的庄严，又有世俗的情趣。作为侍从的伎乐天或弹琵琶，或擘箜篌，或奏阮咸，或击腰鼓，载歌载舞，一片欢乐。四壁下方的金刚力士尽管奇形怪状，粗犷有力，却在即兴表演而不使人恐惧，宛如民间的角抵百戏。

　　二是经变故事画。如佛传故事、本生故事、因缘故事等，其中《月光王以头施人》、《萨埵王子舍身饲虎》、《九色鹿拯救溺人》、《沙弥守戒自杀》等都是引人注目又情趣盎然的故事。《萨埵王子舍身饲虎》据《金光明经》卷四内容所绘，画摩诃罗陀国王偕三子游览山谷，行至山崖，见崖下有母虎和7个虎仔饿得奄奄一息。摩诃萨埵王子遣走二兄，脱衣投身崖外，遂为饿虎所食。王与妃悲痛欲绝，捡拾王子遗骸，于其

九色鹿拯救溺人（北朝）

地建塔供养舍利。画面集观虎、自刺、投崖、饲虎、悲号、造塔、埋骨诸情节于一幅，浑然一体，主题突出。人物穿插交织，造型生动有力。其人体用粉色晕染，衣线线条紧劲，色彩以深棕为主调，间以青绿、灰白等色，呈现出沉郁悲壮的气氛。这些故事宣扬佛教内容，艺术上也取得突出成就。

　　三是民族传统神话题材。如249窟南顶画西王母乘凤车，高髻大袖；北顶画东王公驾龙车，笼冠长袍。车顶均置重盖，有方士车前引导；车后旌旗飞扬，有神兽尾随于后。285窟东顶画伏羲女娲，南北相

对，人首蛇身，头束鬟髻；旁有雷公、电母、风伯、雨师等众神围绕，各呈风姿。这些壁画表现出魏晋以来玄风弥漫，儒、佛、道三家合流的倾向。画面注重神韵，简笔造型，线条劲爽，色彩淡雅，突现出中国传统的神仙情调。

四是供养人画像。当时信佛的人很多，他们一旦出资向善，便有被绘入壁画的资格，这样，往往在主要壁画下方排列成十数百人。北周428窟供养人像达1200余人，每像均有榜题，书写本人姓名，有的署明籍贯。由于供养人太多，画工无法一一写生，因而大多只勾勒些许特征。这些供养人中胡人最引人注目，他们戴毡帽、穿裤褶、束革带、挂水壶，榜题多为胡姓。这些壁画具有现实生活气息，带有北方胡汉文化交融的特征。

五是装饰图案。佛教最初并不表现人像，主要以花木禽兽象征寓意。寺窟艺术出现后，形成"交木为井，画以藻文"的建筑装饰结构，一般藻井绘制一朵很大的莲花，称"反植荷藻"。北魏晚期，有的藻井变为华盖，中心垂莲，四边装饰忍冬、云气、火焰、采铃、垂幔等纹样，四角悬挂兽面、玉佩、流苏、羽葆等，龛楣、边饰、椽间图案纹样主要有莲荷纹、忍冬纹、云气纹、火焰纹、星象纹、棋格纹、鸟兽纹，以及神怪飞天。这些丰富多彩的图案具有中国民间装饰的传统，把石窟内部装扮得五彩缤纷、富丽堂皇，既适应了人们的观赏需要又符合人们的宗教心理。

麦积山石窟现存壁画1000多平方米，炳灵寺石窟现存壁画900余平方米，由于这些石窟接近内地，因此更多地反映出中国风貌。如麦积山石窟中的佛像，大都仪容端庄，挺然直立，神情静穆。各供养人像采取严格的写实手法，与河西墓室壁画的风格较为接近。佛的背光和头光装饰作莲花瓣形，由两三层发展至十几层，各种花纹也日渐繁多，笼罩佛身，这种宝气应是中国艺术家的创造，此后北方石窟均受其强烈影响。炳灵寺壁画色彩鲜艳，气氛庄严，有着典型的西域风格，但已不见西域流行的印度式"丰乳细腰大臀"菩萨，说明西域文化在河西已依据中国当时的地方需要进行了适当的改造。

麦积山石窟全景

总的来说，中国北方早期壁画色彩淳厚，线描苍劲，人物比例适度，带有西域风习。尤其是凹凸晕染法所形成的立体感和土红色基调形成的温厚感，与魏晋艺术风格迥然不同。到北魏后期，佛教带有了中国传统文化的色彩，寺窟里出现了儒、道及民间生活的丰富内容。特别是面貌清瘦、眉目开朗的形象出现，反映了玄学睿智峻爽、潇洒飘逸的气度，这显然来自中国内地文化的熏陶。这体现了佛教中国化的潮流，也标志着中国艺术的进步。尽管壁画的作者都没有留下名姓，但这些艺术结晶永远向后人传达了他们的追求。

中国南方石窟艺术不如北方发达且产生较晚，现残存壁画也不多见，惟由史载中得知南朝寺院非常兴盛，而寺院中壁画较为精致。《画品》载蘧道愍、章继伯"并善寺壁，兼长画扇。人马分数，毫厘不失"。《续画品》载张僧繇"善图塔庙，超越群工。朝衣野服，今古不失"。张僧繇所画寺壁远望有凹凸之感，实际上正是接受了北方画家立体造型之技法。他创造出号为"张家样"的佛像楷模，给后来的唐代画家以极大影响。

炳灵寺石窟全景

　　魏晋南北朝时期，文人名士形成一个独立的社会阶层，他们一般有优越的生活条件，对政治斗争的险恶有清醒的认识，更愿追求一种符合个人理想的生活方式，因此诗文书画作为感情的移借应运而生。诗文书画过去一直被视为雕虫小技，但由于文人名士的参与而获得重大进展，此后登上大雅之堂而益发绚丽。在画家被视为工奴的东汉以前时代，绘画作为图说很难得到本体意义上的评价。三国以后，儒家名教和仁政口号被践踏，于是绘画如谈玄、饮酒、乐舞一样成为一种个人乐趣而充满生机。士人画家突然成批出现，依谢赫《古画品录》与张彦远《历代名画记》所载，三国时魏国的曹髦、杨修、桓范、徐邈，蜀国的诸葛亮、关羽、李意期，吴国的吴王赵夫人、曹不兴都是有名于画事的人物。西晋短暂统一后，士人不再视绘画为工匠的谋身之术，相反认为是怡情抒性的风雅之举，因而士人们相率运笔，借题发挥，又使画家队伍异军突起。当时著名的画家如卫协、荀勖、张墨、嵇康、张收、温峤等，都史有可载。卫协"凌跨群雄、旷代绝笔"；嵇康以才华傲世，有《狮子击象图》、《巢由图》等作品；张收曾任益州刺史，画众多周礼孔学人物于学馆。

　　由于佛教的东侵，西域的绘画技法也被接受，东晋时期画家水平更高。王羲之、王献之父子不仅是书法名家，也是画中圣手。戴逵"少博学，好谈论，善属文，能鼓琴，工书画，其余巧艺靡不毕综"①。他无意于官场名利，钟情于山林书画，绘有《五天罗汉图》、《三马伯乐图》、《三牛图》、《渔父图》、《七贤图》、《吴中溪山邑居图》等。顾恺之尤其喜欢戴逵的《七贤图》，认为其中的嵇康像十分出色，这或许与戴逵景仰效法嵇康有关。谢赫在《画品》中称其"情韵连绵，风趣巧拔。善图圣贤，百工所范。苟卫已后，实为领袖"。他在建康瓦官寺作佛像五躯，与顾恺之的维摩诘壁画、狮子国（今斯里兰卡）的玉象合称"三绝"。戴逵严肃认真的创作态度、现实主义的绘画方法以及终身隐居的高洁风范，都为时人所称。

顾恺之20岁前后在建康瓦官寺作维摩诘像，获得社会上广泛的赞赏。他本可以求仕进，但由于当时政局动荡，因而退居以保名节。"俗传恺之有三绝：才绝、画绝、痴绝。"②他最擅长画人物，"尝图裴楷像，颊上加三毛，观者觉神明殊胜。又为谢鲲像，在石岩里，云：'此子宜置丘壑中。'欲图殷仲堪，仲堪有目病，固辞。恺之曰：'明府正为眼耳，若明点瞳子，飞白拂上，使如轻云之蔽日，岂不美乎！'仲堪乃从之"③。正因他重视传神写照，于是在画人物眼睛时尤其谨慎。"每画人成，或数年不点目睛。人问其故？答曰：'四体妍蚩，本无关于妙处，传神写照，正在阿堵中。'"其在瓦官寺绘维摩诘像轰动一时，尤在点睛之笔。元黄之在《瓦官寺维摩诘画像碑》中言："目若将视，眉如忽嚬，口无言而似言，鬓不动而疑动。"这正是探究玄佛之理而追求忘我的名士写照，这种内心恬淡的心理刻画和秀骨清象的类型描写正是时代的特征。

顾恺之是卫协的学生，在继承卫协精思巧密的基础上，从颜色到用

---

① 《晋书·戴逵传》。
② 《晋书·顾恺之传》。
③ 《晋书·顾恺之传》。

列女图局部（东晋）顾恺之

笔又有特殊创造。其作品很多，据画史记载，如《中兴帝相列传》、《列仙图》、《三天女图》、《虎豹杂鸷鸟图》、《女史箴图》、《洛神赋图》等都为世所重。目前所能见到的《女史箴图》、《洛神赋图》、《列女传·仁智图》被认为是原作的摹本，不过从中仍能看到六朝画家的鲜明风格。《女史箴图》是依据西晋张华的文学作品《女史箴》而画，画中通过对当时贵族妇女的生活描写而展露出她们的神采。画家注重用线造型，线条连绵不断而悠缓自然，体现出流畅的节奏感。用线的力度不大，正如"春蚕吐丝"，可谓将战国以来形成的"高古游丝描"发展到了完美无缺的境地。《洛神赋图》是根据曹植的文学创作画成的，绘画以故事的发展为线索勾勒出两人可望不可即的惆怅。画家将人物置于自然山川的环境中，侧重刻画人物之间缱绻的情思，令人体会到画家"悟对通神"的艺术主张。《列女传·仁智图》沿用自汉以来的传统题材，在情节的表现上注意人物动态的处理。顾恺之总结了汉魏以来民间绘画和士大夫画家的经验，成为当时最有成就的画家。与其同时代的谢安对他评价极高，认为"顾长康画，有苍生来所无"。谢赫在《画品》中将顾恺之仅置于第三品，引起稍后的姚最以至唐人的不平。姚最认为顾恺之应与陆探微"同居上品"，唐代张怀瓘则认为："像人之美，张（僧繇）得其肉，陆（探微）得其骨，顾（恺之）得其神，以顾为最。"

东晋而后，朝代更迭，士人们视绘画为风雅，加上佛、道日益流行，南朝画坛大放异彩。南朝士人画家一方面沿袭魏晋玄学风气下的人伦品藻，一方面进一步与自然风景融合讲求山水物象。潘天寿说："综南北两朝之绘画，虽以佛画为主题，然南朝所作，大率绮丽精巧，而多新意。其名迹多在寺壁，次在卷轴。北朝所作，大率伟健富丽而出于模拟。其名迹多在石窟，次在寺壁。道画兴盛于北朝，远非南朝所及。山水画，兴盛于南朝，北朝竟无作者。而蠢然欲动之花卉画，雨后春笋之论画，尤在南朝之境，不在北朝之地。此亦两朝地理气候等之差异，各见其特尚焉。"① 南朝画风大畅，与皇帝喜欢也有关，画家一旦出名身价倍增。因此南朝以画出名者颇多，陆探微、顾宝光、袁倩、顾景秀、王微、宗炳、谢灵运、顾骏之、江僧宝、谢赫、宗测、沈标、章继伯、姚昙度、陶景真、丁光之、毛惠远、张僧繇、陶弘景、萧贲、嵇宝钧、顾野王都享有盛誉。

　　陆探微善画人物，这与当时士人们争夺名誉求画肖像有关。《唐朝名画录》说："陆探微人物画极其妙绝，至于山水草木粗成而已。"陆探微在技法上有许多创新，他在顾恺之"春蚕吐丝"式的线条中增添了刚劲挺拔的雄健气度，他还受东汉张芝一笔书的启示创出一笔画追求简笔墨戏的意趣。他创作出的"秀骨清象"于眉清目秀中显出神采生动、自然洒脱与和蔼可亲的神韵，成为一种时代的特征并包含着审美价值判断。据记载，陆探微曾画有《宋明帝像》、《竹林像》、《蝉雀图》、《阿难维摩图》、《孔子十弟子像》、《捣衣图》、《白马图》、《猕猴图》、《斗鸭图》等众多作品，时"顾陆"并称，《画品》将其列为第一品第一人，可谓推崇备至。

　　继顾恺之、陆探微之后声名大振的画家是张僧繇，他生活于齐梁时代而尤工道、释人物。当时上层贵族生活奢侈，宫廷文人趣尚淫靡，而社会上道、释大行，并一时繁荣。张僧繇在梁武帝三度舍身同泰寺的感召下，绘画观念及实践不能不在前代基础上产生变更。南北交流使外来绘画技法对内地产生了重大影响，以色彩为主的佛教人物画也拓展了当时艺术家的创作领域。因而，张僧繇的绘画改变了前代造型方式与细密

---

① 潘天寿：《中国绘画史》，上海人民美术出版社1983年版，第41页。

作风，吸收外来文化因素而形成超迈传统的艺术特征。张僧繇作画十分勤奋，对技艺精益求精，他能将外来艺术同中国传统结合起来，能将佛教题材与世俗审美沟通起来，所以他的画中没有宫廷画家的淫靡作风而独树一帜。他吸取外来的晕染画风强调了形象的立体感，在一乘寺画凹凸花令世惊异，遂将此寺名为凹凸寺。他改变了顾、陆以来的瘦削型形象而创造了比较丰腴的典型，他还改变了细密的描写而代之以豪迈疏朗的画法。张僧繇的创新反映了时代的进步，而绘画技法的成熟为后来画坛开拓了局面。

北朝画家由于史籍缺略，留下姓名的很少，目前只知曹仲达、杨子华卓有成就。曹仲达是来自西域曹国的北齐画家，他画的外国佛像被誉为"曹家样"。他画人物"其体稠叠而衣服紧窄"，仿佛是刚从水中走出而衣服紧贴身上，故世称"曹衣出水"。这一风格实际上带有印度笈多王朝造像的特点，尤其是在当时的雕塑品中常常可以看到。杨子华是北齐的宫廷画家，善于描绘当代题材的人物画和贵族生活的风俗画，尤其善画马，当时即被称为"画圣"，招在皇帝身边供职。今传《北齐校书图》为他所作，他吸收前代画家长处又树新风，体现出高水平而对唐代画坛产生影响。

魏晋南北朝时期的绘画出现空前繁荣的局面，也促发了绘画理论的热烈研讨而取得丰硕成果。在此之前，关于绘画的论述所见甚少，既没有专著更不成系统，无非是片言只语散见于个别典籍中，而且所论往往并非专为绘画。魏晋时期，尽管人们观念得到解放，但受传统思想影响，论画还是以鉴戒作用为上。自汉代出现的"画赞"至魏晋与"品评"结合起来，欣赏绘画还是看画中人物或主题有无政治伦理道德意义。曹植作《画赞语》明言"是知存乎鉴戒者，图画也"，可见还是把绘画作为一种教化手段来看待的。何晏在《景福殿赋》中也说："图象古昔，以当箴规。椒房之列，是准是仪。"认为绘画就是要突出颂劝惩戒之功能。由于魏晋以降玄学兴起，士人热衷于绘画创作展现个性，于

女史箴图局部（东晋）顾恺之

是论画也产生了与前不同的品识。

　　顾恺之可谓中国最早的绘画批评家，他较为系统地阐述了绘画中的诸多问题。他在《魏晋胜流画赞》中提出了对绘画的总体看法，并品评了一些具体作品。他说："凡画，人最难，次山水，次狗马；台榭一定器耳，难成而易好，不待迁想妙得也。"可谓绘画实践的经验总结。他评论《醉客》画说："作人形，骨成而制衣服幔之，亦以助神醉耳。"提出了中国绘画最基本的"形""神"问题，这正是将魏晋品评中的"风""骨"概念应用于绘画之中。他所强调的"形"与"骨"要求对人体有确切的把握，而更重要的是要突出"风"与"神"，所谓"传神写照"才是绘画精髓，这就将绘画置于本位并丰富了其含义。顾恺之还提出了"迁想妙得"的构思过程，这其实说的是画家本身的投入和获得之机趣。他评论《壮士》画说："有奔腾大势，恨不尽激扬之态。"就是说此画有壮士的形体动作，但缺乏壮士的精神气质，不够风神毕现，没能妙得其趣。这些言简意赅的评语，反映出顾恺之对绘画的深刻理解，也在指导着当时画风的演变。顾恺之还有《画云台山记》一文，一方面表现出在自然山水中安顿自己生命的倾向，另一方面表述了绘画构图和技法表现上的创见。

　　尽管此时山水画方见雏形，但魏晋名士却在此中追求与山水自然的契合，因而山水画也成为一种玄学品识的体现。宗炳在这方面有较深研究，写出了著名的《画山水序》一文。文中以庄子思想为主导，将山川形质作为道的供养之资，认为贤者在山水间游玩可以与道相通，而通过山水画可以获得精神方面的艺术性自由解放。他说："余眷恋庐、衡，契阔荆、巫，不知老之将至。愧不能凝气怡身，伤跕石门之流，于是画象布色，构兹云岭。"正是不能忘怀山水，故作画追求一种永恒。他又谈及如何图画山水，如"竖划三寸，当千仞之高；横墨数尺，体百里之迥"，因此高低远近皆可入画，一切物象尽收图中。而"应会感神，神超理得，虽复虚求幽岩，何以加焉"，图画成为求道的最佳方式，画家的精神完全可以感通于画面上。作者最后点题说："畅神而已，神之所畅，孰有先焉。"作者认为山水画给人最大的享受就是心情舒畅，这正是魏晋玄学下人的审美境界的升华。宗炳一生好山水，爱远游。"凡所游履，皆图之于室"①，正因有长期游览和绘画的实践，其《画山水序》所述才高妙而实际。

与宗炳《画山水序》同时出现的还有王微的《叙画》，其中指出山水画应从实用中解脱出来而具有独立的艺术性，不应像古籍中的地图那样死板，而应充满画家的人格精神。"望秋云，神飞扬，临春风，思浩荡。"人们对自然美的热爱正是山水画出现的基本条件。但每人感受不同又使山水有了无限的境界，这就使山水之大美给人提供了图画愉悦的空间。如果说孙绰是"以玄对山水"，宗炳是"以佛对山水"，那么王微"以情对山水"的成分更多些。画家对山水的欣赏振兴了中国艺术精神，透露出哲学的思考和绘画的精审，因此画家把一切精力投入到绘画这一充满创造性又具有品格特征的艺术天地中也就可以理解了。王微"少好学，无不通览。善属文，能书画，兼解音律、医方、阴阳、术数"，死时年仅29岁。他出身于王氏大族，不满政治倾轧而闲居。其《叙画》

---

① 《宋书·宗炳传》。

意义不仅限于绘画艺术，其中的美学思想也不无承前启后的价值。

　　生活在齐梁时代的谢赫，不仅貌写人物"点刷精研，意在切似。目想毫发，皆无遗失"①，而且撰写出我国第一部系统的绘画批评著作《画品》。《画品》在宋代开始被称作《古画品录》，虽然谢赫在序中说："图绘者，莫不明劝戒，著升沉，千载寂寥，披图可见。"但实际上大部分内容是讲绘画艺术规律及对画家的品评。《画品》的最大贡献在于首先提出了"六法"："一气韵生动是也，二骨法用笔是也，三应物象形是也，四随类赋彩是也，五经营位置是也，六传移模写是也。"谢赫的"六法"对前人的绘画理论是一重大发展，这一全面而简明的总结开辟了此后绘画理论的广阔前景。《画品》在品评 27 位画家时，受齐梁宫廷风气影响，因而具有那个时代的审美倾向。其评第一品 5 人为陆探微、曹不兴、卫协、张墨、荀勖，显然有迎合齐高帝的观点的用意。其画评颇为精要，如评第二品顾骏之："神韵气力，不逮前贤；精微谨细，有过往者。始变古则今，赋彩制形，皆创新意。……画蝉雀骏之始也。宋大明中，天下莫敢竞矣。"由此可见画评的切实和时代的趋向。虽然后人对其品评颇有非议，如姚最、李嗣真都为顾恺之列位较低而不平，但各有所旨很难确当，毕竟谢赫提出"六法"评定优劣是一个历史进步。

　　继谢赫《画品》之后，姚最又著有《续画品》。《续画品》收录了《画品》之后的 21 位画家，而将梁元帝放到第一位却落下了以画家职位出身定品级的嫌疑。不过正如此书自序所言："人数既少，不复区别，其优劣可以意求也。"也就是说，此书不对画家评定品第，而将画艺优劣在评语中表现出来，这是与《画品》体例以及方法上的很大不同，或许也是因为姚最强调尊重画家不同的个性而难以列位的缘故。此书评论容量上有所扩展，针对绘画问题更为具体和深入。尤其是他对谢赫的品评提出一些质疑，如为顾恺之鸣不平慷慨激昂："至如长康之美，擅高

①　姚最：《续画品》。

往策，矫然独步，终始无双。有若神明，非庸识之所能效；如负日月，岂末学之所能窥……列于下品，尤所未安。斯乃情有抑扬，画无善恶。"姚最由梁入隋，为中国画论的批评标准而探讨争辩有其特殊的价值。可以说，魏晋南北朝由顾恺之提出形神结合这一中国绘画的最高境界，又由谢赫提出"六法"作为达到这一境界的具体途径，其间还有众多绘画批评理论者充实完善，从而构筑起中国绘画理论体系的雏形，并闪耀生辉。

第二节 华严雕构

中国建筑与雕塑是两门独立的艺术又有密不可分的关系，作为历史文化的载体体现着悠久的民族传统。早在原始社会末期就形成了在夯土台上构筑木架宫室的格局，秦汉时期更有了宏伟的规模和严谨的结构。一般说来，中国建筑和雕塑具有一种内向性机制和虚静性品格，以庄严肃穆的气氛和等级制度的森严强化着社会秩序。魏晋南北朝时期，由于向儒家传统观念的挑战，玄学任其自然的思想流行，佛教文化的迅速传播，建筑和雕塑也发生了巨大的变化，尤其是佛教的建筑和雕塑，吸取印度、西域的艺术手法，至今留下灿烂辉煌的业绩，成为"石头的史书"和"凝固的音乐"，令后人兴味盎然地检索和欣赏。

中国的殿堂建筑一向是城市规划的中心，因为那雄伟的殿堂象征着封建集权的威严。中国建筑为适应家长制宗法社会结构的群体意识，在城区和家居的平面布局上有明确的组织规律。魏晋南北朝时期的殿堂建筑基本沿袭秦汉传统，皇帝居住的宫室和官吏办公的地方在城北，居民的生活区域和活动场所在城南，一条东西大道将两个区域截然划开。从史料考察看，当时的住居已初步形成以房屋围成院落的样式，其高低长

柱础（北魏）

宽构成和谐的比例关系而给人整体的空间美。在这大致统一的建筑格局中人们又可变通调整，展现出不同的风采和提供更多的便利。城市正是由这众多的院落按严整的规划组成，一条条街道把住宅区划别并连通，构成秩序井然的城区大观。

在北方，以邺城为例，官渡之战后曹操夺得冀州，便在邺城大兴土木建造丞相府。全城以一条东西大街分为南北两区。城北为官署区，正中即宫殿，中心是文昌殿，乃朝会议事之所。殿前正对端门，端门前有止车门，端门外东有长春门，西有延秋门。东部是官署区，西部是铜雀园。官署区为官员办公的地方，铜雀园则是王家苑囿。城南为居民区，街道纵横，民房棋布。邺城在中国都城中明显地构成中轴线对称布局，体现了统治者的政治匠心并为后代做出了示范表率。东汉都城洛阳在魏时也有所恢复，至西晋时统治者更是大营宫室充实府库。贵族们也仿效皇室修建楼台，以致出现石崇与王恺斗富丑剧。此后邺城、洛阳在永嘉之乱时虽遭受破坏，但在北朝统治期间仍为建设重点。石虎在曹魏文昌殿旧基上建太武殿及东西二宫，太武殿为朝会正殿，殿东西 75 步，南北 65 步，"皆漆瓦、金铛、银楹、金柱、珠帘、玉壁，穷极伎巧"；东西宫在太武殿两侧，为皇帝寝宫，亦争奇斗艳。此外，原邺城宫殿区内又建琨华殿、晖华殿、金华殿、御龙观、宣武观、东明观、凌霄观、如意观、披云楼等宫室楼观。此后几坏几建，规模愈发扩大。据杨衒之《洛阳伽蓝记》载，北魏洛阳城整齐、弘丽，尤其是皇族所居，奢侈铺张。"自退酤以西，张方沟以东，南临洛水，北达芒山，其间东西二里，南北十五里，并名为寿丘里，皇宗所居也，民间号为王子坊。当时四海晏清，八荒率职，缥囊纪庆，玉烛调辰。百姓殷阜，年登俗乐，鳏寡不闻犬豕之食，茕独不见牛马之衣。于是帝族王侯、外戚公主，擅山海之富，居川林之饶，争修园宅，互相夸竞。崇门丰室，洞户连房，飞馆生风，重楼起雾。高台芳榭，家家而筑，花林曲池，园园而有。莫不桃李夏绿，竹柏冬青。"

东晋定都建业，后改名建康，即今日南京。吴主孙权在此建都时筑新城，孙皓即位后规模更加扩大。出都城的玄武门是南北笔直的御道，直达秦淮河上的浮桥朱雀航。秦淮河两岸商店鳞次栉比，时称"大市"。永嘉乱后，北方城市遭到破坏，建业反而繁华起来。为避司马邺之讳，建业改为建康。定为东晋国都后，此后宋、齐、梁、陈均不易其地，遂得"六朝古都"之称号。东晋南朝之建康，基本保持了东吴建业旧貌，但土墙变为砖墙，建筑大量兴起。城中有皇帝所居建康宫，出宫城的大司马门有东西横街，正南向前为都城的宣阳门。宣阳门向前为御道端点朱雀门，一路上两旁拱卫着大小官廨和军营。朱雀门有3个城门，城门上有高大的城楼。朱雀门外即秦淮河，架有浮船连起来的渡桥。这样的浮航在秦淮河下游有24座，正对朱雀门的浮航故称朱雀桥。由于秦淮河两岸是热闹的市场，因而豪门大族也在此修建甲第，朱雀航东面不远便是王、谢家族所住乌衣巷，乌衣巷因三国吴时曾于此置乌衣营而得名。这些达官贵人的府宅皆以四合院或廊院形式彼此相连，形成与城中宫殿相辉映的大型建筑群。这些建筑采用木构形式，飞檐斗拱，画梁雕栋，既符合力学要求又有装饰作用，既表达一种升腾感又象征着建筑等级，可谓达到建筑要求和审美功能的统一，由此也反映出当时建筑技术与审美意识的成熟。

中国的陵墓建筑与殿堂建筑一样，具有很强的政治性寓意。最初在远古时代，墓葬制度是非常简单的。夏商时代已很重视埋葬制度，而周代则把殡葬制度纳入朝廷礼仪范围。秦始皇陵规划和造型严格整齐，陵丘为三层方形土台，顶部建有寝殿，坟上遍植树木，周围有二层围墙，围墙正中建门阙，墙外还有庞大的殉葬坑。汉承秦制，陵丘都是正方形截锥体，陵上建寝殿，四周建围墙，呈十字轴线对称，但东汉要比西汉体量缩小，可见国势之衰退。魏晋南北朝时丧仪较简，陵寝规模不大，坟丘上不再建寝殿，但开始在陵前设置纵深的神道，神道两侧对称排列石人、石兽、石柱、石碑。

中国古代陵墓前设置石刻人、兽始于西汉，如汉武帝为表彰霍去病的战功命将石刻人、兽置于墓侧以示威武，不过此时尚未成定制。自丝绸之路开辟后，西方文化源源不断传入我国，波斯帝王陵墓前用大型石刻动物守陵的信息也随之传来，因而东汉陵墓前已常见石兽，且有的石兽胸旁还有肥短的飞翼，明显是模仿波斯石兽的造型。西晋时期西北地区的雕刻已具有文化融合的特征，现藏陕西省博物馆的"大夏石马"，是十六国时匈奴人赫连勃勃墓前的遗物。这匹马比西汉霍去病墓前"马踏匈奴"技法上有明显进步，马高 2 米，长 2. 25 米，前肢直立，后腿稍屈，昂首挺胸，粗犷豪健。其尚属一种不完全性圆雕，前后足以石相连，腹部以下凿空，又利用石块的自然起伏表现马的肥壮，这可以说是匈奴文化、西域文化与汉族文化相结合的产物。1976 年在河南洛阳市郊邙山乡孝庄帝静陵出土一个石人，高 3. 14 米，立于石座之上。头戴笼冠，褒衣博带，双手拱于胸前，神情肃穆端庄，艺术风格与龙门石窟莲花洞造像接近。其上承东汉石人造像，下启唐宋陵墓石雕，提供了这一时期雕塑艺术与丧葬制度的重要参证。十六国北朝陵墓石刻现存不多，而东晋南朝陵墓石刻可见独特的艺术风采。现今看到的宋武帝刘裕陵前的石麒麟，梁武帝萧衍陵前的石麒麟，都是墓前石雕的杰作。石麒麟显然受波斯艺术风格影响，但胁下飞翼的形态纹饰呈波浪状或浮云形又带中国特色。梁武帝萧衍墓前石麒麟高 2．7 米，长 3．3 米，以整体巨石雕成，头有双角，张口吐舌，姿态雄强，迈步向前，雕法纯熟精练，气势威猛磅礴。除石麒麟外，墓前常见的还有石狮，如 1974 年在南京甘家巷小学内出土的萧秀墓前石狮，二狮躯体巨大，张口垂舌，浮雕双翼，遍体纹饰，显示出精湛娴熟的技法。南京陈武帝陵前翼兽，高约 3 米，形体粗壮，风格猛健。这些吸收了印度、波斯、西域及北朝的艺术手法雕刻出的精品明显具有佛教意味和玄学精神，同时这些外来的瑞兽在中国帝王墓前供职也显示出四海统一与四夷柔顺的气氛。

墓前石柱（南朝）

陵墓雕刻除石人、石兽外，还有石柱、石碑。东汉时就有中山简王刘焉墓前立石柱为标志的记载，魏晋南北朝时陵前石柱更成为精美的艺术品。石柱在中国古代建筑中与华表同属一种类型，因外来文化的侵入而具有了新的意义。据说华表在古代为表示王者纳谏或指路的木桩，而石柱不能不令人想起古代印度那些巍峨的记功柱。在山东临沂发现的东汉延熹年间琅玡王相的墓表为希腊式凹纹石柱，北齐大宁年间建于河北易县的义慈惠墓石柱柱身做不规则的八棱面。东晋、南朝陵前石柱更多，几乎每个墓前都有石柱。现石柱虽多残缺，但仍能看出大致形态。柱高约六七米，柱顶有承露盘，边缘刻有莲花瓣，盘上踞有立体石兽。这显然是印度阿育王佛教流行时代所建石柱在中国的翻版，这种石柱不仅在墓前而且在路衢皆可看到。《洛阳伽蓝记·龙华寺》载："南北两岸有华表，举高二十丈，华表上作凤凰似欲冲天势。"这与印度石柱钟形柱头上载狮子等灵兽何其相似！因而可以认为，这些石柱是犍陀罗文化东传的内容，而中国南方各地也不乏引进、吸收、创造的风貌。目前发现的南朝陵墓几乎每座墓前都有石刻群，此列置制度虽不见于文献记载，但从实物了解中可知每座墓前一般列置3种6件，即石兽、石柱，石碑各一对。关于碑，中国出现很早，其最初记死者事，或立墓旁，或埋土中。东汉时立碑于墓前称神道碑，魏晋而后此风大盛。墓前设神道是一创举，用这样的方式加深了序列层次，更烘托出浓重的纪念气氛。

魏晋南北朝时期，还是窟寺构筑最为华胜。在佛教沿丝绸之路向中国内地传播的过程中，佛教窟寺成为佛教东渐的一座又一座里程碑。这时的窟寺雕塑作品以造像为核心内容，可以看出犍陀罗艺术与秣菟罗艺术进入中国后向汉文化的过渡。新疆地区以库车县为中心的古龟兹区诸佛窟，由于石质疏松多以泥塑佛像，较多保留了印度犍陀罗艺术特征，有些也展现出西域各族人的风采。十六国时期的雕塑在敦煌莫高窟和永靖炳灵寺目前还有保留，可以看到这些佛陀身着质地轻薄的袈裟，显露出丰满匀称的肌肉，他们头戴华冠，项饰璎珞，神情庄静，体魄健壮。北魏以后，窟寺艺术有了重大发展，莫高窟、麦积山、炳灵寺仍以彩敷泥塑为主，大同云冈石窟、洛阳龙门石窟、巩县石窟、邯郸响堂山石窟、太原天龙山石窟，皆以石雕造像显示出巨大的艺术魅力。

莫高窟的佛像多取静坐沉思的神情，仿佛进入禅定境界而又显得慈祥和悦，他们跏坐俯视似在苦思冥想，有的菩萨眉目娟秀、柔和沉静。麦积山因山峰造型如"农家积麦之状"而得名，现存窟、龛194个，雕塑7200余躯，可谓魏晋南北朝彩塑艺术集大成者。北魏前期造型特征主要有两类，一类体态健壮、浑厚，一类体态修长、扁平，可能分别受犍陀罗艺术与秣菟罗艺术风格影响。北魏后期因孝文帝推行汉化政策，中原及南朝士人的艺术追求渗入北朝诸石窟中，因而麦积山石窟也产生了"瘦骨清像"型雕塑。这种雕塑以"瘦"突出人物峭健的气质，用简朴造型和阴刻线条表现人物的内心情感。如115窟的菩萨体态窈窕，脸型长圆，身着宽衣博带，用浮雕手法直接塑于墙面上。头部一般为圆雕，制作精美，性格鲜明。衣纹采用疏密相间、起伏变化的阴刻线条，勾勒出清晰的体态轮廓而富于装饰趣味。87窟的伽叶为典型西域胡人形象：长鼻高隆，深目凹陷，薄唇瘦脸，神态机敏。佛经称他为饱经世故、富于心机的婆罗门教皈依者，又在佛祖圆寂后负责解释佛教经典。创作者在艺术表现上运用了大胆的夸张与变形，强调体积的块面与厚度

麦积山石窟佛像（北朝）

以突出人物个性，采用圆中带方的对比手法使其富于体积感和雕塑感。20窟菩萨，脸颊丰满，小额凤眼，体态苗条，纤手柔顺。127窟和133窟的菩萨，形象优美，神态潇洒，长面细颈，身材颀长。总之，麦积山石窟在北魏时期的造像呈现出由粗犷健壮向秀骨清像的转化，由健美庄重向清瘦修长过渡，日益突出一种幽静而秀丽的美，在自由流畅的形体和眉清目秀的面貌中，达到写意性与装饰性的和谐统一。

西魏时开窟造像之风日盛，艺术水平有较大提高，造像风格由"秀骨清像"偏向世俗兴趣。44窟的佛像头梳高髻，面型修长，凤眼下视，口含微笑，俨然一幅善良慈祥的贵妇情态。123窟的童男童女也是一组时代风格鲜明的世俗形象，塑像服从于静稳的气氛又突出人物的稚气和虔诚。童男童女美丽的脸型，动人的眼睛，润泽的肌肤，充满了世俗情味。这些形象俊美潇洒，内心情绪的刻画更趋成熟，体面造型运用写意手法，简练概括，技艺更为精湛。匠师们冲破了造像仪轨的藩篱，从现实生活中汲

取营养，创造出许多具有生动情趣的佳作，在一定程度上淡化了宗教艺术的神秘感，更为亲切感人。到北周时期麦积山石窟艺术作品在造型敦厚、简练方面有所发展，人物形体饱满，面型渐趋丰颐，表情生动自然，衣纹更加简洁。造像既不同于西魏的修长婉丽，但也不像后来隋唐时那样丰满润媚，可以说是承前启后的特有风格。北周七佛龛为麦积山现存最大洞窟，窟面宽达 30 余米，内壁开凿 7 龛，塑造佛陀、菩萨 70 余躯。作者运用壁画与泥塑相结合的处理手法，用泥塑表现出人物脸部正侧面的形象、体态肌肉的起伏隐显和手脚运动中的透视关系，用绘画表现衣裙、飘带、花朵等装饰意味较强的部分。珠联璧合，和谐统一，变化微妙，质感强烈，突出了立体效果，并具有平面装饰作用，使七佛窟既规模宏伟又富丽堂皇，不仅是佛教窟龛而且成为艺术宝库。

云冈石窟大佛（北魏）

位于山西省大同市西郊的云冈石窟，现存主要洞窟 45 个，造像 51000 余躯，是北魏时期皇室经营的第一座大型石窟，也是中国北方地区早期的石窟代表之一。由于鲜卑人最初在平城（今大同）建立北魏王朝，而佛教在民族纷争的时代是促进民族心理认同的有力武器，于是鲜卑在建都平城后大力倡导佛教，云冈石窟也由此而来。《魏书·释老志》载："昙曜白帝，于京城西武州塞，凿山石壁，开窟五所，镌建佛像各一。高者七十尺，次六十尺。雕饰奇伟，冠于一时。"云冈石窟以昙曜五窟为开建标志，延续了河西凉州石窟的风格。这也是由于北魏攻灭北凉时，掳获大批僧徒、官吏、百姓入平城，驱使他们开窟造像，雕像自然只能在凉州石窟的基础上发展。昙曜五窟的佛像面型丰圆，鼻梁直挺，颧骨不高，深目薄唇，具有外域人物形象特征。与莫高窟、麦积山、炳灵寺早期造像相似，不过改用石雕，仍带有犍陀罗或秣菟罗艺术风格。如 20 窟主佛身着质料厚重、衣纹凸起的衣服，18 窟主佛身穿轻薄贴体、衣纹紧密的衣服，正是两种风格的不同体现。现今通常所说的云冈大佛，即为 20 窟造像。佛像高约 14 米，结跏趺坐，高肉髻，内着僧祇支，外披法衣，右袒通肩，衣纹厚重。其面部方圆，两耳垂肩，双肩宽厚，胸脯高挺，神情肃穆，和蔼可亲，具有北方鲜卑人之体貌特征，反映出威严的君权与神权的高度统一。此窟顶后来塌陷，佛像遂成露天大佛，至今风采依旧。冯太后执政时期，有意使佛教成为争取民族融合的手段，导致佛教艺术作品民族化的潮流。南朝的意境与技法随之融入北方的造像艺术中，于是出现了许多清秀雍容、意味深远、雕饰奇特的中国化佛像作品。此时开凿多双窟，或许与同时尊奉孝文帝和冯太后为二圣有关。有的佛龛出现了中国式床帐，有的洞窟颇具中国宫殿的建筑意味，有的佛装直接采用了当时南朝士大夫常服式样。窟中造像面型丰圆适中，衣纹为直平阶梯式，反映出南北交融的开始。北魏孝文帝迁都洛阳后，平城地区的洞窟内部日趋方整，外崖雕饰日趋繁缛，造像趋于瘦削，衣纹益多重叠，中小窟龛数量增多，雕刻的气势减弱，这实际反映了佛教在中下层的状况。尽管那宏大的气魄再难展示，但民族艺术风格有了增强。如那些表现自然风光和世俗生活的浮雕，那些线条流畅、身姿优美的窟顶飞天伎乐，都说明外来石窟艺术走向中国化时期。

随着北魏孝文帝迁都洛阳，云冈石窟造像业衰落，洛阳龙门石窟则获得萌生的天机。洛阳素有古都之称，自东周、东汉、曹魏、西晋在此建都，洛阳已成为文化名城之一。龙门山色，是洛阳诸景之冠，又宜于雕凿造像，因遂成宝地。龙门早期石窟造像与云岗风格相近，文帝迁洛后形成第一个开凿高潮，这时期开有古阳洞、宾阳中洞、莲花洞、火烧洞、石窟寺等十几个大中型洞窟和一个露天交脚弥勒像龛，并形成新的时代特点。此时早期佛教艺术中那种宗教神秘色彩越来越淡薄，外来艺术手法也被吸收消化而形成中国佛教石窟艺术，其从现实生活出发，所造佛像和蔼可亲。如宾阳中洞的主像释迦牟尼，嘴巴上翘，微露笑意，穿汉化的褒衣博带式服装。南北坐的菩萨，含睇若笑，温雅敦厚，手臂丰腴，姿势优美，富于女性魅力。由于龙门石窟为历代王室贵族发愿造像集中之地，不少窟龛与造像的兴废变迁与当时政治形势有密切关系。如有的佛像成了帝王的模拟像，文成帝身上因有黑痣，于是佛像身上也

龙门石窟宾阳中洞（北魏）

被镶嵌黑石。古阳洞直接称孝文窟，一些支持孝文帝迁洛的文臣武将都在古阳洞内开龛造像。而一旦政局动荡，洞窟造像也随之变化。正因如此，龙门石窟窟形比较单纯，题材内容简明集中，大都突出主像和胁侍群像。有的利用天然溶洞扩张而成，窟内较少佛传故事雕绘，也大大减少了装饰图案。另外，当时龙门造像碑刻题记较多，形成了书法艺术的荟萃之地，从此也可看到鲜明的中国传统。

　　自北魏六镇军人起义导致河阴之变发生后，北朝石窟雕塑随北朝政局动荡而发生地区性转移。云冈石窟与龙门石窟渐无大规模营建，而东魏、北齐控制之地则获得发展机会。于是，巩县石窟寺、太原天龙山、邺城响堂山、安阳灵泉寺形成了北朝晚期窟寺。巩县石窟寺的造像处于北魏后期，刚强健美之力减弱，面容慈善之感增强。有的轻松活泼，有的文雅含蓄，有的宏放雄伟。其最引人注目的是出现了大场面的礼佛图，全部人像基本朝窟门方向前进，在比丘的前导下，礼佛人地位不等参差错落。整个构图远近层次、透视处理恰当，人物相貌可辨出不同的年龄、性别，可谓十分精彩。太原天龙山石窟虽保留北魏晚期遗范，但可以看出匠师追求清新雅静之气氛，由原先突出宗教意义而转向强调艺

术趣味，因而佛像秀美给人愉悦。邺城响堂山、安阳灵泉寺都是北齐时期的作品，这些雕塑以丰圆温润取代了以往的深目高鼻与瘦骨清像，从中可以看到向唐代造像过渡的轨迹。

魏晋南北朝时代不但出现了大量的佛教石窟，同时在城市还出现了一些寺院建筑。北魏洛阳城内佛寺最盛时多达 1367 所，尤其是胡太后主持修建的永宁寺雄伟壮丽。那些巍峨的佛塔可以与汉代的灵台比高，庞大的佛殿可以与皇室的宫殿争丽。"南朝四百八十寺，多少楼台烟雨中"，江南迷离的湖光山色中亦是古刹遍地，那些神迷心往的帝王贵族不惜舍身敬奉。这种外来佛教艺术雕构出现在中国大地上，似乎为中国文化又注入一股新鲜的活力，而这种活力在唐代进一步释放并得到改化，从此融入中国博大精深的文化体系中。

第三节　玄妙乐舞

中国传统的音乐与舞蹈是密不可分的姊妹艺术，而自先秦两汉以来各种音乐与舞蹈都是强化政治统治的手段。魏晋南北朝时期的乐舞在传统基础上有了新的突破，这是因为统治集团不可能不利用乐舞进行道德教化和维护伦理观念，但是东汉以来对腐朽社会秩序的打破和人们思想的解放促进了对艺术的认识。尤其是受玄学熏陶提倡自然的士人，认为音乐和舞蹈是个人修养的形式之一，其艺术境界的提高体现着自身人格的不断完善，因而将玄妙的人生追求渗入到无限的艺术修养中。这就使他们从传统乐舞中跳脱出来，树立起新的观念而传达出新的精神，在对乐舞奏演的过程中体现出一种个人的情感，在对乐舞的欣赏过程中进行适当的调整与补充。

魏晋以后，宫廷乐舞基本还是搬演前朝模式，但士人们对艺术的演绎却充满了张扬天然个性的色彩，这多少给僵化的乐舞注入了些许的新鲜活力。东晋十六国、南北朝时期，玄学大兴，佛教东渐。玄学"越名教而任自然"的理想和佛教"发善心普度众生"的宏愿与艺术结上了千丝万缕的情缘，仿佛艺术作为一种载体成为感情托付的一种方式，因而乐舞难免产生一种超凡脱俗、引人入胜的境界，并融会着南北的风土人情与中西的审美蕴藉。魏晋南北朝的乐

燕居行乐图壁画（十六国）

舞正是在古今更替、民族交往和文化沟通的过程中迸处射出异光亮彩，从而形成带有强烈个人意向、地域特征明显、借鉴外来文化的艺术景观，这也为继之而后的唐代乐舞打下了丰实的基础而开拓出一个崭新的局面。

东汉末年，群雄逐鹿，在天下尚未安定统一的情况下，乐舞方面很难有所建树。直到曹魏政权确立，才有杜夔恢复雅乐之举。中国传统音乐观念认为："圣人功成作乐，化平裁曲，乃扬节奏以畅中和，饰其欢欣止于哀思者也。凡乐之道，五声八音六律十二管为之纲纪云。五声，宫为君，宫之为言中也，中和之道，无往而不理焉。商为臣，商之为言强也，谓金性之坚强也。角为民，角之为言触也，谓象诸阳气触物而生也。徵为事，徵之为言止也，言物盛则止也。羽为物，羽之为言舒也，言阳气将复，万物孳育而舒生也……八音，八方之风也。乾之音石，其风不周。坎之音革，其风广莫。艮之音匏，其风融。震之音竹，其风明庶。巽之音木，其风清明。离之音丝，其风景。坤之音土，其风凉。兑之音金，其风阊阖。阳六为律，谓黄钟、太簇、姑洗、蕤宾、夷则、无

射；阴六为吕，谓太吕、应钟、南吕、林钟、仲吕、夹钟。凡有十二，以配十二辰焉。律之为言法也，言阳气始生各有法也，吕之为言助也，所以助成阳功也。"① 总之，这些"雅乐""正声"是千百年来的艺术总结，其声音高低长短完全要符合礼仪秩序的规定，因此中国的礼乐有着太多的象征意义，而每个朝代都要制定相应的礼乐制度。

魏晋之时，这些雅正之乐并未完全恢复，恐与时局动荡或观念转换有关。但皇帝命文臣采集民谣以观世风，各造新诗谱之乐曲歌功颂德，则是习为常见的事情。对这种情况，有的士人颇不以为然，嵇康则是著名的代表。嵇康作为"竹林七贤"之一，是司马氏集团的坚决反对者。《晋书·嵇康传》载其"长好老庄，与魏宗室婚，拜中散大夫。常修养性服食之事，弹琴咏诗，自足于怀"。艺术修养颇高的嵇康当时为人爱戴，主要是因其美词气、有风仪、天质自然、怡静寡欲、宽简有大量、博览无不该通的"龙章风姿"，这也足以说明当时的审美时尚和价值观念。

嵇康在冲破虚伪礼教的束缚和倡导思想个性解放方面曾发挥了重要作用，著名的《声无哀乐论》便反映了他深刻新异的音乐思想。在这篇文章中，嵇康从反对司马氏的礼乐名教角度出发，论述了乐舞本身并非是具有哀伤和快乐内涵的具体形式，这就试图将乐舞从政治迷信中分离出来，同时以乐舞为武器向政治迷信发出挑战。文章以设问的形式写成，以"秦客"（俗儒化身）为客，以"东野"（作者自况）为主，通过8次驳难，反复论证，有针对性地批评了儒家传统乐论，进而阐述了作者的音乐思想。如"秦客"一开始就引述儒家传统音乐思想来诘难，说："治世之音安以乐，亡国之音哀以思。夫治乱在政，而音声应之。""东野"则认为："音声之作，其犹臭味在于天地之间。其善与不善，虽遭浊乱，其体自若，而不变也。""声音自当以善恶为主，则无关于哀

---

① 《晋书·乐志》。

乐。哀乐自当以情感而后发，则无系于声音。"这就是说，音乐有好坏，但与哀乐无关，哀乐是人们有感而发，与音乐表现无关，因而政绩的好坏，并不能由音乐来判断。嵇康认为音乐属于外界的客观事物，而哀乐属于内心的主观感情，二者不是一回事。由于儒家的传统音乐思想竟然发展到要从声音中听出吉凶的征兆，嵇康正是要批判这种把音乐的社会功能庸俗化了的极端观点。嵇康在辨析音乐与情感的关系时并不否认音乐能唤起情感，尽管音乐本身没有情感但人们可以情感寄之。他说："然声音和比，感人之最深者也。劳者歌其事，乐者舞其功。夫内有悲痛之心，则激切哀言。言比成诗，声比成音。杂而咏之，聚而听之。心动于和声，情感于苦言，嗟叹未绝，而泣涕流涟矣！夫哀心藏于苦心内，遇和声而后发。和声无象，而哀心有主。夫以有主之哀心，因乎无象之和声，其所觉悟，惟哀而已。"这是说声音的情感来自作乐者和听乐者的主观感受，如果史官利用音乐陈述国家政治上的得失那并非音乐的问题，而是要利用音乐达到某种目的。

　　嵇康否定音乐与情感之间的联系有其片面性，但其意在于使士人在"与政治无关"的旗号庇护下保持从事音乐活动的独立性。实际上，嵇康虽然否定了俗儒使音乐从属于政治的狭隘观点，但并不反对"乐以教化"的重要作用。他说："夫言移风易俗者，必承衰弊之后也。古之王者，承天理物，必崇简易之教，御无为之治。君静于上，臣顺于下，玄化潜通，天人交泰。枯槁之类，浸育灵液，六合之内，沐浴鸿流，荡涤尘垢。群生安逸，自求多福，默然从道，怀忠抱义，而不觉其所以然也。和心足于内，和气见于外，故歌以叙志，舞以宣情。然后文之以彩章，照之以风雅，播之以八音，感之以太和。导其神气，养而就之；迎其惰性，致而明之；使心与理相顺，和与声相应。合乎会通，以济其美。"这其实是嵇康心目中的理想社会，那里无为而治，自然而然，人们在淳朴、安逸、和平、幸福的环境中生活，音乐歌舞是人们发自内心的情感流露，成为增强理想社会之美的催化力量。总之，嵇康以玄学思想为主导，强调"声音有自然之和"，"声音以平和为体"，"自然之和，而无系于人情"，探讨乐舞本身的规律而反对人为的造作，中心还是与司马氏倡导的"名教"过不去。他表面上"目送归鸿，手挥五弦。俯仰自得，游心太玄"①，实际上最终却"理弊患结，卒致囹圄。对答鄙讯，縶此幽阻"②。嵇康还有《琴赋》，通过对琴的描写抒发自己的见解，表达了与《声无哀乐论》的相同看法。

与嵇康同时的阮籍则著有《乐论》，但音乐观念基本上继承了《礼记·乐记》及传统的儒家音乐思想，其中心思想也是提出"中和之美"，但更以说明封建秩序的井然。汉魏六朝时期，乐舞以清悲为美，在这一点上阮籍和嵇康有些共同看法，即音乐并非以悲为好，而是要合乎天地之律。但在对待"郑声"问题上，阮籍和嵇康则见解不同。阮籍是看不起新鲜活跃的民间音乐的，有时甚至把它看成引发社会动乱的罪魁祸首。嵇康虽然也承认要"别雅郑之淫正"，但他又说"若夫郑声，是音声之至妙"。由此看出，二人还难以脱出传统音乐观念的窠臼，但嵇康显然要进步得多。魏晋之际，虽然宫廷雅乐尚未完全恢复，但民间俗乐却是有所发展的，士人则雅好慷慨清悲之音，在这种情景下，音乐倒是具有了相对自由而独立的地位。

西晋建立后，仍承袭魏时所制之乐。据《晋书·乐志》载："杜夔传旧雅乐四曲，一曰《鹿鸣》，二曰《驺虞》，三曰《伐檀》，四曰《文王》，皆古声辞。及太和（魏明帝曹叡年号）中，左延年改夔《驺虞》、《伐檀》、《文王》三曲，更自作声节，其名虽存，而声实异，唯因夔《鹿鸣》，全不改易。""泰始（晋武帝司马炎年号）五年，尚书奏使太仆傅玄、中书监荀勖、黄门侍郎张华各造正旦行礼及王公上寿酒食举乐歌诗。"在荀勖典知乐事期间，"又作新律笛十二枚，以调律吕，正雅乐，

---

① 嵇康：《赠秀才入军》。
② 嵇康：《幽愤诗》。

正会殿庭作之，自谓宫商克谐。然论者犹谓勖暗解。时阮咸妙达八音，论者谓之神解。咸常心讥勖新律声高，以为高近哀思，不合中和。每公会乐作，勖意咸谓之不调，以为异己，乃出咸为始平相。后有田父耕于野，得周时玉尺，勖以校己所治钟鼓金石丝竹，皆短校一米，于此伏咸之妙，复征咸归。勖既以新律造二舞，次更修正钟声。会勖薨，未竟其业。元康（晋惠帝司马衷年号）三年，诏其子藩修定金石，以施郊庙。寻值丧乱，莫有记之者"。

永嘉之乱以后，海内分崩离析，伶官乐器皆没于刘渊、石勒，以至江左初立宗庙竟无礼乐。直到咸和（晋成帝司马衍年号）年间，成帝才复置太乐官，召集散失于民间的乐师，但仍无演奏雅乐的乐器。"庾亮为荆州，与谢尚修复雅乐，未具而亮薨。庾翼、桓温专事军旅，乐器在库，遂至朽坏焉。及慕容儁平冉闵，兵戈之际，而邺下乐人亦颇有来者。永和（晋穆帝司马聃年号）十一年，谢尚镇寿阳，于是采拾乐人，以备大乐，并制石磬，雅乐始颇具。而王猛平邺，慕容氏所得乐声又入关右。太元（晋孝武帝司马曜年号）中，破苻坚，又获其乐工扬蜀等，闲习旧乐，于是四厢金石始备焉。乃使曹毗、王珣等增造宗庙歌诗，然郊祀遂不设乐。"从《晋书·乐志》所列歌诗看，都是颂扬祖先恩威功德之作。其后增修其他歌舞，也是循汉旧制而创新立意，如《鼙舞歌》、《拂舞歌》等。但此时受北方影响，鼓角横吹曲已颇为流行。而地处江南，民歌的清新气息也袭入宫廷。因而从西晋到东晋，乐舞一直处于规模建制和调整中，但更多地适应了时代的审美要求和吸收了诸多现实因素。

南北朝时乐舞又有发展。南朝宋武帝刘裕入关中攻灭后秦，将姚兴所有的乐伎全部带回建康。宋文帝刘义隆时重新调正国家乐器，确定了刘宋王朝的礼乐制度。南齐王朝沿袭使用，没有更改。梁武帝萧衍喜欢古代礼乐，曾有修整。至陈后主，"耽荒于酒，视朝之外，多在宴筵。尤重声乐，遣宫女习北方箫鼓，谓之《代北》，酒酣则奏之。又于清乐中造《黄鹂留》及《玉树后庭花》、《金钗两臂垂》等曲，与幸臣等制其歌词，绮艳相高，极于轻薄。男女唱和，其音甚哀"[①]。传统的"雅乐正声"受到冷落，而民间的"郑声俗乐"却受到爱宠。这使乐舞突破了陈规陋习，在求奇猎艳中绽花吐蕊，获得进步的机遇。但由于陈后主政治上的无所作为、庸碌无能，《玉树后庭花》等乐曲也成了带有亡国征兆的靡靡之音，在历史上成为永久的话柄。

彩绘骑马吹角俑（北魏）

北朝的宫廷音乐自北魏建立后有重大建设，由于北魏是鲜卑政权、佛教思想和汉化制度，加之疆域辽阔、族落众多和文化复杂，乐舞也就显得恢弘、壮丽和雄阔。北魏拓跋珪时就诏尚书吏部郎邓渊定律吕，协音乐。其后继者又不断增修，撰合大曲，为钟鼓雅乐。随着平凉州、通西域，更将西北少数民族的乐舞引入中原王朝的宫廷之中。这样，在中国传统礼乐的基础上又增加了剽悍粗犷的胡气，使新声新曲新舞新歌给人耳目一新的感觉。北齐时仍全部沿用北魏典制，仍是雅乐和杂曲并存，而西部歌舞尤受欢迎。北周破南梁荆州时，大获梁氏乐器，规定郊庙祭祀并宫廷礼乐制度，俨然是周代礼乐的重演。不过，周武帝时"有龟兹人曰苏祗婆，从突厥皇后入国，善胡琵琶。听其所奏，一均之间有七声。"这种西域音乐与华夏音乐的结合形成了中国音乐史上的重要变革，也成为隋唐时期中国乐舞繁荣的雏形。

---

① 《隋书·音乐志》。

　　魏晋南北朝时期的乐舞，既浸润着传统乐舞的要素，又汲取着异质乐舞的精华，这样就出现了极为丰富的乐舞曲目，展现出绚丽多姿的乐舞场面。就中国传统曲目而言，其大致分为"雅乐"与"杂乐"两项。"雅乐"用于郊庙朝会，"杂乐"用于宴享娱乐。"雅乐"往往继承前代旧有的形式，表达一种对祖先创业的崇敬和思念。如《晋书·乐志》曰："鞞舞，未详所起，然汉代已施于燕享矣……泰始中歌辞今列之后云。鞞舞歌诗五篇。《洪业篇》：'宣文创洪业，盛德在泰始。圣皇应灵符，受命君四海。万国何所乐，上有明天子……'""拂舞出自江左，旧云吴舞。检其歌，非吴辞也……察其辞旨，乃是吴人患孙皓虐政，思属晋也。今列之于后云。拂舞歌诗五篇。《白鸠篇》：'翩翩白鸠，再飞再鸣。怀我君德，来集君庭。白雀呈瑞，素羽明鲜。翔庭舞翼，以应仁乾……'"中国的音乐、舞蹈与歌诗向来密不可分，由原始社会祭祀神灵就形成了传统，延续下来蔚成洋洋大观，历代都有充实和创新。上列鞞舞即舞者手拿鞞鼓在庄严的乐声中边舞边唱，拂舞可能是舞者手甩长袖或手持彩带载歌载舞，都是表达一种传统的继承和当朝的隆盛。雅舞还有多种形式，《宋书·乐志》说："光武平陇蜀，增广郊祀。高皇帝配食。乐奏《青阳》、《朱明》、《西皓》、《玄冥》、《云翘》、《育命》之舞，迎时气五郊。春哥《青阳》，夏哥《朱明》，并舞《云翘》之舞，秋哥《西皓》、冬哥《玄冥》，并舞《育命》之舞。"乐舞虽然结合，但也有仅奏乐歌唱而不舞的，如晋时的宗庙歌诗就歌咏历代皇帝。这些雅乐充满礼教意味，因而显得呆板僵化。

　　"杂乐"往往是时新之乐，由四夷或民间的精华构成，新鲜活泼，悦人性情，因而也被宫廷喜爱。从历史上看，所谓郑卫之声、燕赵之舞都是民间杂乐，但流行不衰。只是到了汉代重振儒统，乐舞方被赋予神圣意味，但宫中也还时尚民间时髦的曲目。《乐府诗集》卷五三说："盖自周有'缦乐'、'散乐'，秦汉因之，增广宴会所奏，率非'雅舞'。汉魏以后，并以鞞、铎、巾、拂四舞，用之宴飨。"也就是说，随着民间乐舞进入宫廷，那些俗舞也就变成雅乐。除前所述鞞舞、拂舞，另外如铎舞、巾舞也属此类。南北朝时统治者酷爱艺术，尤其对民谣俚曲甚感兴趣，因而引入宫廷者甚多。从今所传《乐府》看，这些杂乐充满了生活气息，尤以爱情歌曲为多。如《乌夜啼》据说是临川王刘义庆所作，其实应是江西地区的民间情歌，将歌记在刘义庆名下，乃其曾为江州刺史也，且其才艺俱高名声远大。《石城乐》据《旧唐书·音乐志》载，为"宋臧质所作也。石城在竟陵，质尝为竟陵郡，于城上眺瞩，见群少年歌谣遒畅，因作此曲"。《古今乐录》说："《石城乐》旧舞十六人。"看来《石城乐》经加工改造应是一场遒劲畅丽的歌舞。再如《莫愁乐》，《旧唐书·音乐志》载："《莫愁乐》者，出于《石城乐》，石城有女子名莫愁，善歌谣，《石城乐》和中，复有哀愁声，因有此歌。"《古今乐录》说："《莫愁乐》亦云《蛮乐》，旧舞十六人，梁八人。"《乐府诗集》中有梁武帝《河中之水歌》："河中之水向东流，洛阳女儿名莫愁。"莫愁本为石城故事，而后南京也有了莫愁传说，当是误将石城为石头城。而莫愁乐以石头城为中心传唱开来，莫愁女遂成一个典型，天下皆知。属于江南民歌而登大雅之堂的还有《估客乐》、《襄阳乐》、《三洲乐》，这些乐舞据《古今乐录》载，都是"齐舞十六人，梁八人"，但这并不意味着梁时乐舞的萧条，实际上梁时民间乐舞亦不少，而宫体妙丽也一时勃兴。正如《晋书·乐志》所说："吴歌杂曲并出江南，东晋以来稍有增广。"梁代沈约著《宋书》，《乐志》所收曲目亦繁盛，如《子夜歌》、《读曲歌》、《懊侬歌》等。宋代郭茂倩《乐府诗集》录《子夜歌》42 首归入《清商曲吴声歌曲》，都是恋歌。说明当时南朝经济发达，统治者奢靡于山水声色之中。梁、陈之时，佛、道内容也充实于乐舞之中，且宫体艺术日益轻薄柔丽。《雅乐》被排斥，对乐舞倒是一种促进。然亦如《陈书·后主纪》论："古人有言，亡国之主多有才艺，考之梁、陈及隋，信非虚论。然则不崇教义之本，偏尚淫丽之文，徒长浇伪之风，无救乱亡之祸矣。"

　　魏晋南北朝引进外来文化因素而创造的曲目也不少，隋代正式定型为九部乐。即《清乐》、《西凉乐》、《龟兹乐》、《天竺乐》、《康国乐》、《疏勒乐》、《安国乐》、《高丽乐》、《礼毕乐》。《清乐》，初始为秦汉时的《清商三调》，乐器形制和歌词内容都有固定格式。永嘉之乱后"其音分散"，前秦统一北方时"于凉州得之"，后"宋武平关中，因而入南，不复于内地"，基本是中国古乐与西域胡乐的混合乐舞。《西凉乐》是指以古凉州即今甘肃武威为中心的音乐，此乐亦是传统音乐与西域音乐的结合。《隋书·音乐志》说："《西凉》者，起苻氏之末，吕光、沮渠蒙逊等据有凉州，变龟兹声为之，号为秦汉伎。魏太武既平河西得之，谓之《西凉乐》。至魏、周之际，遂谓之《国伎》。"此乐影响很大，"自周、隋以来，管弦杂曲将数百曲，多用西凉乐"。《龟兹乐》是以古龟兹即今新疆库车东南命名的音乐，这里因位于丝绸之路而一度成为西域文化中心。383年，西凉吕光攻入龟兹，其声乐传入中国内地，西凉政权解体

敦煌莫高窟壁画（西魏）

后，龟兹乐又被北魏政权收集，遂传播开来。龟兹乐在中原地区深受喜爱，声音和舞蹈动作也受中原传统文化影响，因而成为具有中国特色的西域音乐。北齐建立者高洋是鲜卑人，深爱《龟兹乐》，常在演奏《龟兹乐》时"自击胡鼓和之"。北周武帝娶突厥公主为后，大量西域音乐

被引入长安，著名音乐家苏祗婆以龟兹乐促进了内地乐的改革。龟兹乐用西域乐器演奏，舞者也是西域打扮，但又融入中国北地文化的众多特征，乐舞具有热烈、欢快、刚健、旷朗等特点，隋唐时成为各民族各阶层喜闻乐见的乐舞形式。其他如《天竺乐》、《康国乐》、《疏勒乐》、《安国乐》、《高丽乐》，都是与《龟兹乐》类似的中亚风格较浓的西域音乐。《礼毕乐》则是带有西域特色的创造性中国乐舞，"每奏《九部乐》终则陈之，故以《礼毕》为名"①。也就是说，这些西域音乐给人耳目一新的感受，在宫廷中逐渐取代《雅乐》的地位，但又毕竟要适合中国礼乐的传统和悠久的审美习惯。魏晋南北朝时的乐舞曲目繁多，正是当时文化纷异和互相交流的反映，在此基础上形成推陈出新的大好时机，中国乐舞也成为争取民族融会、国家统一、文化繁荣的积极动力。

中国传统乐器有所谓"八音"之说，即金、石、土、革、丝、木、匏、竹。金为金属打击乐器，如钟。钟的历史久远，西周时已出现。它不仅造价昂贵，还是地位和法权的象征，广泛用于各种仪典以及日常宴乐之中，并按照等级制定出一整套用乐制度。石为石类敲击乐器，如磬。《尚书》中"击石拊石"即是最早的演奏记录，迄今发现夏代遗存中已有磬的实物。商代磬的制作已十分精美，为王室宫廷乐队所用。西周至战国时期，编磬与编钟配套使用，场面壮观，气氛庄严。土为陶土烧制的吹奏乐器，如埙。埙于原始社会就已出现，以陶土烧制的梨形埙最为常见。《尔雅》说："烧土为之，大者如鹅子，锐上平底，形如称锤，六孔。小者如鸡子。"《礼图》说："大者为雁卵曰雅埙，小者如鸡子曰颂埙。"革为革制打击乐器，如鼓。据《诗经》、《周礼》、《礼记》等大量古书记载，中原地区鼓的形制在秦汉前已达20余种，此后中原地区原有的各种传统鼓保留并发展，但中亚和西域的外来鼓也不断传入，丰富了鼓乐。丝为琴、瑟一类弹拨乐器。古时善弹琴者颇多，如孔

---

① 《隋书·音乐志》。

子、司马相如、蔡邕、嵇康等，对琴都有偏爱，形成琴的乡土和文人风格。瑟与琴相似但稍有不同，《仪礼》载古代乡饮酒礼时用瑟伴奏唱歌，魏晋南北朝时也是伴奏相和歌的常用乐器。《诗经》中有"窈窕淑女，琴瑟友之"，"我有嘉宾，鼓瑟鼓琴"之句，可见琴、瑟是普通常用的乐器。木为柷、敔一类木击乐器。《尚书·益稷》曰："合止柷敔。"柷为木制，形如漆桶，用木棒撞击其内壁使发声，以示乐之起始。敔也为木制，状如伏虎，用一端破成细条的竹筒逆刮虎背的锯齿，以示乐之终结。匏为笙、竽等用葫芦为底座制成的吹奏乐器。二者大致相同，区别在于音位排列及簧片数目不同。自周至汉，竽与笙都被视为重要乐器，而竽因其簧多更被重用。《韩非子·内储说》载，齐宣王"使人吹竽，必三百人"。汉唐时期，竽的地位逐渐下降，只在宫廷雅乐中使用。唐宗以后，笙取代了竽并混为一谈。竹为箫、笛等用竹制成的吹奏乐器。箫在商代已经出现，《说文解字》说："箫，参差管乐，象凤之翼。"历代排箫形制很多，既用于宫廷也流传于民间。笛在周代雅乐中已被使用，汉武帝时将其改造，魏晋时已作为横吹乐队中的主奏乐器。当然，八音还包括其他众多的乐器，这种划分不过表示类属而已。这些传统乐器构成了规模宏大、礼制讲究、音乐和谐的乐曲，宣示着权力的威严、审美的教化和音乐的导向。

但自西汉时丝绸之路开辟，西域乐器就逐渐东来，魏晋南北朝时竟为时尚，因而这也是当时乐舞繁荣和进步的重要因素。史载《西凉乐》所用乐器有钟、磬、弹筝、搊筝、卧箜篌、竖箜篌、琵琶、五弦、笙、箫、大筚篥、小筚篥、横笛、腰鼓、齐鼓、担鼓、铜钹、贝 19 种，既有中国旧乐，又有羌胡之声，可见十分热闹。《龟兹乐》乐器则有竖箜篌、琵琶、五弦、笛、笙、箫、筚篥、毛员鼓、都昙鼓、答腊鼓、腰鼓、羯鼓、鸡娄鼓、铜钹、贝 15 种。其他西域曲目所用乐器也大致如此。正是这些乐器发出的音响给人新异振奋之感，中国乐器也得以充实而丰富。如所谓箜篌，卧箜篌当与琴、瑟、筝、筑等是同一种乐器，竖箜篌则是由中亚和天竺经西域传入。敦煌壁画中许多乐舞场面都有竖箜篌，而文人也有《箜篌引》描写这种奇妙的音乐。又如琵琶，据《释名》说："推手却曰批，引手却曰把，象其鼓时，因以为名也。"中国早期泛指抱在怀中演奏的乐器，后指由琴、筝等乐器改进的拨弦乐器。传说秦时便有这种乐器，汉代解忧公主曾把它带到西域，故又名汉琵琶。晋代阮咸，以擅长弹奏此器著名，后人简称其"阮"，现秦琴、月琴、三弦都属这一系统。但曲颈琵琶则是由龟兹传来，故又称龟兹琵琶，后干脆直称琵琶。其音箱为半梨形，头部向后弯曲，南北朝时已颇为流行。曹僧奴、曹妙达一家因善弹琵琶而在北魏至北齐时受到宠遇，说明

麦积山石窟菩萨（北朝）

当时统治者对琵琶的偏爱程度。再如筚篥，也是西域羌胡所用乐器。它"以竹为管，以芦为首，状类胡笳而九窍，其声悲慄"[1]。其形制多样，大筚篥声音悲咽低沉，小筚篥声音激越高亢，桃皮筚篥悲中带哑，双筚篥则是两支筚篥并排吹奏。其他如胡角、横吹、笳。《晋书·乐志》说："胡角者，本以应胡笳之声，后渐用之横吹，有双角，即胡乐也。"《文献通考·乐考五》说："大横吹，小横吹，并以竹为之，笛之类也。"笳也是一种由西域传入的吹管乐器，以芦为之，音量洪大，可独奏亦可合奏，音色悲凉，也称胡笳。西域鼓的种类样式也很多，如毛员鼓、都昙鼓、答腊鼓、腰鼓、

---

[1]　宋·陈旸：《乐书》。

羯鼓、鸡娄鼓等。

鼓吹乐作为以打击乐器和吹奏乐器等合奏形式的音乐，在中国历史上早有而汉魏之时特别繁荣起来，主要是因为吸收了民间的和外来的诸多音乐因素。其用途广泛，形式多样，如列殿廷、供卤簿、祀郊庙、壮军威等，唐宋以后也历久不衰。大量西域音乐进入中国内地，对中国传统乐舞的改造产生了重要作用。在民族纷争的动乱氛围中，传统礼乐失去了正统的地位。而民间乐舞登上大雅之堂，佛教音声的流播渗透，都为艺术的进步提供了活力。属于创新精神的乐舞，吸引了政治上不幸的人们，文化为此提供了浪漫而广阔的空间，为人类社会的美好倾吐着心声，这便是魏晋南北朝的普遍现象和特殊意义。

第六编　隋唐五代：恢弘壮美的阔大胸襟

上卷

流光溢彩的社会舞台

第一章
风流自赏的政要

隋唐五代是中国历史进程中继魏晋南北朝之后一个光华灿烂的时期，也是世界历史舞台上东方文明精彩纷呈的一段令人仰慕的时光。在这 380 年的风尘岁月中，以唐代为中心形成中国封建社会繁荣昌盛的顶峰，当然也就使人难以忘怀那些叱咤风云的政要人物。不能否认他们在历史机遇中发挥的关键作用，当他们顺应历史潮流励精图治之时也就建立了辉煌的业绩，而当他们违背社会发展荒淫昏聩之时也就承担起了千古的骂名。由此而牵涉的文化领域于是形成一道道不同的风景，至今引发着人们不尽的评说和悠长的思绪。

第一节 隋朝的卓夸

继北周之后隋文帝开国登基，拉开了隋唐五代历史的序幕。隋文帝杨坚（541～604 年），弘农华阴（今陕西华阴）人。其父杨忠曾辅助宇文泰建立北周政权，受封府兵十二大将军之一，后升柱国，晋爵隋国公。杨坚继承了父亲的爵位，娶鲜卑大贵族、柱国大将军独孤信之女为妻，后又将其长女许配北周宣帝宇文赟为皇后，因而杨坚是门第显赫、身居高位、手握重权的关陇集团的最上层成员。恰巧周宣帝无道而早亡，年仅 8 岁的周静帝继位后不能亲理朝政，杨坚遂以大丞相身份总揽军政大权。杨坚辅政之初，革除宣帝的苛酷之政，得到了地主阶级的广泛支持。然而，他的行动明显有取代北周之嫌，于是遭到了部分北周宗室和官僚贵族的反对。为避免"生变"，杨坚找借口将赵王、陈王、越

杨坚像

王、代王、滕王等宇文氏宗亲召到京城，以便控制。不久相州（今河南安阳）总管尉迟迥、青州（今山东益都）总管尉迟勤兄弟率先发难，益州（今四川成都）总管王谦、郧州（今湖北安陆）总管司马消难也相继起兵，赵王等"五王"也"阴谋滋甚"，"伏甲以宴"，使杨坚几遭"刺杀"。在此形势下，杨坚果断出兵镇伏地方，陆续灭除周室诸王，为自己登基铺平了道路，年幼的周静帝只能听任其外祖父摆布。581 年 2 月，杨坚迫周禅位，建立隋朝，仍以长安为都，年号开皇。

隋文帝即位后，便着手统一全国。开皇七年（587 年），隋文帝首先灭掉建都江陵（今湖北江陵）的后梁。开皇八年（588 年），隋文帝之子杨广率 50 万之众大举伐陈。面对如此攻势，陈后主君臣仍以"王气在此"而不加防备，还是"奏伎、纵酒、诗赋不辍"①。次年正旦，隋兵渡越长江，20 天后攻入建康皇宫，后主陈叔宝与贵妃张丽华均被生擒而投降。陈亡之后，江南一度顽固抵制隋朝官员，士族、土豪和民众相继起兵。"陈之故境，大抵皆反。大者有众数万，小者数千，共相

---

① 《资治通鉴》卷一七六。

影响。执县令，或抽其肠，或脔其肉食之。"① 文帝派杨素为行军总管，率兵征讨。先平江南，再定闽越，最后安抚岭南，统一形势日趋稳定。这样，自东汉末年以来近 400 年的分裂局面终于结束，而中国版图在隋朝的大统一局面下也得到进一步扩展。

隋文帝在位期间，可以说他是一位"勤劳思政"的"励精之主"②。他"每旦听朝，日昃忘倦，居处服玩，务存节俭，令行禁止，上下化之"。开皇十四年（594 年），关中大旱，引起饥荒。文帝派人出宫，察访百姓所食，皆为豆渣、杂糠，文帝"深自咎责"。他生活十分简朴，"其自奉养，务为俭素，乘舆御物，故弊者随宜补用"。他奖惩严明，地方官员凡有政绩，便破格提拔，如有贪残不法，惩处尤其严厉③。在其强化措施和率先垂范下，隋王朝很快强盛起来，先后威服了西北的突厥和东北的高丽。隋朝不仅重新建立起多民族大一统的封建帝国，其中央集权制度和思想文化政策也比前代更有进步。

文帝死后，杨广即位。杨广（569～618 年），文帝次子，生母独孤皇后。自幼聪慧，深受父母宠爱。开皇元年（581 年），立为晋王。20 岁时，节度八路兵马，指挥灭陈。不久转为扬州总管，每年一次入朝觐见父皇母后。在母后偏爱和杨素支持下，终于击败长子杨勇得取太子正位。在文帝病危期间，杨素、杨广合谋篡权，以致文帝死得不明不白。杨广登基的同时，矫诏赐故太子杨勇死，追封房陵王。接着又讨平起兵问罪的汉王杨谅，将其除名为民，幽禁而死。大业元年（605 年），隋炀帝杨广开始了他的统治。

炀帝即位后，在文帝打下的强盛基业上大展宏图。他首先大力营建京都，先后建造起西京大兴城和东京洛阳城。接着开通运河，南自余杭，中经江都、洛阳，北达涿郡，建成全国水路交通系统。同时恢复

---

① 《资治通鉴》卷一七七。
② 《贞观政要》卷一。
③ 《隋书·高祖纪》。

"儒雅之盛"，不但强调"君民建国，教学为先"，而且认为"帝王之功，岂一士之略"，遂兴办学校，推行科举。他还进一步经略四方，如打通西域，征服东南，来朝贡者盛况空前。隋炀帝统治前期，国势一度出现鼎盛局面。国力发展的同时，隋炀帝愈益"负其富强之资，思逞无厌之欲"①。隋炀帝在位 14 年，共出游 8 次，耗费无法计算。他又好大喜功，3 次对高丽用兵，致使国人共愤。他拒谏饰非也非常有名，这就使他执迷不悟、离死不远了。

大业十四年（618 年）三月，右屯卫将军宇文化及发动兵变，炀帝终因"外勤征讨"、"内极奢淫"、"饰非拒谏"落得"丧身"而"国灭"的下场②。整个隋朝 37 年而亡，善始未能善终，与秦一样成为中国历史上著名的短命王朝。

第二节　初唐的峻切

正当隋王朝面临农民起义和军阀割据之时，李渊也趁机从晋阳（今山西太原）起兵。李渊（566～635 年），祖父李虎是西魏最高军事长官"八柱国"之一，官尚书左仆射，封陇西郡公，北周追封唐国公。父李昞，北周安州总管、柱国大将军、袭唐国公封爵。李渊 7 岁时，继承唐国公封爵。入隋后历任谯、陇、岐等州刺史，后以右骁卫将军留守太原。在风起云涌的反隋浪潮中，李渊及其子建成、世民、元吉审时度势，于大业十三年（617 年）起兵反隋，不久即攻破长安。大业十四年（618 年），李渊登基，宣告唐朝成立，建元武德。数日后，立建成为太子，以世民为秦王，元吉为齐王。此后几年，接连讨平瓦岗军李密、隋

---

① 《隋书·炀帝纪》。
② 《资治通鉴》卷一八五。

朝旧将宇文化及、河北义军窦建德、在洛阳立
郑称帝的王世充以及漳南的刘黑闼、江陵的萧
铣、江淮的辅公祐等，社会形势逐渐安定
下来。

李世民像

　　在李渊打天下的过程中，秦王李世民功绩
最为卓著。李世民（599～649 年），高祖李渊
次子。生母窦氏，为隋神武公窦毅的女儿。窦
氏所生 4 人，依次为建成、世民、玄霸、元
吉。玄霸早夭，故晋阳起兵时只有兄弟 3 人参
与。李世民 14 岁时，李渊为其娶隋右骁卫将
军长孙晟之女为妻。长孙氏与兄长孙无忌因父
早亡，是由舅父高士廉收养长大的。高姓乃渤
海著名大族，从魏至隋俱为显官。高士廉才望
素高，李世民与长孙氏结为婚姻，与渤海士族高姓又联系起来。李世民
16 岁时入伍，18 岁时已"聪明勇决，识量过人。见隋室方乱，阴有安
天下之志。倾身下士，散财结客，咸得其欢心"①。此后从晋阳起兵到
削平割据，李世民屡建奇功，这就招致太子建成"疾秦王世民功高，颇
相猜忌"②。决胜中原后，李渊给秦王"加号天策上将、陕东道大行台，
位在王公上"③。天策上将府设立官署，这实际是当时最高的军事决策
和指挥机构。以太子建成为首的东宫集团，这时深感受到严重威胁。而
齐王元吉考虑投靠太子于己有利，"但除秦王，取东宫如反掌耳"④。于
是东宫与齐王连谋，又暗结外廷与内宠，欲"共倾世民"，以致秦王发

---

①　《资治通鉴》卷一八三。
②　《资治通鉴》卷一八七。
③　《旧唐书·太宗纪》。
④　《旧唐书·巢王元吉传》。

出"我当此日，不为兄弟所容"的感叹①。武德九年（626 年），斗争进入白热化阶段。太子、齐王一方，日夜谮诉秦王，欲高祖"密杀"或"逐之"。秦王一方，房玄龄、杜如晦、长孙无忌、高士廉、尉迟敬德等皆"劝世民诛建成、元吉"。六月，秦王在紧迫形势下当机立断，经过周密策划发动玄武门之变，在尉迟敬德的帮助下杀死太子和齐王。高祖李渊见事已至此，遂立世民为太子并下诏："自今军国庶政，无大小悉委太子处决，然后奏闻。"八月，高祖退位，世民登基，是为太宗。次年正月，改元贞观，拉开了太宗统治时期的帷幕。

太宗即位之初，就与群臣共商国策。魏征认为，大乱之后施以教化，上下同心，三年功成。封德彝认为，人心浇薄宜用刑律，教化不足以成事。太宗最终采纳了魏征的建议，制定出"偃革兴文，布德施惠，中国既安，远人自服"的基本方针。在"为国之道、安静为务"的指导思想下，太宗又采取"去奢省费，轻徭薄赋，选用廉吏，使民衣食有余"的措施。经太宗君臣"力行不倦"，"夙夜孜孜"，数年之后，终至"年谷丰稔，百姓安乐"，"天下大宁，远戎归服"。太宗后来回忆说："凡此等事，皆魏征之力也。"②

唐太宗在位 23 年，前期可谓"居安思危，孜孜不怠"，取得了"怀远胜古"的功业，这是与他任贤纳谏分不开的。他听从魏征的意见："太平之时，必须才行俱兼，始可任用。"③总体上，太宗始终能遵循这一选官标准。在遵守律令方面，太宗为避免感情用事，也下诏实行"五覆奏"制度。唐太宗还注意减免百姓的租赋，为此而紧缩政府机构，并派使者到突厥用金帛赎回被掳去的 8 万余人。由于治国方策正确，加上百姓的辛勤劳动，社会出现一派兴旺景象，史称"贞观之治"。但到贞观后期，太宗既不能"纳谏"，又不能"清宁"，终因嗜服丹药而未能

---

① 《贞观政要》卷五。
② 《贞观政要》卷五。
③ 《贞观政要》卷三。

"慎终"。

　　高宗李治本为太宗第九子，在长孙无忌和褚遂良的拥立下登基，年号永徽。即位之初，大抵秉承太宗遗训，在"贞观之治"的基础上，继续维持太平安康，史称"永徽之治"。但由于生性懦弱，因而朝政大都落在长孙无忌手中。在顾命大臣的控挟下，高宗既不能总决国事，便移情于后宫。但后宫也矛盾不休，王皇后与萧淑妃的争斗又逾越宫墙反映到朝堂上，使高宗愈发不得开心。于是高宗只得寄情于当年太宗的才人武氏，而武氏也凭聪明才干趁机登上了历史舞台。

　　武则天（624～705 年），并州文水（今山西文水）人。其父武士彠做过木材商，后随李渊反隋，官至工部尚书。武则天初为唐太宗的才人，在宫中时便与李治有了暧昧关系。太宗去世后，武则天被安置到感业寺。李治未忘旧情，而王皇后也劝李治纳武则天于后宫，以间萧淑妃之宠。武则天"初入宫，卑辞屈体以事后。后爱之，数称其美于上。未几大幸，拜为昭仪"[1]。从正五品的才人到正二品的昭

武则天像

仪，可见武则天不凡的才情。其后，武则天利用后妃间的矛盾，凭借高宗的宠遇培植政治势力，终于击垮了反对她的元老大臣。永徽六年（655 年）十月，高宗下诏废王皇后、萧淑妃为庶人，立武昭仪为皇后。十一月，举行册立皇后大典，由司空李勣主持。武则天为皇后后，与高宗一起临朝听政，时称"二圣"。

　　武则天自当皇后执政起，实际掌权 50 年。其登位后，首先帮助皇帝摆脱元舅长孙无忌的挟制。反对她为后的褚遂良、韩瑗、来济先后被

---

① 《资治通鉴》卷一九九。

贬到外地，而支持她为后的李义府、许敬宗皆受到重用。她还大力发展科举制度，以致进士数量明显增多；将整个官僚队伍补充进大批寒士，改变了先前的高门勋贵充塞仕途的现象。她重视发展农业生产，采取一系列措施，如劝课农桑、减轻徭赋、息兵止战、禁戒浮巧等。武则天为巩固自己的宝座，也难免采用一些残酷的手段。如对自己的儿子或贬或废，任用酷吏打击异己力量。但在立嗣问题上，武则天也面临两难，最终遗制："去帝号，称则天大皇后。"① 死后与高宗合葬乾陵，并立无字碑，任后人评说。

武则天退位后，帝位又起争执。8年后，"一代英主"李隆基战胜一系列对手登上龙庭宝座，并开辟了唐代历史上繁荣以极的开元盛世。

第三节　盛唐的英豪

李隆基（685～762年）为睿宗李旦第三子，"生而聪明睿哲"，被人亲切地呼为"三郎"。武则天死时，隆基正21岁。中宗李显复位后，韦后"遂干朝政"。上官婉儿将情夫武三思推荐给韦后，促成三思与韦后的奸情。而中宗与韦后的女儿安乐公主也嫁武三思次子崇训，两家结为婚姻。韦、武势力联手把持朝政，而辅佐中宗复位的张柬之等皆被武三思构诬贬死。武氏势力的卷土重来，引起朝野官员的愤恨。神龙三年（707年）七月，太子重俊等"矫制"杀武三思父子，但事后盲无目的导致一无所成。此后韦后、安乐公主更加肆无忌惮，竟合谋将中宗毒死，然后安插亲党，临朝听政。李隆基深谋远见，暗中结交禁军首领，又争取中宗妹妹太平公主的支持。景龙四年（710年）六月，隆基率人

---

① 《资治通鉴》卷二〇八。

突入宫禁，杀韦后与安乐公主及其亲
党。这一"拨乱反正"之举一下子将
李隆基推向政治舞台的中心，但李隆
基更采取谦虚忍让、韬光养晦的策略。
睿宗李旦复登帝位后，隆基因有大功
立为太子。隆基的姑母太平公主因在
"诛二张，灭韦氏"的政争中都起过重
要作用，因而"权倾人主，趋附其门

赤金龙（唐）

者若市"①。不久，隆基与姑母就产生了不可调和的矛盾。"素怀淡泊"
的睿宗，面对亲妹妹与亲儿子的激烈争夺束手无策。延和元年（712
年），睿宗传位于太子，但太平公主依然擅权用事。在矛盾激化的情况
下，双方终于到了决战时刻。先天二年（713年）七月，太平公主一党
密谋"废立"。隆基得知后，先发制人，"先定北军，后收逆党"。太平
公主被赐死，其党羽被一网打尽。太上皇睿宗也颁布诏命："朕将高居
无为，自今后军国刑政一事以上，并取皇帝处分。"② 十二月初一，改
年号为"开元"，唐朝进入新时期。

　　唐玄宗登帝位前，经历过不少政治斗争，已有较丰富的经验。唐王
朝经过8年多的再三祸变，不仅全社会"想望太平"，玄宗更是"求治
甚切"。唐玄宗首先从政治入手，任用了一批贤明的宰相。如姚崇、卢
怀慎，一有"救时"之能，一有"忠清"之道，二人"同心戮力，以济
明皇太平之政"③。如宋璟、苏颋，宋璟以敢犯颜谏诤为著，苏颋则以
思如泉涌闻名。"璟刚正，多所裁断，颋皆顺从其美；若上前承旨、敷
奏及应对，则颋为之助，相得甚悦。"④ 在地方治理方面，玄宗亲选太

----

① 《资治通鉴》卷二〇九。
② 《旧唐书·睿宗纪》。
③ 《资治通鉴》卷二一一。
④ 《旧唐书·苏瓌附苏颋传》。

守、县令，并选京官外任，择政绩卓著的地方官入京。"选京官有才识者除都督、刺史，都督、刺史有政迹者除京官，使出入常均，永为恒式。"① 这里的"出入"形成制度，由内而外，又由外入内，官员的素质普遍得到提高。大体说来，开元前期的 10 余年奠定了太平之基，开元中期的 10 余年玄宗尚能处置得体，到开元后期则"渐肆奢欲，怠于政事"② 了。

太宗登基之初，在生活上也是刻厉节俭的。在韦后乱政、"太平"怙权的那些年，达官贵戚竞相浮华，以致奢靡成风。安乐公主命人织成百鸟毛裙，太平公主占遍京畿膏腴田园，以致上行下效，争豪斗富。玄宗针对这一流弊，断然采取严厉措施。将金银、器玩销毁供军国之用，将珠玉、锦绣焚于殿前皆不得穿。玄宗还将大批宫女遣送回家，表示出"见不贤莫若自省，欲止谤莫若自修"的态度，平息人们"以为朕求声色，选备掖庭"的舆论。玄宗又下《禁厚葬制》，认为厚葬既无益于死者，又有损于生业。并特别明确了对违背者的惩罚："违者，先决杖一百；州县长官不能举察，并贬授远官。"③ 开元君臣自上而始，从自身做起。玄宗并不以亲情违背"纲纪"，宰相中不少人终身"清俭"，使"互相夸尚，浸成风俗"的现象得到扭转，逐渐形成"返朴还淳，家给人足"④ 的兴旺气象。

玄宗承袭贞观法制的宽仁慎刑原则，使国家法制建设更为完善。他首先禁断酷吏苛刑，不准滥施法威。凡查为酷吏者，一律放归草泽，终身不用。开元年间，涌现了一批执法清谨的官吏。河南尹李杰，"勤于听理，每有诉列，虽衢路当食，无废除断，由是官无留事，人吏爱

---

① 《资治通鉴》卷二一一。
② 《资治通鉴》卷二一四。
③ 《旧唐书·玄宗纪上》。
④ 《册府元龟》卷五十六。

之"①。宋璟为相时，亦"刑罚清省"。在对皇亲国戚的执法过程中，玄宗能做到法不阿亲。王皇后的妹夫、尚衣奉御长孙昕，与御史大夫李杰有不谐之处。开元四年（716 年）正月的一天，长孙昕约同妹夫杨仙玉在里巷伺机殴打李杰。李杰上表陈诉，玄宗颇为震怒，令于朝堂杖毙以谢百官，表示"为令者自近而及远，行罚者先亲而后疏"②。同时以敕书慰问李杰，说："昕等朕之密戚，不能训导，使凌犯衣冠，虽置以极刑，未足谢罪。卿宜以刚肠疾恶，勿以凶人介意。"③ 唐玄宗多次删修格式律令，开元二十六年（738 年）完成《大唐六典》30 卷。鉴于法典日趋完善，刑事案件日趋减少，大理狱院竟一片冷落。

经过玄宗君臣齐心协力的治理，唐代社会出现了"开元全盛"的景象。正如《旧唐书·玄宗纪下》史臣曰："我开元之有天下也，纠之以典刑，明之以礼乐，爱之以慈俭，律之以轨仪。黜前朝侥幸之臣，杜其奸也；焚后庭珠翠之玩，戒其奢也；禁女乐而出宫嫔，明其教也；赐酺赏而放哇淫，惧其荒也；叙友于而敦骨肉，厚其俗也；蒐兵而责帅，明军法也；朝集而计最，校吏能也。庙堂之上，无非经济之才；表著之中，皆得论思之士。而又旁求宏硕，讲道艺文。昌言嘉谟，日闻于献纳；长辔远驭，志在于升平。"总之，开元年间政治、经济、文化全面繁荣，以至于后人谈论起大唐国势莫不以"开元"为荣。

开元二十四年（736 年）十一月，唐玄宗罢张九龄、裴耀卿相职，开始沿着奢欲和怠政的方向将自己推向了末路。开元二十八年（740年），唐玄宗与杨太真初次幽会，此后便难割舍，5 年后即正式封杨为贵妃。李、杨恋情的升华，助长了他的长生不老的仙道思想。天宝元年（742 年）十月，造长生殿，名集灵台。随着"昨夜上皇新受箓，太真

① 《旧唐书·李杰传》。
② 《旧唐书·李杰传》。
③ 《资治通鉴》卷二一一。

含笑入帘来"①，唐玄宗日益厌弃政事。"春宵苦短日高起，从此君王不
早朝"②，悉以政事委李林甫。李林甫与张九龄勤于政事不同，他善于
"巧伺上意"、"自专大权"。他在中伤、排挤张九龄登上相位后，开始搜
罗酷吏制造冤狱打击贤良，军国政务皆为其把持。继李林甫之后，杨国
忠借贵妃之宠也迅速隆升。居相位后，"妒贤疾能，排抑胜己"，有过于
李林甫而无不及。他"立朝之际，或攘袂扼腕，自公卿已下，皆颐指气
使，无不詟惮"③。当初李林甫为解除"出将入相"之状，想出多以蕃
人专任大将的诡计。到杨国忠执政时，安禄山恩宠日深又握有兵权，为
杨国忠所不容，"遂举兵以诛国忠为名"。在大兵压境的情况下，杨国忠
又担心哥舒翰"持兵未决，虑反图己，欲其速战，自中督促之"，"致使
王师奔败，哥舒受擒，败国丧师"④。可以说，玄宗自开元末年日渐昏
聩，先是李林甫"在相位十九年，养成天下之乱"⑤，后是杨国忠取而
代之，以激怒安禄山造成天下之祸。

第四节　中唐的振拔

在平息安禄山、史思明叛乱的过程中，唐朝盛强的国势发生了严重
的逆转，地方藩镇拥兵自重成为不可更移的事实。宫廷中，先是肃宗李
亨于天宝十五载（756 年）⑥ 在灵武宣布即皇帝位，遥尊玄宗为"上皇
天帝"而迫使其让出帝座。7 年后，肃宗驾崩，太子李豫即皇帝位，是

---

① 张祜：《集灵台二首》。
② 白居易：《长恨歌》。
③ 《旧唐书·杨国忠传》。
④ 《旧唐书·杨国忠传》。
⑤ 《资治通鉴》卷二一六。
⑥ 天宝三年（744 年）正月，改年为载；至德三载（758 年）二月，复以载为年。

为代宗。代宗在位 18 年，注意恢复经济，于大历十四年（779 年）去世。太子李适即位，是为德宗。德宗在位 25 年，改元 3 次，依次为建中、兴元、贞元。"贞元者"，欲追贞观、开元之治也，史称"德宗皇帝初总万机，励精治道。思政若渴，视民如伤"①。德宗登位后即着手革除积弊，整顿朝政。首先是戒奢省费，敛富理财。他诏罢四方贡献，遣散梨园乐工，禁毁贵要豪华府第，以绝天宝以来"穷极奢丽"之风。他注意收天下钱谷以归国用，

舞马衔杯纹银壶（唐）

改变玄宗后期以来"天下公赋为人君私藏"的现象。而理财"必委之士类"，"以爱民为先"，"由是国用充足而民不困弊"②。建中元年（780 年），他采纳了杨炎的建议，宣布推行两税法。两税法在当时是有积极意义的，符合社会经济现实，此后便一直沿用下来。德宗鉴于玄宗后期以来的宰相专权，往往不敢信任宰相而多听信顾问之臣，乃分宰相之职或改轮日秉笔，有时干脆不任宰相，一切听用于皇帝。而皇帝所宠信的裴延龄、李实、渠牟等则"权倾宰相，趋附盈门"。德宗对将帅也不放心，于是以宦官为心腹秘要。德宗"颇忌宿将握兵多者，稍稍罢之"，乃以窦文场、霍仙鸣监神策军，"宦官握兵权，自此不可夺矣"③。"时窦、霍之权，振于天下，藩镇节将，多出禁军，台省清要，时出其门。"④ 宦官威权日盛，也给社会带来危害，如明抢暗夺的"宫市"。此后宦官专掌禁军成为常制，有时竟有废立君王之权，终唐之世不变。

---

① 《旧唐书·德宗纪下》。
② 《资治通鉴》卷二二六。
③ 《资治通鉴》卷二三一。
④ 《旧唐书·窦文场、霍仙鸣传》。

贞元二十一年（805年）正月，德宗病逝。太子李诵继位，是为顺宗，年号永贞。顺宗因病同年退位，传位于太子李纯，是为宪宗，改年号为元和，历史进入一个"中兴"时期。宪宗登基后，首先归政于宰相。他听取杜黄裳"帝王之务，在于修己简易，择贤委任"之言，表示"犹须宰执臣僚同心辅助，岂朕今日独能为理哉？"他先后任用杜黄裳、武元衡、李吉甫、裴垍、裴度等"社稷之良臣，股肱之贤相"，形成了"宰执臣僚同心辅助，延英议政漏下方退"的"君臣共成治道"的局面。这种形势为开元末年以来所罕见，故史臣言："我有宰衡，耀德观兵。元和之政，闻于颂声。"① 宪宗在加强相权的同时，努力剪除藩镇。元和元年（806年），出兵讨平自欲为西川节度使的刘辟，又征服自欲为夏绥节度使的杨惠琳，接着又擒拿骄横不服的镇海节度使李锜。三镇既平，诸镇惊恐，魏博节度使田兴率兵"悉心奉朝廷"。其后，诏讨淮西节度使吴元济，悉以用兵之事委之裴度，终以李愬雪夜袭蔡州将吴元济攻破。元和十四年（819年），淄青节度使李师道被杀。次年，成德节度使王承宗卒，其弟王承元归顺朝廷。"自广德（唐代宗年号，763年始）以来，垂六十年，藩镇跋扈河（黄河）南北三十余州，自除官吏，不贡供赋，至是尽遵朝廷约束。"② 天下大治，使宪宗日渐骄侈。于是求长生而好神仙，迎佛骨而贬儒士。将相再遭冷遇，宦官重又得宠。元和十五年（820年），宪宗暴崩。所谓"中兴"景象也不过是"乍暖还寒"，一去难再了。

宪宗撒手人寰以后，政局变幻反复不定，内廷宦官擅权，外廷朋党相争，地方藩镇起伏，天下民不聊生，大唐帝国在如此纷繁的严重内耗下走上了穷途末路。

---

① 《旧唐书·宪宗纪》。
② 《资治通鉴》卷二四一。

第五节　晚唐的颓败

　　宪宗在位时，即用宦官为枢密使。枢密使"承受表奏，于内中进呈。若人主有所处分，则宣付中书门下施行"[1]。但枢密使渐渐从皇帝和宰臣的媒介，逐步参与决要军国大政，因此枢密使一跃成为势倾朝野的权贵。宪宗不明不白地死去之后，穆、敬、文、武、宣、懿、僖、昭等帝皆为宦官所拥立，可见内侍之权盛。如穆宗在位 4 年，知枢密王守澄"专制国事，势倾中外"。敬宗在位 3 年，游戏无度，狎昵群小，被宦官刘克明、击球将军苏佐明所杀，枢密使王守澄等发兵尽斩刘克明一伙，立文宗。文宗即位后，追慕太宗，勤于政理。"尤侧目于中官，欲尽除之"，然"制御无术，几致颠危"[2]。李训、郑注受文宗暗谕杀王守澄后，欲尽诛宦党，不料预谋未成，反受其祸。文宗死，武宗立。武宗利用中尉仇士良除掉两枢密，仇士良知武宗忌恶自己遂求致仕。武宗服金丹而致死，皇太叔即帝位为宣宗。宣宗在位 13 年，乐服饵药疽发于背不治而崩。懿宗在位 14 年，骄奢无度，淫乐不悛，史言"李氏之亡，于兹决矣"。僖宗即位时 12 岁，呼宦官田令孜为"阿父"。在位 15 年，政事一概委之。田令孜一面引诱僖宗专事游戏，一面擅杀朝臣肆意挥霍。僖宗曾对优伶说："朕若应击球进士举，须为状元。"面临天下大乱之势，左拾遗侯昌业上疏极谏，却被召到内侍省赐死。从此以后，国破民苦，大唐势去矣。

　　在内廷操纵废立、大干国政的同时，外廷则出现尔虞我诈、钩心斗角的党争。一般将这一时期的党争称为"牛李党争"，即以牛僧孺、李德裕为代表的朋党之争，但事实却并不那么简单。这一党争持续 40 年，

[1]　《册府元龟》卷六六五。
[2]　《旧唐书·文宗纪下》。

银花鸟高足杯（唐）

严重影响了朝政。早在宪宗元和年间，牛僧孺、皇甫湜、李宗闵等便因登贤良方正直言极谏科与当朝宰相李吉甫结下了纠葛。到穆宗长庆年间李宗闵被罢为外官，又与李吉甫之子李德裕等人谏奏相关。个中案情复杂，难分曲直，但两派肯定已有成见。裴度执政时，李逢吉"虑其成功，密沮之，由是相恶"。不久，裴度罢相，李逢吉拜同平章事①。与此同时，牛僧孺、李德裕皆有入相之声望，李逢吉乃"出德裕为浙西观察使，寻引僧孺同平章事"②。穆宗时，李逢吉"内结知枢密王守澄，势倾朝野"。敬宗即位后用裴度为相，出李逢吉为山南东道节度使。文宗即位后，党争出现新变化。"征浙西观察使李德裕为兵部侍郎，裴度荐以为相。会吏部侍郎李宗闵有宦官之助，甲戌，以宗闵同平章事"。李宗闵秉政以后，排挤李德裕出为义成节度使，荐牛僧孺同平章事。李宗闵"引僧孺协力，罢（裴）度政事。二怨相济，凡德裕所善，悉逐之。于是二人权震天下，党人牢不可破矣"③。由此，李德裕与牛僧孺之争，在很大程度上是裴度与李逢吉、李宗闵之争的继续。大和七年（833年），文宗以牛僧孺处理维州降将不当出其为淮南节度使，因西川节度使李德裕"以政绩闻"召为兵部尚书旋即拜相。接着，文宗与李德裕、李宗闵专门就"朝廷有朋党乎"展开过几次讨论，讨论引起争辩并以李宗闵罢相而结束。继而，王守澄、李训、郑注皆恶李德裕，又引李宗闵入朝为相以敌之，出李德裕为山南西道节度使。为此文宗大为感叹："去河北贼易，去朝廷朋党

---

① 《旧唐书·李逢吉传》。
② 《旧唐书·李逢吉传》。
③ 《新唐书·李德裕传》。

难!"① 大和九年（835 年），李训、郑注受文宗密使诛王守澄后，又贬李宗闵党伙自主朝政。武宗即位，召李德裕入朝主理朝政。宣宗登基后，恶李德裕之专，解其相职，牛僧孺一党又受重用。不久，牛僧孺卒于洛阳，李德裕贬死崖州。持续的党争使政治局面昏暗，与内廷的纠葛更加重了朝政危机。

正因朝中内耗，致使藩镇再起。穆宗时，卢龙朱克融、成德王庭凑、魏博史宪诚皆杀朝廷命官自代，三镇自立节帅，"由是再失河朔，迄于唐亡，不能复取"②。此为抗命者所仿效。敬宗时昭义节度使刘悟暴卒，其子刘从谏求知留后，朝廷议者多反对，但李逢吉、王守澄却允其受职。此后，横河节度使李全略卒，其子擅领留后。幽州军乱杀朱克融，都知兵马使李载义权知留后，文宗大和七年（833 年）正月，加昭义节度使刘从谏同平章事。"从谏以忠义自任，入朝，欲请他镇。既至，见朝廷事柄不一，又士大夫多请托，心轻朝廷，故归而益骄。"③ 刘从谏卒，其侄刘稹请权为留后。谏官多以国力不支而听之，独宰相李德裕持异议。在李德裕的一再坚持下，终讨平刘稹。继而镇压在太原作乱的杨弁，杀之。懿、僖的骄奢昏庸，使民众起义接连不断。继黄巢起义被镇压后，藩镇割据之势日益扩大。彼此间相互兼并，唐朝终被瓜分而亡。

懿宗时翰林学士刘允章有一篇《直谏书》，概述了当时"国破民苦"的实际："国有九破，陛下知之乎？终年聚兵，一破也；蛮夷炽兴，二破也；权豪奢僭，三破也；大将不朝，四破也；广造佛寺，五破也；贿赂公行，六破也；长吏残暴，七破也；赋役不等，八破也；食禄人多，输税人少，九破也。今天下苍生，凡有八苦，陛下知之乎？官吏苛刻，一苦也；私债征夺，二苦也；赋税繁多，三苦也；所由乞敛，四苦也；

---

① 《资治通鉴》卷二四五。
② 《资治通鉴》卷二四二。
③ 《资治通鉴》卷二四四。

梳发女俑（唐）

替逃人差科，五苦也；冤不得理，屈不得伸，六苦也；冻无衣，饥无食，七苦也；病不得医，死不得葬，八苦也。"正是在这种境况下，义民揭竿而起，终于形成横扫天下的农民战争。王仙芝、黄巢起义后，其势蔓延天下。王仙芝被杀后，黄巢继续征战，一度攻入长安，改国号为大齐。但因缺乏战略措施，加之唐朝召用沙陀酋长李克用，朱温、尚让投降朝廷，终遭失败。一场历时 10 年的农民起义虽被镇压，但唐朝统治从此也分崩离析，不久便寿终正寝了。

黄巢被杀之后，朝中依然是宦官掌政。此时已改名朱全忠的朱温权势日大，与宰相崔胤联手尽诛宦官。崔胤兼判六军十二卫事，尽握朝廷军政大权。朱全忠赐号"回天再造竭忠守正功臣"，晋爵为梁王。此时天下方镇日雄，但矛盾主要在梁王朱全忠与权相崔胤之间展开。天复四年（904 年）正月，朱全忠密表昭宗，称崔胤"专权乱国，离间君臣"，并其党郑元规等，皆请诛除。昭宗下诏贬崔胤、郑元规，并罪之，以裴枢、独孤损、柳璨等为相。朱全忠密令朱友谅围崔胤私宅，杀崔胤及郑元规等。次日，朱全忠引兵屯河中。又数日，使裴枢促百官奉昭宗东迁洛阳。车驾离长安，朱全忠以张延范为御营使，毁长安宫室、百司及民房。四月，昭宗入洛阳，改元天祐，左右随从悉被杀，尽换朱全忠之人职掌使令。八月，派人趁昭宗酒醉弑之，矫诏立哀帝，时年 13 岁。第二年二月，朱全忠派人将昭宗 9 个儿子缢杀。六月，又杀裴枢、独孤损等朝臣 30 余人。天祐四年（907 年）正月，哀帝下诏禅位于梁王朱全忠。四月，朱全忠更名晃，御金祥殿，受百官称臣，即皇帝位，改元开平，国号大梁。废唐哀帝为济阴王，次年二月酖杀之，大唐王朝就此被斩草除根，风光永去。

第六节　五代的纷争

　　自 907 年朱晃代唐，至 960 年赵匡胤建宋，中原大地出现了梁、唐、晋、汉、周 5 个前后衔接的政权，史称五代。为了有别于历史上曾经建立过的同名朝代，史家多在这几个政权名称前加一个"后"字。大致与五代并存，另有前蜀、吴、吴越、闽、楚、南汉、南平、后蜀、南唐、北汉 10 个主要政权，史称十国。至 979 年宋灭北汉，混乱局面方告结束，中国重又统一。

　　后梁建立之初，革除了不少唐末积弊。但在后梁周围，还有许多割据势力，其中以李克用父子最强。李克用，沙陀族人，靠镇压黄巢起义发迹。后梁开平二年（908 年）去世，其子李存勗继晋王位。后梁几次与其作战，结果均遭惨败。后梁末年，政治更加黑暗，统治更加残暴，人民普遍不满，起义屡屡发生。

　　晋王李存勗此时却大有发展。他严肃军纪，改善政治，减轻租赋，迅速崛起。923 年，李存勗建国号唐，不久轻取后梁，北方基本平定。但此后李存勗胸无大志，苟安享乐，亲信小人，疑忌功臣，弄得众叛亲离，终被养子李嗣源夺位。李嗣源在位 8 年，减轻赋税，兴革政治，人民生活较为安定。与此同时，北部边境上强盛起来的契丹却将矛头指向中原。面临这种情况，李嗣源女婿、沙陀族人石敬瑭主动表示愿赴河东，于是李嗣源委以河东节度使加兼侍中。933 年，李嗣源死后，其子李从厚即位。次年，李嗣源义子李从珂起兵杀李从厚自立。

　　石敬瑭向与李从珂不和，欲取而代之。936 年，他以割地、称臣为条件，要求契丹皇帝耶律德光出兵援助。同年九月，耶律德光率骑兵 5 万，大败讨伐石敬瑭的后唐兵马。之后，耶律德光册立石敬瑭为"大晋皇帝"。45 岁的石敬瑭认 34 岁的耶律德光为父，每年输帛 30 万匹，割幽云十六州给契丹。十一月，契丹与后晋联兵入洛阳，后唐灭亡。不久，石敬瑭入开封，并以此为晋之国都。942 年，石敬瑭病死，其侄石重贵即位。他改变态度，对契丹皇帝只称孙而不称臣。耶律德光大怒，三次南下攻晋。946 年年底，契丹攻入开封，灭后晋。次年二月，耶律德光在开封登基，表示自己是中原的皇帝，并改契丹国号为大辽，欲久居中原。但其没有适当的治理措施，而放纵契丹士兵四处抢掠，因而激起中原人民的强烈反抗，不久便以天热不便居住为由率军北归。

耶律德光走后，刘知远乘虚占据了中原。刘知远也是沙陀族人，本是石敬瑭的心腹。辽兵北退后，他入据开封，改国号为汉。他在位仅一年便去世，其子刘承祐即位。刘氏父子均无善政，各种矛盾都非常尖锐。

郭威顺应民心，率兵夺取政权，于 951 年正式登基，国号周，从此纷纷攘攘的中原开始转向安定。但郭威在位仅 3 年便病殂，于是其养子、外甥、晋王柴荣继位。柴荣在兴利除弊的基础上进一步深化和发展，使后周迅速富强起来，为后来的赵宋政权统一中国创造了良好的条件。

铁狮子（五代·后周）

在五代时期，南方还存在着诸国并立的局面。唐末蜀王王建在朱晃代唐时，宣布不承认后梁。当其移檄诸道，欲会兵"兴复唐室"而无应者之后，便继朱晃之后第一个称帝，国号大蜀，都成都，史称前蜀。王建死，王衍立。幼主不亲政事，宦官宰执弄权，结果政治一片昏暗，终于 925 年被后唐所灭。前蜀灭后，后唐大将孟知祥镇守之。934 年，其在成都正式称帝，史称后蜀。数日后，孟知祥病死，三子孟昶继位。孟昶在位 31 年，"初袭位，颇勤政事"，"中岁稍稍以侈靡为乐"，其后"至溺器皆以七宝装之"①。965 年，北宋大军兵临城下，孟昶请降，后蜀灭亡。

朱梁代唐后，杨隆沿袭父爵为吴王。927 年死，弟杨溥即皇帝位，都江都（今江苏扬州）。吴国建立后，实权一直掌握在徐温、徐知诰父子手中。徐知诰"求贤才，纳规谏，除奸猾，杜请托。于是士民翕然归心，虽宿将悍夫无不悦服"②。937 年，徐知诰取代杨溥称帝，国号南唐。他自称本是唐朝后裔，故改名李昪，都金陵（今江苏南京）。李昪死后，太子李璟继位。他乘闽、楚两国内乱，先后发兵吞灭，成为十国之中最强盛者。但其"自固偷安"之梦被后周世宗"以治伐乱"之势打破，958 年尽失江北之地后称臣于后周。李璟殂，李煜立。其文学才能甚高，但无治国才能。南唐国力日渐衰竭，终于在 975 年为宋所灭。

闽自唐威武军节度使王审知建国，内乱不休，终为南唐所灭。一姓七主，前后 52 年。楚为唐武安节度使马殷所建，首府长沙。马氏始终臣事中原王朝，共传六主，于 951 年为南唐所灭，前后 55 年。吴越为唐镇海、镇东节度使钱镠所建，首府杭州。临死时遗言："子孙善事中国，勿以易姓废事大之礼。"③ 因此"以小事大"始终是吴越的国策，吴越基本保持藩王的格局。吴越共传五王，于 978 年降于北宋。南平为后梁荆南节度使高季兴所建，首府江陵。后梁末帝封他为渤海王，后唐时封他为南平王。高季兴及其子孙名义上始终向中原王朝称臣，于 963 年为北宋所灭。南汉首府广州，国君从唐清海军节度使刘隐始，皆暴虐无道。其一姓五主，终于 971 年灭于北宋。

除南方割据政权外，北方在郭威代汉建周后，刘崇亦在晋阳称帝，仍用后汉乾祐年号，史称北汉。北汉为复后汉"沦亡"之仇，以"侄皇帝"身份求助于辽。高平之战大败，从此一蹶不振。北宋代周以后，于

---

① 《十国春秋·后蜀后主本纪》。
② 《十国春秋·吴高祖世家》。
③ 《十国春秋·吴越武肃五世家下》。

979 年降宋，前后 28 年。

隋唐五代时期，是中国历史上结束南北朝分裂局面走向融合统一，继而由初步繁荣走向全面强盛，然后由极盛而衰，出现宦官弄权、藩镇割据，最后出现短期政权分立并又重新出现统一苗头的一段时期。在这段时期里，隋经 37 年而亡，一治一乱，对照鲜明，但中国版图的统一使南北文化有效融会。唐朝 290 年可以天宝十四载（755 年）安史之乱分为前后两期，前期正如李白《古风》第 46 首所言："一百四十年，国容何赫然"；后期不免令人想起李商隐《登乐游原》的哀叹："夕阳无限好，只是近黄昏。"五代十国时期 53 年，天下又一度陷入混乱，但终在兵连祸接之后又逢明主，中国再一次出现了清平的曙光。中国文化正是在这骋雄驰欲的政要人物意兴下，谱写了一段波澜壮阔而又峻朗万端的华严篇章。

第二章
宽松严明的治策

中国古代封建社会发展至隋唐五代时期，各项制度在总结前代经验的基础上更加成熟起来。隋唐五代政权的核心成员或多或少都带有胡汉传统文化融会的基因，也正是由于这种基因才创造出化南北于一体的社会管理机制。尽管北朝统治一切承传着拓跋鲜卑的积习，但在汉化过程中积极吸取了汉族管理的有效方式。而南朝政权尽管地处江南，在玄风流布的大势中也感受着北地传来的新鲜气息。虽然北方的强悍取代了南方的柔弱，但汉族的先进机制也更移着胡人的粗蛮心理。这样，在隋文帝一统天下后，也就形成了南北整合、效益显著的新型政体和治化方略。隋唐五代时期建立起来的行之有效的制度，不仅推动了文化的发展和社会的进步，而且对此后的历代统治都产生了深远的影响。

第一节 中 央

在中央机构方面，隋文帝首先进行了重大改革。中国夏商时代，巫史和王族是官僚机构中的主要成员。西周时期，宗族势力提高，巫史地位下降，形成庞大的政事寮辅佐天子处理天下政务。秦汉时期，建立起以三公九卿为主体的官制，封建官僚体制模式基本形成。魏晋南北朝时尚书省、中书省、门下省三省制度渐成规模。至隋文帝，废除了北周仿效《周礼》而设置的"六官"，继承和健全了魏晋南北朝以来的三省六部制，其后遂成为中国封建政权的基本模式。

中书省之印（唐）

所谓三省，即中书省、门下省、尚书省。三省长官均为宰相，但职责又各不相同。他们共同对皇帝负责，这主要是防止各省长官专权。中书省是决策机构，负责草拟和颁发皇帝的诏书。门下省是审议机构，负责审核和评议国家的政令。尚书省是执行机构，负责贯彻天子旨意和处理天下事务。尚书省又下设吏、户、礼、兵、刑、工六部，分司官员考核、户口赋税、礼仪教育、军政战事、司法讼诉、工程营建等方面事宜。六部之外，其他事务部门还有九寺五监。九寺是太常、光禄、卫尉、太仆、大理、宗正、鸿胪、司农、太府。五监是国子、将作、少府、军器、都水。由于尚书六部分主各门行政，九寺的事权受到削弱而仅限专管。如太常寺分管皇家宗庙仪礼，光禄寺为皇帝出谋划策，卫尉寺掌管宫廷警卫，太仆寺掌管皇帝车马，大理寺掌管刑狱，宗正寺掌管皇族事务，鸿胪寺主管朝贺庆吊，司农寺掌管农业财政，太府寺掌管财政收藏和手工制造。唐太宗时，因其当过尚书令，故改用尚书省的左右仆射为宰相。各部的长官称尚书，副职为侍郎。部下设司，司长为郎中，副职为员外郎。

三省六部制既有明确分工而又互相配合牵制，加强和巩固了皇权，提高了行政效能，适应了时代要求。三省六部制也多少可以遏制皇权的失误，防错纠偏，补缺拾遗，因而是当时先进而开明的政制。隋初及唐初三省六部制良性运转，也就促进了国家的兴旺发达。但其遭到破坏之时，国家政治就会出现偏差。盛唐以后，皇帝多不信宰执，也是因为宰执日益专权。故又出现枢密使一职，由宦官担任，此后朝政每况愈下。

不能否认三省六部制在历史上的进步作用，唐太宗、唐玄宗前期用人得当，故成太平盛世。至于后期有所懈怠，以致昏昧失政，正是封建社会难以尽除的病根。"人治"大于"法制"，一切由皇帝说了算，因此天下系于一人之手。三省制对皇帝威权有所约束，以致宰相擅权飞扬跋扈，也是皇帝有所不安的心病。因而君臣之间的微妙关系历来取决于各人的素质，三省六部制却大体一直沿用下来。

第二节　地　　方

在地方组织方面，隋唐时期也有重大变化。西周初期，受封诸侯可谓周朝的地方长官，但其又不同于秦以后的地方长官，因为他可以在封国内仿照王室的官僚制度设置百官有司。春秋战国时期，一些国家在边远或兼并之地设置郡、县，派官吏进行管理，开始产生真正的地方长官郡守和县令。秦始皇统一中国后，实行郡县制，建立起真正意义上的中央集权。汉代地方长官也是郡守和县令两级，而在京师设京兆尹、左冯翊、右扶风三种官职，称为三辅，相当郡守。汉武帝时，设十三部州刺史，为监察官性质。成帝时改称"牧"，成为事实上的一级行政区域。这种县令、郡守、州牧三级地方长官体制，一直通行于魏晋南北朝时期。

至隋文帝，改行州、县两级制，废去了郡的建置，并合并了不少州、县。经此调整，裁除了大批冗官，行政区划简明。在州、县属吏的任用方面，隋文帝又废除了秦汉以来地方官就地自聘僚属的旧制，规定凡九品以上的地方官吏，一律由吏部任免，并每年进行考核，即所谓

"大小之官，悉由吏部；纤介之迹，皆属考功"①。又规定州、县佐官要3年一换，不许重任，而且必须选用外地人，本地人不得就地为官。这些措施简化了地方的行政机构，把任免地方官属之权收归中央，有利于打破旧有的地域观念，强化中央对地方的控制。

男侍（唐）

唐代又设道，犹如汉初设州，作为对诸州的监察区，道的长官为观察使。唐代还在边镇地区设都督府，长官为都督，后称节度使。唐中期节度使制度行于内地，节度使又兼州刺史之职，手握军、政大权，成为权势显赫的地方长官。李林甫为相时，专任蕃人为大将，这些人多不识文字，便可解除"出将入相"之忧了。但他没有想到，此后这却成为藩镇闹事的祸根。安禄山初为边将，后靠行贿送礼、献忠取媚得平卢节度使、范阳节度使、河东节度使。"禄山恃此，日增骄恣。尝以曩时不拜肃宗之嫌，虑玄宗年高，国中事变，遂包藏祸心，将生逆节。"② 此后节度使作乱遂为常事，唐也由最初的良策后因宰相的偏私而终遭祸乱，并由此酿成大势导致唐朝灭亡。

唐代前期对州、县长官设立是非常重视的，直到唐玄宗即位之初，还"励精政事，常自选太守、县令，告戒以言，而良吏布州、县，民获安乐。二十年间，号称治平，衣食富足，人罕犯法"③。唐玄宗还贯彻并推行一项"出入常均"的措施，这里的一"出"一"入"，实即京城官与地方官的交流。许多京官被选为刺史外出掌政，加强了对地方的治理。而地方上政绩卓著的官员被选为京官，皆能体察民情而使决策合

---

① 《通典》卷十四。
② 《安禄山事迹》卷上。
③ 《新唐书·刑法志》。

理。开元十三年（725 年），唐玄宗自选诸司长官出为刺史，并"饯于洛滨，供张甚盛"，作诗赐之。而玄宗前期任命的宰相如姚崇、宋璟、张嘉贞、源乾曜等，都是从地方官直接拜相的。唐玄宗励精图治，故有后人追慕的开元盛世。但至唐晚期，官僚腐败已成普遍现象。如杜荀鹤《再经胡城县》："去岁曾经此县城，县民无口不冤声。今来县宰加朱绂，便是生灵血染成！"可见大势已颓，积重难返。唐代晚期之所以如此，关键是最高统治者已自乱方寸，缺乏有效的监督机制。

第三节 选 举

在选举制度方面，隋唐时期也有重大举措。选拔官吏历来是政治生活中的一项重要内容，它关系到统治机器的正常运转和兴衰成败。据《礼记·王制》记载，周朝时即养士于庠、序等地方学校中，由乡大夫、乡老考察其德行道艺，择其优者送进"国学"，然后再选其"贤"者授予一定的官职。春秋战国时期，诸侯为了争得霸主地位，纷纷进行改革，其中一项便是打破原来的官爵世袭制度，按照"选贤任能"的原则选拔官吏。汉代在选官方面又有进展，形成明确的"察举征辟"制度。所谓"察举"，是指官员将经过考察的优秀人才向朝廷推荐，经过朝廷考核后授予不同的官职。所谓"征辟"，是天子和高官直接聘任属员的一种制度，天子聘任为"征"，高官聘任为"辟"。魏晋南北朝时期，世族豪门为了维护自身的统治地位，竭力推行"九品中正制"的选官制度。"九品"将士人分为九个等级，"中正"负责对士人考察向朝廷推荐。由于地方上担任"中正"的均是有地位有声望的士族成员，他们评定士人品级根本不重视真才实学，而是只看出身门第，这就严重堵塞了普通中小地主进入仕途的道路。

　　隋唐时期，随着社会生产力的发展和政治上的需要，开科考试选拔官吏的制度应运而生。隋文帝下诏废除了魏晋以来实行的九品中正制，实行州、县地方官荐举人才经考试录用的办法。至隋炀帝时，科举制已成为选拔人才的重要途径。科举制度和以前的选举制度最根本的区别，在于凡普通的读书人均有参加考试从而被选拔做官的机会，这就打破了门阀大族垄断仕途的局面，使封建王朝能在更大的范围内选拔官员，扩大了封建政权的社会成员基础。科举制度适应了世族地主衰落、庶族地主兴起的历史趋势，把选举官吏的权力从地方豪门手中移聚到中央政府

螺钿紫檀彩绘棋盘（唐）

统辖，这对促进中央集权的巩固和发展起到了巨大的作用。

　　但是，在隋唐时期，科举考试合格，只是取得了做官的一个资凭，要被授予实际官职，还要经过一定的铨选。考试一般分为常科和制科

两种。常科每年举行，科目有秀才、明经、进士、俊士、明法、明字、明算等50多种，其中明经、进士两科应试者居多。因诸科考试，进士难度最大也仕途最优，往往是百人中取一、二名，故唐代进士科最受士人重视，当时便有"三十老明经，五十少进士"之谚。常科考试，最初由尚书省吏部考工员外郎主持，开元二十四年（736年）改由礼部侍郎主持，故称省试、礼部试。礼部试及第后，并不等于有官做，还须参加吏部试，及格后才能授官。参加"吏部选"的应选人要接受两方面的考察。一是"四才"，即"身、言、书、判"，"身取其体貌丰伟"，"言取其言词辨正"，"书取其楷法遒美"，"判取其文理优长"。合此体格、语言、书法、判牍四条标准者，为优秀之选。二是"三实"，即"德行、

才用、劳效"。"德行"指封建的道德和品行，"才用"指实际的才干和效用，"劳效"指任官的考课等级。应选人要在"四才"和"三实"铨选后，方由吏部注拟官职并最后公布，发给"告身"。

制科是皇帝临时诏令设置的科目，有博学宏词、贤良方正、直言极谏、才识兼茂、明于体用、博通坟典、达于教化、军谋远虑、堪任将帅、详明政术等百余种。应试者可以是现职官吏，也可以是常科及第者，还可以是庶民百姓。考试内容唐初仅考策问，唐玄宗时加试诗、赋。制科考试通常由皇帝亲自主持，合格者可以由朝廷直接授予官职。唐代制科尽管由皇帝亲自主持，但在士人眼中往往视其为非正途出身而不予重视。唐代这种严密而完备的选官制度，对当时从庶族地主中选拔品学兼优的人担任各级官吏起到了一定作用。虽然唐代除了科举出身外，还有勋官出身、技术出身、胥吏出身、门荫出身等可授予官职，但已普遍受到轻视。

科举制度调动了全社会学习的积极性，当然推动了文化的全面发展。可以说，科举制度给每个人创造了机会，因此促进了全社会高涨的学习热情。当然科举制度也难免产生弊端，如应试教育限制了人的全面发展，朝廷考试也未免不是"牢笼英彦"的手段，有些士子为了谋取功名而不惜扭曲自己的人格，有些士子为了争取及第而皓首穷经不究新义。但不管怎样，科举考试的实施是时代的需要，毕竟对推动社会进步有着积极的意义。

第四节　军　　事

在军事制度方面，隋唐采用府兵制但又有新变化。中国夏商时期就已有军队，军队的核心是王室与贵族子弟，充当士卒的则是平民，战时奴隶从军只充当杂役。周灭商后分封诸侯，形成了国与野的分别。西周时只许国人当兵，不让野人有武装。天子与诸侯都有等级规定，对军队也有严格的限制。春秋中叶以后，列国战争频繁，于是野人也被收入军队。国和野的区别逐渐取消，国人和野人都变成国君的编户。战国时各国普遍实行以郡县为单位的征兵制度，这就使当兵和务农结合了起来。秦统一中国，建立起高度中央集权化的军事体系，各国贵族的宗族部队或私属武装都被瓦解，郡兵成为地方上唯一的武装力量，他们平时维持地方治安，战时受中央直接调遣。西汉军队分为中央兵和地方兵两级，中央兵守卫皇宫和京城，地方兵负责维持当地治安。东汉以来，农民对地主的依附强化了，于是有所谓家兵、私兵，即武将私有的军队。南北朝时实行府兵制，刘裕便是靠北府兵窃夺皇权，此后削弱了门阀世族的势力；西魏、北周的府兵制是在政府控制的民户中编组军队，使政府军对私兵拥有优势并力图把私兵变成官军。

隋唐时期府兵制有所改革，隋文帝针对天下战争平息的形势，于开皇十年（590 年）下诏规定："凡是军人，可悉属州县，垦田籍帐，一与民同，军府统领，宜依旧式。"① 府兵原由军府统领，是职业兵，不列于州县户籍。现落籍州县，编为民户，平时从事农业生产。而兵士仍保留军籍，接受训练，轮番到京城担任宫禁守卫，或执行其他军事任务。这是一种兵农合一、寓兵于农的制度，对发展生产和控制军队都是十分有利的。充当府兵的人，20 岁起服役，60 岁后免役，平日务农，农闲教练，战时征发。府兵制发展到隋末已经成熟，基本达到了完整化和系统化的程度。

唐初府兵平时居家，有练习武事的任务。每年要集中校阅，考察练习成绩。唐初人们之所以愿意充任府兵，是由于任府兵后出征打仗一旦立功便可授以勋官，并按勋官的高低加授田地，还可以荫子入仕，免除

---

① 《隋书·高祖纪》。

杂役。到高宗时，这种勋官授得太多太滥，官府不再依名兑现，立军功就不再有实际意义。加上到京师宿卫的府兵，往往被官宦人家役使如同僮仆，况且还要自备资装，耽误农时，这比一个普通百姓的负担要沉重得多。因此高宗以后，人们渐渐不愿充任府兵，力图逃避兵役。

京师的宿卫工作本是由府兵与禁兵共同承担，府兵主要负责京城的守卫，禁兵则主要负责宫城的守卫。太宗、高宗、武后时，都扩大了禁军的力量。高宗时成立左右羽林军，武后和韦后当政时期充任左右羽林大将军的都是其本家或亲信，羽林大将军的荣宠与地位非诸卫大将军所能比。神龙元年（705 年），张柬之诛"二张"逼武则天还政于唐，是争取到了羽林军

青釉武士俑（隋）

的支持。景云元年（710 年），唐玄宗率万骑废杀韦后也是禁军起了很大的作用。唐玄宗开元年间，命从宿卫京师的府兵中挑选优秀者充任羽林飞骑等禁军，此后府兵逐渐变成募兵，完全成为职业军人。

同时，唐代到高宗、武后时，府兵已无力承担防御周边部族侵扰的任务，于是官府就出资招募军队前去屯守。从军队的性质上讲他们已是职业兵，但并非完全出于自愿而带有强制性。随着屯防军队的增加，唐廷又不断调整结构，逐渐形成完整、严密的防御体系，这就是十大节度使的设置。他们各自有主要防御对象，同时又互相配合协调。后来节度使发展到内地则形成藩镇，遂形成失控局面。总之，唐代前期的军事制度是合理的，到后期的兵役制度则给人们带来巨大的苦难。

第五节 土　　地

在土地制度方面，隋唐时期也有发展。在中国原始氏族公社时期，实行氏族内部土地公有的制度。进入奴隶制社会以后，氏族公社的土地所有制被奴隶主贵族的土地国有制所取代。春秋战国之际，生产力要求生产关系进一步变革，奴隶主不得不将土地分配到个体农民手中而征取地租和劳役，不少奴隶主就这样转化为新兴的封建地主，以土地国有制为基础的井田制就此开始瓦解。秦汉时期，皇帝是全国最大的地主。土地所有权和政权在他身上是统一的，他拥有土地的最高所有权是得到公认的。秦始皇刻石自颂："六合之内，皇帝之土"，"人迹所至，无不臣者"。《汉书·食货志上》："上于是约法省禁，轻田租什五而税一，量吏禄，度官用，以赋于民；而山川园地市肆租税之入，自天子以至封君汤沐邑，皆各为私奉养，不领于天子之经费。"魏晋以后，逐步实行均田制。西晋规定，男女农民都可以分到田地，一种是不向国家交纳地租的占田，另一种是向国家交纳地租的课田。485 年，北魏颁布均田制，规定授田有露田、桑田之分。

劳动女佣（隋）

　　隋文帝时，继续推行均田制，规定每丁受露田 80 亩、桑田或麻田 20 亩，妇女受露田 40 亩。露田在受田人死后要归还国家，桑田或麻田为永业田，可以传给子孙，可以有限买卖。奴婢受田与平民相同，但对受田人数有限制，亲王之家限 300 人，平民之家限 60 人。丁牛一头受田 60 亩，一家限 4 牛。亲王至都督皆给永业田，从百顷依次递减。京官皆给职分田，由一品五顷依品级高低递减。外官除职分田外，还有一定数量的公廨田。职分田的收入是官吏俸禄的一部分，公廨田的收入则为官署的办公费用。唐初基本沿袭这一体制，这一措施对土地兼并起到了一定的限制作用，自耕农的数量有所增加，有利于农业生产的恢复和发展。因而至玄宗开元年间，唐代发展至鼎盛时期。杜甫《忆昔》诗曰："忆昔开元全盛日，小邑犹藏万家室。稻米流脂粟米白，公私仓廪俱丰实。九州道路无豺虎，远行不劳吉日出。齐纨鲁缟车班班，男耕女桑不相失。"

　　但是，唐中叶以后，均田制遭到彻底破坏。这是因为，均田制虽然日益完备，但它没有对土地买卖的限制，这就给土地兼并提供了机会。均田制不仅未能根本抑制土地兼并，而且在客观上扶植了封建地主大土地私有制的发展。随着唐朝前期社会经济的兴旺发达，商品经济得到空前繁荣，日益打破自然经济的封闭状态，促使土地日渐私有化和商品化，导致土地买卖和土地兼并迅速加剧。在土地兼并的过程中，贵族、官僚、地主和富商成为主导力量。《册府元龟·田制》说："王公百官及富豪之家，比置庄田，恣行吞并，莫惧章程。"另外，由于寺院经济的发达，僧侣地主也是兼并土地的重要力量。他们"驱策田产，积聚货物，耕织为生，估贩成业"①，来掠夺农民。武则天统治时期，寺院经济更加发展，"膏腴美业，倍取其多；水碾庄园，数亦非少"②。及至唐

---

① 《旧唐书·高祖纪》。
② 《旧唐书·狄仁杰传》。

代宗时，"凡京畿之丰田美利，多归寺观，吏不能治"①。

在豪门大户大肆营建田庄的同时，农民成为土地兼并的主要对象。他们日益陷入贫困和破产的境地，从根本上打破了均田制原有的格局。唐代中后期，庄园经济发展尤盛。这个从南北朝时遗留下来的传统在唐代前期就一直存在，唐高宗时，王方翼"辟田数十顷，修饰馆宇，列植竹木"②。此后官僚地主侵夺田地设置庄园者比比皆是，且夸耀不已。庄园也称山庄、田园、庄院、别业等，唐诗中有大量关于田庄的描写，由此可见庄园经济给文化带来的影响。

第六节 赋 役

在赋役制度方面，隋唐建国时期都采用了轻徭薄赋的措施。中国的赋役制度起源很早，夏商周就已存在。春秋战国时期，社会经济发生剧烈变动，赋役制度也随之产生变革，打破了过去的井田制而出现了"履亩而税"的新税法。鲁国、齐国、郑国、秦国先后实行了税亩制，军赋也逐渐变成田赋构成"履亩而税"的内容。秦始皇统一全国，建立了专制主义的中央集权国家，从而结束了战国时赋税制度混乱不一的局面。汉承秦制，形成一套较完整的封建赋役制度。魏晋南北朝时期，由于占田制和均田制的推行，加以战乱之际，人口变动大，难以征收人头税，因而废除了秦汉以来的算赋、口赋，实行租调制度。租指田租，调即户调，也就是户税，此制从魏晋实行，北魏自孝文帝改革推行均田制后，规定一夫一妇的均田户，每年要向国家缴纳一定的租调。

隋文帝开皇二年（582年），规定18岁至60岁为丁，要负担租调力

---

① 《旧唐书·王缙传》。
② 《旧唐书·王方翼传》。

役。一夫一妇为一床，每年缴纳租粟三石，桑田者交调绢四丈，麻田者交调布六丈，丁男服役一月。次年又减轻租调力役，规定成丁年龄为21岁，受田年龄仍为18岁，前三年不纳租调不服力役。调绢由每年四丈减为二丈，力役由每年一个月减至二十天。开皇十年（590年），又规定50岁以上者可"免役输庸"，即纳布帛以代力役。唐代在中叶以前规定，每丁每年纳粟二石；纳绢二丈，绵二两，或纳布二丈五尺，麻三斤；服役二十天，如不服役可以绢代役，每日三尺，二十日六丈，称为庸。

租调力役的减轻和输庸代役的实行，在一定程度上减轻了农民的负担，提高了农民生产的积极性。这使唐朝府库也极为充实丰盈，市场物价长期稳定。从开元十三年（725年）到天宝年间，长安和洛阳的米价始终保持在每斗15文到20文上下，最贱时达13文。绢价也一直保持在一匹200文左右，唐玄宗时"口蜜腹剑"的奸相李林甫，一身兼职40多个，广收贿赂，金银珍宝等资财无数，仅库存绢帛就多达3000万匹。从现有文献资料及遗存文物看，盛唐时国力强盛确为历代罕见。

劳动妇女俑（唐）

但随着土地兼并的日趋激烈和均田制的迅速瓦解，尤其是安史之乱后的国力衰落，唐朝的租庸调制难以继续下去了。所以，到唐德宗建中元年（780 年）下令废除租庸调制，实行两税法。两税法一改租庸调以人丁为本的征税方法，确定了以土地、财产为纳税主体、以钱为纳税计算单位的制度。"令黜陟观察使及州县长官，据旧征税数及人户土客定等第钱数多少，为夏、秋两税。其鳏寡孤独不支济者，准制放免。其丁租庸调，并入两税……其月，下赦天下，遣黜陟使观风俗，仍与观察使、刺史计人产等级为两税法。此外敛者，以枉法论。"①

两税法减少了纳税项目，集中了纳税时间，简化了纳税手续，使人民得到很大的便利。两税法以财产多少为征税标准，比之过去租庸调制按人丁课税更为合理。这样，一些官吏、客户及商人都要纳税，改变了过去权门隐占人口的状况。两税法的实施不以人丁为本，农民的人身依附关系相对减轻，这有利于生产的发展。但是在两税法的实施过程中，也暴露出不少严重的问题。如两税之外实际仍有种种加征，田亩税除部分征粮外还要征钱或征帛，以税代役仅仅维持十几年便被废止，而最重要的是两税法的实行使土地兼并不再受任何限制。

总之，两税法的实行符合均田制以及租庸调制废坏后的社会经济情况，并为此后的赋税制度打下了基础。但是，唐朝后期的社会经济受政治形势的影响，始终未能再恢复到盛唐时的繁荣反而衰败下去，最终导致农民起义使唐王朝彻底崩溃。

第七节　户　籍

在户籍制度方面，隋唐时期也更为完备。我国古代的户籍统计，传说始于夏。殷商卜辞和周金文辞中，也零星可见当时的人口统计资料。

---

① 《唐会要·租税上》。

　　一般而言，户口统计和土地统计是结合在一起的，以此掌握国家的人力、物力。据史料记载，西周末年曾进行过大规模的人口调查。秦国的户籍制度，在商鞅变法时得到进一步加强，奠定了此后 2000 多年封建社会户籍编制与乡里组织互为表里的基础。秦汉时期，户籍和土地的调查统计已制度化。"汉时八月案比而造籍"①，所谓"案比"，即"案户比民"，也就是逐户逐人进行核查。案比时，由当地长官亲临督责，以保证案比的可靠。造籍完成以后，各地派官吏带着籍账上交京师。北魏孝文帝改革时，在实行均田制的同时下令实行三长制。三长就是五家立一邻长，五邻立一里长，五里立一党长。这是用来代替宗主督护制的基层政治制度，是符合中央集权制要求的。三长要挑选乡里中能办事而又谨守法令的人担任，其职责是掌握乡里人家的田地、户口数量，征收赋税，调发徭役，维持治安。这是对豪门大户的一次沉重打击，迫使他们将隐占的人口和土地登记。

　　隋朝开国后，由于隐漏户口或投靠豪强地主的很多，开皇五年（585 年）文帝下令清查户口，依照户籍簿上登记的年龄体貌进行核对，即"大索貌阅"。清查的结果，使国家的户籍增加了 44 万余丁、164 万余口。另外，还根据宰相高颎的建议实行了"输籍之法"，即由国家制定划分户等的标准，作为定样颁布至各州县，每年正月由地方官吏主持在乡里挨户依样划等，作为征调赋税力役的依据。由于国家规定的各级民户所负担的租税徭役比豪强地主的剥削量要小，所以大批被世族地主隐庇的"浮客"纷纷投归政府作"编民"。唐代规定，三年修订一次户籍，自正月上旬起，至三月下旬止。各乡户籍一式三份，一份留县，一份送州，一份上尚书省。户籍式样，由户部统一制定，然后分发各州，各县派员赴州依式勘造。

　　唐代在编造户籍时，主要还是依民户自报的"手实"。所谓手实，

---

① 《周礼·地官·小司徒疏》。

女侍俑（隋）

即在造籍前一年的岁终，由户主将本户所有户口、年龄、田亩等内容填写在专门的文书上，并保证所报内容属实，故此称之。同时又规定由里正"案比户口，收手实，造籍书"①，里正是乡村组织的基层负责人，因而他们对民户申报的手实进行验证、注册。唐代户籍的形式，基本上是按户口、赋役、田土的顺序登载的，户籍上还要注明户等。户籍制度的逐渐完备，为后世提供了丰富的人口资料，反映了封建社会治乱盛衰情况。

从史料看，我国先秦时期人口大约始终保持在一两千万。西汉平帝元始二年（2年），人口5900余万，这是"文景之治"后出现的"民众大增"的景象。事隔半世纪，经绿林、赤眉起义，东汉初光武帝中元二年（57年），人口仅有2700余万。到东汉中期章帝章和二年（88年），人口又恢复到5000万左右。三国初，经农民起义、军阀混战，人口又减至1000余万。魏晋南北朝时期，经济有所恢复和发展，到隋大业五年（609年），人口又增为6900多万。隋末农民大起义，使唐初武德年间（618～626年）人口只有1000万。发展到玄宗开元盛世，人口又逾5000万。此后纵览宋、元、明、清，令人看到一个饶有趣味的现象，即中国人口发展的峰值始终未逾六七千万的水平，人口增长率极低。只是到了清朝康熙、乾隆年间，人口发展才呈不可阻遏之势，道光二十年（1840年）达到4.1亿。其发展趋势呈周期性律动，人口增长曲线呈马鞍形状，与王朝盛衰更替相一致。

隋唐时期有效的户籍措施使政府掌握的纳税户口大为增加，反映了

———————

① 《唐律疏议·户婚律》。

政府的经济政策得力和经济力量增强。但随着人口的增多也产生了沉重的包袱，唐代后期均田制破坏的原因之一便是无田可分。地少人多不能不是中国人口发展中巨大的障碍，从而也就引发出历史上重大的灾变。

第八节 工　　商

在手工业、商业方面，隋唐时期也迅速繁荣起来。中国自原始社会后期发生畜牧业、农业及手工业的分工，各行业、各部落间便用以物易物的形式交换产品。到商代，开始出现专门经营买卖的商人，但商业活动大多在方国部落的上层中进行，对整个社会经济起的作用很小。西周时，手工业、商业由奴隶主官府垄断，设有专门的职官来管理，主要为贵族的需要而经营和服务。春秋战国时期，由于经济的发展，旧的"工商食官"制已不能适应新的形势，因此民间独立的工商业应运而生。有的大业主倚仗财货势力参与各国的政治活动，可以与诸侯分庭抗礼。以往作为统治中心的城邑，此时逐渐成为手工业、商业城市，布帛、陶器、铁器、粮食、牛马、皮革、鱼盐，等等，都成为市场上的商品。秦始皇吞并六国后，统一了货币、度量衡，并修筑驰道，更促进了手工业、商业发展。西汉时，铁器取代了铜器，政府将其收归官营并设有专门机构管理。当时在各地设有"铁官"49处，每处"铁官"下属若干作业点，规模浩大，质量提高。张骞通西域后，开辟了"丝绸之路"，中外贸易趋于繁荣，长安、洛阳、邯郸、临淄、成都都是著名的商业中心。魏晋南北朝时商业仍很活跃，南北交流、中外往来密切不断。而到了隋唐时期，由于各方面形势好转，手工业、商业出现了全面繁盛的局面。

隋唐时期，主要手工业生产仍掌握在官府手中，私营手工业在很大程度上受到国家控制。如唐代主管手工业的最高机构是尚书省的工部，其长官"掌天下百工、屯田、山泽之政令"①。直接管理中央官府手工业的有少府监和将作监等，少府监主要负责监造精致的手工艺品和贵族官僚的器用服饰，将作监则主要监造宫廷所有建筑及"掌供邦国修建土木工匠之政令"②。唐代官营手工业与前代相比有以下特点：分工细、人员多、地区广、种类杂、规模大、质量高。私营手工业在农业空前发展的基础上也更为活跃，除众多的农村家庭副业外，规模不等的个体手工业作坊也大批涌现。

唐代的矿冶铸造业虽由政府直接控制，但也允许民间私自采铸而缴纳一定税额。当时的冶铸技术大有进步，唐中宗李显曾"令扬州造方丈镜，铸铜为桂树，金花银叶，帝每骑马自照，人马并在镜中"③。制瓷技术也更为精良，当时著名的瓷器产地如类玉如冰的青瓷产地越州（浙江绍兴），如雪似银的白瓷产地邢州（河北邢台），都驰名中外。饶州浮梁昌南镇（江西景德镇）的瓷器自唐初以来就有假玉之称，而作为贵族赏玩或殉葬的"唐三彩"色彩艳丽、形象逼真、造型生动，更反映出唐代手工艺品的华美。

唐代的纸张文具业也取得很大成就，当时的皮纸、藤纸有了进一步发展，麻纸生产则更加兴旺，发展成为白麻纸、黄麻纸和五色麻纸等多种，以适应不同的用途。制墨、制笔、制砚也更为讲究，当时制墨业较为有名的如潞州（山西长治）、绛州（山西新绛），制笔业较为有名的如宣州（安徽宣城）、溧水（江苏溧水），制砚业较为有名的如虢州（河南灵宝）、歙州（安徽歙县）。笔、墨、纸、砚后来成为中国文人的文房四宝，而精良的工艺当然是主要的因素。

唐代最为发达的还是织染业，品种、花色、技法、产地多不胜数。

---

① 《旧唐书·职官志二》。
② 《旧唐书·职官志二》。
③ 《朝野佥载》卷三。

双孟多足砚（唐）

就少府监下的织染署而言，是专掌"供天子、太子、群臣之冠冕"① 的
机构，共有作坊 25 个："凡织纴之作有十：一曰布，二曰绢，三曰绝，
四曰纱，五曰绫，六曰罗，七曰锦，八曰绮，九曰绸，十曰褐。组绶之
作有五：一曰组，二曰绶，三曰绦，四曰绳，五曰缨。䌷线之作有四：
一曰䌷，二曰线，三曰弦，四曰网。练染之作有六：一曰青，二曰绛，
三曰黄，四曰白，五曰皂，六曰紫。"② 加上官府在全国各地所设的作
坊，可见规模之大，分工之细。唐代官私的纺织和染印技术已很发达，
产品织作精细，图案美丽，使唐代服饰争奇斗妍，缤纷多彩。

就唐代手工业的兴盛繁荣，也给商业带来蓬勃生机。唐代城市不仅是
全国和地方的政治、军事中心和水陆交通枢纽，也是商品交易中心和物
资交流枢纽。当时的西安、洛阳为西、东二京，此外，西南的成都、桂
林，南方的广州、交州，西北的兰州、凉州，中原的开封、太原，沿海
的泉州、杭州、扬州、登州，以及荆州、相州、幽州、宋州等都是重要
城市。

据文献记载，长安城有东西二市，聚集四方财货，是繁盛的商业
区。市中出售同类货物的店铺称为肆，若干肆集中排列在同一区域称做

———————————

① 《旧唐书·职官志二》。
② 《唐六典·少府监》。

行，同一行业往往有行会的组织，行会有行头或称行首。一个市的行数越多，说明该市商业愈发达。长安仅东市就有220行，加之零散商品可以说应有尽有，如绢行、装饰品行、大衣行、秤行、果子行、药行、金银行等。西市与东市大体相同，但人口比东市多，商业也更为繁华。还有为外地客商服务的货栈叫做邸，专为外商代办批发交易等事宜。胡商经营的葡萄酒，胡姬所跳的胡旋舞，在当时都颇受欢迎。官府对市场的管理有严密的法令，设有专门管理市场的机构。中午时击鼓，表示市场活动开始；日落时鸣钲，商店便闭门停止营业。仅次于长安的洛阳东、南、北三市并立，仅南市就有120行、3000余肆。除京市外，全国各地还有许多州市、县市、草市。有些草市，旗亭旅舍属连，珍货奇物皆有。此外，岭南有墟市，西蜀有亥市，北方有集市，许多地方有庙会，都是出售货物的场所。

自城市到乡村众多大小不等的市场存在，说明唐朝商业经济的空前繁荣和人民生活水平的日益提高。发达的手工业、商业提供了丰富的货源，因而自贞观到开元年间物价稳定，整个社会充满了兴旺祥和的气氛。安史之乱后，社会经济遭到破坏，政治形势日趋恶化，官僚机构也愈加腐败，甚至出现了明抢暗夺的"宫市"，手工业、商业受到严重影响。

第九节 刑　罚

在刑罚制度方面，隋唐时期也有重大发展。在原始部族中，人们为了共同生产和生活的需要，逐渐形成了若干共同遵循的社会规范，这些规范兼具后世道德和法律的功能。进入阶级社会之后，统治者有选择地利用原有习惯并加以确认，使之具有法律效力，这便出现了专门性的成文法。我国奴隶社会时期主要引用习惯法，但由于王权至上的缘故，一些王命也带有法的性质，这往往被后世所遵循。大约春秋战国时，已有正式公布的成文法规，如郑国的《竹刑》、晋国的《刑律》、魏国的《法经》等。战国初年，商鞅在秦国变革旧制，厘定"刑"、"法"，划一称"律"，由是律被历代封建王朝奉为法的主要形式。秦始皇统一中国后，建立封建君主专制的中央集权制度，权制独断于君，始创"命为制，令为诏"，"唯天子独称也"之式。此后历朝于律之外遂有制、诏之称，其变称如令、科、比、故事、格、式、敕、例、典等，与法名称虽有别，其实多属律外的"追加法"。汉武帝"罢黜百家，独尊儒术"以来，国家制定法律、解释法律、实施法律必以"三纲五常"为指导原则，强调"德主刑辅"、"出礼入刑"的法制思想。其法律形式除律、令、科、比外，"天子之言"经丞相、太尉、御史"集议"后，分类组合编定为策书、制书、诏书、诫敕等，同样具有法律的效力。

隋、唐沿两晋南北朝之制，制定律、令、格、式。隋文帝登基不久，即制定了《开皇律》。该律分为 12 卷，500 条，将刑罚分为死刑、流刑、徒刑、杖刑、笞刑 5 种 20 等。还规定对侵犯统治阶级根本利益的 10 种罪行要严惩不贷，对统治阶级内部人员的 8 种犯罪要给予减免，这就是所谓"十恶"和"八议"。新律废除了历代枭首、辗裂等酷刑，严明了责打、枷杖轻重的规定。宣布民有枉屈，可依次上告，直至朝廷。《开皇律》实施后，地方官员"并令习律，集京之日，试其通不"。此后又废除妻、儿连坐之法，"死罪者，三奏而后决"①。尽管当时法律条文与法律使用还有很大出入，但毕竟较之前代有很大改进并成为后来法典的基础。

至贞观年间，太宗命长孙无忌、房玄龄等主持重修律令。《贞观律》12 卷"比隋代旧律，减大辟者九十二条，减流入徒者七十一条"，"凡

───────────────

① 《隋书·刑法志》。

削烦去蠹，变重为轻者，不可胜纪"①。同时，又编《贞观令》30卷、《贞观式》20卷、《贞观格》18卷。唐代刑书中的律、令、格、式自此齐备：律是刑事法规，令是国家制度法规，格是国家机关行政法规，式是国家机关公文程式。高宗时，又修永徽律、令、格、式，诏以律文为经，对500条律文逐条逐句进行诠释，辨析疑义，弥补疏漏。这些解释文字称"疏"，与律文具有同等的法律效力。玄宗时，对《永徽律疏》多次修改，形成后世所称的《唐律疏议》。《唐律疏议》30卷，分12篇502条。名例篇57条，是总纲，内容为五刑、八议、十恶。卫禁篇33条，职制篇59条，户婚篇46条，厩库篇28条，擅兴篇24条，贼盗篇54条，斗讼篇60条，诈伪篇27条，杂律篇62条，捕亡篇18条，断狱篇34条。这些法规涉及国家制度和社会生活的各个方面，大大丰富了刑事立法的内容。

隋唐时期的刑罚相比前代而言也有所减轻。我国奴隶制刑法特点之一是以刑统罪，只具刑名而不列罪名，先议刑而后定罪。夏、商、周主要有墨、劓、剕、宫、大辟五刑，而实际上五刑之外尚有其他酷刑，如商之炮烙、醢脯、剖心、刳剔、族诛等。秦之死刑也名目繁多，如戮、磔、弃市、定杀、枭首、腰斩、车裂、凿颠、抽胁、镬烹、绞、囊扑、夷三族、具五刑等。汉魏以后肉刑稍减，发展了财产刑，出现了名誉刑。如犯罪后以家财赎罪，或以夺爵、除名、免官、禁锢等形式处罚。隋唐五刑为死、流、徒、杖、笞。唐代五刑规定：（1）笞，分五等，从10至50，10为等差。赎用铜，1斤至5斤。（2）杖，分五等，从60至100，亦以10为等差。赎用铜，6斤至10斤。（3）徒，分五等，一年至三年，以半年为等差。赎用铜，一年为20斤，每增一等加10斤。（4）流，分三等，2000里至3000里，500里为等差。赎用铜，80斤至100斤。此三流称常流，皆须居作一年。此外，唐太宗贞观六年（632年）

---

① 《旧唐书·刑法志》。

唐律残片（唐）

还为死刑减等定加役流，所流里数为三千，居作为三年。（5）死，分二等，绞、斩。赎铜皆 120 斤。唐代的刑罚宽减，诉讼审判程序严格，反映出唐代的进步与文明。

唐朝前期的君臣多能自觉守法和严肃执法。唐太宗曾对大理少卿戴胄说："朕法有所失，卿能正之，朕复何忧也！"贞观四年（630 年），当他发现所颁诏敕与律令相违时，便要求各主管部门"不得顺旨便即施行"，"必须执奏"，再做定夺。同时强调："法令严肃，谁敢为非？"尽量避免以言代法，不得"有乖于律令"①。魏征更是直言进谏，强调"法，国之权衡也，时之准绳也"，如果"任心弃法"，必然"取怨于人"，太宗手诏称魏征所言，"皆切至之意"②。因而，贞观之治使天下呈现出一派升平气象。当然，武则天改制时，免不了弄权玩法，她"委政狱吏，剪除宗枝"，"起告密之刑，制罗织之狱"③。当时著名的酷吏来俊臣、万国俊等专门编写了一本《告密罗织经》，周兴、索元礼等特制大枷"定百脉"、"喘不得"、"突地吼"、"著即承"、"失魂胆"、"实同

① 《贞观政要》卷一。
② 《魏郑公文集》卷一。
③ 《贞唐书·酷吏传》。

反"、"反是实"、"死猪愁"、"求即死"、"求破家"。但武则天称制后，遂严明赏罚，选贤任能，逐步整治酷吏。周兴、索元礼"残酷尤甚"，女皇"杀之以慰人望"，来俊臣被处以极刑，其党徒全部流放岭南。酷吏时代，随之告终，贤臣当国，法制重振。如狄仁杰、杜景俭之拜相，用法平恕，天下大安。至玄宗开元全盛时期，涌现了一批执法清严的官吏，他们承袭贞观法制的宽仁慎刑原则，继续完善法制建设。开元二十五年（737 年），全年断死刑仅 58 人，史称李林甫、牛仙客"二人皆谨守格式，百官迁除，各有常度"①。开元二十六年（738 年），完成《大唐六典》30 卷，在我国古代法制史上具有重要意义。

第十节　任　　贤

　　唐朝在各项制度建设方面都在前代基础上有了很大的发展和完善，因而促进了社会的全面繁荣和国力的迅速强盛。唐朝在国家制度建设方面取得的成就是和国君的任贤纳谏的治策分不开的。

　　唐太宗在确定"以静求治"的基本国策的同时，就提出"致安之本，惟在得人"的问题。太宗所言的"得人"正是魏征所说的"才行俱兼"之人；相反，如果"才行不至"，即使亲贵也不虚授。魏征出身"微贱"，又曾是太宗"昔日仇敌"，但其"雅有经国之才"，太宗委以"枢要之职"，所陈要事太宗无不"纳受"。太宗从叔父李神通，既是宗室亲王，又有当初响应举义之功，但既无将才，又无杰行，因而未得重用。为保证"广任贤良"，太宗特别注意杜谗拒邪。太宗君臣经常论说"谗佞之徒，皆国之蟊贼"，还定下对谗人者"当以谗人之罪罪之"的规

———————————

① 《资治通鉴》卷二一四。

矩。监察御史陈师合"毁谤"房玄龄、杜如晦"思虑有限，一人不可总知数职"，欲动摇二人的相权。太宗对主管选官的吏部尚书戴胄说："朕以至公治天下，今任玄龄、如晦，非为勋旧，以其有才行也。"于是以谗人之罪"流陈师合于岭外"①。有人诬告魏征谋反，太宗言："何乃妄生谗构？"连问都不问魏征，便将诬告之人斩首②。太宗在任贤的同时还善于纳谏，他不止一次对大臣们说："君臣本同治乱，共安危。若主纳忠谏，臣进直言，斯故君臣合契，古来所重。若君自贤，臣不匡正，欲不危亡，不可得也。君失其国，臣亦不能独全其家。"③ 贞观初年，太宗为求大治，一再表示要"君臣上下，各尽至公，共相切磋，以成治道"④。为确保"纳忠谏"、"进直言"，太宗在制度上明确规定：宰相"入内平章国计，必使谏官随入，得闻政事，有所开说"⑤。同时三令五申，要求中书省、门下省"坚守直道"，甚至批评"无一言谏诤者"⑥。在太宗"导人以谏"的鼓励下，朝廷上下谠言直谏成为一时风尚。在众多的直谏者当中，最杰出者当首推魏征。自太宗即位，至魏征去世，前后17年间，陈谏200余事。太宗将魏征比做"可以明得夫"的镜子，给予很高的评价，说："贞观之后，尽心于我，献纳忠说，安国利民，犯颜正谏，匡朕之违者，唯魏征而已。"⑦

武周革命时，虽任用酷吏，但从不委以朝政。对良臣狄仁杰、徐有功、杜景俭等信用有加，特予保护。长寿元年（692年），武则天推行试官制度，"以禄位收天下人心，然不称职者，寻亦黜之，或加刑诛。

---

① 《贞观政要》卷六。
② 《贞观政要》卷六。
③ 《贞观政要》卷三。
④ 《贞观政要》卷二。
⑤ 《唐会要》卷五五。
⑥ 《贞观政要》卷一。
⑦ 《旧唐书·魏征传》。

永泰公主墓室壁画（唐）

挟刑赏之柄以驾御天下，政由己出，明察善断，故当时英贤亦竟为之用"①。武则天晚年逐步整治酷吏，一批清廉之臣得到提升。但其过于宠信张易之、张昌宗，因而几乎将自己置于朝臣的对立面。至神龙元年（705 年），张柬之终于发动政变，斩杀"二张"，兴复唐室。

　　唐玄宗登基后"求治甚切"，首先注意选拔宰辅。姚崇、卢怀慎被任为相后，同心戮力，救时匡正，业绩大显。此后宋璟、苏颋接任相职。宋璟素以刚正著称，"刑赏无私，敢犯颜其谏"，史称玄宗"甚敬惮之，虽不合意，亦曲从之"②。苏颋又默契配合，二人"相得甚悦"，比姚崇、卢怀慎有过之而无不及。此后接替宋璟、苏颋的又是一对刚柔相济的良相，即张嘉贞、源乾曜。玄宗注意宰辅，任贤用能，因而开元前期奠定了太平之基。但到开元后期，自张九龄、裴耀卿被罢相，李林甫、牛仙客执政后情况发生了变化，一般认为由此开始了治乱的分界。李林甫取代张九龄后，便欲"蔽塞人主视听，自专大权"。他对谏官说："今明主在上，群臣将顺之不暇，乌用多言！"自此谏议制度被破坏，"谏诤路绝矣"。恰好唐玄宗又得杨玉环，"渐肆奢靡，怠于政事"，"悉以政事委林甫"，更助长了宰相弄权。自开元始，中书令大体上三五年一更换，而李林甫为政则达 16 年至其病卒，任贤制度几乎废止。李林甫专权后兴起大狱，对不归附自己的横加摧残。他还以蕃人为大将，这

① 《资治通鉴》卷二〇五。
② 《资治通鉴》卷二一一。

正为后来"安史之乱"种下了祸根。接替李林甫为相的杨国忠，"妒贤疾能，排抑胜己，以保其位"，则有过于李林甫。终以"聚敛极矣"和"激怒禄山"而造成天下大乱，自此唐势颓矣。

可以说，唐朝的任贤纳谏制度决定着各项治国方略的实施，执行得好则国家昌盛，反之则衰败。唐朝前期的几个皇帝即位之初都能慎始，但到晚年却未能慎终。总的来看，由初唐到盛唐，国策既宽松又严明；此之后由盛而衰，与各项制度的废坏和用人不当有着极大的关系。

第三章
昌荣盛强的国势

中国古代华夏与四夷一直保持着复杂的关系。这种关系友好发展时，各族人民就国泰民安并促进了社会的繁荣和进步；而一旦遭到破坏时，就产生对峙和战争，给人们带来深重的苦难。隋唐五代时期是继魏晋南北朝民族大融合之后又一个文化大扩容时期，这一时期通过友好或战争的手段进一步扩大了中华帝国的版图和中华文明的影响，同时也更有效地将周边民族凝聚于中华民族的大家庭中。在民族交往过程中，中华民族也吸取了其他民族许多优秀的文化遗产，尤其是唐代在东亚建立起多民族汇容性和大一统开放性的文化圈。

第一节　统一南北定基业

隋文帝代周灭陈后，陆续平定江南各处骚乱，使南北分裂的局面终归统一，也使中华文明的传统重新建树。他一方面勤劳思政，务存节俭；另一方面奖惩严明，躬谨农桑。但由于立国未稳，时有边敌入犯。当时北方突厥沙钵略可汗强大，而沙钵略妻是北周赵王之女千金公主，于是要为宇文家族报仇屡犯边境。开皇二年（582 年）五月，沙钵略与

武士俑（隋）

前北齐营州（今辽宁朝阳）刺史高宝宁联合进兵。年底，纵兵深入北部边境各郡，将人畜抢掠一空。长孙晟向文帝提出"远交而近攻，离强而合弱"的策略①，即西面联络达头、阿波，使沙钵略分兵防其右部；东面联络处罗侯和奚、契丹等，使沙钵略分兵防其左部；突厥内部可汗之间彼此猜疑，趁衅出击定能成功。文帝采纳了这一建议，分头实施，于开皇三年（583年）四月命卫王杨爽为行军元帅，分兵八路出塞抗击突厥。沙钵略屡为隋军所败，开皇四年（584年）九月遣使求和，千金公主自请改姓杨氏，为文帝义女。文帝封千金为大义公主，遣使致书沙钵略允其以"翁婿"之亲相认。此后，西突厥阿波可汗渐强，占有龟兹、铁勒、疏勒等地，东突厥无法抵挡，沙钵略又怕契丹夹击，遂归顺隋室，称"大隋皇帝真皇帝也"，表示"永为藩附"②。其后，隋利用突厥之间内部矛盾，笼络并支持启民可汗，使东突厥完全依附隋朝，北部边境由此安宁。

炀帝即位后雄心勃勃，欲"通西域，经略四方"，因命裴矩主持西域及沿边商贸之事。裴矩撰写了《西域图记》，记述了西域各国概貌，序文末尾写道："故皇华遣使，弗动兵车，诸蕃既从，浑、厥可灭，混一戎夏，其在兹乎？"③ 此言正中炀帝下怀，遂以打通西域为重。大业三年（607年），隋炀帝"出塞耀兵"，东突厥召集所部与其他部落酋长数十人到炀帝大帐朝见。炀帝为夸示，命宇文恺预建大帐，帐下可坐数

---

① 《隋书·长孙览附晟传》。
② 《资治通鉴》卷一七六。
③ 《隋书·裴矩传》。

千人。启民可汗等见状，进一步表示愿为"臣民"，并请求"变改衣服，一如华夏"。炀帝心中高兴，但以"碛北未静，犹须征战"，要其"存心恭顺，何必变服"①。继而，炀帝用离间计破西突厥，败吐谷浑，进驻张掖，命裴矩引西域诸国来朝。至此，炀帝得到西域羌城以西、且末以东、祁连以南、雪山以北东西 4000 里、南北 2000 里的大片疆土，设置了西海（治所在今青海湖西岸）、河源（治所在今青海兴海东南）、鄯善（治所在今新疆若羌）、且末（治所在今新疆且末）四郡。郡下设县、镇、戍，迁徙轻罪犯以充实之。并在此屯田，以防厥、浑残部，保障通西域之路。

隋炀帝在征通西域的同时，亦求经略东南。大业三年（607 年）三月，炀帝命羽骑尉朱宽入海"求访异俗"，到达流求（今台湾岛）。由于语言不通，只带了一人回来。次年，又命朱宽前往"慰抚"，无奈"流求不从"。当炀帝完全开通西域之后，即派武贲郎将陈稜、朝请大夫张镇州率兵从义安（今广东潮州）渡海出击。流求国王渴剌兜率兵迎战被击杀，隋军"虏男女数千而归"②，流求被征服。隋炀帝还听群臣言"林邑（今越南南部）多奇宝"，便命刘方为驩州道行军总管率军击之。"其王梵志率其徒乘巨象而战，方军不利。方于是多掘小坑，草覆其上，因以兵挑之。梵志悉众而阵，方与战伪北，梵志逐之，至坑所，其众多陷，转相惊骇，军遂乱，方纵兵击之，大破之。频战辄败，遂弃城而走。方入其都，获其庙主十八枚，皆铸金为之，盖其有国十八叶矣。方班师，梵志复其故地，遣使谢罪，于是朝贡不绝。"③

炀帝还募能通绝域者。"大业三年，屯田主事常骏、虞部主事王君政等请使赤土（今马来西亚），帝大悦，赐骏等帛各百匹、时服一袭，而遗赍物五千段以赐赤土王。"常骏等人到赤土后，受到热烈欢迎，"其

① 《资治通鉴》卷一八〇。
② 《隋书·东夷传》。
③ 《隋书·南蛮传》。

王遣婆罗门鸠摩罗以舶三十艘来迎，吹蠡击鼓以乐隋使，进金镶以缆骏船。月余至其都，王遣其子那邪迦请与骏等礼见。先遣人送金盘贮香花并镜镊，金合二枚贮香油，金瓶八枚贮香水，白叠布四条以拟供使者盥洗。其日未时，那邪迦又将象二头持孔雀盖以迎，使人并致金花金盘以藉诏函。男女百人奏蠡鼓，婆罗门二人导路，至王宫。骏等奉诏书上，阁王以下皆坐。宣诏讫，引骏等坐，奏天竺乐，事毕，骏等还馆。又遣婆罗门就馆送食，以草叶为盘，其大方丈因谓骏曰：'今是大国中人，非复赤土国矣。饮食疏薄，愿为大国意而食之。'后数日请骏等入宴，仪卫导从如初见之礼"①。随后，赤土王遣其子那邪迦随常骏入朝贡方物。至大业六年（610 年）春，常骏带那邪迦于弘农（今河南灵宝）谒见炀帝。炀帝大悦，均予赏赐。此外，东南其他诸国亦有来朝者，如真腊（高棉）、婆利（婆罗洲）。至大业五年（609 年），隋共有 190 郡、1255 县、890 余万户。疆域西至且末郡（治所在今新疆且末），北到五原郡（治所在今内蒙古五原南），东达辽东郡（治所在今辽宁沈阳北），南抵日南郡（治所在今越南荣市一带），史称"隋氏之盛，极于此矣"②。

挟此强盛之势，隋炀帝越发好大喜功。他不仅多次出游，劳民伤财，而且发动了对高丽的战争，穷兵黩武。正是这些倒行逆施使盛强国势迅即崩溃，而隋家王朝也由此断送前程。隋文帝时，高丽曾不断遣使来朝进贡方物。但也担心被隋攻灭，便"治兵积谷，为拒守之策"。开皇十八年（598 年）春，高元率靺鞨之众万余骑入犯辽西，营州总管韦冲将其击退。文帝大为震怒，命汉王杨谅、宜阳公王世积并为行军元帅，带领水陆军兵 30 万分两路进攻高丽。然陆路遇大水，粮草不继；水路遇大风，船舰漂没。兵士死亡十之八九。此时正值隋与西突厥决胜之际，文帝趁高丽王遣使谢罪宣布罢兵。大业三年（607 年），炀帝北

① 《隋书·南蛮传》。
② 《资治通鉴》卷一八一。

巡，在启民可汗处见有高丽使者，便命传话给高丽王，要其效法启民可汗"举国从化"，否则将率兵东巡。随即下令准备军车、兵马、战船、器具，至大业七年（611 年）下诏调集天下兵员会聚涿郡。由于备战匆促，东莱（今山东掖县）海口造船者日夜泡在水里，以致腰下腐烂生蛆。江淮之间造车辆者夜以继日，以致民工怨声载道。运送军需的伕役，经常有数十万人往返于路途，致使农田荒芜，米价飞涨。加之官吏贪残，百姓多无生路，以致民众纷纷起义。大业八年（612 年）正月，炀帝将集结于涿郡 113 万、号称 200 万的兵员分为左右各十二军，向平壤进发。由于炀帝军令过死，各军多次贻误战机，以致未能攻下平壤，却被高丽不断反击，最终水陆皆败，只得退回。大业九年（613 年）三月，炀帝又亲到辽东。这次进军，炀帝允许前线将帅全权处理战事。但高丽军据城固守，拼死顽抗，20 多天未能攻下，双方伤亡惨重。正在战事万分紧急的当口，负责运送军粮的杨玄感起兵反叛。炀帝闻讯后连夜退兵，军用物资全部遗弃。高丽军队不知，竟也不敢追遣。杨玄感虽然很快兵败自杀，但在达官中却开了起兵反隋的先例。炀帝因此大开杀戒，凡接受杨玄感开仓赈济者尽行活埋于洛阳城南。从此隋大伤元气，而炀帝仍执迷不悟。大业十年（614 年）二月，召百官议东征，无人敢说话。七月，炀帝至怀远镇（今辽宁辽阳市西北）。高丽久战，困弊不堪，遣使求和。炀帝心理得以满足，下令撤军，回到东都。而此时国势已渐倾颓，全国规模的民众暴动相继发生，炀帝离丧身灭国也为时不远了。《隋书·东夷传》史臣曰："内恃富强，外思广地，以骄取怨，以怒兴师。若此而不亡，自古未之闻也。"可谓警策之言，定论之语。

隋之初，由于治策得体，国家很快兴旺起来。隋文帝采取均田制，减轻农民赋役，大力兴修水利工程，设置官仓和义仓。据史载，到开皇末年，"计天下储积，得供五六十年"[1]。隋炀帝即位后，进一步改革均

[1]《贞观政要·论贡赋》。

田制，宣布免除妇女、奴婢的课役，这项措施减轻了农户的负担，对人口的增殖起了很大的积极作用。隋炀帝还将首都东迁洛阳，改变了隋文帝建都长安不能有效地控制广大江南地区的状况。洛阳城建成后，为了充实洛阳人口，增进经济繁荣，削弱地方豪强势力，下令"徙天下富商大贾数万家于东京"①，又命"江南诸州，科上户分房入东都住，名为部京户，六千余家"，"河北诸郡送工艺户陪东都，三千余家"②。炀帝还在洛阳城内城外建筑了许多规模巨大的粮仓，仅洛口仓和回洛仓就可储谷 2600 万石。隋末时，东都仓窖中的布帛还堆积如山。另外，太原的粮储可支 10 年，可见各地的粮仓规模也不小。隋朝的储粮到隋亡几十年后仍未用尽，唐贞观十一年（637 年），马周对唐太宗说："隋家贮洛口仓，而李密因之；东京积布帛，王世充据之；西京府库，亦为国家之用，至今未尽。"③ 这种情况，既说明了隋代的苛敛诛求，也说明了当时的经济确实繁荣。

隋炀帝为了巩固政权和统一的局面，在政治上进一步控制东南地区，在军事上便于把军需物资运到北方的涿郡以建立据点，在经济上将江南富庶的财粮运转到洛阳以增强中央政府的力量，另外也为了个人的巡游享乐，遂下令开凿一条以洛阳为中心、沟通南北的大运河。大运河的修建分四段进行，动用了几百万人，前后用了将近六年的时间。运河修成后，全长四五千里，沟通了海河、黄河、淮河、长江、钱塘江五大水系，是世界上伟大的工程之一。它的开通促进了南北经济的交流和文化的往来，对促进社会发展和南北统一起了重大作用。

隋朝的造船业也空前发展，规模之大，技术水平之高，均为历史所未见。隋炀帝游江都时所乘的龙舟，高 45 尺，长 200 尺，船上起楼 4 层，上层有正殿、内殿和东西朝堂，中间两层有 120 个房间，皆以金玉

---

① 《隋书·炀帝纪上》。
② 《大业杂记》。
③ 《贞观政要·论奢纵》。

炊事俑（隋）

装饰①。隋朝的造桥技术也颇为精湛，当时优秀的民间工匠李春设计、制造的赵州安济桥至今仍横跨在河北赵县洨河上。这是一座桥洞跨度37.37米，用石材建造的空腔单拱大弧券桥。大弧券两端的拱背上各有两个小石拱，既可节省石料，减轻桥基的负重，又可使河水在水位高时从小拱中流过，起到分洪缓冲和保护桥身的作用。大桥全长50.82米，宽9.62米。桥身坡度低平，桥面平直，便于行人车马往来。这座桥不仅设计合理、构造坚固，而且造型优美壮观、刚劲柔和，充分表现了我国古代建筑艺术的独特风格。隋朝的丝织业、制瓷业、商业也都很发达，并重视文化建设。

女俑（隋）

正是由于国富兵强，助长了隋炀帝的骄奢淫逸。其8次出游，耗费

————————————
① 《资治通鉴·隋纪》。

无以计数。大业六年（610 年）正月十五，尽集各国酋长和使者，在皇城外端门街盛陈百戏。演奏者多达 18000 人，声响传于数十里之外。灯光照耀如白昼，从黄昏到天明，整个演出活动，一直持续到正月底。各国商贾都希望到洛阳东市进行贸易，炀帝下令东市家家整饬店面，人人衣饰华美，卖菜要用龙须席铺地，外邦商客经过酒肆须盛情邀入不取分文。隋炀帝摆尽了大国排场，又欲逞大国之威，但强征暴敛和进攻高丽导致民怨沸腾，至隋末炀帝大失人心，以致为身边卫士所杀。

第二节　开边扩土名远播

隋灭唐兴，中国历史上出现了盛况空前的开放时期。这一时期，大唐王朝与周边部族的关系大致有两种情况：一是周边部族内附，唐廷在其地设州、府，其首领为刺史或都督，受唐廷统领；一是仅有朝贡的名义，与唐政权并无隶属关系，即使接受唐廷封号也并不受其控制。前一种情况称羁縻，唐兴盛之时羁縻甚多，"大凡府州八百五十六"[1]。后一种情况关系松散，时友时敌。二者关系也时有变换，唐强时则为羁縻，唐弱时则号自立。但无论怎样，唐朝周边的开扩促进了各族人民的往来，文化在交互碰撞中得到有效的吸融并共同发展。

唐初兴时，东、西突厥趁隋末丧乱复振，一跃而雄踞漠北，成为力控西域、势倾中夏的强大军事集团。突厥势力控制的范围，"东尽契丹，西尽吐谷浑，高昌诸国皆臣之。控弦百万，戎狄之盛，近代未有也"[2]。李渊起事时"引以为援"，"每优容之"。突厥也益发张狂，对唐廷"言

---

① 《新唐书·地理志》。
② 《通典》卷一九七。

辞悖傲，求请无厌"，"有凭陵中国之志"①。

　　太宗即位后，练兵习武，扩大兵源，以图遏制突厥侵犯。贞观三年（629 年），太宗趁突厥内乱，派 10 余万兵分道出击，大胜之。突厥各部屈服，"咸请上尊号为'天可汗'"，太宗成为"西北诸藩"的最高首领②。贞观九年（635 年），太宗出兵吐谷浑，吐谷浑归附唐廷。贞观十三年（639 年），出师平定高昌，以其地为西州，设安西都护府，留兵镇守。自此，"唐地东极于海，西至焉耆，南尽林邑，北抵大漠，皆为州县，凡东西九千五百一十里，南北一万九百一十八里"③。焉耆往西即龟兹，其虽然对唐"岁贡不绝，然臣于西突厥"。贞观二十一年

高昌古城遗址

（647 年）唐廷发兵征讨，次年攻占龟兹生擒其王。西域震骇，各部族纷纷服属唐廷，贡使往返，商贾不绝。至高宗显庆二年（657 年），唐军彻底击败西突厥。次年，移安西都护府于龟兹，统领焉耆、龟兹、于阗、疏勒四镇。武则天时，为加强对西域广大地区的管辖，又于庭州（今新疆吉木萨尔县北庭镇）置北庭都护府。至此，在安西、北庭两大都护府的统管之下，西域大体稳定下来，保证了"丝绸之路"的畅通。

　　玄宗开元年间，回纥盛起。其"南据突厥故地，立牙帐于乌德鞬山，旧统药逻葛等九姓，其后又并拔悉蜜、葛逻禄，凡十一部，各置都督，每战则以二客部为先"④。安史之乱起，两京失陷，肃宗遣使于回

① 《旧唐书·突厥传上》。
② 《旧唐收·太宗纪下》。
③ 《资治通鉴》卷一九五。
④ 《资治通鉴》卷二一五。

纥求救。至德二载（757 年），回纥出精兵四千助唐。当初约定："克城之日，土地、士庶归唐，金帛、子女皆归回纥。"① 长安、洛阳收复后，回纥入城纵掠，财物不可胜计。肃宗每岁还得送绢 2 万匹，又以幼女为宁国公主许配回纥可汗。代宗即位后，又向回纥借兵助讨史朝义，回纥再度横行中原。次年，仆固怀恩叛唐，引回纥、吐蕃数万之众进逼长安。朔方节度使郭子仪亲赴回纥军营，说动回纥与唐联合击退吐蕃。作为报答，唐朝以缯帛换其马匹，一马易绢 40 匹，回纥动辄数万马，弄得唐朝无法招架，导致国库空虚。后回纥在内乱中削弱，遭唐打击逃散。

在打通西域的同时，唐廷与吐蕃也时战时和。吐蕃源出西羌，有许多部落，很早就活动在西藏高原一带。其王称赞普，其民以畜牧为生。7 世纪初，松赞干布统一了西藏高原，定都逻些城（今拉萨市）。松赞干布在位时，吐蕃创制了文字，并有了成文法典。唐太宗贞观八年（634 年），松赞干布向唐求婚，太宗未许。松赞干布发兵攻吐谷浑，继而屯兵于松州（今四川松潘）西境。贞观十二年（638 年），唐兵大败吐蕃于松州城下，松赞干布退兵谢罪，因复请婚，太宗应允。贞观十四年（640 年），吐蕃相禄东赞进献黄金、珍玩为请婚之礼，太宗许以文成公主妻松赞干布。次年正月，太宗命江夏王李道宗持节送文成公主入吐蕃，松赞干布亲自到柏海（今青海境内鄂陵湖和扎陵湖）迎接。唐蕃和亲以后，其"酋豪子弟，请入国学以习《诗》、《书》"②。文成公主入吐蕃，带去了菜种、药物及精巧的手工艺品。之后，不断扩大往来，吐蕃多献金银珠宝，唐廷遣以养蚕、造酒、碾硙、纸墨之匠。

松赞干布死后，赞普年幼，大权旁落，唐蕃之间为争夺西域又起战争。"安西四镇"为吐蕃控制 20 余年，至武则天长寿元年（692 年）才

① 《资治通鉴》卷二二〇。
② 《旧唐书·吐蕃传》。

又归唐。中宗时，唐蕃通好，以所养雍王之女为金城公主，嫁吐蕃赞普尺带珠丹。景龙四年（710 年），中宗亲送公主至始平（今陕西兴平），金城公主带给吐蕃锦缯数万、杂伎诸工以及龟兹乐舞。此后唐蕃关系时好时坏，虽立以界碑也形同虚设。玄宗开元末，吐蕃入犯渐由掳掠人畜财物转为攻占疆土，唐政权专以陇右、剑南两节度使防吐蕃。安史之乱起，"吐蕃乘我间隙，日蹙边城"①。代宗时，吐蕃屡犯京畿，唐蕃和战交错。德宗即位后，承认吐蕃所占州、县为其属地，重新划定疆界，但吐蕃并不遵守盟约。贞元三年（787 年），德宗采纳李泌提出的"结回纥、大食、云南与共图吐蕃"的策略，先许婚回纥使其与吐蕃断交，又结好南诏使吐蕃猜疑，此后吐蕃之势渐衰。

宪宗年间，吐蕃虽然不时至边境骚扰，但多被击退。尤其是韦皋在蜀 21 年，"服南诏，摧吐蕃"，使唐之西南边疆大体无事。而大食王诃伦却"与吐蕃为劲敌，蕃兵大半西御大食"②。元和末年，吐蕃遣使求和，朝贡不断。穆宗长庆元年（821 年），唐蕃会盟，盟文曰："中夏见管，维唐是君，西裔一方，大蕃为主。自今而后，屏去兵革，宿忿旧恶，廓焉消除。追崇舅甥，曩昔结援，边堠撤警，戎烽韬烟。患难相恤，暴掠不作，亭障瓯脱，绝其交侵。"③ 武宗以后，吐蕃内乱，彼此攻杀，没落下去。

唐初，云南一带群蛮聚居，名号繁多。高祖武德四年（621 年）置姚州都督府（今云南姚安北），统管羁縻 13 州。太宗时，置戎州都督府（今四川宜宾西南），统管羁縻 30 余州。高宗初年，诸蛮内附，入贡方物。其后，受吐蕃侵凌，又臣吐蕃。群蛮逐渐发展，形成六股势力，即蒙舍、蒙越、越析、浪穹、样备、越淡，彼此势均力敌。因其称呼王为"诏"，遂有"六诏"之名。其中，蒙舍位于其他五诏之南，故又称南诏。

---

① 《旧唐书·吐蕃传》。
② 《唐会要》卷一〇〇。
③ 《旧唐书·吐蕃传》。

武则天时，南诏王入朝，赐其锦袍金带以归。玄宗开元年间，蒙舍在唐朝支持下攻击诸蛮，其王乘机请"合六诏之为一诏"，玄宗乃册封其为云南王。天宝九载（750 年），姚州太守张虔陀对南诏王无礼，南诏王遂发兵攻云南，杀张虔陀，取唐 32 羁縻州。次年，剑南节度使鲜于仲通率兵 8 万击南诏。南诏王阁罗凤遣使谢罪请和，"如不听，则归命吐蕃，恐云南非唐有"。鲜于仲通自恃兵多，进军至西洱河，被南诏击败，士卒伤亡 6 万余人。阁罗凤"遂北臣吐蕃，吐蕃以为弟"①。其后，唐廷下令大规模招募士兵击南诏。天宝十三载（754 年），杨国忠调兵 10 万，使剑南留后李宓率兵进攻南诏。阁罗凤诱之深入，至大和城（今云南下关），南诏军闭垒不战。唐军粮尽，士兵患病而死者甚众，不得不退军。阁罗凤乘机追击，大败唐军。李宓被生擒，全军几为覆没。宰相杨国忠隐其败状，又屡屡增兵前去，前后伤亡达 20 万人之多，引起天下愤怨。

安史之乱起，吐蕃乘隙命南诏攻唐，阁罗凤进据清溪关。大历十四年（779 年），阁罗凤死，其子早亡，其孙异牟寻继立。十月，吐蕃与南诏合兵 10 万，分三路进攻剑南，欲取成都。德宗遣大将李晟、曲环率兵前往救援，与剑南东川、山南西道兵合击吐蕃、南诏联军，大败之。南诏、吐蕃间出现隔膜，吐蕃不再称其为"兄弟之国"，南诏也甚为吐蕃赋役所苦。不久，恰好李泌提出联诏抗蕃之策，而南诏亦有归附唐朝之心。此时正值韦皋为剑南西川节度使，他曾几次给南诏去信，但对方均未作答，直到贞元九年（793 年），南诏与吐蕃猜疑日深，异牟寻才遣使至成都，表示愿归唐朝。次年，德宗以袁滋为册南诏使，封异牟寻为南诏王，赐"贞元册南诏印"。其后，异牟寻即发兵袭击吐蕃，屡屡取胜。贞元十五年（799 年），吐蕃出兵攻打南诏和西川，被唐诏联合击退。

---

① 《新唐书·南诏传上》。

宪宗元和三年（808年），异牟寻卒，南诏大权转入蒙嵯巅手中，开始向外扩张，唐境西南战事不断。文宗大和三年（829年），西川节度使杜元颖昏聩无能，边境防御松弛，蒙嵯巅倾全部武力攻入成都。"其始慰抚蜀人，市肆安堵，将行，乃大掠子女、百工数万人及珍货而去。蜀人恐惧，往往赴江，流尸

云南大理崇圣寺三塔（唐·南诏）

塞江而下。"① 大和四年（830年），李德裕调任西川节度使，边境稍安。宣宗时，安南都护李涿为政贪暴，强买蛮中牛马，一头才给一斗钱，群蛮由此而致怒，不断侵扰安南。懿宗时，南诏酋龙自称皇帝，国号大礼，改元建极，派兵攻克播州，不断侵袭安南。咸通七年（866年），安南都护高骈大破南诏。懿宗命安南、邕州（今广西南宁）、西川各保疆界，不得进攻南诏。

咸通十年（869年），南诏又入犯西川。僖宗乾符二年（875年），高骈为西川节度使，方驱南诏过大渡河，收复所失州县。广明元年（880年），宰相卢携对唐之西南边患有一个简要总结："自咸通以来，蛮西陷安南、邕管，一入黔中，四犯西川，征兵运粮，天下弊疲，逾十五年，租赋大半不入京师，三使、内库由兹空竭，战士死于瘴厉，百姓因为盗贼，致中原榛杞，皆蛮故也。"② 此后，由于连年征战，唐诏双方损失巨大，南诏求和，唐亦许之。中和三年（883年），唐嫁公主与

---

① 《资治通鉴》卷二四四。
② 《资治通鉴》卷二五三。

南诏和亲。随着唐朝走向衰亡，南诏也在内乱中灭国。

唐初东北边境也聚居着众多少数部族，后逐渐与唐建立依附关系。奚，聚居滦河上游，西接突厥，东邻契丹。逐水草而居，以畜牧为主。太宗贞观二十二年（648 年），奚人内附，唐乃置饶乐都督府。契丹，居处辽河上游，西接奚，东邻高丽，南至营州（今辽宁朝阳），北为室韦，逐猎往来，居无定所。贞观二十二年请内属，唐置松漠都督府。室韦，居黑龙江上游一带，西邻突厥，东接靺鞨，南为契丹，北至大海。高祖时，曾向唐廷贡方物。太宗"贞观三年，遣使贡丰貂，自此朝贡不绝"①。唐设置室韦都督府，以统管其地。靺鞨，西接室韦、契丹，东至于海，南为高丽，北抵室韦、北海。隋末，酋帅突地稽率部内属，唐高祖仍以其地置燕州。玄宗时，靺鞨黑水部全盛，下分 16 部。开元十三年（725 年），置黑水都督府。十六年（728 年），赐其都督姓名为李献诚。由此，唐廷势力远及黑龙江及库页岛。

渤海，本为靺鞨一部，先附高丽。高丽亡后，自立其国。中宗时，与唐通使往来。玄宗先天二年（713 年），"遣郎将崔䜣往，册拜祚荣为左骁卫员外大将军、渤海郡王"②。开元七年（719 年），大祚荣死，嫡子大武艺继位，承袭封号。二十五年（737 年），大武艺死，其子钦茂嗣立。此后与唐关系密切，往来不断。宪宗时，"遂为海东盛国，地有五京、十五府、六十二州"③。

唐初时，朝鲜半岛上高丽、百济、新罗三国鼎立。"高祖既闻海东三国旧结怨隙，递相攻伐，以其俱为藩附，务在和睦"④，乃分别遣使通好。太宗贞观十六年（642 年），高丽内部发动政变，西部大人盖苏文杀死国王，控制了高丽政局。十七年（643 年），新罗派人向唐求救，

---

① 《旧唐书·北狄传》。
② 《旧唐书·北狄传》。
③ 《新唐书·渤海传》。
④ 《旧唐书·东夷传》。

说受到百济和高丽的联合进攻，阻止了新罗与大唐的交往。十八年（644年），太宗遣使劝谕高丽勿攻新罗，盖苏文不听，太宗乃决定东征高丽。十九年（645年）二月，太宗率军亲自东征。但此次出兵虽一路连胜，攻至安市（今辽宁辽阳）时却遭到拼死固守。九月，天气变冷，草枯水寒，军队难以久留，只得退兵。在此同时，百济乘机袭取新罗20余城。其后数年，与唐中断来往。唐高宗显庆五年（660年），百济与高丽又侵新罗，新罗向唐求救。唐高宗乃派左武卫大将军苏定方率水陆10万之众攻讨百济。此次大败百济，百济降服。高宗乾封元年（666年），高丽出现内乱，高宗以李勣为辽东道行军大总管兼安抚大使，率军出击高丽。总章元年（668年），攻占平壤。唐在此置安东都护府，分高丽5部为9都督府、42州，以薛仁贵为安东都护镇抚其地。新罗与唐朝则大体保持友好关系，其接受唐朝文化极为广泛，无论是官府制度、城市建筑还是学术典籍。

　　日本很早也同中国有所往来，隋唐时期则发展到鼎盛阶段。隋时日本4次遣使来华，特使高向玄理专门学习佛法，直至唐初才回国。唐朝前期，日本派大批遣唐使，其中多人长期居留中国，成为学有所成的学问僧和留学生。武则天时，日使粟田来唐，宴于麟德殿。玄宗初年，粟田再次来唐，"尽市文籍，泛海而还。其偏使朝臣仲满慕中国之风，因留不去，改姓名为朝衡，仕历左补阙、仪王友"[1]。朝衡即晁衡，留京数十年，与诗人王维、李白都是好友。唐朝也派使节、商贾

鉴真坐像（唐）

<hr />

[1]　《旧唐书·东夷传》。

和工匠去日本，赴日最有名的僧人是鉴真和尚，这些文化交流都取得了显著的成果。

　　唐时，南部的林邑（今越南南方）、婆利（今马来西亚）、真腊（今柬埔寨、老挝）、骠国（今缅甸）、泥婆罗（今尼泊尔）以及天竺（今印度）等国都派使来唐，"贞观、开元之盛，来朝者多也"①。唐僧玄奘也赴天竺取经，历经艰难，并撰成《大唐西域记》。唐朝的西部边境与波斯（今伊朗）接壤，波斯屡为大食（即伊斯兰帝国）所击，于太宗贞观二十一年（647年）、高宗龙朔元年（661年）遣使来唐求援，唐因其地置波斯都督府。高宗时，大食也遣使东来。玄宗开元初，大食又遣使来朝，"唯平立不拜"②。西域诸国纷纷上表，请求唐廷发兵征讨大食。唐遣监察御史张孝嵩率兵万余出龟兹西数千里，大破大食、吐蕃联军，唐之声威复振西域。唐与大食在争夺西域的过程中，促进了东西方的种种交往。

　　总之，大唐王朝前期国势雄强，在与周边部族或国家的接触中始终占有优势，在向外传播大唐文化的同时，也吸取着外来文化的新异因素。由西域传入中国内地的宗教、艺术、物产极大地开阔了唐人的视野，丰富了唐人的生活。唐代的佛教思想在政治领域中占有重要的地位，一直与儒、道并列而给社会以极大的影响，同时也促进了唐朝文化的开放性态势。具有异质特色的音乐、美术激发起唐人浓厚的兴趣，得以在内地发扬光大并长久不衰，以至唐人的艺术作品中多可见到来自异域的气息。长安城的街市上随处可见由西域传入的蔬菜、水果、宝石、香料、化妆品以及毛织毡毯等，给人们的生活带来极大的方便和新奇，而外邦来客的生活习惯在某种程度上也改化着唐人的生活方式。唐朝本就是胡汉文化结合的产物，既具有北方雄健阔朗的粗豪气魄，又具有南

———————————

① 《旧唐书·南蛮西南蛮传》。
② 《旧唐书·西戎传》。

方清秀机敏的精雅性格，在以北地文化形态为主的基础上又融收来自异域的绚丽多彩的文明，使唐代文化气象万千、雍容大度并充满活力，这不能不是唐代文化积极开放、兼容并蓄的结果。

唐代的雄强也使周边部族和国家获取了许多益处，他们接受、濡染着唐人的文明并促进了自身社会的进步。唐廷在与回纥的冲突与合作中恩威并施，回纥在与唐的交往中实际获益良深。因此唐、纥间的关系一直基本不错。德宗时，大唐咸安公主许嫁回纥长寿天亲可汗，说明二者关系的进一步加强。大唐与吐蕃虽有多次战争，但文成公主嫁与松赞干布却一直是唐、蕃久传的佳话。文成公主入蕃时，松赞干布亲迎，"尽子婿礼"。文成公主带去了内地的耕稼纺织、妆饰烹饪以及工艺诸巧，使吐蕃敬佩不已。南诏本就是在大唐扶助下建立的，其各项制度均模仿唐朝。后来唐与南诏之战，不能不考虑唐朝边将与宰相的失当。双方的接触，使西南边境诸蛮与唐朝的关系更为密切。东北边境各少数部族都曾属唐之都督府。渤海兴起，一面拓展疆土，一面遣使入唐。由于其"习识古今制度"，肃宗时发展为"海东盛国"。新罗与唐朝关系也一直友好，主动接受唐朝制度影响。开元年间，玄宗对派往新罗的使者说："新罗号为君子之国，颇知书记，有类中华。以卿学术，善与讲论，故选使充此。到彼宜阐扬经典，使知大国儒教之盛。"① 日本也不断地派留学生、学问僧来唐，其"大化改新"就是在高向玄理等留学生协助下进行的。其"班田制"直接仿效中国的"均田制"，其完整的官制系统也大体依照唐朝制度。在奈良时代，日本学术、技艺、文学、建筑、音乐、绘画乃至服饰、器皿、生活方式都原原本本地学习唐朝，贵族尤其醉心于照搬唐朝文化。

唐朝的名声不仅远播海外，与东南亚国家建立来往关系，而且西面与强大的伊斯兰帝国以及东罗马帝国都有接触。可以说，大唐文化之发

---

① 《旧唐书·东夷传》。

达、疆域之辽阔极盛时"前王不辞之土，悉清衣冠；前史不载之乡，并为州县"①。台湾学者罗香林在《唐代文化史》中认为，唐代从太宗至玄宗的 130 年间，是当时"世界历史演进的中心"。英国学者赫·乔·韦尔斯在其《世界史纲》中，以富有感情的笔调描写了唐太宗接待景教

大食行旅俑（唐）

徒和阿拉伯人的状况，并评价说："在唐初诸帝时代，中国的温文有礼、文化腾达和威力远被，同西方世界的腐败、混乱和分裂对照得那样的鲜明。"美国学者爱德华·麦克诺尔·伯恩斯与菲利普·李·拉尔夫在其所著的《世界文明史》中称赞说："基本上是在一位卓越天子的统治下，唐朝在 8 世纪头 50 年中几乎事事处处都达到极盛。那时，中国统治的地区虽然只比汉朝时稍稍大一点，却远远超过自古以来任何一位中国本民族皇帝的版图。在蒙古进行的几次战争，粉碎了统治那里几达 150 年之久的突厥人的力量，一些突厥人成了唐朝皇帝的同盟者。满洲的许多地区被合并了，整个朝鲜在一段不长的时期内称臣纳贡，印度支那北部再次被置于中国统治之下。在中亚，唐朝取得了最显著的进展。中国统治了西至里海和阿富汗—印度边界的广大地区，就连印度河流域中的一些王公也承认了中国的宗主权。在军事扩张中，唐朝统治者非常倚重各异族的帮助，他们的臣民对这些不论是朋友还是敌人的异族也很熟悉。现在，中国这条巨龙已如泰山压顶，蒙古人、突厥人、匈奴人也欣然从命，乐为盟友。"但是，这些学者也不约而同地看到，唐朝后期走下坡路难复重振，"到了 9 世纪末，

———————————

① 《唐大诏令集》卷十一。

国内起义与政府的腐败和王室的衰微，导致中国再次天下大乱"①。

第三节　国富民强势昌隆

　　唐朝威信远播四方是有雄厚的实力基础的，也正是因国富民强而使世界瞩目东方。唐自建立以来，中枢决策正确，行政体系完善，法律制度健全，科举考试公正，任贤用能得当，适应了经济发展的需要，因而迅速昌盛起来。

　　唐代决策系统虽以皇帝为中心，但皇帝的至高无上之权也是受到一定制约的。军国大事虽由皇帝最后决定，中书省负责拟定诏敕，但门下省如觉不妥有权封还中书省，尚书省执行时有与法律抵触处亦可上报以纠偏。这就保证了决策尽可能避免失误，而此措施太宗时执行得最为有效，也就使治国方略得到正确的执行。

　　唐朝的行政体系初以三省长官为宰相，议事之所谓政事堂。武则天当政时，政事堂为宰相议决军国大事的最高机构。宰相实行轮流"秉笔"制度，由三省长官兼任。在政事堂议政是宰相，回到三省则各司其职。至玄宗时，政事堂制度进一步完备，宰相方大权在握。三省分司使宰相大权难以垄断，有效地制约了偏失和野心的产生。

　　唐代前期的法制宽缓而严肃，既重道德教化，又明刑律条文。大理寺是中央最高审判机关，刑部又负责审核大理寺及州、县审判的案件，重要案件须送中书门下详核，死刑须报皇帝批准。唐代以御史台为最高监察机构，大案要案由御史中丞、刑部尚书、大理卿共同审理，称"三司推事"，或曰"三堂会审"。各级审判机关的权限，规定十分明确，死

---

①　伯因斯、拉尔夫：《世界文明史》第 1 卷，商务印书馆 1987 年版，第 358、359 页。

刑一概实行"核奏"制度。唐代开明的法制保障了社会秩序的稳定，使官员不得滥施淫威，百姓也不轻易犯事。

唐代的开科取士又激励起一大批寒庶弟子欲骋济世之才，这种考试制度打破了现实秩序中门阀世胄的垄断，使一批贫寒俊秀构成唐代政治生活和文化生活中活跃而能动的社会力量。士子们为金榜题名，既要闭门苦读，又要激扬身价，因而读书人既有个人生活的象牙塔，又要步入大千世界取得社会名声。唐代士人往往从幼年时代起就接受广博的文献知识教育和严格的写作技能训练，不少聪颖之士胸怀建功立业的抱负在青年时代就锋芒毕露、才气过人。"学而优则仕"使唐代士子欲图在政治上有所作为，而唐代真正"有大功，立大节，率多科第人"①。

唐朝任贤用能多重真才实学，而不考其门第名望。太宗把"致治"与"得人"联系起来，专门"求访贤哲"。君能纳谏，臣能进言，保证了治略的正确和国家的昌盛。从"凌烟阁二十四功臣"看，可谓新旧、官民、士庶、夷汉同时并用。《旧唐书》中史臣言，太宗"拔人物则不私于党，负志业则咸尽其才"，"所谓猛将谋臣，知机识变。有唐之盛，斯实赖焉"。

正是由于政治清平，经济得以迅速回升。唐代前期一直采取休养生息政策，太宗多次颁布减免全国或部分地区租赋的法令，大力招抚流亡人口送回原籍参加生产，注意不夺农时以利稼穑的稳定，并在各地设置"义仓"以备荒年。唐高宗、武则天时，诏令全国劝农桑、薄赋徭，凡是耕地增加、余粮增多的地方，当地长官可以得到奖赏，反之则要受到处罚。玄宗即位后，姚崇、宋璟先后为相，进一步稳定封建秩序，发展社会经济。迫令削发入寺逃避赋役者还俗，检括籍外兼并的土地和逃户，帮助农民消除各种自然灾害，防止边将贪功生事以扰生产。

由于劝农政策得到较好的贯彻执行，农业生产工具与设施也有了较

----

① 《樊川文集·上宣州高大夫书》。

大改进并被广泛使用，如南方出现的一种短而轻便的曲辕犁很快得到普及，耙、耖的出现使耕作技术更趋精细，用以灌溉的"筒车"以及各式新型水车得到推广，农田水利工程也迅速建设起来。农具的改进和水利事业的发展使集约经营程度提高，精耕细作的农田越来越多，不少地方已通行两年三熟制，有的地方达到一年两熟，亩产量显著增加。农业生产的兴旺促进了人口的快速增长，据《旧唐书》、《唐会要》、《通典》等书所载，贞观（649 年）时全国户数不足 300 万，到神龙元年（705 年）增长到 615 万，到开元二十年（732 年）增长至 786 万，到天宝十四载（755 年）增至 891 万。一百年间增长将近 600 万户，一户平均按 5 口计，即增长 3000 万人口。天宝十四载（755 年），全国实际人口已达52919309 人，这在清代以前的封建社会中已是一个不小的数字。唐代的耕地面积也有扩大，"开元、天宝之中，耕者益力，四海之内，高山绝壑，耒耜亦满"①。米价、绢价也长期保持稳定，最贱时一斗米不过十三四文，绢价也一直保持在一匹 200 文左右。

唐代的官营和私营手工业也规模巨大，各种作坊遍布全国各地。河北定州的丝织品、河北邢州与浙江越州的瓷产品、山东登州的造船业、山东莱芜的冶炼业、山西太原的铜器业、山西蒲州的造纸业，以及各地的名品制造业，生产都脍炙人口，种类繁多。河北定州每年常贡的细绫、瑞绫和特种花纹的绫有 1500 多匹，较其他州高出约百倍。河北邢州生产的白瓷与浙江越州生产的青瓷齐名，驰誉天下。皮日休诗曰："邢人与越人，皆能造瓷器。圆似月魂堕，轻如云魄起。"造船业在江南已很发达，唐玄宗"发江南十二州工人，造大船数万艘"②，又在四川"伐木造船舰，大者长百尺，其广半之"③。唐初的矿冶与铸造已具一定规模，玄宗时全国有铸钱炉 99 处，每炉一年铸钱 3300 贯，用铜 21200

---

① 《元次山集》卷九。
② 《资治通鉴》卷一九八。
③ 《资治通鉴》卷一九九。

狩猎纹夹缬绢（唐）

多斤。生产工艺也相当进步，现考古发现的螺钿镜、骑猎镜、双鸾镜、菱花镜，都十分精美。唐代的用纸量大质美，麻纸生产兴旺，有白麻纸、黄麻纸和五色麻纸等多种。一般诏令用白麻纸书写，所以当时宣布诏书称为"宣麻"；发榜一般用黄麻纸书写，故有"黄榜"、"金榜"之称。除麻纸外，还有皮纸，原料主要是楮皮、桑皮，其蒸煮要求高，价格也较贵，但纸质坚韧敦厚。唐代冯承素的《兰亭序》摹本和韩滉的《五牛图》画卷用的都是皮纸，四川成都名产薛涛笺则是用当地木芙蓉原料制造的。唐代还有一种藤纸，是用青藤皮原料所造，用于书写官方文书，有白藤、青藤、黄藤之分。唐代的纸经过研光、施胶、涂蜡，质量明显提高。有的经过染色，更为美观，如薛涛笺便是女诗人薛涛用芙蓉花的汁加入芙蓉皮纸浆制造的彩色纸。有的还在纸上洒金制成金花笺，唐玄宗曾以金花笺赐李白要其写诗，唐代官员的告身也都用"金花五色绫笺"书写，订婚时男女双方彼此交换的庚帖也都用金花纸。宣纸至迟在唐代已出现并成为贡品，蒲州"百日油"纸也是麻纸名品。

唐代的商业也非常繁荣，不仅国内交通发达促进了贸易往来，对外交流也盛况空前。唐朝商业发展主要表现在商品品种繁多和交换日益频繁上，开元时期，市场上官民用品可谓应有尽有，而且物价波动不大，人们可以怀着极大的兴趣尽情选购。当时也出现了许多闻名全国的大富商，而一般平民的生活也较富裕。

正是在此开明的政治氛围和雄厚的经济基础上，唐朝的国力迅速强盛起来，人们充满了朝气蓬勃的精神和积极进取的雄心，为自己生活在一个富强的国度而自豪，也为能实现自己的价值而乐观。唐朝文化的建构如同国势升腾而富丽堂皇，于开元年间辉煌壮丽臻于极盛。但随着李林甫、杨国忠的相继弄权，安禄山、史思明的起兵叛乱，大唐王朝的美好时光一去不再。尽管唐王朝失去了前期的显赫，多了些冷峻的思考，无奈元气渐伤势难重振。唐代后期的苛捐杂税名目繁多，恰与唐代前期轻徭薄赋形成鲜明的对照。正如《新唐书·食货志》所言："白天宝以来，大盗屡起，方镇数叛，兵革之兴，累世不息，而用度之数，不能节矣。加以骄君昏主，奸臣邪吏，取济一时，屡更其制，而经常之法，荡然尽矣。由是财利之说兴，聚敛之臣进。盖口分、世业之田坏而为兼并，租、庸、调之法坏而为两税。至于盐铁、转运、屯田、和籴、铸钱、括苗、榷利、借商、进奉、献助，无所不为矣。盖愈烦而愈弊，以至于亡焉。"

第四章
博雅丰韵的生活

　　中华民族是一个善于吸取外来长处而又充满睿智、富于活力的民族，经魏晋南北朝时期胡汉交合后新兴的隋唐文化，更以一种刚柔相济、兼容并包的宏大气派，展现出波澜壮阔的生活图景。魏晋南北朝时期表面上形成了胡汉的对峙与碰撞，但暗隐着的文化潜流却无时不在浸染着华夷之间的感情纽带，当二者互为一体之时也就激发出生命的势能而孕育出优越的情智之商。隋唐皇室以胡汉混杂的血统雄霸天下，直接标示着民族重构的历史进程奏响了华章。在民族化合过程中汉人的典雅融入胡人的强悍，于是在温柔与激情中迸发出生命的火焰。

　　隋唐文化洋溢着一种开放、兼容而创新的精神，这是因为以北方文化为主流的阳刚之气以阔大胸怀杂糅各个种族、各个国家的文化特质，而尤以高势能的汉族文化为母体修正着其他文化带来的基因。唐太宗李世民有句名言："自古皆贵中华，贱夷狄，朕独爱之如一，故其种落皆依朕如父母。"[①] 可以说，唐代华、夷或汉、蕃之间已不存在明显的界沟，这一界沟早在北魏时期就得到有效的消弭。

　　作为"人类的适应方式"，胡文化与汉文化在各自的生态环境内自

---

① 《资治通鉴》卷一九八。

有其存身的合理习惯与特殊优势。胡文化生成于"不食之地"的地理与"逐水草迁徙"、"因射猎禽兽"的游牧生产方式，而汉文化则与气候温润、水土丰沃的生态环境和定土而居的农耕生活相适应。各文化系统一旦越出自身生态环境的界限，原所具有的文化优越性便自然而然地丧失。魏晋南北朝时各草原游牧民族打破了文化生态环境的疆域线而进入了历史悠久的汉文化圈，因此胡文化呈现出不适应状态并促使它不得不进行调整。调整后的胡文化虽然统治集团上层权力仍掌握在胡人手中，但实际上统治制度以及思想方式发生了很大的改观。隋唐的建立更是转换为以汉族为父系、以鲜卑为母系的新王朝，隋炀帝杨广、唐高祖李渊的母亲都出自拓跋鲜卑的独孤氏，这就使胡汉血统进一步融合起来，也使文化的视阈更加辽阔和开放。

隋唐文化开放，不只是胡汉文化亲融，而是在此基础上造成文化的丰厚并以大气磅礴的姿态收容更多的异质风采。隋唐时期涌入中国的外域文化确乎是规模巨大的，南亚的佛学、医学、历法、语言学、音乐、美术，西亚的祆教、景教、摩尼教、伊斯兰教、医术、建筑艺术，以及西域诸国的艺人和东部邻邦的僧侣，如"八面来风"向大唐帝国纷至沓来，首都长安一时成为世界闻名的大都会。长安的鸿胪寺曾接待70多个国家的外交使节，"在长安城一百万总人口中，各国侨民和外籍居民约占到总数的百分之二左右，加上突厥后裔，其数当在百分之五左右"[①]。隋唐时期对外域文化不但取开放姿态而且乐于兼容，因而以其丰富多样和绚烂多彩为世界瞩目和向往。在规模宏伟的皇宫上演着"万国衣冠拜冕旒"的盛大景象的同时，热闹的街市上才华横溢的诗人也"挥鞭直就胡姬饮"聊抒豪兴。静卧乾陵的"天马"两翼刻有缠枝卷叶忍冬花纹，那是来自遥远的拜占庭艺术风格。还有一只驼鸟，其形制简直前无古人，它来自阿拉伯世界，也象征着外交活动的广远。来自印度

---

① 沈福伟：《中西文化交流史》，上海人民出版社1985年版，第156页。

的佛教传入中国也很快被接受，并成为汉化佛教再传东瀛流播后世。唐代的十部乐大部为各少数民族的音乐，最后形成统一的唐乐，至今受到世界欢迎。唐代还有许多服饰习俗、饮食风尚也都来自外域，这些后来全转变为汉族的传统礼仪和生活习惯。大体说来，唐代文化以接受外来文化为主，其文化精神及动态是复杂而进取的。

　　值得注意的是，唐代的文化系统所涵容的外域文化要素，其背景是带有世界意义的。从唐代文化的物态表现上，可以看到通过中亚、西亚、南亚而广泛地接受了古代埃及、亚述、希腊、罗马、印度以及北方欧亚文化。日本学者井上清在《日本历史》中指出："唐朝的文化是与印度、阿拉伯和以此为媒介甚至和西欧的文化都有交流的世界性文化。""世界性文化"固然可以概括唐代文化风貌，但唐代文化在摄取外来文化营养时却并未失去其堂堂正正的中华文化特质。外域文化虽然浸染了唐人的生活习尚，但唐朝的文化内核即价值观念、伦理思想、社会制度、风俗特征却未发生根本改变。唐文化在对外来文化宽容笑纳的同时，还以一种能动的主体选择与改造，将外来文化的精英消化吸收，最终转化为中国本土文化肌体中的有机物，从而使唐文化给人焕然一新的感觉和庄严凝重的气息。

波斯刻花蓝琉璃盘（唐）

　　不能否定唐代文化的创新是在异域文化的冲击、胡汉文化的合力以及对传统文化的扬弃中进行的，这种创新打破了以往汉族统治经线发展的历史，从更广阔的纬度织入其他文化的智慧，因而唐代文化也就显得愈发厚实而极具活力。当然，唐代文化的创新也并不是一蹴而就的，在此之前已曾有一段充分的准备。但历史发展到唐朝恰恰有了这样一种机遇，于是在开明君主的统治下和文化趋势的优选中造就了唐代文化的勃兴。唐代儒、释、道并行在社会上营造了一种相对宽松祥和的气氛，而一系列富国强兵的治世方略又极为务实且有效，这样就激发了人们从心底涌出的浪漫幻想和行动上表现出积极进取的豪迈精神。从国家制度、行为礼仪、思想观念、生活趣味、艺术创造乃至社会各个领域、各个层面看，唐代无疑创造出中国封建社会最为鼎盛的时期，以无与伦比的创新精神涵容中外古今的精髓而构筑起辉煌壮丽的大厦。

隋唐五代文化的开放性、兼容性和创新性体现在丰富多彩的生活习俗中，以衣、食、住、行为主体全面展示出那个时代的博雅丰韵和审美趣尚。

第一节 服 饰

隋唐五代的服饰有一个流变过程，但随着各民族的交融互化大体也有一个稳定模式，尤其是在华夏传统文明的基础上形成一套较为固定的冠服制度。隋文帝即位之初本想依照古制改革一套礼服定式，但由于南北朝的长期战乱，加之南北方的一时聚合，大规模地改变服制显然没有可能。因而直到隋炀帝即位，才下诏参酌古制制定了一套冠服制度。中国的冠服制度是充满了礼仪意味的，因而冠服的匡正标示着社会秩序的确立。唐高祖武德四年（621年），正式颁行舆服令，奠定了唐代冠服制度的基础。以后虽有损益，但没有大的变化。由此也上承前代，下启后世，中国服饰在唐代于是形成一种广为接受并较稳定的样式。

隋文帝时，由于社会经济刚刚恢复，因而人们服饰也较简朴。"开皇、仁寿之间，丈夫不衣绫绮，而五金玉之饰，常服率多布帛，装带不过以铜铁骨角而已。"① 灭陈以后，收缴了大量的器物、衣冠，但文帝下令藏于御府不准动用，无疑是为了防止南朝奢侈之风的影响。隋炀帝即位后，命人"宪章古制，创造衣冠，自天子逮于胥皂，服章皆有等差"②，于是在天子服饰中制十二章纹饰。章服制度始见于先秦，帝王之服上绘日、月、星、龙、山、华虫、火、宗彝、藻、粉米、黼、黻。并袭取南北朝冠制，帝王的冠冕上多加金博山的装饰。大业二年（606年），文武百官首次穿各职朝服上朝，冠冕堂皇，气象威严。

唐代武德四年（621年），高祖正式颁布舆服令，规定了上自帝王后妃、下迄百官眷属的服饰制度，这套较为系统、完备的冠服制度在中国服饰文化史上便具有了特殊重要的意义。唐太宗在此基础上又进行多项改革，贞观四年（630年）制定了百官的"品色服"，规定三品以上服紫，四、五品服绯，六、七品服绿，八、九品服青。至此改变了汉魏以来一直以皂色为尊的惯例，同时也以赤黄为太阳之色作为帝王尊贵的象征。中书令马周又建议："礼无服衫之文，三代之制有深衣，请加襕、袖、裸、襈，为士人上服。"③ 马周还改革了靴的式样，靴本为胡人便于游牧和骑射所服，马周将靴筒减短，里面衬毡外表精细，于是靴由胡服也改为朝服可登堂入室。唐人最常见的打扮便是戴幞头，穿襕衫，着短靴，官员都是朝廷按照规定制作供应而已。

唐高宗本人不是戎马出身，自幼读的是儒家经典，加之经"贞观之治"，唐朝社会安定，四方统一，于是高宗即位后举行封禅大典。同时修建各地孔庙和学校，考证历代天子的明堂制度，改年号为"总章"，足见其对"文治"的用心。在服制上，等级的区分比以前更为细密。上

---

① 《隋书·高祖纪》。

② 《隋书·礼仪志》。

③ 《新唐书·舆服志》。

元元年（674年），他下令将官员服色按品级高下分为深浅两色，并在束带上也严格要求。如三品以上衣紫，束金玉带；四品衣深绯，五品衣浅绯，束金带；六品深绿，七品浅绿，束银带；八品深青，九品浅青，束玉石带。官员上朝，可佩带手巾、算袋、刀子、砺石等。

武则天执政后，在衣制上尤多改革和创新。天授二年（691年），她为了拉拢势力，赐给宠臣一种高头巾子，是内府制作的软巾，与唐初市面上流行的平头巾子不同，号称"武家诸王样"。次年，又命内府制作一种新绣袍，袍上刺绣山形，绕山周围绣有铭文，如"德政惟明、职令思平"，"清慎忠勤、荣进躬亲"，以此赐给新任命的高官以示恩宠，而原来虽是三品以上的官员得不到新衣只能穿旧服。这显然是为了纠集新党、培养个人势力，同时也可以试探旧臣是否二心。又过了三年，到延载元年（694年），才普遍赐给文武官三品以上此种绣袍。袍上的文字也多种多样表示劝诫，如"忠贞正直、崇庆荣职"，"懿冲顺彰、义忠慎光"，"文昌翊政、勋彰庆陟"等等。每件袍上均为八字，绣在衣背上。另外又绣图案，如武职三品以上绣动物，诸王绣盘龙和鹿，文职绣禽鸟。这种绣以图案区别官职的做法，对以服色确定官阶的做法又有改革，到后世被袭取则形成中国独特的补服制度。武则天还将官员的鱼袋改为龟袋，这种袋始自汉代的印囊，南北朝以后不再装印称为算袋。唐初算袋制为鱼形，源于唐高祖的鱼符制度。所谓鱼符，即身份凭证，平常官员执一半，宫中掌握另一半，入宫时两相吻合核验身份。唐初将其制成鲤状暗谐"李"音，武则天称帝后将其改为龟形暗寓"归顺"之意。龟袋三品以上用金饰，四品用银，五品用铜。中宗一复位，国号重又改为"唐"，武则天所定制度一概不用，尽皆恢复高宗旧制。

唐玄宗时，社会经济发达，政治氛围宽松，服饰也随之繁盛。尽管玄宗在敕令中一再要求禁侈戒奢，但争富斗贵之风却靡荡开来。当时赏借盛行，而以此法穿紫服绯者越来越多，以至满眼华贵，一片雍容。其实玄宗本人就滥赏滥封，宦官中穿朱紫的就达千余人。尤其是杨贵妃得宠后，每出行珠翠灿烂，交相辉映，花光香雨，逶迤道途。服饰的越规逾矩不能不与礼制的崩坏溃乱相关，安史之乱终于给繁花似锦的景象抹上了一层冷霜。此后肃宗、代宗、文宗都有关于服饰的禁令，但诏令虽严，人多怨之，终以难于实施而成一纸空文。

　　总的来说，唐朝毕竟形成了一整套的服饰制度，但受社会风气影响实际上难以严格执行，尤其在歌舞升平中民间争奇斗胜，使唐代的冠服在庄严中无不具有宽松的风度。唐末以后天下大乱，冠服制度遭到破坏，服饰也渐趋保守，至宋代遂形成严谨冷峻的理性风格。

　　唐代的官服受礼制制约可以感到传统文化的厚重，但民间服饰在外来文化的浸染下却受到深刻的改造。唐代服制最突出的特点便是"胡服"风格流行，可以说唐代上自帝王官宦下至庶民百姓无不倾心"胡俗"。从大量的篇籍描写和考古发现中都可看出，"胡着汉帽，汉着胡帽"的现象已不是什么奇观。在男服中，襕衫作为一种上衣下裳相连属的服装样式已与古时汉式深衣明显不同。襕衫改大袖为小袖，斜领为圆领，腰间无襕为有襕，袖襟有缘饰为无缘

绿釉陶俑（唐）

饰，完全是吸取胡服特点而创造的一种带有中华文明的新样式。此外还有缺胯衫、裤褶服，本为胡人便于骑射劳作，是军士或仆役所服，但在唐代无论贵贱、男女却普遍流行。男子所戴的帽除幞头外，还有席帽、浑脱帽、帷帽等，这几种帽都是尖顶有檐的帽，可以防风雨，由胡地传入，在太宗时便已风行士庶。所谓幞头，也是由汉魏间的帽巾发展而来，而不同于周、汉间的冠冕，唐太宗创制的翼善冠实为幞头式样，既遵古代冠制又适应时俗，可谓堂皇而潇洒。

　　胡服之风在妇女装束中表现得最为突出，受北方胡俗影响妇女也极

剽悍。《新唐书·舆服志》说："开元中，奴婢服襕衫，而仕女衣胡服。"妇女出行在隋及初唐时期要求服冪䍦，冪䍦是一种衣帽相连类似斗篷的服装，一般用轻纱制成障蔽全身，可以防御风沙并遮掩体貌。但随着社会风气的开放，妇女们逐渐抛弃冪䍦仅服帷帽。帷帽的样式是高顶宽檐，檐下垂纱，纱仅至颈。而妇女们又往往撩起面纱招摇过市，到玄宗时连面纱也不要了，索性戴胡帽或幞头，由此可以看到唐代妇女的解放程度。《旧唐书·舆服志》说："武德、贞观之时，宫人骑马者，依齐、隋旧制，多著冪䍦。虽发自戎夷，而全身障蔽，不欲途路观之。王公之家，亦同此制。永徽之后，皆用帷帽，拖裙到颈，渐以渐露，寻下敕禁断，初虽暂息，旋又仍旧……则天之后，帷帽大行，冪䍦渐息。中宗继位，宫禁宽弛，公私妇人，无复冪䍦之制。"实际上到玄宗时，妇女们已"靓妆露面，无复障蔽"。杜甫的《丽人行》就描写了杨家姐妹的华贵形象，而张萱的《虢国夫人游春图》更是生动地展示出贵族妇

骑马女俑（唐）

女的生活仪态。此时妇女的服装也更薄、露、透，衫襦由窄袖发展到宽袖或无袖，宽袖说明胡服影响的减弱，无袖说明汉人思想的新潮。宽袖或无袖的衫襦都可从敦煌壁画或文学作品中看到，它们共同的特点是大胆地表现女性形体之美。这种袒露装特意突出胸部，给人以强烈的印象，与过去的封建礼教要求是背道而驰的，足以说明唐朝妇女的性感觉醒。

裙子也为唐朝妇女展示风采提供了机缘，将女性的婀娜多姿映衬得情意万端。杨贵妃的《霓裳羽衣舞》使唐玄宗流连忘返，而民间流行的

石榴裙如同红霞遍野轻盈飘荡。士子们大发诗兴："胸前瑞雪灯斜照"①，"慢束罗裙半露胸"②，"粉胸半掩凝晴雪"③，"血色罗裙翻酒污"④。与此鲜明对照的又有妇女穿戎装或男装。玄宗时，公孙大娘舞剑器，穿的便是经过艺术加工的戎装，引起妇女纷纷仿效，故司空图《剑器》诗云："楼下公孙昔擅场，空教女子爱军装。"女穿男服在唐代也是十分流行的风气。受胡舞盛行的影响，妇女也爱穿翻领小袖的胡服；受朝廷冠服的影响，妇女则全然官服打扮。因此有人认为："妇人为丈夫之象，丈夫为妇人之饰，颠之倒之，莫甚于此。"⑤唐代的思想解放在妇女装饰上表现得非常明显，她们大胆地流露女性意识，也昭示出追求与男子的平等。她们袒胸露臂，风流百态，以女性的妩媚、豪爽打破了传统的封闭、隐忍。盛唐以前窄袖衫小口裤流行，盛唐以后则渐被大袖宽衣取代。不管小袖大袖则都袒胸，这成为流贯唐朝的女装样式。唐代妇女还盛行披帛，将狭长轻薄的纱罗搭在肩上绕在双臂，行走起来飘然若仙，似乎真给人飞天的感觉。李贺《天上谣》云："粉霞红绶藕丝裙，青洲步拾兰苕春。"

　　妇女们的发髻式样、美容化妆与首饰种类也花样翻新，争奇斗胜。宫中一旦出现新的妆饰，民间迅疾便流行开来。据文献和考古可知，唐朝妇女发髻至少有四五十种之多，其中高髻、花髻、椎髻、双髻、坠马髻、抛家髻、闹扫妆髻等都各具特点。如高髻便是由初唐到盛唐发展而成，杨贵妃为使其高还戴义髻。在高髻上插花戴玉便有花髻、宝髻之称，愈显雍容华贵。中唐时高髻仍盛，尤以娼家爱之，元稹《李娃传》云："髻鬟峨峨高一尺，门前立地看春风。"所谓椎髻则较简略，《新唐

①　李群玉：《赠歌姬诗》。
②　周濆：《邻女诗》。
③　方干：《赠美人》。
④　白居易：《琵琶行》。
⑤　李华：《与外孙崔氏二孩书》。

书·五行志》载："元和末妇人为圆鬟椎髻，不设鬓饰，不施朱粉，惟以乌膏注唇，状如悲啼者。"这是自天宝末年以来流行的妆饰，难免给人凄凉之感。双髻主要为未婚女子所梳，将头发梳于头顶两侧，所以又叫丫髻、丫鬟，奴婢亦梳双髻。女子出嫁后改梳发髻，样式也增多。如坠马髻微斜，别有风韵；抛家髻两鬓抱面，故为悲凉；闹扫妆髻发乱缭绕，放荡别致。

唐代妇女尤其注重脸部的化妆，并形成强烈的时代特点。唐时妇女以胭脂作红妆的风气盛行，胭脂又名焉支，与阏氏谐音，出自西域，妇女以其与铅粉混用，粉白脂红，煞是艳丽。画眉则主要用黛，因而黑眉取代了汉魏以来的翠眉。隋时流行长眉，唐初则尚粗眉，天宝以后又流行细眉。史称唐玄宗有"眉癖"，对妇女画眉极为热心，不愧为风流天子。他命画工作《十眉图》，有鸳鸯眉、小山眉、五岳眉、三峰眉、垂珠眉、月棱眉、分梢眉、涵烟眉、拂云眉、倒晕眉，可见眉饰之多。额妆唇饰也丰富多彩，于是有"鸦黄"、"花靥"、"桃花面"、"石榴娇"、"嫩吴香"、"万金红"、"花奴样子"等。

首饰种类也益见繁多，各种簪、钗、步摇、华胜枚不胜举，耳有环、坠，手有镯、钏，脖颈上则有项链、项圈、串珠、璎珞等。首饰所选用与发髻样式和面部化妆结合起来，使唐代妇女愈发光彩照人。从考古发现和文学篇籍中可以看到，这时的首饰制作精美，材料考究。陕西西安隋墓出土的一串珠宝项链明显是由中亚地区传入，浙江长兴唐墓出土的一件鎏金银花钗极富匠心，《挥扇仕女图》、《簪花仕女图》也形象地描绘了仕女的姿容。白居易《长恨歌》云："云鬓花颜金步摇，芙蓉帐暖度春宵。""花钿委地无人收，翠翘金雀玉搔头。"更是将杨贵妃的花容月貌、盛衰宠弃写得含蓄蕴藉、淋漓尽致。唐代女性服饰少受华夏传统束缚，带有夷风胡俗、趋新尚丽的特点，从一个侧面反映了唐人的思想解放程度和物质生活的丰裕状况。

第二节　饮　食

隋唐五代的饮食习俗也出现前所未有的兴旺发达，特别是这一时期的经济发展和文化开放为饮食的丰盛提供了条件。北方仍以面食为主，南方仍以米饭为主，但南北交会使各地风味食品广为流播。而中西往来又将"胡食"引入中原，使华夏人们尽情品尝到异国他乡的风味。

此时面食品类繁多，仅饼就出现了许多新花样。如春饼，以蛋或面制皮卷肉、菜或蒸或烙，立春时食之，成为一种习俗。起面饼也已普及，胡三省注《资治通鉴》说："起面饼，今北人能为之，其饼浮软。以卷肉啖之，亦谓之卷饼。"《山堂肆考·饮食》曰："饼，面餐也。溲麦面，使合并为之也，然其状不一。入炉熬者名熬饼，亦曰烧

擀面女俑（唐）

饼；入笼蒸者，名曰蒸饼，亦曰馒头；入汤烹之，名汤饼，亦曰湿面，曰不托，亦曰馎饦；入胡麻着之，名胡饼，又曰麻饼；其他馈饼、饐饼、环饼，名不可数计，大抵皆面食也。"这些饼隋唐皆已有之，更具特色的是胡人饼食。如饆饠，是一种油炸面饼，唐代慧琳在《一切经音义》中释"饆饠"说："此油饼，本是胡食，中国效之，微有改变。"又如饆饠，本是中亚、印度和穆斯林各国通行的一种面食，传入中国后也十分流行。长安有胡人经营的饆饠专卖店，各酒楼也将饆饠为食品，但食者多为中下层人氏。高官贵戚则常食饼馓，唐时御膳以红绫饼馓为重。昭宗光化中，放进士榜，得裴格等二十八人，以为得人，会燕曲江，乃令大官特作二十八饼馓赐之。此种饼食外裹红绫，乃饼中上品。

《酉阳杂俎》续集卷四言："天宝中，进士有东西棚各有声势，稍伧者多会于酒楼食馎饦。"

由于南方的稻作生产长足进步，米饭也成了一般人的常食之物。青精饭是道家特制的一种可以益寿养颜的饭，煮时先用南烛乌饭树叶之汁浸泡，然后蒸熟晒干，其米青黑，可以带之远行，其后佛徒也以之供佛，民间百姓也常食之。杜甫《赠李白》诗："岂无青精饭，令我颜色好。"团油饭是用煎虾、鱼炙、鸭鹅、猪羊肉、鸡子羹、蒸肠菜、姜桂、盐豉等合制而成，为富贵人家妇女产儿后食用。荷包饭是以香米杂鱼肉等用荷叶蒸成，南方常见，柳宗元作《柳州峒氓》诗："青箬裹盐归峒客，绿荷包饭趁墟人。"唐人还爱食雕胡饭，即菰米饭，王维《登楼歌》曰："琥珀酒兮雕胡饭，君不御兮日将晚。"张志和《渔父词》："松江蟹舍主人欢，菰饭莼羹亦共餐。"粥则有地黄粥、胡麻粥、杨花粥等等，将各种作料加入煮成香粥而食之。

隋唐五代时期菜肴的烹饪方法明显增多，品种花样益见丰富。牛、羊、猪、狗、马等畜类之肉仍为菜肴的主料，但唐人爱吃羊肉遂生许多名堂。如"过羊厅"为厅下现宰活羊，宾客自选羊肉部位并作标记，待蒸熟后各自认取蘸调味品下酒。其他肉类名菜还有蒸全羊、烤牦牛、野猪鲊、驼峰炙，等等。以禽类制成的名菜也很多，如葱醋鸡、仙人脔、八仙盘、箸头春、汤浴绣丸、太白鸭子、浑羊殁忽，等等。其中太白鸭子相传是李白为玄宗调制的一道名菜，用陈酿、枸杞、三七、肥鸭烹成，有滋补作用。浑羊殁忽是将装好作料的子鹅放入羊腹中上火烤炙，烤出的鹅味道鲜美口香无穷。宴会上山珍海味也大量涌现，唐人小说中常可见到描写，如龙肝凤髓、鸡膶雉臛、鳖醢鹑羹、椹下肥肫、荷间细鲤、鹅子鸭卵、麟脯豹胎、熊腥纯白、蟹酱纯黄、鹿尾鹿舌，等等。海产中的比目鱼、虾类、乌贼、蟹、海蜇、鲨鱼、玳瑁、鱼唇、海参等，也屡见不鲜。唐人还兴吃昆虫，如蚁卵酱、酥蝤虫、炒蜂子。花色冷盘也时兴起来，如五生盘即由牛、羊、猪、熊、鹿拼制而成。五代时出现大型风景冷盘"辋川小样"，是用腌鱼、炖肉、肉丝、肉脯、肉茸、酱瓜、菜蔬、水果等组成的，每客一只冷盘即一景，众客合起来就构成了王维辋川别墅的图景模型。

魏晋南北朝时期，北人豪放好饮酒，南人清隽喜喝茶，至隋唐五代南北习尚互传，饮酒喝茶之风蔚为大观。此时的酒出现了许多品种，如石榴酒、松花酒、黄醅酒、桑落酒、琼苏酒、松醪酒、竹叶酒、乌程酒、郁金香、五云浆、梨花春、石梁春、葡萄酒等。葡萄酒特别受到人们喜爱，以至全国各地都有出产。王绩《题酒店壁》"竹叶连糟翠，葡萄带曲红"，不但写出酒的品种，还写出酒的色泽，充满了欣喜之情。唐代南方各地已普遍产茶，饮茶风尚也由北方传到边疆，《封氏闻见记》说："古人亦饮茶耳，但不如今溺之甚，穷日尽夜，殆成风俗，始于中地，流于塞外。"饮茶风俗与佛教倡行有关，禅宗的兴起不仅使僧人饮茶成风，也使民间养成了饮茶的习惯。唐代名僧皎然善烹茶，能作诗，其《饮茶歌诮崔石使君》诗曰："此物清高世莫知，世人饮酒多自欺。愁看毕卓瓮间夜，笑向陶潜篱下时。崔侯啜之意不已，狂歌一曲惊人耳。孰知茶道全尔真，唯有丹丘得如此。"陆羽的《茶经》应时而出，对当时及后世都有很大的影响。《茶经》论述了茶的形状、品种、产地、栽培、采制、煮饮和茶具等问题，是世界上最早的一部茶叶专著，陆羽也被尊为"茶神"、"茶仙"。

隋唐五代的饮食出现繁荣景象是与中外文化交流、饮食行业勃兴以及人们勇于创新分不开的，更为重要的是在民富国强的基础上社会上形成一种优越的自信、激荡的情感和浪漫的风习。宫廷中，凡遇祀典、大赦、征战、祥瑞、加冕、册封、庆功、祝捷、寿诞、纳妃、立太子、大节日等，都要大设筵宴。如唐高祖武德九年（626年），"三月丙申，宴朝集，使于百福殿，奏九部乐于庭。五月乙卯，宴群臣。六月癸亥，以秦王为太子，宴群臣，赐帛各有差……"① 唐太宗贞观三年（629 年）正月甲子，"宴群臣，奏九部乐，歌太平，舞狮子于庭"②。唐玄宗时虢国夫人发明一种新奇的饮酒方法，使人在屋梁上悬鹿肠引酒于宴席中，饮时解其端注酒于杯，可谓异想天开③。唐时宴饮之风盛行，而且花样百出，朝中又以"烧尾宴"最为有名。据《辨物小志》记载："唐自中宗朝，大臣拜官，例献食于天子，名曰烧尾。"《封氏闻见记·烧尾》曰："士子初登荣进及迁除，朋僚慰贺必盛置酒馔音乐，以展欢宴，谓之烧尾。""烧尾"一名出自"鱼跃龙门"之典，暗寓前程远大，官运亨通。史称韦巨源官拜尚书令左仆射时曾在家中设"烧尾宴"宴请皇帝，其食谱所列肴馔可谓山珍海味应有尽有。仅从菜点品种看，奇异者就有58 样，其中有乳煮的"仙人脔"、生烹的"光明虾"、活炙的"箸头春"（鹌鹑）、冷拼的"五生盘"、笼蒸的"葱醋鸡"、油炸的"过门香"、印花的"汉宫棋"、雕饰的"玉露圆"等。可谓荤素兼备，咸甜并陈，琳琅满目，出意新奇，既表现了唐代宫廷宴的奢侈，也表现了唐代饮馔水平的高超。唐末五代又出现"买宴"的形式，即皇帝赐宴，群臣掏钱，实际上反映了当时社会生产的衰落，皇帝不得不巧立名目来搜刮钱财。而藩镇以此招摇于世，显露头角。《旧唐书·哀帝纪》载，天祐二年（905 年）"五月戊寅，宴群臣于崇勋殿，朱全忠与王镕、罗绍威买宴也"。

宫廷筵宴的奢靡，导致整个社会形成铺张风气。尤其是天宝年间，筵宴成风，官僚与文人常不惜金钱大摆华宴，一次宴会动辄数十万、上百万。李白《行路难》曰："金樽清酒斗十千，玉盘珍馐值万钱。停杯投箸不能食，拔剑四顾心茫然。"杜甫《丽人行》曰："紫驼之峰出翠釜，水精之盘行素鳞。犀箸厌饫久未下，鸾刀缕切空纷纶。"王公大臣与文人墨客每每巧立名目，聚饮豪餐。春日郊游，或于园圃，或于郊

---

① 《册府元龟》卷一○九。
② 《册府元龟》卷一一一。
③ 《云仙杂记》卷六。

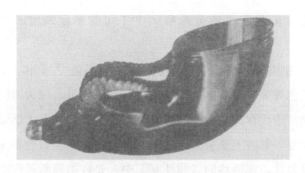

玛瑙兽首形杯（唐）

野，摆"探春宴"，喝"春酒"。岑参《首春谓西郊行呈蓝田张二主簿》诗："闻道辋川多胜事，玉壶春酒正堪携。"端午节则喝菖蒲酒、雄黄酒，殷尧藩《端午日》诗："不效艾符趋习俗，但祈蒲酒话升平。"雄黄与雌黄同属矿物，亦名石黄、鸡冠石。饮雄黄酒可以解毒，正如饮菖蒲酒可以消灾避邪，可见南北朝旧俗至唐大盛。重阳节相邀登高，则饮菊花酒。崔曙《九日登望仙台至刘明府容》诗："且欲近寻彭泽宰，陶然共醉菊花杯。"白居易《禁中九月对菊花酒忆元九》诗："赐酒盈杯谁共持，宫花满地独相思。"

总之，唐人或良辰美景，或雪朝月夕，或好友相聚，或亲朋离别，都须有酒。酒与唐人产生了不解之缘，无论高兴还是悲伤，得志还是失意，都要有酒作伴。杜甫在《饮中八仙歌》中以传神之笔勾勒出纵情狂饮的八位酒仙，白居易在《醉吟先生传》中说自己"饮数杯，兀然而醉，既而醉复醒，醒复吟，吟复饮，饮复醉。醉吟相仍若循环，陶陶然，昏昏然，不知老之将至"。酒客们又偏爱异乡他俗，李白《少年行》："落花踏尽游何处，笑入胡姬酒肆中。"贺朝《赠酒店胡姬》："胡姬春酒店，弦管夜锵锵。"胡姬们能歌善舞，具有域外情调，因而酒店上座率极高。不仅大城市酒店林立："水门向晚茶商闹，桥市通宵酒客行."① 就是乡野村间也酒舍遍布："千里莺啼绿映红，水村山廓酒旗风."②

　　唐代最热闹的酒宴当属曲江宴。曲江位于长安郊外，江岸曲折多姿，自然景色秀美，建有皇家园林，也有私人宅第，成为当时最有特色的游赏胜地。唐代在此举行的例行宴会名目甚多，如重大活动或岁时节令常在此摆宴，有时上至皇亲国戚下至地方官员乃至百姓都来凑趣，人数之众动以万计。在通称的"曲江宴"中，要数御赐新科进士的宴会最令喜登龙门的士子难以忘怀。苦读寒窗之后一举成名，士子们喜笑颜开心花怒放纵酒高歌，因此气氛十分热烈。新进士们除了拜谢恩师、交结新友、题名塔寺、观赏景致外，最重要的内容就是饮美酒、品佳肴。此时"四海之内，水陆之珍，靡不毕备"③，长安城中的酒家歌楼、大小商贩也都蜂拥而至搭棚摆台。刘沧《及第后宴曲江诗》曰："及第新春选胜游，杏园初宴曲江头。紫毫粉笔题仙籍，柳色箫声拂玉楼。霁景露光明远岸，晚空山翠坠芳洲。归时不省花面醉，绮陌香车似水流。"著名诗人孟郊曾几试落榜，一旦登第后判若两人，其《登科后》诗曰："昔日龌龊不足夸，今朝放荡思无涯。春风得意马蹄疾，一日看尽长安花。"可以说，打开唐人诗卷，酒意扑面而来。

　　唐人还善饮茶，这与佛教坐禅修行有关。佛教强调静坐思维，彻悟心性，时间一长容易疲倦。而茶具有提神益思、生津止渴的作用，所以饮茶之风在寺院相当普遍。此后民间竞相仿效遂成习俗，且益发讲究色、香、味、形，成为一种高雅的享受。卢仝作《走笔谢孟谏议寄新茶》诗曰："一碗喉吻润，二碗破孤闷。三碗搜枯肠，惟有文字五千卷。四碗发轻汗，平生不平事，尽向毛孔散。五碗肌骨轻，六碗通仙灵。七碗吃不得也，惟觉两腋习习清风生。"钱起《与赵莒茶宴》诗云："竹下

---

① 王建：《寄汴州令狐相公》。
② 杜牧：《江南春》。
③ 《唐摭言》卷三。

忘言对紫茶，全胜羽客醉流霞。尘心洗尽兴难尽，一树蝉声片影斜。"
唐代已流行以茶点招待亲朋好友，社交聚会中举行茶宴已是屡见不鲜的
事情。吕温曾有《三月三日茶宴序》，记叙禊饮之日幽静的环境和清雅
的感觉。时人已把饮茶看做是一种艺术、一种情调，五代顾闳中《韩熙
载夜宴图》就画了边饮茶边欣赏歌舞的情景。

　　饮茶还讲究名茶、名水和名具。唐代产茶区主要在蜀中与太湖一
带。蜀中不少茶成为贡茶，如昌明茶、兽目茶、蒙顶茶、青城山茶、沙
坪茶、茶岭茶等。李肇《唐国史补》说："风俗贵茶，茶之品名益众，
剑南有蒙顶石花或小方或散芽号第一。"太湖周围所产紫笋茶、阳羡茶、
雅山茶、天目山茶、鸠坑茶都是名茶，其中湖州紫笋茶、常州阳羡茶都
是贡品，深得皇帝喜爱，每逢进贡之日，两州太守都要在相邻的顾渚山
境会亭举行盛大的茶宴，由两州太守邀请社会名流共同品尝和审定贡
茶。煮茶又讲用水，唐代好水配佳茗已成风气。陆羽《茶经》列天下宜
茶名水，庐山康王谷水帘水第一，无锡惠山寺石泉水第二，蕲州兰溪石
下水第三……唐人煮茶以山水为上，江水为中，井水为下，贵在活水。
无锡惠山泉十分著名，唐代宰相李德裕命人快马传送长安。唐人饮茶用
具追求古雅和美观，唐朝前期盛行白瓷茶碗，以河北邢窑出产的闻名于
世；后来陆羽主张用青色的瓷杯，于是浙江越窑烧制的青瓷流行开来。
从目前出土的茶具看，唐朝茶具的制作技艺已达到很高的水平。总之，
唐朝的饮食文化十分发达，在接受域外新奇口味的同时，也把内地的华
贵名品传到周边国家。

第三节　居　　处

　　隋唐五代的居处也体现出继承华夏传统、吸收外来习俗的特点，在

追求奢侈豪华的过程中逐渐形成为广大人民所认同的形式。这时期的居处风格集中反映在长安、洛阳两座都城的建筑样式和住宅摆设上。

开皇二年（582 年），隋文帝因嫌汉长安城规模狭小，布局杂乱，命高颎、宇文恺等人在汉长安城东南修建新的都城——大兴城。高颎和宇文恺等人总结了历代都城建设的经验，又参考了北魏洛阳与北齐邺城的布局形式，对这座新城进行了全面的规划和设计，只用了 9 个月便完成了主体工程。新建成的大兴城总面积 84 平方公里，由宫城、皇城和郭城三部分组成。宫城居于北部正中，向南便是皇城，皇城之外为里坊。设计者以宫城的承天门、皇城的朱雀门和郭城的明德门所在的大街为中轴线，并以纵横相交的 25 条道路将南部坊区划为 108 个里坊，充分体现出统治者寰宇一统、富有天下的伦理思想和秩序要求。

隋炀帝即位后，由于洛阳地处中原地区，交通便利，形势重要，乃命重修。大业元年（605 年），诏令杨素、宇文恺营建洛阳，经过 10 个月的时间初步建成。洛阳城规模比长安城略小，亦分宫城、皇城和郭城。由于地理的原因，洛阳的宫城和皇城位于郭城的西北。整个洛阳城洛水横贯，南有 96 坊，北有 36 坊，另有东、南、北三市。设计师合理利用高低地形，设置不同类型的建筑物，使整个建筑群高低错落，气势壮观。隋时宫殿建筑已极奢侈。隋文帝以恭俭著称，但却劳民伤财营建大兴城、大兴宫、仁寿宫。炀帝于东都又建乾阳殿、显仁宫、西苑、毗陵宫、汾阳宫等数十处豪华宫殿苑囿。显仁宫南接皂涧，北跨洛滨，重楼曲阁，穷巧极丽。西苑"周二百里。其内为海，周十余里，为蓬莱、方丈、瀛洲诸山，高出水百余尺，台观殿阁，罗络山上，向背如神"①。

唐王朝建立后，太宗曾说："文帝营仁寿宫，炀帝起乾阳殿，比阿房宫还华丽。"② 营建之风稍有抑制，高宗朝时奢靡之风重新盛行。先

---

① 《资治通鉴》卷一八○。
② 《册府元龟》卷八四。

是大规模修复太极宫、大明宫、九成宫等，而后又陆续营建八关宫、万全宫、上阳宫等。此后历朝皇帝都扩建宫室园囿，层出不穷，蔚为大观。据《唐代长安城考古纪略》及各种有关历史文献记载，唐高宗永徽三年（652 年）由工部尚书阎立德负责大规模整修长安城。它的面积是今天西安旧城区的 7 倍左右，其南门明德门有 5 个高大的门洞，最宽的大道有 150 米左右。

隋代的大兴宫到唐代改为太极宫，坐落在长安城中轴线的最北端。太极宫是隋及初唐 30 多年来主要的政治活动场所，唐太宗及其群臣在这里创造了著名的"贞观之治"。太极宫南面的正门叫承天门，门外与皇城之间有一条宽 300 多步的东西大道。承天门是举行"外朝"的地方，每逢国家大典如庆贺元旦、更改年号、大赦罪犯、检阅军队，皇帝都要登上承天门举行大会。太极宫的前殿叫太极殿，是举行"中朝"的地方，皇帝日常在这里接见群臣，处理朝政。太极殿外东西两侧，分别设有门下省、中书省、弘文馆、舍人院等供皇帝近臣、顾问办公的机构。太极殿北边的两仪殿，是举行"内朝"的地方，只有少数权臣能在这里与皇帝商讨国家大事。太极宫

三层五足银熏炉（唐）

的北门叫玄武门，驻扎着保护皇家的重兵，李世民与其兄争夺皇位的斗争就发生在这里。拥戴李世民为天子的功臣名将都在太极宫活动过，唐太宗贞观十七年（643 年）诏命画家阎立本在太极殿凌烟阁图画 24 名开国伟勋以示纪念。

大明宫原为永安宫，是贞观八年（634 年）李世民在宫城东北方向修建供其父李渊消暑的。高宗将其扩建后在此居住并处理朝政，此后除玄宗外唐朝其他皇帝都在这里生活、办公。大明宫的南边有五座城门，

中门名丹凤门，有五个门洞，其作用与太极宫的承天门相似。宫内有含元、宣政、紫宸三座宫殿，同在一个中轴线上。含元殿为前殿，殿前东西两侧有翔鸾、栖凤两座高大的楼阙。诚如李华在《含元殿赋》中所称："左翔鸾而右栖凤，翘两阙而为翼。环阿阁以周墀，象龙行之曲直。"含元殿的作用与太极殿相似，但又是与丹凤门配合举行"外朝"的地方。所谓"九天阊阖开宫殿，万国衣冠拜冕旒"[1]，就是描写大明宫前大朝会的盛况。含元殿北边的宣政殿是举行"中朝"的地方，殿外两侧设近臣机要办公的官署。最北边的紫宸殿，则是举行"内朝"的地方。除此之外，大明宫内的麟德殿最为著名，它建筑在大明宫北部太液池之西的高地上，是宫内宴会、藩臣来朝、宰相奏事以及开设道场的地方。

唐玄宗登基后，将自己未当皇帝之前在兴庆坊的旧居改建为兴庆宫，从此唐代长安形成三个宫殿群。兴庆宫的格局与庄重严整的太极宫、雄伟壮丽的大明宫相比更为豪奢绮丽，其正门朝西而不再朝南，内部建筑如兴庆殿、大同殿、南熏殿以及勤政务本楼、花萼相辉楼都是楼式建筑，园中遍种牡丹与其他花卉。风流天子李隆基在此造就了他的伟业，也酿成了他的悲剧。

宫城南边为皇城，是朝廷官员办公的地方。城内南北七街，东西五街，排列着尚书省、御史台、鸿胪寺等官署。皇城外为里坊，白居易《登观音台望城》诗说"百千家似围棋局，十二街如种菜畦"，生动而形象地道出了长安城内整齐划一的结构布局。王公贵族和权势显要占据了各坊最好的位置，庙观寺院同样也占据了大量的面积。各坊都有围墙，坊门定时开闭。里坊设有里司，管理本坊事务。

盛唐以后，随着社会经济的发展和文化政策的开放，壁垒森严的单调街景开始产生变化。官僚贵族以及豪门大户在坊墙上开门，红墙绿瓦

---

① 王维：《和贾舍人早朝大明宫之作》。

的悦目装饰使整个城市显得富丽堂皇、生动活泼起来。当然，"长安十二街，高高朱门开"者主要是达官显贵。唐朝初年曾有严格详细的第宅规定，但随着承平日久，豪华房宅遍布长安。《唐语林》卷五载："武后以后，王侯妃主京城第宅，日加崇丽。"安史之乱后，此风不减。白居易《伤宅》诗云："谁家起甲第，朱门大道边。丰屋中栉比，高墙外回环。累累六七堂，栋宇相连延。一堂费百万，郁郁起青烟。"这种房屋逾制的畸形状况，无疑反映了唐朝禁令逐渐废弛和生活日益腐化的势态。洛阳的建筑也不比长安逊色，《洛阳名园记》载："唐贞观开元之间，公卿贵戚开馆列第于东都者号为千有余邸。"

除城市第宅建筑外，贵戚百官还大建别墅、山庄。唐代皇帝本身修建离宫就极讲究，如九成宫、太和宫、华清宫等。贵戚百官建别墅、山庄也选环境幽雅之处，尤其是许多诗人寻找离京不远又山清水秀的地方，这十分符合唐人半官半隐的优游心态。王维的辋川别墅、杜甫的杜曲草堂、李德裕的平泉庄、杜佑的瓜州别墅，大都分布在长安、洛阳的近郊。

至于一般的大宅，当然无法与王公媲美，但多模仿官宅样式，构成具有明显的中轴线和左右对称的四合院格局。大宅一般前为大门，内有中堂、北堂、东西厢房，各房有回廊通连。门楼高耸，庄严宏丽；庭内宽敞，可植树木花架。既有富贵堂皇之气派，又有舒畅幽深之境界。平民百姓无力修建廊庑周房，仅只一座小屋围以篱垣而已，这在唐人诗文中经常可以看到，尤其是在中唐以后。中晚唐时，商品经济发展起来，里坊的限制被打破，市民纷纷破墙建屋，摆摊开店，这一变化反映了城市建筑的新风尚，经五代至宋形成城市文化的新景观。

隋唐五代时期的室内陈设与家具样式也产生了变革，传统的席地而坐的习惯逐渐被新兴的垂足而坐的风气所取代。床榻作为一种坐卧用具这时被加高加大，这是适合北地的寒冷气候和北人的粗犷性格的。皇帝所用龙床十分精美，唐人冯贽《云仙杂记》卷十载："韩志和有道术，宪宗时献一龙床，坐则鳞、鬣、爪、角皆动。"唐代床多用局脚，左、右、后有围栏，前可上下。富贵人家的床装饰极为华贵，镶挂各种宝物以示非凡。有五彩装饰者亦称绣榻，有罗幔装饰者亦称罗床。卢照邻《长安古意》诗："生憎帐额绣孤鸾，好取门帘帖双燕。双燕双飞绕画梁，罗帷翠被郁金香。"

唐代的案、桌使用也逐次演变。案是中国古代传统的供饮食、书写或置物的用具，唐时沿用而多以玉饰。李白《忆旧游寄谯郡元参军》诗："琼杯绮食青玉案，使我醉饱无归心。"元稹《以州宅夸于乐天》诗："我是玉皇香案吏，谪居犹得住蓬莱。"中唐以后，人渐垂足而坐，桌开始普及。桌本作卓，比案高大，置于地上，与椅、凳配套使用，从唐代壁画中可见用桌的情景。此后低矮的案被高大的桌所替代，不过此时的桌还不像宋代以后的桌规模渐巨。

椅、凳实际是由垂足而坐的风习促成，魏晋南北朝以来胡床的涌入使传统的跪坐方式转化，于是产生了椅、凳的形制。"椅"初写作"倚"，是供人倚坐之具，因多木制后遂作"椅"。目前所见较早的是唐代《济渎庙北海坛祭器杂物铭碑阴》所记："绳床十，内四倚子。"胡床乃交腿的坐具，隋炀帝讳胡之称改为交床。唐时加置靠背称交椅，敦煌壁画中多有座椅形状。凳，据钱大昕《恒言录·居处器用类》考："本登字……盖以凳床得名。后人稍高之，以为坐具耳。"按此说，凳是由榻几、脚凳而来，也称杌子。据《类说·遮遗·安禄山》载："唐明皇召安禄山，用矮金裹脚杌子赐坐。"周昉所绘《宫乐图》中描写许多宫中妇女围坐桌案前宴乐，所坐都是很漂亮的饰花纹的月牙形杌凳。中唐以后，上至帝王将相、下至宫女歌妓座椅凳已屡见不鲜。

屏风是中国传统室内用物，以遮蔽视线并阻挡风尘而得名。隋唐五代时期屏风的使用也较普遍，多用于贵族之家而尤重风采的展示。当时流行的屏风样式采取六扇横联的折叠式为多，"六曲连环接翠帷"，"屹然六幅古屏上"，都是吟咏六屏的诗句。唐太宗曾"作真草屏幛，以示群臣"，唐宪宗也"号前代君臣事迹书于六曲屏风"。屏风的用料和制作也格外讲究，杜甫《奉酬薛十二丈判官见赠》："志在麒麟阁，无心云母屏。"白居易《长恨歌》："揽衣推枕起徘徊，珠箔银屏迤逦开。"屏风上绣图作画为多，有人物、山水、花鸟等。李白《观元丹丘坐巫山屏风》诗："昔游三峡见巫山，见画巫山宛相似。疑是天边十二峰，飞入君家彩屏里。"其或用于前堂或用于后室，皆成景致。晚唐诗人杜牧《秋夕》："红烛秋光冷画屏，轻罗小扇扑流萤。"李商隐《嫦娥》："云母屏风烛影深，长河渐落晓星沉。"不难使人想见屏风给人带来的审美效应。五代时周文矩有《重屏会棋图》，画南唐中主李璟与其弟会棋的情景。画面上宽大的屏风中绘有白居易《偶眠》诗意图，图中又有山水屏风，故此画有"重屏"之称，亦见画家匠意。

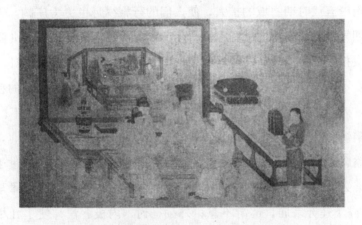

重屏会棋图（五代）周文矩

总之，隋唐五代时期的居处风格在南北交融中调整、合流。王公贵族们高宅大第，雕梁画栋，"朱门几处看歌舞，犹恐春阴咽管弦"①。长安作为保持国际联系的重要枢纽，城中不但豪宅如云，还有许多宫观寺院，驰名天下的大雁塔便建于慈恩寺中，玄都观更因刘禹锡两度题诗而

---

① 李约：《观祈雨》。

名声远播。重屋广厦之中帘幕低垂，罗茵横陈，不禁令人想起李商隐《花下醉》"寻芳不觉醉流霞，倚树沉眠日已斜。客散酒醒深夜后，更持红烛赏残花"之雅趣。不能否认，唐代的国力雄强使唐人的住居生活有很大改善，但在"胡姬抬素手，延客醉金樽"① 的同时，也有"无火炙地眠，半夜皆立号"② 的贫寒。但从此以后，华夏的生活方式有了新的改观，大唐王朝以其勃郁的时代追求谱写了中国历史上绚华的最强音。

第四节 行　　游

隋唐五代时期疆域的扩大，使人们的行旅视野也更为广阔。人们充满了朝气蓬勃的精神，试图在社会生活中寻求自身的价值。南北阻隔的状态被打破了，中外交通的局面也形成了，在安定优裕的生存环境中人们越发不安分守己。传统的封闭保守的观念被时新的昂扬奋发的精神所取代，人们以空前的热情追求建功立业或以浪漫的幻想游历天下。

隋炀帝登上天子宝座后野心勃勃，迅即开通大运河沟通南北，又绸缪远略耀武四方。他八次出游，三下江都，可谓荣盛一时，但过于侈靡导致普天同怨。当他在宫中被捕时仍执迷不悟，问："我何罪至此？"答："陛下违弃宗庙，巡游不息；外勤征讨，内极奢淫；使丁壮尽于矢刃，女弱填于沟壑；四民丧业，盗贼蜂起；专任佞谀，饰非拒谏，何谓无罪？"③ 隋炀帝不安本分好大喜功，过度的放纵导致了过早的垮台，但由此可见以北方雄悍血统建立的王朝受南朝宫廷阴靡生活的影响，而魏晋南北朝以来游学佛道、混同华夷的文化氛围形成的定势也不可

---

① 李白：《送裴十八图南归嵩山》。
② 孟郊：《寒地百姓吟》。
③ 《资治通鉴》卷一八五。

逆转。

　　唐太宗早年从父征战，辗转千里。登基后提出"为国之道，安静为务"的方针，一系列轻徭薄赋、去奢省费的措施出台，使唐国力迅速强盛，不但解决了边患问题，也使国内形势安定。太宗在位时亦好出游，据《旧唐书·太宗纪》载，贞观五年（631 年），"十二月壬寅，幸温汤。癸卯，猎于骊山。丙午，赐新丰高年帛有差。戊申，至自温汤"。后历代皇帝皆有幸好，兴趣益增，史传多有记载。如唐高宗显庆二年（657 年）到东都，十一月"庚戌幸许、汝等州教习。癸酉冬狩校猎于许州、叶县、昆水之阳。十二月丙戌，还东都"①。唐玄宗即位后，任贤用能，励精图治，造就了开元之盛。"河清海晏，物殷俗阜。安西诸国，悉平为郡县。自开远门西行，亘地万余里，入河湟之赋税。左右藏库，财物山积，不可胜较。四方丰稔，百姓殷富，管户一千余万，米一斗三四文。丁壮之人，不识兵器。路不拾遗，行者不囊粮。"②

　　但是，至开元二十四年（736年）始，玄宗白东都回到西京，随着张九龄的罢相和李林甫的弄权，玄宗的出游也改变了性质。"时每岁十月，驾幸华清官，内外命服，

出行图（隋）

熠耀景从。浴日余波，赐以汤沐，春风灵液，澹荡其间。上心油然，若

---

①　《旧唐书·高宗纪》。
②　郑棨：《开天传信记》。

有所遇，顾左右前后，粉色如土。"① 还是"老奴"高力士最能"揣知"圣上的心意，开元二十八年（740 年）"以寿王妃杨氏为道士，号太真"。如果说，唐玄宗与杨太真自此幽会，那么此后的岁月二人的命运就紧紧联系在一起了。太真的迅速得宠与玄宗的怠于政事恰成正比，自天宝四载（745 年）玄宗 60 岁生日正式宣布太真为贵妃后，真可谓"后宫佳丽三千人，三千宠爱在一身"② 了。玄宗"不复东幸"，而"耽乐骊山"。天宝元年（742 年）造长生殿，名集灵台，表明其求仙访道的兴趣大增。而所有这一切，均是李、杨二人共享："昨夜上皇新受箓，太真含笑入帘来。"③ 天宝十四载（755 年），"冬十月壬辰，幸华清宫。甲午，颁御注《老子》并义疏于天下"，而十一月丙寅，安禄山便"率蕃汉之兵十余万自幽州南向诣阙，以诛杨国忠为名"④。由此可见，玄宗的前后幸行产生了不同的政治效果。

唐人游历的风气可以说与时政有关，前期普遍怀有兼济天下、壮志必酬的心态，后期则多了几分独善其身、坎坷流离的感慨，这一点在士子身上表现得尤其突出。"初唐四杰"之一的诗人王勃在《送杜少府之任蜀州》中言"无为在歧路，儿女共沾巾"，展示了博大的胸襟和豪迈的精神。开元前期任礼部侍郎的贺知章在《回乡偶书》中也说"儿童相见不相识，笑问客从何处来"，他自年轻时便离乡背井而回乡时已年逾八十，由此可见其放达的秉性和晚年的率真。高适《别韦参军》诗"二十解书剑，西游长安城。举头望君门，屈指取公卿"，显现出昂扬进取、朝气蓬勃的非凡自信。至于性格更为浪漫的著名诗人李白则自信"天生我材必有用，千金散尽还复来"⑤，"五岳寻仙不辞远，一生好入名山

---

① 陈鸿：《长恨歌传》。
② 白居易：《长恨歌》。
③ 张祜：《集灵台二首》。
④ 《旧唐书·玄宗纪》。
⑤ 李白：《将进酒》。

游"①。从小抱着"致君尧舜上，再使风俗淳"的杜甫，年轻时南游吴越，北游齐赵，也曾有过"裘马清狂"的生涯，也曾写下"会当凌绝顶"的诗句。

但自安史之乱后，前期那高亢的情调逐渐转为悲凉。不只李白、杜甫颠沛困苦，十分放达的王维也逐渐转向消沉。王维早年也曾有出塞的经历，边塞诗多以慷慨激昂的情调，抒发成边将士保家卫国的雄豪之气。但由于安史之乱中曾受伪职而遭处分，晚年虽官至尚书右丞更转爱山水。盛唐以后的士人则更多坎坷际遇，他们游踪不定似乎更多了些愁情别绪。孟郊作《游子吟》表达对母爱的眷恋，李贺作《梦天》抒写对人寰沧桑的感慨，柳宗元在"永贞革新"失败后"孤舟蓑笠翁，独钓寒江雪"②，韩愈则因谏迎佛骨而"一封朝奏九重天，夕贬潮阳路八千"。白居易早年离家避难越中，常常是"衣食不充，冻馁并至"。仕途得意后"有阙必规，有违必谏，朝廷得失无不察，天下利害无不言"，却反遭权贵排挤，落得"江州司马青衫湿"的抑郁。晚年虽为高官，却自号香山居士，"世事从今口不言"。杜牧本欲"平生五色线，愿补舜衣裳"，却又不得不咏叹"商女不知亡国恨，隔江犹唱后庭花"。李商隐才华出众却无由陷入党争之中，以致终生潦倒英年早逝。其《登乐游原》："向晚意不适，驱车登古原。夕阳无限好，只是近黄昏。"不仅象征着他个人的沉沦迟暮，也象征着大唐帝国的奄奄一息。乐游原已渐失"乐游"之趣，无限感慨与杜牧《将赴吴兴登乐游原一绝》"乐游原上望昭陵"之句相映成趣。昭陵是唐太宗李世民之墓，而今只能遥想彼时的显赫了。大唐帝国的兴衰给唐人的出行游历罩上了奇妙的幻影，而离情别恨也就具有了不同时空的悠长兴味。

唐人出行游历大兴骑乘之风，老人、妇女才乘车舆。唐太宗在冲锋

① 李白：《庐山谣寄卢侍御虚舟》。
② 柳宗元：《江雪》。

陷阵打天下的岁月里，特别偏爱自己英勇的坐骑，"昭陵六骏"显然寄托了太宗深挚的情思。"昭陵六骏"是飒露紫、拳毛䯄、白蹄乌、特勒

拳毛䯄（唐）

骠、青骓、什伐赤六匹名马，它们跟唐太宗南征北战立下大功，死后仍与主人相伴相随侍立墓前，可见太宗对它们的惠爱。《虢国夫人游春图》中亦可见女子出行也骑马的风尚，这些身份不凡的女子身穿男子的服装从容潇洒，在和煦的春光中尽享变新求异的乐趣，更加显示出盛唐时期人们的思想解放和优游闲雅的风度。杜甫在《丽人行》中写道："后来鞍马何逡巡，当轩下马入锦茵。"以传神之笔写出杨国忠的骄横，亦可见杨家兄妹专宠的程度。唐人多习骑射，王维《老将行》："少年十五二十时，步行夺得胡马骑。射杀山中白额虎，肯数邺下黄须儿?"出门在外更是以骑马为尚，岑参《逢入京使》："故园东望路漫漫，双袖龙钟泪不干。马上相逢无纸笔，凭君传语报平安。"宦官亦骑马抖擞精神："意气骄满路，鞍马光照尘。借问何为者，人称是内臣。朱绂皆大夫，紫绶悉将军。夸赴军中宴，走马去如云。"[①] 唐人咏马画马者甚多，李贺专作《马诗》20余首，韩愈的《马说》也为马鸣不平，曹霸画马有《九马图》，韩干更是以画马名满天下。唐人咏马画马往往寄予感慨，可见马在人们生活中已具有重要象征品格，这与汉魏六朝时人们乘车和宋代以后官员乘轿有些不同，或许正可看出交通工具在各个时代的深刻内涵。

---

① 白居易：《轻肥》。

　　贫寒士人及平民百姓买不起马，出门多乘驴骡。杜甫《示从孙济》诗："平明跨驴出，未知适谁门。"驴体形不如马高大，长耳小尾，性情执拗，耐力较好，主要分布于我国北方，自古以来为人轻视。故李白有"骅骝拳跼不能食，蹇驴得志鸣春风"①之诗句，柳宗元有《黔之驴》讽刺外强中干的小人。骡体形偏似马，叫声偏似驴，有马骡、驴骡之分，其力大能持久，抗病力与适应性强，常作挽、驮之用。《旧唐书·吴元济传》载："地既少马，而广畜骡，乘之教战，谓之骡子军，尤称勇悍。"隐逸之士也好骑牛，隋唐之交的诗人王绩仕途不顺，弃官归隐，自号东皋子，便常"乘牛往酒肆，留或数日"②。晚唐诗人唐彦谦《越城待旦》诗曰："清溪白石村村有，五尺乌犍讬此生。"马、驴、骡、牛，在中国文化传统中是骑之不雅的，自战国以来逐渐接受北方胡人习俗，至唐代风气开化反成时尚。唐代除以马、驴、骡、牛骑行、驾车外，西北地区用骆驼运输也是普遍现象。安禄山攻陷两京后，"常以骆驼运两京御府珍宝于范阳，不知纪极"③。李商隐《镜槛》诗："传书两行雁，取酒一封驼。"骆驼性温顺，耐饥渴，体大，头小，肢长，被喻为"沙漠之舟"。从近年出土的文物看，唐三彩中以马和骆驼为多，可见当时就受到人们喜爱。

　　隋唐五代时，除骑乘之风流行外，车舆也产生了一些变化。魏晋以来，牛车以行走缓慢而平稳、车厢宽敞而高大得到士族大姓的青睐。隋唐五代时期，牛车愈加豪华奢侈。卢照邻在《长安古意》中开首便写："长安大道连狭斜，青牛白马七香车。玉辇纵横过主第，金鞭络绎向侯家。龙衔宝盖承朝日，凤吐流苏带晚霞。"《新唐书·舆服志》曰："一品乘白铜饰犊车，青油纁，朱里通幰，朱丝络网。二品以下去油纁、络网。四品有青偏幰。"所谓通幰，指车顶全部装有帷幔，为王公贵臣所

---

① 李白：《答王十二寒夜独酌有怀》。
② 《新唐书·王绩传》。
③ 《旧唐书·安禄山传》。

乘。所谓偏幰，指仅在车顶前部张有帷幔，为中下级官员所乘。但盛唐以后，因偏幰不美，皆以通幰代之。还有一种油壁香车，用油布、彩缯装饰，实用巧丽。温庭筠《春晓曲》曰："油壁车轻金犊肥，流苏帐晓春鸡早。"但更为新型常见的还是"步舆"。"步舆"很早就有，但魏晋南北朝之前多扛于肩上，故称"肩舆"。唐代形制有所改变，不再将舆上肩，而是以襻系挂肩头，双手提扛而行，因此称为"腰舆"。《旧唐书·王方庆传》："则天尝幸万安山玉泉寺，以山径危悬，欲御腰舆而上。"腰舆较肩舆重心偏下，更为稳妥、灵便，故普及开来。皇帝所乘谓之"步辇"，王公所乘谓之"步舆"，妇女所乘谓之"担子"。由阎立本所画《步辇图》可见太宗所乘的板舆还十分简易，至玄宗时则是"未央月晓度疏钟，风辇时巡出九重"①的景象了。《册府元龟》载："唐文宗时，妇人本来乘车，近来率用担子，事已成俗。"房玄龄晚年多病，太宗诏许可乘舆入殿。武则天请神秀入宫讲经，赐以肩舆。唐玄宗开元二十年（732 年）四月乙卯，赐百官宴，"醉者赐以床褥，肩舆而归，相属于路"②。由此可见，唐初宫中步舆使用主要是贵妇和老臣，至唐盛时已较为普及。名士元德秀以孝道闻天下，"开元中，从乡赋，岁游京师。不忍离亲，每行则自负板舆。与母诣长安，登第后母亡"③。白居易致仕后，"与香山僧如满结香火社，每肩舆往来，白衣鸠杖，自称香山居士"④。总之，盛唐以后乘步舆者渐多，到宋代轿子已发展成人们乘坐的主要交通工具。

从隋唐五代的衣食住行情况看，这一时期人们的生活习俗经过南北交融而产生整合，这与人们思想观念的开放和容纳程度有很大关系。最为突出的是汉族人民接受了胡俗较少封建礼教的行为方式，这就使汉魏

---

① 钱起：《和李员外扈驾幸温泉宫》。
② 《旧唐书·玄宗纪》。
③ 《旧唐书·文苑传下》。
④ 《旧唐书·白居易传》。

六朝以来逐渐虚弱的传统文化灌注进一股生气。譬如北地妇女的大胆泼辣务实，就将懦弱秀逸玄虚的朽风击垮。自南北朝始胡风就在冲击着"三从四德"的汉俗，从《木兰诗》中可以看到北朝妇女的雄健形象。《颜氏家训·治家》载："邺下风俗，专以妇持门户。争讼曲直，造请逢迎；车乘填街衢，绮罗盈府寺；代子求官，为夫诉讼。"妇女抛头露面已成日常现象，而性格之强悍令男子相形见绌。"父母嫁女，则教以妒，姑姊逢迎，必相劝以忌。以制夫为妇德，以能妒为女工。"① 忌妒本被汉家礼教视为"恶德"而列入"七出"之一，但北朝妇女却无视此戒律在家中拥有极大的权力。唐代妇女继承了北朝以来的"妒悍"风格，因而"争风吃醋"的出现也就不足为奇。

唐人女性审美观也因胡风浸染而由魏晋时期的尚轻盈纤瘦一变而为尚健硕丰腴，因而"妇强夫弱，内刚外柔"在唐代前期成为人们津津乐道的话题。由此可理解长孙皇后、武则天、韦后、安乐公主以及太平公主参权弄要的背景，而在名流影响下女性也越发扬眉吐气。她们展扬女性的风采，一反娇羞温顺而变得活泼开朗，大有指点江山的气概。特别在性关系方面，唐代妇女绝不恪守"从一而终"的古训。唐代公主有不少再嫁的例子，如高祖女儿高密公主先嫁长孙孝政，又嫁段纶；太宗女儿襄城公主先嫁萧锐，再嫁姜简；高宗女儿太平公主先嫁薛绍，再嫁武承嗣，又嫁武攸暨；中宗女儿定安公主先嫁王同皎，再嫁韦濯；等等。至于太宗才人武则天后来做了高宗的妃后，寿王媳妇杨玉环做了玄宗的贵妃，以及武则天、杨玉环后来又有风流情事，都可看到唐人"任情"而"失礼"的一面。

从历史看，进入中原的胡人仍保留着一种较野蛮的原始婚俗，而南朝以来的玄风大畅导致宫廷里的淫乱风气大行，唐代受其影响对性的观念也就较为开放。这种开放心态增强了女性的自信，于是妇女参加社会

---

① 《北齐书·元孝友传》。

三彩女俑（唐）

活动成为风流的特征。她们能歌善舞，好胜求奇，性格爽朗，风姿绰约，充分展示出大唐帝国的高度文明。女性作为男性的对称力量得到尊重，胡风作为汉俗的异化成分得到吸取，社会无疑在打破滞闷状态后充实进旺盛的活力。元稹在《法曲》中言："自从胡骑起烟尘，毛毳腥膻满咸洛。女为胡妇学胡妆，伎进胡音务胡乐。火凤声沈多咽绝，春莺啭罢长萧索。胡音胡骑与胡妆，五十年来竞纷泊。"

的确，唐代是一个"胡化"的世界，强烈的异质要素灌输进庞大的中华躯体，使魏晋以来的阴柔气质扫荡殆尽，重塑出一个充满阳刚之气的极盛时代。不过需要指出的是，尽管汉族文化母体感受着充满刺激的外来侵袭，但在接受过程中也逐渐将其消解，在胡化的过程中传统仍显示出强大的生命势能，而在本质上终将胡俗有效地汉化过来。

下卷

姹紫嫣红的文化景观

第一章
经世达用的哲学

    中国古代思想在隋唐五代时期呈现出切情适意、务实求新的纷异特征，当时的政治需要、此前的文化遗留以及社会的开放程度都给思想的发展提供了有利的契机。经历过魏晋南北朝时期的大动荡、大分化、大改组，人们的精神内存得到拓展并在重新一统的帝国空间内顺势修正，因而以儒、佛、道为代表的主流思潮在调适过程中不断得到中和并增添了现实功利成分。不能否认"玄学"的极致思想在人们的精神追求中曾起过深度究问的作用，但隋唐以来的雄强国势淡化了人们的苦索而增添了人们的生趣。哲学表现出一种明达而通俗的倾向，关心对现实的启导并给人以心灵的抚慰。儒学的地位仍不可动摇，作为治国之术一方面阐扬汉代经学的大义，另一方面吸取其他学说的思想成果，以宽容的姿态统摄着异动的潮流。佛教经南北朝之流播而蔚为大观、愈益繁盛，但在蒙昧的狂热后也纠正了不少的偏执而趋于理性，众多的教派为适应国情不断地更新精深也不断地玄妙通俗，尤其是唐代后期的禅宗令人想起魏晋玄学的倾向而为宋代理学作了铺垫。道教也因为李唐王朝的统治提供了理论依据和适应人们长生不死的心理更加弘扬开来，作为本土文化在发展中以其豪侠浪漫与儒学进行调适，并在与佛教的分庭抗礼中得到壮大和提高。由于隋唐五代时期在思想统治方面采取了比较开明的政策，人们更注重现实生活而非穷究哲理思辨，因而在精神领域出现多元态势和俗化倾向并较为活跃的局面。中国传统的务实和理性精神使儒、佛、道的宗教色彩得到淡化并成为心灵安慰的工具，在一统天下的宏观需要下三家学说分别朝着统一目标努力，而在这架构过程中不免为宋代理学提供了思想养料和涵容轨迹。

第一节　多元并举

隋朝的统一给全国各族人民带来了相对和平安定的生活，但战争遗留下来的和创业生发出来的社会问题仍然很多。儒、佛、道三家思想都试图取得独尊地位以拯物济世，而隋代统治者则采取了三教并用、以儒为主的方针以利治国，因而儒、佛、道思想在互相争辩中得到激扬，也在互相沟通中得到圆融。

隋朝佛教的流行是与皇帝的推崇分不开的。南北朝后期，佛教已发展成不可忽视的社会力量。北周武帝废佛，从国计民生着眼，是必要的措施，却未从根本上解决问题。在佛教已成为广大民众普遍信仰的情况下，用激烈的行政手段遏制往往引发出信奉者更为强烈的宗教感情。此外，北周武帝废佛导致的流民问题隋初更加严重，成为恢复和发展经济的重大障碍。隋文帝声势浩大地招揽逃匿僧侣出山，使非法的流亡者取得合法的地位，这种措施带有明显的召唤流民归土的经济意向。宋人宋敏求曾指出："隋文承周武之后，大崇释氏，以服人望。"[①] 据说杨坚少时曾受尼姑养育，故即位后"每以神尼为言，云，我兴由佛"[②]，于是着意复兴佛教。当然这是美化佛教的说法，但由此可以看出佛教的影响

---

① 《长安志》卷七。
② 《广弘明集》卷十九《舍利感应记》。

不可低估。开皇元年（581 年），隋文帝杨坚即
位，诏令在全国范围恢复佛教，致使"天下之
人从风而靡，竞相景慕。民间佛经，多于《六
经》数十百倍"①。文帝在位 20 余年间，共
"度僧尼 23 万人，立寺 3792 所，写经 46 藏、
13286 卷，治故经 3853 部，造像 106560 躯"②。

　　隋炀帝杨广在历史上以暴君著称，但对佛
教也采取积极扶持的政策。隋平陈时，杨广亲
制愿文，自称"菩萨戒弟子"，对佛教取保护
姿态。平陈之后，杨广于扬州装补故经，缮写
新本，修治故像，铸刻新像。他招请智𫖮来扬
州，智𫖮授杨广"总持菩萨"法号，杨广则赐
智𫖮"智者"大师称号。592 年，智𫖮函请杨
广作庐山东林、峰顶两寺的施主，杨广当即复
书应允。3 年之后，杨广遣使迎智𫖮，智𫖮奉

观音像（隋）

命东下，答应为杨广撰写《净名经疏》，并请杨广作荆州玉泉、十住两
寺的施主。

　　隋朝国君崇信佛教，但更要求佛教为皇权服务。591 年，文帝下诏
曰："朕位在人王，绍隆三宝，永言至理，弘阐大乘。"③ 同时他也要求
佛教树立"皇权至上"的观念，忠实地"为国行道"，要智𫖮"宜相劝
励，以同朕心"④。隋文帝接受历代帝王崇佛或废佛的经验教训，试图
将佛教与儒学调和起来。他要求佛门弟子在儒家崇拜的五岳建造僧寺，
以助国家的重建和文化的复兴。但文帝晚年逐渐"不悦儒术，专尚刑

---

① 《隋书·经籍志》。
② 《释迦方志》卷下。
③ 《历代三宝记》卷十二。
④ 《国清百录》卷二。

名"，进而沉湎于佛教，走向了废儒的极端。炀帝即位后对崇佛废儒的倾向有所纠正，因此特别提醒智𫖮要"率先名教，永泛法流，兼用治国"①。智𫖮也清楚地认识到"今王途既一，佛法再兴"，"内竭朽力，仰酬外护"②，"王兼国法，兼匡佛教"③，因而尽管佛教在隋朝香火甚盛，但也不得不隐忍于王道的威严。607 年，炀帝下令沙门必须致敬王者，引起僧尼的不满。僧尼坚持不拜俗人，并认为既然皇帝弘护三宝（佛教以佛、法、僧为三宝），就应当顺从佛言勿违教规。因佛教力量的强大，炀帝也只好不了了之。

隋朝统治者在崇信佛教的同时，也没有忘记利用道教来为其服务。隋文帝杨坚在夺取政权的过程中，曾利用道士为其大造舆论。如北周道士张宾、焦子顺、董子华，都向杨坚密告受命之符。《隋书·来和传》载："道士张宾、焦子顺，雁门人董子华。此三人当高祖潜龙时，并私谓高祖曰：'公当为天子，善自爱。'及践祚，以宾为华州刺史，子顺为开府，子华为上议司。"杨坚本人相信符箓科谶，道士于是揣摸其意获得恩宠受到重用。《唐会要》卷五十《尊宠道教》载："隋开皇八年，为焦子顺能役使鬼神，告隋文帝受命之符，及立，隋授子顺天府柱国，辞，不受。常咨谋军国，帝恐往来疲困，每遣近宫置观，以五通为名，旌其神异也，号焦天师。"因焦子顺能通神异，故军国大事都要同他商议定夺，并为其在皇宫旁建五通观，又上尊号为天师，可见恩遇之隆。隋朝以"开皇"为年号，也是有其道教神学象征意义的。以道教的开劫度人为皇帝的开天治世正名分取兆瑞，宗教为政治服务的目的是非常明显的。隋文帝于开皇元年（581 年）修复鳌厔县老子庙，于开皇三年（583 年）迁都龙首原时造观 36 所，又特置玄都观以楼观道士王延为观主，并亲自召见道士于大兴殿以提高其声望。道教自东汉以来在社会上

---

① 《续高僧传》卷二一《智𫖮传》。
② 《续高僧传》卷二一《智𫖮传》。
③ 《国清百录》卷三。

力量是很大的，作为土生土长的宗教有其深刻的历史根源，因而隋文帝对道教的利用和扶植是相当积极的，在宗教政策上实行的是佛、道并重的政策。

隋炀帝杨广和其父亲一样，既笃信佛教，又尚好道教。当他还在做晋王时，就对道士徐则甚为钦崇，并企图依靠徐则帮他篡夺帝位。他对当时的许多道士都很敬重，史称"时有建安宋玉泉、会稽孔道茂、丹阳王远知等，亦行辟谷，以松水自给，皆为炀帝所重"①。故《隋书·经籍志》谓："大业中，道士以术进者甚众。"《历代崇道记》载："炀帝迁都洛阳，复于城内及畿甸建道观二十四所，度道士一千一百人。"炀帝还"以天下承平日久，士马全盛，慨然慕秦皇、汉武之事"②，幻想长生不死，迷恋金丹方药。他在皇宫内仿照传说中的仙山琼阁大兴土木，每日于苑中林间盛陈酒馔与宠姬及僧道男女饮乐，其荒淫无度的生活反映了崇佛佞道带来的消极效应。由此可见，隋朝皇帝对道教的利用不仅仅是出于政治上的需要，应当说还是含有某种信仰成分的。有些举措后来被唐代统治者继承，为唐代道教的发展奠定了基础。

尽管佛、道大倡，但儒学以根深蒂固为统治之本。开皇元年（581年），隋王朝刚刚建立，文帝就下诏宣布儒学为官方思想，认为乱世之后首先要以儒家礼教来收束人心。于是京邑四方，遍立学校，"齐鲁赵魏，学者尤多。负笈追师，不远千里。讲诵之声，道路不绝。中州儒雅之盛，自汉魏以来一时而已"③。开皇九年（589年），文帝又颁诏书，下令普及儒学，要求内外官吏和黎民百姓都要以儒家礼教为言行准则，彻底杜绝不轨不法行为。但由于佛、道煽扬的炽盛，加之文帝晚年精力衰退，不思进取，儒学趋于没落。

炀帝初即位，颇欲有所作为，于是重新推崇儒学，让儒者为其长治

① 《隋书·徐则传》。
② 《旧唐书·薛颐传》。
③ 《隋书·儒林传》。

文吏俑（隋）

久安出谋划策。"征辟儒生，远近毕至"，"使相与讲论得失于东都之下，纳言定其差次，一以闻奏焉。于时旧儒多以凋亡，二刘（刘炫、刘焯）拔类出萃，学通南北，博极今古，后生钻仰，莫之能测，所制诸经义疏，搢绅咸师宗之"①。炀帝又在文帝开科取士的基础上重点规定儒经为必考的科目，这就使儒学牢固确立了在封建社会意识形态中的主导地位。科举取士是选拔各级官员的主要途径，儒生居于官位保证了儒学成为决定性的统治思想。炀帝还进一步提高孔子及其后裔的地位，文帝曾封"孔子后为邹国公"，炀帝则"改封为绍圣侯"。炀帝认为只在社会上层提倡儒学远远不够，还要加强对民间的引导和推广，于是遣使到各地优奖旌表孝悌节义之人。炀帝振兴儒学的确起到了富国强兵的作用，但好大喜功的骄奢之心也导致了儒学的废坏。在外征四夷、内务不修的境况下，儒学陷于困顿。"其风渐坠，以至灭亡。方领矩步之徒，亦多转死沟壑。凡有经籍，自此皆湮没于煨尘矣。遂使后进之士，不复闻《诗》、《书》之言，皆怀攘寇之心，相与陷于不义。"②炀帝晚年的荒淫腐败和倒行逆施导致了隋末的黑暗政治和社会动乱，因而在隋末的农民起义和军阀混战中多有儒生参与。

隋朝在思想领域方面佛、道确有甚嚣尘上之嫌，因而佛、道的论争较之于与儒学的论争也显得更为尖锐激烈一些。隋文帝在开皇元年

---

① 《隋书·儒林传》。
② 《隋书·儒林传》。

（581 年）就曾组织过一次三方辩论，就《老子化胡经》之真伪三方展开唇枪舌剑。道教徒以此证明佛陀为老子的徒弟，佛教徒则为无中生有之谰言而愤怒不平。隋炀帝在大业三年（607 年）又组织过一次三方辩论，就各派理论进行立义驳难。道士余永通先搬出"道"的定义："有物混成，先天地生，吾不知其名，字之曰道"，以为用模糊语言形容朦胧神秘的"道"是对方难以批驳的。但佛学注重逻辑思辨，僧人慧净马上反诘道："有物混成，为体一故混？为体异故混？若体一故混，正混之时，已自成一，则一非道生；若体异故混，未混之时，已自成二，则二非一起。先生道冠余列，请为稽疑。"①

儒学以阐发、维护纲常名教为己任，讲求忠君孝亲，因而隋朝皇帝励精图治时都希图建立以儒学为核心、以佛道为辅助的思想统治体系。隋文帝开皇元年（581 年）曾下诏曰："法无内外，万善同归；教有深浅，殊途共致。朕伏膺道化，念存清静，慕释氏不二之门，贵老生得一之义，总齐区有，思至无为。若能高蹈清虚，勤求出世，咸可奖劝，贻训垂范。"② 开皇二十年（600 年）又下诏曰："佛法深妙，道教虚融，咸降大慈，济度群品，凡在含识，皆蒙复护。所以雕铸灵相，图写真形，率土瞻仰，用申诚敬。其五岳四镇，节宣云雨，江河淮海，浸润区域，并生养万物，利益兆人，故建庙立祀，以时恭敬。敢有毁坏、偷盗佛及天尊像、岳镇海渎神形者，以不道论。"③ 可见文帝对佛、道的弘扬有其实际的功利思想，并真正相信宗教能使芸芸众生得到心灵的安慰。炀帝在位期间，建立崇玄署，设令丞，加强对佛教、道教的管理。又在内道场集佛经、道经，别撰目录。"其在两都及巡游，常以僧、尼、道士、女官自随，谓之四道场。"④ 正因如此，有的论者认为隋朝皇帝

① 卿希泰：《中国道教思想史纲》第 2 卷，四川人民出版社 1985 年版，第 754~755 页。
② 《全隋文·五岳各置僧寺诏》。
③ 《隋书·高祖纪下》。
④ 《资治通鉴》卷八一。

崇信佛、道而轻儒。

青釉刻花莲瓣纹壶（隋）

实际上，文帝、炀帝并无固定不变的倾向性，始终把佛、道二教看成是维护统治的工具，在崇佛信道的同时更为注重的是经世达用。其实早在颜之推的《颜氏家训》中就已兼融了儒、佛、道思想，或可代表社会上流行的三教趋同观点的晶化。颜氏认为儒、佛二教"本为一体"，佛教为内教，儒教为外教，佛教之五戒与儒家之五常相符，"仁者，不杀之禁也；义者，不盗之禁也；礼者，不邪之禁也；智者，不酒之禁也；信者，不妄之禁也"。颜氏对佛教普度"群生"、教人"入善"的功能十分赞赏，后来儒学的发展说明颜氏已预见到儒学将借鉴佛教心性理论以改造自身的必然趋势。颜氏认为道教的得仙之说不可信，再加上炼丹弄药的费用太贵，不宜推行。但道教的养生方法有道理，"若其爱养神明，调护气息，慎节起卧，均适寒暄，禁忌食饮，将饵药物，遂其所禀，不为夭折者，吾无间然"。

隋代"大儒"王通深切感到统一的王朝需要有统一的思想，儒家思想自然是最适宜的角色。但佛、道的勃兴却使儒学衰微不振，于是他决心以明王道而起儒风。他的主要著作《续六经》已失传，今存《中说》或称《文中子》系其弟子和家人论纂，由此可考察王通的基本思想。王通宣扬"王道"反对"霸道"，主张调和三教分歧，认为三教的激烈攻贬对政治十分有害，因此提出"三教于是乎可一矣"[1]。他认为佛教属"西方之教"，到中国不符礼仪制度，显然需要改造。而道教追求长生，不顾孝悌，是一种贪婪的表现，反而不自然。那么是否应罢黜佛、道，唯儒独尊呢？王通认为不能选择如此简单的做法，而应以平和的心态分

---

① 《中说·问易》。

析各家短长，三教可相互取长补短，逐步走向合流。可以说，无论从实践上还是理论上，虽然隋朝统治者难免偶有偏颇，但中国的政治文化态势规定了三教彼此消长而终归合流的儒化倾向。

第二节 务实通达

唐代建立之初，太宗君臣为求"致治"，经常讨论"前代成败事，以为元龟"①。史籍中关于太宗君臣"共观经史"、"以古为镜"的记载很多，常可见到"终及日昃"、"中宵不寐"的描写。中国传统中有一种极为普遍的思维方式，即从"往事"中为"现世"寻找各式各样的依据或说法。唐初"以古鉴今"的思想得到充分发挥，这种积极思考、面对人生的态度使儒家学说的政治功用得以强调并升华。太宗临终前为太子留下一部《帝范》，其序言："所以披镜前踪，博采史籍，聚其要言，以为近诫云尔。"② 可见太宗不仅自我要求很高，而且对后世忧虑极深。

由于"以古为镜"这一传统思维方式可以矫正现实生活中的失谬以免"见嗤后代"，故贞观期间君臣议政论史的思路基本依循了儒家经史提供的参照体系。贞观三年（629 年），太宗以魏征为秘书监并迁副相，主持修史，参与朝政，足见对"史鉴"的重视程度。魏征以"丧乱之后，典章纷杂"，奏请学者治史校经。"数年之间，秘府图籍，粲然毕备。"③ 在修纂过程中，魏征明显带有寻找借鉴的意识。至贞观十年（636 年），《梁书》、《陈书》、《北齐书》、《周书》、《隋书》全部修成，此间并完成《群书治要》。贞观君臣在"取鉴"过程中，着眼点在"人事"

---

① 《贞观政要》卷六。
② 《全唐文》卷十。
③ 《旧唐书·魏征传》。

而不信"天命"，特别注意考察前代治乱兴衰的原因，颇具居安思危、善始慎终的特点，这也就使唐初统治者的思想务实而通达。

唐初"取鉴"特色主要表现在：（1）以亡国之君为戒。魏征在修史时注重前代帝王留下的教训，如在分析秦、隋衰亡的情况时，认为秦始皇、隋文帝晚年时已露衰象，而继位之君更是顺其定势推波助澜，以致迅即倾覆。亡国之因"所由来远矣，非一朝一夕"①，以此告诫君王勿"居安忘危、处治忘乱"。（2）重视民心向背。太宗看到隋主残暴大失民心，故执政后迅速采取措施赢取民心。炀帝"肆其淫放，虐用其民，视亿兆如草芥，顾群臣如寇仇，劳近以事远，求名而丧实"②。太宗认为："凡理国者，务积于人，不在盈其仓库。""多积仓库，徒益其奢侈，危亡之本也。"③（3）任贤用能纳谏。隋炀帝刚愎自用、不欲人谏，落得孤家寡人、众叛亲离的下场。太宗反复对群臣论说此事，认为"隋炀帝暴虐，臣下钳口，卒令不闻其过，遂至灭亡"，臣下"须相匡谏，不避诛戮，岂得惟行谄佞，苟求悦誉"④。因而贞观年间"谏净"成为"美谈"，与隋炀帝"无人君之量，恃才傲物，所以至于灭亡"形成鲜明对比。（4）博采善择众长。唐初在修撰史书的同时，还注意遍览经要以"网罗治体"。太宗认为古书浩繁，博而寡要，任命魏征等"采摭群书，剪裁浮放"，"存乎政术，缀述大略"。魏征据此编出《群书治要》，其序言："今之所撰，异乎先作。总之新名，各全旧体。欲令见本知末，原始要终。并弃彼春华，采兹秋实。一书之内，牙角无遗；一事之中，羽毛咸尽。用之当今，足以殷鉴前古；传之来叶，可以贻厥孙谋。"该书虽将儒家经典列为经书首位，但并不拘泥于其迂腐的学说，而是将眼光盯在"有关政术，存乎劝戒"上，因而不问哪家学说皆剪裁收之。魏征

① 《隋书·炀帝纪》。
② 《隋书·杨玄感等传》。
③ 《贞观政要》卷八。
④ 《贞观政要》卷六。

认为取鉴求治，必须总各家之长，舍各家之短，才能达到兴化致治的效果。其兼通众家、经世致用观念明显反映出贞观时期思想领域的涵容性、开放性、务实性。

总之，唐初"兼通众意"而不"独尊儒术"，注意从正反各个方面吸取经验并不时地调整治国方略，使"贞观之治"开创了崭新的局面，取得了高度的成就。

唐代佛、道思想虽然对儒家思想形成一定的冲击，但儒家思想却是根深蒂固、延续不绝的。唐代官方的意识形态、政府修撰的大量典籍、科举取士制度与学校教育方针，以及大多数士大夫与读书人的思想，仍是儒家礼法伦理意识占绝对主导地位。当然，儒家在佛、道的挑战中已失去了一家独尊的地位，但也正是在这样的境况下儒家吸取了佛、道的某些理论和思维方式而获得了更新。自唐高祖武德元年（618 年）置经学博士，至唐太宗贞观元年（627 年）更是"益崇儒术"。贞观二年（628 年），太宗下诏在国学立孔子庙堂，恢复祭孔的仪式。以孔子为先圣，以颜回为先师，以历代名儒配享尼父庙堂。

在科举取士方面，考试科目主要是"明经"和"进士"，儒家经典是必考典籍。但前代流传下来的各种经传，或有浓重的天人感应色彩，或有谶纬神学的明显印记，或有倾向虚无的玄学思想，或有今、古文经的门户之见，或有南、北儒学的学风差异，其蕴涵的各种各样的政治观点，并不完全符合唐朝的政治需要，因此统一经学成为统一思想的当务之急。由此而产生出颜师古校勘的《五经》、陆德明撰著的《经典释文》、孔颖达释述的《五经正义》。这三部著作订正了许多传习已久的错误，以严谨的考据和平实的笔法解决了经传流传中的积弊，固然对儒家礼治有推崇之心，然而对儒家学说并不拔高夸大。作者一方面校阅历代学者留存的大量典籍，另一方面对繁杂的注疏来一番彻底的清理。在撰述过程中辨析各家之说，剪其繁冗，撮其机要，注意时政的需求和义理的精审，使解说通达并便于实施。如孔颖达的《五经正义》，注意阐说

银鎏金"论语玉烛"龟形器（唐）

儒经理论法则与自然人伦关系的一致性，尝试将"心"、"性"、"情"、"欲"与儒家之"礼法"结合起来，试图建立起大一统的官方意识形态，不仅为现实的皇权服务而且着眼于统治的长久。《五经正义》刊定后，成为钦定的科举考试用书，广大士子生徒无不习之，儒家思想无可争辩地居于主流地位。

在皇权干预下，儒学消除了宗派异说，实现了整合与统一，并借助于科举制的发展取得了一段时期的辉煌。但统一也意味着束缚，钦定则意味着霸道，因而儒学在走向高峰时也趋于僵化。《五经正义》中对心性义理的探讨尽管是粗略的，却洋溢着大唐王朝开放、涵容、通脱的风度，成为继汉学以来向宋学过渡的一段主要里程。

唐代诸帝对于宗教的态度普遍是从政治上考虑的，他们虽然崇佛兴道但真正信仰者并不多。武德年间，承隋末风气佛教大行，太史令傅奕上表请求罢之，引起儒、佛、道之争。这次论争中傅奕站在维护国家政治的立场上，指出："佛在西域，言妖路远；汉译胡书，恣其假托。故使不忠不孝，削发而揖君亲；游手游食，易服以逃租赋。演其妖书，述其邪法，伪启三涂，谬张六道，恐吓愚夫，诈欺庸品。"[①] 道教徒也趁机对佛教展开攻击，而佛教徒也毫不示弱作书回敬。

唐高祖李渊未做皇帝前是信奉佛教的，但也并不排斥道教。李渊建立唐王朝是得到佛、道援助的，因而唐初简单地罢斥或扶植某教显然不合时宜，况且宗教的力量相当强大。但是，李唐王朝为了提高自己的出

---

① 《旧唐书·傅奕传》。

身门第，不得不攀附道教老祖李耳以显尊贵身份。因而在三教论争没有结果的情况下，高祖于武德八年（625 年）颁布《先老后释诏》，明确规定："老教、孔教，此土先宗，释教后兴，宜崇客礼。令老先、次孔、末后释。"①

太宗即位后也对道教特加优宠，这是因为道教在李氏太子之争中支持太宗。贞观十一年（637 年）发布诏书曰："朕之本系，起自柱下。今鼎祚克昌，既凭上德之庆，天下大定。亦赖无为之功，宜有改张，阐兹玄化。自今已后，斋供行立，至于称谓，道士女冠可在僧尼之前，庶敦本之学，畅于九有，尊祖之风，贻诸万叶。"② 唐太宗在治国之策上实际上也是采取了《老子》清静无为思想的，因而佛教徒在一连串打击下受到重创。

唐初两位皇帝采取崇道抑佛政策，主要是因为佛教在隋代发展过快，道教对李唐王朝的巩固有利。但当政治稳定以后，他们也对佛教表示一定的扶持。贞观十九年（645 年），潜出国境留学印度的高僧玄奘载誉归来，太宗立即组织盛大的欢迎仪式并亲自召见。太宗晚年转向佛教信仰正如对道教的政治利用转向求取长生方术一样，都是祈求不死。《资治通鉴》卷二〇〇载："王玄策之破天竺也，得方士那罗迩婆寐以归。自言有长生之术，太宗颇信之，深加礼敬，使合长生药，发使四方求奇药异石，又发使诣婆罗门诸国采药。"太宗年轻时并不崇佛、道，而晚年却佞信佛、道，以致求方服药而死。

高宗李治嗣位之初，在宗教政策上仍是沿袭贞观遗规崇道抑佛，他追封老子为"太上玄元皇帝"，规定《老子》为科举考试内容，将道士划归管理皇族事务的宗正寺管理，并在全国各地兴建了大批道观。但自高宗永徽五年（654 年）自尼寺里接取太宗幼妾武则天入宫后，不但身

---

① 《续高僧传·释慧乘传》。
② 《唐大诏令集》卷一一三。

体每况愈下而且大权日益旁落。显庆五年（660年）以后，武则天已掌实权，并开始利用佛教广造舆论。载初元年（689年），沙门表上《大云经》，谓武则天当以女身临天下。据此，武则天"敕两京、诸州各置大云寺一区，藏《大云经》"①，并于当年正式称帝，改国号为周。

武则天要夺取、巩固政权，利用宗教制造舆论当然是重要的措施。因此，她一即位便宣布"释教开革命之阶，升于道教之上"②。她不但削去老子的"玄元皇帝"称号，而且罢废举人习《老子》的规定。她大肆营造佛教建筑，"镇浮屠，立庙塔，役无虚岁"③。她打破唐太宗由玄奘一统译场的局面，接待各方译僧并给予褒奖。鉴于禅宗在群众中日益上升的影响，她令神秀入京并亲加礼拜。由于武则天的崇佛抑道，以致出现道教信徒皈依佛门的现象。

玄宗李隆基统治期间，是李唐王朝最为隆盛的时期。李隆基鉴于武则天依靠佛教势力篡夺李唐王朝的教训，加之道教力量对他的竭诚支持，一上台便大力推行开国以来的崇道政策，从而形成了唐代道教的全盛气象。

唐玄宗自称梦中见到老子，醒后画出真容，又教人画老子像许多张，分送天下各州开元观供奉。唐玄宗为大举推崇道教，尽可能地给太上老君追加封号，如"大圣祖玄元皇帝"、"圣祖大道玄元皇帝"、"大圣祖高上大道金阙玄元天皇大帝"，并一再诏令天下诸州普遍修建玄元皇帝庙，其建筑富丽堂皇、庄严雄伟。天宝元年（742年）正月，陈王府参军田同秀上言："玄元皇帝降见于丹凤门之通衢，告赐灵符在尹喜之故宅。"④ 玄宗即派人就函谷关尹喜台西得之，乃置玄元庙于大灵坊，并以函谷宝符潜应年号为由，改元"天宝"。当时人皆怀疑宝符由田同

---

① 《资治通鉴》卷二〇四。
② 《资治通鉴》卷二〇四。
③ 《新唐书·苏瓌传》。
④ 《旧唐书·玄宗本纪》。

秀伪造，而玄宗却深信不疑、大加赞赏。

唐玄宗更大力提高道士的社会地位，经常召见道士，拜官赐物，甚而亲受法箓，以道士为师。如开元九年（721年），遣使迎天台道士司马承祯入京，"亲受法箓，前后赏赐甚厚"①。十五年（727年）又召至都，并令其于山自选形胜，为之建"阳台观"以居，观建妥以后，玄宗亲笔题额遣使送之，赐绢300匹，以充药饵之用。玄宗还规定道教节日，如开元二十二年（734年）下诏："自今以后，两都及天下诸州，每年正月、七月、十月三元日，起十三日至十五日并宜禁断屠宰。"②

唐玄宗又设置崇玄馆，规定道举制度，以"四子真经"开科取士。开元二十九年（741年），制令两京及诸州各置崇玄学，生徒令习《老子》、《庄子》、《列子》、《文子》，每年准明经例考试，称为"道举"。天宝元年（742年）二月，又规定将庄子封号为南华真人，文子封号为通玄真人，列子封号为冲虚真人，庚桑子号为洞虚真人，其四子所著书尊为真经，崇玄学置博士、助教各一员，学生100人。天宝二年（743年），又将西京崇玄学改为崇玄馆，博士为学士，助教为直学士，更置大学士员。并规定大学士以宰相为之，领两京玄元宫及道观。

玄宗还大力倡导斋醮和制作道教乐曲。据《旧唐书·礼仪志》称："玄宗御极多年，尚长生轻举之术，于大同殿立真仙之像，每中夜夙兴，焚香顶礼。天下名山，令道士、中官合炼醮祭，相徙于路。"由于玄宗迷信斋醮，故对各种斋醮乐曲也特别欣赏和重视，不仅命司马承祯制《玄真道曲》、李会元制《大罗天曲》、贺知章制《紫清上圣道曲》，而且还自制《霓裳羽衣曲》、《紫微八卦舞》等荐献于太清宫。

唐玄宗的种种举措和行为，使唐代崇道之风发展到极致，在社会上形成了一种狂热的奉道浪潮。当时一些公主妃嫔多有入道为女真者，朝

---

① 《旧唐书·司马承祯传》。
② 《唐大诏令集·天宝七载册尊号敕》。

菩萨头像（唐）

臣中亦多有舍宅为观请为道士者。道士升官晋爵者不乏其人，故时有"终南捷径"之讥。据《唐六典》记载："凡天下观总 1687 所。"其中道士观 1137 所、道姑观 550 所，可见道教之隆盛。

与此同时，由于开元年间出现太平盛世，唐朝统治者充满自信而踌躇满志，各种宗教及诸多教派亦繁衍昌隆。唐玄宗亲为《金刚经》作注并颁行天下，印度僧人来华时玄宗给予相当的荣誉和礼遇。密宗此时确立，玄宗曾请不空为其行灌顶仪式，成为菩萨戒弟子。密宗此后兴旺发达，是中国佛教史上的重要事件，对藏传佛教和日本佛教都有深远影响。

总之，玄宗时社会充满祥和气氛，一派歌舞升平的样子，宗教得到极大的张扬，求仙访道一时蔚然成风，烧香拜佛也是司空见惯，不然李白和王维怎有"诗仙"和"诗佛"之称。

第三节　疑古倡新

唐代后期国力渐衰，思想领域更见复杂。安史之乱打破了人们沉迷其中的佛境仙界，忧国忧民之士开始深刻地反思并追寻致乱的原因。代宗时礼部侍郎杨绾提出以科举取士为导向，教人恪守伦理纲常以维系社会秩序的安定。众多士大夫认为，如今"试学者以帖字为精通而不穷旨义"，"考文者以声病为是非而惟择浮艳"，将"不穷旨义"和"惟择浮艳"与治乱兴衰联系起来，普遍感到"末学驰骋、儒道不举"① 的状况亟须改变。然而思想文化问题不是非常容易解决的事情，终代宗之世儒学思想一直委靡不振、危机不止。

顺应时势所出现的啖助、赵匡、陆质，倒是以《春秋》之学别开生面，试图以新义重振儒家雄风。啖助"集三传，释《春秋》"，前后历时10年，"至大历庚戌岁而毕"。啖助早逝，赵匡因其学说而加"损益"，陆质"随而纂会之"，"至大历乙卯岁而书成"，即今天所见《春秋集传纂例》10卷。这一学派首倡其说者推啖助，充分发挥者为赵匡，整理推广者是陆质。《春秋集传纂例》不再像颜师古、陆德明、孔颖达等从字句出发校勘修订，而侧重义理的阐发和救时的效能。孔颖达所撰《五经正义》中《春秋正义》只尊《左传》史事，致使当时学子仅知《左传》而不知公羊、穀梁。安史之乱后藩镇割据，社会现状恰似孔子所处时代，如果再以《左传》为尊，似乎也就认同诸侯可以乱政的历史，成为现实中军阀们的口实。啖助等人亲自感受到安史之乱的祸害，因而从《春秋》之传中发掘义理，试图寻找疗救社会的良方妙药。

毋庸讳言，啖、赵、陆三人一致认为，《春秋》的宗旨是尊王崇礼，"尊王室，正陵僭，举三纲，提五常，彰善瘅恶，不失纤芥，如斯而已"②。他们针对安史之乱后皇室衰微、藩镇强大的局面多所发挥，摒斥"悖礼诬圣，反经毁传，训人以逆，罪莫大焉"的不义之说。但啖助等人并非强词夺理，空泛说教，而是有理有据，考证精微。三传可取之处取之，可疑之处疑之，这为中唐以下的疑古辨伪开了风气。不可否认，啖、赵、陆等人对《春秋》三传中的矛盾重加阐释、赋予新意，以求维护封建礼法而又难以自全其说，未能使经典神圣起来倒使人更加思考分封制与郡县制之争。但啖、赵、陆一派为宋代理学开了先河，此后

① 《全唐文》卷三六八《议杨绾条奏贡举疏》。
② 《春秋集传纂例》卷一。

新兴的经学都从中深获教益。

啖、赵、陆发起的新经学运动在空气沉闷的经学研究中拓出了一片生动活泼的新天地，使其后的唐宋士子从"疏不破注"的传统束缚中挣脱开来，一反汉唐经学家侧重语言文字训释的旧风，打破株守经注传统造成的僵死思想体系，在对经书理念的探讨中自由阐发自己的见解。也正是在这"新义日增，旧说几废"的活跃学术氛围中，无论是从政治还是从文化出发，无论是援佛还是援道糅于儒学，中国的思想界又面临着一场变更，而此时的佛、道思想也出现新异，由此可见安史之乱后人们深刻的思想反省以及价值观念的重构。

安史之乱后的思想领域是十分活跃的，其活跃的征象恰恰表现在传统经学的危机。就儒学而言，啖、赵、陆无疑打破了陈规旧习，建立起一种说解天地人生的新体系。与其同时或稍后，杜佑则撰出《通典》，表明了试图重建社会秩序的努力。杜佑（735～812 年），较啖助出生晚11 年而较陆质去世晚 7 年。其以门荫入仕，初为郡、县辅吏，后渐次升任为刺史、观察使、宰辅大臣。其"性嗜学"，"手不释卷"，"该涉古今"，经 36 年纂成《通典》200 卷。德宗见到献书，"优诏嘉之，命藏书府"。杜佑后又将《通典》摘要编成《理道要诀》10 卷，再献德宗①。

杜佑丰富的政治阅历和长期的学术实践，使他对古今之变看得更为清楚、更为深远。其所撰《通典》，正是在当时"理道者众"的情况下提出的治世之说。在杜佑看来，要治世并非简单从儒经中寻章摘句，空发议论，而是要针对现实的社会问题探寻救弊之道，匡正之方。其所以著《通典》，分门别类地考证历代的制度沿革，就是要发现历代社会体制的内在联系及其发展，并建立一种符合逻辑的社会结构。《通典》的内容，包括食货、选举、职官、礼、乐、刑、州郡、边防等，而其中仅《礼》就占了 100 卷，可见作者对礼的重视。作者依吉、嘉、宾、军、

---

① 《旧唐书·杜佑传》。

凶五礼撰述，吉礼主要指祭祀天地祖宗、日月星辰、风雨雷电、山川草木的仪式，嘉礼包括冠冕、婚嫁以及由此反映出的宗族关系，宾礼主要指朝聘、客宾之礼，军礼主要指将士出征之礼，凶礼则包括各类丧葬制度以及所反映出的宗族关系。其中嘉礼和凶礼内容为多，由此看出作者对宗族关系和亲属制度的考察是十分重视的。

毫不奇怪，透过礼仪沿革可以看到婚姻状况、家庭结构、宗法关系、社会网络、文化氛围以及整个社会风貌。杜佑正是以此来把握社会总体结构，再深入探讨社会表象下的根源，以求真正认识积弊，找出可行的解决办法。如果说《春秋集传纂例》注重义理的辨析，那么《通典》更侧重从史实的考证中探求治今的措施。但两书的共同特点是都不泥古，变衰催新，维护大一统的政权。

较杜佑稍晚的著名思想家还有韩愈、柳宗元、刘禹锡、李翱等，他们在天人关系上都提出了一些新见解并以此寻求社会的救治。韩愈认为天有意识，可以决定人的贵贱祸福。但人的作为也并非没有意义，君子不能放任自己的行为。君子当应努力，命运由天决定。但天有时使善人遭祸、恶人得福，这与传统的天命论即奖善罚恶是相反的。在韩愈看来，人的生产活动破坏了天地之元气，故遭责罚，而人欲有为难免不能顺应自然之上天，故遭报应。

柳宗元认为，韩愈可能出于某种激愤情绪才讲这些话，因为社会上的确有许多好人遭殃、恶人得福的实例，包括韩愈自己也遭到打击迫害。柳宗元认为，天地就是充满元气的大自然，是无意识的，不能左右人间祸福。他在《天说》、《天对》、《贞符》、《非国语》等文中，对天人感应说进行了批驳。唐初自武则天执政以来，祥瑞灾异说一度流行，君权神授说又受尊宠。在思想界、学术界，也不敢根本否认天人感应现象的存在，只是强调以人事为主。柳宗元大胆地否定了天的神性，强调以人的德政治天下，具有大无畏的精神和唯物论的思想。他清醒地懂得，天命是讲给愚人听的，朝廷命官以此为真就大错特错了。

彩绘文官俑（唐）

刘禹锡看了柳宗元的《天说》后，认为"非所以尽天人之际"，于是又作《天论》，以极其辩。刘禹锡的《天论》重点讲"天不预人"，并引申出一个新论点，即天人各有胜处。他说："大凡入形器者，皆有能有不能。天，有形之大者也；人，动物之尤者也。天之能，人固不能也；人之能，天亦有所不能也。""故余曰：天与人交相胜尔。"他具体阐述"天之能"与"人之能"，说天有其自然属性，"阳而阜生，阴而肃杀"，"水火伤物，木坚金利"；人有其生存本能，"阳而艺树，阴而揫敛"，"礼分长幼，右贤尚功"。概括而言："天之所能者，生万物也；人之所能者，治万物也。"①刘禹锡说明了天人之别，肯定了人与天既有对立、斗争的一面，又有统一、联系的一面，对自古以来的天人关系作了一个总结。

柳宗元、刘禹锡之所以论天说人，强调顺人应势，当然还是为拯救时弊。柳宗元认为本朝由于顺人而得天下，应势而国富强。所谓人，当然指民众、贤能；所谓势，当然指集权、统一。故其写《封建论》肯定郡县制在中唐有特别的意义，而参加王叔文领导的"永贞革新"更是欲有作为。刘禹锡认为"人之道在法制"，人必须有法律规范才能弘扬正义，"是为公是，非为公非，天下之人蹈道必赏，违善必罚"，才有可能造成昌盛之势。否则，是非颠倒，赏罚不明，公理废弃，何能胜天？刘禹锡思想程度是深刻的、进步的，"永贞革新"使他与柳宗元成为同志，即使革新失败他们依然坚持操守，成为美谈。

① 《天论》。

　　韩愈从维护封建政权出发，更重视儒家经学的正统和尊严。中唐时，佛、道甚为流行，儒学再固守旧说就难保宗主地位，因而必须更新创造。在同佛、道的论争中，儒学一方面取敌之长，另一方面攻敌之短，从而强化了自身的生命力。韩愈是这方面的代表人物，他激烈地反对佛教，上疏宪宗谏迎佛骨，言辞恳切激昂慷慨。但这并不妨碍他模仿佛教法统编制出一个儒家道统，这一道统的建立使儒家学说推陈出新，后经李翱的补充完善而成为宋代道学的基石。

　　韩愈在《原道》中指出，儒家之道统由来已久，从尧、舜、禹、汤、文王、武王、周公、孔子、孟子以下，到自己要重振儒道雄风。这实际是模仿佛教禅宗传法系统。最早来中国传播禅学的印度僧人达摩宣称，自释迦牟尼以来禅学历代相授不立文字，以一件袈裟作为传法正宗的凭证，到达摩为第二十八代祖。达摩到中国被称为初祖，历传二祖慧可，三祖僧粲，四祖道信，五祖弘忍，六祖慧能，七祖神会。这富有传奇色彩的法统传授故事当然会给韩愈以启发，何况禅宗以其燎原之势已遍布大江南北。韩愈又以"仁义"为道统的核心，这样就与老子"自然"、"无为"之"道"区别了开来。《老子》认为"万物莫不尊道而贵德"①，仁义等人为行为是对自然之道的破坏。韩愈为避免二者发生混淆，故在《原道》中首先强调仁义为道统的主旨。道统自秦中断以后，历代受到干扰而不纯正，故韩愈以继承孟子自命。后来宋代道学家对道统说充实、论证，朱熹再续道统名单将此发扬光大，道学成为中国封建社会后半期的思想主流。

　　韩愈在展开道统理论时，触及到人格修养问题，他又作《原性》论述性三品与情三品的观点。他说："性也者，与生俱生也；情也者，接于物而生也。性之品有三，而其所以为性者五；情之品有三，而其所以为情者七。"他认为，性是人与生俱来的，情是人接物而生的。所谓性

────────────

① 《老子·五十一章》。

三品，就是将性分为上品、中品、下品，构成性的是仁、礼、信、义、智五种道德。所谓情三品，亦分上、中、下三品，构成内容为喜、怒、哀、惧、爱、恶、欲。其实，韩愈之前就有性情善恶之争论，孔子说"唯上知与下愚不移"①，孟子提出性善论，荀子提出性恶论，告子提出性无善恶论，扬雄提出善恶相混论，董仲舒明确提出性分"圣人之性"、"斗筲之性"、"中民之性"三等。韩愈认为，人性之上品和下品不可更移，唯中人之性或向善向恶、可上可下。韩愈的情三品说较为新颖，主张对七情控制要适中，不要压制也不要放纵。韩愈以性情三品说论证儒学礼法制度的必要性与合理性，从而证明封建伦理和等级秩序的天经地义。

韩愈的学生李翱对韩愈极为推崇，他在阐扬儒学反对佛教时，借用佛教的方法修养儒家的心性，因而继韩愈道统为宋代理学开辟了道路。如果说韩愈欣赏《大学》中的"正心诚意"，那么李翱则推崇《中庸》中的"修身养性"。

李翱提出"复性说"，即人应除去情的迷惑而复性的善良。他说："人之所以为圣人者，性也；人之所以惑其性者，情也。喜、怒、哀、惧、爱、恶、欲七者，皆情之所为也。情既昏，性斯匿矣。"② 因此要去情复性，圣人之特异处在于能够避免情的迷惑，百姓则往往沉溺于情而失其本性，这就是圣人与百姓的区别。因此，百姓应像圣人那样，将情控制在适当的程度。他引《中庸》提出"中和"之说，即情未发时，要不喜不怒，不哀不乐，不偏不倚，这叫"中"。情一旦发，要恰如其分地节制，合乎法度，使其保持在无过无不及状态，无所乖戾，这叫"和"。"中和"之道后为宋代理学家阐扬，成为修身养性的法则，要"复性"、"中和"，就要"格物致知"，以此提高个人修养。李翱还提出

---

① 《论语·阳货》。
② 《复性书》。

类似僧人坐禅方式正思静虑，存心向善，这样就能达到"至诚"，当然也就有了修身、齐家、治国、平天下的基础。李翱"复性"说的核心是要人们摆脱情欲的束缚，"教人忘嗜欲而归性命之道"，宋明理学将其继承和发展，进一步归纳为"存天理，灭人欲"，由此可见儒学在中唐的转机。

　　佛教、道教在唐代均进入兴盛期，唐朝历代皇帝也尽可能地调和佛、道、儒的矛盾，坚持以儒学礼教思想为主的方针，同时引导佛、道为本朝政权服务。肃宗以后，三家相互借鉴真正成为潮流。这是因为三家均有合法地位，官方倡导三家共同辅政。三家在长期斗争中认识到相互攻讦实为不利，维护共同的利益胜于无谓的揭短、败伤。三家在辩论中也都发现自身思想上的不足和对方的长处，因此不自觉地借鉴他家理论而使鸿沟渐弥。比如，佛教在"忠孝"问题上常常受到指责，但唐中叶以后僧人谈"忠孝"者愈多。孔子、老子与释迦同为"至圣"，儒生、道士与和尚也成为朋友。唐中叶以前，法相宗、华严宗影响较大。此后禅宗大盛，社会各界人士谈佛必论禅，其他佛教宗派在禅宗面前黯然失色，天下佛寺也渐渐多为禅宗据有。

　　禅宗强劲发展的主要原因在于它对佛教的中国化改造，它与儒、道意蕴的相合以及简易的修行方式适应了中国国情而使之迅速风靡天下，不过禅宗在将佛教推向高潮之时也给佛教造成深深的内伤。据文献记载，禅宗在中国的初祖为菩提达摩，以"禅定"概括本派的修习而得名，提倡静坐凝心专注达境。达摩本人"面壁而坐，终日默然"，如此九年之久。从早期的从禅思潮形成僧侣中的特殊群体，其间经历了一个相当长的历史过程。自达摩下传慧可、僧粲、道信至五祖弘忍而分成北宗神秀、南宗慧能，禅宗不断壮大而最终以南宗为胜。达摩初传"渐悟"，至道信时形成定居聚徒、坐作并行、不读经、不共人语的特征。道信的弟子弘忍依然坚持道信的禅风，"生不瞩文，而义附玄旨"，并进一步提倡"静乱无二"，"语嘿恒一"，"四仪（坐、住、行、卧）皆是道场；三业（身、口、意）咸为佛事"，把禅贯彻到日常生活中，改变了凡禅必坐的传统，这是禅宗对佛教的重大改革。弘忍对佛典的解释力图排除向外求佛的传统教义，包括偶像崇拜、净土信仰、沉溺经教、着意修持等，从而把解脱的希望转移到自我内心的调节上。在弘忍的影响下，其门徒难以确计。禅师们的活动吸引了众多如醉似狂的追随者，受到从地方到中央各级官吏的普遍关注。原来隐遁山林、自食其力的禅宗，开始受到朝廷重视，一批贫困的禅众上升为富有的官僧。

弘忍之后，争夺禅宗正统的斗争激烈起来。北宗神秀因受武则天召见，拜为"两京法主"，又受中宗、睿宗礼遇，号称"三帝国师"，于是一时显赫起来。但是，北宗始终未能将全国禅众统一起来，禅宗新贵与贫困禅众矛盾不休，因而禅宗六祖之争就成为斗争的焦点。慧能弟子神会认为，北宗"传承是傍，法门是渐"，只有慧能得到弘忍"顿门"嫡传及传宗"法衣"。天宝年间，神会入洛阳非斥北宗，被御史卢奕奏其

慧能像

聚众不轨而遭贬。安史之乱后，两京寺院破坏严重，北宗受到打击。在神会的号召下，出现了一个全国性的破北宗、树南宗的运动。慧能声望空前高涨，据宗密一系传说唐德宗正式立神会为慧能嫡传，奉为第七祖。据柳宗元和刘禹锡所撰《大鉴禅师碑》，慧能被奉为六祖在南方已普遍认同。实际上慧能正式得到朝廷谥号是元和十年（815 年）的事，离慧能去世已有百余年了。这个谥号的重要作用在于肯定了南宗的地位，而使此后的禅众也纷纷归入慧能的法门。

关于慧能的传说很多，一般记载他出身贫穷，后师从弘忍密受袈裟转迹南方。针对北宗禅法"身是菩提树，心如明镜台，时时勤拂拭，莫使有尘埃"，慧能提出"菩提本无树，明镜亦非台，佛性常清净，何处染尘埃"，由此看出北宗"渐悟"与南宗"顿悟"的不同。南宗代表性经典《坛经》（法海本）开头即言："说通即心通，如日至虚空，惟传顿

教法，出世破邪宗。”鲜明表示出在修行方法上破旧立新的主旨，认为
人的心性本静，佛性本有，若识本心，即是解脱。强调众生本性"自用
般若之智，自有智慧观照"，强调"一切万法尽在自身心中，何不从于
自心顿现真如本性"，这成了南宗各家的理论纲领。它又强调"举手举
足，长在道场，是心是情，同归性海"，因此，定无所入，慧无所依，
只要"直指人心"，即可"见性成佛"。

　　南宗主要盛行于下层民众之间，视修定（坐禅）学慧（读经）蔑如
也，既不需要控制自我官能（根），也不必改变对外界（尘）的观念，
更不必选择特定的道场，在日常生活之中，以平常人的心识，即可得道
成佛。据此可以认为，南宗的创始者发展了道信、弘忍将劳动引进禅学
的做法，进一步把禅法贯彻到世俗生活中。南宗提倡不假文学经典，不

南禅寺正殿（唐）

向心外求索，不以造寺、布施、供养为功德，不计较在家出家的形式，
等等，自此形成各种不同的禅门。这种改造后的禅宗很符合当时社会的需
要，因为安史之乱后，地方藩镇称雄，内廷宦官干政，外朝朋党相争，仕
途风险频生，世人忧患不已。禅宗所倡的成佛方法简单易行，给人们带来
很大的心理安慰，因此，诸多士人在失意之余为求心灵宁静，沉浸于禅学
之中寄托心志，这不失为一种解脱方法。即便是穷奢极欲的名门豪富，也
可通过如此便捷的方式修心见性，立地成佛，何乐而不为？同时，禅与

儒、道、玄的观点有内在相通之处。"顿悟"的基点是人皆有善性，这与儒家的性善论自然沟通，识得本心与良心发现恰然相似。禅学与老庄更是接近，如空物我、泯主客、齐生死、反认知、重解悟、亲自然、寻超脱……故庄禅常常浑然一体，相提并论。禅学与儒、道相混的玄学在行为方式上皆求"不着一字，尽得风流"之妙，故由玄机而禅机体现出中国思想善于在吸取和同化异家思想中获得丰富与发展。

由于禅宗宣称佛不在外而在心中，因而"顿悟"之说使人皆可成佛。推广开去，于是发展到"心外无佛"、达到"呵佛骂祖"的地步。禅师们的机辩亦称机锋，有的富于哲理，启迪人生；有的妙趣横生，谐谑兼备；有的则语义晦涩，故弄玄虚。传说佛教视做神圣权威的东西，被他们当做谈资话柄取笑嘲讽，一切似乎都成了毫无意义的游戏。《五灯会元》卷七记载德山宣鉴禅师大不敬的话："这里无佛无祖，达摩是老臊胡，释迦老子是干屎橛，文殊普贤是担屎汉。"据说李翱问惟俨"如何是戒、定、慧"，答曰："贫道这里无此闲家具。"有僧问怀让"如何是三宝"，答曰："禾、麦、豆。"问者曰："学者不会。"印师曰："大众欣然奉持。"天然禅师在冬日取暖竟烧木佛，临济一家"应机"多用"棒喝"。义玄禅师说："夫一句须具三玄门，一玄门须具三要，有权有用。"所谓"三玄"，有"体中玄"，即正面言说本宗道理；"句中玄"，指以语义不明的言说显示妙理；"玄中玄"，指极尽言说之妙，体现真理之玄的境域。所谓"三要"，第一"要"强调破除外境，第二"要"注意不执著言句，第三"要"重视随机发动。三玄三要的理论基础是"得意忘言"，即言说的含义都难以表达真实意境，言不过是意的载体，人应通过言而悟到意。而所谓意，往往又是道不清说不明的。义玄认为，"佛"就是"心清净"，"法"就是"心光明"，"道"就是"心无碍"，因此，信禅者"且要自信，莫向外觅"，一切在我。他号召"向里向外，逢着便杀；逢佛杀佛，逢祖杀祖，逢罗汉杀罗汉"，这是要求信徒把希望寄托在"自悟"、"自信"、"自主"的基础上。但至此反对偶像、轻蔑教条的风气也发展到顶端，而佛教的一贯主张、传统面貌也丧失殆尽。

禅宗后来有"五家七宗"之说，即慧能以下分为南岳怀让、青原行思两系，后南岳系又分为沩仰、临济两派，青原系分为曹洞、云门、法眼三派，称为五家之宗时，临济派又分出黄龙、杨歧二宗，故称"五家七宗"。严格地说，五家七宗的哲学特色不多，始终保持一种杂糅诸学、随机施教的倾向。这类禅风，以追求内心解脱、自然任运为鹄的，它飘然于政治是非、人际爱憎之外，表现出一种安逸闲适、不受拘束的模样。对于安史之乱后朝政持续腐败、朋党倾轧不已、藩镇骄横不法形势下忧心忡忡的官僚士大夫而言，无疑可以释解重负，宽松紧束，去除焦虑，开出一个新天地。在弘忍、神秀时代，政府招举著名禅师，明显带有羁縻性质。慧能以后，因为禅宗创造了新境界，也给中国思想界带来了新气象，从此南宗禅学成为富有中国特色的文化主流现象之一。中唐诗人大都爱禅，如常建《题破山寺后禅院》："清晨入古寺，初日照高林。竹径通幽处，禅房花木深。山光悦鸟性，潭影空人心。万籁此俱寂，但馀钟磬音。"禅宗之通俗使佛教失去了往日的高雅和神秘，从此中国的士民皆可成为善男信女而身具佛性。

唐初的崇道政策到玄宗时达到顶峰，然安史之乱的爆发使崇道狂热受到打击。但此后的皇帝仍信奉道教祈禳之术，迷信道教的长生之药，继续沿着"尊祖"、"崇本"的政策发展。继玄宗之后登上帝座的肃宗李亨，尤其重视和喜好斋醮祈禳活动，史书记载他"殷勤于祠祷"，认为平息安史之乱是玄元皇帝庇佑的结果。代宗李豫刚即位，道士李国祯便以道术见宠。大历七年（772 年），敕"于岱岳观修金箓斋醮，及于瑶池投告。"德宗李适为太子时"尤恶巫祝怪诞之士"，但即位后不久就赏识术士李泌。贞元三年（787 年），"作玄英观于大明宫北垣"①。贞元十

———————————

① 《旧唐书·德宗本纪》。

青釉彩绘炉（唐）

二年（796年），"命沙门、道士加文儒官讨论三教"①。宪宗李纯、穆宗李恒、敬宗李湛、文宗李昂皆是奉道者，并采药炼丹，备极崇敬。武宗李炎更是狂热的信道者，会昌初年（841年），极宠刘玄靖、赵归真、邓元起等道士。在这些道士的鼓动下，遂酿成会昌年间的灭佛事件。结果是"其天下所拆寺四千六百余所，还俗僧尼二十六万五百人收充两税户，拆招提、兰若四万余所，收膏腴上田数千万顷，收奴婢为两税户十五万人"②。宣宗李忱即位后"诛道士刘玄靖等十二人，以其说惑武宗排毁释氏故也"③。不过宣宗对于开国以来的崇道政策仍继续奉行，在维护道统、清整道观、优待道士方面仍有一些措施。特别是到晚年，召见道士轩辕集，访以治国养身之要。"竟饵太医李玄伯所制长生药，病渴且中燥，疽发背而崩。"④ 僖宗李儇执政期间崇道活动尤多，企图仰仗"大圣祖"的威力来摧毁农民大起义。其召道士入宫，征询镇压农民造反的大计，并命于内廷举行醮祭和祈祷。唐哀帝李柷面临灭亡的最后时日还修建上清宫，并建置太微宫以便朝谒"大圣祖"。总之，道教自安史之乱以后只是相对地由盛而衰。

道教以贵生、乐生、长生作为核心信仰，要求人们关心生命的本质问题，因此对人生表现出最大的关注和不懈的探索。他们认为，光阴易逝，人生难得，只要虔诚修炼，每人都可得道成仙，故唐代诸帝对炼丹

① 《旧唐书·德宗本纪》。
② 《旧唐书·武宗本纪》。
③ 《旧唐书·宣宗本纪》。
④ 《廿二史劄记校正·唐诸帝多饵丹药》。

服饵迷恋到无以复加的地步。

唐代前期"药王"孙思邈著《千金要方》，收集了东汉以来至唐代的许多医论、医方、用药、针灸等成果，兼及服饵、食疗、导引、按摩等养生方法，在延年益寿的实践上颇有成效，故深受唐太宗器重。孙思邈的思想体系，道、儒、释的成分兼而有之。他发挥道教"我命在我不在天"的思想，说："神仙之道难致，养性之术易崇。故善摄生者，常须慎于忌讳，勤于服食，则百年之内不惧于伤也。"① 他认为养性的关键在于精神道德的修养，这比饵药服食更重要。但其理论中也杂糅不少神秘主义的东西，对服食补丹以求长生也深感兴趣，他说："虽艰远而必造，纵小道而亦求，不惮始终之劳，讵辞朝夕之倦。"②

孙思邈像

成玄英对老、庄推崇备至，不惜下大气力为其注疏。成玄英是唐代重玄的代表，认为"既不滞有，也不滞无"，"非有非无"谓之"玄"。世界上一切对立的东西都是虚幻的，宇宙间唯有那个抽象的"虚通之妙理、众生之正性"的"道"才是唯一的存在。修行圆满的人，身心合乎于道，就可以超乎生死之外达到永寿。他的观点是由佛教中观的否定思维方法与庄子齐生死思想结合并受玄学中儒家因素启发而成的，在当时的道教理论中具有强烈的思辨色彩并对道教仙学理论产生深远影响。

王玄览的"道体论"提出了"修变求不变"的学说，他说："众生无常性，所以因修而得道；其道无常性，所以感应众生修。"③ 他认为"可道"与"常道"是互相联结、统一的，所以不仅有生灭的"可道"可以修得，而且无生灭的"常道"亦能修得。前者是比较低级的，只能成为"形

---

① 《千金要方·养性》。
② 《云笈七籤》卷七一。
③ 《玄珠录》卷上。

仙"；后者才是修炼的目的，舍去形体而得其真谛。王玄览的"道体"思想趋近佛教的"无生"观念，不再执著于肉体的永恒，强调的是精神的升华，这点与"重玄"思想一致。

司马承祯是上清派茅山宗开创人陶弘景的四传弟子，是为武则天、唐玄宗所重的著名道士。其著述甚多，以《坐忘论》和《天隐子》最有代表性。《坐忘论》谈修道方法，以道教经典为依据，吸收儒家正心、诚意和佛教止观、禅定等思想，中心思想是"守静去欲"、"坐忘收心"。全书分为敬信、断缘、收心、简事、真观、泰定、得道七个部分，这既是修道的七个步骤，也是修道的七个层次。《天隐子》一书与《坐忘论》互为表里，认为人是禀天地之灵气而生的，只要"精明通悟，学无滞塞"，人人都有长生成仙的可能。从这一思想出发，他提出简易、斋戒、安处、存想、坐忘、神解等修道方式。

茅山宗在唐代之所以成为道教主流，是因其宗师大都出自世家大族，具有较高的文化修养，注重教理教义和科仪规范的建设，在组织上有一个严密而独立的传承学说，熟谙政治并有较强的活动能力，在变幻不定的政治风云中敏感而聪慧。茅山宗自其第一任宗师王远知始，到司马承祯皆为朝廷宠客。

盛行于唐朝前期的炼丹术，正是在道教兴旺的形势下发展起来的。道教认为，金丹是上界仙人才能服用的，它是由日月运动自然纯化生成，天上的神仙服之而长生不死。下界凡人只能临炉炼丹，将炉鼎器具想象为一个缩小的宇宙，以人间之火仿天生之火浓缩炼丹过程，炼出仙丹服之也就同神仙一样可以长生不死。炼丹的配料、火候都要符合阴阳、四时的变化机宜，而在这方面的差异就形成许多不同的丹道流派。唐代流行的主要是外丹，所谓外丹是指用铅、汞等矿物配制其他药物作为原料放在炉火中修炼而成的丹药。自魏晋南北朝以来丹道术士们就不断进行探求，到唐代无论是外丹理论还是实践都达到了"黄金时期"。

唐代前期的帝王沉迷于炼丹之事以求长生不死，唐代后期的帝王仍热衷此道痴迷不倦。他们不了解金属的性质与人体性质的关系，认为药质的坚固性与耐久性在人服食后能转移到人体使其肉身永固。实际上金属物质具有抗腐性与稳定性，人服食后不易消化和吸收，而且许多金属具有毒性，人服食后往往可以致死。所以唐代不少帝王之死与服食金丹中毒有关，后来外丹术逐渐被人怀疑和遗弃。司马承祯在道教由外丹术转向内丹术的过程中就起了重要作用，其"主静去欲"成为宋元道教内丹学理论的先驱。源于气功法的内丹术，是指以身体为炉鼎将体内精、气、神为药物，经过一定步骤使精、气、神在体内凝成大丹的养生术。这种内丹原理与道教的哲学思想有关。"与天地造化同途"不仅是内丹的理论基础，并与禅学的"即心即佛"观念相通，由此可见与儒家契合而形成宋代理学的前因。

第四节　苍秀冷峻

五代十国时期，藩镇拥兵自重，战乱连年不息，政治、经济、文化皆遭破坏。人们深感命运无从把握，消极避世思想流行一时。儒士本持齐家、治国、平天下的进取思想，但动乱世道堵塞了他们传统的进身发达之路。儒家的礼法、仁义、一统思想也似乎不合时宜，于是不少儒士转而欣赏道教的归隐无为思想而栖居山林。当权者多为军阀，他们迷信武器和金钱，儒士只能寄人篱下仰天长叹。佛教则是禅宗独盛，无论平民百姓还是帝王公卿都愿从中寻找情感慰藉。一些农夫为躲避苛重赋役剃度为僧，一些显官为求心理平衡也勤于礼佛。禅宗的好处在于不一定要深研其宗教奥义，也不必接受烦琐教规的束缚。禅宗于时衍化成"五家七宗"可见其繁盛，但皈依佛教对统治者的暴敛和强征却是重大障碍，故五代统治者对佛教普遍采取限制的政策。

大圣毗沙门天王像（五代·后晋）

真正对佛教进行打击的是周世宗柴荣，他即位次年便对佛教采取了大力压缩、坚定限制的方针。严禁恶徒出家，废除大批寺院，革除佛教旧弊，鼓励僧尼还俗。经整顿，"所存寺院凡 2694 所，废 30336 所"①。这次毁佛成为佛教史上"三武一宗"的法难事件之一。周世宗之所以对佛教采取严厉措施，乃是出于经济上的原因和佛教的惑乱人心。欧阳修《新五代史·周本纪》曰："是时，中国乏钱，乃诏悉毁天下铜佛像以铸钱。尝曰：'吾闻佛说以身世为妄，而以利人为急，使其真身尚在，苟利于世犹欲割截，况此铜像，岂有所惜哉！'由是群臣皆不敢言。"周世宗是五代中最有作为的君主，其当政以后，"区区五六年间，取秦陇，平淮右，复三关，威武之声震慑夷夏。而方内延儒学文章之士，改制度，修《通礼》，定《正乐》，议《刑统》。其制作之法皆可施于后世"②。周世宗正是从儒家的伦理观念和政治角度出发废除淫祠、整饬佛教的，这对其后宋代确立新的统治思想无疑有着先兆的作用。

道教在兵荒马乱的年代里虽被崇奉也不景气，这是因为尽管像后唐明宗要"复我真宗"、后晋高祖要"素尚玄元"，但无奈天下宫观破陋不堪。废佛的周世宗转而崇道，方使道教有所兴旺。五代道教中有才学的隐士极多，构成了一种特殊的文化现象，即由关注"出世"变为关注

① 《旧五代史·周世宗纪》。
② 《新五代史·周本纪》。

"入世"。当一些儒士向往"出世"隐遁的时候，却有一些道士"入世"施治政之策。周世宗召华山道士陈抟"问以飞升、黄白之术"，陈抟却回答："陛下为四海之主，当以致治为念。"① 道士虽然反对俗累，但毕竟不能脱离俗世，残酷的现实使他们深感痛心，他们自然希望国泰民安。可见哲学思想错综复杂，未可执一而论。内丹思想及修习方法此时兴起，道教旨向开始产生从出世做神仙向入世炼心性的变化。道士一般也不再鼓励君王炼外丹和求长生，而是劝其走正心性和求久安之道。

在南方一些帝王也热衷于佛、道之事。吴越境内因少受战乱之扰，遂成佛、道文化圣地。吴越王钱镠并奉佛、道，他吸引各地高僧名道来杭州，为之筑舍并亲自师事。钱俶在唐末五代经笈散逸之际，招揽僧、道收集、保护佛经道藏，使宗教文化的发展得益匪浅。钱俶对三教合一的提倡进一步协调了有唐以来三教争斗的纠葛，对开创宋代思想的境界有重要意义。闽太祖王审知待禅僧义存以师礼，"四方之僧争趋法席者不可胜算矣，冬夏不减一千五百"②。义存居闽讲法 40 余年，使闽成为禅宗活动的重要基地。南唐君臣不仅酷好佛教，亦对道教表示尊崇。总之，五代十国时期宗教更趋冷峻，其三教合一的倾向也更富理性意味。

---

① 《宋史·陈抟传》。
② 《宋高僧传》卷一二。

第二章
华艳奇奥的诗文

　　中国隋唐五代的诗杰文才以生花妙笔倾诉着时代带给他们的喜怒哀乐，在吸取前人精华的基础上创造出恢弘壮美而异彩纷呈的绝妙篇章。如果说先秦的百家争鸣启发了人们思想的觉醒，那么大唐的百花齐放则呈现出人们情感的迸发。唐代的诗歌题材应有尽有，包罗万象，无论是国家大事还是个人家常皆为咏叹，而又巧为结织流不尽之韵于诗外。在诗歌形式方面更是精益求精，纳旧创新，一切顺情而发又求诗之自律，因而其诗律之美既自天然又意象无穷。无怪乎鲁迅先生有"古诗都被唐人做完了"的感喟，钱钟书先生有"唐诗多以丰神情韵擅长"的评说。唐代的散文在六朝骈文的走势下逐渐消去其绮绣浮靡的铅华，而以复古为旗帜的古文运动使散文创作走出狭小天地面向社会现实重振雄风。古文运动不仅在体制上变骈为散，还要求语言的新鲜活泼，实际上是与当时思想界儒学复古和社会发展的需要相结合的，其意义已经超出了文学范畴而成为一场文化的革新。唐代的文学创作还出现了传奇、变文以及词等新的形式，使文学园地又簇生出充满生机的花苗草芽。可以说，唐代文学承前人之余绪而发后人之滥觞，诗文之革故鼎新尽取前贤之精华而开后人之遥想，给中国文化添加了灿烂的篇幅而令世界万方为之倾倒。

第一节　婉丽豪放

隋唐五代文学以隋为发端、唐为主体、五代遗流为线索，展示出由兴而盛而衰的发展过程。这是由于隋与五代时间较短且处于变故时期，百业始兴与百事皆衰对于被中国传统视为雕虫的文学事业显然不利。不能否认隋与五代的微吟有其特色，但真正形成百花齐放之景观的还是煌煌生辉的大唐王朝。唐代文学繁荣的原因很多，如民族共融形成的文化整合，迅速恢复并强盛起来的经济基础，统治阶级文明开放的治国政策，对儒、释、道三家思想兼容并存的宽松氛围，鼓励文学蓬勃发展的科举机制，自上而下遍及全国的志趣爱好，其他艺术门类对文学的感召和影响。正因如此，唐代文学展示出万千气象，各种风格流派意气风发，各种文学样式流光溢彩，各种奇花异葩竞相开放。可以说，整个唐代似乎成为风骨劲爽而霞光蒸腾的大花园。尽管不同时段有着不同风姿，却正如置身游廊之中移步换景给人无限的遐思。

隋及初唐诗歌本源于齐梁。南朝细腻柔媚的诗风偏偏被粗犷慓悍的北人欣赏，这或许是北人自惭文化品位不足而盲目陶醉于柔靡南风的熏染。北朝豪门本就倾慕于南朝风采，自庾信、王褒滞留北周更是带来了南梁诗风的隽丽。隋灭陈后，许多遗老不改齐梁旧声，这就使诗坛始终笼罩着一片宫体气息。

文帝作为当时历史变革的代表人物，对南朝华而不实的阴柔诗风本就深恶痛绝，因而提倡朴素质直、简切实用的风格。炀帝即位后对南朝诗风的华丽颇为赞赏，因此在其本人诗作中也透露出热衷学习的痕迹。尽管炀帝生活上昏淫无度，但作诗却也风姿飒爽。其《野望》诗"寒鸦飞数点，流水绕孤村。斜阳欲落处，一望黯销魂"，颇为后人惊叹，称其绚彩疏朗。

隋代诗坛有成就者如薛道衡、卢思道、杨素，亦体现出南北诗风的合流。薛道衡（540～609 年），字玄卿，河东汾阳人。先事齐，后事周，又事隋，在当时才名甚著，有文集 30 卷行世。其《豫章行》结构自然，音调铿锵，虽为六朝旧题，又添北人气韵。卢思道（535～586 年），字子行，河北范阳人。他同薛道衡一样，历仕齐、周、隋三朝，其许多诗作全然南朝滋味，而遣词用句又有北人风格。其《从军行》格调清朗，音节明快，已具初唐韵致。杨素（544～603 年）作为隋朝开国大臣，作诗少有齐梁味道，但也透出些许秀骨朗韵。其《出塞》写荒寒景色，曾为薛道衡等人唱和，其《赠薛播州》"词气宏拔，风韵秀上"，也可见到"贵于清绮"和"重于气质"的南北诗风的相融迹象。

初唐延续隋末宫体复炽的遗风，加之唐太宗本人又爱好文学，于是作诗追求浮艳成为一种潮流。以上官仪为代表的一批宫廷文人，写出大量奉和应诏的作品。这些作品内

白釉陶捧罐女俑（隋）

容空洞，无非是欣赏宫廷享乐，赞美贵妇容态，如"残红艳粉映帘中，戏蝶流莺聚窗外"之类，还极尽暗示色情之能事。在形式上追求浮艳华美，提出对仗程式，因而这种"上官体""绮错婉媚"。这些诗阴柔有余，阳刚不足，但对律诗形式的发展具有促进作用。

当时能摆脱宫体牢笼别树一帜的，宫廷中有魏征，宫廷外有王绩。魏征（580～643 年）的《述怀》诗词气慷慨，一反浮靡。可惜其作品太少，不足以改变风气。王绩（585～644 年）则仕途不顺，归隐终老。其性格旷放，不拘礼法。《野望》中静谧的田园带有萧瑟的意味，这与

其失意和孤独相关。但因其地位低下，故其清新野逸并不为世容，只是后来才被肯定。

稍晚诗坛出现了"四友"、"四杰"及沈、宋、刘、张，诗歌创作的局面扩大开来。所谓"四友"，指宫廷诗人李峤、苏味道、崔融、杜审言，他们大力写作律诗，但作品缺乏现实内容。号称"四杰"的王勃、杨炯、卢照邻、骆宾王则"年少而才高"，"官小而名大"。他们渴望建功立业，却屡遭打击，命途多舛，潦倒终身，因此其诗中多有郁勃不平的感慨。王勃的《送杜少府之任蜀州》、杨炯的《从军行》、卢照邻的《长安古意》、骆宾王的《在狱咏蝉》，都是脍炙人口的佳作。他们在诗歌题材内容方面突破了宫体的限制，在艺术形式和手法方面使律诗和歌行更趋完美。沈佺期与宋之问同为高宗上元进士，武后时又同为宫廷侍臣，中宗时均遭流放。他们得志之时作诗多歌功颂德、点缀升平，但贬逐以后苍凉怨愤、多有佳篇。他们的主要成就在于对声律的深入研究和成熟体现。在律诗趋向谨严的同时，歌行在刘希夷、张若虚等人的努力下也更为精美，被称为"初唐体"。刘希夷的《代悲白头翁》是七言歌行名篇之一，其中"年年岁岁花相似，岁岁年年人不同"一联十分精警。张若虚的《春江花月夜》更被后世誉为"孤篇横绝"，诗中场面浩瀚壮观，抒情婉致邈远。

初唐诗坛的华丽掩没了风骨，使其在祥云迷蒙下难能看到山川的葱茏。陈子昂（661～702 年）孑然而起，发出振聋发聩之响。他对初唐"兴寄都绝"、"风雅不作"的现象极为不满，要求创作出"骨气端翔，音情顿挫"的"金石"之声。他的《感遇》38 首、《蓟丘览古》7 首和《登幽州台歌》体现了他诗歌革新的主张，诗中重比兴，有寄托，含风骨，感现实，针砭时弊，寄抒悲愤，寓意深沉，言近旨远。陈子昂诗风格遒劲，语言朴实，活力内充，但也有质胜于文、理胜于辞的缺憾。他以自己的诗歌理论扫荡齐梁诗风，以自己的创作实践继承汉魏风骨，为唐诗发展开拓了境界，创立了新风。

　　唐代开元以后，政治、经济、文化都出现了昌隆繁盛的局面。诗人眼界非常开阔，思想非常活跃，充满了乐观自信而大气磅礴的豪情，以纵横驰骋的诗笔图绘着祖国的大好河山，抒发着心底的万端衷曲。唐玄宗虽然作诗水平不高，但称尚风雅。几位宰相如姚崇、宋璟、张九龄、张说则都是上品诗家，富有才情。他们喜欢诗，提倡诗，研究诗，于是诗坛大兴，这可以说是盛唐诗坛一大幸事。姚崇、宋璟不以诗名，而以贤相身份载入史册。张九龄为人耿直，敢于直言，为奸相李林甫嫉恨排挤。其《感遇》诗以物喻人，含蓄清泊，多有高洁隽秀之风。其《望月怀远》诗"海上生明月，天涯共此时"，令人想起前此谢庄《月赋》中的"隔千里兮共明月"和后此苏轼《水调歌头》中的"但愿人长久，千里共婵娟"，由此咏可看到诗在由赋到词承传过程中的妙用。张说应制之诗不少，最肯提携诗人，经他表彰和称赏的诗人都能在社会上扬名，如贺知章、王翰、王湾等。

　　贺知章少年便以文词知名，加之性格旷达平和，颇得时人青睐。其胸襟开放，仕途顺利，但似乎又并不刻意求官，晚年益发狂浪，自号四明狂客。他多才多艺，性情豁达，善交朋友，杜甫《酒中八仙歌》所咏第一位便是这位贺公，李白到长安第一次与其见面便被其称为"谪仙人"。贺知章的《咏柳》与《回乡偶书》都是脍炙人口的佳作，但他又似乎并不为诗名而惨淡经营。王翰少年豪荡，恃才傲物，喜欢纵酒。其家境富裕，好养名马，又蓄家妓。经张说提携入朝为官，张说罢相后他也遭贬斥。他有不羁之才，又有酒徒精神，曾写《飞燕篇》讽刺唐玄宗，又有《凉州词》写英雄豪气，可见盛唐精神。王湾生卒年不详，开元初年为荥阳主簿。其《次北固山下》一诗为张说激赏，据说被题于政事堂而为朝中文士习诵。

　　盛唐时期是诗人辈出的时代，诗坛气象云蒸霞蔚，万紫千红。诗人们大都有建功立业的志向，也都有偃蹇坎坷的叹息，诗歌成为他们吐露真情的最佳载体。一些诗人乐于描写自然风物寄托高洁的情操，或临水

银花鸟纹八棱杯（唐）

登山抒情寄傲，或游园写景乐隐怡闲。佛、道思想的流行也使他们或虔诚向佛，或虚心问道，因而唐诗中出现了大量的山水田园诗篇。

孟浩然（689～740 年）早年闭门苦读，有用世之心，然怀才不遇，遂隐遁山林，其笔下的山水田园便都成为诗人心境的写照。其《临洞庭湖赠张丞相》是写给张九龄欲求引荐的，境界壮阔如大唐气势，然仕途不遇又徒增烦恼。其《过故人庄》写农家田园的淳朴情趣，使人于绿树、青山、村舍、场圃中感受到自然的美好，从中亦展示出盛唐诗人开朗的胸怀。其山水田园诗于清新淡远中流露着浓郁的生活气息和轻微的感叹，似乎令人看到一个高洁俊爽又温婉和蔼的形象。其高古的情调颇近陶渊明，又有鲍照的愤懑与二谢的清新，难怪李白说："吾爱孟夫子，风流天下闻。"① 杜甫说："赋诗何必多，往往凌鲍谢。"②

较孟浩然稍晚而诗名更大的是王维（701～761 年），他多才多艺，诗书画乐无不精通。前期生活积极仕进，后期生活消极隐退，由此亦可看出盛唐时局的变化。王维前期诗作以具有强烈批判性的政治诗和具有奋发向上精神的边塞诗为主。如《老将行》描写老将转战边关的爱国精神，同时对老将的晚景深表同情；《使至塞上》写出使边塞所见的奇丽风光，抒发了诗人豪壮的情怀和乐观的精神。后期诗作因个人的仕途际遇而转向"晚年惟好静，万事不关心"的"禅境"。张九龄的罢相与李

① 李白：《赠孟浩然》。
② 杜甫：《遣兴五首》。

林甫的上台，安史之乱中迫为伪官的困窘，都使其对政治失去了热情而更趋向于其早年便受熏陶的佛门。唐代盛行的佛、道思想对唐代诗人的酷爱自然有着直接的影响，许多诗人既为官员又向往着半官半隐的生活，王维也不例外而且表现更为突出。他买下了风光清幽的辋川别墅，于政务之余闲住终南山中参禅修化。所作诗充满了禅机佛趣，故世人誉之"诗佛"。其《山居秋暝》写秋雨之后的山村晚景，富有宁静清幽的生活意趣，寄托着诗人的理想与追求。此外充满牧歌情调的《新晴野望》、《渭川田家》，同样充满着悠闲安详的情调，表达了诗人对田园生活的热爱和对官场黑暗现实的不满。其《鸟鸣涧》"人闲桂花落，夜静春山空。月出惊山鸟，时鸣春涧中"，《鹿柴》"空山不见人，但闻人语响。返景入深林，复照青苔上"，则着力表现空冷沉寂的"无我之境"，实际上反映了诗人寂寞孤独的心情。王维诗作很多，涉及题材也广，其闲雅从容的风格甚为唐人称誉。如《送元二使安西》、《九月九日忆山东兄弟》、《相思》，都写得感情真挚、格调清新。其艺术成就达到极高水准，律、绝、古、排诸体均有佳作，诗情画意浓淡有致地洋溢于作品之中。他不刻意追求遣词造句而害形伤神，往往以简练和谐的白描笔法抒写出清幽淡远的意境。他用字实际上又很讲究，但却偏偏不露斧凿痕。他的诗高度清新洗练，朴素自然中有润泽华彩，代表了唐诗简淡而丰腴的一种风格。

储光羲（707～760年）的田园诗也写得格调高古而又生意盎然，卓然为盛唐一家。他大半生仕途愉快，安史之乱中却受了伪职，以致贬死。唐代诗人多为官僚，这些官僚生活舒适而又仰慕风雅，因此诗中情味雍容而潇洒。储光羲写田园很有乡野味道，但落笔每每追寻孤隐之趣以示清高，这就使其诗田园画面很美但情调不够积极，如《田家即事》、《田家杂兴》都是如此。常建（708～765年）的山水诗也较著名，但意境也较孤僻，往往寻幽谈禅而意境萧瑟。其《题破山寺后禅院》在唐时已传为名篇，与此旨趣相同的还有《宿王昌龄隐居》。也许是由于他仕途不顺而心态不俗，因此，"其旨远，其兴僻，佳句辄来，唯论意表"①。

盛唐写山水田园的诗人很多，如祖咏、丘为、裴迪、刘眘虚，他们大多歌咏隐逸情趣，带有一种悠闲适意的情调，或高妙，或冷寂，于优游中写会悟，于寻常中见警拔。还有许多诗人虽不长写山水田园，但笔下亦不时出现山水田园佳作，如大诗人李白、杜甫都有名篇歌咏壮丽景色。

由此亦可看出，继魏晋南北朝而后，山水田园成为诗歌中一大题材，它不仅是诗人对自然物象的逼真描绘，而且寄寓着诗人对大千世界的万般感怀。此中寓意无穷，耐人寻味，使人既可看到时代氛围下的风光写照，又可思悟永恒人性中的终极求索。

唐代疆域的广阔使唐代诗人注目边塞。由于边境战争的频繁、民族经济的往来和异质文化的交流，唐代诗人对边塞生活逐渐产生兴趣，对边塞知识逐渐丰富起来，对边塞事件也逐渐表示关心。盛唐时期安边战争时有发生，不少帝王好大喜功，一些将帅也邀功边关，诗人为时代精神所鼓舞，也为求取功名的道路所吸引，于是或身赴边防，或心向边关。但边塞战争也使诗人看到了壮烈后面的悲苦，看到了穷兵黩武政策下隐留的祸患，看到军中苦乐不均的现实。因此，唐代边塞诗既有着意气昂扬的一面，也有着悲情难抑的一面，更多的是以保家卫国为基调而又充满了慷慨激昂的叹息。唐代以边塞诗著名的有高适、岑参、王昌龄、李颀等，当然，他们的优秀作品也不仅限于边塞诗，其他诗人描写边塞的诗篇也不少，于是边塞诗成为唐代诗坛上别开境界的一道风景。而这道风景不只是描绘边地的奇异风光，它常常融入内地诗人的真切感受而洋溢着浓厚的大唐精神。

在这些诗人中，高适（700～765 年）因出身贫寒又仕途不遇而北上蓟门，因此其边塞诗充满了强烈的政治意味。如《燕歌行》有感于边

① 殷璠：《河岳英灵集》。

帅张守珪与奚族统治者作战兵败，将自己在蓟门所见所感概括其中，于是使诗的内涵忧愤深广。诗中"战士军前半死生，美人帐下犹歌舞"两相对比，感愤分明。结句"君不见沙场征战苦，至今犹忆李将军"，写出出征士兵的悲苦，感叹大唐没有像汉朝李广一样的大将，尤为深刻。其边塞诗往往壮怀激烈，形成一种深沉悲凉的风格。由于诗人前半生怀才不遇，积愤难移，因而其诗往往直抒胸臆，一泻而出，给人郁闷喷薄之感，直撼人心。

突厥墓前石人像（唐）

岑参（715～770年）早年贫寒，后以诗才成名。天宝八载（749年）首赴边关，十三载（754年）再度出塞，两次边防之行使他对边塞生活有切身的感受，而主将的青睐又使他在诗中大抒立功壮志和报国激情，因而其诗就呈露出热情奔放、意象奇崛的风貌。如《白雪歌送武判官归京》一诗，开首即写"北风卷地白草折，胡天八月即飞雪。忽如一夜春风来，千树万树梨花开"。将边地的雪景写得奇丽烂漫，春意无边。实际上边地是很冷的，作者在冷中又将送别场面写得火热，直至"山回路转不见君，雪上空留马行处"，将别情与飞雪喻为一体，可见作者之奇绝才华。其《走马川行奉送出师西征》写："轮台九月风夜吼，一川碎石大如斗，随风满地石乱走。"这些奇景是内地不曾有过的，而在如此严寒气候下唐军将士却不畏强敌，显示出必胜的信心和高昂的斗志，这不难看出诗人的爱国激情和理想色彩。

岑参的边塞诗也有写战争悲壮的，如"四边伐鼓雪海涌，三军大呼阴山动。虏塞兵气连云屯，战场白骨缠草根"①。这如同高适也有写情怀豪迈的，如："千里黄云白日曛，北风吹雁雪纷纷。莫愁前路无知己，天下谁人不识君。"② 高、岑二人以边塞诗为人称道，又以七言歌行见长。他们风格有相似之处，如严羽指出"高岑之诗悲壮"③。但他们也有差别，高适之诗于悲壮中显深沉，浑朴质实；岑参之诗于悲壮中又雄放，峻峭瑰奇。

高、岑之外，"七绝圣手"王昌龄也以边塞诗独树一帜。王昌龄（698～757 年）善写组诗，如《从军行》、《塞下曲》都是一连几首，表达相关的思想内容。其诗写战士爱国立功和思念家乡的心情，别致婉转。如："青海长云暗雪山，孤城遥望玉门关。黄沙百战穿金甲，不破楼兰终不还。""大漠风尘日色昏，红旗半卷出辕门。前军夜战洮河北，已报生擒吐谷浑。""烽火城西百尺楼，黄昏独坐海风秋。更吹羌笛关山月，无那金闺万里愁。""琵琶起舞换新声，总是关山离别情。撩乱边愁听不尽，高高秋月照长城。"其《出塞》被推为唐人七绝的压卷之作："秦时明月汉时关，万里长征人未还。但使龙城飞将在，不教胡马度阴山。"其边塞诗抓住刹那间的感触生发开来，又常常别有新意、跌宕生姿，正如其《诗格》自言："每至落句，常须含蓄，不令语尽思穷。"因而其诗含蓄蕴藉，耐人寻味。

李颀（690～754 年）则与之不同，其边塞诗纵横潇洒，荒凉古拙。《古意》突出刻画游侠形象和豪迈气概，结尾"今为羌笛出塞声，使我三军泪如雨"，慷慨悲壮，令人动容。《古从军行》写征人行军路上的怨愤，末句"年年战骨埋荒外，空见蒲桃入汉家"，以托古讽今的笔法反映现实，立意精警而感情沉痛。

盛唐还有一些诗人以边塞诗闻名，如王之涣（688～742 年），其诗

---

① 岑参：《轮台歌奉送封大夫出师西征》。
② 高适：《别董大》。
③ 严羽：《沧浪诗话·诗评》。

留存下来的极少，但影响极大。如《凉州词》："黄河远上白云间，一片孤城万仞山。羌笛何须怨杨柳，春风不度玉门关。"诗中写景荒寒壮阔，抒情幽怨邈远。其他如王翰的《凉州词》："葡萄美酒夜光杯，欲饮琵琶马上催。醉卧沙场君莫笑，古来征战几人回。"崔颢的《赠王威古》："长驱救东北，战解城亦全。报国行赴难，古来皆共然。"张渭的《代北州老翁答》："近传天子尊武臣，强兵直欲静胡臣。安边自合有长策，何必流离中国人。"都可看到盛唐边事激发起人们的豪情，同时也给人们带来的苦痛。

不难看出，盛唐边塞诗呈现出与山水田园诗迥异的风貌，而二者展现出的气象又和谐统一，即它们一方面充盈着强悍恢弘的英拔气势，一方面感叹着仕途坎坷的悲愁烦恼。而这一切用诗倾诉，又是那么鲜活生动、意态万千、感人至深。

唐代文化政策的宽容使唐诗出现多姿多彩的局面，而在唐代诗坛上最雄奇飘逸的还是大诗人李白。李白（701～762 年）出生于富商之家，年轻时喜好求仙访道并仰慕游侠，也曾有"奋其智能，愿为辅弼，使寰区大定，海县清一"的崇高理想。他不走科举之途，豪游壮丽山川，也曾因名声大振而受皇帝召见。他始终怀着报效祖国的雄心，但一直怀才不遇而悲愤万端，也许诗歌最易抒发欢愁，因而李白将满腔豪情倾注笔底。他又是那样洒脱，将欢愁写得那么动人，那么绚烂。李白目睹和经历了唐帝国的繁荣、危机和战乱，他怀抱理想四处奔走，但遇到的却是嘲讽和冷漠。他时而高歌理想，时而悲叹不幸；时而乐观，时而颓唐；时而激愤，时而消沉。他特殊的社会地位和生活经历，使他诗歌中充满了复杂的思想，而这也正反映了那个时代给诗人带来的喜怒哀乐。

李白像

就其诗歌主要倾向而言，其狂放不羁的浪漫追求充满着一种人格独立的宝贵价值，而这也是大唐王朝处于极盛时期的闪光之处。他始终怀着热情和理想，希望凭自己的才智和豪勇干一番壮丽的事业。"抚剑夜吟啸，雄心日千里"①，"愿一佐明主，功成还旧林"②。但是那个盛世隐含着的危机却也露出些许苗头，尤其是李白应征入京后感受到的腐败信息使他义愤填膺。"谗惑英主心，恩疏佞臣计。彷徨庭阙下，叹息光阴逝。"③ 当他进一步认清英雄失落的境遇时，满腔的悲愤喷薄而出。他指责唐玄宗："珠玉买歌笑，糟糠养贤才。"④ 他感慨而哭："揽涕黄金台，呼天哭昭王。"⑤ 他愤极而叹："我本不弃世，世人自弃我。"⑥ 李白一生中理想与现实的矛盾始终纠葛在一起，而其最能激动人心的便是昂扬乐观的进取精神和怀才不遇时的大胆叛逆，这一切集中表现在他反对权贵、超尘脱俗、追求自由的言行中，这不能不是人类社会中极崇高的向往，李白被誉为"诗仙"也不能不含有人格峻洁的成分。从"大道如青天，我独不得出"⑦，"安能摧眉折腰事权贵，使我不得开心颜"⑧，"黄金白璧买歌笑，一醉累月轻王侯"⑨，"乍向草中耿介死，不求黄金笼下生"⑩ 等诗句中可看出李白粪土权门、孤高傲世的风骨。

正因李白对现实政治感到强烈不满，因而转向魏晋以来对山水景观的深情依恋。这种由老庄奠定的崇尚自然的传统是对扭曲的世俗社会的否定，同时也是对人性返璞归真和平等自由的一种向往。从唐代的山水诗中不难看到六朝文人的玄风遗踪，但大唐的盛世气候却给唐诗铺就恢

---

① 李白：《赠张相镐》。
② 李白：《留别王司马嵩》。
③ 李白：《答高山人兼呈权顾二侯》。
④ 李白：《古风》十五。
⑤ 李白：《经乱离后天恩流夜郎忆旧游书怀赠江夏韦太守良宰》。
⑥ 李白：《赠蔡山人》。
⑦ 李白：《行路难》。
⑧ 李白：《梦游天姥吟留别》。
⑨ 李白：《忆旧游寄谯郡元参军》。
⑩ 李白：《设辟邪伎鼓吹雉子班曲辞》。

李白"上阳台"手迹（唐）

弘壮丽的风采。与王维的平和静谧不同，李白诗中更充扬着刚烈愤激。其笔下的黄河滔滔奔涌："黄河之水天上来，奔流到海不复回。"[1] 其笔下的长江也是浩浩广远："登高壮观天地间，大江茫茫去不还。"[2] 其写蜀道"连峰去天不盈尺，枯松倒挂倚绝壁"[3]，写天姥"天台四万八千丈，对此欲倒东南倾"[4]，写庐山"飞流直下三千尺，疑是银河落九天"[5]。李白自言"五岳寻仙不辞远，一生好入名山游"[6]，"人生得意须尽欢，莫使金樽空对月"[7]，"长风破浪会有时，直挂云帆济沧海"[8]，"人生在世不称意，明朝散发弄扁舟"[9]。李白诗中虽流露着消极颓废的情绪，但更为强烈表现的是对功业未成的积愤。他至死在追求着报国壮志和个人价值的实现，因而 61 岁时还请缨从军。李白诗歌典型反映了那个时代的精神以及由此塑造的人物品格特征，其浪漫主义的基调是积

---

[1] 李白：《将进酒》。

[2] 李白：《庐山谣》。

[3] 李白：《蜀道难》。

[4] 李白：《梦游天姥吟留别》。

[5] 李白：《望庐山瀑布》。

[6] 李白：《庐山谣》。

[7] 李白：《将进酒》。

[8] 李白：《行路难》。

[9] 李白：《宣州谢朓楼饯别校书叔云》。

极进取、激昂慷慨的，具有冲决一切束缚而不可阻遏的气魄和力量，由此也昭示出大唐帝国极盛时期的自信与出现逆转时给人心灵的冲击。

可以说，李白是继屈原之后又一位伟大的浪漫主义诗人，他的理想主义、反抗精神和英雄性格得到全面的展现，他继承汉魏风骨，扫清华靡诗风，完成了诗歌革新的伟业，使古典诗歌的内容和形式得到创造性的发展。其笔下浓厚的个性色彩、超越现实的大胆想象以及不拘格律的语体形式，使诗歌艺术生发出耀眼夺目的光华而给后代诗人以深远的影响和丰富的启迪。

杜甫像

比李白稍晚的大诗人杜甫以沉郁顿挫的现实主义风格在唐代诗坛上矗立起另一座丰碑，他以忧国忧民的情怀和坎坷困顿的遭际融注于博大精美的诗歌创作之中而被后人誉为"诗圣"。杜甫（712～770 年）出身于一个官僚家庭，从小受着传统文化的熏陶，所以生活道路与创作道路的起点与盛唐一般诗人没有什么两样。杜甫年轻时在政治上希望循着科举的道路登上卿相的高位，以实现其"致君尧舜上，再使风俗淳"① 的抱负。在诗歌创作上则充满积极乐观的情调，高咏着"会当凌绝顶，一览众山小"② 的壮志理想。24 岁时举进士不第，此后漫游了吴越、齐赵、梁宋等地。漫游使他历览了祖国的大好河山，接触了广阔的社会现实，也坚定了自己的崇高志向。这时他认识了李白，李白豪爽的性格对杜甫影响很大，他们不满昏庸的政治和冲决束缚的精神此时得到鲜明的张扬。

当杜甫 36 岁时再次诣京就选而被李林甫弄权打击后，他为了尽快

---

① 杜甫：《奉赠韦左丞丈》。
② 杜甫：《望岳》。

踏入仕途而不得不一再投诗权门或献赋皇帝。他"朝扣富儿门，暮随肥马尘"①，"饥卧动即向一旬，敝衣何啻联百结"②。在当权者的冷遇下，在偃塞困苦的磨炼中，杜甫饱受求仕的屈辱与辛酸，这也使他逐渐打破了对盛世的幻想，预见到社会的危机。直到44岁时他才被任命为右卫率府胄曹参军，这对胸怀报国壮志的杜甫无疑是一个绝妙的讽刺。官定之后，杜甫回奉先探家。就在这时，安史之乱爆发。杜甫困居长安时期正是大唐帝国由盛转衰的时期，这时他对现实的清醒认识使他写出不少深刻揭示社会问题的诗篇，如《兵车行》、《丽人行》、《前出塞》、《后出塞》、《自京赴奉先县咏怀五百字》等。自此，杜甫诗歌的现实主义精神成为其创作的主要基调，他那种关心时事、忧患天下、痛陈衷怀的风格成为其"诗史"不灭的精髓。

在颠沛流离的逃难生活中，杜甫没有消极退守，而是密切关注时局。当肃宗在灵武即位后杜甫便迅即前往，不料又被叛军俘获而身陷长安。从长安逃出后到肃宗行在凤翔任左拾遗，但不久因营救房琯抗疏直谏又触怒肃宗，竟被放还省家。只是两京收复后杜甫才回到长安仍任左拾遗，度过了一段勤于职守而相对平和的日子。此后又因坐房琯党出为华州司功参军，而从此他远离宫廷使其创作达到了新的高峰。这期间他的大量诗作如《悲陈陶》、《哀江头》、《春望》、《北征》、《羌村三首》以及"三吏"、"三别"，突出地表现了诗人悲叹黎民和忧戚国家之情。在这些诗篇中，杜甫描写了战乱中人民的痛苦境遇和爱国情操，深深寄寓着对那不合理社会的满怀悲愤和儒家崇高理想不得实现的苦恼。

759年关辅大饥，杜甫弃官携家迁往成都。在朋友的接济下，生活总算安定下来，但仍不免温饱不继、辗转漂流。但他的政治热情从未衰退过，中原的战乱，西部的边患，蜀中军阀的混战，以及当地人民的生

---

① 杜甫：《奉赠韦左丞丈》。
② 杜甫：《投简咸华两县诸子》。

活，都是诗人时刻关心的问题。他写了许多怀念和颂扬诸葛亮的诗，如《蜀相》、《武侯庙》、《八阵图》、《古柏行》等，充满了对诸葛亮"三顾频烦天下计，两朝开济老臣心"的景仰和爱戴。就在他衣食住行百般困难的情况下，他仍关心国计民生等重大问题，写出了《茅屋为秋风所破歌》、《闻官军收河南河北》等洋溢着忧愁和欢乐的诗章。而其《负薪行》、《岁晏行》、《忆昔》、《壮游》、《遣怀》、《咏怀古迹》、《秋兴》等，更是追忆一生、吊古伤怀、感慨万千之作。杜甫晚年在漂泊中度过，因贫病交加死在由长沙到岳阳的一条破船中。

览其一生，可以看出他恪奉儒家"忠君报国"、"仁政爱民"、"匡时济世"的信条；观其诗篇，可以看出他忧伤时事、关注民生、追求大业的态度。他的诗中，始终贯穿着一种积极入世的现实主义精神和理想不得实现而郁积的苦闷。他不管穷达都要面对现实，投身政治，兼济天下。"穷年忧黎民，叹息肠内热"[1]，说明杜甫爱得博广；"朱门酒肉臭，路有冻死骨"[2]，表现杜甫恨得深沉。天宝以来几乎所有比较重大的事件都在杜诗中得到及时反映，正如《新唐书·杜甫传》所言："甫又善陈时事，律切精深，至千言不少衰，世号诗史。"其《兵车行》指控唐王朝的穷兵黩武给人民带来的深重灾难，"三吏"、"三别"描写了安史之乱给国家和人民造成的巨大创伤，《又呈吴郎》表现出对孤苦寡妇的深切同情以及对国家动荡不安局势的悲思。在关切人民苦难的同时，杜甫对统治者的荒淫腐朽也给予大胆揭露。如《丽人行》写杨氏兄妹游春的情景极其富丽奢侈，《自京赴奉先县咏怀五百字》写社会尖锐的阶级对立，《岁晏行》写统治者的强征暴敛。杜甫强烈的批判精神正是建立在忧国忧民基础之上的，他以儒家理想评判着社会的不公和表达着自己的愤怒。与李白偏重追求个性自由而表现出的大胆偏激不同，杜甫更以

---

① 杜甫：《自京赴奉先县咏怀五百字》。
② 杜甫：《自京赴奉先县咏怀五百字》。

儒家道德规范统摄着自己的创作思路，因而其诗不像李白那样感情激越、一泻千里，而是浑厚深沉、含蓄蕴藉。

杜甫在诗歌创作中，善于对现实生活作高度的艺术概括，又能将客观物象作真实而具体的描绘，并能将丰富的思想感情寓于其中，以凝练苍劲的语言展示出浑厚深沉的风格，使各种诗体得到发展并达到完善的地步。元稹《唐故工部员外郎杜君墓系铭序》言："盖所谓上薄风骚，下该沈宋，古傍苏李，气夺曹刘，掩颜谢之孤高，杂徐庾之流丽，尽得古今之体势，而兼今人之所独专矣。"可以说，杜甫继承了《诗经》以来传承已久的现实主义传统，同时吸取了六朝以来诗歌艺术形式方面的多重成就，以"沉郁顿挫"的风格魅力在我国诗坛上树立了一座丰碑，从而展示出其崇高的使命感和不朽的生命力。

第二节　峻朗幽奇

安史之乱以后，唐朝国力衰微。到代宗大历中期，社会才渐趋安定。这时的诗歌情调反映出一种盛世转向苍凉的伤感，原先高昂澎湃的激情被冷峻清幽的感喟所取代。刘长卿、韦应物承王维、孟浩然遗风寄情山水，但诗中更多呈现萧瑟寂寞气氛而渐失恬静安适之感。如刘长卿《送灵澈上人》："苍苍竹林寺，杳杳钟声晚。荷笠带斜阳，青山独归远。"《逢雪宿芙蓉山主人》："日暮苍山远，天寒白屋贫。柴门闻犬吠，风雪夜归人。"都描画一种远山、斜阳、冷寂、归去之意象，闲淡清冷的描写体现出一种逃避现实的隐逸情绪。刘长卿天宝中登进士，曾两度遭到贬谪，因而诗中消极成分居多。韦应物与刘长卿同时，做地方官颇有政绩，写过不少针砭时弊、关切民情的好诗。其山水田园诗也寄托了对现实不满的愁怀，如《滁州西涧》："独怜幽草涧边生，上有黄鹂深树鸣。春潮带雨晚来急，野渡无人舟自横。"诗中流露出孤寂与怅惘，这在《寄全椒山中道士》中更为明显："今朝郡斋冷，忽念山中客。涧底

束荆薪，归来煮白石。欲持一瓢酒，远慰风雨夕。落叶满空山，何处寻行迹。"通过对山中道士的怀念，抒写自己清冷迷茫的心情。刘长卿、韦应物都以五言见长，其雅洁精练为人称道，但已不似盛唐气象。

琉璃茶托盘及茶碗（唐）

李益曾被幽州节度使刘济辟为从事，有过十年戎马生涯，因而其边塞诗在中唐独树一帜，乐工常常被诸管弦。其《塞下曲》"伏波唯愿裹尸还，定远何须生入关。莫遣只轮归海窟，仍留一箭定天山"，表现出豪迈的英雄主义精神。但更多的诗则写战士思乡的痛苦、部队败亡的场面以及中原战乱的感怀，如《夜上受降城闻笛》："回乐烽前沙似雪，受降城外月如霜。不知何处吹芦管，一夜征人尽望乡。"《上汝州郡楼》："黄昏鼓角似边州，三十年前上此楼。今日山川对垂泪，伤心不独为悲秋。"中唐国势的衰落在李益诗中打下深深的烙印，高适、岑参磅礴壮观的气概在李益笔下变成了苍茫忧伤的抒叹。李益诗风格接近王昌龄，也是善写七绝而为世推崇，但中唐以后的边塞诗不免多了些许惨烈与幽怨。

大历期间由于一度出现太平繁荣的迹象，于是有些歌舞升平的诗人追摹盛唐之音，他们对社会动乱和现实矛盾反映较少，多出入宫廷依附权贵赠答酬唱。由于他们有一定的艺术修养，崇尚齐梁的绮丽之风，追求声律的完美和对仗的工整，因而形成一道秀美的景观。在此所谓"大历十才子"中亦有佼佼者令人惊叹其意境的清新，如钱起的《省试湘灵鼓瑟》、韩翃的《宿石邑山中》、卢纶的《和张仆射塞下曲》、司空曙的

《江村即事》、郎士元的《柏林寺南望》等。关于"大历十才子"指称不一，但显而易见的是其艺术才华被称道。

中唐时期诗人辈出，流派纷呈，对艺术的追求更趋别开新异，但属主流地位并取得显著成就的还是新乐府运动。新乐府是一种用新题写时事的乐府诗，它继承了杜甫"即事名篇"的创新精神而将其发扬光大。在元结、顾况等人的倡导下，经张籍、王建的努力，至元稹、白居易发展为一个现实主义诗歌创作运动。

元结天宝十二载（753年）中进士，是一个关心民生的开明官吏，他主张文学为政治服务，反对淫靡的形式主义诗风。安史之乱前作有五古《系乐府》12首，其中《贫妇词》、《去乡悲》、《农臣怨》都是写农民的贫困和伤悲，语言质朴，感情激切。顾况是至德二载（757年）进士，因嘲讽权贵于贞元五年（789年）被贬，晚年归隐茅山。他作诗曾效法《诗经》体例取篇首二字标明主题，开白居易首章标其目的先例。其《囝》、《公子行》、《弃妇词》都具有深刻的现实意义，比元结的诗更为通俗，体裁也更为多样。

张籍是贞元进士，曾任水部员外郎，仕终国子司业。他非常推崇杜甫，广泛反映下层人民生活，有不少血泪的控诉，如《筑城词》、《野老歌》、《估客乐》、《征妇怨》等。王建曾任昭应县尉、陕州司马等小官，一生官职卑微，生活贫困。其乐府诗比张籍多，反映面也很广，因与张籍齐名，世称"张王乐府"。其《田家行》、《簇蚕词》、《当窗织》、《水夫谣》反映了不同行当劳动人民的悲惨命运，感情沉痛。张籍、王建的创作通俗易懂，真切反映了当时社会的困弊现状。

此后元稹（779～831年）与白居易同科登第，结为诗友，世称"元白"。元稹早年与白居易一起向宦官权贵做斗争，一再遭到贬谪。后来与宦官妥协，一度官至宰相。元稹是新乐府运动的中坚力量，他反对"沿袭古题"，主张"刺美见事"，与白居易的观点是一致的。其《田家词》全是农民激愤的话，《织妇词》倾诉的是织户的痛苦，《估客乐》揭露了商人唯利是图的本质，《连昌宫词》借老人之口诉说了安史之乱前后社会盛衰的变化。

　　白居易（772～846 年）少年时期有过颠沛流离的生活经历，困苦的生活使他一开始就培养起注重实际的态度和刚介耿直的性格。踏上仕途后，不仅直言谏诤，而且勤勉创作，其刚正不阿引起权贵的憎恨。41岁时被贬为江州司马，此后做过一些地方太守，晚年官至太子少傅，自

号香山居士，思想趋于消极。白居易的诗歌主张是与儒家诗论一脉相承的，强调诗歌的政治作用和社会意义。他提出"文章合为时而著，歌诗合为事而作"的口号，在诗歌的内容和形式的关系方面要求形式为内容服务。他优秀的作品多在早期创作的讽喻诗中，如《观刈麦》、《采地黄者》、《杜陵叟》、《红线毯》等反映了土地和赋税制度对人民的惨重剥削；《伤宅》、《买花》、《歌舞》、《卖

白居易像

炭翁》、《轻肥》等则揭发统治者骄奢淫逸、欺压百姓的罪行；他关心妇女命运而作《上阳白发人》、《陵园妾》、《母别子》、《妇人苦》等；他宣扬爱国思想，反对不义战争，对将相误边和士兵赴难心情沉痛。白居易的讽喻诗鲜明地体现了他的创作原则，生动的叙事中寓含着强烈的批判精神，浅白的语言中流露着质朴明快的气息，深刻的政论和浓厚的抒情使诗歌形象意味深长、撼人心魄。白居易的诗深受人民大众的欢迎，"二十年间，禁省、观寺、邮候、墙壁之上无不书，王公、妾妇、牛童、马走之口无不道"①。其《长恨歌》、《琵琶行》也脍炙人口，这都显示出白居易平易近人的诗风，由此亦可看出其直面现实、观照人生、浅切通俗的文学态度。新乐府运动中涌现出的诗人还有戎昱、戴叔伦、李绅、唐衢、邓鲂等，但他们的作品大都佚失，其中李绅的《悯农》二首

---

① 元稹：《白氏长庆集序》。

可谓佳作，至今传唱。

与新乐府运动同时崛起于中唐诗坛的还有韩孟诗派，主要成员是韩愈、孟郊，此外还有贾岛、姚合、卢仝等人。韩孟和元白都不满意大历以来华贵平庸的诗风，而从不同方面有所突破。元白等人的新乐府反映人民疾苦，暴露政治弊端，浅显平易；韩孟等人主要通过抒写个人不幸来反映社会黑暗，深险怪僻。

韩愈的《汴州乱》写军阀内战情况，《归彭城》写伤时忧国的心情，《华山女》讽刺统治集团的昏庸，《左迁至蓝关示侄孙湘》写无罪而遭贬逐的愤懑。这些诗反映社会问题的深度和广度都不如白居易的讽喻诗，而其描写自然山水的诗歌显然与白居易也有不同。韩愈在艺术上的独创主要是追求奇特的形象，于是不惜用奇字、造拗句、押险韵，避熟就生，因难见巧。他善于捕捉和表现变态百出的形象，气势雄伟，想象丰富，语言夸张。可以说，韩愈是将古文运动的宗旨带进了诗歌领域，在务去陈言、力求创新的同时，有时刻意求工涉险，甚至佶屈聱牙。这虽然扫去了浮艳之气，但往往也破坏了诗的韵律，给人险怪之感。

孟郊（751～814 年）早年隐居嵩山，40 多岁才中进士，后来仕途一直不顺，家境也凄苦贫寒。由于诗风与流俗不合，受到一些讥讽谇谤。他是韩愈文学主张的支持者，作诗以苦吟著名。其诗用意深刻，造语奇警，古拙中见凝练，奇险中见平易。《答友人赠炭》、《秋夕贫居述怀》、《借车》等诗都是描述个人贫病饥寒的，《长安早春》、《织妇词》、《寒地百姓吟》等诗则直接揭示社会矛盾。《伤时》诗言"有财有势即相识，无财无势成路人"，《择友》诗言"面结口头交，肚里生荆棘"，则更对黑暗世道愤愤不平。孟郊在极端穷困之中能够坚持操守是难能可贵的，使人感受到他诗中透出的彻骨寒意。但他也有描写骨肉亲情、深挚感人的诗篇，如《结爱》、《杏殇》、《游子吟》都令人感到无限的爱意。

贾岛（779～843 年）年轻时曾做过和尚，后还俗任过小官。他与孟郊齐名，很受韩愈赏识，作诗专以炼字铸句求胜，缺乏深刻的社会内容。他对黑暗腐朽的社会常取超然物外的态度，为自己创造着寂寞空虚的境界并从佛教中寻找着精神寄托。他的诗以清奇僻苦为特色，好写残阳冷月、深山枯木、秋风落叶、旷野怪禽。其诗往往缺乏完整的构思而以片言只语求胜，如"秋风生渭水，落叶满长安"①，"鸟宿池边树，僧敲月下门"②，"长江人钓月，旷野火烧风"③，都是苦炼凝奇的佳句。前人评诗谓"郊寒岛瘦"，便是说贾岛瘦硬的诗风，但总体上贾岛成就不如孟郊。其也有风骨锐奇之作，如《剑客》："十年磨一剑，霜刃未曾试。今日把示君，谁有不平事？"由此亦可看出贾岛胸中郁勃不平之气。姚合、卢仝诗风亦近韩孟，但成就不及。可以说，韩孟诗派关注社会现实而更偏重个性的奇崛险怪，对腐败政治的不满使他们的诗歌带有幽冷瘦硬的伤感。

与白居易、韩愈同时代的优秀诗人还有刘禹锡、柳宗元。刘禹锡和柳宗元是同年进士，又一起参加了王叔文为首的政治革新活动。革新失败后，二人皆遭贬。他们二人始终坚持自己的政治理想，对黑暗现实怀有强烈的批判精神，世人并称"刘柳"。

刘禹锡（772～842年）在遭到打击迫害后，写了一些讽刺时政的政治寓言诗。如《聚蚊谣》讥讽小人："我躯七尺尔如芒，我孤尔众所我伤。"《飞鸢操》笑骂权奸："鹰隼仪形蝼蚁心，虽能戾天何足贵。"《游玄都观二首》借桃花的盛衰寓嘲讽意味，表现出对朝中官僚的蔑视和自我情操的肯定。刘禹锡还有一些吊古伤今、感慨身世之作，如《金陵五题》其一《石头城》"山围故国周遭在，潮打空城寂寞回。淮水东边旧时月，夜深还过女墙来"，其三《乌衣巷》"朱雀桥边野草花，乌衣巷口夕阳斜。旧时王谢堂前燕，飞入寻常百姓家"，以及《西塞山怀古》、《酬乐天扬州初逢席上见赠》。这些诗对世事的变迁、仕宦的浮沉

---

① 贾岛：《忆江上吴处士》。
② 贾岛：《题李凝幽居》。
③ 贾岛：《寄朱锡珪》。

深有感慨而寓意无穷，而其晚年迁太子宾客分司东都又写了一些豪爽乐观之作。如《秋词》："自古逢秋悲寂寥，我言秋日胜春朝。晴空一鹤排云上，便引诗情到碧霄。"故白居易读其诗曰："刘梦得诗豪者也，其锋森然，少敢当者。"① 刘禹锡流放于巴山楚水之间，还写了民间俚歌俗调，卓有成就。其《竹枝词》二首最有代表性："杨柳青青江水平，闻郎江上唱歌声。东边日出西边雨，道是无晴却有晴。""山桃红花满上头，蜀江春水拍山流。花红易衰似郎意，水流无限似侬愁。"巧用双关，明白晓畅，具有健康开朗的情绪和浓厚的地方色彩。在中唐诗坛，刘禹锡的诗歌，既不同于元白的浅切直露，也不同于韩孟的奇崛瘦硬，而以精练含蓄、清爽畅达构成了自己的特色。

柳宗元的诗歌和散文一样，大都是贬官永州以后所作。其诗或抒发离乡去国的悲愤，或反映劳动人民的穷苦，或描写山水以排遣情思。著名的如《登柳州城楼寄漳汀封连四州》，表达了对时局的茫茫愁思和对挚友的深深惦念。"若为化得身千亿，散上峰头望故乡"②，"一身去国六千里，万死投荒十二年"③，抒发了强烈的思乡之情和险恶的贬逐之境。其《田家三首》对催租官吏的丑恶嘴脸给予深刻揭露，对劳动人民的赋役之苦深表同情。其山水诗情致深婉，描绘简洁，意象苍秀，如《柳州二月榕叶落尽偶题》、《酬曹侍御过象县见寄》、《江雪》、《渔翁》等。其中《江雪》"千山鸟飞绝，万径人踪灭。孤舟蓑笠翁，独钓寒江雪"是历来传诵的名作，诗歌突出寒江独钓的老翁形象，寄寓着诗人高怀绝世的人格风貌。柳宗元的诗如其文意蕴丰富、语言隽朗、风骨秀奇，前人以他与韦应物并称"韦柳"，可见其在山水描写方面的风貌特征。

中晚唐之间最有代表性的诗人是怀才不遇的李贺（790～816 年）。

---

① 《刘白唱和集解》。
② 柳宗元：《与浩初上人同看山寄京华亲故》。
③ 柳宗元：《别舍弟宗一》。

他是没落的宗室后裔，家境相当困窘。李贺诗早负盛名，却因父讳不得应举，终因抑郁不平而过早去世。其诗洋溢着浓烈的悲情苦绪而又焕发着冷艳奇崛的异彩。他在诉说报国无门、感士不遇之愤中具有独自幽冷凄婉的情调，给人刻骨铭心的印象。如《秋来》中"秋坟鬼唱鲍家诗，恨血千年土中碧"，《致酒行》中"马周昔作新丰客，天荒地老无人识"，《马诗》中"夜来霜压栈，骏骨折西风"，《金铜仙人辞汉歌》中"衰兰送客咸阳道，天若有情天亦老"等，连篇带句刻画出峭丽诡异的意象而描写出有志难伸的凄苦。对现实的怨愤使他幻想神仙世界，于是在他笔下出现了美好的憧憬和高洁的象征。《天上谣》极写天仙之乐，《梦天》反衬尘世的渺小，而《苏小小墓》则展示出一个荒诞迷离的鬼界幽境。其浪幻的诡异无疑是愤世嫉俗，理想的难能实现不得不使他面对冷酷。其《老夫采玉歌》咏叹采玉的艰难，《感讽》描述穷人的赋役之苦，《平城下》写戍卒的酸辛，《黄家洞》写官军的无能。他将笔触由自己扩延向社会，用凄艳的浪漫涂抹着悲苦的现实。诗人胸中的豪气是不减的，如《雁门太守行》歌颂边塞将士的英勇壮烈，不难看出诗人知遇报国的期求和侠义。他还有宫怨诗表达对宫女的同情，讽喻诗揭露统治者的残暴，咏物诗描写超凡脱俗的喜悦。

总之，李贺作为一个才华横溢而过早夭觞的诗人，其诗歌作品所涉及的题材领域是不很狭窄的。尽管其诗思想内容略显单薄，年轻的生命不可能对社会生活有非常深刻的体验，但其惊人的想象力、超验的感受力、精妙的表现力与全力以赴的投入精神，使其诗歌迸发出耀眼夺目的光彩。在他的诗中，充满虚幻荒诞的意象，如"羲和敲日玻璃声"[1]，"呼龙耕烟种瑶草"[2]，"忆君清泪如铅水"[3]，"鬼灯如漆点松花"[4]，出人

---

① 李贺：《秦王饮酒》。
② 李贺：《天上谣》。
③ 李贺：《金铜仙人辞汉歌》。
④ 李贺：《南山田中行》。

意料，冷艳幽绝。其诗又不拘常法，构思奇特，意象之间有极大的跳跃性。正如吴正子评《昌谷诗》所说："盖其触景遇物，随所得句，比次成章，妍蚩杂陈，斓斑满目。所谓天吴紫凤颠倒在短褐者也。"读其诗，常有跌宕起伏、突兀奇险之感，而内在逻辑的联系与打破常规的句法恰好表现出诗人块垒不平的激情。其诗语言的奇峭与修辞的怪切也令人惊叹，他喜用鬼字、泣字、死字、血字，可见其语言的死寂色彩；他

三彩陶马（唐）

又用"漆"写鬼灯，"碧"写鬼火，"铜"写瘦骨，"铅"写泪水，比喻新僻。在他笔下，写绿有"寒绿"、"颓绿"、"丝绿"、"静绿"，写红有"笑红"、"冷红"、"愁红"、"老红"，冷艳警奇，无怪人称"诗鬼"。李贺用短暂的生命、凄艳的幽歌，为诗坛抹上了冷怪峭丽的一笔，其浪漫的感伤与抑郁的啸叹无疑给晚唐诗风以深刻的影响。

晚唐的七八十年间，诗歌不像盛唐时期那样雄浑壮丽，也不像中唐时期那样峻刻清秀，而是呈现出一种忧伤抑郁的气息。这时期，政治日益腐败，经济趋向衰微，文化也渐消沉。杜牧、李商隐的诗歌在感伤抒叹中忧时悯乱，而在艺术形式上却益加纤巧华艳。

杜牧（803～852年）本有经邦济世的抱负却怀才不遇，因而从仕途的感愤转向生活的放浪。他在《郡斋独酌》中言："平生五色线，愿补舜衣裳。"又在《遣怀》中言："十年一觉扬州梦，赢得青楼薄幸名。"他对黑暗的现实深感不满，沉痛抨击。《感怀》追述唐朝的兴旺发达到而今的动乱没落，忧愤之情溢于言表。《河湟》、《早雁》充满了对统治者的讽刺和对人民的同情，流露出沉郁悲凉的情绪。他对历史的咏叹很

有特色，为人称道。如《过华清宫三绝句》、《赤壁》、《乌江亭》、《泊秦淮》、《江南春》等，追昔抚今，含蓄蕴藉，自有一种风流情怀和末世感喟。这些咏史诗有的偏重于叙事，有的偏重于抒情，景色的描写往往带有深长的意味。如《泊秦淮》："烟笼寒水月笼沙，夜泊秦淮近酒家。商女不知亡国恨，隔江犹唱后庭花。"《江南春》："千里莺啼绿映红，水村山郭酒旗风。南朝四百八十寺，多少楼台烟雨中。"都是前两句风景如画，后两句意境翻新。对现实的无望使杜牧转向对自然的偏好，如《齐安郡中偶题》其一："两竿落日溪桥上，半缕轻烟柳影中。多少绿荷相倚恨，一时回首背西风。"《山行》："远上寒山石径斜，白云生处有人家。停车坐爱枫林晚，霜叶红于二月花。"这类诗突出了对山水景色的热爱，但也无不寄寓着诗人的愁绪与达观。杜牧擅长用七绝咏史写景、抒怀达意，诗歌语言凝练含蓄、清新隽永，形成一种气势豪宕而又情韵缠绵的风格。当然，其潦倒颓放的饮酒狎妓生活在诗中也有反映，而这些委靡凄伤的情调亦可看出时代的精神趋向。

李商隐（812～858年）比杜牧小10岁，因陷入牛李党争中不能自拔，一生抑郁不得志而英年早逝。李商隐很有才能，年轻时得令狐楚赏识，却又做了王茂元的女婿，这使其落入党争中的夹缝而苦恼不休。晚唐的政治情势使李商隐压抑苦闷又欲诉不能，因而其诗充满了对仕途不遇的凄凉感伤的情调。他关注政治，写了一些抨击宦官专权和同情百姓的诗篇，如《有感》、《重有感》、《行次西郊一百韵》等就反映了甘露之变的惨烈和对国家命运的忧愁。他还借古讽今，如《隋宫》借隋炀帝亡国的教训告诫唐末帝王，《瑶池》借周穆王讽刺唐代皇帝求仙，《贾生》借贾谊之才不为重用而慨叹朝廷良莠不分。正是因其对旧事的不满和仕途的挫折，使他又写下大量感慨身世的抒情诗。如《安定城楼》是他26岁时所作，诗中以贾谊、王粲自比坎坷，以范蠡、庄子自比高洁，充满了对个人才能不得施展而又希图实现远大抱负的抒叹。《锦瑟》诗曰："锦瑟无端五十弦，一弦一柱思华年。庄生晓梦迷蝴蝶，望帝春心托杜

三彩鸭式杯（唐）

鹃。沧海月明珠有泪，蓝田日暖玉生烟。此情可待成追忆，只是当时已惘然。"这是诗人晚年的一首杰作，哀叹着自己理想的破灭和终生的无奈。其《登乐游原》："向晚意不适，驱车登古原。夕阳无限好，只是近黄昏。"不只描写一片日暮景色，其中更寓含着对个人命运和国家征象的叹息。李商隐的爱情诗最为人传诵，这些诗往往以《无题》为名，其中有的借香草美人别有寄托，更多的还是写缠绵的恋情和相思的痛苦。如《无题》诗中名句："身无彩凤双飞翼，心有灵犀一点通"，"春蚕到死丝方尽，蜡炬成灰泪始干"，"刘郎已恨蓬山远，更隔蓬山一万重"，"春心莫共花争发，一寸相思一寸灰"，将会心的、炽烈的爱渲染得淋漓尽致、妙佳绝极。他在《夜雨寄北》中写道："君问归期未有期，巴山夜雨涨秋池。何当共剪西窗烛，却话巴山夜雨时。"将对妻子的怀念倾吐得韵味悠长、感人至深。李商隐的诗构成了深情绵邈、绮丽精工的艺术风格，运用巧妙的构思、精谨的结织、浓艳的语言、完美的格律创造出斑斓生辉的华彩篇章。在他的诗中，可以看到李贺诗歌幻想象征手法的影响，但又不同于李贺的突兀峭奇而是深婉绵密；也可以看到杜甫诗歌沉郁顿挫的苍凉风貌，但精密华丽中更使人感到凄伤柔苦。他善于活用典故而丰富了诗歌形象，但生僻典故的特用又使有些诗歌晦涩难懂。

他精丽的词句使人想起宫体的艳巧，却又流露着一种遗恨不绝的气息。晚唐诗坛上，李商隐与杜牧并称"小李杜"，但李商隐影响更大。

与李商隐齐名的还有温庭筠，史传言其"士行尘染，不修边幅，能逐弦吹之音，为侧艳之词"。温诗缺乏社会政治内容，多写宫廷贵妇和权贵的游宴享乐。艺术上辞藻华丽，色彩浓艳，近似南朝宫体。"温李"的并称可见晚唐诗风的唯美倾向，而这种唯美偏重艺术形式的研求显然忽视了思想内容的深广。

唐末还出现了一批现实主义诗人，直接继承新乐府运动的传统。如皮日休就写了一些反映晚唐社会黑暗与民生疾苦的作品，其《橡媪叹》一方面描写贫苦老妇拾橡实充饥的悲苦境遇，一方面深刻解剖农民丰收而不得温饱的根本原因。官府赋敛的苛重，恶吏中饱的贪狠，在其笔下都有具体生动的描绘，使人看到晚唐政治的没落和人民的苦痛。皮日休为咸通八年（867年）进士，曾在朝中任职。乾符五年（878年）参加了黄巢起义军，任翰林学士。其诗遵循了杜甫、白居易关注现实的创作原则，在形象描绘、心理刻画以及语言铺叙方面都很生动质朴。聂夷中出身贫寒，仕进不遇，诗作内容较为广泛。其《咏田家》曰："二月卖新丝，五月粜新谷。医得眼前疮，剜却心头肉。我愿君王心，化作光明烛。不照绮罗筵，只照逃亡屋。"诗歌对广大农民破产的情况和悲惨的命运深表同情，并对统治阶级进行委婉的规劝和含蓄的讽刺。杜荀鹤长期失意落魄，直到46岁才考中进士。他生当唐末乱世，遭遇坎坷，对人民苦难有深切体会，因而其诗感慨而愤激。《再经胡城县》曰："去岁曾经此县城，县民无口不冤声。今来县宰加朱绂，便是生灵血染成。"此诗概括力极强，揭穿了贪官污吏的丑恶面目。他还有《山中寡妇》、《乱后逢村叟》、《题所居村舍》等作品，体现出"言谈关时务，篇章见国风"的现实精神。其他如陆龟蒙、罗隐等现实主义诗人亦有警世佳作，批评官府的贪得无厌和享乐无度。现实主义诗风质朴沉痛，与温李之华艳柔靡不同，但都呈现出一种悲凉凄苦的气象。

第三节 雄浑朴茂

　　唐代在诗歌繁荣的同时，散文也取得了突出的成就。中国古代的散文自两汉至六朝逐渐骈俪化，尤其是六朝时代，士族文人以骈词俪句追求着形式的美感，颇费匠心地咏叹着空虚无聊的生活。不能否认，大量骈文的出现意味着对文体的审美创新，但又因缺乏真情实感而走上矫饰唯美的途径。骈文的声律之美的确强化了感情的表达，但一味雕琢形式也往往使内容弱化。这样，在骈文鼎盛的同时，也就萌发了对立的复古思想。南朝齐梁时刘勰著《文心雕龙》便提出"宗经"、"征圣"、"明道"的主张，裴子野著《雕虫论》也反对骈俪文的"摈落六艺"。北朝西魏宇文泰亦提倡复古，北齐颜之推认为文章应"以古之制裁为本，今之辞调为末"。

雄狮（唐）

　　隋文帝统一天下后，曾试图用政治力量来改变当时流行的靡靡之音，泗州刺史司马幼之因文笔华艳竟至获罪。李谔《上隋高祖革文华书》说："江左齐梁，其弊弥甚，贵贱贤愚，唯务吟咏。遂复遗理存异，寻虚逐微，竞一韵之奇，争一字之巧。连篇累牍，不出月露之形；积案盈箱，唯是风云之状。世俗以此相高，朝廷据兹擢士。"《隋书·文学传序》云："高祖初统万机，每念斵雕为朴，发号施令，咸去浮华。然时俗词藻，犹多淫丽，故宪台执法，屡飞霜简。"尽管杨坚力图革新，去繁从简，但因积重难返，收效不大。唯王通以排斥异端、复兴儒统自任，著《中说》，颇有重道轻文、尚实去巧之古风。

唐初仍沿南朝骈俪之风，但亦见清远俊拔的端倪。至陈子昂，大张复古旗帜。其革新功绩固然在诗歌方面为著，但对文风的转变也起了促进作用。陈子昂上追建安，下开盛唐，"卓立千古，横制颓波，天下翕然，质文一变"①。玄宗开元时期，苏颋、张说号称"大手笔"，他们虽主张"崇雅黜浮"，但骈俪习气仍很浓重。直到天宝以后，尤其是"安史之乱"使唐由盛转衰，文坛上才出现了一股面对严酷现实而忧患不已的警醒之风。如萧颖士、李华、元结、独孤及、梁肃、柳冕等人，他们以儒家思想为依归，深入研习儒家经典，创作了一些苍凉悲壮、思古叹今的作品。

萧颖士"平生属文，格不近俗，凡所拟议，必希古文"②，其文章在当时颇有影响，即使他被免官后向他学习文章的依然很多。李华则认为"文章本乎作者，而哀乐系乎时。本乎作者，六经之志也；系乎时者，乐文武而哀幽厉也"③。其文"大抵以五经为泉源"，"非夫子之旨不书"，是"文章中兴"④ 的开启者。李华与萧颖士文章齐名，世称萧李，但二者情况略有不同。萧颖士开元年间举进士对策第一，足见文章功力深厚。他推崇古文，才学满腹，但文章的艺术价值尚不算突出，确是一位一心复古且朴实无华的人物。李华也是开元年间进士，曾任监察御史，安史之乱中曾受伪职，贬官之后又被起用，晚年辞官归去。其文崇尚古风又华彩横溢，代表作《吊古战场文》广为传诵。文章大约作于玄宗天宝后期，由古战场荒凉景象引发，勾勒了齐魏楚韩直至秦汉以后的历代战乱，表达了对人民在战乱中遭受的惨状的深切同情。作者以儒家的王道仁义观点为核心，批判战争的酷虐，关心人民的苦难，反映出

① 卢藏用：《陈伯玉文集序》。
② 萧颖士：《赠韦司业书》。
③ 李华：《赠礼部尚书清河孝公崔沔集序》。
④ 独孤及：《赵郡李公中集序》。

作者的人道思想。全文融叙事、议论、抒情于一炉，使叙战争之酷、议战祸之非、抒厌战之情等为一体。以四言铺叙为主，杂以长句，尚有骈偶痕迹，但无俳句之呆板。主旨明确，文辞宏肆，音韵和谐，自然流畅，强烈地突出了非战思想。萧李对古文的主张在社会上逐渐形成一定声势，这也是对当时奢华文风要求纠正的一种趋向。元结从创作实践上力变俳偶为散体，写下大量记叙山水园亭和表现愤世嫉俗的作品。独孤及强调"先道德而后文学"，与萧李尊崇孔孟不同，特别推崇贾谊、司马迁、班固等两汉文章。

总之，这些复古思想的提出是与当时社会时势的变化有紧密联系的。安史之乱后，大唐帝国陡然走向了衰落的道路，而佛、道的盛行也与求进取的儒家思想矛盾激化。虽然这些复古主张只含有朦胧的匡时救危的意味，创作上也仍未能摆脱骈文化的积习，但是，他们的理论和实践已形成一股股溪流，这就为后来崛起的韩柳古文运动做了有利的铺垫和指出了方向。

古文运动在中唐这个特定的历史时代得以振兴，主要原因在于客观的现实社会条件和儒家的拯物济世理想。安史之乱后，国势跌落，经济的破坏和思想的消沉使政治也陷入深重的危机。一方面，贞元、元和年间，号称"太平"和"中兴"，实际上藩镇割据的问题并没有彻底解决，这对中央集权构成了极大的威胁。而佛、道两教势力的发展，也严重危害着李唐王朝的经济利益。另一方面，贞元时期经济一度繁荣，政治一度稳定，这就使人产生了"复兴"的希望。以韩愈为代表的复古主义思潮，正是要从意识形态领域维护和加强封建帝国的统治。韩愈打着复古的旗帜，主张恢复孔孟儒家思想的正统地位，就是试图重构以儒家伦理为正宗的封建图式，这无疑是捍卫中央权力和贬斥佛道二教的，其目的就是要重申"君臣之大义"、"夷夏之大防"，以此巩固封建大一统的传统机制。韩愈树立起从尧、舜、禹、汤、文、武到周公、孔子、孟子的

"道统"，说"使其道由愈而相传，虽灭死万万无恨"①。韩愈维护中央集权和排斥佛老的思想在广大中下层地主阶级中得到强烈的响应，儒学复古思潮遂发展成为一股声势浩大的社会思想运动。

韩愈要宣传自己的政治主张和儒家思想，那些追求形式华美的骈文便成为自由表达旨意的桎梏。而且"饰其辞而遗其意"的骈文也根本无法宣扬那些质朴敦厚的深奥古道，因此自然地就需要开展一个文体革新运动，这就是反对骈文，提倡古文。所谓古文，是指汉以前的散体文，不仅语言长短不拘，抒写自由，便于表达现实生活内容，而且它本来就是载道的，因而也有益于学习和宣扬儒家之道。韩愈说："愈之为古文，岂独取其句读不类于今者耶？思古人而不得见，学古道则欲兼通其辞；通其辞者，本志乎古道者也。"② 古文是和六朝以来流行已久的骈文相对立的，韩愈倡导古文的真正用心还是在于学古道，同时，借儒学复古运动也掀起了文体革新的浪潮，这样，在复古的旗帜下文坛面貌为之一新。韩愈本人能文能言，且好为人师，自称狂客，又能团结众人。于是在时代的要求下，在韩愈的影响下，一时古文甚盛，队伍猛增。到唐宪宗元和时期，又有柳宗元古文业绩支持，古文逐渐压倒了骈文，在文坛上形成波澜壮阔的局面。

以韩、柳为代表的古文运动提出文体革新的理论，是建立在散文传统的继承和革新的基础上的。韩、柳都提倡文道合一，道是目的，文是手段；道是内容，文是形式。文应为道服务，道为文之核心。韩愈在《答李翊书》中说明要作不朽之文，须先做高尚之人，只有达到儒家要求的人格修养，才能创作出名垂千古的"至言"。韩愈将文与人联系起来，当然更侧重的是儒家的伦理规范和积极理想。柳宗元也说"文者以明道"，同样是维护封建地主阶级利益的。尽管柳宗元具有更为进步的

---

① 韩愈：《与孟尚书书》。
② 韩愈：《题欧阳生哀辞后》。

政治革新精神和社会政治观念，但与韩愈在"文以载道"的文学主张方面是一致的，只不过关于"道"的看法略有不同。这一文学观念在后代发生巨大的影响，典型反映出中国文化的儒家传统特征。韩、柳都呼吁革新文体，建立新的文学语言。他们倡导古文，并非要人摹古之言辞，而是借此打破骈文的僵化，创立具有新鲜色彩的生动语词。韩愈坚决反对模拟抄袭的不良文风，主张学古文应"师其意不师其辞"，指出"古于词必己出"、"唯陈言之务去"、"文从字顺各识职"，为文要从实际出发，使"文章言语，与事相侔"，"其事信，其理切"[①]。柳宗元同样反对"贵辞而矜书，粉泽以为工，遒密以为能"的颓靡文风，认为文章应有对社会生活"褒贬"或"讽喻"的功能，但与韩愈不同的是没有对六朝文章采取极端否定的态度，也并没有一概排除骚体赋声的华彩特征[②]。总之，韩、柳以鲜明的文学主张和丰富的文学实绩打破了骈文数百年的统治，以摧枯拉朽的姿态革新了积弊已久的文学语言和体式，从而扭转了文坛风气并为后代文章写作开拓出广阔的前景。

在创作方面，韩愈以雄浑豪健的风格独步当时，这也成就了他在文坛上的主帅地位。韩愈（768～824 年），字退之，河阳（今河南孟县）人。3 岁而孤，由嫂郑氏抚养成人。25 岁中进士，29 岁登仕途。先后做过汴州观察推官、四门博士、监察御史等官。在监察御史任上，因关中旱饥，上疏请免徭役赋税，被认为指斥朝政，被贬为阳山令。元和十二年（817 年），从裴度平淮西吴元济有功，升为刑部侍郎。后二年，又因谏迎佛骨，触怒宪宗，贬为潮州刺史。穆宗即位后，奉召回京，任兵部侍郎，又转吏部侍郎。他一生坚持复古思想，于科名和仕途上屡受挫折而毫不气馁。

韩愈的论说文逻辑严密而结构紧凑，曲折变化而流畅明快。《原毁》

---

① 参见韩愈：《南阳樊绍述墓志铭》、《答李翊书》、《上襄阳于相公书》。
② 参见柳宗元：《报崔黯秀才论为文书》、《杨评事文集后序》、《答韦中立论师道书》。

韩愈像

揭露当时社会用人不公的固弊和人情恶薄的顽疾，充满着激愤的批评和精辟的分析。《师说》展示了他敢为人师的风采，同时又打破了封建传统的师道观念。《杂说四》以"千里马常有，而伯乐不常有"比喻贤才难遇知己，寄寓了自己坎坷遭遇中的忧愤不平。《送李愿归盘谷序》借隐士之口揭官场丑恶，讽刺挖苦而令人啼笑皆非。韩愈的记叙文也写得雄奇奔放，尤其对人物的描写生动鲜活，对事件的叙述明白清晰，同时夹以议论，注以情感，令人读后久久不能释怀。如《张中丞传后序》歌颂了安史之乱中张巡等人的英勇事迹，驳斥了一些人对张巡等人的诬蔑毁谤之词，全文以精简的记叙、雄辩的论说、深挚的抒情，塑造出抗逆战争中的英雄群像。《柳子厚墓志铭》选取富有典型意义的事件，通过富于感情的语言表达，谴责了官僚士大夫社会的冷酷无情，刻画出柳宗元坎坷遭遇中刚正清廉的形象。韩愈的碑志虽不免有些"谀墓"之作，但也能根据墓主的特点给予传神的描绘，这就呈现出与六朝以来那些"铺排郡望，藻饰官阶"的公式化碑文不同的特色。《试大理评事王君墓志铭》似带有传奇色彩，形象的文字似有伤碑文的严肃；《南阳樊绍述墓志铭》赞颂樊宗师的古文成就，并阐述为文之道。这些文字都打破了四平八稳的程式和空洞枯燥的华丽，具有记事生动、议论中肯、抒情真挚的风格。韩愈的抒情文也写得很好，读之令人不禁荡气回肠而感慨难平。韩愈几乎所有的文章都充盈着一股郁勃不平之气，不管是议论文还是记叙文都灌注着满腔的激情。如《送李愿归盘谷序》和《张中丞传后序》都用对比的手法强烈地抒发着对黑暗现实的愤懑。其《祭十二郎文》被前人誉为"祭文中千年绝调"。文章结合家庭、身世和生活琐事，反复抒写他悼念亡侄的悲痛，字字含泪，句句动情，追述闲常往事而不觉平淡单调，只觉一片哀情发自肺腑，恰如长歌当哭，动人哀感。

　　总之，韩愈的散文雄奇奔放，浑浩流转，具有冲飚激浪而又曲折变化的特点。其论说文立意高深，气势雄伟，逻辑严密，条理清晰；其记叙文叙述晓畅，形象生动，将议论、抒情融于其中而风骨俊爽；其抒情文充分展露性情，将不同的情感表达得淋漓尽致。在语言的运用上，他不仅创造性地使用古代词语，而且有选择地使用当代口语，这就使他的散文语汇丰富，绝少陈词滥调。其句式结构也灵活多样，既顺应内容表达的需要，又注意语体的自然音节，硬语生词，曲折舒展，文从字顺，流畅明快，给人变化多姿而层出不穷之感。他还采用多种修辞手法，以加强文章的生动活泼和雄浑气象，如譬喻、夸张、对比、映衬等，使文章古拙生辉。其语言的简练、准确、精辟、奥奇构成其文章瘦硬的风格，凸显出力度而洗去了铅华，这种风格也反映在他的诗歌创作中，他正是要以一种创新峭奇的形式打破过去繁复丰腴的积习。韩愈的文学创作体现了他的文学主张，他的文学主张和复古思想反映出一种时代要求，因此，古文运动的蓬勃开展也就势成必然。

　　与韩愈同在文坛驰名的柳宗元（773～819年），字子厚，河东（今山西永济县）人。他比韩愈晚生5年，21岁登进士第，3年后授校书郎，又2年后调集贤殿书院正字。柳宗元早年即显露文才，踏上仕途后又博览群书，这为他日后创作打下了良好的基础。31岁时任监察御史里行，与刘禹锡等人积极参加了王叔文领导的"永贞革新"。由于革新遭到守旧势力反击而失败，柳宗元也被贬出京师任永州司马。在永州的10年，他有机会深入接触社会现实，创作了不少具有思想深度和意味隽永的作品。元和九年（814年），被改任柳州刺史。元和十四年（819年）客死任上，比韩愈早逝5年，终年47岁。作为古文运动的主将，柳宗元在政治上推崇儒家的民本思想，认为官吏是人民养活因而应为人民服务。但现实却是官吏欺压百姓，所以他极力主张革新吏治。他严厉抨击封建藩镇的割据局面，同时认为中央集权是历史的必然，也取决于民众的意愿。他具有朴素的唯物主义思想，坚持"天人相分"的观点，

柳宗元像

明确否定"天人感应"的说法。他以无神论反对天命观，因而比韩愈的道统说更具进步性。柳宗元的"道"虽然没有完全跳出儒家的正统思想，但更富有深刻的现实性和强烈的战斗性。

柳宗元创作了大量的优秀散文，为古文运动的发展做出了重要贡献。其寓言小品讽刺社会上的腐败现象，机锋锐利，一针见血。《三戒》中《临江之麋》隐射恃宠而骄的奴才终于不得好报的寓意，《黔之驴》写貌似强大实则无能的蠢驴暗喻外强中干的朝中大员，《永某氏之鼠》嘲讽昏庸的主人和作恶的奸佞。《蝜蝂传》更是借描写贪得无厌的小虫将追名逐利的小人的丑恶刻画得淋漓尽致，也深深表达了作者极端憎恶之情。这些作品短小精悍，意趣隽永，巧妙地运用比喻、夸张、幽默、象征手法，把先秦诸子散文中的寓言片断发展为一种独立的文学样式。柳宗元的山水游记成就最高，往往在景物描写之中富有深沉的情感。他的这类作品，将山水的物象灵秀地表现出来，同时借以抒发自己的快慰和愤懑。《永州八记》是这方面的代表作品，作者以生动而简洁的语言描绘着永州附近秀丽而野逸的景致，同时灌注以作者对大自然的高雅纯净的审视和对人世间的低俗恶浊的抗议。如《钴鉧潭西小丘记》将小丘写得生趣盎然，而又对小丘的不幸命运充满同情和感叹，这实际上正表现出作者的欣慰之情和难言之隐。作者对山水精雕细刻，充满诗情画意，而又展现出高洁胸怀，寄意深远。这不仅使山水游记在郦道元之后形成一种独立的文学体裁，而且将自己的身世感叹寓于山水之中形成别具一格的风貌。柳宗元的传记散文也很有特色，大都取材于社会下层那些被侮辱被损害的人物。在《捕蛇者说》中，作者刻画了蒋氏悲苦的形象，揭示出封建社会迫害的残酷；《童区寄传》勾画出少年区寄机智勇敢的行为，披露出当时边地人口买卖的罪恶；《种树郭橐驼传》借郭橐驼种树之道，说明统治者治理天下的道理；《段太尉逸事状》具体描写段秀实刚毅机智、廉政爱民的优秀品质和英雄形象，从而展示出安史之乱后军阀拥兵自重而人民饱受其苦的画面。柳宗元的传记散文总是从批判现实的角度选取人物的重要生活片断而给以平实简洁的描写，将自己深厚的思想感情和高度的政治认识含蓄地融注于所描写的人物与事件中，虽不像韩愈有过多的激愤议论，却使人于委婉客观的叙述中体味到作者的深沉和丰厚。柳宗元的论说文也写得缜密谨严，体现出关注现实而又充满焦虑的忧愤心情。如《封建论》、《时令论》、《非国语》、《天说》等都表现出人民性和无神论的进步倾向；其《答韦中立论师道书》等"论文八书"，通过总结写作经验阐发古文理论，在当时也有很大影响。

　　总的来说，柳宗元的散文也是众体皆备，在古文运动中取得了杰出的成就。其寓言短小警策，言简意深，含蓄老辣。其山水游记描写风物形神兼备，语言精美隽永，巧妙的暗喻和象征使意象更为丰富。其传记散文关注民生，以小人物的遭际揭示出社会不公，充满了伤世悯时之情和悲惋忧愤之叹。其论说文则充满了进步的战斗精神，观点鲜明，笔锋犀利，有胆略、有见识、有力度。柳宗元以自己的实际创作支持和推动了唐代古文运动的发展，与韩文的笔力雄健、才气纵横不同，柳文更具深切丰邃、秀婉朗练的风格。古文运动自此声势大振，韩、柳也成为司马迁以后最大的散文作家。

　　与韩愈、柳宗元同时或稍后的一批文人自觉不自觉地推动了古文运动的发展，但却未能取得突出成就而使古文运动的洪流渐渐平息下去。这是因为中唐以后藩镇割据、宦官专权、朋党争斗愈益严重，不少知识分子感伤颓废，精神空虚，沉迷声色。尽管古文运动以摧枯拉朽之势打破了骈文独霸的文坛气象，但后继者却不具有韩、柳那样的气力和胆识。因此文坛上呈现出多元走向，随唐帝国日益艰危的局势而浮光闪烁。

　　韩愈的朋友与传人，如李翱、孙樵、皇甫湜、樊宗师等，承古文运动余绪而又各自有所偏离。如李翱强调"仁义之辞"对文章的决定作用，在哲学上有所建树而片面趋向重道轻文。孙樵在反佛辟佛上与韩愈同声同息，有时甚至比韩愈表现得更为激烈，文章风格则奇崛险厉，大似孟、贾诗风。皇甫湜强调"辞必己出"，由意新词奇进而趋向生僻险怪。古文家樊宗师则由瘦硬奇险流变为幽冷晦涩，这就导致古文创作的文以载道偏转于舍本逐末的歧途。受韩、柳影响而又卓然自适的元稹、白居易，在古文运动过程中不与其事而闲淡潇洒。他们的创作风格清新流畅，语言生动活泼，意境超迈悠远，充满诗情画意。既有前人陶渊明的诗文余味，又见后人欧阳修的些许端倪，俨然雅趣横生而又雍容大度的成熟散文。

松江经幢（唐）

此后在古文日益走上狭窄道路的同时，骈文反而恢复了往日华靡的光彩。道统的宣传未能补救世事的衰落，于是一些文人在穷愁潦倒与醉生梦死之间流连于花前月下。李商隐、温庭筠都有美妙高绝的骈文，他们当然也是看不惯古文完全废毁华丽而奋力一搏的。他们文中俳偶句多，这一特点也被后来的古文家有效采用。杜牧虽坚持古文运动精神，批评当时追求绮丽的风气，但在创作方面也是并非刻板而讲究辞采。其《阿房宫赋》因唐敬宗大起宫室有感而作，极力铺写阿房宫的壮美而最后引出咎由自取的历史教训。全文结构谨严，辞藻华丽，骈散结合，声律谐应，可谓当时文中佳作。

至唐末，由于国家大势已岌岌可危，于是出现了批判现实的政治小品。这些文章承先秦散文传统和韩柳古文精神，闪烁着进步的思想光辉和寒亮的词采锋芒。如陆龟蒙虽退隐乡里却不忘天下，其散文充满着关注现实的强烈精神，代表作《野庙碑》淋漓尽致地揭露了贪官污吏鱼肉百姓的罪恶。皮日休不满晚唐现实，自号"醉吟先生"，个性强烈，后加入黄巢起义军。曾作《鹿门隐书》60篇，专门讽刺谬政。罗隐因屡试不第，深有感慨，愤而作《谗书》5卷。他人隐心不隐，所写文章批评时政，不留情面，讽刺强烈，揭露深刻。鲁迅称晚唐小品文"是一塌糊涂的泥塘里的光采和锋芒"，"是抗争和愤激之谈"。唐代文章发展至此可谓回光返照，无论是雅致还是苦涩都走到了尽头。

第四节　洗练俚俗

唐代社会生活的丰富也使其他文艺形式得到发展，传奇、变文以及词随着反映现实和表达感情的需要日益繁荣起来。唐代传奇是在六朝志怪小说和城市文化发达的基础上兴盛起来的，因此其内容由单纯的谈神说鬼向复杂的风俗事象转化。唐代传奇作家还接受了其他文学因素的影响，如《史记》以来的传记文学、韩柳发起的古文运动、元白倡导的新乐府精神，以及民间流行的通俗文艺。唐代传奇的最大特点是兼融儒、道、佛三家文化而自由浪漫，儒家是主张入世的，道家是追求长生的，佛家是讲究报应的，这三种思想在传奇中都有表现，并决定了其亦真亦幻的丰蕴情味。所谓传奇，始自晚唐裴铏《传奇》一书，宋以后人遂以之概称唐人小说。由于正统文人历来是鄙视小说的，因此它起初很难登大雅之堂而只被当做轶闻趣事赏玩。

初盛唐时期传奇还不多见，内容还是以志怪为主。中唐时期，传奇空前增多，反映现实生活内容成为主流。如沈既济的《枕中记》和李公佐的《南柯太守传》，都曲折反映了封建士子热衷功名富贵的思想，揭露了官场上争权夺利、互相倾轧的丑态，而最终则宣扬了消极逃避的态

金錾花栉（唐）

度和人生如梦的主题，由此可见对社会世态的冷嘲热讽和对生活本质的虚无态度。李朝威的《柳毅传》、蒋防的《霍小玉传》、白行简的《李娃传》、元稹的《莺莺传》都是以爱情为主题的作品，这些作品常用写实手法刻画人物性格和描写环境气氛，塑造了一系列执著追求爱情又遭到封建礼教迫害的妇女形象，而作品虚构的美满结局也反映了人们争取幸福婚姻的善良愿望。郭湜的《高力士传》、姚汝能的《安禄山事迹》、无名氏的《李林甫外传》、陈鸿的《长恨歌传》等则写统治集团的人物故事，反映了对太平盛世的追怀以及腐败政治的不满。晚唐时期大批传奇专集出现，如牛僧孺的《玄怪录》、李复言的《续玄怪录》、牛肃的《纪闻》、薛用弱的《集异记》等。此时传奇六朝遗风复炽，倾向于搜奇猎异。尤其关于剑客的描写增多，如杜光庭的《虬髯客传》、袁郊的《红线传》和裴铏的《聂隐娘》，都曲折反映了在混乱世道下人们超现实主义的浪幻奇想。

总的来说，唐朝的传奇作者众多，上至卿相下至布衣，因而也就反映了各种各样的思想倾向。唐代传奇的题材也十分广泛，如按《太平广记》的分类方法，几乎所有的小说题材唐代都有，如爱情、讽刺、暴露、报应、神佛、鬼怪、技艺、侠义、仕宦、公案等等，一应俱全。在这样的情况下，唐代传奇自然取得了突出的成就，其在故事题材、语言艺术、情节安排、人物塑造、审美类型等方面都突破前人窠臼而具有时代特征。自此以后，传奇大大发展起来了，成为一种独立的文学样式，它以反映现实生活的复杂、塑造人物形象的鲜明、构思故事情节的巧妙，以及生动的细节刻画和大胆的浪幻想象将多种艺术形式杂糅起来并给其他艺术品种以深刻的影响。它不仅给唐代的古文运动以巨大的推动，也给后来的戏曲创作提供了丰富的养料，作为通俗文艺而更使人看到唐代表层文化下躁动的潜流。

与传奇由文人创作而供案头阅读不同，变文则是寺院僧侣向听众作通俗宣传的文本。佛经中关于神变故事的图画叫做变相，因此把这种说解神变故事的文学叫做变文。变文以讲唱相间的形式宣传佛教内容，为使大众喜闻乐见而具有通俗易懂的特点。从魏晋到隋唐，佛教流传愈广，传播花样也愈多，如转读、唱导、俗讲等。这种有说有唱的形式很益于为大众所接受，而唐代佛教的炽盛和民间的崇尚也更促进了它的繁荣。

变文吸取了佛经里以散文叙说、以偈语宣赞的形式因素，同时接受了民间说唱浅白而易于接受的口语特点，故于街巷市井中广受大众欢迎。韩愈《华山女》诗言："街东街西讲佛经，撞钟吹螺闹洞庭。"赵璘《因话录》里说："愚夫冶妇乐闻其说，听者填咽寺舍。"唐代最为流行的说唱形式是俗讲，其由佛教的变文与变相互为结合生发开来，使听众也是看官获得综合的审美愉悦。这些作品并未受到上层社会的重视，因而绝大多数没有流传下来。现在看到的主要是 1900 年从甘肃敦煌藏经洞发现的，由于不少卷子被外国来华人员盗掠而给我国文物研究造成了极大损失。从敦煌变文实际情况来看，其最初以宣传佛教经义为主，后来逐渐扩展为讲唱世俗故事。讲唱佛经的如《维摩诘经变文》、《降魔变文》以及《大目乾连冥间救母变文》等，这些变文充满了因果报应、生死轮回等思想，但有些也渗透了惩恶扬善、警时劝世的意义。讲唱世俗的以历史故事为多，如《伍子胥变文》、《捉季布变文》、《孟姜女变文》、《王昭君变文》、《张义潮变文》、《张淮深变文》等，这类故事较有生活气息和现实倾向，突出歌颂了不畏强暴、勇于反抗的英雄品格和坚强意志。在艺术成就方面，变文想象丰富，情节曲折，语言生动，形式活泼，对后来民间遍布的通俗文艺影响很大。

花鸟纹嵌螺钿黑漆经箱（五代）

除变文外，唐代还有俗赋、话本和词文，多种多样的艺术形式大都充满浪漫气息而又被大众接受。由此亦可看到佛教自六朝到唐代对民间的广泛渗透和现实因素的增加，而人们对宗教的感情寄托实际寓含着对现实的不满和抗争。这也使整个唐代文化在安史之乱前充满了光辉绚烂的色彩，而中唐以后则笼罩着一片冷峻、枯涩、忧愤、凄迷的气氛。唐人之情是如此鲜明地映照出来，完全不同于西汉的儒家一统与六朝的玄风大炽，唐代三教并行的文化宽松政策使唐人的心态得到很好的调适，这也就使唐人称情而行造就出形态各异的文化景观。

作为与雅文化相对的俗文化，与传奇、变文的衍展相映成趣的是词的发起与流播。词大约产生于唐初，开始时是俚俗传唱的民歌。词本是一种合乐演唱的诗体，应与乐府歌辞没有什么区别。但是，乐府也是随着时代变化发展的。因此，唐代的曲子词又不同于汉魏六朝的乐府。可以说，词是随着隋唐燕乐以及各地民乐的兴盛而渐起的一种独特的歌体。《旧唐书·音乐志》载："自开元以来，歌者杂用胡夷、里巷之曲。"也就是说，由西北各民族传入的"胡部新声"和各地颇具特色的"街陌谣讴"成为歌词作者的主要参照体系。

词要配乐演唱，因此都有严格规定，字句的长短要适应乐曲的旋律，这就使它与近体诗不同。近体诗本来也是可以合乐歌唱的，但它不能与曲调配合时就不免增减字句以合乐，因而有些七绝后来就演变为长短句。而文人在拟写那些胡夷里巷之曲的歌词时，又常常不免参照近体诗的声律要求来写，这样，词的字数、平仄、押韵、对仗也就渐渐形成词律。唐代崔令钦所著《教坊记》记录当时流行的曲名有 300 多种，在敦煌曲子词中的内容也有一些是记载开元以前事情的，可见初盛唐曲子词之概观。

　　盛唐时期，政局统一，经济发达，城市繁荣，交通便利，促进了南北文化融合与中外文化交流。豪门权贵讲究享乐，乐工歌伎推波助澜，文人雅士亦聊发意兴，这都使词尽管难登庙堂，却也渐渐形成一种时尚。在敦煌曲子词中，可以看到民间无名氏创作的原始风貌，这些词内容广泛，有战争、有劳动、有爱情，抒发感情强烈而动人。据传大诗人李白也写词，且后人给予很高的评价，如宋黄升于《唐宋诸贤绝妙词选》中言其"《菩萨蛮》、《忆秦娥》二词，为百代词曲之祖"。到中唐，

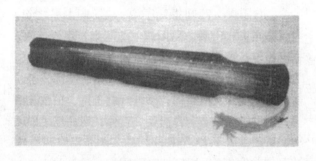

"大圣遗音"栗色漆琴（唐）

一些文人打破偏见，在学习民间词的基础上，创作出很多富有诗情画意而风格清新明丽的佳篇。如张志和的《渔歌子》五首，白居易的《长相思》、《忆江南》，刘禹锡的《潇湘神》、《忆江南》等。除此之外，韦应物与戴叔伦的两首《调笑令》还描写了边塞景象，使人看到风雪弥漫而悲愁欲绝的苍凉情境，这种情调令人联想起壮阔的盛唐气象而明显有一种萧瑟清冷的伤感。可以说，中唐以后不仅艺术形式丰富多样，各种艺术风格也竞相崭露，比盛唐之雍容华贵更多了些冷峻清丽。

　　晚唐的温庭筠尽管因"能逐弦吹之音，为侧艳之词"而为当时士大

夫所不齿，但其杰出的写词才能却不免令人遥想起风花雪月中那醉生梦死的末世才情。温庭筠与李商隐诗歌齐名，其诗文采绚烂，精雕细琢，有着浓厚的唯美倾向。其词也多写女性的妖艳和柔媚，色彩浓丽，辞藻华美，充满"香而软"的脂粉气。如其《菩萨蛮》："玉楼明月长相忆，柳丝袅娜春无力。门外草萋萋，送君闻马嘶。画罗金翡翠，香烛销成泪。花落子规啼，绿窗残梦迷。"作者将暮春时节昨夜的相会、今晨的送别写得凄迷朦胧，有着浓艳而伤感的审美效应。温庭筠是唐代写词最多的文人，刘毓盘辑其《金荃词》共得 76 首。他表现女性题材的词作可谓尽显晚唐文坛的阴靡风尚，却也在艺术的创造上取得常人难以企及的成就。

五代时后蜀依恃山川险固，生活相对安定，一批文人于是在弦歌宴饮中创作了大量怜香惜玉之词。赵崇祚集当时 18 家词 500 首，编为《花间集》10 卷。欧阳炯《花间集》序说："杨柳大堤之句，乐府相传；芙蓉曲渚之篇，豪家自制。莫不争高门下，三千玳瑁之簪；竞富樽前，数十珊瑚之树。则有绮筵公子，绣幌佳人，递叶叶之花笺，文抽丽锦；举纤纤之玉指，拍按香檀。不无清绝之辞，用助娇娆之态。自南朝之宫体，扇北里之倡风。何止言之不文，所谓秀而不实。"花间词确实蹈袭温庭筠香软词风的后尘，而内容却更为颓废淫靡、巧丽浪谑。诸如"凤屏鸳枕宿金铺"，"兰麝细香闻喘息"（欧阳炯《浣溪沙》），"云鬟半坠懒重簪"（顾夐《酒泉子》），"慢回娇眼笑盈盈"（张泌《浣溪沙》），"握手送人归，半拖金缕衣"（孙光宪《菩萨蛮》）等等。顾夐有《荷花杯》9首，极写春情少妇"知、愁、狂、羞、归、吟、怜、娇、来"9 种情态，可谓用心良苦。

当然，其中也不乏清艳疏朗之作，如韦庄《女冠子》："四月十七，正是去年今日，别君时。忍泪佯低面，含羞半敛眉。不知魂已断，空有梦相随。除却天边月，没人知。"《思帝乡》："春日游，杏花吹满头，陌上谁家年少足风流，妾拟将身嫁与一生休。纵被无情弃，不能羞。"构思布局别具匠心，传情达意真挚坦率，造语用词浅白如话。韦庄词与温庭筠齐名，但风格明显有别，于晚唐五代词坛独树一帜。

较花间词稍晚而与之相映成辉的是南唐词。南唐在战乱频仍的五代偏安于江南山清水秀之地，其富庶的经济提供给达官贵人优裕的生活环境，而六朝烟粉遗下的颓俗却也得以承传。陈世修在《阳春集》序中说："金陵盛时，内外无事，朋僚亲旧，或当宴集，多运藻思为乐府新词，俾歌者倚丝竹歌之，所以娱宾而遣兴也。"可见南唐词与花间词一样，都是在酣歌醉舞中繁荣起来的。

南唐著名词人冯延巳官至中主李璟宰相，其《阳春集》存词 100 多首。冯词倒不像温词专事描写女性，而以表现人物的愁怀为主，这或许与其忧心国事有关，风格显得委婉幽深。如《鹊踏枝》："谁道闲情抛掷久？每到春来，惆怅还依旧。日日花前常病酒，不辞镜里朱颜瘦。"其写景状物的词也文笔清奇，意象鲜明，不似温韦之艳，略显凄伤低沉。南唐中主也擅写词，却荒于政事。中主李璟即位之初还很有作为，但后来内外交困而被迫向后周称臣。其后期词也带有浓厚的感伤情调，如《摊破浣溪沙》中"细雨梦回鸡塞远，小楼吹彻玉笙寒。多少泪珠无限恨，倚阑干"，将那离愁别恨抒写得情真意切。南唐君臣眼看江山不稳，却又终日纵情声色，于是词中便含着一种无奈而无尽的愁绪。

后主李煜在政治上为苟安时而用贡物换取幸存，在生活上则尽情享乐沉湎于歌舞之中，最后由皇帝变为囚徒，这就无怪乎其词风前后有所不同了。其前期词以欣赏的笔调描画着宫廷生活的华艳、慵倦和淫靡，也有一些抒写悲愁的隽朗之篇透露出其出众的才情。其后期词写于被囚禁被侮辱之时，在经历了巨大的创痛后词人难以容忍天壤一般的反差，在"日夕以泪洗面"的囚徒生活中，发出切心痛骨的悲沉之声。如《虞美人》："春花秋月何时了？往事知多少。小楼昨夜又东风，故国不堪回首月明中。雕栏玉砌应犹在，只是朱颜改。问君能有几多愁？恰似一江春水向东流。"又如《浪淘沙》："帘外雨潺潺，春意阑珊，罗衾不耐五

男女舞俑（五代·南唐）

更寒。梦里不知身是客，一晌贪欢。独自莫凭栏，无限江山，别时容易
见时难。流水落花春去也，天上人间。"这些词往往给失意或不幸的人
以强烈的共鸣，关键在于它以艺术概括极强的形象比喻浅显清脱地表达
出坎坷的人生感受。李煜的词洗去脂粉而丽质自显，像一个落魄的贵族
妇女沦落风尘发出的忧伤叹息。

由后蜀到南唐，词之境界扩大开来，艺术手法也渐丰富，表现生活
和抒发感情的效果也更强烈。但需要指出的是，词由乡野进入朝堂变得
更为精雅，原先的质朴豪爽也变得愈发柔靡婉约，但始终不变的是那融
入其中的"情"。词借曲的魅力婉媚流转，撩拨着人心中潜在不息的情，
这也就不难理解为什么其后发展成一股巨流在中国文化的长河中流光
溢彩。

第三章
辉煌壮丽的雕绘

隋唐五代高度发展的封建王朝为雕绘艺术的繁荣提供了肥沃的土壤，雕绘艺术也由魏晋南北朝的哲理思辨倾向趋于大众多元化的世俗审美形态。南朝士大夫阶层中普遍弥漫的唯美意识被北朝雄悍的务实之风所冲击，中国传统中自汉末以来兴起的任自然而趋阴靡之势也得到有效的扭转。南朝所谓高势能的文化虽然得到北朝统治者的仰慕和认同，但来自草原带有原始野蛮气息的粗俗行为却也使高雅文化别开生面。北部疆域的辽阔和北人胸怀的开放又打通了外来文化的渠道，

龙虎塔（唐）

更给唐代开阔了视野和带来了惊喜。中国文化正如一条长河容纳百川，当其主流即将积滞或消竭之时往往又注入外来的野水，然后混融一体继续奔涌而下。隋唐五代即是南北中外文化混融而波澜壮阔的时期，此时河面

宽阔水势汹涌泥沙俱下，形成撼人心魄催人奋进的情感效应。正是经过这段南北中外文化的合流汇通而到宋代又蕴蓄平缓，形成中国文化的动荡起伏而博大精深。可以说，唐代雕绘艺术也以其恢弘壮丽形成一个极绚烂的时期，它不同于此前两汉魏晋六朝充满儒、道、佛意味的抒写，也不同于此后自宋至明理学统治下艺术的精雅。

第一节　雄伟的建筑

在雕绘艺术中，建筑应是一个重要的组成部分。中国较早的雕绘大都附着于建筑物上，何况建筑本身就是一门造型的技巧并含有审美的意味。隋唐时期是我国古代建筑艺术的成熟阶段，宫殿、寺塔、陵寝、园林都具有宏大的规模和华美的气势。唐代建筑的风格特点是布局严整、造型雄伟、工艺精良、色彩绚丽，既注重坚固耐用的功能需要，又突出壮丽典雅的艺术追求，强烈地显现出强大帝国自信乐观、积极进取、敢于创造、富有热情的时代精神。

由隋代始建的大兴城发展到唐代宏伟的长安城，在 300 多年的时间里以其富丽堂皇的豪迈气概著称于世。隋文帝建国之初，不满意西汉国都长安的狭小拥杂，便于开皇二年（582 年）命宇文恺营建新都。因杨坚在后周时受封大兴公，故都城亦名为大兴城。李渊灭隋建唐后仍以大兴为国都，但加以扩建并改名为长安。

长安城东西长近 10 公里，南北宽近 9 公里，周长将近 40 公里。全城由宫城、皇城、郭城组成，体现出礼法制度的尊严。宫城位于全城北部正中，其中大兴宫是皇帝起居、务政的地方。整个宫殿群气宇轩昂、豪华壮观。宫城以南是皇城，城内设有宗庙社稷、官署衙门，是政府办公的地方。皇城外为郭城，是居民的住宅区和商业区。城内有东西大街

14 条，南北大街 11 条，把全城划分为 108 个坊里。宽阔笔直的街道两旁，栽种着整齐的树木，整个城区显得优美而富丽。整个城区以宫城的建筑最为辉煌，隋大兴宫至唐改为太极宫，并又先后建造了规模更加宏伟的大明宫和兴庆宫，形成一系列宫群。太极宫历经隋唐两代的修建，面积达 4 平方公里以上，相当于明清紫禁城的 6 倍。由承天门、太极门、朱明门、两仪门、甘露门形成 5 道正门，两侧还有以"大吉"、"百福"等命名的若干殿门组成左右对称建筑。

老人俑（隋）

贞观八年（634 年），太宗又在长安城东北龙首高地上修建大明宫，作为太上皇李渊的避暑处。其后高宗又加以扩修并迁入，将原来的太极宫称西内，而以大明宫为东内。此后大明宫便代替了太极宫，成为唐代帝王处理政务的中心。大明宫南面正门为丹凤门，北面正门为玄武门，都因发生重大事件而名传青史。大明宫中的三朝大殿是外朝含元殿、中朝宣政殿、内朝紫宸殿，两侧还分布着麟德殿、蓬莱殿、含光殿等。含元殿雄踞龙首岗上，以高屋建瓴的气势统摄全城。含元殿两侧还建有翔鸾和栖凤二阁，如展翅欲飞的两翼，而殿下沿山坡修筑有 70 多米长的龙尾道迤逦而下更是雄奇。殿下广场南北宽 600 多米，东西长 700 多米，每当朝廷盛典，大殿上下鼓乐齐鸣，万头攒动，衣冠锦绣，流光溢彩。从含元殿遗址的残物得知，殿台的砖基以红色粉刷，内壁雪白如玉，配以红色廊柱、门窗和栏杆，赭黄色的斗拱和错金的门钉，殿顶则用绿色琉璃构件起脊，黑色的筒瓦覆盖殿顶四坡。整个建筑的色调不同于明清宫殿的华艳雕镂，而是有庄重素朴的典雅风格。

兴庆宫的主人则是风流天子唐玄宗，他在自己旧居的基础上兴建起第三大宫殿群。兴庆宫的正门西开，宫中建筑都是楼房，要比太极宫、大明宫华贵得多。宫内遍种牡丹，又加杨贵妃一家得宠，真可谓花团锦簇、国色天香而奢华气派。由于兴庆宫的位置在大明宫的南边，因而又称"南内"。安史之乱后，兴庆宫又成了一个清闲处所。可以说，唐代长安从平地始建，逐步走向繁华，但到唐朝末年却屡遭破坏，日益衰落下来，现在的西安城垣是明朝重修的，其风度与规模之寒碜，不免令人产生思古之幽叹。

隋唐五代时宗教文化的繁荣也反映在建筑方面，但这时的宗教建筑也与南北朝不同而呈现出新的面貌。隋文帝杨坚在夺取政权时，曾得到女尼智仙的帮助，因而立国后把佛教定为国教大力提倡，并多次下诏在各地兴建寺院、佛塔等建筑。唐代"三教并举"，宗教建筑规模更大。太宗即位后，曾令广造寺刹，以追荐亡魂。此后各位帝王屡建不衰，大兴土木。至武宗灭佛之时，全国拆毁大寺4600余所，小寺不可胜数。五代时佛教仍极流行，豪华寺院到处可见，尤其是南方修建寺、塔成风。宗教的兴盛今已烟消云散，但唐时精工的寺、塔建筑却留下历史的见证。

中国的宗教建筑与西方不同，西方的宗教建筑特别强调上帝的威严，因而具有一种神秘而崇高的感觉。中国古代本无正规的宗教，强烈的理性色彩使人重视住宅宫室的营造，外来宗教迁入中国亦被同化，因而中国的宗教建筑不像西方那样具有区别于宫室住宅的特殊形式。佛教从传入中国始就走上了一条民族化的道路，因而西方有人说中国无特殊的宗教建筑，恰恰精辟地揭示出中国宗教建筑所特有的民族化风格。从历史文献与壁画资料中可知，唐时寺院的布局仍采用传统的对称组合式庭院布局。常见形式为，南北中轴线配置主要包括山门、天王殿、大雄宝殿、法堂、藏经阁等，东西配殿有伽蓝殿、祖师殿、观音殿、药师殿、罗汉殿、护法殿等，较大寺院还依需要设置若干庭院、僧舍、花园等，钟楼这时也成为寺院建筑的组成部分之一。

今存五台山佛光寺属唐代宗教建筑遗存之一，但其随山势坐东朝西由下而上形成阶梯式布局。第三层平台上佛光寺正殿居于全寺最高处，面宽 7 间，进深 4 间。大殿正面中央 5 间各安木板门两扇，长方形佛坛上供有佛、菩萨、童子、力神等 30 余尊。殿内依稀可见壁画，画中有天王、仙女、神官、鬼怪、妖魔等，形象生动，线条劲健，似存名家吴道子遗风。唐代佛寺建于山林中的很多，唐人诗中描写屡见不鲜，就以反佛倡儒的韩愈而言，其《山石》诗中还写道："僧言古壁佛画好，以火来照所见稀。"

由于历史久远，唐代城市中保存完好的佛寺已不多见，倒是佛塔由于坚固尚可领略风采。如今所见巍峨峻拔的大雁塔，便是唐代慈恩寺的遗存。此塔始建于唐高宗永徽三年（652 年），不久倒塌。武则天长安年间（701～704 年）重造，高至 10 层。后经战争破坏，仅剩 7 层。现塔高 60 余米，底边各长 25 米。塔身自第二层开始，每层明显向内收进，造型简洁，庄严古朴。塔内设木梯楼板，可逐层登至顶端。唐时举子及第后，均来大雁塔题名，至今仍多见题名的刻石。

多被诗人吟咏的香积寺塔，位于西安市长安县香积寺内。此塔也是唐高宗、武则天时所造，原为 13 层，现残存 10 层。王维《过香积寺》诗写道："不知香积寺，数里入云峰。古木无人径，深山何处钟。"可见寺、塔的自然环境幽雅秀丽，引人入胜。

慈恩寺大雁塔（唐）

　　中国的佛塔南北朝以前多置于寺院的中轴线上，到唐代殿堂已逐渐成为寺院中心，佛塔则退于一侧或后面，由此亦可见唐人的生活观念。唐代塔的形制很多，以楼阁式、密檐式常见，还有各种变体，形成庄严、祥和的景观。

　　唐人不但讲生，而且重死。此前帝王陵寝已形成"依山为陵"的传统，但地面建筑尚缺乏鲜明的特色。唐代是中国最强大的封建帝国，也以绵延在渭河以北群山之际的十八陵构筑成一道雄伟的风景线。唐代陵墓格局由墓室、献殿、寝宫、陵墙、四门、角楼、神道、石雕、门阙构成，这些建筑与雕刻的汇融铸就出宏伟而壮丽的艺术风格。

　　唐昭陵是太宗李世民的陵寝，建于礼泉县九嵕山上。墓室筑于半山腰南麓，墓门顶部建有神游殿。整座陵园呈方形，四边有陵墙，四角建角楼，四面陵墙各开一门。南面正门内建献殿，门外筑土阙。北面门内建祭坛，供举行祭祀大典之用，著名的"昭陵六骏"浮雕就陈放在这里。陵园东西南三侧遍布陪葬墓，陪葬者除宗室、嫔妃外大多为文臣武将。陪葬墓又各自营建茔城，并有其后代子孙从葬，形成庞大的墓葬群。

乾陵神道（唐）

　　乾陵是高宗李治和皇后武则天的合葬墓，位于陕西乾县西北的梁山上。梁山分为三峰，北峰最高为主，南面左右两峰稍低，恰似门阙，所以唐高宗选择此地营建陵墓。陵寝建于北峰南坡，凿山为穴，拔地百余米高，墓道由南向北深入地宫，呈斜坡式，宽约 14 米。经勘察，墓道、墓门全用石条填塞，石条之间又嵌以铁栓，缝隙又熔铁水浇铸，上面再夯土覆盖。墓室迄今内部无损，有待挖掘。地上建筑四面有陵墙，四角有角楼。陵墙正中各开一门，门外各有石狮一对、土阙一对。南门为朱雀门，门内有献殿，门外有一系列石像。石像夹道而立，都是当时臣服于唐朝的国内少数民族首领及国外君王，共 60 座，石像背部刻有国名和人名。再往南便是延伸数里的神道，神道两旁有石人、石马、朱雀、华表等，这些石雕造型庄重，刻镂精美，增加了陵墓的神秘与威严。乾陵周围也有许多陪葬墓，已发掘的有永泰公主墓、章怀太子墓、懿德太子墓等，从墓内发现大量壁画，可见唐代生活内容和艺术成就。总之，沿渭水以北，西起高宗乾陵，东至玄宗泰陵，横亘 100 多公里，筑就了唐朝 18 个皇帝的陵寝。他们仿佛永远注视着生前的功业，并艺术地让后人永远充满怀想。

在园林艺术方面，隋唐承前代也发展到全盛阶段。极为恢弘的皇家园林，怡人性情的私家园林，静幽豁达的寺观园林，均达到了前所未有的规模和精致。隋文帝兴建大兴城时就建造了大兴苑，隋炀帝营建东都洛阳时更是在城西修建了规模极其宏大的西苑。西苑方圆百多公里，洛水、谷水和涧水从中流过，地势起伏平缓，相互映带。其中人工开凿的大湖周长 10 余里，湖中有木石筑成的蓬莱、方丈、瀛洲等岛山，岛山上楼台殿阁玲珑别致、各具风情。岸边修各式院落，种名花异草，住夫人美女。此外苑中还有 5 个小湖，皆有沟渠与大湖相通，隋炀帝常泛舟湖上，逍遥作乐。湖边山上皆有亭殿，掩映于杨柳修竹之中。据说隋炀帝曾诏天下各方送花木鸟兽入苑，因而苑内生气葱茏。

唐代在隋苑基础上扩修，大明宫、兴庆宫更是繁花似锦，楼台琳琅。最为别致的还是华清宫，它由宫廷区与苑林区组成，周围随山势筑有郭墙。宫廷区坐南朝北，除殿宇建筑外最著名的还是浴池。苑林区沿山势地貌规划出各色景点，花木鸟兽遍布其间。山顶有朝元阁及老君殿，途中有长生殿供皇帝进香前斋戒沐浴。白居易的《长恨歌》对此有生动的描写，更使人对骊山遥想万千。遗憾的是昔日景观已不能再现，只能根据历史文献和有限资料勾勒大概。

私家园林至唐也更加兴盛，城郊山野随处可见。唐代私家园林多集中在长安、洛阳两地，当时公卿贵族几乎无不争巧斗奇。相对于官僚世家的豪华绮丽，士人园林则清新简淡，这也形成中国园林的不同特色。在造园手法上，由于私家园林面积较小，故更多地偏重象征和借助想象。如在模山范水上追求小中见大，因而此时以池代湖、以石代山的做法更为普遍。山池成为私家园林的主体景观，甚至成为私园的代名词。白居易曾对自家的洛阳私园这样描写："十亩之宅，五亩之园；有水一池，有竹千竿。勿谓土狭，勿谓地偏；足以容睡，足以息肩。有堂有庭，有桥有船；有书有酒，有歌有弦。有叟在中，白须飘然……"士人之园这时已集审美观赏与日常生活为一体，同时种松竹梅莲也有以物喻志之情调。

唐代除帝苑与私园外，寺观园林也空前发展。唐代倡佛扬道，寺观经济势力也随之壮大。一些寺观除建筑殿堂极其宏伟外，园林也成为不可忽视的部分。如长安著名的慈恩寺，花木繁茂，山池秀美，寺中牡

葵口圈足秘色瓷碗（唐）

丹、荷花闻名京城，当时到慈恩寺一游已成一件胜事。刘禹锡《游玄都

观》诗曰："紫陌红尘拂面来，无人不道看花回。玄都观里桃千树，尽是刘郎去后栽。"描写了观花的熙攘人群和道观的千树桃花，虽含政治寓意亦是现实情景。唐代城市居民被严格的坊里制度所限，没有随意游览的自由也缺乏游览活动的场所，故遍布城郊山野的宗教寺观成为平民百姓游览的好去处。宗教寺观为宣传教义扩大影响，也不惜投资改善环境，吸引香客和游人。寺观园林的美化使人超凡脱俗，故宗教活动的中心也成为风景游览的胜地。

唐代还有一些其他自发形成的园林建筑，最典型的便是曲江池。曲江池水面宽阔，水量充沛，池畔亭台楼阁参差错落，皇家、士人与平民都在此修园筑舍。每至节令，最为热闹，天子与百姓同乐，沿岸张灯结彩，池中船来舫往，人头攒动，车马川流，长安城人几乎半出参加盛会。这类具有公共性质的园林，在封建社会皇权统治下如此繁盛是罕见的。可以说，园林作为艺术，雕绘出大唐的荣华，也展现出唐人蓬勃热情和闲适自然的俊爽风采。

第二节　华美的雕塑

隋唐大一统的局面促进了艺术的发展，雕塑艺术也受到高度的重视。隋唐雕塑按题材大致可分为三类：一类是陵墓雕塑，其显示着帝王的权威；一类是宗教雕塑，其展示着对祥和的向往；一类是装饰雕塑，其标示着健劲的风度。三类题材都注重写实手法又充满理想精神，因而既带有世俗意味又趋向雄放阔朗，表现出隋唐时代人们对现实的满足和对美好的憧憬。

中国的陵墓雕塑发展到隋唐，出现了前所未有的繁盛局面。从唐代十八帝陵的时间先后看，各陵由于年代不同也呈现出各自的特点。唐高祖献陵前肃立的是四对石虎，它们分置于陵园的四门之外，这些石虎不是采取蹲坐姿势而是表现出行走觅食的动态。此外各门还设有石犀牛和华表各两件，以牛、虎守墓前不多见而独具威力和魅力，不能说这不是异想和创造。作为最早的唐陵石雕，其雕刻刀法锐利清新，造型洗练而高度写实，精神状态随着肌肉关节的起伏变化表现出来，既机警又深沉。整体结构和谐完美，富有生气，具有北朝末期隋朝以来劲健质朴的气质。

昭陵石雕以"六骏"最为著名，这是以陪伴唐太宗打天下的六匹名马为原型雕成的。六匹名马为飒露紫、拳毛䯀、特勒骠、白蹄乌、什伐赤、青骓。此石雕由宫廷画家阎立本绘写图形，又选名匠将其雕成比原马略小的六块浮雕，再由著名书法家欧阳询题写由太宗自撰的赞词，可谓集众美于一体。"六骏"中三匹站立、三匹奔驰，都体态矫健、雄劲圆肥，反映出唐人喜用西域名马的时代之风。"六骏"又各具情态，或骄矜、或雄强、或刚毅、或剽悍，比例准确，神态感人，其写实而精练的造型充分反映出大唐帝国淳朴而超迈的自信和自强。

乾陵石雕则丰富多彩，有番王、宫臣、鸟兽、华表等。最富有特色的当属带翼的天马，其两肩的飞翅以高度的装饰意味和简洁的艺术手法来表现，典雅华美，和谐自然。另外还有鸵鸟，颈部和腿部以浮雕形式表现，羽毛和神态也惟妙惟肖。这天马与鸵鸟可谓来自西域的"异兽珍禽"，由此可见唐朝在中外交流中并不排斥外来文化，相反以欣赏的态度青睐有加。唐朝前期国势日上，故陵墓雕塑颇显粗壮；中晚唐后渐趋清峻，风格也益显精细。

除石雕外，墓俑陶塑也取得高度成就。隋唐墓俑主要有镇墓兽、人物俑和动物俑三大类。镇墓兽是古代墓葬中用来驱恶避邪的一种象征，隋唐镇墓兽多表现为面目狰狞的怪兽或凶神恶煞的天王，以及半人半兽式的怪物。这些镇墓兽均威武凶猛，或张牙舞爪，或足踏恶鬼，或狮身人面，足可见唐人想象和制作的新奇。

飒露紫（唐）

　　隋唐人物俑则千姿百态，由于唐代统治者夸耀强大，所以常雇佣少数民族或域外夷奴，墓俑中于是便出现他们的形象。无论是侍从俑、执役俑，还是俳优俑、舞乐俑，随处可见异国他乡之情调，并以其鲜活生动令人感佩万分。女俑也多姿多彩。从出土情况看，隋代女俑身躯修长，面相清秀。发展到唐代，有的形体肥胖面貌雍容，有的身躯窈窕面相丰腴，有的体形瘦削面容秀丽。她们的服装、发饰、姿态、表情各有不同，但都具有浓厚的现实生活气息。唐代似以"胖俑"为多，在造型上常以盛唐高贵的中年妇女为雕塑对象，由此塑造出盛唐"美人"而成为标准"唐俑"。

　　在隋唐动物俑中，常见的有鸡、狗、猪、羊、鸟、马、骆驼等，其中以马与骆驼最为绝妙。唐人特爱马，故将对马的情感深深倾注在其雕塑中。从出土墓葬中，很少再看到秦汉墓葬中那四平八稳、粗浑呆板的造型，而多呈神态英武、静中有动的剽悍形象。唐代的骆驼作为交通运输工具也很得人喜爱，制作上无论是形象的刻画还是神态的表现都极其高超。有的翘首前往，有的昂首长鸣，有的回首俯视，充满了生活气

三彩镇墓兽（唐）

息。唐代的骑俑最能体现风采，这些骑俑在许多唐墓都有出土，有男有女，声势浩大。如在永泰公主墓中出土 870 多件骑俑，在懿德太子墓中出土 900 多件骑俑，这些骑俑造型逼真，姿态各异，生动地反映了封建贵族出行时的情景。

宗教雕塑发展到隋唐也达到极盛时期，以其宏大的规模和趋俗的样式展现出豪迈而现实的风采。隋唐雕塑巨作多在北方，继承了北朝以来的传统但又有更大的创新，这与统治者为北人而更具世俗化有很大关系。从隋代雕塑看，由于政治上的需要和文化上的原因，宗教雕塑已呈更多的中国气派和生活气息。到唐代，从内容到技法完全形成具有中

彩绘牵驼俑（唐）

国特色的宗教雕塑艺术。

在这些雕塑中，可以看到唐代隆盛的国力和浪漫的憧憬，同时也展示出务实的态度和强烈的自信。原先超尘脱俗的秀骨清象被慈眉善目的大度雍容所取代，那种关注人生的情怀使宗教境界更具有人间的温馨。虽然唐代宗教雕塑主要仍在窟寺中，故也称窟寺艺术，但并不因其地处山岩林间而荒凉冷僻，给人幽静之感。相反，这些胜地香火很盛，宗教与现实的距离或者说偶像与凡人的关系得到很好的融通。如果说，初唐的风格以威武雄壮的英姿充分表现出朝气蓬勃的劲拔精神，那么到盛唐时期则已由清朗俊爽转向丰腴细腻的表现，中晚唐经安史之乱后窟寺艺术的题材更为广博，其塑绘结合的艺术手法使造像更为精致丰富，由此而后的窟寺雕塑经五代至宋则又呈现出理学制导下的隽秀、冷静和柔顺。

唐代宗教雕塑以敦煌莫高窟最负盛名，其从十六国时期开凿以来，以建筑、彩塑、壁画三位一体相得益彰而名闻遐迩。最初由于莫高窟开凿在砾岩壁面上，石质松散难以雕造佛像，故采用泥塑加彩并与壁画相结合的形式造成塑绘统一的完整效果。隋代的莫高窟彩塑已逐渐脱离壁画形成圆雕，在形象塑造上也更为细致并具有了较明确的性格。如一些弟子像刻画了现实生活中老胡僧的具体面貌，一些菩萨像也更多地从女性柔美的体态中吸取形象表现的特点。但因时代局限，人体造型上还不能得心应手，缺少质感的细腻变化。到唐代，同样的造像在不同的匠师手中则可能完全不同。如迦叶像，有的袖手而立，神态冷峻；有的眉头紧锁，冥思苦想；有的饱经世故，含蓄深沉。如菩萨像，有的端坐于莲台之上颔首凝思，有的侍立于佛像旁边神情柔顺，有的庄严中透着慈爱。这些菩萨面相丰满，姿态优美，光彩照人，表现出各自不同的"情性笑言之姿"。她们的发髻、装束、举止都使人感受到宗教与世俗的贴近，感受到开放与多元的审美时尚。匠师们运用更为文明的手法将理想美与现实美结合起来，创造出丰肌润骨、富丽华美的唐代美人形象。莫高窟多为方形佛殿式，一般在正壁大龛中或中心佛床上列置群像，少则三身，多则十数身，内容有各色佛教人物。彩塑与壁画相互映照，营造出浓郁的宗教氛围与华贵的人间境界，其经变故事与雕绘造像充满了追求佛界祥和而不失人间性情的浪漫情调。

龙门奉先寺大佛（唐）

龙门石窟自北魏雕凿以来发展至唐代达到最辉煌的时期，尤其是从唐太宗到武则天把龙门石窟营造成一个艺术宝库。贞观年间完成的宾阳洞及潜溪寺形成马蹄形平面、穹隆顶、莲花藻井的布局格式，所造佛像、菩萨像多圆肥丰满、身躯挺直、姿态端庄。至武则天时期开窟造像达到鼎盛，如奉先寺、万佛洞可谓华盛绝伦。奉先寺大卢舍那像其实就是为武则天树碑立传的，像龛布局为一佛、二弟子、二菩萨、二天王、二力士、二供养人。主佛高17米多，众像布局严谨。宗教神秘气氛被人间世俗情调所代替，人物注意刻画动作与感情，如菩萨静穆温柔，天王孔武有力，大都身躯肥硕，刀法豪壮。万佛洞后室正壁凿一铺九尊像，南北壁满布15000尊坐佛。后室周壁凿坛床，布置列像，外有力士把门，这是石窟布局的新现象。此时造像多肌肤丰润，身姿婀娜，注意曲线美，具有以形写神、形神兼备的特点，成为佛教石窟艺术中国化、世俗化的典范。

其他著名石窟还有天龙山石窟、炳灵寺石窟、麦积山石窟等，这些石窟的唐代造像也都呈现出一种令人亲和的美感。这些雕像不仅充满着愉快乐观的精神和开朗清爽的朝气，而且很坦率地把现实和理想的美的形象直接展现于观众面前，绝无隐讳或矫饰，这些融合外来文化而极富中国特色的艺术珍品充分展示了那个时代的蓬勃激情。但安史之乱后，石窟艺术益渐衰落，再难重现昔日风采。

　　隋唐时期的装饰雕塑也十分兴旺发达，这与当时的宫殿建筑、寺观修造以及其他工艺雕刻的进步是分不开的。尽管随着历史的发展今天已难能看到当时的风貌，但从保存较好的桥、塔及出土发现的遗存中仍可略见一斑。由隋代石匠李春设计建造的赵州安济桥全部用石料建筑而成，在拱形桥身的栏板上则遍布着以龙为首的装饰雕刻。这些龙形态矫健，神气生动，俯仰不一，贯穿桥栏，显然富有传统的吉祥意味和习服水性的象征效果。除蛟龙外其他动物和植物纹样也都很精美，体现了隋代工匠刀法洗练而细腻的简劲风格。

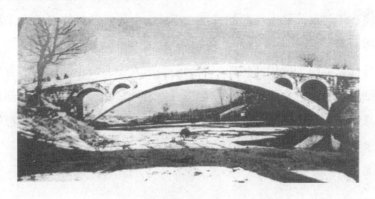

赵州安济桥（隋）

　　初唐所建大雁塔的所有门楣满饰阴刻的佛教雕像，如南门和西门门楣上皆刻说法图，场面宏大，引人注目。而门框上则刻有各种形态不一的护法神，与石窟中的同类雕塑极为相似，可见佛教艺术遍布天下。这些线刻人物造型完美，雕法劲健洒脱，体现出古代绘画中“铁线描”的特点。唐碑装饰也很讲究，碑头、碑身、碑座所刻花纹图案都不相同。碑头一般由蟠龙缠绕；碑身两侧则刻有缠枝的海石榴或西番莲，衬托着菩萨、狮子、凤鸟、鸳鸯等；碑座多刻以瑞兽。现西安碑林中所藏唐碑如《集王羲之圣教序》、《大智禅师功德碑》等皆为代表作品，由此可见唐碑端严而飞动的造型和风格。

唐代墓椁雕刻现出土较多，如永泰公主、章怀太子、懿德太子等墓椁都很有名。永泰公主墓椁高大，石椁板上雕有各种宫女侍从，她们似在花园里安适地休闲，其装扮和动态又各不相同，一幅幅展示出现实生活中唐代仕女婀娜娇美的风情。画面上还配有香花鸾鸟，周边则镶有繁丽的宝相花边框，更体现出华贵富丽的宫廷气息。唐人日常用品有的也雕刻得颇为精美，如砚石、墨架、书镇、印章以及麈尾、剑鞘、佩玉、杖把等。以印章为例，其最初产生于实用，因钤于封泥，故以白文为主。东晋以后，纸帛使用，封泥废除，朱文流行。至隋唐，官印一律不再用白文，印的尺寸也加大，故其文大多采用盘曲折绕的九叠文，亦可见唐代官印与汉代平正庄严的章法之不同，由汉代的朴拙厚重向采丽的繁文缛节发展。

可以说，由于唐代文化的全面繁荣，唐人无不以粗豪劲健的方法包装自己。从前面已介绍过的辉煌建筑可以想见皇宫的壮丽，而雕塑作为一种修饰和文明则融于建筑之中，它如凝固的音乐旋律中跳动着的音符，永远充满着张力给人以心灵的震撼。

第三节　富丽的绘画

隋唐五代时期的绘画出现了全面繁荣，人的主体意识的觉醒使画更充满了对生活的热情。魏晋南北朝时的玄学意味本是对汉代绘画图解经典的反拨，但超尘脱俗使画面更趋向于对山水的抽象依恋。隋代以后，北人务实的风格和南人空灵的崇尚结合，加之唐代三教并行的文化开放政策，使绘画出现了前所未有的绚丽辉煌。从题材上看，人物画仍为主流，山水画确立了地位，花鸟画也开始出现。这时期除大量壁画外，更常见的是以长卷形式出现，由此可看出中国绘画构图形式的发展轨迹。

隋代国祚不济，但名家多出，他们相互借鉴和交流，促进了绘画事业的活跃。隋代复兴佛教，重修寺院，宗教美术大量涌现。而自南北朝兴起的描绘贵族人物和生活风俗的图画也得人青睐，对山水景色的描写也脱离稚拙走向成熟。这时出现了许多著名画家，如杨子华、展子虔、董伯仁、郑法士等。至唐，贞观年间的文治建设马上显示出不同寻常的业绩，英雄人物画与宗教宣传画令人眼界大开。而高宗至玄宗时期，在政治稳定、社会富庶的基础上，美术活动更是盛极一时，出现了吴道子、张萱、韩干、李思训等举世闻名的大画家，敦煌壁画这时也发展到顶点。从这些画中，不难看到人们积极的精神面貌和乐观的生活情调。安史之乱后，虽国势渐衰，但绘画艺术精进。如周昉的贵族仕女，王维的水墨山水，边鸾的花鸟，韩滉的兽畜，都各尽其妙。中唐以后，不少画家入蜀，"蜀虽僻远，而画乎独多于四方"，使西蜀绘画别开生面。江南绘画则更多表现山水渔隐之趣和古刹名胜之幽，其秀丽令人体味《渔歌子》之闲情逸致。这都给五代绘画以巨大影响，五代的绘画正是在此富丽与写实的基础上形成新的风格。

隋唐五代时期，人物画在画坛上仍居主要地位，中国自古以来，人物始终在画中占绝对优势，这或许与人本主义有着密切的关系，从汉代画像砖到魏晋佛教画，不管是历史传说中的生活故事还是宗教宣传中的西方净土，都以人物为刻画对象表达着美好的追求。自隋以后，人物画继承了南朝精致臻丽的画风，又融合西域等外来绘画成就，展示出一派新鲜气象和宏华风格。隋代许多佛寺绘有经变画，如杨契丹在宝刹寺画佛涅槃变、展子虔在龙兴寺画八王分舍利等，皆为妙迹。这些经变画更多地表现现实人物及宫廷建筑，充溢着浓郁的生活气息和浪漫的审美理想。

唐代人物画更为盛兴，重要画家皆擅画人物。如阎立本（601～673年）与其兄阎立德均是才华出众的建筑师与大画家。阎立本以政治性题

步辇图（唐）阎立本

材的历史画和肖像画最为著名，所作《秦府十八学士图》、《凌烟阁二十四功臣图》都是表彰功臣名将的大型作品。阎立德的《文成公主降蕃图》和阎立本的《步辇图》则直接描绘了唐蕃友好的重大历史事件，歌颂了大唐王朝与边远民族的友好往来。传为阎立本所作的《历代帝王图》画了西汉至隋代 13 位帝王像，着力通过外貌特征的刻画揭示不同人物的心理特征，可谓精妙逼真而传情达意。阎立本的人物画已达到很高成就，其画帝王将相既写实逼真又寓褒贬爱憎，如英明帝王威武庄严，荒庸昏君则黯弱淫靡，由这些大型壁画和卷轴可见唐初的乐观气氛和时代豪情。除政治人物画外，唐代的释道内容画更为盛兴。与阎立本同时的尉迟乙僧来自于阗，他善画"外国鬼神，奇形异貌"。《历代名画记》载其在全国很多寺院创作过壁画，最著名的有《降魔变》。其画具有鲜明的西域色彩，构图又雄伟峻奇，尤其画"外国菩萨，小则用笔紧劲，如屈铁盘丝，大则洒落有气概"[①]。其铁线描和晕染法将中西结合，使人物有"身若出壁"之感，丰富了中国绘画的表现手法。

生活在盛唐时期的吴道子（689～758 年），则绘写出更为绚烂的华

---

① 张彦远：《历代名画记》。

章。吴道子出身贫寒，但习书学画坚持不辍，终名声大显。他受皇帝器重却不愿做官，是一个富有创造才情并敢于抒发豪气的画家。朱景玄的《唐朝名画录》载有将吴道子的画、裴旻的剑术和张旭的草书誉为"三绝"的故事。吴道子以旺盛的精力和非凡的热情一生绘制壁画300余幅，涉及各种变相人物且各具奇形异状，并能在巨大的画幅中以高度的想象力创造出活生生的情境，使人在观画时受到强烈的感染和震撼。吴道子早年行笔工细，主要采用民间工匠彩绘的技法。中年以后则用遒劲奔放的莼菜条线写出人物的"八面生意活动"，这些富有强烈运动感和节奏感的线条渗透着作者深刻的理解和满怀的激情。吴道子于焦墨痕中略施微染，取得天衣飞扬、满壁风动、下笔有神、高出缣素的效果，被世人称为"吴装"、"吴家样"。吴家样突破了魏晋到初唐以来的缜丽风格，形成与张僧繇的"张家样"和曹仲达的"曹家样"明显不同的绘画样式。遗憾的是吴道子的绘画原作没有保存下来，只能从现存盛唐及其以后的壁画作品见其端倪。《天王送子图》据传是李公麟的摹本，此画描写释迦牟尼降生后被其父净饭王抱入神庙的故事。画中人物鲜活生动，没有一点公式化的感觉。在用笔与勾线上具有飘逸而柔韧的效果，在着色和晕染上"浅深晕成"、"敷粉简淡"。吴道子的写实风格和浪漫精神体现在绘画中给人强有力的感觉，同时也标志着对传统画风的革新和对外来画风的改造。吴道子的画是盛唐时期国力雄强和文化繁荣的象征，也形象地展示出艺术家内心丰富的情感和豪迈的个性特色。

　　除圣贤像与道释画外，仕女题材的绘画也大量涌现。仕女画早在初唐就受到重视，在不断探索中日益成熟起来。盛唐画家张萱尤长仕女，常以宫廷游宴为题作画。朱景玄在《唐朝名画录》中说张萱"尝画贵公子、鞍马、屏幛、宫苑、仕女，名冠于时。"据《宣和画谱》载，张萱画迹47卷中有30余卷都是仕女。其余虽不以仕女为名，但也与仕女有关。这些画多描写贵族妇女优越而快乐的生活，如"按乐"、"赏雪"、"捣练"、"整妆"、"鼓琴"、"藏谜"、"烹茶"、"游行"、"祈巧"、"夜游"

等等。他也擅长画仕女的宫怨和闲愁，如他以王昌龄的《长信秋词》作《长门怨》，恰当地表达出宫女的冷落寂寞之感。张萱不仅在取材上一变汉魏以来那些列女的传统表现现实生活，而且在宗教画盛行的当时以极大精力从事风俗画的创作。如《捣练图》、《虢国夫人游春图》都是传世之作。所画人物体态健硕，风姿绰约。衣纹线条细腻流转，充分表现出

虢国夫人游春图（唐）张萱

丝织衣服的质感。设色则以重彩渲染，华丽明快，艳而不俗。可以说，张萱"绮罗人物"的创作，扩大了绘画的现实主义题材，而其中浓厚的生活气息也将传统的说教意味清扫殆尽。

周昉继承并发展了张萱的仕女风格，在盛世转衰之际体现出对人物心理状态和社会现实的更深理解。《历代名画记》说他"初效张萱画，后则小异，颇极风姿"，他画的形象"衣裳劲简，采色柔丽。菩萨端严，妙创水月之体"。《唐朝名画录》载郭子仪女婿赵纵侍郎请韩干和周昉为其画像，难分优劣。赵夫人观画后则认为韩画空得状貌，而周画兼得神气。朱景玄认为周昉"佛像、真仙、人物、仕女皆神品"，而"画仕女为古今冠绝"。周昉所画仕女体态与张萱相似，也是一种丰腴肥硕的风貌。唐人以丰肥为美，是因关中妇女纤弱者少，而周昉又经常出入卿相之门，所见皆贵族妇女，故所画多曲眉丰颊，意浓态远，显大家风范。周昉画迹见于著录者不少，而今存只有《纨扇仕女图》、《簪花仕女图》等少数几幅。从画面看，都是描写宫廷生活中嫔妃愁怨的，相比盛唐时期更多了些凄清哀婉。这些仕女在造型上给人以更多的温柔香软之感，

簪花仕女图（唐）周昉

在用笔上以独特的"琴丝描"表现衣质的轻薄，在设色上则以鲜丽明媚给人浓情蜜意的印象。从张萱所创的"张家样"到周昉所创的"周家样"，可以看出外来的设色和传统的勾线极巧妙的结合，这为中国的工笔重彩人物画开辟了新的道路。唐代的绘画活动是丰富多彩的，人们的审美意识也由前期的开放转向后期的含蓄。比如周昉将观音描绘在水月清幽的环境中，创造出"水月观音"这一具有鲜明中国特色的宗教画新样式。而有的宗教画中，"菩萨如宫娃"进一步显示了宗教世俗化的倾向。佛教的随俗说明外来文化被中国文化同化，而中唐以后的儒学复兴及时事变迁也使绘画更具冷峻幽怨的多重意味。

　　至晚唐五代，宗教壁画中更多出现了贵族及高僧的形象，风格也趋向清丽淡雅。南唐周文矩作为画院待诏，擅画人物、车马、屋木、山川，尤精仕女。其传世之作宋代摹本《宫中图》分12段从不同侧面描画了宫廷妇女按乐、戏婴、出浴、簪花、弄鸟、扑蝶、调犬、观画等生活内容，人物情态及相互关系处理十分自然又有条理。其现存真迹《重屏会棋图》描绘南唐中主李璟与其弟景遂、景达、景逿三人下棋的情景，充溢着对统治者友爱谦恭、温文尔雅的君子风度的赞美。周文矩的仕女、人物学周昉，但又创造出"颤笔"一法，即根据所画人物的不同，运笔用线富于阴阳顿挫、轻重疾徐之变化，以达到尽其灵而足其神的境界。宋代郭若虚评周文矩说"体近周昉，而更纤丽"，可见五代南唐画家更注意在平凡的情节中细致地表现人物精神面貌，而审美情调和写实技巧也更有发展。

韩熙载夜宴图（五代·南唐）顾闳中

与周文矩同时的南唐宫廷画家顾闳中也擅长人物画，其传世之作《韩熙载夜宴图》可谓"以孤幅压五代"。画中人物韩熙载原是北方贵族，由于战乱投奔江南，受到中主李璟的重用，多次上疏建议北伐，但均未被采纳。后主李煜即位时国势已衰，韩熙载不得国君信任而感到极度失望，于是一改往日的俭朴生活而纵情声色。后主李煜为了解他放荡生活的内幕，于是派顾闳中潜入其府第窥探实情。顾闳中凭借他目识心记的过硬功夫，将韩熙载的夜宴活动惟妙惟肖地画了出来。图中通过五个相互联系而又相对独立的人物活动片断，展示了整个夜宴活动的场面并塑造了韩熙载的形象。韩熙载虽置身于夜宴环境之中，但眉间又含着沉思与隐忧。作者巧妙而精深地刻画人物的思想和性情，同时又以床、杯、器物与陈设烘托主题，借助屏风分割场景而又使整体有机统一，体现出作者的富有匠心的寓意和构思。作者的笔致细劲，无论是韩熙载面部的须眉，还是身上的衣纹，都利落洒脱，柔中见刚。设色则丰富和谐，如人物的清润与服饰的明丽以及床案的雕饰相得而浑融，恰好表现出韩府中大家气度以及矜持而疏狂的氛围。由此可见五代人物画已发展到很高的程度，由政治、宗教、仕女以及民俗画中的强烈抒情意味转向精谨而含蓄的写实态度。

在中国绘画史上山水画是比人物画出现较晚的画科。山水最早作为人物的陪衬出现稚拙而粗糙。六朝时山水画有了迅速的发展，至隋唐时则已具有完全独立的地位。表现自然山川大地之美的山水画充分说明了六朝以来人们对大千世界的深刻认识，而隋唐时期的山水画也摆脱了以往"水不容泛"、"人大于山"的浮浅状态。隋唐以前的山水画常穿插神

游春图（隋）展子虔

仙内容及贵族游乐，主要以青绿赋色呈现出纤丽和装饰的特点。隋代展子虔所画《游春图》就以纤美的笔致和青绿的色彩，画出春意盎然中游人怡然的广阔空间。展子虔一生绘画作品很多，主要如《法华经变》、《北齐后主幸晋阳图》、《长安车马人物图》、《弋猎图》、《披鹰图》、《十马图》等，美术史家把他与顾恺之、陆探微、张僧繇合称为唐以前四大画家，可见其对各种画科都很精到。《宣和画谱》称其"善画台阁，写江山远近之势尤工，有咫尺千里之趣"。《游春图》中展现出风和日丽的初春景色：水面辽阔，碧波荡漾；远山葱翠，白云缭绕；堤岸纡回，曲

径通幽；草木丛茂，嫩芽初吐。游人点缀其间，或策马，或拄杖，或乘船，或伫立，姿态各异，各得其趣。作者对具体树石的画法只用勾填而不用皴擦，体现出朴拙而真切地描绘自然景色的能力。画面取俯瞰式构图，在透视关系上展示出合乎比例的新格局。同时游人与景色的谐调以及扑面而来的春意，显然是对"画外有情"的艺术境界的追求。

初唐阎立本等虽以人物画为主，但也承续前代山水画而有所建树，《封氏闻见记》卷五载："立本以高宗总章元年迁右相，今之中书令也，时人号为丹青神化。今西京延康坊立本旧宅西亭，立本所画山水存焉。"山水画发展到盛唐才到了全面繁荣的阶段，技法上也有了显著提高。唐宗室李思训一家五人皆善丹青，其弟思诲、子昭道、侄林甫、孙李凑，在画艺上皆有很高造诣。李思训在武则天秉政时弃官藏身，武则天死后官至右武卫大将军，时称"大李将军"。其山水画继承展子虔风格，注重真实地捕捉对象的情态，通过缜密的描绘构拟动人的意境。正如《唐朝名画录》所载："思训格品高奇，山水绝妙，鸟兽草木皆穷其态。"《历代名画记》所言："其画山水树石，笔格遒劲，湍濑潺湲，云霞缥缈，时睹神仙之事，窅然岩岭之幽。"李思训被誉为"国朝山水第一"，但其作品传世甚少，《江帆楼阁图》略可见其风格。其子李昭道丰富了乃父"青绿为质，金碧为文"的画法，而有"变父之势，妙有过之"的美誉，时人称为"小李将军"。所画《明皇幸蜀图》表现崇山峻岭中明皇及其行从艰难跋涉的情景，叶梦得《避暑录话》称："余尝见其摹本，方广不满二尺，而山川云物车辇人畜草木禽鸟无一不具。峰岭重复，径路隐显，渺然有数百里之势，想见为天下名笔。"大小二李将军在青绿设色的基础上又创为金碧画法，更令人赞叹。《画鉴》称："李思训画著色山水，用金碧辉映，为一家法。"《古画辨》称："唐小李将军始作金碧山水，其后王晋卿、赵大年，近日赵千里皆为之。"

盛唐时期以画人物著称的吴道子在山水画方面也出手不凡，《唐朝名画录》有其"嘉陵江三百余里山水，一日而毕"的故事。其他画家画

明皇幸蜀图 （唐）李昭道

山水者也甚众，郑虔工诗善书尤长山水，被唐玄宗誉为"三绝"。如果
说，二李以金碧辉映改变了隋代青绿设色的风格，那么王维则以水墨山
水又开新境。王维安史之乱后因曾受伪职而被削官，晚年官至尚书右丞
而喜好谈禅说佛的生活，因此在其诗其画中无不透露着更多的文人雅士
情趣。王维曾向李思训学过画，乃至笔法精细，有"刻画"之痕；也曾
向吴道子学过画，"其画山水松石，踪似吴生，而风致标格特出"①。其
山水画的成就主要表现在大大发展了山水画的笔墨意境，按《历代名画
记》所言，他"工画山水，体涉今古"，"破墨山水，笔迹劲爽"。王维
现存画迹不多，有《江山霁雪图》、《伏生授经图》、《雪溪图》等传世。
其多以晚年隐居之地蓝田辋川的景色入画，抒发自己超尘脱俗、悠闲自
得的心境。后人论二李开创了"北宗画法"，王维则被奉为"南画之
祖"，由此亦可想见禅宗南北之别。

　　中唐以后，山水画更追求意境之美。王宰"画山水树石，出于象

———————

① 　朱景玄：《唐朝名画录》。

外"①。张璪"其山水之状，则高低秀丽，咫尺重深，石突欲落，泉喷如吼。其近也若逼人之寒，其远也若极天之尽"②。毕宏善画山水，"其落笔纵横，变易常法，意在笔前，非绳墨所能制，故得生意为多"③。由此可见，山水画创作中更重主客观的统一，并特别强调主观情趣的表达。中晚唐山水画家还有项容、杨炎、刘商、王墨等。刘商"少年有篇咏高情，工画山水、树石。初师于张璪，后自造真为意"④。王墨"凡欲画图障，先饮醺酣之后，即以墨泼。或笑或吟，脚蹙手抹；或挥或扫，或淡或浓；随其形状，为山为石，为云为水；应手随意，倏若造化；图出云雾，染成风雨；宛若神巧，俯视不见其墨污之迹"⑤。这些画家率性而为，标新立异，得其神似，不拘常法，使水墨山水蔚为景观。另如朱审画山水以"浓秀"闻名，"自江湖至京师，壁障卷轴，家藏户珍"⑥。李灵省画山石树木，一点一抹便得其象。顾况题《稽山道芬上人画山水歌》云："湖中真僧白道芬，不服朱审李将军。墨汁平铺洞庭水，笔头点出苍梧云。"

　　唐末五代十国时期，画坛欣欣向荣，人才纷出。西蜀李昇以山水独步当时，可见画艺高超与世人厚爱。《益州名画录》载："数年之中，创成一家之能，俱尽山水之妙。每含毫就素，必有新奇。《桃源洞图》、《武陵溪图》、《青城山图》、《峨眉山图》、《二十四化山图》，好事得之，为箱箧珍，后学得之，以为亡言。"李昇专写四川山水，"心师造化，意出前贤"⑦。他为四川寺院作过许多壁画，也作过不少卷轴画，当时将他和李思训相提并论。宋代的记载说，人们常误将其画称为王维的作

---

① 朱景玄：《唐朝名画录》。

② 朱景玄：《唐朝名画录》。

③ 《图绘宝鉴》卷二。

④ 张彦远：《历代名画记》。

⑤ 朱景玄：《唐朝名画录》。

⑥ 朱景玄：《唐朝名画录》。

⑦ 郭若虚：《图画见闻志》。

品。由此可见，他兼有唐代两大山水画派之长。

荆浩因政治动乱，不愿做官，隐居于太行山的洪谷。他长期接触北方雄伟的自然山川，从中领悟造成万物生成变化的生命的本源，因而所画蕴涵深厚，气势壮观。他在唐代发展起来的水墨山水的基础上又有创新和突破，力倡"搜妙创真"，"气质俱盛"，要求所作山水神形兼备。荆浩指出："吴道子画山水有笔而无墨，项容有墨而无笔，吾当采二子之所长成一家之体。"但其笔墨也不是吴道子、项容笔墨的简单组合，其笔乃有勾有皴，其墨乃有阴阳向背，标志着山水画技法已

匡庐图（五代）荆浩

完全成熟。传为其作的《匡庐图》巨轴，以全景式构图和笔墨皴擦法表现出巍峨山峰和山下幽居的景象，技法较唐代有明显提高，开启了山水画的新局面。荆浩的追随者关仝活跃于五代至宋初，他认真揣摩钻研荆浩的画艺并终于超出荆浩之上。他多描绘关陕一带的景色，写景绘形更为概括提炼，笔简气壮，景少意长。其《关山行旅图》画出北方深山中幽僻荒寒的气氛，而山下野店孤村又给人峻刻的印象。

与北方画家不同，江南画家手下出现的则是"溪桥渔浦，洲渚掩映"。董源"多写江南真山，不为奇峭之笔"。所画风光烟雾迷蒙，江湖纵横，千岩万壑，林木清幽，与北方荆浩、关仝雄伟险峻的山水相比，更具有秀美清润的抒情风格。其画皴擦点染并用，创造了用披麻皴和点子皴等表现手法，使山川远近层次和烟氲气氛更出效果。其"平淡天

潇湘图（五代）董源

真"的山水中往往点缀贵族游乐和风俗情节，倒更显出江南的清秀、文雅和安逸，如《潇湘图》、《夏山图》、《夏景山口待渡图》等。董源的追随者巨然笔墨秀润，"画烟岚晓景于学士院壁，当时称绝"①。《宣和画谱》载御府所藏一百三十有六，现存名迹《秋山问道图》、《万壑松风图》可见其"于峰峦岭窦之外，下至林麓之间，犹作卵石、松柏、疏筠、蔓草之类，相与映发，而幽溪细路，屈曲萦带，竹篱茅舍，断桥危栈，真若山间景趣也"②之特点。此时的绘画在描写山水时雄峻中透着亲切，静谧中显出高雅，有着道家清静超拔的意趣。

中国的花鸟画也有一个缓慢的发展过程，最早出现于工艺品上的动植物形象装饰。汉代以后，常以祥瑞图像的形式出现。魏晋时期，已有花木蝉雀的描绘。隋及初唐，多以其装饰环境，满足精神欣赏需要。许多画家都有花鸟题材的创作，如唐太宗与侍臣泛舟春苑池，召阎立本写

① 刘道醇：《圣朝名画评》。
② 《宣和画谱》卷十二。

池上异鸟。"江都王善画雀、蝉、驴子。应制明皇《潞府十九瑞应图》，实造神极妙。"① 而薛稷则善画鹤，《历代名画记》言其"尤善花鸟人物杂画。画鹤知名，屏风六扇鹤样，自稷始也"。滕王李元婴与嗣滕王李湛然皆长于花鸟蜂蝶，诗人王建作《宫词》云"传得滕王蛱蝶图"，可见其在宫中颇受欢迎。开元时，冯绍正"尤善鹰、鹘、鸡、雉，尽其形态。嘴、眼、脚、爪，毛采俱妙。曾于禁中画五龙堂，亦称其善，有降云蓄雨之感"②。德宗时边鸾奉诏画孔雀，"翠彩生动，金羽辉灼，若连清声，宛应繁节"③。而萧悦则一生困苦，"唯喜画竹，深得竹之生意，名擅当时"④。花鸟画发展到唐代可谓已形成独立的画种，它已不再简单地附属于工艺起装饰作用，而已成为宫廷的审美形式和高雅的文化需求。武则天时工部郎中殷仲容画花鸟玄妙逼真，"或用墨色，如兼五采"，可见花鸟画有其富丽工巧的一面，也有其素洁野逸的一面。

需要指出的是，唐人对畜兽更有所偏爱。唐太宗不仅生前喜欢那功勋卓著的六骏，死后亦让其陪侍左右。阎立德、阎立本兄弟不仅任工部尚书，多次负责营建宫殿、陵寝，而且以画人物、鞍马名震当时，死后陪葬昭陵，可见皇帝宠爱。初唐时范长寿"凡画山水树石牛马畜产，屈曲远近，放牧闲野，皆得其妙"⑤。江都王"多才艺，善书画，鞍马擅名"⑥，杜甫诗"国初已来画鞍马，神妙独数江都王"给以盛誉。

盛唐画家曹霸、韩干都以画马闻名。曹霸在开元、天宝年间常奉命绘写御马和功臣，官至左武卫大将军。杜甫《丹青引赠曹将军霸》将其风采及画艺描绘得淋漓尽致，《宣和画谱》载其作品有《逸骥图》、《玉花骢图》、《下槽马图》、《九马图》、《人马图》等。韩干年轻时就表现出

① 朱景玄：《唐朝名画录》。
② 张彦远：《历代名画记》。
③ 朱景玄：《唐朝名画录》。
④ 《宣和画谱》卷十五。
⑤ 朱景玄：《唐朝名画录》。
⑥ 张彦远：《历代名画记》。

艺术创作的才能，得到王维的赏识和资助，后因画艺杰出被召入内廷供奉。尽管杜甫曾在诗中扬曹抑韩，但实际上韩干的成就超出了曹霸。史载玄宗曾令其师法陈闳画马，但其不从并奏云："臣自有师，陛下内厩之马，皆臣之师也。"韩干画马遵从写实主义原则，不仅得其骨相而且现其精神，故不同凡响称名天下。《唐朝名画录》说："古之画马，有《穆王八骏图》，后立本亦模写之，多见筋骨，皆擅一时，足为希世之珍。开元后，四海清平，外国名马，重译累至。然而沙碛之遥，蹄甲皆薄，明皇遂择其良者，与中国之骏同颁，尽写之。自后内厩有飞黄、照夜、浮云、五花之乘，奇毛异状，筋骨既圆，蹄甲皆厚。"杜甫诗中"干惟画肉不画骨，忍使骅骝气凋丧"之所以为后人讥诮，就在于审美观念的陈旧或过于褒曹贬韩。而今看来，韩干笔下的马不仅膘肥体壮，而且豪迈暴烈，有风有骨，得形传神，充分体现出时代宏骏的风采和画家创新的气度。《宣和画谱》载所传藏品五十有二，由今存《照夜白图》、《牧马图》仍可见其写形的准确和传情的峻爽。

牧马图 （唐）韩干

曹霸、韩干而外，陈闳更擅长人物，常为皇帝写真并得到称赏。但其画马也很有功力，否则玄宗不会让韩干拜其为师。陈闳的画迹后代著录的不多，但当时却是风云际会中的显要人物。唐人画马著名的还有韦偃，其实韦偃人物、山水皆佳，但所画马牛驴羊却更妙绝。杜甫曾为其题《画马歌》曰："戏拈秃笔扫骅骝，倏见骐驎出东壁。"《广川画跋》卷六载其画驴："青脊绛身，长颈广额，尾旌摇曳，耳大磔磔，庞然类有德者。"唐人对畜兽感兴趣，当然与北方草原的游牧生活有关，借绘画表达他们图腾般的钟爱，作品中对肌理的写实和对精神的观照乃栩栩如生。

韩滉、戴嵩皆善画牛，名震一时。尤其是韩滉，出身高官门第，年轻时即以父荫入仕途，后官至节度使，封晋国公。他有很高的文艺修养，可见画牛也并非俗事。《唐朝名画录》说："能图田家风俗，人物水牛，曲尽其妙。议者谓驴、牛虽目前之畜，状最难图也，惟晋公于此二之能绝其妙。"《历代名画记》载其"工隶书章草，杂画颇得形似，牛羊最佳"。《旧唐书·韩滉传》载其"尤工书，兼善丹青，以绘事非急务，自晦其能，未尝传之"。韩滉所作今传有《五牛图》，在笔法上用粗放凝重而略显滞拙的线条勾画强调牛的形体和筋骨，同时又抓住牛沉稳健壮

五牛图（唐）韩滉

的特点且精妙地刻画了牛的眼睛以传情。据载韩滉还作过《村社图》、

《风俗图》、《雪猎图》、《斗牛图》、《归牧图》等等①，把绘画题材从宫廷扩大到农村并表现出热爱，可见唐人画卷中的生活气息是十分浓厚的。戴嵩曾为韩滉下属，据传"师滉画，皆不及，独于牛能穷尽野性，乃过滉远甚。至于田家川原，皆臻其妙"②。总之，唐人画马牛由富贵气象转入田家野趣，而笔墨由精谨细致也渐粗豪洒脱，似乎与整个唐朝审美观念的发展轨迹也是相吻合的。

安史之乱后的政治态势与思想潮流，使画家的生活态度冷峻而超逸，但技法上却大有长进，这就使晚唐五代的绘画与初盛唐时的豪情满怀大不相同。不仅人物画、山水画如此，花鸟畜兽画亦如此。

唐末五代的刁光胤以及五代宋初的黄筌，受边鸾影响并直接承袭他的画风，虽工笔更为谨致但却失去了朴拙的生气，画艺虽然精进，生发出的却是一派隽丽。黄筌13岁跟刁光胤学花鸟，又博采孙位的人物云龙、李昇的山水竹树、薛稷的云鹤、滕昌祐的蝉蝶，交相并融，自成一家。据说其画鹤于壁上竟引来活鹤，画雉于壁上竟引来猎鹰。今存《珍禽图》绢本，设色，内画鹡鸰、麻雀、鸠、腊嘴、龟、蚱蜢、蝉、蜜蜂、牵牛等，大小间杂，不求章法，据说是给其次子用于临摹的范本。其画法多用淡墨细勾，然后重彩渲染，故人称"双勾填色"。黄筌的画风富丽、浓艳、工谨，适应宫廷官僚的审美意识和艺术爱好，所以后来成为北宋画院品评花鸟的标准。

与黄筌的"富贵"风格相反，徐熙则追求"野逸"情调。他出身于"江南名族"，却终身不仕，性情放达。他经常游览田野园圃，注意观察花竹蔬果禽鱼虫蝶的情状，力求能更好地掌握它们的性格特征。他在当时以花鸟画著名，用质朴简练的手法创立了清新洒脱的"水墨淡粉"风格。他的画注重"落墨"，用笔不拘泥于精勾细描，而是信笔抒写，略

---

① 《宣和画谱》卷六。
② 《宣和画谱》卷十三。

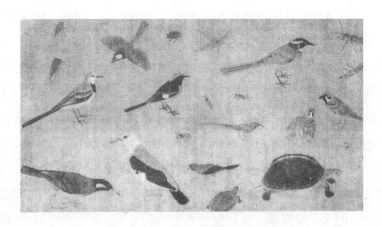

珍禽图（五代·西蜀）黄筌

敷色彩。《宣和画谱》说："今之画花者，往往以色晕淡而成，熙独落墨以写其枝、叶、蕊、萼，然后敷色，故骨气风神，为古今之绝笔。"徐熙的画创造出前未有过的新形式，成为花鸟画由工笔设色向水墨淡彩过渡的重大转折。

由于黄筌画风在当时宫廷占上风，故徐熙花鸟不受贵族官僚欢迎。宋代郭若虚在《图画见闻志》中曾分析"徐黄异体"，指出黄筌一直为宫廷待诏，而徐熙则一直为江南处士，二人所见不同，情趣不同，当然画风不同。但"徐体"后来却受到许多鉴赏家和评论家的肯定，如刘道醇在《圣朝名画评》中认为黄筌的画"神而不妙"，赵昌的画"妙而不神"，只有徐熙才达到"神妙俱完"的境界。徐黄二体后来成为中国花鸟画的两大流派并相互借鉴，五代以后渐成文人言志抒情的主要代表样式。

隋唐五代绘画除卷轴外，最辉煌壮丽的当属壁画。中国壁画由来已久，据其所处大致可分为殿堂壁画、墓室壁画、窟寺壁画。可惜由于年代久远，许多壁画随着建筑的毁灭而湮没无闻。但考察当今遗存及画史资料，仍可一窥其宏伟之概貌。

中国的殿堂壁画向来有彰明功德的教化作用，李世民当政后即诏令绘《秦府十八学士图》、《凌烟阁二十四功臣图》等。阎毗、阎立德、阎立本父子三人皆唐初著名画家，且屡屡受命营建宫室及雕饰绘画。尤其阎立本所绘逼真传神，画凌烟阁功臣，太宗亲为赞，褚遂良题之，"时人咸称其妙"。"尝奉诏写太宗真容，后有佳手，传写于玄都观东殿前间，以镇九五冈之气，犹可以仰神武之英威也。"① 李思训"格品高奇，山水绝妙"，"天宝中，明皇召思训画大同殿壁兼掩障。异日因对，语思训曰：'卿所画掩障，夜闻水声'"。盛唐时吴道子所绘壁画尤多，此时壁画人物、山水、花鸟皆盛，愈显大唐昌隆气象。史载吴道子在大同殿画嘉陵江山水一日而毕，又画内殿五龙鳞甲飞动。至北宋时有些壁画真迹犹存，深得宋人称赏。至中晚唐，殿堂画壁仍盛，如孙位，"善画人物、龙水、松石、墨竹，兼长天王鬼神。笔力狂怪，不以傅采为功。长安、蜀川，皆有画壁，实奇迹也"②。

　　殿堂壁画因年代久远，今已真迹不存，但墓室壁画因久埋土中，至今倒有遗存发现。如 1973 年 3 月发掘的唐高祖李渊从弟李寿之墓，该墓由墓道、过洞、天井、小龛、甬道、墓室组成，壁画分别绘于各个部分。《狩猎图》画猎手们在丛山峡谷间围射情景，《出行图》画贵族们声势浩大的骑游队伍，《农耕图》画牛耕、播种、饲养、推磨、担水、膳食之日常生活。一般壁画上部绘有祥云、飞天、图案等，下部绘有楼台、寺观、庭院等，表达的还是天上与人间的内容，寄托着人们美好的追求。

　　唐高宗与武则天次子李贤曾被贬为庶人，中宗时被追封为章怀太子。其墓于 1971 年 7 月发掘于陕西省乾县，墓葬全长 71 米，由墓道、过洞、天井、甬道、墓室组成，各部均有壁画。如墓道东壁绘《出行图》、《礼宾图》、《仪仗图》和《青龙图》，西壁绘《马球图》、《礼宾

---

① 《太平广记》卷二百十一《阎立本》。
② 郭若虚：《图画见闻志》。

章怀太子墓室壁画（唐）

图》、《仪仗图》和《白虎图》，东西两两对称。这些图中以人物为主，如外国使臣、礼宾官员、男女侍者、仪仗队伍。但山水、花鸟作为衬托，技巧也都较为娴熟，明显看出摆脱此前壁画格式的倾向。

李重润为唐高宗与武则天之孙，中宗李显的长子，701 年死于洛阳。中宗复位后于 706 年追封为懿德太子，祔葬乾陵。其墓发掘于 1971 年 7 月，整个墓葬全长约有百米，规模宏大，绚丽壮观，各个部分均有精美的壁画，最显著的是大朝仪仗、宫城楼阙、盛大宴席、华贵起居。唐代墓室壁画构图宏伟，技艺精湛，线条圆润凝重，颜色华美绚丽，给人富丽堂皇的感觉，展示出初盛唐之际积极浪漫的时代风貌。

懿德太子墓室壁画（唐）

唐代的窟寺壁画最负盛名，从现存的敦煌莫高窟壁画和画史资料记载的大量寺观壁画，可以想见当时的画壁之风从京都大邑到穷乡僻壤无处不在。如果说殿堂壁画和墓室壁画主要还是为上层贵族服务的话，那么窟寺壁画则以其宗教的普及目的面向大众。由于唐代文化政策宽松，宗教还得到扶持发展，窟寺壁画于是成为雅俗共赏并喜闻乐见的艺术形式。这些壁画由南北朝以来关注的忍耐牺牲精神，逐渐转变为宣扬西方极乐世界的欢愉享受。

唐代最常见的窟寺壁画是《西方净土变》，仅莫高窟就有100多壁。这些画构图大体相似，主尊端坐于中间的莲花宝座上，左右为两大菩萨，四周为罗汉、金刚及侍从，上有飞天飘翔，下有伎乐歌舞，加以楼台殿阁、鲜花珍禽，表现出无灾无难、共享共乐之景观。如第331窟的初唐作品，第172窟和217窟的盛唐作品，第148窟的中唐作品，均画幅巨大，画艺精湛，表现出极乐世界富丽堂皇、清净庄严的意境。这些作品是当时社会经济繁荣状态下人们追求梦想的现实心态的体现，一方面展示出宗教的神圣，一方面又迎合着世俗的趣尚。

敦煌莫高窟 172 窟南壁壁画（唐）

除西方净土变外，常见的还有维摩经变、法华经变、华严经变、金刚经变等等。魏晋以来窟寺壁画中经常出现各种各样的维摩形象，但大都刻画成"清羸示病之容"。唐代壁画中则多以"文殊问疾"为中心，突出维摩昂扬奋发地同文殊论辩的形象。莫高窟第 220 窟初唐作品与第 103 窟盛唐作品皆以此为特色，人物造型力求着意刻画人物动态和心理特征，且已脱去梵相而有居士风度。其线描遒劲，色泽淡雅，形神兼备，可见吴道子画风影响。晚唐五代窟寺壁画现实成分增多，这也可由莫高窟第 156 窟《张议潮夫妇出行图》、第 100 窟《曹义金夫妇出行图》、第 98 窟《于阗国王及皇后供养像》看出。

大唐壁画毕竟去今已远，所存遗迹不多，如果翻阅文献资料，可见更多记载。如《贞观公私画史》载展子虔画壁多处，《历代名画记》载杨契丹画多种经变图，《太平广记》载："立德创《职贡图》，异方人物，诡怪之状。立本画国王，粉本在人间，昔南北两朝名手，不足过也。"李思训、李昭道父子皆擅山水，所图画壁皆成胜迹。吴道子"画玄元庙，五圣千官，宫殿冠冕，势倾云龙，心归造化"①。《历代名画记·记西京外州寺观壁画》载吴道子画壁不可胜数，如荐福寺、兴善寺、慈恩寺、光宅寺、资圣寺、兴唐寺、菩提寺、景公寺、安国寺、千福寺、温国寺……以及龙兴观、咸宜观、老君庙……所画"可谓六法俱全，万象必尽，神人假手，穷极造化也。所以气韵雄壮，几不容于缣素；笔迹磊落，遂恣意于墙壁"②。

唐朝画家在绢帛上作画不如在墙壁上来得潇洒，凡著名画家皆以在壁上作画为能。从历史发展考察，壁画在先，绢画在后，纸画更晚，中国绘画长卷的形制明显受壁画影响，而其初也是以粉本形式出现。因而盛唐以后，卷轴画渐多，这也更易于士大夫把玩。王维为南宗鼻祖、水墨开山，但其所绘壁画亦多见。如《唐朝名画录》载："今京都千福寺西塔院有掩障一合，画青枫树一图"，"慈恩寺东院与毕庶子、郑广文各

---

① 朱景玄：《唐朝名画录》。
② 张彦远：《历代名画记》。

金刚般若波罗蜜经卷首图（唐）

画一小壁，时号三绝"，等等。毕庶子即毕宏，"善工山水，乃作《松石图》于左省壁间，一时文士皆有诗称之。其落笔纵横，毕变易前法，不为拘滞也，故得生意为多"①。郑广文即郑虔，"玄宗爱其才，欲置左右，以不事事，更为置广文馆，以虔为博士"②，与李白、杜甫为诗酒友；安史之乱中曾受伪职，事后被贬为台州司户，郁郁而死。故杜甫有诗赠曰："相如逸才亲涤器，子云识字终投阁。先生早赋归去来，石田茅屋荒苍苔。"

安史之乱给唐朝带来重创，也是唐人奔放的热情终于酿成的苦果。绘画由此也变得现实冷峻起来，或潇洒超脱而去。如孙位是晚唐著名画家，黄巢攻入长安后他随唐僖宗逃往四川。他"性情疏野，襟抱超然，虽好饮酒，未曾沉酩。禅僧、道士，常与往还。豪贵相请，礼有少慢，纵赠千金，难留一笔，唯好事者时得其画焉。光启年，应天寺无智禅师

---

① 《宣和画谱》卷十。
② 《新唐书·文艺中·郑虔》。

请画山石两堵，龙水两堵，寺门东畔画东方天王及部从两堵。昭觉寺休梦长老请画浮沤先生松石墨竹一堵，仿润州高座寺张僧繇战胜一堵"①。这时的画禅风意境趋浓，写实的笔法也愈工，意匠浑成，情高格逸，绘画风格呈多元走向。到宋代，唐时壁画还可见到，令宋人钦羡怅惘不已。唐代壁画是继南北朝之后的极盛时期，其金碧辉煌、满壁风动、慷慨从容皆凸显出唐人浪漫而宽广的情怀，这与宋代画家尚理格致的追求相比更具浓郁的主体张扬精神。

第四节　旷朗的书法

书法作为一门艺术自汉末魏晋南北朝兴盛起来，成为高度抽象表达书家内心情感的一种有效载体并迅速被世人认可。这时书家的品性才华彰显无疑，评书与论人往往结合起来看其风骨，而风骨往往是"只可意会，不可言传"的"玄而又玄"的感悟。到隋唐时期，书法走向求规隆法之途，从"尚韵"到"尚法"是书法艺术成熟的标志。"法"不是单纯的字法、章法，法生于韵，长于韵，是神采与形质的高度统一，是内容与形式的高度统一。唐代以无懈可击的法度，把书法艺术推向高峰，形成了雄浑奔放、规整博大、豪华壮丽的艺术特色。唐代书法繁盛的原因，除了有强盛统一的社会政治经济作为强大后盾外，唐代统治集团的喜爱、重视、推崇也使书法在整个社会普及开来。唐代科举考试有四项考察内容：一曰身，二曰言，三曰书，四曰判。书法成了士子晋身的标准，书生无不必须达到"楷法遒美"的要求。与此同时，朝廷又开创性地设立书学，使之与其他学科比肩而立。加之唐代皇帝自太宗以下大多

① 《益州名画录》卷上。

喜好书法，因而书法也就与诗歌一样普遍流行开来。

隋唐五代书法大致也经过了一个由兴而衰的过程。隋及初唐是一个承上启下的阶段，此时以初唐四家欧阳询、虞世南、褚遂良、薛稷为代表的书家在唐太宗李世民的倡导下，努力继承优秀传统并不断更新审美观念从而创立新的楷书规范。楷书自钟繇楷隶始，经王羲之、王献之行楷进一步发展。但二王的楷书自然秀逸，缺乏豪迈雄强之骨力。南北朝时，胡汉文化冲突而交融，促使楷书掀起一个前所未有的高潮，魏体楷书以健朗雄峻的特有风貌展现在世人面前。隋唐是大一统的帝国，书法自然也不例外，于是楷书成为体现时代精神的代表样式。

九成宫醴泉碑（唐）欧阳询

欧阳询（557～641年）自幼聪颖过人，博贯经史，曾为太子率更令。他书学二王，兼攻隋碑，法度森严，自成一家。其楷书作品很多，代表作如《化度寺碑》是75岁时所作。将北方雄健刚直的骨力与南方神清韵朗的秀致和宫廷典雅丽泽的丰采结为一体，呈现出稳健凝重又意态自然的大度风格，可见此时他已将南北两派书法艺术的精妙特长熔为一炉而独创一体了。再如《九成宫醴泉碑》是76岁时奉诏所作，书写时恭谨严肃，一笔不苟。字体方正挺拔，用笔高华深穆，既有晋人风韵，又开唐人楷法。端庄严整而不呆板，紧密刚劲而不局促，于平稳中见险绝。这是欧阳询晚年苦心孤诣的得意之作，其书名由此建立而"范围诸家，程式百代"。

虞世南（558～638年），官至秘书监，赐封永兴公。曾跟智永禅师学过笔法，他继承二王之风，又吸取北碑之长，熔南北之书为一炉，创造出独家面貌。他在唐初楷书家中与欧阳询各领风骚，欧主峻整，虞主潇洒。其代表作《孔子庙堂碑》为 69 岁时所书，用笔骨力遒劲，笔势轻盈秀丽，表现出一种外秀内刚感。其字平整中见姿荣，秀媚里有劲健，圆腴而包含神气，飘逸而不失劲爽。因其书外柔内劲、平正安详、自然沉重、法度森严，不露锋芒而又潇散洒落，正与中华民族的中和虚静美学传统相容，故深受唐太宗李世民青睐，也深为后来的褚遂良、陆柬之、蔡襄、赵孟頫、董其昌等崇拜。

孔子庙堂碑（唐）虞世南

褚遂良（596～659 年）是虞世南的学生，先后任吏部尚书、左仆射、知政事，封河南县公。他早年学书由北体入手，由隋入唐后拜虞世南为师，兼学欧阳询，由此上溯到二王，获得书法艺术真谛，熔碑字与帖字于一炉，汇南北书风于一体，继欧、虞之后树起唐楷尚法的鲜明旗帜。褚遂良一生勤于翰墨，传世书迹甚多，如《伊阙佛龛碑》、《孟法师碑》、《房玄龄碑》、《雁塔圣教序》、《同州圣教序》、《阴符经》、《度人经》、《西升经》、《千字文》等。《雁塔圣教序》书于 58 岁时，此时作者艺术风格已成熟，楷法日臻完善，特别精工秀雅。其用笔方圆兼施，流利飞动，如佛教徒入空灵无迹之境。结字中宫收紧，四方散开，舒展大方，俯仰有情，更显清俊超逸。后人对褚遂良高深的书法造诣无不叹服，或称其字"疏瘦劲炼，细骨丰肌"；或称其字"清远萧散，丰艳流畅"；或称其字"字里金生，行里玉润"；或称其字"法则温雅，美丽多方"。初唐以后学褚字风靡一时，故刘熙载称他为"唐之广大教化主"。

薛稷（649～713 年），官至太子少保、礼部尚书。其外祖父是名臣魏征，与欧、虞、褚等书法大师为至交，所以家中收藏甚富。其锐意临

同州圣教序（唐）褚遂良

仿，主要学褚遂良，乃书名大振。他特能书大字，据传所书"慧普寺"三字方径三尺，笔画雄健。其代表作《信行禅师碑》是 57 岁时所书，瘦劲妍丽，疏朗挺秀。既有骨气洞达、平稳宽博的形质，又有婉约多姿、清逸娟秀的神韵。较褚体显得疏浚开阔，刚断果敢，后人谓其"用笔纤瘦，结字疏通，又自别一家"。

"初唐四家"为"唐书尚法"树立了典范，而颜真卿则将楷书发展到登峰造极之境界。颜真卿（709～785 年）出生于一个破落的仕宦家庭，玄宗开元年间考取进士后步入仕途。安史之乱中颜真卿坚守平原郡备受玄宗称赞，被封鲁郡开国公，后遭权奸排挤身陷叛贼李希烈营中而被害。临死之时挥笔书写了一幅草书对联"不忍金瓯缺，长怀玉露情"，以表白他捍卫大唐统一的忠贞纯洁之心。颜真卿对前代及唐初名家都下工夫学习，形成骨力雄强、筋肉丰实、方正饱满、气势宽博之风格。颜体的出现具有划时代的意义，胡震亨《唐音癸签》中言："庄严则清庙明堂，沉着则万钧九鼎，高华则朗月繁星，雄大则泰山乔岳，圆畅则流水行云，变幻则凄风急雨。一篇之中，必数者兼备，乃称全美。故名流哲士，自古难之。"苏轼《东坡题跋》云："诗至于杜子美，文至于韩退之，书至于颜鲁公，画至于吴道子，而古今之变天下之能事毕矣。"颜体充分反映了盛唐时期雍容壮美的风貌，将大唐万千气象凝聚于笔底而又将个人风采展露无遗。其传世书迹甚多，如《多宝塔碑》、《东方朔画赞》、《大字麻姑仙坛记》、《大唐中兴颂》、《颜勤礼碑》、《颜家庙碑》等。其早期的《多宝塔碑》清雄坚韧，秀媚疏朗，可见初唐到盛唐的过渡及个人风格的酝酿。晚期的《颜勤礼碑》集前人书法之大成而又气势充沛，充分展现出端庄雄秀、伟岸磅礴之法度。可以说，颜真卿的楷书蕴涵着盛唐的正气与真髓，是吸收古往今来的笔墨精华而章法谨严的蓬勃生发，形成了继东晋王羲之之后书坛的第二座高峰。

中唐之后，柳公权又展书法新貌，使唐楷别现一体。柳公权（778～865 年）为人耿介刚正，官至太子少师，曾以"心正则笔正"进谏昏君穆宗。他始学初唐四家，后特别受益于颜书，但又能自创新意，遂别立一体。他避开了颜楷的丰腴肥壮，将笔画写得爽利森挺，最后创出刚劲峻拔、端丽严谨的"柳体"。后世将颜、柳并列，称"颜筋柳骨"，一方面可看出由盛唐而下的萧落变迁，一方面也可看出审美观念的冷峻转移。柳公权传世墨迹有《玄秘塔碑》、《金刚经》、《神策军碑》、《福林寺戒塔铭》、《送梨帖题跋》、《清净经》、《寄药帖》、《官相帖》、《兰亭帖》等数十种，当时影响甚大。《旧唐书》载："当时公卿大臣家碑版，不得公权手笔者，人以为不孝。外夷入贡，皆别署货币，曰此购柳书。"其《玄秘塔碑》是柳公权 64 岁时所写，已完全表现出柳体遒媚劲健的风格。该碑于浑厚中见锋利，于华美中见

多宝塔碑（唐）颜真卿

玄秘塔碑（唐）柳公权

瘦硬，体现出筋骨显露的主要特色。柳体之"露"遭到不少人的非议，但正是此"露"显出柳体之矜练。联系中唐诗坛画苑大可体会此"露"之真性情，这也正是中国书法艺术的玄秘机要之处。唐楷自此发展到极

致，其书作为"经典"也成为童孺学书的范本之一。颜、柳确立了唐代楷书的历史地位，至今仍为汉字的规范书体。

叶有道碑（唐）李邕

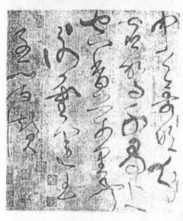

古诗四帖（唐）张旭

与此同时，唐代的行、草也有发展。唐太宗李世民特别喜爱王羲之的书法，曾得其真迹《兰亭序》并命许多大书法家临摹之。他自己也常以真、草二体书写屏风，笔力遒劲，群臣叫绝。其行书以《晋祠铭》和《温泉铭》最为出色，并成为书法史上将行书墨迹刻入碑版的创始人。除初唐四家各体皆善外，陆柬之、李邕皆以行书饮誉后代。陆柬之是虞世南的外甥，有《文赋》传世，此帖结体、笔势、章法、浓淡，皆取法于王羲之《兰亭序》。李邕（678～747年）学二王而出新，有"书中仙手"之称。他从本质上一改王羲之以来传统行书的结构模式和温润情调，代之以荒率雄沉而敧侧端凝的艺术风格，为盛唐新书风的到来吹响了号角。李邕一生创作甚丰，又是以行书入碑的大书法家，后人常常把他与王羲之相提并论。与李邕同时的贺知章（659～744年）则为人为书狂放风流，其草书笔力劲率，给人磊落不羁之印象。贺知章晚年自号四明狂客，与张旭是忘年之交。

张旭是一个逸人奇士，史书竟未载其生卒年。他为人豁达，才华横溢。其楷法精深，曾为颜真卿之师。他尤擅狂草，书体逆笔涩势，连绵回绕，奇峭恣意，形成王羲之之后又一新风格，有"草圣"之誉。张旭之癫狂豪逸正是盛唐文化氛围中浪漫的展现，其书与李白之诗、裴旻之剑、吴道子之画、公孙大娘之舞皆为时代之精魂。李颀《赠张旭》诗曰："露顶据胡床，长叫三五声。兴来洒素壁，挥笔如流星。"杜甫《饮中八仙歌》称："张旭三杯草圣传，脱帽露顶王公前，挥毫落纸如云烟。"张旭狂放倜傥的形象由此可见，而雄阔健朗的情怀也展露无遗。其狂草已不仅仅是一种技艺，而是将其升华到用抽象的点线去表达书家情感的高度。其用笔顿挫婉转，刚柔相济，内擫外拓，千变万化，如音乐的旋律、诗歌的激情、绘画的色彩，充分发挥了形象思维与艺术联想的特点，因而达到神奇浪幻的境界。

如果说张旭以《肚痛帖》驰名书坛，那么怀素则以《自叙帖》名传千古。怀素（725～785 年）是长沙人，自幼出家为僧，其悟性极佳，颇好笔翰。其用废的笔头，日积月累竟形成一座"笔冢"，可见用功之深。他又好饮酒，每遇兴发，无处不书，故人称"狂僧"。他曾赴京城欲拜张旭为师，未遇，却有幸结识了颜真卿，颇受启悟。李白有《草书歌行》称之：

自叙帖（唐）怀素

"少年上人号怀素，草书天下称独步。墨池飞出北溟鱼，笔锋杀尽中山兔。"他 52 岁时又到京师长安，书艺一时轰动。戴叔伦作《怀素草书歌》赞曰："楚僧怀素工草书，古法尽变新有余。神清骨竦意真率，尔时为我称健笔。"其狂草继承张旭而有所创新，运笔如骤雨旋风，飞动圆转，变化莫测而又法度谨严，故人称"以狂继颠"，"颠张狂素"。他一生所存墨迹甚多，《自叙帖》为中年时所作。此帖自述学书经过，以及他人对自己的评价，内容非常丰富。帖初行笔舒缓，飘逸自如；渐由平稳趋向激动，笔势狂放回环；继而痛快淋漓地挥洒，笔飞墨舞，狂态毕露；最终达到高潮，戛然而止，余味无穷。张旭与怀素的书法达到癫狂的地步，是盛唐高扬自我的浪漫精神造就的结果。

三坟记（唐）李阳冰

在篆、隶方面，唐也继废而兴。篆书自李斯之后，没有人继承发扬，以至荒废无学。唐代李阳冰则毕生专攻篆书，他初学李斯《峄山刻石》，继从《吴季札墓志》受到启发，自此面目一新，独创一家。其小篆圆活姿媚，神采飞动，劲利爽洁，骨气丰匀。李白《献从叔当涂宰阳冰》诗称其"落笔洒篆文，崩云使人惊"。唐吕总在《续书评》中云："阳冰篆书，若古钗倚物，力有万钧，李斯之后，一人而已。"李阳冰之篆，不像两周朴茂深厚，也不像李斯圆融劲挺，更不像汉篆方整刚肃，而是"瘦细而伟劲，飞动若神"。小篆沉落500年后至盛唐又容光焕发，因而李阳冰在书坛上赢得像韩愈"文起八代之衰"的赞誉也就不必惊奇。其代表作《三坟记》用笔圆匀自然，结构均衡沉稳，风格秀美遒劲，静穆冷峻。可以说，李阳冰的篆书为李斯之后的又一座丰碑，"随手万变，任心有成，可谓通三才之品汇，备万物之情状者矣"①。

隶书至唐代，已发展成程式化极强而缺乏生气的书体。但也有书家起而振之，如韩择木、蔡有邻、李潮、史惟则就被合称为唐代隶书四大家。惜他们作品传世无多，从史惟则开元年间所书《大智禅师碑》看，其结体用笔基本保留了汉隶特点，但又受唐楷尚法的影响而端肃齐整。其发笔方广，字形俊美，少了汉隶的朴拙错落，多了盛唐的庄严苍劲。

————————————

① 《上李大夫论古篆书》。

韩择木上承蔡邕，有"蔡邕中兴"之誉。其《祭西岳神告文碑》作于天宝元年，结体端庄平正，内敛外拓，给人静穆稳定的感觉。笔画则自然洒脱，波磔飞动而不轻佻。《荐福寺临坛大戒德律师之碑》是30年之后的又一力作，既吸收了汉碑凌厉逸荡的特点，又融入唐楷中和稳劲的笔意，从而形成一种清新而俊逸的风格，打破了唐隶的程式化而显独家神韵。无怪乎后人以韩择木排为唐隶四家之首。

至晚唐五代世道没落，书家在艺术情趣上也更转向对个人苍凉意绪的表现，总体上呈现出凋落衰败的趋势。继柳公权创造出清劲峻拔的柳体之后，独有杨凝式在唐书尚法的轨道上又开宋书尚意之先河。杨凝式（873～954 年）历仕梁、唐、晋、汉、周五朝，官至太子太保。作为五朝元老，他并非庸碌之辈，而是心存激愤之人。在五代动荡的朝廷之内，他 30 余岁便佯狂远祸，在放浪形骸的外表下深藏起激越不羁之内心，"杨疯子"的称号便由此而来。他以刚正癫狂的行为姿态对抗黑暗污浊的社会，这与大唐时的"颜筋柳骨"和"颠张狂素"不同，只能是一种胸怀豪杰而又万般无奈的悲哀。他师法唐人楷书而又打破其严整的法式，从唐人草书中吸取精华而又以自己的面目出现，创造出一种无法无度、似真似幻的抒情写意的方式。他特别喜欢壁书而极少写笺牍，书壁时的精神状态与张旭、怀素相仿，但与张、怀热情奔放不同的是，他是在不能避俗遁世的情况下以佯狂宣泄心中的苦闷。史载他在洛阳寺观粉壁上题记殆遍，遗憾的是这些作品已随风吹雨打去。其现存作品倒是他"不喜"之"尺牍"，有《韭花帖》、《夏热帖》、《神仙起居帖》等。从《韭花帖》看，以疏秀空灵取代了《兰亭序》的俊逸端凝，以强烈对比的视觉效果为新境的诞生创造了契机。它也摆脱了庙堂碑石那种由于森严惊心而导致的人格异化，传达给人们一种对生活的返璞求真和对现实的哀怨伤感。这种清远疏淡倒更接近人生自然，因而其婉约深沉遂开宋代气韵横溢之境界。宋代苏轼、黄庭坚、米芾都醉心于此帖，杨凝式的书法体现着由唐入宋、由楷重行、由法转意、由情至理的书道轨迹。

第四章
欢腾酣畅的乐舞

中国的音乐舞蹈，历来是封建礼教体系的重要内容之一。但随着时代的进步，乐舞也不断打破旧有的范式而创立出别样的新姿。隋唐五代时期，音乐舞蹈艺术在继承传统基础上广泛吸收外来养料，创造出博大瑰丽的局面从而形成中国古代乐舞的高峰。这一高峰的出现，首先是因政治的稳定，经济的繁荣，文化的宏博；其次也是规范社会秩序，加强中央集权，促进礼乐建设的需要；再次是经汉魏到隋唐几百年的中外文化交流，使中国乐舞得以广泛地借鉴融合外来因素，对外来乐舞也卓有成效地进行了民族化、大众化的再创造，这就使大唐乐舞在兼容并包的过程中又别开生面；最后是雄强的国力为乐舞的发展提供了机遇，丰富的现实生活和勃发的浪漫理想使艺术家们舒张胸怀，也使民间的艺人和大众自发地创造出新的样式。总之，隋唐五代乐舞以其蓬勃生机展示着朝野官民的情怀，并以其宏大精深与雅俗共赏使中国乐舞达到鼎盛。

隋唐五代的乐舞从内容形式和盛衰早晚看，可大致分为四类：（1）雅乐；（2）清乐；（3）宴乐；（4）俗乐。由雅到俗的历程大致反映了隋唐五代思想观念和审美情趣的变迁，由此亦可窥探中国古代乐舞时代兴亡的轨迹。

第一节　中正平和的雅乐

中国古代雅乐产生很早，从西周开始就奠立了一整套乐舞制度。雅乐主要用于贵族礼仪活动，如祭祀天地、祖先或举行朝贺、宴享以及庆

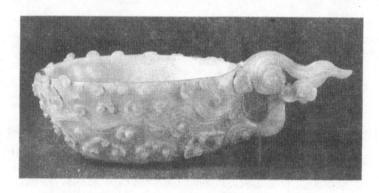

玉云形杯（唐）

祝胜利、丰收等，其使用有严格而详细的规定。雅乐不单纯是演奏，还包括歌舞，其歌词可见于《诗经》的"雅""颂"及"二南"，歌与舞庄严而神圣，充满了古朴宏伟之美，但也给人沉重压抑之感，这就不难理解为什么后来"风"如郑卫之音广受欢迎。《乐记》载，魏文侯问子夏曰："吾端冕而听古乐，则唯恐卧；听郑卫之音，则不知倦。敢问古乐之如彼，何也？新乐之如此，何也？"汉代以后雅乐更见衰微，祭典中除沿用前代残留遗音，更多的是以楚声及民间曲调代之，雅乐乐器如钟、磬、埙、瑟等也被新兴的乐器如琵琶、横吹等代替。魏晋以后，清商乐舞兴起，雅乐更为沉沦。

至隋，历经南北朝的动荡不安，隋文帝锐意复兴礼乐。《新唐书·艺文志》载："隋文帝始分雅、俗二部。"不过，这时的雅乐"先王之音"已将灭绝，因而雅乐的主体实为"前世之音"——清商乐充之。开皇九年（589 年）隋灭陈，获江东乐工和四县乐器，文帝召至宫廷演奏，赞叹不已。因此，隋置九部乐，将"清商乐"改为"清乐"，列于

九部之首，实为"雅乐"之意。此时那"古雅"可谓"大音希声"矣，而"近雅"已被视为"华夏正声"，经过改造的清乐"中正和平"、"典雅纯正"，故称雅乐。此雅乐是与当时俗乐对称的，已并非先秦雅乐的概念。

武德九年（626 年），唐高祖李渊命修订雅乐，至贞观二年（628 年）祖孝孙奏请修订。修订后的雅乐斟酌南北、考以古音，遵照《礼》之"大乐与天地同和"的要求，定以"十二和"之乐。"十二和"为《豫和》、《顺和》、《永和》、《肃和》、《太和》、《舒和》、《休和》、《政和》、《承和》、《胎和》、《雍和》、《寿和》，分别用于皇帝祭祀、出入、宴享、庆功等礼仪活动。此后，新任协律郎张文收依《周礼》又将"十二和"之乐与乐器相配定制，使其更为完善。奏天子之乐用十二钟，奏上公之乐用九钟，奏侯伯之乐用七钟，奏卿之乐用六钟，奏子男之乐用五钟，奏大夫之乐用四钟，奏士之乐用三钟。这套乐制深得太宗称善，经太宗提议又配以庙乐舞名。

隋及唐初还将乐舞按文舞、武舞加以类分，形成雅舞的两大系列。因乐舞自古不分，故舞蹈表演是和音乐演奏同时进行的。文舞则有演员手执鸟羽和牛尾歌颂本朝的文德，武舞则有演员手持盾牌和大斧赞扬国家的武功。唐武德九年（626 年），祖孝孙等奉诏将文舞改称"治康"，武舞易名"凯安"，舞者 64 人。"文舞：左籥右翟，与执纛而引者二人，皆委貌冠，黑素，绛领，广袖，白绔，革带，乌皮履。武舞：左干右戚，执旌居前者二人，执鼗执铎皆二人，金镯二，舆者四人，奏者二人，执铙二人，执相在左，执雅在右，皆二人夹导，服平冕，余同文舞。"[1]

此后乐舞形式不断改进扩大，如太宗时制"秦王破阵乐"与"七德舞"，制"功成庆善乐"与"九功舞"；高宗时作"上元舞"，舞者 80

---

[1] 《新唐书·礼乐志》。

人，大型祭祀和宴享活动用之。但内中燕乐因素增强，此后历代皇帝虽然沿用，形成一套庞大的礼制乐舞体系，但也不过是仅存形式。随着燕乐的兴起，雅乐不再受到重视，它只能虚构一些仿古的赝品而失去了艺术生命。

第二节　柔婉隽秀的清乐

清乐是清商乐舞的简称，隋代《七部乐》中名《清商伎》列第二部，后设《九部乐》改称《清乐》列于第一部。唐代设《十部乐》名《清商乐》，列于《燕乐》之后排在第二部。由此可见清乐的重要和显赫，但它最终未能永盛而被《燕乐》取代。

中国的清商乐是六朝时承袭汉魏相和诸曲又吸收民间音乐发展而成的伎乐总称，主要用于贵族、巨贾宴饮、娱乐等场合，也用于宫廷朝会、宴飨、祀神等活动。它与汉代相和旧曲都属汉族传统音乐，因此它在当时各种伎乐中被视为华夏正声而受到宫廷重视。魏晋期间清商乐舞就被统治者喜爱，曹丕建立魏国时专门设立清商署，西晋武帝平吴以后收纳吴妓五千。永嘉之乱后，清商署的乐工舞人大多流徙江南，而长江流域民间乐舞的发展也使南朝"新声"兴盛起来。正如《旧唐书·音乐志》所说："永嘉之乱，王都沦覆，遗声旧制，散落江左。宋梁之间，南朝文物，号为最盛，人谣国俗，亦世有新声。"所谓"新声"主要指吴声、西曲，吴声主要是建康一带的歌曲，西曲主要是荆樊一带的歌曲。两者都较柔婉抒情，但又都各具特色。吴声中《子夜歌》、《欢闻歌》等多写民间爱情的欢乐与相思的痛苦，后来则有《春江花月夜》、《玉树后庭花》等反映上层贵族审美趣尚的作品。西曲中《那呵滩》、《石城乐》等多写商人思妇的离愁别苦，此外也有一些描写宫廷生活和神仙内容的作品。清商乐舞随着时代发展内涵愈杂，《魏书·乐志》说："初，高祖讨淮汉，世宗定寿春，始收其所传中原旧曲《明君》、《圣主》、《公莫》、《白鸠》之属及江南吴歌、荆楚四声，总谓之清商。"

隋立，清商伎仅列于国伎之后，后升为首部。隋炀帝曾令乐工依其曲调大制新词艳歌，如《泛龙舟》、《斗百草》等。隋末战乱，清乐

乐舞壁画（唐）

散佚。唐初蒐集得 63 首，如《白雪》、《明君》、《铎舞》、《白鸠》、《子夜》、《团扇》、《丁督护》、《读曲》、《乌夜啼》、《石城》、《襄阳》、《乌夜飞》、《估客乐》、《玉树后庭花》等。到武则天时，朝廷不再重视古曲，清乐逐渐散亡，能合于管弦的仅有《明君》、《白纻》、《春江花月夜》等 8 曲。据《旧唐书·音乐志》载，到开元年间，清乐旧曲在宫廷内已很少有人能奏。它已被当时"杂用胡夷里巷之曲"的新声所替代，唐初兴起的燕乐成为唐代乐坛主流并走向辉煌。

第三节　宏大隆盛的燕乐

燕乐于周礼中既有，主要指天子和诸侯宴享宾客所用的音乐，也称宴乐。秦汉时燕乐的含义与"食举乐"、"房中乐"相似，这些都属于雅

乐的一部分。魏晋南北朝时燕乐概指宴饮、娱乐活动中所用的音乐，范围有所扩大。到隋唐，燕乐泛指包括传统音乐、外来音乐、民间音乐的诸多新声，也就是广泛地吸取各种音乐形式加以糅合创造而雅俗共赏的一种新型音乐。沈括在《梦溪笔谈·乐律》中说："先王之乐为雅乐，前世新声为清乐，合胡部为燕乐。"从狭义上讲，燕乐专指唐代十部乐中的第一部；从广义上讲，燕乐可以指清乐衰落后唐代的全部音乐。

唐人爱乐，尤其在国势强盛的条件下特别喜欢域外传入的异族音乐，这种音乐具有欢快健朗的风格和异于内地的文化特质，欣赏起来给人耳目一新、鲜活刺激的感觉。每个时代都有其音乐特征，周代的雅乐、汉代的相和、六朝的清商已时过境迁，隋唐的雄阔与北人的豪爽当然也就偏爱在传统基础上更新的更为博大而特殊的乐舞。北方草原的游牧生活造就了胡人慓悍的性格和粗犷的玩赏，而接触南方水乡的中原音乐后他们又迅速地被吸引被陶醉，扩边后异域风情与宗教感召在乐舞中的体现也使他们如醉如狂，这一切使唐人创造出一种最能表达他们情感的乐舞形式——燕乐。因而，燕乐虽说与前代的宴享需要有关，但内容和形式都发生了很大的变化。如唐贞观年间确定的十部乐即燕乐、清商乐、西凉乐、天竺乐、高丽乐、龟兹乐、安国乐、疏勒乐、康国乐、高昌乐，从名目上就可看出与中华传统古乐不同，除此以外还有其他乐舞与之共同组成了唐代盛大的乐舞规模。因此，燕乐自隋唐发展起来走向隆盛，成为唐代乐舞的代表样式。

唐代自太宗登基，有意倡复古礼，故定乐制。但又时纳新声，因而形成声势壮观的大唐乐，这就颇具时代特色。《旧唐书·音乐志》载："贞观元年，宴群臣，始奏秦王破阵之曲。太宗谓侍臣曰：'朕昔在藩，屡有征讨，世间遂有此乐，岂意今日登于雅乐？然其发扬蹈厉，虽异文容，功业由之，致有今日，所以被于乐章，示不忘于本也！'""其后令魏征、虞世南、褚亮、李百药改制歌词，更名七德之舞，增舞者至百二十人，被甲执戟，以象战阵之法焉。"李世民所创之大型乐舞明显具有

敦煌莫高窟 112 窟南壁壁画（唐）

彰扬文德武功的意味，因而其所制乐舞如"功成庆善乐"，"令童儿八佾皆进德冠、紫裤褶，为九功之舞，冬至享燕及国有大庆与七德之舞偕奏于庭"①，皆富开国立世、功成名就的政治教化作用。高宗继之，造上元乐，"舞者百八十人，画云衣备五色以象元气"，愈见规模之宏大。这些乐舞古曲新姿，兼容并纳，开有唐一代气象。

其又分为立部伎、坐部伎两部，据《旧唐书·音乐志》载，立部伎有安乐、太平乐、破阵乐、庆善乐、大定乐、上元乐、圣寿乐、光圣乐凡 8 部，其余总谓之坐部伎。武则天时定坐部伎为燕乐、长寿乐、天授乐、鸟歌万寿乐、龙池乐、破阵乐共 6 部。立部伎一般在室外立奏，人数较多，喧闹欢腾，有时还加上百戏等，因此演奏技艺要求不高。坐部伎一般在室内坐奏，人数较少，委婉清细，表演也较文雅，因此要求技艺较高。坐部中不合格的降入立部，立部中不合格的降到雅乐，可见雅乐之衰。燕乐所用乐器最为常见的是琵琶、箜篌、筚篥、笙、笛、羯鼓、方响等，奏出的风格别有特色，富有民族情味而较少政治色彩。这

---

① 《旧唐书·音乐志》。

些乐曲经朝廷修订后，被规定在皇帝宴请群臣、招待外国使节或少数民族首领、喜庆活动中使用，取代了一些雅乐和清乐。

唐玄宗时又设教坊、别教院，所属乐工最盛时达数万人，按技艺划出等级。等级最高的是别教院中的梨园、宜春院和小部，她们常在皇帝面前表演，称为"内人"。最次的是一些平民家的学艺女子，学弹琵琶、箜篌等，称"挡弹家"。皇帝还亲自教练，又作词谱曲加以导演，可谓尽显风流。当时出现了众多的演奏家、歌唱家及舞蹈家，如筚篥名手尉迟青、歌唱家李龟年、舞蹈家公孙大娘等。

唐代燕乐中最辉煌的是大曲，这是在乐府音乐和外来音乐的基础上创造发展起来的。其综合器乐、歌唱、舞蹈而成，代表了燕乐的全部艺术成就。中国历史上各个朝代都有大曲，往往反映那个时代的乐舞精华，如汉魏相和大曲、六朝清商大曲。唐代大曲少量结合旧曲主要来自新声，既用于郊庙祭祀也用于宴飨庆贺。

唐代大曲的典型结构由三部分构成。其初曰散序，无歌无舞，由器乐起奏若干遍。接着是中序，也称拍序或排遍，或称歌，是板眼分明的乐曲主体，此时歌唱出现，有时有舞蹈。反复若干遍，如《水调》为5遍。第一遍也称歌头，各遍之间有明显变化。最后为舞遍，也称破，以舞为主，包括入破、虚催、实催、衮遍、歇拍、杀衮等部分。此时在繁音急节中舞者盘旋腾跃，令人目不暇接、眼花缭乱。其中所谓"衮"，原指鼓杖急速连击或琵琶连续弹挑，"衮遍"也就是乐舞的高潮部分。最后杀衮而止，令人回味无穷。据《教坊记》载，唐代燕乐大曲主要有《破阵乐》、《绿腰》、《凉州》、《玉树后庭花》等。大曲乐器也博采众长，如有的吸收编钟、编磬等古乐，有的吸收笙、筝、琵琶、箜篌等清乐。外来乐器则各自不一，如龟兹乐以曲项琵琶、竖箜篌、羯鼓、都昙鼓、答腊鼓、鸡娄鼓等龟兹乐器为主，西凉乐队因历史原因则是清商乐与龟兹乐混合的乐队。

唐代大曲中古乐成分较重的为雅乐，今乐成分较重的为燕乐，还有

—— 第六编　隋唐五代：恢弘壮美的阔大胸襟 ——

一类源于宗教情调偏于清商的为法乐，也称法曲。法曲源于东晋时的佛教法会，"其音清而近雅"①。唐玄宗知音律，爱法曲，下诏将道调、胡声与法曲结合，产生了不少著名的新作，如《赤白桃李花》、《霓裳羽衣曲》等。《霓裳羽衣曲》散序 6 遍，中序 18 遍，舞遍 12 遍，可见其宏大。

　　大曲中唐以后渐趋衰落，但后人依其曲调填词者仍多，如《水调歌头》乃截取歌头而成，《八声甘州》也是由大曲《甘州》截取而来，《千秋岁》乃由唐玄宗生日时大宴群臣之《千秋乐》而制，《六幺令》乃唐代西域传入之《绿腰》节选制成。

　　伴随大曲的舞蹈也婀娜多姿或雄健壮美，有软舞、健舞之别。软舞如《绿腰》，舞姿轻盈柔美，初则缓行慢转，其后渐舞渐快，"低回连破浪，凌乱雪萦风"②，临近结尾时动作繁急，襟袖飘舞，给人"翩若惊

乐舞俑（唐）

---

① 《新唐书·礼乐志》。
② 李群玉：《长沙九日登东楼观舞》。

511

鸿"之感。其他软舞还有《春莺啭》、《乌夜啼》、《兰陵王》、《团圆旋》、《苏合番》等等，皆轻回低转，各具特色。健舞如《胡旋舞》，其以快速轻盈的旋转动作为主，令人感到矫健雄捷。健舞中如《阿辽》、《柘枝》、《黄獐》、《剑器》、《胡腾》等，都是脍炙人口的佳作。软舞、健舞本自民间，后经教坊整理在宫中宴享时演出，当然更为精美，因此雅俗共赏。

唐代最为著名的舞蹈当是《霓裳羽衣舞》了，此舞配合法曲的演奏达到出神入化的境地。舞者上身羽衣，下身霓裳，典雅美丽，宛如仙子。动作则运用刚柔、强弱、急缓、动静的变化对比，与乐曲、歌唱递次展现或同时齐发，创作出如真如幻、美妙绝伦的人间仙境。无怪乎《霓裳羽衣舞》成为唐代最华盛的代表，也成为唐代最腐败的征兆。

唐代乐舞至开元、天宝年间达到极盛，且不说杨贵妃、安禄山皆舞中好手，像王维、李白、杜甫等大诗人也皆精通音律。但由《凉州词》、《塞下曲》、《从军行》等可看到悲凉愤怨的另一面，从《渭城曲》、《丁都护歌》、《丽人行》等也可看到更为深广的社会内容。唐人将他们的全部真情都纳入乐舞之中，正因此，唐代乐舞达到后代难以企及的高峰。

第四节　欢快活泼的俗乐

唐代的俗乐也出现了前所未有的繁盛局面，从内地到边疆，从北方到南国，竞相争艳，千姿百态。所谓俗乐，当然是指各种活跃在民间的表演艺术。由于受到封建礼乐制度的约束，它们很少能够进入宫廷。但是正因它们生长在民间，有着广阔的活动舞台和广泛的观众层面，因此具有鲜活的生命力和无穷的亲和力。民间艺术家们虽少宫廷提供的优裕条件，但也就较少受到宫廷礼乐的束缚，他们直接从生活中吸取养料，从异风中提炼精华，因而创作的内容和形式更能不拘一格，更能自由发展，更能长兴不衰。相比之下，宫廷乐舞倒显得僵化而迂滞了。

安史之乱前，宫廷乐官常从民间、边地采风，所以教坊曲目中有不少是来自乡野四夷的。据崔令钦《教坊记》载，盛唐时教坊共有杂曲278首，其中大多是民间或外来的曲目。《乐府诗集》说："杂曲者，历代有之。或心志之所存，或情思之所感，或宴游役乐之所发，或忧愁愤怨之所兴，或叙离别悲伤之怀，或言征战行役之苦，或缘于佛老，或出自夷虏，兼收备载，故总谓之杂曲。"唐代杂曲可谓包罗万象，充分反映了那个时代的苦乐悲欢。许多曲子宫廷演奏，民间喜爱，文人乐之，通俗而别致。如《苏幕遮》、《天仙子》、《洞仙歌》、《念奴娇》、《摸鱼儿》、《南乡子》、《相见欢》、《清平乐》、《西江月》等等，都是由乡俗入教坊的乐曲。据说李白不仅写有《清平乐》，还写有《菩萨蛮》、《忆秦娥》等，意境博大开阔，都是盛唐气象。中唐以后，文人词作渐多，曲子日益受到重视。晚唐五代以后，曲子词则成了文坛主流，由俗而雅，艺术情味更为浓厚精纯。

除杂曲外，唐代的俗讲也十分流行。所谓俗讲，是唐代兴起的一种说唱形式。原为寺院僧侣面对世俗大众讲唱佛经故事，其用意是为传播教义、招徕香客、增加布施。后来为了加强演说效果，逐渐在讲经之外，采取边唱边讲的形式，说唱一些中国历史故事和民间传说。这样，俗讲就具有了故事情节和演唱艺术的双重特征，引起俗众的极大兴趣。同时，俗讲也就不再局限于寺院，社会上也出现了一些职业的民间艺人，

骆驼载舞俑（唐）

他们把历史与现实结合起来，采用更为活泼的形式，使俗讲更为生动丰富。从已发现的敦煌资料看，有许多这些俗讲的底本即变文，显然是由佛教故事的变相说解而来，但已融入了更多的非宗教性的内容。如《维摩诘经变文》、《阿弥陀经变文》、《妙法莲花经变文》以及《伍子胥变文》、《王昭君变文》、《秋胡变文》、《捉季布变文》等。赵璘《因话录》说："有文淑僧者，公为聚众谭说，假托经论，所言无非淫秽鄙亵之事。不逞之徒，转相鼓扇扶树；愚夫冶妇，乐闻其说，听者填咽寺舍。瞻礼崇拜，呼为和尚。教坊效其声调，以为歌曲。"郭湜《高力士外传》说："每日上皇与高公亲看扫除庭院，芟薙草木。或讲经、论议、转变、说话，虽不近文律，终冀悦圣情。"可见这种俗讲甚得民众欢迎，并且已深入到皇宫朝廷。俗讲采用有说有唱的形式，以散文讲述，以韵文吟咏，有时有音乐伴奏，有时还配以图画，有时还加以表演，逐渐具有综合性的因素了。可以说，它代表着文艺发展的新方向，也是后来各种说唱文学的先驱。

唐代的民间歌舞也很活跃，各民族、各地方都有不同的特点。《泼寒胡舞》便是唐代民间广泛流传的著名乐舞之一。因舞者头戴苏幕遮帽，唱词中也有"苏幕遮"语，故又称《苏幕遮》。其源于民间泼水游戏，是一种祈祷上天降寒被除不祥的群众性舞蹈。《文献通考》载："乞寒本西国外蕃康国之乐。其乐器有大鼓、小鼓、琵琶、五弦、箜篌、笛子。其舞大抵在十一月，裸露形体，浇灌衢路，鼓舞跳跃而索寒也。"《旧唐书·张说传》载："自则天末年冬季，为泼寒胡戏。中宗尝御楼观之。至是因蕃夷入朝，又作此戏。"中宗时，除两京外，各地也盛行此舞。因舞者头戴浑脱帽，因此也叫《浑脱舞》。张说曾作《苏幕遮》诗5首描绘演出时的盛况，此舞后来还传入日本并长盛不衰。

《旧唐书·音乐志》载："歌舞戏，有《大面》、《拨头》、《踏谣娘》、《窟垒子》等戏。玄宗以其非正声，置教坊于禁中以处之。"这些戏不那么文雅，但在民间很有市场。如《踏谣娘》，本是北齐故事。据说一貌丑而好酒的男子经常醉后殴打妻子，其貌美歌甜的妻子挨打之后经常向邻里哭诉，于是由此衍成一段民间歌舞。表演时扮妻者缓步行歌，激愤时摇顿其身悲歌苦舞，每歌一段，众人和之："踏谣和来，踏谣娘苦，和来！"接着丈夫登场，追打妻子，动作滑稽可笑，明显具有同情贤妻、讽刺恶夫的意味。但唐代的演出却更多地具有取笑逗乐的成分，因而唐玄宗收于禁中也有限制和独享之意。总的来说，唐代的歌舞戏具有悦人性情、令人欢快的特点。如上所说《大面》即《代面》，其实也

踏谣娘舞俑（唐）

就是以假面歌舞表现英勇；《拨头》也称《钵头》，是演一个胡人为父报仇捕杀猛虎的故事；《窟垒子》亦曰《魁垒子》，即傀儡戏，名目多种多样，其制作及演出水平已达到很高的成就，朝野普遍流行。

　　唐代的这些民间歌舞极大地丰富了人们的文娱生活，而民间集体歌舞更是创造出欢天动地的声势，如踏歌，边唱边跳，非常自由，可以一人随心所欲，也可以大众群起欢腾。这类自娱性歌舞，或者说民俗性活动，其歌调简单，可以即兴填词，反复传唱；其舞动朴拙，可以自然发挥，节奏鲜明。当一个集体形成一个统一的韵律时，就会产生一种撼天动地的感觉，人人充满着参与的享受和心灵的愉悦。从唐人的诗文中经常可以看到这样的场面，张祜《正月十五夜灯》曰："三百内人连袖舞，一时天上著词声。"这种"联袂踏歌"声势浩大，一般在节日举行。

　　与民间歌舞相关的还有许多民俗活动和游戏项目，如角抵、拔河、斗鸡、走马，据《旧唐书》和《唐会要》载，常见的杂技表演就有旱船、长屩、掷倒、戏轮、跳铃、掷剑、透梯、戏绳、缘竿、蹴瓶、拗

人民·联盟文库

中国文化史

（三）

张维青　高毅清　著

山东人民出版社

人民出版社

目录

第七编　宋：精致秀雅的审美趋尚

上卷　内忧外患与缜思哲辩

第七编 宋：精致秀雅的审美趋尚

上卷

内忧外患与缤思哲辩

第一章
国政盛衰

第一节　初建与稳定

　　晚唐五代以来藩镇割据、王朝频更的形势，到宋太祖赵匡胤登基后出现了重新统一、渐趋稳定的局面。赵匡胤（927～976年）本为后周的一员高级禁军将领，在周世宗去世前以殿前都点检掌握了后周最重要的军权。959年，周世宗柴荣溘然病逝，年仅7岁的柴宗训在宰相范质的辅佐下继位。960年正月，边镇急报北汉会同契丹南侵，范质不辨真伪遂派赵匡胤率兵北上拒敌。当赵匡胤率兵至陈桥驿时，由赵匡胤之弟赵匡义、归德军掌书记赵普等将士将事先准备好的皇帝龙袍加于赵匡胤身上，并一起跪拜在地高呼万岁，这就是历史上有名的"陈桥兵变，黄袍加身"。赵匡胤兵变后，即挥师复归京城开封。驻守京城的禁军将领石守信、王审琦等早已得知兵变消息，况且又是早已归附赵匡胤的"义社兄弟"，所以兵变大军一到即开门迎接。这时后周宰相范质才恍然大悟，无奈大势已去，后悔莫及，只得随其他大臣尊赵匡胤为君，并帮助赵匡胤登基，行禅代礼。赵匡胤封后周恭帝柴宗训为郑王，后周灭。因赵匡胤在后周任归德军节度使的藩镇所在地是宋州（今河南商丘），故定国号为宋，又改年号为建隆，定都开封，开国皇帝赵匡胤也被后人尊

宋太祖像

为宋太祖。

赵匡胤建宋后很注意局势的稳定，采取了一系列恩威并施的手段。如后周的太后、幼主受到优厚的待遇，后周的宰相范质等文臣武将都继续留用，就是为后周殉职的韩通也追赐为中书令给予厚葬。这样，就得到了后周在朝文武官员的支持，连拥兵在外的一些将领也甘心归服。但是也有不愿降服的。如昭义节度使李筠于四月间在潞州举兵反宋，但在宋军强大攻势下六月即兵败自杀。李筠败后，原想代周的淮南节度使李重进又于九月据扬州起兵，赵匡胤亲率大军于十一月直取扬州致其全家自焚。此后，一些弱小的后周残余势力更无力抗宋，赵匡胤基本奠定了政权更迭后自己稳固的地位。

赵匡胤靠禁军轻而易举地取得政权后，深深懂得兵权对于政治统治的极端重要性，因此在兵权的控制方面也就煞费苦心。在宋朝初建的第一年内，赵匡胤对支持兵变的将领都加官晋级，如石守信、高怀德、张令铎、王审琦、张光翰、赵彦徽、赵匡义、赵普、慕容延钊、韩令坤等。此行赏封官之举既取信于将帅，满足了他们贪求富贵的欲望，又大大加强了中央的统治，稳定了宋初的政局。但当建宋第二年，赵匡胤确认自己的统治已稳固时，就立即着手逐个解除这些高级将领的兵权。在赵普的出谋划策下，通过"杯酒释兵权"的方式，赵匡胤很好地解决了高级将领的兵权问题。他软硬兼施地告诫将领们：做天子不如做节度使快活，因为皇帝的宝座人人都想坐，即使你们不想而你们部下难免没有异心，因而不如释去兵权，出守藩镇，多积金钱，多置田产，歌舞相娱，饮酒作乐，这样君臣之间不就相安无事了吗？果然，为赵匡胤建功立业并被加官晋爵的将领们马上称病提出辞呈，赵匡胤也非常高兴并厚加赏赐。这样，在石守信、高怀德、张令铎、王审琦等人被解除兵权后，赵匡胤另选一些资历浅、威望低、容易驾驭的人充当禁军将帅，使军权集中于皇帝，也消除了反叛的隐患。

宋太祖赵匡胤在有效解决了内部稳定的问题后，即考虑消除割据、统一天下的治国大计。根据当时北方兵力强大和南方经济富庶的形势，宋太祖定下了先攻取南方再平定北方的战略方针。建隆三年（962年），宋太祖利用荆湖地区藩镇的矛盾果断出兵，不久就扫平荆湖一带的割据势力而占据中南。然后宋太祖由中南发兵攻取后蜀，后蜀国主孟昶眼看兵临城下无奈投降。其后宋太祖又举兵攻南汉，过南岭，占韶州，逼广州，南汉大势已去，只好降宋。宋灭南汉后，南唐恐惧，李煜向宋上表，乞求削去国号。宋太祖当然不能允许南唐这样的割据大国存在，遂于开宝八年（975年）十一月攻入金陵，李煜降，南唐平。其后吴越王钱俶对宋唯命是从，仅保留一个国王的虚号而已。这样，南方的割据政权相继被消灭，宋朝又把主要兵力转向北方的北汉和辽朝。

但是就在宋太祖刚要进行大规模北征时却突然死去，这副重担就落在了年富力强的宋太宗赵光义肩上。赵光义（939～997年），原名赵匡义，即位后改名炅。陈桥兵变的主要策划者，建宋后任开封府尹兼中书令，后又加封晋王。976年，太祖死，太宗立。978年，他迫使吴越王钱俶削去国号，献所据十三州之地归降，这样就完全统一了南方。此后，他挑选精兵强将，加紧军事训练，并于979年春率兵亲征北汉。北汉皇帝刘继元见大军压境，急忙向辽求援。辽一面派使者来宋说情，一面派军队

宋太宗像

支援北汉。宋太宗断然拒绝了辽的无理要求，同时也以伏军将援助北汉的辽兵彻底击溃。太原城在宋军的围攻下渐渐支撑不住，只好于五月初向宋太宗投降，自此北汉归宋，完成了局部统一。

趁此雄威，宋太宗又移师辽南京幽都府，企图一举收复燕云地区。但是由于宋军连续作战疲惫不堪，加之辽军坚守幽州等待来援，最终宋军在辽军的夹击下大败，以致宋太宗中箭乘驴车逃去。宋太宗兵败后于心不甘，于是在986年又再次大举进攻，兵分东、中、西路。作战伊始，宋西路军进展神速，连克寰、朔、应、云四州，中路亦攻占了蔚州，东路也攻取了涿州。但辽将耶律休哥设伏断绝了宋军粮草，又于岐沟关大败宋东路军，导致其他两路宋军也被迫后撤。西路军杨业由于得不到主帅潘美的支援，在陈家谷口战伤被俘绝食而死。宋太宗两次攻辽失败，使其放弃了收复燕云地区的打算，从此转入防守。此外，由于宋对西夏政策不当，导致西夏割据政权成为边患。

由于宋初统治者实行"不抑兼并"的政策，导致贫富对立的状况日益严重。尤其在蜀地，农民遭受着残酷的多方掠夺。宋兵的大肆抢掠、官府的巧取豪夺、地方官的苛刻搜刮，使越来越多的贫苦农民丧失了田园家产。因此，一场以"均贫富"为口号的农民大起义在四川境内爆发也就不足为奇了。以王小波为首的农民起义队伍迅速壮大，王小波战死后其妻弟李顺又被推为领袖，终于在994年攻克成都建立大蜀政权。面对如此形势，宋太宗极为震惊，急派大军入蜀招抚。在强大的官军面前，起义军英勇抵抗，但不久相继被血腥镇压。在宋初即爆发了这样大规模的农民革命战争，使赵宋王朝深刻认识到对内防范的重要性。因此，宋太宗也转而以主要力量防备内部的篡权夺位，而对外只是消极防御但求相安无事了。

宋取守势后，辽却加紧进攻。其不停地侵犯边境，烧杀掠夺。999年，辽兵南下，一路势如破竹，锋芒直逼开封。此时宋太宗已死，宋真宗当政，朝廷上主战与主和两派展开争论。1004年，在新任宰相寇准的坚持下，宋真宗被迫北上澶州（今河南濮阳）督战，宋、辽两军形成了相持局面。辽之南侵，原是以掠夺财物和政治讹诈为目的，入侵后遇到挫败即愿议和。这恰好也符合宋真宗的想法，即只要辽军尽快北撤可以不惜代价。于是当年十二月，宋、辽达成和议：（1）宋朝每年给辽朝绢二十万匹、银十万两；（2）沿边州军各守边界不得交侵、不得收容对方逃亡盗贼；（3）双方不得建筑城堡、改移河道。此外还约定

出行图（辽）

宋、辽以兄弟相称，这就是"澶渊之盟"。"澶渊之盟"的订立，使辽得到了不少战场上得不到的好处，对宋来说则是一个屈辱妥协的和约。但是从中华民族的发展史看，这一盟约结束了宋、辽间连绵不断的战争，使宋、辽边境得以长期相安无事。两年后，宋又册封西夏李德明为定难军节度使、西平王，每年赐银一万两、绢一万匹、钱三万贯、茶二万斤。自此，宋、辽、西夏进入一个相对和平稳定的发展时期。

宋朝建立之初，即实行多项制度改革，为的是扭转晚唐五代以来臣强君弱的恶习，加强中央集权的统治力度。在军事方面，首先，禁军改由三衙分掌。宋太祖在"杯酒释兵权"后，废除了殿前都点检和侍卫亲军马步军都指挥司，禁军分别由殿前都指挥司、侍卫马军都指挥司和侍卫步军都指挥司三个机构掌管，称为"三衙"。"三衙"的长官称为"三帅"，分统禁兵，互不辖制。"三帅"及其主要部下都由皇帝任免，都只对皇帝负责。

其次，将统兵权与调兵权分离。"三衙"虽然分别统率禁军，但无调兵权和发兵权。"三衙"平时负责对禁军的管理、训练，但无权调遣军队。调遣军队的权力在枢密院，而枢密院却不直接掌管部队。"三衙"和枢密院互相牵制，都无法利用军队政变，就使军队牢牢掌握在皇帝手中。

再次，使京城驻军与外地驻军保持均衡。宋初有禁军20多万，宋太祖把一半部署在京城，一半分散到地方，这就使其互相制约，不敢贸然兵变。同时禁军由精壮士兵充任，而老弱者归于地方厢军，这也起到一些互相牵制的作用。另外，北宋每遇灾荒之年，还招募大量饥民入伍，以为既扩大了禁军的兵员，又削弱了农民的反抗力量。事实上，这更加重了国家财政和百姓生产的负担。

又次，利用更戍法使兵将分离。所谓更戍，就是让禁军轮番到各地驻守，而将领也随之经常更换。这名义上是使士兵们习山川劳苦，增强军队战斗力，实际上是预防久驻一地生事，避免将领结为派系。这样，也就造成"兵无常帅，帅无常师"，"将不识兵，兵不识将"的隔膜状态，消除了对皇权的威胁。

末次，采用以文制武的策略。唐末五代兵变频繁，因此皇帝往往对将领无端猜疑和百般防范。实行以文制武，于是似乎成了削弱和限制将领权限的良策。宋太宗时已参用文臣，并开宦官监军之陋习，宋真宗以后文臣督率武将遂成惯例。文人大多未经战阵，其统兵作战的能力不言自明。而宋代皇帝又大不放心，乃于远离前线的后方深宫制定作战阵图。这样，固然军机大计出于朝廷，使前方将帅不得造次，但前方将帅却受到限制而不能随机应变。宋代边防战争屡屡失利当与此有关，但皇帝们却始终未能迷途知返，改弦易辙。总之，宋代皇帝在集中兵权的同时，也造成了种种严重的内耗。这固然保证了国家的稳定，但从一开始也就产生了诸多弊端和隐患。

在政治方面，为防止割据局面再现，维护中央集权的高度统一，宋太祖对官僚机构也实行了一系列改革。首先，实行军政、民政和财政三权分立，削减宰相权力而由皇帝直接掌管。北宋的宰相制度起初是继承唐朝的，而唐朝宰相在一人之下万人之上，统管军、政、财权力过大。宋太祖用谋臣赵普为宰相，仍称"同中书门下平章事"。后防其专权，又用薛居正等三人为副相，称"参知政事"。同时又设枢密院，以枢密使知军事。这样，宰相只负责全国行政事务，枢密使专管皇帝军事政令，一文一武，互不通气，并称二省，分别向皇帝奏事。此后又设三司使掌握全国财政，其地位仅次于宰相，也称"计相"。三司包括盐铁、度支、户部。盐铁掌管工商业收入和兵器制造，度支掌管财政收支和粮食漕运，户部管理全国户籍、赋税和专卖等事。这样，三权分立又统归皇上，保证了皇帝的至上地位和最高权力。此外，北宋政府还设御史台负责纠察官员。御史官有权弹劾各级官吏包括宰相、枢密使和三司使，最后由皇帝亲自裁处。

其次，在地方行政方面也分化权限，造成各有所司互相牵涉以加强控制。宋朝的地方行政机构是州、县两级，与州平行的还有府、军、监。府一般设于要地，如东京、西京等；军设于军事要冲；监设于矿冶、铸钱、产盐地区。州、府、军、监的长官分别称知州、知府、知军、知监，由朝廷直接委派，不能由本地人充任。此外在各州又设通判一职，通判既非知州的副职，又不是其属官，有权与知州共同处理州事，并监督知州的行动，所发文书要知州与通判同时签署才能生效。因此，通判又称"监州"。县的长官称县令或知县，还有管户口、钱粮的主簿和管军

力士像（宋）

事、治安的尉。由于唐朝以来节度使的权力往往很大，其把持地方财富很少上交中央朝廷，宋初则削去节度使实权，为控制地方将全国分为十道，太宗时又改为十五路。各路大体上有四司：经略安抚使司，掌一路兵民之事，简称"帅司"；转运使司，掌一路财赋，简称"漕司"；提举常平司，掌一路常平仓、义仓、赈灾事，简称"仓司"；提点刑狱司，掌一路刑狱，简称"宪司"。因其长官安抚使、转运使、提举常平、提

点刑狱兼有监督地方官吏之责，所以此四司亦合称"监司"。这样，宋朝中央通过通判限制、分割知州的权力，又有监司控制地方的财、军、法权，使各地方政权不得擅自妄为，有效地扭转了唐五代以来的割据势头，强化了中央集权。

再次，为防止某些官员长期掌权，结党营私，以致形成尾大不掉的局面，宋朝还实行官衔与实职分离的官吏任用制度。宋初接受了后周的整套官僚机构，诸多官僚也得以继续留用，这无疑对取得后周官僚支持、稳定宋初的局势大有好处。但是这些旧机构和旧人员远远不能适应新政治和新形势的需求，而且在宋朝政权建立过程中的功臣宿将也难免权力过大私欲膨胀。因此，宋太祖改革官制，实行"官、职、差遣"制度。官即官名，如尚书、侍郎之类，只是一种虚衔，作为叙级定薪之用。职亦称职贴，是授予一部分文官的荣誉衔，并无实权，如翰林、直阁之类。只有差遣才是官员所担任的实际职务，故亦称职事官，一般在所担任职务之前冠以"判、知、权、管勾、提举"等字眼，如判寺事、知州、提举常平等。这样一来，就逐步形成了官与职、名与实的分离，打破了唐代以来官高权重不易控制的积习，但也造成后来官僚人数越来越多的恶弊。

又次，宋初为加强中央集权，还改革科举考试制度。宋太祖十分重视文化，鼓励世人读书仕进。他接受唐末五代以来藩镇割据祸乱天下的教训，又迫于急需大量文治人才分理庶务的要求，采用各种方法提高在职官员的修养，并通过逐步扩大科举录取名额的措施以补吏员之不足。宋太祖曾深有感触地说："宰相须用读书人！"宰相赵普在宋太祖规劝下勤学自勉，文武百官也以不学无术相耻。此后儒臣文士在朝中占据要职的日益增多，地方上也形成了"文臣为大帅，武臣副之"的定例。但是宋太祖在建隆元年（960年）恢复科考以来，同时又采取一系列措施加以引导和控制。如废除公荐制度，禁止称考官为师门、恩师，确定殿试制度，实行糊名、弥封、誊录、锁院、别试、唱名等措施。这就使考试更为公平，限制了势家子弟徇私舞弊、把持科场的特权，使一大批寒俊庶士得以通过考试跻入仕途。宋太宗雍熙三年（986年），宰相李昉、参知政事吕蒙正、盐铁使王明、度支使许仲宣，均有子弟及亲近举进士人等。宋太宗认为："此并势家，与孤寒竞进，纵以艺升，人亦谓朕为有私。"① 随后全部罢免其进士及第与出身。宋真宗也多次声称："贡举当选擢寒俊。"宰相王旦严禁子孙、近亲求举进士，大中祥符八年（1015年），礼部放榜，合格进士者竟无一人以权门显名。北宋科举考试体现了公平竞争、广搜寒俊的原则，使官员的政治文化修养普遍提高。但由于大幅度增加录取名额，也造成了宋朝官僚队伍的庞大。文人好议论而少切实，不免出现虚浮空疏或穷究迂执之习风。重文轻武有效地防止了藩镇割据的恶俗，打破了势家大户因袭已久的特权，这对巩固中央政权、维护社会安定、繁荣封建文化无疑具有推动作用。

在经济方面，宋朝建立之后也制定了一系列制度和措施。首先，根据土地占有情况制定纳税政策。北宋王朝将全国居民分为主户和客户两类。凡是有土地的人家都称主户，都要向国家交税。那些没有土地的人家被称为客户，他们租种土地，也叫"佃客"。主户按资多寡分为五等：一等户是占田十多顷、数十顷乃至上百顷的大地主；二等户是占田一顷至数顷的中小地主，他们通常被称为"上户"；三等户又称"中户"，主要指占田不多、但能自食其力还较富裕的中等人家；四等、五等户是占田三五十

云龙图（宋）陈容

① 《续资治通鉴长编》卷十二。

亩或仅几亩的农户，也被称为"下户"或"贫下户"，他们生活艰难，一遇歉收往往被迫出卖土地，在主户中所占比例很大。客户主要是佃农，完全没有土地和生产工具，依靠租种地主田地为生。但北宋时期的客户户籍已经独立，不再依附于地主的名下，与东汉以来的部曲、徒附是大不相同了。田主不能奴役佃户的家属，契约满期佃户可以更换田主，这些都可看出社会的进步。地主靠田租剥削佃户，田租一般都占收成的五成以上。除此之外，高利贷也成为重要的剥削手段，佃农交不起本钱和利息，只好将子女做"佣质"当抵押。一些下户破产之后，政府为了榨取更多的赋税，仍将他们编入主户，"产去而税存"的户数逐渐增多。下户虽然不向地主交租，却要担负官府繁重的赋税和徭役，因而每至凶年往往出卖土地沦为佃客。如他们每年要交田税、身丁税、各种杂税，有些税可谓横征暴敛，巧立名目。北宋的贫苦农民遭受着严重的经济剥削，因而北宋初年王小波、李顺的起义就不是偶然的了。

其次，采取各种措施促进农业生产。宋朝对农业生产非常重视，清醒地认识到农业是立国之本，强兵之本。北宋建国者一开始就将京都奠立在运河之滨的汴梁（即开封），使全国各地的应贡物品可以经水路系统辗转进京，从而使国家的政治中心处于衣食无忧的境地。但朝廷并不以此为满足，而是以发展农业生产为基本国策，采取扶持、奖励农业生产的一系列措施。宋代历届朝廷都不停地颁布劝农诏书，与过去历代王朝颁布的劝农诏书不同的是，这些诏书不尚空谈，而是针对农业生产中的具体问题提出解决办法，责成有关地方官员负责办理或派大臣亲临调查。北宋朝廷制定和颁发的重要农业政策大致有如下几种：一是召流民复业，开辟荒田。流民多是因天灾人祸而避走他乡，这就导致大量土地荒芜。因此北宋初年频频颁布诏书，以各种优待条件劝诱流民复业归农。比如在限期内复业的，不仅免除以前拖欠的赋税，而且以后几年内也可减轻赋税。朝廷还鼓励开发各类生、熟荒地，对能够指导农民垦辟荒田的地方官员给予重奖。二是兴修水利，扩大土地灌溉面积。朝廷对治理水患投入大量的物资和民力，并兴建农田水利灌溉工程。这些水利工程或由民间兴办，或由州县兴办，或由中央兴办，对农业增产起到了良好的作用，有的地区产量提高了两三倍。三是设置农官，劝导农桑。为督促农民发展农业，各级政府设有农官。宋太祖建国第三年便"令诸州长吏劝课农桑"，宋真宗景德二年（1005 年）又令各州府皆兼劝农使之职，宋仁宗时严令转运使等每年巡历各地检查农官政绩。久而久之设官劝农成了例行公事，不少勤勉的官吏做出了成绩。四是推广优良品种和先进技术。如宋真宗时将福建首先引种的占城稻推广到江、淮一带，又于天禧年间将从印度引进的绿豆在民间推广。朝廷对改进农具也非常重视，还下令雕印《四时纂要》、《齐民要术》等前代农书，指导农业生产。

　　再次，改进赋税征收和徭役负担的办法。宋朝沿袭唐朝中期以来的两税制，夏季征收的称夏税，一般收取现钱，但在许多地方普遍存在着税钱折纳税物的情况，品种主要有丝、棉、大麦、小麦等。秋季征收的称秋税，一般以实物为税，主要征收稻、粟、豆、草等，也称秋苗。所以宋代有"夏税秋苗"的说法。但是宋两税已不同于合租、庸、调为一的唐两税，而是专指田税。这些田税只向主户征收而不向客户征收，但实际上地主的税必然由佃农承担。每年纳税之前

担物砖俑（宋）

两个月，各地官府都要向纳税户分别发放称为"由子"的通知单，上面并列该户应缴纳的两税数额。农民缴纳两税以后，由官府发给盖有印鉴的"户钞"作为缴纳的凭据。宋初两税额大约占产量的1/10，对大多数

地区来说负担并不算重。但自唐朝中期实行两税法以来，就一直存在着隐田漏税的现象。北宋开国不久，太祖即下令清查各地隐田。但由于豪强兼并土地，农户逃亡严重，隐田难以查清。有些农户实际上是为逃避赋税而冒称逃亡，暗中则携带田产投靠兼并之家，从而导致国家田赋随之减少。针对这种情况，太宗、真宗两朝均屡次下诏均田税，即民户十家为保，一家逃亡，其税由其他九家均摊。这种做法加重了未逃亡户的负担，而获得逃田的兼并之家则隐占了田赋。到北宋中期，隐田漏税的问题不但未能解决，反而愈演愈烈，致使朝廷两税收入不断减少。这一问题始终困扰宋代，全国垦田数目虽有增加，但国家收入却在减少，其根源主要在于豪强兼并。在农村除两税外，还有身丁钱、杂变、和籴、科配等税目。宋代20～60岁的男子都要缴纳身丁钱，不管主户或客户。杂变亦称沿纳，是沿袭五代十国时期设置的各种苛捐杂税，如农具钱、桥道钱、盐钱、曲钱、纸笔钱、鞋钱等，名目繁多。和籴是官府强制收购民间粮米，最初限于上等户，后逐渐变为按户等摊派。科配是各种临时性杂税，缴纳的时间、种类、数量都不固定，最初由城市的坊郭户承担，后推广到农村。总的来说，宋初国家财政比较宽松时，朝廷注意到尽量不增加农民的负担，并做到了这一点。大约从真宗起，赋税名目和数额都有增加，致使农民负担加重。

另外，徭役本来是古代国家税收的特殊征取方式，它表现为民户无偿为国家承担某些职事。宋代的官户因已有人在为国家效力，一般都享有不再承担徭役的特权。按照宋代的役法，徭役有职役和夫役之分。职役主要由上户承担，夫役则由下户承担。职役也称吏役，是国家指派主户担任的州县乡村基层组织的某些职务。宋代职役有差、雇两种，由国家无偿征调的职役称差役，由国家出钱雇佣的则称雇役。北宋前期多用差法，王安石变法时普遍推行雇法。职役衙前的职责是替官府管理府库或押送财物，法定由一等户充当，其官衔最高可升至都知兵马使。里正、户长、乡手书的职责是替官府督催赋税。里正大约相当于乡长，由一等户轮流充任；户长是里正的副手，由二等户轮差；乡书手相当于文书、会计，由三等户充当。此外还有耆长、弓手、壮丁，其职责是维护乡间治安。耆长由二等户轮任，弓手、壮丁一般出自三四等户，由于弓手、壮丁需要比较熟练的武艺，不易轮换，有些人几乎是终身应役。另外还有州、县官府的吏人，如孔目、押司等，供州、县官员驱使的散从官、承符、手力等，以及各级府库管理杂务的斗子、库子、秤子、栋子、掏子、仓子等。这些职役由地方上的上户承担，在宋初往往享有一定权势。由于州县官员都由异乡人担任，而且有固定的任职期限，因而这些职役往往可以把持地方政治，成为实权人物，有些人还可借此改变自己的身份地位。但是又因这些职役没有任何报酬，还要担当风险，因而一般上户视为负担，不愿充役。如衙前对官物如有损耗就要包赔，里正、户长催税不齐就要代为赔垫，有些上户为服差役而倾家荡产。所以到北宋中期，职役已成为富裕农户的沉重负担，朝廷已很难把差役法推行下去。相对于职役而被征调出来从事各种体力劳役的就是夫役，也称工役或杂徭。原则上城乡凡有一丁的民户都要承担夫役，但已担任职役的上户可以暂免夫役，有些被科派夫役的上户也往往出钱雇人代为应役或强迫佃户代役，因此夫役一般是由下户或佃客承担的无偿劳役。夫役的主要内容有修浚河道、土木营建、运输官物等。夫役征发没有固定时日，每遇大型工程或战争，往往要征调数万或十数万丁夫，服役时间长达一两个月。作为家庭主要劳力的男丁长期外出服役，常使民户荒废农事而导致家业败落。夫役的生活极其艰苦，劳动又很繁重，这也是导致农户逃亡的重要原因之一。

又次，在土地制度方面实行"不抑兼并"的政策。自从唐朝的均田制被破坏之后，原来的国有土地大都被豪强地主所占有。到了北宋，国家直接控制的土地为数已很有限。因此，官田已被私田所取代，宋初不再实行唐朝的职田制，即按品级领受二百亩到上千亩的职分田，而是让大小官吏自行购置田产，放手让官僚地主阶级占有土地。从宋太祖赵匡胤时代起，就鼓励那些放弃军权的高级将领如石守信等人购置田产。到乾兴元年（1022 年）有人向宋真宗报告，宋朝建立 60 年来，豪强大肆兼并土地，如果不加制止，全国土地将要被他们占有一半。宋代官员占田建庄形成庄院，并强迫佃户也寄住在庄上，一个庄就形成一个作为自然经济单位的村落。庄主还在庄上私蓄兵器，建立武装。这些庄院遍布全国各地。宋仁宗时衡州大姓尹家占田达千顷，称霸一方。《水浒传》中也描写了许多这样的庄园，如祝家庄就是祝姓大地主的田庄。因而，北宋王朝上自宰相，下至县吏，以及一批经商致富的大财主，无不以大量资金购买土地，建庄立院。宋仁宗时，全国有 7/10 的垦田已经落入大地主手中。他们逃避赋税，造成国家财政困难。在这种情况下，政府才不得不下令：公卿以下官员占田不得超过三十顷，可见占田三十顷的绝不是少数，而这种限制也是不可能生效的。总之，北宋统治者适应中唐以后土地制度的发展变化，听任土地国有制度继续衰落，放任土地私有制度自由发展，鼓励民户充分占有和利用土地，在农民赋税负担不重的情况下，这有利于自耕农经济的发展，也满足了官僚、地主、富商自由购买土地的要求，对促进农业生产有积极意义。但这为土地兼并大开了方便之门，因而使得后来土地兼并成为宋代突出的社会问题。在北宋前期这还没有达到十分严重的程度，因为许多达官显贵只会坐享荣华富贵，入不敷出时便出售土地以维持奢华生活。加之他们往往有众多子孙们分家业，因而就连一些官至宰相者也免除不了死后家业衰败。科举制的实行也使世代做官的人很少，做官也只是在土地限额内免除部分杂税。但是土地流动制度为一些希望占有土地者提供了机遇，这样就使普通农户通过辛勤劳动购置土地变为可能，也促使了一些不法官员倚仗权势贪赃枉法私欲膨胀。宋代还有屯田、营田之举，这都促进了北宋前期的经济发展。但最终土地越来越集中在少数高官豪强手中，导致国家积贫积弱的现象也就不足为奇了。

末次，发展城市功能，建立城镇体制。唐朝以前的城市主要是政治中心，城市的格局大体固定不变，严格遵行坊市制度。北宋定都开封以后，封闭的坊墙取消了，商业区与居住区的界限打破了，代之以住宅和商店相混合的城市街道形式。汴京城内，店铺沿街林立，行人熙攘不绝，城市面貌焕然一新，商业功能大大增强。城外的草市设立起固定的店铺，城郭的限制也越来越少，逐渐发展成繁华的商业和居民区，扩大着城市规模。镇原是军事设防之地，驻军需要各种供应，宋代也变成了市井所在。宋代设镇不再以军事为依据，而以人口和税收为标准，"民聚不成县而有税者则为镇"。不少地方在原来乡村草市基础上发展成镇，有些地方因特殊的物产或手工业发达而形成镇。宋代的镇发展迅速，很快遍及全国。这些城镇不一定都是政治中心，经济职能显然增强了。城镇规模的扩大和商业、手工业的发展，使城市中平民数量大增。城镇的商业不再主要是为达官显贵提供奢

脱胎剔犀柄团扇（宋）

侈品，而是经营市民日常生活需要的粮食、布帛、煤炭、器具等。商业的繁荣又推动了城镇手工业的发展，不少城镇形成各具特色的手工业。所以宋代大中城市的功能已逐渐演变为政治和经济并重，小城镇则逐渐形成以经济为主的特点。城市的兴起也使文化繁荣起来。许多城市是各级官府治所，许多官员离任之后也在城市定居。他们虽然居住在城市，生活的主要来源却多在乡村。他们在农村有大量田产，在城市又兼营商业。他们普遍文化水平较高，往往选取风景秀丽、物产丰富的江南城市置办产业，是城市中的富裕阶层。除此之外，城镇居民主要是坊郭户，他们从事各种各样的职业。坊郭户也分主户和客户，划分的标准主要看有无财产。坊郭户是城市中从事各项经济活动的主要力量，也是城市中国家税收的主要承担者。此外城市中还寄生着相当数量的游民，他们没

有正式户籍和正当职业，以偷盗、欺诈、乞讨、赌博、卖淫为生。城市人口的增多使文化生活相对的集中，宋代文化的城市性、商业性、娱乐性、大众性由此凸显出来。

第二节　改革与发展

　　北宋中叶真宗赵恒统治时期（997～1022年），中央集权的统治得到巩固，各项制度已基本完备，社会经济也不断发展，出现了前所未有的繁荣局面。但也就是从真宗在位时期起，宋朝统治集团原来不多的进取精神逐渐衰退，任何试图改革创新的倡议都不被采纳，朝廷执政者皆趋向因循保守。真宗以后的仁宗（1023～1063年）和英宗（1064～1067年）两朝，总的来说继续墨守成规无所作为，与此同时诸多社会弊病却日益显露出来，致使国家财政状况不断恶化陷入危机之中。正是在这样的背景下，神宗统治时期（1068～1085年）任用王安石变法，试图通过重振经济达到富国强兵的目的，但终因积弊已久与守旧势

宋真宗像

力强大，变法失败。此后朝廷上下腐败风气日盛，北宋由此走向衰落。

　　北宋真宗、仁宗、英宗在位期间，各方面财政支出不断增加，而财政收入没有相应增长却有所减少，以致后来出现大量赤字。造成财政状况恶化的原因是多方面的。从收入方面看，尽管政府不断增加苛捐杂税，如从真宗朝起各种杂征的名目和数额就日益增多，一些北宋初年废止的前代杂税又纷纷复征；以致到仁宗朝时，政府征收的粮食总额中杂

税已占到 1/3 左右，而买卖牛羊、修屋盖房、析烟分居等也都要缴纳税收。但如此横征暴敛却并非正常，因为这表明政府的两税收入减少和正常的赋税制度不能运转，其根源就在于势族豪强兼并土地造成大量的隐田漏税。由于农户不堪重负而逃亡，使豪强之家隐得更多的逃田，而均田税的做法反而使田税更加不均，未逃户的负担更加沉重，这就使逃亡户愈多，国家版籍上登录的田亩愈少，从而导致两税难征并形成恶性循环之势。因而横征暴敛不但没能增加国库收入，反而激起广大农民的强烈反抗。仁宗时期，西夏入侵，宋被迫每年赐银五万两、绢十三万匹、茶两万斤，以换取和平。辽也趁机要挟，宋在"澶渊之盟"的基础上，再赠银十万两、绢十万匹，这些开支无疑增加了农民的负担。各地农民、士兵起义此起彼伏，如庆历三年（1043 年）时的王伦起义，庆历七年（1047 年）时的王则造反，大小暴动时有发生，"一年多如一年，一火强如一火"，皆由经济原因引起，引起朝廷上下震动。

国家财政收入减少，但支出却日多。其支出一是军费。太祖时拣选禁军标准极为严格，人数虽只有 20 万但战斗力却极强。太宗时禁军增加到 35 万人，真宗时增加到 43 万人，仁宗时由于同西夏作战增至 82 万人。承担各种杂役的厢军人数也不断增加，太祖时厢军不过几万人，仁宗时达到 40 多万。如此多的军队其花费是惊人的，据仁宗时担任过三司使的蔡襄估算，当时军队开支已占到岁入总额的六分之五以上[1]，稍晚时的思想家张载也说"养兵之费，在天下十居七八"[2]。北宋军队规模的不断扩大与朝廷制定的军事政策有关，其募兵制不仅着眼于守卫边防，还着眼于社会安定。国家设置厢军承担杂役，减轻了民户厌恶的部分劳役。遇到灾荒年份招募饥民从军，可以预防他们揭竿而起反抗朝廷。为了保持禁军的稳定一般不裁员，禁兵子弟亦可从军吃皇粮。宋朝

---

① 蔡襄：《蔡忠惠公文集》卷一八《论兵十事》。
② 张载：《张子全书》卷一三《边议》。

军事制度的这些特点，在北宋初年兵员较少时还是有其积极意义的，但久而久之，冗兵成为国家财政的沉重负担，以致朝廷为了维持社会安定不得不付出高昂的财政代价。

武士俑（宋）

国家财政支出其二是庞大的官僚队伍。北宋初年内外官员总计不过数千人，到真宗时增加到近万人，仁宗时更增加到 17000 余人。此外，受禄的宗室吏员还有 15000 余人，不受禄而以贪污受贿为生的吏员则不计其数。北宋高、中级官员的待遇也很优厚，不仅有俸禄、职田、祠禄、恩赏等，还有酒茶、厨料、薪炭、饲刍等，一个高级官员的一年开支总有万贯以上。北宋官员数量不断增加的原因主要是科举取士越来越多，真宗咸平三年（1000 年）一次便取进士、诸科 1800 多人，仁宗朝（1023～1063 年）13 次科举共取进士、诸科近万人，这些中举者都陆续加入了官员的队伍。其次按照"恩荫"法授官的人数太多，这些人包括皇亲国戚及官僚子孙乃至他们的门客。仁宗庆历七年（1047 年）仅皇族授官的就达千人以上，官员中地位稍高者便可荫子孙一人为官。另外宋太祖对官员采取"大度宽容"的方针，真宗以后的各位皇帝谨守"祖宗旧法"，对犯罪的官员往往只是贬黜到偏远地方了事，官职不废，俸禄照拿，几乎变成对官员的放纵。所以，北宋中期以后冗官渐多，他们无所事事，事事扯皮，既耗费了国家大量财物，又败坏了朝廷的上下风气。

国家财政支出其三是巨大的皇室耗费。太祖、太宗在位时比较注意节俭，真宗以后皇室耗费日益浩大。在生活上，皇帝后宫数千人，奢侈享乐风气日盛，各种宴饮、赏赐不断。另外祭祀活动的费用也大大增加，特别在时势艰难之际皇帝更是企图以此维护统治。大中祥符元年（1008 年），真宗与大臣密谋伪造"天书"，由庞大的仪卫扈从亲往泰山行封禅礼，整个东封活动耗费国库八百多万。三年以后，真宗又假称奉"天书"西出潼关，祭祀汾阴，费钱一百二十万贯。为安放"天书"，真宗下令在汴京修建道观玉清昭应宫，并命三司使丁谓主持修建工程。丁谓制订的修建计划庞大，每天服役的民工达三四万人，所用材料从全国各地征调。全国各地也都因"天书"降临修建天庆观，一纸伪造天书使天下劳民伤财。名目繁多的迷信活动和大兴土木，大约一直持续了 15 年。到宋真宗死去，整个国库因这冗费的开支消耗殆尽，由此造成的政治腐败和财政空竭直接影响到宋朝统治。

北宋中期国家财政的危机引起了朝廷内外诸多有识之士的关注，他们纷纷提出各种主张和具体措施以挽救国家命运。早在真宗（998～1022 年）初年，知扬州王禹偁即应诏上书，提出五条建议：一是对辽和西夏"谨边防，通盟好"；二是"减冗兵，并冗吏"，减轻税收；三是严格科举制度，使入官不滥；四是淘汰僧民，减少耗费；五是"亲大臣，远小人（宦官）"，皇帝信用宰相不疑，宰相择用诸司长官。王禹偁的建议着眼于减少冗兵、冗官、冗费，主旨是减少国家的财政支出。仁宗在位时财政状况更差，有关议论也更多。宝元二年（1039 年），权三司度支判官宋祁上疏，认为国用不足在于"三冗三费"。"三冗"是指：天下有定官而无限员，各级官员比以前增加了 5 倍；几十万厢军不作战而耗衣食；僧、道人数日增而无限额，仅尚未受戒的就有 50 万之众。"三费"是指：道场斋醮，百司供费无数；京师多建寺观，多设徒卒，增添官府衣粮；大臣罢黜仍带节度使衔，靡费国用。宋祁主张裁减官兵，节省经费，不要奢靡，基本沿袭了王禹偁的意见。庆历三年（1043年），宋仁宗在内外交困的情况下起用范仲淹为参知政事，富弼、韩琦为枢密副使，要求他们改革弊政，兴致太平。当年九月，范仲淹上疏十事，以陈国政。（1）"明黜陟"，即改变以往文官三年一迁的磨勘法，按才行量用并给予奖罚；（2）"抑侥幸"，改变对贵族子弟的"恩荫"旧法，严加限制以减少冗官；（3）"精贡举"，改革专以诗赋墨艺取士的旧制，着重策论和经学；（4）"择官长"，严格选派转运使、提点刑狱及各州县长官；（5）"均公田"，即按官员等级给予职田，以责其廉洁，防止贪污；（6）"厚农桑"，每年秋天都要兴修水利，以促进农业生产；（7）"修武备"，在京畿招募士兵 5 万人，既节省军费又保卫京师；（8）"减徭役"，裁并州、县建置，使徭役相对减轻；（9）"覃恩信"，即朝廷发布的赦令，各地都必须执行；（10）"重命令"，各地的法令由朝廷统一，颁行之后必须遵守。这些建议被仁宗采纳，并下令颁行全国，号称"庆历新政"。由于新政侵犯了许多贵族和官僚的利益，因而在实施过程中遭到他们的强烈反对。他们攻击范仲淹的改革派为"朋党"，甚至诬陷他们有取代皇帝的野心。在保守派的压力和流言飞语的影响下，宋仁宗那种迫切要求改革弊政、兴致太平的决心动摇。庆历五年（1045 年）初，仁宗下诏罢废关于磨勘和恩荫的新法。范仲淹被罢免，富弼因赞同修改磨勘法也被罢免，韩琦上书力谏不成也被迫出朝改任他职。"庆历新政"仅历时一年多，便在贵族及官僚的激烈抵抗下，宣告失败。庆历六年（1046 年），范仲淹在邓州写下了著名的《岳阳楼记》，抒发了自己"先天下之忧而忧，后天下之乐而乐"的博大胸怀。

"庆历新政"夭折后，一切恢复了老样子。财政情况没有缓解，社会危机更为严重。因此没过几年，要求变革的呼声重新出现。宰相文彦博和枢密使庞籍以国用不足为由，主张裁减兵员使之归农。曾担任过权知开封府、权御史中丞、三司使、枢密副使的包拯针对当时"三冗"积弊，主张严格选拔官员，淘汰冗官；停止招募士兵，解决冗兵；轻徭节支，减少冗费；并严惩残害百姓的贪官污吏。三司度支判官王安石也向宋仁宗呈上一份长达万言的《言事书》，就北宋中期存在的诸多问题提出变法主张。稍后知谏院司马光三上奏札，呈请仁宗"斟酌事宜，损益变通"，主张裁减禁军，量才用官，节省财用。此外，这个时期的其他著名士大夫如欧阳修、苏轼等，也都先后提出过某些变更的主张。这些均反映出，在当时国库空虚、危机四伏的情况下，有政治远见的士大夫们普遍有种焦虑感，改弦更张已成大势所趋。

治平四年（1067 年）初，面临困境的英宗皇帝病死。不满 20 岁的赵顼继位，是为神宗。神宗当太子时就很关心国家大事，登基后也正是士大夫变法思潮方兴未艾之时。他很想有所作为，但他向元老重臣富弼征询富国强兵之道时，没想到此时的富弼已经

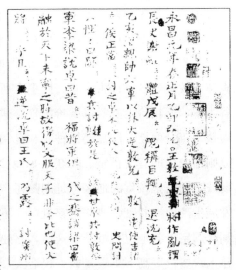

司马光撰《资治通鉴》时残存的墨迹

丧失了庆历年间的改革锐气，因久居高官而变得老于世故、不思更新了。宋神宗只得转而寄希望于当时在士大夫中享有很高声望的王安石，熙宁二年（1069 年）任命王安石为参知政事实施改革。史称"熙宁变法"。

王安石（1021～1086 年），字介甫，江西临川人。庆历二年（1042 年）考中进士后，在担任地方官吏的过程中，一直表现出勇于进取的实干精神，与当时的官僚阶层中流行的因循苟且、虚妄空谈形成鲜明的对比。王安石执政后，迅即在神宗支持下开始变法。他首先建立起一个主持变法的新机构"制置三司条例司"，即皇帝特命设置的制定三司（户部、度支、盐铁）条例的专门机构。在这个机构中他任用了一大批新

王安石像

人，如吕惠卿、曾布、章惇、吕嘉问、沈括、苏辙等。王安石的变法指

导思想与其他主张改革的士大夫最大不同之处在于，他认为解决财政问题的根本方法不是削减支出，而是通过促进生产的发展以求增加财富。

王安石变法的内容主要有，在农业方面实行青苗法、农田水利法。青苗法规定，各路以常平仓、广惠仓所积存的一千五百万贯石以上的钱谷为本，遇粮价上涨时以低价出售，遇粮价下跌时以高价收购。其所积现钱每年分两期，即需要播种时和夏粮未熟时的正月和五月，按照自愿原则由农民向官府借贷。收获后加息 2/10 或 3/10，随两税归还谷物或现钱，凡灾荒较重的地区可延期归还。实行青苗法益处有三：接济农民发展生产，抑制豪强兼并之家盘剥，不加赋税而增加国家收入。农田水利法规定，各地应积极开荒垦田，兴建水利，修筑堤防，所需费用由受益人户按户等高下出资。如工程浩大，民力不足，可依青苗法由官府给予贷款，如果官府财力仍然不足，可以由州县官劝谕富裕人户出钱，依例计息，由官府置簿催还。主持变法的官员还要广泛听取社会各界发展生产的建议，只要能讲求水利者都可到东京献计献策。兴修水利有成绩者，政府将给予授官、嘉奖。在王安石的倡导下，一时形成了"四方争言农田水利"的高潮。地方官员听取民间建议制订农田水利工程计划，其中许多迅速实施并富有成效。几年之间，"四方之民，辐辏开垦"，"环数千里，并为良田"。朝廷因此不但推动了农业生产，而且有效地增加了社会财富。

王安石变法在商业方面则体现为市易法和免行法。市易法大致是借鉴西汉中叶桑弘羊推行的平准法而建立的，其目的在于要把都城开封和其他商业城市中市场物资的价格规定及操纵物价涨落的权力，从豪商富贾的手中夺回到中央政府手中，从而一可使物价基本稳定，二可使一般小商贩免受富商巨贾的盘剥侵凌，三可使政府获取那些大商人独享的财利。市易法规定，在京师设置市易务，以内藏库等钱一百八十七万贯作本，控制商业贸易。商贩可向市易务贷款，也可向市易务成批地赊购货物，均以五人为保并以产业为抵押，年息二分。市易务根据市场情况，平抑高昂价格，收购滞销货物，以防商品短缺或过剩造成物价波动，同时国家又可在经营中安定社会秩序和获取财政收入。市易法颁布后，陆续在全国各个重要商业城市设置市易务，又将京城市易务升为都提举市易司作为全国总机构。这就使大商人在垄断市场方面受到很大限制，而全国市易务所收息钱极大地充实了国库。免行法是王安石变法期间在商业方面施行的另一项新法，其目的在于减少皇室和官府对商人的敲诈勒索。京师各行、商铺因承担供应宫廷百货的任务，经常被迫用高价收购货物供应官府需要。而官司上下勒索，采购数额常在例额数倍以上，稍不如意便特权惩治。所以，"每纠一人入行，辄诉讼不已"。免行法规定，各行商铺依据获利多少，每月向市易务交纳免行钱，同时不再以实物或人力供应官府。此后宫廷买卖物品都要通过杂买场、杂买务，并由市易司负责估定物价。免行法的施行给朝廷增加了一笔收入，同时也为商人免去了无休止的勒索，而使那些贪官污吏及皇亲国戚蒙受了不少损失。

王安石变法的核心在于敛财，因而在赋役方面多有改革，如方田均税法、募役法、均输法。方田均税法亦称《方田均税条约》，是针对大地主兼并土地、隐瞒田产、偷漏赋税等问题制定的。北宋政府向来纵容豪强之家，而且给予一些免税免役的特权。一般农户为逃避日益繁重的赋税和徭役，宁愿托庇于官绅之家，假称已把土地卖给他们而自己冒充佃户，实则仍在原有土地上耕种但交给他们一部分收获。其恶果，是北宋朝廷的赋税收入大幅下降。王安石面对这一宋初以来普遍存在而又很难解决的问题，于熙宁五年（1072 年）发布由司农寺制定的《方田均税条约》。此法规定，每年九月由县官主持丈量土地，以东南西北各千步为一"方"，依据方、庄账籍检验土地肥瘠分为五等税额，丈量后于次年三月向民间公布，分发方账、庄账、甲帖、户帖四种土地账帖作为"地符"，分家析产、典卖割移都以丈量后的田亩为准，由官府登记并发给证书，诡名挟佃者都要合并改正，各县税收不得用合零就整手段超过原有定额，荒地归耕佃之家不再追查，瘠卤不毛之地允许占有佃种。方田均税法颁布后，由济州巨野县尉王曼为指教官，先在京东路实行，以后推行到各路。至元丰八年（1085年）神宗皇帝病死后司马光罢废此法时为止，仅在京东、陕西、河北、秦凤、鄜延五路就丈量出被隐漏的田产二百四十八万余顷。此法使农户的赋税负担与土地占有的情况比较相符，抑制了豪强之家的兼并之势，国家的田赋收入也得到了保证。

文臣立像（宋）

募役法也称免役法，是对原来实行的差役法的改革。北宋差役原由乡村上户承担，但实际上许多上户享有特权，因此各种差役被转嫁造成农户负担。免役法规定，废除原来按户等轮流充当衙前等州、县官府差役的方法，改由州、县官府出钱雇人应役。各州、县预计每年雇役所需经费，由民户按户等高下分摊。上三等户分八等缴纳役钱，随夏、秋两税缴纳，称"免役钱"。原来不承担差役的官户、女户、僧道、未成丁户、坊郭户等，按定额的半数缴纳役钱，称"助役钱"。州、县官府依当地吏役事各繁简，自定数额，供当地费用。定额之外另加2/10缴纳，称"免役宽剩钱"，由各地存留备用，以备灾荒年份免征役钱时使用。实行免役法后，使得原来轮流充役的农民可以一心耕田务农，过去被认为是兼并之家的上户也要交一份免役钱，地方财政收入增加并有了专门的吏役。

在财政方面，王安石还考虑节约用度，制定了均输法、保甲法等。均输法主要是针对"国用不足"而制定的。北宋都城聚居着为数众多的皇族、官员和军队，为保证他们的供应，便在江南、两浙、荆湖、淮南等六路设置发运使负责督运各地上供物品。发运使只知照章办事，一切按照每年定额，丰年不敢多运，凶年不敢少运。由于上供数量较多，各地往往隐瞒财富，不肯如实申报朝廷，却又以支移、折变等名目加倍收税。朝廷调用物资时，不管某地是否生产某种东西，也不管其时是否生产某物的季节，一旦需要，急令强征。这种种弊端都给富商大贾囤积居奇提供了条件，使朝廷造成无谓的浪费而又财用窘迫。按照均输法的规定，朝廷任命薛向为六路发运使，从内藏库拨钱五百万贯、米三百万石作为周转费用。发运使了解六路的财赋情况，掌握京都库藏支存定数和每年地方供办的物品数额，然后按照"徙贵就贱，用近易远"的原则，"得以从便变易蓄买"以备存用，借以节省价款和转运劳费。王安石试图由朝廷"稍收轻重敛散之权"，做到"国用可足，民财不匮"。可以说，均输法从节省的角度出发改变了旧有的浪费现象，增加了朝廷财政的宏观调控能力而剥夺了富商大贾的部分利益，使民户的额外负担有所减轻，国家财用窘急的状况有所改善。

在军费方面王安石也节约开支，主要措施是裁减兵员。北宋中期以来，军队规模不断扩大，而官兵骄惰腐朽。王安石变法期间，实行将兵法以提高军队效能，实行保甲法以训练地方壮丁，使军队增强战斗力而国家减少财政支出。将兵法规定，裁减 50 岁以上的老弱兵士，减少禁军军营兵额，合并各地马步军营，聚集在京师的禁军大部分拨到各路。减兵并营的工作从熙宁二年（1069 年）开始到熙宁八年（1075 年）结束，从仁宗庆历年间的 82 万余人减少到 56 万余人。各地厢兵也按禁军方法裁减，由原来的 43 万余人减少到 22 万余人。禁军、厢军裁减后，军队总额不过 80 万人，合计减少约 1/3。为改变过去"兵不知将，将不知兵"的状况，又在全国各军事要地设置带兵将领，将领均选武艺高强、作战经验丰富的人担任，专门负责训练军队，以提高军事素质，达到"强兵"的目的。这不仅节省了大量军费支出，还使军队更加精干、齐整。神宗皇帝称赞此举"不惟胜敌，兼可省费"。保甲法规定，每十家组成一保，五保为一大保，十大保为一都保。凡家有两丁以上者，出一人为保丁。选取主户"有财干心力者"和"物力最高者"充任保长、大保长和都保正。农闲时集合保丁进行军训，夜间轮差巡差维持治安。其目的是逐步实现民兵制与募兵制相结合，在各地乡村中建立起严密的治安网以维持封建统治秩序，还节省了国家的大量军费开支。总之，王安石力行新法，总目的是实现"民不加赋而国用足"。在新法实行的16年间，的确取得了"富国强兵"的一定效果。"中外府库，无不充衍，小邑所积钱米，亦不减二十万。"① 军事实力也有所增强，曾在对西夏的战争中取得熙河之役胜利等。

司马光像

由于新法在一定程度上损害了皇室、官僚、地主的既得利益，因此遭到他们的强烈反对。统治集团内部以司马光为首的保守派极力攻击新法，他们认为祖宗之法不可变，增加国库收入实际是聚敛民间财富，统治国家要重义轻利，兼并之势是天使之然。实际上这些说法无不说明反对变法者从本身利益出发，而不是考虑国家的财政状况和长远命运。王安石在《答司马谏议书》中对司马光所提侵官、生事、征利、拒谏以及天下怨谤给予严正驳斥，并立场鲜明地表示了态度。由于宋神宗支持新法，司马光等一大批人相继被罢官，新法得以推行。但是变法派与保守派之间的激烈斗争始终没有停止，宋神宗后来在强大的保守派压力下也曾有过动摇，致使王安石两度被迫辞去相位。元丰八年（1085年）神宗去世，继位的哲宗皇帝年仅10岁，改元元祐，由其祖母高太后临朝听政。一贯反对变法的高太后重用保守派代

① 《宋史·安焘传》。

表人物司马光等人，这标志着反对变法的势力再度掌握政权，司马光把变法的责任全部推给王安石，并为死去的神宗皇帝开脱以便废弃新法。司马光在执政后一年左右的时间里，将各项新法全部罢废，就连保守派内部的一些人士也觉得过分。闲居江宁的王安石闻听后极为惊愕，不足一个月便忧愤而死。变法派人物更是遭受打击迫害，一大批主张变法的官员被排挤出朝廷，史称"元祐更化"。

尽管新法被全部罢废，变法派人士被贬黜流放，但北宋后期围绕着变法的斗争仍未结束。不仅过去主张变法的人支持恢复新法，某些反对变法的人也不主张罢废所有新法，加之保守派内部不久发生分裂，互相攻击，党争激烈，因而朝廷陷入混乱。元祐八年（1093 年），高太后病死，哲宗亲政。哲宗早就对高太后及守旧派不满，并有意继述先帝神宗在位时施行的新法。礼部侍郎杨畏发现宋哲宗的意向，于是上疏称颂宋神宗毅然变法的功德，并敦请哲宗召变法派人士回朝执政。次年初，哲宗改元祐九年为绍圣元年（1094 年），以示恢复新法的决心。随即任命王安石变法时的重要人物章惇为左宰相，一些反对变法的官员或遭贬谪或即辞职。章惇任相后，变法派人物曾布、蔡卞、蔡京、林希、吕慧卿等都得到重用。在章惇主持下，新法逐步得到恢复，史称"哲宗绍述"。但在此期间，变法派内部也发生分裂。如曾布曾是王安石变法的核心人物之一，但在王安石初次罢相时为迎合神宗皇帝又全面反对市易法。绍圣元年被任为同知枢密院事后，又竭力阻挠吕惠卿重返朝廷任职。后来，他又攻击章惇"专恣弄权"，认为章惇处置元祐党人是"报私怨"。曾布在变法派中反复无常，所起的破坏作用难以估量。因而，尽管变法派东山再起，但势力薄弱，远非熙宁初年可比。

元符三年（1100 年）正月，哲宗皇帝病死。哲宗无子，神宗皇后向氏提议立神宗十一子赵佶即位，是为徽宗。向太后原来就是新法的反对者，变法派再次遭到沉重的打击。徽宗即位后，向太后当权，支持新法的章惇、蔡京、蔡卞等人先后被贬斥出朝，任用熙宁时竭力反对变法的韩琦之子韩忠彦为左相。朝廷政策因最高统治者的更替又发生重大变化，变法势力由于这次打击和内部分裂再度削弱。

向太后当权不久即归政徽宗，年满 18 岁的徽宗于元符三年七月执政后，决心消除多年来朋党之间的政争，于 1101 年改年号为"建中靖国"。他以韩忠彦为左相，以曾布为右相，以示大正至公，消释朋党。但其后曾布为同韩忠彦争权，向徽宗"进绍述之说"。徽宗听从此议，决定继续推行新法，并于次年再改年号为"崇宁"，意为崇法熙宁。崇宁元年（1102 年）五月，在曾布等人的鼓动下徽宗罢韩忠彦左相。曾布由于提出"调和元祐、绍圣之人"，遭到两派人士的共同反对，更因其在政治斗争中翻云覆雨、见风使舵，遭人攻击而于六月也被罢免。七月，蔡京拜相。蔡京（1047～1126 年），兴华仙游（今属福建）人。在王安石变法期间进士及第，为官初期追随变法势力。元祐更化时，蔡京迎合司马光，5 日内将开封府所属各县全部改募役为差役。哲宗绍圣时积极协助章惇恢复新法，任户部尚书。向太后当政时，蔡京作为"新党"人物被罢官，闲居杭州。徽宗亲政后，他又作为变法派的代表人物重返朝廷执掌国政。蔡京执政后，首先竖起变法的大旗，声称不仅要恢复新法，还要完成神宗未竟之事。他将元祐以来反对新法的司马光等百余著名人物定为"奸党"，又将元符末年（1100 年）向太后执政时反对新法的 500 余人定做"邪类"，后来连许多变法派人物因与其意见不和如章惇等人也被他视为"党人"屡遭打击。蔡京以"绍述"为名，打出"理财"的旗号，把新法和理财逐渐变为巩固个人势力和恣意搜刮民财的手段。所以，北宋后期几十年党争不断，变法问题与党争现象纠葛在一起。而蔡京执政时的新法早已发生蜕变，以新法名义推行的种种措施，无论是目的还是内容都与王安石变法有了质的差异，北宋由此走向腐败与衰退。

第三节　腐败与衰退

蔡京为聚敛钱财也声称"不患无财，患不能理财"，仿照王安石变法时的三司条例司旧例设置讲义司。但他的理财方针与王安石变法时采取的"民不加赋而国用饶"完全不同，而是不管农业生产的状况大肆搜刮民财。他为了增加朝廷的财政收入，巧用各种手段增收赋税。如"和买"，名为两相情愿的公平买卖，实际上已成只给低价的强行征购。再如将"支移"改为"地里脚钱"，数额非常之高，一些本来不施行"支移"的地区也加征"地里脚钱"。其恢复免役法，最初只是按照哲宗绍圣时的原样执行，后来不断增加各种名目的雇役钱。巩州在神宗元丰年间所纳役钱仅四百贯，到徽宗政和元年（1111 年）增加为二万九千贯，可见勒索之高。在实行方田法丈量土地过程中，贿赂公行，弊端百出，兼并之家多减免赋税，沉重的负担都被转嫁到下户头上。蔡京在恢复榷茶制度方面也获得丰厚的茶利，商人需向官府缴费获得茶引经营茶叶，每年朝廷可得茶税四百余万贯。由于茶利过高，导致茶价上涨，生产者、贩卖者、消费者均深受其害。其又大改盐钞法，废除了东南六路食盐官运官卖制，任由商人到榷货务出钱购买盐钞，再凭钞去产地领盐到指定地区贩卖。蔡京屡变盐法，商人买钞后尚未领盐法已变更，只得再贴两成现钱换领新钞。盐价因此大涨，而朝廷又强迫百姓按户等购买，以致有的上户一年要花上千贯盐钱。如此做法，使朝廷每年获利一两千万贯，徽宗为此更加赏识蔡京，然百姓无不怨声载道。更有甚者，宋徽宗还用宦官直接抢掠民田。政和六年（1116 年），设立"西城括田所"，以把天荒、逃田、废堤、弃堰、淤地、湖泊等收归官府为名，将他们看好的大量民间上好田地括为公田，强占的土地达 34000 多顷，迫使农民租佃耕种强征田钱。凡此种种，已完全背离王安石变法的宗旨，以致整个社会民怨沸腾。

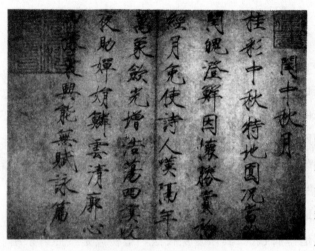

闰中秋月诗帖（宋）赵佶

在横征暴敛的同时，徽宗、蔡京等人生活极其腐化堕落。徽宗在宫中大兴土木，增建楼堂馆所，每天役使工匠万余人。整日大摆酒宴，表演各种乐舞、百戏、杂剧，消费因此大增，朝廷左藏库以往每月支费三十六万贯，到徽宗时增至一百二十万贯。蔡京府宅宏阔，蓄养姬妾成群，他曾做一碗羹杀鹑数百只，做一次蟹黄馒头用钱一千三百多贯。宦官童贯在蔡京支持下，掌握军权，和蔡京并列为相。其家中金币宝玉，堆积如山。朱勔在苏州占有甲第名园，田产跨连郡邑，每年收租十余万石。王黼继蔡京任相后自领应奉局，倾尽天下财力搜括四方珍玩宝物，并公然定价受贿卖官。时谚说："三千索，直秘阁；五百贯，擢通判。"他们为满足穷奢极欲，于崇宁元年（1102年）在杭州设立造作局，由童贯主持，专为皇室制造牙白金玉竹藤织绣等物品；于崇宁四年（1105年）又在苏州设立应奉局，由朱勔主管，专为皇室搜罗各种珍奇物品。徽宗好奇花异石，蔡京初命朱勔密取江浙花石进奉，后来所运花石规模不断扩大，遂将每十艘船编为一纲，称"花石纲"。民户如有花石被看中即被取走，山河中异物则遣工役去开采。有时一块巨石的运费便达三十万贯，而船队使用的役夫一次就达数千人。其后各地纷纷仿效，运送奇花异石到京师。徽宗来者不拒，大建宫殿园林，极其豪华奢侈。蔡京等人也借机掠夺财物，每逢生日各地都要献礼，称为"生辰纲"。熙宁、元丰时各路积存的钱谷，据说可支用20年。到徽宗时，几

乎各路仓贮钱物全被移做上供挥霍一空。在
宋徽宗统治的 20 多年中，最受宠信的是蔡
京、童贯、王黼、梁师成、朱勔、李彦六人，
时人称为"六贼"。他们打着变法派的旗号，
互相勾结，排斥异己，广树党羽，贪赃枉法，
巧取豪夺，挥霍享乐。北宋末年，民间广为
流传着歌谣："打破筒（指童贯），拔了蔡
（指蔡京），便是人间好世界。"不难看出，广
大人民对统治集团的憎恨已到了何种程度。
因此，宣和元年（1119 年）的宋江等人在京

方腊像

东路起义，宣和二年（1120 年）的方腊在睦州青溪县起义，以及其他
地区的大大小小起义也就在所难免了。

　　宋徽宗虽竭尽全力扑灭了农民起义的熊熊烈火，暂时度过了农民革
命带来的一场统治危机，但是东北地区女真族的兴起，却使北宋王朝面
临覆灭的命运。1115 年，辽朝统治下的女真族贵族首领完颜旻建国称
金，此后连续攻辽并不断取得胜利。宋徽宗、蔡京得知这一消息后，以
为同金联盟攻辽就可收取燕云十六州。1118 年，宋朝以买马为名派人
从登州（今山东蓬莱）渡海到辽东同金商议共同伐辽事宜。1120 年，
宋、金终于订立"海上盟约"。双方约定，宋、金从两个方向同时攻辽，
任何一方不得接受辽的投降，灭辽以后长城以南地区归宋，宋朝把原先
给辽的岁币每年如数交给金朝。但是在攻辽过程中金连连获胜，而宋屡
屡战败。金灭辽后，见宋朝腐败无能，遂于 1125 年分兵两路南下侵宋。
徽宗闻此惊慌失措，传位太子。十二月，钦宗即位，改明年为靖康元年
（1126 年）。这时朝野官民纷纷揭露蔡京、童贯的罪恶，有的上书请求
处死"六贼"，"传首四方，以谢天下"。钦宗无奈，"六贼"或贬或斩，
皆遭报应。

　　靖康元年正月，钦宗在群情激愤下下诏亲征，命主战派李纲为兵部

侍郎、亲征行营使，吴敏为知枢密院事、亲征行营副使，开封府尹聂昌为行军参谋官。这时，宰相白时中、李邦彦等投降派在朝中也有很大势力，他们建议钦宗弃京逃跑避敌。李纲得知后严加驳斥，钦宗只得被迫迎敌。这时各地勤王兵陆续来援，金兵见状不敢轻举妄动。双方议和，宋钦宗下诏割太原、中山、河间三镇给金，宋在割地赔款的条件下才勉强保住了首都东京。八月，金军经休整后，又以宋朝不践约为借口南侵。宋钦宗召集百官议事，这时投降派得势，以为可以继续用重金赂使金兵撤退，于是急忙派遣一批又一批使臣赠送金帛宝玉，甚至提出愿把河北、河东都割让给金以黄河为界分疆而治，此时金兵已形成对开封东西两面的钳形攻势，而北宋朝廷内抗战派官员已被排挤净尽。闰十一月三十日，钦宗出京与金和议并写降表。十二月金军入开封检视府库，拘收文籍。靖康二年（1127 年）正月，金军将北宋 160 多年来积攒的所有金银锦帛搜刮一空，又强索皇帝宝玺、仪仗、天下州府图及珍玩古器并百工、技艺、后妃等。接着下诏废徽宗、钦宗为庶人，另立宋朝投降派头目张邦昌为傀儡皇帝，国号楚。北宋亡。四月初一，金兵把徽、钦二宗及后妃、宗室、官员共 3000 余人一同俘虏北去。史称"靖康之变"、"靖康之难"、"靖康之祸"、"靖康之耻"。

第四节　和安与没落

金军灭北宋时，只有徽宗第九子康王赵构幸免于难。金兵北还后，伪楚皇帝张邦昌在全国一致反对下被迫退位。同年五月，赵构在南京（今河南商丘）即帝位，是为高宗，改元建炎，史称南宋。

南宋建立后，仍面临抗战还是投降的重大选择。宋高宗惧怕与金打仗企图议和，但又慑于爱国军民杀敌雪耻的激愤情绪。故起用抗战派中深孚众望的李纲为相，令副元帅宗泽进兵知开封府。同时又起用投降派代表人物黄潜善为中书侍郎参与政务，汪伯彦同知枢密院事执掌军权。李纲为高宗筹划重振朝纲，提出十条抗金建国的建议。针对北宋以来军政腐败的现实，颁布新军制二十一条严格赏罚制度。为防备金兵再次入侵，重新调整防务部署。鉴于正规军尚不强大，支持两河军民的抗金斗争。而投降派则幻想用对金朝妥协的办法来换取金朝对南宋政权的承认，因而不断派使者带金银财宝进献女真贵族试探降金的可能性。他们怕得罪金人并利用张邦昌为联系投降的工具，因而不惩办张邦昌反而给以吹捧和升官。他们还主张放弃东京和中原继续南逃，迁都于建康以凭长江之险保存实力。在对待中原人民的抗金武装问题上，他们完全采取敌视的态度，称为"盗贼"。在投降派的强大压力和宋高宗的软弱无能下，李纲任相仅 75 天便被罢免官

宋高宗像

职。其后，老将宗泽又成为投降派攻击的主要对象，他们诬蔑宗泽支持的义兵"遂假勤王之名，公为聚寇之患"，对宗泽在东京的抗金部署设置重重障碍。宗泽眼见自己多年准备的渡河收复失地计划成为泡影，不禁悲愤交加忧患成疾。临死时眼含热泪长吟杜甫《蜀相》诗句："出师未捷身先死，长使英雄泪满襟。"最终于建炎二年（1128 年）七月连呼三声"过河"，带着未竟的事业与世长辞。

　　宋高宗及投降派自毁长城的行径是为讨好金朝屈膝言和，但金朝并不为之所动，反而膨胀了侵掠的野心。建炎二年（1128 年）秋，金兵再次南侵，目标直指高宗所在地扬州。高宗闻后惊恐万分，慌乱逃至镇江，金兵因无法渡江，大肆劫掠后撤去。建炎三年（1129 年），高宗下令把江宁府改名为建康府（今江苏南京）并北上进驻。又派"大金通问

使"向金表示自己愿去皇帝尊号，只求做金朝的藩臣有条活路。女真贵族不为所动，再次率兵南下，准备一举消灭南宋政权。高宗急忙逃跑，由建康到镇江，由镇江到常州，由常州到杭州，由杭州到宁波，又由宁波下海逃到温州。金兵不习海战又遇风雨，加之不适江南的气候地理，又恐孤军深入被截断退路，便对江南各地抢掠后用舟船满载财物而去。宋高宗见金兵北撤，才从温州回杭州，将其作为南宋政府临时所在地。

与朝廷投降派只知逃跑形成鲜明对比的是，各地抗金力量却自发地奋勇杀敌，挫败了金朝妄图迅速灭宋的企图。建炎四年（1130年）三月，当金朝船队北撤到镇江时，韩世忠及其夫人梁氏早已率大批船舰在此等候。金兵船小且不习水战，不敢与韩军对抗。韩世忠指挥宋军，梁氏亲自击鼓，宋军士气大振，奋勇杀敌。金兵被围困在黄天荡达48天

岳飞像

以致陷于绝境，后因奸细告密金兵得以挖开老鹳河故道逃往建康。金兵在建康劫掠并纵火后，准备从静安镇渡江北返，此时又遭到岳飞的沉重打击。岳飞（1103～1142年），字鹏举，相州汤阴人。出身农家，曾当佃客。19岁投军，屡立战功，此时已统领着一支训练有素、纪律严明、斗志旺盛的宋军。闻知金兵到静安镇，主动向金兵突发猛攻，金兵仓促败退，岳飞收复建康。自此以后金不敢轻易南下，改变了对南宋进攻的策略：一方面派秦桧做内奸潜入南宋朝廷，进行诱降和破坏抗金活动；一方面在黄、淮之间立刘豫为"大齐皇帝"，在金、宋之间建立缓冲地带。

金兵退走，高宗以杭州为临安，一方面假惺惺地打起"恢复"、"中兴"的旗号，另一方面又大兴土木表示出苟安江南的意图。金朝立刘豫为大齐皇帝后高宗予以默认，而秦桧从金朝返回南宋后也得到重用。秦桧（1090～1155年），字会之，江宁人。宋徽宗政和五年（1115年）进

士，历任官太学学正、职方员外郎、御史中丞。后被金军掳去后，受到信任并大倡和议。建炎四年（1130年）被金送回南宋，自称杀掉看守逃回。朝廷官员多不相信，高宗却赞其"朴忠过人"。不久，即被任为礼部尚书，3个月后又升任参知政事，继为右相兼知枢密院事。其在朝中大肆鼓吹南北分治的投降政策，但由于许多爱国将领进行坚决的抗金斗争，使投降派路线难以得逞，宋、金出现了持续对峙的局面。

　　在抗金战争中，南宋出现了许多著名的将领。如吴玠、吴磷在川陕前线奋勇杀敌，保卫疆土；岳飞统兵北伐，一举收复襄阳六郡；韩世忠在扬州大败金兵，进驻楚州。绍兴六年（1136年），张浚以宰相兼都督诸路军马事，召各部将领到平江府（今江苏苏州）集议北伐。伪齐刘豫

岳飞墓阙（宋）

政权得知消息后急忙向金朝求援，但此时金朝内部出现纷争无暇顾及。刘豫只得倾巢出兵，结果惨遭失败。金朝感到刘豫无能，便宣布废除刘豫的齐国。绍兴七年（1137年），金向宋诱降，高宗即命秦桧为右相做投降准备，抗战派群情激愤但高宗置之不理。宋、金使臣往来议和，至绍兴九年（1139年）议成。正月，秦桧代表高宗拜受金朝诏书，接受"和议"。金朝把陕西、河南等地"赐"给宋朝，宋向金称臣并每年贡银、绢二十五万两、匹。高宗、秦桧为投降成功大事庆祝，并对百官加官晋爵。但抗战将领吴玠、岳飞拒不受赏，认为这是"可忧而不可贺"的可耻之事。不出所料，一年多后，金又兵分四路侵宋。但在抗战将领的坚决抵抗和反击下大败而归，尤其是岳飞所指挥的部队，势如破竹，

直指东京，但在如此大好形势下高宗、秦桧一天之内却连下十二道金牌迫令岳飞退兵。岳飞第二次北伐所取得的辉煌胜利，可谓毁于一旦。不久，岳飞又被秦桧诬陷罢官，继而捏造谋反罪名将岳飞逮捕下狱。其后，高宗又依金朝意旨加害岳飞，秦桧一伙以"莫须有"的罪名将岳飞、岳云、张宪杀死。岳飞被害时年仅 39 岁，岳云年仅 23 岁，可怜一代名将未能战死沙场，反而丧命于卖国求荣的刽子手中。

抗战派将领被夺兵权，投降派加紧议和，最后达成"绍兴和议"。约定宋向金称臣，以淮河为界分治，每年宋向金纳银、绢各二十五万两、匹。高宗向金称臣，秦桧立了头功。此后秦桧独揽南宋军政大权，高宗也"直把杭州作汴州"。但好景不长，绍兴三十一年（1161 年），金主完颜亮在篡夺帝位修饬内政后，又兵分四路南侵。一路准备从海道直取临安，一路由蔡州出发攻取襄阳，一路由凤翔出发进军四川，一路由完颜亮亲率主力进攻淮南。此时南宋朝廷已无岳飞、韩世忠那样智勇双全、威震敌胆的将才。完颜亮渡过淮水长驱直入，直到长江边上才被虞允文在采石镇狙击。此时金军其他三路也被宋军拦截，后方义军也纷纷起兵。金朝内部也发生政变，金世宗下诏废黜海陵王完颜亮。完颜亮

宋孝宗像

恼羞成怒，于瓜州强迫金兵渡江攻宋，金兵见宋已有严防遂起兵变。完颜亮被杀，金兵后撤，南宋乘机收复两淮。这时以高宗为首的投降派又主张乘胜求和，而抗战派则主张乘胜北伐收复中原。高宗鉴于金人背盟宣告自己投降政策的破产及朝野抗战声浪的不断高涨，感到难以继续维持统治，便于绍兴三十二年（1162 年）宣布让位于其养子赵昚，是为孝宗。高宗统治 36 年，从且战且和到一意求降，最终无成，被迫退位。

宋孝宗即位后，改年号"隆兴"。积极推行抗金主张，任抗战派张

浚为江淮东西两路宣抚使。隆兴元年（1163 年）夏，张浚派李显忠、邵宏源二将分道北伐，攻取了灵璧、虹县（今安徽境内），朝野上下为之振奋。不料李、邵二人及其部属之间发生摩擦，反为金兵所乘于符离地区将宋军击溃，北伐就此失败。此时孝宗对北伐产生动摇，主和派又占上风，宋、金之间再次进行和谈。隆兴二年（1164 年）冬，双方签订合约。合约规定：金、宋由君臣关系改为叔侄关系；金、宋之间仍维持"绍兴和议"时划定的疆界；宋每年给金的岁币比"绍兴和议"时减少银、绢各五万两、匹。此后 40 年，宋、金未再发生大的战事。但朝中抗战派与投降派仍在斗争，这不但表现在政治上也表现在思想上。

牧羊图（金）

孝宗刚即位时，朱熹曾上封事建言，认为要推崇理学、整修内政、抗敌卫国。隆兴和议后，朱熹原来复仇的锐气和紧迫感减弱了，而将威胁南宋政权的农民起义视为大敌，他宣扬"正心诚意"，"致知格物"，"先安内而后攘外"，将理财、治军、收复失地视为急功近利。朱熹的学说遭到抗战派的坚决反对，尤其是陈亮以"实事实功"反对朱熹的"存天理，灭人欲"。这次"义利之辩"反映了中国哲学的深刻复杂，也可看出其对政治的重要作用。

淳熙十六年（1189 年），宋孝宗已 63 岁，他不愿向比他小 42 岁刚登基的金章宗称侄，于是把帝位传给赵惇，是为光宗。光宗长于深宫，不谙世务，即位不久，就患心疾。朝政实为皇后李氏与其信任的主和派官员把持，而李氏的恣肆骄横又被孝宗训责，因而李氏对孝宗极其怨恨，挑拨光宗使其视父为敌。这时投降派得势，他们遵奉道学，攻击王安石变法，一些主战的朝臣相继遭受打击。绍熙五年（1194年），孝宗病死。光宗不扶柩服丧，使得葬礼无法进行。朝中重臣赵汝愚、韩侂胄迫令光宗退位，立其子赵扩（宁宗）为帝并执孝宗葬礼。宁宗即位后，赵汝愚与韩侂胄展开权力争夺。赵汝愚引荐朱熹为宁宗讲正心诚意、存理灭欲的道学，但不为宁宗所喜并被斥为"多不可用"。韩侂胄为北宋大臣韩琦曾孙、宁宗韩后叔祖，其利用外戚这一特殊身份很快得到宁宗信任，并又得到朝中抗金主战官员的支持，因而很快取得大权。韩侂胄为巩固自己的权势，以严禁道学打击自己的政敌。庆元三年（1197年），将赵汝愚、朱熹一派及其同情者定为"逆党"，凡名列党籍者都受到程度不同的处罚。史称"庆元党禁"。其后韩侂胄担心自己一旦失势遭到报复，才于嘉泰二年（1202年）弛道学之禁。嘉泰四年（1204年），宁宗、韩侂胄追封岳飞为鄂王，给予极高的政治地位以褒奖抗战派将士。开禧二年（1206年），宁宗、韩侂胄又将高宗封予秦桧的中王王爵削去，并将其谥号由忠献改为缪丑。这些措施，无疑是对抗金派的鼓励，也是对投降派的打击，同时为北伐做舆论准备。可以说，韩侂胄还是有雄心大志的，但是由于宋军久无准备，一些将领意志不坚甚至叛变，内部又钩心斗角，而韩侂胄又缺乏军事指挥才能，因此从开禧二年（1206年）五月开始的北伐，到嘉定元年（1208年）即告失败。这时，朝中投降派代表史弥远与新立的杨皇后秘杀韩侂胄，将其头送到金朝并全部接受投降条件：改金宋叔侄之国为伯侄之国；岁币由银、绢各二十万两、匹增至各三十万两、匹；宋朝另付犒军银（战争赔款）三百万两。史称"嘉定和议"。宋宁宗、韩侂胄的北伐不仅大功未成，反而又一次使国家遭受重创。

韩侂胄被杀后，史弥远大权在握。他一方面恢复秦桧的王爵和谥号，一方面对抗战派将领进行打击。由于此时北方蒙古崛起，金兵难以抗守遂被迫南下。宁宗即下诏令各地"便宜行事"，抗金武装遂奋起抗击。老奸巨猾的史弥远不动声色，却大倡理学，谥朱熹为朱文公。嘉定十七年（1224 年），宋宁宗病死。史弥远废黜痛恨他专权误国的太子赵竑，立赵昀为帝，是为理宗。理宗即位前就学习程朱理学，性格柔弱，一切由史弥远摆布。即位后下诏特追赐朱熹为太师，信国公。在理宗的推崇下，朱熹的《四书集注》取得学术上的统治地位。应该说，自理宗以后，程朱理学才因在中国传统哲学的基础上融会创新而取得了绝对巩固的统治地位，中国文化中"天人和谐"之"阴柔和顺"得到充分的阐扬并产生深远的影响。

南宋经营江南 100 年来，虽然农业、手工业、商业有所发展，但由于统治集团和议的需要和生活的奢侈，广大百姓在严重盘剥下生活却极其艰难。自北宋以来的兼并到南宋愈演愈烈，因连年战乱农民逃亡而出现的无主土地被收为官田。这些官田有的用做"赐田"，赏给那些官僚权贵，每次都在数十顷以上；有的则用来屯垦，组织军队或招募农民耕种，国家收取田租。大批文官武将更是利欲熏心，希望重建他们在北方丧失的家园。权奸秦桧在永丰圩一处就得到赐田近 10 万亩，不仅在建康府"田业甚富"，在其他地方还有多处庄产。权臣韩侂胄的田产被没收后，南宋以其田租弥补开禧北伐而失败的亏空，每年可收三十万斛，可见田产之多。理宗端平元年（1234 年），刘克庄在奏札中称："至于吞噬千家之膏腴，连亘数路之阡陌，岁入号百万斛，则自开辟以来未之有也。"淳祐六年（1246 年），御史谢方叔对理宗说："豪强兼并之患，至今日而极。"

南宋不仅兼并之风甚烈，赋税搜刮也更酷。除征收正额地租之外，还有其他苛捐杂税。地主任意用大斗收租，还强迫佃客在年节送礼。农民因无土地，地主乘机加租，让佃客竞争。除此之外，豪强之家还通过放高利贷强夺佃客的房屋、农具、种子和口粮，甚至强迫佃客妻女做奴婢。有的佃客交不起地租，官府甚至出面逼租。因战争需要，农民还要负担月桩钱、板账钱、经总制钱，可谓巧立名目。所谓征收经总制钱自南宋初就实行，规定凡买卖田宅、酒糟，以及一切民间钱物交易，每千文由官府征收三十文，以后又增加到五十文。宋高宗绍兴十年（1140年），经总制钱岁入达一千七百二十五万贯，占当时朝廷税收的 1/4 以上，在南宋赋敛中所占数额最大。南宋中期叶适说："若经总制不住，州县破坏、生民之困未有已也。"其他军需物品，官府也向民间强行摊派，如牛皮、箭杆、木料等。这种科派既无定时，也无定额，官吏又趁机中饱私囊。北宋初，朝廷一年赋税约一千六百万贯。神宗时，达到最高岁入六千多万贯。南宋初，朝廷岁入不满一千万贯。到高宗绍兴二十七年（1157 年），就猛增到六千万贯。30 年后，到孝宗淳熙十四年（1187 年），又增

卤簿玉辂图（宋）

加到九千万贯。南宋统治地区不及北宋的 2/3，朝廷的岁赋却远远超过北宋。

统治者不管百姓死活，不图恢复失地，只知过着花天酒地的生活。因此，百姓不堪压迫，起义纷纷不断。如自靖康二年（1127 年）起的钟相、杨么从湖南起义，坚持达 6 年多。建炎四年（1130 年）范汝为领导的福建起义，也在官军镇压下坚持了两年。理宗时，农民不断反抗地主用大斗收租，发展成暴动。南宋末年，更因"富家征取太苛而民不能堪"出现杀地主、分财产、抗官兵的造反。南宋农民起义总的来说，规模小，时间短，但起义频繁，接连不断，虽然由于力量较弱，斗争分散，但仍对南宋王朝的腐朽统治给以不小的打击。南宋王朝对内残酷剥

削，对外软弱无能，逐渐陷入灭亡的危机。

　　1206 年，统一了蒙古各部的铁木真被推举为大汗，尊称成吉思汗①。成吉思汗建立蒙古汗国前后，不断向邻境发动掠夺性战争。1205 年、1207 年和 1209 年三次攻入西夏，迫使西夏称臣纳贡。西夏降服后，其又全力攻打金朝。1211 年、1212 年和 1213 年成吉思汗连续三次南侵，金朝抵挡不住。其后被迫南下，宋金战事又起。各地宋军奋勇抗金，金朝又被迫遣使与宋"通好"。1227 年，成吉思汗进军西夏病死军中，西夏主也投降被杀而国亡。1229 年，窝阔台被推举为大汗。1231 年，分兵三路南下。1234 年，与宋夹击攻金。金哀宗自杀，金灭。此后，南宋与蒙古开始正面冲突。蒙古在与南宋作战的初期并不很顺利，便决定先出兵吐蕃然后迂回包抄南宋。蒙古与吐蕃在 1244 年达成协议，1252 年取道吐蕃攻灭大理。此时南宋面临强敌，理宗一伙却仍沉溺于声色享乐之中。权奸董宋臣对理宗百般逢迎，大兴土木，招倡优入宫，深得理宗欢心。他又排斥异己，霸占民田，无所不为，恣意横行，时人称为"董阎罗"。1258 年，已继汗位的蒙哥兵分三路向南宋进攻。蒙哥亲率主力进攻川蜀，其弟忽必烈率军进攻鄂州（今湖北武昌），已侵入云南的兀良合台回师攻潭州（今湖南长沙）。显然，蒙哥是准备进入川蜀后再沿江东下，与诸路会师后攻取临安。但是蒙哥大军在进攻四川时，遇到顽强的抵抗。蒙哥在合州城下督战，也被炮石击中死于营中。

　　蒙哥死后，蒙古统治集团内部发生争夺汗位的斗争。忽必烈为了争夺汗位，即与南宋贾似道秘密议和罢兵。和约规定，宋、蒙以长江为界，宋向蒙每年奉银、绢二十万两、

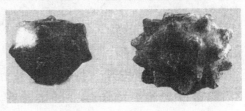

蒺藜陶弹（宋）

————————

① 成吉思，蒙语为"强大"、"大海"之意。

匹。贾似道（1213～1275年），字师宪，台州天台（今浙江临海）人。因其姐被理宗选为贵妃，而以"国舅"的特殊身份进入政治舞台。历任沿江制置副使、京湖要抚制置大使、两淮制置大使，加参知政事及知枢密院事等要职。贾似道身负抵抗蒙古大军的重任，但却背着理宗及宰相吴潜与忽必烈订立了割地纳币的屈辱条约。忽必烈撤军后，贾似道隐瞒真情，谎报宋军大捷，更骗取了理宗的信任。

贾似道这个"市井无赖"窃取大权后，凡是看着不顺眼的都被他打击迫害。理宗又大力推行尊儒路线，一批道学家做官却一味地修身养性。由于战争南宋又加深了财政危机，而农民的负担也更加沉重。朝廷采取会子贬值的方法，也激化了南宋政权与广大民众的矛盾。景定五年（1264年），宋理宗病死，贾似道拥立赵禥继位，即宋度宗。宋度宗尊称贾似道为"师臣"，贾似道在朝中也更加专横无忌。会子的滥发使物价不断上涨，而皇亲国戚、官僚贵族却更加奢靡挥霍、纵情声色。蒙古兵入侵日紧，贾似道置若罔闻。他不仅自己建山庄、养妓女，更投度宗所好，使其沉迷酒色。昏君、佞臣臭味相投，朝中不理军政大事。南宋就像一棵被蛀空的大树，顷刻就要倒下。

1260年忽必烈即大汗位，建元中统。他任用汉地士人，巩固了在中原地区的统治地位。1264年，驻军于漠北与忽必烈争汗的阿里不哥陷于困境，向忽必烈投降。忽必烈全面推行汉法，改革蒙古统治者对汉地的统治方式。1271年诏告天下，正式建国号大元，忽必烈即为元世祖。同年，元世祖下令各部元兵大举向南宋进攻。1273年，元兵攻破樊城、襄阳。贾似道不但不支持抗元，反而排斥、打击主张抗元的文臣武将。1274年，度宗病死。贾似道拥立4岁的赵㬎为帝（恭帝），太皇太后谢氏临朝听政，贾似道依然大权在握。此时元军水陆并进，群臣纷纷要求贾似道亲自出兵抗元。贾似道被迫于德祐元年（1275年）抽调各路精兵13万开抵芜湖。这时，贾似道仍幻想走开庆元年（1259年）与忽必烈议和的老路，派人向元军左相伯颜求和。伯颜不许，于芜湖一举击败宋军主力。此后沿江东下，如入无人之境。朝臣上书请斩贾似道，最终谢氏以罢官了事，押解贾似道的会稽县尉郑虎臣激于义愤，在押解途中将贾似道杀死。同年十月，元世祖忽必烈下令伯颜直取临安，宋军无力招架。谢氏派使臣与伯颜议和，伯颜不允。次年三月，元兵进入临安。宋恭帝与其皇室成员及朝廷官员全部成为俘虏，被押送到大都（今北京），偏安江南150年的南宋王朝至此宣告灭亡。尽管

文天祥像

许多南宋的爱国将领进行了激烈悲壮的抗元斗争，如文天祥在江西、广东的辗转抗元，张世杰在海上誓死不屈而殉难，陆秀夫与赵昺一起投海而不当俘虏，坚持到1279年，但毕竟无回天之力而成悲歌。

第二章
世道运脉

第一节　宋代经济的态势

　　宋代处于中国封建社会的中期，是社会经济关系发生缓慢而深刻的变化和生产发展走向繁荣的时期。这一时期，始于中唐产生的土地私有现象得到认同并形成制度，在农业生产的基础上手工业、商业迅速兴盛起来并取得很大进步，由于战争的原因北方经济受到阻遏而南方经济日益发达，经济在社会文化生活中的地位也愈见重要。总之，宋代经济在中国社会发展史上处于一个相对稳定而进步的时期，符合世道的要求和历史的运脉。如果从宋代理学观念出发来看，宋代经济也似乎顺应天意而推进了社会形态的变化。

　　中国古代经济是自给自足的农业经济，在农业经济中土地是最重要的生产要素。它不仅是生产赖以进行的物质基础，也是绝大多数人维持生计的重要物质手段。因而土地的占有方式具有极大的重要性。它构成古代社会经济关系的基本内容，影响到农业生产的发展与萎缩，甚至决定社会的盛衰和王朝的兴亡。自战国土地私有制度逐步确立以来，原有的土地国有制度退居次要地位。魏晋南北朝时期，由于战乱不断，人口大量流散，荒地大量增加，这为土地国有和推行均田提供了物质前提。

唐朝承袭北朝做法，广泛推行均田制，这说明国有土地仍然具有相当的规模，而且国家在土地占有状况中发挥着显著的、直接的作用。尽管魏晋南北朝至隋唐许多门阀士族仍私自占有大量的土地，但实际上国家仍或多或少地直接影响着土地的占有和分配。也就是说，唐朝以前的土地私有制度仍是不彻底的，国家的土地政策仍然是以国有土地为重心的。

随着人口的增多和土地的兼并，越来越多的官田通过各种方式转化为私有土地。到唐朝中叶，均田制已无法继续推行。实行两税法后，均田制终于被废弛，这意味着国家对于土地占有和分配所进行的有限度的直接干预就此告终。此后，土地私有制度迅速发展，大量国有土地转化为私有土地。到北宋时，国有土地在垦田总面积中所占比重已降为仅百分之几，而且国有土地在法律上也如私有土地一样可以买卖。这样，土地私有制度便得到了完全的肯定，这是战国以来千余年土地私有制度发展的必然结果。与此同时，士族地主与普通地主也完全合流，在土地占有方面不再享有世袭的政治和经济的特权。从此，土地私有制度基本上是按照自身的、经济的规律发展。当然，这也是与人类社会发展的总体特征相符合的。

土地私有制度的确立使土地像物品一样可以自由买卖，这就使豪强巨富可以像聚敛财物一样占有土地。实行均田制时，国家对土地买卖有诸多限制。这固然反映出国家对人民利益的保护尤其是士族利益的保护，但更多地说明对商品经济的扼制和对商品关系的反感。到北宋时，由于自中唐以来的土地兼并愈演愈烈，国家顺应

天王立像（宋）

这一趋势对私有土地的买卖几乎不加限制，仅要求买卖双方到当地官府履行一定的登记手续，以保证国家的赋税收入不致流失，这就使得土地更富于流动性。土地流通的速率加快，土地兼并也随之加剧，遂使之成为宋代农村重大的社会问题之一。宋代皇室向勋贵大臣赐田的次数较前代已大大减少，自中唐两税制以来土地私有的确立和豪强藩镇以势掠夺土地，也使这一国有资源被分割到户成为不可逆转的社会趋向，少量的官田不再像过去一样可以随便地赐予。因而，以往的一些官僚的封建特权被减少，但这并不意味着豪门强夺、强买民田的事完全消失。正因如此，按经济规律办事也免不了与政治权势的关联，但毕竟是以商业法则在运行了。《宋史·食货志》言："大国之制用，如巨商之理财。"南宋高宗赵构对大臣们说："朝廷拓地，譬如私家买田；倘无所获，徒费钱本，得之何益?"[①] 地主买地要买好的、出产多的、价钱公道的，假如有贫瘠地、赔钱地，那就卖掉。朝廷也讲究经营、核算、成本、利润，这就形成了一个时代的共同风气。宋太祖在"杯酒释兵权"时就劝石守信等人广置田产，宋仁宗时为遏制土地兼并之势规定限额三十顷，而到宋徽宗时限额已扩大到一百顷，但根本无法限定。《宋史·食货志》中记谢方叔的奏言说，最大地主"租米有及百万石"者，据推算非万顷以上的田主绝达不到如此高额。由此可见，自宋初到宋末，土地兼并现象十分严重，无怪乎蒙元的皇太后看到南宋竟有这么大的田主而惊讶不已了。

由于私有土地所有权流动性的增强，形成"贫富无定势，田宅无定主"的状况，也就导致农村各阶层的身份和地位易于发生变化，即因获得或失去土地而改变自身的社会境遇。同时，田主和佃户的关系也不像前代那样具有一种人身依附关系，而变成一种单纯的经济关系，二者完全从经济利益出发考虑租佃情况。隋唐以前，世家大族经营着庞大的庄

───────────

① 《建炎以来系年要录》卷一〇三。

园，佃客、依附户和贫苦宗人依附于其门下。庄园多具有良好的自然条件，除主要经营农业外，还兼有纺织、农具制造、金银器物制作乃至武器制造等，基本上是一个自给自足的经济实体，封闭的自然经济占有绝对的统治地位。唐朝以后，随着享有特权的士族地主的消失，庄园经济逐渐瓦解，原来庶族地主所代表的地主经济在农村中居于主要地位。到北宋建国时，地主经济自南向北已遍及全国。这时，佃户已不再是地主的"私属"，客户成为国家的正式编户并承担某些国家赋役。佃户只需按契约向地主交纳地租而不必再承担其他方面的义务，地主也无权再向佃户提供任何形式的荫庇，客户因而获得几乎是完全的人身自由。另外，宋代地主经济也在一定程度上突破了原先自然经济的结构，庄园经济的打破使地主经济不能像原先那样完全依赖自身的产出。加之宋代商业的发达，地主经济也越来越多地卷入市场交换，商业性农业获得广泛发展。在一些经济较发达的地区，不少地主主要经营经济作物以至兼营

牧牛图（宋）阎次平

商业，在租佃关系中还广泛采用货币地租的形式。所以，宋代的地主经济是与商品生产同时发展的，这使人们的商品意识增强而依附关系减弱。此外，由于土地本身也可以作为商品进入市场交换，这一方面使下层农户不再像以往处于人身依附关系时那样，无法通过合法的经济手段改善自己的境况，另一方面也使地主更难以长久地保持自己的社会经济地位。宋代经过科举考试进入官场的人只获得有限的特权，如果不会经

营而坐吃山空也只能落得破败的下场。所以在宋代，即使是身居高位的官僚大地主也难免破产，三世而后衰微的现象已经普遍存在。当然，那些得势弄权而贪赃枉法的另当别论，但其家产一旦充公其妻小也不像先前那样沦为奴婢。国家也以经济手段聚敛钱财，如以营田形式出租田地而参照民间的租率。总之，宋代以前土地在皇权下冻结的情况逐渐消解，随着土地私有权的深化人身得到很大的解放。

宋代土地私有制度的发展和人身依附关系的松懈，使统治阶级对劳动人民的观念也有所更新，经济利益在一定限度内平衡使二者多从经济角度考虑问题，假如奴隶主对奴隶的看法是把奴隶看做俘虏和死囚，领主对农奴的看法是把农奴看做牲口或夫役的话，宋代田主对客户的看法则是把佃户看做农业劳动的动力和田主发家致富的来源。从宋初开始，官府就鼓励人民开垦荒田，以种种优惠条件诱劝流民复业归农。在营田措施上，"田之未垦者，募民垦之，岁登所取，其数如民间主客之例"①。宋代租率一般沿袭前朝，"官中与客户中半均分"，当然也有变通的，如"初垦以九分给佃户，一分归官；三年后岁增一分，至五分为至"②。南宋孝宗时袁采在《袁氏世范》中说："国家以农为重，盖以衣食之源在此。然人家耕种，出于佃人之力，可不以佃人为重？遇其有生育、婚嫁、营造、死亡，当厚赒之。耕耘之际，有所假贷，少收其息。水旱之年，察其所云，早为除减。不可有非礼之需，不可有非时之役，不可令子弟及干人私有所扰，不可因其仇者告语增其岁入之租，不可强其称贷使厚供息，不可见其自有田园辄起贪图之意……则我衣食之源，悉藉其力，俯仰可以无愧怍矣。"由此可见，一个知书识理的人会把佃户当成人看待，是从经济利益考虑"民为邦本"的问题。这正是时代发展到一定程度的结果，反映出生产关系的明智调理。王岩叟就说："富

---

① 《续资治通鉴长编》卷三七。
② 《宋会要辑稿》第一五四册。

进贡人（宋）

民召客为佃户，每岁末收获间，借贷赒给，无所不至。一失抚存，明年必去而之他。"① 当然，这并不说明宋代的主户与客户的关系就已那么和谐，在经济杠杆的撬动下总要偏重利益，因此豪强之户凭借其权势敲诈勒索也是少不了的。宋理宗淳祐六年（1246 年）大臣谢方叔有一段上言："豪强兼并之患，至今日而极。国朝驻跸钱塘，百有二十余年矣。境土日荒，生齿日繁，权势之家日盛，百姓日贫，经制日坏，若有不可为之势。谷粟之产，皆出于田。今百姓膏腴皆归贵势之家；小民百亩之田，频年差充保役，不得已，则献其产于巨室，以规免役。小民田日减而保役不休，大官田日增而保役不及。"② 可见，国赋归为势家，小民依于豪门，旧有的依附关系尚未完全松懈，新型的依附关系又增生起来，这正是宋代在新条件下特有的现象，也可能是中国封建社会长期延续的原因之一。正因国家的生产关系与高度的专制主义有关，因而一旦这种专制十分严酷便造成社会的愤怨。可以说，两宋 300 年是中国封建社会中期地主经济适当调整的时期，但由于时代局限和政治腐败却又导致经济的崩溃和国家的衰亡。自元蒙统治后，由于受到带有民族色彩的政治权力和军事权力的干预，土地制度显然在落后的统治制度下阻滞了私有化的进程。中国历史上的异族入侵，如北魏、元蒙、满清，都应

---

① 《宋会要辑稿》第一五七册。
② 《宋史·食货志》。

该说是一种比较落后的文化延缓了中华文明的进程，但同时它们又在吸融中华文明的过程中促进了自己的进步。因而，中国宋代文化刚随着经济的变革稍有人文主义的发展，就因顽固的暴虐专制和落后的异族统治重又回到暗无天日的茫茫旧途中。

宋朝在赋税方面沿袭了唐朝中期开始施行的两税制，也使广大客户适当减轻了经济上的负担。自汉至唐，朝廷向农民课税一直重丁口、轻田产，即主要是按丁口征收赋税和摊派徭役，而不是考虑纳税人田产和资财的多少。唐朝前期推行租庸调制，也是不管土地和财产多少，按人丁交纳相应的绢粟。这种赋税制度是建立在广泛实行均田制基础上的，因为自耕农大量存在并占有一定的土地，他们按丁口分地故按丁口纳税。唐朝中期，土地兼并日益发展，农民逐步失去土地，因而按丁征收的租庸调遂成为普通农户的沉重负担。租庸调制与土地占有状况日渐不相适应，国家财政也难保证正常收入，因而在宰相杨炎的建议下唐德宗颁行"两税法"，即主要依据田产多少在夏、秋分两次征收赋税。宋朝继续实行两税制，夏季多征收现钱，秋季多征收谷物，因此有"夏税秋苗"之说。两税实质上是土地税，只向有田产的农户征收，无地的客户不直接承担两税，因而更适合均田制废弃后土地私有制度进一步发展的现实。两税制是中国古代赋税制度的重大改革，从此征收赋税由重丁口、轻田产转变为轻丁口、重田产。尽管有许多上户隐瞒田产，许多下户谎称逃户，客户向主户交租并不轻松，但从促进生产力发展和保证社会的稳定性以及国家财政收入方面看都是有进步意义的。北宋建国初，农村社会的面貌与唐朝比较已有很大的不同，私田化与两税制更有利于社会生产的发展。在土地兼并还不剧烈和农民赋税负担还不重的情况下，私田化与两税制广泛地代表了社会各阶层的意愿和要求。当然在后来的土地兼并和赋税加重的情况下出现两极分化致使失衡，那就是朝廷不按经济规律运作而贪官污吏横行霸道的原因了。应该说，宋初的这些经济变革是符合历史运程并有深远影响的，明朝推行的"一条鞭法"和清朝实行的

"摊丁入亩"都是两税制的继续和发展。其积极意义在于，减轻了少地农民的负担，解脱了人身依附关系，推动了商品经济的进步。

第二节　北宋经济的新兴

由于宋朝统治者认识到农业是富国强兵的根本，因此不断采取措施鼓励人民开发农业。应该说，宋代是中国传统农业蓬勃发展的时期，这时农业生产技术的改进促使农业产量有较大的提高。

从作物品种方面看，北宋的建立结束了长期割据的局面，消除了南方和北方交通的障碍，各地的农民得以彼此交流培育农作物的经验，朝廷对此也大力支持。北宋时，南方的主要粮食作物是水稻；在北方，小麦已取代粟成为主要粮食作物。太宗时，朝廷曾命江南各州官员劝谕百姓种植小麦等北方农作物，也令江北各州学习南方种植水稻的技术。从越南传入的占城稻，早熟，抗旱，"不择地而生"，在福建种植成功后，在真宗时迅速推广开来，并传播到北方。在自然条件较好、经济比较发达的长江下游地区，复种技术普及和复种面积扩大，使麦稻两熟制为提高农产量发挥出惊人的效益。从国外传入的高粱最初在西南地区种植，从宋代开始大量种植于黄河流域，其抗旱耐涝，后来成为北方的重要粮食作物。

从农具改良方面看，宋代冶铁技术的改进使铁制农具激增，铁制农具的品种增多和质量增强。如宋代新创制的农具普遍使用灌钢技术，厚重的钢刃熟铁农具其坚韧和锋利程度均有所提高。北方由于辽军侵扰耕牛奇缺，于是便创制出踏犁，用人力代牛耕。南方插稻秧在水中劳作，便创制出秧马节省体力。水车发明于东汉，原只用于灌溉园圃。到宋代由手摇改为脚踏，普遍用于大田灌溉。

从耕作技术方面看，宋代为增加农作物产量还精耕细作，耕作器具的专业化和系列化程度也大有提高。农具种类增多使分工更细，旱地、水田、山坡、泽洼等不同类型的地，以及开荒、翻地、平地、中耕等不同工序，都有了专用器具，成龙配套，形成系列。宋代耕作技术已有比较完整的经验，广种薄收的粗放式经营已逐渐被精耕细作的集约化经营所取代。北宋时在农业生产条件较好的地区，亩产量一般已稳定在两石上下，而这是唐朝时的最高产量。南宋时以太湖流域为中心的两浙地区，亩产量已达到前所未有的六七石。粮食产量的增加促进了人口增长的势头。北宋末年全国人口超过 1 亿，远远超过汉唐。南宋国土减少了 4 成，人口仍达 6000 万左右，与汉唐大体相当。

宋代是中国古代手工业迅速发展的时期，在制作技术、产品品种以及数量和质量、生产经营方式等方面都比前代有明显的进步。由于各地自然地理条件的差异，宋代各地手工业的发展也不均衡。因为手工业多以农产品和矿产品为原料，所以物产丰富的地方手工业也较发达。粮食产量较高的地区可以用更多的耕地和人力种植经济作物，这就使更多的民户得以脱离农业从事手工业生产。因而宋代长江中下游地区手工业的规模和总水平开始超过北方，而农业较落后的地区手工业生产则受到限制以至几近于无。

宋代手工业的发展也促进了城市的繁荣，使城市的政治功能向经济功能转化。许多城市多在水陆交通要道附近起着货物集散的作用，大规模的手工业作坊除为官府制作外，更注意到平民的消费。宋代官营手工业作坊主要生产朝廷和皇室消费的日用品和奢侈品以及军需品，其中军需品的生产数量最大。这些物品不便由民间生产，因而由官府控制或垄断。官营作坊主要设在京城，其余分散在各地官府。朝廷设有专门机构管理官营作坊的生产，如少府监专管皇帝用品的生产，将作监专管朝廷的土木建筑，军器监专管军需用品的制造等等。官营作坊规模较大，如文思院、绫锦院都有工匠千人以上，使用工匠都是由民间招雇，根据技

青白釉划花瓶（宋）

艺的高低按民间通行的标准给付雇值，有时也带有一定的强制性。官营作坊的生产按朝廷规定的任务进行，产品全部上缴，不在市场销售，因而不属于以营利为目的的商品生产。由于有严格的管理制度，官营作坊的产品制作优良，在技术、品种、质量上都对民间作坊有一定的示范作用。民间作坊的产品都要拿到市场上去销售，因而民营手工业属于以营利为目的的商品生产，这同官营手工业有根本区别。民营作坊规模远小于官营作坊，主要集中在制盐、矿冶、制瓷等行业，工匠可达数十人至百余人。私营作坊的业主多为地主、富商，他们除作坊外还有大量田产。业主与工匠之间是雇佣关系，在一些大作坊里也按工序分工不同。除此之外，家庭手工业遍布城乡各地。在城市，有的专门从事某种产品的生产，有的走街串巷从事简单的加工和修理。在乡村，有的农闲时从事纺织或副业加工，有的则走村串户出卖各种手工技艺。这些工匠都凭手艺吃饭，因此很讲究产品的信誉。许多城市家庭亦工亦商，后部是作坊，前部是店铺。许多生产同类产品的作坊聚集在一起组成行，每个行都有官府指定的行首。行的主要作用是协调行内的各种关系，避免行内一些不正当的竞争，安排行内工匠到官府应役。随着生产的专业化，行也越来越细密，宋代的行已比前代增加数倍。

宋代手工业的主要行业有：

造船业。宋代的战船和漕船所需量大，战船和漕船都由官营作坊制造，由朝廷专设造船务管理。各类商船、游船也市有所需，主要由民营作坊打造。两浙、江西、荆湖等地都是主要的造船业中心，海船则以福建沿海地区质量最好。北宋时期的造船技术可谓当时世界上最先进的，用于内河航运中最大的船称作"万石船"，而从海上来往的中外商人则大都乘"客舟"。

矿冶业。宋代采矿业以金、银、铜、铅、锡、铁、煤为主。金、银主要满足皇室和显贵的需要，铜、铅、锡主要用于铸钱，铁主要用于制作兵器、农具，煤则用做燃料。朝廷对矿冶业控制较严，一些矿藏禁止民间开采。冶铁以徐州、兖州等地最著名。多数冶铁炉以石炭（煤）作燃料。鼓风设备已由皮囊改为木风箱，装置牢固，风力增大。铁的

缕悬法指南针

质量提高，所制器具更加犀利。石炭已大量开采并用做燃料，河北、京东、陕西、河东都是著名的石炭产地。北宋时煤矿已由地面开凿竖井，依煤层开掘巷道，有排水井和木辘轳等排除坑道积水的设备。据沈括《梦溪笔谈》载，北宋时在军事上和医药上石油也得到应用。

纺织业。北宋有大量的官营和民营作坊从事纺织，农村妇女也多从事。植桑养蚕在中国有悠久的历史，宋代丝绸纺织更受到朝廷的重视。除传统的北方桑蚕产地外，南方诸路迅速崛起有后来居上之势。两浙、川蜀的桑蚕业开始脱离传统的种植业，有的桑蚕业者的经营范围从植桑、养蚕到织造，分工合作，形成专业化一条龙运作方式。宋代苎麻的地位已明显高于大麻，特别是在南方苎麻种植有较大发展。麻布生产在

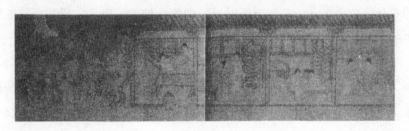

蚕织图（宋）

农户家庭手工业中占重要地位，但种麻织布的收益不如植桑养蚕。宋代棉花也已广泛种植，棉布贫富皆宜，因而纺棉织布的家庭手工业也随之发展。宋代的印染技术也有提高，有官营的染院、民营的染坊，还有推车染色的个体工匠。

制瓷业。宋代制瓷业普遍发展，瓷窑遍及全国，产量和技术均比前代有很大提高。不仅有供贵族使用的高级瓷器，还有供普通民户广泛使用的一般瓷器。宋代瓷业根据各瓷窑产品工艺、釉色、造型与装饰的异同，可分为多种瓷窑体系，如北方地区的定窑系、耀州窑系、钧窑系、磁州窑系，南方地区的龙泉青瓷、景德镇的青白瓷系等。多种窑系的形成，主要是当时瓷业市场竞争的结果。激烈的市场竞争，促使宋代制瓷工艺进行了很多革新与创造。各地瓷窑在器物造型、图案花纹、釉色、烧制等方面不断地推陈出新，导致名瓷名窑在市场上产生并广受欢迎。一种瓷器在市场上有了名声，相邻瓷窑便相继仿制，进而瓷窑增加，瓷场扩大，便形成瓷窑体系。

造纸业。宋代民间造纸业发展很快，各地造纸原料和制作技术也不相同。纸的品种极多，产量很大，仅徽州每年便上供 7 种纸，140 多万张。北方造纸多用桑皮，川蜀地区用麻，沿海地区用苔，两浙等地则用麦秆、稻秆、嫩竹、油藤。宋代纸幅比前代增大许多，徽州黟县、歙县生产的纸张长达 5 丈，反映了造纸技术的进步。宋代的纸张一般都达到薄、软、轻、韧、细的水平，以江西清江的藤纸、徽州的龙须纸、平江的春膏纸较著名。一些地方还对纸张加粉、加腊、染色、砑花，制成精美的色笺。

印刷业。北宋是印刷技术普及的时期，官府和民间都大量印制书籍。国子监刻印的书，后世称为监本；民间书坊刻印的书，后世称为坊本。宋王朝建立以后，由于统治者的提倡和重视，学习文化的社会风气日益浓厚。这就使书籍的需求量大增，两宋所刻印的书籍从数量、字体、版印、用纸、规模、发行等方面都达到了历史上最高水平。印刷业集中在开封、杭州、蜀中、福建，尤以杭州刻印的书籍最为世人称道。北宋使用雕版印刷技术，以木版为主。也有少量铜版，主要是官府用以印刷纸币。仁宗庆历年间（1041～1048年），平民毕昇发明了活字印刷术。这一印刷术后由新疆到波斯、埃

泥活字版

及，传入欧洲，对世界文明的进步起了很大的推动作用。

　　总之，宋代手工业适应市场需要，出现了前所未有的繁荣。除上述各业外，糖业、酒业、盐业、茶业、药业、建筑业以及具体到诸如文房四宝、珍玩奇器，可谓无所不有，这也为商业的繁荣打下了物质基础。

　　宋代商业在农业、手工业生产发展的基础上也迅速壮大起来，同时这也是与北宋初年朝廷所采取的商业政策分不开的。北宋建国以来，顺应历史潮流，不再奉行西汉以来的轻商政策，也不再经常颁发抑商诏令，过去为商业设置的障碍多被取消。朝廷不但不像以往王朝

玻璃葡萄（宋）

那样歧视商人，还尽量保护商人的利益，甚至禁止官吏对商人的横征暴敛，把对商业的打击提高到"残民损国"的高度来认识和对待。商人的社会地位也随之提高，在某些情况下商人还被允许入仕，富商的地位更加显赫，社会上长期形成的对商人的鄙视也无形中消除。北宋朝廷虽然不允许在任官员经商，但事实上仍有许多官员兼营商业，这更加有利于社会上轻商风气的改变。

由于北宋朝廷经济意识的增强，同时也是历史发展的必然趋势，因而对城市商业的限制也随之消失，原先的坊市制被废止而代之以厢坊制。北宋定都开封以后，居住区与商业区的界限逐渐消失，而代之以住宅和商店相混合的城市街道形式。汴京城内，店铺林立，城市面貌焕然一新，商业功能大大增强。夜晚闭市的限制也被打破，繁华街区"昼夜喧呼，灯火不绝"。乡村中在原来的草市、墟市、村市的基础上设立了镇市，这不仅是地方行政区划的创举，更有利于在广大乡村建立起市场网络。由此可见，与以往相较，宋朝商业政策就是减少对商业的限制，较少从政治需要出发而是给人民生活提供方便，按照经济的法则推动社会的进步。

北宋初年还制定了统一的商税，从法律和经济角度对商业予以确认。统一的税制结束了宋朝建立以前割据时期各地商税畸轻畸重的状况，打破了以往各地为商品流通设置的障碍，有利于商品在全国范围内流通。宋代商税的正税分为过税、经税两种。过税是对商人贩运货物所得的税，税率2%。行商每经过一个场、务（各地征收商税的机构），都要缴纳一次过税。经税是对城镇店铺买卖货物所得的税，税率3%。行商卖出货物和坐贾买进货物都要缴纳经税。此外，还有各种杂税。北宋初年把商税则例张榜公布，对偷、漏税者一般要没收其货物的1/3。这些税法使买卖有序进行，肯定并扶植了商业经济的运作。

宋朝对商业实行征榷制度，即对人民生活的若干必需品如盐、茶、酒、矾等由政府专卖。这些产品，有的是从生产、运输直至销售全部由国家直接控制，有的是国家贷给本钱由民户生产然后再由国家收购、销售，有的是国家控制部分产品的销售以影响市场。实行征榷制度的直接目的，是增加国家的财政收入和有效地调剂市场。其积极意义在于国家进行调控，扼制不法商人的暴利行为，王安石变法时的市易法便是针对商人操纵市场制定的。但蔡京执政时在产茶的州军设官场专卖，禁止商人、园户私相贸易。后来屡禁不止且费时费力，干脆罢官场，允许私自买卖，但必须由官府"抽盘"（抽税）后批给"茶引"才能进行。仅此一项，朝廷即收入颇丰。蔡京又据此制盐钞法，废除官运官卖制，由商人向榷货务出钱买盐钞，凭盐钞到指定的地区贩卖，朝廷获利极厚。这样做的后果是使茶、盐价格大涨，朝廷凭借垄断地位获得超额利润，而老百姓苦不堪言。

宋代的商业组织与手工业组织相同，这也是在朝廷政策指导下建立的。除零售业和饮食业分散在城内各处外，多数同类店铺往往聚集在一起，如汴京的果子行、姜行、纱行、肉行、鱼行、牛行街、马行街、油醋巷等。由于大部分行业的手工业者都是亦工亦商，因而许多手工业的行同时也是商人的行。入行的商户称行户，外来的商人未经投行不得在市上经商。各行有固定的批发场所和招揽生意的牙人（中介人），有特殊的服装和行话，有独特的宗师、社日、娱乐活动等。行首按朝廷规定由物力高强的上户轮流担任，有权制定市场物价。所以，行是商人垄断市场、调控价格、限制竞争的组织。宋代官府向商人科索与和买也是通过行进行的。科索是没有固定时间和数额的临时性赋税，北宋初年多由商人承担。和买是官府采购时与行首议定价格，但因价格偏低实际上成为变相的科索。科索与和买都由行户分担，行首为此承担经济责任。所以，行也是官府控制商人和市场、商人凭借官府和市场谋利的工具。

宋代随着地区性经济中心城市的出现，形成了以一个或几个城市为中心，由城市、镇市和墟市组成的，多层次、网络形的区域市场。根据各地的自然地理条件和物产不同，宋代主要有北方、东南、川蜀、西北等主要的区域市场。

北方市场以首都汴京为中心，主要包括黄河中、下游地区。这里曾经是中国经济最发达的地区，但在几次长期的战乱中经济遭到一定的破坏。由于有较好的农业和手工业基础，到北宋初年经济逐渐恢复。汴京作为北宋的政治中心和最大城市，有百万以上的居民，周围还驻有数十万军队，需要大量的粮食、布帛和其他物品，主要仰仗东南地区供应。同时，北方生产的名贵纺织品、瓷器、铁器等也流向其他地区。北方市场的货物运输主要靠汴水、黄河、运河等水路。

东南市场以苏州、杭州为中心，包括长江中、下游和东南沿海地区。这里已逐渐发展成为全国经济最发达的地区，农业和手工业都属于全国之冠，粮、茶、盐、纺织品、瓷器、铜器等都有较大的优势。在其

贯耳炉（宋）

内部，特别是两浙等路，商业极为活跃，有一批新兴的手工业、商业城镇，镇市、墟市的数量也较多。东南地区交通极为便利，长江、运河连通地区内的主要城市和国内其他地区。沿海地区海运较发达，几个主要的海外贸易中心都在这一地区。

川蜀市场以成都为中心。由于自然地理条件的限制，对外交通十分困难，但内部的商品交换仍较活跃，以四川盆地和汉中地区最为发达，不仅物产丰富，而且镇市数量较多。川蜀地区的山区则较落后，商品交换不发达。

西北市场包括陕西路和河东路，物产以盐、煤、铁、木材为主，其他产品较少。这个地区位于边防，驻有大量军队，需要大量的物资供应。此外，宋朝同西北各民族的贸易也通过这个地区进行，主要以川蜀

地区的茶叶换取北方民族的马匹，称为茶马贸易。军需品供应和茶马贸易都由官府垄断或控制，所以这个地区的货物交换主要是官办的，主要出自政治和军事等的需要。

这些偌大的市场经营的商品种类繁多，小到柴、米、油、盐，大到车辆、船舶。一般地说，农产品是从农村流向城市，手工业品是从城市流向农村。介于城市和农村之间的镇市、墟市是城乡商品交流的主要中介。农产品主要包括粮食、茶叶、蔬菜、水果等，以及部分布帛或丝和麻。各种农产品流向城市的方式有所不同。农户多余的粮食多数运到附近的墟市或镇市上出售或在行铺交换其他物品，行铺汇集到一定数量后再贩运到邻近城市乃至地区性经济中心城市，东南地区有相当一部分粮食还要远途贩运到首都。农产多余的布帛也在墟市或镇市上出售或交换，多余的丝、麻则卖给机户，机户织成布帛后再由商人收购贩运到城市。蔬菜产地主要在城市周围，一般不需要长途贩运。茶叶和水果等往往集中于特定的地区，由商人贩运到全国各地销售。普通农产日常生活需要的手工业产品可到行铺购买或以物交换。有些行铺经营的产品非常著名并运销范围很广，如蜀锦、定瓷、浙漆、吴纸、监书、内酒、端砚、建州茶、洛阳花、晋铜、西马、东绢等，都名扬天下。

商业的蓬勃发展造就了一批大商人。他们手中积聚了巨量钱财，成为宋代社会中除大地主之外的又一股强大的社会势力。首都汴京是富商大贾云集的地方，真宗年间宰相王旦曾说："京城资产百万者至多，十万而上比比皆是。"① 在一般城市中，也有一些家产在十万贯以上的富商。特别是从事长途贩运和海外贸易的商人，富有者年收入达千万。一些大商人是城市坊郭户中的上户或高强户，各行的行首主要从他们中间产生。

大商人中的坐贾，资本主要由各类行铺构成。其主要有：（1）用于

---

① 《续资治通鉴长编》卷八五。

买卖各种货物的商铺。"屋宇雄壮，门面广阔"，经营金、银、首饰、丝

绸等，多进行大宗交易，有的交易"动即千万"。（2）专门为客商贮存各种货物、提供住宿和交易场所的邸店。大邸店物力雄厚，商贾交易都要以他们开设的邸店为中介，他们则由此操纵或垄

白瓷孩儿枕（宋）

断市场，欺压中、下户商贾牟取暴利。汴京的茶行就被10余户豪强兼并之家所控制，外地客商运茶进京都要向他们送礼请客，将茶叶低价卖给他们，再按他们规定的高价卖出。（3）以买卖盐钞、茶引为主的交引铺。北宋时为鼓励商人和农户把粮草运往北部边境地区以供军需，官府以高于市价的价格在边境地区收购粮草，除所付现钱外还给一部分盐钞和茶引，可将其拿到汴京榷货务登记后到指定的地区领取盐和茶贩卖。但多数普通商人和民户均无力再远途贩运盐、茶，而且急于拿到现钱。大商人利用这种心理，设交引铺低价收购盐钞和茶引，使这部分盐、茶之利尽落大商人手中。

大商人中的行商，主要从事长途贩运和海外贸易。他们的资本主要由车、船等运输工具和巨额流动资金构成，往往凭借其雄厚实力大量买进卖出，借地区差价牟取利润。他们有的以预付定钱的办法保持稳定的货源，有的包买某种物品以操纵价格，有的收购粮草运往边境以获得高额利润。

另外，大商人中还有一些专门经营质库。库户把现钱贷给典当者收取高利。宋代城乡都有高利贷者，在大城市中尤为活跃，许多行商坐贾

也兼营高利贷。在各种抵押品中，田产是最好的，可以用田契充当抵押物。此外，金、银、玉、帛等贵重物品也可用于抵押。宋代有"倍称之息"的说法，即借贷的年利通常为百分之百。北宋初年，朝廷曾有"富民出息钱不得过倍称"的规定，但在宋代仍有高达百分之二三百的高利贷。

大商人获取的钱财主要有三种用途：其一是购置田产。尽管宋代商业非常发达，但本质上仍然是农业社会，土地仍是财富和地位的主要象征。其二是贮藏封存。宋代的富户仍像历代一样，把大量钱财埋藏于地下或其他隐秘的地方，以供不时之需。其三是用做商业资本。以巨额钱财经商能谋取更大的利益，可以对市场操纵或垄断。

在高额利润刺激下，各级官员也纷纷以各种方式经商谋利。高级官员、管理财政税收的官员、管理专卖物品的官员更是利用职权暗中取利，有的甚至用官船和厢军贩运私用。大商人和官员常常串通一气，想方设法巧立名目盘剥中小商人和其他门户。北宋中期经常有些官员上疏，要求放宽对专卖物品的控制。官商勾结使不少应纳入国库的专卖收入流入他们腰包，因而从宋代商业发展可以看出经济结构的变化。至于一些炙手可热的权奸敲诈勒索另当别论。北宋末年王黼竟公然定价受贿卖官，官员重钱，商人重权，官商连通成为久治不愈的社会症结。

宋朝的沿边贸易与海外贸易经济因素明显增长，由于政治的和文化的原因也呈现出新的特点。沿边贸易是在沿北部和西北部的陆地边境地区同各个北方民族进行的贸易，海外贸易是在各个沿海城市同海外各地区进行的贸易。沿边贸易和海外贸易都是在国内商业日益繁荣的基础上发展起来的，对国内商业的进一步发展有着一定的促进作用。

北宋沿边贸易中与辽、西夏的贸易占主要地位，北宋在与辽、西夏接界的地区设立专门从事贸易的榷场。但由于双方的政治关系时好时坏，榷场兴废无常。榷场是北宋与辽、西夏之间的主要贸易渠道，受到双方官府的严格控制。各榷场都设有专门的官员，负责稽查货物、征收商税。交易双方必须由官府的牙人从中斡旋，双方不得直接交易。北宋输往辽、西夏的主要是农产品和手工业品，如粮食、茶叶、布帛、瓷器、漆器等，还有从海外输入的香料。从辽、西夏输入的主要是牲畜、皮货、药材、珠玉、青白盐等。民间商人不满意官府对沿边贸易的严格限制，他们在榷场以外进行的走私活动也十分活跃。北宋同回鹘、吐蕃、彝族、白族、壮族等的贸易主要是以茶叶、布帛等交换马匹。由于

观音菩萨坐像（辽）

马匹在古代作战中的重要性，汉代以来一直非常重视马匹的饲养和购买。宋朝尽失北方草原，难以养马，辽、西夏又像宋朝禁止硫黄出境一样禁止马匹出境，所以买马对宋朝有特别重要的意义。北宋前期主要是以丝织品和白银易马，从神宗时起改为主要以茶叶易马。朝廷专门为此订立了茶马法，由此形成茶马互市，每年可换得数万马匹。沿边贸易密切了宋朝与周边民族的经济关系，汉族的文化也由此传入周边各地。尽管北宋严格限制经书以外的书籍出境，仍有不少文学、医学乃至政论书籍

流入北方，特别是辽朝在文化方面受宋朝影响最大。沿边贸易还造成北宋的铜钱大量外流，朝廷屡禁不止，以至北宋铜钱成为辽的通货之一，而这也是北宋"钱荒"的一个重要原因。

北宋时海外贸易迅速扩展，规模远远超过前代。海外贸易以广州、泉州和两浙地区最为发达，有些城市因海外贸易而达到数十万人口。朝廷先后在一些港口城市设立专门的管理机构——市舶司，负责进出口货物的检查、保管，进口货物的征税、收购、上缴、出售，以及对外商的监督、管理和保护。此外，朝廷有时还派遣使臣出海，招徕外商或接待

外使。外国人可久居中国，其财产一直受到保护。广州、泉州、杭州等港口城市都有外国人聚居的蕃坊，有些外国人世代在此居住。与宋朝有贸易往来的国家很多，其中以日本、高丽、东南亚各国来往最为密切，与印度、阿拉伯各国的来往也较多，中国商船甚至远达非洲东海岸。北宋初年还与东北的女真族有海上贸易往来，以换取北宋奇缺而在军事上又必不可少的马匹。宋代输往海外的物品主要有瓷器、金、银、铜、铁、锡、丝绸、茶叶、药材等，输往日本和高丽的还有书籍、字画等文化品，以及从东南亚等地进口的某些物品。这些物品中以瓷器数量最多，因而中国瓷器在那时就享誉海外。从各地输入的物品不同。从东南亚输入的主要有香料、药材、犀角、象牙、珊瑚、珍珠、玳瑁、苏木等。从日本输入的

鎏金银八角盘（宋）

物品主要有硫黄、木材、水银、沙金、各种工艺品等，日本制造的宝刀和扇子在宋代就很驰名。从高丽输入的物品主要有人参、矿产、绫布及扇子、文具等。由此可见，进口物品主要是供皇室及贵族享用的各种珍稀宝物。所以，宋代的海外贸易虽然数额很大，但对生产的促进作用却很有限。由于进口大于出口，必须用铜钱弥补进出口差额，于是海外贸易中又有大量铜钱外流。

　　由于宋代商业发达，货币经济全面复兴。从东汉时起，金属货币逐渐衰落，谷、帛等实物成为法定的交换媒介。唐初使用实物货币的状况有所改变，中唐以后金属货币的地位完全恢复。为适应商业的需要，北宋初年大量铸造货币。从太宗太平兴国年间（976～983 年）铸造"太

平通宝"钱起，几乎每个年号都铸造以该年号命名的新钱，而且铜钱铸造量也不断增加。太宗至道年间（995～997年）每年约铸造八十万贯，到真宗咸平年间（998～1003年）便增至一百二十五万贯，仁宗在位时（1023～1063年）增至三百万贯，神宗元丰年间（1078～1085年）达到五百多万贯的高峰。朝廷对铸币的质量有严格要求，太宗时规定"自今公私所用，每千钱须重四斤"[1]。实际上国家铸造铜钱高于四斤的标准："每千钱用铜三斤七两，铅一斤八两，锡八两，成重五斤。"[2] 虽然朝廷大量铸造铜钱，但仍不能满足社会需求，甚至时常发生"钱荒"。这一方面是因为大量铜钱被富裕人户贮藏起来形成货币沉淀，还有一部分铜钱流到宋朝统治区以外有去无还；另一方面是因为铜是国家禁榷物品，铜钱实质大于铜币面值，熔钱铸器的现象普遍存在，据载当时"销熔十钱，得精铜一两，造作器物，获利五倍"[3]。还有一些人把铜钱熔化后

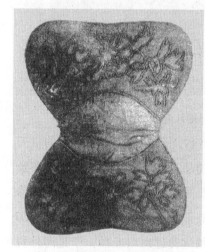

贴绣牡丹素罗褡裆（宋）

改铸成质量低劣的伪币牟取巨利，朝廷对此严加禁绝却屡禁不止。宋朝还铸铁钱作为辅助钱币与铜钱同时流通，但因成本低廉容易铸造而比值不断下降。宋代仍把金、银主要作为财富宝藏，宋仁宗时官定银锭为货币，在国际贸易、赏赐、进贡、征税、罚款、官俸中都有使用，但白银在商业中的使用远少于铜钱和铁钱。

北宋时开始使用的交子，是世界上最早的纸币。交子最初出现于川陕

---

① 《宋大诏令集》卷一八三。

② 《文献通考·钱币考》二。

③ 《续资治通鉴长编》卷三二。

诸路，其产生的直接原因是那里流通的铁钱笨重。北宋真宗年间，成都16 户富商联合发行一种信用交换券，名为"交子"，可在街市交易中使用，并可随时兑换现钱。交子的出现大大方便了商人的交易，但交子发行后假交子也随即出笼。后来由于商人挪用现钱、滥印交子导致民间争讼，交子铺遂被官府关闭。交子的废止使商业活动大为不便，因而仁宗时朝廷批准设置官办的益州交子务。从此，交子成为川陕诸路的法定货币。从交子官办到神宗在位（1068～1085 年）时的几十年里，交子价值稳定，具有良好的信用。哲宗绍圣年间（1094～1098 年），交子的发行数额越来越大，造成"界率增造"，"每岁书放亦无定数"，不再像以前那样严格控制和管理。徽宗在位（1101～1125 年）时交子恶性膨胀，朝廷强行把交子推广到长江以北诸路，并改称为"钱引"。但钱引在无相应本钱的情况下大量发行钱引，导致其价值大幅度下跌。后经整顿渐趋稳定，直至北宋灭亡。

第三节　南宋经济的繁荣

中国的南方与北方由于历史的原因在经济发展上并不平衡，到封建社会的中期南方的经济发展已居于北方之上。汉代以前，中国的政治中心和经济中心都在中国的北部，北部的主要经济区域集中在中原、关中、两淮等区域。当北方的经济已发展到较高水平时，江南的经济仍处于比较原始的状态。江南的初步开发，大体上是从三国时期开始的。东汉末年，中原地区战乱不已，出现了中国历史上第一次人口南迁的高潮。许多人为躲避战祸而逃到江南，使由于人口稀疏经济难以发展的南方获得了大量精壮劳动力。魏、晋、南北朝的 300 多年间，北方经济由于战乱而遭到日益严重的破坏，而南方逐步开发显示出欣欣向荣的景象。南方的经济发展开始超过北方，全国的经济中心不知不觉在南移。由于北朝统治者在进入中原以前还停留在以游牧为主的氏族社会阶段，隋、唐两朝的创建者无法摆脱这一历史造成的情境，因而北魏的均田制直接影响到隋唐，使土地私有制度的发展暂时中断或速度减慢。与此相反，南方开发以前，大片山林川泽都是无主荒原。人口的大量涌入，一时形成土地兼并的热潮。豪门权贵只需"封略山湖"便可成为土地的主人，土地兼并的规模前所未有。新的土地所有者建起大型庄园，收容逃亡来的穷苦农民为其耕种，并使后者在很大程度上依附于他们。隋、唐统一中国后，均田制在北方继续实行，而在南方却没有普遍推行。所以南方和北方土地制度的差别，直到唐朝中期废弃均田制，土地私有制度再次迅猛发展时才基本消失。如上所述，人口的南移带来了中原文化，土地制度的差异造成了不同的经济发展态势。而五代十国的战乱局面又主要发生在北方，南方诸国虽是割据但终归比较稳定，所以在此期间南方的农业、手工业和商业都有较大发展，进一步加强了南方在经济上的优势地位。

宋朝建立以后，战乱结束，北方地区重新稳定下来，经济得以恢复和发展。由于北宋的首都设在中原腹地开封，这里仍是全国政治、军事的中心所在。积聚了大量的人口，特别是消费阶层，因而北宋时的开封仍是全国最重要、最繁华的城市，其商业影响遍及全国。尽管如此，北方的总体经济实力已明显地不如南方，南方在经济上的优势地位已确定无疑、不可逆转。从政治角度而言，北方历来是必争之地。隋朝调动大量人力和物力，开凿了沟通南北的大运河，其目的就在于把北方的政治同南方的经济联结起来，使南方的财赋得以供养北方的政治和军事。在经历了五代十国的分裂以后，北宋恢复了这条南北纽带，就在于北方的政治要靠南方的经济来支撑。早在宋朝建立以前，就已有"国家财赋，东南十居其九"之说。这种状况在宋代不仅没有改变，反而有所发展。神宗时张方平《论汴河利害事》言："京大也，师众也，大众所聚，谓之京师。有食则京师可立，汴河废则大众不可聚。汴河之于京师，乃是建国之本。"由此可见，北宋京城完全依赖运河漕运之南方粮米和其他货物。由于北方边患不断，辽、西夏、金的统治区域不断向南扩展，使被占领区原有汉族人口再次大量南迁。而辽、西夏、金的原有习俗也使北方被占领区的社会经济关系发生了不同程度的倒退，并使那里的生产能力遭受严重损失而导致社会经济出现萎缩。虽然辽、西夏、金后来受汉人影响，社会经济关系逐渐封建化，但其发展程度无法与宋朝统治区域尤其是江南地区相比。特别是金朝大举南下灭亡北宋以后，整个北方经济蒙受重大损失。而江南地区不仅耕作制度最为

善财童子像（宋）

先进，粮食亩产量超过北方一倍以上，而且经济作物的种类和产量也比较高，城市手工业和商业也很发达。所以，在南宋和金朝两个政权南北对峙的时期，南方经济的繁荣和北方经济的衰退形成了极为鲜明的对比，双方在经济方面的差距进一步扩大，南方经济在中国历史上的优势更为显著。

尽管南宋的国土远远小于北宋，大约只有北宋的 3/5。但南宋时江南各地的平原早已得到垦辟，并开发了大量的圩田、葑田、山田、涂田、沙田等。圩田土质肥沃、灌溉便利，因而是稳产、高产的农田，南宋开垦的圩田最多。南宋还在水面上开辟葑田，在山坡上开垦梯田，在沿海地区将滩涂辟为涂田，在河湖泥沙淤积处开出沙田。南宋时精耕细作更为发展，优良作物的推广更为普及。两浙路的耕作技术操作有序、细致科学，因而收获得到可靠保证。北宋时就在南方种植的占城稻，到

南宋时已成为早籼稻的主要品种。各地培养出的水稻品种，如籼稻、粳稻、糯稻等多达 200 多种。复种技术也推广开来。南宋时，大量北方人口南迁，他们一般喜吃面食，使南方麦价激增，种麦获利多于种稻一倍。加之酿酒和养马都需要大量麦子，官府也竭力推广种麦，冬麦和晚稻两熟制得以普遍实行，大幅度提高了土地利用率和粮食亩产量。两浙路是产量最高的地区，一般在三四石以上，还出现过亩产稻谷六七石的高产纪录。在经济作物方面，除茶叶、甘蔗、各种水果等继续广泛种植外，棉花的栽种逐渐增多。北宋时棉花的种植还只限于气候较热的福建和两广地区，到南宋后期，种植范围迅速向北扩展，远及长江和淮河流域。应该说，南宋的经济发展和人口增长是成正比的。南宋时期的人口大体保持在 6000 万人左右，这与北宋后期的大约 1 亿人相比仅占 3/5，与国土减少的幅度大体相当。但南宋人口如此之多与经济增长如此之快却是历史上没有的。需要指出的是，南宋人口的分布颇不平均，如经济发达的两浙、江南等路和川蜀地区以及正在发展的闽广地区人口都有较大增长，而淮南东、西路和荆湖北路等地区，因受宋、金之间战争影响而人口数量大幅度减少。由此亦可说明，南、北经济之间的差距加大。这一态势在此后的中国历史上仍然存在，明、清时期有所遏制。其主要原因是中国的政治中心一直在北方，长期的统一使各地的生产技术得以交流，南方的农业经济发展达到极限。但尽管如此，南、北方的经济差距仍然存在，江、浙地区的经济一直保持不衰的势头，在农业基础上发展起来的手工业、商业也一直处于全国领先地位。

南宋时的手工业由于与北宋时历史条件不同，其各行业发展程度也不均衡。南宋的兵器制造业发展较快，除生产大量的传统冷兵器外，火器的发展尤为迅速。南宋时新创制的火器有火炮、火枪，生产数量很大。这表明，南宋的战事频繁和科学技术的应用是互有联系的。南宋的造船业，由于水上运输和海外贸易都很发达，制造船只的技术更为进步，规模也更大。南宋时的大海船，比北宋时的要大几倍。据记载，经南海驰往波斯湾的远洋海船舵长数丈，可以装载几百人和可供一年食用的粮食，船上还可酿酒和养猪①。船在海上航行，遇风雨阴晦天气，可用指南针导航，准确无误。南宋由于瓷器继续得到广泛使用，输往海外的数量迅速增加，各地瓷窑

南宋海船

产量都有不同程度的增加。景德镇瓷窑已名满天下，吉州窑、龙泉窑和闽广沿海地区的瓷窑也很快成为重要瓷器产地。南宋时瓷窑内部已有一定分工，制陶、车坯、上釉、印画、雕镂等都各有专门的工匠。南宋的纺织业以两浙、川蜀地区为中心，西南地区所产的麻布运销各地。随着棉花的大量种植，棉织技术也有进步。棉织业尤以广东发达，所产棉布

蚕织图（宋）

有细密洁白的"慢吉贝"和粗重厚软的"粗吉贝"，海南岛的黎族人还可用织机生产出彩线交织成花纹的棉布。南宋的印刷业和造纸业也随着文化中心的南移而兴盛。南宋时的临安、福建和四川是印刷业的主要中心，临安国子监所制的"监本"质量较高。印刷业的发展促进了印书纸的生产，较著名的如四川生产的楮皮纸和竹纸，书写用纸也更为精美。由于宋代的矿产多数分布在北方，因而朝廷南迁后矿冶业受到影响。

---

① 周去非：《岭外代答》。

铜、铅、锡产量的大幅度减少，是南宋铜钱紧缺的重要原因之一。朝廷通过改进冶铁技术和鼓励民间采炼，铁产量也不及北宋时的一半。总的来说，南宋手工业由于区域条件不同而顺应其特点发展。

南宋时的商业比北宋时更加繁盛，四通八达的商业网络使商品交换更为便利。南宋地域河流众多，许多城市濒临河海，主要经济区域和主要城市之间的商业往来不必像北方那样依靠艰难而费用高昂的陆路运输。首都临安不仅是政治中心，也是主要的货物集散中心和消费城市，其向北经江南运河可入长江，向东入海可直通泉州、广州及海南岛。建康府地处长江下游，沿江向西可经鄂州直达川蜀腹地，是临安连通长江中、上游各地和江北地区的主要中转地。以临安、建康府为中心，以长江、运河和沿海海运为主要干线，构成了南宋发达、便捷的全国性商业网络。在此网络中出现了不少商业贸易中心。如地处长江中游交通要冲的鄂州便是各地货物云集之所，城外的南市汇聚川、广、荆、

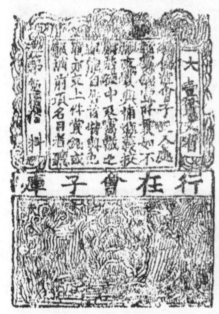

南宋行在会子库版拓本

襄、淮、浙等地的客商，居民达 10 万户之多。在北宋时就已非常繁华的成都，仍是川蜀地区的商业枢纽，其下属各州县墟市广泛发展逐渐成为镇市，商业的触角日益延伸到广大的乡村。

随着农业和手工业的发展，商业的经营品种日益繁多，各地的商行也分得更多更细。临安是南宋最大的城市，其规模超过了北宋时的汴京，也是整个宋代最有代表性的商业城市。临安城周围 70 里，府属各县还有 15 个镇市。宁宗初年，城内人口已达四五十万人，到南宋末年

已发展到 120 多万人。每天城内所需物品多从外地运来，仅米的品种便有一二十之多。米主要来自苏、湖、常、秀四州和淮南、两广等地，几处米市的众多米铺从事批发和零售，每个米行都各有船户、脚夫承揽运输、搬运，紧张匆忙，秩序井然。其他物品也大体如此。如水果、柴炭、竹木等主要从严、婺、衢诸州运来，各种水产、海

莲塘乳鸭图（宋）

鲜主要从明、温、台诸州运来，等等。除运进大量消费物品外，各地的产品也在临安的市上交换转运，临安城内生产的手工业品也在市上出售。临安市场上的行已发展到 400 多个，大街小巷中的各类店铺"连门俱是"。由于商业发展，巨贾云集，像北宋时汴京邸店之类的商业货栈也非常发达，当时人们称之为"塌房"，专供客商住宿和寄存货物。塌房多为富商所经营，规模较大的有屋数百间乃至千余间。有的塌房四面皆水，既可防避风蚀，又可避免盗贼，为临安所独存。北宋词人柳永以其生花妙笔曾在《望海潮》中对钱塘有铺张的描写，至南宋时更可想见商业的繁华和文化的隽丽。无怪乎"此词流播，金主亮闻歌，欣然有慕于'三秋桂子，十里荷花'，遂起投鞭渡江之志"① 了。

南宋经济的发展是历史原因造成的，同时在这里也孕育着与以往有所不同的经济思想。尤其是两浙地区，这里不仅是财富最集中的地方，也是思想最为活跃的地方。如浙东事功派的代表人物陈亮（1143～1194

① 罗大经：《鹤林玉露》。

年），反对空谈心性命理，强调功利的意义和作用。他认为仁义本是人道自然的事情，而空谈仁义则是在劫夺人们正当的物质利益。朱熹曾把陈亮的意见归结为"义利双行"，陈亮对此不以为然，认为义利本是一致的，利本是义的物质基础，义则是利的精神表现。陈亮还提出"人生不能无欲，有欲不能不争"的问题，他主张人们应按各自所处的社会地位去满足自己的欲望和要求，同时朝廷也应利用赏罚之权对人们的欲望给予相应的调节。生长在商业繁荣的浙东地区的陈亮，对商业的发展特别看重，对勤俭致富的大商人称羡不已。他对各种限制大商人的措施颇不以为然，对王安石变法时限制大商人的做法很不满意。他说："青苗之政，唯恐富民之不困也；均输之法，唯恐商人之不折也。"① 陈亮对商人放债取利持赞同态度，但反对"倍称之息"的高利贷。总之，陈亮注重物质利益，反对空谈仁义道德。注重商业与农业协调发展，"商藉民而立，农赖商而行，求以相补而非求以相病"②。这显然强调了中国哲学中的经济因素，在南宋特定的时代不无积极意义。

与陈亮观点大体一致的还有叶适（1150～1223 年），他在政治上与陈亮一样主张抗金，在哲学上反对朱熹所倡导的理学。叶适说："以义和利，不以义抑利。""既无功利，则道义者乃无用之虚语尔！"③ 在理财问题上他与王安石一样，主张只有促进民间的生产才能获得广阔的财源。但对王安石实行的青苗法和市易法却不赞同，认为朝廷不应为了国家的利益而侵夺商人的利益，社会上贫富差距的形成是理所当然的。在这一点上，叶适又与陈亮观点一致。由此可见，重视商业，鼓励竞争，反对课以商业重税，提倡商业的积极发展，实际上是整个浙东派的主要特点之一。叶适曾说："四民（士、农、工、商）交致其用而后治化兴，

---

① 陈亮：《龙川文集》卷一。
② 陈亮：《龙川文集》卷一一。
③ 叶适：《习学记言序目》。

抑末厚本，非正论也。"① 这是对中国传统的重农抑商观念的大胆挑战，也是对王安石变法责难的根本立场。虽然王安石并不反对商业发展，但他显然更加注重农业。而陈亮、叶适等人试图将商业与农业并重，反对打击商业以扶持农业，认为二者可以"休戚相同，有无相通"②，这实际是在提高商业的地位。叶适还认为中央集权过度造成了诸多社会问题，如官僚机构庞大，运转不灵活；财政负担过重，赋税增加；豪强垄断权力，竞争机会不均；等等。

雪窗读书图（宋）

浙东事功派以发达的城市经济为出发点，具有浓郁的地方和时代特征。但是宋代商业的发展毕竟未能改变农业社会的基本现实，商业发展受到根本性因素的制约，因而事功派虽然敏锐地感受到商业经济气息并强烈地表达了商人的利益与愿望，但其主张仍未能对朝廷的经济政策和后来的经济发展产生多少影响。

尽管宋代商业化倾向有所增强，但从总体上看商品生产仍然是对自给自足的自然经济的补充。这是因为，占全国人口百分之八九十的农民仍然处在自然经济的结构之中。虽然农业、手工业的发展为商业繁荣打下了一定的物质基础，商业的触角也延伸到农村，但绝大多数农户能用以交换商品的剩余农产品仍然很少，所能购置的商品的数量也很有限。农户的大宗生活用品，如粮食仍基本上完全靠自己种植，衣物仍主要靠

① 叶适：《习学记言序目》。
② 陈亮：《龙川文集》卷一五。

自己制造。这是以农业为主的经济结构和以手工生产为主的生产技术体系造成的，这种经济结构和技术体系从根本上制约着宋代商业的进一步扩展。因此，虽然宋代由于商业发展而形成了相当规模的商业资本，但大量积累的财富却被沉淀下来不易流通。这说明社会还容纳不了过多的商业资本，由此亦可见农业社会中商业发展的限度。在生产技术发生重大变革以前，在产业革命与商品生产结合起来以前，商业的发展必然无法完全冲破传统的自然经济结构，所以宋代商业的繁荣并不意味着、也不可能导致资本主义的产生。

第四节　顺应经济的思考

宋代社会经济毕竟在向前发展，在此基础上产生的文化也就有了时代的特色。宋人与唐人的最大不同在于经济意识的增强，这从盛唐时期的开放热情与宋初的务实冷静可略见一斑。隋唐是南北朝农耕文化与游牧文化的整合阶段，这时北方民族的豪爽占据主流文化地位，耕作上也是采取粗放式经营。尽管隋唐统治者有汉人的血统和汉化的教育，但长期以来北方地理、气候、习俗、观念凝造出的北人性格还是在强烈地显现着。安史之乱给唐人猛烈一击，此后严酷的现实使人转入理性的思考。中唐发起的复古运动便是要重振儒家纲常，而两税法的实行也是切合实际的理财手段。五代十国，兵荒马乱，大唐风光不再，藩镇割据称雄。经济遭到破坏，思想却得到洗练，土地私有的观念在增强。北宋建立，全国统一，为发展经济而鼓励农业生产，发家致富有了相对均等的机会。朝廷的经济政策，在不影响政治稳定的前提下，一般说来较为宽松、放任，对民间的生产和经营活动一般不加限制和干涉，对土地兼并和财富积聚也持放纵的态度。所以，宋朝经济政策最主要的特点就是任其自由发展。这种经济政策使民间生产经营的积极性充分发挥出来，同时由于人身依附关系的解除使整个社会更具有人身自由的平等观念。

宋代经济基础造成的文化景观与前代有很大不同，宫廷、士大夫和民间都超越了前代。仅就哲学而言，融儒、佛、道为一体的理便表现出更为博大精深的思考，它将人寰与宇宙联系起来进行考察给予阐说塑造理想，以至其后几百年成为中国文化的精髓和框范。宋人以意趣取代了唐人的风韵，以隽深的理想取代了唐人浪漫的情怀，这从人类发展角度看是文化的推进。无怪乎有人说，唐朝是中国历史上青春勃发的时期，而宋朝则进入睿智而明达的中年时期。比喻总是蹩脚的，人到中年总有其积极和消极的双重意义。历史发展的规律使宋朝具有"不惑之年"的特征，而这从政治制度、经济关系和文化走向上都反映出来。宋朝市民文化的繁荣便是商业发达的结果，而作品的内容便是世态习俗的展现。在这些作品中，平民意识普遍增强，大量

童子垂钓枕（宋）

的下层民众充当着主要人物并被表现为符合市民理想的新人，许多故事完全取材于市民的日常生活和当时的社会新闻，更重要的是不被官方文言所限而大量使用口语化的民间语言。宋代的词表达感情更为细腻，由市井街巷登上大雅之堂，从传统的诗歌蜕化出来并取得更为灿烂的成就，而"诗言志"的传统也更多地融进理性思辨的色彩，使诗更加耐人咀嚼而回味再三。诗词作者从肥沃的农田中走出而贴近喧嚣的市井，接受了传统文化的熏陶又感受着时代的新鲜气息，因而有着一种对唐代浑

朴文化的反拨和魏晋儒玄文化的更替。

总的来说，赵宋王朝引导中国文化走向内敛显然不同于李唐王朝的胡风蔚然，而是经胡汉文化的浑融后又一次中国特色的复归。按照经济发展的规律重塑农业田园的风光，并顺应天道探寻着文明进步的阶梯，因而宋文化更具中国传统本色，理学作为其思想结晶也便有了超越前代的精深。

第三章
科举教化

第一节　文治的政策与措施

　　宋代科举教化的方式，是在直接继承隋唐遗产并广泛取鉴历代得失，经过反复的思索探讨和变革损益后逐步定型的。宋代在大规模兴学过程中，逐步形成由中央到地方成龙配套的全国性官学系统。通过教育政策的不断调整，官学内部的管理体制日渐成熟，教育内容和培养方向的严格要求，科举制度已达到完备的阶段。民间教育以书院为典型，弥补了官学的不足，促进了学术的发展。文化领域的宽松气氛，使一系列人文命题得到深刻、严肃而认真的探究。总之，宋代的科举教化使全民族的文明程度普遍提高，而众多的学术流派和多元的社会思想使宋人的思维和行为，相对于唐人尚武而外张的风格便具有了一种重文而内秀的特征。

　　北宋建国之初，人民渴望和平安定，休养生息，重建家园。但长期分裂割据所造成的各种动乱隐患并未消除，内有武臣拥兵自重，外有契丹寇边相胁。因而迫切需要一种凝聚力，加强中央的集权和国家的统一。而中原长期的混战，使儒家正统的纲常伦理沦丧，文化教育设施遭到严重破坏，成为恢复封建统治秩序的重大障碍。因此，北宋政府在采

卧羊（宋）

取一系列政治、经济、军事等措施革除前朝遗弊、阻塞浊乱之源的同时，也采取了一系列恢复纲常伦理、促进文化教育建设的政策措施。这些有关国计民生的文化培育，为宋代的教育繁荣奠定了良好的基础。

宋初在文教方面首先提倡尊孔崇儒，整饬纲常伦理，强化经学教育。尊孔重经是自汉武帝以来历代封建王朝奉行的文化教育政策，也是维系社会稳定的精神柱石。宋初为重振纲常，先在全国范围内整修被战乱毁坏的各地文宣王庙，其中影响最大的当属开封、长安、曲阜三地的文宣王庙。宋太祖即位当年（960年），便诏令增葺开封文宣王庙祠宇，并亲撰赞文表彰孔、颜。长安孔庙的重修也于962年开始，扩建了讲舍、库府、堂序，并刊石《重修文宣王庙记》以昭示天下与后世。宋太宗即位后，又诏谕大臣以未修鲁国夫子庙为憾，命令重修曲阜孔庙。宰相吕蒙正亲撰碑铭："为民立防，与世垂范；用之则昌，不用则亡。"①这些重修孔庙的举措，具有政策导向和示范作用。

在此基础上，祭孔、封孔也成为尊孔崇儒的重要内容。宋太宗即位当年（976年）即打破科举常例，诏赐孔子后裔孔士基同本科出身，以此作为褒奖先圣后裔的象征。次年十月，又正式赐封孔子后裔孔宜袭文宣公爵位，官拜右赞善大夫，并恢复后周以前历朝优待孔氏的惯例，免除孔宜家族租税。宋真宗于大中祥符元年（1008年）在泰山封禅归途

---

① 《金石萃编》卷一二五。

中又前往曲阜孔庙祭奠，诏封孔子为元圣文宣王，同时赐孔府家钱帛，赐孔子后裔孔同学究出身。宋真宗将宋初尊孔活动推向了高潮，并领起儒学隆盛的一代风气，这对文化教育事业的恢复与重建无疑起到了积极的作用。

与此同时，朝廷还在科举考试中强化了经学的地位，在以诗赋取士的惯例中逐步加强经学的比重。宋太宗于端拱年间（988～989 年）诏令国子监刻印唐代孔颖达《五经正义》，颁行天下。宋真宗不仅亲讲经籍，并诏令国子监祭酒邢昺等校订、刊印《十三经正义》。此后宋代科举考试渐以经义为重，许多学者跻身仕途并成为经学大师。朝廷对经学教育的重视和对科举制度的调整，推动了宋初儒家思想的普及和振兴。

宋初在文教方面实行的第二个政策是提倡读书，重用文臣，鼓励仕进。宋太祖鉴于唐末五代藩镇割据、祸乱天下的教训，急于需要大量文治人才分理庶务。他屡次临幸国子监告诫读书的重要，宰相赵普在他的规劝下也于政务之余勤学自勉。宋太祖还以儒臣掌管藩镇大权，形成"文臣为大帅、武臣副之"的定例。宋太祖认为，治世须靠文人。在这一思想指导下，朝廷百官及士庶百姓皆发愤读书，儒臣文士在朝中占据的要职也日益增多，科举高中者更成为骤进显职的捷径。

在这样的文化氛围下，宋初改革科举制度，扩大录取名额，抑制势家弄权，擢拔寒俊仕进。宋初科举自太祖建隆元年（960 年）恢复以来，对科考取士的制度及形式进行了一系列的调整，如废除公荐、禁称师门、确定殿试、严格程序，其调整的主导思路就是使科举考试更公平、更合理、更严谨。宋初科举考试制度的改革，使一大批具有真才实学的寒俊得以仕进，而以往因考官徇私舞弊引发的举场纷争也基本消失。科举程式的变化有利于寒庶之士的举拔，也是宋初几代皇帝着意祈求的结果。他们以此方式遏制权豪势要的发展，造成朝廷内部的公正精神和权力均衡。

在完善科举程式的同时，科举录取名额也不断增加。宋太祖时放榜尚严，历届进士、诸科及第、出身者也不过几人或数十人。宋太宗即位后大幅度增加录取名额，太平兴国二年（977 年）一次殿试录取进士、诸科及第、出身者共 500 人。科举录取规模的扩大，大大鼓励了整个社会读书学习的积极性，对文化教育事业的普及提高大有裨益。尽管后来也产生许多弊病，但宋初的文化繁荣无疑得益于科举制度的改进。

宋初文教政策的第三个重要内容是大力兴办图书文化事业，积极赞助地方州县及个人办学。宋初崇尚文治，图书得到重视。宋太祖曾下诏求书，凡献书者知吏理可委官任职或赐以科名。建隆初年因袭唐制设立三馆（昭文馆、史馆、集贤院），收藏图书 12000 余卷。平息蜀国、江南等地后，又得图书三

文官立像（宋）

四万卷。遂于太平兴国三年（978 年）另建三馆书院，赐名崇文院，正副本藏书总数达 8 万余卷。淳化三年（992 年）建秘阁，专门收藏三馆正本及古画墨迹。秘阁建成后宋太宗亲书赐额，幸阁视察，并召武将观书使知文儒之盛。除珍藏、收集外，朝廷还印制、发行图书。到宋真宗景德二年（1005 年），国子监阅书库中已有书 10 余万卷。图书的广泛传播，有力地推动了教育的发展。当时的国子监祭酒邢昺指出："臣少时业儒，每见学徒不能具经疏，盖传写不给。今版本大备，士庶家皆有之，斯乃儒者逢时之幸也。"① 宋初还出现了许多著名的私人藏书家，如真宗朝的儒臣钱惟演，家储书籍侔于秘府；赵安仁购藏书籍，有许多是三馆书库所缺的版本；宋绶、宋敏求父子两代藏书积至 3 万卷，成为

① 《宋史·邢昺传》。

著名的藏书家。这些藏书家也多是校书家，并多能积极倡导学术和教育。

宋初皇帝为鼓励地方办学还常赐予经籍和学田，如诏国子监赐《九经》予白鹿洞书院、岳麓书院及各州、府学等。由于雕版印刷术的广泛应用，真宗时期已形成"中秘所藏，莫不家藏而人有"的局面，故朝廷的赐书之举只是一种奖励文教、统一经学的象征。除给予精神鼓励外，朝廷还赐学田赞助地方学校及书院，学田是地方办学的主要经费来源，宋仁宗于乾兴元年（1020 年）始赐兖州学田 5 顷，首开朝廷赐拨学田予地方的先例。从此，先后给各州官学及书院赐拨学田，予以资助。此后，学田逐步成为宋代以降历朝官学的主要经费来源，并渐成一种独特的经济现象。

宋初重视文教的风气已形成，各种形式的办学活动也很活跃。宋初的国子监，仍为全国的最高学府和教学研究、行政中心。宋太祖多次临学，与监判讨论经义，恩赐加勉。此后担任监判或祭酒的人，多为前朝宿儒或著名学者。国子监的

瓷洗（宋）

祭酒、博士、直讲在讲学之余，还要以大量的时间和精力从事监内藏书的校勘、注释、整理工作。宋真宗咸平年间（999～1003 年）的官方经学教材《九经义疏》，就是由他们奉诏主持校订刊印后颁行全国的。因此，当时的国子监事实上兼有审订、编印经学教材，指导全国经学教育的职能。国子监还是当时全国最大的收藏、刻印图书的机构，其宏富的藏书和精良的印技代表了宋初图书文化的最高成就。国子监学官还兼有为帝王、宗室子弟讲学的职责。有时帝王幸学，学官讲说经籍要义，宋太祖、宋太宗、宋真宗都曾到过太学听讲；有时国子监学官进皇宫、王府侍讲、侍读，如祭酒邢昺、直讲孙奭都曾任过此职。不过，宋初国子

监虽有诸多优越条件，却未能在正常的教学过程中充分发挥作用。国子监没有生员定额，国子生也只许七品以上应荫子孙充数。宋太祖时学风尚未大盛，国子生虽挂名但常不至。到宋真宗时生员限制有所宽松，但也只是一个游学寓宿、取道解经的场所。

在宋初官学体制尚未建立以前，地方私人办学风气是很盛的。用宋末元初的著名学者马端临的话说是"未有州县之学，先有乡党之学"①。这些乡党之学往往随遇而设，因地制宜，教学模式、学生人数、课业程度均无定制。其兴盛原因除五代官学废弛、图书经籍流播、朝廷尊重知识外，通过科举考试踏入仕途是刺激乡党之学活跃的最直接动因。正因此，这些乡学或据州郡都会，或据穷乡僻壤，或据山林岩谷，或据官宦人家，或据寺院庙会，其布设之广远胜官学。一些布衣硕儒隐居乡里，聚徒讲学。他们以教学为乐，以束脩自养，以传经辩理为人生追求，乐此不疲，这实际是书院精舍的遗风和拓辟。民间塾师尚能精通科举之学，门下登第入仕者较多，就会很快在社会上形成声望，四方学子也会很快登门求学。科举制度广开学子仕途，造就了民间对知识

《东家杂记》插图（宋）

的兴趣和对名利的追求，读书与做官联系了起来。

各地正是在此价值观念驱动下，在任官员乃于所职州县兴资办学。由于宋初以科举入仕的官员大多重视文治，因而兴办学校成为官员重要

---

① 《文献通考》卷四七。

的政绩。民间也以此为重，每有办学举动，往往刻石立碑，铭为功德，颂为圣明。陈尧佐于咸平四年（1001年）坐贬潮州通判，因痛感潮州荒僻，民俗鄙陋，遂修建孔子庙所和韩愈祠堂，召秀民年少者入学，潮人便以其文德甚仰之。内地州县兴资办学就更为常见，官员或自出俸钱，或召集乡绅募捐。朝廷对此采取鼓励政策，认同州县办学的做法，因而学自民间兴起逐步转为地方官学。这些学校一般都附设于孔庙，宋人认为："先圣者，道之所自出，而道非学校不行，故世之州县因先圣有庙，所以重道也；即庙有学，所以传道也。"① 值得注意的是，州县孔庙不仅为总角幼童的肄业学舍，也是州县举行祭典、布政、劝农、礼教活动的主要场所。因此，创建庙学，也是整饬政令、化民成俗、敦行礼乐的重要措施。从这种意义看，庙学本身就具有浓厚的官方色彩和广泛的社会功能。在朝廷崇儒尚文、表彰名教政策的要求下，兴复庙学当然也就具有推行文教、安邦治民的文化功能。

除了这些民间自发兴办的塾学和地方官员倡导并运作的官学，宋初的佛寺道观也多为士子生徒就业寄读的场所。宋初主倡儒业，兼崇佛、道，寺观上承汉唐以来数百年经营之规模仍有较大发展。朝廷既开科举仕进之途，乡党、州县学舍远未满足，幽静闲旷的寺观于是成为贫寒士子寄读的佳所。宋初许多布衣寒门出身的高官大儒多有寄读寺观的经历，如吕蒙正少时寄读于洛阳龙门利涉院，范仲淹曾寄读于长白山醴泉寺苦习科举之业，苏轼、苏辙兄弟幼居乡间读书于天庆观。这些出身贫寒的士子，为科举荣禄的激励，往往刻苦异常，故多能在事业上取得超出势家纨绔子弟的成就。寺院宫观之学所以能够兴起，在于它们多建于山林僻静之处，在兵荒马乱的年代躲过劫难；名士硕儒畏于仕途险恶，也多携带经籍隐遁此处；加之寺观多有地产或香客捐赞，寒士寄读尚能得到生活上的一般关照；而寺观对于少数学行优异的贫寒士子也乐于资

---

① 《金石萃编》卷一三九《泾阳县重修孔子庙记》。

助，士子一旦登第举业寺观也随之名声大显，故寺观之学成为潜心钻研学问的好去处。一些寺观由于藏书宏丰、学者深邃，后来都演化成为著名的书院，为宋代的学术繁荣做出了不可磨灭的贡献。

总之，宋初朝廷对文化教育采取鼓励赞助的政策，各地办学形式多样、不拘常格，这就为宋代培养出大批优秀人才并推动了宋代社会的总体进步。

第二节　官学的兴起与定型

尽管宋初崇儒倡学促发了文教兴盛之风，但毕竟在办学方式、经费筹措、课业内容、教师待遇、生徒来源诸多方面纷杂不一，不能保证学校的健康发展。因此，由朝廷统一制定全国性的教育发展模式，为教育发展提供通盘性的经费保证，整顿和提高各级各类学校的教学质量，已是势在必行。这就使地方性办学逐步纳入政府管理体制，私学转为官学成为客观必然的趋势。

宋仁宗时，由范仲淹主持的庆历兴学，可以视为北宋历史上第一次全国性的大规模的政府行为。它属于庆历新政的重要内容之一，时间虽短，但范围广、内涵深、影响大，对宋代教育起到了建设性作用。范仲淹认为，慎选举、敦教育是重要国策之一。慎选举就是应恢复制科考试以便选拔具有特异才干之人，而因袭守旧的诗赋取士制度不能真正铨选人才。他要求科举考试"先策论，以观其大要；次诗赋，以观其全才。以大要定其去留，以全才升其等级"①。敦教育就是按照《周礼》恢复州郡学校之制，"敦之以诗书礼乐，辨之以文行忠信，必有良器，蔚为

---

① 《范文正公集·上执政书》。

邦材"①。他指出序庠之兴不可忽略，教育可以培养治世之才，"三代盛
王致治天下，必先兴学校，立师资，聚群材"②。他主张选举、教育都
是政府的大事，而在培养人才方面应重寒俊、广开途，重实学、斥浮
伪。他上疏仁宗，批评朝廷延
赏过多，恩荫太滥，以诗赋定
去留导致学风柔靡，风俗巧
伪。他认为：提倡实学，改革
科举，不仅是振兴教育的根本
途径，也是改造社会的首要前
提。在此思想指导下，范仲淹
主持新政大局时积极筹划兴
学。其措施主要有：诏令州县
立学，精选师资并规定课时；
充实振兴国子学，选用著名学
者并扩大招生范围；改革考试
方法，严格选拔制度。

贯耳瓶

　　尽管庆历新政维持时间不长，便在旧官僚权贵集团的强烈反对下失
败，但庆历兴学期间的举措，却为以后官学的规范和发展开拓了道路。
首先，庆历兴学诏为地方办学提供了合法的依据，普遍激发了州县兴办
学校的热潮。欧阳修《吉州学记》称，兴学诏下之日，"吏民感悦奔走，
执事者以后为羞"，"宋兴盖八十有四年，而天下之学始克大立，岂非盛
美之事"！其后新政遭挫，但州县学校却部分保留下来，一些新政人士
被贬到地方后仍热心创办地方学校，使庆历兴学的成果得以保存和扩
大，其次，整顿、改进国子学的教学制度，一批硕学名儒如石介、孙复

---

① 《范文正公集·上执政书》。
② 《范文正公集·代人奏乞王洙充南京讲书状》。

等人先后主持讲席，结束了国子学徒为游寓取解而无教学之实的状态，开创了北宋中央官学的空前盛况。石介、孙复主学期间，竭力倡赞经世致用的实学风气，对于改变浮靡巧伪的士学风气发挥了重大作用，并对全国各地学校具有主导示范的意义。直到北宋末年，人们论及教学改革，士风丕变，仍盛称庆历新兴。再次，庆历兴学期间的改革措施虽未能坚持下去，但其敢事更张的观念则冲破因循守旧的积习，感召和影响着一代士子开创了北宋社会和教育领域一个变革的时代。范仲淹等人提倡经济实学，力图将学校教育、科举取士和经世治国三者统一起来，形成一个以学校为主体、科举考试为手段、社会需求为目的的新型教育体制。是科举制度创立以来第一次对教育领域问题的认真挑战，对于改变学校附庸于科举而难出真才实学者的状况具有划时代意义。就连一向被视为守旧的理学家二程，也肯定庆历兴学"为教之意非不正"。其后的熙宁兴学，正是继承了庆历兴学的传统并加以深入展开。

范仲淹庆历兴学失败后，北宋教育仍一切如故，兴学更定的条制也全部废止，但要求改革和针砭时弊的努力始终没有终止。因此，在神宗继位后不久，便展开了一场内容更广泛而细致的变法运动。主持和推进熙宁兴学的代表人物是王安石，他在任地方官期间就着意于教育，在《上仁宗皇帝言事书》中认为：学校无称

鼓钉洗（宋）

职的师资，学官缺乏真才实学；教学内容空疏无用，但讲章句记诵而脱离社会需求。这种教育无益于国家，反而有害于国家。因此，他主张让学生专心学习先王之道，潜研天下国家之用，而摒弃百家诸子异论和课试辞赋杂学。宋神宗熙宁二年（1069 年），王安石任参知政事主持变法

大计，次年即提出兴学复古、改革科举的建议。

但围绕如何变法的问题也产生了诸多异议，如殿中丞、直史馆苏轼就认为国家得才的关键是知人责实，朝廷如不能知人责实那么人才问题就不能从根本上解决；在全国范围兴学立教，必然要变更法度扰动时政，这样会引起纷乱患苦天下；与其无法解决根本问题，还不如因循旧制。王安石则认为："今以少壮时正当讲求天下正理，乃闭门学做诗赋，及其人官，世事皆所不习。"因此，人才乏少是由于学而无术，学而无术是由于道统不一，道统不一是因办学不力，办学不力是因科举导向问题。经过辩论，熙宁四年（1071 年）二月，神宗下诏改革学校科举。其主要措施是：

（1）改革太学体制，扩建太学规模，实行三舍法。所谓三舍法，就是太学生员按等差分隶于外舍、内舍、上舍，生员依学业程度岁时考试艺能依次升舍。上舍生可兼任学正、学录之职，其中学行卓异者可由太学主判、直讲荐于中书直接命官。随着三舍法的推行，太学生员不断增多，太学规模也不断扩大，朝廷每年划拨教育经费，改变了以往有名无实的状态。

（2）改革教学内容，整顿科举制度，优选人才。朝廷为控制社会思想，统一士论，于熙宁六年（1073 年）重修《诗》、《书》、《周礼》，于熙宁八年（1075 年）修成《三经新义》并正式颁行，成为官方考试和经师授课所依据的标准教材。从此士子参加经学考试必宗其说，有效地改变了经说纷异的局面。为更好地选拔人才，朝廷在科考之外，又立舍选一途，其作用在于强化学校的职能，部分取代科举的作用。同时加强专科教育，以培养具有专长的变法人才。如熙宁五年（1172 年）恢复设置武学，熙宁六年设置律学，此外医学还分科培养人才。

（3）在地方设置诸路学官，加强对州县学校的领导和控制，并为地方教育提供物质上的保障。熙宁四年初，在改革科举考试内容和方式的同时，诏令京东、陕西、河东、河北、京西五路先置学官，选取赞同变法的学行优异者或各地官员由中书堂任命专职或兼职教授。并为地方学校拨充学田，以在物质条件上给予支持。这样，通过任免学官和提供教育经费，朝廷有效地使教育按秩序有计划地发展。

王安石主持的由熙宁兴起到元丰衰落的教育变革，推动了北宋教育事业的进步，在中央和地方形成了一个思想、学科、内容、形式相对完整配套的学校网络。其敢于打破陈规旧习的精神，提倡经世致用的实学风范，以及从行政、经济给予教育的支持，都对保存和振兴中国古代的文化做出了积极贡献。但王安石兴学的措施也并非十分完善，或者说不可能从根本上解决北宋科举和教育所面临的问题。如实施三舍法的规定过于细密，师生之间为避嫌疑不得随便相见；颁定《三经新义》统一士论固然不错，但以一家私学垄断天下也实有害于学术文化教育事业；教师专讲一经而考试须循师论，外方疏远之士偶不合便遭黜落，不利于博采众长和学术交流。尤其严重的是，为控制太学，防止异论，竟至屡兴太学疑狱，迫害师生。这种文化恐怖行为发生在新政期间，反而促使大批士子敌视新政，并为以后的蔡京实行文化专制主义政策埋下了祸根。

元丰八年（1085 年），宋神宗去世，宣仁太后垂帘听政，尽斥新党人物。次年，司马光等旧党把持朝政，实行元祐更化，新法在数月之间尽废。元祐八年（1093 年），宣仁太后去世，哲宗亲政，开始黜退元祐诸臣，重新起用熙宁、元丰时新政人物。教育领域也随之开始了一系列重大变动。如绍圣元年（1094 年）三月，殿试策卷中凡主绍述之论皆置前列；同年四月，废止司马光设置的十科举士法；五月，诏罢诗赋，进士专以经义取士等。元符二年（1099 年），又诏令诸州州学依太学三舍法考选生徒，并许诸州州学岁贡上舍一人、内舍二人，试补太学，进而初步形成中央太学与地方州学相衔接的学校贡举模式。

宋徽宗崇宁元年（1102 年），尚书右仆射兼门下侍郎蔡京奏请兴学贡士，朝廷随之发布一系列诏令展开大规模的教育制度的修订。其主要内容有：（1）诏令州县设学。县学生可选考升入州学，州学生可选考贡入太学。州县经费皆由地方固定供给，州县学生可享有一定的免役待遇。此后诏增诸路学校名额，并普遍扩建天下校舍。（2）扩大太学规模。崇宁元年在京城南郊营建太学之外学，赐名辟雍。辟雍是外舍生读书的地方，也是各路贡士初至入学的地方。外舍生经考试合格补入内舍、上舍后，方可进入太学。上舍名额 200 人，内舍 600 人，外舍 3000 人。（3）改革科举制度。崇宁三年（1104 年）诏罢科举，规定士由学校升贡，每岁考试上舍生如礼部试法，学校成为晋身的必经之途。次年赐上舍生 35 人及第，以后每年并试上舍生赐及第。崇宁五年（1106 年）又诏于大比之岁取士参用科举，一度实行科举与舍选并行之制。直至宣和三年（1121 年）始恢复科举旧制，但太学仍保留崇宁定制。（4）复兴专科学校。崇宁三年设置书学、画学、算学诸学，采用太学三舍法考选取士。此后，书、画、算、医、武学置废无常，但大体置多而废短，此举对文化、科技起到了推动作用。崇宁兴学前后维持达 20 年之久，取得了很大的成就。在此期间，北宋的中央和地方官学体系基本建立就绪，学校得到经费保障而规模空前宏大。不仅中央太学臻于鼎盛，州县学校也生员倍增，出现了旷古未有的兴学景观。

听琴图（宋）赵佶

　　但是与此同时，蔡京等人把持朝政，迫害异己，实行严酷的文化专制政策，并把学校教育和科举贡士看做是拉帮结派、弄权固位的重要手段。如科举考试虽名为倡赞绍述之论，实际上只许为蔡京等人歌功颂德，凡上书言事不合蔡京意旨者均被列入邪等，而迎合当朝权贵、善于阿谀奉承者皆被列为正等。因此在蔡京等人当政时，一些人品低劣、擅长逢迎者得中高第或骤获显职。就连蔡京同党太监梁师成竟也混籍进士，把持翰墨和科举取士大权，富豪子弟及第者皆要献钱谢恩。所以《宋史·选举制一》称："崇宁大观之后，达官贵胄既多得赐，以上书献颂而得第者又不胜纪矣。"

此外，因学校过于庞杂而缺少适当的管理措施，难免出现混乱无实的情形。三舍法的施行使官宦子弟多免试入学，经屡次考试得以中格。而一般贫寒子弟无足够财力维持相当时间的学业，难免被挤出学校。实行学校贡士，可以提高学校的地位，但学校贡士名额毕竟很少，也使校外士子失去了仕进机会，这就降低了社会上读书的积极性，大大不利于官学之外其他教育形式的普及和发展。所以，时人论及崇宁兴学之弊，谓其"利贵不利贱，利少不利老，利富不利贫"。①

政府还屡诏限制学校教育内容，并规定凡上书邪等及入党人籍者一概严加制约，竟至一些品行不端的官吏靠诬告学生而投机取荣，升官发财。蔡京死党谏议大夫冯獬竟认为"士无异论"便是"太学之盛"的标志，这也反映了崇宁兴学的宗旨并不真正在于昌明学术，而是打着兴邦安国的旗号培植个人政治势力。采用这种毁灭文化、禁锢思想的专制政策，当然不可能真正起到繁荣教育、振兴国家的作用，因而也必然出现"绍述造士而人材衰"的恶果。因此崇宁兴学虽然张开了堂皇的门面，却不能掩盖学术文化遭到扼杀的真相。尽管教育表面上看十分兴旺，但不应对其做过高评价。

北宋官学虽然在一百多年间屡有变更、兴废无常，但官学体制的主要框架还是相对稳定的，并在发展过程中逐步定型。在教育行政方面，形成了中央与地方两大系统；在教育经费方面，实行直接划拨钱粮或赐以州府学田的方式资助教育。在教育实施方面，重视教学内容与考试制

---

① 《文献通考·选举考四》。

度。由此看出，宋代官学已形成大体合理的教育体系，学校教育与教学艺术已达到很高的水平。

第三节 科举的完备与效应

科举制度自隋唐以来体制初备，成为国家选拔人才的重要途径。进入宋代，科举制度日益完善，规模逐步扩大，对政治文化教育的影响也更为广泛深刻，成为构成中国古代封建官僚制度和学校教育制度的有机部分，对学术思想、文化艺术等广义的文化现象也产生着一定的导向和制约作用。

宋代的科举制度大体因循唐制而略有损益，其科目为进士、诸科、武举，此外又设制科及童子科。进士、诸科、武举为"常科"，制科及童子科则为"特科"。常科概由州县解人礼部考试，以进士得人最盛。特科则由大臣引荐，由天子直接考试命官。常科、特科之外，于哲宗元府二年（1099年）至徽宗宣和三年（1121年）又增学选一途，其时科举停试，取士全由学校出身。科举考试的程序一般为先由本道秋季考选一次，称为秋试或解试，凡考试合格被荐入礼部者称"贡士"或"举人"。然后由各州选送的贡举可以参加礼部的省试，省试一般在次年的正月举行，合格后放榜为"进士"。太祖开宝六年（973年）始定殿试之制，复试礼部进士，考试时间一般在三月，名义上由皇帝主考。雍熙元年（984年）定三甲制，头甲赐"及第"，二甲赐"出身"，三甲赐"同出身"。真宗景德四年（1007年），又将殿试进士分为五等：学思优长、词理精纯为一等，才思该通、文理周率为二等，文理俱通为三等，文理中平为四等，文理疏浅为五等。此后进一步完善五等评定制度，临轩唱名时将前二等赐及第，三等赐出身，四五等赐同出身。宋代考试内

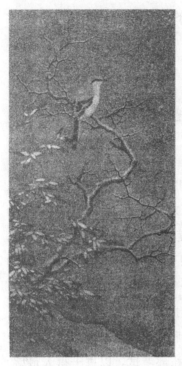

雪树寒禽图（宋）李迪

容屡有变化。宋初重诗赋，神宗熙宁初则专以经文取士，哲宗元祐时又诏复诗赋，绍圣初再罢诗赋，至南宋绍兴二十七年（1157年）方正式确定："自今国学及科举取士，并令兼习经文诗赋。"① 宋代科举的定型，对教育事业的发展起到了重要的作用，并为后代的教育模式奠定了基础。

宋代科举考试制度的完备周密还体现在一些具体细节中，这主要是为能真正选出出类拔萃的人才和防止某些权要徇私舞弊。如在宋初就废除台阁近臣的"公荐"制，罢止唐代以来举人预投公卷的惯例，改变"礼部采名誉，观素业"的做法，一切皆由临场考试决定。太宗淳化年间又开始实行糊名考校，这种封弥考生姓名的做法就是以防考官徇情。实行糊名弥封之后，考官尚能通过辨认字迹认知考生，于是又创立了誊录制度，"而后识认字画之弊始绝"②。由于实行封弥誊录制度，使科考基本做到了形式上的公平与客观，有效地防止了作弊现象的发生。欧阳修在《论诸路取人札子》中说："糊名誊录而考之，使主司莫知为何方之人，谁氏之子，不得有所憎爱薄厚于其间。故议者谓国家科场之制，虽未复古法，而便于今世。其无情如造化，至公如权衡，祖宗以来不可易之制也。"此后，礼部省试放榜后的谤议大大减少，贫寒出身的俊士大量涌入仕途。不过，尽管科举考试实行了封弥誊录制度，但作弊的漏洞仍然存

---

① 《建炎以来系年要录》卷一六七。
② 吴曾：《能改斋漫录》卷一。

在。针对考官与考生的亲属关系和考官向考生的泄题可能，于是又实施别头试和锁院制。所谓别头试，即考官与考生有亲戚关系容易涉嫌徇私，因而当另选官别试以求避嫌。所谓锁院制，指考官一旦受命便移往贡院，避免与外员接触而有泄题之嫌。宋代科举考试制度的严格给广大贫寒士子提供了机遇，而皇帝为加强中央集权也严防势家垄断科举，因此有宋一代通过科举踏入仕途成为一条捷径，带动了整个宋代文化水平的普遍提高。

北宋讲求文治，不断扩大科举录取名额和途径，并多方面提高科举及第后的待遇。太祖朝每次参加省试的人数不过 2000 人左右，太宗时已达 5300 人，真宗时则达 2 万人之多。到仁宗、英宗二朝，科举臻于鼎盛，全国参加解试的士儒已达 42 万人左右。宋代科举及第后的待遇也较唐代为高，不必再经吏部考核即可直接授官。前三名状元、榜眼、探花之荣耀，有时竟超过有名的朝臣及武将。皇帝当廷赐袍、简、酒、食，然后仪仗开道直赴任所。"自东华门至期集所，豪家贵邸，竞列彩幕纵观。其有少年未有室家者，并往往于此择婿焉。"① 由此可以看出，科举考试已不再仅仅是朝廷选士之事，整个社会都在热情关注和积极参与，公平竞争吸引了更多的世人加入科考的行列，这无疑促进了文化教育的发展和普及。

第四节　教育的推进与变化

南宋教育体制大体因循北宋而略有损益，但教育思想日渐呈现出理学化趋向，官学规模不断扩大导致生员冗滥，书院因重视学术研究和教

---

① 周密：《武林旧事》卷二。

学质量而蓬勃昌盛。这样的教育一方面导致了官学的庸碌和院学的深入，造成不务实际的后果和较为虚弱的性格；另一方面，教育规章制度的健全和中国哲学思想的升华使宋代文化进入一个更高的层次。遗憾的是，这些没能挽救南宋王朝衰亡的命运，其不务实际的学风纵然推进了中国文化的发展，但在强敌侵犯下却显得束手无策而一败涂地。

宋代理学自北宋仁宗朝后兴起，迭经熙、丰新政和崇、观伪学之禁而遭朝廷排挤。虽然元祐更化时期一度期于功用，程颐并被尊为帝王之

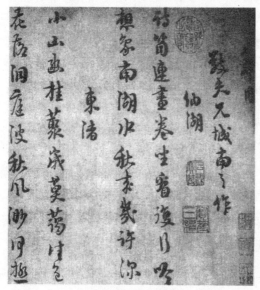

城南唱和诗（宋）朱熹

师，但不久绍述之论复起，理学又失去官方讲席。南宋建炎以后，理学再次崛起。绍兴元年（1131年），宋高宗诏赠程颐直龙图阁，正式为程学平反，承认其合法地位。一时程学风靡天下，科举程文也多用其说。随后秦桧入相，排斥程学，程学遂被摒出官学与科举之外。直到秦桧死后，朝廷诏令科举取士毋拘一家之说、务求至当之论，理学之禁方为稍懈，

程氏之学才又渐占主导地位。此后30年间程学与王学争论不断，但程学始终处于上风。由于朝野对理学非难之词甚多，孝宗皇帝也曾对朱熹之类的所谓"正心诚意"之论感到厌烦，故韩侂胄当政时理学又遭黜落，朱熹及其信徒也被逐出朝廷和官学讲席。宁宗开禧末年（1207年），韩侂胄失势，史弥远当政，理学复又崛起。宁宗嘉定元年（1208年），理学名家李道传、真德秀出任太学博士，重掌中央官学讲席。朝廷也于当年诏赐朱熹谥号，以褒崇其名节明示好尚。4年后，朝廷根据

李道传奏疏将朱熹的《四书章句集注》正式颁布太学，从此理学为天下所宗。宋理宗时，理学达到巅峰，令列朱熹于孔子从祀，并将王安石驱出孔庙废祀。从此理学定为天下大宗，如理宗所言："孔子之道益以大明于世。"宋代官学的理学化，标志着儒、释、道融会贯通的完成，这一博大精深的体系集前代哲学思想之大成，适应宋代特定的政治需要和精神塑造，并成为贯穿后世的主要教育内容和治国方略之基础。

南宋官学教育基本上沿着北宋已形成的框范发展，但也不是一种简单的继承或机械的运作。在南宋 150 多年的历史中，关于教育方面的政策时有调整，这些变化对南宋教育体制无疑具有全局性的影响。

在中央官学方面，南宋定都临安后即设国子监太学。太学设置仍仿北宋三舍法，至绍兴十六年（1146 年），外舍生已达 1000 人，内舍生 100 人，上舍生 30 人，总数 1130 人。其规模虽不及北宋后期，但已超过北宋初年。为表示重视教育，南宋皇帝更是实行特定措施。如北宋历朝皇帝皆有幸学之举，以示尊师重道倡明教化；但幸学中最古老的典礼——视学，却不常为，只是偶尔举行。南宋则不然，差不多历朝皇帝都举行过隆重的礼学典礼，以显示对教育的高度重视和对国运的充分肯定。视学期间，天子亲率百官会同太学师生，至国学大成殿释奠先圣先师，并诏赞儒学盛称教育，然后照例举行由国子祭酒执经讲学的象征性仪式。南宋皇帝幸学释奠，照例都恩赏太学师生，这不仅受到太学师生的热烈欢迎，对全国教育也有政策导向的作用。皇帝还将亲笔撰抄的儒家经典赐刻太学，以此规定全国教育发展的方向。宋高宗绍兴年间亲笔御书六经及《论语》、《孟子》赐太学刻石，经学教育由此直师孔孟宗旨，程、王之争得以稍作平息，这实际上也是对诸多纷异的经学理解做一权威核定提供范本。由帝王御抄石经，为中国历史所罕见，这无疑说明教育在帝王心目中、在百姓生活中被日益看重。

南宋皇帝还对太学诸生覃恩增加，以至于封赏过滥。北宋太学推恩法度肇于元丰二年（1079 年）《学令》，规定极少数上舍生可以免试科举。这类推恩实是一种新辟的舍选途径，考试的难度并不亚于科举。至宋孝宗时，始创太学遇覃恩免解的法度，允许在朝清要的牒期子弟待补国子生。宋度宗咸淳二年（1266 年）临幸太学，拜谒先圣后即推恩三学：前廊与免省试，上舍、内舍及已免省试者升甲，起居学生泛免一次。南宋太学恩例的扩大，是朝廷倡导教育、安抚人心的重要措施。但滥行推恩的做法，在很大程度上使太学教学与考试制度失去实际价值，并且导致了太学风气的败坏和教学质量的下降。需要指出的是，南宋太学诸生覃恩增加，有时更是当时政治斗争的需要，而并非真正刺激士儒读书的积极性。权臣贾似道主政期间，为笼络士心、擅行奸政，故优待学舍、推恩邀誉，结果是淆乱朝政、祸国殃民。所以到南宋末年，太学教育实被扭曲，"诡冒成风，遂成奸弊之薮；祈恩趋利，尤开侥幸之门"。另外，自宋孝宗淳熙年间为扩大太学生员的来源，并为诸路州军解试落选士子提供再次入学深造的机会，规定从解试落选的士子中按6％的比例取入太学参加补试，称为待补生，此后形成制度。这本来是为扩大儒生士子读书仕进的机会，但在实行过程中充奸冒伪之弊尤重。考生请托贿求与学官营私舞弊多有沆瀣，故时人多有嘲谑之辞。

在地方官学方面，因南宋朝廷具有相对稳定的偏安局面，再加以对教育的重视和对科举的扩大，因而出现了持续发展和趋于稳定的势头。南宋朝廷对地方学校的教育经费给予很大支持，绍兴二十一年（1151年）朝廷诏令户部拨寺院绝产充为赡学费用。其后一些州县学校逐渐得到一些学田，这使办学经费有了保障，办学条件有了好转。但由于官学条规不够严明，士子从学风气不正，因而南宋后期教学质量受到严重影响。随着朝廷对教育的重视，州县学校的师生人数也有增加。北宋州学教授大体只设一员，少数生员较多的州学方设二员。南宋绍兴十二年（1142 年）恢复州学后，即令诸州军学均设教官。至景定三年（1262年），每所州学设有两员教授，这个平均数已超过北宋州学最盛时的教授人数。南宋州学养士人数也有较大扩充，理宗朝的庆元府学旧额生徒只有 180 人，经过重建修整后剧增到 3000 多人。县学的设置也更为普遍、完善，诏令设置各县学主学专职主管县学学务，从此改变了北宋徽宗以来由进士出身的县官兼管学务的状况，使县学教育形成相对完整自立的体系，从而扩大了整个国家的教育规模。

此后蒙养教育也得到发展，各地的乡学、村校、家塾、舍馆广泛设立，为幼童进行最初的启蒙教育。但蒙养教育不如官学正规，教学质量也不高，农家子弟于冬闲季节在此学习一点粗浅的文化知识而已，因而教师待遇相对较低。蒙学的师生关系也相对随便，孩童与先生一般能够和睦相处。为适应蒙养教育还出现了许多蒙养教材，最为著名并流传后世的如《三字经》和《百家姓》。这样的教材含有道德启蒙、伦理说教、传播知识、化民成俗的意义，由于内容丰富、深入浅出、形式活泼、因势利导，后来成为历朝蒙学之范本。由此可以说明，宋代教育的普及也促进了文化的繁荣。

宋代书院教育也蓬勃发展起来，至南宋形成庞大的规模和繁盛的气象。中国自古以来便有私人讲学的传统，但书院的发端与魏晋以来山林讲学和山林习业大有干系。南朝著名经师雷次宗"开馆于鸡笼山，聚徒教授，置生百余人"①。到唐代，私人创建的书院渐多，已兼有个人读书和招徒讲习的职能。唐诗中和方志中屡见书院出现，一些山林胜地更是学者们读书讲习的理想处所。佛教寺院在书院形成过程中曾是重要的角色，这些寺院往往缔造精舍为士人学子读书提供方便。寺院还为习业者提供衣食，无形中成为为贫寒学士而设的官吏培植所。唐末五代社会动乱，文教衰落，科举废弛，士儒寓居草野，潜心读书讲学，书院成为一个好去处。北宋初期，乱世渐平，朝廷褒奖文事而无力广设学校，书院由此应运而起。南宋学者吕祖谦在《白鹿洞书院记》中称："国初斯民，新脱五季锋镝之厄，学者尚寡，海内向平，文风日起，儒生往往依

① 《宋书·雷次宗传》。

阿弥陀佛坐像（宋）

山林，即闲旷以讲授，大率多至数十百人。嵩阳、岳麓、睢阳及此洞为尤著，天下所谓四书院者也。"书院的兴起一方面满足了士子求学的愿望，一方面缓解了朝廷的教力不足，为国家培养了大批文治人才，因而得到政府的赞助和鼓励。宋初的著名书院代表了宋初民办教育的最高水平，在宋初教育领域占有重要的地位。如以上所述四所书院皆曾兴盛一时，四方学者辐辏造访，天下学子慕名而来。白鹿洞书院多由名儒执教，造就的学子也多出大才。岳麓书院有学堂50余间，其后又朝廷赐额屡次扩建。

其他还有石鼓书院、茅山书院、华林书院、雷塘书院等皆闻名遐迩。如江西奉新的华林书院是书香传世的胡氏家族的学塾，宋初胡氏一家中进士者达13人之多，并有位至宰相的高官。书院筑室百区，聚书五千卷，习业者数百人，一派兴旺活跃的景象。但北宋庆历兴学以后，官办的州县学校渐起，书院或与官学合流，或者沦入沉寂。

进入南宋，书院教育又逐步恢复，至理宗朝达到鼎盛。据《续文献通考·学校考·书院》的统计，南宋初创的书院有160余家，主要集中在今江苏、安徽、浙江、江西、湖广、福建等地。南宋书院的复兴大致有以下几个原因：（1）程朱理学的发展。理学奠基于北宋，成熟于南宋，几起几落，命运多舛。为专研学术、究明义理、传播思想、扩大舆论，学者们积极发展书院教育。如朱熹、陆九渊、陈亮、叶适、吕祖谦、真德秀、魏了翁、胡宏等，都是积极创办和推进书院教育的代表人物。（2）官学制度的腐败。南宋官学虽有国家资助，但管理空疏、流于形式。教学方式陈腐呆板，导致学子志大才疏，"迂阔于事，无补于时"，唯重功名利禄。而书院学风灵活生动，学规整肃条理，内容简要峻洁，故得到士子青睐，使书院成为人才荟萃之地。（3）人格建树的追求。南宋科举的弊端导致士学风气的堕落，一些志趣高尚的学者厌恶仕途禄利之学。黄宗羲在《明夷待访录》中追溯书院兴盛原因时指出："其所谓学校者，科举嚣张，富贵熏心，亦遂以朝廷之势利，一变其本领。"在这种情况下，书院提倡高风亮节，赞赏不为利禄折腰，推崇修己至诚之道，高扬人生道德理想，同腐败的官学教育形成鲜明对

白鹿洞书院

照。朱熹在《白鹿洞书院揭示》中言："熹窃观古昔圣贤所以教人为学之意，莫非使之讲明义理，以修其身，然后推以及人，非徒欲其务记览，为辞章，以钓声名，取利禄而已也。"宋代理学至理宗时期大加崇扬，书院也就更加成为士子所景慕的场所。从中国文化发展轨迹看，书院是一定社会时期的产物，其由民办到官定的过程也表明了理学逐渐走向成熟。尽管朱熹的理学后来遭到严厉的批判，但书院在中国文化史上以其风骨而熠熠生辉，它以学术的独立价值和政治的坚定立场起到了重要的历史作用。

第四章
理学构建

第一节　动态与潮流

北宋开国之初，君主重视黄老之学，旨在通过宣扬黄老的无为之说安定人心，于是建立在黄老学说基础之上的道教也随之光大。黄老之道在晚唐五代到北宋中兴之间的过渡，也为后来以儒为宗而合流三教的理学做出前奏。

提倡黄老之学，有着统治者深刻的用意。首先，君主们利用黄老之道证明其皇权地位的合法性。宋初三代皇帝都借助道教化的黄老之说伪托天意，强调自己登位是君权神授。宋太祖在陈桥兵变黄袍加身后，深忧天下人心不服，亲召凤翔府道士张守真令之降神说解，由此开启了宋初大兴黄老的风气。宋真宗即位后也求助著名道士陈抟的龙图象数之说，假其龙马负图以示天意的神秘说法为自己昭示祥瑞，并改年号为大中祥符以证明自己秉承天意的至上权威。其次，以黄老之道为理论根据治理天下说明一切顺其自然。宋太宗于淳化四年（993 年）明确宣布："清静政治，黄老之深者也。夫万务自有为以至于无为，无为之道，朕

瑞兽（宋）

当力行之。"① 统治者以无为昭示天下，意在使臣民无为而不争。太宗、真宗都垂诏天下使读《老子》，认为《老子》甚妙，读之有益，治身治国，能仁能教②。

以无为治国，与北宋初年的政治要求是相辅相成的。自太祖始，削藩收权、重文轻武、发展经济、恢复科举等一系列举措，都是强化中央集权的有为政治。同时要求臣民相安无为各守其分，显然有利于社会的稳定与和顺。因而，顺其自然也就是顺从天意，从历史上看对社会发展也是有利的。再次，以黄老之道统一天下思想有整收人心的目的。传统儒学自魏晋以降长期受佛老冲击已日趋式微，中唐韩愈虽重倡儒学复古运动终未恢复其"独尊"的元气。而西来佛教排斥纲常礼法，轻视尘寰人伦，这又与宋初统治者的立纲纪、建功业的抱负相违。因而宋初统治者打出黄老旗号，用这种经过汉初改造后已侧重于治术的道家思想，以求顺应经世需要而达到"无为自化，清净自正"的目的。最后还要指出的是，统治者利用黄老之道的神仙学说，以期达到长视久生的养生愿望。宋初君主经过战乱渴求安平，并以己推人抚弄众心。太宗命人收集带有道教色彩的野史志怪编为《太平广记》，借此治身修道并引人求仙娱生。道教本无真出世的痛苦，又有做出世的快乐，恰好符合人们逍遥世外又纵享人生的隐秘心理。因此，道教收容儒、佛也愈加通达起来。

---

① 《续资治通鉴长编》卷三四。
② 《宋朝事实》卷三。

北宋初年的社会思想既以黄老之道为主，但并没有对佛学和儒学简单排斥，而是兼容同设。佛教自两汉之际传入中国以后，历经魏晋南北朝隋唐五代，曾取得过辉煌的声势和显赫的地位，尽管一度遭到排挤和打击但影响不减。佛学在流播中土过程中也贴近儒、道的精髓，迎合中国大众的心理状态而被吸融，于是演变成为一种深具人生哲理的文化潮流。宋太祖作为身经战乱的开国帝王，竟也有闲暇诵读《金刚经》而不欲为人知①，可见对佛教也颇感兴趣。他从社会底层起家，深知佛教久居人心，因此夺取天下后，立即废止了周世宗废毁寺院的强硬政策。他为稳定北方的沙门势力，采取扶持佛教的做法。乾德四年（966 年），他选派僧人150 余名赴天竺求法，每人赐钱三万，这是宋代第一次大规模官费资助的留学活动。开宝四年（971 年），宋太祖又遣内史高品、张从信等人往益州主持刻印《大藏经》，这部中国印制的第一部佛经总集影响极为深远。宋太宗更是热心佛事，登基伊始便下令度童行 17 万。他还仿效唐太宗大开译

观音菩萨坐像（宋）

场，延请中外名僧、儒主持，译出大批佛教经籍。他又敕命在京城开宝寺内建舍利塔一座，高 11 层、360 尺，安置从杭州取来的佛舍利。由此可见，佛教已从灭佛的低谷中恢复起来，同时宋代的宗教政策表现出统治者的高明与成熟。真宗时边患不断，为了内定庶民外慑强敌，在崇道同时又大力崇佛，以达劝善禁恶之目的。大中祥符二年（1009 年），真

① 《佛祖统纪》卷四三。

宗下《特度僧道诏》，普度天下童子（每十人度一人）。所以在真宗朝僧侣队伍猛增，达到宋代的最高水平①。

儒学历来为统治者所尊崇，被视为治天下的王纲国策。五代时期，儒家正统的道德理念沦丧殆尽。因而，宋初采取一系列措施恢复纲常伦理的建设。宋初尊孔崇儒的首要步骤，就是在全国范围内修复毁于战乱的各地文宣王庙。宋太祖即位当年便诏修开封文宣王庙，并亲自撰文表彰孔、颜。宋太宗即位后也诏谕大臣，命重修曲阜孔庙。其意旨十分明显，就是为民垂范，为世建纲。其次，又奖掖孔子后裔，免除孔家租税。宋太宗即位当年，便打破科举常例诏赐孔子后裔孔士基同本科出身。此后宋真宗又亲自前往曲阜祭奠孔子，赐以钱物。再次，在教育、科举中强化经学地位。宋太宗端拱元年（988 年）颁行《五经正义》，强调"遵周孔之礼"，宋真宗称孔子为"人伦之表"、儒术为"帝道之纲"，科举又特重经义。可以说，宋初儒学是自汉代经学、魏晋玄学、唐代佛学之后的复兴，但此时以汉唐经典注疏为统治并为统治阶级重建纲常服务。因此，倡导儒学显然与崇道尚佛一样，不过是用一种文化方式营建人们的精神大厦。

自汉魏以来，三教经过长期的斗争与融合形成三峰并峙稳立于华夏沃土，此间虽有彼此排斥但更多的是相容共存，因此尽管风光各异却共有中华神韵。儒家的稳重，佛家的宽和，道家的峭秀，互为彰显，人们在用心品味之后难免引起不同的情趣和更为广阔的怀思。唐代的三教并行，尽管时有彼此扬抑，但作为统治者和宗教派别也深知三败俱伤毕竟皆有不利，因而采取既保持各教风貌又互相采收优长的方法持续发展。由于中国的王权高于神权，理性重于感性，世俗大于空想，因此宗教在中国是极富功利色彩的。唐德宗贞元年间令儒官、和尚、道士一起讲论，使三教会同促进了三教调和，目的当然是厌烦宗派之争而希望它们

① 《宋会要辑稿·释道一》。

为国效力。宋朝初年的皇帝褒崇道教，是因道教在政权的建立和稳固方面出力最多。据说太祖、太宗青年时都曾受道士陈抟点拨，太祖、太宗对社会上德高望重的道士也甚为礼敬，因此借宗教神化君权。但佛教、儒教也是统治者需要的。佛教自从印度传入中国很快便深得人心，并巧妙地亲和统治者取得无边的法力，连外来的和尚都皈依中国君主，何况其又自有妙理和神通，崇佛何乐而不为？儒教是中国古老的传统，千百年来已深深浸入中华民族的血脉，其三纲五常的伦理观念如磐石镇压在人们心头，同时又给人们生活的希望和现实的憧憬。因此宋初三教并设既是历史的必然，也说明皇帝的宽容和高明。赵翼在《廿二史札记·宋初降王子弟布满中外》中说："宋太祖、太宗并包天下之大度，震服一世之神威，非诈力从事者所可及也。"正是这种兼容并包的宽阔胸怀和开明政治，使中国封建文化在宋初就打下坚实的基础并开辟了未来走向。

宋初三教并列兼容体现了统治者政治上的高明和思想上的导向，这一行为本身就说明统治者对宗教有较深刻的认识和极实际的需要。道教是中国土生土长的宗教，是中国古代宗教、神仙方术和老庄道家学说的混生物。道教的根本宗旨是追求"长生不老"、"肉体成仙"。这一目标违背了生物界"新陈代谢"的客观规律，从未在现实世界得到实现的证明。可是这种追求的文化内涵却迎合了人们头脑中乐生恶死、试图超越生死大限的根本意识，因而道教的创立受到了社会各阶层人士的普遍欢迎。炼丹求符、服食养生、采阴补阳、辟谷羽化等之术在社会上广为流传。宋初统治者紧紧把握住人们这一心理，因势利导将人们从对战乱的厌恶中解脱出来，以一种平和的方式建立起自己的威信。佛教创生于印度，经西域传入我国。因为它具有博大精深的理论体系，又具有生动直观的信仰体系，因而具有跨国界、跨民族传播的能力。佛教"四谛"、"五蕴"、"十二因缘"、"因果轮回"等基本理论，对残酷的人生和不平等的制度进行了巧妙的解释，把人类的苦难统统说成是由于人类自身生理和心理因素造成的。佛教宣扬通过身心修炼转换对世界的看法，持戒禁欲，积福行善，那么来世就可能投生富贵之乡，甚至成佛作祖，永脱轮回之苦。佛教为苦难众生指出了一条虚幻的解脱之途，满足了士民对彼岸世界的终极关怀，故一经传播开来便风靡全国。儒学经长期发展至汉代取得独尊的地位，由此往后在中国文化史上具有宗教般的作用。汉代自武帝设立儒学博士起，儒家经典便成为治国安民的思想工具。儒学之所以在官学中比先秦诸子更具有优势，就是因为它"君君、臣臣、父父、子子"的"忠孝之道"特别集中地反映了中国封建社会的宗法性和等级性。在以家庭为基本单位的自然经济基础上建立起的封建王朝，最需要"忠孝之道"以维系封建国家的稳定。儒学把国家政治制度看成家族亲情伦理的复制与放大，为残酷的社会现实蒙上了一层温情脉脉的面纱。这与中国甚为久远的社会背景有着根深蒂固的渊源关系。汉代董仲舒将此概括为"君为臣纲，父为子纲，夫为妻纲"和"仁、义、礼、智、信"三纲五常处世原则，非常符合中央集权专制的需要和人们期望

女孝经图（宋）

天下太平的心理。尽管经魏晋南北朝隋唐五代的动乱、消解与反思，儒学仍以它不息的生命力贯穿于人们的血脉中。同时儒学由于先天的不足，既回避讨论人类的终极关怀问题，又从佛、道理论中摄取了某些合理解说，这就使儒、佛、道在迎合现实世俗的生存中和关注未来时空的

遐思中有了结合的可能。唐代儒、佛、道虽然互有排斥却已有合流的趋势，至宋代三教潜会更是统治者的希望和思想界的必然。天台宗的智圆和尚说："行五常正三纲，得人伦之天体，儒有焉。绝圣弃智，守雌保弱，道有焉。自因克果，反妄归真，俾千变千态，复乎心情，释有焉。吾心其病乎？三教其药乎？"① 契嵩和尚更有言："古之有圣人焉，曰佛，曰儒，曰百家，心则一，其迹则异。夫一焉者，其皆欲人为善者也；异焉者，分家而各本为其教者。"② 由此而言，殊途同归，三教合流终成一理已见端倪，而理学后被称为新儒学亦可见其集大成之创新。

北宋初年，书院讲学兴盛，对宋代主流思想理学的形成有着重要的作用。特别是胡瑗、孙复、石介同学于泰山凌汉峰下，学成后各自讲学授徒，他们首开儒家讲学风气之先，为理学的产生奠定了基础。

胡瑗（992～1057 年）在苏州郡学和湖州州学施教，其教学方法被仁宗钦定推广于官方太学，称为"苏湖教法"而被后世推崇。胡瑗在教学中深感重振纲纪、复兴儒学、确立社会思想主流、维护封建社会制度，是当世最重要的课题。由此，他指出"明体达用"的宗旨，"体"指儒家纲常礼教，"用"指教化天下俗习。在隋唐以来释、老泛滥和文辞虚华的情势下，胡瑗以体用教学可谓旨在以儒为宗而扭转文风。胡瑗教学兼重义理和心性，既阐明儒家伦理，又注意心智开发。他借《周易》以天地阴阳关系推论人世君臣关系，赋予社会伦理以宇宙规律的合法性；同时又从人性方面教育学生要"禀天地之善性"③，而不要为物引诱失去人本善的道德属性。胡瑗的苏湖教法弘扬了封建纲常并提出了人性修养，已初涉后来理学中义理与心性两大因素。

孙复（992～1057 年）在治学中的突出特点是不重注疏训诂，摒弃浮辞滥调。宋初学者仍有汉儒注疏旧习兼有六朝浮辞文风，这些注疏浮

---

① 《闲居编》卷三四。
② 《镡津文集》卷三。
③ 《周易口义·系辞上》。

辞淹没了儒学精华，也无力对抗佛、道的说教。他指出，历代注疏因袭庞杂无所新见，浮华辞藻烦琐铺张反使六经义理不明。为此他撰著《春秋尊王发微》，直切儒家经义，摒弃章句说解，表现出"弃传从经"的思想和"不惑传注"的学风。孙复以尊用儒术、倡明王道为己任，主张"三纲五常"为"邦国之大经也"而可"成天下之至治者"。他认为宋初注疏恪守陈规已成病态，压迫和窒息人们的思想而毫无生气，因此必须冲决沉闷罗网，改变北宋开国以来 70 余年的迂腐学风。孙复内除训诂，外斥异端，直从经义，传业解惑，表现出复萌儒学的坚定执著和勇于开创的探索精神，显然为理学的孕育注入了生机。

石介（1005～1045 年）更是具有疑古弃传的思想，年轻时在应天府书院读书时便对历代传注予以批判。他认为"读书不取其语辞，直以根本乎圣人之道"[①]。这里的"语辞"乃泛指章句训诂和虚浮文辞，"圣人之道"方为儒学渊薮。他主张从心性根本上理解圣道，"通明经术，不由注疏之说"[②]。故敢于对东汉经学大师郑玄提出质疑，称郑"遍注诸经，立言百万"只是"妄也如此"。石介敢于向注经权威挑战，打破了宋初学者只知依循旧注的死气沉沉的局面。他又提出行孔子之道应以《周礼》、《春秋》为根本，说"《周礼》明王制，《春秋》明王道，可谓尽矣"[③]。主张治理天下须尊三纲五常，佛老异端均应排斥。故其初任应天府学官时撤除佛老画像，只留孔门儒圣供学生拜事。石介疑古弃传，明倡孔道，其思辨和激情为宋代理学的诞生扫清了道路。

沿着"宋初三先生"思想脉络的发展，真正被视为道学宗主、理学开山的是周敦颐，人称濂溪先生（因居于湖南营道濂溪而得名）。周敦颐（1017～1073 年）家学深厚。20 岁时得荫补，此后 30 余年一直为州县之吏。他的品学才识在宋代很受推崇，因其担任着入世的官职却有着出世

---

① 《徂徕先生文集》卷二十。
② 《徂徕先生文集》卷十三。
③ 《徂徕先生文集》卷七。

的心境。他那种淡泊从容的人格境界是融合儒道的具体体现，他赞美"出淤泥而不染"的莲花象征着他超尘脱俗的高洁情操。他直承孔孟儒学却又借助道家思维，一生重在述讲所著不多，但却词约义丰内涵博大。

他以天道证明人道，主张宇宙规律与社会道德的合一，提出"圣人与天地合其德"①。他通过援道入儒，为孔孟儒学提供了宇宙论的思维体系，也使儒家的仁义道德获得永恒绝对的属性。他把道教《无极图》改为自己的《太极图》，以此构制成一个宇宙生成的图景。在《太极图说》中，他建立起无极→太极→阴阳→五行→万物的宇宙生成图式。他认为，由无极之无产生出太极之有，由太极之有产生出阴阳二气，由阴阳二气的变合产生出水火木金土五行，由五行生成万物。其中阴阳二气的形成与交感，构成了宇宙万物生生不息的变化。以此来解释社会，"唯

周敦颐像

人也，得其秀而最灵。形既生矣，神发知矣，五性感动而善恶分，万事出矣。圣人定之以中正仁义，而主静，立人极焉"。周敦颐经过如此推演，将宇宙理论与儒家道德串通起来，使仁义礼智具有了自然天成的至上权威。可以看出，周敦颐的思想体系虽然以道家自然哲学为本，而其理论指向却是面对现实社会生活。

在其道德论中又特别尚"诚"，认为诚来源于"万物资始"的宇宙，具有"纯粹至善"的先天品性。诚表现为一种无欲的主静状态，而它的展开则体现为儒家仁义礼智信五常及人的各种行为道德规范，即"诚，五常之本，百行之源也"②。由此，他提出立诚去妄的修善说，要求人

① 《周子全书》卷一。
② 《通书·诚下》。

们改邪归正趋善至诚。这样，就把儒家主张和道家思想巧妙而具体地融合起来，将人性与天理构成有机的一体。周敦颐"出入于释老"而"反求诸六经"，既适应北宋社会江山一统的历史要求，也实现了儒学与佛老之间由"相克"到"相生"的重要转折，为以儒为本、三教合流的新儒学诞生奠定了气度博大的思想基础。因此，其濂学对儒学复兴具有强心振气的作用，后来两宋的理学家都尊崇他为宋代理学宗主。

竹要拔阮图（宋）

邵雍（1011～1077年）长于象数学，在《周易》研究的基础上构成对宇宙的解释和人生的指南。其前半生潜心学问，刻苦攻读；后半生隐居闲适，优雅脱俗。他在政治上与司马光等见解相同，对王安石新法多有讥评。他在熙宁变法时期教育做官的门生故旧当宽简执法，旧党复出后多次被荐入仕均称疾不就。他虽关心政治但更倾心学者生活，主要思想理论著作有《皇极经世》。他在解释《皇极经世》书名时说："至大谓之皇，至中谓之极，至正谓之经，至变谓之世。"这表明他力图为自然宇宙和人类社会提出一个博大至善、应变随通的永恒规律。

在他看来，宇宙生成的具体过程是，太极一分为二产生天地，天地二分为四产生阴、阳、柔、刚，阴阳柔刚四分为八产生出日月星辰和水土火石，而后"八卦相错，然后万物生"①。他认为"一"为宇宙的本体，自然万物依道而行，三纲五常亦是社会遵循的法则，这就使以易为宗的象数学不仅解释了宇宙的生成也指导了人间的伦理。他推崇易学的神圣，认为它本于伏羲氏而备于周文王，包含了经天治世的大道。他也推崇儒学，认为人类史上的盛兴时代无不是奉行仁义之道。他还借鉴佛教"他心通"之说，提出"神无所在无所不在，至人与他心通者，以其本于一也"②。

　　他在易佛结合的基础上，构成了其象数学的一个基本概念"观物"说。他说："以物观物，性也；以我观物，情也。性公而明，情偏于暗。"③ 他还说："夫所以谓之观物者，非以目观之也；非观之以目而观之以心也，非观之以心而观之以理也。天下之物莫不有理焉。"④ 邵雍所论，将天下之物性与人心沟通为一体，以此观物便可觉解宇宙的化生和人事的变迁。这一"观物"说与周敦颐"无欲"论相映照，为后世理学诸子的"天理"论提供了契机。由于邵雍象数学有重数术和方术的倾向，故在宋代理学中不居主流地位。但其学说在当时很受推崇，致思趋向也对理学的发展具有促进作用。

第二节　分立与融合

　　宋初实行的加强中央集权制和废弃唐代均田制，经过 60 多年到北宋中期已经完成，政治上的君权至上关系和经济上的租佃关系基本确立。这时，国家的统一、政权的安定、经济的发展和科技的进步促进了

---

① 《皇极经世·观物外篇》。
② 《皇极经世·观物内篇》。
③ 《皇极经世·观物外篇》。
④ 《皇极经世·观物外篇》。

社会的繁荣，但过度的集权、庞大的军队、庸碌的官僚和土地的兼并导致财政的紧张。正是在这种情况下，改革的呼声越来越高，先后出现了宋祁、范仲淹、文彦博、王安石等主张变法的官员。学术界也由此空前活跃起来，出现了改造儒学发展理论的新局面。

王安石根据时代变化提出了修正先王之礼法的主张，认为先王之政在于运用礼治与法治的两手因时制宜。王安石的"权时之变"就是要革除中央权力的过分集中所造成的种种弊害，遏制、整顿废弃均田制后出现的各种土地过度兼并而造成的失衡。但其目的不是要取消中央集权制和恢复均田制，而是要加强封建王朝的生命活力和进取张力，使北宋内部出现的矛盾和外在强敌压境的局面得到缓解。王安石的变法措施受到许多利益被侵者的反对，这使他深刻感受到传统思想的强大和阻碍。因此在熙宁六年（1073 年），王安石请设"经义局"，并亲自主持重释经义，配合科举制的改革编写教本。由此，传统儒学被纳入变法内容，同时也为变法提供理论根据。

在王安石看来，宋初经学中"天人感应"思想已很腐朽，于是他针对那些所谓祥瑞活动提出"万物一气"的朴素观点。他说："夫天之为物也，可谓无作好，无作恶，无偏无党，无反无侧。"[1] 道是万物遵循的规律，天地也须依道而动，在道的支配下化育万物。"道乃在天地之先。"[2] 因此，天不为人而存在，也不对人有偏爱。所谓灾异、祥瑞都是正常的自然现象，非国君得失所导致。因此，天地运行循道而已。那么，道是什么呢？"道无体也，无方也，以冲和之气鼓动于天地之间而生养万物。"[3] 也就是说，道附于具体实物，以元气为根本，流动于天地之间，"万物一气也"[4]。王安石万物由气化生的观念，反映了当时人

---

[1] 《临川文集》卷六十五。

[2] 《道德真经集注》卷二、卷十。

[3] 《道德真经集注》卷二、卷十。

[4] 《周官新义》卷八。

们对宇宙生成的朴素看法。虽然简单而具象，但表达了万物皆变、朝气蓬勃、吐故纳新的思想。这种求变求新的精神与附庸天命的腐朽保守思想形成鲜明的对比，代表了当时意识形态中的有生力量。

　　由此，王安石又推论出性命道德等人伦问题上的观点。他认为，人之性由气而生，"神生于性，性生于诚，诚生于心，心生于气，气生于形"①。关于性的争论由来已久，其善恶问题众说纷纭。孟子言善，荀子言恶，告子称无善恶，扬雄称善恶混，王充又说有善有恶。自董仲舒发明了性善情恶说后，将二者对立起来，其基本观点到唐代韩愈更为明确。王安石反对历史上的这些观点，认为性情一元。他说："世有论者曰：性善情恶。是徒识性情之名，而不知性情之实也。喜、怒、哀、乐、好、恶、欲未发于外而存于心，性也。喜、怒、哀、乐、好、恶、欲发于外而见于行，情也。性者，情之本；情者，性之用。故吾曰：性情一也。"② 王安石进一步指出，如性善者为君子，情恶者为小人，那么君子就没有情欲如同木石，小人没有品性只能道德败坏。王安石认为，性情是统一的，并不存在唯善不恶或唯恶不善之人。

　　在性与命问题上，孟子曾认为，性是人自身的东西，非外物所与；命则是在外的东西，由天决定，非人所能求得。王充则说："性与命异，或性善而命凶，或性恶而命吉。操行善恶者，性也；祸福吉凶者，命也。"③ 孟子强调安身立命的积极追求，王充则看到性善恶未必与命祸福的一致。王安石认为，性与命之间有一定的内在联系，性是命的基本因素，命是性的发展结果，因此人可根据自己的品性推出自己大致的命运。他说，一个人品行端正，可有高官厚禄之命运，不幸位卑贫穷，不过是暂时的情况；一个人若品行不端，则只有勉强温饱的命运，有幸发财显赫，不过是偶然的事情。他把性与命统一起来，认为命运就在人的

———————————

① 《临川文集》卷六十六。
② 《临川文集》卷六十七。
③ 《论衡·命义》。

过从帖（宋）王安石

行为之中，包含了人可以掌握自己命运的思想。既然命不在天而在人，那么人在社会中如何决定自己的命运呢？王安石认为，只要坚持循道守礼，那么最终必能体现价值。

至此，王安石把性、情、命等问题都归结到做人的道德规范上来。虽然其出自维护封建礼教的目的，但其不拘成见的独立思考和大胆议论为后来的性命义理之学揭开了序幕；同时，与天命观和无为论相比较也更具有积极入世的精神，这与其锐意改革的变法思想是保持一致的。

在打破汉唐注疏的过程中宋人重新阐释着宇宙和人生，用言简意赅的明快学风包容着前人的思考而新开广阔的境界。如果说宋初学者为理学开创作了先导，那么，张载与二程便是理学的奠基性人物。

张载（1020～1077年），字子厚，祖籍大梁，生于长安。一生精力用于钻研学问，在关中故里横渠镇著书讲学，人称横渠先生，其学派被称为关学。张载关学气象博大，旨在"为天地立心，为生民立命，为往圣继绝学，为万世开太平"①。他以气为本，探索宇宙生成的终极原因。认为太虚之聚而成为气，气之疏散而为太虚，太虚与气是聚散关系。气与万物之间，也是聚散关系，气聚成为万物，物散则回返于气。气的中心地位是普遍而永恒的，气是三者同体的根源，是区别于空无的物质实

---

① 《近思录拾遗》。

体。由此提出了他的天人一气的人性论，即人性与天地同源于一气，因
而人与天地万物具有共同本性。他批判佛教"以心法起灭天地，以小缘
大，以末缘本，其不能穷而谓之幻妄"①，他批判道教"若谓虚能生气，
则虚无穷，气有限，体用殊绝，入老氏有生于无自然之论，不识所谓有
无混一之常"。② 张载对佛、老的批判是北宋以来最深刻的，他从宇宙
本源的高度打击了所谓"空""无"，这使宋代理学也从其气本论上找到
了自然观的合理支点。

　　由此出发，张载在《西铭》中提出了"民胞物与"的理想境界。在
他看来，天人同一气同一理，人体充满天地之气，人性返归天地之性，
天即是父，地即是母，民众即为我的同类，万物乃为我的朋友。他又认
为宗子法是天理的体现，说："大君者，吾父母宗子；其大臣，宗子之
家相也。尊高年，所以长其长；慈孤弱，所以幼吾幼。圣合其德，贤其
秀也。"③"天子建国，诸侯建宗，亦天理也。"④ 他把宗族权势的世代传
递看成符合天理，目的在于稳定国家、巩固主权。张载还提出人生的重
要任务在于认识天地万物的规律，从而自觉修养人性以达圣贤境地。他
说："万物皆有理，若不知穷理，如梦过一生。"⑤ 他把尽心穷理称为
"德性之治"，而"德性之治"关键在于道德修养。总之，张载强调以涵
养道德来穷尽天地之性，以严格宗法制度维护封建秩序，使伦理学获得
本体学的论证，可见其博大的视野和深刻的用心，体现出关学尚思致用
的理性特征。

　　二程是程颢（1032～1085 年）、程颐（1033～1107 年）。二人为同
胞兄弟，河南伊川人。因长期在洛阳讲学，他们的学派被称为洛学。他

---

① 《正蒙·大心篇》。
② 《正蒙·太和篇》。
③ 《正蒙·乾称篇》。
④ 《经学理窟·宗子法》。
⑤ 《张子语录》上。

们是周敦颐的学生、邵雍的晚辈、张载的姻亲。他们对王安石新法有所批评，因而在政治上不很得意。他们顺应北宋复兴儒学的大势，吸取佛、道中合理的因素融会贯通，创造出既求建功立业又须安心乐道的境界。

二程洛学自谓是继孟子之后"得不传之学于遗经，志以斯道觉斯民"①，"泛滥诸家，出入老释者几十年，返求诸六经而后得之"② 的，其学问核心在于树立起一个笼络而驾驭宇宙万物的普遍法则即"天者，理也"的命题。程颢说："吾学虽有授受，天理二字却是自家体贴出来的。"在二程看来，天不是宇宙自然，也不是人格上帝，而是一个至上的精神观念，体现着宇宙人生的最高法则。二程认为，理是万物本原，也决定了事物的功用。"实有是理，故实有是物；实有是物，故实有是用。"③ 二程一方面提出"万物皆是一个天理"④，以理为永恒绝对的世界本原；一方面又引入气的概念，称理派生出气再衍生出天下万物。这样，气体现理，理在气中，气化为物，理在物中，由此，二程推出"一物之理即万物之理"⑤ 的结论。指出虽然物有万殊，事有万变，但是，殊途而同归，百虑而一致，多依归于一，变复致于恒，"天下之理一也"。二程确立了天即理的普遍法则，旨在赋予封建制度及其意识形态以普遍合法性，从而指导社会生活并确立人生规范。他们认为，天理中本已包含人间社会的典章礼法和伦理原则，王道的实施正是对天道本体的确认和遵从。因此，在二程看来，当世人君应效法先王，顺应天理。这就要求修正纲纪，申明法度；选贤任能，协助朝廷；教化百姓，安民固本。

---

① 《明道先生墓表》。
② 《明道先生行状》。
③ 《经说》卷八。
④ 《河南程氏遗书》卷二上。
⑤ 《河南程氏遗书》卷二上。

同时，二程将人性修养也提到天理的高度，说"性即理也。所谓理，性是也"①。"性即理"命题的本质，把人类本性与宇宙法则直接联系起来，以天理作为人性的终极根据。二程说："上天之载，无声无臭，其体则谓之易，其理则谓之道，其用则谓之神，其命于人则谓之性。"②这是形而上的天理不同角度的表现和说法而已，如程颐所说："理也，性也，命也，三者未尝有异。"在此基础上，二程指出"灭人欲而存天理"的修养论的总原则。二程认为人有二重性，以天命之性为性，以生之谓性为才。"性即是理，理则自尧舜至于涂人，一也。才禀于气，气有浊清，禀其清者为贤，禀其浊者为愚。"③因而，人之才性须要修养，而人欲是致恶的直接原因，只有复归善良的天性才不违背天理。二程将天理与人欲对立起来，无非是让人遵循封建礼法。

二程提倡学习，认为学习能除去违害天理的物欲，复萌至善的本心。

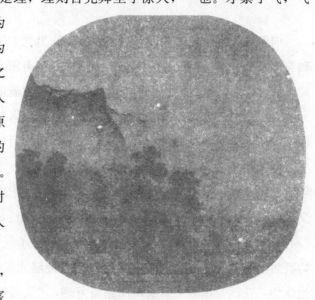

深堂琴趣图（宋）

他们将《大学》中"格物、致知、诚意、正心、修身、齐家、治国、平天下"作为人生的奋斗目标，在格物致知中获得天理并在平治天下时得到实现。二程还讲主敬，认为这是涵养德性的根本方法。

① 《河南程氏遗书》卷七。
② 《河南程氏遗书》卷十二。
③ 《河南程氏遗书》卷十八。

程颢说，"敬须和乐"是一种内心识仁的安详境界；程颐则说，"主一无适"是一种内心专一不为物诱的心理状态。总之，治平天下与涵养道德并非悖反，而是高度一致。二程批判地吸取了佛老因素，在与王安石新学的对峙中为理学打下了坚实基础。

第三节　传续与集成

周敦颐、邵雍、张载、程颢、程颐号称为北宋五子，理学的理论基础与体系框架在他们的努力下已初步形成。至南宋，诸多学者进一步探究、论述、发扬、光大，理学作为思想文化的主流形态气象万千、蔚为大观。虽然也曾遭排斥曾有内争，但最终作为中国封建时代思想成熟的硕果，达到十分丰满的程度而将其良种持续播向后代。

南宋初年直接继从二程理学的是胡宏（1106～1161年），他在青少年时期曾于父亲庭前接受了二程理学的启蒙。胡宏虽与权相秦桧为世交，但因主张抗金救国竟不与之来往。他一生未仕，隐居衡山，开创了"湖湘学派"。黄宗羲称，该学派在南宋之初治学气势"最盛"。胡宏为南渡后倡明二程洛学可谓立下大功，是连接南北两宋理学的重要环节。他认为，在性与理的关系上，性涵盖万理，"大哉性乎，万理具焉，天地由此而立矣"[①]！在性与气的关系上，性是气的根源，"非性无物，非气无形。性，其气之本乎"[②]！在性与物的关系上，物是性的具体表现，"形而上者谓之性，形而下者谓之物"[③]。在性与心的关系上，性决定心而心返归于性，即心体现性而成于性。胡宏的性本论，以性为最高范畴

---

① 《知言》卷四。
② 《知言》卷三。
③ 《释疑孟·辨》。

建立起思想体系，实际上是对洛学的继承中又有标新。这一学说由胡宏的弟子张栻影响到朱熹，所以从朱熹的理学思想中可以看到胡宏的若干启发。

　　朱震（1072～1138 年）则是南宋初年的著名象数学家，其以易为宗的象数学被明清史家归为理学的一个分支。他早年钻研二程洛学，博览群书，寻师问疑。中年以后，潜心向《易》，著成《汉上易传》。朱震的易说，以秦汉之际的《易传》为指导，吸收融合邵雍象数学、张载气学、二程理学的思想，总结了自汉至宋的象数之论，将象数学推进了一大步。他认为，立象缘自天地万物，而天地万物由阴阳二气交感变化生成，因而气在先而象在后，象数既体现天地之理也论证纲常之道。由此可以看出他的圆通，将前人研究成果给以历史大融合，并希图建立从自然到人本的数理秩序。朱震上承汉易，下启明清，兼容诸家，一帜独树，成为气本论取象说的历史传递大师。

　　张九成（1092～1159 年）师从理学而有自创，成为两宋心学一派的重要过渡人物。他幼年聪慧，刻苦自励。踏入仕途后官至礼部侍郎兼侍讲，又及刑部侍郎。因触犯当朝秦桧被贬职，秦桧死后复出知温州。其哲学思想以心即理为本质内容，认为天下一个天理，而天理乃在心中。但是他强调天理非为天下万物最后根据，说："心即理，理即心。内而一念，外而万事，微而万物，皆会归在此，出入在此。"[①] 即天理只在心中，一切由心所生，心是天下万物根源，由此确立起心为宇宙最高本体的观念。由此，他既不同于张载的变化气质说，又不同于二程的格物致知论，"造化何在？吾心而已矣"[②]！因此，求天理只在求心，一切自胸襟流出而已。在对社会人心问题上，他说"仁义礼智，皆生于心"[③]，坚持孟子的性善论，至于那些性之恶是后天造成的。张九成力

————————————

① 《孟子传》卷十九。
② 《横浦集》卷九。
③ 《孟子传》卷二十七。

主人君应以心即理原则安邦治国，实行王道仁政而排斥霸道野心。张九成心本体的思想为后来心学之发展开通了道路。

张栻（1133～1180年）是高宗、孝宗两朝宰相张浚的儿子，是经谢良佐、杨时、胡安国、胡宏得二程真学的四传弟子。张栻继承了二程的理本论思想，提出天、性、心名异实同，皆出于理。他说："事事物物皆有所以然，其所以然者，天之理也。"① "理之自然谓之天，命于人为性，主于性为心。天也，性也，心也，所取则异而体则同。"② 这是

老君坐像（宋）

说天、性、心均为理的直接体现，三者均有理的形而上品质，显然将程颢性即理之说与张九成的心本体理论又作发扬。他说："心也者，贯万事统万理，而为万物之主宰者也。"③ 由此强调主观的认知不免令人想到禅宗的自悟，所不同的是禅宗更多消极的空幻而理学更多积极的救世。张栻作为胡宏的弟子是湖湘学派的中坚人物，他主持岳麓书院时亲自讲学吸引了众多四方之士。故时人将他与吕祖谦、朱熹一起并称为"东南三贤"，黄宗羲以为张栻学

问之大要后来超过了胡宏，全祖望则称"南轩似明道，晦翁似伊川"④，以张栻与朱熹比同程颢与程颐，可见其影响之大。

---

① 《孟子传》卷六。
② 《孟子传》卷七。
③ 《南轩先生文集》卷四。
④ 《宋元学案》卷五十。

吕祖谦（1137～1181年）出生于官僚世族兼书香门第的家庭，中进士后与张栻、朱熹、陆九渊、陈亮等学者结为友好。全祖望认为，南宋乾淳之后，并立有朱学、吕学、陆学三大家，朱学讲天理，陆学讲明心，吕学则兼取。吕氏家学素有不名一师、博采诸学的风格，因而也就具有学问庞杂广大而体系逻辑不明的利弊。吕祖谦在哲学思想上兼容理本论和心本论两大倾向，调和于北宋二程之间，又调和于南宋朱陆之间，但未能把两大倾向化为一个贯通的体系。他继承理本学说，认为"理之在天下，犹元气之在万物也"①。他又说，理在人世间"遇亲则为孝，遇君则为忠"②。这样，理也就是自然和社会的至尊主宰和最后根源。他又发挥心学倾向，认为"心即天也，未尝有心外之天；心即神也，未尝有心外之神"③。他还提出心即道，"心外有道，非心也；道外有心，非道也"④。这就将心视做形而上的普遍法则，决定着宇宙万物的变化而成为至上的主宰。天理说使他趋向于客观规律的探讨，而心向说又使他特别看重主观意志的作用。这种"集益之功"⑤使其当时声名鼎盛，但其"守约恐未"⑥影响了其学说力度。

朱熹（1130～1200年），字元晦，号晦庵，别号紫阳。祖籍徽州婺源（今江西婺源），出生于南剑州尤溪（今福建尤溪县）。其父曾任尤溪县尉，后家贫不支外出师事父友。考中进士后踏入仕途，最后官至焕章阁待制兼侍讲。朱熹虽历仕高宗、孝宗、光宗、宁宗四朝，但实际在任时间只有10年左右。他前期力主抗金，反对议和；后期重在兴学，而生守成之意。他关心国家大事，希望社会安定，一生大部时间倾注于理论研究、著书立说和收徒讲学中。其兴办教育的目的，一是复萌先王之

---

① 《东莱博义》卷一。
② 《东莱博义》卷一。
③ 《东莱博义》卷一。
④ 《东莱博义》卷二。
⑤ 《宋元学案》卷五十一。
⑥ 《朱子语类》卷一百二十二。

朱熹像

道，承接孔孟道统；二是扭转风俗日乱的局面，为封建王朝培养忠君孝父的人才。朱熹以极大的热情和毕生的精力投入于办学讲学活动中，他所主持的岳麓书院和白鹿洞书院在历史上颇负盛名，即使负伪学之名遭受打击革职回乡也仍顽强传播其理学。其著述甚丰，主要著作有《四书集注》、《朱文公文集》、《太极图说解》、《西铭解义》、《通书解》以及由门生辑录的《朱子语类》。

朱熹继承了二程的理本论思想，以理为最高范畴建立起庞大而成熟的哲学体系。他说："若在理上看，则虽未有物，而已有物之理，然亦但有理已，未尝实有是物也。"① 认为日月星辰、山川草木、人物禽兽皆为理下之器，"这形而下之器之中，便各自有个道理，此便是形而上之道"②。也就是说，理是抽象的普遍原则，具有"无情意、无计度、无造作"的超意志特征和"无所适而不在"的超时空特征。理在事上并在事中，天下没有理外之物。他同时又提出理决定气，理气结合构成天下万物。他说："理也者，形而上之道也，生物之本也。气也者，形而下之器也，生物之具也。是以人物之先，必禀此理然后有性，必禀此气然后有形。"③ 也就是说，理是产生万物的本质根据，气是构成万物的物质材料，观念性本体的理与物质材料的气彼此结合，便形成天地万物。这里，朱熹把张载视做世界本原的气与二程视做宇宙总则的理联结为一个不可分割的统一体，理在气先同时气中含理，天下未有无理之气，也未有无气之理，理气依存又彼此渗透。从这个意义上讲，"理与

---

① 《朱文公文集》卷四十。
② 《朱子语类》卷六十三。
③ 《朱文公文集》卷五十八。

气本无先后之可言"①。朱熹克服了张载重气轻理、二程重理轻气的各执一偏的片面性，形成了自己博大精深的理气说。

由此出发，朱熹建构起面向社会人生的伦理学体系。他说："未有天地之先，毕竟也只是理。"② "天理流行，触处皆是，暑往寒来，川流山峙，父子有亲，君臣有义之类，无非这理。"③ "天理，只是仁义礼智之总名，仁义礼智便是天理之件数。"④ 因此，理虽超越并主宰万事万物，但又绝非玄妙而不可得，人间伦理纲常便是理的具象化。于是，宇宙论与伦理学的沟通，使得人世的伦常道德成为一种超世的理念体现，这一理念对诸个体具有一种主宰、统帅、先验的作用力，任何人违背纲常便是违背天理。可见朱熹将天人合于一理不仅是关于哲学的探究，

朱熹信札

更是要匡正现实社会生活的道德追求。朱熹为达此目的进一步完善了格物致知论。他说："便是要就这形而下之器，穷得那形而上之道理而已。"⑤ 他依据理在事中的前提，认为明理就是通过察辨形而下的事物来认识形而上的天理，只有格物才能致知，而致知正在格物过程中。在朱熹看来，格物致知的目的不仅在于识得万物的本质达到"理在物与在

① 《朱子语类》卷一。
② 《朱子语类》卷一。
③ 《朱子语类》卷四十。
④ 《朱子语类》卷四十。
⑤ 《朱子语类》卷六十二。

吾身只一般"的崇高境界，更重要的是体认社会伦理的原则规范并化成高度的自觉行为。他指出："如今为此学而不穷天理、明人伦、讲圣言、通世故，乃兀然存心于一草一木一器用之间，此是何学问？如此而望有所得，是炒沙而欲成其饭也。"① 可见他强调格物致知更侧重于人格的建设，这不免令人想到他提出的格物→致知→诚意→正心→修身→齐家→治国→明德于天下的人格理想。

朱熹的由天理自然观念到政治伦理取向，表明了他继承儒家重人文理论轻自然科学的传统。这样，一个庞大的以人的伦常秩序为本体轴心的儒学体系建立起来，释、道两教关于个体修炼与宇宙认识的思想精神被摄入儒家宏阔的框范之中，自西汉以来多元发展的意识形态至此达集大成之境地，朱熹也因此成为继儒学正宗而倡礼教之圣人。

南宋是思想学术大发展时期，不仅理学达到了完备的水平，而且各种思想并存。其中最有代表性的是陆九渊创立的心学，他秉承程颢，糅合禅宗，提出了"心即理"说。陆九渊（1139～1192 年）考中进士后担任过一些官职，但一生最主要的活动是论学授道。他晚年在江西贵溪象山设书院讲学，四方前来谒访者前后逾千人，人称象山先生。他的心学体系也在这个时期最后完成。由于陆九渊注重体悟，不重著述，因而生前论著刊刻不多，死后才由儿子和学生将其论述与诗文编成《象山先生全集》。

陆九渊心学最主要的特征是"内求"，即重视心性和内省修养，主张求理于心，向内而思。在宋代理学形成的过程中，二程具有不可忽视的影响。尽管他们在理为根本的问题上是一致的，但在如何体认万物之理的问题上却并不相同。程颢认为天地万物与人同体，物即我，我即物，物我一体，物我无分，忘记内外，就能达到心的澄静。程颐则认为，天地间只有一理，永恒长存，人欲穷理，须经格物，通过外术达到致知。程颐的思想被朱熹全面继承，程颢的观点则被陆九渊发展为心

① 《朱子语类》卷三十九。

学。陆九渊说："心，一心也；理，一理也。至当归一，精义无二。此心此理，实不容有二。"① "人皆有是心，心皆具是理，心即理也。"② 孟子曾说："恻隐之心，仁也；羞恶之心，义也；恭敬之心，礼也；是非之心，智也。"③ 陆九渊认为，心作为道德之心，并不是心有道德，而是心就是道德。用明代王阳明的话说，就是"心即性"④。仁、义、礼、智四端就是人的本心，而不是四端主宰人心。"四端者，人之本心也，天之所以与我者，即此心也。"⑤

　　由此，陆九渊倡导"发明本心"为修身方式，提出了与朱熹"格物致知"的不同观点。朱熹认为："天理存则人欲亡，人欲胜则天理灭。"⑥ 因此需格物致知达到对理的体认与贯通。陆九渊则从心无二、理无二、心与理无二出发，提出发明本心直扬天理的"易简工夫"。他认为，心与理与生俱来，人人皆有，但是由于外物所扰而被蒙蔽，因此需要唤起。唤起非别人所能，必须反身自省。格物致知是一种外求方法，积累再多也难抵达根本。而人性四端是心之本根，发明本心即唤起四端。因而他主张从内心深处去认同伦理道德，对自身行为进行评价和约束。只要内心深处发现良知并成为主宰自我的最佳途径即达天理，而不必如某些理学家所谓"若能持敬以穷理，则天理自明，人欲自消，而彼之邪妄将不攻而自破矣"⑦。

　　显然，陆九渊以整体把握方式直截了当又包容丰富地揭示了理心关系，强调主观体验，内心扩张，简约认识，这如同为以朱熹为代表的日趋烦琐的南宋学术界吹入一股清新之风，给人一种豁然开朗的痛快感

① 《象山全集》卷一。
② 《象山全集》卷十一。
③ 《孟子·告子上》。
④ 王阳明：《传习录》上。
⑤ 《象山全集》卷十一。
⑥ 《朱子语类》卷十三。
⑦ 《朱子文集》卷四十一。

觉。由此亦可见到心学的禅宗味道。禅宗六祖慧能曾述说他的顿悟之法："我于忍和尚处，一闻言下便悟，顿见真如本性，是以将此教法流行，今学者顿悟普提，各自观心，自见本性。"① 朱熹多次批评说："子静（陆九渊字）一味是禅。"② 陆九渊讲发明本心，解释为"一是即皆是，一明即皆明"③。

慧能坐像（宋）

禅宗授道不著文字，常以即境举例，引发联想促成顿悟，陆九渊同样善用此方。他以侧座弟子见师立起随之也起的动作为例，说明本心如同本能是自然的表现。但是心学并非禅学，陆九渊所言本心是伦理道德内容的主观意识，不是禅宗"不染善恶"的"万相皆空"之心④。不仅如此，禅宗顿悟只讲自我反省，不讲借助外力。陆九渊则提出借助师友和书卷来认识自己，但交友读书皆须精当。可见陆九渊借助了禅宗的修养方式，认为向内心发展才是体悟天理的有效途径。

朱亨道记述朱熹、陆九渊鹅湖之会言："鹅湖之会，论及教人，元晦之意欲令人泛观博览而后归之约，二陆之意欲先发明人之本心而后使之博览。朱以陆之教人为太简，陆以朱之教人为支离，此颇不

---

① 《六祖坛经·般若品第二》。
② 《朱子文集》卷三十五。
③ 《象山全集》卷三十五。
④ 《六祖坛经·忏悔品第六》。

合。"① 朱、陆二派争论还牵涉许多方面，以至发展到后来互不相容两如水火。《象山学案》中载："于是宗朱者诋陆为狂禅，宗陆者以朱为俗学，两家之学，各成门户，几如冰炭矣。"②

在南宋理学发展到成熟的同时，其内在的矛盾和漏洞也遭到来自各方的批评和指责，除了以陆九渊为代表的心学反对理学的烦琐和因循，以陈亮、叶适为代表的事功之学则对理学空谈义理的作风给予抨击。事功学主要流行在以温州为代表的浙东地区，这里由于中原人口的南迁人数迅速增加，工商业也很快繁荣起来。在沿海经济发展的环境下，学界涌现出一批讲求务实、重视实功的儒士学人，史称"浙学"。浙学并非都是儒学，而是因在同一地域具有同一特征而得名。如以吕祖谦、胡三省为代表的史学文献派，以陈亮、叶适为代表的儒学事功派，以杨简、袁燮、舒璘、沈焕为代表的儒学心学派，以黄震为代表的儒学理学派等等。他们的共同倾向是重视现实，讲求致用，反对空谈，崇尚功效。

事功之学从浙东地区兴起不是偶然，它是经济发达的产物和主战思想的反映，因而它有着鲜明的抨击现实的作风和激烈的反对朱熹理学的特征。陈亮（1143～1194 年）出身于庶民家庭，自小就有经略四方之志。毕生为两件事矢志不移，即上言抗金和反驳理学。他认为理学空谈性理，误国误民，便对当时已负盛名的朱熹展开批评。陈亮思想无直接师承，他读书广博，不尊门户，广交朋友，各取所长，当时学者他都有交往。其学说以国家中兴为理论焦点，因而与当时诸学皆有不同。

陈亮与朱熹的争论以"王霸"、"义利"为核心问题，标明了二者的对立。在朱熹看来，存天理、灭人欲、颂王贬霸、崇义绌利，是儒学自古至今的当然标准。陈亮则不这样看，他认为，利欲并非坏事，义理也不能空谈。针对朱熹提出的以夏、商、周三代为王道，三代后至汉唐为

① 《宋元学案》卷七十七。
② 《宋元学案》卷五十八。

霸道的论点，陈亮认为，王道与霸道相互渗透，没有单纯的王道或霸道，无论三代还是汉唐都是如此，汉唐所建功业也并不比三代渺小。在他看来，三代之君同样是以征伐天下和谋取王位为开端的，汉唐之君能使国家与天地并立亦可称得上有宏大开廓之功，因此王道与霸道应是互为条件，都可建治世之业，所以霸道无可非议。在义利问题上，陈亮认为，既然王霸可以杂用，义利当然可以并行。在朱熹看来，三代是王道，在于以天理为根本，以仁政为目的；汉唐行霸道，其动机、目的都是为了利欲。陈亮则认为，治国不能不讲"生民之利"，这与王安石所讲"民之所利"是相同的。若无利民之利，所谓义理、仁政便都是空话。因此，义在利中，理在欲中，利欲是义理的具体体现。"王霸可以杂用，则天理人欲可以并行。"①

可以看出，朱熹力劝陈亮做三代那种有功德的人要紧，但陈亮却从社会现实出发力主应解决实际问题。陈亮与朱熹经吕祖谦介绍认识后，二人通信一直讨论王霸、义利问题，关键是对做人的观点有所不同。朱熹一再劝陈亮："鄙意更欲贤者百尺竿头进取一步，将来不作三代以下人物，省得气力为汉唐分疏，即更脱洒磊落耳。"② 陈亮则一再鄙薄理学家的做人方式："始悟今世之儒士，自以为得正心诚意之学者，皆风痹不知痛痒之人也。举一世安于君父之仇，而方低头拱手以谈性命，不知何者谓之性命乎？③" 正如《宋元学案》所言："当乾道淳熙间，朱（熹）张（栻）吕（祖谦）陆（九渊）皆谈性命而辟功利。学者各守其师说，截然不可犯。陈同甫崛起其旁，独以为不然。"④

叶适（1150～1223 年）思想与陈亮基本相同，主张务实求功，反对空谈性理，但在表述上不大一样。叶适少时家庭贫苦，养成讲求实际的作

---

① 《陈亮集》卷二十《又丙午秋书》。
② 《晦庵先生集》卷三十六。
③ 《陈亮集》卷一《上孝宗皇帝第一书》。
④ 《宋元学案》卷五十六。

风。28岁中进士后为官从政，力主抗金雪耻，强国富民。58岁以后归乡，潜心研究经史典籍，写成《习学记言序目》50卷，系统地阐述了自己的理论观点。

他在学术上重释经传，政治上力谋进取。在《习学记言序目》中，他"根柢六经，折衷诸子，剖析秦汉，迄于五季"①。

枇杷山鸟图（宋）

他对典籍的考订和阐释并非只为澄清谬误，主要是为清除后来儒者加在经传上的许多牵强附会之说。比如他考证《周易》非伏羲、文王、孔子所作，只不过是周代史祝官用占筮之书。考证《中庸》非子思所作，且对儒学由孔子传曾子、曾子传子思、子思传孟子的道统说提出怀疑。这就从根本上否定了程朱理学的正统性。因而叶适的解释与其说是为了还经书原意，不如说是为了反对程朱加在经书上的理学思想。其批判的大胆和尖锐，不亚于陈亮的犀利和直率。而其之所以作如此有证有理的批判，正是要提倡一种实事求是的为学作风。

在对金是战是和问题上，叶适认为抗金须兴国。欲求国家变弱为强，转败为胜，报仇雪耻，收复失地，须先革除社会四大弊病，即财竭、兵弱、民困、势衰。关于理财，他指出"理财非聚敛"，这是圣君贤臣的重要才能，因此要破除那些"以不言利为义"的见解，使"上有

---

① 《习学记言序目》嘉定十三年序。

余而下不困"①。关于养兵，他提出精兵与屯田相结合之策。指出："今营、屯、厢、禁，见卒至六十万"，"聚兵而不敢战"，"兵以多而遂至于弱"②，原因在于庞大的军费开支没有产生实际的效益，因而应精简兵员、减少开支，同时屯聚百姓、耕战结合。关于生民，他一反传统的重农抑商思想，强调工商对社会发展的积极作用。说："夫四民（士、农、工、商）交致其用，而后治化兴，抑末厚本，非正论也。"③ 这种扶商利民思想，与当时浙东地区经济发达有关，在当时的政治思想中也是很大胆的建议。关于振势，叶适认为北宋初年高度集权是必要的，但其后过于集权导致地方丧失了主动性则对国家是不利的，因而应适当分权给地方，提高管理效果。

总之，叶适强调从实际出发，希望挽救南宋危局，但却被朱熹批评为"大不成学问"④。叶适则针锋相对地说："仁人正谊不谋利，明道不计功。此语初看极好，细看全疏阔。古人以利于人，而不自居其功，故道义光明。后世儒者，行仲舒之论，既无功利，则道义者，乃无用之虚语尔。然举者不能胜，行者不能至，而反以为诟于天下矣。"⑤ 浙东事功派讲究经世致用，以史为鉴，因而在主战派韩侂胄当政时受到重视，而朱熹的理学则一度被斥为伪学遭受打击。后韩侂胄贸然北伐失败，事功学也被称做韩侂胄的理论根据受牵连，从此消沉。

第四节　挫折与昌盛

朱熹的理学虽然遭到心学、事功学的批评，但其博大精深的思想体

---

① 《水心别集》卷二。
② 《水心别集》卷十五。
③ 《学习记言序目》卷十九。
④ 《朱子语类》卷一百二十二。
⑤ 《习学记言序目》卷二十三。

系已建立起来。然而由于政治上的原因，理学却受到一次重创——庆元学禁。绍熙末年（1194年），宋宁宗由赵汝愚和韩侂胄拥立为帝。庆元元年（1195年），韩、赵不和，在权争中赵汝愚失败。朱熹与赵汝愚关系密切，因此受到牵连。庆元二年（1196年），朱熹被判为"伪学逆党"罪降官两级，大弟子蔡元定被送道州编管，同受连累者数十人。韩侂胄掌权后，继续从政治上、学术上排斥理学。凡举荐考核官员，必须注明"系不是伪学"；科举考试凡言"义理"者，一概不取；儒学经籍，皆被列入"世之大禁"。一时之间，士者人人自危，不敢以儒自命。嘉定元年（1208年），韩侂胄北伐失败，史弥远上台执政。次年，谥朱熹为文公。但是，政治上的平反并不能很快改变理学的萧条。朱熹等一代学者已先后下世，学术界后辈无以宗师。至宁宗死，理宗立，于宝庆三年（1227年）下诏赠朱熹为太师，追封信国公，理学才算恢复名誉、重又繁盛。

在重振理学的过程中，理学也得到进一步的发展和修正。真德秀（1178～1235年）、魏了翁（1178～1237年）同为庆元五年（1199年）进士，于庆元学禁后一同应召至朝，二人后同官至高位。他们思想志向相合，一心"嗣往圣，开来哲"，接续道统，阐扬理学。面对南宋后期颓败的政治局面，真德秀借给皇帝讲学的机会，力劝皇帝正心修德，扶持纲常，率先垂范；魏

五足洗（宋）

了翁也倾毕生之力扭转世风。在他们的努力下，周敦颐、二程得到朝廷谥号，被正式列入理学宗谱之首。由于二人的推崇和皇帝的赏识，理学终于再次兴盛，诸儒祠堂遍布州郡，周、程、张、朱之书，家家收藏，人人争诵，性命道德又成时尚。

但是从真德秀的心体说和魏了翁的心本说看，二人的思想明显具有心学影响的痕迹。真德秀认为，心与太极相通，明吾心而知太极，则必然"广大如天地，清明如日月"①，"四海虽远，同此一心"②。在修养方法上，真德秀则强调朱熹的"持敬"说，将其同"养心"结合起来，以达穷理。魏了翁则把朱熹的心性说推进为心本思想，说："人之一心，广大而精微，宽裕而密察。所以范围天地，出入古今，错综人物，盖有巧历所不能算，良工所不能述。"③ 一切以心为本，"天只在此心"④。然后，他推出人为天地立心的命题，说："心者，人之太极，而人心又为天地之太极，以主两仪，以命万物，不越诸此。"⑤ 魏了翁提倡心本说，主张反观内省发掘自己的道德精神，与真德秀一样，都是针对南宋后期人心涣散的现象，希望唤起人心良知，重整社会风气。因此他们从心学中吸取营养也顾不得与心学融合的嫌疑，他们借用禅道的修炼方式和本体学说来发扬儒学并更具玄之色彩。但不管怎样，他们坚持了理学的主流方向，尤其在挽救世道人心方面做出了积极的努力。

南宋末年，蒙古灭金后大举南侵，宋王朝已到了岌岌可危的最后阶段。南宋朝廷曾寄希望于儒学培养出来的庞大官僚机构去扭转局势，但未能奏效。儒学的议论说教，实际上在政治上掩护了屈辱求和路线和消解了抗战救国的活力。在南宋社会大势已去的情况下，仍有忧心如焚的儒士希望改造已僵化了的理学以拯救社会。如果说，以黄震为代表的宋末理学未能挽回南宋灭亡的命运，但是毕竟把理学由空疏迂阔向经世致用推进了一步。

黄震（1212～1280 年）一生没有写过专门的学术著作，所写多是

① 《真西山文集》卷三十三《思诚箴》。
② 《真西山文集》卷三十五《谨立行》。
③ 《鹤山先生大全文集》卷四十七《拙斋记》。
④ 《鹤山先生大全文集》卷三十《答阎运翰》。
⑤ 《鹤山先生大全文集》卷十六《论人主之心义理》。

读书笔记和摘要，如《黄氏日钞》90卷、《古今纪要》19卷等。从他的读书笔记和政治活动中，可以看出他鲜明有个性的思想。他曾上言皇帝，力陈"民日以穷，兵日以弱，财日以匮，士大夫日以无耻"的现状，要求皇帝"真以天下为虑而亟救之"①。他对理学的最大贡献就在于提倡躬行践履的精神，使理学从空谈论道中解脱出来并化为实际的行动。

他强调理在事中，不在天地人事之外。"夫道，即日用常行之理……若以道为别有一物，超出天地之外，使人谢绝生理，离形去智，终其身以求之而终无得焉。吁，可怪也。"② 这就是说，理并非先于万物而生，而是富含于万物之中，这与朱熹"未有天地之先，毕竟先有此理"③ 明显不同。他从理在事中出发，批评老子的"道可道，非常道"，认为即是"可道"，就应是"常道"，否则成为空洞的说教，而后世的空谈正由此而来④。

黄震对性的看法与程朱没有什么不同，"性即理也，在心唤作性，在事唤作理"⑤。但反对后人对孔子作架床叠屋式的诠释。他认为"性相近，习相远"是孔子最平实最正确的提法，后人解释孔子结果比孔子还"高超"，反而掩饰了孔子的原说，不过是借此抬高自己。他说："人生而有性，已是气质之性，天地之性已自付与在其中。所谓天地之性，既非未生以前虚空中别可言性，则亦不逃乎性相近之说也。"⑥ 可见他认为天性在人性中，并不存在人性以外的天性，所谓"天地之性"、"气质之性"的解释反而啰嗦使人曲解。

关于心的问题，黄震不赞成真德秀、魏了翁以心学补充理学的做

① 《黄氏日钞》卷六十九。
② 《黄氏日钞》卷九十五。
③ 《朱子语类》卷一。
④ 《黄氏日钞》卷六十一。
⑤ 《朱子语类》卷五。
⑥ 《黄氏日钞》卷八十五。

法。他认为，心是认识器官，不是精神本体，心与天之间，心可以知天，但心不是天①。"以心知天"，而非"心即是天"，表明了物在心外不在心内的心物有别观点。黄震反对"用心于内"的说法，说："孔门未有专用心于内之说也。用心于内，近世禅学之说耳。"② 黄震并不忽视心的作用，只是反对禅学、心学澄心静坐、空守一心的做法。他认为心的作用在于治事而非治于事，离开治事而治心则势必把人治成废物。黄震还针对"道心人心"问题批评说："近世喜言心学，舍全章本旨而独论人心道心，甚者单摭道心二学而直谓即心是道，盖陷于禅学而不自

哀泣俑（宋）

知其去尧舜禹授受天下之本旨远矣。"程朱将起于物欲之心称为人心，发自义理之心称为道心，强调发扬道心，克服人心。陆氏心学则认为心即是道，没有二分。在黄震看来，心就是心，与道、性不可混淆，其可知道、性绝不能同道、性。

为彻底反对心学的禅说倾向，他对理的绝对性给予更彻底的肯定。可知黄震的义理之学不尚空论，重在实行。他说，儒学自孔子起就教导人们要"讷于言而敏于行"，由《论语》之简短亦可看出孔子自己也身体力行之。应改变言多行少的风气，以轻言为耻，以见行为重③。他在阐发朱熹知行并进时，还弱化了"知先行后"，强化了"重行轻知"，从而突出了其"今日之所少者，不在讲学而在躬行"的

---

① 《黄氏日钞》卷三十三。
② 《黄氏日钞》卷二。
③ 《黄氏日钞》卷八十二。

思想。黄震显然受到浙东事功学派的影响，而给予心学的空论以严厉的打击。在当时民族矛盾日益尖锐而士人仍在空谈义理的情况下，黄震对理学的致用价值给以重要的发挥是难能可贵的。然而，毕竟南宋社会积弊过重，扭转学风已无作用，黄震只能以"日惟一食，仰天长歌"① 的方式，实现其拒绝做元朝官员而躬行儒家信念的努力，最后以身殉道。

———————————

① 盛丰《鄞县志》卷二十四《寓贤》。

下卷

尚义重理与别情雅趣

第一章
诗文机锋

第一节 华靡隽秀

北宋初期的文坛，弥漫着晚唐五代余风，文尚骈丽，诗崇华靡。晚唐时藩镇割据，战乱频仍，社会黑暗，一些文人看不清社会前途而追求享乐，于是内容空虚、形式华美的诗文之风重又发展起来，韩愈、柳宗元古文运动的精神和杜甫、白居易现实主义诗歌的传统没有得到很好的继承，这种形势一直延续到五代。宋代建国之初，文人多从后周、南唐、后蜀而来，五代文风直接影响文坛。加之宋初社会经济有所恢复发展，统治阶级征歌逐舞的享乐之风日长，为了粉饰太平，有意提倡诗赋，君臣常在宫廷赏花钓鱼，彼此唱和，因而浮靡之风不但没有遏止，反而日益滋盛。正是在这种情况下，一些具有社会责任感的有识之士起来补偏纠弊，急切要求对文风加以改革。

宋初诗坛影响最大的是台阁诗人，他们大都是当时宫廷内显赫一时的贵族官僚，台阁诗人由此得名。他们将公务之余所作诗篇编为《西崑酬唱集》，这些诗篇雕章琢句，滥用辞藻，讲究声律，拼凑典故，或咏前代帝王故事，或写官僚宫廷生活，或咏物写景，或粉饰传情，由此这类作品被称为"西崑体"。杨亿（964～1020 年）在序中说："余景德中，

梅竹双雀图（宋）

忝佐脩书之任，得接群公之游。时令紫微钱君希圣（惟演）、秘阁刘君子仪（筠），并负懿文，尤精雅道，雕章丽句，脍炙人口……因以历览遗编，研味前作，挹其芳润，发于希慕，更迭唱和，互相切劘。"由于西崑体艺术上追求典丽精美，而内容上缺乏社会价值，因而后来受到进步文人的指责。他们片面发展了李商隐形式美的倾向，写出了一大批矫饰浮艳的"太平诗"，在书本知识和词意修养方面超过了晚唐五代的许多作者，因而尽管在内容上没有什么深刻之作，但在艺术上却做出了独特的贡献。西崑体当时在社会上影响很大，众多诗人仿效导致华靡之风蔓延，使宋初诗坛呈现出一种祥和瑞丽的气氛。

在西崑体风靡天下的同时，诗坛上较有影响的还有"香山派"诗人。这些诗人推重唐代白居易，追崇杜甫，对当时"因仍历五代，秉笔多艳冶"① 的诗风不满。在香山派诗人中，以王禹偁（954～1001年）最有代表性。他对杜诗的博大深沉钦佩不已，对当时的浮薄诗风给予批评。他主张继承现实主义的诗歌传统，用诗歌反映社会的弊病和人民的疾苦。由于他"世本寒族"，较长时间在地方做官，对百姓生活有深入的了解，因而诗中也就具有更多的关心国事、同情民瘼的成分。他《感流亡》记述了长安流民饥寒交迫的惨状，将因旱荒而流亡的灾民与自己为官十年的生活相比，最终讽刺无功食禄的官僚无异是人民的蠹

---

① 王禹偁：《五哀诗》。

虫，表现出对灾民的同情和对自我的反省。他的《对雪》诗，写在漫天的大雪中，想到送军粮的"河朔民"和"边塞兵"，为自己没有尽到谏官的责任和没有富民的办法、安边的策略而自责。这些诗歌，语言朴实，感情真挚，直抒胸臆，不事雕琢，已初步表现出宋诗散文化、议论化的风格特征。此外，王禹偁还有一些写景抒情的小诗，如《畲田调》、《寒食》、《春居杂兴》、《村行》等，皆格调清新，明净洗练，具有浓郁的地方特色。

守护神将（宋）

宋初还有一些诗人追踪晚唐贾岛、姚合的诗风，注意刻画清幽的意境和抒发隐逸的情怀，被称为"晚唐体"或"隐逸派"。这些诗人中较早的有"九僧"，其中以淮南惠崇为最著名；又有隐士潘阆、魏野、林逋等，而以林逋（967～1028年）影响最大。他们自称"清世"隐士，或称"升平"隐士。这与五代隐逸遗风和宋初佛、老盛行有关，尤其是与百业兴旺之后文人士子求仕失意后的心情有关。他们怀才不遇而衣食无忧，因而诗歌多写风物景致、闲情雅趣。潘阆《渭上夕阳闲坐》诗曰："极浦涵明月，孤帆没远烟。"魏野《书友人屋壁》诗曰："洗砚鱼吞墨，烹茶鹤避烟。"林逋隐居西湖的孤山，曾自许"以梅为妻，以鹤为子"。其《小隐自题》诗曰："鹤闲临水久，蜂懒采花疏。"《梅花》诗曰："雪后园林才半树，水边篱落忽横枝。"可谓为湖山写照，替花鸟传神。其《山园小梅》一诗最为人传诵，成功地传写出梅花清幽香逸的独特风姿，寄托着作者远离功名的高洁情趣。其中"疏影横斜水清浅，暗香浮动月黄昏"，状物细腻，构思奇巧，意境幽远。这些诗人风格清淡秀雅，以对自然美的描绘独树一帜，在宋初诗坛别成风景。

在散文创作方面，宋初也多浮靡风气。但韩柳古文运动的高潮虽已低落，影响并未中绝。自五代时牛希济作《文章论》，就认为韩愈独正唐代文风于千载之下，并指责当时"唯声病忌讳为切"的雕琢文风。到宋初柳开（947～1000 年）更以继承韩柳古文传统为己任，认为古文"在于古其理，高其意，随言短长，应变作制，同古人之行事"①。他自称"师孔子而友孟轲，齐扬雄而肩韩愈"②。其文章虽然仍有"辞涩言苦"的缺点，但能密切联系时政而开一代新风。如《上窦僖察判书》、《代王昭君谢汉帝疏》等，或指陈时弊，或借题发挥，文风朴实，一洗浮靡。王禹偁抱着"革弊复古"的愿望，认为文章应"传道明心"。他的散文，或清新畅达，或简练朴素，以"句之易道，义之易晓"的平实风气，继承并传达了中国古代的优良传统和深刻的现实主义精神。其《待漏院记》以正反对比的手法，生动地刻画了两种不同政治态度的官僚形象，表现了鲜明的爱憎感情和对国事的关切。《唐河店妪传》描述边境老妇机智勇敢的杀敌事迹，借以赞扬边界百姓守土御敌和谴责朝廷指挥举措失当，叙记结合，语言凝练。《黄冈竹楼记》语言浅近清新，质朴流畅，声韵抑扬和谐，抒发了作者厌弃世俗与遭受贬谪的愤慨，并将此情寓于豁达自适的境界之中，表现出一种高尚古雅的生活情调。继柳开、王禹偁之后提倡复古的有姚铉，他根据《文苑英华》选编的《唐文粹》，"文赋惟收古体，而四六之文不录；诗歌亦惟古体，而五七言近体不录"③，可见复古倾向和称尚韩柳。穆修则当西崑体风靡之时，不顾流俗诋毁，刻印韩柳集数百部在京师出售，其坚决提倡韩柳的精神和

---

① 柳开：《应责》。
② 柳开：《上符兴州书》。
③ 《四库总目提要》。

努力，为后来的诗文革新运动起了先驱的作用。

第二节　革弊鼎新

　　北宋诗文革新运动是中国文学史上的一个重要文学现象。这是一次直接继承中唐新乐府和古文运动精神的大规模的文学复古运动，也是以复古为旗帜配合北宋政治变法形势的一次全面的文风革新。早在西崑派诗人酬唱方酣、浮文日盛之时，就遭到一些开明的中下层士大夫的抨击。他们外感国耻，内叹国忧，因而急切要求对文风加以改革，同时借此促进对一些政治问题的解决。宋真宗也于祥符二年（1009 年）下诏复古，指斥"近代以来，属辞多弊，侈靡滋甚，浮艳相高，忘祖述之大猷，竞雕刻之小巧"，告诫"今后属文之士，有辞涉浮华，玷于名教者，必加朝典，庶复古风"①。北宋统治者出于政治需要迫切需要对文风加以改革，从仁宗时范仲淹的庆历新政到神宗时王安石的熙宁变法，都要求诗文反映现实、顺应形势。同时宋代理学的兴起也对文风的改革起到了推波助澜的作用，他们要求用简便的文字宣传新兴的理学主张，对于讲究骈偶、堆砌典故、辞藻华丽、内容空虚的"时文"极为不满。而文学自身除了轻淫侈靡，歌功颂德，吟风弄月，雕词饰句，严重脱离社会实际也使文学必须从典雅狭小的樊笼中跳脱出来，以广泛吸取营养充实作品的内容和更新表现的手法。可以说，北宋诗文革新正是在这种政治、道学、文学等各种矛盾交织的境况下孕育发展完成的。

　　北宋诗文革新运动的初起如前所述，在柳开、王禹偁等人的倡导和实践下形成一股溪流。继此而后，范仲淹（989～1052 年）在推行庆历

———————

① 《徂徕先生全集·祥符诏书记》。

药王庙供像（宋）

新政时也提倡文风的改革。据《宋史》本传说：范仲淹"每感激论天下事，奋不顾身，一时士大夫矫厉尚风节，自仲淹倡之"。庆历新政不到一年便被废除，但范仲淹虽被贬谪仍不忘国事，在《岳阳楼记》中，抒发了"居庙堂之高则忧其民，处江湖之远则忧其君"，"先天下之忧而忧，后天下之乐而乐"的崇高精神。他重视文章作用，强调复古和教化，在《奏上时务书》中说："国之文章，应于风化"，"可敦谕词臣，兴复古道"。他认为写文章应"不专辞藻，为明道理"①，因而其文不仅在写景状物上曲尽其妙、炼词造句上精警畅达，而且立意高远、构思超绝、抒情深挚。他的其他作品如《桐庐郡严先生祠堂记》、《东染院使种君墓志铭》、《秋香亭赋》等，也都是脍炙人口的名篇。与范仲淹同时或稍晚的提倡古文的还有尹洙和石介。尹洙（1002～1047年），字师鲁，洛阳人。范仲淹为其《河南集》作序说："师鲁深于《春秋》，故其文谨严，辞约而理精，章奏疏议，大见风采。"欧阳修称"师鲁为文章，简而有法"②。石介（1005～1045年），字守道，兖州奉符（山东泰安）人。其著名文章《怪说》严讨杨亿"穷妍极态，缀风月，弄花草，淫巧侈丽，浮华纂组"，希望与"三二同志，极力排斥之，不使害于道"③。尹、石虽倡导古文但成就不高，真正在文坛上起到摧枯拉朽作用的是欧阳修。

---

① 《答手诏条陈十事》。
② 《尹师鲁墓志铭》。
③ 《上范思远书》。

　　欧阳修（1007～1072 年），字永叔，庐陵（江西吉安）人。少年时家境贫穷，考中进士后担任过许多官职，在古文运动中成为著名的文坛领袖。他早年在政治上坚决支持范仲淹，因直言敢谏屡遭诬陷和贬斥。但由于其政治上、文学上的才能为王朝所重视，因而贬官之后不久往往又得到起用。后来官职越来越高，名声越来越大，逐渐倾向保守。欧阳修在文和道的关系上看法与韩愈一致，认为道对文起着决定作用，他说："道纯则充于中者实，中实则发为文者辉光。"① 但又认为有道者不一定能写文章而道以文传，说"言以载事而文以饰言，事信言文乃能见于后世"②，肯定文章的作用。可见他没有把文与道等同起来，而是要求文中之道非理学家之道，文中之言应"中于时病而不为空言"③。嘉祐二年（1057 年），欧阳修主持礼部考试，梅尧臣负责具体事务。他们借助行政手段来改变当时的文风，凡"险怪奇涩之文"皆"痛排抑之"，以至欧阳修出行时闹事者"聚噪于马首，街逻不能制"，"然场屋之习，从是遂变"④。王安石、曾巩、苏轼等人的诗文一时名重，也是和他的褒扬推崇分不开的，从此古文运动形成宏大的潮流。

　　在创作方面，欧阳修的散文成就很高。如政治性散文《与高司谏书》、《朋党论》、《五代史伶官传序》等，紧密结合政治斗争形势作犀利的议论，语言泼辣流畅而寓有深沉的感慨。其状物写景、叙事怀人的散文也很出色。如《醉翁亭记》说："醉翁之意不在酒，在乎山水之间也。山水之乐，得之心而寓之酒也。"《秋声赋》用各种形象的比喻描绘秋夜的声音，并寓含着忧患天下的思考。《泷冈阡表》不铺陈，不藻饰，如实记叙父亲为官清廉和母亲慈蔼教导的遗事，情深语挚。欧阳修诗歌与其散文一样平易流畅，开创了"以文为诗"的诗风。他深受韩愈的影

---

① 《答祖择之书》。
② 《代人上王枢密求先集序书》。
③ 《与黄校书论文章书》。
④ 《宋史·欧阳修传》。

女孝经图（宋）

响，吸收韩愈议论化、散文化特点，但又避免了韩诗的险怪和生僻，因此诗歌风格清新而不艰涩、流畅而不柔靡。如《食糟民》把饮酒之官与制酒之民对比，深深感到"我饮酒，尔食糟"的不安和自责。《啼鸟》写遭受流言后的苍凉心情："身闲酒美惜光景，惟恐鸟散花飘零。可笑灵均楚泽畔，离骚憔悴愁独醒"，出语自然而内涵丰富。尤其是《明妃曲和王介甫》、《再和明妃曲》诗，借古讽今，既同情妇女的命运，又谴责朝廷的昏庸，旨意幽远。欧阳修的诗文清新自然，委婉含蓄，叙事简括有法，议论纡徐有致，章法曲折变化，语句舒畅明快，对当时的诗文革新运动的确起到了重要的引导作用。

在诗文革新运动中，正因有一批人与欧阳修志同道合，才扭转了当时文坛的矫饰和怪涩倾向。苏舜钦（1008～1048 年）年轻时不顾官职卑小，多次给皇帝上疏论朝廷大事，敢言别人之不敢言。其岳父杜衍与范仲淹、富弼等都是推行"庆历新政"的主要人物，苏舜钦受此牵连遭到反对派的打击迫害。他流寓于苏州后经常写诗文抒发胸中的愤懑，风格始终粗犷豪迈。从《庆州败》、《己卯冬大寒有感》、《吴越大旱》、《城南感怀呈永叔》等诗中，可以看到一个爱国忧时的志士关心社会、同情人民、批判朝廷、抨击腐朽的心声。梅尧臣（1002～1060 年）诗与苏舜钦齐名，时称苏梅。但实际上他们性格不同，诗风也不大一样。梅尧臣的诗很得欧阳修称赏，他们互相唱和并以韩孟相况。《四库全书总目提要》说："宋初佐修以变文体者尹洙，佐修以变诗体者则梅尧臣。"梅尧臣认为诗是"因事有所激，因物兴以通"① 而产生的，因而批评当时浮艳雕饰的诗风："人事极谀谄，引古称辩雄。经营唯切偶，荣利因被蒙。"② 他作诗提倡平淡，说"作诗无古今，唯造平淡难"③。欧阳修评其诗说："初喜为清丽，闲肆平淡，久则涵演深远，间亦琢刻以出怪巧。"④ 由此可见，其诗与苏舜钦指陈时弊、直接痛快是不同的，往往以委婉闲淡的方式平和含蓄地给以美刺，因而说其诗风与欧阳修相近就可理解。其较好地反映民间疾苦的诗有《田

纺车图（宋）王居正

家语》、《汝坟贫女》、《小村》、《陶者》、《织妇》、《逢牧》等。其写景诗则意境新颖，别有情趣，如《鲁山山行》、《东溪》、《忆吴淞江晚泊》、《梦后寄欧阳永叔》等。尽管苏、梅的诗也有一些不足之处，但无疑为宋诗的发展开辟了道路。

如果说在诗歌革新方面苏、梅略有成就的话，那么在散文方面就不能不提曾巩、王安石的建树。曾巩（1019～1082 年）是嘉祐二年（1057

① 《答韩三子华、韩五持国、韩六玉汝见赠述诗》。
② 《答韩三子华、韩五持国、韩六玉汝见赠述诗》。
③ 《读邵不疑学士诗卷》。
④ 《梅圣俞墓志铭》。

年)，即欧阳修主持礼部考试革新那年的进士，也是欧阳修诗文革新运动的积极追随者和支持者。他的文学主张和散文风格都与欧阳修相近，但更为"古雅"或"平正"，而缺乏新鲜感或现实感。他自称"迂阔"，儒学正统气味较重。文章雍容平和，委婉稳重，谨严周详。他的序记文比较有名，如《战国策》、《列女传》、《新序》等目录序，都是校订古书后所作的评价。他还有些散文也写得很好，如《寄欧阳舍人书》、《越州赵公救灾记》、《墨池记》等。这些散文都表现出从容不迫、纡徐唱叹、和缓雅正之风，《宋史·曾巩传》说他"立言于欧阳修、王安石间，纡徐而不烦，简奥而不晦，卓然自成一家，可谓难矣"。王安石（1021～1086 年）一生为实现自己的政治理想而斗争，把文学创作与政治活动密切地联系起来。他主张"文贵致用"，在《上人书》中说："且所谓文者，务为有补于世而已矣；所谓辞者，犹器之有刻镂绘画也。诚使巧且华，不必适用；诚使适用，亦不必巧且华。要之以适用为本，以刻镂绘画为之容而已。"王安石的散文各种体裁都有，以议论文最出色。其《上仁宗皇帝言事书》，议论多而头绪整，起伏跌宕而自然流畅。《本朝百年无事劄子》，既有对政治情况的分析批评，又有对皇帝建树的渴望期待，表现出对现实形势的关心和刚毅果敢的风度。《答司马谏议书》言简意赅，措辞委婉而态度坚定。《读孟尝君传》精练劲爽，破俗翻新，可谓束千百言于数行中。《游褒禅山记》则以记叙带出议论，以游山说明哲理，用笔曲折，寓意丰厚。王安石散文较少注意酝酿气氛、描摹物象，从感情上打动读者，而是重视理论的说服力，具有较强的概括性与逻辑性，因而一般立论独到而精严，语言简洁而朴素。其诗歌也具有散文的特点，不少诗歌表现了诗人要求改革时弊和关心人民疾苦的精神，如《河北民》、《兼并》、《收盐》、《感事》等。更有一些咏史怀古的诗篇则寄托了远大的抱负和深远的感慨，如《商鞅》、《范增》、《张良》、《明妃曲》等。还有一些写景抒情的诗篇比较注重艺术的锤炼而精致新巧，如《书湖阴先生壁》、《江山》、《泊船瓜州》等。王安石诗文的独创风格对扫荡西昆体的残余影响有很大功绩，但他有些作品喜造硬语、押险韵，也开了后来峭奇的风气。

北宋诗文革新运动最终胜利的体现者是苏轼，因政治的坎坷和文学的才华，其天赋和修养淋漓尽致地表现出来，在中国文化史上铸起了一座丰碑。苏轼（1037～1101 年），字子瞻，号东坡居士，四川眉山人。他生长在号称"百年无事"的北宋中叶，王安石变法时他因反对激进的措施而受到贬谪，元祐更化时他又因反对尽废新法而受到排挤，哲宗绍述时再度被流放到荒僻的海南琼州，徽宗即位后遇大赦在回归内地的途中病逝于常州。苏轼在政治上几经挫折，但他始终保持着对理想人生和美好事物的追求。他以儒家思想为本又吸收佛老思想中的洒脱态度，因而一生中先以忧患为主而后以达观自慰。他以磊落的胸怀和爽洁的行为处世，丝毫不见卑鄙龌龊或衰飒颓废的心气。他在文学

苏轼像

主张方面强调有为而作，文以致用，由其中年时写下的大量议论新政的作品可见一斑。他在重道的同时又重艺，主张道艺并重。他所谓道，已超出了前人的解释，不是指世俗的腐儒故作高深的说教，而是指来自现实生活的客观规律和内在特征，将儒学的视界扩展到无所不包的各个领域。所谓艺，他也与前人有不同的看法，认为文辞达到通达道义的境界就是最美的，能将在大千世界中捕捉到的感受用文字晓畅地表现出来就是最美的；文以载道不错，但艺也是一种客观的独立存在，有道并不见得有艺，因而应加强艺的修养。他晚年形容自己的写作情况是"大略如行云流水，初无定质，但常行于所当行，常止于不可不止"，"文理自然，姿态横生"①。

苏轼散文创作向来与韩、柳、欧并称，卓然自成一家。苏轼自幼就

---

① 《答谢民师书》。

"好观前世盛衰之际，与其一时风俗之变"①，仁宗末年所进策论就对现实问题提出了改革主张。但他反对"骤变"，主张按部就班的改革。这一思想始终贯穿于其政论之中，而通过广征博引、翻新出奇又显其文纵横恣肆、识见高远。其《平王论》不但评析平王东迁的史实，而且还大量列举历史上其他迁都事例，说明迁都等于示弱、示弱不免败亡的普遍规律。此言后来不幸言中南宋之事象，在南宋政治上有着积极的影响。《留侯论》以论张良为主，兼及历史上众多人物，指出当"忍小忿而就大谋"，"养其全锋以待其毙"，这显然也是结合北宋社会现实发出的精辟议论和新颖见解。《教战守策》提出向敌国奉献财物求取暂时的苟安不足取，而应教民战守以备不测才是对百姓的爱护。苏轼的议论表现出知识渊博、思维活跃、不拘常规的特点。其应进士试答卷《刑赏忠厚之至论》中举了"皋陶杀人"的例子，用以说明法官要严格执法而君主要宽厚待人的论点。考取后主考官问其此典出于何处，苏轼答据古书推测而出何须出处②。在政论文中虚构史实未必恰当，但却充分表现出他摆脱束缚勇于创新的精神。其记叙文中超凡秀出之风采也展现出其俊逸旷达之性情。《石钟山记》写出阴森恐怖的自然环境，说明实地考察的重要并托物言志、借题发挥。《超然台记》大半文字讲超然，以自己从富饶美丽的杭州到贫穷荒凉的密州为例，说明自己能够调适好心情而发现民风的淳厚，因而身体、精神反比从前更为健康、乐观；文章只在最后才对台的修葺略加叙述照应前文，实为借台写情。《盖公堂记》也是如此，文章由庸医害人写到庸政害民，然后说古道今才引出盖公，文虽名为堂记，实抒忧政之情。《赤壁赋》前后两篇，更是景、情、理交融的佳作。文章由景生情，由情及理。写景优美生动，抒情真切感人，言理自然可信，三者融会贯通，相得益彰，从而具有极强的感染力。总之，

---

① 《上韩太尉书》。
② 参见陆游：《老学庵笔记》，杨万里：《诚斋诗话》。

苏轼散文起落开合，极富变化，既有战国纵横家恣意驰骋的遗风，又吸收唐宋以来古文家流畅奇崛的笔力，庄谐并举，叙议杂作，儒道兼容，情志互显，"辞达"而"求物之妙"，"意之所到，则笔力曲折无不尽意"，兀然而成"隆宋"之景观。

苏轼经历了自仁宗到徽宗的五朝，其所处时代名为昌隆鼎盛，实是危机日深。苏轼的诗歌与其散文一样，也重视发挥政治作用。他的诗中，有很多反映民间疾苦、谴责官吏贪鄙、关心国家命运的作品。他在任地方官时做了许多对百姓有利的事情，诗中都有记载，在《赠王庆源诗》中说："吏民莫作官长看，我是识字耕田夫。"他的诗不是内容空泛、无病呻吟之作，而是充满了政治理想的追求以及壮志不酬的愤懑。因而有些诗针对王安石的变法运动，批评了新法推行时的流弊，如《山村五绝》、《吴中田妇叹》等。晚年所作《荔枝叹》饱含热泪控诉了唐玄宗、杨贵妃的罪恶，抨击了以人民血汗来争新买宠的当朝权贵。不能因其反对新法而否定其诗的深刻意义。苏诗中数量最多影响最大的是抒发个人情感和歌咏自然景物的诗篇，早期如《和子由渑池怀旧》，"人生到处知何似，应似飞鸿踏雪泥"，已透出诗人的恣逸本色。《游金山寺》是作者因反对新法出任杭州通判经过镇江金山时所写，借对长江的描画抒发了自己宦游不归的豪迈和无奈。诗人到杭州后被美丽的景色所感染，写下了许多情理并茂

菩萨坐像（宋）

的诗篇。如《六月二十七日望湖楼醉书》、《饮湖上初晴后雨》、《有美堂

暴雨》等。作者一生写诗不断，因乌台诗案被贬黄州后即写有《初到黄州》。在黄州4年作者自命为东坡居士，《东坡》诗云："雨洗东坡月色清，市人行尽野人行。莫嫌荦确坡头路，自爱铿然曳杖声。"离别黄州后往游庐山又有多首诗作，如《题西林壁》："横看成岭侧成峰，远近高低各不同。不识庐山真面目，只缘身在此山中。"由观山引出哲理，发人深省。苏轼晚年在《自题金山画像》中说："心似已灰之木，身如不系之舟。问汝平生功业，黄州惠州儋州。"经历一生坎坷的诗人到此已浑然进入佛老境界而笑傲江湖，政治上的遗憾造就了文学上的成功。正因此，苏轼对艺术的偏好也在其诗中体现出来。他写过近百首题画诗，用诗笔描写画境并加以议论，如《惠崇春江晚景》二首、《虢国夫人夜游图》、《王维吴道子画》、《书晁补之所藏与可画竹》三首、《书李世南所画秋景》二首。在《书鄢陵王主簿所画折枝》诗中，他说："论画以形似，见与儿童邻。赋诗必此诗，定非知诗人。诗画本一律，天工与清新。"道出文学艺术创作的相通及深涵，并指出贵在自然造化方能意味无穷。苏轼诗想象丰富奇特，语言质朴自然。宋初以来散文化、议论化的倾向曾使许多诗人的作品流于浅率无味或生硬晦涩，到苏轼时方以其深厚的文艺修养基本上纠正了这种流弊。赵翼在《瓯北诗话》中说："以文为诗，自昌黎始，至东坡益大放厥词，别开生面，成一代之大观。"的确，苏轼的风采吸引了大批的作家，他成为欧阳修以后北宋文坛的杰出领导者。他以其多方面的才能为后来的学者文人所敬仰，更重要的是他以北宋文化之集大成的代表而留给后世永久的魅力。

第三节　标奇立异

北宋后期是内忧外患逐步严重的时期。文学上受苏轼影响，又呈现出追求形式翻新的局面。苏门四学士之一的黄庭坚作为江西诗派的开创者，在诗坛上以瘦硬峭奇掀起一股疾风，为其后诗坛又开一新境界。

黄庭坚（1045～1105 年），字鲁直，号山谷道人，又号涪翁，洪州分宁（今江西修水）人。他以诗为苏轼所称赏，又因此受牵连遭贬谪。黄庭坚多才多艺，他与晁补之、秦观、张耒并称为苏门四学士，他的书法与苏轼、米芾、蔡襄并称为宋代四大家，他的词也被人与秦观的相提并列。黄庭坚做诗以杜甫为宗，强调诗歌的思想内容与社会功用。但由于北宋百年以来的承平景象和党争风险以及封建文化的高涨，又使其诗歌创作更趋以才学相高、以议论相尚的路子。因而出现脱离现实生活追求形式翻新的倾向。北宋后期党争复杂，双方势力交错升降，派系倾轧带来轮番贬谪。处于这种局势，宋诗在一度贴近现实之后又采取了一种回避的策略，所以诗人们继承杜甫更侧重于艺术手法的借鉴和更新。黄庭坚是这时期的代表作家，其诗歌主张与王安石、苏轼相比可见明显不同。他在《书王知载〈朐山杂咏〉后》中说："诗者，人之情性也，非强谏诤于庭，怨愤垢于道，怒邻骂座之为也。其人忠信笃敬，抱道而居，与时乖逢，遇物悲喜，同床而不察，并世而不闻，情之所不能堪，因发于呻吟调笑之声，胸次释然，而闻者亦有所劝勉，比律吕而可歌，列

廉颇蔺相如传帖（宋）黄庭坚

干羽而可舞，是诗之美也。其发为讪谤侵陵，引领以承戈，披襟而受矢，以快一朝之忿者，人皆以为诗之祸，是失诗之旨，非诗之过也。"由此可见，黄庭坚除有远祸全身思想外，提倡儒家传统的"诗教说"，

以确立诗歌的创作原则和风格规范，这与当时正在勃兴的理学思潮是共鸣的。同时，面对已取得高度成就的唐诗，宋诗已初步形成自己的特色，黄庭坚则更致力于诗歌形式及表现方法的开拓创新，这成为他诗歌创作的主要内涵。由此，他说"文章最忌随人后"[1]，"自成一家始逼真"[2]。他提出"点铁成金"和"夺胎换骨"法，认为："自作语最难，老杜作诗，退之作文，无一字无来处。盖后人读书少，故谓韩、杜自作此语耳。古之能为文章者，真能陶冶万物，虽取古之陈言入于翰墨，如灵丹一粒，点铁成金也。"[3] "诗意无穷而人之才有限，以有限之才追无穷之意，虽渊明、少陵不得工也。然不易其意而造其语，谓之换骨法，窥入其意而形容之，谓之夺胎法。"[4] 可见所谓"点铁成金"，是指赋予古人语词以新意；所谓"夺胎换骨"，是指体味古人诗意而重兴。

黄庭坚诗以古人为楷模、以书本为源流是致命弱点，然其在形式上力求新奇、在内容上避免熟滥却英姿崭露。他有意造拗句、押险韵、做硬语，形成瘦硬峭拔的诗体。此体与属对精工的崑体和平易流畅的苏体相较，有意打破律诗原有平仄规范而于不和谐中求得抑扬顿挫的节奏美感。黄庭坚的创作理论，从破除诗歌创作的陈词滥调、避熟就生以及翻新出奇的意义上说有可取之处。他以自己对生活的深刻感受和高度的艺术修养，创作出一大批立意曲深、章法细密、思致深藏、出人意表的诗篇。其赠友写情诗《寄黄几复》："我居北海君南海，寄雁传书谢不能。桃李春风一杯酒，江湖夜雨十年灯。持家但有四壁立，治病不蕲三折肱。想见读书头已白，隔溪猿哭瘴溪藤。"此诗首联二句使事用语出自《左传》、《汉书》，并以经传中散文语言入诗。第二联语词平易而内涵深沉，未用一个动词而境界全出。第三联宁使句律不谐，特用拗体以兀傲

① 《赠谢尚文王博喻》。
② 《题乐毅论后》。
③ 《答洪驹父书》。
④ 惠洪：《冷斋夜话》。

160

的句法与奇特的音响强调友人廉洁干练、刚正不阿的性格。尾联感情沉痛，含不尽之意于言外。全诗写得情真意切，超凡脱俗。其写景抒怀诗《登快阁》："痴儿了却公家事，快阁东西倚晚晴。落木千山天远大，澄江一道月分明。朱弦已为佳人绝，青眼聊因美酒横。万里归船弄长笛，此心吾与白鸥盟。"此诗开篇用通俗口语将人引入境界，且化用《晋书》及杜诗中典故。次联写景阔大，并象征诗人胸怀。三联又巧用两典，即伯牙摔琴谢知音和阮籍善为青白眼，以示孤单无朋以酒解忧。结句表达了对自然的向往和对官场的厌恶，不免又使人想到李商隐"欲回天地入扁舟"与杜甫"天地一沙鸥"的感叹。黄庭坚七绝冠冕《雨中登岳阳楼望君山》二首也令人称奇："投荒万死鬓毛斑，生出瞿塘滟滪关。未到江南先一笑，岳阳楼上对君山。""满川风雨独凭栏，绾结湘娥十二鬟。可惜不当湖水面，银山堆里看青山。"黄庭坚诗中有不少奇警名句，如"鱼游悟世网，鸟语入禅味"[1]，"小雨藏山客坐久，长江接天帆到迟"[2]，"人到愁来无处会，不关情处总伤心"[3]。黄庭坚因诗与苏轼并称"苏黄"，严羽在《沧浪诗话》中说："宋诗至东坡、山谷，始出己意以为诗，唐人之风变矣。"但黄庭坚在摒除陈词滥调的同时一意追求生新瘦硬，不免落入刻意技巧而忽略生活的狭路中。王若虚在《滹南诗话》中说："山谷之诗有奇而无妙，有斩绝而无横放，铺张学问以为富，点化陈腐以为新，而浑然天成，如肺肝中流出者不足也。此所以力追东坡而不及欤！"

尽管黄庭坚诗歌创作成就不及苏轼，但其强调艺术特征却在北宋后期影响很大。由此逐渐形成了以黄庭坚为中心的"江西诗派"，并在中国诗歌史上留下了声名。江西诗派因黄庭坚为江西人而得名，诗派中其他诗人并不都是江西人。此称源于南宋初年吕本中所作《江西诗社宗派

---

① 《又答斌老病愈遣闷》。
② 《题落星寺》。
③ 《和陈君仪读太真外传五首》。

图》，该图一共列入陈师道等 20 多位诗人。宋末元初方回《瀛奎律髓》又把杜甫和黄庭坚、陈师道、陈与义称为江西诗派的"一祖三宗"。江西诗派的多数成员有共同的创作倾向与风格，他们过分强调艺术技巧而忽视现实内容，这与当时社会矛盾的激化、理学盛行的结果分不开。他们遵循黄庭坚"以故为新"的创作方法，接受黄庭坚"自成一家"的创新意识，以对艺术孜孜不倦的精神追求艺术的最高境界，从而使他们的作品各具特色又面貌不同。江西诗派中除黄庭坚外，以陈师道成就最高，二人并称为"黄陈"。

陈师道（1053～1102 年），字履常，一字无己，号后山，彭城（今江苏徐州）人。少时曾师从曾巩，不以科举为然，钦慕学问道德。他一生坎坷，家境贫寒，但仍专力写作，欲以诗文传名。陈师道追摹杜甫诗句的痕迹比黄庭坚更为显著，作诗刻意求深，又要简缩字句，以达"语简而益工"。他主张"诗文宁拙毋巧，宁朴毋华，宁粗毋弱，宁辟毋俗"①。他对黄诗爱不释手，更追步杜诗句法。其《除夜对酒赠少章》："岁晚身何托，灯前客未空。半生忧患里，一梦有无中。发短愁催白，颜衰酒借红。我歌君起舞，潦倒略相同。"《春怀示邻里》："断墙着雨蜗成字，老屋无僧燕作家。剩欲出门追语笑，却嫌归鬓着尘沙。风翻蛛网开三面，雷动蜂巢趋两衙。屡失南邻春事约，只今容有未开花。"这两首诗都可见杜诗风格，委婉地流露出世路艰辛的

素胎堆塑四灵盖罐（宋）

---

① 《后山诗话》。

感慨。其《别三子》展现一个贫穷诗人的困窘生活，描写了同家人难舍难分的感人亲情，明显是向杜甫学习，在借鉴中点化出新意。他还有些写景诗笔墨淡远，丰腴淳厚。如《后湖晚坐》、《雪后黄楼寄负山居士》、《说淮》等。其运思之幽深，意境之超脱，于排遣俗虑之处自有一种旷达傲岸之气，可以说，江西诗派学杜片面强调在句法、用事方面的艺术技巧，而没能很好地继承杜甫的现实主义精神。此后对许多闭门书斋死钻书本的文人很有吸引力，他们缺乏创新拾人牙慧导致走上了诗歌创作的狭路。

和黄庭坚、陈师道同被列入苏门诗人的张耒不属于江西诗派。张耒（1052～1112年），字文潜，号柯山，人称宛丘先生，楚州淮阴（今江苏淮阴）人。其诗以唐人白居易、张籍为宗，语言浅近平易，作品较多反映人民生活的内容。在诗歌创作上，崇尚自然，反对雕琢。这在当时江西诗派堆砌雕镂之风盛行时可谓难得。但由于他片面强调"满口而发，肆口而成"①，无视艺术形象塑造的复杂过程，使不少诗流于粗疏和草率。他很少用硬语僻典，诗风流丽晓畅，"闲淡平整，时近唐人"②，这为南宋诗人学习唐调开了风气。其《劳歌》、《田家》、《和晁咏之〈悯农〉》等诗反映人民的辛苦，但艺术上明显忽视锤炼。这表现出其不在字句上同江西派争胜的个性，但由于忽视了艺术创作的艰辛而影响了其诗歌的价值和魅力。苏门另一学士晁补之（1053～1110年），字无咎，济州巨野（今山东巨野）人。其诗歌创作以古乐见长，辞格俊逸。七言古风《芳仪怨》写一个流落塞外的江南歌女的故事。在当时诗坛上亦属一家，但更以《楚辞》研究为主。总之，北宋后期诗文受苏轼影响呈现出以江西派为主而风格各异的兀变景观。

---

① 张耒：《东山词序》。
② 胡应麟：《诗薮》。

第四节　爱国救亡

　　南渡初期，诗坛受江西派影响，以才学为诗、以议论为诗、艰奥硬涩的诗风依然很盛。然而，由于民族矛盾的激烈、国破家亡的现实，诗人们不能不更多地关注时代的巨变，进而汲取杜甫精神写出许多爱国的诗篇。

　　陈与义（1090～1138 年），字去非，号简斋，洛阳人。北宋徽宗时做过太学博士，南渡后累官至参知政事。作为江西诗派后期的代表作家，前期与黄庭坚、陈师道一样，诗作或明道说理，或题画唱和，有些清新细腻的诗作，无非是写个人的闲情逸致而很少写世事之冷暖。靖康之变以后，他颠沛流离，一路困顿，比较广泛地接触了社会现实，也激发起他很强的爱国情感。诗风一变而沉郁悲壮，感时抚事成为后期诗歌的主要内容。其《伤春》诗曰："庙堂无策可平戎，坐使甘泉照夕烽。初怪上都闻战马，岂知穷海看飞龙？孤臣白发三千丈，每岁烟花一万重。稍喜长沙向延阁，疲兵敢犯犬羊锋。"当时金人已陷常州，高宗"航海避兵"。金人攻长沙，向子諲"率军民死守"。诗人闻知，悲伤愤恨，作诗抒怀，忧国叹时。诗中化用李白《秋浦歌》"白发三千丈，缘愁似个长"句和杜甫《伤春》"关塞三千里，烟花一万重"句，合为一联，精巧对仗而赋予新的含义。此外，诗人还作《感事》抒写丧乱之沉痛，《牡丹》寄寓怀乡之伤情，《登岳阳楼》言"白头吊古风霜里，老木苍波无限悲"，笔力苍劲，感慨遥深，深得老杜精髓。陈与义后期诗作的确境界阔大，苍凉悲壮，从情调上看追摹老杜痕迹明显，但毕竟因生活囿限和江西诗派的影响，更侧重于对形式的追求。

　　由于时局动乱带来国仇家恨，不少诗人一变北宋末年流连光景的闲适而为南渡之初伤时忧国的愤慨。吕本中（1084～1145 年）曾官至中书舍人，后因忤秦桧罢官。他是《江西诗社宗派图》的作者，后人也把他列入江西诗派之中。其诗初学杜甫和黄庭坚，后又师法李白和苏轼。他做诗主张"活法"，就是既精熟艺术技巧又要运用自如，不能被束缚而又似不费力。他还主张"悟人"，就是既要继承前人的诗歌艺术又不能简单模仿，而是把握其精神加以体现。因此，他的诗不像江西派那样艰涩瘦硬而比较明朗平和。其早期作品《春日即事》写得明畅轻快又闲雅致思，历来为人称颂。其后期作品《柳州开元寺夏雨》虽是借景生情，然而却是对世事有着万端感慨。将二诗结句相比，"池边垂柳腰支活，折尽长条为寄谁"与"面如田字非吾相，莫羡班超封列侯"是怎样不同的心情？曾几（1084～1166年）因与其兄曾开力排和议，得罪秦桧而罢官。秦桧死后，复为秘

力士立像（宋）

书少监。他是陆游师事的爱国诗人，做诗推重杜甫与黄庭坚。但他不墨守江西诗派那套理论，句法用事都不生硬冷僻，比吕本中更为明快活泼。他对山林丘壑有着浓厚的兴趣，写得更多的是流连光景的闲适诗。如《三衢道中》："梅子黄时日日晴，小溪泛尽却山行。绿阴不减来时路，添得黄鹂四五声。"南渡之后诗人关心国事，作了许多忧国伤时的诗篇。如《寓居吴兴》："相对真成泣楚囚，遂无末策到神州。但知绕树如飞鹊，不解营巢似拙鸠。江北江南犹断绝，秋风秋雨敢淹留？低回又作荆州梦，落日孤云始欲愁。"总之，两宋相交之际，江西派诗人影响甚大，又受理学追求自然之风熏染和国土沦陷现实险恶所迫，诗人们由闲适转入忧伤，更多地展示出宋人的闲雅和焦虑。

南宋中期，尤袤、杨万里、范成大、陆游号称"中兴四大诗人"。

他们冲破了江西诗派的藩篱，在思想内容和艺术手法方面取得了突出的成就。尤袤（1127～1194 年）是无锡人，现存作品不多，难与其他三人媲美。杨万里（1127～1260 年），字廷秀，号诚斋，江西吉水人，官至宝谟阁学士。因屡次上疏指摘朝政，后被罢官忧愤而死。他早期学江西派，后批判江西派弊病，转而学唐诗，最后主张师法自然，创造出一种新鲜活泼的"诚斋体"。诚斋体的特点，首先是构思新颖奇特，善于表现人物的瞬时情态和场景的即时特征。其次是用通俗浅近的语言，大量汲取俚语民谣入诗形成爽快的风格。再次是富于幽默诙谐的情趣，以自然的手法表现天真的状态。其诗写景咏物天然清新，如《闲居初夏午睡起》："梅子留酸软齿牙，芭蕉分绿与窗纱。日长睡起无情思，闲看儿童捉柳花。"其他如《戏笔》、《宿新市徐公店》、《小池》、《八月十二日夜诚斋望月》等。其写田园生活也充满情趣，如《插秧歌》、《竹枝词》等，将劳动场面生动地展现出来使人如临其境。他还曾奉命迎接金使，写过一些直抒爱国感情的作品，如《初入淮河四绝句》，表现了淮河两岸人民希望恢复国家统一的心情。可以说，他从江西诗派中解放出来，师法造化而悠然自得。

中流一壶帖（宋）范成大

范成大（1126～1193 年），字致能，平江吴郡（今江苏苏州）人。早年生活比较贫寒，后考中进士仕途顺利。曾出使金国，"全节而归"，为朝野称道。累官至参知政事，在南宋诗人中颇为显达。淳熙九年（1182 年）因病退居石湖，自号石湖居士。范成大诗曾受江西派影响，但更多的还是继承了白居易、张籍等的新乐府传统。其诗虽不及杨万里多，但揭露现实的作品却不少。如《催租行》、《后催租行》反映了当时农民遭受的残重压迫和剥削，为缴租"今年次女已行媒，亦复驱将换升斗。室中更有第三女，明年不怕催租苦"。可谓句句是血泪控诉，使人看到政治的黑暗和农民的痛苦。他出使金国时写下的 72 首绝句则抒发了自己的爱国情感，通过描写中原的山川风物，反映北方人民的悲惨生活，凭吊历史上卫国抗敌的人物，表达强烈的爱国思想。如《州桥》："州桥南北是天街，父老年年等驾回。忍泪失声询使者：几时真有六军来？"他晚年所作田园诗如《四时田园杂兴》、《腊月村田乐府》等则展示了一幅幅农村风俗画，具有浓郁的乡土气息并富以深刻的思想内涵。如："新筑场泥镜面平，家家打稻趁霜晴。笑歌声里轻雷动，一夜连枷响到明。""采菱辛苦废犁锄，血指流丹鬼质枯。无力买田聊种水，近来湖面亦收租。"范成大诗内容丰富，风格多样，既清新隽伟又婉峭浅切，表现出宋人寓理于画的特点。与江西诗派相比，杨万里、范成大更趋平易清朗，尤其写山水田园给人闲雅恬适的感觉。

陆游像

南宋最杰出的诗人是陆游，他出自江西诗派而超越江西诗派，以激昂悲壮的歌声反映了那个时代的精神面貌。陆游（1125～1210 年），字务观，号放翁，越州山阴（今浙江绍兴）人。他生长于一个富有文化传统的仕宦之家，从小就受到浓厚的爱国主义思想熏陶。他学书学剑："切勿轻书生，上马能击贼。"[①] 在应进士考中，受到权臣秦桧的打击而黜落。秦桧死后得以任官，又因积极赞助张浚用兵而被免职。后入蜀任夔州通

———————————

① 《太息》。

判，并得以亲临前线，形成了其宏丽悲壮的诗风。离蜀东归后任几处地方官，后因当权者所嫉遭罢免。晚年在山阴度过，除因短暂时间到临安主修孝宗、光宗实录外，生活宁静而简朴。此时诗风趋向平淡，爱国思想也更为深沉，临终之际还写下了千古传诵的《示儿》诗。

陆游诗现存 9000 余首，充分展示出他高尚的爱国情怀。他呼吁抗金救国，抨击腐败政治，关心劳动人民，歌咏大好河山，抒发生活情趣，代表着南宋时代最高的文化理想。其早年所作《夜读兵书》就表现出英雄气概："孤灯耿霜夕，穷山读兵书。平生万里心，执戈王前驱。战死士所有，耻复守妻孥。"入蜀以后又写下许多抒发壮志的诗篇，如《三月十七日夜醉中作》："逆胡未灭心未平，孤剑床头铿有声。破驿梦回灯欲死，打窗风雨正三更。"其《书愤》更是慷慨激昂："早岁那知世事艰，中原北望气如山。楼船夜雪瓜州渡，铁马秋风大散关。塞上长城空自许，镜中衰鬓已先斑。出师一表真名世，千载谁堪伯仲间。"诗人为壮志未酬而感叹，也为国事腐败而担忧，《感愤》曰："诸公尚守和亲策，志士虚捐少壮年。"《夜读范至能揽辔录》曰："公卿有党排宗泽，帷幄无人用岳飞。"其著名的《关山月》更是以强烈的对比手法勾画出和议政策带来的深重苦难："和戎诏下十五年，将军不战空临边。朱门沉沉按歌舞，厩马肥死弓断弦。戍楼刁斗催落月，三十从军今白发。笛里谁知壮士心，沙头空照征人骨。中原干戈古亦闻，岂有逆胡传子孙。遗民忍死望恢复，几处今宵垂泪痕。"诗人在抨击腐败政治的同时也广泛同情人民的疾苦，《太息》诗曰："太息贫家似破船，不容一夕得安眠。春忧水潦秋防旱，左右枝梧且过年。"《秋夜将晓出篱门迎凉有感》诗曰："三万里河东入海，五千仞岳上摩天。遗民泪尽胡尘里，南望王师又一年。"诗人由祖国的大好河山想到人民生活的悲辛，同时对农家田园的赞美又寓含着由衷的赞赏。《游山西村》："莫笑农家腊酒浑，丰年留客足鸡豚。山重水复疑无路，柳暗花明又一村。箫鼓追随春社尽，衣冠简朴古风存。从今若许闲乘月，拄杖无时夜叩门。"将风景之美、人情之美、哲理之美融合在一起，令人回味无穷。陆游描写风物的诗歌也很有韵味，如《村东》："村西行药到村东，沙路溪流曲折通。莫问梅花开早晚，杖藜到处即春风。"再如《沈园》："梦断香消四十年，沈园柳老不吹绵。此身行作稽山土，犹吊遗踪一泫然。"梅、柳皆有象征意义，令人咏叹不已。陆游诗早年与晚年不同，而晚年诗占绝大部分。尽管晚年诗人退隐江湖，仍可见诗人胸怀宽广而义愤填膺，其爱国情怀不减，其生活思想更深。

陆游以如椽大笔描画出一个动荡不安的时代，展示出自己崇高的报国理想和悲愤的忧患情怀。在诗歌艺术的追求方面他也达得很高的境界，开拓了自江西诗派独霸诗坛后的崭新局面。陆游少时学诗于吕本中，后直接师事曾几，中年以后独辟蹊径，完全从江西诗风中跳脱出来。但毕竟曾有一个坚实的基础，因而其诗精练的字句、工致的对偶乃至典故的引用无不带有严谨的痕迹而又具有自然的生气。正如赵翼《瓯北诗话》所说："无意不搜而不落纤巧，无语不新亦不事涂泽"，"才气豪健，议论开辟，引用书卷，皆驱使出之，而非徒以数典为能事。"陆游读过历史上许多著名诗人的作品，他从中汲取最多的还是现实主义精神。他始终关怀国家民族的命运，诗中总是充满着忧患不宁的感情。他在反映客观现实时很少作具体的铺叙，而是将自己强烈的主观感受寓于其中。他善于用概括的手法勾勒社会的面貌，而在大气淋漓中饱蘸着胸中的激情。《溪上作》曰："天下可忧非一事，书生无地效孤忠。"《病中夜赋》曰："但使胡尘一朝静，此身不恨死蒿莱。"其大笔挥洒感叹时事简约而凝练，所绘物象具有浓厚的抒情味道。因而其诗虽接近杜甫风格，获得一代"诗史"的称誉，但又很少像杜甫那样客观冷静地铺叙，也不像白居易那样夹叙夹议地浅白道来，而是将事与情熔炼一体，使人在感知画面的同时情绪也受到强烈的浸染。

因此，尽管陆游诗具有鲜明的现实主义特征，同时也具有浓厚的浪漫主义色彩。他写诗不枝不蔓、直抒胸臆，这不仅表现在写实诗篇中，在抒情诗篇中更为突出。诗人当时就有"小李白"的称号，由于现实和理想的矛盾造成诗人的怨愤，而陆游时时处处都关心着救亡和统一，这就使其诗具有更切实的内容和更壮丽的幻想。如《出塞曲》："三军甲马不知数，但见动地银山来。"《弋阳道中遇大雪》："起倾斗酒歌出塞，弹压胸中十万兵。"诗人特爱写醉，在醉中抒叹希望。如《醉歌》、《楼上醉书》、《醉中下瞿塘峡》、《江楼吹笛饮酒大醉中作》、《对酒歌》等，不

自书诗卷（宋）陆游

免使人想到李白对酒时的情景。但李白醉诗更有张扬个性的意味，而陆游醉诗则更多关注国家命运。陆游还善写梦，显然是在梦中表达美好理想和解决现实苦恼。如"三更抚枕忽大叫，梦中夺得松亭关"[1]，"更呼斗酒作长歌，要遣天山健儿唱"[2]。陆游的记梦诗据赵翼核计将近百首，而梦诗中浪漫瑰丽的想象更令人惊叹诗人的才华。如《五月十一日夜且半，梦从大驾亲征，尽复汉唐故地，见城邑人物繁丽，云：西凉府也。喜甚，马上作长句，未终而觉，乃足成之》，就是记梦诗中的长篇。诗写得非常逼真，仿佛在纪实，通过梦境把理想具体化、形象化。又如《十一月四日风雨大作》："僵卧孤村不自哀，尚思为国戍轮台。夜阑卧

---

① 《楼上醉书》。
② 《九月十六日夜梦驻军河外遣使招安诸城》。

听风吹雨，铁马冰河入梦来。"诗人由自然风雨而梦到铁马冰河，由于理想扎根于现实，因而具有极强的感染力。这种奇特的夸张与冷峻的现实形成鲜明的对比，诗人正是将一切熔铸于凝练的语言中而使意象恣荡万千。

陆游诗句不雕琢、不奇险，平白如话，出语天成。他认为"琢琱自是文章病，奇险尤伤气骨多"①。他强调生活积累，说"纸上得来终觉浅，绝知此事要躬行"②。因此不管他是以"一身报国有万死，双鬓向人无再青"③ 写报国万死的决心与青春难再的感慨，还是用清丽之笔写"小楼一夜听春雨，深巷明朝卖杏花"④ 状景造境喻理，都是用浅易之言达独到之意。刘熙载《艺概》评论说："诗能易处见工，便觉亲切有味。白香山、陆放翁擅场在此。"陆游在诗体方面也是无体不备，各体俱工。其更擅长近体诗，七律尤为人推重。其《书愤》大笔勾勒，纵横开阖，却又主旨鲜明，激荡人心。正如沈德潜《说诗晬语》言："对仗工整，使事熨帖，当时无与比埒。"他还擅长七古，《关山月》大气磅礴，悲壮沉痛，抒发了作者悲愤抑郁的情怀。七古宜于表达奔放的感情，此诗明显带有议论化、散文化倾向。陆游七律沉郁顿挫，颇得杜甫遗风；七古瑰丽雄奇，很受李白影响。总之，陆游从江西诗派的瘦句硬语中提炼出平易自然，选择最适于表达自己志趣与情感的诗体给予形象的揭示，这就超越了杨万里、范成大闲适庸俗的一面，使南宋诗坛吹进一股清新之风和阳刚之气，但因有时过于直露浅显而缺乏含蓄隽永也受到后人批评。

南宋中叶以后，诗坛上出现了所谓四灵派与江湖派诗人。所谓四灵是指徐照，字灵晖；徐玑，字灵渊；翁卷，字灵舒；赵师秀，字灵秀。

---

① 《读近人诗》。
② 《冬夜读书示子聿》。
③ 《夜泊水村》。
④ 《临安春雨初霁》。

四灵中徐照和翁卷是布衣，徐玑和赵师秀做过小官。他们都是浙江永嘉人，故又称"永嘉四灵"。他们对现实的态度比较淡泊，更乐意欣赏和亲近自然，因而诗多写田园山水与琐事闲情，流露出一种对安适的赞赏和对艺术的玩味。徐照《酬赠徐玑》："爱闲却道无官好，住僻如嫌有客多。"翁卷《行药作》："有口不须谈世事，无机惟合卧山林。"他们做诗以晚唐贾岛、姚合为宗，以个人情性反对理学对诗歌的束缚，以清新秀爽反对江西诗派的僻冷晦涩。他们摹写景物和人事都充满诗情画意，在表现手法上极少用典而多用白描，给人平淡清远、轻盈巧逸的印象。他们尤精五律，特别讲究炼偶。如徐照《山中即事》："千岭经雨后，一雁带秋来。"徐玑《夏日怀友》："月生林欲晓，雨过夜如秋。"他们还擅七绝，意致灵秀耐寻。如翁卷《野望》："一天秋色冷晴湾，无数峰峦远近间。闲上山来看野水，忽于水底见青山。"赵师秀《约客》："黄梅时节家家雨，青草池塘处处蛙。有约不来过夜半，闲敲棋子落灯花。"这些诗语咏物抒情，萧散野逸，追求一种淡泊闲远的情调，表现出一种心夷语秀的风格。

稍后于四灵派出现的江湖派诗人，多是流落江湖的失意之士，他们因陈起刻印的诗集《江湖集》而得名。江湖派诗人的作品有些议论朝政，有较为浓重的家国之忧，因而激怒了当权者而遭受诗祸。其较为出色的诗人有戴复古、刘克庄、刘过、姜夔等人，他们做诗多效"四灵"，但视野更为开阔。戴复古一生没做官，但游历极广，推崇杜甫，学习陆游，是江湖派的名家。其诗虽多写湖光秀色，羁旅行役，但不免抚世伤时，叹恨悲愁。如《淮村兵后》："小桃无主自开花，烟草茫茫带晚鸦。几处败垣围故井，向来一一是人家。"其七律《闻时事》指出南宋联合蒙古灭金的胜利是暂时的，表面的太平已无法挽回衰败的国势，极为深刻。他还有《庚子荐饥》、《织妇叹》反映了人民的苦难，表现出对官府的批评。刘克庄是江湖诗派的领袖，他除受"四灵"影响外，也学陆游，还喜诚斋。其诗多讥弹时政，抒发感愤。《北来人》曰："试说东都事，添人白发多。寝园残石马，废殿泣铜驼。胡运占难久，边情听易讹。凄凉旧京女，妆髻尚宣和。"诗中通过中原来客的叙述，描写了北地人民的情事，充满了故国之思。《军中乐》写士卒的劳苦和边将的享乐，以对比的手法愤慨地抨击时政，读后令人感慨万千。他还有《运粮行》、《筑城行》、《苦寒行》，以新乐府笔法描写征人的悲苦，有力地揭露和批判现实。他也写有《瓜州城》、《冶城》、《穴蚁》等诗，或登临抒怀，或咏物寓意，或借古讽今，表现出诗人对国家的深切热爱。虽然江湖派诗人多少有与朝廷当权者相对立的意味，一些诗人学习陆游写出了忧患家国的诗篇，但由于受理学极盛时期的影响，一些诗人不免在作品中追求艺术的精到或议论的别致而流露出"头巾气"。江湖派诗人复杂的创作现象，也说明南宋的相对安适更预示着艺术的没落。

南宋末叶，诗人们面临巨大的民族灾难，再没有安适闲逸的心情。他们或奋起抗击元兵的侵略，或入元之后坚守节操隐居山林。他们的诗大都沉郁悲壮，感慨凄凉。受江西、四灵、江湖以及杜甫、陆游

谢昌元座右辞卷（宋）文天祥

等多重影响，因而保留着宋诗的议理特色，更含有国破家亡的伤悲，瘦硬峭冷，幽咽凄苦。

文天祥（1236～1282年）的诗记载着宋末抗元斗争的生动历史，同时也以个人悲歌唱出了宋末爱国志士的情思。他曾以右丞相兼枢密使身份出使元营议和，后逃回募将士拥立端宗兵败被俘直至殉国。其诗集《指南录》、《指南后录》和《吟啸集》，表达了对祖国的热爱和对人民的

同情，对元兵烧杀抢掠的愤怒和对敌人威武不屈的气节。其《过零丁洋》以"人生自古谁无死，留取丹心照汗青"表示以死殉难的志操，其《金陵驿》以"从今别却江南路，化作啼鹃带血归"表达悲苦的亡国之情和永难断绝的故国之思。文天祥到燕京后被投入监狱，在敌人的利诱威逼面前坚贞不屈，写下了千古传诵的《正气歌》。这首五言长诗由天地正气写到英烈正气再写到自己，大气磅礴，正义凛然，是高度爱国精神的发扬和坚定民族气节的展现。

谢翱（1249～1295 年）曾参加文天祥的抗元队伍，兵败后潜伏民间并多次哭悼文天祥。其《西台哭所思》诗，写哀思不绝，悲情不已，感人至深。其《书文山卷后》可谓悲号当哭，泣血吞声："魂飞万里后，天地隔幽明。死不从公死，生如无此生。丹心浑未化，碧血已先成。无处堪挥泪，吾今变姓名。"汪元量在元兵灭宋后曾随宋帝被掳北去，晚年请为道士南归而不知所终。其诗以朴素流畅的语言写国破家亡的痛苦，以纪实白描的笔法写宋室北迁的情景，有"诗史"之称。其代表作品有《醉歌》、《湖州歌》、《越州歌》等，以七绝联章的形式将宋亡情景淋漓尽致地描绘出来。如《醉歌》中："乱点连声杀六更，荧荧庭燎待天明。侍臣已写归降表，臣妾签名谢道清。"《湖州歌》中："北望燕云不尽头，大江东去水悠悠。夕阳一片寒鸦外，目断东西四百州。"将谢太后签名投降与亡国之情事如画一般展现出来，诗虽好像客观描述但却寓痛至深。林景熙、郑思肖也是宋亡不仕，写南宋遗臣的伤痛和怀念深沉感人。林景熙《重过虎林》："池涸神龙逝，山空老凤愁。唯余关外水，寂寞自东流。"郑思肖《墨菊》："宁可枝头抱香死，何曾吹落北风中。"都是寄情物象，善用比兴。总之，宋末诗歌多寓故国之思，或慷慨，或悲凉，或沉郁，或凄婉，形成宋代诗坛肃杀的绝响。

南宋散文由于民族矛盾的加深，爱国救亡成为中心内容。这些文章，号召英勇抗金，抒发报国志向，揭露投降阴谋，忧患亡国危险，表达坚贞品格以至追悼故国沦亡，在慷慨与伤感中始终透出一种不可屈服的民族精神和无法抛却的文化情结。

李清照在国破家亡夫死后流落江南，除以词篇抒发内心的忧愤外，其散文也无不以自己的身世线索反映那个时代带给人民的苦难。《金石录后序》是为其丈夫赵明诚所著一部考究金石铭文的学术著作所作的后序，序中以回忆的笔法追述夫妻前半生的生活情况，突出地介绍了他们搜集和整理书画彝鼎的共同志趣，记叙了国难中夫妻生活的颠沛流离和书画器物的散失，特别是对丈夫死后自己的流浪辗转感叹欷歔。这篇平生自述，叙写详尽，语挚情深，悲凉沉哀。孟元老在《东京梦华录》中生动地记述了北宋都城汴京的城市景观、宫廷生活以及民间习俗，在对昔日繁华的描写中寄寓着美好的感情，抒发着靖康之变时代沧桑的兴废之感。此书文字浅易优美，语言自然清新，以骈文记景胜，以散文抒幽情，鲜明地铺叙出故都的风采和作者的眷恋。胡铨任职朝中坚决反对秦桧议和，写下了著名的《戊午上高宗封事》。在此文中，作者义愤填膺、情辞激切地揭露投降带来的耻辱，并要求高宗斩除卖国贼秦桧、孙近、王伦等。作者上书后即遭秦桧等打击，但正义的呼声却使胡铨声名远扬。此文直陈时弊，语锋犀利，感情激愤，论断有力，排比铺陈，极有气势，颇具纵横家风格。

朱熹作为著名的理学家，有《四书》注解广为传播。他也是一个清廉的爱国官吏，但一生以治学为主，有《朱文公集》。其散文长于说理，不求情韵文采，特别是哲学篇章，语言明白如话。其叙事写景文章卓有意趣，清新洗练，如《送郭拱辰序》、《百丈山记》等。陈亮散文以政论成就最高，他给皇帝的上疏与同朱熹争论的书信可为代表。这些政论散文，不追求形式华美，却都有充实内容。每篇文章主题都很集中，贯穿着一条"上关国计，下系民生"的思想主线。如《中兴五论》、《上孝宗皇帝书》以及《又甲辰秋书》、《又乙巳秋书》等，皆纵横捭阖，议论风生，在动人的叙述中洋溢着旺盛的激情。陈亮的崇论宏议不仅没有被朝廷采纳，他反而被当权者罗织罪名屡遭迫害。他终身只是以"布衣"论

天下事，一心报效祖国期图中兴。他认为："大凡论不必作好语言，意
与理胜则文字自然超众。"① 但他所谓"意与理"，和当时理学家倡导的
意理不同，而是一种希望富国强兵救时解难的气概。的确，其文体不诡
异，词不险怪，宏富典丽，表现出堂堂正正的风格。

　　至南宋后期国家将亡之时，散文中的报国情怀焕发出最后的光芒。
文天祥在危难时刻挺身而出，其奏疏陈述政见，指斥时弊，说理详明，
言辞激烈，颇具秦汉政论风格，如《己未上皇帝书》、《癸亥上皇帝书》。
其序跋文字，多熔叙事、议论、抒情为一炉，苍凉沉郁，曲折尽致，如
《指南录后序》。谢翱曾参加文天祥领导的抗元斗争，与文天祥情谊密
切。文天祥以身许国后，他流寓民间誓不仕元。其《登西台恸哭记》是
宋亡后登浙江严子陵钓台时吊祭文天祥所作，作者深情地缅怀死者而肝
肠寸断，其声泪俱下的悲诉充分表达出思念故国与友人的深挚之情。文
章峭劲中寓奔放，宏烈中寓沉痛，尽现家破国亡、悼友伤己之悲哀。

　　如果说，北宋在诗文革新运动中、在相对安定的环境里涌现出著名
的作家，形成了或平实或豪健的韵致，那么南宋则在家国忧患意识中、
在朝廷和议的权衡中凸显出悲壮的志士，展现了或刚烈或凄切的情怀。

---

① 《书作论法后》。

第二章
词调情感

第一节　婉约清丽

从隋唐产生经五代发育的曲子词，到宋代进入繁荣鼎盛时期。北宋开国以后经过休养生息，出现了所谓"百年无事"的相对安定局面。经济的发展促进了城市的兴盛，国家标榜文治政策也使文化生活日益丰富。当时的皇室、贵族、官僚、文人，在富贵享乐中倾心于酣歌醉舞；市民阶层的娱乐要求，也随生活水平的提高日益增强。于是作为合乐歌唱的词，这本是"艳科""小道"的文艺形式，以其既具诗歌的艺术性又具音乐的品味性迅速勃兴起来。上至达官贵人的盛典宴会，下到市井民间的娱宾遣兴，皆以词为风雅，词成为赏心乐事的好手段。

词本是产生于宴乐和民间的一种文艺形式，以其较少庄重严肃而富有闲情逸致引起人们的赏好。特别是在具有文化修养的上层社会成员介入词的品玩后，这一原来不登大雅之堂的文体很快提高了品位，其原有的抒情功能得到强调，而创作的文人化也渐洗民间的俚俗风。曲子词原是一种合乐演唱的歌曲，其句式长短不一，乐调婉转多姿，经文人加工后则更具有艺术性。由于曲子是和大曲相对的单支小曲，大曲遍数繁多不易运作，而小曲精约凝练便于赏玩，因而随着盛唐的逝去小曲创作也渐成为主流，这期间文人的作用不可忽视。说小曲和大曲相对是在大曲形成之后，而大曲本也是由宴乐或俗曲升华而来，因而小曲实际上一直保持着其独立性，完全可以从大曲中节选出来特别欣赏。小曲在雅化过程中也有一个由杂言向齐言过渡的阶段，但在齐言形成并达到绝妙的境界后也就再难突破，由此可以想到唐代的近体诗无与伦比后产生变异，因而说词由诗蜕变也就不无道理。词是按照词牌的曲调填写的，曲调的来源颇为复杂，大致可包括传统古曲、外来乐曲、民间曲调和自度新曲几个方面，据今人考证大约有 1000 个以上。这些曲调配上歌词也有不同的变化，如"减字"、"偷声"、"摊破"、"犯调"等。按照杨荫浏先生在《中国古代音乐史稿》中所说：减字是减少歌句字数，在音乐上，是以多音配一字，将某些字的节拍拖长。偷声是增加歌句字数，在音乐上，是分割少数的音，用以配合多数的字，使每字的音相应缩短。摊破是在歌句间插进歌句，在音乐上是增加新的乐句或扩展原有乐句。犯的一般意义，就是把属于几个不同词牌的乐句连接起来，形成一个新的曲牌；另一种意义，是转调或转调式。在这些词的变化形式上，文人无疑是最具有创造性和征服力的，他们能以自己的艺术修养和旺盛精力投入研究和开新，从而强化词的张力而使其符合人们的审美感觉和艺术的本体规律。精英艺术与大众文化是辩证的关系，不可否认精英是从大众产生并引导着大众，因而文人词的创作流向也就不能不是文化史研究的主要课题。

宋初文人在宴饮谈乐间多有雅兴，因而"聊陈薄技，用佐清欢"①成为作词的最好借口。由于文人生活圈子相对狭小，词的题材也就不够丰富。他们多以小令形式歌咏闲适安逸的生活，其温柔细腻的风格基本是五代词风的延续。这显然与当时的文化情势与对曲子词属于艳科的理解有关。新朝的建立使文人们充满希望又难舍传统，骨子里的多愁善感

---

① 欧阳修：《采桑子》题序。

势必对人生抒发着情
殇的忧叹。当然也有
少数作家例外，如范
仲淹以词抒叹对边塞
战事的忧患，但此类
的苍凉很难形成气候
反而似乎不谐，因而
庆历新政的失败也就
不是偶然。后世欣赏
范仲淹的劲拔是其敢

宫乐图（宋）

于抗俗，是从历史发展的角度肯定其价值，但和风细雨的宋初自有其不
可抗拒的惯力。在那样一种富贵安闲的生活状态中，文人们流连光景、
咏叹爱情、感慨人生、玩味艺术就是难得的文化之事了，何况词作为一
种艺术形式本身就不像诗文那样有沉重的承载，因此比较而言，宋词生
命力之强大而取代唐诗就不是没有缘故的了。还是从宋初秀美清新的小
令中感受一下那别有情致的气息吧，或许在体味中更能理解词的新颖是
如何打破诗的呆板的。

　　王禹偁出身贫寒而少有大志，对于统一的新王朝和个人的功名事业
抱有希望，故其词如其诗文一样绝不浮华卑弱。如其《点绛唇》（感兴）
云："雨恨云愁，江南依旧称佳丽。水村渔市，一缕孤烟细。天际征鸿，
遥认行如缀。平生事，此时凝睇，谁会凭栏意？"词自晚唐五代以来多
写男女艳情，王禹偁在北宋开国之初即扫脂粉之气，可见有志者之情
怀。在诗坛上倡导晚唐体的诗人，词也如其诗一样多写闲情逸致，尽管
思想境界不高，但风格倒也清新淡雅。如寇准《踏莎行》写闺怨、潘阆
《酒泉子》写胜景都不浓艳而视野开阔。林逋《长相思》颇为有名："吴
山青，越山青，两岸青山相对迎。谁知离别情。君泪盈，妾泪盈，罗带
同心结未成。江边潮已平。"词移情寄怨，深沉凝练，又具有浓厚的民

歌风味，将离愁别情抒写得流畅有致而婉转自然，可见林逋这位居士描写爱情也不同凡响。西崑派做诗词采华丽，对仗工整，讲究用典，作词一般也具有宫廷上层文人的优雅风度和对词的特点的深刻理解。如杨亿的《少年游》，借不畏风刀霜剑的梅花寄托自己的良深感慨，巧妙用典而意蕴万千，充分显示出作者的笔力和词调的情味。

继之而后，词以别一种情味引发着文人们的雅趣，虽然题材范围较为狭窄，但毕竟在探索中不自觉地出现一些新气象。范仲淹词虽不多，但沉雄开阔的意境与苍凉悲壮的咏叹却别树一帜，与词的传统风格形成鲜明的对照。如《苏幕遮》"碧云天，黄叶地，秋声连波，波上寒烟翠"，描写秋天的寥廓，成为写景名句，后来为元代王实甫《西厢记·长亭送别》所借用。其《渔家傲》"塞下秋来风景异，衡阳雁去无留意。四面边声连角起，千嶂里，长烟落日孤城闭"，写荒寒苍凉的北国边塞秋景，与前词写目断江南虽语不同却有异曲同工之妙。宋人写词，一般是上阕写景，下阕抒情。这两首词，一抒离乡思亲之愁，一抒报国忧边之意，皆非一般词人可比。范仲淹作为有远见的政治家和古文革新运动的倡导者，在词中也体现出反映现实的积极追求。其词于温婉之中寓豪宕之气，可谓一开雄健之风。

与其同时被称为词坛领袖的晏殊、欧阳修，也力图摆脱花间词的猥俗和浮艳，他们主要接受南唐冯延巳雍容疏朗的风格，而这也正合当时官僚士大夫的口味。晏殊（991～1055年），字同叔，抚州临川（今江西抚州）人。其幼年聪颖，应神童试赐同进士出身。仁宗时，成为北宋一代太平宰相。他政治上虽无建树，却以吸引贤才著称。作为朝廷重臣，诗文近于西崑派，典雅华丽。在词的创作上，被推为"北宋倚声家初祖"[①]。其虽受冯延巳影响，但一生富贵优游，这与冯延巳身为乱世之相大不相同，因而其词更呈现出舒徐沉静、雍容华贵、温润秀洁、婉

---

① 冯煦：《蒿庵词论》。

丽蕴藉的特色。他写男情女爱、离愁别
恨、风花雪月、宴饮酬欢，皆笔调闲婉、
理致深蕴、音律谐适、词语雅丽，成为
宋初上层社会最欣赏的词家。

　　晏殊写相思词语典丽而情意深挚，
如《蝶恋花》下阕："昨夜西风凋碧树，
独上高楼，望尽天涯路。欲寄彩笺兼尺
素，山长水阔知何处。"其写游乐也于安
闲中透露些许的感慨，如《浣溪沙》：
"一曲新词酒一杯，去年天气旧亭台，夕
阳西下几时回？无可奈何花落去，似曾
相识燕归来，小园香径独徘徊。"含蓄委
婉，情致缠绵，似乎让人看到一个温文
尔雅的士大夫于流连光景中情绪怅惘。
晏殊词中有不少感伤之作，表达得微妙

玉壶春瓶（宋）

细腻而韵致委婉，如《踏莎行》将春光与恋情关联纠结，其伤春情绪实
在是一种对年华流逝的叹惋，其幽怨情思也流露出很高远而深挚的追
寻，此中文化情味的确非常人可比，那种安闲雍容却又温润秀洁不能不
令人惊叹。晏殊词中也不乏关注现实的作品。如《山亭柳》（赠歌者）
写被污辱、被损害的歌女的悲惨命运，实际上抒发对朝廷不辨贤愚忠奸
的怨愤之情。《清商怨》写边陲不靖给征人思妇带来的怨苦，隐含着对
太平表象下兵连祸接的忧虑。《破阵子》（春景）则讴歌青春、吟咏自
然，将天真少女与暮春景色展示得温馨而美好。晏殊的清词丽句表现真
情实感，在淡言浅语中寓含着惆怅叹惋，其乐景与悲情并存寄托着丰富
的人生感触，而这些感触又非如他人的欢乐与凄恻，这种风度正是晏殊
具有极高文化修养的表现。

　　欧阳修作为北宋文坛领袖，在词的境界的开拓和抒情的深刻性方面

都超过了晏殊。其词在数量方面也超过了他以前的作家，虽然与其诗文相比内容较为狭小，但影响却也不在诗文之下。刘熙载在《艺概》中说："冯延巳词，晏同叔得其俊，欧阳永叔得其深。"冯煦在《宋六十一家词选例言》中说欧阳修"疏隽开子瞻，深婉开少游。"欧阳修不仅具有深厚的文化修养和舒朗的性格胸怀，而且具有敢于革新的勇气和冲破旧习的胆识。其词虽也多写惜春相思、酣饮醉歌等，却已摆脱雍容华贵、脂粉浮艳，使词达到清疏隽永、蕴藉深厚的新境界。

在他的词中，写男女情爱或相思伤别婉转深沉。如《浪淘沙》："楼外夕阳闲，独自凭栏，一重水隔一重山。水阔山高人不见，有泪无言。"其《踏莎行》写良辰美景中的遥相思念，构思缜密，表述曲婉，那"离愁不断如春水"的妙喻和"行人更在春山外"的设想，给人绵邈深长的思味。《生查子》（元夕）明白如话，具有民歌色彩，既不雕琢，也不浅薄，于平淡之中见深婉之致。欧阳修诗文大多态度庄重平实，而在词中却披露出丰富细腻的感情，这是词的特点决定的，亦可看到宋诗言志说理和宋词抒情寄愁的分野。

荷塘按乐图（宋）

欧阳修除写常见的爱情题材外，也写了许多歌咏水光山色的作品。最具代表性的是用联章体写的十首《采桑子》，这些作品非一时之作，从各个角度写景寄情，想象奇特，用语巧妙，既典雅又幽美。如"无风水面琉璃滑，不觉船移。微动涟漪，惊起沙禽掠岸飞"。其《玉楼春》：

"杏花红处青山缺，山畔行人山下歇。"《浣溪沙》："堤上游人逐画船，拍堤春水四重天。绿杨楼外出秋千。"《渔家傲》："霜重鼓声塞下起，千人指，马前一雁寒空坠。"皆清新疏淡，意象别具。

欧阳修一生仕宦并非平顺，因此词也成为抒发感愤的工具。特别是在他两次遭贬期间，便有不少忧政伤时、叹老嗟卑之作。这些作品，有对人才的惋惜，有对国事的关虑，有对自身的悲悯，也有对故乡的怀恋。这些词拓宽了宋初文人词的题材领域，给人耳目一新之感。如《临江仙》："如今薄宦老天涯，十年歧路，空负曲江花。"《玉楼春》："残春一夜狂风雨，断送飞红花落树。人心花意待留春，春色无情容易去。"《浣溪沙》："浮世歌欢真易失，宦途离合信难期。樽前莫惜醉如泥。"但作者于潦倒中也有豪放的一面。如《朝中措》："文章太守，挥豪万字，一饮千钟。"《玉楼春》："便须豪饮敌青春，莫对新花羞白发。"词人以此抒怀，可见于委婉清新中又开疏隽狂放之一路。可以说，欧阳修在提倡诗文革新的同时，对词的开拓和发展也做出了积极贡献。

如果说晏殊、欧阳修代表了上流社会的一种高雅境界，那么张先、柳永作为下层文人也在词的意境方面有很大创新。张先少时即有文名，但于年过不惑方中进士。他的官职虽然不高，但词作却很有名。致仕后经常往来于吴兴、杭州间，过着登山临水和做诗赋词的悠闲生活。词作虽沿袭宋初婉约派风格，但写士大夫生活却别开蹊径。他的词既不同于先其雍容疏朗的晏殊、欧阳修，也不同于后其浅俗婉丽的柳永、秦观。他不仅善写小令，还写过一些长调，在篇制探讨上起到了促进作用。张先最为人称道的还是那些清新活泼或含蓄隽永的小词，他又善于营造那份空灵自然、迷离朦胧的美妙意境，因而缺乏一种大度胸怀而别具一种缠绵幽怨之美。他在词中特爱用"影"字，如《天仙子》中的"云破月来花弄影"，《归朝花》中的"娇柔懒起，帘压卷花影"，《剪牡丹》中的"柳径无人，堕风絮无影"，因而被称为"张三影"。其实他还有写"影"的名句，如《木兰花》中的"中庭月色正清明，无数**杨花过无影**"，《青门引》中的"那堪更被明月，隔墙送过秋千影"，都被人认为甚佳。张先的慢词代表是《谢池春慢》，抒发爱慕而难以相许的怨情。可贵之处在于含蓄工巧、字句精练和意境绵邈，不足之处则是缺乏铺叙的功力、充实的内容和结构的完美，用小令做法写长调，恰恰反映了其求高古而缺气度的局限。陈廷焯在《白雨斋词话》中说：张先"有含蓄处，亦有发越处，但含蓄不似温、韦，发越不似豪苏腻柳，规模虽隘，气格却尽古"。可谓至论。

与张先相比，柳永却是典型的下层文人。柳永，原名三变，字耆卿，崇安（今福建崇安）人。虽出身于官宦之家，却为人风流倜傥，不拘礼法，有浪子作风。他早年在汴京与"狂朋怪侣"过着"暮宴朝饮"的生活，又"好为淫冶讴歌之曲，传播四方"①。因这些词不为正统观念所容，因而两次应试皆不中，仕途极不得意。当时城市经济繁荣，市民阶层迅速增长，出现了很多舞榭歌楼，朝野上下竞为新声。柳永在长期浪游生涯中，常出入烟花柳巷，与乐工、歌妓来往，应他们之请作了大量适于演唱的慢词。但中年以后困顿潦倒，为谋生路，改名柳永，又去应试。中试后做过一些小官，官至屯田员外郎，穷困而死。柳永作为北宋第一个专力写词的作家，虽遭正统观念排斥却成就了其文学上的盛名，由此也可看到词作为一种文艺样式在宋代的崛起和取得的成就。

柳永对词最大的贡献是创制了大量的长调，使词在篇章结构上扩展而容纳更多的内容。他常取一小令词调而大增其字数，使之成为中调或长调。如《长相思》本36字，柳永则变为103字；《抛球乐》本40字，柳永变为188字；《浪淘沙》本双调54字，柳永则变为三叠144字；其最长者《戚氏》（三叠）达212字，这是前所未有的。他又敢于"变旧曲"而"作新声"，在慢词长调的创制上大胆探索，成就斐然，使"教

---

① 吴曾：《能改斋漫录》。

坊乐工，每得新腔，必求永为词"①。尽管其词被一些评家认为不能登大雅之堂，但柳词吸取民间广为流传的新声，以通俗浅近为特征，呈现出旖旎多姿的风采，深受大众欢迎。

柳永词中反映妇女生活的最多，而描写调笑卖唱之歌妓的又居多数。这与其放浪形骸的生活有关，也极具"同是天涯沦落人"的象征意义。作为一个封建时代的士大夫，又是抑郁不得志的浪子，柳永既有千金买笑、及时行乐的一面，又有仕途失意、沉沦潦倒的一面。因而在创制词曲过程中，既有轻薄又有痛苦，既有调笑又有悲悯。这就造成柳永词的复杂性和深刻性，这些思想内容又通过较高的艺术形式抒发出来，因此，"凡有井水饮处，即能歌柳词"② 就不是奇怪的了。柳永将爱情写得非常美好，那凄楚动人的情景不免令人愁肠欲断，这或许便是受大众欢迎的原因和令人赞叹的成就了。从这个意义上讲，将他誉为"通俗"词人似乎毫无贬低的意思。其《集贤宾》"人间天上，唯有两心同"，《忆帝京》"系我一生心，负你千行泪"，《蝶恋花》："衣带渐宽终不悔，为伊消得人憔悴"，还有许多词都写得一往情深，缠绵惆怅。

柳永长年飘游在外，仕途不遇，因此羁旅行役、别恨离愁也成为其词作重要内容。在这些词中，他将汉魏乐府的游子思妇题材，与晚唐五代以来词中男欢女爱的描写结合起来，将孤独凄凉、万般无奈的感伤抒写得淋漓尽致。《定风波》言："念荡子，终日驱驰，争觉乡关转迢递。"《倾杯》云："想绣阁深沉，争知憔悴损，天涯行客。"其《夜半乐》（冻云暗淡天气）、《采莲令》（月华收）、《卜算子慢》（江枫渐老）、《八声甘州》（对潇潇暮雨洒江天）、《雨霖铃》（寒蝉凄切）也都是名篇，将漂泊不定的生活与乡思眷爱的伤痛尽情地表达了出来。词人写作时将情与景结合，吸收六朝小赋的特点，层层铺叙，着意渲染，委婉曲折，虚实相

---

① 叶梦得：《避暑录话》。
② 叶梦得：《避暑录话》。

侍女立像（宋）

间，将心底的情愁毫无遮掩地表露，不免令人叹为观止。陈振孙《直斋书录解题》说柳词"尤工于羁旅行役"，颇为中肯；郑文焯《大鹤山人词论》说柳永的"长调尤能以沉雄之魂，清劲之气，寄奇丽之情，作挥绰之声"，可谓的论。

除爱情、行愁外，柳永还有一些描绘都会风光及佳节庆贺的词篇。在这些词中，他将城市旖旎的景致与人们的富庶生活精雕细刻地详尽展示，令人观赏之余心向往之。如《瑞鹧鸪》写苏州："吴会风流，人烟好，高下水际山头。瑶台绛阙，依约蓬丘。万井千闾富庶，雄压十三州。触处青蛾画舸，红粉朱楼。"《一寸金》写成都："地胜异，锦里风流，蚕市繁华，簇簇歌台舞榭。雅俗多游赏，轻裘俊，靓妆艳冶。"《迎新春》写开封："庆佳节，当三五。列华灯千门万户，遍九陌罗绮，香风微度。十里燃绛树，鳌山耸，喧天箫鼓。"《望海潮》写杭州："东南形胜，三吴都会，钱塘自古繁华。烟柳画桥，风帘翠幕，参差十万人家。"这些词笔致壮丽，声调激越，境界开阔，与其后苏轼豪放一类词相去不远。词采用铺张手法，由大及小，由虚入实，并大量使用偶句，但又很少用典，以赋体笔法写天然景观，可谓臻妙。无怪人评曰："音律谐婉，语意妥帖。承平气象，形容曲尽。"① "铺叙展衍，备足无余，形容盛明，千载如同当日。"②

---

① 陈振孙：《直斋书录解题》。
② 李之仪：《跋吴师道小词》。

柳永将短小纤巧的小令发展成繁音纡节的慢词，无论从内容还是从形式上都奠定了慢词的地位。柳永特别注意铺叙手法的运用，融抒情、写景、叙事为一体，又大量吸收俚言俗语入词，一扫晚唐五代以来的雕琢习气，这为后来的词家开辟了道路和境界，此后词家都从柳永词中得到艺术借鉴。

第二节　豪放典雅

宋代前期相对的安宁与繁荣使词也随之精致并发展，但继之对积冗局面的改革引发的政治斗争使词人则更多地关注社会现买。词的境界进一步扩大，意味进一步深长，抒情风格也由婉约更趋豪放。词人们结合自己的身世遭遇，用词展示情怀似乎比诗文更便利得体。

政治家王安石于公事之余也有词作，风格与诗相通但似更为沉雄。其罢相以后退居金陵所作《桂枝香》便很为后人推重，杨湜《古今词话》说："金陵怀古，诸公调寄《桂枝香》者三十余家，独介甫为绝唱。"此词由登临观赏想到六朝故去，立意高远，体气刚健，化用前人诗句而不见雕镂痕迹，状景抒怀具见锤炼之功。词明显是针对宋朝政治现实而发，因而对六朝相继覆亡深表惋叹，实际上寓含着作者无穷的思虑。读王安石作品，皆具深刻的政治内涵，在《浪淘沙令》中，作者借伊尹、吕尚适逢商汤、周武而得以雄才大展，抒发明主重用贤臣而贤臣方可建功的哲理感叹。王安石的词真正摆脱了脂粉气，可谓是继范仲淹《渔家傲》之后的雄健之作。尽管诗庄词媚的传统界限犹存，但王安石却能以豪劲之笔抒诗之意兴却又不失词之风韵，可见大家之象。

词以婉约为宗，以抒情为主，有特定的要求。晏几道作为晏殊的儿子，追摹花间而又别具沉哀，可谓与其父歧路而同彰，时人并称"二

海棠蛱蝶图（宋）

晏"。晏几道虽出身名门，却一生仕途不达。据黄庭坚《小山集序》言其有四痴："仕宦连蹇，而不能一傍贵人之门，是一痴也；论文自有体，不肯作一新进士语，又一痴也；费资千百万，家人饥寒，而面有孺子之色，此又一痴也；人百负之而不恨，己信人终不疑其欺己，此又一痴也。"晏几道天真耿直，清节独持，然学识超群，人品洁尚。在当时政局变化迭起的情境下，他既不趋旧也不攀新，因此陷入落拓不遇的困境，一生日趋窘困凄凉。由于身经盛衰荣辱，故其词多感伤惆怅之作，而晚年更多的是不满和愤怒，因而风格当然与其父迥异。

他作词，可谓尽承温庭筠、韦庄、李煜、冯延巳乃至其父影响，但由于生活道路坎坷而词调不免沉郁哀伤。他的词最大特点便是言情极"纯"而"痴"，出语自然清新，毫无雕琢藻绘，"秀气胜韵，得之天然"①。其词多为五、七言小令，仍以歌舞酒筵、男女爱情、四时景物为内容，但却充满了幽愤和悲凉。他无限眷怀着过去的繁华、恋人的温情、青春的盛景，把这一切哀婉地倾诉着，凄楚感人。他在词中多写梦，如《鹧鸪天》（小令尊前见玉箫）、《蝶恋花》（梦入江南烟水路）、《临江仙》（梦后楼台高锁）都是名篇，表现好事难再、愁情缠绵之心绪。其词以"泪墨"写"鬼语"，多以对比手法写相聚欢宴与别后凄清，

---

① 况周颐：《蕙风词话》。

将真与幻相关映衬，把复杂的心理感触与变化表达得细腻传神，因而与其父雍容闲雅决然不同，却是以清秀凄凉胜出。与柳永相比，晏几道没有那么俚俗与浅露，而是透露出很高的学养和很纯的情感，因此清丽的词句蕴涵着彻骨的忧伤。由此亦可看出填词艺术的进步，经过作家的努力，词成为最适宜于表现情感生活的一种形式。

真正把词推向高峰并开豪放境界又奠立地位的，是宋代著名的文学大家苏轼。从《东坡乐府》所收 300 余篇看，其词在题材内容、表现方法、语言运用、风格特色等各个方面都有新突破。词在他的笔下，冲决了"艳科"的藩篱，开创出"倾荡磊落，如诗，如文，如天地奇观"①的壮观局面。

苏轼写词，把笔触指向广阔的社会生活，举凡怀古、感旧、记游、说理等，皆能以词来表达。他打破了"诗庄词媚"的观念，亦将文章笔法带入词中，一切皆由胸中溢出而全冲破束缚。如其抒发爱国情怀的《江城子》（密州出猎），将出猎与请战结合起来，慷慨豪健。其抒发兄弟情谊的《水调歌头》（明月几时有），将对宇宙的奇想与对人生的情思构成空灵清幽的意境。其《念奴娇》（赤壁怀古）则大笔挥洒，将览物之情、怀古之思和身世之感糅合在一起，雄放而悲凉。其写农村风光的一组《浣溪沙》，朴素清新，饶有情味，将田园风光与生活画面展示得多姿多彩。其以议论笔法直抒政治抱负和人生理想如《沁园春》（孤馆灯

秋林放犊图（宋）

---

① 　刘辰翁：《辛稼轩词序》。

青）："有笔头千字，胸中万卷。致君尧舜，此事何难。"其以象征笔法婉抒隐恨与孤独如《卜算子》："惊起却回头，有恨无人省。拣尽寒枝不肯栖，寂寞沙州冷。"总之，苏轼词几乎"无意不可人，无事不可言"①，"一洗绮罗香泽之态，摆脱绸缪宛转之度；使人登高望远，举首高歌"②。他以豪健的词风力矫柳永的轻软，他的词须关西大汉手持铜琵琶、铁绰板演唱③，其大胆的夸张、丰富的想象、淋漓的笔墨造成阔大的意境和恢弘的气象，堪称超群盖世，横放杰出。但其也不乏婉约之作，而此类作品却于深婉简约中别具幽奇。如《水龙吟》（次韵章质夫杨花词），将轻飘的柳絮与深情的女子寓合，把满腔愁绪表现得幽怨缠绵，淋漓尽致。《江城子》（十年生死两茫茫）将对亡妻的悼念直言无隐地倾诉，给人肝肠寸断之感。苏轼还有些词写得特别清峻旷逸，充满了对人生的反思和对苦痛的超脱。如《定风波》："莫听穿林打叶声，何妨吟啸且徐行。竹杖芒鞋轻胜马，谁怕？一蓑烟雨任平生。"如《行香子》："重重似画，曲曲如屏。算当年，虚老严陵。君臣一梦，今古虚名。但远山长，云山乱，晓山青。"将自然风光与志操怀抱关合，苍苍泱泱，儒道尽释。

苏轼的各类词作充分体现出大家风范，在词律和语言方面也不受束缚、横放恣肆。在《东坡乐府》中，有不少词打破了词牌的固定格式，以致为人所讥。实际上苏轼并非不讲音律，而实为"但豪放，不喜剪裁以就声律耳"④！苏轼词以豪放者为多，不少慷慨之作并不完全和律，但由于风骨内充感情激荡，也就特别为人称赏而传唱不衰。陈廷焯《白雨斋词话》说："东坡之词，纯以情胜，情之至者词亦至，只是情得其正，不似耆卿之唧唧私情耳。"他使词摆脱了对音乐的附庸地位，同时

---

① 刘熙载：《艺概》。
② 胡寅：《酒边词序》。
③ 俞文豹：《吹剑录》。
④ 陆游：《老学庵笔记》。

在语言方面也一扫花间词人的脂粉与柳永词作的俚俗。苏轼词清雄韶秀，简洁畅达，多方吸收古人诗句入词，偶尔也用当时口语，经史子传，杂家小说，无不摭语，恰到好处，因而给人包罗万象又得其精髓之感，使人从香软绮丽字句中突然看到一个桀骜不驯的意象。正如黄庭坚在《山谷题跋》中言："语意高妙，似非吃烟火食人语。非胸中有数万卷书，笔下无一点俗气，孰能至此！"其学养与真率将词推向一种极致，

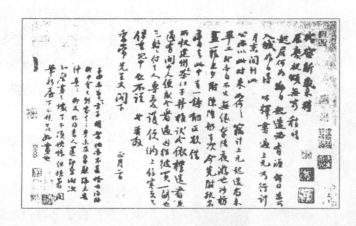

新岁展庆帖（宋）苏轼

却毫不迂腐苟且蝇营。实际上，苏轼继范仲淹、王安石之后更加恢弘，他将自由挥洒的写作态度与变幻莫测的篇章结构浑融一体，使词真正成为独立的体格并开豪放流派之先风，从而与诗文革新运动相映照，以其人格和文品成为一个时代的典范并给后人以深刻的影响。

苏轼作为北宋文坛领袖奖掖和团结了一批作家，如苏门四学士黄庭坚、秦观、晁补之、张耒。他们也都各有词作并出笔不凡，成为风流一时的名家。黄庭坚继承了苏轼词风更以超逸绝俗为高标，并将其诗歌主张如"夺胎换骨"、"点铁成金"融入词中，这就使其词形成或高旷飘逸，或俚俗狂放，或典雅优美的意境，如《水调歌头》（瑶草一何碧）、《清平乐》（春归何处）等。晁补之的词作也脱去了传统词家"宛转绵丽"的蹊径，慷慨磊落，豁达疏野，自有一股豪气，如《摸鱼儿》（东

皋寓居）。张耒工诗善文，名重一时，倚声制曲，非其所长，但偶有词作亦不乏佳妙，如《风流子》（木叶亭皋下）写思念妻子凄婉动人。秦观于四人中作词最为出色，但主体风格却是忧郁凄切，音律和美。

秦观少年时期曾客游多处，在与歌女的交往中曾写过不少词。这些词在男女之恋的描写中寄托着身世之感，在情调上与意境上与柳永相近然更俊逸。如《满庭芳》（山抹微云），此词将事、情、景三者融会一气，用字、用韵、用律极为讲究，"将身世之感，打并入艳情"①，取得极佳效果。秦观的《鹊桥仙》（纤云弄巧）也很有名，用牛郎织女相会鹊桥的传说，抒发着人间男女不得私会的苦痛。秦观后由苏轼推荐入朝为官，但新党执政后受苏轼牵连又遭贬逐。政治上的打击迫害使其感到绝望，因而情调更加凄苦哀伤。《踏莎行》（雾失楼台）将孤寂幽愤写得凄迷绵邈，把敏锐的感受痛楚地寓含在

侍女立像（宋）

清寒的意象中。《千秋岁》曰："日边清梦断，镜里朱颜改。春去也，飞红万点愁如海。"他写春，写梦，写愁，写醉，一切发自内心又一切合乎音律，由前期的纤弱转入后期的沉郁，可谓婉约尽致。秦观有些小令也景致清丽，如《浣溪沙》："自在飞花轻似梦，无边丝雨细如愁，室帘闲挂小银钩。"他还有少数作品作悲壮豪放语，如《望海潮》："最好挥毫万字，一饮拼千钟。"《宋六十一名家词例言》说："他人之词，词才也；少游，词

———————————

① 周济：《宋四家词选》。

心也，得之于内，不可以传。"《避暑录话》说："秦观少游亦善为乐府，语工而入律，知乐者谓之作家歌。"秦观的豪放一度为苏轼所赏，然其柔弱的个性与艺术的天分使其成为后人公认的婉约大家。沈雄《古今词话》说："子瞻词胜乎情，耆卿情胜乎词，辞情相称者，唯少游一人耳。"王国维《人间词话》说："词之雅郑，在神不在貌。永叔、少游虽作艳语，终有品格。"秦观词情辞并茂，协音和律，对后世影响较大。

苏轼稍后较有创新的词人是贺铸（1052～1125年），他少时仗才使气，耿介豪侠，入仕后喜论时事，傲视权贵，故一生不得美官，沉居下僚。他的词内容丰富，风格多样。张耒《〈东山词〉序》说："夫其盛丽如游金、张之堂，而妖冶如揽嫱、施之袂，幽洁如屈、宋，悲壮如苏、李，览者自知之。"其《鹧鸪天》悼念亡妻："梧桐半死清霜后，头白鸳鸯失伴飞"，将挚情苦思表达得哀婉凄绝，与苏轼《江城子》悼亡作并传不朽。其组词《古捣练子》用民间语写关山情，以思妇之口忧边塞之事，在宋词中可谓罕见。如"砧面莹，杵声齐，捣就征衣泪墨题。寄到玉关应万里，戍人犹在玉关西。"于哀婉中对宋朝边事给予讽谲，于民歌中给予辞采情调的升华。其《将进酒》（城下路）咏史抒怀，慷慨激烈，嘲讽追名求利的小人，铺排物是人非的景象，诉说超脱世俗的道理，无不义愤填膺而矫健从容。其《六州歌头》（少年侠气）充满爱国豪情，在对边事的忧叹中不免悲愤万端。全篇笔力雄拔，神采飞扬，不为声律所缚，反以声律彰显，激越的感情与跳荡的旋律结合，因而在苏轼不屑格律与周邦彦格律精严之间。其最为传诵的还是《青玉案》（凌波不过横塘路），将爱情的失意与仕途的不遇联系起来，情辞哀婉。特别是结句的比喻："试问闲愁都几许？一川烟草，满城飞絮，梅子黄时雨。"连用三个比喻，写出闲愁的广袤无际、纷繁缭乱与绵延迷蒙。贺铸作词吸收唐人歌行情调，其豪放继苏轼而开辛弃疾，他与秦观、周邦彦是同时代人，因而亦注意到婉约与格律的本色。

北宋后期徽宗崇宁四年（1105年）设立大晟府，这是国家最高的音乐机构，任用了一批精通词乐者，周邦彦（1056～1121年）便是其中影响最大的一个。周邦彦少年时代落拓不羁，喜好声色。在太学读书时，因献《汴都赋》被神宗升为太学正。徽宗时提举大晟府，负责审音订乐。因其早年与柳永生活经历相似，因而作品中有不少写男女情爱、羁旅行愁。又因他词律工巧，用语清新，所以又有人将他与秦观并称。

霜条寒雏图（宋）

他精通音律，制调甚多，对宋代词乐贡献很大。词本应按曲填写，适声演唱，自宋以来不断创新而成气象，但并非严格讲究乐律和艺术手法。周邦彦提举大晟府期间，凭借他掌管朝廷音乐的地位和个人的音乐才能，总结一代词乐而崭露个人风貌，成为北宋词的"集大成者"① 而又"自成一家"②。尤其是他继柳永、苏轼、秦观之后，将长调慢词益求精雅，各种艺术手法得以推进，使得词律严整，音调丰富。他特别在整理古调的同时，创制了许多典雅婉转的新调。张炎说："美成诸人又复增衍慢、曲、引、近，或移宫换羽，为三犯四犯之曲，按月律为之，其曲遂繁。"周邦彦作词情调婉约而格律精严，被讥为尽管富艳精工但意趣不够高远。王国维在《人间词话》中也说："创调之才多，创意之才少。"

其词多为长篇，《瑞龙吟》（章台路）对比今之惆怅与昔之游乐，抒

---

① 《宋四家词选目录序论》。
② 《碧鸡漫志》卷二。

发了词人旧地重游时的伤离意绪。全词词句雕琢得富丽精巧，化用诗词典故自然妥帖，格律和音韵的运用也和谐雅致。意境可谓缠绵而空灵，但给人气格不高之感。周邦彦这类词不少，有些写得倒也清切。如《风流子》（新绿小池塘）、《渡江云》（晴岚低楚甸）、《解连环》（怨怀无托）、《满庭芳》（风老莺雏）等，无论写景抒情，都能刻画入微，而章法变化多端，笔力形容尽致，达到"结构精奇，金针度尽"① 之境界。周邦彦也有些沉郁顿挫之作。如《六丑》（正单衣试酒）叹花惜春，全词140字，写得浑厚典雅，奇情四溢。自创新调《兰陵王》（柳荫直）写尽离别之意绪，华词雅律抒旧恨新愁，情景浑融而意趣深厚。

周邦彦以其优雅、曼妙、伤感的作品风靡了北宋末年词坛，这同当时繁华已极腐朽已极的社会是一致的。周邦彦作为一个与世浮沉的俗人、才华横溢的歌者，使婉约风格和格律形式完美构织，成为集北宋之成开南宋之新的一代名家。其词调法度为后人创作规范，其言辞珠鲜玉艳、淡远清妍亦给后人以启发，其构思曲折、铺叙尽妙、前后照应的章法手段也为后人所吸取。陈廷焯《白雨斋词话》说："词至美成，乃有大宗，前收苏、秦之终，后开姜、史之始。自有词人以来，不得不推为巨擘，后之为词者，亦难出其范围。"在他之后，词坛格律派出现，注重形式的风气大盛。尽管对周词的气格后人评说多有异词，但作为那个时代的精神产物却在艺术本体的研究上推进了一步。

第三节　凄楚悲愤

靖康之难发生后，赵构建立南宋政权。金兵继续南侵，南宋朝廷抵

———————————

① 周济：《宋四家词选》。

挡不住，只得向金纳币称臣，偏安于江南半壁江山。随着民族矛盾的迅速上升和朝政内部和战争论的出现，南宋词风很快发生了巨大的变化。许多作家在国家覆亡的变故下过着颠沛流离的生活，强烈的爱国思想使他们改变了以往浮艳典丽的调子。他们冲破了大晟乐府讲究格律的形式风气，创造出许多或哀凉或激愤的词篇。爱国主义此时成为词坛的主旋律，从李清照到辛弃疾形成一道由婉约到豪放的风景线。

李清照像

李清照（1084～1155 年?）资质聪慧，多才多艺。诗、文、词俱佳，还工书、善画兼通音乐。她与赵明诚结婚后，度过一段文雅而幸福的生活。但靖之难给她带来巨大的伤痛，在国破家亡夫死的沉重打击下度过了孤苦凄凉的晚年。她的文化修养很高，词的成就超过了诗文。她的《词论》作为宋代第一篇系统的论词专作，在总结词的发展过程时明确提出了"词别是一家"的观点。她在创作中也注意诗、词的区别，但南渡后的生活境遇却使她的词风发生了很大的变化。她突破了自己早期典丽华美的风格，形成了浅俗清新的"易安体"。

从她的早期作品看，如《如梦令》（常记溪亭日暮）、《如梦令》（昨夜雨疏风骤）、《点绛唇》（蹴罢秋千）、《一剪梅》（红藕香残玉簟秋）、《醉花阴》（薄雾浓云愁永昼）等，都是反映闺秀的欢愉生活、青春的美好眷恋和思夫的愁苦情态的。这些词表现出女词人的细腻感受、纯真情怀和语言才华，或如实描写，或比兴关合，或即景抒情，或借物咏怀，都语新意隽，委婉动人。使人仿佛看到天真的少女、轻微的抒叹、刻骨的相思。李清照南渡后所作词篇，由于经久而深切地承受了时代的巨变、生活的坎坷和精神的磨难，因而所抒发的忧愁烦恼已超出闺阁庭院的狭小范围而融入了家国覆没之恨，所以也就具有更为高深的境界和更为宽广的意味。《菩萨蛮》："故乡何处是？忘了除非醉。"《武陵春》："物是人非事事休，欲语泪先流。"皆感愤悲泣之作，直刺人心。其《声声慢》押韵由平声改为入声，并屡用叠字和双声字，变舒缓为急促，变哀婉为凄丽，以刻画冷清的环境来烘托悲切的心情，以层层铺叙的手法件件委婉道来，这种浅俗贴切的语言与北宋末年的华贵典雅形成鲜明的对照，同时意境也大相径庭。南渡后无论是春花秋月，还是莺歌燕舞，在李清照眼中都非心旷神怡之物，而成为乡思之愁、流落之苦、时局之忧的媒介。黄花败落，梧桐凋零，这些物象用浅俗之语发出而不加雕饰，的确令人别有一番滋味在心头。其《永遇乐》（落日熔金）通过元宵对比，抚今追昔，抒发了饱经忧患的苦楚与自甘寂寞的情绪，透露出对南宋朝廷偏安的不满和对故国难以忘怀的牵念。此词凝重深沉，含蓄蕴藉，使人仿佛看到昔日的繁华和今日的落魄，突现出平淡中见工致的语言风格。

李清照词是婉约派的一个高峰，借鉴了李煜、柳永、秦观等人的艺术经验而又有独创。她善于白描，多用赋体，长于铺叙。抒情曲折，比兴生动，讲究含蓄。语言锤炼不见痕迹，发语浅俗又自然精警。李清照词洗尽铅华而见凄清本色，同时代词人亦充满慨叹而绝少艳语，可谓一时气象。

与孤弱女词人李清照的凄婉哀绝不同，许多爱国志士健笔写下悲凉慷慨的词章。他们一改北宋末年的柔弱词风，在抗敌御侮的热潮中抒发报国理想。如张元干于南渡前专好酒畔花前、流连香软，靖康后幡然醒悟、豪迈悲壮。其词或抚事感时，忧国伤民，如《石州慢》（己酉秋吴兴舟中作）；或叹今追昔，壮志遣恨，如《水调歌头》（追和）。其最为著名的是两首《贺新郎》，一首是寄李纲，一首是赠胡铨，二人皆为坚定的抗战志士。张元干在词中一发胸中积郁的忠愤不平之气，在寄李纲之作中热诚地希望被秦桧打击的李纲为抗金事业再建功勋，在赠胡铨之作中不顾个人安危坚决支持要求斩杀秦桧的朋友。此二首先后辉映的姊

人物故事

妹篇，写得雄健豪放，沉郁顿挫，《四库全书提要》言其"慷慨悲凉，数百年后，尚想其抑塞磊落之气"。张元干直接以词作武器参加现实政治斗争，为南宋爱国词风的形成首标高帜。

张孝祥（1132～1169 年）高宗时状元及第，曾因忤逆秦桧被诬陷下狱。后曾任建康留守军官，为政简易清廉。其词效法苏轼，风格多样。有的峻拔雄奇，有的沉郁悲壮，有的清丽飘逸。其《念奴娇》（过洞庭）描写洞庭湖博大宽阔、清明澄澈的秀远景色，寄寓了作者光明磊落、冰雪肝胆般的情怀。其《六州歌头》（长淮望断）更是激荡着爱国之情、忠义之气，上阕将沦陷区的凄凉景象和敌人的骄横跋扈展现出来，下阕则对中原人民的艰难处境深表同情，并抨击当权者的忍辱求和，感叹自己报国无门。"淋漓痛快，笔饱墨酣，读之令人起舞。"① 张孝祥还曾以激动的心情作《水调歌头》（和庞佑父），记叙闻说抗金斗争胜利的感奋。他也有《浣溪沙》（洞庭）摹景融情，表现清隽自然之趣。张孝祥和张元干都是上承苏轼下启辛弃疾的词人，当民族危机紧迫之时，他们都唱出了一首首激昂慷慨的歌；但形势较为稳定之时，他们往往在园林、山水中寄寓着对生活的热爱。

南宋前期还有一些爱国词人，如李纲、赵鼎、岳飞等，他们的词作也多充满豪放之气。也有一些凄婉之作，如朱敦儒、吕本中、陈与义等

---

① 陈廷焯：《白雨斋词话》。

表达着忧世伤时的消沉情绪。两宋之交词风大转，徽宗时的奢华粉饰为高宗时的救亡图存所取代，词的内容由个人身世的慨叹变为对民族命运的关切，在艺术表现方面更趋成熟，更为丰富。

继之而后，虽然逐渐形成宋、金对峙局面，统治者安于割地求和、纳币称臣的地位，但是仍有不少爱国志士不满现状、希图恢复。于是以辛弃疾为代表形成一个声势很大的爱国词派，他们以笔抒发壮志、抨击现实、表达忧愤。辛弃疾（1140～1207年），字幼安，号稼轩，历城（今山东济南）人。他在沦陷区出生长大，青年时期组织队伍参加耿京起义。后耿京被叛徒张安国杀害，辛弃疾带50人骑马驰入金营捕获张安国，随之带所部渡江南下皈依朝廷。此后他辗转多处任地方官职，始终为北伐统一出谋献策。但在朝廷投降妥协路线压制下一直不被重用，反而在42岁时遭弹劾被罢官。此后又被多次起用多次贬谪，仕途坎坷不平，最终老病而死。他由北入南的身份使其一直感到孤危，他为整顿地方经济打击豪绅富户却遭到报复，他一生坚持抗金却空怀报国壮志。但他一刻也没有忘怀分裂的祖国，因而在他的词中最多的篇幅都是写爱国内容。

辛词现存620余首，在两宋词坛居于首位。他的词题材广泛、内容丰富，是继苏轼之后又一豪放景观。在他的词中，抒发统一祖国的雄心壮志时充满豪健情调。如《鹧鸪天》："壮岁旌旗拥万夫，锦襜突骑渡江初"，回忆自己青年起义与南渡归宋之事，令人遥想英气勃发的抗金将领风采。《破阵子》（为陈同甫赋壮词以寄之）是作者闲居江西时寄赠好友陈亮的，词中勾画出"沙场秋点兵"的壮观场面和抒发出"可怜白发生"的悲愤心情，梦想与现实对比，越发显出词人爱国精神的可贵。作者40岁时作《木兰花慢》（席上送张仲固帅兴元）、50岁时作《水龙吟》（过南剑双溪楼），也都是词人的慷慨之作。在京口北固亭所写两首词是作者晚年知镇江时的名篇，当时韩侂胄起用辛弃疾准备抗金北伐。作者由此想起历史上的人物孙仲谋，既有对自己青春流逝的慨叹又有对自己

白地褐花三足炉（宋）

老当益壮的期许。如《永遇乐》开首："千古江山，英雄无觅，孙仲谋处。"结尾："凭谁问，廉颇老矣，尚能饭否？"词中连用几个典故，寄意遥深，充分展示出作者的豪情与担忧。《南乡子》："何处望神州，满眼风光北固楼。千古兴亡多少事？悠悠，不尽长江滚滚流。年少万兜鍪，坐断东南战未休。天下英雄谁敌手？曹刘，生子当如孙仲谋。"也是借孙权咏个人心事，并感叹朝中无名将。

辛弃疾词中最令人感叹的还是那些英雄失落的悲慨，他把满腔热情化成万般怅恨激愤地倾诉着。《水龙吟》（甲辰岁寿韩南涧尚书）曰："渡江天马南来，几人真是经纶手？"《念奴娇》（登建康赏心亭，呈史留守致道）曰："我来吊古，上危楼赢得闲愁千斛。虎踞龙蟠何处是？只有兴亡满目。"《贺新郎》（同甫见和，再用前韵答之）曰："我最怜君中宵舞，道男儿到死心如铁。看试手，补天裂。"《贺新郎》（别茂嘉十二弟）曰："啼鸟还知如许恨，料不啼清泪长啼血。谁共我，醉明月。"这些送别词皆不言儿女情事，全以国家大业为重，因而其愁苦益发显得沉郁苍凉。《水龙吟》（登建康赏心亭）更是悲愤之极："楚天千里清秋，水随天去秋无际。遥岑远目，献愁供恨，玉簪螺髻。落日楼头，断鸿声里，江南游子。把吴钩看了，栏干拍遍，无人会，登临意。"词人满眼愁恨，万般心伤，空怀一腔报国情，壮志化成孤愤意，于是便有"青山遮不住，毕竟东流去"的坚定信念及博大忧伤，便有"蓦然回首，那人却在，灯火阑珊处"的美好和孤凉。词人于悲愤中对朝廷的投降政策十分不满，对现实政治的腐败充满忧虑和愤怒。《满江红》曰："吴楚地，东南圻；英雄事，曹刘敌。被西风吹尽，了无尘迹。"《念奴娇》曰：
"旧恨春江流不尽，新恨云山千叠。"《鹧鸪天》曰："却将万字平戎策，
换得东家种树书。"《水龙吟》曰："神州陆沉，几曾回首？"《太常引》
曰："斫去桂婆娑，人道是清光更多。"《摸鱼儿》曰："君莫舞，君不见
玉环飞燕皆尘土。"辛弃疾这类词对君主不图恢复不用贤良表示失望，
直接批评朝中小人当道蒙蔽君主，或借古喻今，或直言讥讽，与自己壮
志未酬反遭贬谪紧密相关，因而
于词中更能看到辛弃疾的批判
精神。

　　辛弃疾中年以后被闲置不
用，因而时常在田园、山水中寻
求乐趣排遣忧愁，但每每徘徊、
登临时又不免想起国事，于是便
在寄情自然时往往抒发着浩叹。
在他笔下有生动的日常生活和清
新的农家气息，如《清平乐》
（村居）："茅檐低小，溪上青青
草。醉里吴音相媚好，白发谁家
翁媪。大儿锄豆溪东，中儿正织
鸡笼。最是小儿无赖，溪头卧剥

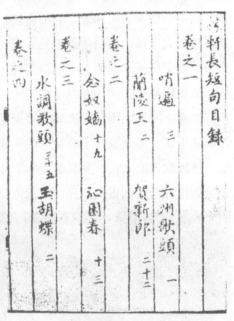

稼轩长短句

莲蓬。"他对山村美好的描写寄寓着古来文人达适的心境，但也暗寓着
对政治斗争险恶的厌恶和退避。如《鹧鸪天》："山远近，路横斜，青旗
沽酒有人家。城中桃李愁风雨，春在溪头荠菜花。"作者归田是不情愿
也很矛盾的，因而在登山临水时也就不免啸傲寄兴。如罢官途中所作
《水龙吟》："千古兴亡，百年悲笑，一时登览。"如闲居家中所作《贺新
郎》："甚矣吾衰矣！怅平生，交游零落，只今余几？白发空垂三千丈，
一笑人间万事。问何物，能令公喜？我见青山多妩媚，料青山见我应如

是。情与貌，略相似。”

　　总之，辛词创造的意境形象飞动、气势壮阔，很少粉泪罗衣的脉脉细语，也没有愁云衰柳的幽幽叹息，大多是长空浮云，远山阔水，东南佳气，西北神州。一切景观充满动态融入激情，作者的豪放使画面也洋溢着勃勃生气。他将叙事、写景、抒情熔为一炉，刚烈沉郁与柳永的委婉凄切决然不同。他多用直抒胸臆的赋笔，如写意画任情挥洒，简洁雄放，而不似柳永婉曲深致，缠绵缱绻，细腻铺叙。他还借用诗文手法多用典故，大发议论，以才学识见入词。这就使叙事、抒情、议论紧密融合，浑然一体。其词语言也风格多样，或点化前人诗句，或采用民间俗语，或提炼经史典籍。并以散文句法入词，又善用虚词助气，且不违反声韵格律，故呈现出汪洋恣肆又警策精当且自然通达的特点。说辛词豪放固然不错，但其也有十分婉约的一面，然贯通其总体精神的是悲壮沉郁。他汲取各家之长，尤其是发扬了苏轼词风，在反映时代精神和进行艺术创作方面达到更高境界，使词体打破了传统观念并获得空前解放。

堆塑蟠龙盖瓶（宋）

　　与辛弃疾同时或稍后的著名词人还有陈亮（1143～1194 年）、刘过（1154～1206 年）、刘克庄（1187～1269 年）、刘辰翁（1232～1297 年）等，他们与辛弃疾一起形成了一个声势浩大的爱国词派。陈亮性格刚强，才气超迈。坚决反对和议，屡陈抗战大计，却遭打击报复，一生坎坷磨难。他是南宋著名的政论家，词也写得豪放雄健。如三首《贺新郎》，分别为寄、酬、怀辛幼安，都写得如狂涛悬瀑，奔腾不已。三首结句分别是"龙共虎，应声裂"，"沘水破，关东裂"，"壮士泪，肝胆裂"，令人豪情万端，肝肠寸断。刘过一生期建功业，但屡遭不顺。未跻仕途，流落江湖。虽为诗人，亦工作词。其词风奔放而苍凉，如《六州歌头》（题岳鄂王庙）："中兴诸将，谁是万人英？身草葬，人虽死，气填膺，尚如生。年少起河朔，弓两石剑三尺，定襄汉，开虢洛，洗洞庭。北望帝京，狡兔依然在，良犬先烹。过旧时营垒，荆鄂有遗民，忆故将军，泪如倾。"歌咏岳飞功绩，充满了赞叹与感伤。刘克庄为官敢于抨击时政，因而一生接连遭受贬谪。其词或粗犷雄放，或激愤悲慨，多感叹中原不能恢复，朝廷没有平戎良策。其《沁园春》（答九华叶贤良）："当年目视云霄，谁信道凄凉今折腰。怅燕然未勒，南归草草，长安不见，北望迢迢。老去胸中，有些磊块，歌罢犹须著酒浇。休休也，但帽边鬓改，镜里颜凋。"刘辰翁反对奸佞，主持正义。宋亡后流浪多年，隐居不仕。其早年词多流连光景，清新雅致。宋亡后多描写故国之思，凄凉哀婉。如《柳梢青》："那堪独坐青灯。想故国，高台月明。辇下风光，山中岁月，海上心情。"《兰陵王》（丙子送春）："春去，尚来否？正江令恨别，庾信愁赋。苏堤尽日风和雨，叹神游故国，花记前度。人生流落，顾孺子，共夜语。"刘辰翁词描写历史浩劫后的凄凉景象和沉痛心情，已失去了抗金的豪壮胸怀而变为沦亡的哀婉追思。辛派词人充满对国事的关心，在宋、金对峙中始终不忘统一大业，用词抒发爱国激情鼓舞人民斗志。但到了南宋后期，这种豪壮之声逐渐低弱下去而变得凄婉，一批词人讲求格律并使之成为词坛主流。

第四节　清空峻朗

词从民间走向宫廷就由质朴趋向精雅，在文人手中成为最能代表宋代文学的艺术样式。它由小令铺衍开来形成纷繁多姿的洋洋大观，几乎可以容纳所有生活内容并给予艺术的再现。在此过程中，人们不断探究其本身的内在规律，试图寻找最佳的程式玩味其最美的表现。在北宋词人的努力下，至周邦彦更注意词与曲的协和，形成精工谨严的格律要求。南渡后，抗金救亡的爱国内容成为词坛主旋律，因而在艺术形式上不免打破了格律框范。到南宋后期，由于形势相对稳定，国内经济有所发展，词人们于是重提格律，转向对艺术本体的精心钻研。

姜夔（1155～1221 年），字尧章，号白石道人。他曾数次应考，均落第。因精音律，工书法，诗、词、文造诣皆高，故为文友看重。他先后与范成大、陆游、辛弃疾、叶适、朱熹等往来唱和，这些著名人物皆看重姜夔的才学与气节。陈郁《藏一话腴》说："白石道人气貌若不胜衣，而笔力足以扛百斛之鼎。家无立锥，而一饮未尝无食客。图史翰墨之藏，汗牛充栋。襟期洒落，如晋宋间人。"姜夔作为一个漂泊江湖的清雅高士，其词作《白石道人歌曲》最为著名，至今仍是研究宋词格律的珍贵资料。尽管宋词当时传唱天下，但遗憾的是曲谱早已散佚殆尽。这或许与中国文化的特点有关，即特别注意思想内容的蕴涵而比较忽视外在表现的形式。据说《乐经》本初便是《诗经》的曲谱，然《诗经》传世久远，《乐经》却荡然无存。宋词今存不少，但曲谱鲜见，唯在《白石道人歌曲》中有所孑遗。《歌曲》中曲谱今已很难认读，杨荫浏先生曾予以解译。《歌曲》中有姜夔记录的古曲、今曲等，还有 14 首自度曲，使后人可领略宋曲风貌。

姜夔词中收录最早的词是《扬州慢》，词中写经历战乱后扬州的萧条、空阔、冷清、荒芜，以对比手法抒发出无限凄凉的哀感，如"杜郎俊赏，算而今，重到须惊。纵豆蔻词工，青楼梦好，难赋深情。二十四桥仍在，波心荡，冷月无声。念桥边红药，年年知为谁生。"姜夔写男女恋情及离愁别绪也意味深长，笔调不俗。如《鹧鸪天》："春未绿，鬓先丝，人间别久不成悲。谁教岁岁红莲夜，两处沉吟各自知。"《踏莎行》："别后书辞，别时针线，离魂暗逐郎行远。淮南皓月冷千山，冥冥归去无人管。"姜夔还特爱以咏梅、荷等寄托高风逸韵。如《暗香》、《疏影》巧妙地运用一些与梅有关的历史掌故，并参酌或凝缩一些著名作品的佳句，从不同角度来写梅花特色，将往日的回忆与今日的感喟紧密结合对比，一片雅士情怀。《念奴娇》写荷花以寄怀人之思，也有出污泥而不染之情调。姜夔词，刘熙载《艺概》说"幽韵冷香"；戈载《七家词选》说"清气盘空"；亦有贬之"看是高格响调，不耐人寻思"①；"惜不于意境上用力，故觉无言外之味，弦外之音"②。前人多以"清空"概括姜夔词风格，主要指姜夔词格调高远，意境超俗，文笔峻洁，词调潇洒。其骚雅峭拔既不同于周邦彦的绵邈，亦救辛派末流的浮躁，以瘦句硬语矫温婉媚软，以清音雅调正豪阔粗疏。姜夔在人们心目中如闲云野鹤，给人更多"岑寂"和"清苦"的回味。

在格律派词人中，史达祖一生际遇坎坷。他屡试不第，生活清贫，多为幕僚，力主抗金。他曾受太师韩侂胄赏识，但北伐失败后他也因受牵连而遭流放。他的词多咏物写景以寄离情别绪，也有的抒发家国之恨与身世之感，笔调新巧，刻画细腻，声韵圆转，字琢句炼，更似承续周邦彦风格。如《绮罗香》（咏春雨）："做冷

松涧山禽图（宋）

① 周济：《介存斋轩论词杂著》。
② 王国维：《人间词话》。

欺花，将烟困柳，千里偷催春暮。"将春雨拟人化描写，奇思妙想摹写入神。《八归》写愁苦凄凉的心境："秋江带雨，寒沙萦水，人瞰画阁愁独。烟簑散响惊诗思，还被乱鸥飞去，秀句难续。"于清冷的画面中，使人看到词人的愁苦孤独。

吴文英一生亦多任幕僚，以布衣出入于权贵之门，来往于苏杭一带。其词风富丽典雅，雕琢堆砌，有《梦窗词》传世。据沈义父《乐府指迷》说，吴文英作词"音律欲其协"，"下字欲其雅"，"用字不可太露"，"发意不可太高"。《四库全书总目提要》说："梦窗天分不及周邦彦，而研练之功过之。"他能自度曲，讲究音律，作有三首词中最长调《莺啼序》，且组织缜密，运意遥深。如其中开首一段："残寒正欺病酒，掩沉香绣户。燕来晚，飞入西城，似说春事迟暮。画船载，清明过却，晴烟冉冉吴宫树。念羁情，游荡随风，化为轻絮。"陈廷焯《白雨斋词话》中评《莺啼序》说："全章精粹，空绝千古。"其词奇幻跳跃又构思精严，含蓄委婉又合音协律，因而颇具特色，成为格律范例。

周密善书画音律，入元不仕。其词远祖周邦彦，近法姜夔，风格清雅秀润，有《草窗词》传世，与吴文英并称"二窗"。其词前后期有别，前期如《曲游春》写临安士人豪华游览一片莺歌燕舞，后期如《一萼红》写登蓬莱阁有感满腔旧恨家愁。王沂孙宋亡入元后，词多咏物，寄托遥深，哀婉隐晦。如《水龙吟》（落叶）、《绮罗香》（红叶）、《齐天乐》（萤）、《齐天乐》（蝉）等。咏萤曰："碧痕初化池塘草，荧荧野光相趁。"咏蝉曰："一襟余悔宫魂断，年年翠阴庭树。"尽寓无穷寒凉，一抒家国遥思。蒋捷宋亡后隐居，抱节以终。有《竹山词》传世，与周密、王沂孙、张炎并称"宋末四大家"。蒋捷词风格以悲慨清峻、萧寥疏爽为主，多承苏、辛而兼有众长，被刘熙载《艺概》称为"长短句之长城"。其词抒发山河之痛深切峻至，如几首《贺新郎》或比兴，或白描，皆以往事成烟、佳景难追的孤冷迷茫的失落感和幻灭感为意。其《一剪梅》（舟过吴江）、《虞美人》（听雨）也皆为名篇，"流光容易把人抛，红了樱桃，绿了芭蕉"，"悲欢离合总无情，一任阶前，点滴到天明"，文字浅白而意蕴凄清、疏朗高卓。张炎是贵族后裔，宋亡前过着湖山清赏、诗酒啸傲的生活，临安破后则度过了一身清贫、四方漂流的终生。其词风承周邦彦、姜夔而来，兼其所长而无其所短，咏物抒情，名重当时，备写身世盛衰之感，往往苍凉凄楚。有词集《山中白云》及词学专著《词源》传世，为宋末集大成者。《甘州》曰："载取白云归去，问谁留楚佩，弄影中州？折芦花赠远，零落一身秋。向寻常野桥流水，待招来不是旧沙鸥。空怀感，有斜阳处，却怕登楼。"《解连环》（孤雁）也曲折尽致地抒写了自己失去故国不愿归元的孤凄，其中"写不成书，只寄得相思一点"被元人誉为警句而广为传诵。

南宋词坛继承并发展了北宋词人进步的要素，无论是在内容、境界还是在章法、格律方面都更为丰富成熟，使词这一文学与音乐相结合的艺术样式达到新的高峰，从而使词绽放出夺目的光辉并给人留下永久的回味。

第三章
书画高致

第一节　历史与风俗

　　北宋王朝的建立结束了五代十国的纷争局面，在稳定政治、恢复经济的同时也促进着文化的发展。宋代皇帝几乎都热心于文艺，他们制定的文治政策及上流社会的爱好习尚，带动了整个社会文化活动的兴起与繁荣。商业、手工业的活跃使城市发达起来，日益壮大的市民阶层也对文艺有着浓厚的兴趣。而书画艺术自身发展的规律也随着人们的审美要求不断提高并得到探讨。由于整个社会风气的明显变化，如统治者治国方略的改进，城市格局的规划与建设，哲学思想的转换与更新，艺术样式与表现方法的丰富与提高，就使书画也产生了不同于以往的崭新面貌，与隋唐五代的宏富细腻相比而呈现出高洁雅致的倾向。

　　宋代绘画题材与表现方法与唐代有着明显的不同。唐代宗教的盛行使宗教画成为绘画的主流，人物画健硕丰腴，兽畜画富丽精工，山水画金碧辉煌。宋代经济的昌荣和文化的盛达，使人们更加注重现实利益和精神享受，人们在紧张、繁忙、喧闹和劳累的日常生活中，向往自然、介入自然、融于自然成为心理上强烈的愿望，于是表现风俗和历史题材的绘画更具有现实的意味，能起着"卧游"作用的山水画和花鸟画渐受

出水芙蓉图（宋）

欢迎，而这种趋尚显然是经五代十国发展起来并形成的。宋代不只是在平民的商店、茶楼、酒肆和居室中有"装堂遮壁"的绘画，以山水、花鸟等悦人心目的作品吸引主顾、象征高雅和装饰环境，就是连皇帝宫廷和上流社会也受此风影响，以至那些充满道释意味的宗教画或阐说人伦教化的箴规画也渐次衰替。唐代的绚烂被宋代的素雅所取代，庙堂里的壁画也更多地变为精舍里的卷轴，大众的审美习尚使绘画这一艺术形式接近百姓，原先的浪幻色彩逐渐呈现出写实的风格。中国文化在经历了儒、释、道三教并行的宽容整合后形成了理学的思致，而这一思潮的蔓延也使整个时代思考自然造化与人类社会的深刻意蕴及其相互关系，因而自唐代以来浓厚的宗教气氛被宋代精严的格物致理的穷究所取代，也就使宋代绘画呈现更为阔大遥深的"天人合一"的新境界。

由于宋代绘画与社会各阶层都有相当密切的联系，因此画家为适应社会多方面的需求也产生了不同的类别。首先，职业画家随城市繁荣数量大增。他们为贵族或寺观装堂饰壁，也为酒店或茶楼书画布置。一些画师的创作涌入城市商业市场，技艺高超的画师往往被贵族官僚延请或被召入画院，一般的画师也以绘画为专业成为谋生的手段。史载汴梁已有书画市场，而且产生了画家的行会组织。他们的绘画水平一般不高，但因少受传统的束缚而常有创新的萌芽。这些因素在促进着宋代绘画的发展，如市场化的倾向使装饰性意味增强，宗教题材和贵族趣味的打破使绘画扩大了视野。汴梁城的画摊画店卖画都已不少，特别是赶上逢年过节市场特别旺盛。著名画家李唐于靖康之变后逃到杭州，也在市场上卖画为生。世俗美术的兴起，反映了宋代平民文化的高涨。

其次，宫廷画家的地位与水平大大提高。宋代建国之初就承袭五代后蜀和南唐的做法设立了翰林书画院，经发展形成庞大的阵容和完善的建制。翰林书画院归内侍省管理，专门为宫廷及皇室贵族服务，如绘制帝王肖像、宫殿衙署的壁画屏风以及敕建的寺观壁画，有些画家也参与宫廷书画搜访鉴定及临摹工作。画家进入画院需经人荐举或经过考试，根据其水平授予待诏、艺学、祗侯、学生等职级。徽宗时画院规模最大，设立画学，内分佛道、人物、山水、鸟兽、花竹、屋木六科，入学考试也有了严格的标准。考试多摘诗句为题，既要求写实技巧，又强调构思立意。宫廷画家的地位与水平比民间职业画家要高，他们除了进行专门的学习与创作外还要读一些典籍提高文化修养。北宋画院有些画家来自社会，他们进入画院后带入了一些新鲜气息。但是宫廷画家创作受到贵族审美趣味制约，因而一般崇尚工笔写实的细腻富丽，时人称为"院体"。南宋初期任用宣和画院旧人并补充当地画师重建画院，宫廷绘画的题材内容与艺术手法都有拓展并再次形成一股洪流。虽然一般贵族、士大夫较为轻视画师，但宫廷画师们的确以高超的技法推动了中国美术事业的进步。

再次，宋代士大夫将绘画视为文化修养和风雅生活的重要部分，因此出现了"士夫画"或称"文人画"。士夫画家有意与职业画家和宫廷画家拉开距离，他们具有很高的才学识见、审美趣尚和书法造诣，因此把书画当成寄兴抒情的载体。他们作画题材偏重梅、兰、竹、菊或山水树石，于笔墨中追求主观情趣的表现，反对过分拘泥于形似的描绘，力求洗去铅华或俗气，崇尚天真清新、平淡素雅的风格。他们对绘画有精辟的见解但难以完美地实践，因而其创作成就难与宫廷画家相抗衡。他们绝非以画笔为生之辈，因此也不会迎合市场去媚俗。他们或自娱、或好名、或达意、或寄情，常常将诗文的意境引入画中表现一种优雅的意趣。此风以苏轼、文同、李公麟、米芾等人为代表，他们的最大贡献在于以独特的审美心理和独到的美学见解给后世以极大的影响，在实践上和理论上都为元、明、清的文人画奠定了基础。

北宋初期的人物画主要承袭唐代以来的传统，不少画家从事道释人物和帝王贵族人物的创作。宋代宗教信仰虽已不像唐代那样狂热，但宋初皇帝还是尊崇佛道以维护他们的统治。宋初寺观建筑仍具一定规模，也就少不了壁画、雕塑以作装饰。当时的著名画家高益因才能超群而被荐入画院，他在汴京大相国寺画了阿育王变相和佛降鬼子母，得到宋太宗赵光义的赞许。相国寺是唐代名刹，有吴道子壁画、杨惠之雕塑等名迹。宋代重修扩建，大殿两廊布满名家手笔。高文进、石恪、李用、王道真都曾在此作画，既突出火炽热闹的场面也出现较为切近世俗的笔

朝元仙仗图（宋）武宗元

法，由此可看出从吴道子风格到五代以来的写实影响。宋初还大兴道观，最有名的是宋真宗为粉饰自己而修建的玉清昭应宫。为美化和突出气势，从全国选出绘画高手100余人，由武宗元、王拙分别主持左右两部的创作。他们画的帝君雍容端庄，男仙有肃穆度世之风，女仙有轻盈端丽之姿。张昉画天女奏乐，庞崇穆画山水林木，也都神清气朗，整个玉清昭应

宫壁画场面宏伟、人物众多，引起朝野轰动。宋初画院还奉敕绘制政治性主题作品，如太宗时元霭、牟谷画太宗像，仁宗时高克明画《三朝训鉴图》等。这些作品必须符合帝王欣赏趣味，大都造型准确、格法严谨、精微细腻、赋色华艳，形成院体画风。宋初画作现存极少，有些孑遗可见线条流畅、赋色精丽之特点。《朝元仙仗图》传为武宗元所作壁画粉本小样，其中众多人物统一中有变化，既可见恢弘的规模，又可见灵动的气势，反映出宋初画风雅俗结合的流向。

北宋中期以后，李公麟在人物画创作方面取得独特成就而受人瞩目。他出身于书香门第，宋神宗熙宁三年（1070 年）中进士。为官后始终不很得意，与当时许多著名文士都有交往。受家庭影响能诗善文，特别喜爱收藏古器及书画，对传统绘画有深刻的理解，并在艺术上敢于创新。其绘画技巧全面而扎实，人物、鞍马、山水、花鸟、竹石等无不精能。时人称赞他，谓佛像追踪吴道子，鞍马超过韩干，山水可比李思训。他"集众所善，以为己有，更自立意，专为一家，若不蹈袭前人，而实阴法其要"①。他主张作画"以立意为先，布置缘饰为次"，自称"吾为画，如骚人赋诗，吟咏性情而已"，是典型的士夫画家。尤其是他的人物画创作，表现力极强，形象丰富多样，细致生动，甚至能分辨出人物"廊庙馆阁、山林草野、闾阎臧获、台舆皂隶"等不同社会阶层的特点，以及不同地域、种族、性格的具体特征。他画《陶潜归去来兮图》，不囿于田园松梅的表面生活的描绘，而着重表现诗人"登东皋以舒啸，临清流而赋诗"的高洁情怀。他画《李广夺胡儿图》，表现汉将李广在马上引弓瞄准追骑的瞬间，而前方胡兵却已行将堕马，夸张传神令人叫绝。他画的《临韦偃牧放图》是摹唐人之作，全卷描绘出 1000 余马与 100 余人的浩大场景，可谓千姿百态，栩栩如生。不仅人马勾勒设色一丝不苟，而且树木勾描紧凑绵密，坡石勾皴简略分明，设色浑朴而富于变化，处处体现出画家强烈的感情色

---

① 《宣和画谱》。

彩和独到的艺术功力。其《免胄图》描写唐代大将郭子仪免去戎装单骑会见回纥统帅的情景，曲折地流露出对北宋命运和民族关系的关心。

李公麟临摹古画用绢本着色，忠实于原作的风格。个人创作则多以墨笔在纸上作画，以线造型不着彩色。这一单纯洗练、朴素优美的艺术形式，是借鉴前人"白画"发展形成的，同时又富有文人士大夫的审美情致。这种白描画法在南宋以后颇为流行，元明清不少画家都以宗法李公麟为标榜，可见影响之大。现传李公麟所作《维摩诘像》即白描作品，充分显示出那个时期封建士大夫的精神特质，它用墨笔线条的粗细、浓淡、轻重、刚柔、曲直、虚实等，充分地表现出对象形体的质量

五马图（宋）李公麟

感、空间感及运动感。传为李公麟真迹的还有《五马图》，画来自西域的五匹名马及牵马的奚官，除局部有烘染外，都用单线白描，行笔劲细，人之形神、马之风骨皆得体现。此外，据传李公麟还作《西园雅集图》，描绘苏轼、黄庭坚、秦观、米芾等人的聚会情景，这一文人风雅生活的题材，后来屡为画家所用。他还有《龙眠山庄图》，描绘自己归隐情景，其山石林竹庭园追袭王维《辋川图》，皆现文人情调。李公麟作品见于历代著录的有 300 余件，由此亦可看出人物画在文人笔下的发展轨迹。

　　宋代生活的安定和城市的繁荣，使人物画的题材与唐代有明显的不同。平民市井、农村生活及各种社会风俗活动，都成为画家们精心构思和描绘的内容。画家们描绘集市的繁闹，京师的熙攘，以及车马屋宇、酒茶歌欢、商贸往来。据文献记载，北宋前期的高元亨、燕文贵、冯清、蔡润、支选等都是描绘城乡生活的知名画家。他们熟悉市井农村并给予生动的表现，这就打破了过去被释道豪贵垄断的人物画领域。至北宋后期，世俗题材的创作达到很高的成就，为中国绘画开辟了新的途径。徽宗时张择端所画《清明上河图》，以全景式构图和严谨精细的笔法，展现了北宋都城汴京清明时节的风光及各阶层人物的生活状况和社会风貌，既是一幅杰出的绘画作品，同时也给后人提供了丰富而宝贵的史料。画面上起首为市郊风光，原野上嫩柳初放，村落散布，行人车马，春寒弥漫。中段则以虹桥为中心，描写桥上桥下的热闹景象，表现出交通运输的繁忙和生活节奏的紧张。后段为城门内外，市区街景，道路纵横交错，店铺鳞次栉比，各色人等，纷繁不一，充分展示出北宋平

清明上河图（宋）张择端

民的生活景象。此画横长5米多，高约25厘米，在构图上自然、巧妙、和谐，如一首优美的旋律弱起强收。在局部场面的描绘和个别人物的刻画上，真实生动，密切呼应，有条不紊，一气呵成，毫无松懈敷衍之处。其笔墨技巧极为精熟，人物、车船、树木、房屋，线条遒劲老辣，设色清淡

典雅。可以想见，画家只有经过长期观察和写生，怀有深厚的感情和精到的了解，以持久不懈的毅力和严肃认真的态度，才有可能创造出如此杰出而不朽的风俗写照。尽管此类题材为一般"高人雅士"所不屑，但正是这些"市井细民"的生活体现了宋代绘画的现实主义特征。

由北宋入南宋，更多的画家创作出一大批为人喜闻乐见的风俗画。《耕织图》一方面表示王朝对农事的关心，一方面也反映了农业劳动的

艰苦。《货郎图》显然是商品经济活跃的产物，人们对物质生活的兴趣可以从中看出。《车船图》画运输或旅途的劳顿，于山水中体现人类的生存。《牧牛图》表现田园生活，自有一番淳朴的农趣。《婴戏图》的流行，可

货郎图（宋）李嵩

以看到人们期望多子多孙的心理。《钟馗图》的热售，折射出人们期求吉祥的美好理想。这时的知名画家，如苏汉臣，本为宣和画院待诏，南渡后进入绍兴画院。所作精工富丽、细致生动，带有民间色彩，正是迎合了大众需要。他作的《秋庭戏婴图》、《货郎图》都十分富有生活情趣。李嵩也擅画风俗人物，传世之作《货郎图》笔调亲切优美，形象自然可爱，整个画面洋溢着浓厚的乡土气息。这些风俗画或节令画体现着大众的审美追求，因而也反映出宫廷画家的平民化和市场化倾向。

风俗人物画发展的同时，历史人物画也不断进步。宋代历史人物画多以故事的形式表现出来，除承袭前代存有鉴戒的作用外，还反映了人们对当代现实问题的态度。宋初人物画以释道为主，也有帝王将相。但

石恪所作却"多为古僻人物，诡形殊状，以蔑辱豪右"①，其画钟馗戏鬼，也丑怪奇倔，不守绳墨，务求新奇。石恪原为后蜀画家，宋朝建立后不受画院之职，所作人物笔墨纵逸，不专规矩，可谓减笔画的开山祖。宋仁宗时，高克明奉诏"图画三朝盛德之事，人物才及寸许，宫殿山川、銮舆仪卫咸备焉……图成复令传模，镂版印染，颁赐大臣及近上宗室"②。此后李公麟画过不少历史人物，如屈原、蔡琰、陶渊明、王维等，由此可观其旨意。既曲折地寄托对民族矛盾的忧虑，也表现出文人清高峻洁的雅趣。宋徽宗时画院规模扩大，在升平景象中出现较多的风俗作品，如前所述张择端、苏汉臣都是画院高手。

南渡后由于历史的变故，画家中不少以笔墨寄托哀思和表达志趣。李唐便是由北入南的画院画家，他上接北宋画院之余绪，下开南

采薇图（宋）李唐

宋院画之风气，是一位博学多才的著名画家，以山水和人物最为出色。其所画《采薇图》，以伯夷、叔齐不食周粟采薇首阳山下的故事，赞扬了对敌斗争中的忠贞之士，斥责了贪图富贵而媚敌求荣的奸佞之徒。卷中伯夷抱膝而坐、面带忧愤，叔齐则身略前倾、舒掌似语。背景以水墨粗笔画古松野藤、荒山远水，烘托出环境的艰苦和人物的刚直。他还有一幅《晋文公复国图》，描绘晋公子重耳流亡国外19年终归故国、登上霸主地位的故事，深得高宗赏识。他所作《胡笳十八

---

① 《圣朝名画评》。
② 《图画见闻志》。

拍》描绘蔡琰流亡经历，分段刻画那些凄伤的故事，令人不免感慨颠沛流离的生活和回归故土的情结。与李唐风格不同，萧照画有《中兴瑞应图》，全卷书画相间，共计12幅，内容是关于宋高宗赵构的瑞应故事，显然是迎合上意之作。此画题材内容虽无可取，但画法多宗李唐笔意，构图谨严，界画工致，笔法遒劲，墨色厚重。南宋画院表现民族关系、爱国主义与忠贞志节的作品还有不少，如《明妃出塞图》、《便桥会盟图》、《子卿持节图》、《苏李泣别图》、《袁盎却坐图》、《折槛图》等。这些历史故事显然寓有深意，选择特定情节表现人物性格成为一时风气。

南宋中后期著名的人物画家有梁楷、刘松年，他们作为画院名家山水、人物皆长但又有创造。尤其是梁楷，好饮酒，皇帝曾赐予金带，他却挂之以树而去，人称"梁风子"。其画既能精妙严谨，亦能洗练放逸，《图绘宝鉴》称之"善画人物、山水、道释、鬼神。师贾师古，描写飘逸，青过于蓝"。他继五代宋初画家石恪的戏笔人物，借鉴文人畅怀抒情的写意笔法，创造出用笔放逸而不拘常格的减笔人物，为元明清人物画创作开启了新境界。他所画的《李白行吟图》，表现出诗人李白昂首行吟的形象，于潇洒飘逸中透露出卓尔不群的品格。他所画《泼墨仙人图》，用细笔夸张地勾出眉眼，而身形整体则粗笔草草，给人强烈的视觉刺激和生动有趣的感染。梁楷作品兼工带写，打破了宋代职业画家和宫廷画家严谨工细、注重写实的要求。其《六祖斫竹图》和《六祖破经图》也是巧妙抓住人物瞬时情态而急笔草于纸上，人物的眉目口鼻则精细而传神。梁楷还有《释迦出山图》、《八高僧故事图》等，这些佛教人物也塑造得极有特点，全不似以往的释道画法，而是工中有写，不失纵逸之风。梁楷的创作，将狂怪引入典雅，将古朴导入世俗，以极富个性的逸笔开创了人物画创作的新局面。

与梁楷同时而稍后的刘松年，"师张敦礼，工画人物、山水，神气精妙，名过于师"①。据史籍著录，画有《中兴四将》、《醉僧图》、《春山仙隐图》、《九老图卷》等。其《耕织图》被誉为"院人中绝品也"②。总之，宋代人物画除了承续释道、规箴题材外，更多地将视角转回市井、乡村，同时由于士大夫文人的参与也出现标榜才学、修养的趋向，绘画技法更在相互融通中不断丰富、进步。

第二节　青绿与水墨

中国的山水画发展到宋代，其势头似乎要超过人物画形成更为壮观的巨流。这与中国文化传统中崇尚自然的观念有关，而宋代理学也将其推向更高的境界。晚唐五代的动乱使许多画家偏安山水，他们对自然的描摹也更充满深挚的情感和苍茫的趣味。在此影响下，宋初的李成、范宽取得了很高成就并形成巨大声势。

李成祖上原是唐代皇族宗室，五代时家势已衰落颇为艰难。但他自幼获得良好的教育与熏陶，平生养成性格磊落、品操高洁的气度。他虽不曾出仕，但胸富文墨，喜欢吟诗作赋、下棋弹琴，自诩"性爱山水，弄笔自适耳，岂能奔走豪士之门"③。五代末年，他嗜酒耽画，寄情山林，醉心于描绘自然风光，以抒泄心中的郁闷不平。他"积好在心，久则化之，凝念不释，殆与物忘"④，"所画山林薮泽，平远险易，萦带曲折，飞流、危栈、断桥、绝涧、水石、风雨晦明、烟云雪雾之状，一皆吐其胸中，而写之笔下"⑤。他师法荆浩、关仝而又脱出窠臼，自成一

---

① 《图绘宝鉴》。
② 《图绘宝鉴》。
③ 《圣朝名画评》。
④ 《广川画跋》。
⑤ 《宣和画谱》。

家。他宣称"学不为人，自娱而已"①，不为权势所动，少以画作许人。由后周入北宋，李成画声名特著，因当时不易得，故多有赝品。后来神宗、徽宗都酷爱李成山水，下大力搜访收集得一二百卷，其中真赝混杂。

李成在山水画上取得如此惊人的成就和显赫的声誉，完全取决于他深厚的艺术修养和高洁的精神品格。《圣朝名画评》说："成之为画，精通造化，笔尽意在，扫千里于咫尺，写万趣于指下。"《广川画跋》说他："方其时，忽乎忘四肢形体，则举天机而见者，皆山也。"他是以心观山，将客观山川风物与主观审美情趣相熔铸，用笔墨表现出来。因此李成之画非院体匠工之技法所能达，而是"宗师造化，自创景物，皆合其妙"的体现。李成久居营丘（今山东临淄北），主要活动在北方，又"志尚冲寂，高谢荣进"，故多画寒林景色、雪景山水。其构图以平远法著称，所画能够剪裁繁冗的细节，集中概括地表现寄放主题。其所作寒林枝木劲挺，气象萧疏，烟氛清旷，变幻多姿，达到一种出神入化的境地。他画的雪景银装素裹，古木虬盘，沟壑交错，气象万千，以洒粉或点粉的方法表现出天光水色。他将树木秀拔的姿态和山石厚重的体积用笔墨传神地勾染出，并善于抓住季节气候的变化准确而巧妙地表现出大自然的多样效果。《宣和画谱》所载藏品一百五十有九，如《重峦春晓图》、《夏景晴岗图》、《秋山景钓图》、《冬晴行旅图》等。从今传画作《晴峦萧寺图》、《群峰雪霁图》、《读碑窠石图》仍可窥其一斑，树形岩脉各有特色，不敷衍，不重复，可见画家认真的创作态度和深厚的艺术功力。

李成由于主要生活在今山东、河北一带，因而所作与荆浩、关仝描绘关陕的奇峰突兀、峻岭雄伟不同，而是多画平原丘陵风光，给人以淡雅、清刚、虚旷、秀脱的美感。其画作在宋代被称为"神品"、"第一"，

---

① 《图画见闻志》。

在画坛上产生重大影响。当时许多画家如翟院深、燕文贵、许道宁、李宗成、郭熙、王诜等都描摹师承，而后也都卓成大家。可以说，北宋山水几乎都宗法李成高致，可见在朝野心目中几乎已达"独尊"和"一统"的境地。

范宽稍晚于李成，主要活动于长安、洛阳等地。在北宋前期的画坛上，他与李成并驾齐驱，共为举世瞩目的山水巨匠。他嗜

读碑窠石图（宋）李成

酒好道，不拘世故，举止疏野，风仪峭古，一生游冶沉吟于山水之间，具有豁达潇洒之胸襟，澄怀味象，品性如其姓名，颇有范模宽缓之大度。《图画见闻志》说他："理通神会，奇能绝世"，可见其穷理极神，才高艺杰，能将自己的精神情趣与山林的物象格致相通并表现出来。范宽初学李成，也曾师法荆浩，后感"虽得精妙，尚出其下。遂对景造意，不取繁饰，写山真骨，自为一家"①。他曾深有感悟地说："前人之法，未尝不近取诸物。吾与其师于人者，未若师诸物也。吾与其师于物者，未尝师诸心。"② "于是舍其旧习，卜居于终南太华岩隈林麓之间，而览其云烟惨淡风月阴霁难状之景，默与神遇，一寄于笔端之间。"③

范宽描绘关陕山川的雄奇壮美可谓阔大浑厚，他以质朴沉着的笔力

---

① 《圣朝名画评》。

② 《广川画跋》。

③ 《宣和画谱》。

和浓重古拙的墨色真实地再现出峰岭山石峻朗硬棱的结构，在真正传达出崇山峻岭非凡气势的同时也映现出自己博大宽厚的胸怀。与李成山水萧疏清旷不同，范宽所作皆端庄沉重；与李成之画有如千里之远不同，范宽之画雄峻如在眼前。宋人评说李成、范宽："李公家法，墨润而笔精，烟岗轻动，如对面千里，秀气可掬。次观范宽之作，如面前真列峰峦，浑厚气壮雄逸，笔力老健。此二画之迹，真一文一武也。"① 据《宣和画谱》所载御府藏品五十有八，皆山川景物。今《豀山行旅图》为范宽的传世名作，可一睹风貌。扑面而来的是雄峻矗立的峰崖，崖隙间飞瀑如千尺白练一泻而落，山脚下流水潺潺空濛一片，山体怪石嶙峋杂木葱茏，崖下

豀山行旅图（宋）范宽

一队驮马正走在宽缓的山路上，给静寂沉厚的画境带来清新鲜活的生气。在技法方面，用笔雄强，劲利浑厚，方铁般的皴法表现出山的形貌，雨点似的皴法弥漫整个画面，其斧劈皴与芝蔴皴的交相运用正是范宽通过长期观察山石纹理而苦心精意创造出来的。用墨上反复渲染，山石皴后以墨笼染有凹凸不同，树木前后有别亦用墨法区分，画屋用界画铁笔之后再以墨色突出质感，现出苍茫浑厚之意境。与李成"惜墨如

——————

① 《山水纯全集》。

金"不同，范宽却是"浓墨重染"。一个是清润萧散，一个是势壮雄强，异曲而皆工。后人将范宽与董源、李成并列为北宋山水画三大家①，米芾称"本朝自无人出其右"②，都是对他的极高评价。今所传范宽画还有《雪景寒林图》、《雪山萧寺图》，亦为杰作。

宋初固然李成影响极大，而范宽恰是不为所囿而独标高致。尽管亦有人论范宽画"微有俗气"③，"晚年用墨太多，土石不分"④，此乃以士大夫文人眼光视之也。宋代前期学范宽者亦不少，虽未达其面貌却也形成自家风格，这无疑推动了中国绘画的进步。后来学范宽而出成就的佼佼者是北宋末南宋初的李唐，而李唐对南宋马远、夏圭又影响至大，由此亦可见出宋代山水格物致理、推陈出新的发展轨迹。

宋代前期还有许多山水画家，他们师承前贤又各具特色。燕文贵出身微贱，流落汴京，靠卖画维持生活，后被推荐进入画院。其《七夕夜市图》画风俗景物，可视为《清明上河图》的先声。其《江山楼观图》、《溪山楼阁图》、《秋山琳宇图》、《烟岚水殿图》，皆画水光山色、楼阁殿宇。其画山水没有冷峻之感，而是充满秀媚的意境；其画楼宇用界尺铁线，工整细致。而人居其中，安排得合理得体。整个画面极富生活情趣，当时被称为"燕家景致"，可见他是一个富于创造精神的通俗画家。

高克明真宗年间来到开封进入画院，仁宗时奉诏画《三朝训鉴图》，声名昭著。其人品高尚，虽因画艺精湛而待遇甚厚，但仍保持着早年山林隐士的性情而淡泊名利、与世无争。他的端严谦厚使他交往许多画友而感情笃深，因此当时威望极高。《圣朝名画评》说："画流中好义忘利，性多谦损者，惟克明焉。"他早年喜游山水，胸有丘壑，又善集众家之长，自成一家。其传世之作《雪意图》长卷画平远雪景，长河两岸

——————

① 《画鉴》。
② 《画史》。
③ 《东坡题跋》。
④ 《画史》。

舟楫、山坡、林木、村舍皆布置巧妙而周到，笔墨整饬而清润，意境皎洁而淡雅，给人严谨而谦和的感觉。

渔父图（宋）许道宁

燕肃为真宗朝进士，官至龙图阁直学士。他"画山水寒林，澄怀味象，应会感神"①。他极看重自己的人品，与权贵保持一定的距离，完全是一个宗炳、王维、李成式的士大夫隐士型人物，其画也体现出一种超俗标高的自娱。他画作很多，传世甚少，特为文人雅士所爱。《东坡题跋》称："燕公之笔，浑然天成，粲然日新，已离画工之度数而得诗人之清丽也。"

许道宁专学李成画法，几可乱真。据《圣朝名画评》载，许道宁"初市药于端门前，人有赎者，必画树石兼与之，无不称其精妙。由此有声，遂游公卿之门，多见礼待。相国寺张文懿公令道宁画其居壁及屏风等，文懿深加赏爱，作歌赠之。道宁之格所长者三，一林木，二平远，三野水，皆造其妙。而又命意狂逸，自成一家，颇有气焰。所得李成之气也"。《宣和画谱》载其所作甚多，但其传世作品甚少。今见其《乔木图》满树作"蟹爪"状，坡石也皆嶙峋，极似李成的《读碑窠石

① 《图画见闻志》。

图》画法。《渔父图》为长卷，平远构图，笔墨清润，表现重峦野水间渔人生活情景，十分生动。

师法李成并逼真酷似的还有翟院深，他与许道宁同时但缺少独创的新意。当时社会上许多名为李成之作却出自翟院深之笔，可见"风韵相近，不能辨尔"。也正因此，其品难高。除模仿李成外，当时或稍晚也有一些画家宗法范宽。如黄怀玉，因足疾被称为黄跛子。学范宽画"颇得其格"，"至有误蓄者"①。纪真"画山水，学范宽逼真"②，商训"工画山水，亦学宽，但皴淡山石，图写林木，皆不及纪与黄也"③。他们都没有超过范宽的水平，如《画鉴》所说："黄失之工，纪失之似，商失之拙。"李成、范宽在宋代影响至大由此看出，确切地说，北宋画家多宗法李成，而范宽则在南宋更见效验。

北宋中期，画坛仍弥漫着李成、范宽之风，但郭熙与王诜却能以与众不同的面貌而自成一家。郭熙早年事迹未详，据史料推断享有高寿。其绘画天赋很高，早年山水工致精微，后喜李成专意模仿，并由此独创新意而画名远播。神宗时进入宫廷画院，初为艺学后为待诏。宫廷中凡重要绘画几乎皆出自郭熙之手，神宗特为赏识并赐以宝花金带。王安石也特别欣赏其画，变法改官时政府机构的所有绘画也大多由其绘成。但到哲宗朝时，保守派权贵不喜其画，倡言取"古图"以代之，临朝听政的高太后于是尽撤其画，有的甚至被当做旧绢去揩拭桌几。据此有人将郭熙的遭遇与当时的政治斗争联系起来，说郭熙作为新派色彩的代表画家故在王安石变法失败后遭到排斥和漠视。但有意思的是，郭熙的作品的确被宋神宗、王安石们欣赏，但同时也受到反对新法的苏轼、黄庭坚们的赞扬，可见关键之处在于郭熙画艺高超而风标独具。尤其是晚年，

---

① 《圣朝名画评》。
② 《图画见闻志》。
③ 《图画见闻志》。

早春图（宋）郭熙

"独步一时，虽年老落笔益壮，如随其年貌焉"①。

郭熙一生创作很多，除为宫廷、官府作画外，还有许多寺观壁画、画屏和卷轴画。其壁画随着世事变迁已荡然无存了，轴画传也亦少。其原因在于神宗之后其画被毁，其子郭思又倾力收购，以至如今真迹无多。现所见《早春图》为画家代表作，展现出杂树丛生的山冈、精谨工丽的楼观、潺湲逶迤的流水以及兴致勃发的旅人……大自然正从冬眠中苏醒，春天已悄悄降临人间。此画用笔灵动而谨严，山石线条浑柔遒美，加以墨色浓淡干湿的"乱扫"，出现"移石而就"、"圆润突起"的效果，被人称为"乱云皴"或"鬼脸石"。树的画法也很有特点，树干弯曲多变饶有趣味，树枝随意勾成虬舞姿形，杂叶由夹笔单笔交错而成，满树用草书笔法而形意毕现。其用墨湿勾淡染，或粗豪壮健，或淋漓滋润，树石之飞白效果现出体感，而烟岚浮动表现出季节之气息。郭熙成功地将初回的春意蕴藏于岩壑林泉之中，并将主观的感情淡入于清寒的画境，因而给人心悦神怡之感。郭熙还有《窠石平远图》，画深秋时节平野清旷的景色，远景天高气爽、山缓水流，近景则为奇形怪状的巨石与枯瘦凋零的老树，繁笔厚墨而丰润秀洁，整个画面笔墨疏朗而意境悠远。其《关山春雪图》则画深山大壑的峻险以及古木寒林、流泉潭水、楼阁台级，以大片空白和水墨渲染构成寒雪渐融、春

———————————

① 《宣和画谱》。

意盎然的幽茫境界。另有《溪山秋霁图》、《古木遥山图》等，皆意象开阔，清新寥落。

郭熙曾总结创作经验成《林泉高致集》，最先提出"三远"画法，但其画多为"平远"，苏轼题郭熙《秋山平远》诗亦曰："木落骚人已怨秋，不堪平远发诗愁。"郭熙继承前人而师法自然又独出一帜，故能成为李成、范宽之后的又一名家。虽然其画名气尚不及李成，但无疑推进了山水画法的进步。

王诜出身于名门，自幼聪敏好学，琴棋书画，诗文百家，几乎无不通晓。熙宁二年（1069年），神宗把英宗女蜀国公主嫁给王诜，授驸马都尉。王诜喜与文人学士交结，如苏轼、黄庭坚、李公麟等。苏轼因讥弹时政被贬，王诜也受牵连谪往四川。哲宗即位后起用司马光旧党，苏轼、王诜等也相继还朝。李公麟所作《西园雅集图》，便是他们在王诜西园欢会的情景。哲宗亲政后，旧党又遭冷落。但王诜与喜好书画的端王赵佶来往甚密，后来赵佶当上皇帝王诜又得重用，官至定州观察使。

王诜嗜爱书画，家中多有名迹，筑"宝绘堂"以贮之，苏轼为之记。其画山水宗李成，多平远，又师唐大、小李，以金绿设色，故创出清润挺秀、风韵绰约的新格致。《宣和画谱》言其"写烟江远壑、柳溪渔浦、晴岚绝涧、寒林幽谷、桃溪苇村，皆词人墨卿难状之景，而诜落笔思致，遂将到古人超轶

渔村小雪图（宋）王诜

处"，并载御府所藏三十有五，如《幽谷春归图》、《晴风晓景图》、《渔村小雪图》、《烟江叠嶂图》、《江山平远图》等等。今见《渔村小雪图》描画山间水滨雪后初晴的风光，寒冷清旷的天地弥漫着爽洁活鲜的气息，渔夫冒寒张网垂钓，雅士携童悠闲出游，远处山峦重叠，江岸虬松盘曲。技法上皴山画石勾树，用笔遒劲而润泽，体现了李成画派的特色。为加强雪后的效果，以水墨渲染并施以白粉、泥金，成功地表现出浑茫旷远和阳光闪烁的景象。《烟江叠嶂图》画烟波浩渺，重峦叠翠，云笼雾罩，楼阁掩映，以青绿设色，以水墨渍染，皴石不方不圆，勾树尖俏爽利，可谓熔水墨与金碧为一炉。《图绘宝鉴》说王诜"学李成山水，清润可爱。又作著色山水，师唐李将军。不古不今，自成一家"。宋初以来，水墨盛行，而王诜复以青绿金碧，可见追摹求新之意，然文人雅趣，亦见情调，无怪乎其画被苏轼、米芾、黄庭坚诸人所称道。

士大夫文人偏爱书画但别具一格，米芾、米友仁父子可谓山水画创作实践中的佼佼者。米芾，字元章，别号很多，如襄阳漫士、鹿门居士、海岳外史等等。其世居太原，后迁往襄阳，曾长期侨居镇江等地。自幼聪慧好学，入仕后历任地方官，徽宗时入京为书画学博士。米芾一生怪诞而清高，常有惊俗之举而以此为标榜，是宋代有名的书画家与鉴赏家。《宋史·米芾传》载："冠服效唐人，风神萧散，音吐清畅，所至人聚观之。而好洁成癖，至不与人同巾器。所为谲异，时有可传笑者。"他特别喜爱怪石，每遇而常拜之为兄，故人多称其癫狂。他酷嗜书画，为得古物真迹不惜耗尽巨资。所得晋唐真品甚多，如谢安的《慰问帖》、王羲之的《破羌帖》、顾恺之的《净名天女图》、戴逵的《观音图》等，并为书斋起名为"宝晋斋"。米芾"尤工临移，至乱真不可辨"[1]，其作山水"信笔为之，多以烟云掩映树木，不取工细"，"更不作大图，无一

① 《宋史·米芾传》。

笔关全、李成俗气"①。米芾不喜峻岭险峰的北方山水之作，却爱董源、
巨然天真平淡的江南风光。宋代山水画自五代发展而来有南北之分，以
董、巨为代表的江南山水画派一直处于劣势。米芾师承董源并有发展，
与其长期在南方游历和文化修养有关。《洞天清录》记："米南宫多游江
浙间，每卜居必择山明水秀处。其初本不能作画，后以目所见，日渐模
仿之，遂得天趣。"米芾自作《画史》，研究自晋至宋的画作，自云：
"余家董源《雾景》横披，全幅山骨隐显，林梢出没，意趣高古。"黄庭
坚说："米黻元章在扬州，游戏翰墨，声名籍甚。其冠带衣襦，多不用
世法。"② 据史籍载，米芾"山水其源出董源，天真发露，怪怪奇奇，
枯木松石，自有奇思"③。米芾画作传世不多，不如书迹流传甚广。

　　真正体现米家云山的是米友仁。米友仁为米芾长子，小名虎儿，字
元晖。承家学，懂赏鉴，以书画名世，与其父被人称为"大、小米"。
《画继》载："友仁宣和中为大名少尹。天机超越，不事绳墨，其所作山

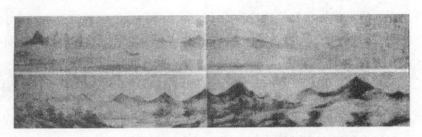

潇湘奇观图（宋）米友仁

水，点滴烟云，草草而成，而不失天真，其风气肖乃翁也。每自题其画
曰：墨戏。"米友仁《潇湘奇观图》今仍可见，全卷长近3米，高近20
厘米。由右至左，云雾弥漫，山峦起伏，树木流水，房屋人家，给人朦
胧缥缈之感。其《云山墨戏图》也发挥水墨渲染的效果，表现湿润苍郁

---

① 《画继》。
② 《豫章黄先生文集》卷二十五《书赠俞清老》。
③ 《图绘宝鉴》。

的江南。其画典型特征为山体以淡墨渍染润泽，然后用墨笔破皴出层次，山头则用大小错落的浓墨焦墨簇点，这种"米点"与众不同，也是由董源山水中删繁提炼的结果，而近冈、坡脚以笔蘸墨扫抹而成随意而至，因此从米家云山中很难看出艺术创作的严谨精细，但也没有因一笔之失而使全幅皆废的不快现象。米氏云山自大米创其始，小米继其成，在中国画史上卓成一家。但山水画并未沿着二米的道路走下去，或许如明人王世贞在《艺苑卮言》中所说："画家中目无前辈，高自标树，毋如米元章。此君但有气韵，不过一端之学，半日之功耳。"但是董其昌以米芾为中心建立起的"南北宗"论，却也得到后世的认可。尽管南宋风行的仍是李、刘、马、夏的有笔有墨的画法，但宋代士夫文人的绘画理论与观念却对其后的创作产生了重大的影响和开辟了崭新的境界。

宋代中期以后，在盛行千岩万壑的全景山水和寒林萧石的平远山水的同时，还出现了一些擅长描绘优美平凡风光的小景山水，这更多地体现出宋人的审美雅趣和精赏情致。宋初即有僧人惠崇善画小景，江南春色，烟雨芦雁，颇为人称许。特别是王安石、苏轼为其画题诗后，名声大振，可惜世传不多，当时就颇见赝品。神宗时赵令穰为王室之后，家中收藏甚丰。少年时临唐人毕宏、韦偃画迹竟能逼真，后学王维、苏轼颇清丽有新意。但为其身份所限不能游历名山大川，故所作多坡坂丛竹、江湖水鸟等。今传其《湖庄清夏图》、《江村秋晓图》、《春江烟雨图》，大都画迷离烟树、幽静茅舍、清水野禽。且以青绿设色，透着浑朴闲雅的情调，反映出画家对宁静恬淡的田园生活的向往。其弟赵令松也善画山水，兄弟二人的画风皆学唐代李思训。但赵令松作画过于谨严细琐，以至为人讥评。

小景画在宋时颇为流行，北宋的郭熙、王诜，南宋的马远、夏圭皆善此道，苏轼、米芾亦多作品。此画风表现出宋人艺术趣味的精雅性质和玩赏特色，对传统厚重的说教是一种轻松自然的反拨。但士大夫和院体又有不同，文人多笔墨简率，宫廷多淡雅精微，由此可见二者之别。

到徽宗时期，青绿山水重现，或可由此看出北宋末年宫廷导向下的富贵气象和典雅声势。但金碧辉煌似回光返照，尽管精工富丽如王希孟《千里江山图》达到很高成就，水墨之清气却暗含宋人理趣的素雅成为主流。

千里江山图（宋）王希孟

生活于两宋之交的李唐，徽宗时以"竹锁桥边卖酒家"获皇家举办的画院考试首选，高宗时画《胡笳十八拍》与《晋文公复国图》都是名作。李唐年寿很高，造诣亦深，在南宋四家中李唐居首，山水、人物、花鸟无所不能，是两宋间承上启下的人物。李唐遭亡国之痛有衰凉之感，其"乱离后至临安，年已八十"①。元代诗人观其画总有感慨，刘敏中说："小景荒寒树石古，往年山阁独吟诗"②，善住说："故国江山入暮秋，烟波留与后人愁"③。李唐的画很有气势，今见《长夏江寺图》，绢本青绿设色，画深山险壑，林木茂密，云烟缭绕，楼宇隐现。山石用大斧劈皴，笔墨苍劲，染色丰富，整个画面展现出浓郁的夏季气氛。前后有赵构所题"长夏江寺"，"李唐可比李思训"之词，可见对其厚爱。其今传还有《万壑松风图》，绢本水墨设色，画面主峰巍然而立，气势非凡，山腰间云绕雾漫，山脚间小径曲折，可见北宋范宽体貌。李唐还有《清溪渔隐图》，以巧妙章法和淋漓水墨表现雨后溪畔的幽静境界，阔笔长

① 《画继》。
② 《中庵集》卷二十。
③ 《谷响集》。

皴，浓墨重染，给人夏深荫浓之感。李唐早期作品融合北派诸家硬笔技法，表现北方山水的雄浑壮丽。南渡后笔力益壮，构图益佳，开始晚年变法。原先干涩的多层笔墨的积累被代以爽利简洁的皴擦，淋漓酣畅的水墨渲染出山水苍茫的无限深度，布局上改变以往全景式山水的构图法，采取顶天立地的方式突出自然山水的某一部分。从此一变北宋山水画严谨的格局，而开南宋豪放简括的山水画新貌，并给稍晚的刘松年、马远、夏圭以巨大的影响。

南宋画院的画家大都兼长山水、人物，刘松年除画过不少人物故事画外，还有一些山水作品。他师从张敦礼，而张敦礼"学李唐画山水人物，恬洁滋润，时辈不可及"①。他也学赵伯驹，而赵伯驹当时以金碧山水驰名于世。刘松年画山水兼及水墨与青绿，画山石的斧劈皴明显为

四景山水图（宋）刘松年

李唐一派，而青绿工细有秀色则似赵伯驹。今传《四景山水图》绢本设色，共分四段，每段纵约 40 厘米，横约 70 厘米，分别画西湖边春、

---

① 《图绘宝鉴》。

夏、秋、冬四景。各景都把主景置于一侧，留出空间画湖天远山，显然发展了李唐创始的构图法。各画行笔谨严，设色典雅，工致而苍润，饶有诗情，显然继承了赵伯驹"精工之极，又有士气"的特点。南宋初画家糅合了北宋文人水墨山水的画法和趣味，改变了唐代青绿山水浓艳辉煌的装饰性而代之以秀丽和清雅，因而具有一种介于院体画和文人画之间的风格，由刘松年可见一斑。

马远祖世即以画艺著称，他继承家学而山水、人物、花鸟皆善。其为光宗、宁宗两朝待诏，画作最为皇家所宠。马远山水画师承李唐，从早期作品《春游赋诗图》可见与李唐《江山山景图》一脉相通。中年以后自有创造，特别是采用以部分表现整体的手法突出鲜明。他常画山之一角，水之一涯，"全景不多，其小幅或峭峰直上而不见其顶，或绝壁直下而不见其脚，或近山参天而远山则低，或孤舟泛月而一人独坐，此边角之景也"①。马远简洁、含蓄、独特的画法被称为"马一角"，这正是南宋院体山水画的一大特点。马远晚年画风趋于老健，喜用秃笔，而典雅、工稳、

踏歌图（宋）马远

蕴藉的气质如故。今所见《踏歌图》为马远的代表作，画面上部秀峰兀立、树木参差，下部山道上几个略带醉意的农夫踏歌而行、互相唱和，远处群山竞秀、烟雾迷蒙，整个画面辽阔虚灵又洋溢着和乐气氛。需要

① 《格古要论》。

指出的是，作为宫廷画师，创作必须迎合统治者的口味。皇室创设画院，固然是为了提倡画艺，但其根本目的还在于自己政治和消遣的需要。因此，画师们的创作不能不受到极大限制。《踏歌图》表面上是描写农民丰收后的欢快，实际意图无非是借此歌颂南宋的繁荣太平。此画上方有宁宗赵扩题诗："宿雨清畿甸，朝阳丽帝城。丰年人乐业，垄上踏歌行。"在艺术表现上，此画融山水与人物为一体，在使用大量笔墨描写奇风异景的同时，又用细笔十分简洁地勾勒人物，造成一种情景交融的意境。马远还有《雪景图》，分四段写雪后江山之景，突出体现了"一角"特征，且笔势苍劲，墨法精妙，生动地表现出清旷高寒的气氛。传为马远所作的《寒江独钓图》，绢本墨笔淡彩，画一叶扁舟于万顷碧波之上而渔父独自垂钓，给人浩渺无边的联想和意蕴丰含的共鸣。可以说，马远的山水画在章法的剪裁、形象的概括及笔墨的提炼方面，都有突出的创造。画面优美简洁、富有诗意，将院体画与文人画结合起来而达到极高的境界。

夏圭与马远同时而略后，主要生活在宁宗、理宗年间。夏圭山水亦师李唐，又取范宽、二米长处丰富自己，中年形成独有风格。他虽然同属马远水墨苍劲一派，但较少马远那种富贵高华的气象。他喜用泼墨湿晕，再以秃笔蘸墨点染或以大笔浓墨皴擦，老苍雄放。构图上喜爱集中景物于一侧，表现烟雨迷蒙的辽阔空间，故后人有"夏半边"之称，与马远齐名，并为南宋四大家。夏圭尤擅长布置铺排长卷构图，题材多画长江、西湖及溪山景色。现存《溪山清远图》纵 40 多厘米，横近 9 米，画溪山丛树、渔舟风帆、竹林茅舍、忙人闲夫。山重水复，烟波浩渺，风物逶迤百里，令人目不暇接。全卷以水墨绘出，朴素清逸。皴法全用斧劈，劲利方硬，表现出一种幽淡、清冷、空寂的意趣。其还有《江山佳胜图》、《西湖柳艇图》、《梧竹溪堂图》、《松崖客话图》、《山水十二景》等传世，所作楼台建筑不用界尺，点景人物简括生动，取景极为精练，笔墨意尚苍古，近景笔劲墨重，远景滋润简淡，所创"拖泥带水皴"颇具特色，开创出以少胜多、空灵深远的新格局。马一角、夏半边的画法有人以为寓有南宋半壁江山之意，其实正是一种对艺术本体的追求和进步，此风为士大夫所倡而后人也

溪山清远图（宋）夏圭

有争议。元代庄肃在《画继补遗》中说夏圭"画山水人物极俗恶"，但夏文彦在《图绘宝鉴》中却说"院人中画山水，自李唐以下，无出其右者"。事实是，南宋李、刘、马、夏一脉相承 100 多年，从各方面推动了中国山水画的发展，产生了广大和深远的影响。

第三节　精丽与淡逸

　　宋代花鸟画承晚唐五代也出现崭新姿态，其发展脉络同人物画和山水画一样，随各朝不同在技法上和风格上都有变化和进步。五代时期，花鸟画以西蜀黄筌和南唐徐熙为代表，出现了"黄家富贵，徐熙野逸"的派别流向。北宋建立后，黄筌端庄富丽、细腻逼真的画法非常符合帝王权贵的欣赏品味和宫廷屏壁的装饰需要，因而黄家画法在画院"为一时之标准，较艺者视黄氏体制为优劣去取"[①]。

————————

① 《宣和画谱》。

山鹧棘雀图（宋）黄居寀

黄筌之子黄居寀深得家传，笔下花鸟工致自然，因而在宋初进入画院颇得太祖太宗宠遇。其"画艺敏赡，不让其父"①，"写怪石山景，往往过其父远甚"②。西蜀许多宫殿、寺院壁画出自其手，至北宋末年内廷还收其作品300余件。黄居寀在宋初被皇帝"委之搜访名画，诠定品目"，可见地位之重要，因而宋初画院宗黄之风盛行。黄居寀今存传世之作仅见《山鹧棘雀图》，图中水边石堆上山鹧俯首翘尾，背景上棘雀或飞或栖，另有翠竹野草疏落洒脱，与富丽醒目的鹧雀相映成趣。

稍晚赵昌则以花果著称，长于写生，《宣和画谱》载其"善画花果，名重一时。作折枝极有生意，傅色尤造其妙"。据传他常在清晨朝露未干之时，手调彩色绘花卉姿容情态，自号"写生赵昌"。欧阳修说他"写生逼真，而笔法软俗，殊无古人格致，然时亦未有其比"③。赵希鹄认为："赵昌折枝尤工，花则含烟带雨，笑脸迎风，果则赋形夺真，莫辨真伪。设色如新，年远不退。"④《画品》记："昌善画花，设色明润，笔迹柔美。"并记士大夫旧云："徐熙画花传花神，赵昌画花写画形。"米芾更对其画品表示鄙视，而苏轼却曾赞之。赵昌画作今传甚少，有《写生蛱蝶图》可窥，主要还是以"形似"、"赋色"为誉。

① 《益州名画录》。
② 《宣和画谱》。
③ 《归田录》。
④ 《洞天清禄集》。

仁宗时易元吉原以花鸟闻名，后见赵昌之迹叹服之。"欲以古人所未到者驰其名，遂写獐猿。"① 他深入崇山峻岭，考察獐猿习性，又于居舍后蓄养禽兽，以观其动静游息之态。英宗时奉诏在神游殿山屏风画牙獐，又在开先殿之西庑画百猿图，未成而卒。《宣和画谱》著录其作二百四十余，可见御府宝爱。其作为米芾称赏，认为"徐熙后一人而已"②。

尽管宋初黄家画风弥漫称扬，但徐熙画风也仍受人推崇。特别是到了神宗时期，黄家画法呈现衰落之状，院体画家与士夫画家互相影响，从而使花鸟画发生了明显的变化。此时崔白由艺学而待诏，画艺受到神宗特别的欣赏。崔白善画花竹翎毛，有壁画也有卷轴，《宣和画谱》著录有二百四十余。其花鸟情态注意同季节物候相关，刻画细致而生动。其画法工中带写，不尚琐碎。作画不用木炭起稿，界画不用直尺铁笔，而"曲直方圆，皆中法度"③。其画"风范清懿，动多新巧"④。据《宣和画谱》所载，多为杏花春禽、秋塘双鹅、烟汀晓雁、芦塘野鸭、秀竹画眉、密雪鹊兔等。今存《双喜图》画秋风中飞鸣的山鹊和受惊的野兔，极为传神。枯枝、败草、细竹、荒坡皆半工半写，笔墨严谨而有气势，疏放而清丽。自崔白以后，画坛风气渐转，其追随者甚众，为宫廷花鸟画输入了新鲜气息。

士夫画家亦在此时崛起，如文同、苏轼、李公麟等。文同，字与可。登进士第后历任地方官，元丰初知湖州未到任而卒。他身居官场，向往山林，为人清淡，谨言避祸。在艺术上以画墨竹著称，说："画竹必先得成竹于胸中，执笔熟视，乃见其所欲画者，急起从之，振笔直

① 《图画见闻志》。
② 《画史》。
③ 《宣和画谱》。
④ 《图画见闻志》。

双喜图（宋）崔白

遂，以追其所见，如兔起鹘落，少纵则逝矣！"① 画竹在我国自唐代以来已成专门题材，宋代士夫画家更爱以竹石寄怀托兴。文同一生画竹甚多，特别赞美竹子"心虚异众草，节劲逾凡木"的高洁品格。他画竹以自况，将居室取名为"墨君堂"、"竹坞"、"此君庵"等。他画竹强调竹的气韵，注意在风中的姿态，并创"叶以深墨为面，淡墨为背"的画法。他与苏轼为亲友，相交甚笃，苏轼有不少诗文题咏文同墨竹，可见二人对艺术的切磋。现存文同《墨竹图》，画竹枝倒垂，疏密有致，茎叶清爽，意趣盎然。文同墨竹超越了前贤而为后人所爱，自此俨然形成"湖州"画法。

　　苏轼作为士夫领袖，诗、词、书、画无所不能，但作画完全是文人游戏笔墨以解胸中盘郁的一种艺术表现。尤其在绘画理论方面他有极大创造，其精辟的见解对文人画的形成有不可低估的作用。他首先提出"士人画"的概念，说士人画重在"意气"不在"形似"。"观士人画如阅天下马，取其意气所到。"② "论画以形似，见与儿童邻，赋诗必此诗，定非知诗人。"③ 他认为艺术的最高境界是讲求"常理"，得之"象外"。说"世之工人或能曲尽其形，而至于其理，非高人逸才不能

① 苏轼：《文与可画〈筼筜谷偃竹记〉》。
② 苏轼：《又跋汉杰画山》。
③ 苏轼：《书鄢陵王主簿折枝二首》之一。

辨"①，"吴生虽妙绝，犹以画工论。摩诘得之于象外，有如仙翮谢笼樊"②。他反对因袭模仿，力主变化创新。称赞"与可岂其多好好奇也软，抑其不试故艺也。始予见其诗与文，又得见其行草篆隶也，以为止此矣。既没一年，而复见其飞白，美哉多乎"③？他强调对物象的细致观察和深切感受，在《墨君堂》中说："自植物而言之，四时之变大矣，而君独不顾。虽微与可天下其孰不贤之，然与可独能得君之深而知君之所以贤，雍容谈笑，挥洒奋迅，而尽君之德。"他还要求"诗画本一律，

枯木怪石图（宋）苏轼

天工与清新"，说"味摩诘之诗，诗中有画；观摩诘之画，画中有诗"④。苏轼这些艺术创作理论，后来成为重要的美学标准。其画作今存不多，以竹为胜，有《枯木怪石图》可略见风貌。此画石怪树奇，竹草几笔，用笔曲劲而发墨清晰，可见不求形似而别具意蕴。米芾说："子瞻作枯木，枝干虬屈无端倪，不皴硬，亦怪怪奇奇，如其胸中蟠郁也。"⑤借枯木顽石劲竹韧草写胸中磊落不平之气，正是士人寄托自己

① 苏轼：《净因院画记》。
② 苏轼：《凤翔八观》。
③ 苏轼：《文与可飞白赞》。
④ 《东坡志林》。
⑤ 《画史》。

高洁傲岸情怀的一种手段。苏轼的绘画理论与创作实践都体现出高蹈世外而风物劲节的虬屈老硬，其后画家写松、梅、兰、菊也无不受其影响。而黄家的工细画法于此风中渐被视为凡俗，写意一时标兴。此风在李公麟所画禽畜中亦可见，花鸟之笔墨继徐熙野逸而形成雅致。

北宋后期，徽宗当政。他在政治上昏庸无能，但对艺术却颇为精通。他幼年时即对艺术有广泛的爱好，尤其在书画方面有过人之处。做端王时，与许多书画家交往甚密。执政以后，出于政治需要和个人爱好，他扩充宫廷画院，提高画家地位，培养绘画人才，画坛一时兴隆，李唐、张择端、王希孟、苏汉臣等名家皆出于此时。他自己在绘画方面也颇有成就，"独于翎毛尤为注意，多以生漆点睛，隐然豆许，高出纸素，几欲活动，众史莫能也"[①]。赵佶绘画既重传统法度，又强调深入

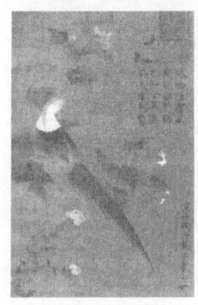

芙蓉锦鸡图（宋）赵佶

观察现实生活，同时还追求绘画的构思和意境。其花鸟画设色匀净，笔墨精妙，神形兼备，富丽典雅。《画继》载："政和初，尝写仙禽之形凡二十，题曰《筠庄纵鹤图》。或戏上林，或饮太液，翔凤跃龙之形，惊露舞风之态，引吭唳天，以极其思，刷羽清泉，以致其洁，并立而不争，独行而不倚，闲暇之格，清迥之姿，寓于缣素之上，各极其妙，而莫有同者焉。"今传赵佶所作《芙蓉锦鸡图》，画一只锦鸡落于芙蓉枝上，写实技巧相当高超，笔墨韵致生动传神。锦鸡凝神注目的神态，芙蓉娇弱妩媚的姿容，典丽而精雅。其所作《瑞鹤

① 《画继》。

图》，描绘庄严耸立的汴梁宣德门上空彩云缭绕，20只姿态各异的丹顶鹤或翔或立，笔致细腻精微，敷以华润的色彩，整个画面呈现出一派富贵欢愉的幻丽祥和气息。所传赵佶还有《鸜鹆图》，画鸜鹆（俗名八哥，性好斗）搏战情景。此图以墨笔在纸上作，与绢本工细画风迥异。鸜鹆的羽毛浓黑深厚，松树的鳞皮干笔勾出，整幅画面技法雅致而意趣野逸，可见北宋晚期宫廷绘画吸收了许多宫廷以外的绘画和审美因素。传为赵佶的画作很多，如《腊梅山禽图》、《柳鸦芦雁图》、《池塘秋晚图》、《五色鹦鹉图》、《雪江归棹图》等。这些画风格多样，艺术精湛，据考证并非一定出自赵佶之手，可能是宫廷画家代笔之作。但赵佶能在作品上签押，说明可能是由赵佶授意或为赵佶所首肯的，同样可以反映出赵佶的绘画思想和艺术水平。总之，赵佶在位期间，画院得到很大发展，尽管他有粉饰太平的文化意图，但也促进了绘画技法的进步和审美意识的提高。徐邦达先生提出，赵佶作品大体可以分为比较粗简拙朴的和极为精细工丽的两种。因此，与其编纂的《宣和画谱》相印证，不能否认赵佶在中国绘画史上所起到的积极作用。

宋代花鸟画自徽宗以后，虽然宫廷富贵一派继续延伸下来，但文人野逸趣味日渐得到强调。南宋画家扬补之便宗法北宋仲仁而有所发展，擅长以水墨写梅竹、松石，尤以墨梅著称。仲仁是北宋中后期善画墨梅的和尚，号花光，与黄庭坚交往甚密。画梅古已有之，但均用彩色，仲仁则以水墨为之，这在技法上是一大变化。花卉由敷彩向水墨转变遂成一种风气，文同写墨竹、仲仁写墨梅颇具代表性。扬补之生活于两宋之交的时代，据说不满秦桧当政多次拒绝做官。其书画皆有名，"学欧阳率更楷书殆逼真，以其笔画劲利，故以之作梅，下笔便胜花光仲仁"[1]。他画梅所取材，多为山间水边的野梅，疏枝冷蕊，具有荒寒清绝之趣。因与宫廷画家笔下珍奇富艳的"宫梅"相比别具"野逸"格调，故被戏

---

[1] 《洞天清禄集》。

墨竹图（宋）文同

称为"村梅"。其传世之作有《四梅图》、《雪梅图》等。《四梅图》分四段画梅花未开、欲开、盛开、将残的不同状态，《雪梅图》画野梅傲雪的清风劲节。其所画墨梅变仲仁的水墨点瓣为白描勾花，浓墨写干枝，淡墨染花瓣，挺秀清丽，生动地传达出梅花的神韵。其画在当时便颇被称许，以至"身后寸纸千金"。

扬补之的外甥汤正仲师承而有创造，他用墨笔勾出花形，在四周用墨晕染，在墨地上显出朵朵白花，与过去通行的白地墨花正好相反，所以当时又有"青于蓝"之誉。可见文人情趣渐被接受，画法上也更具粗率意味。此风格在宫廷画家中也有体现，如生活在南宋中期的李迪。李迪作为宫廷画家的杰出代表，"工画花鸟竹石，颇有生意"①。所绘禽鸟、猫犬、鸡雏等，皆精确生动，富有质感，补景树石则用笔坚劲雄放，多用水墨渲染，其画风为工细与粗放结合，画法在崔白与李唐之间。传世之作《雪树寒禽图》画雪坡上枯树丛竹，枝上山禽羽毛丰润凝目远瞩。竹叶以双勾法画成，枯木老干笔法劲健，以淡墨染出阴霾天空，以洒粉法表现天空飞雪，透出荒寒中的高贵气派。其《鸡雏待饲图》、《风雨归牧图》、《鹰窥雉图》等，虽仍然具有宫廷绘画精工典雅的风格，但更多地富有民间生活和文人精神的展示。他既具有深厚的艺术功力又受到时代风气的熏染，因而可以说代表了南宋院体花鸟画的很高

① 《图绘宝鉴》。

成就。

至南宋末，僧人法常因抨击权奸贾似道而受到追捕，其画也以突出崭新的面貌标立画坛。据史籍载，他善画龙虎、猿鹤、禽鸟、山水、树石、人物，画法继承梁楷又有独创精神，常用蔗渣草结作画，随笔点墨而成，意思简当，不费妆缀，可谓写意花鸟的先驱。从法常现存作品看，其所画形象还是较为严谨的，但背景则较纵逸，大体上是一种半工半写的画法。如其《观音图》、《猿图》、《鹤图》，白描功力相当深厚，但造型却已突破宫廷画法的工细。其《写生蔬果图》以水墨画花果、禽鸟、鱼虾和蔬菜之类，或勾或写，或点或染，墨之虚实浓淡、妍润枯焦，皆恰到好处、意趣横生。尽管其画后被元人讥为"枯淡山野，诚非雅玩，仅可僧房道舍，以助清幽耳"①，但从画史的发展情况来看，却代表着一种野逸而清高的审美潮流和趋势。这种对旧有范式的打破和超越，从文化角度看有其率性更新的叛逆，有其粗简抽象的清旷，或可综合而言是一种人性的自然流露和天道的有机契合，是宋代理学从格物致理向抒情言性的转变。明代之后，法常的写意花鸟深得画家赞誉，从许多画家的作品中可见其遗风并更为狂放，从某种意义上说，这也是对封建文化的反叛和对人性的至真追求。

第四节 尚意与抒情

恰如绘画由重在物态的形似向重在意态的神似的转变和追摹外物形貌向表达内心感受的转变一样，书法也由唐代的求规隆法向宋代的尚意抒情方向转变，这不免令人想起魏晋六朝时期在玄学倾向下打破汉代平

---

① 《画继补遗》。

正庄严的秩序而追求物我为一的风度。宋代理学在本质上是儒、佛、道的合流，也是继玄学打破经学之后一次有效的整合，因而理学的形成对中国文化的发展有着博大精深的含义。中国书法艺术的发展脉络总是与中国哲学的发展进程一致的，其对美的体现主要反映在笔画结构上以及由此产生的审美效应。清人刘熙载在《艺概》中论书法说："始由不求工，继由工求不工，不工者，工之极也。"而今看来，这是符合艺术发展规律的，即艺术在不断追求完美中又在不断打破着完美，随着时代的进步不断形成新的审美观念，简单地描摹传统只会导致僵化阻滞。宋人尚意抒情的书法追求打破了唐人端庄精严的恢弘风貌，而使书法在回复本身自然天性中达到恣意纵情的境界。因而由法到意是追求更为深潜的艺术本质，或言由物象到意境含着更为深邃的内涵和独特的指向。

由于宋初确定的文治政策为整个宋代创造了浓厚的文化氛围，书法也成为一种真正的艺术载体成为人们孜孜以求的审美对象。北宋初期的书法基本上是延续唐代余波，但由于书家多为上层官员，已变唐人书法的健朗俊雄而为雍容端丽。李建中为太平兴国八年（983年）进士，后历任太常博士、直集贤院、工部郎中及西京留司御史台等职。他擅长楷、行、篆、隶，《宋史》本传称他"善书札，行笔尤工，多构新体，草书篆籀八分亦妙，人多摹习，争取以为楷法"。其楷书师法颜真卿，但已无颜体的丰肥朴拙，而是于丰肥中见秀巧。他又参以魏晋风神，表现出清丽隽朗的特点。从流传至今的《同年帖》、《宝宅帖》、《土母帖》看，他继承着唐代笔画丰腴肥厚、结字端庄稳健的风格，但亦表现出笔画遒媚、结体流畅的新气息。李建中书艺高，重法度，故一般认为有唐人余风。但又较为保守，不及五代杨凝式学古能变，故也遭后世批评。

与李建中同时或稍后的还有一些书家，他们继承前代遗风而较少创造，但已崭露出些许宋人尚意气息。林逋隐居西湖孤山，笔法清瘦绝俗，因而后人评为瘦硬高胜，今传《自书杂诗卷》可见风貌。范仲淹官至参知政事，其书醇和清劲，有晋宋风骨。今传《小楷道服赞》，文同跋云："文正词笔，观之若侍其人之左右，令人既喜皆凛然也。"杜衍官集贤殿大学士、太子太傅，封祁国公。其行草甚佳，宋人呼以草圣。传世书作有《怀素自序帖跋》及《宋人法书》尺牍。苏轼说："公书政使不公，犹当传世宝之，况其清闲妙丽，得晋人风气如此邪！"徐铉长于小篆，南唐时既官御史大夫，入宋后为散骑常侍。欧阳修在《集古录》中说："铉与弟锴，皆能八分小篆，在江南以文翰知名，号二徐。"其他文人如文彦

荷花纹瓶（宋）

博、欧阳修、苏舜钦等当时也都以书知名，他们对书法的爱好构成了由唐向宋过渡的审美意趣。

在宋初最具声名而为后人看重的书法家是蔡襄，他在中国书法史上也起到了承先启后的重要作用。蔡襄是宋仁宗天圣八年（1030 年）进士，历任诸多内阁与地方官职，终拜端明殿学士出知杭州。他与文

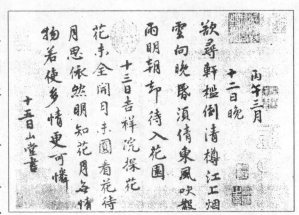

山堂诗帖（宋）蔡襄

彦博、欧阳修、苏舜钦生活于同一时期，在书坛上自成一家而影响深远。蔡襄文翰精美，工于书画，《宋史》本传云："襄工于书，为当时第

一，仁宗尤爱之。"其时唐末余风尚未消歇，宋书风尚尚未建立。他楷书学唐代颜真卿之端庄谨严而力去时俗流弊，于体格恢弘中融以柔润淑美。行书则潇洒简逸，清瘦闲散，颇得晋人韵致而开宋书意笔。蔡襄在书法创作上的实践成果，联结着唐宋两朝书风的嬗递，可谓身兼尚法和尚意两种艺术追求的关键人物。其《万安桥记》之大楷雄浑劲拔，明人王世贞云："万安天下第一桥，君谟此书雄伟遒丽，当与桥争胜。结法全自颜平原来，惟笔法用虞永兴耳。"其《谢赐御书诗》锋芒清新，神采端严，亦从唐人法出而风采劲爽。其《山居帖》点画清瘦，连绵不断，布局疏朗，意趣天成，端肃中见安闲，动态中寓静感，可见作者温厚中求自适之心境。蔡襄书法各体皆妙，苏轼说："君谟书天资既高，积学深至，心手相应，变态无穷，遂为本朝第一。"米芾认为其书"如少年女子，体态娇娆，行步缓慢，多饰繁华"，具有一种独特的温婉娴雅之美。元以后对他评价更高，认为是有宋一代领袖群伦、超绝时贤的大师。可以说，他上承晋唐，下开宋元，如果说李建中为唐人书法之终，那么蔡襄则为两宋书法之始。后人将其与苏轼、黄庭坚、米芾并列为宋四家，也就可理解。

苏轼为北宋中期的文人领袖，诗、词、书、画无所不通。黄庭坚说："东坡道人少学兰亭，故其书姿媚似徐季海。至酒酣放浪，意忘工

黄州寒食诗帖（宋）苏轼

拙，字特瘦劲，乃似柳诚悬。中岁喜学颜鲁公、杨风子书，其合处不减李北海，至于笔圆而韵胜，挟以文章妙天下，忠义贯日月之气，本朝善

书，自当推为第一。"苏轼也自称"幼而好学，老而不倦"，"吾书虽不甚佳，然自出新意，不践古人，是一快也"。由此可知苏轼善取众长，而自出己意，不为法所困。故当别人讥其"用笔不合古法"、"作戈多成病笔"时，他却说："短长肥瘦各有度，玉环飞燕谁敢憎？"苏轼有意打破馆阁尺度，而以意气发于笔墨之间，因而继蔡襄之后卓成大家。苏轼精于行书和楷书，与蔡襄的温润婉媚不同，而是浑厚爽朗。因其修养广博而际遇坎坷，故书中格调俊逸、风度超绝。苏轼书画讲求学问文章之气，因而以意取胜，曾说"我书意造本无法，点画信手烦难求"。故其于晋人之韵、唐人之法后别有宋人之意，从而代表宋书风貌而成一新的审美标准。其《治平帖》为30余岁时所书，不矜而妍，不束而严，既追踪晋唐大家规模，又抒以学问文章之气，因而风流韵致。《黄州寒食诗帖》系因乌台诗案遭贬后所写，作者志存高远而屡遭贬谪，适逢连日苦雨而百感交集，遂提笔而书一气呵成。此帖点画肥重，体势宽博，圆劲而有韵味。加以字势与行式往往偃仰倾仄，更增添了纵逸豪放、痛快淋漓的感觉。全篇刚柔相济、外韧内强，表现出苏轼沉郁而不失旷达、忧患而不甘沉沦的性格。此帖被视为苏轼行书"第一"，后有黄庭坚大行书跋及董其昌小行书跋。其《洞庭春色赋》、《中山松醪赋》写于晚年贬谪途中，也是苏轼的代表作品。二赋抒发作者对时政、人生及自身之感慨，墨迹以卧笔偏锋写出沉稳古怪之意态，的确别有情味。明人张孝思云："此二赋经营下笔，结构严整，郁屈瑰丽之气，回翔顿挫之姿，真如狮蹲虎踞。"王世贞并云："此不惟以古雅胜，且姿态百出而结构谨密，无一笔失操纵，当是眉山最上乘。"苏轼临终前还有《与谢民师论文帖》，雍裕中见大成，平淡中见天真，笔墨臻于极致，意象愈显浑融。正如朱熹所赞："其英气逸韵，高视古人。"苏轼传世之作较多，其墨迹浑厚遒逸，朴拙跌宕，极富情感，自然率意，卓荦开宋风气。

　　黄庭坚作为苏门四学士之首，一生困厄却不随世俯仰。他与苏轼一样，具有多方面的才华。他开创江西诗派，追求奇拗风格。书法上尤长行、草，标榜尚意创新。其艺术见解遵循苏轼而更强调特性，反对食古不化，提倡伸张个性，主张精神上对优秀传统的继承，注重文化气质对书法创作的影响。在创作上，他早年师法苏越，后受苏轼启发，又习颜真卿、杨凝式之字，窥张旭、怀素之笔，尤得《瘗鹤铭》之益，乃形成自己特有的风格。其大字行书凝练润爽，浑厚潇洒，有中宫紧结、四缘发散的特点。其大字草书行笔曲折顿挫，结体奇险流转，章法跌宕起伏，给人险劲隽逸之感。其变古畅意具有一种特殊魅力，因而与苏轼共同成为一代书风的开拓者。今传《松风阁诗帖》为黄庭坚晚年作

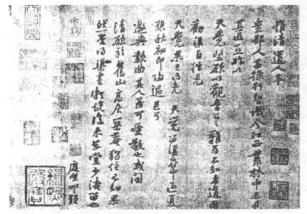

惟清道人帖（宋）黄庭坚

品，采用颜体大字笔意，而将笔画伸展延长，字之结构平稳而笔锋劲练，既一笔不苟而又风神洒荡，故康有为说："虽昂藏郁拔，而神闲意浓。"其《诸上座帖》以大草书成，结字雄放，笔势瑰奇，既循法度而又不为囿限，横斜高下，左规右矩，运笔于尺素之间，行态如龙蛇之变，挥洒自由，韵致劲逸，充分显露出作者神闲意散的艺术趣味。此外作者还有《惟清道人帖》、《华严疏》、《李白忆旧游诗》、《伯夷叔齐墓碑》、《龙王庙记》、《幽兰赋》等，其反对工巧，追求奇崛，师众家而归自我，由绚烂而归平淡，都于书法体格笔态表现出来，实现了变古更新的雅拙融通。

　　米芾于文学上不及苏、黄，但在书法上毫不逊色，甚且过之。他少学颜、柳，又学欧、褚，继学二王，临摹达到乱真的程度，中年以后有"集古字"之称。他篆、隶、楷、行、草皆佳，尤以行书为最。苏轼认

为："海岳平生篆隶真行草书，风樯阵马，沉著痛快，当与钟王并行，非但不愧而已。"米芾字从晋唐出，但又超逸陈迹，每出新意于法度之中，绝出笔墨畦径之外。其强调平淡与天真，与苏、黄一同践行"尚意"书风，却又别开生面，以精深的书法造诣和突出的个性解放拓展出一片新天地。米芾作品较多，黄庭坚认为气势冲绝而缺欠蕴藉，赵构则认为自然超逸而常人不逮。今传作品《蜀素帖》活泼跳跃，跌宕多姿，清人王澍认为"风神秀发，仙姿绝世，为米老行书第一"。《苕溪诗帖》运笔潇洒，结构舒畅，用笔圆润

蜀素帖（宋）米芾

遒劲，结字因势生形，细观笔意似《兰亭》，而又提炼出己意。此帖写于苕溪聚会，米芾一时兴来，援笔而书，笔随意驻，意随笔到，因而爽健、洒丽、超逸的意志在笔锋的任意挥洒中得以淋漓尽致的表现。他还有《复官帖》、《珊瑚帖》、《寒光帖》、《叔晦帖》、《多景楼诗帖》、《芜湖县学记》等，无不用笔古雅，结构遒媚，锋全势备，变怪多态。其子米友仁传承家学亦成名手，父子二人于书画方面清雄绝俗，超神入妙，体现出宋代文人尚才学标奇险的审美高致。

宋徽宗赵佶不仅在绘画上取得突出成就，而且在书法上也造诣极深。他早年学黄庭坚、米芾，后又循褚遂良、薛稷，其后潜心王羲之、王献之，独创"瘦金体"。"瘦金体"本为"瘦筋体"，秀骨健筋，清朗遒丽，既有文人雅致又含帝王风神，改"筋"为"金"，意味丰含。明

人陶宗仪称之"行草正书笔势纵逸"，清人叶昌炽称之"艺事之精，冠绝今古"，可见其书非同凡响。

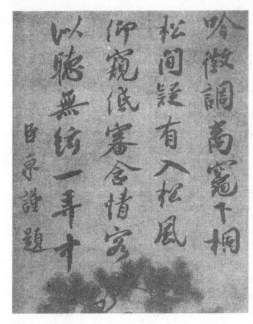

听琴图题诗（宋）蔡京

其《瘦金书千字文》一反唐以来楷体风貌，瘦硬而腴润，挺劲而严整，笔意流畅，气韵飘逸。《夏日诗帖》亦清癯蕴藉，秀润苍郁，如铁画银钩而又寂寞优柔，诗意与笔调颇为和谐统一。赵佶还敕编《宣和书谱》，他对书画的爱好促进了文化的繁荣，当时出现了一大批书画家，权臣蔡京也以字名重一时，其字势豪健，痛快沉着，严而不拘，逸而守矩，故有人认为宋四家中之"蔡"当为蔡京，但因人恶其窃弄权柄而改为蔡襄。蔡京之弟蔡卞亦好书法，《宣和书谱》称："卞自少喜学书，初为颜行，笔势飘逸，圭角稍露，自成一家。晚年位高，不倦书写，稍亲厚者必自书简牍。"《墨林快事》说："卞胜于京，京又胜于襄，今之有襄而不知有他蔡，名之有幸不幸若此。"可见宋人将书品与人品联系起来看待，书法艺术不只是简单的符号而具有丰富的寓意。

　　南宋时期书法爱好者甚多，也是文化日趋受到重视的体现。但由于缺少北宋那样的文化环境，因而整体上也就难成北宋那样的气候。宋高宗时吴说官尚书郎，以书法知名于世，尤其楷、草为人称道。陆游工行、草，积极主张抗金，书法也遒严飘逸，意致高远，充满豪放之情。范成大字如其诗，潇洒疏淡而法度谨严，讲究用笔的轻重变换、字体的大小配合，因而其书疏朗有风姿，和谐而自然。朱熹为著名的理学大师，且精通翰墨。尽管平生仕宦讲学坎坷际遇，视诗词书画为游戏余事，但笔事也往往精妙绝伦。他特别留意汉魏六朝诸贤，同时在宋代尚意风气下形成自我个性。其书沉着典雅，含道映华，无意求工而工于自然，于理趣中流出韵致。吴琚宗法钟、王，又学米芾且酷似，俊逸洒脱而沉实含蓄，今镇江北固山"天下第一江山"传其所书。南宋后期张即之继承前贤而另辟蹊径，大字遒雅，小字俊健，笔势圆劲，风骨奇峭，于北宋四家外别开生面。其"多以翰墨为佛事"，一生写经尤多。书名在当时甚著，金人亦不惜重金收集。总的来说，南宋书家以学黄庭坚、米芾为多，而又直追晋人之韵、唐人之法，形成高远意致。由于偏安江南、时局所限，艺术更为趋于精雅，而少了北宋时的浑厚，这从书画中都可反映出来。但由文人标立的"意"得到贯穿，此不仅体现了宋代文学艺术的趋向，且对元代以后的创作给予重大的影响。

第四章
市井杂趣

第一节 习 俗

南北合一、中外交流的唐代文化曾经产生过辉煌壮丽的景观,然经晚唐五代的军阀割据、时政变递,人们加深了冷峻峭刻的现实思考。宋代建立之后首先注意到权力的凝聚与文化的统治,因而加强中央集权的同时也在改进着文治的措施。宋代理学的构建正是将儒、佛、道贯通而探寻着天人合一的最理性阐释,由此实际恢复到中国传统文化中安邦定国与知天达命的辩证统一。其最大效应便是重建礼治秩序,以礼规范人们的生活行为、心理情操及是非观念。但是宋代市民文化又充满了活跃的因子,丰富的现实生活和进步的思想观念不时冲决着礼与理的束缚,特别是文化与商业的发展更造成了某些悖论。大体说来,北宋由朝廷制定的文化政策与由文人建立起的高雅文化代表着社会的主流;而到了南宋,在这种文化趋于极致的同时,民族矛盾、生活环境及商业意识则使文化具有一种更为宽博的多元倾向。所以,从市井杂趣中鲜活的文化生态,倒能真正看出代表历史前进的迹象。

宋代的饮食随着都市的繁荣有很大发展,呈现出南北合流而花样繁多的面貌。北宋都城地处中原,地理条件决定了以面食为主,以各类肉、菜为副的特点。由于宋代统治阶层讲究享乐，因此饮食也就更趋精美奢华。宋代面食常见的有各种饼、馒头、包子、饦饬、馄饨、面条等。据吴自牧《梦粱录》载，饼就有牡丹饼、荷叶饼、菜饼、肉饼、菊

花饼等，馒头则有糖肉馒头、裹蒸馒头、四色馒头、杂色煎花馒头等，包子有水晶包、笋肉包、虾面包、江鱼包、蟹肉包、七宝包等。除此之外，

花瓣形圈足黑漆碗（宋）

还有各种粥、糕，如五味粥、粟米粥、糖豆粥、徼子粥、肉食粥，糖糕、蜜糕、栗糕、豆糕、花糕、糍糕、彩糕等。宋代的菜肴也品种丰富，羹有小鸡圆鱼羹、双脆石肚羹、十色头羹、问细头羹、百味韵羹等，鸡、羊、鱼、肉各类做法不胜枚举。除此之外，还有各色山禽海味，如鹌鹑、斑鸠、鹿肉、獐肉、虾、蟹、蛤、蚶等，美不胜收。由于宋代城市格局不像唐代那样封闭，经济发达使各种夜市小吃也兴隆起来。孟元老《东京梦华录》载夜市热闹，食品便宜，花色杂多，"鹅、鸭、鸡、兔、肚、肺、鳝鱼包子、鸡皮、腰、肾、鸡碎，每个不过十五文"。"夏月麻腐鸡皮、麻饮细粉、素签、沙糖冰雪冷元子、水晶角、生淹水木瓜、药木瓜、甘草冰雪等"，"冬月盘兔、旋炙猪皮肉、野鸭肉、滴酥水晶、鲙煎角子、猪脏之类"。宋代佛教盛行，僧徒众多，因而也出现了许多精美的素食。宋人喜吃点心，便有阁欢喜、骆驼蹄、糖蜜果实、肉丝糕、丰糕、乳糕、镜面糕、果子、韵果等。"市食点心四时皆有，任便索唤，不误主顾。"宋代少数民族还有奇特的食俗，如食鼠、食蛤蟆、食蝙蝠等，亦为中原所知。南宋迁都临安后，"都城食店，多是旧京市人开张"。既带来北方的特点，又融合了南方习俗，《梦粱录》

载："南渡以来，几二百余年，则水土既惯，饮食混淆，无南北之分矣。"

　　宋人饮茶也比唐人有了更多的研究，而且由仕宦普及到大众。当时豪门贵族不但喜欢丰盛的筵席，而且钟爱难得的茶中贡品。他们视贡茶为宝物和骄傲，常拿在手里欣赏或放在箱柜中封好。宋人制茶十分精细，采茶的节气与时间都有要求。如有的茶须在惊蛰前采，有的茶须在打雷时采，有的茶须在惊蛰后采。当时福建建州（今福建建瓯县）茶最为有名，此地气候温润茶芽早发，官府派人监采焙制作为贡品，故

紫褐色漆托盏（宋）

极为难得。采茶中还有一旗一枪之说，一叶带一芽，叫做一旗一枪，叶为旗，芽为枪。焙烤用竹器盛茶置于温火之上，两三天烤一次并须两三火。宋人沿袭唐人煎茶的方式但又有不同，煎茶用水极为讲究不说，还要注意火候火力，如苏轼便说"活水还须活火烹"。宋代文人煎茶已不时兴放姜、盐，但一些偏远地区还保留着放姜、盐的习俗。宋代除煎茶外还有点茶，点茶类似于今天的泡茶。据《梦粱录》载，宋人有沿街点茶传播信息的做法，如点送邻里茶水告知吉凶之事，或街司衙兵点送门面铺席乞觅钱物。可见宋人的文化意识颇浓，平民也有以点茶为雅事的俗举。至于文人茶事更多，他们常以喝茶为聚会，并行茶令做游戏谈趣闻。他们有时还斗茶，茶品以白色为佳，以碧绿为常。由于宋人喜喝茶，因而茶肆遍布于市，且布置高雅。茶楼张挂名人字画，或有习学乐器歌唱者，或有约会相谈生意者。茶具也很精致。茶瓶初以铜、锡为

上，后渐用瓷制。茶匙是点茶、调茶的用具，蔡襄《茶论》言："茶匙要重，拂击有力，黄金为上，人间以银、铁为主。"茶船也流行起来，南北瓷窑均有烧制。极富特色的中国茶文化僧人贡献也较多，并随宗教的流播传行益广。至于饮酒，宋人亦趋雅，从文人墨客词章中即略见一斑。苏轼《歧亭道上见梅花戏赠季常》诗："野店初尝竹叶酒，江云欲落豆稭灰。"陆游《老学庵笔记》卷七："寿皇时，禁中供御酒，名蔷薇露，赐大臣酒，谓之流香酒。"罗大经《鹤林玉露》卷四："杨诚斋退休，名酒之和者曰金盘露，劲者曰椒花雨。尝曰：余爱椒花雨，甚于金盘露。意盖有为也。"宋人张能臣有《酒名记》记录酒名百余种之多，其实远远不止于此。关于酒的话题也就多起来，酒业于是发达兴旺。

　　宋代服饰在理学思想指导下也明显带有封建社会的等级观念，与房屋建筑的规格和交通工具的使用相应制定了严格的制度。宋代皇帝至高无上穿黄袍，群臣百吏按等级高低穿紫、穿红、穿绿，一般庶民只许穿白、穿黑等。但这些强制性的规定也往往被打破，因而服饰就呈现出许多不同的色彩。中国的官方文化始终为主流，因而官级服饰制度不可逾越而较为稳定。

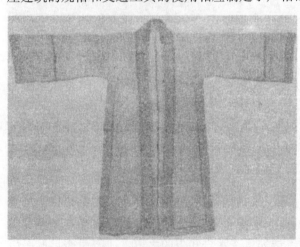

紫灰绉纱滚边窄袖女夹衫（宋）

据《宋史》载，宋初官服基本承袭唐制，"三品以上服紫，五品以上服朱，七品以上服绿，九品以上服青"，神宗变法后，"去青不用，阶官至四品服紫，至六品服绯，皆象笏、佩鱼，九品以上则服绿"。宋朝优厚官吏，因而朝中朱紫纷纷并不为奇。南渡以后，据《宋史·舆服志》记："中兴，士大夫之服，大抵因东都之旧，而其后稍变焉。一曰深衣，二曰紫衫，三曰凉衫，四曰帽衫，五曰襕衫。"深衣本士大夫家居之服，亦为庶人礼服。"其长

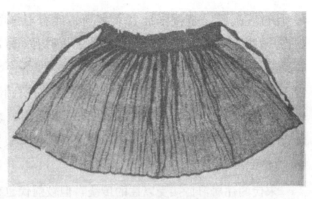

褐色罗印花褶裥裙（宋）

及踝，圆袂方领，曲裾黑缘。"紫衫"本军校服，中兴，士大夫服之，以便戎事"。南宋初颇盛行，不久朝廷下令服用冠带，不许以戎服临民，遂废止。凉衫兴起，这是因临安夏热，着凉衫爽快，但不久因其素白似凶服为朝廷所禁。

尽管宋代臣吏上朝要穿朝服，办公要穿公服，然闲散在家时多穿便服，以图舒适优雅。《宋史·舆服志》："士大夫皆服凉衫，以为便服矣。"罗大经《鹤林玉露》卷八："朱文公晚年，以野服见客……见侪辈则系带，见卑者则否，谓之野服，又谓便服。"宋人爱僧好道，故多有士大夫喜着僧服道袍。其衣宽大，穿着闲散，亦称直裰。宋代还流行穿背子，其一般为长裾对襟，两腋下不缝合，腰间可用勒帛系束，色彩素雅，男女均可穿用。宋代女性多服窄袖衣，与长裙相配穿着，衣料以罗为多，柔软轻薄，宋词中多有罗衣、罗裙之称。妇女服色依丈夫地位而定，家眷可与丈夫同色，平民不能用大紫、大红、大绿，可服浅色、蓝色、素色等。官员佩戴亦分金、银、犀、玉饰等，百姓只能用铜、铁、角石、墨玉之类。宋人头戴的幞头也比唐、五代花样繁多，但朝野有所不同。幞头市面有售，角式很多，可供挑选。女性流行高髻，甚至以假发做成假髻。宋代对服饰虽然有严格管制，但民间却常常越礼逾矩。北宋末丁瑾言："今闾阎之卑，倡优之贱，男子服带犀玉，妇人涂饰金珠，

尚多僭侈，未合古制。"① 一般来说，宋代对服饰的要求的确体现着宋代的礼制和教养，官品等级森严且不说，就市井而言："其卖药、卖卦，皆具冠带。至于乞丐者，亦有规格。稍似懈怠，众所不容。其士、农、工、商诸行百户衣装，各有本色，不敢越外。"② 南宋承袭北宋遗风但也不断变化，至后期屡出新异炫人眼目。《梦粱录》载："自淳祐年来，衣冠更易。有一等晚年后生，不体旧规，裹巾异服，三五为群，斗美夸丽，殊令人厌见，非复旧时淳朴矣。"

宋代的住居习俗接受以往的传统，但较前代也有不同。在城市布局上打破了唐代以来的里坊制度，各种建筑沿街兴建起来出现了热闹的景象。但建筑风格失去了唐朝的宏伟刚健，多了些精巧秀丽。都城皇宫还是有着庄重森严的气度，但市野百姓还是住着较简陋的房屋。贵族官僚的宅第大都还是四合院形式，但梁架、栏杆、棂格等较多灵活而生动。园林具有别墅性质，或引水凿池，或累土叠石，盛植花草竹木，强调自然情味。家具也由低矮相应增高，桌椅已十分普遍且形式多样。南渡后由于统治地域缩小，宫室规模也相对精雅。特别是园林，受理学、士人文化影响，强调自然景观，注意更密切地与山水环境相映合，以致有些园林人为成分居多，产生了生堆硬砌的缺憾。

宋代交通还是以车马为多，但轿子也逐渐普及。宋初一般不许士人乘轿，而后品官乘轿渐成制度。太平兴国七年（982 年），李昉奏曰："工商、庶人家乘担子，或用四人、八人，请禁断，听乘车。"③ 太宗听之。乘轿舆自古以来被认为不人道，但有时又被认为是富贵的象征。王安石于金陵时乘驴，有人进肩舆，王安石怒曰："自古王公贵人虽不道，奈何以人代畜？"《东京梦华录》载："至迎娶日，儿家以车子或花担子发迎客，引至女家门。"北宋末年，"籍马于金人，自是士大夫出入，止

① 《宋史·舆服志》。
② 《东京梦华录》。
③ 《宋史·舆服志》。

跨驴乘轿，至有徒步者。靖康二年正月二十九日，送戚里权贵女于金，搜求肩舆，赁轿之家，悉取无遗"①。南宋后，由于战争、地理、气候原因，轿子普遍使用。《宋史·舆服志》云："中兴后，人臣无乘车之制，从祀则以马，常朝则以轿。"杨万里《五里径》诗："溪光远隔深深竹，特地穿帘入轿来。"轿作为交通用具，从中国传统文化看本为照顾病弱者，但在封建等级观念中却日渐形成地位之标志。以此为炫耀，可见俗气，周密《武林旧事·歌馆》载，有些歌妓，"则虽对街，亦呼肩舆而至，谓之过街轿"。朝官、士人、民俗，对轿的认识可见微妙的文化心理。

第二节　宗　族

宋代高度集权的封建专制的确立，也要求乡村家族组织构建和加强。唐末五代以来的社会动乱使旧的宗族组织瓦解，宋代统治者出于需要呼吁重建新的家族制度。于是，在理学家的大力提倡、官府的鼓励扶助和庶民地主及自耕农的响应下，一种维护家族利益和国家稳定的宗法制度重新建立起来。

族有族长，族长的人选除考虑嫡长继承的血缘原则外，更多地考虑社会地位、经济实力、管理才能。族长是一族的最高首领，对内主持宗族祭祀，管理族产，执行赏罚，协调关系；对外协助官府，催交钱粮，捕拿盗贼，处理与邻族事宜。族长有不可动摇的权威，主持制定族规来管理族人。这些"家法"、"义约"、"规矩"，对族众有着严格的制约作用。其内容大多侧重家族伦理、纲常名教、勤俭持家、戮力本业、完纳

---

① 《癸巳类稿》引《靖康纪闻》。

国赋、息灭争讼等，是族人的行为规范。北宋中期，吕大钧制定的《公约》要目有四：德业相劝，过失相规，礼俗相交，患难相恤。南宋中期，朱熹据此加以修订流行于世。在这些族规的作用下，教化与法律并施，宗族产生着巨大的凝聚力和震慑力。《宋史·陆九韶传》载："九韶以训戒之辞为韵语。晨兴，家长率众子弟谒先祠毕，击鼓诵其辞，使列听之。子弟有过，家长会众子弟责而训之；不改，则挞之；终不改，度不可容，则言之官府，屏之远方焉。"

宗族还有族产，也称义庄，其来源多为本族官僚士绅或富家大户捐献的私产，作为宗族的物质基础来培植本族的政治势力或济助本族的贫困家庭。"义庄"的倡导者和实践者范仲淹在宋仁宗时组织置办良田，将每年所得租米按宗族计口供给衣食及婚丧之用，并在实施过程中逐渐确立了"规矩"。如各房男女 5 岁以上计口给白米，冬日给布匹，嫁娶丧葬按等支钱，族人不得侵扰干预义庄的独立管理，义庄田土不得随意买卖等。义庄的兴起在当时有着稳定社会的作用，经战乱而松散的宗族凝聚起来，有利于克服个体小农自我封闭在经济发展中的阻碍，也是适应当时政治需要的。

此后，家族祠堂也建立起来，在这里祭祀祖先、举行典礼、议决大事，以体现"报本反始之心，尊祖敬宗之意"。朱熹在《家礼》中主张祠堂由宗子主持，子孙不得据为己有。他还规定了祠堂的布置及祭祀的仪式，后来民间祠堂多以此为规矩。通过祠堂活动，使族人唤起同根同源的家族意识，深化了血亲关系的家族伦理，明了了祖宗创业的艰难，商定当今家族的发展大计。祠堂也是家族的法庭，对那些违抗族规的子弟当众执行家法，自觉维护着封建礼法和处世之道。

在此基础上宗族还修族谱，以此维系家族拢聚族人。宋代以前家族修史多为高官显第，并由官方备案作为任官依据。宋代族谱都由私家编修，族谱具有私家档案的性质。在范仲淹兴办义庄的同时，欧阳修、苏洵不约而同地率先编写本家族谱，并提出编谱的方法和体例。他们编谱的原则大体是以远近亲疏为别，自高祖下至五世为系，无论贫富贵贱皆收之，以维系家族的延续。此后修谱成为宗法大事，南宋许多官员都编写本族族谱，据《宋史·艺文志》载，著名族谱有 110 部，计 437 卷。在宗法血缘基础上建立起的大家庭，对当时重建封建伦理纲常有重要的作用，对促进小

宴饮图（宋）

农经济的稳定也有积极意义，对封建文化的普及发挥着极大功能。

正因此，宗族共同体得到宋代统治者的大力支持，政府常赐予旌表、贷食、免赋等优宠的待遇。这就使许多大家族发展起来，几代同居屡见不鲜，如"许祚……八世同居，长幼七百八十一口"①。这种封建宗法、同居共财的家族制度被理学规定为"天性人心，不易之理"②，从而也可看到从古远的中国文化传承下来的因素在宋代得以整合强化并呈现出更为世俗化的特点。可以说，它保证了中国社会组织的稳定，也形成了小农生产状态下的文化心理。

宋代婚丧礼俗较唐人之开放则更为恭谨，这表现在复杂的程序和严格的要求上，也是纲常秩序的世俗化反映。婚姻首先要凭媒人以草帖相通，双方占卜求得吉卦后再起细帖，细帖要写明双方门第、财产等，由

---

① 《宋史·许祚传》。
② 《朱文公集》卷九九。

媒人两家通报后定下婚事。其次才是相亲，男家择日备酒礼请女家，选环境优美处相见，若中意即以金钗插于冠髻中，名曰插钗；若不如意，则送彩缎二匹，谓之压惊①。其后下定礼，"以络盛酒瓶，装以大花八朵、罗绢生色或银胜八枚，又以花红缴担上，谓之缴担红"。女家收礼后回定礼，一般"以淡水二瓶，活鱼三五个，筋一双"，谓之回鱼筋②。有钱人家排场大，送礼、回礼都重。定礼后，遇节序，男方以"冠花、彩缎、合物、酒果遗送，谓之追节。女方以巧作女工、金宝帕环答之"③。然后下聘礼，一般人家送鹅酒、送银帛、送茶饼等，仕宦人家则送礼较重以示身份。这时还要送媒人"媒箱"，中有缎匹、杯盘、钱物等。迎亲时女家人先至男家铺房挂帐，放置妆奁，看守新房不令外人进入。迎亲日男家带着礼物雇请乐队引着花轿迎娶新人，女家要以酒礼款待。迎娶新人至男家门口后要撒谷豆，求吉镇邪。新人入门时要踏锦褥或花席，不得踏地。进入新房中坐床上，谓"坐富贵"。新郎这时穿着官服，坐于中堂高座，先由媒人请，再由岳母请，方下坐归房。"婿于床前请新妇出，二家各出彩缎，绾一同心，谓之牵巾，男挂于笏，女搭于手，男倒出，面皆向相。"出房后并立堂前，遂请男方双全女亲，以秤杆挑开新娘盖头，新娘方露面容。其后"至家庙行参诸亲之礼，毕，女复倒行，执同心结牵新郎回房"。妇女以彩果撒掷，谓之"撒帐"。然后男女双方以红绿彩结连接酒杯饮交杯酒，男左女右以少许头发结发曰合髻。男用手取女之花，女用手解男之扣。而后于中堂行新亲之礼，礼毕入宴饮酒庆贺。婚后婿须往妇家拜门，女家广设华筵款待新婿，名曰会郎。礼毕，女家备鼓吹迫送婿回宅。宋代男尊女卑在婚俗中常有体现，如相亲时男家备酒四杯女备两杯，结婚时男上高座三请而后下。至南宋以后方简方免，体现出世俗官礼的弱化。

① 《梦粱录》卷十二。
② 《东京梦华录》卷五。
③ 《梦粱录》卷十二。

永定陵（宋）

　　丧礼与婚礼相同之处在于十分重视，不同之处是要表现极哀。人死之后要招魂，要恸哭，要穿丧服，要节饮食，要治棺，要入殓，要设奠，要入坟茔，要刻碑石，要造明器，要供神主，要守丧期等。宋代丧制很严，如朝廷官与地方官父母死都要守丧三年，服丧期内皆不准冒哀求仕、释服从吉。各品级官吏丧礼等次亦有不同，如灵车、明器、抬棺者、挽歌者等都有规定。但民间贫困者也有火化、水葬的，朝廷虽下禁令也难以制止。南宋以后更为盛行，亦可见"礼不下庶人"及风习之浇薄。但丧礼并非人皆遵守，故朝廷才予整饬施行。由婚丧风俗加深人伦亲情，无疑是朝廷礼制的有效措施，此后影响深远。

第三节　节　会

　　节会是在长期的历史发展过程中形成的，体现着文化的传承和时令的新意。宋代由于经济的进步和观念的转变，节会也有相应的变通而更为兴旺发达。在传统的农业社会中，农村固然是节会产生的沃壤，而兴起的城市更是节会荟萃大放异彩的舞台。在节会的日子里，饮食、服饰精粹集中体现，娱乐、玩赏情味高度抒发，因而，宋代节会不仅在农村受到广泛重视，更在城市中得到充分的展示和升华。

春天是一年伊始的季节，万物萌醒，生机盎然。人们期盼着瑞兆也准备着劳作，因而节会便充满着春回大地的和暖气息。朝廷要举行盛大的元旦朝会，文武百官及诸蕃使者要向皇上朝贺，规模宏大，仪式隆重，体现着天道的尊严。据正史野录所载，元旦时三更天皇帝即服幞头、玉带、靴袍诣圣堂炷香祈祷丰年，随后至祖庙向先祖致贡奉礼以求福佑，次后向太后祝贺，复回殿受皇后、太子、皇子、公主及内殿官员礼贺，而后临大庆殿接受群臣朝贺。大庆殿庭可容数万人，殿角有武士站立为镇殿将军，两边陈列着车驾、卤簿、仪仗，兵部设黄旗仗 5000 人从宫门一直到大殿。群臣此时早已等在门外，天色微明时宫门大开，百官依次进入宫城，按身份、地位排列站开。这时皇帝驾到，一片清跸之声，在乐中就座。宰执、枢密使率领百官向皇帝祝寿跪拜，声呼如雷，称为绕殿雷。太尉代表百官致词，然后皇帝宣致答词，众人又跪拜。最后奏乐，皇帝下座，群臣退下。礼毕后皇帝赐宴，高官升殿入席，其他就座廊下，皆于席间向皇帝祝福。皇帝还赐给群臣幡胜等物，皆以为荣。苏轼《和子由除夜元日》诗："朝回两袖天香满，头上银幡笑阿咸。"毛滂《水调歌头》（元会曲）："天近黄麾仗晓，春早红鸾扇暖，迟日上金铺。万岁南山色，不老对唐虞。"此时全国上下充满节日气氛，尤其帝都东京热闹非凡。士卒自早穿新洁衣服，出新鲜果点，互相庆贺，往来拜节。"结彩棚，铺陈冠梳、珠翠、头面、衣着、花朵、领抹、靴鞋、玩好之类，间列舞场、歌馆，车马交驰。向晚，贵家妇女纵赏关赌，入场观看，入市店饮宴，惯习成风，不相笑讶。"① 元旦是一年最重要的节日，千百年来形成悠久的历史文化传统，如燃放爆竹、更换桃符、交互拜年、相饮屠苏。王安石便有《元日》诗曰："爆竹声

---

① 《东京梦华录·正月》。

中一岁除，春风送暖入屠苏。千门万户瞳瞳日，总把新桃换旧符。"但宋代元旦的特点是宗教气氛减少，世俗气氛增多，因而娱乐、商业活动形成高潮。瓦子里有各种演出，街市上有各种货物，妇女们也毫无顾忌地玩耍，而商人们亦有经济往来。王安石的诗也透露

缂丝仙山楼阁图（宋）

出此信息，新桃换旧符毕竟富除旧布新之意。南宋初元旦朝会规模有所减小，但中期以后竞相奢华，世俗情味更浓。

元旦活动一般持续到正月十五，这时又掀起一个高潮称为灯节，也称元宵节。元宵节的准备工作其实很早，如结扎硕大的山棚，制作各式各样的彩灯，筹划绚烂丰富的市场，排练精彩引人的节目，因此，灯节可以说以元旦为序而再出华彩的时刻。"东华左右掖门，东西角楼，城门大道，大宫观寺院，悉起山棚，张乐陈灯，皇城雉堞亦遍设之。"①灯节上花灯数不胜数，名类繁多，如龙凤、菩萨、瓜果、虫鱼……"年异而岁不同"。宋代皇帝都爱观灯，将此看做祥和太平的标志，因此官府把制灯看做一件大事。不仅宫廷司制各种花灯，还传令各地制灯以供需要，因而"灯之品极多"。《武林旧事》中记载南宋朝廷在临安各处起鳌山，即把灯堆叠起来成山形，辉煌壮观。有的灯用五色琉璃制成，有

———————————————
① 《宋史·礼志十六》。

的灯用宝玉石制成。有的鳌山龙凤喷水，有的禽兽栩栩如生。有的还营造成仙境，"流苏宝带，交映璀璨"。"数千百种，极其新巧，怪怪奇奇，无所不有。"皇帝于大内观看百艺群工，又令招引市食盘架来消夜，艺人食贩有"一夕至富者"。夜深时"宣放烟火百余架，乐声四起，烛影纵横，而驾始还矣"。放灯期间，天街都民士女罗绮如云。尤其是妇女都精心打扮，头上戴满了珠翠、闹蛾、玉梅、雪柳等饰物，穿着也极尽华贵鲜丽宛如时装展览。她们尽情观灯看舞，玩笑嬉耍。购买各种小吃，如乳糖丸子、南北珍果、皂儿糕等。这时文艺演出也极为丰富，可谓百戏杂陈，如杂剧、说唱、舞蹈、技艺、音乐、武术等。这时舞队也乔扮各种名目，《东京梦华录》中记东京有清音、遏云、鲍刀、胡女、乔迎酒、乔亲事、诸国朝、村田乐、鬼神、踢灯、乔宅眷、旱龙船……不下数十；《武林旧事》中记南宋时有粗妲、麻婆、快活三郎、大小傀儡、瓦鼓、教象、打娇惜等 70 余种。可谓欢天喜地，流光溢彩。辛弃疾词《青玉案》（元夕）典型地反映了元宵节的盛况："东风夜放花千树，更吹落，星如雨。宝马雕车香满路，凤箫声动，玉壶光转，一夜鱼龙舞。蛾儿雪柳黄金缕，笑语盈盈暗香去。众里寻他千百度，蓦然回首，那人却在，灯火阑珊处。"宋代元宵节一般到十八日夜，此后才稀落下来。

此外，宋代还有立春鞭春牛、剪幡胜、吃春盘的习俗。鞭春牛表示促耕助农，皇帝要用彩鞭打春牛以示勤政。各地政府也举行这一活动，市民纷纷前往观看以图吉利。此时市场上也有卖小春牛者，春牛做得精巧价格不菲。剪幡胜是以金银、罗帛剪成饰物，戴在头上或系于花下以迎接春的到来。食春盘是立春时用蔬菜、水果、饼饵等装盘馈赠亲友以联系感情，宫中较为奢侈，如"翠缕红丝，金鸡玉燕，备极精巧，每盘值万钱"①。百姓则较简朴，苏轼有《浣溪沙》词曰："雪沫乳花浮午盏，蓼茸蒿笋试春盘。"这些活动充满了农耕社会对春天的美好祝愿，

---

① 《增补武林旧事》卷二。

也体现出一种古老而清新的气息。

清明节宋人也很重视，虽然扫墓为主要的内容，但踏青往往是真正的目的。至南宋清明游春更盛，于祭扫之余在郊外饮欢已是司空见惯，西湖更是游人喜爱的地方。《梦粱录》卷二载："宴于湖者则彩舟画舫款款撑驾，随处行乐。此日又有龙舟可观。都人不论贫富倾城而出，笙歌鼎沸，鼓吹喧天，虽东京金明池未必如此之佳。"此时文艺演出和商业活动也颇繁荣，于"桃柳荫浓，红翠间错"中，有"走索、骠骑、飞钱、抛钹、踢木、撒沙、吞刀、吐火、跃圈、觔斗、舞盘、诸色禽虫之戏，纷然丛集"，而卖"彩妆傀儡、莲船、战马、饧笙、鼗鼓、琐碎戏具以悦童曹者，往往成市"①。

至夏，天逐渐炎热起来，各种毒虫蠢蠢欲动。我国自古有端午避五毒之说，到宋代这种活动仍很盛行。这时，人们要祭张天师，请其镇邪驱害。在家门上和泥做其像，以艾为头，以蒜为拳。人们还普遍展开防疫活动，在门前插菖蒲、艾草，身上佩带香囊、符袋，并采集草药以备用。据《东京梦华录》载，端午前东京市民买来桃、柳、葵花、蒲叶、艾草等，端午日将这些东西铺陈门前以避邪。南宋时亦如此，小孩拴五色丝绳，门口挂五色纸钱，据说端午制药也很灵验，朝廷则奢华得多，一切都细巧精致。如以珠翠做成各种花草、毒虫，皇帝还要给近臣各种赏赐。道观、佛寺也向施主赠送符箓，以示吉祥。端午节起源很久，与祖先的祭龙有关，后又以祭屈原为主，因而赛龙舟是端午节的主要内容。苏轼《屈原塔》诗云："至今沧江上，投饭救饥渴。遗风成竞渡，哀叫楚山裂。"龙舟竞渡，南方尤盛，一般都由官府组织。"是日画舫齐开，游人如蚁。龙舟六只，俱装十太尉、七圣、二郎神杂剧，饰以彩旗、锦伞、花篮、闹竿、鼓吹之类，帅守

---

① 《增补武林旧事》卷三。

花篮图（宋）李嵩

往一清堂弹压。"①胜者可得奖取赏，荣光乡里；败者亦得赏钱，满心欢喜。观者如堵，齐声呐喊，气氛热烈。这时许多果品已上市，如桃、杏、杨梅、夏橘等，另外还有多种蜜饯、点心，人们可边吃边玩。尤其是粽子最为精美，各种用料、各种形制、各种包装令人目不暇接，挂于楼台舟车之上。此外还有一些其他活动，如学士院要向朝廷上"端午帖子"，各地要上水果、特产到宫中，民间举办各种聚会、游戏，马之鬃尾以五彩装饰等等。古人有端午不祥之说，而宋代更具喜乐气氛。

六月六日，进入盛夏。各地此时晒衣晒书，以免发霉。传说这也是道教元始天尊赐书给人间的日子，宋真宗便曾假借这一传说搞出一个上天赐书的事件，还改年号为大中祥符并写入《宋史》中，民间以此为天贶节。南宋时传说崔府君护驾有功，遂"官建观宇，崇奉香火，以褒其功"②。每年六月六日宫中派使者降香、设道场，贵戚官员亦献香。献香后往往作泛舟避暑之游，选宽凉处，披襟钓水，月上始还。好事者或留宿湖上，竟夕而归。皇帝也于此日后选址避暑，西湖是绝佳去处。这时解暑的水果、饮料也上市，"蔗浆金碗，珍果玉壶，初不知人间有尘暑也"③。宋代宗教虽盛，但所有的宗教节日更充满浓郁的世俗气息。

---

① 《增补武林旧事》卷三。
② 《梦粱录》卷四。
③ 《增补武林旧事》卷三。

　　夏暮秋初，人们要于七月七日过乞巧节。在晴朗的夜空下，借牛女相会故事，表达着良好的祝愿。尤其是妇女，她们乞求神灵给予自己灵巧、智慧、美貌、爱情和幸福。每到七月一日，街道上便逐渐热闹起

泥孩儿（宋）

来，人们准备各种乞巧的节令时物。最为人青睐的是魔合罗，也称磨喝乐、摩睺罗。其本为佛教中之童佛，宋人将其制作成精致的泥娃娃。据《醉翁谈录》所载，京城人多于乞巧节购买泥娃娃，以便七夕时上供所用。泥娃娃大小价格不等，有男有女，装饰奢华，南方人视之为巧儿。有的魔合罗以金银珠宝、象牙翡翠装饰，因而价钱昂贵，一对就值数千，一般为“禁中及贵家与士庶”所购。除魔合罗外，“又以小板上敷土，旋种粟，令生苗，置小茅屋、花木，作田舍家小人物，皆村落之态，谓之谷板”。“又以绿豆、小豆、小麦于磁器内以水浸之，生芽数寸，以红蓝彩缕束之，谓之种生。”① 其他还有成对的水鸟叫水上浮，成对的莲苞叫双头莲，千奇百怪的果食，花样万端的首饰，以及笔砚、诗词、酒菜、针线、女红、玩具。据《岁时杂记》载：“东京潘楼前有

---

① 《东京梦华录》卷八。

乞巧市，卖乞巧物，自七月初一日为始，车马喧阗。七夕前两三日，车马相次壅遏，不复得出，至夜方散。其次丽景、保康、阊阖门外，及睦亲、广亲宅前，亦有乞巧市，然皆不及潘楼。"贵家多结乞巧棚过七夕，"京师人七夕以竹或木或麻秸，编而为棚，剪五色彩为层楼，又为仙楼，刻牛、女像及仙从等于上，以乞巧。或只以一木，剪纸为仙桥，于其中为牛、女，仙从列两旁焉"。妇女们摆设香案，穿针引线以乞巧，或以其他多种方式求福佑。南宋朝廷虽偏安一隅，节日气氛更为浓烈。《梦粱录》卷三载："其日晚晡时，倾城儿童、女子不问贫富，皆着新衣。富贵之家于高楼危榭安排宴会，以赏节序。又于广庭中设香案及酒果，令女郎望月瞻斗，列拜，次乞巧于女、牛。"南宋人"望月瞻斗"，有思念故国之意。于节庆中不忘祖宗，是中国传统节日的鲜明特征。

七月十五日是中元节，传说是冥间官吏赦免鬼罪的节日，这天阴间的鬼魂都会出来，故人们都在这天超度亡灵，故也称鬼节。中元节前几天市面上便有卖冥器的，如衣食住行，名目繁多。节日当天要给祖先上供，烧香叩拜，也有做法事或扫墓者。显贵人家有时要大摆道场，寺庙最大的活动是办盂兰盆会。此日寺观供奉百味果品，为施主念经解救恶鬼。人们烧钱吃素，屠宰行业关门罢市。南宋时祖坟在北方者，更以祭享之礼表其诚。但鬼节并不肃杀，街上演杂剧者甚多，买卖照样兴隆。此外还有放灯习俗，这也是给阴间鬼魂的安慰。《增补武林旧事》卷三记南宋中元节："僧家建盂兰盆会，放灯西湖及塔上、河中，谓之照冥。"可见，鬼节在娱鬼的同时倒更显出人间的活气。

八月十五日中秋节更是宋人重视的节日，人们于此夜阖家团圆、饮酒赏月、抒兴寄情。据《东京梦华录》载，中秋节前，各酒楼装饰一新，新酒齐备。至十五日，宾客不绝，酒食一空。人们品味着新鲜的酒水、螃蟹、石榴、葡萄、枣、栗子等，至晚贵家结饰台榭，民间争占楼亭，于丝篁鼎沸中玩月，孩童则连宵嬉戏至于通晓。宋朝还有中秋祭月之俗，男子愿早登科举腾达仕途，女子愿貌如嫦娥青春永驻。唐代中秋赏月之风已兴，留下了许多美好的诗篇，宋人赏月之作更是不胜枚举，且更深致邈绵。南宋时人们更会生活，因而节意更浓。《梦粱录》卷四载："八月十五日中秋节，此夜月色倍明于常时，又谓之月夕。此际金风荐爽，玉露生凉，丹桂香飘，银蟾光满。王孙公子、富家巨室，莫不登危楼临轩玩月，或登广榭玳筵罗列，琴瑟铿锵，酌酒高歌，恣以竟夕之欢。""至如铺席之家，亦登小小月台，安排家宴，团圞子女，以酬佳节。""虽陋巷贫窭之人，解衣市酒，勉强迎欢，不肯虚度此夜。"南宋时皇宫中为赏月还建有专门的堂所，如秋晖堂、倚桂阁。每到中秋之夜，仙乐风飘，月光如水，真似琼楼玉宇了。这时桂花盛开，因而赏月与赏桂自然联系在一起，人间的桂树使人联想到月中的佳境。再加上南宋盛行放灯，"此夕浙江放一点红羊皮小水灯，数十万盏，浮满

侍女立像（宋）

水面，烂如繁星"①，其可谓皎洁而壮观了。无怪乎宋人咏月佳作颇多，遥寄感慨了。

九月九月重阳节，是古来民间趋高避邪的凶日，后来则发展成为一种具有高雅意味的活动。宋代重九雅俗共赏，除遍插茱萸并泡酒饮之而外，菊花更使人们普遍钟爱。自东晋陶渊明之后，菊花以其傲霜不屈的品性成为一种峻洁人格的象征。至宋代菊花种类已繁衍至近百种，形成大众审美习俗。重阳之时，人们带着饮食登高，尽兴玩赏。所饮多为菊花酒，所食多称菊花糕，玩赏也以菊为主，如簪菊、咏菊、点菊灯。宋

①　《增补武林旧事》。

人称茱萸为避邪翁，而菊花为延寿客，故借此两物以消阳九之灾，实际乃借天高气爽登山踏野以使心旷神怡耳。《东京梦华录》卷八载："都人多出郊外登高，如仓王庙、四里桥、愁台、梁王城、砚台、毛驼冈、独乐冈等处。"南宋时更是铺张，禁中大殿分列黄菊，灿然耀眼，夜晚还办赏灯之宴，点菊灯阵势略如元夕。百姓做重阳糕，"以糖、肉、秫面杂糅为之，上缕肉丝、鸭饼，缀以榴颗，标以彩旗。又作蛮王、狮子于上，及糜栗为屑，合以蜂蜜，印花脱饼以为果饵"①。可见宋代文化趋向精雅也更贴近大众，而寺庙举办斋会游人甚众也更说明教俗的接容。

当冬季来临的时候，人们要准备过冬之物。立冬前人们要储备冬菜，"车载马驮，充塞道路"②。立冬日一般在九月下旬，这一天宋人有沐浴的习俗。立冬后朝廷赐衣给群臣，名曰"授衣"。十月一日为开炉日，有司向宫廷进暖炉炭，大刹寺院与有钱人家举行开炉仪式。十月十五日为下元节，皇帝要拜谒祖先御容，宫观也设斋建醮追荐亡灵。这时天气尚和暖，有小阳春之称。"盖因天气融和，百花间有开一二朵者，似乎初春之意思，故曰小春月。"③ 皇帝谒灵时规模宏大并赐大花，人们借祭祀也到郊外游玩。

冬至是宋代朝野重视的节日，其最重要的活动是祭天。皇帝祭天大礼的准备工作很早，如驯象，使"象至宣德楼前，团转行步数遭，成列，使之面北而拜，亦能唱喏"。祭祀的仪式复杂众多，皇帝要在祭祀前先去大庆殿，宰执百官依品级服法服，仪仗车从于殿、街远近排列，五更时圣驾起行，以大象 7 头披以文锦开道，次第各色仪仗琳琅满目，千乘万骑出宫门至太庙，又次至郊坛行大礼，在音乐声中祭天奉酒，皇帝率百官跪拜，庄严肃穆，内外数十万众"惟闻轻风环佩之声"。祭仪后皇帝回驾，诸军队伍鼓吹皆动，声震天地。路旁百姓仰观跪拜，街市

① 《增补武林旧事》卷三。
② 《东京梦华录》卷九。
③ 《梦梁录》卷六。

略无空间去处。一般百姓虽然穷苦，但此日也要更换新衣，备办饮食，享祀先祖。① 南宋时过冬至更盛于北宋，"都人最重一年贺冬，车马皆华整鲜好，五鼓已填拥杂沓于九街"，岳祠、城隍诸庙烧香者甚众，三日之内"店肆皆罢市，垂帘饮博，谓之做节"②。

　　腊八在宋代也特为重视，此日将中国古代腊祭与佛祖成道之事相弥，故世俗与寺院并于此日隆重祭奠。腊本指岁终祭祀众神，佛为觉者要普度众生，二而合一可见中西融通，而佛事似乎更被大众接受。每年腊八，东京街巷有僧尼作队念佛，并以浸佛之香水扬枝洒浴，请求布施。诸大寺作佛会，并送七宝五味粥与门徒，谓之腊八粥。由于佛事影响，俗家也效法寺庙，"都人是日各家亦以果子杂料煮粥而食也"③。南宋作粥更为精美，"寺院及人家用胡桃及松子、乳、蕈、柿、栗之类作粥，谓之腊八粥"④。另外宋人还于此日制作腊药，驱逐瘟疫，此皆中国遗俗与外来异俗的表现。至于"宋时杭城腊日祀万回哥哥，其象蓬头笑面，身着绿衣，左手擎鼓，右手执棒，云和合之神。祀之人，在万里外，可使回家，故曰万回"⑤，显然是由祀百神发展而来并充分表达了人间亲情的愿望。

观音菩萨坐像（宋）

　　至腊月二十四，人们要祭送灶神上天，也叫小年。据说灶神上天要报告世人的功过，所以人们在祭送它时希望它多说好话以降福人

---

① 《东京梦华录》卷十。
② 《增补武林旧事》卷三。
③ 《东京梦华录》卷十。
④ 《增补武林旧事》卷三。
⑤ 《铸鼎余闻》卷四。

间。祭灶时要请和尚念经，还要备酒果送神，烧替代纸钱，贴灶马于灶上。这一切手段都极具功利色彩，如以酒糟涂抹灶门，以灶马讨好灶爷，还要以胶牙糖使之甜得张不开嘴。所以腊月二十四市面上也很热闹，南宋"此日市间及街坊，叫卖五色米食花、胶牙糖、箕豆声，叫声鼎沸"①。而实际上，腊月二十四也拉开了过大年的序幕。街市上卖门神、钟馗、桃符及财门钝驴、回头鹿马、天行帖子等，还有干瓜瓠、马牙菜、胶牙糖及苍术、山枣、避瘟丹等，又有春幡胜、岁盘合、锦装新历及爆竹、烟火、各类花饰等，可谓应有尽有，热闹非凡。节前人们要打扫房屋内外，换贴门神、桃符或对联。要准备丰盛的酒食，以祭祀祖先、迎神供佛及阖家宴饮。

大傩图（宋）

除夕夜是最为隆重的时刻，举国上下一片祥和，人们敬老爱幼，相亲相睦。到处燃放花炮，点起灯烛，红映霄汉，喧阗彻夜。这时还要驱逐疫鬼，皇城武士在礼官指挥下，头戴假面，身穿绣衣，手执金枪龙旗，表演盛大仪式。此外还有各种装扮，如将军、符使、判官、钟馗、神兵、鬼使、灶君、土地、门户、神尉等等，在鼓吹乐中驱祟出城尽情而散。不夜良宵中人们还有馈岁、别岁、守岁之习，相与馈问为馈岁，酒食相邀

① 《梦粱录》卷三。

为别岁，除夜不眠为守岁。围炉团坐，达旦不寐。无论贫富，除夕夜都是盛事，当然也有愁乐不同，宫中一消夜果盒有时相当于平民十家之产。

中国的节日起源很早，最初都带有宗教的意味。后来形成习俗，反映出不同社会形态下的特征。宋代是中国封建社会成熟的阶段，农业得到很大的发展，手工业、商业也兴发起来，思想统治方面也更为兼取博收而雅俗并陈，城区城市界限的打破也促进了上下的交流，这使宋代文化更富有世俗的情味，而宋代节庆的规模也超过了以往的年代。尤其到南宋时期，与其说节庆为祭祖敬神，还不如说是自得其乐，这在城市中反映较为突出，亦可见城市经济带来的深刻变化。但中国毕竟是一个传统深重的国家，因而农业社会的强烈意识不易抹去。天人相通的道学观念博大精深，其充满理性的思致在节庆中也得到活性的展现，因而宋人的高情雅致在丰富多彩的节庆活动中不仅没有泯灭反而得到张扬。只是宋代以后中国历史的变故使中国文化重新整合，而节庆似乎再也没有像宋代那样意味深长。

第四节 艺 事

宋代都市的兴起产生了市民阶层，通俗文艺随着城市居民的文化生活需要也就发展起来。两宋 300 余年，大部分时期是安定的，经济日趋繁荣。与此相应是"瓦舍"的大量出现，这种群众性娱乐场所荟萃着各种民间艺术形式，给市民的业余生活带来欢乐。据《东京梦华录》载，汴京街南桑家瓦子，其中大小勾栏 50 余座，诸艺杂陈。此外还有中瓦、里瓦、州西瓦子、州北瓦子、朱家桥瓦子等若干座。《梦粱录》载南宋杭州城内外也有 10 余处瓦舍。其他如成都、洛阳、荆州、扬州等大城市也都是文化娱乐中心。

　　瓦子里表演的游艺种类繁多，如说话、杂剧、傀儡戏、杂技等。连皇帝对这些杂艺也颇感兴趣，屡召民间艺人进宫奏献，这使民间文艺更为活跃起来。由于瓦子里各勾栏诸般艺术争奇斗艳，因而使各艺术门类也得以切磋交流。瓦子里的观众也是来自三教九流，他们为勾栏艺术所吸引而趋之若鹜。北宋东京"不以风雨寒暑，诸棚看人，日日如是"。南宋杭州瓦舍"为士庶放荡不羁之所"，也是"军卒暇日娱戏之地"。除正式的瓦子外还有野场，日场之外还有夜场。尤其是节会假日，瓦舍里

素胎戏俑（宋）

更是人满为患。演出班子这时也已有分工，有上台表演者，有本子编写者。特别是有些不得志的文人加入了这个创作队伍，他们对舞台演出的要求非常熟悉，使作品质量大有提高。而艺人与文人接触也提高了审美水平和文化修养，使艺术表演更为精湛、更富魅力。

　　瓦子里经常表演的是说话，即似后来的说书。这种形式在唐代已有，但宋代才丰富起来。当时已出现了在某勾栏演说某话题的专门艺人，如霍四究说三分、尹常卖说五代史等，很吸引人。宋代说话以小说、讲史最有市场，对后世影响也最大。所谓小说，包括烟粉、灵怪、传奇、公案等故事；所谓讲史，即评说前代史书中战争兴废之事。除此

之外，还有说本朝战争和佛教故事的，谓之说铁骑儿、说经。说话人讲演故事的底本为话本，它是经过艺人不断的增补润色形成的。随着宋代印刷业的发达，也被大量刊印行世。

说话受唐代变文影响又有自己的独特形式，一般可分入话、正文、结尾三个部分。入话即开首，有等候观众、稳定情绪的作用。正文叙述故事主体，以散文为主，有时略用诗词。结尾一般点明题目，或评论故事，或做出劝诫。宋代话本很多，但大多散佚，现从《京本通俗小说》、《清平山堂话本》等中可见遗貌。话本思想内容以反映爱情、婚姻问题为多，如《碾玉观音》和《闹樊楼多情周胜仙》。也有说官场腐败与昏庸的，如《错下书》与《错斩崔宁》。其他还有一些说侠义、鸣不平的，如《宋四公大闹禁魂张》；说宗教迷信、因果报应的，如《菩萨蛮》、《定州三怪》；说市民庸俗趣味的，如《刎颈鸳鸯会》；说淫秽故事的，如《金主亮荒淫》等等。这些说话塑造人物形象生动，故事情节曲折，语言通俗易懂，因而具有很强的吸引力和上座率。后来的说书都受其影响，并给文学以丰富的养料。

宋代的杂剧也很繁盛，其内容驳杂、形式活泼，深受大众喜爱。宋代杂剧是歌舞、音乐、调笑、杂技等杂凑而成，并且还未有机地结合在一起，因而不能理解为后来严格意义的"剧"。杂剧由四五个人表演，涂脂抹粉，扮成古人模样。先表演一段寻常故事，叫做艳段。然后表演正杂剧，通常为两段，是故事的主要内容。最后是杂扮，主要是些调笑。杂剧的音乐起初采用唐代大曲而又加以变通，一般摘取其中若干片段称为"摘遍"。后来则广泛采用民间的曲调，也就向着戏曲音乐发展。据南宋耐得翁在《都城纪胜》中说："末泥色主张，引戏色分付，净色发乔，付末色打诨，又或添一装孤。其吹曲破断送者谓之把色。大抵全以故事世务为滑稽，本是鉴戒，或隐为谏诤。故从便跣露，谓之无过虫。"宋代杂剧有以对白为主的，如《当拾钱》、《三十六计》、《天灵盖》、《二圣环》等；有以歌舞为主的，如《崔护六么》、《莺莺六么》、

《棋盘法曲》、《卖花买鹰儿》、《四季夹竹桃》、《打调薄媚》等。

随着宋室南移，南戏也兴发起来。由于浙闽地区未遭兵祸、经济发达，广大的市民阶层迫切需要文化生活，最初的村坊小戏很快进入城市。南戏脱胎于本地民间歌舞小调，同时吸收杂剧插科打诨的表演形式，如《张协状元》，因而形成新巧而活鲜的剧种。南戏将多种手段综合起来，并发挥其各自的作用，或唱或念，或做或打，或叙事或叙情，或凄哀或调笑，丰富了戏曲表演艺术。南戏的角色行当发展到七种，即生、旦、净、末、丑、外、贴，并形成了以生、旦为主的角色表演制。南戏在勾栏表演中不断成熟，其演出形式与艺术成就对后世影响很大。

此外，北方还流行一种民间说唱谓诸宫调，它是集若干套不同宫调的不同曲子连递歌唱而成。由于曲体宏大，曲调丰富，可以表现曲折复杂的故事情节，因而广受大众欢迎。在金朝统治的地区，诸宫调始终未衰，现存《西厢记诸宫调》、《刘知远诸宫调》、《天宝遗事诸宫调》，可窥一斑。它是后来戏曲音乐中不可忽视的因素，对后来元杂剧的形成有重要作用。

宋代舞蹈也是颇为壮观的，北宋的宫廷舞蹈和南宋的民间舞蹈相嬗递，可以看出官方文化向市场文化的过渡。据《宋史·乐志》载，北宋的队舞有男女分别表演，男队有《柘枝队》、《剑器队》、《婆罗门队》、《醉胡腾队》等，女队有《菩萨蛮队》、《感化乐队》、《抛毬乐队》、《佳人剪牡丹队》、《拂霓裳队》、《采莲队》等。这些舞蹈继承了唐代的表演样式并已发生变化，主要在宫廷举行典礼时演出，演出前还要加上许多歌功颂德的致辞和唱段，显然带有一种礼教和娱乐的意味。

在瓦舍里演出的舞蹈不像宫廷里那么高雅，实际上往往与杂剧、戏曲、武术等掺和在一起，并非那么单纯而更多了些热闹。如《舞旋》以炫耀旋转技巧为主，令人称赏叫绝；《舞剑》是从武术动作演化而来，豪放矫健；《舞蕃乐》显然是少数民族的舞蹈；《舞蛮牌》则表演战阵打斗。其他还有《耍大头》、《花鼓》、《跳钟馗》、《扑旗子》等。这些节目以形体语言和精彩技巧吸引着市民，但还不如杂剧更受观众喜爱和重视。

民间舞蹈更包括多种技艺的表演，主要在社火时举行。人们一面游行，一面杂耍，各种节目异彩纷呈。尤其元宵期间，舞队尽展才华、争奇斗艳，常见节目有《清乐》、《舞刀》、《鲍老》、《乔三教》、《乔亲事》、《竹马儿》、《村田乐》、《旱龙船》、《十斋郎》、《扑蝴蝶》、《耍和尚》、《鞑靼舞》等。《西湖老人繁胜录》说："福建鲍老一社有三百余人，川鲍老亦有一百余人。"《鲍老》是一种滑稽舞蹈，装扮成各种角色做出谐谑的动作。其他舞蹈至今在民间仍有其遗传，不过随着时代的发展有所变化而已。南宋时朝廷无力维持庞大的乐舞机构，每逢盛大的典礼就临

男戏俑（宋）

时雇请民间艺人演出，可见宫廷对世俗的接容，而民间舞蹈也由此得到升华。

蹴鞠图铜镜（宋）

瓦子里还表演各种杂技，出了许多有名的班子和高手。据《武林旧事》载："至于吹弹、舞拍、杂剧、杂扮、撮弄、胜花、泥丸、鼓板、投壶、花弹、蹴鞠、分茶、弄水、踏混木、拨盆、杂艺、散耍、讴唱、息器、教水族飞禽、水傀儡、鬻水道术、烟火、起轮、走线、流星、水爆、风筝，不可指数。"此元宵盛况名班杂列，高手云集。南宋时卢逢春、姚润的班子就名闻遐迩，擅长弄傀儡、杂手艺。施半仙的魔术、金时好的水傀儡也驰名当时。相扑高手王侥大、撞倒山、宋金刚、铁板踏、韩铜柱等都在瓦市中作场。其他如张九哥的吞铁剑、李外宁的药法傀儡、小健儿的幻术、苏十的球技等。这些杂技在前人的经验上更趋精致，尤其是细巧杂技和幻术表演更为突出，推动了中国杂技艺术的进步。

总之，宋代市民文化生活是丰富多彩的，一切都顺其自然地合理发展。种种习俗、节会、艺事活动表明，尽管封建礼教被有意地强调为天理的载体，而大众生活事象又何尝不是与天理沟通；尽管士大夫们超然追求着自然的极致，而庶民百姓又何尝没有自然的乐趣。就此意义言，理学博大精深无所不包，这也是中国封建社会与文化形态发展的必然。它体现着东方精神中物我和谐的辩证阐释，也是长久以来农耕社会天人合一的心态反映。宋代的文治政策似乎体现着封建社会进入不惑之年，相对于前代它成熟中蕴涵着虚弱。因此市井杂趣倒体现了生活的本真，而达官、士人也能欣赏其乐陶陶。尤其是南宋工商业发展的因素十分活跃，但雅静的文治最终难以抵挡蛮横的武力。元蒙游牧文化的强力侵入使中国社会形态又遭逆转，也使中国文化进程在受到外力冲击时不得不延缓下来。

第八编 辽夏金元：农耕野牧的冲突融会

上卷

朔方的剽悍与华夏的宽宏

第一章
北风南侵

第一节　蒙古崛起

　　中国北方的游牧人群，在春秋以前被中原人统称为北狄。根据传说、记忆和后来的文献记载，蒙古族与契丹、鲜卑、乌桓具有相同的血缘关系，属东胡的后裔。蒙古族早期没有自己的文字，传说他们的祖先巴塔赤汗是由一只受天命的苍色狼和一只白色鹿所生。巴塔赤汗以后历代祖先的谱系，成为蒙古各部族由来和血缘关系的依据。蒙古族的发祥繁衍之地，在不儿罕山地区（今蒙古人民共和国大肯特山地区）。这里是斡难河（鄂嫩河）、怯绿连河（克鲁仑河）、土兀剌河（土拉河）的发源地，即"三河源头"。对蒙古各部族的考证是件异常复杂的工作，至今难以定论。唐朝统治时期，汉族文献始有蒙古部落的活动记载。《旧唐书》、《新唐书》中的"蒙兀部"、"蒙兀室韦"，宋、辽、金时期汉文史籍中的"蒙兀"、"萌古"、"忙豁勒"等，都是现今"蒙古"二字的译音异文。"蒙古"的含义早期考证以"萌古"为据，意为"孱弱"和

"淳朴"。后来的考证认为，蒙古是永恒部族的意思。唐末战乱迭起，北方各族由于失掉中央的控御，也进入了相互征杀兼并的年代。亚洲中部，北自西伯利亚、东迄白令海峡、西至伏尔加河、南到中国北部的广大地域，成了攻伐征战的广阔战场。蒙古部族正是在这种掠地争势、分化组合中获得了发展的机遇。

成吉思汗像

从民族学角度看，成吉思汗建立蒙古国之前，历史上还未形成蒙古这样一个民族共同体。公元9世纪以来，大批蒙古先民来到蒙古高原时，是属于社会经济发展很不平衡、大小不一的众多氏族部落。随着生产力的缓慢发展，私有制的逐步确立，部落组织血缘关系的松散，氏族界限被进一步打破，残酷的混战成为争夺生存空间和掠夺财富的主要手段。成吉思汗出生于蒙古部落联盟中尼伦部孛儿只斤的乞颜一族，他幼年丧父，与母亲和兄弟们在艰难的环境中生长，从小便磨练成了铁一般的性格和机敏的头脑。他成年后追求的第一件事便是恢复乞颜部的地位，因此他机巧地利用与当时势力强大的克烈部联盟壮大自己的力量。在与克烈部联合征战的过程中，成吉思汗建立起一支战斗力强大的军队并迅速提高了自己的威信。他经过多次恶战但总是大难不死，一个个对手终被其征服而投到他的麾下。当他羽翼已丰实际成为蒙古东方新霸主时，与克烈部头领王罕的矛盾也日益尖锐。1203年，双方展开一场激战，皆损失惨重。此后成吉思汗用计击败王罕，王罕的部众全部归降，蒙古中部便也成为成吉思汗的势力范围。此时蒙古西部的乃蛮十分强大，他们看到成吉思汗的崛起而感到了威胁，遂联合一些成吉思汗的旧敌与之作战，但其虽人马众多，却士气不足，终为成吉思汗击败。这样，成吉思汗经过十几年的苦战，终于在1206年春登上众汗之汗的大位。原各氏族部落被统一组织起来，蒙古高原成为民族的共同地域，以游牧经济为主的共同经济开始形成，以尼伦部落方言为基础形成共同语言，民族心理素质也渐趋共同。从此，以成吉思汗的孛儿只斤——乞颜部为核心，蒙古高原诸部被凝聚起来，蒙古民族作为一个整体，走进了世界民族和中华民族的大家庭。

当成吉思汗在斡难河（鄂嫩河）畔的大帐树起九游白旗聚合全部属众被推举为大草原上的最高统治者后，他创立的一套较为完备的国家制度也取代了过去松散的部落联盟而使这个新兴的帝国更加兴旺发达起来。

首先，他根据草原民族的特殊情况，借鉴中原金朝的制度实行了千户制。千户制即将每千户编为一组，是蒙古国时期的一项主要军事制度。1204 年，成吉思汗在消灭克烈部王罕之后，利用与乃蛮决战前夕的战斗间隙，把军马集中在合勒合河旁进行整编。他下令将军队依十进制组成十户、百户、千户，并委派各级那颜为各级首领——即十户官、百户官、千户官。这是军事制度上的一项重大改革，它使过去松散的部落联盟形成了高度集中的军事组织。1206 年大蒙古国成立后，千户制被进一步完善和制度化，扩充为实施军事、政治、经济管理的国家统治体制。全蒙古百姓被划分为 95 千户，然后按照论功行赏的原则任命贵族、将领为千户那颜（那颜为官人、领主之意），由他们对属下进行世袭管领。蒙古国时期仍处在以战争为主的历史阶段，因而通过千户编组建立了一支强大的武装力量，战时他们作为士兵服军役，闲时他们作为牧民搞生产。编组在千户里的人民受到握有军政大权的各级那颜的严格统治，他们既是民又是兵，平时为统治者劳作，提供财富，一旦战争需要，又必须无条件地奔赴战场英勇杀敌。这种为适应统治需要而建立的"农夫式的军队"，充分反映了成吉思汗的领导和组织才能。

为加强常备作战力量和护卫中央政权，成吉思汗又组建了斡耳朵怯薛军。这支军队不同于一般的兵众，是一支专职的武装队伍。在突厥

——蒙古语中，"斡耳朵"即"大汗宫帐"之意，"怯薛"则为"宠爱恩惠"之意，因此斡耳朵怯薛军可谓成吉思汗倚重的亲军。早在 1204 年成吉思汗整顿兵马时，就建有一支 500 余人的怯薛军。蒙古建国后，为有效控制刚刚统一起来的蒙古各部，确保汗廷的安全，怯薛军发展成万人编制的常备军。成吉思汗将其分编为宿卫千户、箭筒士千户和散班千户，千户长之上设万户长，皆由亲信担任。应征充当怯薛军的多为蒙古贵族、将领的子弟，也有归降国家或部族首领的子弟。他们除带必要的马匹、财物、伴当充用外，其余皆由朝廷供给并免除杂役。由于怯薛军地位重要，因而待遇也极优宠，绝不同于一般的千户军。成吉思汗给这支侍卫亲军许多特权，也制定了许多纪律，使他们为自己死心塌地地效力，同时作为人质也可以控制在各地的首领。应该说，在经历了长期的民族战争后，建立这样一支强大的武装力量以维护汗权，对防止旧贵族复活和新发生内战是十分必要的。

成吉思汗还按照政治需要建设军队，善于用崇高的政治理想来动员和凝聚军队。军队是武装的政治集团，是夺取政权和巩固政权的重要工具。任何军队都是根据政治需要而产生，又按照政治的要求来建设的。成吉思汗的建军实践充分体现了他的深谋远虑，反映出他不寻常的治军策略。蒙古民族崛起的历史，本是一部以兵立国、以战强军的历史。成吉思汗早在起兵之初，就勉励部下要为"取天下"而共同奋斗。对氏族内部一些人为了私利而互相攻劫，成吉思汗采取一系列措施引导他们团结一心、共同对敌。他教育士兵对待同伙"要像花牛犊似的温顺"，对待敌人"要像狮虎似的凶猛"。他在长期征战过程中看到部落集团因没有一个足以统一大家思想的权威而分裂，因没有一个强有力的领导核心而瓦解。从这些教训中，他深深领悟到部民对大汗忠诚的重要。因此，他注意用各种方式向军队灌输"忠汗"思想，以使族人、将士、奴隶等对他保持绝对忠诚。他利用宗教进行汗权神授的宣传，这种属于神话色彩的宣传对于成吉思汗统一部民起到了重要作用。他奖忠罚奸，奖勤罚

懒，对不忠诚不
执著的人严惩不
贷。他以睿智英
勇率领部众南征
北战，将蒙古的
政治理想和自己
的崇高威望结合
起来，也使部队
团结一心、勇往
直前。

　　成吉思汗不
忘用严格的纪律

对坐图（元）

和刻苦的训练提高军队的作战能力，特别注意法令的威严和长久的效
果。他在战胜克烈部王罕后，即"制定了优良而稳定的扎撒"。"扎撒"
意为命令、法规，在从口头到书面的流传过程中不断严谨整肃。每遇重
要国事军机，都要集合诸王诵读。从现今留存的部分条款看，最为强调
的是作战纪律。如，作战时不许私自掳掠财物，不许泄露军机，军官不
得擅离职守，士兵不得私自脱离战场等。成吉思汗的叔父阿勒坛、答里
台等曾违反军纪私掠财物遭到严厉训斥，尽管他们心怀不满脱离本部叛
逃投敌，但成吉思汗绝不姑息迁就。成吉思汗建国后论功行赏不吝重
赐，如战功卓著的术赤台，不仅封他为第六千户，还赐予自己的妃子。
成吉思汗还倡导推行"寓兵法于围猎"的军事战备训练制度，他认为围
猎是一种近似实战的模拟训练。蒙古族本是一个"且牧且猎"的游牧民
族，他们狩猎时常常将野兽团团围住再行猎取。由于围猎既可以锻炼人
们骑马追逐的本领，又可以培养人们协同配合的能力，还可以演练各种
兵器的使用，因此成吉思汗非常看重围猎训练。他要求"士兵和军人"
应当通过围猎得到"教益和训练"，"军队的将官们应当很好地教会儿子

们射箭、骑马、格斗"。由于围猎和战争的"细节"很相同，使将士都练就了一身硬功夫。以围猎为训练的传统自蒙古开国至元朝建立一直延续下来，每年大规模的围猎活动显示出游牧民族的强大活力。

　　成吉思汗因才授职且关心士卒，也使他能保证胜利并受到拥戴。成吉思汗的用人标准是："智勇兼备者，使之典兵。活泼跷捷者，使之看守辎重。愚钝之人则付之以鞭，使之看守牲畜。"他强调将士的特长和才能，而不附加其他任何条件。他选择人才不问出身、等级、资历，只看实际本领，因此在成吉思汗的将领中有出身低微的牧马者巴歹、牧羊者迭该、木匠古出古等。被成吉思汗委以重任的四骏、四狗，大都是来

蒙古驯鹰人图像

源于不同部族、出身于不同阶级的人。如四骏中的木华黎是扎剌亦儿部人，四狗中的哲别是泰赤乌部人、忽必来是巴鲁剌思人、速不台是兀良哈部人。至于失吉忽秃忽、博尔忽、曲出、阔阔出等则是从敌营过来的，他们先后都成为成吉思汗的重要将领。成吉思汗还要求将领关心部下，这是成吉思汗爱兵思想的具体体现。他说："为将者，必知己之疲，知己之饥渴，而后推之及人。"者勒蔑的儿子也孙伯勇猛过人，"终日战而不疲、不饮、不食"，但成吉思汗说他"不可使为将"，因为"彼视人犹己，士卒疲矣，饥渴矣，而彼不知也"。成吉思汗选将知情达理，更不许对士卒滥施刑罚。他对怯薛军将领说："掌管护卫的官人，不得我言语，休将所管的人擅自罚者。"在战斗中，成吉思汗更强调爱惜士兵的生命，不许随便遗弃伤员。将士受伤，成吉思汗常亲自去看望，有时还"亲付以善

药，留处帐中"。史称他"衣人以己衣，乘人以己马"，可见对部属十分关爱。正因如此，将士们对成吉思汗也备加尊崇和支持。他们主动为成吉思汗出谋划策，并舍生忘死冲锋陷阵，这就使战争具有了胜利的保证。

所以，曾在13世纪为蒙古伊儿汗国服务过的波斯人志费尼在《世界征服者史》中这样生动地描绘道："整个世界上，有什么军队能跟蒙古军相匹敌呢？战争时期，当冲锋陷阵时，他们像受过训练的野兽，去追逐猎物，但在太平无事的日子里，他们又像是绵羊，生产乳汁、羊毛和其他有用之物。在艰难困苦的境地中，他们毫不抱怨和倾轧，他们是农夫式的军队，负担各类赋役，缴纳分摊给的一切东西，无论是忽卜绰儿（草原赋课）、杂税、行旅费用，还是供给驿站、马匹和粮食，从无怨言。他们也是服军役的农夫，战争中不管老少贵贱都成为武士、弓手和枪手，按形势所需向前杀敌。"的确，蒙古国军政一体，兵民一体，在成吉思汗的率领下从草原崛起而威震四方。

第二节　蒙古建元

成吉思汗不愧为一代天骄，他在建立了强大的军事力量后并未高枕忘忧、尽情享乐，而是凭借蓬勃声势肃清残敌、扩展疆域。根据他的战略意图，蒙古国西伐东讨，北战南征，终于灭西夏，取金国，直至建立起横跨欧亚大陆的封建王朝。

西夏，蒙古人和金人称之为"河西吐蕃"。西夏国的建立，始于唐朝末年。黄巢起义时，北方党项族的拓跋思恭率军入援李唐王朝，后被封为夏州夏国公。西夏曾有22个州郡，其领地包括今宁夏回族自治区全境及甘肃、陕西、青海省部分地区。西夏是采用汉制的封建政权，除

西夏王供养像

使用汉字外还创立了西夏文。境内杂居着党项、汉、回鹘、吐蕃等各民族，统治者崇奉佛教。农牧经济来源丰厚，兵民强悍善战，因而能以一小国长期与辽、金、宋抗衡。但比较起来，它比金、宋要弱许多。而就地理位置而言，蒙古要想攻金必须先征服西夏，才能免除后顾之忧。因此，成吉思汗在战胜乃蛮部太阳罕之后，立即着手于征服西夏的战争。

自 1205 年起，成吉思汗六伐西夏。蒙古对西夏的作战，基本是蒙古军攻坚，西夏军守城。首次征西夏是 1205 年成吉思汗击败乃蛮回军南下时，以西夏国收留克列部王罕之子为借口发起的。此次作战，西夏深知蒙古骑兵强悍勇猛，于是采取收缩入城坚防死守的方式。而蒙古军是首次攻城作战，对遇到的困难准备不足，同时刚经过大战十分疲惫，也只是试探性攻击而收获不大，只是在野外掠夺了一些百姓、骆驼和牛羊，然后回到斡难河营地。据说骆驼由此进入蒙古草原，此前蒙古人还没有见过这种牲畜。此后成吉思汗在 1209 年经过充分准备第三次向西夏进攻，取得重大战果。这一年，居住在天山南北的畏兀儿族归顺蒙古，对蒙古的扩张具有重要的军事战略意义。蒙古、西夏两军展开激战，蒙古在连战数胜后，兵锋直指西夏都城中兴府（今宁夏银川市）。在此两军相持两个多月，西夏虽有损失，却久攻不下。成吉思汗于是派使讲和，西夏也表示愿意臣服。这样，成吉思汗初步解除了后顾之忧，西夏联金抗蒙的策略被粉碎。成吉思汗对西夏有一个看法，即它是一个"不能移动的国家"，因此不必急于攻击。

所以他对西夏往往小胜便止，然后转向其他方面作战。成吉思汗到晚年深感不灭西夏是一大心患，加之西夏又与金朝联合抗蒙，于是西征归来的成吉思汗不顾鞍马劳顿于 1225 年第六次率兵亲征。这次大战，历时两年，西夏王在国土沦丧、尸横遍野的情况下被迫投降。临降前，成吉思汗病死于清水县，终年 66 岁。3 天后，西夏国王献城投降后被杀，建国 190 年、传位 10 世的西夏国从此灭亡。

　　建立金朝的女真族，原是东北地区的一支少数民族。初起时军力虽不强盛，却凶悍善战，迅速推翻了辽朝，又南下侵宋掳走徽、钦二帝。经过百年经营，金国兵力发展到百万，人口增加到 4470 多万人。其军事战略方针一直是北守南攻，在北部边境修筑长城以防骑兵，面向南方则频频出击。蒙古部族曾长期受金朝的压迫和剥夺，成吉思汗在统一草原的争斗中出于策略上的考虑也依附金朝并向其纳贡。但是，长期的民族压迫造成了民族复仇情绪，更重要的是羽翼丰满的成吉思汗不仅要做草原王还要做中原王。因此当成吉思汗立国之后金朝仍派使者前去接受贡奉，而成吉思汗却不再行君臣之礼，标志着蒙金关系的彻底破裂，就此也掀开了蒙金逐鹿中原的历史篇章。

　　1211 年春，成吉思汗在克鲁伦河畔聚军誓师，揭开了 7 年侵金战争的序幕。金军北伐

砖雕人物故事（金）

的兵力约在 40 万以上，蒙军以 95 千户推算大约在 10 万人。蒙军出征后，长驱直入，势如破竹，连连获胜。至野狐岭（今河北张家口市西

北）一带，金军集结四五十万人准备与蒙古决战。蒙军人少而尽命，士气高昂，拼杀凶悍，终大败金军。当年金军曾以 6 万人战胜北宋数十万大军，而今在蒙军的铁马雄师面前却威风尽扫。实际上，金朝已从鼎盛走向衰落，危机四伏，外强中干。此战后，成吉思汗又调兵遣将，连施计谋，到处抢掠财物。1213 年，成吉思汗再度率兵伐金，一举攻克并占领天险居庸关，逼近中都析津府（今北京市）。在蒙军面前屡战屡败的金朝将领，此时却在朝廷内大动干戈屡起纷争。蒙军除以部分兵力围困中都外，又分出兵力在黄河以北的金朝国土上进行了一场大规模的扫荡战，铁骑横扫数千里内的几乎所有郡、县。翌年春，各路扫荡大军会师中都城下，各路诸将都要求乘胜破城，但成吉思汗认为灭金时机尚未成熟，便派使者进城议和。金宣宗本无心再战，遂答应议和条件，"奉卫绍王女岐国公主及金帛、童男女五百、马三千以献"①。蒙古撤走后，被吓得魂飞魄散的金宣宗执意迁都南下。他留下太子驻守中都，自己率六宫出城逃之夭夭。成吉思汗得知金室南迁，于 1215 年再次发兵。首先攻打金朝的北京大定府（今辽宁省宁城县西北），在此大败金军辽东主力。此时许多郡、县守将纷纷投降，中都已成一座孤城。尽管金宣宗发诏要守城将士"思惟报国，靡有二心"，并调兵增援，但援军全被截击，中都已成一座死城。最终守将弃城逃奔，蒙军兵不血刃地开进城中。

中都陷落后，蒙军挥师南下，黄河以北尽为蒙古之天下。此时灭金并非难事，但却发生了花剌子模边将袭杀蒙古商队事件，促使成吉思汗率主力西征，而将经略中原之事完全交付爱将木华黎。这给金朝以喘息之机，但由于惧怕却未组织反攻，而是将主力南下侵宋。当成吉思汗打败花剌子模，灭掉西夏后，金国朝野震惊，已气力尽丧。成吉思汗临终前念念不忘讨灭金朝，窝阔台继大汗位后于 1230 年迅即领兵南征。他兵分三路，在完成对汴京的包围中，消灭了金军大批有生力量，各地重

---

① 《元史·太祖纪》。

镇或破或降，汴京已成一座孤城。1232年春，窝阔台派使者到汴京送上招降的文书，蒙军在连续攻城 16 个昼夜后金廷派使者出城议和。至腊月，金哀宗弃城而去，城内一片恐慌。翌年初，守城元帅崔立发动兵变，杀了决心死守的官吏，向蒙军统帅速不台献城。六月，金哀宗到蔡州，九月，蒙军将其围困。南宋朝廷见金朝破亡在即，派兵马粮草补充蒙军。1234 年正月，金哀宗见大势已去，遂悬梁自尽。传 9 代皇帝共 120 年历史的金国灭亡，蒙古与南宋各自从河南撤军共享胜利成果。

侍女俑（金）

成吉思汗在用兵西夏、大举攻金的同时，也开始西进中亚以征服更多的国家。在蒙军进行的三次横跨欧亚的大规模征战中，许多国家蒙受了刀兵之苦并留下了深远影响。

蒙古国首次西征的目的是讨灭花剌子模。花剌子模是当时中亚细亚的一个大国，它的疆域东北至锡尔河，东南至印度河，北至咸海、里海，西北至阿塞拜疆，西临报达（今巴格达），南滨印度洋。花剌子模在波斯语中意为"低平之地"，古代中国人称其为"火寻"、"货利习弥"、"火辞弥"，蒙古人称之为"撒儿塔兀勒"。"撒儿塔"是商人的意思，"兀勒"人具有伊朗和土耳其混血人的特征。花剌子模帝国的建立，主要是依靠突厥、康里部族的军事力量，他们掌握着军政大权。当时花剌子模人以经商著称，常到蒙古草原做生意。成吉思汗起初对花剌子模颇有好感，两国也曾互派使团进行和平访问。但随着成吉思汗的强大和花剌子模的强盛，两国之间不免都有争霸之心。1218 年，蒙古一支大型商队在花剌子模边陲城镇讹答剌城被劫，成吉思汗得到凶讯后立即召集会议决定发兵。次年初夏，蒙古大军向西挺进，首取目标即商团被害的讹答剌城。在这里，蒙古军遇到了顽强的抵抗。成吉思汗决定兵分几路，分别攻打各个城堡。这次战争，蒙古军攻城拔寨，强杀血洗，其豪锐令人胆寒。最终花剌子模国王摩诃末为保卫首都撒麻耳干，调集众军防守，但已军心不稳，从国王到将领都失去了勇气。经过一场血战，昔日繁荣的撒麻耳干被夷为平地。预先逃跑的国王在蒙军的穷追猛打下，最后逃到里海的一个小岛上困病而死。此后蒙军尽扫花剌子模境内，并乘胜展开对欧亚大陆的远征，先后扫荡伊拉克、谷儿只（格鲁吉亚）、阿塞拜疆、克里米亚，整个钦察草原各部深感大祸临头，于是赶紧向斡罗斯求援。当时斡罗斯正处在诸侯割据时代，各诸侯决定与钦察部联合抗蒙。1223 年，斡罗斯联军与蒙古军主力爆发了历史上著名的迦勒迦河大战。当时斡罗斯联军数量上虽占优势，但明显的松散而指挥不一。各位大公都自恃高强，互不服气。这是斡罗斯军队首次与蒙古军作战，他们的马匹、兵器、军队、战术都显得笨拙，因此在与机动善战的蒙军作战时处于明显劣势。此次大战，6 位大公当场阵亡。蒙军马不停蹄地围攻追杀，3 天之后基辅投降。此后"沿途无抗者"，一路烧杀抢掠。由于东方战争进展受挫，成吉思汗返回和林。先后灭掉西夏，再度侵金。

第一次西征班师后，成吉思汗分封 4 个儿子术赤、察合台、窝阔台、拖雷，他们在随父亲征战中曾立下赫赫战功。成吉思汗死后，三子窝阔台继承汗位。蒙古国在灭掉金朝后，不便南下侵宋。而此时花剌子模以不花剌城为中心爆发了人民起义，为平定中亚开疆拓土，窝阔台遂决定发动第二次西征。这次西征四军分别由术赤的长子拔都、察合台的长孙不里、窝阔台的长子贵由、拖雷的长子蒙哥率领，因此也称"长子西征"。西征军的总统帅为拔都，老将速不台为先锋。1237 年，西征军在平定了花剌子模一带的起义后，第二次进入钦察草原并将其占领。钦察草原西北即是斡罗斯，14 年前蒙军曾大胜之，14 年后其仍内斗不止。在蒙军强大而残忍的攻杀下，莫斯科、弗拉基米尔、基辅一批名城被夺取，其他小公国更无法抗拒。攻陷基辅后，考虑到不占据东欧对斡罗斯的控制很不稳固，拔都下决心进军波兰、匈牙利。蒙古军队在充分准备后进入波兰境内，波兰也汇集日耳曼、波西米亚组成联军，两

成吉思汗陵

军在 1241 年深秋于里格尼志城相遇。双方兵力相当，但联军在武器、战术等方面大大落后于蒙军，导致联军全军覆没。相传蒙军打扫战场时，以割联军尸首之耳计数，整整装了九大皮囊。此役史称里格尼志会战，战后波兰一蹶不振。与此同时，蒙军还攻入匈牙利，匈亚利国王别剌四世信奉天主教不好争战，因而守备不足。在凶悍而智谋的蒙古军攻击下很快溃败，佩斯特也落入蒙古军手中。其后，蒙军还进入奥地利直抵维也纳。次年，窝阔台死讯传到远征军中，拔都下令全军东返。他自知继承汗位无望，便一直留在西方，建立了钦察汗国。蒙古国第二次西征，在欧洲产生了很大影响。火炮首次传入欧洲，从此西方教堂增加一项祷告内容：勿再触犯鞑靼人之怒。

蒙古军第三次西征是蒙哥继汗位后，他决心以祖父成吉思汗为榜样，继续拓展疆域。此次目标是先征伐波斯地区尚未臣服的木剌夷和报达，然后再扩张至叙利亚、埃及等国，在西南亚开建一个新的大汗国。蒙哥命其弟旭烈兀为主帅，于 1252 年出发直指木剌夷。初时进攻受阻，地形对蒙古军不利，其城堡易守难攻，蒙古军多有损失。1255 年，旭烈兀率兵到波斯，在这里通知西亚诸王协同消灭木剌夷。在猛烈围攻

下，木剌夷王鲁克那丁兵弱计穷，终于开城投降。旭烈兀厚待鲁克那丁，让他下谕各城堡，大都投降。这样，蒙军兵不血刃征服了木剌夷。1257 年年初，鲁克那丁请求入朝蒙哥汗，蒙哥汗未接见他，传话让他继续回国执政。在返回途中被蒙哥派人杀死，其教徒也大都被杀尽，木剌夷被完全消灭了。其后旭烈兀将大军集结在哈马丹附近休整。1257 年，旭烈兀派使者到报达，要报达哈里发谟思塔辛臣服。这时的报达政治腐败，已失去了昔日的强盛。但谟思塔辛对形势缺乏了解，竟去信恫吓旭烈兀。旭烈兀不为所动，率兵向报达进发。途中连战连捷，直抵报达城下。半个月后，报达投降，旭烈兀把报达 500 年积藏的金银珍宝全部运走。蒙古兵在城中杀

《史集》德黑兰抄本

掠 7 天，谟思塔辛被处死。自 749 年始建的阿拔思王朝，传 37 代终于破亡。灭报达后，蒙军乘胜向西进兵扩展千余里。至天方（即阿拉伯），又攻克、招降 185 座城池。此后辗转叙利亚、地中海、巴尔干一带，各国无不震惊。许多信奉耶稣教的国家派使者与蒙古国联络，表示愿结联盟共同对付伊斯兰教国家。旭烈兀准备进攻埃及时，传来蒙哥大汗去世的消息。他命怯的不花镇守叙利亚，自己率军东归，第三次西征遂告结束。忽必烈继汗位后，将旭烈兀西征之地封为伊儿汗国。其疆域南至波斯湾，北抵里海，以高加索山与钦察汗国相邻，东起阿姆河与察合台汗国为邻，东南抵印度边境，西至叙利亚。从此，伊儿汗国在波斯传袭百余年。

在华夏中原地区，蒙古军平西夏灭金朝后，旌麾继续南指。1235 年，窝阔台调大军分三路南下伐宋。西路军进入四川，大肆掳掠，常常遇到顽强抵抗，因而占据并不巩固。中路军攻略襄汉，遇到宋军重兵防

守，因此作为不大。东路军攻入安徽、河南，直抵庐州，掩护中路进攻，但也受挫。1241 年，窝阔台在一次豪饮极欢后死去，享年 56 岁。在他死后的 5 年间，蒙宋战争基本休止。

窝阔台死后不久，察合台也病死。成吉思汗的 4 个嫡子全部去世后，汗位争夺再起烽烟。当时窝阔台长子贵由被选继承汗位，但其执政不到两年即病死。此时拖雷一支凭兵力具有了有利的位置，其 4 个儿子蒙哥、忽必烈、旭烈兀、阿里不哥均兵强势众。由于蒙哥身为长子，经过一番明争暗斗，终于登上汗位。拖雷系争得大权后，对窝阔台系横加迫害。大蒙古帝国的统一也名存实亡，各汗国遂各自为政，割据一方。蒙哥鉴于汗国之间的关系已经破裂，向西发展已不适宜，遂将扩张的重点目标指向南方中国大地。

蟠螭银盏（元）

蒙哥再伐中原采取了迂回之策，准备从西南进兵占据大理迂回包抄，然后配合中原主力前后夹击。1251 年，蒙哥命进军大理，云南地区诸部族很快投降。其后，蒙哥率兵攻四川，1258 年蒙军攻克成都，紧接着破城掠寨，"川蜀之地，三分有其二"了。江淮地区，本对蒙古骑兵不利，但当地人民痛恨地方官吏，因而使忽必烈较为顺利地进围鄂州。宋廷急派宰相贾似道驰援，他却密遣使者向忽必烈求和。此时蒙哥因身负重伤死在军中，忽必烈闻知阿里不哥有夺汗位之企图，急忙同意宋使议和停战，轻骑简从拔营北返。

1260 年，忽必烈在选汗之争中战胜阿里不哥，确定了在蒙古贵族中的权威，以汉地为根基建立起中原统治。1271 年，在其统治地位日趋巩固后，下诏说："可建国号曰大元，盖取《易经》乾元之义。"翌年，决定在大都建立元朝首都。从此，大都替代和林，成为元朝多民族国家的政治中心。

此时，偏安江南的宋朝已兵衰财困，皇帝宁愿相信贾似道的谎话而未做积极准备。待忽必烈取得汗位后派使者赴宋要求履约，贾似道恐事情败露遂将使者拘禁。忽必烈吸取前两位大汗征宋的教训，放弃主攻四川的做法，采取先攻襄樊的方针。1267 年，蒙军向襄樊发起了猛攻，宋军也顽强防守。1273 年，襄樊终于失守。此时，长江天堑已为共有，南宋"天下之势，十去八九"。1274 年，忽必烈下诏南征，调遣各路大军伐宋。两军在大江南北展开血战，几十万宋军大部被歼。宋军兵败如山倒，江岸各城纷纷投降。元军乘胜下江淮，直逼宋都临安。宋廷诏贾似道都督诸路军马，贾似道被迫率军迎战。在丁家洲一战中，宋军大败，血染江流。1276 年初，各路元军会集临安。宋廷求和不得，只得奉传国玺和降元表称降。二月，伯颜承制，以临安为两浙大都督府，命范文虎等入城诏都督事。三月初，元将伯颜率军入城，俘宋恭帝、谢氏全氏两太后、宗室、官吏并得各种图籍、户册、祭器、仪仗等北去。宋臣陆秀夫与张世杰等几经辗转逃至福州，拥立 9 岁皇子赵昰做小皇帝图谋抗元复宋。文天祥也号召各地自行起兵，汇入江西抗元。1278 年，赵昰病死，又立 8 岁皇子赵昺为小皇帝。1279 年，在元军追逼下，一直跟随小皇帝的宰相陆秀夫背着赵昺投海自尽，张世杰舟覆而亡，文天祥也先此被俘。垂暮的宋王朝终被新建的元王朝所灭，元世祖忽必烈终于完成了"混一宇内"、"乾元大道"的历史使命。

第二章
夷俗汉化

第一节　汉制初行

在蒙古从草原崛起之前，与宋相持的契丹、党项、女真就在华夏北部一线建立起政权。他们在与中华文明的接触中，潜移默化地接受着中原文化博大深刻的影响。

辽朝疆域东自大海、西至流沙、南越长城、北绝大漠，其统治对象除"耕稼以食，城廓以居"的汉人外，还有"渔猎以食，车马为家"的契丹、蒙古、回鹘、女真各族人民。他们虽然采取了"以国制治契丹，以汉制待汉人"①的双轨统治政策，但在文化路线上却全面采纳中原地区儒家教制。汉族重要的文化典籍被刻印或翻译，唐宋诗文名作为辽人熟悉和喜爱。

灭辽后在北方建立金国的女真人，和契丹统治者一样表现出对汉文化的渴求。金朝统治者采用暴力手段使"宋士多归之"②，对女真文化的汉化具有至关重要的意义。金人高度尊奉儒家文化，金熙宗亲祭孔

① 《辽史·百官志》。
② 《金史·文艺传序》。

驭者引马图（辽）

庙，款谒先圣，鲜明表现出以儒学为正统的意向。金代统治者"正礼乐，修刑法，定官制"，注意"汉宣综核名实，唐代考课之法"①，使"典章文物粲然成一代治规"②。金代在教育体制上除重视经学外，还规定要学习诸子、史籍。汉地流行的科举制度也在金朝推行，其进士科"兼采唐宋之法而增损之，其及第出身，视前代特重，而法亦密矣"③。建立于幽燕故地的金中都，全然以汴京为模式修建。金人对汉文化的汲取与整合，使两个民族在互动过程中促成了金代文化结构中汉文化主流地位的建立。

西夏党项在和汉族的频繁交往中，也日益受到汉文化的熏染，如今仍可看到当时西夏人对汉族儒经的翻译和注释，从这些出土文物典籍中可见中华文化的扩展。

当然，在汉文化深切渗透北方异族之际，北方民族也并未轻易放弃本族传统。女真为了维系旧风，强制推行汉人女真化政策，宣传"女真旧风最为纯直"④，汉人不依令改行女真衣着、发式而被杀者"莫可胜纪"⑤。西夏一方面有"汉礼"，另一方面有"蕃礼"。但是，游牧文化进入农耕世界，由于地理、气候、习俗、文明的不同而产生异化是不以

---

① 《续文献通考》卷四十七。
②③ 《金史·选举制》。
④ 《金史·世宗纪》。
⑤ 《建炎以来系年要录》。

人的意志为转移的，而中国传统文化以古老、高雅、精深同化着外来民族时也吸取着养料更加发扬光大。

　　成吉思汗在统一蒙古草原的战争中，周围已经有了一些文韬武略俱备的契丹人、女真人和中原人。他们为成吉思汗出谋划策，攻城略地，深受信赖。成吉思汗建国后，更加重视广纳贤士，网罗人才。如耶律楚材为契丹人，父亲为金朝官员。他博览群书，通晓天文、地理、律历、术数及释、老、医、卜之说。成吉思汗以事咨之甚为信服，对儿子窝阔台说："此人天赐我家，尔后军国庶政当悉委之。"成吉思汗南下中原时近臣别迭等言："汉人无补于国，可悉空其人以为牧地。"耶律楚材说："中原地税、商税、盐酒

男侍俑（金）

铁冶山泽之利，岁可得银五十万两，帛八万匹，粟四十余万石，足以供给，何谓无补。"遂令行之，果如其言。这使蒙古统治者的思想有所转化，注意吸收中原文明为己所用。木华黎经略中原时就改变了蒙古掠城不守的作战方针，注意招募汉族地主武装和官员、百姓，建立起广大的根据地并实施长久经营的方针，这也就为后来的蒙古灭金奠定了坚实的基础。

　　窝阔台攻灭金朝后，长江以北地区基本都已控制在蒙古帝国之中。显然，仅仅依靠成吉思汗所创立的军政合一的千户制度以及少数大断事官的权力，很难统治一个经济、文化程度都相对较高的地区。而且蒙古贵族对于中原无限制地强取豪夺，也是中原百姓无法容忍而难以屈服的。因此窝阔台下令，命耶律楚材主持中原地区的财政，即借鉴前朝的

"汉法"治理百姓。中原政局由此大治，百姓也得其安定。此后由于蒙古统治者对中原财富贪得无厌，将蒙古分封旧法强行实施而引起民愤。及贵由汗即位，重新起用熟悉"汉法"的牙老瓦赤与汉宫刘敏等共同主持中原财政，中原方又稍安。蒙哥汗即位后仍对中原地区沿用旧制，并注意对佛、道二教的利用以便为现实服务。

可以说，在蒙古侵入华夏的过程中，由成吉思汗始一直顽固地坚守着游牧文化的传统，他们不愿离开马背和毡帐而走进农田和房屋。但是他们无法改变一个现实，就是面对强大的中原文化必须适应，他们才可能较好地生存下去。由此也可理解，他们一直把西方作为主要征服目标，而在东方他们则受容于汉文化。忽必烈战胜阿里不哥夺得汗位，不仅是统治阶级内部的权力之争，或可说明中原农耕文化与草原游牧文化的一次较量。显然，忽必烈在后来的统治中以旧俗汉化的方式也取得了极大的成功，但中华古老文明也无疑多了一些质素而延续扩展。

忽必烈早在藩府中就招揽四方名士，时时探讨传统儒家的治国方略。待其奉蒙哥命主持中原政务时，更是重用汉儒赵璧、姚枢、郝经等人。他结合汉地实情，改革原先只收银帛不纳粮粟的税制，受到军民的普遍欢迎。他又在汴都设立经略司，屯驻之军平时垦田，战时则出军抵御。他还在京兆设立宣抚司负责日常政务，设立交钞提举司助商业之流通，加强吏治鼓励农业生产。最能反映忽必烈"思大有为于天下"的是营建开平府，他在中原与漠北的中间地带建起权力中心，可见其势跨蒙汉的雄心。他的种种举措，既适应汉地又不弃本俗，为他日后争得汗位打下了坚实的基础。可以说，当蒙古帝国的版图通过军事扩张而不断南下的时候，汉族地区的文化也随之逐渐北上蒙古草原。先进的农耕文化对落后的游牧文化影响甚大，而建立在农耕文化上的传统儒家思想也对蒙古上层统治阶级产生了重大作用。

忽必烈不同于其前的蒙古大汗之处在于，他较早地接受了中原儒家政治学说并付诸实施。特别是他在取得整个帝国的最高统治权后，仍能坚持贯彻儒家的治国方略并公然承认他是中原王朝的"正统"继承人。1260年夏，他即位不久即下建元诏书，说："稽列圣之洪规，讲前代之定制。建元表岁，示人君万世之传；纪时书王，见天下一家之义。"① 命年号为"中统"，寓意承续中原王朝的正统。中统五年（1264年），阿里不哥从漠北前来投降，忽必烈再次下诏改年号为"至元"，表现出更大的政治抱负。1271年，忽必烈又更改国号。他认为汉族诸朝帝业虽极强盛，然国号皆起

元世祖像

于始封之地。蒙古作为国名是沿用民族称号，与庞大帝国的伟业不相称。因此，特下诏书改国号为"大元"。翌年，又改中都之名为"大都"。大都严格仿照儒家传统典制新建，就连中书省、枢密院、御史台等官衙的方位也有严格的规定。

他还按照中原地区惯行的官僚政体建立起国家机构，改变了蒙古国时期实行断事官的旧制。中书省总领全国政务，其要职为中书令，一般由皇太子兼任。另外还有平章政事，左、右丞，参知政事等，大都由蒙古及色目权贵担任。史天泽、耶律铸都曾任丞相之职，可见汉人也被忽必烈信任。中书省下则沿用前朝旧制，分左、右司，其下设吏、户、礼、兵、刑、工六部。每部中又置有尚书、侍郎、郎中、员外郎等职官，负责处理具体的政务。在这些机构中任职的，主要是汉人。

忽必烈还仿中原前代辽、宋王朝之制设立枢密院专掌军权，这也改变了原先蒙古军职由万户长、千户长、百户长执掌的局面，使军政分开。枢密院的最高长官为枢密使，该职与中书令一样，皆由皇太子兼之。枢密院的实际负责人初为枢密副使，后又增设同知枢密院事之职，

① 《元史·世祖本纪》。

以掌军务。其助手，有金书枢密院事、院判等职官，职责主要为宫廷禁卫、边疆镇守、各地戍防及军官之任免、调动、监察等事。因其"掌天下兵甲机密之务"，一般都由元朝统治者的心腹担任。

忽必烈还设立御史台，改变了蒙古初无专职谏官的现象。他说："台官职在直言，朕或有未当，其极言无隐，毋惮他人，朕当尔主。"①御史台主要有御史大夫、御史中丞、侍御史、治书侍御史等，负责考察百官之优劣、政治之得失等事，一般由皇帝亲自任命那些敢于直言、品行廉正的人担任。御史台之下还设有殿中司及察院。殿中司负责朝会时的百官礼仪，察院负责纠劾百官劣迹。作为"肃纪纲，正风化"的御史初皆由汉人出任，他们多因敢于直言而触怒当朝的不法权贵；元朝统治者也循汉族旧例不杀御史以鼓励直谏，骄横已久的蒙古权贵毕竟多少受到一些制约。

元朝还依汉制设行省、行院、行台等地方机构，通过层层官僚组织对广大人民严密控制、征敛赋税、调动徭役，以获取巨额财富。元朝还在各地设立专门的敛财机构，如设于两淮、两浙、福建等处的都转运盐使司，设于四川的茶盐转运司，设于广东的市舶提举司，设于江浙的海道运粮万户府等。这些措施无疑是对统治有利的，同时也不可避免地被纳入汉文化系统。

第二节　儒学张大

忽必烈遵循汉统的做法对其后代影响至深，尽管根深蒂固的蒙古民族本性难以忘怀，但蒙古对中原的畏怯却无法抗拒华夏文明的引诱。忽

---

① 《元史·世祖本纪》。

必烈在培养子孙后代时也十分重视儒学的影响，皇子真金自幼就师从姚枢、窦默等儒学大师以学习治国安民的道理。即使在明定皇储的问题上，忽必烈也利用汉法保持了皇权的稳定。蒙古初无明确立储之法，往往在大汗临终时方有遗训，且遗训也不足为凭，还要经过贵族大会"忽里台"的推举。这种不明皇储的旧制，多次引起蒙古内部的激争。有鉴于此，忽必烈在至元十年（1273 年）便正式册封真金为皇太子，作为皇位的唯一合法继承人。这种做法有效地减少了当权贵族间的相互残杀，只可惜真金中年夭亡使这一制度未能延续下来。真金自受命后参与政务，便选名儒如郭祐、何玮、徐琰、马绍、杨居宽等为左右，平时也以"仁"字为治国之本。他行事以儒家道德为准，对苛敛暴政者即奏罢之。他的"仁政"遭到许多仇视"汉法"的蒙古贵族与西域藩附的嫉恨，他们借有人提出禅让之事激怒忽必烈，使忽必烈下令追查此事，导致体弱多病的真金惊惧死去。夷俗汉化是一个艰难的过程，元朝的最终灭亡与未能完全汉化也有密切关系。由此可以看出中原文化的强势，而蒙古最终接受汉化，从此也成为中华民族大家庭的一员。

此后的众多皇帝，大都接受儒家文化的熏陶而又继承了蒙古本俗的立场。真金之子铁穆耳从小仁孝，深得祖父忽必烈、母亲阔阔真的宠爱及旧臣完泽、大将伯颜的支持，乃受百官拥戴而为帝，是为成宗。其即位后，一遵世祖忽必烈的典制。社会安定，时称守成之治。成宗嫡子早夭，因而皇位继承权又成为一个悬而未决的问题。成宗直到临死，也未确定皇位继承人，因此其死后宫廷又生恶战。经政变而登基的海山曾为元立有武功，但即位后滥加封赏入不敷出，遂重设尚书省聚敛民财，又无实物作底金而滥发钞票，广大百姓深受其害，成宗时的基业已告隳废。元朝政

元成宗像

治由盛转衰，武宗海山有不可推卸的责任。其在位仅 5 年，便因荒淫过度而病故。

武宗死后，其弟继位，是为仁宗。仁宗自幼深受中原文化的熏陶，藩府中多有名儒为老师。登基后，尽除弊政。首先撤销武宗所立尚书省，将一批贪官罢免或诛杀。他重用汉儒名臣，如程鹏飞、董士选、李谦、陈天祥、尚文、郝天挺、刘敏中等，授其老师李孟以中书平章政事之要职，言听计从。他将武宗滥封之官爵尽行废去，依照中原传统开科取士，可以说他是推行"汉法治国"最有成效的帝王之一。但他同时也因"仁孝"使后宫权重，这些个人性格倾向也直接影响了政局的发展。他同样也未处理好"皇储"问题，将皇位传给了自己的儿子，而未传给事先约定的武宗之子，这就为日后的元朝皇位之争埋下了隐患。

铜壶滴漏（元）

仁宗死，英宗立，这时大权掌握在太皇太后答己和嬖臣铁木迭儿手中，而仁宗时所任用的许多儒臣也还留在中央各机构中。答己太后欲排除异己势力，遭到英宗坚决反对。他同其父仁宗一样，都是崇尚儒学、大兴汉法的倡导者。他一方面任用喜好儒术的功臣，一方面不断削弱奸党的势力。到 1322 年秋，铁木迭儿与太皇太后相继死去，英宗独掌大权准备儒治。这时敌对势力对新政极力反对，其主要代表人物便是老奸巨猾的御史大夫铁失。

他们在一阵密谋后终于发动政变弑杀英宗，汉化治策再次受阻。

晋王也孙铁木儿是这次政变的最大受益者，其登基后先对逆党加以封赏以安定其心。此后待政权稳固后开始铲除逆党，以加强皇帝的集权统治。他修改了原有的典制并加以创新，如令政府要员经常到皇宫议事。他又派官吏访察民情，考核吏治，审理冤狱。他还废去前朝分封地内的州县长官世袭制，意在除去许多世袭官吏依仗贵族横行不法、残害百姓的弊端。他采取江南官吏赵简的建议大兴儒学，召名儒进讲《帝范》、《资治通鉴》、《贞观政要》并参与政务。

泰定帝也孙铁木儿在位期间，本有以汉法兴元蒙的希望，却不幸天灾连年，自身病亡。此时一股敌对势力由武宗的旧部构成，他们本来对仁宗的背约立子就心怀不满。1328 年，他们欲趁泰定帝在上都病死发动政变。结果满都等人在上都起事未成反遭诛杀，燕铁木儿等人在大都则起事成功，遂形成两都之争。最后经过恶战，武宗次子图帖睦尔战胜了天顺帝阿速吉八，又通过阴谋手段杀死了即位不久的明宗和世㻋，取得了帝位，是为文宗。

文宗在位期间大兴文事，整顿吏治。他首立奎章阁，命名儒如赵世延、虞集等主持其政。又提倡教育，命中书省大臣赵世安提调国子监。他继续遵行贵族封地的官吏不得世袭职位的做法，且明令新官上任后旧官必须立刻离境。他还尽量裁减政府中的滥官冗员，以此削去明宗所施之恩惠和减少庞杂的宫内开支。文宗在位期间，由于争夺皇位之激战，社会经济遭到了极大破坏。但在文宗的汉法治理下，政局尚能维系安定。待到文宗一死，其子年幼无知，朝政遂为后宫、权臣所把持。由此而后，政局日益腐败，遂渐江河日下。

第三节　根性难除

文宗在位颇思大有为于天下，然仅 29 岁即短命而亡。或许是出于毒死长兄明宗的忏悔之心，文宗立下遗嘱命立明宗之后为帝。此次改易皇储引起朝争，由此招致后祸。文宗至顺三年（1332年）十月，在文宗皇后主持下举行了新帝即位大礼，明宗幼子懿璘质班登基，是为宁宗。然宁宗即位仅月余便夭死，成为元朝最短命的皇帝。此后明宗长子妥懽帖睦尔继立为帝，是为顺帝。顺帝虽然年幼，却已饱经磨难，城府颇深。他先重用伯颜为中书省右丞相，取代了权臣燕铁木儿的势力。但他却没想到伯颜一系势力迅速扩张，于是又巧用脱脱将伯颜除去。宫中两大势力尽除，他又开始剪除文宗一系以报当年的杀父之仇。他将文宗之神位从太庙中除去，又将文宗皇后贬置、处死。文宗的仁弱得此后报，恐始所料不及。

顺帝在即位后的7年间，逐步掌握了宫中、朝中大权，开始成为整个帝国的真正统治者。于是下令改元"至正"，准备做一番事业。时重臣脱脱也能尽力辅弼，"开马禁，减盐额，蠲负逋，又开经筵，遴选儒臣以劝讲"[①]。种种举措，皆利国利民，儒治颇有中兴之势。但好景不长，由于宫廷政争、奸臣当道，脱脱被排挤出中央政府，宦官们引诱顺帝醉心于声色犬马之娱、技巧机械之玩，遂使朝政昏暗、国事日非。继顺帝册立高丽女完者忽都为皇后之"逆举"后，帝党、后党之争更为激烈。随着皇太子爱猷识理达腊年龄的增长，其权力欲望也日渐增强。他在皇后支持下，几度欲迫使皇帝禅位，并由此引发战争。顺帝一朝，中央政府的大官僚们为争权夺利打得不可开交，地方政府的官僚们则为搜括百姓钱财而不遗余力。本来百姓在沉重的赋税剥削下就难以维持生计，又加上较大的自然灾害更给人民带来生命与财产的损失。由此导致农民大量破产，被迫为"寇"、为"盗"而"蜂起"。造成这种结果是阶级斗争的必然，但统治阶级的腐败和民族矛盾的激化更是主要原因。

元代后期，蒙古族已受容于汉文化，但其根深蒂固的民族意识却是

---

① 《元史·脱脱传》。

难以忘却的。这就使他们一方面坚守社会阶层的不平等以保持自己的地位，一方面又不得不采用中原遗制来维持王朝的生存。从整个元朝的发展历史看，蒙古族已由游牧生活方式逐渐转向农耕生活方式，其政治、经济、文化体制也逐渐随之改变。即以官制为例，元代前期已大体确立，而至后期日渐完备，并增设了一些新的机构。如中央文职机构，世祖时已设有翰林国史院、集贤院等。到文宗时再倡文治，又增置奎章阁学士院于禁中，并设有大学士、侍书学士、承制学士、供奉学士等。到元代后期，尽管顺帝为报文宗毒死己父明宗之仇废其旧制，但罢去奎章阁而改立宣文阁名异实同耳。

顺帝还设四方献言详定使司，以广召天下人士进言求治。是时天下已乱，顺帝又设诸司分掌田粮之事。然而天下事已不可为，其剥削阶级的本质加上民族矛盾的根性，造成人民对腐败和压迫的不能容忍，故各地纷纷起义而军阀也各占地盘。所以，元顺帝时地方机构也大为增置，如加设行中书省于山东、广西、胶东、福建等，并设中书分省于济宁、彰德、陵州、冀宁、保定、大同等。行枢密院本为临时性机构，到元后期因农民起义而变为常

掐丝珐琅鼎式炉（元）

设。后至元三年（1337 年），先在四川、湖广、江西三处行省设行枢密院，其后所设行院还有河南、江浙、山东、福建等，并设枢密分院，如卫辉、彰德、直沽、沂州等，以镇守各地军事。

蒙古统治的崩溃从某种意义上讲，也是未能完全汉化的必然结果。即如司法制度言，元初统管诸王等蒙古贵族投下司法事务的是大宗正

府，后因诉讼渐多，仁宗时部分转入刑部。法典久议不决，难以颁布执行。英宗朝方颁行《大元通制》，顺帝朝又编成《至正条格》。更重要的是民族歧视政策的影响，导致有法不遵、犯法不治的现象大量存在。其"南北异治"在法律上的体现就是不平等，如汉人与蒙古人互殴，法律明显倾向保护蒙古人。总之，元朝统治者内部的矛盾、蒙古族与汉族的矛盾、广大人民与统治者的矛盾交织在一起，更重要的是由草原侵入中夏的文化未能改易汉地风俗传统，反而被迫接受汉地儒家文明又并非心甘情愿，贯穿元蒙一朝这种矛盾始终纠葛于统治集团未能解决，最终导致不够文明的上层建筑倒塌也就成为不可避免的事情。

由于顺帝的腐化堕落、信用奸臣，宫廷中的争权夺利、相互倾轧，大小官吏的贪婪无耻、横敛民财，地方军阀的割据地盘、各自为政，以及连年发生的自然灾害、暴殄天命，各种因素交织在一起，迫使百姓再也无法生存，只得铤而走险踏上反抗的道路。

在长江以北，白莲会首领韩山童首先借传教之机号召民众反元。1351 年，韩山童被捕杀后，其徒刘福通于颍州公开起义。他们以红巾裹头为标志，由此揭开了元末农民大起义的序幕。此后各地民众纷纷响应，但遭到元朝政府的血腥镇压。刘福通起义军在战争中不断壮大，给腐败的元朝以致命的打击。尽管起义最后失败了，但其影响遍及北方，同时牵制住元军主力，为南方起义力量的发展创造了条件。

在南方，陈友谅的力量壮大了起来，他率部在江西发展，建立汉国，自称为帝。张士诚则在江苏聚集盐丁，攻城略地，自立为王，建元天祐。但他缺乏胸怀和胆略，没有远见，竟然拒绝朱元璋起义军的要求，而公开向元朝政府投降，接受"太尉"官爵。另有方国珍活跃在东南沿海一带，然时降时反，后投靠朱元璋，不过是见风使舵之徒。

朱元璋先为濠州（今安徽凤阳）郭子兴部下，后自行发展日渐势强。1356 年攻占重镇集庆（今江苏南京），改其名为应天府，并继续向四方发展。此时南方的起义军已开始从推翻元朝的黑暗统治转变为相互兼并进而称王称霸，而北方的元廷忙于朝中相斗或分野称雄，这使朱元璋得以乘其便顺利进行统一南方的战争。至正二十三年（1363 年），朱元璋与陈友谅大战取得决定性的胜利，翌年攻灭武昌"大汉"政权，除去西面一大劲敌。此后朱元璋挥师东进，向张士诚发动进攻。其大将徐达、常遇春连克众多名城，直捣张士诚老巢，于 1367 年攻破平江（今江苏苏州），消灭了张士诚。继而收降浙东方国珍，平息福建陈友定，朱元璋在南方霸业基本已定。

此后即率军北伐，朱元璋发布檄文，提出"驱逐胡虏，恢复中华，立纲陈纪，救济斯民"的口号，又召集北伐诸将告诫他们严守军纪争取民心。他以徐达为征虏大将军，常遇春为征虏副将军，率军由山东进取河南再入潼关复占河北，基本扫清了大都周围的元军防卫力量。至正二十八年（1368 年）正月，在北伐军的胜利声中，朱元璋即位，建国号大明，年号洪武，以应天为京师，是为明太祖。是年八月，徐达率军攻进大都，结束了元朝统治。朱元璋改大都为北平，以应天府为南京，蒙元文化终究为汉明文化所取代。中国历史经过元朝这段夷俗汉化的过程，无疑促进了中华民族大家庭的交流和发展。

第三章
经贸拓展

第一节　历史进程

　　蒙元若从成吉思汗建国（1206 年）算起，到末代皇帝妥懽帖睦尔退出中原（1368 年）为止，也是一个持续 160 多年的王朝。这个王朝无论从版图广度、军事力量、对外开放规模，还是科学技术建树和经贸管理改革上都远超秦汉并近越唐宋，是当时无与伦比的世界强国。

　　从元代经贸发展的阶段表现看，最初蒙古统治者动兵扩大帝国辖地时，最直接的目的就是掠夺财富。因此，每到一地总是疯狂劫掠物产、人口，然后按功勋大小将其分赐给诸王、贵族、将领。那时统治者不十分重视赋役管理和人口管理，所以这种以掠夺为主的剥削方式对社会生产力的破坏很严重，它使耕地荒芜，人口流亡，对政权的巩固极为不利。

　　元太宗窝阔台于 1229 年根据耶律楚材的建议确立了国家赋税制度，规定蒙古地区的牧民凡有马、牛、羊一百者取其一，中原地区的农民每户纳粟二石（后增至四石），西域地区人民也须以丁为单位出赋税。此后于 1236 年在灭金后进行户口调查的基础上，制定了更为详备的赋税制度。在人口管理方面，也逐渐改变了屠城政策。耶律楚材对元太宗

耶律楚材像

说，把人都杀了，还能得到什么呢？因此在汴京被破时，100 多万的生命被保全下来。此后城破不屠的事例日多，这对社会生产力的保存和国家财政收入都有好处。元太宗与耶律楚材等开创了蒙古统治者转变剥削方式的新局面，奠定了元初蒙古帝国时代经贸管理的大制，为国民经济的恢复创造了一定的条件。其后虽有一段反对汉制的曲折过程，但到元宪宗蒙哥时一直处于恢复时期。宪宗明确遵行太宗的赋役制度并有所发展，克服了社会经济出现的混乱状况。可以说，这时征战频繁而未经济崩溃，没有把农田变为牧场是英明的决策。

元世祖忽必烈于 1260 年登基后，他根据自己治理中原的经验和深入的思考，进一步与各族臣僚规划出全国经贸管理制度。经过中统元年到至元初年的增改损益，关于帝国经贸管理的多元一体化的开放模式大体上确定下来。全国统一后，忽必烈又力排众议，将此制度推向江南，实现了全国经贸制度的统一贯彻，为元朝经贸的全面繁荣创造了条件。忽必烈的经贸管理模式具有进步和开明的色彩，这就使南方内地农业经济文明和北方草原牧业经济文明充分交流、取长补短、并行发展，客观上或多或少地淡化了民族间的仇恨心理，在民族交融中增强了相互信任感。在他的统治时代出现了"家给人足"、"号称治平"的盛况，其治绩足可与前代"文景"、"贞观"相比。从史籍可见当时高度繁荣的盛景，以至于元末衰世的百姓都怀念世祖朝的逝去。

成宗即位后，总体上继承了忽必烈的国民经济管理新模式，继续推行农牧并举、允许多种经济制度和生产方式并存、内地和边疆少数民族地区经济并重、完善全国金融制度、重视工商业发展、扩大交通事业、减轻百姓赋役的多种开明政策，因而保持了经济持续稳定的增长。成宗之守成可谓守世祖朝经济繁荣之成，其严厉打击经济领域高层官吏贪污腐败行为也可视为守成之举。其祖忽必烈在位时就曾连斩数名贪污腐败的大员，成宗对官商勾结也绝不手软。这些举措保证了经济发展的良好态势，因此《元史·食货志》说"世称元之治以至元、大德为首"当为确论。

武宗即位后，滥赏无度，冗员满朝，大兴土木，横征暴敛，使国民经济出现衰退。"至元、大德之政，于是稍有变更云"①，其

银架（元）

对国民经济管理没有改善反而倒退是符合历史事实的。仁宗即位后力图大有作为，改变武宗朝财政混乱的局面，于是进行了一系列救弊措施。但因保守势力反对，各级官吏与地方豪强勾结抵制，加之仁宗本人性格又较软弱，因而其改革终未能坚决实行。英宗登基后亦图改革，主要内容包括提拔重臣加强对经济改革的领导；裁减冗官，精简机构，减少俸禄开支，打击特权阶层；处斩多名高级贪官，没收其巨额家资以充公；减轻徭役，鼓励生产；节制财用，避免浪费。英宗的经济改革未能持久，遭到保守势力的仇视和反对，英宗本人也在"南坡之变"中被杀，从此元代经济由衰落走向崩溃。

统治集团内部的争权斗争连绵不断，国民经济管理根本无暇顾及。自泰定帝至元末，政变迭出，封赏滥行，百姓赋税大幅上升，社会危机日益严重。也有皇帝欲以"更化"但阻力重重，也有大臣欲以"复兴"

---

① 《元史·武宗纪二》。

但回天乏术。最终，至正十年（1350年）的"钞法变更"导致全国性的通货膨胀，至正十一年（1351年）修治黄河的民工因官吏克扣食钱而造反，元蒙王朝最终因腐败退出中国历史舞台。

第二节　时代特点

元朝盛世出现在世祖、成宗时代，这与前朝开国时期经济振兴相比来得较晚，表现出革新进展的艰难性。它经历了太祖铁木真、太宗窝阔台、定宗贵由、宪宗蒙哥4位可汗长达半个多世纪的缓慢发展时期，主要是由于战乱时间太长和经济创伤太严重。同时，蒙元统治者最初主要是精于牧业经济和军事经济管理，对包括农业和其他各类型经济在内的多民族大国国民经济管理缺乏经验，因此需要一个学习熟悉的过程。太宗朝契丹族名相耶律楚材力主改革，前期受到别迭的反对，后期受到乃马真皇后的阻难，可见新的经济体制确立的不易。忽必烈当大汗后为统一稳固民心大搞经济改革，兴利除弊的成果日益显著。但西北叛王海都大为不满，以宗王身份兴兵干扰，使改革活动颇受牵制。其后仁宗、英宗的改革都半途而废，这些往往与民族传统纠缠在一起，就使经济活动的推进相当艰难。经济政策调整的时间比较长，又要适应当时的政治形势，且随着地域的扩大经济类型也较复杂，这一过程势必导致元代经济管理不够稳定，所以盛世来之不早而去之太快。

元代经济还有一个突出特点，即政治变动对经济领域巨大的影响。元代盛世的世祖、成宗对经济领域的腐败分子惩治十分严厉，这对遏制此前蒙古贵族的剽掠本性有巨大作用，这些政治措施扭转了蒙古贵族以往的经济意识。但是元代中后期党争激烈，权奸势大，导致经济秩序的混乱。仁宗朝铁木迭儿左右朝政，其滥用国库资财，又致力民间搜括，严重影响了经济的发展。文宗为夺帝位，挪用国家资财为军费，其权相燕铁木儿视国库如家藏，大肆封赏，以致财政枯竭。顺帝初政时右丞相伯颜滥取国帑为己有，比燕铁木儿有过之而无不及，其一身兼有 30 余职，出行时诸卫亲军填街塞巷。元朝在政治变动中爬上宰辅要位的新贵出于私利，对经济破坏都十分剧烈，其因大肆封赏而给百姓带来沉重的额外负担。在其影响下，贪官污吏更不知有"廉耻"二字，只知要钱，名目繁多。由此可见，元代帝位争夺造成的政治动荡给经济领域以强大的冲击。

元世祖出猎图（元）

元代国民经济还呈现出多元一体性，其在生产方式上多态并存，在贸易方式上双向开放，使经济交流远胜前代而规模浩大。元代经济从总体上看，农业、牧业、手工业、商业、渔猎业、林业都能并行存在，多元发展，受到国家同样的重视。同时在生产方式上，一方面接受了中原地区封建化程度较高的现实，一方面也保留了吐蕃地区存在的寺院封建农奴制，另还认同着云、贵、川及北方和东北方遥远边疆少数民族地区仍存在的原始公社或奴隶制。元廷没有用武力去迫使那些土著民族改变原有的生产制度，因而也就没有引起大而长的政治与军事动荡。它采取的各种生产方式并存的政策保证了各个地区的政治稳定，它在赋役管理方面实施的不同优惠待遇也使那些地区的属民愿意归从。这种对各族各地多形态生产方式及经济俗制兼容并包的国策，在当时特定的历史条件下有利于全国版图的统一和经济的发展。而中原王朝对经济采取的开放政策，更使各行各业得以广泛的交流和快速的推进。元代以前的中原王朝在经济管理方面多属封闭型，只有少数帝王时期具有若干开放性内容。元代经济管理则气势恢弘，兼容并包，多向交流，不拘形式。元代君主没有重此抑彼的倾向，对工商业者听任自为，或者说对所有经济领域一视同仁。另外还放任各族人民相互交流，不设篱栅进行隔绝，鼓励生产商品化。元代在对外贸易方面与周边国家都有广泛来往，凡来华商人给予优惠甚至可以长期定居贸易，也允许外籍工匠定居国内施展才能。其时元帝国有许多闻名全球的开放城市和口岸，成为世界各国与中国进行经济交流的重要所在。元朝多元经济的发展和开放式动态管理显著区别于前代经济发展的格局，因而其对传统的封建农业的主流意识也给予了很大的打破和拓新。

元代统治阶级的经济思想还促进了经济科技的发展，科学技术作为生产力得到广泛的应用。在封建时代，科学技术的发明创造往往与社会生产联系薄弱，主要服务于贵族的奇巧欣赏和军队的装备加强。元代的科技在军事方面是相当发达的，同时也由面向宫廷的赏玩转向社会经济的应用。从总体上看，其成果从质和量上都超越了前代。如水利建设、农具制造、交通运输、城市建筑、冶铸技术、牧业医学、海航漕运以及天文历法，无不有所发明。这些科技人员来自各语系民族，他们在劳动实践中积极探索。而元代蒙古帝王一向有重视科技的传统，他们不把科技当做淫巧而看重实用。他们对科技人才保护、重用、佩服，科技的发展无疑促进了元代经济的繁荣。

在元代辽阔的版图上，各族经济的空前交流使文化传播极大的丰富。草原、中土、沿海各具特色的经济文化成果交互流通，而各大商业都会也就成为各族文明取长补短的重要枢纽。元时称为汗八里的元大都（今北京），号称"人烟百万"①。它不仅是全国政治、文化中心，同时也是经济中心。《马可·波罗行记》中载："外国巨价异物及百物之输入

① 权衡：《庚申外史》。

此城者，世界诸城无能与比……此汉
八里大城之周，有城二百，位置远近
不等。每城都有商人来此买卖货物，
盖此城为商业繁盛之城也。"黄仲文
《大都赋》则言："奴隶杂处而无辨，
王侯并驱而不分。庖千首以终朝，酿
万石而一旬。复有降蛇搏虎之技，扰
象藏马之戏，驱鬼役神之术，谈天论
地之艺，皆能以蛊人之心而荡人之
魄。"据史籍载，忽必烈修建大都正
是因其"龙蟠虎踞，形势雄伟，南控
江淮，北边朔漠"，完全出于政治需

掐丝珐琅三环尊

要。当时调集参与这一工程的主要是
汉族臣僚，也有其他民族人物，也黑迭儿贡献最为卓著。据考大都以
《周礼》为原则设计，城门与宫殿则多取自《易经》，是"仪文制度，遵
用汉法"的重要体现。蒙古统治者从营帐搬入宫廷，从朔方迁入漠南，
从游牧乐入土居，其粗蛮豪爽的本性与严谨整饬的汉制经过调适，恰好
形成一个开放有序的经济环境。比如大都不仅有皇帝宫殿、贵族宅第，
更多的是商号客栈、百姓杂民，来自欧洲、非洲、中亚、南亚、日本、
朝鲜的使团络绎不绝。

　　除大都外，中国其他地区的城市发展也规模惊人。在内地，如涿
州、奉元（今西安）、太原、开封、济南、成都、江陵、九江、扬州、
集庆、镇江、平江（今苏州）、临安等，数不胜数。"济南，水陆辐辏，
商贾所通，倡优游食颇多，皆非土人。"① 扬州"介江南北，而以其南
隶浙西，其北隶河南，壤地千里，鱼盐稻米之利擅于东南，为天下府库

---

① 于钦：《齐乘》卷五。

盖将百年矣"①。平江"人烟稠密，至不知其数"，"此城统辖十六大城，并商业繁盛之大城也"②。在边疆，如云南、新疆、内蒙古、东北各少数民族地区，也出现工商经济发达的城市。其中以位于今内蒙古正蓝旗境内的元上都最为壮观。这儿本是元初的政治中心，后来成为陪都。在马可·波罗笔下，这是一座坐落在草原上的宫殿，有城墙、街道、园林、亭台、寺庙，华美壮丽。这些城市气魄都超过了宋代，南宋故都临安至元时成为南方最大的商城，可见元代的城市建设与经济生活超过前代。

第三节　农牧经营

　　元代尽管商业意识浓厚，但还是以农为本的社会。农业作为国家经济的命脉，受到来自游牧民族的蒙古统治者的高度重视。他们都看到农业是国家财政收入的主要来源，发展农业对稳固统治也有不可忽略的作用。因此，他们有许多具体的重农举措，对前代遗留下来的农业给予推进。

　　政府大力推广劳动人民在生产实践中改进和创造的各种优良农具，大大减轻了农民的劳动强度并提高了生产效率。在元代，用于播种的耧车就有多种，灵巧方便，省时省力。用于收割的镰刀也种类增多，功能多样。水利机械和灌溉设备也有很大发展，水轮、翻车广泛应用。

　　元代帝王重视农业科学，使元代农业产生了飞跃。元初在北方出现了"民间垦辟种艺之业，增前数倍"③ 的景象。陕西地区的屯田五谷丰

---

① 孙大雅：《送淮南省掾梅择之序》。
② 《马可·波罗行记》。
③ 王磐：《农桑辑要序》。

登，关中的麦子
名扬天下，河北
地区仓廪丰实，
山东垦荒获得大
批良田。元朝中
期国家税粮北方
收入将近一半，
说明北方农业恢
复很快且有重大
发展。忽必烈命
伯颜率元军南下

砖雕大舜耕田（金）

平宋，如果没有北方农业经济的支持是无从谈起的。南方的农业生产原
来就很发达，主要是由于战争较少和水土条件。南宋政权后期腐败妨害
农业，忽必烈尽革其弊以图振兴。史载元朝江浙行省粮产最高，每年上
交税粮占全国的1/3强。元朝还给南方农区以优惠政策，使粮食增产大
量北运。

在管理上，元朝自忽必烈始大力推重农业，他说："国以民为本，
民以衣食为本，衣食以农桑为本。"① 他于中统二年（1261年）在大
都设立中央农业管理机构"劝农司"，于至元十五年（1278年）春模
仿汉族帝王亲祭"先农"，可见这个出身游牧民族的年轻帝王的英明
远见。他多次下诏打造农具，廉价或无偿地分发给贫民。他严禁蒙古
军强占农田为牧地，如有以势欺民者令所在拘执以闻。他重视粮储，
实行屯田，鼓励垦荒，减轻徭役，这些措施都有利于农业发展。随着
太平盛世的到来，元朝人口也不断增加。《元史·食货志》言："终世
祖之世，家富人足，天下为户凡一千一百六十三万二百八十一，为口

———————————
① 《元史·食货志》。

凡五千三百六十五万四千三百三十七。"

此外，在元代农业管理的计划中，经济作物的种植面积有引人注目的位置。其中，棉花种植在元代得到大力推广。朝廷专设"木棉提举司"，将征收木棉列入国家正式税收计划。这一举措说明政府的不保守、有远见，从此棉花种植与纺织遍及民间，国人改变了穿麻的状况而进入穿棉的时代。除棉花以外，西瓜、红花、蚕豆、亚麻等经济作物也广为种植。可见，元代农业领域中经济作物的种植是广泛的，它反映了以农为本、多种经营的商品经济思想，此举打破了中原传统的故套束缚。

沙原放牧图（元）

元朝皇室出身于牧猎民族，他们移居中原后并未遗弃牧猎。自太祖成吉思汗始，元朝有一系列重视鼓励牧猎的经济国策，至顺帝朝仍不废。

忽必烈建王府漠南金莲川，尤其建京大都后极重农业，但他也不是像北魏孝文帝那样从平城移京洛阳后乐而不思故业。忽必烈之前的蒙古诸帝后，多是重视发展畜牧业的人，而狩猎多少又与军事活动有关。他们有许多优秀的管理措施，也有许多经验丰富的管理人员。忽必烈登基后，牧猎经济未被看轻反受重视，这就使草原经济空前稳固和兴盛。他执政时，有些蒙古贵族胸怀褊狭，不理解他统一中国的大志，指责他忘记本族，尊用汉法，弃帐建都，只重农业。实际上，忽必烈既欣赏汉族农民种植的庄稼，也没有忘记家乡丰饶的牧草。他植牧草于汉宫门前，警示子孙臣属勤俭而重牧。这与其他帝王搜罗奇花异草修饰宫苑以显华贵是截然不同的，由此可见忽必烈农牧并重不忘本色的务实风格。

他在位时，大搞水利建设于牧区，派军队至漠北浚井。他在牧区推行户等制，使赋税负担大体合理。并采取扶贫政策，给予赈济。他下令"禁捕鹿羔"、"禁杀羔羊"①，以利牲畜繁衍。禁止牧区劳动力随意流失，反对牧民于农区长期定居，使农牧互不妨害、各展其长。他还发展牧产品加工业，"城中制造驼毛毡不少，是为世界最丽之毡。亦有白毡，为世界最良之毡，盖以白驼毛制之也。所制甚多，商人以之运销契丹及世界各地"②。他将牧区之牛调入内地助农耕，又令内地农区给边疆屯田送种子，使各族边界互市实现，有利于农牧并举，这也只有在忽必烈的大一统时代才能实现。

忽必烈还以牧业供应军需和建设交通，马成为一笔巨大的财富。牧区还要满足上都与大都贵族及一般市民的肉食供应，源源不断的塞北牛羊输入京城及其他城镇，成功地解决了元代内地城市的肉食需求，并换回牧区所需的其他生活、劳动产品。他还推广牧业科技，由专业人员总结牧业经验撰写书籍。他在法律方面制定了具体条文，对偷盗牲畜者严惩不贷，以保护畜牧业主的产权，维护草原秩序。

蒙古族还建有较大的牧业市场，忽必烈加速了牧业产品商品化的进程。元上都和大都就是两个引人注目的畜产品集散地，城中牧业市场与其他市场分列而争辉，如马、牛、羊、驴、骡、骆驼市，又如皮袍、皮帽、皮裤等皮货市，充分体现了牧业文明的气氛。市场上政府还规定重要畜产品的售价，如至元二十六年（1289 年）七月规定"马匹价值中统钞为则，骟马每匹上等五锭，中等四锭，下等三锭。曳剌马上等四锭，中等三锭，下等二锭"③。忽必烈还以减轻商税、优惠商人的手段促销牧业产品，他一再减上都税甚至给上都商人"置而不征"的免税待遇。

① 《元史·世祖本纪》。
② 《元一统志》卷六。
③ 《大元马政记》。

忽必烈除了发展私人牧养，还搞了许多官营牧场，实行官私牧养并举的政策，使边远草场皆为牧地。由于忽必烈熟悉牧业，对官营牧场还作了许多具体规定，如分群制、股烙制、父子相承制、逐水草而牧制、造册统计制、奖惩责任制，等等。忽必烈严禁官吏在农区扰农，在牧区则严禁扰牧，不准加重牧区百姓负担。这都使元代牧业兴旺发达而未见废弛。另外，元代半农半牧区的畜养量，纯农区众多农家的畜养量，都相当可观。畜牧业产品与其他经济部门千丝万缕的联系，使人时时感到来自草原的气息。

除重视畜牧业外，元代狩猎经济也远超前代。元代狩猎往往有军事意味，以此作为加强军队训练和提高作战能力的手段。同时狩猎也有娱乐的性质，因此皇家都建有很大的猎苑。忽必烈时，狩猎经济发展起来，进入一个崭新的阶段。他把狩猎经济视为整个国民经济的有机组成部分，注意其经营之道及与其他经济部门之间的关系，并试图解决好这种经济活动与生态平衡之间的问题。主要表现在：（1）主张因岁顺时，按季渔猎；（2）禁猎待产孕兽，不捕鱼苗兽仔；（3）驯养禽兽以猎禽兽，提高狩猎生产效益；（4）重视边疆和内地的狩猎经济活动，但不得影响农牧和其他经济事业的发展；（5）建立和完善各类狩猎管理机构；（6）遇有灾年则开放皇家猎苑，以解灾民衣食之困。元朝狩猎经济及其管理规章对后世有深远的影响，其较为完备的保护措施在历史上也有着积极的意义。

第四节　工商贸易

元代有大规模的各类型手工业，官府、贵族、寺院、民间都有经营，军事、建筑、纺织、印刷、制瓷诸业都有进步。

　　蒙古统治者开始不知农业的好处，但却知工匠能够提供优良的军器和各种消费品，所以即使在早期的掠夺战争中，也注意保护和搜罗各种工匠。窝阔台在位时，曾得西域回回工匠 300 余户，即于弘州（今河北阳原县）设局督令生产。忽必烈灭南宋后，更是大肆搜括工匠，选其优者专门留用。工匠与普通农户不同，立有匠籍称为匠户，子孙世袭不得改业。

　　元代手工业上承唐、宋、辽、金之故基，不以之为奇技淫巧而鼓励普及实用，这是思想观念的重大转变，正如商业意识的流行一样，得到政府和社会的认同。当时大一统的政治条件使国内各地手工业也得到较充分的集汇交流，而外国的专家、技工来到中国也促进了手工

至元通行宝钞（元）

业水平的提高，这就使元代手工业多元并存且成果显著，其生产的数量和质量都称誉于当时世界，《马可·波罗行记》中的大量描写更是令人称羡不已。

　　元代手工业规模之大是惊人的，政府设有许多管理手工业的机构和官营的手工业作坊。如中央设有将作院，又在大都及各地设置各种局院，直接指挥工匠从事生产。据《元史·百官志》和《元典章·职品》，元代官府手工业门类很多，分工极细，可谓应有尽有。贵族们也以经营手工业之途，达到"网大利"的目的。他们被赐予封土，获有工匠，因此规模也不小，有的贵族还包治官矿。元代寺院也大都从事手工业生产与经营，它们可以通过廉价的原料和劳力获取丰厚的收入。工匠们虽然

受到一些优待，但不满于受到压迫和剥削，因而常常采取多种形式的反抗活动，如怠工、粗制、逃亡、起义等。一些民间独立的手工业者，在不少地区也有存在和发展，但其地位和规模都难同官府相比。

元代的军事手工业最为突出，其兵器制造盛况空前。初，蒙古的铁制兵器就很精良，其又善造高轮战车。西征灭回回后手工业水平得到进一步提高，中亚的技术被吸取利用。灭金、宋时，其军事手工业达到登峰造极的程度。忽必烈时代的官府手工业作坊中各族杰出的军器设计师和制造者如云，既有尖端产品又有一般武器，因此忽必烈攻城略地如摧枯拉朽就不足为奇。南宋人的火器研究成果，曾全部被元军吸收利用，从而使元军在装备方面如虎添翼。目前出土的元至正十一年（1351 年）造的铜炮是已经发现的世界上最早的大炮，其炮击技术当时也属世界一流。

在建筑方面，大都城的选地、设计、建造、装饰更是融注了众多工匠的心血。"中心阁地址选定和中心阁南至丽正门距离的确定，构成全城四至基准，使之能把金代原有的海子、琼华岛风景包括进来，并以此为基点，巧妙地安排全部宫殿和苑囿的布局。刘秉忠摒弃金中都旧城，而把海子湖沿地区选择为新城城址的重要原因，是因为海子受高粱河贯注，水量比金中都所依赖的莲花池水系丰富，足以满足扩大了的宫阙与城市用水的需要。"①

元代纺织行业由于棉花的种植普遍发达起来，尤其在南方作为一种农村家庭副业技术提高很快。据文献记载，我国的棉花种植是从印度引入的，南北朝时就在四川成都等地有种植。唐代又经北路传到新疆，经南路传到闽粤。到宋代，棉花种植地域有所扩大，但纺织技术不够先进。元代棉花种植技术大有提高，纺织工具和方法都有改进，尤其是黄道婆对此做出了卓越贡献。她原出生于松江府乌泥泾镇一个贫苦农民家

---

① 《中国大百科全书·中国历史·大都》，中国大百科全书出版社 1992 年版，第 134 页。

庭，幼年因家境窘迫流落到海南岛崖州谋生。当时海南岛黎族的棉纺织技术很先进，黄道婆从那里学会了一套制造棉织机的技能与崖州织被面的方法。后来她搭乘海船返回原籍，见家乡人们纺织技术仍很落后，便教大家制作织棉工具和织作花样。此后，乌泥泾纺织品名闻全国，棉花种植与产品迅速传播开来。元代丝织、毛织产品也更为精致并增多，其器械多有改进，技术有所提高。织金锦在元代十分流行，各种花色毛毡品种更是数不胜数。

黄道婆像

元代的印刷业包括官府与民间两部分，官府刻书主要是经史、文书，民间刻书则较繁多。印刷术在北宋发明活字印刷后至元又有显著改进，其突出标志是锡活字和木活字的创制与应用。元代还广泛采用了套版印刷和铜版印刷技术，欧洲此时尚无套色印刷，元代钞票则用铜版印制。

元代瓷器业在宋代的基础上也有新发展。受蒙古民族习俗影响，元代的器形多仿奇兽怪鸟，其尚武好勇又表现为戗金装饰。元代的瓷器品种很多，以景德镇的青花瓷最为杰出，自晚唐经两宋到元代，青花瓷的土质、图案、工艺都日臻精美，此后成为明瓷的主流。

元代重农，但不轻商，城市的建设与商业的发展有着千丝万缕的联系。元朝盛世皇帝统一南北东西，使各行各业在和平环境中稳定迈进。此时欧、亚、非诸国商人接踵而至，各大都会珍奇荟萃。国内遍及城乡的中小商人为数众多，他们开店坐肆、跋涉贩运、辛苦经营。

元代商品意识浓厚，是与统治者的商业政策分不开的。他们鼓励通商，减轻商税，保全商道，维护商资。在这些政策的作用下，众多的农牧业和手工业产品开始商品化。元代不少土地所有者是利用土地进行商品开发的，于是大量的棉、麻、丝、茶、糖、粮等产品被投入市场。就粮食市场而言，不仅在发达的内地，而且在偏远的地区都大量出现，粮食商品化的程度大大提高。工商业发达的城市，也依赖商品粮的供给，由商贾运作，稻米和面粉都有出售。北方粮食供应依靠南方，每年由河道、海道转运粮食，输入市场的粮食多寡与市场粮价波动紧密相关。于是在元代粮食市场上，就出现了一些左右粮价的大粮商。他们垄断粮食价格，获利颇丰。一些经营粮食起家的暴发户，建有众多粮库囤积粮食。

另外，粮食转化为商品不仅靠市场售出，还可通过酿酒业来实现。元代帝王中尽管有不少人反对饮酒，但元代的饮酒之风还是很盛的。这时已出现了烧酒，汉族地区人烟稠密需求极大。元人饮酒喜食牛肉，以粮喂牛也是商品转化的渠道。所以，粮食转化为商品的数量是惊人的。

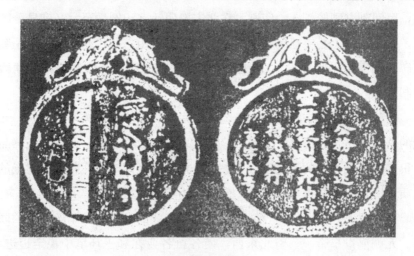

元站赤腰牌

同时，粮食的运输也给许多人带来好处。元代除建有以大都为中心的四通八达的陆路驿站交通网外，还大力发展河运和海运。大都的供应要依靠江南，故元代加强了对运河的疏浚与修建。这样，从杭州到大都的粮食及各种货物可直通，加强了南北经济的交流，也起到了巩固一统局面的作用。元政府还开辟了海运线，运载量大，速度快，效益高，保证了物资供应和商业繁荣，减轻了百姓的陆路运输之苦，增加了国家的财政收入。其时造船业也发展起来，沿海地区建立了许多造船的工场，大者拥有工人数百名，一年造船数百只，船上配有罗盘可远航。这些船只不仅运粮，还运其他物资。元代的竹木业、纺织业、果菜业、陶瓷业、茶业、盐业等都有长足发展，商品经济也破坏了一些地区的自然经济。这些商品交换的出现使商品经济更为兴盛，而商人从中渔利也甚高。

由于朝廷鼓励商品生产，因而社会上经商之风甚盛，出现了许多善于经营、集资巨万的大商人。可以说，此时商人之众、商人活动规模之巨、商人获利之丰和商人经营谋略之奇都超过前代。一些商人富比王侯，而元代政府的商税也征收甚便。元代辽阔的版图使南北东西物资交流畅通无阻，由国内到海外远比唐宋开放得多。所以从众多元代文艺作品中可以看到大量关于市场的描写，而文艺作品本身实际上也在市场中体现出商业价值。

元代经济贸易的拓展正如蒙古王朝的游猎搜刮一样，从其开始的武力征服到后来的文明索取。蒙古族很早就对商业往来感兴趣，成吉思汗时就已有庞大的商队。牧区需要的大量生活用品正是通过商品交换得到，而其生产的富有特色的产品也是在商品交换中实现价值。进入中原以后，元朝的经商意识和才能得到进一步发挥。在忽必烈时代，版图的扩大、社会的安定、导向的正确、改革的有效使国力大大增强。

需要特别指出的是，这一切经济活动都是以政府调控为主的，政府在

鹰桧图（元）张舜咨　雪界翁

商业往来中是最大的获利者。政府在国内对盐、酒、茶、醋等均实行专卖政策，垄断经营。例如盐的生产全由政府掌握，任意定价。元初盐价并不高，此后成倍递增。盐的销售有两种方式。一种是由商人向官府购买盐引（凭证），持引到指定的盐场取盐，然后运到指定的地区销售。盐商多是有钱有势之家，莫不假借专卖抬高盐价牟取暴利。一种是官府自行销售，把盐强行摊派给百姓，然后征取盐价，实为一种苛敛。元朝政府严禁私人造盐或贩盐，有犯者处以重罪。通过盐的专卖，政府大得其利，每年盐课收入要占全部财政收入一半以上。

元朝政府还利用斡脱从事商业活动，即给商人提供本钱使之为政府谋利。这些官商大都有种种特权，如不服差役、不纳商税、不得刁难。他们还替政府及贵族举放高利贷叫斡脱钱，这钱利息极高，常例本息相等。因而凡借贷者因不易偿还而倾家荡产，以致以妻、子为质。元人商业意识浓厚，较少中原得义忘利的传统，官府借经商而搜刮，民间自然也重商业利益，因此金钱关系突出，以致见利忘义，这在元代的许多文艺作品中都有表现。

元代纸币的流通也给商业带来方便。在元朝前期，纸币颇有信用，通行全国各地，这有利于经济交流。有元一代一直以使用纸币为主，主要是元朝政府禁止金、银、铜钱的流通，而钞本充实较有信用，如忽必烈时发行的中统钞和至元钞皆可兑换金银。但到元末时，由于统治者花天酒地、荒淫奢侈，尽管横征暴敛也不能满足大肆挥霍，于是滥发钞票以满足一时之需，导致纸币迅速贬值，物价飞涨，人民只好弃币不用，以物易物。随之而来的是整个社会秩序的混乱，曾经繁荣的商业贸易终于在僵化腐败的体制下彻底崩溃。

第四章
宗教传承

第一节　萨满教

　　蒙古民族入主中原之后，除了坚持其本民族的宗教观念外，对其他宗教则采取兼容并蓄的政策。虽然蒙古萨满教在蒙古宫廷和民间仍占支配地位，但是佛教、道教、伊斯兰教、基督教乃至犹太教都可以自由传布。因此，元代各种宗教思想的流播，构成了元代多元文化的奇观。元代宗教明显具有民族特点，和政治、经济也有密切的联系，传教士一般享受某些特权，这就构成了元代宗教颇为杂乱且通俗的态势。

　　萨满教是广泛流传于亚洲北部乌拉尔—阿尔泰语系各族人民中的一种宗教。它从复杂的灵魂观念出发，在万物有灵信念支配下，以尊奉氏族或部落的祖灵为主，并兼有自然崇拜和图腾崇拜。一般认为，它形成于阶级社会之前的新石器时代和青铜器时代，主要流行于以狩猎、采集为生的民族。它没有成文的经典，没有特定的创始人，没有组织，没有寺庙，也没有统一规范的宗教礼仪。因为通古斯语称巫师为萨满，故以此为教名。12世纪中叶，中国南宋徐梦莘在所撰《三朝北盟会编》中已用"珊蛮"一词，记述了女真人信奉的萨满教。实际上，萨满教经过缓慢的发展又形成各族不同的特色，由于民族的振兴而随之影响扩大，这种根深蒂固的主流意识在同其他文化交往中也得到延展。

考古资料和大量研究表明，灵魂观念是一切原始宗教的发端，原始人相信灵魂可以离开躯体，如人在睡眠、梦幻、疾病和死亡时。并且他们相信灵魂可以不死随处游荡，蒙古人便将这些独立的灵魂称为"翁衮"。蒙古先民便由此"翁衮"推出它"翁衮"，依据万物有灵观念设想出羊翁衮、牛翁衮、山翁衮、河翁衮以及草木翁衮，等等。他们把各种形态的翁衮偶像供奉在蒙古包内，这就是蒙古萨满教独具特色的翁衮崇拜。约翰·普兰诺·加宾尼于13世纪中叶出使蒙古时记其所见："他们对神的信仰并不妨碍他们拥有仿照人像以毛毡做成的偶像，他们把这些偶像放在帐幕门户的两边。在这些偶像下面，他们放一个以毛毡做成的牛、羊等乳房的模型，他们相信这些偶像是家畜的保护神，并能够赐予他们以乳和马驹的利益。以外还有其他偶像，他们以绸料做成，对于这些偶像，他们非常尊敬。有些人把这些偶像放在他们帐幕门前的一辆美丽的有篷的车子里面，如果任何人偷窃车子里的任何东西，他就要被处死刑，决不宽恕。当他们愿意制作这些偶像时，住在不同帐幕的所有主妇们都聚会到一起，非常尊敬地制作它们。当她们制作完毕时，杀一只羊举行会餐，并把羊的骨头放在火上烧掉。当任何小孩生病时，他们也用上述方法做一个偶像，并把它捆在他的床上面。"① 蒙古的"翁衮"最初没有神灵的意义，也不是一切灵魂都能成为"翁衮"。只有行过大善的人的灵魂才能成为善翁衮，而做过大恶的人的灵魂只能成为恶翁衮。当恶翁衮给人带来灾难如病痛时，萨满就要借助善翁衮的力量与之做斗争。

随着神灵范围的扩大和蒙古萨满教的发展，一些翁衮便上升为神灵，称做腾格里。腾格里一般来源于天体现象，他们能给人间带来祸福灾祥，因而人们敬畏尊崇，而翁衮也被腾格里取代。10世纪时，由于

---

① ［英］道森编，吕浦译：《出使蒙古记》，中国社会科学出版社1983年版，第9～10页。

蒙古氏族联合体不断形成，他们之间又经常发生战争，因此原先众相分属各自独立的腾格里也被划归为两大对立的营垒。如西方的 55 尊腾格里天神为善神，东方的 44 尊腾格里天神为恶神。他们之间的对抗和较量是持续性的，斗争时起时伏，双方时胜时败。按照布里亚特的神话传说，在遥远的过去，99 尊腾格里天神和睦地生活在一起，后因权力之争分裂为两大阵营。最后，西方腾格里成了胜利者，成为白色牲畜的保护神；东方腾格里战败，成为黑色牲畜的保护神。由此可见，这实际上是现实社会中部落联盟之间关系的反映。

随着草原各部落长期割据状态的结束和统一的蒙古国家的建立，二元对立的腾格里阵营也必然走向统一，于是便出现了至高无上的天神——长生天。蒙古萨满教以蒙客·腾格里为众神之首，义为"永恒的天神"，明译《蒙古秘史》译做"长生天"。"长生天"这一名号是成吉思汗以后才出现的，可见这正是人们把专制君主的观念推广到神灵世界的结果。

总之，蒙古族的至上神观念自成吉思汗时代形成，此后成为代代承袭的正统宗教意识，对蒙古族的凝聚和延续起着潜移默化的作用。需要指出的是，蒙古萨满教的神灵结构，是以长生天为中心而众神并存的多层次系统。蒙古萨满教的经文、赞歌、祝词中经常提到"以长生天为首的九十九尊腾格里天神"，可见强调长生天的至上性并不否定其他诸神的存在。它不是一神教，不同于基督教的尊崇上帝和伊斯兰教的尊崇安拉。比如除长生天外，他们还特别信仰火神。认为火来源于天界，最神圣、洁净、亲切，能清除污秽、驱赶魔鬼、卜问休咎等。因此，任何宗教礼仪都离不了火，各种祭品都要先献一点给火。《柏朗嘉宾蒙古行记》云："所以，当异邦之使臣、国王或某些其他什么显赫人物到达他们之中时，外来者及其所携礼品则必须从两堆火中穿过，其目的是以此得以火净，以防他们可能会从事魔法，带来毒素或某种妖孽。"其他还有各种各样的神，似乎神灵越多人就越能得到保障，所以人们为了达到不同的目的，就屡屡分别向各种神灵献祭和祈祷。

关于萨满，有许多传说。据称布里亚特人的萨满，原是一只会说话的大鹰，受天神派遣下界庇佑族人，娶该族女子为妻并生一子，此子即为最初的萨满。雅库特人和通古斯人均有萨满祖先是神鹰后裔的传说，至今鄂温克、鄂伦春、达斡尔和赫哲族萨满的神衣上还常饰以鹰的形象或图案。他们被认为是人和神的中介，可以将人的意愿反映给神，也可以将神的喻示传达给人。他们在施展法术时，往往激动不安、疯狂乱舞，被认为是神灵附体。

元典章

萨满多是氏族或部落的酋长，有很高的社会威望。其嬗递多在氏族内进行，一般要经过特定的寻找，如出生时有某种异常现象或神经衰弱与癫痫病患者。他们被视为祖神的托借，要经过一定的培养、训练。其服饰和法器也较特别，由老萨满所赠或是族人资助。如用皮条穿起挂在腰间的从小到大的铜镜，当萨满跳神时不停地晃动就会发出响亮而悦耳的撞击声，其特殊的意义在于能够造出雄武威严的视听感受，借以震慑和驱吓邪魔。《多桑蒙古史》云："珊蛮者，其幼稚宗教之教师也。兼幻人、解梦人、卜人、星者、医师于一身，此辈自以各有其亲狎之神灵，告彼以过去现在未来之秘密。击鼓诵咒，逐渐激昂，以至迷罔，及神灵之附身也，则舞跃瞑眩，妄言吉凶，人生大事皆询此辈巫师，信之甚切。"①

萨满常在生产季节或部落械斗时主持各种宗教仪式，平时主要活动多是为病人跳神驱鬼或为牧人寻找丢失的牲畜。萨满也给人占卜吉凶，用烧烤过的羊胛骨的裂纹来判断。他们可以奇特古怪地出神入化，被认为是灵魂出窍或神灵附体，同恶魔战斗，代灵界传旨。他们能与超然世界沟通，普遍被社会承认，因而有极高的权威性。成吉思汗时代，有个萨满叫阔阔出，"他惯于揭示玄机，预言未来的事情，并且常说：'神在和我谈话，我在天上巡游！'" 1206 年，成吉思汗统一了蒙古各部举行登基仪式时，萨满阔阔出在会上宣称："长生天授命，让铁木真来统治全民族。""他还经常来对成吉思汗说：'神命你为普世的君主！'"② 后来，"九种语言的人都聚集在阔阔出处，多如成吉思汗处所聚的人"③。据《元史》载，朝廷每岁都要祭祀，由蒙古巫祝主持。

元朝后期，藏传佛教地位很高，但萨满教仍不衰。重要的是，蒙古人对其他宗教的理解是萨满教化的，他们对各种宗教采取兼容并包的态度，与他们信仰的萨满教的宽容性不无关系。萨满教至今尚有遗存，尤其是在亚洲北部的一些少数民族中，因而它也被广义地借指今天世界各地原始社会土著民族信仰的原始宗教，如爱斯基摩人、印第安人信仰的原始宗教。后来蒙古日崇藏传佛教，以至于最终取代了较原始的萨满信仰。

第二节 佛 教

佛教的神秘主义倾向，自有文字记载以来就不讳言。后期印度佛教

---

① ［瑞典］多桑著，冯承钧译：《多桑蒙古史》，中华书局 1962 年版，第 30 页。
② 《元朝秘史》，第 245 节。
③ ［波斯］拉施特主编，余大钧、周建奇译：《史集》第 1 卷第 1 分册，商务印书馆 1983 年版，第 273 页。

向密教转变，实际上是更多地接受了民间巫术而失却了早期佛教追求的人生哲理和终极目标，或者说佛教在其发展过程中愈益复杂化而更具有功利性特征。佛教自创建以来历经沿革部派众多，各教派纷纷从不同角度对原始教义进行阐释和发扬。在印度本土，佛教在其向民众弘法过程中，也更注意民间原始巫术的手段。加之佛教的说解到后来并不能满足在现实苦难中煎熬的广大民众的迫切需要，倒是包罗万象的杂咒、星占和卜算更能解答与百姓切身生活攸关的各种疑难问题，因此为早期佛教激烈抨击的巫术到了晚期反被接容并渗透于佛教内部，于是巫术被利用作维护佛教、争取民众的有效手段。

当然，佛教有其严格的教理。密教在教理上以大乘中观派和瑜伽行派的思想为其理论前提，在实践上则以高度组织化了的咒术、礼仪、本尊信仰崇拜等为其特征。宣传口诵真言咒语（语密）、手结契印（身密）和心作观想（意密），三密相应可以即身成佛。它还吸取众多的修法方式形成仪轨，发扬"转识成智"的思想将一切法门统帅起来，从而形成一个包容一切佛说和神变，自称可以随心所欲、无所不能的庞杂体系。就其宣称的功能言，首在护国卫土，保家安身，禳灾致福；但就佛教平身修持者言，却重在养生长寿，迅疾成佛，得大安乐。一般认为，密教成为独立的思想体系和派别在7世纪中叶《大日经》和《金刚顶经》成立以后。

《大日经》以日喻如来，它遍照法界，能平等开发无量众生"种种善根"，成就世间一切"殊胜事业"。其所以能够发挥这种作用，在于其佛理遍存众生心中，只要发掘出这"自性清净心"，就会达到预期的"苏悉地"（成就）。这与中国禅宗理论有些相似，但它又强调"大悲为根本，方便为究竟"。"大悲"之者在"救世"，不容个人孤证，因此需有一定场所和手段。如曼荼罗（坛场）、护摩（火祀）、灌顶（表征必定成佛）、咒术、星象、书符，等等。当然，密教的最终目的还是成佛，而且要为成佛提供最快捷的方法，这种手段便被概括成"三密"修持，

此中身、语、意一致之神秘就不免颇
为玄奥了。

《金刚顶经》与《大日经》在哲学
基础上并无原则区别，但更强调众生
"自性清净"与毗卢遮那"佛心"的聚
结。认为前者流入后者，能够聚生极
坚固物，成大欢喜形，被称做"金刚
体"，也就是所追求的佛身。这种自性
心与佛心的结合，都需要在瑜伽三摩
地（禅定）中完成，因此瑜伽实践就成
了金刚乘的主要特点。另外，《金刚顶
经》突出认为，自性清净心是随"染
欲"自然存在的。要达到"离欲"清净
的目的，必须采取以染害欲的手段，
使修持者在受用安乐中得到"调伏"。
此中弘法者要满足信众爱乐的需要，
按信众"意欲"说教。信众对弘法师
长，则要无条件供养，尤其是以身供

《金刚经注》卷首图（元）

养和"由贪染供养"。佛法的这种授受关系，是在"金刚曼荼罗"中完
成的。入此曼荼罗者，不管是为了饮食还是为了染着，都可以得到满
足。《金刚顶经》出现以后，密教被称为金刚乘。此后繁缛的仪轨逐步
简化，在导师教授下要求一切秘密践行，被称为"易行乘"。

11世纪西亚突厥系的伊斯兰军队侵入南亚次大陆后，密教中又出
现了"时轮乘"，认为现实世界将同"时轮"一样消逝，只有那创造一
切的"最初佛"才是永恒的。人只有通过瑜伽修持，控制"生命之风"
的运行，才能使生命超越时间流转的影响，使人身变为佛身得到永生。
在时轮乘出现以后不久，印度佛教寺院受到入侵军队的彻底摧毁。自8

世纪以来吸融婆罗门教和民间巫教的密教，被伊斯兰教势力最终消灭。

印度密教传入中国时间很早，但其在弘播过程中较为杂乱而被称为"杂密"。到唐代开元年间，印度密宗高僧善无畏携带梵本经西域来到长安，深受玄宗礼遇而被尊为"国师"；金刚智则从南海、广州抵洛阳，大弘密法；之后密教经典被大量翻译并得到传讲，在印度渐衰的佛教在中国却发达起来。唐代佛教流派甚多，密宗成为重要一支。其持续于整个唐代，由于受中国传统的道教、儒学和民间巫术的影响，其在中国的流传带有强烈的本地色彩。唐代前期皇帝，晚年多求长生，因而笃信执迷。安史之乱后，外患内争频仍不绝，君主大多昏庸，密教成为皇室护国保家、度灾御难的重要法门。密宗的法术对下层百姓有特别的蛊惑力，而对国家统治者更有保驾护航的作用。如开元大士不空，翻译密典，兼开灌顶，演瑜伽教，置曼荼罗，声名远播。安史之乱起，向肃宗问安献忠，及西京收复，又上表称贺，并奉"虎魄宝生如来像"一躯，以保皇帝延年益寿。密教经晚唐多方打击，完全衰败。

但其在藏传佛教中却有极大发展，它与政治的结合比任何一个教派都紧密，而作为健身延年之术则更普及。早在7世纪松赞干布时代，吐蕃开始强盛起来。其以逻娑（拉萨）为首都，南服尼婆罗（尼泊尔），北和大唐，逐步向外扩展。吐蕃活动疆域的扩大，促进了内部社会结构和文化结构的重大变化。与吐蕃发生交涉的四邻国家，没有一个不是盛行佛教的。松赞干布同尼泊尔和唐两个奉佛国家联姻，其占领的周边小国和地区佛教都很兴旺，使吐蕃自然接受了影响。8世纪间，吐蕃版图进一步开拓，印度密教僧人寂护和莲花生到吐蕃弘法，此后密教得以广泛流布。但9世纪中期，赞普朗达玛禁佛时，密教受到严厉打击。直至10世纪，密教又复兴起来，诸密经典被大量翻译，僧人广布道场，此后走向繁荣。11世纪时，密教流派众多，与其他教派共行于世。藏传佛教在传播过程中与藏地苯教在斗争中相互影响，佛教在教义基础上吸收了苯教一些神祇和仪式，苯教也吸收了一些佛教内容繁衍教理教义，因而藏地宗教各派之间既有互化又各具特色，并随政治的波动而沉浮。总的来说，占统治地位的藏传佛教，教义上大小乘兼容而以大乘为主，大乘中显密俱备尤重密宗。以密宗之无上瑜伽密为最高修行次第，从而形成"藏密"。

蒙古族与藏传佛教的接触最早是在成吉思汗时期。据《蒙古源流》记载，成吉思汗在进入吐蕃领地时曾致书两喇嘛，言"我且于此奉汝，汝其在彼佑我乎"。窝阔台即位后，派阔端镇抚秦、蜀、吐蕃等地。他了解到当时萨迦派在西藏的重要地位后，确定了以萨迦派作为联系对象进而利用宗教统辖西藏的策略。1244 年，阔端写信邀请萨迦派教主萨班·贡噶坚赞到凉州会晤。萨班与自己的两个侄子八思巴和恰那多吉经历了艰难漫长的旅途，于 1247 年在凉州与阔端举行了具有历史意义的会谈。会谈后，萨班写信给西藏地方僧俗首领，号召他们归附蒙古。阔端则承认萨迦派教主主持西藏政务，欲通过以教辅政的办法收服西藏。

但是，当时西藏各教派各有自己的势力范围，为了巩固和发展便各找靠山。如帕竹派向旭烈兀投诚、达垅派向阿里不哥投诚、止贡派向忽必烈投诚，他们也分别获得赐封，可见是各得所需。1253 年，忽必烈西征入大理，班师途经六盘山，派使到凉州迎请萨班，表达了他的敬意，此后接八思巴到上都与之会晤。1260 年，忽必烈即大汗位，封八思巴为国师，授予玉印，任中原法主，统天下教门。忽必烈接受八思巴为之举行的灌顶仪式，并领受三次金刚乘密法甘露。1270 年，忽必烈又封八思巴为帝师。1280 年，八思巴死，诏赠"皇天之下一人之上宣文辅治大圣至德普觉真智佑国如意大宝法王西天佛子大元帝师"。"自是，每帝师一人死，必自西域取一人为嗣，终元世无改焉。"①

有元一代，除萨迦派得势外，噶玛噶举派也颇受宠。噶玛噶举派创始于都松钦巴，后世说他能知过去、现在、未来之事。噶玛噶举派是西

---

① 《元史纪事本末》卷一八。

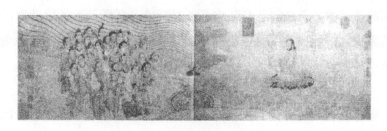

番王礼佛图（元）

藏佛教各派中最早采取活佛转世制度的，都松钦巴死后转世为噶玛拔希。其曾受封于蒙哥，据说被赐予金缘黑帽，此即噶玛噶举派黑帽系名称的来源。"拔希"为蒙语"上师"之意，即藏文"喇嘛"直译。蒙哥死后，阿里不哥与忽必烈争帝兵败，噶玛拔希因有帮助阿里不哥之嫌，遭到忽必烈的贬逐和冷落。忽必烈死后，噶玛噶举派活佛一直受到元廷的尊宠。其第三世活佛攘琼多吉、第四世活佛乳必多吉都受到元帝的信任。尤其是乳必多吉 1360 年至大都，为元顺帝父子传授"金刚亥母灌顶"，讲《那绕六法》，传密教中专指男女双身修法的"方便道"，以至于元宫丑闻播于朝野。

整个元代与蒙古皇室关系密切的藏传佛教教派还有蔡巴噶举派、达垅噶举派、主巴噶举派以及宁玛派等，部分僧人因得宠幸而仗势跋扈，腐败堕落。宣政院曾规定："凡民殴西僧者，截其手；骂之者，断其舌。"[①] 帝师相琏真伽，利用职权，劫掠财物，戕杀平民，干尽坏事，事发被抄时私财无数。元代有意用喇嘛教控制各民族，到处建寺成风。据至元二十八年（1291 年）宣政院统计，当时境内有寺 24000 余所，僧尼 21300 余人。到元代中叶，加上伪滥僧尼，总数约在百万左右。许多蒙古宗室、后妃、要臣、显宦，皆归敬喇嘛教，这对当时以及此后的蒙古社会影响至深。佛寺广置田产，勒索民户，兼营商业，生活奢华。元末顺帝"广取妇女，惟淫戏是乐"，"男女同宫，君臣为谑"，也不能说

---

① 《元史·释老传》。

与信从"男女双修"无关。所谓"双修"，是藏传佛教密宗的一种气功修炼法。但顺帝父子走火入魔，荒唐淫乱，乃至不理朝政，加速了元朝的灭亡。

元代统治者崇尚藏传佛教，两宋以来逐渐衰退的汉地佛教也得以重兴。蒙古人最初接触汉地佛教也是在成吉思汗时代，时其肱股之臣木华黎率军征金，于乱中遇到临济宗中兴名僧海云印简，木华黎将其情况上奏可汗，此后海云印简受到元四代皇帝的礼遇和重用。海云印简曾为元世祖忽必烈说法，又为其太子摩顶，云"世间最尊贵，无越于真金"，遂以为名，开蒙古王子取汉名之先河。海云印简的两个弟子，其一为西云安，历世祖、成宗、武宗三朝，武宗赐予"临济正宗之印"，封为荣禄大夫、司空。其二为刘秉忠，至元元年（1264 年）拜光禄大夫，位太保，参领中书省事，深得世祖信任，卒后赠太傅，封赵国公，谥"文贞"。成宗时，赠太师，谥"文iE"。仁宗时，又进封常山王。南方临济宗名僧有云峰妙高、雪岩祖钦、高峰原妙、中峰明本等。高峰原妙初习天台教，后从雪岩祖钦学禅得悟，有《高峰原妙禅师语录》行世。中峰明本得妙于高峰原妙，元丞相脱欢和翰林学士赵孟頫等曾从他学禅。

除临济宗在南方大盛外，曹洞宗则大行于北方。成吉思汗的得力辅弼耶律楚材是一位虔诚的佛教徒，在金时曾从曹洞宗名僧万松行秀参禅 3 年。成吉思汗卒后，他仍为窝阔台器重，封为中书令。他极力提倡"以佛治心，以儒治国"，对蒙古统治者不无影响。曹洞宗名僧万松行秀入元后应耶律楚材之请，著《从容录》、《清益录》、《祖灯录》等，是文字禅的典范。其弟子除耶律楚材外，随其出家而嗣其法脉者为雪庭福裕。雪庭福裕从万松行秀参禅 10 年，先住燕京奉福寺，后住嵩山少林寺，门下弟子相承绵延不绝，成为曹洞宗在北方的主力。忽必烈即位后，命其总领释教，赐号"光宗正法"。仁宗时制赠大司空、开府仪同三司，追赠晋国公。

其他治学有成的僧侣被召至京师或委以重任者也不乏其人。如华严

名僧仲华文才撰有《华严玄谈详略》、《肇论略疏》、《慧灯集》等，被世
祖命为洛阳白马寺住持，赐号"释源宗主"。天台宗师湛堂性澄撰有
《金刚经集注》、《弥陀经句解》等，至治元年（1321 年）应召入京校正
《大藏经》。净土宗、慈恩宗也皆有所传，整个华夏大地可谓佛风浩荡。

　　由于蒙古民族对萨满教的信仰根深蒂固，萨满教的观念内容渗入其
生活深层结构之中。所以，蒙古民族入主中原后，对所有宗教的理解都
是萨满化的。他们注意到宗教的祈福禳灾的现实作用，更侧重于只求今
生不求来世的理解。因此，佛教也更具世俗化的特征。在商品经济的红
尘冲击下，真心修行者少，追求财利者多，特别是到后期更为明显，也
就使官方佛教走向堕落。

　　在各种传统佛教宗派大兴时，一些与民间信仰相融合的佛教世俗化
教团也发展起来，其著名者如白莲教、白云宗。白莲教创始人为南宋初
年江苏吴郡延祥院僧人茅子元，他初学天台教义，习止观禅法，后慕东
晋慧远莲社遗风，在淀山湖畔创立"莲宗忏堂"，"劝诸男女同修净业，
自称白莲导师，坐受众拜"①。他提倡吃斋念佛，断肉食菜，故又名白
莲菜。绍兴初年（1131 年），当局以"食菜事魔"的罪名将其流配江
州，三年后被赦。乾道二年（1166 年），赵构召茅子元赴京，在德寿殿
"演说净土法门"，特赐"劝修净业白莲尊师慈照宗主"②。佛事完毕后，
茅子元回到昆山，从此宗风大振。其教义主要承袭佛教净土宗，专修往
生阿弥陀佛净土法门，后世称东晋庐山慧远为净土宗始祖。慧远的修持
方法是坐禅修定，心注净土，观想念佛。慧远提倡念佛对后世产生重大
影响，唐代弘扬净土法门的道绰和善导，每日口诵阿弥陀佛，劝人专修
念佛的净土教。结社念佛之风到宋代愈盛，如省常的净行社、知礼的念
佛施戒会等，正是在这样的思潮下产生了白莲教。据元代僧人普度著

①　志磐：《佛祖统纪》卷四八。
②　普度：《庐山莲宗宝鉴》卷四。

录，茅子元撰有《圆融四土选佛图》、《白莲晨朝忏仪》、《弥陀节要》、《法华百心证道歌》、《净土十门告诫》、《西行集》、《风月集》等。

茅子元承慧远而有创新，他说："一切众生本性皆同弥陀，既不着有相无相二边，亦无断见常见之说，是念念弥陀出世，处处极乐现前。如此念者，无念之念，念则真如；无生之生，生则实相。故知无念即离念，实相乃无相，无相则无住，无住则入佛境界，此乃无上正真大菩提道。"① "念佛之人最急一事不善相应。何以故？虽云持戒念佛，不曾发心愿生净土，皆是埋头过日，自失善利。大凡念佛，先要发心。欲超生死，往生净土，须以大愿自为主意。常须念佛，早晚专心礼拜弥陀，如朝帝主，两不失时，日近日亲，心口与佛相应，去佛不远，口念心想，心愿见佛，发深重愿，决信无疑。日久岁深，工夫纯熟，自然三昧成就，临命终时弥陀接引，净土现前。""临终见佛，即非外来，尽是唯心显现，犹如种子在地，逢春发生，岂是外来？皆从地出也。今之修行亦尔，念佛信愿纳在八识心地，临终发现净土弥陀即非外来，皆从自心出也。"② 茅子元要求教徒受持五戒，但不强求门徒出家。因而弟子很多，但戒律也渐松弛，逐渐形成一种民间结社。志磐在《佛祖统纪》中说："号白莲，妄托于祖；称导师，僭同于佛；假名净业，而专为奸秽之行；猥亵不良，何能具道。"故白莲教屡遭禁止，可见并非事出无因。

到了元代，白莲教的发展进入鼎盛时期，他们大建寺庙，广置产业，娶妻生子，代代相传。有些世家颇有势力，上得显贵支持，下有富豪资助，成为为教一方的霸主。故《元史·释老传》云："若夫天下寺院之领于内外宣政院，曰禅，曰教，曰律，则固各守其业，惟所谓白云宗、白莲宗者，亦或颇通奸利云。"至元十七年（1280 年）四月，都昌杜万一以白莲会名义倡乱，朝廷"命史弼讨擒之"，牵连者众多③。至

---

① 普度：《庐山莲宗宝鉴》卷二。
② 普度：《庐山莲宗宝鉴》卷七。
③ 《元史·世祖纪》。

大元年（1308 年），武宗下令"禁白莲社，毁其祠宇，以其人还隶民籍"①。仁宗时，经普度的"复教"活动，白莲教又恢复了合法地位，但朝廷并不倡扬。英宗时，再度下令"禁白莲佛事"②，白莲教从此转入地下，逐渐演变成秘密教团。至元末，白莲教为农民起义所利用，部分教徒成为农民起义的首事者和领导者。"颍州妖人刘福通为乱，以红

巾为号，陷颍州。初，栾城人韩山童祖父，以白莲会烧香惑众，谪徙广平永县。至山童，倡言天下大乱，弥勒佛下生，河南及江淮愚民皆翕然信之。福通与杜遵道、罗文素、盛文郁、王显忠、韩咬儿复鼓妖言，谓山童实宋徽宗八世孙，当为中国主。福通等杀白马、黑牛，誓告天地，欲同起兵为乱，事觉，县官捕之急，福通遂反。山童就擒，其妻杨氏，其子韩林儿，逃至武安。"③

影青瓷观音（元）

与白莲教相似的民间结社还有白云宗，又名白云菜或十地菜，是北宋末年居杭州白云庵的沙门孔清觉开创。孔清觉以为唯《华严经》教义是"顿教"，属"菩萨十地"中第十地，因而是引导众生成佛的"佛乘"，需要特别加以弘扬。他依据华严宗圆融无碍之说，着力提倡儒释道三教一致，著有《证宗论》、《三教编》、《十地歌》、《初学记》、《正行集》等。说："三教之说，其义一同。儒教则仁义礼智信，归于忠孝君父焉。释教则慈悲救苦，归于化诱

① 《元史·武宗纪》。
② 《元史·英宗纪》。
③ 《元史·顺帝纪》。

群迷焉。道教则寂默恬淡，归于无贫无爱焉。"清觉卒后，白云宗在浙江西部仍有较大发展。南宋嘉泰二年（1202 年）有奏曰：白云教徒"吃菜事魔，所谓奸民者也。自植党与，十百为群，挟持妖教，聋瞽愚俗。或以修路建桥为名，或效诵经焚香为会，夜聚晓散，男女无别，所至各有渠魁相统"，为宁宗禁。入元之后，白云宗又复兴，元廷曾设"白云宗总摄所"。杭州南山普宁寺为该宗中心，该寺住持道安组织雕刻了又一部大藏经，此即通称之《普宁藏》。成宗即位后曾罢之，武宗即位后复立之。仁宗时中书省有奏："白云宗总摄沈明仁，强夺民田二万顷，诳诱愚俗十万人，私赂近侍，妄受名爵，已奉旨追夺，请汰其徒，还所夺民田。其诸不法事，宜令核问。"白云宗再次遭到严禁，此后逐渐没落。

第三节　道　教

自东汉兴起的道教始于民间有很大影响，经魏晋南北朝发展壮大，至唐宋已形成壮阔的洪流，与儒、释鼎足而立，成为中国最重要的宗教之一。唐宋期间，道教内部宗派林立，但从修炼术方面看，普遍由外丹术转向内丹术。蒙古国建立后，其南下面临的问题是如何取得汉族士人支持，这就如同进入吐蕃境地后如何得到藏人的支持一样。因此，1219年，当成吉思汗还在率军西征时，就迫不及待地遣使前往登州（今属山东）宣召全真道首领丘处机。全真道创始人为南宋初王重阳，在整个社会动荡不安的情况下弃家修道。在金人统治区以"全真"名其教，徒众遍及山东。王重阳死后，其道在金传播愈盛。

丘处机当时在社会上名望很高，为金、南宋、蒙古统治者所关注。金与南宋先后遣人召请，皆不就，却应成吉思汗之召而去。成吉思汗召

永乐宫壁画（元）

请丘处机的目的并不在于对全真道法的仰慕，而是为了政治上的需要。丘处机及徒弟们北上时，成吉思汗屡下圣旨要求沿途官员多加关照。丘处机以 73 岁高龄冒雪冲霜，万里跋涉，前赴漠北，也并非全为传道，而是有着更大的政治意图。《元史·释老传》云："太祖时方西征，日事攻战，处机每言欲一天下者，必在乎不嗜杀人。及问为治之方，则对以敬天爱民为本。问长生久视之道，则告以清心寡欲为要。太祖深契其言。"成吉思汗大军南下时，丘处机常为献策，深得成吉思汗信任。如他对成吉思汗说："山东、河北天下美地，多出良禾美蔬，鱼盐丝枲，以给四方之用，自古得之者为大，所以历代有国家者，惟重此地耳。今尽为陛下所有，奈何兵火相继，复流散未集，宜选清干官为之抚治，量免三年税赋，使军国足金帛之用，黔黎复苏息之安，一举而两得之耳。兹亦安民祈福之一端耳，自天祐之，吉无不利也。"① 丘处机以道教旨要救世，说成吉思汗勿妄杀以生民，深为成吉思汗折服并给予优宠，为全真道在元代的发展奠定了基础。丘处机在成吉思汗身边约有两年，还抵燕京后住大天长观（今北京"白云观"），从此该观成为全真道的祖庭之一，后成吉思汗赐改名为"长春宫"。

全真道自创立始，就具有鲜明的特点。其一，合一三教。《重阳全真集·示学道人》诗曰："心中端正莫生邪，三教收来做一家，义理显

---

① 《正统道藏》第 5 册，第 3494 页。

时何有异？妙玄通后更无加。"又《孙公问三教》诗说："儒门释户道相通，三教从来一祖风。"主张三教同源，核心是"道"。丘处机《磻溪集》卷一曰："儒释道源三教祖，由来千圣古今同。"刘处玄《仙乐集》卷三云："三教归一，弗论道禅。"谭处端《水云集》卷上云："三教由来总一家，道禅清静不相差。"全真道注意融通三教，由道出发吸取儒教的伦理和佛禅的清静。其二，以"全精、全气、全神"为成仙证真的最高境界。全真道士追求长生成仙，但也像佛教那样鄙弃肉体。王喆在《立教十五论》中说："今之人欲永不死而离凡世者，大愚不达道理也。"丘处机说："吾宗不言长生者，非不长生，超之也，此无上大道，非区区延年小术也。"[1] 全真道承认肉身的死亡而追求心离凡世，实际上是对长期以来道教成仙说教的一种总结，反映了仙术失败和接受禅理的清醒认识。肉体不能永恒，而心性可以存真。从这种真性超出生死的观点出发，全真道确定了唯重修心见性以期成仙证真的修炼路线，通过对心性的修炼以达到"全精、全气、全神"而谓之"全真"的最高境界，即通过对性的修炼以达到命的永恒。可以看出，全真道以明心见性为道要，以内炼成丹为前提，二者结合以达到全真成仙的目的。其三，主张"苦己利人"的宗教实践原则。徐琰《广宁通玄太古真人郝宗师道行碑》中说："创立一家之教曰全真，其修持大略以识心见性、除情去欲、忍耻含垢、苦己利人为宗。"苦己就是要求全真道徒把物质生活需求降低至最小的程度，利人就是"要修仁蕴德、济贫拔苦、见人患难常怀拯救之心"[2]。苦己利人不仅是宗教道德的要求，而且也是成仙全真的重要条件。金代全真道上至教首下至道徒皆奉身躬行，故发展日盛。

随着金代的灭亡，全真道在元初仍不衰，主要有以下几个原因：（1）蒙古统治者给予扶持，政治上有许多特权，经济上有许多资助，使

---

① 《长春祖师语录》。
② 《晋真人语录》。

全真道的发展具有良好的条件。（2）由于连年战火，广大群众饱受战争之害，使全真道的倡扬具有广泛的群众基础。（3）全真道掌门人丘处机有较强的能力，他善于审时度势，参权掌要，制订出切实可行的传教计划。（4）全真道中有一批杰出人士，善于领会掌门人的意图并发挥才干，有发展本教的共识。

丘处机没有看到全真道鼎盛的最高峰，于1227年80岁时逝于燕京长春宫。此后其弟子尹志平、李志常为元蒙安定社会秩序和本教的推扬传播发挥了重要作用，统治者对全真道也特别优宠而加以政治利用。窝阔台、蒙哥每每召见道首并给予赏赐，并向其咨询有关治国保民之术。经尹志平、李志常的努力，全真道走向全盛。孟樊鳞在《十方重阳万寿宫记》中说："呜呼！历观前代列辟重道尊教，未有如今日之盛，兴作之日，四方奔走，而愿赴役者，从之如云。"蒙古贵族子弟也从李志常读《孝经》、《论语》、《孟子》、《中庸》、《大学》等，以了解汉学备治国之用。王恽在《秋涧集·真常观记》中说："全真教倡于重阳王尊师，道行于丘仙翁，逮真帝李公，体含妙用，动应玄机，通明中正，价重一时，可谓成全光大矣。"李志常晚年，由于佛教和道教矛盾激化，尤其是1255年二教在御前展开辩论，以李志常为首的全真道徒败在了以少林长老福裕为首的佛教徒之下，全真道迅猛发展的势头戛然而止。此后张志敬接掌道门，1258年，佛、道又爆发一场空前大辩论，结果全真道再遭重创，未能东山再起。元世祖忽必烈执政期间，全真道始有转机，一些道祖被封为"真人"，但掌门人在教事上均无大的作为，因此实际状况没有大的改变。

全真道由盛而衰且一蹶不振，关键还在于元室崇道政策上的改变。当全真道发展之迅猛时，不但在下层群众中拥有众多信徒，且亡金士大夫也多有人托庇其门下，这不能不引起统治者的猜忌。因此，随着元蒙统治者对佛教的利用和扶持，转而对全真教采取有限的支持和加以适当的抑制也就势在必行。忽必烈统一江南后，更不会过于倚重北方的全真道，还会顾虑到其发展的反作用。而从宗教信仰上来讲，元室更为崇奉萨满教和藏传佛教，这种民族的宗教的感情也是对全真道加以排斥的。何况几次辩论全真道未占上风，更加导致了其不利，其经被焚毁、其观归佛教、其徒被剃度，佛教得以大昌。但是，忽必烈从政治角度出发，基本上对全真道采取的是宽容而开明的政策。

　　成宗即位后，全真道得到信赖走出低谷，全真道祖师北五祖（王玄甫、钟离权、吕洞宾、刘海蟾、王重阳）由真君加封为帝君，北七真（马钰、谭处端、刘处玄、丘处机、王处一、郝大通、孙不二）由真人加封为真君，全真道的重要弟子亦皆加封。掌门人孙德彧被授为陕西路西蜀四川道教提点，领重阳宫事。仁宗皇帝更是"累加恩命，召至京师掌道教，号曰特授神仙演道大宗师、玄门掌教、辅道体仁文粹开玄真人，管领诸路道教所，知集贤院道教事"。但此后掌教人兰道元在英宗、泰定帝朝因罪被

道童（元）

黜，并被免去教籍。继而孙履道掌教，又有兴复。文宗时苗道一被"赐掌全真教"，后于元统元年（1333年）"特进神仙掌教凝和大真人"。元代全真道最后一位掌门人是完颜德明，于元统三年（1335年）"特进神仙玄门演道大宗师、重玄蕴奥弘仁广义大真人，掌管诸路道教所，知集贤院道教"。可见自元成宗以后，朝廷主要是对道教采取利用加抑制的政策。他们不断给道教首领以很高的头衔，而真正目的不过是让道教徒为元室江山祷佑祈福。

全真道与其他教派一样，实际上其掌门人已把立教宗旨抛置一旁而蜕变为宗教官僚。如王磐所说："今世掌玄教者，盖与古人不相侔矣！居京师，住持皇家香火，焚修宫观，徒众千百，崇墉华栋，连亘街衢。通显士大夫，泊豪家富室，庆吊问遣，往来之礼，水流而不尽。"① 虞集在《道园学古录·紫虚观记》中也说："今为道家之教者，为宫殿楼观门垣，各务极其宏丽，象设其所事神明而奉祠之，曰为天子致福延寿，故法制无所禁，惟其意所欲为，自京师至外郡邑，有为是者多以来告而求识焉，大抵侈国家宗尚赋予之盛，及其土木营缮之劳而已。"由此可以看出，道教已全为世俗，他们为皇亲国戚纳福，与达官贵人往还，生活腐化奢侈，已非山林乐道之士矣。

全真道繁荣、衰落、华贵的过程，折射出元蒙统治者的认识和需要，也反映出宗教和现实的紧密关系。需要指出的是，全真道在元代是最为强盛的道派，随着元世祖平江南也开始南传。武当山地处南北交会点上，因而成为南传的重要基地。著名道士鲁大宥、汪真常在此打下了深厚的基础，此后相继南传至苏、浙、闽、赣等地区。许多南宗道士纷纷投入北方全真道名下，将南北之学交融成为普遍的情景。其中南宗创始人白玉蟾弟子王金蟾的门人李道纯在道教理论上颇有建树，他将南北学说浑融创出全真修丹路线。陈致虚本属于金丹派南宗的阴阳双修派，与全真道的清修思想迥然不同，但他仍在《金丹大要列仙志》等书中，宣称本派是传自丘处机弟子宋德方，力图标榜自己为全真道嫡传，并极力促进南北二宗的合流。南北二宗本来各有自己的世系，造成二宗的传承出现矛盾。陈致虚就提出一个为两派都能接受的传承系统，即以王玄甫、钟离权、吕洞宾、刘海蟾、王重阳为共同的五祖，刘海蟾下设"南七真"，即张伯端、石泰、薛道光、陈楠、白玉蟾、刘永年、彭耜，王重阳下设"北七真"，即全真道原有的七人。这个传承体系，后来被南

① 《甘水仙源录》卷九。

北二宗长期遵守。相对而言，南宗教徒文化修养较高，受理学和禅宗的影响，对丹道修炼理论确有深刻见解；北方教徒与元室关系密切，有较高的政治地位，其组织庞大严密。二者的合流相互有利，结合以后力量更强大了。当然，教派内部后又分衍出许多小宗，但从大局面来看它一直延续到明清及近代。

太一道创教人为金初萧抱珍，《元史·释老传》谓："太一教始天眷中道士萧抱珍，传太一三元法箓之术，故名其教为太一。"据传太一三元法箓系由天师道的符箓秘法演化而来，而且萧抱珍也模仿天师道秘传原则维护一姓之承袭，因此太一道的正传掌教人都须改姓萧。陈垣在《南宋初河北新道教考·太一篇》中说："而太一特以符箓名，盖以老氏之学修身，以巫祝之术御世者也。"太一道创教之初尚无宫观，萧抱珍只在卫州家宅中行

银槎（元）

法。后徒众渐多，宫观建立，教旨流布。其主张持柔守弱，周贫济苦，乐善好施，孝亲友人，以符水为人去病救灾。太一道在金为世所重，其第二任掌教人萧道熙"风仪潇洒，德宇冲粹，博学善文辞，动辄数百言，乐与四方贤大夫游，谈玄论道，造极精妙，书画矫矫，有魏晋间风格"[1]。第三任掌教人萧志冲"素不为辞章，及升堂谕众，随意而言，

---

① 王恽：《太一二代度师赠嗣教重明真人萧公行状》。

悉成文理，劝戒深切，听者耸然，内外相庆，以为宗门得人"①。第四任掌教人萧辅道"富文学而重气节，谨言行而知塞通"②，与之所游者皆当时名士，在士大夫中有极高声誉。太一道为金廷所重，很重要的原因是其敬天祈禳的教义与女真族拜神崇巫的萨满习俗相近。入元以后，萧辅道又为忽必烈召见："世祖在潜邸闻其名，命史天泽召至和林，赐对称旨，留居官邸。"③ 忽必烈雄才大略，重视搜罗人才，因而凡是有名的儒、道、僧尽皆罗致。萧辅道首次面见忽必烈即被宠信，"赐号中和仁靖真人，冠帔尊崇之礼，前后有加"④。太一道五祖萧居寿也极有才华，受元室尊宠超过其师萧辅道。至元十三年（1276 年），御赐太一掌教宗师印。在其请求下，元世祖追赠其先祖和封赠其徒众。就连许多军国政要大事，忽必烈也先征求他的意见而后定夺。太一道至六祖萧全祐时发展到鼎盛，元室从经济上给予了大量的支持，而萧全祐也知恩图报唯恐不及。但是就整体而言，太一道在北方三个新道派中力量还是最弱，其宫观、教徒大都分布在河南、河北。七祖萧天祐后不再见有嗣教者，可能逐渐融入天师一系。

真大道初名大道，创教人为金初刘德仁。金皇统二年（1142 年），他称太上老君下降，授之《道德经》要言，使传玄妙大道。此后，刘德仁便立九条戒法，在黄河下游一带传道。其九戒为："一曰视物犹己，勿萌戕害凶慎之心；二曰忠于君，孝于亲，诚于人，辞无绮语，口无恶声；三曰除邪淫，守清静；四曰远势力，安贫贱，力耕而食，量入为用；五曰毋事博弈，毋习盗窃；六曰毋饮酒茹荤，衣食取足，毋为骄盈；七曰虚心而弱志，和光而同尘；八曰毋恃强梁，谦尊和光；九曰知

---

① 《湻南遗老集·太一三代度师墓表》。
② 《赵州太清观懿旨碑》。
③ 《元史·释老传》。
④ 王恽：《秋涧集·清跸殿记》。

足不辱，知止不殆。"① 元人赵清琳《大道延祥观碑》说："其教以无为清静为宗，真常慈俭为宝，其戒则不色、不欲、不杀、不饮酒、不茹荤，以仁为心，恤困苦，去纷争，无私邪，守本分，不务化缘，日用衣食，自力耕桑赡足之。有疾者符药针艾之事悉无所用，惟默祷虚空以至获愈，复能为人除邪治病。平日恬淡，无他技，彼言飞升化炼之术，长生久视之事，则曰吾不得而知，惟以一瓣香朝夕恳礼天地。"可见此道

有汇儒、释、道，特别是援儒入道的特点，与早期符箓派道教有明显不同。它教人忠君孝亲，恬淡清静，安贫乐道，自食其力，量入为出，爱生勿杀，在饱经战火的北方深得群众的共鸣，

北京白云观牌坊

不几年便赢得了不少信徒。大道教在二祖陈师正、三祖张信真、四祖毛希琮后，分成了燕京天宝宫与玉虚观两派。天宝宫一派以郦希诚为五祖，玉虚观一派以李希安为五祖。入元以后，郦希诚一派得到元皇室支持，很快壮大起来。1254 年，宪宗特降诏书，赐名"真大道"，天宝宫就成为真大道首脑机关所在地。受佛道大辩论影响，真大道一度不振。忽必烈时，八祖岳德文特受恩宠，真大道传至全国各地。据虞集《岳祖碑》载："西出关陇至于蜀，东望齐鲁至于海滨，南极江淮之表。"张清

---

① 《宋学士文集》卷五十五。

志嗣教后，历经武宗、仁宗、英宗、泰定帝四朝，深受皇帝尊崇，教风日盛，全国各处大建宫观。张清志死后，其教徒湮没无闻，可能融入了势力更大的全真道。

江南道教中，道派众多，高道不少，大都属于符箓道派。唐宋以来，符箓科教道法特别兴盛，不仅统治者遇事设醮建斋做道场，老百姓也经常需要道士做法事。唐玄宗曾诏封张陵，北宋真宗、仁宗、神宗、徽宗都曾诏张天师后嗣入朝，南宋仍继续崇道政策，理宗时天师道祖张陵被封为"三天扶教辅元大法师正一靖应显佑真君"。中国南方素为巫术发源地，正一、上清、灵宝三大符箓道派，皆以南方为发祥地和主要传播区。自北宋时形成的名山龙虎山、茅山和阁皂山很有影响，但南宋时在龙虎山天师派、茅山上清派、阁皂山灵宝派中，则以江西龙虎山正一派影响最大。据《汉天师世家》、《龙虎山志》等资料，从南宋初第三十一代天师张时修到南宋末、元初时的第三十六代天师张宗演，大多能以道法称于世并得到南宋统治者的倚重，从而使正一道成为官方所指定的道教诸派首领和正宗。忽必烈当政后，注意力转向南方，争取道教的工作也加紧进行，故天师道受到特别关注。据《元史·世祖纪》载，忽必烈于至元十三年（1276 年）召天师张宗演赴阙，特赐玉芙蓉冠，组金无缝服，命其领江南诸路道教，仍赐银印。次年，命醮于长春宫，赐号"演道灵应冲和真人"，给二品银印，并诏谕江南复宫观赋役，京城创崇万寿宫。元世祖两次接见张宗演，给了他异乎寻常的恩宠。他不仅有了正式的天师称号，而且主领整个江南道事，这是前所未有的。从此天师道遇主隆恩，直至元末，龙虎宗谱写出空前显荣的篇章。

需要指出的是，宗教的发展总有变异与整合。张宗演二次拜见忽必烈后返回龙虎山，其留在京师的弟子张留孙深受元室信赖，并创立了新的正一支派——玄教。据《元史·释老传》载，由于张留孙祈禳有验，深得世祖好感，乃令悉主两淮、荆襄等处道教，自别为籍。此后成宗加号张留孙为玄教大宗师，同知集贤院道教事，且追封其三代皆为魏国公。武宗登极，立刻召见张留孙，升其为"大真人"，知集贤院，位大学士上，寻又加特进上卿。仁宗为其加号"辅成赞化保运玄教大宗师"，并刻玉印以赐。留在京师的张留孙借此机遇，陆续从江西龙虎山征调许多道士，或委以京师教职，或遣到各地传教，龙虎宗支派——玄教就此形成。玄教的发展很有特点，它先是取得王朝的信任，教徒则来自龙虎宗，因此它受双重领管而又具有相对的独立性。玄教的主要传播地区仍在江南，实际上是以政治上的显贵名于世。其在道教理论上没有什么建树，但背后隐藏着强烈的参政意识。张留孙自己说："钦惟圣朝治尚清静，乃崇道家之言，谓之玄教，实始命臣典领。"① 其第二代宗师吴全节说："予平生以泯然无闻为深耻，每于国家政令之得失，人才之当否，生民之利害，吉凶之先

葛稚川移居图（元）王蒙

征，苟有可言者，未尝敢以外臣自诡而不尽心焉。"② 玄教第二任掌门人吴全节与张留孙一样，也积极参与元室的政治活动并尽忠效力。他推荐官吏，访求贤能，崇扬教事，化解纠纷，深得器重。赵孟頫《玄教大宗师张公碑铭》谓之"每进见，必陈说古今治乱成败之理，多所裨益。士大夫赖公荐扬，致位尊显者，数十百人。及以过失获谴，赖公救解，自贷于死者，亦如之"。吴全节嗣教，历经英宗、泰定帝、文宗、惠帝

① 《道家金石略》。
② 虞集：《河图仙坛之碑》。

等朝，把玄教推向极盛。此后经夏文泳、张德隆、于有兴而衰，随元亡而逝去。玄教作为天师在京师的代理人实际不能脱离龙虎宗，而龙虎宗在元代的活动主要也是以玄教为核心展开的。因此入明后玄教不复存在，它仍被归宗于天师一系。

另外，除张天师龙虎宗及其支派玄教得到元室的恃宠而兴盛外，其他教派也有传衍或创新而继续流行，但最终这些符箓道派都融合于龙虎宗——正一道。如净明道始创于南宋何真公，但到南宋末几乎湮没无闻。元世祖时，有居于南康建昌（今属江西）的刘玉出面兴复，净明道方得以传扬。净明道着重"净明忠孝"的修炼，而对传统的斋醮章符不复重视。可以说，净明道在刘玉手中，其突出特点是颇具理学色彩，神仙观念发生了变化，追求的是忠孝道德的完善，而不再追求肉体的长生不死。刘玉说："净明只是正心诚意，忠孝只是扶植纲常。""入此教者，或仕官，或隐遁，无往不可，所贵忠君孝亲，奉先淑后。""至于夏葛冬裘，渴饮饥食，与世人略无少异，只就方寸中用些整治工夫，非比世俗所谓修行殊形异服，废绝人事，没溺空无。"刘玉死后，其道传至元末，弟子赵宜真所传愈为庞杂，其善诗文，友公卿，得全真，行符箓，从他身上集中体现出道教走向合流的大趋势。茅山宗在元代也有发展，其掌教人杜道坚颇有才华。其代表作《道德玄经原旨》，借用儒家思想阐发道家理念，倡修身为本而平治天下，获得不少儒者称赞。此后茅山宗传人一直为元廷呵护，为玄教大宗师礼遇。三山符箓中阁皂宗势力最弱，其自南宋以来便趋衰落，到元代渐融于正一道。其他原从"符箓三宗"衍化出的各路教派，入元后在江南仍有不同的传播，但最终都归入正一道。元室命天师掌管江南道教，促使各道派之间有了更为广泛的接触。符箓新旧各派之间界限并不严格，天师一系便成为最具凝聚力的道派。因此到元代成宗大德八年（1304 年）时，张陵第三十八代孙张与材被敕封为"正一教主"，"主领三山符箓"，标志着正一道的正式形成。正一道在思想上仍以张陵后世子孙为教主，在组织上由各派组成，具有联盟性质，他们仍以画符念咒、祈禳斋醮等法术为人驱鬼降妖、祷佑求福，其宫观、戒律没有统一规定也不特别严格，许多文士的加入提高了其文化品位。可以说，元廷正像重视北方全真道一样，扶植了南方正一道，为稳定其社会秩序起了很大作用。

总之，元代统治者对道教是十分尊重的，这是一种政治需要，也是一项文化措施。元蒙对宗教的崇信及其开放的政策，使其可以利用道教安抚民心，也可以从中吸取中原文化的营养。道教的本土性及现实性适合元蒙王室进入中原的心态，同时元朝版图的统一也有利于道教的播扬。道教与儒、释的融通，道教内部的整合，使道教呈现出繁荣发展的势态。但到元末随着王室的腐败，道教也呈现出发展教徒过滥、教团素质下降、教长日趋堕落的弱点。无怪《元史·释老传》说："释老之教行乎中国也千数百年，而其盛衰每系乎时君之好恶。"由此可见，佛、道之盛衰与时运联系之密切。

第四节 伊斯兰教

伊斯兰教产生于 7 世纪的阿拉伯半岛，其创始人为麦加的穆罕默德。伊斯兰教初创时期频遭挫折，后由麦加迁往麦地那后才有很大发展。630 年，穆罕默德率领穆斯林征服麦加后，伊斯兰教取得了彻底的胜利。此后阿拉伯半岛各部落相继归信伊斯兰教，并随着哈里发的武力征服在亚洲、非洲和欧洲广为传播。

伊斯兰教的根本经典是《古兰经》，此外还有记载穆罕默德言行的"圣训"。伊斯兰教的基本信仰是：信安拉，信天使，信经典，信先知，信后世。其教徒还必须履行五功，即念功、拜功、斋功、课功和朝功。

唐代初年，伊斯兰教就传入我国。其途径主要分陆海两路，陆路是从阿拉伯半岛经波斯及阿富汗到达新疆天山南北，复经青海、甘肃至长安一带；海路由波斯湾和阿拉伯海出发，经孟加拉湾、马六甲海峡分别到达广州、泉州、杭州、扬州等地。唐代来华的主要是进行贸易的阿拉伯商人，对伊斯兰教在中国的传播起了很大作用。宋代，中国和阿拉伯之间海上交通很发达。中国沿海专门指定有国际贸易港口，不少阿拉伯人来华经商久居不归。世代在华居住的被称为"蕃客"，其居处称为"蕃坊"。中国政府简选其中德高望重者为"蕃长"，其办事处称"蕃长司"。他们建造了一些清真寺，并有公共墓地。在长期居留中国的过程中，他们与中国人通婚，繁衍后代，逐渐成为中国的穆斯林。与此同时，阿拉伯人向东扩张征服了中亚细亚，随后又将伊斯兰教传入新疆喀什地区的哈拉汗国。随后向东伸展，逐渐取代了当地佛教的地位。由于当时伊斯兰文化丰富灿烂，因而广为接受。但至 10 世纪末，伊斯兰世界出现了三足鼎立的局面，这就是中国史书上所说的"黑衣大食"（750～1258年巴格达的阿巴斯哈里发王朝）、"绿衣大食"（909～1171 年埃及开罗的法蒂玛哈里发王朝）和"白衣大食"（756～1031 年西班牙的伍麦耶哈里发王朝）。而随着十字军的东征和蒙古人的西征，阿巴斯王朝终于在 1258 年被旭烈兀所灭。

元代伊斯兰教徒在汉文史籍中一般译为"回回"，但其含义不同于前代文献所称之"回回"。北宋沈括的《梦溪笔谈》中"回回"指的是唐代以来居住在今新疆南部及葱岭以西地区的"回纥"或"回鹘"。南宋文献里提到的"回回"范围更大一些，包括葱岭以西的其他民族。金代译伊斯兰为"移习览"，西辽也以此专指信奉伊斯兰教的教徒。元人已将回回与畏兀尔区别开来，专指迁居中国境内的信奉伊斯兰教的中亚各族人、波斯人和阿拉伯人。1218～1223 年，成吉思汗率领蒙古军队进行第一次西征，先后征服了花剌子模、康里、钦察和斡罗斯诸公国。1235～1244 年，成吉思汗的孙子拔都率 25 万大军再度西征，兵锋直捣中欧。1253～1258 年，元宪宗蒙哥派旭烈兀率军进行第三次远征，攻陷巴格达，灭阿拔斯王朝。经过三次西征，葱岭以西、黑海以东的信仰伊斯兰教的各民族都成了蒙古帝国的属民。蒙古统治者征服这些国家和地区后，这些"属民"大量随蒙古军东迁来到中国，构成了元代回回人的主体。他们往往是健壮的士兵、技艺高超的工匠、善于经营的商人和具有政治头脑的学者，妇女和儿童往往沦为奴婢。同时，由于元朝建立起横跨亚欧大陆的蒙古帝国，使东西方之间的陆路交通变得极为通畅。"在他们的军队过去以后，他们把这条大道开放给商人和传教士，使东方和西方在经济上和精神上进行交流成为可能。"① 而许多穆斯林贵族成为蒙古统治者的得力助手，他们"仕于中朝，学于华夏，乐江湖忘乡国者众矣"②。他们作为色目人中的一员，政治上享有很高的地位。据史籍记载，元代回回任中央政府丞相者有 7 人，任地方要职者有 32 人。而进行贸易活动的大商人更是空前增加，他们富有经验并利用特权成为大贾势要之家。除"大贾擅水陆利，天下各城巨邑，必居其津要，专其膏腴"③ 外，元代已初步形成"大分散，小聚居，西北相对集中"的基本格局。

《明史·西域传》云："元时回回遍天下。"的确，元代回回在全国都有分布。在漠北地区，蒙古建元前就有伊斯兰教徒活动，蒙古初期诸汗对他们也都十分尊重，哈剌和林作为政治中心建有大清真寺。在西北，元代伊斯兰教徒最为集中。他们大都是被从中亚、波斯等地迁发而来的士兵，过着边屯田、边从军的半兵半农的生活。元世祖忽必烈之孙、安西王忙哥剌之子阿难答统辖陕西、四川、甘肃、宁夏等地时，在其辖地传播伊斯兰教颇有建树。在今新疆地区，伊斯兰教也呈普遍传播并有取代其他宗教的趋势。在中原、京都地区，回回人甚多，他们或在

---

① 道森编，吕浦译：《出使蒙古记》，中国社会科学出版社 1983 年版，第 29 页。
② 王礼麟：《原集》卷六《义塚记》。
③ 许有壬：《西域使者哈只哈心碑》。

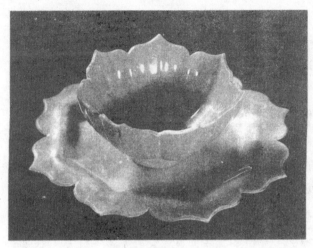

玻璃莲共盏、托（元）

蒙古军队中扮演重要角色，更有富商巨贾、达官要人及各种工匠。江南地区的回回，有元代从海路来华的穆斯林商人，还包括唐宋时"蕃客"的后裔。他们"皆以中原为家，江南尤多，不复回首故国也"①。

元代社会中穆斯林上层地位较高，派往江南的地方官员有许多回回人，他们携带着家眷、属从，使江南回回人数又有增加，泉州、扬州、杭州、镇江都是回回聚集的大城市。这些遍布全国的回回，虽然职业不同但都保持着自己的信仰。他们遵守伊斯兰教的教义和礼仪，普遍兴建了许多清真寺。元至正八年（1348 年）所立定州《重建礼拜寺记》谓，"今近而京城，远而诸州，其寺万余"，足见兴寺数量之多。在今甘肃、宁夏、陕西、山西、河北、山东、河南、江苏、浙江、福建、广东、云南，都发现有元代所建之寺或其遗址。穆斯林们平常进行宗教生活，对信仰坚定不移，使佛、道以至西方基督教徒都感到惊叹。他们保持原来的习俗，大多使用自己的语言和文字，在饮食上严格禁食"自死物，血液、猪肉及非诵真主之名而宰的动物"，婚丧寿诞也都按传统宗教要求办理，并隆重庆祝各种各样的宗教节日。可以说，元时伊斯兰教的广泛传播，对中西文化的交流产生了深远影响。

阿拉伯国家在人类历史上有过重大的贡献，伊斯兰教的东传也促进

---

① 周密：《癸辛杂识续集》上《回回沙碛》。

了中国文化的发展。在天文历算方面，唐代《九执历》即是来华的穆斯林修订的，宋代的《应天历》也是以来自西域的穆斯林马依泽为主要修订者，元代至元四年（1267年），"西域扎马鲁丁撰进《万年历》，世祖稍颁行之"①。元代穆斯林的医药卫生也很发达，在东迁入元的回回中有许多以医为业。元政府设有广惠寺，其中大部分为回回医生，最为著名的有答里麻。元人忽思慧曾为皇宫编写食谱《饮膳正要》，内中记有大量回回食物及其烹饪方法和营养价值，还有一些药物和方剂。散居在民间的回回医生主要以行医卖药为业，元人笔记小说中有许多关于回回医生治病神奇的故事。他们既懂医术又卖药材，走街串巷，医药灵验，深得民众信赖。阿拉伯的医学著作也经来元的回回传到中国，如"忒毕医经十三部"。元人还把一些阿拉伯医书翻译成汉文，如明初《回回药方》就是由阿拉伯名医拜塔尔的著作《简救法》翻译而来。元代穆斯林在建筑学方面也取得了突出成就。其清真寺当时遍及全国各地，风格有阿拉伯式或中国宫殿式。大都城便是在著名的穆斯林建筑学家也黑迭尔丁的设计和组织下修建的，工程庞大，风格气派。回回制炮术也很高明，元初最有名的两位穆斯林制炮专家是阿老瓦丁及其弟子亦思马因。其所制炮用力省而射程远，威力巨大，深得忽必烈赏识。元政府还设立许多机构，对回回炮手和军匠进行训练、组织和管理。回回炮术也为其他各民族所接受，从此在中国更为广泛传播。元代穆斯林还出现了许多文学家和艺术家。著名学者赡思"邃于理学，尤深于易，至于天文、地理、法律、冥术、水利，旁及外国之书，皆究极之"②。诗人萨都刺有《雁门集》行世，毛晋为之作跋曰："天赐以北方之裔而入中华，日弄柔翰，遂成南国名家。今其诗诸体具备，磊落激昂，不猎前人一字。"画家高克恭以山水画著称，当时与赵孟頫齐名，有"南赵北高"之誉。马

① 《元史·历志》。
② 《元史·赡思传》。

九皋以作曲名传天下，其散曲名冠当时，与关汉卿等人并列。总之，伊斯兰文化的东传、蒙古统治者的需要、华夏传统的承续，在元代焕发出异彩，构成别开生面的景观。

第五节　基督教

基督教产生于 1 世纪罗马帝国统治下的巴勒斯坦地区，其创始人相传为犹太的拿撒勒人耶稣。信奉者称耶稣为基督，相信上帝会救赎其忠实的选民。基督徒以《圣经》（包括《旧约》和《新约》）为经典，认为《圣经》是根据上帝默示写成。基督教认为圣父、圣子、圣灵三位一体，每个人生下来就带有原罪。因此只有信仰上帝的安排，在生活中苦修、忏悔、行善才能死后升入天堂。

早期基督教是在犹太教的基础上发展起来的，不久即从传统的犹太教分裂出来形成新的宗教。2～3 世纪间，基督教组织体制基本定型，并逐渐形成一些基督教礼仪。罗马帝国对基督教也从初始的迫害转为相对的宽容。到 4 世纪，由于基督教已传遍整个罗马帝国，大量的富裕者和文化人入教，基督教被罗马政府认可与其他宗教同享自由。其后帝国不但扶持基督教，而且直接干预教会内部事务，基督教迅速发展壮大起来，5 世纪以后逐渐传遍欧洲，并达到与世俗政权相抗衡的地位。教会与王权相互勾结又相互争斗，自称为上帝在人间的代理并权势益加显赫，一切文化都围绕教会并成为上帝的婢女。11 世纪，东西教会发生大分裂，基督教分成西方的罗马公教（天主教）和东方的正教（东正教），这次宗教势力分野可见教皇们世俗的凡心，此后天主教组织的十字军东征成为对东方的掠夺，而此时蒙古版图西扩也便有了与西方宗教的交流，伊斯兰帝国在东西夹击下失去了往日的辉煌迅速崩溃，东西两大帝国在交往中互不示弱又礼尚往来。此后随着元蒙统治的垮台与欧洲文艺复兴运动的兴起，东西方文化进入一个新纪元。

基督教传入中国最早是在唐代，被称为景教、波斯教或弥施诃教，实际是中国对基督教聂斯托利派的称谓。基督教成立之初就派别众多，随着基督教的确立其他教派被指为异端。聂斯托利派是 5 世纪君士坦丁堡主教聂斯托利所创，他主张基督二性二位说，否认基督的神性与人性结合为一个本体，认为是神性本体附在人性本体上。结果受到以弗所公会议处罚被革职流放，其追随者向东逃亡在西亚、波斯等地传播并渐入中国新疆。根据"大秦景教流行中国碑"记载，唐贞观九年（635 年）阿罗本主教到长安，唐太宗给予优厚的礼遇并请其翻译《圣经》，此后由朝廷资助在长安义宁坊建造波斯寺（后改名大秦寺，大秦是古代中国对罗马帝国的称呼，有时指东罗马或叙利亚）。高宗即位后仍继续推行太宗宽容的宗教政策，于诸州各置景寺使景教得到很大发展。武则天称帝后提倡佛教，景教一度受到压制和打击。玄宗执政期间恢复了景教地位，还将先帝画像安置于寺内。此后几个皇帝仍保护和支持景教，到武宗灭佛时景教亦被波及，以致在中原地区绝迹。但唐末、五代、北宋期间，中国西北边陲景教活动仍较频繁。元代可以说是基督教在中国的再传时期，不过此时除了聂斯托利派，又有罗马天主教派，这两派被元人统称为"也里可温"。

成吉思汗统一蒙古之前，蒙古诸部中就已有信奉景教者，如克烈部、乃蛮部、蔑尔乞部及汪古部。克烈部是漠北最强大的一部，据史载其于 11 世纪初就已接受了聂斯托利教。汪古部大约 11 世纪中期也接受了景教，元代著名儒家学者马祖常与赵世延的先祖均为汪古部景教徒。除上述蒙古诸部外，畏吾儿人更早接受了景教影响。当成吉思汗征服畏吾儿地区之后，畏吾儿文化使蒙古人十分仰慕。因为蒙古已受景教浸染，"蒙古人恰好采用了他们的文字，他们都成为蒙古人最好的书记，几乎所有的聂斯托利教徒都懂得他们的文字"①。畏吾儿人在蒙古汗廷中当书记者颇多，因此聂斯托利教也就传播愈广。由于成吉思汗家族与克烈部、汪古部联姻者甚多，而这些家庭往往信仰聂斯托利的基督教，所以皇亲国戚中也就时常笼罩着一种弥撒的气息。而蒙古在西征中，与大量的聂斯托利教徒有了接触，他们后来有许多成为帝国的重要官员，于是在教堂里唱圣诗也就司空见惯。总的来说，蒙古的宗教政策是宽容的，他们信仰萨满教，但不排斥其他宗教，有时一视同仁。从成吉思汗到忽必烈，聂斯托利教有很大发展。

蒙古族建立元政权以后，自唐末一度绝迹于中原的景教又恢复起来，尤以西北与东南为多，从京城到各地兴建起许多教堂。《马可·波罗行记》中说："在中国各地，如蒙古，甘肃，山西，云南，河北之河间，福建之福州，浙江之杭州，江苏之常熟、扬州、镇江等处，皆有聂斯托利派及其教堂。"教徒中各族人都有，他们按照自己的教规生活，在自己的教堂做礼拜。据鲁布鲁克记载见到畏吾儿景教徒的情景说，他们的十字架上没有基督像，祈祷时不合掌而是把手伸向胸前。在汗八里，则出了一个著名的景教徒列班扫马，他曾出使欧洲，先后受到罗马皇帝、法王、英王和罗马教皇的接见。在江南各地，景教教徒甚众，马薛里吉思在镇江舍宅建寺，前后共建 7 座以表"有志于推广教法"。元代聂斯托利基督教徒有自己的教规，但已与各族人民的生活风俗结合而稍有差异。如马祖常、赵世炎出身于世代景教家庭，但在其长年的中原生活中渐革其"旧俗"而日益"华化"，成为儒家名教与诗书的饱学之士。因此，景教在华流传的过程，也是中国接受西学并将其改造的过程，至于鲁布鲁克对景教徒庸俗堕落的描写不能说不怀有偏见。

元代传入中国的基督教的另外一支是天主教。天主教是 11 世纪东西教会大分裂时的西部教派。元时蒙古帝国的势力已扩展到黑海南北，

① 何高济译：《鲁布鲁克东行纪》，中华书局 1985 年版，第 252 页。

钦察汗国的版图已达到德涅斯特河流域，小亚细亚的大部分则处在伊利汗国的控制之下。蒙古的境域已直接与欧洲国家毗邻。蒙古军队的三次西征实际上已侵入欧洲，这使罗马教廷和欧洲各国君主深感不安。欧洲各地纷纷准备自卫，罗马教皇甚至号召组织十字军。出于政治、军事、宗教上的种种目的，罗马教廷极望同蒙古汗主取得联系。1245 年，教皇英诺森四世在法国里昂召集全欧主教大会，会议决定派遣教士出使蒙古以劝其信仰基督教，停止杀戮基督徒和侵犯基督教国土，同时借机刺探蒙古军队的有关情报。

柏朗嘉宾作为罗马教廷派出的首任使者，于次年四月到达伏尔加河畔的西蒙古拔都幕帐。拔都命人将教皇信函译为蒙古文后，深知内容重要，立即决定派人送使者速到和林朝见大汗。七月，柏朗嘉宾等抵达和林；八月，参加了新君贵由大汗的登基典礼。贵由接见了柏朗嘉宾，并阅读了教皇来信。信中主要内容是说：天主创造人类动物，希望大家相亲相爱；而汝等凶狠好杀，必遭天主所谴；因此急宜忏悔改过，尤其不可虐待基督教徒；今后有何打算，更望来函通告。贵由复函说：知教皇欲讲和，汝等可速来听朕旨意；汝等劝朕改奉基督教，朕何必须如此也；说我军好为杀戮，全因汝等不守上帝及成吉思汗之教训；朕等亦敬事上帝，并赖其力将自东往西征服全世界也。双方恩威并施，唇枪舌剑，可见两大帝国之气派。1252 年，鲁布鲁克奉法王路易九世之命以教士身份再来东方。经历长途奔波与坎坷遭遇，于 1254 受到蒙哥召见。蒙哥复信予法王令其带回，鲁布鲁克于 1258 年回国撰写游记奏上。《鲁布鲁克东行纪》记录了他出使蒙古的见闻，其中提到在蒙古境内看到许多基督教徒及基督教堂，蒙哥汗对各宗教都平等对待，认为宗教"如同神赐给我们五根不同的手指，他也赐给人们不同的途径"。

在西方天主教士充当使者来到蒙古帝国的同时，也有许多民间商人来华贸易，最为著名的便是来自意大利威尼斯的波罗兄弟及马可·波罗。波罗兄弟兄名尼哥罗·波罗，弟名马菲奥·波罗，他们在来蒙古经商的过程中大约在 1265 年到达上都。忽必烈亲切地接见了他们，并举行盛大的宴会表示欢迎。忽必烈向他们详细地询问了西方各地的风土人情，并了解教皇与国王的生活与工作情况。波罗兄弟见多识广，言行得体，受到赏识。忽必烈于是聘二人为专使送信给罗马教皇，希望教皇派通晓教义又谙熟七艺①的学者来中国。波罗兄弟回国后谒见了教皇，于 1275 年携尼哥罗之子马可·波罗重返上都复命。此后波罗兄弟与马可·波罗在元朝任职 10 余年，其间几次欲回国均被忽必烈热情挽留。直到 1295 年，他们才回到威尼斯。马可·波罗在其《马可·波罗行记》中描写了基督教在中国传播的情况，说明了基督教在中国受到尊重不被歧视，并记载了大量生动而有趣的见闻，使西方人惊异地看到在遥远的东方发生的故事。

蒙古统治者对基督教的宽容，使罗马教廷进一步加强了派人来华传教的决心。1289 年，教皇尼古拉四世派遣孟高维诺来华传教。1294 年，其辗转来到大都。此时忽必烈已去世，元成宗接见了他。此后他被允许在中国传教，并收养了 150 名幼童加以教育。1299 年，他在大都建起了第一所天主教堂。1305 年，他在大汗宫门前又建起了第二所天主教堂。1307 年，罗马教皇允命特设汗八里总主教区，孟高维诺为总主教统理远东教务。随后又派遣了许多教士来华助其进行传教活动，著名者如安德鲁在泉州传教并长眠于此。欧洲著名的旅行家、方济各会修士鄂多立克此间也来到中国，回欧洲后所著《鄂多立克东游录》广为人知，其影响仅次于马可·波罗。孟高维诺死后，罗马教皇又派马黎诺里率领一个 50 人的庞大使团出使中国，1342 年到达元大都时受到元顺帝隆重的接见。马黎诺里在中国留居 10 年，于 1352 年回到亚未农向教皇复命。元朝覆灭后，天主教由于与蒙古统治集团的特殊关系，在中国几近绝迹。

在中国文化史上元代宗教是颇有特色的，其最大特色便是多元性和

———————————

① 七艺指西学中文法、修辞、逻辑、算术、几何、天文、音乐。

开放性，这与蒙古统治的辽阔版图及其迫切需要的文明滋养是分不开的。蒙古诸部原本信奉原始的萨满教，但其在权力扩张的过程中很快学会了接容与纳取。在其兼容并蓄的宗教政策下，佛教、道教、伊斯兰教、基督教等都在中国得到广泛的传播和发展。尽管各种宗教之间存在着抵牾与争斗，但总体上还是相容共存的。这种多元与开放有时令人想到唐代，但与唐代不同的是其铁骑与商业的色彩更浓。这是由很大的历史跨越造成的，当蒙古由蒙昧的部落逐渐形成强大的帝国时，其原始的血性与发达的文化结合势必构成一道奇观，而宗教便在其中成为一个独具魅力的角色。

下卷

文化的内张与科技的外延

第一章
文教滋养

第一节　文治改化

　　蒙古统治者初"以弓马之利取天下"，重视武备，精骑善射，而轻视文化教育，以致读书人沦落到"臭老九"的地步。南侵初期，蒙古统治者还未能接受中原文化土壤，伴随着农田变为牧场，儒生也被杀戮或被用做驱口。但在灭夏、灭金，最终灭宋而征服整个中国的历史进程中，他们逐渐认识到利用封建文人巩固其统治的重要性。耶律楚材、刘秉忠、赵复、姚枢这些杰出的政治家、思想家、教育家，使元代统治者看到文治教化的安邦定国的长远大计。元世祖忽必烈对蒙古族的发展状况有清醒的认识，他在批评一些狭隘守旧的蒙古贵族的偏执观念时说："祖宗肇造区宇，武功迭兴，文治多缺，五十余年于此矣。"① 因此他在战胜阿里不哥登上汗位后，在儒家思想影响下以"中统"为年号，这是采用汉法的标志，同时也更以汉人为谋士。为了有效地辖制中国广袤疆域内的各个民族，尤其是辖制具有先进封建文化传统的汉族，同时为了学习汉族的治国之道和先进的科学文化、生产技术，以增强国力、巩固

---

① 《元史·世祖本纪》。

政权，他大胆采取了尊孔重儒、兴学明教、推行"文治""汉化"的政策，从而缓和了蒙元统治者与汉族文化人的矛盾，加速了本民族封建化的进程，推动了多民族统一国家的巩固和发展。此后元代的各朝最高统治者，对文治教化都是十分关注和重视的。其间虽有一些蒙古贵族始终对汉族文化猜疑和排拒，但也不得不承认接受高势能文化的现实。也正因此，有元一代在制定国策时被迫又主动地采取措施，以维持社会的安定和推进文化的繁荣。

不能否认元代统治者对被统治人民是怀有戒心的，尖锐的阶级矛盾和民族矛盾始终是交错发展的。元代统治者推行残酷的阶级压迫和民族歧视，利用阶级分化政策把各族人民分为四类：第一类是蒙古人，第二类是色目人，第三类是汉人，第四类是南人。类别的不同也决定了社会地位的差异，如明显带有不平等色彩的法律条文规定：汉人与蒙古人互殴，如果蒙古人被打死，汉人必被处死；而汉人被打死，蒙古人只充军而已。在政府机构中，其官职大小也按民族类别排列，因而从决策到执行难免没有民族利益的考虑。即如驱口，可谓生活在社会最底层。驱口主要来自战争俘虏，在蒙古与金的战争中，许多汉族人民成为蒙古将领的驱口。此后元朝对南宋用兵，不少蒙古贵族与将校将俘获人口占有而成自己的家奴。元代驱口除战争俘虏外，还有其他一些生成的原因，如良人被掠卖、罪人被籍没、穷困者自卖、驱口"家生"，等等。驱口人数极多，成为蒙古统治者的私有财产，为他们付出各种各样的劳动，而没有人身自由。据说窝阔台汗时，驱口"几居天下之半"[1]。元初时大都、上都都有"人市"，人畜同样买卖。驱口的法律地位也很低贱，其杀伤主人则被处死，而主人杀死驱口只杖责了事。此外，蒙古贵族还把人们分为十个等级，即一官、二吏、三僧、四道、五医、六工、七匠、

---

[1] 《元文类》卷五七，宋子贞：《中书令耶律公神道碑》。

八娼、九儒、十丐①。即如当官吏，一般也以蒙古人、色目人为主，汉人、南人顶多充当次要角色。当然，这种黑暗的现实说明了蒙古统治的严酷，但并不妨碍他们欣赏和倾慕中原文化。少数民族定居于华夏民族之中加强了文化交往和环境适应，这也使统治者势必考虑文化的认同和政策的适当。因此尽管有着严重的民族压制，但历届政府无不考虑吸取汉族文化的精华加以利用，正是在此过程中，华夏文化也得以播扬而影响扩大。

蒙元统治者为缓和民族矛盾，巩固新建政权，不得不逐步放弃其落后的游牧经济及剥削方式，而大力倡导"汉化"。最高统治者在著名儒士的影响下，不断改革和完善国家法规、

《孔子祖庭广记》插图（元）

政策，从而打破了过去单以武功、世袭、荫叙、保荐等授官的惯例，使汉族知识分子有可能踏进仕途成为统治集团的成员为蒙元政权服务。这大大提高了元代统治集团官僚的文化素质，对改善元代官僚群体的知识结构具有很大的作用。另一方面，许多汉族儒生士大夫之所以能够毅然跨越种族畛域，以其政治经验为入主中原的少数民族政权服务，并以这种方式承续中原文化，也自有其历史与现实的背景。

中国自古以来就有"用夏变夷"的传统，以先进的诸夏文化去影响

---

① 谢枋得：《叠山集》。

和感化中原以外的文化落后部族，长期以来成为汉族儒士服务于少数民族政权的政治哲学依据。如服务于金廷的赵秉文曾专论华夷互变关系，认为女真具有华风又公天下自然也就是汉①。元代儒士杨奂也主张"中族而用夷礼则夷之，夷而进入中国中国之"。赵复为南宋"乡贡进士"，宋理宗端平二年（1235年），元兵攻陷其乡德安。姚枢受诏自俘虏中求儒、释、医、卜者送燕京，儒士赵复因"九族俱残"欲投水自尽。姚枢劝其徒死无益，不如随其北上。后朝廷建太极书院，请赵复等儒士在此传授程朱理学，自此理学得以在北方传播。赵复的学生郝经也是著名儒士，其在《与宋两淮制置使书》中说："今主人（忽必烈）开潜邸，以待天下之士……今日能用中国之士而能行中国之道，则中国之主也。士于此时而不自用，则吾民将膏铁钺，粪土野，其无孑遗矣。"②

的确，儒士们深有道德自信心和社会使命感，在刀光剑影、生灵涂炭的战乱岁月中，他们不仅如姚枢所说要"上承千百年之统，而下垂千百世之绪"③，且望以通情达理之恳切言辞说服元代凶蛮的统治者要适应中国国情，以免无故苍生屈为刀下之鬼。儒士发挥的作用是巨大的，南宋都城临安被破时也就避免了一场血腥的屠杀。从某种角度讲，儒士们的选择也是明智的，虽然他们内心非常痛苦，但经世致用、拯救苍生的良心道德使他们尽可能地替天行道。窝阔台重用耶律楚材，使元统治愈加有序；忽必烈得到汉族人民的好评，姚枢也功不可没。可以说，从有元初始打下的良好基础使蒙汉文化的融通顺利发展，而元代的统一与辽阔的版图使各族文化得以交往，其中华夏文化作为主流辐射开去，无疑是与先进的农业文明和饱学的汉族儒士分不开的。

元代的文教政策与文化滋养，造就出一大批才华出众的各民族知识分子，促进了各民族文化的大融合。正是因为元代统治者的大力提倡和

---

① 《滏水文集》卷十四《总论》。
② 《郝文忠公集》卷三七。
③ 姚燧：《收庵集》卷四《序江汉先生事实》。

元代理学家的广泛传播，发端于宋代的程朱理学到元代取得了正宗的地位。《四书》、《五经》以及朱熹等人的注疏，成了国子学和各级各类儒学、书院的必读教材。这促进了人们对儒学经典和程朱理学研究的兴趣，从而也使以汉族儒家学说为主体的华夏文化在民族交往中发扬光大。元代各级各类学校的设置，也有利于教育的普及和各阶层文化素质的提高。其承袭唐宋旧制又有所兴革的科举考试，尽管存在民族歧视的严重情况，但毕竟使更多的民族文化转入一统轨道。元代对各种宗教采取兼容并包的政策，使宗教教育在宫廷和民间也产生了程度不等的影响。因此，元代教育承续了华夏古代教育的传统，又因特定的时代而具有鲜明的特色。在这种教育体制下，元代培养出一大批汉蒙为主的各族知识分子，他们为推进封建文化做出了积极贡献。由于历史原因，我国最早的学校教育大多集中在黄河流域一带，南北朝至南宋时期学校教育逐渐随着政治中心的南移向南发展。到了元代，伴随着疆域的扩展和民族的融合，出现了中原文化北归、南北学结合并向四夷广拓的局面。这对中华民族文化传统的形成和发扬，对中华民族精神和性格的认同，对中华民族的团结统一都起到了良好的作用。用今天的观念看，中华民族是包括各少数民族在内的大家庭，无论是版图还是心理都有一种文化的凝聚力，元代无疑为此提供了一次最重要的契合。

第二节 儒统传承

蒙元入主中原之前，在金朝统治下的北方传播并产生影响的主要是孔孟的传统儒学，而在南方理学却发展起来并形成一股无法抗拒的思潮。元代的统一不但促进了民族间的融合，也加强了南北间的交流，因此长期以来"声教不通"的局面被打破，儒家理学取得融通并深有进展。

　　始于北宋而传承南宋的理学是发展了的新儒学，它以传统儒学的伦理道德为核心，汲取了佛、道哲学的某些成分，融会贯通，建立起庞大、精致、缜密的哲学思想体系，使唐末以后衰微的儒学重新趋于兴盛。理学的思想核心，本质上是把封建传统的"三纲五常"与宇宙万物的自然规律结合起来，使之理论化、系统化、超验化，成为神圣不可侵犯的天经地义。它认为，天理是万物产生的根源，并决定着其变化规律，人类社会与之一样，道德伦理也都是天理的体现。因此，这就使"三纲五常"上升到世界本体的地位，封建秩序也就自然合理。这是封建统治者所迫切需要的哲学化的政治理论，对于元蒙统治者来说当然也不例外。

　　元世祖忽必烈就是一位对理学颇感兴趣并大力倡扬的重要人物，为理学的广泛传播和深入人心做出了重要贡献。他崇尚儒家学说，任用各族儒士，注意用儒家经籍教育培养蒙古子弟。他曾亲自召见金朝儒士窦默，听窦默讲"三纲五常"后大喜。他在"潜邸"召见赵复，使儒士闻之后精神振奋。他的开国之谋臣多为儒士，帮助他立朝政、定官例、颁典章。儒学观念被元蒙统治者所接受并行而用之，为理学的广泛传播和迅速发展起了积极作用。

　　元仁宗从小以贯通经史、善论治乱的名儒李孟为师，是元代帝王中有较高汉文化修养的皇帝。他即位后，革新政治，标榜儒学，恢复科举取士。他认识到："明心见性佛教为深，修身治国儒道为切。"[①] 他为表示对儒家先贤的崇奉，命国子祭酒前往曲阜以太牢祭孔子。皇庆二年（1313年），又以宋理学家周敦颐、二程、张载、邵雍、司马光、朱熹、张栻、吕祖谦及元理学家许衡从祀孔庙。他听从李孟建议开科试士，科考从《四书》《五经》中设问并用朱熹章句集注。由此研习朱学之士迅速增加，理学在社会上得到空前弘扬。朱学定为国是，开始成为官学，

---

① 《元史·仁宗本纪》。

实是理学在元代传播之大事。理学自宋代兴起而至元代始得确认，此后影响明清两代至今，可见其博大精深，具有持久的时空意义。

　　同时需要指出的是，理学所提出的"修身、养性、齐家、治国、平天下"，主张从自我做起而兼善天下，这的确能可小可大而高深莫测地理解。即使不能成为圣贤将相，但修道完善也是一个天成的自我，这种思想倾向符合中国古代以来"天人合一"的内在精神需求。郝经在《养说》中言："夫人之性，天之理也。"强调循序渐进的存养，即可达到洞察万物的高境。性道相合，乃化万物与自心，物我同在，此亦超然而不朽。刘因认为，万物归于一理，人与天地一体，只要用心修养，"天下之人皆可为圣人"。其作《希圣解》直承程朱而上溯周敦颐，说："天地，人也；人，天地也。"按此逻辑亦可理解"圣贤，我也；我，圣贤也"，只要"天人合一"，也就"至圣可希"。其进一步指出成圣的具体途径："修而静之，勉而安之，践其行，尽其性，由思入睿，自明而诚。"许谦从程朱以理气解释人性："人之初生，禀天地之气以为形，禀天地之理以为性。"[1]人应与天地相通才能达到至高境界，世俗烦恼皆由"欲"而生，故要"究明天理，屏去私欲"，才能"欲尽理明"[2]。总的来说，理学将佛、道、儒融通达诂，可以说它是中国哲学的一个总结。

　　从这种世界观出发，大大小小，生生死死，是是非非，物物我我，皆可联照映通，参透看破。它当然可以为封建秩序的"三纲五常"服务，也可以巧解文人士子的愁苦愤懑。因此，人只要"持敬"、"存养"、"省察"、"正心"、"诚意"等，就可通过"尽性"来传承"天道"，达到"天人合一"的完美境界。尽管"性""道"本身包含着儒家政治伦理的社会内涵，但也意味着超越具体实践而达到"涅槃"、"羽化"的升华。

---

① 《读四书丛说·大学》。
② 《读四书丛说·论语下》。

竹石集禽图（元）王渊

对于当时亟须摆脱精神困境的元代儒士来说，理学显然有着别具特色的心理效应。吴澄言："夫道也者，天之所以与我，己所固有也，不待求诸外，有志而进焉。有见可得，可立而竣。"① 理学之博大精深在宋代已构成，元人尽可体察其玄妙的学术旨意和现实的文化功能。由于理学既具有在非汉族统治下振兴儒家政治、伦理文化的一面，又具有在非汉族统治下适应士人精神、心理需求的另一面，所以理学在元代的强大也就成为可能。不仅元代统治者尊孔崇理，许多知识者也致广大尽精微，这对扩展华夏文化无疑起到了促进的作用。

元代理学直承两宋理学，但也有不同的面貌和发展。元初首先形成北方学派，其开创者应推赵复。赵复于1235年随姚枢自德安（今湖北安陆）北上燕京后，深得大将杨惟中赏识。杨、姚遂议建太极书院，请赵复等儒士在此传授程朱理学。赵复编著《传道图》，介绍从伏羲、尧、舜经孔、颜、孟氏到周、程、张、朱的理学道统；又著《伊洛发挥》，标明理学宗旨；还著《师友图》，评说朱熹门人；并取伊尹、颜渊言行作《希贤录》，以示学者求端用力之方②。自此，南宋盛行的理学在北方传播。清代学者黄百家说："自石晋燕、云十六州之割，北方之为异域也久矣，虽有宋

---

① 《宋元学案》卷九二。
② 《元史·儒学传》。

儒叠出，声教不通。自赵江汉以南冠之囚，吾道入北，而姚枢、窦默、许衡、刘因之徒，得闻程、朱之学以广其传，由是北方之学郁起。"①赵复不愿出仕为官，不久便隐迹不出，终老于河北真定（今保定）。

赵复认为，道统自伏羲、神农继天立极，经孔、孟垂世立教，至程、朱发明绍续，是三个主要的阶段。他自谓为朱熹私淑弟子，以道统的传人自居，因而大有"以斯道觉斯民"的责任感。赵复处于宋元战乱之中，汉民族文化面临危机。也许正是"道之正统待人而传"的观念，使他隐忍"九族俱残"的不幸遭遇，承担起"任传道之责"的历史使命。一方面，保存传统的汉民族文化，使其免遭灭亡的厄运；另一方面，可用理学感召北方的汉族知识分子，影响和改造异族文化。所以，赵复首传程朱理学于北方，《四书章句集注》便产生了深刻的影响。许衡得之，"深潜玩味，而得其旨，以之致君泽民，以之私淑诸人。而朱氏诸书，定为国是，学者遵信，无敢疑二"②。赵复强调君子在于求得圣心，不当以功利所累。因而他不愿用世，独善终身。但他也许不会想到，这种追求道德完善的思想也是被元朝统治者所欣赏的，后来以朱注《四书》作为科场官本倒也是另一种普及。

许衡（1209～1281年），字仲平，怀庆河内（今河南沁阳）人，学者称鲁斋先生。他自幼好学善问，闻人有书即前往求观。蒙古灭金后，他辗转鲁、魏，与名儒窦默相识。此后又往访当时弃官隐居的姚枢，得朱熹之作并手抄其迹。忽必烈即汗位后，3人都被召见，许衡被任为太子太保，姚枢被任为太子太师，窦默被任为太子太傅。3人因与丞相王文统政见不和，一并辞官不就。1265年，许衡又被召至京师，命议事中书省，参与国事。此后退退进进，历任许多重要文职。许衡不愿为官，但对集贤大学士兼国子祭酒却欣然受命，他亲选蒙族弟子讲授《大

① 《宋元学案》卷九〇。
② 《道元学古录》卷四〇。

学》、《中庸》等书。任教 3 年，因权臣阿合马从中作梗乃辞职。68 岁时又被召参与修订历法，4 年后历法修成获准还乡。次年去世，谥文正，从祀孔庙。

许衡认为，"每一事，每一物，须有所以然与所当然"，"有是理，而后有是物"①。他在对心、性、理关系的看法上，既不完全同于朱熹的"性即理"，也有别于陆九渊的"心即理"，而是笼统地把心、性、理一以贯之。这并非是他在理学上粗疏所致，而是有意表现出他的含糊态度。由于他游离于朱陆之间，所以在如何识见天理的心性修养方法上，也就游离于朱熹的穷理以明心和陆九渊的明心以穷理二者之间。他试图将二者调适在一起，这正反映了元代朱陆合流的趋向。他把封建社会的等级秩序看做是自然秩序，是天定的"不易之礼"。而这一切都是命定的，由时势决定的，不能违背。许衡作为切近时务的思想家，在哲学理论上难有创见。但他能得到元世祖的宠信，能使程朱理学传承于世，能在多民族的国度中广泛传播，并由私学变成官学取得正统地位，这正是后世儒生对他歌颂备至的原因。

郝经（1222～1275 年），字伯常，泽州陵川（今山西陵川）人。其家世代业儒，受到乡人尊重。祖父郝天挺就以教学有方闻名，元好问即出自于他的门下。郝经从青年时代起，就立志"不学无用学，不读非圣书，不为忧患移，不为利欲拘，不务边幅事，不作章句儒"②。他曾为顺天守帅张柔、贾辅之上客，两家藏书万卷，无所不有，他于此"上溯洙泗，下追伊洛诸书，经史子集，靡不洞究"③。苟宗道在《侍读故翰林学士国信史郝公行状》中说他"读书专治六经，潜心伊洛之学，涉猎诸史子集，以穷理尽性、修己治人为本"④。郝经以才学很快受到忽必

---

① 《鲁斋遗书》卷二。
② 《陵川文集》卷二〇。
③ 《宋元学案·鲁斋学案》。
④ 《陵川文集》卷首。

八花图〔元〕钱选

烈的赏识，成为忽必烈潜邸中重要的谋臣策士。他为辅佐忽必烈的帝业，殚精竭虑，竭尽全力。忽必烈即位后，命郝经以国信使出使南宋。结果被南宋拘留越16年，至1274年始获归元。次年病卒，谥文忠。

郝经在被拘期间勤于著述，所著有《春秋外传》、《易外传》、《续后汉书》、《太极演》、《原古录》、《通鉴书法》、《玉衡真观》等。他的思想受家传影响很大，同时又接受了赵复北传的理学，因而是二者结合的产物。他与一般理学家一样，认为太极是天地万物的根源，天地万物乃各有其理，因而俱依理而动、以气而生。"其始也，理入于气，气入于形；而其终也，形复于气，气复于理。天地万物如环之无端。"[1] 他遵从程朱理学"性即理"的命题，但又发挥有"心统性情"的说法。认为在渐修存养穷理尽性之后，要不时省察内心持守坚固。要发"道心"而抑"人心"，说："道心则其理，人心则其欲也。"[2] 实际上，这与朱熹所说"去人欲而存天理"不无一致。

郝经治经还贯穿着"六经一理"的思想，即"六经"所载无非一"理"。他说："其全太极之体，乘造化之几，尽鬼神之道，而与道为一

---

① 《陵川文集》卷二五。
② 《陵川文集》卷一七。

者，则谓之圣人。天地者，道之区宇也；万物者，道之邮传也；圣人者，道之主宰也。"① 又说："天地万物者，道之形器也；六经者，圣人之形器也。"② 正因此，他认为经史相通，义理与史事互见，提出"古无经史之分"③。郝经这一观点对后世产生很大影响，但其本意在于以史注经。

另外，他还提出"天下有定理而无定势"的命题，充满了辩证法。并推崇"用夏变夷"观念与儒家仁政思想，说："能行中国之道，即为中国之主"，"中国既而亡矣，岂必中国之人而善治哉？圣人有云：夷而进于中国，则中国之。苟有善者，与之可也，从之可也。"④ 他特别称赞"用汉法"的北魏孝文帝，同时也体现了中原儒士与异族统治者之间政治合作的前提。郝经仕元数十年，在他看来，忽必烈"爱善中国，宽仁爱人，乐贤下士，甚得夷夏之心，有汉唐英主之风"⑤。故此，他大力谏言，推立汉法。可以看出，元初理学名儒实际上都在起着弘扬汉学的作用。

刘因（1247～1293 年），字梦吉，容城（今河北徐水）人。因慕诸葛亮"静以修身"一语乃自号静修，学者称静修先生。他生于金亡后，但仍自视为亡金遗血，一生思想感情总与元蒙不谐，故屡辞元官不做。后隐迹乡野，授徒以终，死后谥文靖。刘因始习经学章句，后不满其"训诂疏释"之说，得赵复所传南宋义理之学，转崇之。他品评两宋理学人物，说"邵（雍），至大也；周（敦颐），至精也；程（程颐、程颢），至正也；朱子极其大，尽其精，而贯之以正也"⑥。他治学博采众说，融会贯通，不专守一家之言。著作有《四书集义精要》、《静修先生

---

① 《陵川文集》卷一七。
② 《陵川文集》卷一八。
③ 《陵川文集》卷一九。
④ 《陵川文集》卷一九。
⑤ 《陵川文集》卷三八。
⑥ 《元史·刘因传》。

文集》等。

刘因继承了程朱的理本论思想，但其论道则更侧重于老庄。认为气化流行，产生万物，源乎天，本于理，因而天人相通，由天化而人化，故社会伦理也来自天地造化，圣人与天道相通也就合而为一。刘因在论心性修养时强调"无待于外"、"自求本心"，基本上是沿袭周敦颐的"主静"到程颢的"居静"方法。刘因主张涵养自守，视物若无，关键是"不动心"。既能如此，格物致谨也就多余。因此，刘因是反对用世、不求事功的，治国平天下的前提必须首先是立心修身，不能为治国平天下的目的去想有所作为。

刘因一类儒士以修身为宗旨，在政治上采取的是消极避世的态度。他们高蹈深隐，轻于用世，这与积极参与政治的许衡、郝经显然不同。刘因在谈论庄子提出的"齐物"问题时，也表现出玄虚而相对的思想。他认为物性本齐，相对不齐，肯定了某一面就否定了另一面，因而最好是"无所著"，否则，"一有所著，则不西而东矣"。也就是说，此中自有一个理，言物则害理，因而应以理观物，实际上这就把主观强加于客观，使主客观通于道，也就更为玄妙而高深了。

他在谈到人生哲学时认为人皆可圣贤，只要与"天地之气"相通并顺和"五常之气"，皆可无欲便皆可为圣贤。可以说，他心目中的圣贤，就是无欲存诚尽人道复天理。他强调读近世之学而应返求六经，继承了郝经"古无经史之分"的说法，这都对后世治学有重大影响。他说："近世学者往往舍传注疏释，便读（宋）诸儒之议论。盖不知议论之学（理学）自传注疏释出，特更作正大高明之论尔。传注疏释之于六经，十得其六七。宋儒用力之勤，铲伪为真，补其三四备之也。故必先传注而后疏释，疏释而后议论。""古无经史之分，《诗》、《书》、《春秋》，皆史也，因圣人删定笔削，立大经大典，即为经也。"① 这在当时都是大

_____

① 《静修文集》卷一。

胆的议论，此后儒士们提出以经学补实理学，经史相为表里，不应忽视刘因的作用。而刘因潜研理学，兼综百家，也成为理学由宋到明过渡时期的重要人物。

如果说以上所述为元初北派理学，那么到元代中期则以南方理学发展为盛。南宋时理学已成大观，朱熹后学宗派林立，因而南方理学有其得天独厚的发展优势。朱熹门下有高弟黄榦，黄榦门下有江西、浙江两支。代表江西一脉的理学大师当为吴澄，而代表浙江一脉的则有"金华四先生"。

吴澄像

吴澄（1249～1333 年），字幼清，抚州崇仁（今江西崇仁）人。因所居草屋题曰"草庐"，故学者称草庐先生。他自小就知用力于"圣贤之学"，20 岁之前已读朱子之作并有所撰著。27 岁时宋亡入元，历任江西儒学副提举、国子监丞、国子司业、翰林学士、国史院编修、太中大夫等职。但都时间不长，旋进旋退，多半时间隐居乡里，潜心理学。晚年所著《五经纂言》，享有盛名。卒后谥文正，追封临川郡公。

吴澄与许衡齐名，在元代思想界享有很高的地位。"皇元受命，天降真传，北有许衡，南有吴澄。"① 但论学问，许衡不能与吴澄相比。许衡为北方人，尽管在理学传播上贡献很大，但学问尚属"粗迹"。而吴澄是南方人，直承理学端绪，既为朱学之正传，又兼宗陆学以和会，学问渊博，思理谨致，因而有绍统朱陆之功绩。

吴澄早年沉潜于朱学，以弘扬圣人之道为己任。曾作《道统图》，以继承道统自命，自诩为朱子之后道之归也。虽然如此，但他并不抱门

---

① 《吴文正集》卷首。

户之见而守一家之言，却是兼取各家之长以补朱学之短。他特别推崇陆九渊，说："先生之道如青天白日，先生之语如震雷惊霆，虽百数十年后有如亲见亲闻也。"① 他认为，朱子道问学工夫多，陆九渊以尊德性为主，问学不本于德性而偏于言语训释乃舍本求末。因此招致非议，被当时势力强大的朱派看成是"宗陆背朱"。其实吴澄发现了陆学中合理的说法，不过企图将二者调和起来。此为时人所不容，但却为明人所吸取。

吴澄对天道、阴阳的看法基本承续前贤，但其侧重变异的思想导致夸大了神秘的象数之学。他认为，象皆可由数推衍，数也就具有了道和理的意义，世间万象皆可统归于"羲皇之卦画"，因而"象之至大至广而可以包罗天地，揆叙万类"②。其所谓象和数，就是从物质实体中抽离出来的纯粹符号，其夸大象数的作用取代客观世界的存在与变化，无疑将天地万物化为其个人精神上自我活动的结果，这其中不能不说具有禅道意味。

吴澄在性理关系上基本继承朱熹的思想，但在如何识见天理恢复天性的问题上又接近陆九渊。朱熹主张格物致知，探究外物以明天理，陆九渊则以理在心内，致知在于反问自心的德性。吴澄说："所谓性理之学，既知得吾之性，皆是天地之性，即当用功知其性，以养其性。"③陆九渊认为理在心内，心外无理，因而应反观自心，发明本心。此心即人之善端，如知恻隐、善恶、辞让、是非。他说："仁、义、礼、智之得于天者，谓之德。是德也，虽同得于有生之初，而或失于有生之后。能得其所德而不失也，君子也。盖德具于心者也，欲不失其心，岂有他哉，敬以持之而已矣。"④ 也就是说，修身养性，发扬光大，使善端成

---

① 《吴文正集》卷一〇。
② 《吴文正集》卷三。
③ 《吴文正集》卷三。
④ 《吴文正集》卷一〇。

为善德，自也就成圣人。显然，吴澄在"明心以穷理"和"穷理以明心"之间是主张前者的。做人先要"尊德性"，其次再求"道问学"，否则是颠倒次序。他认为那种不先反之吾心而徒求五经的人，是"买椟而弃珠"。

吴澄治经也卓有成就，一生致力于经籍注纂。他晚年完成《五经纂言》，被后人称为"经学之师"。自理学发起，习成说者多，通经术者少。"经"中以"礼"最为难治，秦汉以来"残篇断简，无复铨次"。朱熹曾校订条疏"三礼"（《仪礼》、《周礼》、《礼记》），但也只"草创"而老不及为。吴澄以接续朱熹为己任，一生费时几十年，完成了"疏解三礼，继往开来"的业绩。与两宋理学家一样，吴澄治经重在发明义理，并不着意于名物训诂。他站在理学的立场上，通过六经阐发天理人欲之辩，取得卓越成就。吴澄作为元代理学大师，宗朱兼陆，别有创造，可谓宋明理学间一座桥梁。

承朱熹弟子黄榦之学的"金华四先生"为何基（1188～1269 年）、王柏（1197～1274 年）、金履祥（1232～1303 年）、许谦（1270～1337 年），他们在金华地区递相授受朱熹理学，是公认的金华朱学主要传人。

何基曾随父居江西，师事黄榦得朱熹之学。回金华后隐居故里潜心学问，为人推服而始教乡里。一生不愿跻身官场，只于诗书中求义理而弘扬道统。他敬重朱熹，严守师说，所作发挥莫不以《四书集注》为准，因而在学术上难以有所建树。

王柏祖父与朱熹、吕祖谦为友，父翰为朱、吕及门弟子。其年逾三十，"始知家学授受之原，慨然捐去俗学以求道"。他从学于何基，苦读精思，颇多卓识独见。虽笃信朱学，但并不株守师说，敢于问难质疑，而不轻信盲从，因而形成自己的思想特色。如他论证"道统"以"天理"为依归，实际上就是要确立程朱理学为儒家正宗。但在一些具体问题上，如对理气关系的看法，就没有因袭朱熹的"理与气决是二物"的观点，而是想调解理学内部在理气关系问题上长期存在的严重分歧。他

隔岸望山图（元）赵衷

发扬朱熹学风，如敢于大胆疑经，对朱熹的《四书集注》也有问难，实际上还是从维护理学的角度出发。王柏从维护道统出发有所创见，推动了理学的发展。

金履祥事王柏从登何基之门，一生不仕，著述终身。他受王柏影响较深，对《四书》下力尤勤。他为《四书集注》作疏，对朱熹理学某些观点有所深化和阐扬。其著除宗朱熹之外，也多引黄榦及其师王柏、何基之说，然而又并非全然拘守教条，在一定范围和一定程度上，突破家传有所创新。清代学者黄百家说："仁山有《论孟考证》，发朱子之所未发，多所牴牾。其所以牴牾朱子者，非立异以为高，其明道之心，亦欲如朱子耳。"① 由此可见其治学的独立思考精神及对理学完备的忠诚。他对理气、心性、知行等问题都有深入的研究，总体上更趋求于在程朱理学基础上的应同。

许谦自小聪颖，宋亡后力学不辍。闻金履祥讲道前往就学，深为古稀之年的金履祥器重。得师所传，油然融会，此后专事著述讲学。地方官闻其名屡荐不就，而各地学者翕然往从。许谦为教凡 40 年，对程朱

———

① 《宋元学案》卷八二。

理学的发扬和传播起了很大作用，时人将其与北方著名理学家许衡并称，谓南北二许。许谦谨守师说，亦步亦趋，因此力在阐发，少有创见。他说："学以圣人为准的，然必得圣人之心而后可学圣人之事。圣贤之心俱在《四书》，而《四书》之义备于朱子。顾其辞约意广，读者安可以易心求之乎？"① 其《读四书丛说》，就是对朱熹理学思想细绎引申，如对"无极而太极"的解释就是坚持朱熹的观点而反对陆九渊的观点。在理气关系问题上，也坚持理先气后、理气相依的观点；在心性问题上，与程朱主张完全相同，对朱熹的"格物致知"学说有发挥，而对陆九渊的"反观内省"有批判。总的来说，在"金华四先生"中，许谦的理学思想对程朱有继承而更加"纯正"，但也缺乏理论上的创见更趋于保守。许谦之后，在金华朱学的发展中，确实存在着"流于章句训诂"的趋势，从而导致该学派的衰落。

朱学在元代成为官学，影响遍及朝野。师徒讲诵多以朱学为则，从而造就了一批饱饫朱学的理学名士。至元末出现了"浙东四先生"宋濂、刘基、叶琛、章溢，他们对理学的传授和发展在明初也起了十分重要的作用。

宋濂在元代后期已是"名震朝野"的学者，他已看出元衰的趋势而隐居浙东龙门山。他的大部分理学著作就是在山中韬光养晦时写成并刊刻行世的，朱元璋建明后他应邀出山不断升迁。晚年致政还家，途中得疾而逝。宋濂为明初"开国文臣之首"，常与朱元璋讲论先王之道，深得朱元璋器重，对明代理学有很大影响。他是金华朱学的传承人物，但又潜心研读佛教典籍，因此在其理学思想中充满着佛学气息。他的元气说糅合了道教和程朱的说法，认为在"天地之心"的主宰下生生不息。他认为，人心与"天地之心"相通就能成其大，此心非小我之心而是大我之心，显然接受了陆九渊的心学说法而纳于朱学之理。人要识心、明心就要清除物欲、莹彻胸怀，在宋濂看来，儒、佛本来就是"同一"

① 《白云集》卷三。

的，"儒释一贯也"。因而宋濂提出吾心为天下最大，而求吾心之方法是用佛教不二法门的向内冥求。可见就理学流派上说是偏重于心学的，延续了吴澄、王柏对朱陆异同持兼综和会的态度。但他认为陆学也有缺点，缺乏朱学致知的下学工夫。在他看来，学问应以明道，不要徒守门户、党同伐异。这从元代开始的朱陆合流趋向经宋濂而后，不能说不对后来的王学产生重要的影响。

刘基也是因在元末与当道不和而辞官归乡，后为朱元璋幕僚而深受器重。作为明初著名理学家，其理学思想与宋濂相比则更近于道。他承袭朱学认为天地万物来源于元气，元气背后有理做绝对的主宰。但他在论心性修养时又与朱学不尽相同，认为应默坐澄心、向内冥悟，这倒有似陆学的"发明本心"，而不像朱学的"格物求知"。其治经也是为伸张天人关系、天人一理，注意引纳道教的说法完善理学的严美，他说："天人一理，有感则有应"，不懂"天人感应"就不能深明理学。他也反对"用夏变夷"，的思想，由"变夷"，变成"仇夷"以至"排夷"，在后来为朱元璋草拟的讨元檄文中，提出了"驱逐鞑虏，恢复中华"的口号，具有很强的煽动性。可以看出，在特定时代，理学往往也是随着社会现实的政治需要而变化的。

总的来说，元代理学是由宋到明的过渡期，元代文化的开放也不会把理学定为一尊，但朱熹理学终究被肯定并有发展，其关键是被统治阶级所认同，而在文化人看来，陆氏心学也不是没有价值的，这到明代王阳明时方得到展现。

第三节 兴学重教

元代统治建立以后，深感文化教育的落后，因此也制定了许多兴学措施。当然，教育首先要为统治服务，其根本目的是提高管理人员的文化素质，进而促成全社会对文化的崇尚。元代继续实行学校教育制度，大体承袭了唐宋的教育传统，借鉴了辽、金的办学经验，在此基础上又结合实际创造出一些适合本民族特点的新的办学形式，在一定程度上发展和完善了各级各类学校的管理体制。大体说来，元代的学校体制可分为官府办学与民间办学两大类别，它们分别呈现出不同的特点。

　　元代的中央官学为国子学，这主要是为贵族、官僚子弟所办的高等教育学府。元太宗窝阔台打败金国不久，就在燕京始设国子学，"以冯光宇为国子总教，命侍臣子弟十八人入学，是为建置学校之始"①。元世祖至元六年（1269年）正式创立国子学，许衡被任命为集贤大学士

石狮（元）

兼国子祭酒。至元二十四年（1287年），专设国子监机构，属集贤院。《元史·百官志三》："集贤院，秩从三品。掌提调学校、征求隐逸、召集贤良，凡国子监、玄门道教、阴阳祭祀、占卜祭遁之事，悉隶焉。""监祭酒一员，从三品；司业二员，正五品，掌学之教令，皆德尊望重者为之；监丞一员，正六品，专领监务；典簿一员；令史二人；译史、知印、典吏各一人。"国子学生员名额最初定为80人，以后陆续增至300人，陪堂生20人，包括蒙古、色目、汉人等。

---

① 《新元史·选举制一·学校》。

元武宗至大元年（1308年），立国子学贡举法，选其中优秀者授予官职，蒙古人授官六品，色目人正七品，汉人从七品。在考试录用时，对蒙古生之法宜从宽，色目生宜稍加密，汉人生则全科场之制。由此可看出民族间不平等的歧视政策。元仁宗时曾行贡试法，即分斋授课和积分升斋，下斋生每季考试列优等而不犯规者升中斋，中斋生每季考试列优等而不犯规者升上斋，此后可升为高等生员并予任职。贡举法、贡试法时有反复，但促使教学、考试和选拔人才的方法不断完善。

除国子学讲授汉族经典文化外，元朝还设有蒙古国子学和回回国子学。蒙古国子学是以蒙古文化内容为主要特征的蒙古语高等学府，是元代统治者效法金朝从维护本民族利益的政策出发设立的。蒙古国子学始创于元世祖至元八年（1271年），此后不断发展。元仁宗延祐二年（1315年），"以所设生员百人，蒙古五十人，色目二十人，汉人三十人，而百官子弟之就学者，常不下二三百人"①。

回回国子学是以教授波斯文为主要内容的高等学府，专以培养诸官衙波斯语翻译人才为目的，它创立于元世祖至元二十六年（1289年），此后生员人数不断增多。可以说，这是我国古代最早的外语翻译高等专科学校，"凡百司庶府所设译史皆从本学取以充焉"②。回回国子学的建立，对中外交流起到了积极作用。

元代统治者对地方官学也很重视，建立了一套较完整的教育体系。各级地方政府路、府、州、县分级设学，推行儒化教育，为政府培养人才。元太宗窝阔台初定中原即议建立学校，诏曰："古昔张置学校，官为廪给，养育人才。今来名儒凋丧，文风不正，所据民间应有儒士，都收拾见数。若高业儒人，转相教授，攻司儒业，务要教育人才。"③ 元世祖忽必烈即位后，国家统一，经济繁荣，兴办学校提上议事日程。他

---

① 《新元史·选举制一·学校》。
② 《新元史·选举制一·学校》。
③ 《庙学典礼·选试儒生免差》。

多次下发兴学重教的诏书，各地儒学相继建立。路学规定设置教授、学正、学录等学官各一人，府学设教授一人，州学设学正一人，县学设教谕一人，担任各级儒学的教学和管理工作。儒学所教内容，主要是儒家经典和朱熹注疏，除《五经》外还必习《四书》，从此《四书》与《五经》并列。元仿宋制，还给地方儒学设置学田，作为修缮文庙和学舍、朔望祭祀、学官俸禄、奉养贤才等之用，作为教育之保障。

在广大乡村还设有社学，以普及教育为主，实行边耕边读、灵活自由（如农忙务农、农闲入学）的办学形式。元朝政府规定："诸县所属村疃，五十家为一社，择高年晓农事者立为社长。增至百家，别设社长一员。不及五十家者，与近村合为一社。社远人稀，不能相合，各自为社者听……每社立学校一，择通晓经书者为学师，农隙使子弟入学。如学文有成者，申复官司照验。"① 社学具有广泛性，时间具有灵活性，教学内容具有实用性，是地方儒学的延伸。通过社学，可以加强对广大农民的封建道德教化和农桑耕种技术的教育，对缓和民族和阶级矛盾、安定社会秩序、提高农业生产水平都是有利的。另外，元代地方还设有其他各类学校，如医学、阴阳学、蒙古字学等，凡学有所成者政府都加以任用。

元朝中央和地方官学的师资主要由儒士即汉族知识分子充任，但也吸收蒙古族和其他少数民族的一些知识分子任教。中央官学曾有许多著名的理学大师任教，如许衡、王恂、吴澄、李孟等，从而提高了元政府国子学的教学质量和声望。元代官学的生源主要是贵族、官宦子弟，庶民子弟在国子学中只能当陪堂生。其中由于民族不同而地位也有差异，一般情况下蒙古子弟要占生源一半，色目人和汉人占一半，且蒙古子弟地位显赫，尤其是有权势者，明显地反映出民族和阶级的不平等。至于普通老百姓，很难入官学就读，尤其是汉人，几乎失去了仕进之途。

---

① 《新元史·食货志》。

元代官学对师生也制定有奖惩办法，其管理措施与宋代大体相同。《元史·刑法志二·学规》规定："诸蒙古、汉人国子监学官任内，验其教养出格生员多

掐丝珐琅象耳炉（元）

寡以为升迁。博士、教授有缺，从监察御史举之，其不称职者黜之，坐及原举之官。诸国子生悖慢师长及行礼失仪、言行不慎、讲诵不熟、功课不办、无故废学、有故不告辄出、告假违限、执事失误、岔戾斗争，并委正、录纠举。除悖慢师长别议，余者初犯戒谕，再犯、三犯约量责罚……"各级地方儒学对生员奖惩尤为具体：儒生课式，每月由教官出题，或赋、论、经义、史评之类。诸生各供本经全篇，每五卷中取一名，头名三分，正名二分，三名一分半，通榜者各一分。教官考核，逐月载籍，岁终计其分数，以考优劣。如十二试积及十分者，次年正月从教官申请本路文资，正官、廉访司官俱往学校，集中积及十分的儒生，帘引文义通畅者，取首名保申上司，以具岁贡，其余籍记姓名。所有十二试俱黜者，降供一季，发付本学训诲，逐日在斋习读，伺降供满日，再行引试，中格许令回参，其连三月不试者，从教官议罚①。这些制度建设推进了教育的发展，与朱学一起构成了思想和行为的准则。

元代除官府办学外，还以民间办学的形式发展教育。政府对民间办学如庙学、私学、佛学及书院等，都采取了保护、扶持、鼓励和倡导的政策，这对普及文化教育、深入钻研学问、强化统治思想都有促进作用。

———————————

① 《庙学典礼·行台坐下宪司讲究学校便宜》。

庙学是在孔庙中对孔子及其传承等先哲祭祀礼拜后进行的以宣讲儒家经书为主要内容的一种教学形式。广义的概念实际上指的是各级各类儒学，如元代无名氏辑录的《庙学典礼》为"一代庙学之制"①。而狭义的概念则指在孔庙中定期举行的讲学活动，这种形式是与有系统要求的地方儒学不同的。《庙学典礼·官吏诸庙学烧香讲书》言："如遇朔望，自长次以下，正官同首领官同率领僚属吏员，俱诣文庙，烧香礼毕，从学官主善诣讲堂，同诸生并良家子弟愿从学者讲议经史，更相授受，日就月将，教化可明，人材可冀。"这类形式类似佛教的"俗讲"，但有官员出面而显得较为隆重。其与地方官学相同的是，宣讲的内容都是儒家经义和程朱理学；不同的是，这是以祭孔为中心而附加的一种教学活动，它不像政府儒学有严格的教学规程和考核办法。庙学一般一月只有两次，听讲的对象有广泛的群众性。政府鼓励参加庙学听讲，听讲者可得到膳食和文具。经过庙学的常年教育，德才兼备者还可通过保举、审核得到政府录用。这种以孔庙为活动中心的具有广泛群众性的教育普及形式，在民间产生了相当大的封建道德和礼法教育的影响，与元廷尊孔重儒的文教政策相一致，从而促进了社会的相对稳定。

元代的私学十分兴盛，是在宋、金的传统基础上发展起来的。私学一般有家长延请名师或教师招徒授学以及自受家学于父兄等形式，内容多为儒家经典及程朱理学。宋、金时期私学已多，主要是官学不能满足社会的需求，徒有形式而难出人才，因而私学应运而生。元朝统治者对私学的兴办是鼓励的，而私学的确也培养出了大批国家需要的人才。元初名臣耶律楚材就得益于家学，"楚材生三岁而孤，母杨氏教之学。及长，博极群书，旁通天文、地理、律历、术数及释老、医卜之说"②。元代不少杰出人物都受惠于私学。如姚枢之侄姚燧，始受学于姚枢，后

---

① 《四库全书总目提要·庙学典礼》。
② 《元史·耶律楚材传》。

受学于许衡，为世名儒①。李孟"生而敏悟，七岁能文，倜傥有大志，博学强记，通贯经史，善论古今治乱，开门授徒，远近争从之。一时名人商挺、王博文，皆折行辈与交"②。金履祥"幼而敏睿，父兄稍授之书，即能记诵。比长，益自策励，凡天文、地形、礼乐、田乘、兵谋、阴阳、律历之书，靡不毕究。及壮，知向濂、洛之学，事同郡王柏，从登何基之门。基则学于黄榦，而榦亲承朱熹之传者也。自是讲贯益密，造诣益邃"③。许衡、吴澄、程端礼、郑玉等都得益于私学，后皆成理学大师并私淑弟子。程端礼撰有《程氏家塾读书分年日程》，提出教学思想、教学程序、教学方法等。虽为一家私言，后却影响明、清，可谓封建末世的一份教学大纲，迄今仍有一定的借鉴意义。

元代对各种宗教采取兼容并包的政策，宗教教育也就开展得较为普遍。其中尤以佛教势力最强，传教活动也最为活跃。蒙古人本来信奉传统的萨满教，但在对外征服过程中又接触到佛教、道教、基督教、伊斯兰教、摩尼教、婆罗门教及犹太教等。自忽必烈始特别尊崇佛教，此后历代皇帝对佛教都优渥有加。史传八思巴从小就受到良好的佛学教育，3岁时即能念咒语，7岁时即能背多种经文，八思巴在藏语中即"圣童"之意。"年有十五，谒世祖于潜邸，与语大悦，日见亲礼。"④ 中统元年（1260年），八思巴被封为国师，赐玉印，统领天下佛教。至元七年（1270年）又进封为帝师，地位高贵显赫。其弟、侄及门徒等，也在元朝中央和地方政府担任重要职务，这都为普及佛教提供了便利。元世祖在佛教内部也采取了压抑禅宗的政策，特别推崇喇嘛教，以致后来一些僧侣仗势欺人，无恶不作。佛教的教育形式通常是"俗讲"，即由道行高深的僧侣用通俗的语言和形象的实例宣扬佛教的教义。"俗讲"往往

---

① 《元史·姚燧传》。
② 《元史·李孟传》。
③ 《元史·金履祥传》。
④ 《元史·八思巴传》。

与祭礼祝祷结合在一起，有似庙学对孔子祭祷后的讲学活动。听众不分男女老幼，只要愿意崇佛者皆可参加。除此之外，佛学教育形式还有佛经的翻译刻印，佛寺里的雕塑、壁画，民间流布的话本、戏剧等。元代其他宗教也同佛教一样享有某些特权，如不交赋税、不任差役等，他们的职责就是为皇帝祝寿祈福、驱邪禳灾。这些宗教传播对元朝统治都是有利的，宗教成为为政权服务的有力工具。

元代书院也很兴隆发达，并在朝廷的扶持和控制下向官学化发展。"书院"的名称最早见于唐代，是中书省修书或侍讲的机构，如唐玄宗开元六年（718年）设丽正书院。宋代书院开始成为讲学修业之所，在这里可以读书、求道、研习、讨论，著名者如白鹿洞、石鼓、应天府、嵩阳、岳麓等书院。宋亡以后，汉蒙之间的民族矛盾加剧，不少汉族学者不愿到元朝政府做官。他们退居山林，自立书院，招生讲学。

春消息图 （元）邹复雷

面对这种情况，元朝政府吸取辽、金两朝的统治经验，采取了较为开明的文教政策，对各地书院的建立和恢复加以鼓励和提倡，并将书院与地方各级官学同等看待。元太宗时便创立太极书院，请名儒赵复讲授程朱理学，此后北方理学声势极大。元世祖在关于江南设学的诏书中说："先儒进化之地，各贤经行之所，与好事之家出钱粟赡学者，并立为书院。"① 这不仅缓和了汉族知识分子的反抗情绪，也为他们提供了求学、讲学、研学的场所，从而化消极因素为积极因素，使他们以自己的文化知识为元代的教育事业服务。

从此以后，书院兴盛起来，大大超过宋代。据王圻《续文献通考·学校考》载，元代著名书院不下 40 所。而据今人曹松叶《元代书院概况》一文统计，元代新建书院 143 所，恢复书院 65 所，改建书院 19 所，总计为 227 所②。著名的有昌平的谏议书院，河间的毛公书院，景州的董子书院，京兆的鲁斋书院，开州的崇义书院，宣府的景贤书院，苏州的甫里书院，松江的石调书院，常州的龟山书院，池州的齐山书院，婺源的明经书院，太原的冠山书院，济南的闵子书院，曲阜的洙泗书院……不一而足。从书院的分布情况看，仍以江南为多，这是因有南宋书院作基础；北方书院较少，从无到有，也看出书院的发展。许多名儒主持书院，使书院的品位很高，几乎元代的所有文化名人都与书院有着联系。

元朝政府对书院虽加以控制，但实际上对教学活动并不多加干涉，因而书院里学术空气较为浓厚，可以自由地宣扬自己的学术观点。一些学者都愿到书院讲学，尤其是讲程朱理学的研究心得，所以书院实际上也起到了化解民族仇恨的作用。但蒙元统治阶级内部也有反对书院设立的，认为"并构浮辞，诬蔑有主"③。因而政府对书院的师资任用、组织管理，乃至经费供给都加以控制。这种控制在一定程度上限制了书院学术思想的活跃，如朝廷任命的一些官员不学无术，管理无方；但也正因此，教师任免、学校秩序、财政收入等都得以制度化，学生的来源和仕途的升迁也得到保证。这种管理学校的做法还是有其积极意义的，它使务虚的空谈转为务实的操作。或许这也是程朱理学在元代取得法定地

---

① 《元史·选举制一·学校》。
② 《中山大学语言历史研究所周刊》第 10 集，第 112 期。
③ 《元史·许有壬传》。

位的原因，而书院的兴盛反过来又推动了程朱理学的普及和发展。需要指出的是，同程朱理学一样，科举制度也是对书院的钳制，因此元代书院从根本上讲是适应了政府淡化民族意识、禁锢人们思想、维护封建统治需要的。

元代兴办学校是为了提高国人的文化素质，在科举考试选拔人才方面也采取了相应的措施。但由于元蒙政权的民族意识和政治需要，科举考试也就明显地带有不平等的色彩。

在元代前期，为官有多种途径，科举并不重要。那些皇亲国戚、功臣勋吏、近侍武卫、内宠亲从可以各种方式获取官位，他们窃取权势后也就对科举取士不感兴趣。元太宗时虽也有"儒术选士"之举，但更重视战功、举荐和效忠。元世祖时虽有不少名儒提出开科取士的建议，但由于种种原因始终未能得以实施。直至元仁宗皇庆年间（1312～1313年），元代才正式制定科举程式，举行科举考试。规定每3年开考一次，只设进士一科。进行了7次科举考试后，到元顺帝至元元年（1335年）又"诏罢科举"。5年以后再度开科考试，但元代大势已去。

从元代考试制度看，民族歧视政策贯穿始终。如蒙古人、色目人在全国人口中所占比重甚少，汉人、南人占了全国人口的绝大多数，可各地参加会试的名额和廷试录取进士的名额，蒙古人、色目人和汉人、南人各占一半，这显然不合理。而在科举考试中，蒙古人、色目人只考两场，汉人、南人却要考三场。所出考试题目的繁简深浅也大相径庭：蒙古人、色目人初试比较简浅，二试以时务出题限500字以上；汉人、南人初试就较艰深，二试要考古赋、诏诰、章表中一道，三试以经史时务内出题限1000字以上。廷试录取后，蒙古人、色目人为一榜，汉人、南人为一榜，所授品级亦有等差。

从元代科举所设科目和录取人数看，与唐、宋、明、清相比则太少，说明科举根本不受重视。元代科举只设进士一科，而元以前的考试科目就复杂多了。明、清承袭元朝旧制只设进士一科，但考试程式则周密多了。元代举行的 16 次科举考试共录取进士 1423 人，是科举制实行以来历代取士数量最少的。正式开科取士的时间不过 50 余年，通过科举选拔的官吏只占文官总数的 2%，可见科举在元代政治生活中的作用之低微。尽管元代对应试对象的资格不如其他王朝那么严格，表明了蒙古王朝的封建礼教观念不像其他王朝那么严重，但是科举与学校的联系也不如其他王朝那么紧密，而能考取进士者也就微乎其微了。

从元代科举考试内容看，儒家经典与程朱理学成为主要依据。如规定经问从《四书》《五经》中设问出题，而以程朱的注疏论说为准。因而，无论官学私学都为科举所左右，学校教育也就逐渐演化为科举附庸。正是由于元代政府的大力提倡，程朱理学到元代成了官方统治思想，而通过科举，程朱理学在学术上乃至政治上也就具有了至高无上的正统地位，成为蒙元政权维护封建专制统治的强力工具。其实以程朱理学作为科举考试的主要内容，固然督促了人们对封建礼制的认识与推进，然而这些抽象的概念毕竟离现实生活太远，这就使科举中选拔出的人才迂腐无用，这也是科举常为人诟病的原因。历经元成宗、武宗、仁宗、英宗、泰定帝五朝的翰林国史院检阅官、集贤直学士袁桷在

雪夜访戴图（元）张渥

《国学议》中说："近者江南学校，教法止于《四书》，髫龄诸生，相师成风，学义精熟，蔑有遗忘，一有诘难，则茫然不能以对，又近于宋世之末。尚甚者，知其学之不能通也，于是大言以盖之，议礼止于诚敬，言乐止于中和。其不涉史者，谓自汉而下皆霸道；其不能辞章也，谓之

玩物丧志。"可以说，元代科举确定了程朱理学的主流地位，但以此选拔出经邦之国的有用人才却是很难的，由此可见国学之不切时务。

另外也要指出的是，尽管元朝政府对科举制度有详尽的实施细则，但由于政治腐败、学风不正、竞争激烈，考场营私舞弊现象严重。到后来搜禁愈严，而规避愈巧，以致成为"诏罢科举"的原因之一。许多人对此现象痛恨不已，作《非程文》加以嘲弄讽刺："科场作弊，丑声莫盛于今年。启奸人侥幸之门，负贤相宾兴之意。事既如此，人其奈何！切惟考试官实文章之司命，讵能伪定于临时；员外郎执科举之权衡，安可公然而受赂。"总之，元代科举考试越到后期越腐败不堪，终于随着农民起义的风暴与腐败政府一同消亡。

第二章
曲苑新风

第一节　曲之缘起

　　元代文坛占主要地位并取得突出成就的是元曲，在中国文学史上向来与汉赋、六朝文、唐诗、宋词并称。所谓元曲，包括散曲和杂剧，其与前代文学最大的不同之处在于俗。中国历来重诗文，在此正统的文学观念影响下，戏曲、小说从来不登大雅之堂。其实任何一种文艺形式都起源于民间，经过文人的提升和官府的认同方得首肯。经过雅化的文艺固然形成更为精美的本体，但也往往由于失去新鲜的生活气息而显得空洞虚伪。即以词为例，本起于乡野街巷，后得文人雅士赏玩方异军突起，成为宋代最有生命力的文艺形式，而几倍于词的宋诗却为人忽视。这是由于词最具性情，因而也就最离经叛道而具冲击力。文艺最具有人性浪漫的一面，它不满意于堂皇陈腐的说教和毫无激情的表演。因此，当诗词在南宋歌舞升平的世态中逐渐消磨掉锐气的时候，北方中原却以一股冲蛮之气创造着新的文艺形式。以民间说唱为基础发展起来的诸宫调以通俗流行的形式深得大众喜爱，而蒙元入主中原后由于适应俗文化的需要愈加发扬光大起来。所以，元曲的民间性富有原始的生命力，它不同于诗词狭小的文化圈子而具有广阔的社会舞台，这恰恰又与蒙元的文化趋向和审美要求是一致的。

中国北方游牧民族由于地理、气候、生活方式及心态要求而形成了对歌舞、戏曲的特殊爱好，这与中原文化南移后如楚、六朝、南宋的偏重于道玄的高贵柔弱是不同的。由来已久的传统文化形成缜思极虑的特点，对文艺的要求也更偏重于本体的审美高度。蒙元民族在南征北战中尚武轻文，没有悠久的农业文化的积淀和博大精深的文化思考，他们对文艺的欣赏更侧重于性情的愉悦，更无儒家传统道德规范的严酷制约，因而也就更具随意性、开放性、娱乐性。南宋孟珙的《蒙鞑备录》说："国王出师，亦从女乐随行。率十七八美女，极慧黠，多以十四弦等弹大官乐，四拍子为节，甚低，其舞甚异。"这说明蒙古歌舞有鲜明的民族特色，与内地有很大不同。

蒙古的娱乐活动很多，更具草原游牧狩猎特点，如祭祀、战争、迎宾、节日，都有欢快活泼的演出。蒙古贵族入主中原后，这一习尚很快普及，尤其是在北方。马可·波罗就多次谈到，宫内经常举行歌舞娱乐活动。这些歌舞活动很容易与金朝地区文化结合起来，便使文艺形式产生新的创作契机。蒙元王朝的开放性特征使其认同汉化的现实，而其对文艺的爱好也促进了戏曲的繁荣。不容否认，元曲在忽必烈时期的发展速度是惊人的，其在排场、曲词、音律、演技等方面也不断提高。元蒙政府虽然也查禁戏曲作品，但他们查禁的是戏曲内容而不是戏曲本身，这恰恰说明他们看重戏曲的社会作用。元蒙统治者从维护统治利益的需要出发来对待戏曲，有不利于戏曲发展的一面，但他们对戏曲的爱好和重视，又无疑推动了戏曲艺术的进步。

元曲的兴盛是与元代社会经济特别是城市经济的繁荣分不开的，充分的物质基础为元曲的创作提供了有利的社会环境。蒙古贵族在灭金战争中，铁骑所至掳掠烧杀，大片耕地被辟为牧场，使农业经济遭到严重破坏。但至元世祖忽必烈时实行劝农政策，使农业生产迅速恢复并发展起来。元代的手工业、商业与交通业均相当发达，大量的贸易往来使城市经济非常兴旺。许多破产的农民涌入城市，贵族、富豪利用权势也麇集通邑大都，各类工匠、商人也应形势需要汇聚于经贸中心，各种文娱场所与演出活动应运而生。据《马可·波罗行记》载："外国巨价异物及百物之输入此城者，世界诸城无能与比……百物输入之众，有如川流之不息。仅丝一项，每日入城者，计有千车。""营业之妓女，娟好者达两万人。每日商旅及外侨来者，难以数计，故均应接不暇。至所有珍宝之数，更非世界上任

《乐书》插图（元）

何城市可比。"畸形繁荣的城市经济为元曲的发展准备了坚实的物质基础，提供了演出场所、舞台设备、服装道具等等必要的条件。而城市人口的增多使戏曲这一演出形式也得以兴盛，它在为人民大众提供文化娱乐的同时兼获经济效益与质量优化。据元人夏庭芝的《青楼集》记载，许多著名演员经常在大都演出，如珠帘秀、顺时秀、天然秀等。广大市民渴求从戏曲艺术中寻求精神寄托，戏曲成为大众最喜闻乐见的文艺形式。所以说，元代戏曲是元代都会文化的产儿，它以通俗的性质获得了观众的喜爱。

元曲的兴起也与知识分子社会地位的低下和科举制度较长时间的废止有关，未能踏上仕途的失意文人转而走向勾栏瓦肆与艺人合作，从而使充满市井杂趣的元曲灌注进一股文化精英之气。谢枋得的《送方伯载归山序》中说："嗟乎卑哉！介乎娼之下丐之上者，今之儒也！"儒生流落街头，主要是元代统治者的民族歧视政策和不重视以科举制度为代表

的选才方式造成的。元代前期长久未行科举，文人饱受歧视和欺压，他们的进身之路被堵死，却又不会耕田经商，因而陷入了穷愁潦倒的境地。他们生活在社会的底层，目睹了各种黑暗污浊的现实，他们本身也遭受着政治压迫和生活煎熬，最能理解人民群众的思想感情。因而他们把满腔怨愤倾注于杂剧创作之中，借作品抒发胸中之块垒而反映人民之心声。他们既有坚实的中国传统文化根底与精深的戏曲文学修养，又长期地混迹于勾栏瓦肆之中与艺人交往甚厚，于是以生花之笔编写杂剧脚本借以糊口谋生，同时也以满腹才华融入曲中诉说着人民的痛苦和不幸。他们的加盟使戏曲创作队伍得到空前壮大和提升，他们十分投入地与民间艺人合作并建立了深厚的感情，他们有时还"躬践排场，面敷粉墨"登台演出，他们就是艺术创作队伍中的一员和最宝贵的角色。他们提高了戏曲的艺术技巧和思想品位，使戏曲更有观赏性也更有深刻性。他们被称为"才人"，还组织"书会"，为艺人提供最精美的剧本并给予最热烈的歌颂。也正是如此，元杂剧呈现出辉煌而为他们留下英名。

元曲艺术的兴起与成功不是凭空出现的，它是对传统戏曲艺术的继承发展和社会历史的产物。中国的戏曲艺术，丰富多彩，源远流长，自始至终不断吸收和融会着诗歌、音乐、舞蹈、绘画、雕塑、杂技、武术等各种艺术成分，从而逐渐形成以表演故事为主的富有民族特色的一种综合性艺术。周、汉的"倡优"、"百戏"虽然还不能算是戏剧，但无疑具有戏剧的潜质并为戏剧形成准备了条件。起于北朝的以"踏摇娘"为代表的歌舞戏，到了唐代在各种艺术的浸染下表现更为丰富，盛极一时的参军戏也应运而生并广受欢迎。宋代由于城市经济的发展，瓦子勾栏中可谓百戏杂陈，说唱、讲话、舞蹈、诸宫调、杂剧、傀儡戏、影戏、杂技、武术、说笑话，等等，应有尽有。虽然宋杂剧还没有形成元杂剧那样的体制，但形式和规模比前代都有发展。孟元老《东京梦华录·中元节》载："构肆乐人自过七夕，便般《目连救母》杂剧，直至十五日止，观者倍增。"可见宋杂剧已有完整故事情节并深受观众喜爱。金灭北宋，宋室南渡，南北对峙。宋杂剧由此出现了南北分流的情况，南方温州一带出现了用南曲演唱的戏曲，即后来所称的南戏；北方金朝则出现了院本，即行院演剧所用的脚本。元人陶宗仪《辍耕录》说："院本、杂剧，其实一也。"此外，宋金时期的诸宫调是当时相当流行的一种讲唱艺术形式，与元曲的音乐组织已非常接近。所以说，元杂剧是金院本和诸宫调相结合的直接产物，而其他民间艺术形式又为其提供了丰富的营养，因而其兴盛也就是戏曲艺术发展的必然结果。这种综合性表演艺术来自民间又有广阔的舞台，在元代开放性文艺政策下也就必然绽放出新异的花朵。

元代思想文化政策较为宽松、开放，各民族的文化交流与融合大大加强，封建的儒家道德、礼教受到冲击，传统的文学观念也开始改变。元代统治者虽然极力推行民族压迫政策，将全国人分为蒙古人、色目人、汉人、南人四等，在政治上、法律上规定不同的待遇。但以武力得天下的统治者，对思想控制却不很重视，对言论采取不加干涉、自由放任的政策，只要不是直接咒骂蒙古统治者和直接鼓吹反抗的一般不予禁止。由于元代地域辽阔，各民族联系更为广泛和密切，尽管政治上存在民族歧视，文化上却互相渗透，这就使元曲得到更为丰富的营养。北方民族豪放粗犷的性格、激越高亢的乐曲、刚健直率的手法，与中原杂剧结合，吸取其他艺术

《事林广记》插图（元）

门类的优长，就使元杂剧产生了不同于以往时代文学艺术的新特色。在元代，传统的儒家思想受到很大破坏，"文以载道"的理论也失去支配的作用，过去被认为是正统文学的诗文因高雅而衰落，而被正统文人认为卑俗的戏曲却受到各阶层人民的欢迎。文学家与艺术家的沟通与结合使戏曲从思想内容到艺术境界都具有极强的震撼力，作品不再是歌功颂德或粉饰太平的应制与宫体之作，而是充满着强烈的现实主义精神与浓郁的适应市民口味的艺术特征。元蒙统治者也不好文词而喜爱戏曲，他们不重视文艺的"传道"作用而更欣赏戏曲的本体魅力，因而原是民间艺术的戏曲突然热闹起来并受到青睐，大量的戏曲团体出现也使演员要求精益求精，俗文化的崛起取代了雅文化的衰落并渐有登堂入室的趋势。

第二节 曲之繁盛

元曲作为新兴的文艺样式，由于诸多因素的促动迅速流行开来，并在创作主体的精深求索中和大众文化的审美要求下很快形成一股汹涌的潮流。元曲自蒙古灭金至成宗大德年间，以大都为创作与演出中心可谓盛极一时，这时政治相对清平，经济趋向繁荣，礼教较少束缚，科举尚未实行，因而名家辈出，作品繁多。据元人钟嗣成《录鬼簿》载，此时作家有100余人，杂剧有400余部。著名的如关汉卿的《窦娥冤》、《拜月亭》、《救风尘》、《单刀会》，王实甫的《西厢记》，白朴的《墙头马上》、《梧桐雨》，杨显之的《潇湘夜雨》，马致远的《汉宫秋》，高文秀的《双献宫》，石君宝的《秋胡戏妻》，纪君祥的《赵氏孤儿》，康进之的《李逵负荆》等，这些作品都震撼人心脍炙人口，内容深刻而观赏性强。

大德以后，由于南方经济恢复发展较快，传统文化的氛围较浓，创作与演出的中心南移至杭州。北方作家纷纷南下，如关汉卿、白朴、郑光祖、宫天挺等。南方本土作家虽也受杂剧影响，但至元末，南戏却取代杂剧崛起于东南沿海一带。后期杂剧作家以郑光祖最为著名，其《倩女离魂》与关汉卿的《拜月亭》、王实甫的《西厢记》、白朴的《墙头马上》被称为元杂剧的四大爱情剧。南戏则以高明的《琵琶记》最有影响，作者宣扬封建伦理道德的意图也十分明显。元代后期，由于统治者加强了思想控制，恢复了科举考试，杂剧作者中滋长了脱离现实的倾向，艺术上墨守成规，更为追求典丽工巧。而民间南戏则发展起来，为明清时期流传全国的主要剧种——传奇戏曲奠定了基础。

元杂剧的优秀作品继承了我国古代文艺的现实主义传统，生动地展示了元代社会广阔的生活面貌，同时又充满积极的浪漫主义精神，反映着悲苦现实中人们的斗争和理想。元杂剧首先是以揭露社会黑暗、反映人民疾苦为世人瞩目的，作家以饱蘸情感的笔墨深刻地描绘出在民族压迫和专制统治下官吏的腐败与恶霸的横行给人民大众带来的痛苦和悲伤。《窦娥冤》中，通过女主角窦娥悲惨的一生，使人们看到混乱的社会秩序，高利贷的残酷剥削，流氓的横行无赖，衙门的暗无天日，下层文人的穷困潦倒，黎民百姓的饱受欺凌。窦娥作为一个安分守己的弱女子，默默地忍受着命运的安排和生活的煎熬，竟被飞来横祸卷进

《琵琶记》插图（明）

污浊的旋涡中，任其怎样挣扎都难逃厄运。作者控诉着这个世道，使人感到是非颠倒，善恶舛错，正如剧中窦娥所唱："有日月朝暮悬，有鬼神掌着生死权。天地也，只合把清浊分辨，可怎生糊突了盗跖颜渊。为善的受贫穷更命短，造恶的享富贵又寿延。天地也，做得个怕硬欺软，却元来也这般顺水推船。地也，你不分好歹何为地？天也，你错勘贤愚枉做天！哎，只落得两眼泪涟涟。"窦娥的指天骂地，实际上是对黑暗社会的强烈控诉，唱出了封建社会广大被压迫者的心声。

如果说，《窦娥冤》主要抨击了元代贪官污吏的话，那么，《鲁斋郎》则有力地控诉了元代权豪势要的罪行。所谓权豪势要，是元代民族压迫条件下产生的一个特权阶层。他们受到官吏直至皇帝的庇护和纵容，为所欲为，飞扬跋扈。如元世祖的宠臣阿合马，《元史·奸臣传》

蹴鞠图（元）钱选

载："在位日久，益肆贪横。"《马可·波罗行记》说他"凡有美妇而为彼所欲者，无一人得免。妇未婚，则娶以为妻；已婚，则强之从己"。鲁斋郎便是蒙元统治下"以强凌弱、以众害寡、妄兴横事、罗撷平民、夺占妻女，甚则伤害生命"这一特权阶层人物的艺术概括。他一上场便自称："花花太岁为第一，浪子丧门再无双，街市小民闻吾怕，则我是权豪势要鲁斋郎。"剧作着重揭露他霸人妻女的罪行。他在许州看见银匠李四的妻子长得漂亮，就在光天化日之下把她抢走，等糟蹋够了又去另找"生得好的女人"。看到张珪的媳妇貌美，就命令张珪："把你媳妇明日送到我宅子来！"并对手下人说：

"他若来迟了，就把他全家尽行杀坏。"气焰十分嚣张。他还把失宠的李四的妻子送给张珪，算做对张珪送媳妇的"酬答"，可谓无耻至极。张珪也是位任六案都孔目的中级官吏，当他听说李四的妻子被人抢走时曾扬言要为之报仇，但当听说仇人是鲁斋郎后马上吓得劝李四忍气吞声，鲁斋郎要他把妻子送上时他也不敢不照办，并对妻子说："他便要我张珪的头，不怕我不就送去与他，如今只要你做个妇人，也还算是好的。"由此固然表现出张珪的软弱，但更说明鲁斋郎的狠毒。史载阿合马就曾强迫别人献出妻女达 100 余人，可见元代社会黑暗的根源就在于这些为非作歹之徒，而善良无助的广大百姓只能在暗无天日中苦度岁月。《蝴蝶梦》中的葛彪也是鲁斋郎一类的人物，他仗恃自己是蒙古人，到处横行不法。他说："我是个权豪势要之家，打死人不偿命。"他把经他马前的王老汉打死，还说："只当房檐揭片瓦相似。"此外还有《望江亭》中的花花太岁杨衙内，也是不择手段地要掠取白士中之妻谭记儿。《陈州粜米》中的刘衙内举荐儿子小衙内刘时中和女婿杨金吾去正逢旱灾的陈州放粮，他们抬高米价，掺土加糠，大秤收银，小斗售米，不择手段地坑害百姓。这些作品涉及元代广泛的社会问题，深刻地揭示了黑暗的现实图景，矛头直指以"衙内"为代表的不法权要，倾诉着广大人民的不幸与愤懑。

元杂剧在描写众多不合理、不平等的社会现象时，也充满着不懈的反抗精神和不屈的正义追求。除了在现实题材中蕴涵着愤怒的抗争外，还在一些历史剧中歌颂英雄人物的勇敢和坚强。在《望江亭》中，谭记儿巧施计谋斗败了杨衙内，在《陈州粜米》中，张憨古父子不计个人安危大骂那些"害民贼"，都可见人民群众不甘压迫和惩治豪强的聪明智慧。作者还把对现实的不满寄托于对清官的描写中，试图以清官的惩恶除邪来表达人民的愿望，因此元杂剧中包公戏就较多。如《鲁斋郎》中的鲁斋郎最终就被包拯智斩，被鲁斋郎害得四分五裂的张珪和李四两家也得团圆。《蝴蝶梦》中的葛彪自称打死人不偿命，最后被王老汉的儿子为报父仇打死，幸得包拯秉公仗义处理案件，方得光明。《陈州粜米》中，包拯虽已年老力衰，但仍疾恶如仇，充分表现出其大公无私和机智风趣的性格特征，最终把刘衙内"拿下"以平民愤，反映出百姓的期望和包拯的谋略。这些杂剧的故事虽然不都发生在元代，但揭露的却是元代社会黑暗的现实。这些戏里的包拯并不是历史上的包拯，而是按照农民的理想塑造的一个清官。包拯在元杂剧中从来就是权豪势要的死对头，是贫弱无助的老百姓的主心骨，他廉洁爱民，智勇除奸，充分反映出人民群众对恶势力的憎恶，也充分表达出人民群众对青天的向往。

元杂剧作家除了把希望寄托于清官身上，更塑造了一些农民起义英雄形象，如写李逵戏的就很多，高文秀一人就写了8种。如其《黑旋风双献功》，写李逵机智地放走了满牢囚犯，杀了作恶多端的白衙内和挤眉弄眼的郭念儿，还蘸着鲜血在墙上大书留名，然后回梁山缴令献功，表现出大无畏的英雄气概和喜剧性的浪漫结局。康进之的《李逵负荆》是与《黑旋风双献功》并称的一部杂剧，也寄托了人民的理想和愿望。此剧写清明三月三李逵下山饮酒，得知酒店主人王林的女儿满堂娇被宋江、鲁智深抢走。李逵勃然大怒，奔回梁山，大闹聚义堂，面斥宋江、鲁智深。宋江、鲁智深辩白，李逵不信。于是三人立下军令状，下山到王林家对质。李逵得知自己弄错后，马上负荆请罪。宋江便令他捉拿宋刚、鲁智深二恶棍，将功折罪。该剧也是以幽默诙谐的手法宣扬除暴安良的正义，它刻画了李逵鲁莽直率又急公好义的正直品格，展现出梁山好汉和人民群众的血肉关系。

在蒙元统治下，人们不能忘怀传统的美德，因此总是在历史回顾中获得愉悦，同时又以剧情映衬现实，鼓起生活的勇气，这就出现了更为纯粹的历史剧。如关汉卿的《单刀会》、《西蜀梦》都是取材于三国故事歌颂关羽的英雄事迹的。据元代钟嗣成《录鬼簿》等有关资料可知，关汉卿自己的取名很可能就有景仰关姓祖宗甘作汉室卿相之意。《单刀会》写鲁肃为取荆州请关羽过江赴宴，埋下伏兵欲于宴中取事。关羽明知是计毫不畏惧，单刀轻舟慨然前往。
席间双方由争辩而决裂，关羽以
凛然正气和英雄气概慑服了鲁肃。
关羽神勇无敌的性格特征得到充
分的展现，而其保全汉室江山的
赤胆忠心也表达得十分鲜明。"俺
哥哥合情受汉家基业"，"急且里
倒不了俺汉家节"等唱词，反映
出作者恋念故国江山、不容异族
践踏的民族感情，也是当时广大

壁画杂剧（元）

汉族人民反对蒙古贵族统治的斗争精神的体现。如果说《单刀会》是振
奋人心的凯旋英雄的颂诗的话，那么《西蜀梦》则是让人义愤填膺、感
伤郁恨的悲歌。《西蜀梦》写关羽、张飞被害后幽魂不灭，回西蜀托梦
刘备尽诉悲怆，决心共同报仇雪恨，复国安民。关汉卿之所以这样描
写，显然是宣泄着亡国痛、民族恨、复仇心。清代钱谦益在《重编义勇
武安集》中评论说："其词曲发扬蹈厉，观者咸拊手击节。"由于作者对
关羽倾注了全部的感情，因此关羽高大英武、忠贞坚毅的形象也树立了
起来，此后长久地屹立在人们心中。

马致远的《汉宫秋》写汉元帝的妃子王昭君出塞和亲的故事，在
前人创作的基础上作了重大变动以曲折地反映自己所生活的时代。如
把原先的汉朝强大、匈奴衰落改写成汉朝软弱、匈奴威横，这就将蒙
元王朝和南宋王朝对峙时的时代特征熔铸到历史题材中去了。又如把
王昭君原先是自愿出塞促进民族友好改写成在匈奴威逼下"和亲"且
到了边境便投江殉国，这显然将其塑造成一个忠于汉室、具有反抗精
神和强烈民族气节的女性。可以说，《汉宫秋》并不是在描写汉代的
历史，它赋予了王昭君全新的意蕴，表现出一个失意的汉族文人在南
宋王朝覆灭后，所怀有的流落无依的时代感受和不忍屈辱的苍凉感

慨。至于剧末匈奴和汉朝和解，当然也表达了作者真诚地希望民族和好的感情。再如纪君祥的《赵氏孤儿》取材于春秋时代的历史事件，主要描写统治集团内部两个家族的斗争，但其意义已经超出了一般的文臣武将不和与封建宗法色彩，而具有正义力量与邪恶势力斗争的性质。《赵氏孤儿》在元代的创作和演出，显然有张扬社会正义和宣传反元复宋的效应。因为宋代赵姓皇帝就被说成是春秋赵氏后裔，而救孤的程婴更被视为民族斗争中鼓舞人心的力量。此剧悲壮慷慨，激越高昂，也是我国最早介绍到西方去的戏剧作品之一。

总之，元杂剧基于现实生活而充分利用各种题材，在诉说着不幸的同时又鼓舞人民斗争。正如《蝴蝶梦》中得知丈夫被葛彪打死的王氏说："拿住那杀人贼我乞个罪名儿"，又如《赵氏孤儿》中所言："你若存的赵氏孤儿，当名垂青史，万古流芳"，更如《窦娥冤》中窦娥所发的三桩宏愿皆得实现，都反映出被压迫人民不甘沉沦、悲愤奋起的内心倾向。

元杂剧在描写阶级压迫、民族矛盾的社会现象时，更从人性的高度大胆反叛礼教和黑暗统治。这从上述许多作品中鲜明地反映出来，文人和艺人们以饱含血泪的控诉批判社会的不公和呼唤人们的反抗。如果说，这些以现实主义为基调的作品揭示的更多的是悲愤的话，那么在爱情方面则更多地流露着人们对美好与浪漫的追求。窦娥的悲剧虽然最后有光明的期望，其实与那些清官戏一样，更多地揭示的是残酷的现实。蒙元统治有其征服华夏带来民族压迫的一面，但也有那种原始蛮性冲荡着虚伪礼教的一面。受此影响，元代的爱情观念得到极大解放，原先那些循规蹈矩的爱情方式被冲决，由此亦可看到艺术家们对传统桎梏的打破，让人体味他们在许多作品中对丑陋社会现象的抨击。

在《西厢记》中，崔莺莺是一个美丽、聪明、温柔、多情、勇敢的背叛封建礼教的贵族少女的典型。她自小受严格的封建礼教的管束，但从见到张生后便萌发了爱情。经过一系列事件的发生和思想的斗争，更激起了她对传统礼教的愤懑和反抗。最终她与张生私结百年之好，这是对"父母之命，媒妁之言"的蔑视，是对"门当户对"的封建门阀观念的否定。相对这一形象，老夫人则是作为封建家长的典型出现的。她严格

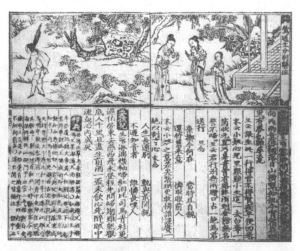

《西厢记》插图（明）

按照封建伦理标准和封建礼教要求来教育崔莺莺，在她仁义道德、温良恭谦的背后实际上是奸诈、狡猾、专横、冷酷，她似乎失去了活生生的人的性情，只剩下赤裸裸的功利价值，她的面目虚伪严厉却又一本正经。但最终，这样的冠冕堂皇被瓦解了，虽然只是妥协，却说明了年轻人的胜利。张生对爱情痴狂的追求与历史上的轻薄文人也有不同，从初见莺莺时"魂灵儿飞在半天"，到最后"梦魂儿不离了蒲东路"，可谓对莺莺一往情深、始终不渝。红娘作为一个奴婢也很有新意，她正直、机智、热情、泼辣、侠义，为促成崔、张的婚姻她不怕惹恼老夫人，冒着危险为崔、张出谋划策并促成其事。红娘是一个下层女子，但她并不糊涂懦弱。她的所作所为很有分寸，全然是出于正义感和同情心。以至于红娘这个普通丫环成为比莺莺和张生更享盛名的艺术典型，由此亦可见作者"愿普天下有情的都成了眷属"的美好愿望和对为实现这一目标做出努力的人的风趣讴歌。可以说，在爱情题材作品中，更能感受到元代生活的气息，更能感受到人性的张扬，更能感受到艺术的浪漫。这是因为，艺术家们没有出路，他们被压抑在社会底层，而心中永远涌动着价值的展现，于是他们的才华和感慨

被寄托于艺术中，要通过爱情这一永恒主题表达对卑陋的不满和高尚的歌颂。

壁画杂剧（元）

政治与艺术，事业与爱情，现实与浪漫，始终纠结着又对立着，往往由于失衡走向极端。爱情剧中，无一例外的是封建礼教对青年男女的压制和迫害，但最终爱情的强大力量总是不能泯灭并取得胜利，尽管这胜利多数出于作者的巧妙安排和良好意愿，有损于作品的思想深刻性，但它毕竟给人们鼓起了生活的勇气和斗争的信心。《拜月亭》中的王瑞兰在逃难途中与寒门秀才蒋世隆结为夫妻，后来却被兵部尚书王镇强行拆散，并把女儿瑞兰带回家中。瑞兰不能忘怀夫君，拜月祝祷祈求团圆，说："愿天下心厮爱的夫妇永无分离！教俺两口儿早得团圆！"充分表现出反对封建婚姻门第观念、追求爱情自主家庭幸福的理想。这与《西厢记》中"愿普天下有情的都成了眷属"一样，冲破了封建礼教的束缚和门第观念的羁绊。作者歌颂这些青年，尤其是矢志不移追求爱情的大胆行为，表明了作者的人性光辉和批判意识，作者赋予他（她）们美好、善良、正义、忠贞的品质远远超过了一般爱情的意义。这样的爱情受到挫折令人痛心，实际蕴涵着崇高的情操遭到毁弃更使人愤懑，所以作者在剧中主人公历尽磨难之后，总要给他们一个圆满的结局肯定他们的胜利。作者的批判是深刻的，作者的愿望是良好的，因而其作品也就具有特殊的审美意义。

在《墙头马上》中，作者更成功地塑造了李千金这样一个大胆追求爱情、具有刚烈反叛性格的女性形象。李千金是洛阳总管的女儿，她深居闺阁却渴望爱情。当她与裴尚书之子裴少俊墙头马上一见钟情后，即主动、热烈、无所顾忌、毫不羞怯地约会。约会后也没有取老嬷嬷"叫这秀才求官去再来娶你"的计策，而是说"只是走的好"当夜就要走人。在李千金的感情行为中，出现了平民女子率真、爽直、泼辣的性格特点，她选择了为爱情宁可舍功名的生活道路，这是以往的爱情剧中所没有的，更是冲破封建樊篱的反抗精神。李千金与裴少俊的私会被裴尚书发现后，裴尚书要把她赶出家门并骂她"败坏风俗"，李千金却针锋相对地回答"这姻缘也是天赐的"，刚烈性格闪现出耀眼的火花。她肯定自由结合的合理性，在孤危的处境中不低头，越发显出其性格和思想的坚定。在裴尚书的压力下裴少俊被迫写了休书，李千金回家后父母已双亡。但当裴少俊应举得官向她求情相认时，她却严词拒绝，说他"读五车书，会写休书"给予嘲讽，辛辣地讽刺了封建礼教毒害下的懦弱公子。后来，裴尚书得知她是李总管的女儿，和夫人带着她的一双儿女前来认亲，她仍不相认。最后，由于儿女的求情才认了公婆、丈夫，但却旧事重提把尚书奚落一顿。《墙头马上》的故事可溯源于白居易的《井底引银瓶》一诗，此诗前有小序说："止淫奔也。"诗的内容也是告诫青年男女不要私奔，诗的结局则是私奔女被逐出门。《墙头马上》则将原来的凄惨悲剧改为充满斗争精神的喜剧，主题也由原来的维护封建礼教改为反抗封建礼教，而贵族小姐更多带有民间市井女子的性格特征，这不能不反映出作者思想观念的叛逆和特定时代的气息。

郑光祖的《倩女离魂》是元人四大爱情剧之一，其故事也源出于唐人陈玄祐的传奇《离魂记》。此剧写张倩女和王文举早经双方父母"指腹为婚"，后王文举进京赶考途中到张家探望。张倩女对王文举一见钟情，但张母却只许他们以兄妹之礼相见。文举走后倩女病倒，灵魂却离躯壳赶上文举结为夫妻。文举中了状元后衣锦还乡，倩女的离魂也回到家中与染病的躯体合二为一。可以说，《倩女离魂》充满着更浓厚的浪漫色彩，是一曲优美动人的爱情颂歌。它写张母要文举应试得官后方能定亲，而倩女又担心文举得官后毁婚再娶。倩女的卧病，是她身心遭受封建礼教禁锢和折磨的结果；而其离魂追索，则表现出其敢于冲破礼教束缚大胆追求爱情的性格。

元杂剧中的爱情剧打破了封建传统的道德要求，是对黑暗世道的控诉和对光明世界的追寻，其离经叛道反映了元代社会思想开放的特征，透露了失落文人和下层市民的共同欣赏情味。与其他内容的杂剧一样，它歌颂正义、美好、坚贞的优秀品质，嘲弄邪恶、丑陋、奸诈的顽劣行为，这种在民族、阶级观念压迫下产生的元杂剧，无疑具有一种对非人性状态的批判和不人道情境的控诉。

第三节　曲之艺境

元杂剧深刻而浪漫的思想内涵孕育于中国特定历史时期并取得了高度的美学成就，这与其艺术表现的形式与运用是紧密结合在一起的。元杂剧吸取了前代各种表演艺术的精华并将其有机地熔铸为一体，就使这"有意味"的"符号"具有更深广的审美意义。可以说，中国戏剧到了元代才真正成为体制严整、情节复杂、人物鲜明、语言丰富的一种艺术形式，由此对戏剧艺术本体的研究也跨入了一个新阶段，并为后世开辟了广阔的道路。

元杂剧的体制经过艺人们的探索、研究、总结，逐渐形成一个由四折为一本的基本范式。所谓折，是音乐组织的单元，一折用同一宫调若干曲牌联组成套。同时折又是故事情节发展的一个较大的自然段落，集中表现一段关联而紧凑的剧情。从剧场意义上讲，一折相当于现代戏剧的一幕，给人以时间、空间上的心理感受。每折内还可以包括若干场，演员全部退入后台出现空场谓之一场。四折外还可以加楔子，楔子可放在全剧之前类似序幕，有时也放在折与折之间类似过场戏，其主要作用是使剧情结构更加严密。因此，元杂剧的体制既有一定的规范性，又有相对的灵活性。除四折为元杂剧的通例外，也有少数变例，如《赵氏孤儿》为五折一楔子，《西厢记》则是五本二十一折的连本戏。每本戏都有一个"题目正名"概括中心大意，如《窦娥冤》的题目正名为"秉鉴持衡廉访法，感天动地窦娥冤"，简称《窦娥冤》。其具体表演由唱、白、科三部分组成。

唱作为元杂剧的主要部分占有重要地位，一般规定一本戏由一个角色唱到底，男角主唱的叫末本，女角主唱的叫旦本，这种"一人主唱"的艺术程式应是某些说唱

银奁（元）

音乐痕迹的遗留。但有的作者在创作实践中也有革新创造，如《西厢记》第四本中出现了崔莺莺、张生、红娘轮唱的形式，这说明元杂剧在发展中逐渐突破了它自身的局限。唱要按宫调与曲牌进行，虽然一折戏只用一个宫调，但宫调下又系有许多单个的只曲，每个只曲各有自己的曲牌，这些只曲以同一宫调为前提，按一定规则排列次序，但每支只曲又长短不一、曲调各异，使整套曲子统一而有变化，这种以唱为主的音乐表演形式也就丰富多彩。唱词须按曲谱填写，音韵要与曲调和谐，因此对文辞的要求也很高。文词按剧情的需要又要符合音乐特点声情并

茂，因而元曲的文辞是极富时代特色的，而歌唱者也要有极好的文学、音乐和表演修养，也正因此，元曲才脍炙人口形成艺术主流。

白又称宾白，就是剧中人物的道白部分。因杂剧以唱为主，故称白为宾。元杂剧的宾白能够较直接地揭示戏剧冲突和人物性格，许多精彩的宾白能够很好地烘托戏剧舞台的气氛效果，因此也是不可忽略的。宾白有多种形式，除一般的独白、对白外，还有定场白、冲场白、背白和带白。定场白是角色首次上场时的自我介绍，一般先念两句诗，然后自报姓名、籍贯、身份等，常常带有诙谐性的喜剧效果，可以看出话本说唱的影响。《窦娥冤》第一折赛卢医上场云："行医有斟酌，下药依本草；死的医不活，活的医死了。自家姓卢，人道我一手好医，都叫做赛卢医，在这山阳县南门开着生药局。"定场白一般要根据人物的身份道出，同时也要有些文采并引起观众的注意，因此剧作家是很考虑剧场效果的。《李逵负荆》第一折中宋江登台时便云："涧水潺潺绕寨门，野花斜插渗青巾。杏黄旗上七个字：替天行道救生民。某，姓宋名江，字公明，绰号顺天呼保义者是也。曾为郓州郓城县把笔司吏，因带酒杀了阎婆惜，迭配江州牢城。路经这梁山过，遇见晁盖哥哥，救某上山……"念白一般都带有介绍性质，通俗易懂，不像唱词有较多的抒情意味，文雅典丽。冲场白是角色再次上场时的说白，背白是角色背着同台演出的其他人物向观众的表白，带白是在演唱曲词过程中的简短道白，它们起着各种各样的作用，丰富了剧情内容也充实了演出形式。

科又称科范，是元杂剧中的做工部分，在剧本中表现为关于动作、表情或其他方面的舞台提示，如"作行科"、"做慌科"、"作哭科"、"放药科"、"喷水科"、"做病伏几科"、"作叫科"、"内作起风科"、"锣三下科"，等等。一般所谓"插科打诨"就是指戏曲中各种使观众发笑的穿插，但科多指动作，诨多指语言，它是展开戏剧冲突的一种形象化手段，与歌唱和念白有着不可分割的联系。总之，元杂剧中的唱、念、做已经组合成一个有机的表演体系，它也为后世戏曲中唱、念、做的专门化发展确立了基础。

元杂剧的角色增多并有分类，大致可分为末、旦、净、杂等。末是男角，除正末外，还有副末、冲末、大末、二末等。旦是女角，除正旦外，还有贴旦、花旦、老旦、小旦等。净多扮演刚勇人物或喜剧角色，有净、副净、二净之别。杂是杂角，如孤、孛老、卜儿、徕儿、细酸等。元杂剧通过众多人物以唱、念、做的形式表演复杂的故事内容和高超的艺术才能，将我国的戏剧文化提高到一个崭新的阶段。

元杂剧为了吸引观众而情节紧凑，围绕故事主线而矛盾集中，以最少的笔墨表达最深刻的旨意，因而许多优秀作品紧扣人心、不枝不蔓、波澜起伏、引人入胜。元杂剧一本四折的通例，固然对内容表达是个局限，但这又是在长期实践中形成的，是符合观众审美心理和作家创作经验的。因此，元杂剧在情节安排上就要更精细地构思和缜密地组织，在一定时间内最大限度地达到主干突出、血肉丰满。比如关汉卿的作品，大多结构严密而巧妙，情节紧凑而多变，根据主题的需要来安排故事情节，出人意料又在情理之中，与主题相关的情节不惜浓墨重彩，无关的枝节则惜墨如金。《窦娥冤》中，矛盾高度集中，冲突迭起又环环相扣，可谓没有闲笔。剧本一开始就交代出窦天章与蔡婆的矛盾和窦娥的命运，也为剧末窦天章洗冤昭雪埋下伏笔；此后蔡婆讨债，引出了赛卢医，而赛卢医又与后来的剧情有关；赛卢医与蔡婆的矛盾又引出了张驴儿父子，此后导致窦娥与张驴儿的冲突激化；接着引出窦娥与昏官桃杌的斗争，也揭示出元代社会黑暗的根源。各种矛盾冲突错综复杂又井然有序，主线就是善良的窦娥与黑暗现实的抗争。作者在楔子里写窦娥7岁抵债当童养媳，而第一折开场时窦娥已成了寡妇，其间跨越13年，多少酸甜苦辣因与主线关系不大，一概略去，连窦娥丈夫的名字都未提，可见笔墨之简省。而"法场"一折，写窦娥含冤被杀，情节本来很简单，剧作家却安排了窦娥赴刑场时的指天骂地、与婆婆的诀别以及发下三桩宏愿等，大肆铺张渲染，可谓泼墨如云，以表现窦娥的反抗性格和凛然正气。全剧在人物角色安排上也颇见作家匠心。如赛卢医在剧中是个次要人物，但他三次出场就带出三件大事：第一次上场引来了张驴儿父子导出悲剧发端，第二次出场卖毒药给张驴儿导致人命案，第三次出场供出内情使案情大白。一个次要角色，关联着三个重大戏剧情节，推动了剧情的发展。又如窦天章是窦娥的父亲，后来又是给窦娥昭雪的清官，其间父女生离死遇，更增悲剧气氛，可见构思之巧妙。

《西厢记》巧妙的结构与生动的情节也具有迷人的艺术魅力和强烈的舞台效果。其一条线索是老夫人一方与崔莺莺、张生、红娘一方维护和反抗封建礼教的矛盾冲突，另一条线索是崔、张、红三者之间由于出身教养和性格差异而引起的矛盾冲突，两条线索互相交错，造成矛盾冲突波澜起伏。从张生和莺莺邂逅相遇到互相爱恋，到兵围普救寺事件化解二人成婚在望，再到老夫人赖婚使二人陷入绝境，又到在红娘撮合下二人爱情绝处逢生，再到崔、张幽会之事暴露而红娘据理力争迫使老夫人认可二人婚事，又到老夫人立逼张生上京应试再拆鸳鸯，此后张生应试高中似乎团圆在即，又出现郑恒赶来节外生枝，幸而张生及时赶到揭穿郑恒谣言，才落得皆大欢喜的团圆结局。全剧情节发展委婉曲折、波澜起伏、变幻莫测，其间许多误会妙趣横生，许多僵局又令人担心，可谓眼见山穷水尽，忽又柳暗花明，充分体现出作者组织材料的高超才能和营造剧场气氛的高超手段。此外，还有白朴的《墙头马上》、康进之的《李逵负荆》、纪君祥的《赵氏孤儿》、郑光祖的《倩女离魂》等。可以说，元杂剧中的优秀作品普遍中心突出、情节紧凑、故事感人，它以最恰切的笔墨非常有节奏地突出主题，同时加以情绪的渲染，使故事撼动人心，因而也就丝毫没有无病呻吟、故作深沉之感。它真正以艺术本体的规律要求抓住了观众，无论从主体美学追求上还是客体审美接受上看，元杂剧的结构形式都被推上了一个崭新的高度。

元杂剧在人物形象塑造方面也达到了前所未有的高度，其对人物性格的刻画标志着元杂剧的艺术成熟。戏剧是一门综合艺术，但重要的是塑立形象。它要调动一切艺术手段为艺术典型服务，通过典型塑造揭示重大社会问题和人生思考。《窦娥冤》中的窦娥就是一位饱受封建压迫的妇女典型，她受着封建伦理的教化而善良温顺，但她遇到恶势力的侵害却绝不屈服，不管是张驴儿还是桃杌太守。窦娥最后含冤就刑，其意义在于：像窦娥这样遵礼守法的弱女子也要遭到迫害残杀，社会的黑暗和暴虐已到了何等的地步。窦娥的一生，从忍让到反抗，是对那个世道的控诉和批判。作者通过许多事件和手段塑造窦娥形象，正是在她身上寄寓着作者无尽的愁苦和愤懑。窦娥形象的塑立也正是全剧的成功，它使这一活生生的弱女子遭人怜、令人疼。其形象的意义远远超出其自身，因而也就具有了超时空的价值。作者在刻画这一形象时完全没有道德说教，而是通过人物的语言、行动、心理将性格展现出来，因而血肉丰满、性情毕现、真挚感人。除主要人物外，其他人物也给人留下深刻印象，如蔡婆、赛卢医、张驴儿、桃杌太守，皆性格各异，栩栩如生，作者以极少的笔墨就能刻画出他们的面貌，可见他对人物的把

鎏金莲花银盏（元）

握和表现达到了极高的境界。《西厢记》中，既受封建礼教束缚又大胆追求爱情的相门闺秀崔莺莺，把爱情看得比功名更重要的痴狂书生张珙，富有正义感、伶牙俐齿又活泼爽朗、聪明机智、勇敢泼辣的红娘，以及维护封建礼教，考虑家世利益而阻碍女儿追求自由婚姻的老夫人，都是通过一系列情节展现出他们的性格特征的，使人如睹其容，如闻其声，活生生如在眼前。

元杂剧作家还充分利用曲词、道白、科范等手段揭示人物性格的不同，并运用心理描写、对比映衬、烘托渲染等方法丰富形象塑造，在尖

锐的戏剧矛盾冲突中揭示人物本质，这就使元杂剧中出现了一大批超越前代、个性鲜明的人物形象。除上举各例外，其他如《救风尘》中的赵盼儿、《望江亭》中的谭记儿，两人都是美丽机智，为不甘女性的屈辱而斗争。但赵盼儿是风尘女子，谭记儿是官员夫人，因此赵盼儿显得果敢而泼辣，谭记儿则显得慧巧而温柔。她们都以风月手段争取到最后胜利，但二人的性格则有鲜明的不同，在一系列戏剧情节发展中，作者刻画出那个时代妇女共同的命运，却塑造出性格各异的动人形象。《李逵负荆》中，剧作家通过误会性的戏剧冲突，刻画出李逵见义勇为、疾恶如仇、胸怀坦荡、知错即改的可贵品质，表现了梁山英雄维护人民利益的崇高精神以及和群众骨肉相连的亲密关系。剧中的李逵天真、淳朴、憨厚、鲁莽，第一折中写李逵下山，一路欣赏梁山风光，充满了活泼风趣的情调。待后来赶回山寨找宋江算账，也学粗中有细，东一句"新郎"，西一句"娇客"，愈发显得刚直可爱。作品充满了喜剧气氛，李逵的性格通过语言、行动、心理的描写跃然而出，李逵对宋江的误会越深其性格就表现得越突出。可以说，元杂剧中的李逵形象刻画得十分成功，直接影响了后来小说《水浒传》中李逵形象的塑造。其他如《单刀会》中大义凛然的关羽，《墙头马上》中刚烈奔放的李千金，《汉宫秋》中满怀幽怨、以身殉国的王昭君，《赵氏孤儿》中侠肝义胆、报国为民的程婴，等等，这些人物与众多元杂剧中的形象汇成一道绚丽多彩的长廊，他们长久地活跃在舞台上，并永远留在人们心中。

元杂剧的语言具有很强的表现力，不同的剧作又呈现出不同的风格。元杂剧吸取民间文学语言的优点，杂用北方口语方言，表现出通俗流畅、质朴直率、生动活泼的特色。其道白一般简洁明净、幽默诙谐，其曲词则讲究文采、韵味与意境。关汉卿的语言自具本色，但根据不同情节也有变化，且注意到人物的性格特点。《窦娥冤》侧重窦娥的冤情，淋漓尽致地揭露出社会的黑暗，使人听到窦娥的苦诉深感悲伤愤懑，因而窦娥的唱、白把她的善良、柔弱、坚贞、刚强都表现出来了。而赛卢医的诡诈、张驴儿的无赖、桃杌太守的昏暴也都通过语言表现揭示无余，也使人看到作者明显的感情倾向。《单刀会》是历史剧，作者更注意说古道今，表现出关羽的忠勇雄豪。关羽过江时唱："［驻马听］水涌山叠，年少周郎何处也？不觉的灰飞烟灭，可怜黄盖转伤嗟。破曹的樯橹一时绝，鏖兵的江水犹然热，好教我情惨切！（云）这也不是江水，（唱）二十年流不尽的英雄血！"含蓄深沉，表现出历史的惨烈和英雄的感慨。《西厢记》中，张生的语言坦直而含有稚气，往往表现出痴傻和疯魔的味道，常带夸张成分令人感到好笑。崔莺莺的语言则比较含蓄，感伤的情调符合其大家闺秀接受的教育和青春女子的心理。红娘的语言则俚俗率直、犀利泼辣、俏皮可爱，使人于伶牙俐齿中见其机智活泼之性格。王实甫的创作语言较典雅清丽，善于把古典诗词的含蓄凝练与民间口语的通俗流畅相融，如第三折写莺莺与张生离别："（旦、末、红同上）（旦云）今日送张生上朝取应。早是离人伤感，况值那暮秋天气，好烦恼人也呵？悲欢聚散一杯酒，南北东西万里程。［正宫端正好］碧云天，黄花地，西风紧，北雁南飞。晓来谁染霜林醉，总是离人泪。"叙事、抒情、写景融为一体，浅俗、清雅、蕴藉相得益彰。

马致远更以文采见长，善于借景抒情，唱词极富意境美和音乐美。《汉宫秋》第三折写王昭君别去后，汉元帝唱："［梅花酒］呀！俺向着这迥野悲凉。草已添黄，兔早迎霜。犬褪得毛苍，人搣起缨枪，马负着行装，车运着饯粮，打猎起围场。他他他，伤心辞汉主；我我我，携手上河梁。他部从入穷荒，我銮舆返咸阳。返咸阳，过宫墙；过宫墙，绕回廊；绕回廊，近椒房；近椒房，月昏黄；月昏黄，夜生凉；夜生凉，泣寒蛩；泣寒蛩，绿纱窗；绿纱窗，不思量！［收江南］呀！不思量除是铁心肠，铁心肠也愁泪滴千行。美人图今夜挂昭阳，我那里供养，便是我高烧银烛照红妆。"此曲运用一连串顶真句式，回环重叠，反复吟唱，急节促拍，音律凄婉，浓重渲染了汉元帝的内心痛苦。元代后期杂剧艺术更为精致，表现在语言方面就更为典雅，郑光祖可为其代表。其

《倩女离魂》中有许多优美的唱段，借鉴诗词而别出新意。如第二折倩女追王生途中所唱："〔秃厮儿〕你觑远浦孤鹜落霞，枯藤老树昏鸦，听长笛一声何处发，歌欸乃，橹咿哑。〔圣药王〕近蓼洼，缆钓槎，有折蒲衰柳老兼葭；近水凹，傍短槎，见烟笼寒水月笼沙，茅舍两三家。"把一个少女赶路中所见的情景描绘得充满诗情画意，使人如见秋江月夜的幽远迷蒙和少女赶路的忐忑心理。总之，元杂剧的语言极富魅力，既符合舞台表演要求又充满深厚文化意蕴，既注意刻画人物性格又给人以丰富的审美享受，既切合大众通俗易懂又表现出高雅的艺术品位，即使一些次要人物的插科打诨也恰到好处，相互映衬更显示出剧作家不凡的功力。可以说，元杂剧极大地提高了舞台语言艺术，将诗、文、词、话结合起来，达到了雅俗共赏的新境界。

第三章
画坛异貌

第一节　审美之嬗变

中国绘画发展到元代，受特定社会现实和艺术本身要求的影响，出现了明显的变化。其集中体现在创作主体精神的被强化，艺术的教化功能和统一规范被削弱，创作变成了画家们抒情言志、怡情娱性的手段，绘画形式上也强调和追求力去雕琢、唯适自然。同前代相比，元代文人学士地位不高，他们在政治上不可能飞黄腾达，也耻于沦为异族之奴隶，因而多借笔墨以自命清高。元代的宫廷画家和民间画家因统治者不重视也难取得成就，文人画则发扬了苏轼、米芾、文同的理论风姿绰约。从事绘画者，非以遣兴抒怀，即以写愁寄恨，充分表现个性，这就使元代绘画呈现出了与以往写真传神相异趣的简率超逸。元初，赵孟頫肇其端。元中期以后，无论人物还是山水、花鸟，皆可面壁虚构，以笔传情，并形成一套高深的理念和高超的技法，从此推进了中国文人画的创作观念和审美系统。

元代特殊时代画风的形成，有其深刻的历史根源和社会根源。元朝一统南北之后，人分四等，汉人、南人备受歧视。元初废科举，绝大多数知识分子无由仕途，大多隐逸。他们往往于闲居之中聚到一起，或比

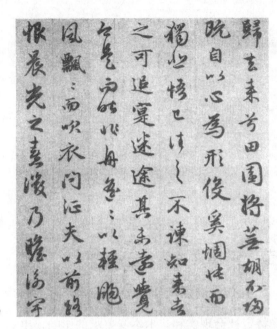

归去来辞卷（元）赵孟頫

赛作诗，或挥毫作画，其中不免会议论时政，发泄不满。当时只杭州一家《月泉社》就聚集了 3000 多文人。就今来看，元代诗文多具有一种压抑感，他们虽有题咏应酬或隐兴逸趣之作，却很少有为统治者歌功颂德的。刘因虽为元朝所重赐官，但也屡辞不就，诗中充满了浓重的遗民思想和眷怀故国之情。如《秋莲》："瘦影亭亭不自容，淡香杳杳欲谁通。不堪翠减红销际，更在江清月冷中。"借秋莲受风霜摧残凋谢的景况自喻，抒发盛衰变化的深沉慨叹。刘因是著名的理学家，令人不免想起周敦颐的《爱莲说》。由宋入元的赵孟頫，工诗文，善书画，诗画之中亦常流露其复杂心情。《题山水卷》云："霜后疏林叶尽干，雨余流水玉声寒。世间多少闲庭树，要向溪山好处安。"寓意双关，耐人寻味。元代中期延祐年间复兴科举，情况并无根本好转，绝大多数文人仍出仕无望，因此情况与元初无大不同。他们放弃科举，标榜节操，生活相当清苦，但诗词书画的造诣不凡，经常于艺术之中得其乐趣。如吴镇一生孤苦，但却醉心于笔墨之中而达于造化。其《米友仁画卷》云："元章笔端有奇趣，时洒烟云落缣素。峰峦百叠倚晴空，人家掩映知何处。归帆直入青冥濛，曲港荷香有路通。更爱涪翁清绝句，相携飞上蓬莱宫。"元代后期，江南富豪顾仲英、曹知白则会聚一大批士人画家，经常在他们家中吟诗作画，与元初仍无本质区别。著名画家也是诗人的倪瓒尽管出身富家，却清高孤傲、超凡脱俗，他目睹元朝后期的社会现实，身经家庭破败而被赶出书斋，在游走江湖中度过惨淡一生，因而诗画中深深流露出人生的哀怨与苦衷。他在 50 岁生日时写的《志怀诗》中言："断送一生棋局里，破除万事酒杯中。清虚事业无人解，听雨移时又听风。"时值元、明交替之际，艺术也更凄楚。总之，中国传统中老庄思想的影响和现实中深重压迫的苦难促成了文人学士内心精神的亢奋，他们千方百计地想在自我超脱中满足心理安慰，于是以写意为主的绘画倾向树立起来，并得以迅速地张扬和被世人所崇尚。

元代绘画强调抒发主观感情，而这种感情又多强调超然物外，因而北宋苏轼等人倡导的文人画思潮，在元代特定情境下找到了更多的知音。唐宋以来，书画崇尚法度，恪守规范，讲求意到笔到，形备神足。画山要求画出主次大小，四时朝暮，风云雨雪，阴阳向背；画水要求画出江河湖海之别，缓急浅深之势，春秋晴阴之异；画林木则要求画出树种形仪之别，四季荣枯之色，老稚俯仰之态。从构思立意到应物象形，以及景物的组合与意境的构成，都有明确的规定乃至模式。如郭熙在《林泉高致》中所说："凡落笔之日，必明窗净几，焚香左右，精笔妙墨，如见大宾。必神闲意定，然后为之，岂非不敢以轻心挑之者乎？已营之又撤之，已增之又润之，一之可矣又再之，再之可矣又复之，每一图必重复，始终如戒严敌，然后毕此，岂非不敢以漫心忽之？"元人作画则非如此，他们不像前人讲求物象的逼真，而是着意于画家心灵感受的宣泄。他们平时注意刻苦练习，创作时却力求轻松自如。他们逐渐从成法规范中挣脱出来，物象景观变成了情感载体。因此在他们笔下，以情结境、以境构景成为创作中的重要倾向，画家在创作上有了更大的主动权。他们的眼睛不再为具体物象所囿，而是任自己的心灵在天地寰宇间回旋盘绕，在静观寂照中达到天人一体、物我相融的境界，然后以意为之，水墨写之。这样，出现在画家笔下的就不仅仅是物象的形神，同时也是画家心中的意象。

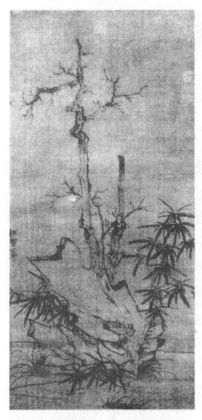

古木竹石图（元）赵孟頫

赵孟頫作画，"初不经意，对客取纸墨，游戏点染，欲树则树，欲石则石，然才得少许便足"①，真可谓意在画外。赵孟頫作为元初有影响的人物，在出处际遇上自有苦恼，反映在画上则继承中有创新，可以说是从功夫中跳出而开新境界。他认为书画还需有基本功，而后才能"以形分神"、"形神兼备"。此后他提出许多绘画观点，强调复古中求新意，重要的是自成面貌。他题曹霸的《人马图》说："唐人善画马者甚众，而曹、韩为之最。盖其命意高古，不求形似，所以出众工之右耳。"刘敏中在《中庵集》里论赵孟頫的绘画说："凡画神为本，形似其末也。本胜而末不足，犹不失为画。苟善其末而遗其本，非画矣。二者必兼得而后可以尽其妙。观子昂之画马，信其为兼得者欤！"元人正是崇仰"神本形末"，所以也就把宋人"直抒胸臆"的那种"文人画"特点继承下来，并又赋予强烈的"民族情绪"，同时又具有鲜明的个性特征。赵孟頫表面上官高位重，实际上每受猜忌打击，身为赵宋皇室后裔，却又屈节仕敌，内心非常苦闷。作诗曰："同学故人今已稀，重嗟出处心违。自知世事都无补，无奈君恩不许归。"其画相对来讲，典雅含蓄，秀静润朗，学前代大师又自出机杼。龚开本为南宋命官，宋亡后还有一些政治活动，其绘画题材多为马，正

① 《刿源文集》。

如后人跋其作品说："海宇为一，老无所用，浮湛俗间，其胸中之磊落轩昂峥嵘突兀者，时时发见于笔墨之所及。"① 与龚开同类而言辞更为激烈的是郑思肖，他"平日喜画兰，疏花简叶，不求甚工，其所自赋诗以题兰，皆险异诡特，盖所以书其愤懑云"②。他写兰，根不著土。人问之，曰："土为蕃人夺，忍著耶?"③ 倪瓒赞之："秋风兰蕙化为茅，南国凄凉气已消。只有所南心不改，泪泉和墨写离骚。"④ 所以说，元代的绘画带有更多的主观感情色彩，受中国古代"诗言志"传统影响形成"写意"特征。不过其"意"渐由愤懑转向超逸，从而导致元代审美境界的抽象提高。自此尽管文人不拘一格书画题咏，但由孔孟转重老庄形成"逸格"成为一种至高追求。

元人书画更重文化修养也是一个鲜明特征，其书画品位的内在精髓似乎更重视作者的观念价值。关于"文人画"问题，唐代张彦远曾做过一定的分析和探讨。但总体上看，这还属于一种个别偶然的理论现象，并没有成为一般普遍的审美追求。到宋代，许多美学家和艺术家较多注意到"文人画"的创作迹象和理论建树，发表了许多重要见解并进行创作尝试。至元代，许多文人仕途无望且才学无用，他们将"不平之鸣"熔铸于艺术创作之中，一时形成风气而变为主流趋尚。所谓文人画家，在宋代已有了较为明确的概念，他们不同于奉诏待命的宫廷画家，也不同于识浅见陋的工匠画家。他们有特定的社会地位和较高的文化修养，他们在艺术中表露的是对人生、自然、社会的某种思考，而并非是对权势的邀宠或对衣食的谋求。苏轼说："文以达吾心，画以适吾意而已。"⑤ 文人画讲究学识修养，重神观意气，轻形状摹写，故表现多为

---

① 《金华先生文集》。
② 《遂昌山人杂录》。
③ 《韩山人诗集》。
④ 《清閟阁集》卷八《题郑所南"兰"》。
⑤ 《书朱象先画后》。

"萧条淡泊"、"闲和严静"、"萧散简远"、"简易清逸"、"意象萧爽"等。
很显然，这种风格特征的形成是与文人的审美追求相联系的，其中尤与
老庄的博大深沉有着自古的渊源。元代文人在民族和阶级压迫下，沦落
于娼妓、乞丐之间，其内心苦闷可想而知。他们没有反抗的勇气和魄
力，只能在笔墨间倾诉着愤懑和愁苦。这就使元代文人画表现出与宋代
很大的不同：宋代文人画强调的是个人生活中的困惑和"学道未至"的
"不适之意"的抒写；而元代文人画由于多了一层民族的情绪在内，已
经覆盖了个人情绪上的"盘郁之气"，就使绘画艺术成为体现民族正气
的载体，并且由此确定了某些特定题材，如"梅、兰、竹、菊"。如前
所述，郑思肖画无土之兰，寓意自显。王冕《墨梅画卷》题诗云："吾
家洗砚池头树，个个花开淡墨痕。不要人夸好颜色，只流清气满乾坤。"
以梅自况，意在画外。竹本为空心、硬节，宁折不弯，古来即有象征意
义，当然成为君子象征。赵孟𫖯《题李仲宾野竹图》云："偃蹇高人意，
萧疏旷士风。无心上霄汉，混迹向蒿蓬。"李仲宾即李衎，元代画竹名
家。赵氏题识，一语双关，含不尽之意。袁桷题《钱舜举折枝菊》："醉
别南山十五秋，雁声深恨夕阳楼。寒香似写归来梦，背立西风替蝶愁。"
钱舜举即钱选，元代著名画家。此诗带肃杀之气，含幽怨之感，内蕴苍
凉。由此可见，梅、兰、竹、菊四君子在元代已不是普通的物象，而是
具有士大夫的象征意义或更为丰富的文化内涵。

除题材外，文人画在形式上也有新的要求，如诗、书、画、印融为
一体创造意境，给人以视觉美感，体现文化气息。元人作画讲书法用笔
且强调诗意，于画面构图中物象之外又有题款，款识内容与画面相得益
彰而书法又见格调，并自刻印章钤于其上，这就构成合四为一的有机整
体。文人画有一个长久的发展过程，自六朝而下不断丰富提高，至元代
可谓形成一股巨流。不过"文人画"的称谓最先是由明代董其昌提出
的，并对其历史传承关系作了初步阐述。陈师曾论文人画的特质，认为
"文人画之要素，第一人品，第二学问，第三才情，第四思想，具此四

竹枝图（元）倪瓒

者，乃能空善"，可见极重精神气质。因此后来文人画受到推崇，首要的还在于它极具中华民族特有的美学思想，如摒弃华艳、讲求纯真、超凡脱俗、返璞归真等。文人画的确是中国传统中儒、道互补下的产物，它将绘画视为一种精神调节和感情舒络的手段，这就当然与院体画家和民间画家的功利态度不同。它不为物役，不被法拘，以最简单的工具——笔、墨、纸，最概括的语言——黑、白、灰，传达出最素雅深切的感受。因此元代以后，由于明人的弘扬，文人画已上升到画坛的主导地位，并直接影响到清代绘画的基本格局和审美取向。

元人书画重思想内涵、精神品位和才学修养，书画家也对书画本体的技法语言、结构布局和意象生成深有钻研。如书画同源问题，虽然唐代张彦远在《历代名画记》中已提到，造字之初书画同体而未分，其后文字的作用重在传意，绘画的功能重在见形，因此书画本是异名而同体，其后因目的不同才分离。但宋元之时，文人画家由于对笔墨的重视，更注意到书画用笔本身独立的形式趣味和审美意义。文人画本身具有一种强调主观表现的写意倾向，这种倾向到元代更为突出明显。正如王绂在《书画传习录》中所言："逮夫元人专为写意，泻胸中之丘壑，泼纸上之云山。"可以说，书法艺术有时在其体势结构与笔墨表现上与艺术家的主观心灵联系得更加直接与紧密，因此元人讲究书法用笔融于绘画之中，更能体现艺术的审美趣味。宋人郭若虚曾说："本自心源，想成形迹，迹与心合，是之谓印。矧乎书画，发之于情思，契之于绡楮，则非印而何……书画岂逃乎气韵高卑？夫画犹书也。"① 也就是说，无论是书法还是绘画，其表心达意都是一致的。这样，书法与绘画在审美创造中的渗透与融通也就是很自然的事了。郭熙在《林泉高致》中就提到"人之学画，无异学书"，"善书者，往往善画"。赵希鹄也说："善书必能善画，善画必能书，书画其实一事尔。"② 至元，书法艺术与绘画艺术真正达到了高度的融会贯通，真正成为一种珠联璧合、相得益彰的审美倾向。其最具代表性的言论可谓赵孟頫所发："石如飞白木如籀，写竹还应八法通。若也有人能会此，须知书画本来同。"③ 另外，柯九思在《书画谱》中也谈道："写竹干用篆法，枝用草书法，写叶用八分法，或用鲁公撇笔法，木石用折钗股屋漏痕之遗意。"可见元人与宋人的不同在于，元人真正地以书入画并以此作为文人士气评判的标准，笔墨情趣成为独特的审美范畴和价值趋尚。从赵孟頫的作品看，其变画为写，变繁为简，写而干净利落，简而笔意丰蕴，画中清润苍凉而笔具书法韵味。在其倡导和影响下，有元一代以书入画蔚然成风，画梅谓之写梅，画竹谓之写竹，以写代画，笔多简率。也正因此，才算有士气而无匠气，文人画多了一种品格要素和艺术要求。

另外，诗画问题也受到元人关注。文人讲学养，常以诗歌题跋，这种方式唐宋尚不多见。宋人偶有题跋，姓名也多写在隐蔽处。元人题诗则与画面构成一种外在统一关系，明代沈颢在《画麈》中指出："元以前多不用款，款或隐之石隙，恐书不精，有伤画局。后来书绘并工，附丽成观。"元人在画面上题跋已成风气，并表现为诗歌内容的书法题写必须与绘画作品的风格特点、布局安排和笔墨趣味达到高度协调统一。

---

① 《图画见闻志·叙论》。
② 《洞天清禄集·古画辨》。
③ 《郁逢庆书画题跋记》。

如倪瓒晚年所作《春山图》，山体以干笔勾皴，流云亦作空勾，摒去一切成法，全以逸笔写出。画中自题："狂风二月独凭栏，青海微茫烟雾间。酒伴提鱼来就煮，骑曹问马只看山。汀花岸柳浑无赖，飞鸟孤云相与还。对此持杯竟须饮，也知春物易阑珊。延陵倪瓒，壬子春。"诗画结合，相互映衬，可见饱经沧桑的老人历经劫难，精神和艺术已进入无拘无束又自成章法的大和谐境界。正如清代方薰所说："高情逸思，画之不足，题以发之。"① 应当看到，这种外在形式的统一更有其内在精神的会聚，即诗情与画意的相互依存。宋人早已指出"诗是无形画，画是有形诗"②，元人更将其融会贯通，因而从内到外发展了这一审美情趣。文人画讲求全面修养，有时绘画不能完全表达意绪，因此以题款补足并丰富之，不同的

松雪斋 赵氏子昂（元）赵孟頫

传达媒介相映成趣，更能体现作品的内涵。故此，元人题跋甚多，并加以印信，就构成了诗、书、画、印的综合表现方式。宋元文人已镌刻私印且追求艺术变化，因而其由工匠技法扩大到文人赏玩。自赵孟頫对篆刻大力提倡后，印成为文人画中的又一因素。总之，如果依董其昌所说："文人之画，自王右丞始，其后董源、巨然、李成、范宽为嫡子。王晋卿、米南宫及虎儿，皆从董、巨得来，直至元四家黄子久、王叔明、倪元琳、吴仲杰，皆其正传。吾朝文、沈，则又远接衣钵。"那么，文人画在内容和形式上至元代已然成熟而蔚为大观，并成为后来中国画创作的主流。

———————————

① 《山静居画论》。
② 《画墁集》。

元人作画还强调古意，赵孟頫首先打出"复古"旗号。中国绘画自魏晋以降，特别是唐宋以来得到很大发展，艺术创作中也就相应出现古今面貌问题。郭若虚认为，古名士画"貌虽端严，神必清古，自有威重俨然之色，使人见则肃恭有归仰心。今之画者，但贵其娇丽之容，是取悦于众目，不达画之理趣也"①。宋人已注意到，今人绘画过分追求形式美的表面效果，而忽略了绘画艺术的道德教化作用。在郭熙看来，"古人于画事别有意旨"，即"令人识万世礼乐"，而今绘画"务眩组巧"，抛却了古人深刻的内涵，因此也就失去了古

溪凫图（元）陈琳

画所具有的理趣与情态②。宋人以为"今不如古"，更多的是从道德教化角度考虑的，但对一味追求外在表现形式效果提出批评是有见地的。韩拙在《山水纯全集》中指出："画若不求古法，不写真山，惟务俗变，采合虚浮，妄自谓超古越今，心以自蔽，变是为非，此乃懵然不知山水格要之士也，难可与言之。嗟乎！今人是少非多，妄古徇今，方为名利之诱夺，博古好学者鲜矣。倘或有得其堂奥者，诚可与论也。彼笑古傲今，侮慢宿学之士，曷足以言此哉！"韩拙认为"不写真山，惟务俗变"是非"真"非"变"的，是"是少非多"、"名利诱夺"，不可能凝结着

---

① 《图画见闻志》。
② 《林泉高致·画题》。

摹写物象的真正内在精神，而只是一种浮夸自蔽的浅俗表现。正是在此基础上，赵孟頫提出了颇有争议的著名命题："作画贵有古意，若无古意，虽工无益。今人但知用笔纤细，傅色浓艳，便自谓能手，殊不知古意既亏，百病横生，岂可观也？吾所作画，似乎简率，然识者知其近古，故以为佳。此可为知者道，不为不知者说也。"①

赵孟頫提倡"古意"，是有其特定审美内涵的，为疏导元代画风起到了重要作用。他正是针对当时的繁缛而提出简率，以此去除矫情而倡导古意。宋人言古，多指唐代以前，元人言古，则包括北宋，由于时代的变化，古今概念也有不同。不能否认，宋代绘画有了很大进步，南宋院体画取得了很高成就，但其在品格上也有过于张扬而缺少蕴藉的弱点，在形式上逐渐趋于程式化而缺乏生气。赵孟頫曾批评李唐山水画说："落笔老苍，所恨乏古意耳。"②"老苍"就非"简率"，因此在赵孟頫看来也就缺乏"士气"。赵孟頫正是以文人画的审美标准来反对南宋"院体画"和"画工画"的艺术倾向的，因而他提倡"古意"，表现出宋元以来绘画艺术一种新的审美追求，"古意"实际上也就是"新意"。赵孟頫所言"古意"在形式上表现为"简率"，这也是与南宋以来院体的"工细"相对立的。赵孟頫的创作原本也属细致一流，但他敢于冲破习围而简率求古，这正是文人画的最大特色。由于简率，就突出了"写"的成分，这与其书画同源的理论是相应的，由此便开创了元代绘画的新局面。所以说，赵孟頫求古也是求新，后来的元代画家无不受其影响，由其"提醒品格"而汇成洋洋大观。

元代文人还将"逸"提到一个崭新高度，不仅指画的审美要求还指人的生活态度。关于画的品位早在六朝时期就有人加以评判，由此建立起中国绘画批评的重要方式和标准。从南朝庾肩吾的《书品》和谢赫的

---

① 《清河书画舫》。
② 《铁网珊瑚》。

《画品》到唐代张怀瓘的《书断》和《画断》，都有关于书画品位的划分
及其解释。虽然也常提到"逸"，但其概念还较含糊。唐代李嗣真在
《书后品》中始将"逸品"置于最上，朱景玄在《唐朝名画录》中于
"神"、"妙"、"能"三品之外又列"逸品"，应该说"逸"在中国书画美
学中早有内气和外现尚不容易评断，因此多将其作为一种精神气质而不
是绘画形式来看待。东汉崔琰《草书势》就有"放逸生奇"的说法，此
后"逸意"、"逸态"、"势逸"、"狂逸"等词层出不穷，但都似乎"只可
意会，不可言传"。北宋黄休复在《益州名画录》中将绘画艺术分为
"逸"、"神"、"妙"、"能"，并将"逸格"置于其他三格之上后，"逸品"
的地位方得以确立并为人所重。苏辙在《汝州龙兴寺修吴画殿记》中有
一段话很能说明这个问题："画格有四，曰能、妙、神、逸。盖能不及
妙，妙不及神，神不及逸。"那么，黄休复对"逸格"是如何解释的呢？
其曰："画之逸格，最难其俦。拙规矩于方圆，鄙精研于彩绘。笔简形
具，得之自然，莫可楷模，出于意表，故目之曰逸格尔。"如果以其"神
格"所言"大凡画艺，应物象形，其天机迥高，思与神合"相比较的话，
"逸格"的确是高出一筹的。"逸格"强调艺术家审美创造的高度自由，这
种自由进而表现为一种"天人合一"的境界，其与自然契合达到无为状
态，大智若愚，大象无形，其"笔简形具"无疑与老庄素、朴、简、淡的
思想相通。其又以自然心态为之，而一般人是难能模仿的，个性与天性浑
而为一，故由重外在物象的"再现"似乎转重于"物我天合"的"野趣"。

　　黄休复对"逸格"的评述较前人有进步但还不具体，倪瓒对"逸
气"的阐发可见元人更为形象的解释。倪瓒在《题自画墨竹》中说：
"余之竹聊以写胸中逸气耳，岂复较其似与非，叶之繁与疏，枝之斜与
直哉！或涂抹久之，他人视以为麻为芦，仆亦不能强辩为竹，真没奈览
者何！"在《答张仲藻书》中说："仆之所谓画者，不过逸笔草草，不求
形似，聊以自娱耳！"由此也可见元人与宋人的差异，即倪瓒更为强调
的是画家主观心态的"表现"。总体上看，"逸气"说表现出一种超脱尘

世、归隐山林的生活态度和精神境界，这可追溯到先秦的"逸民"特征和魏晋的"放逸"习气。倪瓒的"逸"也明显地带有时代烙印，是元代文人遭受异族统治和压迫之下的精神释放，因此更突出表现为一种凄凉孤寂、悲慨清绝的主观意向，这与宋代文人求道寻和的恬淡静适有所不同。倪瓒的大量文字便透露出这种心迹，如："身世浮沉如漏舟，师亡道丧独悲秋"；"我来陆庄如故乡，故乡风景日凄凉"。再如："伤心莫问前朝事，重上越王台。鹧鸪啼处，东风草绿，残照花开。怅然孤啸，青山故园，乔木苍苍。当时明月，依依素影，何处飞来。"从倪瓒的绘画作品看虽然

六君子图（元）倪瓒

十分写实和精到，但与唐宋相比就可见鲜明的主观表现特征了，是元代文人特定生活遭遇和心理状态的一种写照，由此而造成不拘形似、超然物表的"逸"也就流露无遗。徐复观在《中国艺术精神》中说："倪云林可以说是以简为逸；而黄子久、王蒙却能以密为逸，吴镇却能以重笔为逸。这可以说，都是由能、妙、神而上升的逸，是逸的正宗，也尽了逸的情态。"总而言之，从黄休复的"逸格"到倪云林的"逸气"，可以清楚地看到绘画美学中"逸"的思想发展，这是由作为审美创造和艺术风格的"逸"向人生形态和精神境界的"逸"的转变和扩展过程，从而也确立了"逸"在中国绘画美学中的最高品位。

元代绘画活动作为一种政府行为起初不是很受重视的，后来随着与

汉文化的接触，统治者才逐渐产生兴趣。蒙古人在统治中更注意吸取汉文化的政治功能和人才智慧，对于文学艺术后来也只是附庸风雅或崇尚礼教才渐入其门。元朝不像宋朝专设画院，宫殿装饰绘画工作由将作院下属的画局执行。元仁宗登基后亲儒重道，对绘画有所雅好，曾令李衎在殿壁作竹，还拿出藏品令文臣题跋。元英宗汉文修养更高，还是一位帝王书法家。陶宗仪在《书史汇要》一书中评他的书法："皆雄健纵逸，而刚毅英武之气，发于笔端。"元文宗时书画活动达到高潮，他不仅自己兼能书画，地位可与宋徽宗、金章宗相比，而且设立奎章阁，身边聚集了虞集、柯九思等一批书画名家。他收藏众多古迹赏玩，还与文臣一起研讨书画，一时间朝廷内艺术氛围甚浓。元顺帝本人虽对艺术有所爱好，但已日趋腐败而难能再兴。总之，元朝在其不到百年的统治时期内，有好几位皇帝对中国书画艺术产生兴趣，这不独是其个人的行为，实为时代发展趋势使然。正是在这样的氛围中，元代绘画取得了高度的成就。这固然是一批艺术家努力的结果，但相对宽松的社会环境无疑为此提供了有利条件。

第二节　人物之复古

中国的人物画发展到元代，远不如山水画、花鸟画兴盛，风格也远不如唐宋时期宏放谨致。这是由于尖锐、复杂的民族矛盾和阶级矛盾，使多数画家消极避世、淡漠人生之故。因此，直接反映现实生活的人物画极少，主要表现为描绘古代的历史故事和高人逸士。另外，在佛道人物画和专门肖像画方面也有所创造，延续唐宋技法的同时汲取文人画的笔墨技巧，宗教严肃神秘的内容被减弱，突出了文人怡情和墨戏的成分，所以风格上也有特别的进步。

中山出游图（元）龚开

宋末元初画家颜辉善画道释人物，师法梁楷兼容李公麟描法，线条流畅，劲健有力又富于变化，今存《水月观音像卷》可见一斑，《李仙像轴》墨笔画李铁拐略仿梁楷减笔泼墨法而更趋精到。龚开处于宋元交替之际，坚守"三军可夺帅，匹夫不可夺志"的信条，特别爱画能扫灭群妖的钟馗，今存纸本墨笔画《中山出游图》分明寄托着画家扫除邪恶澄清人寰的心愿；如再联系他曾画宋江等三十六英雄像的情况，其真正用意不言自明。他笔下的马也一改前朝丰腴健美的形态，而为瘦骨嶙峋、垂头漫步之状，并题诗言明主旨："一从云雾降天关，空尽先朝十二闲。如今有谁怜骏骨，夕阳沙岸影如山。"元初何澄以界画驰名，90岁时曾向皇帝进献界画佳作《姑苏台》、《阿房宫》、《昆明池》等，用意在于"托物寓意，执艺以谏"。其以善界画而得二品官秩，曾主持兴圣宫绘事，流传至今的仅有《归庄图》，墨笔画陶渊明《归去来辞》。陶渊明的形象在画中反复出现，各段景物衔接自然，白描、水墨兼用，变化甚为丰富。据卷后题跋可知此卷为画家九十高龄所作，显示出高超的人物与界画功力。

元代人物画家中，赵孟頫名声最著。赵孟頫宋亡之后身仕元朝，心情一直是矛盾复杂的。他既想做一番安国利民的事业，却又不时受到统治者的防范和驾驭，既怕得罪元朝而罹不测，又忌为汉人士大夫所诟，因而内心一直很痛苦。赵孟頫有很好的文化修养，诗、文、书、画、经、史、琴、棋无所不通，尤以书、画成就最高，影响最大。他在《自警》诗中写道："齿豁头童六十三，一生事事总堪惭。唯余笔砚情犹在，留与人间作笑谈。"董其昌称其画为"元人冠冕"，并开元代绘画新风。

归庄图（元）何澄

赵孟頫在绘画方面，人物、山水、花鸟无所不能亦无所不精。其人物画自谓"刻意学唐人"，表现内容大致有历史人物、道释人物及现实人物。其《杜甫像》画杜甫侧身而立，神态安详，用高古游丝描表现，是一幅成功的肖像画。《红衣罗汉》画大树盘石，罗汉着红衣侧坐，身后古木一株，野藤缠绕。自题云在京师时常与天竺僧接触，故学唐人手法写现实之真。此图用铁线描，遒劲沉着，与宋代以来流行的粗细顿挫、变化明显的兰叶描不同。用色明丽但不浮艳，色彩强烈，颇富装饰效果。整幅画面强调浑融古雅、典丽文静，正是画家追求"古意"的体现。《人马图》、《浴马图》、《秋郊饮马图》等画鞍马人物也师法唐人，笔力细劲含蓄，设色工整艳丽，给人闲雅放逸之感。故后人对其画马评说不一，有贬有褒，但多不是对艺术的分析而是对人生的评价。

任仁发作为元代著名的水利学家，酷爱书画，书学李北海，画学李公麟，造诣不凡。传世之作有《张果见明皇图》、《出圉图》、《二马图》，皆绢本设色，笔法用游丝描，设色工致艳丽，有唐画遗韵。《二马图》以肥瘠不同讽刺贪官而歌颂清官，自题云："世之士大夫廉滥不同而肥瘠系焉。能瘠一身而肥一国不失其为廉，苟肥一己而瘠万民岂不贻污滥之耻欤！按图索骥，得不愧于心乎！因题卷末以俟知者。月山道人。"唐人爱画鞍马人物，多豪气；元人画人马，则多寓意，虽手法追摹唐代

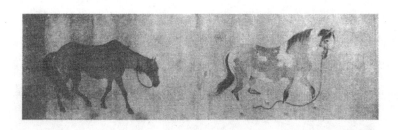

二马图（元）任仁发

也颇多新意，又因出自宫廷而较少"野趣"。

　　与赵孟頫、任仁发同时的人物画家还有刘贯道，他因为太子画像而晋升御衣局使。今存《消夏图》写蕉荫下一文士卧榻读书之情形，笔法劲健，意态舒展，风格近吴道子、李公麟。据记载，其山水、花鸟师古

消夏图（元）刘贯道

亦佳，于此画中亦可验证。王振鹏以界画得仁宗赏识，他也感恩戴德献《大明宫图》。今传界画《金明池龙舟图》、《阿房宫图》，刻画细致入微，表现富丽壮阔。所画人物今存有《伯牙鼓琴图》，用笔流利劲健，淡墨渲染较多，可见吸收了水墨晕染技法。李肖岩长期服务于宫廷，是专为皇家造像的画家。他技艺高超，手法熟练，历经成宗、武宗、仁宗、英宗、泰定帝、文宗诸朝。除为皇室画像外，他还为庙宇、寺观、贵族、功臣作画。今藏北京故宫博物院的元朝帝、后人物肖像，颇能传达出蒙古族人物形态神貌，由此可见宫廷绘像之成就。

　　张渥的文化修养为文人称道，因屡试不中而以书画自遣。其画以白

描人物著称于世，作品多描写古代高人逸士。《九歌图》为传世之作，临摹李公麟而有新意。《雪夜访戴图》表现晋王徽之雪夜访戴逵的故事，图中墨笔画一人端坐船中读书，一人瑟缩船尾掌船，船下水波荡漾，环境气氛冷寂。线条粗细变化明显，可见文人笔墨意趣。元末王绎是杰出

杨竹西小像（元）王绎　倪瓒

的肖像画家，有《杨竹西小像》，倪瓒补景并题识。杨竹西为王绎同时代人，隐居读书不仕。王绎所绘着力表现杨竹西心胸豁达、怡然自得之态，面部全用细笔勾勒，略施淡墨烘染，体态勾线流畅，比例准确，神气活现纸上。他还著有《写像秘诀》，有较高的理论价值。

　　总的来说，元代人物画朝野有别，先后有异，继承唐宋又有发展，感受时代稍出新意，这与整个绘画主流是相应的。这从寺观壁画，如敦煌莫高窟、山西永乐宫都能看得出来，很多画家在从事壁画创作中也流露出追求雅俗共赏的时代气息。

第三节　山水之逸趣

　　中国的山水画发展到元代，在众多画家的努力下取得了巨大成就。画家们既有个人鲜明的特点，又具有元代山水画的时代风貌。他们别开生面，再起群峰，使山水画成为元代绘画的主流，并为后世开拓了广阔的前景。

元代山水画独盛有着多方面的原因。一是蒙古人对汉文化崇仰而畏惧，因而对知识分子也是任用而怀疑。他们缺乏周密的考虑和得力的措施，因而汉族文人虽有济世之心却无报国之途，这样就导致许多才学之士产生忘怀世事、寄情山水的思想倾向，以笔墨抒洒胸中感愤于自然万象之中。二是汉族知识分子囿于儒家的正统观念，对异族的入侵和统治总有不满。他们有着浓厚的怀旧情绪，因而借描写祖国河山发思古幽情，少数获得恩宠的文人图山川以歌新气象，而多数画家则借山水以寄旧情思，于是同辙而异轨，绘写山水也都是热爱祖国的表示。三是山水画发展到南宋，已经具有超过人物画的趋势。这种趋势与元代的特殊情境相结合，就进一步促成山水独尊的地位，同时文人仕途堵塞，更可游山玩水，得自然之魂浇胸中块垒。加之元代思想统治较为宽松，文人作画写诗甚至评论时政并无治罪，这就有比较理想的创作环境而无刻意追究的深度扼杀。四是艺术理论和绘画技法的突破，使元代山水画更可玩味和创意。复古、工细、写意、简淡、个性、逸气等，都展示出新的观念而创作出新的符号，强调主观表现使画家们重新看待山水，探讨笔墨运用也使绘画产生新的意味，因而关于绘画本体的研究也上升到一个新境界。

钱选作为南宋末年的乡贡进士，入元后甘心"隐于绘事以终其身"。虽然他"励志耻作黄金奴"，但不像郑思肖那样激烈，而是怀着一种平静的心情看待世事的沧桑。正如他在自题《金碧山水卷》中所云："烟云出没有无间，半在虚空半在山。我亦闲中消日月，幽林深处听潺湲。"因为他追求身心与自然同化的惬意，追求人生与艺术的契合，因而创作上流露的是悠闲恬静的情味。如《幽居图》、《山居图》，皆宁静平和。钱选的山水画主要师法赵伯驹，又融合唐人青绿山水，但更趋清润简练，整肃明丽，写意增多，士气更浓，代表着元初的一种品格。但当时更多的画家喜画水墨，师法李成、郭熙，或董源、巨然，由此亦可见钱选独特的士学文气。钱选的人物画也很好，画法取李公麟，内容多表现古人，如陶渊明、竹林七贤、李白、林逋等。其《西湖吟趣图》写林逋玩赏梅花，旁有一鹤一童，自题曰："一童一鹤两相随，闲步梅边赋小诗。疏影暗香真绝句，至今谁复续新词。"钱选当时名气很大，每有新作问世便有仿造乱真，可见为人所重和赏画世风。

高克恭祖籍西域，属色目人。其父高嘉甫对儒家经典及程朱理学颇有研究，曾得到元世祖忽必烈的器重。高克恭从小打下牢固的汉学基础，后入仕途刚直不阿办事公允。他注意结交江南文士并向朝廷推荐，为促进蒙汉文化交流做出重要贡献。他政事余暇，喜爱艺术，诗书画均佳。尤其是绘画，他的山水画初学米芾、米友仁父子，进而取法董源、巨然，形成自己笔墨苍润、气势沉雄的艺术风格。传世之作有《青山暮霭图》、《云横秀岭图》、《春山晴雨图》等，皆为绢本淡设色，其中以云烟渲染气氛是突出特点，而群山则蓊郁秀丽、清旷幽邃。高克恭自幼生长在北方，却对江南山水大感兴趣，这和他与江南文士交结以及江南自然景色有关。他融合二米墨韵与董、巨笔法，似二米而强其骨，似董、巨而去其繁，笔墨并重，气骨俱佳。但他毕竟是北方少数民族出身的人，具有南方文人所未有的气质与情怀，这就又使他的山水画能将南北风范铸成一体，淹润中见雄放，姿媚中显风骨，为时人所称道。所画山水大气磅礴，浑穆秀润，在元初与钱选、赵孟頫并驱。

赵孟頫多才多艺，多有成就，自标高格，开创新风。其山水画始学钱选，进而取赵伯驹，然后上追李昭道，同时兼从晋、唐、五代、北宋诸家汲取营养，再剔除院画刻画之习而摒弃南宋四家的斧劈皴，最终形成厚重、工稳、秀润、清丽的风格，而反映在具体作品中又各有侧重并不千篇一律。其《江村渔乐图》，远景山峦起伏、水汽蒸腾，近处树石用线细谨、敷以墨彩，显然继承李昭道、赵伯驹的画法。《鹊华秋色图》画济南郊外鹊、华二山，鹊山设墨青色、凝重浑厚，华山用石绿色、秀峭挺拔。两山之间水村草舍，清幽疏爽；秋林洲渚，清丽雅致。整个画面笔致清晰、设色秀润，且有浓厚的书法意味和书卷气息。此画当为济

南罢归后凭印象而作，后人形容此图
"有唐人之致去其纤，有北宋之雄去其
犷"。《水邨图》系为朋友钱德钧所作，
也是基于实景感受加以想象变化而成，
自称为"一时信手涂抹"，风格与《鹊
华秋色图》相似。其还有《重江叠嶂
图》、《吴兴清远图》等佳作，皆清旷
空灵、简淡幽渺，统一中有变化，学
古而不拘泥。赵孟𫖯将唐人青绿山水
的明丽与宋人水墨山水的浑茫结合起
来，在笔法上加以重新组织、提炼、
概括形成一种清新、简率、苍古的风
貌，使元画超越院体而崭露出一种新
气象。

云横秀岭图（元）高克恭

　　元代山水画家众多，风格流派不
一，如钱选、赵孟𫖯以青绿山水为宗并加以笔法变通者不多，更多的画
家师法李成、郭熙和董源、巨然以及马远、夏圭。但正是在融会贯通的
过程中，元代山水画获得重大发展，代表这一成就的是稍后峰起的元四
家——黄公望、吴镇、倪瓒、王蒙。

鹊华秋色图（元）赵孟𫖯

　　黄公望年轻时很有进取心，但宦途坎坷遭受打击。后加入全真教，
又以卖画维持生活。他在遭到人生的重大挫折后，以入教修炼调适内心

黄公望

的创伤，同时也以山水为依托化解尘世的烦恼。黄公望是接受儒家传统教育成长起来的士大夫，在走向道教和山水的过程中逐渐由激烈趋于平静，这使他的画一切返归自然而显得宁和。其画主要取法董源、巨然，但汰其繁皴，趋于清逸，晚年大变其法，自成一家。他的山水画大体上有两种规格：一种作浅绛，烟云流润，笔墨秀逸，气势雄浑；一种作水墨，萧敬苍秀，笔墨洒脱，境界高旷。在笔墨运用上颇有独到之处，侧锋、中锋交互为用，淡墨、浓墨秀润生发。他善用披麻皴，笔疏墨淡，纹路清晰；有时不用皴法，仅是勾勒渲染，浓墨点苔。皆空灵而不单薄，蕴藉中充溢生气。其《天池石壁图》与《富春山居图》，一用浅绛，一用水墨；一构图繁复，一场

富春山居图（元）黄公望

面辽远；一高阔雄伟，一灵秀清逸；一收千里险峻于咫尺，一收万里风光于无尽。此外，还有《九峰雪霁图》、《剡溪访戴图》、《丹涯玉树图》、《富春大岭图》等传世，皆为世人所称道。在元代众多画家中，黄公望的创作可谓风格最为丰富，无论是构图变化、或是形象塑造，以及笔墨技法都不曾被一个模式所局限，故董其昌推黄公望为元四家之冠，是继赵孟頫之后山水画的新高峰。在元四家当中，唯黄公望的山水画能集其他三家之长，如吴镇的简、淡、湿、厚，倪瓒的干、淡、简、疏，王蒙

的繁、厚、细、密，这些在黄公望的创作中均有体现，并根据创作需要形成多种风格。

　　吴镇工诗文，善山水，师法董源、巨然，兼容李成、郭熙，笔墨苍茫湿润。在元四家中，吴镇最为贫穷，曾以看相算命为生，所结交的多是和尚、道士和隐逸文人。清苦的生活使他常具悲观厌世的思想，流露出孤凉无依的伤感情绪。其梅竹亦佳，墨竹师文同，常以写愤。做诗曰："偃蹇支离不耐秋，摇风洒雨几时休。转身便是青山顶，又有悬崖在上头。""心中有个不平事，尽寄纵横竹几枝。愁来白发三千丈，我写清风几百竿。"他看人生黑暗而虚无，于是放浪形骸于大化之中，决心在"一张纸、一锭墨、一片山中了此一生"。吴镇的个人情绪也是一种社会反映，但在创作中不是简单发泄而是曲折表达，可浓厚的意味还是给人以强烈感染。与其他三家重笔、干笔皴擦较多不同，吴镇更为重墨，且多用湿笔勾染。在构图上三家趋于平稳，吴镇则追求奇险，有时危峰突起，有时长松

渔父图（元）吴镇

倒挂，有时取全景，有时取局部，给人以震撼。画面题款三家皆用楷书，而吴镇独用草书，如龙蛇飞动，风姿潇洒。吴镇所画以渔父题材为多，主要描写江南湖山景色，表现画家避世幽居，抒写隐士高洁怀抱。如《秋江渔隐图》，构图上融北宋全景式与南宋边角式于一体。近处画平坡、劲松及楼阁，取平稳之势；左侧画陡壁飞瀑，使画面生出奇险；远景合之以矮山丛树，平湖小舟，使意境复归幽邃。其另一作品《渔父

图》则舍奇险而求平实，近景平坡茅屋，中景湖水芦荻、扁舟一叶，远景烟岚笼罩，上题诗曰："西风萧萧下木叶，江上青山愁不叠。长年悠优乐竿线，蓑笠几番风雨歇……"吴镇的墨法对后世影响很大，明清画家皆有所得。

同吴镇一样，倪瓒生前绘画并不为人赏识，直至入明以后，才为画界所瞩目，在董其昌的大力赞扬下，至明末身价倍增。清初四王也极力称道："云林纤尘不染，平易中有矜贵，简略中有精彩，又在章法笔法

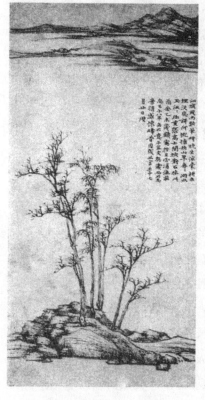

渔庄秋霁图（元）倪瓒

之外，为四家第一逸品。"与吴镇不同，倪瓒出生于富豪之家，优越的社会地位、广泛的社会交往和学书悟道的文化氛围，养成了他清高孤傲、洁身自好、醉心文艺、不事俗物的性格。后家道衰落，经济拮据，加之元末社会动荡不安，遂携家逃至太湖一带开始隐居，由此情绪变得消极悲观，对生活采取冷漠超迈的态度，潜心研学治艺，化释心中悲苦。倪瓒的人生遭际和人生态度以及学识和品格，促成他继承并发展了苏轼的文人画理论，进一步削弱了绘画的教化功能而加强了创作的自娱性质。他强调自然山水给人的主观感受，突出山水画中主观感情的抒发，认为山水是主观感情的一种载体，是抒情言志的一种媒介。

因此，他的作品删尽繁缛，只取清淳，不画重峦叠嶂、云蒸霞蔚、奇峰险滩，而将景观物象高度精简、提要、净化，最终形成极为萧疏的近、中、远"三段式"艺术构成。其传世之作有《渔庄秋霁图》、《江峰望山

图》、《幽涧寒松图》、《春山图》等，技法上吸收荆浩、关仝的笔法技巧，融合董源、巨然的水墨清润，写山石树木又兼师李成创出折带皴。所画多取材太湖一带的山水景色，枯笔干擦，偶尔设色，形象简括，意境静寂、空旷、荒寒，可见画家情趣和操守。倪瓒以平实简约的构图、剔透松灵的笔墨、干淡皴擦的技巧、幽邃天真的逸气形成独特的艺术风格，并成为后世很多画家追随的楷模。

王蒙是赵孟𫖯的外孙，曾借外公的影响和自己的学识与一些达官贵人相往还。但仕途并不顺遂，不久便携家隐居。处于元末乱世的王蒙情绪是悲观的，这从其流传至今的诗画中可以得到印证。但他又是不甘寂寞的人，以致明初出仕而终冤死狱中。王蒙的山水画，早年师从赵孟𫖯，后取法董源、巨然，继而又广采唐宋名家之长，融会后自成一家。他改变董、巨用圆笔重按轻拖而下的披麻皴为笔锋旋转顿挫而下的解索皴，从而加强了皴法的表现力。元代绘画总体面貌是趋向简率疏落，而王蒙再次出现由疏变密、由轻变重、由简变繁、由薄变厚的面貌。但这种变化没有倒退到宋人刻露的规范中，而是取其精严宏阔，更为含蓄蕴藉。王蒙的画风与元代其他三家相比，黄公望的画空灵萧散，吴镇的画沉郁湿润，倪瓒的画简淡荒疏，

夏山高隐图（元）王蒙

而王蒙的画则苍茫浑厚。此外，前三家多重水墨，王蒙除水墨外还擅长用颜色。在构图上，王蒙多取五代及北宋时期的全景式布局，重峦叠嶂，山回水复，境界幽深，气象恢弘。在形象塑造上，多以细密繁复的

点线结构再渲以淡墨或染以淡彩，从而收到密而不塞、实而不板、厚而不僵的艺术效果。王蒙今传作品有《青卞隐居图》、《夏山高隐图》、《谷口春耕图》、《秋山草堂图》等，既不失宋人丘壑，又多具元人笔墨，可见绘画技法之精谨洒脱。总之，王蒙的山水画于峦嶂溪流间布置屋宇人物，强调适性怡情于自然风物，继承推进了文人画的审美理想和艺术手法，给后人又开出一个新境界。

林下鸣琴图（元）朱德润

元代还有一些山水画家，各有师承而自具特色，在画坛上享誉颇高。商琦曾与赵孟頫同在朝廷任职。其山水师法李成、董源，创作以壁画为主，为赵孟頫所称道。其作画态度异常严肃认真，保持了宋人精密不苟的作风，今存作品《春山图》可窥其貌。元初画坛受赵孟頫影响，以学仿李成、郭熙的为多，最为知名者有曹知白、朱德润、唐棣等。曹知白为浙西富豪、文人，善书画，喜交游，多收藏。他常召邀文人雅集，论文赋诗，挥麈谈玄，援琴咏唱。也正因此，他在江南影响很大。其山水画师法李成、郭熙，但风格趋于简括、疏淡，取李、郭神秀而去其繁缛，从而形成自家风格。传世作品有《寒林图》、《群山雪霁图》、《疏林幽岫图》、《松林平远图》等。朱德润居江苏昆山，由赵孟頫引荐步入仕途，后失意辞官回乡，潜心于诗文书画30年。其山水画师法许道宁，后学郭熙，又得高克恭的某些旨趣，画风疏秀清润。山石多用淡墨粗笔皴染，行笔旋动如写篆书。树木取法郭熙，笔迹劲健，造型森秀。传世作品主要有《秀野轩图卷》、《林下鸣琴图》、《松溪放艇图》等。唐棣以绘画高跻仕宦，其山水师法李成、郭熙，又融合赵孟𫖯、高克恭的某些技法，而不失宋人法度，主要作品有《林荫聚饮》、《霜浦归渔》等。元代山水画在总体风貌上趋于简率、写意，但师法李、郭的画家大体还是继承了宋代院体画严谨、工细的特点。

元代山水画家师法董源、巨然的最多，成就最大，元四家都以师董、巨为主，兼容其他名家，加以变通而出。这是因为，董源、巨然作为江南画家，都具有"淡墨轻岚"、"平淡天真"的风范，其作品与李、郭相比，在表现方法和意境构成上，更趋于自然潇洒，继承了自唐代王维以来的水墨精神，因此更符合元代文人画的审美理想。元代一些画家将创作视为自我调节的手段，这种特有心态使他们更为偏爱董、巨。如果从历史角度看，自东晋至南宋的文化南移则为其提供了哲学背景，绘画与山水的结合更能起到一种精神舒络的作用，因此江南的自然风光和文人的表现形式不谋而合，成就了元代山水的洋洋大观。这派画家除黄、吴、倪、王外，著名的还有赵原、陆广、陈汝言、方从义等。赵原与倪瓒为挚友，早期作品工整细密，晚年变为粗放简率，今传作品有《陆羽煮茶图》、《溪亭秋色图》等，主要表现的是文人高蹈和山水美景的契合。陆广学黄公望，但用笔简练，水墨苍润。《丹台春晓图》自题："十年客邸绝尘纷，江上归来思不群。玉色浮空春不雨，丹光出井晓成云。风前龙杖时堪倚，月下鸾笙久不闻。幸对仙翁远孙子，坐中观画又论文。"明显的具有厌弃世俗、遁入空门的道家思想，表现出隐逸文人在山水中修身养性的理想追求。陈汝言是一位由元入明的画家，与王蒙友善，二人同在济南为官，合作过《岱宗密雪图》，后同因胡惟庸案受牵连，坐法死。史载其"从容染翰，画毕就刑"，这与嵇康刑前抚琴弹曲相似，可见对艺术的酷爱与性格的刚强。其画面貌略近王蒙，但要简练奔放一些。作品《荆溪图》似有赵孟𫖯遗意，《百丈泉图》笔墨粗重，略显刻露。方从义也生活于元末明初，对出仕荣华看得较淡，心胸比较豁达，故乐意投身自然，从而使其创作具有昂扬雄放的特色，他师法董、巨，综合百家之长，笔墨飞动并富有激情。传世作品有《山阴云雪图》、《武夷放棹图》、《神岳琼林图》等，《高高亭图》画上自题："醉后纵笔写之。"元代画家从构思立意、形象塑造及至笔墨运筹都具有以情驱笔、直显化机的特点，方从义尽去古人成法规范而独创风格多样，由此可见元末绘画态势。

因为元初赵孟頫就对南宋马远、夏圭的创作持否定态度，故此后二人的画风遭到冷遇，但亦有不少画家仍学之，不过皆未能成气候。元代山水画收容前代而独树高帜，突破既有规范而另辟审美新境，使文人画潇洒崛起并形成主流，为此后中国绘画的发展开拓了广阔的前景。

第四节　花鸟之抒怀

兰竹石图（元）赵孟頫

元代花鸟画在继承前人基础上风格也有明显变化，这主要表现在随着审美观念的更新，文人情趣有所转移。元初的花鸟画主要接受的是五代黄筌及宋代画院的传统，讲究造型精严、设色雅致，一切皆有格律法度。同时也出现遵循苏轼、米芾美学观念的倾向，追求朴素自然，摒弃雕饰彩绘，强调主观感情，注重以书入画，这从钱选、赵孟頫、高克恭等人的作品中可以看出。如赵孟頫

《幽篁戴胜》学黄筌传统，工致艳丽；而《兰竹石图》、《秀石疏林图》、《怪石晴竹图》以书入画，无所顾忌，横涂竖抹，任性挥洒。

　　与赵孟頫仕元相异，郑思肖则耻作贰臣。其《心史》是用血泪写下的一部历史实录，同时也是决不向现实屈服的"自白书"。其中有诗云："纵使圣明过尧舜，毕竟不是真父母。千语万语只一语，还我大宋旧疆土。"其恨表现于所画兰草中，根不入土，似虚浮于世。其所画兰，是借物抒情，因而物象不过是抒写胸臆的媒介，并不斤斤计较于形似，成为画家人格的象征。《遂昌人杂录》言其"平日喜画兰，疏花简叶，不求甚工，其所自赋诗以题兰，皆险绝诡特，盖所以书其愤懑云"。郑思肖还画有《寒菊》，自题诗曰："宁可枝头抱香死，何曾吹落北庭中。御寒不借水为命，去国自同金铸心。"由此可窥视到这位孤臣逆子内心深处的思想感情及其艺术表现的根本意义。

墨兰图（元）郑思肖

　　元初画竹名家李衎官至集贤殿大学士，特别注重观察实物以写其形态神韵。他能够表现不同环境气候下的竹子，晴天之竹则突出其潇洒舒展的姿态，雨后之竹则强调其整洁清爽的意趣。其双勾画法用笔清丽，着色敷染，繁简疏密，俯仰向背皆刻画细致。其水墨画法则挥洒自如，笔墨沉着清润，淋漓尽致，远近浓淡，层次分明。李衎繁茂清润的画风超越宋人，将画竹艺术推向新阶段。

王渊作为赵孟頫的学生，人物、山水、花鸟皆工，夏文彦在《图绘宝鉴》中说："王渊所画皆师古人，无一笔院体，山水师郭熙，花鸟师黄筌，人物师唐人，一一精妙。尤精水墨花鸟竹石，当代绝艺也。"王渊的花鸟画早岁多设色精丽，后转入水墨写意，面貌比较丰富。他在体格上基本严守黄派严谨体系，但又舍色彩而取水墨，达到造型精严、活泼生动的效果。今存作品有《花竹禽荷图》、《桃竹春禽图》、《山桃锦鸡图》等，可见其承前启后的作用。

双钩竹图（元）李衎

王冕以画梅著称，作《梅先生传》曰："先生性孤高，不喜混荣贵，以酸苦自守。画梅由唐至宋稍稍盛，流派繁衍，分为南北二支。世传南暖北寒，先生盖居于南者也。"王冕为诸暨人，出身于农家，应试不中，此后隐居。所画梅花，一变宋人稀疏冷寒之风，给人生意盎然、蓬勃向上之感。《墨梅》枝以浓墨勾画，花以淡墨点染，以细劲之笔画须蕊，挺拔富有生气。其以南支自许，雅俗共赏，遂开一代画梅新风。

柯九思诗书画全能，且精鉴别。受文宗赏识，为内府鉴定了一大批书法名画。后因受谗退职，心情郁闷，服丹砂而亡。柯九思尤善画竹，师法文同、苏轼，风格上趋于疏简，在绘画上的最大贡献是以书入画。所画竹大多淡墨为叶背，浓墨为叶面，分布疏散，构图活泼，有时间以杂草、野花、枸杞之属，笔墨潇洒，颇有元人简率风韵。传世作品有《墨竹图》、《双竹图》、《竹石图》等，另有《竹谱》一书对画竹详加介绍。柯九思菊花画得也好，突出其傲霜凌秋的品格。黄镇《题柯九思墨菊》诗曰："渊明已逝屈子沉，晚香纵有谁知心。感君图画三叹息，为君长歌楚天碧。"

墨梅图（元）王冕

总之，梅兰竹菊题材在元代空前兴盛且各呈风采，《图绘宝鉴》记录元代画家 178 人，专长画四君子者几乎占了 2/3。当时画家画梅兰竹菊，诗人咏梅兰竹菊，文人种梅兰竹菊，社会赏梅兰竹菊为一时风气。其主要原因在于中国文化传统使四君子的自然属性足以引发人的相关联想，且中国绘画工具的笔墨特点又特别适宜于表现这些能够传情的物象。所以梅兰竹菊入画是一定历史阶段的产物，具有极为鲜明的象征意义和极为强烈的主体情感。梅兰竹菊因画家处境不同、心情各异，遂也千姿百态、风情万种。正如王冕所说画梅，忧愁而得之者，则枝疏而槁，花惨而寒；感慨而得之者，枝曲而劲，花逸而迈；愤怒而得之者，枝古而怪，花狂而大。也正因此，梅兰竹菊题材此后不衰，因作者品性不同而姿态万千，至今仍为世人所津津乐道。

第四章
实学并起

　　元朝的科学技术继承前代并有很大发展，取得突出成就并具时代特点。这是因为元朝具有辽阔的疆土和统一的政府，所有的科学技术活动能在更广大的背景和更坚强的领导下进行。元朝的开放性思维和中原的智能性文化结合，给科学技术以强大的生命力和崭新的创造力。元朝政府的务实政策鼓励传统知识的更新运用，就使科学技术与生产实践产生了更为紧密的联系。元朝蒙汉文化乃至中外文化的交流更使人扩大了视野，有利于借鉴当时最新的科技成果并有所创造。尤为重要的是出现了一些富于探索精神并勤勉实践的科学家和发明家，他们以丰富的学识和刻苦的工作创造出巨大的财富。因而，元朝科技与前代相比具有更强的实践理性，是在世界范围内进行科技沟通并取得了丰硕成果。

第一节　天　文

　　在天文学方面，元朝科学家一方面继承了前人的丰富积累，另一方面注意吸收外来的知识养分，使我国的天文学研究事业得到空前的发展。元代宪宗蒙哥与世祖忽必烈都是关心天文学研究的代表人物，忽必烈更是组织了大量人力兴建了多处天文台和制造了许多天文仪器，因此才涌现出一批著名的天文学家，如耶律楚材、扎马鲁丁、郭守敬等。

耶律楚材作为一个契丹族出身的金朝官员，入元后凭其广博的学识为元朝政府所重用。他作为一个政治家，不仅为推动蒙古人接受中原文化做出了很大贡献，同时作为一个科学家，也为元代的天文学发展付出了很多精力。他跟随成吉思汗西征时，常借星象占卜劝阻成吉思汗随便杀戮。他在"清台"（司天台）主管天象观测和历法制定时，也以精确的推算深得朝廷的信任。他的许多天文历法科学研究，给后人如郭守敬等以启发和借鉴。

扎马鲁丁是西域回族人，也因精通天文历法深受世祖赏识。他的最大贡献就在于编制进献了《万年历》和制造了数种天文仪器，将阿拉伯先进的天文历法研究介绍到中国内地。

郭守敬幼年丧父，由祖父郭荣抚养长大。郭荣知识渊博，并喜交游，与当时学界、政界名人多有往来。这样的家庭环境对郭守敬产生了良好影响，使他从小就认真读书并喜欢自然科学。郭守敬后拜著名的科学家、政治家刘秉忠为师，学问大有长进。元世祖忽必烈命郭守敬具体负责测算制历事宜后，郭守敬与其他科学家深入研究前代天文仪器，提出了一整套改革创制新仪器的方案，并不辞辛苦地请来高明的工匠一起冶铸。先后创制了简仪、仰仪、圭表、景符、阙几、七宝灯漏、星晷定时仪、水运浑象、日月食仪、玲珑仪等一大批先进仪器。为加快新历制定的步伐，忽必烈除了原有的上都和登封的天文台外，又批准在大都新建更大的天文台。天文台由太史院主管，王恂为太史令，郭守敬为同知太史院事，给印章，立官府。天文台下层为办公地点，中层收藏图书及室内仪器，上层为露天观测台。其规模宏大，设备完善，人员众多，管理严格，非世界其他国家可比。郭守敬和元世祖当面谈论制历事，二人常常至日落西山却毫不倦怠，可见明君贤臣相互尊重、相得益彰。郭守敬根据以往观测的局限，提出在更大范围内进行实地观测。"帝可其奏，遂设监候官一十四员，分道而出，东至高丽，西极滇池，南逾朱崖，北尽铁勒，四海测验，凡七十二所。"① 这样大规模的实测活动，只有在元朝疆域空前扩大、中外交流空前活跃的历史时期才能实现。经过数年努力，新历终于告成，取名《授时历》。郭守敬在奏表中详细介绍了新历的成就，即"所考正者凡七事"和"所创法凡五事"；并叙述了自黄帝以降我国历法情况，可视为我国元朝以前的简明历法史提纲，可见其渊博的学识和钻研的精神。郭守敬所取得的多项天文成就都在当时世界具领先地位，如简仪的发明要比西方类似仪器早 300 多年；《授时历》测定的一回归年为 365 日 24 刻 25 分，按现代的时间测定仅差 26 秒，要比同样算度的罗马教皇格列高利十世于 1582 年颁行的《格列高利历》早 300 多年；对二十八宿中杂座诸星进行测量，测量总数达 2500 多颗，而欧洲文艺复兴前所测的星只有 1022 颗……郭守敬 64 岁时官拜昭文馆大学士，知太史院事。他不仅是卓越的天文学家，还是著名的水利学家，其多方面的科技才能反映了元代科技的高度成就。

第二节　地　理

元朝版图的扩大、国家的统一、水陆交通的发达便利、中外交往的空前活跃，也为地理学的发展提供了极为有利的条件，并取得了超越前人的突出成就。

元朝建立后，由于全国行政区域发生变更，路府州县的名称也多有改动，各郡邑图志也残缺不全，因而客观上极需一部全国性的地理著作。同时元朝统治者为了更有效地进行统治，显示皇元疆里的盛况和宣

---

① 《元史·郭守敬传》。

如意纹金盘（元）

扬皇朝强大的威势，也十分需要编纂一部权威性的地理著作。至元二十二年（1285年），元世祖忽必烈下令由秘书监负责修书，具体由扎马鲁丁主持。此书历经17年修成，原名《大元大一统志》，简称《元一统志》，共600册1300多卷，按诸路府州县史地分别编写，分建置沿革、城郭乡镇、里至山川、土产风俗、古迹人物、仙释神怪等部分，是由元政府主持编纂的一部空前完备的全国性地理志书。此书引用了大量的历史材料和补充了丰富的勘察实证，因而有很高的学术价值。《元一统志》于明代已散失，但明、清两朝修《一统志》都递相以为蓝本，由此可见其影响。

我国历来对河源水系非常重视，元朝的统一为河源的探索创造了有利条件。至元十七年（1280年），元世祖忽必烈下诏曰："黄河之入中国，夏后氏导之，知自积石矣，汉唐所不能悉其源。公为吾地，朕欲极其源之所出，营一城，浑番贾互市，规置航传。凡物贡水行达京师，古无有也，朕为之，以永后来无穷利益。"[1] 女真人都实遵忽必烈之命据实地考察，认为"河源在吐蕃朵甘思西鄙，有泉百余泓，沮如散涣，弗可逼视，可七八十里。履高山下瞰灿若列星，以故名火敦脑儿。火敦译言星宿也。群流奔凑，近五七里，汇二巨泽名阿剌脑儿。自西而东，连

---

① 陶宗仪：《辍耕录》卷二十二《黄河源》。

属吞噬，行一日，迤逦东骛成川，号赤宾河。又二三日，水西南来，名亦里出，与赤宾河合。又三四日水南来，名忽兰，又水东南来，名也里木，合流入赤宾，其流漫大，始名黄河"。[1] 元人发现了黄河源头并给以详细描绘，突破了前人的模糊认识并树立了科学实践的新观念。

在地图绘制方面，以朱思本成就最大。他继承了魏晋间裴秀和唐代贾耽的画方之法，绘制了《舆地图》，使他成为元代地理学及中国地图史上的划时代人物。朱思本曾学道于江西龙虎山中，大德三年（1299年）奉命至大都协助宗师张留孙、吴全节处理道教事务。到了武宗、仁宗时期，他常奉命代天子祭祀名山大川，同时中朝大夫也让他编绘地图。这两项任务正好与他的夙愿吻合，故此他投入以极大热情。他既可查阅有关资料又可进行实地察访，这为他绘制《舆地图》打下了坚实的基础。在历经 10 年的绘图过程中，他以自己渊博的地理学知识，剔除那些不够准确的东西，借鉴那些合理有据的部分，使此图的精确性大大提高，直接影响着明清间的地图绘制。尽管《舆地图》已佚，但所幸明人罗洪先依据此图刊行的《广舆图》依稀可见原貌。17 世纪中叶来华的意大利传教士卫匡国绘制的《中国新地图集》主要依据之一就是《广舆图》，而卫匡国因 1655 年在阿姆斯特丹出版其《中国新地图集》，被誉为西方中国地理学之父，可见朱思本在世界范围内所取得的成就及其影响。

第三节　数　学

我国古代数学经数千年的发展到宋元时达到了高峰期，而元代更是

---

[1] 潘昂霄：《河源志》。

达到这种高峰期的巅峰状态。这是因为南宋以来长江下游社会经济发达，商业贸易繁荣，这就对数学提出了更高要求。元代虽然一度炮火连天，但南方破坏较小、恢复较快，南北中外的交往和元朝政府的务实都对数学的研究有所促进。北方数学也有深厚的群众基础，当时在山西、河北部分地区就形成另一个数学发展中心，加之此时这个地区造纸业和印刷业也极为发达，无疑对数学的发展提供了有利条件。如果说当时南方长江下游一带在改进筹算方面已至十分完美的地步，那么北方的河北与山西南部地区则在设立和解决方程问题上达到登峰造极的程度。蒙哥在位期间，为忽必烈统一中国奠定了基础，同时由于他重视和爱好科学技术也营造出较浓的实学气氛。据《多桑蒙古史》记载，蒙哥对由阿拉伯传入的欧几里得《几何原本》就深有研究。而在南方，由筹算演变而来的珠算也渐流行，并在明代达到高峰远传日本、朝鲜。

作为金末元初的著名数学家，李冶对天元术的研究代表了当时世界最高的数学成就。李冶是以杰出的汉族知识分子被忽必烈召用的，奉命参加了编写辽、金、元史，并有大量诗文传世，因而他还是一个史学家和文学家。他从小就对数学有浓厚兴趣，著作刊行后遂引起学界重视。其代表作《测圆海镜》12卷是一部论述天元术的重要著作，比较全面系统地介绍了列天元的方法、步骤，即现代的列方程方法。由于我国古代算术、几何、代数不分家，所以此书还涉及大量相关知识。在欧洲，16世纪以前的代数方程式还是用文字来叙述表达的，直到16世纪法国数学家韦达建议用字母代替，数学符号才出现。我国的天元术常常是在一次项旁记入一个"元"字，或正常项旁记一个"太"字，从数学史角度看，直到李冶才有了比较成熟的天元术这一普遍列方程的方法，而比欧洲领先数百年。李冶还有《益古演段》3卷，是关于天元术的普及性著作，虽为当时不少学者鄙视，但对学术的简单通俗化作用也是值得肯定的。

朱世杰生活年代大约在13世纪末到14世纪初，其《算学启蒙》与

《四元玉鉴》在我国数学史上占有重要地位。由于忽必烈提倡科学技术，所以在我国南北方普遍重视数学的普及与研究的基础上，形成了南北两个不同侧重的系统而各具风采。朱世杰吸收借鉴南北各自的精华长处，从而在数学研究及数学教学工作中取得了卓越的成就。其《算学启蒙》3卷、20门、259问，包括了乘除、面积、体积、垛积、盈不足、差分、方程、开方、天元术等当时数学的各个方面，形成了一个较完整的体系，是一部很好的入门书，富有实用价值。《四元玉鉴》是朱世杰论垛积术与四元术的杰出著作。所谓垛积术即高阶等差级数求和，所谓四元术即求解用天、地、人、物作未知数表列的四元高次方程组。这两项成果都比欧洲要早400年，当时学界对其价值也不甚明了，直到明清之际才被重新认识，并流传国外。

总之，元代数学继承了前代成果并有很大发展，这符合数学本身发展的内在规律。另外，它与其他学科的密切关系以及许多科学家的共同努力，都促使元代数学达到我国古代的巅峰状态。

第四节　农　学

蒙元政府入主中原后，对农业生产非常重视。从中统二年（1261年）起建立了劝农司，后改为司农司、大司农司，其主要职责就是"劝诱百姓，开垦田土，种植桑枣"。从至元元年（1264年）起，又规定以"户口增，田野辟"作为考课官吏的重要标准。其还制定了一系列政策措施，如召集流民，鼓励开荒，发展屯田，减免租税，赈济灾民，兴修水利，禁止占民田为牧地，推广先进生产技术等。这使元代农业得到恢复并发展，北方的耕植区域扩大到边疆，南方农垦发达地区也围水和劈山造田。从人口发展方面看，至元十三年（1276年）全国基本统一时约有 4800 万人口，到至元三十年（1293 年）全国已达约 7000 万人口。农业的发展与人口的增加，无疑反映了社会安定和生活富足。

由于朝廷重视农业，《农桑辑要》也就应运而生。这是由政府主持编纂的一部重要农学著作，成书于世祖至元十年。其序言曰："欲使斯民生业富乐，而永无饥寒之忧，诏立'大司农司'，不治他事，而专以劝课农桑为务。行之五六年，功效大著。民间垦辟种艺之人，增前数倍。农司诸公，又虑夫田里之人，虽能勤身从事，而播殖之宜，蚕缫之节，或未得其术，则力劳而功寡，获约而不丰矣。于是，遍求古今所有农家之书，披阅参考，删其繁重，撮其切要，纂成一书，目曰《农桑辑要》，凡七卷，镂为版本进呈毕，将以颁布天下。"可知此书是在大司农司主持下，为推广农业技术、指导农业生产而编纂的。《农桑辑要》共 7 卷 10 篇，包括典训、耕垦、播种、栽桑、养蚕、瓜菜、果实、竹木、药草、孳畜等，全书约 6 万字，基本涵盖了农学方面的所有内容。此书保存了大量古代农书的宝贵资料，又补充了一些新的富有价值的经验，对当时的生产起到了很好的推动作用。

由于当时政府奖励农耕，农业生产比较发达，农学著作也大批涌现，最为著名的当属《农书》。《农书》的作者王祯曾任县尹，做地方官时充分认识到农业生产和物质生活的重要，遂作《农书》出版发行。《农书》以前的农学著作多有局限，如北魏贾思勰的《齐民要术》主要限于北部中原，南宋陈旉的《农书》主要限于江浙一带。而王祯的《农书》兼论南北方，是我国第一部对全国范围的整个农业作系统研究的专著。《农书》共 22 卷，约 13.6 万余字，共分三大部分。第一部分为"农桑图诀"，比较系统地论述农业各方面的问题。第二部分为"百谷图"，分别叙述各种农作物的种植培养法。第三部分为"农器图谱"，绘制当时各种农具、农业机械、灌溉工具、运输工具、纺织机械图形，并附以说明文字，介绍这些器具的来源结构及其制作使用方法。王祯将一些失传的和新创的农器绘图入书，这在中国农学史上是空前的，并成为以后此类著作的范本。

《农书》插图（明）

维吾尔族农学家鲁明善所著《农桑衣食撮要》，是与《农桑辑要》、《农书》并称的三大农书之一。鲁明善虽祖籍新疆，但其父为元代著名学者、官员。他自幼生长于中原汉族地区，具有较高的汉文化修养，又曾任肃政廉访司监察官，身兼劝农职责，故在对农业状况做了详细调查后编著出此书。《农桑衣食撮要》一书重在实用，按月编纂，全书虽只有 1.1 万字左右，但内容丰富、范围很广。它以十二月令统系，凡气象、水利、农耕、畜牧、园艺、蚕桑、竹木、果菜以及各种农家日常生活知识，无不详细记述。此书《自序》说："凡天时地利之宜，种植敛藏之法，纤悉无遗，具在是书。"《四库全书总目提要》说："明善此书，分十二月令，体系条别，简明易晓，使种艺敛藏之节，开卷了然，盖以阴补《农桑辑要》之所未备，亦可谓能以民事讲求实用矣。"

值得注意的是，元代农学还特别重视畜牧和棉桑，如关于牲畜的管理、牧养、繁殖技术，关于棉桑的种植、纺织、印染技术，由此亦可看出元代大农业多元化发展的趋势。

第五节 建 筑

元朝幅员辽阔，民族交往活跃，城市经济繁荣，建筑学也呈现出时代特色。蒙古民族博大的胸怀融集中原南方和外域西化的风格，使建筑也呈现出丰富多彩的面貌。

在城市建筑方面，元"大都"是自唐"长安"以来又一个规模巨大而规划完整的都城。大都城由刘秉忠主持规划，参与设计、组织和施工的阿拉伯人也黑迭儿功勋卓著。他们以古代汉族传统都城的布局为指导思想，按"左祖右社、面朝背市"之制建起这座煌煌都城。它以外城、皇城与宫城三套方城组成，三城有一条明显贯穿的中轴线，从而反映封建社会儒家"居中不偏"、"不正不威"的传统观念，把"至高无上"的皇权用建筑环境加以烘托出来以达到政治目的。都城的街道很整齐，又与苑囿的不规则相结合，体现出庄严肃穆中灵动幽美的气氛。如建城伊始就把许多海子包括进去，使其与严整对称的宫殿构成庄重有趣的和谐。商业区的市肆街坊与宗教区的寺庙建筑，也使大都城具有多元意味和艺术匠心。大都城还有完善的给水、排水系统。其给水系统之一是由西北高粱河引水经海子、通惠河通往城东通州，这一河道又可使漕运直达大都城内形成商旅繁华之地，不仅解决了人们的饮水问题，而且便利了城市物资供应，同时还美化了城市环境。其排水系统是在干道两侧石砌明渠，将废水通过城墙下预先构筑的涵洞排出城外，保证了人们生活的方便与城市的洁净。此外，都城设计严密细致，建筑施工科学有序，采用先进砖券技术，既重实用又重艺术，使大都城不愧为唐代以来中国规模最大的一座平地而起的新建城市，并为此后成为明、清都城打下了坚实的基础。

元朝还在长城以北的广大地区内先后建筑了许多兼有政治、军事、生产性质的城堡，如和林、上都、集宁路城、应昌路城等，不仅规模宏大，而且富有民族特色。元中叶以后由于手工业和商业的恢复与发展，中原和江南及沿海的若干城市逐步繁荣起来，世俗趋向使建筑规模亦随之扩大。特别是运河的疏浚促进了南北的商贸往来，沿河随之新兴起一批热闹的城镇。这些城镇促进了宋以来临街设店、按行成市的布局，同时戏台、酒楼等娱乐性建筑也愈加繁多。

如果说世俗的建筑更具地方特色的话，那么，宗教建筑则因信仰意味而别具风采。位于山西省洪洞县霍山之麓的广胜寺保留着元代面貌，是元代佛教的重要遗迹。位于山西芮城县西20公里的永乐宫，是元代道教的典型建筑。它们基本上是中国传统的建筑布局法，主殿均面阔7间，进深4间，里面供奉着佛、道塑像，还有精彩的壁画，可见宗教建筑的中国气派。

喇嘛教在元代得到大力提倡，其早期建筑可见地处今西藏自治区萨迦县的萨迦寺。此寺坐西朝东，为一夯土城堡，外有护城河。城堡只有一个东开的门，其他三面有城楼。城堡内有元帝师八思巴的公署及僧舍等，建筑内部梁架均为藏族传统的梁柱结构。主要建筑大经堂正面11间，进深5间，总体面积呈长方形。殿堂内有柱40根，高约10米，柱身为原木稍加修砍，风格粗犷。灵塔在院内北部，南部殿堂是宗教活动场所。殿堂内壁画绘制精细，色彩鲜明，体现出喇嘛教的神秘气氛。喇嘛教传入内地后建筑随之出现，今北京妙应寺白塔便是元世祖至元八年（1271年）由尼泊尔工匠阿尼哥设计的。其原称大圣寿万安寺，是大都城内的巨刹之一。1368年寺毁于火，只剩白塔，明代更名为妙应寺。此塔高50多米，全部砖造，外涂

永乐宫壁画（元）

白灰。下部基座为两层方形折角须弥座，其上以硕大的莲座金刚圈承托平面圆形而上肩略宽的塔身，上有铜制的华盖与宝顶，华盖四周饰以流苏和风铃。全塔比例均匀，轮廓雄浑，气势磅礴，不愧为建筑杰作。喇嘛教建筑形制到明清时期仍然沿用，但与内地结合也产生了一些变化。

伊斯兰教建筑元时遍及全国各地，西部地区大多保持了中亚的风格样式，东部地区则出现了汉族体系的结构布局。无论哪种形制，其必须遵循几条原则：其一，大殿神龛一定要向西背向麦加，这是因为教徒做礼拜时必须西向麦加；其二，大殿内不供奉偶像，殿的大小取决于附近教民的多少，其平面布局可以多种多样；其三，殿内神龛前左侧建讲经台，是阿訇讲经授义的地方，位置固定但式样无定；其四，室内外装绘常用植物纹、几何纹或阿拉伯文字，一般不用动物纹样。

总的来说，元代建筑反映了当时的学术成就，外来的先进方法为中国的传统观念所吸取，异样的审美理想也为华夏的传统模式所接受。

第六节　水　利

元代为了治理水患、发展农业、加强交通，对水利建设也很重视，出现了一批水利专家及有关著作。中央设都水监，地方置河渠司，"以兴举水利、修理河堤为务"[①]，这就使终元一代在水利建设方面取得了显著成绩。

元代建立之初，最重要的水利工程是修通京杭大运河。大运河于隋唐时期开凿，以洛阳为中心，但到元初北段浸淤严重。元朝建都于大都，全国政治、军事中心已从汴京（开封）和临安（杭州）北迁，但经

---

① 《元史·河渠志》。

济还要仰仗江南供给。"元都于燕，去江南极远，而百司庶府之繁，卫士编民之众，无不仰给于江南。"①这样，就需要急速恢复和发展连接京杭的交通大动脉了。元政府首先开凿济州河，根据郭守敬的建议，即开一新河，北引汶水、东引泗水，入大清河，分流南北，便可南达江淮、北通京津。济州河开通后，由于大清河仍水量偏少，容易淤积，不便通航，朝廷又接受寿张县尹张仲辉的建议，开凿安山至临清的运河。此河于 1289 年开通后，"滔滔汩汩，倾注顺通，如复故道，舟楫连

溪苑图（元）李容瑾

樯而下。起堰闸以节蓄洪，定堤防以备荡激"，赐名会通河。会通河与济州河相接，构成山东运河，引水建闸，较好地解决了水源问题。接着为打通由通州通往大都的水路，朝廷又根据郭守敬的建议开凿通惠河。这样，全长 3000 多里的京杭大运河全线贯通，发自杭州的漕船可直接到达京城积水潭。它联结海河、黄河、淮河、长江和钱塘江五大水系，加强了京师和各地的联系。大运河也成了流经地域的经济命脉，带动了沿岸地区的经济发展，几乎所有重要码头此后都形成市镇。

除大运河得到整修外，黄河也得到一定治理。黄河由金章宗明昌五年（1194 年）改道侵入淮河后，频繁决溢给沿岸人民带来深重灾难。元政府下决心治好黄河，遂命贾鲁为都水监负责此事。顺帝至正四年（1344 年），贾鲁"循行河道，考察地形，往复数千里，备得要害，为

---

① 《元史·食货志》。

图上进二策：其一，议修筑北堤，以制横溃，则用工省；其二，议疏塞并举，挽河东行，使复故道，其功数倍"。但贾鲁此议直到至正九年（1349 年）号称"贤相"的脱脱复职后才得审议，朝廷批准采用贾鲁所提第二策执行。至正十一年（1351 年）四月动工，十一月竣工，"河乃复故道，南汇于淮，又东入于海"①。除历史上这一有名的"贾鲁治河"外，许多地区的水利建设都受到重视。如中书府所辖的山西地区就有著名的广济渠，流经 5 县灌田 3000 多顷。如郭守敬到西夏主持修复的沿黄河的许多河渠，可以灌溉 9 万多公顷的土地。云南地区、漠北地区水利事业也有发展，使当地农牧业产量大为提高。

随着水利学的进步，也出现了一批水利学著作。其中著名的有回回人瞻思的《河防通议》，该书评论治河之法，既编校前朝旧书，又有自己的实践经验，是我国治河史上的一部重要文献。任仁发入仕后参与了多项治水工程，因成绩显著升任都水少监。在主持浙西水利建设过程中，根据自己丰富的治河经验著成《浙西水利议答录》，在分析浙西水害的原因后，提出了具体治理的办法。此后由于工作出色，在大德年间升任都水监丞。继任仁发之后，周文英著有《论三吴水利》一文，对解决浙西农田遇涝问题亦有很大帮助。王祯的《农书》不仅是一部著名的农学著作，而且也是一部颇有影响的水利学著作，其中有不少关于水利建设的论述很有价值。

在重视内地水利兴修的同时，元代还开拓海上航运事业。虽然元代对开凿京杭大运河倾注了很大力量，但其运量远远不能满足朝廷的需求，因此发展海运事业就成为元政府的重要考虑。实际上元军在攻下临安时就已注意到这个问题，大量的库藏、图籍和货物无法北运。因海运风险较大，河运又有不便。后虽运河开通，但运力仍不足所需。元政府乃设专门机构管理海运，开通航线。

---

① 《元史·河渠志》。

第一道航线于至元十九年（1282 年）开通，它自刘家港（江苏太仓县浏河）起航入海，然后沿海岸北航，经连云港、胶州、成山角、渤海南部向西进入界河口（海河口），最后转运河达大都，全程约 6600 公里。这一航线主要是近海航行，离岸不远，浅沙甚多，航行不便，加之全年均受由北向南的东中国寒流的影响，船逆水北上，航程迟缓且危险，另外线路曲折费时，往往数月甚至一年才能到达，这样显然不能满足漕运要求，因而必须别辟航程。

至元二十九年（1292 年）乃开辟了第二条航线，该航线自刘家港入海后，过长江口以北的长滩，然后直指东北经青水洋进入黑水洋（深海），利用东南季风改向西北直驶成山角，再穿越渤海南部直抵界河口。这条航线比较直，在深海中航行，不受浅沙影响，又能利用东南季风，大大缩短了航行时间，快的时候半月即可到达，突破了以往国内近海航行的局限性。次年更开辟第三条航线，即从刘家港入海，东行入黑水洋，取成山转西，过渤海湾入界河。此航程更为便捷，路线更直更短，此后元代海运均取此路，就是直到今天从上海到天津仍走这条线路。

在远航方面，元代交通范围也比以前更有扩大，商船远涉澎湖、琉球、南洋诸岛及印度洋沿岸国家，向西最远到非洲东岸。元大德年间陈大震等人所修《南海志》，记载海上贸易国家与地区多达 145 个。元代为保证海上航行安全，还在近海设置航标指挥航行，远海航行则通过观测星的高度来定地理纬度（牵星术）。元代的航海技术资料为明代的郑和七下西洋奠定了基础，由此亦可见元代海运的发达。

第七节　医　药

元代医药学也取得了突出成就，推动了我国医药学的发展。在医药组织方面，元代设有各级机构。如太医院掌管全国医药事务并领导所属医官；广惠司聘用阿拉伯医生，配制回回药物，服务对象上至帝王下至百姓；另外还有专门为贫民和军人看病的处所。正因此，元代出现了不少名医。在医药教育方面，元代在各地建立学校。为了保证教学质量，元代不仅注重对学生严格要求，而且教师也同样责任分明。专设医学提举司管理医生的审核、医书的编审、医药的辨验，这些措施无疑促进了对医药学精深的研究。在医药分科方面，元代比前代更细。唐代分4科，宋代分9科，到元代发展为13科，即大方脉科、风科、针灸科、小方脉科、眼科、产科、口齿科、咽喉科、正骨科、金疮肿科、杂医科、祝由科、禁科。由于分科越细，钻研越精，从而在医籍整理、医疗诊断、医治方法、医药施用诸方面都有显著进步。

元代在内科方面以对伤寒病的诊治最有成绩，并在治疗其他病症过程中形成系统的医学理论。李杲从小家境殷富，熟读经籍。后母病为庸医所误，至死都不知因于何症。此事对他刺激很大，从此发愤学医。遂捐千金拜易水名医张元素为师，数年后尽得其传并多所阐发。李杲生活于金末元初，广为百姓治病而得"国医"称号。他治病能联系社会现实，准确辨证。在丰富医疗实践的基础上，很注意理论归纳与总结。先后著有《内外伤辨惑论》3卷、《脾胃论》3卷、《兰室秘藏》3卷、《伤寒会要》、《药类法象》、《用药心法》等。他认为，人之强弱在于脾胃，脾胃供给人体营养，同时也排泄废物，从而推动脏腑精气的上下流动，循环化生。脾胃好元气才能充沛，否则便会产生种种病变。而脾胃虚弱主要是饮食不周、劳役过度和精神刺激造成，因此就要注意调适、温补脾胃、益气升阳。他创制的治疗脾胃机能的配方如"补中益气汤"，主治内热伤中、气高而喘、身热而烦、脉洪大而头痛，或渴不止、皮肤不任风寒而生寒热等症，被作为代表方剂制成丸药出售，一直到今天中药店里都可看到。李杲创立了"脾胃说"，形成了"补土派"，实际上是向后人提供了一个增强脾胃功能、治疗脾胃疾患、预防疾病发生、提高人体免疫力的总原则。

　　王好古进士出身，博通经史，广览医籍，曾拜著名医家张元素、李杲为师，尽得其学，著有《阴证略例》1卷、《医垒元戎》12卷、《汤药本草》3卷、《仲景详辨》等多种。他推崇仲景学说，特别注重伤寒阴症的研究，提出了许多独特见解。在治疗上主张温养脾胃，并扩大了伤寒六经病的治疗范围，打破了伤寒与杂病的界限，体现了辨证论治的灵活性。

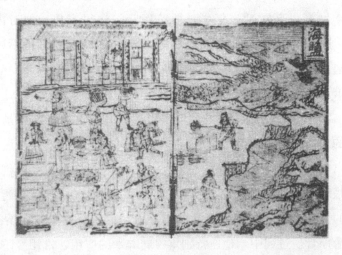

《大观本草》插图

　　朱震亨幼年用功读书，稍长崇尚武勇，30岁时母亲患病久治不愈，他自学医道5年竟治好了母亲的痼疾。36岁时拜朱熹再传弟子许谦为师研讨理学，许谦鼓励他去学医，于是焚毁科举书籍，专门学习医学。朱震亨遍访名师，各处游历，归乡后乡医见他治病用药有神效，皆衷心佩服。他借鉴前人经验又不为前人所囿，主张"推陈致新"，在此思想指导下，著成《格致余论》、《局方发挥》、《伤寒辨疑》、《本草衍义补遗》、《外科精要新论》等书。他的医学思想以"阳有余，阴不足"为基础，认为人在成长过程中阴精虚损是多种疾病的致病机理，因此力主滋阴降火。但他也很注重辨证施治，该补阳的地方亦补阳。他对治疗脾胃病方面很有研究，认为脾胃是人体生理代谢的重要部位，因而《格致余论》里有许多关于诊治脾胃疾病的有效验方。朱震亨的医学思想与临床成就，在元末明初医学界占有极重要地位，被誉为"集医之大成者"。直接师承他的有 10 余人，私塾弟子则更多，同时在国外也有相当影响，如日本就在 15 世纪成立"丹溪学社"研讨其学说。

元代在外科尤其是骨科方面成就最为突出，这是因为蒙古族进入中原后将他们善于接骨治伤的经验与中原传统医学结合了起来。危亦林出身于医学世家，自幼勤奋好学，博览医籍，深得家传。他对内、外、妇、儿、眼、口齿咽喉等科均有研究，尤其擅长骨伤科。他学识渊博，医术高超，曾任南丰州医学教授。他在长期的临床实践中，深感古代医方浩如烟海难以检用，于是参考元代医学 13 科目以分类，编成《世医得效方》20 卷。此书是一部系统而丰富的综合性医著，特别是在骨伤科疾病的诊治方面达到很高水平。作者将人体四肢骨折和关节脱位归纳为"六出臼、四折骨"，并具体说明治疗方法且有许多发明和创新。如在治疗最棘手的脊椎骨折时，首创世界悬吊复位法的成功治疗过程。其他部位的骨伤，也采取多种多样的治疗方法，有许多处于世界领先地位。在治疗骨伤过程中，他还特别重视麻醉术的应用，常用曼陀罗、乌头等麻醉药物，根据患者的年龄、体质、病情使用不同剂量达到不同功效，这是我国医学史上继已失传的华佗麻醉术的新发展，同样比欧洲、日本等领先四五百年。《世医得效方》对骨伤科以外其他各科疾病的诊治也多有记载，突破了祖传秘方珍藏不露的传统观念而予以示人，其敢于进行外科手术和善于化裁古方的革新思想，在我国医药史上都卓有贡献。

李仲南撰有《永类钤方》22 卷，其中最末一卷专门讨论骨伤疾病的诊断与治疗，概括为明辨经络、相度损处、推按骨臼、拔神收捺、接理夹缚、活血止痛、整洗敷贴等方面，总结出许多切实可行的诊疗手段。另外，他还创制了缝合针和引丝线，以及由内向外逐层缝合的方

法。齐德之曾任医学博士，长期从事外科医疗，在理论与实践上均取得
较大成就。他于顺帝元年（1335 年）撰成《外科精义》2 卷，被誉为 14
世纪中医外科的代表著作。《四库全书总目》评价说："德之此书，务审
病之所以然，而量其阴阳强弱以施疗，故于痛科之中最为善本。"他治

壁画探病（元）

疗重视整体观念，主张内治与外治相结合，改变了以往外科治病"惟恃
攻毒之方，治其外而不治其内，治其末而不治其本"的现象。

此外，元代在针灸学方面也出现许多名家名作。如滑寿着力于针灸
的研习，结合临床实践著成《十四经发挥》；罗天益将针灸与服药结合
起来，丰富了温补学派的内容并促进了后世针灸的发展；王国瑞撰有
《扁鹊神应针灸玉龙经》一书，对穴位、针法均有精到论述。在药物学
方面，除名医著述如李杲的《药类法象》、《用药心法》及王好古的《汤
药本草》等外，蒙古族医学家萨德弥实所著《瑞竹堂经验方》广有影
响。萨德弥实历任地方行政长官，同时又具有较深医学造诣，于是利用
工作之余，钻研历代医书，搜集民间验方，确其效验者著成此书。此书
成于泰定三年（1326 年），共 15 卷，分作 15 门，每门载药方不等，治
疗相应病症。此书在元明时期多次刊行，李时珍《本草纲目》中就吸收
其大量内容。时至今日一些常用方剂仍从此书中得来，可见其实际功效
与使用价值为几百年来的医学实践所证实。

第八节　手工业

　　元代的手工业空前发达，无论是管理机构、生产规模还是品种数量均超过宋金时期。元代手工业官办占主导地位，自蒙古汗国始到元朝统一后，官办手工业的生产局院已遍及全国各地。除此之外还有一些民间手工业，但实力无法与占垄断地位的官方相比，主要产品也是补充日常生活所需。元代手工业适应国家的需要和社会的发展，在科学技术上有长足的进步。

铜火铳（元）

　　在兵器制造方面，元政府为巩固统治和进行战争，需要大量先进的兵器，故给予大力扶持，优先发展。在政府的有力领导和有效组织下，很快研制出我国兵器史上第一个金属管形射击火器——火铳。火铳是利用火药在金属管里爆炸产生的气体压力把火药弹丸发射出去，显然它比由抛石机改进的回回炮射程更远威力更大。从现出土的元代火铳看，有攻城破坚的重炮，也有单兵使用的手铳，用途各不相同，弹丸有大有小。火铳的制作工艺精细，冶铸要求很高，可谓当时世界先进水平。火铳的使用离不开火药，元代的火药配制也非常先进。检测出土的元代火药，硝、硫、炭的组配比率大致是 60％、20％、20％，同宋代火药相比硝的含量明显增加，除硫磺和木炭外，各种杂质已经剔除，是一种爆炸力极强的粒状发射火药。

　　元代的纺织业包括丝织业、棉织业与毛织业。丝织业从种桑、养蚕、缫丝、织物、染色到成品，形成了一条龙生产体系，有严格科学的要求和精致复杂的技艺，可见元朝纺织业的总体进步。毛织业在元代主要指毡罽业，它是在元代发展起来的一个纺织系统行业。蒙古族对毡罽的需求量很大，入主中原以后不失民族本色，但花色品种更多，工艺也更为先进。元代棉织业的成就最大，这与棉花的大量种植与纺织技术的提高是分不开的。元代棉花从育苗、栽培到采摘都有一套严格的要求，这从许多农书中可见。元代织棉已有许多先进的工具，如挤轧棉籽的搅车、弹松棉花的大弓、卷棉为筒的卷筵以及纺车和织机。元代对棉纺织技术的传播与改进做出杰出贡献的重要人物是黄道婆，她幼年因家境窘迫流落到海南岛崖州谋生，学得了黎族人民先进的棉纺织技术，后搭乘海船返回原籍松江府乌泥泾镇，教给大家制造纺织工具和提花工艺，使棉纺织业在长江下游地区迅速兴起，自此而后遍布全国。

元代的印刷业包括官方与民间两部分，刻印书籍比宋代更多更好。这主要得益于印刷术的进步，即元代已使用锡活字、木活字与转轮排字法，这主要是王祯的创造，从而提高了印书的质量和效益。元代还广泛采用套版印刷与铜版印刷技术，套版印刷以朱墨两色为多，铜版印刷主要用来印制钞票，印刷工艺更为讲究。

元代的河运、海运发达，促进了造船业的发展。元代船只无论数量还是质量都较前代有扩大提高，史载运河船行络绎，海船庞大精美，皆为世人所赞叹。1975年在韩国木浦附近海底发现的元代海船，长约95英尺，宽约25英尺，全船分为12间船舱，载重达400～500吨。其中有一个四尖叉的锚，长7英尺多，重700磅。

元代的瓷器是内外商业贸易的重要物品之一，其继承宋代诸窑烧制技术又有鲜明的时代特色。元代瓷器受蒙古习俗的影响，有些式样为前代所无，如仿奇兽怪鸟形状做成的器物。元代好尚武勇、军事强盛，胜利者的心态反映在瓷器上，就出现了色彩绚丽、气焰辉煌的戗金瓷器。元代瓷器花色品种很多，以景德镇的青花瓷器成就最高。这是由于当地盛产优质瓷土，且又有长期以来积累的丰富烧瓷经验，故其产品多为御

人民·联盟文库

中国文化史

（四）

张维青 高毅清 著

山东人民出版社

人民出版社

目录

第九编　明：传统复归的盛衰气象

上卷　帝国专制的滞重沉闷

第十编　清：风起云涌的苦痛追寻

上卷　国势盛衰与现实动向

第九编 明：传统复归的盛衰气象

上卷

帝国专制的滞重沉闷

第一章
皇帝威权的建立

第一节　雄风振起

　　朱元璋（1328～1398 年）于元朝末年农民起义的队伍中脱颖而出，自幼贫苦，出家为僧、勤奋好学、勇猛善战的经历铸就了其刚谋果决的性格。他于 1356 年攻占了江南重镇集庆（今南京）后建立了巩固的根据地，并采用儒士朱升"高筑墙、广积粮、缓称王"的策略等待时机夺取全国政权。此后，朱元璋陆续打败陈友谅、张士诚、方国珍、陈友定等南方割据势力，遂改用吴王元年年号并任命徐达为征虏大将军北伐中原。1368 年，元朝大势已去，朱元璋在群臣拥戴下建国称帝。国号大明，本意出于明教，明教有"明王出世"说，"明"既表示尊奉明教信统，也有奉天承运、世事大明之意。年号洪武，表明武德扫平天下，同时也有崇武治平之意。

　　明朝建立后，全国形势仍十分严峻。北方尚有大量元朝残余势力，南方亦有大小不一的割据政权。朱元璋为统一全国，迅速派

明太祖朱元璋像

出重兵，北伐南征同时进行。北方部队在徐达、常遇春率领下所向披靡，元顺帝闻讯大惧弃大都而北逃，元朝即亡。南方广州军阀何真、广西军阀也儿吉忍、四川明玉珍夏政权、云南梁玉把匝剌瓦尔密在明军攻势下，或降，或败，或亡，至洪武十五年（1382年），全国基本平定。

朱元璋出身贫寒，阅历丰富，深知百姓生活的艰难，也了解官僚集团的险恶，因而非常希望建立起以自己为核心的清明政治。他对中国传统文化有很深的了解，对故元政府欺压人民有切身的感受，同时对建国之初的政治现实也有清醒的认识，尤其对一些功臣专权擅政、飞扬跋扈感到不满，因而他首先重振朝纲、整顿吏治。这一方面是为建立自己的威权，另一方面则是为保持国家的安定。从他的极度专制可以看到历代暴君的影子，或者可以说是中国封建独裁达到无以复加的地步；但他的确又是按照他的传统理想，希望国家在他的严明统治下驯服而安康。中国古代封建社会的一切传统到明代可谓臻于大成，各种矛盾的会聚使老谋深算的君主愈加狞厉，他们希望像家长一样率领子民建起儒家描绘的大同世界，而不希望子民不从礼制，追求自由、民主、平等的新生活，表现在由农民做皇帝的朱元璋身上也就奠定了整个明代的基调。因为包括明代以至后来的君臣无不遵循祖训，他们千方百计地维持着专制僵化的观念与体制，而不知试图创新采用开明政体给社会以生气，或者他们根本就不想改变生产关系以扭转不发达的生产力。

在封建社会皇权是至高无上的，但也不时面临着各种各样的威胁。作为开国皇帝的朱元璋就十分敏感，他必须于战乱之后巩固自己的地位。因此当他听到宰相胡惟庸专权决事、结党营私的密报后，十分震怒，毫不手软，遂以"谋不轨"的罪名诛杀之。明初战乱初定，许多官员恃功自傲，罔上欺下，深为朱元璋恼怒。《明史·胡惟庸传》载："帝以惟庸为才，宠任之，惟庸亦自励，尝以曲谨当上意，宠遇日盛。独相数岁，生杀黜陟，或不奏径行，内外诸司上封事，必先取阅，害己者辄匿不以闻，四方躁进之徒，及功臣武夫失职者争走其门，馈遗金帛名马玩好，不可胜数。"朱元璋最忌朝廷命官拉帮结派，因为这直接关系到政治的清平和政权的稳定。胡惟庸任相很注意权力的经营，以其兄之女从太师李善长之子，淮籍功臣宿将大多集中于其门下，因而也就难免为人不满，攻讦告发。即使是朱元璋所切责之人，胡惟庸也好言相慰，"因与往来，久之益密"①，这就更加激发了君臣之间的矛盾。洪武十三年（1380年），胡惟庸案发被凌迟处死，家属僚友通通被杀。朱元璋仍意犹未尽，在朝廷内外大肆株连蔓延。李善长被家奴告发全家被诛灭，宋濂因长孙坐胡党被外贬死于途中，其他人等因胡案被杀者达3万余人，皆被列为奸党而昭示天下。

如果说胡惟庸案是对淮人官僚集团进行大清洗的话，那么蓝玉案则是朱元璋有计划地对功臣宿将的大屠杀。蓝玉是开平王常遇春的妻弟，临敌勇敢，攻无不捷，功勋卓著，封凉国公，成为徐达、常遇春之后明军的主要将领。但蓝玉此人性格暴躁，言行粗俗，桀骜不驯。"多蓄庄奴假子，乘势暴横。尝占东昌民田，御史按问，玉怒，逐御史。北征还，夜扣喜峰关，关吏不时纳，纵兵毁关入，帝闻之不乐。"②洪武二十六年（1393年）二月，锦衣卫指挥蒋瓛告蓝玉谋反，朱元璋乘机将其逮捕入狱。狱成，磔于市，夷三族。受其牵连者皆被列入《逆臣录》，被杀者上至公侯下至臣属达15000人。

除胡、蓝二狱外，洪武年间被杀的开国功臣还有德庆侯廖永忠，永嘉侯朱亮祖父子，临川侯胡美，江夏侯周德兴，定远侯王弼，永平侯谢成，颍国公傅友德，宋国公冯胜和朱元璋的亲侄子朱文正、亲外甥李文忠及号为开国功臣第一的徐达等。朱元璋晚年多疑虑，再加上古来家天下思想的作怪，因而从他身上既可看到专制帝王的残忍狠毒，也可看到他对作威作福的不法之臣的深恶痛绝。需要指出的是，他从个人好恶出

① 《明史纪事本末》卷十三。
② 《明史·蓝玉传》。

徐达像

发，枉杀了许多无辜之人，因而其煊赫的威权也就笼罩着沉重的杀气。

在中国历史上，朱元璋是一个"朝为田舍郎，暮登天子堂"的突出典型。他出身寒微，当过和尚，造反起家，在等级观念盛行的封建时代，不能不给朱元璋以压抑的自卑感。尽管他似乎不在意地宣称"予本布衣"、"朕本农家"，但内心深处始终不能抛却那狭隘心胸给他带来的对士族文化的过度敏感。在打天下的过程中，他深知文化人的重要，因此特别注意吸收和重用有才能有名望的文人士大夫，以利用他们的宝贵经验和号召作用。随着明朝的建立和全国统一的完成，如何对待更大范围和更多层次的文人士大夫问题被提上了议事日程。朱元璋对此采取了两手政策：一方面对不愿与新王朝合作和对新王朝抱敌对情绪的士大夫进行坚决打击，不管是难忘故国之恩还是婉辞新朝征召，也不管是标榜清高气节还是害怕误陷泥潭，都用杀、关、徒、放手段加以镇压，给以颜色；另一方面则对一些愿意与新王朝合作并为新王朝服务的文人使用拉拢的手段，以征召、选聘、科举的途径尽可能将他们纳入到明王朝新政府系统中来，让他们修经治史以加强文化思想方面的统治，为树立绝对的皇权提供理论的支持。

朱元璋继承宋代理学的衣钵，但更为看重的是对当朝现实政治的功用。他办学校、开科举，对学校课程和科举内容都有明确规定，绝不允许对统治政策和社会问题进行非议，只能以八股文形式代古人立言为新王朝的圣明撰造依据。中国每一代新王朝的建立都面临着错综复杂的矛盾，其中改朝换代往往与弑君篡位联系起来被持有正统观念的士人视为不齿，靠农民起义起家的朱元璋攫取了皇权，就势必对故元王朝不讲汉统的文化局面加以反拨，重建威信。但朱元璋毕竟有先期经历的局限性，所接受的文化传统也就无法避免地带有农民的褊狭，因而唯我独尊观念使他绝不容忍任何的嘲讽调侃，哪怕是好心好意的歌功颂德也使他神经过敏必深究之，这就难免产生像政治案一样的文字狱。

于是，大批儒生士大夫因文字而遭飞来横祸。浙江府学教授林元亮为海门卫作《谢增俸表》，内中有"作则垂宪"语，北平府学训导赵伯宁为都司作《万寿表》，内中有"垂子孙而作则"语，皆因"则"音谐于"贼"，为朱元璋所忌，认为讥讽他参加过红巾军而被诛。常州府学训导蒋镇为本府作《正旦贺表》，因"睿性生知"中"生"嫌于"僧"，有嘲弄朱元璋当过和尚之疑而被诛。其他如怀庆府学训导吕睿为本府作《谢赐马表》，以"遥瞻帝扉"嫌于"帝非"被诛；尉氏县教谕许元为本府作《万寿贺表》，以"体乾法坤，藻饰太平"嫌于"发髡"、"早失"被诛；德安府学训导吴宪为本府作《贺立太孙表》，以"永绍亿年，天下有道"嫌于"有盗"被诛。至于杭州府学教授徐一夔上贺表中有"光天之下，天生圣人，为世作则"等语，简直是罪该万死了，无怪乎朱元璋看后勃然大怒①。个人禁忌的扩展便渐为广义的禁忌，百姓取名禁用天、国、神、圣、尧、舜、禹、汤、文、武、周、汉等字，民间久已习惯的称呼如医生只许称医士、医人、医者，而不许称太医、大

金爵、金托（明）

---

① 赵翼：《廿二史劄记》卷三十二《明初文字之祸》。

夫、郎中①。这似乎是在强化礼制名分，实为一种卑弱心态的反映。由文字延及诗篇，凡是有违己意的朱元璋也绝不放过。监察御史张尚礼作宫怨诗云："庭院沈沈昼漏清，闲门春草共愁生。梦中正得君王宠，却被黄鹂叫一声。""高帝以其能摹图宫闱心事，下蚕室死。"金事陈养浩作诗云："城南有嫠妇，夜夜苦征夫"，"太祖知之，以其伤时，取到湖广，投之于水"②。

朱元璋这种为维护专制皇权而任意罗织罪名的做法，充分反映出畏惧开明和毫不自信的阴暗心理，不仅使许多文士无辜遭戮，而且对明代文化产生了极其恶劣的窒息作用。其后明成祖朱棣从建文帝手中夺取皇位后，对反抗自己的官员大加屠戮，对他们的著作严令焚毁，都可谓与朱元璋如出一辙，所以明代建立伊始重又踏上文化专制的故道，不但新思想没有出现反而沿着老道路滞重沉闷地走了下去。

朱元璋通过无情的大规模屠杀，将大权牢牢掌握在自己手中。同时为进一步巩固家天下的势力，又大肆封王并陆续派置到全国各地。朱元璋先后将自己的 20 多个儿子封为亲王，让他们在自己的封地建立王府设置官属营造权力。尤其是沿边诸王，因负有防御蒙古贵族侵扰的任务，地位尤高。"辽、宁、燕、谷、代、晋、秦、庆、肃九国皆边房，岁令训将练兵，有事皆得提兵专制，便防御。"③ 其中燕王朱棣、宁王朱权曾多次受命带兵出塞征战，到洪武末年势力已急剧膨胀起来。

对分封藩王的弊端，明朝中央很早就有人认识到。洪武九年（1376年），翰林院训导叶伯巨即以西汉"七国之乱"、西晋"八王之乱"的历史教训提醒朱元璋，要他注意"分封逾制，祸患立生"的危险，建议"愿及诸王未国之先，节其都邑之制，减其卫兵，限其疆里"④。朱元璋

---

① 《明太祖实录》卷五十二；吴晗：《朱元璋传》。
② 刘辰：《国初事迹》。
③ 尹守衡：《明史窃》。
④ 《明史纪事本末》卷十五。

不但不采纳，反而以"离间吾骨肉"的罪名，将其逮捕入狱，迫害致死。洪武二十五年（1392年），太子朱标病亡，朱元璋悲痛异常，长孙朱允炆得立。此时朱元璋、朱允炆都感到藩王尾大不掉之势，深有忧虑。所以朱元璋死时，因恐诸王争权，遂在遗诏中禁止诸王至京奉丧。

洪武三十一年（1398年），建文帝朱允炆登基，诸王因禁止会葬而不满。六月，户部侍郎卓敬密奏裁抑宗藩，奏疏虽未经建文帝批复但消息已泄露出去，各王即互相煽动，流言四起。面对这种状况，建文帝遂与翰林院修撰黄子澄和兵部尚书齐泰商议，决定削藩。他们根据形势，先削废太祖时即多不法而实力较弱的周、齐、湘、代、岷五王，以剪除握有重兵势强难图的燕王的手足。同时加强对北平的控制，派张昺为北平布政使、谢贵为北平都指挥使，以严密监视燕王的行动。

面对建文帝咄咄逼人的攻势，朱棣一方面佯称病以减轻朝廷的注意力，一方面却暗中加紧训练士兵准备起事。次年六月，燕王府护卫百户倪谅到南京告发燕王谋反，朱允炆即下诏书严斥燕王罪过并令包围燕王府第。朱棣在宫中暗布埋伏擒斩了张昺、谢贵，并迅速攻占了北平全城。随后以诛齐泰、黄子澄为名，称"清君侧"，组"靖难军"，拉开了夺位之战。这次内战，前后持续4年。朱棣久居北平，苦心经营，藩国附近的州县卫所，先后受其管辖节制，所以一呼百应，士气饱满。在南京方面，朱允炆虽然处于正统的有利地位，但他迂腐懦弱，优柔寡断。不少太监因受朱允炆整肃纷纷投靠朱棣，朱棣也竭力拉拢收买，因而获得大量有关防务虚实的报告。因此，当朱棣大军准备强渡长江时，建文帝被迫无奈，以划江而治为条件要求议和。但燕王朱棣此时大势已成，根本没有妥协的打算。

建文四年（1402年）六月十三日，南京城破，燕王进京，朝中文武俱跪道旁请降。时宫中火起，建文帝不知去向。十七日，朱棣应群臣之请即位，以明年为永乐元年（1403年），是为明成祖。凡不归顺者皆被杀，多坐及宗族亲友甚至门人子弟，方孝孺之死竟株连十族，这次大清洗史称"瓜蔓抄"，因祸难被杀者达数万之多。朱棣以枪杆子强夺了政权，并以血腥镇压谋得了文化的霸权，进而确立了自己君临天下、名正言顺的皇权。

明成祖朱棣在位期间，加强了特务监察，镇压了政治上的反对派，稳定了国内局势，但他把更多的精力用于国防的建设和边疆的经营。可以说，朱棣的"靖难"之举并没有引起全国大规模的动乱，这是因为他迅速取得了中央政权并具有了皇帝名分。但是北方因战争损失还是惨重的，政治、经济、军事都遭到严重破坏。由于长久以来的封建传统强调听命于中央圣旨，因而朱棣听从谋士姚广孝不要拘泥于攻城略地而径取京师的决策是对的。一旦皇权在握，各地纷纷称臣。朱棣接受"靖难"的教训，首先积极进行削藩，有的被迁往他地，有的被削去护卫，有的被废为庶人。至于建文旧臣也特别防范，一旦抓住把柄便下狱致死，有上书言事者如不遂意即获文字之狱。

永乐四年（1406 年），朱棣又下令迁都，正式进行北京城的修建，完成了朱元璋生前没有实现的都城北迁计划。因

青海塔尔寺内供奉的宗喀巴鎏金铜像

为从中国历史来看，建都南京都带有偏安的性质，以南京为都城来应付北元卷土重来的威胁，必然有着鞭长莫及的危险。而朱棣的北京起事，原有宫殿可供利用，加之对北部边疆的扼控，尤其是政治地位的重要，都使北京成为全国权力的中心。北京城整修用时 13 年，建筑更为宏大壮丽，所费人力、财力不可

胜计。朱棣迁都北京后，以南京为"留都"，并称"南北两直隶"，从此政治中心北移。

与此同时，朱棣开始南征北讨，扩土安边。先后平安南、伐漠北、收辽东、怀天山、封西藏、定诸苗，并开展对日、对朝关系，遣郑和下西洋，这一切都耗时费力，需要强大的财政支持，因而使百姓劳累不堪。但另一方面，通过这些行动无疑也确定了王朝的版图，树立了大国的威信，巩固了中央的统治。如果说，朱元璋靠农民起义在军阀混战中夺取了最高政权，那么朱棣则继承他的伟业进一步建立起强大的国家。中国历史上边患不断，要建设好自己的家园必须先镇服那些恶意的侵扰，如果从这个意义上说，朱棣不愧为一代枭雄。总之，朱棣内政外交上的成功，续写了明太祖朱元璋的丰功伟绩，倒也不枉明成祖的美谥。

永乐八年敕谕

明代自洪武初年到永乐末期，国势达到顶点。洪熙、宣德承其余绪，政局稳定，国力增长，但政策导向有明显变化。对内由严急趋向平缓，政治环境相对宽松；对外由进攻转向守土，军事行动相对减少。加上仁宗、宣宗锐意求治，就出现了史称"仁宣之治"的清平局面。

仁宗名高炽，为朱棣长子，性仁柔，好学问。永乐二十二年（1424年）八月即位，洪熙元年（1425年）五月驾崩，在位10个月。宣宗名瞻基，为仁宗长子，幼聪慧，多才智。洪熙元年六月即位，宣德十年（1435年）春正月驾崩，在位10年。仁、宣二宗一心想做守成令主，针对先君的专制暴虐，比较注意公平开明。仁宗、宣宗都有赦免永乐时期以言废职之官员的诏令，并有给建文诸臣平反昭雪的敕书，这就有效地缓解了明初严苛恐怖的政治气氛。同时又主张开放言路，鼓励大臣进谏。仁宗曾对廷臣杨士奇等人说："尝见前代人主，恶闻直言，虽素所

亲信，亦畏威顺者，缄默取容。贤良之臣，言不见听，退而卷舌。朕与卿等宜深以为戒。"① 宣宗对大臣们讲："致理之道，莫先于广言路。盖天下之大，吏治得先，民生休

武侯高卧图（明）朱瞻基

戚，人不言，朝廷何由悉知?"② 因而仁、宣时期臣僚上奏，阿谀奉承者少，直言得失者多。

仁宗、宣宗还能重贤任能，这与洪武、永乐独裁专制也有不同。杨士奇擅长内政，待人处事多能持平公允，豁然大度且善于调和；杨荣多谋善断，有军事才能，但心高气傲，性格刚强；杨溥学识见解过人，但性格谦退淡泊，对权位无强烈要求。"三杨"均为建文朝旧臣，而同在宣宗内阁任事，各自取长补短，因而被认为是不可多得的人物。此外，对地方官吏也注意奖掖才俊、惩处贪暴。君臣相得益彰、配合协作，官府一时清平。

在用刑方面，仁宗、宣宗也很谨慎，避免罗织构陷，制造冤狱。仁

---

① 《明通鉴》卷十八。
② 《典故纪闻》卷九。

宗曾对刑部、都察院、大理寺等官员说："往者法司无公平宽厚之意，尚罗织为功能，稍有片言涉及国事，辄论诽谤，中外相师成风……夫治道所急者求言，所患者以言为讳。况今所急，尤在于通下情，卿等宜体朕心，自今告诽谤者悉勿治。"① 这与洪武、永乐时期的"文字狱"相比，可谓对"诽谤"一说的否定。

仁宗、宣宗在位期间实行与民休息的政策，以缓解永乐朝战争造成的沉重负担。凡地方受灾，一般都下令蠲免田赋。对地方贪官污吏扰民者，严惩不贷。在鼓励兴修水利、发展农桑的同时，注意节省国家财政支出，减少为宫中采办的供奉。在国防政策上转攻为守，戒边将毋贪功，并加强友好往来，因而仁宣时期南北边境一片宁静祥和。

但在这繁华太平的背后也不是没有问题，如随之滋生的宴安思想，纲纪意识的渐次衰退，土地兼并日益严重，流民问题初露端倪，南北边境的保守退让，这一切都为后来的发展留下了隐患，成为难以解决的问题。明初皇帝尽管威雄睿明，但新朝代毕竟还是老体制，只能循环重复长久以来的传统观念，因而也就难免不留有历史上常见的恶性痼疾。

第二节　纲纪初定

朱元璋建立明朝之初，政治制度仍沿元朝旧制。中央设中书省，置左右丞相；中书省下设部，各部设尚书、侍郎。地方设行中书省，置平章政事和左右丞。中书省是"百司纲领，总率郡属"②，行中书省总管一省民政、军事和司法。很快，朱元璋发现丞相和行省权力过大，遂决心加以改革，以确立自己的威权。

---

① 《明仁宗实录》卷八上。
② 《洪武实录》卷十四。

　　洪武九年，朱元璋改行中书省为承宣布政使司（简称布政司），置布政使，掌管地方民政，代表中央宣布和执行朝廷政令。另设提刑按察使司（简称按察司），置按察使，管理司法。又设都指挥使司（简称都司），置都指挥使，管理地方卫所的军队。以上合称"三司"，各省"三司"分别受中央有关部、府、院、寺统辖。这样，三司分权鼎立，达到有效制衡。但事无总统，又有运转不灵之弊。所以明代中期以后，朝廷又派部院大臣出任总督、巡抚，以驾于三司之上。这些总督、巡抚并非官名，只是一种差遣，但日久之后，也变成定制，成为一省的最高长官。朱元璋又将省以下的行政单位分为府，直隶于布政司。知府掌一府之政，在明初很受重视，多由皇帝赐给敕书，以加强威权。府以下为县，有知县主管政事。除府、县外还有州的设置，分为直隶州（隶于布政司）和属州（隶于府），直隶州地位同府，属州地位同县，但州官品秩皆相同。明代共设 13 个省，159 个府，234 个州，1171 个县。布政使为从二品，知府为正四品，知州为从五品，知县为正七品，属僚依次有等差，形成有序结构，保证了国家稳定的政治基础。

　　在改革地方政权建设的同时，朱元璋对中央政府机构也加以调整。由于丞相大权独揽，身处皇帝之下、位居百官之上，不免有对上架空、对下垄断之嫌。洪武十年（1377 年），朱元璋设通政使司，长官称通政使，主管内外一切章奏和封驳，其本为下情上达、政务通明而设，实际上也有稍夺丞相瞒报之嫌。洪武十三年，丞相胡惟庸终因权重势大而被杀。朱元璋就此废除中书省和丞相，并且规定子孙后代亦不准重设。因而有明一代再无丞相之制，国家大权集于皇帝一身。丞相制度作为一种文明建置就此废止，其权力其实后来被帮助皇帝议决大事的内阁所取代。丞相废置后，"中书省之政归六部，以尚书任天下事"①。六部直接听命于皇帝，地位也随之提高。尚书由原来的正三品提高到正二品，侍

---

① 《明史·职官志一》。

郎由原来的正四品提高到正三品。六部各不相属，尚书全为平列，总其成者为皇帝。六部下属各司，每司有郎中（正五品）、员外郎（从五品）、主事（正六品），各理其事。六部中吏部主管文官的考核与任免，下设文选、验封、稽勋、考功四清吏司。户部主管土地、户口、赋税、俸饷、粮仓、钱库、铸钱等等，其中主要是征收赋税，下设十三清吏司分掌各省并兼领两京、直隶之事。每司又分民科、度支科、金科、仓科。礼部主管天下礼仪、祭祀、宴飨、贡举之政令，下辖仪制、祠祭、主客、精膳四清吏司。兵部主掌全国军队调遣、将领升迁、武备简练之事，下辖武选、职方、车驾、武库四清吏司。刑部掌天下刑名及徒吏、勾复、关禁之政令，下设十三清吏司分掌各省及兼领京府、直隶之职分事。工部主管修建宫殿、衙署、陵墓，以及开采、织造、治河、屯田等，下辖营缮、虞衡、都水、屯田四清吏司。自此，皇帝权力大大加强。

朱元璋在政治上集权的同时，在军事上也采取制衡的策略。明初原设大都督府，节制天下兵马，大都督成为全国最高的军事长官。后来朱元璋觉得其权力太大，即将其分为中、左、右、前、后五军都督府，分别统领在京及在外的军队，以互相挟制。五府长官为左、

《武经总要前集》插图（明）

右都督，正一品，与兵部共掌军权。兵部是任命将领、发布命令的机构，并不直接统率军队；五府是主管军籍、领管军队的机构，但不能自

主调动行事。二者互相钳制，最高指挥权操于皇帝手中，可见朱元璋之机谋。不过明成祖永乐以后，有关兵权尽归兵部，五府不过徒有虚名而已。五府分统各省的都司，都司又分统各地的卫所，形成系列组织。大抵 5600 人为一卫，称为卫指挥使司，其长官为指挥使（正三品），听命于都指挥使（正二品）。明初都指挥使的官品高于布政使（从二品）、按察使（正三品），号称二品大帅，可见军事之重要。一卫辖有 5 个千户所，每千户所 1120 人，设千户一人（正五品）。千户所辖有 10 个百户所，每百户所 112 人，设百户一人（正六品）。卫、所遍布全国各地，洪武末年，卫、所兵数有 120 万，永乐以后则达到 270 万。为保证兵源及供给，明初实行军户和屯田制度。军士皆别立户籍，称为军籍，世代为兵，不能脱籍。凡各地卫、所皆实行屯田，以保证军饷的供应，屯田者专事耕垦，使国家免去养兵之费。遇有战事，则由兵部奉旨调卫、所之兵，临时命将统兵出征。战争结束，将官交还印信，兵士回到卫、所。将不专军，军无私将，军权集于中央。

　　明代的监察、司法制度更为严苛冷酷，其核心内容是维护专制集权的统治。朱元璋即吴王位时便设置了御史台，设左、右御吏大夫，御史中丞等，以邓愈、汤和为御史大夫，刘基、章溢为御吏中丞，他指出："国家立三大府，中书总政事，都督掌军旅，御史掌纠察。朝廷纲纪尽系于此，而台察之任尤清要。卿等当正己以率下，忠勤以事上，毋委靡因循以纵奸，毋假公济私以害物。"[①] 洪武十三年因胡惟庸案罢御史台，洪武十五年置都察院。

　　都察院是监察机关，不完全承袭御史台制。其长官为左、右都御史（正二品），下分省设有十三道监察御史（正七品）。"都御吏职专纠劾百司，辨明冤枉，提督各道，为天子耳目风纪之司。凡大臣奸邪、小人构党、作威福乱政者，劾。凡百官猥茸贪冒坏官纪者，劾。凡学术不正、

―――――――――

① 《明史·职官志》。

上书陈言变乱陈宪、希进用者，劾。遇朝觐、考察，同吏部司贤否陟黜。大狱重囚会鞫于外朝，偕刑部、大理谳平之。其奉敕内地，拊循外地，各专其敕行事。"① 都御史与六部尚书平行，合称七卿。都御史的劝谏相当重要，关于官吏的考察升降会同吏部进行，关于重大刑狱则会同刑部、大理寺审理。监察御史官品虽低，但权势很大，对王公大臣都有权加以纠劾。监察御史在外稽查州县称为巡按，代表天子出巡，大事奏裁，小事立断。

朱元璋又按六部建制，设立吏、户、礼、兵、刑、工六科，各置都给事中，分别稽查六部事务。给事中权力很大，一是有封驳权，诏令有不当者，可以封还；一是有劾奏权，如官员有违法事实，可以劾奏；一是有论事权，朝政有失，可以上疏匡正。给事中与监察御史合称为科道官，各有一定分工亦可互相纠劾，直接对皇帝负责，有效地惩治了腐败并起到监官作用。

明代司法机关较前代也有扩展、完善。其中央司法机关是刑部、大理寺和都察院，一般刑部掌审判，大理寺掌复核，都察院掌监督。因审判归刑部，事务性工作大增，所以刑部规模相应扩大。刑部定罪以后，将罪犯连同案卷送大理寺复核，审判和复核都要接受都察院的监督，死刑案件必须奏请皇帝批准。大理寺的长官为大理寺卿（正三品），下有僚属协助之掌审谳刑名。凡刑部、都察院、五府断事官所审之狱讼，都必须"移案牍，引囚徒，诸寺详谳"②。

为保证案件审理无误，明代中央还建立了"三法司"联合审判制度，三法司指刑部、大理寺、都察院，凡遇有大狱重囚须经联合审理，称"三堂会审"。地方司法机构府、县一级仍与行政机关结合在一起，由知府、知县掌握辖区司法审判工作。省级则专设提刑按察使司负责狱

---

① 《明史·职官志》。
② 《明史·职官志》。

讼，重大案件必须报送中央刑部审理。

朱元璋特别注重刑罚与密报，将其与思想统治结合在一起。早在洪武六年（1373 年），就命刑部尚书刘惟谦详定《大明律》，此后又详细研究，几经修订，终于洪武三十年（1397 年）颁行天下。《大明律》是依据唐律及明初实际情况写成的，条文比唐律简化但刑罚更为残酷。全书 30 卷 460 条，刑名有笞、杖、徒、流、死，五刑之外还有凌迟、刺字、充军等。《大明律》把谋反、谋大逆、谋叛、恶逆、不道、大不敬、不孝、不睦、不义、内乱定为十恶，凡犯十恶之条者皆从重治罪，不得赦免。唐律规定"谋反大逆"者不分首从一律斩首，而明律则规定不分首从一律凌迟处死，可见其严酷。《大明律》还保护家长和主人的利益，凡奴婢、雇工、佃户忤犯家长都要受到严惩；反之，则相对宽容。如奴婢殴家长者斩，杀家长者凌迟处死；而家长殴奴婢未伤者勿论，殴死有罪奴婢者仅杖一百，杀死无罪奴婢者也只杖六十徒一年。对农民的逃亡处罚也很重，规定逃亡者若不听官府"追唤"迅速回籍，为首者要"处绞"，抗拒者全体"处斩"，把农民强制束缚在土地上。

除《大明律》外，朱元璋洪武十八年（1385 年）还亲撰《大诰》，次年颁示天下，作为师生必读的教本，要求军民都要熟读。《大诰》主要内容是列举明政府用严刑峻法所处理的各种案件，这些案件大都出自朱元璋亲裁，法外用刑比《大明律》重得多，如族诛、凌迟、枭首、挑筋、去指、断手、砍脚等，多达 30 余种。朱元璋之所以这样做，就是要威慑及警戒臣民，使之安分守己，不敢轻易犯法。朱元璋用恐怖手段维护专制统治，使明初文化笼罩着一种森严阴冷的气氛。

为使消息灵通，防范臣民造反，朱元璋还于洪武十五年设锦衣卫。初约五六万人，掌管皇帝出入仪仗和警卫，不久即扩大其权限，成为专制统治的特殊工具。"锦衣卫，掌侍卫、缉捕、刑狱之事"[1]，实际上，

---

[1] 《明史·职官志》。

几乎无所不为。锦衣卫下设经
历司掌公文出入，南、北镇抚
司掌本卫刑名，专理诏狱。所
谓诏狱，是受皇帝亲自指挥的
特种监狱。朝野臣民只要"一
入狱门，十九便无生理"，因此
被人们称为"冤窖"。锦衣卫恣
意缉捕、刑讯、逼供、凌虐，
弄得是非颠倒，怨声载道。为
平息民愤，朱元璋于洪武二十
年（1387 年）下令焚毁卫中特

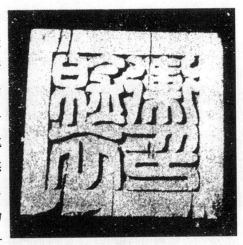

木"锦衣卫印"（明）

制刑具，将全部狱囚送刑部议罪，并诏令今后诏狱由三堂会审以免冤
狱。锦衣卫最为人憎恨的是到处刺探消息，一旦构陷有理也难说清，因
而弄得人心惶惶。朱元璋需要这种特务统治，对他建立威权有很大帮
助，后因其声名狼藉，遂罢其诏狱。

但朱棣即位后，为镇压反对派，又恢复了诏狱。诏狱一旦定罪，刑
部、大理寺都无法改变，可见其实为皇帝的铁棍。朱棣于永乐十八年
（1420 年）又设东厂，隶役专门挑选锦衣卫里最狡诈阴险的人充当，同
时又搜罗地方流氓和亡命之徒做爪牙，其职责为专门缉防"谋逆妖言、
大奸大恶"。朱棣怕外臣徇情面，特命太监做东厂的提督。从此，由太
监提督东厂，就成了明代特设的制度。太监有此特权后，成为皇帝最亲
信的耳目，他们还有监视锦衣卫的权力，这就使厂、卫相互制约又彼此
依赖，不敢有违朱棣的意旨，由明初的厂、卫可见其统治的森严。

至于此后宪宗为加强特务统治，又别设西厂，势力更为强横。武宗
时刘瑾专权，除东厂、西厂外，又设一个"内行厂"，权力更大，由刘
瑾亲自指挥，位在东厂、西厂之上，也更作恶多端。明熹宗时魏忠贤掌
领厂、卫，其罪恶发展到顶点，专以酷刑钳制臣民之口，以致凡闻厂、

卫者无不胆战心惊。都可说明明代封建统治极端腐败，这种专政体制充分暴露了封建文化已走向穷途末路。

明初政治还有一个显著的特点，就是内阁与宦官的权力在不断增大。洪武十三年朱元璋废省罢相之后，出于政务的需要设置了四辅官襄理政事，其官阶为三品。但朱元璋不愿赋予辅官以实质性权力，只令他们"待左右，备顾问，不得平章国事"①。辅官也多是来自民间的耆儒，无论阅历上还是精力上都难胜任，因而到洪武十五年即被废除。但由于政务压力仍在，朱元璋随即又设置了殿阁大学士，皆为正五品官，与原先辅官职权大致相同，不过是皇帝的私人秘书，仅承旨办事而已。其官品虽低，但均出自翰林，人们一般将其视为内阁制的发端。明成祖即位以后，"特简解缙、胡广、杨荣等直文渊阁，参与机务。阁臣之预机务自此始"②。"诸六部大政，咸共平章。秩五品，而恩礼赐赍，率与尚书并。"③ 永乐时，内阁尚无僚属，不得干预六部职掌，凡事由皇帝决定。仁宣时阁臣逐渐加官，进尚书、侍郎等职，地位提高，职权增大。赵翼说："明大学士本无属员，杨士奇等加官既尊，始设中书舍人，取能书者为之，不由吏部铨选。"④

同时，票拟制度初步形成。所谓票拟，是指一切内外章奏送到内阁，由阁臣代皇帝审阅提出处理意见，书写于票纸并附贴在章奏上进呈皇帝，皇帝据此亲笔批复章奏而称为批红，内阁草拟经皇帝批红之后就成为正式谕旨下发。内阁票拟虽必经皇帝批红方才有效，但票拟很能左右皇帝的决定，因而内阁大权日重。宣德时票拟尚未成制，但已成常习。内阁除杨士奇、杨荣、杨溥为宣宗倚重外，吏部尚书蹇义、户部尚书夏元吉也甚为皇帝期许，常被召入内阁参与票旨。英宗即位年少，票

① 《明史·职官志》。
② 《明史·职官志》。
③ 《明政统宗》卷七十。
④ 赵翼：《廿二史劄记》卷二十三。

拟遂成定制。因为当时凡事启禀太
后，太后避擅权，命阁臣议行，于
是宣宗时的做法就此成为制度，也
标志着内阁制度的最终形成。

英宗以后，内阁制度的最大变
化是首辅的出现。天顺以前，阁臣
列名有先后，但无首辅之说。首辅
出现后，阁臣间的权力地位不再平
等，"旧制，红本到内阁，首辅票
拟，余唯诺而已"①。首辅虽无宰
相之名，却有宰相之实。从此阁权
超越部权，大事皆首辅主持，权力
扩张达到顶峰，皇帝亦为之挟持。

《二刻拍案惊奇》插图（明）

随着内阁的形成，明代最引人
注目的是太监的作用。宦官的崛起，与内阁形成某种默契。朱元璋建国
之初，鉴于历代宦官专权，明令宦官不得干政。但是为加强中央集权和
对官僚集团的监督，朱元璋又有意识地设立宦官机构并赋予其广泛的权
力。从1367年到1397年，朱元璋建成了包括十二监、四司、八局即所
谓二十四衙门的庞大宦官机构，同时又经常赋予其代表皇帝出行的权力
以镇抚臣下。建文帝在位期间，对宦官的约束很严。他晓谕各地官吏对
不法宦官可械送治罪，宫中太监若有违忤即严惩不贷，因而引起许多宦
官的不满，"靖难之役"时纷纷投靠燕王朱棣。

朱棣即位后，有感于宦官为自己出生入死立下大功，所以愈加信任
愈益重用。宦官出使外国、安抚军民、勘查仓库、减免税收，比太祖时
有过之而无不及。永乐十八年（1420年）又设置东厂，成为皇帝的耳

———————————

① 孙承泽：《春明梦余录》卷二十三。

目和棍棒，太监假公济私、横行不法亦更为猖獗。而锦衣卫官也常常由掌东厂的司礼太监亲信出任，厂卫勾结敲诈勒索无所不成，严重破坏了社会风气和政治风气。然而耐人寻味的是，随着内阁权力的逐步扩大，宦官的职权也不断膨胀。朱元璋时曾定制宦官不许读书识字，诸司不得与宦官机构进行文移往来。朱棣以后实际上对小宦官的培训进一步正规化，到宣宗朝司礼监更担负起宦官教育的责任。

宣德时，司礼监特设内书堂，由大学士教小内使读书识字，主要任务是给宦官二十四司提供文化人。司礼监本为执掌朝廷礼仪及纠察百司之官，与其他宦官部门相比并无显赫之处。但随着宣德时期内阁票拟的出现，代替皇帝批红的角色很自然地由司礼监的秉笔太监承担。此时批红已非全由皇上，而是太监据票拟书写供皇帝钦定。英宗9岁登基，内阁票拟成制，太监批红益行。所以正统以后，"上下之间，不过章奏批答相关接，刑名法度相把持而已"①，批阅章奏成为皇帝处理国政的主要途径。于是，"凡每日奏文书，自御笔批数本外，皆众太监分批。遵照阁中票来字样，用硃笔楷书批之"②。

至此，内阁首辅与司礼太监共理朝政的格局形成。而司礼监也将宦官各衙门的主要权力逐步集中到自己手中，举凡太监的调派任命全由司礼监掌握，在组织形式上也形成与内阁部院相对应的庞大官僚机构。可见正统以后的司礼监实质上是内廷的灵魂，司礼太监成为与内阁首辅共掌机要的"内相"。

考察明代中期以后的政治状况，可以发现内阁和司礼监在绝大部分的时间里相互合作是程序正常和卓有成效的，这就可以解释为什么明中叶以后有的皇帝可以不理朝政而国家机器照常运转。但也应该看到，当双方不能愉快地合作时，明政府中枢系统就会出现混乱并进而酿成政治

---

① 廖道南：《殿阁词林记》卷十二。
② 刘若愚：《明宫史》木集。

危机。实际上，由于制度的原因，司礼监借皇帝威权有时更表现出势压内阁的局面。正统时期的王振专权、成化时期的汪直暴虐、正德时期的刘瑾恣横及天启时期的魏忠贤阉党，都是这种状态的具体表现。因而皇帝专权就成了宦官专权，这种封闭制度压制着民主思想，系国家于一身只能寄希望于开明君主，而屡遇昏君回天无力也就成为有明一代广大百姓的怨叹。

第三节　经济治策

朱元璋在元朝末年的农民起义和军阀混战中一展雄风夺得天下，在采取各项政策稳固政权的同时也着手恢复和发展经济。中国数千年来一直是自给自足的自然经济，当这种经济不能满足统治阶级的需要时就会崩溃。中国封建王朝为了维持自己的统治，一直是适应这种经济生产方式并加以严格控制的。政府把农民固定在土地上生产财富，除了养家糊口还要给政府上缴大量的贡赋。当农民无法承担过于沉重的贡赋时，就会铤而走险踏上反抗政府的道路。由于根深蒂固的封建生产关系难以打破，因而中国封建社会的改朝换代只不过是一种调适而难以产生根本性的变革。朱元璋建立明代也难走出这一窠臼，政治体制不能允许商品的竞争和资本的积累来破坏国家的秩序，只能因袭家长式作风和家庭性生产走共同富裕的道路。这一态势如果均衡的话生产可以平稳地发展，一旦失衡就会出现社会问题。朱元璋出身贫苦，饱受艰难，深刻了解农民的境遇，因而也认识到巩固政权以休养生息最重要。但是国家的建立又需要物质基础，没有财力就很难兴邦，所以朱元璋又运用行政手段，强力推引振兴经济的治策。他以"田野辟，户口增"为恢复社会经济的根本任务，围绕这一中心采取了一系列坚决有效的措施。

朱元璋建国之初，为了发展生产，坚决运用专制主义中央集权的政治威力，在全国范围内发动空前大规模的移民垦荒运动，从而造成农村人口大迁徙和土地大开发。由于元末土地多为豪强地主所霸占，朱元璋于元至正二十七年（1367年）迁苏州富民到濠州，移民垦荒运动自此开始。洪武三年（1370年），又迁苏、松、嘉、湖、杭等地的5000余富民到临濠，此后又迁浙江等九布政司及应天十八府州田满七顷以上的大批富民于京师。大量富户远离乡土，减轻了对当地农民的剥削。迁到京师的富户，还要叫他们承应各种差使，如捐资修城等。迁徙富民之举，一方面可充实因战乱而荒凉的内地，一方面可征用其财富减轻农民的负担，一方面可便于控制其活动以免不测。同时，朱元璋又在河南设司农司，负责移民开荒诸事务。下令凡州县人民开荒垦田，不论有无原主都归垦荒人所有。为了奖励垦殖，还责成地方官散发耕牛、种子，使流民能够定居附籍，具备从事农业生产的条件。并规定按垦田多少来判定地方官的赏罚，农民所开荒地超过定额的官府不得征税。

此后移民运动不断，如洪武四年（1371年）徙山右之民于北平，洪武九年徙山西及河北真定等处民无产业者往凤阳种田，洪武十五年迁广东元将何真所部降民于泗州，洪武二十年命湖广抽丁往耕云南，洪武二十五年徙山东登、莱诸府贫民入东昌等处编籍耕种等等。经过大规模的调迁，荒芜土地得到垦种，据《明实录》记载，到洪武二十四年（1391年），当时全国已有缴纳税粮的官民田地387万多顷，每年可征收米麦豆粟等共3200多万石。洪武以后，建文、永乐二帝仍继续移民垦荒，如江南向江北的移民，湖广向西南的移民，山西向北平、河南、山东等处的移民，各省内部的移民，内地向边区的移民等等。次数繁多，不胜枚举。这些移民活动无疑传播了农业耕种技术，也扩大了民间的文化交往。

与移民垦荒的目的一致，政府还实行屯田政策。屯田有民屯、军屯、商屯 3 种，即《明史·食货志》所说的"军、民、商屯田"。民屯是由政府组织人民屯田，如移民屯种、募民屯种等等。民屯与一般的垦荒不同：一般垦荒是人民自行开垦，所垦田为人民自有；民屯是有一定的组织，由官督民耕种，土地属于官田，人民是官田的佃户。军屯是全军队屯田，兵粮自给，以减少军费开支。早在元至正十八年（1358年），朱元璋就在军队中部分实行。取得成功经验后，朱元璋大加推广，在全国军队中广泛而有序地开展起来。朱元璋下令诸将分赴各地领兵屯田，把屯田作为长治久安的大事抓好，切不可坐食民租，务得兵有养而民不穷。并规定大体上边地三分守城、七分屯种，内地二分守城、八分屯种，冲要地区四六开或五五开。军屯的地区，总的来说是边区多，内地少。当时全国军队

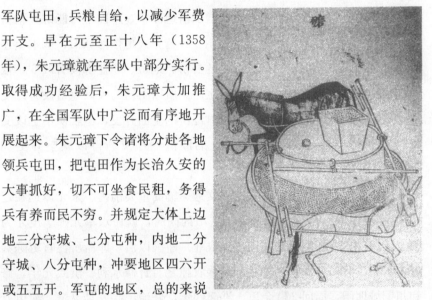

《农政全书》插图（明）

基本上可以实现屯田自给，屯田总额达到 60 余万顷，所生产的粮食十分可观。商屯是由盐商所举办的屯田。明初为了解决边地军粮问题，即利用食盐国家专卖制度，规定盐商运粮到边地以充军粮，可以换取政府的盐引（贩盐执照），然后持盐引到指定的盐场领盐，再到指定的地区贩卖。以后商人为免去运粮的麻烦及费用，便在边地雇人屯田，就地缴粮、换取盐引。商屯在明初屯田中不占主要地位，但也起到了一定的积极作用。

民屯、军屯、商屯，自始至终都是在封建国家的直接策划下，依靠政权力量有计划、有组织、有步骤地进行的。它是集恢复经济、巩固国

防、稳定社会秩序于一体的一项系统而复杂的巨大工程。太祖时徙民最多，成祖时已大为减少，至宣宗登位，"天下郡县人民版籍已定，产业有恒"，"自是以后，移徙者鲜矣"①。明初移民、屯田时间之长，人数之多，规模之大，为历史上所罕见。全国耕地面积由此大量增加，先进的文化也传播到落后地区，而且奠定了清代以后中国的人口与土地布局。但是由于移屯重在垦荒，力求增加耕地面积，所以不可能讲究精耕细作及对土地进行深层次地开发利用。经营方式也依然如旧，基本上还是单纯种植粮食作物，耕作者农民的身份、地位、职业都没有改变，依然被牢牢捆在土地上继续从事农业生产。所以明初的大兴屯垦没有改变农村的单一经营方式，没有启动农村经济的全面开发，也就谈不上改变农村的经济结构；相反，却使传统的经济秩序重新得以调整并更加稳定。

　　水利是农业的命脉，也是发展交通运输的重要前提。朱元璋远在建国前十年（1358年），在命令军士屯田的同时，就命水军元帅康茂才为都水营田使，令其整修水利以振兴农业。建国以后，即命所在官吏陈奏有关水利事宜，并派官员分赴各地乘农隙之时督修水利。洪武元年，修和州铜城堰闸，周回200余里。洪武四年，修治广兴安县灵渠，灌田万顷。洪武六年，开上海胡家港，自海口至漕泾可通海船。洪武八年，命耿炳文督修陕西泾阳浇渠堰，泾阳、高陵、三原、醴泉、临潼大获其利。洪武九年，修四川彭州都江堰。洪武十四年，筑浙江海盐县海堤。洪武十九年，筑福建长乐县海堤。洪武二十三年，修筑崇明、海门海堤。洪武二十四年，修筑绍兴府上虞县海堤。洪武二十五年，疏通溧阳县银墅东坝河道。洪武二十七年，特谕工部，凡是陂塘湖堰可以蓄水防旱的都要修治。洪武二十八年，全国计修塘堰40987处，河流4162处，

———————

① 《明史·食货志一》。

陂渠堤岸 5048 处。[1]

此后建文、成祖二帝继续兴修水利，为农业生产的发展和提高创造了有利条件。同时，明成祖为了解决随着迁都而引起的北京日益增长的粮食需求，于永乐元年（1403 年）三月下令恢复海运开通陆运。永乐九年（1411 年）明成祖从济宁同知潘叔正之请，命疏浚会通河。会通河为元代运粮故道，明成祖征集 30 万人历时"二十旬而工成"。自会通河开，南北水道贯通，对运河沿岸的农工商生产都产生了巨大的推动效应。此外，明初还普遍修治桥梁道路，广设驿站，以南、北二京为中心，向四面八方辐射，水陆干线四通八达。这些交通干线与各地难以计数的一般交通干线纵横交错，几乎深入到明朝统治的各个角落，形成一个庞大而又细密的交通网络。它联系着全国各族人民，联系着大大小小的城市和市场。因此，这些交通线路的畅通，不仅对人们的政治文化生活有着重大的影响，而且对发展经济、促进城市工商业的繁荣，也起着积极的作用。

赋税和徭役是保证封建国家权力机构正常运转的生活源泉，如何对待赋役也就成为历代政府的一个重要问题。明代是历代封建王朝的延续和发展，其政治模式、权力机构、经济运作同以往相比并无什么不同。明太祖朱元璋深知故元的教训，认识到赋役繁重就会影响政权的生存，但其又不可能放任无度而失去财政来源。因此为确保朱明王朝"久治长安"、"万世不易"，于是花大气力对赋役制度进行了治理和整顿。朱元璋起兵以后，曾在他的辖区内实行了一套为战时服务的赋役政策，并在江西等处废除了陈友谅的苛政。建国之后，为慎重解决赋役问题，派人四处清丈土地、核定人丁，据此最后制定公布出明代赋役法规。《明史·食货志》说："赋役之法，唐租庸调犹为近古。自杨炎作两税法，简而易行，历代相沿，至明不改。太祖为吴王，赋税十取一，役法计田出夫。县上、中、下三等，以赋十万、六万、三万石下为差。府三

---

[1] 《明史·河渠志》、《明太祖实录》。

等，以赋二十万上、下、十万石下为差。即位之初，定赋役法，一以黄册为准。册有丁有田，丁有役，田有租。租曰夏税，曰秋粮，凡二等。夏税无过八月，秋粮无过明年二月。丁曰成丁，曰未成丁，凡二等。民始生，籍其名，曰不成丁，年十六曰成丁。成丁而役，六十而免。又有职役优免者。役曰里甲，曰均徭，曰杂泛，凡三等。以户计曰甲役，以丁计曰徭役，上命非时曰杂役，皆有力役，有雇役。府州县验册丁口多寡，事产厚薄，以均适其力。"

就此明初诏定赋役黄册与鱼鳞图册，作为经理赋役的根本措施。所谓赋役黄册是在全国户口普查后编订的册籍，其主要内容为在乡都以110户为里，里设里长；10户为一甲，甲有甲首。里长、甲首负责一里一甲之事，轮流担任。其先后次序以丁、粮多寡为定，每十年为一周，

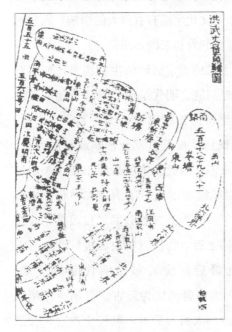

叫做"排年"。每里编为一册，册有丁有田。丁有役，田纳租。租一年两征，叫做"夏税"、"秋粮"。皆以户为主。黄册一式四本，一本送户部，其余三本分别保存于省、府、县。因以黄纸为册面，故名为"黄册"。由于赋役黄册侧重于户口，而赋役征发又必须同时兼顾人丁、事产两项，所以明太祖又令人核实田地顷亩。当时许多豪民富户为逃避赋役将田产隐瞒起来，为改变这种状况全国进行了土地大普查。这次普查，田亩、方圆、坐落俱绘成图册，各按字号次序排列。

洪武鱼鳞图册

上书田主姓名、田土丈尺，可谓完备。因所绘之地图，状如鱼鳞，故号"鱼鳞图册"。赋役黄册与鱼鳞图册的编订，使户、丁、田、粮有了较为

明确的统计，打击了豪民大户漏、脱、欺、隐的行为，在一定程度上减轻了广大贫民的负担，并使国家力役与税粮有所增长。但需要指出的是，赋役黄册与鱼鳞图册虽然成为明代金派赋役的法律依据，但实际上很难得到真正执行。这是因为封建社会毕竟法制观念淡薄，封建皇帝可以朝令夕改，官僚地主可以反抗阻挠，赋役经办者也可以贪污勒索。因此，明初制定的赋役政策虽然有进步作用，但百姓的负担还是非常沉重。必须采取其他的一些措施加以调节，才能保障百姓的生活和国家的收入。

　　明初为减轻农民的经济负担，保证朝廷的财政收入，政府还在赋役常规之外适当采取减免政策，以促进生产的恢复和进步。田赋减免的形式大抵有两种：一种是固定性的，一种是临时性的。固定性的一般与明朝的土地制度有关，临时性的一般与战争破坏和自然灾害有关。中国自汉、唐、宋、元以来，田土就有官田、民田之分，明代亦如此。明代官田初时皆为宋元人官田地，其后则有还官田，设官田，断入官田，学田，皇庄，牧马草场，园陵坟地，公占隙地，王公勋臣赐田，百官职田，边臣养廉田，军、民、商屯田，等等。余皆为民田。明初苏州、松江、嘉兴、湖州等地官田数量特多，租额特重。如苏州府田土总计98506顷，民田只有34697顷，占不到35％；官田约65003顷，占65％以上。松江府官田所占比例更大，全府共有田土47156顷，民田只有7300顷，约占16％；官田39856顷，约占84％。据洪武二十六年（1393年）统计，全国田赋收入28453350石，内中苏州占2810490石，松江占1219896石，二府合计达到400多万石，约占是年全国田赋总额的1/7。其租额比天下为重，重在官田；其粮额比天下为多，亦多在官田。明代有人说，自唐以来，天下租赋江南十九，由今见之，江南租赋两浙十九，苏、松、常、嘉、湖五郡又居其十九，可见官税之重。相对来说，税粮较轻的民田多为豪民富户所占有，所以沉重的官租主要由贫苦农民承担。因税粮特重，农民无力承受，就出现拖欠，以致影响国家财政。因此，明初皇帝屡有诏降官田租额之举，这都是固定性的减免。苏、松、嘉、湖官粮减免后，东南民力渐见复苏。此后官田经过赋税改革逐渐私有化，其科则也逐渐与民田合二为一，不分官、民，皆按田定则。朱元璋降低官田租额显然是针对租额过重，认为"民困于重租，而官不知恤，是重赋而轻人"，因此，减免官租取得了较好的效果。

对于全国大多数地方而言，不像东南地区那么富庶，加之战争破坏和自然灾害，有些地方不但不能按期缴纳租赋，就连生命也朝不保夕。对此，明政府一般采取临时性减免政策，以补救性措施帮助恢复和发展生产。如朱元璋是凤阳人，起兵于临濠，转战于太平、宁国、广德、镇江等地，立政权于应天（南京）。朱元璋打天下时，这些地方均有贡献。所以他即位后，认为这些地方劳苦功高，不能忘怀这里的父老乡亲，同时也为标榜他广行仁义、关心百姓，因而多次减免当地租税，施与恩惠，以抚慰遭受战争创伤的百姓。另外，朱元璋对受灾重赋地区也给予适当减免，以调动生产的积极性。如洪武元年闰七月，朱元璋下令免吴江县被灾田租 49500 石。洪武九年七月，免苏、松当年被水田租 299490 余石。永乐、洪熙、宣德以后，同样多次减免租重受灾地区的赋役，保护民力不受损害。山东、河南之地元末明初饱受战争之苦，朱元璋除了发动两省军民开荒种地，一再减免两省税粮。洪武元年，全免山东夏秋二税。洪武三年，以河南、山东、北平之民久罹兵革，疲困为甚，而山东、河南壤地相接，宜优恤，再行蠲免此三地全年租税。洪武九年，免河南税粮。洪武十五年，免山东税粮。此后凡有受灾年份，朝廷均减免税粮。对全国其他地区也是如此，特别是在对元战争中归附的地区，朱元璋下令所有租税尽行蠲免三年，这当然也是收取民心之举。洪武四年，免北平、陕西等地被灾田租。洪武七年，免山西太原等地蝗灾诸租税。洪武九年，朱元璋诏曰："建都江左，于今九年。其间西征敦煌，北伐河漠，军需甲仗，皆资山陕。又以秦晋二府宫殿之役，繁扰益甚，自平定以来，民劳未息。特将山西、陕西二省民间夏秋税粮，尽行蠲免，以阜吾民。"① 洪武十二年五月，因北平大旱不雨，民众衣食不给，悉免当年夏秋二税。据《国榷》记载，自洪武元年（1368 年）正月至洪武三十一年闰五月，朱元璋诏减全国各地田租 75 次。在 75 次当中，前半期多后半期少，由此可见经济的恢复、战争的减少、社会的逐渐安定和国力的稳定增长。但随着新政权的巩固，统治者的本性也开始暴露，明代经济又出现历史上常见的大官僚聚敛的端倪，把争取民心、关心民瘼逐渐淡忘，其后便进入大土地所有制的兼并时期。

明初以"田野辟、户口增"为恢复经济的主要目标，随着生产关系的部分调整和生产力的较大解放，农业、手工业、商业开始有了全面的发展。中国封建社会一直以农业为基础，人口和土地是决定经

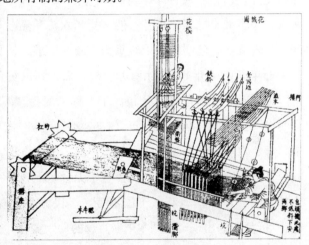

《天工开物》插图（明）

济盛衰的主要因素，战后经济政策的实施使土地面积和人口数量大增，带动了手工业和商业的日益繁荣。在农村开始注意种植经济作物，明初规定全国农民有田五亩至十亩者，须栽种桑、麻、棉各半亩，十亩以上者加倍。凡不种桑者要缴纳绢一匹，不种麻者缴纳麻布一匹，不种棉者缴纳棉布一匹。洪武末年，又下令各地农民再多种棉花则蠲免赋税，从此棉花的种植与使用普遍起来，不仅发展了农业，也促进了纺织业的进步。

———————

① 《明太祖实录》卷一〇五。

　　政府还实行田赋"折色"制度，这也是一种确保政府财政收入的灵活措施，是明初田赋征收方式的初步变革。洪武三年，因军士急需用布，明太祖准从户部奏请，令盛产棉布的松江府可以布代输秋粮，此为明代地租折征之始。洪武六年，诏直隶各府州县以及浙江、江西二省本年的秋粮可以"棉布代纳输"。洪武九年，为了各随所产，以为民便，将代输的范围由局部扩大到全国。是年四月，明太祖令天下郡县税粮，除诏免外，以银、钱、钞、绢代纳。银一两、钱千文、钞一贯，皆折米一石，小麦减十之二。棉苎一匹，折米六斗、麦七斗。麻布一匹，折米四斗、麦五斗。丝绢等各以轻重为增减。愿继续输粟者，听其自便。洪武十七年（1384 年），命江南苏、松、嘉、湖以黄金代输当年田租，云南以金、银、贝、布等代秋粮。于是称米麦为"本色"，而诸折纳税粮者叫做"折色"。洪武三十年（1397 年），俱许拖欠税粮折收布、绢、棉、金、银等物。由此正式定制，户部定折征之法。税粮折色，有弊有利。其弊为一旦发生饥荒，兵民苦于无食，不利于社会秩序安定；其利为任土所产，顺其地利，于国不亏，于民方便，有助于推动社会的前进。"折色"的出现，是"本末"观念的一大变化，适应了商品经济的发展潮流，刺激了商品的生产与流通。因而，农民在种粮的同时，多方开辟生产门路，努力发展以交换为目的的产品，这就促使乡里百姓逐渐改变了单一种田产粮的传统习惯，逐步调整了农村的经济结构。正如后来徐光启所说："（松江府）所由供百万之赋，三百年而尚存视息者，全赖此一机一杼而已。非独松也，苏、杭、常、镇之币帛枲苎，嘉、湖之丝纩，皆恃此女红末业以上供赋税，下给俯仰。若求诸田亩之收，则必不可办。"① 手工业和商业道路的开辟，使经济增添了活力。

　　明初为了恢复手工业生产，还对工匠制度做了初步改革，分匠户为

---

① 《农政全书》卷三十五。

住坐和轮班两种。"住坐之匠，月上二十日，不赴班者，输罚班银月六钱。"① 工匠们可以不必天天上工，甚至可以以银代工，从此有了部分可供自己支配的时间，封建人身依附关系有所松动。工匠们可以利用歇工在家时间从事工作，更有放免回家者可以从事其他手工活动。《明史·食货志》对明初手工业各个生产部门的发展情形都有比较明晰的描述，从中可见其已恢复发展到较高水平。例如，以江南苏、松、嘉、湖为中心的丝、棉纺织业，以南京和福建、广东沿海地区为领先的造船业，分布于两淮、两浙、山东、福建、陕西、广东、四川、云南等地的制盐业，福建、浙江、陕西、云南诸省的银矿业，江西、湖广、山东、广东、陕西、山西等地的冶铁业，江西景德镇的制瓷业，都已具有相当规模，盛极一时。

大明通行宝钞

随着交通的便利、农业和手工业的发展以及田赋折色，商业方面也出现了活跃的局面。明初对商人采取保护措施，税务较简约，税率也较低，管理机构与监督制度比较周密系统，经营规则与交税措施也很明确精要，基本精神是保护正当合法贸易，打击不法奸商。故元至正二十二年（1362 年）十月，朱元璋在其统治版图内即有税令，盐十分而税其一，他物十五分税一。至正二十四年（1364 年）四月，进一步放宽税收，"凡商税，三十而取

---

① 《明史·食货志二》。

一。过取者，以违令论"①。洪武元年八月，令部分商品免征税收。同年十二月，为加强市场管理，防止侵犯消费者利益，命在京兵马指挥司并市管司每三日一次校勘街市斛斗秤尺，稽考牙侩姓名，平其物价。总之，尽管明初推行的还是"重农抑商"的传统国策，但商业政策比较开明也是无可争辩的事实。当时南京、苏州、杭州、扬州以及大运河一带的淮安、济宁、临清、德州、直沽等地，皆为"商贩往来之所聚"。北京定都以后，发展更为迅速，"百货倍往时"，成为北方最著名的大都市。

第四节　定土安边

朱元璋在打天下的过程中，最为信任的是被誉为开国"功臣第一"的徐达。徐达刚毅武勇，胸怀大志，指挥持重，军纪严明。在灭元战争中，朱元璋曾亲与其商议取元都之计。徐达认为将元主赶出塞外不难，但应穷追不舍以免后患。朱元璋以为不然，认为元运已尽，不必穷兵，但固北门即可。事实上，朱元璋决策有误。倘若徐达以得胜之兵长驱漠北，或可取胜，一劳永逸。而元主败走上都放弃不追，就使其仍保存着一定的军事实力，以致后患无穷。洪武初年，明军数次北征沙漠，始终未能解决北边问题。此后一直以战略防御为主，终究也未能解除来自北部的威胁。明成祖朱棣登基后，蒙古分为三部，互相混战，此起彼伏。成祖曾率兵亲征 5 次，虽然也取得了一定成效，在政治上、军事上给蒙古以强大的压力，但实际上并未取得很大战果，耗费国力得不偿失，因而宣宗朝不再用兵。成祖在位期间，安南发生事变，明朝政府决意干

———————————

① 《明太祖实录》卷一四。

预，战争持续不断，时安时乱。宣宗即位后，权衡利弊，乃放弃已设为交趾布政使司的安南。

边疆地区是我国少数民族聚居的地方，明代中央政府对边疆地区的发展给以极大的关注。中华民族历来是一个统一的大家庭，内地的发展离不开边疆各族人民的支持，边区经济落后的面貌不改变就会妨碍民族团结，因此解决好民族关系问题也是中华大家庭的迫切需要。在推翻元朝统治的斗争中，朱元璋曾提出"驱逐胡虏、恢复中华"的口号，但后来为统一中国，则主张"凡在幅员之内，咸推一视之仁"。朱元璋在令明军北伐大都前夕曾对徐达等人说，破城之时毋肆掠妄杀，元之宗族咸俾保全。元顺帝败走沙漠后，朱元璋诏"蒙古、色目人有才能者许擢用"。对其他各少数民族，也同样实行平等和睦的政策，从而缓解了民族矛盾，促进了民族团结，为边区的经济发展创造了良好的政治氛围。但由于元

马市图（明）

败而未灭，蒙汉双方屡动干戈，所以明初边区经济开发的重点主要在东北与西南地区。

东北地区居住着女真族、朝鲜族等少数民族，地广人稀，经济落后。朱元璋建国后，一面命将征服盘踞在东北的残元势力，一面设置机构指挥开垦田地发展生产。洪武四年，置辽东卫指挥使司作为辽东最高

军政机关。明朝中央政府以军政建设为先导，以屯田为基础，以互市为纽带，开始对整个东北地区进行全面开发。大批军队移入东北守边、屯垦，带去了内地先进的文化知识和生产技术。永乐朝增设的奴儿干都司（控制黑龙江流域）与辽东都司南北呼应，把东北大地紧紧连成一片，以马市为代表的边贸活动得到迅速发展。明朝统治者开设马市，原本含有羁縻异族的用意，但一旦开设起来就像一根纽带把各族人民紧密联系起来。东北的马匹、药材、皮料等物进入关内以补所需，内地的布、绢、银诸物以及先进的生产知识和用具也输出关外。东北地区原先多以渔牧业为主，经济发展水平参差不齐，有的尚处于氏族社会阶段。经过明初的开发，女真族迅速崛起、壮大，最后竟替代明朝入主中原。

在西南地区，包括云南、贵州、四川、西藏，明初也着力经营。云南是多民族聚居之地，社会经济落后。洪武十四年，明军 30 万人往征云南。洪武十五年，平云南，置卫所，设布政司。此后移入军、民开荒垦田，兴修水利，影响深远。贵州在明初洪武时因军政繁忙无暇顾及，因此沿用历代中央政府经理少数民族地区的土司制度。永乐时，土司构怨仇杀，引起人民逃亡，朝廷乃派大军平息。随之设立贵州布政司，分其为八府、四州，"贵州为内地自此始"。贵州开省以后，实行"改土归流"，推行与内地相同的地方行政制度，这个制度后来广泛推行于西南边疆少数民族地区，并一直延续到清代。明朝统治者"改土归流"的本意是为了加强中央政府对少数民族地区的直接管理，而客观上却为当地地主经济的发展铺平了道路，成为少数民族地区社会经济变革的催化剂。四川夏政权为元末明玉珍所建，明玉珍死后其子明升嗣立。洪武四年，朱元璋派两路大军进川，攻灭后设立布政司，命户部遣使入川清丈土地，四川就此归顺。西藏宗教盛行，朱元璋因俗以治，依照元代的民族政策与宗教政策，新立卫所，由宗教首领兼任地方军队，实行政教合一，把整个西藏地区置于中央政府的统一管辖之下。与中原的经济往来主要是茶马互市，成祖即位后更加增强了联系，因而明朝政府深得藏民拥护。

需要指出的是，明朝同边区的经济贸易，是以朝贡和互市为主要渠道的。朝贡本来是一种政治行为，表示边疆少数民族服从大明王朝的政治管辖。朝贡者所带礼品多为土特产，名为贡奉的物品实际是交换的商品。因为明朝皇帝为了显示大国风度，所赐钱、银、布、绢大大超过贡品的价值。所以，朝贡贸易的本质是政治、经济并重，双方以一种特定的形式求得各自的利益。在这个交易过程中，明王朝在政治上是至尊的，在经济上是亏本的；而藩属国在政治上臣服，在经济上则占了便宜。因而华夏周边的

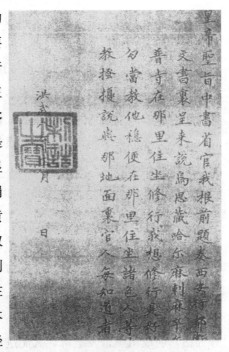

明洪武敕谕

属国一般愿意建立这种良好关系，也是一种极为有效的安定措施。互市在明初主要为茶马交易，如对西域诸国。朱元璋仿唐宋以来以茶易马以制异族的传统做法，鼓励并控制着这一活动以增加财政收入。茶马互市中有时从实际出发，以金、银、盐、米、布、绢为交易品，这对传播先进的汉族文化和提高边区的文明程度是有利的。

明初中国的海外关系也有拓展，政治影响、贸易往来、文化交流不断增强。洪武时，由于朱元璋担心沿海军阀残部与日本倭寇相勾结，故实行"海禁"以安靖海疆保卫政权。日本在宋以前为中国藩属国，元代则始终未相通，明代建立以后希望与之交好，但日本叛服不常，贡寇相仍。明初实行"海禁"政策，严令沿海居民不准私通海外诸国。太祖以后，其子孙仍恪守"祖训"，继续禁止开海。但所谓"海禁"，实质上是禁绝民间海上贸易。而宋元以来我国的海上贸易已十分发达，因而沿海

居民为谋生计也是不顾禁令私下出海的。朝廷在"海禁"的同时，推行国家垄断政策，进行政府间的官方朝贡贸易。洪武一朝，列包括日本在内的十五国为"不征国"，可见希望建立友好的贸易关系。除个别国家外，这些"不征国"大多数都能表示臣服，准时朝贡。但如前所述，明朝由于历史原因不得不以大国自居，因此为保持政治上至尊的荣耀和名誉，就不得不以大国风度对待来朝贡的方国。朝贡贸易这种不等价的交换，除了皇帝得到欢心外，国家与人民所得甚少。在双方贸易中，外国进贡的物品多属观赏品、奢侈品，如象、虎、苏木、胡椒、香料等，与国计民生关系不大。而明朝付出的是农产品、手工业品以及金、银等，多为有关国计民生的实用品。而且明朝皇帝为强调大国体面，所酬之值大大超过贡品。同时耗费人力、物力、财力，大建楼堂馆所，大搞送往迎来。因此，年年交易，年年逆差。

明成祖登基后，国力已有增强，如果说明太祖在海洋政策上较为保守的话，明成祖则奋发进取，大胆进行广泛的外交活动，把对外经贸活动的范围从周边 15 个"不征国"发展到远洋的几十个国家和地区。最有代表性的是郑和下西洋。永乐三年（1405 年），郑和率众 27800 余人，分乘 208 艘海船出使诸国。明朝人的海洋概念是以婆罗洲为中心，婆罗洲以东称东洋，婆罗洲以西称西洋。"文莱，即婆罗国，东洋尽处，西洋所自起也。"① 尽管郑和下西洋的目的有人说是追寻建文帝下落，但毋庸置疑的是增强了与海外各国政治、经济、文化的往来。此后，郑和又连续 6 次率领船队远航，历时 28 年，行踪遍及今东南亚、印度次大陆、中东和非洲东海岸等三十几个国家和地区，可谓当时航海事业的创举。郑和每次远航都带有大量的瓷器、茶叶、铁器、农具、丝绸、锦绮和金银等各种商品，每到一地即向当地国王或酋长宣读明朝皇帝诏谕，邀请各国派使臣到中国朝贡，然后赏赐所带物品并接受当地贡品，以船

① 张燮：《东西洋考》卷五。

载货物在当地互市交易。郑和多次出使西洋，许多国家也前来朝贡，"天子顾而乐之，益泛海通使不绝"①。海外往来无疑提高了中国在世界的知名度，"所取无名宝物不可胜计，而中国耗废亦不赀"②，泱泱大国以豪华壮举赚取了皇帝的威势。而今反思，如明成祖的北讨蒙古、南征安南一样，皆为好大喜功而略无实绩，洪武以来的积聚耗尽一空。也正因此，国力消耗太大使经济出现衰退。

郑和像

---

① 《明史稿·郑和传》。
② 《明史·郑和传》。

第二章
王朝中兴的艰难

第一节 土木之变

宣德十年（1435年）正月，宣宗朱瞻基病死，太子朱祁镇即位，是为明英宗，年号正统。时朱祁镇9岁，太皇太后张氏委托杨士奇、杨荣、杨溥"三杨"辅助。因此，正统初期基本上继承了仁宣时期的各项政策。及正统七年（1442年），太皇太后卒，"三杨"或死或老或失势，遂由宦官王振独专朝政。宦官专权由此始，其结果是加重了政治的腐败。

王振自幼选入内书堂，后侍英宗于东宫。英宗即位，"遂命掌司礼监，宠信之，呼为'先生'而不名，振遂擅作威福"①。初时因太后及"三杨"贤明，王振尚不敢肆意妄为。待大权在手，即除去了朱元璋在宫中所立的"内臣不得干预政事"禁碑。他任其侄王山为锦衣卫指挥同知，王林为锦衣卫指挥佥事。

杨士奇像

① 《明史纪事本末》卷二十九。

朝中凡正直不屈或触犯其势者，就唆使言官诬构罪状横加刑罚。翰林院侍讲刘球因上书失言刺振被入狱杀头，监察御史李铎见王振应对不跪被谪戍铁岭，右侍郎兼都御史于谦也被诬陷入狱。"公侯勋戚咸呼曰翁父，畏祸者争附振免死"①，朝政在王振控制下，出现混乱无常局面。与此同时，地方上也危机四伏，动荡不已。先是出现麓川宣慰使思任发之叛，王振力主"示威荒服"，大兵征讨。结果"劳师费财，以一隅骚动天下"②，思任发屡叛不服，极大地消耗了明朝的国力。在浙江，叶宗留等聚众千余人进入仙霞岭山区开采银矿，因不满政府的封禁政策和多方逼迫，于正统十二年（1447 年）先后两次举行起义，转战闽、浙、赣三省交界地带，并多次打败朝廷官军，使朝廷极为震惊。正统十三年（1448 年），福建又爆发邓茂七领导的农民起义。当地百姓苦于新任布政使宋新的贪虐，不几日便聚众数万，先后攻占 20 余县，全闽震动。两次起义虽先后被镇压，但政治黑暗带来的社会动荡却使国力日衰。

蒙古族自退出中原后，永乐初已分裂为鞑靼、瓦剌、兀良哈部。正统初年，瓦剌部势力大张，其先后击败鞑靼、兀良哈，控制地区西起新疆、东至辽东、北达贝加尔湖、南抵长城，势力之强为元朝退出中原后所仅有。此时明朝因英宗幼弱，王振擅权，加之天灾连年，用兵不断，朝廷上下只注意国内而无暇国外，导致北部边防军伍废弛。正统十四年（1449 年）七月，瓦剌部在也先率领下，大举向明朝进攻。其"兵锋锐甚，大同兵失利，塞外城堡，所至陷没"③。败报传至北京，英宗在王振蛊惑与挟持下，不顾朝臣反对决意亲征。英宗以太监金英辅郕王居守北京，亲率 50 万大军直指大同。"未至大同，兵士已乏粮，僵尸满路。寇亦佯避，诱师深入。"④随驾诸臣连上奏章请回銮，但王振却一意孤行催兵北进。直至前军西宁侯朱瑛、武进伯朱冕全军覆没，镇守大同中官

---

① 《明史·王振传》。
② 《明史·王骥传》。
③④ 《明史纪事本末》卷三十二。

郭敬密报王振决不可行，王振始有还意。八月，明军班师，也先紧迫。退至土木堡，明军被也先围困。也先假意讲和，指挥军队佯退。王振因人马饥渴，下令移营就水。结果陷入敌围，英宗下马就擒，其随征官员50余人皆死，兵士死伤数十万。此次惨败，史称"土木之变"。

消息传到北京，朝廷一片恐慌。郕王朱祁钰急召大臣商议，有人竟公然主张迁都南京以避灾难。当此危难之际，于谦挺身而出，坚决反对南迁，得到有识之士支持。于是，朱祁钰和皇太后下决心抗战，并将此重任托付给于谦。于谦（1398～1457年），浙江钱塘人。永乐十九年（1421年）进士，宣德五年（1430年）巡抚山西、河南，所在任上政绩卓然。正统十三年（1448年）任兵部左侍郎，英宗出征时极力

于谦像

谏止未被采纳。受任主事后，立即采取措施，安定民心。他首先调集外省军队入援京师，并保证粮草储备。接着清洗王振同党势力，将一伙奸佞处死族诛。然后加强边防，稳定政局，以太子幼弱为由，请立郕王为帝。九月六日，郕王即位，是为代宗，遥尊朱祁镇为太上皇，以明年为景泰元年。

也先掳得英宗以后，原以为奇货可居，想利用他做人质，威胁并诈诱明朝各边镇开城迎降。由于于谦严令各将领坚守关隘，不得因瓦剌奉英宗而开门，因此也先所到之处皆闭门不纳。也先见政治手段达不到目的，于是发动了第二次大规模攻势。当其率军抵达北京城下时，于谦率领众将已做好充分准备。整个军队士气高昂，奋勇杀敌，战术得当，屡败敌军。也先见占不到便宜，就在边防广大地区掳掠，但亦遭到坚决还击。此时也先内部出现矛盾，遂将英宗送回北京而退去。于谦继续加强国防建设，整顿京师防务，使部队提高了战斗力，军纪也更为严明。

英宗回朝后，代宗将其幽居于南宫。其出于皇位的考虑，不愿众臣厚待英宗。而有些大臣从国家礼仪出发，认为理应朝驾贺拜。在更换太子问题上，君臣之间也出现了矛盾。不幸的是，代宗费尽心思地立自己的儿子为太子后，太子却是命短，仅年余即病死。其后群臣又议立太子，代宗恼怒，对南宫防范更严。景泰八年（1457 年）正月，徐有贞、石亨、曹吉祥见代宗病重，趁机发动兵变，拥立英宗复辟。英宗归位后，即捕兵部尚书于谦等入狱。因于谦在土木之变后一直为代宗所倚重，出于战略上的考虑不准部下议和迎驾。加之于谦性格刚直，疾恶如仇，得罪了一批勋臣贵戚。故被捕后即以"谋逆"罪被杀，天下人无不为之嗟叹感泣。英宗又废代宗仍为郕王，不久病死。这场宫廷政变，史称"南宫复辟"。

英宗复辟后，大肆封赏功臣。徐有贞以兵部尚书兼大学士入阁预机务，石亨晋爵为忠国公，太监曹吉祥被赐予锦衣卫世职，其他有功官员也均加官晋俸。徐、石、曹 3 人自恃功高，最为骄横跋扈。徐有贞入阁以后，排挤阁臣，独揽事权。英宗因其有才，也十分宠信。但在其稍稍攻讦石亨、曹吉祥而被石、曹知道后，迅即遭到石、曹的怨恨和打击。石、曹设计离间英宗和徐有贞的关系，又唆使言官弹劾徐有贞"图擅威权，排斥勋旧"。结果，徐有贞入狱，被革职至死。此后石、曹招权纳贿，肆行无忌，不断为人告发。"亨既权侔人主，而从子彪亦封定远侯，骄横如亨。两家蓄材官猛士数万，中外将帅半出其门，都人侧目。"[1]石氏叔侄的骄横不法和掌握兵权，引起英宗的疑虑和不满，终于将其逮捕入狱按罪论死。石亨败后，曹吉祥惊惧不安，渐蓄异谋，欲废英宗。曹吉祥阴结死党，准备起事，不料消息走漏，反被英宗先下手逮捕。3天后，凌迟处死。曹吉祥与石亨谋叛，合称"曹石之变"。由此可见，明代中期之宫廷政治愈加险恶。

---

[1] 《明史·石亨传》。

第二节　弘治中兴

明英宗天顺八年（1464 年）正月病死，英宗长子宪宗朱见深即位，以明年为成化元年。其即位之初，洗于谦之冤，用贤良之士，颇有振作之象。但由于早年生活和个人性格的影响，很快沉溺于神仙佛老和声色货利之中。尤其宠信宦官汪直，使政治腐败黑暗，导致内外怨起。

汪直为人狡黠，深得宪宗喜爱，遂为心腹刺探外事。成化十三年（1477 年）正月，"选锦衣官校善刺事者百余人别置厂于灵济宫前，号西厂。永乐中，尽戮建文诸臣，怀疑不自安，始设东厂主刺奸。至是名西厂，以别东厂也。纵直出入，分命诸校，广刺督责大政小事，方言苍语悉采以闻"①。西厂设立后势力远出东厂、锦衣卫之上，汪直任锦衣卫百户韦瑛为心腹，屡兴大狱。其逮捕朝臣竟不奏请，民间琐事亦置重法，横行无忌，气焰嚣张，臣民无不悚怵。西厂设立不到半年，大学士商辂率同官奏劾汪直十一罪，言："自直用事，士大夫不安其职，商贾不安于途，庶民不安于业，若不急去，天下安危未可知也。"宪宗得疏后怒道，"用一内竖，何遽危天下"，乃命太监怀恩到内阁诘责主奏者。商辂正色曰："朝臣无大小，有罪皆请旨逮问，直擅抄没三品以上京官。大同、宣府，边城要害，守备俄顷不可缺，直一日械数人。南京，祖宗根本地，留守大臣，直擅收捕。诸近侍在帝左右，直辄易置。直不去，天下安得无危?"②宪宗不得已，命罢西厂，一时人心大悦。但未几日，御史戴缙谋升求进，上书盛称汪直，请复西厂。宪宗看后大喜，即按所奏命复西厂。商辂知事不可为，乃上疏辞职。其后一批朝臣遭到罢免，留用者只得愈加小心服侍汪直。

① 《明史纪事本末》卷三十七。
② 《明史·商辂传》。

　　汪直在朝廷上得手，又思以边功自固。成化十四年（1478年）七月，辽东巡抚陈钺以掩杀冒功激起骚乱。朝廷本命兵部右侍郎马文升前往抚谕，且已安之。汪直为邀边功，奏请宪宗亲往辽东。汪直到辽东后受到陈钺厚礼相待，遂颠倒黑白将马文升下狱贬官。次年，汪直复出辽东，滥杀女真谎报大捷于朝廷，又得加禄进官，陈钺亦得户部尚书。汪直因陈钺树边功于辽东，引起兵部尚书王越眼红。于是诈称蒙古部亦思马因犯边，劝汪直出兵，成化十六年（1480年）三月，汪直、王越率兵出塞袭敌，导致边境不宁，王越却加封威宁伯。不久，伏当加骚扰辽东，亦思马因寇大同，杀掠甚众。汪直的轻启边衅被人劾奏，憎恶汪直者指陈钺、王越为"二钺"。与此同时，主持东厂的太监尚铭因与汪直争功，遂向宪宗密告汪直所为不法之事。宪宗于是开始疏远汪直，科道文章亦奏两厂苛察非国体，因而成化十八年（1482年）复罢西厂。其后，随着汪直的降职，陈钺、王越、戴缙等党羽均被革职为民，汪直专权就此结束。

　　宪宗在位24年，国政日非，皆因宠信宦官。由此可见，中国的封建统治至明代进入沉暮状态，专制政体达于极端而毫无更新的气象。如果说，明太祖朱元璋擅开国之功创举世伟业，也只能是封建王朝的回光

明宪宗元宵行乐图（明）

返照而难以赋予青春力量。如此肇始岂能振兴？明朝中期以后也就难以维持，如果用人不当就更加每况愈下。

　　明朝皇帝也不乏欲图有为者，自古以来的家天下理论更要求君主强国富民。宪宗死后，孝宗即位。明代自土木之变后，至成化年间已有好转。宪宗在位时国势有所恢复，但任人不当却使朝野生怨。孝宗18岁即位，但在做太子时就已看得十分清楚。因此登基之后，为刷新政治，首先将宪宗所亲信之奸佞清除。如宪宗沉溺于神仙佛道，结果一些摇唇鼓舌者被任以左右，弘治初年传奉官已泛滥至数千，相应文职官员及社会上传教者甚众。孝宗针对这种局面，果断采取措施。方士李孜省、奸僧继晓、道士赵玉芝、太监梁芳等均被或杀或贬，传奉官大量罢去并论罪谪戍，朝野习教者着力革洗禁止。"扶乩、祷圣、驱雷、唤雨、捉鬼、耳报一切邪术及无名之人，俱限一月内尽逐出京，仍有潜住者，有司治之。"① 这一系列暴风骤雨式的行动，扫除了成化政坛上的颓败之风，使空气为之一新。

　　为进一步去弊抑衰，孝宗又整顿朝制。成化后期，宪宗怠政，所用朝执多非其人，不学无术且品行低下。内阁首辅万安结宦官为内援，见皇帝不奏时政只知叩呼万岁，一时传笑，人称"万岁阁老"②。户部尚书、内阁大学士刘吉"多智数，善附会，自缘饰，锐于营私，时为言路所攻。居内阁18年，人目之为'刘棉花'，以其耐弹也"③。兵部尚书、内阁大学士尹直"明敏博学，练习朝章，而躁于进取。性矜忌，不自检饬，与吏部尚书尹旻相恶"④。孝宗即位，罢万安用徐溥，罢尹直用刘健，弃庸起贤，删繁就简，一批冗官或降级，或外迁，或致仕，朝廷所列一时多为正直才俊，顿显清宁气象。

---

① 《明孝宗实录》卷二十七。
② 《明史·万安传》。
③ 《明史·刘吉传》。
④ 《明史·尹直传》。

孝宗为刷新政治，以身作则，勤求治理。不但遵祖制开设了大小经筵，而且于早朝之外恢复了午朝。明初经筵原无定日，随皇帝之兴致令文学侍从讲说。正统初经筵始制度化，分仪式隆重的大经筵和轻松随便的小经筵。成化年间宪宗怠政，常令停止，动辄数月，实际渐为虚文。弘治元年（1488年）三月，孝宗即位之初，就接受臣下建议，恢复了经筵制度。鉴于前朝进讲之臣"劝戒少而颂美多，讲吉不讲凶，讲治不讲乱，讲得不讲失，讲存不讲亡"的弊端，孝宗提倡直言不讳、言无不

雨江名胜图册（明）沈周

尽。经讲之余，孝宗还与阁臣议处政务，说古道今。与此同时，孝宗又恢复午朝制度。明初早朝处理四方奏事，午后事简可从容议论。但正统以来，每日早朝不过片时，午朝基本废止。弘治元年三月，吏部尚书王恕建议孝宗早朝之外，"日御便殿，宣召诸大臣，详论治道，谋议政事，或令其专对，或阅其章奏，如此非惟可以识大臣，而随材任吏，亦可以启沃圣心而进入高明"①。孝宗认为有理，遂恢复午朝。正因如此，君臣相见日多，国事通达速决。朝廷多正臣，社会多安定，弘治一朝的政治形势相对较好，有效缓和了正统以来日益激化的社会矛盾。

然而，毕竟明朝开国已久，积弊势重难返，加上孝宗仁而不断，政治革新极不彻底，也就很难重振雄风。如弘治初期仍重用人称"刘棉

————————

① 《明史纪事本末》卷四十二。

花"的刘吉为内阁首辅，而刘吉善于欺世盗名营私舞弊，他屡兴大狱，排斥异己，直到弘治五年（1492 年）才因与孝宗意见发生分歧被讽令致仕。此外宦官外戚仍然势力强大，孝宗多有宠信姑息。太监李广"以符篆祷祀蛊帝，因为奸弊，矫旨授传奉官，如成化间故事。四方争纳贿赂，又擅夺畿内民田，专盐利巨万。起下第，引玉泉山水绕之。给事叶绅、御史张缙等交章论劾，帝不问"①。张皇后之弟寿宁侯张鹤龄胡作非为，请乞无度，败坏盐法，孝宗亦视若无睹。到弘治后期，孝宗也渐不能"勤于政事"，日渐热衷斋醮、烧炼，经筵日缺，视朝渐少，章奏批答亦不及时。

总的来说，孝宗时期政治清明，经济发展，社会安定，天下太平，故史称"弘治中兴"。《明史·孝宗本纪》赞曰："孝宗独能恭俭有制，勤政爱民，兢兢于保泰持盈之道，用使朝序清宁，民物康阜。"把他视为仁、宣以来能守成有为的君主，也算是较为恰当的评价了。

第三节　土地兼并

明中期屯田制日渐废弛，土地兼并日趋剧烈，与此相应的是庄田的大量出现和国家财税的严重流失。所谓庄田，历史上由来已久，是与封建政治特权紧密联系的，一般可分为皇族庄田、勋贵庄田、豪绅庄田几类。

皇室占据的土地称为皇庄，明代最先出现的皇庄是成祖朱棣即位后在北平宛平县设立的。其后仁宗洪熙时，又设仁寿宫庄、清宁宫庄和未央宫庄。宪宗即位以后，"以没入曹吉祥地为宫中庄田，皇庄之名由此

---

① 《明史·宦官传》。

始"①。宪宗在位时，皇室费用急剧膨胀，仅光禄寺的厨师就增加到近8000人，宦官因受信用也数目激增超过万人。皇室挥霍浪费，穷奢极欲，造成财政危机，每年用费不够开支，将历代库存积储几乎花光。在这种情况下，由皇室直接占有土地、残酷剥削百姓的皇庄便得到发展。宪宗向皇庄直接派遣宦官管理土地收取租税，将原来国家的财政收入中饱私囊。对此曾有人奏议："天子以四海为家，何必置立庄田，与贫民较利？"②宪宗不听，仍实行之。到孝宗即位初，皇庄发展到5处，共有地12800余顷。皇族庄田其实还包括王府、公主等所占有的田庄，王府庄田指亲王就藩后的藩国庄田，明初就已产生，不过规模较小，属于朝廷所给岁禄以外的补充。仁宗时，于岁供之外另赐赵王田园80余顷，遂开赐予王庄的风气并不可遏止。到明中叶，王庄已遍及南北直隶及山东、山西、河南、湖广、陕西、江西等布政司，其数额巨大，不可胜数。公主、驸马也相应受赐，国土遂为私田。

除皇族庄田外，勋臣、贵戚与豪强、缙绅也"恃宠挟恩，奏求田地，因而依势虐人，侵占倍数"③。如英宗时黔国公沐氏庄田遍及云南主要州、府，忠国公石亨仅在怀来等地就占田1700余顷。景泰间皇戚王源原赐田只27顷，他令家奴别立四至扩占官民田土16000余顷。弘治时外戚张鹤龄初赐田500顷，其依势夺占实际得地4000余顷。随着明中叶宦官势力增强，他们通过受赐、奏乞、夺占等手段也使自有庄田迅猛扩大。据《英宗实录》卷二九载，正统二年（1437年）中官、外戚占有南京田地62000余亩，房屋12000余间；天顺元年（1457年），仅太监曹吉祥占耕真定府饶阳县田就达1000余顷。宪宗时的太监汪直、孝宗时的太监陆恺都拥有大量田庄，他们巧取豪夺，不择手段。

随着土地兼并的发展，军屯制度也逐渐破坏，屯田不是被卫所将校

---

①② 《明史·食货志一》。
③ 《明英宗实录》卷二三九。

侵占，就是被豪强地主攫取。宣宗时，镇守宁夏的宁阳侯陈懋私役军士种田 3000 余顷。宪宗时，大同、宣府等处土地数十万顷，全为豪强所占。由于失掉屯田，兵士无以为生，便纷纷逃亡。据正统三年（1438年）统计，逃军积数已达 120 余万。至弘治末，天下军屯已名存实亡。由科举踏上仕途的缙绅也不甘落后，他们一旦得志也求田问舍，千方百计地兼并土地。河南"缙绅之家，率以田庐仆从相雄长，田之多者千余顷，少亦不下五七百顷"①。江浙权豪庄田"阡陌连亘"，"一家而兼十家之产"②。福建地区"仕宦富室，相竞畜田，贪官势族，有畛隰遍于邻境者。至于连疆之变，罗而取之；无主之业，嘱而丐之；寺观香火之奉，强而寇之；黄云遍野，正粒盈艘，十九皆大姓之物"③。

皇族庄田的土地，绝大部分都是侵夺霸占民田及军屯而来。虽说也有来自牧场余地及罪臣庄园之说，但都是直接间接掠夺而已。所谓荒滩草地，由初始发展到后来皆为肥土沃田；所谓罪臣庄园，亦是利用权势搜刮所得。如正德时"奸民乘隙多将军民屯种土地诬捏荒闲及官田名色投献，立为皇庄"④。又如没收的曹吉祥田庄，其原有土地不过 1000 余亩，至没收时已达 3500 亩，到嘉靖初年清核皇庄时则达 7500 亩。弘治十一年（1498 年）何孟春奏：近年皇庄"小民衣食之资，横加侵占，由寻及丈，跨亩连蹊，求益不已"⑤。孝宗弘治时，京畿已有皇庄 5 处，占地 12800 余顷。武宗正德时，京畿皇庄已增加到 36 处，占地37000 多顷。

除皇室霸占田土外，勋贵、豪绅所占庄田更是数量巨大。他们获得土地的方式本来主要是皇帝赏赐，如明初太祖下令赐田给公卿"以其租

① 郑廉：《豫变纪略》卷二。
② 《明英宗实录》卷五。
③ 谢肇淛：《五杂俎》卷四。
④ 《明世宗实录》卷三。
⑤ 《明经世文编》卷一二七。

花溪渔隐 （明）陆治

充禄"，而仁宗以后历代皇帝都有大规模的赐田，孝宗皇帝一生见于记载的钦赐土地就达50余次。不过这时的赐田与明初的禄田已有不同。明初禄田尚属国家，地租的征收由政府专人管理，租额的高低亦由政府确定。明代中叶的赐田虽属官田，但它可世代承袭，多半是自行管业，租额也多由自己确定，实际上是官田的私有化。宣德以后，勋贵、豪绅不再等待皇帝主动赏赐，逐渐以"奏乞"和"投献"的方式得到逾额的土地。所谓"奏乞"，是指某处为"空地"、"荒地"、"闲地"或"退滩地"，取得皇帝恩准便可据为己有。所谓"投献"，本是指民人将己业自动献给贵族，或是因不胜赋役负担求得庇护，但实际上投献者多为奸猾之徒，所献并非己业，而是将官民田地随意捏作"空闲"献给贵族。

明中叶以来，所谓"奏乞"、"投献"不绝于书，勋贵、豪绅的庄田不断增广。正如成化五年（1469年）户部给事中李森所言："入皇朝以来百年于兹，民生日众，安得有不耕不稼之闲田？名为求讨，实则强占。"① 这种奏讨，规模之大令人瞠目。如宪宗生母孝肃皇太后之弟周寿，成化元年（1465年）奏求河间等县田土448顷，与之；成化三年（1467年），"时方禁勋戚乞请庄田，而寿乃皇太后弟，冒禁以请，上不

① 《明宪宗实录》卷七〇。

得已与之"，诏给涿州庄田 63 顷有奇；弘治六年（1493 年）又请承买宝坻县地 1200 余顷，孝宗不允，准令于内拨 500 顷与之管业，而弘治十年（1497 年）再次奏请到所余 700 余顷庄田；弘治十七年（1504 年）与国舅张延龄争田获胜，又捞到 2000 顷良田；武宗正德三年（1508 年）又奏讨得到安务地 870 顷。以此个例，即见兼并之烈。

土地兼并与政治腐败是紧密相关的，对经济利益的贪婪追求导致不法行为的大量发生，而以权势为后台掠夺土地推动兼并之风愈演愈烈。《明史·食货志一》载，弘治二年（1489 年），户部尚书李敏等上奏："管庄官校招集群小，称庄头伴当，占地土，敛财物，污妇女，稍与分辨，辄被诬奏官校执缚，举家惊惶，民心伤痛入骨。"他们为非作歹，横行霸道，与地痞无赖勾结，不仅欺压田庄内的佃户，连周围的农民也不放过。致使一些农户为逃避苛繁赋役，投充王府势要之家。弘治五年（1492 年），河南巡抚徐恪向孝宗上书指出，河南百姓"或因水旱饥荒及粮差繁重，或被势要相侵及钱债驱迫，不得已将起科腴田减其价值，典卖于王府并所在有力之家"①。

土地兼并的直接恶果是官民田土大量流向私家大户，皇室豪门所占沃土很多却纳税很少，于是国家税粮进一步转嫁到农民身上，以致他们不堪重负，只好投献寄存。"官员之家率得优免，遂至奸伪者多诡寄势家。"② 由此导致国家控制的土地失额严重，国家财政收入也日趋减少。据《明会要》记载，洪武二十六年（1393 年），国家田地总数是 850 多万顷，而到了弘治十五年（1502 年）反而减至 420 多万顷。"自洪武迄弘治百四十年，天下额田已减强半。而湖广、河南、广东失额尤多，非拨给于王府，则欺隐于猾民。"③ 另据《明会典》，洪武二十六年共征夏税秋粮 2900 多万石，而弘治十五年共征近 2700 万石。土地总数减额一

---

① 《明经世文编》卷八一。
② 《明孝宗实录》。
③ 《明史·食货志一》。

半，而田税总额几乎未减，这充分说明农民的负担正在成倍地增加。

农民丧失土地之后，有些就地转化为佃农，有的则背井离乡成为流民。大批庄田的剥削和欺压，严重阻碍了生产力的发展，农民失去了生产劳动的积极性，反而增强了社会的不安定因素。明王朝面临如此危机，也不得不采取一些抑制兼并的措施。针对"奏讨不已"、"投献不绝"，朝廷屡颁禁约。有时虽救谕严厉、声势浩大，但是"禁奢侈则害于近戚，限内产则妨于贵家，于是令出而有不行"①。在勋戚、贵绅的抵制下，始终来能达到有效目的，只能说多少延缓了明王朝衰颓的趋势。

第四节　赋税新制

明代中期，赋役日益加重。明初社稷未稳，百废待举，朱元璋采取屯田移民、兴修水利、发展工商、蠲免赋税等政策，较为有效地恢复了国力。然成祖即位后，北征蒙古，南荡安南，遣郑和通使域外，疏浚运河，营建北京，国家军政耗费巨大。宣宗登基，针对民情，下诏对官田改科减征。宣德四年（1429 年），"官田纳粮一斗至四斗者减十之二，四斗至一石以上者减十之三"；次年重申，"因各种官田起科不一，租粮既重，农民弗胜，自今为始，减除十之二三不等"②。这种普遍减除与临时蠲免不同，表现出宣宗无为清静的治国方略。

宣宗派周忱到江南督理税赋，而周忱也不负朝廷的期望试图进行改革。他革除粮长制的弊端，改良田赋漕运方式，渐次建立完善税粮征收、储藏、运输中的各种规章制度，设立济农仓构筑起地方政府可以自

---

① 《皇明条法事类纂》卷一三《户部》。
② 《明会典》卷一七。

主支配的基金体系，推广平米法结束了"豪户不肯加耗"的历史和税粮负担畸重畸轻的局面。这一方面保证了国家的田赋收入，一方面支持了地方官员的公务性支出；一方面制约了敲诈勒索、贪污浪费，一方面顺应了民情、减轻了田赋。但周忱改革真正触及官田科则的措施是正统以后的田赋折征，它使耕种官田的农民以折纳方式减轻了重赋和运粮之苦，并推动了官、民田税户负担渐次达到平均。

宣德年间开始的田赋折征规模有限，正统以后伴随商品货币经济的繁荣折纳不断扩展。周忱初准折粮纳银的措施取得了良好的效果，推动了以田赋折纳方式向减轻官田重负迈出实质性的步伐。他奏准允许将苏松等府的部分税粮折纳金花银和布匹，金花银一两折米四石，棉布一匹折米一石。田赋折征实际上减轻了官田的税额，且除去了农民田赋运输之苦，相对减轻了耕种官田的农民的负担。金花银逐渐成为调节平衡官、民田土赋税负担的重要手段。明朝官田以江南为多，这是历史和现实造成的，对前朝官田的继承和对当代民田的掠夺，使江南粮仓成为国有。封建政权直接从土地上征收产品，该产品兼具地租与赋税两重性质，所以官田税额在数量上要高于民田。周忱减轻官田重负，有利于发展经济，但也面对来自各方面的压力，特别是朝中反对派的攻击。宣德六年（1431 年）户部尚书胡濙以"变乱成法，沽名要誉"反对周忱，正统九年（1444 年）户科给事中李素以"不遵成规，妄意变更"弹劾周忱。这使周忱的改革小心翼翼，尽管如此仍阻力重重，关键是一系列措施触动了当时地主阶级的切身利益。"土木之变"后，明代宗即位，对前朝重臣的猜忌使周忱失去了政治上的靠山，周忱被迫在上下左右的夹击下致仕。

但周忱下台后，改革的趋势并没有停滞。这是因为，明中叶以后，地方逋赋严重，人口大量逃亡，国家财政日趋紧张，赋税制度必须整顿。所以，此后苏松地区减轻官田重赋基本沿着周忱的改革思路进行。这样，金花折色越来越多，田赋输纳由民运向官运转化。金花银的征派渐由官田扩大到所有税田，金花银在田赋中所占比重不断上升，成化以后临时性的田赋折银屡见不鲜，货币在社会经济生活中的地位日渐提高。事实上，明初田赋折色成货币所占比例甚小，这是因为若田赋全部征银必然会动摇传统农业的基础地位。所以金花银只有在明政府的干预下自南向北渐次推广，并通过这一措施加速了官田的私有化进程。

货郎图（明）

明中叶以后，随着社会稳定和经济复苏，生产规模扩大，商品交换频繁，财富增值速度加快，货币成为流通的重要媒介。明初由于银少，国家不可能完全以此为财政基础。正统六年（1441年）明英宗"弛用银之禁"，白银参与商品流通，迅速渗透到社会生活的各个领域，将上至王公下至百姓全部不同程度地拖入商品货币经济的旋涡，因此，田赋折为货币也是大势所趋。但需要指出的是，随着田赋的货币化，朝廷的赋敛也在加重，如到了成化二十三年（1487年），每粮一石征银一两，这比正统元年（1436年）无形中多增加了3倍。

除此之外，漕粮加耗也实行货币化，由专人集中营运，免除了农民自运之苦。明代漕粮主要出自南直隶、浙江、江西、湖广、河南、山东等地，它是为维持国家机构正常运转由水路运往京师的粮食。但漕粮制度本身受许多因素的制约，如缺船载运、水路受阻、官仓储满、贪污浪费等，再加上自然灾害、百姓穷困、赋粮难征等，种种原因迫使明政府在确保漕运总额不受亏损的情况下有条件、有限额地扩大漕粮折征。明初漕粮以折征布帛为主，而正统以后兼收白银和布帛，尤以白银为主，加耗亦可折征。

　　折色使农户生产粮食以外，还可生产其他商品，松懈了土地对人身的束缚，有利于市场经济的发展。朝廷论粮加耗、论田加耗的反复也倾向于扒平官、民田科则，鼓励耕种垦荒和加重民田赋税，实际上加速了官田的民田化进程和改进了赋敛折色的方法。如正德十四年（1519年），江南巡抚许庭光在湖州知府刘天和的配合下，在湖州地区实行均平官、民田土科则的改革。他们将全府应纳税粮、耗米统一折银，按亩均摊，每亩实征三斗。此后，官、民田科则的差别进一步消失，这显然是针对"民田多归豪右，官田多留于贫穷"而运作的，尽管阻力很大，但到明后期基本扒平。

　　徭役与赋税一样，也是构成明帝国大厦的经济支柱。赋是针对田亩而设，役则针对人丁而立。早在明初，政府采用计田出夫的佥派手段，明显带有平均主义色彩，对耕地较少的小自耕农较为有利。洪武三年（1370年），朱元璋建立起鱼鳞图册和赋役黄册制度，通过对土地、人口严加管理、控制，推动赋役制度向正规化方向发展，正式确立依丁粮多寡划分户等、按户等高下佥派徭役的制度。但是这种办法实行后，由于操作者主观和客观上的原因，很难保证佥派差役的公正性，如差役每年繁简不一，各里丁粮多寡相异，农户负担也无法相等。

　　明中叶以后，伴随着政治腐败而徭役加重。成化时，"孤寡老幼皆不免役，空闲人户亦令出银。故一里之中，甲无一户之闲；十年之内，人无一岁之息。甚至一家当三五役，一户遍三四处"[1]。同时，里胥为奸，优免冒滥，每逢佥派徭役就放富差贫，放大户而勾单小，千方百计向农民转嫁差役负担，"田连阡陌者诸科不与，室如悬磬者无差不至"[2]。又由于商品经济的发展，土地兼并的盛行，也使传统徭役佥派制度发生危机，如白银作为一般等价物周流全国而可折色，钦赐、奏

---

① 《明宪宗实录》卷三三。
② 罗仑：《与府县官上中户书》，《明经世文编》卷八四。

讨、投献、夺占土地愈演愈烈，国家控制的人口和土地越来越少，这都使改革势在必行。

　　徭役改革与赋税改革一样是由周忱拉开序幕的，他先采用加耗的方法减轻里甲的负担。早在宣德年间，周忱鉴于江南"杂派太多，民不堪扰，乃将杂派诸名色尽于秋粮一并带追，谓之耗米"①，凡民间户丁之差役、物料之科派，包括买办纳官丝绢，修理舍、廨、庙、学，攒造文册及水旱祈祷，皆从耗米中支取。周忱的改革将传统的按丁粮多寡支付徭役改为论粮加耗，随田科料，这就促成赋与役逐渐合流的趋势。此后浙江出现了均平银，即核算出每年的徭役总数和平均额度，折田为丁，统一征银，按丁田均平科派。广东稍后亦推行均平银，其具体科派方法是："广东丁田，自编徭役之外，每人一丁出钱五百文，田一亩出钱一十五文，十年一次，随里甲正役出办供应，谓之均平银。"② 福建则称为纲银，"纲银者，举民间应役岁费，丁四粮六总征之，易知而不繁，犹网之有纲也"③。通过调整科派标准，将部分徭役摊入田粮。相对于南方，北方改革较晚，主要是因国家控制严密。

　　随着里甲正役的改革探索，杂役的改革也在起步，主要表现为均徭法的推广和十段册法的实行。所谓均徭，是鉴于明中叶以后官僚机构膨胀，政府佥派徭役名目繁杂，百姓重负难堪，于是将经常性的杂役同临时性的差遣相区分。这些常役包括祗侯、禁子、弓兵、巡栏、马夫、皂隶、斋夫、膳夫等，将其名额加以固定并作出固定开支细数，均摊于户等。针对里胥为奸，弄虚作假，佥派徭役时放富差贫，均徭法规定："里甲除正役照黄册应当外，又别令编造《均徭文册》，查勘实在丁粮多寡，编排上中下户，量计杂泛重轻等事佥定，挨次轮当。"④ 均徭法以

────────────────

① 徐献忠：《复刘沂东加耗书》，《明经世文编》卷二六八。

② 林希元：《陈民便以答明诏疏》，《明经世文编》卷一六三。

③ 《明史·食货志二》。

④ 嘉靖《海宁县志》卷二。

正统八年（1443 年）江西按察佥事夏时初行为标志，此后推广开来，验民贫富，南方以丁田为主，北方以事产为准，于里甲中重新确定户等，编第均输，户等越高应役越重，低者则应轻役。由于商品经济的发展，白银流通的扩大，也促成了越来越多的力役折交白银。正德六年（1511 年）出现力差、银差之分，纳银代役已是大势所趋。此后明代徭役正式分离为里甲、均徭、杂泛，均徭作为正常杂役形成固定的科派由府掌管派遣。相对来说，均徭减轻了下户的负担，加重了上户的赋役，故不时遭到一些非议。江西右参政朱得反对夏时的均徭法说："时多以上等粮户为隶兵，意在逐年取用，未免民害。"[1] 全国其他地方也多有大地主反对，认为均徭侵害了民众的利益尤其是自己遭受了损失。但均徭法毕竟是时代要求，人心所向，于是很快普及。弘治元年（1488 年）明孝宗下令："布按二司、分巡分守官、直隶巡按御史，严督州县掌印正官，审编均徭，从公查照岁额差使，于该年均徭人户丁粮有力之家，止编本等差役，不许分外加增余剩银两。"[2]

　　但随着均徭法的确立，均徭种类也越来越多；随着货币经济的发展，力役折银越来越多。在执行过程中，由于官吏和富豪互相勾结，派役时难免轻重倒置。为了改革完善均徭，附带清理田赋，成化以后，十段册法在南方地区逐渐推行。十段册法对均徭的改进在于，它首先清查核实全县的人口土地，或以丁折田，或以田折丁，将全县该年度应派的徭役一并折合成银，扣除优免外，推算出每亩或每丁应支多少白银去承充徭役。然后将敷实的全县土地均分为十段，每年编排一段应役。"十段册专以田地为主，不以人户推收为主"的审编原则，不仅在一定程度上杜绝了均徭法执行中富户贿赂胥吏避重就轻的弊端，而且抑制了由优免冒滥所引起的诡寄、花分、投献、寄庄等的盛行，减轻了农民的负

---

① 《明英宗实录》卷一三六。
② 《皇明制书》卷一三《问刑条例》。

担，打击了大户的不法行为。

　　总之，明中期以来减轻官田重赋的改革，是封建地主阶级有识之士为确保朝廷财赋收入而进行的对生产关系的局部调整，经过论粮加耗与论田加耗的反复，最终通过扒平官、民田科则的手段促使官田的民田化。与之相伴进行的是田赋征收办法的不断完善，推动了商品经济的繁荣活跃，田赋的货币化促使纳税户将农产品投放市场换取货币，货币成为衡量国库收入的重要依据，这就加速了农产品的商品化进程，传统的价值观念发生动摇。人们开始逐末求利，弃农从商，社会经济生活更加丰富多彩。而官僚机构的膨胀、行政效率的下降、徭役征发的增加与土地兼并的盛行使广大百姓生活困苦、重负难堪，也使部分有志之士冲破重重阻力开始均平徭役的探索与试验并从而进行改革。从正役、杂役的改革过程中不难看出二者的共同趋向，即在敷实丁田的基础上徭役定额化，徭役金派向摊丁入地方向发展，力役征银规模不断扩大。这是诸役合并的先兆，也是与赋税改革的一体化，它反过来又促成了力役与地租向着征收货币的方向发展，从而为后来一条鞭法的诞生、商品经济的进一步发展铺平了道路。

第三章
宦竖阁老的弄势

第一节　刘瑾误国

明初皇帝至高威权的建立导致极度的专制集权，但随之而后宦官与内阁的权力也迅速膨胀起来，中期以后皇帝在承平之中多无作为，反被宦官与内阁所左右。到武宗朱厚照即位，更不以国事为重，一味耽于淫乐嬉戏，因而致使正德一朝奸佞横行，政治混乱，社会动荡，明代自此步入衰败之途。

武宗两岁时被立为皇太子，性聪颖，好骑射，终日与宦官为伍作乐。弘治十八年（1505 年）孝宗死，武宗登基。在东宫旧侍刘瑾、马永成、谷大用、魏彬、张永、邱聚、高凤、罗祥等人称宦官"八虎"的诱导下，日为狗马鹰犬、歌舞角抵，肆意玩乐、纵情妄为。不仅孝宗遗诏中准备兴革者全废止不行，而且经常借故免除经筵、朝参，只知玩耍。朝臣们交章力谏全无用处，身边宦竖却日增益众。"建言者以为多言，干事者以为生事，累章执奏谓之渎扰，釐剔弊政谓之纷更。忧在于民生国计，则若罔闻知；事涉于近倖贵戚，则审不可破。"[1] 武宗乱政

---

[1] 《明史·刘健传》。

暴露了封建制度中最腐朽的一面，天下大政系于最荒唐的皇帝而实出宦官之手。

刘瑾，陕西兴平县人。景泰中初进宫充任乾清宫洒扫厮役，成化时领教坊见幸，弘治年间经权宦李广引荐侍奉东宫，武宗即位后掌管钟鼓司。刘瑾为人狡狯狠毒，"尝慕王振之为人，日进鹰犬、歌舞、角抵之戏，导帝微行。帝大欢乐之，渐信用瑾，进内官监，总督团营"①。朝臣见武宗日事游宴，不理朝政，遂纷纷上章奏论。正德元年（1506 年）二月，内阁大学士刘健等以去留相争，武宗置若罔闻。四月，罢吏部尚书马文升。五月，罢兵部尚书刘大夏。"冬十月丁巳，户部尚书韩文帅廷臣请诛乱政内臣马永成等 8 人，大学士刘健、李东阳、谢迁主之。戊午，韩文等再请，不听。以刘瑾掌司礼监，邱聚、谷大用提督东、西厂，张永督十二团营兼神机营，魏彬督三千营，各据要地。刘健、李东阳、谢迁乞去，健、迁是日致仕。己未，东阳复乞去，不允。"②

刘瑾得势后，即借故革去韩文的职务，并株连一大批朝廷官员。为彻底清洗掉反对派，正德二年（1507 年）三月，刘瑾又谕令群臣跪金水桥南，宣布榜示，原大学士刘健、谢迁，尚书韩文等 53 人为奸党。此外，刘瑾还令京官养病 3 年不赴部者一律革职为民，不到 3 年者限定期赴京听选，以此打击违忤己意、养病避祸者。至此，"海内号正直者"被罢黜一空，而趋炎附势者被破格提拔。接替马文升任吏部尚书的焦芳因告密刘健等谋诛刘瑾一事，被命以文渊阁大学士身份入阁预机务。同时，朝廷重要部门几乎全由刘瑾党徒把守，"时东厂、西厂缉事人四出，道路惶惧。瑾复立内行厂，尤酷烈，中人以微法，无得全者"③。

刘瑾故意取朝臣奏章给武宗省决，令武宗厌烦后而大权自揽。"自

---

① 《明史·刘瑾传》。
② 《明史·武宗纪》。
③ 《明史·刘瑾传》。

是瑾不复奏，任意剖断，悉传旨行之，上多不之知也。"① 武宗上朝时，刘瑾立于其右。大臣拜完武宗，即向刘瑾作揖，故人称刘瑾为"立皇帝"。"刘瑾不学，每批答章奏，皆持归私第，与妹婿礼部司务孙聪、华亭大猾张文冕相参决，辞率鄙冗，焦芳为润色之，东阳颛首而已。""公侯勋戚以下，莫敢钧礼，每私谒，相率跪拜。章奏先具红揭投瑾，号红本，然后上通政司，号白本，皆称刘太监而不名。"② 刘瑾专权后，武宗更是一心玩乐。他于西华门别筑宫殿，造

《三才图会》插图（明）

密室于两厢，命曰豹房。起初只是白天在此游乐，后则在此歇宿并麇集宠幸。京师教坊乐工承应不足，又令河间诸府乐户技术精湛者入内侍应。听说回回女子肤洁貌美，即令人召进豹房通宵达旦地观赏歌舞。武宗还尊崇佛教，经常在宫内顶礼事佛，并自称"大庆法王西天觉道圆明自在大定慧佛"。

　　刘瑾的擅权和武宗的放任，很快激化了明王朝内部固有的各种矛盾。正德五年（1510 年）四月，刘瑾派大理寺少卿周东清丈宁夏屯田，周东讨好刘瑾恶意敲诈激怒戍将卫卒，遂致早欲图谋不轨的安化王朱寘镭造反。朱寘镭以诛刘瑾、清君侧为名起兵，关中大震。而陕西守臣将此激变封奏，刘瑾却匿不使闻。朱寘镭为人素狂诞，起事仓促并无方

① 《明通鉴》卷四十二。
② 《明史·刘瑾传》。

略，其乱18天即被平息。

武宗命右都御史杨一清、宦官张永率兵前往讨伐，杨、张却借机深相结纳密谋除掉刘瑾。乱平返京，张永阴奏刘瑾不法事，乘武宗微醉连夜拘捕刘瑾，并遣官校查封其私第，搜出衮衣、玉带、甲杖、弓弩等禁物，并得金银数百万、珠玉宝玩无数。在刘瑾所持扇内，又发现锋利匕首两把，武宗因此大怒，命百官会于午门，诏磔刘瑾于市。其党徒60余人，或死或刑，均被削籍为民。

同年十月，河北农民刘六、刘七又因不堪重负，聚众起义。起义原因有三：一是皇室和勋贵在这里广占民田，建立起许多皇庄和庄田，农民失去土地无法生存；二是明政府在这里推行害人的马政，即将官马派给农户牧养，并规定应纳马驹的数目，若马匹死亡或所生马驹不足数，则令养马户赔偿，养马户因此苦不堪言；三是这里靠近京师，各种徭役特别繁多。起义者数千人，最盛时将近20万。明政府派大军镇压，两年后才平息。

《乐府先春》插图（明）

地方动乱一平，武宗又故态复萌。他不顾国乏民贫，下诏增修豹房200间。接着又信用江彬，开始新的寻欢作乐的历程。江彬在镇压农民起义中建功得赏，又因身材魁伟、机警善迎颇得武宗欢心。江彬为固己势，对武宗盛称边军剽悍胜京军，请互调操练。议下，言官连章交谏，武宗皆不听。于是，辽东、宣府、大同、延绥四镇军队尽调京师，号"外四家"。结果，"边卒纵横骄悍，都人苦之"①。江彬为讨武宗欢心，还常常引导武宗出宫禁游猎近郊，并多次怂恿武宗微服出幸边府，到处耀武扬威，抢掠妇女。"中外事无大小，白彬乃奏，或壅格至二三岁。廷臣前后切谏，悉置不省。"②

正德十四年（1519 年）六月，江西宁王朱宸濠反，武宗听江彬言，欲假亲征之名南巡。七月二十六日，叛军已被攻灭，武宗八月二十二日离京南下，闻凯秘而不宣，生怕诸臣知晓无词巡幸。其后沿涿州、临清、淮安、扬州抵南京，所经之处鱼肉乡里，搜掠民女，闹得鸡犬不宁，官民惊惧。武宗随从人员十几万，加之江彬等乘机勒索，应天府尹齐宗道因无力供应忧惧而死。正德十五年（1520 年）闰八月离南京回师；九月，渔于积水池舟覆惊悸而病；次年三月死于豹房，终年 31 岁。

武宗是明代最荒唐的皇帝，刘瑾是明代擅权乱政最严重的权宦之一。"土木之变"后明朝已有衰势，弘治之时稍有振兴。发展到武宗朝，不仅没有继续兴革，反而昏乱无道，导致奸佞为非作歹，国家动荡不安。明代政治自此日益衰败，昏君奸臣的倒行逆施使社稷进一步滑向泥潭。

第二节　严嵩专权

明武宗死后，因生前既无子嗣，也未立皇储，慈寿张太后与大学士杨廷和定策，以遗诏立兴献王长子、时年 16 岁的朱厚熜继承皇位，是为明世宗，改明年为嘉靖。杨廷和在张太后支持下，罢威武团营，遣边军还镇，革京城内外皇店，遣散豹房侍应，放还四方进献女子，停业京

---

① 《明史纪事本末》卷四十九。
② 《明史·江彬传》。

师不急之务，收行宫珠宝归之内库，并逮捕佞臣江彬等下狱，裁汰锦衣诸卫，审革恩幸得官者，一时"中外称新天子圣人，且颂廷和功"①。

世宗为人颇具孝道，且个性坚强，因此虽为少年天子，但却不愿任人摆布，而欲大权独揽。正德十六年（1521 年）四月，世宗由安陆至京师。他对诏书中称奉皇兄遗命入奉宗祧颇不以为然，对礼官所称应以孝宗为皇考而对本生父母称侄的做法更是不满。他非常生气地说："父母可移易乎？其再议！"②大学士杨廷和、蒋冕、毛纪等多次上书申辩，礼部尚书毛澄也会集群臣再三执奏，世宗愈发生气，命博考内礼，务求至当。七月，观政进士张璁揣知世宗意，遂上书抨击廷臣之论，提出了入统不入嗣之说。世宗得疏大喜，当即下诏，欲尊父为兴献皇帝，母为兴献皇后。杨廷和等坚持不可，封还手诏。五月，世宗母至通州，闻朝议考孝宗，大怒，道："安得以我子为他人子？""帝闻之，涕泗不止，启慈寿皇太后，愿避位奉母归，群臣惶惧。"③张太后与杨廷和不得已，只好答应世宗的要求，以世宗父母为兴献帝后。但不久，杨廷和即授意吏部，调张璁为南京刑部主事，并嘱"勿复为大礼说难我耳"。然一年多后，张璁等"议礼派"又再次发难，上疏请改称孝宗为皇伯考，兴献帝为皇考。世宗复又心动，乃诏廷臣集议，并特旨召张璁等赴京。群臣抗阻无效，只得顺从上意。嘉靖三年（1524 年）二月，大学士杨廷和被罢免。其后，再为本生父母加赠尊号。反对者或下诏狱考掠，或谪官夺俸，或令驰传归家。六月，任命张璁、桂萼为翰林学士。此后朝臣为正皇统，几次反对世宗改称孝宗为皇伯考，结果全被治罪，世宗终遂己意。嘉靖七年（1528 年）六月，明世宗颁布《明伦大典》，肯定议大礼的成果，并对反对派官员再次追夺。通过这次大礼议，世宗肯定了自己世系的地位，加强了自己的权势，张璁等人也青云直上，而护礼派惨遭

---

① 《明史·杨廷和传》。
② 《明史纪事本末》卷五十。
③ 《明史纪事本末》卷五十。

淘汰，至上皇权击败了迂腐廷臣，专制独裁再次决定了宫廷政治。

　　世宗不仅孝顺，还崇奉道教。自入宫后，即大肆兴建道场。大学士杨廷和及朝臣屡次谏之，不听。嘉靖三年（1524 年）征江西贵溪龙虎山清宫道士邵元节入京。嘉靖五年（1526 年）封其为"真人"，总掌道教。数命邵元节建醮，以大臣充上番、监礼、迎嗣、引导等使，整个宫廷乌烟瘴气。各地官吏也迎合帝意，纷献奇珍异宝，希求封赏。诸臣均以撰青词①赞玄机为务，权臣严嵩即因善迎帝意而得宠。

　　严嵩，字惟中，江西分宜人。长身瘦削，疏眉目，大音声。弘治十八年（1505 年）进士，改庶吉士，授翰林院编修。后以疾归，读书 10 年，为诗文，颇著清誉。还朝，久之，进侍讲，署南京翰林院事，召为国子祭酒。嘉靖七年（1528 年）任礼部右侍郎，奉世宗命祭告皇考之陵。还言："臣恭上

水陆道场忏法神鬼像图（明）

宝册及奉安神床，皆应时雨霁。又石产枣阳，群鹳集绕，碑入汉江，河流骤涨，请命辅臣撰文刻石以纪天眷。"帝大悦，从之。迁吏部左侍郎，进南京礼部尚书，改吏部，居南京 5 年。以贺万寿节至京师，会廷议更修《宋史》，辅臣请留嵩，以礼部尚书兼翰林学士董其事。此后，严嵩每察上意并曲意逢迎，甚得世宗欢心，醮祀青词非嵩无当帝意。嘉靖二

---

① 道教设法事祭天神之奏章表文，一般为骈俪体，因用硃笔写在青藤纸上，故称"青词"。

十一年（1542年）八月拜武英殿大学士，入直文渊阁，仍掌礼部事。时严嵩年逾六十，精爽溢发，不异少壮，朝夕直西苑板房，未尝一归洗沐，帝以谓嵩勤，赐其银记文曰："忠勤敏达。"寻加太子太傅。

世宗自嘉靖十八年（1539年）葬章圣太后后，即不视朝。自嘉靖二十年（1541年）宫婢之变，即移居西苑万寿宫，不入大内。大臣难能谒见，只有严嵩独承顾问，故严嵩得以大权独揽。尽管屡有人弹劾严嵩罪状，皆被其巧为解脱而更为世宗深信。其为内阁首辅，独专票拟，以奸诈手段引导世宗成全己意，于是官员们皆惴惴事之。对不顺从己意者，严嵩横加迫害或置于死地。在其操纵下，朝政日非，而严嵩与其子世蕃更为跋扈，大肆卖官鬻爵，贪污受贿。尤其国家处于"南倭北寇"之时，其用人非当，损国害民，引起越来越多朝廷官员的不满和义愤。嘉靖四十年（1561年），严嵩妻死，其子世蕃守丧，不能代制票拟。严嵩虽然机警聪明，但票拟却多不得体，导致世宗冷落。加之朝臣攻击，遂于次年勒令致仕。不久，其子严世蕃因作恶多端被处死，严嵩也于孤寂老病中去世。

世宗时代，初期因大礼议之纠纷，廷臣党同伐异，争权夺势，导致政局动荡不安。继后由于世宗一意崇道，严嵩父子得宠擅权，遂使朝政颓败，内忧外患纷至沓来。

在国内方面，民变、兵变此起彼伏，连绵不断。自武宗以来，土地兼并日益激烈，工商税征愈加严重，军队供应每况愈下，士兵境遇穷劳不堪，加之天灾人祸，遂使民怨沸腾。据《明史·世宗纪》载，其在位40余年，起义频繁发生，且涉及地区广泛。如嘉靖元年（1522年），就有免南畿、湖广、江西、广西税粮以及赈陕西被寇及山东矿贼流劫者较大之举。此后减免田赋和赈济灾民以及镇压起义的举措不断。如嘉靖二年"振辽东饥"，"免南畿被灾税粮"。嘉靖三年，"免南畿、河南被灾税粮"，"八月癸巳，大同兵变，杀巡抚都御史张文锦"。嘉靖五年，"免山西被灾税粮"，"振京师饥"，"免四川被灾税粮"，"振湖广饥"。嘉靖七年，"免河南被灾税粮"，"讨广西蛮，悉平之"，"振嘉兴、湖州灾"。嘉靖八年，"振山西灾"，"振襄阳饥"，"振河南饥"，"振浙江灾"。嘉靖九年，"振山西饥"，"振京师饥"，"免南畿、河南被灾税粮"。嘉靖十年，"免庐凤淮扬被灾秋粮"，"振山西饥"。嘉靖十二年，"广东巢贼乱提督，侍郎陶谐讨平之"，"大同兵乱，杀总兵官李瑾，代王奔宣府"。嘉靖十四年，"广宁兵乱"。嘉靖十五年……几乎年年都有灾乱。

一部帝王纪，除了封祀大典、诏命任官，就是减粮赈济、荡平动乱。兵民起义当然事出有因，如嘉靖三十九年（1560 年），因军粮不足且发饷逾期，南京振武营官兵遂叛杀总督粮储侍郎黄懋官，裸尸于市。守备太监何缓等，许赏十万金，叛兵乃稍定。次日，又答应恢复月粮原额，叛卒始散。四十五年（1566 年），广东山民，浙江、江西矿民不堪勒索，遂起事，遭镇压。"俞大猷讨广东山贼，大破之。浙江、江西矿贼陷婺源"。事皆由朝政腐败、治事不力引起，朝廷所减免、赈济往往是一纸空文，这不能不与用人不当有莫大关系。

在国外方面，"南倭北虏"的严重局势空前加剧。"南倭"指东南沿海倭寇之侵扰，"北虏"则指北方蒙古贵族的连年侵袭。明代倭患并不始于嘉靖。14 世纪初，日本进入南北朝分裂时期，一些战败的南朝封建主组织武士、商人和浪人，南下到中国沿海地区进行武装走私和抢劫活动。洪武年间，朱元璋大力加强海防建设，当时从辽东到广东沿海共设 50 余万，士兵 20 余万，并配置战船，以防倭寇。永乐年间，总兵刘江率辽东军民于望海涡大战倭寇，全歼入侵倭寇 2000 余人，此后相当长时期内倭寇不敢侵扰。嘉靖年间，日本进入十六国时代，众多的诸侯国都想与明王朝通商，但明朝限制"朝贡"及海外贸易，禁令甚严。一些日本商人乃武装走私，愈演愈烈。南迄广东，北及江淮，均遭蹂躏。

"嘉靖二年（1523 年）五月，其贡使宗设抵宁波。未几，素卿偕瑞佐复至，互争真伪。素卿贿市舶太监赖恩，宴时坐素卿于宗设上，船后至又先为验发。宗设怒，与之斗，杀瑞佐，焚其舟，追素卿至绍兴城下，素卿窜匿他所免。凶党还宁波，所过焚掠，执指挥袁琎夺船出海。都指挥刘锦追至海上，战没。"其后朝廷议此事，"传谕日本以禽献，宗设还袁琎及海滨被掠之人，否则闭关绝贡，徐议征讨"①。然至嘉靖十八年（1539 年），日本贡使一直未至，明代亦实行海禁。此后倭使又来，请求朝贡，然明廷严加限制，而倭贡屡超规模。嘉靖二十三年（1544 年）七月，复来贡，未及期，且无表，文部臣谓不当纳却之。其人利互市，留海滨不去。巡按御史高节请治沿海文武将吏罪，严禁奸豪交通，得旨允行。而内地诸奸利其交易，多为之囊橐，终不能尽绝。嘉靖二十六年（1547 年），朝廷命朱纨为浙江巡抚兼治浙闽海防军务。当是时，日本王虽入贡，其各岛诸倭岁常侵略滨海，奸民又往往勾之。朱纨乃严为申禁，获交通者不俟命，辄以便宜斩之，由是浙闽大姓素为倭内主者失利而怨。朱纨又数上疏于朝，显言大姓通倭状，以故闽浙人皆恶之，而闽尤甚。有闽人巡按御史周亮上疏诋毁朱纨，而朝廷不辨是非，削夺朱纨之官职，罗织其擅杀之罪名，朱纨被逼自杀。自是不置巡抚者 4 年，海禁复弛，乱益滋甚。

此时海上走私猖獗，并有海盗内寇，倭患日剧。嘉靖三十一年（1552 年），乃复以佥都御史王忬提督海防军务。然明朝承平日久，战备松懈，与倭寇难以抵挡。遇警乃募渔船以资哨守，兵非素练，船非专业，见寇舶至，辄望风逃匿。次年，诸倭大举入寇，连舰数百，蔽海而至，千里边防同时告急，多处卫所被攻破，来往如入无人之境。王忬改抚大同，此后指挥对倭作战者先后有李天宠、张经、周琉、胡宗宪、杨宜等。嘉靖三十四年（1555 年），工部侍郎、严嵩党羽赵文华受世宗之命到浙江祭海神并处军务，妄想用这种荒唐的举动平定倭寇。赵文华不懂军事，然颐指气使，为张经所轻，两人结怨。赵文华怒，上疏弹劾张经。张经却挥兵与敌激战，取得王江泾大捷。此战斩杀敌兵 2000 余人，

① 《明史·外国传·日本》。

溺死者无数，残部自焚其大本营，驾船 200 余艘逃去。王江泾大捷为明代沿海倭乱以来"战功第一"，然捷报至京却被世宗认为是赵文华督此一战而已。结果张经被解送京师处死，而赵文华则加官晋爵。

其后倭寇继续侵扰，胡宗宪主持海防政务。胡宗宪十分精明，善与敌周旋，但却无计灭敌。嘉靖三十七年（1558 年），连献白鹿给迷信的世宗以邀宠。其后，在抗倭战争中出现勇猛战将戚继光。嘉靖三十八年（1559年），戚继光于义乌招募了一支由农民和矿工组成的三千新军，他精心训练，严明军纪，讲究战术，在两浙战场上连战连胜。嘉靖四十一年（1562 年），福建成为倭患中心，戚继光又调赴之，所向披靡，闽倭几尽。至嘉靖

戚继光像

四十三年（1564 年）春，戚继光全歼福建境内倭寇。次年，俞大猷亦肃清广东境内残倭。至此，东南沿海几十年的倭患基本解除。①

明代自"土木之变"且英宗回到北京后，蒙古族内部矛盾也日益加深。先是也先杀掉脱脱不花兼并其众，后阿剌知院杀也先夺其权，继而鞑靼部首领孛来又杀阿剌知院，鞑靼孛来部日渐强盛。成化元年（1465年），孛来与其立小王子（脱脱不花后裔，可汗之通称）进入河套地区，大肆抢掠。河套地区是因黄河在此弯曲得称，包括今宁夏、内蒙古、山西交界一带。这里水草丰美，土地肥沃，可牧可耕，蒙古部遂长期居于此，并不时侵扰明边，"套寇"于是成为明中期以来的严重边患。明孝宗弘治时，达延汗统一了蒙古各部，将其子孙分封在大漠南北。达延汗死后，其子孙领地分为 40 余块，其中势力最强的是达延汗次子阿著之子吉囊和俺答。他们占据河套，统领诸部。

────────────

① 以上史料见《明史·外国传·日本》、《明史纪事本末》卷五十五。

　　嘉靖二十一年（1542 年）吉囊死后，俺答势力独盛。他以河套为据点，率蒙古骑兵，经常进犯山西、陕西甚至京畿地区。明廷防守无力，一些大臣认为根除边患，必须将套寇赶出河套地区。三边总督曾铣力主此说，大学士夏言支持曾铣。明世宗本也倾向此说，但不久改变主意，不愿兴兵。大学士严嵩借机倾轧首辅夏言，称河套不可复。朝中诸臣领会世宗意图，纷纷附和严嵩。于是夏言被罢官，曾铣入狱。甘肃前总兵官仇鸾因贪污被曾铣弹劾入狱，严嵩庇护仇鸾并代之草疏诬曾铣克扣军费百万、掩败不报、命其子贿赂权贵等罪。世宗相信此说，将曾铣问斩。此后，无人敢议复套，边防日坏。

　　世宗深居西内，忙于建醮，颇厌兵事。主政的严嵩和兵部尚书丁汝夔根本无心边防，只是讨取世宗欢心以固权。嘉靖二十九年（1550年）六月，俺答率军进犯大同，大同总兵官张达、副总兵官林椿先后战死。败报入朝，百官震恐，总督郭宗皋杖责戍边，巡抚都御史陈耀死于杖下。之后仇鸾任宣大总兵，驻大同。八月，俺答大军又至，仇鸾惶恐无策，听其僚属之议，重贿俺答，求其绕过大同。俺答遂与之盟，东去欲攻宣府。兵部尚书丁汝夔闻警未敢奏报世宗，只发兵加强防守。无奈京兵多市井无赖，毫无战斗力。俺答连破数城，直指京师。京中得报，慌了手脚，丁汝夔点阅京军册籍，多为虚名。仓促中召集兵员领取武器甲仗，却又无钱而久不能成军，只得征调援兵。仇鸾已贿俺答东去，又为表忠心申请入援京师，沿途抢掠平民百姓，民苦之甚于虏。世宗却不知下情，认为仇鸾忠心可嘉，任命他为平虏大将军，节制入援兵马。

　　京营诸将被派出城，因久未见敌，涕泣不敢前。丁汝夔问严嵩战守之计，严嵩曰："败于边可隐，败于郊不可隐。饱将自去，惟坚壁为上策。"丁汝夔依此计，诫诸将勿轻战，坐视俺答军在城外大掠，相视莫敢发一矢。俺答攻城势猛，世宗着急惊惶，问廷臣计策，严嵩不表态，徐阶称可以许其贡市为缓兵之策，赵贞吉上疏要求皇帝上朝主政激励将士。此时丁汝夔因作战不力，引起世宗及诸臣震怒，被捕下狱。严嵩恐其牵连自己，安慰他不必担心。然世宗决心杀一儆百，丁汝夔直到临刑时才知为严嵩所卖。仇鸾兵抢掠过甚，世宗却宠信不加追究。俺答兵退，与仇鸾兵遭遇。仇鸾大败，几乎被擒，事后却割平民首级报功。八月二十七日，俺答携带所掠妇女财物从容由古北口退出，京师解严。因此年为庚戌年，故史称此事为"庚戌之变"。这是一场荒唐的战争，明军几乎没有抵抗。

事实上，明廷积弊已深，昏暗不明。有才能者被打击，如抗虏的曾铣、抗倭的张经；搞阴谋者被重用，如虚报战功的仇鸾加官太保，为严嵩敛财的赵文华青云直上。至嘉靖末年，北虏不断，明边防之颓败，可见一斑。至隆庆初，调抗倭名将戚继光至北边重镇蓟州，防务始得改善。他主持修筑边墙，严肃军纪，加强练兵，敌寇不敢再轻易冒犯。此后几十年无烽火，戚继光以边功加太子少保。万历十年（1582年）权相张居正卒，戚继光因被张居正倚重而受牵连，被调赴广东，郁郁不得志。晚年，在家乡登州孤独地死去。①

严嵩在内阁日久，深知世宗脾性，巧谋善变，一手遮天。他外表庄重深沉，内心诡诈险恶，与其子严世蕃把持朝政，结党营私，排除异己，深为人嫉恨却又奈何不得。世宗一心向道，刚愎自用，偏听偏信，为严嵩所利用。故嘉靖一朝45年，承正德衰退之势而不见振起之色，却益发疲衰下去。《明史·奸臣传》将严嵩列入其中，可见定评。而《明史·世宗纪》对世宗之大礼议、兴大狱、夺正统颇有微议，又言："若其时，纷纭多故，将疲于边，贼讧于内，而崇尚道教，享祀弗经，营建繁兴，府藏告匮。百余年富庶治平之业，因此渐替。虽剪剔权奸，威柄在御，要亦中材之主也矣。"可谓婉讽，一语道出"渐替"之势。封建专制建立于"人治"之上的弊端愈见难以"圣明"，而在昏君奸臣

---

① 据《明史·外国传·鞑靼》、《明史·世宗纪》、《明史纪事本末》等。

统治下家业益渐败落矣。

第三节　海瑞罢官

　　嘉靖皇帝虽崇信道教，但毕竟是乾纲独断，一切军政大事还必取决于一人定夺，朝臣议决也要得其首肯方可行事。他深居西苑而废经筵、朝议，过分倚重内阁票拟、奏疏，这就为权臣提供了一手遮天、威慑臣下的机会。严嵩正因能够揣摩上意、见机行事，又利用其刚愎自用的性格弱点，巧为谋划、假公济私，造成权倾天下之势。中国官本位思想由来已久，而用人制度却缺乏开明，这就难免使一些政治投机者飞黄腾达，并经常出现一些所谓君昏臣奸的不良局面。但这毕竟是暂时的，因为大多数士大夫从小接受良好正义的教育，广大民众对朝廷决策也都有是非评说和行为反应，所以当倒行逆施不得人心时，必然遭到强烈的反抗，而正义力量就会崛起，在皇权支持下革旧布新。严嵩被黜后，继之而起的是徐阶、高拱、张居正，而海瑞则以"清官"形象获得百姓的拥戴和赞赏。不过，海瑞的行为却难被朝廷接受，这一独特的文化现象于是为人津津乐道，不仅在当时颇有争议，至今仍是有意义的话题。

　　海瑞生活在严嵩、徐阶、高拱、张居正相继执政期间，这也是明王朝由衰转兴，或曰革除积弊、力图复振的时期。徐阶嘉靖三十一年（1552 年）三月以礼部尚书兼东阁大学士，由于工作勤奋，所撰青词甚佳渐得世宗信任。时严嵩专权，猜忌徐阶，徐阶乃小心谨慎，益精治斋词迎帝意，地位逐渐巩固，得以进文渊阁大学士参与机务。七月，徐阶密疏仇鸾通敌罪状，世宗诛仇鸾，愈看重徐阶。嘉靖三十二年（1553年），兵部员外郎杨继盛疏劾严嵩十大罪状，徐阶暗中支持，从此成为朝臣"倒严"活动的核心。嘉靖四十年（1561 年），严嵩父子罪状败露，他指使御史邹应龙弹劾严嵩。嘉靖四十一年（1562 年）五月，严嵩被勒令致仕，徐阶遂代为首辅。徐阶执政后，在内阁值房中题写了三句话作为施政纲领："以威福还主上，以政务还诸司，以用舍刑赏还公论。"他采取宽容政策，凡世宗欲对不当己意者谪罚处之，徐阶总是委曲调剂得使轻论，以显世宗宽大并收众臣之心。自徐阶当国后，缇骑省减，诏狱渐虚，于是为论者推为"名相"。嘉靖四十五年（1566 年）十二月世宗

严嵩像

驾崩，徐阶作为首辅主持起草遗诏："凡斋醮、土木、珠宝、织作悉罢，'大礼'大狱言事得罪诸臣悉牵复之。"遗诏发布，朝野奋激，比之杨廷和所拟登基诏书，徐阶的政治声望达到顶峰。

穆宗即位后，徐阶仍为首辅。但因其非穆宗东宫旧臣，又主持朝政对穆宗多有谏议，渐为穆宗不满，乃于隆庆二年（1568 年）谏阻穆宗无效后乞休去官。隆庆三年（1569 年），穆宗召高拱入阁，以大学士兼吏部事。高拱原为东宫侍讲，深得穆宗信任。历任国子监祭酒、礼部左侍郎、文渊阁大学士，因与徐阶不和曾为朝臣排挤。复得重用后，尽反徐阶所为，罢免一批朝廷旧臣，所论皆欲中伤徐阶。高拱的确有"强直自遂，颇快恩怨"的性格弱点，但也极具政治、军事、经济方面的才华。

他掌管吏部期间，为了遍识人才，令属下整理所有官员档案，凭政绩供随时选用。为加强国防，他制定了一系列措施，重视选拔军事人才，将军事作为一门学问来看待。他主持"俺答封贡"事宜，使北部边境数千里军民乐业，不用兵革，岁省费十七。可以说，高拱为政重在用人办事，但性直而傲。如穆宗即位后，北部边境重用王崇古、戚继光等优秀将领，同时对蒙古贵族实行分化战和之策，最终促使了"俺答封

贡"和平局面的到来。庚戌之变后，俺答内部纷争，俺答之孙把汉那吉遂于隆庆四年（1570 年）十月率部降明。时任陕西、延绥、宁夏总督的王崇古上书朝廷，认为把汉那吉来降非同寻常内附，应封官赏赐以便瓦解俺答并最终胜之。王崇古的奏疏在朝廷引起争论，部分廷臣担心俺答犯境又启边衅，但高拱、张居正支持王崇古的建议，遂得穆宗批准。俺答拥众而来索要把汉那吉，得知明廷待之甚厚，遂表可通好。王崇古再次上疏力主封贡、互市，并提出具体的实施意见，又引起朝廷争议。在高拱、张居正的努力下，穆宗最终接受王崇古之议，隆庆五年（1571年）三月诏封俺答为顺义王，其余蒙古诸首领也分别授予相应官职。此后俺答约束诸部不再犯边，互市交易友好往来，基本结束了明朝与蒙古将近两个世纪的武装冲突。

高拱在有所政绩的同时，也常常专横跋扈，未免引起僚属的不满，但却不能察之。隆庆六年（1572 年）五月，穆宗病死，高拱与张居正、高仪受托为顾命大臣。神宗即位年幼，高拱欲惩中官专政，张居正将计划告知了司礼监太监冯保。冯保闻之大惊，禀太后高拱擅权不可容，得太后允准。次日即召群臣入宫，宣读以太后和神宗名义起草的诏书，历数高拱罪状，令其去官还乡。高拱伏地不能起，由此政治生命完结。张居正遂为首辅，大权在握。张居正执政后，实行了一系列改革。海瑞正是在这样一个大背景下，追求着他的文化使命和人生价值。

海瑞（1514～1587 年），字汝贤，号刚峰，广东琼山人。他 4 岁丧父，独依寡母，深受儒家思想熏陶。嘉靖二十八年（1549 年）中举，连续两次会试不第，被任为福建延平府南平县教谕。他任性而刚正，这或许与自小母亲的养育和封建正统的教化有关。在南平教谕任上，御史来视察学校，众教官皆伏拜在地，独海瑞长揖挺立其中。御史不快，海瑞却道："若至台院，当以属官礼见。此堂乃师长教士之地，不当屈。"嘉靖三十七年（1558 年），海瑞升任浙江淳安知县。到任后，他抑权豪，清地亩，均赋役，颇有政绩。总督胡宗宪之子路过淳安，随带大批人员和行李，对驿站的款待百般挑剔并凌辱驿丞。海瑞立即命令衙役皂隶拘捕这位公子，没收了其所携带的大量现银。然后派人驰报胡宗宪此公子必为假冒，因为节望清高的总督不可能有这样的不肖之子，也不可能拥有这么多的金银财物，弄得胡宗宪哭笑不得。嘉靖三十九年（1560年），都御史鄢懋卿巡查盐政，他为沽名钓誉而自我标榜勤俭节约，称"素性简朴，不喜承迎"。这样的官样文章当时已司空见惯，而海瑞听说他所到之处营

海瑞像

私纳贿，骄奢淫逸，乃立即写信给他，指出其贪赃枉法的劣迹，并指出淳安邑小不足奉迎，请另取他道。鄢懋卿接到禀帖以后，也只好怀恨绕道而去。海瑞的清廉正直赢得了百姓的称赞，但于嘉靖四十一年（1562年）升任嘉兴通判不久即为鄢懋卿党羽弹劾降调江西兴国判官，而胡宗宪也以嘲弄的口吻说海瑞为母亲做寿竟然买了两斤猪肉。

嘉靖四十一年，权奸严嵩倒台，胡宗宪与鄢懋卿也受牵连而罢职。他们既被定为坏人，敢于与之作对的海瑞当然是好官。为此他的声望大增，擢升为户部主事。当时的北京尚无什么令人振奋的气象，户部主事也不过区区六品小官闲散度日而已。世宗仍是深居西苑，专意斋醮，督抚仍是争上符瑞，表贺吉祥。而海瑞却经过慎重考虑，敢冒天下之大不韪，于嘉靖四十五年（1566年）二月上疏极陈时政之弊，直斥世宗一意修玄怠政，虚荣残忍，滥兴土木，竭民脂膏，以致"吏贪官横，民不聊生，水旱无时，盗贼滋炽"，疏中还引用民谣说："嘉靖者，言家家皆净而无财用也。"此即后人所谓海瑞骂皇帝的有名事件，并引发出许多新的故事。世宗见到奏疏勃然大怒，掷在地上，对左右喊道："赶紧抓来，别让他跑了。"身旁宦官黄锦为平息皇帝怒气，不慌不忙地跪奏道："此人素有痴名。闻其上疏时，自知触忤当死，市一棺，诀妻子，待罪

于朝，僮仆亦奔散无留者，是不遁也。"世宗听后，震动而默然，再读奏疏，一日而三叹。他把奏疏留中数月不发，情绪极为矛盾痛苦，但最终还是将海瑞下狱论死。不久，世宗死。狱吏设酒肴款待海瑞，并偷偷告之皇帝驾崩。海瑞闻知放声痛哭，痛哭之余继以呕吐。

穆宗即位，海瑞获释，在不长的时期内，历任尚宝司丞、大理寺丞、南京通政使。但海瑞是一个对国家和人民具有高度责任感的好官，认为这样的闲职无以施展自己的才能。于是上疏称欲报陛下恩典自己却才疏学浅，当这样的官不如把自己辞退别再尸位素餐。内阁和吏部本不想安排他实际的职务，海瑞却以忠臣之名以退为进提出要挟，朝廷当然不敢黜之而遭人唾骂，海瑞于是被任命为南直隶巡抚。

闻说海瑞到任，当地许多官员恐不能见容纷纷要求离去，势家大户也把朱漆大门改染黑色以韬光养晦，有宦官监织造者也将轿夫随从减少，可见海瑞之威名早已远播。他下车伊始即定条令，如巡抚出巡，府县官不得迎接，各府县供应伙食不得有鹅酒，境内公文今后一律使用廉价纸张，若干奢侈品一律停止制造。其后他组织民众，兴修水利，亲自踏勘，细心规划，疏浚整修了吴淞江和白茆河，解除了水患，真正使应天十府成了鱼米之乡。他又大力清理诉讼，强调秉公执法。实际上，作为行政长官兼司法长官的地方官，其注意力也只是集中在使乡民安分守己。诉讼所需的详尽审查和参考成例，必致使用众多的人力和消耗大量的费用。因此，法律手段不外是一种行政工具，有时也就很难成为被统治者的保障。海瑞在《督抚条约》中规定，各官在审理案件时，"必须直穷到底。审之审之，始不惮烦；慎之慎之，终无姑息"。他要求避免冤抑，不得舞弊，并亲自审理过一些案件，获得了"包青天"的美誉。

对待土地兼并问题他也毫不手软，决心按照法令规定强迫一些官僚地主退田。明初朱元璋曾再三诏令，限制土地兼并，严惩贪官污吏。但到明代中叶以后，兼并之风愈演愈烈，已无法遏制。海瑞出任应天巡抚以后，到松江勘查，不到一月的时间，就接到上万份诉状，控告官僚地主占田。海瑞下决心改变这种状况，不仅是出于保持法律的尊严，更是为了维护道德的神圣。从他的文集中可以看出，海瑞有强烈的缩小贫富差别的愿望。于是他力摧豪强，抚穷弱，贫田入于富室者，率夺还之。南直隶境内的豪绅富户，首屈一指且为人痛恨的是曾任内阁首辅而此时已致仕还乡的徐阶。他先是托人说项，接着，亲自出面向海瑞求情，但尽管他在任首辅期间对海瑞有救命之恩，还是遭到了海瑞的严词拒绝。海瑞强迫他退田，并逮捕了他的弟弟徐陟，一方面显示了海瑞的执法不阿，一方面也减缓了百姓的不满。海瑞的做法大大提高了自己在民众间的威信，但也因此受到许多大地主的恶毒攻击。给事中戴凤翔以严厉的措辞参劾海瑞，竟然说海瑞的一妻一妾之死可能出于谋杀。尽管海瑞说辩已十分清楚，但更多的人却怀疑海瑞怪癖不近人情。以致吏部根据许多奏疏，认为他志大才疏应调任闲曹。对国家和人民负有崇高责任感的海瑞得不到官场的同情和支持，可见其固守的封建正统观念在现实面前显得多么无力。愤愤不平的海瑞终于在隆庆四年（1570 年）春被迫辞职，在奏疏中痛斥"举朝之士，皆妇人也"，再次显示出他的孤介难平之气。

两年之后，神宗登基，张居正出任首辅。海瑞曾希望他主持公道，但张居正对他深表同情却不敢起用。这使海瑞赋闲家居达 15 年之久，直到万历十三年（1585 年），才被重新任命为南京右佥都御史。这次任命与其说是对海瑞价值的肯定，不如说是朝廷为通达民情的一次点缀。因为当时张居正死后被清算，海瑞不过是因不为张居正所用而东山再起。

此时海瑞已 72 岁，多年的阅历虽说已使他较为冷静，但一旦上任仍要全力以赴地履行责任。次年，他升任南京右都御史，又向皇帝提出一个惹是生非的条陈。他提议，要杜绝官吏的贪污，除了采用重典别无他途。他引例说当年太祖皇帝的严刑峻法，凡贪赃八十贯以上的官员都要处以剥皮实草的极刑。显然他的言论已大不合时宜，因此又造成朝廷官员的议论汹汹。不久，即有人上疏弹劾海瑞，说他"惟务诈诞，矜己夸人，一言一论无不为士论所笑"，说他既骄且伪，朝廷复其官职他不知礼貌上的辞让，反说要变卖产业才能置备朝服冠带。这种近于人身攻击的批评，立即遭到青年学生和下级官僚的激烈反对。拥护者和反对者互相争辩，几乎一发而不可收拾。万历皇帝于是出面评说，一方面认为他"词多愚憨"，一方面认为他"未为无补"。这无疑是对海瑞的一个嘲弄，既肯定他的价值却又不为所用。

海瑞由失望而绝望，连续多次提出辞呈，却又为御批所不准。这一纠结终于在万历十五年（1587年）得到自然化解，海瑞以生命的终结使朝廷不再为难。海瑞一生清正廉洁，死时仅存俸银10余两，连置办丧葬的费用都靠亲朋故旧筹集。"丧出江上，白衣冠送者夹岸，酹而哭者百里不绝。"①

海瑞在中国历史上是一个富有传奇性的人物，作为一个政治文化的典型具有极为丰富的内涵，同时也折射出其所处时代与其个性遭遇的悲剧。海瑞出生在一个偏远地区，从小在寡母的养育下成人，母亲的怙爱、生活的节俭与正统的教育使他具有贫寒文人的狷介之气。他是一个道德上的理想主义者和行为上的完美主义者，他相信并遵循国家利益的最高标准并身体力行。在他从政的20多年生涯中，他始终以明朝开国皇帝朱元璋所定的思想要求和法则条律办事。但毕竟已过去了150余年，世道人心都发生了很大变化。因此，他的信条与做法使他既被人尊重，也被人遗弃。

他恪守传统教育中忠君爱民的思想，而在实际运作中却至为剀切严急。因而，在中国政治文化中，他虽然被人仰慕，却少有人效仿。他体现出一个有责任的读书人服务公众、牺牲自我的精神，像舞台上的英雄人物一样光照人寰。实际上，朱元璋建国伊始就把整个社会纳入守旧的传统之中，无论是

---

① 参见《明史·海瑞传》、《海瑞集》、《穆宗实录》、《神宗实录》。

思想道德教育还是法令条律执行，都可令人感到帝国的沉闷、僵化、窒息。随着社会的发展，政治缺乏开明，法制不能健全，相反的是消极腐败、祸乱丛生。海瑞作为一个忧国忧民的官僚，在那样的世态中不可能超越"四书五经"所规定的框范，他只能以最大的心力为国为民排忧解难，因而从整个民族和海瑞个人而言都是一个悲剧。

正因既不能建立更为文明的社会制度，也不能容忍专制帝国的日渐没落，海瑞才要以大无畏的精神挺身而出、力挽狂澜。他的忠君报国思想没有一个皇帝否认，但他的所作所为却难被整个官僚集团接受。他为广大民众所爱戴是因为敢于惩治不法官吏，而他被许多官员痛恨也说明政治已朽烂到何种程度。他是一个传统观念的殉道者，他不仅以清廉以至严酷约束着自己，而且要求他的同僚在工作和生活中也不得疏忽。他的不近人情使他在这个特重人情的国度里被视为狂怪，他凡事务求极端在这个讲究中庸的国度里又被视为苛急。

他要实现自己治国平天下的价值，而不惜采取抛身家性命于不顾的方式，以至嘉靖皇帝看到他的奏疏后，一时把他比做古代的忠臣比干，一时骂他简直畜生都不如。他的这种个性和作风正是传统教化趋于极致的表现，以至令人感到极为崇高而难以企及，并令现时世态中庸官感到迂顽而厌恶。他的许多惩治豪强贪官的事例，使许多久受欺压的小民扬眉吐气；而他的一些过于峻急的行政措施，又使一些谙于世故的官员感到不合时宜。

海瑞一方面为同僚所嫉，因其桀骜不驯刚肠傲骨；一方面又为百姓所期，出行时必为群众聚观而欢呼鼓舞。但明朝国情十分复杂，海瑞官场的冷遇愈发激起民众的呼声，这呼声实际上表现了对政府的否定，但期望的仍是回到君明民顺的传统。因而从某种意义上说，民众寄希望于"清官"代表着一种价值取向，它是在向遥远的古代传统追寻而非现代意义上的觉醒。

第四节　张居正改革

　　张居正（1525～1582 年），字叔太，号太岳，江陵人。幼聪颖，12
岁中秀才，16 岁中举人，23 岁为进士，授翰林院编修。29 岁因病辞官
回家，闭门苦读。6 年之后，还京任国子监司业，与祭酒高拱友善。39
岁时，迁侍裕邸讲读，颇得裕王（后即穆宗）器重。徐阶代替严嵩为首
辅后，"倾心委居正。世宗崩，阶草遗诏，引与共谋"①。隆庆元年
（1567 年）二月，迁吏部左侍郎兼东阁大学士。不久，充任《世宗实
录》总裁，进礼部尚书兼武英殿大学士。高拱重新入阁之后，与张居正
关系更加密切。后阁臣李春芳、陈以勤、赵贞吉、殷士儋相继被劾离
职，内阁中只剩高拱与张居正两人。这种政治同盟维持不久，二人也发
生了矛盾。高拱为人虽有才华，但性直而傲。穆宗去世，神宗即位，高
拱与张居正受托为顾命大臣。高拱以皇上幼冲，欲惩中官专政，遂指使
人弹劾司礼监太监冯保，欲将其除之而权归内阁。张居正将此暗告冯
保，冯保乃诉之太后谓高拱擅权不可容，遂拟旨历数高拱罪状令其去官
还乡。时神宗年仅 9 岁，冯保深得太后信任，张居正遂升任首辅执掌
大权。

　　张居正执政后，还兼管着万历皇帝的教育事务。他对小皇帝的功课
要求甚严，不时告以皇帝的责任。太后同样对皇帝能否恪尽职守十分关
注，一旦听说皇帝懈怠就要罚以长跪。太监冯保与皇帝从小就是亲密的
伴侣，除生活上关心外也给予政治上的教助。因而，万历初期的 10 年，
张居正的地位十分稳固。基于嘉、隆以来"纪刚不肃，法度不行"的颓
败局面，张居正认为其症结在于吏治腐败。为此他大力精简机构，裁汰
冗官，在用人上不拘一格，唯才是举。针对明中叶以来土地兼并愈演愈

---

① 《明史·张居正传》。

烈的状况，以及政府赋税难于征收而造成的国家财政危机，张居正下令清丈全国土地，并在此基础上在全国推行"一条鞭法"。张居正还坚决反对贪污浪费，提倡节约务实。他整顿学校，核减生员；严格驿递制度，降低供给标准；改革宗藩条例，控制贵族特权；重视边防军备，平息边防事端。

山水、花卉、人物图册（明）徐渭

伴随着巨大的政治成就，张居正的威权日重，也引起一些人的不满。由于皇帝尚小，基本上是按照太监冯保的指导，将内阁的"票拟"改用朱笔批写完事。小皇帝恐怕未必真正了解御批的含义，但他知道在内阁推荐的人选上画圈。人事任免是中国政治最为敏感的话题，因此首辅张居正自然会招来一些愤怒。有人奏说他擅作威福，以个人好恶任免官员；有人更是直指皇帝，说他听信阿谀之臣而受其蒙蔽。尽管张居正提出辞呈表示留职无益，但万历皇帝在冯保的支持下却决心留用并给予支持。于是，提出弹劾的不是被贬官夺职，就是被廷杖流放。万历五年（1577 年）九月，张居正父亲去世，按例应回原籍守制三年。但因皇上年幼，政务繁忙，况且过去由于地位重要不能离职的官员，由皇帝指令"夺情"也不是没有先例，于是皇帝在太后的支持与冯保的协助下，以半恳请半命令的语气要求张居正在职居丧。然而有些朝廷官员却怀疑张居正申请离职丁忧的诚意，认为即使是皇帝的老师也要遵从传统的孝道才能为天下道德作出榜样。于是几十名官员到张居正私邸向他提出劝告，而张居正则回答留京是皇帝的旨意怎能违抗。官员们于是又愤怒地直接向皇帝参奏张居正，结果，参张的官员因藐视皇帝的罪名一律受到严惩。

由此可见，张居正之为皇帝所倚重。"夺情"事件后，张居正行事日益偏恣，任人多由爱憎，世人因此"恶之"。与此同时，万历皇帝随着年龄增长，对其专擅行为也日益不满。万历十年（1582年）六月，张居正因病去世，曾为其打击和冷落的官员纷纷乘机上疏弹劾之。十二月，冯保受牵连被贬南京。次年三月，下诏追夺张居正官秩。冯保、张居正均被抄家。万历皇帝经此变故，在张居正反对派的攻讦中若有所悟。但他未能振作起来却荒怠下去，以对官僚集团的极大怀疑和反感消极地应付着国家机器运转而已。

张居正所处的时代与明初立国已有200年，与后来明代灭亡只有60余年的时间。这时的社会经济形态发生了许多新的变化，尽管统治者力图以明初的道德思想观念和行政管理措施维持庞大帝国的运行，但显然已不能适应形势的发展而需要迫切地进行改革。其具体表现为：商业性农业的迅速发展，农业经营方式的变革，手工业中的资本主义萌芽，商业的空前繁荣及城市的大量兴起。这一切都促使着人们对金钱的追逐和对传统的背叛，明初以农为本的观念和道德至上的说教逐渐消解，长久以来的封建桎梏被全社会的利益追求所打破。这就使当初朱元璋所构筑的美好的农业社会的理想破灭，代之而起的是要冲决这僵化模式而又毫无秩序的一股洪流。

明代中期以来，农业经济已全面恢复，随着手工业、商业的繁荣，社会分工也愈加明显，这为农产品的商品化提供了巨大动力和坚实基础。因而，经济作物的种植越来越广泛，流入市场的农产品种类和数量越来越多，农业生产摆脱了单一经营的格局向着多种经营的方向迈进。如农民已广泛地种植棉花，如果说明初由于政府的推广还主要是为农民自家所用，那么到了明代后期棉花已作为商品而面向市场。

　　松江府、苏州府和嘉兴府的一些地区特别适宜种棉，于是在这里出现了棉作压倒稻作的农作物配置结构。明代中期松江一带多种棉花，万历年间种植面积更大，苏、嘉地区种棉也超过了种粮，许多地方干脆放弃种粮而专心务棉。除长江三角洲之外，其他地区也多有棉花种植，如河南"中州沃壤，半植木棉"①，山东"五谷之利，不及其半"②。由于种棉广泛，各地还培育出不同的品种。"江花出楚中，棉不甚重，二十而得五，性强紧；北花出畿辅、山东，柔细中纺织，棉稍轻，二十而得四，或得五；浙花出余姚，中纺织，棉稍重，二十而得七，吴下种，大都类是……"③ 棉花作为商品投入市场，出现了许多棉市。嘉定"市中交易，未晓而集"④，兖州"转贩四方，其利颇盛"⑤。棉作区的农家已广泛从事纺织手工业，这种家庭手工业已脱离"男耕女织"的自然经济范畴，在很大成分上转为面向市场的商品生产。因此，在明显的经济利益刺激下，农家普遍认为"多种田不如多治地"。

　　除种棉花外许多地区还植桑养蚕，其收益远胜稻米。尤其是明代后期人们追求生活的质量，丝织品作为高档消费品深受上层社会和富有家庭的喜爱。同时作为海外贸易中出口商品也能得到很大收益，远比种粮合算。故全国出现了许多蚕业中心，如湖州"以蚕为田"⑥，崇德"蚕

---

① 钟化民：《救荒图说·劝课纺绩》。
② 《古今图书集成·职方典》卷二三〇。
③ 徐光启：《农政全书》卷三五。
④ 万历《嘉定县志》卷二。
⑤ 《古今图书集成·职方典》卷二三〇。
⑥ 谢肇淛：《西吴枝乘》。

务最重"①，海盐"桑柘遍野，无人不习蚕矣"②，吴江"居民乃尽逐绫绸之利，有力者雇人织挽，贫者皆自织，而令其童稚挽花"③。

随着纺织业的发达，染料作物的种植也有发展。其中最为普及的是蓝，有茶蓝、蓼蓝、马蓝、吴蓝、莧蓝等多种品色。种蓝最多的省份是福建、江西、浙江、江苏。此外还有红花，尤以川陕为盛。《二刻拍案惊奇》载，四川新都县杨金宪家"有所红花庄子，满地种着红花，广衍有一千余亩，每年卖到红花有八九百两利息"。康熙间编《螯臣县志》载："螯邑之产，以红花为第一，故贾人有螯花之号。"由此可见，农业生产已完全汇入商品经济的大潮之中。

皇都积胜图（明）

纺织品如此，饮食品也不例外，经济作物和园艺作物受市场刺激也扩大了种植面积。广东、福建盛产甘蔗，或直接出售，或榨糖出售。广东种蔗"动连千顷"，榨糖"遍诸村冈垅"④。福建"糖产诸郡，泉、漳为盛，有红有白及冰糖，商贩四方货卖"⑤。茶的种植仍以江南为盛，也获利甚多。名品如吴县之虎丘、钱塘之龙井，此外福建"安溪茶产常

① 顾炎武：《天下郡国利病书》。
② 天启《海盐县图经》卷四。
③ 乾隆《吴江县志》卷三八。
④ 屈大均：《广东新语》卷二。
⑤ 万历《闽大记》卷一一。

乐、崇善等里，货卖甚多"①，庐州府霍山县"茶生最多，品名亦振"，每当采茶时，"男妇错杂，歌声满谷，日夜力作不休。校尉、寺僧、富商、大贾，骑纵布野，倾囊以值。百货骈集，列市开肆，妖冶招摇，亦山中胜事"②。

果木菜疏种植亦广，南北各有特色。广东、福建、浙江、江西、四川、江苏等省多有种橘之处，如洞庭山人以种橘为业，"多者千树，凡栽桔可一树者值千钱，或二三千，甚或至万钱"③。广东、福建盛产荔枝、龙眼，品种多数量大。或"以荔枝、龙眼为业，随土壤所宜种之"④，或"园有荔枝、龙眼之利，焙而干之行天下"⑤。北方果树品种也很多，在市场上可以方便地购买到枣、梨、杏、桃等水果，多为山区所产，可为农民贴补家用。城镇附近的蔬菜种植也日趋兴旺，以满足城镇人口的大量需要。北京近郊不仅种植各种北方蔬菜，还将南方的蔬菜移植过来。如白菜原为南方菜，以苏州所产最为有名。明代中后期，北京郊区大量种植。每值秋末，大批上市，"比屋腌藏以御冬"⑥。隆冬季节，北京还利用温室栽培黄芽菜、韭黄及各种蔬菜。嘉、隆间人何良俊记述当时苏、松风气，称幼年见人家请客不过"果五色、肴五品而已，惟大宾或新亲过门，则添虾蟹蚬蛤三四物，亦岁中不一二次也。今寻常燕会，动辄必用十肴，且水陆毕陈，或觅远方珍品，求以相胜"⑦。花生在明代中期传入中国，首先在江南和东南沿海地区得到推广，后传播开来成为重要的食品和油料作物。

烟草在万历年间传入福建、广东一带后，"渐传至九边（辽东、蓟

---

① 嘉靖《安溪县志·土产志》。
② 顺治《霍山县志》卷二。
③ 王鏊：《震泽编》卷三。
④ 屈大均：《广东新语》卷二五。
⑤ 何乔远：《闽书》卷三八。
⑥ 陆容：《菽园杂记》卷六。
⑦ 何良俊：《四友斋丛说》卷三四。

镇、宣府、大同、山西、延绥、固原、宁夏、甘肃）"①。崇祯皇帝曾下令严禁种烟，仍不能阻断烟草种植的扩展，因为种烟可获厚利，对农民有着强大诱惑。到崇祯末年，已是"艺及江南北"② 了，"一亩之收，可以敌田十亩"③。经济利益的强大吸引力，以致某些地区粮食作物的播种面积相应缩小。而城镇扩大造成的非农业人口的增加，又使粮食需求大量增长。这就使有些地区以产粮为中心，促进了粮食生产的商品化。商品交换虽然还没有导致传统经济结构质的变化，但商品观念无疑随着商品经济的新模式悄然深入人心。

明代农业的经营方式也随着商业化的发展有所变革。明初朱元璋采取抑制豪强、保护农民的政策，遵行的是人有其田、丰衣足食的儒家理想。中期以后，土地兼并之风日烈，农民破产之家日多。原先以自耕农为主的社会结构，逐渐向农业庄园化过渡，土地集中现象日趋严重。许多大土地私有者阡陌相连，而一些自耕农被迫沦为租佃者，"有田者什一，为人佃作者十九"④，地主和贫农的两极分化成为农村社会结构的主要特征。

这时的佃农与明初的奴仆已有很大的不同，他们可以与田主没有任何人身隶属关系。明初的奴仆大都被视为地主的私有劳力，他们要在地主的驱使下从事各种劳动，并且多少带有封建家庭的伦理观念，奴仆见田主"行以少事长之礼"。明代后期的佃农有了较大的人身自由，他们可以通过口头或文字的契约从地主那里租得一块土地，当契约期满后有把土地归还给地主自由离去的权利。当然，地主在契约失效后，也可以收回土地让佃农离去。严格地说，明初的奴仆制大都是历史遗留问题或债务人身关系。随着社会的发展这一制度也逐渐改变，租佃制不仅可以

① 方以智：《物理小识》卷九。
② 谈迁：《枣林杂俎》中集。
③ 杨士聪：《玉堂荟记》卷四。
④ 顾炎武：《日知录》卷一〇。

由佃农承佃，而且还可转租他人。打下的粮食也由明初的田主无偿占有或较大利益分成转变为定额租制，尽管在定额租制下佃农要承担农业生产中的全部风险，但佃农在安排生产方面有较大自由，以至与田主的人身关系也就松散了许多。

除佃农外，明代的雇工队伍也十分庞大。明初雇工在法律上从主家获得的自由度较小，他们与奴仆相同的地方是要把主人像家长一样看待，不同的只是雇佣关系而已。万历十六年（1588年），法律规定更加明晰："官民

桃花源图（明）周臣

之家，凡倩工作之人，立有文券议有年限者，以雇工论。只是短雇，受值不多者，以凡人论。"① 这实际上肯定了短雇没有什么人身依附关系，或者说雇工立有合同已成为商业关系而无主仆伦理。明代后期，随着两极分化的加剧，雇工大量涌现。如苏州府吴江县"若无产者，赴逐雇倩，抑心殚力，计岁而受直者曰长工，计时而受直者曰短工，计日而受直者曰忙工"②。"广州边海诸县，皆有沙田，顺德、新会、香山尤多……其佣自二月至五月，谓之一春，每一人一春，主者以谷偿值。"③ 江西宁都"田旷人少，耕家多佣南丰人为长工"。④

---

① 《明神宗实录》卷一九四。
② 嘉靖《吴江县志》卷一三。
③ 屈大均：《广东新语》卷二。
④ 魏禧：《魏叔子文集》。

在商品性农业发展的刺激下和大量劳动力存在的基础上，明代后期的地主越来越注重综合经营。不少地主不再满足于出租土地，而是自己雇工形成规模效益。如张萱《西园闻见录》卷一七载南阳李义卿种棉千亩，运往湖、湘间销售。唐顺之《荆川集》记湖州茅处士在唐家村种桑万株，获益良多。万历年间的潘允端《玉华堂日记》，记其所有的一二千亩土地中，有相当一部分是雇工经营，其付给雇工的主要是货币工资。田庄里种植的作物品种多样，包括粮食、蔬菜、瓜果、花木等，除自用外其余投放市场。他亲自管理，从春耕到秋收，从农具修理到水利建设，处处精打细算，注意作物配置和生产安排的合理化。类似并更为典型的还有苏州常熟谭晓的经营方式，其不但规模大，而且很成功。据李诩《戒庵漫笔》卷四记载，谭晓居住在水乡，贱价购买大量沼地，然后雇工为其劳动，开发利用。他辟出大片的水田种植稻谷，开挖出来水池用以养鱼，池边筑舍养猪、鸡，沟坎、水边植果蔬。从他数以万计的土地来看，从垦辟、种植到管理，需要的雇工是很多的，田中大部分产物是投放市场的，可见已是一处以商品生产为目的的大型综合农场。在合理经营的风潮促使下，地主们还挖空心思提高雇工的劳动效率。他们注意编制工作计划，按不同时令安排农活；改进生产工具，以提高工作进度；善待雇工，以争取最大的经济效益；注重经济核算，以降低成本增加收益。这些都在当时的农书中有所反映，崭露出封建地主的资本意识。当然，上述经营方式只是自发地、稀疏地、缓慢地出现在少数经济发达地区，农业中占主导地位的还是传统的自耕农民和租佃方式。

随着商品经济的活跃和社会分工的发展，明代后期手工业各部门也出现了资本主义的萌芽。在丝织业方面，明初本分为官营和民营，东南地区则是官营丝织业的中心，朝廷专门派驻宦官督管织造。天顺以后到万历时期，朝廷不断下令增加生产，其额度已远远超出原定能力，各地方织染局为了完成任务，便纷纷实行"机户领织"制度，即通过中间包揽人利用民间机户进行加工生产。民间机户在明代前期有不少，中叶以后更是普遍存在，尤以江南的苏、松、杭、嘉、湖地区为盛。机户不仅存在于城市，也存在于乡村，促使了一批丝织业市镇的形成。张瀚《松窗梦语》卷四谓："大都东南之利，莫大于罗绮绢纻，而以三吴为最。余先世以机杼起家，而今三吴之以机杼致富者尤众。"吴江县盛泽镇"络纬机杼之声，通宵彻夜"①。嘉兴县王江泾镇"多织绸收丝缟之利，居者可七千余家，不务耕绩"②。有人置备织机，佣工以织，机主积累利润，不几年便规模很大。因而，丝织业的重心由官营转向民营，机主不但领取官营派额还面向市场，商品生产中的资本主义关系蒙眬而生。明代后期的苏州，民间机户至少在3万家以上，雇佣的织匠数量当很可观。万历二十九年（1601年），应天巡抚曹时聘在奏疏中说，苏州"生齿最繁，恒产绝少，家杼轴而户纂组，机户出资，机工出力，相依为命久矣……臣所睹记：染坊罢而染工散者数千人，机房罢而织工散者又数千人，此皆自食其力之良民也"③。显然，机户需要购买劳动力增殖资本，机工需要出卖劳动力维持生存，两者完全是商业关系，已不像明初的工匠隶属政府。

矿冶业亦如是，明初分为官营和民营两种。官营是朝廷派官员直接经营管理，民营则是民户按照政府的规定经许可交矿税方可经营。英宗时期，政府解除民间交易用银的禁令，同时停罢各处官矿，允许民间自由开采，此后矿冶业就进入民营为主的时期。明代中叶以后，出现了不少规模较大的冶铁手工工场。有的富户找到铁矿以后，就大量招集、雇佣工人，从开矿、烧炭、冶炼到运输，形成完整的生产线。以广东为例，"凡一炉场，环而居者三百家，司炉者二百人，掘矿者三百余，汲者、烧炭者二百有余，驮者牛二百头，载者舟五十余艘"④。有的采矿

---

① 冯梦龙：《醒世恒言》卷一八。
② 《明神宗实录》卷三六一。
③ 《明神宗实录》卷三六一。
④ 屈大均：《广东新语》卷一五。

者找到矿以后，先与包工头达成协议，然后雇佣大批工人，三者各得其利。当然是矿主得大头，雇工得其末，然三者之间不再是人身依附关系，而是以商业利益结合起来。

又如榨油业是一种常见的农村副产品加工行业，万历年间个别城镇的油坊经营方式也已带有资本主义性质。贺灿然《石门镇彰宪亭碑记》载："镇油坊可二十家，杵油须壮有力者，夜作晓罢，即丁夫不能日操杵，坊须数十人，间日而作。镇民少，辄募旁邑民为佣，其就募者类赤身亡赖，或故髡钳而匿名避罪者。二十家合之八百余人……千百为群，即坊主人亦畏之。"① 石门镇地处"苏杭能衢，闽广要道"②，四乡盛产豆类，榨油供应八方，是个相当大的榨油业市镇，也就吸引了许多丧失生产资料的失业农民。在经营方式上，不仅招募大量佣工，而且在生产过程中分工序操作，显然已经具有资本主义规模经营的性质，在人身隶属关系上也已是商品经济的营结。

陶瓷业方面，明初官窑占主导地位，工匠都被划入官府的匠籍。嘉靖以后，民窑急剧增加，官窑出现萎缩之势。景德镇作为陶瓷中心，工匠数量之多，创造价值之巨，为天下所瞩目。万历三十四年（1606年），"镇上佣工，皆聚四方无籍游徒，每日不下数万人"③。"天下窑器所聚，其民繁富，甲于一省。"④ 景德镇制瓷工艺复杂，需要人手较多，自宋以来就是名品产地。民营取代官营后，规模更有发展，商业利益刺激了资本积累，资本积累促进了观念转变，因而过去权力命令的意识转为经济合同的签署。

其他如造纸业，也以南方为盛。造纸的"槽房"内，分工非常明确

① 康熙《石门县志》卷七。
② 光绪《桐乡县志》卷一。
③ 康熙《西江志》卷一四六。
④ 王世懋：《二酉委谭摘录》。

和细致。造纸的要求非常高，规模也很大。"片纸非容易，措手七十二"①，"纸厂槽户不下三十余槽，各槽帮工不下一二千人"②。雇工"皆系他方糊口之人，稍不如意，便率众停槽，一有病亡，即架词越诉"③。可见雇工绝非老实可欺之人，他们与其他行业的工人一样，已完全没有人身隶属关系，可以为自己的经济利益与雇主斗争。总之，明朝后期的手工业中已出现了资本主义的萌芽，尽管十分微弱还无力摧毁强固的封建经济结构，但商品意识的日益深入人心无疑促进了人身解放和金钱追求的趋势。

由于农业多种经营的发展，社会分工的逐步扩大，手工业生产的日益进步，明代后期的商业也达到空前繁荣。商人们不惜劳苦从事长途贩运，主要依靠舟楫在水路上航行交通。其中东西向的长江和南北向的运河是两条最重要的干道，沿水的许多码头随之成为商贾云集之地。长江中下游水路发达，洞庭湖流域的开发使两湖出现繁盛，太湖商运区的扩展更使许多新兴商业城市产生。大运河在明代是使北方政治中心和南方经济中心有机连为一体的主要通道，明代后期由于法纪废弛公私兼顾运输更为繁忙，许多城镇也由此热闹起来，并规模扩大。

这些商贾荟萃之处成为著名的商品集散地，其经营周转之气象也达历史上所未有。汉口"肇于有明中叶，盛于启、祯之际"，"人烟数十里，贾户数千家，鹾商典库咸数十处，千樯万舶之所归，货宝奇珍之所聚，洵为九州名镇"④。扬州"人烟浩穰，游手众多"，"四民自士、农、工、贾而外，惟牙侩最多"⑤。天津"商舶浮海兮杳杳，鱼舟骤沽兮鳞鳞，楚艘吴舰，樯簇树而帆排云兮，仍仍而频频"⑥。临清"东西南北

----

① 雍正《江西通志》卷二七。
② 康熙《上饶县志》卷一〇。
③ 康熙《铅山县志》卷一。
④ 范锴：《汉口丛谈》卷三。
⑤ 万历《扬州府志》卷二〇。
⑥ 康熙《天津卫志》卷四载汪必东：《天津歌》。

《天工开物》插图（明）

之人，贸易辐辏"，店铺鳞次栉比。① 至于南京、北京，更是喧嚣。南京店铺"侵官道以为廛肆"，"于是层垒构架，蠹之通衢，化为夹巷"②。北京"市肆贸迁，皆四远之货，奔走射利，皆五方之民"③。

商人经营以丝、棉、盐、茶为多，故而形成各地市镇特色。郭子章说："东南之机，三吴、越、闽最伙，取给于湖茧；西北之机，潞最工，取给于阆茧。"④ 丝织业到明末已非常发达，以东南、西北最盛。湖州的丝非常有名，"丝有合罗丝、串伍丝、经纬丝，属县俱有，惟出于菱湖、洛舍者第一"⑤。潞安是山西丝绸制造中心，蚕茧主要从四川阆中（保宁府）运入。阆丝"精细光润，不减湖丝"，"土人以是为生，牙行以此射利"⑥。其余蚕丝贸易地还有不少，如东南的杭州、苏州、嘉兴，西北的秦、晋、燕、周等，不胜枚举。苏州吴江"绫罗纱绸出盛泽镇，奔走衣被天下，富商大贾数千里辇万金而来，摩肩连袂"⑦。山西潞绸"舟车辐辏转输于省直，流衍于外夷，号

———————————

① 《明神宗实录》卷三三四。
② 谢肇淛：《五杂俎》卷三《地部》。
③ 谢肇淛：《五杂俎》卷三《地部》。
④ 郭子章：《郭青螺先生遗书》卷二。
⑤ 万历《湖州府志》卷三。
⑥ 嘉靖《保宁府志》卷七。
⑦ 康熙《吴江县志》卷一七。

称利数"①。

　　江浙一带还是棉纺织业中心，北方的河南、山东也新发展起来。松江府华亭县朱泾镇四乡盛产棉花，居民又精于纺织，所产标布闻名遐迩。清初叶梦珠记述说："前朝标布盛行，富商巨贾操重资而来市者，白银动以数万计，多或数十万两，少亦以万计，以故牙行奉布商如王侯，而争布商如对垒。"②苏州府常熟县璜泾镇种棉最多，"商贾骈集，货财辐辏，若土地所产，与夫他方水陆之物，靡不悉具"③。嘉定出产的棉布"商贾贩鬻，近自杭、歙、清、济，远至蓟、辽、山、陕，其用至广，而利亦至饶"④。这些棉纺重镇带动了当地经济的发展，嘉定南翔镇"百货填集，甲于诸镇"，居民"纺织之勤，比户相属"⑤，使商业、手工业更为繁荣。

　　盐本是政府控制较严的商品，经营盐业需由政府批准。由于贩盐利润极高，成化年间贵族势家竟以奏讨、请托方式获取并垄断盐引，致使盐法壅滞。此后政府采取了一些新措施，有条件地准许商人收购返运，一些盐场的课税改折银两征纳。这就使盐由原来国家控制的产品变为可以用金钱交换的商品。盐是民众每日不可缺少的消费品，其销售量和利润率比其他商品稳而高，因而盐商往往要有雄厚的资本和强硬的后台，赚取利润也甚丰。专门的盐场也随之繁荣起来，如松江府上海县新场镇"以盐场新迁而名，赋为两浙之最，四时海味不绝，歌楼酒肆，贾衔繁华"⑥，成为著名的盐业市镇。

　　茶本来也是政府专控商品，除内需外主要用以与西北少数民族交换马匹。茶马交易从明初就开始设市，"以茶易马，上马八十斤，中马六

①　顺治《潞安府志》卷一。
②　叶梦珠：《阅世编》卷七。
③　弘治《太仓州志》卷一〇，载李杰：《璜泾赵市碑记》。
④　万历《嘉定县志》卷六。
⑤　万历《嘉定县志》卷一、卷六。
⑥　弘治《上海县志》卷二。

十斤，下马四十斤"①。明政府在产茶区设茶课司，征收茶课并收买余茶，称官茶。此外还有商茶，由商人向官府输钱换取茶引，可在指定地区贩茶。茶马贸易的交易额很大，与盐业一样茶商多为大贾。"茶、盐之利尤巨，非巨商贾不能任。"② 产茶区便也繁华起来，中国茶叶还通过荷兰商人之手大量输往欧洲，各地也随之出现了一些名品。

　　明末的商品经济促进了观念的更新，舍"本"逐"末"已成为较突出的现象。因而，具有超前思想意识的商人们首先发家致富起来。苏州"为江南首郡，财赋奥区，商贩之所走集，货财之所辐辏，游手游食之辈，异言异服之徒，无不托足而潜处焉"③。吴县"人生十七八，即挟资出商楚、卫、齐、鲁，靡远不到，有数年不归者"④。淮、扬二府之民"多弃业逃徙，以兴贩为业"⑤。南昌"商贾工技之流，适他邑之多，无论秦、蜀、齐、楚、闽、粤，视若比邻，浮海居夷、流落忘归者十常四五"⑥。山西人"善殖利于外"⑦。陕西"多贾，西入陇蜀，东走齐鲁，往来交易，莫不得其所欲"⑧。万历年间吕坤说，贫民"或给帖充斗秤牙行，或纳谷作枭枲经纪，皆投身市井间，日求升合之利，以养妻孥，此等贫民天下不知几百万矣"⑨。在经商意识和商业资本十分活跃的背景下，还崛起了一些地区性商团。谢肇淛说："富室之称雄者，江南则推新安，江北则推山右。"除徽商和西商外，福建、江苏、浙江、广东、河南都有著名的商团。这些商团经营的范围很广泛，盐、茶、粮食、木材、书籍、布帛、陶瓷、当铺、旅馆等无所不包。

――――――――――――

① 黄榆：《双槐岁抄》卷五。
② 张瀚：《松窗梦语》卷四。
③ 姜良栋：《镇吴录》。
④ 崇祯《吴县志》卷一〇。
⑤ 《明世宗实录》卷一六九。
⑥ 万历《南昌府志》卷三。
⑦ 沈思孝：《晋录》。
⑧ 张瀚：《松窗梦语》卷四。
⑨ 吕坤：《去伪斋集》卷二。

商品经济的繁荣刺激了货币流通，明代前期严禁交易用银的规定到正统元年（1436 年）就已废弛，万历九年（1581 年）推行一条鞭法更促使了民间持有白银的普遍化。白银成为主要的价值尺度，买卖中多用银结算，这使商人的身价大大提高。张居正认为："商通有无，农力本穑。商不得通有无以利农，则农病；农不得力本穑以资商，则商病。故商农之势常若权衡然。"① 如果说政治家是从经济和财政角度肯定商人的重要性，那么思想家更是从"商"与"人"的角度为其大鸣不平："商贾何所鄙之有？挟数万之资，经风涛之险，受辱于关吏，忍诟于市易，辛勤万状，所挟者重，所

货郎图（明）计盛

得者末。"② 可以说，明代后期一般人还是看重科举和仕途，但为了生计经商不失为一条捷径。徽商和西商本因地少人多，才以商贩为业，一旦形成气候，皆以生财为道。商人以赢利为才干，视亏本为耻辱，如不成功则无颜还乡，如获成功则荣归故里。人的价值观念由此转换，商人亦可立功名。但毋庸讳言的是，封建农业社会的大多数地区还是默守着传统，资本主义的商业萌芽只是在经济较发达的地区生机勃发。

由于土地兼并的恶性发展，失去土地的农民越来越多。地主又采取种种手段逃避赋役，小农无力承担只得流落他乡。到明代中期，在籍的田数比明初减少了一半，而税粮不均不仅激化了社会矛盾，也使国家财

---

① 张居正：《张太岳文集》卷八。
② 李贽：《焚书》卷二。

政收入蒙受了巨大损失。因而，从宣德年间开始，在一些地方官员的主持下，江南等地展开了一系列赋税改革。但改革不能彻底解决问题，所以土地欺隐的情况越来越严重。张居正出任内阁首辅后，认为朱明王朝如大厦之将颓，于是怀着深深的危机感，雷厉风行地进行治理整顿。

　　他首先发动了一场丈田均税运动，"凡庄田、屯田、民田、职田、荡地、牧地，皆就疆理，无有隐奸，其挠法者，下诏切责"①。丈田均税大大触动了勋贵豪绅的利益，遭到他们的抵制和反对。张居正鼓励地方官员"苟利社稷，死生以之"②，并严惩阻碍清丈的豪强与执法不力的官员。对丈田过程中另外一些官吏虚报亩数邀功请赏的做法，张居正严令精核详审务无溢额滥增造成浮夸。清丈工作开始于万历六年（1578年），告竣于万历九年（1581年），共核查全国田地为7，013，976顷，查出隐田多达1，447，618顷，约占全国田土总额的1/5。张居正还以身作则，查出自家诡寄影射之田。张家原有田土不过70余石，但该县赋役册上却写着"内阁张优免六百四十余石"，多出的570石，"有族人倚借名号，一体优免者；有家僮混将私田，概行优免者；有奸豪贿赂该吏，窜名户下巧为规避者；有子弟族仆私庇亲故，公行寄受而逸者。是以十分之中，论本宅仅得其一，余皆他人包免"。清查之后，张家表示，除例得优免者，"尽数与小民一体当差"③。张居正的清丈基本达到了预期目的，大量隐田被清查出来，随着额田的增加，国家财政状况也得以好转，史称"帑藏充盈，国最完富"④。

　　在此基础上，张居正还进行全面的赋役改革，在全国推行一条鞭法。明初的赋役制度是赋和役分别征收，赋是以土地为对象征收，役是以人为对象征收。在征收的内容上，主要是征收实物和劳役，折银只是

---

① 谈迁：《国榷》卷七〇。
② 张居正：《张太岳文集》卷三一《答福建巡抚耿楚侗谈王霸之辩》。
③ 《万历邸抄》万历九年夏四月。
④ 夏燮：《明通鉴》卷六七。

少量的。明代中期以后，社会经济状况起了变化，土地兼并和商品经济迅速地发展，旧的赋役制度已不能适应形势的需要，一条鞭法便应运而生了。嘉靖十年（1531 年）时，政府开始在局部推行一条鞭法，如王宗沐在江西，潘季驯在广东，庞尚鹏在浙江，海瑞在应天等。张居正执政后，起初对一条鞭法采取十分审慎的态度，随着权力的巩固和清丈的成功，便将一条鞭法作为全国通行的制度加以推广。一条鞭法的主要内容是：田赋和力役都折银征收，力役由政府雇人充当；部分力役摊入田赋，减轻了穷苦农民的负担；归并和简化征收项目，将过去所有赋役统一编派后摊丁入田；赋役的征收解运，由过去的民收民解改为官收官解。一条鞭法是中国赋役制度史上的一次重大改革，它使赋役项目和征收手续大为简化，既保证了国家财政收入又缓和了阶级矛盾。其赋役折银征收适应了商品经济勃兴的趋势，并进一步刺激了商品生产的发展和人身解放的程度，为资本主义的产生打下了初步的基础。

第四章
国力命脉的衰亡

第一节　万历怠荒

　　明代至正德、嘉靖时衰落进一步加剧，隆庆、万历初期因能臣执政略有起色。万历十年（1582 年），张居正死后，明神宗亲政。起初年轻的皇帝颇思振作，但好景不长便开始了长期的荒怠。

　　据《万历十五年》的作者黄仁宇分析，万历怠政大概有以下几个原因：一是万历突然开始宠爱淑嫔郑氏，而把已有一子的慕妃王氏置于脑后。当郑氏有子后因皇位的继承权遂产生政治危机，皇帝和大臣的意见不一致使双方不合作导致国政日衰。二是反对张居正的官员使皇帝相信自己受到了欺骗，他们在张居正死后把他描绘成一个虚伪而毒辣的人物。皇帝感到过去被愚弄而特别伤心，因此对国家政治和世道人心产生了怀疑。三是张居正被清算后倒张派成为朝廷的新势力，他们在劝谏的名义下监视着皇帝的行为。皇帝不过是一种制度下所需要的产物而不能有自己的性情，因而皇帝非常烦恼以致主持殿试的题目竟是"无为"。四是万历皇帝本身性格优柔寡断，这不仅表现在对淑嫔郑氏，也表现在对朝廷官员上。他把诸事一拖再拖以致心灰意懒，最终竟对万事漠不关心。因此，要求作为内阁首辅的申时行做出一番政绩显然不可能，他能

金凤钗（明）

在皇帝与文官之间缓解矛盾补救罅隙已是勉为其难了。

皇帝早朝是勤政的表现，但枯燥无味也时常令皇帝厌烦。所以明朝历史上多有皇帝免朝，他们更愿在宫中做自己喜欢的事情。大臣们则把早朝看得十分重大，因为许多事情要听旨解决，同时也是显示能力才干的时机，如果没有早朝就意味着君臣失职。万历皇帝即位之初，根据大学士张居正的安排，每旬逢三、六、九日早朝，其他日子则不朝，可使年轻的皇帝更多地攻读圣贤经传。后来，圣旨免朝的日子越来越多，一些礼仪由钦派官员代替出面，早朝仪式也渐省减，御前陈奏也因内容先期上达而流于形式，所以一切政务并非在早朝议决而是由内阁处理，这也是张居正被反对的一个重要理由。张居正死后，皇帝遭打击，心情渐坏，朝政日荒。万历十四年（1586年）九月，其给内阁谕称因病暂免朝讲。十月，礼部主事卢洪春上疏提出疑问，被责以悖妄，廷杖六十斥为民。此后，一发而不可收。万历十六年（1588年）闰六月，御史潘士藻上疏言"召对之典久旷"[1]。万历十七年元旦因发生日食免朝贺，"自是每元旦皆不视朝矣"[2]。万历十八年，大学士王家屏抱怨："统计臣一岁间，仅两觐天颜而已。"[3] 大抵自万历二十年以后，明神宗一直晏处深宫不再上朝。此外，经筵日讲也罢免。经筵一

---

[1] 《明神宗实录》卷二〇〇。

[2] 《明通鉴》卷六十九。

[3] 《明史·王家屏传》。

般是在早朝之后，由朝廷大臣陪伴皇帝听讲官演讲。其有一套繁缛庄重的仪式，演讲内容也是借经传精义、历史得失谈论当今现实、为君之道。这套仪式表现出皇帝的谦虚和勤勉，讲官可用委婉的言辞对皇帝作必要的规劝。但其僵化、呆板早已使年轻的皇帝感到束缚、窒息，因而自万历十四年九月随早朝一起罢免。万历十六年闰六月又以病为由，传谕可以进讲章代替经筵。

　　就在皇帝托病罢早朝、经筵的同时，宫内却不时传出皇帝在紫禁城内骑马驰骋，或饮酒过多、游乐过度、与嫔妃交往过切的消息。首辅申时行感到特别为难，他一方面要起到文官集团领袖的作用辅佐君主，另一方面又要遵照皇帝意旨而不能忤逆犯上。他也是一个极聪明极现实的人，十分注意调适君臣关系，他对受到皇帝责难的诤臣给予抚慰，也采取较为宽松自由的进讲章方式代替了长期沉闷的经筵讲席。他内心也很苦恼，欲有作为而不能，只有维持着朝廷的运转取得一种政治的平衡。但此后，早朝、经筵遂永罢，局面愈发不可收拾。皇帝不但不见群臣，而且奏章留中不发，这使许多事情无法执行。万历十五年（1587 年）以后，奏章留中现象已

《人镜阳秋》插图（明）

十分严重，"上奏之疏，十留六七"①。万历十七年（1589 年）年底，大理评事雒于仁上酒色财气四箴，批评神宗嗜酒、恋色、贪财、尚气。疏入，神宗大怒，召见首辅申时行，欲重治雒于仁之罪。申时行请皇帝勿

————————————

① 《明史·周弘禴传》。

下诏敕，委婉劝雒于仁辞职离去。从此，奏章留中遂成自然现象，很多政务不能及时处理。万历三十七年（1609 年），大学士叶向高为此慨叹："一事之请，难于拔山，一疏之行，旷然经岁。"①

明神宗自己不理朝政，对朝廷内外缺官亦不补。明朝官员任免皆由皇帝签订，神宗"自以海宇承平，官不必备，有意减损"②，导致缺官几使政府机构瘫痪。据《明神宗实录》载，万历二十九年（1601 年）四月，全国布政司和提刑按察司缺员 70 余人，知府缺 20 余人。万历三十一年（1603 年）六月，两京部院大臣缺 20 余人，各省直司道府等官缺 90 余人。万历三十七年（1609 年）二月，吏、礼二部尚书、侍郎均无，兵部有尚书一人但养病不出。万历四十一年（1613 年）十一月，两京尚书缺 5 人，左右侍郎缺 9 人，都御史缺 2 人，副金都御史缺 2 人。至神宗去世时，阁臣只有 1 人，刑、工、礼三部均由他官兼掌。"职业尽弛，上下解体。"③ 由于神宗长期不理政务，官府曹署多空，民事不得治理，加之党派纷争，宦官横行，致使国家政治混乱、国力衰弱殆尽，明王朝无可避免地走上了灭亡之路。

隆庆至万历前期，边疆比较安定。至万历中期，边庭起事。明政府进行了三次大的军事行动，史称"万历三大征"。其一是平定宁夏哱拜叛乱。哱拜原是蒙古鞑靼人，嘉靖中因得罪其酋长，父兄被杀，遂投奔明朝。他骁勇善战，屡立战功，逐步升至都指挥，后又加授副总兵。万历十九年（1591 年）致仕，其子哱承恩袭任其职。万历十七年（1589 年），临洮、河州蒙古部落举兵反，其部被征调平叛。哱拜请命临阵，但巡抚党馨恶之，二人遂生矛盾。万历二十年（1592 年）二月，因党馨欠缺宁夏镇兵饷，军官刘东旸起兵杀党馨，总兵官张维忠被逼自缢。刘东旸自任总兵官，委任哱承恩为副手。誓师后，举兵东向，全陕震

① 《明神宗实录》卷四五八。
② 《明通鉴》卷七十六。
③ 《明史·方从哲传》。

动。朝廷遂调兵遣将，九月攻破宁夏城。城陷以前，哱承恩杀死刘东旸，希望以此赎罪，但朝廷没有宽恕他，将他处死。哱拜因被朝廷视为此次兵变的幕后策划者，城陷后自缢身亡。

"万历三大征"之二是平定播州杨应龙的叛乱。播州自唐以来就在杨氏家族控制之下，历宋、元至明均授世官。杨应龙世袭播州宣慰使，恃兵自强，多行不法。万历十七年（1589年）以后，他时叛时服。明政府因朝鲜战事无暇顾及，他越发怙恶不悛猖狂劫掠。万历二十七年（1599年），朝鲜战事结束，朝廷命李化龙节制四川、湖广、贵州兵事，调支援朝鲜归来的将士南征。次年六月，叛乱被平定，杨应龙自缢，其子及一些党羽被押至北京处死。播州被改为遵义、平越二府，从而结束了杨氏家族在播州700余年的世袭统治。

"万历三大征"之三是援助朝鲜。日本在16世纪中叶，除时常寇掠明朝沿海外，亦不断侵扰朝鲜。朝鲜迫不得已，乃派兵肃清了其粮据地对马岛。嗣后日本又要求与朝鲜通商，但遭严格限制。万历初年，丰臣秀吉平定各部诸侯统一日本后，即积极整顿内政准备侵朝战争。万历二十年（1592年），丰臣秀吉正式出征朝鲜。日军由釜山登陆，迅速攻陷王京，占领平壤，朝鲜八道几乎全部沦陷。明朝经过慎重考虑，"以朝鲜为国藩篱，在所必争"，决定派兵前去救援。双方发生多次激战，互有胜负。万历二十一年（1593年），明军收复平壤以及黄海、平安、京畿、江原等道。日军见明军势盛，放弃王京，退居釜山。明朝与日本进行了长达数年的和平谈判，但收效甚微。万历二十五年（1597年），日军再次大举入侵朝鲜，停泊在釜山的运送军队和粮饷的船只达数千艘。明朝再次派出大军援救，与朝鲜军民共同抗击日寇。万历二十六年二月，丰臣秀吉死去，这对日本部队士气有所影响。明朝军队发起反攻，与日军展开决战，日军几乎全部被歼，余下的都乘船逃回日本。"自倭乱朝鲜七载，丧师数十万，糜饷数百万，中朝与属国迄无胜算，至关白

（丰臣秀吉）死而祸始息。"①"万历三大征"尽管取得最终胜利，但连续用兵 8 年，国力消耗极大，明朝军队兵员与国库积蓄也都遭受重大损失。

明神宗怠于治政，却勇于敛财。为了满足骄奢淫逸的生活，弥补战争带来的国库亏虚，想尽办法搜刮民脂民膏。万历二十年（1592 年），"宁夏用兵，费帑金二百余万。其冬，朝鲜用兵，首尾八年，费帑金七百余万。二十七年，播州用兵，又费帑金二三百万。三大征踵接，国用大匮"②。明神宗不理朝政却好货成癖，自万历二十四年（1596 年）始派大批宦官为矿监税使，到全国各地搜刮钱财。明朝对开矿一事一直谨慎，然神宗为利益所驱不听朝臣劝阻。随着第一个矿监的派出，"于是无地不开，中使四出。昌平则王忠，真、保、蓟、永、房山、蔚州则王虎，昌黎则田进，河南之开封、彰德、卫辉、怀庆、叶县、信阳则鲁坤，山东之济南、青州、济宁、沂州、滕、费、蓬莱、福山、栖霞、招远、文登则陈增，山西之太原、平阳、潞安则张忠，南直之宁国、池州则郝隆、刘朝用，湖广之德安则陈奉，浙江之杭、严、金、衢、孝丰、诸暨则曹金，后代以刘忠，陕西之西安则赵鉴、赵钦，四川则丘乘云，辽东则高淮，广东则李敬，广西则沈永寿，江西则潘相，福建则高寀，云南则杨荣"③。明朝税收自正德时已普遍由宦官管理，至万历年间除正常税务机构之外，又大量派出宦官充当税使，如"高寀于京口，暨禄于仪真，刘成于浙、李凤于广州，陈奉于荆州，马堂于临清，陈增于东昌，孙隆于苏、杭，鲁坤于河南，孙朝于山西，丘乘云于四川，梁永于陕西，李道于湖口，王忠于密云，张晔于卢沟桥，沈永寿于广西"④。

矿监税使派出以后，并不真正开矿查税，而是以贡献皇帝为名巧取

---

① 《明史·外国一·朝鲜》。
② 《明史·宦官传》。
③ 《明史·食货志》。
④ 《明史·食货志》。

豪夺。矿监所到之处，并不真正找矿开矿，主要是敲诈勒索。"时中官多暴横，而陈奉尤甚。富家巨族，则诬以盗矿，良田美宅，则以为下有矿脉，率役围捕，辱及妇女，甚至断人手足投之于江。"① 而所谓税使，征税范围极其广泛，如"天津有店租，广州有珠榷，两淮有余盐，京口有供用，浙江有市舶，成都有盐茶，重庆有名木，湖口长江有船税，荆州

掐丝珐琅龙纹长方炉（明）

有店税。又有门摊商税，油布杂税，莫不设珰分职，横肆诛求。有司得罪，立系槛车，百姓奉行，若驱驼马"②。明神宗可谓矿监税使的总后台，他"且为中使立赤帜，不与外臣作泰山，只知财利之多寡，不问黎民之生死"③。在他的纵容下，矿监税使视百姓为鱼肉，"矿不必穴，而税不必商，民间丘陇阡陌皆矿也，官吏农工皆入税之人也"④。据统计，万历二十五年（1597 年）到万历三十三年（1605 年）的 8 年中，仅矿监税使上交神宗的银两即达 300 万两，而矿税之征"犬略以十分为率，入于内帑者一，克于中使者二，瓜分于参随者三，指骗于土棍者四，而地方之供应，岁时之馈遗，驿递之骚扰，与夫不才官吏指以为市者不与焉"⑤。据此折算，上交银两乃搜刮财物之十一，怎能不"使三家之财，

---

① 《明史·食货志》。
② 《明史纪事本末》卷六五。
③ 《明神宗实录》卷三四九。
④ 《明史·田大益传》。
⑤ 《明通鉴》卷七二。

鸡犬悉尽，五都之市，丝粟皆空"①。

矿监税使不仅征收税金，而且无恶不作，"掘人冢，坏人庐，淫人室，荡人产，劫人财"②。山东税使陈增的参随程守训所到之处，"凡稍殷实者，即罗织之。其初逮也，不遽讯也，铁索锁项，三木曳身，令过都历市遍，使观者股栗，而后就讯舟次。设水牢于舟中，昼夜浸之，绝其饮食。已乃诡出之岸，令舆皂厮养，竟诓而迭殴之。非法刑阱，备极惨毒，其人求死不得，无奈倾家鬻产，跪献乞命"③。河南巡抚姚思仁曾上疏极论矿监之害，他说："开采之弊，大可虑者有八。矿盗哨聚，易于召乱，一也。矿头累极，势成土崩，二也。矿夫残害，逼迫流亡，三也。雇民粮缺，饥饿噪呼，四也。矿洞遍开，无异浪费，五也。矿砂银少，强科民买，六也。民皆开矿，农桑失业，七也。奏官强横，淫刑激变，八也。今矿头以赔累死，平民以逼买死，矿夫以倾轧死，以争斗死。及今不止，虽倾府库之藏，竭天下之力，亦无济于存亡矣。"④

矿监税使的横征暴敛，使工商业受到严重摧残。万历三十年（1602年），户部报告："在河西务关，则称税使征敛，以致商少。如先年布店计一百六十余名，今止三十余家矣"，"临清向来缎店三十二座，今闭门二十一家。布店七十二座，今闭门四十五家。杂货店今闭门四十一家"⑤。徐州地处交通要道，一向商贾辐辏，号称殷富，但"自利珰四出榷税以来，非借事重罚，以倾其囊，则逞威严刑，以葬其命，流亡展转，负贩稀踪"⑥。苏州为明朝丝织业手工作坊最集中的地区，但自税使榷税之后，"吴中之转贩日稀，织户之机张日减"⑦。商人在长江顺流

① 《明史·王宗沐传》。
② 《明神宗实录》卷三七〇。
③ 《明神宗实录》卷三四七。
④ 《明史·食货志》。
⑤ 《明神宗实录》卷三七六。
⑥ 《明神宗实录》卷五七九。
⑦ 《明神宗实录》卷三六一。

而下，日走三四百里，要经过五六个税收机构①，他们负担不起，只好停业。整个国家，可谓"如沸鼎同煎，无一片安乐之地，贫富尽倾，农商交困，流离迁徙，卖子抛妻，哭泣道途，萧条巷陌"②。

　　矿监税使的疯狂掠夺，激起了城镇居民的反抗斗争，史称"民变"。自万历二十七年（1599 年）起，全国各地先后发生民变数百次，其中规模较大的有临清民变、湖广民变、苏州民变以及辽东民变、云南民变等。万历二十七年四月，临清市民痛恨税监马堂，聚众万余人纵火焚毁其衙署，杀其党羽 30 余人。③ 万历二十七年十二月，湖广税监陈奉到荆州收税，激起"商民鼓噪者数千人，飞砖击石，势莫可御"④。万年二十九年三月，一万余人围攻陈奉武昌公署，誓必杀之。陈奉从后门潜逃，其党徒 16 人被捆缚手足投于江中。⑤ 织造太监孙隆驻在苏州督税，"遇贩遇商，公行攫取"，致使织户机工不堪其苦。万历二十九年（1601年）六月激起民变，群众分为六队，一路冲向税署，当场击杀孙隆的爪牙黄建节，孙隆仓皇逃往杭州。⑥ 太监高淮在辽东任矿税使 10 年，多次激起事变，其中影响最大的是万历三十六年（1608 年）山海关内外军民聚众数千围攻税府，神宗无奈，只好召回高淮，交司礼监处理。云南矿监杨荣为非作歹，百姓恨之入骨。万历三十四年（1606 年），群众烧税厂，杀税官，杨荣残酷镇压，杖毙数千人。百姓群情激愤，聚至万余人，烧毁杨荣住宅，将他杀死投入火中，并击杀其党羽 200 余人。⑦ 其他反对矿监税使的斗争还有：万历二十七年南直隶仪真反对税官马承恩民变，万历二十八年广东新会县反对太监李凤民变，万历二十九年江西

① 《明神宗实录》卷三五九。
② 《明神宗实录》卷三七六。
③ 《明史·陈增传》。
④ 《明史纪事本末》卷六五。
⑤ 文秉：《定陵注略》卷五。
⑥ 《明神宗实录》卷三六一。
⑦ 《明通鉴》卷七三。

景德镇反对税使潘相民变，万历三十一年北京西山煤矿反对矿监王朝之变，万历三十年、万历四十二年福建漳州商民反对税监高寀之变，等等。这些斗争此起彼伏，一直持续到明末。矿监税使敲骨吸髓般的超经济强制掠夺，给当时已开始的商品经济的繁荣与发展以沉重的打击。明神宗的为政荒怠与利欲熏心，将明王朝进一步推入无可挽救的深渊。

第二节　明朝覆亡

明朝覆亡的征象于万历年间已见端倪，神宗皇帝的酒、色、财、气之好使整个国家陷入亏虚。朝中文官集团中的积极成分以国事为重，欲担负起传统道德和现实责任为皇帝改错纠偏。然而，神宗皇帝之刚愎任性使朝廷大臣无计可施，于是各官僚集团因政见不同及自身利益日趋拉帮结派。他们彼此倾轧，争权夺利，希图作为一支政治力量控制朝廷局面，这就使原来昏暗的政治局势愈发显得混乱不已。如以内阁辅臣沈一贯、方从哲为首的浙党，给事中亓诗教为首的齐党，给事中官应震为首的楚党，以及因顾宪成而结成的东林党等。

顾宪成像

如前所述，神宗怠政很大原因是由于内宫问题。神宗皇后无子，王恭妃于万历十年（1582 年）生下朱常洛，郑贵妃于万历十四年（1586 年）生下朱常洵。神宗宠爱郑贵妃，想立常洵做太子。而根据"有嫡立嫡，无嫡立长"的封建继承制度，许多大臣要求立长子常洛为太子。于是，朝廷爆发了"国本"之争。在此过程中，吏部文选郎中顾宪成因触怒神宗被罢官，神宗也因常洵不得立而长期负气不理朝政。顾宪成回到故乡无锡后，与好友高攀龙、钱一本、顾允成、安希范等人开始了讲学活动。万历三十二年（1604年），在常州知府的支持下，重新修复了无锡城东的东林书院。他们在这里定期讲学，讲学之余往往"裁量人物，訾议国政"①。"当是时，士大夫抱道忤时者，率退林野，闻风响附"②，一些在朝官员也与他们互通声气，志同道合，使这里形成一个社会舆论的中心。东林党由此而得名，浙、齐、楚党以地缘关系攀结而成，于是整个万历年间党争也就持续不断。

《弈谱》插图（明）

要想说清党争问题很不容易。从总体上看，东林党人坚持传统道德国家利益至上，他们期望改革弊政、严格执法、挽救现实，而其他党团则"务以攻东林排异己为事"，抱着帮派利益维护腐朽统治而苟延残喘。因而在万历二十一年（1593年）的京察中，主持者吏部尚书孙鑨、左都御史李世达和考功司郎中赵南星因认真履职遭到迫害。万历三十年（1602年）京察中东林党人吏部侍郎杨时乔和都御史温纯主持力除浙党沈一贯之心腹，却被神宗扣住京察的奏疏不放。万历三十九年（1611年）主持京察者多为东林党人，因而在北京的齐、楚、浙诸党多遭驱逐；而南京京察为齐、楚、浙党所把持，故东林党人又大受排斥。万历

---

① 黄宗羲：《明儒学案》卷五十八。
② 《明史·顾宪成传》。

四十五年（1617年）京察由楚党吏部尚书郑继之、浙党刑部尚书李镗主持，乃对东林党人罗织罪名驱逐一空。

尤为引人注目的是发生在宫廷的"三案"：梃击案、红丸案、移宫案。万历四十三年（1615年），有人持棍闯进慈庆宫欲谋害太子朱常洛。浙党巡视皇城御史刘廷元审问后奏称其人是疯子，经东林党人刑部提审主使王之寀细审，查出此人系受人指使，最后经十三司会审乃知背后指使者为郑贵妃宫中太监庞保、刘成。至此真相大白，朝议纷纭，神宗怕追查牵涉到郑贵妃，乃力主疯癫说，将凶手处死，暂时平息了这场风波。史称"梃击案"。万历四十八年（1620年）七月，神宗病死，太子朱常洛即位，是为光宗。光宗因身体羸弱，又担惊受怕，患病不已。郑贵妃指使内医太监崔文升入诊，光宗服其药后连泄不止。鸿胪寺丞李可灼又进红丸，光宗连服二粒一命呜呼，在位仅29天。光宗之死，廷臣大哗，首辅浙党头领方从哲接连被劾，此后为光宗之死仍长期争论不休。此即"红丸案"。光宗死后，其长子朱由校即位，是为熹宗。光宗生前所宠李选侍极欲控制乾清宫，东林党人大学士刘一燝、给事中杨涟骗出朱由校而促李选侍移宫。李选侍无奈只好搬出，次日群臣便拥立熹宗。移宫后，御史贾春旺上疏指责东林党人"劝主上以违忤先帝，逼逐庶母"，于是两派官员围绕移宫是非又展开争吵。直到熹宗出面干涉，争论才暂时平息。此即"移宫案"。

就"京察"与"三案"看，东林党人还是以天下为己任，但不时遭到不愿受其挟制的神宗及维护腐朽集团利益的"邪党"打击。熹宗即位后，东林党人因拥戴有功，势力重新崛起，许多重要部门由东林党人主持。因为东林党人一向比较关注社会问题，如反对贵族豪绅兼并土地，反对矿监税使横征暴敛，要求改革弊政、整肃吏治，所以一时"天下欣欣望治"。但由于其主要精力仍用于排除异己、打击宿敌，因而政治改良收效甚微。及至魏忠贤集团崛起，东林党人遂遭灭顶之灾。

中国帝王政治由来已久，天子有至高无上的威权。因而谁控制了天子，谁就权倾天下，如果说神宗一生未能摆脱郑妃情结，那么熹宗便是因魏忠贤的蛊惑而祸乱苍生。

魏忠贤自幼狡黠无赖，目不识丁，"然亦有胆力，能决断，顾猜狠自用，喜事尚谀"①。娶妻冯氏，生一女。后因赌输受辱，一气之下自宫，入东厂洒扫供役。此后，通过巴结太监魏朝当上熹宗生母王才人的典膳，继又取代魏朝与熹宗乳母客氏私下通好。熹宗即位后，魏忠贤迁司礼监秉笔太监兼提督宝和三殿。继而排斥异己拉拢同党，权势益张，宫中人莫敢违忤。天启三年（1623 年）十二月兼掌东厂，又有客氏作内援，权势日益显赫。魏忠贤在宫中投熹宗所好，"日导帝为倡优声伎，狗马射猎"。还令宫女、宦官排队操练，大张声势锣鼓喧天。他利用种种手段使年轻的熹宗贪于玩耍，厌弃政事，得以自己大权独揽。

在把持内廷的同时，魏忠贤又插手外廷。他与沈潅联手迫刘一燝离阁去职，又引庸劣卑下的顾秉谦、魏广微入阁听命。随着魏忠贤权势的扩张，那些被东林党人罢官去职的人，纷纷投靠魏忠贤，

东林书院

蝇营蚊附，逐渐形成阉党。天启四年（1624 年），给事中傅櫆与魏忠贤的外甥傅应星结拜为兄弟，诬奏中书汪文言并牵扯到左光斗、魏大中，结果魏忠贤将汪文言下锦衣狱并欲大行罗织东林党。这时御史李应升、

---

① 《明史·宦官传》。

刘廷佐，给事中霍守典、沈惟炳纷纷上疏指责魏忠贤不法事，但均遭其
矫旨诘责。副都御史杨涟愤怒至极，遂于是年六月上劾魏忠贤二十四罪
疏。魏忠贤大惧，急趋熹宗跟前哭诉，客氏又从旁剖析辩白。熹宗茫然
不知就里，遂温谕留魏忠贤，且下旨责杨涟。此旨一下，举朝哗然，数
十人交章论劾魏忠贤，但熹宗皆不纳。

此后，魏忠贤大发淫威，在不到半年的时间里，率其党羽以各种借
口先后杖辱、斥逐廷臣数十人。工部郎中万燦被杖死，阁臣叶向高被逼
逐，吏部尚书赵南星、侍郎陈于廷、御史高攀龙及杨涟、左光斗、魏大
中等被罢黜。与此同时，他又大力提拔任用同党。朱童蒙、郭允厚为太
仆少卿，吕鹏云、孙杰为大理卿，霍维华、郭兴治为给事中，徐景濂、
贾继春、杨维垣为御史，逐步编织成一个庞大的黑网。"当此之时，内
外大权一归忠贤。"① 其后对政治反对派的迫害变本加厉，将凡不阿附
魏忠贤的官员统称为东林党人加以打击。天启五年（1625 年），杨涟、
左光斗、袁化中、魏大中、周朝瑞、顾大章 6 人被诬以受贿，下狱致
死，史称"六君子"。天启六年，周起元、高攀龙、周宗建、缪昌期、
周顺昌、黄遵素、李应升 7 人死于非罪，史称"七君子"。

为压制舆论，魏忠贤又以剿灭东林的名义，拆毁全国书院，命令停
止讲学。而魏忠贤的追随者为讨好献媚，则在全国各地为之建祠，有的
官员对其塑像竟行五拜三叩之礼。朝政昏暗，天下遭殃，百姓偶语触及
魏忠贤，则受剥皮、割舌之刑，明王朝已面临灭顶之灾。

魏忠贤的猖狂没能维持太久，天启七年（1627 年）熹宗之死宣告
了他作恶的终结。是年八月，熹宗弟朱由检继位，是为思宗，以明年为
崇祯元年（1628 年）。思宗平素深知魏忠贤罪恶，继位后东林党人纷纷
上疏弹劾魏忠贤。十一月初一，思宗下令削去魏忠贤官职，贬往凤阳。
初四日又下令逮捕究治，魏忠贤闻讯上吊自杀。自此阉党势力虽被扫

---

① 《明史·宦官传》。

除，但其造成的动荡局势却难平息，后金大军雄起辽东，地方民众起义不断。

掐丝珐琅蜡台（明）

思宗为改变政治混乱局面，支撑行将倾倒的大厦，上台伊始即大力整肃朝政。他抑制宦官权势，重新起用东林党人。同时改革用人制度，注意选贤任能。在科举考试中，增设"裕国足民"和"奇谋异勇"两科。阁臣也多从六部乃至外僚中选举，以加强处理实际政务的能力。他自己更是事必躬亲，勤奋不已。不仅恢复了早已名存实亡的早朝经讲制度，而且频繁召见大臣议决事宜。他亲阅奏章亲批票拟，每遇军情紧急便通夜不寐。但是由于思宗急于求治而用人多疑，却导致实际结果与其愿望背离。如他起用军功显赫的袁崇焕为兵部尚书镇守辽东可谓得人，但皇太极率兵绕道蒙古直逼京师，他却中后金反间计将前来救援的袁崇焕下狱处死。他任命杨鹤为兵部右侍郎总督陕西三边军务，但又因西北农民军旋抚旋叛，恼怒地将杨鹤撤职查办。他对文武百官有过即究，动辄罚杀，以致廷臣不求有功，但求无过。故崇祯三年（1630年）顺天府尹刘宗周上疏说："陛下以重典绳下，轻者谪去，朝署中半染赭衣。"[①] 思宗在位17年，所杀大臣不计其数。从阁臣到尚书，从总督到巡抚，罪废不断，更替频繁。严刑峻法的结果，使文臣束手，将士离心，故在对后金进攻和农民起义的战争中节节败退。

---

① 《明史·刘宗周传》。

崇祯十五年（1642 年），辽东精锐尽失，后金兵锋直指山海关。崇祯十六年（1643 年），李自成攻占西安，次年进军北京。思宗眼见大势已去，在煤山（今景山）自缢身亡，明王朝终于寿终正寝。可以说，明思宗欲力挽颓势而不得，实乃政治体制、经济状况、世道人心已无能为力矣。中国传统文化又遭一次重创，而其肇始实乃起于朱元璋的复旧选择。他以高度专制独裁的人治手段希望重建儒家的光辉梦想，也就不可能采取更为先进的措施使国家走向民主、富强、文明的未来。

第三节　农民起义

明代末年，土地兼并已十分严重，赋役剥削也愈加苛繁，加之水旱灾荒连年不断，广大农民挣扎在死亡线上，甚至不断出现"人相食"的惨剧。在这种情况下，各地民变接连发生，此起彼伏。天启七年（1627 年），陕西大饥，白水县农民王二率领饥民冲进澄城县城，杀死不顾人民死活的知县张斗耀，揭开了农民大起义的序幕。此后响应者四起，王嘉允、高迎祥、李自成、张献忠等相继起义。农民军最初局限在陕西、山西一带，他们分合无定，没有明确的政治目标，仅以逐粮就食为目的。从崇祯六年（1633 年）起，农民军活动的区域扩大了，转战于河南、湖广、四川等地，这时队伍已发展到 50 余万人，开始形成全国性的大起义。

崇祯八年（1635 年）正月，明政府以洪承畴为晋、陕、川、豫、湖广五省总督，命山东巡抚朱大典出兵西上，从两面夹击农民军。为了粉碎官军的进攻，农民军 13 家 72 营的首领大会于河南荥阳，商讨对敌作战方略。会上，李自成分析了敌我形势，提出联合作战、分兵出击的主张，得到大家的赞同。之后，高迎祥、李自成、张献忠等即率军离开荥阳东进。正月十五日，一举攻克凤阳，焚毁明朝皇陵，朝廷大为震动。不久，高迎祥辗转进入陕西，不幸遭到巡抚孙传庭的伏击，被俘牺牲。李自成被推为闯王，率部继续斗争。此时起义军中以张献忠的势力最强，在明政府大规模镇压下，他也与其他起义军一样伪降。李自成因在四川北部梓潼打了败仗，退入陕南的商洛山中，全国起义一时陷入沉寂。崇祯十二年（1639年），河南、山东又发生严重灾荒，中原大地又起义蜂起。张献忠也于谷城重举义旗，李自成又率部出山战斗，革命高潮迅即出现，起义军很快又发展到几十万。

由于农民起义声势浩大，明政府急派大军围剿。大学士杨嗣昌督师襄阳，欲灭张献忠所部。张献忠奋力突破包围进入四川，杨嗣昌也领兵入川追击。张献忠领兵疾走不停，明军追击不及疲于奔命。当明军精锐都聚集在四川的时候，张献忠又进入湖广，仅用8天时间，行军1000多里，突然出现在襄阳城下。继而破城，杀死襄王朱翊铭和贵阳王朱常法，发饷银15万赈济灾民。杨嗣昌愤恨交集，自缢于军中。崇祯十六年（1643年），张献忠又攻下武昌，建立政权，称大西王。后又放弃武昌，南下湘、赣，杀贪吏，逐豪绅。崇祯十七年，再进四川，七月克重庆，八月破成都。随后建国称帝，国号大西，建元大顺，设内阁六部，立五军都督府，开铸钱局造"大顺通宝"，复科举考试录举人、进士，还招抚四川西部诸少数民族土司，对他们宣布"蠲免边境三年租赋"。

与张献忠复起同时，李自成转战湖广进入河南，饥民纷纷响应，从者如流。崇祯十四年（1641年）正月，李自成攻破洛阳，杀死福王朱常洵，发王府金银和富户窖藏赈济贫民。此时起义军已发展到50万人，一些知识分子如李岩、牛金星、宋献策等也受到李自成的重用。起义军提出一系列口号，如"除暴恤民"、"均田免粮"、"开仓济贫"等，这对鼓舞和号召群众在政治上发挥了很大作用。在此后的两年里，明军几次集兵往河南会战，但都遭到了失败。李自成先后取得新蔡之战、襄城之战、朱仙镇之战、郏县之战的巨大胜利，遂全部占有河南之地。继而又

李自成像

挥兵南下攻破襄阳、荆州，占有湖广北部各州县。李自成在襄阳称新顺王，改襄阳为襄京，初步建立了中央和地方军政制度。崇祯十六年（1643年）夏，李自成在河南汝州歼灭了孙传庭的军队，乘胜破潼关，下西安，迅速占领全陕。崇祯十七年正月，李自成在西安建国，国号大顺，年号永昌。他进一步充实政权机构，准备对明王朝发起总攻击。同年二月，李自成率领大军从西安出发，以疾风暴雨之势进入山西，沿途所向披靡。三月十七日，农民军已至北京城下。十八日，城外明军不战而降。十九日，内城被攻破，崇祯皇帝走投无路，登万岁山（今景山）自缢而死。李自成乘乌驳马，在众将簇拥下进入紫禁城。

李自成进京后，首先加强了农民政权的建设。基本上按照明朝制度，设置中央和地方官职，只是改变了一些官职的名称。对明朝官吏的处置采取区别对待的办法，原则上只是对四品以下的官吏酌情录用，而对少数作恶多端的勋戚官僚才实行镇压。同时开科取士，选拔部分知识分子充实政权机构，派大批官员分赴河北、山东等地任职。为解决军饷问题，实行追赃助饷政策，迫使明朝官员按官职品级交出数量不等的赃物饷银。

但是起义军也出现了重大失误，主要表现为骄傲轻敌和腐化享乐。当时地主阶级并不甘心失败，他们在失去财富权势时也在处心积虑地准备反攻。北京地区出现许多谣言，一些钻进大顺政权的明朝官员也在等待复辟。南方的明朝残余势力继续与农民军为敌，他们以明朝宗室藩王为中心纠合在一起妄图卷土重来。更重要的是对关外清军的警惕性不足，因而没有及时解决好吴三桂的问题。李自成也曾努力招降吴三桂，但其部下的行为却激怒了吴三桂，而最根本的原因当然还是他对大顺政权打击地主的政策不满。所以吴三桂降清成为起义军最终失败的转折点，山海关一战起义军为清、吴联军所败导致满盘皆输。

与此同时，起义军的太平麻痹思想也在增长。一些大顺政权的知识分子与明朝降官迫切希望把李自成推向皇帝宝座重建封建王朝，他们自己也以功自居网罗党徒欲掌大权。李自成虽然始终保持着艰苦朴素的农民本色，却无力制止将领士兵中开始滋长的腐化享乐之风。有的明朝官员公开用金钱美女对大顺军将士拉拢，如果不是父亲被抓爱妾被夺吴三桂也未必激变。因此，大顺军丧失了革命斗志，既未南下也未北上，导致初建政权迅即倾覆。如果从更深意义上讲，尽管李自成有很好的农民革命品质，但他并未也不可能超越历史和阶级的局限，所以也就很难有远大的政治目标和建立更为先进的社会制度。

第四节　满清建国

满族的前身是女真族，很早就生活在东北地区黑龙江、长白山一带。明初，女真族分为野人、海西、建州三个部分。永乐以后，受野人女真侵扰，海西女真、建州女真各部被迫南迁。野人女真生产比较落后，以捕鱼狩猎为主，主要分布在黑龙江西岸及其下游濒海一带。海西女真从事畜牧和农业，主要活动在今黑龙江省和吉林省交界地区。建州女真的生产发展水平最高，其"俗尚耕稼"、"土地肥饶，禾谷甚茂"[①]，主要集中于长白山北部、牡丹江与绥芬河流域。明中叶以来，女真各部不断迁徙移动，又按地域分为东海、扈伦、长白、建州四部。东海所属渥集、瓦尔喀、库尔哈三部，即过去的野人女真和其他少数民族。扈伦

---

① 《建州闻见录》。

所属哈达、叶赫、乌喇、辉发四部，即过去的海西女真。长白所属珠舍哩、讷殷、鸭绿江三部和建州所属哲陈、浑河、苏克素护河、董额、完颜五部即过去的建州女真。女真各部"群雄蜂起，称王号，争为雄长，各主其地，互相攻战，甚者兄弟自残，强凌弱，众暴寡，争夺无已时"[1]。在这种混战的局面下，人们逐渐产生了统一女真各部的要求，努尔哈赤便成为实现这一历史要求的英雄人物。

努尔哈赤像

努尔哈赤（1559～1626 年）是苏克素护部阿拉城（今辽宁新宾县）人，明初建州左卫都督猛哥帖木儿六世孙。姓爱新觉罗，"爱新"是满语"金"的意思，"觉罗"是"族"的意思，因为他们自认为是历史上金朝的遗族。努尔哈赤 10 岁丧母，因继母虐待 19 岁离家。由于常到抚顺马市贸易，故能通汉语识汉字。万历十一年（1583 年）建州苏克素护部图伦城主尼堪外兰引导明辽东总兵李成梁出兵征讨阿台章京，在攻打古埒寨时努尔哈赤的祖父和父亲被明军误杀。努尔哈赤遂以祖、父遗甲十三副起兵讨尼堪外兰，开始了统一女真各部的历程。由于指挥有方，他进展神速，万历十六年（1588 年）即统一了建州五部。次年，明朝晋升他为都督金事，他也亲自入京朝贡谢恩。继而，他又灭长白鸭绿江部，打败以叶赫为首的扈伦四部、蒙古三部和长白二部的九部联军，乘胜吞并长白所部。万历二十三年（1595 年），明朝加封其为龙虎将军。次年，他再次赴京朝贡谢恩。其后，到万历四十七年（1619 年），又消灭扈伦四部及东海诸部大部分，至此，"自东海至辽边，北自蒙古、嫩江，南至朝鲜、鸭绿江，同一语言者俱征服，是年诸部始合为

---

① 《大清太祖高皇帝实录》卷一。

一。"①。

努尔哈赤在统一女真各部的过程中，正式建立了从氏族部落基础上发展起来的八旗制度。初时女真人每逢出猎每人出箭一支，合 10 人设一首领称为牛录额真（牛录，"大箭"之意；额真，"主"的意思）。努尔哈赤起兵之后，征服及来归的女真部族日多，即根据战争的需要和女真族的传统习惯，把原来的牛录组织加以扩充，逐步建立了十一旗制度。万历二十九年（1601 年），努尔哈赤以 300 人为一牛录，首领称牛录额真。当时只有四个牛录，即分别以黄、红、白、蓝四色旗为标志。后来随着征战，队伍渐多，万历四十三年（1615 年）又以五牛录为一甲喇，设甲喇额真统领。五甲喇组成一个固山，设一个固山额真统辖，并设副职二人梅勒额真佐领，一个固山即为一旗，这样，在原有四旗之外，增设镶黄、镶红、镶白、镶蓝四旗，共计八旗。八旗各有旗主，由努尔哈赤的亲近子侄担任，称做八固山贝勒。努尔哈赤为八旗最高统帅，并配有五千亲军。八旗制度是一种军政合一的组织，它把分散的女真各部都聚集在旗下，平时耕猎为民，战时披甲当兵，提高了女真人的生产力和战斗力。次年，努尔哈赤在赫图阿拉（今辽宁新宾境内）称汗登位，国号大金，建元天命，史称后金。

随着后金经济和军事实力的增长，努尔哈赤很快将进攻矛头指向明朝。万历四十六年（1618 年）四月，他以"七大恨"告天。"七大恨"中第一条是要报明朝杀祖、父之仇，有四条责备明朝援助叶赫防御，另两条指斥明军越境不许满人收割禾稼。其连破抚顺、东州、清河等城，全辽震动。明神宗急派杨镐为辽东经略，在全国征兵征饷，次年二月，进攻赫图阿拉。明军分四路进攻，努尔哈赤抓住明军兵力分散的弱点，采取集中优势兵力各个击破的战术。四月十三日，首先集中八旗兵 6 万人进攻萨尔浒山的杜松军 3 万人，结果杜松战死，所部全军覆灭。努尔

---

① 《满洲实录》卷六。

哈赤乘胜进击，击败其他三路，双方作战 5 日，后金大获全胜。萨尔浒之战的结果，使辽东局势起了根本的变化，从此明朝失去主动进攻的力量，而后金则由防御转入进攻。

努尔哈赤连下开原、铁岭，杨镐因连战败绩，被下狱治罪。六月，明廷致命熊廷弼为辽东经略，熊廷弼上任后审时度势，采取了正确的防守政策。他守辽一年多，努尔哈赤无隙可乘，然而朝中谤议四起，攻其怯懦畏战拥兵不动。不久被罢，明朝改由袁应泰经略辽东。努尔哈赤见有机可乘，即于天启元年（1621 年）大举进攻，夺取沈阳、辽阳及辽河以东大小 70 余城。无军事之长的袁应泰兵败自裁，全家殉难，努尔哈赤迁都辽阳，愈益得势。此时熹宗再度起用熊廷弼为辽东经略，王化贞为辽东巡抚，熊主守，王主战，二人不和。努尔哈赤利用熊、王矛盾，举兵渡辽河，手握重兵的王化贞溃败，兵力较少的熊廷弼只好退居关内。

后金遂占领辽河以西大片土地，天启五年（1625 年）又迁都沈阳，改称盛京。此后熊廷弼、王化贞被下狱处死，明廷派王在晋经略辽东。王在晋懦弱无能，主张放弃关外退守，遭到袁崇焕等将领的强烈反对，认为若保关内必守关外。不久，明廷起用孙承宗为辽东经略，他用袁崇焕建议构成坚固的宁锦防线。但他很快因遭阉党排挤去职，明廷令高第接任。高第认为关外不可守，一反孙承宗所为，撤兵入关。袁崇焕苦劝无效，便坚守孤城宁远。天启六年（1626 年）正月，努尔哈赤率重兵攻宁远，袁崇焕顽强抵抗，努尔哈赤被炮火击伤，退回沈阳，同年八月病死，终年 68 岁。

努尔哈赤死后，儿子皇太极即位，改元天聪。天启七年（1627 年）五月，皇太极率兵进攻明朝修复的宁锦防线，袁崇焕亲自督战，后金军死伤累累，被迫败退，时称"宁锦大捷"。崇祯二年（1629 年），皇太极避开宁远，绕道蒙古，直逼北京城下。袁崇焕从山海关入援，皇太极使反间计，派放回的俘虏说袁崇焕与皇太极有密约，崇祯帝深信不疑，遂将袁崇焕下狱处死。不久，明将孔有德、耿仲明、尚可喜等先后降金。这时，金国已变成一个塞外大国，人口包括满、蒙、汉三族，疆土东北达黑龙江口，西边至归化城（今内蒙古呼和浩特市），南面与明朝锦州、宁远为界。

皇太极对内还进行政治、经济、军事改革，先后设立了内三院、六部、都察院、理藩院等一套完整的国家机构，经济上实行保持和奖励农业生产的政策，军事上另编蒙古八旗和汉军八旗以扩大兵力。皇太极的这些措施，使后金政权迅速集权化、封建化。崇祯九年（1636 年），皇太极自称皇帝，改国号为清，改年号为崇德，改族名为满洲。此举显然是与明朝对抗，并欲取而代之占有中原。

此后，清军屡次侵袭内地，大肆掳掠。崇祯十一年（1638 年），清兵越过长城，大举深入，蹂躏畿辅，连下 43 城。次年，南下入山东，攻破济南，所俘汉人 46 万余，获银百余万两。崇祯十三年（1640 年）起，清军与明军在宁锦防线对峙作战将近两年，至崇祯十五年（1642 年）三月，明蓟辽总督洪承畴兵败松江被俘投降，锦州守将祖大寿因粮尽援绝也率众出降。至此，明在关外除宁远孤城由吴三桂驻守外，要塞尽失。崇祯十六年（1643 年），皇太极死，其子福临继位，由多尔衮辅政。而此时明朝内外交困，大势已去矣。

下卷

主体意识的生发张扬

第一章
哲学思潮的态势

第一节　理学的确立

　　中国的文人一向怀有崇高的理想，这种理想将自然、人生、社会构筑为一体加以考察。它以"天人合一"、"物我相通"、"内圣外王"为思维、实践方式，最终交汇在"道"的最高范畴上。所谓"道"，先贤多有论述，儒、道、佛虽有不同追求、不同内涵，但都将道作为至上的境界、至高的目的。至宋代，儒、道、佛三家会通，被赋予新的理解并给予新的构筑，"理"便应运而生。"理"将三家融会一体，外延与内质都有扩大和深入，它不是三家哲学的简单相加，而是将其缜密化合严谨论证。理学是中国封建社会历史走向后期的主要思潮，尽管其内部也有见仁见智的论争，但它的精神血脉始终深潜于博大沉厚的中国文化中。它原本是要张扬一种大同、合化、友善的文化理想，通过哲学思考给整个社会生活提供一种价值参照和世界观的指导性原则。由于它的取向不仅立足于超越而且注意到参与，也即它并非虚幻的妄想而是植根于现实，是社会生活的积极探索，因而，它就与现存的国家制度乃至政权力量有了相当的亲和性。孔、老、释的哲学思想本是针对现实生发的，他们的浪漫虚构体现着人生的美好追求，但又无不充满理性，闪烁着生活的智慧。这个文化传统继承下来经发扬光大并不断充实，在每个朝代都产生新的形态和不同特色。中国文化正是在此不断演进的流程中形成阶段性风貌，而明朝因其新的政权建构和文化建设呈现出有异于前朝的思想景观。

南宋朱熹的理学思想直到南宋末年才蔚为大观，元代开始以"四书五经"的朱学传注作为思想准绳，但作为封建统治的理论基础并未坚实稳固地奠定下来。明太祖登基后，整个社会的统治思想尚未确立，学子们只是在元代的废墟中勾览儒、道、佛之余绪。但明太祖在打天下的过程中就重视征用儒士，而在治天下的措施中更认识到儒士不可取代的功能。他深知"天下可以马上得知，不可以马上治之"的道理，继承了"戡乱以武，定国以仁"的统治经验，注意礼乐教化的作用并开始兴办文化事业。《明史·儒林传·序论》说："明太祖起布衣，定天下，当干戈抢攘之时，所至征召耆儒，讲论道德，修明治术，兴起教化，焕乎成一代之宏规。虽天禀英姿，而诸儒之功，不为无助也。制科取士，一以经义为先，网罗硕学，嗣世承平，文教特盛。大臣以文学登用者，林立朝右。"重用文人是朱元璋的高明之处，但其用意全在树立新王朝的威信和大一统的观念，绝不像唐代的开放和元代的粗野，所以他要重新继起汉族传统而重建汉家家园。故当解缙提出"上溯唐、虞、夏、商、周、孔，下及关、闽、濂、洛，根实精明，随事别类，勒成一经，上接经史，岂非太平制作之一端欤"的建议，深为太祖称道。

朱元璋读书本杂，并无创新意识，重在权术而非学术，因而提倡儒学、尊崇孔子也就势成必然。中国哲学一向与现实政治结合紧密，它虽追寻终极理想，给人指出前进的方向和深刻的思考，但却很难挣脱帝王统治的束缚而成为御用光明的点缀。朱元璋在世时政务繁忙，但他需要礼乐教化粉饰门面，也需要培养官僚队伍贯彻统治，因此兴办了大量的学校。在教育内容中，则强调"当以孔子之道为教"，而不能教以策士纵横之术。这样，"四书五经"被确立为经典读本，但有些语句也按朱元璋的旨意进行了删节，特别是《孟子》中有关民本思想和反对暴君的，如《尽心篇》中的"民为贵，社稷次之，君为轻"，《离娄篇》的"桀纣之失天下也，失其民也；失其民者，失其心也"，《万章篇》的"君有过责谏，反复之而不听，则易位"，等等。由此可见朱元璋的专制心态和独裁思想，经学显然不过是政治的附庸与装潢。但此时尚未对儒家经典的驳杂解释有效整理，各家阐发多有歧异，所以太祖时的学术界主要是继承旧说，审慎地在政治的督导下无序地传习。

明成祖以武力强取君位后，鉴于儒家经典的分歧解说不利于统一思想，同时也期望借助经典的纂修整顿学校和科举，故于永乐十二年（1414 年）诏令儒臣胡广等人根据程朱理学编订《五经四书大全》及《性理大全》。《五经四书大全》所采用的传注、集说，沿用了宋、元时儒臣们对儒家经典的解释，很少发明与订正，没有什么新意，因此后人对该书评价很低。《性理大全》搜集、采用了包括周敦颐、二程、张载、邵雍、朱熹等 100 余人的学说，除将理学家的著作收入外，又

孔圣家语图（明）

将有关性理的语录汇集成文，颇为杂乱，并无考订鉴别。《性理大全》修纂时间很短，难免匆匆忙忙，修成之后，成祖亲自为序，并于永乐十五年（1417 年）颁行于世。从此《性理大全》成为思想教育的读本，也是科举考试的教材。《性理大全》虽卷帙庞大，但内容粗疏，故明末顾炎武认为："仅取已成之书，抄誊一过。上欺朝廷，下诳士子。唐宋之时，有是事乎？岂非骨鲠之臣，已空于违文之代？而制义初行，一时

人士尽弃宋元以来所传之实学，上下相蒙，以饕禄利，而莫之问也。呜呼！经学之废，实自此始。"① 顾炎武于明末标榜实学，对空疏的义理之风严加批判。但明初却恰恰要崇尚义理，使传统的封建专制主义更为加强，因而成祖有此举措实是出于政治上的考虑。成祖认为，古来圣王都是"以本治天下的"，这个"本"就是君臣、父子、夫妇、兄弟、朋友之间的"人伦日用之理"。朱学原本是一种哲学思想，但由于它所提倡的社会价值思想是根植于封建宗法社会之中的，因此其学术见解和思想观点很容易与统治者的要求相吻合。在这种情况下，以朱学为主体编撰的《性理大全》自然成为封建国家的理论基础，故成祖之序言认为读此书可以"穷理而明道，立诚以达本，修之于身，行之于家，用之于国，而达之天下，使家不异政，国不殊俗，大回淳古之风。以绍先王之统，以成熙雍之治，必将有赖于斯焉"。

实际上，就朱学的意义而言，它是一个蕴涵着多层历史和文化精神的大问题。如果从儒家价值理想发展的整个历史过程和人类的普遍精神追求来看，朱学围绕着心性的主题并将其提到本体论的高度来讨论，从而把儒家建构和谐统一社会的文化理想直接与每个社会成员的精神修养连接起来，并期望通过理想人格的途径来实现理想社会的目标。同时，理学也体现着人类挣脱动物自然性向着人性的崇高和庄严提升的理性意志。无论人们生存的地理环境和文化区域有何不同，追求理性升华却是人类的普遍精神，抛开理学"存天理，灭人欲"压抑人的自然欲求和生存权利不言，其深层的价值意义恰恰在于表现了人的意志威力。从人类发展的高度来看，表现在感性形式下的理性意志，是在与感性生理的自然欲望的对峙与冲突中，展现人的本质和人性庄严的。也就是说，人的主体意志和道德行为并不建筑在自然欲求的基础之上，而是建立在理性主宰、支配感性的能力和力量之上。理学所要张扬的这种人类的普遍精

---

① 顾炎武：《日知录》卷十八。

神，正是对动物性自然欲求的反拨。不同社会、时代、阶级的道德要求伦理内容各不相同甚至彼此对立，但建立与动物自然属性相区别的崇高人性本体却是人类的共同要求。程朱理学以及整个宋明理学是在特定的历史时代及社会结构中，以自己特有的思维路线和情感方式去表达这一要求的。因而理学在培养人格、注重气节、崇仰品德、赞赏意志方面，也代表着中华民族张扬人生理想、精神价值和道德境界的文化方向。

但是儒学毕竟不是超世的，它企盼把自己脚下的这片土地建成符合文化理想的美好世界，这就带来了对现实的切入问题以及由此产生的矛盾。一方面儒家要把现实的社会特别是统治集团推向文化理想的目标，而另一方面现实的政治权力又极力将儒家的理想拉回现存的社会。所以自汉武帝开始的历代统治集团对儒家学说的认定和利用，实质上都是政治权力对一种文化理想的异化，而儒家在历史进程中又执著地发展自己并保持着文化精神的张扬。文化的功能本来就是为社会提供导引性的精神方向，同时弱化现实法则对人性本质的扭曲。从这个意义上说，明初统治集团对朱学地位确立的过程，正是政治权力对朱学思想的异化过程。朱学本身的文化意义是倡导一种"天人合一"、"情理协调"、"博学求知"的理想品格，而由统治集团确立的朱学则成为按照自己意愿宣扬的思想观念和价值准则的运作。这正如孔子本身的出现和孔子塑造的过程之差异一样，朱学本身的文化意义与其被统治集团确立后也是有差别的。前者具有人类精神的永恒性，而后者则是特定时代的思想需要。也正因此，二者极易混同，朱学遂被列为思想统治的罪魁祸首。理学自明初确立，对政治生活产生了重大影响，但因其僵化教条和陈腐窒息，又被一些具有个性的思想家探究创新，这正是真伪理学的区别和道器辨识的差距。

明初理学由乱世而来又经文字之狱，除钦定修撰之外没有什么重要的著作，呈现出躬行谨守、朴实践履的特点，被推为"明初理学之冠"

的薛瑄可为代表。薛瑄（1389～1464 年），字德温，号敬瑄，山西河津人。少随其父读"四书五经"，及长从魏希文、范汝舟学习濂洛学问。永乐十九年（1421 年）中进士，历任山东学政、大理少卿等职。曾因得罪太监，被放还回家 7 年。后召为大理寺卿、礼部侍郎、翰林院学士等职，曾救于谦而未果。权臣石亨当朝，乃辞官回家，教学终生，谥号文清。临终作诗谓："七十六年无一事，此心惟觉性天通。"薛瑄生活在明朝前期，没有专门的理学著作，只有在为官时利用公余时间所作《读书录》和离职后讲学之余所作《读书续录》，清人辑其其他文字共汇为《薛文清公全集》46 卷。

薛瑄继承了朱熹学说并试图将其完美化，有其进步的一面但也未跳脱出局限。在理气观上，他针对朱熹"理在气先"的说法，提出"理不离气"的思想。他说："天地之间只有理气而已，其可见者气也，其不可见者理也。"①"理与气一时俱有，不可分先后"，"天地之气，则浑浑乎未尝间断止息，而理涵乎气之中也"②。他还从道器关系上论证"理气相即"的观点，说："显者器也，微者道也；器不离道，道不离器"③，"故曰道亦器也，器亦道也"④。薛瑄为批评朱熹的理本论观点还直接提出气本论的看法，他说："充满天地皆元气流行"，"天地间只一气，因有动静，故有阴阳刚柔之分，先儒言之鲜矣"⑤。其强调气本论并非反对理存在的合理性，而在于突出理气不可分离的道理，使理不致成为气外之物，从而使人懂得由下学而上达的求道功夫。薛瑄的观点本来不错，但他又担心淹没了理的绝对性，故又常常提出"气有消息，理

---

① 《读书录》卷一。
② 《读书录》卷三。
③ 《读书录》卷三。
④ 《读书录》卷一。
⑤ 《读书续录》卷一。

无穷尽"①、"气有聚散，而理无聚散"② 的主张。这样一来，气就成为相对的、暂时的，而理则是绝对的、永恒的，理气统一的命题就无法成立了。

薛瑄由理气讲到心性，关键是"一个性字"。他继承了朱熹"天下无性外之物而性无不在"的思想，认为性不是单独存在而是本于天地自然，因此天性非常重要，必须去恶而从善。他认为："只是一个性字，分而为仁、义、礼、智、信，散而为万善。"③ "元亨利贞，仁义礼智，只八个字包括尽天地万物之理，其旨深矣。"④ 这样一来，他就把人类社会的伦理道德同天地万物的自然法则联系起来，而实际上他仍然无法划清人的社会本质与物的自然本质的界限。薛瑄之所以谈性，因为这是处世的根本，故他特别强调"复性"，复性的途径在于求道问学，修养磨练。他说："轻，当矫之以重；急，当矫之以缓；褊，当矫之以宽；躁，当矫之以静；暴，当矫之以和；粗，当矫之以细；察其褊者而悉矫之，久之则气质变矣。"⑤ 只有采取

偃竹图（明）王绂

下学上达、内外兼修、格物致知的方法和功夫，才能复其天性而归其自然。理学始终将人伦天理化，薛瑄并无突破和进

---

① 《读书录》卷九。

② 《读书录》卷四。

③ 《读书录》卷八。

④ 《读书续录》卷三。

⑤ 《读书续录》卷三。

展，反而过于拘泥庸俗。

薛瑄又讲求学问道，躬行践履，似乎只有如此，才能同"明心见性"的佛教、"直求本心"的陆学区别开来。所以后人评价薛瑄，总认为他兢兢碌碌，无灵无华。但不管如何，薛瑄与其弟子毕竟形成"河东之学"，其后继又为"关中之学"，体现了明代前期的理学风貌。

与薛瑄同时的吴与弼（1391～1469年），江西崇仁人，字子傅，号康斋。初习诗、赋、经、制，后慕圣贤之学，遂放弃举业，专以"四书五经"与程朱语录为学。一生中不曾做官，居家讲学，虽生活清贫，但笃志不移。他很崇拜朱熹，晚年专程去福建谒朱子墓。他刻苦奋励，自学成家，授徒讲学，不事著述。其教学多以禅语机锋的方式，著作也仅有日常"学子所得"的《日录》一卷，后有明末崇祯刻本《康斋文集》12卷。他在当时学问很高，与薛瑄号称南北两大儒。但与薛瑄的"拘守迂腐"不同，多少有些"弃旧图新"之意。一般认为，他是明代心学的发端者。他认为朱熹等人的著述太多，烦琐支离流于繁杂，所以可不依傍旧有途径，而可另开他途得其精要。娄谅在《康斋先生行状》中论之说："宋末以来笺注之繁，率皆支离之说，炫目惑心，非徒无益，而反有害焉。故不轻于著述。"正因如此，他发展了朱熹的心体说。

他把人心提高到本体的地位，认为人心可以吞并整个宇宙。说："寸心含宇宙，不乐复如何?"① 他在《浣斋记》中说："夫心，虚灵之府，神明之舍，妙古今而贯穹壤，主宰一身而根柢万事，本自莹彻昭融，何垢之有。"他说："无极之妙，充盈宇宙而该贯吾心，何可须臾离哉！然事几万态，太和难保，不有精鉴以为权度，难乎免于流俗架空之患矣。"② 也就是说心与宇宙相通，心即宇宙，心与理合二为一。一切

---

① 《吴康斋先生集》卷六《诗·道中作》。
② 《吴康斋先生集》卷三《省庵记》。

从心出发，万物由心观想，而达物我交融之地。他作诗说："物外元无我，闲中别有天。临流时抱膝，此意向谁言。"① 意即物为我，我为物，心有天，天在心，只能心领神会，大辩无言。其物我一体的思想显然强调了心即理的观点，而心又成为真正的主体，物者为我所用而已。

既然理在万物，又在此心，但心为体，与物通，那么心与物通时或有感染，特别是人在社会中生存难免不蒙尘招垢，因此"洗心""磨镜"就万分重要。在他看来，心体本是"莹彻昭融"

双鹤图（明）边景昭

的，有"无极之妙"，理具其中而为万事根本。然而由于气禀之拘，物欲之蔽，心就会如镜染上尘埃，如果要恢复本来面目，就要刻苦地"洗心"或"磨镜"，故而他作《浣斋记》、《省庵记》说明其道理。这与佛教禅宗省心拂镜的说法大致一样，即明心而见真性。那么如何行之呢？这就靠不断的敬内功夫与日常的集义功夫。日省月习，谨技修身，方能得道。故吴与弼很注重向内径求，时刻反思，约束自己，通彻万物。他作诗说："群经酿郁德惟馨，内重由来外自轻。轩即是兰兰即我，人谁不仰国香清。"② 他自比为兰，主要说超脱尘俗、物我一体时的精神感受。他说"万物生意最好观"，"观百卉生意可爱"③，不只是说自然界

① 《吴康斋先生集》卷七《诗·临流暝目坐》。
② 《吴康斋先生集》卷十二《诗·兰轩》。
③ 《吴康斋先生集》卷一《日录》。

万物生长的蓬勃状态，也是说"人心不死，天理常存"的健康追求。

吴与弼对心的解释与朱熹有所不同，因此在人性的修养功夫上也见解有异。朱熹论心是指理气相合而有的心，心包括体用两个方面而重在知觉，所以在修养方法上，朱熹主张要有对客观世界"格物穷理"的功夫，然后"思虑营为"而上达天理。吴与弼不太讲求身外的"格物穷理"，而主张对心径直进行浣洗或磨拭，这与陆九渊的"直求本心"、"只自完养"有些相近。他虽然也强调朱熹的"涵养性情"，但似更重陆学的"涵养本心"。所以，学者一般认为，其说当为王学发端，是明朝心学一派之先河。他重人品境界，而不在学问道理，这与王阳明"心即理"、"致良知"的意义也是一致的。后其弟子陈献章、胡居仁承其理论发扬光大，影响和启发了王阳明心学的产生。

由此可见，明初薛瑄的"河东之学"因保守拘泥而无大起色，吴与弼的"崇仁之学"却以标新立异而蔚为大观，程朱理学遂向陆王心学转变。

第二节　心学的恢弘

明代中期，作为官方哲学的朱学已逐渐退居次要地位，代之而起的是王阳明的心学及王学的广泛传播。王阳明心学的异军突起不是孤立产生的偶然现象，传统理学的僵滞与现实生活的丰富使人们的个性意识觉醒，国家政治的腐败与人道主义的体悟也使思想家们寻求新的文化途径。从哲学脉流发展来看，王学前承吴与弼及其弟子陈献章、胡居仁之思想，后启泰州学派的"平民"及"叛逆"精神，在明朝形成极大的声势和文化思潮，因此富有生命力的心学遂使无生机的理学黯然失色而沉寂下去。

　　吴与弼的学生陈献章是广东新会白沙里人，故人又称白沙先生。他曾3次参加会试都未考取，从而促成他逐渐走向潜心学术的道路。他追随吴与弼从学后思想发生了转变，由原先的读书穷理转向了后来的诉求本心。他说："叹迷途其未远，觉今是而昨非。"① 明初朱学已无新意，将人引入训诂考证的烦琐道途，这就给人提供了别开生面的契机，可以有一种方式化腐朽为神奇。陈献章最主要的思想观点是"天地我立，万化我出，宇宙在我"②，"为学须从静坐中养出个端倪来"③。显然，他是继承了陆九渊"心即宇宙"及吴与弼"静观涵养"的主旨，而有意打破程朱理学窒碍沉闷、繁杂迂腐的局面。为此，他走得更远，以致有通禅之嫌。晚年，他不仅静坐室中，而且逍遥于自然，心学境界更为阔大，似乎有违自己"做圣"的初衷，当然也就含有对理学的批判了。

　　陈献章的学生湛若水，字元明，号甘泉，人称甘泉先生。他因悟出"随处体认天理"的修养方法，深得陈献章的赞许，被视为学术思想继承人。湛若水历任高官，与王阳明相识并视为同志，对王阳明影响很大。其著作甚多，有《甘泉先生文集》传世。湛若水的学术思想也有一个发展过程，即由"宇宙一气"开始，经过"理气一体"，最后得出"天地古今，同此一心"的心学结论。其重要意义在于把"心"提高到天地万物的本体，与朱学最大的不同是强调主体所具有的精神境界或品格理想赋予外物以价值意义。所以天地万物只有被人体认后才有存在意义，"心外无事，心外无物，心外无理"④。其"体认"的修养方法与王阳明的心学有很大不同而与朱熹的理学思想有很大关系，从根本上说，"随处体认天理"⑤ 实际上是要求人们对自己的道德修养进行反省，并

① 《白沙子全集》卷一《龙冈书院记》。
② 《白沙子全集》卷三《与林郡博士》。
③ 《白沙子全集》卷二《与贺克恭黄门》。
④ 《甘泉先生文集》卷七《答太常博士陈惟浚》。
⑤ 《甘泉先生文集》卷十一《问疑续录》。

烟江晚眺图（明）朱端

将那些伦理规范渗透到自己生活的各个领域中去。因此，其学说既有对人的主体价值的确认，又要求以社会的道德价值对人的行为给予规范，从而陷入一种矛盾状态，使人在实践中常感困惑。

与陈献章的"白沙之学"同时的还有胡居仁、娄谅等人的"余干之学"。胡居仁、娄谅都是吴与弼的学生，因他们汇聚于江西余干而形成一个学术团体。胡居仁遵行吴与弼"静中涵养"的方法"笃志力行"，就其主要学说倾向来看与陈献章没有什么本质区别，主要也是向内求心，思绎其理，方法上也有禅悟的色彩，但还没能超脱出理学框范。《明史·儒林传》载："其学以主忠信为先，以求放心为要，操而勿失莫大乎敬，因以敬名。其斋端庄凝重，对妻子如严宾。手置一册，详书得失，用自程考。鹑衣箪食，晏如也。筑室山中，四方来学者甚众。皆告之曰：'学以为己，勿求人知。'语治世则曰："惟王道能使万物各得其所。'所著有《居业录》，盖取修立诚之义，每言'与吾道相似莫如禅学'。"总之，胡居仁以"诚敬"为旨，以"静观"方式以达"淳笃"之风。

娄谅也是吴与弼的学生，"景泰四年举于乡，天顺末选为成都训导。寻告归，闭门著书，成《日录》四十卷，《三礼》订讹四十卷"，"其学以收放心为居敬之门，以何思何虑勿忘勿助为居敬要旨。然其时胡居仁颇讥其近陆子，后罗钦顺亦谓其似禅学云"[①]。娄谅表面遵循朱熹，实

---

① 《明史·儒林传》。

际上受吴与弼影响，因而其格物之学已有心学色彩。胡居仁说："娄克贞（即娄谅）说他非陆子之比，陆子不穷理，他却肯穷理。公甫（即陈献章）不读书，他却勤读书。以愚观之，他亦不是穷理。他读书只是好圣贤言语来扩己见，未尝虚心求圣贤指意，舍己以从之也。"① 实际上，自吴与弼之后，他的学生都有心学倾向，只是还未挣破朱学的成规。而王阳明心学直接从湛若水、娄谅生出，完成了理学向心学的最终转变。

朱熹理学发展到明代中期终成阳明心学，标志着理学向心学转变的最后完成。这是理学无法因守、演变求新的结果，也是社会酝酿、时代要求的产物。统治集团日益腐化堕落，土地兼并愈演愈烈，加之奸佞当道、宦官专权，而新的生产力萌芽开始出现，大批自耕农的破产和手工业商品经济的抬头，使人的价值观念也在觉醒，冲击并破坏着传统的封建秩序，各种尖锐的矛盾冲突又使国家濒临空前的信仰危机。在这种情况下，朱熹哲学已不能照旧统治下去，其烦琐的说教日益为人厌弃，而王阳明针对道德的沦落，认为只有振觉人心才是挽救帝国的良方妙药，遂以简易手段为社会思想探寻一条再生之路。由于其思路的新颖、逻辑的畅达、方法的便捷顺应了世情需要，因而受到普遍欢迎并很快成为社会思想的一股主流。

王守仁（1472～1529 年），字伯安，浙江余姚人。因筑室阳明洞，学者称阳明先生。有《阳明全书》38 卷传世，可见其思想形成过程与博大精深的体系。他于弘治十二年（1499 年）考中进士后任官，在反对宦官刘瑾的斗争中遭到迫害。刘瑾伏诛后得以复出，曾以左金都御史巡抚南赣，破"山中贼"，平"宸濠乱"，升南京兵部尚书。嘉靖六年（1527 年）兼左都御史出征思田，返回时死于归途。

王守仁早年接受朱熹思想而后为其所苦，于是在前辈的心学思潮基础上弃旧图新。他师从娄谅、湛若水，与他们又是挚友关系，受到他们

————————
① 《居业录》卷一。

王守仁像

很大影响。其初为学时依循朱子的格物致知，然在深研之后又发现了问题。他认为格物求理繁难而无效，真要做圣人应从本家自心入手，这就从修道方法上有了不同。朱熹虽也提出了"心与理一"的思想，但他将"物理"与"吾心"作了内外之分，这样就很容易导致"心理为二"的结论。王守仁看到了这一点，所以就主张"心即理"之说，也就是要求从"理本论"转为"心本论"，这就从哲学根本上来了一个转变，克服了朱熹思想体系的矛盾。一般认为，王守仁的心学思想来自陆九渊，实际上它同朱熹哲学也有直接关系。他继承了陆学，但其心学比陆学精致；他吸收了朱学，但其心学比朱学彻底。他把陆学的简易功夫和朱学的精致论证融为一体，兼取其长；同时又受佛教禅宗的影响，所谓"明心"、"机锋"都给他以很大启发。因而，王守仁是集明初以来之大成并彻底走向心学的一代大师，其畅达谨致的理论不仅卓有建树而且得到朝廷的认可。心学给每个人都提供了文化追求和进步理想，也给社会统治的文明和安定以巨大的理论支持。

在王守仁的心学体系中，"心即理"是最根本的逻辑起点。其所谓心，不单指物质器官，也指主体精神。在心身关系上，他说："身之主宰便是心，心之所发便是意，意之本体便是知，意之所在便是物。"[1]"耳目口鼻四肢，身也。非心，安能视听言动？心欲视听言动，无耳目四肢亦不能。故无心则无身，无身则无心。但指其充塞处言之谓之身，指其主宰处言之谓之心。"[2] 此即心为主体，心为主宰，一切皆由心而

---

① 《阳明全书》卷一《传习录》上。
② 《阳明全书》卷三《传习录》下。

生，天地万物亦如此。"我的灵明，便是天地鬼神的主宰。天没有我的灵明，谁去仰它高？地没有我的灵明，谁去俯它深？鬼神没有我的灵明，谁去辨它吉凶灾祥？天地鬼神万物离却我的灵明，便没有天地鬼神万物了；我的灵明离却天地鬼神万物，亦没有我的灵明。"① 也就是说，人的认识主体是万物存在的意义，而心即理也即天地万物的本体，一切皆由心发而为宇宙的最高本体，这就把心的功能推向了极致。朱熹论心时分为体用，王守仁却将其合一，这是对朱熹心本体论的真正完成，也是对朱熹理学思想矛盾的彻底克服。从"心之本体即天理"的观点出发，王守仁又引申出"心外无事"和"心外无理"的结论。也就是说，心外一切事理的存在都要靠人心去认识和评定。只有人的主体意识去认定或理解事理时，事理存在的意义或价值才能产生。这完全是从主体与外物的关系而言的，当然没有否定客体的存在或其对主观的影响，因而似乎不应把它解释为主观唯心论，倒应看做人的主体精神的张扬。当然，王守仁的"心即理"思想是有现实目的的，这就是"理即礼"，即封建伦理道德，这些现实规范也是自然条理，它与人心俱来，因而可见其先验的道德本体论，这又与朱熹的"即物穷理"有根本不同。他不同意朱熹道心人心的说法，认为只有一个心一个理，说："心一也，未杂于人谓之道心，杂以人伪谓之人心。人心之得其正者即道心，道心之失其正者即人心，初非有二心也。程子谓人心即人欲，道心即天理，语若分析而意实得之。今曰道心为主而人心听命，是二心也。天理人欲不并立，安有天理为主，人欲又从而听命者？"② 王守仁在这里实际是从禁欲主义出发从根本上反对人欲，这也就把朱熹承认人心的存在彻底否定了。既然天理是先验地存在于人们的心中，那么通过存心养性和正心诚意就可以完成道德修养的过程。可见王守仁鼓吹"心即理"、"性至善"

① 《阳明全书》卷三《传习录》下。
② 《阳明全书》卷一《传习录》上。

还是要解决社会现实问题，与朱熹的目的没有什么不同，只是方法有些差异而已。

在"心即理"的哲学基础上，王守仁又提出"致良知"的主张。关于"致知"，《大学》云："古之欲明明德于天下者，先治其国；欲治其国者，先齐其家；欲齐其家者，先修其身；欲修其身者，先正其心；欲正其心者，先诚其意；欲诚其意者，先致其知；致知在格物。格物而后知至，知至而后意诚，意诚而后心正，心正而后身修，身修而后家齐，家齐而后国治，国治而后天下平。"即从良好的愿望出发格物致知，而后达到儒家的理想。王守仁认为："天下之物本无可格者，其格物之功只在身心上做。"① "故格物者，格其心之物也，格其意之物也，格其知之物也。"② 所以致知重在格心，"如意在于事亲，即事亲便是一物；意在于事君，即事君便是一物；意在于仁人爱物，即仁人爱物便是一物；意在于视听言动，即视听言动便是一物。所以某说无心外之理，无心外之物"③。可见王守仁反对格物求理，而强调正心致知。朱熹认为良知人人有，但还未视为心之本体。王守仁则认为"良知"与"天理"等同，并先验地存在于人的意识之中。所以只要重新显现它，就可以达到主宰天地万物的目的。他说："自己良知原与圣人一般，若体认得自己良知明白，即圣人气象，不在圣人而在我矣。"④ 也就是说，人人有良知，"满街是圣人"。这种观点，实际是把提高人的精神境界和主体地位的权利交给自己，而不必乞求外界的任何力量或尊崇什么圣人。王守仁的"致良知"说赞同朱熹的致知而批评他的格物，由朱熹的外求天理转向自我的内求良知，认为即物穷理是"心与理为二"，因而应格物致知发现良心。此由内到外的途径恰与朱熹的由外至内相反，但无论如何，

---

① 《阳明全书》卷三《传习录》下。
② 《阳明全书》卷二《答罗整庵少宰书》。
③ 《阳明全书》卷一《传习录》上。
④ 《阳明全书》卷二《启问道通书》。

其"存天理，灭人欲"的目的与朱熹并无什么不同。理者礼也，先天存而不能污，故其言："吾辈用功只求日减，不求日增。减得一分人欲，便是复得一分天理。何等轻快脱洒，何等简易！"① 这种"自明本心"的证悟功夫就须"浣洗"、"磨镜"，静坐息虑，克己返诚，原来形而上的心本体论就下落为具体的道德修养实践。格心致知与体究践履联系起来，就给人以日常行为的理论指南，由此而发，完成了其"修身、齐家、治国、平天下"的心学建构及价值取向。

王守仁的心学要解决社会问题，故又强调"知行合一"的重要性。知行问题自古以来历论不衰，自孔子到朱熹都有深刻的探讨。当

高人名园图（明）文征明

然，中国哲学的道德色彩很浓，思想家们讨论知行问题往往是为了达到对封建伦理的体认和践履的目的。王守仁面对人心日下的纷乱现实，不能不说其心学有疗救昏恶、挽起良善的动机。王守仁从"心即理"、"致良知"出发提出"知行合一"说，理论是统一的。程颐说："不致知，怎生行得？勉强行者，安能持久？"② 陆九渊说："吾知此理即乾，行此理即坤。知之在先，故曰'乾知太始'；行之在后，故曰'坤作成物'。"③ 朱熹说："论先后，知为先。"④ 王守仁不同意以上说法，认为

① 《阳明全书》卷一《传习录》上。
② 《河南程氏遗书》卷十八。
③ 《象山全集》卷三十四。
④ 《朱子语类》卷九。

应当"知行并进"。他说："只说一个知，已自有行在；只说一个行，已自有知也"，"知行如何分得开"①。王守仁以"心即理"为前提，因而在他看来知与行就是一件事，不能分为两端去做。他批评朱熹"知先行后"说，是将"物理吾心终判为二"。他说："今人却将知行分作两件去做，以为必先知了然后能行。我如今且去讲习讨论，做知的工夫，待知得真了方去做行的工夫。故遂终身不行，亦遂终身不知。此不是小病痛，其来亦非一矣。"②王守仁的"知行合一"说始终贯穿着他的心学世界观，即以人的主体精神为世界价值意义的本源，而绝不可分知行为二事，否则就割断了理论与实践。他说："某尝说知是行的主意，行是知的功夫。知是行之始，行是知之成，若会得时，只说一个知已自有行在，只说一个行已自有知在。古人所以既说一个知，又说一个行者，只为世间有一种人懵懵懂懂的任意去做，全不解思惟省察也，只是个冥行妄作，所以必说个知方才行得是。又有一种人，茫茫荡荡悬空去思索，全不肯着实躬行也，只是个揣摸影响，所以必说一个行方才知得真。""圣学是一个功夫，知行不可分作两事。"③也就是说，知行是统一的，知中有行，行中有知，知行一体。"行之明觉精察处便是知，知之真切笃实处便是行。若行而不能精察明觉，便是冥行，便是学而不思则罔，所以必须说个知。知而不能真切笃实，便是妄想，便是思而不学则殆，所以必须说个行。原来只是一个功夫。"④王守仁之所以倡导知行合一，当然也是从"性至善"的理论出发达到"心即理"的至高范畴。

但是，当他试图用哲学论证的方法将封建道德强直灌入人的心灵深处时，就产生了不可解决的矛盾。如他说心即理，有良知、善性，知行一体皆从善良。但又说心无善恶，皆自然之理，那么性善说便与之产生

① 《阳明全书》卷一《传习录》上。
② 《阳明全书》卷一《传习录》上。
③ 《阳明全书》卷一《传习录》上。
④ 《阳明全书》卷六《答友人问》。

矛盾。倘若性善如其所说是绝对的，那么它也就成为没有对立的精神实体了，因此就无所谓善恶，那么，知行合一又复怎样的本体。总之，王守仁的心学思想是朱熹理学走到困境时文化重振的标志，它力图通过高扬人的主体精神来确定人在天地间的位置以及人在世界上的价值。但是由于它无法摆脱历史的局限，因而不可避免地出现了诸多矛盾而堵塞了通向真理的道路。王守仁心学思想的矛盾在他的后学中明显地表现出来，弟子们根据各自的理解歧义纷出，这也标志着王学体系的分化和开始走向衰落。

王守仁的心学从理学中分化出来又得以完善，带着母体的基因又有着子体的叛逆，文化潮流正是在这此起彼伏的波浪中传承替代。王守仁的心学是符合时代发展要求的，尽管它要竭力维系封建传统道德，但其方法论却张扬了人的主体精神，使打破沉闷的局面成为可能。在其身后心

湖山一览图（明）唐寅

学出现多元走向，又多以批判礼教束缚的姿态唤醒着人道主义意识，这也是与明朝中期以后日益腐败的社会现实分不开的。在各种各样的心学支流中，有的把先天心体变成物质存在而提出"百姓日用即道"，有的把心本体论推演向玄妙虚无的先天心体，有的对封建专制进行批判、论述性与欲并非对立，有的认为"私心"就是"本心"而被认为是"异端邪说"。可以说，王守仁的心学达到了一个高峰，但在这高峰上后学者却领略与探寻着奇异的风光向深远走去。

王守仁心学之后以泰州学派影响最大，泰州学派可谓师承王学又背

离王学。其代表人物王艮（1483～1541 年），字汝止，号心斋，泰州安丰场（今江苏东台）人。他出生于黄海之滨一个贫穷的盐户家庭，读过乡塾又弃学劳动而后经商致富。因为他勤奋好学，不拘守师门，所以不太讲究名分，也不大注意所谓宗系。他的治学方法与其生活经历密切相关，不太重视儒家经典文本而带有明显的实践色彩，充满个人的想法而带有浓厚的平民意识。因为他没有受过正统的教育，不可能通过章句训诂登上儒学殿堂，因而主张"以经证悟，以悟释经"、"经传印证吾心"，其"默坐体道"的修学方式具有一种神秘主义气息。其 37 岁时往南昌就教王守仁，二人因社会地位不同政治态度也有分歧。但经过辩论，由于哲学思想的相通，王艮深为王守仁的博学精简所折服，而王守仁也很赞赏其独立思考的顽强精神。尽管二人建立了师生关系，但毕竟二人之学有所不同，所以王艮一方面接受了一些王守仁的心学思想，另一方面"时时不满其师说"而"往往驾师说上之"①。如果说王守仁倡导正襟危坐的"观想"，那么王艮更重视大张旗鼓的"聚讲"。大约 40 岁时，王艮北行讲学，引起社会各阶层广泛注意，以"狂怪"在大众中引起轰动。在同上层社会官僚、学者的交游中，他提高了社会声望和文化修养，写成了一些著作并由后人编成《心斋王先生全集》。

王艮后半生特别热心于平民教育，在教育方式上也力求通俗易懂，重在口授心传而不喜著述或酬应之作。他宣扬"百姓日用之道"，认为应以"百姓"为本、以"日用"为常。这与传统意义上的"君子之道"是大相径庭的，是对高谈"性命义理"的封建道德的大胆否定。他说："圣人之道，无异于百姓日用。凡有异者，皆谓之异端。"② 在他之前，历来思想家都是把"圣人"与"百姓"分开的，而他却力图填平这道深深的鸿沟。他按自己的理想把圣人变为没有特权的平民，二者区别只是

---

① 《明史·王艮传》。
② 《王心斋全集》卷三《语录》。

知识上的"先知"与"后知"，因而贤愚之间的界限并非永远不可逾越。他视人是平等的，人人都有受教育的权利和机会，人人也都有起码的物质生活要求。他认为人人都要吃饱穿暖，安身立命，身尊则道尊。人人都要自爱和爱人，这样就可以实现"人人君子"的社会理想。总的来说，王艮宣传平民观念，教育救世，王道仁政，务本节用，具有人道主义和民主意识。在治学方法上，他能够兼收并取，注重实际，融通诸家，平实神秘，超越朱、陆、王而出入儒、释、道。所以，其创立的泰州学派在当时影响很大，突破了正统儒学观念而获得下层民众的支持，这也反映出社会现实的需要和思想文化的进步。

　　与王艮同时或稍后，思想界受王守仁心学影响十分活跃，但激进者在其基础上更多地转向抒发性情与批判社会。王守仁的弟子王畿提出"良知知是知非，其实无是无非，无者万有之基"①，其所谓在"先天心体上立根，则意所动自无不善，世情嗜欲自无所容，致知功夫自然简易省力"②，实际上偏向了佛道的空无。

　　罗汝芳是泰州学派著名学者颜钧的学生，他放弃"制欲"的治学弯路而走上"体仁"的修养方法，特别信奉老师的学说并对老师有着极其深厚的感情。罗汝芳非常热心于讲学和组织学术活动，他认为"赤子之心，浑然天理"③，具有与生俱来的"爱根"即"仁"。罗汝芳在人性问题上有一个十分美好的憧憬，认为如果人们彼此相爱，则爱深而气和，气和而容婉，这样就气象自然，人人圣人。泰州学派的人道主义是明显的，罗汝芳任地方官时充满了对下层人民的同情和慰勉。泰州学派的禅道思想也是浓厚的，罗汝芳曾将诉讼纷纭的公堂变为跏趺静坐的场所。他开仓济贫，减轻刑戮，倡导教育，关心大众，充分体现出"仁者爱人"的发自内心的特色。万历初年，他讲学于京师，为张居正憎恶，勒

---

① 《明儒学案》卷十二。
② 《明儒学案》卷十二。
③ 《近溪语录》。

令致仕。罗汝芳被迫归野，与弟子研讨，而不以师席自居。

何心隐与罗汝芳同时，从颜钧学习而放弃科举。其社会思想具有浓厚的乌托邦色彩，设想大家族内贫富不分，和谐有序，责任共担，利益均享，人们之间是一种平等关系。他在《论中篇》里说："君者，'均'也。君者，'群'也。臣民莫非君之'群'也，必君而后可以'群'而'均'也。"他的这种和合社会理想显然出于《大学》的"齐家"思想，而期望达到儒家的"大同"世界，这种浪漫追求虽然在封建社会不能实现，但毕竟是对现实的批判和黑暗的否定。何心隐与正统儒学的最大不同在于鼓吹"育欲"思想，认为物欲追求出于人的天性没有什么不好。这显然与理学家"灭人欲"的说教相反，是宋明理学中对"人欲"问题

李贽像

的大胆表述。何心隐一生蔑视权贵，坚韧不屈，屡遭迫害，矢志不渝。他因反对权奸严嵩只得避害江湖，他因抗议张居正禁止讲学而欲与之辩论。他的刚正不阿使统治集团害怕，终于在万历七年（1579 年）被捕处死揭榜通衢，然其友人无不知其冤枉为其鸣不平。

较罗、何稍晚而个性更为鲜明的李贽（1527～1602 年），号卓吾，又号宏甫，也同罗、何一样关心民众疾苦，更充满斗争精神。他本是福建泉州人，经 20 多年的宦游生涯后辞官到湖北黄安居住，后又迁徙麻城龙湖筑芝佛院隐居 20 年，在此写成《焚书》、《续焚书》、《藏书》、《续藏书》等多种著作。何心隐被杀时，李贽愤怒地写下了《何心隐论》以示追慕。他一贯的言行使许多官僚无法忍受，最终被明政府以"敢倡乱道，惑世诬民"的罪名逮捕入狱。万历三十年（1602 年）二月，李贽用剃刀自刭。

李贽继承了泰州学派的"异端"传统，接受了王守仁的心学思想而

"见道学先生则尤恶"①。他倡导"童心说"："夫童心者，真心也，若以童心为不可，是以真心为不可也。夫童心者，绝假纯真，最初一念之本心也。"但其倡导的童心显然与王阳明倡导的从儒家理念出发的善心不同，而更多地具有对王艮"百姓日用条理处即是圣人之条理处"的发挥。他说人的"童心"或曰"真心"正是在学习虚假的儒家经籍中失去的，而只有从现实生活中方能体悟出真情至性发现本心。他说："穿衣吃饭，即是人伦物理；除却穿衣吃饭，无沦物矣。"② 李贽吸取了王守仁心学中张扬主体价值的精神，但却打翻了孔孟以来封建传统道学思想对人性的压抑。他说，几千年来，以孔子之是非为是非，因此"无是非"，现在要以我为是非，"童心也"。他认为儒家典籍的流传弄得满世界皆假："夫既峰闻见道理为心矣，则所言者皆闻见道理之言，非童心自出之言电。言虽工，于我何与？岂非以假人言假事，而事假事、文假文乎？盖其人既假，则无所不假矣。"③ 李贽的可贵之处在于敢对传统成说怀疑和批判，绝不迷信和盲从。他以嬉笑怒骂的方式对道学家的虚伪丑恶给予揭露和讽刺："阳为道学，阴为富贵，被服儒雅，行同狗彘然也。夫世之不讲道学而致荣华富贵者不少也，何必讲道学而后为富贵之资也？此无他，不待讲道学而自富贵者，其人盖有学有才，有为有守，虽欲不与之富贵不可得也。夫唯无才无学，若不以圣人讲道学之名要之，则终身贫且贱焉，耻矣！此所以必讲道学以为取富贵之资也。"④ 李贽把良知说从虚幻的心体中直接落实到人们的实际生活中，这与王守仁把良知与伦理道德规范相接完全不同，李贽看到封建道德的虚伪并给以揭穿，主张"赤子之心"的"本能欲望"，反映出理学和心学走向末流时的腐败，折射出资本主义人性意识初步萌生的微光。

---

① 《王阳明先生道学钞》附《王阳明年谱后语》。
② 《焚书》卷二《答邓石阳》。
③ 《焚书》卷三《童心说》。
④ 《续焚书》卷二《三教归儒说》。

总之，泰州学派出于王学又异于王学，有着浓厚的平民感情色彩，敢于反叛正统儒学的权威，讲求实事求是和解放思想，从新的现实出发追求新的社会理想，学风朴实而勇敢刚毅。尽管受到明政府的严酷镇压，但其思想脉流与意志精神不灭，为后来的知识分子反对专制、追求民主提供了丰富的营养。

第三节　气学的阐发

程朱理学发展到明代中期，出现了明显的转化。从主体上看，是因为理学本身存在着矛盾，且学习方法上也不合时宜。从客观上看，社会现实打破了人们对统治集团的信任，时代进步促使人们更深刻地思考生活的本质。这些体现在哲学上，便产生了心学和气学两大体系，这实际上也是继承明初思想家对理学的怀疑和突破而来。心学已如前所述，气学也有不同特点。它是以理学中之"气"为主要出发点，又在同心学的斗争中发展起来的。它试图将诸家学说的合理因素吸取过来建立自己的体系，并以哲学的思考进行文化建设，解决现实问题。宣扬气学的代表人物主要有罗钦顺与王廷相，他们的研究可谓一方面改造理学一方面批判王学，对后来的思想研究具有非常重要的意义。

罗钦顺（1465～1547年），字允升，号整菴，江西泰和人。孝宗弘治六年（1493年）进士，授翰林院编修。弘治十五年任南京国子监司业，主要还是研究学问。武宗正德三年（1508年）遭宦官刘瑾排斥打击，被削职为民。正德五年刘瑾被诛，其复职后晋升南京吏部侍郎。嘉靖元年（1522年）升任南京吏部尚书，后因父死固辞去职。"里居二十余年，足不入城市，潜心格物致知之学。"①

罗钦顺与王守仁同时，生活在明代社会矛盾逐渐激化的时期。他看到统治集团专制腐败，土地兼并现象日益严重，人民群众的生活艰难困苦，社会处处充满动荡不安的潜在因素，曾提出过"均田平赋"的主张。但是这种愿望根本无法实现，武宗时刘瑾专权，世宗时严嵩当道，种种矛盾不仅未能得到妥善解决，反而使世道人心大失所望。对此罗钦顺深感无力拨正，只能以学术研究的方式试图从哲学入手解决一系列人的思想困惑，这也是中国知识分子对政治失望后走向著书立说的常见表现。

罗钦顺从小接受理学教育，科举及第后一度受禅宗思想影响。其后对王学有深入思考并与之分道扬镳，从朱学中走出形成自己的思想体系。他认为心学同禅宗有深刻的内在联系，说："象山之学，吾见得分明是禅。"② 他批评王守仁说："盖尝深服其才，而不能不惜其学术之误。其所以安于禅学者，只为寻个理学不着。"③ 罗钦顺同王守仁的辩论，是以维护朱熹理学的姿态出现的。他自命为程朱派，但其思想与朱熹并不完全相同。黄宗羲对他评论道："先生之论理气，最为

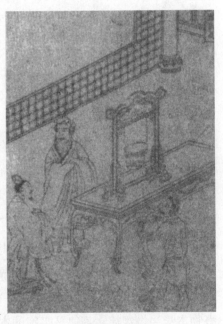

养正图解（明）

① 《明史·罗钦顺传》。
② 《困知记》附录《答允恕弟》。
③ 《困知记》附录《与林次崖金宪》。

精确。""先生之言理气，不同于朱子，而言心性则与朱子同，故不能自一其说耳。"① 实际上，罗钦顺最重要的是发展了"气"说，既不同于王又不同于朱，这从他以毕生精力完成的《困知记》与《整菴存稿》中可以看出。

罗钦顺在哲学基本问题上继承和发展了薛瑄以来的传统，他从理气关系出发而目的则在于心性。他吸取了张载宇宙中气本论的思想，对朱熹哲学进行了批判性的改造。他认为程朱的理气观中最得要点处就在于"理不离乎气，亦不杂乎气"，但在理与气何为本体的问题上则否定了朱熹的理本体论而提出了气一元论。他说："盖通天地亘古今，无非一气而已。气本一也，而一动一静，一往一来，一阖一辟，一升一降，循环无已……有莫知其所以然而然，是即所谓理也。初非别有一物依于气而立，附于气而行也。"② 他认为物质的气是万物的本原，这与张载的气本论思想一致。但在阐述理气关系上，他比张载更为深入。他说："理只是气之理，当于气之转折处视之。往而来，来而往，便是转折处也。夫往而不能不来，来而不能不往，有莫知其所以然而然，若有一物主宰乎其间而使之然者，此理之所以名也。"③ 这里批评了朱熹理在气上的说法而阐明理在气中的道理，但他又认为理气虽为一物却又并非一事，即在一体之中有物质与规律之别，二者密不可分。他说："理须就气上认取，然认气为理便不是。此处间不容发，最为难言，要在人善观而默识之。只就气认理，与认气为理，两言明有分别，若于此看不透，多说亦无用也。"④ 也就是说，只能在事物运动的过程中发现理，但不能把事物本身当做规律。规律是事物的本质，蕴藏在事物之中，若把事物当做规律，就无法把握本质，因此不能到事物之外去找规律。薛瑄曾批评

---

① 《明儒学案》卷四十七。
② 《困知记》卷上。
③ 《困知记》续卷上。
④ 《困知记》卷下。

朱熹"理在气先"、"理在气上"的观点，但在理气聚散的问题上则接受了朱熹的"气有聚散，理无聚散"的说法，罗钦顺认为气散气聚是常见的表现形式，理亦因之，"气之聚便是聚之理，气之散便是散之理。惟其有聚有散，是乃所谓理也，并无理散之言"①。

　　由理气说引申到道器论，罗钦顺提出"道器不分"的命题。按照罗钦顺的解释，器泛指世界上纷纭复杂的事物，道泛指各种各样事物的法则，道即理，器即气，理气不可分，道器亦不可分。他说："夫器外无道，道外无器。所谓器亦道，道亦器也，而顾可二之乎？"② 罗钦顺的道器说由程颢而来，但又做了发挥和改造。他说，之所以要分出个形而上和形而下，那是为了避免人们理解上出现偏差，并不意味着道器为二，实际上道器仍为一物。罗钦顺将道器视为一体，突破了朱熹天理在上、日用在下的解释，成为后来王夫之道器论的先驱。尽管罗钦顺以尊信理学者自居，但他并不拘泥于理学的命题成说，所以才能在前人基础上改进和推新，呈现出新的时代特色和人的现实思考。

　　罗钦顺在革扬朱熹理学思想的同时，也与王守仁的心学思想进行了交锋。他批判王守仁"心外无物"、"心外无理"的观点，认为这些看法都是从佛教哲学中抄袭来的。王守仁把天地万物说成发自内心本性，这与心学派所讲"内外合一"也是相矛盾的。他认为天地万物都由一气流行产生，它们各不相同千差万别，都是客观的存在，而不是心的产物。就人心与外物的关系而言，是主体同客体、反映与被反映的关系，人心可以反映客观万物，但绝不能吞并天地万物。在罗钦顺看来，连人之心都是气化流行的产物，它怎能包容万象呢？他承认心官的思维作用是很大的，能够认识和掌握事物的规律，但这个规律是认识外界事物的结果，并不意味着人的精神本身便是道，精神所把握的道和以精神本身为

---

① 《困知记》附录《答林正郎贞孚》。
② 《困知记》续卷上。

道是两个不同的概念。因而，罗钦顺承认思维器官有认识能力和主观作用，但坚决否定人心是所谓派生万物虚灵明觉之本体。实际上，在这里二者的思维角度是不同的，王守仁的心学派是从天地万物的意义由人去赋予的角度进行思考的，而罗钦顺的气学派则强调一切由气所生、理在其中，当然就有不同结论。

罗钦顺也不同意朱熹的心说，认为将心分为"道心"与"人心"破坏了"理气为一"的命题。所谓道心即理，人心即欲，"人心"应服从"道心"，人欲应服从天理，从立论上站不住脚。在罗钦顺看来，既然理气不二，那么道、欲就应是统一的，两者不应对立而应一体。罗钦顺将"道心"和"人心"解释为"性"与"情"，两者是体用关系，对理学家们一贯主张的压抑人性提出批评，其用心也是通过个人修养达到以性制情的目的。但应注意的是，罗钦顺还认为欲并不是恶，因此不可去。"夫欲与喜怒哀乐，皆性之所有者，喜怒哀乐又可去乎？"[1] 这里显然带有自然人性论的倾向，但他并不主张纵欲，而是认为欲虽不一定恶，但如果"恣情纵欲"就很危险，因而应该回归到理，以理节欲。不难看出，罗钦顺对理学、心学都提出了挑战，但也吸取了养料从而丰富着自己，其根本还在于治世，故言："道心，性也；人心，情也。心一也，而两言之者，动静之分，体用之别也。凡静以制动，则吉；动而迷复，则凶。惟精所以审其几也，惟一所以存其诚也。允执厥中，从心所欲不逾矩也，圣神之能事也。"[2]

王廷相（1474～1544 年），字子衡，号浚川，原籍山西潞州。"幼有文名，登弘治十五年（1502 年）进士。选庶吉士，授兵科给事中，以忧去。正德初，服阕至京，刘瑾中以罪，谪亳州判官，量移高淳知县，召为御史。"后又为中官廖堂陷害，被排挤出朝，屡迁四川佥事、山东

---

① 《困知记》卷下。
② 《困知记》卷上。

副使，皆提督学校。嘉靖二年（1523年），举治行卓异，再迁山东右布政使，以右副都御史巡抚四川。寻召理院事，历兵部左、右侍郎，迁南京兵部尚书，参赞机务。王廷相为官主张改革弊政，打击贪污，整肃朝纪，尽管遭到诬陷迫害，仍刚正不阿。"廷相博学好议论，以经术称，于星历、舆图、乐律、河图、雒书及周、邵、程、张之书皆有所论驳，然其说颇乖僻。隆庆初，复官赠少保，谥肃敏。"①

作为一个哲学家，王廷相具有独立的识见。他对汉、宋以来的学术流弊给予尖锐的批评，认为经术不达于世用就难以产生实效而只是空洞的说教。他对程朱理学没有完全否定但绝不盲从，他对王守仁心学思想的批判也颇有见地。他在学术立场上敢于坚持自己的独立，对别人的思想观点和其他学说体系能够实事求是地进行评价，不随波逐流，不退让妥协，不挟私苟从，表现出一个正直学者科学的精神和高尚的修养。他在对理学、心学的研究中更侧重气学、实学的阐扬，由此可见明代中期以后哲学贴近现实的思维轨迹。其著作很多，如《沟断集》、《台史集》、《近海集》、《吴中集》、《华阳稿》、《泉上稿》、《鄂城稿》、《家居集》、《慎言》、《小司马稿》、《金陵稿》、《内台集》、《雅述》、《横渠理气辨》、《答天问》等，后人辑入《王氏家藏集》60卷。

首先，王廷相气学的主要贡献在于对"理"进行了改造，受张载学说的影响完善了气本体论。他在《答何柏斋造化论》中说："气虽无形可见，却是实有之物，口可以吸而入，手可以摇而得，非虚寂空冥无所索取者。世儒类以气体为无，厥睹误矣。愚谓学者必识气本，然后可以论造化；不然，头脑既差，难与辩其余矣。"王廷相首先认为，"气"是可感知的物质实体，"太极"是"气"在时间空间上的无边无涯，"太虚"是"气"在存在状态上的无形无象，无论"太极"或"太虚"都是"气"之实体。这就改造了朱熹"太极即理"的理本论，也克服了张载

————————
① 《明史·王廷相传》。

人物故事图册（明）仇英

理气关系的矛盾，同时间接地批评了"天人感应"的神学目的论，因为他把"气"的可感知性质建立在"气"的物质性的基础上了。

其次，王廷相认为"气"的统一性是有差别的、多样性的统一，即所谓"万有不齐"的统一。就"气"是世界的本质来说，它无边无涯，无始无终，永恒不灭。但就千差万别的具体事物而言，气是有生灭聚散的、多种变化的。在气的统一性和多样性的理论前提下，他认为气有聚散，而无熄灭，这是永恒的定理。"冰之于海矣，寒而为冰，聚也；融澌而为水，散也。其聚其散，冰固有有无也，而海之水无损焉。"①

再次，王廷相既坚持"气"的守恒原理，也重视"气"的变化原理。他反对某些理学家关于天地万物的产生及其变化的错误观点，比如他认为朱熹所讲的阴阳产五行、五行有万物就不对，自然界万物皆可由气化而成，这就抛弃了神秘主义因素。在他看来，气有阴阳，由此产生各种天象，同时又有水火，而后有土，"有土则物之生益众，而地之化益大。金木者，水火土之所出，化之最末者也"②。显然，这与朱熹解释的先有五行之理而后有五行之质是不同的。朱熹曾说："有是理方有

---

① 《雅述》上篇。
② 《慎言·道体篇》。

这物事，如草木有个种子，方生出草木。"① 王廷相则提出"气种"说，"气者，形之种"，把精神性的种子改成为物质性的种子，这就否定了绝对主观性而强调了气学完整性。

王廷相不仅张扬自己的气学思想，而且在人性问题上也独有创见。他针对"性即理"的理学旧说，鲜明提出"性从气出"的观点。与罗钦顺一样，他反对把人性分为"天命之性"和"气质之性"，认为人性是由人体派生出来的，因此性不是超乎形气之上的，而是形气所具有的原始属性，离了形气也就无所谓性。他吸收改造了告子"生之谓性"的观点，认为"食色，性也"没有任何道德属性，理学家将此谓之"气质之性"，又创造出一个"天命之性"与此相对是不能成立的。他坚决反对朱熹的"性主于理而无形，气主于形而有质"的说法，认为"人有生气则性存，无生气则性灭矣"，性与气不能"离而论"。②

在性气不离的前提下，他又进一步论证"理与欲"这一重要命题。说："性出乎气而主乎气，道出于性而约乎性，此余自以为的然之理也。"③ 也就是说，性是人的各种器官所产生的各种能力和各种意识，这种能力和意识感知外物符合自然之道，这就否定了宋代理学家认为道德观念与生俱有的观点，而肯定了仁义礼智信等是由性生出的主张。同时，王廷相认为喜怒哀乐之情都出于性，显然意味着人的感性欲望是合理的，这当然要比一些理学家、心学家高明。但他并不主张欲望可以任其发展不受道德修养的支配和约束，而是同罗钦顺一样发展了朱熹以理节欲的思想，主张后天的教化作用。

他批评程朱所宣传的孟子的"性善论"，也反对明朝心学一派从吴与弼、陈献章至王阳明的"良知说"。他说："生也，性也，道也，皆天

---

① 《朱子语类》卷十三。
② 《雅述·上篇》。
③ 《王氏家藏集》卷三十三《答薛君采论性书》。

命也，无教则不能成。老、庄任其自然，大乱之道也。"① 他认为王阳明夸大了"心"的作用，因此主张"心"要通过学习才能感知万物。王守仁主张"夫物理不外于吾心，外吾心而求物理，无物理矣"②。王廷相则说"物理不见不闻，虽圣哲亦不能索而知之，使婴儿孩提之时，即闭之幽室，不接物焉，长而出之，则日用之物不能辨矣，而况天地之高远，鬼神之幽冥，天下古今事变，杳无端倪，可得而知之乎"③。

王廷相强调任何知识都是后天经验得来，并且要正确认识事物的本质规律，这是有积极意义的。他说："思之精，习之熟，不息焉，可以会通于道，一之，可以入神。"④ 可以说，这种重视见闻感知是明朝中期以后开始出现的一种新思潮。这种思潮是对王守仁心学进行批判的结果，也是对朱熹理学中气学思想的发扬和完善。其后，这一态势发展下去，到明末清初逐渐形成一个新高峰。

第四节　实学的重构

明代后期，统治阶级内部矛盾日益突出，这主要表现在魏忠贤与东林党的斗争上，同时也反映在对外来文化的态度上。东林学派是一个关心政治的学术团体，他们以讲学为名评论朝政抨击时弊，结果遭到为魏忠贤所控制的政府的残酷镇压。这时西方文化随耶稣会士的来华也得到迅速传播。一些有识之士"视与利玛窦订交为荣，所谈者天文、历算、地理诸学，悉加讨论"；但另一些正统士大夫坚守"夷夏之防"，以宋明理学的信条、规范对西学展开了猛烈的批判和攻击。儒学在吸纳进步思

---

① 《雅述·上篇》。
② 《阳明全书》卷一《传习录》上。
③ 《雅述·上篇》。
④ 《慎言·潜心篇》。

想和外来文化中得以重构，呈现出向实学转变的特点和对传统文化的救弊。明代学者因受时代囿限不可能突破儒学千百年来的思想网络，但其拯物救世的宏愿尽心竭立的作为毕竟为文化的发展提供了活力。

东林学派的创始人之一顾宪成（1550～1612 年），字叔时，号泾阳，无锡人，世称泾阳先生或东林先生。顾宪成于万历八年（1580 年）登进士后，在仕途期间屡评时政，直抒己见，因此常遭贬谪。罢归后即从事著述，相继撰有《小心斋札记》、《还经录》、《质疑编》、《证性编》、《桑梓录》等。万历三十二年（1604 年），他与高攀龙等人重建东林书院，从事讲学活动，著作被编为《顾端文公遗书》。顾宪成针对明朝中期以来心学兴起而渐空谈玄虚的趋向，以恢复和发扬理学为宗旨试图挽时救弊重振儒学雄风。高攀龙在顾宪成逝世后，对其学术思想进行总结说："远宗孔圣，不参二氏（指佛、道）；近契元公（指周敦颐），恪遵洛闽（指程朱）。"

顾宪成在学术研究中不抱门户之见，无论是陆王心学的短长还是程朱理学的优缺，都能持公允的批评态度给以切实的评说。顾宪成不避讳"少尝受阳明先生《传习录》而悦之"①，也明确宣称"士人桎梏于训诂辞章间"② 而烦恼不堪。因而，有人认为他是王学的修正派或是朱、王的调和者。实际上，他是坚决反对心学的虚空而"以朱子为宗"③ 的。首先，顾宪成认为要重新弘扬程朱的"理本体"论，认为理既是宇宙万物的本原，又是宇宙万物的法则，"理为主"、"性即理"是颠扑不破的真理。在理气关系上，他认为虽然理不离气，理气相依，但理始终处于主宰地位，是气的本体。他反对分理气为二的二元论，也反对混理气为一的混一论。顾宪成倡导"理本论"具有明确的反佛、道目的，他以理为万物的本体是反对当时学术界有人大倡儒、佛、道"三教合一"。他

① 《泾皋藏稿》卷四《夏方本庵》。
② 《小心斋札记》卷三。
③ 《东林书院志》卷十六。

不愿看到儒学被谈玄说空之徒推向异说横流的境地，更不愿看到王学末流掀起的不实之学败坏社会风气。其次，在人性论问题上，他提出"以性善为宗"①，认为天道、太极皆性善，"乾坤万物，一齐从善中流出"②。目的还是批评当时流行的王守仁心学的"无善无恶心之体"观点，以拯时救弊。他说心学空谈善学，"将这善学打破，本体只是一个空"③。顾宪成欲挽儒学于未倒，与心学多方展开论辩，倡导"躬行"、"重修"，批判"不学不虑"、"不思不勉"，这对重振儒学是有积极意义的，特别是对晚明末世匡时救难起着发人深省的作用。

与顾宪成并称的高攀龙（1562～1626 年），初字云从，后字存之，别号景逸，无锡人。万历十七年（1589 年）进士，与顾宪成一样也是直言敢谏之臣。万历二十一年（1593 年），他因语侵阁臣被贬，后因父母病故居家近 30 年。他与顾宪成等人重建东林书院，顾宪成病逝后他独肩其责。天启初，他应诏就职，后任左都御史。由于弹劾贪官，反被阉党迫害，被削职为民，书院亦被毁。天启六年（1626 年），魏忠贤制造冤狱，高攀龙投湖自尽。他生前约有 20 余种著述，门人陈龙正将其编为《高子遗书》。《明史·高攀龙传》曰："初，海内学者率宗王守仁。攀龙心非之，与顾宪成同讲学东林书院，以静为主，操履笃实，粹然一出于正，为一时儒者之宗。"

高攀龙的理学思想是恪守程朱的，认为理是宇宙万物的本原、万善至好的标准。他对理气的看法是，事物的统一性在于理本体，事物的多样性则在于气差异。理为形而上之体，气为形而下之具。他有时推崇张载的气为万物之本的自然观，这就使其思想出现了无法自圆其说的矛盾，其显然受到前人的影响而有反心学重实学的动机。在人性论问题上，他坚持程朱的"性即理"学说，认为要"知性"、"复性"、"尽性"，

---

① 《东林书院志》卷二。
② 《还经录》。
③ 《小心斋札记》卷三。

其途径须"有志学问"。正如叶茂才所言："存之之学，以程朱为的，以复性为主，以知本为宗，以居敬穷理、相须并进为终身之定业。"① 对王学末流他也给以严厉的批判，以"性即理、理即善"的性善论批评王守仁的"无善无恶"说，以重扬儒家义理反对"三教统一"说，以"格物穷理"驳斥王学的"以简易废功夫"说，等等。

高攀龙学术思想上的最大贡献就是提倡"治国平天下"

时大彬造紫砂胎剔红壶（明）

的"有用之学"，这是针对明末社会国困民艰的严重危机和王学末流的空虚玄妙发出的。他说："事即是学，学即是事。无事外之学、学外之事也。然学者苟能随事察，明辨的确，处处事事合理，物物得所，便是尽性之学。若是个腐儒，不道事务，不谙时事，在一身而害一身，在一家而害一家，在一国而害一国，当天下之任而害天下。所以，《大学》之道，先致知格物，后必归结于治国平天下，然后始为有用之学也。不然单靠言语说得何用？"② 高攀龙从忧国忧民的思想出发，认为"无用便是落空学问"，"立本正要致用"③，"居庙堂之上，无事不为吾君；处江湖之远，随事必为吾民，此士大夫实事也。"④ 也正因此，东林书院一边讲学研讨，一边关心国事，成为唤起世道人心的一股政治力量。尽

---

① 《东林书院志》卷七《景逸高先生行状》。
② 《东林书院志》卷五《东林论学语》上。
③ 《东林书院志》卷六《东林论学语》下。
④ 《高子遗书》卷八《答朱平涵书》。

管他们最终被镇压，但无疑对推动社会的进步产生了很大作用，为实学的兴起发出了先声。

当东方社会步入困顿导致有志之士毅然奋起时，西方文化也借耶稣会士来华缓慢地传播。16 世纪，欧洲文艺复兴已达到鼎盛，其以不可遏制的力量冲决着中世纪封建神权的桎梏。由马丁·路德（1483～1546年）发起的宗教改革运动，打破了罗马教皇与天主教会的严酷统治。继之而起，在瑞士形成加尔文宗、在法国形成胡格诺派、在英格兰形成圣公会等。面对昔日辉煌的帝国大厦即将倾倒的危机，罗马天主教内部也重新激发起强烈的传教热情。1540 年，由教皇批准正式成立了耶稣会，以扶助教皇与传播福音为宗旨。耶稣会特别注意培养博学的牧师，并派遣教士前往南美、非洲和亚洲发展势力。西方传教士千辛万苦地东来传教，不可否认地同西方殖民主义的扩张运动有关，然而同样不可忽视的是作为虔诚信徒所特有的那种"分享"动机。1552 年，耶稣会创始人之一的沙勿略辗转到达广东上川，但明政府依旧实行海禁，他未能获准登上大陆，长期的传教奔波使他一病不起，带着未实现的梦想与深深的遗憾长眠于此。其后又有一些传教士来华，但也只是在澳门而未能登上中国内地，因为中国政府总是将这些洋人及其洋教视为异己的文化固执地排斥。直至 1578 年，中国政府才作出了直接影响基督教在华传教事业的重大举措，即开始允许外国商人每年春秋二季在广州定期通商。虽然规定他们白天上岸交易，晚上必须返回其商轮，但这种通商交易，无疑给传教士提供了直接传教的极好机会。

在这种情况下，意大利传教士范礼安作为耶稣会总会长的特使，在巡视印度之后来到澳门。他对耶稣会在华传教方针作了重要调整，取消了原先在宗教仪式中强制推行的西方习俗，转而注重学习中国语言与文化知识。他还从印度调来 3 名青年传教士，准备深入内陆传教。这 3 名传教士一个是巴范济，一个是罗明坚，第三个便是闻名遐迩的利玛窦。

罗明坚与利玛窦在叩开中国大门的过程中，曾利用了中国某些官员的贪欲。"1582年，广东新制台陈文峰贪墨为心，察知与澳门葡人通商有厚利可获，因许葡国官厅遣使臣至广东，商榷通商事务，罗明坚乘此良机，亦与葡使同往；制台且请罗公至

掐丝珐琅福寿康宁圆盒（明）

肇庆府制台署下榻，并暗示罗公将来可以在此居留。范礼安得此喜讯，非常欣慰，1582年12月27日，即遣罗明坚、巴范济二司铎往肇庆，并献许多贵品，其中最珍贵者，乃利玛窦自印度带至澳门之西国自鸣钟一具。总督见此珍贵礼品，喜悦逾常，允许罗公在肇庆府东关天宁寺中居住，并可以传教，并行圣祭。"① 尽管陈文峰在接受了珍贵礼品后同意罗明坚等人在此传教，但他深知把外国人引入内地是犯法的，因此时常害怕有人参奏此事。为了不留后患，陈文峰在离任之际，又毫不客气地将罗明坚等人驱回澳门。但罗明坚的传教热情是坚定不移的，其不惜以贵重礼品推进他的传教事业。1583年夏，他与利玛窦再次来到广州，通过朋友拜见了新任制台郭应聘，请求官府给"一块小小的空地建造一处寓所和一座教堂"，并表示"西土有种种奇物珍品可献为礼"。郭应聘听后为之心动，最终指定肇庆府东滨河之地许教士建筑圣堂。此后，罗明坚与利玛窦很快打开局面，他们用西方的科技制品与自己的诚信待人树立起较高的声誉。但范礼安认识到，这一切很可能随着官府的态度转变而转变，因此要立足长远必须得到中国皇帝的特许。所以范礼安于1588年派遣罗明坚由澳门返回罗马，意欲说服罗马教廷与西方国家和

---

① 徐宗泽：《中国天主教传教史概论》，上海书店1990年版，第171页。

中国互通使节，以便取得合法的传教地位。但时值教皇更换频繁，教廷疲于治丧，遂使建交之事不决，罗明坚也于 1607 年在罗马去世。

传播西学于中国境内最著名的人物是利玛窦，他以渊博的学识与执著的信念充任着中西文明交流的使者，使西方世界逐渐了解了东方社会并对启蒙运动发生重大影响。利玛窦（1552～1610 年）是意大利人，15 岁加入耶稣会献身传教事业，28 岁时在印度果阿升为神父。1582 年到澳门学习中文，1583 年随罗明坚到肇庆传教。罗明坚离华后，利玛窦担当起在华传教的重任。利玛窦为有效地传播教义，主要采取了以下几项措施：

一、顺应中国习俗。利玛窦初来中国完全是"胡僧"的扮相，与罗明坚初建教堂题匾则为"仙花寺"，这都是依据范礼安所拟定的传教方略去做的。利玛窦知道要真正进入中国社会，必须深切了解中国国情和民心。他刻苦攻读中国典籍，按图画人物，请人指点，渐晓语音，旁通文字，至于六经子史等编，无不尽畅其意义。他延师讲授《四书章句》，并自行意译成拉丁文，这是《四书》最早的外文译本，还在序中大力称扬儒家的伦理观念。他在《上明神宗疏》中自称："颇知中国古先圣人之学，于梵经籍亦略诵记，粗得其旨。"他以圣徒保罗"在什么样人中成什么人"的教导为座右铭，在传教活动中能根据不同对象采取不同手法。对于下等社会，则以浅易演说，讲明基督教之福音；对于士人社会，利用流畅醇雅之汉文，从科学上立论，渐次说及基督教之精神，使之自然感化。他使自己的姓名具有中国色彩，中国学者都亲切地呼之为"利先生"。他易僧服为儒服，留须蓄发，并向范礼安建议将此作为传教士的统一策略。他还将饮食起居中国化，对人彬彬有礼，使人感到亲善。他还通过转移地图上第一条子午线的位置，将中国绘在地图正中，这样既未违背地图学原理，又迎合了华人居"天下之中"的心理。利玛窦经过努力，创出了一条与中国文化特别是孔孟之道相结合的传教路线，使基督教成为中国士大夫与老百姓易于理解和乐于接受的东西。

二、寻求上层支持。利玛窦每到一地便在官吏士绅中广交朋友，注意打通官场关节以得到帮助。他在广东、江西、南京以至北京都有许多很好的朋友，与朋友交往时也都送过一些当时中国未曾见过的"稀世珍品"。他与官吏士绅结交时不急于传教，而是将从西欧带来的各种奇珍物品，如自鸣钟、天文仪器、地理图、三棱镜、洋装书籍等陈列满室，任人参观。一些人不免为好奇心所驱使，乃与之交往并欲了解西方。利玛窦送礼不是为满足官吏的贪欲，很大程度上是一种表示友谊的方式。也正因此，利玛窦在中国士大夫中有较高的声望，并非全靠那些西洋器物，而是靠他自己的德才品行。利玛窦深知，中国是个封建极权的国家，各级官员最终听命于皇帝。如果皇帝尊崇、扶持基督教，那么基督教就会在全国生根开花。如果皇帝持否定的态度，即使再给地方官员送礼品也是朝不保夕。于是，他利用一切可能的机会，想方设法希望争取皇帝的赞许。但此路艰难，主要是朋友怕引火烧身，因而屡遭挫折。直到 1600 年，利玛窦与西班牙传教士庞迪我再度以进贡方物的名义北上，在山东临清被督税太监马堂拦截并得以沟通，才被获准献贡并上疏。明神宗阅览贡物后悉令收存，供天主像于御前，置自鸣钟于御几，将万国图志珍藏内府，并召利玛窦于殿前觐见。神宗询问了有关天主教的旨意与西方各国的政治情况，然后命礼部款待，授予官职，赐第居住。从此，利玛窦得以在北京开堂传教，借朝廷支持而扩大影响。

三、大力传播西学。利玛窦在传教过程中注意以西方的某些新知识吸引中国士大夫，他在学有专长的中国士人协助下展开大规模的西洋学术译介工作。他在华 27 年著述近 20 种，主要有《天学实义》、《山海舆地图》、《几何原本》、《西国记法》、《辩学遗牍》、《同文算指》、《测量法义》、《西琴曲意》等等。这些著述，并非全部为弘扬教义的传道书，大多数是介绍西方的天文、地理、数学、理化知识，以及音乐、绘画、建筑等方面的知识。利玛窦在客观上成为文化传播的使者，以博学多才令西洋学术在东方产生了磁性作用，正是这些知识使中国士大夫耳目一新，利玛窦也得到一些主张实学、反对空谈的士人的信赖与合作。利玛窦居住南京时，其住所成为南京士大夫的聚谈之处，士人视与利玛窦结

交为荣。官吏陆续过访，所谈者天文、历算、地理等学，凡百问题悉加讨论。利玛窦定居北京后，亦终日与公卿士大夫周旋，每日接待少则 20 人，多则百余人。这些官员与文人与利玛窦晤面了解后，渐对其本人及其宗教以及西方学术产生兴趣，以至最终有些人受洗入教。号称明代天主教"三大柱石"的徐光启、李之藻和杨廷筠，都是直接受利玛窦的宣教和学术上的引导而先后受洗的，其他与利玛窦"交游问学"的学界名人或朝廷公卿，如

利玛窦像

瞿太素、冯应京、李天经、张焘、孙元化、王徵、韩霖、段衮等也都先后入教。利玛窦在传教活动中传播了西学，以其个人魅力使中国士人大受启发。《明史·意大里亚传》说："其国人东来者，大多聪明特达之士，意专行教，不求禄利。其所著书，多华人所未道，故一时好异者咸尚之。"也正因此，西学的引进启发了东方的学者，所以务实弃虚成为一股潮流。

除利玛窦外，在华传教的耶稣会士还有许多，如意大利的龙华民、熊三拔、艾儒略，葡萄牙的麦安东、孟三德、阳玛诺，西班牙的庞迪我，德国的汤若望，法国的金尼阁，瑞士的邓玉涵，等等。通过他们的努力，天主教在华信徒逐年增多。1584 年，入教者仅 3 人。1586 年，达 40 人。1596 年，达 100 多人。至 1605 年，约有 1000 余

人。到 1610 年，达 2500 人。1615 年，达 5000 人。至明亡前夕，中国天主教信徒已达 38000 人。传教地区涉及广东、江西、江苏、浙江、北京、山东、山西、陕西等地，并在肇庆、韶州、南昌、南京、北京、上海、杭州先后建有教堂。利玛窦等耶稣会士既具教士的虔诚，又具学者的渊博，重新连接起元代以来中西文化的纽带，更具鲜明的时代意义。有学者对利玛窦评论说："作为来华的第一位西学代表人物，他第一次正式向中国介绍了大量的西方宗教和科学技术知识。尽管他的主观意图在于传教，所输入的也不是近代科学知识，但客观上确使当时的中国学者耳目一新；特别是天文、历算、舆地、水利和火器等方面出现的一批专门著作，都具有划时代的意义。同时他又是向西方正面介绍中国历史文化的第一个人。自他以后，中学的西渐及其对启蒙运动的影响，都是不可否认的事实。在这些方面，利玛窦的筚路蓝缕之功是不可没的。"[1]

西学传入中国在部分士人中产生强烈反响，一批主张全面接受西学的士人脱颖而出。他们看到阳明学派的末流在狂禅中走向肤庸空疏，于是把目光投向经世致用的实际问题和理论问题。在这方面的著名代表人物有先后入教的徐光启（1562～1633 年）、李之藻（1565～1630 年）和杨廷筠（1557～1627 年），他们被称为明代中国天主教的"三大柱石"。他们在反对空谈中高扬"实学"旗帜，在崇古求实的同时发现了西方科技与宗教的价值，乃不遗余力地热烈赞扬和介绍传播，作为挽救时艰、富国强兵的一项重要内容。

徐光启为上海县徐家汇人，受家庭影响从小就知劳作的辛苦和实学的重要。他自 19 岁中秀才，到 70 岁时官至礼部尚书并参与内阁机要，学习与任官期间著述颇丰。作为务实严谨的科学家，他的研究领域很广泛。1600 年，徐光启到北京应试，途经南京时认识了利玛窦，从此开

---

① 周燮藩：《中国宗教纵览》，江苏文艺出版社 1992 年版，第 222 页。

徐光启像

始投身于引进西学的事业之中，先后编译了多种西学著作。他在农业方面的许多知识来自亲身体验，先后著有《农遗杂疏》、《种棉花法》、《甘薯疏》、《北耕录》、《宜垦令》、《农政全书》等。他也留意军事，曾担任过练兵与保卫京师的重任，并负责制造火器，著有《兵事或问》、《选练条格》等。他最为人熟知的是主持修正历法的工作，由于钦天监屡次预报日食不准，崇祯皇帝下令由徐光启督领修历，他成立临时性研究机构，先从编译西方历书入手，此后新编历书分批完成，终成《崇祯历书》，清朝改名为《西洋新历法书》。

李之藻出生于杭州的一个武官之家，33岁中进士第五名，即被任命为南京工部员外郎，次年进北京就职。他所学很广，天文、地理、军事、水利、音乐、数学、理化、哲学、宗教等无不研究。1602年，他重刻《利玛窦万国全图》，并作跋予以称赞。1603年，李之藻任福建学政，当年利玛窦的《天主宝义》成书，其中便有与他论道的内容。1605年，李之藻开始编著《浑盖通宪图说》。1608年，由利玛窦口授，李之藻完成《圜容较义》。1613年，李之藻改任南京太仆寺少卿，编译了《同文算指前编》，这是国内介绍西方笔算最早的译本，内有各种算法并附练习题。同年，他上《请译西洋历法等书疏》，主张全面引入西学。1621年，他任监督军需光禄寺少卿兼管工部都水清吏司事，与徐光启在军事防御方面发挥了很多作用。此后，又相继翻译出《寰宇诠》、《名理探》、《历指》、《测量全义》、《比例规解》等，但不幸病故。

杨廷筠出身于书香门第，原籍杭州。26岁中进士后，知江西安福县，为民众誉为"仁侯"。1598年升为监察御史，1602年任湖广道御史，1604 年任四川道掌道事，1609 年任江苏督学，同年称病告归。1611 年，杨廷筠由笃信佛门转而受洗入教，在杭州引起轰动。入教之后，杨廷筠出资建圣堂一所，并使自己的父母妻子儿女先后入教。方豪概括他为教会和地方所办公益事业有四个方面：兴仁会，设义馆，立公墓，刊圣书。1622 年，杨廷筠出任河南按察使司副使。1623 年，升任光禄寺少卿。1624 年，任顺天府丞。当时无锡"东林书院"已经成立，徐光启、李之藻、杨廷筠皆前往讲学，西方传教士也把东林书院看做传教的有利之地。不久，东林党与魏忠贤发生冲突，杨廷筠罢官还家。1626 年，七十高龄的杨廷筠在杭州捐资建校一所。1627 年，又"筑华丽教堂一所，西士住宅一处，修道院一所"，不久即去世。

　　徐光启、李之藻、杨廷筠之所以热心播扬西学并信教，主要是深深地被西方传教士所带来的科学新知识所吸引，力图以西方的近代文明与实践手段振兴日衰益蹙的中华民族。他们大量地翻译西方典籍，完全是为促进中国学术的发展和科技成果的转化。他们在高度评价西方自然科学和技术的同时，对西方宗教学说也满怀热情地予以推崇，这也相当程度上出自于强烈的危机意识。他们认为，在晚明理学无补于大局的情势下，西方宗教神学具有在思想意识上的补强作用。徐光启说："余尝谓其教必可以补儒易佛。""真可以补益王化，左右儒学，救正佛法。"李之藻认为天主教教义"不脱六经之旨"，力倡"天儒合一"，"其于鼓吹休明，观文成化，不无裨补"。杨廷筠则认为天主教教义与儒家学说"脉脉同符"，"吾人不必疑为异端"。他们无论在人品上还是在政绩上都堪称时代的楷模，他们以自己的表率行为使天教儒风浑然一体。尽管他们对西方社会的认识还十分模糊，但他们勇于跳出中华文教传统观念的窠臼，眺望域外的科技文明并试图引入国内拯救时弊，这为晚明日渐萎缩的文化泥潭无疑注入了一股新鲜活泼的血液。与那些怀有保守、阴暗、褊狭心理的所谓"正统文人"相较，真正体现出一代开明士人的宏阔心态和敞朗胸怀。

当然，由于利玛窦死后龙华民接任中国教务，传教思路未能适合中国国情而出现"非本土化"倾向，引起社会各界人士不满，遂发生沸扬一时的"南京教案"，这实际上反映出中国内部两种价值观念的斗争。以南京礼部尚书沈㴶为代表的士人严厉指责传教士是地道的殖民侵略者，一方面反映了中国士人在西方大规模侵略中国前夜的一种忧患意识，另一方面也不难看出他们坚守"夷夏之大防"的民族中心意念和不敢面对西方文化已经领先的现实。从根本上说，沈㴶等人以"君权独尊"反对传教士的"神权至上"，显然是以中国的宗法伦理来反对西方的宗教神学，这不能说没有道理。但他们反对近代新学的积极进取，而不是理性的受容西方文化的合理因子以革新苟延残喘的病态社会，这显然无益于并阻碍了中国传统文化的更新和改造。因而，虽然沈㴶等人一再上疏并直接采取行动，迫使一些西方教士遣返回国或隐形遁迹，但到崇祯年间，明思宗又对传教士的活动采取宽容政策。在徐光启的引荐下，大批有名望的传教士重又来华。他们帮助明廷制造兵器和修订历法，这对当时的朝廷都是至关重要的大事。

由此可见，明末实学的兴起代表了中华民族的发展方向。这时还出现了一些科学家，如李时珍、徐宏祖、宋应星、朱载堉、王徵等，他们与徐光启、李之藻、杨廷筠一起，以各自方式共同构成了明代实学的主流，标志着中国古代科技开始应接近代文明的召唤。

第二章
科举制度的运作

第一节　官学体制

朱元璋在统一天下的过程中，深深感到读书人的重要性。而那些为朱元璋所征聘重用的儒士，如范祖干、叶仪、许元、胡翰、宋濂、刘基、章溢、叶琛等，也确为朱元璋出谋划策、制礼作乐，对建立明王朝起了不可低估的作用。因此，朱元璋在夺取政权后，制定出"戡乱以武，治国以仁"的方针，迫切需要富有才干的文人官僚充实各级政府，以便更好地管理迅速扩大的王朝版图。

明初可充做官僚的现有人才大致有四种：第一种是一大批元王朝遗留下的旧官僚，但他们对明王朝没有什么积极的作用，只有少数真有才干而隐没江湖的才是明朝征募的对象，而那些贪官污吏、老朽昏庸或投降叛节的深为朱元璋轻蔑和怀疑。第二种是元朝各级衙门所遗留下的一大批吏员，他们过去在蒙古族权贵的任用下懂得办文秘诀、程式，但多数舞文弄法、败坏朝纲、鱼肉人民，朱元璋对此有着深刻的了解和切身的体会，因此不但不用他们反而采取防范措施，如禁止吏员参加科举考试等。第三种是未曾入仕的文人儒士，他们是明王朝极力征用的对象，但他们对新王朝的稳固性心存疑虑，持观望的态度而不急于做官。他们又慑于明初的严刑峻法，或耻于与行武出身的新贵为伍，而甘愿隐居耕读，因此朝廷多次下诏征用却得之甚少，无法满足庞大官僚队伍的需要。第四种则是一些富户耆民、乡绅恶霸，但是这些地主文化素质较低，往往横行乡里欺压百姓，曾经生活于社会下层的朱元璋对此深为洞悉，因此即位后不断发榜晓谕这些人安分守己，这些人显然也不适合充任各级官僚去治理百姓。

秋林聚禽图（明）林良

既然旧有的各种"人才"已不敷所需，那么为保证国家机器的正常运转，就只有兴办学校培养一大批新官僚了，这也是每个朝代建立之初必须考虑的问题。同时由于蒙古贵族在中原地区的近百年统治，广大汉族逐渐染上异族的习俗而有失华夏威仪，也需要大力兴办各级各类学校以申明教化，重建新的社会秩序、等级关系及社会思想，这就使被认为礼仪由所出的学校得到重视。而办学兴教这一中华民族的古老传统此时发扬光大，无疑也为新政府起到了粉饰门面的作用。

明代的官学主要有中央与地方两级。中央一级的即国子监，设于南京和北京。南京国子监是朱元璋定鼎金陵后，以元朝集庆路儒学改建的。其规模宏大，环境幽雅，左有龙舟山，右有鸡鸣山，北有玄武湖，南有珍珠桥，地势高爽，风景宜人。监内建筑众多，学堂是师生讲习的地方，馔堂是师生用膳的地方，还有书楼、号舍、射圃、仓库、厨房、麦场等，规模最大的是文庙，用于供奉孔子及七十二贤人。这些建筑高低错落，绵延秀丽，每至夜晚灯火辉映，甚是壮观。北京国子监始设于永乐元年（1403 年），由明初北平府学（即元国学）

改建而成。永乐建都后，以北京国子监为京师国子监，自此以后明代有了南、北两监。正统以前，北京国子监沿用旧有建筑，没有进行增修扩建，以至于监生"杂处于军民之家，浑住于营苍之地，与市井之人为伍"①。正统年间增修后，其规制扩大，成为全国教育中心。

明代地方官学主要有府学、州学、县学。洪武二年（1369 年）十月，明太祖朱元璋召见中书省大臣说："古昔帝王育人才，正风俗，莫先于学校。至元而其弊极矣，上下波颓风靡，学校虽设，名存实亡。兵变以来，人习战斗，惟事干戈，莫识俎豆，欲兴教化何由？今朕统一天下，虽内设国子监，恐不足以尽延天下之英俊，其令天下郡县并建学校，延师儒，招生徒，讲道论德，以复先王之旧。"② 据此地方官学始设，当时全国计有 140 府，193 州，1246 县，当共设儒学 1579 所。明代地方学校是很发达的，从繁荣的内地到贫穷的边区，到处建有学校。"盖无地不设之学，无人不纳之教。庠声序音，重规叠矩，无间于下邑荒徼，山陬海涯。此明代学校之盛，唐宋以来所不及也。"③ 各级官学规模依次递减，虽不整齐划一，但都比较实用，一般都有文庙、学舍、厨房、仓库，根据生员实际数额建筑。

明代中央和地方还有一些其他教育机构，如中央一级的设过武学、宗学、内书堂，地方一级的设过卫学、三氏学、阴阳学等。这都是一些专门的学堂，可谓带有特殊意义的学校。除此之外，明代的社学较为普及。朱元璋曾发布诏令，鼓励全国推广社学。但在办学过程中各地也出现了一些问题，如有愿读书者因家贫而无法就学，有家富不愿读书者花钱买放，导致贪官污吏营私舞弊。后经整顿渐好，属于民间自办的小学，教师不享受国家的俸禄。洪武十六年（1383 年）规定，民间设立的社学，有司不得干预。凡是被政府判为有过失的人，不许担任社学的

---

① 李贤：《论太学疏》，《明经世文编》卷三六，中华书局 1962 年版，第 270 页。
② 《续文献通考》卷五十《学校志》。
③ 《明史·选举志一》。

教师。正统六年（1441 年）又规定，各地提学官要严厉督导社学，不允许社学废弛，社学中优秀的学生允许补充为儒学生员。因而，明代重视社学发展，大凡年及 8 岁的儿童都鼓励读书，但因家贫而不愿让子弟入学的，政府也不勉强，所以社学普遍为民众所接受。

明代国子监的学生通称为监生，入学资格可分为四类，即举监、贡监、荫监和例监，此外还有外国留学生称为"夷生"。举监即在京会试落第后经翰林院考选择其优者送入国子监复读的举人。这些落第兴人有资格被选入副榜，担任教职，所以可以享受教谕的俸禄。贡监则是从全国各地府、州、县学中选出的优秀生员。每年从各级儒学选取的德才兼备而入贡国子监者称岁贡，每隔三五年从廪膳、增广生员中选取的品学兼优者称选贡，国家有庆典或新皇帝登基时特选的生员称恩贡，捐纳一定资财后进入国子监就学者称纳贡。贡监与地方儒学形成了衔接体系，后来逐渐成为制度。所谓荫监，即荫子入监。明初因袭前代之制，文官七品以上都可荫一子入监。后荫监又分官生、恩生两种，文臣三品以上京官荫子入监者谓之官生，出自皇帝特恩不限品官入荫者谓之恩生。所谓例监，指因战争、灾荒导致国用不足，富家巨室捐赀、纳粟于政府，特许其子弟入监读书者。例监始于景泰元年（1450 年），时值"土木之变"后，国家为解燃眉之急，不得已而为之。但此终究是衰世征兆，不时有人反对，所以不久后即废止。但此例一开，后代君主往往仿行，因而不时有之。夷生指外国留学生，以来自朝鲜、日本者居多。值得注意的是，四种监生的比例随时代发展有较大变化，明初官僚子弟较多，后来百姓子弟增加，可见受教育权利日趋均等。

明代国子监生属于绅士阶层，是不久以后的各级官员。他们享有很多特权，如生员犯法当先革除名分才能捕问，除本身免除各种差役外还可惠及其家二人免役。生员的物质生活都由政府供应，他们平日穿襕衫以别于常人，冠履被褥都按时发放；膳食定量供应，米、面、肉、菜、盐、醋不缺；有妻子共同生活的另外照顾，每逢节日皇帝还有赏赐。但国子监生的纪律也很严格，规章制度十分苛刻。比如休假，除每月朔、望的例假外，只有在奔丧、完婚、侍养年高父母、妻子死亡等特殊情况下，才可请假休学，并分别规定了期限，如果延宕，都要罚充吏役。其监规主要内容有："生员在学读书，务要明礼适用，以须仕进。各宜遵承师训，循规蹈矩。凡出入起居，升堂会馔，毋得有犯学规，违者痛治。""学校之所，礼义为先。各堂生员，每日诵授书史，并在师前立听讲解。其有疑问，必须跪听，毋得傲慢，有乖礼法。""在学生员，当以孝悌忠信、礼义廉耻为本，必先隆师亲友，养成忠厚之心，以为他日之用。敢有毁辱师长及生事告讦者，即系干名犯义，有伤风化，定将犯人杖一百，发云南地面充军。""开设太学，教育诸生，所以讲学性理，务在明体适用。今后诸生止许本堂讲明肄业，专于为己，日就月将，毋得到于别堂，往来相引，议论他人长短，因而交结为非。违者从绳愆厅究查，严加治罪。"① 洪武年间的监规制定者是国子监祭酒宋讷，他在任时揣摸皇上用心，一意严刑峻法，办学极为酷厉。有反对他的官员和学生，结果都被朱元璋所杀。所以生员只能遵纪守法，不得有丝毫反抗，更谈不上什么自由。以后，国子监祭酒多是仁厚宽松之人，故监规也日渐废弛。

明代国子监生的出路在于做官，尤其是明初监生被擢为高官者很多。如洪武二年（1369年），选

《剪灯余话》插图（明）

————————
① 《明会典·国子监》。

国子生试巡行各郡，事完之日选择其中称职的人，提升为各行省左右参政、各道按察司金事及知府等官。洪武十年（1377年）正月，国子生在各地试用的，都改授为县丞、主簿。十月，将在各郡县任教职的国子生召回京师，由吏部擢用。洪武二十年（1387年）三月，监生古朴奏，自己家庭贫困，希望入仕，以得到俸禄侍养老母，朱元璋即令吏部授以工部主事之职。洪武二十六年（1393年），选30岁以上能做文章的监生341人，授教谕等官。以监生刘政、龙潭等64人为各行省布政、按察使及参政、参议、副使、金事等职。明初国子学尚不正规，又恰是国家用人之时，故急就草成而以才录用。

洪武十六年（1383年），改国子学为国子监，开始实行分级考试、分堂肄业。监生入学后，初级的进入正义、崇志、广业三堂肄业，在此修业一年半以上文理通畅者便升入中级的修道、诚心二堂，在此修业一年半以上经史兼通者便可升入率性堂，在此一年内修业积满8分便可出身做官了。国子监的考试制度很严格，每月都要进行考试，考试内容主要是经义章表，要求书旨明晰，不尚辞藻华丽。此后，国家承平日久，科举制度确立，学校日受轻视，监生难升高官，故《明史·选举志》说："选举之法，大略有四，曰学校，曰科目，曰荐举，曰铨选。学校以教育之，科目以登进之，荐举以傍招之，铨选以布列之，天下人才尽于是矣。明制，科目为盛，卿相皆由此出，学校则储才以应科目者也。其径由学校通籍者，亦科目之亚也，外此则杂流也。"王圻《续文献通考》也指出："国初，太学生皆贡自郡邑，选自乡学之秀彦者充之，其后乃有各省乡试举人。时进士科未盛，内而台谏，外而藩臬，率以授太学生之成材者。自制科既重，太学生成材者与天下贤士，尽入搜罗。于是内外要重之司，皆归进士。"所以，明初国子监隆盛一时，然实行科举后逐渐败坏。

明代国子监教官的选授、品秩、职责、考核都有严格的规章制度。明初朱元璋注意选取有真才实学之人充任教官，广泛征求通今博古、堪为师表的人任教职。他在敕书中说："贤者所为，务学者欲推行之，有裨于国家。怀诈自私，上无助于君，下无补于世，学曷故焉！"① 但明中叶以后，国子监教官的选授不再受到重视，教官的地位有所下降。"中世以后，世每视为闲官，漫不加意；而为之者，亦或不知所以为重。"② 教官的品级、俸禄也是明初较高而后来较低。吴元年（1367年）规定国子学教官品级，祭酒正四品，司业正五品，博士正七品，典簿正八品，助教从八品，学正正九品，学录从九品，典膳为杂职。洪武四年（1371年）户部规定百官俸禄，祭酒二百七十石，司业一百八十石，博士八十石，典簿七十石，助教六十五石，学正六十石，学录五十石。但此后待遇降低，如祭酒由正四品降为从四品，俸禄由二百七十石降为二百五十二石。司业由正五品降到正六品，俸禄由一百八十石降到一百二十石。其他职衔也相应如此，可见学校愈受轻视。

明初教官的职责也很分明。祭酒为国子监的正官，总理一应事务，其必整饬威仪，不得谦和宽松。司业为副职，辅佐祭酒处理日常事务。监丞负责申明监规，约束教官、生徒。监丞办公的地方叫绳愆厅，除办公用品外还有简单刑具。师生过犯都要记于集愆册上，根据轻重依法处置。博士、助教、学正、学录等官，专职讲授学业，言行举止都要为生员表率。典簿掌管文案，凡钱粮账目、课业文册等都要稽查明白。典籍掌管书籍，掌馔负责膳食。国子监的日程排得很满，监规规定非常具体，如何时上课、上课内容、课业要求、作业批改等，这反映出当时的教学活动受到朝廷的严格限制，也是高度集权的专制主义对教育控制的极端表现。国子监祭酒由于久任不迁，虽有利于搞好教育，但也产生了很大的副作用，职位之低被当成了闲职。至成化年间有所更正，祭酒任满三年应予升擢。此后渐成定例，进士由翰林院、国子监至礼部遂为一

---

① 傅维鳞：《明书·学校志》。
② 李东阳：《送南京国子监祭酒谢公诗序》。

条晋升之阶。

国子监既位于两京，其官员也属京官并随之考核。考核有考满法，即三年一考，九年满考后根据结果予以升降。还有京察法，即任京官六年四品以上官自陈政绩，由皇帝决定其擢黜。可以看出，国子监官员都是朝廷的命官，教育严格为国家政治服务，其在明初曾起到了重要的作用。但沉闷窒息的运作方式，终于在科举兴起后令人深恶痛绝，故此其衰败下去也就十分正常了。

明代地方学校也形成一套完整的制度，与中央学校与科举考试衔接形成系统。洪武二年（1369 年），规定了地方学校的生员名额，其中府学 40 人、州学 30 人、县学 20 人。由于生员享有很多特权，并有升官机会，因此要求入学者很多。洪武二十年（1387 年），又下令增广生员，造成生员数量大为增加的局面。于是原先的定额生员称为廪膳生，后来扩招的学生称为增广生。明宣宗时，重新限制生员数量，规定南、北两京府学的廪膳生、增广生各 60 人，其他府学的廪膳生、增广生各 40 人，州学的廪膳生、增广生各 30 人，县学的廪膳生、增广生各 20 人。此后仍有不少民间子弟愿意入学读书，所以在明英宗时又下令增取生员，称为附学生。地方学校生员数量一再增加，导致生员冗滥、教育败坏等严重问题，所以神宗万历初年，张居正进行改革删减生员。生员考试有月考、岁考、科考等形式。月考即每月一次的考试，考后略加劝诫，没有什么特别重要的意义。岁考三年举行一次，考试后根据成绩将诸生分为六等，有升有降。科考为应乡试而设立的预考，是继岁考之后对一、二等生员择优参加乡试的考试。试后也根据成绩将生员分为六等，一等生员可以入乡试，大约每举人一名选 30 名生员应试。

明代地方学校的生员待遇也较优厚，属士绅阶层有很多特权，如本人及其家属二人可以免役，衣、食等生活用品由政府提供。政府拨给学校粮食做办学经费，后来又设学田收取田租。但廪膳生、增广生、附学生待遇是不同的，廪膳生较少，其他生员却没有享受廪食的资格。生员

入学，管理很严，学校都有禁例刻于卧碑之上作为学规颁示，大约有 10
余条。如"今后府、州、县生员，若有大事干己家者，许父兄弟侄具状
入官辩诉；若非大事，含情忍性，毋轻至于公门"。"军民一切利病，并
不许生员建言。果有一切军民利病之事，许当该有司，在野贤人，有志
壮士，质朴农夫，商贾技艺，皆可言之，诸人毋得阻挡。惟生员不许。"
"为学之道，自当尊敬先生。凡有疑问及听讲说，皆须诚心听受。若先
生讲解未明，亦当从容再问，毋恃己长，妄行辩难，或置之不问。有如
此者，终世不成。"① 生员入学后，朝廷还有考选之法。10 年以内学有
所成者，姓名编册送吏部以备录用；10 年以上学无所成，则送官充役；
不学无术、为非作歹者还要追还廪米、罚做苦役。这样规定是督促生员
循规蹈矩，努力向学，按朝廷要求成才，但生员压力太大，也曾使人害
怕罚追廪米而不敢进学。成化年间有所宽减，但此后学规渐弛，以至于
"教官之黜降，生员之充发，皆废格不行，即卧碑亦具文矣"②。生员中
优秀者一般经科举走上升官之路，次者以不同方式进入国子监，又次者
就做了乡绅，无论如何，都是高人一等的。

　　明初多选拔有实际才能的人充任各地学校教官，后来由于教官待遇
太低有才学者多不愿充任。明初规定，府学设教授一人，从九品，禄米
六十石；训导四人，为杂职，禄米三十六石。州学设学正一人，训导三
人。县学设教谕一人，训导二人。他们主要负责教学活动，严格按朝廷
要求教育生徒，如果妄生异议蛊惑生徒，教官就要被处以极刑。对教官
的考核一般根据其生徒在乡试中中举的人数，府学九，州学六，县学
三，教官为最优，予以升迁。如一个也不能考中，则为最差，就要予以
黜降。这一考核方法，促使了科举独重局面的形成，教官为了擢升，只
重乡试内容而忽视其他课业。八股文盛行后，教官更不计其他了，造就

① 《明会典·学校》。
② 《明史·选举志》。

的人才可想而知。明初的学校都由当地政府直接管理，因此行政长官就是提调正官，他们负责选黜各校生员及维修学校等事。中期以后专设提学官负责一省的学政，多选名高望重的文臣担任，他们以德行、学问深得诸生信服。他们提督各地儒学师生，负责考核优劣以定擢黜。但其职权与布政司、按察司关系微妙，所以后来一些提学官就很不负责。他们不愿做实事，只愿结权要，因而空有其名，不过装模作样而已，学校教育也就可想而知了。

第二节　书院风貌

明代除官学外还有私学，可谓教育的另一样式。大致说来，明代前期官学较为发达，明代后期私学则逐步兴盛。其中有许多原因，反映出社会和时代的变化。

明初出现了一些启蒙性质的私学，如义学、家塾等。义学一般为有钱富户或乡人合作延请塾师教授本家子弟，家塾多是富家巨室延请名师到自己家中专门教育自己的子弟。这些塾师地位不高，教学管理也不容易，所教内容以传统小学教材《千字文》、《百家姓》、《三字经》等为主，兼习书算和八股文等举子业。这类私学教育质量一般，只是粗浅的启蒙而已，为进入官学打基础。

明初还有一些名儒讲学授徒，这些名儒都有很高的造诣和修养，所讲内容都很高深，是一种真正的学理研究，如吴与弼、陈献章等。他们讲学完全是一种文化活动和人生追求，要继承儒学并将其发扬光大。如吴与弼19岁到北京，投奔做国子监司业的父亲，并跟大学士杨溥学习宋儒著作。此后一意学习圣贤之道，夜以继日地攻读"四书五经"，成为闻名遐迩的学者。不久回到崇仁，开始了长达50余年的教学生涯。

他的教学活动是与农业劳作结合进行的，与学生在清贫的处境中享受着耕田读书的乐趣。其传授程朱理学注重亲身体会，虽固守传统也具时代新意，可见是以道德学问标榜天下的。

陈献章曾考中举人，会试落榜后就学于吴与弼，后回广东老家刻苦学习，学问大有进步。宪宗成化二年（146 年）就学于国子监，为祭酒邢让所赏识，于是名满京城。回到广东后，他以讲学授徒为生，许多人慕名前往。他创造了静坐体认的教学方法，实际上是将佛教禅宗融入儒学修养当中，这就打破了烦琐的诠经活动而对后来的心学产生了一定影响。可见私学不同于官学的说教，对思想的活跃和教育的创新有着积极的作用。

明初书院作为讲学场所虽有兴复，但寥若晨星，不过是朱元璋为了表示偃武修文、重视教化的一点象征。如洪武元年（1368 年）下令设立洙泗、尼山二书院，只是表示尊孔

华山图（明）王履

重教而已，谈不上有大力倡办书院的意思。各省所建书院更是屈指可数，就是宋、元时闻名的书院因战乱毁弃也未修复，可见书院的确是沉寂稀少。究其原因，大致有二：一是明初为了选拔大批官僚，广泛搜罗读书人。各种读书人为了功名富贵，也争上各级学校。入学后又可赴科举考试，一旦及第即受重用；加之生员只要学有所成，都有一些优厚待遇；学校制度完备，管理严格；科举必由学校，生员还可直接入仕。所有这些都使士子重视学校而冷落了书院。二是明初思想统治很严，程朱

理学成为占主导地位的官学，读书人不能有任何奇谈怪论，也不敢越雷池一步。在这种情况下，书院讲学没有什么新异之处，主要还是传播程朱理学，因此也没有什么吸引力。加之书院缺乏官学应有的一些待遇，因此政治上、经济上无法与官学抗衡。随着科举制度的完善，书院不可能兴盛起来。只是到了明代中期以后，学校、科举逐渐败坏，加之阳明心学的兴起，书院才由沉寂趋向繁荣，至嘉靖时达到鼎盛。

明代成化年间以后，书院开始兴盛起来，各地还开创了许多讲会，这与阳明心学的勃发有很大关系，也是对烦琐的程朱理学旧习的打破。从统计数字看，成化年间书院渐多，经弘治、正德至嘉靖，书院达到鼎盛。以江苏省为例，成化年间创办书院2所，弘治年间创办了3所，正德年间创办了7所，嘉靖年间创办了18所。广东省成化、弘治年间各创办了3所，正德年间创办了8所，嘉靖年间创办了70所。而江西、浙江书院最多。各地行政长官皆有兴趣创建书院，私办书院也如雨后春笋般萌生。

除书院外还流行讲会，即在固定场所按期举行的讲学活动。讲会时，各地学者都来听讲，会后大家四散而去。从京师都会到偏郡僻邑，都有讲会存在。嘉靖时，内阁大学士徐阶倡导灵济宫之讲会，参加讲会的官员、士人多达五千。各地讲会也时常举行，参加者甚多。讲会本来是一种临时性的讲学活动，但后来发展到一定程度通常会建成书院。讲会是一种学术讨论，书院也常举行。一般就某个问题聘请名儒演讲，听众可提出问题互相探讨、磋商，很有学术自由的意味，因而受到学者的欢迎，一时竟成风气。

由于明代中叶以后，学校教育开始败坏，科举考试受到重视，对学校教育的考察以生员中试人数为依据，因此教官授业以八股文为主，经史反而不甚留意。这使生员成为白首苦读的学究，毫无经世之学而为迂腐不堪之徒。学校教育成为科举附庸，科举考试控制了学校教育。一些有识之士又不满程朱理学一统天下的局面，希望有新的声音出现，于是王学应运而生。王学不可能在官学的讲坛上公开传播，又欲挽救官学腐败的弊症，因此书院的兴盛也就不是偶然的了。

　　王阳明痛恨当时读书人诵读八股文的恶习，讨厌官场上趋炎附势去本失真之人，在陆九渊心学基础上发展形成了新学说，鼓吹知行合一、致良知的新思想、新方法。他于正德三年（1508 年）被贬到贵州龙场驿，在当地的龙冈书院讲学授徒。次年又于贵阳书院讲学，对程朱理学有突破。7 年后身为佥都御史，在江西修建濂溪书院。又过了 8 年，在浙江建立稽山书院。他讲学时，四方学者慕名而来，影响很大，这直接推动了书院在各地的建立。《明史》中言："正嘉之际，王守仁聚徒于军旅之中，徐阶讲学于端揆之日（即为内阁大学士之时），流风所披，倾动朝野。于是缙绅之士，遗佚之老，联讲会，立书院，相望于远近。"①王阳明去世后，其门徒广建书院，主要活动于嘉靖年间，因而此时书院也最多。可见书院主要传播王学，以学术交流为主，有利于教育事业的进步。

　　嘉靖以后，书院日渐增多而隆盛，也有被限制和禁毁之时。起初，朝廷对书院并未提倡也未禁止，但书院的兴旺及阳明心学的传播引起了一些守旧人士的不满，而高度集权的

琴罢倚松玩鹤（明）文彭

专制统治也不能容忍新思想的号召力，于是他们以各种理由对书院打击迫害。嘉靖年间曾有诏令禁毁书院，但职能部门并未认真执行，朝中看法也并非一致。万历七年（1579 年），大学士张居正整顿学校教育，希望挽救日益衰败的官学，也试图通过禁毁书院从而使官学振兴。张居正反对讲学，认为聚党空谈不如恭行经义，因此下令将各省私立书院改为

---

① 《明史·顾宪成等传赞》。

公廨衙门。此次督察很严，效率很高，所以被禁毁的书院不少。

万历末年，神宗皇帝荒废朝政，党争混乱。天启年间，宦官魏忠贤专权，世道昏暗。一些抱道忤时的士大夫，以讲学形式评论时政，同黑暗势力抗争，书院与政治关系甚为密切。如东林书院流传甚广的名联："风声、雨声、读书声，声声入耳；国事、家事、天下事，事事关心"，反映了东林党人关心时政的胸怀，而东林党人敢于同邪恶势力斗争的精神也在社会上产生了很大影响。在这种情况下，魏忠贤下令禁毁东林书院，进而禁毁了天下所有的书院。书院的被禁毁阻碍了学术交流，也是政治斗争的相关表现。所有这一切，都是为了加强中央集权，实行思想统治并控制舆论导向。不久，随着魏忠贤的覆灭，东林党人重新被起用，但明朝大势已去，在外忧内患中迅速土崩瓦解。

明代的书院除少部分为官立外，大部分都是私立的。其经费主要是政府拨给的荒闲地，或私人捐赠的田产、租谷。书院一般建立在远离闹市的风景优美的山林中，使书院的教学活动在大自然的怀抱中充满雅趣。许多著名的书院环境幽雅，别有情致，即使那些建在城中的书院，也往往选择地势高爽、清僻宜人之地。书院的主持人通常称为山长，如明初设立的尼山、洙泗书院，即各设山长一人；也有的称洞主，如白鹿洞书院；还有的称院长，如董子书院。书院的主持人负责教学、管理工作，并是著名学者。有些规模较大的书院还设有副山长、副教、助教等人员，另有财务收支、膳食供应、维修院舍的勤杂人员。

因明代书院为自由讲学的性质，故生徒年龄、学业、喜好有很大差异。生徒一般分斋肄业，如岳麓书院即设有诚明、敬义、日新、时习四斋。生徒的管理，一般每斋设斋长一人，选择学业优秀的生徒充当。书院将生徒分斋学习，是沿袭宋、元时的制度，并不是明代的创举，这有利于因材施教。书院的学规一般沿袭南宋朱熹制定的《白鹿洞学规》及程端礼、董铢制定的《程、董二先生学则》，各书院也有据此订立的富有自身特色的学规。如湛若水在广东大科书院订立的训规最为典型，其堂训达 61 条之多，从正心、诚意、处己、对人以至治事、修学等都包括无遗。明代还有一些会讲式的书院也制定有会约，如东林书院的创始人顾宪成、高攀龙就订有《东林会约》。会约规定了会讲的宗旨、要求、办法等，明显地体现出要发扬程朱理学精神，并讲求实学付诸实践的行学方式。

明代中期以后，讲学之风很盛，但当时名家王阳明、湛若水等都不反对生徒习学举业，参加科举考试。王阳明认为，诸生学习举业，并不妨害自修之功，如果按书院的学规循序渐进，举业与修为当并行不悖，互不妨碍。他还要求生徒平时除进德修业外，还要经常作经书义、时务策等方面的试卷。每当科考时，应送生徒赴

万松小筑图（明）居节

试，以不妨碍他们的举业。湛若水在广东主持大科书院时，堂训规定生徒不要把修为与举业当成二事，科举是圣代的制度，不遵行就违反了天理，但也不得以举业为目的，而应该明心见性以为文，这样，二者其实互不相悖。

实际上，明代科举考试是踏上仕途的最佳途径，要想劝说生徒刻苦修行而不求功名富贵是不可能的，书院只不过以另一种修学方式探索着更为新颖发展的便捷之路，它不可能免弃世俗红尘"学而优则仕"的千古情结。到万历年间，因书院一直要求享有乡试名额，于是出现了"书院科举"的名目。如白鹿洞书院可有 5 名生徒与地方儒学生员一起参加乡试，天启四年（1624 年）又要求将乡试名额增至 10 名。书院为了鼓励生徒参加科举考试，还发给生徒路费银两以资助。月考优异者按等发

给赏银，始终较差者劝其辞馆。这样，书院与官学也就渐失差别，成为科举的附庸了。因此，明末官学的摊端，如只重举业专修八股，也在部分书院中显示出来。书院逐渐失去自己的教学特点，日益受到科举制度的控制。

第三节　教育内容

儒学于汉代取得独尊地位后，就成为学校教育的主要内容。明代学校教育也以儒学为主，但不同时期对儒家经典解释也有不同。

明初国子监作为中央官学，教育内容就有严格的规定。朱元璋一再强调"当以孔子之道为教"，不要以苏秦、张仪纵横之术为学。学校教育就是"四书五经"，以古人注疏与宋人论述为参要。朱元璋为了加强思想统治，还将《孟子》书中的民本言论进行了删节，编成《孟子节义》颁发全国各级学校，作为标准读本与考试依据。永乐十二年（1414年），明成祖朱棣鉴于诸家对儒家经典的解释纷杂不一，下令胡广等人根据程朱等宋代理学家的注疏编成《五经四书大全》，又将宋儒周敦颐、二程、张载、朱熹等人的语录及其他著作汇编成《性理大全》，并于永乐十五年（1417年）将此二书颁发全国各级学校。从此，这两部书成为学校教育的必读教材，科举考试也以此为准。

除此之外，由朱元璋所撰著的案例汇编《大诰》、《大诰续编》、《大诰三编》也陆续颁布，其主要目的是一方面使百姓安分守己，一方面使官吏有所畏惧。《大诰》是明代臣民必读之书，要求每个家庭必有一部，如有不收藏、敬读的，则将其全家迁往荒远之地。洪武十九年（1386年），令国子监必认真研读，不讲习者以违抗诏旨的罪名论处。洪武二十四年（1391年），又规定科贡以《大诰》为出题内容，这就更有力地敦促生员们认真读学。所有这些，都是为了更好地实行思想统治，便于为政权服务。

明初国子监还实行历事制度，这是明代教育方面的重要创造。洪武五年（1372年），令国子监生员历习吏事于六部衙门，这是为使生员在学期间就能了解为官施政的方法和处理公文的程序，培养他们的实际从政能力，从而为日后当官做准备。这些生员按入监学习的时间先后为序，分拨到诸司历事完后，或径直授官，或回监学习。

明代监生历事的名目较多，包括正历、杂历、长差、短差、随事派遣等项。所谓正历，即选拔优秀的监生，分到政府各部门历事，3个月后经所在衙门考核，由吏部除授官职。所谓杂历，即选派生员到诸司写本，历事一年期满后，经所在诸司考核，由吏部授予不同的官职。长差就是选派国子监生员到各衙门办事，起初历满三年后根据考核授予不同官职，后改为历满一年后即授职。短差初时指国子监生员到各衙门短期历事，后改定为历满一年后经考核授职。随事派遣是选派一些国子生从事一些事务性的工作，经过锻炼后不授官职而仍回监读书。可见监生历事十分庞杂，时间长短不一，任职也有高低不同。后来，在监诸生都争相去历事，于是根据监生在监学习的早晚先后依次排序。监生历满后考核分上、中、下三等，上等选用，中等再历一年考定录用，下等仍回国子监读书。

监生历事制度，对培养学生的实际才能，解决各衙门办事人员缺乏等具有积极意义。但是监生历满后可以直接入仕也带来了一些弊病，即往往忽视了读书实学。天顺年间后，由于坐监监生太多，诸监生争相拨历，于是用增加拨历监生、减少历事时间等方法加以解决，从而使历事制度逐步败坏。总之，既然明代国子监是培养官僚的场所，因而从理论到实践都要贯彻最高统治者的意图，教学内容也注意从思想到行为的规范，从而更好地为现实政治服务。

明代前期百余年，程朱理学一直是学校教育的基本内容。直至正德年间以后，王阳明心学逐步兴起，程朱理学的统治局面才被打破。

王阳明心学渗入到各级学校，初始并非通过官方正式渠道。主要是因程朱理学过于窒息沉闷，而王阳明心学简易峻爽异军突起，给沉腐的泥潭吹进一股清峻之风，遂使学校教育出现了崭新的风貌。特别是王阳明的许多门徒成为高官或督学，私自将他们崇信的心学带进学校之中，因而对理学新解的传播起了不少作用。如王阳明的学生邹守益，与王阳明的感情很深，他后来抚养王阳明的遗孤，聚王氏门徒讲学于天真书院。后升迁为南京国子监祭酒，在职期间很难说没有教学内容的改革，实际上王阳明心学在朝野渐已成风。王阳明的弟子徐阶，嘉靖年间曾任国子监祭酒一职，后来官至内阁大学士。他也热心于会讲，曾在北京汇聚 5000 余人于灵济宫讲论心学，轰动士儒。其他王氏门徒，如张后觉为华阴县训导，邹善为山东提学副使，邓以赞为南京国子监祭酒，都是阳明心学的积极传播者。阳明心学与程朱理学的最大不同在于治学途径，但殊途同归，根本都在于维护封建礼教。由于阳明心学别出心裁，打破了迂腐烦琐的注经，因此初不为官学所接受，却在书院、讲会流行。后形成一股社会时尚，故在教学内容方面脱出陈腐窠臼。

王阳明继承和发展了陆九渊的心学而自成体系，或者说他本来对程朱理学的僵化就没有什么好感。他早年学习辞章、时文，后又研究佛经、道藏，尤其是被贬到贵州龙场驿后，于困顿中悟出理学之弊，就越发阐扬陆九渊心学的妙处了。他认为，圣人之道存于人的本性之中，根本无须向外寻求而重在内省。他教育弟子也有三个阶段，在贵阳时以"知行合一"的学说教育子弟，在江西濂溪书院时又教以"存天理，去人欲"，后来则把自己的学说概括为"致良知"。总而言之，王阳明心学最基本的观点是"心即理"。也就是说，心是天地万物的本原，宇宙的一切都是心的体现。只要发觉吾心，也就得知天理。在教学过程中，他倡导"知行合一"，反对朱熹的"先知后行"。在教学目的上，他主张人人要发现本心而"致良知"，反对朱熹的格物致知求天理。王阳明的学

说，突破了程朱理学的旧框框，很有
新意。在人们对程朱理学习久而厌的
氛围中，顿感清爽，自然产生了很大
的效应。

　　与王阳明同时的湛若水，还提出
了"随处体认天理"的命题。他认为，
心没有内外的区别，体认万物没有遗
漏。也就是说，心不仅仅是人体的一
个器官，而且是与天地万物一体并存
的。它如浑然之气充塞宇宙，流行不
已。人的本性充满了善，这就是天理，
天理存于人心，所以要随时体认，体
认出来要善加涵养，就可得道成圣。
王阳明、湛若水思想观点虽有不同，

秋林读书图（明）蒋嵩

但互相研究、争论却促进了学术发展，使明代中期以后的思想界趋于活
跃。当然，也引发出一些不读书、不行事、徒尚空谈、几近狂禅的空疏
之学者，对后期士风的败坏产生了很大的影响。

　　心学主要在书院流播，但书院所用的教材主要还是儒家的经典。不
过对儒家经典的解释已超越了程朱理学的俗套，能以新鲜的观点给予新
颖的阐说。因而，书院的教学方法也灵活多样，打破了官学的呆板方式
而调动起生员的积极性，富于时代特色。

　　首先，书院是新思想的传播基地，也是学术研究的场所，在破旧立
新方面有不可低估的作用。王阳明心学的兴起，克服了死记硬背程朱理
学的弊病，使沉闷的学术界、教育界迸发出新的思想火花，并很快形成
燎原之势，以至于明代后期学子很少有人仍笃信程朱理学。与官学相
比，书院教学相对自由，不同的观点可以在此交流、辩难，既活泼了教
学的气氛，也开阔了生徒的视野。

　　其次，书院广泛接纳全国各地的学者，生徒可以不受地域和学派的限制自由听讲，这使学术交流得到最大限度的开发。一般来说，主持书院讲学的都是当时的著名学者，他们可以在本院也可以到他院讲学，听众也往往是不拘一格前来听讲、问难，所以讲堂真正成为学术争鸣的场所。王守仁在江西讲学时，周边各省的学者都前往听讲，以至于讲堂都容纳不下。顾宪成讲学于东林书院，得到四方学者的广泛响应，以至形成重大的政治影响。因而，明代书院讲学的效果与官学形成鲜明的对比，其思想的传播也更直接、更广远、更富效果，充满活力。

　　再次，书院采取因材施教的方法，而不是动辄训斥、体罚，注意学生能力的培养，这比官学的应试教育更要高明。王阳明认为，儿童学习过程中稍有过误就鞭打绳缚，这使儿童把学校看成牢狱，把老师看成仇敌，这种教育不能成功。应该根据儿童心理、生理特点，采取灵活多样的教学方法，如做游戏、唱儿歌、模礼仪，在愉快的教育过程中增长聪明才智。王阳明还根据生徒年龄的大小、知识的深浅、能力的高下授课，对他们的进步、成绩分别给予肯定。

　　总之，书院的教学方法很有特色，教学内容不时更新，教师都有很高水平，这都是沉闷单调的官学无法相比的，因而心学取代理学也就不足为怪了。

　　王阳明心学发展到后期，其末流出现了荒诞不经的现象。有些狂禅对士风败坏有重要影响，这就引起一些有社会责任感的人的不满。东林学派的兴起，便是典型的社会反映。

　　东林学派在万历后期影响很大，他们怀着忧患之心关注时事，希图以讲学挽回世道人心。他们提倡气节，崇尚实学，批评空疏纵恣的谬说，纠正"矫诬不学、任性自适"的恶习。他们讲学不忘时政，常常抨击执政者的弊端。他们也不时出仕，居官摄要，因此在朝中有一定势力。万历末年，神宗长期不理朝政，致使小人权力日长。东林学派目睹黑暗现实，往往慷慨激烈地发出批评，从而被称为"东林党"。从总体上看，东林学派是对王阳明心学的反动，其重新鼓吹程朱理学，但又不完全赞成程朱理学，具有时代进步的特点。其代表人物有顾宪成、高攀龙、孙慎行等，就他们而言学说也各具特色，因而讲学内容也多有不同。

顾宪成是江苏无锡人，30 岁中进士后便开始了坎坷不平的政治生涯。他正直敢言，不怕得罪权贵，因而屡次被贬。44 岁时因触怒万历皇帝，被削籍家居。削籍后声名更高，便利用在野的身份和充足的时间四处讲学。54 岁时与其弟顾允成倡议修复东林书院，此后与高攀龙等同道讲说学问，评论时政。顾宪成平时讲学以实用为目的，以现实为依据，不尚空谈。因此，讲学时经常讽议朝政的得失，品评人物的善恶好坏，由此而声名大振，也招致了不少嫉恨。他讲学中反对王阳明"无善无恶心之体"的说法，认为所谓本体只是性善二字。性与善是一致的，是万德的总和，是纯粹的天理，而心根源于此，因此心本性善，但有时为私欲所诱而趋于恶，故当除之。可见顾宪成批评心学落于禅宗，主张格物致知有助于社会，在一定程度上赞成程朱而反对陆王。

高攀龙也是江苏无锡人，27 岁中进士后仕途不顺。后丁忧在家，长居近 30 年。这期间与同乡顾宪成等人讲学于东林书院，影响很大。天启初年，又做了 5 年京官，因与朝中奸党不和，被削籍。高攀龙讲学以复性为宗，以格物为要，以居敬、静坐为修养的功夫。他认为，人的本性即天理的本体，是完善至善的，但本性往往被私欲所蒙蔽，所以要恢复人先天具有的善性。因此，他以复性为教育的宗旨。他又认为，复性须下格物的功夫，把天理搞明白了，本性也就自然恢复了。他还认为，修身养性须有静坐、居敬的耐心，不能气躁神浮，而要沉潜深入，方能达到本心清澈空明的修养极限。高攀龙以程朱理学为前提，并吸取了阳明心学的合理成分，在学术研究方面受到普遍的称颂。

孙慎行是常州武进人，30 岁中进士，授翰林院编修。天启初年，被召为礼部尚书。这时太监魏忠贤把持朝政，孙慎行不顾个人安危直陈已见，后被奸党定罪充军宁夏，恰逢崇祯即位得以不行。过了 8 年，应诏为内阁大学士，未及任职便去世。孙慎行认为，儒家求学的方法，不应从顿悟处入手，而应当终日勤学、好问、审思、明辨、笃行，以获得真才实学。如果舍弃这五种功夫，而去追求一种漠然的境界，没有不落于禅学之中而流于轻浮空疏的。他认为，天命赋有的无所不善，人性中所有不善都来自后天习染。因而，人们要痛下一番学、问、思、辨、行的工夫，才能去掉恶习，达到至善境界。可见，孙慎行也是以实学为主，维护程朱理学，批评阳明心学，充满了社会道德责任感。处于明末的士子，的确有些佼佼者想以实学振兴日渐颓败的王朝，但毕竟大势已去，不可救药。

第四节　科举运作

自隋代设立科举制度以来，科举考试已成为选拔官员的重要途径。明代的科举制度继承了前代遗制又有所创新，呈现出一些新的时代特点。

朱元璋在南京称吴王后就下诏准备开设科举，但由于当时正处于群雄争战之际而未能正式开科取士，直到洪武三年（1370 年）明朝统治基本稳固才颁诏科考，故明代的科举制度在洪武初年即已设立。这次考试共取中举人 120 员，朱元璋亲自参加廷试并分授官职。但毕竟遭受战乱已久，能被取用为官员者不多，故科举也时停时废。直到洪武十七年（1384 年），礼部颁布科举程式，标志着科举制度的正式确立。此后，历代相沿不变，直至明亡。

明代的科举分为四个阶段，即童试、乡试、会试和殿试。童试又称小考，是由府、州、县考选俊秀生员，确定他们参加乡试的资格。童试所选俊秀生员再试于直省，中试者即为举人。举人会试于京师，中试者为贡士。然后天子亲策于廷，分别次第，但并不黜落一人，授予进士的称号，称为殿试。科举考试虽分四个阶段，但以各省的乡试及礼部的会试最为重要。

明代科举考试一般都进行三场。洪武三年（1370 年）规定，初场考试经义二道、"四书"义一道，二场考试论一道，三场考试策一道。考中的 10 天后，还要进行骑、射、书、算、律五方面的复试。从所考内容来看，可谓学问、德行、能力并重，体现出朝廷的择人标准。但这样的考试并未长期坚持下去，洪武十七年（1384 年）颁布了新的规定，即初场考试"四书"义三道、本经义四道，考生答卷不许随便发挥，要代圣人立言，以古人语气为之；二场试论一道、判五道，从诏、诰、表中选考一道；三场考试经史时务策五道。这个规定，明显增加了文化知识的考查，而对实际能力的考核有所忽视，对明代的教育产生了重大的影响。从积极方面看，对考生要求更高；从消极方面看，使考生走向迂执。所以明代教育后来失去生机走向僵化，也就不是偶然的事。

明代考官的出题，一般要求含蓄不露，以便考生思悟回答问题，从而考查出考生的学识。由于考试范围有严格的限制，所出题目往往易被估计，有些考生就投机取巧，预先牢记一些范文。正统时国家承平日久，考试成为天下太平盛事，试题要求典雅平和。考生答卷时对字数、风格也有规定。如洪武三年（1370 年）规定，本经义每道限制在 500 字以上，"四书"义、论每道限制在 300 字以上，时务策要求平实明晰，不尚文饰，每道限 1000 字以上。明初这些规定仅限定了最低字数，因而造成了考生答卷越来越长的局面，给阅卷工作造成了很大困难。万历八年（1580 年）乃限定考生答卷的字数，经书义只允在 500 字以内，超过 500 字不予誊录。冗长浮夸的文字在形式上就被汰选掉，考中的机会已完全失去。朝廷还针对考生引用释、道、百家之言而突破了儒家经典的限制，多使用浮华、险怪、艰涩之词而不能纯雅通畅、朴实自然，提

梅茶雉雀图（明）吕纪

出不许引用谬误杂书、陈述时务要切近实用等要求。可见明代科举考试对出题、答卷、文字风格都有明确规定，这固然有利于考试的标准化，但也妨碍了考生答题的创造性。

明代科举考试，吸取了前代的经验教训，在运作程序上更为完善、严格，特别注意杜绝营私舞弊现象的发生。在考官的选任方面，就分内帘官和外帘官。内帘官即在考场内的主考官和同考官，外帘官即在考场外的提调官、监试官，其中内帘官尤为重要。内帘官于明初一般由翰林院官员或著名儒士充任，注重学识和修养，而不以是否为朝廷的命官为标准。但后来外帘官职高权重，常常干预内帘官的职权，或内帘官的人选就由外帘官决定，名义上防止舞弊实际上大开私门。经不断改进，逐渐由官位较高进士出身的人担任。主考官在主持一省乡试时职责重大，他负责出题、审卷、录取、名次，乡试完后所有情况奏报皇帝接受审查。同考官则辅助主考官工作。

明代乡试一般在八月份于各省会举行，共分三场。首场于八月初九，次场于八月十二，三场于八月十五。成化二年（1466年）规定，内帘官在首场开始前两天入考场，考试期间内外隔绝以防舞弊行为。乡试内帘官的数量，洪武十七年（1384年）规定各考场主考官二人，同考官四人。后有所增加，严格限定。外帘官主要负责后勤保障工作，一般由地方行政官员充当，包括提调官一员、监试官二员、供给官一员。其他还有收掌试卷官一员、弥封官一员、誊录官一员、对读官四员，这些官员都从为官清廉谨慎、品级较低的官员中选用。巡绰、监门、搜检怀挟官各四员，由武职官员充任。此外，誊录官手下还有许多书写手，由府、州、县学生员中选用。外帘官的职责主要是维持考场纪律，提供各种服务。如搜检怀挟官负责搜检考生是否携带违禁字纸；巡绰官负责巡视考场，维持考场秩序，防止违纪现象；收掌试卷官负责收掌考生答卷；弥封官负责将考卷姓名、籍贯等密封；誊录官负责监视、指导书写手誊录答卷，誊录完后书写手要署名备查；对读官负责校对誊录卷的错误，他们两人一组，一人读原卷，一人对录卷，对读完后卷本要写"某人对读无差"字样。一切完成后，送内帘官阅批。乡试结束后，次年二月举行会试。会试由礼部主持，也称"春闱"或"礼闱"。这是全国性的统一考试，朝廷更为重视。内帘官与外帘官都较乡试的数量增多，品级提高，职责大体相同。

科举考试是选拔官僚的重要措施，考生为谋取官职不辞辛苦也不择手段，因而朝廷也就更为严加防范。乡试考生取得资格后，要提前到达考场。进入考场时只许带卷纸、笔砚，因此都要经过严格搜身，往往从头到脚检查，没有一点儿礼待士人的样子。考生进入考场后，按号进入每间号舍，每间号舍外有一名军丁看守，禁止冒名顶替或串通讲问。如发现考生作弊，则给予很重的惩罚，如在考场前枷号，然后斥革为民。会试与乡试大致相同，万历时人沈德符说："自嘉靖末年迄今，四十年来，会试有宽有严，而解衣脱帽，且一搜再搜，无复国初待士礼体矣。"[1]

但科考作弊仍然是屡见不鲜的，主要方式有关节、贿买、钻营、怀挟、请代、割卷、传递、冒籍等。所谓关节，即在试前与考官约好答卷中的字眼，答题时写在卷中便于考官阅卷发现。所谓怀挟，即想方设法携带文字材料进入考场，明代有专门制作考试所用的轻巧书卷，易藏而难搜。所谓传递，是考生买通巡绰官，请其将文字材料传入考场，巡绰

---

① 沈德符：《万历野获编》卷十六《会场搜检》。

官还吓唬监考的守军，告知其小心伺候这位兵部某爷的公子。所谓割卷，则是预先买通弥封人员，让他们将有名文士的卷子割下贴在自己的名下，这样，名士的卷子就成了行贿者的卷子。总之，尽管明代防弊的方法很多，但舞弊花样也不断翻新，真可谓道高一尺、魔高一丈，但大体上还是较正规的。

阅卷与录取是科考的最后环节，也是决定考生命运的关键环节。考生试卷经弥封、誊录、对读后形成朱卷，先由同考官评阅一遍，然后择其优者交给主考官复阅，最后决定去取。由于考官人少，时间仓促，逐步形成注重首场试卷的风习，对其他几场的卷子便不认真审阅了。这种局面的形成，主要是由于考卷太多，又限定10天左右时间阅完，因而首场较为认真便是自然的事了，后面的卷子便不可能过多地给予关注。乡试录取的数额，洪武十七年（1384 年）规定不受限制，只要考中举人即可充贡京师参加会试。后渐限制名额，但其后又有增加。万历元年（1573 年）规定，南北两直隶各135 人，浙江、福建、湖广各90 人，江西95 人，河南80 人，山东、广东各75 人，陕西、山西各65 人，广西55 人，云南45 人，贵州30 人。全国实际共录取举人1085 人，这比明仁宗洪熙元年（1425 年）的录取名额多了一倍。另外要指出的是，明初报考者少，录取率高，后来报考者增多，录取率也就降低。乡试录取后，要张榜公布，这些举人就成了士绅阶层中的一员。各省还要举行"鹿鸣宴"，一方面对考中的举人表示祝贺，一方面酬谢参与考试的有关官员。

但明中叶以后，进士受到重视，举人们不满足已有的资格，又参加会试以便取得更高身份。大致在宪宗成化年间以后，一般每届会试录取300 人左右，竞争相当激烈。弘治六年（1493 年）会试，参加者近4000人，录取率不足8％。会试发榜后，皇帝赐宴于礼部，命"恩荣宴"。宴后次日，与宴者要向皇帝谢恩。这时，贡士们兴高采烈，又渴望在殿试中夺魁。殿试是皇帝主持的考试，只排定贡士名次而不再进行淘汰，所有考生当然都是皇帝的门生了。相比乡试、会试，殿试倒十分简单，只考经史时务策一道，考生也不必搜身入场，试卷经弥封后也无须再誊抄。殿试一般在三月初一举行，有时也会因故推迟。阅卷不一定由皇帝亲自参加，两三天时间即可完成。殿试录取者被金榜题名，称为进士。其中一甲共三名，习惯上被称为状元、榜眼、探花，赐"进士及第"；二甲若干名，赐"进士出身"；三甲若干名，赐"同进士出身"。发榜后仍设宴，新科进士、考试官员

盛明杂剧插图（明）

俱往，有歌舞助兴。通常一甲都授正六品官，二甲授予正七品，三甲授予正八品。他们之中有机遇有才能者可官至高位，但并不都一帆风顺。

明代科举制度的发达，使学校教育逐渐成为科举的附庸。读书人为了考中进士，一切陷入科考的索套，八股文形式遂逐渐形成。明代科举考试之文，仿效宋代王安石所作经义的格式，代古人语气为之，文体使用对偶，内容沿袭程朱旧说。由于明代科考有严格的字数和时间限制，八股文于是成为一种严格注重行文格式的应试文体。八股文分为破题、承题、起讲、起股、虚股、中股、后股、束股八大部分，遂有八股之称。明初朱元璋十分务实，当然不会有八股产生。据顾炎武考证，八股大抵始于成化以后。八股吸收了王安石经义的因素，经一代代士子实践，日趋精美，典型的八股文遂成应试的代表文体。成千上万的士子习作八股，后来形成很坏的文风。

　　明代前期，国子监出身而居要职的人很多。中期以后，翰林院官专用进士，而翰林院是升入内阁的首要阶梯，因而参加科考取得进士成为翰林是必要途径。士子们乃一意诵习八股范文，投机取巧，不读经、书。有富家大户专以重金聘请制文的高手到家塾为子侄拟题，他们从经、书中选出一二百个题目各作八股文一篇取得酬劳。有了范文，考生背过，前往应试，往往得中。记诵八股文省时省力，本经可以不读。正如顾炎武所说："昔人所须十年而成者，以一年毕之。昔人所待一年而习者，以一月毕之。成于抄袭，得于假请，卒而问其所未读之经，有茫然不知为何书者。故愚意以为八股之害，等于焚书，而败坏人才，有甚于咸阳之郊所坑者但四百六十余人也。"①

　　八股文盛行后，书商大刻范本。万历时范本主要有四种：一种是程墨，即程文和墨卷，前者是乡试时主考官所作的范文，后者是士子所作的较好的答卷；二是房稿，即会试时考中的进士之作；三是行卷，即举人之作；四是社稿，是在学诸生考卷。这些范本印数很大，流布全国，造成不读本经只背八股的风尚。这样的风气败坏了学校教育，也使学术研究衰微下来。因此，《明史·儒林传》说："论者谓科举盛而学术微，殆其然乎？"有明一代，士子热衷科举考试，而未出现经学大家，可见空疏征象。

---

① 《日知录集释》卷十六《拟题》。

第三章
文学艺术的求索

第一节　诗文的困窘

　　明朝建立之初，朱元璋总结经验教训，迅速建立起集权统治。他采取一系列措施，恢复经济，稳定政治，垄断思想。使新兴的封建国家一开始就步入专制的传统轨道，企图重现中国历史上崇尚礼法的淳厚世风。在严酷高压的文化气氛中，明代前期诗文创作出现了虚假的繁荣。倒是一些参加过元末动乱、较多接触现实生活、了解人民疾苦的诗文作家写出一些有真情实感的作品，代表着文学独特的成就。

　　明代前期著名的文人有宋濂、刘基、高启，他们的作品体现了元明之交时文人忧愤而雄阔的情怀。宋濂（1310～1381年）一生好学，颇有文名。他元末隐居，明初应聘，被誉为"开国文臣之首"。后因长孙宋慎牵涉胡惟庸案，全家被谪，途中去世。宋濂论文力主"宗经"，代表了明初的官方理论。他吸收了道学的思想营养，融合了儒家的传统原则，遵循古文家的见解，因而其文学内容呈现出道德教化的特点。他一生著作颇多，以散文成就最高。有《宋文宪公全集》。作品思想深广，辞采丰富，文笔简洁，雍容典雅，明朝许多庙堂典册都有其手笔。他的人物传记写得生动感人，如《秦士录》、《王冕传》、《李疑传》、《记李

201

歌》等，写不同人物的风格，正义凛然。他写景状物自然、清新、秀雅，《环翠亭记》、《桃花涧修禊诗序》、《看松鹿记》等皆为佳品。但宋濂毕竟身居高位，又逢开明盛世，作品当然自觉粉饰太平，歌功颂德在所难免，此后的"台阁体"创作自然也受其影响。其晚年因遭遇不幸，又受佛道影响，部分作品则流露出感伤情绪。

刘基（1311～1375年）是元末进士，入明后为开国功臣。他性如烈火，疾恶如仇，为胡惟庸构陷，受朱元璋猜忌，贬死。其诗文俱佳，

刘基像

《明史》本传称其"与宋濂并为一代之宗"，著有《诚意伯刘文成公文集》。其思想亦以儒家为本，与朱元璋一起制定"四书""五经"取士的方法。他强调诗文的教化作用，认为上可以讽喻劝谏，下可以移风易俗。风格上反对纤丽，提倡雄伟，力主以汉唐优秀作家为楷模。其文学创作以诗歌成就最为突出，写了大量反映现实的作品。《赠周宗道六十四韵》揭露元末农民被迫起义的真实情况。《买马词》、《北风行》、《畦桑词》、《雨雪曲》、《孤儿行》写出了农民的辛劳和困苦。长诗《二鬼》隐喻自己和宋濂，通过离奇变化的神话故事，夸张其重整朝纲的抱负，重建儒家秩序的幻想，也曲折地表现了他们在朱元璋猜忌压抑下的苦闷。他的《吴歌》、《采莲歌》、《江南曲》，则以清新笔调描绘秀丽风光。他还有一些学习民歌的作品，语言质朴、通俗，有很强的生活气息。刘基的散文体裁多样，内容丰富，尤以寓言著名，如《郁离子》、《卖柑者言》等，短小精悍，锋芒毕露。刘基的诗文佳作，多是元末弃官隐居时的怨愤流露。入明以后，则多为酬酢应制之品。早年那种飞扬豪迈渐失，而到晚年多是无病呻吟了。

高启（1336～1374年）元末隐居不仕，入明应召入朝，任翰林院编修，修《元史》。他性格狂放，不拘礼法，厌倦功名利禄，不慕荣华

富贵，拒绝朝廷所授高位，后被朱元璋借故杀死，死时年仅 39 岁。有
《青丘高季迪诗文集》。高启以诗名，他很善于模拟古诗，神貌酷肖，
《四库提要》谓其"凡古人所长，无不兼之"。这对转变元代纤丽诗风产
生了积极作用，也为明诗拟古的风气开了先河。他才华横溢，诗风雄迈
豪健，清新超拔，各种诗体无不运用自如。他有许多诗描写农村现实生
活，带有朴素真实的泥土气息，如《田家行》、《养蚕词》、《牧牛词》
等。而最能表现他凌厉慷慨情怀的，还是那些富有个性特征的抒情写景
之作，如《青丘子歌》、《醉歌赠宋仲温》、《清明呈馆中诸公》、《登金陵
雨花台望大江》等。高启由于早死，拟古较多，而创新不足，因而诗作
显得高旷卓尔，于明初自成一家。《四库提要》评之说："启天才高逸，
实据明一代诗人之上。"

　　永乐以后，诗坛上出现
了以杨士奇、杨荣、杨溥为
代表的"台阁体"诗派。"三
杨"都是台阁重臣，他们为
维护统治，点缀升平，大量
写作应制颂圣或应酬赠答的
诗歌。这类诗词气安闲，雍
容典雅，体现着一种所谓上
层社会的生活风度。实际上
这些诗缺乏深刻的旨要，少
有健朗的格调，徒有工丽之

六角錾花错金银执壶（明）

名。但"三杨"位高权重，追随者很多，于是"台阁体"风靡一时，垄
断文坛。"台阁体"创作缺乏个性，徒求华美，没有什么价值。但其先
后流行了百年左右，到前后七子时方才衰微。

　　在"台阁体"盛行之时，也有个别诗人独标卓异。如于谦（1398～
1457 年），作为一名将领创作了不少诗歌。这些诗歌有充实的社会内

容，很少无病呻吟。其青年时代所作《石灰吟》："千锤万击出深山，烈火焚烧若等闲。粉身碎骨全不怕，要留清白在人间。"表现出一种不怕牺牲和坚守节操的精神，联系诗人在国难当头挺身而出的壮举，不愧为自我写照。于谦关心民生疾苦，对劳动人民充满同情，写下了《悯农》、《村舍耕夫》、《荒村》等诗篇，对统治者的残酷剥削也有批判。他还写下了一系列反侵略的"正气歌"，表现出"一寸丹心图报国"的爱国思想，如《出塞》、《入塞》、《夜坐念边事》、《闻甘州等处捷报有喜》等。于谦诗质朴无华，朴素晓畅，有时也难免粗疏、平直。但在"台阁体"诗风泛滥的情况下，他能独树一帜是难能可贵的，代表了诗歌的进步方向。

明代中叶的诗文领域出现了许多流派。他们或同时或先后，或互相攻击或彼此支持，斗争主要围绕着拟古与反拟古展开。这种状况虽然解除了"台阁体"对文坛的统治，但并没有使日益衰落的传统诗文有更大发展，不过各个流派中也出现了一些好的作品。

以李东阳（1447～1516年）为代表的茶陵诗派，首先打破了"台阁体"的冗沓，但又未能彻底摆脱其强大的影响。李东阳官至吏部尚书、大学士，颇有声望。一时诗人奉以为宗，以其郡望名诗派。他认为学诗应宗法李白、杜甫，而关键在于音节和用字。实际上，其诗歌内容仍较贫乏，只是形式上有复古倾向。他的诗论引导人们走上模拟唐人格调、句法的道路，为后来前后七子的拟古主义打下了理论基础。

前后七子在诗歌理论方面，强调"诗必盛唐"。在写作方法上，主张像临帖那样去模拟古人。他们的理论有很大的片面性，但对廓清"台阁体"诗风是有功绩的。他们的诗歌往往缺乏真情实感，陷入模拟而不能自振。但是，由于他们多是正直文人，一些诗歌还是有实际内容的。

前七子指李梦阳、何景明、徐桢卿、边贡、康海、王九思和王廷相，其中李梦阳（1472～1529年）、何景明（1483～1521年）最著名。他们生活在弘治、正德年间，多是敢同权宦做斗争的正统文人，也希望全面振兴正统文学以佐政治之清明。李梦阳提出"文必秦汉，诗必盛唐"的主张，由于刻意强调法式古人而扼杀了创新，反而导致了泥古不化、摹临不嫌的流弊。李梦阳不乏富有现实意义的作品，寄寓自己的政治改革理想。如《朝饮马送陈子出塞》、《石将军战场歌》等，笔力雄健，境界开阔。但有些诗斧凿雕琢之痕明显，可见其追慕汉唐的复古心迹。何景明也曾因上书指控刘瑾而被免官，齐世宁在《何先生景明传》中也说他"忧愤时事，尚节义而鄙荣利，并有国士之风"，可见刚正。何景明赞同李梦阳的主张，但也有些不同之处。如他反对"刻意古范"，而主张"领会神情"，他与李曾有过激烈的争论，李到晚年对自己的偏颇有所悔悟。何景明的诗，表现出对现实的关注与批判。较之李梦阳，其诗更具才情，清新俊逸，秀朗雅畅，但复古模拟仍很明显。其余五子主张虽不尽相同，但都反对"台阁体"的繁冗。在创作上则一味模拟而无独创，自缚了手脚。

后七子指李攀龙、王世贞、谢榛、宗臣、梁有誉、徐中行、吴国伦，以李攀龙（1514～1570年）、王世贞（1526～1590年）为代表。他们生活在嘉靖、隆庆年间，文学主张同前七子基本相同。李攀龙出身寒门，勤奋好学，嘉靖二十三年（1544年）进士，为官后与人结诗社。《明史》本传言："诸人多少年，才高气锐，互相标榜，视当世无人，七才子名播天下。"他坚决继承李梦阳的遗志，持论也比他人都褊狭，这影响了他的诗文创作。他的乐府诗，自恃甚高，实则剽窃模拟十分严重，王世贞说他"似临摹帖耳"。有时面对现实抒情写性时，也能有些较好的诗章。后七子中成就最高、影响最大的是王世贞，他曾因忤犯严嵩被罢职，至严嵩败后方复出，累官至刑部尚书。李攀龙死后，他主持文坛20余年。他起初也认为诗越古越好，但后来则不满于死板的模拟。他的主要文学理论都集中在《艺苑卮言》中，他是抱着挽救明朝的使命来看待文学的。他对传统文学的衰微持非常惋惜的态度，但晚年他也意识到"代不能废人，人不能废篇，篇不能废句"的道理。他有不少感时伤世的政治诗，如《钧州变》揭露了贵族藩王的残暴荒淫，《太保歌》则活现了奸相严嵩炙手可热的声势，《正德宫词》对武宗沉湎于酒色揶揄讽刺。《登太白楼》、《书庚戌秋事》、《戚将军赠宝剑歌》则意气飞扬，才力雄健。但毕竟王世贞过于泥古，造成很大影响。

石湖图（明）文征明

前后七子的文学复古运动，究其实质，是一批较有眼光的知识分子要求革新政治、改变文风的表现。他们推崇汉唐大家作品，为的是破除"台阁体"和"八股文"，他们想恢复古道淳朴民风，但实际这也并不是良药妙方。他们的积极意义在于让人警醒地看待现实，创作出真正关注国计民生的作品，但却走上了模拟剽窃之途，造成了逐末舍本的状况。

在前后七子复古运动广成规模时，有唐寅（1470～1523年）、文征明（1470～1559年）、祝允明（1460～1526年）、沈周（1427～1509年）等吴中诗人却并不盲目追随，他们的诗风平易清新，卓然自立，令人赏心悦目。他们多是画家，做诗不拘成法，形式活泼，语言明快，诗情画意，相得益彰。如唐寅《言志》诗："不炼金丹不坐禅，不为商贾不耕田。闲来写就青山卖，不使人间造孽钱。"《题画》诗："秋水接天三万顷，晚山连树一千重。呼他小艇过湖去，卧看斜阳江上峰。"唐寅自谓江南第一风流才子，因科场不遂而后狂放不羁，因而诗中有傲气也有闷气。文征明做诗也学唐宋，能直抒胸臆，不蹈袭古人，诗以娟秀见称，似过纤弱。《新秋》："美人寂寞空愁暮，华发凋零不待年。莫去倚栏添怅望，夕阳多在小楼前。"以清丽萧疏之言，抒美人迟暮之感。祝允明书法最为著名，沈周也是绘画高手，他们的诗都不乏情致，不求雕琢，而工整精练，自然清逸，表现出师古而不剽古的自我独特感受。但吴中诗人毕竟力量薄弱，未能在当时产生很大影响。

作为前后七子反对派出现的唐宋派，针对摹古而走上穷途的现状，提出应学唐宋古文的晓畅独创，反对"文必秦汉"的装腔作势。唐宋派的代表作家有王慎中（1509～1559 年）、唐顺之（1507～1560 年）、茅坤（1512～1601 年）、归有光（1506～1571 年）等，他们创作的成就主要在散文方面。在理论上强调"直抒胸臆"，提倡"本色自然"，追求文章之神，注重错综之法。他们较自觉地从审美角度来研究文学，对复古派的佶屈聱牙进行抨击，认为文章是随着道统的发展而发展，应将古道的复兴与儒学的复兴结合在一起，文道合一再续正统。其目的显然是维护封建思想的地位，要求作家自觉遵守自古以来的道统，这与前后七子的复古思潮不约而同地走向一起。但他们又反对复古派的字窃句剽，模拟抄袭，如唐顺之所言："学为文章，但直据胸臆，信手写出，如写家书，虽或疏卤，然绝无烟火酸焰习气，便是宇宙间一样绝好文字。"[①]

王慎中是唐宋派的发起者，唐顺之奠定了唐宋派的理论基础，茅坤丰富发展了唐宋派的理论，归有光则是唐宋派创作实践的代表者。王慎中早年受前七子影响，后觉悟始尚唐宋文。唐顺之发扬了王慎中的理论，但更深更秀，强调创作应卓然独创而不要落入俗套，方为上乘文字。茅坤特别折服于唐顺之，在唐顺之提出"工拙在心源"的基础上进一步要求作家体察物情而莫逆于心，为此编有《唐宋八大家文钞》以弘扬时新法度。归有光的散文被黄宗羲《明文综序》评为第一，当时人称他为"今之欧阳修"。他在创作实践上，把生活琐事引到"载道"的古文中来，写出了许多清新优美的作品。他的散文，多为学识、赠序、杂记、墓志等，有的表达了对现实的不满和对人民的同情，但更多的是记

---

① 唐顺之：《答茅鹿门知县》。

叙一些日常生活来勾画人物，描写事象，寄托情怀。其文笔简洁，语言传神；篇幅短小，言简意赅；注意情节，刻画生动；结构精巧，波折多变；即事抒情，真切感人。代表作如《项脊轩志》、《先妣事略》、《寒花葬志》、《女如兰圹志》、《见村楼记》、《杏花书屋记》等，都是以清淡笔调写平凡琐事，质朴自然，真挚生动。就连被他斥为"妄庸巨子"的文坛盟主王世贞也很推重他，在他死后作《归太仆赞》称"千载有公，继韩、欧阳"。

与唐宋派相呼应、反对复古派并以"异端"自居走向极端的思想家李贽（1527～1602 年），是王学左派泰州学派后期的代表人物和充满批判战斗精神的散文家。他在思想上反对儒学，尤其痛恨伪道学，甚至对"至圣先师"也敢于大胆怀疑与批评。他反对男尊女卑的纲常伦理，认为女子有同男子一样的见识。在文学上提倡"童心说"，认为"童心"就是"真心"，就是"绝假纯真，最初一念之本心"。文章既应表现"童心"，那么一切模拟剽窃都是"假言"，所以他反对前后七子的拟古主义，说"诗何必古选，文何必秦汉"。在他看来，一切表现"童心"的文章都是好文章，因此小说、戏曲中的优秀作品，也都是"古今至文"，为此他评点过《三国演义》、《水浒传》。他的政治思想、文学思想虽然是建立在唯心主义哲学之上的，但他反映了新兴的市民阶层的思想与要求，带有对桎梏人性的传统道德的叛逆与反抗。在文学上，他对"公安派"、汤显祖都有巨大影响。他的散文或长或短，不拘一格，往往脱口而出，直道心中事，如述家常，具有新意和创见。《赞刘谐》对道学家散布的"天不生仲尼，万古如长夜"的论调进行了有力的批驳，《题孔子像于芝佛院》揭露了封建统治者把孔子当成偶像来盲目崇拜的现象及其原因。类似文章都辛辣诙谐，具有讽刺意义，也就不怪统治者加以"敢倡乱道，惑世诬民"的罪名了。

万历年间，文坛各种流派中，大张旗鼓反对拟古主义的是"公安派"。"公安派"的代表人物为袁宗道（1560～1600 年）、袁宏道

（1568～1610 年）、袁中道（1575～1630 年），时称"三袁"，以袁宏道成就最大，最有名望。由于他们是湖北公安人，世称"公安派"。"公安派"深受李贽影响，发展了唐顺之的学说，认为文学是随时代发展的，不应贵古贱今。他们猛烈抨击前后七子"文必秦汉，诗必盛唐"的复古主张，提出"古何必高？今何必卑"、"夫时有古今，语言亦有古今"等命题，指出复古派的病源"不在模拟，而在无识"，要求冲破一切束缚创作的清规戒律，从形式到内容全面创新。

　　"公安派"提出"性灵说"，认为发自性灵的才是真诗好文。袁宏道在为其弟《叙小修诗》中言："独抒性灵，不拘格套"，"一一从自己胸臆流出"，方为佳作。他们主张用平易近人的语言写作，故推重小说、戏曲、民歌等，建立起一套反传统的文学理论。袁宏道在《又与冯琢庵师》中说："古人诗文，各出己见，决不肯从人脚跟转。以故宁今宁俗，不肯拾人一字。""公安派"提倡"任性而发"，不事"粉饰蹈袭"，显然是对李贽"童心说"的传扬，其中强调个性解放的内容，包含着对儒家传统温柔敦厚说教的反抗，但他们把心灵当做创作的源头，忽视社会实践对作家的决定意义，不免有狭隘、肤浅的局限。

　　公安派的诗文创作以描写士大夫闲适生活和自然景物为主，有些文章也反映了人民疾苦，批判了现实政治。袁宗道的诗文

山水、花卉、人物图册（明）徐渭

清新明畅，率直自然，笔端饱含真情，说理精辟通达，多以闲情逸致、谈玄说理为内容。袁宏道诗文很多，笔调俊逸明快，通俗流畅，于自由

洒脱中见布局之严整，于情景交融中见深远意味。其随笔题材丰富，情趣盎然，记述了当时的风俗习尚。其传记以《徐文长传》、《醉叟传》两篇最好，写人状物惟妙惟肖，栩栩如生。其山水游记尤其优美，如《虎丘记》、《天目》、《灵岩》、《晚游六桥待月记》、《满井游记》等，皆精巧秀逸，在夹叙夹议中抒发情怀，表现出对自然与人生的丰富体味。袁中道作品也以散文为优，多写山村逸趣与清远之韵，如《游西山十记》、《游石首绣林山记》、《游鸣凤山记》等，绘声绘色，描摹入微，主要是寄情山水，感时伤怀。

　　总之，"公安派"由于生活的局限，多抒发"文人雅士"的情怀韵致。但他们以清新活泼的文字解放了文体，打垮了复古派在文坛上死气沉沉的统治，对散文的发展做出了重要的贡献。至于后来"公安派"的仿效者，一味局限于描写自然景物与身边琐事，文风逐渐流于浅薄粗俚、纤巧轻浮，则是趋向末路不值称道的了。

　　继"公安派"而起的还有"竟陵派"，他们以湖北竟陵人钟惺（1574～1624年）、谭元春（1586～1637年）为代表。在文学主张方面，他们同样是复古主义的坚决反对者，同样提倡文学作品应抒写性灵。但其所言"性灵"更为狭窄冷僻，主要指学习古人"幽深孤峭"的风格。他们认为只有那些"幽情单绪"、"孤行静寄"的作品才是"真有性灵之言"，从而形成刻意雕琢、追求新奇、幽僻深奥、艰深隐晦的创作特点。钟惺、谭元春共同编选的《古诗归》和《唐诗归》风行一时，意即为"引古人之精神以接后人之心目"。他们在反对复古派中起过进步的作用，也尖锐地批评了公安派末流浅薄粗俚之弊，但由于险怪奥奇走向了另一极端。钟惺、谭元春的诗文追求幽冷峭拔，反对平熟浅易，还有一些奇崛隽永之作。但由于缺乏深刻的社会内容，流连于湖山花草，创作题材狭窄，风格样式孤奇，束缚了创作的发展。至于其他竟陵派作家，愈加趋向生涩，终于走上斜仄的小径。

　　明代末年，农民起义风起云涌，民族矛盾日益激化，统治集团危机四伏，整个社会处于大动乱之中。明末的诗文发展与这种复杂的历史背景密切相关。一部分文人直接参加了当时的政治斗争而组成了各种社团，他们以诗文创作干预时事，抒发报国激情，写出了许多慷慨悲壮的作品。还有一部分文人不愿面对动荡黑暗的社会，遁迹山林，寄情山水，以保持自己的节操，写下了一些超尘脱俗或寻幽访胜的小品。

明代末年的主要文学团体有复社和几社。复社的主要人物是张溥、张采，几社的代表作家是陈子龙、夏允彝。他们在文学上主张"兴复古学"、"务为有用"，但又突破了前后七子的拟古藩篱与敦厚诗教。他们也反对公安派、竟陵派的强求性灵，过于忽略或讲究修辞而不问世事；强调文学应反映时代的喜怒哀乐，发挥扬善抑恶的褒贬功能。张溥（1602～1641 年）的《五人墓碑记》便是一篇政治性很强的散文，它记叙了苏州市民与阉党做斗争的英勇事迹，颂扬了五位"义士"不屈就义的可歌可泣精神，成功地运用夹叙夹议手法反复申明了"激于义而死"的主题，气氛悲壮，情调激昂。陈子龙（1608～1647 年）前期作品有复古倾向，部分作品有模拟痕迹，有些诗也能反映人民的疾苦，如《小车行》。后期作品激于民族义愤，多是感恨奸臣误国、哀悼殉国烈士及思念故国之作，如《秋日杂感》、《辽事杂诗》、《晚秋杂兴》等组诗。这些作品感情沉痛，意境苍凉，直抒孤愤，豪放悲壮。

夏完淳（1631～1647 年）是明末著名志士夏允彝之子，少年即从父与师（陈子龙）抗清，父与师死后他流落江湖，为人出卖被俘。洪承畴念其年幼欲为开脱，但其凛然不屈英勇就义，年仅 17 岁。他 15 岁投入抗清武装斗争后，诗风即慷慨激越。有些诗谴责统治者昏庸误国，有些诗抒写为国报仇的决心，有些诗哀悼死难师长战友。《细林夜哭》悼念其师陈子龙，叙写师生情谊以及抗清失败、师为国死的壮烈情景，声泪俱下，哀感动人。《别云间》云："三年羁旅客，今日又南冠。无限河山泪，谁言天地宽。已知泉路近，欲别故乡难。毅魄归来日，灵旗空际看。"此为被捕后诀别家乡时所作，抒发了国仇未报的悲愤心情，表现了视死如归的凛然气节。夏完淳在狱中所作，都是血泪凝成。《狱中上母书》是他的临难陈词，文中充满了国亡家破的悲愤，表现出坚贞不屈的气概，洋溢着爱国主义的光辉，成为千古不朽的杰作。《土室余论》中有"家仇未报，臣功未成，赍志重泉，流恨千古"的愤慨，也有"今生已矣，来生为期，万岁千秋，不销义魂"的不屈。这些充满遗恨的绝唱，给明末诗文抹上了惨烈的一笔，映射出耀眼的光辉。

明末小品文繁兴，它的形式活泼多样，意味深长隽永。有的描写风景，寄情山水；有的杂记琐事，映现世情。正如鲁迅在《南腔北调集·小品文的危机》中所说："虽然比较的颓放，却并非全是吟风弄月。其中有不平，有讽刺，有攻击，有破坏。"这种文学样式的风行，不仅是传统散文发展的结果，也是"公安"、"竟陵"文学革新的派生产物。

代表作家张岱（1597～1679年），少时纨绔，极爱繁华，明亡后披发入山为野人。其作品兼取"公安"、"竟陵"两派之精华，题材广泛，博观约取，于描写山水景物之外，也涉及社会生活事象。他的著作很多，著名的散文集有《陶庵梦忆》、《琅嬛文集》、《西湖梦寻》等。不少篇章带有回忆性质，写景怀人，充满了浓郁乡情。《湖心亭看雪》，写西湖雪夜的景色，抓住上下黑白形成色调对比，构成夜茫茫与雪皑皑的特异图景，充满诗情画意。《西湖七月半》记述杭州人游湖看月的风习，通过对各种游客情态的描绘，尖锐地揭露出封建士大夫和所谓"风雅之士"的庸俗。张岱散文取"公安"清新洒脱之笔法，博"竟陵"幽深冷峭之意境，结构严谨精巧，文笔生动活泼，写景抒情叙事说理均富韵致，可谓明末小品文之高峰。

此外，徐宏祖（1586～1641年）所著《徐霞客游记》，不仅是一部地理方面的科学著作，也是一部令人心旷神怡的记游散文集。作者能抓住不同山川的特点，写出具有不同风格的游记。有的奔放雄奇，有的淡雅清秀，有的瑰丽多姿。既能精确地描绘景物，又能丰富地展开想象，使自然山水更染上神妙的色彩。《游黄山日记》、《游天山日记》、《游雁荡山日记》、《游嵩山日记》、《游五台山日记》以及《浙游》、《黔游》、《滇游》、《粤西游》等，都有许多精美的风景描写。

徐宏祖像

其他的小品散文作家作品，还有王思任《历游记》、《游唤》，以幽默诙谐见长；祁彪佳《寓山注》、《越中园林记》，语言洁净明丽；魏学洢《核舟记》，状物描摹细致入微；黄淳耀《李龙眠画罗汉记》，写画中人物形神兼论美术创作精义。总之，明末大量的小品散文，美景俗事无所不记，于轻描淡写中玩味人生，多少带有游方世外的意味。

第二节　小说的繁兴

从元末到明初，由动乱的社会现实到封建秩序的重建，小说也表现出强烈的时代特征。如果说《三国演义》、《水浒传》这两部长篇小说取得了高度的成就，那是因为作品源于生活、艺术而作者又有较高的识见和宽松的氛围的缘故。此后大约100年间没有再出现如此辉煌的巨著，当然与严酷的思想统治与文艺政策有密切的关系。因而，明初的通俗文坛是比较寂寞的，所有的作品都要体现封建正统的道德观念与歌功颂德的政治要求。两部小说目前所见的最早版本出于嘉靖年间，在明代前期文字狱大兴的情况下未必十分流布，但其独特与潜在的价值却不能抹杀，这就是至今谈起这两部小说来仍兴味十足的原因。

《三国演义》原名《三国志通俗演义》，是中国第一部章回小说，也是中国最优秀的长篇历史小说。它是元末明初的罗贯中以民间长期流传的三国故事为基础，大量吸收陈寿的《三国志》和裴松之注中的材料，结合自己丰富的生活经历艰苦创作而成的，后来在流传过程中又得到文人的加工润色。作者罗贯中，生平不见史传，明代贾仲名的《录鬼簿续编》说："罗贯中，太原人，号湖海散人。与人寡合，乐府、隐语极为清新。与余为忘年交，遭时多故，天各一方，至正甲辰复会，别后又六十余年，竟不知其所终。"据其他相关资料，知其有一定的政治抱负，当过张士诚的幕宾，多才多艺，创作丰富，据说还是《水浒传》的撰写者之一。

银盅（明）

三国故事很早就在民间广泛流传，魏晋南北朝时期的一些笔记小说就有所收录。据杜宝《大业拾遗记》记载，隋代已用木偶表演三国故事。到了唐代，三国故事更为流行。刘知几在《史通·采撰》中说三国故事"得之于行路，传之于众口"。李商隐在《骄儿诗》中写道："或谑张飞胡，或笑邓艾吃。"宋代"说话"盛行，三国故事成为"讲史"的重要内容。据孟元老的《东京梦华录》记载，当时已出现了"说三分"的专家霍四究。苏轼《志林》载："途巷小儿薄劣，其家所厌苦，辄与钱，令聚坐听说古话。至说三国事，闻刘玄德败，频蹙眉有出涕者；闻曹操败，即喜唱快。"张耒《明道杂志》载："京师有富家子，甚好看弄影戏。每弄至斩关羽，辄为之泣下。"可见，宋代三国故事已有了鲜明的"拥刘反曹"倾向。元代杂剧盛行，很多三国故事被搬上舞台，如桃园三结义、过五关斩六将、三顾茅庐、赤壁大战、单刀会、白帝城托孤等情节都已具备。元代"讲史"中"说三分"更为普遍，已有《三国演义》的基本轮廓。但是在这些材料中，情节、人物不够统一，还较杂乱，经罗贯中的艺术创造，才形成一部情节前后连贯、人物性格鲜明的鸿篇巨制。

《三国演义》描写了从汉灵帝中平元年（184 年）黄巾起义爆发到晋武帝太康元年（280 年）灭吴统一全国近百年间的历史故事，集中地描绘了三国时代各封建统治集团之间政治的、军事的、外交的种种斗争，广泛地反映了当时社会的黑暗和动荡给人民带来的灾难与痛苦，以及人民反对战争分裂、要求和平统一的强烈愿望，同时也表现了作家向往仁政、反对暴政的进步理想。

《三国演义》在文学创作方面取得了高度成就，其丰富的思想内涵和多样的艺术手法使之成为文坛的一座丰碑。在情节安排上，作者既尊重历史，又不为史实所拘。清代章学诚在《丙辰札记》中批评《三国演义》说："七分实事，三分虚构，以致观者往往为所惑乱。"这是从史学家的角度，对文学创作表现出来的偏见。《三国演义》确实在史实的基础上进行了大胆的虚构，对史料进行了合理的取舍与调整，这正是作者的高明之处。小说创作是文学艺术，不是历史科学，所以有必要进行艺术的虚构来表现历史的真实，进而反映出作者的深刻思考和价值取向，突出强调作者的时代意识和理想追求。如曹操是中国历史上著名的政治家、军事家和诗人，在历史上起过进步作用，但作为艺术形象的曹操，则被塑造成一个封建统治阶级"奸雄"的典型。这当然与历史上的"尊刘反曹"有关，更是人民对"宽厚待士"与"机权干略"的评判。所以作者在选择史料时，有意强化人物的某一特征，曹操奸诈而雄强的形象就应运而生了。

在人物塑造上，作者刻画了一系列鲜明生动的人物形象，构成了一个五彩缤纷的人物画廊。作者在写人物时先确定其主调，然后通过不同的故事情节反复渲染。如写刘备的"宽仁"，就突出他"上报国家，下安黎庶"的理想，桃园结义时就深知"举大事者必以人为本"，做安喜县尉时"与民秋毫无犯，民皆感化"，在新野时为百姓歌颂"自到此，民丰足"，当阳撤退时绝不弃民先行。他礼贤下士，知人善任，用人不疑。与关羽、张飞情同手足，生死不渝，自不必说。对诸葛亮从三顾茅庐到白帝城托孤，始终敬爱信任。长坂坡上，面对有人对赵云的怀疑，刘备仍坚信"子龙从我于患难，心如铁石，非富贵所能动摇也。"相反，写曹操之奸诈也不遗余力，如其名言"宁教我负天下人，休教天下人负我"，而其所有的雄强也总是与老谋深算相联系，如善用人才又心怀疑忌。其他人物性格，如张飞之猛，关羽之义，处处得到强调，使人物鲜明地树立起来。

张飞像

在战争描写上，作者也能将不同的经过展示出来，将军事斗争写得惊心动魄而智趣横生。全书共写了大小 40 余次战役，千变万化而有声有色。作者善于抓住每次战役的特点，大笔勾勒，细致刻画。既有旷日持久的对垒，也有短兵相接的格杀；既有上百万人参加的大战，也有千百人出场的小打。在这些战争中，有的以强制弱，有的以弱胜强；有的先胜后败，有的转败为胜。例如官渡之战、赤壁之战、彝陵之战，都是以少胜多的大战役，又都是用火攻，但写来毫不重复。作者在描写战争时，把着眼点放在最富有戏剧冲突的事件和最能展示人物思想性格的情节上，不使复杂的情节掩盖人物的性格。如赤壁之战中，作者通过一系列公开或隐蔽的斗争，突出了曹操、周瑜、诸葛亮三人的性格和才能，此外鲁肃的忠厚、蒋干的愚蠢、关羽的英武也都得以展现。

在艺术结构上，小说既宏伟壮阔，又严密完整。全书人物众多，时间漫长，事件复杂，头绪纷繁，但脉络清晰，有条不紊，主次得体，轻重有致。毛宗岗在评《三国演义》时形象地比喻说："同树异枝，同枝异叶，同叶异花，同花异果。"作者以历史的发展变迁为经线，以鼎立之势中的蜀汉为中心开展情节，纵横捭阖，曲折变化，构成完美的艺术整体，而较少支离破碎，这在古典小说中是少见的。作者所以如此，一是尊重历史的大致面貌，二是为了刻画主要人物诸葛亮，三是服从于本书拥刘反曹的思想倾向，四是注意到讲说艺术的风格特征。

在语言文字上，《三国演义》吸收了中国古代文言文的精华加以通俗化的表达，形成一种半文半白的语体风格。其叙述描写，简洁明快，文白熔炼，生动活泼，收到了雅俗共赏的艺术效果。叙事时粗笔勾勒中不乏精细描写，都能扣人心弦，活灵活现，形神毕现。如写周瑜临终前的表现："昏绝，徐徐又醒，仰天长叹曰：'既生瑜，何生亮！'连叫数声而亡。"寥寥20余字，把周瑜临死时既不服气又无办法的复杂感情形象地传达出来。其有时写景清丽典雅，如孔明所居茅庐之环境，"山不高而秀雅，水不深而澄清"，"猿鹤相亲，松篁交翠"，充满了宁静、淡泊、清逸的气氛，宛如一个世外桃源。其写人物对话，往往是个性鲜明。如曹操的话，多半豪爽机诈。关羽的话，大都心高气盛。孔明舌战群儒，诸人言论各具特色。尤其是诸葛亮的话，处处显得从容不迫，潇洒自如。《三国演义》与讲史关系密切，故叙述多于描写，口语重于文言，虽受戏剧影响，辞采仍独具魅力。

《三国演义》受史传材料和民间传说人物定型化的影响，因而人物性格尽管多方展示但缺少发展变化，似乎曹操生来就奸诈，刘备生来就仁厚。另外，作者在塑造人物时，常常运用想象夸张的手法，有时就不免给人虚假的感觉，正如鲁迅在《中国小说史略》中所言"欲显刘备之长厚而似伪，状诸葛之多智而近妖"。但《三国演义》的影响毕竟是巨大的，它在宋元讲史的基础上大大前进了一步，标志着历史文学的辉煌成就，此后历史小说开始大量兴起，并在戏曲舞台上出现了更多的历史剧目。

元末明初，与《三国演义》同时出现的《水浒传》，是一部描写农民起义的长篇小说。它与《三国演义》一样，也是人民群众智慧和文人创作才能相结合的产物。始作者施耐庵，据传是江苏兴化人，在元末中过进士，后避世隐居。《水浒传》成书后，又经过不同思想倾向的文人多次增删修改，形成今天所见的面貌。

《宣和遗事》插图（明）

《水浒传》描写的是北宋末年宋江领导的农民起义的故事。宋江起义之事在《宋史》、洪迈《夷坚志》、王称《东都事略》、徐梦莘《三朝北盟会编》、李埴《皇宋十朝纲要》等正史、野史中都有记载。这些记载说法不一，有的说起义军被张叔夜招降了，有的说起义军被折可存平定了，有的说起义军被招安后参与了征方腊。在南宋，水浒故事已成为"说话"艺术的重要题材，产生了"花和尚鲁智深"、"行者武松"、"青面兽杨志"等"话本"。南宋末年，龚开在《宋江三十六人赞》中完整地记录了当时传说的梁山英雄的姓名绰号，说"宋江事见于街谈巷语"，可见已在社会广为流传。大约与之同时，《大宋宣和遗事》虽只是说话人的提纲，但已略具《水浒传》故事的雏形，其逐年编排，记述了三十六人的事迹。到元代，水浒戏大量出现，如《黑旋风双献功》、《梁山泊李逵负荆》等。"水浒"人物、规模都有增加、扩大，所谓"三十六大伙，七十二小伙"，"纵横河港一千条，四下方圆八百里"。其中不断融入人民群众新的斗争事迹和经验，表达人民群众反对压迫的感受和理想。这样，在元末明初阶级矛盾、民族矛盾十分尖锐的情况下，水浒故事终于由施耐庵进行再创作而成为伟大的作品。

《水浒传》是中国古典小说中反映封建社会农民起义的伟大现实主义巨著，无论是从思想内容上还是艺术手法上都取得了辉煌的成就。它广泛地反映了封建社会的黑暗现实，深刻揭露了统治阶级的罪恶，反映了人民群众的痛苦，揭示出农民起义的必然性。作者在小说中，把矛头直接指向了当时最高统治者宋徽宗，揭露他登基前浮浪腐朽的生活，登基后淫逸失政的情形。在作者笔下，蔡京、童贯、高俅等大官把持朝政、狼狈为奸、残害忠良的恶行令人痛恨，地方政府贪官污吏的虐民害物、恣意妄行、贪赃枉法令人发指，而社会底层还有一批地主恶霸、流氓无赖、奸商街痞更是作恶多端、恃强凌弱。这一系列大大小小的害人虫、吸血鬼，构成了一张由上而下的巨大网络控制着社会，使广大人民怨声载道、愤怒不已。

《忠义水浒传》插图（明）

作者在客观揭示社会黑暗本质的同时，着力塑造了一批敢于反抗的英雄人物，表现了人民群众的愿望和理想，也反映出起义军内部两种观念的斗争。作者通过对众多好汉被逼上梁山的经过的描写，具体生动地说明了人民造反乃是官府欺压的结果。如禁军教头林冲、打虎英雄武松、提辖鲁达、狱卒李逵，虽然他们走上梁山的道路不同，但无一例外地对丑恶现实充满了憎恨。即如宋江，也是被逼无奈走上梁山。但其毕竟受过系统的封建教育，存在着严重的忠孝节义等封建伦理道德观念，这就使他"身居水浒之中，心在朝廷之上，一意招安，专图报国"。这种革命性与妥协性的矛盾统一在宋江的思想之中，就形成了其复杂的性格并最终走上了悲剧道路。

由于《水浒传》中的人物塑造打破了类型化格局，而注意人物性格发展的过程，所以全书的艺术结构也是完整而富于变化的，其结构呈现出总体把握、单线发展的特点，每个英雄的故事独立成篇，但全书又不是单个故事的简单缀合，而是始终贯穿着统一的反封建统治的思想线索。书中人物互相勾连，前一人物的故事引出后一人物的故事，每个故事又是全书整个链条上的一个环节。如由高俅发迹引出王进夜奔，王进又引出史进，史进引出鲁达，鲁达引出林冲，林冲引出杨志，杨志引出晁盖等人，再由晁盖等人引出宋江，由宋江引出武松。作者所以这样安排，一方面是继承了"话本"的表现手法，更重要的是通过不同人物走上梁山的道路展示出起义斗争的广阔画面。同时，小说的完整也表现在故事有开端、有发展、有高潮、有结局，由个人反抗到众虎归山到招安悲剧，起伏有致，扣人心弦，触目惊心。

小说还创造性地继承和发展了"说话"语言的艺术，运用极纯熟的古代白话通俗易懂地传达出故事进程和人物性格，具有洗练、明快、朴素、口语化和大众化特征。与《三国演义》半文半白的语言相比更具创造性和表现力。小说描写鲁提辖拳打镇关西，晁盖智劫生辰纲，武松醉打蒋门神，直到梁山泊英雄排座次，等等，叙事简洁传神，使人如临其境。人物语言则个性鲜明，便人闻其声即知其人。如宋江在菊花会上令乐和唱《满江红》到"望天王降诏，早招安"时，武松叫道："今日也要招安，明日也要招安，冷了弟兄们的心。"黑旋风便睁圆怪眼，大叫道："招安，招安，招甚鸟安！"鲁智深便道："只今满朝文武，多是奸邪，蒙蔽圣上，就比俺的直裰染做皂了，洗杀怎得干净？招安不济事，便拜辞了，明日一个个各去寻趁罢！"三人的话反映出各自不同的性格特征，武松直爽诚恳，李逵莽撞粗鲁，鲁智深刚正峻深。有时同一人物在不同场合下出语也不同，充分展示出作者的语言才能，使语言艺术真正具有鲜活的时代特色。

《水浒传》问世后产生了很大的影响。几百年来，水浒故事家喻户晓，书中塑造的理想化的英雄人物，一直鼓舞人民向封建统治者抗争。明清时代的农民起义无不从中吸取营养，张献忠"日使人说《水浒》、《三国演义》诸书，凡埋伏攻袭皆效之"①，太平天国军队的策略"其截取《三国演义》、《水浒传》为尤多"②。正因如此，明清统治者多次禁毁《水浒传》，一些封建文人诬其为"诲盗"之书。由此可见，《水浒传》已深深扎根于人民群众中，发挥着巨大的社会

《忠义水浒传》插图（明）

进步作用。此外，《水浒传》为后世的文学艺术，尤其是小说、戏剧和民间文学都提供了丰富的养料。《金瓶梅》就是以《水浒传》中西门庆与潘金莲的故事为线索敷衍扩展而成的，《儒林外史》的艺术结构明显地受其启发。受其影响，又出现了《后水浒传》、《水浒后传》和《结水浒传》，都是以《水浒传》续集的面貌出现的。沿其体制，还涌现出《说唐》、《杨家将》、《说岳》等传奇小说。一向被视为街谈巷议的鄙俗之词堂而皇之地登上了中国文学的大雅之堂，而后来的戏剧、影视以《水浒》故事为题材的更是不胜枚举。《水浒传》还被译成其他国家的文

---

① 刘銮：《王石瓠》。
② 张德坚：《贼臣江篡》。

字，成为全世界人们所共有的宝贵精神财富。

　　经过明初较长时期的恢复和发展，在农业生产的基础上商品经济大大繁荣起来。传统的生产关系及社会面貌遭到了无情的践踏，资本主义萌芽在工商业发达的城市逐渐显露。市场经济的增长冲破着传统的束缚，这就使人的思想、心理、个性也都发生着转变，小说也随之出现了新的面貌。顾炎武在《天下郡国利病书》中写道："至正德末嘉靖初则稍异矣。商贾既多，土田不重。操赀交接，起落不常。能者方成，拙者乃毁。东家已富，西家自贫。高下失均，锱铢共竞。亡相凌夺，各自张皇。迨至嘉靖末隆庆间，则尤异矣。未富居多，本富益少。富者愈富，贫者愈贫。起者独雄，落者辟易。资爰有厉，产自无恒。贸易纷纷，诛求刻核。奸豪变乱，巨猾侵年。"由此可见一幅经济动荡的社会世象，而王阳明的心学思潮也在冲击着长期桎梏的程朱理学，这一切都为小说的发展提供了土壤和气候。

　　明代中叶出现的《西游记》便是一部杰出的富于浪漫主义色彩的神魔小说，它是继《三国演义》和《水浒传》之后又一部在群众口头创作基础上凝结着文人智慧与才华的作品。它的故事从唐代开始经历了一个漫长的流传演变过程，无数的民间艺人和无名作者付出了巨大的劳动。

　　历史上唐代和尚玄奘为重新振兴佛学，曾只身到佛教的发源地天竺取经。他不顾禁令，偷渡国境，历时17年，行程数万里，取回佛经657部。玄奘回国后，口述西行见闻，由弟子辩机记录整理，写成了介绍西域诸国佛教遗迹以及风俗物产的《大唐西域记》。其后他的弟子慧立、彦琮又写了《大唐大慈恩寺三藏法师传》，他们为了神化玄奘，扩大佛教影响，书中夹杂了一些神话传说，为取经故事涂上了一层神秘的宗教色彩。此后，这个故事在民间流传开来，人民群众按自己的理想和兴趣不断地进行加工，故事也愈渐曲折、丰富、生动。宋代"说话"兴起，唐僧故事成为重要题材。南宋时刊印的"讲经"话本《大唐三藏取经诗话》，可说是西游神魔故事见诸文学的最早完整材料。《诗话》分上、中、下三卷，记述了唐僧一行六人往西天时遭受各种妖怪的折磨却都能在神猴的帮助下逢凶化吉的经历。其主旨虽然是宣扬佛法无边，但情节离奇，故事的主角已由唐僧转为虚构的孙行者，沙和尚的原型也已出现，但还没出现猪八戒的影踪。到了元代，西游故事有了很大发展。磁州窑的"唐僧取经枕"上，有唐僧、孙悟空、猪八戒和沙僧师徒四人取经的形象，可见故事已定型。戏剧舞台上，有吴昌龄的《唐三藏西天取经》，无名氏的《二郎神锁齐天大圣》，以及杨景贤所作的六本二十四折《西游记》杂剧。吴承恩正是在上述基础上，以自己的卓越文学才能将流传数百年的西游故事做了创造性的总结，写成了《西游记》这部脍炙人口又妙趣横生的神魔小说。

吴承恩由于门第不显，故所知其生平事迹甚少。只知他出身于一个由小官僚没落为小商人的家庭，经常遭到官府胥吏的敲诈欺压而备感屈辱愤懑和世态炎凉。吴承恩自小聪明好学，很有文才。也曾热衷科举，企图仕进，猎取功名富贵。但在中了秀才后总是屡试不举，困顿场屋，直到年近 40 岁时才补得一个"岁贡生"。此后曾任浙江长兴县丞的卑微官职，但其性格傲岸，不谐于官场，所以后来退职家居直到去世。独特的生活经历养成他峻深的思想和坚忍的性格，对野史奇闻的癖好与独具一格的才情使他的小说充满了魅力。他曾写过一部志怪小说集《禹鼎志》，在序言中说："幼年即好奇闻。在童子社学时，每偷市野言稗史，惧为父师诃夺，私求隐处读之"，"吾书名志怪，盖不专明鬼，时纪人间变异，亦微有鉴戒寓焉"。由此可见，其书虽写神怪，不无现实寄托，具有明确的创作目的。

《西游记》共一百回，虽然写的是神魔鬼怪故事，反映的却是黑暗社会现实。作者通过天宫、地府及人间王国的描写，影射的是明代统治阶层的横行霸道。在作者笔下，玉帝贤愚不辨，昏庸荒淫，天兵天将懦弱无能，色厉内荏。地狱的阎罗本应秉公执法、铁面无私，但同样是怕强欺弱、徇私舞弊。唐僧取经所经过的 9 个人间王国，国王大都是昏君，他们或浑噩，或凶残，或怯懦。就连以如来佛为代表的西天，本是佛家至高无上的"净土"，却也不免有敲诈勒索之丑行。还有一些妖魔鬼怪，无疑也是凶恶势力的象征，他们到处欺压百姓，巧取豪夺，而背后往往有强硬的后台姑息纵容。作者通过这些画面，构成了一幅昏天黑地的百丑作恶图，深刻地反映出明代统治集团上下勾结欺压百姓的现实图景，以及花样繁多的赋税徭役带给人民的深重苦难。

与此同时，作者又精心塑造了敢于反抗、不畏强暴、充满智慧、始终乐观的神话英雄孙悟空的形象。孙悟空本是东胜神州傲来国花果山上的一个石猴，出世后就在福地仙山上过着无拘无束、自由自在的生活。他胆大艺高，是个不怕天不怕地的叛逆者。他闯龙宫、地府，唬得龙王胆战心惊，阎王躬身作揖。他闹天宫、佛界，把天兵天将打得落花流水，敢骂如来是妖精的外甥。对人间之王更是蔑视，嬉弄嘲讽无所不为。孙悟空敢于向一切权威挑战的精神，追求我行我素生活方式的强烈愿望，体现出人民群众的革命意识和民主要求，也是倡导个性自由在文学领域里的反映。孙悟空憎恨一切作威作福的妖魔鬼怪，对受苦受难的人民却怀有深厚的感情。他济困扶危，恤孤念寡，路见不平，挺身相助。他为人民解救困苦，不惜披肝沥胆。他为唐僧取经大业，又总是委曲求全。他站在正义的立场上，对害人的妖精绝不留情。对自己的同伴虽然有时捉弄，却是为了更高的目的。他以超凡的武艺和智能，灵活多变地制伏妖魔，又能临危不惧地面对困难，想方设法去夺取胜利。他活泼可爱，又疾恶如仇；生性顽皮，又独具慧眼。在他身上，寄托了人民大众铲除邪恶势力的美好愿望，表达了人民大众争取自身解放的坚强决心，凝结了人民大众丰富的斗争经验和智慧，展现了人民大众追求光明的生活理想。

《西游记》是一部杰出的浪漫主义作品，在艺术手法上也具有鲜明特色。作者在塑造神魔形象时，运用大胆的想象和夸张，勾画出一个神奇瑰丽的世界，使全书充满着浪幻光怪的色彩。在这样的世界中，无论是天曹地府，还是人间仙境，都具有一种如真如梦的氛围，使读者恍如进入一个虚幻而真实的境界。书中的自然现象和社会环境，既有现实的影子又是魔幻的创造，构成一幅幅五光十色的奇妙画卷，令人眼花缭乱，心惑神迷，异想天开。作者巧妙借用中国历史上众多的神话幻想，创造性地将它们组织起来并加以形象的描绘，这就使人感到并不陌生而给人审美愉悦。

作者在神话世界描写中注意结合现实生活逻辑，在人物塑造中特别注意将人物的思想性格与动物的

《西游记》插图（明）

特有习性结合起来，这就使书中的形象具有鲜明的个性和独特的魅力。如孙悟空是石猴出身，所以具有猴的特征，活泼、好动、机智、灵巧。猪八戒是猪胎脱生，所以具有猪的形态和本能，他长鼻大耳，有力气，不怕脏，好吃贪睡，憨厚笨拙。此外，像杏树精长着胭脂般的脸，蝎子精的兵器是三股钢叉，老鼠精的住处是无底洞，金鱼精的铠甲是鱼鳞制成，等等。作者在写动物时又注意人性，超越了简单的动物描写而具有人类生活依据。鲁迅在《中国小说史略》中说："作者秉性，'复善谐剧'，故虽述变幻恍忽之事，亦每杂解颐之言，使神魔皆有人性，精魅亦通世故，而玩世不恭之意寓焉。"作者巧借动物反映人事，就给人幽默诙谐之感。如孙悟空的调皮模样，对唐僧是一种敬重、风趣、淘气，符合徒弟的身份。而对妖魔鬼怪、人间丑类则是冷嘲热讽、百般调弄、无情整治，令人开心又解恨。

作者使用语言流畅而明快，把大量民间口语经过加工提炼创造出生

动活泼的风格。无论写情写景、写人写戏，都能根据故事需要表现得妙趣横生，如天庭、地府、猴山、魔窟，都能将人带入一个形象而逼真的境界。同时，人物语言又极具个性化特征，尤其是孙悟空、猪八戒，闻其语便知其人。如孙悟空的机灵风趣、伶牙俐齿、揶揄嘲讽，猪八戒的偷懒磨滑、贪馋恋色、愚笨滑稽都跃然纸上。唐僧动辄阿弥陀佛，心念善事而屡遭噩运，令人感到固然可敬却并不可爱。玉帝、神佛、妖魔、百姓也都有各自语言，说话极符各自身份。《西游记》语言的新颖独特，将人、物、神、怪凝合起来，创造出一个引人入胜的神话天地，给人以超越现实追求魔幻的审美感受。

《西游记》问世以后，流传甚广，影响很大，许多作家竞相仿作，出现了许多续书。如《后西游记》、《续西游记》、《西游补》等。另外，它引起人们对神怪题材的广泛兴趣，出现了不少借历史事件写神魔争斗的小说，如《封神演义》、《三宝太监西洋记》、《四游记》等。这固然与当时统治者崇尚佛道有关，也多少反映了当时文化思想界的活跃与作家追求个性解放的信息。当然，更为重要的是，文人借神怪故事曲折地揭示了当时社会的黑暗，使小说艺术别开生面而达到一个新的高度。

较《西游记》稍后，中国又出现了一部描写世情的现实主义小说《金瓶梅》。其作者兰陵笑笑生的真实姓名和生平事迹不详，从小说中的语言风格及风物描写来看作者可能是山东人。沈德符《野获编》说此书"为嘉靖间大名士手笔"，人们据此推测作者可能是王世贞，或李开先，或赵南星，或薛应旂，或屠隆，或贾三近，但均无确凿证据。《金瓶梅》最初以手抄本流传，现存最早刊本为万历四十五年（1617年）的《金瓶梅词话》，另外还有天启年间的《原本金瓶梅》传世。二者在回目上有很大不同，内容和文字也有差异，形成《金瓶梅》版本的两个系统。

《金瓶梅》是一部由文人独立创作的长篇世情小说，鲁迅在《中国小说史略》中言其"大率为离合悲欢及发迹变态之事，间杂因果报应，而不甚言灵怪，又缘描摹世态，见其炎凉，故或亦谓之'世情书'也。

诸'世情书'中,《金瓶梅》最有名。"《金瓶梅》一百回,以《水浒传》中人物西门庆为主角。西门庆是山东清河县人,破落户子弟,生药铺老板。他不爱读书,游手好闲,不务正业,与一帮不守本分的人结为十兄弟。他开始娶妻陈氏,陈氏不久死去。又继娶吴千户的女儿吴月娘,因不好勤业家产日亏。十兄弟中应伯爵教他做一种人财两得的邪道生意,他先娶了从良妓女李娇儿,带来了私蓄的上千两银子;接着又娶了富孀孟玉楼,因而发了大财;最后娶花太监的儿媳李瓶儿,一跃而为富翁。其间其后,他又谋娶潘金莲,毒死其夫武大;奸占侍婢春梅、宋惠莲、玉宵;私通店伙妻王六儿、奶娘如意儿、干儿之母林太太;玩弄妓院李桂姐、李桂卿、郑爱月……他勾结官府,横行霸道,因贿赂当朝宰相蔡京,得理刑副千户之职,从此更加有恃无恐,为非作歹。他气死盟弟花子虚,逼打医生蒋竹山,害死宋木匠,放走杀人犯……后终因纵欲过度,暴病身亡,家道亦随之衰落。潘金莲、春梅因私通西门庆女婿陈经济,而被西门庆妻吴月娘发卖。武松遇赦归来,杀死了潘金莲和王婆。陈经济逼死西门大姐,与春梅姘居,而春梅此时已做了周守备的夫人。周守备的侍卫看破奸情,杀死陈经济。守备死,春梅又复通守备子而暴亡。此时,李瓶儿早已病死,孟玉楼、李娇儿也都改嫁去了。后金兵入侵清河县,吴月娘携西门庆遗腹子孝哥到济南,经普净和尚点化,孝哥入永福寺出家,全书至此结束。

《金瓶梅》从书名看,似乎是写潘金莲、李瓶儿、庞春梅等人的命运,其实是以暴发户西门庆为中心反映了整个明代中期以后的社会世象。万历前后,明朝政治经济状况已由中兴转向衰落。地主豪强兼并土地之风日趋加剧,农民的赋税和徭役负担日趋加重。正因如此,为了缓和日益严重的封建统治危机,张居正才实行旨在富国强兵的改革。但是,由于改革触动了官僚和豪强地主的利益,张居正病死后改革措施遂被破坏。此后明朝社会危机愈益严重,从宫廷到地方,各级官吏贪污腐化,社会风气日渐败坏。然而与此同时,封建生产关系却也发生着一种

《金瓶梅》插图（明）

前所未有的新变化。商品性的农业和手工业有了很大的发展，市场经济条件下商人集团迅速崛起。他们与官僚、地主串通一气，获取金钱而利用权力。此时的商人带有明显的封建烙印，但他们的发展却摧毁着封建社会的各种观念。

随着商品经济的兴起是市民阶层的壮大，城市的繁荣也给明代思想界和文艺界带来崭新的内容。陆王心学肯定了下层人民追求幸福生活的权利，集中反映了市民阶层冲破封建礼教的要求。而以李贽为代表的思想解放倾向，更进一步消解了宋明理学对人心的无形束缚。文学观念也随之转变，一些具有叛逆意识与革新精神的作家，创作出一系列与封建文学观念相对立的作品。他们就是要打破从内容到形式上的一切清规戒律，从封建文学思想压制下解放出来，走向社会下层的广阔天地，反映市井阶层的生活和愿望。所以，《金瓶梅》真实地反映了城市生活和各色人物，使人看到动荡混乱年代中的刁钻奸猾和沉沦堕落，以及腐败的官僚机制和扭曲的思想观念。通过对丑恶现象的揭示，表达出作者的冷峻思考和价值评判。

《金瓶梅》中的人物形象具有复杂的社会现实意义，体现出作者矛盾的世界观与无奈的漂浮感。西门庆是商品经济萌芽时期善于投机钻营又横行霸道的典型，他根本没有传统意义上靠勤劳俭朴发家致富的本事，实际是靠不义手段巧取豪夺的恶棍。但正是如此，他平步青云，由社会地痞变为富商、官僚兼豪绅。他无恶不作，却冠冕堂皇；低级下流，却潇洒倜傥；贪婪狠毒，却大度从容；一肚狼心狗肺，却一幅君子模样。他不择手段地追求钱、权、色、友，认为只要有钱就没有办不成的事，混个官儿则既有名分又要特权还有社会价值，纵情女色是人生的乐趣和私欲的满足，不吝金钱而广交朋友会使生活更为丰富多彩。他很通人情世故又诡计多端，扩大自家产业还要博取社会名望，肆意玩弄女人还要恶毒欺压朋友，正是这样一个品行不正之人却如鱼得水般地混迹江湖，作者可谓看透世态炎凉而给予赞赏性的描写与悲哀性的批判。

书中女性众多，但大都是男人的玩物，她们遭受着封建社会制度及礼教的迫害和蹂躏，为了自身的生存只能以色事人、逆来顺受和钩心斗角。出身卑贱、风情万种的潘金莲只能以色相在西门庆面前巩固自己的受宠地位，而对其他人则尖酸、毒辣、刻薄、嫉妒，令人憎恨。其他女性形象也千姿百态，但显然具有封建社会没落时期的时代特征。比如对性的描写就不像传统文人笔下的矜持含蓄，打破了性观念的桎梏而带有性解放的因素。如果结合当时的社会思潮来看对传统是有叛逆意义的，但赤裸裸的细节描写以及令人玩味的赞赏态度容易给人淫邪的感觉，况且男尊女卑的本质观念并没有改变，只不过改变了传统的对性的鄙视态度。

作者对书中其他人物的刻画也是入木三分、形神毕现的，比如帮闲人物应伯爵就很典型。他长在市井，极通世故，很会溜须拍马、见机行事，同时也心狠手辣、老谋深算。他长于插科打诨，善博主子欢心，没有正经，得势则不饶人。为了钱，他什么都做得出来，说什么"生儿不要屙金尿银，但要能见景生情"。"见景生情"是他生存的秘诀，千方百计攫得些蝇头小利。因此西门庆把他当作唯一的知己，但西门庆刚死他就改换门庭，可见"但凡世上帮闲子弟，极是势利小人"，作者之言鞭辟入里。作者笔下的人物，无不体现出明代中后期城镇生活的杂乱气息，正是那个时代各种矛盾交织和各种观念斗争的反映。

《金瓶梅》是中国第一部由作家个人独创的长篇小说，它的出现标志着中国古典小说创作进入了一个新阶段。《金瓶梅》虽然借用了《水浒传》中的片段情节，但绝大部分是作家根据明代现实构思出来的。它以日常家庭生活反映社会广阔图景，书中充满了各色各样的市井男女，并以典型化的手段和细碎性的描写展示出中国古典小说现实主义创作的日臻完善。《金瓶梅》真实地暴露了社会的黑暗和生活的丑恶，涉及政治、经济、文化所有领域的行为动态，作者无所顾虑和毫不隐晦地揭示和张扬时代问题，能使读者在看到这些龌龊肮脏的腐败现象后产生警醒的认识。

但是，另一方面，《金瓶梅》的作者并不完全是抱着批判的态度去向荒淫无耻的黑暗氛围冲击的，更多情况下是抱着欣赏的态度津津有味地去描写那些不堪入目的行径。《金瓶梅》的作者很了解社会，但缺乏先进的思想或有玩世不恭的态度，因而在他笔下缺少对被迫害被侮辱者的同情，似乎更多地表达出一种对混世伎俩的向往和艳羡。如果再深入进行分析的话，或许作者是通过人生沧桑的描写来说明这都是些虚无空幻的作态，那些强烈的感官追求到头来都是悲凉的结局，那么小说的作者便是有深度指向了。总之，小说提供给读者活生生的画面，或许本身就是通过描写世俗情态使人欣赏玩味，但其复杂的思想内涵却往往给人多元的启发省悟。

明代中叶以后，出现了许多长篇小说。受《三国演义》影响，历史演义小说仍然走着"七实三虚"的路子，并形成整体系列，如周游的《开辟演义》、钟惺的《开辟唐虞传》、甄伟的《西汉通俗演义》、谢诏的《东汉通俗演义》、无名氏的《续编三国志后传》、杨尔曾的《东西晋演义》等。较为著名的是冯梦龙编写的《新列国志》，此书是在余邵鱼的《列国志传》基础上加工整理的。小说写春秋战国时代动荡不安的政治局面和各种斗争，揭露了那些残酷暴虐的昏君奸臣，赞扬了那些改革进步的明主贤相，富有一定的历史教育意义也含有封建糟粕思想。此书到清代乾隆年间为蔡元放润色改名为《东周列国志》，成为《三国演义》

之外流传最广的一部历史演义小说。

沿袭《水浒传》创作道路产生的英雄传奇小说以《杨家府演义》名声最著，小说通过杨业一家前赴后继抵抗契丹入侵的故事塑造了可歌可泣的杨家英雄群像，展示出北宋朝廷的内部斗争和杨家世代爱国的忠勇画面。其他类似的故事还有同是写杨家将的熊大木的《北宋志传》，写隋末农民战争和唐代开国功绩的《隋史遗文》，以及写朱元璋建立明朝的《英烈传》。

继《西游记》而后产生的神魔小说，与当时统治者崇尚三教同源有关，也曲折地反映了当时社会政治的黑暗。较为有名的如许仲琳的《封神演义》，以商周斗争和武王伐纣的历史故事为线索，通过姜子牙封神斗法的描写表现黑暗政治，反映了人民憎恨和惩治暴君的要求，传达出作家肯定仁政反对暴政的进步思想。其他作品还有《西游补》、《四游记》等，都是从《西游记》中演绎出来的，所写多为道、佛两教的神怪故事，在民间流传较广。

《金瓶梅》问世以后，仿效者亦很多，出现了一大批世情小说。有些小说如《玉娇李》、《绣榻野史》变本加厉地发挥了色情描写，但也有些小说写的是才子佳人一见钟情的文雅风流。这些小说现实意义不大，文学成就不高，但也有一定影响。

此外，明代还出现了许多公案小说，著名的有李春芳的《海刚峰先生居官公案》，安熙生的《全像包公演义》，余象斗的《皇明诸司公案传》，以及无名氏的《龙图公案》等。这些作品，为清代公案小说创作起了先导作用。总之，明代长篇小说是由市井文学发展壮大起来的，它汇集了前人的经验并经作者提炼创新，终于形成一种日渐完善的文学样式而随时代发展爆发出无限的生命力。

明代的短篇小说与前代相比也有很大的进步，这主要表现在思想观念的转变与艺术手法的创新上。传奇自唐代兴起，到明代又有新发展。明初产生了瞿佑的《剪灯新话》和模仿它的李祯的《剪灯余话》，这些

《剪灯余话》插图（明）

文言小说虽然是作者抱着"劝善惩恶"的目的进行创作的，但不少篇章有浓厚的封建说教和迷信色彩，艺术上借鉴了前人故事的浪漫、情节的曲折与才情的抒发，也为后来的拟话本与戏曲提供了大量的素材。

明中叶以后，出现了不少比较优秀的文言短篇小说，如《桑榆漫志》、《觅灯因话》、《九籥别集》等。这些小说的兴起主要是因为诗歌、散文等传统文学样式走向衰败，而文人又不屑于与通俗文学为伍，他们就很自然地对雅俗共赏的小说感兴趣。而在大众文化中声势浩大的则是白话小说，这不仅从长篇巨帙中反映出来，也从许多短篇佳作的脍炙人口得到体现。其中最为著名的便是冯梦龙的短篇小说集《喻世明言》、《警世通言》、《醒世恒言》，合称"三言"。

冯梦龙出生在繁华富庶的江南城市苏州，从小受到系统的文化教育和市井风习的熏陶。青壮年时期，一面读书应考求取功名，一面出入青楼酒馆行为放荡不羁。多次科举不中后难免愤怨抑郁，于是将智慧才华转入通俗文艺创作之中。他后来被补为贡生，做过丹徒县训导，曾任福建寿宁县知县，晚年回乡仍从事著述。明亡后曾参与抗清，不久忧愤而死。他除了搜集、整理和编撰出"三言"外，还增补、改编和修订了一些长篇小说，另外还有民歌、戏曲、剧本、笔记等大量撰述，涉及通俗文艺的各个方面。他受李贽思想的启发，在文艺创作上有许多独到的见解。他认为小说的社会作用是巨大的，"三言"的书名便有劝喻、警戒、唤醒世人之意。他还强调作品应使广大人民能看懂，是现实生活与作家才华的集中与反映。这些进步的文学思想，使他的小说取得了杰出的成就。

"三言"内容十分丰富，以现实主义的方法反映出广阔的生活画面，以曲折动人的故事情节表现出社会的复杂，以丰满生动的人物形象展示出时代的特征和多异的观念。它揭露了封建礼教和封建婚姻制度的虚伪与凶残，歌颂了被压迫妇女追求自由和幸福生活的美好愿望，特别是通过"情"与"理"的斗争给人以深刻的思索和启悟。如《杜十娘怒沉百宝箱》中，杜十娘的痴情，既是对爱情的忠贞，也是对人的尊严的向往；而李甲的薄幸不只是对爱情的背叛，也是对礼教

《醒世恒言》插图（明）

的回归。《蒋兴哥重会珍珠衫》中，蒋兴哥长期经商在外知道妻子有了外遇，虽然休了妻子但最终冲破贞操观念的羁绊原谅了她，这是因为把人的情欲作为一种正常要求加以肯定，可以看出市民阶层思想意识和道德观念的更新。

"三言"中还有许多篇章表现出对金钱观念的肯定和鼓吹，宣扬了一种资本主义因素出现后产生的与封建传统观念相对立的新思想。《施润泽滩阙遇友》描写资本主义萌芽时期，部分手工业者是怎样逐步地演变为工场主的。作者肯定发财致富的行为，显然对传统的义利之辩有一种新的认识。作者对商人有明显的同情，也是对传统的重农轻商观念的感慨。有些作品更大胆地对追求财货给予肯定，如同对追求情欲一样而

不予鄙薄。《赵春儿重旺曹家庄》中的赵春儿是个妓女，已经有人给她赎了身，但是她为了赚钱又失身于人。这种"失节"行为，作者也从"好货"、"人欲"出发加以肯定。可见，作者在钱与义、情与理等方面都有对传统观念的打破。

当然，作者也并不是毫无原则地宣扬一些丑陋行为，对一些社会黑暗现象则是无情揭露和批判的。《沈小霞相会出师表》直接写明代的政治斗争，批判了严嵩父子结党营私的罪恶行径。《十五贯戏言成巧祸》通过一对无辜青年男女被屈打成招判死的故事，对官府的昏聩进行了严正的控诉。包拯、况钟断案的故事，在表彰清官的同时揭露了社会的污浊。作者通过对社会诸多现象的描写，反映出时代变化给人们带来的冲击，也寄寓着传统美德对丑恶势力的抵抗。但是，文艺作品是社会现实的写照，是作家思想的反映，处于较为复杂的历史发展时期，小说中的艺术形象有时也是含义多元的，往往良莠并存、瑕瑜互见。不能否认，"三言"中有些作品为封建制度唱赞歌，宣扬因果报应的宿命思想，鼓吹虚无主义的人生观，夸大金钱与情欲的作用。但是，它毕竟展示了社会现象的真貌，为市民阶层的阅读欣赏情味而创作，这就无法苛求作者的通俗趋尚和文人心态，相反还应肯定作者在创作中的大胆探索。

凌濛初的《初刻拍案惊奇》与《二刻拍案惊奇》合称"二拍"，是继"三言"之后最有代表性的白话短篇小说集。"二拍"是应当时书商要求编写的，大多是根据文言小说及戏曲故事敷衍而成。作者公开申明小说的主题是为宣传封建思想，多数篇章的确充斥着道德说教、宿命思想和色情描写，但也有部分作品真实地反映了当时的社会腐败和市民情趣。其最有特色的部分与"三言"的情况大体相似，如反映下层人民追求爱情的强烈愿望，充满对金钱的顶礼膜拜和对冒险精神的讴歌，以及揭露统治阶级的罪恶和对程朱理学的讽刺。"三言""二拍"问世后，明末有抱瓮老人将其中40篇进行适当增删润饰，辑为《今古奇观》，是一部较好的明人拟话本选集。此后，大批的拟话本出现，如《石点头》、

《醉醒石》、《西湖二集》、《鼓掌绝尘》、《欢喜冤家》、《清夜钟》等，多受"三言""二拍"影响，但思想、艺术成就却难再有超越。

第三节　戏曲的流迁

元末明初，杂剧已成强弩之末。尽管由元入明的一些文人也写有不少作品，但大都是神仙道化、因果报应、男欢女爱的故事，思想内涵与艺术手法无大建树。但他们的创作对后来的通俗文学还是很有影响的，如刘兑的《金童玉女娇红记》写申生与娇娘的爱情故事，为明末孟称舜的著名传奇《节义鸳鸯冢娇红记》打下了基础；杨讷的《西游记》写孙悟空护三藏法师取经的故事，为后来吴承恩创作小说《西游记》提供了很多素材。此时剧作家贾仲名的影响很大，但所作也多为游仙、爱情，思想性不高，但语言优美。其继钟嗣成《录鬼簿》之后所作《录鬼簿续编》，记录了元末明初杂剧作家作品的一些史料，对研究戏曲很有价值。

明代建立以后，社会秩序趋于稳定，封建统治得到加强，思想文化也益受重视。政府大力推行程朱理学与科举制度，也想把文艺变成点缀升平、推行教化、表彰节义、宣传迷信以及提供享乐的工具，这对杂剧艺术的发展显然起到了推进作用。剧作家受元末戏曲影响，根据自己的生活经验有所创新，最有代表性的当属朱权、朱有燉。朱权为明太祖朱元璋第十七子，他经历了永乐前后王室之间发生的许多事情，乃寄情于戏曲、游娱、释道以示无野心而求保全。他对音乐、戏曲很有研究，著有《琴阮启蒙》、《神奇秘谱》、《太和正音谱》等，所制杂剧12种，主要宣扬神仙生活的乐趣、歌舞场面的豪华、世俗爱情的浪漫。由于缺少积极追求，故思想性艺术性都不高。朱有燉是明太祖朱元璋之孙，一生养尊处优而博学通古，工书法，善词曲，所作杂剧31种，总称《诚斋

《娇红记》插图（明）

乐府》。其作品有释道剧、庆寿剧、妓女剧、牡丹剧、节义剧和水浒剧，多为宣传封建道德、宗教迷信、贵族情趣之作。如《东华仙度脱十长生》、《洛阳风月牡丹仙》、《兰红叶从良烟花梦》、《清河县继母大贤》、《黑旋风仗义疏财》、《豹子和尚自还俗》等。朱有燉通晓音律，很有文采，编写剧本时着重歌舞，适合演唱，特别是在体制上打破了元杂剧四折本和一人主唱全用北曲的规则，创造出对唱、合唱、轮唱甚至旦唱南曲、末唱北曲等形式，为艺术的发展开辟了新的道路。

戏曲在明代前期基本上是沿着封建统治阶级的要求发展的，但杂剧日渐短化、借用南曲并向传奇转移。到明代中期，随着新兴市民阶层的壮大、王学左派思想的冲击、社会矛盾的复杂，具有反封建倾向的作品增多。优秀杂剧作家王九思弘治时中进士，因得罪刘瑾于正德初被免官回乡。其《杜甫游春》描写杜甫在安史之乱后春游曲江，不禁痛骂李林甫"嫉贤妒能，坏了朝纲"，流露出作者对当时执政大臣的不满，无疑比明初那些歌舞升平的戏曲有所进步。康海为弘治十五年（1502 年）进士第一，正德五年（1510 年）因牵涉刘瑾案被削职而以山水自娱。其《中山狼》是根据马中锡的《中山狼传》改编的，描述东郭先生因救狼而被狼害的故事，揭露了狼的害人本性和书生的迂腐温情，包含十分深刻的哲理和丰富的社会内容。其他杂剧作品还有杨慎的《太和记》，李开先的《园林午梦》，汪道昆的《五湖游》、《远山戏》、《洛水悲》等，反映社会生活和采用艺术手法都有更新。

到万历时期，杂剧的主流地位虽已被传奇所取代，但却出现了著名的杂剧作家徐渭及其《四声猿》。徐渭（1521～1593 年）是浙江山阴人，才能兴趣极广，诗文、戏曲、书画无不擅长，是明代一大奇人。他幼年丧父，继而丧母，过着寄人篱下的生活。20 岁后参加科举考试，因文章不合规矩屡试不中。终生穷困潦倒，晚年死于书案之上。徐渭热烈地追求个性解放，鼓吹王学左派"百姓即圣人"的思想，在文艺上反对复古潮流，强调"本色"、"自然"，大力提倡通俗与叛逆，形成其目空千古、睥睨一世的所谓"狂怪"风格。他早年所著的《南词叙录》，是中国戏曲史上第一部研究南戏的专著，是作家对当时流行的南戏曲文做了调查之后写出的，其中保存了南戏一些珍贵的历史资料，对南戏新出现的声腔给予热情支持，打破了封建文艺重北轻南的观念。在进行探索时，他又主张"徒然一惊"、"不傍门户"，开启浪漫洪流。他在创作中大胆地抒发怨愤激怒之情、英特不群之思，以取惊世骇俗之效、振聋发聩之响。可以说，徐渭提倡积极地批判现实、改造现实，开启了明代后期浪漫主义的新世界。

徐渭的戏剧名作《四声猿》是四部杂剧的总称，包括《狂鼓史渔阳三弄》、《玉禅师翠乡梦》、《雌木兰替父从军》、《女状元辞凰得凤》。他曾在给朋友的诗中说："要知猿叫肠堪断，除是侬身自作猿。"《狂鼓史》全剧一折，是写祢衡死后在阴间面对曹操的亡魂再次击鼓痛骂，揭露出权臣的虚伪狠毒、借刀杀人、欺世盗名、荒淫无耻，言语孤高狂傲、悲愤激越、痛快淋漓，正是徐渭痛苦心情的集中抒发，反映出一个追求自由和平等的知识分子对封建专制的蛮横和残暴的激烈反抗。戏剧风格本色自然，刚烈桀骜，绝不蹈袭，卓然凌厉。《雌木兰》和《女状元》都以女子做主人公，前者描写木兰从军，驰骋疆场，为国立功；后者描写黄春桃女扮男装，高中状元，秉公贤能。木兰和春桃突破了封建社会对女性的窒息和压抑，表达了作者对男尊女卑的封建传统观念的挑战。

《玉禅师》全剧二折，写府尹柳宣教憎恨高僧玉通，便派妓女红莲诱骗玉通使他破戒，玉通觉察后悔恨而死，怨魂投入柳妻腹中，出生为女名柳翠，后沦落为娼，败坏柳家门风。玉通的师兄月明和尚来访柳翠，指出前生之事，柳翠因此感悟，二人修成正果，遂同行西去。此剧素材取自民间传说，宣扬了善恶报应、因果轮回思想，但也使人看到官场和佛门的尔虞我诈、钩心斗角、权倾势轧，同时也使人看到禁欲主义是违背人性而极端虚伪的，作品显然带有明代市民社会的特点和作者讽刺调侃的意味。

《四声猿》插图（明）

徐渭晚年剧作还有《歌代啸》，是一出闹剧，勾画出一幅黑白不分、是非颠倒的社会图景和一些令人啼笑皆非、荒诞不经的人物。如李和尚偷了张和尚的帽子，反让张和尚去顶替了奸情的罪名；州官奶奶因"吃醋"在后堂放火，百姓提灯来救却被处罚。作者有意反映"张冠李戴"和"只许州官放火，不许百姓点灯"的现实，寓庄于谐，有理取闹，很能表现作者疾恶如仇、嬉笑怒骂的特点。

徐渭力主本色反对骈俪，要求戏曲语言通俗浅显，其实又象征、隐喻之义甚丰。《四声猿》的语言艺术就为人激赏，其抒发真情，说白流畅，勾勒精要，讽刺辛辣，揭露深刻，洗练奔放。王骥德在《曲律》中评曰："吾师徐天池先生所为《四声猿》高华爽俊，秾丽奇伟，无所不有，称词人极则，追蹑无人。"吕天成在《曲品》中说："徐山人玩世诗仙，惊群酒侠，所著《四声猿》，佳境自足，擅长妙词，每令击节。"徐渭以奇幻的夸张表达着深挚的感情，以通俗的语言展示着孤高的意趣，扭转了明代文人把戏曲案头化、书面化的趋势，将具有浓郁时代气息、体现民主主义精神、追求现实美好愿望的浪漫主义推向了一个高峰。

明代传奇是在宋元南戏的基础上发展起来的，它以南曲演唱为主并吸收了北曲的某些优点。传奇本指唐人用文言写的短篇小说，后其内容多为说唱和戏曲所取材，故宋元之后一些戏文唱本也被称为传奇，与杂剧相区别。明初皇室北迁后，杂剧一时复兴。但杂剧毕竟已渐衰落而传奇日趋成熟，传奇又以音调悦耳和情节复杂为人喜闻乐见，加之文人也可借此显耀辞藻奇思构想，故成化以后很快兴盛起来。此后剧坛几乎为传奇所独占，成为明代戏曲主流。

明初传奇实为南戏，受杂剧冲击而无起色。在思想内容上受"不关风化体，纵好也徒然"的创作思想指导，大都是宣扬封建伦理道德、艺术上并无新意的教化戏。成化以后，一些文人偏爱传奇，传奇开始出现繁荣的局面。虽然教化戏声势很大，出现了丘濬的《五伦全备记》和邵灿的《五伦香囊记》，作者们讲忠说孝，骈词俪句，一时"以时文为南曲"泛滥成灾；但与此同时，也逐渐出现了一些突破忠孝观念、反映现实斗争、抒发忧患意识的带有新气象的戏，如李开先的《宝剑记》、王世贞的《鸣凤记》和梁辰鱼的《浣纱记》。

《宝剑记》全剧五十二出，摘录《水浒传》情节改作而成。此剧写北宋禁军教头林冲一再上疏弹劾奸臣童贯、高俅、朱勔等，被高俅以借看宝剑之名设计陷害逼上梁山。作者的用意在于突出朝廷上的忠奸斗争，这与作者本人受迫害闲居有关。作品表现了"诛谗佞，表忠良"的主题，包含有同情人民疾苦和反对坏人当道的倾向，这使它同一般的教化戏不同，而具有揭露现实的批判性。

《鸣凤记》写嘉靖时期以夏言、杨继盛为首的朝臣与擅权一时的严嵩、严世蕃父子的政治斗争，歌颂了忠臣们刚烈不阿、临危不惧、宁死不屈的精神，鞭挞了权奸们阴毒险恶、暴虐凶狠、腐败堕落的丑行。此剧人物事件大多是真实的，忠胜奸败符合人们的意愿。所以演出效果较好，引起人们的普遍共鸣。它在内容上直接反映现实政治，在艺术上打破了传奇生旦圆场的旧套，在戏曲史上是一个创造。

《浣纱记》原名《吴越春秋》，以范蠡、西施悲欢离合的爱情故事，总结了吴、越两国盛衰转化的历史教训，批判了吴国君臣的骄奢淫逸与私心杂念，赞颂了越国君臣的艰苦奋斗与精诚团结。在当时倭寇入侵、国势不振的情况下，这些思想有着深刻的现实意义。剧本把爱情和政治结合起来描写，把国家兴亡放在首位而毅然牺牲个人的爱情，虽说这种"美人计"不足为训，但他们先国家而后私情的思想是值得肯定的。剧本还抛弃了世俗的贞操观念，让西施从吴宫回来后又同范蠡结合，这在大肆鼓吹"饿死事小，失节事大"的明代也是难能可贵的。剧本的结局写二人功成身退，归隐江湖，也反映出他们有崇高的情操和清醒的头脑，否定功名富贵，追求爱情幸福，这与当时流行的夫贵妻荣的爱情归宿相比，更是别开生面、诗意盎然、耐人寻味。全剧宾白骈散间用，曲辞俊语连珠，以细腻舒徐的昆山腔演唱，加之改进后丰富的伴奏音乐，极大地推动了戏曲的发展。

万历时期的传奇，同其他文艺形式一样，取得了不凡的成就。这一时期，中国几千年封建社会的生产关系出现了一种前所未有的新变化，伴随着商品经济发展而壮大的市民阶层已成长为一支不可忽视的社会力量，陆王心学肯定了下层人民追求幸福生活的权利而动摇了程朱理学的主导地位，文坛上一批具有叛逆倾向和革新精神的骁将掀起了一股声势壮观的思想解放风潮。李贽的"童心说"反对因循守旧，提倡真情实感，对文学艺术影响极大。公安派清新活泼的文学风靡一时，大批白话小说显示了"平民文学"的无限生机，徐渭的杂剧突现出耀眼的光芒，传奇作品大量涌现盛极一时。

此时传奇思想内容与艺术形式都丰富多样。既有敷衍至一百出的长篇巨作，如郑之珍的《目连救母劝善戏文》；又有短仅十余出的剧目，如高濂的《赋归记》和《陈情记》。有的剧作家采用自传体叙述个人历史，如朱期的《玉丸记》；有的一个剧中集纳几个不同的故事，如沈璟的《博笑记》。表现爱情题材的剧作特多，较为著名的如孙柚

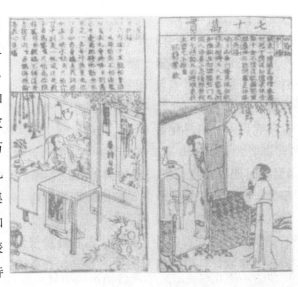

元明戏曲叶子二幅（明）

描写司马相如、卓文君故事的《琴心记》，王玉峰描写王魁和敫桂英故事的《焚香记》，朱鼎描写温峤和刘润玉故事的《玉镜台记》。反映爱国思想的剧作也不少，如吾丘瑞描写晋代陶侃力挽危局的《运甓记》，张四维描写韩世忠抢宝的《双烈记》，叶泰华、吴怀缘合作描写名将于谦的《金杯记》，沈应召描写王铁抗倭的《去恩记》。另外还出现了一些以民间故事歌颂正义清高为题材的创作，如描写宋江故事的《水浒记》，描写诸葛亮故事的《草庐记》，描写清官海瑞的《金环记》。当然，也有不少仍然宣扬封建道德和荒诞迷信的作品，如《四美记》教忠劝善，《香山记》弘扬佛法，《梦境记》阐播道术。这些作品剧情结构更为紧凑，人物刻画更为细腻，角色表演多打破清规戒律，尤其是唱腔的变化最为突出，既集中表现出南曲精柔婉转的特点，同时也吸收了部分北曲激昂慷慨的声调。一些专门探讨戏曲音律的著作也应运而生，如王骥德的《曲律》和吕天成的《曲品》。可以说，从舞台实践到理论研究，这时的传奇都达到极盛。

最能代表这时传奇成就的是沈璟的吴江派和汤显祖的临川派。

沈璟（1553～1610 年），字伯英，号宁庵，别号词隐，江苏吴江人。著有《属玉堂传奇十七种》，其中《义侠记》、《博笑记》、《红蕖记》影响较大。沈璟强调戏曲创作要研究音律，"名为乐府，须教合律依腔，宁使时人不鉴赏，无使人挠喉捩嗓"①，甚至说"宁律协而词不工，读之不成句，而讴之始协，是曲中之工巧"②。为此他编纂了《南九宫十三调曲谱》，作为传奇音律的范本。沈璟对宗律的要求严格而至于苛刻，容易束缚作者的才情，但对于纠正当时一些文人传奇创作不合音律的弊病，也有积极的影响。

沈璟初期创作骈俪华美，后来向本色语言风格转化，主张多用民间俚语，符合戏曲的通俗要求，这对冲击剧坛上堆砌辞藻的浮靡文风是有功绩的，使戏曲更适宜于舞台演出而不只是文人的案头读本。《义侠记》是沈璟改变骈俪之风的名作。此剧以水浒英雄武松为主人公，全剧最精彩的部分是第四出"除凶"至第十八出"雪恨"，即写武松打虎到杀西门庆。但是作者写武松一意招安，忠于朝廷，反映出沈璟的封建道德和政治理想。《博笑记》由 10 个故事构成，每个故事二至四出，它们之间没有必然的联系，思想艺术成就也有较大的差异。其内容大多宣扬戒淫警盗，惩恶扬善，刺昏疾邪，但作者的目的更在于诙谐取乐，因而缺乏一定深度。《红蕖记》写郑德璘和韦楚云的爱情故事，既有对两情相悦的歌颂，也有对姻缘不定的无奈。

总的来说，沈璟的剧作"命意皆主风世"，以宣扬传统伦理与宗教迷信为主，他的主要成就在于曲学研究，促进了戏曲艺术本体的发展与繁荣。在其影响下，吴江派的作家创作成就并不高，倒是在理论著述上颇有建树。王骥德的《曲律》与吕天成的《曲品》，被誉为明代戏曲理论著作的"双璧"。明末以后的戏曲理论，基本上也是沿着沈璟的封建

① 《博笑记》附《词隐先生论曲》。
② 王骥德：《曲律》。

文学思想和研究戏曲技法传承下来的。

汤显祖（1550～1616 年），字义仍，号海若，别署清远道人，江西临川人。出身于书香门第，博学多才，对李贽的"异端"思想极为赞赏。他在创作中特别强调"至情"，认为创作本是一种积蓄已久、势不可遏的激情的爆发，因而鄙视专以模拟抄袭为能事而虚伪空洞的应酬文字，批评前后七子泥古不化没有灵气的临摹文风。

汤显祖像

汤显祖在传奇创作理论上与吴江派的主张针锋相对，认为"凡文以意趣神色为主，四者到时，或有丽词俊音可用，尔时能一一顾九宫四声否？如必按字模声，即有窒滞迸拽之苦，恐不能成句矣"。他还主张语言要有文采，可以为寄托某种强烈的感情和理想打破常格，不必恪守音律，甚至说"余意所至，不妨拗折天下人嗓子"。汤显祖浪漫的奇思异想在传奇中充分体现出来，他的才情使他对戏曲格律多有违拗也更有创新。如果看到汤显祖在政治上与早期东林党领袖顾宪成、高攀龙等是好朋友，在文艺上与徐渭和公安袁氏兄弟站在一起提倡性灵而反对模拟，在思想上敬佩李贽崇尚真性情反对假道学，那么也就能够理解汤显祖在戏曲创作上的地位。汤显祖还喜欢看佛道两家的书，晚年因政治失意和爱子夭折，消极出世的思想有所滋长。其创作成就主要在戏曲方面，代表作为《牡丹亭》，它与《紫钗记》、《南柯记》、《邯郸记》合称为"玉茗堂四梦"。

《牡丹亭》又名《还魂记》，万历二十六年（1598 年）写于临川。故事来源于话本小说《杜丽娘记》，但作者做了根本性的改造。全剧共五十五出，写南宋初江西南安府太守杜宝，有独生女儿杜丽娘，才貌俱佳，尚未许人。杜宝为女儿聘请了塾师陈最良，杜丽娘在读《诗经》情歌时开始了青春的觉醒，在丫头春香的引动下游赏花园春色后，做梦与

《牡丹亭》插图 (明)

一书生在牡丹亭畔幽会。梦醒之后，因思念梦中情人，愁闷消瘦，一病不起。弥留之际，她要求母亲把她葬在花园梅树下，又嘱咐丫环春香将自己的画像藏在太湖石底。三年后，岭南书生柳梦梅赴南安游学借宿于梅庵，在花园中拾得杜丽娘的画像，发现正是自己曾经梦见的佳人。柳梦梅于是日夜呼唤，杜丽娘鬼魂终于应声而出，二人幽会，难舍难分。后柳梦梅掘墓开棺，杜丽娘起死回生，两人结为夫妻。柳梦梅后来考中状元，但婚姻不为杜宝承认，最后由皇帝出面调停终得团圆。《牡丹亭》通过杜丽娘因情而死、由情而生的浪漫主义情节，深刻地揭露了封建礼教的沉闷窒息和黑暗残酷，批判了程朱理学"去人欲，存天理"的虚伪与反动，反映了中国资本主义萌芽时期青年男女对自由爱情的渴望和个性解放的强烈追求，并歌颂了他们为实现自己的理想所做的不屈斗争。艺术上，作家在"题词"中说："如丽娘者，乃可谓之有情人耳，情不知所起，一往而深。生者可以死，死者可以生。生而不可与死，死而不可复生者，皆非情之至也。"作者正是试图以"情"冲决"理"的压抑，其中当然也就暗含着对人性的歌颂和对礼教的批判，反映出对现实社会的控诉和对光明理想的追求。作者以充满激情的笔调塑造出杜丽娘光辉动人的形象，通过"梦而死"、"死而生"的奇幻情节表现出杜丽娘的倔强性格，采用对比、衬托、渲染、夸张的手法深深打动人心，并以文雅典丽的言辞给人饶有意趣的审美愉悦，兼用北曲泼辣动荡及南词婉转精丽的长处令人心旷神怡。尽管《牡丹亭》还存在着一些缺点和局限，但它毕竟冲破了封建专制的牢笼而呼唤着个性解放的曙光，在戏曲创新方面取得了不同凡响的卓异成就。

汤显祖的《紫钗记》是由早期作品《紫箫记》改写而成，全剧五十三出，作于万历十五年（1587年）前后。剧本在唐代蒋防传奇小说《霍小玉》基础上改编加工，突出塑造了追求爱情幸福的霍小玉的动人形象。作者写霍小玉对李益一往情深，但是在封建礼教的迫害下又饱尝辛酸。作者歌颂霍小玉敢于进取、敢于抗争的精神，但最终只能靠皇帝"圣断"取得"团圆"结局。全剧曲词秾丽，间有疏隽，情境人物感人较深。但思想性还不够深刻，霍小玉身上还缺乏杜丽娘那种出生入死的精神，由此可见作家对现实认识的逐步深刻、尖锐，艺术表现也逐步精美、纯熟。

《南柯记》四十四出，作于万历二十八年，根据唐代李公佐传奇小说《南柯太守传》改编而成。写淳于棼酒醉后梦入槐安国被招为驸马，出任南柯太守政绩卓著。公主死后，他被召还宫中，加封左相，权倾一时，淫乱无度，终被遣归乡里。于是梦醒，方知槐安国即庭中大槐树洞之蚁穴。就此他悟破人生，经契玄禅师点化出家成佛。此剧内容较为复杂，既表达了自己政治理想不得实现的苦闷，也曲折地反映了现实的黑暗和官场的丑恶，同时笼罩着一股强烈的宗教意味，贯穿

《南柯记》插图（明）

着人生如梦的消极出世思想。作家已不是以梦写爱情，而是以梦写政治，且走向"因果轮回"、"立地成佛"的"色空"禅境。

《邯郸记》共三十出，作于万历二十九年，是根据唐人沈既济的传奇小说《枕中记》改编的。剧中写贫穷的卢生在邯郸道上的旅店里，枕着吕洞宾借给他的磁枕睡觉。在梦中娶了名门闺秀，此后中进士，走仕途，当宰相，封国公，其子孙也一并高升。一梦醒来，方知是梦，店主黄粱尚未蒸熟。卢生遂参透人生，随吕洞宾出家。剧中作家毫不留情地揭露了封建官僚在政治上的卑鄙肮脏和生活上的荒淫腐化，具有深刻的现实意义。但结尾通过吕洞宾超度卢生成仙，告知人生一世就是一场游戏，反映了作家对人生无常的感慨和对隐逸高蹈的称赏。总之，汤显祖的《临川四梦》广泛地触及了明代社会的各个方面，作者在对梦幻的演绎中抒发了满腔怨愤和浪漫追求，展现出鲜明的时代色彩和明显的政治倾向，在艺术上也为戏曲创作开辟出一个新天地。

明代末年的戏曲艺术以传奇为主流，作家多受沈璟或汤显祖的影响，出现了袁晋、沈自晋、范文若等"吴江派"作家和孟称舜、阮大铖、吴炳等"临川派"作家，他们的剧作盛行一时并颇有成就。

"吴江派"剧作家仍求"合律依腔"，浅近通俗，这对改变传奇中追求骈俪、堆砌辞藻的风气有很大作用，影响一直持续到清初。但他们又认为戏曲应有"劝人群"、"主世风"的功能，以致他们的剧作一直无法去掉那些浓厚的封建色彩，而明亡后也常写故国之思以寓反清情绪。

袁晋作有传奇8种，最著名的是《西楼记》。剧写御史于鲁之子于鹃与妓女穆素徽相恋，其友赵祥将于鹃与穆素徽西楼同歌《楚江情》之事告知于鲁。于鲁大怒，将穆素徽逐走杭州。相国公子池同乘机以巨款买穆素徽为妾，于鹃闻之食寝俱废。穆素徽坚决不从池同，备受折磨，忽听于鹃死讯，绝望自尽，幸被侠士胥表所救。后于鹃应试得中状元，赵祥、池同命胥表去行刺。胥表反将赵祥、池同二人杀死，并帮助于鹃与穆素徽相会，有情人终成眷属。此剧在当时极负盛名，演唱不衰。其

"奉谱严整，辞韵恬和"，写至死不渝的爱情深切感人。

沈自晋是沈璟之侄，致力于曲律研究和戏曲创作。作品兼蓄吴江派与临川派之长，以《翠屏山》传唱最广。此剧取材于《水浒传》，写杨雄之妻潘氏与和尚裴如海私通，杨雄义弟石秀看见后将此事告知杨雄，反被潘氏诬告调戏致使杨雄与石秀断交，石秀遂于潘氏处杀死裴如海揭破奸情，杨雄醒悟后将潘氏诱至翠屏山杀死，最后与石秀一同投奔梁山。

范文若的传奇也以文笔细腻、情节曲折见长，著名的有《鸳鸯棒》、《花筵赚》、《梦花酣》，合称《博山堂三种》，也都是写爱情，但具有更多的庸俗成分，反映出明末委靡的世风。

"临川派"剧作家更多地继承了汤显祖的浪漫主义风格，艺术上注意克服那种过分雕琢的毛病，使言辞华美而自然、曲调婉转而动听，在情节设置和人物塑造上也更下工夫，具有更浓厚的反封建气息，特别是在"言情"方面美丽而动人。

孟称舜作有传奇 5 种，以《娇红记》最为著名。《娇红记》全名为《节义鸳鸯冢娇红记》，内容与明初刘兑的杂剧《金童玉女娇红记》相似，是继《牡丹亭》之后又一部重要的爱情悲剧，在当时众多的才子佳人戏中独树一帜。它描写书生申纯与表妹娇娘热烈相恋，几经波折突破束缚私自结合。当父母为家世门第利益扼杀他们的爱情时，他们把功名利禄、养育之恩、世俗偏见统统抛弃而奋起反抗。当他们看到爱情无望时，只好在舟中话别，不久双双殉情，以死来与这

《娇红记》插图（明）

个世界抗争。剧中娇娘美丽而多情，她不羡慕荣华富贵，要的是"心心相印"的"同心子"，明显地带有脱离物质束缚追求自由精神的特点，反映了封建社会后期妇女思想意识的觉醒和敢于违背封建礼教的勇气。申纯也不像柳梦梅那样执著于功名富贵，而是把爱情置于科举功名之上。当他和娇娘的爱情受到摧残时，他毅然抛弃科举及第的光辉未来殉情而死，使人看到封建社会末期的青年知识分子对现实认识的不断深化和觉醒。剧作的结尾采用了浪漫主义的手法，让主人公合冢葬在一起，并于坟墓上出现了比翼双飞的鸳鸯鸟，这无疑是对他们至诚情爱的歌颂，是对他们忠贞不渝和义勇节烈的赞扬。

阮大铖由于依附魏忠贤和投降清军为士林所不齿，但他颇有才华，诗文俱善，尤擅词曲，是当时著名的戏剧家，家中有戏班子，经常演

《燕子笺》插图（明）

出。他写有传奇 9 种，现传有《燕子笺》、《春灯谜》、《双金榜》、《牟四合》，以《燕子笺》成就最高。《燕子笺》以燕子衔笺为重要关目，描写霍都梁与妓女华行云热恋，霍都梁画了一幅《听莺扑蝶图》，不料却被装裱匠调错送至郦飞云处，郦与霍从此各相思成病。后霍都梁与友鲜于佑一道应试，鲜于佑贿赂关节，调换霍卷，竟中状元。华行云素知鲜于佑无赖，以告郦安道，设计戳穿了鲜于佑的把戏，因改霍都梁为状元，霍都梁终与华行云、郦飞云团聚，一夫"双云"。阮大铖的传奇结构多用误会之法，情节曲折离奇，曲辞科白都很有造诣，

艺术上有相当功力。但他过分追求形式，有些华而不实，思想也较平庸。清代梁廷楠说："《燕子笺》一曲，鸾交两美，燕合双姝，设景生情，具征巧思。"李调元则认为"然其人心术既坏，惟觉淫词可憎，所谓亡国之音也"。

　　吴炳号粲花主人，南明永明王时任兵部侍郎兼东阁大学士，清兵南下时被俘，后绝食自尽于湘山寺中。吴炳少年即好戏曲，当时与阮大铖齐名。传奇有《绿牡丹》、《疗妒羹》、《画中人》、《西园记》、《情邮记》，合称《粲花别野五种》，五剧皆写爱情婚姻故事，以《绿牡丹》最好，玲珑剔透，不加浮饰，自然美好。吴梅在《〈绿牡丹〉跋》中评论说："至其词彩艳冶，音律谐美，又为元明诸家所未逮，得玉茗（汤显祖）之才藻而复守词隐（沈璟）之矩矱，案头场上，交相称美，词至粲花，则叹观止矣。"

第四节　书画的变构

　　明代书画艺术的总格局，表现为积极变革但进步缓慢，流派纷争且理论活跃，宫廷疲软而民间强大，门类齐全但发展失衡，名家较少且杰作不多的状态。

　　明代初年便设立了画院，而元代是没有这种建置的，这说明统治者高度重视书画艺术。但是，明代画院与宋代画院相比，在编制上、职称上、待遇上都有不同。于慎行在其《谷城山房文集》中认为："宋徽宗立书画学，书学即今文华殿直殿中书，画学即今武英殿待诏诸臣。然彼时以此立学，有考校，今只以中官领之，不关艺院。"据《明史》载，洪武初的工部，下属有将作司，后改将作司为营缮所，所属诸匠包括画工，相当于元代"画局"中的画工，主要是为建筑、装置绘画，显然是民间工匠。另外，宦官中设有御用监，兼管仁智殿，仁智殿设监工一员，专"掌武英殿中书承旨所写书籍、画册等，奏进御前"。所以，书画家是受太监们管理的。据王伯敏在《中国绘画史》中考证，仁智殿一度是宫廷画家聚集并工作的地方，但画家们的官职不一定在仁智殿，而是散居各院司，必要时会聚于仁智殿为皇帝作画。除少数画家如沈应山为"画院秘丞"，张广为"内廷待诏"，文震亨为武英殿"中书舍人"等外，自永乐至嘉靖的100余年间，授以"锦衣卫"官职的不在少数，如吴伟为"锦衣卫百户"，谢环为"锦衣卫千户"，林良、吕纪为"锦衣卫指挥"，周鼎为"锦衣卫抚镇"等。"锦衣卫"本是皇帝的禁卫军，专掌侍卫、缉捕、刑狱及仪仗之事，画家授以锦衣卫各级职衔，是为了便于领取俸禄和接近皇帝，随时听诏。可是，锦衣卫又是明代最强暴的专政工具，它趋炎附势、骄横无比、罪恶多端，将宫廷画家归属这一机关，可见阴差阳错，风马牛不相及。由此得知，明代空有画院之名，而建制却没有必要的规范。所以有人评论"明代画院画家的官衔是宫廷特务的头衔"，于是有些画家应召之后不肯受官。而院外文人画家又自恃清高，常常看不起宫廷画家。嘉靖以后，随着朝政衰微，宫廷绘画渐趋没落，画院也就徒有虚名了。

明初的绘画主要是为宫廷服务歌功颂德，人物画家为帝后画像，山水画家要有祥瑞之气，花鸟画家则求工致逼真。皇帝往往"随其兴而嘉奖或处罪"，如太祖朱元璋时，画家赵源"以应对失旨坐法"，周位"被谗就死"，而沈希远、陈拗等因画御

关羽擒将图（明）商喜

容称旨而得荣宠，由此可见创作导向而画家不得不小心从事。宣德至弘治年间，社会相对安定，经济得到发展，文化益趋繁荣，帝王们也热衷弄书作画，因而此时宫廷书画最为兴盛。人物画的取材，多为前代"圣主贤臣"故事，还有当代皇帝生活及神仙佛道事迹。如倪端的《聘庞图》、商喜的《关羽擒将图》、刘俊的《雪夜访普图》、朱端的《弘农渡虎图》、谢环的《杏园雅集图》以及无名氏的《明宣宗宫中行乐图》等。山水画主要继承南宋马远、夏圭风格，并参以其他传统技法，构图简括，用笔雄健，意境浑厚。如李在的《阔渚晴峰图》，王谔的《江阁远眺图》、《溪桥访友图》、《踏雪寻梅图》，朱端的《烟江远眺图》等。花鸟画在宋代画院的基础上，创作又有显著发展，形成多种风格，在宫廷绘画中成就最为突出。边景昭的《竹鹤图》、吕纪的《桂菊山禽图》画法精细，设色浓艳，属于黄筌工笔的路子；林良的水墨写意花鸟，如《灌木集禽图》，则继承徐熙的画法，对后代又产生较大影响；孙隆用色如墨的没骨法富有独创性，如《花鸟草虫图》、《花石游鹅图》等，则丰富了院体花鸟画的形式和技巧。总之，明代画院，虽有其名而无其实，因为画家分散，即使有所活动，也不如两宋时集中。因而明代的院画体现了皇朝主流文化的需要，既有特定时代的正统定式也有一定程度的艺术演进。

除了院体以外，民间画家也形成许多不同的派别。其中最早出现与院体有紧密联系而又具自己独特风貌的是浙派，浙派因代表人物戴进为浙江钱塘人氏而得名。戴进（1388～1462年）本是民间画家，宣宗时被召入宫廷直仁智殿。他擅长山水、人物、花鸟，艺术造诣高过同辈，当时许多宫廷画家远不及他，因而遭到忌妒。他被指责为狂妄，《无声诗史》等载其仁智殿呈《秋江独钓图》，因画中渔翁着红袍被谗遭贬，结果获罪归乡贫困而死。所以有人说他画艺虽高，但"生前作画，不能买一饱"。他自己也慨叹："吾胸中颇有许多事业，怎奈世无识者，不能发扬。"

明初的山水画，由于帝王不喜欢"王黄倪吴"那种"枯淡荒寒"的作风，而对南宋院体"李刘马夏""严整苍劲"的画风有所偏爱，因而被"元四家"竭力反对的南宋山水画，又被反拨过来成为明代画院的标准画法。受此影响，戴进的山水画继承南宋水墨苍劲一路，但他又不为所困而兼取画史上大家之长。明人笔记谈戴进绘画云："家贫，励志于宋元诸家之迹，靡所不学，亦靡所不精，而于马、夏、刘松年、米元章四家山水为特擅。"《明画录》卷二载："其山水源出郭熙、李唐、马远、夏圭，而妙处多自发之，俗所谓行家兼利家者也，神像、人物、杂画无不佳。"其流传作品如《春山积翠图》、《风雨归舟图》、《金台送别图》、《关山行旅图》、《洞天问道图》等，都足以代表他在山水画上的表现特色。

洞天问道图（明）戴进

《春山积翠图》的构图手法集中概括了南宋院体风格，几种程式的综合运用使简洁的画面几乎无懈可击。用笔则脱出马、夏一派强健严谨的窠臼，换用小斧劈皴与渴笔点苔而成轻快疏放的风采。戴进画这种春山积翠下隐士携琴的题材，显然是抒发不得其志的抑郁之气，表达对天人合一超逸境界的神往。《风雨归舟图》充分表现出雨暴风狂的气势，用笔挺劲，水墨淋漓，从大局到细部，有紧有松，有虚有实，刻画上一丝不苟，略有院体遗风，更多创新面目。特别引人注目的是在画面近景的显著位置上，一叶扁舟上坐着两位乘客神情自若，船尾站着艄公披蓑戴笠挥篙奋战，塑造出人物不惧风雨的潇洒姿态。戴进的山水中总有人物，这些人物起着画龙点睛的作用，揭示出全画的主题。

在其画中，画家"托古就新"、"兼法诸

家"的艺术风格得到淋漓尽致的体现。可以说，戴进画艺之高当时无人能比，他既有工匠画的全能，又有文人画的韵致。不仅山水兼容创新，而且人物、花鸟也极出色。其画人物，用铁线描，间或用兰叶描，运笔顿挫，秀劲有力。其画花鸟，笔法刚劲，水墨厚润，风格豪放，大气磅礴。故韩昂《图绘宝鉴续编》云："山水得诸家之妙，神像人物走兽花果翎毛极其精致。"

　　在戴进影响下，浙派画风盛极一时，雄踞宫廷内外特别是江浙一带画坛数十年。继戴进之后浙派人物中出类拔萃者当属吴伟，他远承马、夏近师戴进而笔墨更为放纵豪健。吴伟（1459～1508年）是江夏（今湖北武昌）人，幼年时因家贫流落江苏常熟一带，为钱昕收养，习画日益精进。20岁时到南京投靠成国公府，以画艺名声渐著，被人称为"小仙"。成化年间被召入宫，待诏仁智殿，授锦衣镇抚，很得宪宗朱见深宠信，赐"画状元"印章。他生性憨直，豪放不拘，出入掖廷，怒视权贵。公卿有向他求画而不得者，便在宪宗面前说他的短处，他因此两度离开宫廷到南京。武宗朱厚照即位，再次召他入宫，不料尚未上路，就因剧饮而亡。

江山渔乐图（明）吴伟

　　吴伟山水喜作大幅，浓墨大笔，气豪势粗。明李开先《中麓画品》中说"小仙原出于文进（戴进），笔法更逸"，"重峦叠嶂，非其所作，片树一石，粗而简者，在文进上"。然而他也能作细笔，人物白描，秀雅可爱，有元人韵致。他一生作画甚多，传世作品有《江山渔乐图》、《渔樵琴酒图》、《松江渔父图》、《松风高士图》、《武陵春图卷》等，可见一斑。《江山渔乐图》画远山近水，舟艇散布，渔民皆粗衣短衫，满面风霜，形象淳朴，具有浓郁的生活气息。从总体看，画面境界开阔，气势磅礴，画法承马、夏而变得更为柔润，同时变"一角"、"半边"为全景式构图，江天空旷，一望无际，笔墨奔放，纵横挥洒。既表现出自然的雄阔和人物的生气，也体现出画家不拘传统、勇于创新的艺术精神，因吴伟是江夏人，画法与戴进又有所不同，因而虽有"浙派健将"之谓，实则又是"江夏派"的创始人。其画在明末至清代，被不少文人画家斥为"野狐禅"，主要是因其画中有摹古气息，也有接近民间绘画的地方，这说明他的确有继承发展和创造发挥之处。

明代中叶，"吴派"崛起。"吴派"史称"吴门画派"，此说最早由董其昌提出。"吴派"是明代最强大最复杂最典型的一个绘画流派，其艺术特色在于继承和弘扬了宋元以来文人画的传统，故在反对"院体"和"浙派"的过程中一跃成为画坛的盟主。"吴派"的代表人物沈周、文征明、唐寅、仇英都出生或生长于苏州，他们都精通"诗文书画"，故又被合称为"明代四大家"。他们还拥有许多弟子和追随者，都是江宁、昆山、太仓、松江、常熟一带的画家，故此形成势强力大、影响广

盆菊幽赏图（明）沈周

远的巨流。"吴派"的鼎盛时期在成化至嘉靖年间，然而画派的肇始可上溯至明初，如当时的吴中名家徐贲、赵原、谢缙、陈继等，都是"元

四家"的直接传人，沈、文、唐、仇之后，更是代不乏人。"明四家"与其时辈及其后学雄踞画坛百余年，至万历以后方被华亭派所取代。

"吴派"的强大绝非偶然，它是与当时的政治形势、经济状况、思想观念、风俗习惯及艺术自身的发展规律分不开的。明代中叶，朱明王朝腐败现象滋生，统治集团内部结党营私、贿赂公行、矛盾严重。随着土地高度集中，商品经济势力也在增长，一些城市工商业急剧发展，如苏州便是当时纺织业的中心。此时哲学家王阳明的"心学"逐渐深入人心，这为"吴派"画家审美追求的形成奠定了哲学基础，从而确立起"遣兴移情"和"物我合一"的主张。历史上的苏州本是文人荟萃之所，文化活动历来深入人心，"元四家"都曾在此地建功立业，他们的作品便成为"吴派"画家得天独厚的营养来源。此外，当地官员和士绅对艺术也是特别支持和奖掖的，精美的园林建筑和秀丽的自然风光时刻陶冶着画家们的情性，对艺术的研讨蔚然成风。这一切，使"吴派"画家比"画院"与"浙派"画家条件更加优越，而当时帝王的骄奢淫逸、附庸风雅也是使绘画兴盛的一个原因。故"吴门画派"迅速崛起，成为代表明朝绘画的风格样板。

"吴门画派"的兴起者沈周（1427～1509 年），长洲（今江苏吴县）人。出生于诗画世家，一生没有做官。曾祖父沈良琛善山水，与王蒙相友善，此后祖、父辈均擅丹青。沈周幼时即从家习画，初取法董源、巨然、李成、范宽，追求模拟，不遗余力。后又学"元四家"，先以黄公望为师，晚年则醉心吴镇，对王蒙理会甚深。沈周家境富裕，无意仕途，自娱于琴棋书画、花鸟虫鱼之中，玩古董，交朋友，游山玩水，品茗赋诗，过着闲雅从容的生活，因而其画能在温润恬静的情调里表达恢弘朗阔的胸襟。沈周留存作品不少，著名的如《春山

沈周像

欲雨图》、《落花诗意图》、《策杖图》、《夜坐图》、《庐山高图》、《沧州趣图》等。

《庐山高图》是一幅立轴巨制，此图借鉴王蒙技法，善于组合稠密交叠的石岩，同时兼取董、巨江南画风，给人郁森深秀之感。画面上题有长诗，末尾自识："成化丁亥端阳日，门生长洲沈周诗画，敬为醒庵有道尊先生寿。"是沈周41岁时为其老师陈宽祝寿而作。陈氏祖籍江西，故借庐山以为颂，可见选材、立意、制作都颇具匠心。其《落花诗意图》是一幅长卷，纸本设色，描绘一位老者于暮春时节凝望远处，身边大山、土坡、溪流、落花妙趣横生，整个画面突出"空山无人，水流花谢"的境界，反映出吴中文人追寻老庄悠游林下的人生态度。

文征明像

文征明（1470～1559年），初名璧，字征仲，号衡山，江苏长洲（今江苏吴县）人。早年师从沈周，后成自家面貌，成为苏州文坛画界继沈周而起的又一中心人物。文征明活了90岁，沈周以后成为吴门画派领袖，一生作品多，流传广，晚年名望极高。文征明早年也曾数次参加科举考试，均以不合时好而未被录取。后专心致志于诗文书画，不再求仕进。45岁时，宁王朱宸濠慕其名，以重金聘之，文征明以生病为由，坚决推辞。54岁时，文征明由苏州巡抚李克成推荐，到京授职翰林院待诏，参与《武宗实录》的编修。虽待遇优厚，但厌倦朝廷的明争暗斗与为官的荣枯无常，故屡次上书请求辞退。57岁时回到苏州，此后30余年过着琴酒林泉的生活。文征明平时力避与权贵交往，据说有"三不肯"，即不肯为藩王贵族、宦官和外国使节作画。当时文人标榜以"书画自娱"，文征明更耻于被人视为"画家"。但其画名甚高，王穉登《吴郡丹青志》称其"晚岁德尊行成，海宇钦慕，缣素山积，喧溢里门，寸图才出，千临百摹"。其家人子弟、门生私淑甚多，如文彭、文嘉、文伯仁、文淑、文震亨、陆治，陆师道、钱穀、陈道复等，阵容壮阔的"吴派"的真正形成，应自文征明始。

文征明山水画成就最高，他直接师从沈周简朴浑厚的画风。在此基础上，他更广泛学习宋元诸名家，如董、巨、马、夏、赵孟頫及元四家。从现存作品看，其受元代诸家的影响较深。"小青绿"山水、屋宇、草野明显带有赵孟頫的风貌，而萧疏幽淡的格调、层叠关系的构图与浓密的苔点及矾头显然与黄公望、王蒙、倪瓒、吴镇有一定的继承关系。文征明的山水画大略有细致与粗率两种，前者可以《江南春》为代表，后者可从《古木寒泉》中见概貌。文征明早期有一些临仿古人之作，如《仿董北苑山水图》、《仿米氏云山卷》、《仿黄鹤山樵山水》等。后有一些表现现实生活及文人隐逸生涯的图卷，如《天平纪游》、《洞庭西山》、《真赏斋》、《灵岩山》、《临流幽赏》、《浒溪草堂》、《横塘听雨》等，主要描写了吴中山水及画家雅趣。除山水外，文征明也擅长花卉、人物。常作意笔兰、竹，"以风意写兰，以雨意写竹"。笔下的历史人物，如《昭君图》、《洛神图》、《老子像》笔法简洁秀挺。总之，文征明以隐逸为高，以书画自娱，寄托着"高洁洒脱"、"闲适宁静"的人格理想，在笔墨技法上综合前人成就形成自己独有的风格，特别是把诗、书、画三位一体发展到更完美、更流行的地步，因而"吴派"绘画到文征明时成为影响最大的画派。明末莫是龙、董其昌更把文征明、沈周推为"南宗"正统，由于受到尊崇而在明末清初一直影响不衰。

浒溪草堂图（明）文征明

秋山游览图（明）文伯仁

唐寅（1470～1523年），字伯虎，一字子畏，别号桃花庵主、六如居士、逃禅仙史、南京解元、江南第一风流才子等。他出生于吴江（今江苏苏州），29岁时参加应天乡试获第一。30岁时进京会考，因牵扯科场案遭株连入狱，被革除应考资格放黜浙江为吏。自此不再求取功名而志在文墨，性格行为流于放浪不羁。唐寅一生主要生活在苏州，其30岁自京返吴后始跟周臣学画。周臣是当时苏州有名的职业画家，他的老师陈暹曾入画院。他们承继南宋"刘、李、马、夏"的笔墨和造型，因而当时并不为一般人推重。其实，周臣的画造型准确生动，笔墨精练利落，富有生活气息。唐寅师从周臣，山水、人物、花鸟无所不工，加之有当时时尚所谓的"士气"，其成就很快被认为超过周臣。

唐寅与文征明是同年至交，与沈周、祝允明等人有着师友的交谊，因而其绘画风格的形成也受到他们的影响。他更钻研前代名家的艺术，王世贞在《艺苑卮言》中说他"自宋李营丘（李成）、范宽、李唐、马（远）、夏（圭），以至胜国吴兴（赵孟頫）、王（蒙）、黄（公望）数大家，靡不研解"。由此可知，唐寅画风渊源既有"院体"格调，又能超越前人清逸秀雅为"吴门"风貌。40岁以后，唐寅已脱出周臣门庭卓然自立，现存《山路松声图》、《春山伴侣图》、《落霞孤鹜图》、《西洲话旧图》、《震泽烟树图》等，都可见其取法前人、独出机杼、别具风采。唐寅的仕女人物也极精妙，画法上有线条工细设色妍丽一体，如《孟蜀宫妓图》；也有笔墨较为粗放的，如《秋风纨扇图》。其写意花鸟，既不同于林良、吕纪的"院体"，也不同于沈周的沉雄浑厚、文征明的秀雅清新，而是活泼洒脱，极富生趣。唐寅诗、书皆佳。诗歌真切平易，不拘成法，大量采用口语，意境警拔，常含不平之气。书法出自赵孟頫一体，俊迈逸群，很有功力。由于其各方面修养都很高，诗、书、画兼长，又雅俗共赏，故其所取成就为当时其他吴门画家所不及，从而跻身于"吴门四家"而声名远播。

孟蜀宫妓图（明）唐寅

　　仇英，生卒年不详，字实父，号十洲，出生于太仓一个漆匠之家，后长期居住在苏州。他曾跟周臣学画，也受文征明影响，但其一生却始终是以职业画家或民间艺人的方式从事艺术活动的。他曾长期客居著名收藏家项元汴处，为其临摹前代名家作品。当时城市商品经济十分活跃，广大市民阶层对美术有多方面的需要，而一般文人画家的作品，无论内容和数量都不能满足。故各种画铺便逐渐发展起来，出现了大批的民间画工，他们不仅临摹、复制古画和名家作品，也画灯笼、扇子、年画、插图等，仇英便是其中的佼佼者。现存仇英作品中临仿名迹特别多，如《临宋人山水界画人物画册》、《临贯休白描十六罗汉卷》、《摹李昭道海天落照图》以

仇英像

及《职贡图》、《赤壁赋图》、《西园雅集图》等。

仇英之所以被推重，也由于他特别能创作。其绘画题材十分广泛，山水、人物、花鸟无所不能；其技法也十分全面，青绿、水墨、写意、白描无不擅长。他的作品，有的是独创，有的是改绘。他来自民间，又受文人熏陶，故雅俗兼得。中年以后，仇英将宋人的周密造型和元人的放逸笔墨熔为一炉，形成了一种秀雅纤丽与疏放简逸相结合的画风，具有一种优雅飘逸的气息而较少悲凄冷寂的气氛，这从《桃源仙境图》、《柳下眠琴图》、《停琴听阮图》、《松溪论画图》等都能看得出来。仇英的艺术创作时间并不长，大约20来年却留下了众多精品，许多大作都繁复而工致，可见画家的严肃认真的态度和持久不懈的热情，无怪乎连一向瞧不起民间画的董其昌也大为称道。无疑仇英也以文人趣味提升了民间画的品味，故被后人列为"吴门四家"之一。

松溪论画图（明）仇英

如果说浙派、吴派是由院体画向文人画发展的话，那么徐渭则将文人画创作推向了一个新的高峰。徐渭（1521～1593年），字文长，号天池，又号青藤道士，山阴（今浙江绍兴）人。他自幼博览群书，又好弹琴、击剑、骑射，习佛学道并深通南词北曲。他曾在主持东南军务的浙闽总督胡宗宪幕下为其筹划抗倭之事，但亦因受胡宗宪案牵连下狱以致精神失常。徐渭饱尝了人情冷暖、世态炎凉，此后愤世嫉俗、吟诗作画，纵游大江南北，尤其憎恶权贵。据袁宏道《徐文长传》言："晚年愤益深，佯狂益甚。显者至门，或拒不纳，时携钱至酒肆，呼下隶同饮。或自持斧击破其头，血流被面，头骨皆折，揉之有声。或以利锥锥其双耳，深入寸许，竟不得死。"徐渭晚年贫病交加，搜集书籍数千卷变卖殆尽，不得已时被迫以卖书画糊口，但仍然很狷介，最终在愁苦抑郁中死去。

徐渭一生，遭际坎坷，怀才不遇，故其书画有一种愤狷不平、兀傲不群之气。他画的山水、人物、花鸟无不精妙，尤其是泼墨大写意花卉，奔放淋漓，笔酣墨饱，形超神越，矫然独步千古，具有极高艺术造诣。加上题画诗的影射，画作含意隽深。其自言："吾书第一，诗二，文三，画四。"后人谓之"画最奇绝"，实际上他已成就了文人的狂放，诗文书画均为精神宣泄的载体。现存《杂花图》、《榴实图》、《墨葡萄图》、《牡丹蕉石图》、《芭蕉雪梅图》等，皆笔墨狂舞，气韵横生。

徐渭像

阔略豪放的水墨花鸟，经宋、元至明已取得相当成就，徐渭在前人基础上，不拘成法，大胆创造，顿时别开生面。据说徐渭常在酣饮大醉后作画，自题诗曰："一涂一抹醉中嬉，醉里偶成豪健景。"其画中慷慨的情感通过激动的笔势呈现出愤激的状态，所以那悲痛、孤傲、忧郁以至凄绝或壮烈都能深深地震撼人心。如《杂花图》是幅长卷，作水墨花木13种，分别为牡丹、石榴、荷花、梧桐、菊花、瓜、豆、紫薇、葡萄、芭蕉、梅花、水仙和竹。画面打破了自然时空的界限，撷四时之精英，集万里于一图，充溢着强烈的表现性意味，突出了绘画主体的思想情感。那纵横捭阖的阔大境界与一气呵成的磅礴气势，更是个性解放意识的形象化体现。各种花卉焕发出的种种笔墨情趣，或轻或重，或刚或柔，或枯或润，或虚或实，穷尽变化，相得益彰。这横长数丈的巨构，

墨葡萄图 (明) 徐渭

勾、斫、点、垛、泼、破、醒、化、喜、怒、忧、怨……啸傲徘徊，奔腾踊跃，是骨力与血液的迸发，是生命与情感的张扬。透过那逸笔草草、不求形似的各种物象，可以看到画家是怀着怎样的孤愤与躁动，自然而然地透射出冲决世俗的气质与光芒。作者的所有画作莫不形象简练，格局奇特，行笔泼辣豪放，用墨淋漓痛快，充溢着郁勃不平之气。也正因此，他的卓异开新为后世所共认，并对后人产生深远的影响。

明代后期商品经济发展，思想文化活跃。如果说，徐渭因身世坎坷而愤激狂浪，那么，董其昌则是官运亨通而高雅翻新。他们的共同之处是，在吴门画派的基础上，创出更具特色的个人风格。董其昌（1555～1636年），字玄宰，号思白，别号香光居士。生于华亭（今上海松江），家庭富有。董其昌少年好学，万历十七年（1589年）中进士，官至礼部尚书。在艺苑中他官阶最高，深谙宫廷内部的党争之恶，故在职期间为官为隐远祸全身，而以从事艺术创作为终生志向。他是收藏家、鉴赏家，又是画家、书家，兼美术评论家。

他的绘画，取法董源、巨然、米芾、倪瓒、黄公望等宋、元名家之长而出以己意，晚年又取法李唐吸取营养，所作山水树石，烟云流动，秀逸潇洒，具有平淡清爽、古雅秀润的特色。其传世作品不少，如《夏木垂阴图》、《林和靖诗意图》、《江干三树图》、《山川出云图》、《松溪幽胜图》、《昼锦堂图》及《秋兴八景册》等。他的画全以笔墨气势取胜，将书法渗透到画法中，具有文人画的显著特征。当时松江地区书画买卖成风，许多人求不到董其昌的真迹便出钱买"代笔画"，可见其名望。

董其昌在绘画理论中影响最大的，莫过于其提出的"画分南北二宗"说。他在《画旨》中言："禅家有南北二宗，唐时始分，画之有南北宗，亦唐时分也。但其人非南北耳。北宗则李思训父子着色山水，流传而为宋之赵干、赵伯驹、伯骕，以至马、夏辈。南宗则王摩诘始用渲淡，一变勾斫之法，其传为张璪、荆、关、郭忠恕、董、巨、米家父子，以至元之四大家，亦如六祖之后有马驹、云门、临济儿孙之盛，而北宗微矣！"董其昌特别推崇文人画，在论画中又特别强调南宗画，以至南宗画成为文人画的代名词。他说："士人作画，当以草隶奇字之法为之。树如屈铁山如画沙，绝去甜俗蹊径，乃为士气，不尔纵俨然及格，已落画师魔界，不复可救药矣。若能解脱绳束，便是透网鳞也。""文人之画自王右丞始，其后董源、巨然、李成、范宽为嫡子，李龙眠、王晋卿、米南宫及虎儿皆从董、巨得来，直至元四大家黄子久、王叔

松溪幽胜图（明）董其昌

明、倪元镇、吴仲圭皆其正传。吾朝文、沈则又远接衣钵。若马、夏及李唐、刘松年又是大李将军之派，非吾曹当学也。"

董其昌的论述不能说没有意义，他将画家的作品与修养及风格联系起来，但他"崇南贬北"也不能说没有一点偏见，因此当时就引起一些争论。董其昌的画论对明代前期的绘画是一个反拨，认为"北宗"是"行家"画，只重苦练，没有兴趣，犹如"渐修"表现，甚至说其入"邪道"，未免偏激。他认为"南宗"是文人画，有天分，有书卷气，如禅宗"顿悟"，因此值得赞扬。董其昌由于名高位显，其说在明清时期

影响很大，同时也反映出中国文人在文化中的重要作用。

明代晚期朝政腐败，大势已去，文化上已无法控制局面，所以也出现一些特异的气息。这时的画家尤其在人物画方面有所建树，他们在传统造型的基础上吸收外来因素及民间品味而时有创新。曾鲸（1568～1650年），字波臣，福建莆田人，侨居南京从事绘画，以卓越的肖像画著称。所作人物肖像，逼真传神，气质鲜明，将中国传统的肖像绘画技艺发展到空前的高度。在结构和布局上，画家以描绘对象为中心，背景

葛一龙像（明）曾鲸

简略或不设杂物，虚实结合之中突出人物形象。在造型和色彩上，画家特别注重面部表情，善于表现能够反映精神气质的细节，而面部的色彩处理更是独具匠心，发展了"先笔墨后色彩"的中国传统写真技巧，使人物栩栩如生、形神兼备。曾鲸在南京时，正值利玛窦在中国传教，曾鲸有可能研究和借鉴了西方画法，虽然其基本技法仍是传统的但毕竟有所改进。他所作的《王时敏像》、《葛一龙像》、《张卿子像》都可谓中国肖像画的精品，所画文人学者也都透出端庄、安详、清宁、雅致的神态与气质。曾鲸的肖像画法风行一时，师从者甚多，人称"波臣派"，可见影响之大。

陈洪绶与崔子忠在绘画史上齐名，时有"南陈北崔"之称，也体现出在人物画方面的笔墨高超技巧。陈洪绶（1598～1652 年），字章侯，别号老莲，浙江诸暨人。他自幼习画人物，并得到过蓝瑛的教导，因而具有扎实的基础，创作道路与唐寅相似。他的一生始终伴随着不幸，思想极为痛苦和矛盾，这与徐渭相似，而徐渭那种大胆泼辣的创新精神又给他深刻的激励和启发。所以他的绘画修养很全面，山水、花鸟、人物各具妙道。尤为奇绝的是他

陈洪绶像

那鲜明独特的人物画，既讲究形体表现的夸张，又突出神情表达的含蓄。其早年作品多用细笔，刚中带柔；晚年作品多用粗笔，柔中见刚。所作人

雅集图（明）陈洪绶

物，男人多伟干丰颐、气宇轩昂，女士则秀项纤腰、丽质婵娟，极尽夸张变型之度量。其创作素材不限古今，传世作品很多，如《屈子行吟图》、《归去来图》、《雅集图》、《仕女图》、《蕉林酌酒图》、《晞发图》、《观音图》、《梅石图》、《莲石图》、《三松图》等。他还为版画起稿，著名的有

长白仙踪图（明）崔子忠

《九歌图》、《西厢记插图》、《水浒叶子》等，可见陈洪绶创作的全面。

崔子忠（约 1594～1644 年），字青引，后字道母，号北海，山东莱阳人。少年时曾为诸生，科场失利后遂无意功名，寓居北京，专事绘回创作。董其昌到北京任詹事时，他创作了一幅《洗桐图》相赠。内容是描绘倪瓒指挥仆人用水冲洗梧桐树上的泥污之事，用以肯定倪瓒的高洁，或有洗尽世间污浊的寓意。明亡，自入土室不出至死。传世作品有《洛神图》、《云中鸡犬图》、《张东华像》、《说像图》、《长白仙踪图》、《伏生授经图》等。明末这些人物画家从吴门后期的柔弱风格中走出，糅合晋唐五代传统与民间艺术传统，开辟出一条"宁拙勿巧，宁丑勿媚"的创作道路，可以说是寄寓了多重文化含义而成为明代绘画的最后亮点。

第四章
社会风尚的异动

第一节　饮　食

明代是我国历史上农业文明高度发达的一个时代，同时也出现了以手工业、商贸业逐渐繁荣为表征的资本主义萌芽。明代的膳食结构，中原汉族仍以粮食、菜蔬为主，肉食为辅，其中北方人的主食为面，南方人的主食为米；而分布于广大边陲地区的少数民族则以肉食为主，菜蔬为辅，这与历史基本相同。但从明代饮食发展情况看，前后期又有很大不同。这主要表现在，明代前期社会各阶层成员的饮宴等日常生活的消费标准，均遵循封建王朝礼制的严格限定，很少有违礼逾制的情况发生；但是到了明代后期，特别是嘉靖以后，随着人们思想观念的变化、各式商品的渐趋丰富并具诱惑力，从而启动了社会久遭禁锢的消费和享受欲望，"敦厚俭朴"风尚向着它的反面"浮靡奢侈"转化。这就使得明初统治者法定的社会各阶层成员的消费标准遭到了破坏，各阶层在饮宴生活方面的违礼逾制行为成为普遍的现象。嘉靖、隆庆间人何良俊说："尝作外官，囊橐殷盛，虽不费力，然此是百姓膏血，将来如此暴殄，宁不畏天地谴责耶？然当此末世，孰无好胜之心？人人求胜，渐以成俗矣。"① 明代后期饮食生活的"奢侈"风尚以新、奇为特征，对明代前期等级严格的礼制规定产生了强烈的冲击，这对促进商品经济的繁荣有着积极的意义。但它另一方面也助长了人们的物质享受欲和财富占有欲，加剧了封建统治者的腐化及各种社会弊端的滋长。也正是在这一过程中，中国饮食文化不断丰富，同时明显地具有时代特色。

明代宫廷生活是极尽豪华奢侈的，因为它不仅满足生理需要而且有着政治需求。明代宫廷举办的盛大宴席，参加者不仅有帝后及其家族成员，而且还包括众多的政府要员，其规模大小、参加成员均有严格的等级限定。尤其值得注意的是年节饮膳与宫中筵宴，由于皇权的至高无上、皇家的富贵显赫，从而使得这些私膳公宴华贵、典雅、庄重，等级森严且礼仪繁缛；更因其政治色彩浓烈，故参加者的政治"食欲"远远大于生理需求。如明成祖朱棣迁都北京后，北京便成为全国政治、经济、文化和军事统治中心，每年来自全国四面八方的各种时鲜都荟萃京都进贡皇宫，同时宫中又可征用来自全国各地的名厨高手将各种时鲜加工成美味佳肴。这些时鲜节令饮食大都具有延年益寿、补气养精、强骨健身等方面的食疗功能，又由于它是统治阶级最高层次的活动，因此更具特殊的含义，所以宫中的宴饮对政府、民间的饮食文化活动有着直接或间接的影响。

宫中美味繁多，不胜枚举，特点是月月有新鲜，节节有变化。除山珍海味外，宫廷饮食亦不能免俗，不过更为精美。诸如二月吃河豚，三月吃凉糕、糍粑和烧笋鹅，四月更有许多时令饮食与花卉上市，供人们食用与观赏，如芦笋、樱桃、玫瑰花、芍药花等。五月有端午节，在节日活动中，要饮朱砂、雄黄、菖蒲酒，吃粽子和加蒜过水的温淘面。六月六天贶节，帝后家族要吃过水面。七月中元节，宫中要做法事、放河灯、赏荷花，此时宫中的时鲜食品是鲥鱼。八月中秋节，宫中也要进行

---

① 何良俊：《四友斋丛说》卷三四。

赏月、拜月活动，除了吃月饼、瓜果等节令食品，此时还盛行吃肥蟹，鲜果以石榴和葡萄为美品。九月是菊花盛开的时候，重阳节要吃菊花糕、饮菊花酒。十月天渐冷，各种滋补调养食品增多，如羊肉、牛乳、鲍、螺等，此外帝后还有食羊腰、马卵的特殊习尚，深信其有养身补虚的营养价值及食疗效应。十一月冬至节以后，则进入"数九"寒天，这时宫中饮食更注意御寒养生，故多吃营养丰富、强身健体的食品，以畜、禽为多，且吃法多样，

金壶（明）

以羊为例，就有羊头、羊尾、羊肚、羊肠、羊腰、羊肉等。十二月为年终岁尾，饮食更为丰富多彩，"初八"要吃"腊八粥"，二十四日"祭灶"要蒸点心办年货，三十日"守岁"要吃"年夜饭"。至元旦到十五，则是盛大的节庆活动，帝后要与民同乐，宫中要摆豪华的宴席，御膳精品、市俗花样、地方特产、名馐佳肴百味杂陈。可以说，明代宫宴体现了国力状况，也是政治、经济、文化的集中反映。另外需要指出的是，宫中饮膳有许多传统礼仪，不同的节庆、祭祀乃至开馆、书成都有筵宴，这些筵宴又分为大宴、中宴、常宴和小宴等规格，对于与宴者的身份、地位、座次、仪礼也都有明确的规定。其繁文缛节显然具有明显的政治目的，是直接服务于明代封建统治的文化手段。

明代的贵族、官吏、豪绅是封建统治的重要支柱，他们不仅在政治上、经济上享有优厚的待遇和特权，而且在生活上的豪华奢侈也不亚于宫廷。这是因为，他们往往掌握一定的实权，是最直接的统治者。他们的饮食活动既体现着一定的社会风尚，又在国家重大活动中受到帝王的

赏赐和礼遇，自身还要在各种庆典中举办各种类型的宴席。他们平日的饮食，除了满足基本的生理需要，更重要的是要突出政治和经济上的优越感。所以，饮馔的品种、制作、营养乃至礼仪都十分讲究，甚至在某些方面比宫廷有过之而无不及。尤其到明代后期，社会风气的浮躁使他们的生活更为奢靡。《醒世恒言》中《卢太学诗酒傲王侯》说监生卢楠"世代簪缨，家赀巨富，日常供奉，拟于王侯"。《金瓶梅》中有大量的日常生活描写，第三十四回中说："先放了四碟苹果，然后又放了四碟案鲜：红澄澄的泰州鸭蛋，曲弯弯王瓜拌辽东金虾，香喷喷油炸的烧骨，秃肥肥干蒸的牲鸡。第二道又是四碗嘎饭：一瓯儿滤蒸的烧鸭，一瓯儿水晶膀蹄，一瓯儿白炸猪肉，一瓯儿炮炒的腰子。落后才是里外青花白地磁盘，盛着一盘红馥馥柳蒸的糟鲥鱼，馨香美味，入口而化，骨刺皆香。西门庆将小金菊花杯斟荷花酒，陪应伯爵吃。"从这些日常应酬看，与平民百姓的"粗茶淡饭"也是有很大不同的，可见贫富之差距。至于盛大的宴会，更是声势煊赫。《阅世编》中言，吴下肆宴设席向来丰盛，缙绅之家有时宴请长官，一席之间水陆珍馐多至数十品。而且对饮食器皿的要求极高，礼数也颇为详备。厨师献馔与乐伎弹唱，都尊首席贵客，首席尊客也要备好封赏银两表示赐谢。明代的筵宴以礼数和排场为重，宴席视宾主亲密程度或长或短。当然，同样的奢华豪贵、淫逸纵乐，也有精粗、雅俗之分。

至于民间，明代饮食较之前代也更为丰富。虽然中国有着传统的饮食结构，但明代各地的名、优、特食品却发展起来。明代出现了一些饮食文化专著，如高濂的《饮馔服食笺》、陆容的《菽园杂记》、龙遵叙的《饮食绅言》等。民间的饮食特色主要体现在年节中，但各地的饮食习尚也存在着不同差异，尤其是明代晚期农村与城市的差别是很明显的。富家自制与店铺专卖的糕点果饼较为讲究，如各式火烧、糕、饼、烧卖、馄饨、馓子、蜜饯等。茶、酒则名目繁多品味各异，如茶中往往泡有松子、柑、橙、梅花、茉莉、木樨、杨梅、核桃、榛子、杏仁、榄仁、菱末、栗子、鸡豆、银杏、新笋、莲肉等，酒以金华酒与麻姑酒最为驰名。干鲜果品为数亦不少，如柑子、金橙、苹果、雪梨、石榴、橄榄、大枣、荸荠、李子、雪藕、荔枝、龙眼、枇杷等。当然，其中精品多为富家大户所用，平民百姓不免粗茶淡饭而已。

另外需要指出的是，茶、酒都是文人墨客的所爱之物，因此也就独具意蕴。明代人讲究饮茶的场所、器具、程式、气氛以及趣味，故冯正卿提出"十三宜"及"七禁忌"之说。"十三宜"为一无事，二佳客，三独坐，四吟诗，五挥翰，六徜徉，七睡起，八宿醒，九清供，十精舍，十一会心，十二赏鉴，十三文僮。"七禁忌"为一不如法，二恶具，三主客不韵，四冠裳苛礼，五荤肴杂陈，六忙冗，七壁间案头多恶趣。由此可见清雅格调，进一步发展则有美人伴茶和焚香伴茶的时尚。到明代晚期，江南城镇更出现文人组成的茶会，嗜茶文人因有共同的嗜好、性情、品味、志趣，遂形成茶人集团。他们通过茶会交往，声气相求，使茶会生活走向雅致化、品位化、超逸化。

与茶文化相伴随，酒文化也渐有分野。明代酒楼也有高低雅俗之分，达官贵人举办宴会往往选择高级酒楼。这些酒楼挂有名人字画，也有歌伎舞女，多设于经济发达、交通便利、人文荟萃的大城市，门前多有匾额，如福禄楼、会仙楼、泰和楼、丰乐楼等。散布全国的中小酒店也各具特色，一般以地方名吃、经济实惠为招牌。明代的酒肆不仅供人饮宴享乐，也是重要的社交场所，由此可以看出商业经济的繁兴与文化活动的流尚。

第二节　服　饰

中国历代统治者均十分重视冠服之制，将其作为表明尊卑贵贱的重要标记。明代建国之初虽战事频仍，但朱元璋仍致力于冠服的确立。为了恢复、整顿礼仪、法度，朱元璋将整饬服饰作为治理天下的一项重要内容。由于元代服饰悉以胡俗，所以明代衣制复尚传统。但是毕竟时代在发展，所以朱元璋也并非全盘复旧。比如他认为古代五冕之礼太繁冗，所以决定祭天地宗庙服用衮冕即可，此后一系列帝后、官员、庶民冠服制度都制定下来。明初服饰制度的"斟酌损益"都断自朱元璋的"圣心"，而其"辨贵贱，明等威"有力地维护着等级森严的封建政治体制。然而随着时间的推移，商品经济的发展与繁荣，明朝统治机构的渐趋腐败，财富的占有者不甘于礼制的束缚，人们的思想意识追新求异，往往就可能导致大量越礼逾制的行为发生。

明代后期的服饰变化就体现出鲜明的时代特征，百余年间人们突破贵贱有别的堤防，流风普及社会的各个阶层而成为普遍的现象。比如，明初服饰中最高贵的是龙纹，它素为人君至尊的象征。但到明末，寻常百姓也常用做服装花纹。文官的礼服饰有各种禽鸟图案是明朝的创制，但后来地位卑下的教坊乐工也堂而皇之地仿效。明初只有官宦人家的贵妇才能用金珠翠玉做头饰，至明末倡优也能满头珠翠招摇过市。明初对于服装的着料与用色限定甚严，而到明末小康之家"非绣衣大红不服"。难怪有人哀叹说："人皆志于尊崇富侈，不复知有明禁，群相蹈之。"①这一切表明，现实生活的发展早已冲破呆滞不变的程式，人们的着装与衣饰变化多端而绚丽多姿。

总的来说，明代前期的"俭朴"被明代后期视为"寒酸"，富有"礼制"意味的服饰被充满"市俗"情调的打扮所消解，人们追求"钱"，追求"情"，追求"美"，无厌的奢侈追求与无序的社会统治扭结在一起，形成光怪陆离与贫寒破败的反差与掺杂。

明代在具体服饰形制的确定上，严格遵循周、秦、汉、唐、宋各代的规制，但也有变通。如皇帝的衮冕，就来自周制王冕中的衮冕。洪武

---

① 张瀚：《松窗梦语》卷八。

十六年（1383 年）定，冕前圆后方，玄表𫄸里，前后各十二旒；衮，玄衣黄裳，绣十二章；蔽膝随裳色；黄袜，黄舄金饰。周礼中有衮、鷩、毳、希、玄五冕之制，朱元璋取一而废其四，既厌其繁，又取其尊。衮冕是祭天地、宗庙、社稷、先农及册拜、正旦、冬至、圣节等活动时服用的，充分体现出皇帝的威严。洪武元年定通天冠服，通天冠加金博山，附蝉十二，首施珠翠；绛纱袍，深衣制；绛纱蔽膝；方心曲领；白袜，赤舄；凡郊庙、省牲、皇太子诸王冠婚、醮戒时服之。通天冠之名虽始于秦汉，但明代通天冠实承袭唐制。明初朱元璋甫登御极，便"诏复衣冠如唐制"，礼服如此，常服也是这样。如乌纱折上巾便袭自唐太宗翼善冠，所以永乐三年（1405 年）后便直称翼善冠。至于后妃命妇、文武百官，亦各有等差，各有功用。

金冠（明）

　　以文武百官为例，他们便有朝服、祭服、公服、常服等，而品级又表现在冠梁、服色、纹样、革带、笏板、饰物上。如公服，一品至四品，绯袍；五品至七品，青袍；八品九品，绿袍。袍的花纹以花径大小分别品级，如一品用大独科花，径五寸，依次递减其花径大小，八品以下无纹。腰带一品用玉，二品用犀，三四品用金荔枝，五品以下用乌角。诸如此类，等级森严。明代特别创制用补子分品官高低，洪武二十四年（1391 年）定：公、侯、伯、驸马用绣麒麟、白泽。文官一品用仙鹤，二品用锦鸡，三品用孔雀，四品用云雁，五品用白鹇，六品用鹭鸶，七品用𪆧𪆧，八品用黄鹂，九品用鹌鹑。武官一品、二品用狮子，三品、四品用虎豹，五品用熊罴，六品、七品用彪，八品用犀牛，九品用海马。明朝以补子花样示等第为一大特征，所以明人说"国朝服色以补为别"①。实际上品官衣服上绣有纹样在唐代就已出现，明朝将其发展成为"本朝独创"，此后影响到清代，可见传承关系。

明代生员所服襕衫也是承唐宋而来，唐宋是在衫之下部设有横襕，而明代襕衫则于领、袖、缘均有襕，可谓稽古而不复古。正因有斟酌，有损益，明代服饰集中了历史上汉族服饰的特点又具有新的时代风貌，可谓封建礼制威仪之集大成者。

明初对民间服饰也是有规制的，其用意就在于区别士庶的界限。洪武初年定庶人婚嫁，准许服用九品冠服。洪武三年（1370年）"复制四方平定巾，颁行天下"，寓意天下太平。后又制"六瓣瓜拉帽"，象意"六合一统"，此即后世的瓜皮帽，但不许用顶。后又颁示十三布政使司"毕裹网巾"，网巾遂行天下。除此之外，对庶民的衣料、形制、穿戴都有规定，如不能用锦绮绫罗，不能过长过短，不能戴冠穿靴等。

明初视商贾为贱民，故只许穿绢布而不得穿绸纱，据说"国家于此亦寓重本抑末之意"②。妇女的服饰主要有衫、袄、霞帔、背子、比甲及裙子等。衣料不准用金绣，颜色不准用大红、鸦青和黄色。明朝女服中背子用途更为广泛，其基本样式为直领、对襟、小袖，与宋代相似。比甲是一种无袖、无领的长身对襟马甲，与元代服饰有一定关系，明代后期成为在青年妇女中流行的衣装。明代妇女下身着裙，色尚浅淡，初俭朴，后奢华。明代统治者对奴仆、婢女及伶人、乐伎的服饰有严格限定，如奴仆、婢女只能穿绢布制作的衣、裙，伶人、乐伎只许服用带有侮辱含义的绿色巾。明代妇女着履基本沿用旧俗，按照汉族传统大多缠足穿弓鞋。明初妇女发式花样较少，嘉靖以后变化较多，有各种各样的

① 谢肇淛：《五杂俎》卷十二。
② 何孟春：《纪录汇编》卷一五三。

发髻式样，从明代画家的仕女图中可见。明代年轻妇女还有带头箍的风尚，其由原来的"包头"演变而来，初尚阔，后又行窄，不仅有束发护额作用，而且成为重要的装饰。明末头箍流行黑色，戴用十分方便，富贵权豪之家的妇女常缀以金玉珠宝作为炫饰。

　　应该说，明代前期对庶民的服饰与对官员的服饰一样有明确的规定，但随着政治与经济的发展，人们社会价值与道德观念的嬗变，原先的服饰之禁被逐渐打破，新思潮的兴起和暴富者的挥霍，使人们在生活的各个方面都产生了变化，违礼越制，层出不穷。这种变化反映在服饰方面是非常明显的，爱"美"之心得到前所未有的张扬。如南京官民士庶的服饰，在万历以前是非常朴谨的。迨至万历以后，士人所戴巾子"殊形诡制，日异月新"。士大夫所戴冠巾款式很多，有汉巾、晋巾、唐巾、诸葛巾、纯阳巾、东坡巾、阳明巾、九华巾、逍遥巾等多种。妇女服饰变化尤巨，"首饰之大小高低，衣袜之宽狭修短，花钿之样式，演染之颜色，鬒发之饰，履纂之工，无不易变"①。奇装异服屡见不鲜，观念思潮时有翻新，如奴仆争尚华丽，女装皆踵娼妓，士宦亦喜奴辈穿着。② 浙江则"男子服锦绮，女子饰金珠，是皆僭无涯"③。四川"丑媸出汲，赤脚泥涂，而头上花不减"④。京师兵民家无斗储，而出门却衣饰鲜亮。"或有吉庆之会，妇人乘坐大轿，穿服大红蟒衣，意气奢溢，但单身无婢从。"⑤ 而农村也不乏倾囊追逐时髦的寒素，"家才儋石，已贸绮罗，积未锱铢，先营珠翠"⑥。

　　总之，种种迹象表明，明代后期人们已不顾及统治者意在严格区分尊卑贵贱的那套服饰制度，他们在社会生活的丰富多彩和思想观念的更

---

① 顾起元：《客座赘语》卷一、卷二。
② 范濂：《云间据目钞》卷二。
③ 张瀚：《松窗梦语》卷八。
④ 张瀚：《松窗梦语》卷二。
⑤ 史玄：《旧京遗事》。
⑥ 顾起元：《客座赘语》卷一、卷二。

《玉簪记》插图（明）

新求变中日尚华奢。这从一个侧面反映了明代后期封建统治的颓废和自由思想的勃兴，反映了从农耕社会向商品社会过渡的人生状态，反映了充满理性的传统社会向情感泛滥的市俗情趣的转变。尽管明朝国力日下，正在走向倾颓的边缘，但社会风气却闪烁着炫目的华彩，人们在追求美感中走向一个朝代的衰亡。

第三节　居　处

明初朱元璋开国后，重要的治国举措之一便是酌古通今确定封建礼制。由此制定的等级原则体现在各个方面，以求实现封建统治的长治久安。建筑也不例外，威严的皇宫象征着至高无上的权力。随着经济的繁荣、生产的发展、科技的进步和文化的需求，人们的居所较之前代也发生了变化，其中又以诸多旧城名都面貌一新，人口繁盛商贾云集之区的扩建，以及名门望族的豪宅大院最具特色。何景明曾在《入京篇》诗中写道："轩京若水流，宫阙似云浮。畿甸一千里，山河十二州。城中甲第共崔巍，别起云甍接露台。旭日才临万户动，飞尘遥见九关开。九关鸡鸣竞车马，百僚已集金门下。入卫皆为龙虎军，来朝尽是貂蝉者。"明代传统文化的复旧与社会思潮的异动，构成了建筑格局规整而多元的面貌。

明代皇宫作为帝王起居的场所，规模宏大，气势雄伟，数量上、质量上都超过了前代。朱元璋建都南京时，生活俭朴，无力营建辉煌的都城。明成祖即位后，迁都北京，调集全国匠师，征用天下材料，用了14年时间，建成了气势非凡的紫禁城。北京城是在元大都的基础上经改造而建成的，这主要是因为元大都的规划就成功地渲染了皇权的威严，同时明军攻入大都时城市也没有遭到严重的破坏。

北京城的中轴线由南向北可分为三大段。第一段自外城正门永定门向北通过内城正门正阳门至皇城前广场的入口大明门（清称大清门），此段节奏最缓和，是高潮前的铺垫。第二段自大明门起向北通过皇城正门承天门（清称天安门），其后的端门和宫城正门午门，穿过整个宫城到达宫城后的景山，这一段层层宫门、重重院落，组成跌宕起伏、大小开合的许多体量和空间，气氛浓烈，是高潮所在。由景山至钟楼是第三段，此段较短，是高潮后的收束。沿轴线布置的建筑、街道、广场和院落在形象高低、大小、方向以及气势的开合、氛围的张弛、节奏的疾徐上统一中有变化，达到很高的艺术水平。比如，大明门体量不大，形象较简单，门内广场纵而狭长，有很强的引导性。其后的承天门立在红色城台上，高大辉煌，门前有金水河流过，广场转为横阔。在此，气氛由平和转向激昂，充分突出了承天门的气势。其后的端门广场方形较小，四面高墙，有过渡意味。午门广场宽同端门但颇纵长，尽端的午门呈凹字形，巍峨雄壮，给人严峻威压之感。午门后为宫城，有前朝、后寝、御花园之分。前朝以太和殿、中和殿、保和殿为主。太和殿踞于三层白石台基上，重檐庑殿顶，体量巨大，庄重稳定，昭示着皇权的巩固，是全部建筑的中心，也是皇帝处理政务的地方。中和殿、保和殿为高潮后的收束部分。三大殿两侧还有文华、武英两组宫殿。后寝也称内廷，布局与前朝相似，但尺度远比前朝要小。其本身是一纵长庭院，先后有乾清宫、交泰殿和坤宁宫，这些建筑石台只有一层，是帝后居住的地方。

两侧还有一些宫殿供人居住。宫城最后，还有一座供帝后妃嫔们玩乐的御花园，这儿有花草树木、山石水池，富有生活情趣，是游观休闲之处。此外，整个宫城还有一些附属性建筑。如内廷的一些服务性屋舍与前朝的办公性朝房，依照古代"左祖右社"制度建有太庙、社稷坛等。这些建筑都统一在黄瓦红墙的庄重色调中，在大片民宅的灰色基调衬托下显得十分突出，强调了皇家气派与皇家尊严。

在等级森严的礼制思想指导下，明初统治者有一套严格的住宅等级规划。如一品二品厅堂五间九架，三品至五品厅堂五间七架，六品至九品厅堂三间七架，不许在宅前后左右多占地，构亭馆，开池塘。庶民庐舍不过三间五架，不许用斗拱，饰彩色。这一官方规定虽然最初有效地控制了建筑规模，但明代中期以后逐渐被打破。这是由于一些权豪势要随着实力的增长生活奢侈起来，中国地域的广大与住居习惯的不同也导致了建筑的多样化。

在北方，民居以四合院住宅为典型代表，这种格式充分体现出封建礼教、宗法观念、等级制度对百姓生活习尚的支配作用。民居一般按照南北纵轴线对称地布置房屋与院落，不过大门多位于东南角上，门内有照壁，致使外人难以窥知宅内的活动。院北的正房供长辈居住，东西厢房则是晚辈的住处，南侧的房屋通常为客房、书塾、杂用。房屋之间有走廊联系，正房左右附以耳房，置卧室、杂屋和厕所。住宅四周，由各房后墙及围墙封闭起来，墙上一般对外不开窗，而在院内栽植花木或陈设盆景，从而构成舒适安静的生活环境。大型民居则有两个或更多的四合院向纵深方向排列，有的还在左右建别院。至于更大的民居，则在左右或后部营建花园，显得阔大与豪华。这种民宅，体现了北方地理、气候与伦理、等级意识。

在南方，也多为沿纵轴线布局的封闭式院落，但方向不限于正南正北。大型民居住宅多在中央纵轴线上建门厅、轿厅、大厅及住房，再在左右纵轴线上布置客厅、书房、厨房及杂屋等，从而形成中、左、右三组纵列的院落群组。后部住房常为二层建筑，楼上有廊相通。为了减少太阳辐射，院子多采用东西横长的平面，院墙及屋墙上开窗以利通风。院内常凿池叠石，广植花木，以示优雅。有的院落很大，各建筑组群之间有"备弄"（即夹道）串联，宛转曲折，井然有序。这种民居，既保持传统的格调，又有变化的灵巧，和谐统一，融人伦与自然为一体，带有明显的江南人文特征和环境因素。

　　总的来说，中国各地民居都有地方特色，如山西、陕西地区的窑洞，福建、两广地区的土楼，各少数民族住居更是形式多样，依土随俗。但却都有一个特点，即等级秩序与人伦关系的体现，以及随着时代发展追求富丽堂皇和精美谨巧。

　　明代的官宦缙绅与富商大户随着权势与财富的增多，往往在日常起居生活方面显示出尊贵地位和文化雅好，这从式样繁多的明代家具可见一斑。明代家具主要有案、桌、几、椅、凳、床、踏、柜、箱等，每一类中又可分为各种制式以供不同需求之用，如椅子就有太师椅、靠背椅、扶手椅、交椅等。富贵人家家具颇讲究，用材精良，做工细致，造型洗练，色泽秀美。以"硬木家具"

人物故事图册（明）仇英

为代表的"明式家具"，基本上承袭五代、两宋以来俊朗清雅的髹漆家具的形式与风格。由于海外交通的发达，一些珍贵木材如花梨、紫檀、红木等源源不断地输入中国。这些木材质地坚硬，色泽优美，纹理细腻，制作家具时可更为精巧、谨致，采用烫蜡而不髹漆的工艺使木质裸露，就使家具更有天然质朴、浑厚典雅的艺术风韵。

明式家具在设计方面，也特别注意结构与造型的统一。其框架式的结构方法符合力学原则，也形成了优美的立体轮廓，从而呈现出体型稳重、比例适度、线条利落、端庄活泼且又适用大方的特点。明代家具还注意向成套化、配套化方向发展，以苏州为代表的家具制作中心考虑到人们起居的各种需求，生产出既便于生活又利于陈设的系列家具，制造商们可根据建筑的规模、布局、用途考虑家具的尺度、式样、种类，如厅堂、卧室、书斋便风格不同而统一。明代家具的审美观念追求整体效应与局部装饰，在富家大户的住宅中，家具陈设大都采用成组成套的对称方式，为使室内气氛不致呆板，又往往灵活多变地陈设饰物予以调剂。总之，明代家具多取平衡格局，利用形体、色彩、质感造成一定对比效果，加之书画、挂屏、文玩、器皿、盆景、花卉，又都具有鲜明的色彩和优美的造型，与褐色家具及粉白墙面相配合，形成一种素雅俊爽的装饰艺术效应。

明代建筑中还有一种景观是园林，尤其是明代中期以后建园之风甚盛，构成了明朝建筑中的别一道风景。私家园林的兴建，说明等级观念的打破和官僚缙绅的富裕程度。这些园林，北方南方都有，以顺天府（北京）与江宁府（南京）为盛，不胜枚举。园主们一般都很有政治和经济地位，他们选择交通发达、商业繁盛的通都大邑居住，但又颇求自然情趣与闲逸风尚，故不惜精力、钱财构筑园林。这些园林既是园主生活起居修身养性的场所，也是交接名流宴享宾客的佳处，因此修得十分精美、华贵，并以此夸富显荣、标榜身份。这种竞奢之风，更开清代造园之先河，也为此后造园建筑工艺积累了宝贵的经验。

第四节　车　轿

明代社会的行止礼仪也是与封建等级观念有紧密联系的，这主要体现在交通工具的规制上。明太祖朱元璋为了显示皇帝的权威与统治的秩序，参照古代的车舆制度对上至帝后下至官员作了较为详尽的规限。明代前期的皇帝是坚决维护与保障等级森严的车舆制度的，其对违礼越制者的制裁迫使天下人不得不循规蹈矩。但是到了明代后期，随着封建统治阶级的腐朽、礼法制度的废弛以及人们思想观念的活跃，致使法定的封建等级车舆制度产生动摇，从而在不少地方出现了违礼越制的现象。

明初朱元璋是本着既要威仪又要节俭的原则制定车舆之制的，故天子车辂并不奢华但要庄重。据《明史·舆服志》载，明初大朝会，有司设五辂于奉天门，玉居中，左金，次革，右象，次木。驾出则乘玉辂，后有腰舆以八人载之。其后太祖认为玉辂太侈，用木辂即可。又有人言辂当以金饰，太祖诏用铜。"六年（1373 年），命礼官考五辂制，为木辂二乘。一以丹漆，祭祀用之。一以皮鞑，行幸用之。""二十六年，始定卤簿大驾之制，玉辂一、大辂一、九龙车一、步辇一，后罢九龙车。永乐三年（1405 年），更定卤簿，大驾有大辂、玉辂、大马辇、小马辇、步辇、大凉步辇、板轿各一。"由此可见，明代车舆之制是逐渐形成的，也并非完全照搬古代而有很大变通。后妃、王子、公卿、百官也随之有相宜名目，各有定制。明成祖以后，皇帝的车舆趋向豪华，尤其是大辂，既高且广，鬃红镀金，雕龙饰凤，花毯锦褥，极尽华贵之能事，但对百官还是严格控制。如洪武元年（1368 年），令凡车不得雕饰龙凤。六年（1373 年），令凡车轿禁丹漆。由于朱元璋不欲勋臣废骑射，虽上公出行亦多乘马。永乐元年（1403 年），驸马都尉胡观越制乘晋王济熺朱辕棕轿，为给事中周景所劾，有诏宥观，而赐济熺书切责之。

越到后来，乘车坐轿者越多，而令行却难以禁止。如朱元璋时对车轿控制得很严，但妇女与老病者可乘轿。景泰四年（1453年），令在京三品以上得乘轿。弘治七年（1494年），令文武官例应乘轿者以四人舁之，其王府管事、内外镇守、守备及公、侯、伯、都督等不问老小者皆不得乘轿，违例乘轿及擅用八人者奏闻。可见随着天下太平，尽管法制森严但僭越愈多，不得不三令五申又稍加宽缓。轿子原称肩舆，古有之但简略，且因以人舁之而为仁人义士所不取，偶为老病者所用尚可谅解，然宋代开始时兴起来。明初对乘轿有严格限定，后来也成为身份地位的象征。如皇帝的座轿，顶髹红漆。一般士民乘坐的轿子，就简单得多。官员随品级各异，座轿的质料、装饰、大小和轿夫人数也就有别。

明代民间的行止习尚基本上还是依据传统的生活习惯，但随着社会总体生活水平的提高也有很大改善。由于明代百姓处于被统治被支配的地位，受生活条件所限交际范围也就相应较窄。他们除必须遵守封建国家法定的严格限制外，还受到封建传统伦理观念的严重束缚。只是到了明代后期，尤其是在城市，才产生了冲破礼法等级观念、大胆追求个人价值的风气；而在农村，广大人民仍然过着饥寒交迫的生活，尽管走亲访友也想风光一下，但贫穷的条件和闭守的观念使他们不可能有很大的炫耀。

明代民人的行止习尚主要表现在交通工具和交际礼仪上，由于全国各地经济发展的不平衡、地理条件的限制、民族生活习俗的不同等诸多因素的影响，交往方式也有很大的差异性。如在南方的鱼米之乡，民人行旅的主要交通工具是船只、轿子；在中原地区，一般民人行旅时多乘坐车、轿、马、驴等；在北部边疆地区，游牧民族以骑马、骆驼为主；在南部偏远地区，少数民族生活在高山峻岭，只能以徒步为主，也有乘象、骑马的风尚；此外有的民族在横渡江河激流时，还发明了诸如皮筏等渡水工具。这表明明代民人的行旅工具及手段不仅多样化，较之前代也有改善和发展。民人所用的交通工具，都较官员简朴，主要还是因为政治地位和经济状况所限。如车子有大小之分，大车用以载物，小车用以载人，一般用骡子挽行。车以木制，较少装饰，有的车子有篷子、围子，形似轿子，故称轿车，专供人乘。

灞桥风雪图（明）吴伟

从明代的情况看，车的形制无甚差异，但装饰却有贵贱之分。洪武元年（1368年）就规定，凡庶民所乘车、轿，并用黑油、皂幔，齐头平顶，不得云饰。这样限制用色用饰，目的就在于维护封建统治阶级的等级制度，当然也限制了民人交通工具向更高水平发展的可能性。又如轿子，有"显轿"、"暖轿"之分。显轿也称"凉轿"，或称"山轿"，其制简易，不施帷幔，多与华盖罗伞相配用。暖轿则有顶、厢，装饰讲究，民间百姓迎娶送嫁时多用之，故有"彩轿"、"喜轿"、"花轿"之称。从《明史》看，朝廷对乘轿是有严格限制的，但违礼逾制者越到后来越多，明人小说中多有描写，尤其是妇女常用做代步工具。《明史·舆服志》亦载："嘉靖十五年（1536年），礼部尚书霍韬言：'礼仪定式，京官三品以上乘轿。迩者文官皆用肩舆，或乘女轿，乞申明礼制，俾臣下有所遵守。'乃定四品下不许乘轿，亦毋得用肩舆。"由此可见，明代前期官民能够严格遵守禁令，但至明代后期时官民已普遍敢于违令了。他们追求交通工具的奢侈豪华，出现了背离封建传统的倾向。这虽然只是出现在官府和城市，但也可以看出封建政令的日益失效。迨至明末，一些优伶公然乘坐华丽轿舆招摇过市，以致引起士人的感喟和忧虑。

总之，明代后期商品经济的萌芽促使市民阶层产生，他们试图冲破原有观念过上富裕舒适的生活；而贵族、官僚凭着政治上的权势和经济上的富有，增长了生活上的欲望和身份上的炫耀；心学中鼓动个性意识的因素，也促使全社会消解着陈旧的规范。尽管大部分劳动人民还遭受着沉重的剥削和压迫，但鱼龙混杂的竞富风气毕竟给社会带来巨大的影响，因而乘车坐轿的景观无疑产生了广泛的社会效应。

第五节　婚　姻

　　明代的婚姻制度与礼仪风尚，在继承传统的同时也有损益和创新。明代朝廷对婚礼有详尽的规定，其目的显然是想用"礼"达到维护国家封建秩序的目的。但从实际存在的婚姻形态看，除宗室诸王遵奉约束外，其他阶层的婚姻、礼仪并不严守禁限。尤其是到了明中叶以后，随着封建传统礼制的腐化，社会商品经济的发展，人们价值观念的改变，出现了追求婚姻自由、个性解放以及情欲放纵的势头。当然，这些现象有其进步的意义也有其丑陋的因素，当一个社会处于变革临界时，其躁动冲决沉闷也就往往产生多重的效应。

　　明代帝后的婚姻礼仪标志着皇家的尊贵也是天下的大事，因此以繁缛、豪华、典雅、隆重显示帝后的身份也代表国家的形象。明代帝后的完婚成礼，基本还是依照古代六礼的程序，要纳采、问名、纳吉、纳征、告期和发册亲迎，但天子并不亲迎，以示天子之尊。纳采、问名是相亲阶段，天子要择吉日遣礼官祭告天地宗庙，然后备办礼物冕服升座举行仪式，此后正副使由仪仗队引导前往皇后府第相亲。皇后府第也设相应礼仪恭候使者到来，使者至陈礼物于正堂并奉制书于案，主婚者奉命执事后设酒馔款待使者，使者回转奉天门向司礼监复命。纳采是男家向女家行礼，表示求婚意愿。问名是女家同意，告知男家该女名字及生辰。纳吉是男女双方交换生辰，各自卜得吉兆。纳征是卜吉后，表示婚姻成立。告期是男家派媒人向女家问明结婚日期。奉迎就是迎亲礼。明代天子无亲迎之礼，其他礼节大致如纳采、问名。天子迎亲是派使节前往奉迎皇后。使节承命率皇后卤簿车辂至皇后府第说明行奉迎礼，接着女官以九龙四凤冠袆衣进皇后，内官陈仪仗于中堂前并设女乐于堂下，皇后具服出阁听宣奉迎，之后向父母告别升舆而出。在仪仗引导下由大明门入宫，百官朝服班迎于承天门外。皇后至午门时鸣钟鼓停卤簿，皇后出舆进庭，皇帝下阶迎接，二人入内殿，诣更服处更衣。皇帝具衮冕，皇后更礼服，同到奉先殿行谒庙礼。还宫，行合卺礼，帝后两卺和合进酒，其间礼仪烦琐。次日早，帝后谒见皇太后行四拜礼，再次日到皇太后宫行八拜礼。还宫后，皇后向皇帝行八拜礼。接着帝后接受内宫、外廷等贺礼。颁知天下，大礼告成。明代帝后婚礼规模盛大，礼仪繁缛，耗费巨重，是处处体现政治色彩、封建特权与等级意识的婚姻活动，也是对王公贵族、官员民人进行的一次有炫耀性与示范性意义的婚姻礼制教育。

由于明代的皇家宗室在国家政治、经济、军事生活中居于十分特殊而重要的地位，因此他们的婚姻更多地考虑为巩固和加强封建中央集权的国家机器服务。明代前期，皇帝通过宗室的婚嫁联姻文武勋贵，企图以血缘和裙带关系来达到屏藩帝室的目的。明代后期，为了防止宗室以婚嫁的手段形成威胁帝权的力量，因而对宗室的婚姻状况又有严格的限制。总的来说，宗室成员的婚嫁都由皇帝决定去取，其礼仪也是按照"六礼"的程序进行，一切都有详尽的规定，体现着礼制的森严。如果说，皇帝宗室的婚姻都不是以爱情为基础，那么这种风气对品官和百姓的影响也是巨大的。中国古代传统的婚姻观念是为"两性之欢"、"传宗接代"，而在实际的两姓结亲中往往更多地考虑政治、经济利益。

明代统治者为强调"务从节俭，以厚风俗"的"重人伦"的理想目标，因而制定了许多措施以打击"专论聘财，习染奢侈"的不良习气。明代初年，朱元璋就对品官与庶人的婚礼程序作了相应的规定，目的就

《彩笔情辞》插图（明）

在于崇尚节俭与制止浪费并避免越规逾制。许多旧族仕官以阀阅自重，婚嫁必求门当户对，所以等级思想严重造成了讲究门第的婚俗。民间百姓婚礼仪式相对简单，简化"六礼"程序择要而从之，大体仿照品官诸仪而又习民俗。如新郎可借用九品官服，新娘亦可假凤冠霞帔。亲迎前日，新娘家可派人到新郎家陈设新房，俗谓之"铺房"。婚后三天，新婚夫妻可仿先秦古制回岳父母家，称"归宁"，俗称"回门"。

本来，明代统治者要求士庶之家婚嫁不得过求仪物，但在实际婚姻中人们并未严格遵守法律条文的规定。尤其到后来，明代婚姻中的情欲因素与买卖关系日益严重，这就打破了礼仪的制约而具有自由和商品的气息。明代的小说和戏曲中多有对爱情自由的歌颂，但也不乏对买卖婚姻的大量描写。明代后期的婚姻关系突破了门第观念，更多地被金钱、才色所取代。暴发户可凭钱财结姻高门，嫁女者可凭许嫁重索彩礼，而且婚礼大讲排场，节俭者反受耻笑。《杜十娘怒沉百宝箱》中可见金钱、权势与才情、姿色的纠葛，《金瓶梅》中的描写更可见聘妻纳妾与身份、地位、钱财、色相的关系。当然，由于明代强调封建礼制和贞节观念，男尊女卑的现象十分严重而长久不衰，女性作为弱者只有依附和从属于男性，还很少有个人能够争取幸福婚姻的权利。

第六节　丧　葬

明代建立后，朱元璋特别强调礼制，既有恢复汉族传统的思想旨意，也有明确等级森严的统治要求，因而大制礼法，颁行天下。丧葬制度古来已久，明代在承袭的同时也有许多新的调整，主要还是为强化封建等级观念以维持现行社会秩序。从整个明代的情况看，前期封建皇权的专制意识是非常突出的，整个天下笼罩在皇权至上的阴影里，一切考虑都是从皇家的尊严出发，因而帝后死都以山陵崩形象喻之。到明代后期，皇权统治有所削弱，社会经济有所发展，人们思想有所解放，所以丧葬礼俗也有新的表现，如不像前期那么沉重而多少具有宽松的气氛。但有明一代，封建正统思想是非常浓烈的，所以宫廷里有嫔妃殉葬，民间多有节妇烈女。只是由于社会的进步，一些人对死的看法有所改变，这才放松了对活人的压抑。可以说，整个明代就像是封建社会的回光返照，因为它集封建礼教之大成似乎要使人回到更为严酷专制的世态中去，也正因这种不合时宜的倒退阻滞了社会的发展，而使人的本性在自觉过程中不免得到张扬。

明代帝后生前荣华富贵，死后也是奢侈尊隆。他们驾崩之时，也是全国臣民伤心之日。朝廷规定，丧期内禁止一切娱乐活动，全体臣民都要为之服丧戴孝。朱元璋死时，礼部议定，京官闻丧的次日，要穿素服、戴乌纱帽、佩黑角带，赴内府听宣遗诏。服丧期间，要"朝哺诣几筵哭"，至下葬为止。服丧满 27 日，方可释服。命妇服孝服，去首饰，由西华门入宫哭丧。诸王、世子、王妃、郡主、内使、宫人都要服斩衰三年，群臣要穿麻布圆领衫、戴麻布冠、扎麻制腰带、着麻布鞋。全国各地依制服丧悼念，各地遣官赴京致祭时由礼部安排。《明史》对各种礼制记载甚详，对丧礼也不例外，十分繁杂，由此可见重视程度。

但史官对嫔妃殉葬似言有顾忌，因而语焉不详，或许宫中亦觉不太人道，故秘而不宣。然而从一些史料看，明前期100年间，嫔妃殉葬是屡见不鲜的。中国的殉葬制度起源于父系氏族公社确立之后并相沿成习，但自汉代以后已很少有用活人殉葬的情况，这说明了历史的进步。尽管统治者用木俑、陶俑代替活人说明他们仍有那种奴役别人的阴暗心理，然而明代统治者真用活人殉葬却是公然宣示对人道的蔑视。《野获编》卷三载："按太祖孝陵，凡妃嫔四十人，俱身殉从葬，仅二人葬陵之东西，盖洪武中先殁者。"《明会典》对殉葬事多有记载，但甚简略。《明史·后妃传》曰："历成祖、仁、宣二宗亦皆用殉，景帝以郕王薨，犹用其制。盖当时王府皆然，至英宗遗诏，始罢之。"《李朝实录》世宗卷二十六云："及帝之崩，宫人殉葬者三十余人。当死之日，皆饷之于庭，饷辍，俱引升堂，哭声震殿阁，堂上置小木床，使立其上，挂绳围于其上，以头纳其中，遂去其床，皆雉颈而死。"

上有行之，下必效之，既然皇帝以嫔妃殉葬，王公大臣也就依循，可见明初礼教之苛虐，而朝廷竟然鼓励这种做法。据明各朝实录及杂书载，人殉之事颇多，且都给以封赏。如"宣德元年（1426年）十月，唐琼烃薨，年二十一，谥曰靖，郏县高氏女为王妃，未封，闻之自经，追封唐王妃"。"正统四年（1439年）六月乙未，周宪王妃巩氏薨。妃宣德四年册立，至是王薨，妃以死殉。上闻讣遣中官致祭，命有司营葬如制，谥贞烈。王夫人施氏、欧氏、陈氏、韩氏、张氏、李氏同日卒，俱谥贞顺，以一品礼葬之。""景泰元年（1450年）正月韩王范圯薨，年三十，王妃刘氏自经，谥贞烈，宫人于氏亦自经。"此妻妾殉夫实为变相人殉，也正是封建礼教宣扬的"殉节"。天顺八年（1464年）英宗崩，临终时召宪宗谓之曰："用人殉葬，吾不忍也，此事宜自我止，后世勿复为。"或许英宗经历坎坷对人生有所了悟，废除人殉实是一件举国庆幸的大事。

此后明朝皇帝死，就很少有用后宫嫔妃殉葬的了。但由于礼教思想根深蒂固，社会上殉葬风气仍很流行。为此，宪宗再次下诏严禁殉葬，说："先帝上宾，顾命毋令后宫殉葬，可以为万世法，况王府前此未尝有用殉者，今辽王葬其子，乃欲以其妇殉之，何其戾耶！礼部其移文所司，启王勿用，迁其妇别室，毋令失所。"虽然诏令严禁，却又时常嘉许。如成化二十二年（1486 年）六月己亥，宁河康僖王死，宫人王氏、杨氏、张氏、段氏自经殉王，赠夫人。皇帝表面上严禁人殉，而实际上却又纵容，关键是封建礼教思想作祟。这种观念一直持续

《性命圭旨》插图（明）

到明末，李自成农民起义军即将攻进北京城时，崇祯帝吊死煤山，周皇后、袁贵妃奉旨殉死，魏宫人率领三百宫女跳水溺死，以示效忠皇帝，可见传统的节烈观之强大。[①]

中国远古时人死不埋，后文明进步始有土葬，愈到后来坟制愈讲礼法等级。皇帝的坟称为陵，这一方面是因为地广土高形似陵，另一方面当然也含有博大尊崇之意。明代的埋葬制度，对帝后陵址的选择、陵墓的形状、墓室的建筑以及棺椁的制作、随葬的物品都有明确的规定。明代的陵址选择自朱元璋始就注重风水，陵墓的形状因孝陵采用圆形宝顶的形式而此后成为法例。对墓地的修建更不惜人力物力，其根本原因在于体现皇权尊严，突出皇帝在国家社会政治生活中的特殊性和重要性。

明代除开国皇帝朱元璋葬在南京外，其后因迁都北京，帝陵均选择

---

① 参见刘精义：《明代统治者的殉葬制度》，载《史学月刊》1983 年第 4 期。

京畿附近的山麓坡地。整个十三陵墓区面积约 40 平方公里，位于今北京市昌平县北 10 公里的天寿山南麓。北、东、西三面山岳环抱，群峰耸立，13 座皇陵沿山麓散布，各据岗峦，气势雄阔。十三陵聚集一处，长陵是陵区的主体，建于永乐二十二年（1424 年），其布局也是其他明陵的典范。长陵的东、西侧众陵排列，互相呼应，如家族子孙血脉联系。长陵的陵道也是墓区共有的陵道，其初是山口外的石牌坊，由此往北是碑亭，其后路旁有成对的石雕神兽，如狮子、獬豸、骆驼、麒麟、象、马等，接着还有文臣、武臣。长陵陵园由墙垣环绕，陵前有三重庭院，建筑雄伟，其后便是地宫。

从已发掘的定陵地宫来看，基室平面以一个主室和两个配室为主体，用巨石发券构成若干墓室相连，结构坚实。明代皇帝普遍厚葬，随葬品十分丰富。除人殉外，明器显得较为特殊。明器也称盟器、冥器、鬼器，是为随葬制作的并无实用价值的各种器物的模型，应有尽有。如朱元璋下葬时，其随葬的明器就是按照其卤簿之制陪葬的。

总之，明代的丧葬制度无不体现着等级的差别。即如品官，一品官墓地为 90 方步，二品官为 80 方步，三品官为 70 方步，以此递降。同样，坟高也有尊卑之别，一品为 18 尺，二品为 16 尺，三品为 14 尺，依此类推。墓碑制作，一品为螭首龟趺，二品为麒麟首龟趺，三品为天禄、辟邪首龟趺，四至七品为圆首方趺，圆首的碑又称碣，原则上庶人墓前不许立碑碣。随葬明器，公侯 90 事，一、二品为 80 事，三、四品为 70 事，五品为 60 事，六、七品为 30 事，八、九品为 20 事。[①] 可以说，明代丧礼程序复杂，名目颇多，繁文缛节，等级分明。

明代朝廷对民间丧葬习俗也是尽可能纳入礼仪制度的，但从明代文献记载看，民间的丧葬习俗受朝廷影响，但也不完全受礼制的约束。明初承元朝旧习，有火葬、水葬之法。朱元璋规定，天下郡县设义冢，禁

----

① 以上参见《明会典》、《明史》有关"丧礼"部分。

止浙西等处火葬、水葬，凡民贫无地以葬者，所在官司择近城宽闲地立为义冢，敢有循习元人焚弃尸骸者，坐以重罪。此后土葬之风渐恢复，但在南方土地较紧张、经济较发达地区仍未彻底禁绝。

根据汉族传统和明朝法令，民间丧礼也有许多程序，基本沿袭古礼，为的是强调宗法制度与血缘亲情。朝廷表彰节烈的做法导致民间出现了许多"节妇"、"烈女"，这些变相的人殉与儒家"奴仆殉主，妻妾殉夫"的思想观念紧密结合在一起。据各地方志所载，明朝"节烈"现象普遍存在，政府予以旌表，家族引以为荣。这些殉节的妇女，死法多种多样，有的绝食饿死，有的服毒吞金，有的上吊自缢，有的投河跳水，也有的触石而亡。[①] 尽管明朝规定百姓不许立碑碣，但一般人死后总要立石以示纪念。贫穷人家一般丧事从简，没有杉木棺椁用草席代之而已。

但是明代中期以后由于思想观念的转变，丧俗也有反常现象。如死者家人大请和尚、道士做法事，虽然儒家认为这样有违丧事主哀、居丧废乐的精神，但居丧之家修斋、设醮不减。同时，居丧违礼的现象也日益增多，出殡时常有扮戏唱词、鼓乐前导、设荤酗饮的场面。这说明，随着社会的发展，传统礼教思想观念有所淡漠，佛、道中一些对生死的看法与商品经济条件下人们的意识复杂微妙地扭结起来，中国丧葬礼俗也正因此出现错综复杂的各种情况。

第七节　商　贸

明代初年，重农抑商。随着土地垦辟的增加，生产技术的提高，专业经营的扩大，总体生产水平比前代有所上升。在此基础上，农副业、

---

① 参见徐吉军、贺云翱：《中国丧葬礼俗》，浙江人民出版社 1991 年版。

手工业相应发展，商业贸易活动呈现繁荣的势头。特别是明中叶以后，商业网络的建立、地方商帮的增多、商业经营与流通领域的扩大，使商贾成为一支不可忽视的社会力量。他们在商贸活动中积累了丰富的经验和大量的钱财，由于他们头脑灵活、手段多样、敢冒风险、涉世较深，因而也形成了一套较为系统和颇有特色的商贸实践技巧与经营理念，并自觉遵守约定俗成的一些行规和习惯。

明代商贸经营活动多选择在城镇进行，这是由于城镇一般交通发达便利。同时也有一些地方正因商人聚集而变成城镇，主要是商业利益的驱动使人口增多。这样，城镇就发展起来，成为商品汇通之处。许多城镇明初人口不多，但明中叶以后却人口倍增。明人周思兼说："夫清源，北有永济之利，南有江淮之饶，齐鲁之间都会也。但清源初无城，正统己巳，北边多事，始城清源城，俗所谓旧城也。其后生齿日繁，南北商贸，舟车百货，轮辏并至，于嘉靖时又筑新城，而清源遂为一车毂击，人肩摩，商旅往来日夜无休时之大都会矣。"①《吴江县志》载："吴江县市，自县治达于四门，元以前无千家之聚。明成弘间居民乃至二千余家，方巷开络，栋宇鳞次，百货县集，通衢市肆以贸易为业者往来无虚日。嘉隆以来，居民益增，贸易与昔不异。"

城镇经商，也有不同，各具特色。如《万历宣府镇志》载："先年宣大市中，贾店鳞比，各有名称。如云南京罗缎铺，苏杭罗缎铺，潞州绸铺，泽州帕铺，临清布帛铺、绒线铺、杂货铺，各行交易铺，沿长四五里许，贾皆争居之。"由此可见，各地绸缎汇聚于此，商人争门头以利之。明末顾炎武记《苏州府》则曰："苏州人聪慧好古，亦善仿古法为之。书画之临摹，鼎彝之冶淬，能令真赝不辨之。善操海内上下进退之权，苏人以为雅者，则四方随而雅之；俗者，则随而俗之。其赏识品第本精，故物莫能违。又如斋头清玩，几案床榻，近皆以紫檀、花梨为

_____

① 周思兼：《周叔夜先生集》卷五。

尚。尚古朴不尚雕镂，即物有雕镂，亦皆商、周、秦、汉之式。海内僻远，皆效尤之，此亦嘉、隆、万三朝为始盛。"苏州文人气重，古来商贸发达，故甚有品位又能操纵市场。刻印书籍也有专地，胡应麟《少室山房笔丛》卷四："凡刻之地有三，吴也，越也，闽也。蜀本，宋最称善，近世甚稀。燕、粤、秦、楚，今皆有刻，类自可观，而不若三方之盛。其精，吴为最；其多，闽为最；越皆次之。其直重，吴为最；其直轻，闽为最；越皆次之。"

而明代最著名的是徽商，其专营盐、茶、木、质铺，精明强干。陈去病《五石脂》曰："徽人在扬州最早，考其时代，当在明中叶。故扬州之盛，实徽商开之，扬盖徽商殖民地也。故徽郡大姓，如汪、程、江、洪、潘、郑、黄、许诸氏，扬州莫不有之，大略皆因流寓而著

石湖小景图（明）文嘉

籍者也。"商人经营本不易，最初往往是为生活所迫，然贩货有利可图，一旦条件变好则世人趋之若鹜。经商之风大盛，各地乃出名产，明人王士性感慨系之："杭州省会，百货所聚。其余各郡邑所出，则湖之丝，嘉之绢，绍之茶之酒，宁之海错，处之瓷，严之漆，衢之桔，温之漆器，金之酒，皆以地得名。惟吾台少所出，然近海海物，尚多错聚，乃不能以一最佳者擅名。"[①]

---

① 王士性：《广志绎》卷四。

在商贸活动中，商人为讲求信誉扩大财源，合理运用经营之道，取得丰富的经验并养成勤谨的习惯。如明万历年间宁波人孙春阳在苏州经营"南货铺"，其严店规，精选货，专营售，明职掌，勤结算，不仅明代天下闻名，至清二百余年不衰。[①] 明代商人还注重宣传，各种大小商店、行铺的招牌、匾额、招幌、挂帘颇为醒目。现存明画《南都繁会景物图卷》中可见一斑，如"天之美禄"、"东南两洋货物俱全"、"西北两口皮货发寄"、"兑换金珠"、"极品宫带"、"川广杂货"、"京式靴鞋店"。商家还注重名人效应，如许多酒店的"酒望子"由名家书写，高挂楼头，迎风招展，内容雅致，招徕顾客。

许多商家除有固定的经营场所外，还不时根据需要出外流动经营。如每遇庙会、集市、会考，书商们便"辇肆中所有，税地张幕列架，而书置焉，若綦绣错也，日昃，复辇归肆中。惟会试，则税民舍于场前，月余试毕贾归"[②]。明代福建易地货贩经营甚盛，王世懋在《闽部疏》中说："凡福之绸丝，漳之纱绢，泉之蓝，福延之铁，福漳之桔，福兴之荔枝，泉漳之糖，顺昌之纸，无日不走分水岭及浦城之小关，下吴越如流水。其航大海而去者，尤不可计，皆衣被天下，所仰给他省，独湖丝耳。"商贾易货有时还有"牙行"操作，牙行的商人也称"牙人"、"牙侩"，他们为买卖双方沟通，有着独特的作用。如湖南洞庭湖一带盛产香橘，民人每到秋季橘收时，必先寻"牙侩"然后售运外地。"牙人"在进行中介活动时还有自己的"行话"，外人难以通晓，以便从中赚取利益。

明代商人地域观念较重，合伙经商十分讲究信用。沈思孝在《晋录》中说，山西"豪商大贾甲天下，非数十万不称富，其居室之法善也。其人以行止相高，其合伙而商者，名曰'伙计'，一人出本，众伙

---

① 钱泳：《履园丛话》，《杂记》下。
② 胡应麟：《少室山房笔丛》卷四。

共而商之，虽不誓而无私藏"。明代商人为保护自身财产与人身安全，多有集结商社、组成行会的习俗。扬州者名"扬帮"，苏州者名"苏帮"，徽州者为"徽帮"，山西者为"晋帮"，不一而足。他们出外经商，建有商社、会馆，遇事会议相帮。各行也有行规，不得违反，不讲信义者为人唾弃。总之，商人们在经商活动中也有商德和约法，当然在竞争中也各有计谋和神通。

明代商人经商而求富，但传统色彩还是很浓。比如他们十分看重祭奉财神以及各种保护神，以求发

《海内奇观》插图（明）

财和平安。这些神多有来历，寄寓着丰富的含义。但来历又多不详，不过是民间把许多愿望加之于身。比如财神就有赵公明、关圣帝以及增福财神等。祭奉财神无非是期望招财进宝，降魔压邪，求福增寿，所以财神的形象也被塑造得各种各样。财神一般被安置在会馆中，也有的被供奉在店号的神龛中，定期都要祭祀。除此之外，还要祭祀号神、火神，以保店号，以免失火。尤其是当铺，存有大量当品，最怕遭灾，所以祭祀也勤。

商人为求发财，还有勤俭创业的习惯。他们本来就起步艰难，因此富裕起来仍保留着节俭的本性。徽州商人汪拱乾，"精会计，贸易于外者三十余年。其所置之货，皆人弃我取，而无不利市三倍。自此经营，

日积日富，而自奉菲薄。并诚诸子，不得鲜衣美食，诸子亦能守成"①。但商人有时夸富，也有竞相奢靡的时风。如同样是徽商，歙人吃穿皆以四方之美好为奇快，巷舍所居也修建得豪华壮观。他们表面上挥金如土，讲究排场，但实际上也精打细算，甚至悭吝。

徽商中还有好儒的风尚，商人们有钱以后乐于投资文化事业，虽然这有提高个人品位播扬名声的用心，但也有益于社会风尚的引导和促进群体教育的发展。明初黄仲荣，经商致富，遂翻修家园，修身养性②，这当然包含着重儒轻商的情结。汪光晃"以服贾致裕，专务利济，族中茕苦者，计月给粟。设茶汤以待行李，制棉絮以给无衣，施医药以治病人，设义馆以教无力延师者"③。商人还有好义急公、助贫济孤的风习，资助公益、慈善事业。休宁徽商汪奇相，一生"好善乐施"，"交友以信，饮人以和，接缙绅士夫以礼，济饥馁以粥，掩暴骼以棺，还券以慰逋负，散财以给窘乏。至于修道路，造亭桥，诸所善果靡不伏义之，不少吝"④。

徽商是明代有名的商帮，反映出部分商人整体素质的提高、道德意识的加强以及价值观念的转变。这一切不排除因果报应、仁义礼智之说对商人潜在的心理影响，但也不能否认商贸活动促进了经济发展、探讨了市场规律以及带来了观念的进步。

第八节　娱　乐

明代的娱乐习俗于守旧中有创新，极大地丰富了朝野的生活内容，在继往开来中展示出雅俗并举的特点。明代娱乐文化活动的发展与繁

---

① 钱泳：《登楼杂记》。
② 《新安黄氏会通谱·黄处士仲荣公墓志铭》。
③ 《安徽通志》卷一九六。
④ 休宁：《方塘汪氏宗谱·周德堂记》。

荣，是与明代封建社会的统治思想和民间趋尚紧密相关的。它与广大农村文化水平的提高及诸种文化背景因素相适应，又与城镇商品经济的活跃和市井生活的兴旺相生发，因而被赋予诸多新鲜内容和生命活力。娱乐活动本就是人们生活需要，所以不但社会各阶层成员乐于参加，就是皇帝贵族也不能免俗而乐在其中。帝王本着"与民同乐"的精神对各种传统文化活动给予肯定和提倡，由于时代发展许多文化活动又具有时新的色彩，这就使明代娱乐活动出现了多种花样翻新的景观。

娱乐活动一般在逢年过节中表现得最充分，年节文化与娱乐活动本来就有源远流长的密切关系。年节活动中有很强的宗教性、礼仪性、娱乐性，但随着历史的发展娱乐性日益突出。如传统的年节本来就是因祭神驱鬼而产生，但伴随着祭神驱鬼活动娱乐成分增加。祭神活动中的巫舞本为娱神，后来更多成为大众观赏的艺术。大傩原本是打鬼的巫术，后来成为一种娱乐活动被搬上街头。明代的年节娱乐气氛很浓，这也是调节人们情绪、继承民族传统、教化社会成员的有效措施。

明代由年初到年尾节日不断，娱乐内容也随节日更递而变化。据《明宫史》载，元旦期间宫内要烧香、燃鞭、跌千金。立春前日要举行迎春仪式，凡勋戚、内臣、达官、武士要比赛跑马，较出优劣。元宵节时帝后勋戚内眷要登楼观玩赏灯，届时宫中有精彩的杂技表演，即兴时嫔妃们也做各种游戏。元宵节应该是中国传统最热闹的节日，明代永乐以后帝王特许节日放假10天。节间花灯高照，人声喧天。各种娱乐活动层出不穷，尤其是杂技最为精彩，令观者触目惊心。其他还有耍龙灯、舞狮子、跑旱船、变戏法、说唱、蹴鞠……玩者技高，观者咋舌。民间游艺活动更多，如室内有掷骰子、推牌九、一点半、打梭哈、捡红点……室外则有百戏、六博、投壶、猴戏、鱼戏、高跷、弄丸、踢毽、陀螺、竹马……各种活动，不胜枚举。诗人、画家唐寅《元宵》诗曰："有灯五月不娱人，有月无灯不算春。春到人间人似玉，灯绕月下月如银。满街珠翠游春女，沸地笙歌赛社神。不展芳樽开口笑，如何消得此

明宪宗元宵行乐图 (明)

良辰。"《金瓶梅》第十五回《佳人笑赏玩月楼》中写道:"金莲灯,玉楼灯,见一片珠玑;荷花灯,芙蓉灯,散千围锦绣。绣球灯,皎皎洁洁;雪花灯,拂拂纷纷。秀才灯,揖让进止,存孔孟之遗风;媳妇灯,容德温柔,效孟姜之节操。和尚灯,月明与柳翠相连;通判灯,钟馗共小妹并坐。师婆灯,挥羽扇,假降邪神;刘海灯,背金蟾,戏吞至室。骆驼灯,青狮灯,驮无价之奇珍,咆哮吼吼;猿猴灯,白象灯,进连城之秘宝,玩玩耍耍。七手八脚螃蟹灯,倒戏清波;巨口大髯鲇鱼灯,平吞绿藻。"由此可见,大江南北,普天同乐。

三月清明节,又称"鞦韆节"。明代的上巳、寒食都已并入清明,所以清明节的内容也很丰富。这天,皇帝要驾幸回龙观等处踏青,坤宁宫及各宫内要安置鞦韆供后妃宫女玩耍。民间就更会游玩,人们外出踏青,踏青也有寻春、不老之意。此外还要荡鞦韆,这也是一项驱寒健身的体育活动。另外还有蹴鞠,也就是踢球,要有体力还要有艺术。人们还放风筝,风筝多种多样。人们还斗禽,有斗鸡、斗鸭、斗鹌鹑。趁此机会,许多民间艺人还赶场献艺,更多的人或漫步绿茵,或嬉戏水畔,或野餐宴饮。端午节,帝后要驾幸西苑观看龙舟竞渡以及骑射击球等表演。李东阳在《竞渡谣》中写民间端午场面:"湖南人家重端午,大船小船竞官渡。彩旗花鼓坐两头，齐唱船歌过江去。丛牙乱桨疾若飞，跳波溅浪湿人衣。须臾欢声动地起，人人争道得标归。"过端午是很古老的风俗，越到后来越有娱乐性质。

七月七"七夕节"时，宫眷内臣穿用鹊桥补子，宫中设有乞巧山子，进行乞巧娱乐活动。民间虽简单，但却十分普遍。七月十五日"中元节"，主要活动是做法事，放河灯，赏荷花，斗蟋蟀。庞垲《长安杂兴效竹枝体》诗曰："万树凉生露气清，中元月上九衢明。小儿竞把青荷叶，万点银花散火城。"八月十五日中秋节，明代宫中有"祭月"系列庆贺及娱乐活动，民人团聚一起赏月、宴饮、游戏。九月九重阳节，明代皇帝驾幸万寿山或兔儿山、旋磨台，登高郊游；民人也结伴出游，赏菊登高，饮酒赋诗。山会无所不有，各种秋令佳品纷杂陈列，艺人设帐架台招揽观众，人们熙熙攘攘折茱萸以驱邪。冬

《虫经》插图（明）

至节，已是农闲时，宫内备办打稻之戏和过锦之戏。所谓打稻之戏，即以扮演农事为主，目的在于体现"祖宗传知稼穑艰难之美意"。所谓过锦之戏，主要是扮演世俗故事，刁赖词讼与杂耍把戏妙尽其曲引人入胜。民间各种玩赏活动也很多，尤其是城镇就更热闹些。

至除夕，人们阖家熬夜，辞旧岁，迎新年，也要举行许多庆祝活动与娱乐活动。一方面是吃、穿，吃好穿美；一方面是玩、乐，会玩能乐。除夕因是夜晚，活动多在室内，如打麻将、推牌九、掷骰子、玩梭哈等。新年期间，娱乐活动走向高潮，扎台唱戏、打场说书、设局赌

彩、摆摊竞博……五花八门，应有尽有。人们以欢乐迎接新年，帝王亦"与民同庆"，那些敬祖祭神的礼仪当然不能忘记，但人们对"年"的盼待不如说是对"皆大欢喜"的憧憬。

明代除年节娱乐活动外，平时娱乐方式也很多，最为人喜闻乐见的是杂技百戏。杂技百戏先秦西汉就有，特别是国家有重大典礼时往往举行演出。《续通典》卷九十《乐》六云："明武宗正德三年（1508 年），令移文各省，选乐工有精通艺业者送京供应。自是所隶益复猥杂，筋斗、百戏之类，日盛于禁掖。"当时各省送乐户进京城，由政府供养。为研习节目，仍沿袭元制，专设教坊司。每逢盛大的庆典、宴会，诸伎就出演各种艺技。由于明代宫廷的倡导，民间的杂技百戏也十分普及。元代丰富的演艺遗产，在明代也得到发扬光大。

具体说来，明代各种技艺演出很多，如"飞叉"，民间迎神赛会常以此开道。叉头雪亮，装有铁环，舞时花样繁多，使之在臂、腿、肩、背处滚动，或抛掷空中，或左扭右转。如果在叉两头缠上布条，浸油点火，晚间熄灯表演，则叫"火叉"。还有"中幡"，是在一根碗口粗细三丈长的大竹竿顶上，装有一条绣以象征吉利的语句或图画的绸缎长幅，竹竿上还饰有小旗、小铃等吉祥物品。耍时艺者操纵竹竿弄幡飞转，不时用臂、肩、背、额甚至下巴等部位，而中幡始终不倒，舞弄时幡幅飘展，铃声丁当。"耍花坛"也是一种杂技节目，舞者轮番用头顶、手抛、脚踢、臂滚等动作，将各种大小不同的瓷制花坛、大缸或酒瓮翻滚旋转，动作稳健，表演朴实。其他的还有"双石"，是一根竹杠两端装有圆形石块，舞者健壮有力，还有各种技巧。"杠子"，是将一根木杠两端雕刻龙头横缚于木架上，艺人在上做各种表演以供人消闲娱乐。《梼杌闲评》第二回《魏丑驴迎春逞百技　侯一娘永夜引情郎》中写道"鞑鞡技"表演："及点到一班叫鞑鞡技，自鞑鞡国传来的，故叫作鞑鞡技。只见一男子，引着一个年少妇人，并一个小孩。看那妇人只有二十余岁，生得十分风骚。看那男子上来叩了头，在阶下用十三张桌子，一张张叠起。然后从地下打一路飞脚，翻了几个筋斗，从桌脚上一层层翻将上去，到绝顶上跳舞。一回将头顶住桌脚，直壁壁将两脚竖起。又将两脚钩住桌脚，头垂向下，两手撒开乱舞。又将两手按到桌沿上，团团走过一遍。看的人无不骇然。他却猛地从桌子中间空里，一一钻过来，一些不碍手脚，且疾如飞鸟般下来……"这位男子便是魏丑驴，是携妻带子游荡江湖的杂技艺人。其妻也不简单，蹬技绝高，其子从小受濡染、训练，也身手不凡。书中又写："收回桌子，只用一张，那妇人走上去，仰卧在上，将两脚竖起，将白花绸裙分开，露出潞绸大红裤子。脚上穿着大红满帮花平底鞋，只好三寸大，宛如两钩新月，甚是可爱。那男子将一条朱红竿子，上横一短竿，直竖在妇人脚心里。小孩子爬上竿子去，骑在横的短竿上跳舞。妇人将左脚上竿子，移到右脚，复又将右脚竿子，移到左脚，也绝不得倒。那孩子也不怕，舞弄了一会，孩子跳下来，妇人也跳下桌子。"这位少妇蹬竿能保持中心稳定，孩子在空中也不畏惧，可见技巧之高。

　　明朝娱乐活动很吸引人，所以也影响着时尚。田汝成《西湖游览志余》中记艺人表演："树长竿于庭，高可三丈，一人攀缘而上，舞蹈其颠，盘旋上下，有鹞子翻身、金鸡独立、钟馗抹额、玉兔捣药之类，变态多端。观者目瞪神惊，汗流浃背，而为此技者，如蝶拍鸦舞，蓬蓬然自若也。"《金瓶梅》第九十回《来旺盗拐孙雪娥　雪娥受辱守备府》中写："原来是本县相公公子李衙内，名唤李拱璧，年约三十余岁，见为国子上舍，一生风流博浪，懒习诗书，专好鹰犬走马，打毬蹴鞠，常在三瓦两巷中走，人称他李浪子。那日穿着一弄儿轻罗软滑衣裳，头戴金顶缠棕小帽，脚踏干黄靴，同廊吏何不韦带领二三十好汉，拿弹弓、吹筒、毬棒，在杏花庄大楼下，看教师走马卖解，竖肩桩，隔肚带，抢枪舞棒，做各种技艺玩耍，引了许多男女围着哄笑。"从南到北，玩风不减，尤其是到明朝后期。从以上描述可以看出，江湖艺人使纨绔子弟都钦慕艳羡。

水浒叶子二幅（明）

明代中期以后，娱乐活动中也出现一些陋习恶俗，这主要是封建传统中的腐败因素与市场经济中的混乱意识造成的。如赌博，博戏本为民间游艺，而当与赌结合在一起，就成为一种公害。赌博在中国起源很早，从上层到下层都有，明代也是普遍现象。尤其到后期，从士大夫到无赖，兴趣颇浓。博戏本为竞胜，而伴以赌钱就更为刺激，娱乐性质变为谋生手段，导致社会出现许多问题。张亮采《中国风俗史》说："明代万历末，太平无事，士大夫无所用心，间有相从赌博者。至天启中叶，始行马吊之戏，而明末的朝士，若江南、山东，几乎无人不为，几有穷日尽明，继以腊烛，人事旷而不修，宾旅阙而不接的态势。"《崇明县志·风俗》云："赌则旧用叶子、枭卢、排九诸戏，妇女戏牙牌。近又名目繁兴，博尤豪恣，村市无赖倚庇土豪保甲公然聚赌，商贾农夫辍业以嬉。"《太仓州志·风土》谓："近则绅士俨为窝主，习不知非，乡镇倚庇，衙差公然聚赌。以至私枭、光蛋，百十成群，开场纵博。农人辍来以喜，遂至抗租倾产。又有游手无赖，于秋间设局为斗蟋蟀之戏，谓之开插，以纸花为筹标决胜负。冬则易为斗鹌鹑，谓之开圈，与赌无异。"

赌博形式名目众多，可谓五花八门，应有尽有，使人不能自拔。《昆新两县续修合志·风俗》："俗之恶有三，一曰赌。昔年亦赌，而今更甚，他邑亦赌，而此更盛。游湖、打牌，下至蹴鞠、跌钱，无非赌，而掷骰压宝更甚。"其结果是"富者贫，贫者冻馁，病狂丧心，不死不休，是皆窝赌者勾引藏匿，为祸烈也。"赌博能使人荒废本业，荡费家资，品行变坏，丧尽天良。斗殴由此而生，争讼由此而起，盗贼由此而多，匪类由此而聚。所以它对淳朴风俗、教化人伦、安定社会、保障生活都是严重的危害，不少赌徒因嗜好赌博而荡尽家产并步入绝境。

除赌博现象日益滋长外，嫖娼宿妓现象也日益加重。娼妓在古代社会中普遍存在，随历史发展呈现出不同的情况。明初官妓制度较为盛行，它是唐宋以来官妓制度的延续。官妓的来源是罪犯妻子，明初包括俘虏的元人妻女和忠于建文帝诸臣的妻女。明代中期取缔了官妓，这是我国娼妓史上的一大变革，但从此以后，娼妓完全由私人经营。同时，明政府是严禁官员狎妓宿娼的，一旦发现有违禁令者往往罢职不叙。但尽管法令森严，官员挟妓侑酒者仍大有人在。

嘉靖、万历年间，皇帝倦于勤政，官员也陶情花柳，前期禁令形同虚设。城市经济的发展，个体意识的勃兴，一方面冲破了封建婚姻制度的束缚，有其进步意义；另一方面纵欲思想的产生，也促使享乐生活误入糜烂的歧途。娼妓于是大量发展起来，无论是繁华都会还是偏僻乡邑都可见到。《梅圃余谈》说："近世风俗淫靡，男女无耻。皇城外娼肆林立，笙歌杂遝。"《五杂俎》云："今时（指万历时）娼妓布满天下，其大都会之地动以千百计，其他穷州僻邑，在在有之。终日倚门卖笑，卖淫为活，生计至此，亦可怜矣。两京教坊，官收其税，谓之脂粉钱。隶郡县者则为乐户，听使令而已。"《陶庵梦忆》卷四写扬州娼妓盛况："巷口狭而肠曲，寸寸节节有精房密户，名妓、歪妓杂处之。名妓匿不见人，非向导莫得入。歪妓多可五六百人，每日傍晚，膏沐薰烧，出巷口，倚徙盘礴于茶馆酒肆之前，谓之站关。"

综合文献可知，明代娼妓最盛之城当推南京。据钱谦益《金陵社夕诗序》言，南京娼妓，于弘正之间初兴，嘉靖中年始盛，万历初年再

《古今列女传》插图（明）

盛，万历末则极盛。余怀《板桥杂记》则将南京妓女分为三等，下等卑屑猥琐，中等间有殊色，上等则南曲名姬。明末还出现了许多名妓，如陈圆圆、董小宛、柳如是、李香君等。这些上等妓女文学艺术修养很高，写诗作画，读史弹琴，住居清洁优雅，容貌美丽可人，风流蕴藉，才情不凡。一些低级妓女则境况很差，她们没有接受专门的教育，为生活所迫只好卖身度日，往往有窝主操纵控制，也有私自拉客者聊取钱财。明代小说中有大量描写，可见已是非常普遍的现象。

在此情况下，明代还出现了《嫖经》，其保存在明朱元亮辑注、清张梦征汇选的《青楼韵语》中。《嫖经》介绍嫖妓的原则、方式、技巧以及注意事项等，目的在于说明嫖妓也要得体才能取得愉悦。总之，晚明的纵欲时风助长了嫖娼的恶习，导致整个社会陷入无序状态而委靡不振，究其根本原因，当然是统治者出现了问题，所以，明朝大势已去也是无可奈何的事情。

第十编 清：风起云涌的苦痛追寻

上卷

国势盛衰与现实动向

第一章
盛强国势

第一节 皇权的巩固

满族是中华民族大家庭中资格很老的民族之一，自古居住在我国东北的"白山黑水"之间，其族源可上溯到先秦的肃慎、两汉的邑娄、魏晋南北朝的勿吉、隋唐的靺鞨、宋元以来的女真。这些历史上的部族不尽专为满族的先祖，但包括满族的先世在内毫无疑义。满族的名称出现于我国明代后期，而其正是在统一了东北各部族之后新建的族号，同时与清朝的建立与崛起也有着密切关系。

明朝的东北，女真族分成三大部，即建州女真、海西女真和野人女真。各部之内也并不统一，常常出现互相攻伐的现象，严重阻碍了社会的发展。年轻的努尔哈赤凭着自己的胆略才识，肩负起统一女真诸部的历史使命。他先从建州本部开始，用了 5 年时间统一了建州五部。此后逐渐征服了海西、野人诸部，使四分五裂的女真族重新凝合起来。应该说，努尔哈赤是满族的民族英雄，他顺应了历史的潮流和人民的期望，为满族建国奠定了坚实的基础。

努尔哈赤死后，皇太极嗣位。他巧妙地打破了四大贝勒俱面南坐的制度，取得了"一体独尊"的权势。接着，他削弱贝勒旗权，加强大汗

满文老档（清）

集权。又相继编立蒙古八旗和汉军八旗，统一了黑龙江流域。而后，"参汉酌金，用心筹思"，"务使去因循之习，渐就中国之制"①，完善国家机构。在政治革新中，注意选拔人才，量才录用，使许多儒生参与政权建设。至1635年，皇太极宣布废除"女真"称号，定族名为"满洲"。次年四月，诸贝勒、大臣诣阙劝进，皇太极去汗号称皇帝，定国号"大清"，改元"崇德"。中国历史上最后一个封建王朝宣告建立，同时也表明皇太极誓与明朝抗衡而廓清宇内的志向。在彻底征服了朝鲜和蒙古后，皇太极便集中全力开始向明朝发起攻击。在明军屡战屡败的情况下，清军对明朝由长期的相持阶段转入战略进攻。然而，在"今明国精兵已尽，我兵四围纵略；彼国势日衰，我兵力日强，从此燕京可得矣"②的情势下，52岁的皇太极于1643年深秋"端坐而崩"。

皇太极死时未留遗诏，谁继大统成为悬念。经过一场剑拔弩张的萧墙争斗后，以睿亲王多尔衮三兄弟为一方，以皇太极长子肃亲王豪格为一方，以庄妃博尔吉济特氏为首的后妃集团为一方，共同达成妥协方案，将庄妃所生的皇太极第九子福临推上皇帝的宝座，年号顺治。因福临时年仅有6岁，故由大权在握的多尔衮与济尔哈朗辅政。1644年（顺

---

① 《天聪朝巨工奏议》卷中，宁完我：《清变通大明会典设六部通事奏》。
② 《清太宗实录》卷六十二。

治元年）春，李自成领导的农民军进入北京，推翻了已走向穷途末路的明王朝。满洲贵族意识到入主中原此时正是难得的机遇，遂命多尔衮为主帅率2/3的旗兵入关。

　　与此同时，占据北京的农民军领袖李自成为防清兵侵犯，多次派人招降明山海关守将吴三桂。在招降未成的情况下，李自成不得不率师东征，兵锋直指山海关。吴三桂在得知农民军前来进攻的消息后异常焦虑，立即派人向多尔衮求援，希望以降清保住自己的官爵和富贵。这样，在共同对付农民起义军的前提下，满汉官僚地主阶级联合了起来。而李自成对此却缺乏足够的估计，对即将到来的与满汉联军作战更是认识不足，因而在思想上和行动上都没有做出任何必要的准备，这就注定了农民军在这场激战中必然失败的结局。

　　山海关一战中，多尔衮诡计多端，他先让吴三桂军与李自成军拼死搏杀，至双方已精疲力竭时，方令隐蔽着作壁上观的清军突然杀出。李自成猝

山海关东门

不及防，全线崩溃，只得带领余兵退却。多尔衮又令吴三桂乘势追杀，致使李自成退出北京返回西安。此战是明清之际一次十分重要的战役，清军靠坐收渔人之利扫清了入关建立全国政权的障碍。

　　在吴三桂的引导下，多尔衮率兵进入北京，明朝官僚、地主纷纷开门迎降。多尔衮为尽快建立全国统一政权，竭力扩大清朝统治的阶级基础，提出了"除暴救民"、"复君父仇"的口号，下令全国军民为崇祯帝服丧，官僚、地主只要薙发归顺照旧录用。针对京城内外人民惊疑未定、讹言遍地的情况，多尔衮意识到要安定民心必须迁都燕京（今北京）。于是与诸王商议，认为"燕京势踞形胜，乃自古兴王之地"，遂派辅国公吞齐喀等人前往盛京（今沈阳）"迎驾"①。当年九月，顺治皇帝与满洲统治集团抵达北京。十月初一，祭告天地社稷，举行登基大典。礼成，皇帝颁诏天下，在诏书中说清廷定都燕京是"荷天眷"、"顺民情"，另外又祈求天地"佑助"，使"我大清皇图永固"②。由此标志着清朝中央政权在全国的确立，一个新的王朝出现在中国的历史舞台。

清廷入关之初，为了稳定政权，曾颁行一些安民措施。但与此同时以及稍后，又实行残酷的民族压迫政策。主要内容有：一是实行"圈田"。即把畿辅五百里内汉人的土地圈占给八旗将士，而汉人则被扫地出门一无所有。"圈田所到，田主登时逐出，室中所有，皆其有也。"③二是强制"剃发"。此令起初尚未严厉执行，汉人剃发与否听从其便。但在清军攻陷南京之后，清廷以为天下大定，乃重申"剃头之令，不遵者斩"④。三是惩治"逃人"。根据清廷颁行的"逃人法"，满洲贵族的奴仆有逃走者，"将逃人鞭一百，归还原主"，"邻右九家、甲长、乡约各鞭一百，流徙边远"⑤。四是逼勒"投充"。即满洲贵族可以任意逼勒汉人投充旗下为奴，凡在京城300里内外各州县村民皆可逼为奴役，特别是各色工匠务令投充，以致民心不安唯思逃窜。五是残酷"屠城"。扬州既破，清豫王多铎"传令尽杀百姓"⑥，于是"清兵屠旧城，男子

---

① 《清世祖实录》卷五。

② 《清世祖实录》卷九。

③ 史悼：《恸余杂记·圈田》。

④ 《明清史科》甲编第六本。

⑤ 《清世祖实录》卷二六。

⑥ 钱肃润：《南忠记·督师大学士史公》。

无长少皆死，妇女尽缚归营"①。自
此之后，一系列屠城事件接踵而
至，如苏州、嘉定、嘉兴、广州、
桂林、昆明皆受屠城之灾。正是这
种民族高压政策，激起了汉族各阶
层人士的强烈反抗，使民族矛盾上
升为社会的主要矛盾。可以说，从
顺治元年（1644 年）至康熙三年
（1664 年）的 20 年间，反对民族压
迫的斗争此起彼伏连绵不绝，其人
数之多、地区之广、来势之猛、声
威之大为中国历史上所罕见，但在
强横的清军的严厉镇压下终于接连
失败而偃旗息鼓。

顺治帝像

　　自山海关大战清兵入关后，河北农民首先点燃了抗清的火炬。此后抗
清的烈火迅速燃遍了京畿腹地、黄河两岸、大江南北乃至其他少数民族地
区，社会各阶层的成员都自发地行动起来参与到这场有关民族存亡的战
争。在这种形势下，清政府采取了坚决镇压的军事措施。他们派兵紧追李
自成，迫使农民军放弃西安南下湖北，使李自成在通山县九宫山战争中牺
牲。与此同时，又派兵进攻四川张献忠领导的农民军，使张献忠在川北西
充的凤凰山战死。这样，两支庞大的农民军队伍由于骤然失去统帅而陷入
困境。为了摆脱危机局面，李自成和张献忠余部提出了"翼赞明藩"的策
略，这才保住了残存的地盘并与南明永历王朝联合了起来。

　　顺治元年（1644 年）五月中旬，在以史可法为首的明朝官吏的拥
戴下，明神宗的孙子、福王朱由崧在南京称帝，年号弘光，建立起南明

---

① 　查继佐：《国寿录》卷二。

史可法像

政权。然而在南明王朝面临生死危机关头，以马士英为代表的投降派却处处反对以史可法为代表的抗战派，致使史可法无用武之地，江北四镇拒不听其指挥。次年四月，清军包围扬州，史可法困守孤城，城破被俘，不屈而死。五月，清军占领南京，朱由崧、马士英被俘，福王小朝廷倾覆。

顺治二年（1645 年）六月，明朝官绅张国维、方国安等人又在绍兴拥立明太祖第十世孙、鲁王朱以海监国，建立了鲁王政权。不久，明礼部尚书黄道周和福建海盗、都督总兵官郑芝龙又在福州拥立明太祖第九世孙、唐王朱聿键为帝，建立了隆武政权。这两个统治集团在大敌当前的情况下，不以民族利益为重，相反为争"正统"水火不容，各自内部也钩心斗角，热衷于争权夺利，无法形成统一指挥、配合作战。因此，纵然有张国维、黄道周这样的坚决主张抗清、恢复明朝天下的忠臣也无济于事。清朝统治者看到这些情况，采取了以军事进攻和分化离间相结合的策略，先后诱降了鲁王政权的方国安和唐王政权的郑芝龙，接着未费吹灰之力就击败了张国维和黄道周的抗清力量，两个弱不禁风的小朝廷也随即寿终正寝。

顺治三年（1646 年）十二月，明两广官吏丁魁楚、瞿式耜又在广东肇庆拥立明神宗之孙朱由榔为帝，建立起永历王朝。永历政权成立时，清军已控制了黄河流域和长江下游地区。顺治四年（1647 年），清军陷广州，攻肇庆，永历帝逃走两广间。李自成部将郝摇旗等从大局出发，自湖南来桂林，与明将何腾蛟等联合作战，接连打了几场胜仗，收复了衡阳、长沙等地。而此时在清军后方，起义军也广泛发动攻势，出现了南明时期的第一个抗清高潮。

此后，全国抗清形势时好时坏，持续不断，但主要战场在西南和东南。在西南，张献忠余部在李定国的带领下，频频给清军以重创，其他农民军也趁势而起，协同作战，使清军忙于招架。在东南，郑芝龙的儿子郑成功以厦门、金门为中心，继续进行抗清活动，并多次拒绝清廷的招降，几次率师北上，使清廷大为震动。

但起义军在大好形势下被胜利冲昏了头脑。西南方面由于内部矛盾激化，接连作战失败，永历皇帝被迫逃往缅甸境内。顺治十八年（1661年），吴三桂率军大举入缅，俘虏了永历帝，并将其带回昆明处死。李定国得知消息，忧愤而亡。顺治十六年（1659年），正当清军大举进攻李定国时，郑成功发动了一次大反攻，从海道溯长江，锋线直抵南京近郊，占领了镇江、芜湖等重镇。

郑成功像

但其为一时的成功所自喜，没有乘胜进取而贻误了战机，使清军赢得了喘息的时间。清军利用郑成功过生日而"卸甲饮酒"的时机大败郑军，郑成功只得仓促退出长江，返回厦门。

但是，此后全国抗清余波仍存，直至康熙三年（1664年）八月初，李自成侄李锦的儿子李来亨在茅麓山被清军所攻破，李来亨全家举火自焚，所部3万余人或死或散，没有一人投降。至此，长达20年之久的全国范围的抗清斗争方告结束，清朝在全国的统治获得了巩固。

从表面上看来，农民军联明抗清以失败而告终，然而他们的鲜血没有白流。清朝统治者认识到，在汉族占人口绝大多数的国家里，要想稳定自己的统治，不取得汉族人民的支持是不可能的。因此，在顺治时期就采取了一些争取民心的措施。顺治帝死后，即位的康熙帝在谈到秦末农民起义时指出："久乱之民思治，秦民日在汤火之中，沛公入关，首行宽大之政，与父老约法三章，民心既归，王业根本已定于此。"① 因

---

① 中国第一历史档案馆藏：《宫中杂件·南书房记注》。

此，康熙帝能够顺应时代潮流，在各方面采取了一些有利于社会发展的措施，于是在他的统治期内，中国出现了一个统一、安定和繁荣的局面。

虽然农民军的"联明抗清"斗争失败了，但强大的藩镇割据势力在镇压农民军的过程中却形成，这对清朝的统治极为不利，因此清廷势必采取果断措施加以解决。当时最主要的藩镇势力是吴三桂、尚可喜、耿精忠，号称"三藩"。明清之际，"三藩"先后率部叛明降清被封为王，在与清军共同消灭了南明王朝和起义力量后，受命分别留镇云南、广东、福建。此后，三藩势力得到迅速发展。他们名属清廷，实则独霸一方。他们广泛收罗党羽，自行其道，独揽人事、财政大权。其中吴三桂最为跋扈，他用人，吏、兵二部不得掣肘；用财，户部不得干预。他甚至可以向全国选派官吏，使"西选之官几满天下"①。他在云南的田庄星罗棋布，"管庄者杀人夺货，滋为民患"②。尚可喜在广东也培植势力，并向当地人民征收繁重的租赋。耿精忠统治福建，农民处境相当凄惨，"闽苦饷正供之外，催科多名。民以田听兵饷，所收不能十之一"③。三藩拥有重兵，总数大约十万，相当于八旗兵的一半，不时寻机扩张兵力。

康熙帝对此感到极为忧虑，他把三藩与河务、漕运作为亟待解决的三件大事，并将其写成条幅悬挂在宫中柱子上，可见他已把拔除三藩这个清廷身上的毒瘤列入重要的行动计划。

康熙十二年（1673 年）三月，尚可喜上书清廷，请求归老辽东，而欲使其子尚之信袭爵继续留镇广东。康熙帝认为这正是一个撤藩的好机会，即命其父子率属下兵丁家小同撤。吴三桂、耿精忠闻之，也奏请撤藩，目的在于试探朝廷的态度。当时朝中大臣畏惧吴三桂的武力，多数人都不敢主张应允。而康熙帝毅然作出决定，吴、耿二藩也一齐全撤。吴三桂试探撤藩竟成事实，不禁使他愕然失色，遂于本年十一月起

---

① 《四王合传·吴三桂传》。
② 《清史稿·李兴元传》。
③ 《乾隆福建通志》卷七十。

兵，自称"兴明讨虏大元帅"，将反清檄文远近传扬。

吴三桂军以破竹之势，由云、贵直冲湖南，长驱至岳州，湖南全省尽为占有。吴三桂又分军犯四川，四川提督郑蛟麟、巡抚罗森、总兵谭宏均降，四川全省皆下。吴三桂兵锋甚锐，一时响应者四起，在福建有耿精忠，在广东有尚之信，在广西有孙延龄，在陕西有王辅臣，在湖北有杨来嘉，在河南有蔡禄，他们都兵权在握。这样一来，几乎半个中国都骚动不安，战火弥漫十数省。

康熙帝像

但是以吴三桂为首的反清阵营是虚弱的，经不起持久的军事攻击与政治瓦解。而且吴三桂一开始就在战略上犯了保守主义错误，当他以锐不可当之势占领湖南后即采取守势。他企图压迫清廷和谈，因而不思进取。康熙帝看穿了他的心理，乃抓紧时间调兵遣将，命令清军挺进岳州，向吴三桂发起进攻。

康熙帝在应付三藩事变中表现出雄才大略，他看出主要的叛变者是吴三桂，所以采取的对策是坚决打击，绝不给予可以进行妥协讲和的机会，而对其他的叛变者则大开招抚之门，只要肯降就不咎既往，以此来分化瓦解敌人。比如吴三桂举起叛旗后，康熙帝立即向全国公布他的罪状，处死其在京的儿子吴应熊；停撤尚、耿二藩，对他们的在京亲属也予以宽容，始终对他们持招抚态度。在这个方针指导下，康熙帝把湖南作为军事进攻的重点。他又放手利用汉将汉兵应付作战，对他们加封奖励。结果，在清军一系列的严厉打击下，耿精忠、尚之信等先后被迫投降。

康熙十七年（1678年），吴三桂年已67岁，为排遣苦恼，维系人心，乃于衡州称帝，立国号周，建元昭武，大封诸将。但这是吴三桂穷蹙绝望的表现，未几即忧愤成疾，气绝而亡。吴三桂一死，其势则土崩瓦解，接连失地。康熙二十年（1681 年）冬，清军进入云南省城，吴三桂之孙吴世璠自杀，余党马宝等被械送北京处以磔刑。至此，历时八年的三藩之乱全部平定，清廷取得了最后的胜利。

三藩变乱具有民族矛盾的性质，但响应变乱者多为汉族官僚地主。在广大人民和下层兵士中，不仅没有出现顺治年间那种可歌可泣的抗清景象，相反斥责三藩搞分裂的呼声愈益高涨。这说明三藩之乱是为维护他们割据分裂局面而进行的一场非正义的战争，是违背人民意愿和历史潮流的。清廷削除三藩后，统治权力得到进一步集中和加强，地方官吏的任命得到了整肃，三藩施行的各种虐政被废除，广大百姓的负担得到了减轻，战乱地区很快从衰敝状态中得到恢复发展。

第二节　边防的稳定

清朝统治者入主中原后，首要任务是维护国家的安定和经济的发展，因此平息叛乱与加强国防是紧密相关的。如果说南明重将郑芝龙降清北去有失民族气节的话，其子郑成功不肯随父投降而入海抗清却颇值得赞颂，尤其是他胸怀民族大义收复台湾充分显示出浓烈的家国情怀。

郑芝龙本为福建海盗，因拥立唐王建隆武政权而掌军事。郑成功出生于日本，但 7 岁返国读书受到良好教育。因而在隆武政权覆灭后，他使用永历年号继续抗清。郑成功善于治军，以金门、厦门为抗清基地，多次出击，屡败清军，使清廷甚为头疼。顺治十六年（1659 年），正当清军大举进攻云南时，郑成功率军北伐收复南京附近地区。但由于犯了轻敌的错误，致遭清军突袭而大败。郑成功收拾残兵退回厦门，为谋求根据地遂决计进兵台湾。顺治十八年（1661 年）三月，郑成功率军由金门出发，四月顺利登岸扎营。郑成功在致荷兰总督揆一的招降书中说："台湾者，中国之土地也，久为贵国所踞，今余既来索，则地当归我，珍瑶不急之物，悉听而归。"① 揆一在郑军的长期围困下，无奈于十二月三日出降。从此，郑成功驱逐了荷兰殖民者，使台湾回到了祖国的怀抱。其后，郑成功在台湾大兴屯田，设官府，办学校，使台湾得到进一步开发。康熙元年（1662 年）五月，郑成功病死于台湾，享年 39 岁。

郑成功死后，其子孙继续占据台湾，以恢复明朝为旗帜。但此时南明的几个小朝廷已相继垮台，农民军余部也基本被消灭，恢复明朝在大陆的统治已不可能，因此封建割据政权日益变成全国统一的障碍。郑成功之子郑经在争权夺利中即位后，郑经家族利用特权纷纷霸占田土租佃盘剥，致使大批农民流离失所怨声载道，社会经济陷于停滞甚至倒退。同时，由于郑氏政权与清廷长期对峙，使台湾与大陆存在的经济往来也中断了，历来依靠内地供应的铁、木、布、帛及手工业品不能到台，致使高山族人民只能使用落后的生产工具，

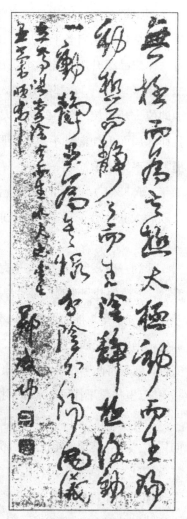

郑成功手迹

产量低下导致米价腾贵，民不堪命引发人心思乱。在这种情况下，郑氏亲族和将士以及人民向清廷投诚的络绎不绝，更广大的群众则盼望台湾早日归附清朝实现祖国统一。

————————————

① 连横：《台湾通志》卷一。

康熙帝在多次招抚郑经失败后，起用平定三藩中屡立战功的姚启圣为福建总督。姚启圣上任后，首先将郑氏在福建的势力清除，并对来降者一律按品级升用，此举很快瓦解了郑氏集团，削弱了郑军实力。康熙二十年（1681 年），郑经死去，诸子争位，长子郑克㙦被杀，幼子郑克塽即位。郑克塽时年 12 岁，大权尽在冯锡范手中。郑氏政权内部尔虞我诈，局面更加混乱不堪。康熙帝趁此时机，决计委任施琅为福建水师提督，率军进取澎湖、台湾。在经过了一年多的紧张准备后，康熙二十二年（1683 年）六月，施琅统战船三百及水师两万攻打澎湖。经激烈交战后大获全胜，郑军二百战船及两万士卒全被击溃，守将刘国轩遁归台湾。

澎湖一破，台湾惊惶。郑克塽、冯锡范、刘国轩等见大势已去，人心涣散，遂遣使赴闽谈判。康熙帝抓住时机，即向郑克塽下了一道敕谕，耐心开导说："尔等果能悔罪投诚，率所属伪官军民人等悉行登岸，将前罪尽行赦免，仍加恩安插，务令得所。"[①] 七月，郑克塽正式表示归附清朝，听从安置，施琅将此事即奏朝廷。康熙帝接到奏疏，遂欣然赋诗，盛赞祖国统一："万里扶桑早挂弓，水犀军指岛门空。来廷岂为修文德，柔远初非黩武功。开帐受降秋色外，羽林奏捷月明中。海隅久念苍生困，耕凿从今九壤同！"[②] 八月，施琅率军进驻台湾，郑克塽率所有文武官员缴册印降清。

清廷对于回到祖国怀抱的台湾各方人士，均给予优惠待遇和妥善安置。郑克塽、冯锡范、刘国轩等被迎到北京，封官赐宅。郑氏官兵愿意入伍或归农者，听其自便。康熙三十九年（1700 年），圣祖又下诏说，郑成功不同于三藩，并非"叛臣逆子"，令将其父子两柩归葬故地南安。这些措施，保证了台湾问题的圆满解决。清廷在岛上设置一府三县，即台湾府和台湾、凤山、诸罗三县，隶属福建省。又在台湾设总兵一员，

① 蒋良骐：《东华录》卷十二。
② 《康熙御制文集》卷三十八下。

驻兵八千，在澎湖设副将一员，驻兵三千。

康熙帝收取台湾，不仅增强了清中央政府的统治权力，密切了台湾同祖国大陆的联系，而且大大促进了以后台湾的政治、经济与文化的发展，这对于抵御西方殖民主义势力的入侵，维护祖国的独立和安宁，都具有重要意义。

此后清廷逐渐完善海防制度，沿东部海岸港口布设水师、修筑炮台，但从国防意识来看，清初朝廷重内轻外，主要防止海盗的扰乱而忽视了海外之敌的入侵。

清廷在剪除台湾割据势力、建立东部海防之后，更集中力量扫清边患、抵御西部之敌，相继平息了蒙古、新疆、湖广、云贵川、西藏等地之乱，并严惩了来犯的外国势力，奠定了多民族统一国家的疆域，有效地维护了领土完整和政府尊严。

康熙二十六年（1687年），准噶尔发动叛乱。准噶尔是蒙古之一部，偏居漠西。明末清初时，我国蒙古族分为漠南蒙古（内蒙古）、漠北喀尔喀蒙古（外蒙古，明时称作鞑靼）和漠西厄鲁特蒙古（明时称作瓦剌）三大部。漠南蒙古早在皇太极时就已归附清朝，清廷通过赐爵、联姻的形式加以控制。漠北喀尔喀蒙古三部（扎萨克图、土谢图、车臣）也遣使朝贡，与清廷保持着密切的关系。而漠西厄鲁特蒙古距中原地区较远，与其他蒙古各部相比经济也较落后。大约在明朝后期，厄鲁特蒙古已分为准噶尔、杜尔伯特、土尔扈特、和硕特四部。他们不仅和毗邻的喀尔喀蒙古经常发生冲突和争斗，而且内部也常因争夺牧场、牲畜而发生纠纷。

康熙初年，厄鲁特蒙古准噶尔部首领噶尔丹的势力迅速崛起，他用血腥手段吞并厄鲁特四部，成为一支强大的地方割据势力，对清廷的统一大业构成了严重的障碍。康熙二十六年（1687年），噶尔丹在沙俄的支持和怂恿下，悍然发动了对喀尔喀蒙古土谢图部的进攻。当时，土谢图部正在全力抗击沙俄侵略者，对噶尔丹的突然袭击全无防备，双方一交火即全线崩溃。他们丢弃了牲畜、庐帐等物，携妻带子向南迁徙，一

北征督运图（清）

路上死伤累累，惨不忍睹。康熙帝得报，立即派人征调仓粮前往救援，同时又划出水草善地供其生息。噶尔丹的叛乱使清廷认识到，如不采取果断措施北方边境就会危险。于是一方面命令噶尔丹撤出喀尔喀地方，一方面加紧调兵遣将做积极准备。但噶尔丹在沙俄的鼓动下，对清廷命令阳奉阴违，继续东进。康熙二十九年（1690 年），噶尔丹以追喀尔喀之名侵入内蒙古，为了维护国家统一，康熙帝遂决定起兵镇压。

康熙帝对噶尔丹的战争共进行了三次，皆御驾亲征。第一次是康熙二十九年（1690 年），第二次是康熙三十五年（1696 年），第三次是康熙三十六年（1697 年）。三次大战连败噶尔丹，最后噶尔丹被围无援，穷蹙无计，仰药而死。战后，康熙帝使喀尔喀仍回故地，并将其各部一律改编为旗，共分为 55 个旗，旗设扎萨克（旗长），由蒙古封建领主担任。自此，喀尔喀蒙古正式归附清廷，漠北蒙古地区完全处于清廷的管辖之下。

康熙末年，由噶尔丹侄子策妄阿拉布坦统治下的准噶尔部，经过一个时期的休养生息又逐渐强大起来。策妄阿拉布坦首先驱兵占领了南疆，很快控制了天山南北两麓。康熙五十六年（1717 年），他又亲自率兵攻入西藏，给当地人民带来了一场浩劫。为了驱逐准噶尔的势力，康熙帝决定振兵入藏。康熙五十九年（1720 年），清军由青海和四川两路进发，在藏族人民的全力支持下，很快击败了策妄阿拉布坦。随后，清廷在西藏派驻兵马，设立驿站，任命康济鼐和颇罗鼐二人协助达赖、班禅治理西藏。这样，策妄阿拉布坦企图吞并西藏的阴谋破灭。

雍正五年（1727 年），策妄阿拉布坦死，子噶尔丹策零即立。雍正帝认为解决准部的时机已到，在经过一番紧张的准备后，于雍正七年（1729 年）下令两路征讨准噶尔。此次战争长达 5 年，双方力量都消耗很大，雍正帝感到长此下去于己不利，于是主动提出议和。乾隆帝即位后，把平定准部作为祖、父未竟的事业来完成。乾隆十年（1745 年），噶尔丹策零死，准噶尔内部为争夺汗位发生变乱，达瓦齐乘机夺位自立。达瓦齐立后，准部一些上层人士和广大牧民，急切盼望尽早结束混乱局面，这更增强了乾隆帝尽早解决准部的决心。

平定准噶尔图（清）

乾隆二十年（1755 年）春，清兵分两路进军。准噶尔军望风投降，不战自溃。五月初，两路齐抵伊犁，达瓦齐被俘。此后，策妄阿拉布坦的外甥阿睦尔撒纳向清廷要求承认他为厄鲁特四部总汗，在被清廷拒绝后公然举起反清的大旗。乾隆二十二年（1757 年），清军又分两路进剿，声势锐不可当。阿睦尔撒纳眼见大势已去，仓皇逃至俄国避难，最后死在那里。这样，长达数十年的准噶尔部叛乱终被清廷平定。此后，清军又平息了天山南麓回部的大小和卓木的叛乱，攻取喀什噶尔和叶尔羌，整个西北地区得以安定。清廷在此设立伊犁将军，统辖天山南北两麓事务。又在喀什噶尔等地设参赞大臣、领队大臣、办事大臣，隶属于伊犁将军。至此，清廷牢固地确立了对天山南北两麓的统治。

我国西南少数民族地区，自元世祖忽必烈统治时期，就曾大量地任用当地各部族酋长为地方官吏，史称土官或土司。在明代和清朝初期，仍然沿袭这种土司制度以统治少数民族。但是这种制度的弊端在于容易构成地方割据势力，因为土司都是世袭统治其土地和人民，名义上为朝廷命官，实际上完全独立，极容易发生叛乱，与中央政府对抗。所以自明朝以来，为了加强中央权力，消弭土司之患，就开始施行了改土归流政策。所谓改土归流，就是把永久世袭的土官改变为可以随时任免的流官。康熙帝时，清廷对此问题就予以注视，但尚未提上议事日程。到雍正朝时，改土归流政策方集中地、有计划地、大规模地实施。

雍正四年（1726 年），鄂尔泰被任命为云南、贵州、广西三省总督，全权办理改土归流事宜。从雍正四年到九年（1731 年），改土归流在湖广、贵州、云南、广西、四川等省广袤数千里的范围内进行。大批土司被裁撤，代之以朝廷流官。改土归流以后，清廷在原土司地区设立府、厅、州、县，实行和汉族地区相同的制度，如清丈土地，按亩征税，蠲免钱粮，编制户口，等等。这就大大加强了西南地区与中原内地的联系，促进了少数民族地区经济文化的发展，有利于巩固国家统一和西南边防。因此，改土归流是进步性的措施。不过，雍正年间改土归流以后，土司制度并未完全退出历史，未改流者仍有很多，有些土司有反抗行为。所以，为保持稳定，有些地区的土司遗俗一直持续到清末。

清初，中央政府对西藏统辖也逐渐加强。康熙末年，准噶尔策妄阿拉布坦率兵攻入西藏，清廷被迫进行"驱准保藏"的斗争。在清军征讨下，策妄阿拉布坦战败，退出西藏，清廷任命康济鼐和颇罗鼐驻藏。雍正五年（1727 年），西藏封建贵族阿尔布巴发动叛乱，杀害了康济鼐，又率兵进攻后藏，为颇罗鼐击败。之后，清廷升颇罗鼐为郡王，统理西藏事务。同时，又任命内阁学士僧格、副都统马喇为驻藏大臣。乾隆十二年（1747

年），颇罗鼐病故。其子珠尔墨特承袭郡王爵位后，分裂祖国的野心膨胀。他企图勾结准噶尔，共同反清，形势变得十分严峻。清廷得此消息，即拟派兵进藏，但队伍尚未出发，叛乱已被达赖喇嘛平息。

达赖五世觐见顺治帝图

乾隆帝颁赐给西藏地方
政府的金奔巴瓶

随后，清廷对西藏行政体制进行了改革，废止了郡王的封授，提高了驻藏大臣的职权。明确规定驻藏大臣和达赖、班禅的地位平等，其下设置处理地方事务的噶厦，这就削弱了地方封建主的权力，对西藏局势的稳定起到了积极作用。乾隆五十三年（1788 年），廓尔喀（今尼泊尔）封建主在英国殖民者的唆使下，与西藏大农奴主沙玛尔巴相勾结，以同西藏地方的商务争执为辞，发兵侵入西藏。乾隆五十六年（1791年），深入日喀则，沿途烧杀劫掠，给藏民带来巨大灾难。清廷得报，即派福康安率军入藏，很快将侵略者驱逐出境，并乘胜攻入廓尔喀境内700 余里，直至廓尔喀统治者求和方撤兵回藏。这次反侵略战争，对稳定西藏社会秩序、捍卫民族尊严都有重要意义。

此后，清廷为进一步削弱西藏地方的分裂势力，加强中央政府在西藏的统治，于乾隆五十八年（1793 年）颁布了《钦定西藏章程》，再次对西藏的政治、军事、宗教、经济等方面进行一些改革。其中如西藏的内政、外交等事务，皆由驻藏大臣控制。达赖、班禅的财政机构的一切收支，统归驻藏大臣稽查总核。达赖、班禅的继承人问题，也必须由驻藏大臣监临决定。总之，西藏的一切都由驻藏大臣过问，驻藏大臣代表中央政府享有完全主权。

在东北边境和西北边境，清朝政府也加强了军事防守。东北方面，自明末俄国就侵入西伯利亚地区，并进而不时侵扰我国黑龙江流域。顺治年间，清廷派兵歼灭了入侵的斯捷潘诺夫匪帮。但是，沙俄势力仍盘踞清属辖地尼布楚城，伺机进犯黑龙江流域。康熙八年（1669 年）以后，清廷多次派代表赴尼布楚建议双方协商解决两国争端，但俄方毫无诚意，并乘机扩大侵略，大肆掠夺和屠杀中国人。康熙二十四年（1685 年），清廷决心用武力收复雅克萨城。清军在都统彭春、黑龙江将军萨布素的率领下，两次攻取雅克萨城，迫使俄方进行和议。康熙二十八年（1689 年），双方代表会于尼布楚，签订了《尼布楚条约》。条约规定，两国以格尔必齐河、外兴安岭和额尔古纳河为分界线，北属俄国，南属中国。这样，清政府将贝加尔湖以东的地区让给了俄国，俄国承认黑龙江和乌苏里江流域为中国领土。

在西北，沙俄又把侵略魔掌伸进我国喀尔喀蒙古地区，积极支持准噶尔部首领噶尔丹攻击喀尔喀，趁机向南扩展势力阴谋吞并漠北广大地区。康熙帝平定噶尔丹叛乱之后，喀尔喀蒙古重返家园，但沙俄依然侵扰喀尔喀不止。《尼布楚条约》签署后，清政府一

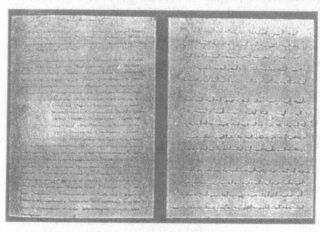

满文、俄文《尼布楚条约》

再要求划定此段边界，但沙俄置之不理，意在吞并喀尔喀蒙古。直到雍正三年（1725 年），彼得一世死，其妻叶卡特林娜才派代表赴北京谈判贸易和边界问题。双方会谈数十次，最终在恰克图正式签订《恰克图条约》。条约规定，以恰克图为起点，由此向东至额尔古纳河，向西至沙毕纳伊岭，北部归俄国，南部归中国。《恰克图条约》使俄国占得很大便宜，确认了俄国侵占的我国北部蒙古地区的大片领土。不过，《尼布楚条约》与《恰克图条约》总算确定了中俄边界，使边境出现了相对稳定的局面，并为此后的疆界划分确定了依据。

需要指出的是，在多民族统一国家的关系中，土尔扈特部的回归祖国被传为美谈。土尔扈特原为厄鲁特蒙古四部之一，其牧地在新疆雅尔（今新疆塔城西北）一带。明末崇祯时，土尔扈特部因受准噶尔部压迫西迁，在额济勒河（今伏尔加河）下游驻牧。但土尔扈特部始终怀念祖国，清初顺治、康熙年间不断遣使入贡。康熙五十一年（1712 年），清廷派特使不远万里前往额济勒河土尔扈特部慰问。康熙五十三年（1714 年），中央使团到达土部驻地，受到土部首领阿玉奇的隆重接待。阿玉奇留住使臣十数日，一再表示回归祖国的愿望。但由于准噶尔部的叛乱，土尔扈特部回归受阻。在俄国沙皇的统治下，土尔扈特部处在水深火热之中，大批青壮年被强征入伍，在沙俄对外侵略战争中死于非命。乾隆三十五年（1770 年）十月，土尔扈特部在渥巴锡（阿玉奇之孙）汗的率领下踏上了归国之途，他们突破俄军四道封锁线进入哈萨克境内，又因受到哈萨克阻击而转道戈壁沙漠，一路上缺水少草，历经千辛万苦，于次年（1771 年）六月才到达伊犁。是年九月，乾隆帝在热河避暑山庄接见渥巴锡等人，赐渥巴锡为卓里克图汗。并敕谕修建普陀宗乘之庙，御笔撰写《土尔扈特全部归顺记》、《优恤土尔扈特部众记》两篇碑文立于庙中。乾隆帝对土尔扈特部的政策成为感召各边远民族内向的精神武器，清政府的武功和优抚有力地促进了多民族统一国家的巩固和发展。

至此，清朝在经过同内部割据势力与外部侵略势力的一系列重大斗争后，建立起一个空前统一、幅员辽阔、声势强大的封建国家。其疆域东北至外兴安岭、乌第河和库页岛，北达恰克图，西至巴尔喀什湖和葱岭，南至南沙群岛，东到台湾及沿海岛屿，这基本上奠定了今天中国疆域的规模。康熙帝、雍正帝、乾隆帝在强固国家统一事业上做出了重大贡献。

第三节　社会的治平

清朝政府是以满族贵族为政治核心、联合汉族地主阶级执政的封建政权，在这个政权中皇帝具有至高无上的地位。皇帝要竭力维护满族贵族的利益，同时对汉族地主进行笼络和控制，以保证整个国家的运行和发展。因而，政治体制的确立，政府机构的组织，政策实施的途径，都是有着客观的基础并体现着皇帝旨意的。

清朝的中央机构沿袭明制而又有变通，体现了其吸取汉族文明而又根据自己需要的特点。清初模拟明代以内阁作为政府的中枢机构，内阁系由太宗时代的文馆及内三院演变而来。天聪三年（1629年），皇太极设立文馆，这是清内阁最原始的组织。天聪十年（1636年），皇太极改文馆为内三院，即内国史院、内秘书院、内弘文院。入关以后，顺治十五年（1658年），清廷仿照明制，改内三院为内阁。设内阁大学士，满、汉皆有，以满为主，官级为正一品，犹如历代宰相，地位极其尊宠。

内阁的任务主要是票拟，或称票签。清初官员奏事，公事用题本，私事用奏本，题本用印，奏本不用印。所谓票拟，就是内阁有权代替皇帝预先阅看官员的题本、奏本，并将处理意见写在一张小纸票上呈皇帝裁定执行。

内阁初时权力很重，但日后渐轻。主要是内阁之外又设有议政王大臣会议，其成员皆为满族权贵，凡军国机要重务均由他们商讨和决定，不经内阁票拟而直呈皇帝。这种政治体制是与中央集权相抵牾的，因此康熙帝亲政后竭力削弱议政王大臣会议的权力。他在乾清门右阶下设立了南书房，表面看南书房是才品兼优的翰林词臣为皇帝讲读陪侍之所，实际上这些翰林词臣皆为皇帝的亲信和顾问，他们经常参与政务受命草诏，所以南书房也就成为皇帝机要的秘书处和咨询处。这样，虽然削弱了议政王大臣会议的权力，但内阁的权力也被分割。

汉文廷寄

　　到雍正年间，清廷又普遍推行奏折制度，凡属密办之事皆由皇帝亲自批决，题奏已变成例行公事无关紧要。特别是雍正七年（1729 年）设立军机处以后，一切军国大政皆由军机处办理，内阁不过徒拥虚名而已，只能办理一切寻常事务，这就使内阁成为一般的办事机构，内阁大学士如果不能进入军机处便不能参与要政。军机处初名军需房、军机房，是雍正帝为统办西北用兵军机事务而设立的。后来雍正帝发现，军机房办事缜密、人员精干、效能突出，有利于皇权集中，遂将其改为军机处。这时的军机处已不再单纯地筹办军务，而是成为辅佐皇帝处理全国军政大事的核心机构。军机处设军机大臣若干名，直接秉承皇帝意旨办事。军机大臣都是以原官兼职，皇帝可随时令其离开军机处回本衙门。军机大臣的任命，并无制度上的规定可供遵循，完全出于皇帝的自由意志。军机处在权力上是执政的最高国家机关，而在形式上始终处于临时机构的地位，不像正式国家机关的样子。军机处权力增大后，议政王大臣会议有名无实，终至乾隆五十六年（1791 年）被明令取消。军机处的设立标志着清朝专制主义中央集权达到了顶峰，而内阁虽居六部之上却仅具空名而已。

清代六部承袭前朝建置，分吏、户、礼、兵、刑、工各掌其事。清代和明代一样，刑部、都察院、大理寺称为"三法司"，凡重大案件皆经三法司会勘。清代设有理藩院，是管理边疆少数民族地区事务的机关，其地位列于工部之后，体制如六部，设尚书、侍郎等官。清代还有一个创举是设立了内务府。内务府是掌管皇帝家务的机关，最高官员为"总管内务府大臣"，由满族王公贵族担任。其职权很广，权力很大，凡宫廷事务皆由其统管。中国历史上，皇帝家务一般由宦官掌管，因而宦官往往得到皇帝的亲幸重用，从而得以执掌大权，干预政事，酿成灾祸。清代设立内务府以收宦官权，从此宦官在宫内不过从事洒扫之役，这就杜绝了宦官对皇权的干扰或控制。在清代，虽有个别宦官受到宠幸，但终不能在政治上兴风作浪，可见内务府的设立起到了较好的作用。

清代地方机构设省、道、府、县四级。两三省设一总督，为正二品。各省设巡抚，为从二品。道设道员，为正四品。府设知府，一般为从四品，唯顺天府尹、奉天府尹为正三品。县设知县、为"亲民之官"，官阶正七品。边疆地区设大员督抚。如内外蒙古地区实行盟旗制度，若干旗为一盟，旗长为世袭之职，盟长则由中央任命、此外又设将军、都统、参赞大臣、办事大臣等以加强控制。新疆有伊犁将军、西藏有驻藏大臣，其下因俗设地方官员，情况与蒙古类似。通过这些措施，清朝从中央到地方形成官僚网络，皇帝的命令得以顺利、及时地执行。

清代统治者是以"马上得天下"，即以军事征服统一全国的。因此，军队被视作维护封建政权存在的根本。早在努尔哈赤时期，八旗制度就已建立起来。由于开始时每个旗都相对独立、因此皇权集中的过程就是与旗权相斗争的过程。清太宗皇太极即位后，剥夺了旗主处理本旗政务的权力，皇权得到进一步集中。顺治帝在多尔衮死后，进行打击报复，夺取了更多的旗权。康熙帝执政后，在各旗中设立都统和副都统，他们直接听命于皇帝，各旗旗主无权

掐丝珐琅香熏（清）

干预旗务。雍正帝即位后更明确规定，各旗下旗人皆属皇帝，旗主对旗人不得擅自治罪，专制主义中央集权更加巩固。

八旗原是兵民合一的组织，但入关以后发生了变化，由兵民合一走向了兵民分离。制度规定，八旗子弟都有当兵的义务，但并非人人都要入伍当兵。八旗兵是由各佐领挑选出来的，经训练后成为职业兵。清朝建都北京后，把八旗兵分成京营和驻防两大部分，人数大约是各占一半，即各有 10 余万人。京营兵是保护皇帝和拱卫京师的，驻防兵则驻扎于全国各重镇要地。无论是禁卫兵，还是驻防兵，平时都是稽查盗贼、防范动乱、镇压造反的。除八旗兵外，还有绿旗兵，是清军入关后改编和新招的汉人部队，他们配合八旗兵驻守北京和各省。兵制的确立强化了皇帝的权势，有利于国家的统一和安定。

清朝政府还特别注意加强对思想文化领域的控制，对反抗清朝统治的言行给予残酷的镇压。顺治十年（1653 年）二月，詹事府少詹李呈祥上"辨明满汉疏"，其中要求各部院衙门裁去满官专任汉官。顺治帝对此极为

不满，予以严厉斥责；满官更是恨得咬牙切齿，纷纷参劾。结果，刑部拟定斩决。顺治帝为平息汉官不满情绪，将其从宽免死，流徙盛京。顺治年间，清廷还因发现坊刻书籍序文纪年只用干支不用年号，于是将查实"目无本朝，阳顺阴违"的毛重倬等人"皆置之于法"。此后，遂注意查禁、销毁和删改"违碍"书籍，顺治十六年（1659年），清廷下令将民间流传的《四书辨》、《大全辨》等禁毁，防止不利于满清统治的思想流播。

康熙二年（1663年），浙江富户庄廷鑨购得明代大学士朱国桢编写的"明史"稿本，招集宾朋修饰并补写天启、崇祯二朝及南明史事。书成刊印后被人告发，指斥该书奉南明小朝廷为正朔，公开诋毁满清统治者。结果，已经死去的庄廷鑨被开棺戮尸，其家人及受牵连者被杀200余人。戴名世是康熙朝翰林院编修，对清初文人方孝标的《钝斋文集》与《滇黔纪闻》十分赞赏，遂在自己著作《南山集》中加以引用，并在书中直称南明三帝年号。《南山集》由尤云锷、方正玉捐助刊行，并由汪灏、方苞作序。此事后被人上奏朝廷，康熙帝大怒，结果戴名世被处斩，方孝标被戮尸，二人子孙多坐死，受牵连者数百人。尤云锷、方正玉、汪灏、方苞原判绞刑，后由康熙改判放逐、贬谪。

雍正年间，文字狱有增无减，最大的一起是"吕留良文选案"。吕留良是一位民族主义的鼓吹者，其文选中"夷夏之防"的思想激发起曾静的民族热情。曾静乃派其门徒张熙游说川陕总督岳钟琪，希望他效法祖先岳飞起兵反清。岳钟琪假意赞同却立即上奏，清廷即将曾、张两人逮捕归案。结果，死去多年的吕留良父子被开棺戮尸，其他有关人士分别被处以斩决、流放。雍正帝对处理此案十分重视，他亲自审讯并加以论辩。他指出，国君的标准，只能以德行而不能以地域看，满汉同属一个中国，不应分为华夷之别，至于天下君主，则要看其德行。他以此论证满清统治中国在逻辑上是合理的，又列举清朝国势强盛统一来说明国君的贤能。应该说，雍正所论是为了维护清王朝的民族压迫统治，但在某些方面也包蕴了一定的合理性。雍正将其论辩编为《大义觉迷录》，并让曾静、张熙分别前往江南、陕西各地宣讲。

乾隆时期的文字狱更多更广，对反对满清统治的思想情绪坚决镇压，许多案件都是因对文字过分敏感和苛求造成的。如礼部尚书沈德潜作《咏黑牡丹》诗，其中有"夺朱非正色，异种也称王"之句，被认定为影射满清异族夺得朱明王朝，乃被剖棺剉尸。江苏泰州举人徐述夔的《一柱楼诗集》，有"明朝期振翮，一举去清都"，"大明天子重相见，且把壶儿搁半边"之句，乾隆以其"显有兴明灭清之意"，而将徐述夔戮尸、其孙问斩。江西德兴生员祝廷诤作《续三字经》，有"发披左，衣冠更，难华夏，遍地僧"之句，被视为"明寓毁谤"，依"大逆律"被开棺戮尸，其家属被斩决、流放。此外，由"清风不识字，何得乱翻书"诗句所造成的大狱，也是乾隆由于疑心汉人嘲讽满清而造成的著名案件。乾隆还利用编纂《四库全书》的时机，对蕴涵民族思想的文化典籍展开了一场空前规模的清剿。凡涉及不利清朝统治的言论皆被改篡，许多揭露清朝恶行的书籍被查禁销毁。至乾隆时修成的《大清律例》可以说是集历代刑法之大成，其中"谋反"被定为"十恶"之首，任何言论、行动稍有不慎就可能被罗织罪名，因而使人们不敢议论当代的政治和社会问题。清代文字狱的出现和发展，表明了中央集权专制和民族高压政策达到了极点，在清代历史上产生了恶劣的影响，成为中国社会进步的障碍和思想的牢笼。

清朝为加强中央集权和稳定社会治安，康雍乾三朝君主都能把握用人大权并注意整肃吏治。康熙帝即位时年仅8岁，鉴于睿亲王多尔衮辅佐顺治帝时独揽大权的教训，皇室选择了4位外姓重臣辅政，以使互相制约而防一人独权。但4位辅臣不可能长期保持平衡，经明争暗斗后鳌拜权力日重，他安插党羽把持朝廷重要部门，甚至连皇帝都不放在眼里。康熙帝在太皇太后的授意下决意除掉鳌拜，他以年少好耍为由选取青少年亲信到宫中摔跤比武，终于康熙八年（1669年）设计在宫中将鳌拜生擒，遂又部署信赖大臣将鳌拜党羽一网打尽。康熙以十五六岁的冲龄妥善解决了鳌拜擅权问题，在朝野内外被传为美谈，从此康熙帝被

《四库全书》

朝臣们视为一代英主。康熙帝掌权后，三次亲征漠北，六次巡视江南，数十次出行塞外内地，树立起一个勤政爱民的良好形象。

康熙帝在用人方面有三个显著特点，即慎选官吏、褒奖清廉、严惩贪赃。康熙帝在朝内严禁朋党，先后铲除了明珠、徐学乾、噶礼等权力集团。明珠是满洲正黄旗人，因力主裁撤三藩有功，受到康熙帝的重用，官至武英殿大学士，长期把持朝政，与其私党控制会推、票拟、选官等大权。康熙二十七年（1688年）被御史郭琇参劾，列举其八大罪状，引起康熙帝注意，遂传谕百官，指出其植党纳贿之罪行，诏令革去其职衔，徒党亦被解职。明珠被免后，徐学乾势力跃起。徐学乾是江南昆山人，以文学著称并领衔汉族官僚集团，向与明珠集团对立。康熙二十八年（1689年），湖北巡抚张汧诬告徐学乾受贿，徐学乾以辞职相抗议，康熙帝借机准其辞去刑部尚书之职，改任书馆总裁这一清望之衔，徐学乾之党遂被瓦解。噶礼为满洲贵族，在朝廷内外广结私党。康熙五十五年（1716年），噶礼在两江总督任内主持江南乡试，与副考官赵晋营私舞弊，引起江南考生大哗。江南巡抚张伯行弹劾噶礼欺君，噶礼却反劾张伯行失职。噶礼党徒在审理此案时，都判噶礼无罪而处张伯行徒刑。康熙帝力排众议，将噶礼罢免，恢复张伯行原职，可见康熙帝之明慧。

康熙帝对于地方官的选择尤为重视，认为地方官直接统治百姓关系重大，尤其是督抚之选关系到一方吏治清浊，因此督抚上任前他都要亲

自接见谆谆告诫。康熙二十年
（1681 年），他在接见将赴广西上任
的巡抚郝浴时说："为外官者以爱
养百姓、惩贪奖廉为最重要，务使
德胜于才始可称贵。"他多次令有
关部门推举清官，认真核实并加以
重用，他还大张旗鼓地表彰清廉的
官员，形成了很好的吏治导向。康
熙帝在褒扬清廉的同时还严惩贪
恶。康熙二十三年（1684 年），查
抄三藩逆臣尚之信家产时，侍郎宜
昌阿、巡抚金隽私占部分财产，并
查有侵夺兵饷、敲诈商人的行为，

金编钟（清）

遂被惩办。二十五年（1686 年），惩办总督蔡毓荣，二十八年（1689
年），惩办巡抚张汧。康熙帝办事认真，英明仁厚，保证了政府与社会
有较好的风气。

　　雍正帝以执政猛严、为事勤奋、生活俭朴著称，因此也遭到一些反
对他的人的非议。雍正帝即位后，首要处理的是对皇权威胁最大的宗室
结党案。雍正帝对争夺皇位继承权失败的诸皇子是严加防范的，因此即
位之初便御制《朋党论》一文，指出"天尊地卑，而君臣之分定"，"朋
党小人，自古帝王之所必诛"。为了防止诸王串通一气，雍正帝采取了
分化政策，对顺从自己者封爵加官，对反抗自己者削职流放。至雍正八
年（1730 年），受宗室朋党案牵连的数十名宗室、贵族、显官皆遭打击
迫害，异己势力完全被清除。

　　雍正帝后来吸取康熙朝立储的教训，为防止皇子明争暗斗、拉帮结
派、逞勇斗狠而创秘密立储法。其法为皇帝亲撰立储文书一式两份，一
份密藏于殿内"正大光明"匾额之后，一份密封交内府收藏以备核对。

雍正帝像

此法避免了储位久虚、诸子争斗、太子骄横之状况，以后成为有清一代的定制。雍正帝在位13年，处理公务一丝不苟，极讲效率，极为勤谨。他审阅各部门奏章题本从不假手他人，据估算平均每天要阅批40份。从他阅批公文的数量看，不愧是一位日理万机的君主。他还经常召见大臣谈话，有时一天就有10余人次。雍正帝身居皇位，有享不尽的富贵，但他却提倡节俭，反对浪费社会财物。比如他主张移风易俗，不用贵重器物殉葬，不用浮华器物嫁娶。他也能以身作则，用膳时不丢弃一粒饭米，还告诫大小官员要爱惜五谷。

他严于律己，因而对大臣也近乎苛求。在朝廷各类大政中，他把用人当作最重要的事。说："治天下惟以用人为本，其余皆枝叶事耳。"他用人重才能不拘名分，他任命的巡抚田文镜、李卫都不是进士出身。他整顿吏治是把治贪与财政结合在一起，他知道财政的亏空是与官吏的贪赃联系在一起的。他登基后即发布上谕，指出财政亏空的严重性，接着令户部传谕各督抚，限三年之内各官将所欠亏空补齐。他接连不断地发令督催，使封疆大吏们震惊不已。在他的"猛严"政令下，各地仅年余即将亏空补足。他坚决扶正压邪，奖勤罚懒，任贤惩贪。田文镜在山西、河南清理钱粮亏空时，有人弹劾田文镜严苛，雍正帝以"天下巡抚第一"加以回护，甚至以判处死刑逼令弹劾之人说田文镜之好。由于雍正帝吏治严明，使官场贪风大为敛迹。其在位10余年，出现了少有的吏治清廉、财政充足的局面。

乾隆朝的皇权比较稳固，他所重用的两位大臣鄂尔泰、张廷玉都能尽忠尽责。但两人之间的关系龃龉，朝臣分别依附两人而形成门户之见。鄂尔泰、张廷玉都是雍正朝旧臣，受命辅佐新帝，两大势力势均力敌，乾隆帝心知肚明。因为两人都系前朝故老，且尽心国事，乾隆帝为成就君臣之美，便也不予深究。他牢牢掌握用人大权，多次引用雍正帝的《朋党论》以戒之。乾隆十年（1745 年），鄂尔泰致仕。乾隆十四年（1749 年），张廷玉致仕。然两派互讦，愈演愈烈。乾隆帝果断处理，两派都受到惩罚，从此鄂、张两党销声匿迹。

乾隆帝在吏治方面兼采康熙的"宽仁"和雍正的"猛严"，实行宽严相济的方针。在政治上吸取康熙、雍正两朝的统治经验，采取刚柔并济、一张一弛的治术。康熙时，针对当时全国统一不久的政治形势，注意休养生息，政策比较宽和。雍正统治时期，国内秩序基本稳定，采取政策比较严厉，尤其在整顿纪纲方面尤为着力。乾隆帝即位后，清朝国势强大，他一方面多次下令蠲免赋税，革除苛政，减赦罪犯，以示宽和；另一方面则严惩贪吏，大兴案狱，禁毁书籍，以示威严。

蓝玻璃刻花蜡台（清）

乾隆初期，国库丰盈，征战连胜。但好景不长，因好大喜功，耗费甚巨。左都御史孙嘉淦曾提醒他要防止"三习一弊"，三习是，耳朵习惯于听歌颂的话，眼睛习惯于看谄媚的举动，内心习惯于别人讨好奉迎，一弊是，由"三习"而来的喜欢小人而讨厌君子。而乾隆帝在取得一些成功后，便陶醉在自己的功业之中。由于他过于虚骄，铺张奢靡，致使官员投其所好，而中饱私囊。

至乾隆后期，许多官员贪污浪费，粉饰太平，玩忽职守，不遵法纪，已出现大量腐败现象。尽管他连续处死一批督抚，如浙江巡抚王亶望、陕甘总督勒尔谨、闽浙总督陈辉祖、山东巡抚国泰、江西巡抚郝硕、福建巡抚浦霖、浙江巡抚福崧等。但已无补于事，清朝已露由盛转衰的端倪。最典型的是，在乾隆帝肃贪救弊的同时，当时最大的贪官和珅却被深信不疑。和珅由一个普通侍卫爬到军机大臣，可见乾隆帝用人不明。和珅为了巩固自己的地位，把朝臣中反对他的人都借故清除，而将投靠自己的人大肆提拔。和珅最大的特点是谄媚有术，而乾隆最大的特点是骄傲自负。因此说，满清王朝的盛世出现在康乾年间不无道理，在很大程度上取决于皇帝的圣明与吏治的整肃。

第四节　经济的繁荣

康雍乾时期，三位皇帝勤于政事，励精图治，攘外安内，强武修文，出现了较长时期的社会安定。同时在经济上也顺应历史发展，采取各种措施调动人们的生产积极性，这就使综合国力得到很大增长，创造出前所未有的强盛局面。

清初皇帝入关之后，首先遇到的是八旗人口的生计问题。八旗兵虽然有时也被派出作战，但战后仍回驻地靠粮饷生活。且满清本有较浓的奴隶制遗俗，侵占土地掠夺人口习以为常。因此顺治帝统治期间，圈地成为一项国策而被普遍执行。顺治元年（1644年）十二月，清政府颁布了第一道圈地令，凡近京各州县明皇亲、贵族、太监及无主荒田尽行允许东来的诸王、勋臣、兵丁圈占。其后，又接连几次下令圈地，圈地规模越来越大，不仅直隶境内几被圈尽，随着八旗移防，圈地范围也扩展到山东、山西、苏北、皖北一带，而且由无主荒地扩大到有主良田。圈地令给北方农民带来了极大的灾难，圈地内耕种的农民变为满洲贵族和八旗队伍的农奴。由圈地而引发的矛盾不断激化，顺治四年（1647年）虽下达了停止圈地的命令，但实际上圈地活动仍未停止。

　　直至康熙八年（1669年），玄烨清除了鳌拜势力后，大规模的圈地活动才算终止。康熙帝宣布，今后永远不许圈地。这就解决了土地被占有和农民被压迫的一些问题，免使更多的人口流离失所。康熙八年（1669年），清政府还下令将明宗藩土地无偿交给耕地农民所有，即以"更名田"的名义"免其变价"，将"未变价田地交与该都抚给原耕种之人令其耕种"。原来，明末农民起义从根本上摧毁了明宗藩对土地的占有权，在明宗藩土地上耕种的农民自然而然地成了土地的主人。清朝入主中原以后把明宗藩土地视为国有，令占有明宗藩土地的农民向政府交纳地价，未交纳地价的农民没有土地所有权，这当然受到农民的

耕织图（清）

激烈反对。他们又要交纳地价，又要交纳田赋，负担不起的农民只好撂荒出逃，或者干脆不交使政府命令形同虚设。康熙帝下令只交田赋不交地价后，使农民对明宗藩土地的占有合法化，成为自耕农，从而提高了他们从事农业生产的主动性和积极性。当时这些"藩产"分布在全国各

省，在这些土地上耕种的农民不少。康熙帝明智地调整了土地占有关系，对恢复发展农业生产和稳定社会秩序起到了良好的作用。

清王朝入关后，为缓和民族矛盾，巩固取得的政权，促进生产力的发展，迅速采取了"轻徭薄赋"的政策。因为他们从明朝的灭亡中看到，苛重的剥削是造成农民起义的重要原因，只有减轻对农民的剥削，才是巩固清朝统治的唯一途径。顺治元年（1644 年），清政府颁布取消"三饷"加派的命令，并在命令中揭露和抨击"三饷"加派的严重危害。决定"自顺治元年为始，凡正额之外，一切加派，如辽饷、剿饷、练饷及召买米豆尽行蠲免"①。顺治三年（1646 年），清政府下令重修万历初年编制的《赋役全书》，以此作为征收赋税的依据。苛捐杂税的免除，确实减轻了农民的负担。

康熙亲政后，田赋制度承袭前朝，并进一步减轻农民赋税，如规定删除田赋尾数。他为了防止地方官吏弄虚作假、贪污自肥，还对田赋征收手续进行改革。康熙二十八年（1689 年），清政府规定征收赋税使用三联票据，一联存州县，一联付差役，一联给纳户。康熙三十九年（1700 年），清政府设立滚单法，以防止各级官僚的"私行科派"。滚单法规定，每里中以甲为单位使用滚单催赋：单上逐户写明田亩数和银米数以及应分期缴纳的数量和期限，由官府发给甲首依次催征，纳粮时粮户亲自缴纳，以免大户包揽从中作弊。这些改革对于营私舞弊和负担不均起到了一定的限制作用，也使农民免除了一些不合理的负担。康熙在调整和整顿田赋制度的同时，还实行蠲免赋税的政策。康熙初年以后，除自然灾害照例全免外，几乎"一年蠲及数省，一省连蠲数年"②。康熙五十年（1711 年）开始，又实行轮蠲制度，即将全国各省分为三批，每三年轮免一次。尽管这些蠲免对封建地主最为有利，但大量的自耕农

① 《清世祖实录》卷六。
② 《清圣祖实录》卷二四四。

和佃户的生活也得到了一些
改善。

随着经济的恢复和人口的
增长，清政府日益感到必须进
行更大的赋役改革，特别是要
清除征收赋役按照地亩数和人

康熙通宝　　　　　　乾隆通宝

丁数双重标准所带来的混乱和弊病。封建社会中，最初农民要无偿地为
政府服劳役，后来可用货币顶替劳役称为代役钱，最后转化为丁口税人
人都要缴纳。人头税实质上是政府用行政强制手段逼迫农民依附于封建
国家的措施，如果农民擅自迁徙和逃亡躲避人头税的征收则有法律制
裁。明中叶以来推行的一条鞭法在一定程度上将人口税纳入田亩税中征
收，但由于条件不成熟未能完全推广实行。康熙年间地亩数和人丁数变
动很大，往往给贪污官吏提供了很多便利。康熙五十一年（1712 年），
清政府乃规定"盛世滋生人丁，永不加赋"。即以康熙五十年（1711
年）的人丁户口数字为固定标准，将其应缴纳的丁口银总数定为全国应
征的总额，以后达到成丁年龄的也不再征收丁役钱。这项政策的目的有
三，一是简化了征收丁口银的手续，二是对新增加人口实施了优惠，三
是减轻农民负担使之安于土地。这一改革措施的直接效应是，官府不必
再每年核实人口以确定税额，人口迅速增长适应了生产的需要，农民不
再因丁税太重而到处逃亡。同时，从社会发展的进程来看，实质上缓解
了国家对农村人口的人身强制。

康熙五十三年（1714 年），又有人建议实行"摊丁入亩"的政策，
即将人口税合于土地税之中，因条件不成熟未能在全国推行。至雍正二
年（1724 年），政府正式颁令，在全国实行摊丁入亩。这样，农民对封
建国家的人身依附关系大大松弛，农村人口的迁徙流动不会造成户籍所
在地税银的减少，地少人多为工商业的发展创造了条件。而在其后的一
百多年的时间里，人口从不足 1 亿增长到咸丰年间的 4 亿有余，"盛世

画珐琅大缸（清）

人丁"因"永不加赋"而兴旺到顶点。

满清王朝初始保留着浓厚的奴隶制特点，入关以后奴隶制残余被带到华北和中原一带。圈地上的农民大量沦为农奴式的庄客，还有许多沦为家内奴仆。这些人失去了独立的户籍，被编入主人的附属户籍中，他们没有人身自由，成为主人的私有财产。不甘心接受奴隶地位的人大量逃亡，对农业生产和社会秩序造成极大危害。顺治三年（1646年），政府制定了"逃人法"。规定被抓获的逃人鞭打一百，归还主人；收留逃人的人处以死刑，家产全部没收；相邻九户与甲长乡约各鞭一百，并处以流刑。这种落后的生产关系和不讲人道的严酷法律，不仅使"逃人"而且也使"窝主"深受其害。因此，不断有人建议废除"逃人法"，但却被清廷给以严厉的处罚。康熙年间，满洲贵族渐渐发现"逃人法"无补于社会，于是放松了"逃人法"的贯彻，如将窝主的死刑减为其他刑罚。同时调整了官庄旗地依附农奴的政策，准许他们单独开户成为独立的编户齐民。这样，旗下农户的农奴地位基本上得到摆脱，在一定程度上解放了生产力。

与此同时，清政府还颁布了一系列法令，消除原汉族地区历史上遗留下来的奴隶制残余。历史上遗留的奴隶制分为两类，一类是社会奴隶，一类是种姓奴隶。社会奴隶如山西陕西的乐户，相传是明藩王朱棣发动武装政变后誓死而不归从的势力，朱棣成功后将他们编入教坊乐户，世代不许改业。又如浙江绍兴府的惰民，相传是明太祖朱元璋的主要对手陈友谅的部曲，因反对朱元璋被定惰民，世代承袭贱民户籍。种姓奴隶如皖南徽州府的伴当，此姓世代受彼姓役使，彼姓可任意殴打甚至处死此姓，官府不予保护，并承认彼姓之特权。按法律规定，上述贱民不许改籍，不许隐瞒身份，不许入官学读书，不许参加科举考试，不许做官，不许与良民通婚，只能世代为奴。雍正年间，朝廷陆续发布削除贱籍转为良民之令。这些措施消灭了发达地区奴隶制的最后残余，清廷的开明政策是符合社会进步趋势的。

农业生产是封建社会赖以生存的支柱，清王朝建立后很快认识到这一问题。顺治时期，为了恢复农业生产，增加赋税收入，清政府多次颁发命令，让农民返回乡土并鼓励开荒。顺治六年（1649 年），规定贫民开垦荒田确保其产权。顺治十年（1653 年）又规定，对于有主荒田，原主不能开垦，地方官另行招人耕种，给予印照，永远承业，原主不得妄争。对于垦荒起科的年限也逐步有所调整，初时新垦荒地免租一年，后规定"原荒之田，三年后起科，原熟而抛荒之田，一年后供赋"，此后又将原荒田的起科年限进一步放宽到六年。① 顺治时期开始，还实行了以垦荒多寡考核官员的考成制度。如顺治十四年（1657 年）颁布的劝惩条例，规定督抚官员一年内主持开垦二千顷土地以上者，记录；六千顷以上者，加升一级。道府、州县、卫所依次类比例行。但如果开垦不实，或开过复荒，新、旧官员俱分别治罪。②

康熙帝即位以后，更是千方百计鼓励开荒种地，扩大耕植面积。他亲自种植稻谷，进行实验，并令臣下参观，要求臣属关心和重视农业生产。他对当时仍然存在的大量荒地和顺治以来垦荒不利的现象，进一步采取了相应的政策和必要的措施。康熙八年（1669 年），他正式下达停止圈地的命令，宣布把当年圈占土地退还原主。康熙十年（1671 年），规定"凡贡监生员民人垦地二十顷以上，试其文义通者以县丞用，不能

---

① 《清朝通典》卷一。
② 《清世祖实录》卷一〇九。

通晓者以百总用。一百顷以上，文义通顺者，以知县用，不能通晓者，以守备用"①。他对地方官，"有田功者升，无田功者黜"，迫使地方官想尽办法开垦荒地。康熙十二年（1673 年），又进一步放宽起科年限，由原来的最高六年改为十年。而且遇上灾荒之年，还可临时申请延缓。经过清政府几十年的努力，全国开垦的土地面积迅速扩大。从顺治八年（1651 年）到康熙六十一年（1722 年），全国耕地面积由近三百万顷增加到八百五十余万顷，使农业生产有很大发展。

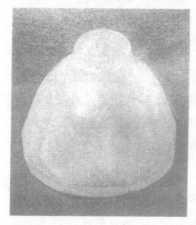

透明玻璃水丞（清）

农业的兴旺与国计民生紧密相关，黄河的安澜与农民的生活和社会的安定更是关系重大。历史上黄河几次改道，自宋代至清初，黄河下游从河南经苏北入海。元明时期，国都北移，江南物资全赖运河转输，运河与黄河接，黄河畅则运河通，治河与漕运息息相关。到清代，黄河年久失修，与淮河合流入海，因水患使运河漕运堵塞。黄河下游因排水不畅经常发生水灾，给人民带来巨大损失。顺治年间大的决口达 15 次，康熙元年（1662 年）至十六年（1677 年）则达 67 次。每遇水灾，洪流四溢，农田被淹，乡民溺毙，惨状不忍目睹。洪水不仅给广大人民带来灾难，也直接威胁清政府的根本利益。在康熙平定"三藩"之前，清王朝还顾不上治理黄河。到康熙十六年（1677 年），清朝在平藩战争中取得优势后，治黄才被定为大事。

清政府任命水利专家靳辅为河道总督，总管修河事宜。靳辅在幕僚陈潢的协助之下提出了标本兼治的"束水攻沙"之法，治河取得了较好的效果。康熙二十六年（1687 年），于成龙接任河道总督，在淮河下游

---

① 《清文献通考》卷二。

开挖河道导积水入海，结果失败，所以基本上仍遵循靳辅的治河方案进行。康熙帝本人对治河也进行了周密的考察和认真的研究，他六次南巡有五次把主要精力放在治水工程方面。每次视察都亲临工地，有时甚至亲自测量提出意见。回京之后，遍览古今治河典籍，研究治河方法。康熙三十八年（1699年）以后，虽然他任用张鹏翮为河道总督，实际上有关治河方案均出自其手，张鹏翮并没有自己的看法。康熙四十六年（1707年），他第六次南巡，此时河道已得到基本整治，河区人民生活基本安定，他心中十分高兴。由于康熙帝精心治河，此后四十余年河道基本畅通，很少发生决口，保证了漕运顺利和农田建设。

随着社会生活的安定，耕地面积的扩大，农村人口的增长，再加上水利工程的兴建，农民为了生产更多更好的农产品，也很重视农业生产技术的提高。在江南，开始大面积推广种植双季稻，成倍提高了单位面积产量。康熙三十年（1691年），在京西玉泉山试种水稻，以后逐步改进推广而享有盛誉。康熙四十三年（1704年），天津总兵蓝理建议在天津、丰润、宝坻等低洼地开田种稻，到雍正五年（1727年）水田稻谷获得大丰收。这为水稻在北方种植创造了经验，也从根本上改变了京津一带的粮食品种结构。番薯从明代由南洋引进到福建，在南方普遍种植。它既可作菜，又可当粮，种植方便，耐旱高产，适合瘠贫土地生长。清初从南方传到北方，对提高瘠贫地区的粮食单产起了重要作用。与番薯推广的同时，玉米的推广也获得成功。玉米在明代引进，并不为人重视。起初在南方只有少量种植，传到北方后因其耐寒而受到普遍欢迎。

除粮食作物外，桑、棉、麻、茶、靛、蔗、烟七大经济作物的生产也得到恢复。明初提倡种植桑、棉、麻不过是加强农家的经济自给性，清代桑、棉、麻的生产则出现了高度商品化的特点。江南的桑蚕业举世闻名，棉花的种植更是遍布黄河上下、大江两岸、浙湖闽广，麻的主要品种苎麻则以湖南、江西、粤北、闽西一带的山区丘陵为胜。清代取消茶的专卖，茶叶种植和采集迅速发展，南方各省都有名品生产，且产量不小。靛蓝作为染料是随着棉布商品化而广泛出现的，从直隶到两广，从江浙到川贵，可以说无地不有。蔗作为制糖原料分布在南方地区，以四川、广东、台湾为最多。烟草自明代引进，大面积种植始于福建，其后向湖南、江西发展，乾隆年间蔓延到全国。农村经济的繁荣促进了墟集市镇的发展，许多地区购销两旺形成颇具规模的工商业中心。

清政府为了恢复社会经济，增加财政收入，满足宫廷需求，还采取一系列政策发展手工业生产和商品贸易。顺治初年，即废除了明代洪武以来的班匠制度，"令各省俱除匠籍为民"，"免征京班匠价"①。政府允许原来的匠户自由开业，政府需用匠人则采取雇募形式，这就解除了手工业者匠籍身份的束缚，减轻了手工业者的沉重负担。清政府还接受明代的教训，对民间经营的手工业放宽了限制。如下令蠲免明代在盐业上的各种加派和课外余银，对盐业的生产、贩运征收很低的税额。同时鼓励手工业者发展生产规模，如康熙取消了从前规定机户"不得逾百张"的限制，革除了对陶瓷业的"当官科派"办法而"悉照市价采买"②，允许商民自行开矿而"每十分抽税二分"。清政府为使濒临死亡的商业恢复并发展起来，积极采取措施力图保证商业的正常进行。顺治二年（1645年），清政府下令，百姓如遇"购买民物短少价值，强迫多买殊失公平交易之道"者，可立即拿送官府"治以重罪"③。为了解决清初各地官府乱设关卡、滥差官员、商贾恐惧、百物腾贵的问题，顺治八年（1651年）严令"每关设官一员，其添设者悉行裁去，以后不得滥差"④。

政府的各项政策给工商业的兴起创造了宽松的环境，因而清初的工商业与明代相比发生了很多的变化。如清代停止向农户征收丝绸和棉

---

① 《清世祖实录》卷十六。
② 兰浦：《景德镇陶录》卷一。
③ 《清世祖实录》卷十五。
④ 《清世祖实录》卷五十四。

布，农村的丝织业和棉织业迅速向
商品化发展。在一些地区出现了规
模较大的作坊，并由家庭副业变为
家庭主业。另如以资源为条件的后
起农村手工业也很快崛起，像制糖
业与造纸业。制糖以甘蔗为原料，
生产的季节性很强，有资本者在农
村就地设厂雇工制造，四川、广
东、尤其是台湾发展最为显著。造
纸以嫩竹为原料，所以春季有财力
者拼买竹山，雇工采伐，沤浆成

白地套蓝玻璃朝冠耳炉（清）

纸，闽、浙、赣、皖山区盛产嫩竹的地方都成为造纸业的基地。又如原
来官府垄断的产业允许民营，工艺技术都日益精进。江西景德镇早在明
代就已成为全国最大的制瓷业中心，康熙时除了官窑恢复起来还建立起
许多民窑，工艺技术都达到非常精湛的程度，在前代成就的基础上还有
新的创造。矿业允许民营后，在铜、铅、银矿产地比较集中的西南地
区，常常聚集数万乃至数十万的各类从业人员和出卖劳力的流民。其他
矿业允许民间自由经营，各种开采、冶炼、制造的工地也都具一定
规模。

农业和手工业的发展推动了商业的繁荣，各种商业活跃起来并形成
网络。明代山西商帮统治北中国商业、徽州商帮统治南中国商业的局面
被打破，直隶帮、山东帮、浙江帮、福建帮、广东帮、四川帮、江西帮
商人足迹遍布全国。清代商业流通网已扩大到所有边远地区，在边地形
成了一批商品集散市场，如黑龙江的卜奎（齐齐哈尔），外蒙的库伦
（今蒙古国乌兰巴托），新疆的乌鲁木齐，西藏的拉萨、日喀则，云南的
腾越，广西的百色。康熙二十二年（1683 年）对内解除海禁以来，沿
海港口也兴起为商业贸易中心，如辽东的营口，直隶的天津，山东的烟

台、胶州（青岛），江苏的赣榆（今属连云港）、上海，浙江的乍浦、宁波，福建的福州、泉州、厦门、台湾，广东的潮州、广州、海口。这些沿边、沿海的贸易中心，同内地的商业交通干线相勾连。

在全国商业网的范围内，一批工商业都会应运而生。清前期有分布在东南西北的四大商业城市号称"四聚"："北则京师，南则佛山，东则苏州，西则汉口。"① 北京自明以来就是全国的政治、经济、文化中心，到康熙时更加繁盛。苏州作为东南著名都会，"生齿日繁，人物殷富"②，"阊门内外，居货山积，行人水流，列肆招牌，灿若云锦。语其繁华，都门不逮"③。汉口地处九省通衢，"舟车辐辏，百货所聚，商贾云屯"④。广东佛山是一个由村镇发展起来的新兴城市，"天下商贾皆聚焉，烟火万家，百货山聚，会城百不及一也"⑤，其繁荣程度已超过了广州。其他城市如直隶天津，山东济宁，江苏江宁，浙江杭州，广东广州，四川重庆、成都，山西太原，河南开封，都是商业都会。总之，康雍乾时期各地各行发展的不平衡更为明显，但总体上经济的繁荣超过了历史上任何一个时期。

---

① 《广阳杂记》卷四。
② 《熙朝新语》卷十六。
③ 孙嘉淦：《南游记》。
④ 孙嘉淦：《南游记》。
⑤ 吴震：《岭南杂记》。

第二章
衰道世象

第一节　剥削加剧

　　清代发展到乾隆时期，社会经济出现高度繁荣的局面。然而繁荣的背后也隐藏着祸患，皇帝骄傲自满的情绪与大小官僚贪得无厌的欲望掩盖着潜伏的危机。从乾隆时期到道光时期，封建制度的弊端和政府的腐败统治日益严重，社会经济无可避免地滑向灾难的深渊。

　　土地兼并是封建社会无法遏制的趋势，这一趋势导致的后果便是贫富不均。在封建社会中，土地是最大的资产，人们千方百计地占有。但贫弱的农民往往成为豪贵者宰割的对象，他们没有权势只能忍气吞声。这往往加剧社会矛盾，也严重地破坏了生产力。康熙时期，政府虽然尽可能地保护农民利益，以调动农民生产的积极性，但实际上北方土地已多归缙绅之家，有土地的农民只占十分之三四。兼并土地的趋势此后仍在发展，不过朝廷能够较好地控制而已。到乾隆时，在商品经济的冲击之下，土地流转加速，兼并规模日大，军机大臣和珅占地 80 多万亩[1]。

---

[1]　薛福成：《庸庵笔记》卷三。

和珅像

嘉庆时，广东巡抚百龄在各地有田 50 多万亩[①]。道光时直隶总督琦善在各地占田面积达到 256 万多亩，是和珅的 3 倍。许多封疆大吏、藩臬守令在任期间，都将搜刮的钱财在家乡增产置地。各地地主也不甘落后，"田至万亩"者不在少数，这从县志中随处可见。更有一些大商人凭借手中的大量货币大放高利贷，以重利盘剥的方式掠取土地。当时土地兼并的手段主要有两种：一是凭借封建特权，侵占强夺；二是通过经济手段，利用荒年进行收买。土地被集中在官僚、地主、商人手里之后，他们利用垄断使地价不断上涨。清初时一亩地不过数钱银子，康熙时已增至数两，乾隆时又翻数倍。农民失去土地，生活陷入困境。

租贷苛重历来是地主剥削农民的主要手段，财富的积累往往与财富的掠夺成正比。土地高度集中在大地主手中后，广大自耕农纷纷破产沦为佃户。这与清初佃户不断演变为自耕农的情况正好相反，由此可见朝廷的失控与世态的变化。地主倚仗对土地的占有，对佃户进行残酷的剥削。当时地租形态以实物为主，佃户所交一般都在收成的一半以上。广大佃农"终岁勤动，所得粮食除完交田主租息外，余存无几"，且又唯恐地主夺田另佃，遂"鸡豚布帛，无不搜索准折，甚至有卖男鬻女，以偿租者。此等风气，大概皆然"[②]。一般佃农在生活上毫无保障，丰年尚不足温饱，一遇天灾人祸，则不得不忍受"驴打滚"的高利贷盘剥。许多地区的高利贷八折出借，滚算月利，不出一年，利大于本，逼得农民家破人亡。

---

① 王先谦：《东华续录》嘉庆卷二十。
② 雅尔图：《心政录》卷二。

广大农民还要承担清代朝廷和地方政府名目繁多的差徭和杂税，且日渐繁重。清朝和历代一样，以田赋为最主要的税收，称为正赋。田赋中最主要的为地丁，即地税和丁税。地丁银的总数不断增加，如顺治末年每年为两千一百余万两，康熙中每年为两千四百余万两，雍正初每年为两千六百余万两，乾隆末每年为两千九百余万两，嘉庆以后每年约三千万两。

地丁银的征收中，还有所谓"耗羡"的加派。"耗羡"也叫"火耗"，是地方官借口把零碎银子化成大块上缴要有折耗，因而在正额之外所私加的税。地方官私加火耗，少者每两银子加一钱以上，多者每两加至四五钱，有的甚至加数倍于正额。由于限制无效，雍正时朝廷宣布"耗羡归公"，从此火耗变成了一种正税，作为地方官吏养廉及地方办公费用。清初各级文武官员的俸禄比较低，养廉银往往要超过其俸银许多倍。如巡抚、总督每年俸银一百五十至一百八十两，而每年的养廉银可至一二万两。又如七品知县每年俸银四十五两，而每年的养廉银可至五六百两或两千余两。将"耗羡"改为"养廉银"，名义上是要官吏廉洁，实际上是把官吏贪污合法化。京畿和直隶的差徭，也一概摊派于民，一年所交的差钱要比正赋多出 10 倍。在各省征收的漕粮每年定额四百万石，而地方官吏加征耗米更是弊端丛生，每石漕粮都要随征耗米三四斗。

除此之外，清政府还征收盐课、茶税以及其他名目繁多的杂赋。四川大宁盐厂，繁盛时"烘灶三百三十六座，均燃以柴"，嘉庆八年（1803 年）以后，"卤汁遂淡，柴亦欠缺，灶因逐减"[①]。纺织业一向比较发达的苏州，嘉庆初年因天灾人祸，出现了"年饥，织工多废业"[②]的景象。云南铜矿业的生产，由于嘉庆政府实行官买余铜的政策，所定

---

① 吴炜等：《四川盐政史》卷二。
② 钱士锜：《吴门补乘续编》卷十。

画珐琅绿地描金兽面方瓶（清）

铜价往往低于成本六七钱，因而商人亏本，产量逐年递减。总之，乾隆以后的赋税日重阻滞了生产的发展，大官僚、大地主、大商人中饱私囊使国家和百姓日渐贫弱。

土地兼并与赋税苛杂使人民陷入苦难的生活之中，加之自然灾害、官吏残暴便使农民大量外逃、游走四方。乾隆时期，随着社会承平日久，百姓生活相对安定，人口也急剧增长。人口生养的激增与土地兼并的激烈，导致物价上涨幅度越来越大。例如，江南苏州、松江、常州、镇江四府，在康熙四十六年（1707 年）前，每升米仅值七文，雍正和乾隆初期也不过十余文，到乾隆五十七年（1792 年）当地大旱时竟增至六十文。米价的急剧上涨，给官僚、地主、商人囤积居奇牟取暴利提供了机会，反过来更加促使贫苦人民卖房鬻地苦苦挣扎。清人钱泳说，田价"顺治初，良田不过二三两。康熙年间，长至四五两不等……至乾隆初年，田价渐长……今阅五十年，竟亦长至五十余两矣"①。农民的土地在兼并过程中被贱卖出去，但随着人口的增长租佃回来都很难。中国又是一个多自然灾害的国家，水旱、冰雹、风沙、蝗虫之害都是经年常见的现象。当清廷处在上升至鼎盛时期，由于统治者采取了发展生产和救荒赈灾等有效措施，人民的负担有所减轻，社会也相对安稳。但当统治者骄奢淫逸和贪婪残暴的恶性发展时，自然灾害在吏治腐败的作用下就愈益加重。嘉庆六年（1801 年），北京大雨连

---

① 钱泳：《履园丛话》卷一。

绵，河水急剧涨发，直隶所属各州县民田、庐舍多半被淹。嘉庆帝虽再三下谕旨赈济灾民，而地方官却阳奉阴违、乘机贪污。朝廷所发赈品大部被他们克扣，各地饥民领赈者不过十之三四。据史志记载，苏北的安东县地处黄河之滨，从乾隆十三年（1748 年）到道光十三年（1833 年）的 85 年中，发生大旱 10 多次，雨涝与河堤决口二三十次，各种灾荒不计其数。乾隆五十一年（1786 年）春，安东县发生了一次最大的灾荒，"斗谷千钱，米倍之。居民食树皮，面肿多死。麦熟时，至无能收获者"①。严重的自然灾害和普遍的贪官污吏，使许多农民背乡离井远走他方，整个社会出现动荡不安的局面。

第二节 统治腐败

顺治、康熙、雍正三朝皇帝，看到吏治腐败是明朝覆亡的重要因素，吸取这一教训，对整饬吏治颇为用心。乾隆、嘉庆之际，清王朝的统治不仅早已确立，而且得到进一步巩固，经济上也出现了繁荣昌盛的局面。在这种情况下，整个封建统治集团头脑发热，不可一世，奢侈腐化，为所欲为，也正因此，导致整个统治集团的衰败和劳动人民的怨愤。

作为封建王朝的皇帝，乾隆尚可称为励精图治，但也好大喜功。他的统治前期可谓功业辉煌，但相伴而来的是矜夸矫饰，这就导致后期的腐化堕落。他的行为影响着整个统治集团，所以从他身上也可看到当时的社会风气。乾隆南巡是最为典型的事例，从十六年（1751 年）到四十九年（1784 年），他效仿康熙六下江南，名义上为巡视河工，实际上

---

① 《光绪安东县志》卷五。

乾隆帝像

全为游山玩水。南巡中，后妃、大臣、扈从，一路浩浩荡荡，逶迤壮观。陆路车马成百数千，征调夫役不计其数。水路船只大小千余，首尾衔接，旌旗招展，鼓乐喧天。凡巡行所到之处，地方官曲意迎合，修行宫，搭戏台，结彩棚，放烟火，大事铺张，不遗余力。有时所过街市，路旁牌楼、彩景、香亭不绝，绵亘数十里。所有这些，不知消耗了多少民脂民膏。除其皇家巡行花费外，各地进贡、设宴、娱乐及地方官吏趁机敲诈百姓，钱财难以计数，更是败坏社会风气。乾隆帝还大兴土木，修建宫殿、园林。圆明园在雍正时已有28景，乾隆初扩建为40景，其在位60年无日不在修建之中。承德避暑山庄，在康熙时只有36景，乾隆时扩充一倍成为72景，大肆铺张，劳民伤财。乾隆帝还特别喜欢举行盛大的庆典，在太后六十、七十、八十寿辰时举行的喜庆盛典一次比一次隆重、热烈。不仅向太后进献大量的金银珠宝、诗文书画、币帛花果等，而且在西华门外的10余里大路上搭起楼阁戏台、设乐演奏、张灯结彩。乾隆皇帝的恣意挥霍，促使整个社会风气由俭向奢转化，腐败由此肇端而在统治集团中弥漫开来。

　　与封建官僚的奢侈生活相伴随，政权机构中则贪风日盛、贿赂公行、横征暴敛。尽管乾隆帝也严厉肃贪惩恶，但在歌功颂德的赞美声中却收效甚微。大学士和珅是乾隆后期结党营私、包庇亲信、贪赃枉法的著名人物，他巧言令色、见风使舵、心狠手辣。他担任军机大臣24年，特别善于揣摩乾隆帝的意旨，处处迎合，事事照办，极得乾隆帝信任。乾隆帝在被和珅一伙蒙蔽、利用的情况下，还自以为能洞察隐微、圣断高明。和珅掌握着清廷的内外大权，俨然成为当时中国的"二皇帝"。他诡计多端，权柄独揽，党同伐异，飞扬跋扈。他令各省凡有奏折先将副本呈交军机处然后上报，实际上垄断了一切要事而左右着政局。他还控制官吏铨选大权，对自己的私党安插重用，对不依附自己的就加以迫害。这样，朝臣们明哲保身，但求无过，上行下效，虚饰太平。乾隆帝也满足于臣下唯唯诺诺，越发懒得听取不同意见。官吏们则投机取巧，玩忽法纪，损公肥私，得过且过。和珅还为乾隆帝无休止地聚敛钱财，以满足他奢华的生活和豪贵的气派。他借国家名义索之于督抚，督抚则索之于州县，而州县又索之于人民。在此过程中形成一个庞大的贪污网，上下串通，共同作弊，和珅借皇帝的信任则为自己搜刮了骇人听闻的巨额财富。在这种风气下，朝野内外贪污聚敛层出不穷。文官贪赃，武官克饷，几乎是无官不贪，无吏不暴。就连一向号称"清苦"的六部大员，也挖空心思寻找敛财门路。吏部公开受贿，户部贪吃"平余"，兵部克扣军饷，刑部吞没赎款，工部利用兴建工程渔利，礼部在科举考试时收礼。乾隆帝虽对贪官污吏严惩不贷，但各地揭露出来的贪污大案迭出不断。结果贪污事件越来越多，贪污方法越来越巧，即使被人发现指摘，弥补的办法也越来越高明圆通。究贪风之根，可直追乾隆与和珅，清朝由此腐败而难再振兴。

　　乾隆后期，国势由盛转衰，统治由强转朽。全国官吏贪赃枉法的风气十分盛行，大官勒索小官，小官敲诈百姓，上上下下形成一个巨大的贪污网。云贵总督恒文授意属员贡献金炉，山西巡抚蒋州勒派州县弥补亏空，闽浙总督伍拉纳为了报效和珅，强逼下属私派加征，上下勾结共同分赃。他们明目张胆，不择手段，集体贪污之事层出不穷。甘肃总督勒尔锦和前任藩司王亶望、现任藩司王廷赞合谋将收捐监生的米粮改为折色银子，然后伙同道州府县官 60 人捏报灾情，将银两全部侵吞。统治阶层攫取了大量的社会财富，骄奢淫逸达到了惊人的程度。河北怀柔县一个姓郝的地主接待乾隆，一天的酒食费就达白银十多万两。清江浦的河道总督衙门备办筵席，豆腐要有20多种，猪肉要有40多种，一盘鹅掌需要几十只鹅，一味驼峰得三四只骆驼。至于所住房舍，也是极为奢华。北京一个姓祝的商人，有1000多间房屋，亭台楼阁，十分华丽。江南更是盛行园林建筑，山水花木，争奇斗妍，巧构精雕，不惜工本。

掐丝珐琅双龙瓶（清）

遇到岁时佳节，华灯灿烂，锦绣辉煌，官府、豪宅竞相装饰，炫目多彩。一些八旗兵丁在和平环境闲散下来，他们不读书、不做工、不生产粮食、不经营商业，终日无所事事，游手好闲，出入于茶馆、戏园、赌场、妓院，吃喝玩乐，完全过着寄生生活。由于养尊处优，奢靡成风，饷银月粮，不够挥霍，只得靠借债典当或预支饷粮度日。康熙、雍正、乾隆时期，朝廷都从国库拨发银两给予补贴，但因八旗兵丁坐吃山空，始终无法解决问题。政府也曾安排八旗兵丁去从事农业生产，他们不仅没有劳动的习惯和技能，甚至连受领垦田、坐收租息都不愿去。加之八旗长官克扣军饷，八旗士兵不满生活待遇经常闹事，也是造成社会不安定的因素。总之，吏治腐败与浮夸世风到乾隆后期愈益严重，由盛转败已见端倪。

嘉庆四年（1799年）初，乾隆帝去世。嘉庆帝亲政后的第一件事，就是将权相和珅革职逮捕并赐死狱中。查抄其家产，除了房舍，还有田地80万亩，当铺75座，银号42座，赤金580两，生沙金200多万两，元宝银 9400 万两，其他如珍珠、白玉、珊瑚、玛瑙、钟表、宝石、绸缎、瓷器、古鼎、人参、貂皮等不计其数。整个家产约折合白银 8 亿两，相当于清廷 20 年的总收入。和珅的党羽也被议罪处治，甚至和珅的两个仆人被抄没的家产也值 700 万两之多。① 这些家产被抄没后，大都归为皇室所有，因此当时民间盛传着"和珅跌倒，嘉庆吃饱"的民谣。此后，尽管嘉庆帝打出了"咸与维新"的旗号，力图从各方面采取措施，稳定政局，安定民心，但是，乾隆帝留下的内创累累的衰颓局面已积重难返，吏治腐败与豪门奢靡有增无减。嘉庆元年（1796 年）至十一年（1806 年），直隶司书王丽南勾结州县官吏侵盗白银达三十一万余两之多，成为轰动朝野上下的著名案件。嘉庆初，毕沅任两广总督，福宁任广东巡抚，陈淮任广东布政使，三人朋比为奸，都是贪得无厌的吸血鬼。"毕（沅）性迂缓，不以听政为事；福（宁）阴刻，广纳苞苴；陈（淮）则摘人瑕疵，务使下属倾囊解橐而后免。"当时人骂他们："毕不管，福要钱，陈倒包。"② 嘉庆十四年（1809 年），工部书吏王书常、蔡泳受等人私刻假印，冒领库银 14 次之多，数目不下千万。当时几乎无官不贪，朝廷屡禁不止，皇帝无奈"蠲免恩施"也持续不绝。事实上，嘉庆帝自己也觉察到，这种"恩施"的结果，只能填满贪官污吏的腰包，弥补那些"亏空"并不能给百姓带来丝毫的实惠。

在清政府统治腐败日益严重的情况下，嘉庆、道光时期的财政危机也逐渐加深。收入日益减少，支出日益增加，经常处于入不敷出的拮据状态。顺治时，由于连年进行战争，财政非常困难。顺治八年（1651 年）三月，库存仅有白银二十万两，连付当时官吏的俸银都不够。康熙亲政后，战乱渐停息，社会生产力得到恢复，库存银急剧增长。康熙六年（1667 年），库存银近二百五十万两；五十八年（1719 年），已达四

---

① 薛福成：《庸庵笔记》卷三《查抄和珅住宅花园清单》。
② 徐珂：《清稗类钞》第十二册《讥讽类》。

千七百万余两；雍正八年（1730 年），又增长为六千二百万余两；乾隆三十六年（1771 年），更达七千六百万余两。但此后由于皇帝的铺张浪费，官吏的竞相贪污，工程的巨额耗资，加上土地兼并日益严重，征收的田赋日益减少，官僚、地主、商人的蚕食鲸吞，库存渐告匮竭。年岁屡丰的江西省，在乾隆四十一年（1776 年）到嘉庆四年（1799 年）的 20 多年里，亏空银八十三万两。直隶省连年亏空，到嘉庆六年（1801 年）亏空达到二百六十四万两[1]。嘉庆末年，已"实有入不敷出之势"[2]。

錾胎珐琅像（清）

于是，统治者采取了各种补救办法，捐纳即为其中之一。所谓捐纳，就是用钱买官，始于康熙平定三藩时。不过，当时捐官的人数、钱数均很少。从雍正朝始，捐纳成为户部每年正常收入的一个重要来源。嘉庆、道光两朝，财政上捉襟见肘的状态愈益严重，清廷要靠捐纳弥补财政不足。于是官场上到处充斥着以钱买官之人，他们到任后首先想到的和要做的便是，用最短的时间把最多的钱捞回来。这种渎公肥私的行为产生了极为恶劣的后果：一是官场贪风日盛，吏治更趋败坏；二是官吏聚敛财富，国家财政更为减少；三是官吏强征巧夺，加重了人民的负担。

八旗兵此时也更腐败堕落，懒于骑射而习于享受。每月饷银到手，便争相去买酒肉，饷银花完后，又支领官米，贱价卖给米铺，只图一醉

---

① 王先谦：《东华续录》嘉庆卷。
② 《清仁宗实录》卷三百五十一。

方休。久而久之，擅长骑射的民族特技逐渐丧失，军队的战斗力大为减弱。乾隆四十九年（1784 年），乾隆帝至杭州阅兵，结果号称精锐的八旗兵，竟射箭虚发，驰马人堕地。嘉庆十四年（1809 年），清廷对其精锐之师健锐营、火器营进行了考核，结果 27000 名士兵之中，列为头等的仅有 60 名。如此腐败的军队虽然不能打仗，但在骚扰百姓、抢劫财物、拐卖妇女儿童方面却变本加厉。

国家财政收入减少的同时，支出尤其是军费开支巨大。由于政治腐败，社会矛盾尖锐，清政府为维护摇摇欲坠的统治，调集大批军队血腥镇压起义民众，战争费用猛增。嘉庆元年（1796 年）到嘉庆十年（1805 年），清政府镇压白莲教起义花费两亿两，镇压湖黔苗民起义用去一千万两，镇压东南沿海蔡牵反抗斗争花费三百万两。

自乾隆中叶以后，国家收支节余逐年锐减。乾隆六十年（1795 年），户部存银尚有近七千万两，至嘉庆三年（1798 年），仅存不到两千万两，道光元年（1821 年）至十四年（1834 年），平均每年存银约二千七百万两。[1] 由此可见，政治腐败导致了经济衰退，清政府陷入无法排解的矛盾之中。

第三节　起义迭起

清代农民起义一般是以民间宗教和秘密结社为基础的，起义往往是不堪忍受压迫并与反对清朝相联系。自乾隆中期以后，清朝统治由盛转衰，阶级矛盾和民族矛盾日趋激化，中国大地到处出现了起义反清的烽烟。

清代前期在民间影响最大的宗教是白莲教。白莲教的创始人是南宋

---

① 彭泽益：《清代前期手工业的发展》，载《中国史研究》1981 年第 1 期。

高宗时的茅子元。白莲教在宋代被政府所取缔，但在元代一度合法。自明初始，由于朱元璋的严厉诏禁和镇压，白莲教才真正地成为一个民间秘密宗教了。明末清初，随着阶级矛盾和民族矛盾的日益加剧，白莲教在各地向处于社会下层的农民、士兵、流民、手工业者、小商人传教收徒，发展力量，逐渐形成了许多支派，如罗教、红阳教、八卦教、黄天教、清茶门教、圆顿教等。它们后来又各自繁衍，形成名目众多的教派，现在从档案、史书、奏议、文集和方志中见到的清代民间教派有100余种。这些教派的思想信仰，基本上是由儒、佛、道三家思想所组成。虽然表面上看是一个大杂烩，既浅薄又荒诞，但仔细分析，其粗陋的俗言俚语中却又隐藏着下层劳动群众反对封建压迫、争取自身解放的思想精华。因此，每当广大下层群众对封建黑暗统治不满时，教首往往就借机宣传、鼓动和组织群众进行起义。从乾隆中叶至鸦片战争前的六七十年间，白莲教系统的一些教派多次发动起义，给腐朽的清廷以沉重的打击。

乾隆时期已发生多次起义，虽然规模不大但已发出反清的信号。乾隆三十九年（1774 年），山东寿张县因灾歉收，而地方官却横征暴敛，激起当地下层群众的强烈不满。于是，清水教徒王伦在当年八月发动群众，举行反清起义。几天工夫，队伍达到 2000 余人，一举攻克寿张县城，杀死知县，乘胜攻占阳谷、堂邑。起义军所到之处，没收地主的财物分给贫民，受到群众欢迎。九月中，起义军攻占了大运河畔的临清旧城。由于临清是南北水路交通的枢纽，所以它的失守引起统治者的极度震惊。乾隆帝立即命大学士舒赫德等人率健锐、火器营千余人前往镇压。王伦迎战不敌，败回城内，清军攻入，王伦被杀。这次起义为时短暂，却拉开了武装反抗清廷的序幕。

乾隆四十六年（1781 年），甘肃爆发了由苏四十三领导的撒拉族人民起义，三年后又爆发了由田五领导的回民起义。这两次反清武装起义由两族内部新老教派纷争引起，清朝统治者扶老压新从而激起族众反抗。苏四十三率众一度攻到兰州城下，但最终在清军强大攻势下兵败牺牲。此后清廷实行民族高压政策，终于又激起田五为首的回民起义。田五起义不久即死于战斗之中，但其部下仍给前来镇压的清军以重创。乾隆帝闻报，急派重兵围剿，起义军力不能支，最终全军覆没。起义虽然发生在偏远地区，但无疑透露出阶级关系、民族关系的紧张信息。

金"大威德"坛城（清）

　　乾隆五十一年（1786 年），台湾爆发了由林爽文领导的天地会大起义。天地会大约创立于顺治、康熙之际，初见于广东花山、阳平之地。顺治后期，虽然农民军"联明抗清"已经败亡，但许多有识之士和农民军余部并没有放弃斗争，"妄立社名，纠集盟誓者，所在多有"①。此后，天地会为避免清廷破获和受到镇压，不断更改和变换名称，如添弟会、小刀会、三点会、三合会、洪莲会等。林爽文原籍福建漳州，乾隆三十八年（1773 年）因"家道贫难"迁至台湾彰化县。乾隆四十八年（1783 年）加入了天地会，三年后在当地大力发展天地会组织。他在会内被称为"大哥"，会员以兄弟相称。天地会势力大增，引起当地官吏极为不安，乃派兵抓捕林爽文，林爽文遂与天地会员揭竿而起。同年十一月底，他们攻陷了彰化县城，杀死文武各官。随后，他们又围攻台湾府城，将闽浙总督常青困于城内。当时整个台湾岛上起义军声势浩大，但缺乏统一部署和作战计划。乾隆五十二年（1787 年）九月，清钦差协办大学士福康安率增援部队抵达台湾。林爽文率军迎战，但寡不敌众，遂败走。清军穷追不舍，最后在高山族

① 《清世祖实录》卷一百三十一。

居住的深山密林中将其抓获。次年，林爽文被押解到北京，在菜市口凌迟处死。至此，林爽文领导的天地会起义失败。此时天地会的影响不如白莲教的影响大，鸦片战争后天地会的作用才日益显示出来。

乾隆五十九年（1794年）末，湖南、贵州接壤地区又爆发了苗民起义。这次起义的原因是由于苗族地区在"改土归流"后，汉族官僚地主不断侵占苗族人民的土地，清朝所派官吏对苗族人民又任意欺压，引起苗族人民的不满。在贵州松桃厅苗民石柳邓、湖南永绥厅苗民石三保、凤凰厅吴陇登和吴半生、乾州厅吴八月等人的领导下，苗民举行了声势浩大的起义。清廷急令云贵总督福康安率军前往镇压，但起义军采取飘忽不定的灵活战术屡创清军。乾隆六十年（1795年）八月，起义军在乾州建立统一指挥的领导机构，推举吴八月为苗王，石柳邓、石三保等为将军。这时福康安感到，单纯的军事进攻已不可能解决问题，于是采取了招抚的办法，

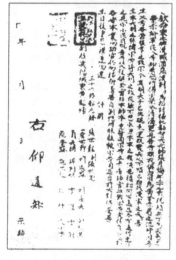

白莲教起义军发布的告示

收买了起义军首领吴陇登，先后诱擒了吴八月和石三保，使起义军遭受重大损失。次年，清军假意与苗民言和，却集中力量围剿石柳邓。十二月，石柳邓在战斗中头部受伤，不幸牺牲。但起义军仍未向清廷屈服，继续坚持反抗斗争。清廷转而在苗民居住区大造碉堡，设立关卡，招募乡勇，直到嘉庆十一年（1806年）才最终把起义镇压下去。

嘉庆期间，起义规模增大，由边区向内地延伸。乾隆六十年（1795年）冬，白莲教主要教首在湖北襄阳聚会，提出"官逼民反"的口号并决定次年三月初十起义。但因形势所迫，张正谟、聂杰人于嘉庆元年（1796年）正月于湖北宜都、枝江率先举起义旗。接着，湖北各地白莲教徒纷起响应，形成燎原之势。三月，襄阳地区白莲教首领王聪儿、姚之富等在黄龙峭起义，拥

有万人之众。在清军的攻击下，这支队伍在川、楚、陕边界进行流动作战。义军"不整队，不迎战，不走平原，惟数百为群，忽分忽合，忽南忽北"①。所经之处，教徒纷纷影从，队伍日益壮大，清军无法扑灭。随后，四川各地的白莲教徒也举起义旗。九月，达州徐添德率先起事，接着，各地起义风起云涌。但由于起义军各自为战，缺乏统一领导，军事上又消极防御，不主动出击，结果被清军各个击破。此后四川义军与

湖北义军会师，但仍未真正联合起来。襄阳义军仍转战于湖北、陕西、四川一带。在清军追击下连连受挫。嘉庆三年（1798 年），襄阳义军在郧西被清军和乡勇包围，王聪儿、姚之富跳崖牺牲，全军覆没。此后，农民战争的主战场转移到四川。起义军虽屡创清军，但处境也日益困难。自嘉庆五年

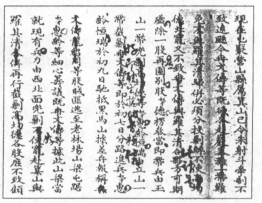

嘉庆三年（1798 年）镇压四川
白莲教起义朱批奏折

（1800 年）起，清军"坚壁清野"、"寨堡团练"的战术取得了明显效果。川、楚、陕义军屡遭打击，将领陆续牺牲。但义军仍是不屈不挠，忽伏忽起。直至嘉庆十年（1805 年），随着义军最后的首领苟朝九战败牺牲，起义才算是被彻底镇压下去。这次波及川、楚、陕、甘、豫五省的白莲教大起义，前后持续了十年，被杀者数十万。清政府为镇压起义，调动了数十万军队，消耗了两亿两白银。这次起义沉重地打击了清朝的封建统治，也成为清王朝由盛至衰的转折点。

嘉庆十八年（1813 年），京畿和直隶、河南、山东等地又爆发了天

---

① 魏源：《圣武记》卷九《嘉庆川、湖、陕靖寇记》。

理教起义。天理教是白莲教的一支，当时信徒很多，河南滑县李文成和北京林清是主要教首。他们宣传入教者先输纳"种福钱"，又称"根基钱"，事成之后，"凡输百钱者，得地一顷"①。农民渴望土地，因而纷纷入教。嘉庆十七年（1812年）正月，他们聚会于滑县的道口镇，商定"应在酉之年，戊之月，寅之日，午之时，故以十八年（1813年）九月十五日午时起事"②。并决定李文成按时在河南滑县起义，河南、山东、直隶同时揭旗造反后，立即直趋京畿；林清则在京城内响应，与李文成等里应外合，一举占领清朝统治中心。然而此事于十八年（1813年）八月底泄密，李文成被滑县知县逮捕入狱。教众遂提前起义，救出李文成，占据滑县城。接着，李文成在滑县署内设羽帐树大旗，旗上书"大明天顺李真主"七个大字，号召四方起义。林清则按期行事，以教徒200人潜入城内。九月十五日一早，在入教太监的导引下，分由东、西华门攻进清宫。由东华门入者因门急闭，仅进入10余人，即遭封杀，其余被阻于门外散回。由西华门入者因门掩闭不及，遂全队进入，聚攻隆宗门。当时皇子旻宁（即后来的道光帝）正在宫中读书，闻变即戎装上阵，以鸟枪射击起义者。镇国公奕灏急调火器营官兵千余人入宫，起义军寡不敌众而失败，林清被捕牺牲。滑县起义军也在清兵和团练的围击下失败，李文成在败走途中力战而竭自焚而死。滑县被攻破，清军滥杀无辜，到处是一片凄凉景象。事发时嘉庆帝正在热河围猎，闻说后草拟了"罪己诏"，哀叹这次起义实为汉、唐、宋、明未有之事。做诗言："从来未有事，竟出大清朝。"③ 这是清朝统治中国170年来，最高统治者第一次带有巨大危机感的哀叹。

道光时期，由于乾隆、嘉庆两朝统治阶级的残酷镇压，农民起义军遭到严重的损失，社会较为安定，但小规模的暴动、起义也有发生。如

---

① 《靖逆记》卷五《林清》。
② 《靖逆记》卷五《李文成》。
③ 《清仁宗御制诗三集》卷一六《责己述怀》。

在湖南永州一带，由于清朝统治者推行民族歧视和压迫政策，当地官吏和汉族地主对贫苦瑶民进行残酷盘剥，不断激起瑶民的怨恨和反抗。道光十一年（1831年）底，在当地瑶人赵金龙的率领下，瑶民聚众起义。但是清廷迅即派兵镇压，尽管也有死伤，还是最终把起义军消灭。道光十五年（1835年）三月，山西赵州城也爆发了由曹顺领导的先天教起义。先天教源于白莲教系统下的八卦教中的离卦教，其在嘉庆年间就因以敛钱为目的而被清廷镇压。道光十四年（1834年），曹顺掌教后，利用当时因土地兼并和官吏敲诈而激化起来的矛盾，引导教徒走上了反清起义的道路。次年三月，起义爆发，赵州城很快被攻破，但时间不长，即告失败。此后，一些宗教组织和民间团体多转入秘密活动，如白莲教、天地会等。由于没有统一纲领，奋斗目标也不明确，加之纪律较差，因而组织松散，处于杂乱状态。只是到了道光后期，在拜上帝会的宣传、鼓动、组织下，一支新的起义力量才重新凝聚，不久，即以磅礴气势席卷了半个中国，给本已腐朽的清廷以沉重的打击。

第四节　列强威胁

明末的商品经济因素没有发展成资本主义，政治的腐败导致明朝统治的彻底结束。当清朝挺进中原重又建立起封建帝国的秩序时，欧洲已进入了资产阶级革命的时代。17世纪中叶，以英国的资产阶级革命为开端，西欧主要国家陆续建立了资本主义制度。18世纪初期开始的欧洲工业革命，给资本主义创造了巨大的生产力，蓬勃发展的工业使城市规模迅速扩大，商业资产阶级把国内经济与世界经济联系起来。为了开拓世界市场，西欧资本主义国家加紧进行殖民主义侵略。这样，原先西方国家的教会试图对中国进行的文化传播，也很快变成赤裸裸的经济利益追求。

　　西方新航路的开辟是工商业繁荣的重要因素，市场的扩大促使着人们价值观念的更新，资本的原始积累充满着血腥的气味。原先的商业中心已由地中海和意大利转到大西洋沿岸国家，盛行于欧洲、非洲和美洲之间的残酷的"大三角"贸易为西欧积累了巨额的财富。在欧洲各国之间，经济发展的不平衡也显得越来越大，意大利丧失了昔日的经济繁荣局面，西班牙和葡萄牙由于受社会内部落后封建因素的约束盛极而衰。英国首先崛起。在圈地运动、机器生产和科技发明的基础上，国力日益强大。沙皇俄国的势力也在扩展。罗曼诺夫王朝的第四代沙皇彼得一世推崇西方，在他统治期间，学习先进技术，推行重商主义，推广西方的教育制度和生活方式，按照西方模式建立军事制度并用西方武器装备军队。其死后，至18世纪初，俄罗斯正在逐渐演变成一个东方专制主义的资本主义国家。

　　美国则于1776年宣告独立。这个英国的殖民地最初是在1607年由一个叫克里斯托弗·纽波特的英国人率领3艘船和120名移民建立起来的，他们最初开辟的殖民地是弗吉尼亚。13年后，一批流亡在荷兰的英国清教徒为了逃避本国政府的迫害，搭乘一艘名叫"五月花号"的船来到北美，以波士顿为中心又建立起一个殖民地马萨诸塞。这些移民们在当时非常荒凉的困难情况下，依靠集体的智慧和艰苦的劳动，在当地印第安人的帮助下渡过了难关。此后的一百多年，英国人在北美一共建立了13个殖民地，这些殖民地都由英国人管理。到18世纪后半期，殖民地人民同英国统治者的矛盾加深，各地自发的反英斗争此起彼伏，1776年美国独立战争终于爆发。战争进行了8年，英国被迫承认美国独立，此后这个年轻的国家在现代化的进程中处处显出咄咄逼人之势。

　　美国独立战争在欧洲产生巨大影响，也刺激了法国资产阶级革命的发生。法国的封建专制，到了"雄才大略"的路易十四时达到顶峰。但资本主义的发展遭到遏制，这种情况到路易十五时更加严重。面对英国欣欣向荣的资本主义经济，法国腐败的封建专制统治显得更加难以容忍。因而到路易十六时，封建专制和民主要求的矛盾不可调和时爆发革命也就成为必然。革命的结果是人民群众取得了胜利，但最终权力却落在了拿破仑手中。此后十几年，拿破仑三次击败反法同盟，使封建势力受到沉重打击。

　　总而言之，从 1640 年英国资产阶级革命到 1840 年列强发动的对华鸦片战争，西方国家在动荡不安中追求着最大利益，他们逐渐把手伸向世界各地而觊觎着中国。

　　西欧国家和沙俄帝国向亚洲的推进分南、中、北三路。南路是经印度洋、太平洋向南亚和东南亚发展的。1600 年英国建立的东印度公司是英国侵略南亚次大陆的主要工具。1639 年、1668 年、1696 年东印度公司分别建立了马德拉斯、孟买、加尔格达三个管区，各设省督管辖。这是英国通过东印度公司在南亚建立的间接统治。

康熙帝《致罗马使节关系文书》

此后，英国击败了法国支持下的孟加拉首领西拉杰，东印度公司又正式设立孟加拉管区。1773 年，英国国会通过了《东印度公司管理法》，将南亚改为由英国政府派总督管辖。1784 年，英国颁布法令，成立由英王任命的管理局管理南亚行政，英国在南亚的直接统治最终确立，印度成为英国向东推进的基地。在亚洲的太平洋沿岸，荷兰和法国分别占领了印度尼西亚和印度支那。1800 年，荷兰政府解散东印度公司，将印度尼西亚改归荷兰政府直接统治。1806 年，法国拿破仑帝国统治了荷兰，法国势力延伸到印度尼西亚。其后，随着拿破仑帝国的崩溃，荷兰重又获得对印度尼西亚的统治权。法国把侵略亚洲的重点放在印度支那。1771 年，越南归仁府西山村发生了阮氏三兄弟领导的农民起义，逃往暹罗的越南统治者在法国主教百禄多的诱使下，于 1787 年同法国签订割让土地、允许法国垄断越南贸易的条约。法国在北美和印度的殖民地大大缩小之后，便着力扩大在印度支那的统治，逐渐控制了越南及整个印度支那。

英、法、俄三国在向亚洲推进的中路，极力争夺西亚和中亚。伊朗当西亚之冲，俄国企图在西亚和中亚扩大领地，法国企图从西亚打开通往印度的陆路交通，英国想扼制法国东进并同俄国争夺南高加索一带。因而，英、法、俄三国争夺伊朗的斗争相当激烈。1797 年，法国试图同伊朗建立反英同盟，未能达到目的。1800 年，英国与伊朗缔约，规定不许法国进入伊朗和波斯湾沿岸。1804 年，俄国与伊朗发生战争。1807 年，法国与伊朗签约，共同反对俄、英。同年，法伊关系破裂，伊朗又与英恢复谈判。1809 年，英国与伊朗缔约，规定伊朗同法国及一切反英国家断交。1813 年，伊朗战败，俄伊缔约，伊朗将格鲁吉亚地区割让给俄国，俄国海军独享里海海域的制海权。1826 年，第二次伊俄战争爆发，伊朗再次战败，被迫放弃在南高加索的一切权利。俄国在西亚全面击败了英、法势力，逐渐向中亚推进。清朝嘉庆、道光之际，俄国势力推进到巴尔喀什湖西岸一带，许多哈萨克牧民被迫迁徙到巴尔喀什湖以东的中国境内。英国在西亚的失利导致其以海路为中心向南亚东亚推进，以印度为基地扩大对阿富汗和缅甸等国的侵略。

在北路，俄国凭借地理优势经亚洲北部的西伯利亚地区独自向中国推进。《中俄尼布楚条约》签订以后，俄国从未打消对中国领土的野心。雍正五年（1727 年），签订《中俄恰克图条约》的俄方代表萨瓦建议把中国人清除出黑龙江。乾隆五年（1740 年），俄皇政府提出一个"备忘录"，叫嚷要修改《中俄尼布楚条约》。乾隆十八年（1753 年），俄皇政府正式向清政府的理藩院提出"黑龙江问题"。乾隆二十一年（1756 年），俄国正式向中国要求黑龙江的航行权。乾隆二十七年（1762 年），叶卡捷琳娜上台后，制订了对中国的作战计划，成立了对华作战指挥中心"特别军事委员会"。嘉庆、道光年间，俄国侵华势力主张占领黑龙江流域的叫嚣更为露骨，还不断派人到黑龙江流域勘测地形、搜集情报，加紧入侵的准备工作。与此同时，俄国在中国西部边界不断地吞食中国领土。大约在乾隆中叶，俄国边界向东推进到额尔齐斯河上游至沙宾达巴哈一线，开始同中国接壤。此后俄国势力不断向中国境内移动，设标树栅、建房筑屋、开垦荒地、建立渔场。道光二年（1822年），俄皇颁布《关于西伯利亚吉尔吉斯条例》，正式吞并了巴尔喀什湖以西、以北的哈萨克草原，并且扬言继续把边界向东推进。在清政府的坚决反对下，俄军的侵夺才被阻遏。

　　清王朝建立后，在对外贸易方面一直采取限制的政策。这是因为当时中国社会基本上仍是自给自足的自然经济，同时也防备外国商人与沿海人民往来惹起事端。康熙时，有限地对外进行贸易，但对外国商船的活动极为注意。在开放对外贸易的同时，又在沿海各地增设炮台。康熙谕旨言："海外如西洋等国，千百年后，中国必受其累，国家承平日久，务需安不忘危。"[1] 乾隆朝，由于英国殖民者在中国沿海进行种种非法活动，清政府对外贸易的限制日益严格。如乾隆二十二年（1757年）规定，外商只准在广州一口通商，不得随意奴役中国人，需听中国行商的管束，等等。面对清朝政府的种种限制，西方列强尤其是首先进入资本主义的英国十分恼火。它利用印度作为据点，阴谋侵占中国西藏，乾隆三十九年（1774年）和四十八年（1783年）两次派人进入西藏，妄图迫使清朝政府订立奴役

马戛尔尼像

性的地方通商条约，为清政府所拒绝。乾隆五十九年（1794年），英国派出马戛尔尼率领的使团来到北京，要求清朝政府允许英国政府派商务机构

[1] 《熙朝纪政》卷六《纪市舶》。

常驻北京从事贸易，要求在舟山和广州附近各割出一小块地方归其商人居住并存贮货物，要求开放更多的口岸并对英国商品减税，要求允许西方传教士在各省"开堂"传教。乾隆帝在热河行宫以优厚礼遇接见了马戛尔尼，但严词拒绝了他的所有要求，并警告说："若将来（英）船至浙江、天津，欲求上岸交易，守土文武必不令其停留，立时驱逐，勿谓言之不豫。"① 嘉庆二十一年（1816年），英国又派使臣阿美士德来北京再度进行交涉。由于在朝拜礼节上双方发生争执，根本没有进行谈判，英使便悻悻而归。

英国在几次派使臣来华交涉失败之后，就继续派商船在中国沿海进行走私活动。但是，处于自然经济占统治地位的中国，即使英国殖民者以各种非法活动推销其商品，使商品销售量有逐渐增加的趋势，但始终处于贸易逆差的不利地位。英国政府为了改变这种状况，决定向中国倾销鸦片。乾隆三十年（1765年）以前，英国对华输入鸦片每年约200箱（每箱120斤）。乾隆五十一年（1786年）则达6000箱，至道光十八年（1838年）猛增为40000箱。与鸦片大量输入的同时，是中国白银的大量外流。自道光三年（1823年）至十一年（1831年），岁漏银1700余万两，自十一年（1831年）至十四年（1834年），岁漏银200余万两，自十四年（1834年）至十八年（1838年），又渐漏至3000万两之多。白银的大量外流使清朝政府的财源日益枯竭，而鸦片的输入又严重地毒害着中国人民。据估计，道光十五年（1835年）全国吸食鸦片的人数超过了200万，在清朝的官员和士兵中此现象尤其严重。美国也紧步英国后尘，是鸦片贸易的积极推行者。其输入中国的鸦片仅次于英国，许多鸦片贩子变成了百万富翁。伴随着鸦片贸易，英美的舰船气焰也十分嚣张，上面装备有各种武器耀武扬威，经常侵扰中国边境甚至攻击缉私船只。

因此，中国人民为反对鸦片输入而不断进行斗争，清政府也屡次宣布

---

① 《熙朝纪政》卷六《纪英夷入贡》。

英国东印度公司鸦片运输船

禁烟且日益严厉。道光十八年（1838 年）十二月，清政府在"夷馆"前的广场上处决了一个鸦片商，这本是中国的内政，却引起侵略者的不满。首任英国驻广东领事义律就向英国当局建议，寻找恰当时机用武力打开中国国门。道光十九年（1839 年），清朝政府派力主禁烟的林则徐为钦差大臣赴广州禁烟。林则徐在两广总督邓廷桢的协同下，下令各国鸦片商人如数呈报烟毒。严告"进口之船，均应具结，有夹带鸦片者，船货没官，人即正法"①。在中国军民的强大压力下，从四月二十二日到五月十五日，鸦片商被迫交出两万多箱鸦片。6 月 3 日起，在虎门"就海滩高处，周围树栅，开池漫卤，投以石灰，顷刻汤沸，不爨自燃，夕启涵洞，随潮出海"②，所缴鸦片全部当众销毁。中国政府的这一行动，向全世界宣告了禁烟决心。而英国政府却不能容忍由此带来的巨大损失，因而早已准备动用武力的英国当局遂以此为借口发动了对华战争。1840 年（道光二十年），鸦片战争爆发，清朝政府与西方列强的较量由此进入实质性阶段。

---

① 魏源：《圣武记》卷十《道光洋艘征抚记》上。
② 《夷艘入寇记》，中国史学会主编：中国近代史资料丛刊《鸦片战争》第 6 册，上海人民出版社 1957 年版，第 107 页。

第三章
弃旧图新

第一节　内外交困

清朝政府的腐败，导致整个封建社会的肌体难能经受强劲西风的侵袭，而统治集团内部的衰朽也导致广大人民越来越大的不满和反抗。当西方资本主义已经崛起来势凶猛的时候，东方仍在按封建统治模式顽强地维持，国家权力阶层为了自身的利益不思奋进也缺少胆识，而给人民带来的苦难就愈加深重。人类文化的进步历程证明，落后的国家机器制约着国民生产的发展，然而要改造或打碎陈旧的国家机器却很不容易。

西方列强站在本国立场上，凭借工业的先进在世界范围内寻找市场，以攫取更大的利益。而封闭的清朝政府满足于自给自足的自然状态，起初对资本主义工业国家很不以为然，只是等到最先发展起来的工业国家的炮舰开到家门口时，才意识到问题的严重性。西方列强来到中国最初是为开展贸易，但正如马克思所说中国是世界上最古老最坚固的帝国，对此范文澜在《论中国封建社会长期延续的原因》中也有精辟分析。他说："中国的政治制度是世界上第一等的几乎牢不可破的封建专制制度，在这个总制度里面，包含着各式各样阻挠社会发展的小制度，如各朝代共守的重农（地主）轻商制，如秦汉以后的土地自由买卖制，如两汉以后的儒学独尊制，如隋唐以后的诗赋取士制，如明清两朝的八股取士制。诸如此类的小制度，服务于总的封建专制制度，使它更加巩固而有力。这种经济结构和政治制度，只有在国外的或国内的市场无限扩充，工商业顺利发展的情况下，才有冲破的可能，而明清两朝，特别是清朝，恰恰严格执行闭关政策，商人到海外贸易被认为非法行为，当然不会奖励保护他们去开辟国外市场。中国疆域辽阔人口殷繁，应该有广大的国内市场，但占极大多数的农民，过着非人的生活，被摈于市场之外，因之国内市场的范围也很狭小，不足以促进手工工场的更多发展，工商业者获利以后，因无法积累资本，扩大再生产，多余的资金，只好购买土地放高利贷，转到地主阶级方面去。中国封建社会里所怀妊着的工业因素与英国和欧洲大陆各国作比较，中国显然是落后的，它不可能对旧社会起着决定性的否定作用是无可置辩的事实。"① 正因中国的市场很难打开，而英国对华贸易又出现巨大逆差，这就使英国这个最先发展起来的资本主义强国另取他途，于是借助贩卖鸦片以扭转对华贸易的不利状态。鸦片的输入不但严重毒害了中国人的身心，而且导致数以亿计的白银外流，并由此引起一系列严重的社会问题。清朝当局在这种情况下，经过内部弛禁与严禁两派的争论，于道光十八年（1838年）起决定厉行禁烟，1839年林则徐虎门销烟正式拉开了禁烟运动的序幕。

林则徐（1785～1850年），福建侯官（今福州）人。嘉庆进士，历官道员、按察使、布政使、巡抚、总督，是当时为政清廉、处事干练、富有远见、主张改革的进步官员，也是禁烟派的主要代表。其虎门销烟之举，是中国禁烟运动的重大胜利，但迅即引起了英国政府的强烈反应。消息传到英国，立刻招来一片战争叫嚣。英国政府在工商阶层和鸦片集团的鼓噪下，1839年9月底，由外交大臣巴麦尊召见了逃回英国的鸦片贩子查顿等人，商讨拟订对中国发动战争的具体计划。10月1日，

① 《范文澜历史论文选集》，中国社会科学出版社1979年版，第104页。

召开内阁会议，讨论武装侵略中国的问题，
决定"派遣一支舰队到中国海去"。1840 年
1 月，道光皇帝命林则徐断绝中英一切贸易，
并向各国宣布英国贸易集团的罪状。1840 年
2 月，英国政府任命乔治·懿律和查理·义
律作为同清政府交涉的正、副全权代表，并
任命懿律为侵华英军总司令。6 月，英国船
队组成的"东方远征军"开达中国广东海
面，第一次鸦片战争不可避免地爆发。

林则徐像

英国侵略军到达广东海面后，由于广东
军民早有戒备无隙可乘，乃按其原定计划北犯。7 月，英军进攻福建厦
门，未克。接着，又北犯浙江，攻陷防御薄弱的定海。8 月，继续北
犯，抵达天津白河口，照会中国政府，提出赔款、割地、通商等无理要
求。道光皇帝本无抗敌的决心，满朝文武官员更是手忙脚乱。妥协派趁
势散布流言飞语，把战争责任归罪于林则徐头上。无奈，道光皇帝任命
琦善前往天津海口与英军谈判，琦善本着妥协的立场将英军劝回广东。
9 月，琦善被任命为钦差大臣，赴广东继续办理中英交涉，林则徐、邓
廷桢则以"办理不善"的罪名被革职查办。尽管琦善到达广州后，千方
百计讨好英军，但英军愈加蛮横，提出无理要求，如义律在攻占大角、
沙角炮台后，又强占了中国领土香港，并提出赔款 600 万、割让香港、
恢复广州通商等条件。

琦善的妥协投降引起了广大人民和官员的不满，清廷内部倾向抵抗
的官员也奏请重新起用林则徐、邓廷桢。道光皇帝对英方的所作所为也
十分恼怒，1841 年 1 月 27 日下诏对英宣战。接着罢免琦善，调将遣兵，
中英双方重新进入了战争。

英军在闻知清廷宣战后，先发制人进攻虎门炮台，广东水师提督关
天培率军死战，壮烈殉国。此后靖逆将军奕山领兵到达广州，然其蔑视

当地粤民粤兵，既无方略也无战术，唯图侥幸取胜，以便邀功，结果偷袭英军不成，反遭英军趁势反扑。广州城被围并遭炮轰，在万般无奈的情况下，5月27日，奕山与义律签订了屈辱的《广州合约》。但广州人民是不屈的，5月29日，英军窜至广州北郊三元里抢劫行凶，激起当地人民的强烈反抗，当场打死英兵数名。其后几天，周围数县的数万群众赶来，将英军所在的四方炮台团团围住。最终还是在英军的要求下，奕山派了广州知府余保纯出城，才强迫解散了群众队伍。

但是，英国政府并不满意战争的结果。1841年8月又改派璞鼎查为全权公使，进一步扩大对华战争。璞鼎查到达香港后，即率军北上，相继攻陷厦门、定海、镇海、宁波，许多将士浴血奋战，英勇牺牲。清政府为此感到恐慌，为挽回败局以示"天朝兵威"，10月18日，任命奕经为扬威将军领兵赶赴浙江前线。奕经所言所行与奕山在广州如出一辙，他瞧不起当地兵丁、乡勇，在不了解敌情和无充分准备的情况下，兵分三路冒雨偷袭浙江三城。结果三路皆败，全军溃散。奕经等逃回杭州，从此不敢再战，却谎报军情，主张和谈。

广东和浙江的两败使朝中妥协派官员重又活跃起来，道光皇帝哀叹之余也转而一意求和。但英军认为对清廷打击不够，故拒绝和谈进而侵入长江。1842年5月至8月，英军攻陷乍浦重镇，又夺取吴淞炮台，沿江而上取下镇江，抵达南京下关江面。尽管沿途军民顽强抵抗，但终因兵力不及而遭失败。清廷派盛京将军耆英到南京议和，结果接受了璞鼎查提出的全部条款。中国战败的根本原因，在于封建社会制度的腐朽和科学技术的落后以及清政府的昏庸愚昧。战争的失败，使中国人陷入更深的苦难，也促使中国人民思考和奋起。

1842年8月29日，耆英与璞鼎查签订了中英《南京条约》。其主要内容有：中国开放广州、福州、厦门、宁波、上海等五处为通商口岸，中国割让香港岛给英国，中国赔偿英国款项2100万银元，英国商人进出口货税须与英方共同议定，废除"公行"制度即允许英商可同任何华

鸦片战争后在广州的英国军队

商贸易。1843 年 10 月 8 日，中英又签订《虎门条约》，作为《南京条约》的补充。所加条款主要有领事裁判权，片面最惠国待遇，居住及租地权。这样的条约显然是不平等的，朝政的腐败只能导致丧权辱国。继此以后，欧美国家争相而至。1844 年，美、法两国仅以恫吓之劳，就迫使清政府签订了中美《望厦条约》和中法《黄埔条约》。除未获割地赔款，均得到了同英国一样的权益，并且各有扩大。如扩大领事裁判权的范围，进一步加强协定关税权，兵船可以到中国港口"巡查贸易"，可在通商口岸建立教堂、医院等。比利时、瑞典、挪威等也接踵而至，要求"援例"订约。清政府根据所谓"一视同仁"的原则，一律允准。从此，中国向资本主义国家敞开了门户，也使原来独立自主的古老中国逐步变成半殖民地半封建的国家。

　　鸦片战争后，西方的商品大量涌入中国。鸦片走私成为公开的贸易，大量白银外流导致国内矛盾丛生。通商口岸的传统自然经济开始解体，受到外来商品的强烈冲击。随着中外贸易的扩大，东南沿海的一些城市畸形繁荣起来。尤其是通商口岸，这里的货流量大，劳动力多，以致出现了拐卖和绑架华工的"苦力贸易"，同时也生发出一些为外国商行推销商品和收购土货的买办商人。一些外国人还办厂办报，在掠取财富的同时也传播着管理方式和文化观念。然而中国的内地还是自给自足的自然经济，因而也就不可能消化大量涌入的舶来品。加上吏治的腐败和经济的落后，导致农民造反的事件不断发生。尤其是太平天国战争的爆发，一方面使清政府自顾不暇，一方面也影响着西方国家的对华贸易。所以，1856 年至 1860 年，西方国家又发动侵华战争，目的是攫取更大的利益，其实质是鸦片战争的继续和扩大，所以也被称为第二次鸦片战争。

1854 年，英政府向清政府提出全面修改《南京条约》的要求，遭到清政府拒绝。1856 年，美国再次提出全面修改条约的要求，仍被清政府拒绝。在此情况下，英国利用"亚罗号事件"、法国利用"马神甫事件"联合出兵，再次发起侵华战争。1857 年冬，英法联军攻陷广州，

英法联军攻击大沽炮台

两广总督叶名琛被俘送往印度。之后沿海北上，于 1858 年 5 月攻陷大沽口，迫使清政府分别同英、法及参与侵略的美、俄专使签订了《天津条约》。《天津条约》进一步扩大了西方国家在华的种种特权，然而英、法政府仍不满足，便借次年来华换约之机重又挑起战争。他们蓄意不按中国政府的指令行事，在大沽口与清军发生激战并遭重创。英、法不甘失败，1860 年再派船队扩大战争。此次英法联军攻入北京，咸丰皇帝带领后妃和一批官员逃往热河，留下其弟恭亲王奕䜣负责议和。侵略军

侵入北京后，肆行抢劫，并将举世闻名的圆明园付之一炬。奕䜣在逼迫和恫吓下，无奈与英、法签订了《北京条约》，以此结束了历时四年的第二次鸦片战争。

《北京条约》承认《天津条约》有效，并又增加条款。《天津条约》已规定，外国公使可常驻北京，增开牛庄（营口）、登州（烟台）、台湾（台南）、淡水、潮州、琼州、汉口、九江、南京、镇江等十个通商口岸，外国人可往内地游历、传教，外国商船可在长江各口岸往来，修改税则减低税率，鸦片贸易合法化，中国海关由英国人帮办税务等。《北京条约》再规定，增开天津为商埠，割让九龙给英国，准许招募华工出国，赔偿英、法军费各白银八百万两。沙俄在这次战争中获利极多，除享受他国权益之外，还割占了中国大片领土。这包括，1858 年 5 月逼迫清政府签订《瑷珲条约》，割去黑龙江以北的中国领土六十多万平方公里；通过《北京条约》，把中国乌苏里江以东、连同库页岛在内约四十万平方公里的土地吞并；其后据《北京条约》的有关条款，又订《中俄勘分西北界约记》，霸占了巴尔喀什湖以东、以南四十四万多平方公里的中国河山。第二次鸦片战争的恶果，使中国人民的灾难更为深重，清朝政府为了维持统治不得不向西方强国屈服让步，他们在某些方面的共同利益使他们暂时走在了一起。

鸦片战争的失败使中国内地的矛盾更加突出，沉重的经济负担使劳动人民不断走上反抗清廷的道路。虽然农民起义时刻冲击着清朝的腐朽统治，但毕竟由于缺乏统一的纲领和组织难成大事。在此形势下，洪秀全、冯云山等人创立的拜上帝会出现，并领导穷苦民众形成波澜壮阔的太平天国运动。

洪秀全（1814～1864 年），广东花县人，农民家庭出身。幼年入塾读书，学业成绩优异，对科举仕途曾抱很大希望。然四次赴广州应举，皆落第而归，这使他愤懑不平。1843 年，他从一本基督教布道小册子《劝世良言》中受到启发，于是创拜上帝教，自称上帝次子，奉命下凡

洪秀全像

救世。他的同学冯云山和族弟洪仁玕首先受洗入教，不久他们按不尊偶像的教义打毁了村塾中的孔子牌位。

1844年，洪秀全与冯云山到广西传教，由于宣传脱离现实，因而收效不大。洪秀全于是回到家乡，先后撰写了《原道救世歌》、《原道醒世训》等，将基督教教义与儒家大同思想糅合在一起。他在作品中描绘了一个"天下一家，共享太平"的理想社会，但对实现途径仍归结于个人的修身养性。此时，冯云山深入到广西紫荆山，在贫苦群众中开展"拜上帝会"的宣传、组织活动。经过两年多的努力，聚集了会众2000多人，并以杨秀清、萧朝贵、韦昌辉、石达开等人为骨干。

1847年8月，洪秀全来到紫荆山后，十分振奋。他与冯云山一起共同制定了"十款天条"等各种教规，加强对会众的思想和纪律教育。并又写成《原道觉世训》，指出要朝夕敬拜上帝，共同"击灭"人间的"阎罗"，从而表示出对人间君主的蔑视以及推翻清廷的意图。拜上帝会的影响不断扩大，逐渐同当地的封建势力出现冲突，导致冯云山被捕入狱，洪秀全赶赴广州设法营救。此间，拜上帝会一时混乱，杨秀清遂假托"天父上帝"下凡附体以安定人心。

1849年7月，洪秀全、冯云山重返紫荆山。这时，广西到处发生天地会领导的群众反抗斗争，拜上帝会的势力也扩大到周边地区。次年夏秋之际，洪秀全认为起义时机成熟，于是要求各地会众到金田村"团营"。得到消息后，各地会众陆续会聚金田，途中不断与拦阻的清军、团练发生战斗，也有不少穷苦民众陆续参加进来。清廷得到广西到处起事的消息颇为重视，派兵镇压。1851年1月11日，洪秀全在金田宣布起义，建号太平天国，气势磅礴的农民战争由此开始。

太平军在最初的一年里尚缺乏经验，但却引起清政府的高度戒备。

太平军在清军的围追攻剿下英勇奋战，于8月一举攻克永安州（今蒙山县）城。此前，洪秀全已在东乡登基，在永安，又颁布封王诏令：杨秀清、萧朝贵、冯云山、韦昌辉和石达开分别为东、西、南、北、翼王，西王以下俱受东王节制。同时休整补充，制定制度，颁行天历。1852年4月，太平军突围北上，所向披靡，直逼桂林城下。桂林是广西省会，未能攻克，于是转进全州。在攻打全州时，冯云山不幸中炮牺牲。全州城被攻下，接着出广西入湖南，连克道州、郴州，此时太平军人数已增至10万。9月，太平军直指湖南省城长沙，在攻城时萧朝贵又不幸负伤去世。太平军见攻城不下，遂转取益阳、岳州，获得大量军火、船只，从此太平军组织起强大的水师。同年底，太平军进入湖北，占领武汉三镇，部队增至30万人。次年2月，太平军沿江东下，水陆并进，连克九江、安庆、芜湖等地。3月，太平军攻破南京，在此建都，改称天京，声威大震。

为巩固政权和扩大胜利，太平军又于当年5月分兵北伐和西征。北伐军的目标是直捣清朝都城北京，由林凤祥、李开芳等统帅。其自扬州出发经皖北、河南、山西转直隶，一路上与清军连续作战，直抵天津城郊杨柳青。时届隆冬，北伐军粮尽衣缺，于次年春季南撤。在清军的围截下，太平军坚持战斗，终因寡不敌众而失败。太平军的北伐，牵制了清军重兵，在北方形成重大影响。西征军则沿长江而上，目的是控制长江中游，发展在南方的势力。1853年6月，西征军由胡以晃、赖汉英等统帅出发，很快攻克安庆、九江、合肥、武昌等城市。

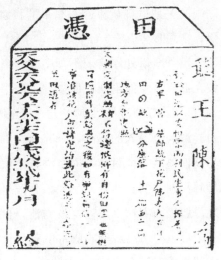

太平天国颁发的"田凭"

1854 年春，西征军进入湖南，遭到曾国藩湘军的抵抗和反击，被迫退至九江。1855 年初，石达开率大军西上增援，在湖口和九江重创湘军，乘势克复武昌。同年底进军江西，三个月内，连下七府一州五十余县。

北伐西征稍后，太平军还在天京外围进行了一场激烈的破围战。1856 年 4 月，太平军在镇江大败清军，乘胜渡江攻克扬州，清军江北大营被击溃。6 月，太平军又回师镇江，攻破清军江南大营。至此，太平军解除了威胁天京三年之久的军事压力，控制了长江中下游自武汉至镇江的沿江重镇，军事上达到极盛时期。

太平天国军事上的胜利，促进了政权的巩固。但领导者的封建思想意识，却使这个政权过早地蜕变和腐化。早在起义初期，洪秀全便封王定制。政权建立后，高官们更是争权夺位。他们具有浓厚封建色彩的等级制度，使他们的思想观念无法挣脱根深蒂固的特权思想。诸王出行，官兵必须回避道旁，高呼万岁或千岁。占领南京后，立即大兴土木，修建天王府，"金碧辉煌"，"侈丽无匹"。至如冠履服饰、仪卫舆马等，都备极奢华。天王还不断选取民间秀女入宫，嫔妃成群，宫娥如云。诸王之间的关系也日渐疏远，原来"寝食必俱，情同骨肉"，变为"彼此暌隔，猜忌日生"。

洪秀全僻处深宫，不理朝政，诸王各自建立宗派团伙。杨秀清因大权在握，又才能出众，所以"东府集团"势力最大。他"威风张扬，不知自忌"，任意凌辱其他将士，甚至因故竟要杖责天王。杨秀清的专横，引起洪秀全等人的不满。1856 年 8 月，当战事告一段落时，杨秀清自恃功高，逼洪秀全封其万岁。洪秀全假意答应，却立即密召远在江西的韦昌辉和湖北的石达开回京。韦昌辉早就对杨秀清抱有仇恨，并想取而代之。但表面上却百般讨好杨秀清，自取辱以下之，而"阴欲夺其权"。9月 1 日夜，韦昌辉率心腹部队赶到天京，次晨即杀杨秀清及其眷属以及杨部将士两万余人。9 月中旬，石达开赶回天京后，责备韦昌辉滥杀无辜，又险遭其毒手，虽本人得脱，但全家老小却被韦昌辉杀害。于是石达开调集安庆部队，进驻宁国附近，要求天王惩办韦昌辉。

韦昌辉的恶行已激起众怒，也引起洪秀全的忧惧，11 月初，洪秀全将韦昌辉及其党羽处死，结束了为期两月的内乱。11 月底，石达开入京辅政。但洪秀全经杨、韦事件后，对外姓已失去信任的勇气，所以又封自己的两个兄长为王，以牵制石达开。石达开恐起事端，于 1857 年 6 月率 10 余万精锐部队出走，使天京大伤元气。石达开离京后屡战不利，初在东南活动，后转战西南。毕竟是孤军作战，补给困难，1863 年 5 月，石达开在四川大渡河紫打地（安顺场）陷入清军包围。部队伤亡惨重，粮食断绝，石达开走投无路，率儿子、宰辅等入清营，希望换取残部的生命。但此幻想显然不切实际，不仅残部全被杀害，石达开也被解赴成都凌迟处死。"临刑之际，神色怡然"，"辞气不卑不亢，不作摇尾乞怜之语"①。

太平天国因内部分裂而陷于危局，但全国各地的反清起义却风起云涌，加之第二次鸦片战争爆发，迫使清廷处处分兵，相对减少了太平军的压力。洪秀全思图振作，将青年将领陈玉成、李秀成提拔起来。1858 年 9 月，陈、李两军协同配合，再次击溃清军江北大营。11 月，又在庐州三河镇全歼湘军精锐李续宾部，使皖北重为太平军所有。1859 年 4 月，洪仁玕从香港来到天京，不久被洪秀全封为干王，总理太平天国朝政。因为将领不满，洪秀全又封陈玉成为英王、李秀成为忠王，其余的也陆续封王。

1860 年春夏，太平军摧毁清军江南大营，向上海逼近，英、法、美帮助清政府抵抗太平军，使太平军受挫。9 月底，陈玉成、李秀成在苏州决定，挥师西征，进攻武汉，保卫安庆。陈玉成率军西向，武昌官员惊慌失措。由于李秀成有心经营江、浙，拖延发兵。武汉未能攻下，安庆也于 1861 年 9 月失守。此后，陈玉成转走寿州，被反复无常的团

---

① 刘蓉：《复曾沅浦中丞书》，《养晦堂文集》卷六。

洪仁玕手书

练首领苗沛霖诱捕，壮烈牺牲，年仅26岁。此间，李秀成虽控制江、浙部分地区，但并不能弥补太平军在天京上游的损失，而他与英、法侵略军的战斗也未能彻底取胜。况且太平天国内部也日益腐败，文官武将只追求个人的名利地位。而同时，曾国藩统辖四省军务，号令统一。

1862年秋冬，李秀成回师援救天京，在雨花台与清军展开激战。太平军虽攻势凶猛，但却难破敌营，遂退兵。洪秀全大怒，又命李秀成渡江北征，欲引围京清兵退去。1863年3月，李秀成转战皖北，清军以逸待劳，太平军损失惨重。1864年5月，太平军江、浙领地俱失，天京已成孤城。李秀成劝洪秀全"让城别走"，无奈洪秀全却还硬撑要做"天下万国独一真主"。6月3日，洪秀全病逝。7月，天京城被攻破。李秀成突围被俘，在囚笼里写下了几万字的供词，但还是被曾国藩杀掉。此后，太平军余部与北方的捻军会合，仍然坚持战斗，一直到1868年才最后失败。

太平天国在其建立政权的10余年里，以《天朝田亩制度》作为施政纲领。它虽然否定了地主土地所有制，体现出平分土地和均匀贫富的思想，但社会经济生活的绝对平均主义，则违背了历史发展规律。所以在贯彻实施时很难彻底执行，因此有些规定名存实亡。加之虽然宣扬平等观念，但官员特权思想严重，如提倡"一夫一妇"，但有些高官却妃嫔成群。此类言行不一现象触目皆是，加之太平军队伍成员庞杂，洪秀全基本以儒家思想附会基督教义，使得起义指导思想就不很明确，因此尽管有其反抗压迫的积极意义，但还是无法避免其致命的局限性。

　　洪仁玕从香港到天京后，提出《资政新篇》以统筹全局。由于在香港接触到一些西方资本主义文化，故所提方案具有鲜明的资本主义色彩。如在政治上主张立法为关键，在经济上要兴办工业、交通、银行、邮政等，在文化方面要开设学馆、医院、礼拜堂、育婴堂等。这些建议符合当时中国社会发展的客观要求，但毕竟不能被广大迫切需要现实利益的农民所理解。所以他在"向西方学习"这点上是明智的，但很难得到广泛有效的反应，故其不能服众也就可理解，太平天国的最终结局亦可预料。

　　需要指出的是，在第二次鸦片战争后和太平天国失败前，清朝宫廷内部也发生了重大的变故。由于英法联军挺进北京，咸丰皇帝逃往热河，留下其弟恭亲王奕䜣在京谈判。1861 年 8 月，咸丰皇帝病死，遗诏载淳即位，同时任命载垣、端华、肃顺等八人为"顾命大臣"。载淳生母慈禧太后（1835～1908 年）有极强的权力欲望，她拉拢慈安太后并与在京的奕䜣勾结，趁当年 11 月回到北京时发动政变，解除八人"顾命大臣"的职务，并将载垣、端华、肃顺处死。慈禧改年号为

慈禧太后像

同治，与慈安太后共同垂帘听政。由于奕䜣在同西方国家的谈判中"待以优礼"，而西方国家对顾命大臣心存疑忌，因此奕䜣得到西方势力的支持，这也是慈禧拉拢奕䜣的重要缘由。故慈禧在宣布顾命大臣的罪名时说"不能尽心和议"，这全然是在向外国侵略者讨取欢心以固己位。果然此后西方势力支持清朝政府镇压太平天国，而清朝政府也公然宣布"借师助剿"。

与此同时，慈禧太后还注意调整同曾国藩集团的关系，放手使用以便取得他们的支持。曾国藩（1811～1872 年）是湖南湘乡人，道光末年官至侍郎。他以组织团练创办了湘军，以

封建伦理纲常作为维系湘军的纽带，强调军事纪律和军事训练，很快成为一支重要的力量。慈禧摄政的当月，即命曾国藩统辖江苏、安徽、江西、浙江四省军务，所有四省官员均归节制。湘军在同太平军的作战中兵力不断壮大，至 1864 年湘军攻陷天京时已发展成雄强的政治集团。这是因为慈禧懂得，清廷的八旗、绿营已被太平军摧毁，唯有依靠曾国藩集团才能镇压太平天国，以巩

曾国藩像

固自己的地位。但是慈禧看到政变后奕䜣势倾朝野，也心怀不满，待太平天国被攻破后遂下手整治奕䜣，此后慈禧太后日益大权独揽。

清朝政府在内外交困下，权力逐渐被一个能干的女人所攫取，此后中国的命运在很大程度上为其所左右，而她在玩弄权术和振兴国家的能力上恰成反比。

第二节　洋务运动

两次鸦片战争和太平天国战争使清朝政府深受惊吓，随战争而来的是进一步丧权辱国和民生凋敝。1861 年，应外国侵略者要求，清朝设"总理各国事务衙门"。这个机构主要办理外交事务，然而实际职权范围极广，举凡订约、通商、关税、海防、军务、传教、华工乃至筑路、开矿、办厂、通邮等无不归其所管，成了总揽一切"洋务"的总机关。此

衙门是根据第二次鸦片战争时留京谈判的奕䜣提议所建，奕䜣也借此争权而成为首任领衔大臣。此机构存在整整 40 年，至 1901 年方改称外务部。与其同时，清政府还设立"总税务司署"，以掌管海关税务。然其自建立初，总税务司一职始终由英国人赫德占据，时间长达半个世纪之久。赫德在任期间大权独揽，全面插手中国的外交与内政，清政府由于荏弱只得对其仰赖和依从。另外，清政府在上海和天津还分设南、北洋通商大臣，简称南、北洋大臣，分别负责南、北方的通商事务。此职一般由两江总督和直隶总督兼任，地位较高，几乎被当时崛起的湘、淮集团分占，如曾国藩和李鸿章都是代表人物。这些机构的建立，说明清政府已认识到同外国势力打交道的重要性，同时也说明中国被迫进一步卷入资本主义世界市场，而中国也日益变为一个半殖民地半封建的国家。

西方势力的侵入使西方商品大量涌入中国，而鸦片仍然占着最重要的地位，其次为棉纺织品、金属制品等。外国资本势力为了倾销商品和输出原料的便利，还在中国经营轮船航运，这也打击了中国旧式航运。此后又在中国设厂，主要投资于茶、丝、糖、革等加工业，攫取大量利润。西方列强的所作所为，逐步加深了中国半殖民地化的程度，冲击了中国脆弱的民族小手工业，但也促使许多忧患国事者深入思考。国内由于战乱，长江中下游地区还一片荒凉，社会生产力遭到极大破坏。清政府虽曾宣布减收田赋，但地方官吏的贪赃枉法并未减轻农民负担。清政府还采取招垦措施，鼓励农民开荒种田，但发展缓慢。尽管地主土地所有制复兴，但劳动力十分缺乏，所以"永佃制"较普遍地流行起来。频繁的自然灾害难以克服，也严重地摧残了人民的身家性命，故许多贫民不时走上造反之路。一些头脑较为清醒的官僚意识到，要维持清朝的统治必须变通办法。尤其是曾国藩、李鸿章、左宗棠等人，他们看到了西方国家船坚炮利的"长技"，认识到应"师夷智以造炮制船"[1]，方"可

————————

[1] 《曾文正公全集·奏稿》卷十二。

以剿发逆，可以存远略"①。这一见解得到奕䜣的赞赏，故表示坚决支持。可以说，"洋务运动"首先是从武器装备和科学技术方面开始的，洋务派"师夷长技"的目的，既为对付农民起义，也为徐图自强以治夷。

金嵌珠宝蝴蝶簪 (清)

但是，尽管洋务运动的倡导者掌握实权，然而他们提出的"自强"主张仍难为具有传统保守观念的人所认同。这些大臣官僚认为，洋务派所要实行的外交、军事和工业的变革，有悖于"祖宗成法"和"圣人古训"，完全是荒谬之举。顽固派的主要代表人物有倭仁、徐桐、李鸿藻等，他们顽固地坚持封建制度而墨守成规，坚决排斥一切新思想、新事物。在朝中，奕䜣因主持与外国交涉取得"和局"，又被慈禧太后弄政需要而具有重要地位。但慈禧权欲极重，她看到奕䜣及其洋务派势力过大，于是又纵容顽固派攻击洋务派，使洋务派不致随心所欲。洋务派与顽固派的斗争，到19世纪60年代末期开始激化。当时奕䜣等人建议在同文馆内加设天文算学馆，招收有关官员学习西方国家的近代科学技术。倭仁对此坚决反对，认为"立国之道尚礼义不尚权谋，根本之图在人心不在技艺"。两派展开激烈争论，最后倭仁不得不撤销原议，但天文算学馆的报考者也大为减少，可见顽固派的故步自封与洋务派的举足艰难。

洋务派在外交活动中与西方国家的接触，使他们认识到西方近代科技的先进性。曾国藩等人在勾结外国势力镇压太平天国的"会剿"中，亲眼看到外国军队和武器的威力。故第二次鸦片战争结束后，曾国藩就

---

① 《曾文正公全集·奏稿》卷十四。

提出购买外国船炮为"今日救时第一要务"，并主张招募能工巧匠研习试造，以期"永远之利"。奕䜣在主持中外和谈的过程中对西方的强大有所了解，故对曾国藩的见解颇为赏识，所以在"崇洋"而"自强"的方面形成共同见解。

　　洋务派在军事方面的表现，是在曾国藩 1861 年攻下安庆后，即设立安庆军械所，试造枪炮弹药。湘军是以严格的封建隶属关系建立起来的，但曾国藩认识到武器的优劣直接决定着战争的胜败，所以他最早任用了一批近代早期的科技人才。李鸿章紧跟其后，他亲眼看到外国军队的"利器强兵"，"深以中国军器远逊外洋为耻"，故于 1862 年在上海设立洋炮局。不过此时曾、李的军械所、洋炮局规模很小，手工生产，设备简陋，因而很难生产先进武器。此后，曾、李决心购买国外机器设备，仿照西方近代工业生产方式进行军工生产。1865 年，他们在上海创办江南制造总局，由此开始了洋务派的军工生产活动。江南制造总局生产的枪炮、弹药越来越好，另外还炼钢、造船。继后，李鸿章又创办了金陵制造局，左宗棠则设立福州船政局，奕䜣奏准建立天津机器局等。这些官办的军事工业不生产普通商品，在行政隶属上属于政府的组成机构，因此在投资、管理上仍具有浓厚的封建性，而缺乏市场价值的观念，生产效率普遍低下，成本高出国际市场。洋务派兴办的军事工业尽管比西方先进国家落后，但却为古老的中国始开近代工业的先河。

　　洋务派兴办军事工业是为国家"求强"，继而认识到军队的强大离不开后勤保障、材料供给、交通运输、邮电通信等，因而应全面增强国力，所以又提出"求富"主张兴办民用企业。李鸿章说："中国积弱，由于患贫，西洋方圆千里，数百里之国，岁入财赋以数万万计，无非取资于煤铁五金之矿，铁路、电报、信局、丁口等税。酌度时势，若不早图变计，择其至要者逐渐仿行，以贫交富，以弱敌强，未有不终受其敝

李鸿章像

者。"① 基于以上认识，洋务派从 19 世纪 70 年代开始支持民用企业的兴办，其中规模较大的有 1872 年在上海成立的轮船招商局，1878 年在开平开办的开平矿务局，1880 年在天津设立的电报总局以及在上海设立的机器织布局等。但是顽固派对洋务派一直是反对的，1880 年洋务派倡修铁路又遭到顽固派的攻击。虽然顽固派从愚昧落后的思想观念出发想方设法阻遏洋务派学习西方技术的实践活动，但洋务运动毕竟由小到大地发展起来而成为时代的一股主流。

清政府内部洋务派与顽固派的斗争，是与慈禧太后的精心操纵分不开的。慈禧太后为维系大清王朝的统治与自己至高无上的权力，始终在两派之间玩弄权术以便互相制约。1875 年 1 月，同治皇帝病死，慈禧太后立醇亲王奕譞 4 岁的儿子载湉为皇帝，改元光绪。载湉既是慈禧太后的侄子，又是她的外甥，亲上加亲，便于控制。慈禧太后拉拢奕譞，并利用他排挤奕䜣。在军机处内部也形成所谓"南北"两派，南派以沈桂芬为代表，与奕䜣关系密切，属洋务派；北派以李鸿藻为代表，与倭仁气味相投，属顽固派。李鸿藻等在军机处占少数，故笼络一批御史和翰林在身边。这些"台谏词垣"议论朝政，抨击权贵，以"清流"相标榜，张之洞等为其代表人物。慈禧太后一方面依靠洋务派经国办事，一方面又以顽固派制约其过大的权力。随着洋务运动的推进，清流人物的态度也有不同。慈禧太后正是凭借奕譞的支持和清流的议政，于中法战争期间，将曾经不可一世的奕䜣削除。但回过头来对顽固派的"不理时务"也没有好感，故李鸿藻也被一并逐出军机处。此后因李鸿章权力增

① 《李文忠公全书·朋僚函稿》卷十六。

大，慈禧太后留用已转化为洋务派的张之洞，以使二人互相牵制。在朝中则有奕譞辅政，慈禧太后真正成为大清帝国的管家婆。

与清朝内部洋务运动相始终，大清帝国与外国敌对势力的矛盾也不断。1864 年，新疆爆发了反清武装起事，浩罕（今乌兹别克共和国境内）军官阿古柏和沙俄军队借机入侵。时值日本侵略我国台湾，直隶总督李鸿章主张放弃新疆，以助海防。陕甘总督左宗棠则力主收复新疆，以示不可让人，其主张为清政府接受，并任命他督办新疆军务。1876 年 3 月，清军三路进疆，至 1878 年 1 月，即收复除伊犁地区外的全疆领土。其后清政府派崇厚为使前往俄国谈判，次年 10 月，其擅自与沙俄签订了《交收伊犁条约》。此条约完全有利沙俄，消息传来，群情激愤，清政府宣告此约无效。1880 年 7 月，清政府派曾纪泽再赴俄谈判，经半年多艰苦的反复交涉，达成中俄《伊犁条约》。中国虽收回伊犁地区，但也留下了一些后患，沙俄于是屡屡要挟中国。

与此同时，日本侵略者寻找借口向中国讹诈。自 1871 年到 1879 年，日本在美国支持下侵犯台湾，最终吞并琉球改为冲绳。英国也派遣"远征队"从缅甸出发进入我国云南，1875 年发生冲突酿成"滇案"，次年李鸿章与威妥玛签订中英《烟台条约》，接受了英国更多的不平等条件，如开辟印藏交通。此后英军根据《烟台条约》进藏制造事端，屈辱的清朝政府不仅罢免了支持抗英斗争的驻藏大臣文硕，而且出卖西藏和中国利益。

法国也不甘落后，欲强占越南进逼云南。1882 年 4 月，法军攻陷河内，但遭到刘永福率领的黑旗军坚决反击。1883 年 8 月，法国取得了对越南的"保护权"，此后便矛头指向中国，要求召回刘永福，开放云南边界。对此清政府内部见解不一，奕䜣、李鸿章寻求妥协，但左宗棠、曾国荃等人极力主战，李鸿藻与清流派也抨击李鸿章。结果所派官员无能，导致作战接连失败。趁此机会，慈禧太后将奕䜣与李鸿藻一并逐出军机处，重新更换人员，以便控制朝政。奕譞本来全面否定奕䜣的对外政策，而此时为苟安则退让得更多。他掌权不久即力排众议，授权李鸿章向法国寻求妥协。在李鸿章的努力下，1884 年 5 月《中法简明条约》签订，同意法越间"所有已定与未定各条约"。清政府的软弱退让，使法国气焰更为嚣张，法军船队屡屡生事，我沿海水师只能静待。8 月，法国决定扩大侵华战争，马尾一战，福建水师全军

镇南关之战图景

覆灭。清政府在舆论压力下被迫向法国宣战，命令新任两广总督张之洞奋勇抗敌。9 月，法军主力舰队再次进犯台湾，遭到英勇抗击。法军封锁台湾，台湾电请李鸿章派北洋舰队救援，但李鸿章按兵不动。在主张抗战的将领和全国人民的支持下，台湾军民齐心合力，死守不懈。在中越边界，1885 年 2 月，法军占领镇南关。张之洞推荐老将冯子材就任前敌主帅，冯子材率部拼死搏斗，取得威震中外的镇南关大捷，扭转了整个中法战争的局势。

镇南关清军布防图

然而在此大好形势下，由于李鸿章的建议，慈禧太后的忧惧，清政府却向法国求和，乃于 4 月命令前线停战、撤兵。前线将士闻讯，"皆扼腕愤痛，不肯退兵"。张之洞接连电奏缓期撤兵，却遭李鸿章传旨训斥。在英、美、俄、德等国的调停下，李鸿章与巴德诺于 6 月 9 日在天津代

表本国政府签订了《中法新约》，使法国利益在我国西南得到扩大。

日本"明治维新"后，就意欲"开拓万里波涛"。它先是扩大了在朝鲜的权力，继而对中国抱有野心。其大力发展海军，秘密做着侵华战争的准备。而清政府对日本却掉以轻心，1888年北洋海军建成后，奕谡为讨好慈禧太后、拉拢李鸿章，竟挪用海军经费去修颐和园。1889年，慈禧太后虽"归政"光绪皇帝，但始终不忘揽权，形成"后党"集团。光绪皇帝"亲政"后，为改变自己无权的地位，依靠师傅翁同龢集结部分官僚，时人称为"帝党"。两党各有目的，但都看重李鸿章的作用。李鸿章不满奕谡等人阻挠北洋海军的建立，但也不满帝党动辄主战的论调，他一向惧怕慈禧太后，深知中外局势复杂，故移海军经费给慈禧太后，实有"巧妙"的考虑。此后北洋海军再未添船只，且停购枪炮弹药，而日本海军则以超过北洋海军为目标，专拨经费为造船费用，可见两国相异之大。1894年5月，朝鲜爆发东学党起义，日本借机向中国寻衅。光绪皇帝电谕李鸿章"预筹战备"，然而李鸿章却认为应"避战自保"。尽管光绪皇帝批拨白银300万两作为专款让其筹划，但李鸿章为保全地盘与实力仍不肯将北洋军队派出一试。慈禧太后也一心苟安，惧战求和，忙于准备自己六十寿诞庆典，故支持李鸿章请求列强出面"调停"的主张。然而日本战意已定，列强在"调停"中各有企图，导致李鸿章再次上当受骗。7月，日军悍然发动攻势侵占朝鲜。8月，中日正式宣战，甲午战争爆发。李鸿章在光绪皇帝的严令下，无奈对日作战。但其在慈禧太后的支持下，一开始便采取消极抵抗的战略方针，导致战局始终不利。尽管清军将士英勇奋战，但李鸿章的妥协退让政策处处造成被动局面。至1895年2月北洋海军覆灭，清朝政府战败，慈禧太后等人更增加了求和的理由。1895年4月，李鸿章代表清朝政府，在日本签订了丧权辱国的《马关条约》。其主要内容有：承认日本对朝鲜的控制，割让辽东半岛、台湾及澎湖列岛，赔偿日本军费2亿两白银，允许日本在中国通商口岸任意设厂，开放沙市、重庆、苏州、杭州为商埠等。《马关条约》签订后，中国陷入更深重的灾难。

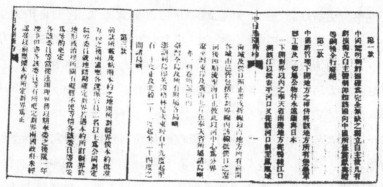

马关条约

中国的洋务运动最早是由同西方国家打交道的政府官员发起的，他们看到西方国家军事强大、工业先进乃至科技文明，所以希望向西方国家学习以期改变中国的落后面貌。但是中国传统的历史条件决定了清朝政府的腐败衰落，政府内部的一些官员出于保守和虚荣顽固地阻挠洋务运动的发展，这又与政治利益的得失复杂地纠葛在一起，而强大的封建文化思维定式也不可能很快地得到扭转。同时中国又是一个土地广大、人口众多的国家，长期以来自给自足的经济状况和自强自立的民族意识决定了对外来入侵势力的反感和排斥，西方先进的兵器、工业和科技是伴随着军事进攻输入的，而重农轻商的观念也导致人们不愿改易古老的生活秩序。西方列强扶助洋务运动也并不是希望中国强大起来，而是企图更快地打开中国市场获得利益，因此它们又采取政治的、经济的、外交的乃至军事的行动进行胁迫，使洋务派妥协退让成为它们在中国的牺牲品。洋务派本以"求强""求富"为目的，然而在清朝政府内部的斗争中不可能脱离现实，加之本身无法解决的封建性和腐败性，也使洋务运动缺乏应有的生机和活力。也可以说，在慈禧太后掌权的日子里，洋务派发起了一场变革试验，它促动了中国对西方的了解，也诱发了西方对中国的野心。洋务运动的失败也说明，清朝政府已无力回天，腐朽的封建统治面对新兴的工业文明，已走向穷途末路。

第三节　维新变法

在洋务运动中，中国的资本主义工商业开始创立，新的文化思想得到较快的传播。除洋务派兴起的官督商办企业外，一些民营的近代工业也发展起来。这些企业主要是由一些官僚、地主、买办和商人投资兴建，也有一些是从原来的旧式手工业工场、作坊转化而来。如1869年在上海成立的发昌机器厂，1872年在广东开办的继昌隆机器丝厂，1878年在天津出现的贻来牟机器磨坊，等等。虽然这些小厂投资很少，设备简陋，技术落后，但毕竟是中国近代民族资本主义工业的发端。它们无力与雄厚的外国资本主义势力竞争，同时也受到国内封建势力的压制和摧残，因此举步维艰，受到极大阻碍，这也说明民族资本主义有其历史的进步性，但也存在先天的软弱性。民族资产阶级中的上层代表人物经济力量比较雄厚，一般与外国资本和国内官僚联系比较密切，中下层所办的企业条件就差多了，不但缺少支持反而遭受打击。作为一个总体，民族资产阶级同外国资本主义和国内封建势力有着千丝万缕的联系，因而缺乏反侵略、反传统的坚决性。它们从洋务运动中孕生出来又否定着洋务运动，带有历史的进步意义和一定程度的革命色彩，但先天的不足和局限也注定了维新变法的难以成功。

早期维新思想是随着洋务事业的发展而萌生的，一些依附或参与洋务事业的开明人士痛感中国的落后，他们主张更多地学习西方国家的先进技术乃至实行某些政治、经济的变革。这些开明爱国的仁人志士，在初步反封建和强烈反侵略的立场上逐步形成群体，在分析了西方迅速强大的原因后，认为实行君主立宪制度最为根本。他们最初大都是洋务运动的支持者和拥护者，但敏锐的思想认识和较强的接受能力使他们逐渐从洋务派中分化出来，并且对洋务派的做法日益感到不满而加以抨击。但是这些思想家毕竟是脱胎于洋务派，带有封建传统道德伦理观念和对西方科学技术乃至政治制度的疑惧。所以早期洋务派冯桂芬就说"以中国之伦常名教为原本，辅以诸国富强之术"，早期维新派郑观应则说"中学其本也，西学其末也，主以中学，辅以西学"，以至后来形成著名的"中学为体，西学为用"的学说。但无论怎样，洋务运动中兴办的新式学堂、派遣留学生出国、翻译西方书籍、创办近代报刊，都对维新变法力量的形成有重大影响。在资本主义生产方式的初生状态下，维新派比洋务派更迫切地希图变革上层统治集团的治国方略，但一批知识分子的美好理想只能在冷酷的政治斗争中被碰得粉碎。

中日甲午战争发生及《马关条约》签订后，帝国主义列强掀起了瓜分中国的狂潮。俄国不愿意看到清政府把辽东半岛割让给日本以损失自己的利益，于是联合法、德向日本提出照会要其退出辽东半岛。日本政府无力抗拒，于是向中国索取 3000 万两白银的"赎辽费"退出辽东。此后不久，《中俄密约》签订，表面上看是中、俄为共同防御日本，实际上俄国势力却侵入我国东北地区。此后，德国强占了胶州湾，并把山东省变成它的势力范围。法国强租广州湾，势力范围扩及滇、桂、粤三省。英国也不甘落后，逼迫清政府签订《展拓香港界址专条》，形成今天香港的范围。又签订《租威海卫专条》，从中国取得威海卫连同刘公岛的租界权。日本则强迫清政府不得出租福建给其他国家，以便于其控制。不久，美国提出"门户开放"的政策，得到其他国家的认同，其实质是打开一个"开放的市场"。与此同时，帝国主义向中国大量输出资本，以政治贷款的形式插手中国内务，以投资中国铁路争夺利权，并在中国开矿、办厂，攫取巨额利润。中国成了帝国主义宰割的对象，加之连年出现的水、旱大灾，清政府出现了空前严重的统治危机，帝、后两党的矛盾也日益激化。

由早期维新思想家发展而来的一批新式知识分子，在内忧外患的冲击和中西文化的碰撞过程中，开始作为中国民族资产阶级的政治力量代表登上历史舞台。他们引领时代潮流，对传统的封建制度和陈旧的思想文化进行猛烈的抨击，同时认为只有维新变法才能取得民族的生存和国家的富强。

他们的主要领导者康有为（1858～1927 年），字广厦，号长素，广东南海县人。从小受过严格的儒学教育，青年时努力阅读西学书籍，从此致力于变法理论的研究，并立

沙俄政府给清政府的国书

志改革中国贫弱的现状。1888 年，他便上书光绪皇帝，陈述变法图强的必要性和紧迫性。1891 年，他创办学馆，聚徒讲学，培养出梁启超等一批维新运动的骨干。在学生的协助下，完成了《新学伪经考》和《孔子改制考》二书，这两部著作奠定了维新运动的理论基础。

《新学伪经考》把东汉以来历代封建统治者奉为经典的古文经学概予否定，将其说成是刘歆为帮助新朝王莽篡汉而编造的"新学"、"伪经"，与孔子无关。他的这种大胆言论，在学术上是要推翻古文经学的"述而不作"，

《公车上书记》

在政治上是要抨击顽固势力的"恪守祖训"。康有为的论断并不符合历史事实，他就是要打破拘泥古法的陈规而为维新变法制造理论根据。《孔子改制考》则认为孔子创立儒教是"托古改制"，假托古圣先王而提出自己的政教礼法。康有为把孔子改扮成变法改制的祖师，实际上是说自己的维新变法符合孔子道统的真谛。书中还提出"三世说"，把"据乱世"、"升平世"、"太平世"分别指为君主专制、君主立宪、民主共和时代。康有为对历史演述的解说并不科学，但他明确指出历史是不断发展的，主张君主立宪必将取代君主专制，这就直接冲击了顽固派"敬天法祖"的思想，申明了维新派顺应"圣人之道"的正当追求。此外，康有为还编著《人类公理》一书，反映了其早期对大同世界的理想。

康有为的书问世后，顽固派惊呼其"谬妄"，要求禁止流传。然而在思想界却犹如惊雷爆响，火山喷发。康有为借孔子宣传西学是一种策略，也说明封建传统之强大还难以打破，但毕竟吐露了维新变法的时代要求，呼唤着社会变革的迅速到来。

1895 年 4 月，康有为正在北京参加会试，日本逼签《马关条约》的消息传来。参加会试的各省举人义愤填膺，康有为更是奔走呼号，发动1300 多名举人联名上书，痛切指出对日割地赔款的严重后果，并提出"拒和、迁都、变法"的主张。康有为认为，皇帝要"筹自强之策，计万世之安，非变通旧法，无以为治"，并建议采取一些具体措施富国强兵。这是康有为第二次上书，同第一次一样未能送达皇帝手中。但这次有名的"公车上书"，很快被传抄印刷，流布全国，摧动起势不可当的要求变法潮流。康有为也因此声名大振，确定了其在维新变法运动中的领袖地位。

"公车上书"后，康有为得中进士，授工部主事。他又两次上书，为光绪皇帝所知，受到重视。但光绪皇帝亲政不久，帝党并不掌握实权，只是对康有为表示赞赏。1895 年 8 月，康有为在北京创办《万国公报》，不久改为《中外纪闻》，宣传变法，广造舆论。同年 10 月，由康

有为发起、文廷式出面，成立了北京强
学会，推时任户部主事的早期维新思想
家陈炽为会长。强学会定期举行演讲，
探讨中国"自强之学"。但强学会成员
不尽是维新派，有些是政府官员，还有
一些是外国传教士。他们的目的也有不
同，如有些利禄之徒便投机钻营，而传
教士也良莠不齐居心有别。不久，康有
为离京南下，借助两江总督张之洞成立
上海强学会，并创办《强学报》，上海
的维新运动也发动起来。维新变法的声
势越来越大，守旧势力对此大为嫉恨，
时间不长，清政府即以"植党营私"的

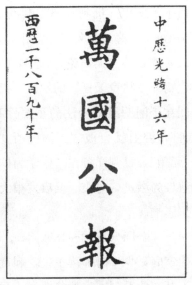

《万国公报》

罪名将强学会封禁。虽然强学会被解散，但维新运动并没有停止，相
反，维新派以更高的热情鼓动变法，其中，梁启超、严复和谭嗣同起了
重要的作用。

　　梁启超（1873～1929年），字卓如，号任公，广东新会人，是康有
为的得意门生和得力助手。1896年8月，维新派在上海创办《时务报》，
他在报上连续发表《变法通议》、《论中国积弱由于防弊》、《论君政民政
相嬗之理》等文章，言论新颖，文笔流畅，名扬海内。他热情呼吁变
法，坚决主张除弊，宣传"民权"，痛斥"民贼"。鼓吹中国实行君主立
宪制度，系统阐发变法维新的主张和措施。《时务报》很快销量大增，
深受爱国知识分子的欢迎，时人将他与康有为相提并论。

　　严复（1854～1921年），字又陵，号几道，福建侯官（今福州）人。
少年入福州船政学堂，1877年被派赴英国学习海军，两年后回国在福
州船政学堂任教，后任北洋水师学堂总教习。1895年，在天津《直报》
相继发表《原强》、《救亡决论》、《论事变之亟》等政论，宣传西方的自

由平等思想，批判封建专制的传统观念。1897 年冬，他又创办《国闻报》，与上海《时务报》相呼应，成为维新派的北方喉舌。随后翻译英人赫胥黎的《天演论》（原名《进化与伦理》），用加按语的办法，引申生物界"物竞天择"的规律，指出当今世界的"弱肉强食"现象。其意图在于阐明维新变法的重要性和迫切性，中国只有"自强"才能"保种"，否则就会被"天演"所"淘汰"。他批判中国传统儒教"无实""无用"，批判洋务派"中学为体，西学为用"是循旧盗名而已。他的见解较为激进，对康、梁启发很大，对后来的孙中山等革命党人也产生深刻影响。

谭嗣同（1863～1898 年），字复生，号壮飞，湖南浏阳人。出身官僚家庭，少年时即读王夫之和黄宗羲的著作，青年时游历南北各省眼界大开。他看到国家的贫弱和人民的苦难，对腐朽的封建统治深感不满，热衷学习西方近代的科技知识和政治学说，鼓吹维新变法。1896 年春，到北京结识梁启超，积极投入变法救亡运动。1897 年春，完成重要著作《仁学》。书中大胆提出"冲决"纲常"网罗"的口号，尖锐批判纲常名教的虚伪性，认为中国的危亡"唯变法可以救之"。此后回到长沙，协助支持变法的湖南巡抚陈宝箴开展工作。1898 年春，谭嗣同与唐才常创立南学会，创办《湘报》，热情宣传变法维新、救亡图存的政治主张，使湖南成为全国各省中最为活跃、最有声势的省份。

顽固势力对维新运动是极为恐惧和仇视的，他们攻击康、梁等人是"名教罪人"、"士林败类"，并发动守旧士绅坚决对抗、上书清廷。在此压力下，一些有意支持变法的高官也有所顾虑，有的转而与维新派为敌。但维新派不为所动，反而更加坚定。1897 年冬，德国强占胶州湾，瓜分狂潮陡然加剧。康有为急赴北京，三个月内连续三次向光绪皇帝上书，说明民族危机的严重性和维新变法的急迫性。这些上书在北京辗转传抄并见之津、沪报端，故甚有影响。与此同时，他广泛联络各省在京人士，组织地区性的学术团体，分别建立了粤学会、闽学会等，接着又出现了保滇会、保浙会等。这些团体以保本省为名目，在此基础上，康有为又发起成立了保国会。保国会以救亡图存为宗旨，却依然被顽固势力所诋毁。保国会未能久存，却推进了维新运动的进程。受进步势力的激励，有着爱国思想的光绪皇帝决心摆脱慈禧太后的控制，1898 年 6 月 11 日颁布诏书宣称变法。自此日起到 9 月 21 日止，变法共进行了 103 天，史称"百日维新"。

变法既是维新势力与守旧势力的一次斗争，也是朝廷内部帝党与后党的一次较量。光绪皇帝在听取了康有为的新政建议后，先后颁布了一大批除旧布新的政令。其主要内容有：在经济方面，增设农工商总局、路矿总局、邮政总局，提倡开办实业，鼓励发明创造，改革财政制度，编制国家预算。在文教方面，废除八股取士，改试策论，改书院为学校，创办京师大学堂，设立译书局，允许办报馆，派人出国留学、游历。在军事方面，裁减旧军，精练新军，准备采行征兵

光绪帝像

制。在政治方面，广开言路，允办学会，裁汰冗员，精简机构，准旗人自谋生计，许百姓向朝廷上书。但这些新政除了手无实权的某些开明帝党官员表示支持，许多把持统治实权的顽固守旧官僚并不执行。

阴险狡诈的慈禧太后，更是变法伊始就筹谋扼杀。变法诏书颁布的第 4 天，慈禧太后就逼光绪皇帝连发三道谕旨。一是免去翁同龢的军机大臣和一切职务，意在使光绪皇帝失去重要的依靠。二是授任二品以上的新职官员须到太后面前谢恩，这无疑是要控制光绪皇帝的用人大权。三是任命慈禧太后的亲信荣禄署直隶总督，统帅董福祥、聂士成、袁世凯分掌的北

洋三军，实际是及早抓取兵权。

对于顽固派的阻挠抵抗，光绪皇帝也进行了相应的反击，9 月 4 日，他将压制下属上书的礼部六名尚书、侍郎一并革职，次日提拔谭嗣同、刘光第、杨锐、林旭四人为四品衔军机章京加紧推行新法。这样一来，矛盾激化，慈禧太后加紧策划政变，而光绪皇帝却一筹莫展。无奈之下，康有为等人奏请重用袁世凯。袁世凯此时手下有七千人的新军，1895 年曾

袁世凯像

加入过强学会表示支持维新。16 日，光绪皇帝召见袁世凯，破格授以侍郎，可见对他寄予很大的希望。其实此时后党已议定政变的步骤，政变指日即发。18 日，谭嗣同只身前往袁世凯寓所，劝其举兵救驾，诛杀荣禄，包围颐和园。20 日，袁世凯向光绪皇帝再次表示效忠，当晚即赶回天津到总督衙门告密。

谭嗣同像

9 月 21 日，慈禧太后经周密布置，先将光绪皇帝软禁，继而宣布重新"训政"，接着大肆搜捕维新派。康有为、梁启超逃往国外，谭嗣同、杨锐、林旭、刘光第、康广仁、杨深秀等六人被捕。9 月 28 日，此六人被杀于北京菜市口，时人称"戊戌六君子"。其他维新派成员，或被囚禁，或被罢黜，或被放逐。新政成果除京师大学堂被保留外，其余全被废弃，维新变法宣告失败。

戊戌变法的失败有其历史和现实的原因。中国的封建传统根深蒂固，新兴的资本主义基础薄弱，因而守旧与革新之间的力量对比相差悬殊，作为一次自上而下的变革也缺乏必要的社会条件和阶级基础。变法在民族危亡关头匆忙出台，准备不足也在所难免。变法政令没有考虑社

会成员的接受问题，因而导致守旧成员的反抗以致引起社会动荡。即如裁汰冗员和精简机构，涉及官僚阶层，本来阻力就大。再如准旗人自谋生计，久惯寄生生活的八旗子弟怎能容忍，何况满清政府又岂能放弃在政治机构中的民族特权。尽管康有为的维新变法宣传言辞十分激烈，但在实施过程中十分缓和，如他所提出的改国号、易正朔、断发易服、满汉不分以及设议院、开国会、定宪法并未颁行，但这些主张直接牵动整个满族集团利益，仅此一项就决定变法必败无疑。维新派徒有书生意气而缺乏政治经验，所以变法难以成功。

但是，维新变法运动对中国社会的影响却是深远而重大的。它顺应了时代的要求，在民族存亡的关键时刻，深刻揭露了腐朽的封建专制统治的本质，有力地冲击了落后保守的传统文化观念，热情传播了西方的先进的科学技术和思想理论，力图振兴中国的经济、文化、军事、政治，将鸦片战争以来中国人民救亡图存的斗争提高到一个新水平。它以不懈追求和勇于牺牲的精神激发起中国人民的爱国热忱，将救亡图存同发展民族资本主义、改革现存社会制度、维护国家根本利益联系起来，使传统的爱国主义得到深化和提升，从而超越了此前的思想改革和社会改造范畴。它掀起了思想解放的潮流，推动了社会变革的进程，对封建统治和传统文化进行了前所未有的猛烈批判，为其后的资产阶级民主革命运动提供了理论养料和实践鉴戒。它所宣传的民主主义起到了重要的启蒙作用，使一大批中国知识分子走上了革命的道路。它失败的教训也使更多人猛省，从此资产阶级革命成为推动中国文明进步的主流。

随着西方侵华势力的不断增长扩大，中国民间反帝爱国的运动也兴发开展起来。不能否认来到中国的西方传教士在传播西学和兴办文教慈善事业方面做出过贡献，但更多的是建立教堂、网罗教徒、收集情报、干涉词讼，为本国政府出谋划策，大力进行文化侵略，并干涉我国内政，插手外交事务。几次中外战争，西方在中国掠取大量利益，而清政府屈辱忍让，都引起中国人民的不满，加深了各地百姓与西方传教士的矛盾。甲午战争后，外国传教士积极参与本国政府瓜分中国的活动，使中国人民自发地把反对教会侵略和反对列强瓜分结合起来，这就使矛盾更为激化。至戊戌变法失败后，便导致了义和团反帝爱国运动的大爆发。

义和团以义和拳为基础，首先在山东西部发展起来。他们对外国传教士的霸道行径不满，对当地政府的镇压进行反抗。清廷对义和团起初采取剿抚兼施、以抚为主的策略，后来在外国势力的逼迫下又欲采取剿灭的措施。但是由于慈禧太后在欲废光绪立溥人儁一事上不能得到各国

紫禁城御花园

公使的赞同，所以产生了利用义和团以对抗列强的想法。义和团在清政府亦抚亦剿的软硬兼施下，不但没有平息反而壮大起来，从山东发展到直隶进入到北京又转向天津，他们树起"扶清灭洋"的旗帜，焚毁教堂，驱赶教士，对抗镇压，到处设坛。清政府没有决心清除义和团，帝国主义便合伙进行武装干涉。1900 年 6 月 10 日，英、俄、日、美、德、法、意、奥八国联军，在英国海军中将西摩率领下由天津向北京进发。结果遭到义和团和部分清军的阻击围攻，至 25 日方狼狈逃回天津租界。但在此期间，

八国联合舰队却攻下了大沽炮台，侵略战争扩大。面对八国联军的武装入侵，清廷内部仍对和战举棋不定。慈禧太后因废立问题上嫉恨外国列强，于是不顾光绪皇帝等人的反对，6月21日，强行决定对外宣战。

清政府的对外宣战，本是慈禧太后想利用义和团发泄怨愤，但却激起了义和团和部分清军的反帝热情。在天津，直隶总督裕禄招抚团民配合驻军重创敌军，八国联军也不断增兵加强进攻，战事扩大。清政府本无能力对抗，此时很快动摇。慈禧太后暗中派人乞求各国谅解，并表示"设法相机自行惩办"义和团。她还指示"令奉军作为前驱，我则不必明张旗帜，方于后来筹办机宜所无窒碍"①，这就决定了真诚反抗外来侵略的义和团最终会被出卖。天津之战正在危机之时，清政府却派来了力主剿杀团民的四川提督宋庆主持战事。宋庆到天津后，大杀团民，破坏坛口，致使天津于7月14日陷落。8月4日，八国联军两万余人向北京进发，团民与清军难以抵抗。8月14日，北京失陷，慈禧太后带着光绪皇帝及亲信臣仆仓皇逃往西安。

八国联军占领北京后，由德国元帅瓦德西担任总司令，北京受到严重破坏。瓦德西供认："联军占领北京之后，曾特许军队公开抢劫三日，其后更继以私人抢劫。北京居民所受之物质损失甚大。"② 慈禧太后在逃跑的路上，则发布命令要"严行查办、务净根除"义和团，并派李鸿章和奕劻为议和大臣尽快与列强和谈。八国联军四出扩大侵略攻占北京周边地区时，清军奉命后撤不准抵抗节节让出。慈禧太后拱手出让国家和人民的利益，无非是为保证自己的统治地位。

列强在瓜分中国的立场上经过一番争斗后，于1901年9月7日胁迫清政府签订了《辛丑条约》。其主要内容有：中国向各国赔款白银4亿5千万两，分39年还清，年息4厘，以关税、盐税等为担保。在北京专设

---

① 　故宫博物院明清档案部编：《义和团档案史料》上册，中华书局1979年版，第360页。
② 《瓦德西拳乱笔记》，《义和团》第3册，上海人民出版社1957年版，第31～32页。

使馆区，中国人不许在其中居住，各国可在此驻兵。大沽炮台完全拆毁，自北京到山海关的铁路要地由各国派兵驻守。惩办在义和团运动中反对帝国主义的官吏，永远禁止中国人成立或加入反帝性质的各种组织。《辛丑条约》是帝国主义列强对中国主权一次全面性的大侵夺，而慈禧太后因自己未被列为祸首并允许其清政府存在而甘心屈从。义和团反帝爱国运动虽然被中外反动派联合绞杀，但中国人民敢于斗争的英雄气概却为帝国主义所震惊，它们也正因此还要扶持清朝政府才能实现其在华的利益，而腐败的清政府也越来越显露出其帝国主义的走狗本质。

泥塑小板戏（清）

　　义和团运动是北方农民自发的反对外国势力的斗争，运动中提出的"扶清灭洋"口号，延续了早期反教会斗争"顺清灭洋"、"保清灭洋"的思想。义和团从乡村发起，团众的传统观念不能容忍外来宗教的冲击，他们受皇权主义的拘囿也难能提出一个反对封建专制的救国方案，只能用"扶清灭洋"来激发民族复仇义愤，概括深沉的爱国主义和表达反抗侵略的本能。因而在这场正义的反帝群众运动中，义和团并没有反对腐败无能的清政府，同时在当时半殖民地的条件下，义和团也只有举起"扶清"的大旗才可能集中力量"灭洋"。由于义和团从淳朴的反对洋教的愿望出发，同时也不排除西方列强侵略中国引发的众怒，加之清朝政府中的某些官员有意纵容，所以义和团势力如星火燎原般旺盛起来。但是尽管势大力猛，义和团却没有一个统一的领导机构，他们分属众多大小不一而各自为主的坛口。这些坛口设在寺观庙宇里并供奉牌位，崇奉中国传统中的"神灵"或"英雄"。无系统导致分散作战，浓厚的迷信思想导致愚昧落后，也就很难对抗官军的镇压和侵略者的枪炮，只能被清政府引诱利用而成为抵御外辱的牺牲品。其盲目排外为清政府的顽固派所利用，其爱国热情和英勇斗争也震慑了外来侵略者，反映了其斗争的局限性和正义性。总之，义和团还没有科学的思想武器，还没有认清清政府与侵略者的关系，还没有建立革命政权的觉悟高度。从这一角度讲，它与维新运动同样没有成功的可能性，但无疑揭露了封建政府的反动本质和外国势力的侵略野心，这当然也就推动了其后的资产阶级民主革命的来临。

第四节　革命爆发

20 世纪初，帝国主义瓜分中国的意图和措施更加猖狂，它们在军事、政治、经济、文教方面无孔不入。虽然它们各自在维护本国利益的立场上展开明争暗斗，但它们在割取中国这块硕大的蛋糕方面却是一致的。清政府已无力回绝列强提出的强硬要求，苟延残喘的封建统治日益受到资本主义文明的猛烈冲击。在军事方面，日、俄在中国东北爆发战争，清政府竟宣称"局外中立"。战区内中国人民惨遭战祸，战后则是日本从沙俄口中掏取了部分利益，此后东北地区竟成为日、俄争夺的对象。日、俄交恶期间，英国军队也侵入西藏并攻占拉萨，残酷杀害反对侵略的西藏人民，将大批珍贵文物抢劫运走，并以武力逼迫取得许多特权。德国则派炮舰驰入长江，要求"租借"洞庭湖和鄱阳湖一带，长江流域一度出现紧张局面。在政治方面，清政府也为外国势力所左右，各国驻华公使飞扬跋扈，竟然干预督抚大员的调用。在许多重要部门，权力为"客卿"把持，他们担任顾问，插手中国事务。如英人赫德长期占据总税务司一职，控制中国海关近半个世纪之久，其所属高级职员一律由外国人充任，利用清政府对海关收入的依赖，参与中国的内政与外交决策，直至清朝灭亡之年。在经济方面，通商口岸日益增多，外国商行迅速增加，为对华倾销商品和输出资本提供了更大的方便。中国对外贸易中，入超连年增长，冲击着封建社会经济的平衡。外国对华投资数额不断加大，主要用于铁路、煤、铁、棉纺、航运、银行，赚取巨额利润。帝国主义的侵入掠夺着中国的资源和财富，并试图通过操纵中国经济命脉决定中国存亡的命运。

慈禧太后残酷地镇压了戊戌变法后，又在义和团运动中差点垮了台。她认识到得罪不起帝国主义，也要顺应潮流进行维新，唯此方能应付日益严重的国内危机以维持统治。便在逃亡西安期间发诏"罪己"，下谕"改革"，令奕劻、李鸿章、荣禄等为督办政务大臣，陆续推出各项"新政"。"新政"的主要内容有：一、改革官制。改总理衙门为外务部，"班列六部之前"。继而裁撤冗衙，削减官员，以整饬吏治。二、改革兵制。下谕停止武举，筹建武备学堂。裁减绿营、练勇，建立新式军队，按照西方模式训练。三、改革学制。废科举，设学堂，奖游学。考试废除八股而改行策论，将各级书院改设大、中、小学堂，选派学生出国留学并给予奖励。四、奖励工商。为振兴工商立法，成立商部督促执行，给兴办实业富有成效者奖励，保护工商业者的权益。此外，清政府还发布了禁缠足、禁鸦片、取消凌迟酷刑以及允许满汉通婚等政令。清政府推行"新政"，本意在维护政权，然而取得的成效却有些相反。因为"新政"的实施本来就拖沓、敷衍，而在贯彻、执行过程中却促进了维新思想的流播。封建王朝的传统六部建置至此瓦解，袁世凯掌握了北洋新军而趁势崛起，新式学堂的建立使学生接受西学形成新型知识分子，而工商阶层的兴发也有取代传统士绅的势头。所以，"新政"的实施打破了"旧制"的框束，这是清政府始料不及的。事实上，这是历史潮流的必然，正因"新政"推行缓慢满清王朝才得以维持，因为"新政"真正推行的最终结果只能是封建专制王朝的倾覆。

国会请愿同志会代表合影

清政府推行的"新政"客观上加速了"立宪"运动的推进，在戊戌变法中失败的维新力量重又感到鼓舞。尤其日俄战争中日本战胜俄国的事实，使许多开明士绅认识到立宪制度的优越性，统治集团内部也有一些有识官僚就此提出"立宪"的要求和建议。清政府遂于1905年10月派载泽、端方等五位大臣出洋考察政治，分赴欧、美、日诸国。他们于1906年8月回国后，密陈立宪有巩固皇位、减轻外患、消弭内乱三大好处。经过御前会议一番争论后，清政府于9月1日正式宣布"预备仿行宪政"。但清政府内部官员却对"预备立宪"是各有打算的，中央与地方、满族与汉族都希望得到更大的权力，这就导致"从官制入手"的改革举步维艰。结果经过一番明争暗斗后，中央官制改革方案颁布，除将各部或增或减或改换名目外，基本无大变化。另外在内阁中，过去满汉官员平列，而今满七汉四，各要害部门皆由满族亲贵执掌。"预备立宪"有名无实，不过显露出满族权贵的霸道，因而造成汉族官僚的强烈不满。清政府本想以集权强化中央统治，结果导致由立宪派官绅发起的召开国会的请愿运动。1908年8月，各省立宪派代表到北京，要求清政府早开国会。清政府试图压服,立宪派反倒声势愈大,一些地方督抚和朝廷臣僚也以人心浮动奏请加快立宪步伐。迫于内外压力,清政府于9月间颁布《钦定宪法大纲》,宣布以9年为立宪的预备期限。《钦定宪法大纲》没有实际改革内容,无非还是强化君权。而以9年为预备期限,也未免太长。但是光绪皇帝和慈禧太后管不了那么多了,于11月中旬先后撒手人寰。而康有为和梁启超在"立宪"运动期间则积极投入进去,他们站在改良的立场上赞同"立宪",并反对由孙中山领导的资产阶级民主革命运动。

溥仪即位,改元宣统,因其尚不满3岁,故由其父载沣摄政。载沣监国首办之事,便是罢黜袁世凯。袁世凯在戊戌变法中投靠慈禧太后,此后飞黄腾达声势煊赫。他继李鸿章出任直隶总督兼北洋大臣,手中又掌握着由心腹亲信带领的北洋六镇新军。尽管满清贵族逼他交出了四镇新军,随后又将其内调为军机大臣以削其实权,但其树大不倒,根深枝劲。他外联日、德、英、美,内结资产阶级改良势力,多次奏请立宪表示推行新政。载沣恨之入骨,遂以其患"足疾"为名,令其回河南彰德"养病"。袁世凯被罢黜后,载沣宣示"预备立宪、维新图治"的宗旨,以示新朝廷"除旧布新"的气概。此后,各省谘议局与资政院相继成立。谘议局只能建言以备督抚采纳,而无监督和牵制督抚之权。资政院貌似资产阶级议会,但议决事项仍须请旨定夺。载沣原想设谘议局与资政院摆摆样子,未料局、院中的改良派人士十分活跃,他们通过各项决议,要求从速召开国会,高谈阔论,抨击朝政,成为一支不可忽视的政治力量,而这些民主气息无疑是清政府不能容忍的。1911年5月,清政府宣布新内阁成立,取消旧内阁和军机处。新内阁由奕劻任总理大臣,下设十部概用大臣称号,不再沿用尚书、侍郎。此届"责任内阁",国务大臣共十三人,满九汉四,其中满族皇室又占五人,故被称为"皇族内阁"或"亲贵内阁"。"皇族内阁"的出台引起轩然大波,各省谘议局再次发动请愿,各地人民也行动起来。但清政府态度强硬,至此立宪派的幻想完全破灭,许多人开始投向革命派一边。及辛亥革命爆发,顽固不化的清政府终于走向垂死的境地。

　　以康有为、梁启超为首发起的维新运动其始是颇有朝气的，他们看到中国被"瓜分豆剖"的危局而提出"立国自强"的大计方针。康有为说："今之为治，当以开创之势治天下，不当以守成之势治天下；当以列国并立之势治天下，不当以一统垂裳之势治天下。盖开创则更新百度，守成则率由旧章；列国并立则争雄角智，一统垂裳则拱手无为。"① 梁启超认为："君权日益尊，民权日益衰，为中国致弱之根源。"② 维新派在与顽固派的争论

宣统帝像

中，更突出强调西方国家的"民主"制度和古代中国的"重民"思想，谭嗣同指出："生民之初，本无所谓君臣，则皆民也。民不能相治，亦不暇治，于是共举一民为君。"③ 维新派的变法主张非常激进，因而才引起顽固派的坚决抵制。维新派是继洋务派对封建专制制度进行更大挑战的政治派别，所以它发出的呼喊也就更加触动了封建专制王朝的根基。但是由于历史的囿限和现实的弱势，使它不可能超越斗争的范围和程度，因此当光绪皇帝召用维新运动的代表人物时，康有为乃至谭嗣同也只有在保守势力的阻压下，未便对帝制否定而想更多地利用帝制。康有为建议"就皇上现在之权，行可变之事"，并一再提醒光绪皇帝不要

① 《康有为上清帝第二书》，中国史学会主编：中国近代史资料丛刊《戊戌变法》第 2 册，上海人民出版社 1957 年版，第 133 页。
② 《西学书目表后序》，《饮冰室合集》文集之一，中华书局 1996 年版，第 128 页。
③ 《仁学》，《谭嗣同全集》下册，中华书局 1981 年版，第 339 页。

急于设议院，就是担心强大的顽固势力不能容忍而进行反扑。但是戊戌变法仍然失败了，时机的不成熟、措施的不周密、力量的不强大都是失败之因，然而关键是对帝制抱有幻想。在继之而起的"立宪"运动中，维新派重又燃起希望。但他们认为"民智未开"，应"循序渐进"，故仍鼓吹"开明专制"或"君主立宪"，这有其历史进步和现实清醒的一面，但相对于当时已发起的资产阶级民主革命运动已倾向保守。他们在"帝制"问题上不能迈出决定性的一步，导致他们的"保皇"色彩只能在"革命"风暴中黯然失去亮光。

孙中山像

在资产阶级改良派掀起的政治运动中，资产阶级革命派应机而发，其伟大的先行者和领导者是孙中山。孙中山（1866～1925年），名文，字逸仙，因留居日本时曾化名中山樵，后遂以此为号。他出生于广东省香山县（今中山市）翠亨村一个农民家庭，少时读过3年私塾并有农村生活体验。12岁时投奔侨居檀香山的大哥孙眉，在其资助下于英、美两所教会中学读书5年。孙中山生逢列强侵入、清廷腐败的时代，直接受到西方教育并产生不满现实的思想。他经常与同学议论时局，并赞扬太平天国领袖洪秀全。1894年夏，他前往京津，上书李鸿章，提出"富强之大经，治国之大本"，但是此时其主张仍未超出维新派的范畴。同年秋，中日战争爆发，促使孙中山更深刻地思考中国的前途。同年冬，他在檀香山组成了中国第一个资产阶级革命团体"兴中会"。次年春，他在香港成立了兴中会总部。兴中会在会章中揭示清朝的昏聩和腐败导致帝国主义的侵略和严重的民族危机，并在誓词中提出"驱除鞑虏，恢复中华，创立合众政府"的革命纲领。兴中会首次表达了推翻满清封建王朝、建立资产阶级政权的目标，继而组织并开展革命活动。

　　兴中会总部成立当年，即联络广东各地会党及清军，准备于重阳节在广州起义。因谋事不周，消息泄露，起义未及举行，即被当局镇压。此时维新变法运动正蓬勃开展，所以起义没有引起多大反响。孙中山流亡日本，继而又赴美、欧，实地考察和深入研究资本主义国家的政治情况，同时也以反清宣传扩大了国际影响。1897 年，孙中山又到日本，宣传革命，结交同志，但成效不大。1898 年，戊戌变法失败后，康有为、梁启超逃亡国外，在华侨中掀起了"尊皇攘后"热。义和团运动爆发后，孙中山决意在广东起义。1900 年 10 月，郑士良率会党 600 人在惠州举事，队伍迅速扩展到 2 万余人。起义军向厦门进发，但因缺乏济援，血战半月后解散。孙中山举行的两次起义，使人们的认识发生转变，由起初的不理解谩骂到后来的产生同情心。

　　《辛丑条约》签订后，许多知识分子看到列强的侵略势力和中国的反动政府相互勾结的恶行，于是兴起了一个创办刊物、出版新书、介绍西学、宣传革命的热潮。这些书刊揭露清廷腐败，号召奋起救亡，进而鼓吹民主革命，造成极大的社会影响。章炳麟（1869～1936 年）早年曾参与维新变法的宣传活动，戊戌变法失败后即走上民主革命的道路。1903 年，他在上海《苏报》发表《驳康

章炳麟像

有为论革命书》，痛斥康有为中国只可立宪不可革命的谬论，将光绪皇帝说成是"未辨菽麦"的小丑，歌颂革命为"启迪民智，除旧布新"的良药。邹容（1885～1905 年）1903 年从日本回到上海，发表了轰动一时的《革命军》。他热情讴歌革命，大力颂扬民主，主张用革命手段彻底根除专制体制，进而建立民主政体的"中华共和国"。《革命军》一版再版，销售逾百万册，广为人知。陈天华（1875～1905 年）也是留日学生，1903 年写

成《警世钟》和《猛回头》。他揭露帝国主义的侵略给中国人民带来的灾难，鼓吹为保卫祖（清）国的独立自主和民族的生存权利而斗争，指出"维新""立宪"都是骗人的鬼话，"要想拒洋人，只有讲革命独立，不能

《革命军》

讲勤王"。其文字通俗流畅，人们争相传诵，如"这朝廷，原是个，名存实亡；替洋人，做一个，守土官长"。用浅显的语言宣传深刻的道理，脍炙人口。革命思想的传播，引起清朝政府的嫉恨。1903年6月，清朝政府串通上海租界工部局，将摘登章文和推介邹文的《苏报》查封，章炳麟、邹容先后入狱，制造了震动全国的"《苏报》案"。清朝政府伙同外国势力摧残进步力量，激起更多的爱国志士趋向革命。

与革命宣传活动同时，革命团体也相继成立。尤其是在拒俄运动中，上海各界爱国人士率先集会抗议，反对沙俄军队侵占中国东北并提出无理要求。留日学生也群情激愤，召开抗俄大会，并组成"拒俄义勇队"，表示愿赴前线与俄血战，"宁为亡国鬼，不为亡国人"。清政府对此非但不予支持，反而勾结日本政府强制义勇队解散，又密令各省督抚对回国运动抗俄的学生随时查拿处死。爱国反遭迫害，学生激而反清。1903年夏，黄兴（1874～1916年）由日本回国，在长沙担任教员，并秘密从事革命的宣传、组织活动，1904年2月成立了华兴会。1904年10月，光复会也在上海正式成立，蔡元培被推为会长。此外，各地还先后成立了一些革命小团体。这些团体推进了当时的立宪运动，但还没有形成强大的主流。继后，1905年爆发了由民族资产阶级领导的抵制美货运动，随之而来的抵制英货、德货、日货等也相继发生。而从1903年起的各省收回路矿利权的运动也高涨

起来，留日回国学生在其中起到了很大的作用。在斗争中，民族资产阶级和爱国知识分子认识到，满清政府已与帝国主义勾结起来，推翻帝制与反对侵略已是共同目标。

在国内革命形势发展的同时，孙中山在海外积极活动。他在日本、南洋和欧洲的华人中广泛进行宣传和组织工作，成为最具有号召力的领导者。1905 年夏，孙中山自欧洲到日本，倡议并筹建全国性的统一组织，得到兴中会、华兴会、光复会等团体的赞同。8 月 20 日，"中国同盟会"在东京召开成立大会，确定以孙中山提出的"驱除鞑虏，恢复中华，创立民国，平均地权"为革命纲领。同盟会推孙中山为总理，设总部于东京，组建起领导机构。同盟会的主要成员，多为中小资产阶级知识分子。它已粗具近代资产阶级政党的性质与规模，引导着并推动着全国革命高潮的到来。

1905 年 11 月 26 日，同盟会机关报《民报》创刊。孙中山在《民报发刊词》中，将同盟会纲领概括为民族、民权、民生三大主义，即三民主义。民族主义就是要推翻满清王朝，建立汉族当权的统一国家。孙中山在解释"反满"时说，主要是反对清王朝的反动统治，而并不是排斥所有满族人。这是因为清王朝对内实行残酷的剥削和压迫，对外已成为帝国主义统治中国的工具。民权主义就是要推翻封建君主专制，建立资产阶级民主共和制度。孙中山在《东京〈民报〉

《民报》

创刊周年庆祝大会的演说》中指出，中国数千年来的君主专制政体已不能为追求平等自由的国民所忍受，推翻满洲政府是一场民族革命，从颠覆君主政体方面说是政治革命，二者是有机的一体，不能分开去做。只有人人参政，才能建立民主国家。民生主义即平均地权，主要是解决土地问题，预防贫富的分化和对立。具体措施是"核定地价"、"涨价归公"，即"核定天下地价。其现有之地价，仍属原主所有；其革命后社会改良进步之增价，则归于国家，为国民所共享"。孙中山试图"举政治革命、社会革命毕其功于一役"，反映了其深刻的思考、良好的愿望和对劳苦群众的同情。三民主义作为当时资产阶级民主革命的政纲，超越了资产阶级改良运动的要求而具有更为积极的意义。当然它也有其历史的局限，如没有明确提出反帝号召、未敢坚决依靠广大群众和不能根本解决农民土地问题。但毕竟它促进了中国革命的进程，使革命力量团结起来向腐朽反动的统治发起冲击。

同盟会在宣传革命、组织斗争的过程中，深刻认识到要推翻清王朝必须使用暴力，因而不断地发动武装起义。1906年12月，由同盟会鼓动的会党起义在湖南、江西交界的浏阳、醴陵、萍乡等地爆发。起义得到贫苦农民、煤矿工人及部分清兵响应，队伍达3万多人，攻占数州县后被清军镇压下去。这次起义虽然遭到严重挫折，却使革命党人精神振奋。此后孙中山将起义重点转向华南地区，自1907年5月接连发动了6次武装起义，但至1908年4月这些起义全部失败。这些起义基本上是依靠会党，规模较小，发动群众不够，准备也不充分，具有军事冒险性质，缺乏长期作战的决心，所以旋起旋落。与此同时，在浙江、安徽，光复会也密谋举事。徐锡麟在浙江绍兴创办大通学堂建立据点，此后大通学堂因其调任安徽巡警会办由秋瑾主事。两人决定同时起义，因谋划不周只得仓促发难。1907年7月，徐锡麟刺杀安徽巡抚恩铭，率学生进攻安庆军械所，事败后英勇就义。秋瑾也因受到牵连，被捕后壮烈牺牲。革命党人组织的会党起义是一种特殊的斗争形式，但因会党缺乏革命的思想教育和严格的组织纪律往往陷于失败。

革命党人总结了经验教训，注意把工作重点转移到新军方面。新军中有许多进步青年，他们在接受新式教育的同时也具有了革命的思想意识。1909 年秋，黄兴策动广东新军起事，预定次年元宵节发动。未料消息泄露，只得提前起义，结果遭到镇压。部分革命党人一度出现失望情绪，但在孙中山的鼓励下又重新振作。他们决计在广州继续发动起义，并做了周密的计划。经过一番准备，不料又因偶生变故，起义经拖延后只得猝发。1911 年 4 月 27 日，黄兴率二百志士攻入总督衙门，但其他部队未能按时接应。在清军的镇压下，起义志士惨遭屠戮。事后烈士遗骸合

秋瑾像

葬于黄花岗，时称"黄花岗之役"。这次起义失败虽然使同盟会领导力量受到重创，但烈士献身理想的壮烈事迹和革命精神却感召着全国人民。不久，湖北方面便响起了武昌起义的枪声。

广州黄花岗七十二烈士墓

　　到 1911 年，顽固不化的满清政府已陷入摇摇欲坠之中，全国各地反抗清朝暴政的斗争持续高涨。在农村，农民因反对苛捐杂税，暴动连绵不断；许多地方发生抢米抢粮事件，抗击官军镇压；洋人的教堂也受到冲击或被焚毁，"灭洋"事件时常发生。逐渐壮大起来的工人阶级也不满压迫，他们以罢工方式进行斗争，规模日益扩大。资产阶级改良派也敦促清政府迅速立宪，发动社会力量屡屡请愿，以致被朝廷认为是"聚众滋闹情事"。而清政府将商办铁路"收归国有"又出卖给帝国主义，更是激起湖北、湖南、广东、四川的保

四川成都辛亥秋保路死事纪念碑

路风潮。湖北革命党人此时已在新军中打下了良好的基础，于是决定趁机在武昌发动起义。10月10日晚，在武昌当局已有觉察并宣布戒严的情势下，武昌新军中的革命党人果断起事。他们很快攻占了总督衙门，次日一早已占据了整个武昌城。其后两日，汉阳、汉口也先后为新军所控制。起义新军自发成立了革命军政府，但此时由于同盟会的主要负责人都不在武汉，士兵们错误地认为非请社会上有名望地位的人出面不可，于是强立原清军协统黎元洪为军政府都督，组成了由起义军军官与立宪派首领构成的领导机构。

武昌起义成功后，全国各地的革命党人大受鼓舞纷起响应。湖南、陕西最先行动，同在10月22日发动会党和新军起义，分别占领了长沙和西安，成立军政府。此后短短一个月内，赣、晋、滇、沪、浙、苏、贵、皖、桂、闽、粤相继宣布独立。有些地区农民发起武装暴动，抗租杀官，声势浩大。资产阶级立宪派在这场革命中起了积极作用，但革命的激进也使他们畏惧失去切身的利益。一些革命党人掌权之后也开始右转，压制工农群众的革命运动。同时为中央政权的建立，各派政治力量也看法不一。在全国形势大乱和各派争议不决的情况下，12月25日孙中山自海外回国到达上海。在革命党人的大力推举下，孙中山于29日当选为临时大总统。1912年1月1日，孙中山在南京宣誓就职，宣告中华民国临时政府成立，于此建元，改用公历。

在南京临时政府及稍后成立的临时参议院中，革命派占有主导地位。短短的3个月中，临时政府颁布了一系列法令。这些法令在经济、

武昌起义时革命军炮击敌军

政治、文化等方面有利于民族资本主义的发展，体现了民族资产阶级的
权益，但对地主阶级的利益没有根本的触动，对广大农民的要求缺乏积

孙中山与临时大总统府官员合影

极的反应。面对强大的帝国主义势力，临时政府显得软弱而天真，以为

只要承担清朝政府与其签订的条约和债务，就能得到它们的同情和支持。但是，尽管临时政府小心翼翼地与外国列强交涉，但始终没有得到它们明确的表态。临时政府由于资产阶级革命派的孤立和弱小，难以应付当时来自社会各个层面的压力。资产阶级立宪派不肯从经济上支援临时政府，各省军政府也不完全服从中央的号令，农村的苛捐杂税被废除，海关的税收被外国把持，诸多矛盾难以解决。加之同盟会内部会员成分的复杂，孙中山等少数人被称为"理想派"。所以孙中山认识到临时政府只能是暂时维持局面，只能如《临时政府组织大纲》所说"待袁君反正来归"。以孙中山为首的南京临时政府难以超越历史的选择，但在促成清朝覆灭和民国成立的大业上无疑具有历史的丰功。

武昌起义爆发后，清政府急令陆军大臣荫昌率北洋军队南下镇压。但北洋军队实质上一直由已赋闲养病的袁世凯暗中操纵，故不听从荫昌的指挥。帝国主义为其自身的在华利益要求起用袁世凯，清廷内部的袁世凯势力也发出同样的呼声。摄政王载沣被迫在任袁世凯为湖广总督遭拒绝后，在其胁迫下任其为内阁总理大臣组织"责任内阁"。这样，清政府的军政大权便实际上落入袁世凯的手中。

1911年11月1日，袁世凯南下誓师，挥军攻陷汉口。半个月后返回北京，成立"责任内阁"。他以武力威胁革命军，又以谈判拉拢革命派。革命阵营的内部立宪势力很大，他们在外国代表的调停下对议和很感兴趣，同时也担心革命继续发展将危及自身的既得利益。同盟会中妥协思想也占了上风，黄兴就希望袁世凯像拿破仑一样转向革命，而不要像曾国藩一样搞垮革命。因此，在孙中山就任临时大总统之前，便有了虚总统之位以待袁世凯的议案。孙中山就职后，袁世凯深感不快，遂指示其部下发出战争叫嚣。孙中山亦不甘示弱，自任北伐军总指挥，制订北伐计划。但是由于南京临时政府处境极其艰难，北伐取得一些胜利后并没有继续下去。在帝国主义的干涉下，南北双方达成协议：只要袁世凯宣布赞成"共和"并逼使清帝"退位"，革命党人愿意让出政权。

宣统帝退位诏书

袁世凯在取得南京临时政府的让权保证后，转过头来又向清廷施压要"处置"清朝皇帝。1912 年 1 月 16 日，他上奏清廷，请决定"帝位去留"。之后称病不朝，阴使部下联名通电，要求皇帝退位，确定共和政体，否则将率兵进京。清廷此时已无路可走，2 月 12 日，在得到保留清帝称号，仍可暂住皇宫，私产受到保护，每年由民国政府给予 400 万元费用的优待条件后，皇太后携小皇帝在养心殿举行了最后一次朝礼，宣布退位。满清王朝在中国的统治从此寿终正寝，封建帝制由民主共和所取代。

袁世凯就任临时大总统后，又使用一系列手段压制民主，辛亥革命的成果被其狡诈篡夺，而封建专制的阴魂却难以消散。尽管辛亥革命无可挽回地陷于失败，但其推翻清朝、结束帝制的功绩永载史册。其经验教训为后来的民主革命提供了警醒和启发，从而为中国人民实现彻底的民主革命开辟了道路。

第四章
文化融会

第一节　冲突激荡

当明朝已露衰落征象时，努尔哈赤正统一女真各部在白山黑水间崛起。尽管明朝建立以来加强了对东北地区的治理，对女真等民族采取招抚、羁縻与分治的政策，并开设贸易市场推进经济的往来，使汉族的先进生产方式加速地传播过去，但是女真等民族毕竟尚处于带有原始意味的奴隶社会形态中，他们以血缘为纽带组成氏族或部落，以部落或氏族为单位进行生产，因此对明朝是敬畏和依附的。

努尔哈赤是最早接受汉族文化的女真代表，他率领建州女真用了三四十年完成了统一女真各部的事业。然而，他也没有忘记他的祖、父被明朝辽东官兵误杀的仇恨，所以万历四十六年（1618 年）起兵公开向明朝宣战。

努尔哈赤当时虽无鲸吞中国的野心，但其强悍的气势却使明朝大为震惊。此时明朝政治腐败，财政匮乏，民心浮荡，封建王朝日益失去统治中国的活力。而精力旺盛的努尔哈赤却野心勃勃，占据了整个辽东地区，以一股凶猛的气势妄图南进。这是一场文化的较量，一场文化的碰撞，一场文化的汰选。结果是，皇太极继承了努尔哈赤的遗志，建"满

洲"，定"大清"，要与明朝争天下。他东侵朝鲜，西并蒙古，在二者
"悉入版图"后，遂将矛头指向中原。

沈阳故宫大政殿与十王亭

可以说，从历史发展规律看，所谓的先进文化已呈弱势，而富有冲
劲的野蛮文化在雄张。中国历史和世界历史都曾出现过类似现象，野蛮
文化因其吸取先进文化而膨胀，暂时取代已失去活力而走向衰竭的长久
传统。它没有沉重的历史包袱而以强横的武力征服已经虚弱的王朝，他
也因缺乏深厚的文化涵养而有一种自卑又自负的模样，它仰慕而艳羡那
古老而丰富的文明，但它也抵抗并仇恨着高度的文明给自身带来的巨大
压力。它推动着或阻碍着历史的前进，关键就在于如何调适着自身是保
守的坚持还是创新的发展。

当清军进入北京继而平定全国后，由顺治到康熙的清廷便是怀着复
杂的心态的。这一方面是因改朝换代而产生的巨大社会变动带来的，另
一方面更是因民族矛盾的性质难以排解而造成的。尽管清王朝采取一系
列措施缓和紧张的局势，但统治者的地位和满族人的身份却使其必然也
要采取一切严厉的手段。顺治元年（1644 年），清政府颁布圈地令，将
京畿附近州县的民田圈占，"分给东来诸王、勋臣、兵丁人等"[1]。此后

————————————

① 《清世祖实录》卷十二。

又有大规模的圈地，使许多土地集中在少数满族贵族手中，他们农业生产技术落后，有些良田变为牧场，而广大农民丧失土地，流落他乡，致使民族矛盾激化，社会经济遭到极大的破坏。次年，清政府又颁布剃发令，提出"留发不留头，留头不留发"，将抗拒者残酷屠杀，企图以改变民族习惯，从精神上征服汉人。清军南下，攻破扬州，屠杀十日，焚毁古城，令人触目惊心①。此后江阴又陷，死伤甚惨，"满城杀尽，然后封刀"，幸免于难者甚少②。江南苏、松、嘉、湖、杭等地区，经过清军洗劫，生产极度萎缩，城镇严重毁坏，一片荒凉萧条的景象。这种阶级兼民族的对抗给社会带来极大的危害，然而这又是历史转变时期无法回避的惨烈现实。

清初统治者为维护清王朝文化，如中国历史上其他少数民族进入中原一样，对汉文化的强势是深为恐惧而加以排斥的。一个民族有其自身的传统习俗，包括生产方式、生活习惯及生理心态，强固的种族意识很难一下扭转，相反却要强硬的表现而不愿被改化。尽管汉族地区已建立起悠久的农业文明，但出身于牧猎文明的满族人起初却是难以接受的，尤其是上层统治集团更不愿失去其引以为骄傲的武勇优势，而去学习已被其征服的暂处弱势的中原文化。出于民族根性，满人十分强调家法。在政治方面，清初最高的中枢机构是议政王大臣会议，一切军国大事皆由满族权贵商讨和决定。在经济方面，借圈地大量搜刮田产，使失去土地的汉族农民投充为奴。在文化方面，满清统治者谆谆告诫其贵族子弟不能废弛骑射传统。他们本人也以身作则率先垂范，经常巡狩围猎。震钧《天咫偶闻》载："士夫家居亦以射为娱，家有射圃，良朋三五，约期为会。"清朝统治者还极力维护满语、满文的地位。皇太极曾要求一律不许使用汉文的官名、城邑名，将其改为满语、满文。清王朝入关

---

① 王秀楚：《扬州十日记》。
② 韩菼：《江阴守城记》。

后，把满语、满文列为官方使用的语言文字。朝廷诸臣奏对、八旗官兵操练、乃至宫中日常应答，都要求用满语。清朝统治者确立的"八旗满洲，须以清语、骑射为务"的国策，显然是要维护本民族文化传统而对强大汉文化影响的畏怯。

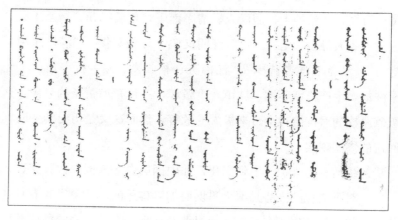

满文廷寄

清朝统治者入居中原，当然要凌驾于汉族与其他少数民族之上。它绝不能容忍任何形式的反抗，因此它在下令汉人要薙发、易服、改从满洲制的同时，又在思想文化方面采取更严厉的手段打击那些宣扬排清斥满言论的士人。清初文字狱屡起，而酷烈远超明代，主要就是因为清政府要镇压汉民族的不满意识。顺治年间，毛重倬、胥庭清等人坊刻选文，其序文纪年只用干支而不用清朝年号，于是被认为是"目无本朝，阳顺阴违"，一干人等遂"皆置之于法"①。康熙年间，又发生轰动朝野的"庄廷鑨明史稿案"与"戴名世《南山集》案"。庄廷鑨在所撰《明书辑略》中有对满清不敬之意，同时未用清朝年号而将南明政府视为正统，故被清廷视为大逆不道，结果被满门抄斩，受牵连者数以百计。戴名世著有《南山集》，书中采用了桐城方孝标《滇黔纪闻》的材料，对

---

① 郑词庵：《笔记补遗》。

南明王朝颇发感慨，寄以同情，而对满清王朝多有微词，不用清朝年号。结果被人告发，引起康熙帝大怒。此案牵连数百人，或斩或贬。雍正时又发生著名的"吕留良文选案"，湖南人曾静为吕留良"夷夏之防"思想所激发而策动反清，雍正帝借题发挥，驳斥华夷之辨，虽说不无道理，但实是宣扬清朝统治的合理性。到乾隆时，文字狱更是频繁不绝，其原因也是多方面的。本来乾隆帝对汉人的民族情绪就很戒备，加之朝廷内也有政治斗争的需要而便于罗织罪名，此外清政府对文字狱十分看重，地方官因怕犯"失察"罪而举报不已，如果告发得当又能升官发财，诸多原因使文字狱形成恶劣的风气。1755年，胡中藻因诗中有"一把心肠论浊清"之句，被乾隆帝抓住借以打击鄂尔泰、张廷玉朋党。1778年，徐述夔因《一柱楼诗》中有反清嫌疑语句，本人被戮尸，家人被处死。次年，石卓槐著《芥园诗钞》，内有"大道日以没，谁与相维持"；祝廷诤著《续三字经》，内有"发披左，衣冠更。难华夏，遍地僧"；结果全家遭大祸。清廷文字狱既滥且重，造成人人自危、手足无措的情状，故有人总结人生经验，即"从不以字迹与人交往，偶有无用稿纸亦必焚毁"。清廷大兴文字狱的目的就是杀一儆百，将一切异端不轨的思想言行除灭。然而，由此却导致出一种文化禁锢状态，这种对人性的强硬扭曲无疑具有民族压迫的性质。

在大兴文字狱以镇压汉族悲愤和抗拒的情绪时，清朝统治者还利用对中国传统图书的编纂对汉族文化典籍进行了一场清剿。清朝皇帝入主中原后，特别是到康、雍、乾三朝，由于励精图治，的确建立了盛世伟功。他们对中国传统文化的仰慕和畏惧，也使他们想在文化事业上有所建树。由康熙到雍正时编就的《古今图书集成》便可谓规模宏大，而好大喜功的乾隆更是招揽当时社会名流编成举世瞩目的《四库全书》。不可否认，浩大的编书工程的确有其保存历史典籍的功绩，但另外也应指出，编书过程中对典籍的淘选也无疑存在着对文化的摧残。《四库全书》编纂过程中，许多有价值的书籍被损毁。一些具有强烈汉族意识而反抗

《古今图书集成》

异族欺压的言论尤被毁弃，如宋代诗文中言及辽、金、元而有敌意者皆被抽删或窜改；明朝野史及明人奏议文集，只要内容有对清朝不利嫌疑的也都焚烧勿论。编纂的主旨本来就是从满族统治者的立场出发，对中国传统文化的清理和对蔑视夷狄思想的清洗。因此，"夷之改彝，狄之改敌"在书中比比皆是，而有的索性连书带版一同销毁。由此可见，清朝统治者强烈的民族意识是根深蒂固的，它虽已融入中华民族大家庭的文化圈中，并与全国各族人民一道建设起新家园，但历史的、时代的、民族的、阶级的局限性毕竟难以消弭。

清朝统治者以各种方式围剿汉民族传统而推行"满洲化"政策，激起广大汉族人民的强烈敌对情绪和维护本民族文化的意愿。清军的暴行激起汉人的反抗，在圈地运动中被迫投充的汉民屡屡逃亡，在剃发运动中不甘忍受屈辱的汉民举义抗清。清初汉族士人更是高张民主、民族文化的大旗，对君主制度尤其是民族压迫给予深刻的批判。黄宗羲参加抗清活动近十年，丰富的生活阅历对其后半生的著述有深刻的影响。顾炎武亦参加武装抗清斗争，在后来的游居生活中始终对清廷抱着不合作态度。王夫之积极投身于抗清复明的事业中，后为躲避清廷的"薙发"和看到南明的腐败只得"退伏幽栖"。从这些后来成为大学者的思想家的行为可以看出，他们抱着深深的家仇国恨颠沛流离，也正因此他们对封建专制制度做了深刻的反思，对满清政府的残酷镇压给予痛心的讲述。文化的危亡便是民族的危亡，因此尽管明朝后期的腐败政治导致民怨沸腾，但当民族矛盾上升时文化的冲突激荡便成为主流。在清初，汉族图存救亡的声势是很大的，但明代末年与宋代末年具有相似之处，即朝政腐败、经济凋敝、文化涣散，当一个历史朝代大势已去时，只凭一个良好的愿望已不可能扭转既成的事实。

第二节　稳定调适

清朝的崛起是伴着武力的强大与谋略的正确而成的。从努尔哈赤建立八旗制度，到皇太极"参汉酌金"，可以看出清朝领袖人物务实的态度和明智的选择。他们总结战争经验，学习明朝制度，完全是在艰苦的环境中一步步成长壮大起来的。比如选拔官吏。努尔哈赤说："不要看出身，要看心术正，大才能的任用。不要看门第，要看德才，充任大臣。"① 皇太极说："无论旧归新附，及已仕未仕"，"量才录用"②。努尔哈赤武功高强，但本部意识强烈；皇太极建清，录用汉族人士已多；可见清朝统治者由最初浓烈的部落意识又向文明的国家意识扩展。及顺治入关，由于民族矛盾的激化，中原大地成为灾难不已的战场。农民起义军与明王朝军队联合起来，同清军展开殊死的较量。但是，经过 20 年的拼杀，虽然清朝统治者取得了最终的胜利，但他们也意识到，要稳定自己的统治绝不能一意孤行，必须取得汉族人民的拥护和支持。所以，即位的康熙帝采取了一系列措施，这些措施对满汉文化的交融起到了积极的推进作用。

康、雍、乾三朝历来被称为"盛世"，这与三代皇帝顺应历史潮流密切相关。中华民族有几千年的文明传统，在对自然、社会、人生的理

---

① 《满文老档》太祖卷一。
② 《清太宗实录》卷二十二。

金星玻璃天鸡式水盂（清）

解和实践中积累了宝贵的财富。康、雍、乾出于本族利益，不可能不对汉族的反清意识与行为有所戒备。但更多的则是采取缓和民族矛盾和阶级矛盾的措施，以便巩固自己的统治。康熙时实行的轻徭薄赋、鼓励垦荒、兴修水利、发展工商等政策在雍正、乾隆年间一直得到积极贯彻并深入落实，使社会经济逐步趋向繁荣以至于极盛。在政治方面则广泛招徕原明朝各衙门官吏，凡归顺者皆录用并以功升官。中央各部及地方督抚原多以满人为官，到乾隆时已发展到满、汉各半。而府以下官吏则大多为汉族地主，地主士绅可捐银得之。在汉人占绝大多数的国家里，在汉族文化占有绝对优势的长久传统中，清朝统治者意识到无法改变这强大的现实，因而采取适当变通的方法来稳定调和矛盾不失为明智之举。也正因此，清朝政府的开明得到汉族人民的拥护，而康熙时吴三桂等人发动的"三藩之乱"也就成为不义之举。雍正帝批"吕留良文选案"而撰《大义觉迷录》，本为镇压汉族士人的反清意识和加强专制主义的中央集权，但其指出满洲人就是中国人，做天下君主应看其是否有德，满汉一体不应有华夷之别，却已可见雍正帝浑融民族矛盾而控握国家统一的心地。至乾隆中期时，民富国强，社会安定，出现太平盛世，可谓民族关系已相当融洽，清朝政府在镇压极端反满意识时注意调和社会各阶层的利益，民族矛盾在清廷强势导向中基本上得以消解。

民族整合的关键在于整个国力的发展，当人们生活都富裕起来，权利都能得到保证之后，在不平等的前提下能够达到基本平等的程度，也就容易消融民族间的裂隙而形成同是中国人的观念。同为中国人就要尊重各民族习惯，而原来的满洲人处于文化相对落后的形态，所以他们在保持原有民族特色的前提下，从主观到客观都注意吸纳相对先进的文化营养。

努尔哈赤建立后金政权之初，仅是一个僻处一隅的地方政权。随着后金势力的扩大，皇太极已确立了统驭全国的战略目标。他于天聪三年（1629 年）曾举行过一次考试，目的就是搜罗人才。他下令贝勒府以下满洲八旗、蒙古八旗、汉军八旗属下各家具有明朝生员身份的人，不拘身份一律参加考试，即使已沦为奴隶者，其家主也不得阻挠。参加这次考试的有 300 多名汉族生员，其中有 200 多名被选中。被选中者分为三等，依次奖给绸缎和棉布，并一律免除二丁差役。这次考试，奠定了皇太极"以文教兴治"的方针。

顺治入关后，在中央机关已有一批早年降清的汉族官员，而地方府州县多利用故明官吏进行统治。顺治二年（1645 年）诏令乡试，将全国划为 15 个考区，参加者甚多，仅顺天府就有 3000 多人，当年录取举人 1428 名。次年三月举行会试，天下举子前赴北京，取中 400 人。这两次考试产生了清朝的举人和进士，说明清朝统治者需要汉族文化人的支持和帮助。如果进入中原地区而不接受汉族文化的传统，那么满清统治将无法进行，这从当时许多地方的叛服无常即可看出。

康熙帝亲政后，更是尊崇儒学。康熙八年（1669 年），他排除了权臣鳌拜的阻挠，亲率礼部大臣到太学视学，在孔子木主前行三跪六叩之礼，向太学的师生们讲孔子之学的高明广大。他上尊孔孟，下崇理学，接受熊锡履的建议："非六经、语孟之书不读，非濂、洛、关、闽之学不讲。"康熙帝又高度赞誉朱熹之作，认为是"集大成而继千百年传绝之学，开愚蒙而立亿万世一定之规"，"非此不能治万邦于衽席，非此不能仁义仁政施于天下，非此不能内外为一家"①。康熙五十一年（1712年），朱熹升入孔庙大成殿的十哲之次，此后"朱子祠宇遍天下"。康熙帝不仅自己写书发扬朱熹性理之说，又命理学大臣李光地等编纂《朱子全书》、《性理精义》等广为宣传。这样，康熙帝从汉族地主阶级手中夺过儒家旗号，作为满族统治阶级的思想武器，利用历史悠久的伦理道德，一方面对本民族的文化思想进行改造，一方面争取汉族广大人民的认同。这无疑有利于清朝统治初期的形势稳定，也对后来民族矛盾的化解起到了很大的作用。

清代统治者在宗教政策上也注意采取镇压和扶持的策略，以调适满族和其他民族的矛盾来巩固其统治。中国的儒学虽非宗教，但却有着与宗教极为相似的特点，而以其为基础形成的民间宗教则在广大民众中根深蒂固，各地都有多种形式的庙宇被人奉祀。由于清朝统治者认识到尊重民族传统的重要，故对有利于自己统治的方面加以夸大，而对不利于自己统治的方面则加以清除。

满族本崇奉萨满教，但这种较原始的宗教缺乏系统的思想和完整的教义，相对于儒、佛、道、伊斯兰、基督及其他民间宗教较为落后。因此，满族统治者为保持自己的民族特色尚有崇奉，并未将其作为统治思想广为传播。比如元旦时，皇帝要祭堂子，汉族大臣就不必参加。祭堂子是满族最重要的宗教信仰和祭祀典礼，堂子里设日月天地、始祖诸神，由萨满主持仪式，皇帝率随员行礼，以祭献祈福。然而祭堂子完后，皇帝与皇后还要到坤宁宫祭神。据《钦定满洲祭神祭天典礼》载："（坤宁宫）朝祭神为释迦牟尼佛、观世音菩萨、关圣帝君，夕祭神为穆哩罕神、画像神、蒙古神。"可见皇室祭神并无一尊，凡对现实有利都不妨一拜。清代最基本的宗教政策还是以信奉中国传统宗教为主。传统宗教以天帝崇拜、祖先崇拜和社稷崇拜为核心，并辅以日月山川、圣贤

① 《康熙政要》卷十六。

师哲和其他鬼神。清朝统治者无法否定这源远流长的信仰，而这信仰对稳定社会秩序和维系封建统治有利无害。所以与前代相比，清朝的祭祀活动更为频繁，规仪也更完备并更加制度化了。

画珐琅法轮（清）

清朝统治者为镇服全国动用武力，但也非常注意利用宗教收揽人心。努尔哈赤对佛教的尊崇就已超过了萨满教，实质上佛教在元代的流播就超过了萨满教。顺治帝入关后，对佛教更是着迷，乃至有出家的打算，以致传说他遁入空门。康熙帝受程朱理学影响很深，因而不好仙佛，但他认识到佛教对治世有用，所以又试图将佛教与儒家融通起来，可见用心良苦。雍正帝对佛教也有深刻了解，并以施主身份笼络和统率蒙古王公贵族。他著有《御选语录》十九卷和《拣魔辨异录》八卷，核心内容还是以孔孟儒家思想为指导，并充分发挥佛道二教"阴翊王道"的作用。乾隆时期，清廷组织人力开展佛经翻译工作，成果显著。但自嘉庆朝始，清朝国势中衰，社会动荡不安，人民起义时见，佛教也随之衰颓下去。

清朝对道教的政策与对佛教差不多，也是利用为主、限制为辅，尽可能附会儒学，为封建统治服务。努尔哈赤和皇太极在崇佛建庙的同时，也曾修建过一些道观。顺治帝入关后，敕封道教第52代天师张应京为正一嗣教大真人，并告诫他不得率道徒妄行邪术、惑乱百姓。康熙帝即位后，对道教仍是亦抚亦镇，允许道教徒清静修身，但不得妖言惑众，对其始终保持戒心。相对而言，雍正帝对道教更感兴趣，当然这也与其政治意图有关。雍正帝夺取皇位后怕遭报应，故请道士在宫中设醮祷祈。雍正帝在政治斗争中也常利用宗教做些手段，借机镇压异己力量。雍正帝晚年还用道士修炼丹药，以求长生不老，据说后来死于丹药中毒，并引起京城之内人心浮动。乾隆帝登基后，为稳定政局，在驱佛的同时也将道士贬黜。可以说，清代前期皇帝对道教采取了较为理性的态度，所以道教未能繁盛反倒有些衰竭。

清朝统治者对宗教是极为注意防范的，在利用宗教笼络人心时也注意其危害因素，其根本宗旨还是为了社会的稳定。清初，朝廷曾对伊斯兰教采取高压政策，结果引起西北回民的反清起义。事平之后，清廷采取宽容政策，乾隆帝还将新疆维吾尔族首领大和卓之女和卓氏纳入宫中封为香妃。清初对基督教也是很重视的，曾任用传教士汤若望等编修历法、制造火炮、测绘地图等。但至乾隆时期，清廷看出西方传教士间谍活动的危害性，故多次下谕严禁天主教士传教。对民间宗教，朝廷则采取严厉取缔、坚决镇压的政策。《大清律例》中皆有条文，称各教为"邪教"，称宝卷为"邪经"，一旦查获，严惩不贷。清代前期民间宗教的教派很多，一些教派和农民的反清斗争相结合，成为起义斗争的重要旗帜。所以，清廷采取又拉又打的宗教政策，实质都是为了稳定国家统治。其理性而明智的选择，使中国传统儒学的纲常礼教建立起来，满汉文化在统一国家内得到调适和弘扬。

由于满族是自中国东北地区进入中原的，因此原先的牧猎生活方式不能适应中原的农耕文明，一些习俗和观念不得不因时因地而改化。随着儒家理念的建立，满族的一些旧俗和陋规也被革除。比如清朝统治者对三纲五常的确认，一方面削弱了部落联盟制对中央集权制的瓦解和割据的企图，从而建立起以皇帝为绝对权威的国家行政制度；一方面适应了汉族人民对国家与君主的传统理念，"以其人之道还治其人之身"使汉族人民得到心理上的抚慰。汉族文化传统毕竟已有几千年，也被历史证明对民族发展是文明而先进的，尤其是对落后民族而言具有极强的优势。满族入侵延缓了中国社会向现代文明的进程，传统思想的束缚也使中国的资本主义发展缓慢，但满汉民族文化的融合无疑强化了中华民族的凝聚力，使满族社会迅捷跨入封建时代而提升了文明水平。

在事关人类文明的婚姻制度上，满族内原有的氏族社会的族内婚习俗就渐被制约。中国历史上北方少数民族都曾存在落后的婚俗，但在进入中原后无不认识到其弊害而加以革除，满族也不例外，也正因此婚姻质量与往不同。其初，在满族内部，是存在着族内婚与收继制的。天聪四年（1630年），皇太极下令禁止娶继母、伯母、婶母……，可见已有伦常观念。顺治五年（1648年），清廷曾发布"满汉官民得相嫁娶"

银盆金铁树盆景（清）

的诏令，但不久又严禁满汉通婚，可见尚不能超越历史的局限。此后又有许多具体的规定，如旗人之女不准嫁与民人为妻，违例者依法治罪；汉族名门之女嫁与旗人为妻者，政府赐给银两以资鼓励。显然是有浓厚的民族意识，但也说明满汉通婚已多。满族女子虽然不能随便下嫁汉人，但受汉族伦理观念浸润却也有了节操的意识。朝廷也常表彰孝义贞节的女子，所以地方政府立牌坊，宗族祠堂立牌位，大张旗鼓地宣传烈女节妇也就常见。当然，所谓贞操观念今天看来并不人道，但对不讲伦常的婚俗也还有匡正的意义。满族入关前，贵族葬礼多以人殉。康熙时，汉官朱斐上疏请求禁止。清廷采纳了他的意见，下令禁止人殉习俗。这都说明，满清最高统治者是明智的，当然这与他们从小就接受了汉族文化教育也有很大关系。诸多方面的文化交融与变通，使满、汉及其他民族得以和睦相处。

第三节　融通整合

从"康乾盛世"而后，满、汉文化基本沿着既坚持满族本色又尊重汉族传统的轨迹发展。经济上，各地以传统生产方式为主并制定相应的赋税政策；政治上，注意选拔忠于清朝又有才干的官员；而在更为宏阔的生活习俗方面也互为影响，形成满汉融通整合后的中华民族特色。

吃、穿、住、行较能昭示一个民族的文化特征，因为这些生活习俗是千百年来物质生活和精神生活的典型反映。清朝在饮食方面更为丰富，这自然又以皇城北京为代表。清代宫廷的内务府下设御膳房、御茶房、内饽饽房、酒醋房和菜库等机构，负责供应皇帝、后妃及皇子、福晋们的饮食。其中御膳房人数最多，职分、等级明确，有尚膳正、尚膳副、尚膳、庖长、副庖长、庖人、拜唐阿、承应长、承应人、催长、领催、厨役等三四百人，又有内务府派大臣、太监主持管理。御茶房负责供应宫中的奶茶和泉水，内饽饽房供应各种面点和小吃，酒醋房供酒及酱醋调料，菜库则供应各种干鲜蔬菜，其官役人等也有数十员或百余员。清宫中按照等级制度，所供物品种类、数量都是有份例的。其中皇帝最高，其次为皇后、皇贵妃、妃、嫔、贵人、常在、皇子及福晋等。份例是制度化的膳食标准，也是封建等级制度在膳食上的具体体现。

清朝皇帝平日吃饭称"用膳"，多在寝宫或经常活动的地方，除宴会或有特别旨意外，均单独摆桌，任何人不得与皇帝同桌用膳。皇太后、皇后、妃、嫔及皇子等，一般也都在本宫用膳，而且也是单独进行。清朝宫制，皇帝每天正餐有两次，早膳多在卯正后，晚膳多在午未间，此外酉时左右加一次"晚点"，另外还可根据需要随时加餐。皇帝的膳食通常由御膳房官员尚膳正先期数日开出膳单，内列菜点、水果、饮品名目及具体承办人员名单，然后呈交内务府主管大臣审阅并用以备案，待主管大臣画行（批准）后便由厨长、厨役等备办。皇帝每次用膳之前，太监预先摆好膳桌，用膳时间到，由御前侍卫负责"传膳"，膳食传到后，由太监摆放，皇帝进膳时，除侍食太监外其他人皆回避。另外，皇帝食前还要太监用银版"验膳"，验毕还要太监每道菜都尝一点谓之"尝膳"，这都是防毒的措施。皇帝的

金錾花八宝双凤盆（清）

膳桌为长方形大桌，上面摆着精美的专用餐具，一切都是世间最好的。然而按照清制，正餐时皇帝仍须办公，所以正餐很大程度上是一种形式，丰盛的菜点往往作为恩宠赐予他人。倒是加餐可由皇帝任意选择，适合自己的口味。

满族旧俗以面食为主，并把各种各样的块状面食统称为饽饽。饽饽最初是作为享神的供品而制作的，因祭祀的神灵不同种类也很多，后来随着时间的推移成为满族的日常食品。满族入关后，把饽饽也带进了紫禁城，在宫中设立了内饽饽房，专门制作供皇室食用和祭祀的饽饽。后来宫廷饽饽不少品种流传民间，成为北京地区的风味糕点。满族菜肴以肉食为主，尤喜猪、羊及野味，做法有煮、炖、烧、烤等。冬季喜食火锅，菜喜蘸酱生吃，多少还带有原始的痕迹，烹饪技术亦较简单。进入北京后，满族统治者一方面坚持原有的饮食习惯，同时也继承了明宫的菜谱并接受汉族各菜系的影响，于是形成了以"满点汉菜"为特色的宫廷筵馔。最具有代表性的就是所谓的"满汉全席"了；这是清宫规格最高的大宴。它由满点和汉菜构成，主、副食兼备，满、汉味齐全。满汉全席在雍正时已具雏形，乾隆、嘉庆时得到进一步发展。其道道精美，款款珍稀。乾隆时一份菜单记录，先上海鲜10样，有燕窝金丝汤、海

参烩猪筋、鲜蛏萝卜丝羹、海带猪肚丝羹、鲍鱼烩珍珠菜、淡菜虾子汤、鱼翅螃蟹羹、鱼肚煨火腿、鲨鱼皮鸡汁羹、血粉汤等。再上水陆八珍 10 样，有鲫鱼舌烩熊掌、糟猩唇猪脑、假豹胎、蒸驼峰、梨片伴蒸果子狸、蒸鹿尾、野鸡片汤、风猪片子、风羊片子、兔脯奶房签等。次上时鲜菜，又 10 样。又次上蒸烤类……每份菜肴争奇斗艳，整个宴席琳琅满目，可谓美不胜收。满汉全席把中国菜点文化推向了极致，其固然豪奢靡费，但亦为智慧结晶，烹饪技艺也体现出民族融会的特征。

清朝宫廷宴会和民间小吃也很多，也可看出满、汉的差异和互容。宫中的宴席以喜庆宴为多，如皇帝登基、改元建号、年节朝贺等。此外，还有生日宴、婚礼宴、出征宴、凯旋宴、外蕃宴、临雍宴、经筵宴……名目繁杂。内廷宴席由内务府筹办，外廷宴席则主要由光禄寺筹办。宴席的举办时间、地点、规模、品级、陈设及所用餐具与菜点数量，均有严格规定。就所供菜点来看，宴席又分满席、汉席两种，每种又分等次。除正规宴席外，还有很多特色菜肴、小吃也广受欢迎。如北京烤鸭，就是在明朝基础上进一步加工而形成的天下名吃。百鸟朝凤原系乾隆帝为庆贺其母六十寿辰而命御厨创制，后因此菜造型优美、色彩鲜艳、味道香醇而广为人知。萨其马原为满族的一种食品，《燕京岁时记》载："萨其马为满洲饽饽，以冰糖、奶油合白面为之，形如糯米，用烘炉烤熟后，遂成方块，甜腻可食。"此小吃后流布天下，做法也愈加精细。又如奶酪，用牛奶加白糖等经多道程序制成，原为北方少数民族的一种饮食，清代不但成为皇帝贵族的主要冷饮食品，也流入市场为京人所接受。总之，满、汉食俗的会聚，加深了民族的沟通。

另外还要指出的是，在饮品方面满族也更多地接受了汉人的习惯。如满族人喜爱并擅长饮酒，入关后宫廷内最爱饮用的是玉泉酒。玉泉酒是因北京的玉泉水酿造而得名，乾隆帝乃钦定玉泉为"天下第一泉"。除此之外，满人也像汉族一样，多饮应节之酒。如新春饮屠苏酒，端午饮雄黄酒，中秋饮桂花酒，重阳饮菊花酒等。在饮茶方面，满族受蒙古习俗影响多喜奶茶。入关后仍有其俗，但也逐渐形成饮清茶的风尚。御用清茶的品种和数量也很多，如云南的普洱茶、浙江的龙井茶都是上品，除宫中享用外也用以赏赐群臣。夏天，北京人还爱饮酸梅汤。《清稗类钞》记载："酸梅汤，夏日所饮，京津有之，以冰为原料，层梅干于中。其味酸，京师卖酸梅汤者，辄手二铜盏，颠倒簸弄之声，锵锵然，谓之敲冰盏，行道之人辄止而饮之。"清以前北京就有用乌梅煮汤的传统，后经清宫御膳房改进

金錾龙纹葫芦式执壶（清）

又流传于民间，遂名声日大。许多店铺和小贩因售酸梅汤而有名，后名声最大的是琉璃厂信远斋，可见朝野之趣。

　　清朝建立后，仍坚持满族特色，在制定各种典章制度时，对服饰也尤为看重。满族最初居住在寒冷的东北地区，以牧猎、骑射为主要的生产、生活方式，所以喜欢穿轻暖、便捷的裘皮服装。后来随着活动地域的扩大，吸收了蒙古族和汉族服装中的某些形式，逐渐形成了本民族风格独特、新颖多彩的服装样式。自皇太极至乾隆时百余年间，清廷逐步确定了一套系统、完备的服饰制度。它既保持了满族以袍褂为主的基本形式，又继承了汉族传统的封建等级标准，将民族形式与封建礼制较好地结合起来，从而使清代服饰在我国服饰史上占有重要地位。

　　清代皇帝所穿朝服是最隆重的礼服，主要用于大朝和大祀时，包括朝冠、朝袍、朝珠、朝带和朝靴。朝冠又分冬夏两种，冬用貂、狐皮，夏用玉草或藤竹。朝袍有裘、棉、夹、单、纱多种，供四季穿着。颜色依等级有明黄、蓝、红、月白几种，分别用于不同的典礼。朝袍服式为

康熙帝像

上衣下裳相连，箭袖、捻襟、带披领，服上饰龙纹、十二章及云水。朝珠共108颗，象征佛教"醒百八烦恼"之意，挂于颈上，垂于胸前。朝带系于腰间，共有两种，一种以龙纹金圆版为饰，一种以龙纹金方版为饰。靴子自唐代即为朝会的正式服饰，其后各代形制不尽相同。清初规定，常人不得穿朝靴。皇帝朝靴为专用，其下文武官员及贵族子弟各有所服。皇帝除朝服外，还有吉服、常服和行服。吉服在平常典礼和吉庆宴会时穿用，常服则为日常穿着的服装，行服为皇帝出巡、行幸或出征时所用。其形制各有不同，但都体现出皇帝的尊贵。皇后服制与皇帝略同，但更强调女性特征。其下依此类推，但都带有满、汉结合的特点。比如皇帝的袍服一般为圆领，有各种襟式，吉服与常服为大襟，行服为对襟、缺襟，但无一例外的都是箭袖，这便既有汉族服饰庄重的特点，又有满族服饰便于骑射的习俗。箭袖本为满族冬季行猎时保护手背而做，是一种状如马蹄镶在袖口处的袖头，故俗称"马蹄袖"。这种满族特有的服装袖头样式一直保留，显然是为了使满族不忘骑射本色。按满洲习俗，箭袖平时向上翻起，行礼前放下，以示恭敬。后来又有了活动的箭袖，即平常服装无箭袖，需要用作礼服时加缀另制的箭袖，由此亦可看出满洲的风俗也在改变。

清朝文武官员的服饰等级制度也非常严格、细密，集中体现于官员的顶子、花翎、补子与蟒袍上。顶子又名顶戴，是清代文武官员朝服冠和吉服冠顶镶嵌的宝石。清制规定，一品红宝石，二品红珊瑚，三品蓝宝石，四品青金石，五品水晶，六品砗磲，七品素金，八品阳文镂花金，九品阴文镂花金。花翎是插在官员朝服冠和吉服冠上的孔雀翎毛，有三眼、双眼、单眼之分，依身份不同而有多寡之别。补子是缀于王公品官命妇朝服胸前背后标志文武品级的图像徽识，其始于明初，清代略加改变而袭用。清制规定，亲王、郡王、贝勒、贝子等皇室宗亲用圆形补子，绣龙蟒图像。文武品官用方形补子，文绣禽：一品仙鹤，二品锦鸡，三品孔雀，四品云雁，五品白鹇，六品鹭鸶，七品鸂鶒，八品鹌鹑，九品练雀；武绣兽：一品麒麟，二品狮子，三品豹，四品虎，五品熊，六品彪，七品、八品犀牛，九品海马；都察院、按察司等官员用獬豸。蟒袍样式与皇帝龙袍（吉服袍）相同，但纹饰不用龙而用蟒。蟒袍也因身份不同而有别，如蟒数、衣色。汉人命妇的服饰不受满族制度约束，正式礼服仍以传统的凤冠霞帔为主。命妇的补子，依其丈夫或儿子的品级而定，但稍小，一律用禽纹，以示尚文去武。如此形成的系列套装，将君上臣下、满汉文武、朝野男女等级清楚地划分开来，使中国服饰形成极富民族意味和传统意识的新特色。

民间的服饰相对朝廷简单而随意，也可看出满汉的不同和结合。满族男子的发式与汉族男子的发式是不同的，这里存在着一个久远的民族习尚问题。顺治帝入关后下令一律依照满俗剃发留辫，所以激起强烈的民族仇恨情绪。清王朝还强令汉人改穿满族服饰，也引起汉族人民的强烈反抗。为了缓解尖锐的民族矛盾，清王朝采纳了明遗臣金之俊的"十不从"建议，即男从女不从，生从死不从，阳从阴不从，官从隶不从，老从少不从，儒从而释道不从，娼从而优伶不从，仕宦从而婚姻不从，国号从而官号不从，役税从而语言文字不从。这个不成文的规定，使清代服饰出现了奇特的现象，即满汉混杂而又相互沟通。在服饰问题上，满清王朝是十分强调本身的民族特色的，一直认为是否坚持民族特色关系到清朝的生死存亡。因而在满族内部，绝不允许改穿汉人服饰。

"康乾盛世"时，清朝统治已相当稳定，所以满族服饰也流行起来。最常见的是马褂，其长仅及脐，本是士兵所穿的军服，求其便捷。康熙以后，马褂先在满族贵族中成为时尚，尔后，便被民间广泛用作便服。

酸寒尉像（清）任颐

马褂的形制也由对襟发展出大襟、缺襟和琵琶襟等新样式，颜色也由天青发展出玫瑰紫、泥金、浅灰及棕色等。内穿长袍，外套马褂，是满族典型的礼服装束。就连皇帝、王公、百官也将其作为行服，故也称"行褂"，不过，有颜色品级之别。如皇帝及其近臣就穿"黄马褂"，而一般人不许穿着。黄马褂还可由皇帝赏给有功劳的文臣武将穿，称"赏穿黄马褂"，这是一种极高的荣誉，赏穿者的事迹还要载入史册。除马褂外，流行的还有马甲，也称坎肩、背心。其本为男子所穿的服装，也为女子所喜爱。

女性服饰最能体现文化特点，引领时代潮流。爱美是女人的天性，所以女人对美有特别的感受。清代满族旗人妇女对汉族服饰打扮也是很追慕时尚的，故将衣袖宽大，并仿汉人缠足，但此皆被朝廷禁止，可见清廷之戒心。马甲后来成为满、汉妇女皆爱穿的服装，其质料、颜色、做工都甚为讲究，实为文化的融会。清代女性服装最富特色的是旗袍，它原是一种不分上衣下裳的长筒直袍，由整块衣料剪裁而成，任何部位均无褶裥，式样为圆领大襟，两面开衩，袖口平直，腰身宽大。此种长袍上下连体，简洁大方，便于制作，经济实惠，又可根据气候变化，做成单、夹、棉、皮等多种样式，亦可长可短，展现出女性身材，故不仅深受满族妇女喜爱，后来也为汉族妇女所接受。至辛亥革命后，清政府垮台，一些旧俗被革除，但旗袍却成为中国女性服饰的代表样式留存下来。由此可见，清代服饰为中国文化增添了养料，满、汉民族各具特色的服饰经改进而获得了更广泛的认同。

清代的住居基本因袭明代的传统，但也坚持满族特色并有所发展。

满族先世居住条件极其简陋，多依山作窟或以木架屋为居室。后受汉族影响，满族始有泥墙草房的建筑。贵族再以石为墙，房屋增多，遂有规模。清朝建立后，在盛京草创皇宫，即今沈阳故宫，但形制亦有限。直到入关以后，进驻北京紫禁城，宫廷才算有了气派。

清朝皇帝所居紫禁城建成于明代永乐十八年（1420年），历经200多年仍不失中华民族的宏伟与恢弘。其规模宏大，壮丽辉煌，处处体现着天子的崇高、神圣和威严。其外朝以"三大殿"，即太和、中和、保和三殿为主，辅以东西两侧的文华、武英两

绣补图（清）

殿，是皇帝举行大典、朝见群臣和行使权力的主要场所。内庭以"后三宫"，即乾清宫、交泰殿、坤宁宫为主，周边又有其他宫殿以及御花园，是皇帝与后妃等日常居寝和娱乐的地方。满族统治者入主紫禁城后，除对原有宫殿做了必要的翻修、改建、整扩和更名外，并未改变其基本格局，这意味着满清王朝全盘接受了汉族帝王的宫廷建筑思想和艺术。

清代帝王还接受了汉族文化，大兴园林建筑，在北京西郊一带修建了为数众多的皇家苑囿，如畅春园、静明园、紫竹院、钓鱼台、万春园、乐善园、圆明园、颐和园等。圆明园经康、雍、乾三世建造，又经嘉、道、咸不断增扩，终于成为集中西建筑为一体并藏有大量奇珍异宝的"万园之园"。圆明园的建筑风格与严肃、规整的紫禁城不同，强调自然天成的韵味而形成山环水抱的园林景致。但其功用又与紫禁城十分相似，是皇帝办公、居寝、娱乐的处所，园内分朝区、寝区和景区三部

紫禁城乾清宫

颐和园佛香阁

分。遗憾的是咸丰十年（1860年），英法联军侵入，将园中珍宝洗劫一空，并放火焚之，使这座杰出建筑毁为废墟。颐和园也是在前代基础上兴建的，乾隆时大兴土木增扩其制，可惜于咸丰十年（1860年）同被英法联军焚毁。光绪帝即位后，慈禧挪用海军经费将其修复、扩建，虽又遭八国联军劫掠、毁坏，而后来又再次修扩，成为清代皇家最重要的园林。其中有多处胜景，慈禧晚年大部分时间在此度过，可见受中国文化影响而知湖光山色之乐。

清代皇帝还建有许多行宫，作为外出时临时居住和理政的宫室。中国古代皇帝多建有行宫，清代最著名的便是热河行宫。热河行宫又称"避暑山庄"和"承德离宫"，也是我国现存占地面积最大、保存最为完整的古代帝王行宫。其始建于康熙四十二年（1703年），竣工于乾隆五十五年（1790年），前后营造80余年。建热河行宫的主要目的是，一为田猎习武，不忘骑射；二为联系蒙古各部，巩固北部边防。皇帝在承德设围场，召蒙古王公参与"围班"，所以有不同寻常的意义。热河行宫建成后，皇帝每年夏秋都要驻跸于此，所以这里也是一个政治活动的中心。整座行宫也分为宫殿区和景苑区两大部分。其中宫殿区也有前朝与后庭之分，景苑区则有湖水与山峦之设，使殿堂楼阁与自然造化融为一体，相映成趣。可见热河行宫不仅有深刻的政治内涵，而且有丰富的人文意趣。

清代的民居仍以"四合院"为主，但因城市人口骤增地价暴涨，于是更多地出现了"三合院"的建筑格局。"三合院"一般为中等阶层人家居住，以北、东、西三面建房，南面开门。由于民间风水理论认为，从大门到便门不能位于同一条直线，否则会因漏气而影响房主好运，而且认为大门开于东南方最吉，故大门一般开于东南位置，由此出现曲幽、屏墙、封闭等特点。此外，北京还有一种大杂院，内住几户至几十户，多为下层社会的小商贩、小职员、手工业者及老弱孤寡，房屋破旧矮小。四合院则是豪门显贵的住所，相对宽敞、安静、舒适，屋内顶棚用纸裱装饰。一般堂屋陈设是以中堂条幅字画为主的"一条线"形式，这显然与封建家族的等级制度和封建家长的核心权威密切相关。由于清朝版图大于明朝，境内少数民族的建筑类型也特别丰富。如藏族的石墙平顶碉楼式建筑，蒙古族的可移式轻骨架毡包住房，维吾尔族的平顶木架土坯房，西南少数民族的干阑式竹楼，西北地区的窑洞，闽南地区的土楼，等等。总之，清代多民族的住居，形成既有地域特征又具中国传统的时代风格。

清代的交通运输工具在前代基础上也有发展，主要还是表现于等级制和多样化。满族原先多骑马征战，日常运输多用牛车。立国后，皇太极仿照明代规制设立了最初较简朴的宫廷车辂制度。至乾隆时，随着清政权的巩固和汉文化的影响，宫廷参照周汉唐宋又创立出一套车辂仪制。其中除沿用传统的"五辂"（玉辂、金辂、象辂、革辂、木辂）外，

还对常乘交通工具的尺寸、外形、饰物做了严格的规定。如皇帝常用的
辂、舆有玉辂、金辂、礼舆、步舆和轻步舆。玉辂是人力大车，为皇上
专用，因饰有玉板而得名。其高大华丽、上圆下方，一般用于祀天大
典，由 36 人抬行。金辂较玉辂小些，辂盖饰有四块金板，主要用于祭
太庙和社稷，乘坐时由 28 人抬行。舆为皇帝乘坐的轿子。礼舆为皇帝
群祀时乘坐，由 16 人抬行。步舆为皇帝日常所乘，较礼舆略小，轻步
舆则更轻便些，皆由 16 人抬行。依次而下，王公、官员则有八抬、四
抬大轿。另有在京、出京之别，如一品官在京轿夫为 4 人，出京为 8
人；四品以下文官在京轿夫 2 人，出京 4 人。武职一般骑马，除年老官
高者经奏准特许，方能乘轿。辂、辇、舆、轿还有诸多细微要求，由此
可见，清朝等级观念比前朝有过之而无不及。

乾隆南巡图（清）

　　民间的交通往来随经济的发展也较为频繁，所乘交通运输工具类型较
多。骡车较为气派，俗称"轿车"。有一种大鞍车，即供人乘坐的带棚骡
车，车型较大，两侧开门，行走平稳，较为时尚。乘坐此车有严格规定，
非三品以上官员则不许乘坐。另有一种小鞍车，即一般"轿车"，乘坐没
有限制，可花钱雇乘，也叫"买卖车"。到光绪年间，马车时兴。王公达
官，富家巨室，无不备有马车，且极尽装饰之能事，故马车颇显精美奢
华。此外还有驴车，较小。独轮车，靠人推。清末盛行人力车，因由日本

流入，故称"东洋车"或"洋车"。清代车轮皆为木制，后来轮子有钉胶皮者。轿子的种类也很多，有官轿、平轿、花轿、素轿等。官轿为官府所用，以青蓝布做轿身，较大，由四人抬行。平轿是私家所用。富人家的私轿也较大，并雇用私人轿夫。还有一种民间轿，较小巧，有事可向轿埠租用。新娘子结婚时乘坐的是花轿，用红彩披挂，喜气洋洋。送葬出殡时则用素轿，整个轿子饰以白布，由素仪店出租。总的来说，清代前期的车轿规制较严，富丽堂皇，后期由于经济衰落，相对简约。中国最后一个封建王朝使满汉结为一体，民国成立后则更消弭了许多界限。

第四节　西风东渐

创造了人类璀璨科技文明的中国，自明代起渐失长期保持的世界领先地位。欧洲大陆经文艺复兴运动，使人们挣脱了中世纪对人类理性的束缚。羽翼渐丰的西欧资产阶级需要海外市场，殖民主义的野心随着资本增殖而急速膨胀。以武力征服中国，殖民主义者自感力有不逮。于是，以宗教潜移默化中国人的精神，成为明末以来西方传教士的可取之途。不管他们的动机如何，西方文化随着传教士的东来而被认识。自明朝后期以来，兴办实学的思想在清代初期也由于皇帝的明识得以延续。

17世纪初，西方的天主教在欧洲有所失势，但仍凭其强力图谋在东方发展。意大利人利玛窦是首批到达北京的天主教耶稣会士，并于万历三十八年（1610年）病逝于北京。此后，德国人汤若望（1592～1666年）、比利时人南怀仁（1623～1688年）等接踵而至。清朝入关后，汤若望连续上书多尔衮，称其天主教以劝人忠君、孝亲、贞廉、守法为本，并表示愿为新朝的历法修撰服务。而此时的多尔衮也正为编纂新历法费尽心机，于是决定采用汤若望按西法所修之新历，"自明岁顺治二年（1645年）为始，即用新历，颁行天下"①。清世祖任命汤若望为钦天监监正，稍后又以其制定新历功劳卓著加太常寺少卿衔。汤若望由专家兼命官巩固了自己的地位，也标志着清廷对天主教的好感。顺治八年（1651年），清世祖亲政。世祖不仅在天文、历法、道德和宗教方面，而且在处理国家政务时都向汤若望请教。两人关系十分融洽，以致随时往来，突破了君臣界限。汤若望仍然写书传教，乃至劝世祖皈依。但世祖毕竟是被孔孟之道熏陶出来的皇帝，当然会对天主教有所怀疑并不会崇奉。世祖之所以敬重汤若望，主要是因汤若望的知识丰富和虔诚忠心。不过，汤若望的得势也引起一些封建官僚的不安，他们借历法发难打击天主教，但由于世祖的保护未能得逞。世祖死后，鳌拜夺权，他受反对天主教势力的影响，一度要将汤若望、南怀仁等传教士处死。后在孝庄太皇太后的干预下，汤若望、南怀仁才得以保全性命。

康熙八年（1669年），清圣祖清除了鳌拜集团，临朝听政。圣祖重新审理汤若望一案，认为西洋历法行之有效，图谋不轨一事缺乏证据，遂萌生了重用西洋科学技术以发展社会生产的思想。他为了加强说服力，命南怀仁（汤若望已病死）与杨光先（反教会最力者）当众测验日影和星象。结果，南怀仁测量准确无误，而杨光先却茫然不知所措。圣祖下令，重新起用南怀仁执掌钦天监事务，原钦天监监正杨光先发还原籍。"历法之争"事件发生后，南怀仁利用其耶稣会中国传教会副会长的身份，吁请欧洲各国派遣传教士来华以扩大势力。葡萄牙人徐日升（1645～1708年）和法国人白晋（1656～1730年）、张诚（1654～1707年）等先后来华传教，被南怀仁推荐给清圣祖。由于这些传教士大多精通天文、历算、舆地、外交，很受圣祖器重。他们利用给圣祖讲书的有利条件施加影响，终于使圣祖在康熙三十二年（1693年）下谕旨宣布天主教弛禁。此令一下，天主教在中国复振。其后10年，约有百名耶

① 《清世祖实录》卷六。

稣会士来华，在各地建立大小教堂200 余座，收教徒 20 余万人。然而康熙四十三年（1704 年）底，罗马教皇颁布了一个"禁约"，此"禁约"要求天主教徒不得祭祀孔孟。"禁约"于次年由意大利人多罗带到北京，遭到清圣祖的严词驳斥。圣祖向多罗申明，在华的西方传教士必须谨守中国法度，否则一概逐出境外。清廷的强硬态度使罗马教皇恼羞成怒，继而又颁布通谕重申中国的天主教士必须遵守"禁约"。天主教会与清朝政府的关系自此恶化，教会的强横引起中国士民的强烈不满。

金嵌珠天球（清）

清圣祖去世后，世宗即位为帝。世宗早就对天主教感到厌恶，遂明令禁止天主教在中国传教。世宗在接见外国传教士时，针对传教士提出的弛禁天主教的要求，表示虽对西方自然科学感兴趣，但也明确表态不会允许。雍正年间，全国 200 余所天主教堂几乎全被捣毁，近两千名耶稣会士被逐到澳门。但是耶稣会士不甘轻易退出中国舞台，雍正后期和乾隆年间，他们又采取秘密活动方式传教收徒，同时收集中国的政治、军事、经济及文化等方面的情报。对此，清廷采取了严厉的镇压措施，西方传教士在华已难有所作为。嘉庆年间，清仁宗对残存的天主教势力进行了清查和扫荡。清廷查明在京的天主教耶稣会士共有 11 人，其中 4 人遣送回国，7 人留住京师。但在京教士往来，都由官府随地稽查；而外省地方，不许西洋人潜住。所以直至鸦片战争以前，西方传教士的活动受到极大限制。

随着西方列强的国力增长，它们将眼光和野心扩向东方。鸦片战争中，它们以枪炮敲开了中国的大门。战后，它们以前所未有的规模对中国进行商品输出、原料掠夺以及拐贩人口，同时由于经济侵夺的需要在中国开设船坞、工厂、煤矿、铁路等，西方的先进技术和务实观念也随之传播。中国传统文化受到西方外来文明的严峻挑战，迫使一些有识者进行深刻的思考和艰难的探索。

中国境内第一家外国船厂是道光二十三年（1843年）英国人莱蒙特在香港所建，当年即装成一艘载重80吨的"天朝号"轮船。随后20多年里，香港船舶修造企业不断涌现。同治四年（1865年）造成载重615吨的"道格拉斯号"，可谓空前壮举。此外，广州也是外国人建立船舶修造企业较早的地方。道光二十五年（1845年），英人柯拜在黄埔投资建起柯拜船坞。此后外商又在黄埔开办船厂，其中英商于仁船坞公司和美商旗记船厂均有较大规模。上海出现正规的船舶修造业是在道光二十六年（1846年），美国人贝立斯造出上海第一艘轮船"先驱号"。第二次鸦片战争后长江被迫开放，外商在上海所设船厂也迅速增加，其中祥生船厂和耶松船厂规模最大。其他沿海城市如福州、厦门、天津、烟台等地，也先后有外国资本建立船厂的活动。

外国轮船在鸦片战争中显示的威力，使中国人意识到要建自己的船厂。洋务派首领之一曾国藩在镇压太平天国的过程中较早使用了西方新武器，从而也急切地要创办军工厂生产先进的武器装备，以达剿杀农民起义和抵御外国侵略的双重目的。咸丰十一年（1861年）秋冬之交，曾国藩创办了中国第一个新式军工厂——安庆军械所。两年后造成了第一艘实验性小型木制蒸汽轮船，标志着中国近代造船业的诞生。同治四年（1865年），曾国藩、李鸿章又在上海创办了江南制造局，此局可谓当时中国最大的船舶、机械及军火的生产企业。该局从美国购回先进的机器设备，又买下美商在虹口的旗记铁工厂，后来又陆续增添设备和扩大规模，成为中国及至东亚最先进的近代企业。该局起初所造船只皆为仿制，吨位较小且战斗力差，李鸿章认为造船花费太大、效益太低，转而从外国购舰，致使该局无大发展。义和团运动后，清廷实行新政，江南制造总局造船厂分立为江南船坞，取得很大业绩，所造船只设计水平和技术水平都有所提高。如"江华"号客货轮，时速14海里，载重大，吃水浅，煤耗低，船身轻便而坚固，受到学术界、造船界的普遍好评。在江南制造局创办的次年，闽浙总督左宗棠创办了福州船政局。该局设备亦较先进，注意聘用外国技术人员，并重视培养自己的人才，在追赶当时世界先进水平方面做出了极大的努力。中国造船业之所以取得明显成就和进步，主要原因就是运用了外国先进设备和技术人才。中国当时在落后情况下要迎头赶上，洋务派是颇有眼光和魄力的。正是他们引进了西方的科学技术，才使中国人的观念得以开放。当然，西风吹来的效应是多方面的，而其后果也恐清廷未料所及。

中国近代工业是从军工企业创办开始的，工厂设立需要各种机器，江南制造总局在这方面做了大量工作。该局从美国购回的设备都是一般工作母机，它又生产出车床、刨床、钻床、开齿机、砂轮机、翻砂机、起重机、抽水机、剪铁机、轧钢机、拌药机、碾药机、造枪准机、造枪子机……各种机器零件及工具。这种基础工业的发展，对军用以及民用生产都起到了很大作用，支持了各地的工业建设。军工企业主要生产枪炮弹药，虽然生产技术引自外国，表现了一定的滞后性，但毕竟是中国军工生产的重要起步，对提高国防能力具有积极意义。

民用企业也被带动起来，特别是在一些大城市出现了一些民族资本家开办的工厂。洋务派意识到，只在军事上"求强"不行，还要在经济上"求富"，才能对付外国侵略势力，故大力提倡兴办实业。煤矿技术和设备从西方引进后，中国开始建立起近代煤矿。如台湾基隆煤矿、直隶开平煤矿、江西萍乡煤矿等。这些煤矿都采用新法开采或西法开采，改善了工作条件和提高了生产效率。除煤矿外还有一些其他金属矿，如漠河金矿、大冶铁矿、云南铜矿等，也都不同程度地采用西法、用机器。钢铁厂也开始兴建，汉阳铁厂成为晚清声势最大的集开矿、采煤、炼铁为一体的近代化钢铁联合企业。

此外，缫丝、棉纺、榨油、火柴、面粉、水泥、造纸、印刷、电力、通信、煤气、自来水、汽车、铁路等或先或后、或多或少地引入中国，这些先进的技术及其产品冲击着中国的市场，也给中国人的思想观念带来了深刻的变化。如最早在中国开办丝厂的是英国怡和洋行，其后中国才采用了近代机器缫丝生产技术，劳动生产率明显提高，每一女工可抵10余人工作。中国的棉纺织业机器生产也是由外国人开始的，此后李鸿章创建了较有影响的上海机器织布局，张之洞创办了较有影响的湖北织布官局，二者分别从美国和英国购进设备，并请外国专家进行筹划和指导。榨油业方面，旧式油坊技术也被机器榨油所取代，机器榨油成本低出油高，很快为华商油坊所效法。火柴厂也建立起来，光绪六年（1880年）英国人美查在上海开办了燧昌自来火局，到光绪二十年（1894年）全国已有十几家火柴厂。加工面粉也开始使用机器，光绪四年（1878年）朱其昂在天津开设的贻来牟机器磨坊，出面多而质量好，此后，上海、福州、北京相继开设机器面粉厂。此外光绪二年（1876年）英商在开平煤矿附近烧制水泥，该窑后归华商经营成立启新洋灰公司。光绪八年（1882年）广州商人钟星溪等人创办宏远堂机器造纸公司，从英国购回设备并由其人员安装。印刷术也开始使用机器，光绪八年（1882年）起上海成为全国石印业中心。中国的第一家发电厂也由英国人在上海租界首建，此后全国一些重要城市相继开办电厂，到宣统三年（1911年），全国电厂发电总量为2.7万千瓦。电报通信的好处也为洋务派所接受，自光绪五年（1879年）首次架设天津至大沽40公里电报线，到光绪二十年（1894年），全国架设陆路电报线36条长2.3万公里，光绪三十年（1904年），中国已使用无线电报。外国在华租界对电话的使用，也推动了中国电话的发展，光绪二十九年（1903年），北京、天津、广州已有供社会各界使用的市内电话，光绪三十一年（1905年），中国自办长途电话。在公用事业方面，上海租界在同治五年（1866年）建起大英自来火房（煤气公司），当年即向用户供应煤气，马路上也出现了煤气灯。光绪六年（1880年）洋商建成上海自来水公司，光绪二十三年（1897年）国人在上海自办自来水厂，改善了饮江河之水、卫生条件差的状况。汽车和电车也于晚清进入中国，光绪二十七年（1901年）匈牙利人李恩时把两部汽车带进上海，光绪三十三年（1907年）英商在上海设立电车公司，次年，美国环球供应公司百货商场在上海设立汽车出租部，上海第一条有轨电车线路也正式通车营运。

铁路的修建经一番争议后才得以实施，也最能说明思想观念的转变多么艰难。清廷的保守势力起初坚决反对修筑铁路，原因是坏了风水、震了祖坟。洋务运动中，开平煤矿为及时将煤炭运出，主张修一条由胥各庄到唐山的铁路。为了对付守旧派所谓铁路震动皇陵的非议，在奏请清廷时特别言明未来铁路以骡马拖载。于是光绪七年（1881年）中国土地上有了一条7.5公里长的马车铁路，第二年以机车牵引又遭到守旧派的指责，运输被迫中断几个月后才得以恢复。但铁路带来的利益是巨大的，这一新生事物终为统治集团所接受。此后铁路不断加长，而詹天佑（1861～1919年）则为中国铁路事业立下了不朽的功勋。詹天佑幼年留学美国，是清政府首批留学生之一。光绪七年（1881年）毕业于耶鲁大

詹天佑像

学，回国后曾任教于福州船政局、广东博学馆等处，光绪十四年（1888年）调至唐津铁路工地。由他主持建成的305米的滦河大桥，是中国工程师完成的第一座近代铁路大桥，受到国内外同行的广泛赞誉。光绪二十八年（1902年），他又受命修筑慈禧与光绪谒陵专用的西陵铁路，这是中国工程师主持完成的第一条铁路，虽然路段不长，但意义重大。而

其后由他主持修建的京张铁路线路坡陡，隧道工程大，技术要求高，但詹天佑全部科学地解决了问题，并将工期提前两年，经费仅为外商开价的1/5。外国先进技术的引入，打破了中国传统的封闭状态，国人也自发地设厂、开矿、筑路、办实业，进而对专制政体也产生了强烈的冲击。

清代前期由于统治者励精图治，满、汉文化的融会也使国力一度强盛。但到后期，尤其是鸦片战争以后，则每况愈下，内忧外患使清政府难以招架。许多有识之士探讨救亡振兴之策，他们在同西方国家的接触中认识到要富国强兵必须发展科学技术，于是潜心研究西学并努力进行传播。伴随着洋务派"求强""求富"的举措，一些先进的知识分子投身于科学研究并不断取得成果。尤其在自然科学领域取得了长足的进步，为中国近代科学的发展做出了杰出贡献。

清朝顺治、康熙时就认识到西方天文学的进步性，乾隆时又传入开普勒发现的行星运转轨道为椭圆的论点、牛顿计算地球和太阳、月亮距离的方法以及哥白尼的日心说。但这些知识在当时不受重视，有的竟被斥为离经叛道，更多的人为避文字狱而钻故纸堆。只有少数人取得了成就，如兼通中西天文学的薛凤祚（1600～1680年）于康熙三年（1664年）著成《历学会通》，有着坚实的传统天文学功底又悉心研究西学历法的王锡阐（1628～1682年）于康熙年间完成了一系列天文著作，系统研究中外历算的梅文鼎（1633～1721年）不仅著述颇丰而且自制出多种天文仪器，以及乾嘉年间的学术代表阮元开创性地主编了记录和评论中国历代天文学家和数学家生平事迹和科学成就的《畴人传》。然而这些研究并未进入当时的学术尖端领域，"西学中源"限制了人们开拓吸取西方科学的精华，整理国故使许多人越发自我陶醉于祖先的成就。

鸦片战争后，西方的枪炮惊醒了国人，他们急于想了解外界的事情，具有进步思想的魏源（1794～1857年）著成《海国图志》，最早把西方政治、地理、历史、天文等知识传输给国内知识界。书中对哥白尼学说有所介绍，而其他知识也令人耳目一新。它伴随着魏源"师夷长技以制夷"的主张，在渴求了解新知识的中国人中传播开来。此后，英国著名天文学家赫歇尔所作《谈天》，由中国人李善兰和英国传教士伟烈亚力译成汉文，于咸丰九年（1859 年）由上海墨海书馆出版发行，同治十三年（1874 年）徐建寅又补充最新的天文成果出版了增补本《谈天》。此书是一部全面介绍欧洲先进天文学知识的书籍，汉译本序言歌颂了哥白尼、开普勒及牛顿等人勇于探索的精神，使沉闷的中国天文学界不免感到好奇和震惊。

　　洋务运动中，北京及上海、广州建起的教外语的同文馆，也很快相应增加了包括天文在内的自然科学课程，天文算学馆及观星台也开办起来，请外国人任教并指导学生实习。晚清教会学校众多，一般都开设天文课程，其中上海圣约翰书院和济南齐鲁大学还专置天文科或天算系。由于外国军队侵入北京劫走钦天监全部仪器，清政府无力顾及发展近代天文事业，晚清中国自己的天文机构已是荡然无存，外国人在中国举办的天文台也主要为本国服务，所以虽然先进的科技文明得以传播，但中国的殖民地色彩也愈加浓厚，西风东渐的结果是传统文明的衰微和近代文明的兴迁。

　　明末来华传教士带来了当时较为先进的世界地图，清代康乾年间也一定程度地接受了西方地理学知识。表现在对中国几个重要地图的绘制上，可以看出清代前期对西学的实际态度。康熙年间的几次中外战争，使清政府深感精确的全国地图对于统治的重要。西方地图以经纬度表示地理位置，明显比传统的计里画方准确。康熙五十七年（1718 年），由外国传教士受命测绘的中国地图，历经 10 年的艰苦工作和不懈努力终于完成，取名《皇舆全览图》，并在测绘过程中证明了地球为扁圆形体。乾隆年间，又进一步对新疆西部地区进行实测，使《皇舆西域图志》于乾隆二十六年（1761 年）完成，在此基础上传教士蒋友仁完成了《乾隆内府舆图》。此图所及，北到北冰洋，南到印度洋，西达红海、地中海和波罗的海，实为亚洲大陆全图。然而由于盲目排外思想，这些成果却未受到重视，一直锁于深宫，直到晚清才被展露。

　　此外，清代前期还出现一些传统地理学著作。如满族人图理琛所著

《异域录》，此为奉康熙之命去伏尔加河下游地区的土尔扈特部慰问时的沿途见闻，所记有山川形势、物产民俗、道路远近等，是第一本介绍俄罗斯区域地理的专著。清初著名思想家、史学家、科学家黄宗羲则著有《今水经》，是在北魏郦道元《水经注》基础上更为深入研究的水文地理著作。顾祖禹明亡后隐居不仕，专志著述，历时 20 余年，写出 130 卷、280 万字的《读史方舆纪要》。这部皇皇巨著记载历代州域形势，直隶、江南及 13 个布政司的历史地理情况，历代地理书关于河川的记载，史书关于星宿分野的记述。顾祖禹写此书有很强的思想性和使命感，目的之一是要说明山川为人所掌握，占有天下在于人的贤能。清朝非常重视地方志的修撰，曾三次组织人力编纂《大清一统志》，第三次成书于道光二十二年（1842 年），全书560 卷。《大清一统志》分地区分府县记载疆域、分野、建制、城池、学校、户口、田赋、山川、关隘、梁津、人物等，内容详尽，涉猎周全。

　　鸦片战争前，"夷夏之辨"的传统观念使人们不屑于了解和研究外国，但西方列强为保护鸦片贸易和打开中国大门蓄意挑起战争，却使部分有识之士觉悟到要认真考察外部世界了。林则徐在禁烟运动中认识到要战胜敌人必须了解对手，故搜集外国人所出各种书籍及报纸审阅修订译编成《四洲志》。《四洲志》介绍了世界 30 多个国家的地理、历史与政治，是当时中国第一本较有系统的世界地理志。此后，魏源在镇江受林则徐嘱托，据《四洲志》译稿及中外文献资料，撰成《海国图志》。道光二十二年（1842年）刊本 50 卷，至咸丰二年（1852 年）扩编为 100 卷。《海国图志》所参考和征引的文献资料颇多，范围涉及中外古今各类著作，内容远较《四洲志》丰富和浩博。其学术上的最大贡献，是奠定了中国的世界史地研究基础。它第一次从理论上提出了研究世界史地的时代意义和方法问题，既然中国已不能绝缘于世界就必须看清世界，而对外国过简或失实的记述也必须得到纠正。此书"师夷长技以制夷"的主导思想，也促使人们清醒地、认真地去研究、对待西方的先进科学技术。

　　继而，世界地理研究竟成风气。如梁廷楠著成《海国四说》，徐继畲撰有《瀛环志略》，张穆编《蒙古游牧记》，何秋涛作《朔方备乘》，姚莹有《康輶纪行》问世，曹廷杰的《东北边防辑要》、《西伯利亚东偏纪要》、《东三省舆地图说》出版。这些书的共同特点是介绍了外国的史地情况，着眼于提醒政府警惕外国侵略。西方地学著作此时也传入中国，出现大量编著、翻译之作。英国传教士慕维廉于咸丰三年（1853年）出版了他编译的《地理全志》，将世界地理知识比较完整准确地介绍给中国。英人玛高温与华人华蘅芳还合译了一些地学著作，如《金石识别》、《地学浅释》等。江南制造总局也译有一些其他地学方面的书籍，主要是矿学方面的，如《开煤要法》、《井矿工程》、《宝藏兴焉》等。清末新政中去日本留学的学生于1903年翻译并出版了《普通百科全书》，其中地学方面的有《地质学》、《日本新地理》、《万国新地理》、《地理学新书》、《矿物学问答》等。这些编译的新书对传播地理学、地质学、采矿学、冶金学知识起了很大的作用，开阔了国人的视野。

与此同时，晚清教育也逐渐进行改革。洋务运动中兴办的学堂，许多都开设地理、矿学课程，有的还专门设立这方面的专业，如张之洞在湖北、盛宣怀在北京开设的学堂。学堂选派的出国留学生一部分就是选学矿务的，主要还是为了实业救国。清末新政中设立的新式学堂，地理课程得到普及，新式教材得到应用。出国留学的学生出现了一批科学家和工程师，他们利用学到的地理和矿业知识为中国的科技进步发挥了很大的功效。总之，随着中国和世界的接触扩大和交往深入，西方国家为在中国谋取利益而其科学技术也在中国得到推广。

清代的数学在传统的基础上，受西方近代影响也有了较大的发展。清初康熙帝对西方的先进科学颇感兴趣，所以支持科学研究和普及工作。梅文鼎在对西洋历法研究的同时对数学也有精深的了解，在《梅氏丛书辑要》中可见其数学方面的著作，如《笔算》、《筹算》、《度算释例》、《少广拾遗》、《方程论》、《勾股举隅》、《几何通解》、《平三角举要》、《方圆幂积》、《几何补编》、《弧三角举要》、《环中黍尺》等，这些著作吸取了欧洲数学的研究成果并又有所创新。陈厚耀则在康熙帝的支持下整理数学知识，编成《数理精蕴》。这是一部全面介绍明末以来传入的西方数学知识的百科全书，全书共计 153 卷。编成后数次印刷，流传较广，推动了清代数学的进步与应用。此外，乾隆时编纂《四库全书》，其目的固然是整理中国传统文化，销毁不利于满清统治的书籍，但同时也为收集有价值的数学典籍创造了条件，为清代数学研究奠定了基础。戴震、李潢为此做了大量工作，并纠正了许多误文、奇字及传讹。如从《永乐大典》中辑录出来古算书《周髀算经》、《九章算术》、《孙子算经》、《数学九章》、《益古演段》、《数术记遗》等。

李善兰像

鸦片战争后，一些有志之士痛感中国落后，决意科技救国。李善兰（1811～1882 年）在嘉兴设馆授徒，进行数学研究，并结交中外朋友，进行学术往来。后以学识和声望受聘参与洋务运动，在曾国藩、李鸿章的资助下出版了所译、所著书籍。在任同文馆天文算学总教习时，培养了众多的人才并继续从事学术著述。他因学术贡献终被清廷授为总理各国事务衙门章京，京城"名公巨卿，皆折节与之交，声誉益噪"。李善兰著述很多，数学方面的专著主要有《方圆阐幽》、《弧矢启秘》、《对数探源》、《垛积比类》、《四元解》、《麟德术解》、《椭圆正术解》、《椭圆新术》、《椭圆拾遗》、《考数根法》等。他还与英国传教士伟烈亚力合译了三部外国数学著作，即《几何原本》、《代数学》、《代微积拾级》。他在译书过程中，以深厚的数学功力、较高的文学修养、严肃认真的工作态度，创译了许多科学名词，如代数、函数、常数、变数、系数、已知数、未知数、方程式、单项式、多项式、抛物线、双曲线、渐近线、切线、法线，等等，由于译名准确贴切，不仅为中国沿用至今，而且为日本学界所接受。

　　较李善兰稍晚，华蘅芳在数学领域又做出非凡成就。华蘅芳（1833～1902年）天赋很高，自幼厌《五经》，喜科技，广求师友。他慕名拜访素昧平生的徐寿，专程去上海拜访李善兰，并见到了最早出国留学归来的容闳，结识了传教士伟烈亚力和傅兰雅。这些交往，使他开阔了眼界，汲取了学术营养。参加洋务运动后，他抱着科技救国的信念，曾在曾国藩创办的安庆军械所和李鸿章创办的天津武备学堂任职。他著书从教终生不倦，成为晚清中国数学领域继李善兰之后最著名的科学家、翻译家和教育家。其数学著作主要有《学算笔谈》、《算草丛存》、《开方别术》、《数根术解》、《开方古义》、《积较术》，均收入《行素轩算稿》。他还与傅兰雅合作，译出《代数术》、《微积溯源》、《三角数理》、《代数难题解法》、《决疑数学》、《合数术》、《算式别解》等。所译书籍，知识容量大，又因底本新，出版快，文笔流畅，故时效性很强。

　　另外，自洋务运动始，西方科学受到重视，除了出现一些学术精英外，还兴办起许多学堂，这些学堂均开有数学课程，对数学的普及产生了良好的作用。清末新政中，数学教育趋于正规化，并派学生出国留学，使更多的人受到系统的高等数学教育。可以说，晚清西方数学著作的翻译出版，各类学校对近代数学课程的设置，以及留学归国人才的价值体现，都促进了西方数学在国内的传播，推动了中国科技的发展。

　　清代医学也于传统中有创新，并在中西交流中互有消长。清代关于本草方面的研究成果较为显著，对传统医学有拾遗补缺之功。如赵学敏著有《本草纲目拾遗》，便增补了药物来源，同时也对《本草纲目》纠谬正误。吴其濬的《植物名实图考》编写体例仿照《本草纲目》，但容量更大，说明更细，所绘植物更为准确，并澄清前人许多误解。其他的本草著作还有张璐的《本经逢源》，黄宫绣的《本草求真》，邹澍的《本经疏证》，王翃的《握灵本草》，汪昂的《本草备要》，吴仪洛的《本草从新》，沈金鳌的《要药分剂》等。

　　清代还注重搜集医方、医案，特别注重名方的研究与名案的整理。

如汪昂的《医方集解》、罗美的《古今名医方论》、吴仪洛的《成方切用》，都是有名的医方之书。魏之琇的《续名医类案》和俞震的《古今医案按》，则提供了大量的医案供人借鉴并附有评语。对《内经》、《伤寒论》和《金匮要略》的研究，清代也不乏其人并有相关论著。其中较著名的有张志聪、黄元御关于《内经》的著述，喻昌、徐大椿、柯琴关于《伤寒论》的解析，周扬俊、尤怡、徐彬关于《金匮要略》的注解发挥。清代的温病学说已经形成，成为与伤寒学说并列的独立学说。叶桂、吴瑭、王士雄对此有卓越贡献，他们指出瘟病有别于伤寒，并总结出一套治疗方法。此外，在各医学专科方面，如外科、骨科、妇产科、儿科、五官科等都有经验总结。由于顺治、康熙年间，在华传教士相对活跃，所以促进了西医在中国的传播。但此后由于中西的矛盾冲突，观念的对立导致交流的阻断，西方的科学随宗教一起被隔绝于国门之外。

鸦片战争后，西方势力侵入中国，医学也随同宗教蔓延开来。西方国家重视宗教的作用，利用教会兴办慈善事业也是为笼络人心。所以，教会首先在中国设立了大小不等的医院或诊所。较为著名的属于英国的有1835年开设的广州博济医院，1844年开设的上海仁济医院，1867年开设的汕头福音医院，1880年开设的杭州广济医院，1888年开设的汉口普爱医院；属于美国的有1867年在上海开设的同仁医院，1881年在汕头开设的益世医院，1883年在苏州开设的博习医院，1885年在上海开设的西门妇孺医院，1899年在广州开设的柔济医院；属于法国的则有在天津、九江、南昌、青岛等地先后设立的医院。教会还兴办医学院校，最初用老师带徒弟的方式，后则以正规学校教学方式培养学生。1866年，广州博济医院就附设南华医学校。至19世纪末20世纪初，教会医校已粗具规模。较为著名的有圣约翰大学医学部，广济医学专门学校，夏葛医学校，大同医学校，同济大学医科，金陵大学医科，协和医学校，齐鲁医学校等。

与此同时，翻译西医书籍，编辑西医刊物也渐多。1850年，英人合信在广州编译出版《全体新论》，这是传教士向中国介绍的第一本较系统的西医著作。此后，美国的嘉约翰1854年来到广州博济医院，46年间共翻译了34部西方医药书籍。此外，其他外国人还有许多译著，在中国出版流行。嘉约翰1868年还在广州开始编印《广州新报》，每周一期，1884年改为月刊，更名为《西医新报》，这是外国人最早用汉文向中国人介绍西医知识的刊物。其他报刊也随之出现，如中华博医会在上海出版《博医会报》。

需要指出的是，一些来华的外国医学工作者，抱着慈善的心地做出了显著的成绩，晚清中国的大部分西医人才都出自教会医学院校，这有利于中国医疗事业的发展。洋务运动也开西医引进之先河。同文馆开设医学课程，选幼童赴美留学，设立天津总医院，这些举措虽然起步艰难，但毕竟促进了西医的引入。清末"新政"后，西学渐被国人接受，政府也办起了医院、学校，还鼓励学生出国留学。各地办起了许多医学刊物和研究组织，特别在大城市西学之风兴起，以致有些人崇仰西医而贬斥中医。在国势衰退的当时，西风给人一种清新的感觉，外来文化以一股强力注入传统文化的肌体。

总的来说，西学的涌入是全方位的。由洋务派认识到西方科技的先进，推演到立宪派要求对国政的改革。不过，由于保守派的顽固抵抗，加之国民传统的排外情绪，更因西方资本主义的侵略本质，西方文明并未能够被广泛的接受，只是在民族资产阶级上层和部分知识分子精英中起到了一定效应。文化本身具有复杂的因素，科技生产力的发展势必影响思想观念的变革，当传统体制不能适应社会进步的要求时，它就面临着被打破的危险而走向崩溃的边缘。在西方文明的浸润下，国人已逐渐认识到科学技术对国民生产的巨大作用，但也绝不能容忍帝国主义在华攫取丰厚的利润。这样，反帝与反封建便结合了起来，觉醒的社会民众使封建王朝最终垮台，同时对外国侵华势力也有了更为清醒的认识。然而无论怎样，科学技术是推动文化进步的重要因素，也正因此而引发国家政体的根本变革，武昌起义的枪声说明了这一点，中国资产阶级革命派从此登上历史舞台。

下卷
博大烂熟与蜕变更生

第一章
兴亡忧思

第一节　清初多元反省

　　晚明的经世思潮未能挽救社会的根本危机，但以复社为代表的知识分子激烈地批判空疏学风、急切地讲求学以致用，则酝酿着一种以国家命运为己任、以独立思考为特征、以离经叛道为内容的崭新思想倾向。明末清初的思想家，感受着明朝灭亡的惨痛和清朝初立的惨烈，不约而同地反思明末统治的腐败，并义无反顾地参加了反清的斗争。然而在清朝统治渐趋稳定以后，他们把更多的精力用于著书立说上。由于他们经历了明清之际的社会动荡，具有丰富的实践经验和深厚的文化修养，因此能在尘埃落定之时做冷静深刻的回顾。他们从明亡的教训中上升到对宋明理学的批判，进而以峻切的忧患意识对传统文化给予精辟的解说，从而在批判继承的基础上创新发展，所提出的经世致用思想达到一个新境界。他们博大精深的见解，在痛定思痛后愈发显得慷慨激昂，他们对中国哲学的清理和阐扬，可以说在许多方面达到了历史的最高点。

　　清初顺治、康熙两朝，由于统治者忙于征战，因而对思想文化领域尚无力顾及。由明入清的思想家在反清复明的希望破灭后，大多把精力用于哲学领域和传统体制的文化思考中。他们敏感而活跃，务实而峻深，顽强而严谨，他们各守其学，各具特色，各有所长，因此取得了丰富而突出的成就，在中国思想史上留下了光辉的篇章。

黄宗羲（1610～1695 年），字太冲，号南雷，又号梨洲，浙江余姚人。他生活于明末清初之际，命运也随着"天崩地解"的时代而跌宕坎坷。他在《自题画像》中说："初锢之为党人，继指之为游侠，终厕之于儒林，其为人也，盖三变而至今。"可谓其一生的概括。黄宗羲的父亲是东林党人，他本人又是复社中坚，在与朝廷权宦的斗争中，表现出非凡的血性和胆识。清军南下

黄宗羲像

后，他又与兄弟纠集队伍参加抗清活动，直至南明朝廷复国无望，始转而著述讲学。黄宗羲幼年读书即不守章句，后为刘宗周门下著名弟子，晚年重开老师创办的"证人书院"，并用了近 10 年时间完成了《明夷待访录》。黄宗羲早年的经历为其晚年的著述打下了基础，晚明腐败的政治现象和深沉的故国之思使他痛彻追悟，因而著述中充满了博大而峻切的识见。他的著述很多，但最重要的思想体现在《明夷待访录》中。

《明夷待访录》是黄宗羲著述生活前期阶段的著作，反清复明斗争的失败使他将愤懑之情与忧患之思倾注其中。"明夷"二字源于《周易》卦名，有贤人处艰难而志不衰之意。"待访"则暗含不为当世所知，以待未来明哲造访之衷。此书篇幅不大，约 3 万字，由 21 篇论文汇集而成，但对中国专制政体的各个方面做了犀利的剖析和批判。

黄宗羲在君主专制问题上首先发难，说"今世天下之人怨恶其君，视之如寇仇，名之为独夫，固其所也"[①]，并提出"天下为主"的命题

---

① 黄宗羲：《明夷待访录·原君》。

与反对"君为臣纲"的观念。他认为"为天下之大害者，君而已矣"①。他把朝代与天下区别开来，认为朝代兴亡与天下治乱并无关系，"天下之治乱，不在一姓之兴亡，而在万民之忧乐"②。这种对君主专制的抨击在传统的儒家思想中是破天荒的，对君主"家天下"的做法可谓深恶痛绝的否定。他指出："天下为主，君为客"，据此"客君"理论，那么君臣都是为天下服务的，君臣之间的关系是平等的，各有分工不同而已。"故我之出而仕也，为天下，非为君也，为万民，非为一姓也"，"治天下犹曳大木然，前者唱邪，后者唱许，君与臣，共曳木之人也"③。黄宗羲理想中的"君臣"关系，是共同分担人民"利害"的分工关系。"天下不能一人而治，则设官以治之，是官者，分身之君也。"④天下大事应共同议定，君臣二者"名异而实同"。君对臣不得任意支使，臣对君也不能一味愚忠，"非其道，即君以形声强我，未之敢从也"⑤。这样的议论在强调君权至上的明清之际如振聋发聩之声，对传统儒家的等级观念也无疑是打破和超越。

在此基础上，黄宗羲提出以公正之法抑制君主专制。他认为三代以下的法，皆是专制君主"不胜其利欲之私以创之"的"一家之法"，是保障君主特权的"非法之法"。要抑制专制君权，就必须废弃家法建立公法。黄宗羲坚决反对传统儒家"有治人，无治法"的理论，特别强调"有治法而后有治人"的重要，希望通过法治的约束力把君主制度纳入"公天下"的轨道，但由于缺乏历史实践其具体内容却难以说清。黄宗羲还提出设立学校以监督朝政的构想，从而约束君权。他以理想主义的笔调描绘三代学校，说三代学校绝非单纯的"养士"机构，而是为天下

① 黄宗羲：《明夷待访录·原君》。
② 黄宗羲：《明夷待访录·原臣》。
③ 黄宗羲：《明夷待访录·原臣》。
④ 黄宗羲：《明夷待访录·置相》。
⑤ 黄宗羲：《明夷待访录·原臣》。

培养"人才"的地方。由此，"天子之所是未必是，天子之所非未必非，天子亦遂不敢自为非是，而公其非是于学校"。他还提出一些措施，意在使各级学校成为监督各级政府的机关。有人认为黄宗羲设计的议政学校，已含有资产阶级议会的性质。

尽管黄宗羲笼统地提出的社会政治理想还很难清晰地看到，但其对明朝政治腐败根源的探讨和超越封建专制的规范都是大胆的，其基于切身体验而做出的率直批判可谓达到历史的高度。然而由于历史条件的局限，此书在当时并未造成太大影响。顾炎武是有数的几个知音之一，他在给黄宗羲的信中说："大著《待访录》读之再三，于是知天下之未尝无人，百王之敝可以复起，而三代之盛可以徐还也。"又说："炎武以管见为《日知录》一书，窃自幸其中所论，同先生者十之六七。"① 该书在清初流传不广，但在清末变法维新运动之时起了很大作用。梁启超自称受此书影响，并以其作为宣传民主主义的工具。

黄宗羲的哲学思想较为晦涩，或者说表述得不很系统，其主要倾向反映在对理学的反省和批判上，特别是从经世的立场出发否定了明末以来的空疏学风。他认为理学与心学都不能解决现实生活问题，都与"天崩地解"的社会实际脱节。主张独立思考，反对以《四书集注》与《性理大全》作为衡量学术和臧否人物的唯一标准。他继承刘宗周的"理依于气"的观点，认为气是宇宙存在的根本形态，很多说法直接承袭于罗钦顺、王廷相、刘宗周，批判了虚无的理念。"理气之名，由人而造。自其浮沉升降者而言，则谓之气；自其浮沉升降不失其则者而言，则谓之理。盖一物而两名，非两物而一体也。"②

黄宗羲晚年潜心于经学和史学研究，最富代表意义的是所撰学术史专著《明儒学案》。此书将明代学术领域的各个学派条分缕析，从学术

---

① 顾炎武：《与黄太冲书》。
② 黄宗羲：《明儒学案·诸儒学案》。

源流到思潮变化较为全面客观地进行了总结，无论从体裁上还是内容上都可谓集大成之作，并开此类学术史专著之先风。该书正文 62 卷，共 19 个学案，分门别派，涉及明代学者 200 余人。其最有价值的地方是，能够汇学术异同而戒门户之见，贵自得之学而求学术精神。黄宗羲著此书居中执平，据实论述，绝不党同伐异，也不刻意褒贬，追求学术是非的公道，因而罗列学术观点的不同，绝不以一家之言断案，书中倡导创新，认为用得着者才是真学问，缺乏识见者则无意义，因而在论述各个学派时紧紧抓住其宗旨，对许多学者的学术分析也都非常精彩中的。《明儒学案》成书后，黄宗羲又发风起例，续纂《宋元学案》，仅写成 17 卷而殁，此书由其后人完成。总之，黄宗羲在清初是一位很有思想和学识的人物，他把实践和理论结合起来加以考察，从而别开蹊径、卓有建树，取得前所未有的成就。

顾炎武（1613～1682 年），原名绛，字忠清，明亡，改名炎武，字宁人，因家乡有南朝大画家顾野王所居亭林镇，人称亭林先生，江苏昆山人。顾炎武出身富家大户，从小有很好的文化教养和强烈的忧患意识，也是复社成员之一。明亡后，他参加抗清斗争，失败后漫游天下。在游居中，他交往了一批学有所长的人士，阅读了大量的书籍并进行实地的考察，"频年足迹所至，无三月之淹。友

顾炎武像

人赠以二马二骡，装驮书卷"①。53 岁时，因山东莱州诗狱祸身陷囹圄，半年后出狱。此后仍辗转于北方，"登危峰，探窈壑，扪落石，履荒榛，伐颓垣，畚朽址"②，做了很多金石考古工作。康熙十七年（1678 年），

① 顾炎武：《与潘次耕书》。
② 顾炎武：《金石文字记序》。

清廷为笼络海内名儒，开博学鸿辞科，次年诏修《明史》，顾炎武均拒不就见。其已为高官的两个外甥在昆山老家建造庭园，请住在陕西华阴的顾炎武南归养老，他也加以拒绝。康熙二十年（1681 年）八月，顾炎武自华阴去曲沃，不幸途中染疾。次年一月，在曲沃溘然长逝，享年70 岁。

顾炎武一生著述宏富，成就突出。早期代表性著作有《天下郡国利病书》与《肇域志》，此两书卷帙浩繁，是顾炎武所搜集的经济、舆地等方面的资料汇编。书就山川形势与国民经济结合考察，是研究明代乃至中国古代诸多领域情况的重要参考。顾炎武一生笔耕不辍，平常读书时勤于札记，将心得写成条文记录在案，积数十年的积累、增补、修订，晚年终成《日知录》32 卷，共 1000 余条。顾炎武的学生潘耒在《日知录序》中将其内容划分为经义、史学、官方、吏治、财赋、典礼、舆地、艺文八类。书之涉猎广博，考证精详，可见其学术研究和思想追求的高度。

顾炎武的社会政治思想同黄宗羲一样，首先表现在对专制君权的怀疑态度上。他读过黄宗羲的《明夷待访录》之后，对其中的许多观点深表赞同。他在《日知录》中也有论"君"之说，认为"人君之于天下，不能以独治也；独治之而刑繁矣，众治之而刑措矣"[1]。他说："所谓天子者，执天下之大权者也。其执大权奈何？以天下之权寄之天下之人，而权乃归之天子。自公卿大夫，至于百里之宰，一命之官，莫不分天子之权以各治其事，而天子之权乃益尊。后世有不善治者出焉，尽天下一切之权，而收之上。"[2] 他反对"独治"、主张"众治"的思想，是在目睹了明朝腐朽的专制统治和关心天下政治的有识之士遭到迫害后提出来的。他也赞赏三代制度，鼓吹人皆平等，指出天子"不敢肆于民上以

---

[1] 顾炎武：《日知录》卷六。

[2] 顾炎武：《日知录》卷七。

自尊"，"不敢厚取民以自奉"。在否定君主绝对权力的同时，顾炎武明确区分"国家"和"天下"两个概念。"国家"意指一家的王朝，"天下"则是万民的共有。王朝的易姓改号只是一家的衰败沉沦，而天下的保有则是民众应尽的责任。这就将民众利益置于君主利益之上，使每个社会成员都成为国家的主人。梁启超受顾炎武影响，将其概括为"天下兴亡，匹夫有责"，可谓意味无穷，极有深蕴。

顾炎武对理学也是持批判态度的，他将理学比之于导致祸乱的魏晋清谈。他说："不习六艺之文，不考百王之典，不综当代之务。举夫子论学论政之大端一切不问，而曰一贯，曰无言。以明心见性之空言，代修己治人之实学。股肱惰而万事荒，爪牙亡而四国乱。神州荡覆，宗社丘墟。"① 顾炎武倡导实学，反对空议，因此把主要精力放到务实经国上，而哲学思想则比较零散建树不够。顾炎武在宇宙观方面倾向于张载的"太虚即气"的观点，以此否定程朱理学以理和陆王心学以心为宇宙本体的说法。他主张用经学否定理学，认为"理学之名，自宋人始有之"，其为学宗旨全然与孔门儒学迥异。宋儒所言"性也、命也、天也"，是"夫子之所罕言"，"孔门未有专心于内之说也"②。所以，应由理学上溯至经学才为旨归，而舍经学言理学则邪说并起。顾炎武毕生致力于实学，与明末清初的"通经学古"、"经世致用"的新思想相契合。

他在学术研究方面也是一位笃实的学者，在经学研究上对前人结论绝不盲从听信。他说："《五经》得于秦火之余，其中故不能无错误，学者不幸而生乎二千余载之后，信古而阙疑，乃其分也。"③ 在《周易》研究中，他批评陈抟、邵雍的《易》是道家之《易》。他研究《春秋》博采诸家，被后人评价为"扫除门户，能持是非之平"④。他在史学研

————————

① 顾炎武：《日知录》卷七。
② 顾炎武：《日知录》卷十八。
③ 顾炎武：《日知录》卷二。
④ 《四库全书总目提要·经部·春秋类四》

究方面同样贯穿着求实精神，强调古代史家"据事直书"的优良传统。如对明史的研究，非常重视《邸报》和《实录》的史料价值。仅就《日知录》所涉及的明代史实，他也力求做到"所谭兴革之故，须俟阅完《实录》，并崇祯《邸报》一看，然后古今之事，始大备而无憾也"①。顾炎武还痛感古音学的沉沦造成后人对古书的率臆径改，经过 30 多年的潜心研究终于完成《音学五书》。《音学五书》由《音论》、《诗本音》、《易音》、《唐韵正》、《古音表》五个部分组成，在音韵学研究方面做出了开创性的贡献，使音韵学从经学的附庸发展成为在清代乃至近代的一门显学。

需要指出的是，顾炎武的考据全为"明道救世"。"君子之为学，以明道也，以救世也。徒以诗文而已，所谓雕虫篆刻，亦何益哉。"② 他的学生最了解先生的旨意，潘耒在《日知录序》中说，此书"纵贯百家，上下千载，详考其得失之故，而断之于心，笔之于书。朝章国典，民风土俗，元元本本，无不洞悉。其术足以匡时，其言足以救世"。顾炎武务实经世而成为考据巨匠，这种治学方式被后来的乾嘉学者继承下来而蔚为大观。然而在性质上二者却不能同日而语，乾嘉学派在文字狱高压下把目光转向遥远的古代，而清初学者特别是顾炎武则通过锲而不舍的努力，要达到"明学术，正人心，拨乱世以兴太平之事"③ 的目的。

王夫之（1619~1692 年），字而农，号姜斋，晚年隐居于湘西的石船山麓，学者尊称为船山先生，湖南衡阳人。王夫之自小颖悟过人，稍长博览群书，24 岁中举人。此时明朝内忧外患，他坚拒与起义军合作，后投身于抗清活动中。顺治十年（1653 年），为避"薙发"，浪迹于荒山野岭之中，达三年之久。随着南明王朝的覆灭，他感到失望，遂隐居著述。康熙十四年（1675 年），他迁到石船山下筑湘西草堂而居，在此

① 顾炎武：《答公肃甥》。
② 顾炎武：《与人书二十五》。《亭林文集》卷四。
③ 顾炎武：《初刻日知录自序》。

完成了大量著作，也度过了生命的最后 17 个春秋。

王夫之对国家和民族抱有强烈的忧患意识，一生执著学术研究并涉猎领域广阔。其所著述，内容包括政治、经济、哲学、历史、文学、宗教、训诂、天文等许多方面。以哲学、历史成就最为突出，代表作有《张子正蒙注》、《尚书引义》、《周易外传》、《老子衍》、《庄子通》、《读四书大全说》、《读通鉴论》、《宋论》、《永历实录》等。其著书上百种，四百余卷，逝世十余年后，其子整理刻印了十几种，逐渐引起世人的注意。四库开馆后，对其部分属于经籍训诂、名物考订的著作予以辑录，而政治思想性较强的部分著作则被列为禁书。同治四年（1865 年），曾国藩、曾国荃刊刻《船山遗书》，收入 57 种，288 卷。

王夫之像

王夫之的哲学体系十分庞杂并且充满矛盾，但这不妨碍他的哲学思想达到一个崭新的高度。在宇宙观上，他以张载的元气本体论为起点，进一步详尽地发挥了"太虚即气"的命题。他说："阴阳二气充满太虚，此外更无他物，亦无间隙。天之象，地之形，皆其所范围也，散入无形而适得气之体，聚为有形而不失气之常，通乎死生犹昼夜也。"[①] 既然"气"为世界万物之源，整个宇宙都充满了"气"，那么物质的运动变化，就是"气"的聚散变化，"气"的根本属性是运动，"气"就成为一切运动变化的主体。在此基础上，王夫之反复论证了动与静、化与变、聚与散、清与浊、始与终等对立统一关系。他说："太虚者，本动者也。动以入动，不息不滞。"[②] 王夫之强调的"太虚本动"的观点，是其元气本体论的

---

① 王夫之：《张子正蒙注·太和篇》。
② 王夫之：《周易内传》卷六。

精辟见解。既然肯定了运动是物质的绝对属性，那么如何理解运动与静止的关系呢？他说："止而行之，动动也；行而止之，静亦动也；一也。动有动之用，静有静之质，其体分也。"① "静者静动，非不动也。"② 王夫之把物质与运动有机地结合起来，认识到运动的绝对性和静止的相对性以及两者的相互关系，就为进一步研究其他问题打下了基础。

针对程朱的"理气各为一物"、"气外求理"之说，王夫之认为："天下岂别有所谓理，气得其理之谓理也。"③ "理之气互相为体，而气外无理，理外亦不能成气。善言理气者，必不判然离析之。"④ 也就是说，气是阴阳变化的主体，气的变化所表现出的规律才是理。理和气之间相互为体，二者不能分离。据此，他对《易·系辞上》的"形而上者谓之道，形而下者谓之器"这一古老命题进一步阐发见解。他反对程朱理学把道看做世界精神本体，认为道器关系的实质就是一般与个别的关系，道既是事物所表现存在的普遍规律也具有物质属性，道器没有绝对的界限，因此不能截然分开。"形而上者，非无形之谓。既有形矣，有形而后有形而上。无形之上，亘古今，通万变，穷天穷地，穷人穷物，皆所未有者也。"⑤ 王夫之进而提出"天下惟器"⑥ 的观点，说"盈天地间皆器也"⑦，"据器而道存，离器而道毁"⑧。就是说，道存于器之中，没有器就没有道，没有个别就没有一般。人们"能治器而不能治道"，"治器者谓之道"⑨，即人们能制作器物而不能凭空创造规律，要根据制作器物的法则去行事。王夫之基本讲清了道器之间的关系，也从根本上

---

① 王夫之：《张子正蒙注·太和篇》。
② 王夫之：《思问录·内篇》。
③ 王夫之：《读四书大全说》卷九。
④ 王夫之：《读四书大全说》卷十。
⑤ 王夫之：《读四书大全说》卷十。
⑥ 王夫之：《周易内传》卷五。
⑦ 王夫之：《周易内传》卷六。
⑧ 王夫之：《周易内传》卷二。
⑨ 王夫之：《周易内传》卷五。

驳斥了"天不变道亦不变"的观点。因而在本体论乃至认识论和方法论上都"推故而别致其新"，创立了别开生面的唯物主义哲学体系，为清初实学思潮打下了坚实的哲学基础。

王夫之不仅是一位博学深思的哲学家，还是一位颇有远见卓识的历史学家。他对人类历史的发展非常关注，并在深入研究中提出势、理、天合一的历史观。人类社会的发展趋势是前进的，还是循环的、倒退的，在历史上一直存在着争议。王夫之坚决主张历史进化论，并对循环论、倒退论给予深刻的批判。他针对所谓正统史观标榜的三代是"天道"流行的"王道"时代，三代之后是"人欲"横行的"霸道"时代指出，人类发展是一个不断创造、不断完备、不断进化的过程，从"茹毛饮血"、"人禽未分"的蒙昧状态，过渡到"明伦察物"、"道术始明"的进步阶段，再走入"伦已明、礼已定、法已正"的文明时代，社会历史发展的总图景是从低级走向高级，不应"泥古过高，而菲薄方今，以蔑生人之性"[①]。他驳斥邹衍的"五德终始说"："五德者，邹衍之邪说，以惑天下，而诬古帝王以征之，秦汉因而袭之，大抵皆方士之言，非君子之所齿也。"[②] 他驳斥董仲舒的"三统循环论"："汉儒言治理之得失，一取验于七政五刑之灾祥顺逆，合者偶合也，不合者挟私意以相附会，而邪妄违天，无所不至也。"[③] 他对邵雍、朱熹的复古论也加以批评，力图从纷繁复杂的历史运动中去揭示历史发展的真正规律。

他在历史研究中注意到"势"的作用，吸取《孟子》、《韩非子》、柳宗元、刘禹锡等关于"势"的合理论述，强调"势"的不可抗拒性。他举例论证说，秦始皇实行郡县制，因符合历史发展趋势，故两千年相沿不断，而任何想要恢复封建制的努力，均以失败告终，"夫封建之不

---

① 王夫之：《读通鉴论》卷二十。
② 王夫之：《读通鉴论》卷十六。
③ 王夫之：《读通鉴论》卷七。

可复，势也"①。既然有这种不以人的意志为转移的"势"的存在，就必然在"势"背后存在某种规律性的东西，王夫之称之为"理"，用于历史领域即"势"之"理"。他说："势者事之所因，事者势之所就，故离事无理，离理无势。势之难易，理之顺逆为之也。理顺斯势顺也，理逆斯势逆矣。"② 势与理是辩证统一的关系，势不离理，理不离势，势理合一，此为必然，王夫之将此归结为"天"。他说："势学精微，理学广大，合而名之曰天。"③ "顺必然之势者，理也；理之自然者，天也。君子顺乎理而善因乎天，人固不可与天争，久矣。"④ 王夫之关于历史观的论述，其进化观点与势理探讨，都达到中国古代思想史上的新高峰。

王夫之与黄宗羲、顾炎武一样，治学侧重经世，明道务求致用，因而将社会政治的思考与学术研究的务实紧密结合起来。他也对君主专制提出挑战，说："一姓之兴亡，私也；而生民之生死，公也。"⑤ 因此，他强烈主张"公天下"，坚决反对"私一人"⑥，他进而提出，若君主肆行私欲，危害民众利益，那么，君主"可禅、可继、可革"⑦。他处于明清之际异常尖锐复杂的社会矛盾中，于动荡变化的世态中坚持著书务求实效的原则。他说："所贵乎史者，述往事以为来者师也。为史者记载徒繁，而经世之大略不著，后人欲得其得失之枢机，以效法之，无由也。则恶用史为？"⑧ 他肯定司马光著《资治通鉴》的目的，而他本人在史论中也更多地涉及国计民生的实际问题。总之，王夫之博大精深的

① 王夫之：《读通鉴论》卷三。
② 王夫之：《尚书引义》卷五。
③ 王夫之：《读四书大全说》卷九。
④ 王夫之：《诗广传》卷五。
⑤ 王夫之：《读通鉴论》卷十七。
⑥ 王夫之：《黄书·宰制》。
⑦ 王夫之：《黄书·原报》。
⑧ 王夫之：《读通鉴论》卷六。

哲学思想体系，厚今薄古的历史进化观念，以及经世致用的鲜明治学目的，使他不愧为一位站在时代顶峰的文化巨人。

明清之际，学术界出现了一批各具特色的思想家，他们坚持明朝遗民的气节，反思明朝覆灭的教训，参加抗击清朝的活动，拒绝担任清朝的官员。他们的思想或许难被时人理解，著作或许遭禁而被长期埋没，但他们执著的探求无疑是一笔宝贵的财富，在封建社会的暗夜里闪烁着智慧的光芒。

总括明末清初的思想潮流，崇仰实学是鲜明的时代特色。思想家们对明朝占主流地位的程朱理学和陆王心学进行了不同程度的批判，受明末西学传播、党锢之祸及清初文字狱之影响而使学术研究也更转向经世致用。

方以智（1611～1671年）从辗转流离的被通缉的遗民，到面对黄卷青灯的苦行僧，内心激愤难平而只能淡泊独行，其著作可见其心志。从方以智的早期著作中就可见其涉猎广博，代表作《通雅》、《物理小识》汇集天文、数学、地理、生物、医学、文学、艺术、语言等各种知识，可谓集古今知识之大成，同时对西方科学知识也有引用，充分反映了其重视实学的倾向。方以智的祖、父都是明代高官，并与东林党人关系密切，方以智受此影响，所以青年时便关注政治、志向远大，其著述

《物理小识》

也可见对自然科学的偏好。然其晚年出世为僧，所著枯涩，可见心中苦闷。其思想长期无人重视，《清史稿》将其列入《隐逸传》，但近几十年重被发现，由此又可令人反观明末清初的一位学者，并使人产生悠远遐长的回味。

颜元（1635～1704年）、李塨（1659～1733年）师生相承，所创学

颜元像

说被人称为颜李学派，其最突出的特点就是倡导实学。颜元家境败落，经历坎坷，一生治学不辍，所著主要有《四存编》（包括《存学编》、《存性编》、《存治编》、《存人编》）、《四书正误》和《朱子语类评》。他对陆王思想与程朱学说都曾膜拜，然在社会现实生活中却发现这些理论对人们造成的危害。他在《朱子语类评》中痛斥理学："千余年来，率天下入故纸堆，耗尽身心，作弱人、病人、无用人者，皆晦庵为之。"他坚决反对程朱宣扬的"理在气先"、"理在事先"的观点，强调"为寒热风雨，生成万物者，气也"①，"心中醒，口中说，纸上作，不从身上习过，皆无用也"②。清初思想家一般都有反理学倾向，颜元是态度最坚决的一个。他的学生李塨深通颜元学说并有所发展，与学者交游往来不断扩大影响，所著主要有《四书传注》、《拟太平书》、《大学辨业》等。他对西方自然科学也有较深入的研究，后来又把主要精力用于考据学方面。

清初还有一些思想家，也都表现出对理学的发难。陈确就常发表"惊世骇俗"之论，以致常遭传统势力包括同窗好友的攻击与批评。他认为"力行出真知"，《大学》中"知止"的观点纯为禅家的空寂之学，用于修身养命而无积极意义。他还提出"盖天理皆从人欲中见"的命题，肯定人的正当情欲也是人性的一种体现，这种人性的自然要求当然也就是理，而程朱所提倡的"无欲""禁欲"因违反了自然也就显得不合理。

---

① 《颜习斋先生言行录》卷上。
② 颜元：《存学编》卷二。

　　傅山年轻时就有惊人之举，他为明末山西提学袁山被阉党诬陷入狱一事，约集全省百多诸生赴京上书三遭阻难终雪案情。明亡后，他改道士冠服隐居，被人控告私通南明而入狱，严刑之下以绝食抗争，后经门人弟子营救方得自由。他严词拒绝应荐博学鸿辞科，被地方官连人带床抬到北京，仍自称重病才被放回故乡。他在批判理学的同时更否定儒学的地位，反对把儒学与诸子看做正宗和异端。他说，"孔子"、"孟子"不称为"孔经"、"孟经"，可证明有子之后才有经，经与子应同样对待。据此经、子平等的观点，他对诸子做了精深的研究，且对后人产生影响。如他对《荀子》的评论说，荀子的思想中有儒家的成分，但其最有价值处却是接近法家、名家的地方，这表明他已认识到荀子是战国时代诸子百家的总结人物，而这样的论断在当时却是发前人之所未发的。

　　李颙家境贫寒，学无师承，完全靠刻苦研读而成名。他数次拒绝清廷征召，"情急势迫，几至自刎"[1]。康熙十八年（1679年）在家乡建垩室居住，拒绝会见任何来访者，唯顾炎武游学造访时破例晤对。康熙四十二年（1703年）圣祖玄烨西巡，指名召见李颙，他命子前往复命，自己仍以老病为由拒不出门。李颙最有价值的学术主张是"明体适用"，"明体适用"表现出对理学的修正和对务虚的否定。他说："儒者之学，明体适用之学也。"[2] 他认为，古代圣贤以明体适用为原则，而秦汉以后这个传统被破坏，至今所学已成陋儒。他说："明体而不适于用，便是腐儒；适用而不本于明体，便是霸儒；既不明体，又不适用，徒汩没于辞章记诵之末，便是俗儒。"[3] 李颙的"明体适用"说是从其"悔过自新"说演变而来。其"悔过自新"说是为倡导"存心复性"，人人都能"存心复性"就可达到"倡道救世"的目的。因而"悔过自新"保留着理学余绪，是从立身角度而言。"明体适用"则立足于社会，合德业

---

① 李颙：《二曲集》卷十七。
② 李颙：《二曲集》卷十四。
③ 李颙：《二曲集》卷二十九。

与功业为一体，既讲"明体"又讲"适用"，在客观上对理学进行了修正，于清初的经世学风也有推动作用。

另外，朱之瑜在抗清失败后流亡日本，长期滞留在日讲学。他反对空谈义理，提倡"民生日用"、"经国理民"的实学，并重视自然科学和实用技术，在日本也产生巨大影响。唐甄所著《潜书》是与《明夷待访录》齐名的社会政治思想史专著，书中通过对"君日益尊，臣日益卑"的君主集权过程分析，指出一方面使"人君之贱视其臣民，如犬马虫蚁之不类于我"；一方面形成"自尊则无臣，无臣则无民，无民则为独夫"的君主孤立。唐甄批判君主专制、揭露时弊、倡导富民的思想，体现出一种敢于对祸国虐民的君主的抨击，大胆张扬了一种对专制传统的叛逆精神。刘献廷精通医学、地理学和语言学，在学术上注重实事实功，多次亲身游历调查以证其学，表现出务真求实的治学态度，并强调人能战胜自然和改造自然。熊伯龙所著《无何集》，批判了神学迷信，其锋芒涉及佛教、道教、术数、象数及当时流行的迷信习俗，继承了古代无神论的优良传统。可以说，清初思想以博大见长，众多思想家在经历了深刻的社会变故后面对寥廓的时空做着各种各样的探究，而这种探究又共具经世致用的务实特色。所以明清之际的思想家不仅是对明朝学术在进行总清算，也为清朝学术的发展打开一个新局面。

第二节　乾嘉学术研究

清初思想呈多元发展的态势，于反省中创新见。随着清朝统治趋于稳固，经济趋于繁荣，文化领域也出现勃盛。但是这种勃盛与清初的警世不同，它缺少了针砭社会的锐气而扩张了学术研究的成果。这是因为，顺、康时期的思想统治是相对宽松的，在戎马倥偬的年月里统治者尚无暇对各种思想进行清理，同时也希望与社会各界的学者名流缓和矛盾。因而顺、康时期的文字狱较少，处罚的程度较轻，株连的范围也较小。只要没有明显危及统治，学者们可以隐居不朝，讲学著述。顺、康以后情况发生变化，这时统治者已注意对意识形态领域的控制，他们已了解思想文化的重要并开始采取高压政策，同时盛世的来临也需要文化的彰显以炫耀。所以他们排斥西方的宗教连同科学，也镇压国内的逆反及异端意识，需要的则是对中央集权意识的增强和太平盛世的歌功颂德。所以，晚明以来的西学知识被抵拒，而文字狱的严酷则达到中国历史的高峰，与此相关则采取严厉的文化政策，包括禁止结社讲学，整理图书典籍，清查反清意识。

在这种情况下，清初思想界那种因充满忧患意识和爱国激情而导致的锐意进取和大胆叛逆的学风被强行扭转了，清初思想家随着时间推移而相继亡故也使学者队伍失去了那些经历刀光剑影而具有真知灼见的引领人，他们博大的思考和治学的方法虽然启悟了后人却又被纳入封建正统的规范。而统治者重开科举考试、重新提倡理学、重修文化典籍的措施，构筑封建政治、经济、文化的宏大基业的宏伟构思，泯灭学者的民族复兴意识而深研传统伦理道德的导向，则促使学术队伍隐遁他们现实的思考而走向国故的精深。他们继承了清初思想家的某些治学方法，将经世致用的目标转入纯学术的研讨中，以毕生精力在学坛上追求丰硕的建树。他们在治学过程中形成了一种学风或曰一种方法，这就是被后来学界或称誉或损毁的考据学。考据学严格意义上说不是一种学科，但其缜密的求证却使学术研究达到一种前所未有的境界，从而由微入著形成盛隆一时的乾嘉学派，而其凭借深厚功力所取得的学术成果也被后世公认博大精深。因为这个时期的学者由对理学的清理上溯到汉代的经学，而对经学的研究已成主流蔚然成风，故此亦称其学为汉学。又因在研究过程中特别追求一种朴实无华的考据功夫，故此亦被称为朴学，由此亦可见与魏晋以来的玄学、佛学、理学、心学之不同。

紫禁城文渊阁

乾嘉学派涉猎广博，考证精微，从而取得显著成果。从学术史发展角度看，也自有其形成原因。

就近因说，统治学术界长达六七百年之久的宋明理学自明代中叶以后就不断地遭到进步思想家的批评，明朝灭亡后宋明理学高谈性理所造成的空疏学风更被认为不能经世致用而遭否定。与此相应，清初思想家崇尚实学、强调实证、注重务实精神，他们认为，欲经世必先通经，欲通经必先反朴，应把考证功夫结合于经世学术之中。其中最突出的是顾炎武，他治学讲求道、经术和博闻，主要方法就是考据。他的名著《日知录》就是主要以考据为研究方法的著作，在详细占有材料的基础上归纳例证得出结论。顾炎武被称为开启一代学风的宗师，他对乾嘉考据的形成有直接影响。颜李学派在康熙中后期的学术舞台上也曾十分活跃，但李塨在晚年背离了颜元的反理学倾向而转向考据学研究。这是因为理学在清初已经被思想家们从根基上所撼动，理学的没落已成不可避免之势而难吸引众多学者的兴趣。但随着康乾之际朝廷依重理学作为考试依据，清初某些进步和超前的思想萌芽遭到扼杀，统治者所建立复制的传统政治经济模式也注定不可能诞生新的理论思潮。清初思想家的著述也因时过境迁而难被人理解，故复归汉代经学，专注训诂考证，总结传统文化乃是大势所趋。不过乾嘉学派继承了顾炎武等的考据方法，却没有继承清初学者的全部思想，他们在文化高压下把目光转向遥远的“专门汉学”，而失却了“通经学古”、“经世致用”的现实目标。

　　就远因说，中国学术文化经过漫长的发展过程而形成了庞杂的规模，几千年的创造和积累包含了众多学者经辛勤努力所取得的成就，就清政府的主观和学者们的客观意图来说也需要进行一次全面的整理。以经学和史学为代表，各个时代流传下来的典籍是中国学术文化的宝贵财富，因年代久远、传抄错讹、战乱毁坏等历史原因也难免出现许多问题，只有经过有效整理这些宝贵财富才能得到最大限度上的利用，因而“盛世”出现“盛学”也就是水到渠成的“盛举”。中国历史上对文献典籍的整理一向重视，可以说从孔子开始就已形成传统，其后西汉末年的刘向等人也功不可没，唐宋以来考证工作持续不断并屡有增扩，即如朱熹在考据方面也有著述并产生影响，而明代心学的播扬也与考据有着不解之缘。考据之风的持续和考据方法的积累，是形成乾嘉时期考据臻于鼎盛状态的先决条件，清代大规模的图书整理、出版事业在前代基础上也有飞跃发展，康、雍、乾三朝十分重视书籍的编纂以成盛世之功。朝廷组织儒臣编校经史颁行学宫，民间书肆广搜博揽以呈其盛，学者读书、爱书、嗜书已成风气，即如《聊斋志异》、《红楼梦》、《阅微草堂笔记》等也可见文人引经据典、抉奇求异，赅古博今之特点。《四库全书总目》的编纂便是在以各种途径搜求来的众多书籍的基础上形成的，它对各种著作的源流经脉、体制特点、撰写方式进行系统评论，而从汉魏到明末的150余种目录书和其他大量的目录学著作无疑为其提供了从理论到实践的重要借鉴经验。四库馆臣屡屡以寻章摘句方式援引前代批评家的论断来展开对群籍的评判，这部空前杰出的目录巨著只有在古典文化大成熟、大总结的文化气氛中才可能出现。而众多学者的疑古创新也是通过训诂注释、版本鉴定、文字校勘、辨伪辑佚来实现的，学者们在众多领域付出的努力和取得的成绩无疑为中国学术做出了巨大贡献。

考据之学在康熙时期已初露端倪，从而引起一股疑古之风。阎若璩著《古文尚书疏证》，发挥明人梅鷟的论点，最终证实东晋梅赜所献《古文尚书》25 篇与孔安国的《尚书传》皆为伪造。毛奇龄曾作《古文尚书冤词》不同意阎若璩的观点，但其《四书改错》却从考据、训诂的角度对朱熹《四书集注》进行了抨击。胡渭注《易图明辨》揭露宋儒所传"太极图"乃华山道士陈抟所作，对宋儒所宣扬的象数学是一次沉重打击。万斯大深通《三礼》，著有《学礼质疑》、《仪礼商》、《礼记偶笺》、《周官辨非》，他不轻信传注，重视比较归纳，开后来汉学研究方法论之先河。姚际恒著《古今伪书考》，把古代数十种著名典籍考证为伪书，打破了人们对古代经典的迷信。

惠栋（1697～1758 年），字定宇，号松崖，江苏吴县人。其祖、父皆治《易》学，分别著有《易传》、《易说》。惠栋承其家学，著有《周易述》、《易汉学》、《周易本义辨证》、《易例》、《易大义》等，并由此而《诗》、《书》、《春秋》，稽考所至，遍及九经。惠栋以其学术成就成为乾嘉学派形成时期的代表人物，他首次明确地张起汉学之帜而志在恢复汉学之貌。他认为："汉经师之说，立于学官，与经并行。五经出于屋壁，多古字古言，非经师不能辨。经之义存乎训诂，识字审音，乃知其意。是故古训不可改也，经师不可废也。"① 钱大昕评论说："汉学之绝者千有五百余年，至是而粲然复章矣。"② 惠栋倡汉复古，成绩卓著，但唯汉是尊，唯古是信，过分地株守汉学，且好大不够精细。故《四库全书总目提要》评之曰："其长在博，其短亦在嗜博；其长在古，其短亦在泥古。"③

---

① 惠栋：《九经古义述首》。《松崖文抄》卷一。
② 钱大昕：《惠先生栋传》。《潜研堂文集》卷三十九。
③ 《四库全书总目提要》卷二十九《经部·春秋类》。

戴震（1724～1777 年），字东原，又字慎修，安徽休宁人。早年家贫，然刻苦攻读。虽博学天文数学、声韵训诂和古代礼制，但科场屡屡失意。51 岁时以举人特诏入四库全书馆任纂修官，53 岁时清高宗特许与当年贡士一起殿试，赐同进士出身，入翰林院为庶吉士。其著作涉猎广博，主要有《孟子字义疏证》、《尚书义考》、《毛郑诗考正》、《考工记图》、《中庸补注》、《声韵考》、《方言疏

戴震像

证》、《续方言》、《水地记》、《原善》、《绪言》、《原象》、《九章算术》、《屈原赋注》等，后人编有《戴氏遗书》、《戴东原先生全集》等 30 余种。戴震是乾嘉考据处于鼎盛时期的代表人物，他继惠栋之后将考据引向一个新层次。以惠栋为代表的吴派从治《易》入手崇扬汉学，以戴震为代表的皖派则擅长"三礼"而求通经以明道。戴震受惠栋影响推进了汉学的研究，两派不同点在于"惠君之治经求其古，戴君求其是"①。戴震深入地批判了程朱理学，可谓继承了王夫之的观点和顾炎武的考据，因而其思想学术超越了前人及同人。

汪中（1744～1794 年），字容甫，江苏江都（今扬州）人。少年贫困，极爱读书。21 岁中秀才，34 岁拔贡生。但随着学问名气的增长，却愈发厌恶科考而绝意仕途。47 岁时被荐参加《四库全书》的校勘工作，4 年后因心脏病猝发死于杭州校书处。他在学术上自称继承顾炎武的经世致用之学，治学特点也自重考据而贬俗学。所著有《述学》、《广陵通典》、《孤儿篇》、《从政录》、《大戴礼记正误》、《经义知新记》、《春秋列国官名异同考》、《国语校文》、《丧服答问纪实》、《遗诗》等，其中以代表作《述学》为后世所推重。汪中的研究范围十分广博，最突出的

———————————

① 洪榜：《初堂遗稿》卷一，《戴先生行状》。

是对先秦子学的创造性研究。他推崇荀子和墨子，认为荀子是孔子的真传者，而墨子可与孔子相抗衡。他的这些观点与正统思想背道而驰，其批判精神与叛逆性格也就很难见容于世。他还有一些有价值的见解也极具胆识，如反对泥古不化，一味用古行事；反对"妇道"、"节烈"，扼杀女性自由；"于时流不轻许可，有盛名于世者必肆讥弹"①。可见汪中"野性难驯"，但其大胆非议却给后人以启迪。

洪亮吉（1746～1809 年），字君直，又字稚存，号北江，晚年改号更生居士，江苏常州阳湖人。家境贫困，以教书为生。45 岁时考取进士，授职翰林院编修，充国史馆纂修官。54 岁时任《高宗实录》纂修官，同年上书嘉庆皇帝，"反复极陈时政"，抨击朝廷弊端，几乎被处斩，后遣戍新疆伊犁。两年后遇赦回原籍，从此专事著述、游历，不再出仕。其一生著作颇丰，主要有《公羊穀梁古义》、《左传诂》、《三国疆域志》、《东晋疆域志》、《十六国疆域志》、《汉魏晋音》、《通经表》及一些诗文集。反映其哲学思想的著作《意言》，写成于乾隆五十八年（1793 年）。其著作汇编为《洪北江全集》。《意言》中的一些文章反映了洪亮吉的无神论思想，如《天地》、《鬼神》、《祸福》等。洪亮吉认为鬼神是迷信的产物，社会并不由鬼神支配。天地并无鬼神，鬼神也主宰不了祸福。他继承了历史上的唯物论观点，认为人的生死不过是气的聚散，鬼神实乃人的心理意识活动的结果，不存在"生死有命，富贵在天"的"宿命""天命"说。洪亮吉关心国家大事，民生困苦，他看到人口增长的迅速与生产发展的迟缓，也看到吏治腐败、贪污成风、赋役繁重等社会问题，遗憾的是这些论述不能为政府所重视。

焦循（1763～1820 年），字理堂，一字里堂，晚号里堂老人，江苏扬州人。受祖上研究易学影响，立志一生以著述为业。39 岁时中举人，次年应礼部试落第。自此绝意科场，回乡读书研学，耗尽毕生精力。他

---

① 江藩：《国朝汉学师承记·汪中传》。

精于易学、数学，对天文地理、音韵训诂、史学方志、性理辞章、医药博物、生物建筑无所不通，被阮元誉为"通儒"。他一生著作宏富，卷帙多达 300 卷，其中以《里堂学算记》、《易学三书》(《易通释》、《易图略》、《易章句》)、《孟义正义》成就最高。其与当时学者多有交往，以各种方式切磋研究心得，因而在博采众家之长、会通中西学术的基础上取得了丰硕的成果。焦循的数学研究，为他在乾嘉学术赢得了一席之地。他继承经师兼治数学的传统，钻研梅文鼎、戴震的著作，致力于中西贯通的数学方面的探索，在此过程中得到较强的逻辑思维训练，使中国数学的研究在方法上前进了一步。他的易学研究，受数理观念的启发也得到一种创造性的方法。他从《易经》卦爻变化中得出三条根本原则，即旁通、相错、时行。他认为以此三条原则可推求《易》中卦爻变化，从而认识客观事物之间的数量关系。他以"比例"法治"易学"，忽略了自然哲学和人生伦理的含义，以错综事象中分类归纳得出通则，并再以之演绎其他事例，不借助其他传注与评说，完全从本经中推求易理，可谓一种开创。他在关于人性的阐说中，既肯定了欲，也承认了善，并强调了知。他继承了戴震的观点，指出人性无非食色而已；他也吸收孟子的观点，认为人有性善的一面；他更认为知最重要，人知才能性善。他将三者巧妙地调和在一起，可见其学术研究中融会贯通的特色。焦循的后半生处于嘉庆年间，呈鼎盛之势的乾嘉学派因一味考据复古已出现弊端。他敏锐地看到这种变化，因此提出"唯汉是求而不求其是"的批评。他认为，唐宋以后的经学研究也不应完全弃绝，这种科学的态度和客观的立场也是难能可贵的。焦循对乾嘉汉学的批判性总结标志着汉学鼎盛局面的结束，会通汉宋以开新学术局面成为历史的必然。

阮元（1764～1849 年），字伯元，号芸台，江苏仪征人。死后赐谥文达，后人亦称其为文达先生。其科举、仕途顺畅，治学、为官皆显。25 岁中进士，此后一路顺风，历任詹事、学政、巡抚、总督，75 岁时以大学士致仕。阮元对经学很有研究，加上他显赫的官僚身份，使他在组织讲学和编纂成果方面取得了突出成就。他以极大的精力对乾嘉汉学的学术和思想作了总结，以丰硕的研究成果奠定了其中国古代汉学大师"最后重镇"的地位。

高京贡院

阮元主持编纂的《经籍纂诂》，汇集了散见于经传中的浩如烟海的训诂成果。参加编纂此书的共有六七十人之多，历史上的旧注及清代学者的新说几乎尽数搜罗其中。此书的价值，钱大昕评论说："即字而审其义，依韵而类其字，有本训，有转训，次叙布列，若网在纲。"① 王引之评论说："展一韵而众学毕备，检一字而诸训皆存，寻一训而原书可识，所谓握六艺之钤键，廓九流之潭奥者矣。"② 该书去凿空妄谈之病，纠面壁虚造之风，使学术正而士习端，又可使后学者考前训以得其旨，可谓集古代经传训诂之大成并将清代训诂学推向了高峰。

阮元还经过几十年的努力校勘出《十三经注疏》，这也是根据当时经学研究的迫切需要而完成的。《十三经注疏》合刻自南宋以后开始出现，但经明清辗转翻刻讹误百出。乾嘉学者普遍用力于校勘学并取得了空前的成就，阮元组织人力搜集汉唐宋元以来各种刻本并参考了清儒的众多校勘成果，终于在嘉庆二十一年（1816 年）完成了经校勘的《十三经注疏》以及《校勘记》的刊刻。《十三经注疏校勘记》对各经注疏

① 钱大昕：《经籍纂诂序》。
② 王引之：《经籍纂诂序》。

源流、得失，版本优劣、真伪，校勘根据、方法均一一有所交代，皮锡瑞认为该书可谓"经学之渊海"①。

阮元在完成了《十三经注疏》及《校勘记》后不久，又致力于汇刻《皇清经解》的工作。道光初年，阮元任两广总督，建学海堂，有意汇刻乾嘉以来汉学大师的研究成果，乃"尽出所藏，选其应刻者付之梓人以惠士林"。阮元将此工程托付给其学生主持，于道光九年（1829年）刻成《皇清经解》。该书搜集了自顾炎武到阮元本人的著作180余种，这种对乾嘉汉学成果的大规模汇集从某种意义上说可视为乾嘉汉学结束的主要标志。

阮元在学术领域涉猎广泛，其学术论述主要收集在文集《研经室集》中。据阮元在此书《自序》中说，该书是以近于经、史、子、集特点分为四集而编成的。阮元还编有《畴人传》一书，可谓在自然科学方面做了一项有益的工作。此书记录了自黄帝至清代的中国科学家并附有西洋科学家的事迹，是我国所见的第一部科学家列传和科学史专著。

阮元在学术研究中，强调以训诂求义理，于汉学求旨趣，"实事求是而已，非敢立异也"②。他也并未专事汉学而贬斥宋学，因而可视为总结汉学、宋学的代表性人物。其子阮福认为其父是一位"持汉学、宋学之平"的学者，这与当时有人在汉学、宋学问题上排斥对方、自我张扬相比表现出更高的见识。

考据之学包括治经和治史两个重要内容，乾嘉时期史学的繁荣也是由于特定时代形成的学术风气所使然。实际上，考经不可能完全离开考史，考史也常常与考经联系起来，经与史在当时并没有明确地各自独立。顾炎武、章学诚等人提出"六经皆史"说，便打破了儒家经典的神圣光环，扩大了史学研究领域，同时也更加模糊了经学与史学的界限。

---

① 皮锡瑞：《经学历史》。
② 阮元：《研经室集·自序》。

但经、史毕竟各有侧重，因而考据史学主要表现在对古史的考订辩证，对史料的修补鉴别，对缺漏的史表史志的补订和辑佚上。考据史学家反对明末以来的空疏学风，强调认真读书、重视考察和博实求证的朴学方法。他们以巨大的耐心和毅力，经年累月地搜集材料，分析整理后用形式逻辑的方法进行归纳推理，直到得出最满意的结论。乾嘉史学严密的考证方法具备了某些近代气息，贯穿着"实事求是"的科学理性原则，同时，考据学的主流无不兼涉义理，将阐发"义理"作为考据学的高层次目标。因而，乾嘉史家往往在严肃的学术研究中包含着相对活跃的理论内涵，立足于坚实的基础之上而有创造性地发挥，为后来的史学发展提供了多样性的价值和命题。

王鸣盛（1722～1797年），字凤喈，一字礼堂，号西庄，晚年改号西沚居士，江苏嘉定人。乾隆十九年（1754年）与妹婿钱大昕同科考中进士，他以第二人及第即授翰林院编修。其后累官至内阁学士兼礼部侍郎，乾隆二十八年（1763年）以母丧父老为由归乡息仕。移居苏州后，终身从事著述讲学。他学贯经史，是乾嘉时期的著名学者。在世时以经学名声最重，著有《尚书后案》而誉满天下。然而以后来学者的眼光看，其《十七史商榷》所取得的学术成就更有价值。此书是王鸣盛休官退居后所著，历24年而成，其自负地认为"海内能读此书者不过十数人"[①]。他在序中说："盖学问之道，求于虚不如求于实，议论褒贬皆虚文耳。作史者之所记录，读史者之所考核，总期于能得其实焉而已矣，非此又何多求邪？"王鸣盛虽如此说，但在书中也不乏议论，这些议论多是在对史书深读精校之后所发，因而往往确有真知灼见而反映出其所具备的卓识。如他考辨汉代十三部刺史职掌问题，指出刺史官职具有"权甚重而秩甚轻"的特点。他探讨魏晋以降九品中正制的发展过程，指出"中正之设，专以门第定人才高下矣"。他还分析了唐代宦官

---

① 《西庄致竹汀书》。《历代名人尺牍》第22册。

掌握兵权而招引祸乱的频繁，肯定了在历史上屡遭非议的革新派人物王叔文。他对史书的研究和评论，注重同时期史书的对比，发现异同优劣后再作决断。他反对曲笔，主张直书，并痛斥宋明时期因理学盛行而滋生的空疏风气。他的很多颇具见地的观点和结论均在后世产生影响或被学术界所认同，但也因其为人骄傲自负有时不免在某些论述上失之偏颇。尽管王鸣盛的史学研究因时代所限而避免涉及时政，但其表现出的卓越史见和所做出的考辨成果，对于认识乾嘉史学的内涵及价值不无意义，同时对史学本体的研究也不无促进作用。

　　钱大昕（1728～1804 年），字晓征，又字及之，号辛楣，又号竹汀居士，江苏嘉定人。钱大昕少年时即有神童之名，8 岁读二十一史，21 岁被苏州紫阳书院院长王峻赏识为"天下才"，24 岁时因乾隆皇帝首次南巡进赋献诗特赐举人，27 岁时中进士。其累官至提督广东学政，48 岁时因父亡辞官归乡，不再入京供职，著述讲学直到病逝。钱大昕是乾嘉时期的"超一流"学者，与焦循一同被誉为"通儒"。他一生广泛涉及各个方面的学术领域，而且令人叹为观止地达到了精通的程度。段玉裁认为他是一位少见的"合众艺而精之"的学者①，自诩为当代学者第一人的戴震视其为"蔚然一代儒宗也"②，阮元则说："国初以来，诸儒或言道德，或言经术，或言史学，或言天文，或言地理，或言文字音韵，或言金石诗文，专精者固多，兼擅者尚少，惟嘉定钱辛楣先生能兼其成。"③ 钱大昕治经也主张以训诂求义理，但他不专治一经，也不拘泥于汉儒之说，而是研通其大义而已。有关经学方面的见解，主要散见于其《十驾斋养心录》和《潜研堂文集》中，王昶认为"皆说经家所未尝发者"④。钱大昕的史学著述很多，以《廿二史考异》为重。他生逢

① 段玉裁：《潜研堂文集·序》。
② 《清儒学案》卷八十三。
③ 阮元：《十驾斋养心录·序》。
④ 王昶：《詹事府少詹事钱君墓志铭》。《春融堂集》卷五十五。

经学大盛的乾嘉时代，却把更多精力注于史学之中。他撰文反对"经精而史粗"、"经正而史杂"的看法，认为读史"玩物丧志"、"令人心粗"的说法空疏浅薄。他认为《尚书》、《春秋》就是史，"经与史岂有二学哉"①？他的观点以及他在史学领域取得的多方面成就，对史学摆脱经学的束缚具有积极意义。《廿二史考异》是一部考据史学专著，汇集了钱氏40余年间对廿二史的研究心得。该书对廿二史不仅校勘，而且考证，运用例证、分析、比较、推理、综合和专题考证等方法辩证、疏通和校正史籍。《廿二史考异》的考证范围极广，几乎对所有被发现的问题都进行考证。钱大昕说："予好读乙部书，涉猎四十年，窃谓史家所当讨论者有三端：曰舆地，曰官制，曰氏族。"②他对这三个方面都深有研究，考证详尽而精深。《十驾斋养新录》是仿照顾炎武《日知录》而写成的一部札记体学术著作，《潜研堂文集》则是钱氏各种论说、问答、杂著、考辨、题跋、书信、碑传、墓志铭的汇编，此二书与《廿二史考异》同样为杰出的综合性学术论著。钱大昕订正和补充了史籍中众多的讹误和缺漏，并以科学和严谨的方法开辟出一些有价值的史学新领域，也使史学研究更加独立出来而成为一门完整的学科，因而对后来的史学产生了深远的影响。

赵翼（1727～1814年），字云松，又字耘菘，号瓯北，江苏常州阳湖人。家境贫寒，但好诗文。因生活困难，遂习经学赴考。23岁到北京，为翰林院学士刘统勋延揽于家助其修《国朝宫史》。24岁中举后，为吏部尚书汪由敦聘于家中为文幕。32岁时考中状元，入翰林院任编修，参与改纂《通鉴辑览》。40岁时外放为广西镇安府知府，后又调任广州知府。45岁时以侍奉老母为由辞官归乡，著书讲学终其余年。赵翼的前半生主要工于诗文创作，有《陔余丛考》、《檐曝杂记》传世。后

① 钱大昕：《廿二史札记序》。
② 《二十四同姓名录序》，《潜研堂文集》卷二十四。

半生因病失意仕途，遂将精力专于撰写《廿二史札记》上。赵翼的治史方式，与王鸣盛、钱大昕不同。较为流行的看法是，王鸣盛的《十七史商榷》、钱大昕的《廿二史考异》与赵翼的《廿二史札记》为乾嘉史学的三大代表作，但又各有侧重。王著有考据有史论；"钱专考订，鲜及评议；赵主贯穿，罕事引证"①。因此可以说，《廿二史札记》是一部以历史评论见长的书。赵翼的历史评论重点放在历代的政治方面，基本方法是先综合总结出所发现的若干问题，然后按照自己的观点从史书中援引史料加以证实阐述。如西汉时代，列有"汉初布衣将相之局"、"汉初诸侯王自置官属"、"汉儒言灾异"、"汉时以经义断事"、"贤良方正茂材直言多举现任官"、"上书无忌讳"、"上书召见"、"汉武用将"、"汉使立功绝域"、"武帝时刑罚之滥"、"汉诸王荒乱"、"汉外

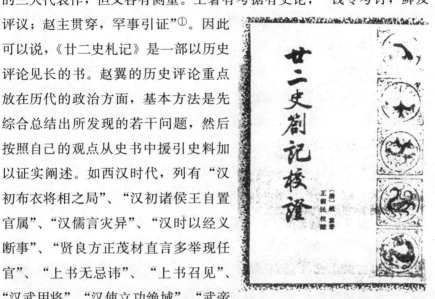

《廿二史劄记校证》

戚辅政"、"西汉外戚之祸"、"王莽之败"等。其他各个朝代亦如此，赵翼都能"持论斟酌时势，不蹈袭前人"②。赵翼的史论是在丝毫不触动专制帝王的前提下进行褒贬，因此难见真正具有思想深度的胆识及观点。应该肯定的是身处乾嘉时代的赵翼一改考据之风，以纵论历代史事的方式丰富了乾嘉史学的内容。正因《廿二史札记》中的历史评论一般可视为知识性的导论，所以该书对历史初学者的影响比王、钱二书大，刻成之后，多次刊印，很受人们欢迎。

① 王利器辑：《越缦堂读书简端记》。
② 钱大昕：《廿二史札记·序》。

章学诚（1738～1801 年），字实斋，浙江会稽人。父章镳是乾隆年间进士，曾任湖北应城知县，为官三年后遭免职，即侨居当地任教。章学诚少年时爱读书，23 岁时赴北京应顺天乡试，未中。后被翰林院编修朱筠赏识留用，在京结识了一批著名学者。40 岁时中顺天乡试举人，

次年成进士。自认与时俗不合，不愿为官。由于生活无着，只得四处奔波，在书院讲学，为地方修志。在艰苦的生活条件下著《文史通义》等书，终老浙江。章学诚一生郁郁寡欢，很不得志。其学术主张不投时好，备受冷遇。这使他发奋著述《文史通义》，自信定有"开凿鸿蒙之功"。《文史通义》一书历时30 余年始成，可谓其一生学术研究的结晶。他还有一些著作，但至今已不完整。

章学诚像

章学诚的史学思想是建立在其哲学思想基础之上的。他认为，道先器后，然道不离器，犹影不离形。"夫天下岂有离器言道，离形存影者哉?"① 故他强调努力实践才能准确把握事物本 质，反对"离器而言道"，"以空言存私说"。联系到学风方面，就是提倡"必习于事而后方可言学"② 的精神。他的哲学论述在乾嘉时期显得比较突出，以致被一些人认为是"宋人习气"而不容。但正因其哲学上的明识，而在史学上"多为后世开山"。

其重要的史学观点有：

一、"六经皆史"说。《文史通义》首篇《易教上》开头便道："六经皆史也。古人不著书，古人未尝离事而言理，六经皆先王之政典也。""六经皆史"说并非章学诚首创，但由其鲜明提出并加以论证则有重要

---

① 章学诚：《文史通义》内篇二《原道中》。
② 章学诚：《文史通义》内篇二《原道中》。

意义。他说："古无经史之分。"① "盈天地间凡涉著作之林，皆是史学，六经圣人取此六种之史以垂训者耳。子集诸家，其源皆出于史。"② "事有实据而理无定型，故夫子之述六经，皆取先王典章，未尝离事而著理。"③ 章学诚的这种史学观点与其"道不离器"的哲学观点相联系，批判了乾嘉时期过于烦琐的考据学风而强调学术必须经世。同时改变了史学一直居于经学之下而为经学附庸的地位，使人可以打破经学的神光笼罩而以一种新的眼光去考察历史。

二、"探求史义"说。研究历史贵在得出史义，即历史表面背后的内在结论。孔子就曾经提出要于历史中求得"史义"，但在中国史学的发展中并未得到重视。这一要求在长期因循保守的风气中几乎被人遗忘了，章学诚重新提出这一问题并进行了重点阐述。他认为由《尚书》发展到编年体史书《春秋》，再发展到纪传体史书《史记》，以至《汉书》、《后汉书》、《三国志》都在体例上有进步而为史书的上乘之作。但后来诸史墨守成规、不知变通、为史例所缚、无别识新裁，因而弊端严重。他说："史家著述之道，岂可不求义意所归乎？"④ 章学诚从方法论的角度提出治史应探求本义，比起传统史学中的褒贬史学、资治史学或借鉴史学等，因含有从史学自身总结理论，寻求规律的意图而显得更有价值。

三、"史德与心术"说。史学研究中史家主体占有重要的地位，因为历史是通过主体反映出来的客体，而不是纯客观的再现。这就要求史家有很高的修养，以保证历史记载的客观性、严肃性和科学性。章学诚在刘知己提出的史家应具"才、学、识"三长说上又有发展，说："史所贵者义也，而所具者事也，所凭者文也……非识无以断其义，非才无

---

① 《章氏遗书》外编卷三《丙辰札记》。
② 《文史通义》外篇三《报孙渊如书》。
③ 《文史通义》内篇一《经解中》。
④ 《文史通义》内篇四《申郑》。

以善其文，非学无以练其事……能具史识者，必知史德。德者何？谓著书者之心术也。"① 史家的"史德"与"心术"，受到各种复杂原因的影响，每一位史家都自觉或不自觉地在秉笔著述时体现了他们的心术和相应的史德。"史德"和"心术"是规定史家撰写史实、探求史义、建设史学的带有根本性质意义的重要范畴。章学诚在此表现出对史学研究的深刻的洞察力。

四、"撰述与记注"说。章学诚认为，治史应"撰述"与"记注"联系起来，以"知来"为目的研究"藏往"。他说："《易》曰：'著之德，圆而神；卦之德，方以智。'闲尝窃取其义，以概古今之载籍。撰述欲其圆而神，记注欲其方以智也。夫智以藏往，神以知来。记注欲往事之不忘，撰述欲来者之兴起。故记注藏往拟智，而撰述知来拟神也。"② "夫名物制度，繁文缛节，考订精详，记诵博洽，此藏往之学也；好学敏求，心知其意，神明变化，开发前蕴，此知来之学也。可以藏往而不可以知来，治《礼》之尽于五端也。推其所治之《礼》，而折中后世之制度，断以今之所宜，则经济人伦，皆从此出，其为知来，功莫大也。学者不得具全，求其资之近而力能免者斯可矣。"③ 章学诚指出治史的两大倾向，也说明了它们的辩证关系，同时也说明了"通古今之变"的重要，这无疑给当时的考据史学吹进了一股清风。

清末学者对章学诚多有称道，《文史通义》不断受到近代学者的推崇。可以说，章学诚此书，是中国古代史学史上少有的论述史学理论见长的专著，对中国古代史学理论作了比较全面的总结。

乾嘉学派在经史考据方面做出了很大的成绩，而其学术研究的领域和程度也广泛而精深，几乎在所有范畴均取得了超越前人的成果，一批学术大师决疑纠谬、匡古开新。尽管他们受时代局限，未免陷入烦琐的

---

① 《文史通义》内篇三《史德》。
② 《文史通义》内篇一《书教下》。
③ 《文史通义》内篇一《礼教》。

考据之中，但是他们在经史、天文、地理、文字、训诂、音韵、典章制度诸多方面的研究毕竟有其学术上的意义，从而成为古代学术的集大成者并为后来的学术发展提供了契机。

第三节　新兴社会思潮

乾嘉学派继承古文经学的训诂方法致力于考据，但因过于烦琐拘泥至嘉道年间渐趋衰落。今文经学的思想比较开放、活泼、多变，直到嘉道年间几成绝学之后才又重新崛起。自汉以来的今古文之争实际上代表着两种治学方式，而随着时代发展的需要也时伏时起。

今文经学的兴发是与古文经学的困顿相适应的，此中既含有学术也含有政治方面的原因。学术方面，以训诂考订而臻于极致的汉学在达到空前高峰的同时，也将其好古穷经、支离破碎的弊病暴露无遗，学术研究与社会现实严重脱离，株守章句而缺乏鲜明思想，从某种意义上讲更加强化了中国封建传统的滞重。政治方面，随着清王朝乾嘉以来的国势衰微，统治集团对意识形态领域的控制也大为松弛。他们面对千疮百孔的内政外交不得不多方谋划摆脱危机的对策，因此也就允许士人讨论那些十分敏感的现实问题。这样，"通经致用"的思潮也就逐渐取代了"训诂考据"的思路，有识之士得以从血腥的文字狱的恐怖之中解脱出来，而鼓荡起关怀社会、参与政治、服务人生的忧患意识。

对古文经学的挑战也是伴着清代汉学进程的，对考据学派的皓首穷经不时有人提出批评。庄存与（1719～1788 年），字方耕，号养恬，江苏武进（今常州）人。他是乾隆年间进士，著有《春秋正辞》，根据董仲舒、何休的公羊学发挥《春秋》的微言大义，被视为清代今文经学的开创者和常州学派的创始人。刘逢禄（1776～1829 年），字申受，江苏

河北承德避暑山庄文津阁

武进人。嘉庆年间进士，庄存与的外孙。刘逢禄之前，庄存与等人虽然致力于春秋公羊学，但也没有完全放弃六经的考据。刘逢禄则专笃今文经学反对古文经学，著《公羊何氏释例》阐扬今文经学的"大一统"，又著《左氏春秋考证》否定《左传》之价值。刘逢禄还有其他著作，对后来影响很大。龚自珍、魏源都曾师从刘逢禄，他们发展了常州今文经学派"引经致用"的活泼学风，既鄙弃烦琐的汉学，又批判空疏的宋学，以"通于天道人事，志于经世匡时"为宗旨，将一代学人引向经世实学。

龚自珍（1792～1841年），字瑟人，号定庵，浙江仁和（今杭州）人。出身于官绅世家，父亲龚丽正著有多种学术著作，母亲段驯是著名学者段玉裁的女儿。但是，龚自珍并不完全遵守家训，他性情狂放不拘，不专心于考据辨伪，而是博览兼收，从多方面进行探讨摸索，27岁中举，38岁才为进士。其间，他结识了刘逢禄，找到了"公羊学"这个理论武器，频发抨击现实的政论，如《明良论》。他还参与了重修《清一统志》，并撰有《东南罢番舶议》、《西域置行省议》，反映了对东南沿海及西北边防的关注。他长期担任内阁中书、礼部主事等闲职，还究心于佛学、经学及商周彝器秘文研究。道光十九年（1839 年），龚自珍辞职出京，南北旅行数千里，写下大型组诗《己亥杂诗》350 首。道光二十一年（1841 年）赴任江苏丹阳云阳书院讲席，同年秋暴卒，终年 50 岁。

龚自珍生活于清王朝由盛转衰的时代，因此其思想直指对当时社会的批判和揭露，并试图对当时的政治和经济弊病有所革除。在政治方面，他指出腐朽的官僚制度造就了大批的寄生阶层，他们不关心国家大事，不考虑民族危亡，整天想的是个人的享乐和子孙的富贵，只求官位而不务正业。"官益久，则气愈媮；望益崇，则谄愈固；地益近，则媚亦益工。""以退缩为老成，国事我家何知焉。""求寄食焉之寓公，旅进而旅豢之仆从，伺主人喜怒之狎客。"① 他说依靠这些人治理天下，必然走向日暮途穷，最后彻底崩溃。要改革，就必须从教育、科举、用人制度入手。他认为，科举考试，千篇一律，没有意义。"今世科场之文，万喙相因。词可猎而取，貌可拟而肖"，以致士子们自"进身之始"就"言不由衷"，造成以后为官只知"浮沉取容，求循资序"的局面。因而他大声疾呼："九州生气恃风雷，万马齐喑究可哀。我劝天公重抖擞，不拘一格降人才。"

在经济方面，他认为清王朝"开捐例、加赋、加盐价"好比是"割臀以肥脑，自啖自肉"，整个社会如同患了"痹瘵之疾"而进入了"日之将夕"的衰世。"自乾隆末年以来，官吏士民，狼艰狈蹙……各省大局，岌岌乎皆不可以支月日，奚暇问年岁。"② 他强调公羊学的历史三世循环法则适用于古今，并将"据乱—升平—太平"三世说改造为"治世—衰世—乱世"的新三世说。按照他的"新三世说"，康乾为治世，

① 《明良论》，《龚自珍全集》第一集。
② 《西域置行省议》，《定庵文集》卷中。

嘉道为衰世，此后将出现乱世。他形容进入衰世的清代社会已如同一个浑身长满疥癣的病人无可救药："卧之以独木，缚之以长绳，俾四肢不可以屈伸，则虽甚痒且甚痛，而亦冥心息虑以置之耳，何也？无所措术故也。"① 据此，他提出了诸如在土地制度、开发西北、抵御外侮、禁绝鸦片等方面的改革主张。尽管这些主张多少具有复古倾向，但也不无开明的现代意味。

龚自珍的思想与常州学派的今文经学有一定联系，他有汉学家传又兼及公羊学说，因而其学术思想符合由经传训诂转向经世致用的发展趋势。在新的历史条件下，作为中国古代的最后一位思想家，龚自珍关心国家、忧患时事、立意高远。他是一位旧传统的结束者，也是一位新风气的开创者。他的思想中虽然还有不少的封建糟粕，但对封建制度的批判和未来社会的向往，在后来的维新改良运动中产生了很大的影响，因而的确可以说他是一位"但开风气不为师"的人物。

第一次鸦片战争爆发后中国
水师在珠江口攻击英国战舰

魏源（1794～1857年），字默深，湖南邵阳人。年轻时赴京，曾从刘逢禄学习"公羊春秋"，与龚自珍过从甚密。29岁中举后，应江苏布政使贺长龄之邀，编辑《皇朝经世文编》。后回北京，任内阁中书，阅读大量典籍。鸦片战争爆发后，作《圣武记》，缅怀清初的兴盛局面。道光二十四年（1844年）中试，赐同进士出身。在京口会见已被革职的林则徐，受托编撰《海国图志》。曾到江

———————————

① 《明良论》，《龚自珍全集》第一集。

苏东台、兴化、高邮等地做官，后被免职。不久被起用，以老病辞官，卒于杭州。魏源一生还著有《诗古微》、《书古微》等学术著作和《古微堂集》、《清夜斋诗稿》等诗文集。他的思想与龚自珍接近，故当时有"龚魏"之称。

魏源与龚自珍一样，在学术上主张复兴今文经学，但其主旨却是要批判和改良社会。魏源面对清朝内外交困的现实，具有变法图强的进步思想。他针对当时弊政，提出一系列改革主张。如南方漕粮改为海上运输，可以"利国、利民、利官、利商"；以"票盐"取代"引盐"，可以防止因盐商垄断食盐运销而产生的许多弊病；加强对黄河的治理，以免河患；改革兵制，充分发挥本地士兵的作用；兴修农田水利，增加农业生产；严禁鸦片烟毒，堵塞贸易漏卮；兴办军用、民用工业，学习外国先进科学技术；增加财政收入，减轻人民负担等。

魏源认为今文经学的复兴实属必然，治学必须达到"以经术为治术"的目的。他强调微言大义胜于章句训诂，应"托经议政"而求"经世致用"。他坚持历史发展的观点，认为唯有《公羊》善于发挥《春秋》"改周制而俟于后圣"的理论。他看到西方列强的飞扬跋扈，强烈的爱国意识使他更具民族振兴的务实倾向。他认为人类社会处于变化之中，各朝制度并非万古不变而应有所因革损益。他对西方的态度也较为清醒，严峻的时局使他提出向西方学习科学和技术的要求与做法。他认识到"不善师外夷者外夷制之"，进而提出"师夷长技以制夷"的主张，这是对传统的"夷夏观"的突破。其《圣武记》把探索清朝统治的盛衰与反对外国侵略的斗争结合起来，总结有关抵御外侮的历史教训并希望全国人民能重振往日的雄威，因而在社会上引起巨大的反响。其《海国图志》据林则徐《四洲志》及有关历史材料与近日夷图夷语而成，将西方的状况介绍给仍在昏睡不醒的国人，这无疑比顽固派的愚昧保守具有科学进步的意义。

当然，魏源的思想也难超越历史的局限。如其历史进化观点就是不彻底的，他依据今文经学的公羊三世说，把这种进化概括为"太古"、

"中古"、"末世"，又认为历史进化到末世就会"复返其初"。但不管怎样，他于传统经学中张扬出开明的一面，毕竟引导中国人迈出了走向世界的艰难的第一步。所以说，魏源同龚自珍一样，他们站在旧传统的立场上，肯定了历史的进化但又陷入宿命的怪圈。但他们的"更法改图"之议，"经世致用"之说，则给后来的"洋务派"、"维新派"以很大的启发，使后来的学者开阔了视野并投入现实的推行。

正当西方列强对清朝政府为鸦片贸易之事蛮横无理之时，洪秀全领导的农民起义却轰轰烈烈地爆发开来。如果说，统治集团内部的少数有识之士已看到西方文明的威胁，而洪秀全则是直接借用了西方文化的理念。仕进无望的洪秀全不能忍受现实政治给他带来的窘迫之境，随炮舰、鸦片一同进入中国的基督教却给他打开了心灵之门。1843 年夏，他看到了一本传播基督教义的小册子——《劝世良言》，因"大异于寻常中国经书"而给他提供了新异的思路。他据此编写了《原道救世歌》、《原道醒世训》等，鼓吹基督教的平等思想和博爱精神。实际上，很难说洪秀全完全弄懂了深奥的基督教义，他的聪明之处在于用基督教凝聚贫苦农民追求幸福的"天国"。洪秀全巧妙地将基督教义与儒家经典对立起来，而在他的思想深处却是浓厚的封建观念，他深知要打破旧的封建规范先要打倒孔孟，而以此激发穷苦农民反抗朝廷的意识也就更能建立自己的威权。所以在外国传教士眼中，拜上帝教真是不伦不类。他们不能了解，拜上帝教对《圣经》的取舍完全服从于农民革命斗争的需要，正如洪秀全所说"要用忍耐和谦卑的办法来处理这个万恶的时世那是不可能的"。洪秀全借用一种新形式反传统，当然是对封建专制的强烈冲击，不能说没有革命的进步因素。但从其主持制定的《天朝田亩制度》看，"有田同耕，有饭同食，有衣同穿，有钱同使，无处不均匀，无人不饱暖"还是几千年中国封建农民的理想体现。这种不切实际的绝对平均主义思想，本身就是封建小农经济的天然产物，因此带有革命因素的行动却很难带来富有革命意义的果实。洪秀全晚年封建思想达到极端，早年向西方寻求的真理到晚年便已抛到九霄云外，可见传统文化的深固和狭隘意识的局限。

倒是洪仁玕思想的近代色彩较为鲜亮，闪烁着西方先进文明的一些光辉。洪仁玕长年奔走于广东、香港等地，在同欧美传教士的频繁交往中，不但吸取了基督教知识，而且更为广泛地了解了西方科学技术和社会政治学说。在《资政新篇》中，他力主造火车，修轮船，筑道路，兴邮政，开矿山，办银行，振兴经济，改革政治，禁止陋习，富国利民。这份资本主义的蓝图虽然得到洪秀全的首肯，然而在多数将领的轻蔑中根本没有响应。由此可见，农民阶级自身的局限性决定了他们不可能成为新式生产关系的代表者，太平天国的领导者们没有完全超越历史的囿限。

太平天国运动和两次鸦片战争造成的所谓"内忧"和"外患"，迫使清朝统治者开始寻求挽救危机的新出路。统治集团中的一部分人主张引进西方先进的技术装备和军工产业，以求达到"自强"、"求富"、"剿贼"、"御侮"的目的而被称为"洋务派"。他们有从清朝上层贵族中分化出来的人物，如奕䜣、桂良、文祥等，也有从地方督抚大员中产生出来的实力派人物，如曾国藩、左宗棠、李鸿章等。洋务派的初衷是学习西方先进的科技以扶封建统治大厦之将倾，然而他们没有想到随之而来的西方民主意识却将延续两千年的中国封建制度最终送进坟墓。

洋务派在同西方列强的接触中认识到必须"师夷长技"，因此建立起洋务机构，兴办产业，培养人才，鼓励西学。洋务派的最大特点在于务实，比起那些死抱传统的僵化人物更为明智。在洋务运动期间，中国开始出现了具有近代性质的新式工厂，开始设立了具有近代性质的新式学堂，开始产生了具有近代性质的新式观念。这一系列的变化引起思想文化界的轩然大波，清廷内部的顽固派以"立国之道，尚礼义不尚权谋；根本之图，在人心不在技艺"攻击洋务派"捐弃礼义廉耻的大本大原"。洋务派则认为必须"改科举"、"采西学"、"制洋器"才能"以卫吾尧、舜、禹、汤、文、武、周公之道"。在这样的争论中，洋务派不可能挣脱强大的封建传统体制，而顽固派也不得不怀着满腹牢骚默认变

张之洞像

革救国的潮流。冯桂芬在《采西学议》中首倡"以中国伦常名教为原本，辅以诸国富强之术"，郑观应在《盛世危言》中进一步提出"中学其本也，西学其末也；主以中学，辅以西学"，张之洞则强调说："中学为体，西学为用，既免迂陋无用之讥，亦杜离经叛道之弊。"① 很显然，"中体西用"就是坚持中国的君主专政制度和传统的伦理道德，引进、学习和采用西方的科学技术、生产工艺。这种兴西学、保中学的主张是一种简单的、矛盾的结合方式，洋务运动的最终失败也证明这种洋务思潮的局限。

当然，在洋务运动中还出现各种论调，表现出学者的复杂思考。如王韬认为："形而上者中国也，以道胜；形而下者西人也，以器胜。如徒颂西人，而贬己所守，未窥为治之本原者也。"② 他又认为，学习西方的"坚船利炮""仅袭皮毛而即嚣然自以为是，又皆因循苟且，粉饰雍容，终不能一旦骤臻于自强"③。总之，贯穿洋务运动的始终在进行着一场文化大思考，张盛藻认为："读孔孟之书，学尧舜之道，明体达用，规模宏远也，何必令其学为机巧，专明制造轮船洋枪之理乎？"④ 盛宣怀则认为："我国海军章程，与泰西不同，缘为我朝制所限，所以难而尽仿，所以难而操胜算也。"⑤ 尽管伴随着洋务运动的发展认识仍有不同，但始料未及的是西学的引进终于导致传统的颠覆。

在洋务运动中萌发出维新思潮是不可避免的，后来维新派终于否定了

① 《张文襄公全集·奏议》卷二十九。
② 王韬：《弢园尺牍》。
③ 王韬：《变法》上。
④ 中国史学会主编：中国近代史资料丛刊《洋务运动》第 2 册，上海人民出版社 1961 年版，第 30 页。
⑤ 盛宣怀档案资料选辑：《甲午中日战争》下册，上海人民出版社 1980 年版，第 400 页。

洋务派而发动戊戌变法。早期维新思想与洋务运动的界限不很分明，或者说是在洋务运动的过程中逐渐孕育成长的。维新思想与洋务运动的最大不同在于，洋务运动是在不触动封建专制政体的前提下学习和借鉴西学，而维新思想则注意学习和借鉴西方的社会政治制度。因此，冯桂芬、王韬、薛福成、陈炽、马建忠、郑观应等人既是洋务运动的鼓吹者，也是维新思潮的首倡者。他们受过深厚的传统教育，也接触过一些西方知识。他们面对清朝政府丧权辱国的现实，迫切希望寻求一条救国救民的道路。他们将目光转向西方，在承认西方科技先进的同时也在思考政治制度的合理。冯桂芬最先提出了中体西用的理论思路，然而稍后"君民共主"思想的提出则反映了早期维新思想家要求进行政治制度改革的初步愿望。王韬、郑观应都宣扬君主立宪政体的优越性，认为是君民共主的最佳方式。他们还提出"以商为本"的思想，认为"治国以富强为本，而求强以致富为先"①，"习水战不如习商战"②。他们认识到外国侵略者以商战掠夺中国财富带来的危害，并感到官商的压制和垄断直接导致了中国民族资本工商业不能正常发展。早期维新思想家在政治和经济方面对西方的认识还较肤浅，带有浓厚的传统意识并向往上古三代时的理想境界。

随着中国的步步衰败，面对空前严重的民族危机，尤其是中日甲午战争带来的耻辱，变法维新的思潮开始成熟并登上历史舞台。以康有为、梁启超、谭嗣同等为代表的维新派人物，继承并发展了早期维新思想家的观点，提出了变法运动的理论依据和实施方案。

康有为生长在最早遭受西方资本主义侵略和最早接触西方资本主义文化的广东，但他也接受过严格的封建正统的教育而具有强烈的爱国主义思想。他崇尚今文经学，认定古文经多为伪经，西方制度确比中国优越，所以"复事经说，发古文经之伪，明今学之风"，倡言"西人治国

---

① 马建忠：《富民说》，《适可斋纪言》卷一。
② 郑观应：《商战》上，《盛世危言》。

有法度，不得以古旧之夷狄视之"①。早在 1888 年，他便上书光绪帝，提出"变成法"、"通下情"、"慎左右"三条建议，但因保守势力阻遏未果。此后著《新学伪经考》，断言东汉以来的所谓古文经学，是为王莽新朝篡位服务的，均系刘歆伪造，故为"新学伪经"。此论一出，举世震惊，犹如一股飓风在思想界掀起轩然大波。继后，康有为又作《孔子改制考》，认为孔子以前的历史都是孔子为改制救世而假托的宣传品，孔子创作六经是为了"拨乱世致太平"。他发挥公羊学的三世说，认为"据乱世"即君主专制时代，"升平世"就是君主立宪时代，"太平世"即民主共和时代。中国正处于据乱世，要进入升平世，必须变法维新。1895 年 5 月，以康有为为首的维新派联合在京参加会试的 1300 多名举

梁启超像

人向皇帝上书，坚决反对签订丧权辱国的《马关条约》，恳请"下诏鼓天下之气，迁都定天下之本，练兵强天下之势，变法成天下之治"②。资产阶级维新变法运动由此发端，康有为变法领袖与思想旗手的地位由此奠定。戊戌变法失败后，康有为流亡国外，定居印度北部山城，潜心著述《大同书》。此书欲熔中外古今文化精华于一炉，拯救人类共赴理想主义的大同世界，其虽有空想的成分，但却鼓舞人们去争取美好的远景。

康有为的学生梁启超在变法维新运动中也起了重要作用，尤其是他的文章极具感染力和煽动性，时人并称"康梁"。他遵循师说，宣扬变易，古今比较，中外会通，鼓吹英雄史观，在许多领域都有拓新。维新派中最激进的思想家和活动家是谭嗣同，他被梁启超誉为晚清变法斗争

---

① 《康南海自编年谱》。
② 《公车上书》，《中国通史参考资料》（近代部分）下册，中华收局 1965 年版，第 3 页。

中的一颗"彗星"。谭嗣同出身名门，少有大志，在维新道路上起步较晚，但主张变革的程度却后来居上。他撰成《仁学》一书，痛斥专制制度，为变法提供理论根据。他甚至主张以"冲决罗网"的大无畏精神，推翻压抑人性的封建专制。他后来在"百日维新"运动中慷慨就义，愿以自己的鲜血唤醒愚钝的国民，以行动实践了他的理论，成为中国近代史上一位可歌可泣的英雄。他虽然有其历史局限但却超越前贤，冲破了改革的框束而具有革命的成分。

如果说康有为、梁启超、谭嗣同是变法维新的鼓吹者和实践者，严复则以其译作和著述传播火种而成为"中国西学第一者"。与康有为等人不同，严复自幼就学于新式学堂，成年后又留学英国。他对资本主义的社会制度和政治学说了解很深，因而认识到要改变中国衰颓的命运，并不在于简单地学习西方的先进科技，必须用先进的资产阶级意识形态唤起民族精神的觉醒。甲午战争后，他在天津《直报》上连续发表系列文章，介绍西学，抨击时政，倡议变法。他在《原强》中提出"以自由为体，以民主为用"的深刻命题，在《救亡决论》中极力鼓吹以崇实为特征的科学方法和救世意识，在《辟韩》中大力宣传卢梭的天赋人权论而批判韩愈的君主至上论。他翻译的《天演论》最为著名，使他成为中国西学的代表人

严复像

物。此书采用意译的方法，把达尔文的进化论引进中国，其"天演竞争，优胜劣败"、"物竞天择，适者生存"的生物进化学说轰动了当时的知识界和思想界。严复在介绍西方社会达尔文观点的同时表达了自己的见解和主张，就是人类进化与动物不同，绝非全凭自然的选择与淘汰，而是可以根据主观能动精神去创造和发展，可以"与天争胜"而达到"自强保种"的目的。严复通过翻译《天演论》而表述的哲学思想，抛弃了西方为种族主

义和殖民主义提供理论依据的色彩，为处于民族危机而彷徨回顾的中国人民与变法图强的维新运动提供了精神支柱。《天演论》的实质意义在于，中国必须变法维新，否则就会亡国灭种。近代中国的先进者与思想家都受到《天演论》的影响。《天演论》所传播的进化论成为中国近代哲学最重要的内容之一。

戊戌变法的失败与八国联军的入侵，使具有先进思想的知识分子日益看清清朝政府的腐败嘴脸，民主主义思潮通过革命派宣传家的大力倡扬而迅速涌起。20世纪之初，大量的欧洲从文艺复兴到启蒙运动时期的理论著作被翻译介绍到国内，各地相继成立的革命团体则积极策划组织反清武装起义。被鲁迅称为"有学问的革命家"章太炎，不仅是中国近代学贯中西的一流学者，也是中国资产阶级民主革命理论的领袖人物之一。他汉学功夫极深，曾因反清入狱，又主张学习西方。他以宽厚的学术根基和宏观的政治眼光，试图创建适应近代历史需求的新型民族文化的浩大工程。他高举起国粹主义的大旗，深刻地批判封建传统中那些桎梏人性的"天理"，张扬个性的解放与自由；他也热情地呼唤要吸纳西方的先进科学技术和思想意识，以此求得中国的振兴；他反对将中学与西学对立起来，主张于对比中求得双方精华加以融通。他对祖国有深厚的感情，呼吁发扬中国传统文化的精粹，将兴汉排满看成头等大事，但他弘扬国粹并非要倒退复古，而是站在民族救亡的立场上反对列强，以民主革命的手段建立新兴的中国。当然国粹主义随着革命的发展也暴露出局限，他们本以"复兴古学"为号召要挽救民族危亡，但对传统文化的抬高和放大，却使他们在否定西方问题上走向极端，这也为那些冥顽不化的保守主义者提供了立足之地，以至于后来走向新学的反面而成为旧学的代名词。

无政府主义思潮也与章太炎有关，于民主革命运动期间曾盛行一时。这种思潮最初流行于19世纪的欧洲，鼓吹个人绝对自由，反对建立一切政府，德国人施蒂纳、法国人蒲鲁东、俄国人巴枯宁和克鲁泡特金是其代表人物。20世纪初，无政府主义传入日本，幸德秋水等建立的社会党热烈鼓吹并产生影响。中国留日和留欧的知识分子，无论是革命派还是改良派，在寻求救国的道路中，都把它介绍给了国内思想界。1905 年以后，章太炎主编的《民报》大量刊载有关无政府主义者的传记和观点，章太炎更执笔撰发文章提出"无政府、无聚落、无人类、无众生、无世界"的虚无主义主张。其他以宣传无政府主义为宗旨的报刊和社团也纷纷建立，无政府主义在中国逐渐成为颇有势力的社会思潮。但是中国的无政府主义者，多从老庄的虚无、儒家的大同、佛学的出世、侠客的狂傲等思想角度出发，将对西方政治制度的怀疑和对中国现实的失望结合起来，主张以偏激和狂热的手段去追求绝对平等和自由的生活，这种脱离实际的思想对旧传统有极强的破坏力，但也不可能建立一个真正理想的新社会。无政府主义是动乱时代的特定产物，许多人受其影响却各有目的。其中有革命派，也有改良派，还有标新立异赶时髦者。但无政府主义也反对共和，反对帝制，认为无政府才是最美好的。总之，无政府主义思潮在中国革命进程中起过积极作用，但其批判一切、否定一切、打倒一切也对中国革命有过破坏作用。无政府主义者以个人主义为核心，他们不可能凝聚成一个团体，因此追求自我也就是他们最后的归宿，从而落入空想和尴尬的境地。

在反对封建君主专制政体的斗争中，资产阶级民主革命运动狂飙突起。章太炎与维新派彻底决裂，坚决反对帝制，倡言革命排满，所著《驳康有为论革命书》，痛斥康有为中国只可立宪不能革命的谬论，对启发人民的民主觉醒起了很大作用。邹容 1901 年留学日本，回国后即发表《革命军》，号召打倒帝国主义的"奴隶总管"清王朝，按照西方资产阶级政体模式创立"中华共和国"。此书一版再版，轰动朝野。陈天华也是留日学生，1903 年写成《猛回头》、《警世钟》，揭露帝国主义的侵略本质和清朝政府的卖国罪行，呼吁"改条约，复税权，完全独立；雪仇耻，驱外族，复我冠裳"。由孙中山领导的兴中会与黄兴领导的华兴会、蔡元培领导的光复会也联合起来成立了中国同盟会，提出"驱除

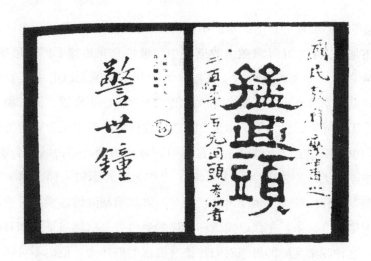

《警世钟》、《猛回头》

鞑虏，恢复中华，创立民国，平均地权"的革命纲领。

同盟会具备了近代资产阶级政党的规模，1905 年 10 月孙中山在《民报发刊词》中，将同盟会纲领概括为民族、民权、民生三大主义。民族主义，就是要推翻满清政府，重建汉人政权。孙中山对此解释说，反对满族并非尽灭满族，而是要反对祸害汉人的满人。他认为，民族主义最根本的问题是政权问题。他在一定程度上把反满同挽救民族危亡联系起来，认为必须推倒满清政府才能争取国家独立。民权主义，就是推翻帝制，建立共和。孙中山吸收卢梭"主权在民"的思想，称赞他"提倡民权的始意"，同时又修订其"天赋人权"说，主张以"革命民权"代之。孙中山认为，国民革命的任务，不仅要推翻满清政府，而且要"颠覆君主政体"，不仅是民族革命，而且是政治革命。他设想"建立民主立宪政体"，"由平民革命以建国民政府"，"制定中华民国宪法人人共守"[1]。他还结合中国的实际情况，在行政、立法、司法三权分立之外，

---

[1] 《在东京〈民报〉创刊周年庆祝大会上的演说》，《孙中山文集》第 1 卷，团结出版社 1997 年版，第 21 页。

孙中山撰写的《民报》发刊词

再加上考选、纠察二权，创立了独具特色的"五权分立"学说。民生主义，就是平均地权，节制资本。孙中山认真研究了中国古代各种经济制度和经济平等思想，他说"民生主义即贫富均等，不能以富者压制贫者是也"。他主张限制富人对土地的垄断，而将土地收归国有。具体办法是"核定地价"、"涨价归公"，这样，"诚可举政治革命、社会革命毕其功于一役"①。他针对"欧美各国，善果被富人享尽，贫民反食恶果，总由少数人把持文明幸福"② 的弊端，还提出"节制资本"的原则。孙中山的民生主义带有浓厚的空想成分，表达了对劳苦群众的真挚同情和对富裕阶层的强力压制，触及贫富不均问题而提倡实施资产国有节制私有，这体现出他为全民幸福积极探索的精神。同盟会的三民主义纲领是中国资产阶级第一次详细阐述的比较完备的民主革命政纲，在动员和组织人民群众推翻封建帝制、建立民主共和的斗争中起了巨大的作用。

　　孙中山一生跨越近代中国旧民主主义革命和新民主主义革命两个阶

---

① 《〈民报〉发刊词》，《孙中山文集》第 1 卷，团结出版社 1997 年版，第 20 页。
② 《在东京〈民报〉创刊周年庆祝大会上的演说》，《孙中山文集》第 1 卷，团结出版社 1997 年版，第 21 页。

1912 年 1 月 28 日临时参议院举行成立大会

段，旧三民主义因其历史局限不能最终完成反帝反封建的任务，可贵的是孙中山毅然采取联俄、联共、扶助农工的三大政策探求新三民主义的发展。然而由于孙中山所处的时代环境，所代表的阶级本体，他个人的认识水平乃至身体状况，使他不可能完成历史赋予他的伟业。但他对国家民族的炽热情感，对追求真理的竭诚态度，对坚持正义事业的坚忍不拔精神，使他无愧于在中国近代史上所取得的崇高地位。他晚年试图将中国古老的传统文化、西方成熟的资本主义文化和苏俄新兴的社会主义文化融会贯通，更说明他博大的胸怀和宏伟的理想，并为后来的革命者开拓了道路而具有恒远的意义。

第二章
教育机制

第一节　官学教育

历代王朝兴办学校的宗旨都不出"敦教化、育人才"的目的，然而在实施过程中"育人才"却比"敦教化"更为重要。中国传统封建社会夸大了孔孟"民可使由之，不可使知之"、"劳心者治人，劳力者治于人"的统治思想，所以把培养为封建皇帝服务的人才看成治理百姓的有效手段。清朝建立全国性政权之后，基本沿袭了明朝的科举制度和学校体系，就在于通过科举选拔人才而起到教化万民的作用。清政府以科举制度培养自己的官僚队伍，以学校教育灌输封建社会的道德伦理，虽然标榜"教化为先"，实质上是"学优则仕"，二者并不矛盾，这就把学子们引向入仕的道途，也将全社会纳入本朝正统的理念之中。

努尔哈赤建立后金政权之初，仅是一个僻处一隅的地方政府。随着后金势力的扩大，越来越多的汉人被纳入统辖之下。皇太极继承汗位后，确立了取代明朝而称霸中原的目标。他借鉴汉族的考试制度选拔人才，说明他有"以汉治汉"的远大政治眼光。顺治帝迁都北京，为安定天下急需大量官吏。他在中央机关任用一批早年降清的汉族官员，在地方政府则多利用故明官吏进行维持。尽管如此，人才仍不够用，且全国

金嵌珠宝"金瓯永固"杯（清）

反满情绪方兴未艾，许多地方官员叛服无常，故其在正式登基之时即颁布诏令：承认故明生员、监生、举人、进士的身份和地位，恢复南、北两京国子监并由各地府州县学按旧制荐送生员，重开科举考试制度并允准无逆反行径的士子参加。顺治帝的这些措施吸引了大量久无际遇的汉族知识分子，他们在大局已定的情况下纷纷走进考场重新选择自己的命运。顺治二年（1645 年）八月举行乡试，全国 15 个考区录取举人 1428 名。又次年三月会试北京，取中进士 400 人。两次考试的得人之盛令清政府颇感意外也深感震惊，他们看到了自己的威力和文化的魅力。新的举人和进士的产生，对充实清王朝的官员队伍起到了极为重要的作用。

清政府还大力尊孔崇儒、兴学重教。努尔哈赤父子在同明朝打交道的二三十年中，逐步了解了孔子儒家思想是中原人民的精神支柱。他们也深刻认识到，要维护封建统治必须确立纲常观念，而这与封建统治制度也是内外呼应的。利用中原传统文化改变自己落后的管理方式，顺应汉族人民的心理、思维定式，也有助于改变自身粗陋暴戾的形象，得到汉族人民的认可和服从。因此，八旗大军进入北京之时，顿改以往烧杀抢掠的遗风，而以王者之师的面貌出现，不许士兵擅自进入市民家中。顺治帝登基次日便颁布诏书，册封孔子第六十五世孙孔允植仍袭衍圣公。次年又追封孔子为"大成至圣文宣先师"，再次年则在陪都沈阳重修孔庙。在实行科举的同时，清朝开始建立自己的学校。顺治七年（1650 年），清政府废除了明朝南京的国子监，将其降为江宁府学。大力恢复被破坏的地方学校，以示崇仰儒学培养人才，塑造自己封建正统的形象。顺治九年（1652 年），皇帝亲自到太学拜谒孔子木主，以示尊崇。并为各省学校撰写敦告士子读书的《卧碑文》，劝士子们"养成贤才，以供朝廷之用"。

至康熙朝，崇儒办学之风更盛。康熙帝不仅亲到太学大讲孔子的高明圣贤，而且还恢复了孔、颜、曾、思、孟直系后裔直入太学读书的制度。他南巡时还多次去曲阜拜谒孔庙，举行祭孔大典，可谓把尊儒活动推向高潮。但康熙帝尊孔并不泥儒，他受侍读学士熊赐履的影响，主张讲明"正学"。所谓"正"，即上尊孔孟，下崇理学。他特别推重朱熹，认为朱熹的著作"集大成而继千百年传绝之学，开愚蒙而立亿万世一定之规"，"非此不能治万邦于衽席，非此不能仁心仁政施于天下，非此不能内外为一家"①。故此，朱子学派在思想界确立了统治地位，朱熹所注四书成为科考的必考内容。

康熙帝深刻认识到，朱熹的理学不仅化育人心，淳朴风俗，而且可以维护封建制度、纲常伦理。故敦教化、育人才此时拨正关系，开始把教化看做育才的前提。康熙帝深切感受到知识的重要，强调在教化的基础上才能培育出人才，这也是康熙朝走向兴盛的原因之一。他在向礼部颁发的《训饬士子文》中说："国家设立学校，原以兴行教化，作育人才，典至渥也。朕临御以来，隆重师儒，加意庠序，近复慎简学使，厘剔弊端，务期风教修明，贤才蔚起，庶几械朴作人之意。"可见"教化""育人"两不误，此碑立于太学极富警示意义，告诫天下士子当品行端正、为国效力。朱子之学会通了孔孟以来各家学说的精华，其博大精深的思想体系成为封建统治的坚强柱石，所以由朱熹注解的《四书》《五经》成为科举考试的准绳，学校在科举制度下也就自然成为封建教育的营地。

清代科举考试基本沿袭明代的制度和程序，考试大体分为童试、乡试、会试和殿试。

————————

① 《康熙政要》卷十六。

契纸（清）

童试又称童子试，包括县试、府试和院试，是科举考试的开始阶段。因为未取得秀才身份的考生称童生，所以以童生的身份参加的考试称童试。参加者年龄参差不齐，固然青少年不少，但也不乏须发灰白的老人。《清稗类钞·考试类》载："直省士子试于郡县及提学，为童子试，俗谓小考，或小试，应试者曰童生。虽壮丁老叟，但与考，皆得以童称之。未冠者曰幼童。"

童试中县试由县级衙门主持，一般是每年二月举行一次。应考者要先期到县衙礼房（办理文教事务的机构）报名，报名时要填写姓名、年龄、籍贯、履历等情况。此外，同考者要五人具结互保，并要请一名廪生出具担保，保证没有冒名顶替、未居父母之丧、家世清白及非贱民子孙等情况。县试一般分五场进行，每场都选拔淘汰，及格者谓之出圈，又称出号。五场合格，按成绩高下排写姓名公布，称为长案，第一名称为县案首。最后一名俗称"坐红椅子"，因为在其姓名后面画一红色截止符号，形似椅子的座面和靠背。县试合格者方能参加府试。府试由府级衙门举行，考试时间一般在四月。府试的程序与县试大致相同，不同的是每五名互保考生必须由府学教官派一名廪生具结作保，称为派保。府试第一名称府案首，其他合格者均可参加院试。院试由各省学政主持，因学政又称提学道，故院试也称道试。考毕按成绩排列，取足名额，第一名称院案首。

学政衙门按成绩将录取者分配到府学和所在州县的官学读书，发榜的方式是由学政将盖有红色印章的新生名单发往府州县衙。府州县接到名单后即召集新生，允许他们穿法定的雀顶蓝袍的生员服装到衙署参加庆祝宴会，而后由府县官员率领到文庙拜谒孔子木主。从此童生正式成为生员，即国家的学生，俗称秀才、相公。

乡试是中央举行的以京、省为单位的考试，一般逢子、卯、午、酉年即三年考试一次，考试时间在秋季八月，所以又称"秋闱"（闱指考场）。乡试的正副主考官一般由皇帝任命在京的翰林及进士出身的部院官充任，同考官一般是从京、省调用进士出身的官员充当。考试由主考官命题，同考官阅卷，此外还有负责监考、巡查、受卷、弥封、誊录、对读等各种事务的官员。

乡试正规的考场叫贡院，贡院内建有成排的号房。每排号房约有百余间，面南无门，各房之间隔以砖墙。明代北京的贡院内，号房多达万余间。考生入场，要经过严格搜查。点名入场后，皆由军士看守。进入号房后，可挂油布帘

北京贡院

以障风雨。号房高六尺、深四尺、宽三尺。侧墙两旁有上下坎，可以支木板。上板作桌，下板为凳。夜间可将上板抽出拼入下层，权作卧榻。炊煮茶饭在房外南墙檐下，由考生自行料理。考场内有士卒充任取水生火之役使，称为号军。巷尾有厕所，以致临近厕所的号房臭气弥漫。明代乡试分别在八月九日、十二日、十五日进行，每场考试前一日点名入场，后一日交卷出场。清代乡试时考生要黎明入场，天黑出场。

顺治二年（1645 年）规定：对考生要"细加搜检，如有怀挟片纸只字者，先于场前枷号一个月，问罪发落。如有请人代试者，代与受代

之人一体枷号问罪。搜检员役知情容隐者同罪"①。康熙五十三年（1714年）又规定：考生入场，"皆穿拆缝衣服，单层鞋袜，止带篮筐、小凳、食物、笔砚等项"，其余别物，一律不准携带②。尽管如此，怀挟作弊者仍不乏其人，为取功名不惜冒险。乾隆年间，条规更严，如衫袍俱用单层，砚台不许过厚，糕饼馒头要切开，甚至皮衣去面、毡衣去里，考生简直如同囚犯。

清初乡试科考体例沿用明制，顺治二年（1645年）规定：第一场试八股文七篇，即四书义三篇，五经文四篇，合为七题，故又称七艺，是最关键的考试。第二场试论一篇，判词五道，诏、诰、表择作一道。第三场试经史时务策五道。此后有所改革，至康熙五十二年（1787年）规定：第一场考四书义三篇，五言八韵诗一首。第二场经义五篇，从五经中出题，考生必须全作。第三场策问五道。遂为定制。试文字数也规定渐细：四书义和五经文每篇以七百字为标准；五言八韵试帖诗共八十字，字、韵皆不得重；策文每道以三百字为宜。考生交卷后，由收掌官保管，弥封官弥封，誊录所重誊，对读所校对，然后由同考官和主考官评阅。

乡试发榜在九月，正值桂花盛开之时，所以乡试榜也称桂榜。乡试取中的称举人，第一名叫解元。放榜的次日设鹿鸣宴，主考、学政、考官、新科举人都参加，以示恩荣。乡试录取的名额依据各省区的人口数量、文化水平和经济状况等因素产生。乾隆九年（1744年）规定每个举人名额可取应试生员：顺天、江南、江西、福建、浙江、湖广为80名，山东、山西、河南、陕西、四川、广东为60名，广西、云南、贵州为30名。考中了举人，不仅可以参加全国性的会试，就是会试未能取中，也具备了做官的资格。因此考生趋之若鹜，欲借此登上仕进

① 《清朝文献通考》卷四十七《选举考》。
② 《钦定大清会典事例》卷三四一。

之途。

会试是中央举行的全国性考试，由礼部主持，考场设在京师，故此又称"礼闱"。会试一般在乡试的第二年，也就是丑、辰、未、戌年举行。考期多在春季的二三月，故此会试又称"春闱"。会试的主考官称大总裁，由内阁大学士或六部尚

南闱放榜图

书充任。又设副总裁三人，由六部侍郎或内阁学士充任。另外还有十八名同考官，以翰林院官员及进士出身的京官为之，称作十八房考官。此外还有各种执事官。

参加会试的是全国的举人，嘉庆四年（1799年）以后举人会试前还有复试。参加会试的举人要自己先提出申请，经顺天府和各省布政司审查后报送礼部，礼部验收后发给报考举人咨文，报考举人持咨文按期报到。参试举人可向本省布政司领取路费，视路程远近定银两若干。新疆、云南、贵州等极偏远地区的应试举人可以从布政司领取牌证，凭牌证乘坐驿站车马打着"礼部会试"字样的黄旗可以一路畅通无阻。会试的考试内容和程式基本与乡试相同，唯第一场考试之四书义三题必须出于"钦命"。一般由主考官拟定，呈请皇帝批准，密封送至贡院颁发。会试录取名额初无定制，康熙五十一年（1712年）始按省录取。清代录取最多的一次为406名〔雍正八年（1730年）〕，录取最少的一次为96名〔乾隆五十四年（1789年）〕，此后一般按照大约20名考生录取一名的比例执行。

会试被录取者称为贡士，第一名叫作会元。会试发榜时，往往正值杏花盛放，所以又称"杏榜"。会试合格后方能参加殿试，但嘉庆四

（1799 年）后明文规定殿试前还要复试。一旦发现作弊犯科者要严厉处分，考官也要被追究责任。复试结果按成绩分出等次，等次对以后授官有重要关系。所以考生不遗余力地争取好成绩，以求飞黄腾达。

殿试亦称廷试，名义上由皇帝亲自主持。清初殿试在天安门外举行，顺治十五年（1658 年）改在太和殿前。殿试在四月份举行，考试内容为经史时务策一道。试题一般由内阁拟出，由皇帝选定。殿试只考一天，日落前交卷。因殿试是由皇帝主考，所以评卷只能称读卷。读卷官由大学士或六部九卿中选派，读卷完后将排列前十名的试卷进呈皇帝。

殿试一般不黜落，由皇帝最后确定名次。出榜分为三甲：一甲为前三名，依次为状元、榜眼、探花，合称三鼎甲，赐进士及第；二甲若干名，第一名为传胪，皆赐进士出身；三甲若干名，赐同进士出身。中三甲者皆称进士，中了进士功名也就到了尽头。名次排定之后，分别书写小金榜、大金榜各一份。小金榜交奏事处进呈皇帝御览，大金榜钤盖"皇帝之宝"大印于传胪日张挂。古代以上传语告下称胪，宋代即行传胪之礼。清代传胪大典，皇帝以全副仪仗亲临太和殿，文武百官穿朝服侍之，诸贡士穿公服列后。鸿胪寺官传"制"，逐一宣布名次，贡士跪地接听。传胪礼毕，皇帝回宫，张挂金榜。三日后榜交内阁收藏，皇帝赐宴新科进士，称为琼林宴，亦称恩荣宴。其后，状元要率进士上表谢恩，并朝拜孔庙。国子监则立碑，镌刻新科进士名单，以备永存。清代凡是通过乙榜中举人、再通过甲榜中进士而做官的人，叫作"两榜出身"。一身兼有解元、会元、状元的，叫作"连中三元"。

按照清朝制度规定，殿试三甲可按前朝惯例立刻授予翰林院修撰和编修，但其余贡士还要参加一次朝考以确定最终的等级，作为授予官职的凭据。朝考的第一名朝元与殿试二甲的第一名传胪按例可到翰林院任职，其余的进士，成绩好的可以入翰林院做庶吉士，成绩稍差的则被授予各部主事、内阁中书及州县官员。清代读书人考中进士后，就此踏上

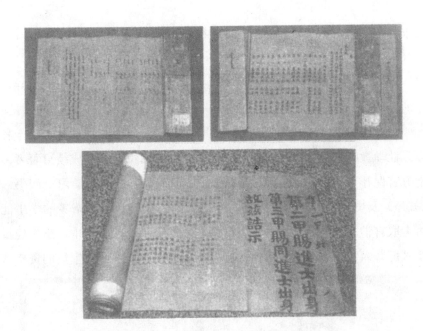

小金榜、大金榜

"学而优则仕"的高阶。

科举制度决定了官学体系，官学教育构成了教育主体。清代的学校教育与科举考试相联系，形成一套严谨、周密、系统的教育制度。

清代的蒙学和社学都属于官学的学前教育，是教育的初始阶段，其共同的特点是以进入官学为目标。蒙学以识字为起点，是一种完全的民间教育，其教师是平民身份，办学有多种形式。一种是设馆授徒。有常年设馆的，教师以教书为业，收取束脩。也有季节性开馆的，于农隙间办学，教师过着半耕半教的生活。另一种形式是村中大户人家出资建馆聘师，本村子弟可免费入学，称为义学。同义学相似的还有族学，即家族的族长支用族产兴办学校，供本族子弟入学就教。此外还有所谓家塾，即大户人家用高薪聘请教师到家中，专教本户子弟读书。蒙学教育先以识字为主，初读《三字经》、《百家姓》、《千字文》等课本，其后陆续讲授《小学》、《圣谕广训》等文字、伦理书籍，《史学提要》、《名物蒙求》等历史、地理、博物常识，《神童诗》、《千家诗》等文学作品，以开阔视野、陶冶性情、培养才能。多数村学学馆的教育到此为一阶段，有的则向更高阶段发展，与官学招生考试相衔接，升入政府倡导设立的社学。

社学经费由官府筹集，选通晓文义、言行谨厚者充任教师，设于各乡。社学教师享受生员待遇，免除差役、领取廪饩，办学成绩卓著者由地方官保荐可通过议叙的途径入仕为官。社学学生主要学习《四书》、《五经》及史政、诗文、掌故等，考核教师的业绩是看其培养的学生能否考取官学。社学对学生的管理纳入官学的统一管理体制中，学生经过童试可升入官学取得廪生资格。廪生如无缺额，则以增广生员的资格入

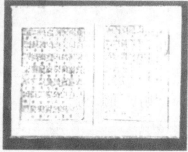

《千字文》、《百字姓》、《三字经》

学，待廪生有出学者递补。增广生员无缺额者，以附学生员资格入学，依次递补。社学与蒙学相比更接近官学，是名副其实的官学预备学校。清代读书人以考官学为正途，只有考取官学才能有更好的前程，当然也有中辍学业改而务农、经商、从幕、投考吏员者，也不乏不屑于仕途而以专心治学为务者。但考取功名是一般读书人的最大愿望，所以科举考试主导着官学教育的主流方向。

清代地方官学按府、州、县行政区划建立，其职责是为乡试提供考生并为太学输送贡生。府学设教授，州学设学正，县学设教谕，各一二人，他们掌管训教生徒，考查其学习态度，评定其品行优劣。各学还设

训导一二人，管理学校日常事务。教官铨选一般有正途出身、须是举人以上者。官学生员自童试中录取，童生考入官学称为入泮。生员有固定名额，分为三类。一为廪生，享受国家发给的廪饩；二为增广生员，不享受廪饩；三为附学生员，为初入学者。经过考课递升资格，有出学者方有递补者。童生如取得生员资格便脱离民籍，可穿蓝袍，免除差役，进入乡绅之列。生员如违反禁令，轻者由府、州、县学教官责惩，重者由学政官处治，地方官不得擅自责骂和处分生员。生员犯有重大罪过时，由教官申报学政，学政将其革除学籍降为民籍后，地方官才能依法治罪。生员最重要的待遇是有机会贡入国子监，有权报名参加乡试。

清代地方官学的课程设置以科举考试的内容为中心，主要有四书文、五经论、经史时务策，以及诗帖诗、诏、诰、表、判等文体的写作，更要读《御纂经解》、《性理大全》、《诗》、《古文辞》、《十三经》、《二十二史》、《资治通鉴纲目》、《历代名臣奏议》、《文章正宗》、《大清律》、《三通》等。生员的考校分为两类，一类由教官考校，分月课、季考两种。一类由各学区学

《五经》、《四书》

政考试，分岁试和科考。月课每月进行一次，季考则是每季进行一次，根据学习进度考查生员学习情况。生员除丁忧、患病、游学以及不可脱身的事故外，一律不许告假，一年内根据不参加课考者的记录将给予其轻重程度不定的处分，严重者革籍为民。岁试三年举行一次，全体生员

必须参加，考毕按成绩划分六等，实行"六等黜陟法"，即分别根据等次有降有升，最差者开除学籍。科考是取得报考乡试资格的考试，岁试中前四等有参加科考的资格，科考也是三年一次，考毕按成绩分为三等，一般前两等准许参加乡试，科考结果要报礼部备案。

清代生员除通过考试得中举人外，还有五种方式可选送国子监深造，即岁贡、恩贡、拔贡、优贡、副贡。岁贡多为参加数次乡试而未能考中者，一般都食廪十年以上而年力衰惫。他们挨次升贡，故又称挨贡，很少被认为有才，实际入监读书者也很少，论资排辈而已，获得一个名分。恩贡是凡遇国家盛典，皇帝特别颁布诏书，准许破例选送贡士的名目。实际是在常规科考之外加选一次，等于扩大招生名额。这类恩贡是在岁贡基础上实行，因此其质量同岁贡相差无几。另一种恩贡是历代圣贤的子孙后裔，有五氏及十三氏之说，五氏即孔、曾、颜、思、孟，十三氏则含汉唐宋明大儒，其后裔中的生员可恩准入国子监读书。拔贡来源于唐宋之拔萃科，明代称选贡。清初每六年选拔府、州、县学生员入国子监肄业，时改时废。乾隆七年（1742年）改为十二年一次，规定学政在生员科考之后选品学特优者贡入太学。乾隆十六年（1751年）又规定，学政录取后，需再经"三院会考"，即总督、巡抚、学政合试。试后再赴京城应朝考，合格者入国子监学习，三年期满后授职。尽管此制时有变通，但拔贡无疑为贡生中最优异者。优贡为府、州、县学教官选报优秀生员，由本省学政会同总督、巡抚考核，然后按照定额录取报送国子监的一种考试途径。其与拔贡并重，质量可等同看待，故为生员中的佼佼者。副贡是乡试中因名额限制不能录取的文理优长的生员，于正榜之外录入副榜贡入国子监学习。此外还有例贡，其相当于明代的纳贡，即由生员按国家成例出资捐纳进入国子监学习。例贡与上述五种贡生不同之处在于，入学不需经过考试，甚至有的监生根本不入监读书，因此较滥。清代称前五贡出身而任官的为正途，例监一般被视为非正途出身。

　　清代中央官学为国子监，开始时沿袭明制。顺治七年（1650 年），改南京国子监为江宁府学。保留北京国子监，称为国学，亦称太学，也称辟雍。清代国子监的最高行政官员为祭酒（从四品），满汉各一人。下有司业，满蒙汉各一人（正六品）。四厅分别为：绳愆厅，设监丞（正七品）；博士厅，置博士（从七品）；典簿厅，设典簿（从八品）；典籍厅，置典籍（从九品）。六堂为率性堂、修道堂、诚心堂、正义堂、崇志堂、广业堂。前四堂设助教（从七品），后两堂设学录（正八品），为各堂负责人。前四堂又设学正（正八品），协助博士讲经，并负训导责任。国子监的学生分置六堂读书，每堂分内班、外班，皆有定额。有些学生并不入监读书，仅有国子监学生身份。取得入监资格并不容易，六堂出现空额时方能"补班"。坐监学生的学制初因身份不同而各异，如岁贡为八个月，恩贡为六个月。雍正五年（1727 年）规定，凡监生都以三年为期，若因过失占去时间皆要扣除计算。国子监的课程设置与府、州、县学大同小异，考试也分为月课和季考。

　　顺治初定监生历事法，坐监期满的学生拨到各部实习政务。历事期为一年，期满参加吏部举行的廷试，合格者授予官职。顺治三年（1646 年）创行"积分法"，《天府广记》卷三《国学》载："凡通四书未通经者居正义、崇志、广业堂，一年半之上文理条畅者升修道、诚心堂，一年半之上经史兼通文理俱优者升率性堂，方许积分。"办法是："孟月试本经义，仲月试论及内科诏诰表一章，季月试史策及判语二，每试文理俱优与一分，理优文省者与半分，文理纰缪者无分。积至八分者为及格，与出身。不及分者，仍坐堂肄业。"当然，也有考试虽不及格，但兼通经、史或有其他专长者，亦可参加廷试任职。廷试分六等，按等授职。顺治十七年（1660 年），停止积分法。康熙初年，停止历事法。此后学生坐监期满即参加廷试授职，但也有学生直接被挑选到修书各馆以议叙方式铨选为官的。

　　由于国子监是清朝的最高学府，是为统治者培养栋梁之才的，因而

北京国子监内的辟雍与太学匾牌

思想品德和法规纪律要求都很高。顺治初年即颁布国子监学规十八条，康熙年间又以天子名义下《圣谕十六条》，雍正二年（1724 年）经修订定为《圣谕广训》。并规定每月初一、十五学生必须集中听教官选读。十六条为：（1）敦孝悌以重人伦；（2）笃宗族以昭雍睦；（3）和乡党以息争讼；（4）重农桑以足衣食；（5）尚节俭以惜财用；（6）隆学校以端士习；（7）黜异端以崇正学；（8）讲法律以儆愚顽；（9）明礼让以厚风俗；（10）务本业以定民志；（11）训子弟以禁非为；（12）息诬告以全良善；（13）戒窝逃以免株连；（14）完钱粮以省催科；（15）联保甲以弭盗贼；（16）解仇忿以重身命。[①] 由此可见，《圣谕广训》是教学生尊崇传统儒学思想、恪守封建统治阶级的伦理说教。

清代皇帝还亲自到国子监视学，尤其是康熙、雍正、乾隆三位皇帝

---

① 《清朝文献通考·学校考七》。

对教育十分重视。康熙皇帝特别推崇理学，将朱熹列入孔庙以配祀孔子。雍正皇帝在国子监祭酒之上又设皇帝特简的管监大臣，提高了太学的地位，使之超于礼部之上，加大了管理的自主权，扭转了满汉两祭酒办事不协的局面。乾隆皇帝则为了"宣教化、昭文明而流教泽"[1]，下令在国子监修建辟雍宫。乾隆五十年（1785 年），他亲临国子监，仿西周辟雍之制，举行讲学礼。他命大学士讲《四书》，命满、汉祭酒讲《周易》，并颁示《御论》二篇以宣意蕴。王公贵族、学士官僚、在监诸生环立听讲，人数超过三千，阵势气概不凡，这是中国历史上最后一次辉煌的辟雍盛典，将"天子之学"推向了历史的最高峰，自然也振奋了学子在仕途上的激情，从而使国子监更充分地发挥了主体官学的作用。

　　另外需要指出的是，满清王朝为维护统治，还建立了一些旗人学校。这些学校主要培养八旗子弟，享有一定特权。如八旗官生参加乡试和会试，始终单立名额、自为一榜、与众不同。八旗官学由努尔哈赤创立，此后发展起来，学校增多，规模扩大。如雍正时，又设立蒙古八旗官学，每旗一所。京城旗学也由四所扩大到八所，各有固定校址。其后逐步纳入科举制度的轨道，融入全国普通教育之中，但其特殊性也始终与普通学校保持区别。此外，在满洲八旗中，镶黄旗、正黄旗、正白旗称为上三旗，为皇帝亲兵，自有不同的待遇。为了扩大上三旗子弟的就学率，康熙二十四年（1685 年）设立了景山官学，雍正六年（1730 年）又设咸安宫官学，统归内务府管理。景山官学分清书三房，汉书三房，各房设教习。学生由上三旗佐领、管领以下官员的幼年子弟中选取，共360 人。咸安宫官学分设汉书十二房，满书三房，每房设教习一人，骑射教习和国语教习各三人。

　　除此内务府官学外，清代宗室、觉罗姓在教育方面又不能混同于一般旗人，其中皇子的教育尤为特殊。清代皇子由翰林院官员直接教授，

---

① 《清史稿》卷一〇六。

黄玻璃水丞

雍正时设立上书房，作为皇子读书的地方。教师称作师傅，从翰林院中挑选著名大儒"朝夕讲论"。宗学是在京师设立的宗室学堂，学生来源皆为宗室子弟，由王、公身份的宗室人员总管。宗学始设于顺治十年（1653年），雍正元年（1723年）决定，将京师宗学扩大为左翼宗学、右翼宗学，其后又在盛京建立宗学。宗学学生初学满、汉文，兼学骑射，然后再学经史。由翰林官主管教学，派大臣负责考试，由皇帝钦定名次。学成后赐进士出身，到各机构任职。觉罗学初建于雍正七年（1729年），专门招收觉罗氏子孙入学，有一定名额限制。教习的选择、学习内容和学制都按宗学办理，学生可与八旗官学学生一起参加各级考试，也可到吏部考选授职。旗学为清朝统治者培养了大量的人才，为满族社会广泛地接受汉文化起到了巨大的作用，为多民族统一国家的形成做出了贡献。直到光绪二十八年（1905年）新学兴起，旗学的特殊地位才被取消，与各地官学一同改为小学和中学。

第二节　书院教育

中国的书院自唐、宋、元、明以来，发展滋蔓，遍于中土，成为与官学相辅而行的教育组织。书院以思想活跃、讲学精深、阐发义理、培植学派而闻名于世，其在历史上的地位与作用有时超越于官学之上。满清统治者入关以后，初始时严禁设立书院，但书院作为长久存在的教育学术机构难以遏制，长期采取禁压的政策也是不明智的。因而随着时局发展，清廷逐渐改变政策，由抑制而松动，由松动而扶持，使书院成为国家正规的教育场所。清代书院在其发展过程中，一方面受到社会文化环境和政府文教政策的左右，另一方面因其不是官学而在教育思想、教学内容和方法乃至培养目标上都颇具自己的特色。可以说，书院的命运在很大程度上是与其主持人密切相关的。主持人缺乏思想、学问和魄力，处处以封建教育思想和科举制度为准则，那么书院也就与官学相差无几。如果主持人思想深邃、学问高深又富有魄力，能站在时代前沿而锐意进取，使学生真正获取知识和能力，那么书院也就得到全社会的尊重而声名远播。毕竟书院不同于官学，因而其风貌也就与官学有差异。比如清初的一些思想家在书院讲学就形成很大影响，其后的一些书院在近代西方文化冲击下适时调整教学内容也取得了成效。

　　明末清初，由于多年战乱，各地学校和书院遭到破坏。清朝政府为了加强统治和兴办教育，陆续恢复了中央和各地的官学体系。但是对于重要的文教设施——书院却并未提倡恢复。这主要是因为清朝虽已定都北京，但在南下过程中遇到顽强抵抗，使统治者担心书院活动助长复明反清思想。顺治九年（1652 年）颁布圣谕："各提学官督率教官生儒，务将平日所习经书义理，着实讲求，躬行实践。不许别创书院，群聚徒党，及号召地方游食无行之徒，空谈废业。"① 尽管清政府明令禁止创设书院，但在地方上仍有一些书院经修复后开办。如顺治九年（1652年），湖南有悠久历史的岳麓书院经巡抚彭禹峰聘任主持人仍继续存在；在江西，巡抚蔡士英于顺治十年（1653 年）前后，将白鹿洞、鹅湖、白鹭洲、友教书院"次第修复"，聘师开讲；顺治十四年（1657 年），衡阳石鼓书院也被朝廷允准恢复开放。由此可见，清廷主要是警惕那些聚党起事、攻击朝政、别立异端的教育和学术团体，而对遵从朝廷重儒兴道文教政策的地方文教组织尚能宽容。由于湖南首开书院恢复之风，

———————————

① 《图书集成·选举典·学校部》。

因而民间教育也兴发开来。一些地方的书院不以书院为名，而以先贤祠如周敦颐祠、张载祠、二程祠、邵雍祠、朱熹祠名之。朝廷虽不鼓励，也未禁绝，此时书院在全国范围内，由于经济的破坏和政治的高压，基本上处于沉寂状态。

木雕东坡观砚（清）

康熙年间，虽然发生了震惊全国的"三藩之乱"，但清政权已基本稳固，社会相对安定，经济得到复苏。在文化教育上，清政府采取专制与拉拢并行的手段，所以对书院恩威并施或默许认同。清代统治者认识到，反清力量已被彻底击垮，百姓渴望过正常的生活；而接受文化教育是中原地区长久以来的优良传统，况且孔孟程朱之学对维护封建统治有着不可低估的作用，所以在兴办官学的同时对书院也减少了限制并时而表示赞赏。康熙三年（1664年），山西潞安府知府肖来鸾建正水书院；康熙四年（1665年），云南沾益州知州王作楫建西平书院；康熙五年（1666年），湖南会同县知县何林建三江书院……各地书院悄然兴起。书院的复兴有利于民间的文化教育，对清朝国民素质的提高也不无裨益。尽管还有少许志士对明亡深感痛心，但清朝国势的强盛也逐渐抹平了更多人的伤痕。康熙二十四年（1685年），湖南长沙岳麓书院扩建竣工后，巡抚丁思孔担心书院禁令未开，他日书院遭人毁坏，便两次上疏请皇帝题额。礼部收到奏疏后经过讨论，一致同意转呈皇帝定夺。次年，康熙皇帝亲题匾额"学达性天"，并赐十三经、二十一史、经书讲义等，以示褒扬。此后，康熙皇帝又赐"学宗洙泗"匾额给山东省城书院，赐"学道还淳"匾额给苏州紫阳书院。既然由皇帝赐予匾额，办学又被认为是"善政"，故各地缙绅积极展开修复和创立书院的活动，清朝书院逐渐由沉寂转向复苏。

雍正年间，书院的发展已势不可当，顺治皇帝发布的书院禁令已形同虚设，雍正皇帝很巧妙地既未违背祖训又调整了对书院的政策。雍正十一年（1733年），其下谕旨说："朕临御以来，时时以教育人材为念，但稔闻书院之设，实有裨益者少，浮慕虚名者多，是以未尝敕令各省通行，盖欲有待而后颁降谕旨也。近见各省下吏渐知崇尚实政，不事沽名钓誉之为，而读书应举者，亦颇能屏去浮嚣奔竞之习，则建立书院，择一省文行兼优之士读书其中，使之朝夕讲诵，整躬励行，有所成就，俾远近士子观感奋发，亦兴贤育才之一道也。督抚驻扎之所为省会之地，着该督抚商酌奉行，各赐帑金一千两。将来士子群聚读书，须预为筹划，资其膏火，以垂永久。其不足者，在于存公银内支用。"[①] 此谕旨中，肯定了近来书院之设，为"兴贤育才之一道"；要求督抚于所在省会城市创办书院，并提供经费。

自此书院大兴，省会也不止一处书院。如顺天（北京）金台书院，直隶（保定）莲池书院，山东（济南）泺源书院、山西（太原）晋阳书院，河南（开封）大梁书院，陕西（西安）关中书院，江西（南昌）豫章书院，浙江（杭州）敷文书院，福建（福州）鳌峰书院，湖北（武昌）江汉书院，湖南（长沙）岳麓书院，湖南（长沙）城南书院，四川（成都）锦江书院，甘肃（兰州）兰山书院，广东（肇庆）端溪书院，广东（广州）粤秀书院，广西（桂林）秀峰书院，广西（桂林）宣城书院，云南（昆明）五华书院，贵州（贵阳）贵山书院，奉天（沈阳）沈阳书院，江苏（江宁）钟山书院等，都是著名的书院。

除地方长官大力兴办书院外，地方缙绅出资兴办书院也屡有所见。如陕西华阳县的云台书院为邑绅王山石所建，贵州铜仁的卓山书院为邑绅易佩绅所建，四川自贡东新书院为邑绅王循礼所建，安徽庐江崇正书

---

① 《清朝文献通考·学校考八》。

中国文化史（四）

院为邑绅许安邦所建，合肥肥西书院为退休官员刘铭传所建，湖南溆浦紫峰书院为邑绅王学健等建，江苏扬中县太平书院为扬州府属六邑绅士捐资共建，河南新乡鄘城书院由本籍人士、开封府同知出资赎买商人会馆所建。此外，还有商人出资所建书院，地方衙门拨付经费所办书院。书院数量之多"远过前代"，可谓兴学之风一时蔚然。

乾、嘉时期和同、光时期，书院已颇具规模并具官学倾向。清政府利用书院普及文化知识，更重要的是强化封建统治思想。书院形成省、府、州、县、乡五级层次，与官学相辅形成极为庞大的教育体系。清政府采取种种措施加强对书院的控制，以使书院"有裨益而无流弊"。其结果便是书院的官学化愈益严重，以至书院与官学的面貌几无不同。

书院在其兴起、形成和发展过程中，形成了特有的风貌。在管理体制和经费方面，书院由地方政府直接辖控。书院与官学的不同在于，地方官学接受各学区学政官的管理，而书院则直接接受各级官府的管理。雍正十一年（1733 年）谕旨说："封疆大臣等并有导化士子之责，各宜殚心奉行，黜浮崇实，以广国家菁莪棫朴之化。"其后更明确指出："书院师长，由督抚学臣，不分本省邻省已仕未仕，择经明行修足为多士模范者，以礼聘请，其余各府、州、县书院，或绅士捐资倡立，或地方官拨款经理，俱申报该管官查核。"这就使书院的大权牢牢掌握在官府手里。

莲池书院图咏（清）

在教师来源和待遇方面，也由政府严格简选加以任用。乾隆元年（1736 年）规定："嗣后书院讲习，令督抚学臣悉心采访，不拘本省邻

532

省，亦不论已仕未仕，但择品行方正、学问博通、素为士林所推重者，以礼相延，厚给廪饩，俾得安心训导……如果六年著有成效，该督抚学臣，酌量提请议叙。"① 书院的院长由地方长官聘任，聘金由地方长官发给，因而书院也就具有了较浓的官学色彩。一般而言，院长多选用有学识的士人充任，其聘金根据各级政府的层次与其本人出身的不同而定。乾隆年间，院长任期六年，届满由地方官考核，成绩卓著者准以议叙方式授予八品官职衔。许多著名学者都曾被聘主持书院或到书院讲学，他们的声望提升了书院的地位并扩大了书院的影响。书院除有教学人员外，还有相应的管理和服务人员，可谓名副其实的学校。

在课程设置和教学组织方面，书院与官学相近也有严格要求。课程以四书五经为主，阐述四书五经义理的辅助性教材完全采用宋明理学家的讲义、语录和注疏。其又可分为小学和大学两类，小学主要讲授文字学、训诂学、音韵学等基础文化知识，大学重点讲授传统经学及程朱理学的内涵及要义，目的还是要为国家培养品学兼优的人才。教学组织大体分为四种形式。一为分年法，二为分斋法，三为自学法，四为讲会法。分年法是将学生分成不同的年龄段分别；施教。第一阶段一般在 15 岁以前，主要是识字读书；第二阶段在 20～25 岁之前，重点是贯通经义；第三阶段则是要涉猎群书，博取兼收，学作科举文章。清代许多书院都采用分年法，只是在年龄段划分上稍有差异，这与书院的办学宗旨有关，但基本上是符合教育规律的。分斋法是把学生分斋进行讲授。如清初教育家颜元在直隶广平府肥乡县漳南书院讲学时把学生分为六斋，即文事斋、武备斋、经史斋、艺能斋、理学斋、帖括斋。颜元是重视实学的，故其较为看重前四斋。但后来理学被扶为正宗，故书院风格不能不受影响，理学与制艺遂成主流，使书院与官学几无重大区别。分斋法适合生员以上资格的学生，因而也被书院采用。自学法是将学生的时间

---

① 《清会典事例》卷三九五。

分段安排自学不同的内容。如晨起、午前、午后、灯下，不同时段读不同的书，以调剂精神增强效果。在此基础上，每月再规定时间组织讨论，深入切磋、体会。讲会法是一种主讲与辩难的研讨形式。讲会有严格的制度，严密的组织，严谨的要求。讲会设立会宗、会长、会正、会赞、会通等职，由推举产生。讲会一般先发通知，通告要讲的内容和时间。讲会之日由会宗主讲，听讲者可以提问，采取问难辩答的方法，便于教学相长，活跃学术气氛。各书院的讲会时间、规模、内容都有一定计划，有些书院还将讲会的方式推广为学生的讨论式教学，这促进了学术思想的交流和教学水平的提高。

彩绘描金紫檀扶手椅（清）

在学生的来源和待遇方面，书院较之官学灵活而有优势。清初兴建书院主要考虑各地生员就读的方便。许多省会所办书院水平很高，吸纳了众多优秀的学子，学术地位高的书院有不少贡生、监生、举人就读。府、州、县的一些书院则为了解决童生入学难、生员再深造的问题，其教学水平也不比官学差。实际上，大多数书院各层次的学生都收，形成系列。书院学生入学也要由政府审查，审查的目的是排除"恃才不羁"之士。学生要经考试录取，因此质量较好。袁枚《书院议》说："民之秀者已升之学矣，民之尤秀者又升之书院。"由于书院的学生是优中选优而来，故在学期间的待遇也比官学为高。书院的学生或以治学为务，或以科举为务，因而在社会上有广泛的影响。

清代的书院虽然具有很浓的官学化趋势，但书院毕竟不是官学，尤其是一些书院有著名学者掌教，形成了鲜明的时代特色和办学风格。

清初出现了许多著名的思想家，他们同时也是伟大的教育家，如黄宗羲、顾炎武、王夫之。黄宗羲不但参加了抗清武装斗争，还在斗争失败后进行讲学活动。他复兴书院，主持讲席，潜心研究，著述丰富。他在宁波创建并主持证人书院长达 8 年，在海宁主持讲席也历时 5 年，培养了不少学生，发展了浙江的学术文化。黄宗羲认为，学校应有议政的功能，"天子之所是未必是，天子之所非未必非，天子亦遂不敢自为非是，而公其非是于学校"。黄宗羲关于学校职能理论的创新，反映了他要求国家决策民主化的强烈愿望。黄宗羲还认为"科举盛而学术衰"，士人在富贵利禄的引诱下，只知研读时文，寻求捷径，没有了独立思考，更不敢标新立异，结果读书求学只不过是获得功名地位的一种手段，而失去了经世致用、自由思想的意义。黄宗羲在《明夷待访录》中有关教育的论述，体现了他要求民主的精神和讲求实效的态度。顾炎武批评理学不过是禅学的变种，指出弃《五经》而学《语录》将教育引向歧途。王夫之年轻时勤奋好学，关心国家、民族的前途和命运。参加抗清斗争失败后，在十分艰苦的条件下从事学术著述和讲学活动长达 40 年。他在有关教育的论述中，认为教育是治国之本，对人的发展起重要作用。他说："王者之治天下，不外政教之二端。语其本末，则教本也，政末也。""人之不幸而失教，陷入于恶习，耳所闻者非人之言，目所见者非人之事，日渐月渍于里巷村落之中，而有志者欲挽回于成人之后，非洗髓伐毛，必不能胜。"在教学方法上，王夫之认为要"因人而进"，"顺其所易，矫其所难，成其美，变其恶"；要"施之有序"，由洒扫、应对粗小之事，逐渐教以正心、诚意、修身、齐家、治国、平天下等精大之理；要"学思相资"，"学非有碍于思，而学愈博则思愈远。思正有功于学，而思之困则学必勤"。如果说清初这些反对理学的思想家痛定思痛，高屋建瓴地提出教育治国救人的大计，那么稍后的学者更主张经世致用的实学，在批判传统教育的基础上进一步提倡实学教育，颜元便是这方面的杰出代表。

颜元（1635～1704 年），字易直，又字浑然，号习斋，直隶博野县

木雕渔翁（清）

北杨村人。颜元从小所受教育既杂，如骑、射、战守、医术、天象、地理。20 岁以后又习心学、理学，然渐知其误也。"因悟周公之六德、六行、六艺，孔子之四教，正学也；静坐读书，乃程、朱、陆、王为禅学、俗学所浸淫，非正务也。"① 此后，由原来笃信理学转而批判理学，学术思想发生了根本性的变化。颜元一生从事教育活动，从 24 岁时始设家塾，到 70 岁临终时仍念念不忘教育学生。其著作今人编有《颜元集》，关于教育的论述主要有《总论诸儒讲学》、《上太仓陆桴亭先生书》、《性理评》、《漳南书院记》等。

颜元认为，传统教育严重脱离实际，教育只在"文墨世界"中，只在口头纸笔上下工夫，这不仅无益，而且有害，所以，"误人才、败天下事者，宋人之学"②。他还批驳传统教育的义、利对立观，针对董仲舒提出的"正其谊不谋其利，明其道不计其功"，提出"正其谊以谋其利，明其道而计其功"。颜元继承和发展了南宋事功学派的思想，坚决反对理学家"明天理，灭人欲"的主张，说："全不谋利计功，是空寂，是腐儒。"颜元严厉抨击八股取士制度，指出其危害的严重性，认为士人读书求学完全是为功名利禄引诱，"自幼惟从事破题、捭八股，父兄师友期许者，入学、中举、会试，做官而已"。他愤激地说："天下尽八

---

① 《颜元集》，中华书局 1987 年版，第 726 页。
② 《颜元集》，中华书局 1987 年版，第 776 页。

股，中何用乎？故八股行而天下无学术，无学术则无政事，无政事则无治功，无治功则无升平矣。故八股之害，甚于焚坑。"① 颜元打着古人旗号批判程朱理学，在当时是具有一种大无畏的勇敢精神的。

他特别强调学校要以培养人才为主，说"人才者，政事之本也"，"无人才则无政事，无政事则无治平，无民命"② 他进一步提出以教育育人才治天下的主张："如天不废予，将以七字富天下：垦荒、均田、兴水利，以六字强天下：人皆兵、官皆将，以九字安天下：举人材、正大经、兴礼乐。"③ 颜元"人才为政事之本，而学校尤人才之本"的思想，正确地揭示了学校、人才、治国三者之间的关系，突出了学校教育的重要地位。以人才为本的教育观念，对国家的兴旺发达有深远的意义。故此他提出："令天下之学校皆实才实德之士，则他日列之朝廷者皆经济臣。"主张培养具有真才实学的经世致用之士。他认为圣人在于好学，不管是通才还是专才都属于贤者一流。庸人不肯下工夫，若"今天下之学校皆无才无德之士，则他日列之朝廷者皆庸碌臣"④。

颜元为实践他的教育理念，在教育内容上也"以复古求解放"，晚年创制了分斋教学法。前四斋为文事、武备、经史、艺能，皆为"真学""实学"；后二斋为理学、帖括，以"应时制"。他还强调"习行"的重要，"读书无他道，只需在'行'字著力"。他认为读书联系实际，学得的知识才是真正有用的。他坚决反对理学家静坐读书、空谈心性的教学方法，说"千余年来率天下入故纸堆中，耗尽身心气力，作弱人、病人、无用人者，皆晦庵为之"。要想获得真知，只有接触事物，躬行实践，方能"见理于事，因行得知"。颜元以大无畏的精神抨击了"坐而论道"的传统教育，树立起培养"真才实学"有用之人的教育观念，虽然其目的是为了维护封

---

① 《颜元集》，中华书局 1987 年版，第 691 页。
② 《颜元集》，中华书局 1987 年版，第 398 页。
③ 同上书，第 763。
④ 同上书，第 768 页。

建统治，但也反映了社会发展的新要求，这在当时无疑是具有进步意义的，对中国近代教育的产生和发展也产生了一定的影响。

从清朝立国至鸦片战争前，中国封建社会的教育达到极盛。与此同时，清政府也不断加强对学校的管理和控制，书院的官学化现象也日趋严重，绝大部分书院与官学已无二致，成为士子们准备科举考试的场所。不过也有例外，如诂经精舍与学海堂便独具特色，对清朝文化学术的发展以及人才的培养都起了重要的作用。

清初以来的文字狱使许多学者潜心于学术研究，他们力图摆脱理学的空疏、僵化，也力避面对现实的批评、风险，这就形成一个既不同于理学又不同于实学的考据学派，这一学派到乾嘉时期大盛，在学术研究方面取得了丰厚的成果。乾嘉学派以经史考据为特色，出现了许多名闻遐迩的大学者，如惠栋、戴震、王鸣盛、钱大昕、王念孙、段玉裁、王引之、阮元等等。他们或多或少地都曾主讲于书院，而其学问使当时的理学家们也钦佩不已。

乾嘉学派中办学最有成效的是阮元，他也是乾嘉学派学术成果的总结者。他官高位显，学大术深，《清史稿·阮元传》评他说："在浙江立诂经精舍，祀许慎、郑康成，选高才肄业；在粤立学海堂亦如之，并延揽通儒，造士家法，人才蔚起。撰《十三经校勘记》、《经籍纂诂》、《皇清经解》百八十种，专宗汉学，治经者奉为科律。集清代天文、律算诸家作《畴人传》，以章绝学。重修《浙江通志》、《广东通志》，编辑《山左金石志》、《两浙金石志》、《积古斋钟鼎款识》、《两浙輶轩录》、《淮海英灵集》，刊当代名宿著述数十家为《文选楼丛书》。自著曰《研经室集》。他纪事、谈艺诸编，并为世重。身历乾嘉文物鼎盛之时，主持风会数十年，海内学者奉为山斗焉。"

阮元认为："圣贤之道存于经，经非诂不明，汉人之诂，去圣贤为尤近。"① 他任浙江巡抚时创立"诂经精舍"，据其所言："精舍者，汉学生徒所居之名；诂经者，不忘旧业，且勤新知也。"② 阮元所以不以书院为名，就是为与一般书院重科举不同，而强调学术研讨，他在诂经精舍内祭祀汉代著名学者许慎和郑玄，可见崇尚学问。精舍内授课以经史为主，兼及小学、天文、地理、算法，而不习时文、帖括。所聘主讲皆为当时名儒，如王昶、孙星衍等。诂经精舍自嘉庆五年（1800 年）于杭州创办，一直延续到光绪三十年（1904 年）。此间培养的学生成名成家、功业显赫者不可胜数。

金錾云龙纹执壶（清）

阮元后来任两广总督时，又在广州粤秀山创立学海堂。"学海"一词双关，一意为堂址依山望海，吞云吐雾，有磅礴之势；一意取汉代经学家何休无学不通，广取博收，有学海之誉。学海堂仍以经史训诂为主，不习举业课试之文。其教学方法是以自学为主，学生从经史中自择一部读解，或评校，或阐发，共同讨论，互相切磋。学海堂不设山长，改设具有业务专长的学长，每名学生可从中任选一位为师。入学者本来就有一定专长，入学后再继续深造，有些后来成为著名的学者。学海堂自道光四年（1824 年）创办，到光绪二十九年（1903 年）停办，也存在了 80 年。

两所书院教学和研究结合，刊刻了师生大量的学术成果，对清朝学术发展做出了重大贡献。但需要指出的是，两所书院虽然在当时腐败的书院教育中注进了一股清新之风，但引导学生整日埋头于故纸堆中从事

---

① 《研经室二集》卷七。
② 《研经室二集》卷七。

训诂考订，也就使学生脱离社会实际而缺少经世才能，这些偏差在鸦片战争后随着时局的发展才得以纠正。

第三节　新式教育

清室入主中原后，对外主要采取闭关自守政策，这就使明代万历以后随西方传教士输入中国的科学文化知识也受到排拒。西方的科技成果往往被抹上宗教的色彩，传教士在华的妄自尊大也激起清廷的反感。如果说康熙帝还能较为清醒地接受一些西方的先进科技知识，那么到乾隆帝就绝不能容忍西方列强的盛气凌人。伴随着教禁和闭关，西方自文艺复兴以来所取得的成就也被挡在国门之外。清政府为维护封建统治，孔孟、程朱又被扶为正宗。这种情况一直持续到鸦片战争之前，因而，清朝初期到中叶的教育仍是以传统文化为主。

由于缺乏对外文化交流，自身也不注意变革，清朝的教育越来越不能适应社会的发展，其所导致的后果则是国力的逐渐衰退。虽然学校仍在开办，但日益徒具虚名，从中央到地方，教学活动几乎停废。教育内容也不切实用，无非是义理、辞章、考据。义理发展到"非朱子之传义不敢言"的地步，辞章以桐城派为代表标榜古文复兴，考据也流于烦琐而出现"言言有据，字字有考，只向纸上与古人争训诂形声"的现象。科举弊病日渐严重，且将教育引向困境。空疏的内容、专制的形式以及考试过程中的种种作弊行为，使教育了无生气，每况愈下。封建教育的衰败，实是清政府保守机制的反映。因而，面对西方国家的强力侵入，文化教育也面临着严峻的挑战。教育要维护封建社会的生存和推动中华民族的发展，改革就势在必行。

面对封建社会的"衰世"和西方列强的炮舰，以龚自珍（1772～

1841 年）、魏源（1794～1857 年）等为代表的一批先行觉醒的知识分子，从训诂考据的圈子中挣脱出来并开一代教育改革之风。

　　龚自珍将人才问题作为批判现实社会各种弊端的出发点，指出教育的失败导致整个社会的平庸。他认为要改革选取人才的途径，打破科举取士的框范。他热情地呼吁："九州生气恃风雷，万马齐喑究可哀。我劝天公重抖擞，不拘一格降人才。"他指责科举考试扼杀了人的智能和才思，重出身、讲资历、熬年月的官吏晋用制度剥夺了优秀人才脱颖而出的机会。

与此相关，他倡导复兴"经世致用"学风。认为科举制度和封建教育是造成学治分离、学用脱节的主要原因，士子们"疲精神耗目力于无用之学"，一旦中第得官却又无能力应对和解决复杂的现实问题。因此，从"经世致用"观点出发，龚自珍认为儒学不能作为教育独尊的内容，

圆明园大水法

士子们还应研习有关民生日用的大量知识，且儒经也应随世变通、因时制宜，不能僵化保守、循规蹈矩。

　　魏源也批判考据之学和义理之学远离政治、不切实际，认为考据之学"毕生治经，无一言益己，无一事可验诸治者"[①]，义理之学"上不足制国用，外不足靖疆圉，下不足苏民困"[②]。他受江苏布政使贺长龄延请主持编写了《皇朝经世文编》，此书集清朝鸦片战争前经世实学之

---

① 《魏源集》，中华书局 1976 年版，第 24 页。
② 同上书，第 36 页。

大成，对当时和后来的文化教育有深远的影响。魏源从"经世治用"的观点出发，透过鸦片战争的战火硝烟，进一步认识到教育的迂腐和民族的危亡，故提出"师夷长技以制夷"的构想。他在林则徐主持编译的《四洲志》的基础上，增补资料编成介绍世界主要国家情况的《海国图志》。提出要向西方学习先进的军事科学技术，并可将学习先进的军器制造技术引申到社会的更多方面。他还希望改革科举制度，以选拔精通西洋军事技术的人才。建议在福建、广东两省增加水师一科，选取能造战舰、飞炮、火箭、水雷、奇器者。

　　龚自珍、魏源等提出的教育改革思想，虽然在当时庞大的教育体系中难以行通，但毕竟标志着传统封闭型的中国教育开始出现转机，此后在国内外大势的推动下教育逐渐出现新的面貌。

　　开始于16世纪末的"西学东渐"因中国的教禁和闭关政策而停止，但西方向东方殖民扩张之势有增无减。19世纪初，随着资本主义势力进一步扩展，海外传教事业也随之兴盛。继印度沦为英国的殖民地后，中国开始成为英国觊觎的主要对象。传教事业是英国实施海外扩张的重要一环，罗伯特·马礼逊（1782～1834年）作为英国伦敦教会选定的第一个到中国开辟新教区的传教士，于1807年搭乘美国商船来到澳门然后进入广州。他在这里学习中国语言，了解中国情况，此后便一直在广州、澳门及南洋从事传教活动。这期间，他出版了汉译《圣经》，编纂了《华英字典》，为以后西人在华传教工作做了必要的准备。他还在后来的传教士米怜的协助下，在教会及东印度公司支持下，自捐私款于1818年在马六甲创办了英华书院。英华书院以中、英文双向教学，涵盖中、小学教育内容。对欧籍学生，主要教以中国文化知识，对本土学生，主要教以科学技术知识。英华书院开办后，小学规模不断扩大，中学人数尚较少。1842年，中英签订《南京条约》后，英国霸占香港。为便于向华人传教和传学，1843年英华书院正式迁往香港。英华书院尽管只"为宣传基督教而学习英文与中文"，但无疑对促进中西文化的交流起到了作用。华人学生在此成为中国近代第一批西学的知情者，教会也由此积累了经验并为传教准备了人才。此外，1834 年，马礼逊在澳门去世后，一些来华传教士和商人发起成立了"马礼逊教育协会"，后开办马礼逊学校。就读马礼逊学校的中国学生中，以容闳（1828～1912 年）对中国近代教育影响最大。1847 年，他在教会资助下随布朗赴美国留学，1854 年毕业于耶鲁大学，获学士学位，并于当年回国。容闳回国后虽历经坎坷，但始终不忘实现"以西方之学术灌输于中国，使中国日趋于文明富强之境"① 的宏愿。1872 年，在容闳的努力促成下，中国第一批官派留美幼童终于成行。马礼逊学校以其丰富的西学课程，充实了在此求学的中国青年，开阔了他们的知识视野，有些人由此成为近代中国不可多得的高层次西学人才。

鸦片战争之后，西方列强强迫清政府签订了一系列不平等条约，在政治、经济上加强对中国控制和掠夺的同时，在宗教活动方面也取得了一些特权。凭借不平等条约的保护，西方传教士纷纷来华传教。在传教活动中，学校也纷纷建立起来。早期的教会学校集中在五个开放通商的沿海城市广州、福州、厦门、宁波、上海和被割让的香港，大多附设于课堂，规模小，程度低，办学的目的是为"传播福音开辟门路"。招生对象以贫苦人家的孩子为主，有些学生的父母已经信教成为教徒。为吸引学生，早期教会学校多免收学费和膳食费，甚至还提供衣服和路费等。这些学校一般都设有数学、天文、地理等课程，在教学方法上也不同于传统蒙学，有的学校还开设外语课程。从中毕业的学生受教堂的影响，多成为传教的工具。但他们对西方的了解，也成为中国当时现实的需要。早期教会的学生往往在中外交往活动中充当通事（译员）的角色，后来则发挥日益重要的作用。

鸦片战争给中国社会造成了全面冲击，传统教育不切实用的弊端日益明显地表现出来。清政府内部的洋务运动开始发起，1861 年初，因

---

① 容闳：《西学东渐记》，湖南人民出版社 1981 年版，第 23 页。

1858 年中英签订《天津条约》

奕䜣等人的奏请，"总理各国事务衙门"为清廷批准设立。洋务派官员主张引进和学习西方先进的科学技术，他们在文化教育上也相应采取一些重大举措，如创办新式学堂，翻译西学书籍，派遣留学生出国等。洋务派在清廷内部以奕䜣为代表，在地方上则有曾国藩、左宗棠、李鸿章以及稍后的张之洞等。洋务运动本质上是一场清政府为提高攘外安内能力、拯救垂危统治的自强运动，但客观上反映了资本主义发展的历史要求而启动了中国近代化进程。

洋务运动从 19 世纪 60～90 年代，新式学堂在此间大约陆续创立了 30 余所，大致上可以分为外国语学堂、军事学堂和技术实业学堂三类。

外国语学堂以京师同文馆为首创。它是在同治元年（1862 年）七月由恭亲王奕䜣奏办的，附属于总理各国事务衙门。最初仅设英文馆，次年相继成立法文馆和俄文馆。同治六年（1867 年），又添设天文算学馆，使其由单一的外语学堂变成综合性的专科学校。其后，同治十一年（1872 年），又添设德文馆，光绪二十二年（1896 年），又添设东文馆。光绪二十六年（1900 年）八国联军入侵北京，国文馆解散。次年清廷兴办京师大学堂，将同文馆并入其内，后称"译学馆"。同文馆的学生，最初只有 10 名。后来添设法、德文馆，每馆也只有 10 名学生。到光绪十三年（1887 年），同文馆的学生已增加到 120 名，以后一直保持这个数目。学生来源最初只招收 15 岁以下的八旗子弟，后来也招收 30 岁以下科举出身的正途人员。同文馆的学制分八年和五年两种。八年制课程设置如下：首年：认字写字，浅解词句，讲解浅书；二年：讲解浅书，练习句法，翻译条子；三年：讲各国地图，读各国史略，翻译选编；四年：数理启蒙，代数学，翻译公文；五年：讲求格物，几何原本，平三角，弧三角，练习译书；六年：讲求机器，微分积分，航海测算，练习译书；七年：讲求化学，天文测算，万国公法，练习译书；八年：天文测算，地理金石，富国策，练习译书。五年制则删减语言文字类课程，主要学习自然科学知识。同文馆的考试分为四种：一为月课，二为季考，三为岁试，四为大考。大考后优者授官任职，劣者降革留馆。同文馆教习多为外国人，如首任英文馆教习是英国传教士包尔

剪纸榴开得子（清）

腾，法文馆教习是荷兰传教士司默灵，俄文馆教习是俄国驻华使馆翻译柏林，德文馆教习是第图晋，东文馆教习是杉几太郎，只有算学馆教习是中国著名数学家李善兰。同文馆的教习最初是各馆分设，同治八年（1869 年）由海关总税务司英国人赫德介绍，任命美国传教士丁韪良为总教习，他在此任长达 25 年之久。同文馆除教习外，还有提调与帮提调四人，管理馆内事务。另外附设印刷所，译印数、理、化、语、史、地等课程书籍。洋务派创设同文馆，将"西文"和"西艺"引入课堂，效法西方采取班级授课，这是对中国传统的教学内容和施教方法的一次革新和突

造出木质兵船"艺新号"，而为其他学校输送的教学和管理人员也都成为骨干，因而当之无愧地受到各界的称誉。此外，由上海江南制造局操炮学堂改为的工艺学堂，广东实学馆及其后改为的广东水陆师学堂，都可看出欲借西学富国强兵的特点。陆续开办的实业学堂还有福州电报学堂、天津电报学堂、上海电报学堂、天津西医学堂、湖北矿务局工程学堂、山海关铁路学堂、南京矿物学堂等。

甲午战争中威海卫海战图

　　洋务运动时期，尽管洋务派大力兴办洋学堂培养人才，但仍然不能满足洋务事业发展的客观需要。日益增多的错综复杂的外交事务，需要有不仅通晓外语而且了解各国情况的外交人员；因战争需要所设的军事学堂，师资难求，设备陈旧，训练出的将弁不足以应付强敌；为振兴国力而办的实业教育，素质不高，发展缓慢，也难培养出急为所用的专门人才。因此有人建议学习日本的经验，派幼童分赴各国留学。奕䜣也认识到"派出去"比"请进来"的优越性，他说："购买外国船炮，由外国派员前来教习，若各省督抚处置不当，流弊原多，诚不若派员带人分往外国学习之便。"① 在洋务派的推动下，清政府先后派使团赴西方各国

————————————

① 《筹办夷务始末》（同治朝）卷十五，第32页。

游历考察。他们看到西方各国之间互派留学生，掌握对方先进技术，归国后分科传授，直视为身心性命。这引起清政府的重视，同治七年（1868年）与美国订立《中美续增条约》，其中第七条规定："嗣后中国人欲入美国大小官学学习各等文艺，须照相待最优国之人民一体优待。美国人欲入中国大小官学学习各等文艺，亦照相待最优国之人民一体优待。"① 在这种历史条件下，清政府终于同意将留学作为一项国策付诸实施，从而开创了留学教育的先河。其后，赴美、赴欧、赴日留学渐成时新潮流。

中国首批官派赴美留学生成行得力于容闳的倡导，并得到曾国藩、李鸿章等洋务派官员的支持。容闳是在教会学校培养下赴美留学获取学位后归国的有志之士，他出于爱国热忱立下宏愿，希望更多的中国人能够接受西方新式文明的教育以振兴祖国。容闳于咸丰五年（1855年）归国，先后做过律师、翻译、商人，也曾会见过太平天国领袖干王洪仁玕，但他的教育理想难以实现。同治二年（1863年），经友人介绍，他结识了两江总督曾国藩，受命赴美购买机器以筹建机器厂（即后来的江南制造总局）。容闳完成了任务，由此得到曾国藩的赏识。此后，他与江苏巡抚丁日昌经常往来，曾提出官派留美学生的设想，但因故搁置。同治九年（1870年），曾国藩、丁日昌等人奉命处理"天津教案"，容闳任翻译。事后容闳得以向曾国藩提出派遣留美幼童的计划，并在曾国藩、李鸿章等人的奏请下得到清廷批准。次年，在经各方函商和总理衙门复议后，确定了最终方案和有关事宜。主要内容为：选派幼童数量每年30名，分4年送出共120名。凡年龄在12～16岁之间，资性聪颖、身家清白的学童，由亲属与官府签志愿书，经在国内试读考试合格后录取。幼童在国外学习15年，不得半途而废，学成后听官府派用。幼童在美仍要讲习中学，在规定日期内读《圣谕广训》，还要在留学事务所

---

① 高时良：《中国近代教育史资料汇编·洋务运动时期教育》，上海教育出版社1992年版，第853页。

内设至圣先师神位。派正副委员 2 人、翻译 1 人、汉文教习 1 人，负责留学生的管理，一切费用均由政府供给。

首批留美幼童的选拔并不容易。当时社会风气未开，一般人对美国的情况不甚了解，且一别就是 15 年，故不愿将自己的子弟送往留学。所以在内地名额没有招满，容闳又亲赴香港在英人所办学校中挑选以补足。同治十一年七月初八（1872 年 8 月 11 日），留美幼童由正委员陈兰彬带队自沪起航赴美，容闳则先其一月赴美布置学生住宿之事。此后三批也随年按计划派出，其中以广东学生最多，江苏、浙江次之，其他省份几乎没有。幼童到美后，为尽快提高外语水平和适应美国的生活，被三三两两分散到美国教师家中，基础较好的则进入美国小学、中学就读。幼童们勤奋好学的精神和学业上的极大进步受到了中外人士的好评，他们按洋务派的需要进入各类专科学校学习各种课程，也有考入大学深造的，如詹天佑和欧阳赓分别考入耶鲁大学土木工程系和机械工程系。

但这些幼童并没有按计划完成学业而被中途撤回，主要原因在于守旧派的不能容忍。留学管理人员以陈兰彬为主，容闳为辅，以"中体西用"为指导思想。然而幼童可塑性极强，他们生活在美国家庭之中，就读于美国学校，耳濡目染，潜移默化，不可能只接受其科技文化的熏陶而拒绝其价值观念、行为方式的影响。有的学生改穿西装，有的学生剪去长辫，有的随房东去教堂做礼拜甚至加入基督教。这些变化在容闳看来很正常，但在陈兰彬等看来却是离经叛道。陈兰彬常与学生发生冲突，容闳总是居间调停并为学生辩护，因此二人共事"时有龃龉"。

光绪二年（1876 年），陈兰彬就任驻美全权公使，举荐吴子登任留美事务所监督。吴子登也是翰林出身，但思想更为守旧。他刚到美国就把留学生召集到华盛顿使署严加训斥，因留学生向其行鞠躬礼就大发雷霆甚至责打学生。到留学事务所就任后，更是事事吹毛求疵，与学生及容闳发生尖锐的冲突。于是他连篇累牍地上书朝廷，报告学生的种种"叛逆"行为，并对容闳进行诋毁，建议解散留美事务所，撤回留学生。

李鸿章不愿将留学生全部撤回，尽力调停吴、容之间的争斗。但国内守旧派借此议论纷纷，恰又发生美国拒收中国学生事件，因而光绪七年五月（1881年6月），清政府作出了全数撤回留美学生的决定。这样，除先期遣回、病故外洋、执意不归者共26人外，其余94人分三批凄然归国。其中只有詹天佑、欧阳赓两人已从大学毕业，另有60余人在大专院校就读，其余的还都是中、小学生。

留美学生回国后，被分配到福建船政局、江南制造局、天津电报局等处工作或学习。多年以后，这批留学生中涌现出不少人才，成为近代中国科技、实业、教育和管理等领域的一支重要力量。他们中间有铁路工程师詹天佑、矿冶工程师吴仰曾、电报工程师周万鹏、北洋大学校长蔡绍基、清华学堂校长唐国安、清末交通总长梁敦彦、民初国务总理唐绍仪等。应该说，早期留美教育是一次有益的尝试并培养了人才，但由于清政府的腐败和成见远远没有收到预期的效果。尽管如此，幼童留学开拓了学习西方科学文化的风气，为今后的留学教育开辟了道路。

中国留欧学生的派遣始于船政大臣沈葆桢的建议，并以福建船政学堂的学生为主。同治十二年十一月（1873年12月），外国技术人员和教师按合同即将期满回国，沈葆桢认为要加强海军的建设和培养造船的人才，须派遣学生出国留学，遂上书清廷提出选拔学生赴欧学习的建议。他在奏折中说："赴法国深究其造船之方，及其推陈出新之理"；"赴英国深究其驶船之方，及其练兵制胜之理"；"速则三年，迟则五年，必事半而功倍。"此议经总理衙门征求李鸿章、左宗棠等人意见后，同意施行。光绪元年（1875年）冬，沈葆桢乘福建船政局技术监督法国工程师日意格回国之便，奏准派5名船政学堂的学生赴英、法参观学习。次年，李鸿章也奏准派遣7人随德国军官李劢协赴德国军事学院学习水陆机械技艺。这两次派遣规模小，时间短，带有探路的性质，成为近代官派留欧学生的前导。

光绪三年（1877年）春，李鸿章和沈葆桢联衔上奏，要求把船政学堂有前途的毕业生送到欧洲深造三年，以学习世界上新式水师兵法以

皮影三顾茅庐（清）

及新式轮船的制造方法和驾驶方法。鉴于首次幼童留美因缺乏经验而出现的许多问题，李鸿章等人吸取教训对留学政策做了许多改进。首先，制定《船政生徒肄业章程》，对组织领导、经费调拨、学习课目、肄业院厂、上舰实习、游历考察、成绩考核、思想督察、学习年限、毕业要求、生活管理、纪律处分等各方面内容都有翔实而周密的规定。其次，选任合适的留学生监督并课以重责，不再选用满脑子封建纲常名教的官僚以减少阻力。由李鸿章推荐，清政府任命时任福建船政局总考工的科学家李凤苞为留学生华监督，法国人日意格担任洋监督，二人都是技术专家，与学生也情谊融洽。清政府还要求此次留学所学技艺必须"极新极巧"，两位监督优则奖，劣则罚，一定要廉洁奉公，和衷共济。第三，选拔精当的留学生，不再派独立生活能力差、科学知识基础弱的幼童，沈葆桢、李凤苞通过严格考试，精心挑选出 28 名学生和艺徒，他们年龄在 20 岁上下，具备较强的生活和学习能力，且在国内已初步掌握了西方语言文字和西学的基础知识。选送这样的学生出国留学，节省费用，收效迅速，易于管理。第四，加强对留学生学业的管理，注重学以致用。规定每三个月考查一次，留学期满时由监督全面考核。留学期间，凡功课学习、游历见闻、日常生活都须详记日记，每半年汇送船政大臣考核。学习理论知识后必须入工厂或兵船实习，留学监督可带学生参观并予指导，务求学用结合。总之，洋务派在派遣和管理留学生方面，表现出政策和措施的完善和深化。

这样，清政府批准后，光绪三年二月十七日（1877 年 3 月 31 日），中国近代第一批正式官派留欧学生由李凤苞、日意格等人带领，乘坐济安号轮船开赴香港转乘西船启程：他们在英、法认真学习，受到了比较完善的教育，还实习、游历，提高了能力，开阔了视野，于 1880 年左右先后回国。此后，1881 年、1886 年清政府又选送两批学生赴欧，但由于国内外原因此后未再续派。

这三批留欧学生学成归国，虽然人数不多但发挥了重要作用。首先，留欧学生将中国近代军舰制造技术推进到一个新水平。从光绪七年到光绪二十四年（1881～1898 年），留欧学生取代了西洋工程技术人员和腐败无知的封建官僚，使福建船政局的船厂生产发展到鼎盛阶段。1887 年船政大臣裴荫森奏称："制造船身学生魏瀚、郑清濂、吴德章，制造轮机学生陈兆翱、李寿田、杨廉臣等六员，自出洋艺成回华，先后派充工程处制造以代洋员之任，历制开济、横海、镜清、寰泰、广甲、龙威等船，均能精益求精，创中华未有之奇，以副朝廷培植之意。"[1]

其次，留欧学生成为中国近代海军重要将领的人选。如在北洋舰队中，就有近一半舰船管带由留学生担任，刘步蟾、林泰曾分别任当时最大巡洋舰定远号和镇远号管带，其他还有方伯谦任济远号管带、林永升任经远号管带、叶祖珪任靖远号管带、黄建勋任超勇号管带，等等。他们成为舰队的核心力量，对中国海军的建设起到了积极的作用。在中日

---

① 中国史学会主编：中国近代史资料丛刊《洋务运动》第 5 册，上海人民出版社 1961 年
版，第 381 页。

甲午黄海之战中，这些将领与广大官兵一道英勇奋战、血洒疆场。右翼总兵刘步蟾在海军提督丁汝昌受伤后，代为指挥整个舰队作战，他镇定自若，机智灵活，指挥炮手击中敌军旗舰。左翼总兵林泰曾勇猛顽强，在镇远号遭到五艘敌舰围攻时毫无惧色，指挥官兵奋勇杀敌。管带林永升指挥经远号追击敌舰，不幸被鱼雷击中，船身碎裂，林永升阵亡，年仅 42 岁。管带黄建勋在超勇号中弹起火后，与官兵共存亡，死时年仅 43 岁。留欧生们在战斗中的英勇表现，谱写出一曲悲壮的乐章。

第三，留欧学生在教育、科技、实业、思想领域也发挥了重要的作用。如严复担任北洋水师学堂总教习达 20 余年，蒋超英、魏瀚也曾分别担任江南水师学堂和广东黄埔水师学堂的总办。留欧学生产生的效应是多方面的，他们是西方文化的取经者和传播者。严复在英国留学期间，接受了西方自然科学和社会政治学说的洗礼，回国后翻译了大量世界名著以宣传当时先进的思想。这些著述在中国大地上掀起了一股社会启蒙运动的飓风，对近代思想解放做出了重大贡献并影响深远。

总之，留欧学生所取得的成就说明洋务教育所选择的这一途径有利于中国的发展，它是中国教育走向世界过程中不可缺少而名副其实的一步。洋务留学教育虽然起步小，人数少，但有实效，打破了守旧教育的藩篱，也改变着人们的科举正途观念。此后，在维新运动中，新式教育得到进一步推广和深化。

教会教育在鸦片战争后也扩张起来，教会学校由原来的五个通商口岸发展到内地，教育内容也随西方宗教的在华发展逐渐丰富，教材的编写、课程的设置、师资的培训、考试的制度都进一步规范化。从 19 世纪 60 年代初期到 70 年代中期，教会学校仍以小学教育为主。1877 年 5 月，在华基督教传教士在上海举行第一次传教士大会。这次大会上，美国传教士狄考文根据其在山东办学的经验，作了题为《基督教会与教育》的讲演，强调教会学校对中国基督教事业发展的重要作用。会后，

北京圜丘坛

教会学校加强了相互之间的联系，着手讨论或解决教会教育的一些具体问题。到 19 世纪末，教会学校总数增加到 2000 所左右，学生总数增加到 40000 人以上。这时学校层次有所提高，中等学校占到 10％，少数学校出现了大学班级。

洋务时期著名的教会学校有：1864 年公理会裨治文夫人在北京设立的贝满女学（此为华北第一所女学，后发展为贝满女中），长老会狄考文在山东登州创办的蒙养馆（后改为登州文会馆，即齐鲁大学前身）；1865 年，长老会丁韪良在北京设立的崇实馆；1867 年，公理会在通州设立的潞河书院（后发展为华北协和大学，并进而发展为燕京大学）；1870 年，美国归正会在厦门鼓浪屿设立的毓德女中；1871 年，圣公会在武昌设立的文氏学堂（后改为文华书院）；1874 年，法国天主教圣母会在上海设立的圣芳济学堂（后改为圣芳济中学）；1879 年，圣公会教士施约瑟将 1865 年设立的培雅书院和 1866 年设立的度恩书院合并为圣约翰书院（后发展为上海圣约翰大学）；1882 年，监理会林乐知在上海设立的中西书院（后与苏州的博习书院等合并，发展为东吴大学）；

1885年，美国长老会在广州设立的格致书院（后发展为岭南大学）；1888年，美以美会在南京创办的汇文书院（后发展为金陵大学）；1890年，监理会林乐知在上海设立的中西女塾（后改为中西女中）；1894年，法国天主教在上海设立的善导学堂（后改为善导中学）。一些通商口岸的学校已不再免费招收穷苦人家的孩子，而是招收新兴资产阶级家庭和其他富裕家庭的子弟并收取较高的学费。这样不仅可以提高教会教育的影响，还能在进行文化渗透的同时获取经济利益。

在1877年5月召开的在华基督教传教士大会上，为发展和规范教会学校的教学内容还成立了"学校与教科书委员会"。委员会议决编写中文教材，教材主要为西学内容，但要充分照顾到中国文字、民族风格、传统习惯之特点。教科书的编写，促进了教会学校的联系和交流，也推动了教会教育的深入发展。1890年5月，第二次在华基督教传教士大会在上海召开，将"学校与教科书委员会"改组为"中华教育会"。"中华教育会"定宗旨为"提高对中国教育之兴趣，促进教学人员友好合作"，实为在华基督教教育的指导性机构。"中华教育会"组织了许多活动，如调查、办刊、交流、演讲，商定学校开设科目，制订全年学习计划，推荐每门学科教材，根据学制长短设置不同课程，举行考试并颁发文凭。由此，教会教育由各自为政逐渐走向统一规范。考察洋务运动时期的教会学校，其课程大致包括宗教、外语、西学、儒经。宗教是教会学校必开的主课，大部分学校规定宗教课程不及格者不能升级。外语教学日益被重视，有的学校已将外语作为教学用语。西学主要开设相当数量的数学、物理、化学和其他科技及人文课程，传教士认为只有"培养受过基督教和科学教育的人，使他们能够胜过中国的旧式士大夫"，才能占取更高的地位[①]。儒经因其在中国传统文化中的重要地位而在教

---

① 陈学洵：《中国近代教育史教学参考资料》（下册），人民教育出版社1987年版，第15页。

会学校中也不能舍弃，这是所有外来文化到中国后不能不屈服的现实。

　　洋务运动时期的教会教育已逐渐走向制度化，其办学规模的扩大无疑加速了西学在中国的传播进程。它是西方世界殖民扩张的产物，其目的是要以"基督教征服世界"。它以武力开道并以文明浸染，是对中国主权的侵犯和剥夺。但它也促使中国传统教育向近代教育过渡，在教学体制、课程规划、教学方法、考试管理等方面为中国教育提供了"样本"。它使中国人逐渐

北京西什库天主教堂（**1887 年始建**）

开阔了教育的视野，如开放女子教育、开办学前教育都是从教会教育开始。它还为中国培养了大批懂"西学"的新式教师，起码在知识结构上为中国新学的兴办提供了重要来源。至于由其引进的新思想，在洋务时期乃至维新时期以后，更是产生了广泛的社会效应。

　　早期改良主义思潮在洋务运动中开始萌芽，中日甲午战争之后迅速转变为一场声势浩大的要求变法维新的政治运动。到"百日维新"时，一系列包括文化教育在内的变法律令颁布，此即戊戌变法。戊戌变法虽然在以慈禧太后为首的顽固势力的绞杀下归于失败，但 1900 年八国联军侵入北京又使中国社会矛盾空前激化，清廷不得不于 1901 年初下诏变法，历史进入了清末最后 10 年的所谓"新政"时期。在"变法""新政"时期，教育改革是一个重要方面。

　　早期改良派是 19 世纪 70 年代后逐渐形成的一个思想群体，他们成分复杂，所受教育和生活经历也各不相同。有的长期生活在外国或香

港，直接受资本主义文化熏陶，如王韬、容闳等；有的从小接受传统教育，但后来接触了资本主义文化思想趋于激进，如陈虬、汤震、陈炽等；有的在洋务运动中认识逐渐深刻，进而超越了洋务派的保守思想，如薛福成、郑观应、马建忠等。早期改良派看到西方文化的进步和中国社会的危机，他们提出的治国方略带有明显的资产阶级意识。他们认为，改革的关键在人才，人才的基础在教育。因此，改革封建传统教育制度就成为迫在眉睫的首要任务。

鸦片战争后的香港

他们提出的文化教育的主要主张有：

1. 全面学习西学。他们认为，洋务派提出"中体西用"的文化模式，是对魏源思想的继承，也是对魏源思想的限定。魏源提出"师夷长技以制夷"是特定时代的要求，但没有具体探讨如何师夷和更深层次的问题。早期改良派认为西学的内容非常丰富，要扩大领域深化识见，应由末到本、由部分到全体。马建忠1884年指出："制造、军旅、水师诸大端，皆其末者也。"[1] 郑观应继之在《盛世危言·西学》中认为西学分为天学、地学、人学三部分。甲午战争前夕，陈炽更批评洋务派学习外国是"弃其菁英而取其糟粕，遗其大体而袭其皮毛"[2]。早期改良派注意用人类整体文化的观念来考虑中学和西学的关系，认为一个国家的

---

[1]　马建忠：《上李伯相言出洋工课书》，见《适可斋记言》卷二。

[2]　陈炽：《庸书内外篇·自序》。

政教法度应择善而从，不应有古今华夷的区分，突破了民族文化本位的观念。

2. 改革科举制度。科举制度到明清时期基本定型也走向了僵化，不少进步的思想家都曾对之进行过激烈的批判。随着西学的引进，科举制度的弊端愈益明显。它已不能适应近代中国的发展要求，以八股取士选取人才使课程狭窄迂腐。王韬说："时文不废，人才不生，必去时文尚实学，乃见天下之真才。"[1] 郑观应也提出最好能"选材于学校"，改革科举，或在传统学问之外，"挂牌招考西学"[2]。早期改良派虽然猛烈抨击科举制度，但其没有提出很好的解决办法。他们认为可以保留科举制度的形态，引进西学教育体制加以改革。

3. 建立新学体系。早期改良派认识到中国传统教育不可能培养出适应近代工商业发展的人才，所以希望建立近代学校教育制度以提高国民的素质。容闳1860年访察太平天国时就有此构想，但未及实施。郑观应认为西方教育中"士有格致之学，工有制造之学，农有种植之学，商有商务之学。无事不学，无人不学"[3]。中国应仿效借鉴，使教育多样化、职业化、普及化。为此他提出设立小学、中学、大学三级学制系统，"设于各州县者为小学，设于各府省会者为中学，设于京师者为大学"[4]。鉴于当时现实，他提出了"变通"的方法，即将科举制的进士、举人、秀才三级科名与大、中、小三级学校配合。他所谓的小学已相当于中等教育，而初等教育主要分设于家塾、乡塾。学生通过考试逐级升学，自小学以上开始实行分科教育。陈虬还提出设女学的主张，认为应

---

[1] 璩鑫圭、童富勇：《中国近代教育史资料汇编·教育思想》，上海教育出版社1997年版，第49页。
[2] 同上书，第75页。
[3] 郑观应：《盛世危言·商战》。
[4] 璩鑫圭、童富勇：《中国近代教育史资料汇编·教育思想》，上海教育出版社1997年版，第77页。

使占人口半数的妇女读书服务于社会①。早期改良派的思想启蒙宣传，为维新教育运动打下了基础。

中日甲午战争之后，民族危机加深，维新运动蓬勃兴起。维新派要求建立君主立宪的政治体制，使中国走上资本主义道路。维新派普遍认为改革旧式教育、培养新式人才是实现变法维新的基础，因此维新教育实践活动便成为维新运动的基本内容。康有为1893年冬于广州正式开办"万木草堂"，以陈千秋、梁启超为学长。1897年达到极盛。1898年戊戌政变后遭清政府查抄。万木草堂继承了传统书院的办学方式和教学方法，但在旧形式中注入了新内容，西学诸科知识被收纳进来，培养、造就了一大批维新人才。其他具有维新性质的学堂也开办起来，如盛宣怀奏准在天津开办的中西学堂，梁启超、经元善在上海倡立的经正女学，陈宝箴、黄遵宪等人支持下创设的湖南时务学堂，张元济在北京创办的通艺学堂，徐树兰捐资兴办的绍兴中西学堂等。这些学堂改革了旧有体制，开创了维新风气，推动了新式教育的发展。

京师大学堂校牌

1898年6月11日，支持变法的光绪皇帝发布《明定国是诏》，宣布维新变法。9月21日，慈禧太后发动政变，变法宣告夭折。百日维新中，光绪皇帝颁布了一系列改革法令，教育维新也被推向高潮。

首先，诏令设立京师大学堂。关于设立京师大学堂的思想，早期改良派人物郑观应就已提出。维新运动中，康有为、王鹏运多次奏请开办，但屡被朝中守旧官员反对而搁置。戊戌变法始，光

---

① 陈虬：《治平通议》。《戊戌变法》第1册，神州国光社1953年版，第228页。

绪帝即在《明定国是诏》中指出："京师大学堂为各行省之倡，尤应首先举办。"在此严令下，总理衙门委托梁启超草拟《京师大学堂章程》，于 7 月 3 日上报，光绪帝当即批准。正值京师大学堂筹办之际，戊戌变法发生。京师大学堂虽未废，但封建性明显加强。其规模缩小，学生不到 100 人，全是五品到八品的官员和举人，在此习诗、书、礼、易之业。1900 年，八国联军攻入北京，京师大学堂毁于战火。

其次，废除八股考试，改革科举制度。变法期间，光绪帝下诏"著自下科为始，乡会试及生童岁科各试，向用《四书》文者，一律改试策论"①。并下诏催立经济特科，以选拔维新实用人才。经济特科本为贵州学政严修奏请设立，拟分内政、外交、理财、经武、格物、考工六项。教育改革强调实学，科举和现实的联系紧密了。百日维新失败后，虽然恢复了八股考试制度，但人们开始向往富有朝气的新式教育，参加科举考试的人数锐减。

再次，讲求西学，普建学堂。维新变法始，光绪帝即在《明定国是诏》中言："以圣贤义理之学植其根本，又须博采西学之切于时务者实力讲求，以救空疏迂谬之弊。"嗣后，光绪帝又令各省督抚将地方书院一律改为新式学堂。省会大书院改为高等学堂，郡府之书院改为中学堂，州县之书院改为小学堂，鼓励地方自行捐资办理社学、义学，凡民间祠庙不在祀典者一律改为学堂。中、小学所用课本由官设书局统一编译印行，势必造成一种"人无不学，学无不实"②的局面。

百日维新对传统教育产生了强大的冲击，但一些措施因时间短、受抵制、遭扼杀未及广泛施行。然而，却在社会中形成一股"人人谈时务，家家言西学"的风气，这股思想解放的潮流已势不可当，成为推动

---

① 汤志钧、陈祖恩：《中国近代教育史资料汇编·戊戌时期教育》，上海教育出版社 1997 年，第 47 页。

② 朱有瓛：《中国近代学制史料》第 1 辑（下册），华东师范大学出版社 1986 年版，第 442 页。

三味书屋（清代末年的私塾）

社会进步的强大力量。

1900年八国联军入侵北京，战争炮火再次强烈震撼中国朝野。在严酷的时势逼迫下，1901年清政府被迫拟行新政。新政时期，教育改革得到深化，维新时期提出的教育主张得到实施。主要表现在新学制建立起来，新学堂兴办起来，新学风倡导起来。

新学制的建立，是由于拟行新政后，各地官绅兴办了不少新式学堂，但缺乏统一的章程。在这种情况下，制定全国统一的学制系统来确立标准、加强规范、消除分歧，就成为清政府和办学者共同的愿望。1902年，在管学大臣张百熙的主持下拟定了一系列学制系统文件，8月15日奏呈颁布，统称《钦定学堂章程》。因该年为壬寅年，又称"壬寅学制"。这是中国近代第一个以中央政府名义制定的全国性学制系统，规定了各级各类学堂的性质、培养目标、入学条件、在学年限、课程设置和相互衔接关系。"壬寅学制"由于守旧势力的谤议和本身尚不完善，公布后遭到非议，张百熙遂奏请被誉为"当今第一通晓学务之人"的湖广总督张之洞会办学务，上谕照准。1904年1月13日，清政府公布了由张百熙、荣庆、张之洞主持重新拟定的一系列学制系统文件，统称《奏定学堂章程》。因公布时在阴历癸卯年，又称"癸卯学制"。学制主系列划分为三段七级。第一阶段为初等教育。包括蒙养院4年、初等小学堂5年和高等小学堂4年。蒙养院为幼儿教育机构，招收3～7岁幼儿；初等小学堂为强迫教育阶段，儿童 7 岁入学；高等小学堂则进一步"培养国民之善性，扩充国民之知识，强壮国民之气体"。第二阶段为中等教育，学制 5 年。第三阶段为高等教育，分为三级：预科 3 年，大学堂 3～4 年，通儒院 5 年，通儒院属

1904 年出版的中小学课本

研究院性质。从初等教育到高等教育，功课循序渐进，由普通到专门，最终以求发明创造。除主系列之外还有其他各类学堂，如实业类、师范类等。学制初不设女学，后随着形势发展才解除"女禁"。但清末新学封建保守性还是很重的，它毕竟要从维护清朝的统治地位出发。学制的指导思想仍是洋务教育"中学为体，西学为用"的沿袭，学堂"讲经"的比重过大导致学制偏长，暗含的等级观念客观上限制了普通民众进入高等教育的机会，对师生的管理也从维护封建制度出发设置了严厉的禁令和条例。可以说，清末学制是传统性和近代性的综合产物，在对封建教育的改革中具有资本主义因素。

新学堂的兴办，与废除科举制度是紧密相关的。百日维新中，曾出台取消八股考试、设立经济特科的措施，但戊戌政变后一笔勾销。拟行新政后，则又重新恢复。但一些官员则提出更进一步的请求。如 1901 年 7 月刘坤一、张之洞等上"江楚会奏三疏"第一疏言："俟学堂人才渐多，即按科递减科举取士之额，为学堂取士之额。"1903 年 3 月，张之洞、袁世凯再上书疾呼废科举，要求研定废科举的最后期限、具体步骤和时间安排。此后，张百熙、荣庆、张之洞拟定《递减科举注重学堂折》，于 1904 年 1 月与《奏定学堂章程》同时奏呈，获得照准。据此方案，科举每期递减，10 年后废止。但时代对新学人才的热望已使部分

官僚感到时不我待，一年多后袁世凯、张之洞等各省督抚又会奏立停科举以广办学校，说："科举一日不停，士人皆有侥幸得第之心，以分其砥砺实修之志。民间更相率观望，私立学堂者绝少，又断非公家财力所能普及，学堂决无大兴之望。"① 迫于形势，光绪帝于1905年9月2日颁布上谕："著即自丙午科（1906年）为始，所有乡会试一律停止，各省岁科考试亦即停止。"自隋代起实行了1300年之久的科举考试宣告终结。科举制度废除后，各地新学如雨后春笋般兴发起来。至1909年，办学成绩已斐然可观，各级各类新式学堂的数量已达5000余所，在校学生超过16万人②。但学校与科举之争也仍在继续，清末民初不断有人提出改造、恢复科举的建议。科举制度在中国封建社会中发挥过重要作用，是中国古代文化遗产中重要组成部分。中国教育与西方接轨使其退出历史舞台，但新学的兴办似乎无时无处不笼罩着它巨大的影子，这也是中国教育此后发展中经常碰到的问题，有待于认真研究和总结。

新学风的倡导早由洋务派、改良派鼓吹，但真正变为政府行为是在拟行新政后。1905年12月，清廷批准成立学部，作为统辖全国教育的中央行政机关，并将原来的国子监并入。首任学部尚书是荣庆，学部内分5司12科，附设编译图书局、京师督学局、学制调查局、高等教育会议所、教育研究所等机构。学部整体上注意到行政与学术的联系，注重实业教育的地位，这就从国家行政体制上扭转了传统的科举教育之风。地方也随之改革，设立各级教育行政机关，形成自上而下的新学教育系统。关于教育的宗旨也在争论中逐渐明确，1906年3月，学部拟订"忠君、尊孔、尚公、尚武、尚实"五项教育宗旨，经奏请朝廷认定后宣示天下。这五项教育宗旨虽仍未脱"中体西用"的窠臼，如前两项重"中体"，后三项重"西用"，但毕竟更进一步，强调尚公、尚武、尚实

① 朱有瓛：《中国近代学制史料》第2辑（上册），华东师范大学出版社1986年版，第110页。

② 孙培青主编：《中国教育史》，华东师范大学出版社2000年版，第348页。

就注意到国家观念、身体素质和科学技能的培养。教育思想是与新学制、新学堂相应相成的，体现在教育实施过程中就改变了当时社会陈腐说教的风气。需要指出的是，尽管新学的倡导由弱到强，但在全国大部分地区并非轻易接受。城市开化较早，也代表了社会发展的方向，因而实学教育应为主流文化之先导，此后带来的社会效应是巨大的，民国成立后则改变了中国教育的面貌。

　　另外，在新式教育中，出国留学也成一种时髦。科学是无国界的，因而有识有勇者大胆走出国门。在维新改良时期，特别是议行新政时期，出国留学一时成为风尚。留学生去日本的居多。这主要是因为甲午战争使国人清醒，看到日本的强大是因其早期留学生发挥作用，中国应学习、探讨、借鉴其成功的经验。另外，日本路近省费，语言文字易晓，中日风俗接近，也都是留学生涌向日本的原因。清政府也鼓励学生留学，并颁布了一系列措施。如中央与地方分派，公费和自费并举。实行这一

鱼龙变化（清）

办法在于节省官费，结果自费留学人数激增。又制定《奖励游学毕业生章程》，规定"中国游学生在日本各学堂毕业者，视所学等差给以奖励"。据此，凡在日本各级各类学堂毕业者，分别给予拔贡、举人、进士、翰林等出身，已有出身者视其所学程度授予相当官职。这种以功名为诱饵的手段，在当时也起到了推波助澜的作用。再如多派、速成。清政府为鼓励留学，几乎对留学资格不加限制，故留学人员良莠不齐，有许多鱼目混珠者。又因清政府拟行新政急需人才，因此向日本大量派遣"速成"生，结果因学习时间短，效果并不理想。以上弊端后来暴露，清政府感到有整顿与限制的必要，1906年颁布《管理游学日本学生章

程》，此后留日学生规模受到控制。综合文献记载，1901 年底在日留学生数大约有 280 名，1904 年上升到约 3000 名，1906 年则达 8000 名以上。

与此同时，美国也注意到对华政策的改变。美国看到中国学生大量流向日本，认为将不利于美国在华的长远利益。1906 年，美国伊利诺大学校长詹姆士在给美国总统罗斯福的备忘录中说："如果美国在三十年以前已经做到把中国留学生潮流引向这一个国家，并使这潮流扩大，那么，我们现在一定能够使用最圆满与最巧妙的方式而控制中国的发展，使用从知识和精神上支配中国领袖的方式。"① 同年，在中国居住长达 40 年的美国商人兼传教士斯密斯面谒美国总统，力陈用退还庚子赔款的钱来培植中国留学生的好处。1908 年，美国国会通过议案，决定自 1909 年起用所退庚款发展留美教育。所谓庚子赔款，是八国联军侵华后清政府被迫按照《辛丑条约》的规定向美国等八国所赔偿的战争费用，赔偿总额达白银 4.5 亿两，至 1940 年还清，本息合计达 9.8 亿两，其中美国分得 3200 多万两。自美国实行这一政策并与中国政府达成默契后，官派留美学生事宜开始运作。中国政府专门拟定了《遣派留美学生办法大纲》，并在美国和中国成立了专门管理留美学生的机构，又在国内着手筹建留美预备学校——清华学堂。清华学堂于 1911 年 4 月 29 日开学，民国成立后改称清华学校。此后，留美人数逐年增加，中国留学生的流向结构从此发生重大变化。美国用庚子赔款支持中国的留美教育用心深远，这一举动后来被部分相关国家仿效，使西学逐渐浸入中国的教育理念并改化着中国教育的模式，民国以后遂成风气并以留学美、欧为荣。

---

① 《清华大学史料选编》（一），清华大学出版社 1991 年版，第 72 页。

第三章
文学走向

第一节　诗文的秀挺

　　清初，诗文的创作比较活跃。明清之际的时代变化，也使诗文产生了不同的风貌。经历了重大的社会动荡，作者的思想更为峻厉，手法更为洗练。作品反映现实时，充满苍凉凄楚，显得秀劲挺拔。

　　由明入清的钱谦益、吴伟业和龚鼎孳都以明臣身份入仕清朝，他们文学修养高、政治识见深、内心感慨多，所作诗各树一帜，影响广远。由于他们籍贯均属旧时江左地区，故三人被称为"江左三大家"。

　　钱谦益（1582～1664年），明代崇祯时官礼部右侍郎，南明弘光时官礼部尚书，降清后任礼部右侍郎，充修《明史》副总裁。任职仅5个月，即托病归里。晚年从事抗清活动，曾被逮捕入都问罪。所以，他的思想充满矛盾，比较复杂。钱谦益在诗歌理论上反对明诗的"模仿"、"复古"，主张抒发真性情，有感而发，有为而作。他提倡宋诗，推崇苏轼、陆游、元好问，要求诗歌在前人基础上创新。他的很多诗歌都倾注了对明王朝的悼念，如《吴门春仲送李生还长干》："阑风伏雨暗江城，扶病将愁起送行。烟月扬州如梦寐，江山建业又清明。夜乌啼断门前柳，春鸟衔残花外樱。尊酒前期君莫望，药囊吾欲傍余生。"金俊明

《牧斋诗钞》评其作品："情真而体婉，力厚而思雄，音雅而节和，味隆而色丽。"钱谦益作品很多，是当时文坛盟主，也是继往开来的枢纽人物。

吴伟业（1609～1672年）是崇祯四年（1631年）进士，任官后与马士英、阮大铖不合，辞归乡里。清兵南下后，长期隐居。顺治十一年（1654年）授为秘书院侍讲，后升国子监祭酒。三年后奔母丧南归，从此隐居不出。他对自己屈节仕清多有悔意，所作诗歌反映社会面比较广，涉及故国沧桑、生灵涂炭及个人荣辱为多，被称为"一代诗史"。吴伟业推重唐诗，与钱谦益各立门户。他在继承初唐四杰和中唐元白的基础上创立了"梅村体"，《四库全书总目》评论说："其少作大抵才华艳发，吐纳风流，有藻思绮合、清丽芊眠之致。及乎遭逢丧乱，阅历兴亡，激楚苍凉，风骨弥为遒上。"其五律《过吴江有感》曰："落日松陵道，堤长欲抱城。塔盘湖势动，桥引月痕生。市静人逃赋，江宽客避兵。廿年交旧散，把酒叹浮名。"其七言歌行最为有名，《临江参军》、《琵琶行》、《松山哀》、《圆圆曲》都是代表作。

龚鼎孳（1615～1673年）是崇祯七年（1634年）进士，曾任湖北蕲水令及兵科给事中；在李自成大顺朝时，授直指使；清兵入关，官至刑、兵、礼三部尚书。他历仕三朝，但能保护善类，扶掖人才。其诗作数量虽多，但成就不如钱、吴。他师法杜甫，但墨守成规，内容多为宴赏酬应，因而缺乏激动人心的力量。他在京师也曾一度领袖诗坛，但少了悲凉多了雍容。

由明入清的诗人还有一些既未殉明又未仕清，他们保持坚贞的民族气节，有的直接参加了抗清斗争，失败后或退居山林，或流亡各地，成为遗民。遗民诗成就较高的，有顾炎武、吴嘉纪、屈大均、黄宗羲、王夫之、归庄等。

顾炎武既是学者也是诗人，他在《精卫》一诗中赞颂抗清复明的遗民志士："万事有不平，尔何空自苦。长将一寸身，衔木到终古。我愿

墟中十八图咏（清）

平东海，身沉心不改。大海无平期，我心无绝时。呜呼！君不见西山衔
木众鸟多，鹊来燕去自成窠。"吴嘉纪（1618~1684年）出身贫苦，关
注现实，写诗擅长白描，词语质朴。《李家娘》中说："城中山白死人
骨，城外水赤死人血。"《过兵行》中说："扬州城外遗民哭，遗民一半
无手足。""东邻踏死三岁儿，西邻掳去双鬟女。"屈大均（1630~1696
年）是广东番禺人，参加反清斗争失败后削发为僧。后还俗，仍不屈。
《秣陵》诗曰："牛首开天阙，龙冈抢帝宫。六朝春草里，万井落花中。
访旧乌衣少，听歌玉树空。如何亡国恨，尽在大江东？"他还有《民谣》
等诗，揭露清朝统治者残酷压榨和剥削劳动人民的罪恶。屈大均的作品
到乾隆时被严令禁毁，他本人甚至被掘坟戮尸，可见统治者不能容忍。
黄宗羲是著名的思想家、史学家，明亡不仕，潜心著述。其诗重性情学
问，不事雕琢。《卧病旬日未已，闲书所感》曰："此地那堪再度年，此
身惭愧在灯前。梦中失哭儿呼我，天末招魂鸟降筵。好友多从忠节传，
人情不尽绝交篇。于今屈指几回死，未死犹然被病眠。"此诗抒发亡国

之痛及怀友之情，深沉苍凉。王夫之与顾炎武、黄宗羲一样，是清初思想界的巨星。其诗也强调亲历，以意为主，独树一帜。《续哀雨诗四首》（其三）曰："羊肠虎穴屡经过，老向孤峰对梦婆。他日凭收柴市骨，此生已厌漆园歌。藤花夜落寒塘影，雁字云低野水波。橄馆无人苔砌冷，桂山相较未愁多。"诗歌表现了不屈的抗清意志，洋溢着浓厚的爱国激情。归庄（1613～1673年）是江苏昆山人，曾与顾炎武起兵抗清，兵败流亡，穷困以终。其诗多写国破家亡的惨痛，质朴深沉。《己丑元日》："四年绝域度新正，此夕空将两目瞠。天下兴亡凭掾策，一身进退类悬旌。商君法令牛毛细，王莽征徭鱼尾赪。不信江南百万户，锄耰只向陇头耕。"遗民诗人还有许多，仅卓尔堪辑《明遗民诗》16卷，所收诗人就多达500余家。

避暑山庄诗图（清）

继明清之际诗坛的悲凉激愤之后，随着清朝统治的巩固诗坛也开始变得温润。施闰章、宋琬、王士禛、朱彝尊、查慎行、赵执信被称为"国朝"诗人"六大家"。六人风格并不相同，成就也有差异。

施闰章（1618～1683年）与宋琬（1614～1673年）被王士禛誉为"南施北宋"。施闰章是顺治六年（1649年）进士，官至翰林院侍读。其诗风温婉、格调平和，既有怀古之意，也有伤今之情。宋琬是顺治四年（1647年）进士，授户部主事。但后来屡遭诬陷，人生坎坷。诗歌以写个人愁苦和哀伤为多，也有揭露清王朝横征暴敛的。

　　王士禛（1634～1711年），顺治十二年（1655年）进士，官至刑部尚书，后因罪免官。他在康熙时主盟诗坛数十年，论诗创"神韵"说。所谓神韵，是说作诗要出于妙悟，空灵含蓄，不拘形迹，天然淡泊，语言华美，风格清奇。他赞赏唐代司空图的"不着一字，尽得风流"以及宋代严羽的"羚羊挂角，无迹可求"，创作的楷模是唐代的王维、孟浩然、韦应物、柳宗元以及东晋的陶渊明、南朝的谢朓等人。他的诗"范水模山，批风抹月"，具有点缀"盛世"的作用，得到康熙帝的赏识。同时，他的诗又温婉雅致、冲淡闲远、兴会神到，所以也受到世人普遍的喜爱。朱彝尊（1629～1709年）诗与王士禛齐名，时称"南朱北王"。他的诗写山水田园、自然风光、盎然生机，处处洋溢着诗情画意。如《鸳鸯湖棹歌》（其一）："穆湖莲叶小于钱，卧柳虽多不碍船。两岸新苗才过雨，夕阳沟水响溪田。"这是百首组诗之一，诗人以民歌的情调与手法，描写了嘉兴南湖的春天之美，奏响了一支轻盈美妙的春天之歌。

　　查慎行（1650～1727年）是康熙年间进士，官翰林院编修。其诗学宋人，受陆游、苏轼影响较大。他写自然景象，擅长白描，淡而有味，富于意趣，似具禅理。如小诗《舟中书所见》："月黑见渔灯，孤光一点萤。微微风簇浪，散作满河星。"赵执信（1662～1744年）认为写诗应意趣为主，言语为役。他反对王士禛的神韵说，更多地强调诗中有人、诗外有事。总之，清初诗坛由凄伤到淡雅，从不同的视角关注社会现实，含蓄中给人兴会。

　　诗作为一种文学样式，后人所作似乎已很难超越唐宋。但不同的时代有不同的特色，总能凭此抒发作者的强烈感触。词与诗一样，随着时代的发展而变奏。虽其形式已固定，但其内涵因有变异而生发出华彩。词兴盛于唐宋，衰落于元明，但至清则又呈现出中兴局面，很值得玩味。

　　明末清初，词坛甚盛。或许是因时代变故，文人将更多的感慨寄于间中。众多词家中，以陈维崧、朱彝尊、纳兰性德成就最高。陈维崧

黄玻璃瓶（清）

（1625～1682 年）是江苏宜兴人，康熙十八年（1679 年）举博学鸿词科，授翰林院检讨，参与修《明史》。他一生所作词达 1600 多首，为古今词家所未有。其著作有《湖海楼诗文词全集》54 卷，其中词占 30 卷。陈维崧早期词"多为旖旎语"，中后期词风格豪迈奔放，接近宋代苏轼、辛弃疾。如《贺新郎》（纤夫词）写清廷强征壮丁服役的场面，下阕曰："稻花恰称霜天秀。有丁男、临歧诀绝，草间病妇。此去三江牵百丈，雪浪排墙夜吼。背耐得，土牛鞭否？好倚后园枫树下，向丛祠、亟倩巫浇酒。

神佑我，归田亩。"陈廷焯《白雨斋词话》说："迦陵词气魄绝大，骨力绝遒，填词之富，古今无两。只是一发无余，不及稼轩之浓厚沈郁。然在国初诸老中，不得不推为大手笔。"陈维崧为阳羡派的代表，阳羡在今江苏宜兴。聚集在陈维崧周围的词人上百，既有明朝遗老逸民、忠烈后裔，也有清朝迁客谪臣、放废之士。阳羡派否定"词乃小道"的观念，认为词可与"经""史"相同。主张言为心声，情贵于真。他们或抒民生之哀，或叹故国之痛。成就较大的词人还有万树、陈维岳、蒋景祁等。

朱彝尊（1629～1709 年），浙江秀水（今嘉兴）人。康熙十八年（1679 年）举博学鸿词科，授翰林院检讨，参与修《明史》。寻入值南书房，允准在紫禁城骑马，赐居景山之东。朱彝尊为浙西词派的开创者，曾纂辑唐宋金元词五百余家为《词综》。其词讲究字句声律，宗法姜夔、张炎，风格清丽淡雅。《卖花声》（雨花台）："衰柳白门湾，潮打城还，小长干接大长干。歌板酒旗零落尽，剩有鱼竿。秋草六朝寒，花雨空坛，更无人处一凭栏。燕子斜阳来又去，如此江山。"此词怀古伤今，感慨遥深。他在《红盐词序》中说："词虽小技，昔之通儒巨公往往为之。盖有诗所难言者，委曲倚之于声，其辞愈微，而其旨益远。善言词者假闺房儿女之言，通之于变骚变雅之义。此尤不得志于时者所宜寄情焉耳。"朱彝尊所作词现存 500 多首，收入《曝书亭集》。浙西词派崇尚淳雅、清空，早期浙西词派的名家还有李良年、李符、沈皞日、沈岸登、龚翔麟等。

纳兰性德（1655～1685 年），原名成德，字容若。满族正黄旗人，权臣明珠的长子。康熙十五年（1676 年）进士，官一等侍卫，曾多次随康熙南巡。他善书法，能骑射，工诗词，与陈维崧、朱彝尊等交厚。他身处宫廷内部，多次闻睹权变倾轧，加之经受了家庭的矛盾和丧妻的哀痛，所以其词多低沉哀怨。他的词或写羁旅行愁，如《长相思》："山一程，水一程，身向榆关那畔行，夜深千帐灯。风一更，雪一更，聒碎乡心梦不成，故园无此声。"或写悼亡深情，如《南乡子》（为亡妇题照）："泪咽却无声，只向从前悔薄情。凭仗丹青重省识，盈盈，一片伤心画不成。剔语忒分明，午夜鹣鹣梦早醒。卿自早醒侬自梦，更更，泣尽风檐夜雨铃。"都凄清婉转，深切动人。与纳兰性德齐名的还有曹贞吉和顾贞观，时人称为京华词苑"三绝"。清初许多诗人都写词，如吴伟业、龚鼎孳、屈大均、王夫之、宋琬、王士禛等，因而词坛一时盛兴。

清初的散文有"学人之文"和"文人之文"两派。顾炎武、黄宗羲、王夫之都是第一流的学者、思想家，他们博学多识，深察精思，所著体大旨远，力沉势雄。他们在学术上提倡"经世致用"，在文学上强调"言之有物"，反对空谈心性、因袭模仿，故文章富有独创性而令人耳目一新。他们的文章风格与学术研究、思想省识相结合，扎实而有力度，犀利而见锋芒，直撼人心。文人之文的作者可以侯方域、魏禧、汪琬为代表，他们被称为"清初三大家"。侯方域尊崇唐宋古文，所写《李姬传》、《马伶传》形象生动、文字简练，《答田中丞书》、《朋党论》

文笔潇洒、挥斥自如，都是名篇。魏禧散文长于议论，叙事简洁，以理取胜。著有《魏叔子文集》22卷、《诗集》8卷、《目录》3卷、《左传经世》10卷，等等。汪琬著有《钝翁类稿》62卷、《续稿》56卷，晚年自删为《尧峰文抄》50卷。汪琬论文主张博观约取，不拘一格。反对"以小说为古文辞"，偏于正统。总之，清初散文开始转变明末空疏的文风，文字活泼而学术练达，形成一时风貌。

清中叶，随着思想统治严酷、社会经济发展、学术研究转向，诗文之风也产生变化。总的倾向是趋于点缀盛世、歌舞升平。当然也有一些关心民瘼、抨击时弊之作。作家更从艺术风格上探讨，故出现各种流派。这对繁荣文艺、解放思想来说，也未必有害。清中叶的诗文，相对于清初少了悼念故国之思，更多了一些温柔敦厚，颇具华彩。

银鎏金嵌珐琅砚盒（清）

诗歌方面，沈德潜（1673～1769年）提出了"格调"说。沈德潜是乾隆四年（1739年）进士，官至内阁学士兼礼部侍郎。他认为诗歌应"和性情，厚人伦，匡政治"，在艺术上要讲求比兴，含蓄蕴藉，重视体格声调。他的诗论代表复古倾向，这与封建政治的要求也是不谋而合的。他的诗受到乾隆的赏识，有很多是歌功颂德之作。但他主张诗歌要言之有物，也有一些反映社会现实的作品。他编选有《古诗源》、《唐诗别裁集》、《明诗别裁集》、《清诗别裁集》，著有《说诗晬语》、《归愚诗文集》等。

郑燮（1693～1765年）是乾隆元年（1736年）进士，曾任知县一类小官。他为官同情百姓，抑制富豪，后罢官。他是这时期最有个性、自成一派的文人，诗书画俱佳。他主张"自写性情，不拘一格"，作诗常揭露社会黑暗，关心人民疾苦。他题画诗较多，深有寓意。如在《潍县署中画竹呈年伯包大中丞括》中说："衙斋卧听萧萧竹，疑是民间疾苦声。些小吾曹州县吏，一枝一叶总关情。"

袁枚（1716～1797 年），乾隆四年（1739 年）进士，曾入翰林，亦为县令。33 岁辞官，定居江宁（今南京）小仓山，筑随园，过着论文赋诗、优游风雅的生活。袁枚与赵翼、蒋士铨并称"乾隆三大家"，亦称"江右三大家"。袁枚反对沈德潜的"格调"说，提倡"性灵"说，主张写诗性情要真，笔性要灵。他说："诗如天生花卉，春兰秋菊，各有一时之秀，不容人为轩轾。音律风趣，能动人心目者，即为佳诗，无所谓第一第二也。"① 他倡导写真情实感，对诗歌创作有一种解放作用。但由于脱离社会现实，更多些自我的文人趣味。他的门生众多，诗学影响深广，形成以他为首的"性灵"派。其著有《小仓山房集》80 卷、《随园诗话》16 卷及《补遗》10 卷等。

赵翼（1727～1814 年）是乾隆二十六年（1761 年）进士，官至贵西兵备道。论诗也重"性灵"，在《闲居读书作六首》之五中说："力欲争上游，性灵乃其要。"他作《论诗》之二说："李杜文章万口传，至今已觉不新鲜。江山代有才人出，各领风骚数百年。"所著《瓯北诗话》，评论唐宋元明清诸名家诗。他作诗今存有 4800 多首，但有些议论过多，流于浅露。

蒋士铨（1725～1785 年）是乾隆二十二年（1757 年）进士，官翰林院编修。他论诗主张兼师唐宋，反对依傍，重性情。诗歌以大力表彰忠孝节义为主，也有一些反映了人民的疾苦。

翁方纲（1733～1818 年）是乾隆十七年（1752 年）进士，官至内阁学士。著有《复初斋诗文集》、《石洲诗话》等。论诗主张"肌理"说，是对王士禛神韵说和沈德潜格调说的调和与修正。所谓肌理，指学

---

① 《随园诗话》卷三。

问材料，要将六经的义理和辞章的文理统一起来。翁方纲宗宋，推崇黄庭坚，作诗2800余首。在嘉庆年间，翁方纲是诗坛的领袖人物，代表了考据学影响下产生的一个诗派，并影响到近代的宋诗运动。此外，还有一些诗人，如黎简、舒位、王昙、彭兆荪等，要求诗歌写得自由奔放，代表着诗坛风尚的变化，对晚清诗歌创作有直接的影响。

清中叶的词仍以浙西词派为主流，其承早期浙西词派余绪而益趋幽隽清绮。厉鹗（1692～1752年）作为中期浙西词派领袖，成就最高。

金錾花扁壶（清）

厉鹗是康熙五十九年（1720年）举人，毕生以设馆授徒为业。他博学多才，《四库全书》著录者就有7种。其诗取法宋人，与查慎行齐名。其词宗南宋姜夔、史达祖、张炎等人，多写景咏物，追求清、婉、淡、幽，然谨致有余而沉厚不足。后期浙西词派的代表人物是吴锡麒（1746～1818年），乾隆四十年（1775年）进士，官国子监祭酒。著有《有正味斋全集》73卷，其中词占8卷。吴锡麒的词清和雅正，秀色有余，由密返疏，变艰涩为流利，富有情趣。郭麐（1767～1831年）被称为浙西词派殿军，著有《灵芬馆词》。其词学主张表现性情，坚持"通变"。他突破浙西词派专宗姜夔、张炎的局限，"极玩百家，博涉众趣"，这对浙西词派来说，是一次重大嬗变，具有进步意义。其《词品》是词史上第一部按风格分类品评的著作，将词的风格类型分为12种：幽秀、高超、雄放、委曲、清脆、神韵、感慨、奇丽、含蓄、逋峭、浓艳、名隽。后杨夔生《续词品》又续12种：轻逸、绵邈、独造、凄紧、微婉、闲雅、高寒、澄淡、疏浚、孤瘦、精练、灵活。这些研究总结了作词的经验，对词的发展有益。

除浙西词派外，嘉庆以后常州词派兴起。常州词派始于张惠言与其
弟张琦于嘉庆二年（1797 年）编辑《词选》，影响直到清末。张惠言
（1761～1802 年），江苏武进人。嘉庆四年（1799 年）进士，改庶吉士，
授翰林院编修。张惠言编《词选》是在安徽歙县岩镇金榜家坐馆时，原
为供金家子弟学词时作读本。《词选》选录唐、五代、宋词 44 家、116
首，其影响至道光十年（1830 年）之后才得以扩大。张惠言强调词作
应重视内容，"意内而言外"，推举温庭筠，提倡比兴寄托。这些观点对
于纠正浙西词派题材狭窄、内容枯寂的弊端有积极作用。张惠言的词今
存 46 首，附于《茗柯文编》后。其《水调歌头》曰："今日非昨日，明
日复何如。羯来真悔何事？不读十年书。为问东风吹老，几度枫江兰
径，千里转平芜。寂寞斜阳外，渺渺正愁予。千古意，君知否？只斯
须。名山料理身后，也算古人愚。一夜庭前绿遍，三月雨中红透，天地
入吾庐。容易众芳歇，莫听子规呼。"张惠言的词俊逸深沉，语句间跳
跃性大，意旨隐晦，气魄宏阔，开词之新境界。常州词派的词人还包括
左辅、恽敬、张琦、李兆洛、钱季重、丁履恒、陆继辂、金式玉、金应
珪、周济等，其中周济在词论方面的影响较大。

清代中期不专属某一词派的词人还有很多。他们从容潇洒、风神独
具。郑燮的词便别创一格，如《沁园春》（恨）："花亦无知，月亦无聊，
酒亦无灵。把夭桃斫断，煞他风景，鹦哥煮熟，佐我杯羹。焚砚烧书，
椎琴裂画，毁尽文章抹尽名。荥阳郑，有慕歌家世，乞食风情。单寒骨
相难更，笑席帽青衫太瘦生。看蓬门秋草，年年破巷，疏窗细雨，夜夜
孤灯。难道天公还钳恨口，不许长吁一两声？颠狂甚，取乌丝百幅，细
写凄清。"蒋士铨的词学东坡超旷飘逸，即如思念妻子也如东坡意挚情
深，如《水调歌头》（舟次感成）："偶为共命鸟，都是可怜虫。泪与秋
河相似，点点注天东。十载楼中新妇，九载天涯夫婿，首已似飞蓬。年
光愁病里，心绪别离中。咏春蚕，疑夏雁，泾秋蛩。几见珠围翠绕，含
笑坐东风？闻道十分消瘦，为我两番磨折，辛苦念梁鸿。谁知千里夜，

各对一灯红。"这些词人都有专集传世，如郑燮有《词钞》，蒋士铨有《铜弦词》，黄景仁有《竹眠词》，洪亮吉有《机声灯影》、《冰天雪窖》，赵怀玉有《秋簌吟》等。清代词坛继元明而后重兴，这些词人做出了贡献。

清中叶的散文以桐城派为主流。桐城派始于康熙年间，盛于乾隆时代，影响及于晚清。其势力以安徽桐城为中心，流风遍及各地。因方苞、刘大櫆、姚鼐都是安徽桐城人，故被称为桐城派"三祖"。

蓝透明玻璃尊（清）

方苞（1668～1749年），康熙四十五年（1706年）进士，官至礼部右侍郎、经史馆总裁。曾因《南山集》案被牵连入狱，著有《望溪文集》等。他是桐城派的创始人，所提出的"义法"为桐城派奠下了理论基石。他说："'义'即《易》之所谓'言有物'也；'法'即《易》之所谓'言有序'也。义以为经而法纬之，然后成体之文。"可见，他强调文章的内容，也不忽略文章的形式。他还主张文章要"雅洁""澄清"，求古求纯，说："古文中，不可入语录中语，魏晋六朝人藻丽俳语，汉赋中板重字法，诗歌中隽语，南北史佻巧语。"他的主张对继承我国优秀的文学传统有积极意义，但限制在散文中使用各种语言则不利于文学的发展。

刘大櫆（1698～1779年），副贡生，晚官黟县教谕。著有《海峰文集》，包括文10卷、诗6卷，又有《论文偶记》1卷。他说："行文之道，神为主，气辅之。""神气者，文之最精处也；音节者，文之稍粗处也；字句者，文之最粗处也；然予谓论文而至于字句，则文之能事尽矣。"他强调文章的"神气"，主要是指作家精神状态或思想情感的展露。他还主张"文贵疏"、"文贵奇"、"文贵远"，将诗的意境和手法引入散文，增加议论文的艺术性。刘大櫆的古文语言简洁，生动形象，富有诗意。但他模仿较多，取材较窄，文章格局较局促。

姚鼐（1732～1815年）是刘大櫆的学生，乾隆二十八年（1763年）进士。曾任刑部郎中、四库馆纂修官，主讲紫阳书院、钟山书院。著有《惜抱轩全集》，另有辑文总集《古文辞类纂》。他继承方苞的"义法"论和刘大櫆的"神气"论，提出义理、考据、辞章三者合一、不可偏废。他说文章有八大要素，"曰神、理、气、味、格、律、声、色。神理气味者，文之精也，格律声色者，文之粗也。然苟舍其粗，则精者亦胡以寓焉？学者之于古人，必始而遇其粗，中而遇其精，终则御其精者而遗其粗者"。姚鼐阐述了文章内容和形式的辩证关系，也谈到了学习与创作的渐进过程，不无道理。他特别提出考据，显然是适应当时乾嘉"汉学"盛行的风气。他还认为文章风格有阳刚和阴柔两类，这是与作家性格相联系的。姚鼐总结为文之道，也进行创作。他的文章偏于阴柔，现实性不强。

总的来说，桐城派在维护封建统治观念的前提下，适应统治阶级的时代要求，探讨文学创作的发展规律，促进了文学本体的深入研究。桐城派的支流还有阳湖派，代表人物是恽敬、张惠言，他们的文学主张与桐城派虽有分歧，但在思想体系、政治倾向和古文理论原则方面基本上是一致的。桐城派统治文坛多年，长久以来屡为文人学士所仿效。

晚清时期的诗文是在抗敌御侮的战争中展现出新异姿态的，并随着社会上要求改良的呼声而呈现出日益高涨的救亡情绪。一些进步的思想家关注清朝危难不已的现实，从政治高度出发赋写诗文，抨击黑暗的现实并抒发光明的追求。在诗文形式方面也打破了固有的框束，借以表达冲决传统的意识和更新僵滞的文学观念。这就使晚清的进步诗文迸发出一股活力，并进而扭转了诗文走向，成为革命前夜的鼓乐。

龚自珍（1792～1841年）和魏源（1794～1857年）是中国近代文学史上首开风气者，他们冲破了当时"考据学正统派"的书斋风习和好古时尚，诗文矛头直指清朝封建统治的弊端而成为要求社会改革的利器。龚自珍曾任礼部主事，思想敏锐，见解深刻，指出当时社会已为"衰世"，因此强烈呼吁革除弊政。其诗现存 600 余首，绝大部分是 30 岁以前所作。他的诗饱含着社会历史内容，又蕴涵着强烈的激情。《咏史》曰："金粉东南十五州，万重恩怨属名流。牢盆狎客操全算，团扇才人踞上游。避席畏闻文字狱，著书都为稻粱谋。田横五百人安在，难道归来尽列侯？"此诗题为《咏史》，实为刺世。写表面繁荣，暗寓腐朽，表达了诗人的愤慨。龚自珍诗受屈原、李白影响，充满了浪漫主义精神，敢于反叛，不受拘束，自由创新，形式多样。

魏源与龚自珍齐名，诗歌今存 900 余首。魏源和龚自珍都属今文学家，对内主张变革，对外主张抗敌。所作诗抨击时政，同情人民，充满了对国家命运的忧虑。《寰海十章》（其九）曰："城上旌旗城下盟，怒潮已作落潮声。阴疑阳战玄黄血，电挟雷攻水火并。鼓角岂真天上降？琛珠合向海王倾。全凭宝气销兵器，此夕蛟宫万丈明。"诗写鸦片战争，奕山不战而降，接受赔款条件，订立屈辱的"广州和约"。魏源的诗学白居易，浅切流丽，意味深长，有些更雄浑遒劲，气势不凡。

龚自珍和魏源是中国近代文学的领军人物，地位类似于清初的钱谦益、王士禛与清中叶的袁枚、赵翼，影响很大。与龚、魏同时的爱国诗人还有林则徐、张际亮、张维屏等，他们的作品关注现实，充满生气，与龚、魏之诗形成进步主流。

晚清诗坛上，也还有些诗人宗唐宗宋，但多温柔敦厚，缺乏力度。在改良主义到维新时期，被尊为"诗界革命"的旗手是黄遵宪。黄遵宪（1848～1905 年）是广东嘉应（今梅县）人，光绪二年（1876 年）中举。先后担任过驻日本、美国、英国、新加坡外交使节职务，直接接受了资本主义国家政治和文化的影响，归国后积极参加改良主义活动。他在湖南协助巡抚陈宝箴厉行新政，是戊戌变法运动的重要人物之一。变法失败后被放归故里，郁郁而死。他主张诗歌要反映当代现实生活和真实的思想感情，反对模仿古人和形式主义，在一定程度上突破了旧体诗歌的旨归和模式。他提出"我手写我口"的著名口号，倡导"不名一格，不专一体，要不失乎为我之诗"。其著有《日本杂事诗》、《人境庐诗草》等，现存诗约1000余首。他的诗

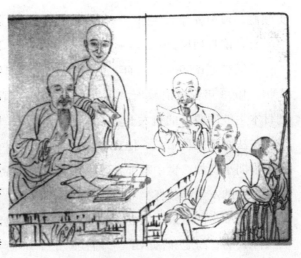

东轩吟社画像（清）

中表现了强烈的爱国反帝思想，反映了近代中国的重大历史事件，被梁启超誉为"诗史"。如他的《悲平壤》、《东沟行》、《哀旅顺》、《哭威海》等诗，就全面而深刻地反映了中日甲午战争的历程。他游历甚广，海外景观、风情尽入诗中，如日本、英国、法国、埃及、新加坡等国情事都在诗中有所反映，故扩大了中国古典诗歌的表现领域。"诗界革命"的口号是梁启超、夏曾佑、谭嗣同等人提出的，黄遵宪则是这一运动中从理论到实践成就最突出的诗人。其他维新派人物也有诗作，如康有为、梁启超、谭嗣同、夏曾佑、丘逢甲、严复、杨深秀等。他们追求新意境、新语言、新风格，尽管有些直露、简单、强作的缺点，但毕竟推动了诗歌的革新，也有助于整个社会文学观念的进步。

　　资产阶级民主革命时期，涌现出一些具有先进思想的诗人。秋瑾（1875～1907年）1904年东渡日本，次年参加"同盟会"。归国后积极宣传民主革命和妇女解放，1907年组织起义时被捕牺牲。她于1905年从日本回国途中所作《黄海舟中日人索句并见日俄战争地图》充满了爱国思想和革命热情："万里乘风去复来，只身东海挟春雷。忍看图画移颜色，肯使江山付劫灰！浊酒不销忧国泪，救时应仗出群才。拼将十万

头颅血，须把乾坤力挽回。”她还有《宝刀歌》、《宝剑歌》等，无不慷慨激昂，侠骨烈风。

章炳麟（1869～1936年）也一度曾为资产阶级革命运动中的风云人物，1903年曾被清政府和上海租界的工商局逮捕。1906年出狱后，到日本主编同盟会的机关刊物《民报》。辛亥革命后，担任过孙中山领导的护法军政府秘书长。他在文学方面的成就主要表现于散文，诗作不多。早期小诗如《狱中赠邹容》、《狱中闻沈禹希见杀》语言平易，表现出革命家的友爱和壮怀。

辛亥革命前后最为著名的文学团体是“南社”，其发起人是同盟会会员陈去病、高旭和柳亚子。“南社”于1909年11月13日在苏州正式宣告成立，取名“南社”意谓“操南音不忘其旧”之意。其目的是鼓吹民族民主革命，反对清朝政府统治。南社初创集会时17人，到辛亥革命前增至200余人，辛亥革命后增加到1000人以上。其出版《南社丛刻》，登录文、诗、词。“南社”的著名作家还有黄节、马君武、苏曼殊、宁调元、周实、吴梅等，他们的诗主要高歌资产阶级民主思想，充满反清斗争的革命激情。南社诗人的活动一直延续到民国以后乃至解放，后期自然归于沉寂。

晚清词作依然不衰，同时记录下中国社会发生的巨大变化。邓廷桢（1776～1846年）曾任两广总督，协助林则徐禁烟抗敌。1841年，与林则徐同被谪戍伊犁。著有《双砚斋词》2卷，并著有《词话》。其词气势雄浑，情韵高健，如《月华清》写中秋月夜登临炮台，观海天一色胸有所感，境界极其阔大秀挺。林则徐除写诗外也作词，著有《云左山房词》。其词慷慨激越，与邓廷桢唱和之作最多。事涉禁烟抗敌，充满爱国激情。其他词人周闲、黄仁、陈干也都有描写抗英海战的词，悼念殉国的英雄。道、咸间还有词人姚燮、蒋敦复、汤贻汾、蒋春霖、周之琦、黄燮清等，都有词作传世。词中更多的是文人情味，但能不受浙西派和常州派的束缚时有创新。

同治以后，有些词家积极投入维新运动中，有些词家则专力进行创作和研究，故词作亦不少，叶恭绰在《全清词抄序》中称为"词的中兴光大的时代"。谢章挺（1820～1888 年）著有《赌棋山庄词话》12 卷、《续编》5 卷、《酒边词》8 卷，论词主张"敢拈大题目，出大意义"。他组织了"聚红词社"，活动持续 20 年，约十余同好唱和，也关注现实。张景祁（1827～1894 年）曾任福安、连江知县，晚年渡海到台湾，宦游淡水、基隆等地。著有《新蘅词》，词中专写台湾"故实"，反映了台湾的近状和史事，颇悲壮。常州词派后人则以谭献（1832～1901 年）和庄棫（1830～1878 年）为代表，他们赞成词要比兴寄托，反映作者的品格才华。

王鹏运（1848～1904 年）、朱孝臧（1857～1931 年）、郑文焯（1856～1918 年）、况周颐（1859～1926年）被称为"清末四家"，他们同在朝廷做官，文学修养很高。他们关心时政，深察词道，所作甚丰，反映了清末词学研究和创作的高度

蔬果花卉图（清）

成就。王鹏运直言敢谏，支持康有为的改良主义运动，曾代康有为递送奏折。作词提倡"重、拙、大"，创作态度严肃，词风健朗豪迈。朱孝臧专力攻词，被近人尊为"集清季词学之大成者"。陈三立为之作《墓志铭》说："身世所遭，与屈子泽畔行吟为类。故其词独幽忧怨悱，沉抑绵邈，莫可端倪。"郑文焯擅书画，精音律，尤工词。所作体洁旨远，句妍韵美。况周颐在词学理论上又有建树，强调"以吾言写吾心，即吾

词"。他提倡写"真"，说"真字是词骨，情真、景真，所以必佳"。

王国维（1877～1927 年）在前人基础上，借鉴西方文艺理论，建构起自己的词学系统。王国维作为近代杰出学者，涉及领域宽泛并取得卓越成就。1908 年发表了《人间词话》，提出了博大精深的"境界"说，将词学研究推向了新境地。其词作取经南唐、北宋，自视颇高。人谓言近旨远，意决辞婉，风格独特，但多哀怨。1927 年 6 月，王国维自投北京颐和园昆明湖，结束了其清朝遗老的生活。

第二节　戏剧的警拔

明末清初，社会动乱，但戏剧与诗词、散文、小说一样取得较大成就。尤其是描写家国兴亡的作品占据主要地位，在社会上影响很大。戏剧吸收其他文学样式的因素发展起来，因其艺术手段、表演方式和剧场效应丰富而一时繁荣。这时的戏剧创作针对现实，并富有浪漫色彩，倾吐着人民的心声，反映着人民的愿望，也引发着人民的共鸣。在艺术形式上也能够推陈出新，适应观赏要求，因而有些作品颇为轰动。戏剧理论在这时也有提高，对创作经验进行总结并对创作规律深入探讨。元明以来的戏剧此时又呈现出新的面貌，不同的流派风格给人以多样的审美感受。

从明代中叶开始进入繁荣时期的传奇，到清初仍然保持着兴旺不衰的势头。"苏州派"剧作家注意描写重大的政治斗争，揭露统治阶级黑暗势力的腐朽本质，反映市民的生活情趣和斗争精神，较多地采用了现实主义创作方法，因而在清初剧坛成为最耀眼的戏剧派别。"苏州派"戏曲家有李玉、朱素臣、朱佐朝、张大复、丘园、毕万侯、叶时章、马佶人、朱云从等，他们都是苏州人，有着共同的创作倾向，作品有许多共同特点，故被称为"苏州派"。"苏州派"的作品很多，以李玉的《清忠谱》成就最高，其他还有朱素臣的《双熊梦》、朱佐朝的《渔家乐》、毕万侯的《三报恩》、叶时章的《琥珀匙》，等等。"苏州派"作家谙熟音律，讲求本色当行，注重舞台效果，故与案头化作品不同。他们的作品大都戏剧冲突紧张，语言通俗易懂，适于演出，故受百姓欢迎。当然，由于他们封建道德观念浓厚，故在剧中也难免夹杂很多宣扬忠孝节义的说教。

　　"苏州派"的代表人物李玉（1591？—1671年？），字玄玉，号苏门啸侣。他出身低微，好奇学古，明末不得际遇，入清绝意仕进。他专力于戏曲创作，是清初创作剧本最多的作家，所著传奇约40种，现存18种。《清忠谱》是一部以真人真事为基础创作的悲剧，反映了明熹宗天启六年（1626年）东林党人周顺昌与苏州市民反对以魏忠贤为首的阉党的政治斗争。周顺昌为官清正，与东林党来往密切，被魏忠贤阉党憎恨，罢归乡里。东林党人魏大中被押解进京，路过苏州，周顺昌与之流连三日，并以幼女许婚魏大中的孙子。天启六年三月，魏忠贤派厂卫缇骑到苏州逮捕周顺昌，激起民愤。以市民颜佩韦等5人为首，聚众万人至府衙请愿，结果遭到镇压。镇压引起暴动，暴动失败后周顺昌被押至京城害死，颜佩韦等5人也在苏州惨遭杀害。及到明思宗即位，魏忠贤被黜，冤案才得昭雪。《清忠谱》歌颂了以周顺昌为代表的东林党人的正义斗争和崇高气节，表彰了颜佩韦等下层市民见义勇为、不畏强暴的高贵品德，深刻地反映了明末复杂的政治斗争和社会矛盾，因而具有历史进步意义。《清忠谱》在艺术上的突出成就是将群众斗争的场面搬上舞台，善于在矛盾冲突中突出人物性格，同时注意在舞台调度上前后层次分明，配合紧密，这就使人物鲜明，场面纷沓，而头绪井然。其艺术结构上严密紧凑，主线清楚，详略得当，布局合理，一洗明人传奇头绪纷繁、结构松散的通病。语言表现方面也克服了明人传奇过于典雅华丽的缺点，比较注重语言的舞台效果，曲词流利畅达，宾白通俗易懂。

《清忠谱》的创作得益于苏州派作家的大力协助，朱泰臣、毕万侯、叶时章都参与了编写和定稿。李玉的其他作品也很有名，如《万民安》、《千钟禄》场面宏大，唱词优美；《一捧雪》、《人兽关》、《永团圆》、《占花魁》世称"一人永占"，脍炙人口。李玉的剧作能"脱落皮毛，掀翻窠臼"，具有创新精神，对题材的多样化、思想的深刻性、艺术的感召力、审美的愉悦感都有大胆探索和成功尝试。

清初著名的戏曲家李渔（1610～1680年），不仅在创作而且在理论上都颇具盛名。李渔字笠翁，浙江兰溪人，出生在江苏的如皋。他组织起以姬妾为主要演员的家庭剧团，到南北各地达官贵人府邸演出自编自导的戏曲。由于社会名流多请他演戏，他的生活较为优裕但也时常苦恼。他的创作要迁就显贵的审美趣味又须具社会的世俗风情，他虽与显贵交往而又被"以俳优目之"。所以他的创作多喜剧，于幽默滑稽中时寓愤世嫉俗之情。所作剧本有《笠翁十种曲》，即《奈何天》、《比目鱼》、《蜃中楼》、《怜香伴》、《风筝误》、《慎鸾交》、《巧团圆》、《凰求凤》、《意中缘》、《玉搔头》。他以创作喜剧、引人发笑为目的，形成轻松活泼、通俗诙谐的风格，但内在也无不暗含着讽刺、批判的主题。如《风筝误》通过题写风筝而阴差阳错的爱情故事，描写了曲折离奇的误会冲突，最后揭示出才子佳人相配方为圆满的结局。当然，由于作者的封建思想和演出环境的限制，有些剧作格调不高在所难免。但作者在艺术技巧上则是颇为精谨富于匠心的，无论是设置情节、制造矛盾，还是巧为结构、穿针引线，乃至曲白的机趣生动、因人而异，都很高超。李渔写才子佳人戏为多，缺乏深刻的现实内容和强烈的时代气息。但所写爱情故事为人喜闻乐见，情节发展往往出人意料之外又在情理之中，既新奇又可信。所以，李渔的戏剧一直受人喜爱，有些很早就流传到日本和欧洲。

李渔在戏曲理论上的贡献比创作上更大些，所著《闲情偶寄》可为中国古代戏曲理论之集大成。他强调戏曲的社会性，认为戏曲面向大

众，所以必须适俗。他强调戏曲的
舞台性，认为写剧本是为了演出，
因而必须通俗。总之，他认为
"俗"是重要的。但在具体操作方
面又要认真对待，不能马虎。如结
构，须"立主脑"、"密针线"、"减
头绪"；语言要浅显风趣，不要堆
砌典故，注意人物的个性化；题材
的选取、情节的安排必须"奇"与
"新"，但又不能胡编乱造、荒诞不
经；格局方面要设悬念，收煞处注
意"自然而然，水到渠成"，不要
突如其来，生拉硬扯。李渔的戏曲
理论偏重于形式方面，思想内容方

《笠翁十种曲》插图（清）

面还难脱封建道德观念窠臼，这也是他个人阅历和时代因素造成的，但
他的经验之谈无疑丰富了我国古代戏曲宝库。

　　清初还有一类戏曲作家，他们写戏不是为了演出，而是为了自我抒
情，如吴伟业、尤侗、嵇永仁、王夫之、万树等，其中以尤侗成就最
高。尤侗（1618～1704 年），江苏长洲（今苏州）人。顺治三年（1646
年）副榜贡生，曾任永平推官 3 年。康熙十年（1671 年）举博学鸿词
科，授翰林院检讨，参与修《明史》，后以年老辞官回乡。尤侗著有
《钧天乐》传奇，《读离骚》、《吊琵琶》、《桃花源》、《黑白卫》、《清平
调》5 种杂剧。《钧天乐》写才华出众的沈子虚应试落第，而不学无术
的贾斯文等却因财势而得中。他上书揭发科场弊病，却被乱棍打出。他
痛哭于霸王神像前，申述其抑郁不平之气。后沈子虚在天界考试中得中
状元，并且夫妻团圆。此剧揭露封建社会的黑白颠倒，也表达出作者美
好的幻想。《读离骚》写屈原投水自杀、宋玉为之招魂的故事，《吊琵

琶》写昭君出塞、蔡文姬吊青冢的故事，《桃花源》写陶渊明入桃花洞成仙的故事，《黑白卫》写女侠聂隐娘的故事，《清平调》写诗仙李太白的故事。这些剧本借古抒怀，表达自己的寄托。由于尤侗擅长诗文，精通音律，故词曲俱佳。但有些说白艰深古奥，过于冗长，因而不适宜演出。吴伟业著有《秣陵春》传奇，《通天台》、《临春阁》杂剧，也是借古人之歌呼笑骂以写心中之抑郁牢骚。嵇永仁著有《续离骚》杂剧，王夫之著有《龙舟会》杂剧，都发泄对现实的不满。万树著有《空青石》、《念八翻》、《风流棒》传奇，都是写一个才子与二女成婚的风情故事，追求情节离奇而格调庸劣，反映出戏剧创作的不同侧面。

清代传奇中艺术成就最高的是洪昇的《长生殿》和孔尚任的《桃花扇》，两位作者也因剧本的深刻内容和演出的震撼效果被誉为"南洪北孔"。

洪昇（1645～1704年），字昉思，号稗畦，浙江钱塘（今杭州）人。洪家为钱塘望族，又是书香门第，洪昇少年便受到良好的文化教育。但时值社会动荡，他也看到了反清斗争的严酷现实。他曾就教于陆繁弨、毛光舒等明代遗民学者，后来入京师受到王士禛、施闰章的赏识。他在国子监肄业多年，却始终得不到晋身仕途的机会。他结交的师友又多是中下层文人，对亡明的怀念使他对统治者有了更清醒的认识。康熙二十七年（1688年），《长生殿》定稿。次年洪昇招伶人在北京寓所演唱，邀请名士和好友观看。因正值佟皇后丧期，有人上本弹劾。洪昇被削籍回乡，观看演戏的人也受到牵连。洪昇遭此打击，晚年过着疏狂吟啸的生活。康熙四十三年（1704年）五月，江宁织造曹寅集南北名流为盛会，邀请洪昇为座上宾，观看《长生殿》全本演唱。自南京返回杭州途中，洪昇不幸溺水而死，一代英才就此终了坎坷一生。

《长生殿》写唐玄宗与杨贵妃的爱情故事，参阅了大量的历史材料并进行了精心的艺术处理。自唐至明，李隆基与杨玉环的故事不断有人描述，洪昇取精弃糟、重新加工、融会创新。全剧分上下两部，共50

出，故事情节与《长恨歌》略同。《长生殿》以李、杨爱情为主线，但广泛地联系社会背景和历史事件却给人警醒。唐明皇与杨贵妃的爱情从《定情》开始，他们"惟愿取，恩情美满，地久天长"。由于唐明皇用情不专，杨玉环争风吃醋，其间也发生过一些矛盾，但很快得到解决。作家描写他们奢靡的生活和爱情的发展，处处豪华日渐荒淫，步步深入日益真挚。到第二十五出《埋玉》，由于安禄山反叛，唐明皇被迫西行，至马嵬驿，发生兵变，李、杨生离

《长生殿》

死别，从此生死相隔，爱与痛刻骨铭心。作家写李、杨爱情，既有深刻的真实性，又有浓厚的理想色彩，因而感人至深。马嵬之变以后，仍以两人爱情为主线，写人间天上互相思念，寄予更多的同情和赞美，《冥追》、《闻铃》、《哭像》、《雨梦》等出，极力渲染出唐明皇思念杨贵妃的凄苦心情，而杨贵妃即使登上仙界也不忘与唐明皇的深挚旧爱，在《补恨》中她说："位纵在神仙列，梦不离唐宫阙，千回万转情难灭。"作家最后使二人在月宫团圆，永为夫妇，得到一个圆满的结局，也强调了《长生殿》的主旨。这样的描写充满了理想的光华，具有浓厚的抒情意味。

　　但是，李、杨爱情也是同唐朝政治紧密联系在一起的。在剧中，作者揭露了朝廷的腐败，如唐明皇重用权奸杨国忠，提拔番将安禄山，终于导致国家倾危。作家还同情人民的疾苦，如贵妃生日时明皇不惜一切从海南进荔枝，这虽然表达了爱情的挚浓但却不顾穷苦的百姓。因而，李隆基虽然是作家赞赏的人物，但也是人们谴责的对象。作家在描写华丽爱情的同时，不能不说暴露了封建统治集团的腐朽。作家在描写帝妃

欢娱的同时，也不能不说抨击了荒废国家朝政的昏庸。二者巧妙地结合在一起，使人对李、杨的爱情深为感动，又为其给人们带来的灾殃而痛恨不已。《长生殿》在政治上的含义还有对安史之乱和李唐复国的描写，寄托了作家的民族意识和兴亡之感。作家把安禄山塑造成一个十分阴险、贪婪、狡猾、残暴的人物，他带领百万精兵，"逢城攻打逢人剁，尸横遍野血流河，烧家劫舍抢娇娥"。他身边跟随的是番将、番姬，军营中表演的是番歌、番舞，宴席上陈列的是番酒、番肉，这很容易使人联想到清兵入关和南下的情景。作家极力歌颂郭子仪，不只是把他当作李唐王朝的忠臣，而且把他刻画成打败异族入侵的英雄。作家写雷海青、李龟年的唱词，慷慨激昂，悲伤感叹，或给人激励，或给人怅惘，不免使人想起抗敌御侮的英烈和投降卖国的败类。这是《长生殿》当时受到明朝遗民欢迎的原因，也是《长生殿》上演被弹劾的原因。

《长生殿》的艺术手段也很高超，把爱情生活和政治状况结合描写，运用现实主义和浪漫主义手法，两种场面和两种表演交替出现，这就使舞台上时而情意绵绵时而刀光江闪，时而骄奢淫逸时而生离死别，时而天上时而人间。《长生殿》的曲词特别典雅清丽，富于诗情画意，既有抒情性，又有形象性。吴舒凫在序中说："爱文者喜其词，知音者赏其律。以是传闻益远，畜家乐者攒笔竞写，转相教习。优伶能是，升价什佰。"自《长生殿》一出，梨园竞相搬演，无不俯仰称善，使人观后无不"泪流"而"感叹"。

洪昇还有其他剧作，如杂剧《四婵娟》写 4 个才女的故事，分别是《谢道韫》、《卫茂漪》、《李易安》、《管仲姬》。他的诗也写得很好，朱彝尊、陈维崧、赵执信等人都是他的诗友，有《月楼集》、《稗畦集》传世。

孔尚任（1648～1718 年），字聘之，号东塘，山东曲阜人，孔子六十四代孙。自幼受封建家族的传统教育，对清兵大掠山东十分不满。留意礼、乐、兵、农等学问，爱诗许文，考订音律，博采遗闻，这为后来创作《桃花扇》准备了条件。康熙二十年（1681 年）以捐纳为国子监生，3 年后康熙帝南巡返经曲阜祭孔，孔尚任被举荐在御前讲经，受到康熙帝的赏识，被破格提拔为国子监博士。康熙二十五年（1686 年），孔尚任随工部侍郎孙在丰参加治淮工程，目睹了吏治腐败和人民疾苦，对社会现实有了比较清醒的认识。他还结识了许多明末遗老，了解了许多南明旧事。他凭吊明末四镇鏖战的战场，登梅花岭拜谒史可法衣冠冢，在南京上燕子矶游秦淮河，又瞻仰明太祖朱元璋的陵墓。这些材料搜集和实地考察，为《桃花扇》的创作进一步打下了基础。康熙二十八年（1689 年），孔尚任回到北京，仍在国子监任职。康熙三十三年（1694 年），他与友人顾采合作写成传奇《小忽雷》，借乐器与爱情反映中唐朝政腐败，曲折表达了自己的历史观点和政治思想。该剧主题、人物、结构不够完好，但为创作《桃花扇》积累了经验。康熙三十八年（1699 年），经过 10 余年呕心沥血、三易其稿，《桃花扇》终于问世。此剧一上演，立即引起全社会的轰动。在北京连演不衰，王公贵绅莫不借抄，甚至连皇帝也产生了兴趣，派内侍索要剧本。作家的原本已无踪迹，只得在朋友家

《桃花扇》

觅得一本进呈。次年，孔尚任升户部广东司员外郎，但旋即被罢官。此后孔尚任又在京逗留两年，回归故里，重度闲散生活。孔尚任还有诗文传世，如《湖海集》、《石门山集》、《长留集》等，晚年卒于石门山旧居。

《桃花扇》共 40 出，分上下两本，剧情十分复杂。主要情节为：明

末李自成攻入北京，明思宗朱由检自缢。接着吴三桂引清兵入关，镇压了农民起义军，整个北方很快被清军占领。凤阳总督马士英和阉党余孽阮大铖拥立福王朱由崧在南京建立弘光王朝，他们为东山再起企图利用复社文人。这时，侯方域客居南京结识了秦淮名妓李香君，并送给李香君一柄宫扇作为定情之物。阮大铖为了拉拢侯方域，出资为李香君置办箱笼。侯方域表示要为阮大铖解释，以便缓和阮大铖与复社文人的矛盾。但当李香君知道妆奁之费出自阮大铖，当即拔簪脱衣坚决却奁。侯方域深为感动，阮大铖则怀恨在心。弘光王朝建立后，阮大铖任光禄寺卿，一面罗织罪名逮捕侯方域，一面逼李香君嫁给漕抚田仰。侯方域被迫逃到扬州，后又辗转到河南。李香君守楼自誓，血溅诗扇，以示对侯方域的忠贞。后杨龙友就扇上之血点染成一枝桃花，此即"桃花扇"之由来。李香君以此为信物，托苏昆生找到侯方域。侯方域回到南京时，李香君已被征选入宫，阮大铖又将侯方域逮捕入狱。不久，清兵南下，扬州失守，南京陷落，弘光被俘。侯方域、李香君分别逃出南京，后在栖霞山白云庵相遇。正在二人互诉衷情之时，道士张瑶星下坛劝说，撕扇呵斥。面对国破家亡，他们终于割断"花月情根"，双双入道。

《桃花扇》"借离合之情，写兴亡之感"，以复社文人侯方域和秦淮名妓李香君的爱情故事为主线，揭示了正义与邪恶的斗争并铺写了明末社会广阔的历史画面。剧本反映了当时社会尖锐复杂的矛盾，对南明王朝统治集团的政治腐败作了深刻的批判，对具有爱国思想和高尚情操的下层艺人给予热情的歌颂，对复社文人坚持刚正原则、反对权奸斗争的行为表示赞赏，对胸怀民族大义、不惜以身殉国的英雄抱以同情。作家在艺术上从纷繁的史料中提炼加工，塑造出鲜明生动的形象，如阮大铖的歹毒，李香君的坚贞，侯方域的软弱，史可法的刚烈，其他人物也各自性格不同，几乎每个人物都是一个典型。作家对全剧进行了精心的构思和巧妙的编织，使复杂的生活内容构成一个有机的艺术整体。如利用一柄宫扇串连起一个动人的爱情故事，而这个爱情故事又带有浓重的政治色彩，政治色彩又充满了复杂的变化和多重的意味，情节的发展则跌宕起伏、出乎意料又水到渠成。作家在词曲和宾白的创作上刻意求工，精辟凝练。正如其在《桃花扇凡例》中所云："词曲入宫调，叶平仄，全以词意明亮为主。""说白则抑扬铿锵，语句整练，设科打诨，俱有别趣。"《桃花扇》的语调风格总体上是雅致的，虽然严谨有余、通俗不足，但符合剧情的需要和文人的欣赏。其不凡的艺术才情与不尽的政治忧伤完美结合，故而使明朝的"故臣遗老"看此剧时每每"掩袂独坐"，这或许也是将《桃花扇》送入宫廷后他被罢官的直接原因。

清中叶，戏曲创作开始衰落。严酷的思想统治使作家不敢涉及较为敏感的政治话题，许多文人把精力转入经史的研究，他们对文学、戏曲的趣味也被局促在狭小的生活圈子里，创作更限于对忠孝节义的说教和书斋案头的欣赏。从晚明开始就经常在贵族和宫廷中演出的昆曲，这时日益脱离社会现实和人民大众，原来的典雅优美趋向形式主义而变得僵化，内容失去了鲜活的气息而偏于冗长的描述。昆曲的唱腔本以悠扬婉转见长，在它初兴时听者感觉回肠荡气，到后来节奏愈趋缓慢低沉，行腔过于细密，优点变为缺点，观众转向厌弃。由于文人创作偏重曲词的精致，忽略了舞台演出的需要，因而其"高雅"的情调也难被"低俗"的大众接受，所以愈使戏曲创作萎缩为花盆式的景致。戏曲作家生活在乾嘉时期，表面的繁荣使他们沉湎于歌舞升平，所以创作多为宣传封建道德和用以娱宾遣兴，这也使作品脱离生活而成为少数人的玩赏。总之，传奇在剧坛上的地位日益衰落，而被称为"花部"的地方戏却兴盛起来。

唐英、蒋士铨是此时值得注意的传奇作家，但他们的作品已难与洪昇和孔尚任相比。唐英（1682～1755 年），字隽公，号蜗寄居士，官九江关监督。著有《古柏堂曲》17 种，大部分剧目是依照民间戏曲改编的。其中可以看到一些民间戏曲的面貌，如《十字坡》、《面缸笑》等。但作为封建官僚，更多地编写了一些宣扬封建思想的作品，如《三元报》、《佣中人》等。蒋士铨（1725～1784 年），字心余，号清容，又号藏园，江西铅山人。乾隆二十二年（1757 年）进士，任翰林院庶吉士、编修。诗、词、文、曲兼长，著有《忠雅堂文集》、《铜绫词》、《红雪楼九种曲》等。传奇作品有《空谷香》、《桂林霜》、《雪中人》、《香祖楼》、《临川梦》、《冬青树》等，还有杂剧作品《一片石》、《第二碑》、《四弦秋》等。《临川梦》敷演汤显祖故事，将其生平搬上舞台，把《临川四梦》中的主要人物和读《牡丹亭》而死的俞二娘写入剧中。吴梅《顾曲麈谈》说："世皆以《四弦秋》为佳，余独取《临川梦》，以其无中生有，达观一切也。"《四弦秋》又名《青衫泪》，写白居易贬江州遇琵琶女花退红，感而赋长诗《琵琶行》以抒郁愤。寄托深隐，曲词优美，后人评价较高。蒋士铨戏曲创作的题材是多方面的，在当时颇为著名。

泥塑《吟风阁杂剧·罢宴》人物(清)

杨潮观、桂馥在杂剧创作方面成就较高，他们吸取了明代杂剧的长处而发扬创新。杨潮观（1710～1788 年），字宏度，号笠湖，江苏无锡人。著有《吟风阁杂剧》32 种，每种 1 折，剧前作小序，仿照白居易《新乐府》的做法，点明主题。他年少即以文名，后又长期担任地方官，剧作多写文人遭际和官员政绩，比较注意戏曲的讽喻劝惩作用。《寇莱公思亲罢宴》写宋代丞相莱国公寇准为生日设宴，府中刘婆婆被地上蜡油滑倒而想起往事哭泣，她向寇准讲起当年寇母含辛茹苦教育儿子的情景，勾起寇准往日回忆而下令罢宴。《穷阮籍醉骂财神》借阮籍狂傲纵酒的性格，在财神庙大骂金钱的罪恶，揭露了封建社会末期的黑暗，表达了作家内心强烈的愤慨。《吟风阁杂剧》风格多样，实际是以戏曲形式写成的随笔小品，虽语言精辟，但不便演出。

桂馥（1736～1805 年），字冬卉，号米谷，山东曲阜人。著有《放杨枝》、《投溷中》、《谒府帅》、《题园壁》四种杂剧，合称《后四声猿》，分别写白乐天、李长吉、苏东坡、陆放翁的故事，语言华美，耐人寻味。清代杂剧仿明代徐渭《四声猿》为多，但案头化倾向严重，与传奇一样走上了末路。

清代戏曲在舞台上历演不衰、影响较大的要数《雷峰塔》，它在前代民间说唱和戏曲演出的基础上经过加工改造，达到了思想上、艺术上一个新的高度，故广受欢迎。《雷峰塔》写白蛇与许仙的爱情故事，最早见于南宋话本《西湖三塔记》。此话本后来不断充实、演变、丰富，并经作家、艺人反复修改搬上戏曲舞台。《雷峰塔》传奇在清初时由黄图秘所作，后由戏曲艺人陈嘉言父女改编，又经方成培加工愈益完美。《雷峰塔》流行于乾隆中叶，是一部具有深刻现实内容和高度浪漫风格的作品。剧本写白蛇化为美女在杭州西湖遇见青年商人许仙，为追求自己的爱情大胆地向封建势力斗争，她具有勇于反抗的性格和自我牺牲的精神，但最终失败被镇压在雷峰塔下永远难以翻身。白娘子是一个善良、多情、勇敢、坚贞的女子，在剧中的众多情节展示了她可爱、可敬、可歌、可泣的优秀品质。《雷峰塔》的悲剧结局揭示了强大的封建凶恶势力对妇女的残酷压迫，它的现实意义和浪漫手法给人警厉而忧愤的悲切审美感受。

明代中期以来，以昆曲演唱的传奇已取代元代杂剧的演出形式而成主流，到清代中叶被称为"雅部"的昆曲又被称为"花部"的地方戏所取代，中国戏曲的发展于是进入了一个新鲜活跃的历史时期。

花部地方戏兴起于民间，有些剧种早在杂剧已渐衰落、传奇还相当繁荣的时候便已形成。由于昆曲唱腔委婉、曲牌丰富、精致细腻，又有杂剧、传奇作为雄厚的文学基础，因而赢得上至帝王将相、下至平民百姓的普遍爱好，广泛流行于宫廷官府和市井庙宇之间。但乾隆以后文网森严，考据风行，传统戏曲形式日益僵化，多数创作成为案头曲子不适宜于搬演，内容远离社会生活而曲高和寡，其也就日益走向狭窄逼仄的末途。"城中桃李愁风雨，春在溪头荠菜花。"花部地方戏源自民间，乃如雨后春笋般兴发起来，以人民大众喜闻乐见的形式给人耳目一新的感觉，于是继元杂剧、明清传奇之后形成中国戏曲史上第三个高潮。李斗《扬州画舫录》说："两淮盐务例蓄花、雅两部，以备大戏。雅部即昆山腔，花部为京腔、秦腔、弋阳腔、梆子腔、罗罗腔、二簧腔，统谓之乱弹。"这些被谓之"乱弹"的地方戏由小到大，很快流入城市，成为同"雅部"抗衡的力量并谱写了极为灿烂的篇章。

泥塑小板戏（清）

花部起初大都在乡村草台上演出，内容浅显，行当简单，多系"二小"或"三小"（小生、小旦、小丑）戏，为人所轻视，被称为"土戏"或"杂戏"。随着其内容、形式的不断丰富、提高，待于乡村逐渐成熟而被日益叫好后，便沿着商路、官路、戏路走入城镇，并在不断壮大的过程中同雅部展开了激烈的竞争。花部与雅部的争衡首先表现在弋阳腔和昆山腔之间。弋阳腔早在明万历年间便流播到京师并进入宫廷，由于弋阳腔也是曲牌连套，与昆山腔体式大致无异，所以以昆山腔创作的剧本略加改动就可用弋阳腔演唱，于是宫中所演大戏渐渐从全部昆曲过渡到昆弋相间，昆弋并举。这样，弋阳腔便从被清廷所禁演的"花部"中分化出来，成为与昆曲并称的"雅部"而列为皇家御用腔调之一。弋腔逐渐京化、雅化、规范化、程式化，于是被人称为"京腔"。京腔与昆曲竞争的结果，是京腔提高了地位，削弱了昆曲的势力，并为秦腔、皮黄的发展铺平了道路，但还不能取昆曲而代之为剧坛盟主。继弋腔之后与昆曲抗衡的是秦腔。乾隆末年，杰出的秦腔演员魏长生入京演出，轰动一时，不仅昆曲不能与敌，就是京腔也相形见绌。后来由于清政府采取强行禁演的措施，勒令魏长生等秦腔艺人改用昆、弋两腔，魏长生被迫离京南下。但他在扬州、苏州等地的演出，同样取得极大成功，扩大了秦腔的影响。第三次花、雅之争则是徽班进京引起的。乾隆五十五年（1790年），适逢皇帝八十大寿，兴起于安庆、活跃于扬州的三庆、四喜、和春、春台四大徽班进京演出。三庆擅演大戏，四喜擅唱曲子，和春的武功高强，春台的孩子出色，可谓争奇斗妍，各有绝活，一时誉满京城。徽班主要唱二簧和西皮，不像昆曲那样低回婉转，而是高亢爽朗，加上唱词通俗易懂，很快赢得大量观众。道光年间，以徽调中的二簧和汉调中的西皮为基础，并不断吸收昆腔、京腔、秦腔及其他地方小戏和民间曲调的营养，逐渐熔铸成一个新的大型剧种——北京皮簧戏，即京剧的前身。这标志着"花、雅之争"的结束，花部取得了决定性的胜利。此后京剧在统治者的扶持下、在群众的爱好中与日增辉，成为流布四方的"国剧"。

地方戏兴盛于乾、嘉、道年间，形成了几个主要的声腔系统。如由弋阳腔演变而来的高腔，处于山、陕交界处的梆子，兴起于湖北的西皮和产生于安徽的二簧组成的皮簧腔，流行于豫、鲁一带的弦索腔等等。而每个主要声腔系统内部其实又分化为更多的流派，各个流派又扬长避短并结合地方特色，于是八音繁会、五彩缤纷，据不完全统计大约有300多个剧种活跃在黄河上下、大江南北。这些剧种争奇斗妍，推陈出新，形成"南昆、北弋、东柳、西梆"的局面，使戏曲舞台繁花似锦。遗憾的是由于地方戏作者大多是下层文人和戏曲艺人，剧本主要靠梨园抄写流传或艺人口传心授，刊刻付印的极少，因而保存下来的早期剧本所见不多。现存所见的有钱德苍选辑的《缀白裘》和叶堂选辑的《纳书堂曲谱》，其中有些剧目反映了早期创作的面貌。这些作品主要取材于

紫禁城漱芳斋大戏台

日常生活，内容和形式都新鲜活泼，生活气息和乡土色彩浓重。如《打面缸》、《借靴》、《张古董借妻》等，风趣夸张，笑料不断，喜剧效果强烈，便于演出，可见人民大众的欣赏情趣。

晚清时期，杂剧和传奇已濒临衰亡，但仍有少数人在创作，遵循传统并力求精雅。如道光、咸丰年间的黄燮清，作有《倚晴楼七种曲》较为著名。同治、光绪年间的陈烺，著有《仙缘记》、《燕子楼》等 10 种曲目。但这些剧作家步蒋士铨等人的后尘，作品脱离时代主旋律，因而缺乏新意、成就不大。

随着反帝反封建政治运动的风起云涌，杂剧、传奇在内容上也开始发生深刻变化。反对民族压迫、宣传改良和革命的作品比重增大，剧作家多以历史上的爱国将领、民族英雄为题材抒泄胸中激情。梁启超作为政治运动的领袖，率先倡导戏曲革新并勇于实践。他于 1902 年接连创作了《劫灰梦》、《新罗马》、《侠情记》3 部传奇，正式拉开了戏曲革新的序幕。梁启超希望通过戏剧宣扬他改良主义的政治主张，在《劫灰梦·楔子》中说要"把一国的人从睡梦中唤起来"。1904 年，柳亚子、陈去病、汪笑侬等在上海创办了中国第一个戏剧杂志《二十世纪大舞台》，提出戏剧应当"以改革恶俗，开通民智，提倡民族主义，唤起国家思想为唯一的目的"。继之，在《新小说》、《新民丛报》、《二十世纪大舞台》、《绣像小说》、《小说月报》等刊物上，出现了大量杂剧、传奇和乱弹剧本。这些剧本紧密配合资产阶级改良运动和资产阶级革命运动，揭露帝国主义者的侵略罪行和封建统治者的腐败无能，歌颂历史上的爱国精英和现实中的英勇斗士，表现了强烈的复兴祖国和要求民主的思想。较为著名的有筱波山人的《爱国魂》，歌颂文天祥的抗元英勇斗争和高尚民族气节。吴梅的《风洞山》，借对瞿式耜抗清的描写抒发胸中的幽愤。萧山湘灵子的《轩亭冤》和华伟生的《开国奇冤》，以秋瑾和徐锡麟案件为题材，反映现实残酷，寄寓悲壮情思，鼓吹民族革命。新广东武生的《黄萧养回头》，写中华始祖黄帝命明代农民军领袖黄萧养再生广东，"为同胞，除灾殃"，"雪国耻，报国仇"，以反对列强侵略、反对异族压迫为主旨。有些剧本还借用外国故事宣传资产阶级革命，如梁启超的《新罗马》、感惺的《断头台》、玉瑟斋主人的《血海花》等。还有些作家写了一些强调男女平等、赞成妇女解放的作品，如柳亚子的《松陵新女儿》、玉桥的《广东新女儿》、大雄的《女中华》、挽澜的《同情梦》等。当然，有些作品由于作家思想局限，也难免含有落后、反动、保守的因素。

这些戏在艺术形式上敢于打破常规，不落俗套，舞台上出现新式布景，演出时出现时新服装，表演程式上也大胆创新，曲词宾白则多雄劲有力。固然在思想上有进步意义，但利用旧形式表达新内容总显得有些生硬别扭，加之人物性格刻画也难丰满，故事情节也较简单，因而更多具有作者思想传声筒的性质。其最大意义应该说是通过戏剧革新的探索扩大了戏剧表演的境界，而这种革新的效应同其他文学艺术一样是难以低估的，当它不能适应社会发展和人们需求时将自然淘汰。

戏剧革新也表现在京剧和地方戏中，并取得突出成就。乾隆末年，四大徽班进京，徽班把二簧和西皮结合起来，后又吸取其他剧种的优点创制出京剧。京剧从兄弟剧种和说唱文学吸收了大量的剧目，又改编杂剧、传奇中的优秀作品，同时接受清代宫廷"雅部"串演长篇历史传说故事的影响，创作出许多适于舞台表演并广受群众欢迎的精品。但是京

茶园演剧图（清）

剧在形成过程中，由于受封建统治思想的拘囿和宫廷贵族欣赏趣味的制约，艺术性虽然取得长足进步，然而思想性却不够解放。在资产阶级改良和革命运动中，京剧也随着社会形势的发展而不断成熟和升华。由于

《封神演义》插图（清）

京剧重舞台演出，文字整理加工不够，其剧本流传主要靠师徒们的口授心传和艺人们的传抄收藏，所以初期剧本的原始面貌难得再见，认真严肃地整理和研究是后来的事情。现存京剧传统剧目约 1200 余种，是随着京剧演进的历史而结出的成果。其题材十分广泛，大多出于历史演义和英雄传奇，如《封神演义》、《东周列国志》、《三国演义》、《隋唐演义》、《杨家将》、《水浒传》、《说岳》、《英烈传》等。许多优秀剧本从不同角度表达了人民的愿望，讽刺和揭露封建统治阶级

的丑行,正义得到表彰,邪恶受到鞭挞,富有教育意义。如广为称道的《打渔杀家》,本是从秦腔移植而来,经艺术加工长期琢磨,成为具有强烈反抗黑暗统治的剧目。故事取材于《水浒后传》,写好汉萧恩参加起义失败后,带女儿打鱼为生,但却受到恶霸丁自燮的接连欺负,终于忍无可忍杀了丁府满门。

京剧改革中,汪笑侬贡献最大。汪笑侬(1858~1918年)本名德克金,满族人。年轻时中过举人,曾任河南太康知县,因触怒豪绅,被参落职。此后专门从事京剧活动,其丰富的文化素养对其京剧创作有很大帮助。甲午战争之后,他受改良主义思潮影响,以戏曲进行通俗教育为宗旨,编写剧本30多种。有些戏借古讽今,深有寓意,富于时代气息,如《哭祖庙》、《博浪椎》、《受禅台》、《党人碑》、《骂王朗》等。有些戏以时装登场,有"改良新剧"之称,如《缕金箱》、《獬豸梦》、《立宪镜》、《博览会》等。当然,有一些戏也难免有消极成分,如宣扬封建节孝、虚无主义、出世高蹈等。在舞台场景和演出改革方面,夏月珊、夏月润兄弟和潘月樵等人也做出尝试。他们1906年在上海创建新舞台,使用幕布、布景和转台。他们在新舞台上演出《新茶花》、《黑籍冤魂》等新戏,表现出进步思想。

在京剧演出中,涌现出一些颇负盛名的表演艺术家,如谭鑫培、汪桂芬、王瑶卿、田际云、何桂山、龚云甫、王长林等。谭鑫培(1847~1917年)是湖北江夏人,其父名志道,演老旦,有"叫天子"之称,故他艺名"小叫天"。他先演武生和武丑,中年后专演老生。他长期在北京演出,以唱、做、念、打相互结合为长,并创造出一种悠扬婉转而略带感伤的唱腔,世称"谭派"。王瑶卿(1880~1954年)是江苏淮阴人,生于北京。初演青衣,后兼演刀马旦,长期在北京演唱。融会青衣、花旦、刀马旦的表演艺术,以善创新腔著称。中年以后致力授徒,培养了大批演员,受他教益者不下三四百人,著名的京剧四大名旦梅兰芳、程砚秋、尚小云、荀慧生都曾受其指教。在这些艺术家的努力下,

紫禁城宁寿宫阅是楼大戏台

京剧艺术日臻完善。到辛亥革命前后，京剧已流布全国并广受欢迎。地方戏此时也日益成熟，各种戏曲声腔逐渐定型化，几乎各省都有本省的地方剧种。所演剧目或不满现实政治，或反抗封建礼教，深受群众喜爱。

在清末戏剧改良运动中，受外国文化影响话剧应运而生。中国传统戏曲本来就存在一定的话剧因素，20世纪初产生的新旧杂陈的"时事新戏"面向现实，思想内容与表演形式都较自由，有的更多地模仿了欧洲的话剧。在上海，学生演剧活动兴起，这是受教会学校演剧活动影响的结果。1900年，汪优游以庆祝孔子诞辰为名，在上海育才学堂组织学生演出新戏。这种戏当时被称为"学生戏"，突破了传统戏曲的格局，开始向西方话剧靠拢。留日学生受日本新派戏影响也开展演剧活动，1906年曾孝谷、李叔同、欧阳予倩等人组织了春柳社，他们在日本演出的《茶花女》是中国人用汉语演出的第一个话剧。后来春柳社主要成员大都回国，在国内仍持续话剧活动。1907年王钟声在上海创办了春阳社，演出了《黑奴吁天录》、《加茵小传》等新戏。1910年，任天知在上海成立了进化团，先后在南京、芜湖、汉口等大城市演出新剧，主要剧目有《白裘衣》、《东亚风云》、《新茶花》、《共和万岁》、《黄金赤血》、《新加官》等。新剧的演出，宣传了资产阶级革命思想，标志着中国早期话剧正式确立。辛亥革命后，政治形势险恶，话剧走向低潮，直到五四运动后才又复兴。早期话剧剧本多翻译、改编外国作品，反映中国现实的话剧多只有一张幕表（提纲），所以只有简单粗糙的台词，而没有多少作品传世。但话剧演出毕竟在中国产生，这种话语表现形式无疑推动了中国新文化的进步。

第三节　小说的峻刻

明清之际，小说盛行。动乱时代的小说往往是现实生活的影子。清初与明初一样，作家往往借助历史故事或神怪题材表达胸中的郁愤。作家通常以自己的切身体验结合自己的深刻思考，通过塑造具有鲜明性格的人物和讲述生动曲折的段子表达自己对社会政治的看法，给人以审美愉悦或凝重启迪。小说本出自市井，通过文人的加工创作而升华，因而它不但要迎合大众的需要更增添了内涵的峻刻。清代小说随着时代发展，内容和形式也都发生变化，总的趋向是更贴近现实，批判的深度与语言的通俗更为巧妙的结合，由街头讲说转向案头阅读，这就使叙写更为精致而成为一门重要的艺术形式，民国以后传统的诗、文、曲也就更难与白话小说争锋，由此可以看出清代小说的进步。

短篇小说发展到清代仍脉流不绝，但以传统陈述方式深刻抨击现实的黑暗则为创举。蒲松龄是这方面的代表作家，他以文言讲说时事并给人离奇之感，扑朔迷离的故事背后则寄寓着愤世嫉俗的情结。蒲松龄（1640～1715 年），字留仙，别号柳泉，山东淄川人。出生于一个具有儒学传统的没落地主家庭，受家庭影响蒲松龄从小就热衷于科名，19 岁时接连考取县、府、道三个第一，受到当时

蒲松龄像

主持山东学政的著名诗人施闰章的称赏。此时他性格朴厚、交游同好、看重名义，他刻苦攻读、诗文俱佳、才华毕露，也许他的应试风格不为后来的主考官认同，所以取得秀才资格后参加乡试屡屡不第。31岁时，他迫于家贫，应聘为宝应县知县孙蕙的幕宾，整日与没有情感的应酬文字打交道，次年便告辞回乡。此后绝大部分时间是在缙绅家设帐教学度过的，其间短期出游、应试皆不得意，他始终生活在下层社会但也接触到官僚阶层，特殊的身份使他既含有对农民的关心和同情，也抱有文人的激愤和孤傲，所以他的小说中掺杂着对政治的关心和个人的失意。他在《与韩刺史樾依书》中说："仕途黑暗，公道不彰，非袖金输璧，不能自达于圣明，真令人愤气填胸，欲望望然哭向南山而去。"蒲松龄直到71岁时才援例当了一名贡生，一生位卑家贫，靠舌耕笔耘度日，但却在文学上留给世人们一笔宝贵的财富，除《聊斋志异》的短篇小说外，还有大量的诗、词、文、曲和杂著传世。

《聊斋志异》中近500篇作品，是蒲松龄一生搜异抉奇、呕心沥血而成。作者在《聊斋自志》中自言："才非干宝，雅爱搜神；情类黄州，喜人谈鬼。闻则命笔，遂以成编。久之，四方同人又以邮筒相寄，因而物以好聚，所积益伙。"又说："集腋成裘，妄续幽冥之录；浮白载笔，仅成孤愤之书。寄托如此，亦足悲矣。"《聊斋志异》是作者借花妖狐鬼的故事谈人间的怪异并寄寓着自己的悲思，因而同明代拟话本小说描写现实生活中的世态人情不同而充满了奇幻的色彩。

在《聊斋志异》中，作者揭露封建社会黑暗腐败的政治，同情被压迫者的痛苦和斗争。如《促织》写皇帝爱斗蟋蟀而地方官媚上邀宠逼得成名一家家破人亡的故事，成名之子变为蟋蟀的奇特经历正是深重压迫下人间世相变态的结果，人变为虫的遭遇读之令人揪心，而皇上的喜好和恶官的横暴更令人感到丑恶。《梦狼》中，作者描写白翁梦见自己走进儿子的衙门里，看见厅外、厅内、堂上、堂下到处都是坐着、躺着的狼，而自己的儿子在白骨如山的官衙内却变为磨牙吮血的老虎。作者在篇末借异史氏评论说"窃叹天下之官虎而吏狼者比比也",实质上就是揭示了官府中虎狼当道而毫无人性的阴森场面。《席方平》同样揭露封建官府的暗无天日,在席方平代父申冤的过程中,从狱吏、城隍、郡司到冥王都被羊姓富豪买通,可谓人间的翻版。但席方平不屈不挠,忍受了鞭打、火床、锯体等种种酷刑,仍告状不止,直到父冤昭雪,赞颂了席方平的斗争精神。《向杲》中,向杲为报仇化为猛虎将仇敌咬死,作者说:"然天下事足发指者多矣。使怨者常为人,恨不令暂作虎。"

《聊斋志异》对科举制度的弊端也给予强烈的抨击,深刻揭示了科举制度对人的扭曲和戕害。《考弊司》写阴间考弊司主视考生贿赂厚薄而分别待之,正是人间考场的形象反映和考官的生动勾画。《司文郎》讽刺考官有眼无珠,还不如一个瞎和尚。瞎和尚尚能以鼻鉴别文章优劣,而主考官竟将臭文章选中发榜。《于去恶》中说考官不是眼瞎便是爱钱。正因此造成陋劣幸进而英雄失

泥塑渔樵问答（清）

意的不合理现象。《贾奉雉》中的贾奉雉本才冠一时却屡试落第,后经别人指点将落卷中"荒冗泛滥不可告人之句连缀成之",发榜时"竟中经魁",是对考官的绝妙讽刺。《王子安》写东昌名士王子安渴望功名利禄,考完后饮酒大醉梦为进士翰林,在家大摆架子,梦醒方知寒贫。在篇末,作者惟妙惟肖地写出了秀才应考前后的心理状态:刚入场时像乞

丐，唱名时像囚犯，归号舍后伸头露脚像秋末的冷蜂，出考场时像出笼的病鸟，等待消息时坐立不安像被绳子拴住的猴，听说落榜后面如死灰像只吃了毒食的苍蝇，过段时间又想再考于是像破卵的鸠。这些刻画使人看到封建科举制度对人的折磨，也表达了作者辛酸的讽刺和辛辣的批判。

《聊斋志异》图册（清）

《聊斋志异》中的许多故事，还充满了反对封建礼教、歌颂纯真爱情的倾向。《婴宁》中的王子服爱上活泼俏丽的狐女婴宁，婴宁不拘礼教束缚天真无邪清纯可爱，两人的爱情虽遭坎坷终得美满，曲折地表现出作者对世俗婚姻的不满。《香玉》中胶州黄生与白牡丹花妖香玉相爱，当白牡丹花被即墨兰氏移去时他作诗凭吊，后来黄生自己死去也化为牡丹与白牡丹相伴，可见一片痴情。《青凤》写狂放的书生耿去病与狐女青凤相爱并互相帮助的故事，《瑞云》写色艺无双的杭州名妓瑞云不嫌贺生家贫愿以终身相托的爱情经历，《阿宝》中的孙子楚因爱阿宝自断枝指，阿宝不嫌弃孙子楚而结为夫妻……作者笔下的青年男女大都善良诚实，美丽可爱；不图富贵，不慕权势；重才德，重品貌；不矫情，不虚伪；来去自如，离合随心；生气勃勃，一往无前；在人性压抑的社会里坚守忠贞的爱情，在不准恋爱的世道中追求自由和幸福；他们为了爱可以不顾一切，可见作者的赞赏态度。《连城》中写乔生为追求连城割自己的胸脯之肉为之治病，连城死后乔生也悲痛而死在阴间结合。《鸦头》中的狐妓爱上王文，乘夜私奔被鸨母追回，但她始终不肯屈服，"矢死不二"终于团聚。《晚霞》写阿端和晚霞在龙宫相见彼此爱慕，晚霞"恐旦夕身娩，横遭挞楚；又不得一见阿端，但欲求死，遂潜投江水"。阿端听说后涕下不能自止，毁冠裂服毅然投江，以求"相从俱死"，不料二人重回人间又作了夫妻。《连琐》写女鬼连琐与杨于畏来往，二人欢同鱼水结为眷属，其间颇受磨难，作者虽写人鬼之恋实指人间。总之，《聊斋志异》说狐道鬼虽奇特怪异，却都是世俗社会的曲折反映。《聊斋志异》的内容十分丰富，各类生活事象都有触及，当然也不免瑕瑜互见，在暴露社会黑暗的同时也不免显示出作者的局限性。

《聊斋志异》在艺术上具有鲜明特点并取得很高成就。它以浪漫主义手法结合社会现实生活创造出一种亦幻亦真的境界，吸取了六朝志怪和唐宋传奇、秦汉散文和唐宋古文的精华，并择选和提炼当代口语方言、间用典雅工致的骈词俪语，讲述了一个个情节离奇曲折且生动感人的故事，塑造出一大批富有生气且形神兼备的人物。鲁迅在《中国小说史略》中说："《聊斋志异》虽亦如当时同类之书，不外记神仙狐鬼精魅故事，然描写委曲，叙次井然，用传奇法，而以志怪；变幻之状，如在目前；又或易调改弦，别叙畸人之行，出于幻域，顿入人间；偶述琐闻，亦多简洁，故读者耳目为之一新。"

《聊斋志异》写花妖狐魅颇具人间情性，将幽冥世界描写得颇具现实色彩，可谓通过人鬼相杂、明晦相间的生活画面曲折地传达出作者的感情倾向和文化思考。作者创造的境界既有对丑的揭露，也有对美的歌颂，既有对恶的鞭挞，也有对善的同情，真真假假，虚实相生，使人看到作者的理想追求或幻灭。作者继承并总结了中国古代志"异"传统和为"文"经验，讲述幽冥世界的怪奇并结合现实人生的冷峻，用精简古雅的语言并结合凝练生动的俚语，传达出一种魔幻的意味而给人无穷的意会。作者惟妙惟肖地叙述勾引人心，人物的音容笑貌跃然纸上，使用文言并不僵死，使用口语并不粗白，可谓出神入化而驾轻就熟，充分体现了作者高度的语言文字修养，使读者在为小说内容吸引时也为其表达方式所感染，产生一种高古的情味而又不脱离现实的时代感。作者特别注意故事情节的变幻莫测，力避平铺直叙，以求引人入胜。故事发展有起伏、有变化、有高潮、有余韵，出人意料又意在言外，充满着一种迷离恍惚的神秘感和复杂难料的怪诞感，且又符合人生的离奇境遇和梦幻意识。作者巧借虚构与关合将人物的经历勾画出来并与狐界鬼蜮相联系，使人产生隐隐的恐怖和惴惴的担心，但对狐鬼充满诗情画意的描写又令人心向往之，实际上作者是借谈狐论鬼批判丑恶的现实，而将美好的理想寄托于神异另类以示对现实的不满。这样的构想就使故事曲折生动而寓意无穷，将深刻的思想性富含在丰富的叙述性中，叙述方式的瑰奇也就产生思想启示的效应，故《聊斋志异》暗合大众的审美悄趣又具非现实感的浪漫而广受欢迎。

更具有意义的是，作者在创设意境、创新语言和创编情节的同时还创造出一系列人物。给人印象最深的是那些花妖狐鬼，作者将这些抽象的形象刻画得丰满鲜活而多具人情。作者将幽幻冥域中的物类拉到喧嚣的现实生活中，它们所遇到的种种遭际也正是社会现实矛盾的集中反映。作者笔下的花妖狐鬼大都十分可爱，颇具性情，鲁迅在《中国小说史略》中说："明末志怪群书，大抵简略，又多荒怪，诞而不情。《聊斋志异》独于详尽之外，示以平常，使花妖狐魅，多具人情，和易可亲，忘为异类，而又偶见鹘突，知复非人。"作者刻画人物时，往往通过外形和内心的描写，以粗笔勾勒和细笔精雕，借环境衬托和渲染，从各个角度突出人物的主要性格。这就使人物形神兼备，个性鲜明。如爱笑爱花的婴宁，她天真无邪，敢于按自己的意志和感情行事。作者刻画她蔑视礼教，正是寄托了自己的理想。而香玉艳丽多情，连琐瘦怯羞缩，青凤庄重端谨，小翠活泼顽皮……无不具有作者的审美倾向而各具特色。作者赋予它们人的社会性时又保持它们原有的自然性，故花有花容、虫有虫姿、狐有狐形、鬼有鬼态，这就跳出了人生写实的框束，具有冲破礼教的意味和歌颂自然的情趣。当然，作者在写一些鬼怪时也暗讽现实社会，其夸张的笔法使那些贪官污吏更丑陋，故其狰狞的形象也就使人更憎恨。

总之，《聊斋志异》的成就是多方面的，代表了中国文言短篇小说的最高水平。由于时代和作者的局限，《聊斋志异》也难免有些封建思想和宗教迷信的糟粕。但其内容的丰富深刻和艺术的集成创新仍不失为中国文化宝库中的珍品，故在当时就产生了很大影响并为后世众多艺术形式所取材和借鉴。

《聊斋志异》问世后，仿作者大量出现，如沈起凤的《谐铎》10 卷，邦额的《夜谭随录》12 卷，浩歌子的《萤窗异草》12 卷，袁枚的《新齐谐》24 卷，纪昀的《阅微草堂笔记》24 卷等。这些作品徒具《聊斋志异》的形式，而失却了其寄托"孤愤"的精神，故缺乏独创和积极意义。《新齐谐》作者在自序中说："文史外无以自娱，乃广采游心骇耳之事，妄言妄听，记而存之，非有所感也。"可见创作态度不够严肃，只记轶闻趣事而已，也

纪昀像

未有深意寄托，故思想价值不高。但有些文字自然清新、洗练流畅，也不失雅致活泼。《阅微草堂笔记》的作者官高位显、学大道深，所作小说的旨趣与《聊斋志异》迥异。其目的主要是为宣扬封建伦理道德，故书中多劝善惩恶、因果报应的思想。有些篇章讽刺当时社会的丑恶现象，揭露衙役里胥鱼肉百姓的罪行，描写市井乡村的风俗人情，考据订讹学术上的知识与问题，也不乏可取之处。作者在艺术上反对《聊斋志异》的写法，认为小说既述作者见闻，不必虚构夸张，过细的描写反失真实。因此《阅微草堂笔记》追踪晋宋文风，文学尚质黜华，有些叙述

雍容传神，情趣盎然。清初也有些白话短篇小说，但难以超过明末的
"三言""二拍"，多落俗套，故无力作。可以说，中国古代短篇小说至
蒲松龄为一振，此后余波遗响渐失音声，至 20 世纪初"新小说"崛起，
方显繁荣之势。

　　清初期至清中叶，长篇小说承明代余绪又有新发展。如具有强烈民
族意识的作家抱着对现实政治不满的态度，创作出一批历史小悦和英雄
传奇。还有以广阔的社会生活图景为素材的作家，写出揭示封建道德与
人情的世象小说与公案故事。另有些文人夸耀才学，在小说中谈经说
艺，述怪论奇，基本上蹈袭才子佳人小说与冲道魔怪小说的套子。清代
中叶最著名的长篇小说是《儒林外史》和《红楼梦》，可谓中国 18 世纪
中叶批判现实主义的代表作品。

　　历史小说和英雄传奇中，主要歌颂历史上的英雄人物，这也是清初
社会斗争的反映。作家在民族压迫和现实黑暗中不能直接议政，只好以
古喻今来浇胸中块垒而写"泄愤之书"。在陈忱所著《水浒后传》（共 40
回）中，作者紧接《水浒传》补写未死英雄重举义旗、抵抗金兵。他们
惩恶除霸，杀富济贫，开展武装斗争。后在金兵入侵时，又不畏强暴，
奋起抗争。他们抱着爱国的热忱却反遭奸佞迫害，最后处死了朝廷的丑
类到海外建国。从中可见作者借北宋末期朝政腐败导致民族灾难来影射
明朝的灭亡，而梁山英雄海外建国显然是郑成功收复台湾坚持抗清事迹
的曲折反映。作者在小说中对忠义思想有所张扬，没能揭示出农民起义
的实质，赞颂了草莽英雄反抗封建压迫和异族入侵的斗争，流露出故国
沦亡后无可奈何的心情。

　　钱彩编次、金丰增订的《说岳全传》（共 80 回），则歌颂了岳飞等
人的爱国业绩并痛斥了秦桧等人的卖国罪行。岳飞的故事早在南宋末年
就被说话艺人所传诵，元、明时又被编为杂剧、传奇搬上舞台，小说方
面也出现了嘉靖年间熊大木编成的《大宋中兴通俗演义》。钱彩、金丰
吸收了上述作品的精华重新创作，不受史传的限制也避免诞妄的虚构，

从而使《说岳全传》大致忠于史实而又极
富文学色彩。小说写岳飞的一生经历，勾
画出其所处时代的战争和政治风云。他自
小习文学武，长大后入伍抗金。升为将领
后多次打败金兀术，身边的将领也都是忠
勇之人。他挥兵北上，大败金军欲捣黄龙
时，却被秦桧连发 12 道金牌追回，将其
连同岳云、张宪害死在风波亭。后秦桧暴
死，高宗驾崩，岳飞冤案得以昭雪，岳雷
挂帅战胜金兵。作品中忠奸观念较浓，爱
憎分明，感情强烈，充杂着封建正统观念
以及因果报应思想，缺乏对黑暗政治的清
醒认识和大胆反抗是其局限。但由于故事
生动感人，影响极大，人们从中受到的更
多的是爱国主义教育。

写意门神（清）

　　褚人获所作《隋唐演义》（共 100 回）是根据《隋史遗文》、《隋唐
志传》、《隋炀帝艳史》及其他民间传说编著而成，叙述了自隋文帝伐陈
至唐明皇还都 170 余年的历史。其中讲说隋炀帝骄奢淫逸的生活，起兵
反隋的各路英雄，唐太宗的武功文治，武则天的改元称帝，以及李隆基
因爱情导致祸乱，具有集隋唐故事之大成的性质。由于作者指导思想不
够明确，全书题材芜杂而剪裁不当，细节描写与大段铺叙不够协调，用
轮回报应来解释历史事件，穿插一些英雄美人的风流韵事，还有一些忠
孝节义的说教，因而损害了作品的思想价值和艺术成就。但由于故事趣
味性强，特别是塑造瓦岗寨英雄栩栩如生，也有一定的社会意义，故产
生较大影响。与此类似的还有《说唐演义全传》，亦名《说唐前传》，以
瓦岗寨好汉的风云际会为中心，从隋文帝平陈一直写到唐太宗登基。此
后又出现《说唐后传》、《说唐三传》及《后唐演义》等。这些书内容上

大都褒扬忠良，贬斥奸恶，遵循封建正统观念；艺术上风格粗犷，语言通俗，保留了民间艺人的讲述色彩。随着清王朝统治的巩固，历史小说与英雄传奇中的反抗意识也逐步消解。

清初至中叶还流行一些世情小说与公案故事，反映人间世象与官府断案的影踪。这些文学作品从现实生活出发，揭露了封建社会的黑暗政治，但因果报应与忠君事道的思想也很严重。明末清初的《醒世姻缘传》原名《恶姻缘》，题为西周生辑著，有人推断西周生可能就是蒲松龄。全书100回，以一个明代家庭为中心写冤冤相报的两世姻缘。前22回写前世姻缘，后78回写今世姻缘。前世所做罪孽在今世遭到报应，被害死的仙狐、妻子转生来世，千方百计迫害由晁源托生的狄希陈。这是继《金瓶梅》以后又一部以家庭生活为题材的长篇小说，涉及封建社会黑暗腐朽的政治，同时也揭示出一夫多妻制的罪恶与伦理道德观的瓦解。全书用山东方言写成，富有浓厚的地方特色。语言流畅诙谐，人物形象生动，结构严谨有致，在艺术上取得一定成就。

《绿野仙踪》抄本为100回，刊本则为80回，作者李百川，乾隆年间人。小说以明代嘉靖年间为历史背景，写冷于冰弃家修道及度脱多人的故事。作者写冷于冰的"仙踪"在"绿野"之亡，不在仙界而在人世；作者托明代嘉靖之名实写清代乾隆之事，借冷于冰求仙得道寄托自己的政治思想。作品揭露科场的腐败和官场的黑暗，赞扬普通人物的传统美德和忠孝节义的封建观念，描写了大量的日常生活并在男女关系方面多施以细致笔墨，具有浓厚的现实主义色彩和失意文人的惆怅情调。艺术上语言通俗，情节曲折，人物鲜明，作者虽为"自娱"，却被时人评为"奇书"。

《歧路灯》（108回）为李海观（1707～1790年）所著，描写明代嘉靖年间一个书香子弟由于母亲溺爱、误入歧途，后经人挽救、幡然悔悟的故事。作者以书生谭绍闻一生遭际为线索，展示了广阔的社会生活图景和各种各样的人物形象，对市井风俗的细致描写揭露出封建社会末期的真实复杂现象，然而最后通过书生回头走上正道却说明作者无法跳出封建正统的观念。全书语言富有河南地方色彩，朴素生动；许多描写细致具体，成为研究清代世态的形象资料。

除以上世情小说外，《施公案》则是讲述公案故事的代表。小说写康熙年间扬州府江都县县令施仕伦审案断狱，把他塑造成一个"清似水，明似镜，断事如神"的"贤臣"和"除暴安良"的"能吏"。在他身上，既有体察下情、为民申冤的一面，也有效忠君主、残忍剿杀的一面。小说中另外一个重要人物是黄天霸，他出身绿林，武艺高强，行侠仗义。被施仕伦擒获后，则死心塌地追随主子，杀害大批绿林同伙。他是"侠义"与"忠君"的结合，作者塑造出这样一个形象反映出其阶级立场。《施公案》故事情节曲折，语言通俗易懂，当时流传甚广。但叙述粗糙，结构松散，艺术性并不

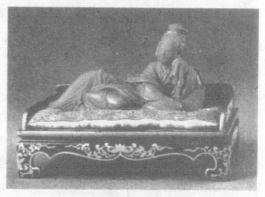

木雕仕女（清）

高。《施公案》是中国侠义小说和公案小说合流的第一部作品，它把草莽英雄和清正官吏组为一体而效忠封建王朝，这与世情小说所宣扬的所谓正统伦理道德观念是一致的。

明末清初还出现了一些才子佳人小说与神道魔怪小说，这是受《金瓶梅》和《西游记》影响发展起来的。但才子佳人小说不是侧重写淫夫荡妇，而是"文雅风流缀其间，功名遇合为之主，始或乖违，终多如意"。"名教中人"编次的《好逑传》又名《侠义风月传》（18回），写铁中玉与水冰心始见倾心、患难相扶，虽遭磨难、终成婚配的故事。书中写铁中玉救出穷秀才韦佩未婚妻的侠义行为，水冰心机智倔犟地同显宦子弟进行斗争的情节，都有声有色，清丽隽爽。但作者崇尚理学，大谈

名教，削弱了故事本身的积极意义。类似的小说还有一些，但格调不高，价值不大，却传播甚远，竟译至国外。

神通魔怪小说继承讽弹世事的余绪，借书中人物镇恶除邪表达对现实社会的批判。刘璋的《斩鬼传》（10 回），写钟馗落第愤懑而死，被封为鬼王后专剿世间各种恶鬼，实际借此鞭挞市井形形色色的腐败现象。但小说没能深刻揭示鬼蜮横行的本质原因，过多的插科打诨和借鬼说法削弱了作品的思想意义，钟馗被描写得轻狂也与民间传说的凛肃不同。"天花藏主人"编次的《济颠大师醉菩提全传》（20 回），写济公活佛惩顽除暴的事迹。书中表达了普通百姓的愿望，讽刺上层人物的丑行。但书中因果报应和神怪迷信的思想较浓，而诙谐有趣的风格削弱了批判现实的力度。

嘉庆年间出现的《镜花缘》是将才学与神魔因素结合起来的一部长篇小说，作者李汝珍才情不凡、学问渊博，写花神异域之遭际讥刺丑怪现实之卑劣，描述理想社会之美好。全书 100 回，写武则天酒醉下旨，令百花严冬开放。百花神不敢违旨，结果遭天谴贬入人间，花神领袖百花仙子托生为唐敖女小山。唐敖赴考落第，绝意功名，随妻弟林之洋到海外经商，游历数十个国家后遁入仙山小蓬莱。小山思父心切，随林之洋出海寻亲，直到小蓬莱，却意外得"天书"。后回国应考，众花神与之一同及第。她们拜谒宗师，饮宴游戏，赋诗论艺，尽欢而散，小山也重赴仙山寻父不还。最后中宗复辟，天下太平。

小说最有价值的是唐敖游历海外的部分，作者在《山海经》、《博物志》、《述异记》等前书基础上充分发挥艺术想象力，借海外奇闻加以夸张嘲讽现实社会的丑恶现象，寄托乌托邦式的社会理想并给以浪漫的描写。作者写两面国人表里不一，毛民国人一毛不拔，白民国人不学无术，淑士国人假装斯文，无肠国人以粪养婢，结胸国人好吃懒做，豕喙国人善于撒谎，长臂国人贪图钱财，无不影射现实社会的恶俗。作者也写君子国人好让不争，大人国人淳朴宽厚，但作者强调忠孝仍难脱儒家道德范畴，理想国度依然有皇帝宰辅，可见作者批判现实丑鄙是为更好地完善封建社会制度，而对高雅风度的虚构也不过是儒家"升平世界"的幻想。

作品主题最有特色的是歌颂女性的才能，反映了作者提高女性地位和倡导女性解放的观念。作者以唐代故事作"镜"，来照清代生活之"花"，通过女性的际遇为她们鸣不平、争权利。作者写黑齿国中的才女聪慧绝伦不让须眉，写女儿国的国王要纳男人为妃，都是张扬女性的尊严。作者笔下的众多才女或有文采，或通医理，或有胆识，或有道义，她们是花神下凡，现实灵秀。作者为女性抱不平，并赞赏武则天，都是对女性的同情和对女权的肯定。当然，作者毕竟具有很多的封建观念，因此在小说描写的生活中作者并不以其为主角。小说作者受乾嘉考据风气影响，矜才炫学，故作品中的许多描绘充满了学术研究的气味，另外议论说教代替了形象刻画也削弱了作品的艺术效果。

在众多小说中，《儒林外史》以刻画知识分子、批判科举制度、揭示社会丑态最负盛名。作者吴敬梓（1701～1754 年），字敏轩，号文木，安徽全椒人。其祖辈曾有多人通过科举取得功名，但至父辈时已家道衰落。其父吴霖起曾任江苏赣榆县教谕，为人重节操，不贪图名利，一心做学问，这给吴敬梓以深刻影响。吴敬梓少年聪慧，随父宦游江淮，后考取秀才。23 岁时父亲去世，家族为分产业闹得不可开交，使他看到世态炎凉。此后吴敬梓"性耽挥霍"、"遇贫即施"，几年间便"田产卖尽"、"奴仆逃散"。33 岁时迁居南京，虽生活贫困，却多交益友。36 岁时被推荐参加博学鸿词科考试，他以病辞，科场的失败已使他对科举制度厌恶至极。此后他生计更为艰难，靠卖文典物度日，冬夜无火御寒竟邀好友行吟谓之"暖足"。吴敬梓安贫乐道，不向富贵亲戚求援，有时接受朋友资助。就是在这种条件下，他完成了《儒林外史》的著述。54 岁时，他病死于扬州，由朋友买棺收殓，将他归葬南京。

《儒林外史》的最大特色是以知识分子的境遇与形象揭示封建科举

制度的腐朽与害人，并将封建社会末期的各种丑恶现象予以展示并讽刺。小说共 55 回，以明代中叶为背景实写清代中叶之社会，所写人物大都有原型但又经过艺术创造。开篇有词言功名富贵皆身外之物，接

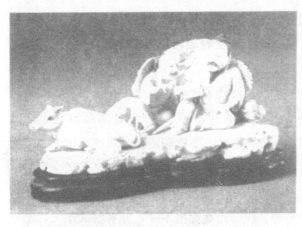

象牙雕牧牛人勤读（清）

着塑造王冕的清白形象以肯定文人的正派，这实际上表明了作者的人生态度并隐含着作者的人生理想，也就标示出作者对书中人物褒贬臧否的尺度。

作者写封建科举制度怎样腐蚀着士子的心灵，使他们愚昧无知、麻木不仁、丧失人性。周进已年过花甲还是个童生，多次考试未中而受尽了屈辱，但仍念念不忘想讨个功名。到省城参观贡院时，见到号板便一头撞去，醒来后又放声大哭，直到哭得口吐鲜血。当听到有人可怜他要为他捐个监生时，他马上磕头连连并表示变驴变马也要报效。范进也是个连考 20 余次不取的老童生，后在周进帮助下得中举人，结果欢喜得发了疯。读书人对科举已达到了痴迷的程度，而原本的人性丧失殆尽或全被扭曲。

作者更写科举制度使人道德败坏、廉耻丢尽、正义全无，他们由科场到官场学会了虚伪狡诈、装腔作势、阴险狠毒。匡超人本是一个农村青年，对功名科举的迷恋使他失去了淳朴的本性，在人帮助下他考取了秀才，于是就在衙门中学会了营私舞弊、敲诈勒索的勾当。后来被提拔到京城当了教习，更是变本加厉、寡廉鲜耻、攀高结贵、弃妻再娶。王惠当了南昌太守，念念不忘的是"三年清知府，十万雪花银"，衙门里

满是"戥子声、算盘声、板子声"。他们凭科举得意，靠做官发财，贪狠、蛮横、酷虐成了共同本性。

作者还将科举制度与封建礼教联系起来，使人看到在四书、五经、八股文的毒害下全社会受到的戕害。王玉辉做了 30 年的秀才，听到女儿要为丈夫殉节时竟予鼓励，女儿死后老伴哭得死去活来，他竟仰天大笑说："死得好！死得好！"严监生非常富有却悭吝成性，平时猪肉都舍不得买，死时心疼两根灯草燃着竟不肯断气。鲁编修的女儿每日读书写字不止，甚至新婚不久就拿八股文考问丈夫。她对丈夫失望后又教儿子学八股文，以便将来儿子得了功名讨个"封诰"。

这些由科举牵起的人生世态，将封建社会的畸变暴露无遗。作者在小说中也有歌颂的人物，多为敢于叛逆的失意文人和勤于劳作的市井小民。他们自由自在、无拘无束，不贪钱慕势、也不弄虚作假。作者向往的是古道淳风，难免为其局限。

吴敬梓以愤世嫉俗的态度创作了《儒林外史》，小说绝妙的讽刺是最大的特色。作者以真实的文笔描写虚伪的世态，以严肃的态度刻画变形的人物，以喜剧的手法昭示悲剧的内容，故能给人强烈的震撼和深刻的思考。讽刺的生命在于真实，但真实并不排斥夸张，夸张常用对比的方法，作者以此勾画出一大批滑稽可笑的人物和荒诞可悲的心灵。小说的结构有整体观念，但布局松散，回目之间环环相扣，有起有落，似短篇结成长篇，曲折自然。语言则准确、生动、洗练，口语性强、形象性强、表现力强，无论是叙述语言还是人物语言，都惟妙惟肖，达意传神。《儒林外史》的讽刺力量是巨大的，其艺术形象给人多方面的警醒和启示，鲁迅在《中国小说史略》中给以很高的评价："迨吴敬梓《儒林外史》出，乃秉持公心，指摘时弊，机锋所向，尤在士林；其文又戚而能谐，婉而多讽，于是说部中乃始有足称讽刺之书。"《儒林外史》奠定了我国古典讽刺小说的基础，晚清盛行一时的谴责小说明显受其影响。

中国古代长篇小说发展到清代，出现了最伟大的现实主义巨著《红楼梦》。《红楼梦》的作者曹雪芹（1715？～1763年?），名霑，字梦阮，又号芹圃、芹溪。其先世原是汉人，但很早就被编入满洲旗籍，身份是"包衣"（满洲贵族家奴）。曹雪芹的曾祖父曹玺曾任江宁织造，曾祖母做过康熙皇帝的乳母。他家深得康熙帝的信任，祖父曹寅曾当过康熙皇帝的伴读，父辈曹頫、曹颙都曾继任江宁织造。江宁织造是康熙二年（1663年）开始设置的，负责掌管宫廷所需各种织品的织造和物资的采办，实际上作为皇帝的心腹和耳目，还兼有了解江南民情和吏治的特殊使命。曹玺首任此官，曹家世袭其职，深得康熙宠信。康熙六次南巡，五次驻跸曹家，可见荣耀非凡。但雍正即位后，对曹家特别嫉恨。

曹雪芹像

一则因为曹家牵涉皇权斗争，二则因为曹家亏空了大量公款。雍正五年（1727年），曹家被抄。次年，全家北返，从此家道衰落。而到乾隆时，曹家又遭一次"巨变"，终至彻底破败。曹雪芹少年时代曾度过一段荣华富贵的生活，家庭衰败后移居北京穷困潦倒。曹家由盛而衰的过程使他对社会有了清醒的认识，他以深切体验和毕生精力创作出发人深思的巨著《红楼梦》。《红楼梦》创作过程十分艰苦，作者"披阅十载，增删五次"，作品还没有全部完成。1762年，他唯一的爱子不幸夭亡，作者感伤成疾，一病不起，次年便"泪尽而逝"。作者题名为《石头记》的手稿，生前基本定稿只有80回，最初以抄本形式流传。到乾隆五十六年（1791年），程伟元、高鹗以活字排印出版，已是120回，题名《新镌全部绣像红楼梦》。一般认为，《红楼梦》后40回由高鹗续成。高鹗的续本使全书故事完整起来，但有些地方背离了原书的创作意图，因而毁誉参半。但不管怎样，《红楼梦》的巨大价值是被读者认同的，以至

后来研究者众多而形成一种专门的
学问——红学。

《红楼梦》以封建贵族青年贾宝
玉和林黛玉的爱情悲剧为中心线索，
通过以贾府为代表的封建家族由兴
到衰的发展历史，深刻地反映了封
建社会末期广阔的社会现实和尖锐
复杂的矛盾，从而揭示了封建统治
阶级的罪恶本质及其不可避免的衰
亡命运。小说中的男主角贾宝玉生
来就是地主阶级的叛逆者，作者在
他身上实际上寄寓着一种当时社会
存在的初步民主主义思想。贾家原
本有意安排宝玉走一条功名富贵的
道路，然而特殊的环境却使宝玉对

《红楼梦图咏》中的贾宝玉（清）

腐朽的礼教制度深恶痛绝。宝玉说科举考试与程朱理学都是"诓功名，
混饭吃"的，尤其讨厌死板的封建教育和虚伪的应酬往来。作者在第三
回《西江月》词中介绍其性格："潦倒不通庶务，愚顽怕读文章。行为
偏僻性乖张，那管世人诽谤？"他把"读书上进的人"称作"全惑于功
名二字"的"国贼禄鬼"，将劝他走"仕途经济"的说教斥之为"混账
话"。他对儒家所提倡的最高道德标准"文死谏""武死战"给予讽刺，
认为"可知那些死的，都是沽名，并不知大义"。他一看《孟子》之类
的书就头疼，而对《西厢记》、《牡丹亭》之类的书都很感兴趣。他对封
建礼教的束缚感到窒息，平时"懒与士大夫诸男人接谈"，最厌恶"峨
冠礼服贺吊往还之耳"，却与一些出身寒微的人结为好友，在贾府内也
无视"主仆之分"而与丫环小厮"没上没下"。宝玉性格中的最大特点
是厌恶那些戕害人性的封建礼教却又无力反抗，因而把全部热情和理想

寄托在那些被侮辱被损害的柔弱女子身上，这也恰恰反映了宝玉民主、平等、自由的朦胧思想。他说："女儿是水做的骨肉，男人是泥做的骨肉，我见了女儿便清爽，见了男子便觉得浊臭逼人。""凡山川日月之精秀只钟于女儿，须眉男子不过是些渣滓浊沫而已。"他偏爱女儿的清爽精秀具有追求清新自然的意味，而否定男子的世界归根到底是对封建社会污浊现实的批判。他与林黛玉的爱情悲剧在此基础上也就具有了更为丰富的社会内容，因为林黛玉同他一样也是一个封建礼教的叛逆者，她从来不说那些劝宝玉走"仕途经济"的"混账话"，这种爱情和历来作品中所描绘的"佳人才子"式的爱情便有了本质的区别。黛玉的突出性格特征是多愁善感，多疑任性，这与其出身、经历和处境有很大关系。她从小娇贵，父母早丧，寄人篱下，养成了"自矜自重，小心戒备"和"孤高自许，目下无尘"的性格。她难以忍受封建社会对妇女制定的种种清规戒律，常以"比刀子还厉害"的语言揭露周围不合理的现象，因而与宝玉思想的一致使他们成为志同道合的恋人。但是由于环境的压力、传统的束缚以及性格的弱点，黛玉在处理爱情问题上内心深处往往发生激烈的冲突，她渴望爱情又无法冲破阻力，她的苦斗与抗争只能化作泪水。宝黛的爱情是美好的，但无法实现，最终只能破灭，这也说明封建力量的强大和宝黛爱情的可贵。

《红楼梦》在展开贾宝玉和林黛玉爱情悲剧的同时，还揭示了颇有权势的封建家族穷奢极欲、腐朽荒淫的生活和勾结官府、以势压人的罪恶。他们平时哪怕是穿衣、吃饭、梳头、洗脸等最轻微的事情都要由奴仆伺候，一次普通的螃蟹宴所耗银两就够"庄稼人过一年了"。一个妃子省亲，便大兴土木，堆山凿池，修建起豪华的"大观园"。一个少妇死了，用的棺材价值一千两银子，送丧的队伍如"压地银山一般"长达好几里。他们还寻欢作乐、淫欲无度，贾赦、贾珍、贾琏、贾蓉皆好色之徒却不知耻。贾赦已头发花白了，还要讨丫环做小老婆。贾蓉竟说："从古至今，汉朝和唐朝，人还说'脏唐臭汉'，何况咱们这种人家，谁家没风流事?"正如柳湘莲所说：贾府"除了那两个石头狮子干净罢了!"贾府表面上是个"昌明隆盛之邦，诗书簪缨之族"，实际上兄弟、婆媳、夫妇、妯娌、嫡庶之间都存在着矛盾。"一个个像乌眼鸡似的，恨不得你吃了我，我吃了你。"他们钩心斗角，互相谋算，处处争权夺利。他们对百姓更是残酷剥削，搜刮无度。不仅征收高额地租，高利放贷，经商敛钱，贪污受贿，而且依仗权势横行霸道，敲诈勒索。贾珍收租时看看账单说："这够做什么的……真真是叫别过年了!""这一二年里赔了许多，不和你们要，找谁去?"凤姐为了三千两银子，破坏了张金哥的婚事，害死了两条人命，她一个人的"体己钞"就有"五十万金"。贾府每个少爷小姐都由十来个奴仆服侍，他们对奴仆可以任意打骂、蹂躏甚至虐杀至死。王熙凤协理宁国府时，一个仆人迟到一步，就被责打二十大板，并革去一个月的粮米。鸳鸯被贾赦逼为妾时断然拒绝，但最终也只有悬梁自尽以示反抗。清代中叶蓄奴之风甚盛，《红楼梦》对此有深刻的描写，亦可看到作者同情奴婢的倾向性。但是这个封建大家庭最终没落，而且在小说中亦可看到整个社会的衰败，由此可见作者对封建制度的总体批判，从而预示了封建社会必然崩溃的历史趋势。不过由于作者的阶级局限，小说中也流露出对封建社会行将崩溃的惋惜和感伤之情，同时也暗含着一种消极、宿命的神秘主义色彩，这种充满"色空"的观念易将读者引向"虚无"的境界。

　　《红楼梦》之所以能够达到中国古代长篇小说的顶峰，与作者高度的艺术修养与高明的艺术技巧紧密相关。作者在广阔的社会背景里把自己观察、体验到的生活做了巧妙的加工、提炼，通过对平凡的日常生活的反复细致的描绘，如实地再现了当时社会上各式各样人物的本来面貌。作者没有蹈袭历来野史的旧辙，更反对才子佳人小说的编造，而是根据自己"半世亲见亲闻来创作"，从生活出发以真人真事为基础。因而《红楼梦》中的一切描写都显得有血有肉、原汁原味，一切叙述都进行得有条有理、多姿多态，无怪乎有人把《红楼梦》的创作看成作家生

《红楼梦图咏》中的林黛玉（清）

活轨迹的记录，而实际上正是作家有意贴近生活追求浑然天成的效果。作者在描写生活原样时逼真细腻同时又赋予深刻的寓意，这就将人情世故巧妙地揭示出来并逐渐构成波澜起伏的景观。全书表面看来都是一些平淡无奇的琐事，而正是这些琐事展示出人物的内心世界与相互关系。作者通过精刻细雕塑造出一大批活生生的人物形象，打破了以往小说好人皆好、坏人皆坏的写法，展示出人物性格的复杂性、多样性，而每个人物都血肉丰满、栩栩如生，如宝玉、黛玉、宝钗、凤姐、贾母、刘姥姥……不胜枚举。每个人物都十分典型，在具体刻画中显露出人物的个性和作者的爱憎。作者还用对比的手法写性格的差异，如迎春、探春、惜春三姊妹，一个懦弱，一个好强，一个孤僻。尤二姐、尤三姐两姊妹，一个软弱，一个刚烈。袭人、晴雯同是丫头，一个奴性十足，一个野性未驯。作者写性格相近的人物，也能把细微的差别表现出来。如妙玉的孤高与黛玉的孤高不同；史湘云的豪爽与尤三姐的豪爽有别；平儿的温顺中透露出善良，袭人的温顺中表现出世故；凤姐的泼辣中暗藏着狡诈，探春的泼辣中体现着严正。由于作者对每个人物的性格都把握得十分准确，因此描写中就不会混淆而格外分明。

作者刻画封建大家族的众多成员，还注意把人物置放在特定的艺术氛围中，给予环境的渲染和心理的揭示。作者继承和发展了中国古典诗词和戏曲中情景交融的描写，借助环境的烘托表现人物的内心情绪而给读者以强烈的感染。小说中的大观园是人物活动的天地，作者不厌其烦地描绘景致给人身临其境的感觉，这一方面强调环境的真实而给人以生活真实的印象，另一方面借助环境的映衬也更能突现人物性格。如大观园的华丽与悲凉相对照就显示出家族的兴盛与衰落，而宝黛爱情的进展也与大观园的春意荡漾和秋意萧瑟相关

泥塑惜春作画（清）泥人张

联。大观园里主人们的住所也颇有象征性，如黛玉居住的潇湘馆衬托出黛玉孤高的性格，宝钗的蘅芜院则含有宝钗温淑的气质，宝玉的怡红院也绝不是充斥着迂腐气味的僵化书斋。在这里发生的一切情事都好像理所当然，如梦如幻中使人看到爱情的浪漫和现实的冷酷。作者还采用了大量心理描写的手段，将人物的内心世界勾画出来。如初恋时的林黛玉听到《牡丹亭》曲子时，那种微妙曲折的心理就被作家刻画得细致生动。后来黛玉听到宝玉背地里把她引为知己的话后，作者又写她"不觉又喜又惊，又悲又叹"。作者的心理描写贴切人物性格，丰富的心理活动展示使人物形象更为鲜活真实。也正因此，《红楼梦》的许多章节含有丰富的意境，使读者跟随主人公的命运或喜或忧而产生强烈的情感意向。

《红楼梦》在结构布局上复杂而和谐，在语言表达上洗练而流畅。作者笔下人物众多，事件复杂，背景广阔，头绪纷繁，但却能处理得井然有序，层次分明，筋络相连，前后贯通。小说中采用了双线多头网状结构，以宝黛爱情和贾府盛衰为线索，将形态各异的人物、事件组织在一起，交错发展，彼此制约，形成有机整体。首先是《石头记》缘起，一块无材补天、被弃荒山的顽石，由茫茫大士、渺渺真人携入红尘，这

《红楼梦》插图（清）

与《水浒传》等书的楔子很相像。此后前五回对整个背景和主要人物做了一个初步介绍，特别是贾宝玉神游太虚境对贾府做了总的概括，对书中重要女主人公十二金钗的一生做了总的预示。此后大戏一幕幕拉开，贾府之盛、宝黛之情顺势推演，故事一步步向深广延展，其间一系列矛盾纠葛揭示出人物命运和社会现实。七十二回以后，转入贾府的衰败和宝黛的悲剧描写，最后收束全书。当然，后四十回是后人补续完成，另当别论，但作家起始便有整体构思是毋庸置疑的。在《红楼梦》之前，长篇小说以《三国演义》结构最为完整，而《红楼梦》从现实生活和人物性格出发，结构更富匠心。《红楼梦》显然受《金瓶梅》的影响，但写作更宏伟、更严谨、更雅致。在语言方面也简洁而纯净，准确而传神，朴素而多彩，无论是叙述语言还是人物语言都极富表现力。作者在叙事写人、绘景状物时，无不惟妙惟肖、有声有色，给人身临其境之感。作者写人物对话，无不恰合人物身份，而在不同的场合又有不同的表现。《红楼梦》的语言极富文采，有时雅，有时俗，但雅俗无不得体。书中的诗词、俗话皆能够吸引人，可见作者文字的魅力。可以说，《红楼梦》接受传统文学的多重影响，而又进行观念全新的语体创造，因而达到世人难以企及的艺术高度。

《红楼梦》是作者直接从现实生活取材创作而成的长篇巨著，其内涵的丰富性和艺术的感召力吸引了无数的读者。《红楼梦》问世不久，曾以手抄本形式流传，被人视为珍品。程伟元《红楼梦序》中说："当时好事者每传抄一部，置庙市中，昂其价，得金数十，可谓不胫而走者矣。"及用活字出版印行后，立即流传开来，京师竹枝词竟有"开谈不说《红楼梦》，纵读诗书也枉然"的说法。尽管统治者斥之为"淫书"、"邪说"，并严令禁毁，但因人民喜爱，却始终无法禁绝。《红楼梦》的续本也层出不穷，但大都落入才子佳人的窠臼而违背了作者的原意，更可见《红楼梦》的卓越。此后，更多的文学艺术样式借鉴《红楼梦》，在社会上形成广泛影响。而学者们也开展起《红楼梦》研究，使《红楼梦》登上学术大雅之堂。如今，《红楼梦》已被译成多种文字，传播到世界各国，成为人类共同的精神财富。

中国古代小说自《红楼梦》以后开始走向衰落，道光、咸丰年间（1821～1861 年）流行充满封建糟粕的狭义小说和狭邪小说。出现这一情况的主要原因是，当时民族矛盾、阶级矛盾空前尖锐，封建文人利用小说宣传维护封建统治的思想，或以小说迎合市民的低级趣味以供消闲。

侠义小说中出现最早的是俞万春（1794～1849 年）的《荡寇志》，小说针对太平天国革命运动要力挽"世道人心"。作者认为人心败坏都是因《水浒》的"淫词邪说"所致，故小说初名《结水浒传》就是要扫荡《水浒》的社会影响。作者在书中美化镇压梁山好汉的"英雄"，对农民起义极尽歪曲污蔑之能事。此外，较为流行的还有"燕北闲人"的《儿女英雄传》。此书写侠女何玉凤在为父报仇过程中，救出清官之子安骥与落难女子金凤，并使二人结为夫妇。后父仇已雪，玉凤也嫁给了安骥，安骥探花及第，位极人臣。金凤、玉凤和睦相处，各生一子，"子贵孙荣"，"书香不断"。这部借侠义故事鼓吹封建伦理的小说，歌颂的是既有"儿女之情"又有"英雄至性"的"人中龙凤"，宣扬的是封建纲常和道德规范。

狭邪小说中较有代表性的是陈森（1797～1870 年）的《品花宝

鉴》，此书以公子梅子玉与男伶杜琴言的同性恋爱为中心，反映了乾隆以来北京上层社会名士狎优的风流生活。作者以欣赏的态度称道梨园中敢于同淫魔色鬼斗争而具有高雅情调的名伶，也嘲讽了"狐媚迎人，娥眉善妒，视钱财为性命，以衣服做交情"的无耻之流。魏子安（1819～1874年）的《花月痕》，则写韦痴珠、刘秋痕与韩荷生、杜采秋这两对才子与妓女的故事。韦痴珠是作者设想的自己穷困潦倒时的影子，他文雅风流，怀才不遇，最后穷困而死，秋痕也为之殉情。韩荷生是作者设想的自己飞黄腾达时的影子，他文武全才，一帆风顺，最后立功封侯，采秋嫁给他并被封为一品夫人。韦痴珠、韩荷生的结局正是文人穷通的两面，反映出作者悲凉哀怨的情绪和对功名富贵的向往。小说文笔细腻，情意动人，对后世鸳鸯蝴蝶派影响很大。

此外，侠义小说与公案小说合流形成侠义公案小说，如《彭公案》、《三侠五义》等。狭邪小说兼写市井风情，而带有忧伤意味，如《青楼梦》、《海上花列传》等。类似小说都十分流行，一直持续到光绪末年。

晚清小说随着洋务运动、改良运动而发展，出现了繁荣一时的新局面。这时小说数量空前增多，面貌也焕然一新，反映新内容、新变化的小说不断推出，被人们称为"新小说"。这些新小说配合当时的政治斗争，广泛反映现实生活中错综复杂的矛盾。猛烈抨击清朝的反动统治和腐败现象，深刻揭露帝国主义的侵略行径及其嚣张气焰，表达了资产阶级的进步要求和民主思想。刊载小说的刊物也纷纷创刊，其中梁启超主办的《新小说》、李伯元主编的《绣像小说》，吴趼人主编的《月月小说》和曾朴主办的《小说林》影响颇大。小说的观念和地位也更新提高，它不再被视为稗官野史、消遣闲书，而成为改良群治的利刃、变革现实的武器。理论家也开始注重小说理论的探讨，如梁启超发表《论小说与群治之关系》、天谬生发表《论小说与改良社会之关系》、夏穗卿发表《小说原理》等。在资产阶级发动的文学改良运动中，"小说界革命"来势最凶猛也最浩大。在与时俱生的形形色色小说中，以晚清四大谴责小说《官场现形记》、《二十年目睹之怪现状》、《老残游记》、《孽海花》最为著名。但由于改良派强调小说的政治作用，忽视了文学自身的发展规律，因而这时的小说也出现粗制滥造的不良倾向。随后由于改良派小说家的堕落和商品化苗头的出现，小说创作一度陷入混乱和低俗的局面。直到"五四"新文学运动，小说界革命才真正开始。

剪纸蝶恋花（清）

《官场现形记》的作者李宝嘉（1867～1906 年），字伯元，江苏武进人。出身于封建官僚家庭，受过正规的封建教育，年轻时曾以第一名考取秀才。以后科举失意，刺激了他对清末社会的不满，到上海先后主办过《游戏报》、《繁华报》、《绣像小说》等报刊。其文学创作也较丰富，最有代表性的便是《官场现形记》。《官场现形记》写于 1901～1905 年之间，作者站在改良主义的立场上，对晚清官场的黑暗、腐朽进行了痛快淋漓的揭露和抨击，对封建官僚的劣迹、丑态进行了较为全面、集中的描写。小说中，上自政府要员，下至州县杂吏，虽然职位不同，但没有一个好东西。他们贪赃枉法、寡廉鲜耻、祸国殃民、钻营投机，几乎无所不为，无恶不作。他们为了做官，不惜丧尽天良。而"千里做官只为财"，又将官场变为商场。朝廷公开卖官鬻爵，吏员们则变成了阴险狡诈的市侩。他们还欺压百姓，抢劫财物，在人民头上作威作福。而对帝国主义则妥协投降，在洋人面前卑躬屈膝，表现出十足的奴才嘴脸。《官场现形记》是鸦片战争之后帝国主义侵入中国、腐朽的封建王朝总崩溃时代社会生活的反映。作者为官场的龌龊痛心，但没有认清丑陋的根源。他看不惯顽固派，也不满维新派，把改革社会的希望寄托在封建统治者的"觉悟"上，目的也不是要唤醒人民去推翻封建社会制度。因而除了一味地暴露、谴责之外，没有理想的色彩和正面的形象。小说受《儒林外史》影响，对一些人物刻画较为成功，结构上由许多故事串连起来，广泛采用讽刺和夸张手法，语言上自然流畅。但由于作者追求趣味，使严肃的内容化为喜剧的效果，削弱了作品的力度。

《二十年目睹之怪现状》的作者吴沃尧（1866～1910年），字趼人，广东南海人，因居佛山，又自署"我佛山人"。出身于官僚地主家庭，20余岁时到上海，办过报纸，后从事教育。一生所作小说极多，最为著名的是《二十年目睹之怪现状》。该小说写于1903～1909年，反映了自1884～1904年间社会上的各种"怪现状"。全书以九死一生这个改良派人物的商业活动为主要线索，通过描绘官场、商场、洋场以及各个角落的怪异现象，揭示出封建阶级与封建制度必然灭亡的命运。小说的涉及面虽广，但锋芒主要指向官场。全书所记"怪现状"共189件，官场占绝大多数。作者写主人公"九死一生"的母亲说："这个官竟然不是人做的，头一件先要学会了卑污苟贱，才可以求得差使。又要把良心搁过一边，放出那杀人不见血的手段，才弄得着钱。"在作者笔下，官场上一派乌烟瘴气，官僚们一概寡廉鲜耻。做官是为了弄钱，只要能弄到钱，什么都能干得出来。这说明濒临灭亡的封建统治阶级道德精神已经崩溃，而商品交换的原则已渗透到统治机构的各个部门中。作者写官、商勾结，权力被金钱扭曲，金钱凭权力攫取。又写"商场"和"洋场"的势力，有时竟能左右官场，反映了"资本"逐渐控制"政治"现象的萌芽。作者笔下的这些"怪现象"，体现了封建纲常名教和伦理道德在金钱和洋人势力的冲击下土崩瓦解的状况。吴沃尧与李宝嘉是同时代作家，两人的经历、创作情况也大体相似，小说具有同样的立场和同样的局限。《二十年目睹之怪现状》虽然揭露了社会的黑暗，但没有深挖出这些腐败、堕落现象的根源。作者认为社会的黑暗在于吏治的败坏，吏

治的败坏是由于道德的沦丧，只要恢复道德的建设社会就可以得到拯
救。这显然是滑稽可笑的，没有指出真正的出路，还是一种修补封建大
厦的天真幻想。小说结构上与《官场现形记》差不多，有几个重要人物
刻画得较好。但由于故事较多，题材庞杂，全书显得有些松散。有些故
事过于夸张离奇，缺乏真实感，影响了讽刺效果。

　　《老残游记》的作者刘鹗
（1857～1909 年），字铁云，别署
洪都百炼生，江苏丹徒人。虽出
身于封建官僚家庭，却无意追求
科举功名。他对"西学"很有兴
趣，精算术，懂医药，研究过水
利。先后在河南巡抚吴大澂、山
东巡抚张曜处做过幕宾，因治理
黄河有功官至知府。他曾向清政
府建议借外资修路开矿，因不被
人们理解而被骂为"汉奸"。八
国联军入侵北京时，他以贱价从
俄军手中购进"太仓"粟米卖给
饥民。1908 年清廷以"私售仓

掐丝珐琅熏炉（清）

粟"之罪将他流放新疆，次年在迪化（今乌鲁木齐市）病故。刘鹗所处
的时代是封建制度即将垮台的时代，作者对此有所认识但却想力扶大厦
之倾危。在他看来，只要凭借外资、兴办实业就可挽救危亡，而义和团
反帝斗争和资产阶级民主革命皆是"疫鼠"、"害马"、"乱党"、"妖妇"
所为。他是站在洋务派的立场上，揭露和批判现实并欲维护和复兴封建
制度的，这也就决定了他小说中的进步性和落后性。小说写一个摇串铃
的江湖郎中铁英（自号老残）在山东的行医经历，通过所见所闻暴露了
封建官吏残害百姓的罪行，表达了作者希望改良政治、扶衰振敝的思想

感情。作者在小说第一回中认为，国家就像是在惊涛骇浪中的一只帆船。船上有四种人，第一种是掌舵的、管帆的，也就是当时的上层统治者，他们并没有错，只要给他们一个罗盘把握好方针即可。第二种人是一批水手，他们不务正业，专门搜刮乘客钱财，暗寓中下层官吏，是作者批判的对象。第三种人是乘客中鼓动造反的人，实际指孙中山领导的革命党，作者对他们肆意歪曲，并鼓励人们把他们抛下海去。第四种人是乘客，即老百姓，作者指责他们中的一些人不懂事要革命，而赞扬那些反对革命和老成持重的人。由此可见作者的立场与旨意。但是作者在描述现实生活时，使人看到大量如狼似虎的官吏做出的种种伤天害理的事情，如清官之酷、赃官之恶以及"冤埋城阙暗、血染顶珠红"，充满了对劳动人民的同情和正直官吏的希望，因而客观上具有一定的积极意义。小说的艺术特色非常突出，作者用散文的笔法写小说，描景状物自然、逼真，叙事抒情细腻、感人，语言清新、明快，人物鲜活、生动，犹如铺绘出一幅幅风景画和风俗图。但是小说也有结构松散、笔锋直露的毛病，使故事情节缺乏必然联系，谴责有余而寓意不足。

《孽海花》的作者曾朴（1872～1935年），字孟朴，笔名东亚病夫，江苏常熟人。出身于官僚地主家庭，1891年考中举人。受西方资本主义文化影响，参加过康有为、梁启超领导的维新运动。1904年，在上海与友人创办"小说林书社"。1909年，受聘为两江总督端方的幕宾。后得端方保举，到浙江任官。辛亥革命后，曾任江苏省议员，官产处处长。北洋军阀时期，任财政厅厅长、政务厅厅长等职。1927年后，到上海创办《真善美》杂志。曾朴一生经历复杂，故其小说《孽海花》的思想内容也体现出一定的复杂性。《孽海花》原署"爱自由者发起，东亚病夫编述"，"爱自由者"是其好友金天翮，"东亚病夫"即其自称。小说由金天翮先写了六回，后由曾朴续写。全书以金雯青与傅彩云的故事为主要线索，描写中法战争到中日战争30年间中国上层官僚和封建文人的社会生活，展现了清末政治、经济、外交诸多方面的情景，对统治集团的腐败和帝国主义的野心给予一定程度的揭露。作者在第一回中说："三十年旧事，写来都是血痕，四百兆同胞，愿尔早登觉岸。"作者写慈禧太后的专横与奢靡，写李鸿章的妥协投降与丧权辱国，写洪钧的迂腐与愚蠢，还写了一大批封建文人醉生梦死、勾心斗角的丑态。小说还指出帝国主义的侵略本性，歌颂抗击侵略者的民族英雄，肯定了俄国虚无党员夏雅丽舍身为公的行为，并赞扬了以孙中山为首的兴中会的革命活动。小说认为科举制度是封建君主用来"维持他们专制政体的工具"，中国只有"力图自强"才能实现自身的存在和复兴。由于作者经历、思想的复杂和追求真实具体的描述，小说基本反映了中外战争的爆发，帝后斗争的内幕，顽固派、洋务派、改良派、革命派等政治势力的消长演变，清朝政府的腐败无能与封建文人的昏庸堕落。但是小说仍有结构松散的毛病，只是以主线把故事串连起来。对人物的刻画采取影射手法，官僚、名士比较生动，而革命家的形象不够丰满。语言上讲究文采而有些夸张，给人新旧杂陈之感。此外全书写上层社会的轶闻艳情过多，对一些男女之间的风流韵事津津乐道；对光绪皇帝充满同情，又对革命党人歌颂备至；对帝国主义侵略给予指责，又对资本主义制度给予美化。这些矛盾使小说的思想性、艺术性受到削弱，也体现出谴责小说的共同缺憾。

清代末年社会交替之际，各种思想杂陈并现，小说创作也出现混乱不堪的局面。资产阶级革命派小说家揭批清王朝不遗余力，鼓吹以暴力推翻腐朽透顶的清政府。如同盟会成员黄小配著有《洪秀全演义》、《宦海升沉录》，黄花岗起义失败后写成《五月风声》。同盟会发起人之一陈天华写出《狮子吼》，被《民报》称为"有血有泪之言"，作者为唤起国人觉悟毅然跳海自杀。翻译小说也十分流行，贡献最大的是林纾。他虽然不懂外文，但采取与人合作的方式，翻译出大量的优秀外国文学作品。他与王寿昌合译的法国小仲马《巴黎茶花女遗事》，被人称为"外国的《红楼梦》"畅销一时。其译作之多达 184 种，英国、美国、法国、

金嵌珠錾花杯盘（清）

俄国、比利时、希腊、挪威、瑞士、西班牙、日本的作品皆有。这些小说开阔了中国人民的生活视野和艺术天地，使中国知识分子接触和了解到外国文学情况，并促进了西方资本主义思想在中国的传播。此外，"鸳鸯蝴蝶派"小说也兴起，著名作家有包天笑、周瘦鹃、陈蝶仙、徐枕亚等。他们的小说主要描写爱情、婚姻问题，但并非揭露封建制度的腐朽，而充满了对才子佳人相悦相恋的欣赏。总之，处于世纪之交的中国小说，受外来思想文化的冲击并受传统伦理道德的影响，呈现出救亡图存的主流倾向却又无情地谴责社会现实的黑暗，这与洋务派、改良派、革命派发起的运动是相一致的。中国小说在艺术的道路上也艰难地探索着，直到五四新文化运动后小说面貌才有了新的变革。

第四章
艺术嬗递

第一节　尚逸从俗的绘画

　　清代绘画承接元、明以来的趋势发展，士大夫文人画日益占据画坛主流。清朝历代皇帝大多爱好绘画艺术，也促使绘画艺术繁荣进步。清代的画家和作品名类众多，朝廷、文人、民间风格不同，山水、花鸟、人物都有卓绩，发展阶段大致可分为前、中、后期。整个清代，由明末清初崇尚的"逸"到清末民初流行的"俗"，贯穿着中华民族的人文精神和不断变革的时代要求，其中吸收异质文化因素并持续创新绘画风格成为鲜明的特点，同时文人画孤高自赏的趣味也逐渐注意与大众的审美需求相结合，随着经济、政治的发展绘画也出现了崭新的面貌。

　　清初以"四王"为代表的"正统派"最有影响，"四王"指王时敏（1592～1680年）、王鉴（1598～1677年）、王翚（1632～1717年）、王原祁（1642～1715年）。他们在艺术上多信奉董其昌的主张，致力于摹古或在摹古中求变化，特别崇拜元四家。笔墨上追求平淡清闲的情调，注意灵活地运用前人的笔墨技法并取得了一定的经验，在发展干笔渴墨层层积染的技法方面丰富了文人山水的表现力。但因"四王"注重摹古，缺乏真切的生活感受，只是将古人丘壑搬前挪后，来达到元人标尚

答菊图（清）王时敏

的理想境界，体现"士气"与"书卷气"，较少观察自然以表现鲜活的情感，因而桎梏了艺术的创造性。

王时敏是明代相国王锡爵之孙，崇祯时官至太常寺卿，入清后隐居不仕。他少时与董其昌、陈继儒往来密切，为吴伟业所称"画中九友"之一。他精研宋元名迹，摹古不遗余力，曾将古人名作缩绘为24幅，装成一册随身携带，反复研察古代名家用笔运墨之道。所作《云壑烟滩图》用黄公望笔法杂以高克恭皴笔，兼施以醇厚的墨色，具有苍浑秀润的韵味。《长白山图》则用笔细致，墨色清淡，意境疏简，更多董其昌笔调。

王鉴是明代文坛领袖王世贞的曾孙，崇祯年间曾官廉州太守，虽属明朝遗民但无意反清。他尊崇五代的董源、巨然，借鉴元代的黄公望、王蒙，功力较王时敏深厚。作品运笔沉着，用墨浓润，风格雄浑。《梦境图》构思奇特，笔墨精谨，繁密中见疏秀，山石高耸，水波细致，可见临摹、创新的特点。他还擅画青绿山水，色彩秾丽而清润，"虽妍而不甜"。《山水图》画崇山峻岭，岸坡花树，池塘湖泊，烟云朦胧。笔墨滋润，青绿设色，使人感受到画境的郁茂深邃。

王翚出生于文人世安，祖上五世都能绘画。他家学渊源，仿古勤奋，20多岁时所作便能乱真。后王鉴收他为弟子，又将他推荐给王时敏，二人都将自家收藏的古画供他临摹，又介绍他到各大收藏家中观摩名画。经过多年勤学苦练的绘画实践，王翚融会各家技法而形成自己的创作风格。他的作品融合于古而不拘于古，但体验生活不够影响了创新。他的画作甚多，风格多样，技法精到，意境清新，受到时人高度称赏，被誉为海内第一。60岁时被康熙皇帝召至北京，主笔绘制大型画卷《康熙南巡图》。图成后康熙皇帝十分满意，亲书"山水清晖"给予嘉奖。晚年由于求画者剧增，不免应酬、滥造，成就有所减退。

仿宋元山水册（清）王鉴

他的代表作有《仿董源夏景山口待渡图》、《溪山红树图》、《秋林图》等，在《清晖画跋》中自言"以元人笔墨，运宋人丘壑，而泽以唐人气韵"。王翚画风宗学者很多，自康熙以后形成了虞山派。

　　王原祁是王时敏之孙，康熙时中进士，官至户部侍郎。他潜心学画，精于笔墨，很受康熙皇帝赏识，召其供奉内廷。64岁时出任《佩文斋书画谱》总编，70岁时奉命主持绘制《康熙万寿盛典图》。王原祁深研宋元技法，笔墨功底深厚，尤追随黄公望，王时敏称之为形神俱得。他作画时晕染多遍，由淡而浓，层次丰富，关键处以焦墨点醒，显得浑然一体。所作浅绛设色画，能把笔墨与色彩溶而为一，做到色中有墨、墨中有色，使山水增添云气腾溢之感。传世作品有《仿高克恭云山图》、《仿黄子久山水图》、《清溪饶屋图》、《华山秋色图》等，其画"熟不甜，生不涩，淡而厚，实而清'，"中年秀润，晚年苍浑"。因其地位显赫，追随者很多，后形成娄东派。

"四王"都是江苏人，继承了文人画传统而又受到统治者赏识，故被称为"正统派"。"四王"之后又有"小四王"，还有"后四王"，他们把"四王"画风一直延续到乾隆后期。

与"四王"风格相近而成就显著的还有吴历（1632～1718年）、恽寿平（1633～1690年）、王武（1632～1690年）、蒋廷锡（1669～1732年）等画家，他们与"四王"同处清初而名扬天下。吴历是明代官僚家庭的后裔，对满清政权怀有激愤情绪。父亲早死，家境没落，他以卖画为生。31岁时，母亲和妻子相继去世，他对人生趋于消极。51岁时入天主教做修士，后来还升为神甫，此间作画较少。70岁以后画作又多起来，有人说他作画"好用洋

山中早春图（清）王原祁

法"。他一生布衣，对官场、名利都很淡漠，致力于山水画的探索。早年曾从王时敏、王鉴学画，认真临摹古代画家作品，达到很高水平。但他又能跳出古人窠臼，转向大自然学习，不断探求创新。他用笔严谨厚朴，精熟各种皴法，注意体现山石的质感。用墨善用重墨、积墨，画中常见层层皴染，焦墨点苔，墨彩焕发，使江山显得苍莽浑朴、坚厚润泽。代表作品有《湖天春色图》、《静深秋晓图》、《横山晴霭图》等，可见融众家之长而自出新意。

恽寿平幼逢战乱，隐居故里。早年向伯父学山水，取法于元四家。中年以后，改以画花卉为主。晚年迁居常州，自名其画室为"瓯香馆"。他以卖画为生，布衣终老，为人狷介不阿，品行高洁。他十分重视写生，极力描摹，称与花传神。力求去掉宫廷花鸟画的秾丽习尚，复归自然花鸟的本色姿态。所作《设色花卉册》，画有碧桃、紫牡丹、豆花、樱桃、牵牛、秋海棠、菊花、腊梅八种。枝叶花蕊，不用墨笔勾勒，全以色彩染成。用笔秀逸，却无纤弱之感；设色淡雅，匀增清秀明艳。构图以写生为法，一反院阵花鸟画的刻板拘谨，因而生趣益然。《落花游鱼图》画桃花飘落水面，鱼儿游来争食，笔法轻灵飘逸，墨色彩色融洽一体，将湖水、花瓣、游鱼、水草表现得真实细腻、清脱流畅。恽寿平的画风为人称道，时人争相仿效，遂形成"常州汉"，影响久而不衰。

设色花卉册（清）恽寿平

王武以诸生入太学，但无意举子业，特别喜爱书画之道。他性情平易坦荡，不喜阿附权贵。精鉴赏，富收藏，善诗文，他擅绘花鸟，宗法五代黄筌，常对花鸟观察写生，作品流丽舒朗，神韵生动。今传《松竹白头图》，技法灵活多样，可见画家功力的深湛和老到。王武当时与恽寿平齐名，作品为王时敏、朱彝尊等人所称道。

蒋廷锡是康熙四十二年（1703 年）进士，雍正时官至尚书、大学士。中年以前受常州画派影响，后取陈淳、徐渭画意变为放纵。所作既有工笔重彩，妍丽细致；又有水墨写意，简逸清爽。所作《四瑞庆登图》，以全景构图形式描绘了秋天郊外的喜人景象。作品带有歌颂荣华富贵的情调，又充满对劳动生活的赞美。画中高粱、丛菊、丘石、瑞鸟，工写结合，色墨并重，自然统一，意境佳美。

上述画家主要活动在江苏太仓、常熟、武进、苏州一带，更多地体现出继承文人摹古的传统和顺应主流社会的需要。与此同时，也出现了与正统派相对立的以"四僧"为代表的革新派。"四僧"是指清初的弘仁（1610～1663 年）、髡残（1612～1673 年）、朱耷（1626～1705 年）、石涛（1641～1707 年），他们是四个和尚，均为明代遗民，清初出家为僧，以示不服清廷。他们怀着国破家亡的悲痛，在画中或抒写身世，或寄托感慨，或表示抗议。他们借绘画表达胸中的强烈情感，借山水花鸟表达生活的情趣。这些画家不同于"四王"仿古的模山范水，他们走向大自然寻求人生的真谛。他们虽遁入空门，但重视感受，因而在他们笔下，不限于临摹古人、挪用古法，而是以真性情投入创作中。他们以来自自然又经高度加工的艺术形象，丰富了对自然的表现和意境的创造。他们在笔墨上以新手法突破了旧形式，在表现上以"尚意"突破了"摹古"，在风格上以翻新求奇突破了温润雍容。他们的创作风貌虽有不同，但都打破传统标新立异，使清初画坛别开生面。

弘仁俗姓江，名韬，字六奇，出家后名弘仁，号渐江，安徽歙县人。他从小读五经，习举业，事母至孝。明亡后曾经参与反清斗争，失败后到武夷山削发为僧。数年后返回故里歙县，每岁必数游黄山写生。其绘画取法元代倪瓒，构图洗练简逸，笔墨苍劲峻洁，意境荒僻幽寂，丘壑严整奇崛。作有《黄山真景册》50 幅，用简淡的皴法和新奇的结构，画出黄山峻嶒奇峭的岩峦骨骼，被石涛赞为能得黄山之真性情。传世作品还有《黄海松石图》、《晓江风便图》、《崇冈山村图》等，给人远离清廷的世外之感。他在安徽与查士标、孙逸、汪之瑞并称为"新安四大家"，追随者有江注、姚宋、郑旼等人形成"新安派"。

髡残俗姓刘，武陵（湖南常德）人。少弃举子业，20岁出家为僧。字介丘，号石溪。明清交替之际，"避兵桃源"，经历艰险。入清后，初行踪不定，后在南京城郊寺庙中度过。他自幼爱好绘画，曾云游各地，选胜写生，是一个天姿高妙、性情耿直、崇尚气节的人。石溪诗文书画俱佳，绘画成

雨余柳色图（清）弘仁

就尤为突出，与石涛齐名，并称"二石"。所作学古而不泥古，重视表现自己的艺术个性，富有创新精神。其画章法稳妥，繁富严密，郁茂而不壅塞，平凡中见幽深，笔法浑厚凝重，苍劲荒率，如《松岩楼阁图》。作品《溪山无尽图》据写生绘成，《苍山结茅图》画幽居生活，《山高水长图》题诗跋曰："山高共水长，鹤舞与猿伏。可以立脚跟，方此对衡麓。余住黄山时，每四序之更，朝夕晴雨之变，各得奇幻之妙，令人难以模想。此作《山高水长图》，盖常见天都山里，处处峰插青天，泉挂虹霓，故有是作。至其曲折细微之奥，岂笔墨所能尽也哉？"

朱耷原名朱统𨨏，是明宗室江西宁王朱权的后裔。他生于皇族之家，自幼聪明好学。入清后隐于山中，23岁时剃度为僧。初名法堀，又名传綮，字刃庵，号雪个、个山、八大山人。他一生倔犟，坚决不与

松岩楼阁图（清）髡残

清王朝合作，常借诗文书画发泄内心悲愤。他发狂疾时，将自己称作驴，所以也以"个山驴"、"驴屋"、"驴屋驴"来作书画作品的署名。"八大山人"是其晚年所用之号，四字连写类似"哭之笑之"字样，一般认为隐喻其身世之痛与世事之变。其山水画学黄公望，模董其昌，而用笔干枯、满目凄凉，绝无平和秀逸、明洁优雅的格调。画面枯索冷寂而又雄健简朴，反映出孤愤的心境和耿介的个性，如《仿董北苑山水图轴》、《隐居来鹿图》等。

朱耷的花鸟画成就更为突出，强烈地抒发了遗民之情与个性之真，在立意、造型、布局、笔墨以至诗书画一体上均有突破。朱耷上承陈淳、徐渭，又率意改革、创新，所绘花卉鱼鸟，意象奇崛，形神怪诞，构图险异，表情夸张，给人简明、鲜活、深刻的印象，同时又使人玩味绘画的造诣和寓意。画荷以大笔饱蘸水墨，或浓或淡，随意挥洒；而荷叶之正转反侧、老嫩开合，皆得神理；加之圆转、苍劲的荷茎，轻柔、婉转的荷花，充分发挥了书法修养的优势，将荷之神采寓以人格之美。画禽多单足而立，所踩之石上大下小，作岌岌可危状；禽眼上翻，一副白眼向世的傲相，给人冷峻、孤独、悲愤之感；笔墨简洁、精到、传神，构图简约、空灵、含蓄，内容形式臻于高度统一。朱耷画作雄健泼辣，新奇超逸，善用极简练的画面表达极繁复的意绪，将徐渭之后的文人画推进到一个新境界，给后世画家以深远的影响。

石涛原名朱若极，是明宗室广西靖江王朱赞仪的后裔。父亲在反清时内乱中被杀，他逃难至广东出家为僧。改名原济，字石涛，号清湘老人，别署大涤子、苦瓜和尚等。他早年为行脚僧，过潇湘，渡洞庭，上庐山，浪游江浙多年。后居于安徽宣城金露庵约10年之久，多次游黄山写生。复往南京和扬州，于康熙南巡时献画，此时其心中亡国之恨已变得淡薄。不久北上京城逗留三年，未蒙皇帝赏识、接见，遂南返扬州构筑大涤草堂，以卖画为生。石涛才华横溢，山水、花卉、人物无所不精，用笔、用墨灵活多变、意趣横生。其画多写对自然观察体验之所得，极富创造性。不论黄山云烟、南国水乡、江村风雨，

怪石花鸟图（清）朱耷

或是峭壁长松、柳岸清秋、枯树寒鸦，都力求布局新奇，意境翻新。风格奇特多样，举凡沉雄奔放、清新典雅、秀逸隽永、博大宏深、简约淡远、清旷幽邃，无不在其画中得到反映。他的作品构图新颖自然，笔墨纵横潇洒，意境生气勃发，创作已达到不被法拘、功夺造化之地步。他半生云游，所作甚多，声震大江南北。他的《画语录》更为稀世罕见，从哲学高度论述了绘画艺术的本质与要义，对绘画中一系列问题做出了精辟的分析，提出了著名的"一画"、"从心"、"我用我法"、"笔墨当随时代"、"搜尽奇峰打草稿"等主张，为当时被摹古风气笼罩着的沉闷画坛带来一股强劲的新风。传世之作有《细雨虬松图》、《山水清音图》、《黄山八胜图》、《山水钓客图》、《月下梅竹图》，等等，可见风采。石涛

游华阴山图（清）石涛

生前所作即为人敬佩，他多样的风格也给后人极大的启发。

清初除"四王""四僧"外，在南京地区还聚集了一批遗民画家，其中龚贤、樊圻、高岑、邹喆、吴宏、叶欣、胡慥、谢荪被称为"金陵八家"。他们怀念故国，隐遁山林，洁身自好，甘居清贫。他们重视师法自然，描绘江南风光，揭示山川之美，抒发真切感受。他们学习传统技法不抱门户之见，能博采众长为自己所用。他们交往密切，相互切磋，力求突破成规，创立新意。他们的作品大多富饶明丽，具有浓厚的生活气息，风格虽有不同，但均有清新怡人的意趣。

龚贤（1619～1689 年）在八家中成就最高，其山水画取景开阔，物象秀雅，用笔劲健古拙，善用积墨画法。《夏山过雨图》构图顶天立地，近景为坡石丛林，远景办山峦重叠，中间烟锁雾绕，层次分明，满而不塞。画家为表现雨后江南山林的浑厚苍秀，以皴笔积墨层擦点染造成滋润浓郁的效果。龚贤在前人传统上广采博取，大胆变革，突破藩篱，自成一家，对画坛影响甚大。樊圻擅写山水小景，作品以"穆然恬静"之格调受到时人推崇。其追摹、取法宋元，尤得益于刘松年、赵孟頫。但亦有情趣，所作多笔触细腻，墨色淡雅，空旷而不荒凉，安谧而非寂寞，给人悠然怡适之感。高岑亦擅画小品，所作多表现隐逸志趣。《谷口幽居图》画面朴素自然，意境清远，洋溢着山野气息。邹喆一生居贫乐道，寄意山水以求精神解脱，《松林僧话图》流露萧瑟寂寥、气静神闲之意。吴宏画册页《寒泉疏树图》，幅面虽小却意境雄浑，以幽泉古木求得"有限中出无限，无画处成妙境"，意味无穷。叶欣画山水喜作凄清荒寒之景致，《桃花书屋图》境界孤峭，格局古雅，虽写春天不见春意盎然，虽画高士不见高情雅趣，一派超然物外、断绝尘想的冷漠之态，正是那些怀才不遇者孤独寂寞的写照。胡慥所作扇面《溪山隐逸图》充满空灵缥缈的诗意，构图删繁就简、近实远虚，使人产生身临其境而

仕女图（清）焦秉贞

面对烟水迷离的意绪。谢荪的册页《荷花图》为工笔设色，技法从宋代院体画蜕变而出。其勾勒晕染，功力深厚，华彩奕奕，栩栩如生，一股清爽秀逸之气荡漾于笔情墨韵之间。在写意花卉风靡画坛的情况下，此作更显出特有的风貌和魅力。总之，"金陵八家"师承北宋与吴派传统，以扎实的功力与创新的表现独树一帜。

明末清初是社会大变动的时期，画家们也同思想界、文学界一样经受着苦痛，并迸发出旺盛的创作力以抒写胸中复杂的情绪。他们尊重艺术本体的规律，以文人的方式借书画浇心中之块垒，也就导致了笔墨、构图、造型、意境的变革。除上述流派外还有许多画家，创作也颇具特色。如项圣谟、程正揆、萧云从、戴本孝、罗牧、梅清、笪重光、杨晋、王概、禹之鼎、焦秉贞、高其佩等。画家们创造了清初画坛繁盛的

受人凌辱的凄惨遭遇表现出真挚的同情。黄慎还有《山水册》、《花鸟册》等作品传世，其所绘着重于写意，不拘泥于形似，笔法洗练概括，作风大胆泼辣，充满野趣与生机。

郑燮（1693～1765 年），字克柔，号板桥，江苏兴化人。康熙时中秀才，雍正时中举人，乾隆时中进士。曾任山东范县、潍县县令，为官正直，同情百姓。在潍县任上因擅自开仓赈济百姓，触犯豪绅富户利益被诬罢职。回扬州后以卖画为生，作品独创一格被人视为"狂""怪"。郑燮本受儒家传统教育，但性格旷达，不拘小节，思想非常活跃。其诗、书、画造诣很高，体现了文

归渔图 （清）黄慎

人的全面修养。其画取法于陈淳、徐渭、石涛、高其佩，擅长兰、竹、石。他主张学古而不泥古，"学一半，撇一半"，"师其意不在迹象间"。他还提出"眼中之竹"、"胸中之竹"、"手中之竹"的联系与区别，强调绘画在于创造。所画《兰竹图》构图严谨，石、兰、竹的组织极讲法度，三者有机地统贯一气，既学古人又有变化。所画《墨竹图》寥寥数竿，极富寓意，上题诗曰："衙斋卧听萧萧竹，疑是民间疾苦声。些小吾曹州县吏，一枝一叶总关情。"《竹石图》画悬崖兀立，颈竹数竿，栉风沐雨，奋力成长，可谓画家精神品格的

郑燮像

写照。郑燮的诗与书也与画相谐，自成一体。所题诗跋新奇精练，关合

画面。书法以画法入笔，折中于行、隶之间，自称"六分半书"。郑燮的作品独树一帜，给人清高险怪又自然天成的审美趣味。

李鱓（1686～1762年），字宗扬，号复堂，江苏兴化人。康熙五十年（1711年）中举，后入清宫充内廷供奉，不久因受排挤离职。又以检选出任山东滕县知县，因触犯大吏罢归。回到扬州后，以卖画为生，心情常常郁闷不乐，行为愈加放纵。他较为热衷功名，但因性狂而遭打击。其画学林良、陈惇、徐渭、蒋廷锡、高其佩、石涛、朱耷等人，一生画风在不断探索中经过数次变化而追求自立门户。《秋葵图》作于雍正四年（1726年），笔墨酣利，设色典雅，花叶随风飘动，俯仰多姿，似草草而成，却天趣横溢。画上题诗："自入长门看淡妆，秋夜犹染旧宫黄。到头不信君恩薄，犹是倾心向太阳。"借汉武帝时谪居长门

芭蕉睡鹅图（清）李鱓

宫陈皇后的故事，抒发画家遭忌离职而心念宫廷的心绪，由此可见其恋念仕途而未获知遇之情结。《松柏兰石图》作于乾隆十四年（1749年），大胆泼辣，功力深沉，雄壮之中见超逸之气，笔墨格调近似徐渭。画上题诗："老树横空石半斜，依稀点缀葛真家。墨痕处处留仙迹，怕见当时红绿花。"可见心情不同以往，有脱尘出世之意。

李方膺（1695～1765年），字虬仲，号晴江，江苏南通人。其父官至福建按察使，他本人也担任过一些地方县令。李方膺为官清正，体恤民情，后因诬陷被罢官。遂寄居南京，常来往扬州，以卖画为生。与金农、郑燮、李鱓往来较多，画风互相影响。李方膺多画梅、兰、竹、菊

风竹图（清）李方膺

及松柏、虫鱼，力主师法自然、秉承传统而自立门户。所画《风竹图》表现狂风劲竹，深有寓意。所画《游鱼图》笔墨简率，妙趣横生，给人生动活泼之感，似乎表达一种挣脱名利纷扰之喜悦。他特别善画梅，笔法苍劲，构图省减，如其为人，极富个性。其有题梅诗曰："铁干铜皮碧玉枝，庭前老树是吾师。画家门户终须立，不学元章（王冕）与补之（杨无咎）。"

罗聘（1733～1799年），字遁夫，号两峰，别号花之寺僧等。原籍安徽歙县，迁居扬州。他家境贫穷，跟随金农学画，聪敏颖悟，较早展露才华。金农许多作品由他代笔，是扬州画派晚辈中的佼佼者。他画人物、山水、花鸟均有很高造诣，因一生好游历，足迹半天下，因此识见很高，落笔不同凡响。罗聘终生不仕，看透世象，虽名动海内，却一生潦倒。所画《鬼趣图》轰动当时文坛，题咏者甚众。晚年好作佛像，反映出对人生认识的思想变化。所作人物图《游骑春郊图》、《冬心先生蕉荫午睡图》、《醉钟馗图》、《药根和尚像》都是传世之作。他还善画梅，其妻、其子皆能画梅，时称罗家梅派。

华嵒（1682～1756年），字秋岳，号新罗山人，福建上杭人。出身贫苦家庭，自小喜爱绘画。初寓杭州，曾至北京，后客扬州。与金农、郑燮、李鳝等人交往，画艺上彼此推重。华嵒由学习民间绘画入手，进而取法文人画诸大家，在山水、人物、花鸟画方面均取得很高成就，是清代中期卓有盛名的画家之一。其山水画笔致清新，色调明快，意境独创，如《溪山晴雪图》、《万壑松风图》、《白云松舍图》等。人物画构思巧妙，立意新颖，所绘人物个性鲜明，夸张生动。如《天山积雪图》、《闲听说旧图》、《钟馗嫁妹图》，人物在不同的环境中自有不同的表现，绚丽秀致，趣味横生，将古今雅俗结合一体而自出机杼。其花鸟画尤负盛名，吸收陈淳、恽寿平、朱耷、石涛诸家之长，于造型严谨的没骨画法中融进

万壑松风图（清）华嵒

超逸潇洒的水墨技巧，形成一种淡雅简洁、兼工带写的小写意手法。如《鸟鸣秋树图》、《桃潭浴鸦图》、《山雀爱梅图》、《秋树斗禽图》等，用疏秀灵活的工笔细致描绘出禽鸟可爱的动姿和美妙的天趣，而将作为衬景的树石草苔用粗笔写意简略扫出其蕴发的生气。华嵒将职业画家的优长与文人画家的特质融为一体，更讲究笔墨韵致与平易通俗，对后来的海派画家产生了很大的影响。

高凤翰（1683～1739 年），字西园，号南村，山东胶州人。曾任安徽歙县县丞、泰州巡盐分司，去官后流寓扬州，晚年归卒乡里。高凤翰能诗，工书，善篆刻，喜收藏，尤长于绘画。其画早年师法宋人，较为严谨。中年后到江南，接受扬州画风，趋向纵逸奔放。晚年右臂病废，

雪景竹石图（清）高凤翰

改用左手绘画，生动苍劲，更富奇趣。所作《野趣图》，怪石突兀，傲梅数株，笔酣墨畅，大气磅礴，整个画面寒意逼人，却野趣横生。他还有《山水册》、《花卉卷》等，或潇洒秀逸，或老辣奇崛，可见构图严整并富匠心，笔墨挺展自出新意。高凤翰受扬州画风浸染而独创一格，故画史上或把他与"扬州八怪"并列，或把他直接列入"扬州八怪"之中。

中国版画发展到明清时期出现兴旺景象，制作技术和艺术趣味也随之提高。明代万历年间版画已风格多样，各地形成不同特色的艺术流派。清代建立后，宫廷设有刻书房，由于它制作财力充足，条件优裕，画师雕工认真，故多产生精工细作的妙品。宫廷版画的内容主要还是歌功颂德，夸耀升平，至乾隆年间达到鼎盛。康熙朝有《万寿盛典图》，是宫廷集体创作的精品，其中版画人物密致，点缀繁富，虽为粉饰清朝统治，但也反映出一定的社会生活面貌。乾隆朝的《南巡盛典图》以平稳写实的画风描绘大江南北的诸多胜迹，使人可见宫廷的气派与各地的风光。乾嘉年间所刊《皇清职贡图》绘录各方人物对中央皇朝的敬奉，人物形态、穿着打扮及生活风俗都有生动的表现。总的来说，殿版版画刻印精美，清代中期相当出色；但嘉庆以后则每况愈下了。

除殿版版画外，为书籍所作插图也蔚为大观。清初萧云从绘有《离骚图》，很好地传达出屈原的旨趣。他还绘有《太平山水图画》，是描写安徽山川胜景的版画山水集，反映出对自然的热爱和对劳动的赞美。王概编辑《芥子园画传》，相继完成初集、二集、三集。这是一部套色水印画谱，绘画、刻版、印刷都十分细心和雅致，在版画发展史上取得卓越成就。乾隆年间，出现了《红楼梦》插图，以内室或庭园作配景衬托人物，画风近于宫廷殿版。嘉、道年间，《红楼梦》插图愈多。此外还出现名人图赞，绘刻技术相当熟练，反映出民间职业版画家的素养和水平。此后较为著名的主要有咸丰年间任熊绘制的《剑侠传》、《先贤传》、《高士传》，光绪年间张士保绘制的《云台二十八将图》等。随着西洋的铜版和石印技术传入，版画艺术逐渐衰落而歇息。

游骑春郊图（清）罗聘画　金农题

万寿盛典图（清）张廷彦等

　　民间木刻年画至乾隆年间大盛，各地普遍制作以应大众之需求，尤以天津杨柳青、苏州桃花坞、潍县杨家埠成就最高、产量最大、影响最广。年画主要用于百姓过年之时张贴以志庆，多反映劳动人民的思想愿望和审美情趣，因而内容也丰富多样，如历史故事、人情风俗、山水花鸟、时事新闻……可谓应有尽有。

加官进禄（清）天津杨柳青

　　杨柳青年画制作精细，在艺术上主要受北方民间版画和清代院画风格的影响，故由最初的简单呆板发展到精致细腻，构图上把单独模样的大个人物变成群体复杂的小个人物，并加以背景道具用环境气氛烘托主题，形成典雅俊俏的特点。

　　桃花坞年画流行于中国南方，是在苏州文化熏陶下和雕版彩印基础上发展起来的，以清代雍正、乾隆朝最为兴盛。其绘制精巧，线条洗练，赋彩分色喜用红、黄、青、紫，造成强烈的对比，显得朴实热情，鲜艳中不乏典雅的风采。它还吸收了欧洲铜版画及焦点透视法的科学成份，用细密的排线表现物体的光暗体积和远近感觉，不过这种西洋画风没有延续多久，因为它不符合中国民众的欣赏习惯，乾隆以后就停顿下来。

　　杨家埠年画始于明代后期而盛于清代中期，主要适合农村的欣赏水平和购买能力，因此制作方面不像杨柳

灶君（清）潍县杨家埠

青的典雅与桃花坞的秀丽，而是具有浓厚的乡土气息。它根据北方农村的住室环境需要而创作出多种体裁形式，如窗顶画、窗旁画、毛方子、月光、炕头画，大小门神的样式也很丰富，极富装饰效果。其印制主要采取木版水印套色方式，色彩以红、绿、黄、紫为主。艺术表现上具有概括象征、造型夸张、构图饱满、色彩对比强烈、风格质朴生动的民间特征。除以上三个最大的年画产地外，河南朱仙镇、陕西凤翔、四川绵竹、福建泉州、广东佛山以及浙江、安徽、湖南、贵州均有年画生产，且形成地域风格。至晚清西方石印技术传入后，各地年画才逐渐消沉下去。

冠带传流（清）苏州桃花坞

　　清代后期，随着封建社会的衰落，绘画领域也发生了新变化。被视为正宗的宫廷画与文人画日渐衰微，而作为通商口岸的上海和广州，则成为绘画革新的新要地。为适应新兴市民阶层的需要，绘画在题材、技巧、风格方面都有新发展，逐渐形成以"海上画派"与"岭南画派"引领时尚的新局面。

任颐像

　　"海上画派"前期以任颐为代表，任颐与任熊、任薰并称三任。任熊（1823～1857年），字渭长，生于浙江萧山县城。自幼随父亲与塾师学画，后不愿恪守粉本离乡外出。在杭州结识了许多画友，潜心临摹古人名作，人物、山水、花鸟皆能，工笔、写意兼长，尤其在肖像画方面达到高度成就。其画风高古严谨，笔力刚硬，富有装饰趣味，深为时人所珍爱。他往来于宁波、杭州、上海、苏州等地，以卖画为生，作品兼具传统绘画及民间绘画之长，是"海上画派"的先驱者之一。任薰（1835～1893 年），字舜琴，任熊之弟。受父兄影响喜爱绘画，辗转于宁波、苏州间，后寓居上海。其画风与任熊基本一致，然奇躯伟貌，别具匠心，更多带有清末商业城市中市俗审美趣味的色彩。任颐曾从其学画，深受影响。任颐（1840～1895 年），字伯年，浙江绍兴人。幼年随其父画肖像，打下坚实基础。青年时迁居萧山，画过许多灯片。后到宁波随任薰学画，并随任薰迁苏州、上海。寓居上海近 30 年，鬻画为业，颇负声誉。任颐是一个全才型画家，他自小学习民间绘画，青年时期又掌握了传统技法，后又吸收了西洋画的速写、设色诸手段，人物、山水、花鸟无所不精。其人物画题材广泛，尤善捕捉人物刹那间的神情动态，并表现出对民族的忧患意识与爱国热情。如《苏武牧羊》、《女娲补天》、《酸寒尉像》，描绘历史、神话、现实人物，无不具有寓意。在表现手法上则新颖生动，以不同的手法刻画人物神情，使人物的结构、质感、品操、意趣得以毕现。任伯年艺术成熟期的花鸟画数量最多，他取法徐渭、陈淳、石涛、华嵒，博采众长，得朱耷画册，更悟用笔之法，无论是工笔、写意、勾勒、没骨、

仿高克恭云山图　芭蕉红叶图（清）任颐

设色、水墨，皆能运用自如。他善于将鲜活的花鸟以瞬间姿态描写于画面而不失其动感，能把勾染结合、墨色交融、中西并用，形成明快、温馨、清丽而活泼的画风，使花鸟画创作开辟了新天地。其山水画也别具丘壑，气象万千，构图层出无穷，不落时流蹊径，为广大群众所喜

蔬果花卉图（清）赵之谦

闻乐见。任颐以敢于创新的精神和技法成为海派画家的主将，确立起其近代画坛上的大师地位并对后世产生巨大影响。

被视为海派名家，但未定居上海的画家还有赵之谦和虚谷。赵之谦（1829～1884年），字益甫，号悲盦，浙江绍兴人。书法、篆刻造诣极深，并将书法、篆刻上取得的古拙风格移入绘画，使绘画常流露出纵笔泼墨、挺拔厚重的刚博情趣，为清末借鉴金石书法开创花卉新局面的第一人，对后来画家如任颐、吴昌硕等都有一定启发和影响。虚谷（1824～1896年），俗姓朱，名虚白，字怀仁，出家后以虚谷名，安徽歙县人。青少年时居扬州，30岁时出家为僧。特别喜爱绘画，尤精花鸟草虫。常往来于江、浙各地，旅沪时与画家任颐、高邕等交往。虚谷性格孤傲，非相知深者

枇杷图（清）虚谷

不易得其精品。每到一地求画者甚众，他画倦即行。卒于上海，葬太湖

滨。虚谷的人物画造型准确，神态生动，注重色彩烘染，面部刻画较细。山水画洒脱清秀，渊源于新安画派的浙江，远溯元代倪瓒、王蒙，近取扬州画派特点，又吸收徽派版画之因素，形成独自风格。其花鸟草虫师承华嵒，落笔冷峻，蹊径别开，擅长用枯笔逆锋作颤动的线条，似续似断，韵味十足，疏秀而劲健，富有清虚逸宕的趣味。所画形象夸张新奇，明快劲挺，奇峭绝俗，生动秀逸，为清末画坛卓绝一家。他在将传统画法与西洋画法的结合上做出探索，敷色明快，渲染立体，修养深厚，人品画艺均受到推崇。

海派晚期的代表画家是吴昌硕。吴昌硕（1844～1927 年），名俊卿，初字香补，后更昌硕，亦署仓硕。别号甚多，如缶庐、老苍、苦铁、大聋、破荷亭长、五湖印匄等。浙江安吉县人。幼时在家读书，喜刻印章。22 岁时中秀才，后赴杭州、苏州、上海等地寻师访友，学问、诗词、书法、绘画修养日深。他学画较晚，以篆书笔法作画。经友人介绍求教于任颐，任颐对其浑厚的笔墨表示赞赏。两人结为至交，友谊终生不断。70 岁时西泠印社在杭州成立，被推为社长。吴昌硕绘画以花卉为主，博综约取，融会贯通，独树一帜。他 30 多岁时始学画，40 岁以后方将画示人。他继承徐渭、石涛、朱耷、李鳝的传统，将书法、篆刻的行笔、运刀融入绘画，形成富有金石味的独特画风，自称"生平得力之处在于能以作书之法作画"。他爱画梅、兰、竹、菊、松柏、牡丹、荷花、水仙、藤萝、蔬果等，章法结构突兀，参考书、印的布白喜取"之"字形、"女"字形，"X"字形格局，虚实相生，主体突出。设色上打破古人旧套，汲取民间用色特点，喜欢

吴昌硕像

强烈的对比，在冲突中协调，取得丰富、浑厚、华茂、浓艳的效果。作品不拘泥于形似，着重表现物象之势，并把物象的自然属性与画家的主

观感受融合起来，形成大写意绘画传统中风格独具的新面貌。吴昌硕诗、书、画、印俱佳并熔为一炉，对近世花鸟画家产生重大影响。

　　岭南画派的前驱居巢（1811～1865 年）、居廉（1828～1904 年）兄弟，广东番禺人。居巢，字梅生，号梅巢。从小得父亲指教，善作诗词，兼及金石书画。居巢一生足迹不广，38 岁时曾赴广西为按察使张敬修幕僚。回广东后与其弟居廉住在张敬修于东莞老家修筑的"可园"，以客宾身份陪主人吟诗作画，创作甚丰。其绘画以花鸟最为著名，融宋人骨力与元人神韵于一炉，重视写生，强调意趣，在运笔、用色、

桃实图（清）吴昌硕

构图、情味方面都有创新。所绘花鸟妍丽雅媚中透出秀劲洒脱，得恽寿平之真髓而更活泼生动。居廉，字仕刚，号古泉。随兄学画，注重感受，亲栽花卉，自养虫鸟，观其生态，描其天趣。作画线条精细，色彩明丽。始创"撞粉"技法，用水破色，画法独特，使花卉表现出迎风含露的风采。画虫鸟也清新别致，富有抒情味道。其兄死后，回到故乡，开馆收徒传艺，一时影响颇大。高剑父、陈树人等均得其亲授，为岭南画派旗帜的张立打下了基础。

　　真正举起"岭南画派"大旗的是高剑父、高奇峰和陈树人，他们也被称为"岭南三杰"。高剑父（1879～1951 年）出生于广东番禺，少年

时即对绘画产生兴趣。14 岁时从居廉学画，17 岁时入格致书院学习素描，26 岁时东渡日本以求深造。1906 年参加同盟会，积极从事民主革命活动，并与高奇峰、陈树人等创办画报和书馆，以推进中国画的革新。20 世纪 20 年代以后，高剑父专力于美术创作与教育，作品多次参加国际展览并先后获得一些奖项，又创办美术专科学校并担任过几所大学的教授。

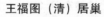

王福图（清）居巢　　　　牡丹双蝶图（清）居廉

高剑父提倡革新中国画，主张中西调和，兼容并蓄，取长补短，存精去芜。所作人物、山水、花鸟，或苍劲奔放，或淡雅清新，具有广东地方特色和昂扬的时代精神，对岭南画派的形成产生了巨大的作用。高奇峰（1889～1933 年）是高剑父之弟，他追随其兄学习绘画并宣传革命。后主要致力于开办美术学校和组织美术活动，不幸过早病逝。他早年从兄习画，间接师承了居廉、居巢的画风。留日期间，接触到西方素描、透视等技法。20 年代，他与高剑父、陈树人等提出艺术为人生的主张，在推动绘画改革的过程中与保守传统的画家有过激烈的论争。他的画，将中国传统笔墨形式与日本、西方画法融合起来，具有用笔雄健、敷色

湿润、形象生动的特点。所画山水别有一种
清丽秀洁的意蕴，花鸟也多轻松俊逸而不拘
成法，尤喜画鹰、狮、虎等雄健形象，这与
他伤时感世的心情有联系。陈树人（1884～
1948年）也是广东番禺人，早年与高剑父、
高奇峰兄弟同在居廉门下学画。1905年赴日
本入京都美术学校，并加入同盟会追随孙中
山从事民主革命。陈树人与高剑父、高奇峰
在政治和艺术上均为同道，故早期活动多为
一体。他工诗善画，尤长花鸟、山水。1931
年创作的《岭南春色》，在比利时万国博览会
中获得最优等奖。盛年时常住江南，故笔下
多为春雨、杏花、柳浪、飞瀑，华润而疏朗。
晚年曾到蜀地，绘有《峨眉云海》、《夔门秋
色》等，画风偏于雄劲粗犷。毕生所作甚多，
将诗情融入画意，达到很高成就。岭南画派
自晚清开风气，在中国传统绘画基础上引入
日本和西方技法，扎根广东，注重写生，善
用水墨与色彩渲染，将画面抒写得真实而生
动、温雅而清新，在中国近、现代画坛上创
造出别一种景观。

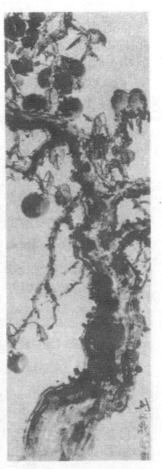

红柿小鸟（清）高剑父

在中国传统绘画面貌创新的同时，外国资本主义也利用绘画形式宣
传其思想和商品，他们凭借先进的石印技术，聘用中国画家绘制他们需
要的作品，《点石斋画报》与"月份牌年画"就是应时而生的产物。《点
石斋画报》创刊于光绪十年（1884年），由英国人美查开办的点石斋书
局印行。它将时事新闻与市井风俗以绘画形式反映出来，因其美观精致
广为社会欢迎和普及。《点石斋画报》的主要执笔人吴有如是苏州吴县

人，早年特别喜好绘画并在桃花坞绘制画稿。光绪十年应点石斋之聘任画报主笔，他与其他画家一起用笔反映现实生活。当时大至中外战争，小至邻里纠纷，画报都有表现，展露出封建王朝的腐朽与社会生活的畸形，也有不少描写西方科技事物与怪闻趣事的画幅。为适合石印制版，所画均以线条描绘，构图繁复，黑白分明，画风工整。《点石斋画报》影响很大，继之而起的还有《飞影阁画报》、《新世界画册》等。月份牌年画是 19 世纪末 20 世纪初在上海出现的商品广告画，是外国商人为推销商品而印制的带有月历表的石版彩印年画。这种形式本起于中国年画带有月历的风俗，后被外国商人不惜工本精致加工以达广告宣传之作用。现存最早的月份牌年画是 1906 年英美烟草股份有限公司印刷发行的，正面印有一幢外国新式高层建筑并附有"品海纸烟"广告，背面印有年历月份表。后来印有时髦妇女的渐多，年历月份表也改印在正面。月份牌年画的内容参照和吸取了中国传统木版年画的特点，表现手法主要以擦笔画和水彩画两种技法结合而成。最早采用这种水彩擦笔画法的是郑曼陀，他画的时装仕女经石版彩印效果很好，于是便流行开来。此后不断改进提高，形成通俗美术复制作品的基本面貌。

第二节　趋雅从众的乐舞

由满族统治阶级建立的清朝政府进入中原以后，实际上阻遏了自明代中叶萌发的资本主义发展势头。虽然清朝政府采取高压政策禁锢中原地区的文化发展，但各地民间的文化生活仍然具有浓厚的本色。满族和其他少数民族一样，本来也是一个喜欢歌舞的民族，他们较少中国传统伦理的约束，因而更多地把歌舞看成是一种娱乐的形式。这就使华夏大地的民间歌舞较少受到政治的制约，而各地少数民族的歌舞也就更多地保持着原有的风貌。所以，清朝的乐舞从总体上看，宫廷内较少中国传统的清雅意识，而民间乐舞洋溢着生活的气息。满清统治者更能接受这些来自民间的乐舞样式，而这些带有中国传统

山西太原晋祠戏台

意味并为大众喜闻乐见的乐舞也就自然走进宫廷。与民间乐舞相并而进的还有文人趋尚，他们有较高的文化修养和审美意识，在对乐舞的爱好中他们继承了传统的质素，同时整理、提炼、加工使乐舞更趋雅致。这就使清朝的乐舞宫廷宣教气息减少，而艺术的本质随时代的要求展现出新的特色。

清代民间歌曲呈现出前所未有的繁荣景象，是承明代城市繁荣与商品经济的发展而递进的。中国是一个广大的农业社会，因而在农村中最能看到民歌的原初现象。农民劳作时往往唱歌助兴以鼓舞精神，农闲时也往往编演歌舞自娱自乐。他们多继承宋元明以来的词调、小曲和山歌传统，又结合自己的生活感受而时创新意。

清代最流行的是秧歌，一般认为秧歌是由宋代《村田乐》演化而来。清人李调元《南越笔记》载："农者每春时，妇子以数十计，往田插秧，一老搥大鼓，鼓声一通，群歌竞作，弥日不绝，谓之秧歌。"同治五年（1866年）刻本《长阳县志》载：每逢插秧季节，农家便下田，"击鼓锣唱秧歌，亦退而走，鼓缓插亦缓，鼓急插亦急"。实际据史料、杂记所知，秧歌不只是在插秧时才唱，几乎在所有的农业劳动中或农村节日中都有表现，各地名目不同而已。

在边疆少数民族地区，聚会时对唱山歌之风更盛。每逢圩期、年

《云南通志》插图（清）

节，男女老少成百上千聚集会所，终日歌唱不断，这些歌曲常被汉族典籍记为"蛮歌"、"番曲"。两广壮、瑶等族多崇奉女神"刘三妹"（或作"刘三姐"），将之视为造歌之祖、音乐偶像。西北甘肃、宁夏、青海一带，则传唱一种称为"花儿"的山歌。《岷州志》载：每逢大崇教寺佛会，"临郡洮州诸番朝山进香者，摩肩接踵"，"羌儿番女并坐殿前，吹竹箫，歌番曲，此唱彼和，观者纷然"。东北地区则盛行一种喜庆歌舞"莽式"。清人吴振臣《宁古塔纪略》曰："满洲人家歌舞名'莽式'，有男莽式、女莽式，两人相对而舞，旁人拍手而歌。"杨宾《柳边纪略》曰："满洲有大宴会，主家男女，必更迭起舞，大率举一袖于额，反一袖于背，盘旋作势，曰'莽势'。中一人歌，众皆以'空齐'二字和之，谓之'空齐'。"

市镇街巷则流传小曲、小唱，其曲调结构和唱腔转折较为精细，后来多被称为"小调"。小曲、小唱主要由说唱艺人独立清唱，其歌唱已有别于戏曲舞台表现。清人刘廷玑《在园杂志》说："小曲者，别于昆、弋也。"其伴奏多用细丝管弦乐器而不大用锣鼓，形式轻便灵活，内容清新活泼，体现出城镇多元求变的时尚风貌。清人李斗《扬州画舫录》载："小唱以琵琶、弦子、月琴、檀板合动而歌，最先有《银纽丝》、《倒板桨》、《剪靛花》、《吉祥草》、《倒花兰》诸调，以《劈破玉》最佳。"后来又"群尚《满江红》、《湘江浪》，皆本调也。其《京舵子》、

《起字调》、《马头调》、《南京调》之类，传自四方"。今人杨荫浏查有关著述汇集清代知名小曲，已见《锁南枝》、《山坡羊》、《醉太平》、《闹五更》、《寄生草》等 200 余首，而街巷实际传唱未被文人著录的曲目必然更多。

清代乐器在前代基础上也有更新和变异，伴随着地方说唱音乐曲种和地方戏曲剧种音乐的发展而不断翻新。同宗同类的异形乐器品目已是五花八门，并逐渐形成若干乐器家族。如宋元时代的拉弦乐器胡琴，经明而入清后分化衍变为二胡、大筒、二弦、粤胡、京胡、板胡、马骨胡、马头琴、坠胡、四胡等；阮类弹拨乐器则有阮、秦琴、月琴、三弦、忽雷、双清等；鼓、锣、钹类等打击乐器同宗异形名目更为纷繁。边疆少数民族的乐器在民俗音乐生活中作用也愈加突出，以其鲜明的民族特色充入中华民族的大家庭中来。如蒙古族乐器马头琴，维吾尔、塔吉克、哈萨克等族使用的热瓦甫、弹布尔、火不思、都它尔、艾捷克、萨它尔，

四川灌县二王庙戏台

西南地区各民族共同使用的口弦、芦笙以及各种锣鼓。而元明时期已流传的部分乐器此时使用更为普及，如元时兴起的吹奏乐器唢呐最初多在官宦之家和军旅生活中使用，入清以来广传民间，成为百姓日常民俗活动中最常用的乐器之一，无论在中原或边远地区都可看到这种乐器的踪迹。

乐器品种的纷繁发展与各种民俗的音乐需求促使器乐演奏形式逐渐复杂和完善，吹打乐、丝竹乐等合奏音乐形式成为清朝最有代表性的乐种形式之一。吹打乐由吹、打两类乐器演奏，民间也称鼓吹乐。在演奏曲目和演奏风格上，可分"粗吹锣鼓"与"细吹锣鼓"两类。粗吹锣鼓

声势浩大，雄壮热烈；细吹锣鼓有时辅以丝弦，风格较婉转秀丽。吹打乐的演奏分为"坐乐"与"行乐"两种，坐乐演奏于室内，行乐演奏于室外。北方以山东鼓吹为例，主要流行于菏泽、济宁、德州、聊城、惠民地区，其主要乐器有吹管乐器如唢呐、笛子、笙、管子等，打击乐器

妙峰山庙会图（清）

如小镲、中钹、大锣、小锣、汪锣、云锣、梆子、乐鼓等。乐队一般由6～8人组成，根据演奏需要选用不同乐器。山东鼓吹因地区不同也风格有异，所奏曲目有古老的乐曲，但多为元、明、清的俗曲小令。其演奏有两个显著的特点：一是即兴性，是在乐曲基本形态上运用各种变奏手法进行创造性地即兴发挥；二是多变性，即一首乐曲往往有多种多样的变体呈现出不同风貌。南方以十番锣鼓为例，这是流行于江苏无锡、苏州、常熟、宜兴等地的一种吹打乐。十番锣鼓分为只用打击乐器的"素锣鼓"和兼用管弦乐器的"荤锣鼓"两类。素锣鼓又分"粗锣鼓"与"细锣鼓"两类，粗锣鼓用云锣、拍板、小木鱼、双磬、铜鼓、板鼓、大锣、细锣、七钹，细锣鼓则再加小钹、中锣、春锣、内锣、汤锣、大钹。荤锣鼓根据主奏乐器与演奏形式不同，又分为"笛吹锣鼓"、"笙吹锣鼓"、"粗细丝竹锣鼓"、"粗吹锣鼓"等多种。十番锣鼓至少由6人演奏，乐器有笛、笙、箫、二胡、板胡、三弦、琵琶、月琴等。其结构特点多以锣鼓段为中心，将若干曲牌按一定

程式连缀。所奏曲目甚多，以适应不同场合。

丝竹乐是一种丝弦与竹管乐器演奏的音乐，最古老的丝竹演奏是以琴瑟与箫管组成。发展到清末，已形成多种影响深远的地方乐种。丝竹乐的特点是小、轻、细、雅，最小可用一把二胡与一根竹笛演奏，音乐情趣轻快、活泼，演奏风格精致细腻，呈现出优美秀雅的品位。丝竹乐主要流行于南方各地、如"江南丝竹"、"广东音乐"、"福建南音"以及云南丽江的"白沙细乐"等。北方则称"弦索乐"，清代蒙古族文人荣斋所著《弦索备考》收录乐曲 13 套，主要用胡琴、琵琶、三弦、筝四种乐器演奏。

在民间器乐合奏发展的同时，影响较大的还有独奏形式出现的琵琶音乐和古琴音乐。琵琶是具有悠久历史的弹拨乐器，在中国音乐的演奏中曾发挥过重要的作用，它既能独奏也能伴奏或合奏，积累了多样的演技和丰富的曲目。琵琶相传秦汉时既已发明，至晋代阮咸以善弹琵琶著名。遂将此器简称为阮，其形制为圆形音箱、直柄四弦。隋唐时流行印度传入的半梨形曲颈琵琶，到宋代便直以琵琶称之。元明时，琵琶不断改进，清代已为 4 相 10 品，改横弹为竖拨，大大提高了琵琶的表现力。琵琶曲有大曲、小曲之分，大曲亦称大套，一般有多段构成；小曲亦称小套，通常为单曲。这些曲目又有文武之分，文曲较柔和细腻，武曲则豪放雄健。琵琶艺术在古代曾有许多优秀作品，但因艺人社会地位低下无力整理出版。到清代，因有文人参加收集编辑，才有第一部《琵琶谱》的出版。这部《琵琶谱》的编者是华文彬，书于 1818 年刊印发行。1895 年，李祖菜出版了《南北派十三套大曲琵琶新谱》。这对优秀琵琶曲目的保存起到了很大的作用，也对琵琶的演奏技法加以规范而有利于流传。

古琴也是中国传统乐器，孔子、司马相如、蔡邕、稽康都善弹琴。唐宋元明不绝，形成了不同的风格流派。清代琴派大兴，在常熟有以徐上瀛为代表的虞山派，徐上瀛著有《大还阁琴谱》（1673 年）；在扬州有以徐常遇等为代表的广陵派，有《澄鉴堂琴谱》（1686 年）面世；在

剪纸捉放曹（清）

福建出现了以祝桐君为代表的浦城派，理论著述有《与古斋琴谱》（1855 年）；在四川则有以张孔山为代表的泛川派，编有《天闻阁琴谱》（1875 年）；在广东则有以黄景星为代表的岭南派，辑《悟雪山房琴谱》（1885 年）传世。清人黄晓珊在《希韶阁琴瑟合谱》（1890 年）中说："金陵之顿挫，中浙之绸缪，常熟之和静，三吴之含蓄，西蜀之古劲，八闽之激昂"，可见诸派琴家除理论著述和历代传谱形成体系外，在不同地域文化环境中也形成了各自的表演艺术特征。

自明代戏曲音乐领域出现弋阳、余姚、海盐、昆山四大声腔争奇斗妍的局面后，发展到清代除弋阳、昆山腔继续流传外又出现柳子腔和梆子腔，故戏曲史上有"南昆、北弋、东柳、西梆"之说。此外还出现西

年画空城计（清）

皮腔、二黄腔、罗腔、唢呐腔、吹腔等，以及徽剧、汉剧、湘剧、婺剧、赣剧、川剧、闽剧、桂剧、滇剧等。唱腔是戏曲音乐的主体部分，是表达人物思想感情、刻画人物性格的主要手段，也是决定一个剧种风格特点的主要因素。

弋阳腔在流传过程中与各地语言及民间乐曲相结合，逐渐形成名称不一的各种流派。清人李调元《雨村剧话》说："京谓京腔，粤俗谓之高腔，楚、蜀之间谓之清戏。"因其不用管弦，只以锣、鼓、铙、钹等打击乐器伴奏，并采用民间秧歌中常见的一领众和的帮腔形式，音调特别高亢而被称为高腔。高腔的唱腔比较自由，把独唱、对唱、帮腔加以综合运用，并以丰富的锣鼓点（有的加用丝弦乐）伴奏，创造出一种十分别致的表现形式，在各地戏曲声腔中多有采用。

昆山腔又名昆曲、昆腔，本产生于元末明初江苏昆山一带，系由南曲与当地民间音乐相结合演变而成。经过一批艺术家对其进行改革，使其集南北曲之所长，从明代嘉靖到清代乾隆达到全盛时期。改革后的昆腔，曲调柔婉优美、圆润舒缓，人称"水墨腔"，善于细腻地表达人物的思想感情，在戏曲诸声腔中处于首位。清中叶以后昆曲过分追求旖旎典雅，逐渐脱离群众而衰落。但昆腔对后来的戏曲艺术有很大影响，许多剧种长久使用。

柳子腔本是明末清初流行于鲁西南一带的各种民歌小调，发展到清中叶成为比较流行的一个剧种，遍及鲁、苏、豫交界地区而广受民众欢迎。后来梆子腔盛行，柳子受其影响有所变化。柳子还吸收其他唱腔因素，后对山东戏曲影响很深。

梆子腔源出陕西同州，又名秦腔、陕西梆子，因伴奏乐队使用枣木梆子相击以增强唱腔的节奏而得名。梆子腔传播很广，变体繁多，如河北梆子、河南梆子、山西梆子、山东梆子等。在流传过程中虽有变化，但其唱腔风格中仍有共同点，即较刚劲、豪放、开朗、粗犷，旦腔则比较婉转、圆润、优美、质朴。

继以上各种声腔之后最为流行的是皮黄腔，它主要包括西皮和二黄两种声腔。皮黄腔流布很广，几乎成为中国戏曲的主流。其唱腔按行当分为生腔和旦腔，以区分性别、气质、风格，这在戏曲音乐史上是一大进步，尤在京剧中表现明显。皮黄腔在各地字音、语调、音乐旋律、伴奏乐器、演唱风格的不同情况下而产生地方化、多样化现象，表现出皮黄腔整体的丰富性，体现了中国戏曲音乐的总体发展。而各地涌现出的剧种又具有浓厚的特色，将中国传统戏曲的精华与各地人民大众的审美情趣结合起来，这就使清代戏曲既有明显的共同特点，又呈现出地方剧种风格的差异性，使戏曲音乐随时代发展而不断升华。

清代舞蹈受封建统治阶级保守僵化的传统思想的制约，承明代舞蹈的衰势没有起色而更加贫乏。日暮途穷的腐朽文化恪守循礼制欲的祖训，使宫廷舞蹈成为张扬国势的呆板表演，也使世人认为跳舞应遵规守矩，否则便是非礼纵欲的行为。因此，舞蹈艺术在清代宫廷没有得到重视，不称其为专业且艺人极少。清代宫廷没有庞大的专职乐舞机构，宫廷乐舞也就徒有其名虚应故事。清代帝王显贵中很少有人知音通律或爱歌喜舞，乐舞知识的贫乏使整个社会的艺术欣赏水平也很难提高。清廷最盛大的乐舞当属《庆隆舞》，这本是满族一种传统舞蹈。舞蹈内容最初是表现八旗人英勇威武，后来增加了文雅礼乐成分，每年腊月都要在礼部排练，大臣、诸王或者皇帝都要参加，以示不忘民族传统。从故宫现藏清《庆隆舞》图看，其队列整齐，规模宏大，几乎把所有音乐、舞蹈、歌唱、杂技都包括进去了，带有圣典意味。清代宫廷宴乐舞蹈带有喜庆意味，是由最初的民间"莽式"歌舞升华而来。此外还有兄弟民族及外国歌舞，如瓦尔格部乐舞、朝鲜国俳、蒙古乐、回部乐、番子乐、廓尔喀部乐、缅甸国乐、安南国乐。这些具有鲜明的民族风格和地域特色的乐舞，如唐代《十部乐》一样宣扬了国力的强盛，客观上起到了促进各种舞蹈艺术互相交流的作用。

清代最活跃的还是民间舞蹈，在汉族地区农事和娱乐活动中经常进行，一些节会中民俗风情得以充分展现，而舞蹈无疑是华彩乐章。清代民间舞蹈大多是继承前代延续而来，但更具有时新的气息，中国的农业文明决定了舞蹈的样式，但随着晚清的思想活跃各地呈现多样化景观。民间舞蹈中影响最大的是秧歌，它本于农家劳动中产生，后在年节尤其是元宵灯会上成

剪纸麒麟送子（清）

为必不可少的节目。无论是中原还是边疆，京师还是地方，情况皆然。吴震方《岭南杂记》曰："潮州灯节，有鱼龙之戏。又每夕各坊市扮唱秧歌，与京师无异。"杨安《柳边纪略》曰："上元夜，好事者辄扮秧歌。秧歌者，以童子扮三四妇女，又三四人扮参军，各持尺许两圆木，戛击相对舞，而扮一持伞灯卖膏药者前导，傍以锣鼓和之，舞毕乃歌，歌毕更舞，达旦乃止。"秧歌有时与宗教活动同时进行，如朝山进香时就有秧歌队伍。有时则与戏曲杂技表演结合，成为舞台上不可或缺的成分。后来传到宫廷，宫中亦传习之。秧歌后来形成多种风格，如陕北秧歌豪迈雄健，东北秧歌泼辣风趣，山东秧歌剽悍粗犷，山西秧歌豪放明快，河北秧歌爽朗活泼……从北到南的秧歌队伍中，一般都有人扮成渔、樵、耕、读人物，手里拿着伞、扇、鼓、绸等。秧歌后来发展为综合艺术，规模可大可小，为人喜闻乐见。花鼓也是中国民间流传较广的一种歌舞形式，据传同秧歌一样也起于宋代，明清时期主要流行于安徽、浙江、江苏、湖南、湖北、山东、山西、陕西等地。花鼓的表演形式通常是一男一女，各击锣鼓边歌边舞，它在小调与山歌的基础上发展而成，加上节奏鲜明、富有韵律的动作，往往与秧歌、花灯、采茶等一

年画九狮图（清）

起在年节时演出。安徽以凤阳花鼓最具代表性，凤阳灾民打着花鼓背井离乡影响很大，其曲调哀怨，感情凄切，动作柔婉，后来《王三姐赶集》成为著名花鼓。湖南、湖北的花鼓载歌载舞，热烈欢快，男女打情骂俏，颇具生活气息。山西、陕西花鼓流行于两省南部，男子舞姿刚健豪放，女子舞姿柔和灵巧，阳刚阴柔相得益彰。花鼓后来增加故事情节，发展成小戏在舞台演出，但作为歌舞形式的花鼓仍活跃在民间。在清代流行的民间舞蹈还有龙舞、狮舞、灯舞、扇舞、高跷、跑驴、耍旱船、霸王鞭……汉族民间舞蹈具有久远的历史，扎根于生活之中表达人民的意愿，清代统治者将其以风俗观之，但没有意识到将其作为艺术精深加工而发扬光大。

清代少数民族舞蹈别具风情，为中华民族大家庭增添了欢快的气氛。维吾尔族在隋唐时代就创造出灿烂的乐舞文化，被誉为"维吾尔音乐之母"的大型套曲《十二木卡姆》直到清代仍在演奏并日臻完善。赛乃姆作为一种自娱性舞蹈流布新疆各地，并作为回部乐中的表演项目在清廷内演出。风俗性舞蹈萨玛舞于伊斯兰教节日时由男子在广场上集体表演，其沉稳、舒展、粗犷、灵活的风格极具维吾尔族的生活气息。纳孜尔库姆具有竞技表演的特征，在艾捷克、弹拨尔、热瓦甫、手鼓、唢呐、铁鼓等乐器伴奏中舞者以高难动作展示才华压倒对方。藏族在唐时称为吐蕃，也是一个能歌善舞的民族。民间善跳"果卓"，俗称"锅庄"，舞蹈动作雄健奔放，有模仿禽兽情态之意。《皇清职贡图》曰："男女相悦，携手歌舞，名曰锅庄。"锅庄的结构分两大段，从慢板逐渐过渡到快板。开始时男女分班拉手走圈，唱歌伴合舞蹈，多作甩袖应节踏步。其后越跳越快，侧身拧腰，雄健奔放，幅度加大，在热烈的情绪中结束。藏族人民还善跳"堆谐"，这本是流行于雅鲁藏布江上游一带的圈舞，此舞传入拉萨后形成一种有节律规范的踢踏舞。此舞在清朝经过加工改造，形成后半拍起步的各种打点的步法，配以音乐，矫健开朗，由自娱性舞蹈过渡为表演性舞蹈。蒙古族人民勤劳勇敢，能歌善舞。他们崇拜飞禽走兽，这从原始岩画与萨满教舞蹈中看得出来。蒙古族特别喜欢雄鹰和猛兽，故舞蹈也带有图腾表演的性质。其最有代表性的舞蹈是"查玛"，是从喇嘛教和萨满教宗教仪式中发展起来的。此外还有盅碗舞、筷子舞等，热烈欢快。其他少数民族也较少中国传统的伦理教育，因此舞蹈中更多表现对劳动的赞美和对生活的热爱。苗族、侗族、水族、仡佬族、彝族、拉祜族、傈僳族、纳西族等南方各少数民族善跳"芦笙舞"，其以男子边吹芦笙边跳舞为主要方式。清《苗俗记》载："每岁孟春……男女皆更服饰妆。男编竹为芦笙，吹之而前，女振铎继于后以为节，并肩舞蹈，回翔婉转，终日不倦。"清《滇南志略稿》载："每年秋后，宰牲祀神，吹笙跳舞而歌，谓之祭庄稼。"芦笙舞在各民族表现出不同特点，一般皆有男女参加，每逢节日场面宏大，动作技巧花样翻新。彝族、苗族、壮族、瑶族、水族、布依族等南方各少数民族还喜欢跳"铜鼓舞"，这也是一个古老的传统。铜鼓作为礼器被视为吉祥之物，它与宗教活动又紧密相关。因而凡逢年过节或有重大喜庆、婚丧活动，往往击铜鼓歌舞，场面壮观。总之，全国各地舞蹈在清代阔大的版图内争奇斗妍，在传统的基础上不断创新而为后世艺术增添了养料。

　　中国戏曲舞蹈在清代更加丰富和完备，它将舞蹈融入戏曲中成为重要的表现手段。应该说戏曲舞蹈是中国传统舞蹈重要的一支，如水袖的利用与古代"长袖善舞"是一致的。明清以来，戏曲勃兴，传统的民间舞蹈也被吸纳到戏曲中，同时一些民间舞蹈也从戏曲中吸收了不少滋养而演化为歌舞小戏。一般而言，戏曲舞蹈是与剧情紧密结合，为塑造剧

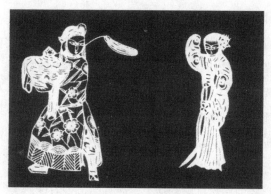

中人物性格服务的。因而它具有许多特点：如高度程式化和人物典型化，生、旦、净、末、丑各有成套舞姿；如舞蹈动作叙事兼表意，根据人物、剧情不同各有表现手段；如运用服饰和道具，吸取古典舞蹈和民间舞蹈的因素增强观赏性。清代昆曲

剪纸狸猫换太子（清）

唱做并重，载歌载舞，做、舞具有很高的技巧性和专业性。花部地方戏兴起后，民间舞蹈大规模地走进剧场。戏曲艺人经过长期的艺术实践，将舞蹈语汇和表现手法加以提炼，运用身体的动作行为、表演的虚实结合、服饰与道具的丰富多彩，创造出极具魅力的舞姿、程式与技巧。戏曲舞蹈充分具有戏曲意味，是舞蹈的戏曲化，因而它不同于宫廷舞蹈与民间舞蹈的本体特性，而要符合戏曲演出的需要。它也来自生活，但又不同于生活，对生活动作更为夸张、美化、传神，因此在戏曲表演中所看到的舞蹈能看到现实的影子但又超越了现实。如须、发、帽、翎、襟、袖、扇子、手巾、刀、枪、剑、花鼓、旱船等等的运用，都具有特殊的戏味。清代戏曲舞蹈取得了很大的成就．涌出一大批杰出的戏曲舞蹈家艺术家，从而也推动了舞蹈艺术的全面发展。

第三节　求韵从真的曲艺

中国的说唱艺术发展到清代，有的因停滞不前而自行消亡，有的被其他艺术品种借鉴吸收，有的与各地民间音乐、地方语言结合创造出新

的形式。清代中叶以后，大体形成鼓词、弹词、道情、牌子曲、琴书五大类格局，除此以外，还有其他曲艺共同丰富着人民大众的文化生活，并影响至今。

鼓词是由说唱者自己用鼓、板击节并适当兼用其他艺人操乐器伴奏来说唱故事的表演艺术形式。它主要流行于中国北方，俗称大鼓，如西河大鼓、京韵大鼓、乐亭大鼓、东北大鼓、山东大鼓、安徽大鼓等。鼓词的腔调大多是来源于当地民歌，其主要是独自说唱或偶用对唱。早期鼓词多说长篇故事，如《三国志》、《水浒传》等。清中叶以后兴起"段儿书"形式，并大量减少了说而增强了唱。《历下志游·歌伎志》载："鼓词者，设场于茶寮，一瞽调弦，歌者执铁板，点小皮鼓，唱七字曲……长短高下，自有节奏。"西河大鼓于乾隆中期由河间、沧州、保定等木板大鼓演变而来，形成用鼓、板、三弦进行伴奏的说唱形式。乐亭大鼓据马立元所著《中国书词概论》说源于清初的"清平歌"，后有乐亭弦子李配奏三弦加以改进使其动听悦耳遂为"乐亭腔"。山东大鼓以犁铧片伴奏，先叫"犁铧大鼓"，后谐称"梨花大鼓"。刘鹗在《老残游记》中对山东大鼓的演唱有精彩的描写，可从一个侧面看到鼓词说唱艺人的高超才华。

弹词是由说唱者自用弹弦乐器伴奏并兼有其他艺人乐器伴奏的一种说唱艺术形式。主要流行于中国南方的江苏、浙江、湖南、广东等省，如苏州弹词、扬州弹词、四明南词、绍兴平胡调、长沙弹词、广东木鱼等。明代弹词在江南颇为流行，清初陶贞怀的《天雨花》中有"弹词万本将充栋"之语，可见盛况。徐珂《清稗类钞》载："弹词家普通所用乐器，为琵琶与三弦二事。"苏州弹词经元明至清代影响最大，它活跃于长江三角洲地区。《苏州竹枝词》曰："不拘寺观与茶坊，四蹴三从逐队忙。弹动丝弦拍醒木，霎时跻满说书场。"苏州弹词艺人王周士曾在"御前弹唱"，他根据自己毕生经验著有《书品十四则》与《书忌十四则》。《书品》曰："快而不乱，慢而不断。放而不宽，收而不短。冷而不颤，热而不汗。高而不喧，低而不闪。明而不暗，哑而不干。急而不喘，新而不窜。闻而不倦，贫而不谄。"《书忌》曰："乐而不欢，哀而不怨。哭而不惨，苦而不酸。接而不贯，板而不换。指而不看，望而不远。评而不判，羞而不敢。学而不愿，束而不展。坐而不安，惜而不拼。"王周士还创建了"光裕社"，这是一个苏州评弹的行会组织，制定《道训》为艺人必须遵循的守则。乾隆以后，苏州弹词出现了一批才华出众的艺术家，并形成各具特色的艺术流派。陈遇乾所创"陈调"，唱腔稳健、苍劲，以叙唱中老年角色见长。俞秀山所创

年画玉堂富贵(清)

"俞调"，唱腔音域宽广，真假嗓兼用，秀丽婉转。马如飞所创"马调"，唱腔质朴爽快，更多吟诵性腔调。苏州弹词名家辈出，最享盛名的是"前四家"和"后四家"。前四家为陈遇乾、毛菖佩、俞秀山、陆瑞廷，成名于嘉庆、道光年间；后四家为马如飞、姚士章、赵湘舟、王石泉，成名于咸丰、同治年间。其后又陆续衍化出更多新兴流派分支，为弹词艺术的发展创立了功绩。

道情是说唱者以渔鼓、简板作为主要伴奏乐器以叙演故事和传说的艺术形式，也称渔鼓。流传各地的主要有陕北道情、义乌道情、湖北渔鼓、湖南渔鼓、山东渔鼓、广西渔鼓、四川竹琴等。道情渊源于唐代道曲，是道士传道和募化时所唱的歌曲。明清有较大发展，题材有所扩大，不再局限于道教故事，更多地带有民间性和地方性。道情以唱为

主，以说为辅，也有只唱不说的。各地道情的音乐不同，曲调较为简单，反复演唱，节奏自由，带有吟诵性。道情原为一人演唱，后渐引入其他乐器伴奏，并制成不同音高的渔鼓，演唱人数也时有增加。道情音乐后来不断丰富，有的采用当地其他曲种声腔，有的则与其他曲种合流，形成了不同的特色并得到发展。

牌子曲是说唱者将诸多曲牌、民歌组合连缀并用鼓或板击节另配以丝弦乐器说唱的一种艺术形式。各地流传的有单弦牌子曲、山东八角鼓、陕西关中曲子、扬州清曲、四川清音、湖南丝弦、广西文场等。牌子曲承宋元曲牌音乐传统并在明清民歌基础上形成，唱时将各种曲调组连成套以适应所唱内容的需要。牌子曲因表现形式较驳杂而在各地有不同名目。如单弦牌子曲流布京津一带，也是京津八角鼓的主要演出形式。所谓八角鼓原是一种打击乐器，乾隆年间满族旗籍子弟奏之以伴歌，遂成风气。八角鼓属牌子曲一种，后又创造出用以联套的"岔曲"，将各种曲调相连使演唱更为丰富。相传岔曲是宝小岔所

年画写意门神（清）

编，宝小岔于乾隆年间随阿桂攻金川时，在军中创作新词演唱新歌，班师后遇喜庆宴聚辄被邀演唱，遂传播开来。清代俗曲集《霓裳续谱》中所收时调、小曲甚多，这些时调、小曲被称作杂牌子列于八角鼓中，曲艺家将这些曲调连接起来演唱一段完整的故事，这便是后来单弦牌子曲的基本形式。牌子曲始以京津八角鼓著名，后各地出现不同特色的演出方式，遂出现几十种地方曲种。

琴书是说唱者自击扬琴另加数人操其他丝弦乐器伴奏的坐唱形式曲种。主要有翼城琴书、湖州琴书、山东琴书、徐州琴书、四川扬琴、云南扬琴等。各种琴书起源不一，音乐多自当地戏曲、民歌演变而来演唱者演唱时还在唱腔、唱法上分生、旦、净、末、丑行当，有些近似不化妆的戏曲清唱，但又生动地叙述故事情节和描绘人物的内心活动，以说书人身份系统地讲唱。扬琴源于西亚亚述、波斯古国，11世纪传入欧洲。明末清初传入中国，始称洋琴，又称蝴蝶琴、打琴、敲琴、扇面琴、铜丝琴、钢丝琴等。扬琴始传广东，后及江南、福建一带，再传内地，成为琴书主要伴奏乐器。后经艺人加工，可用于纯器乐独奏，制作出许多精美的琴曲。

泥塑小尼姑下山（清）

中国传统的说书艺术经明末清初柳敬亭等一批名家的丰富发展，形成南方评话与北方评书两大系统。南方评话主要包括扬州评话和苏州评话。扬州自古文人荟萃，经济繁荣，评话历史悠久，艺人众多。据李斗《扬州画舫录》载："郡中称绝技者，吴天绪《三国志》、徐广如《东汉》、王德山《水浒记》、高晋公《五美图》、浦天玉《清风闸》、房山年《玉蜻蜓》、曹天衡《善恶图》、顾进章《靖难故事》、邹必显《飞跎传》、谎陈四《扬州话》皆独步一时。近今如王景山、陶景章、王朝干、张破头、谢寿子、陈达山、薛家洪、谌耀庭、倪兆芳、陈天恭亦可追武前人。"与扬州评话相近的苏州评话主要在吴语地区流行。乾隆时王周士既善弹词又善评话，组织同业创建光裕社，为评弹艺术做出了卓越的贡献。苏州评话至咸丰、同治年间进入盛期,演出地域也随之扩大。江南各地还有多种说书形式,所讲多长篇书目,共同促进了评话的繁荣。北方评书以北京评书为代表,据传为乾隆时的王鸿兴所创。云游客《江湖丛谈》说:"就以北派说评书而论,他们的门户是分'三臣'。'三臣'系何良臣、邓光臣、安良臣。如今北平市讲演评书的艺人皆为'三臣'的支派流传下来的。'三臣'系王鸿兴之徒。王鸿兴系明末清初时艺人,得遇柳敬亭先生,受其指点,艺术大进。"评书说者一人,只说不唱,表演时以醒木作道具加助气氛。北方各地均有评书流布,内容多为历史战争、英雄事迹、公案故事、神怪狐鬼及风花雪月,良莠混杂,风格不一。形制多为长篇,影响后世深远。

清代民间曲艺还有一些其他形式,如子弟书、莲花落、二人转、木鱼歌、河南坠子,等等。子弟书是乾隆初年戍边返京的八旗军士带回军中流行的各种小曲,后参照鼓词、弹词创作出的以三弦伴奏、以七言为主的演唱形式。子弟书在演唱方面分为"东城调"和"西城调"两类。东城调演唱以激昂慷慨见长,著名作者有罗松窗;西城调演唱以柔婉缠绵见长,主要作者有韩小窗。由于子弟书的作者具有较高的文学修养,所以创作中比较注

皮影持戟站堂(清)

意音律、辞藻,如罗松窗根据《长生殿》改编的《鹊桥密誓》、韩小窗根据《红楼梦》改编的《黛玉悲秋》,都有较高的文学水平。子弟书还有从现实生活和民间故事中取材的,如《烟花叹》、《孟姜女》等,也都

有较大影响。莲花落在宋代就较流行，为叫花行乞时演唱，内容多宣传佛教思想。清代乾隆以后出现专业演员，演唱内容渐多民间传说与地方故事。演唱者一二人，仅用竹板按拍。嘉庆以后，出现了彩扮莲花落，增加节子、小锣等打击乐器，扮演小戏。北京的什不闲与莲花落结合形成什不闲莲花落，后来由八旗子弟传到东北并于每年正月在街头演出。它与东北秧歌、民间小曲结合，对二人转的形成又起了一定作用。莲花落与各地民俗结合派生出多种形式，如绍兴莲花落、四川莲花落、江西打莲花、广西零零落等。木鱼歌是在明末广东民谣基础上产生的一种说唱形式。薛汕《书曲散记》说："木鱼歌最早是随编随唱，凭各自的记忆传唱，后来有所改变，把唱的记下来，辗转传抄，或未唱先编，定下稿本。或抄本和稿本印出，即成木鱼书。这样，木鱼书可以阅读，可以朗诵，可以吟唱，唱的人用二胡、胡筝、琵琶、三弦伴奏，没有乐器的就用两块竹板有节奏地敲击，发出的板声，一如敲木鱼的音响，木鱼的歌名，当与此有关。"河南坠子是以坠琴为主要伴奏乐器的曲种，流行于河南、安徽、山东等地。它是道情与地方曲调结合的产物，早期全由男子演唱，后来也有女子演唱，创制了不少新腔，广受百姓欢迎。

中国的少数民族曲艺在清代也有丰富和提高，中原地区的说唱艺术和满族子弟的加工传播以及朝廷的重视清理促进了少数民族曲艺的发展，尤其是乾隆以后经济恢复、社会繁荣、民族联系增多，使各少数民族创作出更多心向祖国、维护统一、热爱生活的作品。藏族史诗《格萨尔》、蒙古族史诗《江格尔》与新疆柯尔克孜族史诗《玛纳斯》都得到修改传唱。多种多样的曲艺形式更加充实了中华民族大家庭的艺术宝库，如藏族的析尕、维吾尔族的热瓦甫弹唱、蒙古族的好来宝、傣族的赞哈、壮族的末伦、瑶族的铃鼓、苗族的果哈、赫哲族的伊玛堪、达斡族的乌钦……不胜枚举。可以说，多民族的文化交往、统治者的爱好需要以及幅员辽阔的统一版图，使各地民间曲艺蓬勃生发，共同形成百花盛开、争奇斗妍的繁荣局面，也为此后的文艺创新提供了养料和打下了基础。

后　记

在高校任教，经常碰到一些学术上的难题。随着国家改革开放的扩大和深入，更感到对所教课程有反思和展望的必要。教学是一个系统工程，需要从观念到操作上的全方位筹划和实施。而这又要从具体工作入手，因此教材的撰写便成为首要的任务。本书即是一次将学术探究与教学需求相结合的尝试，因此在撰写过程中力求将新的思考表达出来。同时为避免阅读上的枯燥与艰涩，也尽可能用雅致而通俗的语言加以陈述。既使高深严肃的学术问题得到普遍的理解，也使一般读者提高阅读兴趣、扩大知识视野，从而达到普及文化知识、繁荣文化事业的目的。

本书原为山东省教委的科研项目，是为高校"中国文化史"课程而设。关于中国文化的研究是一个较大的课题，故承担任务后感到极大的压力。起初只是打算编写一个较简略的文本，但经过深入研究后发现，由于涉及内容过多很难从简。因此重新确立纲目，尤其增大了关于思想、道德、艺术、民俗等方面的论述。这就使本书内容丰厚了许多，意在使读者能够全面把握中国文化的精髓。

写作的过程也是一个研究的过程，要将中国文化作整体的观照和系统的表述，需要付出极大的精力、体力和才力。本书作者在长达 6 年的写作过程中，除了完成教学任务和日常工作外几乎全力以赴，可谓是多